LAROUSSE

Diccionari
Pocket
**english-catalan
català-anglès**

LAROUSSE

Diccionari
Pocket
english-catalan
català-anglès

ÉS UNA OBRA

Direcció editorial: Jordi Induráin
Coordinació editorial: M.ª José Simón

Disseny de coberta: Francesc Sala

© 2000, Larousse-Bordas

© Larousse Editorial, S.L., 2014 per a aquesta edició
Mallorca, 45, 2on – 08029 Barcelona
larousse@larousse.es / www.larousse.es

La reproducció total o parcial d'aquesta obra per qualsevol procediment, comprenent-hi la reprografia i el tractament informàtic, com també la distribució d'exemplars mitjançant lloguer o préstec, resten rigorosament prohibides sense l'autorització escrita de l'editor i estaran sotmeses a les sancions establertes per la llei.

ISBN 978-84-15785-72-9
Dipòsit legal: B.714-2014
3E1I

ALS NOSTRES LECTORS

El Diccionari Pocket english-catalan/català-anglès és ideal en totes les situacions, tant per l'aprenentatge de l'anglès a l'escola i a casa com per viatjar a l'estranger.

El Pocket és un diccionari actual i fàcil d'utilitzar, pensat per donar resposta amb rapidesa i claredat als diferents problemes que li pot plantejar a un catalanoparlant la lectura, traducció i interpretació de qualsevol tipus de text en anglès modern.

Amb més de 55 000 paraules i expressions i per damunt de les 80 000 traduccions, aquest diccionari ofereix molta més informació que els diccionaris de butxaca convencionals.

D'entre les característiques d'aquesta obra, nova en la seva totalitat, cal destacar el tractament actualitzat de sigles i abreviatures, noms propis, vocabulari tècnic i especialitzat i neologismes d'ús freqüent, així com la cura que s'ha posat per oferir la transcripció fonètica de totes les paraules angleses i catalanes.

Per mitjà d'una disposició clara i detallada de la informació, d'exemples de construccions gramaticals, d'expressions idiomàtiques i d'indicadors de sentit que guien cap a la traducció més adequada, se li facilita a l'usuari la tasca d'escriure en anglès amb correcció, precisió i seguretat.

S'ha parat especial esment en la presentació de les entrades, tant des del punt de vista de la seva estructura com de la tipografia emprada.

Per aquells usuaris que tinguin un nivell d'anglès bàsic o intermig, o per aquelles persones que viatgin sovint, el Pocket és el diccionari adient.

Els convidem que es posin en contacte amb nosaltres si tenen cap observació o crítica a fer; entre tots podem convertir el Pocket en un diccionari encara millor en el futur.

TO OUR READERS

The Diccionari Pocket english-catalan/català-anglès is ideal for many purposes including learning English and travelling abroad.

The Pocket dictionary is a modern work designed to provide quick, clear answers to the problems Catalan speakers face in reading, translating and interpreting a wide range of English texts.

With over 55 000 words and expressions and over 80 000 translations, this dictionary not only provides English and Catalan equivalents but also gives much more information than traditional pocket dictionaries.

The dictionary is an entirely new one and provides up-to-date treatment and coverage of acronyms, abbreviations, proper nouns, technical and specialist vocabulary and the most common neologisms. Great care has also been taken in providing the phonetic transcriptions of all English and other loan words found in Catalan.

A clear and detailed exposition is provided of grammatical constructions, idioms and notes which enable the most suitable translation to be found. This helps the user write better, more precise English.

Special care has been taken with the presentation of the entries, with clear structuring and use of typefaces. The Pocket dictionary is ideal for users with a good basic or intermediate knowledge of English as well those who travel abroad.

Any observations or criticisms are gratefully received since these will help us make the Pocket dictionary even better in the future.

ABREVIATURES
Etiquetes gramaticals, estilístiques i dialectals

ABBREVIATIONS
Grammatical, register and regional labels

abreviatura	*abrev/abbr*	abbreviation
abans de nom	*abans de nom*	before noun
(*indica que la traducció quan s'utilitza com a adjectiu, sempre precedeix al nom al qual modifica, ex.* **pirata**)		*indicates that the translation is always used attributively, i.e. directly before the noun which it modifies*
adjectiu	*adj*	adjective
adjectiu demostratiu	*adj dem*	
adjectiu numeral	*adj num/num adj*	
adjectiu possessiu	*adj poss/poss adj*	numeral adjective
adjectiu relatiu	*adj relat*	possessive adjective
adjectiu superlatiu	*adj superl*	
adverbi	*adv*	adverb
alguerès	*alguer*	
	Am	American English
argot	*arg/sl*	slang
article	*art*	article
article determinat	*art det/def art*	definite article
article indeterminat	*art indet/indef art*	indefinite article
	Austr	Australian English
auxiliar	*aux*	auxiliary
balear	*bal*	
	Br	British English
	Can	Canadian English
compost	*comp*	compound
(*nom que precedeix un altre nom i que té funció de modificador, ex.* **gardening** *a* **gardening book** *o* **airforce** *a* **airforce base**)		(*a noun used to modify another noun, e.g.* **gardening** *in* **gardening book** *or* **airforce** *in* **airforce base**)
	compar	comparative
conjunció	*conj*	conjunction
	cont	continuous
culte	*culte/fml*	formal
despectiu	*despec/pej*	pejorative
desusat, poc usat	*desus/dated*	dated
especialment	*esp*	especially
	euph	euphemism
	excl	exclamation
femení	*f*	feminine
familiar	*fam*	
figurat	*fig*	figurative
inseparable	*fus*	fused, inseparable
(*indica que un "phrasal verb" és inseparable i que l'objecte no pot aparèixer entre el verb i la partícula, ex.* **look after**)		(*shows that a phrasal verb is fused, e.g.* **look after** *where the object can not come between the verb and the particle*)
generalment, en general	*gen*	generally, in most cases
	hum	humorous
	inf	informal

Abreviatures — Abbreviations

interjecció	*interj*	interjection
invariable	*inv*	invariable
irònic	*iròn/iro*	ironic
irregular	*irreg*	
literal	*lit*	literal
	liter	literary
locució	*loc*	
locució adjectiva	*loc adj*	
locució adverbial	*loc adv*	
locució conjuntiva	*loc conj*	
locució preposicional	*loc prep*	
masculí	*m*	masculine
nom	*n*	noun
nom femení	*nf*	
nom masculí	*nm*	
nom masculí i femení (ex. **un dentista** *o* **una dentista**)	*nmf*	
nom masculí i femení (ex. **un amic, una amiga**)	*nm, f*	
nom masculí o femení (ex. **el mar** *o* **la mar**)	*nm o nf*	
numeral	*num*	numeral
català occidental	*occ*	
	o.s.	oneself
	phr	phrase(s)
plural	*pl*	plural
participi passat	*pp*	past participle
prefix	*prefix*	prefix
preposició	*prep*	preposition
pronom	*pron*	pronoun
pronom demostratiu	*pron dem*	
pronom indefinit	*pron indef*	
pronom interrogatiu	*pron interr*	
pronom numeral	*pron num/num pron*	numeral pronoun
pronom personal	*pron pers/pers pron*	personal pronoun
pronom possessiu	*pron poss/poss pron*	possessive pronoun
pronom relatiu	*pron relat*	
	pt	past tense
marca registrada	®	registered trademark
rossellonès	*ross*	
	sb	someone, somebody
	Scot	Scottish English
separable (*indica que un "phrasal verb" és separable i que l' objecte pot aparèixer entre el verb i la partícula, ex.* **let in, help out**)	*sep*	separable (*shows that a phrasal verb is separable, e.g.* **let in, help out** *where the object can come between the verb and the particle*)

ABREVIATURES — ABBREVIATIONS

singular	*sg*	singular
	sthg	something
	suffix	suffix
	superl	superlative
nom incomptable (indica que una paraula anglesa mai no es fa servir en plural ni amb a; s'utilitza quan la paraula catalana corresponent és o pot ser plural, ex. **infighting** n (U) lluites fpl internes, **bel** m bleat, bleating (U))	*U*	uncountable noun (shows that an English noun is never used in the plural or with a; used when Spanish word is or can be plural, e.g. **infighting** n (U) lluites fpl internes, **bel** m bleat, bleating (U))
	usu	usually
verb	*v/vb*	verb
valencià	*val*	
verb auxiliar	*v aux/aux vb*	auxiliar verb
verb copulatiu	*v cop/copulative vb*	copulative verb
verb impersonal	*v impers*	impersonal verb
verb intransitiu	*vi*	intransitive verb
	v inf	very informal
verb pronominal	*vp*	
verb transitiu	*vt*	transitive verb
vulgar	*vulg*	vulgar
equivalent cultural	≃	cultural equivalent
remissió	▶	reference
substitueix l'entrada principal	~	replaces the headword
introdueix una nova categoria gramatical dins d'una entrada	◇	introduces a new part of speech within an entry
introdueix una subentrada (ex. un plural que canvia de significat, un verb pronominal o una locució)	◆	introduces a sub-entry (e.g. a plural form with its own specific meaning or a phrase containing the headword)

XI

Camps semàntics ———————— Field labels

administració	ADMIN	administration, administrative
aeronàutica	AERON	aeronautics, aviation
agricultura	AGR	agriculture, farming
anatomia	ANAT	anatomy
	ARCHEOL	archeology
arquitectura	ARQUIT/ARCHIT	architecture
art	ART	art
astrologia	ASTROL	astrology
astronomia	ASTRON	astronomy
automòbil	AUTOM	automobile, cars
biologia	BIOL	biology
botànica	BOT	botany
ciència	CIÈNCIA	
cinema	CIN	cinema, film-making
comerç	COM	commerce, business
construcció	CONSTR	construction, building
cuina, culinari	CULIN	culinary, cooking
dret, jurídic	DR/JUR	juridical, legal
economia	ECON	economics
educació	EDUC	education, school
electricitat, electrònica	ELECT/ELEC	electricity, electronics
esport	ESPORT/SPORT	sport
farmàcia	FARM/PHARM	pharmacology
ferrocarril	FERROC/RAIL	railways
filosofia	FILOS	
finances	FIN	finance, financial
física	FÍS/PHYS	physics
fotografia	FOTOG/PHOT	photography
geografia	GEOG	geography, geographical
geologia	GEOL	geology, geological
geometria	GEOM	geometry
arts gràfiques	GRÀF	
gramàtica	GRAM	grammar
història	HIST	history
impremta, tipografia	IMPREMTA/PRINT	printing, typography
indústria	IND	industry
informàtica	INFORM/COMPUT	computers, computer science
lingüística	LING	linguistics
literatura	LITER	literature
matemàtiques	MAT/MATH	mathematics
medicina	MED	medicine
meteorologia	METEOR	meteorology, weather
militar	MIL	military, armed forces
mitologia	MIT/MYTH	mythology
música	MÚS/MUS	music
nàutica	NÀUT/NAUT	nautical, maritime
política	POLÍT/POL	politics
premsa	PREMSA/PRESS	press
psicologia	PSIC/PSYCH	psychology, psychiatry
química	QUÍM/CHEM	chemistry
radiotècnia	RADIO	radio
religió	RELIG	religion
	ST EX	stock exchange

Camps semàntics — Field labels

tauromàquia	TAUROM	
teatre	TEAT/THEAT	theatre
tecnologia	TECNOL/TECHNOL	technology
televisió	TELE/TV	television
telecomunicacions	TELECOM/TELEC	telecommunications
universitat	UNIV	university
zoologia	ZOOL	zoology

Transcripció Fonètica

Phonetic Transcription

Vocals catalanes
- [i] política, imatge
- [e] llet, aniré
- [ɛ] mel, èmfasi
- [a] sant, àncora
- [o] boca, sabó
- [ɔ] fillola, òbol
- [u] tipus, univers, euro
- [ə] classe, estrena

English Vowels
- [ɪ] pit, big, rid
- [e] pet, tend
- [æ] pat, bag, mad
- [ʌ] putt, cut
- [ɒ] pot, log
- [ʊ] putt, full
- [ə] mother, suppose

- [iː] bean, weed
- [ɑː] barn, car, laugh
- [ɔː] born, lawn
- [uː] loop, loose
- [ɜː] burn, bird, learn
- [ã] croissant

Diftongs catalans
- [aj] xerraire, aigua
- [ɛj] servei, eina
- [ej] rei
- [ɔj] boina, comboi
- [uj] truita, avui
- [əj] airejar
- [aw] clau, aura
- [ɛw] creure
- [ew] meu
- [iw] niu, riu
- [ɔw] coure, enrenou
- [ow] pou, tou
- [uw] duu
- [əw] aurora, beuré

- [ja] hiat
- [jɛ] Iemen, baieta
- [je] hiena, caient
- [jɔ] iode
- [jo] joiós
- [ju] iogurt
- [jə] hieràtic, noia
- [wa] guany, creuar
- [wɛ] llengüeta, peuet
- [we] freqüent
- [wi] pingüí
- [wɔ] quòrum, veuota
- [wo] aquós
- [wə] qüestió, veuen

English diphthongs
- [eɪ] bay, late, great
- [aɪ] buy, light, aisle
- [ɔɪ] boy, foil
- [əʊ] no, road, blow
- [aʊ] now, shout, town
- [ɪə] peer, fierce, idea
- [eə] pair, bear, share
- [ʊə] poor, sure, tour

Semiconsonants i semivocals
hiat, iogurt, servei
peuet, guant, qüestió, coure

Semi-vowels
- [j] you, spaniel
- [w] wet, why, twin

Transcripció Fonètica

Consonants

peça, emprar, adob	[p]	pop, people
binocle, embolicar	[b]	bottle, bib
abella, arbre, carbó, calba	[β]	
terra, tot, sord	[t]	train, tip
dinar, caldo	[d]	dog, did
cada, quadre, migdia	[ð]	this, with
camí, miracle, amarg, quina	[k]	come, citchen
ganivet, engolir, gueto	[g]	gag, great
regar, sogre, argot, alga	[ɣ]	
txec, cotxe, despatx, maig	[tʃ]	chain, wretched
atzavara	[dz]	
tsar, potser, gots	[ts]	
platja, viatger	[dʒ]	jig, fridge
final, enfilar, baf	[f]	fib, physical
afganesa	[v]	vine, livid
sal, tensa, tassa, cel, falç, piscina	[s]	seal, peace
zoo, topazi, alzina, base	[z]	zip, his
xivarri, ganxo, puix	[ʃ]	sheep, machine
jaqueta, pluja, gerani, objecte	[ʒ]	usual, measure
	[h]	how, perhaps
lila, caramel	[l]	little, help
llenya, callar, anell	[ʎ]	
mare, pruna, crossa, mar	[ɾ]	right, carry
ridícul, carro, colrar	[r]	
món, humanitat, tram	[m]	metal, comb
àmfora, enfortir	[ɱ]	
núvol, canal	[n]	night, dinner
nyap, abonyegar, parany	[ɲ]	
fang, angúnia, banca	[ŋ]	sung, parking
thriller (estrangerismes)	[θ]	think, fifth
Badajoz (estrangerismes)	[x]	

Totes les entrades angleses i catalanes porten transcripció fonètica. En el cas dels compostos anglesos només es dóna la transcripció fonètica dels elements que no tenen entrada independent al diccionari.

All one word English and Catalan headwords have phonetics. For English compound headwords, whether hyphenated or of two or more words, phonetics are given for any element which does not appear elsewhere in the dictionary as a headword in its own right.

El símbol ['] indica que la síl·laba següent porta l'accent principal.

The symbol ['] indicates that the following syllable carries primary stress.

El símbol [ˌ] indica que la síl·laba següent porta l'accent secundari.

The symbol [ˌ] indicates that the following syllable carries secondary stress.

El símbol [ʳ] en fonètica anglesa indica que la "r" final d'una paraula només es pronuncia quan precedeix una paraula que comença per vocal. Cal fixar-se que en anglès americà gairebé sempre es pronuncia.

The symbol [ʳ] in English phonetics indicates that the final "r" is pronounced only when followed by a word beginning with a vowel. Note that it is nearly always pronounced in American English.

ENGLISH IRREGULAR VERBS

Infinitive	Past Tense	Past Participle
arise	arose	arisen
awake	awoke	awoken
be	was / were	been
bear	bore	born(e)
beat	beat	beaten
begin	began	begun
bend	bent	bent
bet	bet / betted	bet / betted
bid	bid / bade	bid / bidden
bind	bound	bound
bite	bit	bitten
bleed	bled	bled
blow	blew	blown
break	broke	broken
breed	bred	bred
bring	brought	brought
build	built	built
burn	burnt / burned	burnt / burned
burst	burst	burst
buy	bought	bought
can	could	—
cast	cast	cast
catch	caught	caught
choose	chose	chosen
come	came	come
cost	cost	cost
creep	crept	crept
cut	cut	cut
deal	dealt	dealt
dig	dug	dug
do	did	done
draw	drew	drawn
dream	dreamed / dreamt	dreamed / dreamt
drink	drank	drunk
drive	drove	driven
eat	ate	eaten
fall	fell	fallen
feed	fed	fed
feel	felt	felt
fight	fought	fought
find	found	found
fling	flung	flung
fly	flew	flown
forget	forgot	forgotten
freeze	froze	frozen
get	got	got (Am gotten)
give	gave	given
go	went	gone
grind	ground	ground
grow	grew	grown
hang	hung / hanged	hung / hanged

Infinitive	Past Tense	Past Participle
have	had	had
hear	heard	heard
hide	hid	hidden
hit	hit	hit
hold	held	held
hurt	hurt	hurt
keep	kept	kept
kneel	knelt / kneeled	knelt / kneeled
know	knew	known
lay	laid	laid
lead	led	led
lean	leant / leaned	leant / leaned
leap	leapt / leaped	leapt / leaped
learn	learnt / learned	learnt / learned
leave	left	left
lend	lent	lent
let	let	let
lie	lay	lain
light	lit / lighted	lit / lighted
lose	lost	lost
make	made	made
may	might	—
mean	meant	meant
meet	met	met
mow	mowed	mown / mowed
pay	paid	paid
put	put	put
quit	quit / quitted	quit / quitted
read	read	read
rend	rent	rent
rid	rid	rid
ride	rode	ridden
ring	rang	rung
rise	rose	risen
run	ran	run
saw	sawed	sawn
say	said	said
see	saw	seen
seek	sought	sought
sell	sold	sold
send	sent	sent
set	set	set
shake	shook	shaken
shall	should	—
shed	shed	shed
shine	shone	shone
shoot	shot	shot
show	showed	shown
shrink	shrank	shrunk
shut	shut	shut
sing	sang	sung
sink	sank	sunk
sit	sat	sat
sleep	slept	slept

XVII

Infinitive	Past Tense	Past Participle
slide	slid	slid
sling	slung	slung
smell	smelt / smelled	smelt / smelled
sow	sowed	sown / sowed
speak	spoke	spoken
speed	sped / speeded	sped / speeded
spell	spelt / spelled	spelt / spelled
spend	spent	spent
spill	spilt / spilled	spilt spilled
spin	spun	spun
spit	spat	spat
split	split	split
spoil	spoiled / spoilt	spoiled / spoilt
spread	spread	spread
spring	sprang	sprung
stand	stood	stood
steal	stole	stolen
stick	stuck	stuck
sting	stung	stung
stink	stank	stunk
strike	struck	struck / stricken
swear	swore	sworn
sweep	swept	swept
swell	swelled	swollen / swelled
swim	swam	swum
swing	swung	swung
take	took	taken
teach	taught	taught
tear	tore	torn
tell	told	told
think	thought	thought
throw	threw	thrown
tread	trod	trodden
wake	woke / waked	woken / waked
wear	wore	worn
weave	wove / weaved	woven / weaved
weep	wept	wept
win	won	won
wind	wound	wound
wring	wrung	wrung
write	wrote	written

XVIII

CONJUGACIÓ

Abreviatures: *pres ind* = present indicatiu, *imperf ind* = imperfet indicatiu, *perf ind* = pretèrit perfet simple, *fut* = futur simple, *cond* = condicional simple, *pres subj* = present subjuntiu, *imperf subj* = imperfet subjuntiu, *imper* = imperatiu, *ger* = gerundi, *part* = participi

Nota: Tots els verbs conjugats són irregulars, llevat dels verbs regulars *cantar, dormir, perdre, servir* i *témer*, de l'auxiliar *haver* i dels copulatius *ésser (ser)* i *estar*.

anar: *pres ind* vaig, vas, va, anem, aneu, van, *imperf ind* anava, anaves, anava, anàvem, anàveu, anaven, *perf ind* aní, anares, anà, anàrem, anàreu, anaren, *fut* aniré (iré), aniràs (iràs), anirà (irà), anirem (irem), anireu (ireu), aniran (iran), *cond* aniria (iria), aniries (iries), aniria (iria), aniríem (iríem), aniríeu (iríeu), anirien (irien), *pres subj* vagi, vagis, vagi, anem, aneu, vagin, *imperf subj* anés, anessis, anés, anéssim, anéssiu, anessin, *imper* vés, vagi, anem, aneu, vagin, *ger* anant, *part* anat, -ada, -ats, -ades

CANTAR: *pres ind* canto, cantes, canta, cantem, canteu, canten, *imperf ind* cantava, cantaves, cantava, cantàvem, cantàveu, cantaven, *perf ind* cantí, cantares, cantà, cantàrem, cantàreu, cantaren, *fut* cantaré, cantaràs, cantarà, cantarem, cantareu, cantaran, *cond* cantaria, cantaries, cantaria, cantaríem, cantaríeu, cantarien, *pres subj* canti, cantis, canti, cantem, canteu, cantin, *imperf subj* cantés, cantessis, cantés, cantéssim, cantéssiu, cantessin, *imper* canta, canti, cantem, canteu, cantin, *ger* cantant, *part* cantat, -ada, -ats, -ades

caure: *pres ind* caic, caus, cau, caiem, caieu, cauen, *imperf ind* queia, queies, queia, quèiem, quèieu, queien, *perf ind* caiguí, caigueres, caigué, caiguérem, caiguéreu, caigueren, *fut* cauré, cauràs, caurà, caurem, caureu, cauran, *cond* cauria, cauries, cauria, cauríem, cauríeu, caurien, *pres subj* caigui, caiguis, caigui, caiguem, caigueu, caiguin, *imperf subj* caigués, caiguessis, caigués, caiguéssim, caiguéssiu, caiguessin, *imper* cau, caigui, caiguem, caieu, caiguin, *ger* caient, *part* caigut, -uda, -uts, -udes

cloure: *pres ind* cloc, clous, clou, cloem, cloeu, clouen, *imperf ind* cloïa, cloïes, cloïa, cloíem, cloíeu, cloïen, *perf ind* cloguí, clogueres, clogué, cloguérem, cloguéreu, clogueren, *fut* clouré, clouràs, clourà, clourem, cloureu, clouran, *cond* clouria, clouries, clouria, clouríem, clouríeu, clourien, *pres subj* clogui, cloguis, clogui, cloguem, clogueu, cloguin, *imperf subj* clogués, cloguessis, clogués, cloguéssim, cloguéssiu, cloguessin, *imper* clou, clogui, cloguem, cloeu, cloguin, *ger* cloent, *part* clos, -a, -os, -es

collir: *pres ind* cullo, culls, cull, collim, colliu, cullen, *imperf ind* collia, collies, collia, collíem, collíeu, collien, *perf ind* collí, collires, collí, collírem, collíreu, colliren, *fut* colliré, colliràs, collirà, collirem, collireu, colliran, *cond* colliria, collories, colliria, colliríem, colliríeu, collirien, *pres subj* culli, cullis, culli, collim, colliu, cullin, *imperf subj* collís, collissis, collís, collíssim, collíssiu, collissin, *imper* cull, culli, collim, colliu, cullin, *ger* collint, *part* collit, -ida, -its, -ides

conèixer: *pres ind* conec, coneixes, coneix, coneixem, coneixeu, coneixen, *imperf ind* coneixia, coneixies, coneixia, coneixíem, coneixíeu, coneixien, *perf ind* coneguí, conegueres, conegué, coneguérem, coneguéreu, conegueren, *fut* coneixeré, coneixeràs, coneixerà, coneixerem, coneixereu, coneixeran, *cond* coneixeria, coneixeries, coneixeria, coneixeríem, coneixeríeu, coneixerien, *pres subj* conegui, coneguis, conegui, coneguem, conegueu, coneguin, *imperf subj* conegués, coneguessis, conegués, coneguéssim, coneguéssiu, coneguessin, *imper* coneix, conegui, coneguem, coneixeu, coneguin, *ger* coneixent, *part* conegut, -uda, -uts, -udes

cosir: *com* **collir**

crear: *pres ind* creo, crees, crea, creem, creeu, creen, *imperf ind* creava, creaves, creava, creàvem, creàveu, creaven, *perf ind* creí, creares, creà, creàrem, creàreu, crearen, *fut* crearé, crearàs, crearà, crearem, creareu, crearan, *cond* crearia, crearies, crearia, crearíem, crearíeu, crearien, *pres subj* creï, creïs, creï, creem, creeu, creïn, *imperf subj* creés, creessis, creés, creéssim, creéssiu, creessin, *imper* crea, creï, creem, creeu, creïn, *ger* creant, *part* creat, -ada, -ats, -ades

dar: *vegeu* **donar**

dir: *pres ind* dic, dius, diu diem, dieu, diuen, *imperf ind* deia, deies, deia, dèiem, dèieu, deien, *perf ind* diguí, digueres, digué, diguérem, diguéreu, digueren, *fut* diré, diràs, dirà, direm, direu, diran, *cond* diria, diries, diria, diríem, diríeu, dirien, *pres subj* digui, diguis, digui, diguem, digueu, diguin, *imperf subj* digués, diguessis, digués, diguéssim, diguéssiu, diguessin, *imper* digues, digui, diguem, digueu, diguin, *ger* dient, *part* dit, -a, -s, -es

donar (dar): *pres ind* dono, dónes, dóna, donem (dem), doneu (deu), donen, *imperf ind* donava (dava), donaves (daves), donava (dava), donàvem (dàvem), donàveu (dàveu), donaven (daven), *perf ind* doní (di), donares (dares), donà (da), donàrem (dàrem), donàreu (dàreu), donaren (daren), *fut* donaré (daré), donaràs (daràs), donarà (darà), donarem (darem), donareu (dareu), donaran (daran), *cond* donaria (daria), donaries (daries), donaria (daria), donaríem (daríem), donaríeu (daríeu), donarien (darien), *pres subj* doni, donis, doni, donem (dem), doneu (deu), donin, *imperf subj* donés (des), donessis (dessis), donés (des), donéssim (déssim), donéssiu (déssiu), donessin (dessin), *imper* dóna, doni, donem (dem), doneu (deu), donin, *ger* donant (dant), *part* donat (dat), -ada, -ats, -ades

DORMIR: *pres ind* dormo, dorms, dorm, dormim, dormiu, dormen, *imperf ind* dormia, dormies, dormia, dormíem, dormíeu, dormien, *perf ind* dormí, dormires, dormí, dormírem, dormíreu, dormiren, *fut* dormiré, dormiràs, dormirà, dormirem, dormireu, dormiran, *cond* dormiria, dormiries, dormiria, dormiríem, dormiríeu, dormirien, *pres subj* dormi, dormis, dormi, dormim, dormiu, dormin, *imperf subj* dormís, dormissis, dormís, dormíssim, dormíssiu, dormissin, *imper* dorm, dormi, dormim, dormiu, dormin, *ger* dormint, *part* dormit, -ida, -its, -ides

dur: *pres ind* duc, duus (dus), duu (du), duem, dueu, duen, *imperf ind* duia, duies, duia, dúiem, dúieu, duien, *perf ind* duguí, dugueres, dugué, duguérem, duguéreu, dugueren, *fut* duré, duràs, durà, durem, dureu, duran, *cond* duria, duries, duria, duríem, duríeu, durien, *pres subj* dugui, duguis, dugui, duguem, dugueu, duguin, *imperf subj* dugués, duguessis, dugués, duguéssim, duguéssiu, duguessin, *imper* duu (du), dugui, duguem, dueu, duguin, *ger* duent, *part* dut, -a, -s, -es

escopir: *com* **collir**

ÉSSER (SER): *pres ind* sóc, ets, és, som, sou, són, *imperf ind* era, eres, era, érem, éreu, eren, *perf ind* fui, fores, fou, fórem, fóreu, foren, *fut* seré, seràs, serà, serem, sereu, seran, **cond** seria (fóra), series (fores), seria (fóra), seríem (fórem), seríeu (fóreu), serien (foren), **pres subj** sigui, siguis, sigui, siguem, sigueu, siguin, **imperf subj** fos, fossis, fos, fóssim, fóssiu, fossin, **imper** sigues, sigui, siguem, sigueu, siguin, **ger** essent (sent), **part** estat, -ada, -ats, -ades

ESTAR: *pres ind* estic, estàs, està, estem, esteu, estan, *imperf ind* estava, estaves, estava, estàvem, estàveu, estaven, *perf ind* estiguí, estigueres, estigué, estiguérem, estiguéreu, estigueren, *fut* estaré, estaràs, estarà, estarem, estareu, estaran, *cond* estaria, estaries, estaria, estaríem, estaríeu, estarien, *pres subj* estigui, estiguis, estigui, estiguem, estigueu, estiguin, *imperf subj* estigués, estiguessis, estigués, estiguéssim, estiguéssiu, estiguessin, *imper* estigues, estigui, estiguem, estigueu, estiguin, *ger* estant, *part* estat, -ada, -ats, -ades

fer: *pres ind* faig, fas, fa, fem, feu, fan, *imperf ind* feia, feies, feia, fèiem, fèieu, feien, *perf ind* fiu, feres, féu, férem, féreu, feren, *fut* faré, faràs, farà, farem, fareu, faran, *cond* faria, faries, faria, faríem, faríeu, farien, *pres subj* faci, facis, faci, fem, feu, facin, *imperf subj* fes, fessis, fes, féssim, féssiu, fessin, *imper* fes, faci, fem, feu, facin, *ger* fent, *part* fet, -a, -s, -es

HAVER: *pres ind* he, has, ha, hem, heu, han, *imperf ind* havia, havies, havia, havíem, havíeu, havien, *perf ind* haguí, hagueres, hagué, haguérem, haguéreu, hagueren, *fut* hauré, hauràs, haurà, haurem, haureu, hauran, *cond* hauria (haguera), hauries (hagueres), hauria (haguera), hauríem (haguérem), hauríeu (haguéreu), haurien (hagueren), *pres subj* hagi, hagis, hagi, hàgim, hàgiu, hagin, *imperf subj* hagués, haguessis, hagués, haguéssim, haguéssiu, haguessin, *imper* - *inexistent*, *ger* havent, *part* hagut, -uda, -uts, -udes

jeure (jaure): *pres ind* jec (jac), jeus (jaus), jeu (jau), jaiem, jaieu, jeuen (jauen), *imperf ind* jeia, jeies, jeia, jèiem, jèieu, jeien, *perf ind* jaguí, jagueres, jagué, jaguérem, jaguéreu, jagueren, *fut* jauré, jauràs, jaurà, jaurem, jaureu, jauran, *cond* jauria, jauries, jauria, jauríem, jauríeu, jaurien, *pres subj* jegui (jagui), jeguis (jaguis), jegui (jagui), jaguem, jagueu, jeguin (jaguin), *imperf subj* jagués, jaguessis, jagués, jaguéssim, jaguéssiu, jaguessin, *imper* jeu (jau), jegui (jagui), jaguem, jaieu, jeguin (jaguin), *ger* jaient, *part* jagut, -uda, -uts, -udes

lluir[*]**:** *pres ind* lluo (llueixo), lluus (llueixes), lluu (llueix), lluïm, lluïu, lluen (llueixen), *imperf ind* lluïa, lluïes, lluïa, lluíem, lluíeu, lluïen, *perf ind* lluí, lluïres, lluí, lluírem, lluíreu, lluïren, *fut* lluiré, lluiràs, lluirà, lluirem, lluireu, lluiran, *cond* lluiria, lluiries, lluiria, lluiríem, lluiríeu, lluirien, *pres subj* lluï (llueixi), lluïs (llueixis), lluï (llueixi), lluïm, lluïu, lluïn (llueixin), *imperf subj* lluís, lluïssis, lluís, lluíssim, lluíssiu, lluïssin, *imper* lluu (llueix), lluï (llueixi), lluïm, lluïu, lluïn (llueixin), *ger* lluint, *part* lluït, -ïda, -ïts, -ïdes

néixer (nàixer): *com* **jeure (jaure)**

péixer (pàixer): *com* **jeure (jaure)**

PERDRE: *com* **témer**

poder: *pres ind* puc, pots, pot, podem, podeu, poden, *imperf ind* podia, podies, podia, podíem, podíeu, podien, *perf ind* poguí, pogueres, pogué, poguérem, poguéreu, pogueren, *fut* podré, podràs, podrà, podrem, podreu, podran, *cond* podria, podries, podria, podríem, podríeu, podrien, *pres subj* pugui, puguis, pugui, puguem, pugueu, puguin, *imperf subj* pogués, poguessis, pogués, poguéssim, poguéssiu, poguessin,

---

[*]Quan es refereix al significat literal ("emetre llum") s'usa sense l'increment *-eix-*; en canvi, quan té un significat figurat ("fer goig") s'escriu amb *-eix-*.

XXI

imper pugues, pugui, puguem, pugueu, puguin, *ger* podent, *part* pogut, -uda, -uts, -udes

resumir: *pres ind* resumeixo (resumo), resumeixes (resums), resumeix (resum), resumim, resumiu, resumeixen (resumen), *imperf ind* resumia, resumies, resumia, resumíem, resumíeu, resumien, *perf ind* resumí, resumires, resumí, resumírem, resumíreu, resumiren, *fut* resumiré, resumiràs, resumirà, resumirem, resumireu, resumiran, *cond* resumiria, resumiries, resumiria, resumiríem, resumiríeu, resumirien, *pres subj* resumeixi (resumi), resumeixis (resumis), resumeixi (resumi), resumim, resumiu, resumeixin (resumin), *imperf subj* resumís, resumissis, resumís, resumíssim, resumíssiu, resumissin, *imper* resumeix (resum), resumeixi (resumi), resumim, resumiu, resumeixin (resumin), *ger* resumint, *part* resumit, -ida, -its, -ides

ser: *vegeu* **ésser**

SERVIR: *pres ind* serveixo, serveixes, serveix, servim, serviu, serveixen, *imperf ind* servia, servies, servia, servíem, servíeu, servien, *perf ind* serví, servires, serví, servírem, servíreu, serviren, *fut* serviré, serviràs, servirà, servirem, servireu, serviran, *cond* serviria, serviries, serviria, serviríem, serviríeu, servirien, *pres subj* serveixi, serveixis, serveixi, servim, serviu, serveixin, *imperf subj* servís, servissis, servís, servíssim, servíssiu, servissin, *imper* serveix, serveixi, servim, serviu, serveixin, *ger* servint, *part* servit, -ida, -its, -ides

sortir: *com* **collir**

TÉMER: *pres ind* temo, tems, tem, temem, temeu, temen, *imperf ind* temia, temies, temia, temíem, temíeu, temien, *perf ind* temí, temeres, temé, temérem, teméreu, temeren, *fut* temeré, temeràs, temerà, temerem, temereu, temeran, *cond* temeria, temeries, temeria, temeríem, temeríeu, temerien, *pres subj* temi, temis, temi, temem, temeu, temin, *imperf subj* temés, temessis, temés, teméssim, teméssiu, temessin, *imper* tem, temi, temem, temeu, temin, *ger* tement, *part* temut, -uda, -uts, -udes

tossir: *com* **collir**

traduir: *pres ind* tradueixo, tradueixes, tradueix, traduïm, traduïu, tradueixen, *imperf ind* traduïa, traduïes, traduïa, traduíem, traduíeu, traduïen, *perf ind* traduí, traduïres, traduí, traduírem, traduíreu, traduïren, *fut* traduiré, traduiràs, traduirà, traduirem, traduireu, traduiran, *cond* traduiria, traduiries, traduiria, traduiríem, traduiríeu, traduirien, *pres subj* tradueixi, tradueixis, tradueixi, traduïm, traduïu, tradueixin, *imperf subj* traduís, traduïssis, traduís, traduíssim, traduíssiu, traduïssin, *imper* tradueix, tradueixi, traduïm, traduïu, tradueixin, *ger* traduint, *part* traduït, -ida, -its, -ïdes

treure (traure): *com* **jeure (jaure)**

venir: *pres ind* vinc, véns, ve, venim, veniu, vénen, *imperf ind* venia, venies, venia, veníem, veníeu, venien, *perf ind* vinguí, vingueres, vingué, vinguérem, vinguéreu, vingueren, *fut* vindré, vindràs, vindrà, vindrem, vindreu, vindran, *cond* vindria, vindries, vindria, vindríem, vindríeu, vindrien, *pres subj* vingui, vinguis, vingui, vinguem, vingueu, vinguin, *imperf subj* vingués, vinguessis, vingués, vinguéssim, vinguéssiu, vinguessin, *imper* vine, vingui, vinguem, veniu, vinguin, *ger* venint, *part* vingut, -uda, -uts, -udes

voler: *com* **poder**

XXII

Trademarks
Words considered to be trademarks have been designated in this dictionary by the symbol ©. However, neither the presence nor the absence of such designation should be regarded as affecting the legal status of any trademark.

Marques Registrades
El símbol © indica que la paraula que el porta es considera una marca registrada. S'ha de tenir en compte, però, que ni la presència ni l'absència d'aquest símbol afecten la situació legal de cap marca.

ENGLISH - CATALAN
ANGLÈS - CATALÀ

ENGLISH–CATALAN
CATALÀ–ANGLÈS

a[1] (*pl* **as / a's**), **A** (*pl* **As / A's**) [eɪ] *n* [letter] a *f*, A *f*; **from A to B** d'un lloc a un altre; **from A to Z** de cap a peus. ◆ **A** *n* **-1.** MUS la *m*. **-2.** EDUC [mark] excel·lent.

a[2] [*stressed* eɪ, *unstressed* ə] (*before vowel / silent "h"*: **an** [*stressed* æn, *unstressed* ən]) *indef art* **-1.** [gen] un, una; **a boy** un noi; **a table** una taula; **an orange** una taronja; **an eagle** una àguila; **a hundred / thousand pounds** cent / mil lliures. **-2.** [referring to occupation]: **to be a dentist / teacher** ser dentista / mestre. **-3.** [to express prices, ratios etc.] per; **£10 a person** 10 lliures per persona; **50 km an hour** 50 km per hora; **20p a kilo** 20 penics el quilo; **twice a week / month** dues vegades per setmana / al mes. **-4.** [preceding person's name] un una tal; **a Mister Jones** un tal senyor Jones.

AA ◇ *adj* (abbr of **anti-aircraft**) antiaeri -èria. ◇ *n* **-1.** (abbr of **Automobile Association**) ≃ RACC associació britànica de l'automòbil. **-2.** (abbr of **Associate in Arts**) titular d'una llicenciatura de lletres als Estats Units. **-3.** (abbr of **Alcoholics Anonymous**) AA *mpl*.

AAA *n* **-1.** (abbr of **Amateur Athletics Association**) federació britànica d'atletisme aficionat. **-2.** (abbr of **American Automobile Association**) ≃ RACC associació de l'automòbil dels Estats Units.

AB *n Am* (abbr of **Bachelor of Arts**) titular d'una llicenciatura de lletres.

aback [əˈbæk] *adv*: **to be taken ~** estar desconcertat.

abandon [əˈbændən] ◇ *vt* abandonar. ◇ *n*: **with ~** desenfrenadament.

abashed [əˈbæʃt] *adj* avergonyit -ida.

abate [əˈbeɪt] *vi* [storm] amainar; [noise] debilitar-se; [fear] apaivagar.

abattoir [ˈæbətwɑːr] *n* escorxador *m*.

abbey [ˈæbɪ] *n* abadia *f*.

abbot [ˈæbət] *n* abat *m*.

abbreviate [əˈbriːvɪeɪt] *vt* abreujar.

abbreviation [əˌbriːvɪˈeɪʃn] *n* abreviació *f*.

ABC *n* **-1.** *lit & fig* abecé *m*. **-2.** (abbr of **American Broadcasting Company**) ABC *f* cadena de televisió dels Estats Units.

abdicate [ˈæbdɪkeɪt] ◇ *vi* abdicar. ◇ *vt* [responsibility] renunciar a.

abdomen [ˈæbdəmen] *n* abdomen *m*.

abduct [əbˈdʌkt] *vt* raptar.

aberration [ˌæbəˈreɪʃn] *n* aberració *f*; **a mental ~** una distracció, una badada.

abet [əˈbet] (*pt & pp* **-ted**, *cont* **-ting**) *vt* ➡ **aid**.

abeyance [əˈbeɪəns] *n*: **in ~** [custom] en desús; [law] en suspens.

abhor [əbˈhɔːr] (*pt & pp* **-red**, *cont* **-ring**) *vt* abominar.

abide [əˈbaɪd] *vt* suportar, aguantar. ◆ **abide by** *vt fus* [law, ruling] acceptar; [principles, own decision] atenir-se a.

ability [əˈbɪlətɪ] (*pl* **-ies**) *n* **-1.** [capability] capacitat *f*, habilitat *f*; **to do sthg to the best of one's ~** fer alguna cosa tan bé com es pugui. **-2.** [skill] habilitat *f*.

abject [ˈæbdʒekt] *adj* **-1.** [poverty] vil, indigent. **-2.** [person] submís -isa; [apology] humiliant.

ablaze [əˈbleɪz] *adj* **-1.** [on fire] en flames. **-2.** [bright]: **to be ~ with** resplendir de.

able [ˈeɪbl] *adj* **-1.** [capable]: **to be ~ to do**

sthg ésser capaç de fer alguna cosa. **-2.** [skilful] capaç, apte -a.

abnormal [æb'nɔːml] *adj* anormal.

aboard [ə'bɔːd] ◇ *adv* a bord. ◇ *prep* [ship, plane] a bord de; [bus, train] en.

abode [ə'bəʊd] *n fml* domicili *m*, casa *f*; of no fixed ~ sense domicili fix.

abolish [ə'bɒlɪʃ] *vt* abolir.

abolition [ˌæbə'lɪʃn] *n* abolició *f*.

abominable [ə'bɒmɪnəbl] *adj* abominable, odiós -osa.

abort [ə'bɔːt] ◇ *vt* **-1.** [pregnancy, plan, project] avortar; [pregnant woman] provocar l'avortament. **-2.** COMPUT avortar. ◇ *vi* COMPUT avortar.

abortion [ə'bɔːʃn] *n* avortament *m*; to have an ~ avortar.

abortive [ə'bɔːtɪv] *adj* abortiu -iva, frustrat -ada.

abound [ə'baʊnd] *vi* **-1.** [be plentiful] abundar. **-2.** [be full]: to ~ with / in abundar de / en.

about [ə'baʊt] ◇ *adv* **-1.** [approximately] aproximadament, més o menys; there were ~ fifty / a hundred n' hi havia uns cinquanta / cent; at ~ five o'clock cap allà a les cinc. **-2.** [referring to place] per aquí; to leave things lying ~ deixar les coses per aquí; to walk ~ anar caminant per aquí; to jump ~ fer salts. **-3.** [on the point of]: to be ~ to do sthg estar a punt de fer alguna cosa. ◇ *prep* **-1.** [relating to, concerning] sobre, referent a; a film ~ Paris una pel·lícula sobre París; what is it ~? de què tracta?; tell me ~ your problems parla'm dels teus problemes; there's sthg odd ~ that man hi ha alguna cosa estranya en aquest home; how ~ ...? ☞ how; what ~ ...? ☞ what. **-2.** [referring to place] al voltant de, per; to wander ~ the streets vagar pels carrers.

about-turn, about-face *n* MIL mitja volta *f*; *fig* canvi *m* radical.

above [ə'bʌv] ◇ *adv* **-1.** [on top, higher up] dalt, a dalt; the flat ~ el pis de dalt; see ~ [in text] veure més amunt. **-2.** [more, over]: children aged five and ~ nens de cinc anys o més. ◇ *prep* **-1.** [on top of] damunt de, per sobre de. **-2.** [higher up than, over] per sobre de; the plane flew ~ them l'avió va volar per sobre d'ells. **-3.** [more than, superior to] per sobre de; children ~ the age of 15 nens més grans de 15 anys; she's not ~ lying és molt capaç de mentir. ☞ **above all** *adv* sobretot.

aboveboard [əˌbʌv'bɔːd] *adj* legítim -a, honrat -ada.

abrasive [ə'breɪsɪv] ◇ *adj* **-1.** [substance] abrasiu -iva. **-2.** [person] mordaç. ◇ *n* abrasiu *m*.

abreast [ə'brest] ◇ *adv* en línia, l'un al costat de l'altre. ◇ *prep*: to keep ~ of estar al dia.

abridged [ə'brɪdʒd] *adj* abreujat -ada, resumit -ida.

abroad [ə'brɔːd] *adv* a l'estranger; to go ~ anar a l'estranger.

abrupt [ə'brʌpt] *adj* **-1.** [sudden] sobtat -ada, precipitat -ada. **-2.** [brusque] brusc -a, sec -a.

abscess ['æbsɪs] *n* abscés *m*.

abscond [əb'skɒnd] *vi* fugir secretament, escapar-se; to ~ (with / from) fugir (amb / de).

abseil ['æbseɪl] *vi*: to ~ (down sthg) despenjar-se, baixar fent ràpel.

absence ['æbsəns] *n* **-1.** [of person] absència *f*; in sb's ~ en absència d'algú. **-2.** [of thing] falta *f*, manca *f*; in the ~ of davant la manca de.

absent ['æbsənt] *adj* **-1.** [not present] absent; to be ~ from faltar a, absentar-se de; MIL to be ~ without leave absentar-se sense permís. **-2.** [absent-minded] distret -a.

absentee [ˌæbsən'tiː] *n* absent *mf*.

absent-minded [-'maɪndɪd] *adj* [person] despistat -ada; [behaviour] distret -a.

absolute ['æbsəluːt] *adj* absolut -a.

absolutely ['æbsəluːtlɪ] ◇ *adv* [completely] completament, absolutament. ◇ *excl* per descomptat!, i tant!

absolve [əb'zɒlv] *vt*: to ~ sb (from) absoldre algú (de).

absorb [əb'sɔːb] *vt* **-1.** [gen] absorbir; *fig* to be ~ed in sthg estar absort -a en alguna cosa. **-2.** *fig* [learn] assimilar.

absorbent [əb'sɔːbənt] *adj* absorbent.

absorption [əb'sɔːpʃn] *n* [of liquid] absorció *f*.

abstain [əb'steɪn] *vi*: to ~ (from) abstenir-se de.

abstemious [æb'stiːmjəs] *adj fml* abstemi -èmia, sobri sòbria.

abstention [əb'stenʃn] *n* abstenció *f*.

abstract [*adj & n* 'æbstrækt, *vb* æb'strækt] ◇ *adj* abstracte -a. ◇ *n* [summary] extracte *m*, resum *m*. ◇ *vt* [summarize] resumir, compendiar.

absurd [əb'sɜːd] *adj* absurd -a.

ABTA ['æbtə] *n* (abbr of Association of British Travel Agents) associació *f* britànica d'agents de viatges.

abundant [ə'bʌndənt] *adj* abundant.

abundantly [ə'bʌndəntlɪ] *adv* **-1.** [extremely]: **it's ~ clear** està claríssim. **-2.** [in large amounts] abundantment, copiosament.

abuse [*n* ə'bju:s, *vb* ə'bju:z] ◇ *n* (U) **-1.** [offensive remarks] insults *mpl.* **-2.** [misuse, maltreatment] abús *m.* ◇ *vt* **-1.** [insult] insultar. **-2.** [maltreat, misuse] abusar de.

abusive [ə'bju:sɪv] *adj* [person] groller -a; [behaviour, language] insultant, ofensiu -iva.

abysmal [ə'bɪzml] *adj* pèssim -a, nefast -a.

abyss [ə'bɪs] *n* abisme *m*, precipici *m*.

a/c (abbr of account current) c/c *m*.

AC *n* **-1.** *Br* (abbr of athletics club) club *m* d'atletisme. **-2.** (abbr of alternating current) CA *m*.

academic [,ækə'demɪk] ◇ *adj* **-1.** [of college, university] acadèmic -a. **-2.** [studious] estudiós -osa. **-3.** [hypothetical] teòric -a. ◇ *n* [university lecturer] professor *m* -a *f* universitari -ària.

academy [ə'kædəmɪ] (*pl* **-ies**) *n* acadèmia *f*.

ACAS ['eɪkæs] *n* (abbr of Advisory, Conciliation and Arbitration Service) ≃ IMAC organització britànica per l'arbitratge en conflictes laborals.

accede [æk'si:d] *vi* **-1.** [agree]: **to ~ to** accedir a. **-2.** [monarch]: **to ~ to the throne** accedir al tron.

accelerate [ək'seləreɪt] *vi* **-1.** [car, driver] accelerar. **-2.** [inflation, growth] disparar-se.

acceleration [ək'selə'reɪʃn] *n* acceleració *f*.

accelerator [ək'seləreɪtə^r] *n* accelerador *m*.

accent [æksent] *n lit & fig* accent *m*.

accept [ək'sept] *vt* **-1.** [gen] acceptar. **-2.** [difficult situation, problem] assimilar. **-3.** [defeat, blame, responsibility] admetre, assumir. **-4.** [agree]: **to ~ that** admetre que. **-5.** [subject: machine - coins, tokens] funcionar amb, admetre.

acceptable [ək'septəbl] *adj* acceptable.

access [æk'ses] ◇ *n* **-1.** [entry] accés *m*; **to gain ~ to** [place] accedir a. **-2.** [opportunity to use or see] lliure accés *m*; **to have ~ to** tenir accés, aconseguir entrar a. ◇ *vt* COMPUT accedir a.

accessible [ək'sesəbl] *adj* **-1.** [place] accessible. **-2.** [service, book, film] assequible.

accessory [ək'sesərɪ] (*pl* **-ies**) *n* **-1.** [of car, vacuum cleaner] accessori *m*. **-2.** JUR còmplice *mf*.

accident ['æksɪdənt] *n* accident *m*; **to have an ~** [gen] tenir un accident; [in car] tenir un accident de cotxe; **it was an ~** ha estat sense voler; **by ~** [by chance] accidentalment.

accidental [,æksɪ'dentl] *adj* accidental.

accidentally [,æksɪ'dentəlɪ] *adv* **-1.** [by chance] per casualitat. **-2.** [unintentionally] sense voler.

accident-prone *adj* propens -a als accidents.

acclaim [ə'kleɪm] ◇ *n* (U) aclamació *f*, elogis *mpl*. ◇ *vt* aclamar, elogiar.

acclimatize, -ise [ə'klaɪmətaɪz], **acclimate** ['æklɪmeɪt] *Am* ◇ *vt* aclimatar; **to become acclimatized to sthg** aclimatar-se a alguna cosa. ◇ *vi*: **to ~ (to)** aclimatar-se a.

accolade ['ækəleɪd] *n* [praise] elogi *m*, afalac *m*; [award] guardó *m*.

accommodate [ə'kɒmədeɪt] *vt* **-1.** [provide room for people - subject: person] allotjar; [- subject: building, place] albergar. **-2.** [provide room for things] acomodar. **-3.** [oblige] complaure.

accommodating [ə'kɒmədeɪtɪŋ] *adj* servicial, atent -a.

accommodation [ə,kɒmə'deɪʃn] *n Br*, **accommodations** [ə,kɒmə'dʒeɪʃnz] *npl Am* **-1.** *Am* [lodging] allotjament *m*. **-2.** [work space] espai *m*.

accompany [ə'kʌmpənɪ] (*pt & pp* **-ied**) *vt* acompanyar.

accomplice [ə'kʌmplɪs] *n* còmplice *mf*.

accomplish [ə'kʌmplɪʃ] *vt* [achieve] assolir, aconseguir.

accomplished [ə'kʌmplɪʃt] *adj* hàbil, expert -a.

accomplishment [ə'kʌmplɪʃmənt] *n* **-1.** [action] realització *f*. **-2.** [achievement] assoliment *m*.

accord [ə'kɔ:d] ◇ *n*: **in ~** d'acord; **with one ~** a l'unísson; **to do sthg of one's own ~** fer alguna cosa per voluntat pròpia. ◇ *vt*: **to ~ sb sthg, to ~ sthg to sb** concedir alguna cosa a algú. ◇ *vi*: **to ~ with sthg** concordar amb alguna cosa.

accordance [ə'kɔ:dəns] *n*: **in ~ with** d'acord amb, conforme a.

according [əˈkɔːdɪŋ] ☞ **according to** prep **-1.** [as stated or shown by] segons; to go ~ to plan anar segons els plans. **-2.** [with regard to] conforme a.

accordingly [əˈkɔːdɪŋlɪ] adv **-1.** [appropriately] com correspon. **-2.** [consequently] en conseqüència, per tant.

accordion [əˈkɔːdjən] n acordió m.

accost [əˈkɒst] vt abordar.

account [əˈkaʊnt] n **-1.** [with bank, shop etc.] compte m. **-2.** [report - spoken] relat m; [- written] informe m. **-3.** to call sb to ~ demanar comptes a algú; to give a good ~ of oneself fer un bon paper; to take ~ of sthg, to take sthg into ~ tenir en compte alguna cosa; of no ~ sense importància; on no ~ de cap manera. ☞ **accounts** npl [of business] comptes mpl. ☞ **by all accounts** adv pel dir de la gent. ☞ **on account of** prep en virtut de, degut a. ☞ **account for** vt fus **-1.** [explain] justificar, respondre de. **-2.** [represent] representar.

accountable [əˈkaʊntəbl] adj **-1.** [responsible]: ~ **(for)** responsable (de). **-2.** [answerable]: ~ **to** obligat -ada a donar comptes davant.

accountancy [əˈkaʊntənsɪ] n comptabilitat f.

accountant [əˈkaʊntənt] n comptable mf.

accrue [əˈkruː] vi acumular-se.

accumulate [əˈkjuːmjʊleɪt] ◇ vt acumular, apilar. ◇ vi [money, things] acumular-se; [problems] amuntegar-se.

accuracy [ˈækjʊrəsɪ] n **-1.** [of description, report] veracitat f, rigor m. **-2.** [of weapon, marksman] precisió f; [of typing, figures] exactitud f, correcció f.

accurate [ˈækjʊrət] adj **-1.** [description, report] acurat -ada, rigorós -osa. **-2.** [weapon, marksman, typist] precís -isa; [figures, estimate] exacte -a, correcte -a.

accurately [ˈækjʊrətlɪ] adv **-1.** [truthfully] acuradament, rigorosament. **-2.** [precisely] amb precisió.

accusation [ˌækjuːˈzeɪʃn] n **-1.** [charge] acusació f. **-2.** JUR denúncia f.

accuse [əˈkjuːz] vt: to ~ sb of sthg / of doing sthg acusar algú d'alguna cosa / de fer alguna cosa.

accused [əˈkjuːzd] (pl inv) n JUR: the ~ l'acusat m -ada f.

accustomed [əˈkʌstəmd] adj: ~ to acostumat -ada a.

ace [eɪs] ◇ adj: an ~ athlete un atleta que és un as. ◇ n [playing card] as m; fig to be within an ~ of estar a punt de.

ache [eɪk] ◇ n [pain] dolor m. ◇ vi **-1.** [hurt] fer mal; **my back ~s** em fa mal l'esquena. **-2.** fig [want]: **to be aching for sthg / to do sthg** morir-se de ganes d'alguna cosa / de fer alguna cosa.

achieve [əˈtʃiːv] vt [success, goal, fame] assolir, aconseguir; [ambition] realitzar.

achievement [əˈtʃiːvmənt] n **-1.** [accomplishment] èxit m, assoliment m. **-2.** [act of achieving] consecució f, realització f.

achiever [əˈtʃiːvəʳ] n triomfador m -a f; **low ~** [at school] estudiant m -a f de baix rendiment escolar.

Achilles' tendon [əˈkɪliːz-] n tendó m d'Aquil·les.

acid [ˈæsɪd] ◇ adj **-1.** CHEM àcid -a. **-2.** [sharp-tasting] agre -a. **-3.** fig [person, remark] mordaç. ◇ n àcid m.

acid rain n pluja f àcida.

acknowledge [əkˈnɒlɪdʒ] vt **-1.** [accept] reconèixer. **-2.** [greet] saludar. **-3.** [letter etc.]: **to ~ receipt of** acusar recepció de. **-4.** [recognize]: **to ~ sb as** reconèixer algú com a.

acknowledg(e)ment [əkˈnɒlɪdʒmənt] n **-1.** [acceptance] reconeixement m. **-2.** [confirmation of receipt] acusament m de recepció. **-3.** [thanks]: **in ~ of** en senyal d'agraïment. ☞ **acknowledg(e)ments** npl agraïments mpl.

acne [ˈæknɪ] n acne f.

acorn [ˈeɪkɔːn] n gla f.

acoustic [əˈkuːstɪk] adj acústic -a. ☞ **acoustics** npl acústica f.

acquaint [əˈkweɪnt] vt **-1.** [make familiar]: **to ~ sb with sthg** [information] posar algú al corrent d'alguna cosa; [method, technique] informar algú sobre alguna cosa. **-2.** [make known]: **to be ~ed with sb** conèixer algú.

acquaintance [əˈkweɪntəns] n conegut m -uda f; fml to make sb's ~ conèixer algú.

acquire [əˈkwaɪəʳ] vt **-1.** [buy, adopt] adquirir. **-2.** [obtain - information, document] aconseguir, proporcionar-se.

acquisitive [əˈkwɪzɪtɪv] adj consumista, acaparador -a.

acquit [əˈkwɪt] (pt & pp **-ted**, cont **-ting**) vt **-1.** JUR: **to ~ sb of sthg** absoldre algú d'alguna cosa. **-2.** [perform]: **to ~ oneself well / badly** portar-se bé / malament.

acquittal [əˈkwɪtl] JUR n absolució f.

acre [ˈeɪkəʳ] n acre m.

acrid ['ækrɪd] *adj lit & fig* acre.

acrimonious [,ækrɪ'məʊnjəs] *adj* [words] aspre -a; [dispute] agre -a.

acrobat ['ækrəbæt] *n* acròbata *mf*.

acronym ['ækrənɪm] *n* acrònim *m*, sigla *f*.

across [ə'krɒs] ⋄ *adv* **-1.** [from one side to the other] d'un costat a l'altre; **to walk / run ~** creuar caminant / corrent; **to look ~** mirar a l'altre costat. **-2.** [in measurements]: **the river is 2 km ~** el riu fa 2 km d'amplada. **-3.** [in crossword]: "**21 ~**" 21 horitzontal. **-4. to get sthg ~ (to sb)** fer entendre alguna cosa (a algú). ⋄ *prep* **-1.** [from one side to the other of] a través, d'un costat a l'altre; **to walk / run ~ the road** creuar la carretera caminant / corrent; **the bridge ~ the river** el pont que travessa el riu; **he drew a line ~ the page** va dibuixar una línia a través de la pàgina; **to look ~ sthg** mirar cap a l'altre costat d'una cosa. **-2.** [on the other side of] a l'altre costat de. ◆ **across from** *prep* davant de.

acrylic [ə'krɪlɪk] *adj* acrílic -a.

act [ækt] ⋄ *n* **-1.** [action, deed] acció *f*, acte *m*; **to be in the ~ of doing sthg** estar fent alguna cosa; **to catch sb in the ~** atrapar in fraganti. **-2.** [pretence] farsa *f*, engany *m*. **-3.** [in parliament] llei *f*. **-4.** [THEAT - part of play] acte *m*; [- routine, turn] número *m*. **-5. to get in on the ~** introduir-se a l'assumpte; **to get one's ~ together** organitzar-se. ⋄ *vi* **-1.** [gen] actuar; **to ~ as** [person] fer de; [thing] actuar com. **-2.** [behave]: **to ~ (as if / like)** comportar-se (com si / com). **-3.** *fig* [pretend] fingir. **-4.** JUR [lawyer, estate agent]: **to ~ for sb, to act on behalf of sb** actuar en representació d'algú. ⋄ *vt* [part - in play, film] interpretar; **to ~ the fool** fer l'enze; **to ~ the innocent** fer-se l'innocent; **~ your age!** deixa de comportar-te com una criatura!

acting ['æktɪŋ] ⋄ *adj* [interim] interí -ina, en funcions. ⋄ *n* actuació *f*; **I like ~** m'agrada actuar.

action ['ækʃn] *n* **-1.** [gen & MIL] acció *f*; **to take ~** passar a l'acció; **in ~** [person] en acció; [machine] en funcionament; **to be killed in ~** morir en combat; **to put sthg into ~** posar alguna cosa en marxa; **out of ~** [person] fora de combat; [machine] avariat -ada. **-2.** [deed] acte *m*, acció *f*. **-3.** JUR acció judicial.

action replay *n* repetició *f* (de la jugada).

activate ['æktɪveɪt] *vt* [device] activar; [machine] posar en funcionament.

active ['æktɪv] *adj* **-1.** [person, campaigner] actiu -iva. **-2.** [encouragement etc.] enèrgic -a, vigorós -osa. **-3.** [volcano] actiu -iva; [bomb] activat -ada.

actively ['æktɪvlɪ] *adv* [encourage, discourage] activament, enèrgicament.

activity [æk'tɪvətɪ] (*pl* **-ies**) *n* **-1.** [movement, action] activitat *f*. **-2.** [pastime, hobby] afició *f*.

actor ['æktər] *n* actor *m*.

actress ['æktrɪs] *n* actriu *f*.

actual ['æktʃʊəl] *adj* [emphatic]: **the ~ cost is £10** el cost real és de 10 lliures; **the ~ game starts at three pm** el partit en si comença a les tres; **the ~ spot where it happened** el lloc concret on va succeir.

actually ['æktʃʊəlɪ] *adv* **-1.** [really, in truth]: **do you ~ like him?** de debò t'agrada?; **no-one ~ saw her** de fet, ningú no la va veure; **~ it's not that good** en realitat no és tan bo. **-2.** [by the way]: **~, I was there yesterday** de fet, vaig ser-hi ahir.

acumen ['ækjumen] *n*: **business ~** perspicàcia *f* pels negocis.

acupuncture ['ækjʊpʌŋktʃər] *n* acupuntura *f*.

acute [ə'kju:t] *adj* **-1.** [illness] agut -uda; [pain, danger] punyent. **-2.** [perceptive - person] perspicaç. **-3.** [hearing, smell] fi fina. **-4.** LING: **e ~** e accentuada.

ad [æd] *n* (abbr of **advertisement**) anunci *m*.

AD (abbr of **Anno Domini**) dC.

adamant ['ædəmənt] *adj*: **to be ~ (that)** mostrar-se inflexible (en).

Adam's apple ['ædəmz-] *n* nou *f* del coll.

adapt [ə'dæpt] ⋄ *vt* adaptar. ⋄ *vi*: **to ~ (to)** adaptar-se (a).

adaptable [ə'dæptəbl] *adj* [person] adaptable.

adapter, adaptor [ə'dæptər] *n* [ELEC - for several devices] lladre *m*; [- for different socket] adaptador *m*.

add [æd] *vt* **-1.** [gen]: **to ~ sthg (to sthg)** afegir alguna cosa (a alguna cosa). **-2.** [numbers] sumar. ◆ **add on** *vt sep* **-1.** [to building]: **to ~ sthg on (to sthg)** incorporar alguna cosa (a alguna cosa). **-2.** [to bill, total]: **to ~ sthg on (to sthg)** incloure alguna cosa (a alguna cosa). ◆ **add to** *vt fus* augmentar, incrementar. ◆ **add up** ⋄ *vt sep* [numbers] sumar. ⋄ *vi inf* [make sense]: **it doesn't ~ up** no té ni cap ni peus.

adder ['ædər] n escurçó m.

addict ['ædɪkt] n **-1.** [taking drugs] addicte m -a f; **drug ~** toxicòman m -a f; **heroin ~** heroïnòman m -a f. **-2.** fig [fan] fanàtic m -a f.

addicted [ə'dɪktɪd] adj **-1.** [to drug]: **~ (to)** addicte (a). **-2.** fig [to food, TV]: **to be ~ (to)** ser un entusiasta (de).

addiction [ə'dɪkʃn] n **-1.** [to drug]: **~ (to)** addicció f (a). **-2.** fig [to food, TV]: **~ (to)** afecció f (a).

addictive [ə'dɪktɪv] adj lit & fig addictiu -iva.

addition [ə'dɪʃn] n **-1.** MATH suma f. **-2.** [extra thing] addició f. **-3.** [act of adding] incorporació f; **in ~** a més a més; **in ~ to** a més a més de.

additional [ə'dɪʃənl] adj addicional.

additive ['ædɪtɪv] n additiu m.

address [ə'dres] ◇ n **-1.** [of person, organization] adreça f, domicili m. **-2.** [speech] discurs m, conferència f. ◇ vt **-1.** [letter, parcel, remark]: **to ~ sthg to** dirigir alguna cosa a; **to be ~ed to** anar adreçat a. **-2.** [meeting, conference] dirigir-se a, parlar davant. **-3.** [issue]: **to ~ oneself to sthg** enfrontar-se a, abordar alguna cosa.

address book n agenda f.

adenoids ['ædɪnɔɪdz] npl vegetacions fpl, adenoides fpl.

adept ['ædept] adj: **to be ~ (at sthg / at doing sthg)** ser expert -a (en alguna cosa / a fer alguna cosa).

adequate ['ædɪkwət] adj **-1.** [sufficient] suficient. **-2.** [good enough] acceptable, satisfactori -òria.

adhere [əd'hɪər] vi **-1.** [to surface, principle]: **to ~ (to)** adherir-se (a). **-2.** [to rule, decision]: **to ~ to** observar, respectar.

adhesive [əd'hi:sɪv] ◇ adj adhesiu -iva. ◇ n adhesiu m.

adhesive tape n cinta f adhesiva.

adjacent [ə'dʒeɪsənt] adj: **~ (to)** adjacent (a).

adjective ['ædʒɪktɪv] n adjectiu m.

adjoining [ə'dʒɔɪnɪŋ] ◇ adj [table] adjacent; [room] contigu -a. ◇ prep de costat.

adjourn [ə'dʒɜːn] ◇ vt [decision] ajornar; [session] aixecar; [meeting] interrompre. ◇ vi ajornar-se, traslladar-se.

adjudge [ə'dʒʌdʒ] vt jutjar, decidir.

adjudicate [ə'dʒuːdɪkeɪt] ◇ vt jutjar. ◇ vi actuar com a jutge en; **to ~ on / upon sthg** pronunciar sentència sobre alguna cosa.

adjust [ə'dʒʌst] ◇ vt [machine, setting] ajustar; [clothing] arranjar. ◇ vi: **to ~ (to)** adaptar-se a, ajustar-se a.

adjustable [ə'dʒʌstəbl] adj [machine, chair] ajustable, graduable.

adjustment [ə'dʒʌstmənt] n **-1.** [modification] modificació f, reajustament m; **to make an ~ to sthg** fer un reajustament a alguna cosa. **-2.** (U) [change in attitude]: **~ (to)** adaptació f (a).

ad lib [,æd'lɪb] ◇ adj [improvised] improvisat -ada. ◇ n improvisació f. ◇ adv [without preparation] a discreció; [without limit] a voluntat. ♦ **ad-lib** (cont -bed, cont -bing) vi improvisar.

administer [əd'mɪnɪstər] vt [gen] administrar; [punishment] aplicar.

administration [əd,mɪnɪ'streɪʃn] n [gen] administració f; [of punishment] aplicació f.

administrative ['əd'mɪnɪstrətɪv] adj administratiu -iva.

admirable ['ædmərəbl] adj admirable.

admiral ['ædmərəl] n almirall m.

admiration [,ædmə'reɪʃn] n admiració f.

admire [əd'maɪər] vt: **to ~ sb (for)** admirar algú (per).

admirer [əd'maɪərər] n admirador m -a f.

admission [əd'mɪʃn] n **-1.** [permission to enter] admissió f, ingrés m. **-2.** [cost of entrance] entrada f. **-3.** [of guilt, mistake] reconeixement m; **by his / her etc. own ~** com ell mateix / ella mateixa reconeix.

admit [əd'mɪt] (pt & pp **-ted**, cont **-ting**) ◇ vt **-1.** [acknowledge, confess]: **to ~ (that)** reconèixer (que); **to ~ doing sthg** reconèixer haver fet alguna cosa; fig **to ~ defeat** acceptar la derrota. **-2.** [allow to enter or join]: **to be ~ to hospital** Br / **to the hospital** Am ser ingressat a l'hospital; **"~s two"** [on ticket] vàlid per a dues persones. ◇ vi: **to ~ to sthg** confessar alguna cosa.

admittance [əd'mɪtəns] n: **to gain ~ to** aconseguir entrar en; **"no ~"** "prohibida l'entrada".

admittedly [əd'mɪtɪdlɪ] adv sens dubte, indubtablement.

admonish [əd'mɒnɪʃ] vt amonestar, reprendre.

ad nauseam [,æd'nɔːzɪæm] adv fins a la societat, incansablement.

ado [ə'duː] n: **without further / more ~** sense més dilació.

adolescence [,ædə'lesns] n adolescència f.

adolescent [,ædə'lesnt] ◇ adj **-1.** [teenage]

adolescent. **-2.** *pej* [immature] pueril, infantil. ◇ *n* [teenager] adolescent *mf*.
adopt [ə'dɒpt] *vt & vi* adoptar.
adoption [ə'dɒpʃn] *n* adopció *f*.
adore [ə'dɔːʳ] *vt* **-1.** [love deeply] adorar, estimar moltíssim. **-2.** [like very much]: **I ~ chocolate** m'encanta la xocolata.
adorn [ə'dɔːn] *vt* adornar.
adrenalin [ə'drenəlɪn] *n* adrenalina *f*.
Adriatic [,eɪdrɪ'ætɪk] *n*: **the ~ (Sea)** la mar Adriàtica.
adrift [ə'drɪft] ◇ *adj* [boat] a la deriva. ◇ *adv fig*: **to go ~** anar-se'n en orri.
adult ['ædʌlt] ◇ *adj* **-1.** [fully grown] adult -a. **-2.** [mature] madur -a. **-3.** [suitable for adults only] per a adults. ◇ *n* adult *m* -a *f*.
adultery [ə'dʌltərɪ] *n* adulteri *m*.
advance [əd'vɑːns] ◇ *n* **-1.** [gen] avanç *m*. **-2.** [money] avançament *m*, bestreta *f*. ◇ *comp*: **~ notice / warning** previ avís; **~ booking** reserva *f* anticipada; **~ payment** pagament per endavant. ◇ *vt* **-1.** [improve] promoure, fomentar. **-2.** [bring forward in time] avançar. **-3.** [give in -]: **to ~ sb sthg** avançar a algú alguna cosa. ◇ *vi* avançar.
◆ **advances** *npl*: **to make ~s to sb** [sexual] insinuar-se a algú; [business] fer una proposta a algú. ◆ **in advance** *adv* [pay] a la bestreta; [book] amb antelació; [know] amb anterioritat; **to arrive half an hour in ~** arribar mitja hora abans.
advanced [əd'vɑːnst] *adj* **-1.** [developed] avançat -ada; *euph* **~ in years** d'edat avançada. **-2.** [student, pupil] avançat -ada, avantatjat -ada; [studies] superiors.
advantage [əd'vɑːntɪdʒ] *n*: **~ (over)** avantatge *m* (sobre); **to be to one's ~** beneficiar a un mateix; **to take ~ of sthg** aprofitar-se d'alguna cosa; **to take ~ of sb** aprofitar-se d'algú; **to have / hold the ~ (over sb)** portar avantatge (a algú).
advent ['ædvənt] *n* [arrival] adveniment *m*, vinguda *f*. ◆ **Advent** RELIG *n* Advent *m*.
adventure [əd'ventʃəʳ] *n* aventura *f*.
adventure playground *n Br* parc *m* infantil.
adventurous [əd'ventʃərəs] *adj* **-1.** [daring] aventurat -ada. **-2.** [dangerous] arriscat -ada.
adverb ['ædvɜːb] *n* adverbi *m*.
adverse ['ædvɜːs] *adj* advers -a.
advert ['ædvɜːt] *Br* = **advertisement**.
advertise ['ædvətaɪz] ◇ *vt* anunciar. ◇ *vi* fer propaganda; **to ~ for** buscar (mitjançant un anunci).

advertisement [əd'vɜːtɪsmənt] *n* anunci *m*; *fig* **to be a great ~ for** fer molta propaganda a.
advertiser ['ædvətaɪzəʳ] *n* anunciant *mf*.
advertising ['ædvətaɪzɪŋ] *n* publicitat *f*.
advice [əd'vaɪs] *n* (U) consells *mpl*; **to take sb's ~** seguir el consell d'algú; **a piece of ~** un consell; **to give sb ~** aconsellar algú.
advisable [əd'vaɪzəbl] *adj* aconsellable, recomanable.
advise [əd'vaɪz] ◇ *vt* **-1.** [give advice to]: **to ~ sb to do sthg** aconsellar algú que faci alguna cosa; **to ~ sb against sthg / against doing sthg** desaconsellar algú alguna cosa / que faci alguna cosa. **-2.** [professionally]: **to ~ sb on sthg** assessorar algú sobre alguna cosa. **-3.** *fml* [inform]: **to ~ sb (of sthg)** informar algú (d'alguna cosa). ◇ *vi* **-1.** [give advice]: **to ~ against sthg** desaconsellar alguna cosa; **to ~ against doing sthg** desaconsellar fer alguna cosa. **-2.** [professionally]: **to ~ on** assessorar sobre.
advisedly [əd'vaɪzɪdlɪ] *adv* [deliberately] deliberadament; [after careful consideration] amb coneixement de causa.
adviser *Br*, **advisor** *Am* [əd'vaɪzəʳ] *n* conseller *m* -a *f*, assessor *m* -a *f*.
advisory [əd'vaɪzərɪ] *adj* [body] consultiu -iva; **in an ~ capacity / role** en qualitat d'assessor.
advocate [*n* 'ædvəkət, *vb* 'ædvəkeɪt] ◇ *n* **-1.** JUR advocat *m* -ada *f*. **-2.** [supporter] defensor *m* -a *f*, partidari *m* -ària *f*. ◇ *vt* advocar per.
Aegean [iː'dʒiːən] *n*: **the ~ (Sea)** la mar Egea.
aerial ['eərɪəl] ◇ *adj* aeri aèria. ◇ *n Br* [antenna] antena *f*.
aerobics [eə'rəʊbɪks] *n* (U) aeròbic *m*.
aerodynamic [,eərəʊdaɪ'næmɪk] *adj* aerodinàmic -a.
aeroplane [,eərəpleɪn] *n Br* avió *m*.
aerosol ['eərəsɒl] *n* aerosol *m*.
aesthetic, **esthetic** *Am* [iːs'θetɪk] *adj* estètic -a.
afar [ə'fɑːʳ] *adv*: **from ~** des de lluny.
affable ['æfəbl] *adj* afable.
affair [ə'feəʳ] *n* **-1.** [event, do] esdeveniment *m*. **-2.** [concern, matter] assumpte *m*. **-3.** [extra-marital relationship] aventura *f* (amorosa).
affect [ə'fekt] *vt* **-1.** [influence, move emotionally] afectar. **-2.** [put on] simular, fingir.

affected [əˈfektɪd] *adj* [insincere] afectat -ada.

affection [əˈfekʃn] *n* afecte *m*.

affectionate [əˈfekʃnət] *adj* afectuós -osa.

affirm [əˈfɜːm] *vt* afirmar.

affix [əˈfɪks] *vt* afegir, enganxar.

afflict [əˈflɪkt] *vt* afligir, patir; **to be ~ed with sthg** patir de.

affluence [ˈæfluəns] *n* opulència *f*.

affluent [ˈæfluənt] *adj* opulent -a, adinerat -ada.

afford [əˈfɔːd] *vt* **-1.** [gen]: **to be able to ~** poder permetre's; **I can't ~ the time** no tinc temps; **we can't ~ to let this happen** no ens podem permetre el luxe de deixar que això passi. **-2.** *fml* [provide, give] proporcionar.

affront [əˈfrʌnt] ◇ *n* afront *m*, ofensa *f*. ◇ *vt* insultar, ofendre.

Afghanistan [æfˈgænɪstæn] *n* Afganistan.

afield [əˈfiːld] *adv*: **far ~** lluny.

afloat [əˈfləʊt] *adj lit & fig* a flor d'aigua, flotant.

afoot [əˈfʊt] *adj* [plan] en marxa; **there is a rumour ~ that** corre el rumor que.

afraid [əˈfreɪd] *adj* **-1.** [gen] espantat -ada; **to be ~ of sb** tenir por d'algú; **to be ~ of sthg** tenir por d'alguna cosa; **to be ~ of doing / to do sthg** tenir por de fer alguna cosa. **-2.** [in apologies]: **to be ~ that** lamentar que, témer que; **I'm ~ so / not** em temo que sí / no.

afresh [əˈfreʃ] *adv* una altra vegada.

Africa [ˈæfrɪkə] *n* Àfrica.

African [ˈæfrɪkən] ◇ *adj* africà -ana. ◇ *n* africà *m* -ana *f*.

African American *n* negre *m* -a *f* americà -ana.

aft [ɑːft] *adv* en popa, a popa.

after [ˈɑːftəʳ] ◇ *prep* **-1.** [gen] després; **~ having ... després d'haver ...; ~ all my efforts** després de tots els meus esforços; **~ you!** després de vostè; **day ~ day** un dia darrere l'altre, dia rere dia; **the day ~ tomorrow** demà passat; **the week ~ next** no la propera setmana sinó la següent. **-2.** *inf* [in search of]: **to be ~ sthg** anar al darrere d'alguna cosa; **to be ~ sb** anar darrere d'algú. **-3.** [with the name of]: **to be named ~ sb / sthg** dir-se així per algú / alguna cosa. **-4.** [towards retreating person]: **to call ~ sb** cridar algú; **to run ~ sb** córrer darrere d'algú. **-5.** ART: **~ Titian** còpia de Ticià. **-6.** *Am* [telling the time]: **it's twenty ~ three** són un quart i cinc de quatre. ◇ *adv* després, més tard. ◇ *conj* després que; **~ you had done it** després que ho haguessis fet. ➡ **afters** *npl Br inf* postres *fpl*. ➡ **after all** *adv* **-1.** [in spite of everything] després de tot. **-2.** [it should be remembered] al cap i a la fi.

aftereffects [ˈɑːftərɪˌfekts] *npl* seqüeles *fpl*, efectes *mpl* secundaris.

afterlife [ˈɑːftəlaɪf] (*pl* **-lives** [-laɪvz]) *n* vida *f* d'ultratomba.

aftermath [ˈɑːftəmæθ] *n* [time] període *m* posterior; [situation] resultats *mpl*, conseqüències *fpl*.

afternoon [ˌɑːftəˈnuːn] *n* tarda *f*; **in the ~** a la tarda; **good ~** bona tarda.

aftershave [ˈɑːftəʃeɪv] *n* loció *f* de massatge (per a després de l'afaitat).

aftertaste [ˈɑːftəteɪst] *n* **-1.** [of food, drink] regust *m*. **-2.** *fig* [of unpleasant experience] mal sabor de boca.

afterthought [ˈɑːftəθɔːt] *n* segon pensament *m*.

afterward(s) [ˈɑːftəwəd(z)] *adv* després, més tard.

again [əˈgen] *adv* **-1.** [gen] una altra vegada; **never ~** mai més; **he's well ~ now** ja torna a estar bé; **to do sthg ~** tornar a fer alguna cosa; **to say sthg ~** repetir alguna cosa; **~ and ~** moltes vegades; **all over ~** una altra vegada des del començament; **time and ~** nombroses vegades. **-2.** [asking for repetition]: **what's his name ~?** pot repetir-me el seu nom? **-3.** **half as much ~** la meitat una altra vegada; **twice as much ~** el doble una altra vegada; *inf* **come ~?** com diu?; **then / there ~** per una altra banda.

against [əˈgenst] ◇ *prep* contra; **I'm ~ it** estic en contra; **to lean ~ sthg** recolzar sobre alguna cosa; **(as) ~** contrastar amb. ◇ *adv* en contra.

age [eɪdʒ] (*cont* **ageing / aging**) ◇ *n* **-1.** [gen] edat *f*; *Am* **to be of ~** ser major d'edat; **to come of ~** arribar a la majoria d'edat; **to be under ~** ser menor d'edat; **what ~ are you?** quina edat tens? **-2.** [state of being old] vellesa *f*. ◇ *vt & vi* envellir. ➡ **ages** *npl* [long time] molt de temps; **~s ago** fa molt de temps; **I haven't seen her for ~s** fa molt de temps que no la veig.

aged [*adj* eɪdʒd, *npl* eɪdʒɪd] ◇ *adj* **-1.** [of the stated age]: **children ~ between 8 and 15** nens d'entre 8 i 15 anys. **-2.** [very old] gran, vell -a. ◇ *npl*: **the ~** la gent gran.

age group *n* grup *m* d'edat.

agency ['eɪdʒənsɪ] (*pl* **-ies**) *n* **-1.** [business] agència *f*; **employment / travel ~** agència de treball / de viatges. **-2.** [organization, body] organisme *m*, institut *m*.

agenda [ə'dʒendə] *n* ordre del dia; **what's on the ~?** què tenim a l'ordre del dia?

agent ['eɪdʒənt] *n* **-1.** COM [of company] representant *mf*, delegat *m* -ada *f*; [of actor] agent *mf*. **-2.** [substance] agent *m*. **-3.** [secret -] agent *mf* secret -a.

aggravate ['ægrəveɪt] *vt* **-1.** [make worse] agreujar, empitjorar. **-2.** [annoy] irritar.

aggregate ['ægrɪgət] ◇ *adj* global, total. ◇ *n* **-1.** [total] total *m*, conjunt *m*. **-2.** [material] conglomerat *m*.

aggressive [ə'gresɪv] *adj* **-1.** [belligerent - person] agressiu -iva. **-2.** [forceful - person, campaign] enèrgic -a, dinàmic -a.

aggrieved [ə'gri:vd] *adj* ofès ofesa, ferit -ida.

aghast [ə'gɑ:st] *adj*: **~ (at)** horroritzat -ada (de).

agile [*Br* 'ædʒaɪl, *Am* 'ædʒəl] *adj* àgil.

agitate ['ædʒɪteɪt] ◇ *vt* **-1.** [disturb, worry] inquietar, pertorbar. **-2.** [shake about] agitar. ◇ *vi* [campaign]: **to ~ for / against** fer campanya a favor / en contra de.

AGM *n* (*abbr of* **annual general meeting**) junta *f* general anual.

agnostic [æg'nɒstɪk] ◇ *adj* agnòstic -a. ◇ *n* agnòstic *m* -a *f*.

ago [ə'gəʊ] *adv*: **a long time / three days / three years ~** fa molt de temps / tres dies / tres anys.

agog [ə'gɒg] *adj* ansiós -osa, expectant; **~ with excitement** vibrant d'emoció.

agonizing ['ægənaɪzɪŋ] *adj* angoixant.

agony ['ægənɪ] (*pl* **-ies**) *n* **-1.** [physical pain] dolor *m* agut, agonia *f*; **to be in ~** patir un dolor atroç. **-2.** [mental pain] angoixa *f*; **to be in ~** estar angoixat.

agony aunt *n Br inf* consellera *f* sentimental.

agree [ə'gri:] ◇ *vi* **-1.** [be of same opinion]: **to ~ (with sb about sthg)** estar d'acord (amb algú sobre alguna cosa); **to ~ on sthg** posar-se d'acord. **-2.** [consent]: **to ~ (to sthg)** accedir (a alguna cosa). **-3.** [approve]: **to ~ with sthg** estar d'acord amb alguna cosa. **-4.** [be consistent] concordar. **-5.** [food]: **to ~ with sb** anar bé a algú. **-6.** GRAM: **to ~ (with)** concordar (amb). ◇ *vt* **-1.** [fix] acordar, convenir. **-2.** [be of same opinion]: **to ~ that** estar d'acord que. **-3.** [agree, consent]: **to ~ to do sthg** avenir-se a fer alguna cosa. **-4.** [concede]: **to ~ (that)** reconèixer que.

agreeable [ə'gri:əbl] *adj* **-1.** [pleasant] agradable. **-2.** [willing]: **to be ~ to sthg / doing sthg** estar conforme amb alguna cosa / a fer alguna cosa.

agreed [ə'gri:d] ◇ *adj*: **to be ~ on sthg** estar d'acord amb alguna cosa. ◇ *adv* **-1.** [decided] d'acord. **-2.** [admittedly] d'acord que.

agreement [ə'gri:mənt] *n* **-1.** [accord, settlement, contract] acord *m*; **to be in ~ with** estar d'acord amb; **to reach an ~** arribar a un acord. **-2.** [consent] acceptació *f*. **-3.** [consistency] correspondència *f*. **-4.** GRAM concordància *f*.

agricultural [,ægrɪ'kʌltʃərəl] *adj* agrícola.

agriculture ['ægrɪkʌltʃər] *n* agricultura *f*.

aground [ə'graʊnd] *adv*: **to run ~** encallar-se.

ahead [ə'hed] *adv* **-1.** [in front] davant; **to go on ~** anar al davant; **to be sent on ~** ser enviat per endavant. **-2.** [forwards] cap endavant; **go ~!** endavant!; **right / straight ~** tot recte. **-3.** [winning]: **to be ~** [in race] anar al capdamunt; [in football, rugby etc.] anar guanyant; **they went ~ in the fifth minute** al minut cinc guanyaven per un gol. **-4.** [in better position] per davant; **to get ~** [be successful] obrir-se camí. **-5.** [in time]: **to look / think ~** pensar en el futur. ◆ **ahead of** *prep* **-1.** [in front of] davant de. **-2.** [beating]: **to be two points ~ of** portar dos punts d'avantatge. **-3.** [in better position than] per davant de. **-4.** [in time] abans de; **~ of schedule** abans del que s'havia previst.

aid [eɪd] ◇ *n* ajuda *f*, ajut *m*; **medical ~** assistència *f* mèdica; **with the ~ of** amb l'ajuda de; **to go to the ~ of sb / to sb's ~** anar a ajudar algú; **in ~ of** a benefici de. ◇ *vt* **-1.** [help] ajudar. **-2.** JUR: **to ~ and abet** ser còmplice de.

aide [eɪd] POL *n* ajudant *m* -a *f*.

AIDS, Aids [eɪdz] ◇ *n* (*abbr of* **acquired immune deficiency syndrome**) SIDA *f*, sida *f*. ◇ *comp*: **~ specialist** especialista en la sida; **~ patient** pacient de sida.

ailing ['eɪlɪŋ] *adj* **-1.** [ill] malalt -a. **-2.** *fig* [economy] dèbil.

ailment ['eɪlmənt] *n* malaltia *f*, indisposició *f*.

aim [eɪm] ◇ *n* **-1.** [objective] objectiu *m*, intenció *f*. **-2.** [in firing gun] punteria *f*; **to**

aimless

take ~ at apuntar a. ◇ *vt* **-1.** [weapon]: to ~ sthg at apuntar alguna cosa a. **-2.** [plan, action]: to be ~ed at doing sthg anar dirigit a fer una cosa. **-3.** [campaign, publicity, criticism]: to ~ sthg at sb dirigir alguna cosa a algú. ◇ *vi* **-1.** [point weapon]: to ~ (at sthg) apuntar (a alguna cosa). **-2.** [intend]: to ~ at / for sthg aspirar a alguna cosa; to ~ to do sthg aspirar a fer alguna cosa.

aimless ['eɪmlɪs] *adj* sense objectiu, sense propòsit.

ain't [eɪnt] *inf* = am not, are not, is not, have not, has not.

air [eəʳ] ◇ *n* **-1.** [gen] aire *m*; into the ~ a l'aire; by ~ en avió, per avió; *fig* (up) in the ~ a l'aire; *fig* to clear the ~ aclarir les coses. **-2.** [tune] tonada *f*. **-3.** RADIO & TV: on the ~ en antena, emetent. ◇ *comp* aeri aèria. ◇ *vt* **-1.** [clothes, sheets] airejar; [cupboard, room] ventilar. **-2.** [views, opinions] discutir, expressar. **-3.** *Am* [broadcast] emetre. ◇ *vi* [clothes, sheets] airejar-se; [cupboard, room] ventilar-se.

airbag ['eəbæg] AUTOM *n* coixí *m* de seguretat.

airbase ['eəbeɪs] *n* base *f* aèria.

airbed ['eəbed] *n Br* matalàs *m* inflable.

airborne ['eəbɔːn] *adj* **-1.** [troops] aerotransportat -ada; [attack] aeri aèria. **-2.** [plane] en vol.

air-conditioned [-kənˈdɪʃnd] *adj* climatitzat -ada, refrigerat -ada.

air-conditioning [-kənˈdɪʃnɪŋ] *n* aire *m* condicionat.

aircraft ['eəkrɑːft] (*pl inv*) *n* [plane] avió *m*; [any flying machine] aeronau *f*.

aircraft carrier *n* portaavions *m*.

airfield ['eəfiːld] *n* camp *m* d'aviació.

airforce ['eəfɔːs] ◇ *n*: the ~ les forces aèries. ◇ *comp* de les forces aèries.

air freshener *n* ambentador *m*.

airgun ['eəgʌn] *n* escopeta *f* d'aire comprimit.

airhostess ['eə,həustɪs] *n* hostessa *f* de vol.

airlift ['eəlɪft] ◇ *n* pont *m* aeri. ◇ *vt* transportar per avió.

airline ['eəlaɪn] *n* línia *f* aèria.

airlock ['eəlɒk] *n* **-1.** [in tube, pipe] bossa *f* d'aire. **-2.** [airtight chamber] cambra *f* d'aire.

airmail ['eəmeɪl] *n* correu *m* aeri; by ~ per correu aeri.

airplane ['eəpleɪn] *n Am* avió *m*.

10

airport ['eəpɔːt] ◇ *n* aeroport *m*. ◇ *comp* d'aeroport.

air raid *n* atac *m* aeri.

airsick ['eəsɪk] *adj*: to be ~ marejar-se (en un avió).

airspace ['eəpeɪs] *n* espai *m* aeri.

air steward *n* auxiliar *m* de vol.

airstrip ['eəstrɪp] *n* pista *f* d'aterratge.

air terminal *n* terminal *f* aèria.

airtight ['eətaɪt] *adj* hermètic -a.

air-traffic controller *n* controlador *m* -a *f* aeri aèria.

airy ['eərɪ] (*compar* **-ier**, *superl* **-iest**) *adj* **-1.** [room] ben ventilat -ada, espaiós -osa. **-2.** [fanciful] vano, superficial. **-3.** [nonchalant] despreocupat -ada.

aisle [aɪl] *n* **-1.** [in church] nau *f* lateral. **-2.** [in plane, theatre, supermarket] passadís *m*.

ajar [əˈdʒɑːʳ] *adj* entreobert -a.

aka (abbr of also known as) àlies.

akin [əˈkɪn] *adj*: ~ to sthg / to doing sthg semblant a alguna cosa / a fer alguna cosa.

alacrity [əˈlækrətɪ] *n* promptitud *f*, celeritat *f*.

alarm [əˈlɑːm] ◇ *n* alarma *f*; to raise / sound the ~ donar l'alarma. ◇ *vt* alarmar, espantar.

alarm clock *n* despertador *m*.

alarming [əˈlɑːmɪŋ] *adj* alarmant.

alas [əˈlæs] *excl liter* ai las!, ai!

Albania [ælˈbeɪnjə] *n* Albània.

albeit [ɔːlˈbiːɪt] *conj fml* per bé que, tot i que.

album ['ælbəm] *n* **-1.** [of stamps, photos] àlbum *m*. **-2.** [record] disc *m*.

alcohol ['ælkəhɒl] *n* alcohol *m*.

alcoholic [,ælkəˈhɒlɪk] ◇ *adj* alcohòlic -a. ◇ *n* alcohòlic *m* -a *f*.

alcove ['ælkəuv] *n* alcova *f*.

alderman ['ɔːldəmən] (*pl* **-men** [-mən]) *n* ≃ regidor *m* -a *f*.

ale [eɪl] *n* cervesa *f* anglesa.

alert [əˈlɜːt] ◇ *adj* **-1.** [vigilant] alerta. **-2.** [perceptive] espavilat -ada. **-3.** [aware]: to be ~ to ser conscient de. ◇ *n* [gen & MIL] alerta *f*; on the ~ alerta. ◇ *vt* avisar; to ~ sb to sthg posar algú en guàrdia per alguna cosa.

Alevel *n Br* EDUC (abbr of **Advanced level**) nivell escolar necessari per accedir a la universitat.

alfresco [ælˈfreskəu] *adj & adv* a l'aire lliure.

algae ['ældʒiː] *npl* algues *fpl*.
algebra ['ældʒɪbrə] *n* àlgebra *f*.
Algeria [æl'dʒɪərɪə] *n* Algèria.
alias ['eɪlɪəs] (*pl* **-es**) ◇ *adv* àlies. ◇ *n* àlies *m*.
alibi ['ælɪbaɪ] *n* coartada *f*.
alien ['eɪljən] ◇ *adj* **-1.** [foreign] estranger -a. **-2.** [from outer space] extraterrestre. **-3.** [unfamiliar] estrany -a. ◇ *n* **-1.** [from outer space] extraterrestre *mf*. **-2.** JUR [foreigner] estranger *m* -a *f*.
alienate ['eɪljəneɪt] *vt* **-1.** [make unsympathetic] guanyar-se l'antipatia de. **-2.** [distance emotionally]: **to be ~d from** estar allunyat de.
alight [ə'laɪt] (*pt* & *pp* **-ed** / **alit**) ◇ *adj* [on fire] encès -esa, ardent. ◇ *vi* **-1.** *fml* [land] posar. **-2.** *fml* [get off]: **to ~ from** baixar, descavalcar, desembarcar.
align [ə'laɪn] *vt* **-1.** [line up] alinear. **-2.** [ally]: **to ~ oneself with** alinear-se amb.
alike [ə'laɪk] ◇ *adj* semblant. ◇ *adv* de la mateixa forma, igualment; **to look ~** assemblar-se; **to think ~** pensar de la mateixa manera.
alimony ['ælɪmənɪ] *n* pensió *f* alimentària.
alive [ə'laɪv] *adj* **-1.** [living] viu viva. **-2.** [tradition] amb vida. **-3.** [active, lively] ple plena de vida; **to come ~** [story, description] cobrar vida; [person, place] animar-se. **-4.** [aware]: **to be ~ to** sensible a, conscient de. **-5.** [rats, insects]: **to be ~ with** infestat -ada de; [rumour, speculation] ple plena de.
alkali ['ælkəlaɪ] (*pl* **-s** / **-ies**) *n* àlcali *m*.
all [ɔːl] ◇ *adj* **-1.** tot -a; (*with sg noun*); **~ the drink** tota la beguda, **~ violence is to be condemned** tota violència és digna de condemna; **~ day** tot el dia; **~ night** tota la nit; **~ the time** tota l'estona. **-2.** tots -tes; (*with pl noun*); **~ the boxes** totes les caixes; **~ men** tots els homes; **~ three died** tots tres van morir. ◇ *pron* **-1.** (*sg*) [the whole amount] tot *m* tota *f*; **she drank it ~, she drank ~ of it** s'ho va beure tot. **-2.** (*pl*) [everybody, everything] tothom, tots *mpl* totes *fpl*; **~ of them came, they ~ came** van venir tots. **-3.** (*with superl*): **he's the cleverest of ~** és el més llest de tots; **the most amazing thing of ~** el més sorprenent de tot; **best** / **worst of ~ ...** el millor / el pitjor de tot; **above ~** ▶ **above**; **after ~** ▶ **after**; **at ~** ▶ **at**. ◇ *adv* **-1.** [entirely] completament; **I'd forgotten ~ about that** ho havia oblidat completament; **it spilled ~ over the car-**

pet es va escampar per tota la catifa; **she was dressed ~ in red** anava tota vestida de vermell; **~ alone** tot -a sol -a; **that's ~ very well, but ...** em sembla molt bé, però... **-2.** [in sport, competitions]: **the score is two ~** el resultat és d'empat a dos. **-3.** (*with compar*): **the situation was made ~ the worse by his arrival** la situació encara va empitjorar amb la seva arribada; **to run ~ the faster** córrer encara més ràpid. ▶ **all but** *adv* gairebé, quasi. ▶ **all in all** *adv* en conjunt, tot plegat. ▶ **all that** *adv* tan; **she's not ~ that pretty** no és pas tan maca. ▶ **in all** *adv* en total.
Allah ['ælə] *n* Alà.
all-around *Am* = **all-round**.
allay [ə'leɪ] *vt fml* alleujar, apaivagar.
all clear *n* **-1.** [signal] senyal *m* de fi de perill. **-2.** *fig* [go-ahead] llum *f* verda.
allegation [ˌælɪ'geɪʃn] *n* al·legació *f*; **to make ~s (about)** fer acusacions (sobre).
allege [ə'ledʒ] *vt* al·legar; **to ~ that** al·legar que; **to be ~d to have done / said** ser acusat -ada d'haver fet / dit.
allegedly [ə'ledʒɪdlɪ] *adv* segons diuen.
allegiance [ə'liːdʒəns] *n* fidelitat *f*.
allergic [ə'lɜːdʒɪk] *adj lit* & *fig*: **~ (to sthg)** al·lèrgic -a (a alguna cosa).
allergy ['ælədʒɪ] (*pl* **-ies**) *n* al·lèrgia *f*; **to have an ~ to** tenir al·lèrgia a.
alleviate [ə'liːvɪeɪt] *vt* alleujar, mitigar.
alley(way) ['ælɪ(weɪ)] *n* carreró *m*.
alliance [ə'laɪəns] *n* aliança *f*.
allied ['ælaɪd] *adj* **-1.** [powers, troops] aliat -ada. **-2.** [subjects] semblant, anàleg -àloga.
alligator ['ælɪgeɪtər] (*pl inv* / **-s**) *n* caiman *m*.
all-important *adj* de màxima importància.
all-in *adj Br* [inclusive] tot inclòs. ▶ **all in** ◇ *adj inf* [tired] cansat -ada, aixafat -ada. ◇ *adv* [inclusive] tot inclòs.
all-night *adj* que dura tota la nit.
allocate ['æləkeɪt] *vt*: **to ~ sthg to sb** [money, resources] assignar alguna cosa a algú; [task, tickets, seats] atribuir.
allot [ə'lɒt] (*pt* & *pp* **-ted**, *cont* **-ting**) *vt* [job, time] assignar; [money, resources] destinar.
allotment [ə'lɒtmənt] *n* **-1.** *Br* [garden] parcel·la municipal arrendada per cultivar-la. **-2.** [sharing out - of job, time] assignació *f*; [- of money, resources] distribució.

–3. [share - of money, resources] porció f, assignació f; [- of time] espai m (de temps) concedit.

all-out adj [effort] suprem -a; [war] a mata-degolla, sense quarter.

allow [ə'laʊ] vt **-1.** [permit] permetre, deixar; **to ~ sb to do sthg** permetre a algú fer alguna cosa; **~ me** permeti'm. **-2.** [set aside - money] apartar, destinar; [- time] deixar. **-3.** [officially accept - subject: person] concedir; [- subject: law] admetre, permetre. **-4.** [concede]: **to ~ that** reconèixer que. ► **allow for** vt fus tenir em compte, tenir en consideració.

allowance [ə'laʊəns] n **-1.** [money received - from government] subsidi m; [- from employer] dietes fpl; **clothing ~** assignació f per comprar roba. **-2.** Am [pocket money] paga f. **-3.** FIN desgravació f. **-4. to make ~s for sthg / sb** [forgive] disculpar alguna cosa / algú; [take into account] tenir en compte alguna cosa / algú.

alloy ['æləɪ] n aliatge m.

all right ◇ adv **-1.** [gen] bé. **-2.** inf [only just acceptably] (més o menys) bé. **-3.** inf [in answer all right yes] bé, d'acord. **-4.** inf [certainly] sens dubte; **it's her ~** segur que és ella. **-5.** [do you understand?]: **~?** entesos? **-6.** [now then] bé; **~, children, stop talking now!** vinga, nens, calleu d'una vegada! ◇ adj **-1.** [gen] bé. **-2.** inf [not bad]: **it's ~, but ...** no està malament, però ... **-3.** [allowable]: **is it ~ if ...?** et fa res si ...? **-4.** inf [OK]: **sorry - that's ~** perdó - no té importància.

all-round Br, **all-around** Am adj **-1.** [multi-skilled] complet -a, polifacètic -a. **-2.** [comprehensive] extens -a, general.

all-time adj de tots els temps.

alluring [ə'lʊərɪŋ] adj [person] atractiu -iva; [thing] temptador -a.

allusion [ə'luːʒn] n al·lusió f.

ally [n 'ælaɪ, vb ə'laɪ] (pl **-ies**, pt & pp **-ied**) ◇ n aliat m -ada f. ◇ vt: **to ~ oneself with** aliar-se amb.

almighty [ɔːl'maɪtɪ] adj inf [very big] imponent, impressionant.

almond ['ɑːmənd] n **-1.** [nut] ametlla f. **-2.** [tree] ametller m.

almost ['ɔːlməʊst] adv quasi, gairebé.

alms [ɑːmz] npl dated almoina f.

aloft [ə'lɒft] adv **-1.** [in the air] a dalt. **-2.** NAUT a l'arborada.

alone [ə'ləʊn] ◇ adj sol -a; **to be ~ with** estar sol -a amb; **all ~** tot a sol -a. ◇ adv **-1.** [without others] sol -a. **-2.** [only] sols, només. **-3. to go it ~** anar per lliure; **to leave sthg / sb ~** deixar alguna cosa / algú en pau. ► **let alone** conj per no parlar de.

along [ə'lɒŋ] ◇ adv **-1.** [forward] cap endavant; **to go / walk ~** avançar; **she was walking ~** anava caminant. **-2.** [with others or oneself]: **bring it ~** porta'l. **-3.** [to this or that place]: **to come ~** venir; **to go ~** anar. ◇ prep **-1.** [towards one end of, beside] per tot, al llarg de. **-2.** [in] a; **he lives ~ Dalry Rd** viu al carrer Dalry. ► **all along** adv tota l'estona. ► **along with** prep amb, junt amb.

alongside [ə,lɒŋ'saɪd] ◇ prep **-1.** [next to] al costat de. **-2.** [together with] amb. ◇ adv: **to come ~** posar-se costat per costat; **to work ~** treballar junts.

aloof [ə'luːf] ◇ adj fred -a, distant. ◇ adv a distància; **to remain ~ (from)** mantenir-se a distància (de).

aloud [ə'laʊd] adv alt, en veu alta.

alphabet ['ælfəbet] n alfabet m.

alphabetical [,ælfə'betɪkl] adj alfabètic -a; **in ~ order** en ordre alfabètic.

Alps [ælps] npl: **the ~** els Alps.

already [ɔːl'redɪ] adv ja.

alright [,ɔːl'raɪt] = **all right**.

Alsatian [æl'seɪʃn] ◇ adj [of Alsace] alsacià -ana. ◇ n **-1.** [person] alsacià m -ana f. **-2.** [dog] gos m llop.

also ['ɔːlsəʊ] adv també.

altar ['ɔːltər] n altar m.

alter ['ɔːltər] ◇ vt [modify] canviar, modificar; **to have a dress ~ed** fer-se arreglar un vestit. ◇ vi canviar.

alteration [,ɔːltə'reɪʃn] n alteració f; **to make an ~ / alterations to** fer una modificació / modificacions a.

alternate [adj Br ɔːl'tɜːnət, Am 'ɒltərnət, vb 'ɔːltəneɪt] ◇ adj **-1.** [by turns] alternatiu -iva, altern -a. **-2.** [every other]: **on ~ days / weeks** cada dos dies / setmanes. ◇ vt alternar. ◇ vi: **to ~ (with / between)** alternar (amb / entre).

alternating current ['ɔːltəneɪtɪŋ-] ELEC n corrent m altern.

alternative [ɔːl'tɜːnətɪv] ◇ adj alternatiu -iva. ◇ n alternativa f; **to have no ~ (but to do sthg)** no tinc cap més remei (que fer alguna cosa).

alternatively [ɔːl'tɜːnətɪvlɪ] adv o bé, d'altra banda.

alternator ['ɔːltəneɪtər] ELEC n alternador m.

although [ɔːl'ðəʊ] conj encara que.

altitude ['æltɪtjuːd] *n* altitud *f*, altura *f*.

alto ['æltəʊ] (*pl* **-s**) ◇ *n* [male voice] contralt *m*; [female voice] contralt *f*. ◇ *comp* contralt.

altogether [,ɔːltə'geðər] *adv* **-1.** [completely] completament, totalment; **not ~** no del tot. **-2.** [considering all things] tot plegat. **-3.** [in total] en total.

aluminium *Br* [,æljʊ'mɪnɪəm], **aluminum** *Am* [ə'luːmɪnəm] ◇ *n* alumini *m*. ◇ *comp* d'alumini.

always ['ɔːlweɪz] *adv* sempre.

am [æm] ➞ **be**.

a.m. (abbr of *ante meridiem*) a.m.; **at 3 a. m.** a les tres de la matinada.

AM *n* (abbr of *amplitude modulation*) AM *f*, modulació *f* d'amplitud.

amalgamate [ə'mælgəmeɪt] ◇ *vt* [unite] amalgamar. ◇ *vi* [unite] amalgamar-se.

amass [ə'mæs] *vt* apilonar, acumular.

amateur ['æmətər] ◇ *adj* amateur, aficionat -ada; *pej* principiant, sapastre -a. ◇ *n* amateur *mf*; *pej* sapastre *m* -a *f*.

amateurish [,æmə'tɜːrɪʃ] *adj* poc professional, maldestre -a.

amaze [ə'meɪz] *vt* sorprendre.

amazed [ə'meɪzd] *adj* sorprès -esa.

amazement [ə'meɪzmənt] *n* sorpresa *f*; **to my ~** amb gran sorpresa per part meva.

amazing [ə'meɪzɪŋ] *adj* sorprenent.

Amazon ['æməzn] *n* **-1.** [river]: **the ~** l'Amazones. **-2.** [region]: **the ~ (Basin)** l'Amazònia, la conca amazònica; **the ~ rain forest** la selva amazònica. **-3.** [woman] amazona *f*.

ambassador [æm'bæsədər] *n* ambaixador *m* -a *f*.

amber ['æmbər] ◇ *adj* **-1.** [amber-coloured] ambrat -ada, color d'ambre. **-2.** *Br* [traffic light] groc groga. ◇ *n* ambre *m*. ◇ *comp* [made of -] d'ambre.

ambiguous [æm'bɪgjʊəs] *adj* ambigu -a.

ambition [æm'bɪʃn] *n* ambició *f*.

ambitious [æm'bɪʃəs] *adj* ambiciós -osa.

amble ['æmbl] *vi* [walk] deambular, caminar a poc a poc.

ambulance ['æmbjʊləns] ◇ *n* ambulància *f*. ◇ *comp*: **~ man** conductor *m* d'ambulància; **~ woman** conductora *f* d'ambulància.

ambush ['æmbʊʃ] ◇ *n* emboscada *f*. ◇ *vt* fer caure en una emboscada.

amenable [ə'miːnəbl] *adj* raonable; **~ to** favorable a.

amend [ə'mend] *vt* [law] esmenar; [text] corregir. ➞ **amends** *npl*: **to make ~s for sthg** reparar alguna cosa.

amendment [ə'mendmənt] *n* **-1.** [change - to law] esmena *f*; [- to text] correcció *f*. **-2.** [act of changing] esmena *f*, rectificació *f*.

amenities [ə'miːnətɪz] *npl* [of town] facilitats *fpl*; [of building] comoditats *fpl*.

America [ə'merɪkə] *n* Amèrica.

American [ə'merɪkən] ◇ *adj* americà -ana. ◇ *n* [person] americà *m* -ana *f*.

American Indian *n* amerindi *m* -índia *f*.

amiable ['eɪmjəbl] *adj* amable, simpàtic -a.

amicable ['æmɪkəbl] *adj* amistós -osa, amigable.

amid(st) [ə'mɪd(st)] *prep fml* enmig de, entre.

amiss [ə'mɪs] ◇ *adj* dolent -a. ◇ *adv*: **to take sthg ~** prendre's una cosa malament.

ammonia [ə'məʊnjə] *n* amoníac *m*.

ammunition [,æmjʊ'nɪʃn] *n* **-1.** (*U*) MIL municions *fpl*. **-2.** *fig* [information, argument] arguments *mpl*.

amnesia [æm'niːzjə] *n* amnèsia *f*.

amnesty ['æmnəstɪ] (*pl* **-ies**) *n* amnistia *f*.

amok [ə'mɒk] *adv*: **to run ~** embogir, desbocar-se.

among(st) [ə'mʌŋ(st)] *prep* entre.

amoral [,eɪmɒ'rəl] *adj* amoral.

amorous ['æmərəs] *adj* amorós -osa.

amount [ə'maʊnt] *n* quantitat *f*. ➞ **amount to** *vt fus* **-1.** [total] pujar a. **-2.** [be equivalent to] equivaler a.

amp [æmp] *n* **-1.** (abbr of *ampere*) ampere *m*. **-2.** *inf* (abbr of **amplifier**) amplificador *m*.

ampere ['æmpeər] *n* ampere *m*.

amphibian [æm'fɪbɪən] *n* amfibi *m*.

ample ['æmpl] *adj* **-1.** [enough] suficient; [more than enough] abundant. **-2.** [garment, room] ampli -àmplia; [stomach, bosom] abundant.

amplifier ['æmplɪfaɪər] *n* amplificador *m*.

amputate ['æmpjʊteɪt] *vt* & *vi* amputar.

Amsterdam [,æmstə'dæm] *n* Amsterdam.

Amtrak ['æmtræk] *n* organisme que regula i coordina les línies de ferrocarril als Estats Units.

amuck [ə'mʌk] = **amok**.

amuse [ə'mju:z] *vt* **-1.** [make laugh, smile] divertir. **-2.** [entertain] entretenir; **to ~ oneself (by doing sthg)** entretenir-se (fent alguna cosa).

amused [ə'mju:zd] *adj* **-1.** [person, look] divertit -ida; **I was not ~ at / by that** no em va fer cap gràcia. **-2.** [entertained]: **to keep oneself ~** entretenir-se, distreure's.

amusement [ə'mju:zmənt] *n* **-1.** [enjoyment] diversió *f*. **-2.** [diversion, game] passatemps *m*, atracció *f*.

amusement arcade *n* sala *f* de jocs.

amusement park *n* parc *m* d'atraccions.

amusing [ə'mju:zɪŋ] *adj* divertit -ida, graciós -osa.

an [stressed æn, unstressed ən] ➠ **a²**.

anabolic steroid [,ænə'bɒlɪk-] *n* esteroide *m* anabolitzant.

anaemic *Br*, **anemic** *Am* [ə'ni:mɪk] *adj* **-1.** [ill] anèmic -a. **-2.** *fig & pej* [weak, poor] pobre -a.

anaesthetic *Br*, **anesthetic** *Am* [,ænɪs'θetɪk] *n* anestèsia *f*; **under ~** anestesiat -ada; **local / general ~** anestèsia local / general.

analog *Am* = **analogue**.

analogue, **analog** *Am* ['ænəlɒg] ◇ *adj* [watch, clock] analògic -a. ◇ *n fml* equivalent *m*.

analogy [ə'nælədʒɪ] (*pl* **-ies**) *n* analogia *f*; **to draw an ~ with / between** establir una analogia amb / entre; **by ~** per analogia.

analyse *Br*, **analyze** *Am* ['ænəlaɪz] *vt* analitzar.

analysis [ə'næləsɪs] (*pl* **analyses** [ə'næləsi:z]) *n* anàlisi *f*; **in the final / last ~** en conclusió.

analyst ['ænəlɪst] *n* **-1.** [gen] analista *mf*. **-2.** [psychoanalyst] psicoanalista *mf*.

analytic(al) [,ænə'lɪtɪk(l)] *adj* analític -a.

analyze *Am* = **analyse**.

anarchist ['ænəkɪst] *n* anarquista *mf*.

anarchy ['ænəkɪ] *n* anarquia *f*.

anathema [ə'næθəmə] *n*: **the idea is ~ to me** la idea em sembla aberrant.

anatomy [ə'nætəmɪ] (*pl* **-ies**) *n* anatomia *f*.

ANC *n* (abbr of African National Congress) ANC *m*, Congrés *m* Nacional Africà.

ancestor ['ænsestər] *n lit & fig* avantpassat *m* -ada *f*.

anchor ['æŋkər] ◇ *n* NAUT àncora *f*; **to drop ~** tirar l'àncora; **to weigh ~** llevar l'àncora. ◇ *vt* **-1.** [secure] aferrar, subjectar. **-2.** TV presentar. ◇ *vi* NAUT ancorar.

anchovy ['æntʃəvɪ] (*pl inv* / **-ies**) *n* [salted] anxova *f*; [fresh] seitó *m*.

ancient ['eɪnʃənt] *adj* **-1.** [gen] antic -iga. **-2.** *hum* [very old] vetust -a.

ancillary [æn'sɪlərɪ] *adj* auxiliar.

and [strong form ænd, weak form ənd, ən] *conj* **-1.** (before "i" or "hi") [gen] i; **faster ~ faster** cada vegada més ràpid; **it's nice ~ easy** és ben fàcil. **-2.** [in numbers]: **one hundred ~ eighty** cent vuitanta; **one ~ a half** un i mig; **2 ~ 2 is 4** dos i dos fan quatre. **-3.** [to]: **try ~ come** mira de venir; **come ~ see the kids** vine a veure els nens; **wait ~ see** espera i veuràs. ➠ **and so on, and so forth** *adv* etcètera.

Andalusia [,ændə'lu:zɪə] *n* Andalusia.

Andes ['ændi:z] *npl*: **the ~** els Andes.

Andorra [æn'dɔ:rə] *n* Andorra.

anecdote ['ænɪkdəʊt] *n* anècdota *f*.

anemic *Am* = **anaemic**.

anew [ə'nju:] *adv* una altra vegada.

angel ['eɪndʒəl] *n* **-1.** RELIG àngel *m*. **-2.** *inf* [delightful person] àngel *m*, tresor *m*, sol *m*.

anger ['æŋgər] ◇ *n* còlera *f*, ira *f*. ◇ *vt* encoleritzar, enfadar.

angina [æn'dʒaɪnə] *n* angina *f* de pit.

angle ['æŋgl] *n* **-1.** [gen] angle *m*; **at an ~** [aslant] tort -a. **-2.** [point of view] perspectiva *f*, punt *m* de vista. ◇ *vi* **-1.** [fish] pescar amb canya. **-2.** [manoeuvre]: **to ~ for** anar a la caça de.

angler ['æŋglər] *n* pescador *m* -a *f* (de canya).

Anglican ['æŋglɪkən] ◇ *adj* anglicà -ana. ◇ *n* anglicà *m* -ana *f*.

angling ['æŋglɪŋ] *n* pesca *f* de canya.

Anglo-Saxon ◇ *adj* anglosaxó -ona. ◇ *n* **-1.** [person] anglosaxó *m* -ona *f*. **-2.** [language] anglosaxó *m*.

angry ['æŋgrɪ] (*compar* **-ier**, *superl* **-iest**) *adj* [person] enfadat -ada; [letter, look, face] furiós -osa; **to be ~ at / with sb** estar enfadat amb algú; **to get ~ with sb** enfadar-se amb algú.

anguish ['æŋgwɪʃ] *n* angoixa *f*.

angular ['æŋgjʊlər] *adj* [face, body] angulós -osa.

animal ['ænɪml] ◇ *adj* animal. ◇ *n* animal *m*; *pej* animal *mf*.

animate ['ænɪmət] *adj* animat -ada.

animated ['ænɪmeɪtɪd] *adj* animat -ada.

aniseed ['ænɪsi:d] *n* llavor *f* d'anís.

ankle ['æŋkl] ◇ *n* turmell *m*. ◇ *comp*:

boots botins *mpl*; ~ **socks** escarpins *mpl*, peücs *mpl*.
annex ['æneks] <> *n* annex *m*. <> *vt* annexar.
annexe ['æneks] = **annex**.
annihilate [ə'naɪəleɪt] *vt* [destroy] destruir, anihilar.
anniversary [ˌænɪ'vɜːsərɪ] (*pl* **-ies**) *n* aniversari *m*.
announce [ə'naʊns] *vt* anunciar.
announcement [ə'naʊnsmənt] *n* anunci *m*.
announcer [ə'naʊnsər] *n*: **radio / television** ~ locutor *m* -a *f* de ràdio / televisió.
annoy [ə'nɔɪ] *vt* molestar, importunar.
annoyance [ə'nɔɪəns] *n* molèstia *f*.
annoyed [ə'nɔɪd] *adj*: ~ **at sthg / with sb** molest -a per alguna cosa / amb algú.
annoying [ə'nɔɪɪŋ] *adj* molest -a, pesat -ada, importú -una.
annual ['ænjʊəl] <> *adj* anual, anyal. <> *n* **-1.** [plant] planta *f* anual. **-2.** [book] anuari *m*.
annual general meeting *n* junta *f* general anual.
annul [ə'nʌl] (*pt* & *pp* **-led** *cont* **-ling**) *vt* anul·lar.
annum ['ænəm] *n*: **per** ~ a l'any.
anomaly [ə'nɒməlɪ] (*pl* **-ies**) *n* anomalia *f*.
anonymous [ə'nɒnɪməs] *adj* anònim -a.
anorak ['ænəræk] *n* anorac *m*.
anorexia (nervosa) [ˌænə'reksɪə(nɜː'vəʊsə)] *n* anorèxia *f*.
anorexic [ˌænə'reksɪk] <> *adj* anorèctic -a. <> *n* anorèctic *m* -a *f*.
another [ə'nʌðər] <> *adj* un -a altre -a; **in** ~ **few minutes** d'aquí a uns minuts. <> *pron* un altre *m*, una altra *f*; **one after** ~ un -a rere l'altre -a; **one** ~ l'un -a a l'altre -a; **we love one** ~ ens estimem; **with one** ~ l'un una amb l'altre -a.
answer ['ɑːnsər] <> *n* resposta *f*; **in** ~ **to** en resposta a. <> *vt* **-1.** [reply to] respondre a, contestar a. **-2.** [respond to]: **to** ~ **the door** anar a obrir la porta; **to** ~ **the phone** agafar el telèfon. <> *vi* respondre, contestar. ➡ **answer back** *vt sep* & *vi* replicar. ➡ **answer for** *vt fus* **-1.** [accept responsibility for] respondre per. **-2.** [suffer consequences of] respondre de.
answerable ['ɑːnsərəbl] *adj*: ~ **(to sb / for sthg)** responsable (davant algú / per alguna cosa).
answering machine ['ɑːnsərɪŋ-] *n* contestador *m* automàtic.
ant [ænt] *n* formiga *f*.

antagonism [æn'tægənɪzm] *n* antagonisme *m*.
antagonize, -ise [æn'tægənaɪz] *vt* provocar l'enemistat de.
Antarctic [æn'tɑːktɪk] <> *adj* antàrtic -a. <> *n*: **the** ~ l'Antàrtic.
Antarctica [æn'tɑːktɪkə] *n* Antàrtida.
antelope ['æntɪləʊp] (*pl inv* / **-s**) *n* antílop *m*.
antenatal [ˌæntɪ'neɪtl] *adj* prenatal.
antenatal clinic *n* maternitat *f*.
antenna [æn'tenə] (*pl sense 1* **-nae** [-niː], *pl sense 2* **-s**) *n* **-1.** antena *f*. **-2.** *Am* [aerial] antena *f*.
anthem ['ænθəm] *n* himne *m*.
anthology [æn'θɒlədʒɪ] (*pl* **-ies**) *n* antologia *f*.
antibiotic [ˌæntɪbaɪ'ɒtɪk] *n* antibiòtic *m*.
antibody ['æntɪˌbɒdɪ] (*pl* **-ies**) *n* anticòs *m*.
anticipate [æn'tɪsɪpeɪt] *vt* **-1.** [expect] preveure, comptar amb. **-2.** [look forward to] esperar amb il·lusió. **-3.** [competitor] anticipar-se a.
anticipation [ænˌtɪsɪ'peɪʃn] *n* expectació *f*; **in** ~ anticipadament; **in** ~ **of** en previsió de.
anticlimax [ˌæntɪ'klaɪmæks] *n* anticlímax *m*.
anticlockwise [ˌæntɪ'klɒkwaɪz] *Br* <> *adj* contrari -ària al sentit de les agulles del rellotge. <> *adv* en sentit contrari al de les agulles del rellotge.
antics ['æntɪks] *npl* pallassades *fpl*.
anticyclone [ˌæntɪ'saɪkləʊn] *n* anticicló *m*.
antidepressant [ˌæntɪdɪ'presnt] *n* antidepressiu *m*.
antidote ['æntɪdəʊt] *n lit* & *fig*: ~ **(to)** antídot *m* (contra).
antifreeze ['æntɪfriːz] *n* anticongelant *m*.
antihistamine [ˌæntɪ'hɪstəmɪn] *n* antihistamínic *m*.
antiperspirant [ˌæntɪ'pɜːspərənt] *n* antitranspirant.
antiquated ['æntɪkweɪtɪd] *adj* antiquat -ada.
antique [æn'tiːk] <> *adj* [furniture, object] antic -iga. <> *n* antiguitat *f*.
antique shop *n* botiga *f* d'antiguitats.
anti-Semitism [ˌæntɪ'semɪtɪzm] *n* antisemitisme *m*.
antiseptic [ˌæntɪ'septɪk] <> *adj* antisèptic -a. <> *n* antisèptic *m*.

antisocial [,æntɪ'səʊʃl] *adj* **–1.** [against society] antisocial. **–2.** [unsociable] poc sociable.

antlers ['æntləz] *npl* banyam *m*, cornamenta *f*.

anus ['eɪnəs] *n* anus *m*.

anvil ['ænvɪl] *n* enclusa *f*.

anxiety [æŋ'zaɪətɪ] (*pl* **-ies**) *n* **–1.** [worry] ansietat *f*, inquietud *f*. **–2.** [cause of worry] preocupació *f*. **–3.** [keenness] ànsia *f*, desfici *m*.

anxious ['æŋkʃəs] *adj* **–1.** [worried] preocupat -ada; **to be ~ about** estar preocupat -ada per. **–2.** [keen]: **to be ~ that / to do sthg** estar desitjós -osa perquè / per fer alguna cosa.

any ['enɪ] ◇ *adj* **–1.** (*with negative*) cap; **I haven't read ~ books** no he llegit cap llibre; **I haven't got ~ money** no tinc diners. **–2.** [some] algun -a; **are there ~ cakes left?** queda algun pastís?; **is there ~ milk left?** queda llet?; **can I be of ~ help?** puc ajudar en alguna cosa?; **have you got ~ money?** tens diners? **–3.** [no matter which] qualsevol; **~ box will do** qualsevol caixa servirà; ☞ **case, day, moment, rate**. ◇ *pron* **–1.** (*with negative*) cap; **I didn't get ~** no me'n van donar cap. **–2.** [some] algun -a; **can ~ of you do it?** ho sap fer algú de vosaltres?; **I need some matches, do you have ~?** necessito mistos, en tens?; **few foreign films, if ~, are successful here** aquí molt poques pel·lícules estrangeres, per no dir cap, tenen èxit. **–3.** [no matter which] qualsevol; **take ~ you like** agafa el / la que vulguis. ◇ *adv* **–1.** (*with negative*): **I can't see it ~ more** ja no ho veig; **he's not feeling ~ better** no es troba gens millor; **I can't stand it ~ longer** no puc suportar-ho més. **–2.** [some, a little]: **do you want ~ more potatoes?** vols més patates?; **is that ~ better / different?** és ara millor / diferent?

anybody ['enɪ,bɒdɪ] = **anyone**.

anyhow ['enɪhaʊ] *adv* **–1.** [in spite of that] malgrat tot. **–2.** [carelessly] de qualsevol manera. **–3.** [in any case] de totes maneres.

anyone ['enɪwʌn] *pron* **–1.** (*in negative sentences*) ningú; **I don't know ~** no conec ningú. **–2.** (*in questions*) algú. **–3.** [any person] qualsevol.

anyplace *Am* = **anywhere**.

anything ['enɪθɪŋ] *pron* **–1.** (*in negative sentences*) res; **I don't want ~** no vull res. **–2.** (*in questions*) alguna cosa; **would you like ~ else?** voldria alguna cosa més? **–3.** [any object, event] qualsevol cosa; **it could be ~ between two and five** no ho sé, de dos a cinc.

anyway ['enɪweɪ] *adv* **–1.** [in any case] de totes maneres. **–2.** [in conversation] bé, en fi.

anywhere ['enɪweər], **anyplace** *Am* ['enɪpleɪs] *adv* **–1.** (*in negative sentences*) enlloc; **I didn't go ~** no vaig anar enlloc. **–2.** (*in questions*) algun lloc; **did you go ~?** vas anar a algun lloc? **–3.** [any place] qualsevol lloc; **~ you like** allà on vulguis. **–4.** [any amount, number]: **~ between 10 and 100 people** entre 10 i 100 persones.

apart [ə'pɑːt] *adv* **–1.** [separated] a part; **they're not very far ~** no estan a gaire distància; **we're living ~** vivim separats. **–2.** [in several parts]: **to take sthg ~** desmuntar alguna cosa; **to fall ~** desmuntar-se. **–3.** [aside]: **joking ~** deixant de banda la broma. ☞ **apart from** *prep* **–1.** [except for] a part de. **–2.** [as well as] a més de.

apartheid [ə'pɑːtheɪt] *n* segregació *f* racial, apartheid *m*.

apartment [ə'pɑːtmənt] *n* pis *m*, apartament *m*.

apartment building *n Am* bloc *m* de pisos.

apathy ['æpəθɪ] *n* apatia *f*.

ape [eɪp] ◇ *n* simi *m*. ◇ *vt pej* imitar, copiar.

aperitif [əperə'tiːf] *n* aperitiu *m*.

aperture ['æpə,tjʊər] *n* obertura *f*.

apex ['eɪpeks] (*pl* **-es** o **apices**) *n* [top] àpex *m*.

APEX ['eɪpeks] *n Br* (abbr of **advance purchase excursion**) APEX *f*.

apices ['eɪpɪsiːz] *pl* ☞ **apex**.

apiece [ə'piːs] *adv* cada un, cadascun.

apocalypse [ə'pɒkəlɪps] *n* Apocalipsi *m*.

apologetic [ə,pɒlə'dʒetɪk] *adj* [tone, look] ple plena de disculpes; **to be ~ (about)** disculpar-se'n vivament.

apologize, ise [ə'pɒlədʒaɪz] *vi*: **to ~ (to sb for sthg)** disculpar-se (a algú per alguna cosa).

apology [ə'pɒlədʒɪ] (*pl* **-ies**) *n* disculpa *f*.

apostle [ə'pɒsl] RELIG *n* apòstol *m*.

apostrophe [ə'pɒstrəfɪ] *n* apòstrof *m*.

appal *Br* [ə'pɔːl] (*pt* & *pp* **-led**, *cont* **-ling**) *vt* horroritzar.

appall *Am* = **appal**.

appalling [ə'pɔːlɪŋ] *adj* **–1.** [shocking] horrorós -osa. **–2.** *inf* [very bad] pèssim -a, detestable.

apparatus [ˌæpəˈreɪtəs] (pl inv / -es) n [gen & POL] aparell m.

apparel [əˈpærəl] n Am vestimenta f, roba f.

apparent [əˈpærənt] adj -1. [evident] evident, patent; for no ~ reason sense motius aparents. -2. [seeming] aparent.

apparently [əˈpærəntlɪ] adv -1. [it seems] sembla que. -2. [seemingly] aparentment.

appeal [əˈpiːl] ◇ vi -1. [request]: to ~ to sb for sthg) demanar (alguna cosa a algú). -2. [to sb's honour, common sense]: to ~ to apel·lar a. -3. JUR: to ~ (against) apel·lar (contra). -4. [attract, interest]: to ~ to (atreure (a). ◇ n -1. [request] crida f, prec m; [fundraising campaign] campanya f per recollir diners. -2. JUR apel·lació f. -3. [charm, interest] atractiu m, encant m.

appealing [əˈpiːlɪŋ] adj -1. [attractive] atractiu -iva. -2. [touching] encantador -a.

appear [əˈpɪər] vi -1. [gen] aparèixer. -2. [seem]: to ~ (to be / to do sthg) semblar (ser / estar fent alguna cosa); it would ~ that ... sembla que ... -3. [in play, film, on TV]: to ~ on TV / in a film sortir a la televisió / a una pel·lícula. -4. JUR: to ~ (before) comparèixer.

appearance [əˈpɪərəns] n -1. [gen] aparició f; to make an ~ aparèixer; to put in an ~ fer acte de presència. -2. [look - of person, place, object] aparença f, aspecte m; by / to all ~s pel que es veu; to keep up ~s salvar les aparences.

appease [əˈpiːz] vt aplacar, amainar.

append [əˈpend] vt fml: to ~ sthg (to sthg) afegir alguna cosa (a alguna cosa).

appendices [əˈpendɪsiːz] pl ⮕ appendix.

appendicitis [əˌpendɪˈsaɪtɪs] n (U) apendicitis f.

appendix [əˈpendɪks] (pl -dixes / -dices) n [gen & MED] apèndix m; to have one's ~ out / removed operar-se d'apendicitis.

appetite [ˈæpɪtaɪt] n -1. [for food] gana f, apetit m; ~ for ganes de. -2. fig [enthusiasm]: ~ for ganes de, entusiasme per.

appetizer, -iser [ˈæpɪtaɪzər] n aperitiu m.

appetizing, -ising [ˈæpɪtaɪzɪŋ] adj [food] apetitós -osa.

applaud [əˈplɔːd] vt & vi lit & fig aplaudir.

applause [əˈplɔːz] n (U) aplaudiment m, aplaudiments mpl.

apple [ˈæpl] n poma f; inf she's the ~ of my eye és la nina dels meus ulls.

apple tree n BOT pomera f, pomer m.

appliance [əˈplaɪəns] n aparell m; domestic ~ electrodomèstic m.

applicable [əˈplɪkəbl] adj: to be ~ (to) ser aplicable (a).

applicant [ˈæplɪkənt] n: ~ (for) aspirant (a).

application [ˌæplɪˈkeɪʃn] n -1. [gen] aplicació f. -2. [for job, college, club]: ~ (for) sol·licitud f (per a). -3. COMPUT: ~ (program) aplicació f.

application form n imprès m de sol·licitud.

applied [əˈplaɪd] adj [science] aplicat -ada.

apply [əˈplaɪ] (pt & pp -ied) ◇ vt [gen] aplicar; [brakes] frenar; to ~ oneself (to sthg) aplicar-se (a). ◇ vi -1. [for work, grant] presentar una sol·licitud; to ~ to sb for sthg adreçar-se a algú per alguna cosa. -2. [be relevant] afectar; to ~ to concernir.

appoint [əˈpɔɪnt] vt -1. [to job, position]: to ~ sb (to sthg) nomenar algú (per alguna cosa); to ~ sb as sthg nomenar algú (alguna cosa). -2. fml [time, place] fixar, senyalar.

appointment [əˈpɔɪntmənt] n -1. [to job, position] nomenament m; "by ~ to Her Majesty the Queen" ≈ proveïdor de la família reial. -2. [job, position] lloc m de treball. -3. [with businessman, lawyer] cita f; [with doctor, hairdresser] hora f; [with businessman] to have an ~ tenir una cita; [with doctor] tenir hora; to make an ~ citar-se; by ~ mitjançant cita.

apportion [əˈpɔːʃn] vt [money] repartir; [blame] assignar.

appraisal [əˈpreɪzl] n taxació f, valoració f.

appreciable [əˈpriːʃəbl] adj apreciable.

appreciate [əˈpriːʃɪeɪt] ◇ vt -1. [value, like] apreciar. -2. [recognize, understand] adonar-se de, comprendre. -3. [be grateful for] agrair. ◇ vi FIN revaloritzar.

appreciation [əˌpriːʃɪˈeɪʃn] n -1. [liking] estimació f. -2. [recognition, understanding] reconeixement m. -3. [gratitude] agraïment. -4. FIN revalorització f. -5. [of novel, play] comentari m, crítica f.

appreciative [əˈpriːʃjətɪv] adj [person, remark] agraït -ïda; [audience] atent -a.

apprehensive [ˌæprɪˈhensɪv] adj aprensiu -iva.

apprentice [əˈprentɪs] ◇ n aprenent m -a f. ◇ vt: to be ~d to sb estar d'aprenent -a amb.

apprenticeship [ə'prentɪʃɪp] n aprenentatge m.

approach [ə'prəʊtʃ] ◇ n **-1.** [arrival] arribada f. **-2.** [way in] accés m. **-3.** [method] aproximació f. **-4.** [to person]: to makes ~es to sb fer proposicions a algú. ◇ vt **-1.** [come near to] apropar-se. **-2.** [ask]: to ~ sb about sthg adreçar-se a algú per alguna cosa. **-3.** [problem, situation] abordar. **-4.** [level, speed] aproximar-se a. ◇ vi apropar-se, acostar-se.

approachable [ə'prəʊtʃəbl] adj accessible.

appropriate [adj ə'prəʊprɪət, vb ə'prəʊprɪeɪt] ◇ adj apropiat -ada, escaient. ◇ vt **-1.** JUR [take] apropiar-se de. **-2.** [allocate] destinar.

approval [ə'pruːvl] n **-1.** [admiration] aprovació f. **-2.** [official sanctioning] consentiment m. **-3.** COM: on a ~ a prova.

approve [ə'pruːv] ◇ vi aprovar; to ~ of sthg / sb estar d'acord amb alguna cosa / algú. ◇ vt aprovar.

approx. [ə'prɒks] (abbr of **approximately**) aproximadament.

approximate [adj ə'prɒksɪmət, vb ə'prɒksɪmeɪt] ◇ adj aproximat -ada. ◇ vi: to ~ to aproximar-se a.

approximately [ə'prɒksɪmətlɪ] adv aproximadament.

apricot ['eɪprɪkɒt] ◇ n **-1.** [fruit] albercoc m. **-2.** [colour] color m d'albercoc. ◇ comp d'albercoc.

April ['eɪprəl] n abril m; ⇒ **September**.

April Fools' Day n dia m 1 d'abril, Dia m dels Innocents.

apron ['eɪprən] n **-1.** [clothing] davantal m; inf to be tied to sb's ~ strings estar enganxat m -ada f a les faldes d'algú. **-2.** AERON pista f de servei.

apt [æpt] adj **-1.** [pertinent] escaient, encertat -ada. **-2.** [likely]: to ~ to do sthg tenir tendència a fer alguna cosa.

aptitude ['æptɪtjuːd] n aptitud f; to have an ~ for tenir aptitud per.

aptly ['æptlɪ] adv oportunament, encertadament.

aqualung ['ækwəlʌŋ] n escafandre m autònom.

aquarium [ə'kweərɪəm] (pl **-riums** / **-ria** [-rɪə]) n aquàrium m.

Aquarius [ə'kweərɪəs] n Aquari m; to be (an) ~ ser del signe Aquari.

aquatic [ə'kwætɪk] adj aquàtic -a.

aqueduct ['ækwɪdʌkt] n aqüeducte m.

Arab ['ærəb] ◇ adj àrab. ◇ n **-1.** [person] àrab mf. **-2.** [horse] cavall m àrab.

Arabic ['ærəbɪk] ◇ adj àrab, aràbic -iga. ◇ n [language] àrab m.

Arabic numeral n xifra f aràbiga.

arable ['ærəbl] adj cultivable.

arbitrary ['ɑːbɪtrərɪ] adj [random] arbitrari -ària.

arbitration [,ɑːbɪ'treɪʃn] n arbitratge m; to go to ~ anar a arbitratge.

arcade [ɑː'keɪd] n **-1.** [shopping arcade] centre m comercial. **-2.** [covered passage] arcada f, galeria f.

arch [ɑːtʃ] ◇ adj maliciós -osa, astut -a. ◇ n **-1.** ARCHIT arc m. **-2.** [of foot] pont m. ◇ vt arquejar. ◇ vi arquejar-se.

archaeologist [,ɑːkɪ'ɒlədʒɪst] n arqueòleg m -òloga f.

archaeology [,ɑːkɪ'ɒlədʒɪ] n arqueologia f.

archaic [ɑː'keɪɪk] adj arcaic -a.

archbishop [,ɑːtʃ'bɪʃəp] n arquebisbe m.

archenemy [,ɑːtʃ'enɪmɪ] (pl **-ies**) n pitjor enemic m.

archeology [,ɑːkɪ'ɒlədʒɪ] = **archaeology**.

archer ['ɑːtʃər] n arquer m -a f.

archery ['ɑːtʃərɪ] n tir m amb arc.

archetypal [,ɑːkɪ'taɪpl] adj arquetípic -a.

architect ['ɑːkɪtekt] n **-1.** [of buildings] arquitecte m -a f. **-2.** fig [of plan, event] artífex mf.

architecture ['ɑːkɪtektʃər] n [gen & COMPUT] arquitectura f.

archives ['ɑːkaɪvz] npl [of documents] arxius mpl.

archway ['ɑːtʃweɪ] n [passage] arcada f; [entrance] arc m d'entrada.

Arctic ['ɑːktɪk] ◇ adj **-1.** GEOG àrtic -a. **-2.** inf [very cold] gelat -ada. ◇ n: the ~ l'Àrtida.

ardent ['ɑːdənt] adj ardent, fervent.

ardour Br, **ardor** Am ['ɑːdər] n ardor m.

arduous ['ɑːdjʊəs] adj ardu àrdua.

are [ər] ⇒ **be**.

area ['eərɪə] n **-1.** [region, designated space] àrea f, regió f; in the ~ a les rodalies. **-2.** fig [approximate size, number]: in the ~ of pels volts de. **-3.** [surface size] superfície f, àrea f. **-4.** [of knowledge, interest] camp m.

area code n prefix m telefònic.

arena [ə'riːnə] n **-1.** SPORT pista f, pavelló m. **-2.** fig [area of activity]: she entered the political ~ va entrar al món de la política.

aren't [a:nt] = are not.
Argentina [,a:dʒən'ti:nə] n (l') Argentina.
Argentine ['a:dʒəntaɪn] ◇ adj argentí -ina. ◇ n argentí m -ina f.
Argentinian [,a:dʒən'tɪnɪən] ◇ adj argentí -ina. ◇ n argentí m -ina f.
arguably ['a:gjʊəblɪ] adv probablement.
argue ['a:gju:] ◇ vi **-1.** [quarrel]: **to ~ (with sb about sthg)** discutir (amb algú sobre alguna cosa). **-2.** [reason]: **to ~ (for / against)** argumentar (a favor / en contra de). ◇ vt: **to ~ that** argumentar que.
argument ['a:gjʊmənt] n **-1.** [gen] discussió f; **to have an ~ (with)** discutir (amb). **-2.** [reason] argument m.
argumentative [,a:gjʊmentətɪv] adj discutidor -a.
arid ['ærɪd] adj lit & fig àrid -a.
Aries ['eəri:z] n àries; **to be (an) ~** ser del signe Àries.
arise [ə'raɪz] (pt **arose**, pp **arisen** [ə'rɪzn]) vi [appear]: **to ~ (from)** sorgir (de).
aristocrat [Br 'ærɪstəkræt, Am ə'rɪstəkræt] n aristòcrata mf.
arithmetic [ə'rɪθmətɪk] n aritmètica f.
ark [a:k] n arca f.
arm [a:m] ◇ n **-1.** [of person, chair] braç m; **~ in arm** de bracet; fig **to chance one's ~** arriscar-se; fig **to keep sb at ~'s length** mantenir algú a distància; fig **to twist sb's ~** persuadir algú. **-2.** [of garment] mànega f. **-3.** [of organization] branca f. ◇ vt armar. ► **arms** npl [weapons] armes fpl; **to take up ~s** alçar-se en armes; **he's up in ~s (about this)** està molt enutjat (per això).
armaments ['a:məmənts] npl armament m.
armchair ['a:mtʃeər] n butaca f, cadira f de braços.
armed [a:md] adj **-1.** [police, thieves] armat -ada. **-2.** fig [with information]: **~ with** proveït -ïda de.
armed forces npl forces fpl armades.
armhole ['a:mhəʊl] n aixellero m, dessuador m.
armour Br, **armor** Am ['a:mər] n **-1.** [for person] armadura f. **-2.** [for military vehicle] blindatge m.
armoured car ['a:məd-] MIL n carro m blindat.
armoury Br (pl **-ies**), **armory** Am (pl **-ies**) ['a:mərɪ] n arsenal m, armeria f.
armpit ['a:mpɪt] n aixella f.
armrest ['a:mrest] n braç m, recolzador m.

arms control ['a:mz-] n control m de l'armament.
army ['a:mɪ] (pl **-ies**) n lit & fig exèrcit m.
A road n Br carretera f nacional.
aroma [ə'rəʊmə] n aroma f.
arose [ə'rəʊz] pt ▶ **arise**.
around [ə'raʊnd] ◇ adv **-1.** [about, round] per aquí; **to walk / look ~** caminar / mirar per aquí. **-2.** [on all sides] al voltant. **-3.** [present, available]: **is John ~?** [there] és en John per allà?; [here] és en John per aquí? **-4.** [turn, look]: **to turn ~** girar-se; **to look ~** girar el cap. **-5.** inf **to have been ~** haver voltat pel món. ◇ prep **-1.** [on all sides of] al voltant de. **-2.** [about, round - place] per. **-3.** [in the area of] a prop de. **-4.** [approximately] al voltant de.
arouse [ə'raʊz] vt **-1.** [excite - feeling] estimular, suscitar; [- person] excitar. **-2.** [wake] despertar.
arrange [ə'reɪndʒ] vt **-1.** [flowers, books, furniture] endreçar. **-2.** [event, meeting, party] organitzar; **to ~ to do sthg** convenir fer alguna cosa; **to ~ sthg for sb** organitzar alguna cosa a algú; **to ~ for sb to do sthg** fer el que calgui perquè algú faci alguna cosa. **-3.** MUS arranjar, adaptar.
arrangement [ə'reɪndʒmənt] n **-1.** [agreement] acord m; **to come to an ~** arribar a un acord. **-2.** [of flowers, furniture] ordre m, disposició f. **-3.** MUS arranjament m, adaptació f. ► **arrangements** npl preparatius mpl; **to make ~s** fer els preparatius.
array [ə'reɪ] ◇ n **-1.** [of objects] col·lecció f. **-2.** COMPUT matriu f. ◇ vt [ornaments etc.] engalanar.
arrears [ə'rɪəz] npl [money owed] endarreriments mpl; **in ~** [retrospectively] amb retard; [late] endarrerit -ida.
arrest [ə'rest] ◇ n arrest m, detenció f; **under ~** detingut -uda. ◇ vt **-1.** [subject: police] detenir, arrestar. **-2.** [sb's attention] cridar, atreure. **-3.** fml [stop] aturar, detenir.
arrival [ə'raɪvl] n arribada f; **late ~** [of train, bus, mail] retard m; **new ~** [person] nouvingut -uda; [baby] nounat -ada.
arrive [ə'raɪv] vi **-1.** [gen] arribar; **to ~ at** [conclusion, decision] arribar a. **-2.** [baby] néixer.
arrogant ['ærəgənt] adj arrogant.
arrow ['ærəʊ] n fletxa f.
arse Br [a:s], **ass** Am [æs] n v inf [bottom] cul m.

arsenic ['ɑːsnɪk] *n* arsènic *m*.
arson ['ɑːsn] *n* incendi *m* deliberat.
art [ɑːt] ◇ *n* art *m*. ◇ *comp* [student, college, exhibition] d'art. ◆ **arts** ◇ *npl* **-1.** EDUC & UNIV [humanities] lletres *fpl*. **-2.** [fine arts]: **the ~s** les belles arts. ◇ *comp* EDUC & UNIV de lletres.
artefact ['ɑːtɪfækt] = **artifact**.
artery ['ɑːtərɪ] (*pl* **-ies**) *n* artèria *f*.
art gallery *n* [public] museu *m* d'art; [commercial] galeria *f* d'art.
arthritis [ɑːˈθraɪtɪs] *n* artritis *f*.
artichoke ['ɑːtɪtʃəʊk] *n* carxofa *f*.
article ['ɑːtɪkl] *n* article *m*; **~ of clothing** peça *f* de roba; **~ of furniture** moble *m*.
articulate [*adj* ɑːˈtɪkjʊlət, *vb* ɑːˈtɪkjʊleɪt] ◇ *adj* [person] eloqüent; [speech] clar -a, articulat -ada. ◇ *vt* [express clearly] articular.
articulated lorry [ɑːˈtɪkjʊleɪtɪd-] *n Br* camió *m* articulat.
artifact ['ɑːtɪfækt] *n* artefacte *m*.
artificial [ˌɑːtɪˈfɪʃl] *adj* artificial.
artillery [ɑːˈtɪlərɪ] *n* [guns] artilleria *f*.
artist ['ɑːtɪst] *n* artista *mf*.
artiste [ɑːˈtiːst] *n* artista *mf*.
artistic [ɑːˈtɪstɪk] *adj* **-1.** [gen] artístic -a. **-2.** [good at art] artístic -a.
artistry ['ɑːtɪstrɪ] *n* habilitat *f* artística.
artless ['ɑːtlɪs] *adj* ingenu -ènua, càndid -a.
as [*unstressed* əz, *stressed* æz] ◇ *conj* **-1.** [referring to time - while] mentre; [- when] quan; **she told it to me ~ we walked along** m'ho va dir mentre caminàvem; **~ time goes by** a mesura que passa el temps; **she rang (just) ~ I was leaving** va trucar just quan jo ja sortia. **-2.** [referring to manner, way] com; **leave it ~ it is** deixa-ho tal com està; **do I say** fes el que et dic. **-3.** [introducing a statement] com; **~ you see, ...** com pots veure, ...; **~ you know, ...** com ja saps, ... **-4.** [because] com que. **-5. ~ it is** tal com estan les coses; **things are bad enough ~ it is** les coses ja van prou malament; **~ it turns out** resulta que; **~ things stand** tal com estan les coses. ◇ *prep* com; **I'm speaking ~ a friend** et parlo com amic; **she works ~ a nurse** treballa d'infermera; **~ a boy, I lived in Spain** quan era nen, vivia a Espanya; **she treats it ~ a game** s'ho pren com un joc; **it came ~ a shock** va resultar xocant. ◇ *adv* (*in comparisons*): **~ ... ~** tan ... com; **~ tall ~ I am** tan alt -a com jo; **I've lived ~ long ~ she has** he viscut tant de temps com ella; **twice ~ big** dues vegades més gran; **it's just ~ fast** és igual de ràpid; **~ much ~** tant com; **~ many ~** tants -es com; **~ much wine ~ you like** tant de vi com vulguis. ◆ **as for, as to** *prep* pel que fa a. ◆ **as from, as of** *prep* a partir de. ◆ **as if, as though** *conj* com si. ◆ **as to** *prep Br* pel que fa a.
a.s.a.p. (*abbr of* **as soon as possible**) tan aviat com sigui possible.
asbestos [æsˈbestəs] *n* asbest *m*.
ascend [əˈsend] ◇ *vt* pujar; **to ~ the throne** pujar al tron. ◇ *vi* ascendir.
ascendant [əˈsendənt] *n* ascendent *mf*; **in the ~** a l'apogeu.
ascent [əˈsent] *n* **-1.** [climb] ascensió *f*. **-2.** [upward slope] pujada *f*, pendent *m*. **-3.** *fig* [progress] ascens *m*.
ascertain [ˌæsəˈteɪn] *vt* determinar.
ASCII ['æskɪ] *n* (*abbr of* **American Standard Code for Information**) ASCII.
ascribe [əˈskraɪb] *vt*: **to ~ sthg to** atribuir alguna cosa a.
ash [æʃ] *n* **-1.** [from cigarette, fire] cendra *f*. **-2.** [tree] freixe *m*.
ashamed [əˈʃeɪmd] *adj* avergonyit -ida; **I'm ~ to do it** em fa vergonya fer-ho; **to be ~ of** avergonyir-se de.
ashen-faced ['æʃnˌfeɪst] *adj*: **to be ~** estar pàl·lid -a.
ashore [əˈʃɔːr] *adv* [swim] fins a la riba; **to go ~** desembarcar.
ashtray ['æʃtreɪ] *n* cendrer *m*.
Ash Wednesday *n* Dimecres *m* de Cendra.
Asia [*Br* 'eɪʃə, *Am* 'eɪʒə] *n* Àsia.
Asian [*Br* 'eɪʃn, *Am* 'eɪʒn] ◇ *adj* asiàtic -a. ◇ *n* asiàtic *m* -a *f*.
aside [əˈsaɪd] ◇ *adv* **-1.** [to one side] a part; **to move ~** apartar-se; **to take sb ~** portar algú a part; **to brush / sweep sthg ~** deixar alguna cosa de banda. **-2.** [apart] a part; **~ from** llevat de, tret de. ◇ *n* **-1.** [in play] apart *m*. **-2.** [remark] incís *m*.
ask [ɑːsk] ◇ *vt* **-1.** [question - person]: **to ~ (sb sthg)** preguntar (a algú alguna cosa); **if you ~ me ...** si vols que et digui la veritat ... **-2.** [put - question]: **to ~ a question** fer una pregunta. **-3.** [request, demand] demanar; **to ~ sb (to do sthg)** demanar a algú (que faci alguna cosa); **to ~ sb for sthg** demanar alguna cosa a algú. **-4.** [invite] convidar. ◇ *vi* **-1.** [question] preguntar. **-2.** [request] demanar. ◆ **ask after** *vt fus* demanar per. ◆ **ask for** *vt fus* **-1.** [person] demanar per. **-2.** [thing] demanar.

asthma

askance [əˈskæns] *adv*: **to look ~ at sb** mirar de reüll.

askew [əˈskjuː] *adj* tort -a.

asking price [ˈɑːskɪŋ-] *n* preu *m* inicial.

asleep [əˈsliːp] *adj* adormit -ida; **to fall ~** adormir-se; **to be fast / sound ~** dormir profundament.

asparagus [əˈspærəgəs] *n* (U) [plant] espàrrec *m*; [shoots] espàrrecs *mpl*.

aspect [ˈæspekt] *n* **-1.** [of subject, plan] aspecte *m*. **-2.** [appearance] aspecte *m*, aparença *f*. **-3.** [of building] orientació *f*.

aspersions [əˈspɜːʃnz] *npl*: **to cast ~ on sthg** difamar alguna cosa.

asphalt [ˈæsfælt] *n* asfalt *m*.

asphyxiate [əsˈfɪksɪeɪt] *vt* asfixiar.

aspiration [ˌæspəˈreɪʃn] *n* aspiració *f*.

aspire [əˈspaɪəʳ] *vi*: **to ~ to** aspirar a.

aspirin [ˈæsprɪn] *n* aspirina *f*.

ass [æs] *n* **-1.** [donkey] ase *m*. **-2.** *Br inf* [idiot] burro *m* -a *f*. **-3.** *Am v inf* = **arse**.

assailant [əˈseɪlənt] *n* assaltador *m* -a *f*.

assassin [əˈsæsɪn] *n* assassí *m* -ina *f*.

assassinate [əˈsæsɪneɪt] *vt* assassinar.

assassination [əˌsæsɪˈneɪʃn] *n* assassinat *m*.

assault [əˈsɔːlt] ◇ *n* **-1.** MIL: **~ (on)** assalt *m* (a). **-2.** [physical attack]: **~ (on sb)** agressió *f* (contra algú); JUR **~ and battery** cops *mpl* i ferides *fpl*. ◇ *vt* [physically] assaltar, atacar; [sexually] abusar de.

assemble [əˈsembl] ◇ *vt* **-1.** [gather] ajuntar, agrupar. **-2.** [fit together] muntar. ◇ *vi* reunir-se.

assembly [əˈsemblɪ] (*pl* **-ies**) *n* **-1.** [meeting, law-making body] assemblea *f*. **-2.** [gathering together] reunió *f*. **-3.** [fitting together] muntatge *m*.

assembly line *n* cadena *f* de muntatge.

assent [əˈsent] ◇ *n* consentiment *m*. ◇ *vi*: **to ~ (to)** assentir (en).

assert [əˈsɜːt] *vt* **-1.** [fact, belief] afirmar. **-2.** [authority] imposar; **to ~ oneself** imposar-se.

assertive [əˈsɜːtɪv] *adj* enèrgic -a.

assess [əˈses] *vt* avaluar.

assessment [əˈsesmənt] *n* **-1.** [evaluation] avaluació *f*. **-2.** [calculation] càlcul *m*.

assessor [əˈsesəʳ] *n* taxador *m* -a *f*.

asset [ˈæset] *n* **-1.** [valuable quality - of person] qualitat *f*; [- of thing] avantatge *m*. **-2.** [valuable person] element *m* important. ◆

assets [əˈs] COM *npl* actiu *m*, capital *m*.

assign [əˈsaɪn] *vt* **-1.** [gen]: **to ~ sthg (to sb)** assignar alguna cosa (a algú); **to ~ sthg to sthg** assignar algú per a alguna cosa; **to ~ sb to do sthg** assignar algú per fer alguna cosa. **-2.** [designate for specific use, purpose]: **to ~ sthg (to)** destinar alguna cosa (a).

assignment [əˈsaɪnmənt] *n* **-1.** [task] tasca *f*, missió *m*; EDUC treball *m*. **-2.** [act of assigning] assignació *f*.

assimilate [əˈsɪmɪleɪt] *vt* **-1.** [learn] assimilar. **-2.** [absorb]: **to ~ sb (into)** integrar algú (a).

assist [əˈsɪst] *vt*: **to ~ sb (with sthg / in doing sthg)** ajudar algú (amb alguna cosa / a fer alguna cosa).

assistance [əˈsɪstəns] *n* ajut *m*, assistència *f*; **to be of ~ (to)** ajudar (a).

assistant [əˈsɪstənt] ◇ *n* ajudant *mf*; **(shop) ~** dependent *m* -a *f*. ◇ *comp* adjunt *m* -a *f*; **~ manager** sotsdirector *m* -a *f*, subdirector *m* -a *f*.

associate [*adj & n* əˈsəʊʃɪət, *vb* əˈsəʊʃɪeɪt] ◇ *adj* associat -ada. ◇ *n* soci *m*, sòcia *f*. ◇ *vt* associar; **to ~ sthg / sb with** associar alguna cosa / algú amb; **to be ~d with** [organization, plan, opinion] estar relacionat -ada amb; [people] tractar-se amb. ◇ *vi*: **to ~ with sb** relacionar-se amb algú.

association [əˌsəʊsɪˈeɪʃn] *n* **-1.** [organization, act of associating] associació *f*; **in ~ with** en col·laboració amb. **-2.** [in mind] evocació *f*.

assorted [əˈsɔːtɪd] *adj* [of various types] variat -ada.

assortment [əˈsɔːtmənt] *n* assortiment *m*.

assume [əˈsjuːm] *vt* **-1.** [suppose] suposar. **-2.** [power, responsibility] assumir. **-3.** [appearance, attitude] adoptar.

assumed name [əˈsjuːmd-] *n* pseudònim *m*.

assuming [əˈsjuːmɪŋ] *conj* suposant que.

assumption [əˈsʌmpʃn] *n* **-1.** [supposition] assumpció *f*; **on the ~ that** suposant que. **-2.** [of power] assumpció *f*.

assurance [əˈʃʊərəns] *n* **-1.** [promise] promesa *f*. **-2.** [confidence] seguretat *f*, aplom *m*. **-3.** [insurance] assegurança *f*.

assure [əˈʃʊəʳ] *vt* assegurar, garantir; **to ~ sb of sthg** garantir a algú alguna cosa; **to be ~d of sthg** tenir alguna cosa garantida.

assured [əˈʃʊəd] *adj* [confident] confiat -ada, segur -a.

asterisk [ˈæstərɪsk] *n* asterisc *m*.

astern [əˈstɜːn] NAUT *adv* a la popa.

asthma [ˈæsmə] *n* asma *f*.

astonish [əˈstɒnɪʃ] *vt* sorprendre.

astonishment [əˈstɒnɪʃmənt] *n* sorpresa *f*, astorament *m*.

astound [əˈstaʊnd] *vt* esbalair, deixar atònit -a.

astray [əˈstreɪ] *adv*: **to go ~** [become lost] extraviar-se; **to lead sb ~** [into bad ways] desencaminar.

astride [əˈstraɪd] ◇ *adv* cama ací cama allà, encamellar-se. ◇ *prep* encamellat -ada sobre.

astrology [əˈstrɒlədʒɪ] *n* astrologia *f*.

astronaut [ˈæstrənɔːt] *n* astronauta *mf*.

astronomical [ˌæstrəˈnɒmɪkl] *adj* astronòmic -a.

astronomy [əˈstrɒnəmɪ] *n* astronomia *f*.

astute [əˈstjuːt] *adj* astut -a.

asylum [əˈsaɪləm] *n* **-1.** [mental hospital] manicomi *m*. **-2.** [protection] asil *m*.

at [*unstressed* ət, *stressed* æt] *prep* **-1.** [indicating place] a; **~ my father's** a casa del meu pare; **standing ~ the window** dret -a a la finestra; **~ the bottom of the hill** al peu del turó; **to arrive ~** arribar a; **~ school / work / home** a l'escola, a la feina, a casa. **-2.** [indicating direction] a; **to look ~ sthg / sb** mirar alguna cosa / algú; **she smiled ~ me** ella em va somriure. **-3.** [indicating a particular time] a, en, per; **~ a more suitable time** en un moment més oportú; **~ midnight / noon / eleven o'clock** a mitja nit / a migdia / a les onze; **~ night** a la nit; **~ Christmas / Easter** per Nadal / per Pasqua. **-4.** [indicating speed, rate, price] a; **100mph / high speed** a 100 milles per hora / gran velocitat; **~ £50 (a pair)** a 50 lliures (el parell). **-5.** [indicating particular state, condition]: **~ peace / war** en la pau / en la guerra; **she's ~ lunch** està dinant; **to work hard ~ sthg** treballar molt en alguna cosa. **-6.** [indicating a particular age] a; **~ 52 / your age** als 52 anys / a la teva edat. **-7.** [indicating tentativeness, noncompletion]: **to snatch ~ sthg** intentar agafar alguna cosa; **to nibble ~ sthg** rosegar alguna cosa. **-8.** (*after adjectives*): **delighted ~** encantat -ada amb; **clever / experienced ~** llest -a / expert -a en; **puzzled / horrified ~** perplex / horroritzat davant; **he's good / bad ~ sport** se li donen bé / malament els esports. ➡ **at all** *adv* **-1.** (*with negative*): **not ~ all** [when thanked] de res; [when answering a question] en absolut; **she's not ~ all happy** no està gens contenta. **-2.** [in the slightest]: **anything ~ all will do** qualsevol cosa servirà; **do you know her ~ all?** la coneixes?

ate [*Br* et, *Am* eɪt] *pt* ⯈ **eat**.

atheist [ˈeɪθɪɪst] *n* ateu *m*, atea *f*.

Athens [ˈæθɪnz] *n* Atenes.

athlete [ˈæθliːt] *n* atleta *mf*.

athletic [æθˈletɪk] *adj* atlètic -a. ➡ **athletics** *npl* atletisme *m*.

Atlantic [ətˈlæntɪk] ◇ *adj* atlàntic -a. ◇ *n*: **the ~ (Ocean)** l'oceà Atlàntic.

atlas [ˈætləs] *n* atles *m*.

ATM *n* (abbr of **automatic teller machine**) caixer *m* automàtic.

atmosphere [ˌætməˈsfɪər] *n* **-1.** [of planet] atmosfera *f*. **-2.** [air in room, mood of place] ambient *m*.

atmospheric [ˌætməsˈferɪk] *adj* **-1.** [pressure, pollution] atmosfèric -a. **-2.** [attractive, mysterious] captivador -a.

atom [ˈætəm] *n* **-1.** TECHNOL àtom *m*. **-2.** *fig* [tiny amount] mica *f*.

atom bomb *n* bomba *f* atòmica.

atomic [əˈtɒmɪk] *adj* atòmic -a.

atomic bomb = **atom bomb**.

atomizer, -iser [ˈætəmaɪzər] *n* atomitzador *m*.

atone [əˈtəʊn] *vi*: **to ~ for** reparar.

A to Z *n* guia *f* alfabètica; [map] llista *f* de carrers.

atrocious [əˈtrəʊʃəs] *adj* [very bad] atroç.

atrocity [əˈtrɒsətɪ] (*pl* **-ies**) *n* [terrible act] atrocitat *f*.

attach [əˈtætʃ] *vt* **-1.** [with pin, clip]: **to ~ sthg (to)** subjectar alguna cosa (a); [with string] lligar alguna cosa (a). **-2.** [importance, blame]: **to ~ sthg (to sthg)** correspondre alguna cosa (a alguna cosa).

attaché case [əˈtæʃeɪ-] *n* cartera *f* de documents.

attached [əˈtætʃt] *adj* **-1.** [fastened on]: **~ (to)** lligat -ada (a). **-2.** [for work, job]: **~ to** destinat -ada (a). **-3.** [fond]: **~ to** lligat -ada afectivament a.

attachment [əˈtætʃmənt] *n* **-1.** [device] accessori *m*. **-2.** [fondness]: **~ (to)** estimació *f* (a).

attack [əˈtæk] ◇ *n*: **~ (on)** atac *m* (a). ◇ *vt* **-1.** [gen] atacar. **-2.** [job, problem] escometre. ◇ *vi* atacar.

attacker [əˈtækər] *n* atacant *mf*.

attain [əˈteɪn] *vt* atènyer, aconseguir.

attainment [əˈteɪnmənt] *n* assoliment *m*.

attempt [əˈtempt] ◇ *n*: **~ (at sthg)** intent *m* (d'alguna cosa); **~ on sb's life** atemptat *m* contra la vida d'algú. ◇ *vt*: **to ~ sthg**

/ **to do sthg** intentar alguna cosa / fer alguna cosa.
attend [əˈtend] ◇ *vt* assistir a. ◇ *vi* **-1.** [be present] assistir-hi. **-2.** [pay attention]: **to ~ (to)** atendre. ◆ **attend to** *vt fus* **-1.** [matter] ocupar-se de. **-2.** [customer] atendre; [patient] assistir.
attendance [əˈtendəns] *n* assistència *f*.
attendant [əˈtendənt] ◇ *adj* concomitant, relacionat -ada. ◇ *n* [at museum] vigilant *mf*; [at petrol station] encarregat *m* -ada *f*.
attention [əˈtenʃn] ◇ *n* **-1.** (*U*) [gen] atenció *f*; **to bring sthg to sb's ~, to draw sb's ~ to sthg** cridar l'atenció d'algú sobre alguna cosa; **to attract / catch sb's ~** atreure / captar l'atenció d'algú; **to pay / pay no ~ (to)** prestar / no prestar atenció (a); COM **for the ~ of** a l'atenció de. **-2.** (*U*) [care] cura *f*. **-3.** MIL: **to stand to ~** estar en posició de ferms. ◇ *excl* MIL ferms!
attentive [əˈtentɪv] *adj* atent -a.
attic [ˈætɪk] *n* golfes *fpl*, àtic *m*.
attitude [ˈætɪtjuːd] *n* **-1.** [way of thinking, acting]: **~ (to / towards)** actitud (cap a). **-2.** [posture] postura *f*.
attn. (abbr of for the attention of) a/a.
attorney [əˈtɜːnɪ] *n Am* advocat *m* -ada *f*.
attorney general (*pl* **attorneys general**) *n* fiscal *mf* general de l'estat.
attract [əˈtrækt] *vt* **-1.** [gen] atreure; **to be ~d** sentir-se atret -a per. **-2.** [support, criticism] atreure, guanyar-se.
attraction [əˈtrækʃn] *n* **-1.** [gen]: **~ (to sb)** atracció *f* (per algú). **-2.** [attractiveness - of thing] atractiu *m*.
attractive [əˈtræktɪv] *adj* atractiu -iva.
attribute [*vb* əˈtrɪbjuːt, *n* ˈætrɪbjuːt] ◇ *vt*: **to ~ sthg to** atribuir alguna cosa a. ◇ *n* atribut *m*.
attrition [əˈtrɪʃn] *n* fregament *m*, desgast *m*; **war of ~** guerra de desgast.
attuned [əˈtjuːnd] *adj* **-1.** [accustomed]: **~ (to)** acostumat -ada (a). **-2.** [ears]: **~ to** sensible a.
aubergine [ˈəʊbəʒiːn] *n Br* albergínia *f*.
auburn [ˈɔːbən] *adj* castany rogenc.
auction [ˈɔːkʃn] ◇ *n* subhasta *f*; **at / by ~** a subhasta; **to put sthg up for ~** treure alguna cosa a subhasta. ◇ *vt* subhastar.
auctioneer [ˌɔːkʃəˈnɪər] *n* subhastador *m* -a *f*.
audacious [ɔːˈdeɪʃəs] *adj* [daring] audaç, atrevit -ida; [cheeky] descarat -ada.

audible [ˈɔːdəbl] *adj* audible, oïble.
audience [ˈɔːdjəns] *n* **-1.** [of play, film] públic *m*. **-2.** [formal meeting, TV viewers] audiència *f*.
audiotypist [ˈɔːdɪəʊˌtaɪpɪst] *n* mecanògraf *m* -a *f* per dictàfon.
audio-visual *adj* audiovisual.
audit [ˈɔːdɪt] ◇ *n* verificació *f* de comptes. ◇ *vt* verificar els comptes.
audition [ɔːˈdɪʃn] ◇ *n* prova *f* (a un artista). ◇ *vi*: **to ~ for** fer una prova per.
auditor [ˈɔːdɪtər] *n* interventor *m* -a *f*.
auditorium [ˌɔːdɪˈtɔːrɪəm] (*pl* **-riums** / **-ria** [-rɪə]) *n* auditori *m*.
augment [ɔːgˈment] *vt* augmentar.
augur [ˈɔːgər] *vi* augurar; **to ~ well / badly** ser un bon / mal auguri.
August [ˈɔːgəst] *n* agost; ➤ **September**.
Auld Lang Syne [ˌɔːldlæŋˈsaɪn] *n* cançó escocesa de lloança als temps passats.
aunt [ɑːnt] *n* tia *f*.
auntie, aunty (*pl* **-ies**) [ˈɑːntɪ] *n inf* tieta *f*.
au pair [ˌəʊˈpeər] *n* estudiant -a estranger -a que cuida la mainada de la família amb la qual conviu.
aura [ˈɔːrə] *n* aura *f*, halo *m*.
aural [ˈɔːrəl] *adj* de l'orella, de l'oïda.
auspices [ˈɔːspɪsɪz] *npl*: **under the ~ of** sota els auspicis de.
auspicious [ɔːˈspɪʃəs] *adj* propici -ícia, favorable.
Aussie [ˈɒzɪ] *n inf* australià *m* -ana *f*.
austere [ɒˈstɪər] *adj* auster -a.
austerity [ɒˈsterətɪ] *n* austeritat *f*.
Australia [ɒˈstreɪljə] *n* Austràlia *f*.
Australian [ɒˈstreɪljən] ◇ *adj* australià -ana. ◇ *n* australià *m* -ana *f*.
Austria [ˈɒstrɪə] *n* Àustria.
Austrian [ˈɒstrɪən] ◇ *adj* austríac -a. ◇ *n* austríac *m* -a *f*.
authentic [ɔːˈθentɪk] *adj* autèntic -a.
author [ˈɔːθər] *n* autor *m* -a *f*.
authoritarian [ɔːˌθɒrɪˈteərɪən] *adj* autoritari -ària.
authoritative [ɔːˈθɒrɪtətɪv] *adj* **-1.** [person, voice] autoritari -ària. **-2.** [study] autoritzat -ada.
authority [ɔːˈθɒrətɪ] (*pl* **-ies**) *n* **-1.** [gen] autoritat *f*; **to be an ~ on** ser una autoritat sobre. **-2.** [permission] autorització *f*. **-3.** **to have it on good ~** saber de bona font que. ➤ **authorities** *npl*: **the authorities** les autoritats *fpl*.

authorize, -ise [ˈɔːθəraɪz] *vt*: to ~ (sb to do sthg) autoritzar (algú per fer alguna cosa).

autistic [ɔːˈtɪstɪk] *adj* autista.

auto [ˈɔːtəʊ] (*pl* **-s**) *n Am* cotxe *m*, automòbil *m*.

autobiography [ˌɔːtəbaɪˈɒɡrəfɪ] (*pl* **-ies**) *n* autobiografia *f*.

autocratic [ˌɔːtəˈkrætɪk] *adj* autocràtic -a.

autograph [ˈɔːtəɡrɑːf] ◇ *n* autògraf *m*. ◇ *vt* autografiar.

automate [ˈɔːtəmeɪt] *vt* automatitzar.

automatic [ˌɔːtəˈmætɪk] ◇ *adj* automàtic -a. ◇ *n* **-1.** *Br* [car] cotxe *m* automàtic. **-2.** [gun] pistola *f* automàtica. **-3.** [washing machine] rentadora *f* automàtica.

automatically [ˌɔːtəˈmætɪklɪ] *adv* automàticament.

automation [ˌɔːtəˈmeɪʃn] *n* automatització *f*.

automobile [ˈɔːtəməbiːl] *n Am* cotxe *m*, automòbil *m*.

autonomous [ɔːˈtɒnəməs] *adj* autònom -a.

autonomy [ɔːˈtɒnəmɪ] *n* autonomia *f*.

autopsy [ˈɔːtɒpsɪ] (*pl* **-ies**) *n* autòpsia *f*.

autumn [ˈɔːtəm] ◇ *n* tardor *f*; **in** ~ a la tardor. ◇ *comp* tardoral, tardorenc.

auxiliary [ɔːɡˈzɪljərɪ] (*pl* **-ies**) ◇ *adj* auxiliar. ◇ *n* **-1.** [medical worker] auxiliar sanitari *m* -ària *f*. **-2.** [soldier] soldat *m* auxiliar.

Av. (abbr of **avenue**) av. *f*.

avail [əˈveɪl] ◇ *n*: **to no** ~ en va. ◇ *vt*: **to** ~ **oneself of sthg** aprofitar alguna cosa.

available [əˈveɪləbl] *adj* **-1.** [product, service] disponible. **-2.** [person] lliure, disponible.

avalanche [ˈævəlɑːnʃ] *n lit & fig* allau *f*.

avant-garde [ˌævɒŋˈɡɑːd] *adj* d'avantguarda.

avarice [ˈævərɪs] *n* avarícia *f*.

Ave. (abbr of **avenue**) av. *f*.

avenge [əˈvendʒ] *vt* venjar.

avenue [ˈævənjuː] *n* **-1.** [wide road] avinguda *f*. **-2.** *fig* [method, means] camí *m*, via *f*.

average [ˈævərɪdʒ] ◇ *adj* **-1.** [mean, typical] corrent, ordinari -ària. **-2.** [mediocre] normal, regular. ◇ *n* mitjana *f*; **on** ~ per regla general, per terme mitjà. ◇ *vt* fer una mitjana de. ◆ **average out** ◇ *vt sep* calcular el terme mitjà. ◇ *vi*: **to** ~ **out at** tenir una mitjana de.

aversion [əˈvɜːʃn] *n* **-1.** [dislike]: ~ (**to**) aversió *f* (a). **-2.** [object of dislike]: **football is my pet** ~ el futbol és la meva bèstia negra.

avert [əˈvɜːt] *vt* **-1.** [problem, accident] evitar, esquivar. **-2.** [eyes, glance] apartar, desviar.

aviary [ˈeɪvjərɪ] (*pl* **-ies**) *n* gabial *m*.

avid [ˈævɪd] *adj*: ~ (**for**) àvid -a (de).

avocado [ˌævəˈkɑːdəʊ] (*pl* **-s** / **-es**) *n*: ~ (**pear**) alvocat *m*.

avoid [əˈvɔɪd] *vt*: **to** ~ (**sthg** / **doing sthg**) evitar (alguna cosa / fer alguna cosa).

avoidance [əˈvɔɪdəns] ➞ **tax avoidance**.

await [əˈweɪt] *vt* esperar.

awake [əˈweɪk] (*pt* **awoke** / **awaked**, *pp* **awoken**) ◇ *adj* **-1.** [not sleeping] despert -a; **wide** ~ completament despert -a. **-2.** *fig* [aware]: ~ **to sthg** ser conscient d'alguna cosa. ◇ *vt lit & fig* despertar. ◇ *vi lit & fig* despertar-se.

awakening [əˈweɪknɪŋ] *n lit & fig* despertar *m*; **a rude** ~ una desil·lusió amarga.

award [əˈwɔːd] ◇ *n* **-1.** [prize] premi *m*. **-2.** [compensation] indemnització *f*. ◇ *vt* [prize]: **to sb sthg**, **to** ~ **sthg to sb** concedir, atorgar alguna cosa a algú; [compensation] adjudicar alguna cosa a algú.

aware [əˈweər] *adj* **-1.** [conscious]: ~ **of** conscient de. **-2.** [informed, sensitive]: ~ **of sthg** assabentat -ada d'alguna cosa; **to be** ~ **that** estar informat que.

awareness [əˈweənɪs] *n* consciència *f*.

awash [əˈwɒʃ] *adj lit & fig*: ~ (**with**) inundat -ada (de).

away [əˈweɪ] ◇ *adv* **-1.** [move, walk, drive]: **to walk** ~ (**from**) marxar (de); **to drive** ~ (**from**) allunyar-se en cotxe (de); **to turn** / **look** ~ apartar la vista. **-2.** [at a distance - in space, time]: ~ **from** a distància de; **4 miles** ~ a 4 milles de distància; **the exam is two days** ~ l'examen és d'aquí a dos dies. **-3.** [not at home or office] fora. **-4.** [in safe place]: **to put sthg** ~ guardar alguna cosa. **-5.** [indicating removal or disappearance]: **to fade** ~ desaparèixer; **to give sthg** ~ regalar alguna cosa; **to take sthg** ~ endur-se alguna cosa. **-6.** [continuously]: **he was working** ~ **when ...** estava molt concentrat treballant quan ... ◇ *adj* SPORT foraster -a; ~ **game** partit *m* en un camp foraster.

awe [ɔː] *n* temor *m* reverencial; **to be in** ~ **of sb** tenir por i respecte a algú.

awesome [ˈɔːsəm] *adj* impressionant.
awful [ˈɔːfʊl] *adj* **-1.** [terrible] espantós -osa, terrible; **I feel ~** em trobo fatal. **-2.** *inf* [very great] estupend -a.
awfully [ˈɔːflɪ] *adv inf* [very] terriblement.
awhile [əˈwaɪl] *adv lit* un moment, una estona.
awkward [ˈɔːkwəd] *adj* **-1.** [clumsy - movement] maldestre -a; [- person] desmanyotat -ada. **-2.** [embarrassed, embarrassing] incòmode -a. **-3.** [unreasonable] difícil. **-4.** [inconvenient] inoportú -una.
awning [ˈɔːnɪŋ] *n* tendal *m*.
awoke [əˈwəʊk] *pt* ⇒ **awake**.
awoken [əˈwəʊkn] *pp* ⇒ **awake**.
awry [əˈraɪ] ⋄ *adj* torçat -ada, mal posat -ada. ⋄ *adv*: **to go ~** sortir malament.
axe *Br*, **ax** [æks] *Am* ⋄ *n* destral *f*; **to have an ~ to grind** actuar interessadament. ⋄ *vt* [project, jobs] suprimir.
axes [ˈæksiːz] *pl* ⇒ **axis**.
axis [ˈæksɪs] (*pl* **axes**) *n* eix *m*.
axle [ˈæksl] *n* eix *m*.
aye [aɪ] ⋄ *adv* sí. ⋄ *n* vot *m* afirmatiu.
azalea [əˈzeɪljə] *n* azalea *f*.
Aztec [ˈæztek] ⋄ *adj* asteca. ⋄ *n* [person] asteca *mf*.

B

b (*pl* **bs** / **b's**), **B** (*pl* **B's** / **Bs**) [biː] *n* [letter] b *f*, B *f*. ✦ **B** *n* **-1.** MUS si *m*. **-2.** EDUC [mark] notable *m*.
BA *n* **-1.** (abbr of **Bachelor of Arts**) titular d'una llicenciatura de lletres. **-2.** (abbr of **British Academy**) organisme públic que promou la investigació en el camp de les lletres. **-3.** (abbr of **British Airways**) línies aèries britàniques.
babble [ˈbæbl] ⋄ *n* barboteig *m*. ⋄ *vi* [person] barbotejar.
baboon [bəˈbuːn] *n* mandril *m*.
baby [ˈbeɪbɪ] (*pl* **-ies**) *n* **-1.** [newborn child] bebè *m*; [infant] nen *m*. **-2.** *inf* [term of affection] amor meu.
baby buggy *n* **-1.** *Br* [foldable pushchair] cadireta *f* de nen. **-2.** *Am* = **baby carriage**.
baby carriage *n Am* cotxet *m* de nen.

baby food *n* farinetes *fpl*, puré *m* (de verdura / fruita).
baby-sit *vi* fer de mainader.
baby-sitter *n* mainader *m* -a *f*.
bachelor [ˈbætʃələr] *n* solter *m*.
Bachelor of Arts *n* llicenciat *m* -ada *f* en lletres.
Bachelor of Science *n* llicenciat *m* -ada *f* en ciències.
back [bæk] ⋄ *adv* **-1.** [in position] enrere; **stand ~!** tirin enrere!; **to push ~** empènyer cap enrere. **-2.** [to former position or state] a la posició inicial; **to come ~** tornar; **to go ~** tornar; **to look ~** mirar enrere; **to walk ~** tornar caminant; **to give sthg ~** tornar alguna cosa; **to be ~ (in fashion)** haver-ne vist de tots colors; **he has been there and ~** ha anat allà i ha tornat; **I spent all day going ~ and forth** vaig passar tot el dia anant i tornant. **-3.** [in time]: **two weeks ~** fa dues setmanes; **it dates ~ to 1960** data del 1960; **~ in March** cap allà al març; **to think ~ (to sthg)** recordar (alguna cosa). **-4.** [phone, write] de retorn; **to pay ~** [give - money] tornar diners a algú. ⋄ *n* **-1.** [of person] esquena *f*; [of animal] llom *m*; *fig* **to break the ~ of** haver passat la part més dificultosa de; **behind sb's ~** d'amagat d'algú; **to put sb's ~ up** incordiar algú; *fig* **to stab sb in the ~** apunyalar algú per darrere; **to turn one's ~ on sb / sthg** girar l'esquena a algú / alguna cosa. **-2.** [of hand, cheque] dors *m*; [of coin, page] revers *m*; [of car, book, head] part *f* posterior; [of chair] respatller *m*; [of room, cupboard] fons *m*; *Br* **the ~ of beyond** la quinta forca; **to know somewhere like the ~ of one's hand** conèixer un lloc com si fos a casa seva. **-3.** SPORT [player] defensa *m*. ⋄ *adj* (in compounds) **-1.** [at the back - door, legs, seat] posterior; [- page] últim -a. **-2.** [overdue - pay, rent] endarrerit -ida. ⋄ *vt* **-1.** [reverse] anar enrere. **-2.** [support] reforçar, afavorir. **-3.** [bet on] apostar a. **-4.** [line with material] folrar. ⋄ *vi* [drive backwards] posar marxa enrere; [walk backwards] caminar cap enrere. ✦ **back to back** *adv* [with backs facing] donant-se l'esquena. ✦ **back to front** *adv* a l'inrevés. ✦ **back down** *vi* retractar-se'n, fer-se enrere. ✦ **back out** *vi* fer-se enrere. ✦ **back up** ⋄ *vt sep* **-1.** [support] defensar, recolzar. **-2.** [reverse] donar marxa enrere. **-3.** COMPUT fer un arxiu de seguretat de. ⋄ *vi* [reverse] anar marxa enrere.
backache [ˈbækeɪk] *n* mal *m* d'esquena.

backbencher [ˌbækˈbentʃəʳ] *n Br* diputat *m* -ada *f* que no és ministre.

backbone [ˈbækbəʊn] *n lit & fig* columna vertebral *f*, espinada *f*.

backcloth [ˈbækklɒθ] *n Br* = **backdrop**.

backdate [ˌbækˈdeɪt] *vt*: **a pay rise ~d to March** un augment de sou amb efectes retroactius des de març.

back door *n* porta *f* posterior; *fig* **to get in through / by the ~** entrar a través de contactes.

backdrop [ˈbækdrɒp] *n lit & fig* teló *m* de fons.

backfire [ˌbækˈfaɪəʳ] *vi* **-1.** [motor vehicle] petardejar, encendre. **-2.** [go wrong]: **it ~d on him** li va sortir el tret per la culata.

backgammon [ˈbækˌgæmən] *n* jaquet *m*, backgammon *m*.

background [ˈbækgraʊnd] ◇ *n* **-1.** [in picture, view] fons *m*; **in the ~** [of painting etc.] en el fons; [out of the limelight] a l'ombra. **-2.** [of event, situation] circumstàncies *fpl*. **-3.** [upbringing] antecedents *mpl*; **family ~** antecedents *mpl* familiars. ◇ *comp* [music, noise] de fons.

backhand [ˈbækhænd] *n* revés *m*.

backhanded [ˈbækhændɪd] *adj fig* equívoc -a.

backhander [ˈbækhændəʳ] *n Br inf*: **to give sb a ~** subornar algú.

backing [ˈbækɪŋ] *n* **-1.** [support] suport *m*, costat *m*. **-2.** [lining] reforç *m*. **-3.** MUS acompanyament *m*.

backlash [ˈbæklæʃ] *n* reacció *f* hostil.

backlog [ˈbæklɒg] *n* endarreriments *mpl*.

back number *n* número *m* endarrerit.

backpack [ˈbækpæk] *n* motxilla *f*.

back pay *n* (U) pagament *m* amb efectes retroactius.

back seat *n* seient *m* de darrere; *fig* **to take a ~** passar a segona fila.

backside [ˌbækˈsaɪd] *n inf* cul *m*.

backstage [ˌbækˈsteɪdʒ] *adv* entre bastidors.

back street *n Br* carreró *m*.

backstroke [ˈbækstrəʊk] *n* braçada *f* d'espatlla.

backup [ˈbækʌp] ◇ *adj* **-1.** [plan] d'emergència, alternatiu -iva; [team] de suport. **-2.** COMPUT de seguretat. ◇ *n* **-1.** [support] recolzament, suport *m*. **-2.** COMPUT còpia *f* de seguretat.

backward [ˈbækwəd] ◇ *adj* **-1.** [movement, look] cap enrere. **-2.** [country, person] endarrerit -ida. ◇ *adv Am* = **backwards**.

backwards [ˈbækwədz], **backward** *Am adv* **-1.** [move, go] cap enrere; **~ and forwards** [movement] cap endavant i cap enrere. **-2.** [back to front] al revés.

backwater [ˈbækˌwɔːtəʳ] *n fig* rabeig *m*.

backyard [ˌbækˈjɑːd] *n* **-1.** *Br* [yard] pati *m* de darrere. **-2.** *Am* [garden] jardí *m* de darrere.

bacon [ˈbeɪkən] *n* cansalada *f*.

bacteria [bækˈtɪərɪə] *npl* bacteris *mpl*.

bad [bæd] (*compar* **worse**, *superl* **worst**) ◇ *adj* **-1.** [gen] dolent -a; **he's ~ at French** va malament de francès; **to go ~** [food] fer-se malbé; **to go from ~ to worse** anar de mal en pitjor; **too ~!** mala sort!; **it's not ~ (at all)** no està (gens) malament; **how are you? - not ~** com estàs? - bé. **-2.** [illness] greu, fort -a. **-3.** [guilty]: **to feel ~ about sthg** sentir-se malament per alguna cosa. ◇ *adv Am* = **badly**.

badge [bædʒ] *n* **-1.** [for decoration - metal, plastic] xapa *f*; [sewn-on] insígnia *f*. **-2.** [for identification] distintiu *m*.

badger [bædʒəʳ] ◇ *n* teixó *m*. ◇ *vt*: **to ~ sb (to do sthg)** acuitar algú (per tal que faci alguna cosa).

badly [ˈbædlɪ] (*compar* **worse**, *superl* **worst**) *adv* **-1.** [not well] malament; **to think ~ of sb** pensar malament d'algú. **-2.** [seriously] greument; **I'm ~ in need of help** necessito ajut urgentment.

badly-off *adj* **-1.** [poor] sense diners. **-2.** [lacking]: **to be ~ for sthg** anar mancat -ada d'alguna cosa.

bad-mannered [-ˈmænəd] *adj* mal educat -ada.

badminton [ˈbædmɪntən] *n* bàdminton *m*.

bad-tempered [-ˈtempəd] *adj* **-1.** [by nature] geniüt -üda. **-2.** [in a bad mood] de mal humor.

baffle [ˈbæfl] *vt* desconcertar.

bag [bæg] (*pt & pp* **-ged**, *cont* **-ging**) ◇ *n* **-1.** [container, bagful] saca *f*; **he's nothing but a ~ of bones** no té més que ossos; *inf* **in the ~** al sac; *fig* **to pack one's ~s** fer les maletes. **-2.** [handbag] bossa *f*. ◇ *vt* **-1.** [put into bags] posar en bosses. **-2.** *Br inf* [reserve] reservar-se. ● **bags** *npl* **-1.** [under eyes] bosses *fpl*. **-2.** *inf* [lots]: **~s of un** munt de.

bagel [ˈbeɪgəl] *n* brioix de pa en forma de rosca.

baggage [ˈbægɪdʒ] *n* (U) equipatge *m*.

baggage reclaim *n* recollida *f* d'equipatges.

baggy ['bægɪ] (*compar* **-ier**, *superl* **-iest**) *adj* folgat -ada.
bagpipes ['bægpaɪps] *npl* gaita *f*.
baguette [bə'get] *n* barra *f* de pa.
Bahamas [bə'hɑːməz] *npl*: **the** ~ les (illes) Bahames.
bail [beɪl] *n* (U) fiança *f*; **on** ~ sota fiança. ⮕ **bail out** ⇔ *vt sep* **-1.** [pay - for] obtenir la llibertat sota fiança. **-2.** [rescue] ajudar. ⇔ *vi* [from plane] llançar-se en paracaigudes.
bailiff ['beɪlɪf] *n* agutzil *m*.
bait [beɪt] ⇔ *n* lit & fig esquer *m*; *fig* **to rise to / take the** ~ picar. ⇔ *vt* **-1.** [put on] empaitar. **-2.** [tease, torment] fer patir.
bake [beɪk] ⇔ *vt* **-1.** [food] coure al forn. **-2.** [bricks, clay] coure. ⇔ *vi* [food] coure's.
baked beans [beɪkt-] *npl* mongetes *fpl* cuites amb salsa.
baked potato [beɪkt-] *n* patata *f* al forn.
baker ['beɪkəʳ] *n* forner *m*; ~**'s (shop)** fleca *f*, forn *m*.
bakery ['beɪkərɪ] (*pl* **-ies**) *n* fleca *f*, forn *m*.
baking ['beɪkɪŋ] ⇔ *adj inf* abrasador -a. ⇔ *n* decuit *m*.
balaclava (helmet) [bælə'klɑːvə-] *n* passamuntanyes *m*.
balance ['bæləns] ⇔ *n* **-1.** [equilibrium] equilibri *m*; **to keep / lose one's** ~ mantenir / perdre l'equilibri; **it caught me off** ~ em va agafar desprevingut -uda. **-2.** *fig* [counterweight] contrapès *m*. **-3.** [of evidence etc.] pes *m*. **-4.** [scales] balança *f*; **to be / hang in the** ~ mantenir-se en equilibri. **-5.** [of account] balanç *m*. ⇔ *vt* **-1.** [keep in -] posar en equilibri. **-2.** [compare] contrapesar. **-3.** [in accounting]: **to** ~ **the books / a budget** fer balanç / fer quadrar un pressupost. ⇔ *vi* **-1.** [maintain equilibrium] mantenir-se en equilibri. **-2.** [in accounting] quadrar. ⮕ **on balance** *adv* pensant-ho bé.
balanced diet ['bælənst-] *n* dieta *f* equilibrada.
balance of payments *n* balanç *m* de pagaments.
balance of trade *n* balanç *m* de comerç.
balance sheet *n* balanç *m*.
balcony ['bælkənɪ] (*pl* **-ies**) *n* **-1.** [on building - big] terrat *m*; [- small] balcó *m*. **-2.** [in theatre] amfiteatre *m*.
bald [bɔːld] *adj* **-1.** [without hair] calb -a. **-2.** [without tread] desgastat -ada. **-3.** *fig* [blunt] escarit -ida.

bale [beɪl] *n* bala *f*, paca *f*. ⮕ **bale out** *Br* ⇔ *vi* **-1.** [remove water] treure aigua. **-2.** [from plane] llançar-se en paracaigudes.
Balearic Islands [,bælɪ'ærɪk-], **Balearics** [,bælɪ'ærɪks] *npl*: **the** ~ les illes Balears, les Balears.
baleful ['beɪlfʊl] *adj* sinistre -a, maliciós -osa.
balk [bɔːk] *vi*: **to** ~ **(at doing sthg)** resistir-se (a fer alguna cosa); **I** ~ **at the idea** no m'agrada gens la idea.
Balkans ['bɔːlkənz], **Balkan States** *npl*: **the** ~ els Balcans.
ball [bɔːl] *n* **-1.** [for tennis, cricket] pilota *f*; [for golf, billiards] bola *f*; [for football] pilota *f*; *fig* **to be on the** ~ ser més trempat que un gínjol; *fig* **to play** ~ **with** col·laborar amb; *fig* **to start / keep the** ~ **rolling** començar / mantenir la conversa. **-2.** [round shape] bola *f*. **-3.** [of foot] tou *m*. **-4.** [dance] ball *m*; *fig* **to have a** ~ passar-s'ho molt bé. ⮕ **balls** *v inf* ⇔ *npl* [testicles] pilotes *fpl*. ⇔ *n* (U) [nonsense] collonada *f*. ⇔ *excl* [expressing disagreement] i un collons!; [expressing annoyance] collons!
ballad ['bæləd] *n* balada *f*.
ballast ['bæləst] *n* llast *m*.
ball bearing *n* coixinet *m* de boles.
ball boy *n* nen *m* encarregat de collir pilotes.
ballerina [,bælə'riːnə] *n* ballarina *f*.
ballet ['bæleɪ] *n* ballet *m*.
ballet dancer *n* ballarí *m* -ina *f*.
ball game *n* **-1.** *Am* [baseball match] partit *m* de beisbol. **-2.** *fig* [situation]: **it's a whole new** ~ no té absolutament res a veure.
balloon [bə'luːn] ⇔ *n* **-1.** [toy] globus *m*. **-2.** [hot-air] globus *m* aeròstat. **-3.** [in cartoon] bafarada *f*. ⇔ *vi* inflar-se.
ballot ['bælət] ⇔ *n* **-1.** [voting paper] vot *m*. **-2.** [voting process] votació *f*. ⇔ *vt*: **to** ~ **the members on an issue** sotmetre alguna qüestió a votació entre els membres. ⇔ *vi*: **to** ~ **for sthg** elegir per votació alguna cosa.
ballot box *n* **-1.** [container] urna *f* electoral. **-2.** [voting process] urnes *fpl*.
ballot paper *n* papereta *f*.
ball park *n Am* estadi *m* de beisbol.
ballpoint (pen) ['bɔːlpɔɪnt-] *n* bolígraf *m*.
ballroom ['bɔːlrʊm] *n* sala *f* de ball.
ballroom dancing *n* (U) ball *m* de saló.
balm [bɑːm] *n* bàlsam *m*.

balmy ['bɑ:mɪ] (*compar* **-ier**, *superl* **-iest**) *adj* balsàmic -a.

balsa ['bɒlsə], **balsawood** ['bɒlsəwʊd] *n* rai *m*.

Baltic ['bɔːltɪk] ◇ *adj* bàltic -a. ◇ *n*: the ~ (Sea) mar Bàltica.

Baltic Republic *n*: the ~s les repúbliques bàltiques.

bamboo [bæm'bu:] *n* bambú *m*.

bamboozle [bæm'bu:zl] *vt inf* ensibornar, embacinar.

ban [bæn] (*pt* & *pp* **-ned**, *cont* **-ning**) ◇ *n*: ~ (on) prohibició *f* (de). ◇ *vt*: to ~ sb (from doing sthg) prohibir a algú (que faci alguna cosa).

banal [bə'nɑːl] *adj pej* banal.

banana [bə'nɑːnə] *n* plàtan *m*, banana *f*.

band [bænd] *n* **–1.** [musical group - pop] grup *m*; [- jazz, military] banda *f*, orquestra *f*. **–2.** [of thieves etc.] trepa *f*. **–3.** [strip] tira *f*, cinta *f*. **–4.** [stripe, range] franja *f*. ☞ **band together** *vi* ajuntar-se, agrupar-se.

bandage ['bændɪdʒ] ◇ *n* bena *f*. ◇ *vt* embenar.

Band-Aid® *n* tireta *f*.

b and b, **B and B** *n* (abbr of bed and breakfast) allotjament i esmorzar.

bandit ['bændɪt] *n* bandit *m* -ida *f*, bandoler *m* -a *f*.

bandstand ['bændstænd] *n* quiosc *m* de música.

bandwagon ['bændwægən] *n* carro *m* dels músics; **to jump on the ~** pujar al carro.

bandwidth ['bændwɪdθ] *n* ample *m* de banda.

bandy ['bændɪ] (*compar* **-ier**, *superl* **-iest**, *pt* & *pp* **-ied**) *adj* tort -a. ☞ **bandy about**, **bandy around** *vt sep* esmentar.

bandy-legged [-,legd] *adj* garrell -a, camatort -a.

bang [bæŋ] ◇ *n* **–1.** [blow] cop *m*, trompada *f*. **–2.** [loud noise] estrèpit *m*, terrabastall *m*; *inf* **to go with a ~** anar de primera. ◇ *vt* **–1.** [hit - drum, desk] colpejar; [- knee, head] colpejar-se. **–2.** [slam] rebatre. ◇ *vi* esclatar, espetegar. ◇ *adv* **–1.** [exactly]: **~ in the middle of** justament enmig de; **~ on** molt encertat -ada. **–2.** *inf* [away]: **~ goes / go ...** adéu a. ◇ *excl* pam! ☞ **bangs** *npl Am* serrell *m*.

banger ['bæŋə^r] *Br n* **–1.** *inf* [sausage] salsitxa *f*. **–2.** *inf* [old car] carraca *f*. **–3.** [firework] traca *f*.

Bangladesh [,bæŋglə'deʃ] *n* Bangla Desh.

bangle ['bæŋgl] *n* esclava *f*, braçalet *m*.

banish ['bænɪʃ] *vt lit* & *fig* desterrar.

banister ['bænɪstə^r] *n*, **banisters** ['bænɪstəz] *npl* barana *f*, passamà *m*.

bank [bæŋk] ◇ *n* **–1.** [gen & FIN] banc *m*. **–2.** [by river, lake] vora *f*, marge *m*. **–3.** [slope] pendent *m*. **–4.** [of clouds etc.] grup *m*. ◇ *vt* FIN ingressar. ◇ *vi* **–1.** FIN: **to ~ with** tenir un compte a. **–2.** [plane] decantar-se. ☞ **bank on** *vt fus* comptar amb.

bank account *n* compte *m* corrent.

bank balance *n* saldo *m*.

bank card = **banker's card**.

bank charges *npl* comissions *fpl* bancàries.

bank draft *n* gir *m* bancari.

banker ['bæŋkə^r] *n* banquer *m* -a *f*.

banker's card *n Br* targeta *f* d'identificació bancària.

bank holiday *n Br* dia *f* de festa.

banking ['bæŋkɪŋ] *n* banca *f*.

bank manager *n* director *m* -a *f* de banc.

bank note *n* bitllet *m*.

bank rate *n* tipus *m* d'interès bancari.

bankrupt ['bæŋkrʌpt] ◇ *adj* [financially] insolvent; **to go ~** anar a la bancarrota. ◇ *n* insolvent *mf*. ◇ *vt* arruïnar.

bankruptcy ['bæŋkrʌptsɪ] (*pl* **-ies**) *n* bancarrota *f*; *fig* [of ideas] esgotament *m*.

bank statement *n* extracte *m* de comptes.

banner ['bænə^r] *n* pancarta *f*.

bannister ['bænɪstə^r], **bannisters** ['bænɪstəz] = **banister(s)**.

banquet ['bæŋkwɪt] *n* banquet *m*.

banter ['bæntə^r] ◇ *n* (U) burla *f*. ◇ *vi* fer broma.

bap [bæp] *n Br* panet *m*.

baptism ['bæptɪzm] *n* baptisme *m*; **~ of fire** baptisme de foc.

baptize, **-ise** [*Br* bæp'taɪz, *Am* 'bæptaɪz] *vt* batejar.

bar [bɑː^r] (*pt* & *pp* **-red**, *cont* **-ring**) ◇ *n* **–1.** [of soap] pastilla *f*; [of chocolate] rajola *f*; [of gold] lingot *m*; [of wood] post *f*; [of metal] barrell *m*; **to be behind ~s** estar entre reixes. **–2.** *fig* [obstacle] impediment *m*, obstacle *m*; [ban] prohibició *f*. **–3.** [drinking place] bar *m*. **–4.** [counter] barra *f*. **–5.** MUS compàs *m*. ◇ *vt* **–1.** [close with a -] barrotar. **–2.** [block] **to ~ sb's way** barrar el camí d'algú. **–3.** [ban]: **to ~ sb (from doing sthg)** prohibir a algú (fer alguna cosa); **to ~ sb from somewhere** prohibir a algú

l'entrada a un lloc. ⬦ *prep* [except] llevat de, tret de; **~ none** sense excepcions. ⬦
Bar JUR *n Br*: **the ~** conjunt dels advocats que exerceixen als tribunals superiors; *Am* advocacia *f*.

barbaric [bɑːˈbærɪk] *adj* bàrbar -a.

barbecue [ˈbɑːbɪkjuː] ⬦ *n* barbacoa *f*. ⬦ *vt* cuinar a la graella.

barbed wire [bɑːbd-] *n* filferro *m* espinós.

barber [ˈbɑːbəʳ] *n* barber *m*; **~'s** barberia *f*.

barbiturate [bɑːˈbɪtjʊrət] *n* barbitúric.

bar code *n* codi *m* de barres.

bare [beəʳ] ⬦ *adj* **-1.** [without covering - legs, trees, hills] nu -a; [- feet] descalç -a. **-2.** [absolute, minimum] essencial; **the ~ essentials** el mínim indispensable. **-3.** [empty] buit -ida. **-4.** [mere]: **a ~ 10%** un 10% pelat. ⬦ *vt* despullar, descobrir; **to ~ one's teeth** ensenyar les dents.

bareback [ˈbeəbæk] *adj & adv* sense sella.

barefaced [ˈbeəfeɪst] *adj* descarat -ada.

barefoot(ed) [ˌbeəˈfʊt(ɪd)] *adj & adv* descalç -a.

barely [ˈbeəlɪ] *adv* [scarcely] amb prou feines.

bargain [ˈbɑːgɪn] ⬦ *n* **-1.** [agreement] pacte *m*, contracte *m*; **into the ~** per afegiment, a més. **-2.** [good buy] ganga *f*. ⬦ *vi*: **to ~ (with sb for sthg)** negociar (amb algú per obtenir alguna cosa). ⬦ **bargain for, bargain on** *vt fus* comptar amb.

barge [bɑːdʒ] ⬦ *n* barcassa *f*, gavarra *f*. ⬦ *vi inf* obrir-se camí; **to ~ into** [person] xocar contra; [room] irrompre a. ⬦
barge in *vi inf*: **to ~ in (on)** [conversation etc.] interrompre.

baritone [ˈbærɪtəʊn] *n* baríton *m*.

bark [bɑːk] ⬦ *n* **-1.** [of dog] lladruc *m*; *inf* **his ~ is worse than his bite** crida molt li no mossega. **-2.** [on tree] escorça *f*. ⬦ *vt* abocar. ⬦ *vi*: **to ~ (at)** bordar (a).

barley [ˈbɑːlɪ] *n* ordi *m*.

barley sugar *n Br* sucre *m* candi.

barley water *n Br* ordiat *m*.

barmaid [ˈbɑːmeɪd] *n* cambrera *f*.

barman [ˈbɑːmən] (*pl* **-men** [-mən]) *n* cambrer *m*, bàrman *m*.

barn [bɑːn] *n* graner *m*.

barometer [bəˈrɒmɪtəʳ] *n* baròmetre *m*; *fig* [of public opinion etc.] baròmetre *m*.

baron [ˈbærən] *n* baró *m*; *fig* **press / oil ~** magnat *m* de la premsa / del petroli.

baroness [ˈbærənɪs] *n* baronessa *f*.

barrack [ˈbærək] *vt Br* burlar-se de. ⬦
barracks *npl* quarter *m*.

barrage [ˈbærɑːʒ] *n* **-1.** [of firing] línia *f* de foc. **-2.** [of questions] ràfega *f*. **-3.** *Br* [dam] presa *f*, resclosa *f*.

barrel [ˈbærəl] *n* **-1.** [for beer, wine, oil] tonell *m*. **-2.** [of gun] canó *m*.

barren [ˈbærən] *adj* estèril.

barricade [ˌbærɪˈkeɪd] ⬦ *n* barricada *f*. ⬦ *vt* posar una barricada a; **to ~ oneself in** atrinxerar-se.

barrier [ˈbærɪəʳ] *n lit & fig* barrera *f*.

barring [ˈbɑːrɪŋ] *prep* llevat de, tret de.

barrister [ˈbærɪstəʳ] *n Br* advocat *m* -ada *f* (de tribunals superiors).

barrow [ˈbærəʊ] *n* carreta *f*.

bartender [ˈbɑːtendəʳ] *n* cambrer *m* -a *f*.

barter [ˈbɑːtəʳ] ⬦ *n* bescanvi *m*. ⬦ *vt*: **to ~ (sthg for sthg)** bescanviar (alguna cosa per una altra). ⬦ *vi* bescanviar.

base [beɪs] ⬦ *n* base *f*. ⬦ *vt* **-1.** [place, establish] fonamentar; **he's ~d in Paris** treballa a París. **-2.** [use as starting point]: **to ~ sthg on** OR **upon** basar alguna cosa en. ⬦ *adj pej* baix -a, vil.

baseball [ˈbeɪsbɔːl] *n* beisbol *m*.

baseball cap *n* gorra *f* de beisbol.

basement [ˈbeɪsmənt] *n* soterrani *m*.

base rate *n* tipus *m* d'interès base.

bases [ˈbeɪsiːz] *pl* ⬦ **basis**.

bash [bæʃ] *inf* ⬦ *n* **-1.** [painful blow] cop *m*. **-2.** [attempt]: **to have a ~ at sthg** provar, intentar alguna cosa. **-3.** [party] festa *f*. ⬦ *vt* **-1.** [hit - person, thing] colpejar; [- one's head, knee] donar-se un cop a. **-2.** [criticize] criticar.

bashful [ˈbæʃfʊl] *adj* [person] vergonyós -osa; [smile] tímid -a.

basic [ˈbeɪsɪk] *adj* bàsic -a. ⬦ **basics** *npl* **-1.** [rudiments] principis *mpl* bàsics. **-2.** [essentials] allò imprescindible.

BASIC [ˈbeɪsɪk] *n* (abbr of **Beginner's All-purpose Symbolic Instruction Code**) BASIC *m*.

basically [ˈbeɪsɪklɪ] *adv* **-1.** [essentially] bàsicament. **-2.** [really] en resum.

basil [ˈbæzl] *n* alfàbrega *f*.

basin [ˈbeɪsn] *n* **-1.** *Br* [bowl] palangana *f*, rentamans *m*. **-2.** [wash -] lavabo *m*. **-3.** GEOG conca *f*.

basis [ˈbeɪsɪs] (*pl* **bases**) *n* base *f*; **on the ~ of** a base de, partint de la base que; **on a weekly / monthly ~** de manera setmanal / mensual.

bask [bɑːsk] *vi* **-1.** [in sun]: **to ~ in the sun** escalfar-se al sol. **-2.** *fig*: **to ~ in** [sb's approval, praise] gaudir de.

basket ['bɑːskɪt] *n* cistell *m*, cistella *f*.

basketball ['bɑːskɪtbɔːl] ◇ *n* bàsquet *m*. ◇ *comp* cistelleria *f*.

Basque [bɑːsk] ◇ *adj* basc -a. ◇ *n* **-1.** [person] basc *m* -a *f*. **-2.** [language] èuscar *m*, basc *m*.

Basque Country [bɑːsk-] *n*: **the ~** el País Basc.

bass [beɪs] ◇ *adj* baix -a. ◇ *n* **-1.** [singer, - guitar] baix *m*. **-2.** [double -] contrabaix *m*.

bass drum [beɪs-] *n* bombo *m*.

bass guitar [beɪs-] *n* baix *m*.

bassoon [bə'suːn] *n* baixó *m*.

bastard ['bɑːstəd] *n* **-1.** [illegitimate child] bastard *m* -a *f*. **-2.** *v inf pej* cabronàs *m*.

bastion ['bæstɪən] *n* bastió *m*.

bat [bæt] (*pt & pp* **-ted**, *cont* **-ting**) ◇ *n* **-1.** [animal] ratpenat *m*. **-2.** [for cricket, baseball] bat *m*. **-3.** [for table-tennis] pala *f*. **-4. to do sthg off one's own ~** fer alguna cosa tot sol. ◇ *vt & vi* picar, fer anar la pala.

batch [bætʃ] *n* **-1.** [of letters etc.] tramesa *f*. **-2.** [of work] piló *m*. **-3.** [of products] sèrie *f*, lot *m*. **-4.** [of people] grup *m*.

bated ['beɪtɪd] *adj*: **with ~ breath** sense alè.

bath [bɑːθ] ◇ *n* **-1.** [bathtub] banyera *f*. **-2.** [act of washing] bany *m*; **to have / take a ~** banyar-se, prendre's un bany. ◇ *vt* banyar. ➤ **baths** *npl Br* [public swimming pool] piscina *f* municipal.

bathe [beɪð] ◇ *vt* **-1.** [wound] rentar. **-2.** [suffuse]: **to be ~d in / with** estar desfet -a en / cobert -a de / amarat -ada de. ◇ *vi* banyar-se.

bathing ['beɪðɪŋ] *n* (*U*) bany *m*.

bathing cap *n* gorra *f* de bany.

bathing costume, **bathing suit** *n* vestit *m* de bany.

bathrobe ['bɑːθrəʊb] *n* **-1.** [made of towelling] barnús *m*. **-2.** [dressing gown] bata *f*.

bathroom ['bɑːθrʊm] *n* **-1.** *Br* [room with bath] cambra *f* de bany. **-2.** *Am* [toilet] lavabo *m*.

bath towel *n* tovallola *f* de bany.

bathtub ['bɑːθtʌb] *n* banyera *f*.

baton ['bætən] *n* **-1.** [of conductor] batuta *f*. **-2.** [in relay race] testimoni *m*. **-3.** *Br* [of policeman] porra *f*.

batsman ['bætsmən] (*pl* **-men** [-mən]) *n* batedor *m*.

battalion [bə'tæljən] *n* batalló *m*.

batten ['bætn] *n* llistó *m*.

batter ['bætə^r] ◇ *n* pasta *f* batuda. ◇ *vt* **-1.** [child, woman] pegar. **-2.** [door, ship] colpejar. ➤ **batter down** *vt sep* estassar a cops de pala.

battered ['bætəd] *adj* **-1.** [child, woman] maltractat -ada. **-2.** [car, hat] masegat -ada.

battery ['bætərɪ] (*pl* **-ies**) *n* **-1.** [of radio] pila *f*; [of car, guns] bateria *f*. **-2.** [array, set] sèrie *f*, reguitzell *m*.

battle ['bætl] ◇ *n* **-1.** [in war] batalla *f*. **-2.** [struggle]: **~ (for / against / with)** lluita *f* (per / contra / amb); **~ of wits** batalla *f* dialèctica; **self-confidence is half the ~** confiar en un mateix és tenir mitja feina feta; **to be fighting a losing ~** lluitar per una causa ja perduda. ◇ *vi*: **to ~ (for / against / with)** lluitar (per / contra / amb).

battlefield ['bætlfiːld], **battleground** ['bætlgraʊnd] *n lit & fig* camp *m* de batalla.

battlements ['bætlmənts] *npl* merlets *mpl*.

battleship ['bætlʃɪp] *n* cuirassat *m*.

bauble ['bɔːbl] *n* quincalla *f*.

baulk [bɔːk] = **balk**.

bawdy ['bɔːdɪ] (*compar* **-ier**, *superl* **-iest**) *adj* indecent, impúdic -a.

bawl [bɔːl] ◇ *vt* vociferar. ◇ *vi* **-1.** [shout] vociferar. **-2.** [cry] bramar.

bay [beɪ] *n* **-1.** [of coast] badia *f*. **-2.** [for loading] zona *f* de càrrega i descàrrega. **-3.** [for parking] aparcament *m*. **-4.** [horse] cavall *m* blanc grogós. **-5. to keep sthg / sb at ~** mantenir alguna cosa / algú a ratlla. ◇ *vi* udolar.

bay leaf *n* fulla *f* de llorer.

bay window *n* finestra *f* balconera.

bazaar [bə'zɑː^r] *n* **-1.** [market] basar *m*. **-2.** *Br* [charity sale] mercat *m* benèfic.

B & B (*abbr of* bed and breakfast) allotjament i esmorzar.

BBC *n* (*abbr of* **British Broadcasting Corporation**) BBC *f*, companyia estatal britànica de ràdio i televisió.

BC -1. (*abbr of* before Christ) aC. **-2.** (*abbr of* British Columbia) Colúmbia Britànica.

be [biː] (*pt* was / were, *pp* been) ◇ *aux vb* **-1.** (*in combination with present participle: to form continuous tense*) estar; **what is he doing?** què està fent?; **it's snowing** està nevant; **I'm leaving tomorrow** me'n vaig demà; **they've been promising it for years** ho han promès durant anys. **-2.** (*in combination with past participle: to form passive*) ser; **to ~ loved** ser estimat -ada; **there was no one to ~ seen** no es veia ningú; **ten people were killed** van morir deu persones. **-3.** (*in question tags*): **you're not going now, are you?** no te'n vas, oi?; **the meal was delicious, wasn't it?** el dinar era boníssim, no trobes? **-4.** (*followed by "to" + infinitive*): **I'm to ~ promoted** m'han ascendit; **you're not to tell anyone** no ho has de dir a ningú. ◇ *copulative vb* **-1.** (*with adj, n*) [indicating innate quality, permanent condition] ser, ésser; [indicating state, temporary condition] estar; **snow is white** la neu és blanca; **she's intelligent / tall** és intel·ligent / alta; **to ~ a doctor / plumber** ser metge / lampista; **I'm Scottish** sóc escocès; **~ quiet!** calla!; **1 and 1 are 2** 1 més 1 fan 2; **your hands are cold** tens les mans fredes; **I'm tired / angry** estic cansat / enutjat; **I'm hot** tinc calor; **he's in a difficult position** està en una situació difícil. **-2.** [referring to health] estar, trobar-se; **she's ill / better** està malalta / millor; **how are you?** com estàs? / com et trobes? **-3.** [referring to age]: **how old are you?** quina edat tens?; **I'm 20 (years old)** tinc 20 anys. **-4.** [cost] ser, costar; **how much is it?** quant costa?; **how much was it?** quant va costar?; **that will ~ £10, please** seran 10 lliures, si us plau; **apples are only 20p a kilo today** avui les pomes estan a només 20 penics el quilo. ◇ *vi* **-1.** [exist] ser, ésser, existir; **the worst prime minister that ever was** el pitjor primer ministre que hagi existit mai; **~ that as it may** sigui com sigui; **there / are** hi ha; **is there life on Mars?** hi ha vida a Mart? **-2.** [referring to place] ser, estar; **Valencia is in Spain** València és a Espanya; **he will ~ here tomorrow** ell serà aquí demà. **-3.** [referring to movement] estar; **where have you been?** on has estat? ◇ *v impers* **-1.** [referring to time, dates] ser; **it's two o'clock** són les dues; **it's the 17th of February** som a 17 de febrer. **-2.** [referring to distance]: **it's 3 km to the next town** hi ha 3 km fins el proper poble. **-3.** [referring to the weather]: **it's hot / cold / windy** fa calor / fred / vent. **-4.** [for emphasis] ser; **it's me** sóc jo; **it's the milkman** és el repartidor de la llet.

beach [biːtʃ] ◇ *n* platja *f*. ◇ *vt* encallar.

beacon [ˈbiːkən] *n* **-1.** [warning fire] foc *m* d'alarma. **-2.** [lighthouse] far *m*. **-3.** [radio -] radiofar *m*.

bead [biːd] *n* **-1.** [of glass, wood] granet *m*, vidret *m*. **-2.** [of sweat] gota *f*.

beagle [ˈbiːgl] *n* gos *m* coniller.

beak [biːk] *n* bec *m*.

beaker [ˈbiːkəʳ] *n* gobelet *m*.

beam [biːm] ◇ *n* **-1.** [of wood, concrete] biga *f*. **-2.** [of light] raig *m*. ◇ *vt* emetre. ◇ *vi* **-1.** [smile] somriure. **-2.** [shine] brillar.

bean [biːn] CULIN *n* [haricot] mongeta *f*, fesol *m*; [of coffee] gra *m*; *inf* **to be full of ~s** tenir molta vitalitat; *inf* **to spill the ~s** fer una planxa.

beanbag [ˈbiːnbæg] *n* coixí gran replè de polietilè.

beanshoot [ˈbiːnʃuːt], **beansprout** [ˈbiːnspraʊt] *n* brot *m* de soja.

bear [beəʳ] (*pt* **bore**, *pp* **borne**) ◇ *n* **-1.** [animal] ós *m*. **-2.** ST EX baixista *mf*. ◇ *vt* **-1.** [carry] portar. **-2.** [support] suportar. **-3.** [responsibility] carregar amb. **-4.** [marks, signs] portar. **-5.** [endure] aguantar. **-6.** [fruit, crop] donar. **-7.** [child] donar a llum. **-8.** [feeling] guardar. **-9.** FIN [interest] reportar. ◇ *vi*: **to ~ left** tòrcer a l'esquerra; **to bring pressure / influence to ~ on** fer pressió / tenir influència sobre. ☛ **bear down** *vi*: **to ~ down on** avançar cap a. ☛ **bear out** *vt sep* confirmar. ☛ **bear up** *vi* animar-se. ☛ **bear with** *vt fus* tenir paciència amb.

beard [bɪəd] *n* barba *f*.

bearing [ˈbeərɪŋ] *n* **-1.** [connection]: **~ (on)** relació (amb). **-2.** [deportment] port *m*. **-3.** [for shaft] coixinet *m*. **-4.** [on compass] orientació *f*; **to get one's ~s** orientar-se; **to lose one's ~s** desorientar-se.

beast [biːst] *n lit & fig* bèstia *f*.

beastly [ˈbiːstlɪ] (*compar* **-ier**, *superl* **-iest**) *adj dated* bestial.

beat [biːt] (*pt* **beat**, *pp* **beaten**) ◇ *n* **-1.** [of drum] redoblament *m*. **-2.** [of heart, pulse] batec *m*. **-3.** MUS [rhythm] ritme *m*; [individual unit of time] cop *m*. **-4.** [of wings] batement *m*. **-5.** [of policeman] batuda *f*. ◇ *adj inf* derrotat -ada. ◇ *vt* **-1.** [hit - person] pegar; [- thing] colpejar. **-2.** [wings, eggs, butter] batre. **-3.** MUS [time] marcar. **-4.** [defeat] vèncer; *inf* **it ~s me** no ho entenc. **-5.** [reach ahead of]: **to ~ sb (to sthg)** avançar-se a algú (en alguna cosa). **-6.** [be better than] ser millor que. **-7.** *inf* **~ it!** au, fora! ◇ *vi* **-1.** [rain] colpejar. **-2.** [heart, pulse] bategar. ☛ **beat off** *vt sep* rebutjar. ☛ **beat up** *vt sep inf* bastonejar.

beating [ˈbiːtɪŋ] *n* **-1.** [hitting] pallissa *f*. **-2.** [defeat] derrota *f*; *inf* **to take some ~** encaixar una derrota.

beautiful ['bjuːtɪfʊl] *adj* **–1.** [person] guapo -a, maco -a. **–2.** [thing, animal] bonic -a. **–3.** *inf* [very good - shot, weather] esplèndid -a.

beautifully ['bjuːtəflɪ] *adv* **–1.** [attractively] de manera atractiva. **–2.** *inf* [very well] meravellosament.

beauty ['bjuːtɪ] (*pl* **-ies**) ⋄ *n* bellesa *f*. ⋄ *comp* de bellesa.

beauty parlour *n* saló *m* de bellesa.

beauty salon = beauty parlour.

beauty spot *n* **–1.** [picturesque place] lloc *m* pintoresc. **–2.** [on skin] piga *f*.

beaver ['biːvəʳ] *n* castor *m*.

became [bɪ'keɪm] *pt* ⋑ become.

because [bɪ'kɒz] *conj* perquè.

because of *prep* a causa de.

beck [bek] *n*: to be at sb's ~ and call estar a la disposició d'algú.

beckon ['bekən] ⋄ *vt* **–1.** [signal to] cridar fent signes. **–2.** *fig* [draw, attract] atreure. ⋄ *vi* [signal]: to ~ to sb cridar algú fent signes.

become [bɪ'kʌm] (*pt* **became**, *pp* **become**) *vi* esdevenir, fer-se; to ~ happy posar-se content; to ~ angry enutjar-se; he became Prime Minister in 1991 va ser nomenat primer ministre el 1991; what has ~ of ...? què se n'ha fet de ...?

becoming [bɪ'kʌmɪŋ] *adj* **–1.** [attractive] afavoridor -a. **–2.** [appropriate] decorós -osa.

bed [bed] (*pt* ⋑ *pp* **-ded**, *pp* **-ding**) *n* **–1.** [to sleep on] llit *m*; to go to ~ anar-se'n al llit; to make the ~ fer el llit; *euph* to go to ~ with anar-se'n al llit amb. **–2.** [flowerbed] parterre *m*; *fig* a ~ of roses un llit *m* de roses. **–3.** [of sea] fons *m*; [of river] llit *m*, jaç *m*.

bed and breakfast *n* [service] allotjament *m* i esmorzar *m*; [hotel] pensió *f*.

bedclothes ['bedkləʊðz] *npl* roba *f* de llit.

bedlam ['bedləm] *n* follia *f*, xivarri *m*.

bed linen *n* roba *f* de llit.

bedraggled [bɪ'drægld] *adj* moll -a i brut -a.

bedridden ['bed,rɪdn] *adj* prostrat -ada al llit.

bedroom ['bedrʊm] *n* dormitori *m*, habitació *f*.

bedside ['bedsaɪd] *n* [side of bed] costat *m* del llit; [of ill person] llit *m*; ~ lamp llum *m* de tauleta de nit; ~ table tauleta *f* de nit.

bed-sit(ter) *Br n* cambra *f* moblada.

bedsore ['bedsɔːʳ] *n* llaga *f* de decúbit.

bedspread ['bedspred] *n* cobrellit *m*.

bedtime ['bedtaɪm] *n* hora *f* d'anar a dormir.

bee [biː] *n* abella *f*; to have a ~ in one's bonnet about tenir una idea fixa.

beech [biːtʃ] *n* faig *m*.

beef [biːf] *n* carn *f* de vedella.

beefburger ['biːf,bɜːgəʳ] *n* hamburguesa *f*.

Beefeater ['biːf,iːtəʳ] *n* guàrdia de la Torre de Londres.

beefsteak ['biːf,steɪk] *n* bistec *m*.

beehive ['biːhaɪv] *n* **–1.** [for bees] rusc *m*. **–2.** [hairstyle] monyo *m* alt.

beeline ['biːlaɪn] *n* línia *f* recta; *inf* to make a ~ for anar de dret a.

been [biːn] *pp* ⋑ be.

beer [bɪəʳ] *n* cervesa *f*.

beet [biːt] *n* remolatxa *f*.

beetle ['biːtl] *n* escarabat *m*.

beetroot ['biːtruːt] *n* (arrel de) remolatxa *f*.

before [bɪ'fɔːʳ] ⋄ *adv* abans, davant; we went the year ~ hi vam anar l'any anterior. ⋄ *prep* **–1.** [in time] abans de; they arrived ~ us van arribar abans que nosaltres. **–2.** [in space - facing] davant de. ⋄ *conj* abans de; ~ it's too late abans que sigui massa tard.

beforehand [bɪ'fɔːhænd] *adv* per endavant, amb temps.

befriend [bɪ'frend] *vt* fer-se amic -iga de.

beg [beg] (*pt* ⋑ *pp* **-ged**, *cont* **-ging**) ⋄ *vt* **–1.** [money, food] demanar, pidolar. **–2.** [favour, forgiveness] suplicar, pregar; to ~ sb to do sthg suplicar a algú que faci alguna cosa; to ~ sb for sthg suplicar alguna cosa a algú. ⋄ *vi* **–1.** [for money, food]: to ~ (for sthg) demanar (alguna cosa). **–2.** [for favour, forgiveness]: to ~ (for sthg) suplicar (alguna cosa).

began [bɪ'gæn] *pt* ⋑ begin.

beggar ['begəʳ] *n* captaire *mf*.

begin [bɪ'gɪn] (*pt* **began**, *pp* **begun**, *cont* **-ning**) ⋄ *vt* començar, iniciar, emprendre; to ~ (doing / to do sthg) començar (a fer alguna cosa). ⋄ *vi* començar a; to ~ with en primer lloc, per començar.

beginner [bɪ'gɪnəʳ] *n* principiant *mf*.

beginning [bɪ'gɪnɪŋ] *n* començament *m*, principi *m*; at the ~ of the month a començament de mes; from ~ to end de cap a peus.

begrudge [bɪ'grʌdʒ] *vt* **–1.** [envy]: to ~ sb sthg enveja alguna cosa a algú. **–2.** [give, do unwillingly]: to ~ doing sthg donar alguna cosa a contracor.

begun [bɪˈgʌn] *pp* ➤ **begin**.

behalf [bɪˈhɑːf] *n*: **on ~ of** *Br*, **in ~ of** *Am* en nom de, en benefici de.

behave [bɪˈheɪv] ⋄ *vt*: **to ~ oneself** portar-se bé. ⋄ *vi* **-1.** [in a particular way] comportar-se bé. **-2.** [in an acceptable way] portar-se bé.

behaviour *Br*, **behavior** *Am* [bɪˈheɪvjər] *n* comportament *m*.

behead [bɪˈhed] *vt* decapitar.

beheld [bɪˈheld] *pt & pp* ➤ **behold**.

behind [bɪˈhaɪnd] ⋄ *prep* **-1.** [in space] darrere (de). **-2.** [causing, responsible for] darrere (de). **-3.** [in support of] amb; **we're ~ you** estem amb tu. **-4.** [in time]: **to be ~ schedule** anar endarrerit -ida. **-5.** [less successful than] per darrere de. ⋄ *adv* **-1.** [in space] darrere. **-2.** [in time]: **to be ~ (with)** anar endarrerit -ida (amb). **-3.** [less successful] per darrere. ⋄ *n inf* cul *m*, darreres *mpl*.

behold [bɪˈhəʊld] (*pt & pp* **beheld**) *vt liter* contemplar.

beige [beɪʒ] ⋄ *adj* beige. ⋄ *n* beige *m*; **in ~ de beige**.

being [ˈbiːɪŋ] *n* **-1.** [creature] ésser *m*. **-2.** [state of existing]: **in ~** existent; **to come into ~** néixer.

belated [bɪˈleɪtɪd] *adj* endarrerit -ida, tardà -ana.

belch [beltʃ] ⋄ *n* rot *m*, eructe *m*. ⋄ *vt* vomitar, treure. ⋄ *vi* **-1.** [person] eructar. **-2.** [smoke, fire] treure.

beleaguered [bɪˈliːɡəd] *adj* **-1.** MIL assetjat -ada. **-2.** *fig* [harassed] aclaparat -ada, afeixugat -ada.

Belgian [ˈbeldʒən] ⋄ *adj* belga. ⋄ *n* belga *mf*.

Belgium [ˈbeldʒəm] *n* Bèlgica.

Belgrade [ˌbelˈɡreɪd] *n* Belgrad.

belie [bɪˈlaɪ] (*cont* **belying**) *vt* **-1.** [disprove] contradir, desmentir. **-2.** [give false idea of] amagar, enbolicar.

belief [bɪˈliːf] *n* **-1.** [faith, principle]: **~ (in)** creença *f* (en); **to be beyond ~** ser increïble. **-2.** [opinion] opinió *f*; **in the ~ that** amb el convenciment que.

believe [bɪˈliːv] ⋄ *vt* creure; **~ it or not** t'ho creguis o no. ⋄ *vi* **-1.** [be religious] creure. **-2.** [know to exist, be good]: **to ~ in** creure en.

believer [bɪˈliːvər] *n* **-1.** [religious person] creient *mf*. **-2.** [in idea, action]: **~ in sthg** partidari *m* -ària *f* d'alguna cosa.

belittle [bɪˈlɪtl] *vt* menysprear.

bell [bel] *n* **-1.** [of church] campana *f*; [handbell, on door, bike] timbre *m*. **-2. the name rings a ~** el nom em sona.

belligerent [bɪˈlɪdʒərənt] *adj* **-1.** [at war] bel·ligerant. **-2.** [aggressive] agressiu -iva.

bellow [ˈbeləʊ] ⋄ *vt* dir bramant. ⋄ *vi* **-1.** [person] rugir. **-2.** [bull] bramar, bramular.

bellows [ˈbeləʊz] *npl* manxa *f*.

belly [ˈbelɪ] (*pl* **-ies**) *n* **-1.** [of person] panxa *f*. **-2.** [of animal] ventre *m*.

bellyache [ˈbelɪeɪk] *inf* ⋄ *n* mal *m* de ventre. ⋄ *vi* fer la grèmola.

belly button *n inf* melic *m*.

belong [bɪˈlɒŋ] *vi* **-1.** [be property]: **to ~ to** pertànyer a. **-2.** [be member]: **to ~ to** ser membre de. **-3.** [be situated in right place]: **where does this book ~?** on va aquest llibre?; **he felt he didn't ~ there** ell sentia que no encaixava allà.

belongings [bɪˈlɒŋɪŋz] *npl* pertinences *fpl*.

beloved [bɪˈlʌvd] ⋄ *adj* estimat -ada. ⋄ *n* estimat *m* -ada *f*.

below [bɪˈləʊ] ⋄ *adv* **-1.** [gen] sota; **the flat ~** el pis de sota. **-2.** [in text] a sota; **see ~** veure a sota. ⋄ *prep* **-1.** [lower than in position] sota, dessota, per sota. **-2.** [lower than in rank, number] per sota de.

belt [belt] ⋄ *n* **-1.** [for clothing] cinturó *m*; *inf* **that was below the ~** va ser un cop baix; **to tighten one's ~** estrènyer-se el cinturó; **under one's ~** d'amagat. **-2.** TECHNOL [wide] cinta *f*; [narrow] corretja *f*. **-3.** [of land, sea] faixa *f*, cinturó *m*. ⋄ *vt inf* pegar. ⋄ *vi Br inf* córrer.

beltway [ˈbeltˌweɪ] *n Am* carretera *f* de circumval·lació.

bemused [bɪˈmjuːzd] *adj* estupefacte -a.

bench [bentʃ] *n* **-1.** [seat] banc *m*. **-2.** [in lab, workshop] taula *f* de treball. **-3.** *Br* POL escó *m*.

bend [bend] (*pt & pp* **bent**) ⋄ *n* corba *f*; *inf* **round the ~** estar trastocat -ada. ⋄ *vt* doblegar. ⋄ *vi* [person] ajupir-se; [tree] encorbar-se; **to ~ over backwards for** fer tots els possibles per.

beneath [bɪˈniːθ] ⋄ *adv* sota. ⋄ *prep* **-1.** [under] sota. **-2.** [unworthy of] indigne -a de.

benefactor [ˈbenɪfæktər] *n* benefactor *m*.

beneficial [ˌbenɪˈfɪʃl] *adj*: **~ (to)** beneficiós -osa (per).

beneficiary [ˌbenɪˈfɪʃərɪ] (*pl* **-ies**) *n* **-1.** JUR [of will] beneficiari *m* -ària *f*. **-2.** [of change in law, new rule] beneficiat *m* -ada *f*.

benefit ['benɪfɪt] ⋄ *n* **-1.** [advantage] avantatge *m*; **for the ~ of** en benefici de; **to be to sb's ~, to be of ~ to sb** ser avantatjós per algú. **-2.** ADMIN [allowance of money] subsidi *m*. ⋄ *comp* [concert, match] benèfic -a. ⋄ *vt* beneficiar. ⋄ *vi*: **to ~ from** aprofitar-se de.

Benelux ['benɪlʌks] *n* Benelux; **the ~ countries** els països del Benelux.

benevolent [bɪ'nevələnt] *adj* benèvol -a.

benign [bɪ'naɪn] *adj* **-1.** [person] dolç -a, suau. **-2.** MED benigne -a.

bent [bent] ⋄ *pt & pp* ⟶ **bend**. ⋄ *adj* **-1.** [wire, bar] tort -a. **-2.** [person, body] encorbat -ada. **-3.** *Br inf* [dishonest] corrupte -a. **-4.** [determined]: **to be ~ on sthg / on doing sthg** estar disposat -ada a alguna cosa / a fer alguna cosa. ⋄ *n* [natural tendency] inclinació *f*; **~ for** talent *m* per.

bequeath [bɪ'kwiːð] *vt lit & fig*: **to ~ sb sthg, to ~ sthg to sb** llegar alguna cosa a algú.

bequest [bɪ'kwest] *n* llegat *m*.

berate [bɪ'reɪt] *vt* renyar.

bereaved [bɪ'riːvd] (*pl inv*) ⋄ *adj* afligit -ida per una mort; **the ~ family** la família del difunt. ⋄ *n*: **the ~** la persona més propera al difunt.

beret ['bereɪ] *n* boina *f*.

berk [bɜːk] *n Br inf* torracollons *mf*.

Berlin [bɜː'lɪn] *n* Berlín; **East / West ~** Berlín Oriental / Occidental; **the ~ Wall** el mur de Berlín.

berm [bɜːm] *n Am* voral *m*, vorera *f*.

Bermuda [bə'mjuːdə] *n* les (illes) Bermudes.

Bern [bɜːn] *n* Berna.

berry ['berɪ] (*pl* -**ies**) *n* baia *f*.

berserk [bə'zɜːk] *adj*: **to go ~** perdre els estreps.

berth [bɜːθ] ⋄ *n* **-1.** [in harbour] amarrador *m*, pilar *f*. **-2.** [in ship, train] llitera *f*. **-3. to give sb a wide ~** mantenir-se a distància d'algú. ⋄ *vt & vi* amarrar, atracar.

beseech [bɪ'siːtʃ] *lit* (*pt & pp* **besought / beseeched**) *vt*: **to ~ (sb to do sthg)** suplicar (a algú que faci alguna cosa).

beset [bɪ'set] (*pt & pp* **beset**, *cont* **-ting**) ⋄ *adj*: **~ with / by** [subject: person] assetjat -ada per; [subject: plan] ple plena de. ⋄ *vt* assetjar.

beside [bɪ'saɪd] *prep* **-1.** [next to] a prop de, al costat de. **-2.** [compared with] comparat amb. **-3. that's ~ the point** això no té importància, això no fa al cas; **to be ~** oneself with rage estar fora de si; **to be ~ oneself with joy** estar boig d'alegria.

besides [bɪ'saɪdz] ⋄ *adv* a més a més. ⋄ *prep* a més a més de.

besotted [bɪ'sɒtɪd] *adj*: **~ with** atordit -ida per.

besought [bɪ'sɔːt] *pt & pp* ⟶ **beseech**.

best [best] ⋄ *adj* millor. ⋄ *adv* millor; **which did you like ~?** quin et va agradar més? ⋄ *n*: **to do one's ~** fer el millor que es pot; **to make the ~ of sthg** treure el màxim profit d'alguna cosa; **for the ~** a fi de bé; **all the ~** [ending letter] una abraçada; [saying goodbye] que vagi bé; **to have the ~ of both worlds** tenir-ho tot. ⟶ **at best** *adv* en el millor dels casos.

best man *n* padrí *m* de noces.

bestow [bɪ'stəʊ] *vt fml*: **to ~ sthg on sb** [gift] atorgar alguna cosa a algú; [praise] dirigir alguna cosa a algú; [title] conferir alguna cosa a algú.

best-seller *n* [book] best seller *m*, èxit *m* editorial.

bet [bet] (*pt & pp* **bet / -ted**, *cont* **-ting**) ⋄ *n* **-1.** [gen]: **~ (on)** aposta *f* (a). **-2.** *fig* [prediction] predicció *f*; **it's a safe ~ that** segur que. **-3. to hedge one's ~s** protegir-se. ⋄ *vt* apostar. ⋄ *vi* **-1.** [gamble]: **to ~ (on)** apostar (a). **-2.** [predict]: **to ~ on sthg** estar segur que alguna cosa succeirà. **-3.** *inf* **you ~!** i tant!

betray [bɪ'treɪ] *vt* **-1.** [person, trust, principles] trair. **-2.** [secret] revelar. **-3.** [feeling] delatar.

betrayal [bɪ'treɪəl] *n* **-1.** [of person, trust] traïció *f*. **-2.** [of secret] revelació *f*.

better ['betə'] ⋄ *adj* (*compar of* **good**) millor; **to get ~** millorar. ⋄ *adv* comparative of **well -1.** [in quality] millor. **-2.** (*compar of well*) [more]: **I like it ~** m'agrada més; **~ known for** més conegut -uda per. **-3.** [preferably]: **we had ~ be going** val més que anem passant. ⋄ *n* [best one] millor *mf*; **to get the ~ of sb** vèncer algú. ⋄ *vt* millorar; **to ~ oneself** millorar la posició.

better half *n inf* meitat *f*.

better off *adj* **-1.** [financially] millor econòmicament. **-2.** [in better situation]: **you'd be ~ going by bus** faries més bé d'anar en autobús.

betting ['betɪŋ] *n* (U) apostes *fpl*.

betting shop *n Br* casa *f* d'apostes.

between [bɪ'twiːn] ⋄ *prep* entre; **he sat (in) ~ Paul and Anne** va seure entre el Paul i l'Anne; **closed ~ 1 and 2** tancat d'1 a 2. ⋄ *adv*: **(in) ~** enmig, al mig.

beverage ['bevərɪdʒ] *n fml* beguda *f*.
beware [bɪ'weər] *vi*: **to ~ (of)** anar amb compte (amb).
bewildered [bɪ'wɪldəd] *adj* desconcertat -ada.
bewitching [bɪ'wɪtʃɪŋ] *adj* embruixador -a.
beyond [bɪ'jɒnd] ◇ *prep* més enllà de; **~ midnight** passada la mitjanit; **~ my reach / responsibility** fora del meu abast / la meva responsabilitat; **it has changed ~ recognition** ha canviat tant que no se'l reconeix. ◇ *adv* més enllà.
bias ['baɪəs] *n* **-1.** [prejudice] prejudici *m*. **-2.** [tendency] tendència *f*.
biased ['baɪəst] *adj* partidista; **to be ~ towards / against** tenir prejudicis a favor / en contra.
bib [bɪb] *n* [for baby] pitet *m*.
Bible ['baɪbl] *n*: **the ~** la Bíblia.
bicarbonate of soda [baɪ'kɑːbənət-] *n* bicarbonat *m*.
biceps ['baɪseps] (*pl inv*) *n* bíceps *m*.
bicker ['bɪkər] *vi* renyinar.
bicycle ['baɪsɪkl] ◇ *n* bicicleta *f*. ◇ *vi* anar en bicicleta.
bicycle path *n* camí *m* per a bicicletes.
bicycle pump *n* manxa *f*.
bid [bɪd] (*pt & pp vt sense 1 & vi* **bid**, *cont* **bidding**, *pt vt senses 2 & 3* **bid / bade**, *pp vt senses 2 & 3* **bid / bidden** ['bɪdn], *cont* **bidding**) ◇ *n* **-1.** [attempt]: **~ (for)** temptativa *f* (de). **-2.** [at auction] oferta *f*. **-3.** [financial offer]: **~ (for sthg)** oferta *f* (per adquirir alguna cosa). ◇ *vt* **-1.** [money] licitar, oferir. **-2.** *liter* [request]: **to ~ sb do sthg** demanar a algú que faci alguna cosa. **-3.** *fml*: **to ~ sb good morning** dir bon dia a algú. ◇ *vi* [at auction]: **to ~ (for)** pujar (a).
bidder ['bɪdər] *n* postor *m* -a *f*; **to sell to the highest ~** vendre al millor postor.
bidding ['bɪdɪŋ] *n* (U) [at auction] licitació *f*, oferta *f*.
bide [baɪd] *vt*: **to ~ one's time** esperar el moment propici.
bifocals [ˌbaɪ'fəʊklz] *npl* ulleres *fpl* bifocals.
big [bɪg] (*compar* **-ger**, *superl* **-gest**) *adj* **-1.** [large, important] gran; **a ~ problem** un gran problema; **~ problems** grans problemes. **-2.** [older] gran. **-3.** [successful] important. **-4. in a ~ way** de manera ostentosa.
bigamy ['bɪgəmɪ] *n* bigàmia *f*.
big deal *inf* ◇ *n*: **it's no ~** no té cap importància. ◇ *excl* tant se me'n fot.

Big Dipper [-'dɪpər] *n* **-1.** *Br* [rollercoaster] muntanyes *fpl* russes. **-2.** *Am* ASTRON: **the ~** l'Óssa Major.
bigheaded [ˌbɪg'hedɪd] *adj inf pej* arrogant.
bigot ['bɪgət] *n* fanàtic *m*, -a *f*.
bigoted ['bɪgətɪd] *adj* fanàtic -a.
bigotry ['bɪgətrɪ] *n* fanatisme *m*.
big time *n inf*: **the ~** l'èxit, la fama.
big toe *n* dit *m* gros (del peu).
big top *n* vela *f*.
big wheel *n* **-1.** *Br* [at fairground] sínia *f*. **-2.** *inf* [big shot] peix *m* gros.
bike [baɪk] *n inf* [bicycle] bici *f*; [motorcycle] moto *f*.
bikeway ['baɪkweɪ] *n Am* [lane] carril *m* bici.
bikini [bɪ'kiːnɪ] *n* biquini *m*, bikini *m*.
bile [baɪl] *n* **-1.** [fluid] bilis *f*. **-2.** [anger] mal geni *m*.
bilingual [baɪ'lɪŋgwəl] *adj* bilingüe.
bill [bɪl] ◇ *n* **-1.** [statement of cost]: **~ (for)** [meal] compte *m*; [electricity, phone] factura *f*. **-2.** [in parliament] projecte *m* de llei. **-3.** [of show, concert] programa *m*. **-4.** *Am* [banknote] bitllet *m*. **-5.** [poster]: **"post / stick no ~s"** no enganxeu cartells. **-6.** [beak] bec *m*. **-7.** MED **a clean ~ of health** un certificat de sanitat favorable; *fig* vist-iplau *m*. ◇ *vt* [send a bill -]: **to ~ sb for** enviar la factura a algú per.
billboard ['bɪlbɔːd] *n* cartellera *f*.
billet ['bɪlɪt] ◇ *n* hostatge *mf*. ◇ *vt* hostatjar.
billfold ['bɪlfəʊld] *n Am* bitlleter *m*, cartera *f*.
billiards ['bɪljədz] *n* billar *m*.
billion ['bɪljən] *num* **-1.** *Am* [thousand million] mil milions *m*. **-2.** *Br* [million million] bilió.
Bill of Rights *n*: **the ~** les deu primeres esmenes de la Constitució dels Estats Units.
bimbo ['bɪmbəʊ] (*pl* **-s / -es**) *n inf pej* nena *f* maca.
bin [bɪn] ◇ *n* **-1.** *Br* [for rubbish] galleda *f*; [for paper] paperera *f*. **-2.** [for grain, coal] caixa *f*, dipòsit *m*. **-3.** [for bread, flour] panera *f*. ◇ *vt inf* llençar a les escombraries.
bind [baɪnd] (*pt & pp* **bound**) ◇ *vt* **-1.** [tie up] lligar. **-2.** [unite - people] unir. **-3.** [bandage] embenar. **-4.** [book] enquadernar. **-5.** [constrain] obligar. ◇ *n* **-1.** *inf Br* [nuisance] llauna *f*. **-2.** *inf* [difficult situation] destret *m*.

binder ['baɪndəʳ] *n* **-1.** [machine] màquina *f* d'enquadernar. **-2.** [person] enquadernador *m* -a *f*. **-3.** [cover] carpeta *f*.

binding ['baɪndɪŋ] ⋄ *adj* obligatori -òria. ⋄ *n* **-1.** [on book] enquadernació *f*. **-2.** [on dress, tablecloth] ribet *m*.

binge [bɪndʒ] *inf* ⋄ *n*: to go on a ~ anar a fer gresca. ⋄ *vi*: to ~ on sthg omplir-se de.

bingo ['bɪŋgəʊ] *n* bingo *m*.

binoculars [bɪ'nɒkjʊləz] *npl* binocles *mpl*, prismàtics *mpl*.

biochemistry [ˌbaɪəʊ'kemɪstrɪ] *n* bioquímica *f*.

biodegradable [ˌbaɪəʊdɪ'greɪdəbl] *adj* biodegradable.

biodiversity [ˌbaɪəʊdaɪ'vɜːsɪtɪ] *n* biodiversitat *f*.

biography [baɪ'ɒgrəfɪ] (*pl* **-ies**) *n* biografia *f*.

biological [ˌbaɪə'lɒdʒɪkl] *adj* biològic -a.

biology [baɪ'ɒlədʒɪ] *n* biologia *f*.

biomass ['baɪəʊmæs] *n* biomassa *f*.

biome ['baɪəʊm] *n* bioma *m*.

birch [bɜːtʃ] *n* **-1.** [tree] bedoll *m*. **-2.** [stick]: **the** ~ la vara *f*.

bird [bɜːd] *n* **-1.** [animal - large] au *f*; [- small] ocell *m*; **to kill two ~s with one stone** matar dos pardals d'un tret. **-2.** *inf* [woman] nena *f*, noieta *f*.

birdie ['bɜːdɪ] *n* **-1.** [bird] ocellet *m*. **-2.** [in golf] birdie *m*.

bird's-eye view *n* vista *f* d'ocell.

bird-watcher [-ˌwɒtʃəʳ] *n* ornitòleg *m* -òloga *f*.

Biro® ['baɪərəʊ] *n* bolígraf *m*.

birth [bɜːθ] *n* [gen] naixement *m*; [delivery] part *m*; **to give ~ (to)** donar a llum.

birth certificate *n* partida *f* de naixement.

birth control *n* control *m* de natalitat.

birthday ['bɜːθdeɪ] ⋄ *n* aniversari *m*. ⋄ *comp* d'aniversari.

birthmark ['bɜːθmɑːk] *n* marca *f* de naixement.

birthrate ['bɜːθreɪt] *n* natalitat *f*.

Biscay ['bɪskɪ] *n* Biscaia; **the Bay of** ~ golf de Biscaia.

biscuit ['bɪskɪt] *n* [in UK] galeta *f*; [in US] tipus de brioix.

bisect [baɪ'sekt] *vt* bisecar.

bishop ['bɪʃəp] *n* **-1.** [in church] bisbe *m*. **-2.** [in chess] alfil *m*.

bison ['baɪsn] (*pl inv* / **-s**) *n* bisó *m*.

bit [bɪt] ⋄ *pt* ⊳ **bite**. ⋄ *n* **-1.** [piecegen] tros *m*; [- small] **a ~ of** una mica de; **a ~ of news** una notícia; *Br* **~s and pieces** [objects] cosetes; [possessions] coses, estris; **to fall to ~s** [clothes, house] caure a trossos; **to take sthg to ~s** desmuntar alguna cosa. **-2.** [amount]: **a ~ of** una mica de; **a ~ of shopping** algunes compres; **quite a ~ of** bastant de. **-3.** [short time]: **(for) a ~** una estona. **-4.** [of drill] barrina *f*. **-5.** [of bridle] fre *m*, mos *m*. **-6.** COMPUT bit *m*. **-7.** *Br* **to do one's ~** posar-hi el propi gra de sorra; **every ~ as ... as** tan ... com; **a ~ much** massa; **not a ~** en absolut. ➣ **a bit** *adv* una mica. ➣ **bit by bit** *adv* a poc a poc.

bitch [bɪtʃ] ⋄ *n* **-1.** [female dog] gossa *f*. **-2.** *v inf pej* [unpleasant woman] gossa *f*, bruixa *f*. ⋄ *vi* **-1.** *inf* [complain] queixar-se. **-2.** *inf* [talk unpleasantly]: **to ~ about** parlar malament de.

bitchy ['bɪtʃɪ] (*compar* **-ier**, *superl* **-iest**) *adj inf*: **to be ~** ser malintencionat -ada.

bite [baɪt] (*pt* **bit**, *pp* **bitten**) ⋄ *n* **-1.** [by dog, person] mossegada *f*; [by insect, snake] picada *f*, fiblada *f*. **-2.** *inf* [food]: **a ~ (to eat)** bocada *f*. **-3.** [wound - from dog] [- from insect, snake] picada *f*. **-4.** *Br* [sharp flavour] gust *m* fort. ⋄ *vt* **-1.** [subject: person, animal] mossegar. **-2.** [subject: insect, snake] picar. ⋄ *vi* **-1.** [animal, person]: **to ~ (into sthg)** mossegar (alguna cosa); **to ~ off sthg** arrencar d'una mossegada; **to ~ off more than one can chew** voler fer més feina de la que es pot fer. **-2.** [insect, snake] picar. **-3.** [grip] agafar. **-4.** [take effect] fer molt d'efecte.

biting ['baɪtɪŋ] *adj* **-1.** [very cold] que talla, gèlid -a. **-2.** [caustic] mordaç.

bitten ['bɪtn] *pp* ⊳ **bite**.

bitter ['bɪtəʳ] ⋄ *adj* **-1.** [coffee, chocolate] amarg -a; [lemon] agre -a. **-2.** [icy] que talla. **-3.** [causing pain] punyent; **to the ~ end** fins al final. **-4.** [acrimonious] agre -a. **-5.** [resentful] ressentit -ida. ⋄ *n Br* [beer] cervesa *f* blanca.

bitter lemon *n* bíter *m* de llimona.

bitterness ['bɪtənɪs] *n* **-1.** [of taste] amargor *f*. **-2.** [of wind, weather] fredor *f*. **-3.** [resentment] rancúnia *f*.

bizarre [bɪ'zɑːʳ] *adj* [behaviour, appearance] estrafolari -ària; [machine, remark] rar -a, estrambòtic -a.

blab [blæb] (*pt & pp* **-bed**, *cont* **-bing**) *vi inf* xerrar, xafardejar.

black [blæk] ⋄ *adj* **-1.** [gen] negre -a; **~ and blue** ple plena de blaus; **~ and white**

[films, photos] en blanc i negre; [clear-cut] nítid -a. **-2.** [without milk] sol. **-3.** [angry] furiós -osa. ◇ *n* **-1.** [colour] negre *m*. **-2.** [person] negre *m* -a *f*. **-3.** in ~ and white [in writing] per escrit; to be in the ~ tenir saldo positiu. ◇ *vt Br* [boycott] boicotejar. ➡ **black out** ◇ *vt sep* **-1.** [put out lights] deixar sense llum. **-2.** [suppress] censurar. ◇ *vi* desmaiar-se.

blackberry ['blækbərɪ] (*pl* **-ies**) *n* móra *f*.

blackbird ['blækbɜːd] *n* merla *f*.

blackboard ['blækbɔːd] *n* pissarra *f*.

blackcurrant [,blæk'kʌrənt] *n* grosella *f* negra.

blacken ['blækn] ◇ *vt* **-1.** [make dark] ennegrir. **-2.** [tarnish] tacar. ◇ *vi* ennegrir-se.

black eye *n* ull *m* de vellut.

blackhead ['blækhed] *n* barb *m*.

black ice *n* gel transparent a terra.

blackleg ['blækleg] *n pej* esquirol *m*.

blacklist ['blæklɪst] ◇ *n* llista *f* negra. ◇ *vt* posar a la llista negra.

blackmail ['blækmeɪl] ◇ *n lit & fig* xantatge *m*. ◇ *vt lit & fig* fer xantatge a.

black market *n* mercat *m* negre.

blackout ['blækaʊt] *n* **-1.** [in wartime, power cut] apagada *f* tall *m* de llum. **-2.** [of news] censura *f*. **-3.** [fainting fit] desmai *m*.

black pudding *n Br* botifarra *f* negra.

Black Sea *n*: the ~ mar Negre.

black sheep *n* ovella *f* negra.

blacksmith ['blæksmɪθ] *n* ferrer *m* -a *f*.

black spot *n* punt *m* negre.

bladder ['blædər] ANAT *n* bufeta *f*.

blade [bleɪd] *n* **-1.** [of knife, saw] fulla *f*. **-2.** [of propeller] aleta *f*. **-3.** [of grass] bri *m*.

blame [bleɪm] ◇ *n* culpa *f*; to take the ~ for fer-se responsable de; to be ~ for ser el culpable de. ◇ *vt* blasmar, donar la culpa; to ~ sthg on sthg / sb, to ~ sthg / sb for sthg blasmar algú d'alguna cosa.

bland [blænd] *adj* suau, fluix -a.

blank [blæŋk] ◇ *adj* **-1.** [wall] llis -a; [sheet of paper] en blanc. **-2.** *fig* [look] buit -ida; her mind went ~ no va poder recordar-se de res. ◇ *n* **-1.** [empty space] espai *m* en blanc. **-2.** MIL [cartridge] cartutx *m* sense bala. **-3.** to draw a ~ no trobar res.

blank cheque *n* xec *m* en blanc; *fig* carta *f* blanca.

blanket ['blæŋkɪt] ◇ *adj* [TV coverage] exhaustiu -iva; [ban, statement] global, general. ◇ *n* **-1.** [bed cover] manta *f*. **-2.** [layer] flassada *f*. ◇ *vt* cobrir, abrigar.

blare [bleər] *vi* sonar, ressonar.

blasé [*Br* 'blɑːzeɪ, *Am* ˌblɑː'zeɪ] *adj*: to be ~ about estar avorrit -ida de.

blasphemy ['blæsfəmɪ] (*pl* **-ies**) *n* blasfèmia *f*.

blast [blɑːst] ◇ *n* **-1.** [of bomb] explosió *f*. **-2.** [of wind] ràfega *f*. ◇ *vt* [hole, tunnel] perforar. ◇ *excl Br inf* ostres! ➡ **(at) full blast** *adv* a tota màquina.

blasted ['blɑːstɪd] *adj inf* condemnat -ada.

blast-off *n* llançament *m*.

blatant ['bleɪtənt] *adj* descarat -ada.

blaze [bleɪz] ◇ *n* **-1.** [fire] incendi *m*. **-2.** *fig* [of colour] explosió *f*; [of light] resplendor *f*; **a ~ of publicity** una onada de publicitat. ◇ *vi lit & fig* cremar.

blazer ['bleɪzər] *n* jaqueta *f* lleugera.

bleach [bliːtʃ] ◇ *n* lleixiu *m*. ◇ *vt* [hair] tenyir de ros; [clothes] posar en lleixiu.

bleached [bliːtʃt] *adj* [hair] tenyit -ida de ros rossa; [jeans] destenyit -ida.

bleachers ['bliːtʃəz] *npl Am* SPORT grades *fpl* de sol.

bleak [bliːk] *adj* **-1.** [future] negre -a. **-2.** [place, person, face] trist -a, fred -a. **-3.** [weather] fred -a, cru -a.

bleary-eyed [ˌblɪərɪ'aɪd] *adj* d'ulls lleganyosos.

bleat [bliːt] ◇ *n* [of sheep] bel *m*. ◇ *vi* **-1.** [sheep] belar. **-2.** *fig* [person] queixar-se.

bleed [bliːd] (*pt & pp* **bled**) ◇ *vt* [radiator etc.] buidar. ◇ *vi* sagnar.

bleeper ['bliːpər] *n* cercador *m* de persones.

blemish ['blemɪʃ] ◇ *n* [mark] tara *f*, marca *f*; *fig* [reputation] tacar.

blend [blend] ◇ *n lit & fig* barreja *f*. ◇ *vt*: to ~ (sthg with sthg) barrejar (alguna cosa amb una altra). ◇ *vi*: to ~ (with) harmonitzar (amb).

blender ['blendər] *n* batedora *f*.

bless [bles] (*pt & pp* **-ed** / **blest**) *vt* **-1.** RELIG beneir. **-2.** [endow]: to be ~ed with estar dotat -ada de. **-3.** ~ you! [after sneezing] salut!; [thank you] gràcies!

blessing ['blesɪŋ] *n* **-1.** RELIG benedicció *f*; that's a ~ in disguise en el fons és un avantatge; to count ones's ~s estar satisfet amb allò que es té; it's a mixed ~ té els seus avantatges i desavantatges. **-2.** *fig* [good wishes] aprovació *f*.

blest [blest] *pt & pp* ➡ **bless**.

blew [bluː] *pt* ➡ **blow**.

blight [blaɪt] ◇ *n* [plant disease] neula *f*; *fig* plaga *f*, pesta *f*. ◇ *vt* arruïnar, fer malbé.

blimey [ˈblaɪmɪ] *excl Br inf* ostres!
blind [blaɪnd] ◇ *adj* **-1.** [unsighted, irrational] cec cega. **-2.** *fig* [unaware]: **to be ~ to sthg** no veure alguna cosa. **-3.** *Br inf* [for emphasis]: **it doesn't make a ~ bit of difference** no canvia res en absolut. ◇ *adv*: **~ drunk** borratxo perdut. ◇ *n* [for window] persiana *f*. ◇ *npl*: **the ~** els cecs. ◇ *vt* [permanently] deixar cec; [temporarily] encegar; *fig* **to ~ sb to sthg** no deixar a algú veure alguna cosa.
blind alley *n lit & fig* carreró *m* sense sortida.
blind corner *n* revolt *m* sense visibilitat.
blind date *n* cita *f* a cegues.
blinders [ˈblaɪndəz] *npl Am* ulleres *fpl*.
blindfold [ˈblaɪndfəʊld] ◇ *adv* cegament. ◇ *n* aclucalls *mpl*. ◇ *vt* posar una bena als ulls.
blindly [ˈblaɪndlɪ] *adv* **-1.** [unable to see] a cegues. **-2.** *fig* [guess] a l'atzar; [accept] cegament.
blindness [ˈblaɪndnɪs] *n lit & fig*: **~ (to)** ceguesa *f* (davant).
blind spot *n* **-1.** [when driving] angle *m* mort. **-2.** *fig* [inability to understand] punt *m* feble.
blink [blɪŋk] ◇ *n* **-1.** [of eyes] parpelleig *m*. **-2.** *inf* **on the ~** espatllat -ada. ◇ *vt* **-1.** [eyes] parpellejar. **-2.** AUTOM: **to ~ one's lights** encendre els llums. ◇ *vi* parpellejar.
blinkers [ˈblɪŋkəz] *npl Br* aclucalls *mpl*.
bliss [blɪs] *n* benaurança *f*.
blissful [ˈblɪsfʊl] *adj* benaurat -ada, feliç.
blister [ˈblɪstə^r] ◇ *n* butllofa *f*. ◇ *vi* embutllofar-se.
blithely [ˈblaɪðlɪ] *adv* alegrement.
blitz [blɪts] *n* **-1.** MIL bombardeig *m* aeri. **-2.** *Br fig* [attack]: **to have a ~ on sthg** fer campanya en contra.
blizzard [ˈblɪzəd] *n* borrufada *f*.
bloated [ˈbləʊtɪd] *adj* inflat -ada.
blob [blɒb] *n* **-1.** [drop] gota *f*. **-2.** [indistinct shape] taca *f*.
bloc [blɒk] *n* bloc *m*.
block [blɒk] ◇ *n* **-1.** [gen] bloc *m*. **-2.** *Am* [of buildings] bloc *m*, illa *f*. **-3.** [obstruction - physical or mental] bloqueig *m*. **-4.** TECHNOL: **~ and tackle** sistema *m* de politges. ◇ *vt* **-1.** [road] tallar; [pipe] embussar. **-2.** [view] tapar. **-3.** [prevent] bloquejar, obstruir.
blockade [blɒˈkeɪd] ◇ *n* bloqueig *m*. ◇ *vt* bloquejar.
blockage [ˈblɒkɪdʒ] *n* obstrucció *f*.
blockbuster [ˈblɒkbʌstə^r] *n inf* [book] èxit *m* editorial; [film] èxit *m* de taquilla.
block capitals *npl* majúscules *fpl* (d'impremta).
block letters *npl* majúscules *fpl* (d'impremta).
blog [blɒg] *n* blog *m*, bloc *m*.
blogger [ˈblɒgə^r] *n* bloguer *m*, blocaire *mf*.
blogosphere [ˈblɒgəsfɪə^r] *n* blogosfera *f*, blocosfera *f*.
bloke [bləʊk] *n Br inf* individu *m*.
blond [blɒnd] *adj* ros rossa.
blonde [blɒnd] ◇ *adj* ros rossa. ◇ *n* [woman] rossa *f*.
blood [blʌd] *n* sang *f*; *fig* **in cold ~** a sang freda; **to make one's ~ boil** fer bullir la sang; **to make one's ~ run cold** fer gelar la sang; **it's in his ~** ho porta a la sang; **new / fresh ~** sang nova / fresca.
bloodbath [ˈblʌdbɑːθ, *pl* -ɑːðz] *n* carnisseria *f*, matança *f*.
blood cell *n* glòbul *m*.
blood donor *n* donador *m* -a *f* de sang.
blood group *n* grup *m* sanguini.
bloodhound [ˈblʌdhaʊnd] *n* gos *m* (coniller).
blood poisoning *n* enverinament *m* de la sang.
blood pressure *n* pressió *f* sanguínia; **to have high / low ~** tenir la pressió alta / baixa.
bloodshed [ˈblʌdʃed] *n* vessament *m* de sang.
bloodshot [ˈblʌdʃɒt] *adj* tacat -ada de sang.
bloodstream [ˈblʌdstriːm] *n* flux *m* sanguini.
blood test *n* anàlisi *f* de sang.
bloodthirsty [ˈblʌdˌθɜːstɪ] *adj* sanguinari -ària.
blood transfusion *n* transfusió *f* de sang.
bloody [ˈblʌdɪ] (*compar* **-ier**, *superl* **-iest**) ◇ *adj* **-1.** [war, conflict] sangonent -a. **-2.** [face, hands] sanguinolent -a. **-3.** *Br v inf* maleït -ïda. ◇ *adv Br inf*: **he's ~ useless** és un maleït inútil; **it's ~ brilliant** és collonut!
bloody-minded [-ˈmaɪndɪd] *adj Br inf* malintencionat -ada, de mal caràcter.
bloom [bluːm] ◇ *n* flor *f*. ◇ *vi* florir.
blooming [ˈbluːmɪŋ] ◇ *adj* **-1.** *Br inf* [to show annoyance] condemnat -ada. **-2.** [healthy, attractive] radiant. ◇ *adv Br inf* condemnadament.
blossom [ˈblɒsəm] ◇ *n* flor *f*; **in ~** en flor. ◇ *vi lit & fig* florir.

blot [blɒt] (pt & pp **-ted**, cont **-ting**) ⋄ n [of ink] taca f; fig taca f. ⋄ vt **-1.** [paper] tacar. **-2.** [ink] assecar. ➻ **blot out** vt sep [gen] ratllar, cobrir; [memories] esborrar.

blotchy [ˈblɒtʃɪ] (compar **-ier**, superl **-iest**) adj ple plena de taques.

blotting paper [ˈblɒtɪŋ-] n paper m assecant.

blouse [blaʊz] n brusa f.

blow [bləʊ] (pt **blew**, pp **blown**) ⋄ vi **-1.** [gen] bufar. **-2.** [in wind] sortir volant. **-3.** [fuse] fondre's. ⋄ vt **-1.** [subject: wind] fer volar. **-2.** [whistle, horn] tocar, fer sonar. **-3.** [bubbles] fer. **-4.** [kiss] enviar. **-5.** [fuse] fondre. **-6.** [clear]: **to ~ one's nose** mocar-se. **-7.** inf [money] malgastar. ⋄ n **-1.** [hit, shock] cop m; **to come to ~s** arribar a les mans; **to soften the ~** ajudar a suportar el cop. **-2.** [for cause]: **a ~ (for)** una empenta (per a). ➻ **blow out** ⋄ vt sep apagar. ⋄ vi **-1.** [candle] apagar-se. **-2.** [tyre] rebentar. ➻ **blow over** vi **-1.** [storm] amainar. **-2.** [argument] calmar-se. ➻ **blow up** ⋄ vt sep **-1.** [inflate] inflar. **-2.** [destroy] volar. **-3.** [photograph] ampliar. ⋄ vi explotar.

blow-dry ⋄ n eixugada f (amb assecador). ⋄ vt eixugar (amb assecador).

blowlamp Br [ˈbləʊlæmp], **blowtorch** [ˈbləʊtɔːtʃ] n soldador m.

blown [bləʊn] pp ➻ **blow**.

blowtorch = blowlamp.

blubber [ˈblʌbə^r] ⋄ n greix m de balena. ⋄ vi pej ploriquejar.

bludgeon [ˈblʌdʒən] vt donar cops de porra.

blue [bluː] ⋄ adj **-1.** [colour] blau -va. **-2.** inf [sad] trist -a. **-3.** [pornographic - film] pornogràfic -a; [- joke] verd -a. ⋄ n blau m; **in ~** de blau; **out of the ~** de cop i volta. ➻ **blues** npl **-1.** MUS blues m. **-2.** inf [sad feeling] tristesa f.

bluebell [ˈbluːbel] n campaneta f.

blueberry [ˈbluːbərɪ] n nabiu m.

bluebottle [ˈbluːbɒtl] n mosca f saballonera, borinot m.

blue cheese n formatge m blau.

blue-collar adj: **~ worker** obrer m -a f.

blue jeans npl Am texans mpl.

blueprint [ˈbluːprɪnt] n **-1.** CONSTR cianografia f. **-2.** fig [description] avantprojecte m.

bluff [blʌf] ⋄ adj brusc -a. ⋄ n **-1.** [deception] bluf m, faró m; **to call sb's ~** demanar a algú que faci allò de què faroneja. **-2.** [cliff] cingle m. ⋄ vt enganyar. ⋄ vi faronejar.

blunder [ˈblʌndə^r] ⋄ n patinada f. ⋄ vi **-1.** [make mistake] regar fora del test. **-2.** [move clumsily] entrebancar-se; **to ~ into sthg** entrebancar-se amb alguna cosa.

blunt [blʌnt] ⋄ adj **-1.** [knife] mus mussa. **-2.** [object] espuntat -ada. **-3.** [forthright] excessivament brusc -a. ⋄ vt **-1.** [knife] esmussar. **-2.** fig [weaken] debilitar.

blur [blɜː^r] (pt & pp **-red**, cont **-ring**) ⋄ n contorn m borrós. ⋄ vt **-1.** [vision] emboirar. **-2.** [distinction] desdibuixar.

blurb [blɜːb] n inf text publicitari a la solapa d'un llibre.

blurt [blɜːt] ➻ **blurt out** vt sep dir de sobte.

blush [blʌʃ] ⋄ n rubor m. ⋄ vi ruboritzar-se.

blusher [ˈblʌʃə^r] n coloret m.

blustery [ˈblʌstərɪ] adj tempestuós -osa.

BMX n (abbr of **bicycle motorcross**) bicicleta f de muntanya.

BO n (abbr of **body odour**) OC f, olor f corporal.

boar [bɔː^r] n **-1.** [male pig] marrà m. **-2.** [wild pig] porc m senglar.

board [bɔːd] ⋄ n **-1.** [plank] tauló m. **-2.** [for notices] tauler m. **-3.** [for games] tauler m. **-4.** [blackboard] pissarra f. **-5.** COMPUT placa f. **-6.** [of company]: **~ (of directors)** junta f directiva. **-7.** [committee] comitè m. **-8.** Br [at hotel, guesthouse] pensió f; **~ and lodging** casa i menjar; **full ~** pensió completa; **half ~** mitja pensió. **-9.** **on ~** [ship, plane] a bord; [bus, train] dins. **-10. above ~** en regla; **across the ~** lineal, general; **to go by the ~** anar-se'n en orris; **to sweep the ~** arrasar; **to take sthg on ~** fer-se càrrec de. ⋄ vt [ship, plane] embarcar-se; [train, bus] pujar a.

boarder [ˈbɔːdə^r] n **-1.** [lodger] hoste m -essa f. **-2.** [at school] intern m -a f.

boarding card [ˈbɔːdɪŋ-] n targeta f d'embarcament.

boardinghouse [ˈbɔːdɪŋhaʊs, pl -haʊzɪz] n pensió f.

boarding school [ˈbɔːdɪŋ-] n internat m.

Board of Trade n Br: **the ~** = el Ministeri de Comerç.

boardroom [ˈbɔːdrʊm] n sala f de juntes.

boast [bəʊst] ⋄ n fanfarronada f. ⋄ vt presumir de tenir. ⋄ vi: **to ~ (about)** jactar-se (de), vanagloriar-se (de).

boastful [ˈbəʊstfʊl] adj jactanciós -osa, fanfarró -ona.

boat [bəʊt] *n* [large] vaixell *m*, nau *f*; [small] barca *f*; **by ~** amb vaixell; **to rock the ~** complicar les coses; **to be in the same ~** estar en el mateix cas.

boater [ˈbəʊtəʳ] *n* [hat] barret *m* de palla.

boatswain [ˈbəʊsn] NAUT *n* contramestre *m* -a *f*.

bob [bɒb] (*pt & pp* **-bed**, *cont* **-bing**) ◇ *n* **-1.** [hairstyle] tall *m* de noi. **-2.** *Br inf dated* [shilling] xíling *m*. **-3.** = **bobsleigh**. ◇ *vi* [boat] balancejar.

bobbin [ˈbɒbɪn] *n* bobina *f*.

bobby [ˈbɒbɪ] (*pl* **-ies**) *n Br inf* poli *m*.

bobsleigh [ˈbɒbsleɪ] *n* trineu *m*, tobogan *m*.

bode [bəʊd] *vi liter*: **to ~ ill / well for** ser un bon / mal presagi.

bodily [ˈbɒdɪlɪ] ◇ *adj* corporal. ◇ *adv*: **to lift / move sb ~** aixecar / moure algú per força.

body [ˈbɒdɪ] (*pl* **-ies**) *n* **-1.** [gen] cos *m*; **(to earn enough) to keep ~ and soul together** (guanyar suficient per) anar tirant just. **-2.** [corpse] cadàver *m*; **over my dead ~** de cap de les maneres. **-3.** [organization] corporació *f*; **a ~ of thought / opinion** un corrent de pensament / opinió. **-4.** [of car] carrosseria *f*; [of plane] fusellatge *m*.

body building *n* culturisme *m*.

bodyguard [ˈbɒdɪgɑːd] *n* guardaespatlles *mf*.

body odour *n* olor *f* corporal.

bodywork [ˈbɒdɪwɜːk] *n* carrosseria *f*.

bog [bɒg] *n* **-1.** [marsh] pantà *m*. **-2.** *Br v inf* [toilet] comuna *f*, caganera *f*.

bogged down [bɒgd-] *adj* **-1.** [in details, work]: **~ (in)** empantanegat -ada (en). **-2.** [in mud, snow]: **~ in** encallat -ada en.

boggle [ˈbɒgl] *vi*: **the mind ~s!** se me'n va el cap!, és increïble!

bogus [ˈbəʊgəs] *adj* fals -a.

boil [bɔɪl] ◇ *n* **-1.** MED furóncol *m*, malgrà *m*. **-2.** [boiling point]: **to bring sthg to the ~** posar alguna cosa a bullir; **to come to the ~** arrencar el bull. ◇ *vt* **-1.** [water] bullir. **-2.** [pan, kettle] posar al foc. **-3.** [food] bullir. ◇ *vi* bullir. ◆ **boil down to** *vt fus* reduir-se a. ◆ **boil over** *vi* **-1.** [liquid] vessar-se. **-2.** *fig* [feelings] explotar.

boiled [bɔɪld] *adj* bullit -ida, cuit -a; **~ egg** ou passat per aigua; *Br* **~ sweets** caramels (durs).

boiler [ˈbɔɪləʳ] *n* caldera *f*.

boiler suit *n Br* granota *f*.

boiling [ˈbɔɪlɪŋ] *adj* **-1.** [liquid] bullent. **-2.** *inf* [hot]: **I'm ~** m'estic morint de calor; **it's ~** fa una calor terrible. **-3.** [angry]: **~ with rage** furiós -osa.

boiling point *n* punt *m* d'ebullició.

bold [bəʊld] *adj* **-1.** [brave, daring] audaç. **-2.** [lines, design] fort -a, clar -a. **-3.** [colour] viu viva. **-4.** PRINT: **~ type / print** negreta.

Bolivia [bəˈlɪvɪə] *n* Bolívia.

Bolivian [bəˈlɪvɪən] ◇ *adj* bolivià -ana. ◇ *n* bolivià *m* -ana *f*.

bollard [ˈbɒlɑːd] *n* [on road] pal *m*.

bollocks [ˈbɒləks] *Br v inf* ◇ *npl* collons *mpl*. ◇ *excl* i un colló! quins collons!

bolster [ˈbəʊlstəʳ] ◇ *n* travesser *m*. ◇ *vt* reforçar, enfortir. ◆ **bolster up** *vt fus* reforçar.

bolt [bəʊlt] ◇ *n* **-1.** [on door, window] forrellat *m*. **-2.** [type of screw] pern *m*. ◇ *adv*: **~ upright** molt dret -a. ◇ *vt* **-1.** [fasten together] empernar. **-2.** [door, window] tancar amb clau. **-3.** [food] engolir. ◇ *vi* sortir disparat -ada.

bomb [bɒm] ◇ *n* bomba *f*. ◇ *vt* bombardejar.

bombard [bɒmˈbɑːd] *vt fig* MIL: **to ~ (with)** bombardejar (amb).

bombastic [bɒmˈbæstɪk] *adj* grandiloqüent, emfàtic -a.

bomb disposal squad *n* equip d'artificiers.

bomber [ˈbɒməʳ] *n* **-1.** [plane] bombarder *m*. **-2.** [person] persona *f* que posa bombes.

bombing [ˈbɒmɪŋ] *n* bombardeig *m*.

bombshell [ˈbɒmʃel] *n fig* bomba *f*.

bond [bɒnd] ◇ *n* **-1.** [between people] lligam *m*, vincle *m*. **-2.** [binding promise] compromís *m*. **-3.** FIN obligació *f*. ◇ *vt* [glue] enganxar; *fig* [people] unir; **to ~ sthg to** enganxar alguna cosa a. ◇ *vi* [stick together]: **to ~ (together)** enganxar-se; *fig* [people] unir-se.

bondage [ˈbɒndɪdʒ] *n lit* [servitude] esclavatge *m*, servatge *m*.

bone [bəʊn] ◇ *n* [gen] os *m*; [of fish] espina *f*; **~ of contention** poma de la discòrdia; **to feel / know sthg in one's ~s** tenir el pressentiment d'una cosa; **to make no ~s about sthg** anar de dret al gra; **to make no ~s about doing sthg** no pensar-s'hi gens a fer una cosa. ◇ *vt* [fish] treure les espines de; [meat] desossar.

bone-dry *adj* ben sec -a.

bone-idle *adj* gandul -a, mandrós -osa.

bonfire [ˈbɒn.faɪəʳ] *n* foguera *f*.

bonfire night *n Br* nit del 5 de novembre en què s'encenen fogueres i focs d'artifici.

Bonn [bɒn] *n* Bonn.

bonnet ['bɒnɪt] *n* **-1.** *Br* [of car] capota *f.* **-2.** [hat] toca *f.*

bonny ['bɒnɪ] (*compar* **-ier**, *superl* **-iest**) *adj Scot* bonic -a.

bonus ['bəʊnəs] (*pl* **-es**) *n* [extra money] sobrepaga *f*, prima *f*; *fig* plus *m.*

boo [buː] (*pl* **-s**) ◇ *excl* bu! ◇ *n* cridòria *f.* ◇ *vt & vi* escridassar.

boob [buːb] *n inf* [mistake] disbarat *m.*

boobs *npl Br v inf* [woman's breasts] metes *fpl.*

booby trap ['buːbɪ-] *n* **-1.** [bomb] bomba *f* camuflada. **-2.** [type of prank] trampa *f* (broma).

book [bʊk] ◇ *n* **-1.** [for reading] llibre *m*; **to do sthg by the ~** fer alguna cosa com mana el reglament; **to throw the ~ at sb** tirar-li a algú els plats pel cap. **-2.** [of stamps] quadern *m*; [of tickets, cheques] talonari *m*; [of matches] capseta *f.* ◇ *vt* **-1.** [reserve] reservar; **to be fully ~ed** estar complet -a. **-2.** *inf* [subject: police] multar. **-3.** *Br* SPORT amonestar. ◇ *vi* fer reserva. ➤ **books** COM *npl* llibres *mpl*; **to do the ~s** fer els comptes; **to be in sb's good / bad ~s** estar en bones / males relacions amb algú. ➤ **book up** *vt sep*: **to be ~ed up** estar complet -a.

bookcase ['bʊkkeɪs] *n* llibreria *f*, estant *m.*

booking ['bʊkɪŋ] *n* **-1.** [reservation] reserva *f.* **-2.** *Br* SPORT amonestació *f.*

booking office *n* taquilla *f.*

bookkeeping ['bʊkˌkiːpɪŋ] *n* comptabilitat *f.*

booklet ['bʊklɪt] *n* fullet *m.*

bookmark ['bʊkmɑːk] *n* senyal *m*, punt *m.*

bookseller ['bʊkˌselər] *n* llibreter *m* -a *f.*

bookshelf ['bʊkʃelf] (*pl* **-shelves**) *n* [shelf] estant *m*; [bookcase] llibreria *f.*

bookshop *Br* ['bʊkʃɒp], **bookstore** *Am* ['bʊkstɔːr] *n* llibreria *f.*

book token *n* val *m* per comprar llibres.

boom [buːm] ◇ *n* **-1.** [loud noise] explosió *f.* **-2.** [increase] pujada *f* ràpida. **-3.** NAUT barrera *f.* **-4.** [for TV camera, microphone] girafa *f.* ◇ *vi* **-1.** [make noise] tronar. **-2.** ECON prosperar.

boon ['buːn] *n* favor *m.*

boost ['buːst] ◇ *n* **-1.** [in profits, production] augment *m.* **-2.** [to popularity, spirits] empenta *f*, estímul *m.* ◇ *vt* **-1.** [increase] augmentar. **-2.** [improve] fomentar.

booster ['buːstər] MED *n* vacuna *f* suplementària.

boot [buːt] ◇ *n* **-1.** [item of footwear] bota *f*; [ankle -] botí *m.* **-2.** *Br* [of car] portamaletes *m.* ◇ *vt inf* donar una puntada de peu. ➤ **to boot** *adv* d'escreix. ➤ **boot out** *vt sep inf* fer fora.

booth [buːð] *n* **-1.** [at fair] parada *f.* **-2.** [for phoning, voting] cabina *f.*

booty ['buːtɪ] *n lit* botí *m.*

booze [buːz] *inf* ◇ *n* (U) beguda *f*, mam *m.* ◇ *vi* mamar, aixecar el colze.

bop [bɒp] (*pt & pp* **-ped**, *cont* **-ping**) ◇ *n inf* **-1.** [hit] cop *m*, castanya *f.* **-2.** [disco, dance] ball *m.* ◇ *vt* cascar. ◇ *vi* ballar.

border ['bɔːdər] ◇ *n* **-1.** [between countries] frontera *f.* **-2.** [edge] vora *f.* **-3.** [in garden] platabanda *f.* ◇ *vt* **-1.** [country] limitar amb. **-2.** [edge] vorejar. ➤ **border on** *vt fus* acostar-se a.

borderline ['bɔːdəlaɪn] ◇ *adj*: **a ~ case** un cas dubtós. ◇ *n fig* línia *f* divisòria.

bore [bɔːr] ◇ *pt* ➤ **bear**. ◇ *n* **-1.** *pej* [person] corcó *m*; [situation, event] lata *f.* **-2.** [of gun] calibre *m.* ◇ *vt* **-1.** [not interest] avorrir; **to ~ sb stiff / to tears / to death** avorrir molt algú. **-2.** [drill] foradar, perforar.

bored [bɔːd] *adj* avorrit -ida; **to be ~ with sthg** estar avorrit -ida d'alguna cosa; **to be ~ stiff / to tears / to death** estar mort -a d'avorriment.

boredom ['bɔːdəm] *n* avorriment *m.*

boring ['bɔːrɪŋ] *adj* avorrit -ida, cansat -ada.

born [bɔːn] *adj* **-1.** [given life] nascut -uda; **to be ~** néixer; **~ and bred** nascut i pujat. **-2.** [natural] nat -ada.

borne [bɔːn] *pp* ➤ **bear**.

borough ['bʌrə] *n* [area of town] districte *m*; [town] municipi *m.*

borrow ['bɒrəʊ] *vt*: **to ~ sthg from sb** prendre en préstec alguna cosa d'algú; **can I ~ your bike?** em deixes la teva bici?

Bosnia ['bɒznɪə] *n* Bòsnia.

Bosnia-Herzegovina [-ˌhɜːtsəgəˈviːnə] *n* Bòsnia i Hercegovina.

Bosnian ['bɒznɪən] ◇ *adj* bosnià -ana. ◇ *n* bosnià *m* -ana *f.*

bosom ['bʊzəm] *n* **-1.** [of woman] pit *m.* **-2.** *fig* [centre of emotions] sina *f*; **~ friend** amic *m* -iga *f* íntim -a.

boss [bɒs] ◇ *n* cap *m*, amo *m*; **to be one's own ~** ser el propi amo. ◇ *vt pej* manar, donar ordres a. ➡ **boss about** pej, **boss around** vt sep manar, donar ordres a.

bossy ['bɒsɪ] (compar **-ier**, superl **-iest**) adj manaire.

bosun ['bəʊsn] = **boatswain**.

botany ['bɒtənɪ] n botànica f.

botch [bɒtʃ] ➡ **botch up** vt sep inf espatllar, arreglar malament.

both [bəʊθ] ◇ adj tots dos, totes dues, ambdós, ambdues. ◇ pron: ~ (of them) els dos (les dues), amdós (ambdues); ~ of us are coming venim tots dos. ◇ adv: she is ~ pretty and intelligent és maca i intel·ligent.

bother ['bɒðə^r] ◇ vt **-1.** [worry] preocupar; [irritate] molestar; **I / she can't be ~ed to do it** no tinc / no té humor per fer-ho. **-2.** [pester] molestar. ◇ vi: **to ~ (to do / doing sthg)** molestar-se a fer una cosa; **to ~ about** preocupar-se per. ◇ n **-1.** (U) [inconvenience] problema m. **-2.** (U) [pest, nuisance] molèstia f.

bothered ['bɒðəd] adj preocupat -ada.

bottle ['bɒtl] ◇ n **-1.** [gen] ampolla f, botella f. **-2.** [of shampoo, medicine - plastic] pot m; [- glass] flascó m. **-3.** [for baby] biberó m. **-4.** (U) Br inf [courage] valor m. ◇ vt **-1.** [wine] embotellar. **-2.** [fruit] envasar.

bottle bank n contenidor m de vidre.

bottleneck ['bɒtlnek] n **-1.** [in traffic] embús m. **-2.** [in production] obstacle m.

bottle-opener n obreampolles m.

bottom ['bɒtəm] ◇ adj **-1.** [lowest] inferior, més baix -a. **-2.** [least successful] pitjor. ◇ n **-1.** [lowest part - of glass, bottle] cul m; [- of bag, mine, sea] fons m; [- of ladder, hill] peu m; [- of page, list] final m. **-2.** [farthest point] final m, fons m. **-3.** [of class etc.] cua f. **-4.** [buttocks] cul m. **-5.** [root]: **at the ~ of** al darrere de; **to get to the ~ of** arribar al fons de.

bottom line n fig: **the ~ is ...** al cap i a la fi.

bough [baʊ] n branca f.

bought [bɔːt] pt & pp ➡ **buy**.

boulder ['bəʊldə^r] n còdol m.

bounce [baʊns] ◇ vi **-1.** [gen] rebotar. **-2.** [light] reflectir-se. **-3.** [person]: **to ~ into the room** irrompre a l'habitació; **to ~ (on sthg)** botar (en alguna cosa). **-4.** inf [cheque] ser retornat -ada. ◇ vt fer botar. ◇ n bot m.

bouncer ['baʊnsə^r] n inf goril·la m.

bound [baʊnd] ◇ pt & pp ➡ **bind**. ◇ adj **-1.** [certain]: **it's ~ to happen** segur que passarà. **-2.** [obliged]: **~ (by sthg / to do sthg)** obligat -ada (per alguna cosa / a fer alguna cosa); **I'm ~ to say / admit** he de dir / admetre. **-3.** [for place]: **to be ~ for** anar cap a. ◇ n salt m. ◇ vi: **to be ~ed by** estar envoltat -ada de. ◇ vi saltar.

bounds npl [limits] límits mpl; **out of ~s** territori m prohibit.

boundary ['baʊndərɪ] (pl **-ies**) n [gen] límit m; [between countries] frontera f.

bouquet [bəʊ'keɪ] n [of flowers] ram m.

bourbon ['bɜːbən] n bourbon m.

bourgeois ['bɔːʒwɑː] adj pej burgès -esa.

bout [baʊt] n **-1.** [attack] accés m, atac m. **-2.** [session] torn m. **-3.** [boxing match] combat m, lluita f.

bow¹ [baʊ] ◇ n **-1.** [act of bowing] reverència f. **-2.** [of ship] proa f. ◇ vt inclinar. ◇ vi **-1.** [make a ~] inclinar-se. **-2.** [defer]: **to ~ to sthg** cedir davant alguna cosa.

bow² [bəʊ] n **-1.** [weapon, musical instrument] arc m. **-2.** [knot] llaç m.

bowels ['baʊəlz] npl lit & fig entranyes fpl.

bowl [bəʊl] ◇ n **-1.** [gen] bol m; [for soup] escudella f; [for washing clothes] palangana f. **-2.** [of toilet] tassa f; [of pipe] pipa f. ◇ vt llançar. ◇ vi llançar la pilota. ➡ **bowls** n (U) botxes fpl. ➡ **bowl over** vt sep **-1.** [knock over] atropellar. **-2.** fig [surprise, impress] deixar desconcertat -ada.

bow-legged [ˌbəʊ'legɪd] adj garrell -a.

bowler ['bəʊlə^r] n **-1.** SPORT llançador m -a f. **-2.** **~ (hat)** bolet m.

bowling ['bəʊlɪŋ] n (U) bitlles fpl.

bowling alley n [building] lloc m per jugar a bitlles. [alley] pista f.

bowling green n camp de gespa per jugar a botxes.

bow tie [baʊ-] n corbata f de llaç.

box [bɒks] ◇ n **-1.** [container, boxful] caixa f; [for jewels] estoig m. **-2.** THEAT llotja f. **-3.** Br inf [television]: **the ~** la tele. ◇ vt **-1.** SPORT boxejar contra. **-2.** [put in boxes] encaixonar. ◇ vi boxejar.

boxer ['bɒksə^r] n **-1.** [fighter] boxejador m -a f. **-2.** [dog] bòxer m.

boxer shorts npl pantalons mpl curts (de boxa).

boxing ['bɒksɪŋ] n boxa f.

Boxing Day n 26 de desembre (excepte diumenges), festa nacional a Anglaterra i a Gal·les en què tradicionalment es donen les estrenes.

boxing glove n guant m de boxa.
box office n taquilla f.
boxroom ['bɒksrʊm] n Br cambra f dels mals endreços.
boy [bɔɪ] ◇ n **-1.** [male child] nen m. **-2.** inf [young man] noi m, xiquet m. ◇ excl: **(oh) ~!** ai, senyor!, caram!
boycott ['bɔɪkɒt] ◇ n boicot m. ◇ vt boicotejar.
boyfriend ['bɔɪfrend] n xicot m, amic m.
boyish ['bɔɪɪʃ] adj **-1.** [man] juvenil. **-2.** [woman, figure] masculí -ina.
BR n (abbr of **British Rail**) ferrocarrils britànics.
bra [brɑː] n sostenidor m.
brace [breɪs] ◇ n **-1.** [on teeth] corrector m dental. **-2.** [on leg] suport m per la cama. **-3.** [pair] parell m. ◇ vt [steady] tensar; lit & fig **to ~ oneself (for)** preparar-se (per a).
◆ **braces** npl Br elàstics mpl.
bracelet ['breɪslɪt] n braçalet m, polsera f.
bracing ['breɪsɪŋ] adj tonificant.
bracken ['brækn] n falguera f.
bracket ['brækɪt] ◇ n **-1.** [support] suport m. **-2.** [parenthesis - round] parèntesi m; [- square] parèntesi quadrat; **in ~s** entre parèntesis. **-3.** [group] sector m. ◇ vt **-1.** [enclose in brackets] posar entre parèntesis. **-2.** [group]: **to ~ sthg / sb (together) with** agrupar una cosa / algú amb.
brag [bræg] (pt & pp **-ged**, cont **-ging**) vi fanfarronejar, faronejar.
braid [breɪd] ◇ n **-1.** [on uniform] galó m. **-2.** [hairstyle] trena f. ◇ vt trenar.
brain [breɪn] n lit & fig cervell m; **to have sthg on the ~** tenir alguna cosa ficada al cap. ◆ **brains** npl cervell m; **to pick sb's ~s** recórrer als coneixements d'algú.
brainchild ['breɪntʃaɪld] n inf idea f.
brainwash ['breɪnwɒʃ] vt rentar el cervell.
brainwave ['breɪnweɪv] n idea f genial.
brainy ['breɪnɪ] (compar **-ier**, superl **-iest**) adj inf llest -a.
brake [breɪk] ◇ n lit & fig fre m. ◇ vi frenar.
brake light n llum m de fre.
bramble ['bræmbl] n [bush] esbarzer m; [fruit] móra.
bran [bræn] n bren m, segó m.
branch [brɑːntʃ] ◇ n **-1.** [of tree, of subject] branca f. **-2.** [of river] braç m; [of railway] bifurcació f, ramal m. **-3.** [of company, bank] sucursal f. ◇ vi bifurcar-se.

◆ **branch out** vi [person] ampliar horitzons; [firm] expandir-se.
brand [brænd] ◇ n **-1.** [of product] marca f. **-2.** fig [type] estil m. **-3.** [mark] ferro m. ◇ vt **-1.** [cattle] marcar (amb un ferro). **-2.** fig [classify]: **to ~ sb (as sthg)** motejar algú (de).
brandish ['brændɪʃ] vt [weapon] brandir; [letter etc.] sacsejar.
brand name n marca f.
brand-new adj flamant.
brandy ['brændɪ] (pl **-ies**) n conyac m, brandi m.
brash [bræʃ] adj pej presumptuós -osa.
brass [brɑːs] n **-1.** [metal] llautó m. **-2.** MUS **the ~** els instruments de metall.
brass band n banda f, xaranga f.
brassiere [Br 'bræsɪər, Am brəˈzɪr] n sostenidor m.
brat [bræt] n inf pej marrec m.
bravado [brəˈvɑːdəʊ] n envaliment m.
brave [breɪv] ◇ adj valent -a. ◇ n guerrer m indi. ◇ vt [weather, storm] desafiar; [sb's anger] plantar cara.
bravery ['breɪvərɪ] n valentia f.
brawl [brɔːl] n baralla f, batussa f.
brawn [brɔːn] n (U) **-1.** [muscle] músculs mpl, força f muscular. **-2.** Br [meat] carn f en gelatina.
bray [breɪ] vi [donkey] bramar.
brazen ['breɪzn] adj [person] descarat -ada; [lie] cínic -a. ◆ **brazen out** vt sep: **to ~ it out** defensar-se amb cinisme.
brazier ['breɪzɪər] n braser m.
Brazil [brəˈzɪl] n Brasil.
Brazilian [brəˈzɪljən] ◇ adj brasiler -a. ◇ n brasiler m -a f.
brazil nut n nou f de Brasil.
breach [briːtʃ] ◇ n **-1.** [act of disobedience] infracció f; **~ of confidence** abús m de confiança; **to be in ~ of sthg** incomplir alguna cosa; **~ of contract** incompliment m de contracte. **-2.** [opening, gap] bretxa f; **to step into the ~** donar un cop de mà. **-3.** fig [in friendship, marriage] ruptura f. ◇ vt **-1.** [disobey] incomplir. **-2.** [make hole in] obrir un portell a.
breach of the peace n alteració f de l'ordre públic.
bread [bred] n **-1.** [food] pa; **~ and butter** [buttered -] pa amb mantega; fig [main income] mitjans de vida. **-2.** inf [money] calés.
bread bin Br, **bread box** Am n panera f.

breadcrumbs ['brɛdkrʌmz] *npl* engrunes *fpl* de pa; CULIN pa ratllat.

breadline ['brɛdlaɪn] *n*: to be on the ~ viure en la misèria.

breadth [brɛtθ] *n* **-1.** [in measurements] amplada *f*. **-2.** *fig* [scope] amplitud *f*.

breadwinner ['brɛd,wɪnəʳ] *n* cap *mf* de família.

break [breɪk] (*pt* broke, *pp* broken) ◇ *n* **-1.** [gap - in clouds] clariana *f*; [- in line] espai *m* en blanc; [- in transmission] interrupció *f*. **-2.** [fracture] trencament *m*, ruptura *f*. **-3.** [rupture]: ~ (with) ruptura *f* (amb). **-4.** [pause]: ~ (from) descans *m* (de); to have / take a ~ fer un descans. **-5.** [playtime] esplai *m*, pati *m*. **-6.** *inf* [chance] oportunitat *f*; a lucky ~ un cop de sort. **-7.** *liter*: at ~ of day a l'alba. **-8.** COMPUT: ~ (key) tecla *f* d'interrupció. ◇ *vt* **-1.** [gen] trencar; [arm, leg etc.] trencar-se; the river broke its banks el riu es va desbordar; to ~ sb's hold alliberar-se d'algú. **-2.** [machine] espatllar. **-3.** [journey, contact] interrompre. **-4.** [habit, health] acabar amb; [strike] rebentar. **-5.** [law, rule] violar; [appointment, word] faltar a. **-6.** [record] batre. **-7.** [in tennis - service] trencar. **-8.** [tell]: to ~ the news (of sthg to sb) donar la notícia (d'alguna cosa a algú). ◇ *vi* **-1.** [come to pieces] trencar-se. **-2.** [stop working] espatllar-se. **-3.** [pause] parar; [weather] canviar. **-4.** [start - day] apuntar, trencar-se; [- storm] esclatar. **-5.** [wave] trencar. **-6.** [escape]: to ~ loose / free escapar-se. **-7.** [voice] canviar. **-8.** [news] saber-se. **-9.** to ~ even sortir-se sense guanys ni pèrdues. ◆ **break away** *vi* escapar-se; to ~ away (from) [end connection] separar-se (de); POL separar-se. ◆ **break down** ◇ *vt sep* **-1.** [destroy - down gen] abatre, tirar a terra; [- down resistance] vèncer. **-2.** [analyse] analitzar. **-3.** [cause to decompose] descompondre. ◇ *vi* **-1.** [collapse, disintegrate, fail] fracassar. **-2.** [stop working] avariar-se. **-3.** [lose emotional control] perdre el control. **-4.** [decompose] descomposar-se. ◆ **break in** ◇ *vi* **-1.** [enter by force] entrar per la força. **-2.** [interrupt]: to ~ in (on sthg / sb) interrompre (alguna cosa / algú). ◇ *vt sep* **-1.** [horse, shoes] domar. **-2.** [person] posar al corrent. ◆ **break into** *vt fus* **-1.** [house, shop] entrar per la força a; [box, safe] forçar. **-2.** [begin suddenly]: to ~ into song / a run començar a cantar / córrer. **-3.** [become involved in] introduir-se a. ◆ **break off** ◇ *vt sep* **-1.** [detach] partir. **-2.** [end] trencar; [holiday] interrompre. ◇ *vi* **-1.** [become detached] partir-se. **-2.** [stop talking] interrompre's. **-3.** [stop working] parar (de treballar). ◆ **break out** *vi* **-1.** [fire, fighting, panic] començar; [war] esclatar. **-2.** [become covered]: he broke out in spots li van sortir grans. **-3.** [escape]: to ~ out (of) escapar (de). ◆ **break up** ◇ *vt sep* **-1.** [ice] esmicolar; [car] desballestar. **-2.** [relationship] trencar; [talks] posar fi a; [fight, crowd] dissoldre. ◇ *vi* **-1.** [into smaller pieces] esmicolar-se. **-2.** [relationship] desfer-se; [conference] concloure; [school, pupils] acabar el curs; to ~ up with sb trencar amb algú. **-3.** [crowd] dissoldre's.

breakage ['breɪkɪdʒ] *n* trencament *m*.

breakdown ['breɪkdaʊn] *n* **-1.** [of car, train] avaria *f*; [of talks, in communications] interrupció *f*; [of law and order] col·lapse *m*; nervous ~ crisi *f* nerviosa. **-2.** [analysis] descomposició *f*.

breakfast ['brɛkfəst] ◇ *n* esmorzar *m*. ◇ *vi fml*: to ~ (on sthg) esmorzar (alguna cosa).

breakfast television *n Br* programació *f* matinal de televisió.

break-in *n* robatori *m* (amb violació de domicili).

breaking ['breɪkɪŋ] *n* JUR: ~ and entering violació *f* de domicili.

breakneck ['breɪknɛk] *adj*: at ~ speed a gran velocitat.

breakthrough ['breɪkθruː] *n* avançada *f*.

breakup ['breɪkʌp] *n* ruptura *f*.

breast [brɛst] *n* **-1.** [of woman] pit *m*; [of man] pit *m*. **-2.** [meat of bird] pit *m*. **-3.** *liter* [seat of emotions] cor *m*; to make a clean ~ of it confessar-ho tot.

breast-feed *vt & vi* donar de mamar a.

breaststroke ['brɛststrəʊk] *n* braça *f*.

breath [brɛθ] *n* respiració *f*, alè *m*; to take a deep ~ respirar a fons; *fig* to be a ~ of fresh air [person, experience] ser refrescant; to get one's ~ back recuperar l'alè; to go for a ~ of (fresh) air sortir a prendre l'aire; to hold one's ~ [stop breathing] aguantar la respiració; [wait anxiously] retenir la respiració; to say sthg under one's ~ dir alguna cosa en veu baixa; to take one's ~ away tallar la respiració; to waste / save one's ~ gastar / no gastar la saliva; out of ~ sense alè.

breathalyse *Br*, **breathalyze** *Am* ['brɛθəlaɪz] *vt* fer la prova de l'alcohol.

breathe [briːð] ◇ *vi* respirar; *fig* to ~ more easily respirar més tranquil. ◇ *vt*

–1. [inhale] respirar, aspirar. **–2.** [exhale] exhalar, espirar. ❖ **breathe in** *vt sep & vi* aspirar. ❖ **breathe out** *vi* espirar.

breather ['briːðə^r] *n inf* respir *m*, pausa *f*.

breathing ['briːðɪŋ] *n* respiració *f*.

breathless ['breθlɪs] *adj* **–1.** [out of breath] esbufegat -ada. **–2.** [with excitement] sense alè (de l'emoció).

breathtaking ['breθ,teɪkɪŋ] *adj* imponent, que treu l'alè.

breed [briːd] (*pt & pp* **bred**) ◇ *n* **–1.** [of animal] raça *f*. **–2.** *fig* [sort] generació *f*, espècie *f*. ◇ *vt* **–1.** [animals] criar; [plants] cultivar. **–2.** *fig* [suspicion] alimentar; [contempt, hate] engendrar. ◇ *vi* procrear, reproduir-se.

breeding ['briːdɪŋ] *n* **–1.** [of animals] cria *f*; [of plants] cultiu *m*. **–2.** [manners] educació *f*.

breeze [briːz] ◇ *n* brisa *f*. ◇ *vi*: **to ~ in / out** entrar / sortir sense dir res.

breezy ['briːzɪ] (*compar* **-ier**, *superl* **-iest**) *adj* **–1.** [windy] **it's ~** fa vent. **–2.** [cheerful] despreocupat -ada, juvenil.

brevity ['brevɪtɪ] *n* brevetat *f*.

brew [bruː] ◇ *vt* [beer] elaborar; [tea, coffee] preparar. ◇ *vi* **–1.** [tea] reposar. **–2.** [trouble] ordir-se.

brewer ['bruːə^r] *n* cerveser *m* -a *f*.

brewery ['brʊərɪ] (*pl* **-ies**) *n* fàbrica *f* de cervesa.

bribe [braɪb] ◇ *n* suborn *m*. ◇ *vt*: **to ~ (sb to do sthg)** subornar (algú per tal que faci alguna cosa).

bribery ['braɪbərɪ] *n* suborn *m*.

bric-a-brac ['brɪkəbræk] *n* objectes *mpl* d'adorn de baix preu.

brick [brɪk] *n* totxana *f*, totxo *m*.

bricklayer ['brɪk,leɪə^r] *n* paleta *mf*.

bridal ['braɪdl] *adj* nupcial; **~ dress** vestit *m* de núvia.

bride [braɪd] *n* núvia *f*.

bridegroom ['braɪdgrum] *n* nuvi *m*.

bridesmaid ['braɪdzmeɪd] *n* dama *f* d'honor.

bridge [brɪdʒ] ◇ *n* **–1.** [gen] pont *m*; **I'll cross that ~ when I come to it** ja em preocuparé d'això quan arribi el moment. **–2.** [on ship] pont *m*. **–3.** [of nose] aresta *f*. **–4.** [card game] bridge *m*. ◇ *vt fig* [gap] omplir.

bridle ['braɪdl] ◇ *n* brida *f*. ◇ *vt* embridar. ◇ *vi*: **to ~ (at)** indignar-se (per).

bridle path *n* camí *m* de ferradura.

brief [briːf] ◇ *adj* **–1.** [short, to the point] breu; **in ~** en resum. **–2.** [clothes] curt -a. ◇ *n* **–1.** JUR [statement] sumari *m*. **–2.** Br [instructions] instruccions *fpl*. ◇ *vt*: **to ~ sb (on)** informar algú (sobre). ❖ **briefs** *npl* [underpants] calçotets *mpl*; [knickers] calces *fpl*.

briefcase ['briːfkeɪs] *n* cartera *f*.

briefing ['briːfɪŋ] *n* [meeting] reunió *f* informativa; [instructions] instruccions *fpl*.

briefly ['briːflɪ] *adv* **–1.** [for a short time] breument. **–2.** [concisely] en una paraula.

brigade [brɪ'geɪd] *n* brigada *f*.

brigadier [,brɪgə'dɪə^r] *n* general *m* de brigada.

bright [braɪt] *adj* **–1.** [light] brillant; [day, room] lluminós -osa; [weather] clar -a. **–2.** [colour] llampant. **–3.** [lively - eyes] brillant; [- smile] radiant. **–4.** [intelligent - person] llest -a; [- idea] genial. **–5.** [hopeful] prometedor -a.

brighten ['braɪtn] *vi* **–1.** [become lighter] clarejar. **–2.** [become more cheerful] alegrar-se. ❖ **brighten up** ◇ *vt sep* animar, alegrar. ◇ *vi* **–1.** [become more cheerful] animar-se, alegrar-se. **–2.** [weather] desennuvolar-se.

brilliance ['brɪljəns] *n* **–1.** [cleverness] intel·ligència *f*. **–2.** [of colour, light] brillantor *f*.

brilliant ['brɪljənt] *adj* **–1.** [clever] brillant, genial. **–2.** [colour] llampant. **–3.** [light, career, future] brillant. **–4.** *inf* [wonderful] colossal, genial.

Brillo pad® ['brɪləʊ-] *n* fregall *m* sabonós d'alumini.

brim [brɪm] (*pt & pp* **-med**, *cont* **-ming**) ◇ *n* **–1.** [edge] vora *f*. **–2.** [of hat] ala *f*. ◇ *vi lit & fig*: **to ~ with** estar ple plena de.

brine [braɪn] *n* salmorra *f*.

bring [brɪŋ] (*pt & pp* **brought**) *vt* **–1.** [gen] portar; **to ~ sthg to an end** posar fi a alguna cosa. **–2.** JUR: **to ~ charges against** presentar una denúncia contra; **to ~ sb to trial** portar algú a judici. **–3. I / he** *etc.* **couldn't ~ myself / himself** *etc.* **to do it** jo / ell *etc.* era incapaç de fer-ho. ❖ **bring about** *vt sep* produir. ❖ **bring around** *vt sep* [make conscious] reanimar, fer recuperar el coneixement. ❖ **bring back** *vt sep* **–1.** [books etc.] tornar; [person] portar de tornada. **–2.** [shopping] tornar. **–3.** [memories] recordar. **–4.** [practice, hanging] tornar a introduir; [fashion] recuperar. ❖ **bring down** *vt sep* **–1.** [plane, bird] abatre; [government, tyrant] derrocar. **–2.**

[prices] rebaixar. ◆ **bring forward** vt sep **-1.** [meeting, elections etc.] avançar. **-2.** [in bookkeeping] sumar a la columna següent. ◆ **bring in** vt sep **-1.** [introduce - in law] implantar; [- in bill] presentar. **-2.** [earn] guanyar, ingressar. **-3.** JUR [verdict] pronunciar. ◆ **bring off** vt sep [plan] tirar endavant; [deal] tancar. ◆ **bring out** vt sep **-1.** [new product, book] treure. **-2.** [the worst etc. in sb] revelar, despertar. ◆ **bring round, bring to** = **bring around**. ◆ **bring up** vt sep **-1.** [raise - up children] criar. **-2.** [mention] començar a parlar de. **-3.** [vomit] vomitar.

brink [brɪŋk] n: on the ~ **of** al caire de.

brisk [brɪsk] adj **-1.** [quick] ràpid -a. **-2.** [busy] actiu -iva. **-3.** [efficient, confident - manner] enèrgic -a; [- person] eficaç. **-4.** [weather] fresc -a.

bristle ['brɪsl] ◇ n [gen] cerra f; [of person] pèl m. ◇ vi **-1.** [stand up] eriçar-se. **-2.** [react angrily]: **to ~ (at)** enutjar-se (per).

Brit [brɪt] n inf britànic m -a f.

Britain ['brɪtn] n Gran Bretanya.

British ['brɪtɪʃ] ◇ adj britànic -a. ◇ npl: **the ~** els britànics.

British Council n: **the ~** el British Council.

British Isles npl: **the ~** les illes Britàniques.

British Rail n companyia de ferrocarril britànica.

British Telecom [-'telɪkɒm] n principal empresa britànica de telecomunicacions.

Briton ['brɪtn] n britànic m -a f.

brittle ['brɪtl] adj trencadís -issa, fràgil.

broach [brəʊtʃ] vt abordar.

B road n Br carretera f comarcal.

broad [brɔːd] adj **-1.** [shoulders, river, street] ample -a; [grin] ampli àmplia. **-2.** [range, interests] ampli àmplia. **-3.** [description, outline] general, a grans trets. **-4.** [hint] clar -a. **-5.** [accent] tancat -ada, marcat -ada. **-6. in ~ daylight** al ple del dia.

broad bean n fava f.

broadcaster ['brɔːdkɑːstər] n locutor m -a f.

broaden ['brɔːdn] ◇ vt **-1.** [road, pavement] eixamplar. **-2.** [scope, appeal] ampliar. ◇ vi [river, road] eixamplar-se; [smile] fer-se més àmplia.

broadly ['brɔːdlɪ] adv **-1.** [generally] en general; **~ speaking** en termes generals. **-2.** [smile] obertament.

broadminded [,brɔːd'maɪndɪd] adj obert -a, liberal.

broadsheet ['brɔːdʃiːt] n diari amb fulls de mida molt gran.

broccoli ['brɒkəlɪ] n bròquil m.

brochure ['brəʊʃər] n fullet m.

broil [brɔɪl] vt Am rostir a les graelles.

broke [brəʊk] ◇ pt ➡ **break**. ◇ adj inf no tenir ni cinc; **to go ~** anar a la ruïna; **to go for ~** jugar-s'ho tot.

broken ['brəʊkn] ◇ pp ➡ **break**. ◇ adj **-1.** [gen] trencat -ada; **~ home** família f de pares separats. **-2.** [not working] espatllat -ada. **-3.** [interrupted - sleep] entretallat -ada; [- journey] discontinu -ínua. **-4.** [hesitant, inaccurate] macarrònic -a.

broker ['brəʊkər] n [of stock] corredor m -a f; [of insurance] agent mf.

brolly ['brɒlɪ] (pl -ies) n Br inf paraigua m.

bronchitis [brɒŋ'kaɪtɪs] n (U) bronquitis f.

bronze [brɒnz] ◇ n **-1.** [metal, sculpture] bronze m. **-2.** = **bronze medal**. ◇ comp de bronze.

brooch [brəʊtʃ] n afiballl m, tancador m.

brood [bruːd] ◇ n **-1.** [of animals] cria f. **-2.** inf [of children] prole f. ◇ vi: **to ~ (over / about)** donar voltes (a).

brook [brʊk] ◇ n riera f. ◇ vt fml tolerar.

broom [bruːm] n [brush] escombra f.

broomstick ['bruːmstɪk] n pal m d'escombra.

Bros., bros. (abbr of brothers) gns. mpl.

broth [brɒθ] n brou m.

brothel ['brɒθl] n bordell m, casa f de barrets.

brother ['brʌðər] ◇ n **-1.** [relative, monk] germà m. **-2.** fig [comrade] col·lega mf. ◇ excl Am inf mare de Déu!

brother-in-law (pl brothers-in-law) n cunyat m.

brought [brɔːt] pt & pp ➡ **bring**.

brow [braʊ] n **-1.** [forehead] front m. **-2.** [eyebrow] cella f; **to knit one's ~s** corrugar les celles. **-3.** [of hill] cim m.

brown [braʊn] ◇ adj **-1.** [gen] marró; [hair, eyes] castany -a. **-2.** [tanned] bronzejat -ada. ◇ n marró m; **in ~** de marró. ◇ vt [food] daurar.

Brownie (Guide) ['braʊnɪ-] n guia f (7-10 anys).

brown paper n (U) paper m d'embalatge.

brown rice n arròs m integral.

brown sugar *n* sucre *m* roig.

browse [braʊz] *vi* **-1.** [person] fer una ullada, mirar; **to ~ through** fullejar. **-2.** [animal] pasturar.

browser *n* navegador *m*.

bruise [bruːz] ◇ *n* blau *m*, morat *m*. ◇ *vt* **-1.** [person, arm] masegar; [fruit] macar. **-2.** *fig* [feelings] ferir. ◇ *vi* [person] masegar-se; [fruit] fer-se malbé.

brunch [brʌntʃ] *n* combinació d'esmorzar i dinar que es pren a mig matí.

brunette [bruːˈnet] *n* morena *f*.

brunt [brʌnt] *n*: **to bear / take the ~ of** aguantar el pitjor de.

brush [brʌʃ] ◇ *n* **-1.** [for hair, teeth] raspall *m*; [for shaving, painting] brotxa *f*; [of artist] pinzell *m*; [broom] escombra *f*. **-2.** [encounter] topada *f*. ◇ *vt* **-1.** [clean with -] raspallar. **-2.** [move with hand] treure, apartar. **-3.** [touch lightly] tocar lleugerament. ➾ **brush aside** *vt sep* rebutjar. ➾ **brush off** *vt sep* [dismiss] no fer ni cas. ➾ **brush up** ◇ *vt sep fig* [revise] repassar. ◇ *vi*: **to ~ up on** repassar.

brushwood [ˈbrʌʃwʊd] *n* brossa *f*, sotabosc *m*.

brusque [bruːsk] *adj* brusc -a.

Brussels [ˈbrʌslz] *n* Brussel·les.

brussels sprout *n* cols *fpl* de Brussel·les.

brutal [ˈbruːtl] *adj* brutal.

brute [bruːt] ◇ *adj* brutal, brut -a. ◇ *n* **-1.** [large animal] bèstia *f*. **-2.** [bully] bèstia *mf*.

BSc *n* (abbr of **Bachelor of Science**) (titular d'una) llicenciatura de ciències.

BSE *n* (abbr of **bovine spongiform encephalopathy**) encefalopatia *f* espongiforme bovina.

BT *n* (abbr of **British Telecom**) principal empresa britànica de telecomunicacions.

bubble [ˈbʌbl] ◇ *n* [gen] bombolla *f*; [of soap] bombolla *f*. ◇ *vi* **-1.** [produce bubbles] bombollejar. **-2.** [make a bubbling sound] fer gloc-gloc. **-3.** [be full]: **to ~ with** desbordar de.

bubble bath *n* bany *m* d'escuma.

bubble gum *n* xiclet *m* de globus.

bubblejet printer [ˈbʌbl.dʒet-] COMPUT *n* impressora *f* d'injecció.

Bucharest [ˌbuːkəˈrest] *n* Bucarest.

buck [bʌk] (*pl inv* / **-s**) ◇ *n* **-1.** [male animal] mascle *m*. **-2.** *inf* [dollar] dòlar *m*; **to make a fast ~** fer calés ràpidament. **-3.** *inf* [responsibility]: **the ~ stops here** a mi em toca fer-me càrrec d'això; **to pass the ~ to sb** carregar el mort a algú. ◇ *vt* **-1.** [subject: horse] tirar. **-2.** *inf* [oppose] oposar-se, anar en contra de. ◇ *vi* encabritar-se. ➾ **buck up** *inf* ◇ *vt sep* **-1.** [improve] millorar; **~ your ideas up** val més que t'espavilis. **-2.** [cheer up] animar. ◇ *vi* **-1.** [hurry up] afanyar-se. **-2.** [cheer up] animar-se.

bucket [ˈbʌkɪt] *n* **-1.** [container, bucketful] galleda *f*. **-2.** *inf* [large quantity]: **~s of** munts de.

buckle [ˈbʌkl] ◇ *n* sivella *f*. ◇ *vt* **-1.** [fasten] cordar amb sivella. **-2.** [bend] corbar, tòrcer. ◇ *vi* [wheel] corbar-se, tòrcer-se; [knees] doblegar-se. ➾ **buckle down** *vi*: **to ~ down (to)** dedicar-se seriosament (a).

bud [bʌd] (*pt & pp* **-ded**, *cont* **-ding**) ◇ *n* [shoot] brot *m*; [flower] capoll *m*; *fig* **to nip sthg in the ~** tallar de soca-rel. ◇ *vi* brotar, treure brot.

Budapest [ˌbjuːdəˈpest] *n* Budapest.

Buddha [ˈbʊdə] *n* Buda *m*.

Buddhism [ˈbʊdɪzm] *n* budisme *m*.

budding [ˈbʌdɪŋ] *adj* en embrió.

buddy [ˈbʌdɪ] (*pl* **-ies**) *n inf* [friend] company *m* -a *f*, col·lega *mf*.

budge [bʌdʒ] ◇ *vt* moure. ◇ *vi* [move] moure's; [give in] cedir, recular.

budgerigar [ˈbʌdʒərɪgɑːʳ] *n* periquito *m*.

budget [ˈbʌdʒɪt] ◇ *adj* econòmic -a. ◇ *n* pressupost *m*; *Br* **the ~** el pressupost nacional. ◇ *vt* [money] pressupostar; [time] planificar. ◇ *vi* pressupostar. ➾ **budget for** *vt fus* comptar amb.

budgie [ˈbʌdʒɪ] *n inf* periquito *m*.

buff [bʌf] ◇ *adj* color d'ant. ◇ *n inf* [expert] aficionat *m*, ada *f*.

buffalo [ˈbʌfələʊ] (*pl inv* / **-s** / **es**) *n* búfal *m*.

buffer [ˈbʌfəʳ] *n* **-1.** *Br* [for trains] topall *m*. **-2.** [protection] defensa *f*, salvaguarda *f*. **-3.** COMPUT memòria *f* intermèdia.

buffet[1] [*Br* ˈbʊfeɪ, *Am* bəˈfeɪ] *n* **-1.** [meal] bufet *m*. **-2.** [cafeteria] cafeteria *f*.

buffet[2] [ˈbʌfɪt] *vt* [physically] colpejar.

buffet car [ˈbʊfeɪ-] *n* vagó restaurant *m*.

bug [bʌɡ] (*pt & pp* **-ged**, *cont* **-ging**) ◇ *n* **-1.** [small insect] bestiola *f*, xinxa *f*. **-2.** *inf* [germ] microbi *m*, virus *m*; **stomach ~** virus de l'estómac. **-3.** *inf* [listening device] micròfon *m* clandestí. **-4.** COMPUT error *m*. **-5.** [enthusiasm] mania *f*. ◇ *vt* **-1.** *inf* [spy on - room] posar un micròfon clandestí a; [- phone] intervenir. **-2.** *inf* [annoy] emprenyar, molestar.

bugger ['bʌgəʳ] *Br v inf* ◇ *n* **-1.** [unpleasant person] cabró *m*, torracollons *mf*; lucky ~! quina sort que té el cabró! **-2.** [difficult, annoying task] murga *f*. ◇ *excl* merda! ◇ *vt*: ~ it! merda! ● **bugger off** *vi inf*: ~ off! fot el camp!

buggy ['bʌgɪ] (*pl* **-ies**) *n* **-1.** [carriage] calessa *f*. **-2.** [pushchair] cadireta *f* de rodes; *Am* [pram] cotxet *m*.

bugle ['bju:gl] *n* corneta *f*, clarí *m*.

build [bɪld] (*pt & pp* **built**) ◇ *vt* **-1.** [construct] construir. **-2.** *fig* [form, create] crear. ◇ *n* complexió *f*, cossatge *m*. ● **build (up)on** *vt fus* [further] desenvolupar. ◇ *vt sep* [base on] fundar en. ● **build up** ◇ *vt sep* **-1.** [business - up establish] muntar; [- up promote] fomentar. **-2.** [person] enfortir; to ~ up one's reputation crear-se una reputació. ◇ *vi* acumular-se.

builder ['bɪldəʳ] *n* constructor *m* -a *f*.

building ['bɪldɪŋ] *n* **-1.** [structure] edifici *m*. **-2.** [profession] construcció *f*.

building and loan association *n Am* caixa *f* d'estalvis.

building site *n* solar *m* (de construcció).

building society *n Br* caixa *f* d'estalvis.

buildup ['bɪldʌp] *n* [increase] acumulació *f*, increment *m* gradual.

built [bɪlt] ◇ *pt & pp* **build**. ◇ *adj*: heavily / slightly ~ de complexió forta / dèbil; to be ~ for tenir la planta adequada per a.

built-in *adj* **-1.** [physically integral] encastat -ada. **-2.** [inherent] incorporat -ada.

built-up *adj* urbanitzat -ada.

bulb [bʌlb] *n* **-1.** [for lamp] bombeta *f*. **-2.** [of plant] bulb *m*. **-3.** [bulb-shaped part] part *f* arrodonida.

Bulgaria [bʌl'geərɪə] *n* Bulgària.

Bulgarian [bʌl'geərɪən] ◇ *adj* búlgar -a. ◇ *n* **-1.** [person] búlgar *m* -a *f*. **-2.** [language] búlgar *m*.

bulge [bʌldʒ] ◇ *n* **-1.** [lump] protuberància *f*, prominència *f*. **-2.** [sudden increase] augment *m* ràpid. ◇ *vi*: to ~ (with) estar replè -ena de.

bulk [bʌlk] ◇ *n* **-1.** [mass] volum *m*, massa *f*. **-2.** [large body] mola *f*. **-3.** [large quantity]: in ~ a l'engròs. **-4.** [majority, most of]: the ~ of the major part de. ◇ *adj* a l'engròs.

bulky ['bʌlkɪ] (*compar* **-ier**, *superl* **-iest**) *adj* voluminós -osa, gros -sa.

bull [bul] *n* **-1.** [male cow] toro *m*, brau *m*. **-2.** [male animal] mascle *m*. **-3.** ST EX alcista *mf*. **-4.** (U) *v inf* [nonsense] bestieses *fpl*.

bulldog ['buldɒg] *n* buldog *m*.

bulldozer ['buldəʊzəʳ] *n* esplanadora *f*.

bullet ['bulɪt] *n* bala *f*.

bulletin ['bulətɪn] *n* **-1.** [news] butlletí *m*; [medical report] informe *m*. **-2.** [regular publication] butlletí *m*, gaseta *f*.

bullet-proof *adj* a prova de bales.

bullfight ['bulfaɪt] *n* corrida *f* de toros.

bullfighter ['bul,faɪtəʳ] *n* torero *m* -a *f*.

bullfighting ['bul,faɪtɪŋ] *n* toreig *m*.

bullion ['buljən] *n* (U) lingots *mpl*.

bullock ['bulək] *n* bravell *m*, bravatell *m*.

bullring ['bulrɪŋ] *n* plaça *f* de toros.

bull's-eye *n* fitó *m*.

bully ['bulɪ] (*pl* **-ies**, *pt & pp* **-ied**) ◇ *n* pinxo *m*. ◇ *vt* intimidar, tiranitzar; to ~ sb into doing sthg obligar algú a fer alguna cosa amb amenaces.

bullying ['bulɪŋ] *n* **-1.** [in general] intimidació *f*. **-2.** [at school] assetjament *m* escolar.

bum [bʌm] (*pt & pp* **-med**, *cont* **-ming**) *n* **-1.** *v inf* [bottom] cul *m*. **-2.** *Am inf pej* [tramp] vagabund *m* -a *f*. **-3.** *Am inf pej* [idler] dropo *m* -a *f*.

bumblebee ['bʌmblbi:] *n* abellot *m*.

bump [bʌmp] ◇ *n* **-1.** [lump - on head] nyanyo *m*; [- on road] sot *m*. **-2.** [knock, blow, noise] cop *m*. ◇ *vt* [car] xocar contra; [head, knee] donar-se un cop; I ~ed my head on the door em vaig donar un cop de cap a la porta. ◇ *vi* trontollar. ● **bump into** *vt fus* [meet by chance] topar amb, trobar-se amb.

bumper ['bʌmpəʳ] ◇ *adj* abundant; ~ edition edició *f* especial. ◇ *n* **-1.** AUTOM para-xocs *m*. **-2.** *Am* RAIL topall *m*.

bumptious ['bʌmpʃəs] *adj pej* presumptuós -osa.

bumpy ['bʌmpɪ] (*compar* **-ier**, *superl* **-iest**) *adj* **-1.** [road] ple plena de sots. **-2.** [ride, journey] ple plena de sotracs.

bun [bʌn] *n* **-1.** [cake, bread roll] pastís *m*. **-2.** [hairstyle] monyo *m*.

bunch [bʌntʃ] ◇ *n* [of people] grup *m*; [of flowers] ram *m*; [of fruit] grapat *m*; [of keys] grapat *m*. ◇ *vt* agrupar. ◇ *vi* agrupar-se. ● **bunches** *npl* [hairstyle] cues *fpl*.

bundle ['bʌndl] ◇ *n* [of clothes] farcell *m*; [of notes, papers] lligall *m*; [of wood] feix *m*. ◇ *vt* [clothes] empaquetar; [person] empènyer. ● **bundle up** *vt sep* [put into bundles] lligar, embolicar.

bung [bʌŋ] ◇ *n* tap *m*. ◇ *vt* **-1.** *Br inf* [throw] llançar. **-2.** *Br inf* [pass] passar, assolir.

bungalow ['bʌŋgələʊ] *n* bungalow *m*.
bungle ['bʌŋgl] *vt* potinejar.
bunion ['bʌnjən] *n* galindó *m*.
bunk [bʌŋk] *n* -1. [bed] llitera *f*. -2. (U) *inf* [nonsense] bajanades *fpl*. -3. *inf* to do a ~ tocar el dos.
bunk bed *n* llitera *f*.
bunker ['bʌŋkəʳ] *n* -1. [shelter, in golf] búnquer *m*. -2. [for coal] carbonera *f*.
bunny ['bʌnɪ] (*pl* **-ies**) *n*: ~ **(rabbit)** conillet *m* -a *f*.
bunting ['bʌntɪŋ] *n* (U) [flags] banderes *fpl*.
buoy [*Br* bɔɪ, *Am* 'buːɪ] *n* boia *f*. ➡ **buoy up** *vt sep* [encourage] animar, encoratjar.
buoyant ['bɔɪənt] *adj* -1. [able to float] flotant, capaç de flotar. -2. [optimistic - gen] optimista; [- market] amb tendència a pujar.
burden ['bɜːdn] ◇ *n* -1. [heavy load] càrrega *f*. -2. *fig* [heavy responsibility]: ~ **on** càrrega *f* (per). ◇ *vt*: **to ~ sb with** carregar algú amb.
bureau ['bjʊərəʊ] (*pl* **-x**) *n* -1. [government department] departament *m*. -2. [office] oficina *f*. -3. *Br* [desk] escriptori *m*; *Am* [chest of drawers] calaixera *f*.
bureaucracy [bjʊə'rɒkrəsɪ] (*pl* **-ies**) *n* burocràcia *f*.
bureaux ['bjʊərəʊz] *pl* ➡ **bureau**.
burger ['bɜːgəʳ] *n* hamburguesa *f*.
burglar ['bɜːgləʳ] *n* lladre *mf*.
burglar alarm *n* alarma *f* contra els lladres.
burglarize *Am* = **burgle**.
burglary ['bɜːglərɪ] (*pl* **-ies**) *n* robatori *m* (d'una casa).
burgle ['bɜːgl], **burglarize, -ise** ['bɜːgləraɪz] *Am vt* robar, furtar (una casa).
burial ['berɪəl] *n* enterrament *m*.
burly ['bɜːlɪ] (*compar* **-ier**, *superl* **-iest**) *adj* fornit -ida.
burn [bɜːn] (*pt & pp* **burnt** / **-ed**) ◇ *vt* -1. [gen] cremar. -2. [injure - by heat, fire] cremar-se. ◇ *vi* [gen] cremar; **to ~ with passion / hatred** cremar de passió / odi. -2. [be alight] estar encès. -3. [food] cremar. -4. [cause burning sensation] coure. -5. [become sunburnt] cremar-se. ◇ *n* cremada *f*. ➡ **burn down** ◇ *vt sep* incendiar. ◇ *vi* -1. [be destroyed by fire] incendiar-se. -2. [less brightly] apagar-se.
burner ['bɜːnəʳ] *n* cremador *m*.
Burns' Night *n* festa que se celebra a Escòcia el 25 de gener en honor del poeta escocès Robert Burns.

burnt [bɜːnt] *pt & pp* ➡ **burn**.
burp [bɜːp] *inf* ◇ *n* rot *m*, eructe *m*. ◇ *vi* rotar, eructar.
burrow ['bʌrəʊ] ◇ *n* cau *m*. ◇ *vi* -1. [dig] cavar. -2. *fig* [in order to search] furgar.
bursar ['bɜːsəʳ] *n* tresorer *m* -a *f*, administrador *m* -a *f*.
bursary ['bɜːsərɪ] *Br* (*pl* **-ies**) *n* beca *f*.
burst [bɜːst] (*pt & pp* **burst**) ◇ *vi* -1. [gen] rebentar-se; [bag] trencar-se; [tyre] rebentar-se. -2. [explode] esclatar. -3. [door, lid]: **to ~ open** obrir-se de cop. -4. [go suddenly]: **to ~ into** irrompre en; **to ~ through** obrir-se pas a través de. ◇ *vt* [gen] rebentar; [tyre] rebentar. ◇ *n* [of gunfire, enthusiasm] esclat *m*; [of song] clamor *mf*. ➡ **burst into** *vt fus* -1. [tears, song]: **to ~ into tears / song** posar-se a plorar / cantar. -2. [flames] esclatar en. -3. [subject: plants]: **to ~ into flower** florir. ➡ **burst out** ◇ *vt fus* [say suddenly] exclamar. ◇ *vi* [begin suddenly]: **to ~ out laughing / crying** posar-se a riure / plorar.
bursting ['bɜːstɪŋ] *adj* -1. [full] ple plena a rebentar. -2. [with emotion]: **with ~** desbordant de. -3. [eager]: **to be ~ to do sthg** estar desitjant fer alguna cosa.
bury ['berɪ] (*pt & pp* **-ied**) *vt* -1. [in ground] enterrar. -2. [hide - face, memory] ocultar. -3. *fig* [immerse]: **to ~ oneself in sthg** embrancar-se en una cosa.
bush [bʊʃ] *n* -1. [plant] arbust *m*. -2. [open country]: **the ~** el despoblat, la muntanya. -3. **to beat about the ~** fugir d'estudi.
bushy ['bʊʃɪ] (*compar* **-ier**, *superl* **-iest**) *adj* poblat -ada, espès -essa.
business ['bɪznɪs] ◇ *n* -1. (U) [commerce, amount of trade] negocis *mpl*; **to be away on ~** estar de viatge de negocis; *inf* **to mean ~** parlar seriosament; **to go out of ~** fer fallida. -2. [company] negoci *m*, empresa *f*. -3. [concern, duty] ofici *m*, ocupació *f*; **to have no ~ doing / to do sthg** no tenir dret a fer alguna cosa; *inf* **mind your own ~!** no et posis allà on no et demanen! -4. (U) [affair, matter] assumpte *m*. ◇ *comp*: **~ interests** interessos *mpl* comercials; **~ hours** hores *fpl* d'oficina.
business class *n* classe *f* preferent.
businesslike ['bɪznɪslaɪk] *adj* formal, pràctic -a.
businessman ['bɪznɪsmæn] (*pl* **-men** [-mən]) *n* empresari *m*, home *m* de negocis.
business trip *n* viatge *m* de negocis.

businesswoman ['bɪznɪs,wʊmən] (*pl* **-women** [-,wɪmɪn]) *n* empresària *f*, dona *f* de negocis.

busker ['bʌskər] *n Br* músic *m* ambulant.

bus-shelter *n* marquesina *f*.

bus station *n* estació *f* d'autobús.

bus stop *n* parada *f* d'autobús.

bust [bʌst] (*pt & pp* **-ed** / **bust**) ◇ *adj* **-1.** *inf* [broken] trencat -ada. **-2.** [bankrupt]: **to go ~ fer** fallida. ◇ *n* **-1.** [bosom, statue] bust *m*. **-2.** *inf police sl* [raid] batuda *f*. ◇ *vt* **-1.** *inf* [break] trencar, espatllar. **-2.** *police sl* [arrest] agafar, pescar; [raid] fer una batuda a.

bustle ['bʌsl] ◇ *n* bullícia *f*. ◇ *vi* afanyar-se.

busy ['bɪzɪ] (*compar* **-ier**, *superl* **-iest**) ◇ *adj* **-1.** [active] actiu -iva. **-2.** [hectic - life, week] atrafegat -ada; [- town, office] concorregut -uda, animat -ada. **-3.** [occupied] ocupat -ada; **to be ~ doing sthg** estar ocupat fent alguna cosa. **-4.** TELEC [engaged] ocupat -ada. ◇ *vt*: **to ~ oneself (doing sthg)** ocupar-se (fent alguna cosa).

busybody ['bɪzɪ,bɒdɪ] (*pl* **-ies**) *n pej* entremetedor -a *f*.

busy signal *n Am* TELEC senyal *m* d'ocupat.

but [bʌt] ◇ *conj* però; **we were poor ~ happy** érem pobres però feliços; **she owns not one ~ two houses** no té una casa sinó dues; **~ now let's talk about you** però ara parlem de tu. ◇ *prep* tret de, excepte; **everyone ~ Jane was there** estaven tots allà excepte la Jane; **we've had nothing ~ bad weather** no hem tingut més que mal temps; **he has no one ~ himself to blame** no pot culpar ningú tret d'ell mateix. ◇ *adv fml*: **had I ~ known** si ho hagués sabut; **we can ~ try** només ho podem intentar; **she has ~ recently joined the firm** fa poc temps que va entrar a l'empresa. ■ **but for** *conj* si no fos per; **~ for her I'd have died** si no fos per ella hagués mort.

butcher ['bʊtʃər] ◇ *n* **-1.** [occupation] carnisser *m* -a *f*; **~'s (shop)** carnisseria *f*. **-2.** [indiscriminate killer] assassí *m* -ina *f*. ◇ *vt* [animal - for meat] matar; *fig* [kill indiscriminately] fer una massacre.

butler ['bʌtlər] *n* majordom *m*.

butt [bʌt] ◇ *n* **-1.** [of cigarette, cigar] burilla *f*. **-2.** [of rifle] culata *f*. **-3.** [for water] tina *f*. **-4.** [target] fitó *m*. ◇ *vt* tossar. ■ **butt in** *vi* [interrupt]: **to ~ in on sb** interrompre algú; **to ~ in on sthg** entremetre's.

butter ['bʌtər] ◇ *n* mantega *f*; *inf* **~ wouldn't melt in her mouth** sembla un sant i és un dimoni. ◇ *vt* posar mantega a.

buttercup ['bʌtəkʌp] *n* ranuncle *m*.

butter dish *n* manteguera *f*.

butterfly ['bʌtəflaɪ] (*pl* **-ies**) *n* **-1.** [insect] papallona *f*; *inf* **to have butterflies in one's stomach** tenir els nervis a l'estómac. **-2.** [swimming style] (estil *m*) papallona *f*.

buttocks ['bʌtəks] *npl* natges *fpl*.

button ['bʌtn] ◇ *n* **-1.** [gen & COMPUT] botó *m*. **-2.** *Am* [badge] botó *m*. ◇ *vt* = **button up**. ■ **button up** *vt sep* cordar.

button mushroom *n* xampinyó *m* petit.

buttress ['bʌtrɪs] ◇ *n* contrafort *m*. ◇ *vt* [wall] posar contrafort a.

buxom ['bʌksəm] *adj* [woman] plencna.

buy [baɪ] (*pt & pp* **bought**) ◇ *vt lit & fig* comprar. ◇ *n* compra *f*. ■ **buy out** *vt sep* **-1.** [in business] comprar la part de. **-2.** [from army] pagar diners per sortir de l'exèrcit.

buyer ['baɪər] *n* **-1.** [purchaser] comprador *m* -a *f*. **-2.** [profession] cap *mf* de compres.

buyout ['baɪaʊt] *n* adquisició *f* de la majoria de les accions d'una empresa.

buzz [bʌz] ◇ *n* [of insect, machinery] brunzit *m*; [of conversation] mormoleig *m*; *inf* **to give sb a ~** [on phone] fer una trucada. ◇ *vi* **-1.** [make noise] brunzir. **-2.** *fig* [be active]: **to ~ (with)** no parar (de). ◇ *vt* [on intercom] trucar.

buzzer ['bʌzər] *n* timbre *m*.

buzzword ['bʌzwɜːd] *n inf* paraula *f* de moda.

by [baɪ] ◇ *prep* **-1.** [indicating cause, agent] per; **caused / written ~** causat / escrit per; **a book ~ Joyce** un llibre de Joyce. **-2.** [indicating means, method, manner]: **to travel ~ bus / train / plane / ship** amb autobús / tren / avió / vaixell; **to pay ~ cheque** pagar amb un xec; **to take sb ~ the hand** agafar la mà a algú; **~ candlelight** a la llum de les espelmes; **he got rich ~ buying land** es va fer ric comprant terres; **~ nature** per naturalesa; **~ profession / trade** de professió / d'ofici. **-3.** [beside, close to] prop de, al costat de; **~ the sea** al costat del mar. **-4.** [past] per davant de; **to walk ~ sb / sthg** caminar per davant d'algú / d'alguna cosa; **we drove ~ the castle** vam passar en cotxe per davant del castell. **-5.** [via, through] per; **we entered the back door** vam entrar per la porta posterior. **-6.** [with time - at or before, during] de, cap a, a; **I'll be there ~ eight**

seré allà cap a les vuit; ~ **1916 it was all over** al 1916 ja havia acabat tot; ~ **now** ara; ~ **day / night** de dia / nit, a la nit. **-7.** [according to] segons; ~ **law / my standards** segons la llei / el meu criteri. **-8.** [in division] per; [in multiplication, measurements] per; **divide 20** ~ **2** dividir 20 per 2; **multiply 20** ~ **2** multiplicar 20 per 2; **twelve feet** ~ **ten** dotze peus per deu. **-9.** [in quantities, amounts] per, a; ~ **the thousand / thousands** a milers; ~ **the metre** a / per metres; ~ **the day / hour** per dies / hores; **prices were cut** ~ **50%** els preus van ser rebaixats un 50%. **-10.** [indicating gradual change]: **day** ~ **day** dia a dia; **one** ~ **one** un per un. **-11.** [to explain a word or expression] amb, per; **what do you mean** ~ **"all right"?** què vols dir amb "bé"?; **what do you understand** ~ **the word "subsidiarity"?** què entens tu per "subsidiarietat"? **-12. (all)** ~ **oneself** tot -a sol -a; **did you do it all** ~ **yourself?** ho vas fer tot sol? ◇ *adv* ➠ **go, pass**, *etc.*
bye(-bye) [baɪ(baɪ)] *infl excl* adéu!
bye-election = by-election.
byelaw [ˈbaɪlɔː] = bylaw.
by-election *n* elecció *f* complementària.
bygone [ˈbaɪɡɒn] *adj* passat -ada. ➠
bygones *npl*: **let** ~s **be** ~s val més oblidar el passat.
bylaw [ˈbaɪlɔː] *n* estatut *m*, reglament *m*.
bypass [ˈbaɪpɒs] ◇ *n* **-1.** [road] carretera *f* de circumval·lació. **-2.** MED: ~ **(operation)** (operació de) bypass. ◇ *vt* evitar.
by-product *n* **-1.** [product] subproducte *m*. **-2.** [consequence] conseqüència *f*.
bystander [ˈbaɪˌstændəʳ] *n* espectador *m* -a *f*.
byte [baɪt] COMPUT byte *m*.
byword [ˈbaɪwɜːd] *n*: ~ **(for)** símbol *m* (de), equivalent *m* (a).

C

c¹ (*pl* **c's / cs**), **C** (*pl* **C's / Cs**) [siː] *n* [letter] c *f*, C *f*. ➠ **C** *n* **-1.** MUS do *m*. **-2.** (abbr of celsius, centigrade) C *m*.
c² **-1.** (abbr of century) s. **-2.** (abbr of cent(s)) cent. *m*.

c. (abbr of circa) c.
c/a **-1.** (abbr of credit account) c. *m*. **-2.** (abbr of current account) c/c.
cab [kæb] *n* **-1.** [taxi] taxi *m*. **-2.** [of lorry] cabina *f*.
cabaret [ˈkæbəreɪ] *n* cabaret *m*.
cabbage [ˈkæbɪdʒ] *n* col *f*.
cabin [ˈkæbɪn] *n* **-1.** [on ship] cabina *f*. **-2.** [in aircraft] cabina *f*. **-3.** [house] cabana *f*.
cabin class *n* classe *f* econòmica.
cabinet [ˈkæbɪnɪt] *n* **-1.** [cupboard] armari *m*. **-2.** POL consell *m*, ministeri *m*.
cable [ˈkeɪbl] ◇ *n* **-1.** [rope, wire] cable *m*. **-2.** [telegram] telegrama *m*. ◇ *vt* telegrafiar.
cable car *n* cabina *f* aèria.
cablegram [ˈkeɪblɡræm] *n* telegrama *m*.
cable television, **cable TV** *n* televisió *f* per cable.
cache [kæʃ] ◇ *n* **-1.** [store] mercaderies *fpl* de contraban. **-2.** COMPUT memòria *f* d'accés ràpid. ◇ *vt* COMPUT posar dins la memòria d'accés ràpid.
cackle [ˈkækl] ◇ *n* **-1.** [of hen] escatainieg *m*. **-2.** [of person] garla *f*. ◇ *vi* **-1.** [hen] escatainar. **-2.** [person] riure sorollosament.
cactus [ˈkæktəs] (*pl* **-tuses / -ti** [-taɪ]) *n* cactus *m*.
cadet [kəˈdet] *n* cadet *m*.
cadge [kædʒ] *Br inf* ◇ *vt*: **to** ~ **sthg (off / from sb)** treure alguna cosa de gorra (a algú). ◇ *vi*: **to** ~ **off / from sb** viure de gorra d'algú.
caesarean (section) *Br*, **cesarean (section)** *Am* [sɪˈzeərɪən-] *n* cesària *f*.
cafe, **café** [ˈkæfeɪ] *n* cafè *m*.
cafeteria [ˌkæfɪˈtɪərɪə] *n* (restaurant *m*) d'autoservei, cantina *f*.
caffeine [ˈkæfiːn] *n* cafeïna *f*.
cage [keɪdʒ] *n* gàbia *f*.
cagey [ˈkeɪdʒɪ] (*compar* **-ier**, *superl* **-iest**) *adj inf* reservat -ada.
cagoule [kəˈɡuːl] *n Br* impermeable *m*.
cajole [kəˈdʒəʊl] *vt*: **to** ~ **sb (into doing sthg)** grumejar algú perquè faci alguna cosa.
cake [keɪk] *n* **-1.** [sweet food] pastís *m*; *inf fig* **to be a piece of** ~ estar tirat; *inf* **to sell like hot** ~s vendre's com el pa; *inf* **you can't have your** ~ **and eat it** no es pot nedar i guardar la roba. **-2.** [of fish, potato] pastís *m*. **-3.** [of soap] pastilla *f*.

caked [keɪkt] *adj*: ~ **with mud** cobert -a de fang sec.
calcium [ˈkælsɪəm] *n* calci *m*.
calculate [ˈkælkjʊleɪt] *vt* **-1.** [work out] calcular. **-2.** [plan]: **to be ~d to do sthg** estar calculat per fer alguna cosa.
calculating [ˈkælkjʊleɪtɪŋ] *adj pej* calculador -a.
calculation [ˌkælkjʊˈleɪʃn] *n* càlcul *m*.
calculator [ˈkælkjʊleɪtər] *n* calculadora *f*.
calendar [ˈkælɪndər] *n* calendari *m*.
calendar month *n* mes *m* civil.
calendar year *n* any *m* civil.
calf [kɑːf] (*pl* **calves**) *n* **-1.** [young animal - of cow] vedell *m*; [- of whale] balenó *m*; [- of other animals] cria *f*. **-2.** [leather] pell *f* de vedell. **-3.** [of leg] ventre *m* de la cama.
calibre, **caliber** *Am* [ˈkælɪbər] *n* **-1.** [quality] nivell *m*. **-2.** [size] calibre *m*.
California [ˌkælɪˈfɔːnjə] *n* Califòrnia.
calipers *Am* = **callipers**.
call [kɔːl] ◇ *n* **-1.** [cry, attraction, vocation] crit *m*, crida *f*; [cry of bird] cant *m*. **-2.** [visit] visita *f*; **to pay a ~ on sb** fer una visita a algú. **-3.** [demand]: **~ for** petició *f* de. **-4.** [summons]: **on ~** de guàrdia. **-5.** TELEC trucada *f*. ◇ *vt* **-1.** [gen & TELEC] trucar; **I'm ~ed Joan** em dic Joan; **what is it ~ed?** com es diu?; **he ~ed my name** em va cridar pel meu nom; **we'll ~ it £10** ho deixarem en 10 lliures. **-2.** [announce - flight] anunciar; [- strike, meeting, election] convocar. ◇ *vi* **-1.** [gen & TELEC] trucar; **who's ~ing?** qui truca? **-2.** [visit] visitar. ◆ **call back** ◇ *vt sep* **-1.** [on phone] tornar a trucar. **-2.** [ask to return] fer tornar. ◇ *vi* **-1.** [on phone] tornar a trucar. **-2.** [visit again] tornar a venir. ◆ **call for** *vt fus* **-1.** [collect] anar a recollir. **-2.** [demand] demanar; **this ~s for a drink** això es mereix una copa. ◆ **call in** ◇ *vt sep* **-1.** [send for] cridar. **-2.** [recall - in product, banknotes] retirar; [- in loan] exigir el pagament de. ◇ *vi*: **to ~ in (at)** passar (per). ◆ **call off** *vt sep* **-1.** [meeting, party] suspendre; [- off strike] desconvocar. **-2.** [dog etc.] fer tornar. ◆ **call on** *vt fus* **-1.** [visit] visitar. **-2.** [ask]: **to ~ on sb to do sthg** demanar a algú que faci alguna cosa. ◆ **call out** *vt sep* **-1.** [order to help - out troops] mobilitzar; [- out police, firemen] fer intervenir. **-2.** [order to strike] cridar per convocar a la vaga. **-3.** [cry out] cridar. ◇ *vi* cridar. ◆ **call round** *vi* passar-se. ◆ **call up** *vt sep* **-1.** MIL cridar a files. **-2.** [on telephone] trucar. **-3.** COMPUT fer sortir a la pantalla.
call box *n Br* cabina *f* telefònica.
caller [ˈkɔːlər] *n* **-1.** [visitor] visita *f*. **-2.** [on telephone] persona *f* que truca.
call-in *n Am* RADIO & TV programa *m* a micròfon obert.
calling [ˈkɔːlɪŋ] *n* **-1.** [profession] professió *f*. **-2.** [vocation] vocació *f*.
calling card *n Am* targeta *f* de visita.
callipers *Br*, **calipers** *Am* [ˈkælɪpəz] *npl* **-1.** MED corrector *m* (de les cames). **-2.** MATH calibrador *m*.
callous [ˈkæləs] *adj* insensible, cruel.
calm [kɑːm] ◇ *adj* **-1.** [not worried or excited] tranquil -il·la. **-2.** [evening, weather] encalmat -ada. **-3.** [water] en calma. ◇ *n* calma *f*. ◇ *vt* calmar. ◆ **calm down** ◇ *vt sep* calmar. ◇ *vi* calmar-se.
Calor gas® [ˈkælər-] *n Br* butà *m*.
calorie [ˈkælərɪ] *n* caloria *f*.
calves [kɑːvz] *pl* ▶ **calf**.
camber [ˈkæmbər] *n* bombat *m*.
Cambodia [kæmˈbəʊdjə] *n* Cambotja.
camcorder [ˈkæmˌkɔːdər] *n* càmera *f* de vídeo amb micròfon.
came [keɪm] *pt* ▶ **come**.
camel [ˈkæml] ◇ *adj* bru -una, marró. ◇ *n* camell *m*.
cameo [ˈkæmɪəʊ] (*pl* **-s**) *n* **-1.** [jewellery] camafeu *m*. **-2.** [in acting] actuació *f* breu i memorable; [in writing] descripció *f* excel·lent.
camera [ˈkæmərə] *n* càmera *f*.
cameraman [ˈkæmərəmæn] (*pl* **-men** [-mən]) *n* cameràman *mf*.
camouflage [ˈkæməflɑːʒ] ◇ *n* camuflatge *m*. ◇ *vt* camuflar.
camp [kæmp] ◇ *n* **-1.** [gen & MIL] camp *m*, campament *m*. **-2.** [temporary mass accommodation] camp *m*; **prison ~** campament *m* de presoners. **-3.** [faction] bàndol *m*. ◇ *vi* acampar. ◆ **camp out** *vi* acampar (a l'aire lliure).
campaign [kæmˈpeɪn] ◇ *n* campanya *f*. ◇ *vi*: **to ~ (for / against)** fer campanya (a favor / en contra de).
camp bed *n* llit *m* de camp.
camper [ˈkæmpər] *n* **-1.** [person] acampador *m* -a *f*. **-2.** ~ **(van)** caravana *f*.
campground [ˈkæmpgraʊnd] *n Am* càmping *m*.

camping ['kæmpɪŋ] *n* càmping *m*.

camping site, **campsite** ['kæmpsaɪt] *n* càmping *m*, campament *m*.

campus ['kæmpəs] (*pl* **-es**) *n* campus *m*.

can¹ [kæn] (*pt & pp* **-ned**, *cont* **-ning**) ◇ *n* [for drink, food] llauna *f*; [for oil, paint] llauna *f*. ◇ *vt* enllaunar.

can² [*weak form* kən, *strong form* kæn] (*pt & cond* **could**, *negative* **cannot** / **can t**) *modal vb* **-1.** [be able to] poder; ~ **you come to lunch?** pots venir a dinar?; **she couldn't come** no va poder venir; **I ~'t / cannot afford it** no m'ho puc permetre; ~ **you see / hear sthg?** veus / sents alguna cosa? **-2.** [know how to] saber; **I ~ speak French / play the piano** sé parlar francès / tocar el piano; ~ **you drive / cook?** saps conduir / cuinar? **-3.** [indicating permission, in polite requests] poder; **you ~ use my car if you like** pots agafar el meu cotxe si vols; **we ~'t wear jeans to work** no podem portar texans a la feina; ~ **I speak to John, please?** puc parlar amb en John, si us plau? **-4.** [indicating disbelief, puzzlement]: **you ~'t be serious** deus estar de broma; **what ~ she have done with it?** què en pot haver fet, d'això?; **we ~'t just leave him here** no el podem deixar aquí com si res. **-5.** [indicating possibility] poder; **you could have done it** ho podries haver fet; **I could see you tomorrow** ens podríem veure demà. **-6.** [indicating usual state or behaviour] poder; **she ~ be a bit difficult sometimes** pot ser una mica difícil de tractar de vegades; **Edinburgh ~ be very chilly** a Edimburg pot arribar a fer molt de fred.

Canada ['kænədə] *n* Canadà.

Canadian [kə'neɪdjən] ◇ *adj* canadenc -a. ◇ *n* [person] canadenc *m* -a *f*.

canal [kə'næl] *n* canal *m*.

canary [kə'neərɪ] (*pl* **-ies**) *n* canari *m*.

Canary Islands [kə'neərɪz] *npl*: **the ~** les Illes Canàries.

cancel ['kænsl] (*Br pt & pp* **-led**, *cont* **-ling**, *Am pt & pp* **-ed**, *cont* **-ing**) *vt* **-1.** [call off] cancel·lar, suspendre. **-2.** [invalidate - cheque, debt] anul·lar; [- stamp] matar. ☛ **cancel out** *vt sep* anul·lar.

cancellation [,kænsə'leɪʃn] *n* suspensió *f*.

cancer ['kænsə'] ◇ *n* [disease] càncer *m*. ◇ *comp* de càncer; ~ **patient** malalt *m* -a *f* de càncer; ~ **research** investigació *f* sobre el càncer, oncologia *f*. ☛ **Cancer** *n* Càncer *m*, Cranc *m*; **to be (a) ~** ser Càncer.

candelabra [,kændɪ'lɑːbrə] *n* canelobre *m*.

candid ['kændɪd] *adj* franc -a, sincer -a.

candidate ['kændɪdət] *n* candidat *m* -a *f*; ~ **(for)** candidat *m* -a *f* (a).

candle ['kændl] *n* espelma *f*, ciri *m*; *inf* **to burn the ~ at both ends** no parar de treballar.

candlelight ['kændllaɪt] *n* llum *f* d'una espelma.

candlelit ['kændllɪt] *adj* a la llum d'una espelma.

candlestick ['kændlstɪk] *n* candeler *m*.

candour *Br*, **candor** *Am* ['kændə'] *n* franquesa *f*, sinceritat *f*.

candy ['kændɪ] (*pl* **-ies**) *n* **-1.** (U) [confectionery] caramels *mpl*; ~ **bar** xocolatina *f*. **-2.** [sweet] caramel *m*.

candyfloss *Br* ['kændɪflɒs], **cotton candy** *Am* *n* sucre *m* filat, cotó *m* ensucrat.

cane [keɪn] ◇ *n* **-1.** (U) [for making furniture, supporting plant] vímet *m*. **-2.** [walking stick] bastó *m*. **-3.** [for punishment]: **the ~** pal *m*. ◇ *comp* de vímet. ◇ *vt* fustigar.

canine ['keɪnaɪn] ◇ *adj* caní -ina. ◇ *n*: ~ **(tooth)** ullal *m*, dent *f* canina.

canister ['kænɪstə'] *n* [for tea] pot *m*; [for film] llauna *f*; [for gas] bombona *f*; **smoke ~** pot *m* de fum.

cannabis ['kænəbɪs] *n* marihuana *f*.

canned [kænd] *adj* **-1.** [food, drink] enllaunat -ada. **-2.** *inf fig* [applause, music, laughter] gravat -ada.

cannibal ['kænɪbl] *n* caníbal *mf*.

cannon ['kænən] (*pl inv* o **-s**) *n* canó *m*.

cannonball ['kænənbɔːl] *n* bala *f* de canó.

cannot ['kænɒt] *fml* = **can²**.

canny ['kænɪ] (*compar* **-ier**, *superl* **-iest**) *adj* [shrewd] astut -a.

canoe [kə'nuː] (*cont* **canoeing**) ◇ *n* [gen] canoa *f*; SPORT piragua *f*. ◇ *vi* anar amb canoa.

canoeing [kə'nuːɪŋ] *n* piragüisme *m*.

canon ['kænən] *n* **-1.** [clergyman] canonge *m*. **-2.** [general principle] cànon *m*. **-3.** [of mass]: **the ~** el cànon.

can opener *n* obrellaunes *m*.

canopy ['kænəpɪ] (*pl* **-ies**) *n* **-1.** [over bed, seat] dosser *m*. **-2.** [of trees, branches] cobricel *m*.

can't [kɑːnt] = **cannot**.

cantankerous [kæn'tæŋkərəs] *adj* [person] iracund -a; [behaviour] esquerp -a.

canteen [kæn'tiːn] *n* -1. [restaurant] cantina *f*. -2. [set of cutlery] joc *m* de coberts.

canter ['kæntə'] ◇ *n* mig galop *m*. ◇ *vi* anar a mig galop.

cantilever [,kæntɪ'liːvə'] *n* biga *f* volada.

Cantonese [,kæntə'niːz] ◇ *adj* cantonès -esa. ◇ *n* -1. [person] cantonès *m* -esa *f*. -2. [language] cantonès *m*.

canvas ['kænvəs] *n* -1. [cloth] lona *f*; **under ~** [in a tent] en una tenda de campanya. -2. [for painting on, finished painting] llenç *m*, tela *f*.

canvass ['kænvəs] ◇ *vt* -1. POL [person] demanar el vot. -2. [opinion] sondejar. ◇ *vi* sol·licitar vots.

canyon ['kænjən] *n* call *m*, gorja *f*.

cap [kæp] (*pt* & *pp* **-ped**, *cont* **-ping**) ◇ *n* -1. [hat - peaked] gorra *f*; [- with no peak] barret *m*; **to go ~ in hand to sb** presentar-se a algú barret en mà. -2. [on bottle] tap *m*; [on jar] tapadora *f*; [on pen] tap *m*. -3. *Br* [contraceptive device] diafragma *m*. ◇ *vt* -1. [top]: **to be capped with** estar coronat -ada de. -2. [outdo]: **to ~ it all** per acabar-ho de rematar.

capability [,keɪpəbɪlətɪ] (*pl* **-ies**) *n* capacitat *f*.

capable ['keɪpəbl] *adj* -1. [able]: **to be ~ of sthg / of doing sthg** ser capaç d'alguna cosa / de fer alguna cosa. -2. [competent] competent.

capacity [kə'pæsɪtɪ] (*pl* **-ies**) ◇ *n* -1. [gen]: **~ (for)** capacitat *f* (de); **seating ~** cabuda *f*; **to ~** de gom a gom; **~ for doing / to do sthg** capacitat de fer alguna cosa; **within one's ~** dins les pròpies capacitats. -2. [position] qualitat *f*; **in my ~ as ...** en la meva qualitat de. ◇ *comp*: **~ audience** ple plena de gom a gom.

cape [keɪp] *n* -1. GEOG cap *m*. -2. [cloak] capa *f*.

caper ['keɪpə'] ◇ *n* -1. [food] tàpera *f*. -2. *inf* [escapade] treta *f*. ◇ *vi* cabriolar.

capita ▶ **per capita**.

capital ['kæpɪtl] ◇ *adj* -1. [letter] majúscula. -2. [punishable by death] capital. ◇ *n* -1. [of country, main centre] capital *f*. -2. **~ (letter)** (lletra) majúscula *f*; **in ~s** en majúscules. -3. [money] capital *m*; *fig* **to make ~ (out) of** treure partit de.

capital expenditure *n* (*U*) inversió *f* de capital.

capital gains tax *n* impost *m* sobre plusvàlues.

capital goods *npl* béns *mpl* de capital.

capitalism ['kæpɪtəlɪzm] *n* capitalisme *m*.

capitalist ['kæpɪtəlɪst] ◇ *adj* capitalista. ◇ *n* capitalista *mf*.

capitalize, -ise ['kæpɪtəlaɪz] *vi*: **to ~ on sthg** capitalitzar alguna cosa.

capital punishment *n* (*U*) pena *f* capital.

Capitol Hill *n* el Capitoli, ubicació del Congrés dels Estats Units a Washington.

capitulate [kə'pɪtjʊleɪt] *vi*: **to ~ (to)** capitular (davant de).

Capricorn ['kæprɪkɔːn] *n* Capricorn *m*; **to be (a) ~** ser Capricorn.

capsize [kæp'saɪz] ◇ *vt* bolcar, tombar. ◇ *vi* bolcar-se, tombar-se.

capsule ['kæpsjuːl] *n* càpsula *f*.

captain ['kæptɪn] ◇ *n* capità *m* -ana *f*. ◇ *vt* capitanejar.

caption ['kæpʃn] *n* [under picture etc.] peu *m*; [heading] encapçalament *m*.

captivate ['kæptɪveɪt] *vt* captivar.

captivating ['kæptɪveɪtɪŋ] *adj* captivador *m* -a *f*.

captivity [kæp'tɪvətɪ] *n* captivitat *f*; **in ~** en captivitat.

captor ['kæptə'] *n* capturador *m* -a *f*.

capture ['kæptʃə'] ◇ *vt* -1. [gen & COMPUT] capturar. -2. [audience, share of market] captar; [city] prendre. -3. [scene, mood, attention] captar. ◇ *n* captura *f*.

car [kɑː'] ◇ *n* -1. [motorcar] cotxe *m*, automòbil *m*. -2. [on train] vagó *m*. ◇ *comp* [door, tyre etc.] del cotxe; [industry] de l'automòbil; [accident] d'automòbil.

carafe [kə'ræf] *n* garrafa *f*.

caramel ['kærəmel] *n* -1. [burnt sugar] caramel *m* líquid, sucre *m* cremat. -2. [sweet] toffee *m*.

carat ['kærət] *n* *Br* quirat *m*; **24 ~ gold** or de 24 quirats.

caravan ['kærəvæn] ◇ *n* caravana *f*, rulot *f*. ◇ *comp* [holiday] en caravana; [park] per a caravanes.

caravan site *n* *Br* càmping *m* per a caravanes.

carbohydrate [,kɑːbəʊ'haɪdreɪt] CHEM *n* hidrat *m* de carboni.

carbon ['kɑːbən] *n* -1. [element] carboni *m*. -2. = **carbon copy**. -3. = **carbon paper**.

carbonated ['kɑːbəneɪtɪd] *adj* amb gas, carbònic -a.

carbon copy n [document] còpia f de paper carbó; fig [exact copy] calc m.

carbon dioxide [-daɪˈɒksaɪd] n diòxid m de carboni.

carbon monoxide n monòxid m de carboni.

carbon paper n paper m carbó.

car-boot sale n venda d'objectes de segona mà col·locats al portaequipatge del cotxe.

carburettor Br, **carburetor** Am [ˌkɑːbəˈrɛtər] n carburador m.

carcass [ˈkɑːkəs] n [gen] carrossa f; [of bird] carcassa f; [at butcher's] carcassa f.

card [kɑːd] n **-1.** [playing -] carta f; to play one's ~s right jugar bé el propi joc; to put / lay one's ~s on the table posar les cartes damunt de la taula. **-2.** [for information, greetings, computers] targeta f. **-3.** [postcard] postal f. **-4.** [cardboard] cartolina f. ⇨ **cards** npl cartes fpl. ⇨ **on the cards** Br, **in the cards** Am adv inf més que probable.

cardboard [ˈkɑːdbɔːd] ⇨ n (U) cartó m. ⇨ comp de cartó.

cardboard box n caixa f de cartó.

cardiac [ˈkɑːdɪæk] adj cardíac -a.

cardigan [ˈkɑːdɪɡən] n rebeca f, jersei m.

cardinal [ˈkɑːdɪnl] ⇨ adj cardinal. ⇨ n RELIG cardenal m.

card index n Br fitxer m.

card table n tauleta f de jugar a cartes.

care [keər] ⇨ n **-1.** [gen] cura f; in sb's ~ estar a càrrec d'algú; **to be in / be taken into** ~ estar / ser internat en un centre de protecció de menors; **to take** ~ **of** [look after] tenir cura de; [deal with] encarregar-se de; **take** ~**!** vés amb compte!; **to take** ~ **(to do sthg)** procurar (fer alguna cosa). **-2.** [cause of worry] preocupació f, problema m. ⇨ vi **-1.** [be concerned]: **to** ~ **(about)** preocupar-se (per). **-2.** [mind]: **I don't** ~ no m'importa; inf **I couldn't** ~ **less** m'és absolutament igual. ⇨ **care of** prep a casa de. ⇨ **care for** vt fus dated [like] agradar; **I don't** ~ **for cheese** no m'agrada el formatge; **he still** ~s **for her** encara se l'estima.

career [kəˈrɪər] ⇨ n carrera f. ⇨ comp de carrera. ⇨ vi anar a tota brida.

careers adviser n persona que aconsella sobre sortides professionals.

carefree [ˈkeəfriː] adj despreocupat -ada.

careful [ˈkeəfʊl] adj [gen] curós -osa; [driver] prudent; [work] acurat -ada; **to be** ~ **with** anar amb compte amb; **to be** ~ **to do sthg** assegurar-se de fer alguna cosa.

carefully [ˈkeəflɪ] adv **-1.** [cautiously] amb compte. **-2.** [thoroughly] curosament.

careless [ˈkeəlɪs] adj **-1.** [inattentive] distret -a. **-2.** [unconcerned] despreocupat -ada.

caress [kəˈres] ⇨ n carícia f, moixaina f. ⇨ vt acaronar.

caretaker [ˈkeəˌteɪkər] n Br conserge mf.

car ferry n transbordador m de cotxes.

cargo [ˈkɑːɡəʊ] (pl **-es** / **-s**) ⇨ n càrrega f, carregament m. ⇨ comp de càrrega.

car hire n Br lloguer m de cotxes.

Caribbean [Br kærɪˈbɪən, Am kəˈrɪbɪən] ⇨ adj carib. ⇨ n: **the ~ (Sea)** (la) mar Carib.

caring [ˈkeərɪŋ] adj dedicat -ada.

carnage [ˈkɑːnɪdʒ] n carnisseria f, matança f.

carnal [ˈkɑːnl] adj liter carnal.

carnation [kɑːˈneɪʃn] n clavell m.

carnival [ˈkɑːnɪvl] n carnaval m.

carnivorous [kɑːˈnɪvərəs] adj carnívor -a.

carol [ˈkærəl] n nadala f.

carousel [ˌkærəˈsel] n **-1.** [at fair] cavallets mpl. **-2.** [at airport] cinta f transportadora.

carp [kɑːp] (pl inv / **-s**) ⇨ n carpa f. ⇨ vi: **to ~ (about)** queixar-se (de).

car park n Br aparcament m, pàrquing m.

carpenter [ˈkɑːpəntər] n fuster m -a f.

carpentry [ˈkɑːpəntrɪ] n fusteria f.

carpet [ˈkɑːpɪt] ⇨ n lit & fig catifa f; **fitted ~** moqueta f; fig **to sweep sthg under the ~** mirar d'oblidar alguna cosa. ⇨ vt **-1.** [fit with -] encatifar. **-2.** fig [cover] cobrir.

carpet slipper n sabatilla f.

carpet sweeper [-ˌswiːpər] n raspall m mecànic (per a catifes).

car phone n telèfon m de cotxe.

car rental n Am lloguer m de cotxes.

carriage [ˈkærɪdʒ] n **-1.** [horsedrawn vehicle] carruatge m. **-2.** Br [railway coach] vagó m. **-3.** [transport of goods] transport m; Br ~ **paid / free** port pagat; Br ~ **forward** port a pagar al destinatari. **-4.** [on typewriter] carro m. **-5.** liter [bearing] pas m.

carriage return n retorn m de carro.

carriageway [ˈkærɪdʒweɪ] n Br calçada f.

carrier [ˈkærɪər] n **-1.** COM transportista mf. **-2.** [of disease] portador m -a f. **-3.** MIL: **(aircraft)** ~ portaavions m. **-4.** [on bicycle] portaequipatge m. **-5.** = **carrier bag**.

carrier bag n bossa f.

carrot ['kærət] n **-1.** [vegetable] pastanaga f. **-2.** inf [incentive] cimbell m, al·licient m.

carry ['kærɪ] (pt & pp **-ied**) ◇ vt **-1.** [transport] portar. **-2.** [disease] transmetre. **-3.** [involve] comportar. **-4.** [motion, proposal] aprovar. **-5.** [be pregnant with] estar embarassada de. **-6.** MATH portar-ne. ◇ vi [sound] sentir-se. ◆ **carry away** vt fus: to get carried away exaltar-se. ◆ **carry forward** vt sep passar a l'altra plana; carried forward ròssec m. ◆ **carry off** vt sep **-1.** [make a success of] portar a terme. **-2.** [win] emportar-se'n. ◆ **carry on** ◇ vt fus **-1.** [continue] continuar, seguir; to ~ on doing sthg continuar fent alguna cosa. **-2.** [conversation] prosseguir. ◇ vi **-1.** [continue]: to ~ on (with) continuar (amb). **-2.** inf [make a fuss] fer escarafalls. **-3.** inf dated [have a love affair]: to ~ on with tenir un afer amb. ◆ **carry out** vt fus **-1.** [perform] portar a terme. **-2.** [fulfil] complir.

carryall ['kærɪɔːl] n Am bossa f de viatge.

carrycot ['kærɪkɒt] n bressol portàtil.

carry-out n menjar m per emportar.

carsick ['kɑːˌsɪk] adj marejat -ada (d'anar en cotxe).

cart [kɑːt] ◇ n carro m, carreta f. ◇ vt inf carretejar.

carton ['kɑːtn] n **-1.** [strong cardboard box] caixa f de cartó. **-2.** [for liquids] cartó m, envàs m.

cartoon [kɑːˈtuːn] n **-1.** [satirical drawing] dibuix m còmic. **-2.** [comic strip] tira f còmica. **-3.** [film] pel·lícula f de dibuixos.

cartridge ['kɑːtrɪdʒ] n **-1.** [for gun, camera] cartutx m. **-2.** [for pen] recanvi m. **-3.** [for record player] portaagulles m.

cartwheel ['kɑːtwiːl] n salt m mortal de costat.

carve [kɑːv] ◇ vt **-1.** [wood] tallar; [stone] esculpir. **-2.** [meat] trinxar. **-3.** [cut] gravar. ◇ vi trinxar. ◆ **carve out** vt sep [niche, place] conquerir; to ~ out a career for oneself treballar pel propi futur. ◆ **carve up** vt sep repartir.

carving ['kɑːvɪŋ] n **-1.** [art, work - wooden] talla f; [- stone] escultura f. **-2.** [object - wooden] talla f; [- stone] escultura f.

carving knife n ganivet m de trinxar.

car wash n rentat m de cotxes.

case [keɪs] n **-1.** [gen] cas m; to be the ~ ser el cas; a ~ in point un exemple adient; in that / which ~ en aquest cas; as / whatever the ~ may be segons sigui el cas; in ~ of en cas de. **-2.** [argument] argument m, raons fpl; the ~ for / against (sthg) els arguments a favor / en contra de (alguna cosa). **-3.** JUR [trial, inquiry] plet m, causa f. **-4.** [container - of leather] funda f; [- of hard material] estoig m. **-5.** Br [suitcase] maleta f. ◆ **in any case** adv en tot cas, de totes maneres. ◆ **in case** conj & adv per si de cas.

cash [kæʃ] ◇ n **-1.** [notes and coins] diners mpl en metàl·lic; to pay (in) ~ pagar al comptat. **-2.** inf [money] calés mpl. **-3.** [payment]: ~ in advance pagament m al comptat a la bestreta; ~ on delivery entrega f contra reembors. ◇ vt cobrar, fer efectiu. ◆ **cash in** vi inf: to ~ in on treure partit de.

cash and carry n magatzem de venda a l'engròs.

cashback ['kæʃbæk] n (U) Br possibilitat de treure diners quan es realitza una compra en una botiga amb targeta de crèdit.

cashbook ['kæʃbʊk] n llibre m de caixa.

cash box n caixa f amb tanca (per als diners).

cash card n targeta f de caixer automàtic.

cash desk n Br caixa f.

cash dispenser n caixer m automàtic.

cashew (nut) ['kæʃuː-] n anacard m.

cashier [kæˈʃɪər] n caixer m -a f.

cash machine = cash dispenser.

cashmere [kæʃˈmɪər] ◇ n caixmir m. ◇ comp de caixmir.

cash register n caixa f registradora.

casing ['keɪsɪŋ] n coberta f, revestiment m.

casino [kəˈsiːnəʊ] (pl **-s**) n casino m.

cask [kɑːsk] n tona f, barril m.

casserole ['kæsərəʊl] n **-1.** [stew] guisat m. **-2.** [pan] cassola f.

cassette [kæˈset] n cinta f, casset f.

cassette player n casset m, magnetòfon m.

cassette recorder n casset m, magnetòfon m.

cast [kɑːst] (pt & pp **cast**) ◇ n [of play, film] repartició f. ◇ vt **-1.** [look] llançar, girar; to ~ doubt on sthg posar alguna cosa en dubte; to ~ a spell on embruixar. **-2.** [light] donar; [shadow] projectar. **-3.** [throw] tirar, llançar. **-4.** [choose for play]: to ~ sb as donar a algú el paper de. **-5.** [vote] donar. **-6.** [metal, statue] fondre. **-7.** [shed - skin] mudar. ◆ **cast aside** vt sep [person] abandonar; [idea] rebutjar. ◆ **cast off** ◇ *vt sep* abandonar, desembarassar-se de. ◇ *vi* NAUT amollar les amarres.

castanets [ˌkæstəˈnets] *npl* castanyoles *fpl*.

castaway [ˈkɑːstəweɪ] *n* nàufrag *m* -a *f*.

caste [kɑːst] *n* casta *f*.

caster [ˈkɑːstər] *n* [wheel] roda *f*.

caster sugar *n Br* sucre *m* de pols.

Castile [kæsˈtiːl], **Castilla** [kæsˈtiʎa] *n* Castella.

casting vote [ˈkɑːstɪŋ-] *n* vot *m* decisiu.

cast iron *n* ferro *m* fos.

castle [ˈkɑːsl] *n* -1. [building] castell *m*. -2. [in chess] torre *f*, roc *m*.

castor [ˈkɑːstər] = **caster**.

castor oil *n* oli *m* de ricí.

castor sugar = **caster sugar**.

castrate [kæsˈtreɪt] *vt* castrar.

casual [ˈkæʒuəl] *adj* -1. [relaxed, indifferent] despreocupat -ada. -2. *pej* [offhand] descurat -ada, informal. -3. [chance - visitor] ocasional; [- remark] casual. -4. [informal d'esport, informal. -5. [irregular - labourer etc.] eventual.

casually [ˈkæʒuəlɪ] *adv* -1. [in a relaxed manner, indifferently] tranquil·lament. -2. [informally] informalment.

casualty [ˈkæʒjuəltɪ] (*pl* **-ies**) *n* -1. [gen] víctima *f*. -2. (*U*) [ward] urgències *fpl*.

casualty department *n* unitat *f* d'urgències.

cat [kæt] *n* -1. [domestic] gat *m* -a *f*; **to let the ~ out of the bag** ser un bocamoll; **to be like a ~ on hot bricks** *Br* / **on a hot tin roof** *Am* no estar mai quiet; *Br* **to put the ~ among the pigeons** esvalotar el galliner; **to rain ~s and dogs** ploure a bots i barrals; *Br* **to think that one is the ~'s whiskers** creure's molt d'un mateix. -2. [wild] felí *m* -ina *f*.

Catalan [ˈkætəˌlæn] ◇ *adj* català -ana. ◇ *n* -1. [person] català *m* -ana *f*. -2. [language] català *m*.

catalogue *Br*, **catolog** *Am* [ˈkætəlɒɡ] ◇ *n* -1. [of items] catàleg *m*. -2. *fig* [list] llista *f*, sèrie *f*. ◇ *vt* -1. [make official list of] catalogar. -2. *fig* [list] enumerar.

Catalonia [ˌkætəˈləʊnɪə] *n* Catalunya.

Catalonian [ˌkætəˈləʊnɪən] ◇ *adj* català -ana. ◇ *n* [person] català *m* -ana *f*.

catalyst [ˈkætəlɪst] *n lit & fig* catalitzador *m*.

catalytic convertor [ˌkætəˈlɪtɪkkənˈvɜːtər] *n* catalitzador *m*.

catapult [ˈkætəpʌlt] *Br* ◇ *n* -1. HIST [hand-held] tiragomes *m*. -2. HIST [machine] catapulta *f*. ◇ *vt* -1. [hurl] llançar. -2. *fig* [propel] catapultar.

cataract [ˈkætərækt] *n* -1. [in eye] cataracta *f*. -2. [waterfall] cascada *f*.

catarrh [kəˈtɑːr] *n* (*U*) catarro *m*.

catastrophe [kəˈtæstrəfɪ] *n* catàstrofe *f*.

catch [kætʃ] (*pt & pp* **caught**) ◇ *vt* -1. [gen] agafar. -2. [fish] pescar; [time - person] parar. -3. *Br* [be in time for]: **to ~ the (last) post** arribar a la (última) recollida del correu. -4. [hear clearly] arribar a sentir. -5. [interest, imagination] captar. -6. [see]: **to ~ sight / a glimpse of** arribar a veure. -7. [hook - shirt etc.] enganxar-se [shut in door - finger] agafar-se. -8. [light] reflectir. -9. [strike] colpejar. ◇ *vi* -1. [become hooked, get stuck] enganxar-se. -2. [start to burn] encendre's. ◇ *n* -1. [of ball etc.] agafada *f*. -2. [of fish] pesca *f*, xarxada *f*. -3. [fastener] pestell *m*. -4. [snag] trampa *f*. ◆ **catch on** *vi* -1. [become popular] fer-se popular. -2. *inf* [understand]: **to ~ on (to)** entendre. ◆ **catch out** *vt sep* [trick] enxampar. ◆ **catch up** ◇ *vt sep* aconseguir. ◇ *vi*: **we'll soon ~ up** aviat ens posarem al corrent; **to ~ up on** [sleep] recuperar; [work, reading] posar-se al dia amb. ◆ **catch up with** *vt fus* -1. [group etc.] agafar. -2. [criminal] enxampar, descobrir.

catching [ˈkætʃɪŋ] *adj* contagiós -osa.

catchment area [ˈkætʃmənt-] *n Br* zona *f* de captació.

catchphrase [ˈkætʃfreɪz] *n* eslògan *m*.

catchy [ˈkætʃɪ] (*compar* **-ier**, *superl* **-iest**) *adj* enganxós -osa.

categorically [ˌkætɪˈɡɒrɪklɪ] *adv* [state] categòricament; [deny] rotundament.

category [ˈkætəɡərɪ] (*pl* **-ies**) *n* categoria *f*.

cater [ˈkeɪtər] *vi* proveir menjar. ◆ **cater for** *vt fus Br* [tastes, needs] atendre; [social group] anar destinat -ada a; **I hadn't ~ed for that** no havia comptat amb això. ◆ **cater to** *vt fus* satisfer.

caterer [ˈkeɪtərər] *n* proveïdor *m* -a *f*.

catering [ˈkeɪtərɪŋ] *n* [at wedding etc.] servei *m* de banquets; [trade] hostaleria *f*.

caterpillar [ˈkætəpɪlər] *n* eruga *f*.

caterpillar tracks *npl* camions *mpl* eruga.

cathedral [kəˈθiːdrəl] *n* catedral *f*.

Catholic [ˈkæθlɪk] ◇ *adj* catòlic -a. ◇ *n* catòlic *m* -a *f*.

Catseyes® ['kætsaɪz] *npl Br* ull *m* de gat.
cattle ['kætl] *npl* bestiar *m*.
catty ['kætɪ] (*compar* **-ier**, *superl* **-iest**) *adj inf pej* [spiteful] rancorós -osa.
catwalk ['kætwɔːk] *n* passarel·la *f*.
caucus ['kɔːkəs] *n* [political group] comitè *m* polític. ☛ **Caucus** *n Am* congrés *m*.
caught [kɔːt] *pt & pp* ☞ **catch**.
cauliflower ['kɒlɪˌflaʊə^r] *n* col-i-flor *f*.
cause [kɔːz] ◇ *n* **-1.** [gen] causa *f*. **-2.** [grounds]: **~ (for)** motiu (per); **~ for complaint** motiu de queixa; **~ to do sthg** motiu per fer alguna cosa. ◇ *vt*: **to ~ sb to do sthg** fer que algú faci alguna cosa.
caustic ['kɔːstɪk] *adj* **-1.** CHEM càustic -a. **-2.** [comment] mordaç.
caution ['kɔːʃn] ◇ *n* **-1.** (U) [care] prudència *f*, cautela *f*. **-2.** [warning] advertència *f*, amonestació *f*. ◇ *vt* **-1.** [warn against danger] prevenir; [- against behaving rudely etc.] avisar, advertir. **-2.** *Br* [subject: policeman]: **to ~ sb (for)** amonestar algú (per).
cautious ['kɔːʃəs] *adj* cautelós -osa, prudent.
cavalier [ˌkævəˈlɪə^r] *adj* arrogant, desdenyós -osa.
cavalry ['kævlrɪ] *n* cavalleria *f*.
cave [keɪv] *n* cova *f*. ☛ **cave in** *vi* **-1.** [roof, ceiling] esfondrar-se, enderrocar-se. **-2.** [yield]: **to ~ in (to)** cedir, transigir (a, en).
caveman ['keɪvmæn] (*pl* **-men** [-men]) *n* home *m* de les cavernes.
caviar(e) ['kævɪɑː^r] *n* caviar *m*.
cavity ['kævətɪ] (*pl* **-ies**) *n* **-1.** [in object, structure] cavitat *f*. **-2.** [in tooth] càries *f*. **-3.** [in body]: **nasal ~** fosa *f* nasal.
cavort [kəˈvɔːt] *vi* cabriolar.
CB *n* **-1.** (abbr of **citizens' band**) banda de ràdio reservada per radioaficionats i conductors. **-2.** (abbr of **Companion of the Order of the Bath**) (titular de) distinció honorífica britànica.
CBI *n* (abbr of **Confederation of British Industry**) confederació britànica d'empresaris.
cc *n* **-1.** (abbr of **cubic centimetre**) cc *m*, c.c. *m*. **-2.** (abbr of **carbon copy**) c.c. *f*.
CD ◇ *n* (abbr of **compact disc**) CD *m*. ◇ **-1.** (abbr of **Civil Defence**) defensa *f* civil. **-2.** (abbr of **Corps Diplomatique**) CD *m*.
CD player *n* reproductor *m* de CD.
CD-ROM [ˌsiːdiːˈrɒm] *n* (abbr of **compact disc read only memory**) CD-ROM *m*.

cease [siːs] *fml* ◇ *vt* cessar; **to ~ doing / to do sthg** deixar de fer una cosa; **~ fire!** alto el foc! ◇ *vi* cessar.
cease-fire *n* alto *m* el foc.
ceaseless ['siːslɪs] *adj fml* incessant.
cedar (tree) ['siːdə^r-] *n* cedre *m*.
ceiling ['siːlɪŋ] *n* **-1.** [of room] sostre *m*. **-2.** [limit] límit *m*.
celebrate ['selɪbreɪt] ◇ *vt* celebrar. ◇ *vi* divertir-se.
celebrated ['selɪbreɪtɪd] *adj* cèlebre, famós -osa.
celebration [ˌselɪˈbreɪʃn] *n* **-1.** (U) [activity, feeling] celebració *f*. **-2.** [event] festa *f*.
celebrity [sɪˈlebrətɪ] (*pl* **-ies**) *n* celebritat *f*.
celery ['selərɪ] *n* api *m*.
celibate ['selɪbət] *adj* cèlibe.
cell [sel] *n* **-1.** BIOL, COMPUT & POL cèl·lula *f*. **-2.** [prisoner's, nun's or monk's room] cel·la *f*.
cellar ['selə^r] *n* **-1.** [basement] soterrani *m*. **-2.** [stock of wine] celler *m*.
cello ['tʃeləʊ] (*pl* **-s**) *n* violoncel *m*.
cellophane ['seləfeɪn] *n* cel·lofana *f*.
Celsius ['selsɪəs] *adj* centígrad -a; **20 degrees ~** 20 graus centígrads.
Celt [kelt] *n* celta *mf*.
Celtic ['keltɪk] ◇ *adj* cèltic -a. ◇ *n* celta *mf*.
cement [sɪˈment] ◇ *n* **-1.** [for concrete] ciment *m*. **-2.** [glue] cola *f*. ◇ *vt* **-1.** [cover with -] cimentar. **-2.** [glue] enganxar, encolar. **-3.** [agreement, relationship] enfortir, consolidar.
cement mixer *n* formigonera *f*.
cemetery ['semɪtrɪ] (*pl* **-ies**) *n* cementiri *m*.
censor ['sensə^r] ◇ *n* censor *m* -a *f*. ◇ *vt* censurar.
censorship ['sensəʃɪp] *n* censura *f*.
censure ['senʃə^r] ◇ *n* censura *f*. ◇ *vt* censurar.
census ['sensəs] (*pl* **-es**) *n* cens *m*.
cent [sent] *n* centau *m*.
centenary *Br* [senˈtiːnərɪ] (*pl* **-ies**), **centennial** *Am* [senˈtenjəl] *n* centenari *m*.
center *Am* = **centre**.
centilitre *Br*, **centiliter** *Am* [ˌsentɪˈliːtə^r] *n* centilitre *m*.
centimetre *Br*, **centimeter** *Am* ['sentɪˌmiːtə^r] *n* centímetre *m*.
centipede ['sentɪpiːd] *n* centpeus *m*.
central ['sentrəl] *adj* **-1.** [gen] central; **in ~**

Spain al centre d'Espanya; **to be ~ to** ser l'eix de. **-2.** [easily reached] cèntric -a.

Central America n Amèrica Central.

central heating n calefacció f central.

centralize, -ise ['sentrəlaɪz] vt centralitzar.

central locking [-'lɒkɪŋ] n tancament m centralitzat.

central reservation n Br mitjana f.

centre Br, **center** Am ['sentər] ◇ n centre m; **~ of attention / gravity** centre d'atenció / gravetat; POL **the ~** el centre. ◇ adj **-1.** [middle] central. **-2.** POL centrista. ◇ vt centrar.

centre back n defensa mf central.

centre forward n davanter m -a f central.

centre half = centre back.

century ['sentʃʊrɪ] (pl **-ies**) n segle m; **the 20th ~** el segle XX.

ceramic [sɪ'ræmɪk] adj ceràmic -a.

ceramics ◇ n ceràmica f. ◇ npl [objects] peces fpl de ceràmica.

ceremonial [,serɪ'məʊnjəl] ◇ adj cerimonial. ◇ n cerimonial m.

ceremony ['serɪmənɪ] (pl **-ies**) n cerimònia f; **without ~** sense fer compliments; **to stand on ~** fer compliments.

certain ['sɜːtn] adj **-1.** [gen] segur -a; **he's ~ to be late** segur que arriba tard; **to be ~ (of)** estar segur -a (de); **to make ~ (of)** assegurar-se (de); **for ~** del cert. **-2.** [particular, some] cert -a; **to a ~ extent** fins a un cert punt. **-3.** [named person]: **a ~ ...** un -a tal ...

certainly ['sɜːtnlɪ] adv naturalment; **~ not!** de cap manera!

certainty ['sɜːtntɪ] (pl **-ies**) n seguretat f; **it's a ~ that ...** és segur que ...

certificate [sə'tɪfɪkət] n [gen] certificat m; EDUC & UNIV títol m; [of birth, death] partida f.

certified ['sɜːtɪfaɪd] adj [document] certificat -ada; [person] amb títol, diplomat -ada.

certified mail n Am correu m certificat.

certified public accountant n Am comptable mf diplomat -ada.

certify ['sɜːtɪfaɪ] (pt & pp **-ied**) vt **-1.** [declare true] certificar. **-2.** [declare officially]: **to ~ sb dead** declarar mort algú. **-3.** [declare insane] declarar.

cervical [sə'vaɪkl] adj cervical.

cervical smear n citologia f, frotis m cervical.

cervix ['sɜːvɪks] (pl **-ices** [-ɪsiːz]) n [of womb] coll m de la matriu.

cesarean (section) = caesarean (section).

cesspit ['sespɪt], **cesspool** ['sespuːl] n pou m negre.

cf. (abbr of confer) cf., cfr.

CFC n (abbr of chlorofluorocarbon) CFC m.

Chad [tʃæd] n Txad.

chafe [tʃeɪf] ◇ vt [rub] fregar. ◇ vi **-1.** [skin] irritar-se. **-2.** [person]: **to ~ at** irritar-se per.

chaffinch ['tʃæfɪntʃ] n pinsà m.

chain [tʃeɪn] ◇ n cadena f; **~ of office** flequiv cadena f de comandament; **~ of events** sèrie f d'esdeveniments. ◇ vt [person, object] encadenar.

chain reaction n reacció f en cadena.

chain saw n serra f de cinta sense fi.

chain-smoke vi fumar una cigarreta darrere l'altra.

chain store n botiga f d'una cadena.

chair [tʃeər] ◇ n **-1.** [gen] cadira f; [armchair] butaca f. **-2.** [university post] càtedra f. **-3.** [of meeting] presidència f; **to take the ~** presidir. ◇ vt presidir.

chair lift n telesella f.

chairman ['tʃeəmən] (pl **-men** [-mən]) n president m.

chairperson ['tʃeə,pɜːsn] (pl **-s**) n president m -a f.

chalet ['ʃæleɪ] n xalet m.

chalk [tʃɔːk] n **-1.** [type of rock] creta f. **-2.** [for drawing] guix m.

chalkboard ['tʃɔːkbɔːd] n Am pissarra f.

challenge ['tʃælɪndʒ] ◇ n desafiament m, repte m. ◇ vt **-1.** [to fight, competition]: **to ~ sb (to sthg / to do sthg)** desafiar algú (a alguna cosa / a fer alguna cosa). **-2.** [question] posar en dubte.

challenging ['tʃælɪndʒɪŋ] adj **-1.** [task, job] estimulant, emocionant. **-2.** [look, tone of voice] desafiador -a.

chamber ['tʃeɪmbər] n [room] cambra f.

chambermaid ['tʃeɪmbəmeɪd] n [at hotel] cambrera f.

chamber music n música f de cambra.

chamber of commerce n cambra f de comerç.

chameleon [kə'miːljən] n camaleó m.

champagne [,ʃæm'peɪn] n xampany m.

champion ['tʃæmpjən] n **-1.** [of competition] campió m -ona f. **-2.** [of cause] defensor m -a f.

championship ['tʃæmpjənʃɪp] *n* campionat *m*.

chance [tʃɑːns] ◇ *n* **-1.** [luck] atzar *m*, sort *f*; **by ~** per casualitat. **-2.** [likelihood] possibilitat *f*; **not to stand a ~ (of)** no tenir cap possibilitat (de); **by any ~** per casualitat; **on the off ~** per si de cas. **-3.** [opportunity] oportunitat *f*. **-4.** [risk] risc *m*; **to take a ~ (on)** provar sort, arriscar-se (amb). ◇ *adj* fortuït -a, casual. ◇ *vt*: **to ~ it** arriscar-se. ◇ *vi liter* [happen]: **to ~ to do sthg** fer alguna cosa per casualitat.

chancellor ['tʃɑːnsələʳ] *n* **-1.** [chief minister] canceller *m*. **-2.** UNIV rector *m* -a *f*.

Chancellor of the Exchequer *n Br* Ministre *m* -a *f* d'Hisenda.

chandelier [ˌʃændə'lɪəʳ] *n* aranya *f*, salamó *m*.

change [tʃeɪndʒ] ◇ *n* **-1.** [gen] canvi *m*; **~ of clothes** mudada *f*; **it makes a ~** és un canvi; **for a ~** per canviar. **-2.** [from payment] canvi *m*. **-3.** [coins] canvi *m*, moneda *f*. **-4.** [money in exchange]: **have you got ~ for £5?** tens canvi de 5 lliures? ◇ *vt* **-1.** [gen] canviar; **to ~ sthg into** transformar una cosa en; **to ~ pounds into francs** canviar lliures en francs; **to ~ direction** canviar de direcció; **to ~ one's mind** canviar d'opinió. **-2.** [goods in shop] bescanviar. **-3.** [switch - job, gear, train] canviar de; COM **to ~ hands** canviar de mà; **to ~ one's clothes** canviar-se de roba. ◇ *vi* **-1.** [alter] canviar, modificar; **to ~ into sthg** transformar-se en alguna cosa. **-2.** [- clothes] canviar-se. **-3.** [- trains, buses] fer transbord. ☞ **change over** *vi* [convert]: **to ~ over to** canviar a.

changeable ['tʃeɪndʒəbl] *adj* mutable.

change machine *n* màquina *f* de canvi.

changeover ['tʃeɪndʒˌəʊvəʳ] *n*: **~ (to)** canvi *m* (a).

changing ['tʃeɪndʒɪŋ] *adj* canviant.

changing room *n* vestuari *m*.

channel ['tʃænl] (*Br pt & pp* **-led**, *cont* **-ling**, *Am pt & pp* **-ed**, *cont* **-ing**) ◇ *n* canal *m*. ◇ *vt lit & fig* canalitzar. ☞ **Channel** *n*: **the (English) ~** el Canal de la Mànega. ☞ **channels** *npl* [procedure] conductes *mpl*, mitjans *mpl*.

Channel Islands *npl*: **the ~** les Illes del Canal, les Illes normandes.

Channel tunnel *n*: **the ~** el túnel del Canal de la Mànega.

chant [tʃɑːnt] ◇ *n* **-1.** RELIG cant *m*. **-2.** [repeated words] cantarella *f*. ◇ *vt* **-1.** RELIG cantar. **-2.** [words] corejar. ◇ *vi* **-1.** RELIG salmodiar. **-2.** [repeat words] corejar.

chaos ['keɪɒs] *n* caos *m*.

chaotic [keɪ'ɒtɪk] *adj* caòtic -a.

chap [tʃæp] *n Br inf* tipus *m*, individu *m*.

chapel ['tʃæpl] *n* capella *f*.

chaperon(e) ['ʃæpərəʊn] ◇ *n* senyora *f* de companyia, espelma *f*. ◇ *vt* acompanyar.

chaplain ['tʃæplɪn] *n* capellà *m*.

chapped [tʃæpt] *adj* esquerdat -ada.

chapter ['tʃæptəʳ] *n lit & fig* capítol *m*.

char [tʃɑːʳ] (*pt & pp* **-red**, *cont* **-ring**) ◇ *n Br* [cleaner] dona *f* de fer la neteja. ◇ *vt* [burn] carbonitzar, socarrar. ◇ *vi* [work as cleaner] anar a fer feines.

character ['kærəktəʳ] *n* **-1.** [nature, quality, letter] caràcter *m*; **to be out of / in ~ (for)** no ser / ser típic (de). **-2.** [in film, book, play] personatge *m*. **-3.** *inf* [person of stated kind] tipus *m*. **-4.** *inf* [person with strong personality]: **to be a ~** ser tot un personatge.

characteristic [ˌkærəktə'rɪstɪk] ◇ *adj* característic -a. ◇ *n* característica *f*.

characterize, -ise ['kærəktəraɪz] *vt* **-1.** [typify] caracteritzar. **-2.** [portray]: **to ~ sthg as** definir alguna cosa com a.

charade [ʃə'rɑːd] *n* xarada *f*. ☞ **charades** *n* (*U*) xarades *fpl*.

charcoal ['tʃɑːkəʊl] *n* [for barbecue etc.] carbó *m*; [for drawing] carbonet *m*.

charge [tʃɑːdʒ] ◇ *n* **-1.** [cost] preu *m*, cost *m*; **admission ~** preu de l'entrada; **free of ~** gratis. **-2.** JUR acusació *f*, càrrec *m*. **-3.** [responsibility]: **to have ~ of sthg** tenir alguna cosa al propi càrrec; **to take ~ (of)** fer-se càrrec (de); **to be in ~** ser l'encarregat; **in ~ of** encarregat -ada de. **-4.** ELEC càrrega *f*. **-5.** MIL [of cavalry] càrrega *f*. ◇ *vt* **-1.** [customer, sum] cobrar; **to ~ sthg to sb** carregar-li a algú una cosa a compte. **-2.** [suspect, criminal]: **to ~ sb (with)** acusar algú (de). **-3.** [attack] assaltar. **-4.** [battery] carregar. ◇ *vi* **-1.** [ask in payment]: **to ~ (for)** cobrar. **-2.** [rush] envestir; **to ~ in / out** entrar / sortir precipitadament.

charge card *n* targeta de crèdit d'un establiment comercial.

charger ['tʃɑːdʒəʳ] *n* **-1.** [for batteries] carregador *m*. **-2.** *liter* [horse] cavall *m* de guerra.

chariot ['tʃærɪət] *n* carrossa *f*, carro *m* romà.

charisma [kəˈrɪzmə] *n* carisma *m*.

charitable [ˈtʃærətəbl] *adj* **-1.** [person, remark] compassiu -iva. **-2.** [organization] benèfic -a.

charity [ˈtʃærətɪ] (*pl* **-ies**) *n* **-1.** [kindness, money] caritat *f*. **-2.** [organization] beneficència *f*.

charm [tʃɑːm] ◇ *n* **-1.** [appeal, attractiveness] encant *m*. **-2.** [spell] encís *m*, encanteri *m*. **-3.** [on bracelet] amulet *m*. ◇ *vt* encisar.

charming [ˈtʃɑːmɪŋ] *adj* encantador -a.

chart [tʃɑːt] ◇ *n* **-1.** [diagram] gràfic *m*; **weather ~** mapa *m* del temps. **-2.** [map] mapa *m*, carta *f*. ◇ *vt* **-1.** [plot, map] fer el mapa de. **-2.** *fig* [record] dibuixar. ◆ **charts** *npl*: **the ~s** la llista d'èxits.

charter [ˈtʃɑːtər] ◇ *n* [document] carta *f*. ◇ *comp* xàrter, llogat -ada. ◇ *vt* [plane, boat] noliejar.

chartered accountant [ˈtʃɑːtəd-] *n Br* comptable *mf* col·legiat -ada.

charter flight *n* vol *m* xàrter.

chase [tʃeɪs] ◇ *n* [pursuit] persecució *f*; **to give ~** anar a la caça. ◇ *vt* **-1.** [pursue] perseguir. **-2.** [drive away] foragitar. **-3.** [money, jobs] córrer al darrere de. ◇ *vi*: **to ~ after sthg / sb** perseguir alguna cosa / algú.

chasm [ˈkæzm] *n* [deep crack] avenc *m*; *fig* [divide] abisme *m*.

chassis [ˈʃæsɪ] (*pl inv*) *n* [of vehicle] xassís *m*.

chaste [tʃeɪst] *adj* cast -a.

chat [tʃæt] (*pt & pp* **-ted**, *cont* **-ting**) ◇ *n* xerrada *f*. ◇ *vi* xerrar. ◆ **chat up** *vt sep Br inf* lligar amb.

chat show *n Br* programa *m* d'entrevistes.

chatter [ˈtʃætər] ◇ *n* **-1.** [of person] xerradissa *f*. **-2.** [of bird] piuladissa *f*; [of monkey] xiscles *mpl*. ◇ *vi* **-1.** [person] xerrar. **-2.** [bird] piuejar; [monkey] xisclar. **-3.** [teeth] petar.

chatterbox [ˈtʃætəbɒks] *n inf* xerraire *mf*.

chatty [ˈtʃætɪ] (*compar* **-ier**, *superl* **-iest**) *adj* **-1.** [person] parlador -a. **-2.** [letter] informal.

chauffeur [ˈʃəʊfər] ◇ *n* xofer *m* -a *f*. ◇ *vt* fer de xofer per.

chauvinist [ˈʃəʊvɪnɪst] *n* **-1.** [sexist] sexista *mf*; **male ~** masclista *m*. **-2.** [nationalist] xovinista *mf*.

cheap [tʃiːp] ◇ *adj* **-1.** [inexpensive] barat -a. **-2.** [low-quality] de poca qualitat. **-3.** [vulgar - joke etc.] vulgar. ◇ *adv* barat. ◇ *n*: **on the ~** barat.

cheapen [ˈtʃiːpn] *vt* [degrade] abaratir, degradar.

cheaply [ˈtʃiːplɪ] *adv* barat.

cheat [tʃiːt] ◇ *n* trampós *m* -osa *f*. ◇ *vt* estafar; **to ~ sb out of sthg** estafar alguna cosa a algú; **to feel ~ed** sentir-se estafat -ada. ◇ *vi* **-1.** [in exam] copiar; [at cards] fer trampes. **-2.** *inf* [be unfaithful]: **to ~ on sb** enganyar algú.

check [tʃek] ◇ *n* **-1.** [inspection, test]: **~ (on)** inspecció *f*, verificació *f* (de); **to keep a ~ on** controlar. **-2.** [restraint]: **~ (on)** restricció *f* (de); **to put a ~ on sthg** controlar alguna cosa; **in ~** sota control. **-3.** *Am* [cheque] xec *m*. **-4.** *Am* [bill] compte *m*, nota *f*. **-5.** [pattern] quadre *m*. ◇ *vt* **-1.** [test, verify] comprovar, revisar; [inspect] inspeccionar. **-2.** [restrain, stop] refrenar, contenir; **to ~ oneself** contenir-se. ◇ *vi* comprovar; **to ~ (for / on sthg)** comprovar (alguna cosa). ◆ **check in** ◇ *vt sep* [luggage, coat] facturar. ◇ *vi* **-1.** [at hotel] inscriure's. **-2.** [at airport] facturar. ◆ **check out** ◇ *vt sep* **-1.** [luggage, coat] recollir. **-2.** [investigate] comprovar. ◇ *vi* [from hotel] anar-se'n de l'hotel. ◆ **check up** *vi*: **to ~ up (on)** informar-se (sobre).

checkbook *Am* = **chequebook**.

checked [tʃekt] *adj* de quadres.

checkered *Am* = **chequered**.

checkers [ˈtʃekəz] *n* (*U*) *Am* joc *m* de dames.

check-in *n* facturació *f* d'equipatges.

checking account [ˈtʃekɪŋ-] *n Am* compte *m* corrent.

checkmate [ˈtʃekmeɪt] *n* escac *m* i mat.

checkout [ˈtʃekaʊt] *n* caixa *f*.

checkpoint [ˈtʃekpɔɪnt] *n* control *m*.

checkup [ˈtʃekʌp] *n* revisió *f*.

Cheddar (cheese) [ˈtʃedər-] *n* formatge *m* cheddar.

cheek [tʃiːk] ◇ *n* **-1.** [of face] galta *f*. **-2.** *inf* [impudence] cara *f* dura, descaradura *f*. ◇ *vt inf* ser descarat -ada amb.

cheekbone [ˈtʃiːkbəʊn] *n* pòmul *m*.

cheeky [ˈtʃiːkɪ] (*compar* **-ier**, *superl* **-iest**) *adj* descarat -ada.

cheer [tʃɪər] ◇ *n* [shout] crit *m* d'entusiasme; **~s** visca. ◇ *vt* **-1.** [shout approval, encouragement at] aclamar, victorejar. **-2.** [gladden] animar. ◇ *vi* cridar amb entusiasme. ◆ **cheers** *excl* [when drinking] salut!; *inf* [thank you] gràcies!; *inf* [goodbye] adéu! ☞ **cheer up** ⬦ vt sep animar. ⬦ vi animar-se.

cheerful ['tʃɪəfʊl] adj **-1.** [gen] alegre. **-2.** [attitude, agreement] entusiasta.

cheerio [,tʃɪərɪ'əʊ] excl inf fins ara!

cheese [tʃi:z] n formatge m.

cheeseboard ['tʃi:zbɔ:d] n taula f de formatges.

cheeseburger ['tʃi:z,bɜ:gəʳ] n hamburguesa f amb formatge.

cheesecake ['tʃi:zkeɪk] n pastís m de formatge.

cheetah ['tʃi:tə] n guepard m caçador.

chef [ʃef] n xef m, cuiner m -a f en cap.

chemical ['kemɪkl] ⬦ adj químic -a. ⬦ n substància f química.

chemist ['kemɪst] n **-1.** Br [pharmacist] farmacèutic m -a f; **~'s (shop)** farmàcia f. **-2.** [scientist] químic m -a f.

chemistry ['kemɪstrɪ] n **-1.** [science] química f. **-2.** [composition, characteristics] composició f (química).

cheque [tʃek], **check** Am [tʃek] n xec m, taló m; **to pay by ~** pagar amb un xec.

chequebook Br, **checkbook** Am ['tʃekbʊk] n talonari m de xecs.

cheque card n Br targeta f d'identificació bancària.

chequered Br ['tʃekəd], **checkered** Am ['tʃekəʳd] adj **-1.** [patterned] de quadres. **-2.** [varied] accidentat -ada, variat -ada.

cherish ['tʃerɪʃ] vt **-1.** [hope, memory] mantenir. **-2.** [privilege, right] protegir. **-3.** [person, thing] mimar.

cherry ['tʃerɪ] (pl **-ies**) n [fruit] cirera f; **~ (tree)** cirerer m.

chess [tʃes] n escacs mpl.

chessboard ['tʃesbɔ:d] n escaquer m.

chessman ['tʃesmæn] (pl **-men** [-men]) n peça f.

chest [tʃest] n **-1.** ANAT pit m; inf **to get sthg off one's ~** desfogar-se. **-2.** [box, trunk - gen] arca f, cofre m; [- for tools] caixa f.

chestnut ['tʃesnʌt] ⬦ adj [colour] castany -a. ⬦ n [nut] castanya f; **~ (tree)** castanyer m.

chest of drawers (pl **chests of drawers**) n calaixera f.

chew [tʃu:] ⬦ n [sweet] llaminadura f. ⬦ vt **-1.** [food] mastegar. **-2.** [nails] mossegar-se; [carpet] mossegar. ☞ **chew up** vt sep [food] mastegar; [slippers] rosegar.

chewing gum ['tʃu:ɪŋ-] n xiclet m.

chic [ʃi:k] ⬦ adj elegant. ⬦ n elegància f, estil m.

chick [tʃɪk] n [baby bird] pollet m.

chicken ['tʃɪkɪn] ⬦ adj inf [cowardly] covard -a. ⬦ n **-1.** [bird] gallina f, pollastre m; **it's a ~ and egg situation** és com allò de l'ou i la gallina. **-2.** [food] pollastre m. **-3.** inf [coward] gallina mf. ☞ **chicken out** vi inf: **to ~ out (of sthg / of doing sthg)** acollonir-se (a l'hora d'alguna cosa / de fer alguna cosa).

chickenpox ['tʃɪkɪnpɒks] n varicel·la f.

chickpea ['tʃɪkpi:] n cigró m.

chicory ['tʃɪkərɪ] n xicoira f.

chief [tʃi:f] ⬦ adj principal. ⬦ n cap mf.

chief executive n [head of company] director m -a f general.

chiefly ['tʃi:flɪ] adv **-1.** [mainly] principalment. **-2.** [especially, above all] sobretot.

chiffon ['ʃɪfɒn] n gasa f.

chilblain ['tʃɪbleɪn] n penelló m.

child [tʃaɪld] (pl **children**) n **-1.** [boy, girl] nen m -a f. **-2.** [son, daughter] fill m -a f.

child benefit n (U) Br subsidi que es paga a les famílies per cada fill.

childbirth ['tʃaɪldbɜ:θ] n (U) part m.

childhood ['tʃaɪldhʊd] n infantesa f, infància f.

childish ['tʃaɪldɪʃ] adj pej infantil.

childlike ['tʃaɪldlaɪk] adj [person] pueril; [smile, trust] com de nen.

childminder ['tʃaɪld,maɪndəʳ] n Br mainader m -a f.

childproof ['tʃaɪldpru:f] adj a prova de nens.

children ['tʃɪldrən] pl ☞ **child**.

children's home n llar f d'infants.

Chile ['tʃɪlɪ] n Xile.

Chilean ['tʃɪlɪən] ⬦ adj xilè -ena. ⬦ n xilè m -ena f.

chili ['tʃɪlɪ] = **chilli**.

chill [tʃɪl] ⬦ adj fred -a. ⬦ n **-1.** [illness] refredat m. **-2.** [in temperature]: **there's a ~ in the air** fa una mica de fresca. **-3.** [feeling of fear] esgarrifança f. ⬦ vt **-1.** [drink, food] refredar. **-2.** [person - with cold] refredar; [- with fear] esgarrifar. ⬦ vi refredar-se.

chilli ['tʃɪlɪ] (pl **-ies**) n bitxo m, pebrina f.

chilling ['tʃɪlɪŋ] adj **-1.** [very cold] gelat -ada. **-2.** [frightening] esgarrifós -osa.

chilly ['tʃɪlɪ] (compar **-ier**, superl **-iest**) adj fred -a.

chime [tʃaɪm] ◇ n campaneig m. ◇ vt [time] tocar. ◇ vi [bell] repicar; [clock] tocar.

chimney [ˈtʃɪmnɪ] n xemeneia f.

chimneypot [ˈtʃɪmnɪpɒt] n canó m de xemeneia.

chimneysweep [ˈtʃɪmnɪswiːp] n escuraxemeneies mf.

chimp [tʃɪmp], **chimpanzee** [ˌtʃɪmpənˈziː] n ximpanzé m.

chin [tʃɪn] n mentó m.

china [ˈtʃaɪnə] ◇ n porcellana f. ◇ comp de porcellana.

China [ˈtʃaɪnə] n Xina; the People's Republic of ~ República Popular de la Xina.

Chinese [ˌtʃaɪˈniːz] ◇ adj xinès -esa. ◇ n -1. [person] xinès m -esa f. -2. [language] xinès m. ◇ npl: **the** ~ els xinesos.

Chinese leaves npl Br (fulles fpl de) col f xinesa.

chink [tʃɪŋk] ◇ n -1. [narrow opening] esquerda f; [of light] escletxa f. -2. [sound] dring m. ◇ vi dringar.

chip [tʃɪp] (pt & pp -ped, cont -ping) ◇ n -1. Br [fried potato -] patata f fregida; Am [potato crisp] patata f fregida (de bossa). -2. [fragment - gen] trosset m; [- of wood] estella f; [- of stone] resquill m. -3. [flaw - in cup, glass] esquerda f. -4. COMPUT xip m. -5. [token] fitxa f. -6. when the ~s are down a l'hora de la veritat; to have a ~ on one's shoulder ser un buscabregues. ◇ vt [damage] estellar, esberlar. ⬥ **chip in** inf ◇ vi fus [pay money] posar. ◇ vt -1. [pay money] posar diners. -2. [interrupt] interrompre. ⬥ **chip off** vt sep cisellar.

chipboard [ˈtʃɪpbɔːd] n cartó m barat.

chip shop n Br establiment on es ven peix i patates fregides.

chiropodist [kɪˈrɒpədɪst] n callista mf, pedicur m -a f.

chirp [tʃɜːp] vi [bird] piular; [insect] xerricar.

chirpy [ˈtʃɜːpɪ] inf (compar **-ier**, superl **-iest**) adj alegre.

chisel [ˈtʃɪzl] (Br pt & pp **-led**, cont **-ling**, Am pt & pp **-ed**, cont **-ing**) ◇ n [for wood] enformador m; [for stone] cisell m. ◇ vt [wood] enformar; [stone] cisellar.

chit [tʃɪt] n [note] certificat m.

chitchat [ˈtʃɪtʃæt] n (U) inf xafarderia f.

chivalry [ˈʃɪvlrɪ] n -1. LITER [of knights] cavalleria f. -2. [good manners] cavallerositat f.

chives [tʃaɪvz] npl caramuixes fpl, cebollins mpl.

chloride [ˈklɔːraɪd] n clorur m.

choc-ice [ˈtʃɒkaɪs] n Br gelat m cobert de xocolata.

chock [tʃɒk] n falca f, tascó m.

chock-a-block, **chock-full** adj inf: ~ (with) ple com un ou (de).

chocolate [ˈtʃɒkələt] ◇ n -1. [food, drink] xocolata f. -2. [sweet] bombó m. ◇ comp de xocolata.

choice [tʃɔɪs] ◇ n -1. [gen] elecció f; to do sthg by / from ~ escollir fer una cosa; to have no ~ but to do sthg no tenir més remei que fer una cosa. -2. [person chosen] escollit m -ida f; [thing chosen] elecció f. -3. [variety, selection] assortiment m. ◇ adj selecte -a.

choir [ˈkwaɪər] n cor m.

choirboy [ˈkwaɪəbɔɪ] n escolanet m cantor.

choke [tʃəʊk] ◇ n AUTOM estrangulador m. ◇ vt -1. [subject: person, fumes] ofegar; [subject: fishbone etc.] fer ennuegar. -2. [block - pipes, gutter] obturar. ◇ vi [on fishbone etc.] ennuegar-se; [to death] no poder respirar.

cholera [ˈkɒlərə] n còlera m.

choose [tʃuːz] (pt **chose**, pp **chosen**) ◇ vt -1. [select] escollir, triar; there's little / not much to ~ between them no hi ha gaire diferència entre l'un i l'altre. -2. [decide]: to ~ to do sthg decidir fer alguna cosa; do whatever you ~ fer allò que creguis convenient. ◇ vi escollir, triar.

choos(e)y [ˈtʃuːzɪ] (compar **-ier**, superl **-iest**) adj [gen] primmirat -ada; [about food] llepafils.

chop [tʃɒp] (pt & pp **-ped**, cont **-ping**) ◇ n -1. CULIN costella f. -2. [blow - with axe] cop m de destral; [- with hand] cop m; fig I'm for the ~ em poden tirar al carrer. ◇ vt -1. [cut up] tallar. -2. inf [funding, budget] tallar. -3. to ~ and change canviar sovint. ⬥ **chops** npl inf barra f. ⬥ **chop down** vt sep talar. ⬥ **chop up** vt sep [vegetables, meat] picar; [wood] tallar.

chopper [ˈtʃɒpər] n -1. [for wood] destral f; [for meat] tallant m. -2. inf [helicopter] helicòpter m.

choppy [ˈtʃɒpɪ] (compar **-ier**, superl **-iest**) adj picat -ada.

chopsticks [ˈtʃɒpstɪks] npl palets mpl.

chord [kɔːd] MUS n acord m; to strike a ~ (with) tocar la corda sensible.

chore [tʃɔːr] n feina f domèstica.

chortle [ˈtʃɔːtl] vi riure de satisfacció.

chorus ['kɔːrəs] ◇ n **-1.** [part of song, refrain] tornada f. **-2.** [choir, group of singers or dancers] cor m. ◇ vt cantar a cor.

chose [tʃəʊz] pt ➡ **choose**.

chosen ['tʃəʊzn] pp ➡ **choose**.

Christ [kraɪst] ◇ n Crist. ◇ excl Déu meu!

christen ['krɪsn] vt batejar.

christening ['krɪsnɪŋ] ◇ n bateig m. ◇ comp de bateig.

Christian ['krɪstʃən] ◇ adj cristià -ana. ◇ n cristià m -ana f.

Christianity [ˌkrɪstɪ'ænətɪ] n cristianisme m.

Christian name n nom m de pila.

Christmas ['krɪsməs] ◇ n Nadal m; happy / merry ~! bon Nadal! ◇ comp nadalenc -a.

Christmas card n crisma m, postal f de Nadal.

Christmas Day n dia m de Nadal.

Christmas Eve n vigília f de Nadal.

Christmas pudding n Br púding m de Nadal.

Christmas tree n arbre m de Nadal.

chrome [krəʊm], **chromium** ['krəʊmɪəm] ◇ n crom m. ◇ comp cromat -ada.

chronic ['krɒnɪk] adj **-1.** [illness, unemployment] crònic -a. **-2.** [liar, alcoholic] empedreït -ïda.

chronicle ['krɒnɪkl] ◇ n crònica f. ◇ vt fer la crònica de.

chronological [ˌkrɒnə'lɒdʒɪkl] adj cronològic -a.

chubby ['tʃʌbɪ] (compar **-bier**, superl **-biest**) adj [person, hands] rabassut -uda; [cheeks] galtut -uda.

chuck [tʃʌk] inf vt **-1.** [throw] llençar; to ~ sb out donar el passaport a. **-2.** [job, girlfriend] deixar, abandonar. ➡ **chuck away**, **chuck out** vt sep inf llençar.

chuckle ['tʃʌkl] ◇ n rialleta f. ◇ vi riure per sota el nas.

chug [tʃʌg] (pt & pp **-ged**, cont **-ging**) vi [train] espetegar; [car] esbufegar.

chum [tʃʌm] n inf [gen] amiguet m -a f; [at school] company m -a f.

chunk [tʃʌŋk] n **-1.** [piece] tros m. **-2.** inf [large amount] tall m.

church [tʃɜːtʃ] n església f; to go to ~ anar a missa.

Church of England n: the ~ l'Església anglicana.

churchyard ['tʃɜːtʃjɑːd] n cementiri m.

churlish ['tʃɜːlɪʃ] adj descortès, mal educat -ada.

churn [tʃɜːn] ◇ n **-1.** [for making butter] manteguera f. **-2.** [for transporting milk] lletera f. ◇ vt [stir up] agitar. ◇ vi: my stomach ~ed se'm va remoure l'estómac. ➡ **churn out** vt sep inf fer grans quantitats.

chute [ʃuːt] n [for water] tremuja f, gronsa f; [slide] tobogan m; [for waste] rampa f.

chutney ['tʃʌtnɪ] n salsa f agredolça picant.

CIA n (abbr of Central Intelligence Agency) CIA f.

CID n Br (abbr of Criminal Investigation Department) Brigada f de Policia Judicial.

cider ['saɪdər] n sidra f.

cigar [sɪ'gɑːr] n cigar m.

cigarette [ˌsɪgə'ret] n cigarreta f.

cigarette paper n paper m de fumar.

cinch [sɪntʃ] n inf: it's a ~ és peix al cove.

cinder ['sɪndər] n cendra f.

Cinderella [ˌsɪndə'relə] n Ventafocs f.

cine-camera ['sɪnɪ-] n màquina f de filmar.

cine-film ['sɪnɪ-] n pel·lícula f cinematogràfica.

cinema ['sɪnəmə] n cine m, cinema f.

cinnamon ['sɪnəmən] n canyella f.

cipher ['saɪfər] n [secret writing system] escrit m xifrat, xifra f.

circa ['sɜːkə] prep cap a.

circle ['sɜːkl] ◇ n **-1.** [gen] cercle m; to come full ~ donar tota la volta; to go round in ~s donar voltes a un mateix tema. **-2.** [in theatre] amfiteatre m; [in cinema] amfiteatre m. ◇ vt **-1.** [draw a - round] encerclar. **-2.** [move round] circumdar. ◇ vi giravoltar.

circuit ['sɜːkɪt] n **-1.** [gen] circuit m. **-2.** [of track] volta f.

circuitous [sə'kjuːɪtəs] adj tortuós -osa.

circular ['sɜːkjʊlər] ◇ adj **-1.** [gen] circular. **-2.** [argument, discussion] que no porta enlloc. ◇ n circular f.

circulate ['sɜːkjʊleɪt] ◇ vi **-1.** [gen] circular. **-2.** [socialize] alternar. ◇ vt [rumour, document] fer circular.

circulation [ˌsɜːkjʊ'leɪʃn] n **-1.** [of blood, money] circulació f; in ~ en circulació. **-2.** [of magazine, newspaper] tirada f.

circumcise ['sɜːkəmsaɪz] vt circumcidar.

circumference [sə'kʌmfərəns] n circumferència f.

circumspect [ˈsɜːkəmspekt] *adj* circumspecte -a.

circumstances [ˈsɜːkəmstənsɪz] *npl* circumstàncies *fpl*; **under / in no ~s** en cap dels casos; **in / under the ~** en aquest cas.

circumvent [ˌsɜːkəmˈvent] *vt fml* enganyar, trampejar.

circus [ˈsɜːkəs] *n* **-1.** [for entertainment] circ *m*. **-2.** [in place names] plaça *f*.

CIS *n* (abbr of **Commonwealth of Independent States**) Comunitat *f* d'Estats Independents.

cistern [ˈsɪstən] *n* **-1.** *Br* [in roof] impluvi *m*. **-2.** [in toilet] cisterna *f*.

cite [saɪt] *vt* citar.

citizen [ˈsɪtɪzn] *n* ciutadà *m* -ana *f*.

Citizens' Advice Bureau *n* oficina britànica d'informació i assistència al ciutadà.

Citizens' Band *n* banda de ràdio reservada per a radioaficionats i conductors.

citizenship [ˈsɪtɪznʃɪp] *n* ciutadania *f*.

citrus fruit [ˈsɪtrəs-] *n* fruit *m* cítric.

city [ˈsɪtɪ] (*pl* **-ies**) *n* ciutat *f*.

city centre *n* centre *m* de la ciutat.

city hall *n Am* ajuntament *m*.

city technology college *n Br* centre de formació professional finançat per la indústria.

civic [ˈsɪvɪk] *adj* **-1.** [leader, event] públic -a. **-2.** [duty, pride] cívic -a.

civic centre *n Br* zona de la ciutat on estan ubicats els edificis públics.

civil [ˈsɪvl] *adj* **-1.** [involving ordinary citizens] civil. **-2.** [polite] cortès -esa.

civil engineering *n* enginyeria *f* civil.

civilian [sɪˈvɪljən] ◇ *n* civil *mf*. ◇ *comp* [organization] civil; [clothes] (de) paisà.

civilization [ˌsɪvɪlaɪˈzeɪʃn] *n* civilització *f*.

civilized [ˈsɪvɪlaɪzd] *adj* civilitzat -ada.

civil law *n* dret *m* civil.

civil liberties *npl* llibertats *fpl* civils.

civil rights *npl* drets *mpl* civils.

civil servant *n* funcionari -ària *f*.

civil service *n* administració *f* pública.

civil war *n* guerra *f* civil.

clad [klæd] *adj liter*: **~ in** vestit -ida de.

claim [kleɪm] ◇ *n* **-1.** [for pay, insurance, expenses] reclamació *f*. **-2.** [of right] reivindicació *f*; **to have a ~ on sb** tenir el dret de demanar alguna cosa a algú; **to lay ~ to sthg** reclamar alguna cosa. **-3.** [assertion] afirmació *f*. ◇ *vt* **-1.** [allowance, expenses, lost property] reclamar. **-2.** [responsibility, credit] exigir. **-3.** [maintain]: **to ~ (that)** mantenir (que). ◇ *vi*: **to ~ on one's insurance** reclamar a l'asseguranca; **to ~ for sthg** reclamar alguna cosa.

claimant [ˈkleɪmənt] *n* [to throne] pretendent *mf*; [of unemployment benefit] sol·licitant *mf*; JUR demandant *mf*.

clairvoyant [kleəˈvɔɪənt] ◇ *adj* clarivident. ◇ *n* clarivident *mf*.

clam [klæm] (*pt & pp* **-med**, *cont* **-ming**) *n* cloïssa *f*.

clamber [ˈklæmbər] *vi* enfilar-se; **to ~ down a tree** baixar per un arbre.

clammy [ˈklæmɪ] (*compar* **-mier**, *superl* **-miest**) *adj* [hands] enganxós -osa; [weather] fred -a i humit -ida.

clamour *Br*, **clamor** *Am* [ˈklæmər] ◇ *n* **-1.** (*U*) [noise] clamor *m*. **-2.** [demand]: **~ (for)** demandes *fpl* (de). ◇ *vi*: **to ~ for sthg** clamar alguna cosa.

clamp [klæmp] ◇ *n* [gen] abraçadora *f*; [for car wheel] cep *m*. ◇ *vt* **-1.** [with -] subjectar amb una armella. **-2.** [with wheel -] posar un cep a. ◆ **clamp down** *vi*: **to ~ down on** suprimir, restringir.

clan [klæn] *n* clan *m*.

clandestine [klænˈdestɪn] *adj* clandestí -ina.

clang [klæŋ] ◇ *n* estrèpit *m*. ◇ *vi* fer un soroll estrepitós.

clap [klæp] (*pt & pp* **-ped**, *cont* **-ping**) ◇ *n* **-1.** [of hands] palmada *f*. **-2.** [of thunder] espetec *m*. ◇ *vt* **-1.** **to ~ one's hands** picar de mans. **-2.** *inf* [place]: **to ~ sthg onto sthg** colpejar una cosa amb una altra; **to ~ eyes on** veure. ◇ *vi* aplaudir.

clapping [ˈklæpɪŋ] *n* (*U*) aplaudiments *mpl*.

claret [ˈklærət] *n* claret *m*.

clarify [ˈklærɪfaɪ] (*pt & pp* **-ied**) *vt* aclarir.

clarinet [ˌklærəˈnet] *n* clarinet *m*.

clash [klæʃ] ◇ *n* **-1.** [difference - of interests] conflicte *m*; [- of personalities] xoc *m*. **-2.** [fight, disagreement]: **~ (with)** desacord *m* (amb). **-3.** [noise] estrèpit *m*, fragor *m*. ◇ *vi* **-1.** [fight, disagree]: **to ~ (with)** topar (amb). **-2.** [opinions, policies] xocar. **-3.** [date, event]: **to ~ (with)** coincidir (amb). **-4.** [colour]: **to ~ (with)** desentonar (amb). **-5.** [cymbals] sonar.

clasp [klɑːsp] ◇ *n* [on necklace, bracelet] tancador *m*; [on belt] fermall *m*, sivella *f*. ◇ *vt* [person] abraçar; [thing] agafar.

class [klɑːs] ◇ *n* **-1.** [gen] classe *f*. **-2.** [category] classe *f*; **to be in a ~ of one's**

classic

own no tenir comparació possible. ◇ *comp* classista. ◇ *vt*: **to ~ sb (as)** classificar algú (de).

classic ['klæsɪk] ◇ *adj* [typical] clàssic -a. ◇ *n* clàssic *m*.

classical ['klæsɪkl] *adj* clàssic -a.

classified ['klæsɪfaɪd] *adj* [secret] secret -a.

classified ad *n* anunci *m* amb paraules.

classmate ['klɑːsmeɪt] *n* company *m* -a *f* de classe.

classroom ['klɑːsrom] *n* aula *f*, classe *f*.

classy ['klɑːsɪ] *inf (compar* **-ier***, superl* **-iest**) *adj* amb classe.

clatter ['klætər] ◇ *n* [gen] estrèpit *m*; [of pots, pans, dishes] xoc *m*; [of hooves] soroll *m*. ◇ *vi* [hooves] fer soroll; [person, car etc.] **to ~ down / into sthg** fer molt de soroll en caure / xocar amb alguna cosa.

clause [klɔːz] *n* **-1.** [in legal document] clàusula *f*. **-2.** GRAM frase *f* simple.

claw [klɔː] ◇ *n* **-1.** [of animal, bird] urpa *f*; [of cat] ungla *f*. **-2.** [of crab, lobster] pinça *f*. ◇ *vt* esgarrapar. ◇ *vi*: **to ~ at sthg** [cat] esgarrapar alguna cosa; [person] esquinçar. ⬥ **claw back** *vt sep Br* recuperar.

clay [kleɪ] *n* argila *f*.

clean [kliːn] ◇ *adj* **-1.** [gen] net -a. **-2.** [page] en blanc. **-3.** [record, reputation] impecable, decent; [driving licence] sense multes; *inf* **to come ~ about sthg** confessar alguna cosa. **-4.** [joke] innocent. **-5.** [outline] ben definit -ida, nítid -a; [movement] àgil, destre -a. ◇ *adv* totalment. ◇ *vt* & *vi* netejar. ◇ *n* neteja *f*. ⬥ **clean out** *vt sep* **-1.** [clear out] netejar buidant. **-2.** *inf* [take money from] deixar sense ni cinc. **-3.** *inf* [take everything from]: **they ~ed us out** ens van deixar la casa buida. ⬥ **clean up** ◇ *vt sep* [clear up] fer una bona neteja; **to ~ oneself up** rentar-se. ◇ *vi inf* guanyar molts diners.

cleaner ['kliːnər] *n* **-1.** [person] persona *f* de la neteja. **-2.** [substance] producte *m* de neteja. **-3.** [shop]: **~'s** tintoreria *f*.

cleaning ['kliːnɪŋ] *n* neteja *f*.

cleanliness ['klenlɪnɪs] *n* neteja *f*.

cleanse [klenz] *vt* [gen] netejar; [soul] purificar; **to ~ sthg / sb of sthg** netejar una cosa / algú d'alguna cosa.

clean-shaven [-'ʃeɪvn] *adj* [never growing a beard] barbamec -a; [recently shaved] ben afaitat -ada.

clear [klɪər] ◇ *adj* **-1.** [gen] clar -a; [day, road, view] espaiós -osa, clar -a; **to make**

sthg ~ (to) deixar clara una cosa (a); **it's ~ that ...** és clar que ...; **are you ~ about it?** ho entens?; **to make oneself ~** explicar-se bé. **-2.** [transparent] transparent. **-3.** [free of blemishes - skin] net -a. **-4.** [free - time] lliure. **-5.** [conscience] tranquil -il·la. **-6.** [complete - day, week] sencer -a; [- profit, wages] net -a. ◇ *adv* [out of the way]: **stand ~!** mantén-te lluny!; **to jump / step ~** retirar-se fent un salt / un pas. ◇ *n*: **in the ~** [out of danger] fora de perill; [free from suspicion] fora de tota sospita. ◇ *vt* **-1.** [remove objects, obstacles from] deixar buit; [pipe] desembussar; **to ~ sthg of sthg** treure alguna cosa d'alguna cosa; **to ~ a space** deixar lloc; **to ~ the table** desparar la taula; **to ~ one's throat** aclarir la veu. **-2.** [remove] treure. **-3.** [jump] saltar. **-4.** [pay] liquidar. **-5.** [authorize] aprovar. **-6.** [prove not guilty] absoldre; **to be ~ed of sthg** ser absolt -a d'alguna cosa. **-7.** [cheque] conformar, tenir com a vàlid. ◇ *vi* aclarir-se. ⬥ **clear away** *vt sep* treure. ⬥ **clear off** *vi Br inf* tocar el dos. ⬥ **clear out** ◇ *vt sep* fer neteja a fons. ◇ *vi inf* tocar el dos. ⬥ **clear up** ◇ *vt sep* **-1.** [room, mess] netejar; [toys, books] endreçar. **-2.** [mystery, disagreement] aclarir, resoldre. ◇ *vi* **-1.** [weather] aclarir-se; [infection] desaparèixer. **-2.** [tidy up] endreçar, posar ordre.

clearance ['klɪərəns] *n* **-1.** [removal - of rubbish, litter] neteja *f*; [of slums, houses] eliminació *f*. **-2.** [permission] autorització *f*, permís *m*. **-3.** [free space] espai *m* lliure.

clear-cut *adj* [issue, plan] ben definit -ida; [division] net -a.

clearing ['klɪərɪŋ] *n* clariana *f*.

clearing bank *n Br* banc associat a la cambra de compensació.

clearly ['klɪəlɪ] *adv* **-1.** [gen] clarament. **-2.** [plainly] òbviament.

clearway ['klɪəweɪ] *n Br* carretera *f* principal, carretera on és prohibit aparcar.

cleavage ['kliːvɪdʒ] *n* **-1.** [between breasts] escot *m*. **-2.** [division] divisió *f*.

cleaver ['kliːvər] *n* picoladora *f*, tallant *m*.

clef [klef] *n* clau *f*.

cleft [kleft] *n* esquerda *f*.

clench [klentʃ] *vt* cloure.

clergy ['klɜːdʒɪ] *npl*: **the ~** el clericat.

clergyman ['klɜːdʒɪmən] (*pl* **-men** [-mən]) *n* clergue *m*.

clerical ['klerɪkl] *adj* **-1.** [in office] d'oficina. **-2.** [in church] clergue.

clerk [*Br* klɑːk, *Am* klɜːrk] *n* **-1.** [in office]

oficinista *mf.* **-2.** [in court] secretari *m* -ària *f.* **-3.** *Am* [shop assistant] dependent *m* -a *f.*

clever ['klevə^r] *adj* **-1.** [intelligent] llest -a, intel·ligent. **-2.** [idea, invention] enginyós -osa; [with hands] hàbil.

cliche ['kli:ʃeɪ] *n* clixé *m.*

client ['klaɪənt] *n* client *m* -a *f.*

cliff [klɪf] *n* [on coast] penya-segat *m*; [inland] cingle *m.*

climate ['klaɪmɪt] *n* [weather] clima *m*; *fig* [atmosphere] ambient *m.*

climate change *n* canvi *m* climàtic.

climax ['klaɪmæks] *n* [culmination] clímax *m*, apogeu *m.*

climb [klaɪm] ◇ *n* escalada *f.* ◇ *vt* [stairs, ladder] pujar; [tree] enfilar-se a; [mountain] escalar. ◇ *vi* **-1.** [clamber]: **to ~** enfilar-se per una cosa; **to ~ into** sthg pujar a un lloc. **-2.** [plant] enfilar-se; [road, plane] pujar. **-3.** [increase] augmentar.

climb-down *n* rectificació *f.*

climber ['klaɪmə^r] *n* **-1.** [mountaineer] muntanyista *mf.* **-2.** [plant] enfiladissa *f.*

climbing ['klaɪmɪŋ] *n* muntanyisme *m*, alpinisme *m.*

clinch [klɪntʃ] *vt* [deal] fer.

cling [klɪŋ] (*pt & pp* **clung**) *vi* **-1.** [hold tightly]: **to ~ (to)** quedar-se abraçat -ada (a). **-2.** [clothes, person]: **to ~ (to sb)** enganxar-se. **-3.** [to ideas, principles]: **to ~ to** mantenir.

clingfilm ['klɪŋfɪlm] *n Br* film *m* de plàstic adherent.

clinic ['klɪnɪk] *n* clínica *f.*

clinical ['klɪnɪkl] *adj* **-1.** MED clínic -a. **-2.** [cold] fred -a.

clink [klɪŋk] ◇ *n* tritlleig *m.* ◇ *vi* tritllejar.

clip [klɪp] (*pt & pp* **-ped**, *cont* **-ping**) ◇ *n* **-1.** [for paper] clip *m*; [for hair] clip *m*; [on earring] tanca *f.* **-2.** [of film] fragment *m.* ◇ *vt* **-1.** [fasten] subjectar. **-2.** [cut - lawn, newspaper cutting] retallar; [punch - tickets] picar. **-3.** *inf* [hit] picar.

clipboard ['klɪpbɔːd] *n* carpeta *f* amb agafador de papers.

clippers ['klɪpəz] *npl* [for nails] tisores *fpl* per tallar ungles; [for hair] maquineta *f*; [for hedges, grass] tisores *fpl* de podar.

clipping ['klɪpɪŋ] *n* **-1.** [from newspaper] retall *m.* **-2.** [of nails] tall *m.*

clique [kliːk] *n pej* colla *f.*

cloak [kləʊk] ◇ *n* **-1.** [garment] capa *f*, mantell *m.* **-2.** [cover for secret] coberta *f.* ◇ *vt*: **to be ~ed in** estar envoltat -ada de.

cloakroom ['kləʊkrʊm] *n* **-1.** [for clothes] guarda-roba *m.* **-2.** *Br* [toilets] lavabo *m.*

clock [klɒk] *n* **-1.** [timepiece] rellotge *m*; **round the ~** les 24 hores; *lit* **to put the ~ back** endarrerir; *fig* anar enrere en el temps; **to put the ~ forward** avançar el rellotge. **-2.** [mileometer] comptaquilòmetres *m.* ➡ **clock in, clock on** *vi Br* fitxar quan s'entra. ➡ **clock off, clock out** *vi Br* fitxar quan se surt.

clockwise ['klɒkwaɪz] *adj & adv* en direcció de les manetes del rellotge.

clockwork ['klɒkwɜːk] ◇ *n* aparell *m* de rellotgeria; **to go like ~** anar com un rellotge. ◇ *comp* de corda.

clog [klɒg] (*pt & pp* **-ged**, *cont* **-ging**) *vt* embossar. ➡ **clogs** *npl* esclops *mpl.* ➡ **clog up** ◇ *vt sep* [drain, pipe] embussar; [eyes, nose] congestionar. ◇ *vi* embussar-se.

close¹ [kləʊs] ◇ *adj* **-1.** [near] proper -a; **close to** a prop de; **~ to tears / laughter** a punt de plorar / riure; **~ up**, **~ to** de prop; **~ by**, **~ at hand** molt a prop; **it was a ~ shave / thing / call** ens va anar d'un pèl. **-2.** [relationship, friend] íntim -a; **to be ~ to sb** sentir-se proper a algú. **-3.** [relative, family] de prop; [resemblance] quasi total; [link, tie, cooperation] estret -a. **-4.** [questioning] minuciós -osa; [examination] intens -a; [look] de prop; [watch] atent -a. **-5.** [room, air] mal ventilat -ada; [weather] xafogós -osa. **-6.** [contest, race] quasi iguals; [result] amb poca diferència. ◇ *adv* a prop (de). ◇ *n* [in street names] carreró *m.* ➡ **close on, close to** *prep* [almost] prop de.

close² [kləʊz] ◇ *vt* **-1.** [gen] tancar. **-2.** [meeting] clausurar; [discussion, speech] acabar, concloure. ◇ *vi* tancar-se. ◇ *n* final *m*; **to bring sthg to a ~** acabar una cosa; **to draw to a ~** estar a punt d'acabar. ➡ **close down** ◇ *vt sep* tancar per sempre. ◇ *vi* **-1.** [factory etc.] tancar definitivament. **-2.** [meeting, day] acabar.

closed [kləʊzd] *adj* tancat -ada.

close-knit [ˌkləʊs-] *adj* ben teixit -ida.

closely ['kləʊslɪ] *adv* **-1.** [of connection, relation etc.] estretament; **to be ~ involved in sthg** estar directament involucrat -ada en una cosa; [of resemblance] fidelment. **-2.** [carefully] atentament.

closet ['klɒzɪt] ◇ *adj inf* secret -a. ◇ *n Am* armari *m.* ◇ *vt*: **to be ~ed with** estar tancat -ada amb.

close-up ['kləʊs-] n primer pla m.
closing time ['kəʊsɪŋ-] n hora f de tancar.
closure ['kləʊʒəʳ] n tancament m.
clot [klɒt] (pt & pp **-ted**, cont **-ting**) ⋄ n **-1.** [in blood] coàgul m; [in liquid] grumoll m. **-2.** Br inf [fool] babau m -a f. ⋄ vi [blood] coagular.
cloth [klɒθ] n **-1.** (U) [fabric] tela f. **-2.** [piece of -] drap m.
clothe [kləʊð] vt fml vestir; **~d in** vestit -ida de.
clothes [kləʊðz] npl roba f; **to put one's ~ on** posar-se la roba; **to take one's ~ off** treure's la roba.
clothes brush n raspall m de la roba.
clothesline ['kləʊðzlaɪn] n fil m d'estendre la roba.
clothes peg Br, **clothespin** Am ['kləʊðzpɪn] n agulla f (d'estendre).
clothing ['kləʊðɪŋ] n roba f.
cloud [klaʊd] ⋄ n núvol m; **to be under a ~** estar desacreditat -ada. ⋄ vt **-1.** [mirror, window] entelar. **-2.** [memory, happiness] enfosquir. **-3.** [mind] ennuvolar; [issue] complicar. ☞ **cloud over** vi lit & fig ennuvolar-se.
cloudy ['klaʊdɪ] (compar **-ier**, superl **-iest**) adj **-1.** [overcast] ennuvolat -ada. **-2.** [murky] tèrbol -a. **-3.** [confused - idea etc.] confús -usa.
clove [kləʊv] n: **a ~ of garlic** un gra m d'all... ☞ **cloves** npl [spice] claus mpl d'espècia.
clover ['kləʊvəʳ] n trèvol m.
clown [klaʊn] ⋄ n **-1.** [performer] pallasso m -a f. **-2.** [fool] pallasso m -a f. ⋄ vi fer el pallasso.
cloying ['klɔɪɪŋ] adj embafós -osa.
club [klʌb] (pt & pp **-bed**, cont **-bing**) ⋄ n **-1.** [organization, place] club m. **-2.** [weapon] porra f, garrot m. **-3.** [golf] ~ pal m (de golf). ⋄ comp del club. ⋄ vt bastonejar, garrotejar. ☞ **clubs** npl [cards] trèvols mpl. ☞ **club together** vi Br recollir diners.
club car n Am RAIL vagó m restaurant.
clubhouse ['klʌbhaʊs, pl -haʊzɪz] n [for golfers] edifici m del club.
cluck [klʌk] vi **-1.** [hen] cloquejar. **-2.** [person] espetegar la llengua.
clue [kluː] n **-1.** [in crime] pista f; **not to have a ~ (about)** no tenir-ne ni idea (de). **-2.** [answer, solution] clau f. **-3.** [in crossword] clau f.

clued-up [kluːd-] adj Br inf ben informat -ada, al corrent.
clump [klʌmp] ⋄ n **-1.** [of bushes] mata f; [of trees, flowers] grup m. **-2.** [sound] passos mpl. ⋄ vi: **to ~ about** caminar pesadament.
clumsy ['klʌmzɪ] (compar **-ier**, superl **-iest**) adj **-1.** [ungraceful] maldestre -a. **-2.** [unwieldy] que es mou amb dificultat. **-3.** [tactless] barroer -a, sense tacte.
clung [klʌŋ] pt & pp ☞ **cling**.
cluster ['klʌstəʳ] ⋄ n [group] grup m; [of grapes] raïm m. ⋄ vi agrupar-se.
clutch [klʌtʃ] ⋄ n AUTOM embragament m. ⋄ vt [hand] donar; [arm, baby] agafar. ⋄ vi: **to ~ at sthg** agafar-se a alguna cosa.
clutter ['klʌtəʳ] ⋄ n desordre m. ⋄ vt omplir desordenadament.
cm (abbr of centimetre) cm.
CND n (abbr of **Campaign for Nuclear Disarmament**) organització britànica contra l'armament nuclear.
c/o (abbr of care of) a/c.
Co. -1. (abbr of **Company**) cia. **-2.** (abbr of **County**) comtat m.
coach [kəʊtʃ] ⋄ n **-1.** [bus] autocar m. **-2.** RAIL vagó m. **-3.** [horsedrawn] carruatge m. **-4.** SPORT entrenador m -a f. **-5.** [tutor] professor m -a f particular. ⋄ vt **-1.** SPORT entrenar. **-2.** [tutor] ensenyar, preparar.
coal [kəʊl] n carbó m.
coalfield ['kəʊlfiːld] n conca f minera.
coalition [ˌkəʊəˈlɪʃn] n coalició f.
coalman ['kəʊlmæn] (pl **-men** [-men]) n Br carboner m.
coalmine ['kəʊlmaɪn] n mina f de carbó.
coarse [kɔːs] adj **-1.** [skin, hair, sandpaper] aspre -a; [fabric] bast -a. **-2.** [person, joke] ordinari -ària, groller -a.
coast [kəʊst] ⋄ n costa f. ⋄ vi **-1.** [in car] anar a punt mort. **-2.** [progress easily] avançar sense esforç.
coastal ['kəʊstl] adj coster -a, costaner -a.
coaster ['kəʊstəʳ] n [small mat] estalvis mpl.
coastguard ['kəʊstgɑːd] n **-1.** [person] guardacostes mf. **-2.** [organization]: **the ~** els guardacostes.
coastline ['kəʊstlaɪn] n litoral m.
coat [kəʊt] ⋄ n **-1.** [garment] abric m. **-2.** [of animal] pèl m, llana f. **-3.** [layer] capa f. ⋄ vt: **to ~ sthg (with)** cobrir alguna cosa (amb).
coat hanger n penjador m.

coating ['kəʊtɪŋ] *n* [of dust etc.] capa *f*; [of chocolate, silver] bany *m*.

coat of arms (*pl* **coats of arms**) *n* escut *m* d'armes.

coax [kəʊks] *vt*: **to ~ sb (to do / into doing sthg)** entabanar algú (perquè faci alguna cosa).

cob [kɒb] *n* ➡ **corn**.

cobbled ['kɒbld] *adj* empedrat -ada.

cobbler ['kɒblər] *n* sabater *m* -a *f*.

cobbles ['kɒblz], **cobblestones** ['kɒblstəʊnz] *npl* pedres *fpl*.

cobweb ['kɒbweb] *n* teranyina *f*.

Coca-Cola® [,kəʊkə'kəʊlə] *n* Coca-Cola® *f*.

cocaine [kəʊ'keɪn] *n* cocaïna *f*.

cock [kɒk] ◇ *n* **-1.** [male chicken] gall *m*. **-2.** [male bird] mascle *m*. ◇ *vt* **-1.** [gun] muntar. **-2.** [head] decantar. ➡ **cock up** *vt sep Br v inf* molestar, fastiguejar.

cockerel ['kɒkrəl] *n* gall *m* jove.

cockeyed ['kɒkaɪd] *inf adj* **-1.** [lopsided] guenyo -a. **-2.** [foolish] foll -a.

cockle ['kɒkl] *n* escopinya *f*.

Cockney ['kɒknɪ] (*pl* **Cockneys**) ◇ *n* **-1.** [person] cockney *mf*, persona de l'est de Londres. **-2.** [dialect, accent] cockney *m*, dialecte de l'est de Londres. ◇ *comp* cockney de l'est de Londres.

cockpit ['kɒkpɪt] *n* [in plane] cabina *f*, carlinga *f*.

cockroach ['kɒkrəʊtʃ] *n* escarabat *m*.

cocksure [,kɒk'ʃʊər] *adj* presumptuós -osa.

cocktail ['kɒkteɪl] *n* còctel *m*.

cock-up *n v inf* pífia *f*, embolic *m*.

cocky ['kɒkɪ] (*compar* **-ier**, *superl* **-iest**) *adj inf* fatxenda, gall.

cocoa ['kəʊkəʊ] *n* **-1.** [powder] cacao *m*. **-2.** [drink] xocolata *f*.

coconut ['kəʊkənʌt] *n* coco *m*.

cod [kɒd] (*pl inv* **-s**) *n* bacallà *m*.

COD (abbr of **cash on delivery**) contra reembors.

code [kəʊd] ◇ *n* **-1.** [gen] codi *m*. **-2.** [for telephone] prefix *m*. ◇ *vt* **-1.** [encode] codificar, xifrar. **-2.** [give identifier to] classificar.

cod-liver oil *n* oli *m* de fetge de bacallà.

coed [,kəʊ'ed] ◇ *adj* (abbr of **coeducational**) coeducacional. ◇ *n* **-1.** *Am* (abbr of **coeducational student**) alumne *m* -a *f* d'una escola coeducacional. **-2.** *Br* (abbr of **coeducational school**) escola *f* coeducacional.

coeliac ['siːlɪæk] ◇ *adj* celiac -a. ◇ *n* celiac *m* -a *f*.

coeliac disease *n* celiaquia *f*.

coerce [kəʊ'ɜːs] *vt* coercir; **to ~ sb (into doing sthg)** obligar algú (a fer alguna cosa).

coffee ['kɒfɪ] *n* cafè *m*.

coffee bar *n Br* cafeteria *f*.

coffee break *n* descans *m*, a la feina.

coffee morning *n Br* reunió matinal durant la qual es serveix cafè, sovint amb fins benèfics.

coffeepot ['kɒfɪpɒt] *n* cafetera *f*.

coffee shop *n* **-1.** *Br* [shop] botiga *f* especialitzada en cafès. **-2.** *Am* [restaurant] cafè *m*.

coffee table *n* tauleta *f*.

coffin ['kɒfɪn] *n* taüt *m*.

cog [kɒg] *n* [tooth on wheel] dent *f*; [wheel] roda *f* dentada; **a ~ in the machine** una petita peça d'un mecanisme.

cognac ['kɒnjæk] *n* conyac *m*.

coherent [kəʊ'hɪərənt] *adj* coherent.

cohesive [kəʊ'hiːsɪv] *adj* cohesiu -iva.

coil [kɔɪl] ◇ *n* **-1.** [of rope, wire] rodet *m*; [of hair] tirabuixó *m*; [of smoke] espiral *f*. **-2.** ELEC bobina *f*. **-3.** *Br* [contraceptive device] diu *m*. ◇ *vi* enrotllar-se, enroscar-se. ◇ *vt* enrotllar, bobinar. ➡ **coil up** *vt sep* enrotllar.

coin [kɔɪn] ◇ *n* moneda *f*. ◇ *vt* [invent] encunyar, inventar; **to ~ a phrase** com s'acostuma a dir.

coinage ['kɔɪnɪdʒ] *n* **-1.** [currency] moneda *f*. **-2.** [invention] invenció *f*.

coin-box *n Br* telèfon *m* públic.

coincide [,kəʊɪn'saɪd] *vi*: **to ~ (with)** coincidir (amb).

coincidence [kəʊ'ɪnsɪdəns] *n* coincidència *f*.

coincidental [kəʊ,ɪnsɪ'dentl] *adj* fortuït -a.

coke [kəʊk] *n* **-1.** [fuel] coc *m*. **-2.** *drugs sl* coca *f*.

Coke® [kəʊk] *n* Coca-Cola® *f*.

cola ['kəʊlə] *n* cola *f*.

colander ['kʌləndər] *n* colador *m*, escorredora *f*.

cold [kəʊld] ◇ *adj* fred -a; **it's ~** fa fred; **my hands are ~** tinc les mans fredes; **I'm ~** tinc fred; **to get ~** refredar-se. ◇ *n* **-1.** [illness] refredat *m*; **to catch (a) ~** agafar un refredat. **-2.** [low temperature] fred *m*.

cold chain *n* cadena *f* de fred.

cold-blooded [-'blʌdɪd] *adj* **-1.** [animal] de sang freda. **-2.** [person] insensible; [killing] a sang freda.

cold sore *n* herpes *m* labial.
cold war *n*: the ~ la guerra *f* freda.
coleslaw ['kəʊlslɔː] *n* amanida *f* de col.
colic ['kɒlɪk] *n* còlic *m*.
collaborate [kə'læbəreɪt] *vi*: to ~ (with) col·laborar (amb).
collapse [kə'læps] ◇ *n* **-1.** [of building] enderrocament *m*, esfondrament *m*; [of roof] enfonsament *m*. **-2.** [of marriage, system] fracàs *m*; [of government, currency] ensorrament *m*; [of empire] ensulsiada *f*. **-3.** MED col·lapse *m*. ◇ *vi* **-1.** [building, person] esfondrar-se, enderrocar-se; [roof] enfonsar-se; to ~ with laughter morir-se de riure. **-2.** [plan, business] fracassar. **-3.** MED tenir un col·lapse. **-4.** [fold up] plegar-se.
collapsible [kə'læpsəbl] *adj* plegable.
collar ['kɒlər] ◇ *n* **-1.** [on clothes] coll *m*. **-2.** [for dog] collar *m*. **-3.** TECHNOL collar *m*. ◇ *vt inf* [subject: police] agafar, enxampar; [subject: boss etc.] agafar, aferrar.
collarbone ['kɒləbəʊn] *n* clavícula *f*.
collate [kə'leɪt] *vt* **-1.** [compare] acarar. **-2.** [put in order] ordenar.
collateral [kɒ'lætərəl] *n* seguretat *f* subsidiària, garantia *f* subsidiària.
colleague ['kɒliːg] *n* col·lega *mf*.
collect [kə'lekt] ◇ *vt* **-1.** [gather together] reunir, acumular; to ~ **oneself** assossegar-se. **-2.** [as a hobby] col·leccionar. **-3.** [go to get - person, parcel] recollir. **-4.** [money, taxes] recaptar. ◇ *vi* **-1.** [gather] reunir-se. **-2.** [accumulate] acumular-se. **-3.** [for charity, gift] fer una col·lecta. ◇ *adv Am* TELEC: **to call (sb)** ~ trucar (a algú) amb cobrament a destinació.
collection [kə'lekʃn] *n* **-1.** [of stamps, art etc.] col·lecció *f*. **-2.** [of poems, stories etc.] recopilació *f*. **-3.** [of rubbish, mail] recollida *f*; [of taxes] recaptació *f*. **-4.** [of money] col·lecta *f*.
collective [kə'lektɪv] ◇ *adj* col·lectiu -iva. ◇ *n* col·lectiu *m*.
collector [kə'lektər] *n* **-1.** [as a hobby] col·leccionista *mf*. **-2.** [of taxes] recaptador *m* -a *f*. **-3.** [of debts, rent] cobrador *m* -a *f*.
college ['kɒlɪdʒ] ◇ *n* **-1.** [for further education] institut *m*, escola *f*. **-2.** [of university] col·legi *m* major, facultat *f*. **-3.** [organized body] col·legi *m*. ◇ *comp* universitari -ària.
college of education *n* escola *f* de formació de professors d'ensenyament de primària i secundària.
collide [kə'laɪd] *vi*: to ~ (with) [gen] xocar (amb); [vehicles] xocar, col·lisionar (amb).

collie ['kɒlɪ] *n* collie *m*.
colliery ['kɒljərɪ] (*pl* **-ies**) *n* mina *f* de carbó.
collision [kə'lɪʒn] *n lit & fig*: ~ (**with / between**) col·lisió *f* (amb / entre); *fig* **to be on a ~ course (with)** estar a punt d'enfrontar-se (amb).
colloquial [kə'ləʊkwɪəl] *adj* col·loquial.
collude [kə'luːd] *vi*: to ~ **with** confabular amb.
Colombia [kə'lɒmbɪə] *n* Colòmbia.
Colombian [kə'lɒmbɪən] ◇ *adj* colombià -ana. ◇ *n* colombià *m* -ana *f*.
colonel ['kɜːnl] *n* coronel *mf*.
colonial [kə'ləʊnjəl] *adj* colonial.
colonize, -ise ['kɒlənaɪz] *vt* colonitzar.
colony ['kɒlənɪ] (*pl* **-ies**) *n* colònia *f*.
color *Am* = colour.
colossal [kə'lɒsl] *adj* colossal.
colour *Br*, **color** *Am* ['kʌlər] ◇ *n* color *m*; **in** ~ a color; **to change** ~ canviar de color. ◇ *adj* de color. ◇ *vt* **-1.** [give - to] pintar; [with pen, crayon] pintar. **-2.** [dye] tenyir. **-3.** [affect] influir. ◇ *vi* [blush] posar-se vermell -a.
colour bar *n* barrera *f* racial.
colour-blind *adj* daltònic -a.
coloured *Br*, **colored** *Am* ['kʌləd] *adj* **-1.** [pens, sheets etc.] de colors. **-2.** [with stated colour]: **maroon-~** de color granat; **brightly-~** de colors llampants. **-3.** [person - black] de color.
colourful *Br*, **colorful** *Am* ['kʌləfʊl] *adj* **-1.** [brightly coloured] de colors vius. **-2.** [story] animat -ada. **-3.** [person] pintoresc -a.
colouring *Br*, **coloring** *Am* ['kʌlərɪŋ] *n* **-1.** [dye] colorant *m*. **-2.** [complexion, hair] color *m*. **-3.** [of animal's skin] color *m*.
colour scheme *n* combinació *f* de colors.
colt [kəʊlt] *n* poltre *m*.
column ['kɒləm] *n* **-1.** [gen] columna *f*. **-2.** [of people, vehicles] filera *f*.
columnist ['kɒləmnɪst] *n* columnista *mf*.
coma ['kəʊmə] *n* coma *m*.
comb [kəʊm] ◇ *n* pinta *f*. ◇ *vt lit & fig* pentinar.
combat ['kɒmbæt] ◇ *n* combat *m*. ◇ *vt* combatre.
combination [,kɒmbɪ'neɪʃn] *n* combinació *f*.
combine [*vb* kəm'baɪn, *n* 'kɒmbaɪn] ◇ *vt*: **to ~ sthg (with)** combinar alguna cosa

(amb). ◇ vi combinar-se, associar-se. ◇ n **-1.** [group] grup m. **-2.** = **combine harvester**.

combine harvester [-'hɑːvɪstəʳ] n màquina f de segar i batre.

come [kʌm] (pt **came**, pp **come**) vi **-1.** [move] venir; [arrive] arribar; **the news came as a shock** les notícies ens van xocar molt; **coming!** ja vinc!; **the time has ~** ha arribat el moment; fig **he doesn't know whether he's coming or going** no sap el que es fa. **-2.** [reach]: **to ~ up / down to** arribar fins a; **the water came up to her thighs** l'aigua li arribava a les cuixes. **-3.** [happen] passar; **~ what may** passi el que passi; **how did you ~ to fail your exam?** com és que vas suspendre l'examen? **-4.** [become]: **to ~ true** fer-se realitat; **to ~ unstuck** desenganxar-se; **my shoelaces have ~ undone** se m'han descordat els cordills. **-5.** [begin gradually]: **to ~ to do sthg** arribar a fer alguna cosa. **-6.** [be placed in order]: **to ~ first / last in a race** arribar el primer / l'últim en una cursa; **she came second in the exam** va quedar segona a l'examen; **P ~s before Q** la P ve abans de la Q. **-7.** v inf [sexually] escórrer-se. **-8. ~ to think of it** ara que hi penso. ◆ **to come** adv: **in (the) days / years to ~** en els dies / anys venidors. ◆ **come about** vi [happen] passar, ocórrer. ◆ **come across** ◇ vt fus [find] topar, trobar per casualitat. ◇ vi [speaker, message]: **to ~ across well / badly** comunicar-se bé / malament; **to ~ across as sthg** resultar ser alguna cosa. ◆ **come along** vi **-1.** [arrive by chance - along opportunity] sorgir; [- along bus] arribar, aparèixer. **-2.** [improve] anar bé; **the project is coming along nicely** el projecte va força bé. **-3. ~ along!** [expressing encouragement] vinga!; [hurry up] afanya't! ◆ **come apart** vi desmuntar-se. ◆ **come back** vi **-1.** [in talk, writing]: **to ~ back to sthg** tornar a alguna cosa. **-2.** [memory]: **to ~ back to sb** tornar a la memòria a algú. **-3.** [become fashionable again] tornar a estar de moda. ◆ **come by** vt fus **-1.** [get, obtain] aconseguir. **-2.** Am [visit, drop in on]: **they came by the house** es van passar per casa. ◆ **come down** vi **-1.** [decrease] baixar. **-2.** [descend - down plane, parachutist] aterrar; [- down rain] caure. ◆ **come down to** vt fus rebaixar-se a. ◆ **come down with** vt fus caure malalt de. ◆ **come forward** vi presentar-se. ◆ **come from** vt fus [noise etc.] venir de; [person] ser de.

◆ **come in** vi **-1.** [enter] entrar; **~ in!** endavant! **-2.** [arrive - in train, letters, donations] arribar. **-3.** [be involved] entrar; **the plan is good, but where do I ~ in?** el pla està bé però, jo què hi pinto? ◆ **come in for** vt fus [criticism etc.] rebre. ◆ **come into** vt fus **-1.** [inherit] heretar. **-2.** [begin to be]: **to ~ into being** néixer; **to ~ into sight** veure's. ◆ **come off** vi **-1.** [button] descosir-se; [label] desenganxar-se; [lid] desprendre's; [stain] marxar. **-2.** [plan, joke] resultar, sortir bé. **-3.** [person]: **to ~ off well / badly** acabar bé / malament. **-4.** inf **~ off it!** vinga, i què més! ◆ **come on** vi **-1.** [start] començar; **I have a cold coming on** tinc un refredat que em comença a sortir. **-2.** [start working - on lights, heating] engegar-se. **-3.** [progress, improve] progressar; **it's coming on nicely** va força bé. **-4. ~ on!** [expressing encouragement, urging haste] vinga!; [expressing disbelief] vinga, i què més! ◆ **come out** vi **-1.** [become known] aparèixer. **-2.** [appear - out product, book, sun] sortir; [- out film] estrenar-se. **-3.** [in exam, race etc.] acabar, finalitzar; **who came out on top?** qui va guanyar al final? **-4.** [go on strike] declarar-se en vaga. **-5.** [declare publicly]: **to ~ out for / against sthg** declarar-se a favor / en contra d'alguna cosa. **-6.** [photograph] sortir. ◆ **come over** vt fus [subject: feeling] venir, agafar; **I don't know what has ~ over her** no sé què li passa. ◆ **come round** vi **-1.** [change opinion]: **to ~ round (to sthg)** acabar per deixar-se convèncer (en una cosa). **-2.** [regain consciousness] tornar en si. **-3.** [happen] tornar. ◆ **come through** ◇ vt fus [difficult situation, period] passar per, travessar; [operation, war] sobreviure. ◇ vi [arrive] arribar. **-2.** [survive] sobreviure. ◆ **come to** ◇ vt fus **-1.** [reach]: **to ~ to an end** arribar a la fi; **to ~ to power** assolir el poder; **to ~ to a decision** prendre una decisió. **-2.** [amount to] pujar a. **-3.** [subject: memory, thought]: **the idea suddenly came to me** de sobte se'm va acudir. ◇ vi [regain consciousness] tornar en si. ◆ **come under** vt fus **-1.** [be governed by] estar sota. **-2.** [heading in book etc.] trobar-se sota. **-3.** [suffer]: **to ~ under attack** ser víctima d'un atac. ◆ **come up** vi **-1.** [name, topic, opportunity] sorgir. **-2.** [be imminent] estar a punt d'arribar. **-3.** [sun, moon] sortir. ◆ **come up against** vt fus enfrontar-se amb. ◆ **come up with** vt fus [idea] trobar; [solution] proposar.

comeback ['kʌmbæk] n [return] restabliment *m*; **to make a ~** [fashion] tornar a posar-se de moda; [actor] reaparèixer.

comedian [kə'mi:djən] *n* comediant *m*, humorista *m*.

comedown ['kʌmdaʊn] *n inf* revés *m*, davallada *f.*

comedy ['kɒmədɪ] (*pl* **-ies**) *n* comèdia *f.*

comet ['kɒmɪt] *n* cometa *m*.

come-uppance [,kʌm'ʌpəns] *n inf*: **to get one's ~** rebre allò que un es mereix.

comfort ['kʌmfət] <> *n* **-1.** [gen] comoditat *f*; **we managed it, but it was a bit too close for ~** ens les vam arreglar, però va anar de poc. **-2.** [solace] consol *m*. <> *vt* consolar, reconfortar.

comfortable ['kʌmftəbl] *adj* **-1.** [gen] còmode -a. **-2.** [financially secure] benestant. **-3.** [after operation, accident] bé. **-4.** [victory, job, belief] fàcil; [lead, majority] suficient; **it's a ~ hour's walk away** està ben bé a una hora de camí.

comfortably ['kʌmftəblɪ] *adv* **-1.** [sit, sleep] còmodament. **-2.** [without financial difficulty] sense problemes econòmics; **~ off** benestant. **-3.** [easily] fàcilment.

comfort station *n Am euph* orinari *m* públic.

comic ['kɒmɪk] <> *adj* còmic -a. <> *n* **-1.** [comedian] comediant *m* -a *f*, humorista *mf*. **-2.** [magazine - for children] còmic *m*; [- for adults] còmic *m*.

comical ['kɒmɪkl] *adj* còmic -a.

comic strip *n* tira *f* còmica.

coming ['kʌmɪŋ] <> *adj* [future] vinent. <> *n*: **~s and goings** anades i vingudes.

comma ['kɒmə] *n* coma *f.*

command [kə'mɑːnd] <> *n* **-1.** [order] ordre *f*. **-2.** (*U*) [control] control *m*; **to be in ~ of** [of people, tasks, operations] tenir el comandament de; [of senses] tenir el domini de. **-3.** [of language, skill] domini *m*; **to have sthg at one's ~** tenir el domini de. **-4.** COMPUT ordre *f*. <> *vt* **-1.** [order]: **to ~ sb (to do sthg)** manar a algú (que faci alguna cosa). **-2.** MIL [control] comandar. **-3.** [deserve - respect, attention] imposar, merèixer; [- high price] vendre's a.

commandeer [,kɒmən'dɪər] *vt* requisar.

commander [kə'mɑːndər] *n* **-1.** [in army] comandant *m* -a *f*. **-2.** [in navy] capità *m* -ana *f* de fragata.

commandment [kə'mɑːndmənt] RELIG *n* manament *m*.

commando [kə'mɑːndəʊ] (*pl* **-s** / **-es**) *n* comando *m*.

commemorate [kə'meməreɪt] *vt* commemorar.

commemoration [kə,memə'reɪʃn] *n* commemoració *f.*

commence [kə'mens] *fml* <> *vt* començar; **to ~ (doing sthg)** començar (a fer alguna cosa). <> *vi* començar.

commend [kə'mend] *vt* **-1.** [praise] lloar. **-2.** [recommend]: **to ~ sthg (to)** recomanar alguna cosa (a).

commensurate [kə'menʃərət] *adj fml*: **~ with** proporcional a.

comment ['kɒment] <> *n* comentari *m*; **no ~** sense comentaris. <> *vt*: **to ~ that** comentar que. <> *vi* comentar; **to ~ on** fer comentaris sobre.

commentary ['kɒməntrɪ] (*pl* **-ies**) *n* comentari *m*.

commentator ['kɒmənteɪtər] *n* comentarista *mf*.

commerce ['kɒmɜːs] *n* (*U*) comerç *m*.

commercial [kə'mɜːʃl] <> *adj* comercial. <> *n* anunci *m* (publicitari).

commercial break *n* pausa *f* per a la publicitat.

commiserate [kə'mɪzəreɪt] *vi*: **to ~ (with)** apiadar-se (de).

commission [kə'mɪʃn] <> *n* **-1.** [money, investigative body] comissió *f*. **-2.** [piece of work] encàrrec *m*. <> *vt* encarregar; **to ~ sb (to do sthg)** encarregar a algú (que faci alguna cosa).

commissionaire [kə,mɪʃə'neər] *n Br* conserge *mf*.

commissioner [kə'mɪʃnər] *n* comissari *m* -ària *f.*

commit [kə'mɪt] (*pt & pp* **-ted**, *cont* **-ting**) *vt* **-1.** [crime, sin etc.] cometre. **-2.** [pledge - money, resources] lliurar; **to ~ oneself (to)** comprometre's (a). **-3.** [consign - to mental hospital] ingressar; **to ~ sb to prison** empresonar algú; **to ~ sthg to memory** aprendre una cosa de memòria.

commitment [kə'mɪtmənt] *n* compromís *m*.

committee [kə'mɪtɪ] *n* comissió *f*, comitè *m*.

commodity [kə'mɒdətɪ] (*pl* **-ies**) *n* mercaderia *f*, producte *m*.

common ['kɒmən] <> *adj* **-1.** [gen]: **~ (to)** comú -una (a). **-2.** [ordinary - man, woman] corrent, del carrer. **-3.** *Br pej* [vulgar] vulgar. <> *n* camp *m* comú. ➡ **in common** *adv* en comú.

common law *n* dret *m* consuetudinari.

common-law *adj* [wife, husband] de fet.

commonly ['kɒmənlɪ] *adv* normalment, generalment.

Common Market *n*: the ~ la Unió Europea.

commonplace ['kɒmənpleɪs] *adj* freqüent, comú -una.

common room *n* sala *f* d'estudiants.

Commons ['kɒmənz] *npl Br*: the ~ els Comuns.

common sense *n* sentit *m* comú.

Commonwealth ['kɒmənwelθ] *n*: the ~ la Commonwealth.

Commonwealth of Independent States *n*: the ~ la Comunitat d'Estats Independents.

commotion [kə'məʊʃn] *n* confusió *f*.

communal ['kɒmjʊnl] *adj* comunal.

commune [*n* 'kɒmju:n, *vb* kə'mju:n] ⋄ *n* comuna *f*. ⋄ *vi*: **to ~ with** combregar amb.

communicate [kə'mju:nɪkeɪt] ⋄ *vt* comunicar. ⋄ *vi*: **to ~ (with)** comunicar-se (amb).

communication [kə,mju:nɪ'keɪʃn] *n* **-1.** [contact] comunicació *f*. **-2.** [letter, phone call] comunicat *m*.

communication cord *n Br* timbre *m* d'alarma.

communion [kə'mju:njən] *n* [communication] comunió *f*. ⋄ **Communion** *n* (U) RELIG comunió *f*.

communiqué [kə'mju:nɪkeɪ] *n* comunicat *m*.

Communism ['kɒmjʊnɪzm] *n* comunisme *m*.

Communist ['kɒmjʊnɪst] ⋄ *adj* comunista. ⋄ *n* comunista *mf*.

community [kə'mju:nətɪ] (*pl* **-ies**) *n* comunitat *f*.

community centre *n* centre *m* social.

community charge *n Br* impost *m* municipal.

commutation ticket [,kɒmju:'teɪʃn-] *n Am* bitllet *m* d'abonament.

commute [kə'mju:t] ⋄ *vt* JUR commutar. ⋄ *vi* [to work] viatjar diàriament en transport públic.

commuter [kə'mju:tər] *n* persona *f* que viatja diàriament amb transport públic.

compact [*adj* & *vb* kəm'pækt, *n* 'kɒmpækt] ⋄ *adj* [small and neat] compacte -a. ⋄ *n* **-1.** [for face powder] polvorera *f*. **-2.** *Am* [car] utilitari *m*. ⋄ *vt* comprimir.

compact disc *n* disc *m* compacte.

compact disc player *n* reproductor *m* de discs compactes.

companion [kəm'pænjən] *n* company *m* -a *f*.

companionship [kəm'pænjənʃɪp] *n* companyonia *f*.

company ['kʌmpənɪ] (*pl* **-ies**) *n* [gen] companyia *f*; [business] companyia *f*, empresa *f*; **to keep sb ~** fer companyia a algú; **to part ~ (with)** separar-se (de).

company secretary *n* apoderat *m* -ada *f*.

comparable ['kɒmprəbl] *adj*: **~ (to / with)** comparable (a).

comparative [kəm'pærətɪv] *adj* **-1.** [relative] relatiu -iva. **-2.** [study] comparat -ada. **-3.** GRAM comparatiu -iva.

comparatively [kəm'pærətɪvlɪ] *adv* comparativament.

compare [kəm'peər] ⋄ *vt*: **to ~ sthg / sb (with), to ~ sthg / sb (to)** comparar alguna cosa / algú (amb); **~d with / to** [as opposed to] comparat -ada amb; [in comparison with] en comparació amb. ⋄ *vi*: **to ~ (with)** comparar (amb); **to ~ favourably / unfavourably with** resistir / no resistir una comparació.

comparison [kəm'pærɪsn] *n* comparació *f*; **in ~ (with / to)** en comparació (amb).

compartment [kəm'pɑ:tmənt] *n* **-1.** [container] compartiment *m*. **-2.** RAIL compartiment *m*.

compass ['kʌmpəs] *n* **-1.** [magnetic] brúixola *f*. **-2.** *fml* [scope] abast *m*. ⋄ **compasses** *npl* compàs *m*.

compassion [kəm'pæʃn] *n* compassió *f*.

compassionate [kəm'pæʃənət] *adj* compassiu -iva.

compatible [kəm'pætəbl] *adj*: **~ (with)** compatible (amb).

compel [kəm'pel] (*pt* & *pp* **-led**, *cont* **-ling**) *vt* **-1.** [force] obligar; **to ~ sb to do sthg** obligar algú a fer alguna cosa. **-2.** [cause - feeling] motivar; [- event] causar.

compelling [kəm'pelɪŋ] *adj* [forceful] compulsiu -iva.

compensate ['kɒmpenseɪt] ⋄ *vt*: **to ~ sb for sthg** [financially] indemnitzar algú per alguna cosa. ⋄ *vi*: **to ~ for sthg** compensar alguna cosa.

compensation [,kɒmpen'seɪʃn] *n* **-1.** [money]: **~ (for)** indemnització *f* (per), recompensa *f* (per). **-2.** [way of compensating]: **~ (for)** compensació *f* (per).

compete [kəm'piːt] *vi* –1. [gen]: to ~ (for / in) competir (per / en); to ~ (with / against) competir (amb). –2. [be in conflict] rivalitzar.

competence ['kɒmpɪtəns] *n* [proficiency] competència *f*, aptitud *f*.

competent ['kɒmpɪtənt] *adj* competent, capaç.

competition [ˌkɒmpɪ'tɪʃn] *n* –1. [rivalry] rivalitat *f*. –2. [race, sporting event] competició *f*. –3. [contest] concurs *m*.

competitive [kəm'petətɪv] *adj* –1. [person, spirit] competitiu -iva. –2. [match, exam, prices] competitiu -iva.

competitor [kəm'petɪtər] *n* competidor *m* -a *f*.

compile [kəm'paɪl] *vt* compilar, recopilar.

complacency [kəm'pleɪsnsɪ] *n* complaença *f*.

complacent [kəm'pleɪsnt] *adj* satisfet -a de si mateix -a.

complain [kəm'pleɪn] *vi* –1. [moan]: to ~ (about) queixar-se (de). –2. MED: to ~ of sthg patir un mal.

complaint [kəm'pleɪnt] *n* –1. [gen] queixa *f*. –2. MED malaltia *f*.

complement [*n* 'kɒmplɪmənt, *vb* 'kɒmplɪˌment] ◇ *n* –1. [gen & GRAM] complement *m*. –2. [number]: a full ~ of la totalitat de. ◇ *vt* complementar.

complementary [ˌkɒmplɪ'mentərɪ] *adj* complementari -ària.

complete [kəm'pliːt] ◇ *adj* –1. [total] total; a ~ idiot un idiota perfet. –2. [lacking nothing] complet -a; bathroom ~ with shower bany complet amb dutxa. –3. [finished] consumat -ada. ◇ *vt* –1. [make whole - collection] completar; [- disappointment, amazement] completar. –2. [finish] acabar. –3. [form] omplir.

completely [kəm'pliːtlɪ] *adv* completament.

completion [kəm'pliːʃn] *n* conclusió *f*, acabament *m*.

complex ['kɒmpleks] ◇ *adj* complex -a. ◇ *n* complex *m*.

complexion [kəm'plekʃn] *n* –1. [of face] color *m*. –2. [nature] aspecte *m*, caràcter *m*.

compliance [kəm'plaɪəns] *n* [obedience]: ~ (with) submissió *f* (a), obediència *f* (a).

complicate ['kɒmplɪkeɪt] *vt* complicar.

complicated ['kɒmplɪkeɪtɪd] *adj* complicat -ada.

complication [ˌkɒmplɪ'keɪʃn] *n* complicació *f*.

compliment [*n* 'kɒmplɪmənt, *vb* 'kɒmplɪment] ◇ *n* compliment *m*. ◇ *vt*: to ~ sb (on) felicitar algú (per). ◆ **compliments** *npl fml* salutacions *fpl*.

complimentary [ˌkɒmplɪ'mentərɪ] *adj* –1. [remark] afalagador -a; [person] complimentós -osa. –2. [drink, seats] gratis.

complimentary ticket *n* entrada *f* gratuïta.

comply [kəm'plaɪ] (*pt & pp* **complied**) *vi*: to ~ with sthg [standards] complir amb alguna cosa; [request] accedir a alguna cosa; [law] acatar alguna cosa.

component [kəm'pəunənt] *n* [gen] component *m*; TECHNOL peça *f*.

compose [kəm'pəuz] *vt* –1. [constitute] compondre; to be ~d of estar compost de. –2. [music, poem, letter] compondre. –3. [calm]: to ~ oneself tranquil·litzar-se.

composed [kəm'pəuzd] *adj* assossegat -ada.

composer [kəm'pəuzər] *n* compositor *m* -a *f*.

composition [ˌkɒmpə'zɪʃn] *n* –1. [gen] composició *f*. –2. [essay] redacció *f*.

compost [*Br* 'kɒmpɒst, *Am* 'kɒmpəust] *n* adob *m*.

composure [kəm'pəuʒər] *n* calma *f*.

compound [*adj & n* 'kɒmpaund, *vb* kəm'paund] ◇ *adj* [eye] compost -a; [problem] complicat -ada. ◇ *n* –1. [gen & CHEM] compost *m*. –2. [enclosed area] recinte *m*. ◇ *vt* –1. [mixture, substance]: to be ~ed of estar compost -a de. –2. [exacerbate] agreujar.

compound fracture *n* fractura *f* complicada.

comprehend [ˌkɒmprɪ'hend] *vt* comprendre.

comprehension [ˌkɒmprɪ'henʃn] *n* comprensió *f*.

comprehensive [ˌkɒmprɪ'hensɪv] ◇ *adj* –1. [wide-ranging] extens -a. –2. [insurance] a tot risc. ◇ *n Br* = **comprehensive school**.

comprehensive school *n* escola britànica d'ensenyament secundari no selectiva.

compress [kəm'pres] *vt* –1. [squeeze, press] comprimir. –2. [shorten] reduir.

comprise [kəm'praɪz] *vt* –1. [consist of] consistir en. –2. [form] comprendre.

compromise ['kɒmprəmaɪz] ◇ *n* avinença *f*, terme *m* mitjà. ◇ *vt* comprometre; to ~ oneself comprometre's. ◇ *vi* transigir, cedir per arribar a un acord.

compulsion [kəmˈpʌlʃn] *n* **–1.** [strong desire] desig *m* irresistible. **–2.** (*U*) [force] obligació *f*.

compulsive [kəmˈpʌlsɪv] *adj* **–1.** [gambler] empedreït -ïda; [liar] compulsiu -iva. **–2.** [fascinating, compelling] irresistible.

compulsory [kəmˈpʌlsərɪ] *adj* [gen] obligatori -òria; [retirement] obligatori -òria.

computer [kəmˈpjuːtər] ◇ *n* ordinador *m*. ◇ *comp* informàtic -a.

computer game *n* videojoc *m*.

computerized [kəmˈpjuːtəraɪzd] *adj* informatitzat -ada.

computing [kəmˈpjuːtɪŋ], **computer science** *n* informàtica *f*.

comrade [ˈkɒmreɪd] *n* camarada *mf*.

con [kɒn] (*pt & pp* **-ned**, *cont* **-ning**) ◇ *n inf* **–1.** [trick] estafa *f*. **–2.** *prison sl* presidiari *m* -ària *f*. ◇ *vt* estafar, ensibornar; **to ~ sb out of sthg** estafar alguna cosa a algú; **to ~ sb into doing sthg** enganyar algú perquè faci alguna cosa.

concave [ˌkɒnˈkeɪv] *adj* còncau -ava.

conceal [kənˈsiːl] *vt* [object, substance, information] ocultar; [feelings] dissimular; **to ~ sthg from sb** amagar alguna cosa a algú.

concede [kənˈsiːd] ◇ *vt* [defeat, a point] admetre, reconèixer. ◇ *vi* [gen] cedir; [in sports, chess] rendir-se.

conceit [kənˈsiːt] *n* presumpció *f*, vanitat *f*.

conceited [kənˈsiːtɪd] *adj* presumit -ida, vanitós -osa.

conceive [kənˈsiːv] ◇ *vt* concebre. ◇ *vi* **–1.** MED concebre. **–2.** [imagine]: **to ~ of sthg** imaginar-se alguna cosa.

concentrate [ˈkɒnsəntreɪt] ◇ *vt* concentrar. ◇ *vi*: **to ~ (on)** concentrar-se (en).

concentration [ˌkɒnsənˈtreɪʃn] *n* concentració *f*.

concentration camp *n* camp *m* de concentració.

concept [ˈkɒnsept] *n* concepte *m*.

concern [kənˈsɜːn] ◇ *n* **–1.** [worry, anxiety] preocupació *f*. **–2.** [matter of interest] assumpte *m*; **it's no ~ of yours** no n'has de fer res d'això. **–3.** [company] empresa *f*. ◇ *vt* **–1.** [worry] preocupar; **to be ~ed about** estar preocupat -ada per. **–2.** [involve] concernir; **to be ~ed with** [subject: person] tenir a veure amb; **to ~ oneself with sthg** preocupar-se per; **as far as ... is ~ed** pel que té a veure amb ... **–3.** [book, film etc.] tractar de.

concerning [kənˈsɜːnɪŋ] *prep* sobre, pel que fa a.

concert [ˈkɒnsət] *n* concert *m*.

concerted [kənˈsɜːtɪd] *adj* en comú, conjunt -a.

concert hall *n* sala *f* de concerts.

concertina [ˌkɒnsəˈtiːnə] (*pt & pp* **-ed**, *cont* **-ing**) ◇ *n* concertina *f*. ◇ *vi* xocar en acordió.

concerto [kənˈtʃeətəʊ] (*pl* **-s**) *n* concert *m*.

concession [kənˈseʃn] *n* **–1.** [allowance, franchise] concessió *f*. **–2.** [special price] descompte *m*; [reduced ticket] entrada *f* a preu reduït.

conciliatory [kənˈsɪlɪətrɪ] *adj* conciliador -a.

concise [kənˈsaɪs] *adj* concís -isa.

conclude [kənˈkluːd] ◇ *vt* **–1.** [bring to an end] concloure, acabar. **–2.** [deduce]: **to ~ (that)** concloure (que). **–3.** [agreement] arribar a; [business deal] concertar; [treaty] firmar, pactar. ◇ *vi* acabar, concloure.

conclusion [kənˈkluːʒn] *n* **–1.** [decision] conclusió *f*; **to jump to the wrong ~** arribar a una conclusió irreflexiva i errònia. **–2.** [ending] acabament; **a foregone ~** un resultat inevitable. **–3.** [of business deal] tancament *m*; [of treaty] firma *f*, pacte *m*; [of agreement] arribada *f*.

conclusive [kənˈkluːsɪv] *adj* concloent, decisiu -iva.

concoct [kənˈkɒkt] *vt* **–1.** [excuse, story] inventar. **–2.** [food] preparar; [drink] preparar.

concoction [kənˈkɒkʃn] *n* [drink] beuratge *m*; [food] barreja *f*.

concourse [ˈkɒŋkɔːs] *n* [of station etc.] vestíbul *m*.

concrete [ˈkɒŋkriːt] ◇ *adj* [definite, real] concret -a. ◇ *n* formigó *m*, ciment *m*. ◇ *comp* [made of -] de formigó. ◇ *vt* revestir de formigó.

concur [kənˈkɜːr] (*pt & pp* **-red**, *cont* **-ring**) *vi* coincidir; [agree] **to ~ (with)** estar d'acord amb.

concurrently [kənˈkʌrəntlɪ] *adv* paral·lelament, al mateix temps.

concussion [kənˈkʌʃn] *n* commoció *f* cerebral.

condemn [kənˈdem] *vt* **–1.** [gen]: **to ~ sb (for / to)** condemnar algú (per / a). **–2.** [building] declarar en estat de ruïna.

condensation [ˌkɒndenˈseɪʃn] *n* [on glass] condensació *f*.

condense [kənˈdens] ◇ *vt* condensar. ◇ *vi* condensar-se.

condensed milk [kənˈdenst-] *n* llet *f* condensada.

condescending [ˌkɒndɪˈsendɪŋ] *adj* ple plena de superioritat, condescendent.

condition [kənˈdɪʃn] ◇ *n* −1. [state] estat *m*; **in good / bad ~** en bon / mal estat; **to be out of ~** estar en mal estat. −2. MED [disease, complaint] afecció *f*. −3. [provision] condició *f*; **on ~ that** a condició que; **on one ~** amb una condició. ◇ *vt* −1. [gen] condicionar. −2. [hair] condicionar.

conditional [kənˈdɪʃənl] *adj* condicional; **to be ~ on / upon** dependre de.

conditioner [kənˈdɪʃnəʳ] *n* suavitzant *m*.

condolences [kənˈdəʊlənsɪz] *npl* condol *m*; **to offer one's ~** expressar el condol.

condom [ˈkɒndəm] *n* condó *m*.

condominium [ˌkɒndəˈmɪnɪəm] *n Am* −1. [apartment] apartament *m*. −2. [apartment block] bloc *m* d'apartaments.

condone [kənˈdəʊn] *vt* condonar, perdonar.

conducive [kənˈdjuːsɪv] *adj*: **~ to** favorable a.

conduct [*n* ˈkɒndʌkt, *vb* kənˈdʌkt] ◇ *n* −1. [behaviour] conducta *f*. −2. [carrying out] direcció *f*. ◇ *vt* −1. [carry out] dirigir, portar. −2. [behave]: **to ~ oneself well / badly** comportar-se bé / malament. −3. MUS dirigir. −4. PHYS conduir. ◇ *vi* [lead orchestra, choir] dirigir.

conducted tour [kənˈdʌktɪd-] *n* visita *f* guiada.

conductor [kənˈdʌktəʳ] *n* −1. [of orchestra, choir] director *m* -a *f*. −2. [on bus] cobrador *m* -a *f*. −3. *Am* [on train] revisor *m* -a *f*.

conductress [kənˈdʌktrɪs] *n* cobradora *f*.

cone [kəʊn] *n* −1. [shape] con *m*. −2. [for ice cream] con *m*. −3. [from tree] pinya *f*.

confectioner [kənˈfekʃnəʳ] *n* pastisser *m* -a *f*; **~'s (shop)** pastisseria *f*.

confectionery [kənˈfekʃnərɪ] *n* (U) pastissos *mpl*, confits *mpl*.

confederation [kənˌfedəˈreɪʃn] *n* confederació *f*.

confer [kənˈfɜːʳ] (*pt & pp* **-red**, *cont* **-ring**) ◇ *vt fml*: **to ~ sthg (on)** conferir alguna cosa (a). ◇ *vi*: **to ~ (with)** consultar (amb).

conference [ˈkɒnfərəns] *n* conferència *f*, congrés *m*; **in ~** reunit -ida.

confess [kənˈfes] ◇ *vt* confessar; **to ~ (that)** confessar (que). ◇ *vi* −1. [to crime] confessar-se culpable; **to ~ to sthg** confessar alguna cosa. −2. [admit]: **to ~ to sthg** admetre alguna cosa.

confession [kənˈfeʃn] *n* confessió *f*.

confetti [kənˈfetɪ] *n* confeti *m*.

confide [kənˈfaɪd] ◇ *vt* confiar. ◇ *vi*: **to ~ (in)** confiar (en).

confidence [ˈkɒnfɪdəns] *n* −1. [self-assurance] confiança *f* en un a mateix -a. −2. [trust] confiança *f*; **to have ~ in sb** tenir confiança en algú. −3. [secrecy]: **in ~** en secret. −4. [secret] confidència *f*, secret *m*.

confidence trick *n* estafa *f*.

confident [ˈkɒnfɪdənt] *adj* −1. [self-assured - person] segur -a d'un a mateix -a; [- smile, attitude] confiat -ada. −2. [sure]: **~ (of)** segur -a (de).

confidential [ˌkɒnfɪˈdenʃl] *adj* [gen] confidencial; [person] de confiança.

confine [kənˈfaɪn] *vt* −1. [limit, restrict] limitar; **to be ~d to** estar limitat -ada a; **to ~ oneself to** limitar-se a. −2. [shut up] tancar, recloure. ☞ **confines** *npl* confins *mpl*, límits *mpl*.

confined [kənˈfaɪnd] *adj* reduït -ïda, limitat -ada.

confinement [kənˈfaɪnmənt] *n* −1. [imprisonment] empresonament *m*. −2. *dated* MED part *m*, sobrepart *m*.

confirm [kənˈfɜːm] *vt* confirmar.

confirmation [ˌkɒnfəˈmeɪʃn] *n* confirmació *f*.

confirmed [kənˈfɜːmd] *adj* [non-smoker] inveterat -ada; [bachelor] incorregible.

confiscate [ˈkɒnfɪskeɪt] *vt* confiscar.

conflict [*n* ˈkɒnflɪkt, *vb* kənˈflɪkt] ◇ *n* conflicte *m*; **~ of interest** conflicte d'interessos. ◇ *vi*: **to ~ (with)** estar en pugna (amb).

conflicting [kənˈflɪktɪŋ] *adj* incompatible.

conform [kənˈfɔːm] *vi* −1. [behave as expected] comportar-se. −2. [be in accordance]: **to ~ (to / with)** [expectations] estar d'acord (amb); [rules] ajustar-se.

confound [kənˈfaʊnd] *vt* [confuse, defeat] confondre, desconcertar.

confront [kənˈfrʌnt] *vt* −1. [problem, task] afrontar. −2. [subject: problem, task] plantejar-se a. −3. [enemy etc.] enfrontar-se amb. −4. [challenge]: **to ~ sb (with)** acarar algú (amb).

confrontation [ˌkɒnfrʌnˈteɪʃn] *n* confrontació *f*, enfrontament *m*.

confuse [kənˈfjuːz] *vt* −1. [bewilder] desconcertar. −2. [mix up]: **to ~ (with)** confondre (amb). −3. [complicate, make less clear] complicar.

confused [kənˈfjuːzd] *adj* **-1.** [not clear] confús -usa. **-2.** [bewildered] confós -osa.

confusing [kənˈfjuːzɪŋ] *adj* confús -usa.

confusion [kənˈfjuːʒn] *n* **-1.** [gen] confusió *f*, desordre *m*. **-2.** [of person] desconcert *m*, confusió *f*.

congeal [kənˈdʒiːl] *vi* coagular-se.

congenial [kənˈdʒiːnjəl] *adj* simpàtic -a, agradable.

congested [kənˈdʒestɪd] *adj* **-1.** [area] superpoblat -ada; [road] embussat -ada. **-2.** MED congestionat -ada.

congestion [kənˈdʒestʃn] *n* **-1.** (U) [of traffic] embús *m*, embussament *m*. **-2.** MED congestió *f*.

conglomerate [kənˈflɒmərət] COM *n* conglomerat *m*.

congratulate [kənˈgrætʃʊleɪt] *vt* felicitar; **to ~ sb (on)** felicitar algú (per); **to ~ oneself (on)** congratular-se (de).

congregate [ˈkɒŋgrɪgeɪt] *vi* [people] congregar-se; [animals] reunir-se.

congregation [ˌkɒŋgrɪˈgeɪʃn] RELIG *n* feligresos *mpl*.

congress [ˈkɒŋgres] *n* congrés *m*. ⇨ **Congress** *n* [in US]: **(the) ~** el Congrés.

congressman [ˈkɒŋgresmən] (*pl* **-men** [-mən]) *n* membre *m* del Congrés.

conifer [ˈkɒnɪfəʳ] *n* conífera *f*.

conjugate [ˈkɒndʒʊgeɪt] *vt* conjugar.

conjugation [ˌkɒndʒʊˈgeɪʃn] *n* conjugació *f*.

conjunction [kənˈdʒʌŋkʃn] *n* **-1.** GRAM conjunció *f*. **-2.** [combination]: **in ~ with** juntament amb.

conjunctivitis [kənˌdʒʌŋktɪˈvaɪtɪs] *n* conjuntivitis *f*.

conjure [ˈkʌndʒəʳ] ◇ *vt* conjurar. ◇ *vi* fer jocs de mans. ⇨ **conjure up** *vt sep* [evoke] fer aparèixer amb un conjur.

conjurer [ˈkʌndʒərəʳ] *n* prestidigitador *m* -a *f*.

conk [kɒŋk] *n inf* [nose] nàpia *f*. ⇨ **conk out** *vi inf* parar-se.

conker [ˈkɒŋkəʳ] *n Br* castanya *f*.

conman [ˈkɒnmæn] (*pl* **-men** [-mən]) *n* estafador *m*.

connect [kəˈnekt] ◇ *vt* **-1.** [join]: **to ~ sthg (to)** unir alguna cosa (amb). **-2.** [on telephone]: **I'll ~ you** ara el poso en comunicació. **-3.** [associate]: **to ~ sthg / sb (with)** associar alguna cosa / algú (amb). **-4.** ELEC **to ~ sthg to** connectar alguna cosa a. ◇ *vi* [train, plane, bus]: **to ~ (with)** enllaçar (amb).

connected [kəˈnektɪd] *adj* [related]: **~ (with)** relacionat -ada (amb).

connection [kəˈnekʃn] *n* **-1.** [gen & ELEC]: **~ (between / with)** connexió *f* (entre / amb); **in ~ with** en relació *f* amb. **-2.** [plane, train, bus] correspondència *f*. **-3.** [professional acquaintance] relació *f*; **to have good ~s** tenir bones relacions.

connoisseur [ˌkɒnəˈsɜːʳ] *n* coneixedor *m* -a *f*, expert *m* -a *f*.

conquer [ˈkɒŋkəʳ] *vt* **-1.** [take by force] conquerir. **-2.** [gain control of, overcome] vèncer.

conqueror [ˈkɒŋkərəʳ] *n* conqueridor *m* -a *f*.

conquest [ˈkɒŋkwest] *n* conquesta *f*.

cons [kɒnz] *npl* **-1.** *Br inf*: **all mod ~** amb totes les comoditats. **-2.** ⇨ **pro**.

conscience [ˈkɒnʃəns] *n* consciència *f*; **in all ~** en veritat.

conscientious [ˌkɒnʃɪˈenʃəs] *adj* conscienciós -osa.

conscious [ˈkɒnʃəs] *adj* **-1.** [gen] conscient; **to be ~ of** ser conscient de. **-2.** [intentional] intencional -ada.

consciousness [ˈkɒnʃəsnɪs] *n* **-1.** [gen] consciència *f*. **-2.** [state of being awake] coneixement *m*; **to lose / regain ~** perdre / recobrar el coneixement.

conscript [*n* ˈkɒnskrɪpt, *vb* kənˈskrɪpt] ◇ *n* recluta *mf*. ◇ *vt* reclutar.

conscription [kənˈskrɪpʃn] *n* servei *m* militar obligatori.

consecutive [kənˈsekjʊtɪv] *adj* consecutiu -iva; **on three ~ days** tres dies seguits.

consent [kənˈsent] ◇ *n* (U) **-1.** [permission] consentiment *m*. **-2.** [agreement] acord *m*; **by general / common ~** segons l'opinió unànime. ◇ *vi*: **to ~ (to)** consentir (en).

consequence [ˈkɒnsɪkwəns] *n* **-1.** [result] conseqüència *f*; **in ~** en conseqüència. **-2.** [importance] importància *f*.

consequently [ˈkɒnsɪkwəntlɪ] *adv* conseqüentment.

conservation [ˌkɒnsəˈveɪʃn] *n* conservació *f*.

conservative [kənˈsɜːvətɪv] ◇ *adj* **-1.** [not modern] conservador -a. **-2.** [estimate, guess] moderat -ada. ◇ *n* conservador *m* -a *f*. ⇨ **Conservative** POL ◇ *adj* conservador -a. ◇ *n* conservador *m* -a *f*.

Conservative Party *n*: **the ~** el partit conservador britànic.

conservatory [kənˈsɜːvətrɪ] (*pl* **-ies**) *n* hivernacle *m*.

conserve [n 'kɒnsɜːv, vb kənˈsɜːv] ◇ n conserva f. ◇ vt [energy, supplies] reservar; [nature, wildlife] conservar, preservar.

consider [kənˈsɪdər] vt **-1.** [gen] considerar; **to ~ doing sthg** pensar a fer alguna cosa. **-2.** [take into account] tenir en compte; **all things ~ed** considerant-ho tot.

considerable [kənˈsɪdrəbl] adj considerable.

considerably [kənˈsɪdrəblɪ] adv considerablement.

considerate [kənˈsɪdərət] adj considerat -ada.

consideration [kənˌsɪdəˈreɪʃn] n consideració f; **to take sthg into ~** tenir alguna cosa en compte; **several options are under ~** estem estudiant diverses opcions.

considering [kənˈsɪdərɪŋ] ◇ prep en consideració a. ◇ conj considerant-ho tot.

consign [kənˈsaɪn] vt: **to ~ sthg / sb to** consignar alguna cosa / algú a.

consignment [ˌkənˈsaɪnmənt] n tramesa f.

consist [kənˈsɪst] ➤ **consist in** vt fus consistir en, a. ➤ **consist of** vt fus consistir en, constar de.

consistency [kənˈsɪstənsɪ] (pl **-ies**) n **-1.** [coherence - of behaviour, policy] coherència f, conseqüència f; [of work] constància f. **-2.** [texture] consistència f.

consistent [kənˈsɪstənt] adj **-1.** [regular] constant. **-2.** [coherent]: **~ (with)** conseqüent (amb).

consolation [ˌkɒnsəˈleɪʃn] n consol m.

console [n 'kɒnsəʊl, vb kənˈsəʊl] ◇ n consola f. ◇ vt: **to ~ oneself with the thought that ...** consolar-se pensant que ...

consonant ['kɒnsənənt] n consonant f.

consortium [kənˈsɔːtjəm] (pl **-tiums** / **-tia** [-tjə]) n consorci m.

conspicuous [kənˈspɪkjuəs] adj [building] conspicu -ícua; [colour] cridaner -a; **he felt ~** es va sentir el centre d'atenció.

conspiracy [kənˈspɪrəsɪ] (pl **-ies**) n conspiració f.

conspire [kənˈspaɪər] ◇ vt: **to ~ to do sthg** conspirar a fer una cosa. ◇ vi **-1.** [plan secretly]: **to ~ (against / with)** conspirar (contra / amb). **-2.** [combine] confabular-se.

constable ['kʌnstəbl] n policia mf, guàrdia mf.

constabulary [kənˈstæbjʊlərɪ] (pl **-ies**) n policia mf.

constant ['kɒnstənt] adj **-1.** [gen] constant. **-2.** liter [faithful] fidel.

constantly ['kɒnstəntlɪ] adv [forever] constantment.

consternation [ˌkɒnstəˈneɪʃn] n consternació f.

constipated ['kɒnstɪpeɪtɪd] adj restret -a.

constipation [ˌkɒnstɪˈpeɪʃn] n restrenyiment m.

constituency [kənˈstɪtjʊənsɪ] (pl **-ies**) n [area] districte m electoral, circumscripció f.

constituent [kənˈstɪtjʊənt] ◇ adj constituent, integrant. ◇ n **-1.** [voter] elector m -a f. **-2.** [element] constituent m, component m.

constitute ['kɒnstɪtjuːt] vt constituir.

constitution [ˌkɒnstɪˈtjuːʃn] n constitució f.

constraint [kənˈstreɪnt] n **-1.** [restriction]: **~ (on)** limitació f (de). **-2.** [self-control] control m d'un mateix. **-3.** [coercion] força f.

construct [vb kənˈstrʌkt, n 'kɒnstrʌkt] vt lit & fig construir. ◇ n fml concepte m.

construction [kənˈstrʌkʃn] ◇ n construcció f; **under ~** en construcció. ◇ comp: **~ site** obra f.

constructive [kənˈstrʌktɪv] adj constructiu -iva.

construe [kənˈstruː] vt fml: **to ~ sthg as** interpretar una cosa com.

consul ['kɒnsəl] n cònsol m.

consulate ['kɒnsjʊlət] n consolat m.

consult [kənˈsʌlt] ◇ vt consultar. ◇ vi: **to ~ with sb** consultar amb algú.

consultant [kənˈsʌltənt] n **-1.** [expert] assessor m -a f. **-2.** Br [hospital doctor] especialista mf.

consultation [ˌkɒnsəlˈteɪʃn] n **-1.** [gen] consulta f. **-2.** [discussion] discussió f.

consulting room [kənˈsʌltɪŋ-] n consultori m.

consume [kənˈsjuːm] vt lit & fig consumir.

consumer [kənˈsjuːmər] ◇ n consumidor m -a f. ◇ comp [protection, rights] del consumidor; [advice] al consumidor.

consumer goods npl béns mpl de consum.

consumer society n societat f de consum.

consummate [adj kənˈsʌmət, vb 'kɒnsəmeɪt] ◇ adj **-1.** [skill, ease] absolut -a. **-2.** [liar, politician, snob] consumat -ada. ◇ vt **-1.** [marriage] consumar. **-2.** [deal] tancar; [achievement] assolir, completar.

consumption [kənˈsʌmpʃn] *n* **-1.** [use] consum *m*. **-2.** *dated* [tuberculosis] tisi *f*.

contact [ˈkɒntækt] ◇ *n* contacte *m*; **in ~ (with)** en contacte (amb); **to lose ~ with** perdre el contacte amb; **to make ~ with** posar-se en contacte amb. ◇ *vt* contactar amb.

contact lens *n* lent *f* de contacte.

contagious [kənˈteɪdʒəs] *adj* contagiós -osa.

contain [kənˈteɪn] *vt* contenir; **to ~ oneself** contenir-se.

container [kənˈteɪnər] *n* **-1.** [box, bottle etc.] recipient *m*, envàs *m*. **-2.** [for transporting goods] contenidor *m*.

contaminate [kənˈtæmɪneɪt] *vt* contaminar.

cont'd (abbr of **continued**) cont.

contemplate [ˈkɒntəmpleɪt] ◇ *vt* **-1.** [consider] pensar, contemplar; **to ~ doing sthg** pensar en la possibilitat de fer una cosa. **-2.** *fml* [look at] contemplar. ◇ *vi* meditar.

contemporary [kənˈtempərərɪ] (*pl* **-ies**) ◇ *adj* contemporani -ània. ◇ *n* contemporani *m* -ània *f*.

contempt [kənˈtempt] *n* **-1.** [scorn]: **~ (for)** menyspreu (per); **to hold sb in ~** tenir algú en menyspreu. **-2.** JUR desacatament *m*.

contemptuous [kənˈtemptʃʊəs] *adj* despectiu -iva; **to be ~ of sthg** menysprear alguna cosa.

contend [kənˈtend] ◇ *vi* **-1.** [deal]: **to ~ with** contendre amb; **I've got enough to ~ with** ja tinc prou coses de les quals preocupar-me. **-2.** [compete]: **to ~ for / against** competir per / contra. ◇ *vt fml*: **to ~ that** afirmar que.

contender [kənˈtendər] *n* [gen] contendent *mf*; [for title] competidor *m* -a *f*.

content [*n* ˈkɒntent, *adj* & *vb* kənˈtent] ◇ *adj*: **~ (with)** satisfet -a (de); **to be ~ to do sthg** estar content -a de fer alguna cosa; **I'd be quite ~ to go** hi aniria de bon grat. ◇ *n* contingut *m*. ◇ *vt*: **to ~ oneself with sthg / with doing sthg** acontentar-se amb alguna cosa / fer alguna cosa. ● **contents** *npl* contingut *m*.

contented [kənˈtentɪd] *adj* acontentat -ada, satisfet -a.

contention [kənˈtenʃn] *n fml* **-1.** [argument, assertion] argument *m*; **it is my ~ that ...** pretenc que ... **-2.** (*U*) [disagreement] disputa *f*. **-3.** [competition]: **to be in ~** competir.

contest [*n* ˈkɒntest, *vb* kənˈtest] ◇ *n* **-1.** [competition] competició *f*, concurs *m*. **-2.** [for power, control] contesa *f*, lluita *f*. ◇ *vt* **-1.** [seat, election] ser candidat -a. **-2.** [dispute - statement] atacar; [- decision] impugnar.

contestant [kənˈtestənt] *n* [in quiz show] concursant *mf*; [in race] participant *mf*; [in boxing match] contendent *mf*.

context [ˈkɒntekst] *n* context *m*; **out of ~** fora de context.

continent [ˈkɒntɪnənt] *n* continent *m*. ● **the Continent** *n* Br: **the ~** l'Europa continental.

continental [ˌkɒntɪˈnentl] ◇ *adj* **-1.** GEOG continental. **-2.** [European] de l'Europa continental. ◇ *n inf* persona *f* de l'Europa continental.

continental breakfast *n* esmorzar *m* continental.

continental quilt *n Br* edredó *m*.

contingency [kənˈtɪndʒənsɪ] (*pl* **-ies**) contingència *f*.

contingency plan *n* pla *m* d'emergència.

continual [kənˈtɪnjʊəl] *adj* continu -ínua.

continually [kənˈtɪnjʊəlɪ] *adv* contínuament, continuadament.

continuation [kənˌtɪnjʊˈeɪʃn] *n* continuació *f*.

continue [kənˈtɪnjuː] ◇ *vt*: **to ~ (doing / to do sthg)** continuar (fent alguna cosa); **to be ~d** continuarà. ◇ *vi*: **to ~ (with sthg)** continuar (amb una cosa).

continuous [kənˈtɪnjʊəs] *adj* continu -ínua, continuat -ada.

continuously [kənˈtɪnjʊəslɪ] *adv* contínuament, continuadament.

contort [kənˈtɔːt] ◇ *vt* retòrcer. ◇ *vi* retòrcer-se.

contortion [kənˈtɔːʃn] *n* contorsió *f*.

contour [ˈkɒn.tʊər] ◇ *n* **-1.** [outline] contorn *m*. **-2.** [on map] línia *f* de nivell. ◇ *comp*: **~ map** mapa *m* de nivells; **~ line** línia *f* de nivell.

contraband [ˈkɒntrəbænd] ◇ *adj* de contraban. ◇ *n* contraban *m*.

contraception [ˌkɒntrəˈsepʃn] *n* anticoncepció *f*.

contraceptive [ˌkɒntrəˈseptɪv] ◇ *adj* anticonceptiu -iva. ◇ *n* anticonceptiu *m*.

contract [*n* ˈkɒntrækt, *vb* kənˈtrækt] ◇ *n* contracte *m*. ◇ *vt* **-1.** [through legal agreement]: **to ~ sb (to do sthg)** contractar algú (per fer alguna cosa); **to ~ to do sthg**

comprometre's a fer una cosa. **-2.** *fml* [illness, disease] contreure. **-3.** [reduce in size, length] contraure. ◇ *vi* [decrease in size, length] contraure's.

contraction [kənˈtrækʃn] *n* contracció *f*.

contractor [kənˈtræktəʳ] *n* contractista *mf*.

contradict [ˌkɒntrəˈdɪkt] *vt* contradir.

contradiction [ˌkɒntrəˈdɪkʃn] *n* contradicció *f*; ~ in terms inconsistència *f*.

contraflow [ˈkɒntrəfləʊ] *n* estrenyiment de l'autopista en una carretera de doble direcció.

contraption [kənˈtræpʃn] *n* dispositiu *m*, enginy *m*.

contrary [ˈkɒntrərɪ, *adj sense 2* kənˈtreərɪ] ◇ *adj* **-1.** [opposite] contrari -ària; ~ to contrari -ària a. **-2.** [awkward] tossut -uda, que sempre porta la contrària. ◇ *n*: the ~ el contrari; on the ~ al contrari; to the ~ en contra; unless I hear to the ~ si no és que em diguin el contrari. ➡ **contrary to** *prep* en contra de.

contrast [*n* ˈkɒntrɑːst, *vb* kənˈtrɑːst] ◇ *n*: ~ (between / with) contrast *m* (entre / amb); by / in ~ per contrast; in ~ with / to a diferència de; to be a ~ (to / with) contrastar (amb). ◇ *vt*: to ~ sthg with contrastar alguna cosa amb. ◇ *vi*: to ~ (with) contrastar (amb).

contravene [ˌkɒntrəˈviːn] *vt* contravenir.

contribute [kənˈtrɪbjuːt] ◇ *vt* **-1.** [give] contribuir, donar. **-2.** [to magazine, newspaper]: to ~ (to) escriure (per a). ◇ *vi* **-1.** [gen]: to ~ (to) contribuir (a). **-2.** [write material]: to ~ to col·laborar en.

contribution [ˌkɒntrɪˈbjuːʃn] *n* **-1.** [gen]: ~ (to) contribució *f* (a). **-2.** [article] col·laboració *f*.

contributor [kənˈtrɪbjʊtəʳ] *n* **-1.** [of money] contribuent *mf*. **-2.** [to magazine, newspaper] col·laborador *m* -a *f*.

contrive [kənˈtraɪv] *vt fml* **-1.** [engineer] inventar, idear. **-2.** [manage]: to ~ to do sthg aconseguir fer una cosa.

contrived [kənˈtraɪvd] *adj* artificial.

control [kənˈtrəʊl] (*pt & pp* **-led**, *cont* **-ling**) ◇ *n* **-1.** [gen & COMPUT] control *m*; [on spending] restricció *f*; beyond / outside one's ~ més enllà del control d'un; in ~ of manar en; to be in ~ of oneself tenir control de si; to be in ~ of the situation dominar la situació; out of / under ~ fora de / sota control; to gain ~ (of) aconseguir el control (de); to take ~ (of) prendre el control (de). **-2.** [of emotions] control *m*, domini *m*; to lose ~ perdre el control. ◇ *vt* **-1.** [gen] controlar; to ~ oneself controlar-se, dominar-se. **-2.** [operate - machine, plane] dirigir; [- central heating] regular. ◇ *comp* de control. ➡ **controls** *npl* [of machine, vehicle] controls *mpl*.

controller [kənˈtrəʊləʳ] FIN *n* interventor *m* -a *f*; RADIO & TV director *m* -a *f*.

control panel *n* quadre *m* de control.

control tower *n* torre *f* de control.

controversial [ˌkɒntrəˈvɜːʃl] *adj* discutible, polèmic -a.

controversy [ˈkɒntrəvɜːsɪ, *Br* kənˈtrɒvəsɪ] (*pl* **-ies**) *n* controvèrsia *f*, polèmica *f*.

convalesce [ˌkɒnvəˈles] *vi* refer-se.

convene [kənˈviːn] ◇ *vt* convocar. ◇ *vi* reunir-se.

convenience [kənˈviːnjəns] *n* comoditat *f*; do it at your ~ fes-ho quan et vagi bé.

convenience store *n Am* botiga *f* oberta fins tard.

convenient [kənˈviːnjənt] *adj* **-1.** [suitable] convenient; is Monday ~? et va bé dilluns? **-2.** [handy - size] pràctic -a; [- position] còmode -a; ~ for [well-situated] accessible per a.

convent [ˈkɒnvənt] *n* convent *m*.

convention [kənˈvenʃn] *n* convenció *f*.

conventional [kənˈvenʃənl] *adj* convencional.

converge [kənˈvɜːdʒ] *vi lit & fig* convergir; to ~ (on) dirigir-se tots a; the protesters ~d on the palace els manifestants es van reunir davant el palau.

conversant [kənˈvɜːsənt] *adj fml*: ~ with versat -ada en.

conversation [ˌkɒnvəˈseɪʃn] *n* conversa *f*; to make ~ (with) conversar (amb).

conversational [ˌkɒnvəˈseɪʃənl] *adj* familiar; ~ style estil col·loquial.

converse [*adj & n* ˈkɒnvɜːs, *vb* kənˈvɜːs] ◇ *adj fml* contrari -ària, invers -a. ◇ *n*: the ~ la inversa. ◇ *vi fml*: to ~ (with) conversar (amb).

conversely [kənˈvɜːslɪ] *adv fml* a la inversa.

conversion [kənˈvɜːʃn] *n* **-1.** [gen & RELIG] conversió *f*. **-2.** [in building] reforma *f*. **-3.** [in rugby] transformació *f*.

convert [*vb* kənˈvɜːt, *n* ˈkɒnvɜːt] ◇ *vt* **-1.** [gen]: to ~ sthg (to / into) convertir alguna cosa (en). **-2.** [person & RELIG]: to ~ sb (to) convertir algú (a). **-3.** [in rugby] transformar. ◇ *vi* **-1.** [change]: to ~ from sthg to canviar d'una cosa a. **-2.** [in rugby] fer una transformació. ◇ *n* convers *m* -a *f*.

convertible [kənˈvɜːtəbl] ◇ *adj* **-1.** [sofa]: **~ sofa** sofà llit. **-2.** [currency] convertible. **-3.** [car] descapotable. ◇ *n* descapotable *m*.

convex [kɒnˈveks] *adj* convex -a.

convey [kənˈveɪ] *vt* **-1.** *fml* [transport] transportar. **-2.** [express]: **to ~ sthg (to)** comunicar alguna cosa (a).

conveyer belt [kənˈveɪəʳ-] *n* cinta *f* transportadora.

convict [*n* ˈkɒnvɪkt, *vb* kənˈvɪkt] ◇ *n* convicte *m* -a *f*. ◇ *vt*: **to ~ sb of** declarar algú culpable de, condemnar algú per.

conviction [kənˈvɪkʃn] *n* **-1.** [belief, fervour] convicció *f*. **-2.** JUR condemna *f*.

convince [kənˈvɪns] *vt* convèncer; **to ~ sb (of sthg / to do sthg)** convèncer (d'una cosa / que faci una cosa).

convincing [kənˈvɪnsɪŋ] *adj* convincent.

convoluted [ˈkɒnvəluːtɪd] *adj* [tortuous] sinuós -osa, tortuós -osa.

convoy [ˈkɒnvɔɪ] *n* comboi *m*; **in ~** en comboi.

convulse [kənˈvʌls] *vt*: **to be ~d with** [pain] estar convulsionat per; [laughter] morir-se de.

convulsion [kənˈvʌlʃn] MED *n* convulsió *f*.

coo [kuː] *vi* parrupejar.

cook [kʊk] ◇ *n* cuiner *m* -a *f*. ◇ *vt* **-1.** [gen] cuinar; [prepare] preparar, fer. **-2.** [in oven] rostir, fer al forn. **-3.** *inf* [falsify] falsificar. ◇ *vi* **-1.** [prepare food] cuinar. **-2.** [in oven] coure, rostir. ♦ **cook up** *vt sep* [plan, deal] ordir; [excuse] inventar.

cookbook [ˈkʊk,bʊk] = **cookery book**.

cooker [ˈkʊkəʳ] *n* cuina *f*, foc *m*.

cookery [ˈkʊkərɪ] *n* art *m* de cuinar.

cookery book *n* llibre *m* de cuina.

cookie [ˈkʊkɪ] *n Am* galeta *f*.

cooking [ˈkʊkɪŋ] ◇ *n* **-1.** [activity]: **do you like ~?** t'agrada cuinar? **-2.** [food] cuina *f*. ◇ *comp* [utensils, salt] de cuina; [oil, sherry] per cuinar.

cool [kuːl] ◇ *adj* **-1.** [not warm] fresc -a. **-2.** [calm] tranquil -il·la. **-3.** [unfriendly] fred -a. **-4.** *inf* [hip] enrotllat -ada. ◇ *vt* refrescar. ◇ *vi* **-1.** [become less warm] refredar-se. **-2.** [abate] calmar-se, tranquil·litzar-se. ◇ *n*: **to keep / lose one's ~** mantenir / perdre la calma. ♦ **cool down** *vt sep* **-1.** [make less warm] refrescar. **-2.** [make less angry] calmar. ◇ *vi* **-1.** [become less warm] refrescar-se. **-2.** [become less angry] calmar-se.

cool box *n* nevera *f* portàtil.

coop [kuːp] *n* galliner *m*.

Co-op [ˈkəʊ,ɒp] *n* (abbr of **co-operative society**) coop. *f*.

cooperate [kəʊˈɒpəreɪt] *vi*: **to ~ (with)** cooperar (amb).

cooperation [kəʊ,ɒpəˈreɪʃn] *n* (U) cooperació *f*.

cooperative [kəʊˈɒpərətɪv] ◇ *adj* **-1.** [helpful] servicial, disposat -ada a ajudar. **-2.** [collective] cooperatiu -iva. ◇ *n* cooperativa *f*.

coordinate [*n* kəʊˈɔːdɪnət, *vb* kəʊˈɔːdɪneɪt] ◇ *n* coordenada *f*. ◇ *vt* coordinar. ♦

coordinates *npl* [clothes] conjunt *m*.

coordination [kəʊ,ɔːdɪˈneɪʃn] *n* coordinació *f*.

cop [kɒp] (*pt & pp* **-ped**, *cont* **-ping**) *n inf* poli *m*.

cope [kəʊp] *vi*: **to ~ with** [work] sortir-se'n; [problem, situation] enfrontar-se a.

Copenhagen [,kəʊpənˈheɪgən] *n* Copenhague.

copier [ˈkɒpɪəʳ] *n* copiadora *f*, fotocopiadora *f*.

cop-out *n inf* escapoliment *m*.

copper [ˈkɒpəʳ] *n* **-1.** [metal] coure *m*. **-2.** *Br inf* [policeman] poli *m*.

coppice [ˈkɒpɪs], **copse** [kɒps] *n* bosquet *m*.

copy [ˈkɒpɪ] (*pt & pp* **-ied**) ◇ *n* **-1.** [imitation, duplicate] còpia *f*. **-2.** [of book, magazine] exemplar *m*. ◇ *vt* **-1.** [imitate] copiar. **-2.** [photocopy] fotocopiar. ◇ *vi* copiar.

copyright [ˈkɒpɪraɪt] *n* (U) drets *mpl* d'autor.

coral [ˈkɒrəl] ◇ *n* coral *m*. ◇ *comp* coral·lí -ina.

cord [kɔːd] ◇ *n* **-1.** [string] corda *f*; [for tying clothes] cordill *m*. **-2.** [wire] cordó *m*, cable *m*. **-3.** [fabric] pana *f*. ◇ *comp* de pana. ♦ **cords** *npl* pantalons *mpl* de pana.

cordial [ˈkɔːdjəl] ◇ *adj* cordial, afectuós -osa. ◇ *n* cordial *m*.

cordless [ˈkɔːdlɪs] *adj* inalàmbric -a.

cordon [ˈkɔːdn] *n* cordó *m*. ♦ **cordon off** *vt sep* acordonar.

corduroy [ˈkɔːdərɔɪ] ◇ *n* pana *f*. ◇ *comp* de pana.

core [kɔːʳ] ◇ *n* **-1.** [of fruit] cor *m*. **-2.** [of Earth, nuclear reactor, group] nucli *m*. **-3.** [of issue, matter] cor *m*; **to the ~** fins al moll de l'os. ◇ *vt* treure el cor de.

Corfu [kɔːˈfuː] *n* Corfú.

corgi ['kɔːgɪ] (*pl* **-s**) *n* gos *m* gal·lès.
coriander [ˌkɒrɪ'ændər] *n* celiandre *m*.
cork [kɔːk] *n* suro *m*.
corkscrew ['kɔːkskruː] *n* tirabuixó *m*.
corn [kɔːn] ◇ *n* **-1.** *Br* [wheat, barley, oats] cereal *m*. **-2.** *Am* [maize] blat *m* de moro; **~ on the cob** panotxa *f* de blat de moro. **-3.** [callus] ull *m* de poll. ◇ *comp* de blat de moro.
cornea ['kɔːnɪə] (*pl* **-s**) *n* còrnia *f*.
corned beef [kɔːnd-] *n* carn *f* de vedella en conserva.
corner ['kɔːnər] ◇ *n* **-1.** [angle - on outside] cantonada *f*; [- on inside] racó *m*; **to cut ~s** fer drecera. **-2.** [bend - in street, road] corba *f*; **just around the ~** a darrere la cantonada. **-3.** [faraway place] racó *m*. **-4.** [in football] còrner *m*. ◇ *vt* **-1.** [trap] acorralar. **-2.** [monopolize] acaparar.
corner shop *n* botiga de barri on es venen articles de drogueria, menjar, etc.
cornerstone ['kɔːnəstəʊn] *n* fig pedra *f* angular.
cornet ['kɔːnɪt] *n* **-1.** [instrument] corneta *f*. **-2.** *Br* [ice-cream cone] gelat *m* de con.
cornflakes ['kɔːnfleɪks] *npl* flocs *mpl* de blat.
cornflour *Br* ['kɔːnflaʊər], **cornstarch** *Am* ['kɔːnstɑːtʃ] *n* farina *f* de blat de moro.
Cornwall ['kɔːnwɔːl] *n* Cornualla.
corny ['kɔːnɪ] (*compar* **-ier**, *superl* **-iest**) *adj inf* gastat -ada.
coronary ['kɒrənrɪ] (*pl* **-ies**), **coronary thrombosis** *n* trombosi *f* coronària.
coronation [ˌkɒrə'neɪʃn] *n* coronació *f*.
coroner ['kɒrənər] *n* jutge *m* -essa *f* d'instrucció.
Corp. (*abbr of* **corporation**) corp.
corporal ['kɔːpərəl] *n* caporal *m* -a *f*.
corporal punishment *n* càstig *m* corporal.
corporate ['kɔːpərət] *adj* **-1.** [business] corporatiu -iva. **-2.** [collective] col·lectiu -iva.
corporation [ˌkɔːpə'reɪʃn] *n* **-1.** [council] corporació *f*, ajuntament *m*. **-2.** [large company] societat *f* anònima.
corps [kɔːr] (*pl inv*) *n* cos *m*; **press ~** gabinet *m* de premsa.
corpse [kɔːps] *n* cadàver *m*.
correct [kə'rekt] ◇ *adj* **-1.** [accurate - time, amount, forecast] exacte -a; [- answer] correcte -a; **you're ~** tens raó. **-2.** [socially acceptable] correcte -a. **-3.** [appropriate, required] adequat -ada. ◇ *vt* corregir.

correction [kə'rekʃn] *n* correcció *f*.
correctly [kə'rektlɪ] *adv* **-1.** [gen] correctament. **-2.** [appropriately, as required] adequadament.
correlation [ˌkɒrə'leɪʃn] *n*: **~ (between)** correlació *f* (entre).
correspond [ˌkɒrɪ'spɒnd] *vi* **-1.** [correlate]: **to ~ (with / to)** correspondre (amb / a). **-2.** [match]: **to ~ (with / to)** encaixar. **-3.** [write letters]: **to ~ (with)** escriure's amb.
correspondence [ˌkɒrɪ'spɒndəns] *n*: **~ (with / between)** correspondència *f* (amb / entre).
correspondence course *n* curs *m* per correspondència.
correspondent [ˌkɒrɪ'spɒndənt] *n* [reporter] corresponsal *mf*.
corridor ['kɒrɪdɔːr] *n* corredor *m*, passadís *m*.
corroborate [kə'rɒbəreɪt] *vt* corroborar.
corrode [kə'rəʊd] ◇ *vt* corroir. ◇ *vi* corroir-se.
corrosion [kə'rəʊʒn] *n* corrosió *f*.
corrugated ['kɒrəgeɪtɪd] *adj* ondulat -ada.
corrugated iron *n* xapa *f* ondulada.
corrupt [kə'rʌpt] ◇ *adj* [gen & COMPUT] corrupte -a. ◇ *vt* corrompre; **to ~ a minor** pervertir un menor.
corruption [kə'rʌpʃn] *n* corrupció *f*.
corset ['kɔːsɪt] *n* cotilla *f*, faixa *f*.
Corsica ['kɔːsɪkə] *n* Còrsega.
cortege, **cortège** [kɔː'teɪʒ] *n* acompanyament *m*, seguici *m*.
cosh [kɒʃ] ◇ *n* garrot *m*. ◇ *vt* garrotejar.
cosmetic [kɒz'metɪk] ◇ *n* cosmètic *m*. ◇ *adj fig* cosmètic -a.
cosmopolitan [kɒzmə'pɒlɪtn] *adj* cosmopolita.
cosset ['kɒsɪt] *vt* amanyagar.
cost [kɒst] (*pt & pp* **cost** / **-ed**) ◇ *n* **-1.** [price] cost *m*, preu *m*. **-2.** *fig* [loss, damage] cost *m*; **at the ~ of** a costa de; **at all ~s** a qualsevol preu. ◇ *vt* **-1.** [gen] costar; **it ~ us £20 / a lot of effort** ens va costar 20 lliures / molt d'esforç; **how much does it ~?** quant costa? **-2.** [estimate] calcular el cost de. ◆ **costs** JUR *npl* costa *f*, costes *fpl*.
co-star ◇ *n* coprotagonista *mf*. ◇ *vt* presentar com a protagonistes. ◇ *vi* ser coprotagonista amb.
Costa Rica [ˌkɒstə'riːkə] *n* Costa Rica.
Costa Rican [ˌkɒstə'riːkən] ◇ *adj* costa-riqueny -a. ◇ *n* costa-riqueny *m* -a *f*.

cost-effective *adj* rendible.
costing [ˈkɒstɪŋ] *n* càlcul *m* del cost.
cost of living *n*: the ~ el cost de vida.
cost price *n* preu *m* de cost.
costume [ˈkɒstjuːm] *n* **-1.** [gen] vestit *m*. **-2.** [swimming -] vestit *m* de bany.
costume jewellery *n* (U) bijuteria *f*.
cosy *Br*, **cozy** *Am* [ˈkəʊzɪ] (*compar* **-ier**, *superl* **-iest**, *pl* **-ies**) ◇ *adj* **-1.** [warm and comfortable - room] acollidor -a; [- clothes] confortable. **-2.** [intimate] agradable, còmode. ◇ *n* funda *f* per la tetera.
cot [kɒt] *n* **-1.** *Br* [for child] bressol *m*. **-2.** *Am* [folding bed] llit *m* plegable.
cottage [ˈkɒtɪdʒ] *n* casa *f* de camp.
cottage cheese *n* mató *m*.
cottage pie *n Br* pastís *m* de carn picada recobert de puré de patates.
cotton [ˈkɒtn] ◇ *n* **-1.** [fabric] cotó *m*. **-2.** [plant] cotoner *m*. **-3.** [thread] fil *m* de cotó. ◇ *comp* [dress, shirt, mill] de cotó; [industry] cotoner -a. ➠ **cotton on** *vi inf*: to ~ on (to) caure-hi.
cotton candy *n Am* cotó *m* de sucre.
cotton wool *n* cotó *m* fluix.
couch [kaʊtʃ] ◇ *n* **-1.** [sofa] sofà *m*, canapè *m*. **-2.** [in doctor's surgery] llitera *f*. ◇ *vt*: to ~ sthg in expressar alguna cosa en.
couchette [kuːˈʃet] *n Br* llitera *f*.
cough [kɒf] ◇ *n* tos *f*. ◇ *vi* tossir. ◇ *vt* escopir.
cough mixture *n Br* xarop *m* per a la tos.
cough sweet *n Br* caramel *m* per a la tos.
cough syrup = cough mixture.
could [kʊd] *pt* ➠ **can²**.
couldn't [ˈkʊdnt] = could not.
could've [ˈkʊdəv] = could have.
council [ˈkaʊnsl] *n* **-1.** [of a town] ajuntament *m*; [of a county] diputació *f*. **-2.** [group, organization] consell *m*. **-3.** [meeting] consell *m*, junta *f*. ◇ *comp* [meeting, leader] de l'ajuntament; [tenant] d'un habitacle protegit.
council estate *n* grup *m* d'habitacles protegits.
council house *n Br* habitacle *m* protegit.
councillor [ˈkaʊnsələʳ] *n* regidor *m* -a *f*.
council tax *n Br* impost municipal basat en el valor de la propietat.
counsel [ˈkaʊnsəl] (*Br pt & pp* **-led**, *cont* **-ling**, *Am pt & pp* **-ed**, *cont* **-ing**) ◇ *n* **-1.** (U) *fml* [advice] consell *m*. **-2.** [lawyer] advocat *m* -ada *f*. ◇ *vt* aconsellar; *fig* to ~ sb to do sthg aconsellar a algú que faci alguna cosa.
counsellor *Br*, **counselor** *Am* [ˈkaʊnsələʳ] *n* **-1.** [gen] conseller *m* -a *f*. **-2.** *Am* [lawyer] advocat *m* -ada *f*.
count [kaʊnt] ◇ *n* **-1.** [total] suma *f*; [of votes] escrutini *m*; **to keep / lose ~ of** portar / perdre el compte. **-2.** [point] punt *m*. **-3.** JUR [charge] càrrec *m*. **-4.** [aristocrat] comte *m*. ◇ *vt* **-1.** [add up] comptar; [total, cost] calcular. **-2.** [consider]: **to ~ sb as** considerar algú com a. **-3.** [include] incloure, comptar amb. ◇ *vi* **-1.** [gen] comptar. **-2. (up) to** comptar fins a; **to ~ for** valer; **to ~ as** comptar per. ➠ **count against** *vt fus* perjudicar. ➠ **count (up)on** *vt fus* comptar amb. ➠ **count up** *vt fus* comptar.
countdown [ˈkaʊntdaʊn] *n* compte *m* cap enrere.
counter [ˈkaʊntəʳ] ◇ *n* **-1.** [in shop] taulell *m*; [in bank] finestreta *f*. **-2.** [in board game] fitxa *f*. ◇ *vt*: **to ~ sthg with** contestar a alguna cosa amb; **to ~ sthg by doing sthg** contrarestar una cosa fent-ne una altra. ◇ *vi*: **to ~ with sthg / by doing sthg** contestar amb alguna cosa / fent alguna cosa. ➠ **counter to** *adv* de sentit oposat, contrari a; **to run ~ to** ser contrari a.
counteract [ˌkaʊntəˈrækt] *vt* contraatacar.
counterattack [ˌkaʊntərəˈtæk] ◇ *n* contraatac *m*. ◇ *vt & vi* contraatacar.
counterclockwise [ˌkaʊntəˈklɒkwaɪz] *adv Am* en sentit contrari a les agulles del rellotge.
counterfeit [ˈkaʊntəfɪt] ◇ *adj* falsificat -ada. ◇ *vt* falsificar.
counterfoil [ˈkaʊntəfɔɪl] *n* comprovant *m*.
countermand [ˌkaʊntəˈmɑːnd] *vt* revocar.
counterpart [ˈkaʊntəpɑːt] *n* homòleg *m* -òloga *f*.
counterproductive [ˌkaʊntəprəˈdʌktɪv] *adj* contraproduent.
countess [ˈkaʊntɪs] *n* comtessa *f*.
countless [ˈkaʊntlɪs] *adj* incomptable.
country [ˈkʌntrɪ] (*pl* **-ies**) ◇ *n* **-1.** [nation] país *m*. **-2.** [population]: **the ~** el poble. **-3.** [countryside]: **the ~** el camp. **-4.** [terrain] terra *f*. ◇ *comp* de camp.
country dancing *n* (U) dances *fpl* tradicionals.

country house *n* casa *f* de camp.

countryman ['kʌntrɪmən] (*pl* -men [-mən]) *n* [from same country] compatriota *m*.

country park *n Br* parc natural obert al públic.

countryside ['kʌntrɪsaɪd] *n* [land] camp *m*; [landscape] paisatge *m*.

county ['kaʊntɪ] (*pl* **-ies**) *n* comtat *m*.

county council *n Br* diputació *f* provincial.

coup [kuː] *n* **-1.** [rebellion]: **~ (d'état)** cop *m* d'estat. **-2.** [masterstroke] èxit *m*.

couple ['kʌpl] ◇ *n* **-1.** [two people in relationship] parella *f*. **-2.** [two objects, people]: **a ~ (of)** un parell (de). **-3.** [a few - objects, people]: **a ~ (of)** uns -es quants -es. ◇ *vt* **-1.** [join]: **to ~ sthg (to)** enganxar alguna cosa (a). **-2.** *fig* [associate]: **to ~ sthg with** associar alguna cosa amb; **~d with** ajuntat -ada amb.

coupon ['kuːpɒn] *n* [gen] cupó *m*; [for pools] bitllet *m*.

courage ['kʌrɪdʒ] *n* valor *m*; **to take ~ (from)** treure coratge (de); **to have the ~ of one's convictions** obrar d'acord amb el que es pensa.

courageous [kə'reɪdʒəs] *adj* coratjós -osa.

courgette [kɔː'ʒet] *n Br* carbassó *m*.

courier ['kʊrɪər] *n* **-1.** [on holiday] guia *mf*. **-2.** [to deliver letters, packages] missatger *m* -a *f*.

course [kɔːs] ◇ *n* **-1.** [gen] curs *m*; [of lectures] cicle *m*; UNIV assignatura *f*; MED **~ of treatment** tractament *m*; **to be on ~ for** [ship, plane] anar rumb a; *fig* [on target] anar camí de; **to run / take its ~** seguir el seu curs; **off ~** fora del seu rumb; **~ (of action)** línia de conducta; **in the ~ of** durant. **-2.** [of meal] plat *m*. **-3.** SPORT [for golf] camp *m*; [for horse racing] hipòdrom *m*. ◇ *vi literary* [flow] córrer. ➨ **of course** *adv* **-1.** [inevitably, not surprisingly] evidentment. **-2.** [certainly] és clar, sens dubte; **of ~ not** és clar que no.

coursebook ['kɔːsbʊk] *n* llibre *m* de text.

coursework ['kɔːswɜːk] *n* (U) treball *m* realitzat durant el curs.

courteous ['kɜːtjəs] *adj* cortès.

courtesy ['kɜːtɪsɪ] ◇ *n* cortesia *f*. ◇ *comp* de cortesia. ➨ **(by) courtesy of** *prep* [the author] amb permís de; [a company] per cortesia de.

courthouse ['kɔːthaʊs, *pl* -haʊzɪz] *n Am* palau *m* de justícia.

courtier ['kɔːtjər] *n* cortesà *m*.

court-martial (*pl* -s / **courts-martial**, *Br pt & pp* **-led**, *cont* **-ling**, *Am pt & pp* **-ed**, *cont* **-ing**) ◇ *n* consell *m* de guerra. ◇ *vt* sotmetre algú a consell de guerra.

courtroom ['kɔːtrʊm] *n* sala *f* de justícia.

courtyard ['kɔːtjɑːd] *n* pati *m*.

cousin ['kʌzn] *n* cosí *m* -ina *f*.

cove [kəʊv] *n* cala *f*.

covenant ['kʌvənənt] *n* **-1.** [of money] contribució caritativa que té avantatges fiscals. **-2.** [agreement] conveni *m*.

Covent Garden [,kɒvənt-] *n* Covent Garden.

cover ['kʌvər] ◇ *n* **-1.** [covering] coberta *f*; [lid] tapadora; [for seat, typewriter] funda *f*. **-2.** [of book] coberta *f*, tapa *f*; [of magazine - at the front] portada *f*; [- at the back] contraportada *f*. **-3.** [protection, shelter] cobert *m*, recer *m*; **air ~** protecció aèria; **to take ~** [from weather, gunfire] posar-se a cobert; **under ~** [from weather] a cobert. **-4.** [concealment] encobriment *m*; **under ~ of** amb el pretext de; **to break ~** sortir a camp obert. **-5.** [insurance] cobertura *f*. **-6.** [blanket] cobertor *m*, manta *f*. ◇ *vt* **-1.** [gen]: **to ~ sthg (with)** cobrir alguna cosa (amb); [with lid] tapar alguna cosa (amb). **-2.** [insure]: **to ~ sb (against)** cobrir algú (contra). **-3.** [include] incloure. **-4.** [report on] investigar, cobrir. **-5.** [discuss, deal with] abraçar, cobrir. ➨ **cover up** *vt sep* **-1.** [place sthg over] tapar. **-2.** [conceal] ocultar.

coverage ['kʌvərɪdʒ] *n* [of news] cobertura *f* d'informació.

cover charge *n* preu *m* del cobert.

covering ['kʌvərɪŋ] *n* **-1.** [for floor etc.] coberta *f*. **-2.** [of snow, dust] capa *f*.

covering letter *Br*, **cover letter** *Am n* [with CV] carta *f* de presentació; [with parcel, letter] carta *f* adjunta.

cover note *n Br* assegurança *f* provisional.

covert ['kʌvət] *adj* [operation] secret -a, cobert -a; [glance] dissimulat -ada.

cover-up *n* encobriment *m*.

covet ['kʌvɪt] *vt* cobejar.

cow [kaʊ] ◇ *n* **-1.** [female type of cattle] vaca *f*. **-2.** [female elephant, whale, seal] femella *f*. **-3.** *Br inf pej* [woman] bruixa *f*, vaca *f*. ◇ *vt* intimidar, acovardir.

coward ['kaʊəd] *n* covard -a.

cowardly ['kaʊədlɪ] *adj* covardament.

cowboy ['kaʊbɔɪ] ◇ *n* **-1.** [cattlehand]

vaquer *m*. **-2.** *Br inf* [dishonest workman] pispa *m*. ⟨⟩ *comp* de vaquer; **~ boots** botes de vaquer.

cower ['kaʊəʳ] *vi* encongir-se.

cox [kɒks], **coxswain** ['kɒksən] *n* timoner *m* -a *f*.

coy [kɔɪ] *adj* coqueto -ona.

cozy *Am* = **cosy**.

crab [kræb] *n* cranc *m*.

crab apple *n* poma *f* borda.

crack [kræk] ⟨⟩ *n* **-1.** [split - in wood, ground] clivella *f*; [- in glass, pottery] esquerda *f*. **-2.** [gap] escletxa *f*; **at the ~ of dawn** a trenc d'alba. **-3.** [sharp noise - of whip] espetec *m*; [- of twigs] cruixit *m*. **-4.** [joke] acudit *m*. **-5.** *inf* [attempt]: **to have a ~ at sthg** intentar alguna cosa. **-6.** *drugs sl* [cocaine] crack *m*. ⟨⟩ *adj* de primera categoria. ⟨⟩ *vt* **-1.** [cause to split] trencar. **-2.** [egg, nut] trencar. **-3.** [whip etc.] espetegar. **-4.** [bang - head] colpejar. **-5.** *inf* [open - bottle] obrir; [- safe] rebentar. **-6.** [solve] resoldre, desxifrar. **-7.** *inf* [make - joke] explicar. ⟨⟩ *vi* **-1.** [split - skin, wood, ground] clivellar-se; [- pottery, glass] esquerdar-se. **-2.** [break down] trencar-se, avariar-se. **-3.** [make sharp noise - whip] petar; [- twigs] cruixir. **-4.** *Br inf* [act quickly]: **to get ~ing** posar-se a treballar. ☞ **crack down** *vi*: **to ~ down (on)** castigar severament. ☞ **crack up** *vi* avariar-se, espatllar-se.

cracker ['krækəʳ] *n* **-1.** [biscuit] cràquer *m*. **-2.** *Br* [for Christmas] cilindre nadalenc que conté una sorpresa.

crackers ['krækəz] *adj Br inf* beneit -a.

crackle ['krækl] ⟨⟩ *n* [of fire, cooking] crepitació *f*; [on phone, radio] interferències *fpl*. ⟨⟩ *vi* [fire] crepitar; [radio] sonar amb interferències.

cradle ['kreɪdl] ⟨⟩ *n* **-1.** [baby's bed, birthplace] bressol *m*. **-2.** [hoist] plataforma *f* penjada. ⟨⟩ *vt* bressolar.

craft [krɑːft] (*pl sense 2 inv*) *n* **-1.** [trade] ofici *m*; [skill] destresa *f*. **-2.** [boat] embarcació *f*.

craftsman ['krɑːftsmən] (*pl* **-men** [-mən]) *n* artesà *m*.

craftsmanship ['krɑːftsmənʃɪp] *n* **-1.** (*U*) [skill] habilitat *f*, destresa *f*. **-2.** [skilled work] artesania *f*.

craftsmen *pl* ☞ **craftsman**.

crafty ['krɑːftɪ] (*compar* **-ier**, *superl* **-iest**) *adj* astut -a.

crag [kræg] *n* penyal *m*.

cram [kræm] (*pt & pp* **-med**, *cont* **-ming**) ⟨⟩ *vt* **-1.** [push - books, clothes] embotir; [people] apinyar. **-2.** [overfill]: **to ~ sthg with** atapeir una cosa de; **to be ~med (with)** estar ple de gom a gom. ⟨⟩ *vi* estudiar intensament.

cramp [kræmp] ⟨⟩ *n* rampa *f*; **stomach ~s** cargolament *m* de ventre. ⟨⟩ *vt* [restrict, hinder] limitar, tallar les ales.

cranberry ['krænbərɪ] (*pl* **-ies**) *n* gerd *m*.

crane [kreɪn] ⟨⟩ *n* **-1.** [machine] grua *f*. **-2.** [bird] grua *f*. ⟨⟩ *vt* estirar. ⟨⟩ *vi* estirar-se.

crank [kræŋk] ⟨⟩ *n* **-1.** TECHNOL manubri *m*. **-2.** *inf* [eccentric] excèntric *m* -a *f*. ⟨⟩ *vt* **-1.** [wind] girar. **-2.** AUTOM fer arrancar amb el manubri.

crankshaft ['kræŋkʃɑːft] *n* eix *m* del cigonyal.

cranny ['krænɪ] (*pl* **-ies**) *n* ☞ **nook**.

crap [kræp] *n* (*U*) *v inf* merda *f*.

crash [kræʃ] ⟨⟩ *n* **-1.** [accident] xoc *m*. **-2.** [loud noise] estrèpit *m*, daltabaix *m*. **-3.** FIN fallida *f*. ⟨⟩ *vt* fer estavellar. ⟨⟩ *vi* **-1.** [collide - two vehicles] xocar; [one vehicle - into wall etc.] estavellar-se; **to ~ into sthg** xocar contra. **-2.** [make crashing noise] espetegar; **to ~ to the ground** esmicolar-se. **-3.** FIN fer fallida. **-4.** COMPUT bloquejar-se.

crash course *n* curs *m* intensiu d'introducció.

crash helmet *n* casc *m* protector.

crash-land ⟨⟩ *vt* fer un aterratge forçós amb. ⟨⟩ *vi* fer un aterratge forçós.

crass [kræs] *adj* cras crassa; **a ~ error** un cras error.

crate [kreɪt] *n* embalatge *m*, caixa *f*.

crater ['kreɪtəʳ] *n* **-1.** [hole in ground] forat *m*, clot *m*. **-2.** [of volcano, of the moon] cràter *m*.

cravat [krə'væt] *n* corbata *f*.

crave [kreɪv] ⟨⟩ *vt* suplicar, implorar. ⟨⟩ *vi*: **to ~ for sthg** ansiar una cosa.

crawl [krɔːl] ⟨⟩ *vi* **-1.** [baby] caminar de quatre grapes. **-2.** [insect, person] arrossegar-se. **-3.** [move slowly, with difficulty] moure's lentament. **-4.** *inf* [be covered]: **to be ~ing with sthg** estar infestat -ada d'alguna cosa. **-5.** *inf* [grovel]: **to ~ (to)** arrossegar-se (davant). ⟨⟩ *n* **-1.** [slow pace]: **at a ~** a pas lent. **-2.** [swimming stroke]: **the ~** el crol.

crayfish ['kreɪfɪʃ] (*pl inv* / **-es**) *n* [freshwater] cranc *m* de riu; [spiny lobster] llagosta *f*.

crayon ['kreɪɒn] *n* pastel *m*, llapis *m*.

craze [kreɪz] *n* moda *f*.

crazy ['kreɪzɪ] (*compar* **-ier**, *superl* **-iest**) *adj inf* **-1.** [mad - person] boig boja; [- idea] desbaratat -ada. **-2.** [enthusiastic]: **to be ~ about** estar boig boja per.

creak [kri:k] ◇ *n* [of floorboard, bed] cruixit *m*; [of door, hinge] grinyol *m*. ◇ *vi* [floorboard, bed] cruixir; [door, hinge] grinyolar.

cream [kri:m] ◇ *adj* [in colour] crema. ◇ *n* **-1.** [food] nata *f*. **-2.** [cosmetic, mixture for food] crema *f*; **~ of tomato soup** crema de tomàquet. **-3.** [colour] (color *m*) crema *f*. **-4.** [elite]: **the ~** la crema. ◇ *vt* CULIN batre; **~ed potatoes** puré *m* de patates.

cream cake *n Br* pastís *m* de nata.

cream cheese *n* formatge *m* blanc.

cream cracker *n Br* galeta salada especial per acompanyar el formatge.

cream tea *n Br* berenar amb te, pastes, nata i melmelada.

crease [kri:s] ◇ *n* [deliberate - in shirt] plec *m*; [- in trousers] ratlla *f*; [accidental] arruga *f*. ◇ *vt* arrugar. ◇ *vi* [gen] arrugar-se; [forehead] plegar-se.

create [kri:'eɪt] *vt* [gen] crear; [interest] motivar.

creation [kri:'eɪʃn] *n* creació *f*.

creative [kri:'eɪtɪv] *adj* [gen] creatiu -iva; [energy] creador -a; **~ writing** escriptura *f* creativa.

creature ['kri:tʃər] *n* criatura *f*.

creche [kreʃ] *n Br* guarderia *f*.

credence ['kri:dns] *n*: **to give / lend ~ to** donar crèdit a algú.

credentials [krɪ'denʃlz] *npl* credencials *fpl*.

credibility [ˌkredə'bɪlətɪ] *n* credibilitat *f*.

credit ['kredɪt] ◇ *n* **-1.** [financial aid] crèdit *m*; **in ~** amb balanç positiu; **on ~** a crèdit. **-2.** (*U*) [praise] honor *m*, mèrit *m*; **to have sthg to one's ~** [successfully completed] haver fet una cosa que l'honora; **to be to sb's ~** [in sb's favour] estar a favor d'algú; **to do sb ~** honrar algú; **to give sb ~ for** atribuir un mèrit a algú. **-3.** EDUC & UNIV crèdit *m*. **-4.** [money credited] balanç *m* positiu. ◇ *vt* **-1.** FIN [add] abonar; **we'll ~ your account** ho abonarem al seu compte. **-2.** *inf* [believe] creure, donar fe a. **-3.** [give the - to]: **to ~ sb with** atribuir a algú el mèrit de. ❧ **credits** *npl* [on film] títols *mpl*.

credit card *n* targeta *f* de crèdit.

credit note *n* pagaré *m*.

creditor ['kredɪtər] *n* creditor *m* -a *f*.

creed [kri:d] *n* credo *m*.

creek [kri:k] *n* **-1.** [inlet] cala *f*. **-2.** *Am* [stream] rierol *m*.

creep [kri:p] (*pt & pp* **crept**) ◇ *vi* **-1.** [insect] arrossegar-se; [traffic etc.] anar avançant de mica en mica. **-2.** [person] lliscar, avançar lentament. **-3.** *inf* [grovel]: **to ~ (to sb)** llepar (el cul a) algú. ◇ *n inf* [person] llepa *mf*, llepaire *mf*. ❧ **creeps** *npl inf*: **to give sb the ~s** posar a algú els cabells de punta.

creeper ['kri:pər] *n* planta *f* enfiladissa.

creepy ['kri:pɪ] (*comp* **-ier**, *superl* **-iest**) *adj inf* horripilant, esborronador -a.

creepy-crawly [-'krɔ:lɪ] (*pl* **-ies**) *n inf* animaló *m*.

cremate [krɪ'meɪt] *vt* incinerar.

crematorium *Br* [ˌkremə'tɔ:rɪən] (*pl* **-riums / -ria** [-rɪə]), **crematory** *Am* ['kremətrɪ] *n* forn crematori.

crepe [kreɪp] *n* **-1.** [cloth] crespó *m*. **-2.** [rubber] crepè *m*. **-3.** [thin pancake] crep *f*.

crepe bandage *n Br* bena *f* de gasa.

crepe paper *n* paper *m* de seda.

crept [krept] *pt & pp* ☞ **creep**.

crescendo [krɪ'ʃendəʊ] (*pl* **-s**) *n* crescendo *m*.

crescent ['kresnt] ◇ *adj* creixent. ◇ *n* **-1.** [shape] mitja lluna *f*. **-2.** [street] carrer en forma de semicercle.

cress [kres] *n* créixens *mpl*.

crest [krest] *n* **-1.** [on bird's head, of wave] cresta *f*. **-2.** [of hill] cresta *f*, cim *m*. **-3.** [on coat of arms] blasó *m*.

crestfallen ['krest,fɔ:lən] *adj* alacaigut -uda.

Crete [kri:t] *n* Creta.

cretin ['kretɪn] *n inf* [idiot] cretí *m* -ina *f*.

crevasse [krɪ'væs] *n* clivella *f* (d'una glacera).

crevice ['krevɪs] *n* clivella *f*, esquerda *f*.

crew [kru:] *n* **-1.** [of ship, plane] tripulació *f*. **-2.** [on film set etc.] equip *m*.

crew cut *n* esquilada *f*, tallada *f* de cabells al zero.

crew-neck(ed) [-nek(t)] *adj* coll *m* pla.

crib [krɪb] (*pt & pp* **-bed**, *cont* **-bing**) ◇ *n* [cot] bressol *m*. ◇ *vt inf*: **to ~ sthg off / from sb** plagiar alguna cosa d'algú.

crick [krɪk] ◇ *n* [in neck] torticoli *f*. ◇ *vt* tòrcer-se.

cricket ['krɪkɪt] ◇ *n* **-1.** [game] críquet *m*. **-2.** [insect] grill *m*. ◇ *comp* de críquet.

crime [kraɪm] ◇ n **-1.** [criminal behaviour - serious] criminalitat f; [- less serious] delinqüència f. **-2.** [serious offence] crim m; [less serious offence] delicte m. **-3.** [immoral act] crim m. ◇ comp criminal; **~ squad** brigada f d'investigació criminal; **~ novel** novel·la f policíaca.

criminal [ˈkrɪmɪnl] ◇ adj **-1.** JUR [act, behaviour] criminal, delictiu -iva; [law] penal; [lawyer] criminalista; **~ offence** delicte m. **-2.** inf [shameful] criminal. ◇ n [serious] criminal mf; [less serious] delinqüent mf.

crimson [ˈkrɪmzn] ◇ adj **-1.** [in colour] carmesí -ina. **-2.** [with embarrassment] vermell -a. ◇ n carmesí m.

cringe [krɪndʒ] vi **-1.** [out of fear] encongir-se. **-2.** inf [with embarrassment]: **to ~ (at)** empetitir-se (davant).

crinkle [ˈkrɪŋkl] ◇ n arruga f. ◇ vt arrugar. ◇ vi arrugar-se.

cripple [ˈkrɪpl] ◇ n dated & offensive esguerrat -ada, mutilat -ada. ◇ vt **-1.** MED mutilar. **-2.** [country, industry] paralitzar; [ship, plane] fer malbé, espatllar.

crisis [ˈkraɪsɪs] (pl **crises** [ˈkraɪsiːz]) n crisi f.

crisp [krɪsp] adj **-1.** [pastry, bacon, snow] cruixent; [banknote, vegetables, weather] fresc -a. **-2.** [brisk] incisiu -iva, sec -a. ➡

crisps npl patates fpl fregides (de bossa).

crisscross [ˈkrɪskrɒs] ◇ adj entrecreuat -ada. ◇ vt entrecreuar. ◇ vi entrecreuar-se.

criterion [kraɪˈtɪərɪən] (pl **-ria** [-rɪə] / **-rions**) n criteri m.

critic [ˈkrɪtɪk] n crític m -a f.

critical [ˈkrɪtɪkl] adj [gen] crític -a; [illness] greu; **to be ~ of** criticar; **~ acclaim** aclamació f de la crítica.

critically [ˈkrɪtɪklɪ] adv [gen] críticament; [ill] greument.

criticism [ˈkrɪtɪsɪzm] n crítica f.

criticize, -ise [ˈkrɪtɪsaɪz] vt & vi criticar.

croak [krəʊk] ◇ n **-1.** [of frog] rauc m; [of raven] grall m. **-2.** [hoarse voice] rondineig m. ◇ vi **-1.** [frog] raucar; [raven] grallar. **-2.** [person] rondinar.

Croat [ˈkrəʊæt], **Croatian** [krəʊˈeɪʃn] ◇ adj croata. ◇ n **-1.** [person] croata mf. **-2.** [language] croata m.

Croatia [krəʊˈeɪʃə] n Croàcia.

Croatian = Croat.

crochet [ˈkrəʊʃeɪ] ◇ n ganxet m. ◇ vt fer a ganxet.

crockery [ˈkrɒkərɪ] n terrissa f, vaixella f.

crocodile [ˈkrɒkədaɪl] (pl inv / **-s**) n cocodril m.

crocus [ˈkrəʊkəs] (pl **-es**) n safrà m.

croft [krɒft] n Br granja f, terreny m de conreu.

crony [ˈkrəʊnɪ] (pl **-ies**) n inf vell company m.

crook [krʊk] ◇ n **-1.** [criminal] lladre mf, estafador m -a f. **-2.** inf [dishonest person] trampós m -a f, pocavergonya mf. **-3.** [of arm, elbow] plec m. **-4.** [shepherd's staff] gaiato m. ◇ vt corbar.

crooked [ˈkrʊkɪd] adj **-1.** [back] corbat -ada; [path] tortuós -osa. **-2.** [teeth, tie] tort -a. **-3.** inf [dishonest - person, policeman] corrupte -a; [- deal] brut -a.

crop [krɒp] (pt & pp **-ped**, cont **-ping**) ◇ n **-1.** [kind of plant] cultiu m. **-2.** [harvested produce] collita f. **-3.** inf [group - of people] collita f; [- of books] col·lecció f. **-4.** [whip] mànec m. ◇ vt **-1.** [cut short] retallar. **-2.** [subject: cows, sheep] tallar amb les dents. ➡ **crop up** vi sorgir, produir-se.

croquette [krɒˈket] n croqueta f.

cross [krɒs] ◇ adj enfadat -ada; **to get ~ (with)** enfadar-se (amb). ◇ n **-1.** [gen] creu f. **-2.** [hybrid] encreuament m, híbrid m; **a ~ between** [combination] una barreja de. ◇ vt **-1.** [gen & FIN] creuar. **-2.** [face - subject: expression] reflectir en. **-3.** RELIG: **to ~ oneself** senyar-se. ◇ vi **-1.** [intersect] creuar-se. **-2.** [boat, ship] creuar. ➡ **cross off, cross out** vt sep ratllar.

crossbar [ˈkrɒsbɑːʳ] n **-1.** [on goal] travesser m. **-2.** [on bicycle] barra f.

cross-Channel ◇ adj [ferry] que recorre el Canal de la Mànega; [route] a través del Canal de la Mànega.

cross-country ◇ adj & adv camp a través. ◇ n cross m.

cross-examine vt interrogar.

cross-eyed [ˈkrɒsaɪd] adj guenyo -a.

crossfire [ˈkrɒsˌfaɪəʳ] n foc m creuat.

crossing [ˈkrɒsɪŋ] n **-1.** [on road] encreuament m, cruïlla f; [on railway line] pas m a nivell. **-2.** [sea journey] travessia f.

cross-legged [ˈkrɒslegd] adv amb les cames encreuades.

cross-purposes npl malentès m; **to be at ~ with** no entendre's mútuament.

cross-reference n referència f, contrareferència f.

crossroads [ˈkrɒsrəʊdz] (pl inv) n cruïlla f; fig **to be at a ~** estar en un moment decisiu.

cross-section *n* **-1.** [drawing] secció *f* transversal. **-2.** [sample] secció *f* representativa.

crosswalk ['krɒswɔːk] *n Am* pas *m* de vianants.

crosswind ['krɒswɪnd] *n* vent *m* de costat.

crosswise ['krɒswaɪz] *adv* de través, de biaix.

crossword (puzzle) ['krɒswɜːd-] *n* mots encreuats *mpl*.

crotch [krɒtʃ] *n* entrecuix *m*.

crotchety ['krɒtʃɪtɪ] *adj Br inf* de caràcter difícil.

crouch [kraʊtʃ] *vi* [gen] ajupir-se; [ready to spring] agotnar-se.

crow [krəʊ] ⋄ *n* corb *m*, cornella *f*; **as the ~ flies** en línia recta. ⋄ *vi* **-1.** [cock] cantar. **-2.** *inf* [gloat] jactar-se, exultar.

crowbar ['krəʊbɑːʳ] *n* palanca *f*.

crowd [kraʊd] ⋄ *n* **-1.** [mass of people] multitud *f*, gentada *f*; [at football match etc.] públic *m*. **-2.** [particular group] grup *m*. ⋄ *vi*: **to ~ in / out** entrar / sortir en munió. ⋄ *vt* **-1.** [room, theatre etc.] omplir. **-2.** [people] aplegar, reunir.

crowded ['kraʊdɪd] *adj*: **~ (with)** ple plena, de gom a gom.

crown [kraʊn] ⋄ *n* **-1.** [of royalty, on tooth] corona *f*. **-2.** [of hat] copa *f*; [of head] coroneta *f*; [of hill] cim *m*, capdamunt *m*. ⋄ *vt* **-1.** [gen] coronar. **-2.** [tooth] posar una corona a. ◆ **Crown** ⋄ *n*: **the ~** [monarchy] la corona. ⋄ *comp* de la corona.

crown jewels *npl* joies *fpl* de la corona.

crown prince *n* príncep *m* hereu.

crow's feet *npl* potes *fpl* de gall.

crucial ['kruːʃl] *adj* crucial.

crucifix ['kruːsɪfɪks] *n* crucifix *m*.

Crucifixion [ˌkruːsɪ'fɪkʃn] *n*: **the ~** la crucifixió.

crude [kruːd] ⋄ *adj* **-1.** [rubber, oil, joke] cru crua. **-2.** [person, behaviour] ordinari -ària. **-3.** [drawing, sketch] tosc -a, rudimentari -ària. ⋄ *n*: **~ (oil)** oli *m* cru.

crude oil *n* oli *m* cru.

cruel [krʊəl] (*compar* **-ler**, *superl* **-lest**) *adj* [gen] cruel; [winter] cru crua.

cruelty ['krʊəltɪ] *n* (U) crueltat *f*.

cruet ['kruːɪt] *n* vinagrera *f*, setrilleres *fpl*.

cruise [kruːz] ⋄ *n* creuer *m*. ⋄ *vi* **-1.** [sail] navegar. **-2.** [drive, fly] anar.

cruiser ['kruːzəʳ] *n* **-1.** [warship] creuer *m*. **-2.** [cabin ~] iot *m* (per fer creuers).

crumb [krʌm] *n* **-1.** [of food] engruna *f*. **-2.** [of information] xic *m*, mica *f*.

crumble ['krʌmbl] ⋄ *n* partícula *f*, fragment *m*. ⋄ *vt* engrunar. ⋄ *vi* **-1.** [building, cliff] enderrocar-se; [plaster] engrunar-se. **-2.** *fig* [relationship, hopes] ensorrar-se.

crumbly ['krʌmblɪ] (*compar* **-ier**, *superl* **-iest**) *adj* engrunadís.

crumpet ['krʌmpɪt] *n* [food] crespell *m* tou (per a torrar).

crumple ['krʌmpl] ⋄ *vt* [dress, suit] arrugar; [letter] rebregar. ⋄ *vi* **-1.** [dress, suit, face] arrugar-se; [car] quedar destrossat. **-2.** [body] desplomar-se; [army, government] sucumbir.

crunch [krʌntʃ] ⋄ *n* cruixit *m*; *inf* **when it comes to the ~** a l'hora de la veritat. ⋄ *vt* **-1.** [with teeth] fer cruixir amb les dents. **-2.** [underfoot] fer cruixir. ⋄ *vi* cruixir.

crunchy ['krʌntʃɪ] (*compar* **-ier**, *superl* **-iest**) *adj* cruixent.

crusade [kruː'seɪd] ⋄ *n lit & fig* croada *f*. ⋄ *vi* participar en una croada; **to ~ for / against** fer campanya en pro / en contra de.

crush [krʌʃ] ⋄ *n* **-1.** [crowd] munió *f*, aglomeració *f*. **-2.** *inf* [infatuation]: **to have a ~ on sb** estar boig boja per algú. **-3.** *Br* [drink] suc *m* aigualit. ⋄ *vt* **-1.** [squash] esclafar. **-2.** [grind - garlic, grain] triturar; [- ice] picar; [- grapes] trepitjar, esprémer. **-3.** [destroy] destruir.

crust [krʌst] *n* **-1.** [on bread] crosta *f*. **-2.** [on pie] crosta *f*. **-3.** [of snow, earth] crosta *f*.

crutch [krʌtʃ] *n* **-1.** [stick] crossa *f*; *fig* [support] suport *m*, recolçament *m*. **-2.** [crotch] entrecuix *m*.

crux [krʌks] *n*: **the ~ of the matter** el punt essencial del cas.

cry [kraɪ] (*pt & pp* **cried**, *pl* **-ies**) ⋄ *n* **-1.** [weep] plor *m*, plorera *f*. **-2.** [shout] crit *m*; **to be a far ~ from** tenir molt poc a veure amb. **-3.** [of bird] crida *f*, cant *m*. ⋄ *vt* plorar; **to ~ oneself to sleep** plorar fins a adormir-se. ⋄ *vi* **-1.** [weep] plorar. **-2.** [shout] cridar; **to ~ for help** cridar demanant ajut. ◆ **cry off** *vi* retirar-se, fer-se enrere.

crystal ['krɪstl] ⋄ *n* cristall *m*. ⋄ *comp* cristal·lí -ina.

crystal clear *adj* **-1.** [transparent] transparent. **-2.** [clearly stated] clar -a, diàfan -a.

CSE *n* (abbr of **Certificate of Secondary Education**) antic certificat d'ensenyament secundari a la Gran Bretanya.

CTC n (abbr of city technology college) centre de formació professional finançat per la indústria.

cub [kʌb] n **-1.** [young animal] cadell m. **-2.** [boy scout] boy scout d'entre 8 i 11 anys.

Cuba ['kju:bə] n Cuba.

Cuban ['kju:bən] ◇ adj cubà -ana. ◇ n [person] cubà m -ana f.

cubbyhole ['kʌbɪhəʊl] n [room] recambró m; [cupboard] armari m.

cube [kju:b] ◇ n [gen] cub m; [of sugar] terròs m. ◇ vt MATH cubicar.

cubic ['kju:bɪk] adj cúbic -a.

cubicle ['kju:bɪkl] n [at swimming pool] caseta f; [in shop] emprovador m.

Cub Scout n boy scout d'entre 8 i 11 anys.

cuckoo ['kʊku:] n cucut m.

cuckoo clock n rellotge m de cucut.

cuddle ['kʌdl] ◇ n abraçada f. ◇ vt abraçar. ◇ vi abraçar-se.

cuddly toy ['kʌdlɪ-] n joguina f de peluix.

cue [kju:] n **-1.** RADIO, THEATRE & TV entrada f; **on** ~ en aquell precís moment; **to take one's** ~ **from** seguir l'exemple de. **-2.** fig [stimulus, signal] senyal m. **-3.** [in snooker, pool] tac m.

cuff [kʌf] ◇ n **-1.** [of sleeve] puny m; **off the** ~ sense pensar, tret -a de la màniga. **-2.** Am [of trouser leg] volta f. **-3.** [blow] bufetada. ◇ vt bufetejar.

cuff link n botó m de puny.

cuisine [kwɪ'zi:n] n cuina f.

cul-de-sac ['kʌldəsæk] n cul-de-sac m.

cull [kʌl] ◇ n matança f selectiva. ◇ vt **-1.** [animals] matar selectivament. **-2.** fml [information, facts] recollir.

culminate ['kʌlmɪneɪt] vi: **to** ~ **in** culminar en.

culmination [,kʌlmɪ'neɪʃn] n culminació f.

culottes [kju:'lɒts] npl faldilla f pantaló.

culpable ['kʌlpəbl] adj fml: ~ **(of)** culpable (de); ~ **homicide** homicidi m involuntari.

culprit ['kʌlprɪt] n inculpat m -ada f.

cult [kʌlt] ◇ n **-1.** RELIG culte m. **-2.** [person, activity, object] objecte m de culte. ◇ comp de culte.

cultivate ['kʌltɪveɪt] vt **-1.** [gen] cultivar. **-2.** [get to know - person] cultivar una amistat.

cultivated ['kʌltɪveɪtɪd] adj **-1.** [cultured] culte -a. **-2.** [land] cultivat -ada.

cultivation [,kʌltɪ'veɪʃn] n (U) cultiu m.

cultural ['kʌltʃərəl] adj cultural.

culture ['kʌltʃər] n **-1.** [gen] cultura f. **-2.** [of bacteria] cultiu m.

cultured ['kʌltʃəd] adj culte -a, cultivat -ada.

cumbersome ['kʌmbəsəm] adj **-1.** [parcel] voluminós -osa, gran; [machinery] aparatós -osa. **-2.** [system] incòmode -a.

cunning ['kʌnɪŋ] ◇ adj [gen] astut -a; [device, idea] enginyós -osa. ◇ n (U) astúcia f.

cup [kʌp] (pt & pp **-ped**, cont **-ping**) ◇ n **-1.** [gen] tassa f. **-2.** [prize, of bra] copa f. ◇ vt posar les mans en forma de cassola.

cupboard ['kʌbəd] n armari m.

Cup Final n: **the** ~ ≃ la final de copa.

cup tie n Br partit m de copa.

curate ['kjʊərət] n ajudant m -a f, auxiliar mf.

curator [,kjʊə'reɪtər] n director m -a f, conservador m -a f.

curb [kɜ:b] ◇ n **-1.** [control]: ~ **(on)** control m (de); **to put a** ~ **on sthg** refrenar alguna cosa. **-2.** Am [in road] vorada f. ◇ vt refrenar, reprimir.

curdle ['kɜ:dl] vi [milk] quallar-se; fig [blood] gelar-se.

cure [kjʊər] ◇ n **-1.** MED: ~ **(for)** cura f (per a). **-2.** [solution]: ~ **(for)** remei m (per a). ◇ vt **-1.** MED guarir. **-2.** [problem, inflation] solucionar. **-3.** [rid]: **to** ~ **sb of sthg** fer que algú deixi alguna cosa. **-4.** [food, tobacco] curar; [leather] adobar.

cure-all n panacea f.

curfew ['kɜ:fju:] n toc m de queda.

curio ['kjʊərɪəʊ] (pl **-s**) n curiositat f, raresa f.

curiosity [,kjʊərɪ'ɒsətɪ] n curiositat f.

curious ['kjʊərɪəs] adj curiós -osa; **to be** ~ **about** tenir curiositat per; **I'm** ~ **to know ...** tinc ganes de saber ...

curl [kɜ:l] ◇ n **-1.** [of hair] ris m, rínxol m. **-2.** [of smoke] espiral f. ◇ vt **-1.** [hair] arrissar. **-2.** [twist] cargolar. ◇ vi **-1.** [hair] arrissar-se. **-2.** [paper] cargolar, corbar-se; **to** ~ **into a ball** arronsar-se, fer-se un cabdell. ◆ **curl up** vi [person, animal] arrauir-se, fer-se un cabdell; [leaf, paper] plegar, doblegar.

curler ['kɜ:lər] n ruló m.

curling tongs npl ferros mpl d'arrissar.

curly ['kɜ:lɪ] (comp **-ier**, superl **-iest**) adj [hair] arrissat -ada; [pig's tail] enroscat -ada.

currant ['kʌrənt] n [dried grape] pansa f de Corint.

currency ['kʌrənsɪ] (pl **-ies**) n **-1.** moneda f; FIN moneda f; **foreign** ~ divisa f. **-2.** fml [acceptability]: **to gain** ~ guanyar acceptació.

current ['kʌrənt] ⟨> adj [price, girlfriend] actual; [year] present, en curs; [issue] darrer -a; [ideas, customs] comú -una, corrent; in ~ use d'ús corrent. ⟨> n corrent m.

current account n Br compte m corrent.

current affairs npl temes mpl d'actualitat.

currently ['kʌrəntlɪ] adv actualment.

curriculum [kə'rɪkjələm] (pl **-lums** / **-la** [lə]) n [course of study] temari m, pla m d'estudis.

curriculum vitae [-'viːtaɪ] (pl **curricula vitae**) n currículum m (vitae).

curry ['kʌrɪ] (pl **-ies**) n curri m.

curse [kɜːs] ⟨> n **-1.** [evil charm] maledicció f; **to put a ~ on** llançar una maledicció a. **-2.** [swearword] renec m, paraulota f. **-3.** [source of problems] flagell m. ⟨> vt maleir. ⟨> vi [swear] blasfemar, dir paraulotes.

cursor ['kɜːsər] COMPUT n cursor m.

cursory ['kɜːsərɪ] adj superficial, per sobre.

curt [kɜːt] adj eixut -a, brusc -a.

curtail [kɜː'teɪl] vt **-1.** [visit] escurçar. **-2.** [expenditure] reduir; [rights] restringir.

curtain ['kɜːtn] n **-1.** [gen] cortina f. **-2.** [in theatre] teló m.

curts(e)y ['kɜːtsɪ] (pt & pp **curtsied**) ⟨> n reverència f. ⟨> vi fer una reverència.

curve [kɜːv] ⟨> n corba f. ⟨> vi [river] tòrcer, fer una corba; [surface] corbar-se, arquejar-se.

cushion ['kuʃn] ⟨> n **-1.** [for sitting on] coixí m. **-2.** [protective layer] cobertor m. ⟨> vt esmorteir; lit & fig; **to be ~ed against** estar protegit contra.

cushy ['kuʃɪ] (compar **-ier**, superl **-iest**) adj inf còmode -a; **a ~ job / number** una mina (de feina), una ganga.

custard ['kʌstəd] n (U) [sauce] crema f.

custodian [kʌ'stəudjən] n [of building, museum] conservador m -a f.

custody ['kʌstədɪ] n custòdia f; **to take sb into ~** detenir algú; **in ~** sota custòdia.

custom ['kʌstəm] n **-1.** [tradition, habit] costum m. **-2.** (U) fml [trade] clientela f. ◆ **customs** n [place] duana f; **to go through ~s** passar per la duana.

customary ['kʌstəmərɪ] adj acostumat -ada, habitual.

customer ['kʌstəmər] n **-1.** [client] client m -a f. **-2.** inf [person] tipus m, individu m.

customize, -ise ['kʌstəmaɪz] vt personalitzar.

Customs and Excise n (U) Br oficina del govern britànic que recapta els drets aranzelaris.

customs duty n (U) drets mpl de duana, aranzels mpl.

customs officer n empleat m -ada f de duana.

cut [kʌt] (pt & pp **cut**, cont **-ting**) ⟨> n **-1.** [gen] tall m. **-2.** reducció f; [reduction] ~ **(in)** reducció f (de). **-3.** inf [share] part f. **-4.** inf **to be a ~ above the rest** ser superior a la resta. ⟨> vt **-1.** [gen] tallar; [one's finger etc.] tallar-se. **-2.** [spending, staff etc.] reduir, retallar. **-3.** [tooth] néixer, treure. **-4.** inf [lecture] saltar-se. ◆ **cut back** ⟨> vt sep **-1.** [plant] podar. **-2.** [expenditure, budget]. ⟨> vi reduir, retallar; **to ~ back (on sthg)** reduir o retallar (alguna cosa). ◆ **cut down** ⟨> vt sep **-1.** [chop down] tallar, talar. **-2.** [reduce]. ⟨> vi reduir; **to ~ down on smoking / cigarettes** fumar menys. ◆ **cut in** vi **-1.** interrompre; [interrupt] **to ~ in (on sb)** tallar o interrompre (a algú). **-2.** [in car] esmunyir-se, passar. ◆ **cut off** vt sep **-1.** [gen] tallar. **-2.** separar; [separate] **to be ~ off (from) person** estar aïllat -ada (de); [town, village] quedar-se incomunicat -ada (de). ◆ **cut out** ⟨> vt sep **-1.** [remove] retallar. **-2.** [dress, pattern etc.] tallar; fig **to be ~ out for sthg** [person] estar fet per (alguna cosa). **-3.** cessar; [stop] **to ~ out smoking / cigarettes** deixar de fumar; inf **~ it out!** ja n'hi ha prou! **-4.** [exclude - out light etc.] eliminar; **to ~ sb out of one's will** desheretar algú. ⟨> vi [stall] parar-se, calar-se. ◆ **cut up** vt sep [chop up] tallar, esmicolar.

cutback ['kʌtbæk] n retallada f; ~ **(in)** retallada f, reducció f (en).

cute [kjuːt] adj [appealing] bufó -ona, maco -a.

cuticle ['kjuːtɪkl] n cutícula f.

cutlery ['kʌtlərɪ] n (U) coberteria f, coberts mpl.

cutlet ['kʌtlɪt] n costella f.

cutout ['kʌtaut] n **-1.** [on machine] tallacircuit m. **-2.** [shape] retall m.

cut-price, cut-rate Am adj d'oferta, rebaixat -ada; ~ **offers** ofertes fpl.

cutthroat ['kʌtθrəut] adj [ruthless] acarnissat -ada.

cutting ['kʌtɪŋ] ⟨> adj [sarcastic] tallant, mordaç. ⟨> n **-1.** [of plant] esqueix m. **-2.** [from newspaper] retall m. **-3.** Br [for road, railway] desmunt m, pas m estret.

CV *n* (abbr of **curriculum vitae**) CV *m*.
cwt. abbr of **hundredweight**.
cyanide ['saɪənaɪd] *n* cianur *m*.
cybercafe ['saɪbəkæfeɪ] *n* cibercafè *m*.
cybercrime ['saɪbəkraɪm] *n* cibercrim *m*.
cybernaut ['saɪbənɔːt] *n* cibernauta *mf*.
cyberspace ['saɪbəspeɪs] *n* ciberespai *m*.
cycle ['saɪkl] ◇ *n* **-1.** [series of events, poems, songs] cicle *m*. **-2.** [bicycle] bicicleta *f*. ◇ *comp* bicicleta *f*; **~ path** carril *m* per a bicicletes; **~ race** cursa *f* ciclista. ◇ *vi* anar en bicicleta.
cycling ['saɪklɪŋ] *n* ciclisme *m*; **to go ~** anar en bicicleta.
cyclist ['saɪklɪst] *n* ciclista *mf*.
cygnet ['sɪgnɪt] *n* cigne *m* petit.
cylinder ['sɪlɪndəʳ] *n* **-1.** [shape, engine component] cilindre *m*. **-2.** [container - for gas] bombona *f*.
cymbals ['sɪmblz] *npl* platerets *mpl*.
cynic ['sɪnɪk] *n* cínic *m* -a *f*.
cynical ['sɪnɪkl] *adj* cínic -a.
cynicism ['sɪnɪsɪzm] *n* cinisme *m*.
cypress ['saɪprəs] *n* xiprer *m*.
Cypriot ['sɪprɪət] ◇ *adj* xipriota. ◇ *n* xipriota *mf*; **Greek ~** xipriota *mf* grec grega; **Turkish ~** xipriota *mf* turc -a.
Cyprus ['saɪprəs] *n* Xipre *m*.
cyst [sɪst] *n* quist *m*.
cystitis [sɪs'taɪtɪs] *n* cistitis *f inv*.
czar [zɑːʳ] *n* tsar *m*.
Czech [tʃek] ◇ *adj* txec -a. ◇ *n* **-1.** [person] txec *m* -a *f*. **-2.** [language] txec *m*.
Czech Republic *n* Txecoslovàquia.

d[1] (*pl* **d's / ds**), **D** (*pl* **D's / Ds**) [diː] *n* [letter] d *f*, D *f*. ● **D** ◇ *n* MUS re *m*. ◇ *Am* abbr of **Democrat**, **Democratic**.
DA *n* abbr of **district attorney**.
dab [dæb] (*pt & pp* **-bed**, *cont* **-bing**) ◇ *n* [small amount] toc *m*, mica *f*; [of powder] bri *f*, mica *f*. ◇ *vt* **-1.** [skin, wound] netejar, tocar suaument. **-2.** aplicar; [cream, ointment] **to ~ sthg on / onto** aplicar alguna cosa sobre. ◇ *vi*: **to ~ at** donar uns tocs a.

dabble ['dæbl] ◇ *vt* xipollejar. ◇ *vi*: **to ~ (in)** passar l'estona, entretenir-se (amb).
dachshund ['dækshʊnd] *n* gos *m* salsitxa.
dad(dy) [dæd, 'dædɪ] (*pl* **-ies**) *n inf* papa *m*.
daddy longlegs [-'lɒŋlegz] (*pl inv*) *n* típula *f*.
daffodil ['dæfədɪl] *n* narcís *m*.
daft [dɑːft] *adj Br inf* ximple, babau -a.
dagger ['dægəʳ] *n* daga *f*, punyal *m*.
daily ['deɪlɪ] (*pl* **-ies**) ◇ *adj* diari -ària; **on a ~ basis** dia a dia, cada dia. ◇ *adv* diàriament; **twice ~** dues vegades al dia. ◇ *n* **-1.** [newspaper] diari *m*. **-2.** [cleaning woman] dona *f* de fer feines.
dainty ['deɪntɪ] (*compar* **-ier**, *superl* **-iest**) *adj* delicat -ada, fi fina.
dairy ['deərɪ] (*pl* **-ies**) *n* **-1.** [on farm] vaqueria *f*. **-2.** [shop] lleteria *f*.
dairy farm *n* granja *f* (de productes lactis).
dairy products *npl* productes *mpl* lactis.
dais ['deɪɪs] *n* tarima *f*, estrada *f*.
daisy ['deɪzɪ] (*pl* **-ies**) *n* margarida *f*.
daisy wheel *n* margarida *f* (de màquina d'escriure).
dale [deɪl] *n* vall *f*.
dam [dæm] (*pt & pp* **-med**, *cont* **-ming**) ◇ *n* [across river] presa *f*. ◇ *vt* aturar, embassar.
damage ['dæmɪdʒ] ◇ *n* **-1.** mal *m*; [physical harm] **~ (to)** mal *m*, dany *m*. **-2.** [harmful effect]: **~ (to)** perjudici *m*. ◇ *vt* danyar. ● **damages** JUR *npl* danys *mpl* i perjudicis.
damn [dæm] ◇ *adj inf* maleït -ïda, punyeter -a. ◇ *adv inf* molt. ◇ *n inf*: **I don't give / care a ~ (about it)** m'importa un rave. ◇ *vt* **-1.** RELIG [condemn] condemnar. **-2.** *v inf* [curse] maleir; **~ it!** maleït siga! ◇ *excl v inf* maleït siga!
damned [dæmd] *inf* ◇ *adj* maleït -ïda, punyeter -a, menyspreable; **I'm ~ if ...** que em matin si...; **well I'll be / I'm ~!** renoi! ◇ *adv* molt, extraordinàriament.
damning ['dæmɪŋ] *adj* comprometedor -a.
damp [dæmp] ◇ *adj* humit -ida. ◇ *n* humitat *f*. ◇ *vt* [make wet] humitejar.
dampen ['dæmpən] *vt* **-1.** [make wet] humitejar. **-2.** *fig* [emotion] apagar, ofegar.
damson ['dæmzn] *n* (pruna *f*) damascena.

dance [dɑ:ns] ◇ *n* ball *m*. ◇ *vi* **-1.** [to music] ballar. **-2.** [move quickly and lightly] agitar-se, moure's.

dancer ['dɑ:nsəʳ] *n* ballarí *m* -ina *f*.

dancing ['dɑ:nsɪŋ] *n* (U) ball *m*.

dandelion ['dændɪlaɪən] *n* dent *f* de lleó.

dandruff ['dændrʌf] *n* caspa *f*.

Dane [deɪn] *n* danès *m* -esa *f*.

danger ['deɪndʒəʳ] *n* perill *m*; ~ (to) perill *m*; in / out of ~ en / fora de perill; to be in ~ of doing sthg córrer el risc de fer alguna cosa.

dangerous ['deɪndʒərəs] *adj* perillós -osa.

dangle ['dæŋgl] ◇ *vt* penjar; *fig* to ~ sthg before sb posar les dents llargues a algú amb. ◇ *vi* penjar, dependre.

Danish ['deɪnɪʃ] ◇ *adj* danès -esa. ◇ *n* **-1.** [language] danès *m*. **-2.** *Am* = **Danish pastry**. ◇ *npl* [people]: the ~ els danesos *mpl*.

Danish pastry *n* pastís de pasta fullada amb crema o poma o ametlles etc.

dank [dæŋk] *adj* humit i malsà.

dapper ['dæpəʳ] *adj* pulcre -a, polit -ida.

dappled ['dæpld] *adj* **-1.** [light] clapat -ada. **-2.** [horse] clapat -ada.

dare [deəʳ] ◇ *vt* **-1.** atrevir-se; [be brave enough] to ~ to do sthg atrevir-se a fer alguna cosa, gosar fer alguna cosa. **-2.** [challenge] to ~ sb to do sthg desafiar algú a fer alguna cosa. **-3.** I ~ say (...) m'atreviria a dir, m'imagino (que...). ◇ *vi* atrevir-se, gosar; how ~ you! com t'atreveixes! ◇ *n* desafiament *m*, repte *m*.

daredevil ['deə,devl] *n* temerari *m* -ària *f*.

daring ['deərɪŋ] ◇ *adj* atrevit -ida, audaç. ◇ *n* audàcia *f*.

dark [dɑ:k] ◇ *adj* **-1.** [night, colour, hair] fosc -ca. **-2.** [person, skin] moreno -a. **-3.** [thoughts, days, mood] ombrívol -a, trist -a. **-4.** [look, comment, side of character etc.] sinistre -a. ◇ *n* **-1.** [darkness]: the ~ la foscor; to be in the ~ about sthg estar a les fosques (sobre un tema). **-2.** [night]: before / after ~ abans / després de que es faci fosc.

darken ['dɑ:kn] ◇ *vt* enfosquir. ◇ *vi* **-1.** [become darker] enfosquir-se. **-2.** [look angry] entristir-se.

dark glasses *npl* ulleres *mpl* fosques.

darkness ['dɑ:knɪs] *n* foscor *f*.

darkroom ['dɑ:krʊm] PHOT *n* cambra *f* fosca.

darling ['dɑ:lɪŋ] ◇ *adj* **-1.** [dear] estimat -ada. **-2.** *inf* [cute] adorable, encantador -ra. ◇ *n* **-1.** [loved person] preciosit. **-2.** *inf* [addressing any woman] maca. **-3.** [idol] preferit *m* -ida *f*, nen maco *m*, nena maca *f*.

darn [dɑ:n] ◇ *adj inf* maleït -ïda, condemnat -ada. ◇ *adv inf* molt, extraordinàriament. ◇ *n* sargit *m*. ◇ *vt* sargir. ◇ *excl inf* maleït siga!

dart [dɑ:t] ◇ *n* **-1.** [arrow] dard *m*. **-2.** pinça *f*. ◇ *vt* llançar. ◇ *vi* precipitar-se.
◆ **darts** *n* (U) [game] dards *mpl*.

dartboard ['dɑ:tbɔ:d] *n* blanc *m*, diana *f*.

dash [dæʃ] ◇ *n* **-1.** [of liquid, colour] gotes *fpl*, rajolí *m*. **-2.** [in punctuation] guió *m*. **-3.** AUTOM quadre *m* de comandament. **-4.** [rush]: to make a ~ for sthg sortir disparat cap a. ◇ *vt* **-1.** *liter* [throw] llançar. **-2.** [hopes] frustrar, deixar perdre. ◇ *vi* anar de pressa; I must ~! tinc pressa!

dashboard ['dæʃbɔ:d] *n* quadre *m* de comandament.

dashing ['dæʃɪŋ] *adj* gallard -a, ben plantat -ada.

data ['deɪtə] *n* (U) dades *fpl*.

database ['deɪtəbeɪs] COMPUT *n* base *f* de dades.

data processing *n* processament *m* de dades.

date [deɪt] ◇ *n* **-1.** [in time] data *f*; to ~ fins ara. **-2.** [appointment] cita *f*. **-3.** *Am* [person] parella *f* (amb qui hom surt). **-4.** [fruit] dàtil *m*. ◇ *vt* **-1.** [establish the - of] datar. **-2.** [mark with the -] datar. **-3.** *Am* [go out with] sortir amb. ◇ *vi* [go out of fashion] passar de moda, quedar-se antiquat -ada.

dated ['deɪtɪd] *adj* antiquat -ada.

date of birth *n* data *f* de naixement.

daub [dɔ:b] *vt*: to ~ sthg with empastifar alguna cosa amb.

daughter ['dɔ:təʳ] *n* filla *f*.

daughter-in-law (*pl* **daughters-in-law**) *n* nora *f*, jove *f*.

daunting ['dɔ:ntɪŋ] *adj* esgarrifós -osa.

dawdle ['dɔ:dl] *vi* ronsejar, entretenir-se.

dawn [dɔ:n] ◇ *n* **-1.** [of day] alba *f*, albada *f*; at ~ a trenc d'alba; from ~ to dusk de sol a sol. **-2.** [of era, period] albors *fpl*, alba *f*. ◇ *vi* **-1.** [day] arribar a trenc d'alba, fer-se de dia. **-2.** [era, period] néixer.

day [deɪ] *n* **-1.** [gen] dia *m*; the ~ before / after el dia anterior / següent; the ~ before yesterday abans-d'ahir; the ~ after tomorrow demà passat; any ~ now qualsevol dia d'aquests; one / some ~, one of these ~s un d'aquests dies; ~ and night dia i nit; to call it a ~ deixar-ho per avui; to make sb's ~ donar una alegria a algú; to save sthg for a rainy ~ guardar alguna cosa per quan faci falta; his ~s are numbered té els dies comptats; it's early ~s yet és encara aviat per parlar, seria prematur avançar res. **-2.** [period in history]: in my / your etc. ~ en els meus / teus temps; in the ~s of ... en temps de...; in those ~s en aquells temps; in this ~ and age en els nostres dies. ➙ **days** *adv* de dia.

daycentre ['deɪsentə^r] *n* Br centre estatal de dia on s'acull i es cuida a nens, ancians i minusvàlids.

daydream ['deɪdriːm] ◇ *n* somni *m*, il·lusió *f.* ◇ *vi* somiar despert.

daylight ['deɪlaɪt] *n* **-1.** [light] llum *f* del dia. **-2.** [dawn] alba *f.* **-3.** *inf* to scare the (living) ~s out of sb donar un ensurt de mort a algú.

day off (*pl* days off) *n* dia *m* lliure.

day return *n* Br bitllet *m* d'anada i tornada per un sol dia.

daytime ['deɪtaɪm] ◇ *n* (U) dia *m*. ◇ *comp* de dia, diürn -a.

day-to-day *adj* quotidià -ana, diari -ària.

day trip *n* excursió *f* (d'un dia).

daze [deɪz] ◇ *n*: in a ~ eixelebrat -ada, esbojarrat -ada. ◇ *vt lit & fig* atordir.

dazzle ['dæzl] ◇ *n* (U) **-1.** [of light] resplendor *m*. **-2.** [impressiveness] encant *m*, fascinació *f.* ◇ *vt lit & fig* enlluernar.

D-day ['diːdeɪ] *n* el dia D.

DEA *n* (abbr of Drug Enforcement Administration) organisme nord-americà per a la lluita contra la droga.

deacon ['diːkn] *n* diaca *m*.

deactivate [ˌdiːˈæktɪveɪt] *vt* desactivar.

dead [ded] ◇ *adj* **-1.** [person, animal, plant] mort -a; to shoot sb ~ matar algú a trets; he wouldn't be seen ~ doing that no ho faria per res del món. **-2.** [numb - leg, arm] adormit -ida, entumit -ida. **-3.** [telephone] tallat -ada; [car battery] descarregat -ada. **-4.** [silence] absolut -a, complet -a. **-5.** [lifeless - town, party] sense vida. ◇ *adv* **-1.** [directly, precisely] just. **-2.** [completely] totalment, completament; "~ slow" molt a poc a poc. **-3.** *inf* [very] la mar de, molt; to be ~ set against sthg estar totalment en contra de; to be ~ set on sthg estar decidit a fer alguna cosa. **-4.** [suddenly]: to stop ~ parar en sec. ◇ *n* [middle, depth]: at ~ of night a plena nit. ◇ *npl*: the ~ els morts.

deaden ['dedn] *vt* atenuar.

dead end *n lit & fig* carrer *m* sense sortida.

dead heat *n* empat *m*.

deadline ['dedlaɪn] *n* termini *m*, data *f* límit.

deadlock ['dedlɒk] *n* punt *m* mort.

dead loss *n inf* **-1.** [person] inútil *mf*. **-2.** [thing] inutilitat *f*.

deadly ['dedlɪ] (*compar* **-ier**, *superl* **-iest**) ◇ *adj* **-1.** [gen] mortal. **-2.** [accuracy] absolut -a. ◇ *adv* [boring] mortalment, terriblement; [serious] totalment.

deadpan ['dedpæn] ◇ *adj* inexpressiu -iva, seriós -osa. ◇ *adv* inexpressivament, seriosament.

deaf [def] ◇ *adj* **-1.** [unable to hear] sord -a. **-2.** [unwilling to hear]: to be ~ to sthg fer-se el desentès. ◇ *npl*: the ~ els sords.

deaf-aid *n* Br audiòfon.

deaf-and-dumb *adj* sordmut -da.

deafen ['defn] *vt* ensordir.

deaf-mute ◇ *adj* sordmut -da. ◇ *n* sordmut *m* -da *f*.

deafness ['defnɪs] *n* sordesa *f*.

deal [diːl] (*pt & pp* dealt) ◇ *n* **-1.** [quantity]: a good / great ~ (of) molt. **-2.** [business agreement] tracte *m*, transacció *f*; to do / strike a ~ with sb fer un tracte amb algú. **-3.** *inf* [treatment] tracte *m*; big ~! que bé! ◇ *vt* **-1.** *lit & fig* [strike]: to ~ sb / sthg a blow, to deal a blow to sb / sthg donar un cop a algú / alguna cosa. **-2.** [cards] repartir, donar. ◇ *vi* **-1.** [in cards] repartir, donar. **-2.** [in drugs] traficar amb drogues. ➙ **deal in** COM *vt fus* comerciar en, vendre. ➙ **deal out** *vt sep* repartir. ➙ **deal with** *vt fus* **-1.** [handle - with situation, problem] fer front a, resoldre; [- with customer] tractar amb. **-2.** [be about] tractar de, versar sobre. **-3.** [be faced with] encarar-se amb.

dealer ['diːlə^r] *n* **-1.** [trader] comerciant *m* -a *f*. **-2.** [in drugs] traficant *m* -a *f*.

dealing ['diːlɪŋ] *n* comerç *m*. ➙ **dealings** *npl* [personal] tracte *m*; [in business] tractes *mpl*.

dealt [delt] *pt & pp* ➙ **deal**.

dean [diːn] *n* **-1.** [of university] degà *m* -ana *f*. **-2.** [of church] degà *m*.

dearly ['dɪəlɪ] *adv* [love, wish] profundament.

death [deθ] *n* mort *f*; to be put to ~ ésser executat -ada; to frighten sb to ~ donar un ensurt de mort a algú; to be sick to ~

death certificate

of sthg / of doing sthg estar fart d'alguna cosa / de fer alguna cosa; **to starve to ~** morir-se de gana; **to be at ~'s door** trobar-se a les portes de la mort.

death certificate *n* certificat *m* de defunció.

death duty *Br*, **death tax** *Am n* impost *m* de successions.

deathly ['deθlɪ] (*compar* **-ier**, *superl* **-iest**) ◇ *adj* sepulcral. ◇ *adv*: he was ~ pale estava pàl·lid com un mort; **her hands were ~ cold** les seves mans estaven fredes com la mort.

death penalty *n* pena *f* de mort.

death rate *n* índex *m* de mortalitat.

death tax *Am* = death duty.

death trap *n inf* parany *m* mortal, lloc *m* perillós.

debar [diːˈbɑːr] (*pt & pp* **-red**, *cont* **-ring**) *vt*: **to ~ sb from somewhere / from doing sthg** privar algú l'accés a algun lloc / de fer alguna cosa.

debase [dɪˈbeɪs] *vt* degradar; **to ~ oneself** rebaixar-se.

debate [dɪˈbeɪt] ◇ *n* debat *m*; **that's open to ~** això està per veure. ◇ *vt* **-1.** [issue] discutir, debatre. **-2.** [what to do]: **to ~ (whether to do sthg)** pensar-s'ho (de fer alguna cosa). ◇ *vi* discutir, debatre.

debating society [dɪˈbeɪtɪŋ-] *n* associació de debats especialment universitària.

debauchery [dɪˈbɔːtʃərɪ] *n* depravació *f*, llibertinatge *m*.

debit ['debɪt] ◇ *n* deure *m*, dèbit *m*. ◇ *vt* deure; **to ~ sb / sb's account with an amount, to ~ an amount to sb** carregar una quantitat en el compte d'algú.

debit note *n* pagaré *f*.

debris ['deɪbriː] *n* (U) [of building] runes *fpl*; [of aircraft] restes *fpl*.

debt [det] *n* deute *m*; **to be in ~ (to sb)** tenir deutes (amb algú); *fig* **to be in sb's ~** tenir un deute (amb algú).

debt collector *n* cobrador *m* -a *f* de morosos.

debtor ['detər] *n* deutor *m* -a *f*.

debug [ˌdiːˈbʌɡ] (*pt & pp* **-ged**, *cont* **-ging**) *vt* **-1.** [room] treure micròfons ocults de. **-2.** COMPUT suprimir fallades de.

debunk [ˌdiːˈbʌŋk] *vt* desmentir, desacreditar.

debut ['deɪbjuː] *n* debut *m*.

decade ['dekeɪd] *n* dècada *f*.

decaff ['diːkæf] *n inf* descafeïnat *m*.

decaffeinated [dɪˈkæfɪneɪtɪd] *adj* descafeïnat -ada.

decamp [dɪˈkæmp] *vi inf* escapolir-se, esfumar-se.

decanter [dɪˈkæntər] *n* licorera *f*.

decathlon [dɪˈkæθlɒn] *n* decatló *m*.

decay [dɪˈkeɪ] ◇ *n* (U) **-1.** [of tooth] càries *f*; [of body, plant] descomposició *f*. **-2.** *fig* [of building] deterioració *f*; [of society] corrupció *f*, degradació *f*. ◇ *vi* **-1.** [tooth] corcar-se; [body, plant] podrir-se, descompondre's. **-2.** *fig* [building] deteriorar-se; [society] degradar-se, corrompre's.

deceased [dɪˈsiːst] (*pl inv*) ◇ *adj fml* difunt -a, mort -a. ◇ *n*: **the ~** el difunt la difunta.

deceit [dɪˈsiːt] *n* engany *m*.

deceitful [dɪˈsiːtful] *adj* [person, smile] mentider -a; [behaviour] fals -a.

deceive [dɪˈsiːv] *vt* enganyar; **to ~ oneself** enganyar-se un mateix.

December [dɪˈsembər] *n* desembre *m*; ⏵ **September**.

decency ['diːsnsɪ] *n* **-1.** [respectability] decència *f*. **-2.** [consideration]: **to have the ~ to do sthg** tenir la delicadesa de fer alguna cosa.

decent ['diːsnt] *adj* **-1.** [gen] decent. **-2.** [considerate]: **that's very ~ of you** és molt considerat de part teva.

deception [dɪˈsepʃn] *n* engany *m*.

deceptive [dɪˈseptɪv] *adj* enganyós -osa.

decide [dɪˈsaɪd] ◇ *vt* **-1.** decidir; [gen] **to ~ (to do sthg)** decidir (fer alguna cosa); **to ~ (that)** decidir que. **-2.** [person] fer decidir-se. **-3.** [issue, case] resoldre. ◇ *vi* decidir. ⏵ **decide (up)on** *vt fus* decidir-se per.

decided [dɪˈsaɪdɪd] *adj* **-1.** [advantage, improvement] indubtable. **-2.** [person] decidit -ida; [opinion] categòric -a.

decidedly [dɪˈsaɪdɪdlɪ] *adv* **-1.** [clearly] decididament, indubtablement. **-2.** [resolutely] amb decisió.

deciduous [dɪˈsɪdjʊəs] *adj* de fulla caduca.

decimal ['desɪml] ◇ *adj* decimal. ◇ *n* (nombre *m*) decimal *m*.

decimal point *n* coma *f* decimal.

decimate ['desɪmeɪt] *vt* delmar.

decipher [dɪˈsaɪfər] *vt* desxifrar.

decision [dɪˈsɪʒn] *n* decisió *f*; **to make a ~** prendre una decisió.

decisive [dɪˈsaɪsɪv] *adj* **-1.** [person] decidit -ida. **-2.** [factor, event] decisiu -iva.

deck [dek] ◇ *n* **-1.** [of ship] coberta *f*; [of

bus] pis *m*. **-2.** [of cards] baralla *f*. **-3.** *Am* [of house] entarimat (al costat d'una casa). ◇ *vt*: **to ~ sthg with** engalanar alguna cosa amb.

deckchair [ˈdektʃeəʳ] *n* gandula *f*.

declaration [ˌdekləˈreɪʃn] *n* declaració *f*.

Declaration of Independence *n*: **the ~** la declaració d'independència nord-americana del 1776.

declare [dɪˈkleəʳ] *vt* declarar.

decline [dɪˈklaɪn] ◇ *n* declivi *m*; **in ~** en decadència; **on the ~** en declivi. ◇ *vt* [offer] declinar; [request] denegar; **to ~ to do sthg** refusar de fer alguna cosa. ◇ *vi* **-1.** [deteriorate] decréixer, minvar. **-2.** [refuse] refusar, negar-se.

decode [ˌdiːˈkəʊd] *vt* descodificar.

decompose [ˌdiːkəmˈpəʊz] *vi* descompondre's.

decongestant [ˌdiːkənˈdʒestənt] *n* descongestiu *m*.

decor [ˈdeɪkɔːʳ] *n* decoració *f*.

decorate [ˈdekəreɪt] *vt* **-1.** decorar; [make pretty] **to ~ sthg (with)** decorar alguna cosa amb. **-2.** [with paint] pintar; [with wallpaper] empaperar. **-3.** [with medal] condecorar.

decoration [ˌdekəˈreɪʃn] *n* **-1.** [gen] decoració *f*. **-2.** [ornament] adorn *m*, guarniment *m*. **-3.** [medal] condecoració *f*.

decorator [ˈdekəreɪtəʳ] *n* [painter] pintor *m*; [paperhanger] empaperador *m* -a *f*.

decorum [dɪˈkɔːrəm] *n* decor *m*.

decoy [*n* ˈdiːkɔɪ, *vb* dɪˈkɔɪ] ◇ *n* esquer *m*. ◇ *vt* desviar (mitjançant un esquer).

decrease [*n* ˈdiːkriːs, *vb* dɪˈkriːs] ◇ *n* disminució *f*; **~ (in)** disminució *f* (en), decreixement *m* (en). ◇ *vt* & *vi* disminuir.

decree [dɪˈkriː] ◇ *n* **-1.** [order, decision] decret *m*. **-2.** *Am* [judgment] sentència *f*, decisió *f*. ◇ *vt* decretar.

decree nisi [-ˈnaɪsaɪ] (*pl* **decrees nisi**) *n Br* JUR sentència *f* provisional de divorci.

decrepit [dɪˈkrepɪt] *adj* decrèpit -a.

dedicate [ˈdedɪkeɪt] *vt* dedicar; **to ~ one-self to sthg** dedicar-se a alguna cosa.

dedication [ˌdedɪˈkeɪʃn] *n* **-1.** [commitment] dedicació *f*. **-2.** [in book] dedicatòria *f*.

deduce [dɪˈdjuːs] *vt* deduir; **to ~ (sthg from sthg)** deduir (alguna cosa d'alguna cosa).

deduct [dɪˈdʌkt] *vt* deduir; **to ~ (from)** deduir (de), descomptar (de).

deduction [dɪˈdʌkʃn] *n* deducció *f*.

deed [diːd] *n* **-1.** [action] acció *f*, obra *f*. **-2.** JUR escriptura *f*.

deem [diːm] *vt fml* estimar, considerar; **to ~ it wise to do sthg** estimar prudent fer alguna cosa.

deep [diːp] ◇ *adj* **-1.** [gen] profund -a; **to be 10 feet ~** tenir 10 peus de profunditat. **-2.** [sigh, breath] fondo -a. **-3.** [colour] intens -a. **-4.** [sound, voice] greu. ◇ *adv* [dig, cut] fondo; **to advance ~ into enemy territory** endinsar-se en territori enemic; **~ down / inside per dins**; **to be ~ in thought** estar immergit en els propis pensaments; **to go / run ~** estar molt arrelat.

deepen [ˈdiːpn] ◇ *vt* [hole, channel] enfondir, aprofundir. ◇ *vi* **-1.** [river, sea] enfondir-se, fer-se més profund -a. **-2.** [crisis, recession] aguditzar-se; [emotion, darkness] fer-se més intens -a.

deep freeze *n* congelador *m*.

deep fry *vt* fregir (amb molt oli).

deeply [ˈdiːplɪ] *adv* [gen] profundament; [dig, breathe, sigh] fondo -a.

deep-sea *adj*: **~ diving** busseig *m* de profunditat; **~ fishing** pesca *f* de fons.

deer [dɪəʳ] (*pl inv*) *n* cérvol *m*.

deface [dɪˈfeɪs] *vt* empastifar.

defamatory [dɪˈfæmətrɪ] *adj fml* difamatori -òria.

default [dɪˈfɔːlt] ◇ *n* **-1.** [on payment, agreement] incompliment *m*; [failure to attend] incompareixença *f*; **by ~** [win] per incompareixença. **-2.** COMPUT: **~ (value)** (valor) per defecte. ◇ *vi* incomplir un compromís; **to ~ on sthg** incomplir alguna cosa.

defeat [dɪˈfiːt] ◇ *n* derrota *f*; **to admit ~** donar-se per vençut -uda. ◇ *vt* [team, opponent] derrotar; [motion] refusar; [plans] frustrar.

defeatist [dɪˈfiːtɪst] ◇ *adj* derrotista. ◇ *n* derrotista *mf*.

defect [*n* ˈdiːfekt, *vb* dɪˈfekt] ◇ *n* [fault] defecte *m*. ◇ *vi* POL: **to ~ to the other side** passar-se a l'altre bàndol.

defective [dɪˈfektɪv] *adj* defectuós -osa.

defence *Br*, **defense** *Am* [dɪˈfens] *n* defensa *f*; **in ~ of** en defensa de.

defenceless *Br*, **defenseless** *Am* [dɪˈfenslɪs] *adj* indefens -a.

defend [dɪˈfend] ◇ *vt* defensar; **to ~ one-self** defensar-se. ◇ *vi* SPORT defensar.

defendant [dɪˈfendənt] *n* acusat *m* -ada *f*.

defense *Am* = **defence**.

defenseless *Am* = **defenceless**.

defensive [dɪˈfensɪv] ⬦ *adj* **-1.** [weapons, tactics] defensiu -iva. **-2.** [person] recelós -osa. ⬦ *n*: **on the ~** a la defensiva.

defer [dɪˈfɜːʳ] (*pt & pp* **-red**, *cont* **-ring**) ⬦ *vt* deferir, ajornar. ⬦ *vi*: **to ~ to sb** deferir amb / a algú.

deferential [ˌdefəˈrenʃl] *adj* deferent, respectuós -osa.

defiance [dɪˈfaɪəns] *n* desafiament *m*; **in ~ of** com a desafiament de, a despit de.

defiant [dɪˈfaɪənt] *adj* desafiador -a.

deficiency [dɪˈfɪʃnsɪ] (*pl* **-ies**) *n* **-1.** [lack] mancança *f*, insuficiència *f*. **-2.** [inadequacy] deficiència *f*, imperfecció *f*.

deficient [dɪˈfɪʃnt] *adj* **-1.** [lacking]: **to be ~ in** ésser deficitari -ària en, mancar de. **-2.** [inadequate] deficient.

deficit [ˈdefɪsɪt] *n* dèficit *m*.

defile [dɪˈfaɪl] *vt* [desecrate] profanar; *fig* [mind, purity] corrompre.

define [dɪˈfaɪn] *vt* definir.

definite [ˈdefɪnɪt] *adj* **-1.** [plan, date, answer] definitiu -iva. **-2.** [improvement, difference] indubtable, clar -a. **-3.** [confident - person] rotund -a, concloent; **I am quite ~ (about it)** estic totalment segur -a (d'això).

definitely [ˈdefɪnɪtlɪ] *adv* **-1.** [without doubt] sens dubte. **-2.** [for emphasis] per descomptat.

definition [ˌdefɪˈnɪʃn] *n* **-1.** [gen] definició *f*; **by ~** per definició *f*. **-2.** [clarity] nitidesa *f*.

deflate [dɪˈfleɪt] ⬦ *vt* **-1.** [balloon] desinflar; *fig* [person] baixar els fums a. **-2.** ECON reduir la inflació en. ⬦ *vi* desinflar-se.

deflation [dɪˈfleɪʃn] ECON *n* deflació *f*.

deflect [dɪˈflekt] *vt* [gen] desviar; [criticism] defugir, esquivar.

defogger [ˌdiːˈfɒgəʳ] *n* Am AUTOM dispositiu *m* antibaf.

deformed [dɪˈfɔːmd] *adj* deforme *m*.

defraud [dɪˈfrɔːd] *vt* defraudar, estafar.

defrost [ˌdiːˈfrɒst] ⬦ *vt* **-1.** [gen] descongelar. **-2.** Am AUTOM [demist] desentelar. ⬦ *vi* descongelar-se.

deft [deft] *adj* traçut -uda, manyós -osa.

defunct [dɪˈfʌŋkt] *adj* [plan] refusat -ada; [body, organization] desaparegut -uda.

defuse [ˌdiːˈfjuːz] *vt* Br **-1.** [bomb] desactivar. **-2.** [situation] neutralitzar.

defy [dɪˈfaɪ] (*pt & pp* **-ied**) *vt* **-1.** [disobey - person, authority] desafiar, desobeir; [law, rule] violar. **-2.** [challenge]: **to ~ sb to do sthg** reptar o desafiar a algú a fer alguna cosa. **-3.** [description, analysis] fer impossible; [attempts, efforts] fer inútil.

degenerate [*adj & n* dɪˈdʒenərət, *vb* dɪˈdʒenəreɪt] ⬦ *adj* degenerat -ada. ⬦ *n* degenerat *m* -ada *f*. ⬦ *vi* degenerar; **to ~ (into)** degenerar (en).

degrading [dɪˈgreɪdɪŋ] *adj* denigrant, degradant.

degree [dɪˈgriː] *n* **-1.** [unit of measurement, amount] grau *m*; **by ~s** a poc a poc, gradualment. **-2.** [qualification] títol *m* universitari, llicenciatura; **to have / take a ~ (in sthg)** ser llicenciat -ada en.

dehydrated [ˌdiːhaɪˈdreɪtɪd] *adj* deshidratat -ada.

de-ice [diːˈaɪs] *vt* descongelar.

deign [deɪn] *vt* dignar-se; **to ~ to do sthg** dignar-se a fer alguna cosa.

deity [ˈdiːɪtɪ] *n* deïtat *f*, divinitat *f*.

dejected [dɪˈdʒektɪd] *adj* abatut -uda.

delay [dɪˈleɪ] ⬦ *n* retard *m*; **without ~** sense demora. ⬦ *vt* retardar; **to ~ starting sthg** retardar el començament d'alguna cosa. ⬦ *vi* retardar; **to ~ (in doing sthg)** endarrerir-se (en fer alguna cosa).

delayed [dɪˈleɪd] *adj*: **to be ~** [person] fer tard; [train] anar amb retard.

delectable [dɪˈlektəbl] *adj* **-1.** [food] delectable. **-2.** [person] desitjable.

delegate [*n* ˈdelɪgət, *vb* ˈdelɪgeɪt] ⬦ *n* delegat *m* -ada *f*. ⬦ *vt* delegar; **to ~ sthg (to sb)** delegar alguna cosa (en algú); **to ~ sb to do sthg** delegar a algú per fer alguna cosa. ⬦ *vi* delegar responsabilitats.

delegation [ˌdelɪˈgeɪʃn] *n* delegació *f*.

delete [dɪˈliːt] *vt* [gen & COMPUT] esborrar.

deli [ˈdelɪ] *n inf abbr of* delicatessen.

deliberate [*adj* dɪˈlɪbərət, *n* dɪˈlɪbəreɪt] ⬦ *adj* **-1.** [intentional] deliberat -ada. **-2.** [slow] pausat -ada. ⬦ *vi fml* deliberar.

deliberately [dɪˈlɪbərətlɪ] *adv* **-1.** [on purpose] expressament, deliberadament. **-2.** [slowly] pausadament.

delicacy [ˈdelɪkəsɪ] (*pl* **-ies**) *n* **-1.** [gracefulness, tact] delicadesa *f*. **-2.** [food] exquisitat *f*, delit *m*.

delicate [ˈdelɪkət] *adj* **-1.** [gen] delicat -ada. **-2.** [subtle - colour, taste] suau, subtil. **-3.** [tactful] prudent; [instrument] sensible.

delicatessen [ˌdelɪkəˈtesn] *n* ≈ xarcuteria *f*.

delicious [dɪˈlɪʃəs] *adj* deliciós -osa.

delight [dɪˈlaɪt] ⬦ *n* **-1.** [great pleasure]

goig m, joia f; **to take ~ in doing sthg** gaudir fent alguna cosa. **-2.** [thing, person] delícia f, plaer m. ◇ vt encantar. ◇ vi encantar; **to ~ in sthg / in doing sthg** gaudir amb alguna cosa/fent alguna cosa.

delighted [dɪˈlaɪtɪd] *adj* encantat -ada, molt content -a; **~ by / with** encantat amb; **to be ~ to do sthg / that** estar encantat de fer alguna cosa / que; **I'd be ~ (to come)** m'encantaria (anar).

delightful [dɪˈlaɪtful] *adj* [gen] encantador -a; [meal] deliciós -osa; [view] molt agradable.

delinquent [dɪˈlɪŋkwənt] ◇ *adj* [behaviour] delictiu -iva; [child] delinqüent m. ◇ n delinqüent mf.

delirious [dɪˈlɪrɪəs] *adj* [with fever] delirant; *fig* [ecstatic] enfervorit -ida.

deliver [dɪˈlɪvər] ◇ vt **-1.** [distribute] repartir; [hand over] entregar; **to ~ sthg to sb** entregar alguna cosa a algú. **-2.** [give -speech, verdict, lecture] pronunciar; [- message] entregar; [- warning, ultimatum] llançar; [- blow, kick] assestar. **-3.** [baby] portar al món. **-4.** *fml* [free] alliberar, deslliurar. **-5.** *Am* POL [votes] captar. ◇ vi **-1.** [take to home, office] fer el repartiment. **-2.** [fulfil promise] complir (una promesa).

delivery [dɪˈlɪvərɪ] (*pl* **-ies**) n **-1.** [distribution] repartiment m; [handing over] entrega f. **-2.** [goods delivered] partida f. **-3.** [way of speaking] (estil m de) discurs m. **-4.** [birth] part m.

delude [dɪˈluːd] vt enganyar; **to ~ oneself** enganyar-se (un mateix).

deluge [ˈdeljuːdʒ] ◇ n [flood] diluvi m, al·luvió m; *fig* [huge number] al·luvió f. ◇ vt inundar; **to be ~d with** veure's inundat -ada per.

delusion [dɪˈluːʒn] n il·lusió f, engany m; **~s of grandeur** deliris mpl de grandesa.

de luxe [dəˈlʌks] *adj* de luxe.

delve [delv] vi furgar, remenar; **to ~ (into)** [bag, cupboard] furgar (en); *fig* [mystery] endinsar-se (en), aprofundir (en).

demand [dɪˈmɑːnd] ◇ n **-1.** [claim, firm request] exigència f, reclamació f; **on ~** a petició; **wage ~** demanda f o reclamació d'un augment salarial. **-2.** [need]: **~ for** demanda f de; **in ~** sol·licitat -ada. ◇ vt [gen] exigir; [pay rise] reclamar, demandar; **to ~ to do sthg** exigir fer alguna cosa.

demanding [dɪˈmɑːndɪŋ] *adj* **-1.** [exhausting] esgotador -ora. **-2.** [not easily satisfied] exigent.

demean [dɪˈmiːn] vt humiliar, degradar; **to ~ oneself** humiliar-se, rebaixar-se.

demeaning [dɪˈmiːnɪŋ] *adj* humiliant.

demeanour Br, **demeanor** Am [dɪˈmiːnər] n (U) *fml* comportament m, mena f.

demented [dɪˈmentɪd] *adj* dement.

demise [dɪˈmaɪz] n *fml* **-1.** [death] defunció f, decés m. **-2.** [end] enfonsament f.

demister [ˌdiːˈmɪstər] n Br dispositiu m antibaf.

demo [ˈdeməʊ] n *inf* (abbr of **demonstration**) manifestació f, mani f.

democracy [dɪˈmɒkrəsɪ] (*pl* **-ies**) n democràcia f.

democrat [ˈdeməkræt] n demòcrata mf.
➤ **Democrat** n Am demòcrata mf.

democratic [ˌdeməˈkrætɪk] *adj* democràtic -a. ➤ **Democratic** *adj* Am demòcrata.

Democratic Party n Am Partit m Demòcrata (dels Estats Units).

demolish [dɪˈmɒlɪʃ] vt **-1.** [building] demolir; [argument, myth] destrossar. **-2.** *inf* [eat] cruspir-se.

demonstrate [ˈdemənstreɪt] ◇ vt **-1.** [prove] demostrar. **-2.** [show] fer una demostració de. ◇ vi manifestar-se; **to ~ for / against sthg** manifestar-se a favor / en contra d'alguna cosa.

demonstration [ˌdemənˈstreɪʃn] n **-1.** [of machine, product] demostració f. **-2.** [public meeting] manifestació f.

demonstrator [ˈdemənstreɪtər] n **-1.** [in march] manifestant mf. **-2.** [of machine, product] persona que fa demostracions.

demoralized [dɪˈmɒrəlaɪzd] *adj* desmoralitzat -ada.

demote [ˌdiːˈməʊt] vt baixar de categoria.

demure [dɪˈmjʊər] *adj* reservat -ada.

den [den] n [lair] cau m, amagatall m.

denial [dɪˈnaɪəl] n **-1.** [refutation] negació f, rebuig m. **-2.** [refusal] denegació f.

denier [ˈdenɪə] n denier m.

denigrate [ˈdenɪgreɪt] vt *fml* denigrar, desacreditar.

denim [ˈdenɪm] n roba f texana. ➤ **denims** *npl* (pantalons mpl) texans mpl.

denim jacket n caçadora f texana.

Denmark [ˈdenmɑːk] n Dinamarca.

denomination [dɪˌnɒmɪˈneɪʃn] n **-1.** [religious group] confessió f. **-2.** [of money] valor m.

denounce [dɪˈnaʊns] vt denunciar.

dense [dens] *adj* **-1.** [gen] dens -a; [trees] atapeït -ida. **-2.** *inf* [stupid] bèstia.

density ['densətɪ] (*pl* **-ies**) *n* densitat *f*.

dent [dent] ◇ *n* [on car] bony *m*; [in wall] abonyegadura *f*. ◇ *vt* [car] abonyegar; [wall] oscar, abonyegar.

dental ['dentl] *adj* dental; ~ **surgery** clínica *f* dental.

dental floss *n* seda dental.

dental surgeon *n* odontòleg -òloga.

dentist ['dentɪst] *n* dentista *mf*; **to go to the ~'s** anar al dentista.

dentures ['dentʃəz] *npl* dentadura *f* postissa.

deny [dɪ'naɪ] (*pt* & *pp* **-ied**) *vt* **-1.** [refute] negar, refusar; **to ~ doing sthg** negar haver fet alguna cosa. **-2.** refusar; *fml* [refuse] **to ~ sb sthg** denegar alguna cosa a algú.

deodorant [diː'əʊdərənt] *n* desodorant *m*.

depart [dɪ'pɑːt] *vi fml* **-1.** sortir; [leave] **~ (from)** sortir (de); **this train will ~ from Platform 2** aquest tren sortirà per la via 2. **-2.** [differ]: **to ~ from sthg** apartar-se d'alguna cosa.

department [dɪ'pɑːtmənt] *n* **-1.** [gen] departament *m*. **-2.** [in government] ministeri *m*.

department store *n* grans magatzems *mpl*.

departure [dɪ'pɑːtʃər] *n* **-1.** [of train, plane] sortida *f*; [of person] marxa *f*. **-2.** abandonament *m*; [change] **~ (from)** abandó *m* (de); **a new ~** un nou enfocament.

departure lounge *n* [in airport] sala *f* d'embarcament; [in coach station] vestíbul *m* de sortides.

depend [dɪ'pend] *vi*: **to ~ on** dependre de; **you can ~ on me** pots confiar en mi; **it ~s** depèn; **~ing on** d'acord amb, segons.

dependable [dɪ'pendəbl] *adj* fiable.

dependant [dɪ'pendənt] *n* persona que depèn del cap de família.

dependent [dɪ'pendənt] *adj* **-1.** [gen]: **to be ~ (on)** dependre (de). **-2.** [addicted] addicte *m* -a *f*.

depict [dɪ'pɪkt] *vt* **-1.** [in picture] representar, retratar. **-2.** [describe]: **to ~ sthg / sb as sthg** descriure alguna cosa / algú com.

deplete [dɪ'pliːt] *vt* minvar, reduir.

deplorable [dɪ'plɔːrəbl] *adj* deplorable.

deplore [dɪ'plɔːr] *vt* deplorar.

deploy [dɪ'plɔɪ] *vt* desplegar.

depopulation [diːˌpɒpjʊ'leɪʃn] *n* despoblació *f*.

deport [dɪ'pɔːt] *vt* deportar.

depose [dɪ'pəʊz] *vt* deposar.

deposit [dɪ'pɒzɪt] ◇ *n* **-1.** GEOL jaciment *m*. **-2.** [sediment] pòsit *m*, sediment *m*. **-3.** [payment into bank] ingrés *m*, imposició *f*; **to make a ~** fer un ingrés. **-4.** [down payment - on house, car] entrada *f*; [- on hotel room] senyal *m*, avançada *f*; [- on hired goods] fiança *f*; [- on bottle] import *m* de l'envàs, casc *m*. ◇ *vt* **-1.** [put down] dipositar. **-2.** [in bank] ingressar.

deposit account *n Br* compte *m* d'estalvi a terme fix.

depot ['depəʊ] *n* **-1.** [storage facility] magatzem *m*; [for buses] cotxera *f*. **-2.** *Am* [bus or train terminus] terminal *f*, estació *f*.

depreciate [dɪ'priːʃieɪt] *vi* depreciar-se.

depress [dɪ'pres] *vt* **-1.** [person] deprimir. **-2.** [economy] desactivar. **-3.** [price, share value] reduir.

depressed [dɪ'prest] *adj* deprimit -ida.

depressing [dɪ'presɪŋ] *adj* depriment.

depression [dɪ'preʃn] *n* **-1.** [gen & ECON] depressió *f*. **-2.** *fml* [in pillow] forat *m*.

deprivation [ˌdeprɪ'veɪʃn] *n* **-1.** [poverty] misèria *f*. **-2.** [lack] privació *f*.

deprive [dɪ'praɪv] *vt* privar de; **to ~ sb of sthg** privar algú d'alguna cosa.

depth [depθ] *n* profunditat *f*; **in ~ a fons**; **to be out of one's ~** [in water] no tocar fons; **he was out of his ~ with that job** aquesta feina li venia gran. ● **depths** *npl*: **the ~s** [of the sea] les profunditats; **in the ~s of winter** a ple hivern; **to be in the ~s of despair** trobar-se en la més absoluta desesperació.

deputation [ˌdepjʊ'teɪʃn] *n* delegació *f*, representació *f*.

deputize, -ise ['depjʊtaɪz] *vi*: **to ~ (for)** actuar en representació (de).

deputy ['depjʊtɪ] (*pl* **-ies**) ◇ *adj*: **~ head** sotsdirector *m* -a *f*; **~ chairman / president** vicepresident *m* -a *f*. ◇ *n* **-1.** [second-in-command] assistent *m* -a *f*, suplent *mf*. **-2.** *Am* [- sheriff] ajudant *mf* del xèrif.

derail [dɪ'reɪl] *vt* & *vi* [train] descarrilar.

deranged [dɪ'reɪndʒd] *adj* pertorbat -ada, trastornat -ada.

derby [*Br* 'dɑːbɪ, *Am* 'dɜːbɪ] (*pl* **-ies**) *n* **-1.** [sports event] derbi *m* (local). **-2.** *Am* [hat] barret *m* fort, bolet *m*.

deregulate [ˌdiː'regjʊleɪt] *vt* liberalitzar.

derelict ['derəlɪkt] *adj* abandonat -ada.

deride [dɪ'raɪd] *vt* mofar-se de.

derisory [də'raɪzərɪ] *adj* **-1.** [puny, trivial] irrisori -òria. **-2.** [derisive] burleta.

derivative [dɪˈrɪvətɪv] ◇ *adj pej* que li manca originalitat. ◇ *n* derivat *m*.

derive [dɪˈraɪv] ◇ *vt* **-1.** (draw, gain): **to ~ sthg from sthg** trobar alguna cosa en. **-2.** [come]: **to be ~d from** derivar-se de. ◇ *vi*: **to ~ from** derivar de.

derogatory [dɪˈrɒgətrɪ] *adj* despectiu -iva.

derrick [ˈderɪk] *n* **-1.** [crane] grua *f*. **-2.** [over oil well] torre *f* de perforació.

derv [dɜːv] *n Br* gasoil *m*, gasoli *m*.

descend [dɪˈsend] ◇ *vt fml* [go down] baixar per. ◇ *vi* **-1.** *fml* [go down] baixar. **-2.** [subject: silence, gloom]: **to ~ (on sthg / sb)** envair (alguna cosa / algú). **-3.** [arrive]: **to ~ on sb** presentar-se a casa d'algú. **-4.** [stoop]: **to ~ to sthg / to doing sthg** rebaixar-se a alguna cosa / a fer alguna cosa.

descendant [dɪˈsendənt] *n* descendent *mf*.

descended [dɪˈsendɪd] *adj*: **to be ~ from** ser descendent de, provenir de.

descent [dɪˈsent] *n* **-1.** [downwards movement] descens *m*, baixada *f*. **-2.** [origin] ascendència *f*.

describe [dɪˈskraɪb] *vt* descriure.

description [dɪˈskrɪpʃn] *n* **-1.** [account] descripció *f*. **-2.** [type]: **of all ~s** de tota mena.

desecrate [ˈdesɪkreɪt] *vt* profanar.

desert [*n* ˈdezət, *vb & npl* dɪˈzɜːt] ◇ *n* **-1.** GEOG desert *m*. **-2.** [boring place]: **(cultural) ~ desert** *m* cultural. ◇ *vt* abandonar. ◇ *vi* MIL desertar.

deserted [dɪˈzɜːtɪd] *adj* abandonat -ada.

deserter [dɪˈzɜːtər] *n* desertor *m* -a *f*.

desertification [dɪˌzɜːtɪfɪˈkeɪʃn] *n* desertificació *f*.

desert island [ˈdezət-] *n* illa *f* deserta.

deserve [dɪˈzɜːv] *vt* merèixer; **to ~ to do sthg** merèixer fer alguna cosa.

deserving [dɪˈzɜːvɪŋ] *adj* meritori -òria, encomiable; *fml* **~ of** mereixedor -a de.

design [dɪˈzaɪn] ◇ *n* **-1.** [gen] disseny *m*; [of garment] tall *m*. **-2.** [pattern] dibuix *m*. **-3.** *fml* [intention] designi *m*, intenció *f*; **by ~** a posta, expressament; **to have ~s on** anar darrere de. ◇ *vt* **-1.** [draw plans for] dissenyar. **-2.** [plan, prepare] concebre.

designate [*adj* ˈdezɪgnət, *vb* ˈdezɪgneɪt] ◇ *adj* designat -ada. ◇ *vt* designar, nomenar; **to ~ sb as sthg / to do sthg** designar algú com a alguna cosa / per a fer alguna cosa.

designer [dɪˈzaɪnər] ◇ *adj* [clothes] de disseny; [glasses] de marca. ◇ *n* [gen] dissenyador *m* -ra *f*; THEAT escenògraf *m* -a *f*.

desirable [dɪˈzaɪərəbl] *adj* **-1.** *fml* [appropriate] desitjable, convenient. **-2.** [attractive] atractiu -iva, apetible.

desire [dɪˈzaɪər] ◇ *n*: **~ (for sthg / to do sthg)** desig *m* (d'alguna cosa / de fer alguna cosa). ◇ *vt* desitjar; **it leaves a lot to be ~d** deixa molt a desitjar.

desk [desk] *n* **-1.** [gen] taula *f*, escriptori *m*; [in school] pupitre *m*; **cash ~** caixa *f*. **-2.** [service area]: **cash ~** caixa *f*; **information ~** taulell *m* d'informació.

desktop publishing COMPUT *n* autoedició *f*.

desolate [ˈdesələt] *adj* [place, person] desolat -ada; [feeling] desolador -a.

despair [dɪˈspeər] ◇ *n* desesperació *f*; **in ~** desesperadament, amb desesperació. ◇ *vi* desesperar-se; **to ~ of sb** desesperar-se amb algú; **to ~ of sthg / doing sthg** desesperar-se per / per fer alguna cosa.

despairing [dɪˈspeərɪŋ] *adj* desesperat -ada.

despatch [dɪˈspætʃ] = **dispatch**.

desperate [ˈdesprət] *adj* desesperat -ada; **to be ~ for sthg** necessitar alguna cosa desesperadament.

desperately [ˈdesprətlɪ] *adv* **-1.** [want, fight, love] desesperadament. **-2.** [ill] greument; [poor, unhappy, shy] tremendament.

desperation [ˌdespəˈreɪʃn] *n* desesperació *f*; **in ~** amb desesperació.

despicable [dɪˈspɪkəbl] *adj* menyspreable.

despise [dɪˈspaɪz] *vt* menysprear.

despite [dɪˈspaɪt] *prep* malgrat, a pesar de.

despondent [dɪˈspɒndənt] *adj* descoratjador -a.

dessert [dɪˈzɜːt] *n* postres *fpl*.

dessertspoon [dɪˈzɜːtspuːn] *n* **-1.** [spoon] cullera *f* per a les postres. **-2.** [spoonful] cullerada *f* (d'unes postres).

destination [ˌdestɪˈneɪʃn] *n* destinació *f*.

destined [ˈdestɪnd] *adj* **-1.** [fated, intended]: **~ for sthg / to do sthg** destinat -ada a alguna cosa / a fer alguna cosa. **-2.** [bound]: **~ for** rumb a, amb destinació a.

destiny [ˈdestɪnɪ] (*pl* -**ies**) *n* destí *m*.

destitute [ˈdestɪtjuːt] *adj* indigent, en la misèria.

destroy [dɪˈstrɔɪ] *vt* **-1.** [ruin] destruir. **-2.** [put down] matar, sacrificar.

destruction [dɪˈstrʌkʃn] *n* destrucció *f*.

detach [dɪˈtætʃ] *vt* **-1.** [pull off]: **to ~ sthg (from)** treure o separar alguna cosa (de). **-2.** [disassociate]: **to ~ oneself from sthg** distanciar-se d'alguna cosa.

detachable [dɪˈtætʃəbl] *adj* [handle etc.] de posar i treure; [collar] postís -issa.

detached [dɪˈtætʃt] *adj* [unemotional] objectiu -iva.

detached house *n* xalet *m* individual.

detachment [dɪˈtætʃmənt] *n* -1. [aloofness] distanciament *m*. -2. MIL destacament *m*.

detail [ˈdiːteɪl] ◇ *n* -1. [small point] detall *m*. -2. (U) [facts, points] detalls *mpl*; **to go into ~** entrar en detalls; **in ~** detalladament, amb detall. -3. MIL destacament *m*. ◇ *vt* [list] detallar, precisar. ➡ **details** *npl* [gen] informació *f*; [personal] dades *fpl*.

detailed [ˈdiːteɪld] *adj* detallat -ada.

detain [dɪˈteɪn] *vt* [gen] retenir; [in police station] detenir.

detect [dɪˈtekt] *vt* [gen] detectar; [difference] notar, percebre.

detection [dɪˈtekʃn] *n* -1. (U) [gen] detecció *f*. -2. [of crime] investigació *f*; [of drugs] descobriment *m*.

detective [dɪˈtektɪv] *n* [private] detectiu *m* -iva *f*; [policeman] agent *mf*.

detective novel *n* novel·la *f* policíaca.

detente [deɪˈtɒnt] POL *n* distensió *f*.

detention [dɪˈtenʃn] *n* -1. [of suspect, criminal] detenció *f*, arrest *m*; **in ~** arrestat -ada. -2. [at school] càstig que consisteix a quedar-se a l'escola després de classe.

deter [dɪˈtɜːr] (*pt & pp* **-red**, *cont* **-ring**) *vt*: **to ~ sb (from doing sthg)** dissuadir algú (de fer alguna cosa).

detergent [dɪˈtɜːdʒənt] *n* detergent *m*.

deteriorate [dɪˈtɪərɪəreɪt] *vi* [health, economy] deteriorar-se; [weather] empitjorar.

determination [dɪˌtɜːmɪˈneɪʃn] *n* determinació *f*.

determine [dɪˈtɜːmɪn] *vt* determinar; *fml* **to ~ to do sthg** determinar de fer alguna cosa.

determined [dɪˈtɜːmɪnd] *adj* decidit -ida; **~ to do sthg** decidit a fer alguna cosa.

deterrent [dɪˈterənt] ◇ *adj* dissuasiu -iva. ◇ *n* força *f* dissuasiva; **nuclear ~** armes *fpl* nuclears de dissuasió.

detest [dɪˈtest] *vt* detestar.

detonate [ˈdetəneɪt] *vt & vi* detonar.

detour [ˈdiːˌtuər] *n* desviació *f*, desviament *m*; **to make a ~** donar una volta.

detract [dɪˈtrækt] *vi*: **to ~ from sthg** [gen] minvar alguna cosa, disminuir alguna cosa; [achievement] restar importància a.

detriment [ˈdetrɪmənt] *n*: **to the ~ of** en detriment de.

detrimental [ˌdetrɪˈmentl] *adj* perjudicial.

deuce [djuːs] *n* (U) SPORT iguals *mpl* (a quaranta).

devaluation [ˌdiːvæljuˈeɪʃn] *n* devaluació *f*.

devastated [ˈdevəsteɪtɪd] *adj* [area, city] devastat -ada, assolat -ada; *fig* [person] desolat -ada.

devastating [ˈdevəsteɪtɪŋ] *adj* -1. [destructive - hurricane etc.] devastador -a. -2. [effective - remark, argument] aclaparador -a. -3. [upsetting - news, experience] dessolador -a. -4. [attractive] imponent, irresistible.

develop [dɪˈveləp] ◇ *vt* -1. [land] urbanitzar. -2. [illness] contraure, agafar; [habit] adquirir; **to ~ a fault** fallar, espatllar-se. -3. [product] elaborar. -4. [idea, argument, resources] desenvolupar. -5. PHOT revelar. ◇ *vi* -1. [grow] desenvolupar-se. -2. [appear] presentar-se, donar-se.

developing country [dɪˈveləpɪŋ-] *n* país *m* en vies de desenvolupament.

development [dɪˈveləpmənt] *n* -1. (U) [growth] desenvolupament *m*. -2. [of design, product] elaboració *f*. -3. [developed land] urbanització *f*. -4. [new event] (nou) esdeveniment *m*. -5. [advance - in science etc.] avanç *m*. -6. [of illness] contracció *f*; [of fault] aparició *f*.

deviate [ˈdiːvɪeɪt] *vi*: **to ~ from sthg** apartar-se o desviar-se d'alguna cosa.

device [dɪˈvaɪs] *n* dispositiu *m*, mecanisme *m*; **to leave sb to their own ~s** [with nothing to do] deixar algú al seu aire; [without help] deixar que algú se les arregli sol.

devil [ˈdevl] *n* diable *m*, dimoni *m*; **little ~** trapella *mf*; **poor ~** pobre diable; **you lucky ~!** quina sort que tens!; **who / where / why the ~ ...?** qui / on / per què dimonis...? ➡ **Devil** *n* [Satan]: **the ~** el diable, el dimoni.

devious [ˈdiːvjəs] *adj* -1. [person, scheme] malèvol -a, retorçat -ada; [means] dubtós -osa. -2. [route] sinuós -osa, tortuós -osa.

devise [dɪˈvaɪz] *vt* [instrument, system] dissenyar; [plan] traçar.

devoid [dɪˈvɔɪd] *adj fml*: **~ of** desproveït -ïda de.

devolution [ˌdiːvəˈluːʃn] POL *n* autonomia *f*, traspàs de competències.

devote [dɪˈvəʊt] *vt*: **to ~ sthg to** dedicar o consagrar alguna cosa a; **to ~ oneself to** dedicar-se o consagrar-se a.

devoted [dɪˈvəʊtɪd] *adj* [person] lleial; to be ~ to sb sentir veneració per algú.

devotee [ˌdevəˈtiː] *n* [fan] devot *m* -a *f*, admirador *m* -a *f*.

devotion [dɪˈvəʊʃn] *n* **–1.** (U) [commitment]: ~ **(to)** dedicació *f*. **–2.** RELIG devoció *f*.

devour [dɪˈvaʊə'] *vt lit & fig* devorar.

devout [dɪˈvaʊt] RELIG *adj* devot -a, piadós -osa.

dew [djuː] *n* rosada *f*.

dexterity [dekˈsterətɪ] *n* destresa *f*, habilitat *f*.

diabetes [ˌdaɪəˈbiːtiːz] *n* diabetis *f*.

diabetic [ˌdaɪəˈbetɪk] ◇ *adj* **–1.** [person] diabètic -a. **–2.** [jam, chocolate] per a diabètics. ◇ *n* diabètic *m* -a *f*.

diabolic(al) [ˌdaɪəˈbɒlɪk(l)] *adj* **–1.** [evil] diabòlic -a. **–2.** *inf* [very bad] demencial, pèssim -a.

diagnose [ˈdaɪəgnəʊz] MED *vt* diagnosticar.

diagnosis [ˌdaɪəgˈnəʊsɪs] (*pl* **-oses** [-əʊsiːz]) *n* MED [verdict] diagnòstic *m*; [science, activity] diagnosi *f*.

diagonal [daɪˈægənl] ◇ *adj* diagonal. ◇ *n* diagonal *f*.

diagram [ˈdaɪəgræm] *n* diagrama *m*, esquema *m*.

dial [ˈdaɪəl] (*Br pt & pp* **-led**, *cont* **-ling**, *Am pt & pp* **-ed**, *cont* **-ing**) ◇ *n* **–1.** [of watch, clock, meter] esfera *f*. **–2.** [of telephone, radio] dial *m*. ◇ *vt* [number] marcar.

dialect [ˈdaɪəlekt] *n* dialecte *m*.

dialling code [ˈdaɪəlɪŋ-] *n Br* prefix *m* (de telèfon).

dialling tone *Br* [ˈdaɪəlɪŋ-], **dial tone** *Am n* senyal *m* de trucada.

dialogue *Br*, **dialog** *Am* [ˈdaɪəlɒg] *n* diàleg *m*.

dial tone *Am n* = **dialling tone**.

dialysis [daɪˈælɪsɪs] *n* diàlisi *f*.

diameter [daɪˈæmɪtə'] *n* diàmetre *m*.

diamond [ˈdaɪəmənd] *n* **–1.** [gem, playing card] diamant *m*. **–2.** [shape] rombe *m*. ☛

diamonds *npl* diamants *mpl*.

diaper [ˈdaɪpə'] *n Am* bolquer *m*.

diaphragm [ˈdaɪəfræm] *n* diafragma *m*.

diarrh(o)ea [ˌdaɪəˈrɪə] *n* diarrea *f*.

diary [ˈdaɪərɪ] (*pl* **-ies**) *n* **–1.** [appointment book] agenda *f*. **–2.** [journal] diari *m*.

dice [daɪs] (*pl inv*) ◇ *n* dau *m*. ◇ *npl*: to play ~ jugar a daus; *Am inf* no ~! en absolut! ◇ *vt* tallar a trossos petits i quadrats.

dictate [*vb* dɪkˈteɪt, *n* ˈdɪkteɪt] ◇ *vt* dictar alguna cosa (a algú); to ~ sthg (to sb) dictar alguna cosa (a algú). ◇ *vi* **–1.** [read out]: to ~ (to sb) dictar (a algú). **–2.** [make demands]: to ~ to sb donar ordres a algú. ◇ *n* [of one's conscience] dictat *m*.

dictation [dɪkˈteɪʃn] *n* dictat *m*; to take / do ~ escriure al dictat.

dictator [dɪkˈteɪtə'] *n* dictador *m* -a *f*.

dictatorship [dɪkˈteɪtəʃɪp] *n* dictadura *f*.

dictionary [ˈdɪkʃənrɪ] (*pl* **-ies**) *n* diccionari *m*; Japanese ~ diccionari de japonès.

did [dɪd] *pt* ☛ **do**.

diddle [ˈdɪdl] *vt inf* estafar.

didn't [dɪdnt] = **did not**.

die [daɪ] (*pl sense 2* **dice**, *pt & pp* **died**, *cont* **dying**) ◇ *vi* **–1.** [gen] morir, morir-se; to be dying estar agonitzant, morir-se; to be dying for sthg / to do sthg morir-se per alguna cosa / per fer alguna cosa. **–2.** *liter* [feeling] extingir-se, dissipar-se. ◇ *n* **–1.** [for stamping metal] encuny *m*; [for casting metal] matriu *f*. **–2.** [dice] dau *m*. ☛ **die away** *vi* esvair-se. ☛ **die down** *vi* [wind] amainar; [sound] apaivagar; [fire] remetre; [excitement, fuss] calmar-se. ☛ **die out** *vi* extingir-se.

diehard [ˈdaɪhɑːd] *n* reaccionari *m* -ària *f*.

diesel [ˈdiːzl] *n* **–1.** [vehicle] vehicle *m* dièsel. **–2.** [fuel] gasoli *m*, gasoil *m*.

diesel engine AUTOM *n* motor *m* dièsel; RAIL locomotora *f* dièsel.

diesel fuel, **diesel oil** *n* gasoli *m*, gasoil *m*.

diet [ˈdaɪət] ◇ *n* **–1.** [eating pattern] dieta *f*. **–2.** [to lose weight] règim *m*; to be on a ~ estar a règim. ◇ *comp* [low-calorie] baix -a en calories. ◇ *vi* estar a règim.

differ [ˈdɪfə'] *vi* **–1.** [be different] diferir, ésser diferent; to ~ from sthg distingir-se o diferir d'alguna cosa. **–2.** [disagree]: to ~ with sb (about sthg) discrepar d'algú (en alguna cosa).

difference [ˈdɪfrəns] *n* diferència *f*; it doesn't make any ~ ésser igual; to make all the ~ suposar una gran diferència.

different [ˈdɪfrənt] *adj*: ~ **(from)** diferent o distint -a (de).

differentiate [ˌdɪfəˈrenʃɪeɪt] ◇ *vt*: to ~ (sthg from sthg) diferenciar o distingir (alguna cosa de). ◇ *vi*: to ~ between diferenciar o distingir entre.

difficult [ˈdɪfɪkəlt] *adj* difícil.

difficulty [ˈdɪfɪkəltɪ] (*pl* **-ies**) *n* dificultat

diffident ['dɪfɪdənt] *adj* retret -a.
diffuse [*adj* dɪ'fju:s, *vb* dɪ'fju:z] ◇ *adj* **-1.** [gen] difús -usa. **-2.** [city, company] extens -a. ◇ *vt* difondre. ◇ *vi* difondre's.
dig [dɪg] (*pt & pp* **dug**, *cont* **-ging**) ◇ *vt* **-1.** [hole - with spade] cavar; [- with hands, paws] furgar, burxar. **-2.** [garden] cavar en; [mine] excavar. **-3.** [press]: **to ~ sthg into** clavar o enfonsar alguna cosa en. ◇ *vi* **-1.** [with spade] cavar; [with hands, paws] burxar. **-2.** [press]: **to ~ into** clavar-se o enfonsar-se en. ◇ *n* **-1.** *fig* [unkind remark] pulla *f*. **-2.** ARCHEOL excavació *f*. ◆ **dig out** *vt sep* **-1.** [rescue] desenterrar, treure. **-2.** *inf* [find - out letter] rescatar, desempolsar; [- out information] extraure. ◆ **dig up** *vt sep* [gen] desenterrar; [tree] arrancar.
digest [*n* 'daɪdʒest, *vb* dɪ'dʒest] ◇ *n* compendi *m*. ◇ *vt lit & fig* digerir.
digestion [dɪ'dʒestʃn] *n* digestió *f*.
digestive biscuit *n Br* galeta de farina integral.
digit ['dɪdʒɪt] *n* **-1.** [figure] dígit *m*. **-2.** [finger, toe] dit *m*.
digital ['dɪdʒɪtl] *adj* digital.
digital camera *n* càmera *f* digital.
digital television *n* televisió *f* digital.
dignified ['dɪgnɪfaɪd] *adj* [gen] solemne; [behaviour] cerimoniós -osa.
dignity ['dɪgnətɪ] *n* dignitat *f*.
digress [daɪ'gres] *vi* apartar-se del tema; **to ~ from** apartar-se o desviar-se de.
digs [dɪgz] *npl Br inf* allotjament *m*; **to live in ~** viure a dispesa.
dike [daɪk] *n* **-1.** [wall, bank] dic *m*. **-2.** *inf pej* [lesbian] lesbiana *f*.
dilapidated [dɪ'læpɪdeɪtɪd] *adj* desarranjat -ada, derruït -ïda.
dilate [daɪ'leɪt] ◇ *vt* dilatar. ◇ *vi* dilatar-se.
dilated [daɪ'leɪtɪd] *adj* dilatat -ada.
dilemma [dɪ'lemə] *n* dilema *m*.
diligent ['dɪlɪdʒənt] *adj* diligent.
dilute [daɪ'lu:t] ◇ *adj* diluït -ïda. ◇ *vt* diluir; [wine, beer] aigualir, enaiguar.
dim [dɪm] (*compar* **-mer**, *superl* **-mest**, *pt & pp* **-med**, *cont* **-ming**) ◇ *adj* **-1.** [light] esmorteït -ïda, tènue; [room] ombrívol -a. **-2.** [outline, figure] difús -usa, borrós -osa. **-3.** [eyesight] ennuvolat -ada. **-4.** [memory] vague vaga. **-5.** *inf* [stupid] beneit -a. ◇ *vt* atenuar. ◇ *vi* [light] atenuar-se.
dime [daɪm] *n Am* moneda de deu cèntims; **they're a ~ a dozen** [common] n'hi ha a dojo.
dimension [dɪ'menʃn] *n* dimensió *f*.
diminish [dɪ'mɪnɪʃ] *vt & vi* disminuir.
diminutive [dɪ'mɪnjutɪv] *fml* ◇ *adj* diminut -a. ◇ *n* GRAM diminutiu *m*.
dimmer (switch) ['dɪməʳ] *n* potenciòmetre *m*.
dimmers ['dɪməz] *npl Am* [dipped headlights] llum *m* curt o d'encreuament; [parking lights] llum *m* de posició.
dimmer switch = **dimmer**.
dimple ['dɪmpl] *n* clotet *m*.
din [dɪn] *n inf* estrèpit *m*.
dine [daɪn] *vi fml* sopar. ◆ **dine out** *vi* sopar a fora.
diner ['daɪnəʳ] *n* **-1.** [person] comensal *mf*. **-2.** *Am* [restaurant - cheap] restaurant *m* barat; [- on the road] restaurant *m* de carretera.
dinghy ['dɪŋgɪ] (*pl* **-ies**) *n* bot *m*.
dingy ['dɪndʒɪ] (*comp* **-ier**, *superl* **-iest**) *adj* [room, street] llòbrec -ega; [clothes, carpet] desenllustrat -ada.
dining car ['daɪnɪŋ-] *n* vagó *m* restaurant.
dining room ['daɪnɪŋ-] *n* menjador *m*.
dinner ['dɪnəʳ] *n* **-1.** [evening meal] sopar *f*; [midday meal] dinar *m*. **-2.** [formal event] sopar *m* de gala, banquet *m*.
dinner jacket *n* esmòquing *m*.
dinner party *n* sopar *m* (amb amics a casa).
dinnertime ['dɪnətaɪm] *n* [in the evening] hora de sopar; [at midday] hora de dinar.
dinosaur ['daɪnəsɔ:ʳ] *n* [reptile] dinosaure *m*.
dint [dɪnt] *n fml*: **by ~ of** en virtut de.
dip [dɪp] (*pt & pp* **-ped**, *cont* **-ping**) ◇ *n* **-1.** [in road, ground] pendent *m*, declivi *m*. **-2.** [sauce] salsa *f*. **-3.** [swim] cabussó *m*; **to go for / take a ~** anar a fer / fer un cabussó. ◇ *vt* **-1.** [into liquid]: **to ~ sthg in / into sthg** mullar alguna cosa en. **-2.** *Br* [headlights]: **to ~ one's lights** posar el llum d'encreuament. ◇ *vi* baixar lentament.
diploma [dɪ'pləumə] (*pl* **-s**) *n* diploma *m*.
diplomacy [dɪ'pləuməsɪ] *n* diplomàcia *f*.
diplomat ['dɪpləmæt] *n* **-1.** [official] diplomàtic *m* -a *f*. **-2.** [tactful person] persona *f* diplomàtica.
diplomatic [,dɪplə'mætɪk] *adj* diplomàtic -a.
dipstick ['dɪpstɪk] AUTOM *n* vareta *f* (per mesurar el nivell d'oli).

dire ['daɪə'] *adj* [consequences] greu; [warning] esgarrifós -osa; [need, poverty] extrem -a.

direct [dɪ'rekt] ◇ *adj* directe -a. ◇ *vt* **-1.** [gen]: **to ~ sthg at sb** dirigir alguna cosa a algú. **-2.** [person to place]: **to ~ sb (to)** indicar a algú el camí (a). **-3.** [order]: **to ~ sb to do sthg** manar a algú fer alguna cosa. ◇ *adv* directament.

direct current *n* corrent *m* continu.

direct debit *n Br* domiciliació *f* (del pagament).

direction [dɪ'rekʃn] *n* direcció *f*; **in all ~s** en totes direccions; **sense of ~** sentit *m* de l'orientació; **under the ~ of** sota la direcció de. ➣ **directions** *npl* **-1.** [instructions to place] senyals *mpl*, indicacions *fpl*. **-2.** [instructions for use] instruccions *f pl* (d'ús).

directly [dɪ'rektlɪ] *adv* **-1.** [gen] directament. **-2.** [immediately] immediatament. **-3.** [very soon] d'hora, en breu.

director [dɪ'rektə'] *n* director *m* -a *f*.

directory [dɪ'rektərɪ] (*pl* **-ies**) *n* **-1.** [gen] guia *f* (alfabètica). **-2.** COMPUT directori *m*.

directory enquiries *n Br* (servei *m* d') informació *f* telefònica.

dire straits *npl*: **in ~** en greus dificultats.

dirt [dɜːt] *n* **-1.** (U) [mud, dust] brutícia *f*. **-2.** [earth] terra *f*.

dirt cheap *inf* ◇ *adj* tirat -ada de preu. ◇ *adv* a preu de ganga.

dirty ['dɜːtɪ] (*pt & pp* **-ied**, *compar* **-ier**, *superl* **-iest**) ◇ *adj* **-1.** [gen] brut -a. **-2.** [joke] verd; [film] pornogràfic -a; [book, language] obscè -ena. ◇ *vt* embrutar.

disability [ˌdɪsə'bɪlətɪ] (*pl* **-ies**) *n* minusvalidesa *f*.

disabled [dɪs'eɪbld] ◇ *adj* [person] minusvàlid -a. ◇ *npl*: **the ~** els minusvàlids.

disadvantage [ˌdɪsəd'vɑːntɪdʒ] *n* desavantatge *m*; **to be at a ~** estar en desavantatge; **to be to one's ~** obrar en perjudici de.

disagree [ˌdɪsə'griː] *vi* **-1.** [have different opinions]: **to ~ (with)** no estar d'acord (amb). **-2.** [differ] contradir-se, no concordar. **-3.** [subject: food, drink]: **to ~ with sb** provar malament a algú.

disagreeable [ˌdɪsə'griːəbl] *adj* desagradable.

disagreement [ˌdɪsə'griːmənt] *n* **-1.** [fact of disagreeing] desacord *m*. **-2.** [argument] discussió *f*. **-3.** [dissimilarity] disconformitat.

disallow [ˌdɪsə'laʊ] *vt* **-1.** *fml* [appeal, claim] refusar. **-2.** [goal] anul·lar.

disappear [ˌdɪsə'pɪə'] *vi* desaparèixer.

disappearance [ˌdɪsə'pɪərəns] *n* desaparició *f*.

disappoint [ˌdɪsə'pɔɪnt] *vt* [person] decebre, desil·lusionar; [expectations, hopes] defraudar.

disappointed [ˌdɪsə'pɔɪntɪd] *adj* **-1.** [person]: **~ (in / with sthg)** desenganyat -ada (amb alguna cosa). **-2.** [expectations, hopes] defraudat -ada.

disappointing [ˌdɪsə'pɔɪntɪŋ] *adj* decebedor.

disappointment [ˌdɪsə'pɔɪntmənt] *n* desengany *m*, desil·lusió *f*.

disapproval [ˌdɪsə'pruːvl] *n* desaprovació *f*.

disapprove [ˌdɪsə'pruːv] *vi* censurar; **to ~ (of sthg / sb)** censurar (alguna cosa / a algú).

disarm [dɪs'ɑːm] ◇ *vt lit & fig* desarmar. ◇ *vi* desarmar-se.

disarmament [dɪs'ɑːməmənt] *n* desarmament *m*.

disarray [ˌdɪsə'reɪ] *n*: **in ~** [clothes, hair] en desordre; [army, political party] sumit -ida en el desconcert.

disaster [dɪ'zɑːstə'] *n* desastre *m*.

disastrous [dɪ'zɑːstrəs] *adj* desastrós -osa.

disband [dɪs'bænd] ◇ *vt* dissoldre, disgregar. ◇ *vi* dissoldre's, disgregar-se.

disbelief [ˌdɪsbɪ'liːf] *n*: **in / with ~** amb incredulitat.

disc *Br*, **disk** *Am* [dɪsk] *n* disc *m*.

discard [dɪ'skɑːd] *vt* [old clothes etc.] arraconar; [possibility] descartar.

discern [dɪ'sɜːn] *vt* **-1.** [gen] discernir; [improvement] percebre. **-2.** [figure, outline] distingir.

discerning [dɪ'sɜːnɪŋ] *adj* refinat -ada; [audience] entès -esa.

discharge [*n* 'dɪstʃɑːdʒ, *vb* dɪs'tʃɑːdʒ] ◇ *n* **-1.** [of patient] alta *f*; [of prisoner, defendant] posada *f* en llibertat; [of soldier] llicència *f*. **-2.** *fml* [of duty etc.] compliment *m*, realització *f*. **-3.** [of gas, smoke] emissió *f*; [- of sewage] desguàs *m*. **-4.** [of debt] saldo *m*, liquidació *f*. **-5.** [MED - from nose] mucositat; [- from wound] supuració *f*. **-6.** ELEC descàrrega *f*. ◇ *vt* **-1.** [patient] donar d'alta; [prisoner, defendant] posar en llibertat;

[soldier] llicenciar. **-2.** *fml* [duty etc.] complir, portar a terme. **-3.** [gas, smoke] emetre, despedir; [sewage] abocar; [cargo] descarregar. **-4.** [debt] saldar, liquidar.

disciple [dɪˈsaɪpl] *n* **-1.** [follower] deixeble *m* -a *f*. **-2.** RELIG deixeble *m*.

discipline [ˈdɪsɪplɪn] ◇ *n* disciplina *f*. ◇ *vt* **-1.** [control] disciplinar. **-2.** [punish] castigar.

disc jockey *n* disc-jockey *mf*.

disclaim [dɪsˈkleɪm] *vt fml* negar.

disclose [dɪsˈkləʊz] *vt* desvelar, revelar.

disclosure [dɪsˈkləʊʒər] *n* revelació *f*.

disco [ˈdɪskəʊ] (*pl* **-s**) *n abbr of* **discotheque** [place] discoteca *f*; [event] ball *m*.

discomfort [dɪsˈkʌmfət] *n* incomoditat *f*.

disconcert [ˌdɪskənˈsɜːt] *vt* desconcertar.

disconnect [ˌdɪskəˈnekt] *vt* **-1.** [detach] treure, separar. **-2.** [from gas, electricity - appliance] desconnectar; [- house, subscriber] tallar el subministrament a; [- supply] tallar. **-3.** [on phone - person] tallar la línia a; [- phone] tallar.

disconsolate [dɪsˈkɒnsələt] *adj* desconsolat -ada.

discontent [ˌdɪskənˈtent] *n*: ~ **(with)** descontent *m* (amb).

discontented [ˌdɪskənˈtentɪd] *adj* descontent -a.

discontinue [ˌdɪskənˈtɪnjuː] *vt* interrompre.

discord [ˈdɪskɔːd] *n* **-1.** [disagreement] discòrdia *f*. **-2.** MUS dissonància *f*.

discotheque [ˈdɪskəʊtek] *n* discoteca *f*.

discount [*n* ˈdɪskaʊnt, *vb Br* dɪsˈkaʊnt, *Am* ˈdɪskaʊnt] ◇ *n* descompte *m*. ◇ *vt* [report, claim] descartar.

discourage [dɪsˈkʌrɪdʒ] *vt* **-1.** [dispirit] desanimar. **-2.** [deter] desaconsellar; **to ~ sb from doing sthg** dissuadir algú de fer alguna cosa.

discover [dɪsˈkʌvər] *vt* descobrir.

discovery [dɪsˈkʌvərɪ] (*pl* **-ies**) *n* descobriment *m*.

discredit [dɪsˈkredɪt] ◇ *n* descrèdit *m*, desprestigi *m*. ◇ *vt* **-1.** [person, organization] desacreditar, desprestigiar. **-2.** [idea, report] refutar.

discreet [dɪsˈkriːt] *adj* discret -a.

discrepancy [dɪsˈkrepənsɪ] (*pl* **-ies**) *n*: ~ **(in / between)** desigualtat *f* (en / entre), discrepància *f* (en / entre).

discretion [dɪsˈkreʃn] *n* **-1.** (*U*) [tact] discreció *f*. **-2.** [judgment] capacitat *f* de decisió; **at the ~ of** a voluntat de, a l'arbitri de.

discriminate [dɪsˈkrɪmɪneɪt] *vi* **-1.** [distinguish]: **to ~ (between)** discriminar o distingir (entre). **-2.** [treat unfairly]: **to ~ against sb** discriminar algú.

discriminating [dɪsˈkrɪmɪneɪtɪŋ] *adj* refinat -ada; [audience] entès -esa.

discrimination [dɪˌskrɪmɪˈneɪʃn] *n* **-1.** [prejudice]: ~ **(against)** discriminació *f* (cap a). **-2.** [judgment] (bon) gust *m*.

discus [ˈdɪskəs] (*pl* **-es**) *n* disc *m* (en atletisme).

discuss [dɪsˈkʌs] *vt* **-1.** [gen]: **to ~ sthg (with sb)** discutir alguna cosa (amb algú). **-2.** [subject: book, lecture] tractar de.

discussion [dɪsˈkʌʃn] *n* discussió *f*; **it's under ~** s'està discutint.

disdain [dɪsˈdeɪn] *fml* ◇ *n*: ~ **(for)** desdeny *m* o menyspreu *m* (cap a). ◇ *vt* desdenyar, menysprear. ◇ *vi*: **to ~ to do sthg** no dignar-se (a) fer alguna cosa.

disease [dɪˈziːz] *n lit & fig* malaltia *f*.

disembark [ˌdɪsɪmˈbɑːk] *vi* desembarcar.

disenchanted [ˌdɪsɪnˈtʃɑːntɪd] *adj*: ~ **(with)** desencantat -ada (amb).

disengage [ˌdɪsɪnˈgeɪdʒ] *vt* **-1.** [release]: **to ~ sthg (from)** deixar anar o desenganxar alguna cosa (de); **to ~ oneself (from)** desprendre's o desenganxar-se (de). **-2.** TECHNOL [gears] treure; [clutch] deixar anar; [mechanism] soltar, desenganxar, alliberar.

disfavour *Br*, **disfavor** *Am* [dɪsˈfeɪvər] *n* **-1.** [disapproval] desaprovació *f*. **-2.** [state of being disapproved of] desgràcia *f*; **in ~ with** en desgràcia amb.

disfigure [dɪsˈfɪgər] *vt* desfigurar.

disgrace [dɪsˈgreɪs] ◇ *n* vergonya *f*; **he's a ~ to his family** és una deshonra per a la seva família; **to be in ~** [minister, official] estar desprestigiat; [child, pet] estar castigat. ◇ *vt* deshonrar; **to ~ oneself** desprestigiar-se.

disgraceful [dɪsˈgreɪsfʊl] *adj* vergonyós -osa.

disgruntled [dɪsˈgrʌntld] *adj* disgustat -ada.

disguise [dɪsˈgaɪz] ◇ *n* disfressa *f*; **in ~** [policeman, personality] d'incògnit. ◇ *vt* disfressar; **to ~ oneself as** disfressar-se de.

disgust [dɪsˈgʌst] ◇ *n*: ~ **(at)** [physical] fàstic *m* (cap a); [moral] indignació *f* (davant); **in ~** [physical] ple de fàstic; [moral] ple d'indignació. ◇ *vt* [physically] fastiguejar; [morally] indignar.

disgusting [dɪs'gʌstɪŋ] *adj* [physically] fastigós -osa; [morally] indignant.

dish [dɪʃ] *n* **-1.** [container] font *f*. **-2.** [course] plat *m*. **-3.** *Am* [plate] plat *m*. ➣ **dishes** *npl* plats *mpl*; **to do / wash the ~es** fregar (els plats). ➣ **dish out** *vt sep inf* repartir. ➣ **dish up** *vt sep inf* servir.

dish aerial *Br*, **dish antenna** *Am n* (antena *f*) parabòlica.

dishcloth ['dɪʃklɒθ] *n* drap *m* d'eixugar els plats.

disheartened [dɪs'hɑːtnd] *adj* descoratjador -a.

dishevelled *Br*, **disheveled** *Am* [dɪ'ʃevəld] *adj* malgirbat -ada, desastrat -ada; [hair] despentinat -ada.

dishonest [dɪs'ɒnɪst] *adj* deshonest -a, gens honrat -ada.

dishonour *Br*, **dishonor** *Am* [dɪs'ɒnər] *fml* ◇ *n* deshonra *f*, deshonor *m*. ◇ *vt* deshonrar.

dishonourable *Br*, **dishonorable** *Am* [dɪs'ɒnərəbl] *adj* deshonrós -osa.

dish soap *n Am* detergent *m* per rentar la vaixella.

dish towel *n Am* drap *m* de cuina.

dishwasher ['dɪʃ,wɒʃər] *n* [machine] rentavaixella *mf*.

disillusioned [,dɪsɪ'luːʒnd] *adj* desillusionat -ada; **to become ~ (with)** desillusionar-se (amb).

disincentive [,dɪsɪn'sentɪv] *n* fre *m*, trava *f*.

disinclined [,dɪsɪn'klaɪnd] *adj*: **to be ~ to do sthg** ser refractari -ària a fer alguna cosa, no sentir-se inclinat -ada a fer alguna cosa.

disinfect [,dɪsɪn'fekt] *vt* desinfectar.

disinfectant [,dɪsɪn'fektənt] *n* desinfectant *m*.

disintegrate [dɪs'ɪntɪgreɪt] *vi lit & fig* desintegrar-se.

disinterested [,dɪs'ɪntrəstɪd] *adj* **-1.** [objective] desinteressat -ada. **-2.** *inf* [uninterested]: **~ (in)** indiferent (a).

disjointed [dɪs'dʒɔɪntɪd] *adj* desmanegat -ada.

disk [dɪsk] *n* **-1.** COMPUT disquet *m*. **-2.** *Am* = **disc**.

disk drive *Br*, **diskette drive** *Am n* COMPUT disquetera *f*.

diskette [dɪsk'et] *n* disquet *m*, disc *m* flexible.

diskette drive *n Am* = **disk drive**.

dislike [dɪs'laɪk] ◇ *n* **-1.** [feeling]: **~ (for)** [things] aversió *f*; [people] antipatia *f* (per); **to take a ~ to** agafar mania a. **-2.** [person, thing not liked] fòbia *f*. ◇ *vt* [thing] tenir aversió a; [person] tenir antipatia a.

dislocate ['dɪsləkeɪt] *vt* **-1.** MED dislocar. **-2.** [disrupt] trastocar.

dislodge [dɪs'lɒdʒ] *vt*: **to ~ sthg / sb (from)** desallotjar alguna cosa / algú (de).

disloyal [,dɪs'lɔɪəl] *adj*: **~ (to)** deslleial (a).

dismal ['dɪzml] *adj* **-1.** [weather, future] fosc -a, ombrívol -a; [place, atmosphere] depriment. **-2.** [attempt, failure] penós -osa, lamentable.

dismantle [dɪs'mæntl] *vt* [machine] desmuntar; [organization] desmantellar.

dismay [dɪs'meɪ] ◇ *n* (U) consternació *f*; **to my / his etc. ~** per a la meva / seva etc. consternació. ◇ *vt* consternar.

dismiss [dɪs'mɪs] *vt* **-1.** [refuse to take seriously] refusar. **-2.** [from job]: **to ~ sb (from)** acomiadar algú (de). **-3.** [allow to leave] donar permís per marxar a.

dismissal [dɪs'mɪsl] *n* **-1.** [from job] acomiadament *m*. **-2.** [refusal to take seriously] rebuig *m*.

dismount [,dɪs'maʊnt] *vi*: **to ~ (from sthg)** desmuntar (d'alguna cosa).

disobedience [,dɪsə'biːdjəns] *n* desobediència *f*.

disobedient [,dɪsə'biːdjənt] *adj*: **~ (to)** desobedient (amb).

disobey [,dɪsə'beɪ] *vt & vi* desobeir.

disorder [dɪs'ɔːdər] *n* **-1.** [disarray]: **in ~** en desordre. **-2.** (U) [rioting] disturbis *mpl*. **-3.** MED [physical] afecció *f*, malaltia *f*; [mental] trastorn *m*, pertorbació *f*.

disorderly [dɪs'ɔːdəlɪ] *adj* **-1.** [untidy] desordenat -ada. **-2.** [unruly - behaviour] incontrolat -ada; [- person] esvalotador -ora, agitador -ora.

disorganized, **-ised** [dɪs'ɔːgənaɪzd] *adj* desorganitzat -ada.

disorientated *Br* [dɪs'ɔːrɪənteɪtɪd], **disoriented** *Am* [dɪs'ɔːrɪəntɪd] *adj* desorientat -ada.

disown [dɪs'əʊn] *vt* renegar de, desconèixer.

disparaging [dɪ'spærɪdʒɪŋ] *adj* menyspreador -ora.

dispassionate [dɪ'spæʃnət] *adj* desapassionat -ada.

dispatch [dɪ'spætʃ] ◇ *n* despatx *m*. ◇ *vt* [goods, parcel] expedir; [message, messenger, troops] enviar.

dispel [dɪ'spel] (pt & pp **-led**, cont **-ling**) vt dissipar.

dispensary [dɪ'spensərɪ] (pl **-ies**) n dispensari m.

dispense [dɪ'spens] vt **-1.** [advice] oferir; [justice] administrar. **-2.** [drugs, medicine] despatxar, dispensar. ➙ **dispense with** vt fus prescindir de.

disperse [dɪ'spɜːs] ◇ vt dispersar. ◇ vi dispersar-se.

dispirited [dɪ'spɪrɪtɪd] adj desanimat -ada.

displace [dɪs'pleɪs] vt [supplant] reemplaçar, substituir.

display [dɪ'spleɪ] ◇ n **-1.** [arrangement - in shop window] aparador m; [- in museum] exposició f; [- on stall, pavement] mostrari m; **on ~** exposat -ada. **-2.** [demonstration, public event] demostració f. **-3.** COMPUT visualització f. ◇ vt **-1.** [arrange] exposar. **-2.** [show] demostrar.

displease [dɪs'pliːz] vt [annoy] disgustar; [anger] enfadar, enutjar.

displeasure [dɪs'pleʒər] n [annoyance] disgust m; [anger] enuig m.

disposable [dɪ'spəʊzəbl] adj descartable; **~ income** ingressos mpl disponibles.

disposal [dɪ'spəʊzl] n **-1.** [removal] eliminació f. **-2.** [availability]: **at sb's ~** a disposició d'algú.

dispose [dɪ'spəʊz] ➙ **dispose of** vt fus [rubbish] desfer-se de; [problem] treure's de sobre, treure d'enmig.

disposed [dɪ'spəʊzd] adj **-1.** [willing]: **to be ~ to do sthg** estar disposat -ada a fer alguna cosa. **-2.** [friendly]: **to be well ~ / towards sb** tenir bona disposició cap a algú.

disposition [,dɪspə'zɪʃn] n **-1.** [temperament] caràcter m, estat m d'ànim. **-2.** [willingness, tendency]: **~ to do sthg** predisposició f a fer alguna cosa.

disproportionate [,dɪsprə'pɔːʃnət] adj: **~ (to)** desproporcionat -ada (a).

disprove [,dɪs'pruːv] vt refutar.

dispute [dɪ'spjuːt] ◇ n **-1.** [quarrel] disputa f. **-2.** (U) [disagreement] conflicte m, desacord m; **in ~** [people] en desacord; [matter] en litigi, en dubte. **-3.** IND conflicte m laboral. ◇ vt qüestionar.

disqualify [,dɪs'kwɒlɪfaɪ] (pt & pp **-ied**) vt **-1.** [subject: authority, illness etc.]: **to ~ sb (from doing sthg)** incapacitar algú (per fer alguna cosa). **-2.** SPORT desqualificar. **-3.** Br [from driving] retirar el permís de conducció a.

disquiet [dɪs'kwaɪət] n inquietud f, desassossec m.

disregard [,dɪsrɪ'gɑːd] ◇ n: **~ (for)** indiferència f(a), despreocupació f(per). ◇ vt fer cas omís de.

disrepair [,dɪsrɪ'peər] n: **in a state of ~** en mal estat.

disreputable [dɪs'repjʊtəbl] adj [person, company] de mala fama; [behaviour] vergonyós.

disrepute [,dɪsrɪ'pjuːt] n: **to bring sthg into ~** desprestigiar o desacreditar alguna cosa; **to fall into ~** desprestigiar-se, desacreditar-se.

disrupt [dɪs'rʌpt] vt [meeting] interrompre; [transport system] trastornar, pertorbar; [class] revolucionar, enredar en.

disruption [dɪs'rʌpʃn] n [of meeting] interrupció f; [of transport system] trastorn m, desbaratament m.

dissatisfaction ['dɪs,sætɪs'fækʃn] n descontent m.

dissatisfied [,dɪs'sætɪsfaɪd] adj: **~ (with)** insatisfet -a o descontent -a (amb).

dissect [dɪ'sekt] MED vt dissecar; fig [study] analitzar minuciosament.

disseminate [dɪ'semɪneɪt] vt difondre, divulgar.

dissent [dɪ'sent] ◇ n [gen] disconformitat f, dissentiment m; SPORT **he was booked for ~** el van amonestar per protestar. ◇ vi: **to ~ (from)** dissentir (de).

dissertation [,dɪsə'teɪʃn] n tesina f; dissertació f.

disservice [,dɪs'sɜːvɪs] n: **to do sb a ~** fer un servei galdós a algú.

dissident ['dɪsɪdənt] n dissident mf.

dissimilar [,dɪ'sɪmɪlər] adj: **~ (to)** distint -a (de).

dissipate ['dɪsɪpeɪt] ◇ vt **-1.** [heat] dissipar. **-2.** [efforts, money] malgastar, malbaratar. ◇ vi dissipar-se.

dissociate [dɪ'səʊʃɪeɪt] vt dissociar, separar; **to ~ oneself from** dissociar-se o desvincular-se de.

dissolute ['dɪsəluːt] adj dissolut -a.

dissolve [dɪ'zɒlv] ◇ vt dissoldre. ◇ vi **-1.** [substance] dissoldre's. **-2.** fig [disappear] esvair-se, desaparèixer.

dissuade [dɪ'sweɪd] vt: **to ~ sb (from doing sthg)** dissuadir algú (de fer alguna cosa).

distance ['dɪstəns] ◇ n distància f; **at a ~** a distància; **from a ~** de lluny; **in the ~** a la llunyania. ⬦ vt: **to ~ oneself from** distanciar-se de.

distant ['dɪstənt] adj **–1.** [place, time, relative] llunyà -ana; **~ from** distant de. **–2.** [person, manner] fred -a, distant.

distaste [dɪs'teɪst] n: **~ (for)** desgrat m (per).

distasteful [dɪs'teɪstfʊl] adj desagradable.

distended [dɪ'stendɪd] adj dilatat -ada.

distil Br (pt & pp **-led**, cont **-ling**), **distill** Am [dɪ'stɪl] vt **–1.** [liquid] destil·lar. **–2.** [information] extraure.

distillery [dɪ'stɪlərɪ] (pl **-ies**) n destil·leria f.

distinct [dɪ'stɪŋkt] adj **–1.** [different]: **~ (from)** distint -a (de); **as ~ from** a diferència de. **–2.** [clear - improvement] notable, visible; [- possibility] clar -a.

distinction [dɪ'stɪŋkʃn] n **–1.** [difference, excellence] distinció f; **to draw / make a ~ between** fer una distinció entre. **–2.** [in exam result] excel·lent m.

distinctive [dɪ'stɪŋktɪv] adj característic -a, particular.

distinguish [dɪ'stɪŋgwɪʃ] vt **–1.** [gen]: **to ~ sthg (from)** distingir alguna cosa (de). **–2.** [perform well]: **to ~ oneself** distingir-se.

distinguished [dɪ'stɪŋgwɪʃt] adj distingit -ida.

distinguishing [dɪ'stɪŋgwɪʃɪŋ] adj distintiu -iva.

distort [dɪ'stɔːt] vt **–1.** [shape, face] deformar; [sound] distorsionar. **–2.** [truth, facts] tergiversar.

distract [dɪ'strækt] vt [person, attention]: **to ~ sb (from)** distraure a algú (de).

distracted [dɪ'stræktɪd] adj distret -a.

distraction [dɪ'strækʃn] n **–1.** [interruption, diversion] distracció f. **–2.** [state of mind] confusió f; **to drive sb to ~** tornar boig a algú.

distraught [dɪ'strɔːt] adj torbat -ada.

distress [dɪ'stres] ⬦ n **–1.** [anxiety] angoixa f; [pain] dolor m. **–2.** [danger, difficulty] perill m. ⬦ vt afligir, contristar.

distressing [dɪ'stresɪŋ] adj angoixós -osa, dolorós -osa.

distribute [dɪ'strɪbjuːt] vt **–1.** [gen] distribuir, repartir. **–2.** [seeds] disseminar.

distribution [ˌdɪstrɪ'bjuːʃn] n **–1.** [gen] distribució f. **–2.** [of seeds] disseminació f.

distributor [dɪ'strɪbjʊtəʳ] n **–1.** COM distribuïdor m -a f. **–2.** AUTOM delco m, distribuïdor m.

district ['dɪstrɪkt] n **–1.** [area - of country] zona f, regió f; [- of town] barri m. **–2.** [administrative area] districte m.

district attorney n Am fiscal mf (del districte).

district council n Br ADMIN municipi m.

district nurse n Br infermera que atén a domicili els malalts d'una zona.

distrust [dɪs'trʌst] ⬦ n desconfiança f. ⬦ vt desconfiar de.

disturb [dɪ'stɜːb] vt **–1.** [interrupt - person] molestar; [- concentration] pertorbar. **–2.** [upset, worry] inquietar. **–3.** [alter - surface, arrangement] alterar; [- papers] desordenar.

disturbance [dɪ'stɜːbəns] n **–1.** [fight] tumult m, xivarri m. **–2.** JUR **~ of the peace** alteració f de l'ordre públic. **–3.** [interruption] interrupció f. **–4.** [of mind, emotions] trastorn m.

disturbed [dɪ'stɜːbd] adj **–1.** [upset, ill] trastornat -ada. **–2.** [worried] inquiet -a.

disturbing [dɪ'stɜːbɪŋ] adj inquietant, preocupant.

disuse [ˌdɪs'juːs] n: **to fall into ~** [regulation] caure en desús; [building, mine] ésser gradualment abandonat -ada.

disused [ˌdɪs'juːzd] adj abandonat -ada.

ditch [dɪtʃ] ⬦ n [gen] rasa f; [by road] cuneta f. ⬦ vt **–1.** inf [end relationship with] trencar amb. **–2.** inf [get rid of] desfer-se de.

dither ['dɪðəʳ] vi vacil·lar.

ditto ['dɪtəʊ] adv ídem, el mateix.

dive [daɪv] (Br pt & pp **-d**, Am pt **-d / dove**, pp **-d**) ⬦ vi **–1.** [into water - person] capbussar-se; [- submarine, bird, fish] submergir-se. **–2.** [with breathing apparatus] bussejar. **–3.** [through air - person] llançar-se; [- plane] caure en picat. **–4.** [into bag, cupboard]: **to ~ into** introduir la mà en. ⬦ n **–1.** [of person - into water] capbussada f. **–2.** [of submarine] immersió f. **–3.** [of person - through air] salt m; [- in football etc.] estirada f. **–4.** [of plane] picat m. **–5.** inf pej [bar, restaurant] cau m, antre m.

diver ['daɪvəʳ] n [underwater] bussejador m -a f; [professional] bus m; [from diving board] saltador m -a f (de trampolí).

diverge [daɪ'vɜːdʒ] vi **–1.** [gen]: **to ~ (from)** divergir (de). **–2.** [disagree] discrepar.

diversify [daɪ'vɜːsɪfaɪ] (pt & pp **-ied**) ⬦ vt diversificar. ⬦ vi diversificar-se.

diversion [daɪ'vɜːʃn] n **–1.** [distraction] distracció *f*. –**2.** [of traffic, river, funds] desviament *m*.

diversity [daɪ'vɜːsətɪ] *n* diversitat *f*.

divert [daɪ'vɜːt] *vt* –**1.** [traffic, river, funds] desviar. –**2.** [person, attention] distraure.

divide [dɪ'vaɪd] ◇ *vt*: to ~ sthg (between / among) dividir alguna cosa (entre); to ~ sthg into dividir alguna cosa en; to ~ sthg by dividir alguna cosa entre o per; ~ **3 into 89** dividir 89 entre 3. ◇ *vi* –**1.** [river, road, wall] bifurcar-se. –**2.** [group] dividir-se. ◇ *n* [difference] divisió *f*.

dividend ['dɪvɪdend] FIN *n* dividend *m*; [profit] benefici *m*; **to pay ~s** proporcionar beneficis.

divine [dɪ'vaɪn] ◇ *adj* diví -ina. ◇ *vt* –**1.** [guess] esbrinar. –**2.** [find - water] descobrir (amb varetes de saurí).

diving ['daɪvɪŋ] *n* –**1.** (U) [into water] salt *m*. –**2.** [with breathing apparatus] busseig *m*.

divingboard ['daɪvɪŋbɔːd] *n* trampolí *m*.

divinity [dɪ'vɪnətɪ] (*pl* **-ies**) *n* –**1.** [godliness, deity] divinitat *f*. –**2.** [study] teologia *f*.

division [dɪ'vɪʒn] *n* –**1.** [gen] divisió *f*. –**2.** [of labour, responsibility] repartició *f*.

divorce [dɪ'vɔːs] ◇ *n* divorci *m*. ◇ *vt* –**1.** [husband, wife] divorciar-se de. –**2.** [separate]: to ~ sthg from separar alguna cosa de.

divorced [dɪ'vɔːst] *adj* divorciat -ada.

divorcee [dɪvɔː'siː] *n* divorciat *m* -ada *f*.

divulge [daɪ'vʌldʒ] *vt* divulgar, revelar.

DIY *n* abbr of **do-it-yourself**.

dizzy ['dɪzɪ] (*compar* **-ier**, *superl* **-iest**) *adj* –**1.** [because of illness etc.] marejat -ada. –**2.** [because of heights]: **to feel ~** sentir vertigen. –**3.** *fig* [height] inimaginable, de vertigen.

DJ *n* –**1.** abbr of **disc jockey**. –**2.** abbr of **dinner jacket**.

DNA *n* (abbr of **deoxyribonucleic acid**) ADN *m*.

do [duː] (*pt* **did**, *pp* **done**, *pl* **dos / do's**) ◇ *aux vb* –**1.** (*in negatives*): **don't leave it there** no hi deixis allà; **I didn't want to see him** no volia veure'l. –**2.** (*in questions*): **what did he want?** què volia?; **do you think she'll come?** creus que vindrà? –**3.** (*referring back to previous verb*): ~ **you think so? - yes, I ~** ho creus així? - sí, ho crec; **she reads more than I ~** ella llegeix més que jo; **so ~ I / they** jo / ells també. –**4.** (*in question tags*): **you know her, don't you?** la coneixes, oi?; **I upset you, didn't I?** et vaig molestar, no és cert?; **so you think you can dance, ~ you?** així que et creus que saps ballar, oi? –**5.** (*for emphasis*): **I did tell you but you've forgotten** sí que t'ho vaig dir, però ho has oblidat; ~ **come in** passi, si us plau. ◇ *vt* –**1.** [gen] fer; **she does aerobics / gymnastics** fa aeròbic / gimnàstica; **to ~ the cooking / cleaning** preparar el menjar / fer neteja; **to ~ one's hair** pentinar-se; **to ~ one's teeth** rentar-se les dents; **he did his duty** va complir amb el seu deure; **what can I ~ for you?** en què puc servir-lo?; **what can we ~?** què podem fer?; **they ~ cheap meals for students** fan menjars barats per estudiants; **we'll have to ~ sthg about that tree** haurem de fer alguna cosa amb aquest arbre. –**2.** [have particular effect] causar, fer; **to ~ more harm than good** fer més mal que bé. –**3.** [referring to job]: **what ~ you ~?** què fas? a què et dediques? –**4.** [study]: **I did physics at school** vaig fer física a l'escola. –**5.** [travel at a particular speed]: **the car can ~ 110 mph** el cotxe pot córrer a 110 milles per hora. –**6.** [be good enough for]: **will that ~ you?** et val això?; **that'll ~ me nicely** això em va molt bé. ◇ *vi* –**1.** [gen]: ~ **as she says** fes el que et digui; **they're doing really well** els hi va molt bé; **he could ~ better** ho podria fer millor; **how did you ~ in the exam?** com et va anar l'examen?; **you would ~ well to reconsider** faries bé de repensar-t'ho. –**2.** [be good enough, sufficient]: **this kind of behaviour won't ~** aquesta mena de comportament és inacceptable; **that will ~ (nicely)** amb això ja n'hi ha prou; **that will ~ ~!** [showing annoyance] n'hi ha prou! –**3.** how ~ you ~ [greeting] com estàs?; [answer] bé, gràcies; molt de gust. ◇ *n* [party] festa *f*. ◇ **dos** *npl*: **~s and don'ts** regles *fpl* de conducta. ◆ **do away with** *vt fus* [disease, poverty] acabar amb; [law, reforms] suprimir. ◆ **do down** *vt sep inf*: **to ~ sb down** menysprear a algú. ◆ **do up** *vt sep* –**1.** [fasten - up shoelaces, tie] cordar; [- up coat, buttons] cordar, embotonar; **your shoes up corda't les sabates**. –**2.** [decorate] renovar, decorar de nou. –**3.** [wrap up] embolicar. ◆ **do with** *vt fus* –**1.** [need]: **I could ~ with a drink / new car** no em vindria malament una beguda / un cotxe nou. –**2.** [have connection with]: **that has nothing to ~ with it** allò no té res a veure amb això; **it's sthg to ~ with the way he speaks** té a veure amb la seva manera de parlar. ◆ **do without** ◇ *vt fus* passar sense, estalviar; **I can ~ without your sarcasm**

no em cal el teu sarcasme. ◇ *vi* arreglar, arranjar-se.

Doberman ['dəʊbəmən] (*pl* **-s**) *n*: ~ **(pinscher)** dòberman *m*.

docile [*Br* 'dəʊsaɪl, *Am* 'dɒsəl] *adj* dòcil.

dock [dɒk] ◇ *n* **-1.** [in harbour] dàrsena *f*, moll *m*. **-2.** [in court] banc (dels acusats). ◇ *vt* [wages] reduir; [money from wages] descomptar. ◇ *vi* atracar.

docker ['dɒkə^r] *n* estibador *m*.

docklands ['dɒkləndz] *npl Br* zona portuària *f*, moll *m*.

dockyard ['dɒkjɑːd] *n* drassana *f*.

doctor ['dɒktə^r] ◇ *n* **-1.** [of medicine] metge *m* -essa *f*; **to go to the ~'s** anar al metge. **-2.** [holder of PhD] doctor *m* -a *f*. ◇ *vt* **-1.** [results, text] ajustar, manipular. **-2.** *Br* [cat] castrar. **-3.** [food, drink] adulterar.

doctorate ['dɒktərət], **doctor's degree** *n* doctorat *m*.

doctrine ['dɒktrɪn] *n* doctrina *f*.

document [*n* 'dɒkjəmənt, *vb* 'dɒkjʊment] ◇ *n* document *m*. ◇ *vt* documentar.

documentary [,dɒkjʊ'mentərɪ] (*pl* **-ies**) ◇ *adj* documental, documentable. ◇ *n* documental *m*.

dodge [dɒdʒ] ◇ *n inf* [fraud] truc *m*, parany *m*; **a tax ~** un giny per pagar menys impostos. ◇ *vt* eludir, esquivar. ◇ *vi* apartar-se.

dodgy ['dɒdʒɪ] *adj Br inf* [business, plan] arriscat -ada, compromès -esa; [chair, brakes] poc fiable.

doe [dəʊ] *n* **-1.** [female deer] cérvola *f*. **-2.** [female rabbit] conilla *f*.

does [*weak form* dəz, *strong form* dʌz] ☞ **do**.

doesn't ['dʌznt] = **does not**.

dog [dɒg] (*pt & pp* **-ged**, *cont* **-ging**) ◇ *n* **-1.** [animal] gos *m*; **it's a ~'s life** és una vida de gossos; *inf* **to go to the ~s** anar-se'n en orris. **-2.** *Am* [hot -] entrepà calent de salsitxa de Frankfurt. ◇ *vt* **-1.** [subject: person] seguir, assetjar algú. **-2.** [subject: problems, bad luck] perseguir.

dog-eared [-ɪəd] *adj* potinejat -ada, grapejat -ada.

dogged ['dɒgɪd] *adj* tenaç, ferm -a.

dogsbody ['dɒgz,bɒdɪ] (*pl* **-ies**) *n Br inf* burro *m* de càrrega.

doing ['duːɪŋ] *n*: **this is all your ~** tu ets el responsable d'això. ☞ **doings** *npl* activitats *fpl*.

do-it-yourself *n* bricolatge *m*.

doldrums ['dɒldrəmz] *npl fig*: **to be in the ~** [trade] estar estancat -ada, estar inactiu -iva; [person] estar abatut -uda.

dole [dəʊl] *n*: **to be on the ~** (subsidi *m* d')atur *m*; **to be on the ~** estar aturat -ada.
☞ **dole out** *vt sep* distribuir, repartir.

doleful ['dəʊlfʊl] *adj* trist -a.

doll [dɒl] *n* [toy] nina *f*.

dollar ['dɒlə^r] *n* dòlar *m*.

dolphin ['dɒlfɪn] *n* dofí *m*.

domain [də'meɪn] *n* **-1.** [sphere of interest] àmbit *m*, àrea *f* d'interès. **-2.** [land] dominis *mpl*.

dome [dəʊm] *n* [roof] cúpula *f*; [ceiling] volta *f*, cúpula *f*.

domestic [də'mestɪk] ◇ *adj* **-1.** [internal - policy, flight] nacional. **-2.** [chores, water supply, animal] domèstic -a. **-3.** [home-loving] casolà -ana. ◇ *n* domèstic *m* -a *f*, criat *m* -ada *f*.

domestic appliance *n* electrodomèstic *m*.

domestic violence *n* violència *f* domèstica.

dominant ['dɒmɪnənt] *adj* dominant.

dominate ['dɒmɪneɪt] *vt* dominar.

domineering [,dɒmɪ'nɪərɪŋ] *adj* dominant, tirànic -a.

dominion [də'mɪnjən] *n* **-1.** (*U*) [power] domini *m*. **-2.** [land] dominis *mpl*.

domino ['dɒmɪnəʊ] (*pl* **-es**) *n* dòmino *m*.
☞ **dominoes** *npl* dòmino *m*.

don [dɒn] (*pt & pp* **-ned**, *cont* **-ning**) ◇ *n Br* UNIV professor *m* -a *f* d'universitat. ◇ *vt* posar-se, vestir-se amb.

donate [də'neɪt] *vt* donar.

done [dʌn] ◇ *pp* ☞ **do**. ◇ *adj* **-1.** [finished] llest -a. **-2.** [cooked] fet -a; **well-~** molt fet. **-3.** [socially acceptable]: **it's not the ~ thing** això no es fa, està mal vist. ◇ *adv* [to conclude deal]: **~!** (tracte) fet!

donkey ['dɒŋkɪ] (*pl* **-s**) *n* burro *m* -a *f*.

donor ['dəʊnə^r] *n* donant *mf*.

donor card *n* carnet *m* de donant.

don't [dəʊnt] = **do not**.

doodle ['duːdl] ◇ *n* gargot *m*. ◇ *vi* gargotejar.

doom [duːm] *n* perdició *f*, fatalitat *f*, fat *m*.

doomed [duːmd] *adj* [plan, mission] condemnat -ada al fracàs; **to be ~ to sthg / to do sthg** estar condemnat a alguna cosa / a fer alguna cosa.

door [dɔː^r] *n* **-1.** [gen] porta *f*; *fig* **to open the ~ to** obrir la porta. **-2.** [doorway] entrada *f*.

doorbell ['dɔːbel] *n* timbre *m* (de la porta).

doorknob ['dɔːnɒb] *n* pom *m*.

doorman ['dɔːmən] (*pl* **-men** [-mən]) *n* porter *m*.

doormat ['dɔːmæt] *n* **-1.** [mat] pelut *m*, estora *f*. **-2.** *fig* [person]: **he's a ~** es deixa trepitjar per tothom.

doorstep ['dɔːstep] *n* graó de la porta d'entrada.

doorway ['dɔːweɪ] *n* entrada *f*, portal *m*.

dope [dəʊp] ◇ *n* **-1.** *inf drugs sl* [cannabis] maria *f*, marihuana *f*. **-2.** *inf* [for athlete, horse] estimulant *m*. **-3.** [fool] beneit *m* -a *f*. ◇ *vt* drogar, dopar.

dopey ['dəʊpɪ] (*compar* **-ier**, *superl* **-iest**) *adj inf* **-1.** [groggy] estordit -ida, grogui. **-2.** [stupid] imbècil.

dormant ['dɔːmənt] *adj* **-1.** [volcano] inactiu -iva. **-2.** [idea, law] que està latent.

dormitory ['dɔːmɪtrɪ] (*pl* **-ies**) *n* dormitori *m*.

Dormobile® ['dɔːmə,biːl] *n* combi *m*.

DOS [dɒs] *n* (abbr of **disk operating system**) DOS *m*.

dose [dəʊs] ◇ *n lit & fig* dosi *f*; **a ~ of flu** un atac de grip. ◇ *vt*: **to ~ sb (with)** medicar a algú (amb).

dosser ['dɒsər] *n Br inf* gandul *m* -a *f*.

dosshouse ['dɒshaʊs, *pl* -haʊzɪz] *n Br inf* pensió *f* de mala mort.

dot [dɒt] (*pt & pp* **-ted**, *cont* **-ting**) ◇ *n* punt *m*; **on the ~** en punt. ◇ *vt* esquitxar.

dote [dəʊt] ➡ **dote (up)on** *vt fus* adorar.

dot-matrix printer COMPUT *n* impressora *f* matricial d'agulles.

double ['dʌbl] ◇ *adj* **-1.** [gen] doble. **-2.** [repeated] repetit -ida; **~ three eight two** trenta-tres, vuitanta-dos; **written with a ~ "t"** amb dues tes. ◇ *adv* **-1.** [twice] doble; **~ the amount** el doble; **to see ~** veure doble. **-2.** [in two - fold] en dos; **to bend ~** doblegar-se, ajupir-se. ◇ *n* **-1.** [twice as much] el doble. **-2.** [drink] doble. **-3.** [lookalike] doble *mf*. ◇ *vt* doblar. ◇ *vi* **-1.** [increase twofold] doblar-se, duplicar-se. **-2.** [have second purpose]: **to ~ as** fer de, actuar en lloc de. ➡ **doubles** SPORT *npl* (partit *m* de) dobles.

double-barrelled *Br*, **double-barreled** *Am* [-'bærəld] *adj* **-1.** [shotgun] de dos canons. **-2.** [name] dos cognoms units amb guionet.

double bass [-beɪs] *n* contrabaix *m*.

double bed *n* llit *m* de matrimoni.

double-breasted [-'brestɪd] *adj* creuat -ada.

double-check *vt & vi* verificar dues vegades.

double chin *n* papada *f*.

double cream *n* nata *f* enriquida.

double-cross *vt* trair, estafar.

double-decker [-'dekər] *n* autobús *m* de dos pisos.

double-dutch *n Br hum*: **to talk ~** parlar xinès; **it's ~ to me** em sona a xinès.

double-glazing [-'gleɪzɪŋ] *n* capa *f* doble de vidre.

double room *n* habitació *f* doble.

double vision *n* vista *f* doble.

doubly ['dʌblɪ] *adv* doblement.

doubt [daʊt] ◇ *n* dubte *m*; **there is no ~ that** no hi ha cap dubte que; **without (a) ~ sens** dubte; **beyond all ~** no admetre cap mena de dubte; **to be in ~ about sthg** estar dubtant sobre alguna cosa; **to cast ~ on** posar en dubte; **no ~** sens dubte. ◇ *vt* **-1.** [not trust] dubtar de. **-2.** [consider unlikely] dubtar; **to ~ whether / if** dubtar de / que.

doubtful ['daʊtfʊl] *adj* **-1.** [gen] dubtós -osa. **-2.** [unsure] incert -a; **to be ~ about /** **of** tenir dubtes sobre / de.

doubtless ['daʊtlɪs] *adv* sens dubte.

dough [dəʊ] *n* **-1.** (U) [for baking] massa *f*, pasta *f*. **-2.** *v inf* [money] pasta *f*, calés *mpl*.

doughnut ['dəʊnʌt] *n* [without hole] bunyol *m*; [with hole] dónut *m*.

douse [daʊs] *vt* **-1.** [put out] apagar. **-2.** [drench] mullar, xopar-se.

dove[1] [dʌv] *n* colom *m*.

dove[2] [dəʊv] *pt Am* ➡ **dive**.

dovetail ['dʌvteɪl] *vt & vi* encaixar.

dowdy ['daʊdɪ] (*compar* **-ier**, *superl* **-iest**) *adj* poc elegant.

down [daʊn] ◇ *adv* **-1.** [downwards] cap avall, cap a baix; **to fall ~** caure; **to bend ~** ajupir-se; **~ here / there** aquí / allà baix. **-2.** [along]: **I'm going ~ the pub** m'acostaré al pub. **-3.** [southwards] cap al sud; **we're going ~ to Brighton** baixarem a Brighton. **-4.** [lower in amount]: **you must keep your weight ~** has de conservar el pes baix; **prices are coming ~** els preus van baixant. **-5.** [including]: **~ to the last detail** fins el darrer detall. **-6.** [as deposit]: **to pay £5 ~** pagar 5 lliures ara (i la resta després). **-7.** [in written form]: **to write sthg ~** apuntar alguna cosa. ◇ *prep* **-1.**

[downwards]: **they ran ~ the hill** van córrer costa avall; **he walked ~ the stairs** va baixar l'escala; **rain poured ~ the window** la pluja relliscava per la finestra. **-2.** [along]: **she was walking ~ the street** caminava pel carrer. ◇ *adj* **-1.** *inf* [depressed] deprimit -ida. **-2.** [behind]: **he's a minute ~ on the leader** està a un minut per darrere del líder; **we're three goals ~** ens porten tres gols d'avantatge. **-3.** [written] per escrit. **-4.** [not in operation]: **the computer is ~ again** l'ordinador s'ha espatllat un altre cop. **-5.** [lower in amount]: **prices are ~** els preus han baixat. ◇ *n* [feathers] plomissol *m*; [hair] pelussa *f*, pèl *m*. ◇ *vt* **-1.** [knock over] derrocar. **-2.** [swallow] beure's d'un glop. **-3. to ~ tools** [go on strike] declarar-se en vaga. ➡ **downs** *npl Br* muntanyes del sud d'Anglaterra. **down with** *excl*: **~ with the King!** caigui el rei!

down-and-out ◇ *adj* vagabund -a. ◇ *n* rodamón *m*.

down-at-heel *adj* desastrat -ada.

downbeat ['daʊnbiːt] *adj inf* pessimista.

downcast ['daʊnkɑːst] *fml adj* **-1.** [sad] trist -a, moix -a. **-2.** [looking downwards] mirant cap al terra.

downfall ['daʊnfɔːl] *n* (*U*) ruïna *f*, caiguda *f*.

downhearted [ˌdaʊn'hɑːtɪd] *adj* desanimat -ada.

downhill [ˌdaʊn'hɪl] ◇ *adj* costa avall, cap avall. ◇ *adv* **-1.** [downwards] costa avall, cap avall. **-2.** [worse] en declivi. ◇ *n* SPORT descens *m*.

Downing Street ['daʊnɪŋ-] *n* Downing Street.

download [ˌdaʊn'ləʊd] COMPUT *vt* carregar.

down payment *n* entrada *f*.

downpour ['daʊnpɔːʳ] *n* xàfec *m*, ruixat *m*.

downright ['daʊnraɪt] ◇ *adj* patent, manifest -a. ◇ *adv* completament.

downstairs [ˌdaʊn'steəz] ◇ *adj* avall, a baix. ◇ *adv* a baix, avall; **to come / go ~** baixar (l'escala).

downstream [ˌdaʊn'striːm] *adv* riu avall.

down-to-earth *adj* realista, pràctic -a.

downtown [ˌdaʊn'taʊn] ◇ *adj* cèntric -a, del centre (de la ciutat). ◇ *adv* [live] al centre; [go] al centre.

downturn ['daʊntɜːn] *n* descens; **~ (in)** descens *m* (en).

down under *adv* a Austràlia o Nova Zelanda.

downward ['daʊnwəd] ◇ *adj* **-1.** [towards ground] cap avall. **-2.** [decreasing] descendent. ◇ *adv Am* = **downwards**.

downwards ['daʊnwədz] *adv* **-1.** [gen] cap avall; **face ~** boca avall. **-2.** [in hierarchy]: **everyone, from the president ~** tots, començant pel president.

dowry ['daʊərɪ] (*pl* **-ies**) *n* dot *m*.

doze [dəʊz] ◇ *n* son *m*, soneta *f*; **to have a ~** fer una becaina. ◇ *vi* dormitar. ➡ **doze off** *vi* dormir-se, quedar-se endormiscat -ada.

dozen ['dʌzn] ◇ *num adj*: **a ~ eggs** una dotzena d'ous. ◇ *n* dotzena *f*; **50p a ~** 50 penics la dotzena. ➡ **dozens** *npl inf*: **~s of** muntanyes de o milers de.

dozy ['dəʊzɪ] (*compar* **-ier**, *superl* **-iest**) *adj* **-1.** [sleepy] endormiscat -ada, ensopit -ida. **-2.** *Br inf* [stupid] beneit -a.

Dr. **-1.** abbr of Drive. **-2.** (abbr of Doctor) Dr.

drab [dræb] (*compar* **-ber**, *superl* **-best**) *adj* [colour] apagat -ada; [building, clothes] esmorteït -ïda, ombrívol -a; [lives] monòton -a.

draft [drɑːft] ◇ *n* **-1.** [early version] esborrany *m*. **-2.** [money order] lletra *f* de canvi, gir *m*. **-3.** *Am* MIL: **the ~** crit a files. **-4.** *Am* = **draught**. ◇ *vt* **-1.** [write] redactar, fer un esborrany de. **-2.** *Am* MIL cridar a files. **-3.** [transfer - staff etc.] transferir.

draftsman *Am* = **draughtsman**.

drafty *Am* = **draughty**.

drag [dræg] (*pt & pp* **-ged**, *cont* **-ging**) ◇ *vt* **-1.** [gen] arrossegar. **-2.** [lake, river] dragar, rastrejar. ◇ *vi* **-1.** [dress, coat] arrossegar-se. **-2.** [time, play] anar molt a poc a poc. ◇ *n* **-1.** *inf* [bore - thing] llauna *f*; [- person] pesat *m* -ada *f*. **-2.** *inf* [on cigarette] calada *f*, xuclada *f*. **-3.** *inf* [cross-dressing]: **in ~** vestit de dona. **-4.** *inf* [air resistance] resistència *f* aerodinàmica. ➡ **drag on** *vi* ser interminable.

dragon ['drægən] *n* **-1.** [beast] drac *m*. **-2.** *inf* [woman] bruixa *f*.

dragonfly ['drægnflaɪ] (*pl* **-ies**) *n* libèl·lula *f*.

drain [dreɪn] ◇ *n* **-1.** [for water] desguàs *m*; [for sewage] claveguera *f*; [grating] claveguero *m* per malbé. **-2.** [depletion]: **it's a ~ on my energy** esgota tota la meva energia. ◇ *vt* **-1.** [marsh, field] drenar; [vegetables] escórrer. **-2.** [energy, resources] esgotar. **-3.** [drink, glass]

drainage ['dreɪnɪdʒ] *n* **-1.** [pipes, ditches] clavegueram *m*. **-2.** [of land] drenatge *m*.

draining board *Br* ['dreɪnɪŋ-], **drainboard** *Am* ['dreɪnbɔːd] *n* escorredor *m*.

drainpipe ['dreɪnpaɪp] *n* tub *m* de desguàs.

dram [dræm] *n* glop *m*.

drama ['drɑːmə] ◇ *n* **-1.** [gen] drama *m*. **-2.** [subject] teatre *m*. ◇ *comp* d'art dramàtic.

dramatic [drə'mætɪk] *adj* **-1.** [concerned with theatre] dramàtic -a. **-2.** [gesture, escape, improvement] espectacular.

dramatist ['dræmətɪst] *n* dramaturg *m* -a *f*.

dramatize, -ise ['dræmətaɪz] *vt* **-1.** [rewrite as play] adaptar, escenificar. **-2.** *pej* [make exciting] dramatitzar, exagerar.

drank [dræŋk] *pt* ➡ **drink**.

drape [dreɪp] *vt*: **to ~ sthg over sthg** cobrir alguna cosa amb; **~d with / in** cobert amb. ➡ **drapes** *npl Am* cortines *fpl*.

draper ['dreɪpər] *n* draper *m* -a *f*.

drastic ['dræstɪk] *adj* **-1.** [extreme, urgent] dràstic -a. **-2.** [noticeable] important, radical.

draught *Br*, **draft** *Am* [drɑːft] *n* **-1.** [air current] corrent *m* d'aire. **-2.** liter [gulp] glop *m*. **-3.** on ~ [beer] de barril. ➡ **draughts** *n Br* dames *fpl*.

draught beer *n Br* cervesa *f* de barril.

draughtboard ['drɑːftbɔːd] *n Br* tauler *m* de dames.

draughtsman *Br* (*pl* **-men** [-mən]), **draftsman** *Am* (*pl* **-men** [-mən]) ['drɑːftsmən] *n* delineant *mf*.

draughty *Br*, **drafty** *Am* (*compar* **-ier**, *superl* **-iest**) ['drɑːftɪ] *adj* que té corrents d'aire.

draw [drɔː] (*pt* **drew**, *pp* **drawn**) ◇ *vt* **-1.** [sketch] dibuixar; [line, circle] traçar. **-2.** [pull - cart etc.] tirar de; **she drew the comb through her hair** es va passar la pinta pel cabell; **he drew her towards him** la va acostar cap a ell, prenent-la en els seus braços. **-3.** [curtains - open] descórrer; [- close] córrer. **-4.** [breathe]: **to ~ breath** respirar. **-5.** [gun, sword] treure. **-6.** [conclusion] arribar a. **-7.** [distinction, comparison] senyalar. **-8.** [attract - criticism, praise, person] atraure; **to ~ sb's attention to sthg** atraure l'atenció d'algú cap a; **to be / feel ~n to** sentir-se atret a / per. ◇ *vi* **-1.** [sketch] dibuixar. **-2.** [move] moure's; **to ~ away** allunyar-se; **to ~ closer** apropar-se; **to ~ to an end / a close** arribar a la fi. **-3.** SPORT: **to ~ (with)** empatar (amb). ◇ *n* **-1.** SPORT empat *m*. **-2.** [lottery] sorteig *m*. **-3.** [attraction] atracció *f*. ➡ **draw out** *vt sep* **-1.** [encourage to talk] fer parlar. **-2.** [prolong] prolongar. **-3.** [money] treure. ➡ **draw up** ◇ *vt sep* [draft] preparar, redactar. ◇ *vi* [stop] parar-se.

drawback ['drɔːbæk] *n* inconvenient *m*, desavantatge *m*.

drawbridge ['drɔːbrɪdʒ] *n* pont *m* llevadís.

drawer [drɔːr] *n* [in desk, chest] calaix *m*.

drawing ['drɔːɪŋ] *n* dibuix *m*.

drawing board *n* taula *f* de delineant; *inf* **back to the ~!** a començar de nou!

drawing pin *n Br* xinxeta *f*.

drawing room *n* sala *f* d'estar.

drawl [drɔːl] ◇ *n* manera lenta i poc clara de parlar, allargant els vocals. ◇ *vt* parlar de manera lenta i poc clara, allargant els vocals.

drawn [drɔːn] ◇ *pp* ➡ **draw**. ◇ *adj* **-1.** [curtain, blind] corregut -uda, tancat -ada. **-2.** [tired, ill] cansat -ada, ullerós -osa.

dread [dred] ◇ *n* terror *m*, esglai *m*. ◇ *vt*: **to ~ (doing sthg)** témer (fer alguna cosa); **I ~ to think** m'horroritza pensar-ho.

dreadful ['dredfʊl] *adj* **-1.** [very unpleasant - pain, weather] terrible, espantós -osa. **-2.** [poor - play, English] horrible, fatal. **-3.** [for emphasis - waste, bore] espantós -osa.

dreadfully ['dredfʊlɪ] *adv* terriblement.

dream [driːm] (*pt* & *pp* **-ed / dreamt**) ◇ *n lit* & *fig* somni *m*; **bad ~** malson *m*. ◇ *adj* ideal. ◇ *vt*: **to ~ that** somiar que; **I never ~ed this would happen** mai no em vaig imaginar que això pogués passar. ◇ *vi lit* & *fig*: **to ~ of doing sthg** somiar de fer alguna cosa; **to ~ (of / about)** somiar (amb); **I wouldn't ~ of it** ni parlar-ne!, de cap manera! ➡ **dream up** *vt sep* inventar, idear.

dreamt [dremt] *pp* ➡ **dream**.

dreamy ['driːmɪ] (*compar* **-ier**, *superl* **-iest**) *adj* **-1.** [distracted] somiador -a, distret -a. **-2.** [peaceful, dreamlike] de somni.

dreary ['drɪərɪ] (*compar* **-ier**, *superl* **-iest**) *adj* **-1.** [weather, day] trist -a. **-2.** [job, life] monòton -a, avorrit -ida. **-3.** [personal] gris.

dredge [dredʒ] *vt* dragar. ➡ **dredge up** *vt sep* **-1.** [with dredger] extreure (de l'aigua) amb draga. **-2.** *fig* [from past] treure a la llum.

dregs [dregz] *npl* **-1.** [of liquid] sediment *m*. **-2.** *fig* [of society] pòsit *m*.

drench [drentʃ] *vt* xopar, amarar; **~ed to the skin** estar calat fins als ossos; **to be ~ed in / with** estar amarat de, estar ple de.

dress [dres] ◇ *n* **-1.** [woman's garment] vestit *m*. **-2.** (U) [clothing] vestit *m*. ◇ *vt* **-1.** [clothe] vestir; **to be ~ed in** anar vestit de; **to be ~ed** estar vestit; **to get ~ed** vestir-se. **-2.** [bandage] embenar. **-3.** CULIN amanir, assaonar. ◇ *vi* **-1.** [put on clothing] vestir-se. **-2.** [wear clothes] vestir; **to ~ well / badly** vestir bé / malament.

dress circle *n* pis *m* principal.

dresser ['dresə^r] *n* **-1.** [for dishes] aparador *m*. **-2.** *Am* [chest of drawers] calaixera *f*. **-3.** [person]: **smart / sloppy ~** persona elegant / descurada (en el vestir).

dressing ['dresɪŋ] *n* **-1.** [bandage] embenatge *m*. **-2.** [for salad] amaniment *m*, condiment *m*. **-3.** *Am* [for turkey etc.] farciment *m*.

dressing gown *n* bata *f*.

dressing room THEAT *n* camerino *m*; SPORT vestuari *m*.

dressing table *n* tocador *m*.

dressmaker ['dres,meɪkə^r] *n* modista *mf*, costurer *m* -a *f*.

dressmaking ['dres,meɪkɪŋ] *n* costura *f*.

dress rehearsal *n* assaig *m* general.

dressy ['dresɪ] (*compar* **-ier**, *superl* **-iest**) *adj* elegant.

drew [druː] *pt* ☞ **draw**.

dribble ['drɪbl] ◇ *n* **-1.** [saliva] bava *f*. **-2.** [trickle] fil *m*. ◇ *vt* **-1.** SPORT [ball] regatejar. **-2.** [liquid]: **to ~ saliva** babejar. ◇ *vi* **-1.** [drool] babejar. **-2.** [spill] gotejar, caure gota a gota.

dried [draɪd] ◇ *pt & pp* ☞ **dry**. ◇ *adj* [gen] sec -a; [milk, eggs] en pols.

dried fruit *n* (U) fruita *f* seca.

drier ['draɪə^r] = **dryer**.

drift [drɪft] ◇ *n* **-1.** [trend, movement] moviment *m*, tendència *f*; [of current] flux *m*. **-2.** [meaning] significat *m*, sentit *m*; **I get your ~** entenc el que dius. **-3.** [mass - of snow] gelera *f*, congesta *f*; [- of sand, leaves] monticle *m*. ◇ *vi* **-1.** [boat] anar a la deriva. **-2.** [snow, sand, leaves] amuntegar-se. **-3.** [person] anar sense rumb; **to ~ into** [job, marriage] deixar-se portar a; **to ~ apart** tenir cada vegada menys en comú.

driftwood ['drɪftwʊd] *n* fusta *f* de deriva.

drill [drɪl] ◇ *n* **-1.** [tool - gen] trepant *m*; [- bit] broca *f*; [- dentist's] fresa *f*; [- in mine, oilfield] perforadora. **-2.** [exercise - for fire, battle] simulacre *m*. ◇ *vt* **-1.** [tooth, wood, oil well] perforar. **-2.** [instruct - people, pupils] ensinistrar, entrenar; [- soldiers] instruir; **to ~ sthg into sb** inculcar alguna cosa a algú. ◇ *vi*: **to ~ into / for** perforar en / per a.

drink [drɪŋk] (*pt* **drank**, *pp* **drunk**) ◇ *n* **-1.** [gen] beguda *f*; **a ~ of water** un glop d'aigua. **-2.** [alcoholic beverage] copa *f*; **would you like a ~?** vols prendre una beguda?; **to have a ~** prendre una beguda. ◇ *vt* beure. ◇ *vi*: **to ~ to sb / sb's success** beure a la salut d'algú / per l'èxit d'algú.

drink-driving *Br*, **drunk-driving** *Am n* conducció *f* en estat d'embriaguesa.

drinker ['drɪŋkə^r] *n* **-1.** [of alcohol] bevedor *m* -a *f*. **-2.** [of tea, coffee]: **tea / coffee ~** persona que beu te / cafè.

drinking water *n* aigua *f* potable.

drip [drɪp] (*pt & pp* **-ped**, *cont* **-ping**) ◇ *n* **-1.** [drop] gota *f*; [drops] degoteig *m*. **-2.** MED gota a gota. **-3.** *inf* [wimp] insuls *m* -a *f*. ◇ *vt* deixar caure en gotes. ◇ *vi* **-1.** [liquid, tap, nose] gotejar. **-2.** [person]: **to be ~ping with sthg** [sweat, blood] estar xop de; [diamonds, furs] estar cobert -a de.

drip-dry *adj* de netejar i posar.

drive [draɪv] (*pt* **drove**, *pp* **driven**) ◇ *n* **-1.** [outing] passeig *m* (en cotxe); **to go for a ~** anar a fer una volta en cotxe. **-2.** [journey] viatge *m* (en cotxe); **it's a two-hour ~ (away)** està a dues hores en cotxe. **-3.** [urge] instint *m*. **-4.** [campaign] campanya *f*. **-5.** [energy] vigor *m*, energia *f*. **-6.** [road to house] camí *m* (d'entrada). **-7.** SPORT drive *m*. **-8.** COMPUT unitat *f* de disc. ◇ *vt* **-1.** [vehicle] conduir. **-2.** [passenger] portar (en cotxe). **-3.** [fuel, power] impulsar. **-4.** [force to move - gen] arrossegar; [- cattle] arriar; **it drove people from their homes** va obligar la gent a abandonar casa seva. **-5.** [motivate] motivar. **-6.** [force]: **to ~ sb to do sthg** conduir o portar algú a fer alguna cosa; **to ~ sb to despair** fer desesperar algú; **to ~ sb mad / crazy** tornar boig a algú. **-7.** [hammer] clavar. **-8.** SPORT [hit hard] colpejar amb força. ◇ *vi* AUTOM conduir; **I don't ~** no sé conduir. ☞ **drive at** *vt fus* insinuar, voler dir.

drivel ['drɪvl] *n* (U) *inf* bajanades *fpl*.

driven ['drɪvn] *pp* ☞ **drive**.

driver ['dɹaɪvəʳ] n **-1.** [gen] conductor m -a f; RAIL maquinista mf; [of racing car] pilot mf. **-2.** COMPUT controlador m.

driver's license Am = driving licence.

drive shaft n transmissió f.

driveway ['dɹaɪvweɪ] n camí m d'entrada.

driving ['dɹaɪvɪŋ] ◇ adj [rain] torrencial; [wind] huracanat -ada. ◇ n (U) conducció f.

driving instructor n instructor m -a f de conducció.

driving lesson n lliçó f de conduir.

driving licence Br, **driver's license** Am n carnet m o permís de conduir.

driving mirror n retrovisor m.

driving school n autoescola f.

driving test n examen m de conduir.

drizzle ['dɹɪzl] ◇ n plugim m, plovisqueig m. ◇ v impers plovisquejar.

droll [dɹəʊl] adj graciós -osa.

drone [dɹəʊn] ◇ n **-1.** [hum] brunzit m. **-2.** [bee] abellot m. ◇ vi brunzir.

drool [dɹuːl] vi **-1.** [dribble] bavejar. **-2.** fig [admire]: **to ~ over** caure la bava amb.

droop [dɹuːp] vi **-1.** [shoulders] encorbar-se; [eyelids] tancar-se; [head] inclinar-se; [flower] panisir-se. **-2.** [spirits] desanimar-se.

drop [dɹɒp] (pt & pp **-ped**, cont **-ping**) ◇ n **-1.** [of liquid, milk, whisky] gota f. **-2.** [sweet] pastilla f. **-3.** [decrease]: **~ (in)** [price] caiguda f (de); [temperature] descens m (de); [demand, income] disminució f (en). **-4.** [distance down] caiguda f. ◇ vt **-1.** [let fall - gen] deixar caure; [- bomb] llançar; **she ~ped a stitch** se li va escapar un punt. **-2.** [decrease] reduir. **-3.** [voice] baixar. **-4.** [abandon - subject, course] deixar; [- charges] retirar; [- person, lover] abandonar; [- player] excloure, no seleccionar. **-5.** [utter - hint, remark] llançar, tirar; **he's always ~ping names** sempre deixa anar que coneix gent important. **-6.** SPORT [game, set] perdre. **-7.** [write - letter, postcard] posar, escriure. **-8.** [let out of car] deixar. ◇ vi **-1.** [fall down] caure; **to ~ to one's knees** agenollar-se; **~ dead!** vés a la porra!; **we walked until we ~ped** vam caminar fins a no poder més. **-2.** [fall away - ground] cedir. **-3.** [decrease - temperature, price, voice] baixar; [- attendance, demand, unemployment] disminuir; [- wind] calmar-se, aminar. ◆ **drops** MED npl gotes fpl. ◆ **drop in** vi inf: **to ~ in on** passar-se per casa de. ◆ **drop off** ◇ vt sep [person, letter] deixar. ◇ vi **-1.** [fall asleep] quedar-se adormit -ida, adormir-se. **-2.** [grow less] disminuir, baixar. ◆ **drop out** vi: **to ~ out (of / from)** [school, college] deixar d'assistir (a); [competition] retirar-se (de).

dropout ['dɹɒpaʊt] n [from society] marginat m -ada f; [from university] persona f que deixa els estudis.

droppings ['dɹɒpɪŋz] npl excrement m (d'animals).

drought [dɹaʊt] n sequera f, secada f.

drove [dɹəʊv] ◇ pt ⇒ **drive**. ◇ n [of people] multitud f.

drown [dɹaʊn] ◇ vt **-1.** [kill] ofegar. **-2.** [sound]: **to ~ sb / sthg (out)** ofegar algú / alguna cosa. ◇ vi ofegar-se.

drowsy ['dɹaʊzɪ] (compar **-ier**, superl **-iest**) adj [person] somnolent -a.

drudgery ['dɹʌdʒərɪ] n feina feixuga i monòtona.

drug [dɹʌg] (pt & pp **-ged**, cont **-ging**) ◇ n **-1.** [medicine] medicament m, medicina f. **-2.** [narcotic] droga f; **to be on / take ~s** drogar-se. ◇ vt **-1.** [person] narcotitzar, drogar. **-2.** [food, drink] posar droga a.

drug abuse n consum m de drogues.

drug addict n drogoaddicte m -a f, toxicòman m -a f.

druggist ['dɹʌgɪst] n Am farmacèutic m -a f.

drugstore ['dɹʌgstɔːʳ] n Am farmàcia f (que també ven articles de perfumeria).

drum [dɹʌm] (pt & pp **-med**, cont **-ming**) ◇ n **-1.** [instrument] tambor m; **~s** bateria f. **-2.** [container, cylinder] bidó m. ◇ vt [fingers] tamborinejar amb. ◇ vi [rain, hoofs] colpejar. ◆ **drum up** vt sep intentar aconseguir.

drummer ['dɹʌməʳ] n [in orchestra] tambor mf; [in pop group] bateria mf.

drumstick ['dɹʌmstɪk] n **-1.** [for drum] baqueta f. **-2.** [food] cuixa f.

drunk [dɹʌŋk] ◇ pp ⇒ **drink**. ◇ adj **-1.** [on alcohol] begut -uda, borratxo -a; **to get ~** emborratxar-se; **to be ~** estar borratxo; **~ and disorderly** borratxo i escandalós. **-2.** fig [excited, carried away]: **to be ~ with / on** estar ebri ebria de. ◇ n borratxo m -a f.

drunkard ['dɹʌŋkəd] n borratxo m -a f.

drunk-driving Am = drink-driving.

drunken ['dɹʌŋkn] adj **-1.** [person] borratxo -a. **-2.** [talk, steps, stupor] de borratxo -a.

drunken driving = drink-driving.

dry [dɹaɪ] (pt & pp **-ied**) ◇ adj **-1.** [gen] sec -a. **-2.** [day] sense pluja. **-3.** [earth, soil] àrid -a. **–4.** [thirsty] assedegat -ada; **to feel / be ~** tenir set. **–5.** [dull] avorrit -ida. ◇ vt [gen] assecar; [hands, hair] assecar-se; **to ~ o. s** assecar-se; **to ~ one's eyes** eixugar-se les llàgrimes. ◇ vi assecar-se. ➣ **dry up** ◇ vt sep assecar. ◇ vi **–1.** [river, well] assecar-se. **–2.** [stop - up supply] esgotar-se. **–3.** [stop speaking] tallar-se. **–4.** [- dishes] assecar.

dry cleaner n: **~'s** tintoreria f.

dryer ['draɪəʳ] n [for clothes] assecadora f.

dry land n terra f ferma.

dry rot n putrefacció f de la fusta.

dry ski slope n pista f d'esquí artificial.

DSS n (abbr of **Department of Social Security**) Ministeri Britànic de la Seguretat social.

DTI n (abbr of **Department of Trade and Industry**) Ministeri Britànic de Comerç i Indústria.

DTP n (abbr of **desktop publishing**) autoed.

DTT [di:ti:'ti:] abbr TDT f.

dual ['djuːəl] adj dual.

dual carriageway n Br autovia f, carretera de dos sentits i doble via separats.

dubbed [dʌbd] adj **–1.** CIN doblat -ada. **–2.** [nicknamed] dit el, conegut com.

dubious ['djuːbjəs] adj **–1.** [questionable - person, deal, reasons] sospitós -osa; [- honour, distinction] paradoxal. **–2.** [uncertain, undecided] dubtós -osa; **to feel / be ~ (about)** tenir dubtes (sobre).

Dublin ['dʌblɪn] n Dublín.

duchess ['dʌtʃɪs] n duquessa f.

duck [dʌk] ◇ n **–1.** [bird] ànec m -ega f; **to take to sthg like a ~ to water** trobar-se de seguida a gust amb. **–2.** [food] ànec m. ◇ vt **–1.** [lower] baixar, ajupir. **–2.** [try to avoid - duty] eludir, esquivar. **–3.** [submerge] submergir. ◇ vi **–1.** [lower head] ajupir-se. **–2.** [dive]: **to ~ behind / into sthg** amagar-se darrere de / en alguna cosa.

duckling ['dʌklɪŋ] n aneguet m.

duct [dʌkt] n conducte m.

dud [dʌd] ◇ adj [gen] fals -a; [mine] que no explota; [cheque] sense fons. ◇ n persona o cosa inútil.

dude [djuːd] n Am inf [man] tipus m.

due [djuː] ◇ adj **–1.** [expected] esperat -ada; **it's ~ out in May** sortirà al maig; **she's ~ back soon** hauria de tornar d'aquí a poc temps; **the train's ~ in half an hour** el tren ha d'arribar d'aquí a mitja hora. **–2.** [appropriate] oportú -una, adient; **with all ~ respect** amb tots els respectes; **in ~ course** [at appropriate time] al seu temps; [eventually] al final. **–3.** [owed, owing] pagador -a; **I'm ~ a bit of luck** ja seria hora que tingués una mica de sort; **how much are you ~?** quant en deuen?; **to be ~ to** es deu a. ◇ n [deserts]: **to give sb their ~** fer justícia a algú. ◇ adv: **~ north / south** de dret cap al nord / sud. ➣ **dues** npl quota f. ➣ **due to** prep a causa de.

duel ['djuːəl] (Br pt & pp **-led**, cont **-ling**, Am pt & pp **-ed**, cont **-ing**) ◇ n duel m. ◇ vi batir-se en duel.

duet [djuː'et] n duo m.

duffel bag ['dʌfl-] n morral m.

duffel coat ['dʌfl-] n trenca f.

duffle bag ['dʌfl-] = **duffel bag**.

duffle coat ['dʌfl-] = **duffel coat**.

dug [dʌg] pt & pp ➣ **dig**.

duke [djuːk] n duc m.

dull [dʌl] ◇ adj **–1.** [boring] avorrit -ida. **–2.** [listless] barroer -a. **–3.** [dim] apagat -ada. **–4.** [cloudy] gris -a, trist -a. **–5.** [thud, boom, pain] sord -a. ◇ vt **–1.** [senses] afeblir, enterbolir; [pain] alleugerir; [pleasure, memory] enterbolir. **–2.** [make less bright] desllustrar.

duly ['djuːlɪ] adv **–1.** [properly] degudament. **–2.** [as expected] com era d'esperar.

dumb [dʌm] adj **–1.** [unable to speak] mut muda; **to be struck ~** quedar-se d'una peça. **–2.** inf [stupid] estúpid -a.

dumbfound [dʌm'faʊnd] vt: **to be ~ed** quedar-se mut d'admiració o por.

dummy ['dʌmɪ] (pl **-ies**) ◇ adj fals -a. ◇ n **–1.** [of ventriloquist] ninot m; [in shop window] maniquí f. **–2.** [copy] imitació f. **–3.** Br [for baby] xumet m. **–4.** SPORT temptativa f. ◇ vt SPORT amagar.

dump [dʌmp] ◇ n **–1.** [for rubbish] abocador m. **–2.** [for ammunition] dipòsit m. **–3.** inf [ugly place - house] casota f; [- hotel] hotelot m. ◇ vt **–1.** [put down - sand, load] descarregar; [- bags, washing] deixar. **–2.** [dispose of] desfer-se de. **–3.** COMPUT abocar. **–4.** inf [jilt] desfer-se de.

dumper (truck) ['dʌmpəʳ] Br n camió m de trabuc.

dumping ['dʌmpɪŋ] n abocador m; **"no ~"** "prohibit abocar escombraries".

dumpling ['dʌmplɪŋ] n bola de massa que es cuina al vapor amb carn i verdures.

dump truck Am = **dumper (truck)**.

dumpy ['dʌmpɪ] (compar **-ier**, superl **-iest**) adj inf baixet -a i gras -assa.

dunce [dʌns] n talòs m -ossa f.

dune [dju:n] *n* duna *f*.

dung [dʌŋ] *n* [of animal] excrement *m*; [used as manure] fem *m*.

dungarees [ˌdʌŋgəˈriːz] *npl* **-1.** *Br* [for work] granota *f*; [fashion garment] pantalons *m pl* de pitet. **-2.** *Am* [heavy jeans] texans de roba gruixuda utilitzats per treballar.

dungeon [ˈdʌndʒən] *n* masmorra *f*, calabós *m*.

duo [ˈdjuːəʊ] *n* duo *m*.

dupe [dju:p] ◇ *n* ingenu *m* -ènua *f*, innocent *mf*. ◇ *vt*: **to ~ sb (into doing sthg)** enganyar algú (perquè faci alguna cosa).

duplex [ˈdjuːpleks] *Am n* **-1.** [apartment] dúplex *m*. **-2.** [house] casa *f* adossada.

duplicate [*adj & n* ˈdjuːplɪkət, *vb* ˈdjuːplɪkeɪt] ◇ *adj* duplicat -ada. ◇ *n* còpia *f*, duplicat *m*; **in ~** per duplicat. ◇ *vt* **-1.** [copy] duplicar, fer una còpia de. **-2.** [double, repeat] repetir.

durable [ˈdjʊərəbl] *adj* durador -a.

duration [djʊˈreɪʃn] *n* duració *f*; **for the ~ of** durant.

duress [djʊˈres] *n*: **under ~** per coacció *f*.

Durex® [ˈdjʊəreks] *n* [condom] preservatiu *m*, condó *m*, condom *m*.

during [ˈdjʊərɪŋ] *prep* durant.

dusk [dʌsk] *n* fer-se fosc, crepuscle *m*.

dust [dʌst] ◇ *n*: **coal ~** carbonissa *f*; **to gather ~** [get dusty] criar pols; *fig* [be ignored] quedar arraconat -ada. ◇ *vt* **-1.** [clean] treure la pols a, netejar. **-2.** [cover with powder]: **to ~ sthg (with)** empolvorar alguna cosa (amb). ◇ *vi* treure la pols.

dustbin [ˈdʌstbɪn] *n Br* cubell *m* de les escombraries.

dustcart [ˈdʌstkɑːt] *n Br* camió *m* de les escombraries.

duster [ˈdʌstər] *n* **-1.** [cloth] baieta *f*, drap *m* de treure la pols. **-2.** *Am* [overall] guardapols *m*.

dust jacket *n* sobrecoberta *f*.

dustman [ˈdʌstmən] *Br* (*pl* **-men** [-mən]) *n* escombriaire *m*.

dustpan [ˈdʌstpæn] *n* recollidor *m*.

dusty [ˈdʌstɪ] (*compar* **-ier**, *superl* **-iest**) *adj* [covered in dust] polsós -osa.

Dutch [dʌtʃ] ◇ *adj* holandès -esa. ◇ *n* [language] neerlandès *m*. ◇ *npl*: **the ~** els holandesos *mpl*.

Dutch elm disease *n* fong que ataca els oms.

dutiful [ˈdjuːtɪfʊl] *adj* obedient, submís -isa.

duty [ˈdjuːtɪ] (*pl* **-ies**) *n* **-1.** (*U*) [moral, legal responsibility] deure *m*; **to do one's ~** complir el seu deure. **-2.** [work] servei *m*; **to be on / off ~** estar / no estar de servei. **-3.** [tax] impost *m*; **customs ~** drets *mpl* de duana. ◆ **duties** *npl* tasques *fpl*.

duty-free *adj* lliure d'impostos.

duvet [ˈduːveɪ] *n Br* edredó *m*.

duvet cover *n Br* funda *f* d'edredó.

DVD *n* (abbr of **digital video disc**) DVD *m*.

dwarf [dwɔːf] (*pl* **-s** / **dwarves** [dwɔːvz]) ◇ *adj* nan -a. ◇ *n* nan *m* -a *f*. ◇ *vt* enxiquir, minvar.

dwell [dwel] (*pt & pp* **-ed** / **dwelt**) *vi liter* habitar, residir.

dwelling [ˈdwelɪŋ] *n liter* habitatge *m*, sojorn *m*.

dwelt [dwelt] *pt & pp* ➣ **dwell**.

dwindle [ˈdwɪndl] *vi* anar minvant.

dye [daɪ] ◇ *n* tint *m*, colorant *m*. ◇ *vt* tenyir.

dying [ˈdaɪɪŋ] ◇ *cont* ➣ **die**. ◇ *adj* **-1.** [person, animal] moribund -a. **-2.** [activity, practice] en vies de desaparició. ◇ *npl*: **the ~** els moribunds.

dyke [daɪk] = **dike**.

dynamic [daɪˈnæmɪk] *adj* dinàmic -a.

dynamite [ˈdaɪnəmaɪt] ◇ *n lit & fig* dinamita *f*. ◇ *vt* dinamitar.

dynamo [ˈdaɪnəməʊ] (*pl* **-s**) *n* dinamo *f*.

dynasty [*Br* ˈdɪnəstɪ, *Am* ˈdaɪnəstɪ] (*pl* **-ies**) *n* dinastia *f*.

dyslexia [dɪsˈleksɪə] *n* dislèxia *f*.

dyslexic [dɪsˈleksɪk] *adj* dislèxic -a.

E

e (*pl* **es** / **e's**), **E** (*pl* **Es** / **E's**) [iː] *n* [letter] e *f*, E *f*. ◆ **E** *n* **-1.** MUS mi *m*. **-2.** (abbr of **east**) E.

each [iːtʃ] ◇ *adj* cada un *m* -a *f*. ◇ *pron*: **one ~** un cadascun; **~ of us / the boys** cada un de nosaltres / dels nens; **two of ~** dos de cada (un); **~ other** l'un a l'altre; **they kissed ~ other** es van besar; **we know ~ other** ens coneixem.

eager [ˈiːgər] *adj* [pupil] entusiasta; [smile, expression] d'entusiasme; **to be ~ for sthg**

/ **to do sthg** anhelar alguna cosa / fer alguna cosa, desitjar vivament alguna cosa / fer alguna cosa.

eagle ['iːgl] *n* àguila *f*, àliga *f*.

ear [ɪəʳ] *n* **-1.** [of person, animal] orella *f*; *inf* **to go in one ~ and out the other** entrar per una oïda i sortir per l'altra; *inf* **to have / keep one's ~ to the ground** mantenir-se al corrent. **-2.** *fig* [attention] atenció *f*. **-3.** *fig* [talent] **to have an ~ for** tenir oïda per. **-4.** [of corn] espiga *f*. **-5.** MUS: **by ~** d'oïdes; *fig* **to play it by ~** obrar per instint.

earache ['ɪəreɪk] *n* dolor *m* d'oïdes.

eardrum ['ɪədrʌm] *n* timpà *m*.

earl [ɜːl] *n* comte *m*.

earlier ['ɜːlɪəʳ] ◇ *adj* anterior. ◇ *adv* abans; **~ on** abans.

earliest ['ɜːlɪəst] ◇ *adj* primer -a. ◇ *n*: **at the ~** com a molt d'hora.

earlobe ['ɪələʊb] *n* lòbul *m* (de l'orella).

early ['ɜːlɪ] (*compar* **-ier**, *superl* **-iest**) ◇ *adj* **-1.** [before expected time, in day] aviat; **she was ~** va arribar d'hora; **I'll take an ~ lunch** dinaré aviat o d'hora; **to get up ~** matinar. **-2.** [at beginning]: **~ morning** la matinada; **the ~ chapters** els primers capítols; **her ~ life** els primers anys de la seva vida; **in the ~ 1950s** a principi dels anys 50. ◇ *adv* **-1.** [before expected time] aviat, d'hora; **we got up ~** ens vam llevar d'hora; **it arrived ten minutes ~** va arribar deu minuts abans. **-2.** [at beginning]: **as ~ as 1920** ja el 1920; **~ this morning** aquest matí d'hora; **~ in the year** a principi d'any; **~ in the book** al començament del llibre; **~ on** d'hora.

early retirement *n* jubilació *f* anticipada.

earmark ['ɪəmɑːk] *vt*: **to be ~ed for** estar destinat -ada a.

earn [ɜːn] *vt* **-1.** [be paid] guanyar. **-2.** [generate - subject: business, product] generar. **-3.** *fig* [gain - respect, praise] guanyar-se.

earnest ['ɜːnɪst] *adj* [gen] seriós -osa; [wish] sincer -a.

earnings ['ɜːnɪŋz] *npl* ingressos *mpl*.

earphones ['ɪəfəʊnz] *npl* auriculars *mpl*.

earplugs ['ɪəplʌgz] *npl* taps *mpl* per a les orelles.

earring ['ɪərɪŋ] *n* arracada *f*.

earshot ['ɪəʃɒt] *n*: **within / out of ~** fora de l'abast de l'oïda.

earth [ɜːθ] ◇ *n* **-1.** [gen] terra *f*; **how / what / where / why on ~ ...?** com / què / on / per què dimonis...?; *Br* **to cost the ~** costar un diner al. **-2.** [in electric plug, appliance] presa *f* de terra. ◇ *vt Br*: **to be ~ed** estar connectat -ada a terra.

earthenware ['ɜːθnweəʳ] ◇ *adj* de pisa, de fang. ◇ *n* pisa *f*.

earthquake ['ɜːθkweɪk] *n* terratrèmol *m*.

earthworm ['ɜːθwɜːm] *n* cuc *m* (de terra).

earthy ['ɜːθɪ] (*compar* **-ier**, *superl* **-iest**) *adj* **-1.** [rather crude] natural, desinhibit -ida. **-2.** [of, like earth] terrós -osa.

earwig ['ɪəwɪg] *n* tisoreta *f*.

ease [iːz] ◇ *n* (U) **-1.** [lack of difficulty] facilitat *f*; **with ~** amb facilitat. **-2.** [comfort] comoditat *f*; **at ~** còmode -a; **ill at ~** incòmode -a. ◇ *vt* **-1.** [pain, grief] calmar, alleugerir; [problems, tension] atenuar. **-2.** [move carefully]: **to ~ sthg open** obrir alguna cosa amb cura; **to ~ oneself out of sthg** llevar-se a poc a poc de. ◇ *vi* [problem] atenuar-se; [pain] calmar-se; [rain] amainar; [grip] relaxar-se, afluixar-se. ◆ **ease off** *vi* [problem] atenuar-se; [pain] calmar-se; [rain] amainar. ◆ **ease up** *vi* **-1.** *inf* [treat less severely]: **to ~ up on sb** no ser molt dur -a amb algú. **-2.** [rain] afluixar, amainar. **-3.** [relax - person] prendre's les coses amb més calma.

easel ['iːzl] *n* cavallet *m*.

easily ['iːzɪlɪ] *adv* **-1.** [without difficulty] fàcilment. **-2.** [without doubt] sens dubte. **-3.** [in a relaxed manner] tranquil·lament, relaxadament.

east [iːst] ◇ *n* **-1.** [direction] est *m*. **-2.** [region] **the ~** l'est. ◇ *adj* oriental; [wind] de l'est. ◇ *adv*: **~ (of)** a l'est (de). ◆ **East** *n* POL: **the ~** l'Est; [Asia] l'Orient.

East End *n*: **the ~** l'est de Londres.

Easter ['iːstəʳ] *n* Setmana *f* Santa.

Easter egg *n* ou *m* de Pasqua.

easterly ['iːstəlɪ] *adj* de l'est; **in an ~ direction** cap a l'est.

eastern ['iːstən] *adj* de l'est, oriental. ◆ **Eastern** *adj* [gen & POL] de l'Est; [from Asia] oriental.

East German ◇ *adj* d'Alemanya Oriental. ◇ *n* [person] alemany *m* -a *f* oriental.

East Germany *n*: **(the former) ~** (l'antiga) Alemanya Oriental.

eastward ['iːstwəd] ◇ *adj* cap a l'est. ◇ *adv* = **eastwards**.

eastwards ['iːstwədz] *adv* cap a l'est.

easy ['iːzɪ] (*compar* **-ier**, *superl* **-iest**) ◇ *adj* **-1.** [not difficult] fàcil. **-2.** [life, time] còmode -a. **-3.** [manner] natural, relaxat -ada. ◇ *adv inf*: **to go ~ on sb** no ser molt dur

-a amb algú; *inf* to go ~ on sthg no passar-se amb alguna cosa, tenir cura amb alguna cosa; **to take it / things ~** prendre's les coses amb calma.

easy chair *n* [armchair] butaca *f*.

easygoing [ˌiːzɪˈgəʊɪŋ] *adj* [person] tolerant, tranquil -il·la; [manner] relaxat -ada.

eat [iːt] (*pt* **ate**, *pp* **eaten**) *vt & vi* menjar.
◆ **eat away**, **eat into** *vt sep* **-1.** [corrode] corroir. **-2.** [deplete] minvar.

eaten [ˈiːtn] *pp* ▶ **eat**.

eau de cologne [ˌəʊdəkəˈləʊn] *n* (aigua *f* de) colònia *f*.

eavesdrop [ˈiːvzdrɒp] (*pt & pp* **-ped**, *cont* **-ping**) *vi*: **to ~ (on)** escoltar secretament.

ebb [eb] ◇ *n* reflux *m*; *fig* **the ~ and flow of** els alts i baixos de; *fig* **at a low ~** de capa caiguda. ◇ *vi* **-1.** [tide, sea] baixar. **-2.** *liter* [strength, pain, feeling]: **to ~ (away)** decréixer, minvar.

ebony [ˈebənɪ] ◇ *adj literary* [colour] de color eben. ◇ *n* eben *m*.

EC *n* (abbr of **European Community**) CE *f*.

eccentric [ɪkˈsentrɪk] ◇ *adj* excèntric -a. ◇ *n* excèntric *m* -a *f*.

echo [ˈekəʊ] (*pl* **-es**, *pt & pp* **-ed**, *cont* **-ing**) ◇ *n lit & fig* eco *m*. ◇ *vt* [words] repetir; [opinion] fer-se eco de. ◇ *vi* ressonar.

eclipse [ɪˈklɪps] ◇ *n lit & fig* eclipsi *m*; **a total / partial ~** un eclipsi total / parcial. ◇ *vt fig* eclipsar.

ecological [ˌiːkəˈlɒdʒɪkl] *adj* **-1.** [pattern, balance, impact] ecològic -a. **-2.** [group, movement, person] ecologista.

ecology [ɪˈkɒlədʒɪ] *n* ecologia *f*.

economic [ˌiːkəˈnɒmɪk] *adj* **-1.** [of money, industry] econòmic -a. **-2.** [profitable] rendible.

economical [ˌiːkəˈnɒmɪkl] *adj* econòmic -a.

economics [ˌiːkəˈnɒmɪks] ◇ *n* (U) economia *f*. ◇ *npl* [of plan, business] aspecte *m* econòmic.

economize, -ise [ɪˈkɒnəmaɪz] *vi*: **to ~ (on)** economitzar (en).

economy [ɪˈkɒnəmɪ] (*pl* **-ies**) *n*: **economies of scale** economies *fpl* d'escala.

economy class *n* classe *f* econòmica o turista.

ecosystem [ˌiːkəʊsɪstəm] *n* ecosistema *m*.

ecotax [ˈiːkəʊtæks] *n* ecotaxa *f*.

ecotourism [ˌiːkəʊˈtʊərɪzm] *n* ecoturisme *m*.

ecstasy [ˈekstəsɪ] (*pl* **-ies**) *n* [great happiness] èxtasi *m*; **to go into ecstasies about** extasiar-se davant.

ecstatic [ekˈstætɪk] *adj* estàtic -a.

ECU, Ecu [ˈekjuː] *n* (abbr of **European Currency Unit**) ECU *m*, ecu *m*.

Ecuador [ˈekwədɔːʳ] *n* (l') Equador.

Ecuadoran [ˌekwəˈdɔːrən], **Ecuadorian** [ˌekwəˈdɔːrɪən] ◇ *adj* equatorià -ana. ◇ *n* equatorià *m* -ana *f*.

eczema [ˈeksɪmə] *n* èczema *m*.

Eden [ˈiːdn] *n*: **(the Garden of) ~** (el jardí de l') Edèn *m*.

edge [edʒ] ◇ *n* **-1.** [of cliff, table, garden] vora *f*; **to be on the ~ of** estar a punt de. **-2.** [of coin] cantell *m*; [of knife] tall *m*. **-3.** [advantage]: **to have an ~ over / the ~ over** portar avantatge a. **-4.** *fig* [sharpness - of voice] aspresa *f*. ◇ *vi*: **to ~ towards** anar a poc a poc cap a; **to ~ away / closer** allunyar-se / apropar-se a poc a poc. ◆ **on edge** *adj* amb els nervis de punta.

edgeways [ˈedʒweɪz], **edgewise** [ˈedʒwaɪz] *adv* de costat.

edgy [ˈedʒɪ] (*compar* **-ier**, *superl* **-iest**) *adj* nerviós -osa.

edible [ˈedɪbl] *adj* comestible.

edict [ˈiːdɪkt] *n* edicte *m*.

Edinburgh [ˈedɪnbrə] *n* Edimburg.

edit [ˈedɪt] *vt* **-1.** [correct - text] corregir, revisar. **-2.** [select material for - book] recopilar. **-3.** CIN, RADIO & TV muntar. **-4.** [run - newspaper, magazine] dirigir.

edition [ɪˈdɪʃn] *n* edició *f*.

editor [ˈedɪtəʳ] *n* **-1.** [of newspaper, magazine] director *m* -a *f*. **-2.** [of section of newspaper, programme, text] redactor *m* -a *f*. **-3.** [compiler - of book] autor *m* -a *f* de l'edició. **-4.** CIN, RADIO & TV muntador *m* -a *f*.

editorial [ˌedɪˈtɔːrɪəl] ◇ *adj* editorial; **~ staff** redacció *f*. ◇ *n* editorial *m*.

educate [ˈedʒʊkeɪt] *vt* **-1.** [at school, college] educar. **-2.** [inform] informar.

education [ˌedʒʊˈkeɪʃn] *n* **-1.** (U) [activity, sector] ensenyament *m*. **-2.** [process or result of teaching] educació *f*, formació *f*.

educational [ˌedʒʊˈkeɪʃənl] *adj* educatiu -iva; [establishment] docent.

EEC *n* (abbr of **European Economic Community**) CEE *f*.

eel [iːl] *n* anguila *f*.

eerie [ˈɪərɪ] *adj* esgarrifós -osa, esborronador -a.

effect [ɪˈfekt] ◇ *n* efecte; **to have an ~ on** tenir efecte en; **to do sthg for ~** fer alguna cosa per causar efecte; **to take ~** [law, rule] entrar en vigor; [drug] fer efecte;

to put sthg into ~ fer entrar alguna cosa en vigor; **to the ~ that** en el sentit que, d'on es dedueix que; **to that ~** al dit efecte; **words to that ~** paraules per l'estil. ◇ *vt* efectuar, portar a terme. ➡ **effects** *npl*: **(special) ~s** efectes *mpl* especials.

effective [ɪˈfektɪv] *adj* **-1.** [successful] eficaç. **-2.** [actual, real] efectiu -iva. **-3.** [law, ceasefire] operatiu -iva.

effectively [ɪˈfektɪvlɪ] *adv* **-1.** [well, successfully] eficaçment. **-2.** [in fact] de fet.

effectiveness [ɪˈfektɪvnɪs] *n* eficàcia *f*.

effeminate [ɪˈfemɪnət] *adj pej* efeminat -ada.

effervescent [ˌefəˈvesənt] *adj* efervescent.

efficiency [ɪˈfɪʃənsɪ] *n* [gen] eficiència *f*; [of machine] rendiment *m*.

efficient [ɪˈfɪʃənt] *adj* [gen] eficient; [machine] de bon rendiment.

effluent [ˈefluənt] *n* aigües *fpl* residuals.

effort [ˈefət] *n* **-1.** [gen] esforç *m*; **to be worth the ~** valer la pena; **with ~** amb esforç; **to make the ~ to do sthg** fer l'esforç de fer alguna cosa; **to make an / no ~ to do sthg** fer un esforç / no fer cap esforç per fer alguna cosa. **-2.** *inf* [result of trying] temptativa *f*.

effortless [ˈefətlɪs] *adj* fàcil, sense gran esforç.

effusive [ɪˈfju:sɪv] *adj* efusiu -iva.

e.g. *adv* (abbr of *exempli gratia*) p.ex.

egg [eg] *n* **-1.** [gen] ou *m*. **-2.** [ovum] òvul *m*. ➡ **egg on** *vt sep* incitar.

eggcup [ˈegkʌp] *n* ouera *f*.

eggplant [ˈegplɑ:nt] *n Am* albergínia *f*.

eggshell [ˈegʃel] *n* closca *f* d'ou.

egg white *n* clara *f* (d'ou).

egg yolk *n* rovell *m* (d'ou).

ego [ˈi:gəʊ] (*pl* **-s**) *n* [opinion of self] amor *m* propi, ego *m*.

egoism [ˈi:gəʊɪzm] *n* egoisme *m*.

egoistic [ˌi:gəʊˈɪstɪk] *adj* egoista.

egotistic(al) [ˌi:gəˈtɪstɪk(l)] *adj* egotista.

Egypt [ˈi:dʒɪpt] *n* Egipte.

Egyptian [ɪˈdʒɪpʃn] ◇ *adj* egipci -ípcia. ◇ *n* [person] egipci *m* -ípcia *f*.

eiderdown [ˈaɪdədaʊn] *n* edredó *m*.

eight [eɪt] *num* vuit *m*; ➡ **six**.

eighteen [ˌeɪˈti:n] *num* divuit *m*; ➡ **six**.

eighth [eɪtθ] ◇ *num adj* vuitè -ena. ◇ *num* **-1.** [in order] vuitè *m* -ena *f*. **-2.** [fraction] vuitè *m*; ➡ **sixth**.

eighty [ˈeɪtɪ] (*pl* **-ies**) *num* vuitanta *m*; ➡ **sixty**.

Eire [ˈeərə] *n* Eire.

either [ˈaɪðər, ˈi:ðər] ◇ *adj* **-1.** [one or the other] qualsevol dels dos; **she couldn't find ~ jumper** no podia trobar cap dels dos jerseis; **~ way** de qualsevol de les maneres. **-2.** [each] cada; **on ~ side** tots dos costats. ◇ *pron*: **~ (of them)** qualsevol (d'ells elles); **I don't like ~ (of them)** no m'agrada cap d'ells elles. ◇ *adv (in negatives)* tampoc; **she can't and I can't ~** ella no pot i jo tampoc. ◇ *conj*: **~ ... or** o ... o; **~ you or me** o tu o jo; **I don't like ~ him or his wife** no m'agrada ni ell ni la seva dona (tampoc).

eject [ɪˈdʒekt] *vt* **-1.** [object] expulsar, desprendre. **-2.** [person]: **to ~ sb (from)** expulsar algú (de).

eke [i:k] ➡ **eke out** ◇ *vt sep fig* allargar, estirar. ◇ *vt fus*: **to ~ out a living** guanyar-se la vida amb dificultats.

elaborate [*adj* ɪˈlæbrət, *vb* ɪˈlæbəreɪt] ◇ *adj* [ceremony] complicat -ada; [carving] treballat -ada; [explanation, plan] detallat -ada. ◇ *vi*: **to ~ on sthg** ampliar un tema, explicar alguna cosa amb més detall.

elapse [ɪˈlæps] *vi* transcórrer.

elastic [ɪˈlæstɪk] ◇ *adj* **-1.** [gen] elàstic -a. **-2.** *fig* [flexible] flexible. ◇ *n* elàstic *m*.

elasticated [ɪˈlæstɪkeɪtɪd] *adj* elàstic -a.

elastic band *n Br* goma *f* (elàstica).

elated [ɪˈleɪtɪd] *adj* eufòric -a.

elbow [ˈelbəʊ] ◇ *n* colze *m*. ◇ *vt*: **to ~ sb aside** apartar algú a cops de colze.

elder [ˈeldər] ◇ *adj* gran. ◇ *n* **-1.** [older person] gran *mf*. **-2.** [of tribe, church] ancià *m*. **-3.** **~ (tree)** saüc *m*.

elderly [ˈeldəlɪ] ◇ *adj* gran, ancià -ana. ◇ *npl*: **the ~** les persones grans, els vells.

eldest [ˈeldɪst] *adj* gran.

elect [ɪˈlekt] ◇ *adj* electe -a; **the president ~** el president electe. ◇ *vt* **-1.** [by voting] escollir; **to ~ sb (as) sthg** escollir algú (com) a. **-2.** *fml* [choose]: **to ~ to do sthg** optar per o decidir fer alguna cosa.

election [ɪˈlekʃn] *n* elecció *f*; **to have / hold an ~** celebrar (unes) eleccions; **local ~s** eleccions *fpl* municipals.

electioneering [ɪˌlekʃəˈnɪərɪŋ] *n usu pej* electoralisme *m*.

elector [ɪˈlektər] *n* elector *m* -a *f*.

electorate [ɪˈlektərət] *n*: **the ~** l'electorat.

electric [ɪˈlektrɪk] *adj* **-1.** [gen] elèctric -a. **-2.** *fig* [exciting] electritzant. ➡ **electrics** *npl Br inf* sistema *m* elèctric.

electrical [ɪˈlektrɪkl] *adj* elèctric -a.
electrical shock *Am* = electric shock.
electric blanket *n* manta *f* elèctrica.
electric cooker *n* cuina *f* elèctrica.
electric fire *n* estufa *f* elèctrica.
electrician [ˌɪlekˈtrɪʃn] *n* electricista *mf*.
electricity [ˌɪlekˈtrɪsətɪ] *n* electricitat *f*.
electric shock *Br*, **electrical shock** *Am n* descàrrega *f* elèctrica.
electrify [ɪˈlektrɪfaɪ] (*pt & pp* **-ied**) *vt* **-1.** [rail line] electrificar. **-2.** *fig* [excite] electritzar.
electrocute [ɪˈlektrəkju:t] *vt*: **to ~ oneself, to be electrocuted** electrocutar-se.
electrolysis [ˌɪlekˈtrɒləsɪs] *n* electròlisi *f*.
electron [ɪˈlektrɒn] *n* electró *m*.
electronic [ˌɪlekˈtrɒnɪk] *adj* electrònic -a.
electronic data processing *n* processament *m* electrònic de dades.
electronic mail COMPUT *n* correu *m* electrònic.
electronics [ɪlekˈtrɒnɪks] ◇ *n* (U) [technology] electrònica *f*. ◇ *npl* [equipment] sistema *m* electrònic.
elegant [ˈelɪgənt] *adj* elegant.
element [ˈelɪmənt] *n* **-1.** [gen] element *m*. **-2.** [amount, proportion] toc *m*, matís *m*. **-3.** [in heater, kettle] resistència *f*. **-4. to be in one's ~** estar a gust. ◆ **elements** *npl* **-1.** [basics] elements *mpl*. **-2.** [weather]: **the ~s** els elements *mpl*.
elementary [ˌelɪˈmentərɪ] *adj* elemental; **~ education** ensenyança *f* primària.
elementary school *n Am* escola *f* primària.
elephant [ˈelɪfənt] (*pl inv* / **-s**) *n* elefant *m*.
elevate [ˈelɪveɪt] *vt*: **to ~ sthg / sb (to / into)** elevar alguna cosa / algú (a la categoria de).
elevator [ˈelɪveɪtə^r] *n Am* ascensor *m*.
eleven [ɪˈlevn] *num* onze *m*; ▶ **six**.
elevenses [ɪˈlevnzɪz] *n* (U) *Br* refrigeri *m* que es pren sobre les onze.
eleventh [ɪˈlevnθ] ◇ *num adj* onzè -ena. ◇ *num n* **-1.** [in order] onzè *m* -ena *f*. **-2.** [fraction] onzè *m*; ▶ **sixth**.
elicit [ɪˈlɪsɪt] *fml vt* **-1.** [response, reaction]: **to ~ sthg (from sb)** provocar alguna cosa (en algú). **-2.** [information]: **to ~ sthg (from sb)** treure alguna cosa (a algú).
eligible [ˈelɪdʒəbl] *adj* **-1.** [suitable, qualified] elegible; **to be ~ for sthg / to do sthg** reunir els requisits per a alguna cosa / fer alguna cosa. **-2.** *dated* [marriageable]: **to be ~** ser un bon partit.
eliminate [ɪˈlɪmɪneɪt] *vt*: **to be ~d from sthg** ser eliminat -ada de.
elite [ɪˈli:t] ◇ *adj* selecte -a. ◇ *n* elit *f*.
elitist [ɪˈli:tɪst] *pej* ◇ *adj* elitista. ◇ *n* elitista *mf*.
elk [elk] (*pl inv* / **-s**) *n* ant *m*.
elm [elm] *n*: **~ (tree)** om *m*.
elocution [ˌeləˈkju:ʃn] *n* dicció *f*.
elongated [ˈi:lɒŋgeɪtɪd] *adj* allargat -ada.
elope [ɪˈləʊp] *vi*: **to ~ (with)** escapar-se (amb).
eloquent [ˈeləkwənt] *adj* eloqüent.
El Salvador [ˌelˈsælvədɔ:^r] *n* El Salvador.
else [els] *adv*: **anything ~?** alguna cosa més?; **I don't need anything ~** no necessito res més; **everyone ~** tots els altres (totes les altres); **everywhere ~** en / a totes les altres parts; **little ~** poc més; **nothing / nobody ~** res / ningú més; **sb / sthg ~** una altra persona / cosa; **somewhere ~** en / a una altra part; **who ~?** qui si no?; **what ~?** què més?; **where ~?** en / a quin altre lloc? ◆ **or else** *conj* **-1.** [or if not] si no, al contrari. **-2.** [as threat]: **you had better watch it, or ~** tingues cura, o ja ho veuràs.
elsewhere [elsˈweə^r] *adv* a / en una altra part.
elude [ɪˈlu:d] *vt* [gen] escapar-se, eludir; [blow] esquivar; **his name ~s me** no aconsegueixo recordar el seu nom.
elusive [ɪˈlu:sɪv] *adj* [person, success] esquiu -iva; [quality] difícil de trobar.
emaciated [ɪˈmeɪʃɪeɪtɪd] *adj* demacrat -ada.
e-mail (abbr of **electronic mail**) *n* COMPUT correu *m* electrònic.
emanate [ˈeməneɪt] *fml* ◇ *vt* emanar. ◇ *vi*: **to ~ from** emanar de.
emancipate [ɪˈmænsɪpeɪt] *vt*: **to ~ sb (from)** emancipar algú (de).
embankment [ɪmˈbæŋkmənt] *n* **-1.** RAIL terraplè *m*. **-2.** [of river] dic *m*.
embark [ɪmˈbɑːk] *vi lit & fig*: **to ~ on** embarcar-se en.
embarkation [ˌembɑːˈkeɪʃn] *n* [gen] embarcament *m*; [of troops] embarcament *m*.
embarrass [ɪmˈbærəs] *vt* **-1.** [gen] avergonyir; **it ~es me** em fa vergonya. **-2.** [financially] posar en un compromís.
embarrassed [ɪmˈbærəst] *adj* avergonyit -ida, violent -a.

embarrassing [ɪmˈbærəsɪŋ] *adj* compromès -esa, violent -a; **how ~!** quina vergonya!

embarrassment [ɪmˈbærəsmənt] *n* **-1.** [feeling] vergonya *f*, pena *f*. **-2.** [embarrassing person or thing]: **to be an ~ to sb** posar algú en una situació molt compromesa.

embassy [ˈembəsɪ] (*pl* **-ies**) *n* ambaixada *f*.

embedded [ɪmˈbedɪd] *adj* **-1.** [buried]: **~ (in)** incrustat -ada (en). **-2.** [ingrained]: **~ (in)** arrelat -ada (en).

embellish [ɪmˈbelɪʃ] *vt*: **to ~ sthg (with)** adornar o embellir alguna cosa (amb).

embers [ˈembəz] *npl* brases *fpl*, caliu *m*.

embezzle [ɪmˈbezl] *vt* malversar.

embittered [ɪmˈbɪtəd] *adj* amargat -ada, ressentit -ida.

emblem [ˈembləm] *n* emblema *m*.

embody [ɪmˈbɒdɪ] (*pt & pp* **-ied**) *vt* personificar, encarnar; **to be embodied in sthg** estar plasmat en alguna cosa.

embossed [ɪmˈbɒst] *adj* **-1.** [heading, design]: **~ (on)** [paper] estampat -ada (en); [leather, metal] repujat -ada (en). **-2.** [paper]: **~ (with)** estampat -ada (amb). **-3.** [leather, metal]: **~ (with)** repujat -ada (amb).

embrace [ɪmˈbreɪs] ◇ *n* abraçada *f*. ◇ *vt* **-1.** [hug] abraçar, fer una abraçada. **-2.** [convert to] convertir-se a, abraçar. **-3.** *fml* [include] abastar. ◇ *vi* abraçar-se.

embroider [ɪmˈbrɔɪdə*r*] ◇ *vt* **-1.** brodar. **-2.** *pej* [embellish] adornar. ◇ *vi* brodar.

embroidery [ɪmˈbrɔɪdərɪ] *n* (U) brodat *m*.

embroil [ɪmˈbrɔɪl] *vt*: **to get / be ~ed (in)** enredar-se / estar enredat (en).

embryo [ˈembrɪəʊ] (*pl* **-s**) *n* embrió *m*; *fig* **in ~** en embrió, en estat embrionari.

emerald [ˈemərəld] ◇ *adj* [colour] maragda *m*; **~ green** verd *m* maragda. ◇ *n* [stone] maragda *f*.

emerge [ɪˈmɜːdʒ] ◇ *vi* **-1.** [gen]: **to ~ (from)** sortir (de). **-2.** [come into existence, become known] sorgir, emergir. ◇ *vt*: **it ~d that ...** va resultar que...

emergence [ɪˈmɜːdʒəns] *n* aparició *f*.

emergency [ɪˈmɜːdʒənsɪ] (*pl* **-ies**) ◇ *adj* [case, exit, services] d'emergència; [ward] d'urgència; [supplies] de reserva; [meeting] extraordinari -ària. ◇ *n* emergència *f*.

emergency exit *n* sortida *f* d'emergència.

emergency landing *n* aterratge *m* forçós.

emergency services *npl* serveis *mpl* d'urgència.

emery board [ˈeməɹɪ-] *n* llima *f* d'ungles.

emigrant [ˈemɪgrənt] *n* emigrant *mf*.

emigrate [ˈemɪgreɪt] *vi*: **to ~ (to / from)** emigrar (a / de).

eminent [ˈemɪnənt] *adj* eminent.

emission [ɪˈmɪʃn] *n* emissió *f*.

emit [ɪˈmɪt] (*pt & pp* **-ted**, *cont* **-ting**) *vt* [gen] emetre; [smell, smoke] desprendre.

emoticon [ɪˈmɒtɪkɒn] *n* emoticona *f*.

emotion [ɪˈməʊʃn] *n* emoció *f*.

emotional [ɪˈməʊʃənl] *adj* **-1.** [gen] emotiu -iva. **-2.** [needs, problems] emocional.

emperor [ˈempərə*r*] *n* emperador *m*.

emphasis [ˈemfəsɪs] (*pl* **-es** [-əsiːz]) *n*: **~ (on)** èmfasi *m* (en); **to lay / place ~ on** posar èmfasi en, insistir en.

emphasize, -ise [ˈemfəsaɪz] *vt* [word, syllable] accentuar; [point, fact, feature] subratllar, insistir en; **to emphasize that ...** posar en relleu o subratllar que...

emphatic [ɪmˈfætɪk] *adj* [forceful] rotund -a, categòric -a.

emphatically [ɪmˈfætɪklɪ] *adv* **-1.** [with emphasis] rotundament, emfàticament. **-2.** [certainly] certament.

empire [ˈempaɪə*r*] *n* imperi *m*.

employ [ɪmˈplɔɪ] *vt* **-1.** [give work to] col·locar, donar feina a; **to be ~ed as** estar treballant de. **-2.** *fml* [use] utilitzar, emprar; **to ~ sthg as sthg / to do sthg** utilitzar alguna cosa com a / per fer alguna cosa.

employee [ɪmˈplɔɪiː] *n* empleat *m* -ada *f*.

employer [ɪmˈplɔɪə*r*] *n* patró *m* -ona *f*, empresari *m* -ària *f*.

employment [ɪmˈplɔɪmənt] *n* feina *f*; **to be in ~** tenir feina.

employment agency *n* agència *f* de col·locació.

empower [ɪmˈpaʊə*r*] *vt fml*: **to be ~ed to do sthg** estar autoritzat -ada a / per fer alguna cosa.

empress [ˈemprɪs] *n* emperadriu *f*.

empty [ˈemptɪ] (*compar* **-ier**, *superl* **-iest**) ◇ *adj* **-1.** [gen] buit -ida; [town] desert -a. **-2.** *pej* [words, threat, promise] va vana. ◇ *vt* buidar; **to ~ sthg into sthg** buidar alguna cosa en; **to ~ the water out of the bottle** buidar l'aigua l'ampolla. ◇ *vi* buidar-se. ◇ *n inf* casc *m*.

empty-handed [-ˈhændɪd] *adv* amb les mans buides.

EMS *n* (*abbr of* **European Monetary System**) SME *m*.

emulate ['emjʊleɪt] vt emular.

emulsion [ɪ'mʌlʃn] ⟨> n **-1.** ~ (paint) pintura f mat. **-2.** PHOT emulsió f. ⟨> vt Br pintar amb pintura mat.

enable [ɪ'neɪbl] vt: to ~ sb to do sthg permetre a algú fer alguna cosa.

enact [ɪ'nækt] vt **-1.** JUR promulgar. **-2.** [act] representar.

enamel [ɪ'næml] n **-1.** [gen] esmalt m. **-2.** [paint] pintura f d'esmalt.

encampment [ɪn'kæmpmənt] n campament m.

encapsulate [ɪn'kæpsjʊleɪt] vt: to ~ sthg (in) sintetitzar alguna cosa (en).

encase [ɪn'keɪs] vt: ~d in encaixonat -ada en.

enchanted [ɪn'tʃɑːntɪd] adj: ~ (by / with) encantat -ada (amb).

enchanting [ɪn'tʃɑːntɪŋ] adj encantador -ora.

encircle [ɪn'sɜːkl] vt rodejar.

enclose [ɪn'kləʊz] vt **-1.** [surround, contain] rodejar; **~d by / with** rodejat de; **an ~d space** un espai tancat. **-2.** [put in envelope] adjuntar; **please find ~d ...** envio adjunt...

enclosure [ɪn'kləʊzər] n **-1.** [place] recinte m (tancat). **-2.** [in letter] annex m, document m adjunt.

encompass [ɪn'kʌmpəs] fml vt **-1.** [include] abastar. **-2.** [surround] rodejar.

encore ['ɒŋkɔːr] ⟨> n bis m. ⟨> excl una altra vegada!

encounter [ɪn'kaʊntər] ⟨> n trobada f. ⟨> vt fml trobar-se amb.

encourage [ɪn'kʌrɪdʒ] vt **-1.** [give confidence to]: **to ~ sb (to do sthg)** animar algú (a fer alguna cosa). **-2.** [foster] fomentar.

encouragement [ɪn'kʌrɪdʒmənt] n ànim m, alè m; [of industry] foment m.

encroach [ɪn'krəʊtʃ] vi: **to ~ on / upon** [rights, territory] usurpar; [privacy, time] envair.

encyclop(a)edia [ɪn,saɪklə'piːdjə] n enciclopèdia f.

end [end] ⟨> n **-1.** [last part, finish] fi f, final m; **at the ~ of May / 1992** a finals de maig / 1992; **at an ~** acabant; **to bring sthg to an ~** posar fi a alguna cosa; **to come to an ~** arribar a la fi, acabar-se; **"the ~"** [in films] "fi"; **to put an ~ to sthg** posar fi a alguna cosa; fig **at the ~ of the day** al cap i a la fi; **in the ~** [finally] finalment, per fi. **-2.** [of two-ended thing] extrem m, punta f; [of phone line] banda f; ~ **to end** extrem amb extrem; **to turn sthg on its ~** posar alguna cosa boca avall; **cigarette ~** burilla f (de cigarret). **-3.** fml [purpose] fi m, objectiu m; **an ~ in itself** un fi en si mateix. **-4.** liter [death] final m. ⟨> vt: **to ~ sthg (with)** acabar alguna cosa (amb). ⟨> vi [finish] acabar-se; **to ~ in / with** acabar en / amb. ◆ **no end** adv inf: **it cheered me up no ~** no parava d'alegrar-me. ◆ **end up** vi: acabar; **to ~ up doing sthg** acabar per fer alguna cosa / fent alguna cosa; **to ~ up in** anar a parar a.

endanger [ɪn'deɪndʒər] vt posar en perill.

endearing [ɪn'dɪərɪŋ] adj atraient, simpàtic -a.

endeavour Br, **endeavor** Am [ɪn'devər] fml ⟨> n esforç m. ⟨> vt: **to ~ to do sthg** procurar fer alguna cosa.

ending ['endɪŋ] n final m, desenllaç m.

endive ['endaɪv] n **-1.** [salad vegetable] endívia f. **-2.** [chicory] xicoira f, masteguera f.

endless ['endlɪs] adj [gen] interminable; [patience, resources] inesgotable.

endorse [ɪn'dɔːs] vt **-1.** [approve] aprovar, donar suport a. **-2.** [cheque] endossar. **-3.** Br AUTOM: **to ~ a driving licence** fer constar una sanció en el carnet de conduir.

endorsement [ɪn'dɔːsmənt] n **-1.** [approval] aprovació f, suport m. **-2.** [of cheque] endossament m. **-3.** Br [on driving licence] nota de sanció que consta en el carnet de conduir.

endow [ɪn'daʊ] vt **-1.** fml [equip]: **to be ~ed with** estar dotat -ada de. **-2.** [donate money to] donar fons a.

endurance [ɪn'djʊərəns] n resistència f.

endure [ɪn'djʊər] ⟨> vt suportar, aguantar. ⟨> vi fml perdurar.

endways ['endweɪz] Br, **endwise** Am ['endwaɪz] adv **-1.** [not sideways] de cara. **-2.** [with ends touching] extrem amb extrem.

enemy ['enɪmɪ] (pl **-ies**) ⟨> n enemic m -iga f. ⟨> comp enemic -iga.

energetic [,enə'dʒetɪk] adj **-1.** [lively, physically taxing] enèrgic -a. **-2.** [enthusiastic] actiu -iva, vigorós -osa.

energy ['enədʒɪ] (pl **-ies**) n energia f.

enforce [ɪn'fɔːs] vt [law] fer complir, aplicar; [standards] imposar.

enforced [ɪn'fɔːst] adj inevitable, forçós -osa.

engage [ɪnˈgeɪdʒ] ⋄ vt **-1.** [attract] atraure; **to ~ sb in conversation** entaular una conversa amb algú. **-2.** [TECH - clutch] trepitjar; [- gear] entrar, posar. **-3.** *fml* [employ] contractar; **to be ~d in / on** dedicar-se a, estar ocupat -ada en. ⋄ vi [be involved]: **to ~ in** [gen] ficar-se en, dedicar-se a; [conversation] entaular.

engaged [ɪnˈgeɪdʒd] *adj* **-1.** [to be married]: **~ (to)** promès -esa (amb); **to get ~** prometre's. **-2.** [busy, in use] ocupat -ada; **~ in sthg** ocupat en alguna cosa. **-3.** TELEC comunicant.

engaged tone *n Br* senyal *m* de comunicant.

engagement [ɪnˈgeɪdʒmənt] *n* **-1.** [to be married] compromís *m*; [period] prometatge *m*. **-2.** [appointment] cita *f*, compromís *m*.

engagement ring *n* anell *m* de prometatge.

engaging [ɪnˈgeɪdʒɪŋ] *adj* atractiu -iva.

engender [ɪnˈdʒendər] *vt fml* engendrar.

engine [ˈendʒɪn] *n* **-1.** [of vehicle] motor *m*. **-2.** RAIL locomotora *f*, màquina *f*.

engine driver *n Br* maquinista *mf*.

engineer [ˌendʒɪˈnɪər] ⋄ *n* **-1.** [gen] enginyer *m* -a *f*. **-2.** *Am* [engine driver] maquinista *mf*. ⋄ *vt* **-1.** [construct] construir. **-2.** [contrive] tramar.

engineering [ˌendʒɪˈnɪərɪŋ] *n* enginyeria *f*.

England [ˈɪŋglənd] *n* Anglaterra *f*.

English [ˈɪŋglɪʃ] ⋄ *adj* anglès -esa. ⋄ *n* [language] anglès *m*. ⋄ *npl* [people]: **the ~** els anglesos.

English breakfast *n* esmorzar *m* anglès.

English Channel *n*: **the ~** el canal de la Mànega.

Englishman [ˈɪŋglɪʃmən] (*pl* **-men** [-mən]) *n* anglès *m*.

Englishwoman [ˈɪŋglɪʃˌwʊmən] (*pl* **-women** [-ˌwɪmɪn]) *n* anglesa *f*.

engrave [ɪnˈgreɪv] *vt lit & fig*: **to ~ sthg (on)** gravar alguna cosa (en).

engraving [ɪnˈgreɪvɪŋ] *n* gravat *m*.

engrossed [ɪnˈgrəʊst] *adj*: **to be ~ (in)** absort -a (en).

engulf [ɪnˈgʌlf] *vt*: **to be ~ed in** [flames etc.] veure's devorat -ada (per); [fear, despair] estar sumit -ida en.

enhance [ɪnˈhɑːns] *vt* [gen] augmentar, acréixer; [status, position] elevar; [beauty] realçar.

enjoy [ɪnˈdʒɔɪ] ⋄ *vt* **-1.** [like] gaudir de; **did you ~ the film / book?** et va agradar la pel·lícula / el llibre?; **she ~s reading** li agrada llegir; **~ your meal!** que aprofiti!, bon profit!; **to ~ oneself** divertir-se, passar-s'ho bé. **-2.** *fml* [possess] gaudir de. ⋄ *vi Am*: **~!** [- yourself] que t'ho passis bé!; [before meal] bon profit!

enjoyable [ɪnˈdʒɔɪəbl] *adj* agradable.

enjoyment [ɪnˈdʒɔɪmənt] *n* **-1.** [pleasure] plaer *m*. **-2.** [possession] gaudi *m*, possessió *f*.

enlarge [ɪnˈlɑːdʒ] *vt* [gen & PHOT] ampliar. ➡ **enlarge (up)on** *vt fus* ampliar, explicar amb detall.

enlargement [ɪnˈlɑːdʒmənt] *n* [gen & PHOT] ampliació *f*.

enlighten [ɪnˈlaɪtn] *vt fml* aclarir, il·luminar.

enlightened [ɪnˈlaɪtnd] *adj* il·luminat -ada, amb amplitud de visió.

enlightenment [ɪnˈlaɪtnmənt] *n* (U) aclariment *m*. ➡ **Enlightenment** *n*: **the ~** la Il·lustració.

enlist [ɪnˈlɪst] ⋄ *vt* **-1.** [person] allistar, reclutar. **-2.** [support] obtenir. ⋄ *vi* MIL: **to ~ (in)** allistar-se (en).

enmity [ˈenmətɪ] (*pl* **-ies**) *n* enemistat *f*.

enormity [ɪˈnɔːmətɪ] *n* [extent] enormitat *f*.

enormous [ɪˈnɔːməs] *adj* enorme.

enough [ɪˈnʌf] ⋄ *adj* bastant, suficient. ⋄ *pron* bastant; **more than ~** més que suficient; **that's ~** [sufficient] ja n'hi ha prou, ja està bé; **~ is enough** ja n'hi ha prou!; **that's ~ (of that)!** prou!; **to have had ~ (of)** [expressing annoyance] estar fart -a (de). ⋄ *adv* bastant, suficientment; **I was stupid ~ to believe him** vaig ser prou estúpid per creure'l; *fml* **he was good ~ to lend me his car** va tenir la gentilesa de deixar-me el seu cotxe; **strangely ~** curiosament.

enquire [ɪnˈkwaɪər] *vi* [ask for information] informar-se, demanar informació; **to ~ about sthg** informar-se d'alguna cosa; **to ~ when / how / whether / if ...** preguntar quan / com / si ... ➡ **enquire into** *vt fus* investigar.

enquiry [ɪnˈkwaɪərɪ] (*pl* **-ies**) *n* **-1.** [question] pregunta *f*; **"Enquiries"** "Informació". **-2.** [investigation] investigació *f*.

enraged [ɪnˈreɪdʒd] *adj* furibund -a.

enrol *Br* (*pt & pp* **-led**, *cont* **-ling**), **enroll** *Am* [ɪnˈrəʊl] ⋄ *vt* matricular. ⋄ *vi*: **to ~ (on)** matricular-se (en).

en route [ˌɒnˈruːt] *adv*: ~ **(from / to)** de camí (a).

ensign [ˈensaɪn] *n* **–1.** [flag] bandera *f*, ensenya *f*. **–2.** *Am* [sailor] ≃ alferes *m* de fragata.

ensue [ɪnˈsjuː] *vi fml* originar-se; [war] sobrevenir.

ensure [ɪnˈʃɔːʳ] *vt*: **to ~ (that)** assegurar que.

ENT *n* (abbr of **Ear, Nose & Throat**) otorinolaringologia *f*.

entail [ɪnˈteɪl] *vt* [involve] suposar, comportar.

enter [ˈentəʳ] ◇ *vt* **–1.** [gen] entrar en. **–2.** [join - profession, parliament] ingressar en; [- university] matricular-se en; [- army, navy] allistar-se en. **–3.** [become involved in - politics etc.] ficar-se en; [- race, examination etc.] presentar-se a. **–4.** [register]: **to ~ sthg / sb for sthg** inscriure alguna cosa / algú en. **–5.** [write down] anotar, apuntar. **–6.** [appear in] presentar-se a. **–7.** COMPUT introduir, donar entrada a. ◇ *vi* **–1.** [come or go in] entrar. **–2.** [participate]: **to ~ (for sthg)** presentar-se (a). ← **enter into** *vt fus* entrar en; [agreement] comprometre's a.

enter key COMPUT *n* tecla *f* d'entrada.

enterprise [ˈentəpraɪz] *n* empresa *f*.

enterprise zone *n* zona del Regne Unit on es fomenta l'activitat industrial i empresarial.

enterprising [ˈentəpraɪzɪŋ] *adj* emprenedor -ora.

entertain [ˌentəˈteɪn] ◇ *vt* **–1.** [amuse] divertir, entretenir. **–2.** [invite] rebre (a casa). **–3.** *fml* [idea, proposal] considerar. **–4.** *fml* [hopes, ambitions] abraçar. ◇ *vi* **–1.** [amuse] divertir, entretenir. **–2.** [have guests] rebre.

entertainer [ˌentəˈteɪnəʳ] *n* artista *mf*.

entertaining [ˌentəˈteɪnɪŋ] ◇ *adj* divertit -ida, entretingut -uda. ◇ *n* (U): **she does a lot of ~** sempre té convidats a casa.

entertainment [ˌentəˈteɪnmənt] ◇ *n* **–1.** (U) [amusement] diversió *f*, entreteniment *m*. **–2.** [show] espectacle *m*. ◇ *comp* de l'espectacle.

enthral (*pt & pp* **-led**, *cont* **-ling**), **enthrall** *Am* [ɪnˈθrɔːl] *vt* captivar, embadalir.

enthusiasm [ɪnˈθjuːzɪæzm] *n* **–1.** [passion, eagerness]: ~ **(for)** entusiasme *m* (per). **–2.** [interest] passió *f*, interès *m*.

enthusiast [ɪnˈθjuːzɪæst] *n* entusiasta *mf*.

enthusiastic [ɪnˌθjuːzɪˈæstɪk] *adj* [person] entusiasta; [cry, response] entusiàstic -a.

entice [ɪnˈtaɪs] *vt* atreure, seduir.

entire [ɪnˈtaɪəʳ] *adj* sencer -a; **the ~ evening** tota la nit.

entirely [ɪnˈtaɪəlɪ] *adv* enterament; **I'm not ~ sure** no n'estic del tot segur.

entirety [ɪnˈtaɪərətɪ] *n fml*: **in its ~** en la seva totalitat.

entitle [ɪnˈtaɪtl] *vt* [allow]: **to ~ sb to sthg** donar a algú el dret a; **to ~ sb to do sthg** autoritzar algú a fer alguna cosa.

entitled [ɪnˈtaɪtld] *adj* **–1.** [allowed]: **to be ~ to sthg / to do sthg** tenir dret a alguna cosa / a fer alguna cosa. **–2.** [having the title] titulat -ada.

entourage [ˌɒntʊˈrɑːʒ] *n* seguici *m*.

entrails [ˈentreɪlz] *npl* entranyes *fpl*.

entrance [*n* ˈentrəns, *vb* ɪnˈtrɑːns] ◇ *n*: ~ **(to)** entrada *f* (a o de); *fml* **to gain ~ to** [building] obtenir accés a; [society, university] obtenir l'ingrés a. ◇ *vt* encantar, encisar.

entrance examination *n* examen *m* d'ingrés.

entrance fee *n* (preu *m* d') entrada *f*.

entrant [ˈentrənt] *n* participant *mf*.

entreat [ɪnˈtriːt] *vt*: **to ~ sb (to do sthg)** suplicar o pregar a algú (que faci alguna cosa).

entrenched [ɪnˈtrentʃt] *adj* [firm] arrelat -ada.

entrepreneur [ˌɒntrəprəˈnɜːʳ] *n* empresari *m* -ària *f*.

entrust [ɪnˈtrʌst] *vt*: **to ~ sthg to sb, to entrust sb with sthg** confiar alguna cosa a algú.

entry [ˈentrɪ] (*pl* **-ies**) *n* **–1.** [gen]: ~ **(into)** entrada *f* (en); **no ~** es prohibeix l'entrada, prohibit el pas. **–2.** *fig* [joining - of group, society] ingrés *m*. **–3.** [in competition] participant *mf*. **–4.** [in diary] anotació *f*; [in ledger] partida *f*.

entry form *n* imprès *m* d'inscripció.

entry phone *n Br* porter *m* automàtic.

envelop [ɪnˈveləp] *vt*: **to ~ sthg / sb in** embolicar alguna cosa / algú en.

envelope [ˈenvələʊp] *n* sobre *m*.

envious [ˈenvɪəs] *adj* [person] envejós -osa; [look] d'enveja.

environment [ɪnˈvaɪərənmənt] *n* **–1.** [surroundings] ambient *m*, entorn *m*. **–2.** [natural world]: **the ~** el medi ambient; *Br* **Department of the ~** ministeri *m* del medi ambient. **–3.** COMPUT entorn *m*.

environmental [ɪn,vaɪərən'mentl] *adj* mediambiental, ambiental; ~ **pollution** contaminació *f* del medi ambient.

environmentally [ɪn,vaɪərən'mentəlɪ] *adv* ecològicament; ~ **friendly** ecològic -a, que no perjudica el medi ambient.

envisage [ɪn'vɪzɪdʒ], **envision** *Am* [ɪn'vɪʒn] *vt* preveure.

envoy ['envɔɪ] *n* enviat *m* -ada *f*.

envy ['envɪ] (*pt & pp* **-ied**) ⟨⟩ *n* enveja *f*; **to be the ~ of** ser l'enveja de; **to be green with ~** estar mort d'enveja. ⟨⟩ *vt*: **to ~ (sb sthg)** envejar (alguna cosa d'algú).

epic ['epɪk] ⟨⟩ *adj* èpic -a. ⟨⟩ *n* epopeia *f*.

epidemic [,epɪ'demɪk] *n* epidèmia *f*.

epileptic [,epɪ'leptɪk] ⟨⟩ *adj* epilèptic -a. ⟨⟩ *n* epilèptic *m* -a *f*.

episode ['epɪsəʊd] *n* **-1.** [event] episodi *m*. **-2.** [of story, TV series] capítol *m*.

epistle [ɪ'pɪsl] *n* epístola *f*.

epitaph ['epɪtɑːf] *n* epitafi *m*.

epitome [ɪ'pɪtəmɪ] *n*: **the ~ of** [person] la personificació de; [thing] el viu exemple de.

epitomize, -ise [ɪ'pɪtəmaɪz] *vt* [subject: person] personificar; [subject: thing] representar el paradigma de.

epoch ['iːpɒk] *n* època *f*.

equable ['ekwəbl] *adj* [calm, reasonable] equànime.

equal ['iːkwəl] (*Br, pt & pp* **-led**, *cont* **-ling**, *Am, pt & pp* **-ed**, *cont* **-ing**) ⟨⟩ *adj* igual; **~ to** [sum] igual a; **~ rights** igualtat de drets; **on ~ terms** en igualtat de condicions; **to be ~ to** [task etc.] estar a l'altura de. ⟨⟩ *n* igual *mf*. ⟨⟩ *vt* **-1.** MATH ser igual a. **-2.** [person, quality] igualar.

equality [iː'kwɒlətɪ] *n* igualtat *f*.

equalize, -ise ['iːkwəlaɪz] ⟨⟩ *vt* igualar. ⟨⟩ *vi* SPORT empatar.

equalizer ['iːkwəlaɪzər] SPORT *n* (gol *m* de l') empat *m*.

equally ['iːkwəlɪ] *adv* **-1.** [gen] igualment; **~ important** igual d'important. **-2.** [share, divide] a parts iguals, per igual.

equal opportunities *npl* igualtat *f* d'oportunitats.

equanimity [,ekwə'nɪmətɪ] *n* equanimitat *f*.

equate [ɪ'kweɪt] *vt*: **to ~ sthg with** equiparar alguna cosa amb.

equation [ɪ'kweɪʒn] *n* equació *f*.

equator [ɪ'kweɪtər] *n*: **the ~** l'Equador.

equilibrium [,iːkwɪ'lɪbrɪəm] *n* equilibri *m*.

equip [ɪ'kwɪp] (*pt & pp* **-ped**, *cont* **-ping**) *vt* **-1.** [provide with equipment]: **to ~ sthg (with)** equipar alguna cosa (amb); **to ~ sb (with)** proveir algú (de). **-2.** [prepare]: **to be ~ped for** estar ben dotat -ada per.

equipment [ɪ'kwɪpmənt] *n* (U) equip *m*, equipament *m*.

equitable ['ekwɪtəbl] *adj* equitatiu -iva.

equities ['ekwɪtɪz] *npl* accions *fpl* ordinàries.

equivalent [ɪ'kwɪvələnt] ⟨⟩ *adj* equivalent; **to be ~ to** equivaler a. ⟨⟩ *n* equivalent *m*.

equivocal [ɪ'kwɪvəkl] *adj* equívoc -a.

er [ɜːr] *excl* ehem!

era ['ɪərə] (*pl* **-s**) *n* era *f*, època *f*.

eradicate [ɪ'rædɪkeɪt] *vt* eradicar.

erase [ɪ'reɪz] *vt lit & fig* esborrar.

eraser [ɪ'reɪzər] *n* goma *f* d'esborrar.

erect [ɪ'rekt] ⟨⟩ *adj* **-1.** [person, posture] dret -a. **-2.** [penis] erecte -a. ⟨⟩ *vt* **-1.** [building, statue] erigir, aixecar. **-2.** [tent] muntar.

erection [ɪ'rekʃn] *n* **-1.** (U) [of building, statue] construcció *f*. **-2.** [erect penis] erecció *f*.

ERM *n* (abbr of **Exchange Rate Mechanism**) mecanisme de tipus de canvi del SME.

ermine ['ɜːmɪn] *n* ermini *m*.

erode [ɪ'rəʊd] ⟨⟩ *vt* **-1.** [rock, soil] erosionar; [metal] desgastar. **-2.** [confidence, rights] minvar. ⟨⟩ *vi* **-1.** [rock, soil] erosionar-se; [metal] desgastar-se. **-2.** [confidence, rights] minvar.

erosion [ɪ'rəʊʒn] *n* **-1.** [of rock, soil] erosió *f*; [of metal] desgast *m*. **-2.** [of confidence, rights] minva *f*.

erotic [ɪ'rɒtɪk] *adj* eròtic -a.

err [ɜːr] *vi* equivocar-se, errar; **to ~ is human** equivocar-se és humà; **to ~ on the side of caution** pecar de prudent.

errand ['erənd] *n* encàrrec *m*; **to go on / run an ~** fer un encàrrec.

erratic [ɪ'rætɪk] *adj* irregular.

error ['erər] *n* error *m*; **spelling ~** falta *f* d'ortografia; **~ of judgment** error *m* de càlcul; **in ~** per equivocació.

erupt [ɪ'rʌpt] *vi* [volcano] entrar en erupció; *fig* [violence, war] esclatar.

eruption [ɪ'rʌpʃn] *n* **-1.** [of volcano] erupció *f*. **-2.** [of violence, war] esclat *m*, explosió *f*.

escalate ['eskəleɪt] *vi* **-1.** [conflict] intensificar-se. **-2.** [costs] incrementar-se, augmentar.

escalator ['eskəleɪtəʳ] *n* escala *f* mecànica.
escapade [,eskə'peɪd] *n* aventura *f*.
escape [ɪ'skeɪp] ◇ *n* **-1.** [gen] fuga *f*. **-2.** [leakage - of gas, water] fuita *f*. ◇ *vt* **-1.** [avoid] escapar de, eludir; **to ~ notice** passar inadvertit -ida. **-2.** [subject: fact, name]: **her name ~s me** ara mateix no recordo el seu nom. ◇ *vi* **-1.** [gen]: **to ~ (from)** escapar-se (de). **-2.** [survive] escapar.
escapism [ɪ'skeɪpɪzm] *n* (U) escapisme *m*, evasió *f*.
escort [*n* 'eskɔːt, *vb* ɪ'skɔːt] ◇ *n* **-1.** [guard] escorta *f*; **under ~** sota escorta. **-2.** [companion] acompanyant *mf*. ◇ *vt* escortar; **to ~ sb home** acompanyar algú a casa.
Eskimo ['eskɪməʊ] (*pl* **-s**) ◇ *adj* esquimal. ◇ *n* **-1.** [person] esquimal *mf*. **-2.** [language] esquimal *m*.
espadrille [,espɪ'drɪl] *n* espardenya *f*.
especially [ɪ'speʃəlɪ] *adv* **-1.** [in particular] sobretot. **-2.** [more than usually, specifically] especialment.
espionage ['espɪə,nɑːʒ] *n* espionatge *m*.
esplanade [,esplə'neɪd] *n* passeig *m* marítim.
Esquire [ɪ'skwaɪəʳ] *n* Sr.; **B. Jones ~** Sr. B. Jones.
essay ['eseɪ] *n* **-1.** EDUC redacció *f*, composició *f*; UNIV treball *m*. **-2.** LITER assaig *m*.
essential [ɪ'senʃl] *adj* **-1.** [absolutely necessary]: **~ (to / for)** essencial o indispensable (per a). **-2.** [basic] fonamental, essencial. ◆ **essentials** *npl* **-1.** [basic commodities] el més indispensable. **-2.** [most important elements] elements *mpl* essencials.
essentially [ɪ'senʃəlɪ] *adv* [basically] essencialment.
establish [ɪ'stæblɪʃ] *vt* **-1.** [gen] establir; **to ~ contact with** establir contacte amb; **to ~ oneself (as)** establir-se (com a). **-2.** [facts, cause] verificar.
establishment [ɪ'stæblɪʃmənt] *n* establiment *m*. ◆ **Establishment** *n*: **the ~** el sistema.
estate [ɪ'steɪt] *n* **-1.** [land, property] finca *f*. **-2.** (housing) **~** urbanització *f*. **-3.** (industrial) **~** polígon *m* industrial. **-4.** JUR [inheritance] herència *f*.
estate agency *n Br* agència *f* immobiliària.
estate agent *n Br* agent immobiliari *m* -ària *f*.
estate car *n Br* cotxe *m* familiar.

esteem [ɪ'stiːm] ◇ *n* estima *f*, consideració *f*; **to hold sthg / sb in high ~** guardar molta estimació a alguna cosa / algú. ◇ *vt* estimar, apreciar.
estimate [*n* 'estɪmət, *vb* 'estɪmeɪt] ◇ *n* **-1.** [calculation, judgment] càlcul *m*, estimació *f*. **-2.** [written quote] pressupost *m*. ◇ *vt* estimar. ◇ *vi* COM: **to ~ for** fer un pressupost.
estimation [,estɪ'meɪʃn] *n* **-1.** [opinion] judici *m*; **in my ~** al meu parer. **-2.** [calculation] càlcul *m*.
Estonia [e'stəʊnɪə] *n* Estònia.
estranged [ɪ'streɪndʒd] *adj* [husband, wife] separat -ada; **his ~ son** el seu fill amb qui no es parla.
estuary ['estjʊərɪ] (*pl* **-ies**) *n* estuari *m*.
etc. (abbr of etcetera) etc.
etching ['etʃɪŋ] *n* aiguafort *m*.
eternal [ɪ'tɜːnl] *adj* [gen] etern -a; *fig* [complaints, whining] perpetu -ètua, continu -ínua.
eternity [ɪ'tɜːnətɪ] *n* eternitat *f*.
ethic ['eθɪk] *n* ètica *f*.
ethical ['eθɪkl] *adj* ètic -a.
Ethiopia [,iːθɪ'əʊpɪə] *n* Etiòpia.
ethnic ['eθnɪk] *adj* **-1.** [traditions, conflict] ètnic -a. **-2.** [food] típic d'una cultura diferent de l'occidental.
ethos ['iːθɒs] *n* ètica *f*, codi *m* de valors.
etiquette ['etɪket] *n* etiqueta *f*.
EU (abbr of European Union) UE *f*.
euphoria [juː'fɔːrɪə] *n* eufòria *f*.
euro ['jʊərəʊ] *n* [currency] euro *m*.
Eurocheque ['jʊərəʊ,tʃek] *n* euroxec *m*.
Euro MP *n* eurodiputat *m* -ada *f*.
Europe ['jʊərəp] *n* Europa *f*.
European [,jʊərə'piːən] ◇ *adj* europeu -ea. ◇ *n* europeu *m* -ea *f*.
European Community *n*: **the ~** la Comunitat Europea.
European Monetary System *n*: **the ~** el Sistema Monetari Europeu.
European Parliament *n*: **the ~** el Parlament Europeu.
European Union *n*: **the ~** la Unió Europea.
Eurozone ['jʊərəʊzəʊn] *n* eurozona *f*, zona *f* euro.
euthanasia [,juːθə'neɪzjə] *n* eutanàsia *f*.
evacuate [ɪ'vækjʊeɪt] *vt* evacuar.
evade [ɪ'veɪd] *vt* eludir.
evaluate [ɪ'væljʊeɪt] *vt* avaluar.

evaporate [ɪ'væpəreɪt] vi [liquid] evaporar-se; fig [feeling] esvair-se.

evaporated milk [ɪ'væpəreɪtɪd-] n llet f evaporada.

evasion [ɪ'veɪʒn] n **-1.** [of responsibility, payment etc.] evasió f. **-2.** [lie] evasiva f.

evasive [ɪ'veɪsɪv] adj evasiu -iva; **to take ~ action** treure's del davant.

eve [iːv] n: **on the ~ of** la vigília de.

even [ˈiːvn] ◇ adj **-1.** [regular] uniforme, constant. **-2.** [calm] assossegat -ada. **-3.** [flat, level] pla -na, llis -a. **-4.** [equal - contest, teams] igualat -ada; [- chance] igual; **to get ~ with** ajustar els comptes amb. **-5.** [number] parell -a. ◇ adv **-1.** [gen] fins, fins i tot; **~ now / then** fins i tot ara / abans; **not ~** ni tan sols. **-2.** [in comparisons] encara; **~ more** encara més. ➤ **even if** conj encara que, tot i que, malgrat. ➤ **even so** conj tot i així. ➤ **even though** conj encara que, malgrat. ➤ **even out** ◇ vt sep igualar. ◇ vi igualar-se.

evening [ˈiːvnɪŋ] n **-1.** [end of day - early part] tarda f; [- later part] nit f. **-2.** [event, entertainment] vetllada f. ➤ **evenings** adv [early] a la tarda; [late] a la nit.

evening class n classe f nocturna.

evening dress n **-1.** [worn by man] vestit m d'etiqueta. **-2.** [worn by woman] vestit m de nit.

event [ɪ'vent] n **-1.** [happening] esdeveniment m, succés m; **in the ~ of** en el cas que; **in the ~ that it rains** en cas que plogui. **-2.** SPORT prova f. ➤ **in any event** adv en tot cas. ➤ **in the event** adv Br al final, arribada l'hora.

eventful [ɪ'ventfʊl] adj accidentat -ada.

eventual [ɪ'ventʃʊəl] adj final.

eventuality [ɪˌventʃʊ'ælətɪ] (pl **-ies**) n eventualitat f.

eventually [ɪ'ventʃʊəlɪ] adv finalment.

ever [ˈevəʳ] adv **-1.** [at any time] alguna vegada; **have you ~ done it?** ho has fet alguna vegada?; **hardly ~** quasi mai; **if ~** per si el cas. **-2.** [all the time] sempre; **as ~** com sempre; **for ~** per sempre. **-3.** [for emphasis]: **~ so** molt; **~ such a mess** un embolic tan gran; **we had ~ such a good time** ens ho vam passar d'allò més bé; **why / how ~ did you do it?** per què / com dimonis ho vas fer?; **what ~ can it be?** què dimonis pot ser? ➤ **ever since** ◇ adv de llavors ençà, des d'aleshores. ◇ conj des que. ◇ prep des de.

evergreen [ˈevəɡriːn] ◇ adj de fulla perenne. ◇ n arbre m de fulla perenne.

everlasting [ˌevə'lɑːstɪŋ] adj etern -a.

every [ˈevrɪ] adj cada; **~ day** cada dia, tots els dies; **there's ~ chance he'll win** té força possibilitats de guanyar. ➤ **every now and then, every so often** adv de tant en tant. ➤ **every other** adj: **~ other day** un dia sí i un altre no, cada dos dies.

everybody [ˈevrɪˌbɒdɪ] = **everyone**.

everyday [ˈevrɪdeɪ] adj diari -ària, quotidià -ana.

everyone [ˈevrɪwʌn] pron tot el món, tothom.

everyplace Am = **everywhere**.

everything [ˈevrɪθɪŋ] pron tot; **money isn't ~** els diners no ho són tot.

everywhere [ˈevrɪweəʳ], **everyplace** Am [ˈevrɪˌpleɪs] adv arreu, pertot arreu; [with verbs of motion] a tot arreu.

evict [ɪ'vɪkt] vt: **to ~ sb from** desnonar algú de.

evidence [ˈevɪdəns] n **-1.** (U) [proof] evidència f, prova f. **-2.** JUR [of witness] declaració f, testimoni m; **to give ~** donar testimoni, prestar declaració.

evident [ˈevɪdənt] adj evident, manifest -a.

evidently [ˈevɪdəntlɪ] adv **-1.** [seemingly] segons sembla. **-2.** [obviously] evidentment, òbviament.

evil [ˈiːvl] ◇ adj [person] dolent -a, malvat -ada; [torture, practice] pervers -a, vil. ◇ n **-1.** [- quality] maldat f. **-2.** [- thing] mal m.

evocation [ˌevəʊ'keɪʃn] n evocació f.

evoke [ɪ'vəʊk] vt **-1.** [memory, emotion] evocar. **-2.** [response] produir.

evolution [ˌiːvə'luːʃn] n **-1.** BIOL evolució f. **-2.** [development] desenvolupament m.

evolve [ɪ'vɒlv] ◇ vt desenvolupar. ◇ vi **-1.** BIOL: **to ~ (into / from)** evolucionar (en / de). **-2.** [develop] desenvolupar-se.

ewe [juː] n ovella f.

ex- [eks] prefix ex-.

exacerbate [ɪɡ'zæsəbeɪt] vt exacerbar.

exact [ɪɡ'zækt] ◇ adj exacte -a; **to be ~** per ser exactes. ◇ vt: **to ~ sthg (from)** exigir alguna cosa (de).

exacting [ɪɡ'zæktɪŋ] adj **-1.** [job, work] ardu, ardua. **-2.** [standards] sever -a; [person] exigent.

exactly [ɪɡ'zæktlɪ] ◇ adv [precisely] exactament; **it's ~ ten o'clock** són les deu en punt; **not ~** [not really] no precisament; [as reply] no exactament. ◇ excl exacte!, exactament!

exaggerate [ɪɡ'zædʒəreɪt] vt & vi exagerar.

exaggeration [ɪgˌzædʒəˈreɪʃn] *n* exageració *f*.

exalted [ɪgˈzɔːltɪd] *adj* [person, position] elevat -ada.

exam [ɪgˈzæm] *n* (abbr of **examination**) examen *m*; **to take / sit an ~** presentar-se a un examen.

examination [ɪgˌzæmɪˈneɪʃn] *n* **-1.** = **exam**. **-2.** [inspection] inspecció *f*, examen *m*. **-3.** MED reconeixement *m*. **-4.** [consideration] estudi *m*.

examine [ɪgˈzæmɪn] *vt* **-1.** [gen] examinar. **-2.** MED reconèixer. **-3.** [consider - idea, proposal] estudiar, considerar. **-4.** JUR interrogar.

examiner [ɪgˈzæmɪnər] *n* examinador *m* -a *f*; **internal ~** examinador intern del centre docent; **external ~** examinador extern o independent del centre docent.

example [ɪgˈzɑːmpl] *n* exemple *m*; **for ~** per exemple; **to follow sb's ~** seguir l'exemple d'algú; **to make an ~ of sb** donar un càstig exemplar a algú.

exasperate [ɪgˈzæspəreɪt] *vt* exasperar, fer sortir de polleguera.

exasperation [ɪgˌzæspəˈreɪʃn] *n* exasperació *f*, irritació *f*.

excavate [ˈekskəveɪt] *vt* excavar.

exceed [ɪkˈsiːd] *vt* **-1.** [amount, number] excedir, passar. **-2.** [limit, expectations] ultrapassar, depassar.

exceedingly [ɪkˈsiːdɪŋlɪ] *adv* extremadament.

excel [ɪkˈsel] (*pt & pp* -**led**, *cont* -**ling**) *vi*: **to ~ (in / at)** sobresortir (en); *Br* **to ~ oneself** lluir-se.

excellence [ˈeksələns] *n* excel·lència *f*.

excellent [ˈeksələnt] *adj* excel·lent.

except [ɪkˈsept] <> *prep & conj*: **~ (for)** excepte, llevat. <> *vt*: **to ~ sb (from)** exceptuar o excloure algú (de).

excepting [ɪkˈseptɪŋ] *prep & conj* = **except**.

exception [ɪkˈsepʃn] *n* **-1.** [exclusion]: **~ (to)** excepció *f* a; **with the ~ of** a excepció de; **without ~** sense excepció. **-2.** [offence]: **to take ~ to** ofendre's per.

exceptional [ɪkˈsepʃənl] *adj* excepcional.

excerpt [ˈeksɜːpt] *n*: **~ (from)** extracte *m* (de).

excess [ɪkˈses, *before nouns* ˈekses] <> *adj* excedent. <> *n* excés *m*; **in ~ of** superior a, per damunt de; **to ~** en excés.

excess baggage *n* excés *m* d'equipatge.

excess fare *n Br* suplement *m*.

excessive [ɪkˈsesɪv] *adj* excessiu -iva.

exchange [ɪksˈtʃeɪndʒ] <> *n* **-1.** [gen] intercanvi *m*; **in ~ (for)** a canvi (de). **-2.** FIN canvi *m*. **-3.** TELEC: **(telephone) ~** central *f* telefònica. **-4.** *fml* [conversation]: **a heated ~** una fervent discussió. <> *vt* [swap] intercanviar, canviar; **to ~ sthg for sthg** canviar una cosa per una altra; **to ~ sthg with sb** intercanviar alguna cosa amb algú.

exchange rate FIN *n* tipus *m* de canvi.

Exchequer [ɪksˈtʃekər] *n Br*: **the ~** ≃ Hisenda.

excise [ˈeksaɪz] <> *n* (U) impostos *mpl* sobre el consum interior. <> *vt fml* extirpar.

excite [ɪkˈsaɪt] *vt* **-1.** [person] emocionar, excitar. **-2.** [suspicion, interest] despertar, suscitar.

excited [ɪkˈsaɪtɪd] *adj* emocionat -ada, entusiasmat -ada.

excitement [ɪkˈsaɪtmənt] *n* emoció *f*.

exciting [ɪkˈsaɪtɪŋ] *adj* emocionant, apassionant.

exclaim [ɪkˈskleɪm] <> *vt* exclamar. <> *vi*: **to ~ (at)** exclamar (davant).

exclamation [ˌekskləˈmeɪʃn] *n* exclamació *f*.

exclamation mark *Br*, **exclamation point** *Am n* signe *m* d'admiració.

exclude [ɪkˈskluːd] *vt*: **to ~ sthg / sb (from)** excloure alguna cosa / algú (de).

excluding [ɪkˈskluːdɪŋ] *prep* excepte, a excepció de.

exclusive [ɪkˈskluːsɪv] <> *adj* **-1.** [high-class] selecte -a. **-2.** [sole] exclusiu -iva. <> *n* [news story] exclusiva *f*. ✦ **exclusive of** *prep* excloent.

excrement [ˈekskrɪmənt] *n* excrement *m*.

excruciating [ɪkˈskruːʃɪeɪtɪŋ] *adj* insuportable.

excursion [ɪkˈskɜːʃn] *n* excursió *f*.

excuse [*n* ɪkˈskjuːs, *vb* ɪkˈskjuːz] <> *n* excusa *f*; **to make an ~** posar una excusa, excusar-se. <> *vt* **-1.** [gen]: **to ~ sb (for sthg / for doing sthg)** perdonar algú (per alguna cosa / per haver fet alguna cosa); **to ~ oneself (for doing sthg)** excusar-se o disculpar-se (per haver fet alguna cosa). **-2.** [let off]: **to ~ sb (from)** dispensar algú (de). **-3. ~ me** [to attract attention] escolti (perdoni); [when coming past] em deixa passar?; [apologizing] perdoni; *Am* [pardon me?] perdó?, com?

ex-directory *adj Br* que no figura en la guia telefònica.

execute ['eksɪkjuːt] *vt* [gen & COMPUT] executar.

execution [ˌeksɪ'kjuːʃn] *n* execució *f*.

executioner [ˌeksɪ'kjuːʃnər] *n* botxí *m*.

executive [ɪg'zekjʊtɪv] ◇ *adj* **-1.** [decision-making] executiu -iva. **-2.** [for company executives] per a o d'executius. ◇ *n* **-1.** [person] executiu *m* -iva *f*. **-2.** [committee] executiva *f*, òrgan *m* executiu.

executive director *n* director executiu *m*, directora executiva *f*.

executor [ɪg'zekjʊtər] *n* marmessor *m* -a *f*.

exemplify [ɪg'zemplɪfaɪ] (*pt & pp* **-ied**) *vt* exemplificar.

exempt [ɪg'zempt] ◇ *adj* exempt -a (de); ~ **(from)** exempt -a (de). ◇ *vt*: **to ~ sthg / sb (from)** eximir alguna cosa / algú (de).

exercise ['eksəsaɪz] ◇ *n* **-1.** [gen] exercici *m*; **an ~ in** un exercici de; **to take ~** fer exercici. **-2.** MIL maniobra *f*. ◇ *vt* **-1.** [dog] portar a passejar; [horse] entrenar. **-2.** *fml* [power, right] exercir; [caution, restraint] mostrar. **-3.** [trouble]: **to ~ one's mind** preocupar-se. ◇ *vi* fer exercici.

exercise book *n* quadern *m* d'exercicis.

exert [ɪg'zɜːt] *vt* exercir; **to ~ oneself** esforçar-se.

exertion [ɪg'zɜːʃn] *n* esforç *m*.

exhale [eks'heɪl] ◇ *vt* exhalar, desprendre. ◇ *vi* espirar.

exhaust [ɪg'zɔːst] ◇ *n* (U) [fumes] gasos *mpl* de combustió; **~ (pipe)** tub *m* d'escapament. ◇ *vt* esgotar.

exhausted [ɪg'zɔːstɪd] *adj* [person] esgotat -ada.

exhausting [ɪg'zɔːstɪŋ] *adj* esgotador -a.

exhaustion [ɪg'zɔːstʃn] *n* esgotament *m*.

exhaustive [ɪg'zɔːstɪv] *adj* exhaustiu -iva.

exhibit [ɪg'zɪbɪt] ◇ *n* **-1.** ART objecte *m* exposat. **-2.** JUR prova *f* (instrumental). ◇ *vt* **-1.** *fml* [feeling] mostrar, manifestar. **-2.** ART exposar. ◇ *vi* ART exposar.

exhibition [ˌeksɪ'bɪʃn] *n* **-1.** ART exposició *f*. **-2.** [of feeling] manifestació *f*, demostració *f*. **-3.** *Br* **to make an ~ of oneself** posar-se en evidència, fer el ridícul.

exhilarating [ɪg'zɪləreɪtɪŋ] *adj* estimulant.

exile ['eksaɪl] ◇ *n* **-1.** [condition] exili *m*; **in ~** a l'exili. **-2.** [person] exiliat *m* -ada *f*. ◇ *vt*: **to ~ sb (from / to)** exiliar algú (de / a).

exist [ɪg'zɪst] *vi* existir.

existence [ɪg'zɪstəns] *n* existència *f*; **to be in ~** existir; **to come into ~** néixer.

existing [ɪg'zɪstɪŋ] *adj* existent, actual.

exit ['eksɪt] ◇ *n* sortida *f*. ◇ *vi fml* sortir; THEAT fer mutis.

exodus ['eksədəs] *n* èxode *m*.

exonerate [ɪg'zɒnəreɪt] *vt*: **to ~ sb (from)** exonerar algú (de).

exorbitant [ɪg'zɔːbɪtənt] *adj* [cost] excessiu -iva; [demand, price] exorbitant.

exotic [ɪg'zɒtɪk] *adj* exòtic -a.

expand [ɪk'spænd] ◇ *vt* estendre, ampliar. ◇ *vi* estendre's, ampliar-se; [materials, fluids] expandir-se, dilatar-se. ◆

expand (up)on *vt fus* desenvolupar.

expanse [ɪk'spæns] *n* extensió *f*.

expansion [ɪk'spænʃn] *n* expansió *f*.

expect [ɪk'spekt] ◇ *vt* **-1.** [gen] esperar; **to ~ sb to do sthg** esperar que algú faci alguna cosa; **to ~ sthg (from sb)** esperar alguna cosa (d'algú); **as ~ed** com era d'esperar. **-2.** [suppose]: **I ~ so** suposo que sí. ◇ *vi* **-1.** [anticipate]: **to ~ to do sthg** esperar fer alguna cosa. **-2.** [be pregnant]: **to be ~ing** estar embarassada, estar en estat.

expectancy ➡ **life expectancy**.

expectant [ɪk'spektənt] *adj* expectant.

expectant mother *n* futura mare *f*, dona *f* embarassada.

expectation [ˌekspek'teɪʃn] *n* esperança *f*; **against all ~ / ~**, **contrary to all ~ / ~s** contràriament al que s'esperava; **to live up to / fall short of sb's ~s** estar / no estar a l'alçada del que s'esperava.

expedient [ɪk'spiːdjənt] *fml* ◇ *adj* convenient, oportú -una. ◇ *n* recurs *m*.

expedition [ˌekspɪ'dɪʃn] *n* **-1.** [journey] expedició *f*. **-2.** [outing] sortida *f*.

expel [ɪk'spel] (*pt & pp* **-led**, *cont* **-ling**) *vt* **-1.** [person]: **to ~ sb (from)** expulsar algú (de). **-2.** [gas, liquid]: **to ~ sthg (from)** expel·lir alguna cosa (de).

expend [ɪk'spend] *vt*: **to ~ sthg (on)** emprar alguna cosa (en).

expendable [ɪk'spendəbl] *adj* reemplaçable.

expenditure [ɪk'spendɪtʃər] *n* (U) despesa *f*.

expense [ɪk'spens] *n* (U) despesa *f*; **to go to great ~ (to do sthg)** incórrer en grans despeses (per fer alguna cosa); **at the ~ of** [sacrificing] a costa de, mitjançant; *lit & fig*

expense account 130

at sb's ~ a costa d'algú. ⇨ **expenses** COM *npl* despeses *fpl*; **on** ~**s** en despeses.

expense account *n* compte *m* de despeses.

expensive [ɪkˈspensɪv] *adj* car -a.

experience [ɪkˈspɪərɪəns] ◇ *n* experiència *f*. ◇ *vt* experimentar.

experienced [ɪkˈspɪərɪənst] *adj*: ~ (at / in) experimentat -ada (en).

experiment [ɪkˈsperɪmənt] ◇ *n*: to carry out an ~ dur a terme un experiment. ◇ *vi*: **to ~ (with / on)** experimentar (amb), fer experiments (amb).

expert [ˈekspɜːt] ◇ *adj*: ~ **(at sthg / at doing sthg)** expert -a (en alguna cosa / a fer alguna cosa). ◇ *n* expert *m* -a *f*, especialista *mf*.

expertise [ˌekspɜːˈtiːz] *n* (U) competència *f*, aptitud *f*.

expire [ɪkˈspaɪəʳ] *vi* [licence, membership] caducar; [lease] vèncer.

expiry [ɪkˈspaɪərɪ] *n* [of licence] caducitat *f*; [of lease] venciment *m*.

explain [ɪkˈspleɪn] ◇ *vt* explicar; **to ~ sthg (to sb)** explicar alguna cosa (a algú). ◇ *vi* explicar; **to ~ to sb about sthg** explicar alguna cosa a algú.

explanation [ˌeksplə'neɪʃn] *n*: ~ **(for)** explicació *f* (de).

explicit [ɪkˈsplɪsɪt] *adj* explícit -a.

explode [ɪkˈspləʊd] ◇ *vt* [bomb] fer explotar; [building etc.] volar; *fig* [theory] rebentar. ◇ *vi lit & fig* esclatar, explotar.

exploit [*n* 'eksplɔɪt, *vb* ɪkˈsplɔɪt] ◇ *n* proesa *f*, gesta *f*. ◇ *vt* explotar.

exploitation [ˌeksplɔɪˈteɪʃn] *n* (U) explotació *f*.

exploration [ˌeksplə'reɪʃn] *n* exploració *f*.

explore [ɪkˈsplɔːʳ] *vt & vi lit & fig* explorar.

explorer [ɪkˈsplɔːrəʳ] *n* explorador *m* -a *f*.

explosion [ɪkˈspləʊʒn] *n* explosió *f*.

explosive [ɪkˈspləʊsɪv] ◇ *adj* explosiu -iva. ◇ *n* explosiu *m*.

exponent [ɪkˈspəʊnənt] *n* **-1.** [supporter] partidari *m* -ària *f*. **-2.** [expert] expert *m* -a *f*.

export [*n & comp* 'ekspɔːt, *vb* ɪkˈspɔːt] ◇ *n* **-1.** [act] exportació *f*. **-2.** [exported product] article *m* d'exportació. ◇ *comp* d'exportació. ◇ *vt lit & fig* exportar.

exporter [ekˈspɔːtəʳ] *n* exportador *m* -a *f*.

expose [ɪkˈspəʊz] *vt lit & fig* descobrir; **to be ~d to sthg** veure's exposat a.

exposed [ɪkˈspəʊzd] *adj* [land, house, position] exposat -ada, al descobert.

exposure [ɪkˈspəʊʒəʳ] *n* **-1.** [to light, radiation] exposició *f*. **-2.** MED hipotèrmia *f*. **-3.** [unmasking - of person] desemmascarament *m*; [- of corruption] revelació *f*. **-4.** PHOT [time] (temps *m* d') exposició *f*; [photograph] foto *f*, fotografia *f*. **-5.** [publicity] publicitat *f*.

exposure meter *n* fotòmetre *m*.

expound [ɪkˈspaʊnd] *fml* ◇ *vt* exposar. ◇ *vi*: **to ~ on sthg** exposar alguna cosa.

express [ɪkˈspres] ◇ *adj* **-1.** *Br* [letter, delivery] urgent. **-2.** [train, coach] ràpid -a, exprés -essa. **-3.** *fml* [specific] exprés -essa, explícit -a. ◇ *adv* urgent. ◇ *n* [train] exprés *m*. ◇ *vt* expressar; **to ~ one-self** expressar-se.

expression [ɪkˈspreʃn] *n* expressió *f*.

expressive [ɪkˈspresɪv] *adj* [full of feeling] expressiu -iva.

expressly [ɪkˈspreslɪ] *adv* [specifically] expressament.

expressway [ɪkˈspresweɪ] *n Am* autopista *f*.

exquisite [ɪkˈskwɪzɪt] *adj* exquisit -ida.

ext., extn. (abbr of extension) ext.; ~ 4174 ext. 4174.

extend [ɪkˈstend] ◇ *vt* **-1.** [gen] estendre; [house] ampliar; [road, railway] prolongar; [visa] prorrogar. **-2.** [offer - welcome, help] [- credit] concedir. ◇ *vi* **-1.** [become longer] estendre's. **-2.** [include]: **to ~ to sthg** incloure alguna cosa. **-3.** [from surface, object] sobresortir.

extension [ɪkˈstenʃn] *n* **-1.** [gen & TELEC] extensió *f*. **-2.** [to building] ampliació *f*. **-3.** [of visit] prolongació *f*; [of deadline, visa] pròrroga *f*. **-4.** COMPUT: **filename ~** extensió *f* del nom del fitxer. **-5.** ELEC: ~ **(lead)** allargador *m*.

extension cable *n* allargador *m*.

extensive [ɪkˈstensɪv] *adj* [gen] extens -a; [changes] profund -a; [negotiations] ampli àmplia; **to make ~ use of** fer (un) gran ús de.

extensively [ɪkˈstensɪvlɪ] *adv* extensament.

extent [ɪkˈstent] *n* **-1.** [size] extensió *f*. **-2.** [of problem, damage] abast *m*, extensió *f*. **-3.** [degree]: **to what ~ ...?** fins a quin punt?; **to the ~ that** [in that, in so far as] en la mesura que; [to the point where] fins a tal punt que; **to some / a certain ~** fins a cert punt; **to a large / great ~** en gran mesura.

extenuating circumstances [ɪkˈstenjʊetɪŋ-] npl circumstàncies fpl atenuants.

exterior [ɪkˈstɪərɪər] ◇ adj exterior. ◇ n exterior.

exterminate [ɪkˈstɜːmɪneɪt] vt exterminar.

external [ɪkˈstɜːnl] adj extern -a.

extinct [ɪkˈstɪŋkt] adj extint -a.

extinguish [ɪkˈstɪŋgwɪʃ] vt fml [gen] extingir; [cigarette] apagar.

extinguisher [ɪkˈstɪŋgwɪʃər] n extintor m.

extn. = ext.

extol (pt & pp **-led**, cont **-ling**), **extoll** Am [ɪkˈstəʊl] vt [merits, values] exalçar, enaltir.

extort [ɪkˈstɔːt] vt: to ~ sthg from sb [confession, promise] arrencar alguna cosa a algú; [money] treure alguna cosa a algú.

extortionate [ɪkˈstɔːʃnət] adj desorbitat -ada, exorbitant.

extra [ˈekstrə] ◇ adj [additional] extra, addicional; [spare] de més, de sobres; **take ~ care** tingues molta cura. ◇ n **-1.** [addition] extra m. **-2.** [additional charge] suplement m. **-3.** CIN & THEAT extra mf. ◇ adv extra; **to pay / charge ~** pagar / cobrar un suplement.

extra- [ˈekstrə] prefix extra.

extract [n ˈekstrækt, vb ɪkˈstrækt] ◇ n **-1.** [from book, piece of music] fragment m. **-2.** CHEM extracte m. ◇ vt: **to ~ sthg (from)** [gen] extraure alguna cosa (de); [confession] arrencar alguna cosa (de).

extradite [ˈekstrədaɪt] vt: **to ~ sb (from / to)** extradir algú (de / a).

extramarital [ˌekstrəˈmærɪtl] adj fora del matrimoni.

extramural [ˌekstrəˈmjʊərəl] adj UNIV fora de la universitat però organitzat per aquesta.

extraordinary [ɪkˈstrɔːdnrɪ] adj extraordinari -ària.

extraordinary general meeting n junta f (general) extraordinària.

extravagance [ɪkˈstrævəgəns] n **-1.** (U) [excessive spending] malbaratament m. **-2.** [luxury] extravagància f.

extravagant [ɪkˈstrævəgənt] adj **-1.** [wasteful] malgastador -a. **-2.** [expensive] car -a. **-3.** [exaggerated] extravagant.

extreme [ɪkˈstriːm] ◇ adj extrem -a. ◇ n [furthest limit] extrem m; **to go to ~s** arribar als extrems; **in the ~** en extrem.

extremely [ɪkˈstriːmlɪ] adv [very] extremadament.

extremist [ɪkˈstriːmɪst] ◇ adj extremista. ◇ n extremista mf.

extricate [ˈekstrɪkeɪt] vt: **to ~ sthg from** aconseguir treure alguna cosa de; **to ~ o.s. from** aconseguir sortir-se'n de.

extrovert [ˈekstrəvɜːt] ◇ adj extravertit -ida. ◇ n extravertit m -ida f.

exultant [ɪgˈzʌltənt] adj joiós -osa.

eye [aɪ] (cont **eyeing** / **eying**) ◇ n ull m; **before my etc. (very) ~s** davant els meus propis ulls; **to cast / run one's ~ over sthg** donar un cop d'ull a, donar una ullada a; **to catch one's / sb's ~** atraure l'atenció d'algú; **to clap / lay / set ~s on sb** posar els ulls en algú; **to cry one's ~s out** plorar a llàgrima viva; **to feast one's ~s on sthg** regalar-se la vista amb; **to have an ~ for sthg** tenir bon ull per a; **to have one's ~ on sthg** posar els ulls en; **in my etc. ~s** al meu entendre; **in the ~s of the law** als ulls de la llei; **to keep one's ~s open for, to keep an eye out for** estar atent a; **to keep an ~ on sthg** vigilar alguna cosa; **there is more to this than meets the ~** n'hi ha més del que sembla; **to open sb's ~s (to sthg)** obrir els ulls a algú (sobre alguna cosa); **not to see ~ to eye with sb** no veure les coses de la mateixa manera que algú; **to close / shut one's ~s to sthg** tancar els ulls a alguna cosa; **to turn a blind ~ (to sthg)** fer la vista grossa (a alguna cosa); Br **to be up to one's ~s in work** estar fins a dalt de feina. ◇ vt mirar.

eyeball [ˈaɪbɔːl] ◇ n globus m ocular. ◇ vt Am inf fixar els ulls en.

eyebath [ˈaɪbɑːθ] n banyera f d'ulls, bany m ocular.

eyebrow [ˈaɪbraʊ] n cella f; fig: **to raise one's ~** arquejar les celles.

eyebrow pencil n llapis m de celles.

eyedrops [ˈaɪdrɒps] n col·liri m.

eyelash [ˈaɪlæʃ] n pestanya f.

eyelid [ˈaɪlɪd] n parpella f; inf **she didn't bat an ~** ni tan sols va parpellejar.

eyeliner [ˈaɪˌlaɪnər] n llapis m d'ulls.

eye-opener n inf [revelation] revelació f; [surprise] sorpresa f.

eye shadow n ombra f d'ulls.

eyesight [ˈaɪsaɪt] n vista f.

eyesore [ˈaɪsɔːr] n horror m, monstruositat f.

eyestrain [ˈaɪstreɪn] n vista f cansada.

eyewitness [ˌaɪˈwɪtnɪs] n testimoni mf ocular.

F

f (*pl* **fs** / **f's**), **F** (*pl* **Fs** / **F's**) [ef] *n* [letter] f *f*, F *f*. ◆ **F** ◇ *n* MUS fa *m*. ◇ *adj* (abbr of Fahrenheit) F.

fable ['feɪbl] *n* [traditional story] faula *f*.

fabric ['fæbrɪk] *n* **-1.** [cloth] tela *f*, teixit *m*. **-2.** [of building, society] estructura *f*.

fabrication [,fæbrɪ'keɪʃn] *n* **-1.** [lying, lie] invenció *f*. **-2.** [manufacture] fabricació *f*.

fabulous ['fæbjʊləs] *adj inf* [excellent] fabulós -osa.

facade [fə'sɑːd] *n* façana *f*.

face [feɪs] ◇ *n* **-1.** [of person] cara *f*; **~ to face** cara a cara; **to fly in the ~ of sthg** oposar-se a alguna cosa; **to look sb in the ~** mirar algú a la cara; **to lose ~** quedar malament; **to save ~** salvar les aparences; **to say sthg to sb's ~** dir alguna cosa a algú a la cara; **to show one's ~** deixar-se veure. **-2.** [expression]: **to make / pull a ~** fer ganyotes; **her ~ fell** posar cara llarga. **-3.** [of cliff, mountain, coin] cara *f*; [of building] façana *f*. **-4.** [of clock, watch] esfera *f*. **-5.** [appearance, nature] aspecte *m*. **-6.** [surface] superfície *f*; **the ~ of the earth** la faç de la terra; **on the ~ of ~** a primera vista. ◇ *vt* **-1.** [point towards] mirar a. **-2.** [confront, accept, deal with] fer front a. **-3.** *inf* [cope with] aguantar, suportar. ◇ *vi*: **to ~ forwards / south** mirar cap endavant / cap al sud. ◆ **face down** *adv* boca avall. ◆ **face up** *adv* boca amunt. ◆ **in the face of** *prep* [in spite of] malgrat que. ◆ **face up to** *vt fus* fer front a, enfrontar-se a.

facecloth ['feɪsklɒθ] *n Br* tovalloleta *f* (per rentar-se).

face cream *n* crema *f* facial.

face-lift *n* [on face] lífting *m*, estirament *m* de pell; *fig* [on building etc.] rentat *m* de cara.

face powder *n* (*U*) pols *f* per a la cara.

face-saving [-'seɪvɪŋ] *adj* per salvar les aparences.

facet ['fæsɪt] *n* faceta *f*.

facetious [fə'siːʃəs] *adj* burleta.

face value *n* [of coin, stamp] valor *m* nominal; **to take sthg at ~** prendre's alguna cosa literalment.

facility [fə'sɪlətɪ] (*pl* **-ies**) *n* **-1.** [ability]: **to have a ~ for sthg** tenir facilitat per. **-2.** [feature] dispositiu *m*. ◆ **facilities** *npl* [amenities] instal·lacions *fpl*; [services] serveis *mpl*.

facing ['feɪsɪŋ] *adj* oposat -ada.

facsimile [fæk'sɪmɪlɪ] *n* facsímil *m*.

fact [fækt] *n* **-1.** [piece of information] dada *f*; [established truth] fet *m*; **the ~ is** el fet és que; **the ~ remains that...** no obstant això...; **to know sthg for a ~** saber alguna cosa amb certesa. **-2.** (*U*) [truth] realitat *f*. ◆ **in fact** *conj & adv* de fet, en realitat.

fact of life *n* fet *m* ineludible. ◆ **facts of life** *npl euph*: **to tell sb (about) the facts of life** explicar a algú com neixen els nens.

factor ['fæktər] *n* factor *m*.

factory ['fæktərɪ] (*pl* **-ies**) *n* fàbrica *f*.

fact sheet *n Br* full *m* informatiu.

factual ['fæktʃʊəl] *adj* basat -ada en fets reals.

faculty ['fækltɪ] (*pl* **-ies**) *n* **-1.** [gen] facultat *f*. **-2.** *Am* [in college]: **the ~** el professorat.

fad [fæd] *n* [of person] capritxo *m*, capritx *m*; [of society] moda *f* passatgera.

fade [feɪd] ◇ *vt* descolorir, destenyir. ◇ *vi* **-1.** [jeans, curtains, paint] descolorir-se, destenyir-se; [flower] marcir-se. **-2.** [light, sound, smile] anar-se apagant. **-3.** [memory, feeling, interest] esvair-se.

faeces *Br*, **feces** *Am* ['fiːsɪːz] *npl* matèries *fpl* fecals.

fag [fæg] *inf n* **-1.** *Br* [cigarette] cigarret *m*. **-2.** *Br* [chore] llauna *f*, avorriment *m*. **-3.** *Am pej* [homosexual] marieta *m*.

Fahrenheit ['færənhaɪt] *adj* Fahrenheit.

fail [feɪl] ◇ *vt* **-1.** [exam, test, candidate] suspendre. **-2.** [not succeed]: **to ~ to do sthg** no aconseguir fer alguna cosa. **-3.** [neglect]: **to ~ to do sthg** no fer alguna cosa. **-4.** [let down] fallar. ◇ *vi* **-1.** [not succeed] fracassar. **-2.** [not pass exam] suspendre. **-3.** [stop functioning] fallar. **-4.** [weaken] debilitar-se.

failing ['feɪlɪŋ] ◇ *n* [weakness] falla *f*. ◇ *prep* a falta de; **~ that** en el seu defecte.

failure ['feɪljər] *n* **-1.** [lack of success, unsuccessful thing] fracàs *m*. **-2.** [person] fracassat -ada *f*. **-3.** [in exam] suspès *m*. **-4.** [act of neglecting]: **her ~ to do it** el fet que no ho fes. **-5.** [breakdown, malfunction] avaria *f*, falla *f*. **-6.** [of nerve, courage etc.] pèrdua *f*.

faint [feɪnt] ◇ *adj* **-1.** [weak, vague] dèbil, tènue; [outline] imprecís -isa; [memory, longing] vague -a; [trace, hint, smell] lleuger -a, lleu. **-2.** [chance] reduït -ïda, mínim -a. **-3.** [dizzy] marejat -ada. ◇ *vi* desmaiar-se.

fair [feəʳ] ◇ *adj* **-1.** [just] just -a; **it's not ~!** no s'hi val!; **to be ~ ...** si hem de ser justos... **-2.** [quite large] considerable. **-3.** [quite good] bastant bo bona; EDUC "~" "regular". **-4.** [hair] ros rossa. **-5.** [skin, complexion] blanc -a, clar -a. **-6.** [weather] bo bona. ◇ *n* **-1.** *Br* [funfair] parc *m* d'atraccions. **-2.** [trade -] fira *f*. ◇ *adv* [fairly] net. ☞ **fair enough** *adv Br inf* està bé, d'acord.

fair-haired [-heəd] *adj* ros rossa.

fairly [ˈfeəlɪ] *adv* **-1.** [moderately] bastant. **-2.** [justly] justament, equitativament.

fairness [ˈfeənɪs] *n* [justness] justícia *f*; **in ~ (to)** per ser justos (amb).

fair play *n* joc *m* net.

fair trade *n* comerç *m* just.

fairy [ˈfeərɪ] (*pl* **-ies**) *n* fada *f*.

fairy tale *n* conte *m* de fades.

faith [feɪθ] *n* fe *f*; **in good / bad ~** de bona / mala fe.

faithful [ˈfeɪθful] ◇ *adj* fidel, creient. ◇ *npl* RELIG: **the ~** els fidels.

faithfully [ˈfeɪθfulɪ] *adv* fidelment; *Br* **Yours ~** (in letter) atentament.

fake [feɪk] ◇ *adj* fals -a. ◇ *n* **-1.** [object, painting] falsificació *f*. **-2.** [person] impostor *m* -a *f*. ◇ *vt* **-1.** [results, signature] falsificar. **-2.** [illness, emotions] fingir. ◇ *vi* [pretend] fingir.

falcon [ˈfɔːlkən] *n* falcó *m*.

Falkland Islands [ˈfɔːklənd-], **Falklands** [ˈfɔːkləndz] *npl*: **the ~** les (Illes) Malvines.

fall [fɔːl] (*pt* **fell**, *pp* **fallen**) ◇ *vi* **-1.** [gen] caure; **he fell off the chair** va caure de la cadira; **to ~ to bits / pieces** fer-se miques; *fig* **to ~ flat** no causar l'efecte desitjat. **-2.** [decrease] baixar, disminuir. **-3.** [become]: **to ~ ill** posar-se malalt; **to ~ asleep** adormir-se; **to ~ silent** quedar-se en silenci; **to ~ vacant** quedar lliure; **to ~ in love** enamorar-se; **to ~ open** causar obert. **-4.** [belong, be classed]: **to ~ into / under** pertànyer a. **-5.** [MIL - city]: **to ~ (to)** caure (en mans de). **-6.** *Br* POL [constituency]: **to ~ to sb / sthg** anar a parar a algú / alguna cosa. **-7.** [cover]: **to ~ on / across** [light] il·luminar; [shadow] fer-se fosc. ◇ *n* **-1.** [gen] caiguda *f*. **-2.** [of snow] nevada *f*. **-3.** [MIL - of city] derrota *f*. **-4.** [decrease]: **~ (in)** descens *m* (de). **-5.** *Am* [autumn] tardor *f*. ☞ **falls** *npl* cascades *fpl*. ☞ **fall apart** *vi* [book, chair] caure a trossos, trencar-se; *fig* [country, person] ensorrar-se. ☞ **fall back** *vi* [person, crowd] fer-se enrere, retrocedir. ☞ **fall back on** *vt fus* [resort to] recórrer a. ☞ **fall behind** *vi* **-1.** [in race] quedar-se enrere. **-2.** [with rent, work] endarrerir-se. ☞ **fall for** *vt fus* **-1.** *inf* [- in love with] enamorar-se de. **-2.** [trick, lie] empassar-se. ☞ **fall in** *vi* **-1.** [roof, ceiling] caure, enfonsar-se. **-2.** MIL formar files. ☞ **fall off** *vi* **-1.** [branch, handle] desprendre's. **-2.** [demand, numbers] disminuir. ☞ **fall out** *vi* **-1.** [hair, tooth]: **his hair is ~ing out** li cau el cabell. **-2.** [friends] barallar-se, discutir. **-3.** MIL trencar files. ☞ **fall over** ◇ *vt fus* ensopegar amb; *inf* **to be ~ing over oneself to do sthg** desviure's per fer alguna cosa. ◇ *vi* [person, chair etc.] caure. ☞ **fall through** *vi* [plan, deal] fracassar.

fallacy [ˈfæləsɪ] (*pl* **-ies**) *n* fal·làcia *f*, error *m*.

fallen [ˈfɔːln] *pp* → **fall**.

fallible [ˈfæləbl] *adj* fal·lible.

fallout [ˈfɔːlaut] *n* [radiation] pluja *f* radioactiva.

fallout shelter *n* refugi *m* atòmic.

fallow [ˈfæləu] *adj* en guaret; **to lie ~** quedar en guaret.

false [fɔːls] *adj* [gen] fals -a; [eyelashes, nose] postís -issa.

false alarm *n* falsa alarma *f*.

false teeth *npl* dentadura *f* postissa.

falsify [ˈfɔːlsɪfaɪ] (*pt & pp* **-ied**) *vt* [facts, accounts] falsificar.

falter [ˈfɔːltəʳ] *vi* vacil·lar.

fame [feɪm] *n* fama *f*.

familiar [fəˈmɪljəʳ] *adj* **-1.** [known] familiar, conegut; **to be ~ to sb** resultar familiar a algú. **-2.** [conversant]: **~ with** familiaritzat -ada amb; **to be on ~ terms with sb** tenir confiança amb algú. **-3.** *pej* [too informal - person] que es pren moltes confiances; [- tone, manner] massa amistós -osa.

familiarity [fəˌmɪlɪˈærətɪ] *n* **-1.** (*U*) [knowledge]: **~ with** coneixement *m* de. **-2.** [normality] familiaritat *f*. **-3.** *pej* [excessive informality] familiaritats *fpl*, confiances *fpl*.

familiarize, -ise [fəˈmɪlɪəraɪz] *vt*: **to ~ oneself / sb with sthg** familiaritzar-se / familiaritzar algú amb alguna cosa.

family [ˈfæmlɪ] (*pl* **-ies**) ◇ *n* família *f*. ◇

family credit

comp **–1.** [belonging to -] familiar. **–2.** [suitable for all ages] per a tota la família.
family credit *n* (U) *Br* ≃ prestació *f* / ajuda *f* familiar.
family doctor *n* metge *m* de capçalera.
family planning *n* planificació *f* familiar.
famine ['fæmɪn] *n* fam *f*.
famished ['fæmɪʃt] *adj inf* [very hungry] mort -a de gana, famèlic.
famous ['feɪməs] *adj*: ~ (for) famós -osa (per).
famously ['feɪməslɪ] *adv dated*: **to get on / along ~ (with sb)** avenir-se molt (amb algú).
fan [fæn] (*pt & pp* **-ned**, *cont* **-ning**) ⋄ *n* **–1.** [of paper, silk] ventall *m*, vano *m*. **–2.** [electric or mechanical] ventilador *m*. **–3.** [enthusiast] fan *mf*, admirador *m* -a *f*; SPORT seguidor *m* -a *f*. ⋄ *vt* **–1.** [cool] ventar; **to ~ oneself** ventar-se. **–2.** [stimulate - fire, feelings] avivar. ◆ **fan out** *vi* desplegar-se en ventall.
fanatic [fə'nætɪk] *n* fanàtic *m* -a *f*.
fan belt *n* ventilador *m*.
fanciful ['fænsɪfʊl] *adj* **–1.** [odd] rocambolesc. **–2.** [elaborate] extravagant.
fancy ['fænsɪ] (*compar* **-ier**, *superl* **-iest**, *pl* **-ies**, *pt & pp* **-ied**) ⋄ *vt* **–1.** *inf* [feel like]: **I ~ a cup of tea / going to the cinema** em ve de gust una tassa de te / anar al cinema. **–2.** *inf* [desire]: **do you ~ her?** t'agrada?; **to ~ oneself** creure-s'ho; **to ~ oneself as sthg** fer-se passar per. **–3.** [imagine]: **~ meeting you here!** quina casualitat trobar-nos aquí!; **~ that!** ves per on! **–4.** *dated* [think] creure. ⋄ *n* **–1.** [desire, liking] capritx *m*; **to take a ~ to** encapritxar-se amb. **–2.** [fantasy] fantasia *f*. ⋄ *adj* **–1.** [elaborate] elaborat -ada. **–2.** [expensive] de luxe, car -a; [prices] exorbitant.
fancy dress *n* (U) disfressa *f*.
fancy-dress party *n* festa *f* de disfresses.
fanfare ['fænfeər] *n* fanfàrria *f*.
fang [fæŋ] *n* ullal *m*.
fan heater *n* estufa *f* d'aire.
fanny ['fænɪ] *n Am inf* [buttocks] natges *fpl*.
fantasize, -ise ['fæntəsaɪz] *vi* fantasiejar; **to fantasize about sthg / about doing sthg** somiar amb alguna cosa / de fer alguna cosa.
fantastic [fæn'tæstɪk] *adj* **–1.** [gen] fantàstic -a. **–2.** [exotic] exòtic -a.

fantasy ['fæntəsɪ] (*pl* **-ies**) ⋄ *n* fantasia *f*. ⋄ *comp* imaginari -ària, de somni.
fantasy football *n* ≃ lliga *f* fantàstica® joc en el qual cada participant crea el seu propi equip de futbol imaginari amb noms de jugadors reals i va sumant punts segons l'actuació d'aquests jugadors en la competició real.
fao (abbr of for the attention of) a/a.
far [fɑːr] (*compar* **farther / further**, *superl* **farthest / furthest**) ⋄ *adv* **–1.** [in distance, time] lluny; **is it ~?** és lluny?; **how ~ is it? a quina distància està?; how ~ is it to Prague?** quina distància hi ha fins a Praga?; **~ away / off** [a long way away, a long time away] lluny; **as ~ back as 1900** ja al 1900; **so ~** per ara, fins ara; **~ and wide** pertot arreu; **from ~ and wide** de tot arreu; **as ~ as** fins. **–2.** [in degree or extent]: **~ more / better / stronger** molt més / millor / més fort; **I wouldn't trust him very ~** no em refiaria gaire d'ell; **how ~ have you got?** fins on has arribat?; **he's not ~ wrong / out / off** no va del tot desencaminat; **as ~ as I know** que jo sàpiga; **as ~ as I'm concerned** pel que a mi respecta; **as ~ as possible** en la mesura que sigui possible; **it's all right as ~ as it goes** pel que és, no està malament; **~ and away, by far** per molt; **~ from it** en absolut, al contrari; **so ~** fins a un cert punt; **so ~ so good** fins ara tot va bé; **to go so ~ as to do sthg** arribar fins i tot a fer alguna cosa; **to go too ~** anar massa lluny. ⋄ *adj* **–1.** [extreme] extrem -a. **–2.** *liter* [remote] llunyà -ana.
faraway ['fɑːrəweɪ] *adj* **–1.** [land etc.] llunyà -ana. **–2.** [look, expression] absent.
farce [fɑːs] *n lit & fig* farsa *f*.
farcical ['fɑːsɪkl] *adj* absurd -a, grotesc -a.
fare [feər] ⋄ *n* **–1.** [payment] (preu *m* del) bitllet *m*; [in taxi] tarifa *f*; [passenger] passatger *m* -a *f*. **–2.** (U) *fml* [food] menjar *m*. ⋄ *vi* [manage]: **she ~d well / badly** li va anar bé / malament.
Far East *n*: **the ~** l'Extrem Orient.
farewell [ˌfeə'wel] ⋄ *n* adéu *m*, comiat *m*. ⋄ *excl liter* adéu-siau!
farm [fɑːm] ⋄ *n* granja *f*. ⋄ *vt* [land] cultivar; [livestock] criar. ⋄ *vi* [grow crops] conrear la terra; [raise livestock] criar bestiar.
farmer ['fɑːmər] *n* agricultor *m* -a *f*, granger *m* -a *f*.
farmhand [ʊəfɑːmhænd] *n* peó *m*, llaurador *m* -a *f*.

farmhouse ['fɑːmhaʊs, pl -haʊzɪz] n granja f, casa f de pagès.

farming ['fɑːmɪŋ] n **-1.** (U) AGR [industry] agricultura f. **-2.** [act - of crops] cultiu m; [- of animals] cria f, criança f.

farm labourer = farmhand.

farmland ['fɑːmlænd] n (U) terres fpl de conreu.

farmstead ['fɑːmsted] n Am granja f.

farm worker = farmhand.

farmyard ['fɑːmjɑːd] n corral m.

far-reaching [-'riːtʃɪŋ] adj transcendental.

farsighted [ˌfɑːˈsaɪtɪd] adj **-1.** [gen] amb visió de futur. **-2.** Am [long-sighted] prèsbita.

fart [fɑːt] v inf ◇ n **-1.** [flatulence] pet m. **-2.** [person] torracollons mf. ◇ vi fer-se un pet.

farther ['fɑːðər] compar ▶ **far**.

farthest ['fɑːðəst] superl ▶ **far**.

fascinate ['fæsɪneɪt] vt fascinar.

fascinating ['fæsɪneɪtɪŋ] adj fascinant.

fascination [ˌfæsɪˈneɪʃn] n fascinació f.

fascism ['fæʃɪzm] n feixisme m.

fashion ['fæʃn] ◇ n **-1.** [clothing, style, vogue] moda f; **in / out of ~** de / passat de moda. **-2.** [manner] manera f; **after a ~** més o menys. ◇ vt fml elaborar; fig forjar.

fashionable ['fæʃnəbl] adj de moda.

fashion show n passi m o desfilada f de models.

fast [fɑːst] ◇ adj **-1.** [rapid] ràpid -a. **-2.** [clock, watch] que s'avança. **-3.** [dye, colour] sòlid -a, que no destenyeix. ◇ adv **-1.** [rapidly] de pressa, ràpidament. **-2.** [firmly]: **stuck ~** ben enganxat -ada; **to hold ~ to sthg** [person, object] agafar-se fort a; [principles] ser fidel a; **~ asleep** profundament adormit. ◇ n dejuni m. ◇ vi dejunar.

fasten ['fɑːsn] ◇ vt **-1.** [gen] subjectar; [clothes, belt] cordar; **he ~ed his coat** es va cordar l'abric. **-2.** [attach]: **to ~ sthg to sthg** fixar alguna cosa a. **-3.** [hands, teeth] prémer. ◇ vi: **to ~ on to sb / sthg** aferrar-se a algú / alguna cosa.

fastener ['fɑːsnər] n tanca f; [zip] cremallera f.

fastening ['fɑːsnɪŋ] n [of door, window] pany m, pestell m.

fast food n (U) menjar m ràpid.

fastidious [fəˈstɪdɪəs] adj [fussy] primmirat -ada.

fat [fæt] (compar **-ter**, superl **-test**) ◇ adj **-1.** [gen] gras -assa; **to get ~** engreixar-se. **-2.** [meat] amb molt de greix. **-3.** [book, package] gruixut -uda. **-4.** [profit, fee, cheque] voluminós -osa. **-5.** iro [small]: **a ~ lot of good / use that was!** doncs sí que va servir de gaire això! ◇ n **-1.** [gen] greix m. **-2.** [for cooking] llard m.

fatal ['feɪtl] adj **-1.** [serious] fatal, funest -a. **-2.** [mortal] mortal.

fatality [fəˈtælətɪ] (pl **-ies**) n **-1.** [accident victim] víctima f mortal, mort m. **-2.** = **fatalism**.

fate [feɪt] n **-1.** [destiny] destí m; **to tempt ~** temptar la sort. **-2.** [result, end] final m, sort f.

fateful ['feɪtfʊl] adj fatídic -a.

father ['fɑːðər] ◇ n lit & fig pare m. ◇ vt engendrar.

Father Christmas n Br Pare m Noel.

father-in-law (pl **father-in-laws** / **fathers-in-law**) n sogre m.

fatherly ['fɑːðəlɪ] adj paternal.

fathom ['fæðəm] ◇ n braça f. ◇ vt: **to ~ sthg / sb (out)** arribar a comprendre alguna cosa / algú.

fatigue [fəˈtiːg] ◇ n fatiga f. ◇ vt fatigar.

fatten ['fætn] vt engreixar.

fattening ['fætnɪŋ] adj que engreixa.

fatty ['fætɪ] (compar **-ier**, superl **-iest**, pl **-ies**) ◇ adj gras -sa. ◇ n inf pej rodanxó -ona, grassàs -assa.

fatuous ['fætjʊəs] adj neci, nècia.

faucet ['fɔːsɪt] n Am aixeta f.

fault ['fɔːlt] ◇ n **-1.** [responsibility] culpa f; **through no ~ of my own** sense que la culpa sigui meva; **to be at ~** tenir la culpa. **-2.** [mistake, imperfection] defecte m; **to find ~ with** trobar defectes a. **-3.** GEOL falla f. **-4.** [in tennis] falta f. ◇ vt: **to ~ sb (on sthg)** criticar algú (per alguna cosa).

faultless ['fɔːltlɪs] adj perfecte -a, impecable.

faulty ['fɔːltɪ] (compar **-ier**, superl **-iest**) adj [machine, system] defectuós -osa; [reasoning, logic] imperfecte -a.

fauna ['fɔːnə] n fauna f.

faux pas [ˌfəʊˈpɑː] (pl inv) n planxa f, ficada f de pota.

favour Br, **favor** Am ['feɪvər] ◇ n **-1.** [gen] favor m; **in sb's ~** a favor d'algú; **to be in favour / out of ~ (with)** ser / deixar de ser popular (amb); **to do sb a ~** fer un favor a algú; **to curry ~ with sb** tractar de congraciar-se amb algú; **to rule in sb's ~** decidir a favor d'algú. **-2.** [favouritism] favoritisme m. ◇ vt **-1.** [prefer] decantar-se per, preferir. **-2.** [treat better, help] afavorir. **-3.** iro [honour]: to ~ sb with sthg honrar algú amb. ➡ **in favour** adv [in agreement] a favor. ➡ **in favour of** prep **-1.** [in preference to] a favor de. **-2.** [in agreement with]: to be in ~ of sthg / of doing sthg estar a favor d'alguna cosa / de fer alguna cosa.

favourable Br, **favorable** Am ['feɪvrəbl] adj [positive] favorable.

favourite Br, **favorite** Am ['feɪvrɪt] ◇ adj favorit m -a f. ◇ n favorit m -a f.

fawn [fɔːn] ◇ adj pallós -osa, beix. ◇ n [animal] cervatell m, cervató m. ◇ vi: to ~ on sb adular algú.

fax [fæks] ◇ n fax m. ◇ vt **-1.** [send - to] enviar un fax a. **-2.** [send by -] enviar per fax.

fax machine n fax m.

fax modem n mòdem m fax.

FBI n (abbr of Federal Bureau of Investigation) FBI m.

fear [fɪəʳ] ◇ n **-1.** [gen] por f, temor m; for ~ of per por de. **-2.** [risk] perill m. ◇ vt **-1.** [be afraid of] témer. **-2.** [anticipate] anticipar-se; to ~ (that) ... tenir por que... ◇ vi [be afraid]: to ~ for sb / sthg témer per algú / alguna cosa.

fearful ['fɪəfʊl] adj **-1.** fml [frightened] temorós -osa. **-2.** [frightening] terrible, paorós -osa.

fearless ['fɪəlɪs] adj valent -a, intrèpid -a.

feasible ['fiːzəbl] adj factible, viable.

feast [fiːst] ◇ n [meal] banquet m, festa f. ◇ vi: to ~ on / off sthg fer-se un banquet a base de.

feat [fiːt] n gesta f, feta f.

feather ['feðəʳ] n ploma f.

feature ['fiːtʃəʳ] ◇ n **-1.** [characteristic] característica f. **-2.** [of face] faccions fpl. **-3.** GEOG accident m geogràfic. **-4.** [article] article m de fons. **-5.** RADIO & TV [programme] programa m especial. **-6.** CIN = **feature film**. ◇ vt [subject: film] tenir com a protagonista; [subject: exhibition] tenir com a atracció principal. ◇ vi: to ~ (in) aparèixer o figurar (en).

feature film n llargmetratge m.

February ['februərɪ] n febrer m; ➡ **September**.

feces Am = **faeces**.

fed [fed] pt & pp ➡ **feed**.

federal ['fedrəl] adj federal.

federation [,fedə'reɪʃn] n federació f.

fed up adj: ~ (with) fart -a (de).

fee [fiː] n [to lawyer, doctor etc.] honoraris mpl; **membership** ~ quota f de soci; **entrance** ~ entrada f; **school** ~s (preu m de) matrícula f.

feeble ['fiːbəl] adj **-1.** [weak] dèbil. **-2.** [poor, silly] pobre, fluix -a.

feed [fiːd] (pt & pp fed) ◇ vt **-1.** [gen] alimentar; [animal] donar menjar. **-2.** [put, insert]: to ~ sthg into sthg introduir alguna cosa en. ◇ vi menjar; lit & fig to ~ on / off sthg alimentar-se d'alguna cosa. ◇ n **-1.** [meal] dinar m. **-2.** [animal food] pinso m.

feedback ['fiːdbæk] n **-1.** (U) [reaction] resposta f, reaccions fpl. **-2.** COMPUT & ELEC realimentació f; [on guitar etc.] feedback m.

feeding bottle ['fiːdɪŋ-] n Br biberó m.

feel [fiːl] (pt & pp felt) ◇ vt **-1.** [touch] tocar. **-2.** [sense, notice, experience] sentir; I felt myself blushing vaig notar que em tornava vermell. **-3.** [believe] creure; to ~ (that) creure o pensar que. **-4.** [think]: to ~ oneself no trobar-se bé. ◇ vi **-1.** [have sensation]: to ~ hot / cold / sleepy tenir calor / fred / son. **-2.** [have emotion]: to ~ safe / happy sentir-se segur / feliç. **-3.** [seem] semblar (al tacte). **-4.** [by touch]: to ~ for sthg buscar alguna cosa a les palpentes. **-5.** [be in mood]: do you ~ like a drink / eating out? et ve de gust beure alguna cosa / menjar a fora? ◇ n **-1.** [sensation, touch] tacte m, sensació f. **-2.** [atmosphere] atmosfera f. **-3.** to have a ~ for sthg tenir un do especial per a alguna cosa.

feeler ['fiːləʳ] n antena f.

feeling ['fiːlɪŋ] n **-1.** [emotion] sentiment m; **bad** ~ ressentiment m. **-2.** [sensation] sensació f. **-3.** [intuition] pressentiment m; I have a / get the ~ (that) ... tinc la sensació que. **-4.** [understanding] apreciació f, comprensió f; to have a ~ for sthg saber apreciar alguna cosa. ➡ **feelings** npl sentiments mpl; to hurt sb's ~s ferir els sentiments d'algú; no hard ~s? tot oblidat?

feet [fiːt] pl ➡ **foot**.

feign [feɪn] vt fml fingir, aparentar.

fell [fel] ◇ pt ➡ **fall**. ◇ vt **-1.** [tree] talar. **-2.** [person] enderrocar, fer caure. ➡ **fells** GEOG npl mont m, muntanya f.

fellow ['feləʊ] ◇ adj: ~ students / prisoners companys de classe / cel·la. ◇ n **-1.** dated [man] tipus m. **-2.** [comrade, peer] camarada *mf*, company *m* -a *f*. **-3.** [of society] membre *m*. **-4.** [of college] membre *m* del claustre de professors.

fellowship ['feləʊʃɪp] *n* **-1.** [comradeship] companyonia *f*. **-2.** [society] associació *f*. **-3.** [of society or college] pertinença *f*.

felony ['felənɪ] (*pl* **-ies**) *n* JUR delicte *m* greu.

felt [felt] ◇ *pt & pp* ▶ **feel**. ◇ *n* (U) feltre *m*.

felt-tip pen *n* retolador *m*.

female ['fiːmeɪl] ◇ *adj* [animal, plant, connector] femella *f*; [figure, sex] femení -ina. ◇ *n* **-1.** [- animal] femella *f*. **-2.** [woman] dona *f*.

feminine ['femɪnɪn] ◇ *adj* femení -ina. ◇ *n* GRAM femení *m*.

feminist ['femɪnɪst] *n* feminista *mf*.

fence [fens] ◇ *n* tanca *f*, closa *f*; *fig* **to sit on the ~** nedar entre dues aigües. ◇ *vt* tancar, barrar.

fencing ['fensɪŋ] *n* **-1.** SPORT esgrima *m*. **-2.** [material] material *m* per fer una tanca.

fend [fend] *vi*: **to ~ for oneself** valer-se per si mateix. ◆ **fend off** *vt sep* [blows] defensar-se de, desviar; [questions, reporters] eludir.

fender ['fendər] *n* **-1.** [round fireplace] pantalla *f*, guardafoc *m*. **-2.** [on boat] defensa *f*. **-3.** *Am* [on car] parafang *m*.

ferment [*n* 'fɜːment, *vb* fə'ment] ◇ *n* [unrest] agitació *f*; **in ~** en fermentació. ◇ *vi* fermentar.

fern [fɜːn] *n* falguera *f*.

ferocious [fə'rəʊʃəs] *adj* ferotge.

ferret ['ferɪt] *n* furó *m*, fura *f*. ◆ **ferret about**, **ferret around** *vi inf* regirar.

ferris wheel ['ferɪs-] *n* sínia *f*.

ferry ['ferɪ] ◇ *n* [large, for cars] transbordador *m*; [small] barca *f*. ◇ *vt* portar, transportar.

ferryboat ['ferɪbəʊt] *n* = **ferry**.

fertile ['fɜːtaɪl] *adj* fèrtil.

fertilizer ['fɜːtɪlaɪzər] *n* fertilitzant *m*, adob *m*.

fervent ['fɜːvənt] *adj* fervent.

fester ['festər] *vi* enconar-se.

festival ['festəvl] *n* **-1.** [event, celebration] festival *m*. **-2.** [holiday] dia *m* festiu.

festive ['festɪv] *adj* festiu -iva.

festive season *n*: **the ~** el temps de Nadal.

festivities [fes'tɪvətɪz] *npl* festivitats *fpl*.

festoon [fe'stuːn] *vt* engalanar.

fetch [fetʃ] *vt* **-1.** [go and get] anar a buscar, portar. **-2.** *inf* [raise - money] vendre's per, assolir.

fetching ['fetʃɪŋ] *adj* **-1.** atractiu -iva.

fete, fête [feɪt] ◇ *n* festa *f* benèfica. ◇ *vt* festejar, donar atencions.

fetish ['fetɪʃ] *n* **-1.** [object of sexual obsession] fetitxe *m*. **-2.** [mania] obsessió *f*, mania *f*.

fetus ['fiːtəs] = **foetus**.

feud [fjuːd] ◇ *n* desavinença *f*, enfrontament *m* llarg. ◇ *vi* barallar-se.

feudal ['fjuːdl] *adj* feudal.

fever ['fiːvər] *n* *lit & fig* febre *f*; **to have a ~** tenir febre.

feverish ['fiːvərɪʃ] *adj* *lit & fig* febril.

few [fjuː] ◇ *adj* pocs poques; **a ~** alguns -nes; **a ~ more potatoes** algunes patates més; **quite a ~**, **a good few** bastants; **~ and far between** escassos, comptats. ◇ *pron* pocs *mpl* poques *fpl*; **a ~ (of them)** alguns *mpl* -nes *fpl*.

fewer ['fjuːər] ◇ *adj* menys; **no ~ than** ni més ni menys que. ◇ *pron* menys.

fewest ['fjuːəst] *adj* menys.

fiancé [fɪ'ɒnseɪ] *n* promès *m*.

fiancée [fɪ'ɒnseɪ] *n* promesa *f*.

fiasco [fɪ'æskəʊ] (*Br pl* **-s**, *Am pl* **-es**) *n* fiasco *m*.

fib [fɪb] *inf* (*pt & pp* **-bed**, *cont* **-bing**) ◇ *n* bola *f*, mentida *f*. ◇ *vi* dir mentides.

fibre *Br*, **fiber** *Am* ['faɪbər] *n* fibra *f*.

fibreglass *Br*, **fiberglass** *Am* ['faɪbəglɑːs] ◇ *n* (U) fibra *f* de vidre. ◇ *comp* de fibra de vidre.

fickle ['fɪkl] *adj* voluble.

fiction ['fɪkʃn] *n* **-1.** [stories] (literatura *f* de) ficció *f*. **-2.** [fabrication] ficció *f*.

fictional ['fɪkʃənl] *adj* **-1.** [literary] novel·lesc -a. **-2.** [invented] fictici -ícia.

fictitious [fɪk'tɪʃəs] *adj* [false] fictici -ícia.

fiddle ['fɪdl] ◇ *n* **-1.** [violin] violí *m*; **(as) fit as a ~** sa i adret; **to play second ~ (to)** estar relegat -ada a un segon pla (respecte de). **-2.** *Br inf* [fraud] frau *m*, estafa *f*. ◇ *vt Br inf* trucar, falsejar. ◇ *vi* [play around]: **to ~ (with sthg)** joguinejar (amb alguna cosa).

fiddly ['fɪdlɪ] *Br* (*compar* **-ier**, *superl* **-iest**) *adj* [job] delicat -ada; [gadget] intricat -ada.

fidget ['fɪdʒɪt] *vi* moure's sense parar, no estar-se quiet -a.

field [fiːld] ◇ *n* [gen & COMPUT] camp *m*; **in the ~** sobre el terreny; **~ of vision** camp visual. ◇ *vi* parar i tornar la pilota.

field day *n*: to have a ~ gaudir d'allò més.

field glasses *npl* prismàtics *mpl*.

field marshal *n* mariscal *m* de camp.

field trip *n* excursió *f* per fer treball de camp.

fieldwork ['fi:ldwɜ:k] *n* (*U*) treball *m* de camp.

fiend [fi:nd] *n* **–1.** [cruel person] malvat *m* -ada *f*. **–2.** *inf* [fanatic] fanàtic *m* -a *f*.

fiendish ['fi:ndɪʃ] *adj* **–1.** [evil] malèvol -a, diabòlic -a. **–2.** *inf* [very difficult] endimoniat -ada.

fierce [fɪəs] *adj* [gen] feroç; [temper] endimoniat -ada; [loyalty] fervent; [heat] asfixiant.

fiery ['faɪrɪ] (*compar* **-ier**, *superl* **-iest**) *adj* **–1.** [burning] ardent. **–2.** [volatile - temper] endimoniat -ada; [- speech] encès -esa, fogós -osa; [- person] apassionat -ada, vehement. **–3.** [bright red] encès -esa.

fifteen [fɪf'ti:n] *num* quinze *m*; ➥ **six**.

fifth [fɪfθ] ◇ *num adj* cinquè -ena. ◇ *num n* [fraction] cinquè *m*; [in order] cinquè *m* -ena *f*; ➥ **sixth**.

fifty ['fɪftɪ] *num* cinquanta *m*; ➥ **sixty**.

fifty-fifty ◇ *adj* al cinquanta per cent; **a ~ chance** unes possibilitats del cinquanta per cent. ◇ *adv*: **to go ~** anar a mitges.

fig [fɪg] *n* figa *f*.

fight [faɪt] (*pt & pp* **fought**) ◇ *n* baralla *f*; [fig] lluita *f*; **to have a ~ (with)** barallar-se (amb); **to put up a ~** oposar resistència. ◇ *vt* [gen] lluitar contra; [battle, campaign] lliurar; [war] lluitar en. ◇ *vi* **–1.** [in punch-up] barallar-se; [in war] lluitar. **–2.** *fig* [battle, struggle]: **to ~ (for / against)** lluitar (per/contra). **–3.** [argue]: **to ~ (about / over)** barallar-se o discutir (per). ➥ **fight back** ◇ *vt fus* reprimir, contenir. ◇ *vi* defensar-se.

fighter ['faɪtə'] *n* **–1.** [plane] caça *m*. **–2.** [soldier] combatent *mf*. **–3.** [combative person] lluitador *m* -a *f*.

fighting ['faɪtɪŋ] *n* (*U*) [punch-up] baralla *f*; [on streets, terraces] baralles *fpl*; [in war] combat *m*.

figment ['fɪgmənt] *n*: **a ~ of sb's imagination** un producte de la imaginació d'algú.

figurative ['fɪgərətɪv] *adj* figurat -ada.

figure [*Br* 'fɪgə', *Am* 'fɪgjər] ◇ *n* **–1.** [statistic, number] xifra *f*; **to put a ~ on sthg** donar una xifra exacta d'alguna cosa; **to be in single / double ~s** no sobrepassar / sobrepassar la desena. **–2.** [shape of person, personality] figura *f*. **–3.** [diagram] gràfic *m*, diagrama *m*. ◇ *vt* [suppose] figurar-se, suposar. ◇ *vi* [feature] figurar. ➥ **figure out** *vt sep* [reason, motives] figurar-se; [problem etc.] resoldre; **to ~ out how to do sthg** encertar la forma de fer alguna cosa.

figurehead ['fɪgəhed] *n* **–1.** [on ship] mascaró *m* de proa. **–2.** [leader without real power] testaferro *m*.

figure of speech *n* forma *f* de parlar.

Fiji ['fi:dʒi:] *n* Fiji.

file [faɪl] ◇ *n* **–1.** [folder] carpeta *f*, arxivador *m*. **–2.** [report] expedient *m*, dossier *m*; **on ~, on the files** arxivat. **–3.** COMPUT fitxer *m*. **–4.** [tool] llima *f*. **–5.** [line]: **in single ~** en fila índia. ◇ *vt* **–1.** [put in -] arxivar. **–2.** JUR presentar. **–3.** [shape, smoothe] llimar. ◇ *vi* **–1.** [walk in single -] anar en fila. **–2.** JUR: **to ~ for divorce** presentar demanda de divorci.

filet *Am* = **fillet**.

filing cabinet ['faɪlɪŋ-] *n* arxiu *m*, fitxer *m*.

Filipino [ˌfɪlɪ'pi:nəʊ] (*pl* **-s**) ◇ *adj* filipí -ina. ◇ *n* filipí *m* -ina *f*.

fill [fɪl] ◇ *vt* **–1.** [gen]: **to ~ sthg (with)** omplir alguna cosa (de). **–2.** [gap, hole, crack] emplenar, omplir; [tooth] empastar. **–3.** [need, vacancy etc.] cobrir. ◇ *n*: **to have had one's ~ of sthg** estar-ne fins al capdamunt; **to eat one's ~** menjar fins a afartar-se. ➥ **fill in** ◇ *vt sep* **–1.** [complete] emplenar. **–2.** [inform]: **to ~ sb in (on)** posar algú al corrent (de). ◇ *vt fus*: **to be ~ing in time** matar el temps. ◇ *vi* [substitute]: **to ~ in (for sb)** substituir (algú). ➥ **fill out** ◇ *vt sep* [complete] emplenar. ◇ *vi* [get fatter] engreixar-se. ➥ **fill up** ◇ *vt sep* omplir (fins a dalt). ◇ *vi* omplir-se.

fillet *Br*, **filet** *Am* ['fɪlɪt] *n* filet *m*.

fillet steak *n* filet *m* (de carn).

filling ['fɪlɪŋ] ◇ *adj* [satisfying] que omple molt. ◇ *n* **–1.** [in tooth] empastament *m*. **–2.** [in cake, sandwich] farcit *m*.

filling station *n* benzinera *f*.

film [fɪlm] ◇ *n* **–1.** [gen] pel·lícula *f*. **–2.** (*U*) [footage] escena *f* filmada. ◇ *vt & vi* filmar, rodar.

film star *n* estrella *f* de cinema.

Filofax® ['faɪləʊfæks] *n* agenda *f* (de fulls recanviables).

filter ['fɪltə'] ◇ *n* filtre *m*. ◇ *vt* [purify] fitrar. ◇ *vi* [people]: **to ~ in / out** anar entrant / sortint.

filter coffee *n* cafè de filtre.
filter lane *n* Br carril *m* per girar.
filter-tipped [-'tɪpt] *adj* amb filtre.
filth [fɪlθ] *n* **-1.** (U) [dirt] brutícia *f*, porqueria *f*. **-2.** [obscenity] obscenitats *fpl*.
filthy ['fɪlθɪ] (*compar* **-ier**, *superl* **-iest**) *adj* **-1.** [very dirty] llardós -osa, molt brut -a. **-2.** [obscene] obscè -ena.
fin [fɪn] *n* **-1.** [on fish] aleta *f*. **-2.** *Am* [on swimmer] aleta *f*.
final ['faɪnl] ◇ *adj* **-1.** [last] darrer -a. **-2.** [at end] final. **-3.** [definitive] definitiu -iva. ◇ *n* final *m*. ◆ **finals** UNIV *npl* exàmens *mpl* finals.
finale [fɪ'nɑːlɪ] *n* final *m*.
finalize, -ise ['faɪnəlaɪz] *vt* ultimar.
finally ['faɪnəlɪ] *adv* **-1.** [at last] per fi, finalment. **-2.** [lastly] finalment, per acabar.
finance [*n* 'faɪnæns, *vb* faɪ'næns] ◇ *n* **-1.** (U) [money] fons *m*. **-2.** [money management] finances *fpl*. ◇ *vt* finançar. ◆ **finances** *npl* finances *fpl*.
financial [fɪ'nænʃl] *adj* financer -a.
find [faɪnd] (*pt & pp* **found**) ◇ *vt* **-1.** [gen] trobar; **to ~ one's way** trobar el camí. **-2.** [realize - fact] adonar-se de, descobrir. **-3.** JUR: **to be found guilty / not guilty (of)** ser declarat -ada culpable / innocent. ◇ *n* troballa *f*, descobriment *m*. ◆ **find out** ◇ *vi fus* [fact] esbrinar. ◇ *vt sep* [person] descobrir.
findings ['faɪndɪŋz] *npl* resultats *mpl*, conclusions *fpl*.
fine [faɪn] ◇ *adj* **-1.** [excellent] magnífic -a, excel·lent. **-2.** [perfectly satisfactory]: **it's / that's ~** està bé, perfecte; **how are you? ~ thanks** com està? molt bé, gràcies. **-3.** [weather] bo bona; **it will be ~ tomorrow** demà farà un bon dia. **-4.** [thin, smooth] fi fina. **-5.** [minute - detail, distinction] subtil; [- adjustment, tuning] mil·limètric -a. ◇ *adv* [very well] molt bé. ◇ *n* multa *f*. ◇ *vt* multar.
fine arts *npl* belles arts *fpl*.
finery ['faɪnərɪ] *n* (U) arreus *mpl*, guarniments *mpl*.
finesse [fɪ'nes] *n* finesa *f*, delicadesa *f*.
fine-tune *vt* posar a punt.
finger ['fɪŋgər] ◇ *n* dit *m*; **she didn't lay a ~ on him** no el va ni tocar; **he didn't lift a ~ to help** no va moure ni un dit per ajudar; **to keep one's ~s crossed** tocar ferro; **to point a / the ~ at sb** assenyalar algú amb el dit; **to put one's ~ on sthg** encertar a identificar alguna cosa; **to twist sb round one's little ~** tenir algú ficat a la butxaca. ◇ *vt* acariciar amb els dits.
fingernail ['fɪŋgəneɪl] *n* ungla *f* (de les mans).
fingerprint ['fɪŋgəprɪnt] *n* empremta *f* digital; **to take sb's ~s** prendre les empremtes digitals.
fingertip ['fɪŋgətɪp] *n* punta *f* del dit; **at one's ~s** a l'abast de la mà; **to have a subject at one's ~s** saber-se molt bé un tema.
finicky ['fɪnɪkɪ] *adj pej* [person] melindrós -osa; [task] delicat -ada, minuciós -osa.
finish ['fɪnɪʃ] ◇ *n* **-1.** [end] final *m*. **-2.** [surface texture] acabat *m*. ◇ *vt*: **to ~ sthg / doing sthg** acabar alguna cosa / de fer alguna cosa. ◇ *vi* acabar, finalitzar. ◆ **finish off** *vt sep* acabar del tot. ◆ **finish up** *vi* acabar.
finishing line ['fɪnɪʃɪŋ-] *n* línia *f* de meta.
finishing school ['fɪnɪʃɪŋ-] *n* escola privada on es prepara a les alumnes de classe alta per entrar en societat.
finite ['faɪnaɪt] *adj* **-1.** [limited] finit -a. **-2.** GRAM conjugat -ada.
Finland ['fɪnlənd] *n* Finlàndia *f*.
Finn [fɪn] *n* [person] finlandès *m* -esa *f*.
Finnish ['fɪnɪʃ] ◇ *adj* finlandès -esa, finès -esa. ◇ *n* [language] finès *m*.
fir [fɜːʳ] *n* avet *m*.
fire ['faɪəʳ] ◇ *n* **-1.** [gen] foc *m*; **on ~** cremant; **to catch ~** incendiar-se; **to open ~ (on sb)** obrir foc (contra algú); **to set ~ to** calar foc a. **-2.** [blaze] incendi *m*. **-3.** Br [heater]: **(electric / gas) ~** estufa *f* (elèctrica / de gas). ◇ *vt* **-1.** [shoot] disparar. **-2.** [rap out]: **to ~ questions at sb** aclaparar amb preguntes algú. **-3.** [dismiss] acomiadar. ◇ *vi*: **to ~ (on / at)** disparar (contra).
fire alarm *n* alarma *f* antiincendis.
firearm ['faɪərɑːm] *n* arma *f* de foc.
firebomb ['faɪəbɒm] ◇ *n* bomba *f* incendiària. ◇ *vt* llançar bombes incendiàries a.
fire brigade Br, **fire department** Am *n* cos *m* de bombers.
fire door *n* porta *f* tallafoc.
fire engine *n* cotxe *m* de bombers.
fire escape *n* escala *f* d'incendis.
fire extinguisher *n* extintor *m* (d'incendis).
fireguard ['faɪəgɑːd] *n* pantalla *f* (de xemeneia).
firelighter ['faɪəlaɪtəʳ] *n* torxa *f*, teia *f*.

fireman ['faɪəmən] (*pl* **-men** [-mən]) *n* bomber *m*.

fireplace ['faɪəpleɪs] *n* xemeneia *f*.

fireproof ['faɪəpruːf] *adj* ininflamable, incombustible.

fireside ['faɪəsaɪd] *n*: **by the ~** a la vora del foc.

fire station *n* parc *m* de bombers.

firewood ['faɪəwʊd] *n* llenya *f*.

firework ['faɪəwɜːk] *n* foc *m* d'artifici. ☞ **fireworks** *npl* focs *mpl* artificials o d'artifici.

firing ['faɪərɪŋ] *n* (U) MIL trets *mpl*, tiroteig *m*.

firing squad *n* escamot *m* d'execució o d'afusellament.

firm [fɜːm] ◇ *adj* **-1.** [gen] ferm; **to stand ~** mantenir-se ferm. **-2.** FIN [steady] estable. ◇ *n* empresa *f*, companyia *f*.

first [fɜːst] ◇ *adj* primer -a; **for the ~ time** per primera vegada; **~ thing (in the morning)** a primera hora del matí; **~ things first** el primer és el primer; **I don't know the ~ thing about it** no tinc ni la més mínima idea de l'assumpte. ◇ *adv* **-1.** [gen] primer; **~ of all** en primer lloc. **-2.** [for the - time] per primera vegada. ◇ *n* **-1.** [person] primer *m* -a *f*. **-2.** [unprecedented event] esdeveniment *m* sense precedents. **-3.** *Br* UNIV excel·lent *m*. ☞ **at first** *adv* al principi. ☞ **at first hand** *adv* de primera mà.

first aid *n* (U) primers auxilis *mpl*.

first-aid kit *n* farmaciola *f* de primers auxilis.

first-class *adj* **-1.** [excellent] de primera. **-2.** *Br* UNIV: **~ degree** ≃ excel·lent *m*. **-3.** [letter, ticket] de primera classe.

first floor *n* **-1.** *Br* [above ground level] primer pis *m*. **-2.** *Am* [at ground level] planta *f* baixa.

firsthand [,fɜːst'hænd] ◇ *adj* de primera mà. ◇ *adv* directament.

first lady *n* primera dama *f*.

firstly ['fɜːstlɪ] *adv* en primer lloc.

first name *n* nom *m* de pila.

first-rate *adj* de primera.

firtree ['fɜːtriː] = **fir**.

fish [fɪʃ] (*pl inv*) ◇ *n* **-1.** [animal] peix *m*. **-2.** (U) [food] peix *m*. ◇ *vt* pescar en. ◇ *vi* **-1.** [for -]: **to ~ (for sthg)** pescar (alguna cosa). **-2.** [for compliments etc.]: **to ~ for sthg** buscar (alguna cosa).

fish and chips *npl* peix *m* fregit amb patates fregides.

fish and chip shop *n Br* botiga *f* de peix fregit amb patates fregides.

fishbowl ['fɪʃbəʊl] *n* peixera *f*.

fishcake ['fɪʃkeɪk] *n* pastís *m* de peix.

fisherman ['fɪʃəmən] (*pl* **-men** [-mən]) *n* pescador *m*.

fish farm *n* piscifactoria *f*.

fish fingers *Br*, **fish sticks** *Am npl* palets *m* de peix.

fishing ['fɪʃɪŋ] *n*: **to go ~** anar a pescar.

fishing boat *n* vaixell *m* pesquer.

fishing line *n* llinya *f*.

fishing rod *n* canya *f* de pescar.

fishmonger ['fɪʃ,mʌŋgər] *n* peixater *m* -a *f*; **~'s (shop)** peixateria *f*.

fish sticks *Am* = **fish fingers**.

fishy ['fɪʃɪ] (*compar* **-ier**, *superl* **-iest**) *adj* **-1.** [smell, taste] de peix. **-2.** [suspicious] sospitós -osa.

fist [fɪst] *n* puny *m*.

fit [fɪt] (*pt & pp* **-ted**, *cont* **-ting**) ◇ *adj* **-1.** [suitable]: **~ (for sthg / to do sthg)** apte -a (per a alguna cosa / per fer alguna cosa); **to see / think ~ to do sthg** creure convenient fer alguna cosa; **do as you think ~** fes el que et sembli convenient. **-2.** [healthy] en forma; **to keep ~** mantenir-se en forma. ◇ *n* **-1.** [of clothes, shoes etc.]: **it's a good ~** et / li va bé; **it's a tight ~** et / li va just. **-2.** [bout, seizure] atac *m*; *lit & fig* **he had a ~** li va agafar un atac; **in ~s and starts** a batzegades. ◇ *vt* **-1.** [be correct size for] quedar bé a, anar bé a. **-2.** [place]: **to ~ sthg into** encaixar alguna cosa en. **-3.** [provide]: **to ~ sthg with** equipar alguna cosa amb; **to have an alarm ~ted** posar una alarma. **-4.** [be suitable for] adequar-se a, correspondre a. **-5.** [for clothes]: **to be ~ted for sthg** emprovar-se alguna cosa. ◇ *vi* **-1.** [clothes, shoes] estar bé de talla. **-2.** [part - when assembling etc.]: **this bit ~s in here** aquesta peça encaixa aquí. **-3.** [have enough room] cabre. ☞ **fit in** ◇ *vt sep* [accommodate] fer un forat a. ◇ *vi* **-1.** [subject: person]: **to ~ in (with)** adaptar-se (a). **-2.** [be compatible]: **it doesn't ~ in with our plans** no encaixa amb els nostres plans.

fitful ['fɪtfʊl] *adj* irregular, intermitent.

fitment ['fɪtmənt] *n* moble *m*.

fitness ['fɪtnɪs] *n* **-1.** (U) [health] bon estat *m* físic. **-2.** [suitability]: **~ (for)** idoneïtat *m* (per a).

fitted carpet *n* moqueta *f*.

fitted kitchen *n Br* cuina *f* de mòduls.

fitter ['fɪtə'] n (mechanic) ajustador m.

fitting ['fɪtɪŋ] ⋄ adj fml convenient, adequat -ada. ⋄ n **-1.** [part] accessoris m. **-2.** [for clothing] prova f. ☛ **fittings** npl accessoris m.

fitting room n emprovador m.

five [faɪv] num cinc; ☛ **six**.

fiver ['faɪvə'] n Br inf (bitllet de) cinc lliures.

fix [fɪks] ⋄ vt **-1.** [gen] fixar; **to ~ sthg (to)** fixar alguna cosa (a). **-2.** [repair] arreglar. **-3.** inf [rig] arreglar, manegar. **-4.** [prepare - food, drink] preparar. ⋄ n **-1.** inf [difficult situation]: **to be in a ~** estar en dificultats. **-2.** drugs sl dosi f. ☛ **fix up** vt sep **-1.** [provide]: **to ~ sb up with** proveir algú de. **-2.** [arrange] organitzar, preparar.

fixation [fɪk'seɪʃn] n: ~ **(on / about)** fixació f (amb).

fixed [fɪkst] adj fix -a.

fixture ['fɪkstʃə'] n **-1.** [furniture] instal·lació f fixa. **-2.** [permanent feature] tret m característic. **-3.** [sports event] partit m.

fizz [fɪz] ⋄ vi bombollejar. ⋄ n [sound] bombolleig.

fizzle ['fɪzl] . ☛ **fizzle out** vi [firework, fire] apagar-se; fig dissipar-se.

fizzy ['fɪzɪ] (compar **-ier**, superl **-iest**) adj gasós -osa.

flabbergasted ['flæbəgɑːstɪd] adj estupefacte -a, bocabadat -ada.

flabby ['flæbɪ] (compar **-ier**, superl **-iest**) adj fofo -a, gras -assa.

flag [flæg] (pt & pp **-ged**, cont **-ging**) ⋄ n [banner] bandera f. ⋄ vi decaure. ☛ **flag down** vt sep: **to ~ sb down** fer senyals a algú perquè pari.

flagpole ['flægpəʊl] n asta f (de bandera).

flagrant ['fleɪgrənt] adj flagrant.

flagstone ['flægstəʊn] n llosa f.

flair [fleə'] n: **to have a ~ for sthg** tenir un do per a alguna cosa.

flak [flæk] n **-1.** (U) [gunfire] foc m antiaeri. **-2.** inf [criticism] crítiques fpl.

flake [fleɪk] ⋄ n [of skin] escama f; [of snow] floc m; [of paint] esvoranc m. ⋄ vi [skin] descamar-se; [paint, plaster] descrostar-se, encrostissar.

flamboyant [flæm'bɔɪənt] adj **-1.** [person, behaviour] extravagant. **-2.** [clothes, design] vistós -osa, llampant.

flame [fleɪm] ⋄ n: **in ~s** en flames; **to burst into ~s** esclatar en flames; **an old ~** un antic amor. ⋄ vi **-1.** [be on fire] flamejar. **-2.** [redden] encendre's.

flamingo [flə'mɪŋgəʊ] (pl **-s**, **-es**) n flamenc m.

flammable ['flæməbl] adj inflamable.

flan [flæn] n pastís m (de fruita etc.).

flank [flæŋk] ⋄ n **-1.** [of animal] costat m, illada f. **-2.** [of army] flanc m. ⋄ vt: **to be ~ed by** estar flanquejat -ada per.

flannel ['flænl] n **-1.** [fabric] franel·la f. **-2.** Br [facecloth] tovallola f (de bany).

flap [flæp] (pt & pp **-ped**, cont **-ping**) ⋄ n **-1.** [of skin] pelleringa f; [of pocket, book, envelope] solapa f. **-2.** inf [panic]: **to be in a ~** estar histèric -a. ⋄ vt agitar; [wings] batre. ⋄ vi [flag, skirt] ondejar; [wings] aletejar.

flapjack ['flæpdʒæk] n **-1.** Br [biscuit] galeta d'avena f. **-2.** Am [pancake] coca f, crep f.

flare [fleə'] ⋄ n [signal] bengala f. ⋄ vi **-1.** [burn brightly]: **to ~ (up)** flamejar. **-2.** [intensify]: **to ~ (up)** esclatar. **-3.** [widen] eixamplar-se. ☛ **flares** npl Br pantalons mpl de campana.

flash [flæʃ] ⋄ adj **-1.** PHOT del flash; [photography] amb flaix. **-2.** inf [expensive-looking] fanfarró -ona; pej ostentós -osa. ⋄ n **-1.** [of light] centelleig m; [of lightning] llampec m. **-2.** PHOT flaix m. **-3.** [of genius, inspiration etc.] moment m; [of anger] accés m; **in a ~** en un instant; **quick as a ~** com un llampec. ⋄ vt **-1.** [shine in specified direction] dirigir; [switch on briefly] encendre intermitentment. **-2.** [send out] llançar. **-3.** [show - picture, image] mostrar; [- information, news] emetre. ⋄ vi **-1.** [light] centellejar. **-2.** [eyes] brillar. **-3.** [rush]: **to ~ by / past** passar com un llampec. **-4.** [appear] aparèixer; **it ~ed across his mind that...** de sobte se li va ocórrer que...

flashback ['flæʃbæk] n escena f retrospectiva, flashback m.

flashbulb ['flæʃbʌlb] n flash m.

flash drive n llapis m de memòria.

flashgun ['flæʃgʌn] n disparador m de flash.

flashlight ['flæʃlaɪt] n [torch] llanterna f.

flashy ['flæʃɪ] (compar **-ier**, superl **-iest**) adj inf fanfarró -ona; pej ostentós -osa.

flask [flɑːsk] n **-1.** [thermos -] termos f. **-2.** [used in chemistry] matràs f. **-3.** [hip -] petaca f.

flat [flæt] (pt & pp **-ted**, cont **-ting**) ⋄ adj **-1.** [surface, ground] pla plana; [feet] pla. **-2.** [shoes] baix -a. **-3.** [tyre] desinflat -ada. **-4.** [refusal, denial] rotund -a. **-5.** [business, trade] fluix -a; [voice, tone] monòton -a; [colour] esvaït -ïda; [performance, writing] sense encant. **–6.** MUS [lower than correct note] desafinat -ada; [lower than stated note] bemoll *m*. **–7.** [fare, price] únic -a. **–8.** [beer, lemonade] mort -a, sense força. **–9.** [battery] descarregat -ada. ◇ *adv* **–1.** [level]: **to lie ~** estar totalment estès; **to fall ~** [person] caure de bocaterrossa. **–2.** [absolutely]: **~ broke** sense diners. **–3.** [of time]: **in five minutes ~** en cinc minuts justos. **–4.** MUS: **to sing / play ~** desafinar. ◇ *n* **–1.** *Br* [apartment] pis *m*, apartament *m*. **–2.** MUS bemoll *m*. ◆ **flat out** *adv* a tota velocitat.

flatly ['flætlɪ] *adv* **–1.** [refuse, deny] terminantment. **–2.** [speak, perform] monòtonament.

flatmate ['flætmeɪt] *n Br* company *m* -a *f* de pis.

flat rate *n* tarifa *f* plana.

flatten ['flætn] *vt* **–1.** [surface, paper, bumps] aplanar; [pleat] allisar; **to ~ oneself against sthg** enganxar-se a alguna cosa. **–2.** [building, city] arrasar. **–3.** *inf* [person, boxer] aixafar. ◆ **flatten out** ◇ *vi* aplanar-se, anivellar-se. ◇ *vt sep* aplanar.

flatter ['flætə^r] *vt* **–1.** [subject: person, report] afalagar; **to ~ oneself (that)** congratular-se (que), felicitar-se (per). **–2.** [subject: clothes, colour, photograph] afavorir.

flattering ['flætərɪŋ] *adj* **–1.** [remark, interest] afalagador -a. **–2.** [clothes, colour, photograph] afavoridor -a.

flattery ['flætərɪ] *n* (U) afalacs *mpl*, adulació *f*.

flaunt [flɔ:nt] *vt* ostentar.

flavour *Br*, **flavor** *Am* ['fleɪvə^r] ◇ *n* **–1.** [taste] sabor *m*. **–2.** *fig* [atmosphere] aire *m*, toc *m*. ◇ *vt* condimentar.

flavouring *Br*, **flavoring** *Am* ['fleɪvərɪŋ] *n* (U) condiment *m*.

flaw [flɔ:] *n* [fault] desperfecte *m*, imperfecció *f*.

flawless ['flɔ:lɪs] *adj* impecable.

flax [flæks] *n* lli *m*.

flea [fli:] *n* puça *f*; **to send sb away with a ~ in his / her ear** renyar algú.

flea market *n* mercat *m*, encants *mpl*.

fleck [flek] ◇ *n* brossa *f*, taca *f*. ◇ *vt*: **~ed with** esquitxat -ada de.

fled [fled] *pt & pp* flee.

flee [fli:] (*pt & pp* **fled**) ◇ *vt* fugir de. ◇ *vi*: **to ~ (from / to)** fugir (de/a).

fleece [fli:s] ◇ *n* velló *m*. ◇ *vt inf* [cheat] desplomar.

fleet [fli:t] *n* **–1.** [of ships] flota *f*. **–2.** [of cars, buses] parc *m* (mòbil).

fleeting ['fli:tɪŋ] *adj* fugaç.

Fleet Street *n* carrer de Londres que antigament va ser centre de la premsa anglesa i el nom del qual encara s'utilitza per referir-s'hi.

Fleming ['flemɪŋ] *n* flamenc *m* -a *f*.

flesh [fleʃ] *n* **–1.** [of body] carn *f*; **to be one's (own) ~ and blood** [family] ser de la mateixa (carn i) sang que un mateix; **in the ~** en persona. **–2.** [of fruit, vegetable] polpa *f*.

flesh wound *n* ferida *f* superficial.

flew [flu:] *pt* > **fly**.

flex [fleks] ◇ *n* ELEC cable *m*, cordó *m*. ◇ *vt* flexionar.

flexible ['fleksəbl] *adj* flexible.

flexitime ['fleksɪtaɪm] *n* (U) horari *m* flexible.

flick [flɪk] ◇ *n* **–1.** [of whip, towel] cop *m* ràpid. **–2.** [with finger] toc *m*. ◇ *vt* **–1.** [whip, towel] donar un cop sec amb. **–2.** [with finger] donar un toc a. **–3.** [switch] prémer, polsar. ◆ **flick through** *vt fus* fullejar ràpidament.

flicker ['flɪkə^r] ◇ *n* parpelleig *m*; *fig* **a ~ of hope** un raig d'esperança; **a ~ of interest** un indici d'interès. ◇ *vi* [eyes] parpellejar; [flame] vacil·lar.

flick knife *n Br* navalla *f* automàtica.

flight [flaɪt] *n* **–1.** [gen] vol *m*; **~ of fancy / of the imagination** vol de la imaginació. **–2.** [of steps, stairs] tram *m*. **–3.** [of birds] bandada *f*. **–4.** [escape] fugida *f*, fuga *f*.

flight attendant *n* auxiliar *m* de vol, hostessa *f*.

flight crew *n* tripulació *f* de vol.

flight deck *n* **–1.** [of aircraft carrier] coberta *f*. **–2.** [of plane] cabina *f* del pilot.

flight recorder *n* registrador *m* de vol.

flimsy ['flɪmzɪ] (*compar* **-ier**, *superl* **-iest**) *adj* **–1.** [dress, material] molt lleuger -a. **–2.** [structure] dèbil, poc sòlid -a. **–3.** [excuse] fluix -a.

flinch [flɪntʃ] *vi* **–1.** [shudder] estremir-se; **without ~ing** sense pestanyejar. **–2.** [be reluctant]: **to ~ (from sthg / from doing sthg)** retrocedir (davant alguna cosa / fer alguna cosa); **without ~ing** sense immutar-se.

fling [flɪŋ] (*pt & pp* **flung**) ◇ *n* **–1.** [irresponsible adventure]: **to have a ~** fer una bauxa. **–2.** [affair] aventura *f* amorosa. ◇

flint [flɪnt] *n* **-1.** [rock] sílex *m*. **-2.** [in lighter] pedra *f*.

flip [flɪp] (*pt & pp* **-ped**, *cont* **-ping**) ◇ *vt* **-1.** [turn] donar la volta a; **to ~ sthg open** obrir alguna cosa de cop. **-2.** [switch] polsar. **-3.** [send through air] llançar a l'aire. ◇ *vi inf* [become angry] posar-se fet una fúria. ◇ *n* **-1.** [of coin] copet *m*. **-2.** [somersault] salt *m* mortal.

flip-flop *n* [shoe] xancleta *f*.

flippant ['flɪpənt] *adj* frívol -a, poc seriós -osa.

flipper ['flɪpər] *n* aleta *f*.

flirt [flɜːt] ◇ *n* dandi *m*. ◇ *vi* **-1.** [with person]: **to ~ (with)** flirtejar (amb). **-2.** [with idea]: **to ~ with** acariciar, contemplar.

flirtatious [flɜːˈteɪʃəs] *adj* que coqueteja.

flit [flɪt] (*pt & pp* **-ted**, *cont* **-ting**) *vi* **-1.** [bird] voletejar. **-2.** [expression, idea]: **to ~ through** passar ràpidament per, creuar.

float [fləʊt] ◇ *n* **-1.** [for fishing line] suro *m*. **-2.** [buoyant object] flotador *m*. **-3.** [in procession] carrossa *f*. **-4.** [supply of change] canvi *m*. ◇ *vt* **-1.** [on water] fer flotar. **-2.** [idea, project] plantejar, llançar. ◇ *vi* flotar.

flock [flɒk] ◇ *n* **-1.** [of sheep] ramat *m*; [of birds] bandada *f*. **-2.** *fig* [of people] multitud *f*. **-3.** RELIG clan *m*, grup *m*. ◇ *vi*: **to ~ to** concórrer en massa a.

flog [flɒg] (*pt & pp* **-ged**, *cont* **-ging**) *vt* **-1.** [whip] assotar, fuetejar. **-2.** *Br inf* [sell] vendre.

flood [flʌd] ◇ *n* **-1.** [of water] inundació *f*. **-2.** [of letters, people] riada *f*. ◇ *vt id & fig*: **to ~ sthg (with)** inundar alguna cosa (de). ◇ *vi* **-1.** [river] desbordar-se. **-2.** [street, land] inundar-se, enaiguar. **-3.** [arrive in masses]: **to ~ in** [letters etc.] arribar en grans quantitats; [people] entrar a munts; **the memories came ~ing back** els records el van inundar de cop.

flooding ['flʌdɪŋ] *n* (U) inundació *f*.

floodlight ['flʌdlaɪt] *n* focus *m*.

floor [flɔːr] ◇ *n* **-1.** [of room, forest] terra *m*; [of club, disco] pista *f*. **-2.** [of sea, valley] fons *m*. **-3.** [of building] pis *m*, planta *f*. **-4.** [at meeting, debate]: **to give / have the ~** donar / tenir la paraula. **-5.** [of stock exchange] parquet *m*. ◇ *vt* **-1.** [knock down] enderrocar. **-2.** [baffle] desconcertar, deixar perplex -a.

floorboard ['flɔːbɔːd] *n* taula *f*, fusta *f* (del terra).

floor show *n* espectacle *m* de cabaret.

flop [flɒp] (*pt & pp* **-ped**, *cont* **-ping**) *inf* ◇ *n* [failure] fracàs *m*. ◇ *vi* **-1.** [fail] fracassar. **-2.** [fall] desplomar-se.

floppy ['flɒpɪ] (*compar* **-ier**, *superl* **-iest**) *adj* caigut -uda, fluix -a.

floppy (disk) *n* disc *m* flexible, disquet *m*.

flora ['flɔːrə] *n* flora *f*; **~ and fauna** flora i fauna.

florid ['flɒrɪd] *adj* **-1.** [red] rogenc -a. **-2.** [extravagant] florit -ida.

florist ['flɒrɪst] *n* florista *mf*; **~'s (shop)** floristeria *f*.

flotsam ['flɒtsəm] *n* (U): **~ and jetsam** restes *fpl* del naufragi; *fig* deixalles *fpl* de la humanitat.

flounce [flaʊns] ◇ *n* **-1.** [movement] exabrupte *m*, esbufec *m*. **-2.** volant *m*, farbalà *m*. ◇ *vi* moure's amb aire d'indignació; **to ~ out** sortir irritadament.

flounder ['flaʊndər] (*pl inv* / **-s**) ◇ *n* palaia *f*. ◇ *vi* **-1.** [move with difficulty] debatre's, forcejar. **-2.** [when speaking] titubejar.

flour ['flaʊər] *n* farina *f*.

flourish ['flʌrɪʃ] ◇ *vi* florir. ◇ *vt* agitar. ◇ *n*: **to do sthg with a ~** fer alguna cosa amb una floritura.

flout [flaʊt] *vt* incomplir, desobeir.

flow [fləʊ] ◇ *n* [gen] flux *m*; [of opinion] corrent *m*. ◇ *vi* **-1.** [gen] fluir, córrer. **-2.** [tide] pujar, créixer. **-3.** [hair, clothes] onejar. **-4.** [result]: **to ~ from** emanar de.

flow chart, **flow diagram** *n* organigrama *m*, quadre *m* sinòptic.

flower ['flaʊər] ◇ *n lit & fig* flor *f*. ◇ *comp* de flors. ◇ *vi lit & fig* florir.

flowerbed ['flaʊəbed] *n* parterre *m*.

flowerpot ['flaʊəpɒt] *n* test *m*, vas *m*.

flowery ['flaʊərɪ] (*compar* **-ier**, *superl* **-iest**) *adj* **-1.** [patterned] de flors, florejat -ada. **-2.** *pej* [elaborate] florit -ida. **-3.** [sweet-smelling] amb olor de flors.

flown [fləʊn] *pp* → **fly**.

fluctuate ['flʌktʃʊeɪt] *vi* fluctuar.

fluency ['fluːənsɪ] *n* fluïdesa *f*; **~ in French** domini *m* del francès.

fluent ['fluːənt] *adj* **-1.** [in foreign language]: **to be ~ in French, to speak fluent French** dominar el francès. **-2.** [style] eloqüent, fluid -a.

fluff [flʌf] ◇ *n* pelussa *f*, borrissol *m*. ◇ *vt inf* [action, task] fer malament; [words, lines] dir malament.

fluffy ['flʌfɪ] (*compar* **-ier**, *superl* **-iest**) *adj* [jumper] de pelussa; [toy] de peluix.

fluid ['flu:ɪd] ◇ *n* fluid *m*, líquid *m*. ◇ *adj* **–1.** [flowing] fluid -a. **–2.** [situation, opinion] incert a.

fluid ounce *n* unça *f* líquida.

fluke [flu:k] *n inf* xamba, sort *f*; **by a ~ de** xamba.

flummox ['flʌməks] *vt Br inf* desconcertar, confondre.

flung [flʌŋ] *pt & pp* ← **fling**.

flunk [flʌŋk] *vt & vi inf* suspendre.

fluorescent [fluə'resnt] *adj* fluorescent.

fluoride ['fluəraɪd] *n* fluorur *m*.

flurry ['flʌrɪ] (*pl* **-ies**) *n* **–1.** [shower] ratxa *f*. **–2.** [burst] frenesí *f*.

flush [flʌʃ] ◇ *adj* **–1.** [level]: **~ with** anivellat -ada amb. **–2.** *inf* [with plenty of money]: **to be ~** estar folrat -ada. ◇ *n* **–1.** [of lavatory] cadena *f*. **–2.** [blush] rubor *m*. **–3.** [sudden feeling] arravatament *m*; *liter* **in the first ~ of youth** els primers anys de la joventut. ◇ *vt* **–1.** [toilet] estirar la cadena. **–2.** [down toilet]: **to ~ sthg away** tirar alguna cosa al vàter. **–3.** [force out of hiding]: **to ~ sb out** fer sortir algú. ◇ *vi* [blush] tornar-se vermell -a.

flushed [flʌʃt] *adj* **–1.** [red-faced] encès -esa. **–2.** [excited]: **~ (with)** enardit -ida (per).

flustered ['flʌstəd] *adj* atabalat -ada.

flute [flu:t] MUS *n* flauta *f*.

flutter ['flʌtər] ◇ *n* **–1.** [of wings] aleteig *m*; [of eyelashes] pestanyeig *m*. **–2.** [of heart] palpitació *f*. **–3.** *inf* [of excitement] empenta *f*, arrencada *f*. ◇ *vt* agitar; **to ~ one's eyelashes** parpellejar. ◇ *vi* **–1.** [bird] aletejar. **–2.** [flag, dress] onejar. **–3.** [heart] palpitar.

flux [flʌks] *n* [change]: **to be in a state of ~** canviar constantment.

fly [flaɪ] (*pt* flew, *pp* flown, *pl* **-ies**) ◇ *n* **–1.** [insect] mosca *f*; **a ~ in the ointment** una pega. **–2.** [in trousers] bragueta *f*. ◇ *vt* **–1.** [plane] pilotar; [kite, model aircraft] fer volar. **–2.** [passengers, supplies] transportar en avió. **–3.** [flag] onejar. ◇ *vi* **–1.** [bird, plane, person] volar; **time flies** el temps vola; **I must ~!** marxo volant!; *inf* **to go ~ing** caure aparatosament; *inf* **to send sthg / sb ~ing**, **to knock sthg / sb flying** llançar o enviar alguna cosa / algú pels aires. **–2.** [pilot a plane] pilotar. **–3.** [travel by plane] anar en avió. **–4.** [rumours, stories] abundar. **–5.** [attack]: **to ~ at sb** arremetre contra algú. **–6.** [flag] onejar. ← **fly away** *vi* marxar volant.

fly-fishing *n* pesca *f* amb mosca.

flying ['flaɪɪŋ] ◇ *adj* **–1.** [able to fly] volador -a, que vola. **–2.** [running]: **a ~ leap / jump** un salt amb carrera. ◇ *n*: **I hate / love ~** odio / m'encanta anar en avió; **her hobby is ~** és aficionada a l'aviació.

flying colours *npl*: **to pass (sthg) with ~** sortir airós -osa (d'una situació).

flying picket *n* piquet de suport que prové d'una altra fàbrica o sindicat.

flying saucer *n* plat *m* volador.

flying squad *n* brigada *f* volant.

flying start *n*: **to get off to a ~** començar amb molt bon peu.

flying visit *n* visita *f* breu.

flyover ['flaɪ,əʊvər] *n Br* pas *m* elevat.

flysheet ['flaɪʃi:t] *n* doble sostre *m*.

fly spray *n* matamosques *mpl* (en aerosol).

FM –1. (abbr of **frequency modulation**) FM *f*. **–2.** abbr of **field marshal**.

foal [fəʊl] *n* poltre *m*.

foam [fəʊm] ◇ *n* **–1.** [bubbles] escuma *f*. **–2.** : **(rubber)** goma. ◇ *vi* fer escuma; **to ~ at the mouth** treure escuma per la boca.

fob [fɒb] (*pt & pp* **-bed**, *cont* **-bing**). ← **fob off** *vt sep*: **to ~ sb off (with sthg)** fer passar algú amb raons; **to ~ sthg off on sb** endossar alguna cosa a algú.

focal point *n* punt *m* focal o central.

focus ['fəʊkəs] (*pl* **-cuses** / **-ci** [-saɪ]) ◇ *n* [gen] focus *m*; **in ~** enfocat; **out of ~** desenfocat; **~ of attention** centre *m* d'atenció. ◇ *vt* **–1.** [eyes, lens, rays] enfocar. **–2.** [attention] fixar, centrar. ◇ *vi* **–1.** [eyes, lens]: **to ~ (on sthg)** enfocar (alguna cosa). **–2.** [attention]: **to ~ on sthg** centrar-se en alguna cosa.

fodder ['fɒdər] *n* farratge *m*.

foe [fəʊ] *n liter* enemic *m* -iga *f*.

foetus ['fi:təs] *n* fetus *m*.

fog [fɒg] *n* boira *f*.

foggy ['fɒgɪ] (*compar* **-ier**, *superl* **-iest**) *adj* [misty] bromós -osa; [day] de boira.

foghorn ['fɒghɔ:n] *n* sirena *f* (de boira).

fog lamp *n* far *m* antiboira.

foible ['fɔɪbl] *n* mania *f*.

foil [fɔɪl] ◇ *n* **–1.** (U) [metal sheet] paper *m* d'alumini o de plata. **–2.** [contrast]: **a ~ to / for** un contrast amb. ◇ *vt* frustrar.

fold [fəʊld] ◇ *vt* [sheet, blanket] doblegar; [chair, pram] plegar; **to ~ one's arms** creuar els braços. ◇ *vi* **–1.** [table, chair etc.] plegar-se. **–2.** *inf* [collapse] enfonsar-se. ◇ *n*

–1. [in material, paper] plec *m*. **–2.** [for animals] cleda *f*, pleta *f*. **–3.** *fig* [spiritual home]: the ~ la cleda. ◆ **fold up** ◇ *vt sep* **–1.** [bend] doblegar. **–2.** [close up] plegar. ◇ *vi* **–1.** [bend] doblegar-se. **–2.** [close up] plegar-se. **–3.** [collapse] enfonsar-se.

folder ['fəʊldəʳ] *n* **–1.** [gen] carpeta *f*. **–2.** COMPUT carpeta *f*, directori *m*.

folding ['fəʊldɪŋ] *adj* plegable; [ladder] de tisora.

foliage ['fəʊlɪɪdʒ] *n* fullatge *m*, fullam *m*.

folk [fəʊk] ◇ *adj* popular. ◇ *n* **–1.** [people] gent *f*. **–2.** = **folk music**. ◆ **folks** *npl inf* **–1.** [relatives] família *f*. **–2.** [everyone] nois *mpl*, noies *fpl*.

folklore ['fəʊklɔːʳ] *n* folklore *m*.

folk music *n* música *f* folklòrica o popular.

folk song *n* cançó *f* popular.

follow ['fɒləʊ] ◇ *vt* **–1.** [gen] seguir. **–2.** [understand] comprendre. ◇ *vi* **–1.** [gen] seguir; **as ~s** tal com segueix. **–2.** [be logical] ser lògic -a; **it ~s that** es dedueix que. **–3.** [understand] comprendre. ◆ **follow up** *vt sep* examinar amb més detall; **to ~ sthg up with** continuar alguna cosa amb.

follower ['fɒləʊəʳ] *n* partidari *m* -ària *f*, seguidor *m* -ora *f*.

following ['fɒləʊɪŋ] ◇ *adj* següent. ◇ *n* partidaris *mpl*; [of team] afició *f*. ◇ *prep* després de.

folly ['fɒlɪ] *n* (U) [foolishness] bogeria *f*.

fond [fɒnd] *adj* **–1.** [affectionate] afectuós -osa, amorós -osa. **–2.** [having a liking]: **to be ~ of sb** sentir afecte per algú; **to be ~ of sthg / of doing sthg** ser aficionat -ada a alguna cosa / a fer alguna cosa. **–3.** *fml* [naive, unrealistic] innocent.

fondle ['fɒndl] *vt* acariciar.

font [fɒnt] *n* **–1.** [in church] pica baptismal *f*. **–2.** COMPUT: **hard / printer / screen ~** grup *m* de caràcters imprès / d'impressora / de pantalla.

food [fuːd] *n* menjar *m*; **~ for thought** alguna cosa en què pensar.

food chain *n* cadena *f* tròfica, cadena *f* alimentària.

food mixer *n* batedora *f* elèctrica.

food poisoning [-'pɔɪznɪŋ] *n* intoxicació *f* alimentària.

food processor *n* robot *m* de cuina.

foodstuffs ['fuːdstʌfs] *npl* comestibles *mpl*.

fool [fuːl] ◇ *n* **–1.** [idiot] beneit *m* -a *f*, imbècil *m* -a *f*; **to make a ~ of sb / of oneself** posar algú / posar-se en ridícul; **to act / play the ~** fer el ximple. **–2.** *Br* [dessert] mousse de fruita amb nata. ◇ *vt* [deceive] enganyar; [joke with] prendre el pèl a; **to ~ sb into doing sthg** ensarronar algú perquè faci alguna cosa. ◇ *vi* fer broma.

fool about, fool around *vi* **–1.** [behave foolishly]: **to ~ about (with sthg)** fer el ximple (amb alguna cosa). **–2.** [be unfaithful]: **to ~ about (with sb)** flirtejar (amb algú).

foolhardy ['fuːlˌhɑːdɪ] *adj* temerari -ària.

foolish ['fuːlɪʃ] *adj* ximple, estúpid -a.

foolproof ['fuːlpruːf] *adj* infal·lible.

foot [fʊt] (*pl sense 1* **feet**, *pl sense 2 inv* / **feet**) ◇ *n* **–1.** [gen] peu *m*; [of bird, animal] pota *f*; **to be on one's feet** estar dempeus; **to get to one's feet** aixecar-se; **on ~** a peu, caminant; **to be back on one's feet** haver-se recuperat; **to be rushed off one's feet** tenir molta feina; **to have itchy feet** tenir ganes de viatjar; *fig* **to put one's ~ down** posar-se ferm; **to put one's in it** ficar la pota; **to put one's feet up** descansar (amb els peus aixecats); **to set ~ in** posar els peus en; **to stand on one's own two feet** valer-se per si mateix. **–2.** [unit of measurement] peu *m* = 30,48 cm. ◇ *vt inf*: **to ~ the bill (for sthg)** pagar el compte (d'alguna cosa).

footage ['fʊtɪdʒ] *n* (U) seqüències *fpl*.

football ['fʊtbɔːl] *n* **–1.** [game - soccer] futbol *m*; [- American -] futbol *m* americà. **–2.** [ball] pilota *f*.

footballer ['fʊtbɔːləʳ] *n Br* futbolista *mf*.

football ground *n Br* camp *m* de futbol.

football player = **footballer**.

footbrake ['fʊtbreɪk] *n* fre *m* de pedal.

footbridge ['fʊtbrɪdʒ] *n* pas *m* elevat, passarel·la *f*.

foothills ['fʊthɪlz] *npl* contraforts *mpl*.

foothold ['fʊthəʊld] *n* punt *m* de suport pel peu; **to get a ~** [on mountain, rockface] trobar un punt de suport; [in organization, company] afermar-se.

footing ['fʊtɪŋ] *n* **–1.** [foothold]: **to lose one's ~** perdre l'equilibri. **–2.** [basis] nivell *m*; **on an equal ~ (with)** en peu d'igualtat (amb).

footlights ['fʊtlaɪts] *npl* gresol *m*, bateria *f* de llums.

footnote ['fʊtnəʊt] *n* nota *f* a peu de pàgina.

footpath ['fʊtpɑːθ, *pl* -pɑːðz] *n* camí *m*, sender *m*.

footprint ['fʊtprɪnt] *n* empremta *f*, petjada *f*.

footstep ['fʊtstep] *n* **-1.** [sound] pas *m*. **-2.** [footprint] petjada *f*; **to follow in sb's ~s** seguir els passos d'algú.

footwear ['fʊtweə^r] *n* calçat *m*.

for [fɔː^r] *prep* **-1.** [indicating intention, destination, purpose] per a; **this is ~ you** això és per a tu; **I'm going ~ the paper** vaig a buscar el diari; **the plane ~ Paris** [gen] l'avió cap a París; [in airport announcements] l'avió amb destinació a París; **it's time ~ bed** és hora d'anar a dormir; **we did it ~ a laugh / for fun** ho vam fer de broma / per divertir-nos; **to wait ~ a bus** esperar l'autobús; **to go ~ a walk** anar a fer un passeig; **what's it ~?** per a què és / serveix? **-2.** [representing, on behalf of] per, en nom de; **the MP ~ Barnsley** el diputat per Barnsley; **let me do it ~ you** deixa que ho faci per tu; **he plays ~ England** juga a la selecció anglesa; **to work ~** treballar per. **-3.** [because of] per; **~ various reasons** per diverses raons; **a prize ~ bravery** un premi a la valentia; **to jump ~ joy** fer salts de joia; **~ fear of failing** per por de fracassar. **-4.** [with regard to] per; **to be ready ~ sthg** estar preparat per a alguna cosa; **it's not ~ me to say no** em toca a mi decidir-ho; **he looks young ~ his age** sembla més jove del que és; **to feel sorry / glad ~ sb** sentir-ho / alegrar-se per algú. **-5.** [indicating amount of time, space] per; **there's no time / room ~ it** no hi ha temps / lloc per a això. **-6.** [indicating period of time - during] durant; [- by, in time -] per; **she cried ~ two hours** va estar plorant durant dues hores; **I've lived here ~ three years** fa tres anys que visc aquí, he viscut aquí durant tres anys; **I've worked here ~ years** treballo aquí des de fa anys; **I'll do it ~ tomorrow** ho tindré fet per demà. **-7.** [indicating distance] en; **there were roadworks ~ 50 miles** hi havia obres en 50 milles; **we walked ~ miles** vam caminar milles i milles. **-8.** [indicating particular occasion] per; **I got it ~ my birthday** m'ho van regalar pel meu aniversari; **it's scheduled ~ the 30th** està previst per al dia 30; **~ the first time** per primera vegada. **-9.** [indicating amount of money, price] per; **I bought / sold it ~ £10** ho vaig comprar / vendre per 10 lliures; **they're 50p ~ ten** són a 50 penics cada deu. **-10.** [in favour of, in support of] a favor de, per; **is she ~ or against it?** està a favor o en contra?; **to vote ~ sthg / sb** votar per alguna cosa / algú; **to be all ~ sthg** estar completament a favor d'alguna cosa. **-11.** [in ratios] per. **-12.** [indicating meaning]: **green is ~ go** el verd vol dir endavant; **P ~ Peter** P de Pere; **what's the Greek ~ "mother"?** com es diu "mare" en grec? ⇒ **for all** ◇ *prep* **-1.** [in spite of] malgrat, a pesar de; **~ all your moaning** malgrat les teves queixes. **-2.** [considering how little] per; **~ all the good it has done me** pel que m'ha servit. ◇ *conj* malgrat; **~ all he promised to do it**, he never actually did tant que va prometre que ho faria, al final res; **~ all I care, she could be dead** per mi, com si es mor; **~ all I know** pel que jo sé, que jo sàpiga; **~ all I know, he could be dead** no en tinc ni idea, podria fins i tot haver mort.

forage ['fɒrɪdʒ] *vi* [search]: **to ~ (for sthg)** buscar (alguna cosa).

foray ['fɒreɪ] *n lit & fig*: **~ (into)** incursió *f* (en).

forbad [fə'bæd], **forbade** *pt* ➤ **forbid**.

forbid [fə'bɪd] (*pt* **-bade** / **-bad**, *pp* **forbid** / **-bidden**, *cont* **-bidding**) *vt*: **to ~ sb (to do sthg)** prohibir a algú (fer alguna cosa); **God / Heaven ~!** Déu no ho vulgui!

forbidden [fə'bɪdn] *adj* prohibit -ida.

forbidding [fə'bɪdɪŋ] *adj* [building, landscape] inhòspit -a; [person, expression] sever -a, auster -a.

force [fɔːs] ◇ *n* força *f*; **a ~ to be reckoned with** algú / alguna cosa a tenir en compte; **a powerful ~ for change** una dinàmica de canvi; **~ of habit** la força del costum; **sales ~** personal *m* de vendes; **security ~s** forces *fpl* de seguretat; **by ~** a la força; **to be in / come into ~** estar / entrar en vigor; **in ~** [in large numbers] en massa, en gran nombre. ◇ *vt* forçar; **to ~ sb to do sthg** [gen] forçar algú a fer alguna cosa; [subject: event, circumstances] obligar algú a fer alguna cosa; **to ~ open** forçar, obrir per la força; **to ~ one's way through / into** obrir-se pas a la força a través de / per entrar en. ➤ **forces** *npl*: **the ~s** les forces armades; **to join ~s (with)** unir-se (amb).

force-feed *vt* alimentar a la força.

forceful ['fɔːsfʊl] *adj* [person, impression] fort -a; [support, recommendation] enèrgic -a; [speech, idea, argument] contundent.

forceps ['fɔːseps] *npl* fòrceps *m*.

forcibly ['fɔːsəblɪ] *adv* **-1.** [using physical force] per la força. **-2.** [remind] vivament; [express, argue, recommend] enèrgicament.

ford [fɔːd] ◇ *n* gual *m*. ◇ *vt* passar a gual, travessar.
fore [fɔːʳ] ◇ *adj* NAUT de proa. ◇ *n*: to come to the ~ començar a destacar, emergir.
forearm [ˈfɔːrɑːm] *n* avantbraç *m*.
foreboding [fɔːˈbəʊdɪŋ] *n* **-1.** [presentiment] presagi *m*. **-2.** [apprehension] por *f*.
forecast [ˈfɔːkɑːst] (*pt* & *pp* **forecast** / **-ed**) ◇ *n* [prediction] predicció *f*; [of weather] pronòstic *m*. ◇ *vt* [predict] predir; [weather] pronosticar.
foreclose [fɔːˈkləʊz] ◇ *vi*: to ~ on sb privar algú del dret de redimir la seva hipoteca. ◇ *vt* executar.
forecourt [ˈfɔːkɔːt] *n* pati *m*.
forefinger [ˈfɔːˌfɪŋgəʳ] *n* (dit *m*) índex *m*.
forefront [ˈfɔːfrʌnt] *n*: in / at the ~ of en / a l'avantguarda de.
forego [ˈfɔːgəʊ] = **forgo**.
foregone conclusion [ˌfɔːgɒn-] *n*: it's a ~ és un resultat inevitable.
foreground [ˈfɔːgraʊnd] *n* primer pla *m*; in the ~ en primer pla.
forehand [ˈfɔːhænd] *n* [stroke] cop *m* natural, drive *m*.
forehead [ˈfɔːhed] *n* front *m*.
foreign [ˈfɒrən] *adj* **-1.** [from abroad] estranger -a. **-2.** [external - policy] exterior;. **-3.** [unwanted, harmful] estrany -a. **-4.** [alien, untypical]: ~ (to sb / sthg) aliè -ena (a algú / alguna cosa).
foreign affairs *npl* assumptes *mpl* exteriors.
foreign currency *n* (U) divisa *f*.
foreigner [ˈfɒrənəʳ] *n* estranger *m* -a *f*.
foreign minister *n* ministre *m* -a *f* d'afers estrangers.
Foreign Office *n* Br: the ~ el Ministeri d'Afers Estrangers britànic.
Foreign Secretary *n* Br Ministre *m* -a *f* d'Afers Estrangers.
foreleg [ˈfɔːleg] *n* pota *f* del davant.
foreman [ˈfɔːmən] (*pl* **-men** [-mən]) *n* **-1.** [of workers] capatàs *m*. **-2.** [of jury] president *m*.
foremost [ˈfɔːməʊst] ◇ *adj* primer -a. ◇ *adv*: first and ~ per damunt de tot, sobretot.
forensic [fəˈrensɪk] *adj* forense.
forensic science *n* ciència *f* forense.
forerunner [ˈfɔːˌrʌnəʳ] *n* [precursor] precursor *m* -a *f*.

foresee [fɔːˈsiː] (*pt* **-saw**, *pp* **-seen**) *vt* preveure.
foreseeable [fɔːˈsiːəbl] *adj* previsible; for / in the ~ future en un futur pròxim.
foreseen [fɔːˈsiːn] *pp* = **foresee**.
foreshadow [fɔːˈʃædəʊ] *vt* presagiar.
foresight [ˈfɔːsaɪt] *n* (U) previsió *f*.
forest [ˈfɒrɪst] *n* bosc *m*.
forestall [fɔːˈstɔːl] *vt* anticipar-se a.
forestry [ˈfɒrɪstrɪ] *n* silvicultura *f*.
foretaste [ˈfɔːteɪst] *n* avançament *m*, acompte *m*.
foretell [fɔːˈtel] (*pt* & *pp* **-told**) *vt* predir.
forever [fəˈrevəʳ] *adv* **-1.** [eternally] per sempre. **-2.** *inf* [incessantly] sempre, contínuament. **-3.** *inf* [a long time]: it took (us) ~ ens va portar una eternitat.
forewarn [fɔːˈwɔːn] *vt* prevenir, advertir.
foreword [ˈfɔːwɜːd] *n* prefaci *m*.
forfeit [ˈfɔːfɪt] ◇ *n* preu *m*; [in game] penyora *f*. ◇ *vt* renunciar a, perdre.
forgave [fəˈgeɪv] *pt* = **forgive**.
forge [fɔːdʒ] ◇ *n* farga *f*, forja *f*. ◇ *vt* **-1.** [gen] forjar, fargar. **-2.** [falsify] falsificar. ◆ **forge ahead** *vi* fer grans avanços.
forger [ˈfɔːdʒəʳ] *n* falsificador *m* -a *f*.
forgery [ˈfɔːdʒərɪ] (*pl* **-ies**) *n* falsificació *f*.
forget [fəˈget] (*pt* **-got**, *pp* **-gotten**, *cont* **-getting**) ◇ *vt*: to ~ (to do sthg) oblidar (fer alguna cosa); to ~ oneself deixar-se portar per un impuls. ◇ *vi*: to ~ (about sthg) oblidar-se (d'alguna cosa).
forgetful [fəˈgetfʊl] *adj* oblidadís *m* -issa *f*.
forget-me-not *n* miosotis *f*.
forgive [fəˈgɪv] (*pt* **-gave**, *pp* **-given**) *vt*: to ~ sb (for sthg / for doing sthg) perdonar algú (alguna cosa / per haver fet alguna cosa).
forgiveness [fəˈgɪvnɪs] *n* perdó *m*.
forgo [fɔːˈgəʊ] (*pt* **-went**, *pp* **-gone**) *vt* sacrificar, renunciar a.
forgot [fəˈgɒt] *pt* = **forget**.
forgotten [fəˈgɒtn] *pp* = **forget**.
fork [fɔːk] ◇ *n* **-1.** [for food] forquilla *f*. **-2.** [for gardening] forca *f*. **-3.** [in road etc.] bifurcació *f*. ◇ *vi* bifurcar-se. ◆ **fork out** *inf* ◇ *vt fus*: to ~ out money on / for sthg deixar anar diners per a alguna cosa. ◇ *vi*: to ~ out for sthg deixar anar diners per a alguna cosa.
forklift truck [ˈfɔːklɪft-] *n* carretó *m* elevador.
forlorn [fəˈlɔːn] *adj* **-1.** [person, expression] consternat -ada. **-2.** [place, landscape] de-

solat -ada. **–3.** [hope, attempt] desesperat -ada.

form [fɔːm] ◇ n **–1.** [shape, type] forma f; in the ~ of en forma de; to take the ~ of consistir en. **–2.** [fitness]: on ~ Br, in ~ Am en forma; off ~ en baixa forma. **–3.** [document] imprès m, formulari m. **–4.** [figure - of person] figura f. **–5.** Br [class] classe f. **–6.** [usual behaviour]: true to ~ com era d'esperar. ◇ vt formar; [plan] concebre; [impression, idea] formar-se. ◇ vi formar-se.

formal ['fɔːml] adj **–1.** [gen] formal; [education] convencional. **–2.** [clothes, wedding, party] d'etiqueta.

formality [fɔː'mælətɪ] (pl **-ies**) n formalitat f.

format ['fɔːmæt] (pt & pp **-ted**, cont **-ting**) ◇ n [gen & COMPUT] format m; [of meeting] pla f. ◇ vt COMPUT formatar.

formation [fɔː'meɪʃn] n formació f; [of ideas, plans] creació f.

formative ['fɔːmətɪv] adj formatiu -iva.

former ['fɔːmər] ◇ adj **–1.** [previous] antic -iga; in ~ times antigament. **–2.** [first of two] primer -a. ◇ n: the ~ el primer (la primera) / els primers (les primeres).

formerly ['fɔːməlɪ] adv abans, antigament.

formidable ['fɔːmɪdəbl] adj **–1.** [frightening] imponent, temible. **–2.** [impressive] formidable.

formula ['fɔːmjʊlə] (pl **-s** / **-ae**) n fórmula f.

formulate ['fɔːmjʊleɪt] vt formular.

forsake [fə'seɪk] (pt **forsook**, pp **forsaken**) vt liter abandonar.

forsaken [fə'seɪkn] adj abandonat -ada.

forsook [fə'sʊk] pt ➤ **forsake**.

fort [fɔːt] n fort m, fortalesa f; to hold the ~ (for sb) quedar-se al càrrec (en lloc d'algú).

forte ['fɔːtɪ] n fort m.

forth [fɔːθ] lit adv **–1.** [outwards, onwards] cap endavant. **–2.** [into future]: from that day ~ d'aquell dia endavant.

forthcoming [fɔːθ'kʌmɪŋ] adj **–1.** [election, book, events] pròxim -a. **–2.** [help, information, answer] disponible; no reply was ~ no hi va haver resposta. **–3.** [person] obert -a, amable.

forthright ['fɔːθraɪt] adj [person, manner, opinions] directe -a, franc -a; [opposition] rotund -a.

forthwith [ˌfɔːθ'wɪθ] adv fml immediatament.

fortified wine [ˌfɔːtɪfaɪd-] n vi m licorós -osa.

fortify ['fɔːtɪfaɪ] (pt & pp **-ied**) vt **–1.** MIL fortificar. **–2.** [person, resolve] enfortir.

fortnight ['fɔːtnaɪt] n quinzena f.

fortnightly ['fɔːt,naɪtlɪ] ◇ adj quinzenal. ◇ adv quinzenalment.

fortress ['fɔːtrɪs] n fortalesa f.

fortunate ['fɔːtʃnət] adj afortunat -ada.

fortunately ['fɔːtʃnətlɪ] adv afortunadament.

fortune ['fɔːtʃuːn] n **–1.** [money, luck] fortuna f. **–2.** [future]: to tell sb's ~ dir a algú la bonaventura.

fortune-teller n endeví m -ina f.

forty ['fɔːtɪ] num quaranta m; ➤ **sixty**.

forum ['fɔːrəm] (pl **-s**) n lit & fig **–1.** fòrum m. **–2.** [on Internet] xat m, grup m de discussió.

forward ['fɔːwəd] ◇ adj **–1.** [towards front - movement] cap endavant; [near front - position etc.] davanter -a. **–2.** [towards future]: ~ planning planificació f anticipada. **–3.** [advanced]: we're (no) further ~ (no) hem avançat (gens). **–4.** [impertinent] atrevit -ida. ◇ adv **–1.** [ahead] cap endavant; to go / move ~ avançar. **–2.** [in time]: to bring sthg ~ avançar alguna cosa; to put a clock ~ (by 30 minutes) avançar un rellotge (30 minuts). ◇ n SPORT davanter m -a f. ◇ vt **–1.** [send on] remetre, tornar a enviar; "please ~" "remeteu al destinatari". **–2.** fml [further] promoure.

forwarding address ['fɔːwədɪŋ-] n nova adreça f per reexpedir el correu.

forwards ['fɔːwədz] adv = **forward**.

forwent [fɔː'went] pt ➤ **forgo**.

fossil ['fɒsl] n fòssil m.

foster ['fɒstər] ◇ adj adoptiu -iva. ◇ vt **–1.** [child] acollir. **–2.** [idea, arts, relations] promoure. ◇ vi acollir un nen dins d'una família.

foster child n menor mf en règim d'acolliment familiar.

foster parents npl família f d'acollida.

fought [fɔːt] pt & pp ➤ **fight**.

foul [faʊl] ◇ adj **–1.** [unclean - smell] fètid -a; [- taste] fastigós -osa; [- water, language] brut -a. **–2.** [very unpleasant] horrible; to fall ~ of sb posar-se malament amb algú. ◇ n falta f. ◇ vt **–1.** [make dirty] embrutar. **–2.** SPORT cometre una falta contra. **–3.** [obstruct] embullar, embolicar-se en.

found [faʊnd] ◇ *pt & pp* ➡ **find**. ◇ *vt*: to ~ sthg (on) fundar alguna cosa (en).

foundation [faʊnˈdeɪʃn] *n* **-1.** [organization, act of establishing] fundació *f*. **-2.** [basis] fonament *m*, base *f*. **-3.** [make-up]: ~ **(cream)** crema *f* base. ➡ **foundations** CONSTR *npl* fonaments *mpl*.

founder [ˈfaʊndər] ◇ *n* fundador *m* -a *f*. ◇ *vi lit & fig* enfonsar-se, anar-se'n en orris.

foundry [ˈfaʊndrɪ] (*pl* **-ies**) *n* fundició *f*.

fountain [ˈfaʊntɪn] *n* **-1.** [structure] font *f*. **-2.** [jet] raig *m*, devessall *m*.

fountain pen *n* (ploma *f*) estilogràfica *f*.

four [fɔːr] *num* quatre; **on all ~s** de quatre grapes; ➡ **six**.

four-letter word *n* paraulota *f*.

four-poster (bed) *n* llit *m* de columnes.

foursome [ˈfɔːsəm] *n* grup *m* de quatre persones.

fourteen [ˌfɔːˈtiːn] *num* catorze; ➡ **six**.

fourth [fɔːθ] ◇ *num adj* quart -a. ◇ *num n* [in order] quart *m* -a *f*; ➡ **sixth**.

Fourth of July *n*: the ~ el quatre de juliol, dia de la independència nord-americana.

four-wheel drive *n* tracció *f* a quatre rodes.

fowl [faʊl] (*pl inv* / **-s**) *n* au *f* de corral.

fox [fɒks] ◇ *n* guineu *f*. ◇ *vt* [perplex] deixar perplex -a.

foxglove [ˈfɒksɡlʌv] *n* digital *f*, didalera *f*.

foyer [ˈfɔɪeɪ] *n* vestíbul *m*.

fracas [ˈfræka: *Am* ˈfreɪkəs] (*Br pl inv, Am pl* **-es**) *n fml* baralla *f*, gresca *f*.

fraction [ˈfrækʃn] *n* **-1.** MATH fracció *f*. **-2.** [small part] fracció *f*; **can you lift it up a ~?** pots aixecar-ho una mica?

fractionally [ˈfrækʃnəlɪ] *adv* lleugerament.

fracture [ˈfræktʃər] ◇ *n* fractura *f*. ◇ *vt* fracturar.

fragile [ˈfrædʒaɪl] *adj* fràgil.

fragment [*n* ˈfræɡmənt, *vb* fræɡˈment] ◇ *n* **-1.** [of glass, text] fragment *m*; [of paper, plastic] tros *m*. **-2.** [of truth] indici *m*. ◇ *vi* fragmentar-se.

fragrance [ˈfreɪɡrəns] *n* fragància *f*.

fragrant [ˈfreɪɡrənt] *adj* fragant.

frail [freɪl] *adj* fràgil.

frame [freɪm] ◇ *n* **-1.** [of picture, door] marc *m*; [of glasses] muntura *f*; [of chair, bed] armadura *f*; [of bicycle] quadre *m*; [of boat] carcassa *f*. **-2.** [physique] cos *m*. ◇ *vt* **-1.** [put in a -] emmarcar. **-2.** [express] formular, expressar. **-3.** *inf* [set up] posar un parany, falsejar la culpabilitat de.

frame of mind *n* estat *m* d'ànim, humor *m*.

framework [ˈfreɪmwɜːk] *n* **-1.** [physical structure] carcassa *f*, esquelet *m*. **-2.** [basis] marc *m*.

France [frɑːns] *n* França.

franchise [ˈfræntʃaɪz] *n* **-1.** POL sufragi *m*, dret *m* de vot. **-2.** COM concessió *f*, llicència *f* exclusiva.

frank [fræŋk] ◇ *adj* franc -a. ◇ *vt* franquejar.

frankly [ˈfræŋklɪ] *adv* francament.

frantic [ˈfræntɪk] *adj* frenètic -a.

fraternity [frəˈtɜːnətɪ] (*pl* **-ies**) *n* **-1.** *fml* [community] gremi *m*, confraria *f*. **-2.** [in American university] club *m* d'estudiants. **-3.** (U) *fml* [friendship] fraternitat *f*.

fraternize, -ise [ˈfrætənaɪz] *vi*: to ~ **(with)** fraternitzar (amb).

fraud [frɔːd] *n* **-1.** (U) [deceit] frau *m*. **-2.** *pej* [impostor] farsant *mf*.

fraught [frɔːt] *adj* **-1.** [full]: ~ **with** ple plena de. **-2.** *Br* [frantic] tens -a.

fray [freɪ] ◇ *vt fig* [temper, nerves] crispar, posar de punta. ◇ *vi* **-1.** [sleeve, cuff] esfilagarsar-se. **-2.** *fig* [temper, nerves] crispar-se. ◇ *n liter*: **to enter the ~** saltar a la palestra.

frayed [freɪd] *adj* [sleeve, cuff] esfilagarsada.

freak [friːk] ◇ *adj* imprevisible, inesperat -ada. ◇ *n* **-1.** [strange creature - in appearance] fenomen *m*, monstre *m*; [- in behaviour] estrafolari *m* -ària *f*. **-2.** [unusual event] anormalitat *f*. **-3.** *inf* [fanatic]: **film / fitness ~** fanàtic *m* -a *f* del cinema / de l'exercici. ➡ **freak out** *inf* ◇ *vi* al·lucinar. ◇ *vt sep* al·lucinar.

freckle [ˈfrekl] *n* piga *f*.

free [friː] (*compar* **freer**, *superl* **freest**, *pt & pp* **-freed**) ◇ *adj* **-1.** [gen]: ~ **(from / of)** lliure (de); **to be ~ to do sthg** ser lliure de fer alguna cosa; **feel ~!** endavant!; **to set ~** alliberar. **-2.** [not paid for] gratis, gratuïtament; ~ **of charge** gratis, de franc. **-3.** [unattached] solt -a. **-4.** [generous]: **to be ~ with sthg** no regatejar gens. ◇ *adv* **-1.** [without payment] **(for)** ~ gratis. **-2.** [unrestricted] lliurement. **-3.** [loose]: **to pull / cut sthg ~** deixar anar alguna cosa estirant / tallant. ◇ *vt* **-1.** [release] alliberar, deixar lliure; **to ~ sb of sthg** alliberar algú d'alguna cosa. **-2.** [make available] deixar lliure. **-3.** [extricate - person] rescatar; [- one's arm, oneself] deixar anar.

freedom ['fri:dəm] *n* llibertat *f*; **~ from** indemnitat *f* davant o de.

freefone ['fri:fəʊn] *n* (U) *Br* telèfon *m* o número *m* gratuït.

free-for-all *n* combat *m*, topada *f*.

free gift *n* obsequi *m*.

freehand [,fri:'hænd] *adj & adv* a pols.

freehold ['fri:həʊld] ◇ *adv* en propietat absoluta. ◇ *n* propietat *f* absoluta.

free house *n* bar no controlat per una companyia cervesera.

free kick *n* tir *m* lliure.

freelance ['fri:lɑ:ns] ◇ *adj* autònom -a. ◇ *adv* autònomament, per lliure. ◇ *n* (treballador *m* -a *f*) autònom -a *f*. ◇ *vi* treballar algú per lliure o per compte propi.

freely ['fri:lɪ] *adv* **-1.** [readily - admit, confess] sense manies; [- available] fàcilment. **-2.** [openly] obertament, francament. **-3.** [without restrictions] lliurement. **-4.** [generously] liberalment.

Freemason ['fri:,meɪsn] *n* francmaçó *m*.

freephone ['fri:fəʊn] = **freefone**.

freepost ['fri:pəʊst] *n* franqueig *m* pagat.

free-range *adj* de granja.

freestyle ['fri:staɪl] *n* [in swimming] estil lliure *m*.

free trade *n* lliure *m* canvi.

freeway ['fri:weɪ] *n Am* autopista *f*.

freewheel [,fri:'wi:l] *vi* [on bicycle] caminar sense pedalejar; [in car] anar en punt mort.

free will *n* lliure albir *m*; **to do sthg of one's own ~** fer alguna cosa per voluntat pròpia.

freeze [fri:z] (*pt* **froze**, *pp* **frozen**) ◇ *vt* **-1.** [gen] gelar. **-2.** [food, wages, prices] congelar. **-3.** [assets] bloquejar. ◇ *vi* **-1.** [gen] gelar-se. **-2.** [food, wages, prices] congelar-se. ◇ *v impers* METEOR gelar. ◇ *n* **-1.** [cold weather] gelada *f*. **-2.** [of wages, prices] congelació *f*.

freeze-dried [-'draɪd] *adj* liofilitzat -ada.

freezer ['fri:zə^r] *n* congelador *m*.

freezing ['fri:zɪŋ] ◇ *adj* gelat -ada; **it's ~ in here** fa un fred horrorós aquí. ◇ *n* = **freezing point**.

freezing point *n* punt *m* de congelació.

freight [freɪt] *n* (U) [goods] mercaderies *fpl*, noli *m*.

freight train *n* mercaderies *fpl*.

French [frentʃ] ◇ *adj* francès -esa. ◇ *n* [language] francès *m*. ◇ *npl*: **the ~** els francesos.

French bean *n* mongeta *f* verda.

French bread *n* (U) pa *m* de barra.

French dressing *n Br* [vinaigrette] vinagreta *f*; *Am* salsa *f* rosa.

French fries *npl* patates *fpl* fregides.

Frenchman ['frentʃmən] (*pl* **-men** [-mən]) *n* francès *m*.

French stick *n Br* barra *f* de pa.

French windows *npl* portafinestres *m*.

Frenchwoman ['frentʃ,wʊmən] (*pl* **-women** [-,wɪmɪn]) *n* francesa *f*.

frenetic [frə'netɪk] *adj* frenètic -a.

frenzy ['frenzɪ] (*pl* **-ies**) *n* frenesí *m*; **a ~ of activity** una activitat febril.

frequency ['fri:kwənsɪ] (*pl* **-ies**) *n* freqüència *f*.

frequent [*adj* 'fri:kwənt, *vb* frɪ'kwent] ◇ *adj* freqüent. ◇ *vt* freqüentar.

frequently ['fri:kwəntlɪ] *adv* amb freqüència.

fresh [freʃ] ◇ *adj* **-1.** [gen] fresc -a; [flavour, taste] refrescant; **~ from** acabat de sortir de. **-2.** [bread] del dia. **-3.** [not canned] natural. **-4.** [water] dolç -a. **-5.** [pot of tea, fighting, approach] nou nova; **to make a ~ start** començar de nou. **-6.** [bright and pleasant] alegre. ◇ *adv* acabat de, de nou; *inf* **to be ~ out of sthg** haver-se quedat sense alguna cosa.

freshen ['freʃn] ◇ *vt* [air] refrescar. ◇ *vi* [wind] bufar més fort. ◆ **freshen up** ◇ *vt sep* **-1.** [wash]: **to ~ o.s up** refrescar-se. **-2.** [smarten up] arreglar. ◇ *vi* [person] refrescar-se, rentar-se.

fresher ['freʃə^r] *n Br inf* estudiant *m* -a *f* de primer any.

freshly ['freʃlɪ] *adv* de nou.

freshman ['freʃmən] (*pl* **-men** [-mən]) *n* estudiant *m* -a *f* de primer any.

freshness ['freʃnɪs] *n* **-1.** (U) [of food] bon estat *m*. **-2.** [originality] novetat *f*, originalitat *f*. **-3.** [brightness] pulcritud *f*. **-4.** [refreshing quality] frescor *f*. **-5.** [energy] vigor *m*.

freshwater ['freʃ,wɔːtə^r] *adj* d'aigua dolça.

fret [fret] (*pt & pp* **-ted**, *cont* **-ting**) *vi* preocupar-se.

friar ['fraɪə^r] *n* frare *m*.

friction ['frɪkʃn] *n* fricció *f*.

Friday ['fraɪdɪ] *n* divendres *m*; ⮕ **Saturday**.
fridge [frɪdʒ] *n* nevera *f*.
fridge-freezer *n Br* nevera congeladora *f*.
fried [fraɪd] *adj* fregit -ida.
friend [frend] *n* **-1.** [close acquaintance] amic *m* -iga *f*; **to be ~s** ser amics; **to be ~s with sb** ser amic d'algú; **to make ~s (with)** fer-se amic (de), fer amistat (amb). **-2.** [supporter - of cause] partidari *m* -ària *f*; [- of country] aliat *m* -ada *f*.
friendly ['frendlɪ] (*compar* **-ier**, *superl* **-iest**, *pl* **-ies**) ◇ *adj* **-1.** [person] amable, simpàtic -a; [attitude, manner, welcome] amistós -osa; **to be ~ with sb** ser amic d'algú. **-2.** [nation] amic -iga, aliat -ada. **-3.** [argument, game] amistós -osa. ◇ *n* partit *m* amistós.
friendship ['frendʃɪp] *n* amistat *f*.
fries [fraɪz] = **french fries**.
frieze [friːz] *n* fris *m*.
fright [fraɪt] *n* **-1.** [fear] por *f*; **to take ~** espantar-se, tenir por. **-2.** [shock] ensurt *m*; **to give sb a ~** donar un ensurt a algú.
frighten ['fraɪtn] *vt* espantar; **to ~ sb into doing sthg** atemorir algú perquè faci alguna cosa.
frightened ['fraɪtnd] *adj* espantat -ada; **to be ~ of sthg / of doing sthg** tenir por d'alguna cosa / de fer alguna cosa.
frightening ['fraɪtnɪŋ] *adj* aterridor -a, espantós -osa.
frightful ['fraɪtfʊl] *adj dated* terrible, espantós -osa.
frigid ['frɪdʒɪd] *adj* [sexually] frígid -a.
frill [frɪl] *n* **-1.** [decoration] volant *m*. **-2.** *inf* [extra] adorn *m*, guarniment *m*.
fringe ['frɪndʒ] (*cont* **fringeing**) ◇ *n* **-1.** [decoration] flocadura *f*. **-2.** *Br* [of hair] serrell *m*. **-3.** [edge] perifèria *f*. **-4.** [extreme] marge *m*. ◇ *vt* [edge] vorejar.
fringe benefit *n* benefici *m* complementari.
frisk [frɪsk] ◇ *vt* registrar, escorcollar. ◇ *vi* guimbar, saltironar.
frisky ['frɪskɪ] (*compar* **-ier**, *superl* **-iest**) *adj inf* enjogassat -ada.
fritter ['frɪtə*] *n* bunyol *m*. ⮕ **fritter away** *vt sep*: **to ~ money / time away on sthg** malgastar diners/temps en alguna cosa.
frivolous ['frɪvələs] *adj* frívol -a.
frizzy ['frɪzɪ] (*compar* **-ier**, *superl* **-iest**) *adj* arrissat -ada, cargolat -ada.

fro [frəʊ] *adv*: **to and ~** d'un costat a l'altre.
frock [frɒk] *n dated* vestit *m*.
frog [frɒg] *n* [animal] granota *f*; **to have a ~ in one's throat** tenir raspera.
frogman ['frɒgmən] (*pl* **-men**) *n* home granota *m*.
frogmen ['frɒgmən] *pl* ⮕ **frogman**.
frolic ['frɒlɪk] (*pt* & *pp* **-ked**, *cont* **-king**) ◇ *n* joc *m* alegre. ◇ *vi* saltironar, guimbar.
from [*weak form* frəm, *strong form* frɒm] *prep* **-1.** [indicating source, origin, removal] de; **where are you ~?** d'on ets?; **I got a letter ~ her today** avui m'arribat una carta seva; **a flight ~ Paris** un vol de París; **to translate ~ Spanish into English** traduir de l'espanyol a l'anglès; **he took a notebook ~ his pocket** es va treure una llibreta de la butxaca; **he's not back ~ work yet** no ha tornat de la feina encara; **to take sthg away ~ sb** prendre alguna cosa a algú. **-2.** [indicating a deduction]: **take 15 (away) ~ 19** treu-ne 15 de 19; **to deduct sthg ~ sthg** descomptar alguna cosa de. **-3.** [indicating escape, separation] de; **he ran away ~ home** va fugir de casa. **-4.** [indicating position] des de; **seen ~ above / below** vist des de dalt / baix; **a light bulb hung ~ the ceiling** una bombeta penjava del sostre. **-5.** [indicating distance] de; **it's 60 km ~ here** és a 60 km d'aquí; **how far is London ~ here?** a quant està Londres d'aquí? **-6.** [indicating material object is made out of] de; **it's made ~ wood / plastic** és fet de fusta / plàstic. **-7.** [starting at a particular time] des de; **closed ~ 1 pm to 2 pm** tancat de 13h a 14h; **~ birth** des del naixement; **~ the moment I saw him** des del moment en què el vaig veure. **-8.** [indicating difference, change]: **to be different ~** ser diferent de; **~ ... to de...a**; **the price went up ~ £100 to £150** el preu va pujar de 100 a 150 lliures. **-9.** [because of, as a result of] de; **to die ~ cold** morir de fred; **to suffer ~ cold / hunger** patir fred / gana. **-10.** [on the evidence of] per; **to speak ~ personal experience** parlar per pròpia experiència; **I could see ~ her face she was angry** per la cara que feia vaig veure que estava enutjada. **-11.** [indicating lowest amount]: **prices range ~ £5 to £500** els preus oscil·len entre 5 i 500 lliures; **prices start ~ £50** els preus comencen des de 50 lliures; **it could take anything ~ 15 to 20 weeks** podria durar de 15 a 20 setmanes.

front [frʌnt] ◇ n **-1.** [gen] part f del davant; [- of house] façana f. **-2.** METEOR, MIL & POL front m. **-3.** [issue, area] terreny m; **on the domestic / employment ~** en l'àmbit nacional / del treball. **-4.** [on coast]: **(sea) ~** passeig m marítim. **-5.** [outward appearance] façana f; **to put on a ~** posar-se una màscara. ◇ adj [gen] davanter -a; [page] primer -a. ◇ vt **-1.** [be opposite] donar a. **-2.** [lead] dirigir. ◇ vi: **to ~ onto** donar a. ➙ **in front** adv **-1.** [further forward] davant. **-2.** [winning] al capdavant. ➙ **in front of** prep davant de.

frontbench [,frʌnt'bentʃ] n Br a la Cambra dels Comuns, cadascuna de les dues fileres d'escons ocupades respectivament pels ministres del Govern i els principals líders de l'oposició majoritària.

front door n porta f principal.

frontier ['frʌn,tɪər, Am frʌn'tɪər] n lit & fig frontera f.

front man n **-1.** [of group] portaveu mf. **-2.** [of programme] presentador m.

front room n sala f d'estar.

front-runner n favorit m -a f.

front-wheel drive n [vehicle] vehicle m de tracció davantera.

frost [frɒst] ◇ n **-1.** [layer of ice] gebrada f. **-2.** [weather] gelada f. ◇ vi: **to ~ over / up** cobrir-se de gebre.

frostbite ['frɒstbaɪt] n (U) congelació f.

frosted ['frɒstɪd] adj **-1.** [glass] esmerilat -ada. **-2.** Am CULIN gebrat -ada.

frosty ['frɒstɪ] (compar **-ier**, superl **-iest**) adj **-1.** [very cold] de gelada. **-2.** [covered with frost] gebrat -ada. **-3.** fig [unfriendly] glacial.

froth [frɒθ] ◇ n escuma f. ◇ vi fer escuma.

frown [fraʊn] ◇ n arrufada f de celles. ◇ vi arrufar les celles. ➙ **frown (up)on** vt fus desaprovar.

froze [frəʊz] pt ➙ **freeze**.

frozen [frəʊzn] ◇ pp ➙ **freeze**. ◇ adj **-1.** [gen] gelat -ada. **-2.** [preserved] congelat -ada. **-3.** fig [rigid]: **~ (with)** rígid -a (de).

frugal ['fruːgəl] adj frugal.

fruit [fruːt] (pl inv / **-s**) ◇ n **-1.** [food] fruita f. **-2.** [result] fruit m; **to bear ~** donar fruits. ◇ comp [made with -] de fruites; [producing -] fruiter; **~ bowl** fruitera f. ◇ vi donar fruits.

fruitcake ['fruːtkeɪk] n pastís m de fruita.

fruiterer ['fruːtərər] n Br fruiter m -a f; **~'s (shop)** fruiteria f.

fruitful ['fruːtfʊl] adj [successful] fructífer -a.

fruition [fruː'ɪʃn] n: **to come to ~** [plan] realitzar-se; [hope] assolir-se.

fruit juice n suc m de fruita.

fruitless ['fruːtlɪs] adj infructuós -osa.

fruit machine n Br màquina f escurabutxaques.

fruit salad n macedònia f (de fruites).

frumpy ['frʌmpɪ] (compar **-ier**, superl **-iest**) adj pastat -ada a l'antiga.

frustrate [frʌ'streɪt] vt frustrar.

frustrated [frʌ'streɪtɪd] adj frustrat -ada.

frustration [frʌ'streɪʃn] n frustració f.

fry [fraɪ] (pt & pp **-ied**) ◇ vt [food] fregir. ◇ vi [food] fregir-se.

frying pan ['fraɪɪŋ-] n paella f; **to jump out of the ~ into the fire** sortir del foc per caure a les brases.

ft. abbr of foot, feet.

fuck [fʌk] vulg ◇ vt & vi follar, cardar. ◇ excl collons! ➙ **fuck off** vi vulg: **~ off!** vés a prendre pel cul!

fudge [fʌdʒ] ◇ n (U) [sweet] dolç de sucre, llet i mantega. ◇ vt inf esquivar, eludir.

fuel [fjʊəl] (Br pt & pp **-led**, cont **-ling**, Am pt & pp **-ed**, cont **-ing**) ◇ n combustible m; **to add ~ to the fire / the flames** posar llenya al foc. ◇ vt **-1.** [supply with -] proveir de combustible, alimentar. **-2.** [increase] exacerbar, agreujar.

fuel tank n dipòsit m de benzina.

fugitive ['fjuːdʒɪtɪv] n fugitiu m -iva f.

fulfil (pt & pp **-led**, cont **-ling**), **fulfill** Am [fʊl'fɪl] vt [promise, duty, threat] complir; [hope, ambition] realitzar, satisfer; [obligation] complir; [role] exercir; [requirement] satisfer; **to ~ oneself** realitzar-se.

fulfilment, **fulfillment** Am [fʊl'fɪlmənt] n **-1.** [satisfaction] satisfacció f, realització f (d'un mateix). **-2.** [of promise, duty, threat] compliment m; [of hope, ambition] realització f; [of role] execució f, acompliment m; [of requirement] satisfacció f.

full [fʊl] ◇ adj **-1.** [filled]: **~ (of)** ple plena; **I'm ~!** [after meal] no puc més!. **-2.** [complete - recovery, employment, control] ple -na; [- name, price, fare] complet -a; [- explanation, information] detallat -ada. **-3.** [maximum - volume, power etc.] màxim -a. **-4.** [sound, flavour] ric -a. **-5.** [plump] gras -assa. **-6.** [wide] folgat -ada, ample -a.

◇ *adv* **-1.** [directly] just, de ple. **-2.** [very]: **to know sthg ~ well** saber alguna cosa perfectament. **-3.** [at maximum] al màxim. ◇ *n*: **in ~** íntegrament; **to the ~** al màxim, completament; **to live life to the ~** gaudir de la vida al màxim.

full-blown [-'bləʊn] *adj* [gen] autèntic -a; [AIDS] desenvolupat -ada, avançat -ada.

full board *n* pensió *f* completa.

full-fledged *Am* = **fully fledged**.

full moon *n* lluna *f* plena.

full-scale *adj* **-1.** [life-size] de mida natural. **-2.** [complete] a gran escala.

full stop ◇ *n* punt *m*. ◇ *adv Br* punt *m*.

full time *n Br* SPORT final *m* del (temps reglamentari del) partit. ◆ **full-time** *adj* de jornada sencera. ◇ *adv* a temps complet.

full up *adj* ple -na.

fully ['fʊlɪ] *adv* **-1.** [completely] completament. **-2.** [thoroughly] detalladament.

fully-fledged *Br*, **full-fledged** *Am* [-'fledʒd] *adj fig* de cap a peus; [member] de ple dret.

fulsome ['fʊlsəm] *adj* exagerat -ada, excessiu -iva; **to be ~ in one's praise (of sb / sthg)** omplir d'elogis (algú / alguna cosa).

fumble ['fʌmbl] ◇ *vt* perdre, no agafar bé. ◇ *vi* furgar; **to ~ for sthg** [for key, light switch] buscar alguna cosa a les palpentes; [for words] buscar alguna cosa titubejant.

fume [fju:m] *vi* [with anger] treure fum, enrabiar-se. ◆ **fumes** *npl* fum *m*.

fumigate ['fju:mɪgeɪt] *vt* fumigar.

fun [fʌn] ◇ *n* **-1.** (U) [pleasure, amusement] diversió *f*; **my uncle / parachuting is great ~** el meu oncle / el paracaigudisme és molt divertit; **to have ~** divertir-se, passar-s'ho bé; **have ~!** que et diverteixis!; **for ~, for the fun of it** per divertir-se. **-2.** (U) [playfulness]: **he's full of ~** li encanta tot el que sigui diversió. **-3.** [at sb elses expense]: **to make ~ of sb, to poke fun at sb** riure's o burlar-se d'algú. ◇ *adj inf* divertit -ida.

function ['fʌŋkʃn] ◇ *n* **-1.** [gen & MATH] funció *f*. **-2.** [way of working] funcionament *m*. **-3.** [formal social event] acte *m*, cerimònia *f*. ◇ *vi* funcionar; **to ~ as** fer de, actuar com a.

functional ['fʌŋkʃnəl] *adj* **-1.** [practical] funcional. **-2.** [operational] en funcionament.

fund [fʌnd] ◇ *n* fons *m*. ◇ *vt* finançar. ◆ **funds** *npl* fons *mpl*.

fundamental [,fʌndə'mentl] *adj*: **~ (to)** fonamental (per a).

funding ['fʌndɪŋ] *n* finançament *m*.

funeral ['fju:nərəl] *n* funeral *m*.

funeral parlour *n* funerària *f*.

funfair ['fʌnfeər] *n* parc *m* d'atraccions.

fungus ['fʌŋgəs] (*pl* **-guses** / **-gi** [-gaɪ]) *n* fong *m*.

funnel ['fʌnl] (*Br pt & pp* **-led**, *cont* **-ling**, *Am pt & pp* **-ed**, *cont* **-ing**) ◇ *n* **-1.** [for pouring] embut *m*. **-2.** [on ship] xemeneia *f*. ◇ *vt* [liquid] passar per un embut; [money, food] canalitzar. ◇ *vi* passar.

funny ['fʌnɪ] (*compar* **-ier**, *superl* **-iest**) *adj* **-1.** [amusing] divertit -ida, graciós -osa. **-2.** [odd] rar -a. **-3.** [ill] estar fumut -uda, estar pioc -a.

fur [fɜːr] *n* **-1.** [on animal] pèl *m*, pelussa *f*. **-2.** [garment] (peça de vestir *f* de) pell *f*.

fur coat *n* abric *m* de pell.

furious ['fjʊərɪəs] *adj* **-1.** [very angry] furiós -osa. **-2.** [frantic] frenètic -a.

furlong ['fɜːlɒŋ] *n* [unit of measurement] = 201,17 m.

furnace ['fɜːnɪs] *n* forn *m*.

furnish ['fɜːnɪʃ] *vt* **-1.** [fit out] moblar. **-2.** *fml* [provide - goods, explanation] proveir, subministrar; [- proof] adduir; **to ~ sb with sthg** proporcionar alguna cosa a algú.

furnished ['fɜːnɪʃt] *adj* moblat -ada.

furnishings ['fɜːnɪʃɪŋz] *npl* mobiliari *m*.

furniture ['fɜːnɪtʃər] *n* (U) mobles *mpl*, mobiliari *m*; **a piece of ~** un moble.

furrow ['fʌrəʊ] *n* lit & fig solc *m*, cau *m*.

furry ['fɜːrɪ] (*compar* **-ier**, *superl* **-iest**) *adj* pelut -uda.

further ['fɜːðər] ◇ *compar* ➥ **far**. ◇ *adv* **-1.** [in distance] més lluny; **how much ~ is it?** quant queda (de camí)?; **~ on** més endavant. **-2.** [to a more advanced point]: **they decided not to take the matter any ~** van decidir no seguir endavant amb l'assumpte; **this mustn't go any ~** això ha de quedar entre nosaltres. **-3.** [in degree, extent, time] més; **~ on / back** més endavant / enrere. **-4.** [in addition] a més. ◇ *adj*: **until ~ notice** fins a nou avís. ◇ *vt* promoure, fomentar.

further education *n Br* estudis postescolars no universitaris.

furthermore [,fɜːðə'mɔːr] *adv* a més.

furthest ['fɜːðɪst] ◇ *superl* ➥ **far**. ◇ *adj* **-1.** [in distance] més llunyà -ana. **-2.** [great-

furtive ['fɜːtɪv] *adj* furtiu -iva.

fury ['fjʊərɪ] *n* fúria *f*; **in a ~** furiós -osa.

fuse *esp Br*, **fuze** *Am* [fjuːz] ⇔ *n* **-1.** ELEC fusible *m*, plom *m*. **-2.** [of bomb, firework] ble *m*, espoleta *f*. ⇔ *vt* fondre. ⇔ *vi* **-1.** [gen & ELEC] fondre's. **-2.** [companies] fusionar-se.

fuse-box *n* caixa *f* de fusibles.

fused [fjuːzd] *adj* [fitted with a fuse] amb fusible.

fuselage ['fjuːzəlɑːʒ] *n* fuselatge *m*.

fuss [fʌs] ⇔ *n* **-1.** (U) [excitement, anxiety] xivarri *m*, rebombori *m*; **to make a ~** fer un escàndol. **-2.** (U) [complaints] protestes *fpl*. **-3. to make a ~ of sb** *Br* fer molt de cas a algú. ⇔ *vi* angoixar-se, amoïnar-se.

fussy ['fʌsɪ] (*compar* **-ier**, *superl* **-iest**) *adj* **-1.** [fastidious] delicat -ada, primmirat -ada. **-2.** [over-decorated] recarregat -ada, aparatós -osa.

futile ['fjuːtaɪl] *adj* inútil, va -na.

futon ['fuːtɒn] *n* futó *m*.

future ['fjuːtʃər] ⇔ *n* futur *m*; **in ~** d'ara endavant; **in the ~** en el futur; **~ (tense)** futur *m*. ⇔ *adj* futur -a.

fuze *Am* ☞ **fuse**.

fuzzy ['fʌzɪ] (*compar* **-ier**, *superl* **-iest**) *adj* **-1.** [hair] arrissat -ada, cargolat -ada. **-2.** [photo, image] borrós -osa. **-3.** [thoughts, mind] confús -usa.

G

g¹ (*pl* **gs / g's**), **G** (*pl* **Gs / G's**) [dʒiː] *n* [letter] g *f*, G *f*. ☞ **G** *n* **-1.** MUS sol *m*. **-2.** (abbr of good) B. **-3.** *Am* CIN (abbr of **general audience**) per a tots els públics.

g² *n* **-1.** (abbr of gram) g. *m*. **-2.** (abbr of gravity) g. *f*.

gab [gæb] *n* ☞ **gift**.

gabble ['gæbl] ⇔ *vt & vi* balbucejar. ⇔ *n* balbuceig *m*.

gable ['geɪbl] *n* aguiló *m*.

gadget ['gædʒɪt] *n* artefacte *m*, fòtil *m*.

Gaelic ['geɪlɪk] ⇔ *adj* gaèlic -a. ⇔ *n* [language] gaèlic *m*.

gaffe [gæf] *n* patinada *f*, ficada de pota *f*.

gag [gæg] (*pt & pp* **-ged**, *cont* **-ging**) ⇔ *n* **-1.** [for mouth] mordassa *f*. **-2.** *inf* [joke] acudit *m*. ⇔ *vt* emmordassar. ⇔ *vi* [retch] tenir arcades.

gage *Am* = **gauge**.

gaiety ['geɪətɪ] *n* alegria *f*, joia *f*.

gaily ['geɪlɪ] *adv* alegrement.

gain [geɪn] ⇔ *n* **-1.** [profit] benefici *m*, guany *m*. **-2.** [improvement] millora *f*. ⇔ *vt* **-1.** [gen] guanyar. **-2.** [subject: watch, clock] avançar-se. ⇔ *vi* **-1.** [advance]: **to ~ in sthg** guanyar alguna cosa. **-2.** [benefit]: **to ~ (from / by)** beneficiar-se (de). **-3.** [watch, clock] avançar-se. ☞ **gain on** *vt fus* guanyar terreny a, avançar.

gait [geɪt] *n* forma *f* de caminar.

gal. abbr of gallon.

gala ['gɑːlə] ⇔ *n* [celebration] festa *f*, celebració *f*. ⇔ *comp* de gala.

galaxy ['gæləksɪ] (*pl* **-ies**) *n* galàxia *f*.

gale [geɪl] *n* vendaval *m*.

gall [gɔːl] ⇔ *n* [nerve]: **to have the ~ to do sthg** tenir la barra de fer alguna cosa. ⇔ *vt* indignar, exasperar.

gallant [*sense 1* 'gælənt, *sense 2* gə'lænt, 'gælənt] *adj* **-1.** [courageous] valent -a, valerós -osa. **-2.** [polite to women] galant.

gall bladder *n* vesícula *f* biliar.

gallery ['gælərɪ] (*pl* **-ies**) *n* **-1.** [for art] galeria *f*. **-2.** [in courtroom, parliament] tribuna *f*. **-3.** [in theatre] galliner *m*, paradís *m*.

galley ['gælɪ] (*pl* **-s**) *n* **-1.** [ship] galera *f*. **-2.** [kitchen] cuina *f*.

galling ['gɔːlɪŋ] *adj* indignant.

gallivant [ˌgælɪ'vænt] *vi inf* gandulejar.

gallon ['gælən] *n* galó *m* = 4,546 litres.

gallop ['gæləp] ⇔ *n* galop *m*. ⇔ *vi lit & fig* galopar.

gallows ['gæləʊz] (*pl inv*) *n* forca *f*, patíbul *m*.

gallstone ['gɔːlstəʊn] *n* càlcul *m* biliar.

galore [gə'lɔːr] *adj* en abundància, a dojo.

galvanize, -ise ['gælvənaɪz] *vt* **-1.** TECHNOL galvanitzar. **-2.** [impel]: **to ~ sb into action** impulsar algú a l'acció.

gambit ['gæmbɪt] *n* tàctica *f*.

gamble ['gæmbl] ⇔ *n* [calculated risk] risc *m*, empresa *f* arriscada; **to take a ~** arriscar-se. ⇔ *vi* **-1.** [bet] jugar; **to ~ on** [race etc.] apostar a; [stock exchange] jugar a. **-2.**

[take risk]: **to ~ on** comptar per endavant que.

gambler ['gæmblə'] *n* jugador *m* -a *f*.

gambling ['gæmblɪŋ] *n* (*U*) joc *m*.

game [geɪm] ◇ *n* **-1.** [gen] joc *m*. **-2.** [of football, rugby etc.] partit *m*; [of snooker, chess, cards] partida *f*. **-3.** [hunted animals] caça *f*. **-4. to beat sb at their own ~** guanyar algú la partida en el seu propi camp; **the ~'s up** s'ha acabat el joc; **to give the ~ away** ensenyar o deixar veure les cartes. ◇ *adj* **-1.** [brave] valent. **-2.** [willing]: **~ (for sthg / to do sthg)** dispost -a (a alguna cosa / a fer alguna cosa). ◆ **games** ◇ *n* (*U*) [at school] esports *mpl*. ◇ *npl* [sporting contest] jocs *mpl*.

gamekeeper ['geɪm,kiːpə'] *n* guarda *m* de caça.

game reserve *n* vedat *m* (o àrea privada *f*) de caça.

gammon ['gæmən] *n* pernil *m*.

gamut ['gæmət] *n*: **to run the ~ of sthg** recórrer tota la gamma d'alguna cosa.

gang [gæŋ] *n* **-1.** [of criminals] banda *f*. **-2.** [of young people] colla *f*. ◆ **gang up** *vi inf*: **to ~ up (on sb)** confabular-se (contra algú).

gangland ['gæŋlænd] *n* (*U*) la púrria *f*, el món de la xusma.

gangrene ['gæŋgriːn] *n* gangrena *f*.

gangster ['gæŋstə'] *n* gàngster *m*.

gangway ['gæŋweɪ] *n* **-1.** *Br* [aisle] passadís *m*. **-2.** = **gangplank**.

gantry ['gæntrɪ] (*pl* **-ies**) *n* pòrtic *m* (per a grues).

gaol [dʒeɪl] *Br* = **jail**.

gap [gæp] *n* **-1.** [empty space] buit *m*; [in traffic, trees, clouds] clar *m*; [in text] espai *m* en blanc. **-2.** [interval] interval *m*. **-3.** *fig* [in knowledge, report] llacuna *f*. **-4.** *fig* [great difference] desfasament *m*.

gape [geɪp] *vi* **-1.** [person] mirar bocabadat -ada. **-2.** [hole, wound] estar molt obert -a.

gaping ['geɪpɪŋ] *adj* **-1.** [open-mouthed] bocabadat -ada. **-2.** [wide-open] obert -a.

garage [*Br* 'gæraːʒ, 'gærɪdʒ, *Am* gə'raːʒ] *n* **-1.** [for keeping car] garatge *m*. **-2.** *Br* [for fuel] benzinera *f*. **-3.** [for car repair] taller *m*. **-4.** *Br* [for selling cars] concessionari *m* d'automòbils.

garbage ['gaːbɪdʒ] *n* **-1.** (*U*) [refuse] escombraries *fpl*. **-2.** *inf* [nonsense] bajanades *fpl*, beneiteries *fpl*.

garbage can *n Am* cubell *m* de les escombraries.

garbage truck *n Am* camió *m* de les escombraries.

garbled ['gaːbld] *adj* confús -usa.

garden ['gaːdn] ◇ *n* jardí *m*. ◇ *comp* de jardí. ◇ *vi* treballar al jardí.

garden centre *n* centre *m* de jardineria.

gardener ['gaːdnə'] *n* jardiner *m* -era *f*.

gardening ['gaːdnɪŋ] ◇ *n* jardineria *f*. ◇ *comp* de jardineria.

gargle ['gaːgl] *vi* fer gàrgares.

gargoyle ['gaːgɔɪl] *n* gàrgola *f*.

garish ['geərɪʃ] *adj* lluent -a, cridaner -a.

garland ['gaːlənd] *n* garlanda *f*.

garlic ['gaːlɪk] *n* all *m*.

garlic bread *n* pa *m* d'all.

garment ['gaːmənt] *n* peça de vestir *f*.

garnish ['gaːnɪʃ] ◇ *n* guarnició *f*. ◇ *vt* guarnir.

garrison ['gærɪsn] ◇ *n* guarnició *f*. ◇ *vt* guarnir, protegir.

garrulous ['gærələs] *adj* xerraire, galaire.

garter ['gaːtə'] *n* **-1.** [band round leg] lliga *f*. **-2.** *Am* [suspender] lligacama *f*.

gas [gæs] (*pl* **-es** / **-ses**, *pt* & *pp* **-sed**, *cont* **-sing**) ◇ *n* **-1.** [gen] gas *m*. **-2.** CHEM gas *m*. **-3.** *Am* [petrol] benzina *f*. ◇ *vt* asfixiar amb gas.

gas cooker *n Br* cuina *f* de gas.

gas cylinder *n* bombona *f* de gas.

gas fire *n Br* estufa *f* de gas.

gas gauge *n Am* indicador *m* del nivell de gasolina.

gash [gæʃ] ◇ *n* tall *m*. ◇ *vt* tallar.

gasket ['gæskɪt] *n* junta *f*.

gasman ['gæsmæn] (*pl* **-men** [-men]) *n* home *m* del gas.

gas mask *n* màscara antigàs *f*.

gas meter *n* comptador *m* del gas.

gasoline ['gæsəliːn] *n Am* benzina *f*.

gasp [gaːsp] ◇ *n* esbufec *m*, alè *m*. ◇ *vi* **-1.** [breathe quickly] esbufegar. **-2.** [in shock, surprise] ofegar un crit.

gas pedal *n Am* accelerador *m*.

gas station *n Am* benzinera *f*.

gas stove = **gas cooker**.

gas tank *n Am* dipòsit *m* de benzina.

gas tap *n* clau *f* del gas.

gastroenteritis ['gæstrəʊ,entə'raɪtɪs] *n* gastroenteritis *f*.

gastronomy [gæs'trɒnəmɪ] *n* gastronomia *f*.

gasworks ['gæswɜːks] (*pl inv*) *n* fàbrica *f* de gas.

gate [geɪt] *n* **-1.** [gen] porta *f*; [metal] reixa

gâteau

f. **-2.** SPORT [takings] taquilla *f*; [attendance] entrada *f*.

gâteau ['gætəʊ] *Br* (*pl* **-x** [-z]) *n* pastís *m* (amb nata).

gatecrash ['geɪtkræʃ] *inf* ⋄ *vt* esquitllar-se. ⋄ *vi* esquitllar-se.

gateway ['geɪtweɪ] *n* **-1.** [entrance] porta *f*, pòrtic *m*. **-2.** [means of access]: **the Pyrenees, ~ to the Iberian Peninsula** els Pirineus, avantsala de la península Ibèrica.

gather ['gæðər] ⋄ *vt* **-1.** [collect] recollir; **to ~ together** reunir. **-2.** [increase - speed, strength] guanyar, cobrar. **-3.** [understand]: **to ~ (that)** concloure que. **-4.** [cloth] frunzir. ⋄ *vi* [people, animals] reunir-se; [clouds] acumular-se. ➡ **gather up** *vt sep* recollir.

gathering ['gæðərɪŋ] *n* [meeting] reunió *f*.

gauche [gəʊʃ] *adj* barroer -a, matusser -a.

gaudy ['gɔːdɪ] (*compar* **-ier**, *superl* **-iest**) *adj* lluent -a, cridaner -a.

gauge, gage *Am* [geɪdʒ] ⋄ *n* **-1.** [for fuel, temperature] indicador *m*; [for width of tube, wire] calibrador *m*. **-2.** [calibre] calibre *m*. **-3.** RAIL ample *m* de via. ⋄ *vt lit & fig* calibrar.

gaunt [gɔːnt] *adj* **-1.** [person, face] eixut -a, sec -a. **-2.** [building, landscape] adust -a.

gauntlet ['gɔːntlɪt] *n* guant *m*; **to run the ~ of sthg** exposar-se a alguna cosa; **to throw down the ~ (to sb)** llançar el guant (a algú).

gauze [gɔːz] *n* gasa *f*.

gave [geɪv] *pt* ➡ **give**.

gawky ['gɔːkɪ] (*compar* **-ier**, *superl* **-iest**) *adj* malgirbat -ada.

gawp [gɔːp] *vi*: **to ~ (at sthg / sb)** mirar bocabadat -ada (alguna cosa/algú).

gay [geɪ] ⋄ *adj* **-1.** [homosexual] gai, homosexual. **-2.** [cheerful, lively, bright] alegre. ⋄ *n* gai *mf*.

gaze [geɪz] ⋄ *n* mirada *f* fixa. ⋄ *vi*: **to ~ (at sthg / sb)** mirar fixament (alguna cosa / algú).

gazelle [gə'zel] (*pl inv* / **-s**) gasela *f*.

gazetteer [ˌgæzɪ'tɪər] *n* índex *m* geogràfic.

gazump [gə'zʌmp] *vt Br inf*: **to ~ sb** quedar de vendre alguna cosa a algú i després vendre-ho a algú altre a un preu més alt.

GB *n* (abbr of **Great Britain**) GB *f*.

GCE *n* **-1.** (abbr of **General Certificate of Education**) [O level] antic examen final en l'ensenyança secundària a Gran Bretanya per a alumnes de bon rendiment escolar. **-2.** = **A level**.

GCSE *n* (abbr of **General Certificate of Secondary Education**) examen final d'ensenyança secundària a Gran Bretanya.

GDP *n* (abbr of **gross domestic product**) PIB *m*.

gear [gɪər] ⋄ *n* **-1.** [mechanism] engranatge *m*. **-2.** [speed - of car, bicycle] marxa *f*; **in ~** amb una marxa posada; **out of ~** en punt mort. **-3.** (U) [equipment, clothes] equip *m*. ⋄ *vt*: **to ~ sthg** orientar alguna cosa cap a. ➡ **gear up** *vi*: **to ~ up for sthg / to do sthg** fer preparatius per a alguna cosa / per fer alguna cosa.

gearbox ['gɪəbɒks] *n* caixa *f* de canvis.

gear lever, gear stick *Br*, **gear shift** *Am* *n* palanca *f* de canvis.

gear wheel *n* roda *f* dentada.

geese [giːs] *pl* ➡ **goose**.

gel [dʒel] (*pt & pp* **-led**, *cont* **-ling**) ⋄ *n* [for shower] gel *m*; [for hair] gel *m*. ⋄ *vi* **-1.** [thicken] aglutinar-se. **-2.** [plan] acceptar, agafar; [idea, thought] prendre forma.

gelatin ['dʒelətɪn], **gelatine** [ˌdʒelə'tiːn] *n* gelatina *f*.

gelignite ['dʒelɪgnaɪt] *n* gelinita *f*.

gem [dʒem] *n lit & fig* joia *f*.

Gemini ['dʒemɪnaɪ] *n* Gèmini *m*; **to be (a) ~** ser del signe bessons.

gender ['dʒendər] *n* gènere *m*.

gender-based violence *n* violència *f* de gènere.

gene [dʒiːn] *n* gen *m*.

general ['dʒenərəl] ⋄ *adj* general. ⋄ *n* general *m*. ➡ **in general** *adv* **-1.** [as a whole] en general. **-2.** [usually] generalment.

general anaesthetic *n* anestèsia *f* general.

general delivery *n Am* llista *f* de correus.

general election *n* eleccions *fpl* generals.

generalization [ˌdʒenərəlaɪ'zeɪʃn] *n* generalització *f*.

general knowledge *n* cultura *f* general.

generally ['dʒenərəlɪ] *adv* en general.

general practitioner *n* metge *m* de capçalera.

general public *n*: **the ~** el gran públic.

generate ['dʒenəreɪt] *vt* generar.

generation [ˌdʒenə'reɪʃn] *n* generació *f*; **first / second ~** de primera / segona generació.

generator ['dʒenəreɪtə'] n generador m.
generosity [,dʒenə'rɒsətɪ] n generositat f.
generous ['dʒenərəs] adj generós -osa; [cut of clothes] ample -a.
genetic [dʒɪ'netɪk] adj genètic -a.
genetics [dʒɪ'netɪks] n (U) genètica f.
Geneva [dʒə'ni:və] n Ginebra.
genial ['dʒi:njəl] adj cordial, afable.
genitals ['dʒenɪtlz] npl genitals mpl.
genius ['dʒi:njəs] (pl **-es**) n geni m; ~ for sthg / for doing sthg do m per a alguna cosa / per fer alguna cosa.
gent [dʒent] n inf cavaller m, senyor m.
genteel [dʒen'ti:l] adj fi fina, refinat -ada.
gentle ['dʒentl] adj **-1.** [kind] tendre -a, dolç -a. **-2.** [breeze, movement, slope] suau. **-3.** [scolding] lleuger -a; [hint] subtil.
gentleman ['dʒentlmən] (pl **-men** [-mən]) n **-1.** [well-behaved man] cavaller m, senyor m; ~'s agreement pacte m de cavallers. **-2.** [man] senyor m, cavaller m.
gently ['dʒentlɪ] adv **-1.** [kindly] dolçament, tendrament. **-2.** [softly, smoothly] suaument. **-3.** [carefully] amb cura.
gentry ['dʒentrɪ] n alta burgesia f.
genuine ['dʒenjuɪn] adj **-1.** [real] autèntic -a, genuí -ïna. **-2.** [sincere] sincer -a.
geography [dʒɪ'ɒgrəfɪ] n geografia f.
geology [dʒɪ'ɒlədʒɪ] n geologia f.
geometric(al) [,dʒɪə'metrɪk(l)] adj geomètric -a.
geometry [dʒɪ'ɒmətrɪ] n geometria f.
geranium [dʒɪ'reɪnjəm] (pl **-s**) n gerani m.
gerbil ['dʒɜ:bɪl] n jerbu m.
geriatric [,dʒerɪ'ætrɪk] adj **-1.** [of old people] geriàtric -a. **-2.** pej [very old, inefficient] antiquat -ada.
germ [dʒɜ:m] n fig BIOL germen m; MED microbi m.
German ['dʒɜ:mən] ◇ adj alemany -a. ◇ n **-1.** [person] alemany -a m a f. **-2.** [language] alemany m.
German measles n rubèola f, rosa f.
Germany ['dʒɜ:mənɪ] (pl **-ies**) n Alemanya.
germinate ['dʒɜ:mɪneɪt] vt & vi lit & fig germicida m.
gerund ['dʒerənd] n gerundi m.
gesticulate [dʒes'tɪkjʊleɪt] vi gesticular.
gesture ['dʒestʃə'] ◇ n gest m. ◇ vi: to ~ to / towards sb fer gestos a algú.
get (Br pt & pp **got**, cont **-ting**, Am pt & pp **got / gotten**, cont **-ting**) ◇ vt **-1.** [cause

to do]: **to ~ sb to do sthg** fer que algú faci alguna cosa; **I'll ~ my sister to help** diré a la meva germana que m'ajudi. **-2.** [cause to be done]: **to ~ sthg done** manar fer alguna cosa; **have you got the car fixed yet?** t'han arreglat el cotxe? **-3.** [cause to become]: **to ~ sthg ready** preparar alguna cosa; **to ~ sb pregnant** deixar algú prenyada; **to ~ things going** posar les coses en marxa. **-4.** [cause to move]: **can you ~ it through the gap?** pots passar-lo pel forat?; **to ~ sthg / sb out of sthg** aconseguir treure alguna cosa / algú de. **-5.** [bring, fetch] portar; **can I ~ you sthg to eat / drink?** et pot portar alguna cosa de menjar / beure?; **I'll ~ my coat** vaig a buscar l'abric; **could you ~ me the boss, please?** [when phoning] podria posar-me amb el cap, si us plau? **-6.** [obtain] aconseguir; **she got top marks** va treure les millors notes. **-7.** [receive] rebre; **when did you ~ the news?** quan vas rebre la notícia?; **what did you ~ for your birthday?** què et varen regalar pel teu aniversari?; **she ~s a good salary** guanya un bon sou. **-8.** [experience - a sensation]: **do you ~ the feeling he doesn't like us?** no tens la sensació que no li agradem?; **I got the impression she was unhappy** em va fer la impressió que era infeliç; **I ~ a thrill out of driving fast** trobo emocionant conduir de pressa. **-9.** [catch - bus, criminal, illness] agafar; **I've got a cold** estic refredat; **he got cancer** va agafar càncer. **-10.** [understand] entendre; inf **I don't ~ it** no m'aclareixo, no ho entenc; **he didn't seem to ~ the point** no semblava que captés el sentit. **-11.** inf [annoy] posar negre -a; **what really ~s me is his smugness** el que em posa negre és el cregut que és. **-12.** [find]: **you ~ a lot of artists here** hi ha molts artistes per aquí; ▶ **have**. ◇ vi **-1.** [become] posar-se; **to ~ angry / pale** posar-se furiós / pàl·lid; **to ~ ready** preparar-se; **to ~ dressed** vestir-se; **I'm ~ting cold / bored** m'estic refredant / avorrint; **it's ~ting late** s'està fent tard. **-2.** [arrive] arribar; **how do I ~ there?** com s'arriba (allà)?; **I only got back yesterday** vaig tornar just ahir. **-3.** [eventually succeed]: **to ~ to do sthg** arribar a fer alguna cosa; **I never got to know him / visit Moscow** mai no vaig arribar a conèixer-lo / visitar Moscou; **she got to enjoy the classes** li van acabar agradant les classes; **did you ~ to see him?** vas aconseguir veure'l? **-4.** [progress] portar; **how far have you got?** quant portes? fins on has arribat?; **we only got as far as**

get

buying the paint no vam fer més que comprar la pintura; **I got to the point where I didn't care any more** va arribar un punt en què ja res no m'importava; **now we're ~ting somewhere** ara sí que anem per bon camí; **we're ~ting nowhere** així no arribarem enlloc. ◇ *aux vb*: **to ~ excited** emocionar-se; **sb could ~ hurt** algú podria resultar ferit; **I got beaten up** em van donar una pallissa; **let's ~ going / moving** posem-nos en marxa. ➤ **get about, get around** *vi* –1. [move from place to place] sortir sovint. –2. [circulate - about news etc.] difondre's; ➤ **get around**. ➤ **get along** *vi* –1. [manage] arreglar-se, apanyar-se. –2. [progress]: **how are you ~ting along?** com et va? –3. [have a good relationship]: **to ~ along (with sb)** avenir-se (amb algú). ➤ **get around, get round** ◇ *vt fus* [overcome - around problem] solucionar; [- around obstacle] sortejar. ◇ *vi* –1. [circulate - around news etc.] difondre's. –2. [eventually do]: **to ~ around to (doing) sthg** treure temps per (fer) a alguna cosa; ➤ **get about**. ➤ **get at** *vt fus* –1. [reach] arribar a, assolir; **to ~ at the truth** està decidit a descobrir la veritat. –2. [imply] referir-se a; **what are you ~ting at?** què vols dir amb això? –3. *inf* [criticize]: **stop ~ting at me!** para de ficar-te amb mi! ➤ **get away** *vi* –1. [leave] sortir, anar-se'n. –2. [go on holiday]: **I really need to ~ away** necessito unes bones vacances; **to ~ away from it all** escapar-se de tot. –3. [escape] escapar-se. ➤ **get away with** *vt fus* sortir impune de; **she lets him ~ away with everything** ella li consent tot. ➤ **get back** ◇ *vt sep* [recover, regain] recuperar. ◇ *vi* [move away] fer-se enrera, apartar-se. ➤ **get back to** *vt fus* –1. [return to previous state, activity] tornar a; **to ~ back to sleep / normal** tornar a adormir-se / a la normalitat; **to ~ back to work** tornar a treballar / a la feina. –2. *inf* [phone back]: **I'll ~ back to you later** et tornaré a trucar més tard. ➤ **get by** *vi* arreglar-se, apanyar-se. ➤ **get down** *vt sep* –1. [depress] deprimir. –2. [fetch from higher level] baixar. ➤ **get down to** *vt fus*: **to ~ down to doing sthg** posar-se a fer alguna cosa; **to ~ down to work** posar-se mans a l'obra. ➤ **get in** ◇ *vi* –1. [enter] entrar. –2. [arrive] arribar. –3. [be elected] sortir escollit -ida. ◇ *vt sep* –1. [bring in - in washing] posar dins; [- in harvest] recollir; [- in provisions] apropiar-se, acaparar. –2. [interject]: **to ~ a word in** dir alguna cosa. ➤ **get into** *vt fus* –1. [car] pujar a. –2. [become involved in] ficar-se en; **to ~ into an argument (with)** ficar-se en una discussió (amb). –3. [enter into a particular situation, state]: **to ~ into a panic / state** posar-se molt nerviós -osa; **to ~ into trouble** ficar-se en embolics; **to ~ into the habit of doing sthg** adquirir l'hàbit o el costum de fer alguna cosa. –4. [be accepted as a student at]: **she managed to ~ into Oxford** va aconseguir entrar a Oxford. –5. *inf* [affect]: **what's got into you?** quina mosca t'ha picat? ➤ **get off** ◇ *vt sep* [remove] treure. ◇ *vt fus* –1. [go away from] anar-se'n o sortir de; **~ off my land!** fora de les meves terres! –2. [train, bus, etc.] baixar de. ◇ *vi* –1. [leave bus, train] baixar. –2. [escape punishment] escapar-se; **he got off lightly** va sortir il·lès. –3. [depart] anar-se'n, sortir. ➤ **get off with** *vt fus Br inf* lligar amb. ➤ **get on** ◇ *vt sep* [put on] posar-se. ◇ *vt fus* [bus, train, horse] pujar a, muntar a. ◇ *vi* –1. [enter bus, train] pujar, muntar. –2. [have good relationship] avenir-se. –3. [progress]: **how are you ~ting on?** com et va? –4. [proceed]: **to ~ on with sthg** seguir o continuar amb alguna cosa. –5. [be successful professionally] triomfar. –6. [grow old]: **he's ~ting on a bit** s'està fent gran. ➤ **get out** ◇ *vt sep* [remove - out object, prisoner] treure's; [- out stain etc.] treure; **she got a pen out of her bag** va treure un bolígraf de la bossa. ◇ *vi* –1. [leave car, bus, train] baixar. –2. [become known - out news] difondre's, filtrar-se. ➤ **get out of** ◇ *vt fus* –1. [car] baixar de. –2. [escape from] escapar o fugir de. –3. [avoid] alliberar-se de, eludir; **to ~ out of (doing) sthg** alliberar-se de (fer) alguna cosa. ◇ *vt sep* [cause to escape from]: **to ~ sb out of jail** ajudar algú a escapar de la presó. ➤ **get over** *vt fus* –1. [recover from] recuperar-se de, refer-se de; **you'll ~ over it** ja et passarà. –2. [overcome] superar. –3. [communicate] fer comprendre. ➤ **get round** = **get around**. ➤ **get through** ◇ *vt fus* –1. [job, task] acabar. –2. [exam] passar, aprovar. –3. [food, drink] consumir. –4. [unpleasant situation] sobreviure a, aguantar. ◇ *vi* –1. [make oneself understood]: **to ~ through (to sb)** fer-se comprendre (per algú). –2. TELEC aconseguir comunicar. ➤ **get to** *vt fus inf* [annoy] fastiguejar, molestar. ➤ **get together** ◇ *vt sep* [organize - together project, demonstration] organitzar, muntar; [- together team] ajuntar; [- together report] preparar. ◇ *vi* ajuntar-se, reunir-se. ➣ **get up** ◇ *vi* llevar-se. ◇ *vt fus* [organize - up petition etc.] preparar, organitzar. ➣ **get up to** *vt fus inf* fer, muntar; **I wonder what they're ~ting up to** em pregunto què dimonis deuen estar fent.

getaway ['gɛtəweɪ] *n* fuga *f*, fugida *f*; **to make one's ~** donar-se a la fuga.

get-together *n inf* reunió *f*.

geyser ['giːzəʳ] *n* **-1.** [hot spring] guèiser *m*. **-2.** *Br* [water heater] escalfador *m* d'aigua.

Ghana ['gɑːnə] *n* Ghana.

ghastly ['gɑːstlɪ] (*compar* **-ier**, *superl* **-iest**) *adj* **-1.** *inf* [very bad, unpleasant] horrible, espantós -osa. **-2.** [horrifying] horripilant. **-3.** [ill] fatal.

gherkin ['gɜːkɪn] *n* cogombre *m* petit.

ghetto ['gɛtəʊ] (*pl* **-s** / **-es**) *n* gueto *m*.

ghetto blaster [-ˌblɑːstəʳ] *n inf* radiocasset portàtil de gran mida i potència.

ghost [gəʊst] *n* [spirit] fantasma *m*; **he doesn't have a ~ of a chance** no té ni la més remota possibilitat. ◇ *vt* = **ghostwrite**.

giant ['dʒaɪənt] ◇ *adj* gegantesc -a. ◇ *n* gegant *m*.

gibberish ['dʒɪbərɪʃ] *n* galimaties *m*.

gibe [dʒaɪb] ◇ *n* pulla *f*, sarcasme *m*. ◇ *vi*: **to ~ (at)** mofar-se (de).

giblets ['dʒɪblɪts] *npl* menuts *mpl*.

Gibraltar [dʒɪ'brɔːltəʳ] *n* Gibraltar; **the Rock of ~** el Penyal.

giddy ['gɪdɪ] (*compar* **-ier**, *superl* **-iest**) *adj* [dizzy] marejat -ada.

gift [gɪft] *n* **-1.** [present] regal *m*, obsequi *m*. **-2.** [talent] do *m*; **to have a ~ for sthg / for doing sthg** tenir un do especial per a alguna cosa / per a fer alguna cosa; **to have the ~ of the gab** tenir una boca d'or.

gift certificate *Am* = **gift token**.

gifted ['gɪftɪd] *adj* **-1.** [talented] dotat -ada, amb talent. **-2.** [extremely intelligent] superdotat -ada.

gift token, **gift voucher** *n Br* val *m* o cupó *m* per a regal.

gig [gɪg] *n inf* [concert] actuació *f*, concert *m*.

gigabyte ['gaɪgəbaɪt] COMPUT *n* gigabyte *m*.

gigantic [dʒaɪ'gæntɪk] *adj* gegantesc -a.

giggle ['gɪgl] ◇ *n* **-1.** [laugh] rialla *f*, riure *m* ximplet. **-2.** *Br inf* [fun]: **it's a real ~** és la mar de divertit; **to do sthg for a ~** fer alguna cosa per pur divertiment. ◇ *vi* [laugh] tenir el riure ximplet.

gilded ['gɪldɪd] = **gilt**.

gill [dʒɪl] *n* [unit of measurement] = 0,142 litres.

gills [gɪlz] *npl* [of fish] ganyes *fpl*.

gilt [gɪlt] ◇ *adj* daurat -ada. ◇ *n* daurat *m*.

gilt-edged FIN *adj* de màxima garantia.

gimmick ['gɪmɪk] *n pej* artefacte *m* innecessari; **advertising ~** reclam *m* publicitari.

gin [dʒɪn] *n* ginebra *f*; **~ and tonic** gintònic *m*.

ginger ['dʒɪndʒəʳ] ◇ *adj Br* [hair] vermell -a, roig roja; [cat] de pèl roig. ◇ *n* gingebre *m*.

ginger ale *n* [mixer] ginger-ale *m*.

ginger beer *n* [slightly alcoholic] refresc *m* de gingebre.

gingerbread ['dʒɪndʒəbrɛd] *n* **-1.** [cake] pa *m* de gingebre. **-2.** [biscuit] galeta *f* de gingebre.

ginger-haired [-'hɛəd] *adj* pèl-roig roja.

gingerly ['dʒɪndʒəlɪ] *adv* amb molta cura.

gipsy ['dʒɪpsɪ] (*pl* **-ies**) ◇ *adj* gitano -a. ◇ *n Br* gitano *m* -a *f*.

giraffe [dʒɪ'rɑːf] (*pl inv* / **-s**) *n* girafa *f*.

girder ['gɜːdəʳ] *n* biga *f*.

girdle ['gɜːdl] *n* [corset] faixa *f*.

girl [gɜːl] *n* **-1.** [child] nena *f*. **-2.** [young woman] noia *f*. **-3.** [daughter] filla *f*. **-4.** *inf* [female friend]: **the ~s** les amigues, les noies.

girlfriend ['gɜːlfrɛnd] *n* **-1.** [female lover] promesa *f*. **-2.** [female friend] amiga *f*.

girl guide *Br*, **girl scout** *Am n* [individual] exploradora *f*.

giro ['dʒaɪrəʊ] *n Br* **-1.** (*U*) [system] gir *m*. **-2.** **-(cheque)** xec *m* per a un gir bancari.

girth [gɜːθ] *n* **-1.** [circumference] circumferència *f*. **-2.** [of horse] cingla *f*.

gist [dʒɪst] *n*: **the ~ of** el més essencial de; **to get the ~ (of sthg)** entendre el sentit (d'alguna cosa).

give [gɪv] (*pt* **gave**, *pp* **given**) ◇ *vt* **-1.** [gen] donar; [time, effort] dedicar; [attention] prestar; **to ~ sb / sthg sthg, to give sthg to sb / sthg** donar alguna cosa a algú / alguna cosa; **to ~ a shrug** arronsar-se d'espatlles. **-2.** [as present]: **to ~ sb sthg, to give sthg to sb** regalar alguna cosa a algú. **-3.** [hand over]: **to ~ sb sthg, to give sthg to sb** entregar o donar alguna cosa a algú. **-4.** *inf* [pay]: **to ~ sthg (for sthg)**

donar o pagar alguna cosa (per alguna cosa). **-5.** *fml* I am ~ to believe / understand that ... tinc entès que...; I'd ~ anything / my right arm to do that donaria qualsevol cosa per fer això. ◇ *vi* [collapse, break] trencar-se, cedir. ◇ *n* [elasticity] elasticitat *f*. ▪ **give or take** *prep* més o menys; **in half an hour ~ or take five minutes** en més o menys mitja hora. ▪ **give away** *vt sep* **-1.** [as present] regalar. **-2.** [reveal] revelar, descobrir. ▪ **give back** *vt sep* [return] tornar, retornar. ▪ **give in** *vi* **-1.** [admit defeat] rendir-se, donar-se per vençut. **-2.** [agree unwillingly]: **to ~ in to sthg** cedir davant alguna cosa. ▪ **give off** *vt fus* [produce, emit] desprendre. ▪ **give out** ◇ *vt sep* [distribute] repartir, distribuir. ◇ *vi* [supply, strength] esgotar-se, acabar-se; [legs, machine] fallar. ▪ **give up** ◇ *vt sep* **-1.** [stop] abandonar, deixar de; **to ~ up chocolate** deixar de menjar xocolata. **-2.** [job] dimitir de, renunciar a. **-3.** [surrender]: **to ~ oneself up (to sb)** rendir-se (a algú). ◇ *vi* rendir-se, donar-se per vençut.

given ['gɪvn] ◇ *pp* ▪ **give**. ◇ *adj* **-1.** [set, fixed] donat -ada; **at any ~ time** en un moment donat. **-2.** [prone]: **to be ~ to sthg / to doing sthg** tenir tirada a alguna cosa / a fer alguna cosa. ◇ *prep* [taking into account] com que; **~ that** ja que.

given name *n* nom *m* de pila.

glacier ['glæsjəʳ] *n* glacera *f*.

glad [glæd] (*compar* **-der**, *superl* **-dest**) *adj* **-1.** [happy, pleased] alegre, content -a; **to be ~ about / that** alegrar-se de / que. **-2.** [willing]: **to be ~ to do sthg** tenir gust de fer alguna cosa. **-3.** [grateful]: **to be ~ of sthg** agrair alguna cosa.

gladly ['glædlɪ] *adv* **-1.** [happily, eagerly] alegrement. **-2.** [willingly] amb molt de gust.

glamor *Am* = **glamour**.

glamorous ['glæmərəs] *adj* atractiu -iva, ple plena d'encant.

glamour *Br*, **glamor** *Am* ['glæməʳ] *n* encant *m*, atractiu *m*.

glance [glɑ:ns] ◇ *n* [quick look] mirada *f*, ullada *f*; **to cast / take a ~ at sthg** fer una ullada a alguna cosa; **at a ~** d'una ullada; **at first ~** a primera vista. ◇ *vi* [look quickly]: **to ~ at sb** llançar una mirada a algú; **to ~ at sthg** fer una ullada a alguna cosa; **to ~ at / through sthg** fullejar alguna cosa. ▪ **glance off** *vt fus* rebotar en.

glancing ['glɑ:nsɪŋ] *adj* oblic -iqua.

gland [glænd] *n* glàndula *f*.

glandular fever ['glændjʊləʳ-] *n* mononucleosi *f* infecciosa.

glare [gleəʳ] ◇ *n* **-1.** [scowl] mirada *f* assassina. **-2.** [blaze, dazzle] centelleig *m*, desllumient *m*. **-3.** (U) *fig* [of publicity] focus *m*. ◇ *vi* **-1.** [scowl]: **to ~ (at sthg / sb)** mirar amb fúria (alguna cosa / algú). **-2.** [blaze, dazzle] enlluernar.

glaring ['gleərɪŋ] *adj* **-1.** [very obvious] evident. **-2.** [blazing, dazzling] enlluernador.

glasnost ['glæznɒst] *n* glasnost *m*.

glass [glɑ:s] ◇ *n* **-1.** [material] vidre *m*, cristall *m*. **-2.** [drinking vessel, glassful] got *m*, vas *m*; [with stem] copa *f*. **-3.** (U) [glassware] cristalleria *f*. ◇ *comp* de vidre, de cristall. ▪ **glasses** *npl* [spectacles] ulleres *fpl*.

glassware ['glɑ:sweəʳ] *n* (U) cristalleria *f*.

glassy ['glɑ:sɪ] (*compar* **-ier**, *superl* **-iest**) *adj* **-1.** [smooth, shiny] cristal·lí -ina. **-2.** [blank, lifeless] vidriós -osa.

glaze [gleɪz] ◇ *n* [on pottery] vidriat *m*; [on food] cobert amb marró glacé, envernissat. ◇ *vt* [pottery] vidriar; [food] cobrir amb marró glacé, envernissar.

glazier ['gleɪzjəʳ] *n* vidrier *m* -a *f*.

gleam [gli:m] ◇ *n* espurneig *m*, centelleig *m*; [of hope] raig *m*. ◇ *vi* relluir, resplendir.

gleaming ['gli:mɪŋ] *adj* relluent.

glean [gli:n] *vt* [gather] recollir.

glee [gli:] *n* (U) [joy, delight] alegria *f*, joia *f*.

glen [glen] *n* Scot carrerada *f*, clotada *f*.

glib [glɪb] (*compar* **-ber**, *superl* **-best**) *adj* *pej* xerraire, de molta xerrameca.

glide [glaɪd] *vi* **-1.** [move smoothly] lliscar. **-2.** [fly] planar.

glider ['glaɪdəʳ] *n* [plane] planador *m*.

gliding ['glaɪdɪŋ] *n* [sport] vol *m* sense motor.

glimmer ['glɪməʳ] ◇ *n* **-1.** [faint light] llum *f* tènue. **-2.** *fig* [trace, sign] indici *m*; [of hope] raig *m*. ◇ *vi* brillar tènuement.

glimpse [glɪmps] ◇ *n* **-1.** [look, sight] besllum *m*; **to catch a ~ of sthg / sb** entreveure alguna cosa / algú. **-2.** [idea, perception] indici *m*. ◇ *vt* entreveure, albirar.

glint [glɪnt] ◇ *n* **-1.** [flash] espurneig *m*. **-2.** [in eyes] fulgor *m*. ◇ *vi* brillar, espurnejar.

glisten ['glɪsn] *vi* relluir, brillar.

glitter ['glɪtəʳ] ◇ *n* brillantor *f*. ◇ *vi* relluir, brillar.

gloat [gləʊt] *vi*: **to ~ (over sthg)** delectar-se (amb alguna cosa).

global ['gləʊbl] *adj* [worldwide] mundial.

globalization [ˌgləʊbəlaɪˈzeɪʃn] n mundialització f.

global warming [-ˈwɔːmɪŋ] n escalfament m mundial, canvi m climàtic.

globe [gləʊb] n -1. [gen] globus m. -2. [spherical map] globus m (terraqüi).

gloom [gluːm] n -1. (U) [darkness] penombra f. -2. [unhappiness] pessimisme m, malenconia f.

gloomy [ˈgluːmɪ] (compar -ier, superl -iest) adj -1. [dark, cloudy] obscur -a. -2. [unhappy] trist -a, malenconiós -osa. -3. [without hope - report, forecast] pessimista; [- situation, prospects] descoratjador -a.

glorious [ˈglɔːrɪəs] adj magnífic -a, esplèndid -a.

glory [ˈglɔːrɪ] (pl -ies) n -1. [gen] glòria f. -2. [beauty, splendour] esplendor f.

glory in vt fus [relish] gaudir de, alegrar-se de.

gloss [glɒs] n -1. [shine] brillantor f, lluentor f. -2. ~ (paint) pintura f esmalt.

gloss over vt fus tocar molt per sobre.

glossary [ˈglɒsərɪ] (pl -ies) n glossari m.

glossy [ˈglɒsɪ] (compar -ier, superl -iest) adj -1. [smooth, shiny] brillant, llustrós -osa. -2. [on shiny paper] de paper satinat.

glove [glʌv] n guant m.

glove compartment n guantera f.

glower [ˈglaʊəʳ] vi: to ~ (at sthg / sb) mirar amb fúria (alguna cosa / algú).

glucose [ˈgluːkəʊs] n glucosa f.

glue [gluː] (cont glueing / gluing) ◇ n [paste] goma f d'enganxar; [for glueing wood, metal etc.] cola f. ◇ vt [paste] enganxar (amb cola); [wood, metal etc.] encolar; **to be ~d to sthg** [absorbed by] estar enganxat a alguna cosa.

glum [glʌm] (pt & pp **-med**, cont **-ming**) adj [unhappy] trist -a, ombrívol -a.

glut [glʌt] n excés m, superabundància f.

glutton [ˈglʌtn] n [greedy person] golafre; **to be a ~ for punishment** ser un masoquista.

gnarled [nɑːld] adj nuós -osa.

gnash [næʃ] vt: **to ~ one's teeth** fer cruixir les dents.

gnat [næt] n mosquit m.

gnaw [nɔː] vt [chew] rosegar; **to ~ (away) at sb** corroir algú.

gnome [nəʊm] n gnom m.

GNP n (abbr of gross national product) PNB m.

go [gəʊ] (pt **went**, pp **gone**, pl **-es**) ◇ vi -1. [move, travel, attend] anar; **where are you ~ing?** on vas?; **he's ~ne to Portugal** ha marxat a Portugal; **we went by bus / train** vam anar en autobús / tren; **to ~ and do sthg** anar a fer alguna cosa; **where does this path ~?** on porta aquest camí?; **to ~ swimming / shopping** anar a nedar / de compres; **to ~ for a walk / run** anar a fer un passeig / a córrer; **to ~ to church / school** anar a missa / l'escola; **to ~ to work** anar a treballar; **where do we ~ from here?** i ara què? -2. [depart - person] anar-se'n, marxar; [- bus] anar-se'n, sortir; **I must ~, I have to go** he d'anar-me'n; **what time does the bus ~?** a quina hora surt / se'n va l'autobús?; **it's time we went** és hora d'anar-se'n; **let's ~!** anem! -3. [pass - time] passar; **the time went slowly / quickly** el temps passava lentament / ràpid. -4. [progress] anar; **to ~ well / badly** anar bé / malament; inf **how's it ~ing?** [how are you?] què tal? -5. [belong, fit] anar; **the plates ~ in the cupboard** els plats van a l'armari; **it won't ~ into the suitcase** no cap a la maleta. -6. [become] posar-se; **to ~ grey** tornar-se gris; **to ~ mad** tornar-se boig; **to ~ blind** quedar-se cec. -7. [be or remain in a particular state]: **to ~ naked** anar despullat; **to ~ hungry** passar gana; **we went in fear of our lives** temíem per les nostres vides; **to ~ unpunished** sortir impune. -8. [indicating intention, certainty, expectation]: **to be ~ing to do sthg** anar a fer alguna cosa; **what are you ~ing to do now?** què faràs ara?; **he said he was ~ing to be late** va dir que arribaria tard; **it's ~ing to rain / snow** plourà / nevarà; **I feel like I'm ~ing to be sick** em sembla que vomitaré; **she's ~ing to have a baby** tindrà un nen. -9. [match, be compatible]: **to ~ (with)** anar bé (amb); **this blouse ~es well with the skirt** aquesta brusa fa joc amb la faldilla; **those colours don't really ~** la veritat és que aquests colors no fan joc. -10. [function, work] funcionar; **is the tape recorder still ~ing?** [still in working order] encara funciona el casset?; [still on] encara està engegat el casset? -11. [bell, alarm] sonar. -12. [when referring to saying, story or song] dir; **as the saying ~es** com diu el refrany; **how does that song ~?** com fa aquesta cançó? -13. [stop working] espatllar-se; **the fuse must have ~ne** probablement han saltat els ploms. -14. [deteriorate]: **her sight / hearing is ~ing** està perdent la vista / l'oïda. -15. [be spent]: **to ~ on** anar a parar a, gastar-se en; **all my money ~es on food and rent** tots els diners se'n van en men-

go

jar i lloguer. **-16.** [be given]: **the prize / contract went to B. Jones** el premi / contracte es va concedir a B. Jones. **-17.** [be disposed of]: **he'll have to ~** haurem d'acomiadar-lo; **everything must ~!** gran liquidació! **-18.** *inf* [with negative - in giving advice]: **now, don't ~ catching cold** vés amb compte que no agafis fred, eh? **-19.** *inf* [expressing irritation, surprise]: **now what's he ~ne and done?** què carai ha fet ara?; **she's ~ne and bought a new car!** ha anat i s'ha comprat un cotxe nou!; **you've ~ne and done it now!** ja ho has embolicat! **-20.** [in division]: **three into two won't ~** dos entre tres no hi cap. *phr.* **it just ~es to show (that) ...** això demostra / prova que ... ◇ *vt* [make noise of] fer; **the dog went "woof"** el gos va fer "bup!". ◇ *n* **-1.** [turn] torn *m*; **it's my ~** em toca a mi. **-2.** *inf* [attempt]: **to have a ~ at sthg** intentar o provar alguna cosa; **have a ~!** prova-ho! **-3.** *inf* [success]: **to make a ~ of sthg** tenir èxit amb o en alguna cosa. **-4.** *inf* **to have a ~ at sb** esbroncar algú; *inf* **to be on the ~** no parar, estar molt enfeinat. ◆ **to go** *adv* **-1.** [remaining]: **there are only three days to ~** només queden tres dies. **-2.** [to take away] per emportar. ◆ **go about** ◇ *vt fus* **-1.** [perform] fer, realitzar; **to ~ about one's business** ocupar-se dels seus propis assumptes. **-2.** [tackle]: **to ~ about doing sthg** apanyar-se per fer alguna cosa; **how do you intend ~ing about it?** com penses fer-ho? ◇ *vi* = **go around**. ◆ **go ahead** *vi* **-1.** [begin]: **to ~ ahead (with sthg)** seguir endavant (amb alguna cosa); **~ ahead!** endavant! **-2.** [take place] celebrar-se. ◆ **go along** *vi* [proceed]: **as you ~ along** a mesura que ho vagis fent; **he made it up as he went along** s'ho inventava sobre la marxa. ◆ **go along with** *vt fus* estar d'acord amb; **he agreed to ~ along with our ideas** va acceptar les nostres idees sense gaire entusiasme. ◆ **go around** *vi* **-1.** *inf* [behave in a certain way]: **to ~ around doing sthg** anar vagant fent alguna cosa. **-2.** [associate]: **to ~ around with sb** ajuntar-se amb algú. **-3.** [joke, illness, story] córrer; **there's a rumour ~ing around about her** corren rumors sobre ella. ◆ **go back on** *vt fus* [promise] faltar a. ◆ **go back to** *vt fus* **-1.** [return to activity] continuar o seguir amb; **to ~ back to sleep** tornar a dormir. **-2.** [return to previous topic] tornar a. **-3.** [date from] remuntar-se a. ◆ **go by** ◇ *vi* [time] passar. ◇ *vt fus* **-1.** [be guided by] guiar-se per. **-2.** [judge from]: **~ing by her voice, I'd say she was French** si jutgem per la seva veu, jo diria que és francesa. ◆ **go down** ◇ *vi* **-1.** [get lower - down prices etc.] baixar. **-2.** [be accepted]: **to ~ down well / badly** tenir una acollida bona / dolenta. **-3.** [sun] posar-se. **-4.** [tyre, balloon] desinflar-se. ◇ *vt fus* abaixar. ◆ **go for** *vt fus* **-1.** [choose] decidir-se per, escollir. **-2.** [be attracted to]: **I don't really ~ for men like him** no m'agraden gaire els homes com ell. **-3.** [attack] llançar-se sobre, atacar. **-4.** [try to obtain - for record, job] anar per. **-5.** [be valid] valer per; **does that ~ for me too?** això va per mi també? ◆ **go in** *vi* entrar. ◆ **go in for** *vt fus* **-1.** [competition, exam] presentar-se a. **-2.** [take up as a profession] dedicar-se a. **-3.** *inf* [enjoy]: **he ~es in for sports in a big way** practica molt esport; **I don't really ~ in for classical music** no em va la música clàssica. ◆ **go into** *vt fus* **-1.** [discuss, describe in detail] entrar en; **to ~ into details** entrar en detalls. **-2.** [investigate] investigar. **-3.** [take up as a profession] dedicar-se a. **-4.** [be put into subject: effort, money] invertir; [- into subject: work] ocupar-se, dedicar-se; **a lot of hard work went into that book** va dedicar molta feina a aquest llibre. **-5.** [begin]: **to ~ into a rage** posar-se frenètic; **to ~ into a dive** començar a caure en picat. ◆ **go off** ◇ *vi* **-1.** [explode - off bomb] esclatar; [- off gun] disparar-se. **-2.** [alarm] saltar, sonar. **-3.** [- bad - food] malmetre's, espatllar-se; [- off milk] tallar-se. **-4.** [lights, heating] apagar-se. **-5.** [happen]: **to ~ off (well / badly)** sortir (bé / malament). ◇ *vt fus inf* [lose interest in] perdre el gust o interès en. ◆ **go on** ◇ *vi* **-1.** [take place] passar, ocórrer. **-2.** [continue]: **to ~ on (doing sthg)** seguir (fent alguna cosa); **I can't ~ on!** no puc més!; **shall I tell you? - ~ on** t'ho explico? - d'acord. **-3.** [proceed to further activity]: **to ~ on to sthg / to do sthg** passar a alguna cosa / a fer alguna cosa. **-4.** [proceed to another place]: **we went on to a nightclub afterwards** després vam anar a una discoteca. **-5.** [pass - on time] passar. **-6.** [- in advance]: **you ~ on, I'll wait here** segueix, jo t'espero aquí. **-7.** [lights etc.] encendre's. **-8.** [talk for too long]: **to ~ on (about)** no parar de parlar (de); **don't ~ on about it** deixa-ho, no segueixis amb això. ◇ *excl* vinga!; **~ on, treat yourself** vinga, home! dona't el gust! ◆ **go on at** *vt fus* [nag] donar la llauna a. ◆ **go out** *vi* **-1.** [leave house] sortir; **to ~ out for a meal** sopar fora. **-2.** [as friends or lovers]: **to ~ out (with sb)** sortir (amb algú). **-3.** [light, fire, cigarette] apagar-se. **-4.** [stop being fashionable] passar de moda. ➣ **go over** *vt fus* **-1.** [examine] repassar. **-2.** [repeat] repetir. ➣ **go round** *vi* **-1.** [be enough for everyone]: **there's just enough to ~ round** n'hi ha prou per a tothom. **-2.** [revolve] girar, fer voltes; ➣ **go around.** ➣ **go through** ◇ *vt fus* **-1.** [experience] passar per, experimentar. **-2.** [spend] gastar-se. **-3.** [study, search through] registrar; **she went through his pockets** li va examinar les butxaques. **-4.** [read] examinar llegint; [say out loud] enumerar, dir en veu alta; **I'll ~ through it again** ho repetiré. ◇ *vi* [bill, divorce etc.] aprovar-se. ➣ **go through with** *vt fus* portar a terme. ➣ **go towards** *vt fus* contribuir a. ➣ **go under** *vi lit & fig* enfonsar-se. ➣ **go up** ◇ *vi* **-1.** [rise - up prices, temperature, balloon] pujar. **-2.** [be built] aixecar-se, construir-se. **-3.** [explode] explotar, saltar pels aires. **-4.** [burst into flames]: **to ~ up (in flames)** ser objecte de les flames. **-5.** [be uttered]: **a shout went up from amongst the crowd** van sorgir uns crits d'entre la multitud. ◇ *vt fus* pujar; **we went up the Eiffel Tower** vam pujar a la torre Eiffel. ➣ **go without** ◇ *vt fus* prescindir de. ◇ *vi* apanyar-se.

goad [gəʊd] *vt* [provoke] iniciar; **to ~ sb into doing sthg** incitar algú a fer alguna cosa.

go-ahead ◇ *adj* [dynamic] emprenedor -a, dinàmic -a. ◇ *n* (U) [permission] llum *f* verda; **to give sb the ~ (for)** donar a algú llum verda (per).

goal [gəʊl] *n* **-1.** SPORT [area between goalposts] porteria *f*; [point scored] gol *m*; **to score a ~** marcar un gol. **-2.** [aim] objectiu *m*, meta *f*.

goalkeeper ['gəʊl,kiːpər] *n* porter *m* -a *f*.

goalmouth ['gəʊlmaʊθ, *pl* -maʊðz] *n* porteria *f*, meta *f*.

goalpost ['gəʊlpəʊst] *n* pal *m* (de la porteria).

goat [gəʊt] *n* [animal] cabra *f*; *Br* **to act the ~** fer el ruc, bestiejar.

gob [gɒb] (*pt & pp* **-bed**, *cont* **-bing**) *v inf* ◇ *n Br* [mouth] bec *m*. ◇ *vi* [spit] escopir.

gobble ['gɒbl] *vt* [food] engolir, empassar. ➣ **gobble down**, **gobble up** *vt sep* engolir, empassar.

go-between *n* intermediari *m* -ària *f*.

gobsmacked ['gɒbsmækt] *adj Br inf* al·lucinat -ada.

go-cart = **go-kart**.

god [gɒd] *n* déu *m*. ➣ **God** ◇ *n* Déu *m*; **~ knows** Déu sap; **for ~'s sake** per l'amor de Déu!; **thank ~** gràcies a Déu! ◇ *excl*: **(my) ~!** Déu meu!

godchild ['gɒdtʃaɪld] (*pl* **-children** [-tʃɪldrən]) *n* fillol *m* -a *f*.

goddaughter ['gɒd,dɔːtər] *n* fillola *f*.

goddess ['gɒdɪs] *n* deessa *f*.

godfather ['gɒd,fɑːðər] *n* padrí *m*.

godforsaken ['gɒdfə,seɪkn] *adj* deixat -ada de la mà de Déu.

godmother ['gɒd,mʌðər] *n* padrina *f*.

godsend ['gɒdsend] *n*: **to be a ~** ser un regal del cel.

godson ['gɒdsʌn] *n* fillol *m*.

goes [gəʊz] = **go**. ➣ **goggles** *npl* [for swimming] ulleres *fpl* de busseig; [for skiing] ulleres *fpl* d'esquí; [for welding] ulleres *fpl* de protecció.

going ['gəʊɪŋ] ◇ *adj* **-1.** *Br* [available] disponible; **is there any beer ~?** no hi ha pas una cervesa per a mi?; *inf* **you have a lot ~ for you** tens molt futur. **-2.** [rate] actual. ◇ *n* **-1.** (U) [rate of advance] marxa *f*; **that's / that was good ~** que ràpid! **-2.** (U) [conditions] condicions *fpl*; **to be rough / heavy ~** fer-se pesat; **to be easy ~** ser fàcil.

go-kart [-kɑːt] *n* kart *m*.

gold [gəʊld] ◇ *adj* [gold-coloured] daurat -ada. ◇ *n* **-1.** [gen] or *m*; **to be as good as ~** ser més bo que el pa. **-2.** [medal] medalla *f* d'or. ◇ *comp* [made of -] d'or.

golden ['gəʊldən] *adj* **-1.** [made of gold] d'or. **-2.** [gold-coloured] daurat -ada.

goldfish ['gəʊldfɪʃ] (*pl inv*) *n* peix *m* de colors.

gold leaf *n* pa *m* d'or.

gold medal *n* medalla *f* d'or.

goldmine ['gəʊldmaɪn] *n lit & fig* mina *f* d'or.

gold-plated [-'pleɪtɪd] *adj* xapat -ada en or.

goldsmith ['gəʊldsmɪθ] *n* orfebre *mf*.

golf [gɒlf] *n* golf *m*.

golf ball *n* **-1.** [for golf] pilota *f* de golf. **-2.** [for typewriter] esfera *f* impressora.

golf club *n* **-1.** [society, place] club *m* de golf. **-2.** [stick] bastó *m* de golf.

golf course *n* camp *m* de golf.

golfer ['gɒlfər] *n* golfista *mf*.

gone [gɒn] ◇ *pp* ⇒ **go**. ◇ *adj*: those days are ~ aquests temps ja han passat. ◇ *prep* [past]: it was ~ six already ja eren les sis passades.

gong [gɒŋ] *n* gong *m*.

good [gʊd] (*compar* **better**, *superl* **best**) ◇ *adj* **-1.** (*gen*) bo bona; **it's ~ to see you** m'alegro de veure't; **she's ~ at it** és bona en això; **to be ~ with** saber arreglar-se amb; **she's ~ with her hands** és molt manyós -osa; **it's ~ for you** és bo, és beneficiós; **to feel ~** sentir-se estupendament; **that feels ~!** quin gust!; **it's ~ that ...** està bé que...; **to look ~** [attractive] estar molt atractiu -iva; [appetizing, promising] tenir bon aspecte; **~ looks** atractiu *m*; **be ~!** sigues bo! porta't bé!; **~! molt bé!** formidable! **-2.** [kind] amable; **to be ~ to sb** ser amable amb algú; **to be ~ enough to do sthg** ser tan amable de fer alguna cosa. **-3. it's a ~ job / thing (that) ...** encara sort que...; **~ for you!** molt bé! ben fet!; **to give as ~ as one gets** tornar tots els cops; **to make sthg ~** reparar alguna cosa. ◇ *n* **-1.** (U) [benefit] bé *m*; **for the ~ of** pel bé de; **for your own ~** pel teu propi bé; **it will do him ~** li farà bé. **-2.** [use] benefici *m*, profit *m*; **what's the ~ of ...?** de / per a què serveix?; **it's no ~** no serveix de res; **will this be any ~?** servirà això per a alguna cosa? **-3.** [morally correct behaviour] el bé; **to be up to no ~** estar tramant alguna cosa dolenta. ◆ **goods** *npl* **-1.** [COM goods for sale] productes *mpl*, articles *mpl*; [goods when transported] mercaderies *fpl*; *Br inf* **to come up with / deliver the ~s** complir (el que es promet). **-2.** ECON béns *mpl*. ◆ **as good as** *adv* gairebé, pràcticament; **it's as ~ as new** està com nou. ◆ **for good** *adv* [forever] per sempre. ◆ **good afternoon** *excl* bona tarda! ◆ **good evening** *excl* [in the evening] bona tarda!; [at night] bona nit! ◆ **good morning** *excl* bon dia! ◆ **good night** *excl* bona nit!

goodbye [ˌgʊdˈbaɪ] ◇ *excl* adéu! ◇ *n* adéu *m*.

Good Friday *n* Divendres *m* Sant.

good-humoured [-ˈhjuːməd] *adj* jovial.

good-looking [-ˈlʊkɪŋ] *adj* [person] atractiu -iva.

good-natured [-ˈneɪtʃəd] *adj* bondadós -osa.

goodness [ˈgʊdnɪs] ◇ *n* **-1.** (U) [kindness] bondat *f*. **-2.** [nutritive quality] aliment *m*. ◇ *excl*: **(my) ~!** Déu meu!; **for ~'s sake!** per l'amor de Déu!; **thank ~** gràcies a Déu!

goods train *n Br* mercaderies *fpl*.

goodwill [ˌgʊdˈwɪl] *n* **-1.** [kind feelings] bona voluntat *f*. **-2.** COM fons *m* de comerç.

goody [ˈgʊdɪ] (*pl* **-ies**) *inf* ◇ *n* bo *m* bona *f*. ◇ *excl* que guai!

goose [guːs] (*pl* **geese**) *n* [bird] oc *m* -a *f*.

gooseberry [ˈgʊzbərɪ] (*pl* **-ies**) *n* **-1.** [fruit] grosella *f* silvestre. **-2.** *inf* [third person]: **to play ~** aguantar l'espelma.

gooseflesh [ˈguːsfleʃ] *n*, **goose pimples** *Br*, **goosebumps** *Am* [ˈguːsbʌmps] *npl* pell *f* de gallina.

gore [gɔːʳ] ◇ *n liter* [blood] sang *f* (vessada). ◇ *vt* banyegar.

gorge [gɔːdʒ] ◇ *n* canó *m*, gorja *f*, congost *m*. ◇ *vt*: **to ~ oneself on / with** atracar-se de. ◇ *vi* afartar-se, saciar-se.

gorgeous [ˈgɔːdʒəs] *adj* **-1.** [lovely] magnífic -a, esplèndid -a. **-2.** *inf* [good-looking]: **to be ~** estar com un tren.

gorilla [gəˈrɪlə] *n* goril·la *m*.

gormless [ˈgɔːmlɪs] *adj Br inf* maldestre, beneit -a.

gorse [gɔːs] *n* (U) gatosa *f* europea.

gory [ˈgɔːrɪ] (*compar* **-ier**, *superl* **-iest**) *adj* [death, scene] sagnant; [details, film] escabrós -osa.

gosh [gɒʃ] *excl inf* caram!, renoi!

go-slow *n Br* vaga *f* de zel.

gospel [ˈgɒspəl] ◇ *n* **-1.** [doctrine] evangeli *m*. **-2.** ~ **(truth)** la pura veritat. ◇ *comp* espiritual negre *m*, gospel *m*. ◆ **Gospel** *n* [in Bible] Evangeli *m*.

gossip [ˈgɒsɪp] ◇ *n* **-1.** [conversation] xafardeig *m*. **-2.** [person] xafarder *m* -a *f*, tafaner *m* -a *f*. ◇ *vi* tafanejar.

gossip column *n* notes *fpl* de societat.

got [gɒt] *pt & pp* ⇒ **get**.

gotten [ˈgɒtn] *pp Am* ⇒ **get**.

goulash [ˈguːlæʃ] *n* gulasch *m*.

gourmet [ˈgʊəmeɪ] ◇ *n* gastrònom *m* -a *f*, gaurmet *mf*. ◇ *comp* per a / de gastrònoms.

gout [gaʊt] *n* gota *f*.

govern [ˈgʌvən] ◇ *vt* **-1.** POL governar. **-2.** [control] dictar, guiar. ◇ *vi* POL governar.

governess [ˈgʌvənɪs] *n* institutriu *f*.

government [ˈgʌvnmənt] ◇ *n* govern *m*. ◇ *comp* governamental.

governor ['gʌvənər] n **-1.** POL governador m -a f. **-2.** [of school, bank, prison] director m -a f.
gown [gaʊn] n **-1.** [dress] vestit m, bata f. **-2.** [of judge etc.] toga f.
GP n (abbr of **general practitioner**) metge de capçalera.
grab [græb] (pt & pp **-bed**, cont **-bing**) ◇ vt **-1.** [snatch away] arrabassar; [grip] agafar, aferrar. **-3.** inf [sandwich, lunch] arreplegar, agafar. **-3.** inf [appeal to] seduir. ◇ vi: to ~ at sthg intentar agafar alguna cosa. ◇ n: to make a ~ at / for sthg intentar arrabassar / agafar alguna cosa.
grace [greɪs] ◇ n **-1.** (U) [elegance] elegància f, gràcia f. **-2.** [graciousness]: to do sthg with good ~ fer alguna cosa de bona gana; to have the ~ to do sthg tenir la delicadesa de fer alguna cosa. **-3.** (U) [delay] pròrroga f. **-4.** [prayer] benedicció f de la taula; to say ~ beneir la taula. ◇ vt **-1.** fml [honour] honrar. **-2.** fml [decorate] adornar, embellir.
graceful ['greɪsfʊl] adj **-1.** [beautiful] elegant. **-2.** [gracious] cortès -esa.
gracious ['greɪʃəs] ◇ adj **-1.** [polite] cortès -esa. **-2.** [elegant] elegant. ◇ excl: (good) ~! Déu meu!
grade [greɪd] ◇ n **-1.** [level, quality] classe f, qualitat f; to make the ~ triomfar, tenir èxit. **-2.** Am [class] curs m, classe f. **-3.** [mark] nota f. ◇ vt **-1.** [classify] classificar. **-2.** [mark, assess] qualificar.
grade crossing n Am pas m a nivell.
grade school n Am escola f primària.
gradient ['greɪdjənt] n pendent m.
gradual ['grædʒʊəl] adj gradual.
gradually ['grædʒʊəlɪ] adv gradualment.
graduate [n 'grædʒʊət, vb 'grædʒʊeɪt] ◇ n **-1.** [person with a degree] llicenciat m -ada f. **-2.** Am [of high school] batxiller mf. ◇ comp Am [postgraduate] postgraduat -ada. ◇ vi **-1.** [with a degree]: to ~ (from) llicenciar-se (per). **-2.** Am [from high school]: to ~ (from) ≃ obtenir el títol de batxiller (en). **-3.** [progress]: to ~ from sthg (to) passar d'alguna cosa (a).
graduation [,grædʒʊ'eɪʃn] n graduació f.
graffiti [grə'fiːtɪ] n (U) pintades fpl.
graft [grɑːft] ◇ n **-1.** BOT & MED empelt m. **-2.** Br inf [hard work] treball m dur. **-3.** Am inf [corruption] tripijocs mpl, corrupció f. ◇ vt **-1.** BOT & MED: to ~ sthg (onto sthg) empeltar alguna cosa (en alguna cosa). **-2.** [idea, system]: to ~ sthg (onto sthg) implantar alguna cosa (en alguna cosa).

grain [greɪn] n **-1.** [seed, granule] gra m. **-2.** (U) [crop] cereals mpl. **-3.** fig [small amount] mica f. **-4.** [pattern] veta f; to go against the ~ anar a contrapèl.
gram [græm] n gram m.
grammar ['græmər] n gramàtica f.
grammar school n [in UK] centre d'ensenyament mitjà; [in US] escola f primària.
grammatical [grə'mætɪkl] adj **-1.** [of grammar] gramatical. **-2.** [correct] (gramaticalment) correcte -a.
gramme [græm] Br = **gram**.
gramophone ['græməfəʊn] dated ◇ n gramòfon m. ◇ comp de gramòfon.
gran [græn] n Br inf àvia f, iaia f.
grand [grænd] ◇ adj **-1.** [impressive] grandiós -osa, monumental. **-2.** [ambitious] ambiciós -osa. **-3.** [important] distingit -ida. **-4.** inf dated [excellent] fenomenal. ◇ n inf [thousand pounds or dollars]: a ~ mil lliures / dòlars; five ~ cinc mil lliures / dòlars.
grandchild ['græntʃaɪld] (pl **-children** [-,tʃɪldrən]) n nét m -a f.
grand(d)ad ['grændæd] inf n avi m, iaio m.
granddaughter ['græn,dɔːtər] n néta f.
grandeur ['grændʒər] n **-1.** [splendour] grandiositat f, magnificència f. **-2.** [status] grandesa f.
grandfather ['grænd,fɑːðər] n avi m.
grandma ['grænmɑː] n inf àvia f, iaia f.
grandmother ['græn,mʌðər] n àvia f.
grandpa ['grænpɑː] n inf avi m, iaio m.
grandparents ['græn,peərnts] npl avis mpl.
grand piano n piano m de cua.
grand slam SPORT n [in tennis] gran slam m; [in rugby] gran chelem f.
grandson ['grænsʌn] n nét m.
grandstand ['grændstænd] n tribuna f.
grand total n [total number] quantitat f total; [total sum, cost] import m total.
granite ['grænɪt] n granit m.
granny ['grænɪ] (pl **-ies**) n inf iaia f, àvia f.
grant [grɑːnt] ◇ n subvenció f; [for study] beca f. ◇ vt **-1.** fml [gen] concedir; to take sthg / sb for ~ed no apreciar alguna cosa / algú pel que val; it is taken for ~ed that ... es dóna per fet que... **-2.** fml [admit - truth, logic] admetre, acceptar; **I ~ (that)** ... admeto que...
granulated sugar ['grænjʊleɪtɪd-] n sucre m granulat.

granule ['grænjuːl] *n* grànul *m*.

grape [greɪp] *n*: **a bunch of ~s** un carràs de raïm.

grapefruit ['greɪpfruːt] (*pl inv / -s*) *n* pomelo *m*.

grapevine ['greɪpvaɪn] *n* **-1.** [plant] vinya *f*, cep *m*; [against wall] parra *f*. **-2.** [information channel]: **I heard on the ~ that ...** m'ha dit un ocellet que...

graph [grɑːf] *n* gràfica *f*.

graphic ['græfɪk] *adj lit & fig* gràfic -a. ☞

graphics *npl* [pictures] il·lustracions *fpl*; **computer ~s** gràfics *mpl*.

graphite ['græfaɪt] *n* grafit *m*.

graph paper *n* (*U*) paper *m* quadriculat.

grapple ['græpl] ☞ **grapple with** *vt fus* **-1.** [person] forcejar amb. **-2.** [problem] esforçar-se per resoldre.

grasp [grɑːsp] ⟨⟩ *n* **-1.** [grip] agafador *m*, agafall *m*. **-2.** [power to achieve]: **in / within sb's ~** a l'abast d'algú. **-3.** [understanding] comprensió *f*; **to have a good ~ of sthg** dominar alguna cosa. ⟨⟩ *vt* **-1.** [grip, seize] agafar, prendre. **-2.** [understand] comprendre. **-3.** [opportunity] aprofitar.

grasping ['grɑːspɪŋ] *adj pej* avar -a, cobdiciós -osa.

grass [grɑːs] ⟨⟩ *n* **-1.** [plant] herba *f*; [lawn] gespa *f*; [pasture] pastura *f*, past *m*; **"keep off the ~"** "prohibit trepitjar la gespa". **-2.** *drugs sl* [marijuana] herba *f*, maria *f*. ⟨⟩ *vi Br crime sl*: **to ~ (on sb)** xerrar (d'algú).

grasshopper ['grɑːs,hɒpəʳ] *n* saltamartí *m*, llagosta *f*.

grass roots ⟨⟩ *npl* bases *fpl*. ⟨⟩ *comp* de base.

grass snake *n* colobra *f*, serp *f*.

grate [greɪt] ⟨⟩ *n* graella *f*, reixeta *f*. ⟨⟩ *vt* grinyolar, cruixir. ⟨⟩ *vi*: **to ~ on sb's nerves** posar a algú els nervis de punta.

grateful ['greɪtful] *adj* [gen] agraït -ïda; [smile, letter] d'agraïment; **to be ~ to sb (for sthg)** estar agraït a algú (per alguna cosa); **I'm very ~ to you** t'ho agraeixo molt.

grater ['greɪtəʳ] *n* ratllador *m*.

gratify ['grætɪfaɪ] (*pt & pp -ied*) *vt* **-1.** [please - person]: **to be gratified** estar satisfet. **-2.** [satisfy - wish] satisfer.

grating ['greɪtɪŋ] ⟨⟩ *adj* que grinyola. ⟨⟩ *n* [grille] reixa *f*, enreixat *m*.

gratitude ['grætɪtjuːd] *n*: **~ (to sb for)** agraïment *m*, gratitud *f* (a algú per).

gratuitous [grəˈtjuːɪtəs] *adj fml* gratuït -a.

grave [greɪv] ⟨⟩ *adj* greu. ⟨⟩ *n* sepulcre *m*, tomba *f*; **he must be turning in his ~!** si aixequés el cap!

gravel ['grævl] ⟨⟩ *n* grava *f*, graveta *f*. ⟨⟩ *comp* de grava o graveta.

gravestone ['greɪvstəʊn] *n* làpida *f* (sepulcral).

graveyard ['greɪvjɑːd] *n* cementiri *m*.

gravity ['grævətɪ] *n* gravetat *f*.

gravy ['greɪvɪ] *n* **-1.** (*U*) [meat juice] salsa *f* de carn, brou *m* de carn. **-2.** *Am v inf* [easy money] diner *m* fàcil.

gray *Am* = **grey**.

graze [greɪz] ⟨⟩ *vt* **-1.** [feed on] pasturar en, péixer en. **-2.** [cause to feed] péixer, nodrir. **-3.** [skin, knee etc.] esgarrapar. **-4.** [touch lightly] fregar, tocar. ⟨⟩ *vi* pasturar. ⟨⟩ *n* esgarrapada *f*.

grease [griːs] ⟨⟩ *n* greix *m*. ⟨⟩ *vt* greixar, untar.

greaseproof paper ['griːspruːf-] *n* (*U*) *Br* paper *m* de cera (per embolicar).

greasy ['griːzɪ] (*compar* **-ier**, *superl* **-iest**) *adj* greixós -osa; [inherently] gras -assa.

great [greɪt] ⟨⟩ *adj* **-1.** [gen] gran; [heat] intens -a; **~ big** enorme; **you ~ big coward!** però que covard que ets! **-2.** *inf* [splendid] fantàstic -a!, fenomenal!; **we had a ~ time** ens ho vam passar d'allò més bé; **~!** fantàstic! ⟨⟩ *n* gran *mf*.

Great Britain *n* Gran Bretanya.

greatcoat ['greɪtkəʊt] *n* gavany *m*.

Great Dane *n* gran danès *m*.

great-grandchild *n* besnét *m* -a *f*.

great-grandfather *n* besavi *m*.

great-grandmother *n* besàvia *f*.

greatly ['greɪtlɪ] *adv* enormement.

greatness ['greɪtnɪs] *n* grandesa *f*.

Greece [griːs] *n* Grècia.

greed [griːd] *n*: **~ (for)** [food] golafreria *f*; [money] cobdícia *f*; [power] ambició *f* (de).

greedy ['griːdɪ] (*compar* **-ier**, *superl* **-iest**) *adj* **-1.** [for food] golafre. **-2. ~ for** [for money, power] cobdiciós -osa / àvid -a de.

Greek [griːk] ⟨⟩ *adj* grec grega; **the ~ Islands** les illes gregues. ⟨⟩ *n* **-1.** [person] grec *m* grega *f*. **-2.** [language] grec *m*.

green [griːn] ⟨⟩ *adj* **-1.** [gen] verd. **-2.** *inf* [pale] pàl·lid -a. **-3.** *inf* [inexperienced] verd -a, sense experiència. **-4.** *inf* [jealous]: **~ (with envy)** mort -a d'enveja. ⟨⟩ *n* **-1.** [colour] verd *m*; **in ~** en verd. **-2.** [in village] terreny *m* comunal; [in golf] green *m*. ☞ **greens** *npl* [vegetables] verdures *fpl*.

greenback ['gri:nbæk] *n Am inf* bitllet de banc americà.

green belt *n Br* cinturó *m* verd.

green card *n* **-1.** *Br* [for vehicle] assegurança que cobreix els conductors a l'estranger. **-2.** *Am* [work permit] permís *m* de treball (als Estats Units).

greenery ['gri:nərɪ] *n* fullam *m*, fullatge *m*.

greenfly ['gri:nflaɪ] (*pl inv* / **-ies**) *n* pugó *m*.

greengage ['gri:ngeɪdʒ] *n* pruna *f* clàudia.

greengrocer ['gri:n,grəʊsəʳ] *n* verdulaire *mf*; ~'s (shop) verdulaire *m*, botiga *f* de verdures.

greenhouse ['gri:nhaʊs, *pl* -haʊzɪz] *n* hivernacle *m*.

greenhouse effect *n*: the ~ l'efecte *m* hivernacle.

Greenland ['gri:nlənd] *n* Groenlàndia.

green salad *n* amanida *f* verda.

greet [gri:t] *vt* **-1.** [say hello to] saludar. **-2.** [receive] rebre. **-3.** [subject: sight, smell]: he was ~ed by total chaos es va trobar amb un autèntic caos.

greeting ['gri:tɪŋ] *n* salutació *f*; [welcome] recepció *f*. ➨ **greetings** *npl*: Christmas / birthday ~s! bon Nadal! / feliç aniversari!; ~s from... records de...

greetings card *Br*, **greeting card** *Am n* targeta *f* de felicitació.

grenade [grə'neɪd] *n*: (hand) ~ granada *f* (de mà).

grew [gru:] *pt* ➨ **grow**.

grey *Br*, **gray** *Am* [greɪ] ◇ *adj lit & fig* gris -a; to go ~ [grey-haired] tenir cabells blancs. ◇ *n* gris *m*; in ~ en gris.

grey-haired [-'heəd] *adj* amb cabells blancs.

greyhound ['greɪhaʊnd] *n* gos llebrer *m*.

grid [grɪd] *n* **-1.** [grating] reixa *f*, enreixat *m*. **-2.** [system of squares] quadrícula *f*.

griddle ['grɪdl] *n* planxa *f*.

gridlock ['grɪdlɒk] *n Am* embús *m*.

grief [gri:f] *n* **-1.** (U) [sorrow] dolor *m*, pena *f*. **-2.** *inf* [trouble] problemes *mpl*. **-3.** to come to ~ [person] patir un contratemps; [plans] anar-se'n en orris; good ~! mare meva!

grievance ['gri:vns] *n* (motiu *m* de) queixa *f*.

grieve [gri:v] ◇ *vt fml*: it ~s me to say it em fa pena dir-ho. ◇ *vi*: to ~ (for) plorar (per).

grievous ['gri:vəs] *adj fml* greu.

grievous bodily harm *n* (U) lesions *fpl* greus.

grill [grɪl] ◇ *n* **-1.** [of cooker] graella *f*. **-2.** [food] graellada *f*. ◇ *vt* **-1.** CULIN rostir a la graella. **-2.** *inf* [interrogate] sotmetre a un dur interrogatori.

grille [grɪl] *n* [on radiator, machine] reixeta *f*; [on window, door] reixa *f*.

grim [grɪm] (*compar* **-mer**, *superl* **-mest**) *adj* **-1.** [expression] adust -a; [determination] inexorable. **-2.** [place, facts, prospects] descoratjador -a, lúgubre.

grimace [grɪ'meɪs] ◇ *n* gest *m* de la cara, ganyota *f*. ◇ *vi* fer una ganyota.

grime [graɪm] *n* engrut *m*, verrim *m*.

grimy ['graɪmɪ] (*compar* **-ier**, *superl* **-iest**) *adj* greixós -osa i brut -a.

grin [grɪn] (*pt & pp* **-ned**, *cont* **-ning**) ◇ *n* somriure *m* (obert). ◇ *vi*: to ~ (at) somriure (a); to ~ and bear it fer al mal temps bona cara.

grind [graɪnd] (*pt & pp* **ground**) ◇ *vt* **-1.** [crush] moldre. **-2.** [press]: to ~ sthg into sthg aixafar alguna cosa contra una altra. ◇ *vi* [scrape] xerricar, grinyolar. ◇ *n* **-1.** [hard, boring work] rutina *f*; what a ~! quina llauna! **-2.** *Am inf* [hard worker] treballador *m* -a *f*. ➨ **grind down** *vt sep* [oppress] oprimir. ➨ **grind up** *vt sep* polvoritzar, fer pols.

grinder ['graɪndəʳ] *n* molinet *m*.

grip [grɪp] (*pt & pp* **-ped**, *cont* **-ping**) ◇ *n* **-1.** [grasp, hold]: to have a ~ on (sthg / sb) tenir (alguna cosa / algú) ben agafat. **-2.** [control, domination]: ~ on control *m* de, domini *m* de; in the ~ of sthg a les urpes d'alguna cosa, dominat per alguna cosa; to get to ~s with arribar a controlar; to get a ~ on oneself calmar-se, controlar-se; *fig* to lose one's ~ perdre el control. **-3.** [adhesion] subjecció *f*, adherència *f*. **-4.** [handle] maneta *f*. **-5.** [bag] bossa *f* de viatge. ◇ *vt* **-1.** [grasp] agafar, prendre; [hand] prémer; [weapon] empunyar. **-2.** [seize] apoderar-se de, fer-se amb.

gripe [graɪp] *inf* ◇ *n* [complaint] queixa *f*. ◇ *vi*: to ~ (about) queixar-se (de).

gripping ['grɪpɪŋ] *adj* apassionant.

grisly ['grɪzlɪ] (*compar* **-ier**, *superl* **-iest**) *adj* [horrible, macabre] esgarrifós -osa, horrible.

gristle ['grɪsl] *n* cartílag *m*, tendrum *m*.

grit [grɪt] (*pt & pp* **-ted**, *cont* **-ting**) ◇ *n* **-1.** [stones] grava *f*; [sand, dust] sorra *f*. **-2.** *inf* [courage] valor *m*. ◇ *vt* cobrir de sorra (els carrers).

gritty [ˈgrɪtɪ] (*compar* **-ier**, *superl* **-iest**) *adj* **-1.** [stony] sorrós -osa. **-2.** *inf* [brave] valent -a.

groan [grəʊn] ◇ *n* gemec *m*, cruixit *m*. ◇ *vi* **-1.** [moan] gemegar. **-2.** [creak] cruixir.

grocer [ˈgrəʊsər] *n* botiguer -a; **~'s (shop)** botiga *f* de queviures.

groceries [ˈgrəʊsərɪz] *npl* [foods] comestibles *mpl*.

grocery [ˈgrəʊsərɪ] (*pl* **-ies**) *n* [shop] botiga *f* de comestibles o de queviures.

groggy [ˈgrɒgɪ] (*compar* **-ier**, *superl* **-iest**) *adj* marejat -ada, estabornit -ida.

groin [grɔɪn] *n* engonal *m*.

groom [gru:m] ◇ *n* **-1.** [of horses] mosso *m* de quadra o cavallerissa. **-2.** [bridegroom] nuvi *m*. ◇ *vt* **-1.** [brush] raspallar, espolsar. **-2.** [prepare]: **to ~ sb (for sthg)** preparar algú (per a alguna cosa).

groove [gru:v] *n* [deep line] ranura *f*; [in record] solc *m*, forat *m*.

grope [grəʊp] ◇ *vt* **-1.** [fondle] toquejar. **-2.** [try to find]: **to ~ one's way** caminar a les palpentes. ◇ *vi*: **to ~ (about) for sthg** [object] buscar alguna cosa a les palpentes; [solution, remedy] buscar alguna cosa a les palpentes.

gross [grəʊs] (*pl inv* / **-es**) ◇ *adj* **-1.** [total] brut -a. **-2.** *fml* [serious, inexcusable] greu, intolerable. **-3.** [coarse, vulgar] bast -a, vulgar. **-4.** *inf* [obese] obès -esa. ◇ *n* grossa *f*. ◇ *vt* guanyar en brut.

grossly [ˈgrəʊslɪ] *adv* [seriously] enormement.

grotesque [grəʊˈtesk] *adj* grotesc *m* -a.

grotto [ˈgrɒtəʊ] (*pl* **-es** / **-s**) *n* gruta *f*.

grotty [ˈgrɒtɪ] (*compar* **-ier**, *superl* **-iest**) *adj Br inf* fastigós -osa, merdós -osa.

ground [graʊnd] ◇ *pt & pp* ⮕ **grind**. ◇ *n* **-1.** [surface of earth] terra *f*; **above / below ~** sobre / sota terra; **on the ~** al terra; **to be thin on the ~** ser escàs; *fig* **to get sthg off the ~** posar alguna cosa en marxa. **-2.** [area of land] terreny *m*; SPORT terreny *m* de joc. **-3.** [subject area] camp *m*; **to break fresh / new ~** obrir noves fronteres. **-4.** [advantage]: **to gain / lose ~** guanyar / perdre terreny. **-5. to cut the ~ from under sb's feet** trepitjar el terreny d'algú; **to go to ~** amagar-se, refugiar-se; **to run sthg / sb to ~** trobar alguna cosa / algú (finalment); **to stand one's ~** mantenir-se ferm. ◇ *vt* **-1.** [base]: **to be ~ed on / in sthg** basar-se en alguna cosa. **-2.** [aircraft, pilot] fer quedar-se a terra. **-3.** *Am inf* [child] castigar sense sortir. **-4.** *Am* ELEC: **to be ~ed** estar connectat a terra. ⮕

grounds *npl* **-1.** [reason]: **~s (for sthg / for doing sthg)** motius *mpl* (per a alguna cosa / per fer alguna cosa); **on the ~s of** per motius de; **on the ~s that** adduint que. **-2.** [around building] jardins *mpl*. **-3.** [area] zona *f*.

ground crew *n* personal *m* de terra.

ground floor *n* planta *f* baixa; **~ flat** (pis *m*) baix *m*.

grounding [ˈgraʊndɪŋ] *n*: **~ (in)** base *f* (de), coneixements *mpl* bàsics (de).

groundless [ˈgraʊndlɪs] *adj* sense fonament.

groundsheet [ˈgraʊndʃi:t] *n* lona *f* impermeable (per a càmping etc).

ground staff *n* **-1.** [at sports ground] personal *m* a càrrec de les instal·lacions. **-2.** *Br* = **ground crew**.

groundwork [ˈgraʊndwɜ:k] *n* (*U*) treball *m* preliminar.

ground zero *n* zona *f* zero.

group [gru:p] ◇ *n* grup *m*. ◇ *vt* agrupar. ◇ *vi*: **to ~ (together)** agrupar-se.

groupie [ˈgru:pɪ] *n inf* groupie *f*, fan que persegueix el seu grup de música favorit durant les gires, intentant d'establir una relació amb ells.

grouse [graʊs] ◇ *n* **-1.** [bird] gall salvatge *m*. **-2.** *inf* [complaint] queixa *f*. ◇ *vi inf* queixar-se.

grove [grəʊv] *n* [of trees] arboreda *f*; **lemon ~** llimoner *m*.

grovel [ˈgrɒvl] (*Br pt & pp* **-led**, *cont* **-ling**, *Am pt & pp* **-ed**, *cont* **-ing**) *vi lit & fig*: **to ~ (to)** arrossegar-se (davant).

grow [grəʊ] (*pt* **grew**, *pp* **grown**) ◇ *vi* **-1.** [gen] créixer. **-2.** [become] tornar-se, posar-se; **to ~ dark** fer-se fosc; **to ~ old** envellir. **-3.** [come]: **to ~ to do sthg** arribar a fer alguna cosa. ◇ *vt* **-1.** [plants] cultivar. **-2.** [hair, beard] deixar-se créixer. ⮕ **grow on** *vt fus inf* agradar cada cop més. ⮕ **grow out of** *vt fus* **-1.** [become too big for]: **he has ~n out of his clothes** la roba li ha quedat petita. **-2.** [lose - habit etc.] perdre. ⮕ **grow up** *vi* créixer; **~ up!** no siguis nen!

grower [ˈgrəʊər] *n* cultivador *m* -a *f*.

growl [graʊl] ◇ *n* [of dog, person] grunyit; [of engine, lion] rugit *m*. ◇ *vi* [dog, person] grunyir; [lion, engine] rugir.

grown [grəʊn] ◇ *pp* ⮕ **grow**. ◇ *adj* crescut -uda, adult -a.

grown-up ◇ *adj* adult -a. ◇ *n* persona *f* gran.

growth [grəʊθ] *n* -1. [gen]: ~ (of / in) creixement *m* (de). -2. MED tumor *m*.

grub [grʌb] *n* -1. [insect] larva *f*, cuc *m*. -2. *inf* [food] manduca *f*, teca *f*.

grubby ['grʌbɪ] (*compar* -ier, *superl* -iest) *adj* brut -a, greixós -osa.

grudge [grʌdʒ] ◇ *n* rancor *m*, rancúnia *f*; **to bear sb a ~, to bear a grudge against sb** guardar rancor a algú. ◇ *vt*: **to ~ sb sthg** concedir alguna cosa a algú de mal grat; **to ~ doing sthg** fer alguna cosa de mal grat.

gruelling *Br*, **grueling** *Am* ['gruːəlɪŋ] *adj* esgotador -a.

gruesome ['gruːsəm] *adj* espantós -osa, horrible.

gruff [grʌf] *adj* -1. [hoarse] ronc -a. -2. [rough, unfriendly] aspre -a, brusc -a.

grumble ['grʌmbl] ◇ *n* -1. [complaint] queixa *f*. -2. [of stomach] grunyit *m*, soroll *m* (d'estómac). ◇ *vi* -1. [complaint] queixar-se, rondinar; **to ~ about sthg** queixar-se d'alguna cosa, rondinar per alguna cosa. -2. [stomach] grunyir, fer soroll.

grumpy ['grʌmpɪ] (*compar* -ier, *superl* -iest) *adj inf* rondinaire *mf*.

grunt [grʌnt] ◇ *n* grunyit *m*. ◇ *vi* grunyir.

G-string *n* eslip *m*, tanga *f*.

guarantee [,gærən'tiː] ◇ *n* garantia *f*; **under ~** en període de garantia. ◇ *vt* garantir.

guard [gɑːd] ◇ *n* -1. [person] guàrdia *mf*. -2. [group of guards, operation] guàrdia *f*; **to be on / stand ~** estar de / fer guàrdia; **to be on (one's) ~ (against)** estar en guàrdia o alerta (contra); **to catch sb off ~** agafar algú desprevingut. -3. *Br* RAIL cap *mf* de tren. -4. [protective device - for body] defensa *f*, protector *m*; [- for machine] coberta *f* protectora. ◇ *vt* -1. [protect, hide] guardar. -2. [prevent from escaping] vigilar.

guard dog *n* gos *m* guardià.

guarded ['gɑːdɪd] *adj* cautelós -osa, discret -a.

guardian ['gɑːdjən] *n* -1. [of child] tutor *m* -a *f*. -2. [protector] guardià *m* -ana *f*, protector *m* -a *f*.

guardrail ['gɑːdreɪl] *n Am* [on road] barana *f* (d'obra).

guard's van *n Br* furgó *m* de cua.

Guatemala [,gwɑːtə'mɑːlə] *n* Guatemala.

Guatemalan [,gwɑːtə'mɑːlən] ◇ *adj* guatemalenc -a. ◇ *n* guatemalenc *m* -a *f*.

guerilla [gə'rɪlə] = guerrilla.

Guernsey ['gɜːnzɪ] *n* -1. [place] Guernsey. -2. [sweater] jersei *m* gruixut de llana. -3. [cow] tipus de vaca.

guerrilla [gə'rɪlə] *n* guerriller *m* -a *f*; **urban ~** guerriller de ciutat.

guerrilla warfare *n* (*U*) guerra *f* de guerrilles.

guess [ges] ◇ *n* suposició *f*, conjectura *f*; **to take a ~** intentar esbrinar; **it's anybody's ~** vés a saber, qui sap? ◇ *vt* suposar; **~ what?** saps què? ◇ *vi* -1. [conjecture] suposar, conjecturar; **to ~ at sthg** tractar d'esbrinar alguna cosa; **to keep sb ~ing** tenir algú en la incertesa. -2. [suppose] **I ~ (so)** suposo / m'imagino que sí.

guesswork ['gesˌwɜːk] *n* (*U*) conjectures *fpl*, suposicions *fpl*.

guest [gest] *n* -1. [at home] convidat *m* -ada *f*. -2. [at hotel] hoste *m* -essa *f*. -3. **be my ~!** doncs clar!

guesthouse ['gesthaʊs, *pl* -haʊzɪz] *n* casa *f* d'hostes.

guestroom ['gestrʊm] *n* habitació *f* dels convidats.

guffaw [gʌ'fɔː] ◇ *n* rialla *f*. ◇ *vi* fer rialles, riure sorollosament.

guidance ['gaɪdəns] *n* -1. (*U*) [help] orientació *f*, consell *m*. -2. [leadership] direcció *f*; **under the ~ of** sota la direcció de.

guide [gaɪd] ◇ *n* -1. [person] guia *mf*. -2. [book] guia *f*. ◇ *vt* -1. [show by leading] guiar. -2. [control] conduir, dirigir. -3. [influence]: **to be ~d by** guiar-se per. ◆ **Guide** *n* = Girl Guide.

guide book *n* guia *f*.

guide dog *n* gos *m* guia.

guidelines ['gaɪdlaɪnz] *npl* directrius *fpl*.

guild [gɪld] *n* -1. HIST gremi *m*. -2. [association] corporació *f*.

guile [gaɪl] *n* (*U*) *liter* astúcia *f*.

guillotine ['gɪlə,tiːn] ◇ *n* -1. [gen] guillotina *f*. -2. *Br* POL estipulació d'un temps determinat per debatre un projecte de llei. ◇ *vt* guillotinar.

guilt [gɪlt] *n* -1. [remorse] culpa *f*. -2. JUR culpabilitat.

guiltily ['gɪltɪlɪ] *adv* amb aires de culpabilitat.

guinea pig *n lit & fig* conillet *m* d'índies.

guise [gaɪz] *n fml* aparença *f*.

guitar [gɪ'tɑːr] *n* guitarra *f*.

guitarist [gɪ'tɑːrɪst] *n* guitarrista *mf*.

gulf [gʌlf] *n* **-1.** [sea] golf *m.* **-2.** [chasm] abisme *m.* **-3.** [big difference]: ~ **(between)** abisme *m* (entre). ◆ **Gulf** *n*: the ~ el Golf.

gull [gʌl] *n* gavina *f.*

gullet ['gʌlɪt] *n* esòfag *m.*

gullible ['gʌləbl] *adj* crèdul -a.

gully ['gʌlɪ] (*pl* **-ies**) *n* barranc *m.*

gulp [gʌlp] ◇ *n* glop *m.* ◇ *vt* [liquid] empassar-se; [food] engolir. ◇ *vi* empassar saliva. ◆ **gulp down** *vt sep* [liquid] empassar-se; [food] engolir.

gum [gʌm] (*pt & pp* **-med**, *cont* **-ming**) ◇ *n* **-1.** [chewing -] xiclet *m.* **-2.** [adhesive] cola *f*, goma *f* adhesiva. **-3.** ANAT geniva *f.* ◇ *vt* enganxar, encolar.

gumboots ['gʌmbu:ts] *npl Br* botes *fpl* d'aigua o de goma.

gun [gʌn] (*pt & pp* **-ned**, *cont* **-ning**) *n* **-1.** [pistol] pistola *f*; [rifle] escopeta *f*, fusell *m*; **to stick to one's ~s** mantenir-se ferm, tornar amb el tretze són tretze; **to jump the ~** avançar-se als esdeveniments. **-2.** [tool] pistola *f.* ◆ **gun down** *vt sep* abatre (a trets).

gunboat ['gʌnbəʊt] *n* llanxa *f* canonera.

gunfire ['gʌnfaɪər] *n* (U) trets *mpl*, tiroteig *m.*

gunman ['gʌnmən] (*pl* **-men** [-mən]) *n* pistoler *m.*

gunpoint ['gʌnpɔɪnt] *n*: **at** ~ a punta de pistola.

gunpowder ['gʌn,paʊdər] *n* pólvora *f.*

gunshot ['gʌnʃɒt] *n* tret *m*, tir *m.*

gunsmith ['gʌnsmɪθ] *n* armer *m* -a *f.*

gurgle ['gɜːgl] ◇ *vi* **-1.** [water] clapotejar. **-2.** [baby] xerrotejar. ◇ *n* **-1.** [of water] clapoteig *m.* **-2.** [of baby] xerroteig *m.*

guru ['gʊruː] *n lit & fig* guru *m.*

gush [gʌʃ] ◇ *n* devessall *m*, raig *m.* ◇ *vt* rajar. ◇ *vi* **-1.** [flow out] rajar, emanar. **-2.** *pej* [enthuse] ser molt efusiu -iva.

gusset ['gʌsɪt] *n* escudet *m.*

gust [gʌst] ◇ *n* ràfega *f.* ◇ *vi* [wind] bufar a ràfegues.

gusto ['gʌstəʊ] *n*: **with** ~ amb delit.

gut [gʌt] (*pt & pp* **-ted**, *cont* **-ting**) ◇ *n* **-1.** MED intestí *m.* **-2.** [strong thread] sedal *m.* ◇ *vt* **-1.** [animal] estripar, esbudellar. **-2.** [building etc.] destruir l'interior de.

guts *npl inf* **-1.** [intestines] tripes *fpl*; **to hate sb's ~s** odiar algú a mort. **-2.** [courage] coratge *m.*

gutter ['gʌtər] *n* **-1.** [ditch] cuneta *f.* **-2.** [on roof] canaló *m.*

gutter press *n pej* premsa *f* groga o sensacionalista.

guy [gaɪ] *n* **-1.** *inf* [man] tipus *m.* **-2.** *Br* [dummy] ninot que es crema a Gran Bretanya durant la nit de Guy Fawkes.

Guy Fawkes' Night *n* festa que se celebra a la Gran Bretanya la nit del 5 de novembre per commemorar un complot catòlic encapçalat per Guy Fawkes; aquesta nit es llancen focs d'artifici i s'encenen fogueres.

guy rope *n* vent *m*, corda *f* (de tenda de campanya).

guzzle ['gʌzl] ◇ *vt* cruspir-se. ◇ *vi* cruspir.

gym [dʒɪm] *n inf* **-1.** [gymnasium] gimnàs *m.* **-2.** [exercises] gimnàstica *f.*

gymnasium [dʒɪm'neɪzjəm] (*pl* **-siums** / **-sia** [-zjə]) *n* gimnàs *m.*

gymnast ['dʒɪmnæst] *n* gimnasta *mf.*

gymnastics [dʒɪm'næstɪks] *n* (U) gimnàstica *f.*

gym shoes *npl* sabatilles *fpl* de gimnàstica.

gymslip ['dʒɪm,slɪp] *n Br* bata *f* d'escola.

gynaecologist *Br*, **gynecologist** *Am* [,gaɪnə'kɒlədʒɪst] *n* ginecòleg *m* -òloga *f.*

gynaecology *Br*, **gynecology** *Am* [,gaɪnə'kɒlədʒɪ] *n* ginecologia *f.*

gypsy ['dʒɪpsɪ] (*pl* **-ies**) = **gipsy**.

gyrate [dʒaɪ'reɪt] *vi* girar.

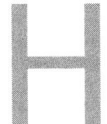

h (*pl* **hs** / **h's**), **H** (*pl* **Hs** / **H's**) [eɪtʃ] *n* [letter] h *f*, H *f.*

haberdashery ['hæbədæʃərɪ] (*pl* **-ies**) *n* merceria *f.*

habit ['hæbɪt] *n* **-1.** [custom] costum *m*, hàbit *m*; **to be in the ~ of doing sthg** tenir el costum de fer alguna cosa; **to make a ~ of sthg** prendre alguna cosa per costum; **to make a ~ of doing sthg** tenir per costum fer alguna cosa. **-2.** [garment] hàbit *m.*

habitat ['hæbɪtæt] *n* hàbitat *m.*

habitual [hə'bɪtjʊəl] *adj* **-1.** [usual] habitual, acostumat -ada. **-2.** [smoker, gambler] empedreït -ïda.

hack [hæk] ◇ n **-1.** pej (writer) escriptoret m -a f; (journalist) gasetiller m -a f. **-2.** Am inf (taxi) taxi m. ◇ vt **-1.** [cut] tallar a trossets. **-2.** COMPUT piratejar. ◇ vi [cut] donar cops de destral. ➡ **hack into** vt fus piratejar.

hacker ['hækər] n: (computer) ~ pirata mf informàtic.

hackneyed ['hæknɪd] adj pej gastat -ada, suat -ada.

hacksaw ['hæksɔː] n serra f per a metalls.

had [weak form həd, strong form hæd] pt & pp ➡ **have**.

haddock ['hædək] (pl inv) n eglefí m.

hadn't ['hædnt] = had not.

haemophiliac [ˌhiːməˈfɪlɪæk] = **hemophiliac**.

haemorrhage ['hemərɪdʒ] = **hemorrhage**.

haemorrhoids ['hemərɔɪdz] = **hemorrhoids**.

haggard ['hægəd] adj ullerós -osa.

haggis ['hægɪs] n plat típic escocès fet amb els menuts del be.

haggle ['hægl] vi: to ~ (with sb over / about sthg) regatejar (alguna cosa amb algú).

Hague [heɪg] n: The ~ l'Haia.

hail [heɪl] ◇ n **-1.** METEOR pedra f, granís m. **-2.** fig [large number] pluja f. ◇ vt **-1.** [call] cridar, trucar. **-2.** [acclaim]: to ~ sb as sthg aclamar a algú alguna cosa; to ~ sthg as sthg enaltir alguna cosa com a. ◇ v impers granissar.

hailstone ['heɪlstəʊn] n granís m, pedra f.

hair [heər] ◇ n **-1.** (U) [gen] pèl m; to do one's ~ arreglar-se el cabell; to let one's ~ down [fig] deixar-se anar el cabell, excedir-se; to make sb's ~ stand on end posar a algú els pèls de punta; to split ~s filar prim. **-2.** [on person's skin] borrissol m, pèl m. ◇ comp per al cabell.

hairbrush ['heəbrʌʃ] n raspall m per al cabell.

haircut ['heəkʌt] n tallada f de cabell.

hairdo ['heəduː] (pl -s) n inf pentinat m.

hairdresser ['heəˌdresər] n perruquer m -a f; ~'s (salon) perruqueria f.

hairdryer ['heəˌdraɪər] n assecador m (de cabell).

hair gel n escuma f o emulsió f per al cabell.

hairgrip ['heəɡrɪp] n Br agulla f de ganxo.

hairpin ['heəpɪn] n agulla f de monyo.

hairpin bend n revolt m molt tancat m.

hair-raising [-ˌreɪzɪŋ] adj esgarrifós -osa.

hair remover n crema f depilatòria, depilatori m.

hair slide n Br agulla f de cabell.

hairspray ['heəspreɪ] n laca f (per al cabell).

hairstyle ['heəstaɪl] n pentinat m.

hairy ['heərɪ] (compar -ier, superl -iest) adj **-1.** [covered in hair] pelut -uda. **-2.** inf [scary] horrorós -osa, espantós -osa.

Haiti ['heɪtɪ] n Haití.

hake [heɪk] (pl inv / -s) n lluç m.

half [Br hɑːf, Am hæf] (pl senses 1 & 3 **halves**, pl senses 2 & 4 **halves / halfs**) ◇ adj mig, mitja; ~ a dozen / mile mitja dotzena / milla; ~ an hour mitja hora. ◇ adv **-1.** [gen]: ~ full / open ple / obert per la meitat; ~ and half meitat i meitat; Br inf not ~! ja ho crec! **-2.** [by -]: ~ as big (as) la meitat de gran (que). **-3.** Am [in telling the time]: ~ past nine, half after nine dos quarts de deu; it's ~ past són dos quarts. ◇ n **-1.** [one of two parts] meitat f; ~ (of) the group la meitat del grup; a pound / mile and a ~ una lliura / milla i mitja; by ~ en un cinquanta per cent; in ~ per la meitat; he doesn't do things by halves no fa les coses a mitges; to be too clever by ~ passar-se de llest; to go halves (with sb) anar a mitges (amb algú). **-2.** [fraction, halfback, child's ticket] mig m. **-3.** [of sports match] temps m, meitat f. **-4.** [of beer] mitjana f. ◇ pron la meitat; ~ of it / them la meitat.

halfback ['hɑːfbæk] n mig m.

half board n mitja pensió f.

half-breed ◇ adj mestís -issa. ◇ n mestís m -issa f (nota: el terme "half-breed" es considera racista).

half-caste ◇ adj mestís -issa. ◇ n mestís m -issa f (nota: el terme "half-caste" es considera racista).

half-hearted [-ˈhɑːtɪd] adj poc entusiasta.

half hour n mitja hora f.

half-mast n: at ~ [flag] a mitja asta.

half moon n mitja lluna f.

half note n Am MUS blanca f.

halfpenny ['heɪpnɪ] (pl -pennies / -pence) n mig penic m.

half price adv a meitat de preu.

half term n Br breus vacances escolars a meitat del trimestre.

half time n (U) descans m, pausa f.

halfway ['hɑːfweɪ] ◇ adj intermediari

-ària. ◇ adv **-1.** [in space]: **I was ~ down the street** havia caminat la meitat del carrer. **-2.** [in time]: **the film was ~ through** la pel·lícula anava per la meitat. **-3. to meet sb ~** arribar a un acord amb algú (cedint les dues parts).

halibut [ˈhælɪbət] (*pl inv* / **-s**) *n* halibut *m*.

hall [hɔːl] *n* **-1.** [in house] vestíbul *m*. **-2.** [public building] sala *f*. **-3.** *Br* UNIV residència *f* universitària, col·legi *m* major; **to live in ~s** viure en una residència universitària. **-4.** [country house] mansió *f*, casa *f* pairal.

hallmark [ˈhɔːlmɑːk] *n* **-1.** [typical feature] segell *m* distintiu. **-2.** [on metal] contrast *m*.

hallo [həˈləʊ] = **hello**.

hall of residence (*pl* **halls of residence**) *n Br* residència *f* universitària, col·legi *m* major.

Hallowe'en [ˌhæləʊˈiːn] *n* festa que se celebra la nit del 31 d'octubre.

hallucinate [həˈluːsɪneɪt] *vi* al·lucinar.

hallway [ˈhɔːlweɪ] *n* entrada *f*, vestíbul *m*.

halo [ˈheɪləʊ] (*pl* **-es** / **-s**) *n* halo *m*, aurèola *f*.

halt [hɔːlt] ◇ *n* [stop]: **to come to a ~** [vehicle] parar-se; [activity] interrompre's; **to grind to a ~** [vehicle] anar parant lentament; [process] paralitzar-se; **to call a ~ to** posar fi a. ◇ *vt* [person] parar, detenir; [development, activity] interrompre. ◇ *vi* [person, train] parar-se, detenir; [development, activity] interrompre's.

halterneck [ˈhɔːltənək] *adj* escotat -ada pel darrere.

halve [*Br* hɑːv, *Am* hæv] *vt* **-1.** [reduce by half] reduir a la meitat. **-2.** [divide] partir en dos, partir per la meitat.

halves [*Br* hɑːvz, *Am* hævz] *pl* ⟶ **half**.

ham [hæm] (*pt & pp* **-med**, *cont* **-ming**) ◇ *n* **-1.** [meat] pernil *m*. **-2.** *pej* [actor] histrió *m*, comicastre *m*. **-3.** [radio fanatic]: (**radio**) **~** radioaficionat -ada *f*. ◇ *comp* de pernil. ◇ *vt*: **to ~ it up** sobreactuar.

hamburger [ˈhæmbɜːgər] *n* **-1.** [burger] hamburguesa *f*. **-2.** (U) *Am* [mince] carn *f* picada.

hamlet [ˈhæmlɪt] *n* poblet *m*.

hammer [ˈhæmər] ◇ *n* [gen & SPORT] martell *m*. ◇ *vt* **-1.** [with tool] donar cops de martell. **-2.** [with fist] copejar. **-3.** *inf* [defeat] donar una pallissa a. ◇ *vi* **-1.** [with tool] martellejar, donar cops de martell. **-2.** [with fist]: **to ~ (on sthg)** donar cops a (alguna cosa). **-3. to ~ away at sthg** [task] treballar amb molt afany en alguna cosa; [problem, subject] insistir molt en. ⬥ **hammer out** ◇ *vt fus* [solution, agreement] assolir amb esforç. ◇ *vt sep* [dent] treure amb martell.

hammock [ˈhæmək] *n* hamaca *f*.

hamper [ˈhæmpər] ◇ *n* **-1.** [for food] cistell *m*, canastra *f*. **-2.** *Am* [for laundry] cistell *m* de la roba bruta. ◇ *vt* obstaculitzar.

hamster [ˈhæmstər] *n* hàmster *m*.

hamstring [ˈhæmstrɪŋ] ◇ *n* tendó *m* de la sofraja. ◇ *vt* paralitzar.

hand [hænd] ◇ *n* **-1.** [gen] mà *f*; **~s up!** mans enlaire!; **to hold ~s** anar agafats de la mà; **~ in** [people] (agafats) de la mà; **by ~** a mà; **at the ~s of** a mans de; **in ~** [problem, situation] sota control; **in the ~s of** a mans de; **to have sthg on one's ~s** tenir alguna cosa entre mans; **to change ~s** canviar de mans / d'amo; **to force sb's ~** pressionar algú; **to get / lay one's ~s on sthg** apropiar-se d'alguna cosa; **to get / lay one's ~s on sb** agafar algú; **to get out of ~** [situation] fer-se incontrolable; [person] excedir-se; **to give sb a free ~** donar carta blanca a algú; **to give / lend sb a ~ (with)** donar un cop de mà a algú (amb); **to go ~ in ~** [things] anar de la mà; **to have one's ~s full** estar molt atrafegat; **to have time in ~** tenir molt de temps; *fig* **to overplay one's ~** extralimitar-se; **to take sb in ~** fer-se càrrec d'algú; **to try one's ~ at sthg** intentar fer alguna cosa; **to wait on sb ~ and foot** portar-li-ho tot fet i mastegat; **to wash one's ~s of sthg** rentar-se les mans (d'un assumpte); **with his bare ~s** amb les seves pròpies mans. **-2.** [influence] intervenció *f*, influència *f*; **to have a ~ in sthg / in doing sthg** intervenir en alguna cosa / en fer alguna cosa. **-3.** [worker - on farm] peó *m*, bracer *m* -a *f*; [- on ship] tripulant *m*. **-4.** [of clock, watch] maneta *f*, agulla *f*. **-5.** [handwriting] lletra *f*. ◇ *vt*: **to ~ sthg to sb**, **to ~ sb sthg** entregar alguna cosa a algú. ⬥ **(close) at hand** *adv* a prop. ⬥ **on hand** *adv* a l'abast de la mà. ⬥ **on the other hand** *conj* per altra banda. ⬥ **out of hand** *adv* [completely] absolutament. ⬥ **to hand** *adv* a mà. ⬥ **hand down** *vt sep* [heirloom] passar en herència; [knowledge] transmetre. ⬥ **hand in** *vt sep* entregar. ⬥ **hand out** *vt sep* repartir, distribuir. ⬥ **hand over** ◇ *vt sep* **-1.** [baton, money] entregar. **-2.** [responsibility, power] cedir. ◇ *vi*: **to ~ over (to)** donar pas (a).

handbag ['hændbæg] n bossa f de mà.
handball ['hændbɔːl] n handbol m.
handbook ['hændbʊk] n manual m.
handbrake ['hændbreɪk] n fre m de mà.
handcuffs ['hændkʌfs] npl manilles fpl.
handful ['hændfʊl] n **-1.** [gen] grapat m. **-2.** inf [uncontrollable person]: **to be a ~** ser un dimoni.
handgun ['hændgʌn] n pistola f.
handicap ['hændɪkæp] (pt & pp **-ped**, cont **-ping**) ◇ n **-1.** [disability] incapacitat f. **-2.** [disadvantage] desavantatge m, obstacle m. **-3.** SPORT handicap m, obstacle m. ◇ vt molestar, obstaculitzar.
handicapped ['hændɪkæpt] ◇ adj minusvàlid -a. ◇ npl: **the ~** els minusvàlids.
handicraft ['hændɪkrɑːft] n [skill] treballs mpl manuals, artesania f.
handiwork ['hændɪwɜːk] n (U) [doing, work] obra f.
handkerchief ['hæŋkətʃɪf] (pl **-chiefs** / **-chieves** [-tʃiːvz]) n mocador m.
handle ['hændl] ◇ n [of door, window] pom m; [of tool] maneta f; [of suitcase, cup, jug] nansa f, maneta f; **to fly off the ~** perdre els estreps. ◇ vt [gen] [order, complaint, application] encarregar-se de; [negotiations, takeover] conduir; [people] tractar.
handlebars ['hændlbɑːz] npl manillar m.
handler ['hændləʳ] n **-1.** [of animal] guardià m -ana f. **-2.** [at airport]: **(baggage) ~** mosso m dels equipatges.
hand luggage n Br equipatge m de mà.
handmade [,hænd'meɪd] adj fet -a a mà.
handout ['hændaʊt] n **-1.** [gift] donatiu m. **-2.** [leaflet] fulls mpl (informatius).
handrail ['hændreɪl] n passamà m, baranatge m.
handset ['hændset] n auricular m (de telèfon); **to lift / replace the ~** despenjar / penjar (el telèfon).
handshake ['hændʃeɪk] n encaixada f de mans.
handsome ['hænsəm] adj **-1.** [man] atractiu. **-2.** [woman] bella, bonica. **-3.** [reward, profit] considerable.
handstand ['hændstænd] n pi m.
handwriting ['hænd,raɪtɪŋ] n lletra f, cal·ligrafia f.
handy ['hændi] (compar **-ier**, superl **-iest**) adj inf **-1.** [useful] pràctic -a; **to come in ~** venir bé. **-2.** [skilful] traçut -uda. **-3.** [near] a mà, a prop; **to keep sthg ~** tenir alguna cosa a mà.

handyman ['hændɪmæn] (pl **-men** [-men]) n: **a good ~** un home manyós.
hang [hæŋ] (pt & pp sense 1 **hung**, pt & pp sense 2 **hung** / **hanged**) ◇ vt **-1.** [fasten] penjar. **-2.** [execute] penjar. ◇ vi **-1.** [be fastened] penjar, aguantar-se. **-2.** [be executed] ser penjat -ada. ◇ n inf: **to get the ~ of sthg** trobar la manera de fer (alguna cosa). ◆ **hang about**, **hang around** vi passar l'estona; **they didn't ~ about** es van posar en marxa sense perdre ni un minut. ◆ **hang on** vt fus [depend on] dependre de. ◇ vi **-1.** [keep hold]: **to ~ on (to)** agafar-se (a). **-2.** inf [continue waiting] esperar. **-3.** [persevere] resistir. ◆ **hang out** ◇ vt sep [washing] estendre. ◇ vi inf [spend time] moure's, passar l'estona. ◆ **hang round** = **hang about**. ◆ **hang up** ◇ vt sep penjar. ◇ vi penjar. ◆ **hang up on** vt fus penjar.
hangar ['hæŋəʳ] n hangar m.
hanger ['hæŋəʳ] n penjador m.
hanger-on (pl **hangers-on**) n paparra mf, pesat m -ada f.
hang gliding n vol m amb ala delta.
hangover ['hæŋ,əʊvəʳ] n **-1.** [from drinking] ressaca f. **-2.** [from past]: **~ (from)** vestigi m (de).
hang-up n inf complex m.
hanker ['hæŋkəʳ] ◆ **hanker after**, **hanker for** vt fus anhelar.
hankie, **hanky** ['hæŋkɪ] (pl **-ies**) n inf (abbr of **handkerchief**) mocador m.
haphazard [,hæp'hæzəd] adj desordenat -ada, caòtic -a.
hapless ['hæplɪs] adj lit desgraciat -ada, desventurat -ada.
happen ['hæpən] vi **-1.** [occur] passar, succeir; **to ~ to sb** passar a algú. **-2.** [chance]: **I ~ed to be looking out of the window ...** va donar la casualitat que mirava per la finestra...; **do you ~ to have a pen on you?** no deus tenir un bolígraf per casualitat?; **as it ~s ...** dóna la casualitat que ...
happening ['hæpənɪŋ] n succés m, esdeveniment m.
happily ['hæpɪlɪ] adv **-1.** [with pleasure] alegrement, feliçment. **-2.** [fortunately] afortunadament.
happiness ['hæpɪnɪs] n [state] felicitat f; [feeling] joia f.
happy ['hæpɪ] (compar **-ier**, superl **-iest**) adj **-1.** [gen] feliç, content -a; **~ Christmas / birthday!** Bon Nadal / feliç aniversari!; **to be ~ with / about sthg** estar content -a

amb alguna cosa. **-2.** [causing contentment] feliç, alegre -a. **-3.** [fortunate] feliç, oportú -una. **-4.** [willing]: **to be ~ to do sthg** estar més que disposat -ada a fer alguna cosa; **I'd be ~ to do it** jo ho faria de gust.

happy-go-lucky *adj* despreocupat -ada.
happy medium *n* terme *m* mitjà.
harangue [hə'ræŋ] ◇ *n* arenga *f*. ◇ *vt* arengar.
harass ['hærəs] *vt* assetjar.
harbour *Br*, **harbor** *Am* ['hɑːbəʳ] ◇ *n* port *m*. ◇ *vt* **-1.** [feeling] acollir. **-2.** [person] donar refugi a, encobrir.
hard [hɑːd] ◇ *adj* **-1.** [gen] dur -a; [frost] fort -a; **to be ~ on sb / sthg** [subject: person] ser dur amb algú / alguna cosa; [subject: work, strain] perjudicar algú / alguna cosa; [subject: result] ser immerescut per algú / alguna cosa. **-2.** [difficult] difícil. **-3.** [forceful - push, kick etc.] fort -a. **-4.** [fact, news] concret -a. **-5.** *Br* [extreme]: **~ left / right** extrema esquerra / dreta. ◇ *adv* **-1.** [try] molt; [work, rain] intensament; [listen] atentament. **-2.** [push, kick] fort -a, amb força. **-3. to be ~ pushed / put / pressed to do sthg** tenir dificultats a fer alguna cosa; **to feel ~ done by** sentir-se tractat injustament.
hardback ['hɑːdbæk] ◇ *adj* de pasta dura. ◇ *n* edició *f* de tapa dura.
hardboard ['hɑːdbɔːd] *n* fusta *f* conglomerada.
hard-boiled *adj lit* & *fig* dur -a.
hard cash *n* diners comptants *mpl*.
hard copy *n* COMPUT còpia *f* impresa.
hard disk *n* COMPUT disc *m* dur.
harden ['hɑːdn] ◇ *vt* **-1.** [gen] endurir. **-2.** [resolve, opinion] reforçar. ◇ *vi* **-1.** [gen] endurir-se. **-2.** [resolve, opinion] reforçar-se.
hard-headed [-'hedɪd] *adj* pràctic -a, realista.
hard-hearted [-'hɑːtɪd] *adj* insensible, sense cor.
hard labour *n* (*U*) treballs *mpl* forçats.
hard line *n*: **to take a ~ on sthg** seguir una tendència de mà dura amb alguna cosa.
hardly ['hɑːdlɪ] *adv* gairebé, a penes; **~ ever / anything** quasi mai / res; **I'm ~ a communist, am I?** doncs sí que tinc jo gaire a veure amb el comunisme!
hardness ['hɑːdnɪs] *n* **-1.** [firmness] duresa *f*. **-2.** [difficulty] dificultat *f*.

hardship ['hɑːdʃɪp] *n* **-1.** (*U*) [difficult conditions] privacions *fpl*, penúries *fpl*. **-2.** [difficult circumstance] infortuni *m*.
hard shoulder *n Br* AUTOM vorera *f*.
hard up *adj inf* sense ni un duro; **to be ~ for sthg** anar escàs d'alguna cosa.
hardware ['hɑːdweəʳ] *n* **-1.** (*U*) [tools, equipment] articles *mpl* de ferreteria. **-2.** COMPUT hardware *m*, maquinari *m*.
hardware shop *n* ferreteria *f*.
hardwearing [,hɑːd'weərɪŋ] *adj Br* durador -a.
hardworking [,hɑːd'wɜːkɪŋ] *adj* treballador -a.
hardy ['hɑːdɪ] (*compar* **-ier**, *superl* **-iest**) *adj* **-1.** [person, animal] fort, robust -a. **-2.** [plant] resistent.
hare [heəʳ] ◇ *n* llebre *f*. ◇ *vi Br inf*: **to ~ off** que surt corrents molt de pressa.
harebrained ['heə,breɪnd] *adj inf* atabalat -ada.
harelip [,heə'lɪp] *n* llavi *m* leporí.
haricot (bean) ['hærɪkəʊ-] *n* mongeta *f*.
Harley Street ['hɑːlɪ-] *n* carrer de Londres famós pels seus metges especialistes.
harm [hɑːm] ◇ *n* mal *m*; **to do ~ to sthg / sb, to do sthg / sb ~** [physically] fer mal a alguna cosa / algú; *fig* perjudicar alguna cosa / algú; **to mean no ~ (by sthg)** no tenir mala intenció (en fer alguna cosa); **there's no ~ in it** no hi ha res de dolent en això; **there's no ~ in trying / asking** no passa res per intentar-ho / preguntar-ho; **to be out of ~'s way** estar sa i estalvi; **to come to no ~** [person] sortir sa i estalvi; [thing] no fer-se mal. ◇ *vt* [gen] fer mal a, danyar; [reputation, chances, interests] danyar.
harmful ['hɑːmfʊl] *adj*: **~ (to)** perjudicial (per a).
harmless ['hɑːmlɪs] *adj* inofensiu -iva.
harmonica [hɑː'mɒnɪkə] *n* harmònica *f*.
harmonize, -ise ['hɑːmənaɪz] ◇ *vi*: **to harmonize (with)** harmonitzar (amb). ◇ *vt* harmonitzar.
harmony ['hɑːmənɪ] (*pl* **-ies**) *n* harmonia *f*; **in ~ with** en harmonia amb.
harness ['hɑːnɪs] ◇ *n* **-1.** [for horse] arreus *mpl*. **-2.** [for child] caminadors *mpl*; [for climbing etc.] corretjam *m*. ◇ *vt* **-1.** [horse] posar els arreus a. **-2.** [use] aprofitar.
harp [hɑːp] *n* arpa *f*. ◆ **harp on** *vi*: **to ~ on (about sthg)** donar la tabarra (amb alguna cosa).

harpoon [hɑːˈpuːn] ⬦ *n* arpó *m*. ⬦ *vt* arponar.

harpsichord [ˈhɑːpsɪkɔːd] *n* clavicordi *m*.

harrowing [ˈhærəʊɪŋ] *adj* horrorós -osa, esgarrifós -osa.

harsh [hɑːʃ] *adj* **-1.** [life, conditions, winter] dur -a. **-2.** [punishment, decision, person] sever -a. **-3.** [texture, taste, voice] aspre -a; [light, sound] violent -a.

harvest [ˈhɑːvɪst] ⬦ *n* [gen] collita *f*; [of grapes] verema *f*. ⬦ *vt* recollir.

has [*weak form* həz, *strong form* hæz] (*3rd person sg*) ➪ **have**.

has-been *n inf pej* vella glòria *f*.

hash [hæʃ] *n* **-1.** [meat] picada *f* (de carn). **-2.** *inf* [mess]: **to make a ~ of sthg** fer alguna cosa molt malament. **-3.** *drugs sl* [hashish] haixix *m*.

hashish [ˈhæʃiːʃ] *n* haixix *m*.

hasn't [ˈhæznt] = **has not**.

hassle [ˈhæsl] *inf* ⬦ *n* (U) [annoyance] llauna *f*, embolic *m*; **it's a real ~** és una llauna. ⬦ *vt* donar la llauna a.

haste [heɪst] *n*: **to do sthg in ~** fer alguna cosa de pressa i corrents; *dated* **to make ~** donar-se pressa.

hasten [ˈheɪsn] *fml* ⬦ *vt* accelerar. ⬦ *vi*: **to ~ (to do sthg)** anar de pressa (a fer alguna cosa).

hastily [ˈheɪstɪlɪ] *adv* **-1.** [quickly] de pressa, precipitadament. **-2.** [rashly] a la lleugera, sense reflexionar.

hasty [ˈheɪstɪ] (*compar* **-ier**, *superl* **-iest**) *adj* **-1.** [quick] precipitat -ada, de pressa. **-2.** [rash] irreflexiu -iva.

hat [hæt] *n*: **keep it under your ~** d'això, ni una paraula a ningú; **to be talking through one's ~** no dir més que ximpleries; **t~'s old hat** això està més que vist.

hatch [hætʃ] ⬦ *vi* **-1.** [chick] sortir de l'ou, trencar la closca. **-2.** [egg] trencar-se. ⬦ *vt* **-1.** [chick, egg] incubar. **-2.** *fig* [scheme, plot] idear, ordir. ⬦ *n* [for serving food] finestreta *f*.

hatchback [ˈhætʃˌbæk] *n* cotxe *m* amb porta al darrere.

hatchet [ˈhætʃɪt] *n* destral *f*: **to bury the ~** fer les paus.

hatchway [ˈhætʃˌweɪ] *n* escotilla *f*.

hate [heɪt] ⬦ *n* odi *m*. ⬦ *vt* odiar; **to ~ doing sthg** odiar fer alguna cosa; **I ~ to seem pernickety, but ...** no és que vulgui ser primmirat, però...

hateful [ˈheɪtfʊl] *adj* odiós -osa.

hatred [ˈheɪtrɪd] *n* odi *m*.

hat trick SPORT *n* tres punts marcats per un jugador en el mateix partit.

haughty [ˈhɔːtɪ] (*compar* **-ier**, *superl* **-iest**) *adj* sobergós -osa, altiu -iva.

haul [hɔːl] ⬦ *n* **-1.** [of stolen goods] botí *m*; [of drugs] partida *f*. **-2.** [distance]: **long ~** llarg camí *m*, llarg trajecte *m*. ⬦ *vt* **-1.** [pull] estirar, arrossegar. **-2.** [by lorry] transportar.

haulage [ˈhɔːlɪdʒ] *n* transport *m*.

haulier [ˈhɔːlɪər] *Br*, **hauler** [ˈhɔːlər] *Am n* transportista *mf*, contractista *mf* de transports.

haunch [hɔːntʃ] *n* **-1.** [of person] cul *m*, pandero *m*; **to squat on one's ~es** asseure's a la gatzoneta. **-2.** [of animal] pernil *m*, cuixa *f*.

haunt [hɔːnt] ⬦ *n* lloc *m* favorit o predilecte. ⬦ *vt* **-1.** [subject: ghost] aparèixer a. **-2.** [subject: memory, fear, problem] obsessionar.

have [hæv] (*pt & pp* **had**) ⬦ *aux vb* (*to form perfect tenses*) haver; **to ~ eaten** haver menjat; **I've been on holiday** he estat de vacances; **we've never met before** no ens coneixem; **he hasn't gone yet, has he?** no deu haver marxat ja, oi?; **no, he hasn't (done it)** no, no ho ha fet; **yes, he has (done it)** sí que ho ha fet; **I was out of breath, having run all the way** estava sense alè, després d'haver corregut tot el camí. ⬦ *vt* **-1.** [possess, receive]: **to ~ (got)** tenir; **I ~ no money, I haven't got any money** no tinc diners; **he has big hands** té les mans grans; **I've got things to do** tinc coses a fer; **I had a letter from her** vaig tenir una carta seva; **she's got loads of imagination** té molta imaginació; **do you ~ a car?, ~ you got a car?** tens cotxe? **-2.** [experience, suffer]: **I had an accident** vaig tenir un accident; **I had a nasty surprise** vaig tenir una desagradable sorpresa; **to ~ a cold** tenir un refredat; **to ~ a good time** passar-s'ho bé. **-3.** (*referring to an action, instead of another verb*): **it will ~ no effect** no tindrà cap efecte; **to ~ a look** mirar, fer una ullada; **to ~ a walk** fer un passeig; **to ~ a swim** banyar-se, nedar; **to ~ breakfast** esmorzar; **to ~ lunch** dinar; **to ~ dinner** sopar; **to ~ a cigarette** fumar-se un cigarret; **to ~ an operation** operar-se. **-4.** [give birth to]: **to ~ a baby** tenir un fill. **-5.** [cause to be done]: **to ~ sb do sthg** fer que algú faci alguna cosa; **she had me clean my teeth again** em va fer rentar les dents un altre cop; **to ~ sthg done** fer que es faci alguna cosa; **I'm having the house decorated** contractaré algú per a decorar la casa; **to ~ one's hair cut** (anar a) tallar-se el cabell. **-6.** [be treated in a certain way]: **I had my car stolen** em van robar el cotxe. **-7.** inf [cheat]: **you've been had** t'han enredat. **-8. to ~ it in for sb** tenir mania a algú; **to ~ had it** [car, machine] estar fet pols; **these clothes ~ had it** aquesta roba està per llençar; **I've had it!** [expressing exhaustion] no puc més! ◇ modal vb [be obliged]: **to ~ (got) to do sthg** haver de fer alguna cosa; **do you ~ to go?, ~ you got to go?** has de marxar?; **I've got to go to work** haig d'anar a la feina. ◆ **have on** vt sep **-1.** [be wearing] portar (posat); **to ~ nothing on** no portar res al damunt o posat. **-2.** [tease] prendre el pèl a. **-3.** [- to do]: **to ~ (got) a lot on** tenir molt a fer; **you got anything on on Friday?** fas alguna cosa el divendres? ◆ **have out** vt sep **-1.** [removed]: **to ~ one's tonsils out** operar-se de les amígdales; **to ~ a tooth out** treure's una dent. **-2.** [discuss frankly]: **to ~ it out with sb** deixar les coses clares amb algú.

haven ['heɪvn] n fig refugi m, asil m.

haven't ['hævnt] = have not.

haversack ['hævəsæk] n motxilla f, sarró m.

havoc ['hævək] n (U) caos m, confusió f; **to play ~ with sthg** causar estralls en.

Hawaii [hə'waɪi] n Hawaii.

hawk [hɔːk] ◇ n falcó m; **to watch sb like a ~** observar algú amb perspicàcia. ◇ vt vendre pels carrers.

hawker ['hɔːkər] n venedor m -a f ambulant.

hay [heɪ] n fenc m, farratge m.

hay fever n (U) febre del fenc f.

haystack ['heɪ,stæk] n paller m.

haywire ['heɪ,waɪər] adj inf: **to go ~** [person] tornar-se boig; [plan] embolicar-se, complicar-se; [computer, TV etc.] espatllar-se.

hazard ['hæzəd] ◇ n risc m, perill m. ◇ vt [guess, suggestion] aventurar-se, gosar fer.

hazardous ['hæzədəs] adj arriscat -ada, perillós -osa.

hazard warning lights npl Br llums mpl d'emergència.

haze [heɪz] n boirina f.

hazel ['heɪzl] ◇ adj color d'avellana m. ◇ n [tree] avellaner m.

hazelnut ['heɪzl,nʌt] n avellana f.

hazy ['heɪzɪ] (compar -ier, superl -iest) adj **-1.** [misty] boirós -osa. **-2.** [vague] vague -a, confús -usa.

he [hiː] ◇ pers pron ell; **~'s tall / happy** és alt / feliç; **~ loves fish** li encanta el peix; **HE can't do it** ELL no pot fer-ho; **there ~ is** és allà; fml **~ who** aquell que, el que. ◇ n inf: **it's a ~** [animal] és mascle; [baby] és (un) nen. ◇ comp: **~-goat** cabrot m; **~-bear** ós m mascle.

head [hed] ◇ n **-1.** ANAT & COMPUT cap m; **a / per ~** a / per persona / cap; **off the top of one's ~** tot de sobte; **I couldn't make ~ nor tail of it** allò no tenia ni cap ni peus; **on your own ~ be it** ja deus saber el que fas, la responsabilitat és teva; **to be banging one's ~ against a brick wall** predicar al desert; **to be soft in the ~** estar malament del cap; **to bite / snap sb's ~ off** cantar les quaranta a algú; **to get one's ~ off** Br, **to be out of one's head** Am estar com una cabra; **we put our ~s together** provarem de resoldre-ho junts; **it went to her ~** li va pujar al cap; **to keep / lose one's ~** no perdre el cap; **to laugh one's ~ off** petar-se de riure; **to sing / shout one's ~ off** cantar / cridar a tot pulmó. **-2.** [mind, brain] talent m, aptitud f; **she has a ~ for figures** té facilitat per als números. **-3.** [top - gen] cap m; [- of bed] capçal m. **-4.** [of flower] capítol m; [of cabbage] cabdell m, ull m. **-5.** [leader] cap mf, líder mf. **-6.** [- teacher] director m -a f (d'escola). **-7. to come to a ~** arribar a un punt crític. ◇ vt **-1.** [procession, convoy, list] encapçalar. **-2.** [organization, delegation] dirigir. **-3.** SPORT fer un cop de cap. ◇ vi: **to ~ north / for home** dirigir-se cap al nord / a casa. ◆ **heads** npl [on coin] cara; **~s or tails?** cara o creu? ◆ **head for** vt fus **-1.** [place] dirigir-se a. **-2.** fig [trouble, disaster] anar camí de.

headache ['hedeɪk] n **-1.** MED mal m de cap. **-2.** fig [problem] cabòria f.

headband ['hedbænd] n cinta f (per al cabell).

head boy n Br [at school] alumne delegat principal que sol representar els seus companys en actes escolars.

headdress ['hed,dres] n pentinat m.

header ['hedər] SPORT n cop de cap m, caparrotada f.

headfirst [,hed'fɜːst] adv de cap.

head girl n Br [in school] alumna delegada principal que sol representar les seves companyes en actes escolars.

heading ['hedɪŋ] *n* encapçalament *m*.
headlamp ['hedlæmp] *n Br* far *m*.
headland ['hedlənd] *n* cap *m*, promontori *m*.
headlight ['hedlaɪt] *n* far *m*.
headline ['hedlaɪn] *n* titular *m*.
headlong ['hedlɒŋ] ◇ *adv* **-1.** [headfirst] de cap. **-2.** [quickly, unthinkingly] precipitadament. ◇ *adj* [unthinking] precipitada.
headmaster [,hed'mɑ:stə*r*] *n* director *m* (d'escola).
headmistress [,hed'mɪstrɪs] *n* directora *f* (d'escola).
head office *n* oficina *f* central.
head-on ◇ *adj* de front, frontal. ◇ *adv* de front.
headphones ['hedfəʊnz] *npl* auriculars *mpl*.
headquarters [,hed'kwɔ:təz] *npl* (oficina *f*) central *f*, seu *f*; MIL quarter *m* general.
headrest ['hedrest] *n* reposacaps *m*.
headroom ['hedrʊm] *n* (U) [in car] espai *m* entre el cap i el sostre; [below bridge] altura *f* lliure, gàlib *m*.
headscarf ['hedskɑ:f] (*pl* **-scarves** [-skɑ:vz] / **-scarfs**) *n* mocador *m* (per al cap).
headset ['hedset] *n* auriculars *mpl* amb micròfon.
head start *n*: ~ (on / over) avantatge *m* (respecte de).
headstrong ['hedstrɒŋ] *adj* obstinat -ada.
head waiter *n* cap *m* dels cambrers.
headway ['hedweɪ] *n*: to make ~ avançar, fer progressos.
headwind ['hedwɪnd] *n* vent *m* de proa.
heady ['hedɪ] (*compar* **-ier**, *superl* **-iest**) *adj* **-1.** [exciting] excitant, emocionant. **-2.** [causing giddiness] embriagador -a.
heal [hi:l] ◇ *vt* **-1.** [gen] curar, sanar; [wound] cicatritzar. **-2.** *fig* [troubles, discord] resoldre. ◇ *vi* cicatritzar.
healing ['hi:lɪŋ] ◇ *adj* curatiu -iva. ◇ *n* curació *f*.
health [helθ] *n* **-1.** [gen] salut *f*; to be in good / poor ~ estar bé / malament de salut; to drink (to) sb's ~ brindar per algú. **-2.** *fig* [of country, organization] bon estat *m*.
health centre *n* ambulatori *m*, centre *m* sanitari.
health food *n* aliments *mpl* dietètics.
health food shop *n* botiga *f* de dietètica.

health service *n* servei *m* sanitari de la Seguretat Social, ≈ ICS *m*.
healthy ['helθɪ] (*compar* **-ier**, *superl* **-iest**) *adj* **-1.** [gen] sa sana, saludable. **-2.** [profit] rendible. **-3.** [attitude, respect] natural, sa sana.
heap [hi:p] ◇ *n* pila *f*, munt *m*; in a ~ amuntegat. ◇ *vt* **-1.** [pile up]: to ~ sthg (on / onto sthg) amuntegar alguna cosa (sobre alguna cosa). **-2.** [give]: to ~ sthg on sb omplir algú d'alguna cosa. ☞
heaps *npl inf* muntanyes *fpl* de, piles *fpl* de.
hear [hɪə*r*] (*pt & pp* **heard**) ◇ *vt* **-1.** [gen] sentir, escoltar; I ~ (that) em diuen que. **-2.** JUR veure. ◇ *vi* **-1.** [gen] sentir; did you ~ about her husband? t'has assabentat del que li ha passat al seu marit?; have you ~d about that job yet? en saps res, d'aquella feina?; to ~ from sb tenir notícies d'algú. **-2.** to have ~d of haver sentit a parlar de; I won't ~ of it! d'això ni parlar-ne!
hearing ['hɪərɪŋ] *n* **-1.** [sense] oïda *f*; in / within sb's ~ a l'abast de l'oïda d'algú; hard of ~ dur d'oïda. **-2.** JUR vista *f*; *fig* to give sb a fair ~ permetre que hom s'expressi.
hearing aid *n* audiòfon *m*.
hearsay ['hɪəseɪ] *n* (U) xerramequés *fpl*.
hearse [hɜ:s] *n* cotxe *m* fúnebre.
heart [hɑ:t] *n* **-1.** [gen] cor *m*; from the ~ amb tota sinceritat; my ~ leapt em va fer un salt el cor; my ~ sank vaig emportar-me una gran desil·lusió; it's a subject close to my ~ és un tema que m'apassiona; from the bottom of my ~ de tot cor; his ~ isn't in it no posa el cor en això; in my ~ of ~s en el més profund del meu cor; to do sthg to one's ~ ~'s content fer allò que hom vulgui; to break sb's ~ trencar o partir el cor a algú; to set one's ~ on sthg / on doing sthg estar molt il·lusionat amb alguna cosa / a fer alguna cosa; to take sthg to ~ prendre's alguna cosa a la valenta; to have a ~ of gold tenir un cor d'or. **-2.** [courage]: I didn't have the ~ to tell her no vaig tenir el coratge de dir-li-ho; to lose ~ descoratjar-se. **-3.** [centre - of issue, problem] quid *m*; [- of city etc.] centre *m*; [- of lettuce] cabdell *m*, ull *m*. ☞
hearts *npl* cors *mpl*; the six of ~s el sis de cors. ☞ **at heart** *adv* en el fons. ☞ **by heart** *adv* de memòria.
heartache ['hɑ:teɪk] *n* angoixa *f*.
heart attack *n* infart *m*, atac *m* cardíac.

heartbeat ['hɑːtbiːt] n batec m.

heartbroken ['hɑːtˌbrəʊkn] adj desolat -ada, abatut -uda.

heartburn ['hɑːtbɜːn] n cremor f d'estómac.

heart failure n aturada f cardíaca.

heartfelt ['hɑːtfelt] adj sincer -a, de tot cor.

hearth [hɑːθ] n casa f, llar f.

heartless ['hɑːtlɪs] adj cruel, inhumà -ana.

heartwarming ['hɑːtˌwɔːmɪŋ] adj gratificant, grat -a.

hearty ['hɑːtɪ] (compar -ier, superl -iest) adj -1. [laughter] bonàs -assa; [welcome, congratulations, thanks] cordial; [person] fort -a. -2. [meal] abundant; [appetite] bo bona. -3. [dislike, distrust] profund -a.

heat [hiːt] ◇ n -1. [gen] calor m. -2. [specific temperature] temperatura f. -3. fig [pressure] tensió f; the ~ of the moment en l'acaloralment del moment. -4. [eliminating round] sèrie f, prova f eliminatòria. -5. ZOOL: on Br / in ~ en zel. ◇ vt escalfar. ◆ **heat up** ◇ vt sep escalfar. ◇ vi escalfar-se.

heated ['hiːtɪd] adj acalorat -ada.

heater ['hiːtə'] n calefactor m, escalfador m.

heath [hiːθ] n [place] bruguerar m.

heathen ['hiːðn] ◇ adj pagà -ana. ◇ n pagà m -ana f.

heather ['heðə'] n bruc m.

heating ['hiːtɪŋ] n calefactor m.

heatstroke ['hiːtstrəʊk] n (U) insolació f.

heat wave n ona f de calor.

heave [hiːv] ◇ vt -1. [pull] estirar, arrossegar; [push] empentar. -2. inf [throw] tirar, llançar. ◇ vi -1. [pull] estirar. -2. [rise and fall - waves] ondular, ondejar; [- chest] palpitar. -3. [retch]: my stomach ~d vaig tenir nàusees. ◇ n [pull] estirada f; [push] empenta f.

heaven ['hevn] n -1. [Paradise] cel m; ~ (alone) knows! Déu sap! -2. [delightful thing] encant m, delícia f. ◆ **heavens** npl liter: the ~s els cels; (good) ~s! oh Déu meu!

heavenly ['hevnlɪ] adj -1. inf dated [delightful] diví -ina. -2. liter [of the skies] celestial.

heavily ['hevɪlɪ] adv -1. [smoke, drink] molt; [rain] amb força; ~ in debt amb molts deutes. -2. [solidly]: ~ built corpulent -a. -3. [breathe, sigh] profundament.

-4. [sit, move, fall] pesadament. -5. [speak] pesarosament.

heavy ['hevɪ] (compar -ier, superl -iest) adj -1. [gen] pesat -ada; [solid] sòlid -a; to build corpulència f; how ~ is it? quant pesa? -2. [traffic, rain, fighting] intens -a; to be a ~ sleeper tenir el son molt profund; to be a ~ smoker / drinker ser un fumador / bevedor empedreït. -3. [soil, mixture] dens -a. -4. [blow] dur -a. -5. [busy - schedule, day] atapeït -ïda. -6. [work] dur -a. -7. [weather, air, day] carregat -ada. -8. [sad]: with a ~ heart amb pesar. -9. liter [laden]: ~ with carregat -ada de.

heavy cream n Am nata f per muntar.

heavy goods vehicle n Br vehicle m (de transport) pesat.

heavyweight ['hevɪweɪt] SPORT ◇ adj de pes pesant. ◇ n pes m pesant.

Hebrew ['hiːbruː] ◇ adj hebreu -ea. ◇ n -1. [person] hebreu m -a f. -2. [language] hebreu m.

Hebrides ['hebrɪdiːz] npl: the ~ les Hèbrides.

heck [hek] excl: what / where / why the ~ ...? què / on / per què dimonis...?; a ~ of a lot of la mar de.

heckle ['hekl] vt & vi interrompre amb exabruptes.

hectic ['hektɪk] adj molt agitat -ada.

he'd [hiːd] = he had, he would.

hedge [hedʒ] ◇ n tanca f, clos m. ◇ vi [prevaricate] contestar amb evasives.

hedgehog ['hedʒhɒg] n eriçó m.

heed [hiːd] ◇ n: to pay ~ to sb fer cas a algú; to take ~ of sthg tenir alguna cosa en compte. ◇ vt fml tenir en compte.

heedless ['hiːdlɪs] adj: to be ~ of sthg no fer cas d'alguna cosa.

heel [hiːl] n -1. [of foot] taló m; to dig one's ~s in quadrar-se, mantenir-se ferm; to follow hard on the ~s (of) anar immediatament a continuació (de); to take to one's ~s anar-se'n ràpid; to turn on one's ~ fer mitja volta. -2. [of shoe] tacó m.

hefty ['heftɪ] (compar -ier, superl -iest) adj inf -1. [person] fornit -ida. -2. [salary, fee, fine] considerable, important.

heifer ['hefə'] n vedell m -a f.

height [haɪt] n -1. [gen] altura f; [of person] estatura f, alçada f; 5 metres in ~ 5 metres d'altura; what ~ is it / are you? quant fa / fas?; to gain / lose ~ guanyar / perdre alçada. -2. [zenith]: the ~ of [gen] el punt àlgid; [ignorance, bad taste] el súmmum de.

heighten ['haɪtn] ◇ vt intensificar, augmentar. ◇ vi intensificar-se, augmentar.

heir [eəʳ] n hereu m.

heiress ['eərɪs] n hereva f.

heirloom ['eəluːm] n relíquia f de la família.

heist [haɪst] n inf cop m, robatori m.

held [held] pt & pp ▷ **hold**.

helicopter ['helɪkɒptəʳ] n helicòpter m.

helium ['hiːlɪəm] n heli m.

hell [hel] ◇ n infern m; inf **what / where / why the ~ ...?** què / on / per què dimonis ...?; inf **one / a ~ of a mess** un embolic de mil dimonis; inf **one / a ~ of a nice guy** un tipus magnífic; **like ~** [a lot] una barbaritat; [not at all so] i ara!; inf **to get the ~ out (of)** sortir corrents (de); inf **all ~ broke loose** se'n va a muntar una de grossa; inf **to do sthg for the ~ of it** fer alguna cosa perquè sí; inf **to give sb ~** fer-ho passar malament a algú; inf **go to ~!** vés-te'n a l'infern!; inf **to play ~ with sthg** causar estralls en; inf **to ~ with ...** al dimoni (amb) ...! ◇ excl inf hòstia!

he'll [hiːl] = **he will**.

hellish ['helɪʃ] adj inf diabòlic -a, infernal.

hello [hə'ləʊ] excl -1. [as greeting] hola!; [on phone - when answering] digui?; [- when calling] escolti! -2. [to attract attention] perdoni!

helm [helm] n lit & fig timó m; **at the ~** al timó.

helmet ['helmɪt] n casc m.

help [help] ◇ n -1. [gen] ajuda f; **with the ~ of** amb l'ajuda de; **to be a ~** ser una ajuda; **to be of ~** ajudar. -2. (U) [emergency aid] socors m, ajuda f. ◇ vt -1. [assist]: **to ~ sb ((to) do sthg / with sthg)** ajudar algú (a fer alguna cosa / amb alguna cosa); **can I ~ you?** [in shop, bank] en què puc servir-lo? -2. [avoid]: **I can't ~ it / feeling sad** no puc evitar-ho / evitar que em faci pena. -3. [with food, drink]: **to ~ oneself (to sthg)** servir-se (alguna cosa). ◇ vi: **to ~ (with)** ajudar (amb). ◇ excl socors!, auxili! ▸ **help out** ◇ vt sep donar un cop de mà a. ◇ vi donar un cop de mà.

helper ['helpəʳ] n -1. [gen] ajudant m -a f. -2. Am [to do housework] dona f de fer feines.

helpful ['helpfʊl] adj -1. [willing to help] servicial, atent -a. -2. [providing assistance] útil.

helping ['helpɪŋ] n ració f; **would you like a second ~?** vol repetir?

helpless ['helplɪs] adj [child] indefens -a; [look, gesture] impotent.

helpline ['helplaɪn] n servei m telefònic d'ajuda.

Helsinki ['helsɪŋkɪ] n Hèlsinki.

hem [hem] (pt & pp -med, cont -ming) ◇ n vora f. ◇ vt fer la vora a. ▸ **hem in** vt sep rodejar, envoltar.

hemisphere ['hemɪˌsfɪəʳ] n [of earth] hemisferi m.

hemline ['hemlaɪn] n baixos mpl (de faldilla etc).

hemophiliac [ˌhiːməˈfɪlɪæk] n hemofílic m -a f.

hemorrhage ['hemərɪdʒ] ◇ n hemorràgia f. ◇ vi tenir una hemorràgia.

hemorrhoids ['hemərɔɪdz] npl hemorroides fpl.

hen [hen] n -1. [female chicken] gallina f. -2. [female bird] femella f.

hence [hens] adv fml -1. [therefore] així doncs, per tant. -2. [from now]: **five years ~** d'aquí a cinc anys.

henceforth [ˌhensˈfɔːθ] adv fml d'ara endavant.

henpecked ['henpekt] adj pej bragasses.

hepatitis [ˌhepəˈtaɪtɪs] n hepatitis f.

her [hɜːʳ] ◇ pers pron -1. (direct - unstressed) la; (- stressed) ella; [- referring to ship, car etc.] la; **I know ~** la conec; **I like ~** m'agrada; **it's ~** és ella; **if I were / was ~** si jo fos ella; **you can't expect HER to do it** no deus esperar que ELLA ho faci; AUTOM **fill ~ up!** ompli'm el dipòsit! -2. (indirect - generally) li; (- with other third person pronouns) es; **he sent ~ a letter** li va enviar una carta; **we spoke to ~** vam parlar amb ella; **I gave it to ~** li ho vaig donar. -3. (after preposition, in comparisons etc.) ella; **I'm shorter than ~** jo sóc més baix que ella. ◇ poss adj el seu, la seva, els seus, les seves; **~ coat** el seu abric; **~ children** els seus fills; **~ name is Sarah** es diu Sarah; **it wasn't HER fault** no va ser culpa d'ELLA, no va ser culpa seva; **she washed ~ hair** es va rentar el cap.

herald ['herəld] ◇ vt -1. fml [signify, usher in] anunciar. -2. [proclaim] proclamar. ◇ n -1. [messenger] herald m. -2. [sign] anunci m.

herb [hɜːb] n herba f (aromàtica o medicinal).

herd [hɜːd] ◇ n ramat m. ◇ vt -1. [drive] portar en ramat. -2. fig [push] conduir (en grup) bruscament.

here [hɪəʳ] *adv*: ~ he is / they are aquí el / els tenim; ~ it is aquí ho tenim; ~ is the book aquí tens el llibre; ~ and there aquí i allà; ~ are the keys aquí tens les claus; ~'s to [in toast] brindem per.

hereabouts *Br* [ˈhɪəʳəˌbaʊts], **hereabout** *Am* [ˌhɪəʳəˈbaʊt] *adv* per aquí.

hereafter [ˌhɪəʳˈɑːftəʳ] ◇ *adv fml* [from now on] a partir d'ara, d'ara en endavant; [later on] més tard. ◇ *n*: the ~ el més enllà, l'altra vida.

hereby [ˌhɪəˈbaɪ] *adv fml* **–1.** [in documents] per la present. **–2.** [when speaking]: I ~ declare you the winner des d'aquest moment et declaro vencedor.

hereditary [hɪˈredɪtɾɪ] *adj* hereditari -ària.

heresy [ˈherəsɪ] (*pl* **-ies**) *n* RELIG & *fig* heretgia *f*.

herewith [ˌhɪəˈwɪð] *adv fml* [with letter]: please find ~ ... us adjunto...

heritage [ˈherɪtɪdʒ] *n* patrimoni *m*.

hermetically [hɜːˈmetɪkəlɪ] *adv*: ~ sealed tancat -ada hermèticament.

hermit [ˈhɜːmɪt] *n* ermità *m* -ana *f*.

hernia [ˈhɜːnjə] *n* hèrnia *f*.

hero [ˈhɪərəʊ] (*pl* **-es**) *n* **–1.** [gen] heroi *m*. **–2.** [idol] ídol *m*.

heroic [hɪˈrəʊɪk] *adj* heroic -a.

heroin [ˈherəʊɪn] *n* heroïna *f* (droga).

heroine [ˈherəʊɪn] *n* heroïna *f*.

heron [ˈherən] (*pl inv* / **-s**) *n* garseta blanca *f*.

herring [ˈherɪŋ] (*pl inv* / **-s**) *n* arengada *f*.

hers [hɜːz] *poss pron* seu (seva); that money is ~ aquests diners són seus; those keys are ~ aquestes claus són seves; it wasn't his fault, it was HERS no va ser culpa d'ell, sinó d'ella; a friend of ~ un amic seu, un amic d'ella; mine is good, but ~ is bad el meu és bo, però el teu és dolent.

herself [hɜːˈself] *pron* **–1.** (*reflexive*) es; (*after preposition*) si mateixa; with ~ amb si mateixa. **–2.** (*for emphasis*) ella mateixa; she did it ~ ho va fer ella sola.

he's [hiːz] = **he is**, **he has**.

hesitant [ˈhezɪtənt] *adj* **–1.** [unsure of oneself] indecís -isa, insegur -a. **–2.** [faltering, slow to appear] vacil·lant.

hesitate [ˈhezɪteɪt] *vi* vacil·lar, dubtar; to ~ to do sthg dubtar de fer alguna cosa.

hesitation [ˌhezɪˈteɪʃn] *n* vacil·lació *f*; without ~ sense vacil·lar; to have no ~ in doing sthg no dubtar de fer alguna cosa.

heterogeneous [ˌhetərəˈdʒiːnjəs] *adj fml* heterogeni -ènia.

heterosexual [ˌhetərəʊˈsekʃʊəl] ◇ *adj* heterosexual. ◇ *n* heterosexual *mf*.

het up [het-] *adj inf* nerviós -osa, ser un sac de nervis.

hey [heɪ] *excl* ei! escolta!

heyday [ˈheɪdeɪ] *n* apogeu *m*, auge *m*.

HGV *n* abbr of **heavy goods vehicle**: an ~ licence un carnet de vehicle de gran tonatge.

hi [haɪ] *excl inf* [hello] hola!

hiatus [haɪˈeɪtəs] (*pl* **-es**) *n fml* [pause] pausa *f*.

hibernate [ˈhaɪbəneɪt] *vi* hivernar, hibernar.

hiccough, **hiccup** [ˈhɪkʌp] ◇ *n* **–1.** [caused by wind] singlot *m*; to have ~s tenir singlot. **–2.** *fig* [difficulty] contratemps *m*. ◇ *vi* singlotar.

hid [hɪd] *pt* ▶ **hide**.

hidden [ˈhɪdn] ◇ *pp* ▶ **hide**. ◇ *adj* ocult -a.

hide [haɪd] (*pt* **hid**, *pp* **hidden**) ◇ *vt* **–1.** [conceal] amagar, ocultar; to ~ sthg (from sb) amagar una cosa (a algú). **–2.** [cover] tapar, ocultar. ◇ *vi* amagar-se. ◇ *n* **–1.** [animal skin] pell *f*. **–2.** [for watching birds, animals] amagatall *m*.

hide-and-seek *n* fet i amagar.

hideaway [ˈhaɪdəweɪ] *n inf* amagatall *m*, refugi *m*.

hideous [ˈhɪdɪəs] *adj* repugnant, horrible.

hiding [ˈhaɪdɪŋ] *n* **–1.** [concealment]: in ~ amagat -ada. **–2.** *inf* [beating]: to give sb / get a (good) ~ donar a algú / rebre una bona pallissa.

hiding place *n* amagatall *m*.

hierarchy [ˈhaɪərɑːkɪ] (*pl* **-ies**) *n* jerarquia *f*.

hi-fi [ˈhaɪfaɪ] *n* equip *m* d'alta fidelitat.

high [haɪ] ◇ *adj* **–1.** [gen] alt -a; [wind] fort -a; [altitude] gran; it's 6 metres ~ fa 6 metres d'altura; how ~ is it? quina altura té?; temperatures in the ~ 20s temperatures properes als 30 graus; to have a ~ opinion of tenir molt bon concepte de. **–2.** [ideals, principles, tone] elevat -ada. **–3.** [high-pitched] agut -uda. **–4.** *drugs sl* drogat -ada. ◇ *adv* alt, enlaire, a gran altura; he threw the ball ~ in the air va llançar la pilota a gran altura. ◇ *n* [highest point] punt *m* àlgid; to reach a new ~ aconseguir un nou rècord.

highbrow [ˈhaɪbraʊ] *adj* intel·lectual.

high chair *n* trona *f*.

high-class *adj* [superior] de categoria.

High Court *n Br* tribunal *m* suprem.

higher [ˈhaɪəʳ] *adj* [exam, qualification] superior. ☛ **Higher** *n*: ~ (Grade) a Escòcia, examen que es fa al final de l'ensenyança secundària.

higher education *n* ensenyament *m* superior.

high-handed [-ˈhændɪd] *adj* despòtic -a, arbitrari -ària.

high jump *n* salt *m* d'altura; *Br inf* you're / you'll be for the ~ te la carregaràs.

Highland Games [ˈhaɪlənd-] *npl* festa escocesa de caràcter eminentment esportiu.

Highlands [ˈhaɪləndz] *npl*: the ~ [of Scotland] terres altes del Nord d'Escòcia.

highlight [ˈhaɪlaɪt] ◇ *n* [of event, occasion] moment *m* culminant. ◇ *vt* −1. [visually] subratllar, destacar. −2. [emphasize] destacar. ☛ **highlights** *npl* [in hair] reflexos.

highlighter (pen) [ˈhaɪlaɪtəʳ-] *n* retolador *m*.

highly [ˈhaɪlɪ] *adv* −1. [very, extremely] molt, molt ben, summament. −2. [in important position]: ~ placed en un lloc important. −3. [favourably]: to speak ~ of sb parlar molt bé d'algú; to think ~ of sb tenir algú en molta estima.

highly-strung *adj* tens -a, nerviós -osa, molt excitable.

Highness [ˈhaɪnɪs] *n*: His / Her / Your (Royal) ~ Sa Altesa Reial; their (Royal) ~es Ses Alteses Reials.

high-pitched *adj* agut -uda.

high point *n* [of occasion] moment *m* culminant.

high-powered [-ˈpaʊəd] *adj* −1. [powerful] de gran potència. −2. [prestigious - activity, place] prestigiós -osa; [- person] d'alta volada.

high-ranking *adj* [in army etc.] d'alta graduació; [in government] ~ **official** oficial d'alt càrrec.

high-rise *adj*: ~ **building** edifici de molts pisos.

high school *n* institut *m* d'educació secundària.

high season *n* temporada *f* alta.

high street *n Br* carrer *m* major.

high tech [-ˌtek] *adj* d'alta tecnologia.

high tide *n* [of sea] marea *f* alta.

highway [ˈhaɪweɪ] *n* −1. *Am* [main road between cities] autopista *f*. −2. *Br* [any main road] carretera *f*.

Highway Code *n Br*: the ~ codi de circulació.

hijack [ˈhaɪdʒæk] ◇ *n* [of aircraft] segrest *m* aeri. ◇ *vt* [aircraft] segrestar.

hijacker [ˈhaɪdʒækəʳ] *n* segrestador *m*, -a *f*.

hike [haɪk] ◇ *n* [long walk] excursió *f*, caminada *f*; to go for / on a ~ anar d'excursió. ◇ *vi* [go for walk] anar d'excursió.

hiker [ˈhaɪkəʳ] *n* excursionista *mf*.

hiking [ˈhaɪkɪŋ] *n* excursionisme *m*; to go ~ anar d'excursió.

hilarious [hɪˈleərɪəs] *adj* hilarant, molt divertit.

hill [hɪl] *n* −1. [mound] turó *m*. −2. [slope] pendent *m*.

hillside [ˈhɪlsaɪd] *n* vessant *m*.

hilly [ˈhɪlɪ] (*compar* -ier, *superl* -iest) *adj* muntanyós -osa.

hilt [hɪlt] *n* empunyadura *f*, puny *m*; **to support / defend sb to the ~** ajudar algú incondicionalment; **to be mortgaged to the ~** tenir una hipoteca enorme.

him [hɪm] *pers pron* −1. (*direct - unstressed*) el; (- *stressed*) ell; I know ~ el conec; I like ~ m'agrada; it's ~ és ell; if I were / was ~ si (jo) fos ell; you can't expect HIM to do it no deus esperar que ho faci ELL. −2. (*indirect - gen*) li; (- *with other third person pronouns*); she sent ~ a letter li va enviar una carta; we spoke to ~ vam parlar amb ell; I gave it to ~ li ho vaig donar. −3. (*after prep, in comparisons etc.*) ell; I'm shorter than ~ sóc més baix que ell.

Himalayas [ˌhɪməˈleɪəz] *npl*: the ~ l'Himàlaia.

himself [hɪmˈself] *pron* −1. (*reflexive*) es; (*after prep*) ell mateix, si mateix; with ~ amb ell mateix. −2. (*for emphasis*) ell mateix; he did it ~ ho va fer ell sol.

hind [haɪnd] (*pl inv* / -s) ◇ *adj* del darrere, posterior. ◇ *n* cérvola *f*.

hinder [ˈhɪndəʳ] *vt* [gen] destorbar; [progress, talks, attempts] dificultar, obstaculitzar.

Hindi [ˈhɪndɪ] *n* [language] hindi *m*.

hindrance [ˈhɪndrəns] *n* −1. [obstacle] destorb *m*, obstacle *m*, impediment *m*; [person] destorb *m*. −2. (*U*) [delay] retard *m*.

hindsight [ˈhaɪndsaɪt] *n*: with the benefit of ~ ara que se sap el que va passar.

Hindu [ˈhɪnduː] (*pl* -s) ◇ *adj* hindú. ◇ *n* hindú *mf*.

hinge [hɪndʒ] (*cont* **hingeing**) *n* [on door, window] frontissa *f*. ➡ **hinge (up)on** *vt fus* [depend on] dependre de.

hint [hɪnt] ◇ *n* **-1.** [indication] indirecta *f*; **to drop a ~** deixar anar una indirecta; **to take the ~** donar-se per entès -a. **-2.** [piece of advice] consell *m*. **-3.** [small amount, suggestion] senyal *m*, indici *m*; [of colour] mica *f*. ◇ *vi*: **to ~ at sthg** insinuar alguna cosa. ◇ *vt*: **to ~ that** insinuar que.

hip [hɪp] ANAT *n* maluc *m*.

hippie ['hɪpɪ] *n* hippy *mf*.

hippopotamus [ˌhɪpə'pɒtəməs] (*pl* **-muses** / **-mi** [-maɪ]) *n* hipopòtam *m*.

hippy ['hɪpɪ] (*pl* **-ies**) *n* = **hippie**.

hire ['haɪə'] ◇ *n* (U) [of car, equipment] lloguer; **for ~** [taxi] lliure; **boats for ~** barques per llogar; **on ~** de lloguer. ◇ *vt* **-1.** [rent] llogar. **-2.** [employ] contractar. ➡ **hire out** *vt sep* [car, equipment] llogar; [one's services] oferir.

hire car *n* Br cotxe *m* de lloguer.

hire purchase *n* (U) Br compra *f* a terminis; **to buy sthg on ~** comprar alguna cosa a terminis.

his [hɪz] ◇ *poss adj* el seu (la seva), els seus (les seves); **~ house** la seva casa; **~ children** els seus fills; **~ name is Joe** es diu Joe; **it wasn't ~ fault** no va ser culpa seva; **he washed ~ hair** es va rentar el cap. ◇ *poss pron* seu (seva); **that money is ~** aquests diners són seus; **those keys are ~** aquestes claus són seves; **it wasn't her fault, it was HIS** la culpa no va ser d'ella, sinó d'ell; **a friend of ~** un amic seu; **mine is good, but ~ is bad** el meu és bo, però el seu és dolent.

Hispanic [hɪ'spænɪk] ◇ *adj* hispànic -a. ◇ *n* hispà *m* -ana *f*.

hiss [hɪs] ◇ *n* **-1.** [of person] xiuxiueig *m*. **-2.** [of steam, gas, snake] xiulet *m*. ◇ *vt* [performance] xiular. ◇ *vi* **-1.** [person] xiuxiuejar; [to express disapproval] xiular. **-2.** [steam, gas, snake] xiular.

historic [hɪ'stɒrɪk] *adj* [significant] històric -a.

historical [hɪ'stɒrɪkl] *adj* històric -a.

history ['hɪstərɪ] (*pl* **-ies**) *n* **-1.** [gen] història *f*; **to go down in ~** passar a la història; **to make ~** fer història. **-2.** [past record] historial *m*.

hit [hɪt] (*pt & pp* **hit**, *cont* **-ting**) ◇ *n* **-1.** [blow] cop *m*. **-2.** [successful strike] impacte *m*; **to score a direct ~** encertar el blanc de ple. **-3.** [success] èxit *m*. ◇ *comp* d'èxit. ◇ *vt* **-1.** [subject: person] pegar, colpejar. **-2.** [crash into] xocar contra, xocar amb. **-3.** [reach] arribar a; [bull's-eye] encertar. **-4.** [affect badly] afectar. **-5. to ~ it off (with sb)** avenir-se amb a bons germans.

hit-and-miss = **hit-or-miss**.

hit-and-run *adj* [driver] que fuig després d'haver atropellat algú.

hitch [hɪtʃ] ◇ *n* [problem, snag] obstacle *m*, entrebanc *m*. ◇ *vt* **-1.** [catch]: **to ~ a lift** aconseguir que et portin en cotxe a un lloc. **-2.** [fasten]: **to ~ sthg on / onto sthg** enganxar una cosa a una altra cosa. ◇ *vi* [hitchhike] fer autoestop. ➡ **hitch up** *vt sep* [clothes] apujar-se amunt.

hitchhike ['hɪtʃhaɪk] *vi* fer autoestop.

hitchhiker ['hɪtʃhaɪkə'] *n* autoestopista *mf*.

hi-tech [ˌhaɪ'tek] = **high tech**.

hitherto [ˌhɪðə'tuː] *adv fml* fins ara, fins aquí.

hit-or-miss *adj* sense cap mena de planificació, deixat a l'atzar.

HIV *n* (abbr of **human immunodeficiency virus**): HIV *m*, VIH *m*. **to be ~-positive** ser seropositiu -iva.

hive [haɪv] *n* [for bees] arna *f*, rusc *m*; **a ~ of activity** un eixam, un centre on hi ha gran activitat. ➡ **hive off** *vt sep* [separate] transferir.

HNC *n* (abbr of **Higher National Certificate**) diploma tècnic a la Gran Bretanya.

HND *n* (abbr of **Higher National Diploma**) diploma tècnic superior a la Gran Bretanya.

hoard [hɔːd] ◇ *n* [store] acumulació *f*, abassegament *m*. ◇ *vt* [collect, save] acumular; [food] arreplegar.

hoarding ['hɔːdɪŋ] *n* Br [for advertisements, posters] tauler *m* d'anuncis.

hoarfrost [ˌhɔː'frɒst] *n* gebre *m*.

hoarse [hɔːs] *adj* **-1.** [voice] ronc -a. **-2.** [person] afònic -a.

hoax [həʊks] *n* engany *m*; **~ call** falsa alarma telefònica.

hob [hɒb] *n* Br [on cooker] cremador *m*.

hobble ['hɒbl] *vi* [limp] coixejar.

hobby ['hɒbɪ] (*pl* **-ies**) *n* [leisure activity] hobby *m*.

hobbyhorse ['hɒbɪhɔːs] *n* **-1.** [toy] cavall *m* de joguina. **-2.** [favourite topic] cavall *m* de batalla, tema *m* favorit.

hobo ['həʊbəʊ] (*pl* **-es** / **-s**) *n* Am [tramp] rodamón *mf*, vagabund *m* -a *f*.

hockey ['hɒkɪ] *n* **-1.** [on grass] hoquei *m* sobre herba. **-2.** Am [ice -] hoquei *m* sobre gel.

hoe [həʊ] ◇ n aixada f, aixadella f. ◇ vt eixarcolar, treballar amb l'aixada.

hog [hɒg] (pt & pp **-ged**, cont **-ging**) ◇ n porc m, marrà m; fig **to go the whole ~** arribar fins al final. ◇ vt inf [monopolize] acaparar.

Hogmanay [ˈhɒgmənei] n nom que rep la nit d'any nou a Escòcia.

hoist [hɔɪst] ◇ n [pulley, crane] grua f; [lift] muntacàrregues m. ◇ vt aixecar, hissar.

hold [həʊld] (pt & pp **held**) ◇ vt **-1.** [have - of] tenir agafat -ada. **-2.** [embrace] abraçar. **-3.** [keep in position, sustain, support] sostenir, aguantar. **-4.** [as prisoner] detenir; **to ~ sb prisoner / hostage** tenir algú com a presoner / hostatge. **-5.** [have, possess] posseir. **-6.** [contain - gen] contenir; [- fears, promise etc.] mantenir; [- number of people] tenir cabuda per a. **-7.** [conduct, stage - event] celebrar; [- conversation] mantenir. **-8.** fml [consider] considerar; **to ~ (that)** mantenir (que), sostenir (que), creure (que); **to ~ sb responsible for sthg** considerar algú responsable d'una cosa; **to ~ sthg dear** apreciar molt una cosa. **-9.** [on telephone]: **please ~ the line** no pengi, si us plau. **-10.** [maintain - interest etc.] mantenir. **-11.** MIL ocupar, tenir. **-12.** **~ it / everything!** para!; **to ~ one's own** no cedir. ◇ vi **-1.** [luck, weather] durar; [promise, offer] estar en vigor, estar vigent; **to ~ still / steady** estar-se quiet. **-2.** [on phone] esperar. ◇ n **-1.** [grasp, grip]: **to have a firm ~ on sthg** tenir una cosa ben agafada; **to take / lay ~ of sthg** agafar una cosa; **to get ~ of sthg** [obtain] aconseguir; **to get ~ of sb** [find] posar-se en contacte amb algú, localitzar algú. **-2.** [of ship, aircraft] bodega f. **-3.** [control, influence] domini m, control m; **to take ~** [fire] calar. ◆ **hold back** ◇ vi [hesitate] vacil·lar; **to ~ back from doing sthg** abstenir-se de fer una cosa. ◇ vt sep **-1.** [tears, anger] reprimir, contenir. **-2.** [secret] ocultar, no revelar. **-3.** [person]: **to ~ sb back from doing sthg** impedir a algú fer una cosa. ◆ **hold down** vt sep [job] conservar. ◆ **hold off** ◇ vt sep [fend off] mantenir a distància. ◇ vi no produir-se. ◆ **hold on** vi **-1.** [wait] esperar; [on phone] no penjar. **-2.** [grip]: **to ~ on (to sthg)** agafar-se (a alguna cosa). ◆ **hold out** ◇ vt sep [hand, arms] estendre. ◇ vi **-1.** [last] durar. **-2.** [resist]: **to ~ out (against sthg / sb)** resistir (davant d'una cosa / d'algú). ◆ **hold up** vt sep **-1.** [raise] aixecar, alçar. **-2.** [delay] retardar. **-3.** inf [rob] atracar, assaltar.

holdall [ˈhəʊldɔːl] n Br bossa f de viatge.

holder [ˈhəʊldə^r] n **-1.** [container] suport m; [for candle] candeler m; [for cigarette] filtre m. **-2.** [owner] titular mf; [of ticket, record, title] posseïdor m -a f, detentor m -a f.

holding [ˈhəʊldɪŋ] ◇ n **-1.** [investment] participació f, acció f. **-2.** [farm] terra f de conreu. ◇ adj [action, operation] de manteniment.

holdup [ˈhəʊldʌp] n **-1.** [robbery] atracament m, robatori m. **-2.** [delay] retard m.

hole [həʊl] n **-1.** [gen] forat m; [in ground, road etc.] clot m, sot m; **to pick ~s in sthg** [criticize] trobar defectes a una cosa. **-2.** [in golf] forat m; **~ in one** forat en un. **-3.** [horrible place] cau m, cofurna f. **-4.** inf [predicament] compromís m, destret m.

holiday [ˈhɒlɪdeɪ] n **-1.** [vacation] vacances fpl; **to be / go on ~** estar / marxar de vacances. **-2.** [public -] festa f, dia m de festa.

holiday camp n Br colònia f de vacances.

holidaymaker [ˈhɒlɪdeɪˌmeɪkə^r] n Br estiuejant mf, turista mf.

holiday pay n Br paga f extraordinària.

holiday resort n Br lloc m d'estiueig.

holistic [həʊˈlɪstɪk] adj holístic -a.

Holland [ˈhɒlənd] n Holanda.

holler [ˈhɒlə^r] vt & vi inf cridar, bramar.

hollow [ˈhɒləʊ] ◇ adj **-1.** [not solid] buit buida. **-2.** [cheeks, eyes] enfonsat -ada. **-3.** [resonant] retronant, cavernós -osa. **-4.** [false, meaningless] va vana; [laugh] fals -a. ◇ n buit m; [in ground] depressió f, fondalada f. ◆ **hollow out** vt sep **-1.** [make -] buidar, excavar. **-2.** [make by hollowing] fer buidant.

holly [ˈhɒlɪ] n grèvol m.

holocaust [ˈhɒləkɔːst] n holocaust m. ◆ **Holocaust** n: **the ~** l'Holocaust.

holster [ˈhəʊlstə^r] n pistolera f.

holy [ˈhəʊlɪ] (compar **-ier**, superl **-iest**) adj **-1.** [sacred] sagrat -ada; [water] beneït -ida. **-2.** [pure and good] sant -a.

Holy Ghost n: **the ~** l'Esperit m Sant.

Holy Spirit n: **the ~** l'Esperit m Sant.

homage [ˈhɒmɪdʒ] n (U) fml homenatge m; **to pay ~ to** retre homenatge a.

home [həʊm] n **-1.** [house, flat] casa f; **to make one's ~ somewhere** viure en algun lloc, establir-se en algun lloc; **it's a ~ from ~** Br **/ ~ away from ~** Am m'hi sento com si fos a casa meva. **-2.** [own country] terra f; [own city] ciutat f natal. **-3.** [family] llar f; **to leave ~** marxar de casa, independitzar-se. **-4.** [place of origin] bressol m. **-5.** [institution] asil m. ◇ adj **-1.** [not foreign] nacional. **-2.** [in one's own - cooking] casolà -ana; [- life] familiar; [- improvements] a casa. **-3.** SPORT de casa, local. ◇ adv **-1.** [to one's house] cap a casa; [at one's house] a casa. **-2. to bring sthg ~ to sb** fer adonar algú d'alguna cosa; **to drive / hammer sthg ~ to sb** fer que algú s'adoni perfectament d'una cosa. ✥ **at home** adv **-1.** [in one's house, flat] a casa. **-2.** [comfortable]: **at ~ (with)** a gust (amb); **to make oneself at ~** acomodar-se (com si s'estigués a casa seva). **-3.** [in one's own country] al meu país. **-4.** SPORT: **to play at ~** jugar a casa.

home address n domicili m particular.

home brew n (U) [beer] cervesa f feta a casa.

home computer n ordinador m personal.

Home Counties npl: **the ~** els comtats dels voltants de Londres.

home economics n (U) economia f domèstica.

home help n Br persona empleada per l'ajuntament per tal que assisteixi en les feines de casa persones malaltes o d'edat.

homeland ['həʊmlænd] n **-1.** [country of birth] terra f natal, pàtria f. **-2.** [in South Africa] territoris destinats al confinament de la població negra.

homeless ['həʊmlɪs] ◇ adj sense casa, sense sostre. ◇ npl: **the ~** les persones sense llar.

homely ['həʊmlɪ] adj **-1.** [simple] casolà -ana, senzill -a, simple. **-2.** [unattractive] lleig lletja.

homemade [,həʊm'meɪd] adj [clothes] fet a casa; [food] casolà -ana.

Home Office n Br: **the ~** el Ministeri de l'Interior britànic.

homeopathy [,həʊmɪ'ɒpəθɪ] n homeopatia f.

home page n COMPUT pàgina f inicial / d'inici.

Home Secretary n Br: **the ~** el Ministre de l'Interior britànic.

homesick ['həʊmsɪk] adj enyorat -ada, nostàlgic -a; **to be ~** enyorar-se (de casa, de la pàtria).

hometown ['həʊmtaʊn] n poble m, ciutat f natal.

homeward ['həʊmwəd] ◇ adj de tornada a casa. ◇ adv = **homewards**.

homewards ['həʊmwədz] adv cap a casa.

homework ['həʊmwɜːk] n (U) lit & fig deures mpl.

homey, homy ['həʊmɪ] adj Am confortable, acollidor -a, agradable.

homicide ['hɒmɪsaɪd] n fml homicidi m.

homoeopathy [,həʊmɪ'ɒpəθɪ] = **homeopathy**.

homogeneous [,hɒmə'dʒiːnjəs] adj homogeni -gènia.

homosexual [,hɒmə'sekʃʊəl] ◇ adj homosexual. ◇ n homosexual mf.

homy = **homey**.

Honduran [hɒn'djʊərən] ◇ adj hondureny -a. ◇ n hondureny m -a f.

Honduras [hɒn'djʊərəs] n Hondures.

hone [həʊn] vt **-1.** [sharpen] esmolar. **-2.** [develop, refine] afinar.

honest ['ɒnɪst] ◇ adj **-1.** [trustworthy, legal] honrat -ada. **-2.** [frank]: **to be ~ ...** si t'he de ser franc ... ◇ adv inf = **honestly 2**.

honestly ['ɒnɪstlɪ] ◇ adv **-1.** [truthfully] honradament. **-2.** [expressing sincerity] de debò, de veritat, seriosament. ◇ excl [expressing impatience, disapproval] com hi ha món!

honesty ['ɒnɪstɪ] n honradesa f.

honey ['hʌnɪ] n **-1.** [food] mel f. **-2.** [form of address] amor m meu.

honeycomb ['hʌnɪkəʊm] n rusc m.

honeymoon ['hʌnɪmuːn] ◇ n lluna f de mel, viatge m de noces; fig període m idíl·lic. ◇ vi passar la lluna de mel.

honeysuckle ['hʌnɪ,sʌkl] n xuclamel m.

Hong Kong [,hɒŋ'kɒŋ] n Hong Kong.

honk [hɒŋk] ◇ vi **-1.** [motorist] tocar el clàxon. **-2.** [goose] clacar. ◇ vt tocar. ◇ n **-1.** [of horn] toc m de botzina. **-2.** [of goose] clacada f.

honor Am = **honour**.

honorary [Br 'ɒnərərɪ, Am ɒnə'reərɪ] adj **-1.** [given as an honour] honorari -ària. **-2.** [unpaid] honorífic -a.

honour Br, **honor** Am ['ɒnəʳ] ◇ n **-1.** [gen] honor m, honra f; **in ~ of** en honor de. **-2.** [source of pride - person] honra f. ◇ vt **-1.** [promise, agreement] complir; [debt] satisfer; [cheque] pagar, acceptar. **-2.** fml [bring - to] honrar. ✥ **honours** npl **-1.** [tokens of respect] honors mpl. **-2.** Br UNIV: **~s degree** llicenciatura f. **-3. to do the ~s** fer els honors.

honourable *Br*, **honorable** *Am* ['ɒnrəbl] *adj* **-1.** [proper] honrós -osa. **-2.** [morally upright] honorable.

hood [hʊd] *n* **-1.** [on cloak, jacket] caputxa *f*. **-2.** [of pram, convertible car] capota *f*; [of cooker] campana *f*. **-3.** *Am* [car bonnet] capot *m*.

hoodlum ['huːdləm] *n Am inf* goril·la *m*, perdonavides *m*.

hoof [huːf, hʊf] (*pl* **-s** / **hooves**) *n* [of horse] casc *m*; [of cow etc.] peülla *f*.

hook [hʊk] ◇ *n* **-1.** [gen] ganxo *m*; **off the ~** [phone] despenjat. **-2.** [for catching fish] ham *m*. **-3.** [fastener] gafet *m*. **to get sb off the ~** ajudar algú a sortir d'un tràngol. ◇ *vt* **-1.** [attach with ~] enganxar. **-2.** [fish] pescar. **-3.** [arm, leg]: **he ~ed his leg around the chair** es va enganxar el peu amb la cadira. ● **hook up** *vt sep*: **to ~ sthg up to sthg** connectar una cosa a una altra.

hooked [hʊkt] *adj* **-1.** [nose] aguilenc. **-2.** *inf* [addicted]: **to be ~ (on)** estar aviciat -ada, estar enganxat -ada.

hook(e)y ['hʊkɪ] *n Am inf*: **to play ~** fer campana.

hooligan ['huːlɪgən] *n* gamberro *m* -a *f*, vàndal *m* -a *f*.

hoop [huːp] *n* anella *f*.

hooray [hʊ'reɪ] = **hurray**.

hoot [huːt] ◇ *n* **-1.** [of owl] crit *m*, udol *m*. **-2.** [of horn] toc *m* de botzina. **-3.** [of laughter] riallada *f*. **-4.** *Br inf* [amusing thing]: **she's / it was a ~** fa morir de riure / ens vam morir de riure. ◇ *vi* **-1.** [owl] ululular. **-2.** [horn] sonar. **-3.** *inf* [laugh] petar-se de riure. ◇ *vt* tocar.

hooter ['huːtər] *n* **-1.** [horn] clàxon *m*, botzina *f*. **-2.** *Br inf* [nose] nàpia *f*.

Hoover® ['huːvər] *n Br* aspiradora *f*. ●
hoover ◇ *vt* passar l'aspiradora per. ◇ *vi* passar l'aspiradora.

hooves [huːvz] *pl* = **hoof**.

hop [hɒp] (*pt & pp* **-ped**, *cont* **-ping**) ◇ *n* **-1.** [of person] salt *m* a peu coix, bot *m*. **-2.** [of bird etc.] saltiró *m*. **-3.** *inf* [trip] viatge *m*. ◇ *vi* **-1.** [person] saltar a peu coix. **-2.** [bird etc.] fer saltets. **-3.** *inf* [move nimbly] posar-se d'un bot. ◇ *vt Am inf* [bus, train] pujar a. ● **hops** *npl* llúpol *m*.

hope [həʊp] ◇ *vi*: **to ~ (for sthg)** esperar (alguna cosa); **I ~ so / not** espero que sí / no; **to ~ for the best** esperar que tot vagi bé. ◇ *vt*: **to ~ (that)** esperar (que); **to ~ to do sthg** esperar poder fer una cosa. ◇ *n*: **to be beyond ~** no tenir cap possibilitat; **in the ~ of** amb l'esperança de; **to pin one's ~s on sthg** posar totes les esperances en una cosa; **I don't hold out much ~** no tinc gaires esperances; **to raise sb's ~** donar esperances a algú.

hopeful ['həʊpfʊl] ◇ *adj* **-1.** [optimistic] optimista, esperançat -ada; **to be ~ of sthg / of doing sthg** tenir esperances en una cosa / de fer una cosa. **-2.** [promising] prometedor -a, esperançador -a. ◇ *n* aspirant *mf*.

hopefully ['həʊpfəlɪ] *adv* **-1.** [in a hopeful way] amb il·lusió, amb optimisme. **-2.** [with luck] per sort.

hopeless ['həʊplɪs] *adj* **-1.** [despairing] desesperat -ada. **-2.** [impossible] impossible. **-3.** *inf* [useless] inútil.

hopelessly ['həʊplɪslɪ] *adv* **-1.** [despairingly] desesperadament. **-2.** [completely] completament.

horizon [hə'raɪzn] *n* [of sky] horitzó *m*; *liter* **on the ~** a l'horitzó; *fig* a tocar, a quatre passes.

horizontal [ˌhɒrɪ'zɒntl] ◇ *adj* horitzontal. ◇ *n*: **the ~** l'horitzontal.

hormone ['hɔːməʊn] *n* hormona *f*.

horn [hɔːn] *n* **-1.** [of animal] banya *f*. **-2.** MUS [instrument] trompa *f*. **-3.** [on car] clàxon *m*; [on ship] sirena *f*.

hornet ['hɔːnɪt] *n* vespa *f*.

horny ['hɔːnɪ] (*compar* **-ier**, *superl* **-iest**) *adj* **-1.** [scale, body, armour] corni còrnia; [hand] callós -osa. **-2.** *v inf* [sexually excited] calent -a.

horoscope ['hɒrəskəʊp] *n* horòscop *m*.

horrendous [hɒ'rendəs] *adj* horrible, horrífic -a.

horrible ['hɒrəbl] *adj* horrible.

horrid ['hɒrɪd] *adj* [person] antipàtic -a; [idea, place] horrorós -osa.

horrific [hɒ'rɪfɪk] *adj* horrorós -a, horrífic -a.

horrify ['hɒrɪfaɪ] (*pt & pp* **-ied**) *vt* horroritzar.

horror ['hɒrər] *n* horror *m*; **to my / his ~** per a la meva desesperació; **to have a ~ of sthg** tenir horror a una cosa.

horror film *n* pel·lícula *f* de terror.

hors d'oeuvre [ɔː'dɜːvr] (*pl* **hors d'oeuvres** [ɔː'dɜːvr]) *n* entremesos *mpl*.

horse [hɔːs] *n* [animal] cavall *m*.

horseback ['hɔːsbæk] ◇ *adj*: **~ riding** equitació *f*. ◇ *n*: **on ~** a cavall.

horse chestnut *n* [nut] castanyer *m* d'Índia; **~ (tree)** castanya *f* d'Índia.

horseman ['hɔːsmən] (*pl* **-men** [-mən]) *n* genet *m*.

horsepower ['hɔːs,pauəʳ] *n* (U) cavalls *mpl* de vapor.

horse racing *n* (U) carreres *fpl* de cavalls.

horseradish ['hɔːs,rædɪʃ] *n* rave *m* rusticà.

horse riding *n* equitació *f*; **to go ~** muntar a cavall.

horseshoe ['hɔːsʃuː] *n* ferradura *f*.

horsewoman ['hɔːs,wumən] (*pl* **-women** [-wɪmɪn]) *n* amazona *f*.

horticultural [,hɔːtɪ'kʌltʃərəl] *adj* hortícola.

hose [hauz] ◇ *n* [hosepipe] mànega *f*. ◇ *vt* [irrigate] regar amb mànega; [wash] netejar regant.

hosepipe ['hauzpaɪp] *n* = **hose**.

hosiery ['hauzɪərɪ] *n* (U) mitges *fpl* i mitjons *mpl*.

hospice ['hɒspɪs] *n* hospici *m*.

hospitable [hɒ'spɪtəbl] *adj* hospitalari -ària.

hospital ['hɒspɪtl] *n* hospital *m*.

hospitality [,hɒspɪ'tælətɪ] *n* hospitalitat *f*.

host [həust] ◇ *n* **-1.** [person, place, organization] amfitrió *m* -ona *f*; **~ country** país *m* amfitrió. **-2.** [compere] presentador *m* -a *f*. **-3.** *liter* [large number]: **a ~ of** una multitud de. **-4.** RELIG hòstia *f*. ◇ *vt* [show] presentar; [event] ser l'amfitrió -ona de.

hostage ['hɒstɪdʒ] *n* hostatge *mf*; **to be taken / held ~** ser agafat -ada / retingut -uda com a hostatge.

hostel ['hɒstl] *n* hostal *m*, alberg *m*.

hostess ['haustes] *n* **-1.** [at party] amfitriona *f*. **-2.** [in club etc.] cambrera *f*, noia *f* de companyia.

hostile [*Br* 'hɒstaɪl, *Am* 'hɒstl] *adj* **-1.** [antagonistic, enemy]: **~ (to)** hostil, oposat -ada (a). **-2.** [unfavourable] advers -a, desfavorable.

hostility [hɒs'tɪlətɪ] *n* [antagonism] hostilitat *f*. ◆ **hostilities** *npl* hostilitats *fpl*.

hot [hɒt] (*compar* **-ter**, *superl* **-test**, *pt & pp* **-ted**, *cont* **-ting**) *adj* **-1.** [gen] calent -a; **I'm ~** tinc calor. **-2.** [weather, climate] calorós -osa; **it's (very) ~** fa molta calor. **-3.** [spicy] picant. **-4.** *inf* [expert]: **~ on / at** expert -a en. **-5.** [recent] calent -a, últim -a, fresc -a. **-6.** [temper] viu viva, irascible.

hot-air balloon *n* globus *m* aerostàtic.

hotbed ['hɒtbed] *n* planter *m*.

hot-cross bun *n* pasta petita i dolça amb una creu al damunt que es menja el Divendres Sant.

hot dog *n* hot-dog *m*.

hotel [həu'tel] ◇ *n* hotel *m*. ◇ *comp* [gen] d'hotel; [industry] hoteler -a.

hot flush *Br*, **hot flash** *Am n* sufocació *f*.

hotfoot [hɒt,fut] *adv liter* corrents, a corre-cuita.

hotheaded [,hɒt'hedɪd] *adj* irreflexiu -iva, exaltat -ada.

hothouse ['hɒthaus, *pl* -hauzɪz] ◇ *n* [greenhouse] hivernacle *m*. ◇ *comp* d'hivernacle.

hot line *n* telèfon *m* vermell, línia *f* d'emergència.

hotly ['hɒtlɪ] *adv* **-1.** [passionately] acaloradament, apassionadament. **-2.** [closely]: **we were ~ pursued** ens trepitjaven els talons.

hotplate ['hɒtpleɪt] *n* escalfaplats *m*.

hot-tempered *adj* iracund -a, colèric -a.

hot-water bottle *n* ampolla *f* d'aigua calenta.

hound [haund] ◇ *n* [dog] gos *m* de caça. ◇ *vt* **-1.** [persecute] empaitar, encalçar. **-2.** [drive]: **to ~ sb out (of somewhere)** aconseguir fer sortir algú (d'un lloc) acorralant-lo.

hour ['auəʳ] *n* **-1.** [gen] hora *f*; **half an ~** mitja hora; **70 miles per / an ~** 70 milles per hora; **on the ~** a l'hora en punt; **in the small ~s** a altes hores de la matinada. **-2.** *liter* [important time] moment *m*. ◆ **hours** *npl* **-1.** [of business] hores *fpl*; **after ~s** fora d'hores. **-2.** [of person hours routine]: **to keep late ~s** tenir per costum anar-se'n a llit tard.

hourly ['auəlɪ] ◇ *adj* **-1.** [happening every hour] de cada hora, cada hora. **-2.** [per hour] per hora. ◇ *adv* **-1.** [every hour] cada hora, una vegada cada hora. **-2.** [per hour] per hora. **-3.** *fig* [constantly] contínuament.

house [*n & adj* haus, *pl* 'hauzɪz, *vb* hauz] ◇ *n* **-1.** [gen] casa *f*; **it's on the ~** paga la casa, va a compte de la casa; **to put / set one's ~ in order** posar les coses en ordre. **-2.** POL cambra *f*. **-3.** [in theatre] audiència *f*; *inf* **to bring the ~ down** fer retrunyir la sala amb aplaudiments, ser un èxit. **-4.** [in debates]: **this ~ ...** els participants en aquest debat ... ◇ *vt* [person, family] allotjar; [department, library, office] aplegar. ◇ *adj* **-1.** [within business] de l'empresa. **-2.** [wine] de la casa.

house arrest *n*: under ~ sota arrest domiciliari.

houseboat ['haʊsbəʊt] *n* casa *f* flotant.

housebreaking ['haʊsˌbreɪkɪŋ] *n* violació *f* de domicili.

housecoat ['haʊskəʊt] *n* bata *f*.

household ['haʊshəʊld] ◇ *adj* **-1.** [domestic] domèstic -a, de la casa. **-2.** [word, name] molt conegut -uda, molt usat -ada. ◇ *n* llar *f*, família *f*.

housekeeper ['haʊsˌkiːpər] *n* majordoma *f*, casera *f*.

housekeeping ['haʊsˌkiːpɪŋ] *n* **-1.** (U) [work] feines *fpl* de casa. **-2.** ~ (money) diners *mpl* per a les despeses de la casa.

house music *n* música *f* àcida.

House of Commons *n Br*: the ~ la Cambra dels Comuns.

House of Lords *n Br*: the ~ la Cambra dels Lords.

House of Representatives *n Am*: the ~ la Cambra de Representants.

houseplant ['haʊsplɑːnt] *n* planta *f* interior.

Houses of Parliament *n*: the ~ el Parlament britànic.

housewarming (party) ['haʊsˌwɔːmɪŋ-] *n* festa *f* d'estrena d'una casa.

housewife ['haʊswaɪf] (*pl* **-wives** [-waɪvz]) *n* mestressa *f* de casa, mare *f* de família.

housework ['haʊswɜːk] *n* (U) feines *fpl* de casa.

housing ['haʊzɪŋ] ◇ *n* **-1.** [houses] habitatge *m*; [act of accommodating] allotjament *f*. **-2.** [covering] cobertora *f*, tapadora *f*; AUTOM càrter *m*. ◇ *comp* de l'habitatge.

housing association *n Br* cooperativa *f* d'habitatges.

housing benefit *n* (U) subsidi *m*, subsidi estatal per ajudar a pagar les despeses d'habitatge.

housing estate *Br*, **housing project** *Am n* urbanització *f*.

hovel ['hɒvl] *n* tuguri *m*, cofurna *f*.

hover ['hɒvər] *vi* **-1.** [fly] planar. **-2.** [linger] trigar a marxar, rondar. **-3.** [hesitate] vacil·lar.

hovercraft ['hɒvəkrɑːft] (*pl inv* / **-s**) *n* aerolliscador *m*.

how [haʊ] *adv* **-1.** [gen] com; ~ do you do it? com es fa?; I found out ~ he did it vaig descobrir com ho va fer; ~ are you? com estàs?; ~ do you do? molt de gust! **-2.** [referring to degree, amount]: ~ high is it? quina alçada té?; he asked ~ high it was va preguntar quina alçada feia; ~ **expensive is it?** quant val?; ~ **long have you been waiting?** quant (de temps) fa que t'esperes?; ~ **many people came?** quanta gent va venir?; ~ **old are you?** quants anys tens? **-3.** [in exclamations]: ~ **nice / awful!** que n'és, de bonic -a / que n'és, de terrible!; ~ **I hate doing it!** quin greu que em sap haver de fer-ho!, odio haver de fer aquestes coses; ~ **can you say that?** com pots dir una cosa així? ◆ **how about** *adv*: ~ about a drink? i si féssim una copa?; ~ about you? i tu? ◆ **how much** ◇ *pron* quant -a; ~ much does it cost? quant val? ◇ *adj* quant -a; ~ much bread? quant pa?

however [haʊ'evər] ◇ *adv* **-1.** [nevertheless] no obstant això, tanmateix. **-2.** [no matter how]: ~ difficult it may be per (més) difícil que sigui; ~ many times / much I told her per més que li ho digués. **-3.** [how] com. ◇ *conj* de totes maneres; ~ you want com vulguis.

howl [haʊl] ◇ *n* **-1.** [of animal] udol *m*. **-2.** [of person - in pain, anger] crit *m*, gemec *m*; [- in laughter] riallada *f*. ◇ *vi* **-1.** [animal] udolar. **-2.** [person - in pain, anger] cridar; [- in laughter] esclatar de riure. **-3.** [wind] brumir.

hp (abbr of **horsepower**) cv.

HP *n* **-1** *Br* abbr of **hire purchase**; **to buy sthg on ~** comprar una cosa a terminis. **-2.** = **hp**.

HQ *n* abbr of **headquarters**.

HT (abbr of **high tension**) HT *f*.

HTML *n* (abbr of **hypertext markup language**) HTML *m*.

hub [hʌb] *n* **-1.** [of wheel] botó *m*. **-2.** [of activity] centre *m*, eix *m*.

hubbub ['hʌbʌb] *n* rebombori *m*, xivarri *m*.

hubcap ['hʌbkæp] *n* plat *m*.

huddle ['hʌdl] ◇ *vi* **-1.** [crouch, curl up] arrupir-se. **-2.** [cluster] apilonar-se, amuntegar-se. ◇ *n* piló *m*, munt *m*, grup *m*.

hue [hjuː] *n* [colour] matís *m*, to *m*.

huff [hʌf] ◇ *n*: **in a ~** enutjat -ada. ◇ *vi*: **to ~ and puff** esbufegar, panteixar.

hug [hʌg] (*pt & pp* **-ged**, *cont* **-ging**) ◇ *n* abraçada *f*; **to give sb a ~** fer una abraçada a algú. ◇ *vt* **-1.** [embrace, hold] abraçar; **to ~ sthg to oneself** abraçar una cosa fortament, aferrar-se a una cosa. **-2.** [stay close to] no apartar-se de.

huge [hjuːdʒ] *adj* enorme, immens.

hulk [hʌlk] *n* **-1.** [of ship] buc *m* abandonat. **-2.** [person] home *m* fort i corpulent.
hull [hʌl] *n* buc *m*.
hullo [həˈləʊ] = **hello**.
hum [hʌm] (*pt & pp* **-med**, *cont* **-ming**) ◇ *vi* **-1.** [buzz] brunzir. **-2.** [sing] taral·lejar, cantussejar. **-3.** [be busy] bullir. **-4. to ~ and haw** vacil·lar. ◇ *vt* taral·lejar, cantussejar. ◇ *n* (*U*) brum *m*, brunziment *m*; [of conversation] murmuri *m*.
human [ˈhjuːmən] ◇ *adj* humà -ana. ◇ *n*: **~ (being)** ésser *m* humà.
humane [hjuːˈmeɪn] *adj* humà -ana, humanitari -ària.
humanitarian [hjuːˌmænɪˈteərɪən] ◇ *adj* humanitari -ària. ◇ *n* lluitador *m* -ora *f*.
humanity [hjuːˈmænətɪ] *n* humanitat *f*.
➤ **humanities** *npl*: **the humanities** les humanitats.
human race *n*: **the ~** la raça humana.
human rights *npl* drets *mpl* humans.
humble [ˈhʌmbl] ◇ *adj* humil. ◇ *vt fml* humiliar; **to ~ oneself** humiliar-se.
humbug [ˈhʌmbʌg] *n* **-1.** *dated* [hypocrisy] hipocresia *f*. **-2.** *Br* [sweet] caramel *m* de menta.
humdrum [ˈhʌmdrʌm] *adj* avorrit -ida, rutinari -ària.
humid [ˈhjuːmɪd] *adj* humit -ida.
humidity [hjuːˈmɪdətɪ] *n* humitat *f*.
humiliate [hjuːˈmɪlɪeɪt] *vt* humiliar.
humiliation [hjuːˌmɪlɪˈeɪʃn] *n* humiliació *f*.
humility [hjuːˈmɪlətɪ] *n* humilitat *f*.
humor *Am* = **humour**.
humorous [ˈhjuːmərəs] *adj* humorístic -a.
humour *Br*, **humor** *Am* [ˈhjuːmər] ◇ *n* **-1.** [sense of fun, mood] humor *m*; **in good / bad ~** de bon / mal humor. **-2.** [funny side] gràcia *f*. ◇ *vt* complaure, seguir la veta a.
hump [hʌmp] ◇ *n* **-1.** [hill] turonet *m*. **-2.** [on back] gep *m*, gepa *f*. ◇ *vt inf* [carry] traginar, carregar.
humpbacked bridge [ˈhʌmpbækt-] *n* pont *m* peraltat.
hunch [hʌntʃ] ◇ *n inf* pressentiment *m*, intuïció *f*. ◇ *vt* encorbar. ◇ *vi* encorbar-se.
hunchback [ˈhʌntʃbæk] *n* geperut *m* -uda *f*.
hunched [hʌntʃt] *adj* encorbat -ada.
hundred [ˈhʌndrəd] *num* cent *m*; **a / one ~** cent; **a / one ~ and eighty** cent vuitanta; ➤ **six**. ➤ **hundreds** *npl* cents, centenars *mpl*.

hundredth [ˈhʌndrətθ] ◇ *num adj* centèsim -a. ◇ *num n* **-1.** [in order] centèsim *m* -a *f*. **-2.** [fraction] centèsim; **a ~ of a second** una centèsima (de segon); ➤ **sixth**.
hundredweight [ˈhʌndrədweɪt] *n* [in UK] 50,8 kg; [in US] 45,3 kg.
hung [hʌŋ] ◇ *pt & pp* **hang**. ◇ *adj* POL sense majoria.
Hungarian [hʌŋˈgeərɪən] ◇ *adj* hongarès -esa. ◇ *n* **-1.** [person] hongarès *m* -esa *f*. **-2.** [language] hongarès *m*.
Hungary [ˈhʌŋgərɪ] *n* Hongria.
hunger [ˈhʌŋgər] *n* **-1.** [for food] gana *f*. **-2.** *liter* [for change, knowledge etc.] set *f*.
➤ **hunger after**, **hunger for** *vt fus liter* tenir ganes de, anhelar.
hunger strike *n* vaga *f* de fam.
hung over *adj inf*: **to be ~** estar patint una ressaca.
hungry [ˈhʌŋgrɪ] (*compar* **-ier**, *superl* **-iest**) *adj* **-1.** [for food] famolenc -a, afamat -ada; **to be / go ~** tenir gana / passar gana. **-2.** [eager]: **to be ~ for** tenir moltes ganes de.
hung up *adj inf*: **to be ~ (on / about)** estar engoixat -ada (per culpa de), estar obsessionat -ada (per).
hunk [hʌŋk] *n* **-1.** [large piece] tros *m*. **-2.** *inf* [attractive man] noi *m* que està bo.
hunt [hʌnt] ◇ *n* **-1.** [of animals, birds] caça *f*, cacera *f*. **-2.** [for person, clue etc.] recerca *f*, cerca *f*. ◇ *vi* **-1.** [for animals, birds] caçar. **-2.** [for person, clue etc.]: **to ~ (for sthg)** buscar (una cosa). ◇ *vt* **-1.** [animals, birds] caçar. **-2.** [person] perseguir.
hunter [ˈhʌntər] *n* **-1.** [of animals, birds] caçador *m* -a *f*. **-2.** [of things]: **bargain / autograph ~** persona que va a la caça de gangues / autògrafs.
hunting [ˈhʌntɪŋ] ◇ *n* **-1.** [of animals] caça *f*, cacera *f*; **to go ~** anar a caçar, anar de cacera. **-2.** *Br* [of foxes] caça *f* de la guineu. ◇ *comp* de caça, d'anar a caçar.
hurdle [ˈhɜːdl] ◇ *n* **-1.** [in race] tanca *f*. **-2.** [obstacle] obstacle *m*. ◇ *vt* saltar.
hurl [hɜːl] *vt* **-1.** [throw] llançar, llençar. **-2.** [shout] proferir, clavar.
hurray [hʊˈreɪ] *excl* hurra!, visca!
hurricane [ˈhʌrɪkən] *n* huracà *m*.
hurried [ˈhʌrɪd] *adj* [hasty] precipitat -ada, fet amb pressa.
hurriedly [ˈhʌrɪdlɪ] *adv* precipitadament, amb pressa.
hurry [ˈhʌrɪ] (*pt & pp* **-ied**) ◇ *vt* [person] donar pressa a; [work, speech] activar,

hurry up ◇ *vi* afanyar-se. ◇ *vt sep* donar pressa a.

hurt [hɜːt] (*pt & pp* **hurt**) ◇ *vt* **-1.** [physically - person] fer mal a, ferir; [- one's leg, arm] fer-se mal a. **-2.** [emotionally] ferir. **-3.** [harm] perjudicar. ◇ *vi* **-1.** [gen] fer mal; **my head ~s** em fa mal el cap, tinc mal de cap. **-2.** [cause physical pain, do harm] fer mal. ◇ *adj* **-1.** [injured] ferit -ida. **-2.** [offended] ofès -esa. ◇ *n* (U) [emotional pain] dolor *m*.

hurtful ['hɜːtfʊl] *adj* ofensiu.

hurtle ['hɜːtl] *vi*: **to ~ past** passar com un llamp; **to ~ over** precipitar-se per.

husband ['hʌzbənd] *n* marit *m*.

hush [hʌʃ] ◇ *n* silenci *m*. ◇ *excl* silenci! calleu!

husk [hʌsk] *n* [of seed, grain] clofolla *f*, pellofa *f*.

husky ['hʌskɪ] (*compar* **-ier**, *superl* **-iest**) ◇ *adj* [hoarse] ronc -a. ◇ *n* husky *m* siberià.

hustle ['hʌsl] ◇ *vt* **-1.** [hurry] donar pressa a. **-2.** *Am* [persuade]: **to ~ sb into doing sthg** pressionar algú per tal que faci una cosa. ◇ *n*: **~ (and bustle)** activitat *f*, atrafegament *m*.

hut [hʌt] *n* **-1.** [rough house] cabana *f*, cabanya *f*, barraca *f*. **-2.** [shed] cobert *m*.

hutch [hʌtʃ] *n* conillera *f*.

hyacinth ['haɪəsɪnθ] *n* jacint *m*.

hydrant ['haɪdrənt] *n* boca *f* de regatge; [for fire] boca *f* d'incendis.

hydraulic [haɪ'drɔːlɪk] *adj* hidràulic -a.

hydroelectric [,haɪdrəʊ'lektrɪk] *adj* hidroelèctric -a.

hydrofoil ['haɪdrəfɔɪl] *n* aerolliscador *m* (que circula per aigua).

hydrogen ['haɪdrədʒən] *n* hidrogen *m*.

hyena [haɪ'iːnə] *n* hiena *f*.

hygiene ['haɪdʒiːn] *n* higiene *f*.

hygienic [haɪ'dʒiːnɪk] *adj* higiènic -a.

hymn [hɪm] *n* himne *m*.

hype [haɪp] *inf* ◇ *n* bombo *m*, publicitat *f* exagerada. ◇ *vt* fer bombo de.

hyperactive [,haɪpər'æktɪv] *adj* hiperactiu -iva.

hypermarket ['haɪpə,mɑːkɪt] *n* hipermercat *m*.

hyphen ['haɪfn] *n* guionet *m*.

hypnosis [hɪp'nəʊsɪs] *n* hipnosi *f*; **under ~** sota els efectes de la hipnosi.

hypnotic [hɪp'nɒtɪk] *adj* hipnòtic -a.

hypnotize, -ise ['hɪpnətaɪz] *vt* hipnotitzar.

hypochondriac [,haɪpə'kɒndrɪæk] *n* hipocondríac *m* -a *f*.

hypocrisy [hɪ'pɒkrəsɪ] *n* hipocresia *f*.

hypocrite ['hɪpəkrɪt] *n* hipòcrita *mf*.

hypocritical [,hɪpə'krɪtɪkl] *adj* hipòcrita -a.

hypothesis [haɪ'pɒθɪsɪs] (*pl* **-es** [-θɪsiːz]) *n* hipòtesi *f*.

hypothetical [,haɪpə'θetɪkl] *adj* hipotètic -a.

hysteria [hɪs'tɪərɪə] *n* histèria *f*.

hysterical [hɪs'terɪkl] *adj* **-1.** [frantic] histèric -a. **-2.** *inf* [very funny] molt divertit -ida.

hysterics [hɪs'terɪks] *npl* **-1.** [panic, excitement] histèria *f*, histerisme *m*. **-2.** *inf* [fits of laughter]: **to be in ~** rebentar-se de riure.

---

i (*pl* **is / i's**), **I** (*pl* **Is / I's**) [aɪ] *n* [letter] i *f*, I *f*.

I [aɪ] *pers pron* jo; **I'm happy** sóc feliç; **I'm leaving** me'n vaig; **she and I were at college together** ella i jo anàvem juntes a la universitat; *fml* **it is I** sóc jo; **I can't do it** no ho puc fer.

ice [aɪs] ◇ *n* **-1.** [frozen water] gel *m*; *fig* **to break the ~** trencar el gel. **-2.** *Br* [- cream] gelat *m*. ◇ *vt* ensucrar, gebrar. ◆ **ice over, ice up** *vi* gelar-se.

iceberg ['aɪsbɜːg] *n* iceberg *m*.

iceberg lettuce *n* enciam *m* iceberg.

icebox ['aɪsbɒks] *n* **-1.** *Br* [in refrigerator] congelador *m*. **-2.** *Am* [refrigerator] nevera *f*.

ice cream *n* gelat *m*.

ice cube *n* glaçó *m*.

ice hockey *n* hoquei *m* sobre gel.

Iceland ['aɪslənd] *n* Islàndia *f*.

Icelandic [aɪs'lændɪk] ◇ *adj* islandès -esa. ◇ *n* [language] islandès *m*.

ice lolly *n Br* gelat *m*, pol *m*.
ice pick *n* punxó *m* per al gel.
ice rink *n* pista *f* de (patinatge sobre) gel.
ice skate *n* patí *m* de gel. ☛ **ice-skate** *vi* patinar sobre gel.
ice-skating *n* patinatge *m* sobre gel.
icicle ['aɪsɪkl] *n* caramell *m*.
icing ['aɪsɪŋ] *n* ensucrat *m*; **the ~ on the cake** *fig* la cosa que ho acaba d'arrodonir.
icing sugar *n Br* sucre *m* glacé.
icon ['aɪkɒn] COMPUT & RELIG *n* icona *f*.
icy ['aɪsɪ] (*compar* **-ier**, *superl* **-iest**) *adj* **-1.** [gen] gelat -ada. **-2.** *fig* [unfriendly] glacial.
I'd [aɪd] = **I would**, **I had**.
ID ◇ *n* (abbr of identification) DNI *m*. ◇ abbr of Idaho.
idea [aɪ'dɪə] *n* **-1.** [gen] idea *f*; **to have an ~ of sthg** tenir alguna idea d'una cosa; **to have no ~** no tenir-ne ni idea; *inf* **to get the ~** captar la idea, fer-se una idea; **to get the ~ (that)** tenir la impressió (que); **the ~ is to ...** la idea és. **-2.** [intuition, feeling] sensació *f*, impressió *f*; **to have an ~ (that) ...** tenir la sensació (que).
ideal [aɪ'dɪəl] ◇ *adj:* **~ (for)** ideal (per a). ◇ *n* ideal *m*.
ideally [aɪ'dɪəlɪ] *adv* **-1.** [perfectly] idealment; [suited] perfectament. **-2.** [preferably] preferiblement, si és possible.
identical [aɪ'dentɪkl] *adj* idèntic -a.
identification [aɪˌdentɪfɪ'keɪʃn] *n* **-1.** [gen]: **~ (with)** identificació (amb). **-2.** [documentation] documentació *f*.
identify [aɪ'dentɪfaɪ] (*pt & pp* **-ied**) ◇ *vt* identificar; **to ~ sb with sthg** relacionar algú amb alguna cosa. ◇ *vi:* **to ~ with sb / sthg** identificar-se amb algú / alguna cosa.
Identikit picture® [aɪ'dentɪkɪt-] *n* retrat *m* robot.
identity [aɪ'dentətɪ] (*pl* **-ies**) *n* identitat *f*.
identity card *n* carnet *m* d'identitat.
identity parade *n* roda *f* d'identificació.
ideology [ˌaɪdɪ'ɒlədʒɪ] (*pl* **-ies**) *n* ideologia *f*.
idiom ['ɪdɪəm] *n* **-1.** [phrase] locució *f*, modisme *m*. **-2.** *fml* [style] llenguatge *m*.
idiomatic [ˌɪdɪə'mætɪk] *adj* idiomàtic -a.
idiosyncrasy [ˌɪdɪə'sɪŋkrəsɪ] (*pl* **-ies**) *n* mania *f*, raresa *f*.
idiot ['ɪdɪət] *n* [fool] idiota *mf*.
idiotic [ˌɪdɪ'ɒtɪk] *adj* idiota, imbècil.
idle ['aɪdl] ◇ *adj* **-1.** [lazy] mandrós -osa, dropo -a. **-2.** [not working - machine, factory] parat -ada; [- person] desocupat -ada, sense feina. **-3.** [rumour] infundat -ada; [threat, boast] va, vana, sense fonament; [curiosity] frívol -a, que no ve a tomb. ◇ *vi* dropejar, estar en un punt mort. ☛ **idle away** *vt sep* malgastar, desaprofitar, perdre.
idol ['aɪdl] *n* ídol *m*.
idolize, -ise ['aɪdəlaɪz] *vt* idolatrar.
idyllic [ɪ'dɪlɪk] *adj* idíl·lic -a.
if [ɪf] ◇ *conj* **-1.** [gen] si; **~ I were you** si fos tu. **-2.** [though] encara que. ◇ *vi:* **~s and buts** peròs *mpl*. ☛ **if only** ◇ *conj* **-1.** [naming a reason] encara que només fos. **-2.** [expressing regret]: **~ only I'd been quicker!** tant de bo hagués estat més ràpid! ◇ *excl* tant de bo!
igloo ['ɪgluː] (*pl* **-s**) *n* iglú *m*.
ignite [ɪg'naɪt] ◇ *vt* encendre. ◇ *vi* encendre's.
ignition [ɪg'nɪʃn] *n* **-1.** [act of igniting] ignició *f*. **-2.** [in car] encesa *f*.
ignition key *n* clau *f* de contacte.
ignorance ['ɪgnərəns] *n* ignorància *f*.
ignorant ['ɪgnərənt] *adj* **-1.** [uneducated, rude] ignorant. **-2.** *fml* [unaware]: **to be ~ of sthg** ignorar una cosa.
ignore [ɪg'nɔːr] *vt* [take no notice of] ignorar, no fer cas de.
ilk [ɪlk] *n:* **of that ~** [of that sort] d'aquest tipus.
ill [ɪl] ◇ *adj* **-1.** [unwell] malalt -a; **to feel ~** no trobar-se bé; **to be taken / to fall ~** emmalaltir / caure malalt. **-2.** [bad] dolent -a. ◇ *adv* **-1.** [badly] mal, malament. **-2.** *fml* [unfavourably]: **to speak / think ~ of sb** parlar / pensar malament d'algú.
I'll [aɪl] = **I will**, **I shall**.
ill-advised [-əd'vaɪzd] *adj* [action] poc aconsellable; [person] malaconsellat -ada; **to be ~ to do sthg** desconèixer tota la informació en fer una cosa.
ill at ease *adj* incòmode -a, intranquil -il·la.
illegal [ɪ'liːgl] *adj* il·legal.
illegible [ɪ'ledʒəbl] *adj* il·legible.
illegitimate [ˌɪlɪ'dʒɪtɪmət] *adj* il·legítim -a.
ill-equipped *adj:* **to be ~ to do sthg** estar mal preparat -ada per fer una cosa.
ill-fated *adj* desafortunat -ada.
ill feeling *n* ressentiment *m*.
ill health *n* mala salut *f*.
illicit [ɪ'lɪsɪt] *adj* il·lícit -a.

illiteracy [ɪˈlɪtərəsɪ] *n* analfabetisme *m*.
illiterate [ɪˈlɪtərət] ⋄ *adj* analfabet -a. ⋄ *n* analfabet *m* -a *f*.
illness [ˈɪlnɪs] *n* malaltia *f*.
illogical [ɪˈlɒdʒɪkl] *adj* il·lògic -a.
ill-suited *adj*: ~ (for) poc adequat -ada (per a).
ill-timed [-ˈtaɪmd] *adj* inoportú -una.
ill-treat *vt* maltractar.
illuminate [ɪˈluːmɪneɪt] *vt* -1. [light up] il·luminar. -2. [explain] il·lustrar, aclarir.
illumination [ɪˌluːmɪˈneɪʃn] *n* [lighting] il·luminació *f*, enllumenat *m*. ➢ **illuminations** *npl* *Br* enllumenat *m* decoratiu.
illusion [ɪˈluːʒn] *n* -1. [gen] il·lusió *f*; to have no ~s about no fer-se il·lusions sobre; to be under the ~ that creure equivocadament que. -2. [magic trick] truc *m* d'il·lusionisme.
illustrate [ˈɪləstreɪt] *vt* il·lustrar.
illustration [ˌɪləˈstreɪʃn] *n* il·lustració *f*.
illustrious [ɪˈlʌstrɪəs] *adj fml* il·lustre.
ill will *n* malvolença *f*.
I'm [aɪm] = **I am**.
image [ˈɪmɪdʒ] *n* imatge *f*; to be the ~ of sb [exactly like] ser la viva imatge d'algú.
imagery [ˈɪmɪdʒrɪ] *n* (U) imatgeria *f*.
imaginary [ɪˈmædʒɪnrɪ] *adj* imaginari.
imagination [ɪˌmædʒɪˈneɪʃn] *n* imaginació *f*.
imaginative [ɪˈmædʒɪnətɪv] *adj* imaginatiu -iva.
imagine [ɪˈmædʒɪn] *vt* -1. [gen] imaginar; ~ never having to work! t'imagines que no haguéssim de treballar mai!; ~ (that)! t'imagines! -2. [suppose]: to ~ (that) imaginar-se (que).
imbalance [ˌɪmˈbæləns] *n* desequilibri *m*.
imbecile [ˈɪmbɪsiːl] *n* imbècil *mf*.
IMF *n* (abbr of International Monetary Fund) FMI *m*.
imitate [ˈɪmɪteɪt] *vt* imitar.
imitation [ˌɪmɪˈteɪʃn] ⋄ *n* imitació *f*. ⋄ *adj* d' imitació.
immaculate [ɪˈmækjʊlət] *adj* -1. [clean and tidy] immaculat -ada; [taste] exquisit -ida. -2. [impeccable] impecable, perfecte.
immaterial [ˌɪməˈtɪərɪəl] *adj* [irrelevant, unimportant] insignificant, irrellevant.
immature [ˌɪməˈtjʊər] *adj* immadur -a; [animal] jove.
immediate [ɪˈmiːdjət] *adj* -1. [gen] immediat -a; in the ~ future en el futur més immediat. -2. [family] directe -a.

immediately [ɪˈmiːdjətlɪ] ⋄ *adv* -1. [at once] immediatament. -2. [directly] directament. ⋄ *conj* tan bon punt, així que.
immense [ɪˈmens] *adj* immens.
immerse [ɪˈmɜːs] *vt* -1. [plunge]: to ~ sthg in sthg submergir una cosa en una altra. -2. [involve]: to ~ oneself in sthg submergir-se en alguna cosa.
immersion heater [ɪˈmɜːʃn-] *n* escalfador *m* d'immersió.
immigrant [ˈɪmɪɡrənt] ⋄ *n* immigrant *mf*. ⋄ *comp* immigrant.
immigration [ˌɪmɪˈɡreɪʃn] ⋄ *n* immigració *f*. ⋄ *comp* d' immigració.
imminent [ˈɪmɪnənt] *adj* imminent.
immobilize, -ise [ɪˈməʊbɪlaɪz] *vt* immobilitzar.
immobilizer [ɪˈməʊbɪlaɪzər] *n* dispositiu *m* antirobatori.
immoral [ɪˈmɒrəl] *adj* immoral.
immortal [ɪˈmɔːtl] ⋄ *adj* immortal. ⋄ *n* -1. [god] déu *m* immortal, divinitat *f* immortal. -2. [hero] immortal *mf*.
immortalize, -ise [ɪˈmɔːtəlaɪz] *vt* immortalitzar.
immovable [ɪˈmuːvəbl] *adj* -1. [fixed] fix -a, inamovible. -2. [determined, decided] inflexible, incommovible.
immune [ɪˈmjuːn] *adj* -1. [gen & MED]: ~ (to) immune (a). -2. [exempt]: ~ (from) exempt -a (de).
immunity [ɪˈmjuːnətɪ] *n* -1. [gen & MED]: ~ (to) immunitat *f* (contra). -2. [exemption]: ~ (from) exempció (de).
immunize, -ise [ˈɪmjuːnaɪz] *vt*: to ~ sb (against sthg) immunitzar algú (contra alguna cosa).
imp [ɪmp] *n* -1. [creature] dimoniet *m*, follet *m*. -2. [naughty child] diabló *m*.
impact [*n* ˈɪmpækt, *vb* ɪmˈpækt] ⋄ *n* impacte *m*; on ~ en xocar, en estavellar-se; to make an ~ on / upon causar impacte en. ⋄ *vt* -1. [collide with] xocar amb. -2. [influence] influenciar.
impair [ɪmˈpeər] *vt* [sight, hearing] danyar, debilitar; [ability, efficiency] minvar; [movement] dificultar, entorpir.
impart [ɪmˈpɑːt] *fml vt* -1. [information]: to ~ sthg (to sb) comunicar una cosa (a algú). -2. [feeling, quality]: to ~ sthg (to sthg) conferir una cosa (a una cosa).
impartial [ɪmˈpɑːʃl] *adj* imparcial.
impassable [ɪmˈpɑːsəbl] *adj* impracticable, intransitable.

impasse [æm'pɑːs] *n* camí *m* sense sortida, punt *m* mort.

impassive [ɪm'pæsɪv] *adj* impassible.

impatience [ɪm'peɪʃns] *n* impaciència *f*.

impatient [ɪm'peɪʃnt] *adj* impacient; **to be ~ to do sthg** estar impacient per fer alguna cosa; **to be ~ for sthg** esperar alguna cosa amb impaciència.

impeccable [ɪm'pekəbl] *adj* impecable.

impede [ɪm'piːd] *vt* dificultar, obstaculitzar.

impediment [ɪm'pedɪmənt] *n* **-1.** [obstacle] impediment *m*, obstacle *m*. **-2.** [disability] defecte *m*.

impel [ɪm'pel] (*pt & pp* **-led**, *cont* **-ling**) *vt*: **to ~ sb to do sthg** forçar algú a fer una cosa.

impending [ɪm'pendɪŋ] *adj* imminent.

imperative [ɪm'perətɪv] ◇ *adj* [essential] essencial, imprescindible, urgent. ◇ *n* imperatiu *m*.

imperfect [ɪm'pɜːfɪkt] ◇ *adj* [not perfect] imperfecte. ◇ *n* GRAM: **~ (tense)** (pretèrit *m*) imperfet *m*.

imperial [ɪm'pɪərɪəl] *adj* **-1.** [of an empire or emperor] imperial. **-2.** [system of measurement]: **~ system** sistema anglosaxó de mesures.

imperialism [ɪm'pɪərɪəlɪzm] *n* imperialisme *m*.

impersonal [ɪm'pɜːsnl] *adj* impersonal.

impersonate [ɪm'pɜːsəneɪt] *vt* [gen] fer-se passar per; THEAT imitar.

impersonation [ɪm,pɜːsə'neɪʃn] *n* **-1.** [pretending to be]: **charged with ~ of a policeman** acusat -ada de fer-se passar per policia. **-2.** [impression]: **to do ~s (of)** fer imitacions (de), imitar a.

impertinent [ɪm'pɜːtɪnənt] *adj* impertinent, insolent.

impervious [ɪm'pɜːvjəs] *adj* [not influenced]: **~ to** insensible a.

impetuous [ɪm'petʃʊəs] *adj* impetuós -osa, irreflexiu -iva.

impetus ['ɪmpɪtəs] *n* **-1.** (*U*) [momentum] ímpetu *m*. **-2.** [stimulus] incentiu *m*, impuls *m*.

impinge [ɪm'pɪndʒ] *vi*: **to ~ on sthg / sb** afectar alguna cosa / algú.

implant [*n* 'ɪmplɑːnt, *vb* ɪm'plɑːnt] ◇ *n* empelt *m*. ◇ *vt* **-1.** [fix - idea etc.]: **to ~ sthg in / into** inculcar una cosa en. **-2.** MED: **to ~ sthg in / into** implantar una cosa en.

implausible [ɪm'plɔːzəbl] *adj* inversemblant.

implement [*n* 'ɪmplɪmənt, *vb* 'ɪmplɪment] ◇ *n* eina *f*. ◇ *vt* posar en pràctica, portar a terme.

implication [,ɪmplɪ'keɪʃn] *n* **-1.** [involvement] complicitat *f*. **-2.** [inference] conseqüència *f*; **by ~** de manera indirecta.

implicit [ɪm'plɪsɪt] *adj* **-1.** [gen]: **~ (in)** implícit -a (en). **-2.** [complete - belief] absolut -a; [- faith] incondicional.

implore [ɪm'plɔːʳ] *vt*: **to ~ sb (to do sthg)** suplicar a algú (que faci alguna cosa).

imply [ɪm'plaɪ] (*pt & pp* **-ied**) *vt* **-1.** [suggest] insinuar, deixar entendre. **-2.** [involve] implicar, suposar.

impolite [,ɪmpə'laɪt] *adj* mal educat -ada, groller -a.

import [*n* 'ɪmpɔːt, *vb* ɪm'pɔːt] ◇ *n* **-1.** [act of importing, product] importació *f*. **-2.** *fml* [meaning] sentit *m*, significat *m*. **-3.** *fml* [importance] transcendència *f*, importància *f*. ◇ *vt lit & fig* importar.

importance [ɪm'pɔːtns] *n* importància *f*.

important [ɪm'pɔːtnt] *adj*: **~ (to)** important (per a); **it's not ~** no té importància, no importa.

importer [ɪm'pɔːtəʳ] *n* importador *m* -a *f*.

impose [ɪm'pəʊz] ◇ *vt*: **to ~ sthg (on)** imposar alguna cosa (a). ◇ *vi*: **to ~ (on)** abusar (de), molestar.

imposing [ɪm'pəʊzɪŋ] *adj* imponent, impressionant.

imposition [,ɪmpə'zɪʃn] *n* **-1.** [enforcement] imposició *f*. **-2.** [cause of trouble] molèstia *f*.

impossible [ɪm'pɒsəbl] ◇ *adj* **-1.** [gen] impossible. **-2.** [person, behaviour] inaguantable, intolerable. ◇ *n*: **to do the ~** fer els impossibles.

impostor, **imposter** *Am* [ɪm'pɒstəʳ] *n* impostor *m* -a *f*.

impotent ['ɪmpətənt] *adj* impotent.

impound [ɪm'paʊnd] *vt* embargar, confiscar.

impoverished [ɪm'pɒvərɪʃt] *adj* [country, people, imagination] empobrit -ida.

impracticable [ɪm'præktɪkəbl] *adj* impracticable, irrealitzable.

impractical [ɪm'præktɪkl] *adj* poc pràctic.

impregnable [ɪm'pregnəbl] *adj lit & fig* inexpugnable, impenetrable.

impregnate ['ɪmpregneɪt] *vt* **-1.** [introduce substance into]: **to ~ sthg (with)** impregnar una cosa (de). **-2.** *fml* [fertilize] fecundar.

impress [ɪmˈpres] *vt* **–1.** [produce admiration in] fer bona impressió a, impressionar. **–2.** [stress]: **to ~ sthg on sb** fer comprendre a algú la importància d'una cosa.

impression [ɪmˈpreʃn] *n* **–1.** [gen] impressió *f*; **to make an ~** impressionar; **to make a good / bad ~** fer una bona / mala impressió; **to be under the ~ that** fer la impressió que. **–2.** [imitation] imitació *f*.

impressive [ɪmˈpresɪv] *adj* impressionant.

imprint [ˈɪmprɪnt] *n* **–1.** [mark] empremta *f*, impressió *f*. **–2.** [publisher's name] peu *m* d'impremta.

imprison [ɪmˈprɪzn] *vt* empresonar.

improbable [ɪmˈprɒbəbl] *adj* [event] improbable; [story, excuse] inversemblant; [clothes, hat] estrafolari -ària; [contraption] estrany -a.

impromptu [ɪmˈprɒmptju:] *adj* improvisat -ada.

improper [ɪmˈprɒpər] *adj* **–1.** [unsuitable] impropi -òpia. **–2.** [incorrect, illegal] indegut -uda. **–3.** [rude] indecent, indecorós -osa.

improve [ɪmˈpru:v] ◇ *vi* millorar, perfeccionar-se; **to ~ on / upon sthg** millorar alguna cosa. ◇ *vt* millorar.

improvement [ɪmˈpru:vmənt] *n* **–1.** [gen] **~ (in / on)** millora *f* (respecte a). **–2.** [to home] reforma *f*.

improvise [ˈɪmprəvaɪz] *vt & vi* improvisar.

impudent [ˈɪmpjudənt] *adj* descarat -ada, insolent.

impulse [ˈɪmpʌls] *n* impuls *m*; **on ~** sense pensar.

impulsive [ɪmˈpʌlsɪv] *adj* impulsiu -iva, irreflexiu -iva.

impunity [ɪmˈpju:nətɪ] *n*: **with ~** impunement.

impurity [ɪmˈpjʊərətɪ] (*pl* **-ies**) *n* impuresa *f*.

in [ɪn] ◇ *prep* **–1.** [indicating place, position] a, en, dins, dintre; **~ a box / the garden / the lake** en una capsa / al jardí / al llac; **~ Paris / Belgium / the country** a París / a Bèlgica / al camp; **that coat ~ the window** l'abric de l'aparador; **to be ~ hospital / prison** ser a l'hospital / a la presó; **~ here / there** aquí (dins) / allà (dins). **–2.** [wearing] amb; **she was still ~ her nightclothes** encara portava la roba de dormir; **he was dressed ~ a suit** portava un vestit. **–3.** [appearing in, included -] a, en; **there's a mistake ~ this paragraph** hi ha una errada en aquest paràgraf; **she's ~ today's Guardian** surt al Guardian d'avui. **–4.** [at a particular time]: **at four o'clock ~ the morning / afternoon** a les quatre en punt del matí / de la tarda; **~ the morning** al matí; **~ 1992 / May / the spring** el 1992 / al maig / a la primavera. **–5.** [within] en; **he learned to type ~ two weeks** va aprendre a escriure a màquina en dues setmanes; **I'll be ready ~ five minutes** estaré a punt d'aquí a cinc minuts. **–6.** [during] des de fa; **it's my first decent meal ~ weeks** és el meu primer àpat decent des de fa setmanes. **–7.** [indicating situation, circumstances]: **~ these circumstances** en aquestes circumstàncies; **to live / die ~ poverty** viure / morir en la pobresa; **~ danger / difficulty** en perill / en dificultats; **~ the sun** al sol; **~ the rain** sota la pluja; **don't go out ~ this weather** no surtis fent aquest temps; **a rise ~ prices** un puja de preus. **–8.** [indicating manner, condition] en; **~ a loud / soft voice** en veu alta / baixa; **~ pencil / ink** amb llapis / amb bolígraf. **–9.** [indicating emotional state] amb; **~ anger / joy** enutjat -ada / content -a; **~ my excitement I forgot the keys** amb l'emoció se'm van oblidar les claus. **–10.** [specifying area of activity]: **advances ~ medicine** avenços en medicina; **he's ~ computers** es dedica a la informàtica. **–11.** [with numbers - showing quantity, age]: **~ large / small quantities** en grans / petites quantitats; **~ (their) thousands** a milers; **she's ~ her sixties** té uns seixanta anys. **–12.** [describing arrangement]: **~ a line / circle** en línia / cercle; **to stand ~ twos** estar en parelles. **–13.** [as regards] en; **~ these matters** en aquests temes; **two metres ~ length / width** dos metres de llarg / d'ample; **a change ~ direction** un canvi de direcció. **–14.** [- ratios]: **one ~ ten** un de cada deu; **five pence ~ the pound** cinc penics la lliura. **–15.** (*after superl*) de; **the best ~ the world** el millor del món. **–16.** (+ *present participle*): **~ doing sthg** en fer alguna cosa. ◇ *adv* **–1.** [inside] dins, dintre; **put the clothes ~** posa la roba a dins; **to jump ~** saltar cap a dins; **do come ~** entri, si us plau. **–2.** [at home, work]: **is Judith ~?** que hi és, la Judith?; **I'm staying ~ tonight** aquesta nit no surto. **–3.** [of train, boat, plane]: **is the train ~ yet?** ha arribat el tren? **–4.** [of tide]: **the tide's ~** la marea està alta. **–5.** **you're ~ for a surprise** tindràs una sorpresa; **we're ~ for some bad**

in. 194

weather tindrem mal temps; **to be ~ on it** poder dir-hi la seva, poder posar-hi cullerada; **to have it ~ for sb** emprendre-la amb algú. ◇ *adj inf* de moda; **short skirts are ~ this year** aquest any es porten les faldilles curtes. ◆ **ins** *npl*: **the ~s and outs** els detalls, l'entrellat.

in. abbr of inch.

inability [ˌɪnəˈbɪlətɪ] *n*: **~ (to do sthg)** incapacitat *f* (de fer una cosa).

inaccessible [ˌɪnəkˈsesəbl] *adj* inaccessible.

inaccurate [ɪnˈækjʊrət] *adj* incorrecte, inexacte.

inadequate [ɪnˈædɪkwət] *adj* **-1.** [insufficient] insuficient. **-2.** [person] incapaç.

inadvertently [ˌɪnədˈvɜːtəntlɪ] *adv* per equivocació, sense voler.

inadvisable [ˌɪnədˈvaɪzəbl] *adj* desaconsellable, poc aconsellable.

inane [ɪˈneɪn] *adj* neci nècia.

inanimate [ɪnˈænɪmət] *adj* inanimat -ada.

inappropriate [ˌɪnəˈprəʊprɪət] *adj* [remark, clothing] inadequat -ada; [time] inoportú -una.

inarticulate [ˌɪnɑːˈtɪkjʊlət] *adj* [person] incapaç d'expressar-se; [speech, explanation] mal pronunciat -ada, mal expressat -ada.

inasmuch [ˌɪnəzˈmʌtʃ] ◆ **inasmuch as** *conj* en la mesura que.

inaudible [ɪˈnɔːdɪbl] *adj* imperceptible, inoïble.

inauguration [ɪˌnɔːgjʊˈreɪʃn] *n* **-1.** [of leader, president] investidura *f*. **-2.** [of building, system] inauguració *f*.

in-between *adj* intermedi -èdia.

inborn [ˌɪnˈbɔːn] *adj* innat -a.

inbound [ˈɪnbaʊnd] *adj Am* que s'aproxima.

inbred [ˌɪnˈbred] *adj* **-1.** [closely related] consanguini -ínia, endogàmic -a. **-2.** [inborn] innat -a.

inbuilt [ˌɪnˈbɪlt] *adj* [in person] innat -a; [in thing] inherent.

inc. (abbr of **inclusive**) inclòs -osa; **12th-15th April** ~ del 12 al 15 d'abril inclusivament.

Inc. [ɪŋk] (abbr of **incorporated**) ≃ SA.

incapable [ɪnˈkeɪpəbl] *adj* **-1.** [unable]: **to be ~ of sthg / of doing sthg** ser incapaç d'una cosa / de fer una cosa. **-2.** [useless] incompetent.

incapacitated [ˌɪnkəˈpæsɪteɪtɪd] *adj* incapacitat -ada.

incarcerate [ɪnˈkɑːsəreɪt] *vt fml* empresonar.

incarnation [ˌɪnkɑːˈneɪʃn] *n* **-1.** [personification] personificació *f*. **-2.** [existence] encarnació *f*.

incendiary device [ɪnˈsendjərɪ-] *n* artefacte *m* incendiari.

incense [*n* ˈɪnsens, *vb* ɪnˈsens] ◇ *n* encens *m*. ◇ *vt* sulfurar, indignar.

incentive [ɪnˈsentɪv] *n* incentiu *m*.

incentive scheme *n* pla *m* d'incentius.

inception [ɪnˈsepʃn] *n fml* començament *m*, inici *m*.

incessant [ɪnˈsesnt] *adj* incessant, constant.

incessantly [ɪnˈsesntlɪ] *adv* incessantment, constantment.

incest [ˈɪnsest] *n* incest *m*.

inch [ɪntʃ] ◇ *n* [unit of measurement] polzada *f* = 2,5 cm. ◇ *vi* avançar a poc a poc.

incident [ˈɪnsɪdənt] *n* incident *m*, succés *m*.

incidental [ˌɪnsɪˈdentl] *adj* accessori -òria, secundari -ària.

incidentally [ˌɪnsɪˈdentəlɪ] *adv* per cert.

incinerate [ɪnˈsɪnəreɪt] *vt* incinerar, cremar.

incipient [ɪnˈsɪpɪənt] *adj fml* incipient.

incisive [ɪnˈsaɪsɪv] *adj* [comment, person] incisiu -iva; [mind] penetrant.

incite [ɪnˈsaɪt] *vt* incitar, provocar; **to ~ sb to do sthg** incitar algú a fer alguna cosa.

inclination [ˌɪnklɪˈneɪʃn] *n* **-1.** (*U*) [liking, preference] inclinació *f*, propensió *f*. **-2.** [tendency]: **~ to do sthg** tendència *f* a fer una cosa.

incline [*n* ˈɪnklaɪn, *vb* ɪnˈklaɪn] ◇ *n* pendent *m*. ◇ *vt* [head] inclinar, decantar.

inclined [ɪnˈklaɪnd] *adj* **-1.** [tending]: **to be ~ to sthg** ser propens -a, tenir tendència a una cosa; **to be ~ to do sthg** tenir tendència a fer una cosa. **-2.** *fml* [wanting]: **to be ~ to do sthg** estar disposat -ada a fer una cosa. **-3.** [sloping] inclinat -ada.

include [ɪnˈkluːd] *vt* **-1.** [gen] incloure. **-2.** [with letter] adjuntar.

included [ɪnˈkluːdɪd] *adj* inclòs -osa.

including [ɪnˈkluːdɪŋ] *prep* inclusivament; **six died, ~ a child** van morir sis persones, un nen inclòs.

inclusive [ɪnˈkluːsɪv] *adj* **-1.** [including everything] inclusiu -iva; **one to nine ~** de l'u al nou ambdós inclosos. **–2.** [including all costs]: **~ of VAT** IVA inclòs; **£150 ~** 150 lliures tot inclòs.

incoherent [ˌɪnkəʊˈhɪərənt] *adj* incoherent, inintel·ligible.

income [ˈɪŋkʌm] *n* [gen] ingressos *mpl*; [from property] renda *f*; [from investment] rèdit *m*.

income support *n Br* ≈ salari *m* social, subsidi per a persones amb ingressos molt baixos o aturats sense dret a subsidi d'atur.

income tax *n* impost *m* sobre la renda.

incompatible [ˌɪnkəmˈpætɪbl] *adj*: **~ (with)** incompatible (amb).

incompetent [ɪnˈkɒmpɪtənt] *adj* incompetent, incapaç.

incomplete [ˌɪnkəmˈpliːt] *adj* incomplet -a.

incomprehensible [ɪnˌkɒmprɪˈhensəbl] *adj* incomprensible.

inconceivable [ˌɪnkənˈsiːvəbl] *adj* inconcebible.

inconclusive [ˌɪnkənˈkluːsɪv] *adj* [evidence, argument] gens convincent; [meeting, outcome] sense resultats definitius.

incongruous [ɪnˈkɒŋɡruəs] *adj* incongruent.

inconsequential [ˌɪnkɒnsɪˈkwenʃl] *adj* intranscendent, sense importància.

inconsiderable [ˌɪnkənˈsɪdərəbl] *adj*: **not ~** gens menyspreable.

inconsiderate [ˌɪnkənˈsɪdərət] *adj* desconsiderat -ada.

inconsistency [ˌɪnkənˈsɪstənsɪ] (*pl* **-ies**) *n* **–1.** [between theory and practice] inconseqüència *f*; [between statements etc.] falta *f* de correspondència. **–2.** [contradictory point] contradicció *f*.

inconsistent [ˌɪnkənˈsɪstənt] *adj* **–1.** [translation, statement]: **~ (with)** mancat -ada de correspondència (amb); [group, government, person] inconseqüent. **–2.** [erratic] irregular, desigual.

inconspicuous [ˌɪnkənˈspɪkjuəs] *adj* discret -a.

inconvenience [ˌɪnkənˈviːnjəns] ◇ *n* **–1.** [difficulty, discomfort] molèstia *f*, incomoditat *f*. **–2.** [inconvenient thing] inconvenient *m*. ◇ *vt* incomodar, molestar.

inconvenient [ˌɪnkənˈviːnjənt] *adj* [time] inoportú -una; [position] incòmode -a; **that date is ~** aquesta data no em va bé.

incorporate [ɪnˈkɔːpəreɪt] *vt* **–1.** [integrate]: **to ~ sthg / sb (in), to ~ sthg / sb (into)** incorporar alguna cosa / algú (a). **–2.** [include] incloure, contenir.

incorporated [ɪnˈkɔːpəreɪtɪd] COM *adj*: **~ company** societat *f* anònima.

incorrect [ˌɪnkəˈrekt] *adj* incorrecte -a, erroni -ònia.

incorrigible [ɪnˈkɒrɪdʒəbl] *adj* incorregible.

increase [*n* ˈɪnkriːs, *vb* ɪnˈkriːs] ◇ *n*: **~ (in)** [gen] augment *m* (de); [in price] alça *f* (de); **to be on the ~** anar en augment. ◇ *vt* incrementar, augmentar. ◇ *vi* [gen] augmentar, incrementar-se; [price] pujar.

increasing [ɪnˈkriːsɪŋ] *adj* creixent.

increasingly [ɪnˈkriːsɪŋlɪ] *adv* cada vegada més, més i més.

incredible [ɪnˈkredəbl] *adj* increïble.

incredulous [ɪnˈkredjʊləs] *adj* incrèdul -a.

increment [ˈɪnkrɪmənt] *n* increment *m*, augment *m*.

incriminating [ɪnˈkrɪmɪneɪtɪŋ] *adj* inculpatori -òria.

incubator [ˈɪnkjʊbeɪtər] *n* [for baby] incubadora *f*.

incumbent [ɪnˈkʌmbənt] *fml* ◇ *adj*: **to be ~ on / upon sb to do sthg** incumbir a algú fer una cosa. ◇ *n* titular *mf*.

incur [ɪnˈkɜːr] (*pt & pp* **-red**, *cont* **-ring**) *vt* [wrath, criticism] incórrer en, atreure's; [loss] contraure; [expenses] acumular.

indebted [ɪnˈdetɪd] *adj* **–1.** [grateful]: **~ (to)** agraït -ïda. **–2.** [owing money]: **~ (to)** (tenir) un deute (amb).

indecent [ɪnˈdiːsnt] *adj* **–1.** [improper] indecent. **–2.** [unreasonable, excessive] desmesurat -ada.

indecent assault *n* atemptat *m* contra el pudor.

indecent exposure *n* exhibicionisme *m*.

indecisive [ˌɪndɪˈsaɪsɪv] *adj* **–1.** [person] indecís -isa, irresolut -uda. **–2.** [result] inconclusiu -iva.

indeed [ɪnˈdiːd] *adv* **–1.** [certainly] en efecte, naturalment; **are you coming? - ~ I am** que véns? -i tant que sí! **–2.** [in fact] de fet. **–3.** [for emphasis] realment; **very big ~** realment gros, gros de veritat; **very few ~** poquíssims. **–4.** [to express surprise, disbelief]: **~?** sí?, de veritat?

indefinite [ɪnˈdefɪnɪt] *adj* **–1.** [time, number] indefinit -ida. **–2.** [answer, opinion] imprecís -isa.

indefinitely [ɪnˈdefɪnətlɪ] *adv* **–1.** [for unfixed period] indefinidament. **–2.** [imprecisely] d'una manera poc definida.

indemnity [ɪnˈdemnətɪ] *n* **-1.** [insurance] indemnitat *f*. **-2.** [compensation] indemnització *f*, compensació *f*.

indent [ɪnˈdent] *vt* **-1.** [dent] oscar, escantellar. **-2.** [text] sagnar.

independence [ˌɪndɪˈpendəns] *n* independència *f*.

Independence Day *n* festa del 4 de juliol als Estats Units en commemoració de la Declaració d'Independència d'aquest país el 1776.

independent [ˌɪndɪˈpendənt] *adj*: ~ **(of)** independent (de).

independent school *n* Br escola *f* privada.

in-depth *adj* a fons, exhaustiu -iva.

indescribable [ˌɪndɪˈskraɪbəbl] *adj* indescriptible.

indestructible [ˌɪndɪˈstrʌktəbl] *adj* indestructible.

index [ˈɪndeks] (*pl* **-es** / **indices**) ◇ *n* índex *m*. ◇ *vt* posar índex a.

index card *n* fitxa *f*.

index finger *n* (dit *m*) índex *m*.

index-linked *adj* lligat -ada al cost de la vida.

India [ˈɪndjə] *n* (l') Índia.

Indian [ˈɪndjən] ◇ *adj* **-1.** [from India] indi índia, hindú. **-2.** [from the Americas] indi índia. ◇ *n* **-1.** [from India] indi *m* índia *f*, hindú *mf*. **-2.** [from the Americas] indi *m* índia *f*.

Indian Ocean *n*: the ~ l'oceà Índic.

indicate [ˈɪndɪkeɪt] ◇ *vt* indicar. ◇ *vi* [when driving]: **to ~ left / right** indicar a l'esquerra / a la dreta.

indication [ˌɪndɪˈkeɪʃn] *n* **-1.** [suggestion, idea] indicació *f*. **-2.** [sign] indici *m*, senyal *m*.

indicative [ɪnˈdɪkətɪv] ◇ *adj*: ~ **of sthg** indicatiu -iva d'alguna cosa. ◇ *n* GRAM indicatiu *m*.

indicator [ˈɪndɪkeɪtər] *n* **-1.** [sign] indicador *m*. **-2.** [on car] intermitent *m*.

indices [ˈɪndɪsiːz] *pl* ▶ **index**.

indict [ɪnˈdaɪt] *vt*: **to ~ sb (for)** acusar algú (de).

indictment [ɪnˈdaɪtmənt] *n* **-1.** JUR acusació *f*. **-2.** [criticism] crítica *f* severa.

indifference [ɪnˈdɪfrəns] *n* indiferència *f*.

indifferent [ɪnˈdɪfrənt] *adj* **-1.** [uninterested]: ~ **(to)** indiferent (a). **-2.** [mediocre] ordinari -ària, mediocre.

indigenous [ɪnˈdɪdʒɪnəs] *adj* indígena.

indigestion [ˌɪndɪˈdʒestʃn] *n* (U) indigestió *f*.

indignant [ɪnˈdɪgnənt] *adj*: **(at)** indignat -ada (per).

indignity [ɪnˈdɪgnətɪ] (*pl* **-ies**) *n* indignitat *f*.

indigo [ˈɪndɪgəʊ] ◇ *adj* anyil. ◇ *n* anyil *m*.

indirect [ˌɪndɪˈrekt] *adj* indirecte -a.

indiscreet [ˌɪndɪˈskriːt] *adj* indiscret -a, imprudent.

indiscriminate [ˌɪndɪˈskrɪmɪnət] *adj* indiscriminat -ada.

indispensable [ˌɪndɪˈspensəbl] *adj* indispensable, imprescindible.

indisputable [ˌɪndɪˈspjuːtəbl] *adj* inqüestionable.

indistinct [ˌɪndɪˈstɪŋkt] *adj* [memory] confús -usa; [words] imperceptible; [picture, marking] borrós -osa.

indistinguishable [ˌɪndɪˈstɪŋgwɪʃəbl] *adj*: ~ **(from)** indistingible (de).

individual [ˌɪndɪˈvɪdʒʊəl] ◇ *adj* **-1.** [gen] individual. **-2.** [tuition] particular. **-3.** [approach, style] personal. ◇ *n* individu *m*.

individually [ˌɪndɪˈvɪdʒʊəlɪ] *adv* [separately] individualment, per separat.

indoctrination [ɪnˌdɒktrɪˈneɪʃn] *n* adoctrinament *m*.

Indonesia [ˌɪndəˈniːzjə] *n* Indonèsia.

indoor [ˈɪndɔːr] *adj* [gen] interior; [shoes] d'anar per casa; [plant] d'interior; [sports] en pista coberta; ~ **swimming pool** piscina *f* coberta.

indoors [ˌɪnˈdɔːz] *adv* [gen] (a) dins, (a) dintre; [at home] a casa.

induce [ɪnˈdjuːs] *vt* **-1.** [persuade]: **to ~ sb to do sthg** induir algú a fer alguna cosa. **-2.** [labour, sleep, anger] provocar.

inducement [ɪnˈdjuːsmənt] *n* [incentive] incentiu *m*, al·licient *m*.

induction [ɪnˈdʌkʃn] *n* **-1.** [into official position]: ~ **into** incorporació a. **-2.** ELEC & MED inducció *f*. **-3.** [introduction to job] introducció *f*.

induction course *n* curset *m* introductori, curs *m* d'iniciació.

indulge [ɪnˈdʌldʒ] ◇ *vt* **-1.** [whim, passion] satisfer. **-2.** [child, person] consentir; **to ~ oneself** donar-se gustos, complaure's. ◇ *vi*: **to ~ in sthg** recrear-se en alguna cosa, abandonar-se a alguna cosa.

indulgence [ɪnˈdʌldʒəns] *n* **-1.** [act of indulging] complaença *f*. **-2.** [special treat] gratificació *f*, vici *m*.

indulgent [ɪnˈdʌldʒənt] *adj* indulgent.

industrial [ɪnˈdʌstrɪəl] *adj* industrial.

industrial action *n* vaga *f*; **to take ~** declarar-se en vaga.

industrial estate *Br*, **industrial park** *Am n* polígon *m* industrial.

industrialist [ɪnˈdʌstrɪəlɪst] *n* industrial *mf*.

industrial park *Am* = **industrial estate**.

industrial relations *npl* relacions *fpl* industrials.

industrial revolution *n* revolució *f* industrial.

industrious [ɪnˈdʌstrɪəs] *adj* treballador -a, diligent.

industry [ˈɪndəstrɪ] (*pl* **-ies**) *n* **-1.** [gen] indústria *f*. **-2.** [hard work] laboriositat *f*.

inebriated [ɪˈniːbrɪeɪtɪd] *adj fml* ebri èbria.

inedible [ɪnˈedɪbl] *adj* no comestible.

ineffective [ˌɪnɪˈfektɪv] *adj* ineficaç, inútil.

ineffectual [ˌɪnɪˈfektʃʊəl] *adj* ineficaç, inútil.

inefficiency [ˌɪnɪˈfɪʃnsɪ] *n* ineficàcia *f*.

inefficient [ˌɪnɪˈfɪʃnt] *adj* ineficaç, ineficient.

ineligible [ɪnˈelɪdʒəbl] *adj*: **~ (for)** inelegible (per a).

inept [ɪˈnept] *adj* inepte -a; **~ at** negat -ada per.

inequality [ˌɪnɪˈkwɒlətɪ] (*pl* **-ies**) *n* desigualtat *f*.

inert [ɪˈnɜːt] *adj* inert -a.

inertia [ɪˈnɜːʃə] *n* inèrcia *f*.

inescapable [ˌɪnɪˈskeɪpəbl] *adj* indefugible, ineludible.

inevitable [ɪnˈevɪtəbl] ◇ *adj* inevitable. ◇ *n*: **the ~** l'inevitable.

inevitably [ɪnˈevɪtəblɪ] *adv* inevitablement.

inexcusable [ˌɪnɪkˈskjuːzəbl] *adj* inexcusable, imperdonable.

inexhaustible [ˌɪnɪɡˈzɔːstəbl] *adj* inexhaurible.

inexpensive [ˌɪnɪkˈspensɪv] *adj* barat -a, econòmic -a.

inexperienced [ˌɪnɪkˈspɪərɪənst] *adj* inexperimentat -ada.

inexplicable [ˌɪnɪkˈsplɪkəbl] *adj* inexplicable.

infallible [ɪnˈfæləbl] *adj* infal·lible.

infamous [ˈɪnfəməs] *adj* infame.

infancy [ˈɪnfənsɪ] *n* infantesa *f*; *fig* **to be in its ~** donar els primers passos.

infant [ˈɪnfənt] *n* **-1.** [baby] bebè *m*, nadó *m*. **-2.** [young child] nen *m* petit, nena *f* petita, criatura *f*.

infantry [ˈɪnfəntrɪ] *n* infanteria *f*.

infant school *n Br* escola *f* preescolar.

infatuated [ɪnˈfætjʊeɪtɪd] *adj*: **~ (with)** encapritxat -ada (amb), boig boja (per).

infatuation [ɪnˌfætjʊˈeɪʃn] *n*: **~ (with)** encapritxament *m* (amb), fal·lera *f* (per).

infect [ɪnˈfekt] *vt* **-1.** [wound] infectar; [person] **to ~ sb (with sthg)** contagiar a algú (alguna cosa). **-2.** *fig* [spread to] contagiar.

infection [ɪnˈfekʃn] *n* **-1.** [disease] infecció *f*. **-2.** [spreading of germs] contagi *m*.

infectious [ɪnˈfekʃəs] *adj lit & fig* contagiós -osa.

infer [ɪnˈfɜːʳ] (*pt & pp* **-red**, *cont* **-ring**) *vt* **-1.** [deduce]: **to ~ (that)** deduir (que), inferir (que); **to ~ sthg (from sthg)** treure conclusions (d'una cosa). **-2.** *inf* [imply] insinuar, suggerir.

inferior [ɪnˈfɪərɪəʳ] ◇ *adj*: **~ (to)** inferior (a). ◇ *n* [in status] inferior *mf*.

inferiority [ɪnˌfɪərɪˈɒrətɪ] *n* inferioritat *f*.

inferiority complex *n* complex *m* d'inferioritat.

inferno [ɪnˈfɜːnəʊ] (*pl* **-s**) *n* infern *m*.

infertile [ɪnˈfɜːtaɪl] *adj* estèril.

infested [ɪnˈfestɪd] *adj*: **~ with** infestat -ada (de).

infighting [ˈɪnˌfaɪtɪŋ] *n (U)* lluites *fpl* internes.

infiltrate [ˈɪnfɪltreɪt] ◇ *vt* infiltrar. ◇ *vi*: **to ~ into sthg** infiltrar-se en alguna cosa.

infinite [ˈɪnfɪnət] *adj* infinit -a.

infinitive [ɪnˈfɪnɪtɪv] *n* infinitiu *m*.

infinity [ɪnˈfɪnətɪ] *n* **-1.** MATH infinit *m*. **-2.** [incalculable number]: **an ~ (of)** infinitat *f* (de).

infirm [ɪnˈfɜːm] ◇ *adj* xacrós -osa. ◇ *npl*: **the ~** els malalts.

infirmary [ɪnˈfɜːmərɪ] (*pl* **-ies**) *n* **-1.** [hospital] hospital *m*. **-2.** [room] infermeria *f*.

infirmity [ɪnˈfɜːmətɪ] (*pl* **-ies**) *n* **-1.** [illness] xacra *f*. **-2.** [state] malaltia *f*.

inflamed [ɪnˈfleɪmd] MED *adj* inflamat -ada.

inflammable [ɪnˈflæməbl] *adj* [burning easily] inflamable.

inflammation [ˌɪnfləˈmeɪʃn] MED *n* inflamació *f*.

inflatable [ɪnˈfleɪtəbl] *adj* inflable.
inflate [ɪnˈfleɪt] *vt* **-1.** [gen] inflar. **-2.** ECON inflar, augmentar.
inflation [ɪnˈfleɪʃn] ECON *n* inflació *f*.
inflationary [ɪnˈfleɪʃnrɪ] ECON *adj* inflacionista.
inflict [ɪnˈflɪkt] *vt*: to ~ sthg on sb infligir alguna cosa a algú.
influence [ˈɪnfluəns] ◇ *n*: ~ (on / over sb) influència *f* (sobre algú); ~ (on sthg) influència (en alguna cosa); **under the ~ of** [person, group] sota la influència de; [alcohol, drugs] sota els efectes de. ◇ *vt* influenciar.
influential [ˌɪnfluˈenʃl] *adj* influent.
influenza [ˌɪnfluˈenzə] *n fml* grip *f*.
influx [ˈɪnflʌks] *n* afluència *f*.
inform [ɪnˈfɔːm] *vt*: to ~ sb (of / about sthg) informar algú (de / sobre alguna cosa). ☞ **inform on** *vt fus* delatar.
informal [ɪnˈfɔːml] *adj* informal; [language] familiar.
informant [ɪnˈfɔːmənt] *n* **-1.** [informer] confident *mf*, delator *m* -a *f*. **-2.** [of researcher] font *f* d'informació.
information [ˌɪnfəˈmeɪʃn] *n* (U): ~ (on / about) informació *f* / dades *fpl* (sobre); **a piece of ~** dada *f*, notícia *f*; **for your ~** perquè ho sàpigues.
information desk *n* taulell *m* d'informació *f*.
information technology *n* informàtica *f*.
informative [ɪnˈfɔːmətɪv] *adj* informatiu -iva.
informer [ɪnˈfɔːmər] *n* confident *mf*, delator *m* -a *f*.
infrared [ˌɪnfrəˈred] *adj* infraroig -roja.
infrastructure [ˈɪnfrəˌstrʌktʃər] *n* infraestructura *f*.
infringe [ɪnˈfrɪndʒ] (*cont* **infringeing**) ◇ *vt* infringir, vulnerar. ◇ *vi*: to ~ on sthg infringir alguna cosa, vulnerar alguna cosa.
infringement [ɪnˈfrɪndʒmənt] *n* transgressió *f*, violació *f*.
infuriating [ɪnˈfjʊərɪeɪtɪŋ] *adj* que fa tornar boig.
ingenious [ɪnˈdʒiːnjəs] *adj* enginyós -osa, inventiu -iva.
ingenuity [ˌɪndʒɪˈnjuːətɪ] *n* enginy *m*, inventiva *f*.
ingenuous [ɪnˈdʒenjʊəs] *adj fml* ingenu -ènua.

ingot [ˈɪŋgət] *n* lingot *m*.
ingrained [ˌɪnˈgreɪnd] *adj* **-1.** [ground in] incrustat -ada. **-2.** [deeply rooted] arrelat -ada.
ingratiating [ɪnˈgreɪʃɪeɪtɪŋ] *adj* afalagador -a, obsequiós -osa.
ingredient [ɪnˈgriːdjənt] *n* ingredient *m*.
inhabit [ɪnˈhæbɪt] *vt* habitar.
inhabitant [ɪnˈhæbɪtənt] *n* habitant *mf*.
inhale [ɪnˈheɪl] ◇ *vt* inhalar. ◇ *vi* [gen] inspirar; [smoker] empassar-se el fum.
inhaler [ɪnˈheɪlər] MED *n* inhalador *m*.
inherent [ɪnˈhɪərənt, ɪnˈherənt] *adj*: ~ (in) inherent (a).
inherently [ɪnˈhɪərəntlɪ, ɪnˈherəntlɪ] *adv* intrínsecament.
inherit [ɪnˈherɪt] ◇ *vt*: to ~ sthg (from sb) heretar alguna cosa (d'algú). ◇ *vi* heretar.
inheritance [ɪnˈherɪtəns] *n* herència *f*.
inhibit [ɪnˈhɪbɪt] *vt* [restrict] impedir.
inhibition [ˌɪnhɪˈbɪʃn] *n* inhibició *f*.
inhospitable [ˌɪnhɒˈspɪtəbl] *adj* **-1.** [unwelcoming] inhospitalari -ària. **-2.** [harsh] inhòspit -a.
in-house ◇ *adj* [journal, report] de circulació interna; [staff] de plantilla. ◇ *adv* a l'oficina.
inhuman [ɪnˈhjuːmən] *adj* **-1.** [cruel] inhumà -ana. **-2.** [not human] infrahumà -ana.
initial [ɪˈnɪʃl] (*Br pt & pp* **-led**, *cont* **-ling**, *Am pt & pp* **-ed**, *cont* **-ing**) ◇ *adj* inicial. ◇ *vt* posar les inicials a. ☞ **initials** *npl* [of person] inicials *fpl*.
initially [ɪˈnɪʃəlɪ] *adv* al principi.
initiate [ɪˈnɪʃɪeɪt] ◇ *vt* iniciar; **to ~ sb into sthg** iniciar algú en alguna cosa. ◇ *n* iniciat *m* -ada *f*.
initiative [ɪˈnɪʃətɪv] *n* iniciativa *f*; **to have / take the ~** portar / prendre la iniciativa; **to use one's ~** fer ús de la pròpia iniciativa; **on one's own ~** per pròpia iniciativa.
inject [ɪnˈdʒekt] *vt* **-1.** MED: **to ~ sb with sthg**, **to ~ sthg into sb** injectar alguna cosa a algú. **-2.** [life, excitement etc.]: **to ~ sthg into sthg** infondre alguna cosa en una altra. **-3.** [funds, capital]: **to ~ sthg into sthg** injectar una cosa en / a una altra.
injection [ɪnˈdʒekʃn] *n* injecció *f*.
injunction [ɪnˈdʒʌŋkʃn] *n* injunció *f*.
injure [ˈɪndʒər] *vt* [gen] ferir; [reputation] danyar; [chances] perjudicar; **to ~ oneself** fer-se mal, lesionar-se.

injured ['ɪndʒəd] ◇ *adj* [gen] ferit -ida; [reputation] danyat -ada. ◇ *npl*: **the ~** els ferits.

injury ['ɪndʒərɪ] (*pl* **-ies**) *n* **-1.** (U) [physical harm] lesions *fpl*. **-2.** [wound] lesió *f*; **to do oneself an ~** fer-se mal. **-3.** [to pride, reputation] greuge *m*.

injury time *n* (U) (temps *m* de) descompte.

injustice [ɪn'dʒʌstɪs] *n* injustícia *f*; **to do sb an ~** no fer justícia a algú.

ink [ɪŋk] ◇ *n* tinta *f*. ◇ *comp* de tinta.

ink-jet printer COMPUT *n* impressora *f* de raig de tinta.

inkling ['ɪŋklɪŋ] *n*: **to have an ~ of sthg** tenir una lleugera idea d'alguna cosa; **to have an ~ that** tenir la lleugera idea que.

inlaid [ˌɪn'leɪd] *adj* incrustat -ada; **~ with** [jewels] amb incrustacions de.

inland [*adj* 'ɪnlənd, *adv* ɪn'lænd] ◇ *adj* interior. ◇ *adv* cap a l'interior.

Inland Revenue *n Br*: **the ~** ≃ Hisenda *f*.

in-laws *npl inf* sogres *mpl*.

inlet ['ɪnlet] *n* **-1.** [stretch of water] entrant *m*. **-2.** [way in] entrada *f*, admissió *f*.

inmate ['ɪnmeɪt] *n* [of prison] pres *m* -a *f*; [of mental hospital] intern *m* -a *f*.

inn [ɪn] *n* fonda *f*; [pub] pub decorat a l'antiga.

innate [ˌɪ'neɪt] *adj* innat -a.

inner ['ɪnər] *adj* **-1.** [gen] interior. **-2.** [feelings] íntim -a; [fears, doubts, meaning] intern -a.

inner city ◇ *n* nucli *m* urbà deprimit. ◇ *comp* dels nuclis urbans deprimits.

inner tube *n* cambra *f* (d'aire).

innings ['ɪnɪŋz] (*pl inv*) *n Br* [in cricket] torn *m*; *fig* **to have had a good ~** haver tingut llarga vida.

innocence ['ɪnəsəns] *n* innocència *f*.

innocent ['ɪnəsənt] ◇ *adj*: **~ (of)** innocent (de). ◇ *n* [naive person] innocent *mf*.

innocuous [ɪ'nɒkjʊəs] *adj* innocu -òcua, inofensiu -iva.

innovation [ˌɪnə'veɪʃn] *n* innovació *f*.

innovative ['ɪnəvətɪv] *adj* innovador -a.

innuendo [ˌɪnjʊ'endəʊ] (*pl* **-es** / **-s**) *n* **-1.** [individual remark] insinuació *f*, indirecta *f*. **-2.** (U) [style of speaking] insinuacions *fpl*, indirectes *fpl*.

inoculate [ɪ'nɒkjʊleɪt] *vt*: **to ~ sb (against sthg)** inocular algú (contra alguna cosa); **to ~ sb with sthg** inocular algú amb alguna cosa.

inordinately [ɪ'nɔːdɪnətlɪ] *adv fml* desmesuradament, excessivament.

in-patient *n* malalt *m* intern, malalta *f* interna.

input ['ɪnpʊt] (*pt & pp* **input** / **-ted**, *cont* **-ting**) ◇ *n* **-1.** [contribution] aportació *f*, contribució *f*. **-2.** COMPUT entrada *f*. ◇ *vt* COMPUT entrar.

inquest ['ɪnkwest] *n* investigació *f* judicial.

inquire [ɪn'kwaɪər] ◇ *vi* [ask for information] informar-se, demanar informació; **to ~ about sthg** demanar informació sobre. ◇ *vt*: **to ~ when / if / how ...** preguntar quan / si / com. ➣ **inquire after** *vt fus* preguntar per. ➣ **inquire into** *vt fus* investigar.

inquiry [*Br* ɪn'kwaɪərɪ, *Am* 'ɪnkwərɪ] (*pl* **-ies**) *n* **-1.** [question] pregunta *f*; **"Inquiries"** "Informació". **-2.** [investigation] investigació *f*; **to hold an ~ (into)** fer una investigació (sobre).

inquiry desk *n* (taulell *m* d') informació *f*.

inquisitive [ɪn'kwɪzɪtɪv] *adj* curiós -osa.

inroads ['ɪnrəʊdz] *npl*: **to make ~ into** [savings, supplies] minvar; [market, enemy territory] obrir-se pas en.

insane [ɪn'seɪn] ◇ *adj* [mad] dement; *fig* [jealousy, person] boig boja. ◇ *npl*: **the ~** els malalts mentals.

insanity [ɪn'sænətɪ] *n* [madness] demència *f*; *fig* bogeria *f*.

insatiable [ɪn'seɪʃəbl] *adj* insaciable.

inscription [ɪn'skrɪpʃn] *n* **-1.** [engraved] inscripció *f*. **-2.** [written] dedicatòria *f*.

inscrutable [ɪn'skruːtəbl] *adj* inescrutable.

insect ['ɪnsekt] *n* insecte *m*.

insecticide [ɪn'sektɪsaɪd] *n* insecticida *m*.

insect repellent *n* loció *f* antiinsectes.

insecure [ˌɪnsɪ'kjʊər] *adj* **-1.** [not confident] insegur -a. **-2.** [not safe] poc segur -a.

insensible [ɪn'sensəbl] *adj* **-1.** [unconscious] inconscient. **-2.** [unaware]: **to be ~ of sthg** no ser conscient d'alguna cosa. **-3.** [unable to feel]: **to be ~ to sthg** ser insensible a alguna cosa.

insensitive [ɪn'sensətɪv] *adj*: **~ (to)** insensible (a).

inseparable [ɪn'sepərəbl] *adj*: **~ (from)** inseparable (de).

insert [*vb* ɪn'sɜːt, *n* 'ɪnsɜːt] ◇ *vt*: **to ~ sthg (in / into)** [hole] introduir alguna cosa (en);

[text] inserir alguna cosa (en). ◇ *n* PRESS encartament *m*.

insertion [ɪnˈsɜːʃn] *n* inserció *f*.

in-service training *n Br* formació *f* en hores de treball.

inshore [*adj* ˈɪnʃəʳ, *adv* ɪnˈʃəʳ] ◇ *adj* costaner -a. ◇ *adv* prop de la costa, cap a la vora.

inside [ɪnˈsaɪd] ◇ *prep* (a) dintre (de), (a) dins (de); ~ **three months** en menys de tres mesos. ◇ *adv* **-1.** [be, remain] (a) dins, (a) dintre; [go, move etc.] cap a dins; *fig* [feel, hurt etc.] interiorment; **come ~!** entreu! **-2.** *prison sl* a la garjola, a la presó. ◇ *adj* interior. ◇ *n* interior *m*; **from the ~** des de dins; **to overtake on the ~** [of road] passar al davant d'un cotxe per dins; **~ out** [wrong way] de l'inrevés; **to know sthg ~ out** saber una cosa fil per randa. ◆ **insides** *npl inf* els budells *mpl*. ◆

inside of *prep Am* [building, object] (a) dins de, (a) dintre de.

inside lane AUTOM *n* carril *m* de dins.

insight [ˈɪnsaɪt] *n* **-1.** (*U*) [power of understanding] perspicàcia *f*, intuïció *f*. **-2.** [understanding] idea *f*.

insignificant [ˌɪnsɪgˈnɪfɪkənt] *adj* insignificant.

insincere [ˌɪnsɪnˈsɪəʳ] *adj* poc sincer -a.

insinuate [ɪnˈsɪnjʊeɪt] *vt pej*: **to ~ (that)** insinuar (que).

insipid [ɪnˈsɪpɪd] *adj pej* insuls -a, insípid -a.

insist [ɪnˈsɪst] ◇ *vt*: **to ~ that** insistir (que). ◇ *vi*: **to ~ on sthg** exigir alguna cosa; **to ~ (on doing sthg)** insistir (a fer una cosa).

insistent [ɪnˈsɪstənt] *adj* **-1.** [determined] insistent; **to be ~ on sthg** insistir en alguna cosa. **-2.** [continual] persistent.

insofar [ˌɪnsəʊˈfɑːʳ] ◆ **insofar as** *conj* en la mesura que.

insole [ˈɪnsəʊl] *n* plantilla *f*.

insolent [ˈɪnsələnt] *adj* insolent.

insolvent [ɪnˈsɒlvənt] *adj* insolvent.

insomnia [ɪnˈsɒmnɪə] *n* insomni *m*.

inspect [ɪnˈspekt] *vt* inspeccionar; [troops] passar revista a.

inspection [ɪnˈspekʃn] *n* inspecció *f*.

inspector [ɪnˈspektəʳ] *n* inspector *m* -a *f*; [on bus, train] revisor *m* -a *f*.

inspiration [ˌɪnspəˈreɪʃn] *n* **-1.** [gen] inspiració *f*. **-2.** [source of -]: **~ (for)** font *f* d'inspiració (per a).

inspire [ɪnˈspaɪəʳ] *vt* **-1.** [stimulate, encourage]: **to ~ sb (to do sthg)** animar algú (a fer una cosa). **-2.** [fill]: **to ~ sb with sthg, to ~ sthg in sb** inspirar alguna cosa a algú.

install *Br*, **instal** *Am* [ɪnˈstɔːl] *vt* **-1.** [gen & COMPUT] instal·lar. **-2.** [appoint]: **to ~ sb (as)** investir algú (amb el càrrec de). **-3.** [settle]: **to ~ oneself in front of the fire** instal·lar-se davant del foc.

installation [ˌɪnstəˈleɪʃn] *n* [gen & COMPUT] instal·lació *f*.

installment *Am* = instalment.

installment plan *n Am* compra *f* a terminis.

instalment *Br*, **installment** *Am* [ɪnˈstɔːlmənt] *n* **-1.** [payment] termini *m*, abonament *m*; **in ~s** a terminis. **-2.** TV & RADIO episodi *m*; [of novel] entrega *f*.

instance [ˈɪnstəns] *n* [example, case] exemple *m*; **for ~** per exemple; *fml* **in the first ~** en primer lloc; **in this ~** en aquest cas.

instant [ˈɪnstənt] ◇ *adj* instantani -ània. ◇ *n* [moment] instant *m*; **at that / the same ~** en aquell mateix instant; **the ~ (that) ...** en el moment (que); **this ~** ara mateix.

instantly [ˈɪnstəntlɪ] *adv* a l'acte.

instead [ɪnˈsted] *adv* en comptes de. ◆ **instead of** *prep* en lloc de, en comptes de.

instep [ˈɪnstep] *n* [of foot] empenya *f*.

instigate [ˈɪnstɪgeɪt] *vt* instigar; **to ~ sb to do sthg** instigar algú a fer alguna cosa.

instil *Br* (*pt & pp* **-led**, *cont* **-ling**), **instill** *Am* (*pt & pp* **-ed**, *cont* **-ing**) [ɪnˈstɪl] *vt*: **to ~ sthg in / into sb** inculcar alguna cosa a algú, infondre alguna cosa a algú.

instinct [ˈɪnstɪŋkt] *n* instint *m*; **my first ~ was ...** el meu primer impuls va ser.

instinctive [ɪnˈstɪŋktɪv] *adj* instintiu -iva.

institute [ˈɪnstɪtjuːt] *n* institut *m*. ◇ *vt* [proceedings] iniciar, entaular; [system] instituir.

institution [ˌɪnstɪˈtjuːʃn] *n* **-1.** [gen] institució *f*. **-2.** [home - for children, old people] asil *m*; [- for mentally-handicapped] hospital *m* psiquiàtric.

instruct [ɪnˈstrʌkt] *vt* **-1.** [tell, order]: **to ~ sb to do sthg** manar a algú que faci una cosa. **-2.** [teach]: **to ~ sb (in sthg)** instruir algú (en alguna cosa).

instruction [ɪnˈstrʌkʃn] *n* instrucció *f*. ◆ **instructions** *npl* [for use] instruccions *fpl*.

instructor [ɪnˈstrʌktər] n **-1.** [gen] instructor m -a f. **-2.** [in skiing] monitor m -a f. **-3.** [in driving] professor m -a f. **-4.** Am EDUC professor m -a f.

instrument [ˈɪnstrʊmənt] n instrument m.

instrumental [ˌɪnstrʊˈmentl] ◇ adj **-1.** [important, helpful]: **to be ~ in sthg** tenir un paper fonamental en alguna cosa. **-2.** MUS instrumental. ◇ n peça f instrumental.

instrument panel n tauler m d'instruments.

insubordinate [ˌɪnsəˈbɔːdɪnət] adj fml insubordinat -ada.

insubstantial [ˌɪnsəbˈstænʃl] adj [frame, structure] feble; [meal] poc substanciós -osa.

insufficient [ˌɪnsəˈfɪʃnt] adj: **~ (for)** insuficient (per a).

insular [ˈɪnsjʊlər] adj de visió estreta.

insulate [ˈɪnsjʊleɪt] vt aïllar; **to ~ sb against / from sthg** aïllar algú d'alguna cosa.

insulating tape [ˈɪnsjʊleɪtɪŋ-] n Br cinta f aïllant.

insulation [ˌɪnsjʊˈleɪʃn] n [material, substance] aïllament m.

insulin [ˈɪnsjʊlɪn] n insulina f.

insult [vb ɪnˈsʌlt, n ˈɪnsʌlt] ◇ vt [with words] insultar; [with actions] ofendre. ◇ n [remark] insult m; [action] ofensa f; **to add ~ to injury** a més, per acabar-ho d'adobar.

insuperable [ɪnˈsuːprəbl] adj fml insuperable, infranquejable.

insurance [ɪnˈʃɔːrəns] ◇ n **-1.** [against fire, accident, theft]: **~ (against)** assegurança f (contra). **-2.** fig [safeguard, protection]: **~ (against)** prevenció f (contra). ◇ comp: **~ company** companyia f d'assegurances.

insurance policy n pòlissa f d'assegurances.

insure [ɪnˈʃɔːr] ◇ vt **-1.** [against fire, accident, theft]: **to ~ sthg / sb (against)** assegurar alguna cosa / algú (contra). **-2.** Am [make certain] assegurar. ◇ vi [prevent]: **to ~ (against)** prevenir-se (contra).

insurer [ɪnˈʃɔːrər] n assegurador m -a f.

insurmountable [ˌɪnsəˈmaʊntəbl] adj fml infranquejable, insuperable.

intact [ɪnˈtækt] adj intacte -a.

intake [ˈɪnteɪk] n **-1.** [of food, drink] ingestió f; [of air] inspiració f. **-2.** [in army] [in organization] nombre m d'admesos. **-3.** TECHNOL [inlet] presa f.

integral [ˈɪntɪɡrəl] adj integrant, intrínsec -a; **to be ~ to** ser part integrant de.

integrate [ˈɪntɪɡreɪt] ◇ vi: **to ~ (with / into)** integrar-se (a, en). ◇ vt: **to ~ sthg / sb with sthg, to ~ sthg / sb into sthg** integrar alguna cosa / algú en alguna cosa.

integrity [ɪnˈtegrətɪ] n integritat f.

intellect [ˈɪntəlekt] n [mind, cleverness] intel·lecte m, intel·ligència f.

intellectual [ˌɪntəˈlektjʊəl] ◇ adj intel·lectual. ◇ n intel·lectual mf.

intelligence [ɪnˈtelɪdʒəns] n **-1.** (U) [ability to think] intel·ligència f. **-2.** [information service] servei m secret, servei m d'espionatge. **-3.** [information] informació f secreta.

intelligent [ɪnˈtelɪdʒənt] adj [clever] intel·ligent.

intelligent card n targeta f intel·ligent, targeta f amb xip.

intend [ɪnˈtend] vt tenir la intenció de, proposar-se de; **to be ~ed for / as sthg** [project, book] estar pensat per a / com a alguna cosa; **to ~ doing / to do sthg** tenir la intenció de fer / pensar alguna cosa; **later than I had ~ed** més tard del que havia pensat.

intended [ɪnˈtendɪd] adj pretès -esa.

intense [ɪnˈtens] adj **-1.** [extreme, profound] intens -a. **-2.** [serious - person] molt seriós -osa.

intensely [ɪnˈtenslɪ] adv **-1.** [very - boring, irritating] enormement. **-2.** [very much - suffer] intensament; [- dislike] profundament.

intensify [ɪnˈtensɪfaɪ] (pt & pp **-ied**) ◇ vt intensificar. ◇ vi intensificar-se.

intensity [ɪnˈtensətɪ] n intensitat f.

intensive [ɪnˈtensɪv] adj [concentrated] intensiu -iva.

intensive care n (U): **(in) ~** (sota) vigilància f intensiva.

intent [ɪnˈtent] ◇ adj **-1.** [absorbed] atent -a. **-2.** [determined]: **to be ~ on / upon doing sthg** estar determinat -ada a fer una cosa. ◇ n fml intenció f; **to all ~s and purposes** pràcticament.

intention [ɪnˈtenʃn] n intenció f.

intentional [ɪnˈtenʃənl] adj intencionat -ada, deliberat -ada.

intently [ɪnˈtentlɪ] adv atentament.

interact [ˌɪntərˈækt] vi **-1.** [communicate, work together]: **to ~ (with sb)** comunicar-se (amb algú). **-2.** [react]: **to ~ (with sthg)** interaccionar (amb alguna cosa).

intercede [ˌɪntəˈsiːd] *vi fml*: to ~ (with / for) intercedir (prop de / a favor de).

intercept [ˌɪntəˈsept] *vt* interceptar.

interchange [*n* ˈɪntətʃeɪndʒ, *vb* ˌɪntəˈtʃeɪndʒ] ◇ *n* **-1.** [exchange] intercanvi *m*. **-2.** [on motorway] cruïlla *f*. ◇ *vt* intercanviar.

interchangeable [ˌɪntəˈtʃeɪndʒəbl] *adj*: ~ (with) intercanviable (amb).

intercity [ˌɪntəˈsɪtɪ] ◇ *adj Br* interurbà -ana, de llarg recorregut. ◇ *n* xarxa de trens ràpids que connecta les principals ciutats britàniques; ~ **125**® tren britànic d'alta velocitat.

intercom [ˈɪntəkɒm] *n* [for block of flats] porter *m* automàtic; [within a building] intèrfon *m*.

intercourse [ˈɪntəkɔːs] *n* (U): **sexual ~** relacions *fpl* sexuals, coit *m*.

interest [ˈɪntrəst] ◇ *n* **-1.** (in) interès *m* (en, per); that's of no ~ això no té cap interès; **in the ~ / ~s of** [in order to benefit] pel bé de; [in order to achieve] en pro de, per. **-2.** [hobby] afició *f*. ◇ *vt* interessar; to ~ sb in sthg / in doing sthg interessar algú en alguna cosa / per fer alguna cosa.

interested [ˈɪntrəstɪd] *adj*: to be ~ in sthg / in doing sthg estar interessat en alguna cosa / a fer alguna cosa.

interesting [ˈɪntrəstɪŋ] *adj* interessant.

interest rate *n* tipus *m* d'interès.

interface [*n* ˈɪntəfeɪs, *vb* ˌɪntəˈfeɪs] ◇ *n* **-1.** COMPUT interfície *f*. **-2.** [junction, boundary] zona *f* d'interacció. ◇ *vt* COMPUT connectar per mitjà d'una interfície.

interfere [ˌɪntəˈfɪər] *vi* **-1.** [meddle]: to ~ (with / in sthg) entremetre's / interferir (en alguna cosa). **-2.** [damage] interferir; to ~ with sthg [career, routine] interferir en alguna cosa; [work, performance] destorbar, impedir.

interference [ˌɪntəˈfɪərəns] *n* **-1.** (U) [meddling]: ~ (with / in) intromissió *f*, interferència *f* (en). **-2.** [on radio, TV, telephone] interferència *f*.

interim [ˈɪntərɪm] ◇ *adj* [report] parcial; [measure] provisional; [government] interí -ina. ◇ *n*: **in the ~** mentrestant.

interior [ɪnˈtɪərɪər] ◇ *adj* **-1.** [inner] interior. **-2.** POL [minister, department] de l'Interior. ◇ *n* interior *m*.

interior decorator, interior designer *n* dissenyador *m* -a *f* d'interiors.

interlock [ˌɪntəˈlɒk] ◇ *vi* [fingers] entrellaçar-se; [cogs] engranar. ◇ *vt* [fingers]: to ~ sthg (with) entrellaçar alguna cosa (amb); [cogs] engranar alguna cosa (amb).

interloper [ˈɪntələʊpər] *n* intrús *m* -usa *f*.

interlude [ˈɪntəluːd] *n* **-1.** [pause] interval *m*. **-2.** [interval] entreacte *m*, mitja part *f*.

intermediary [ˌɪntəˈmiːdjərɪ] (*pl* **-ies**) *n* intermediari *m* -ària *f*, mediador *m* -a *f*.

intermediate [ˌɪntəˈmiːdjət] *adj* intermedi -èdia.

interminable [ɪnˈtɜːmɪnəbl] *adj* inacabable.

intermission [ˌɪntəˈmɪʃn] *n* [of film] mitja part *f*, descans *m*; [of play, opera, ballet] entreacte *m*.

intermittent [ˌɪntəˈmɪtənt] *adj* intermitent.

intern [*vb* ɪnˈtɜːn, *n* ˈɪntɜːn] ◇ *vt* internar, recloure. ◇ *n* metge *m* intern resident.

internal [ɪnˈtɜːnl] *adj* **-1.** [gen] intern -a. **-2.** [within a country] interior, nacional; **~ flight** vol *m* nacional.

internally [ɪnˈtɜːnəlɪ] *adv* **-1.** [gen] internament. **-2.** [within a country] a nivell nacional.

Internal Revenue *n Am*: **the ~** ≃ Hisenda.

international [ˌɪntəˈnæʃənl] ◇ *adj* internacional. ◇ *n* **-1.** *Br* SPORT [match] partit *m* internacional. **-2.** *Br* SPORT [player] internacional *mf*.

Internet [ˈɪntənet] *n*: **the ~** Internet *f*.

Internet user *n* internauta *mf*.

interpret [ɪnˈtɜːprɪt] ◇ *vt* interpretar. ◇ *vi* fer d'intèrpret.

interpreter [ɪnˈtɜːprɪtər] *n* [person] intèrpret *mf*.

interrelate [ˌɪntərɪˈleɪt] ◇ *vt* interrelacionar. ◇ *vi*: to ~(with) interrelacionar-se (amb).

interrogate [ɪnˈterəgeɪt] *vt* [gen & COMPUT] interrogar.

interrogation [ɪnˌterəˈgeɪʃn] *n* interrogatori *m*.

interrogation mark *n Am* signe *m* d'interrogació.

interrogative [ˌɪntəˈrɒgətɪv] GRAM ◇ *adj* interrogador -a. ◇ *n* **-1.** [form]: **the ~** la forma interrogativa. **-2.** [word] interrogatiu *m*.

interrupt [ˌɪntəˈrʌpt] *vt* & *vi* interrompre.

interruption [ˌɪntəˈrʌpʃn] *n* interrupció *f*.

intersect [ˌɪntəˈsekt] ◇ *vi* tallar-se, encreuar-se. ◇ *vt* tallar, creuar.

intersection [ˌɪntəˈsekʃn] *n* [junction] intersecció *f*, encreuament *m*.

intersperse [ˌɪntəˈspɜːs] *vt*: **to be ~d with / by** estar entremesclat amb, estar barrejat amb.

interstate (highway) [ˈɪntərsteɪt-] *n* autopista *f* interestatal.

interval [ˈɪntəvl] *n* **-1.** [gen & MUS]: **~ (between)** interval *m* (entre); **at ~s** [now and again] a estones; [regularly] a intervals; **at monthly / yearly ~s** a intervals d'un mes / d'un any. **-2.** *Br* [at play, concert] entreacte *m*, descans *m*.

intervene [ˌɪntəˈviːn] *vi* **-1.** [gen]: **to ~ (in)** intervenir (en). **-2.** [prevent thing from happening] interposar-se. **-3.** [pass] transcórrer.

intervention [ˌɪntəˈvenʃn] *n* intervenció *f*.

interview [ˈɪntəvjuː] ◇ *n* entrevista *f*. ◇ *vt* entrevistar.

interviewer [ˈɪntəvjuːər] *n* entrevistador *m* -a *f*.

intestine [ɪnˈtestɪn] *n* intestí *m*.

intimacy [ˈɪntɪməsɪ] (*pl* **-ies**) *n*: **~ (between / with)** intimitat *f* (entre / amb).

intimate [*adj & n* ˈɪntɪmət, *vb* ˈɪntɪmeɪt] ◇ *adj* **-1.** [gen] íntim -a. **-2.** *fml* [sexually]: **to be ~ with sb** tenir relacions íntimes amb algú. **-3.** [knowledge] profund -a. ◇ *n fml* amic *m* íntim, amiga *f* íntima. ◇ *vt fml*: **to ~ (that)** insinuar (que).

intimidate [ɪnˈtɪmɪdeɪt] *vt* intimidar.

into [ˈɪntʊ] *prep* **-1.** [inside] a, en, (a) dins de, (a) dintre de; **to put sthg ~ sthg** posar alguna cosa dins d'alguna cosa; **to get ~ a car** pujar a un cotxe. **-2.** [against] amb; **to bump / crash ~** xocar amb / estavellar-se contra. **-3.** [referring to change in condition etc.]: **to turn / develop ~** convertir-se en; **to translate sthg ~ Spanish** traduir alguna cosa a l'espanyol. **-4.** [concerning] en relació amb; **research ~ electronics** investigació en el camp de l'electrònica. **-5.** MATH: **to divide 4 ~ 8** dividir 4 entre 8. **-6.** *inf* [interested in]: **I'm ~ classical music** tinc la fal·lera de la música clàssica.

intolerable [ɪnˈtɒlrəbl] *adj fml* [position, conditions] intolerable; [boredom, pain] insuportable.

intolerance [ɪnˈtɒlərəns] *n* intolerància *f*.

intolerant [ɪnˈtɒlərənt] *adj* intolerant; **to be ~ of** ser intolerant amb.

intoxicated [ɪnˈtɒksɪkeɪtɪd] *adj* **-1.** [drunk] embriac -aga, ebri èbria. **-2.** *fig* [excited]: **~ (by / with)** ebri èbria (de).

intractable [ɪnˈtræktəbl] *fml adj* **-1.** [stubborn] intractable. **-2.** [insoluble] insoluble, inextricable.

intransitive [ɪnˈtrænzətɪv] *adj* intransitiu -iva.

intravenous [ˌɪntrəˈviːnəs] *adj* intravenós -osa.

in-tray *n* safata per als documents, cartes, etc. que arriben a l'oficina.

intricate [ˈɪntrɪkət] *adj* intricat -ada, complicat -ada.

intrigue [ɪnˈtriːg] ◇ *n* intriga *f*. ◇ *vt* intrigar. ◇ *vi*: **to ~ (against sb)** intrigar (contra algú).

intriguing [ɪnˈtriːgɪŋ] *adj* intrigant.

intrinsic [ɪnˈtrɪnsɪk] *adj* intrínsec -a.

introduce [ˌɪntrəˈdjuːs] *vt* **-1.** [present - person, programme] presentar; **to ~ sb (to sb)** presentar algú (a algú); **to ~ oneself** presentar-se. **-2.** [bring in]: **to ~ sthg (to / into)** introduir alguna cosa (en). **-3.** [show for first time]: **to ~ sb to sthg** iniciar algú en alguna cosa. **-4.** [signal beginning of] preludiar.

introduction [ˌɪntrəˈdʌkʃn] *n* **-1.** [gen]: **~ (to sthg)** introducció *f* (a alguna cosa). **-2.** [of people]: **~ (to sb)** presentació *f* (a algú).

introductory [ˌɪntrəˈdʌktrɪ] *adj* [chapter] introductori -òria; [remarks] preliminar.

introvert [ˈɪntrəvɜːt] *n* introvertit *m* -ida *f*.

introverted [ˈɪntrəvɜːtɪd] *adj* introvertit -ida.

intrude [ɪnˈtruːd] *vi*: **to ~ (on / upon sb)** ficar-se (en els assumptes d'algú); **to ~ (on / upon sthg)** immiscir-se (en alguna cosa).

intruder [ɪnˈtruːdər] *n* intrús *m* -usa *f*.

intrusive [ɪnˈtruːsɪv] *adj* [person] indiscret -a; [presence] importú -una, insuportable.

intuition [ˌɪntjuːˈɪʃn] *n* intuïció *f*.

inundate [ˈɪnʌndeɪt] *vt* **-1.** *fml* [flood] inundar. **-2.** [overwhelm] desbordar; **to be ~d with** estar desbordat per.

invade [ɪnˈveɪd] *vt* envair.

invalid [*adj* ɪnˈvælɪd, *n & vb* ˈɪnvəlɪd] ◇ *adj* **-1.** [marriage, vote, ticket] nul nul·la. **-2.** [argument, result] que no és vàlid -a. ◇ *n* invàlid *m* -a *f*.

invaluable [ɪnˈvæljʊəbl] *adj*: **~ (to)** [information, advice] inestimable (per a); [person] molt valuós -osa (per a).

invariably [ɪnˈveərɪəblɪ] *adv* invariablement, sempre.

invasion [ɪnˈveɪʒn] *n* invasió *f*.

invent [ɪnˈvent] *vt* inventar.

invention [ɪn'venʃn] *n* **-1.** [gen] invent *m*. **-2.** [ability to invent] inventiva *f*.

inventive [ɪn'ventɪv] *adj* [person, mind] inventiu -iva; [solution] enginyós -osa.

inventor [ɪn'ventər] *n* inventor *m* -a *f*.

inventory ['ɪnventrɪ] (*pl* **-ies**) *n* **-1.** [list] inventari *m*. **-2.** Am [goods] estoc *m*.

invert [ɪn'vɜːt] *vt fml* invertir.

inverted commas [ɪn'vɜːtɪd-] *npl* Br cometes *fpl*; **in ~** entre cometes.

invest [ɪn'vest] ◇ *vt* **-1.** [money, time, energy]: **to ~ sthg (in)** invertir alguna cosa (en). **-2.** *fml* [endow]: **to ~ sb with** investir algú de. ◇ *vi lit & fig*: **to ~ (in)** invertir (en).

investigate [ɪn'vestɪgeɪt] *vt & vi* investigar.

investigation [ɪn,vestɪ'geɪʃn] *n* [enquiry, examination]: **~ (into)** investigació *f* (sobre).

investment [ɪn'vestmənt] *n* inversió *f*.

investor [ɪn'vestər] *n* inversor *m* -a *f*.

inveterate [ɪn'vetərət] *adj* [liar] incorregible; [reader, smoker] empedreït -ïda.

invidious [ɪn'vɪdɪəs] *adj* [task, role] desagradable; [comparison] odiós -osa.

invigilate [ɪn'vɪdʒɪleɪt] *vt & vi* Br vigilar (durant un examen).

invigorating [ɪn'vɪgəreɪtɪŋ] *adj* [bath, walk] vigoritzador -a; [experience] estimulant.

invincible [ɪn'vɪnsɪbl] *adj* **-1.** [unbeatable] invencible. **-2.** [unchangeable] inalterable.

invisible [ɪn'vɪzɪbl] *adj* invisible.

invitation [,ɪnvɪ'teɪʃn] *n* invitació *f*; **an ~ to sthg / to do sthg** una invitació a alguna cosa / a fer alguna cosa.

invite [ɪn'vaɪt] *vt* convidar, invitar; **to ~ sb (to sthg / to do sthg)** invitar algú (a alguna cosa / a fer alguna cosa).

inviting [ɪn'vaɪtɪŋ] *adj* temptador -a.

invoice ['ɪnvɔɪs] ◇ *n* factura *f*. ◇ *vt* **-1.** [send - to] passar la factura a. **-2.** [prepare - for] facturar.

invoke [ɪn'vəʊk] *vt* **-1.** *fml* [quote as justification] invocar, acollir-se a. **-2.** [cause] suscitar.

involuntary [ɪn'vɒləntrɪ] *adj* involuntari -ària.

involve [ɪn'vɒlv] *vt* **-1.** [entail, require]: **to ~ sthg / doing sthg** comportar alguna cosa / fer alguna cosa; **it ~s working weekends** implica treballar els caps de setmana. **-2.** [concern, affect] afectar; **to be ~d in sthg** [accident, crash] trobar-se embolicat en alguna cosa. **-3.** [make part of sthg]: **to ~ sb (in)** implicar algú (en); **to ~ oneself in** ficar-se en.

involved [ɪn'vɒlvd] *adj* **-1.** [complex] complicat -ada, enrevessat -ada. **-2.** [participating]: **to be ~ in** estar ficat -ada en. **-3.** [in a relationship]: **to be / get ~ with sb** estar embolicat -ada / embolicar-se amb algú.

involvement [ɪn'vɒlvmənt] *n* **-1.** **~ (in)** [crime] implicació *f* (en); [running sthg] participació *f* (en). **-2.** [concern, enthusiasm]: **~ (in)** compromís *m* (amb).

inward ['ɪnwəd] ◇ *adj* **-1.** [inner] intern -a. **-2.** [towards the inside] cap a l'interior. ◇ *adv Am* = **inwards**.

inwards ['ɪnwədz] *adv* cap a dins.

iodine [*Br* 'aɪədiːn, *Am* 'aɪədaɪn] *n* iode *m*.

iota [aɪ'əʊtə] *n* mica *f*, engruna *f*.

IQ *n* (abbr of **intelligence quotient**) quocient *m* intel·lectual.

IRA *n* **-1.** (abbr of **Irish Republican Army**) IRA *m*. **-2.** (abbr of **individual retirement account**) compte personal de jubilació.

Iran [ɪ'rɑːn] *n* Iran.

Iranian [ɪ'reɪnjən] ◇ *adj* iranià -ana. ◇ *n* [person] iranià *m* -ana *f*.

Iraq [ɪ'rɑːk] *n* Iraq.

Iraqi [ɪ'rɑːkɪ] ◇ *adj* iraquià -ana. ◇ *n* [person] iraquià *m* -ana *f*.

irate [aɪ'reɪt] *adj* colèric -a, enutjat -ada.

Ireland ['aɪələnd] *n* Irlanda; **the Republic of ~** la República d'Irlanda.

iris ['aɪərɪs] (*pl* **-es**) *n* **-1.** [flower] lliri *m*. **-2.** [of eye] iris *m*.

Irish ['aɪrɪʃ] ◇ *adj* irlandès -esa. ◇ *n* [language] irlandès. ◇ *npl* [people]: **the ~** els irlandesos.

Irishman ['aɪrɪʃmən] (*pl* **-men** [-mən]) *n* irlandès *m*.

Irish Sea *n*: **the ~** el mar d'Irlanda.

Irishwoman ['aɪrɪʃ,wʊmən] (*pl* **-women** [-wɪmɪn]) *n* irlandesa *f*.

irksome ['ɜːksəm] *adj* molest -a, pesat -ada.

iron ['aɪən] ◇ *adj lit & fig* de ferro. ◇ *n* **-1.** [metal] ferro *m*. **-2.** [for clothes] planxa *f*. **-3.** [golf club] ferro *m*. ◇ *vt* planxar.
◆ **iron out** *vt sep fig* [overcome] resoldre.

Iron Curtain *n*: **the ~** el teló d'acer / de ferro.

ironic(al) [aɪ'rɒnɪk(l)] *adj* irònic -a; **how ~!** que irònic!

ironing ['aɪənɪŋ] *n* **-1.** [work] planxada *f*; **to do the ~** planxar (la roba). **-2.** [clothes to be ironed] roba *f* per planxar.

ironing board *n* post *f* de planxar.
ironmonger ['aɪən,mʌŋgəʳ] *n Br* ferreter *m* -a *f*; **~'s (shop)** ferreteria *f*.
irony ['aɪrəni] (*pl* **-ies**) *n* ironia *f*; **the ~ of it is that...** ho bo del cas és que.
irrational [ɪ'ræʃənl] *adj* irracional.
irreconcilable [ɪ'rekənsaɪləbl] *adj* [completely different] irreconciliable.
irregular [ɪ'regjʊləʳ] *adj* [gen & GRAM] irregular.
irrelevant [ɪ'reləvənt] *adj* irrellevant, que no ve a to.
irreparable [ɪ'repərəbl] *adj* irreparable, irremeiable.
irreplaceable [,ɪrɪ'pleɪsəbl] *adj* insubstituïble, irreemplaçable.
irrepressible [,ɪrɪ'presəbl] *adj* [enthusiasm] irreprimible; [person] imparable.
irresistible [,ɪrɪ'zɪstəbl] *adj* irresistible.
irrespective [,ɪrɪ'spektɪv] ☞ **irrespective of** *prep* independentment de.
irresponsible [,ɪrɪ'spɒnsəbl] *adj* irresponsable.
irrigate ['ɪrɪgeɪt] *vt* regar, irrigar.
irrigation [,ɪrɪ'geɪʃn] ⬦ *n* irrigació *f*, reg *m*. ⬦ *comp* de reg.
irritable ['ɪrɪtəbl] *adj* irritable.
irritate ['ɪrɪteɪt] *vt* irritar.
irritating ['ɪrɪteɪtɪŋ] *adj* irritant.
irritation [ɪrɪ'teɪʃn] *n* **-1.** [anger, soreness] irritació *f*. **-2.** [cause of anger] motiu *m* d'irritació.
IRS *n* (abbr of **Internal Revenue Service**) *Am*: **the ~** ≃ Hisenda *f*.
is [ɪz] ☞ **be**.
Islam ['ɪzlɑːm] *n* [religion] islam *m*, islamisme *m*.
Islamic [ɪz'læmɪk] *adj* islàmic -a.
island ['aɪlənd] *n* **-1.** [in water] illa *f*. **-2.** [in traffic] illa *f*, refugi *m*.
islander ['aɪləndəʳ] *n* illenc *m* -a *f*.
isle [aɪl] *n* [as part of name] illa *f*; *liter* [island] illa *f*.
Isle of Man *n*: **the ~** l'illa de Man.
Isle of Wight [-waɪt] *n*: **the ~** l'illa de Wight.
isn't ['ɪznt] = **is not**.
isobar ['aɪsəbɑːʳ] *n* isòbara *f*.
isolate ['aɪsəleɪt] *vt* **-1. to ~ sb (from)** [physically] aïllar algú (de); [socially] marginar algú (de). **-2.** MED: **to ~ sb** posar en quarentena. **-3.** CHEM & ELEC: **to ~ sthg (from)** aïllar alguna cosa (de).
isolated ['aɪsəleɪtɪd] *adj* aïllat -ada.

Israel ['ɪzreɪəl] *n* Israel.
Israeli [ɪz'reɪlɪ] ⬦ *adj* israelià -ana. ⬦ *n* israelià *m* -ana *f*.
issue ['ɪʃuː] ⬦ *n* **-1.** [important subject] qüestió *f*, assumpte *m*; **at ~** que es tracta de discutir, en qüestió; **to make an ~ of sthg** fer una muntanya d'una cosa. **-2.** [of newspaper, magazine] número *m*, edició *f*. **-3.** [of stamps, shares, banknotes] emissió *f*. ⬦ *vt* **-1.** [decree] promulgar; [statement, warning] fer públic -a. **-2.** [stamps, shares, banknotes] posar en circulació, emetre. **-3.** [passport, document]: **to ~ sthg to sb**, **to ~ sb with sthg** expedir alguna cosa a algú. ⬦ *vi fml*: **to ~ (from)** sorgir (de).
isthmus ['ɪsməs] *n* istme *m*.
it [ɪt] *pron* **-1.** [referring to specific thing or person - subj] ell, ella; [- direct object] el, lo, la, ho, en; [- indirect object] li; **~ is in my hand** és a la meva mà; **did you find ~?** ho vas trobar?; **give ~ to me** dóna-m'ho; **he gave ~ a kick** li va donar una puntada de peu. **-2.** (*with prepositions*) això, en, hi; [- meaning "this matter" etc.] això; **as if his life depended on ~** com si la seva vida depengués d'això; **in ~** (a) dins; **have you been to ~ before?** que hi has estat ja?; **on ~** damunt; **to talk about ~** parlar d'això / d'ell / d'ella; **under / beneath ~** sota; **beside ~** al costat; **from / of ~** d'ell / d'ella / d'això; **over ~** per damunt. **-3.** (*impersonal use*): **~ was raining** plovia; **~ is cold today** avui fa fred; **~'s two o'clock** són les dues (en punt); **who is ~? - it's Mary / me** qui demana? - sóc la Mary / sóc jo; **what day is ~?** quants en tenim avui?
IT *n* abbr of **Information Technology**.
Italian [ɪ'tæljən] ⬦ *adj* italià -ana. ⬦ *n* **-1.** [person] italià *m* -ana *f*. **-2.** [language] italià *m*.
italic [ɪ'tælɪk] *adj* cursiva. ☞ **italics** *npl* cursiva *f*.
Italy ['ɪtəlɪ] *n* Itàlia.
itch [ɪtʃ] ⬦ *n* picor *f*, coïssor *f*. ⬦ *vi* **-1.** [be itchy - person] tenir picor; [- arm, leg etc.] picar. **-2.** *fig* [be impatient]: **to be ~ing to do sthg** tenir moltes ganes de fer una cosa.
itchy ['ɪtʃɪ] (*compar* **-ier**, *superl* **-iest**) *adj* que pica.
it'd ['ɪtəd] = **it would**, **it had**.
item ['aɪtəm] *n* **-1.** [in collection] article *m*; [on list, agenda] assumpte *m*, punt *m*. **-2.** [article in newspaper] article *m*; **news ~** notícia *f*.
itemize, -ise ['aɪtəmaɪz] *vt* detallar.
itinerary [aɪ'tɪnərərɪ] (*pl* **-ies**) *n* itinerari *m*.

it'll [ɪtl] = **it will**.

its [ɪts] *poss adj* el seu, la seva, els seus, les seves; **the dog broke ~ leg** el gos es va trencar la pota.

it's [ɪts] = **it is**, **it has**.

itself [ɪt'self] *pron* **-1.** *(reflexive)* es, se, s', 's; *(after preposition)* si mateix -a; **with ~ amb ell** -a mateix -a. **-2.** *(for emphasis)*: **the town ~ is lovely** el poble en si és bonic; **in ~ en si**.

ITV *n* (abbr of **Independent Television**) canal privat de televisió a la Gran Bretanya.

I've [aɪv] = **I have**.

ivory ['aɪvərɪ] ◇ *adj* [ivory-coloured] de color d'ivori. ◇ *n* ivori *m*. ◇ *comp* d'ivori.

ivy ['aɪvɪ] *n* heura *f*.

Ivy League *n Am* grup de vuit universitats prestigioses de l'est dels Estats Units.

j (*pl* **js** / **j's**), **J** (*pl* **Js** / **J's**) [dʒeɪ] *n* [letter] j *f*, J *f*.

jab [dʒæb] (*pt & pp* **-bed**, *cont* **-bing**) ◇ *n Br inf* [injection] punxada *f*. ◇ *vt*: **to ~ sthg into** clavar alguna cosa a; **to ~ sthg at** apuntar bruscament alguna cosa a. ◇ *vi*: **to ~ at sthg / sb** intentar colpejar alguna cosa / algú.

jabber ['dʒæbər] ◇ *vt* xampurrejar. ◇ *vi* xerrotejar.

jack [dʒæk] *n* **-1.** [device] gat *m*. **-2.** [playing card] ≃ sota *f*. ◆ **jack up** *vt sep* **-1.** [lift with a -] aixecar amb el gat. **-2.** [force up] apujar.

jackal ['dʒækəl] *n* xacal *m*.

jackdaw ['dʒækdɔː] *n* gralló *m*.

jacket ['dʒækɪt] *n* **-1.** [garment] jaqueta *f*, americana *f*. **-2.** [potato skin] pell *f*, camisa *f*. **-3.** [book cover] sobrecoberta *f*. **-4.** *Am* [of record] coberta *f*.

jacket potato *n* patata *f* amb camisa.

jackhammer ['dʒæk,hæmər] *n Am* martell *m* pneumàtic.

jack knife *n* navalla *f*. ◆ **jack-knife** *vi* derrapar la part davantera.

jack plug *n* clavilla *f*.

jackpot ['dʒækpɒt] *n* el primer premi *m*, la grossa *f*.

jaded ['dʒeɪdɪd] *adj* [tired] esgotat -ada; [bored] fastiguejat -ada.

jagged ['dʒægɪd] *adj* dentat -ada.

jail [dʒeɪl] ◇ *n* presó *f*. ◇ *vt* empresonar.

jailer ['dʒeɪlər] *n* carceller *m* -a *f*.

jam [dʒæm] (*pt & pp* **-med**, *cont* **-ming**) ◇ *n* **-1.** [preserve] melmelada *f*. **-2.** [of traffic] embús *m*, embussament *m*. **-3.** *inf* [difficult situation]: **to get into / be in a ~** posar-se en un embolic / passar un mal tràngol. ◇ *vt* **-1.** [place roughly] posar a la força. **-2.** [fix] travar; **~ the door shut** embarrar la porta. **-3.** [pack tightly] apinyar. **-4.** [fill] atapeir, abarrotar. **-5.** TELEC blocar. **-6.** [cause to stick] embussar. **-7.** RADIO interferir. ◇ *vi* [stick] embussar-se.

Jamaica [dʒə'meɪkə] *n* Jamaica.

jam-packed [-'pækt] *adj inf* de gom a gom, ple plena a vessar.

jangle ['dʒæŋgl] ◇ *n* dringadissa *f*. ◇ *vt* fer tocar. ◇ *vi* dringar.

janitor ['dʒænɪtər] *n Am & Scot* conserge *m*, porter *m*.

January ['dʒænjʊərɪ] *n* gener *m*; ► **September**.

Japan [dʒə'pæn] *n* (el) Japó.

Japanese [,dʒæpə'niːz] (*pl inv*) ◇ *adj* japonès -esa. ◇ *n* [language] japonès *m*. ◇ *npl*: **the ~** els japonesos.

jar [dʒɑːr] (*pt & pp* **-red**, *cont* **-ring**) ◇ *n* pot *m*. ◇ *vt* [shake] sotregar. ◇ *vi* **-1.** [upset]: **to ~ (on sb)** (fer) crispar els nervis (d'algú). **-2.** [clash - opinions] discordar; [- colours] desentonar.

jargon ['dʒɑːgən] *n* argot *m*.

jaundice ['dʒɔːndɪs] *n* icterícia *f*.

jaundiced ['dʒɔːndɪst] *adj fig* [attitude, view] decebut -uda.

jaunt [dʒɔːnt] *n* excursió *f*.

jaunty ['dʒɔːntɪ] (*compar* **-ier**, *superl* **-iest**) *adj* [hat, wave] airós -osa; [person] segur -a, espavilat -ada.

javelin ['dʒævlɪn] *n* javalina *f*.

jaw [dʒɔː] ◇ *n* [of person] mandíbula *f*; [of animal] mandíbula *f*. ◇ *vi inf* xerrar, garlar.

jawbone ['dʒɔːbəʊn] *n* [of person] mandíbula *f*, maxil·lar *m*; [of animal] mandíbula *f*.

jay [dʒeɪ] *n* gaig *m*.

jaywalker ['dʒeɪwɔːkər] *n* vianant *m* imprudent.

jazz [dʒæz] *n* **-1.** MUS jazz *m*. **-2.** *Am inf*

[insincere talk] xerrameca f. ☞ **jazz up** vt sep inf animar, avivar.

jazzy ['dʒæzɪ] (compar **-ier**, superl **-iest**) adj [bright] llampant.

jealous ['dʒeləs] adj **-1.** [envious]: **to be ~ (of)** estar gelós -osa (de), tenir gelosia (de). **-2.** [possessive]: **to be ~ (of)** estar gelós -osa (de).

jealousy ['dʒeləsɪ] n (U) gelosia f, enveja f.

jeans [dʒiːnz] npl pantalons mpl texans.

jeep® [dʒiːp] n jeep m, tot terreny m.

jeer [dʒɪər] ◇ vt [boo] aücar; [mock] mofar-se (de). ◇ vi [boo]: **to ~ (at sb)** aücar (algú); [mock] mofar-se (d'algú).

Jehovah's Witness [dʒɪˈhəʊvəz-] n testimoni mf de Jehovà.

Jello® ['dʒeləʊ] n Am gelatina f, gelea f.

jelly ['dʒelɪ] (pl **-ies**) n **-1.** [dessert] gelatina f, gelea f. **-2.** [jam] melmelada f.

jellyfish ['dʒelɪfɪʃ] (pl inv **-es**) n medusa f.

jeopardize, -ise ['dʒepədaɪz] vt posar en perill, arriscar.

jerk [dʒɜːk] ◇ n **-1.** [of head] moviment m brusc; [of arm] estrebada f; [of vehicle] sotragada f. **-2.** v inf [fool] idiota mf, tanoca mf. ◇ vt estrebar; **he ~ed his head round** va girar el cap bruscament. ◇ vi [person] saltar; [vehicle] moure's a batzegades.

jersey ['dʒɜːzɪ] (pl **-s**) n **-1.** [sweater] jersei m. **-2.** [cloth] teixit m de punt.

Jersey ['dʒɜːzɪ] n Jersey.

jest [dʒest] n: **in ~** de broma.

Jesus (Christ) ['dʒiːzəs-] n Jesús m, Jesucrist m.

jet [dʒet] (pt & pp **-ted**, cont **-ting**) ◇ n **-1.** [aircraft] reactor m, jet m. **-2.** [stream] raig m. **-3.** [nozzle, outlet] boca f, broc m. ◇ vi [travel by -] volar amb reactor.

jet-black adj negre -a com el sutge.

jet engine n reactor m.

jetfoil ['dʒetfɔɪl] n aerolliscador m (que circula per aigua).

jet lag n atordiment que se sent després d'un viatge llarg en avió.

jetsam ['dʒetsəm]. ☞ **flotsam**.

jet ski n moto f aquàtica.

jettison ['dʒetɪsən] vt [cargo] llençar per la borda; fig [ideas] menysprear.

jetty ['dʒetɪ] (pl **-ies**) n desembarcador m, moll m.

Jew [dʒuː] n jueu m -eva f.

jewel ['dʒuːəl] ◇ n **-1.** [gemstone] pedra f preciosa. **-2.** [jewellery] joia f. **-3.** [in watch] robí m. ◇ comp de joies.

jeweller Br, **jeweler** Am ['dʒuːələr] n joier m -a f; **~'s (shop)** joieria f.

jewellery Br, **jewelry** Am ['dʒuːəlrɪ] n (U) joies fpl, joiells mpl.

Jewess ['dʒuːɪs] n jueva f.

Jewish ['dʒuːɪʃ] adj jueu -eva.

jib [dʒɪb] (pt & pp **-bed**, cont **-bing**) ◇ n **-1.** [beam] braç m. **-2.** [sail] floc m. ◇ vi: **to ~ at doing sthg** mostrar-se insegur en fer una cosa.

jibe [dʒaɪb] n pulla f, befa f.

jiffy ['dʒɪfɪ] n inf: **in a ~** en un tres i no res.

Jiffy bag® n sobre m capitonat.

jig [dʒɪg] (pt & pp **-ged**, cont **-ging**) ◇ n giga f. ◇ vi ballar la giga.

jigsaw (puzzle) ['dʒɪgsɔː-] n trencaclosques m inv.

jilt [dʒɪlt] vt donar carbassa a.

jingle ['dʒɪŋgl] ◇ n **-1.** [sound] dringadissa f. **-2.** [song] melodia f publicitària. ◇ vi dringar.

jinx [dʒɪŋks] n malastruc m -uga f.

jitters ['dʒɪtəz] npl inf: **to have the ~** estar espantat -ada, estar nerviós -osa.

job [dʒɒb] n **-1.** [paid employment] feina f, treball m, ocupació f. **-2.** [task] tasca f; **to do a good ~** fer una bona tasca; **to make a good ~ of sthg** fer una bona feina amb alguna cosa. **-3.** [difficult task]: **we had a ~ doing it** ens va costar molt fer-ho. **-4.** [function] deure m, comesa f. **-5.** inf [plastic surgery]: **she's had a nose ~** s'ha fet la cirurgia al nas. **-6.** Br inf **that's just the ~**: perfecte!

job centre n Br oficina f de col·locació.

jobless ['dʒɒblɪs] ◇ adj aturat -ada, sense treball. ◇ npl: **the ~** els aturats.

jobsharing ['dʒɒbʃeərɪŋ] n (U) treball m compartit.

jockey ['dʒɒkɪ] (pl **-s**) ◇ n joquei m, genet m. ◇ vi: **to ~ for position** competir per tal de col·locar-se en la millor posició.

jocular ['dʒɒkjʊlər] adj **-1.** [cheerful] bromista. **-2.** [funny] jocós -a.

jodhpurs ['dʒɒdpəz] npl pantalons mpl de muntar.

jog [dʒɒg] (pt & pp **-ged**, cont **-ging**) ◇ n trot m; **to go for a ~** anar a fer fúting. ◇ vt empentar; **to ~ sb's memory** refrescar la memòria a algú. ◇ vi fer fúting.

jogging ['dʒɒgɪŋ] n fúting m.

john [dʒɒn] n Am inf [toilet] vàter m.

join [dʒɔɪn] ◇ n juntura f. ◇ vt **-1.** [unite] unir, ajuntar. **-2.** [get together with] reunir-

joiner

se amb; **I'll ~ you for lunch** dino amb vosaltres. **-3.** [become a member of - political party] afiliar-se a; [- club] fer-se soci de; [- army] allistar-se a. **-4.** [take part in] afegir-se a; **to ~ a queue** Br, **to ~ a line** Am posar-se a la cua. ◇ vi **-1.** [rivers] confluir; [edges, pieces] unir-se, ajuntar-se. **-2.** [become a member of political party] afiliar-se; [- of club] fer-se soci; [- of army] allistar-se. ◆ **join in** ◇ vt fus participar en, prendre part en. ◇ vi participar, prendre part. ◆ **join up** MIL vi allistar-se.

joiner ['dʒɔɪnə'] n fuster m.

joinery ['dʒɔɪnərɪ] n fusteria f.

joint [dʒɔɪnt] ◇ adj [responsibility] compartit -ida; [effort] conjunt -a; **~ owner** copropietari m -ària. ◇ n **-1.** ANAT articulació f. **-2.** [place where things are joined] juntura f, junta f. **-3.** Br [of meat - uncooked] porció f; [- cooked] rostit m. **-4.** inf pej [place] cau m, tafureria f. **-5.** drugs sl porro m.

joint account n compte m conjunt.

jointly ['dʒɔɪntlɪ] adv en comú, conjuntament.

joist [dʒɔɪst] n cairat m.

joke [dʒəʊk] ◇ n [funny story] acudit m; [funny action] broma f; **to go beyond a ~** passar de la ratlla; **to play a ~ on sb** gastar una broma a algú; **to be a ~** [person] ser un -a pallasso -a; [situation] ser una broma; **it's no ~** [not easy] no és (gens) senzill. ◇ vi: **you're joking** estàs de broma; **to ~ about sthg / with sb** fer broma d'alguna cosa / amb algú.

joker ['dʒəʊkə'] n **-1.** [person] bromista mf. **-2.** [playing card] comodí m.

jolly ['dʒɒlɪ] (compar **-ier**, superl **-iest**) ◇ adj [person, laugh] alegre; [time] divertit -ida. ◇ adv molt; Br inf molt; **~ good!** genial!

jolt [dʒəʊlt] ◇ n lit & fig sacsejada f. ◇ vt **-1.** [jerk] sacsejar, sacsar. **-2.** [shock] sacsejar; **to ~ sb into doing sthg** convèncer algú a de fer alguna cosa. ◇ vi trontollar.

Jordan ['dʒɔːdən] n Jordània; **the (River) ~** el (riu) Jordà.

jostle ['dʒɒsl] ◇ vt empentar, donar empentes. ◇ vi empentar, donar empentes.

jot [dʒɒt] (pt & pp **-ted**, cont **-ting**) n mica f; **I don't care a ~** tant em fa. ◆ **jot down** vt sep apuntar, prendre nota.

jotter ['dʒɒtə'] n bloc m de notes.

journal ['dʒɜːnl] n **-1.** [magazine] revista f, butlletí m. **-2.** [diary] diari m.

journalism ['dʒɜːnəlɪzm] n periodisme m.

journalist ['dʒɜːnəlɪst] n periodista mf.

journey ['dʒɜːnɪ] (pl **-s**) n viatge m.

jovial ['dʒəʊvjəl] adj jovial.

jowls [dʒaʊlz] npl barra f.

joy [dʒɔɪ] n **-1.** [happiness] alegria f. **-2.** [cause of -] joia f.

joyful ['dʒɔɪfʊl] adj alegre.

joyous ['dʒɔɪəs] adj joiós -osa.

joyride ['dʒɔɪraɪd] (pt **-rode**, pp **-ridden**) vi fer un tomb amb un cotxe robat.

joystick ['dʒɔɪstɪk] n [of aircraft] governall m; [for video games, computers] maneta f de jocs, joystick m.

JP n abbr of Justice of the Peace.

Jr. Am (abbr of Junior) jr.

jubilant ['dʒuːbɪlənt] adj [person] joiós -osa; [shout] festiu -iva.

jubilee ['dʒuːbɪliː] n aniversari m.

judge [dʒʌdʒ] ◇ n [gen & JUR] jutge m -essa f. ◇ vt **-1.** [gen & JUR] jutjar. **-2.** [age, distance] calcular. ◇ vi jutjar; **to ~ from / by, judging from / by** si hem de jutjar per.

judg(e)ment ['dʒʌdʒmənt] n **-1.** JUR sentència f, veredicte m; **to pass ~ (on sb)** pronunciar sentència (sobre algú). **-2.** [opinion] judici m; **to pass ~ (on sb / sthg)** pronunciar-se (sobre algú / alguna cosa); **to reserve ~** reservar-se l'opinió. **-3.** [ability to form opinion] criteri m; **against my better ~** en contra del que em dicta la raó. **-4.** [punishment] càstig m.

judiciary [dʒuːˈdɪʃərɪ] n: **the ~** el poder judicial.

judicious [dʒuːˈdɪʃəs] adj assenyat -ada.

judo ['dʒuːdəʊ] n judo m.

jug [dʒʌg] n gerra f.

juggernaut ['dʒʌgənɔːt] n camió m de grans dimensions.

juggle ['dʒʌgl] ◇ vt **-1.** [throw] fer jocs malabars amb. **-2.** [rearrange] jugar amb. ◇ vi fer jocs malabars.

juggler ['dʒʌglə'] n malabarista mf.

jugular (vein) ['dʒʌgjʊlə'-] n jugular f.

juice [dʒuːs] n **-1.** [from fruit, vegetables] suc m. **-2.** [from meat] suc m.

juicy ['dʒuːsɪ] (compar **-ier**, superl **-iest**) adj **-1.** [gen] sucós -osa. **-2.** inf [scandalous] picant, sucós -osa.

jukebox ['dʒuːkbɒks] n màquina f tocadiscs.

July [dʒuːˈlaɪ] n juliol m; ☞ **September**.

jumble ['dʒʌmbl] ◇ n [mixture] poti-poti m. ◇ vt: **to ~ (up)** regirar.

jumble sale *n Br* venda de coses de segona mà i d'andròmines amb motius benèfics.

jumbo jet [,dʒʌmbəʊ-] *n* jumbo *m*.

jumbo-sized *adj* gegant, de mida familiar.

jump [dʒʌmp] ◇ *n* -1. [act of jumping] salt *m*. -2. [fence in horsejumping] obstacle *m*. -3. [rapid increase] increment *m*, salt *m*. -4. **to keep one ~ ahead of sb** mantenir una posició avantatjada respecte d'algú. ◇ *vt* -1. [cross by jumping] saltar. -2. *inf* [attack] assaltar. -3. *Am* [train, bus] esquitllar-se en. ◇ *vi* -1. [spring] saltar. -2. [make a sudden movement] sobresaltar-se; **his heart ~ed** el cor li va fer un salt. -3. [increase rapidly] fer un salt, augmentar de cop. ➡ **jump at** *vt fus* no deixar escapar.

jumper ['dʒʌmpəʳ] *n* -1. *Br* [pullover] jersei *m*. -2. *Am* [dress] vestit sense mànigues que es porta damunt d'una brusa.

jump leads *npl* cables *mpl* de connexió (de bateria).

jump-start *vt* arrencar empenyent.

jumpsuit ['dʒʌmpsuːt] *n* granota *f*.

jumpy ['dʒʌmpɪ] (*compar* **-ier**, *superl* **-iest**) *adj* inquiet -a.

junction ['dʒʌŋkʃn] *n* [of roads] cruïlla *f*; [of railway lines] entroncament *m*.

June [dʒuːn] *n* juny *m*; ➡ **September**.

jungle ['dʒʌŋgl] *n lit & fig* selva *f*.

junior ['dʒuːnjəʳ] ◇ *adj* -1. [officer] subaltern -a; [partner, member] més nou nova, júnior. -2. *Am* [after name] fill -a. ◇ *n* -1. [person of lower rank] subaltern *m* -a *f*. -2. [younger person]: **he's my ~** és més jove que jo. -3. *Am* EDUC & UNIV alumne de penúltim any.

junior high school *n Am* ≃ institut *m* d'educació secundària.

junior school *n Br* ≃ escola *f* primària.

junk [dʒʌŋk] *inf* ◇ *n* (U) [unwanted things] trastos *mpl*. ◇ *vt inf* llençar a la brossa.

junk food *n* (U) *pej* menjar preparat de baixa qualitat i poc saludable.

junkie ['dʒʌŋkɪ] *n drugs sl* ionqui *mf*.

junk mail *n* (U) *pej* propaganda *f* comercial.

junk shop *n* botiga *f* de trastos vells.

Jupiter ['dʒuːpɪtəʳ] *n* Júpiter *m*.

jurisdiction [,dʒʊərɪs'dɪkʃn] *n* jurisdicció *f*.

juror ['dʒʊərəʳ] *n* membre *mf* del jurat.

jury ['dʒʊərɪ] (*pl* **-ies**) *n* jurat *m*.

just [dʒʌst] ◇ *adv* -1. [recently]: **he has ~ left / moved** acaba d'anar-se'n / acaba de traslladar-se. -2. [at that moment]: **we were ~ leaving when ...** estàvem marxant quan; **I'm ~ about to do it** ara mateix ho faré; **I couldn't do it ~ then** en aquell moment no ho podia fer; **~ as I was leaving** en el mateix moment que (jo) marxava. -3. [only, simply] només, solament; **"~ add water"** "només cal afegir-hi aigua"; **~ a minute / moment / second** un moment. -4. [almost not] amb prou feines; **I (only) ~ did it** de poc que no ho puc fer! -5. [for emphasis]: **I ~ know it!** n'estic segur!; **~ look what you've done!** mira què has fet! -6. [exactly, precisely] just, exactament; **~ what I need** just el que necessito; **~ here / there** aquí / allà mateix. -7. [in requests]: **could you ~ open your mouth?** si us plau, obri un moment la boca. ◇ *adj* just -a. ➡ **just about** *adv* gairebé. ➡ **just as** *adv*: **~ as ... as** tan ... com, igual de ... que. ➡ **just now** *adv* -1. [a short time ago] fa un moment. -2. [at this moment] ara mateix.

justice ['dʒʌstɪs] *n* justícia *f*; **to bring sb to ~** portar algú als tribunals; **to do ~ to sthg** [to a job] estar a l'altura d'una cosa; [to a meal] fer els honors a una cosa.

Justice of the Peace (*pl* **Justices of the Peace**) *n* jutge *m* -essa *f* de pau.

justify ['dʒʌstɪfaɪ] (*pt & pp* **-ied**) *vt*: **to ~ (sthg / doing sthg)** justificar (alguna cosa / haver fet alguna cosa).

jut [dʒʌt] (*pt & pp* **-ted**, *cont* **-ting**) *vi*: **to ~ (out)** sobresortir.

juvenile ['dʒuːvənaɪl] ◇ *adj* -1. JUR juvenil. -2. [childish] infantil. ◇ *n* JUR menor *mf* (d'edat).

juxtapose [,dʒʌkstə'pəʊz] *vt*: **to ~ sthg (with)** juxtaposar alguna cosa (a).

k (*pl* **ks / k's**), **K** (*pl* **Ks / K's**) [keɪ] *n* (letter) k *f*, K *f*. ➡ **K** -1. abbr of **kilobytes**. -2. abbr of **Knight**. -3. abbr of **thousand**.

kaleidoscope [kə'laɪdəskəʊp] *n lit & fig* calidoscopi *m*.

kangaroo [,kæŋgə'ruː] *n* cangur *m*.

karat ['kærət] *n Am* quirat *m*.

karate [kə'rɑːtɪ] *n* karate *m*.

kayak ['kaɪæk] *n* caiac *m*.

KB *n* abbr de **kilobyte**.

kcal (abbr de **kilocalorie**) kcal.

kebab [kɪ'bæb] *n* trossos de carn (i de verdures) rostits en una broqueta.

keel [ki:l] *n* quilla *f*; **on an even ~** en equilibri.

keen [ki:n] *adj* **-1.** [enthusiastic] entusiasta; **to be ~ on sthg** ser un entusiasta d'alguna cosa; **she is ~ on you** li agrades; **to be ~ to do / on doing sthg** tenir moltes ganes de fer una cosa. **-2.** [intense - interest, desire] profund -a; [- competition] disputat -ada. **-3.** [sharp - sense of smell, hearing, vision] agut -uda; [- eye, ear] fi -fina; [- mind] agut -uda, penetrant.

keep [ki:p] (*pt & pp* **kept**) ◇ *vt* **-1.** [maintain in a particular place or state or position] conservar; **to ~ sb waiting / awake** fer esperar algú / no deixar dormir algú. **-2.** [retain] quedar-se; **~ the change** quedi's el canvi. **-3.** [put aside, store] guardar. **-4.** [prevent]: **to ~ sb / sthg from doing sthg** impedir que algú / alguna cosa faci alguna cosa. **-5.** [detain]: **what kept you?** com és que fas tard?; **to ~ sb waiting** fer esperar algú. **-6.** [fulfil, observe - appointment] acudir a; [- promise, vow] complir, guardar. **-7.** [not disclose]: **to ~ sthg from sb** no dir una cosa a algú; **to ~ sthg to oneself** no explicar una cosa a ningú. **-8.** [in writing - record, account] portar; [- diary] escriure; [- note] prendre. **-9.** [own - animals] criar; [- shop] tenir. **-10.** **they ~ themselves to themselves** no es relacionen gaire. ◇ *vi* **-1.** [remain] quedar-se; **to ~ quiet** callar. **-2.** [continue]: **to ~ doing sthg** [repeatedly] no deixar de fer una cosa; [without stopping] continuar fent una cosa; **to ~ going** anar tirant, no abandonar. **-3.** [continue in a particular direction] continuar, seguir; **to ~ left / right** circular per l'esquerra / la dreta; **to ~ north / south** seguir cap al nord / al sud. **-4.** [food] conservar-se. **-5.** *Br* [be in a particular state of health] estar, trobar-se; **how are you ~ing?** com estàs? ◇ *n* [food, board etc.] menjar *m*, manutenció *f*; **to earn one's ~** guanyar-se les garrofes. ◆ **keeps** *n*: **for ~** per sempre. ◆ **keep back** *vt sep* [information] ocultar; [money, salary] retenir. ◆ **keep off** *vt fus*: "**~ off the grass**" "no trepitgeu la gespa". ◆ **keep on** *vi* **-1.** [continue]: **to ~ on doing sthg** [continue to do] continuar / seguir fent una cosa; [do repeatedly] no deixar de fer una cosa. **-2.** [talk incessantly]: **to ~ on (about)** continuar burxa que burxa (amb). ◆ **keep out** ◇ *vt sep* no deixar passar. ◇ *vi*: "**~ out**" "prohibida l'entrada". ◆ **keep to** ◇ *vt fus* [follow] seguir. ◇ *vt sep* [limit] limitar a. ◆ **keep up** ◇ *vt sep* mantenir; **to ~ up appearances** salvar les aparences. ◇ *vi* **-1.** [maintain pace, level etc.] mantenir el ritme; **to ~ up with sb / sthg** seguir el ritme d'algú / d'alguna cosa. **-2.** [stay in contact]: **to ~ up with sb** mantenir contacte amb algú.

keeper ['ki:pər] *n* guarda *mf*.

keep-fit *Br* ◇ *n* (U) exercicis *mpl* de manteniment. ◇ *comp* [class, exercises] de manteniment; [enthusiast] d'exercicis de manteniment.

keeping ['ki:pɪŋ] *n* **-1.** [care]: **in sb's ~** a cura d'algú; **in safe ~** en un lloc segur. **-2.** [conformity, harmony]: **in / out of ~ (with)** d'acord / en desacord (amb).

keepsake ['ki:pseɪk] *n* record *m*.

keg [keg] *n* bóta *f*.

kennel ['kenl] *n* **-1.** [for dog] caseta *f* del gos. **-2.** *Am* = **kennels**. ◆ **kennels** *npl* *Br* residència *f* per a gossos.

Kenya ['kenjə] *n* Kenya.

Kenyan ['kenjən] ◇ *adj* kenyà -ana. ◇ *n* kenyà *m* -ana *f*.

kept [kept] *pt & pp* → **keep**.

kerb [kɜ:b] *n Br* vorera *f*.

kernel ['kɜ:nl] *n* [of nut, fruit] llavor *f*, os *m*.

kerosene ['kerəsi:n] *n* querosè *m*.

kestrel ['kestrəl] *n* xoriguer *m*.

ketchup ['ketʃəp] *n* quetxup *m*.

kettle ['ketl] *n* bullidor *m*.

key [ki:] ◇ *n* **-1.** [for lock] clau *f*. **-2.** [of typewriter, computer, piano] tecla *f*. **-3.** [explanatory list] clau *f*. **-4.** [solution, answer]: **the ~ (to)** la clau (de). **-5.** MUS [scale of notes] to *m*. ◇ *adj* clau.

keyboard ['ki:bɔ:d] ◇ *n* teclat *m*. ◇ *vt* teclejar.

keyed up [ki:d-] *adj* nerviós -osa.

keyhole ['ki:həʊl] *n* forat *m* del pany.

keynote ['ki:nəʊt] ◇ *n* pedra *f* clau. ◇ *comp*: **~ speech** discurs *m* inicial.

keypad ['ki:pæd] *n* teclat *m* (de telèfon, fax, etc.).

key ring *n* clauer *m*.

kg (abbr de **kilogram**) kg *m*.

khaki ['kɑ:kɪ] ◇ *adj* caqui. ◇ *n* caqui *m*.

kick [kɪk] ◇ *n* **-1.** [from person] puntada *f* de peu; [from animal] guitza *f*. **-2.** *inf* [excitement]: **to do sthg for ~s** fer una cosa per divertir-se; **to get a ~ from sthg** gaudir d'alguna cosa. **-3.** *inf* [of drink]: **to have a ~** ser molt fort. ⋄ *vt* **-1.** [hit with foot] donar una puntada de peu a. **-2.** *fig* [be angry with]: **I could have ~ed myself** m'estirava els cabells. **-3.** *inf* [give up] deixar. ⋄ *vi* [person] ventar puntades de peu; [animal] tirar guitzes, guitar. ● **kick about** *Br inf*, **kick around** *vi* estar rondant per aquí al voltant. ● **kick off** *vi* **-1.** [football] fer el servei inicial. **-2.** *inf* [start activity] començar. ● **kick out** *vt sep inf* posar al carrer, expulsar.

kid [kɪd] (*pt & pp* **-ded**, *cont* **-ding**) ⋄ *n* **-1.** *inf* [child] criatura *f*, nen *m*, nena *f*. **-2.** *inf* [young person] noiet *m* -a *f*, xicot *m* -a *f*, xaval *m* -a *f*. **-3.** [young goat] cabrit *m*. **-4.** [leather] cabritilla *f*. ⋄ *comp inf* [brother, sister] petit -a. ⋄ *vt* **-1.** *inf* [tease] rifar-se. [delude]: **to ~ oneself** no tocar de peus a terra. ⋄ *vi inf*: **to be ~ding** estar de broma; **no ~ding!** [honestly] de veritat!; [really] de veritat?

kidnap ['kɪdnæp] (*Br pt & pp* **-ped**, *cont* **-ping**, *Am pt & pp* **-ed**, *cont* **-ing**) *vt* segrestar, raptar.

kidnapper *Br*, **kidnaper** *Am* ['kɪdnæpər] *n* segrestador *m* -a *f*, raptor *m* -a *f*.

kidnapping *Br*, **kidnaping** *Am* ['kɪdnæpɪŋ] *n* segrest *m*, rapte *m*.

kidney ['kɪdnɪ] (*pl* **-s**) *n* ANAT & CULIN ronyó *m*.

kidney bean *n* fesol *m*.

kill [kɪl] ⋄ *vt* **-1.** [gen] matar; **my feet are ~ing me!** em fan un mal terrible el peus!; **to ~ time** matar les hores. **-2.** *fig* [cause to end, fail] donar fi a. **-3.** [occupy]: **to ~ time** matar les hores. ⋄ *vi* matar. ⋄ *n* **-1.** [killing] matança *f*. **-2.** [dead animal] presa *f*, peça *f*.

killer ['kɪlər] *n* **-1.** [person, animal] assassí *m* -ina *f*. **-2.** [disease] malaltia *f* mortal.

killing ['kɪlɪŋ] ⋄ *adj inf* [very funny] divertidíssim -a. ⋄ *n inf*: **to make a ~** fer el seu agost, forrar-se.

killjoy ['kɪldʒɔɪ] *n* esgarriacries *mf*.

kiln [kɪln] *n* forn *m*.

kilo ['kiːləʊ] (*pl* **-s**) *n* (abbr of **kilogram**) quilo *m*.

kilobyte ['kɪləbaɪt] *n* quilobyte *m*.

kilogram(me) ['kɪləgræm] *n* quilogram *m*.

kilohertz ['kɪləhɜːtz] (*pl inv*) *n* quilohertz *m*.

kilometre *Br* ['kɪlə,miːtər], **kilometer** *Am* [kɪ'lɒmɪtər] *n* quilòmetre *m*.

kilowatt ['kɪləwɒt] *n* quilovat *m*.

kilt [kɪlt] *n* faldilla *f* escocesa.

kin [kɪn] ▶ **kith**.

kind [kaɪnd] ⋄ *adj* [person, gesture] amable; [thought] considerat -ada; **would you be so ~ as to ...?** series tan amable de ...? ⋄ *n* tipus *m*, classe *f*; **a ~ of** una mena de; *Am inf* **~ of** una mica; **coffee of a ~** una mena de cafè; **they're two of a ~** són l'un per l'altre; **in ~** [payment] en espècie.

kindergarten ['kɪndə,ɡɑːtn] *n* jardí *m* d'infància.

kind-hearted [-'hɑːtɪd] *adj* bondadós -osa.

kindle ['kɪndl] *vt* **-1.** [fire] encendre. **-2.** *fig* [idea, feeling] despertar.

kindly ['kaɪndlɪ] (*compar* **-ier**, *superl* **-iest**) ⋄ *adj* amable, bondadós -osa. ⋄ *adv* **-1.** [gently, favourably] afectuosament; **to look ~ on sthg / sb** veure alguna cosa / algú de bon ull. **-2.** [please]: **will you ~ ...?** seria tan amable de ... ? **-3. not to take ~ to sthg** prendre's malament una cosa.

kindness ['kaɪndnɪs] *n* **-1.** [gentleness] amabilitat *f*. **-2.** [helpful act] favor *m*.

kindred ['kɪndrɪd] *adj* [similar] afí; **~ spirit** ànima *f* germana.

king [kɪŋ] *n* rei *m*.

kingdom ['kɪŋdəm] *n* regne *m*.

kingfisher ['kɪŋ,fɪʃər] *n* martinet *m* pescaire.

king-size(d) *adj* [cigarette] extrallarg; [bed, pack] gegant.

kinky ['kɪŋkɪ] (*compar* **-ier**, *superl* **-iest**) *adj inf* pervertit -ida, morbós -osa.

kiosk ['kiːɒsk] *n* **-1.** [small shop] quiosc *m*. **-2.** *Br* [telephone box] cabina *f* telefònica.

kip [kɪp] (*pt & pp* **-ped**, *cont* **-ping**) *Br inf* ⋄ *n* son *m*, becaina *f*. ⋄ *vi* clapar, dormir.

kipper ['kɪpər] *n* areng *m* fumat.

kiss [kɪs] ⋄ *n* petó *m*. ⋄ *vt* fer un petó, besar; **to ~ sb goodbye** fer un petó de comiat a algú. ⋄ *vi* fer-se un petó, besar-se.

kiss of life *n* [to resuscitate sb]: **the ~** la respiració boca a boca.

kit [kɪt] (*pt & pp* **-ted**, *cont* **-ting**) *n* **-1.** [set] estris *mpl*, equip *m*. **-2.** *Br* [clothes] equip *m*. **-3.** [to be assembled] model *m* per armar.

kit bag *n* sac *m* de viatge, farcell *m*.

kitchen ['kɪtʃɪn] *n* cuina *f*.

kitchen sink *n* aigüera *f*.

kitchen unit *n* mòdul *m* de cuina.

kite [kaɪt] *n* **-1.** [toy] estel *m*, grua *f*. **-2.** [bird] milà *m*.

kith [kɪθ] *n*: **~ and kin** amics *mpl* i parents.

kitten ['kɪtn] n gatet m.

kitty ['kɪtɪ] (pl **-ies**) n [for bills, drinks] fons m comú; [in card games] posta f.

kiwi ['ki:wi:] n **-1.** [bird] kiwi. **-2.** inf [New Zealander] persona f de Nova Zelanda.

kiwi fruit n kiwi m.

km (abbr of kilometre) km.

km/h (abbr of kilometres per hour) km/h.

knack [næk] n: it's easy once you've got the ~ és fàcil quan li trobes la manera; he has the ~ of appearing at the right moment té la rara habilitat d'aparèixer sempre en el moment adequat.

knackered ['nækəd] adj Br inf baldat -ada.

knapsack ['næpsæk] n motxilla f.

knead [ni:d] vt pastar.

knee [ni:] n: **to be on one's ~s** [kneeling] estar de genolls; fig **to bring sb to their ~s** humiliar algú.

kneecap ['ni:kæp] n ròtula f. ◆ **kneel down** vi agenollar-se.

knelt [nelt] pt & pp ⇒ kneel.

knew [nju:] pt ⇒ know.

knickers ['nɪkəz] npl **-1.** Br [underwear] bragues fpl, calces fpl de senyora. **-2.** Am [knickerbockers] pantalons mpl de golf.

knick-knack ['nɪknæk] n galindaina f, fotesa f.

knife [naɪf] (pl **knives**) ⇔ n ganivet m. ⇔ vt acoltellar.

knight [naɪt] ⇔ n **-1.** HIST cavaller m. **-2.** [knighted man] home amb el títol de "Sir". **-3.** [in chess] cavall m. ⇔ vt donar el títol de "Sir" a.

knighthood ['naɪthʊd] n **-1.** [present-day title] títol m de "Sir". **-2.** HIST títol m de cavaller.

knit [nɪt] (pt & pp knit / -ted, cont -ting) ⇔ adj: **closely / tightly ~** molt unit -ida. ⇔ vt [make with wool] fer punt de mitja. ⇔ vi **-1.** [with wool] fer punt de mitja. **-2.** [join] soldar-se.

knitting ['nɪtɪŋ] n **-1.** (U) [activity] punt m de mitja. **-2.** [work produced] punt m de mitja, mitja.

knitting needle n agulla f de fer mitja.

knitwear ['nɪtweər] n (U) gènere m de punt.

knives [naɪvz] pl ⇒ knife.

knob [nɒb] n **-1.** [on door, drawer, bedstead] pom m. **-2.** [on TV, radio etc.] botó m.

knock [nɒk] ⇔ n **-1.** [hit] cop m. **-2.** inf [piece of bad luck] contrarietat f. ⇔ vt **-1.** [hit hard] copejar; **to ~ a nail into a wall** clavar un clau en una paret; **to ~ one's head** fer-se un cop al cap; **to ~ sb over** [gen] fer caure algú; AUTOM atropellar algú; **to ~ sthg over** bolcar alguna cosa. **-2.** [make by hitting] fer, obrir; **to ~ a hole in a wall** fer un forat en una paret. **-3.** inf [criticize] arrossegar pel fang, criticar. ⇔ vi **-1.** [on door]: **to ~ (at / on)** trucar (a). **-2.** [car engine] sotraguejar. ◆ **knock down** vt sep **-1.** [subject: car, driver] atropellar. **-2.** [building] enderrocar. **-3.** [price] rebaixar. ◆ **knock off** ⇔ vt sep **-1.** [lower price by]: **I'll ~ £5 off it** et descomptaré 5 lliures. **-2.** Br inf [steal] pispar, rampinyar. ⇔ vi inf [stop working] acabar de pencar. ◆ **knock out** vt sep **-1.** [subject: person, punch] estabornir, deixar fora de combat; [subject: drug] deixar adormit. **-2.** [eliminate from competition] eliminar.

knocker ['nɒkər] n [on door] picador m.

knock-kneed [-'ni:d] adj sancallós -osa.

knock-on effect n Br reacció f en cadena.

knockout ['nɒkaʊt] n KO m.

knot [nɒt] (pt & pp -ted, cont -ting) ⇔ n **-1.** [gen] nus m; **to tie / untie a ~** fer / desfer un nus. **-2.** [of people] grup m. ⇔ vt fer un nus.

knotty ['nɒtɪ] (compar -ier, superl -iest) adj complicat -ada.

know [nəʊ] (pt knew, pp known) ⇔ vt **-1.** [gen]: **to ~ (that)** saber (que); [language] saber (parlar); **to ~ how to do sthg** saber fer alguna cosa; **to get to ~ sthg** assabentar-se d'una cosa; **to let sb ~ (about)** avisar algú (de). **-2.** [be familiar with - person, place] conèixer; **to get to ~ sb** arribar a conèixer algú. ⇔ vi **-1.** [have knowledge] saber; **to ~ of / about sthg** saber alguna cosa / estar assabentat-ada d'alguna cosa; **you ~** [to emphasize] saps?; [to remind] i tant!, sí home!; **God / Heaven ~s!** Déu (ho) sap!; **there is no ~ing ...** no es pot saber (de cap manera); **to ~ backwards** saber una cosa fil per randa; **I ~ better** no m'enganyaran pas!; **not to ~ when one is well off** no saber la sort que un té. **-2.** [be knowledgeable]: **to ~ about sthg** saber d'alguna cosa. ⇔ n: **to be in the ~** estar-ne assabentat -ada.

know-all n Br setciències mf.

know-how n coneixements mpl.

knowing ['nəʊɪŋ] adj de complicitat.

knowingly ['nəʊɪŋlɪ] adv **-1.** [in knowing manner] amb complicitat. **-2.** [intentionally] expressament.

know-it-all = know-all.

knowledge ['nɒlɪdʒ] n (U) coneixement m; it's common ~ that tothom sap que; to my ~ que jo sàpiga; to the best of my ~ pel que jo sé.

knowledgeable ['nɒlɪdʒəbl] adj entès -esa.

known [nəʊn] ◇ pp ⊳ know. ◇ adj conegut -uda.

knuckle ['nʌkl] n -1. ANAT artell m. -2. [of meat] jarret m.

knuckle-duster n puny m de ferro.

koala (bear) [kəʊ'ɑːlə-] n coala m.

Koran [kɒ'rɑːn] n Alcorà; the ~ l'Alcorà.

Korea [kə'rɪə] n Corea.

Korean [kə'rɪən] ◇ adj coreà -ana. ◇ n -1. [person] coreà m -ana f. -2. [language] coreà m.

kosher ['kəʊʃər] adj -1. [meat] preparat -ada segons la religió jueva. -2. inf [reputable] net -a, legal.

kung fu [,kʌŋ'fuː] n kung fu m.

Kurd [kɜːd] n kurd m -a f.

Kuwait [kjuː'weɪt] n Kuwait.

l¹ (pl **ls** / **l's**), **L** (pl **Ls** / **L's**) [el] n [letter] l f, L f.

l² (abbr of litre) l.

lab [læb] inf = laboratory.

label ['leɪbl] (Br pt & pp **-led**, cont **-ling**, Am pt & pp **-ed**, cont **-ing**) ◇ n -1. [identification] etiqueta f. -2. [of record] casa f discogràfica. ◇ vt -1. [fix to] etiquetar. -2. usu pej [describe]: to ~ sb (as) qualificar algú (de), etiquetar algú (de).

labor Am = labour.

laboratory [Br lə'bɒrətri, Am 'læbrə,tɔːrɪ] (pl **-ies**) ◇ n laboratori m. ◇ comp de laboratori.

laborious [lə'bɔːrɪəs] adj laboriós -osa.

labor union n Am sindicat m.

labour Br, **labor** Am ['leɪbər] ◇ n -1. [hard work] treball m. -2. [piece of work] esforç m. -3. [workers, work carried out] mà f d'obra. -4. [giving birth] part m; in ~ de part. ◇ vt insistir en. ◇ vi -1. [work hard] treballar intensament. -2. [work with difficulty]: to ~ at / over treballar intensament en. -3. [persist]: to ~ under a delusion anar errat -ada. ⊳ **Labour** POL ◇ adj laborista. ◇ n (U) Br els laboristes.

laboured Br, **labored** Am ['leɪbəd] adj [style] pesat -ada; [gait, breathing] dificultós -osa, penós -osa.

labourer Br, **laborer** Am ['leɪbərər] n obrer m -a f.

Labour Party n Br: the ~ el partit Laborista.

Labrador ['læbrədɔːr] n -1. [dog] (gos m de) terranova m. -2. GEOG Labrador.

labyrinth ['læbərɪnθ] n laberint m.

lace [leɪs] ◇ n -1. [fabric] blonda f. -2. [shoelace] cordó m. ◇ comp de blonda. ◇ vt -1. [shoe, boot] cordar. -2. [drink, food]: coffee ~d with brandy cafè amb unes gotes de conyac. ⊳ **lace up** vt sep cordar.

lack [læk] ◇ n falta f, manca f; for / through ~ of per falta de; no ~ of abundància de. ◇ vt no tenir. ◇ vi: to be ~ing in no tenir; to be ~ing faltar.

lackadaisical [,lækə'deɪzɪkl] adj pej apàtic -a, desmenjat -ada.

lacklustre Br, **lackluster** Am ['læk,lʌstər] adj pej deslluït -ïda, apagat -ada.

laconic [lə'kɒnɪk] adj lacònic -a.

lacquer ['lækər] ◇ n laca f. ◇ vt -1. [wood, metal] lacar, envernissar amb laca. -2. [hair] posar laca a.

lad [læd] n -1. inf [boy] noi m, xicot m. -2. Br [stable boy] mosso m.

ladder ['lædər] ◇ n -1. [for climbing] escala f (de mà). -2. Br [in tights] carrera f. ◇ vt Br [tights] fer una carrera a. ◇ vi Br [tights] tenir una carrera.

laden ['leɪdn] adj: ~ (with) carregat (-ada) (de).

ladies ['leɪdɪz] Br, **ladies' room** Am n lavabo m de senyores.

ladle ['leɪdl] ◇ n cullerot m, llossa f. ◇ vt servir amb una llossa.

lady ['leɪdɪ] (pl **-ies**) ◇ n -1. [woman] senyora f. -2. [woman of high status] dama f. -3. Am inf [to address woman] senyora f. ◇ comp dona f; ~ doctor doctora f. ⊳ **Lady** n -1. [woman of noble rank] lady f. -2. RELIG: Our ~ Nostra Senyora f.

ladybird Br ['leɪdɪbɜːd], **ladybug** Am ['leɪdɪbʌg] n marieta f.

lady-in-waiting [-'weɪtɪŋ] (pl **ladies-in-waiting**) n dama f d'honor.

ladylike ['leɪdɪlaɪk] adj elegant, distingit -ida.

Ladyship ['leɪdɪʃɪp] *n*: **her / your ~** Vostra Senyoria *f*.

lag [læg] (*pt & pp* **-ged**, *cont* **-ging**) ◇ *vi* **-1.** [move more slowly]: **to ~ (behind)** retardar-se. **-2.** [develop more slowly]: **to ~ (behind)** ressagar-se. ◇ *vt* revestir. ◇ *n* [timelag] retard *m*.

lager ['lɑːgəʳ] *n* cervesa *f* rossa.

lagoon [lə'guːn] *n* llacuna *f*.

laid [leɪd] *pt & pp* ⇒ **lay**.

laid-back *adj inf* relaxat -ada, ganso -a.

lain [leɪn] *pp* ⇒ **lie**.

lair [leəʳ] *n* cau *m*.

laity ['leɪətɪ] RELIG *n*: **the ~** el laïcat.

lake [leɪk] *n* llac *m*.

Lake District *n*: **the ~** (el) Lake District.

lamb [læm] *n* xai *m*.

lambswool ['læmzwʊl] ◇ *n* llana *f* de xai. ◇ *comp* de llana de xai.

lame [leɪm] *adj* **-1.** [person, horse] coix -a. **-2.** [excuse, argument] dèbil.

lament [lə'ment] ◇ *n* lament *m*. ◇ *vt* lamentar.

lamentable ['læməntəbl] *adj* lamentable.

laminated ['læmɪneɪtɪd] *adj* laminat -ada.

lamp [læmp] *n* llum *m*.

lampoon [læm'puːn] ◇ *n* pasquí *m*, sàtira *f*. ◇ *vt* satiritzar.

lamppost ['læmppəʊst] *n* (pal de) fanal *m*.

lampshade ['læmpʃeɪd] *n* pantalla *f*.

lance [lɑːns] ◇ *n* llança *f*. ◇ *vt* obrir amb llanceta.

lance corporal *n* soldat *m* de primera.

land [lænd] ◇ *n* **-1.** [gen] terra *f*. **-2.** [property] terres *fpl*, finca *f*. ◇ *vt* **-1.** [unload] desembarcar. **-2.** [catch - fish] pescar. **-3.** *inf* [obtain] aconseguir, enxampar. **-4.** [plane] fer aterrar. **-5.** *inf* [place]: **to ~ sb in sthg** embolicar algú en alguna cosa; **to ~ sb with sb / sthg** carregar algú amb algú / alguna cosa. ◇ *vi* **-1.** [by plane] aterrar. **-2.** [fall] caure. **-3.** [from ship] desembarcar.
◆ **land up** *vi inf*: **to ~ up (in)** acabar (en).

landing ['lændɪŋ] *n* **-1.** [of stairs] replà *m*. **-2.** [of aeroplane] aterratge *m*. **-3.** [of person] desembarcament *m*.

landing card *n* targeta *f* de desembarcament.

landing gear *n* (U) tren *m* d'aterratge.

landing stage *n* desembarcador *m*.

landing strip *n* pista *f* d'aterratge.

landlady ['lænd,leɪdɪ] (*pl* **-ies**) *n* mestressa *f*, propietària *f*.

landline ['lændlaɪn] *n* telèfon *m* fix.

landlord ['lændlɔːd] *n* **-1.** [of rented room or building] amo *m*, propietari *m*. **-2.** [of pub] amo *m*.

landmark ['lændmɑːk] *n* **-1.** [prominent feature] punt *m* de referència. **-2.** *fig* [in history] fita *f*, esdeveniment *m* important.

landowner ['lænd,əʊnəʳ] *n* terratinent *mf*.

landscape ['lændskeɪp] ◇ *n* paisatge *m*. ◇ *vt* enjardinar.

landslide ['lændslaɪd] *n* **-1.** [of earth, rocks] esllavissament *m* de terres. **-2.** POL victòria *f* abassegadora.

lane [leɪn] *n* **-1.** [road in country] camí *m*. **-2.** [road in town] carreró *m*. **-3.** [for traffic] carril *m*; **"keep in ~"** cartell que prohibeix canviar de carril. **-4.** [in swimming pool, race track] carrer *m*. **-5.** [for shipping, aircraft] ruta *f*.

language ['læŋgwɪdʒ] *n* **-1.** [gen] llengua *f*, idioma *m*. **-2.** [faculty or style of communication] llenguatge *m*.

language laboratory *n* laboratori *m* d'idiomes.

languid ['læŋgwɪd] *adj* lànguid -a.

languish ['læŋgwɪʃ] *vi* [in misery] esllanguir-se; [in prison] podrir-se.

lank [læŋk] *adj* llis -a.

lanky ['læŋkɪ] (*compar* **-ier**, *superl* **-iest**) *adj* esprimatxat -ada, desmanegat -ada.

lantern ['læntən] *n* llanterna *f*.

lap [læp] (*pt & pp* **-ped**, *cont* **-ping**) ◇ *n* **-1.** [of person] falda *f*. **-2.** [of race] volta *f*. ◇ *vt* **-1.** [subject: animal] beure llepant. **-2.** [overtake in race] avantatjar d'una volta. ◇ *vi* [water, waves] clapotejar.

lapel [lə'pel] *n* solapa *f*.

Lapland ['læplænd] *n* Lapònia *f*.

lapse [læps] ◇ *n* **-1.** [failing] lapsus *m*, error *m*. **-2.** [in behaviour] rellíscada *f*. **-3.** [of time] lapse *m*, període *m*. ◇ *vi* **-1.** [membership] caducar; [treatment, agreement] expirar, finir. **-2.** [standards, quality] baixar momentàniament; [tradition] desaparèixer, extingir-se. **-3.** [subject: person]: **to ~ into** acabar caient en.

lap-top (computer) COMPUT *n* (petit) ordinador *m* portàtil.

larceny ['lɑːsənɪ] *n* (U) lladronici *m*, robament *m*.

lard [lɑːd] *n* llard *f*.

larder ['lɑːdəʳ] *n* rebost *m*.

large [lɑːdʒ] *adj* [gen] gran, gros; [family] nombrós -osa; [sum] important. ◆ **at large** *adv* **-1.** [as a whole] en general. **-2.**

[escaped prisoner, animal] solt -a. ◆ **by and large** *adv* en general, per regla general.

largely ['lɑːdʒlɪ] *adv* [mostly] en gran part; [chiefly] principalment.

lark [lɑːk] *n* **-1.** [bird] alosa *f.* **-2.** *inf* [joke] broma *f*; **for a ~** per divertir-se. ◆ **lark about** *vi* fer el gamberro.

laryngitis [ˌlærɪnˈdʒaɪtɪs] *n* (U) laringitis *f.*

larynx ['lærɪŋks] (*pl* **-es**) *n* laringe *f.*

lasagna, **lasagne** [ləˈzænjə] *n* (U) lasanya *f.*

laser ['leɪzər] *n* làser *m.*

laser printer COMPUT *n* impressora *f* làser.

lash [læʃ] ◇ *n* **-1.** [eyelash] pestanya *f.* **-2.** [blow with whip] fuetada *f.* ◇ *vt* **-1.** *lit & fig* [whip] fuetejar. **-2.** [tie]: **to ~ sthg (to)** lligar alguna cosa (a). ◆ **lash out** *vi* **-1.** [physically]: **to ~ out (at / against sb)** donar un cop (a algú). **-2.** *Br inf* [spend money]: **to ~ out (on sthg)** malgastar els diners (en alguna cosa).

lass [læs] *n* noia *f*, xicota *f.*

lasso [læˈsuː] (*pl* **-s**, *pt & pp* **-ed**, *cont* **-ing**) ◇ *n* llaç *m.* ◇ *vt* agafar amb el llaç.

last [lɑːst] ◇ *adj* últim -a; **~ month / Tuesday** el mes passat / el dimarts passat; **~ but one** penúltim -a; **~ but two** antepenúltim -a; **~ night** ahir a la nit, anit; **down to the ~ detail** amb tots els ets i uts. ◇ *adv* **-1.** [most recently] per última vegada. **-2.** [finally, in final position] en últim lloc; **he arrived ~** va arribar l'últim. ◇ *pron*: **the year / Saturday before ~** fa dos anys / fa dos dissabtes; **the ~ but one** el penúltim, la penúltima; **the night before ~** abans d'ahir a la nit; **the time before ~** la vegada anterior a la passada; **to leave sthg till ~** deixar alguna cosa per al final. ◇ *n*: **the ~ I saw / heard of him** l'última vegada que el vaig veure / que vaig tenir notícies d'ell. ◇ *vi* durar; [food] conservar-se. ◆ **at (long) last** *adv* per fi.

last-ditch *adj* desesperat -ada, últim -a.

lasting ['lɑːstɪŋ] *adj* [peace, effect] durador -a; [mistrust] profund -a.

lastly ['lɑːstlɪ] *adv* **-1.** [to conclude] finalment, per acabar. **-2.** [at the end] al final.

last-minute *adj* d'última hora.

latch [lætʃ] ◇ *n*: **the door is on the ~** la porta és tancada amb balda. ◇ *vt* tancar amb balda. ◆ **latch onto** *vt fus inf* [person] enganxar-se a; [idea] agafar.

late [leɪt] ◇ *adj* **-1.** [not on time] amb retard; **to be ~ (for)** fer tard (a). **-2.** [near end of]: **in the ~ afternoon** al final de la tarda; **in ~ December** a finals de desembre. **-3.** [later than normal] tardà -ana; **we had a ~ breakfast** vam esmorzar tard. **-4.** [former]: **the ~ president** l'expresident. **-5.** [dead] difunt -a. ◇ *adv* **-1.** [gen] tard. **-2.** [near end of period]: **~ in the day** al final del dia; **~ in August** al final d'agost. ◆ **of late** *adv* darrerament, recentment.

latecomer ['leɪtˌkʌmər] *n* persona *f* que arriba tard.

lately ['leɪtlɪ] *adv* darrerament, recentment.

latent ['leɪtənt] *adj* latent.

later ['leɪtər] ◇ *adj* **-1.** [date, edition] posterior. **-2.** [near end of]: **in ~ life** al final de la seva vida; **in the ~ 15th century** al final del segle XV. ◇ *adv* [at a - time]: **~ (on)** més tard.

lateral ['lætərəl] *adj* lateral.

latest ['leɪtɪst] ◇ *adj* [most recent] últim -a. ◇ *n*: **at the ~** com a màxim de tard.

lathe [leɪð] *n* torn *m.*

lather ['lɑːðər] ◇ *n* escuma *f.* ◇ *vt* ensabonar. ◇ *vi* fer escuma.

Latin ['lætɪn] ◇ *adj* **-1.** [temperament, blood] llatí -ina. **-2.** [studies] de llatí. ◇ *n* [language] llatí *m.*

Latin America *n* Amèrica Llatina.

Latin American ◇ *adj* llatinoamericà -ana. ◇ *n* [person] llatinoamericà *m*, -ana *f.*

latitude ['lætɪtjuːd] *n* **-1.** GEOG latitud *f.* **-2.** *fml* [freedom] llibertat *f.*

latter ['lætər] ◇ *adj* **-1.** [near to end] últim -a. **-2.** [second] segon -a. ◇ *n*: **the ~** aquest *m* -a *f.*

latterly ['lætəlɪ] *adv* darrerament, recentment.

lattice ['lætɪs] *n* reixa *f*, gelosia *f.*

Latvia ['lætvɪə] *n* Letònia.

laudable ['lɔːdəbl] *adj* lloable.

laugh [lɑːf] ◇ *n* **-1.** [sound] riure *m*; **to have the last ~** ser l'últim de riure. **-2.** *inf* [fun, joke]: **to have a ~** riure molt; **he's a good ~** és molt divertit; **to do sthg for ~s / a laugh** fer una cosa per divertir-se. ◇ *vi* riure. ◆ **laugh at** *vt fus* [mock] riure's de. ◆ **laugh off** *vt sep* [dismiss] agafar-se una cosa en broma.

laughable ['lɑːfəbl] *adj pej* [absurd] ridícul -a, absurd -a.

laughingstock ['lɑːfɪŋstɒk] *n* riota *f.*

laughter ['lɑːftər] *n* (U) riure *m.*

launch [lɔːntʃ] ◇ *n* **-1.** [of boat, ship] varada *f.* **-2.** [of rocket, missile, product] llançament *m*; [of book] publicació *f*. **–3.** [boat] llanxa *f*. ◇ *vt* **–1.** [boat, ship] varar. **–2.** [missile, attack, product] llançar; [book] publicar, introduir al mercat. **–3.** [strike] convocar; [company] fundar.

launch(ing) pad *n* plataforma *f* de llançament.

launder ['lɔːndəʳ] *vt* **–1.** [wash] rentar. **–2.** *inf* [money] blanquejar.

laund(e)rette® [lɔːn'dret] *n* bugaderia *f* automàtica.

laundry ['lɔːndrɪ] (*pl* **-ies**) *n* **–1.** [clothes - about to be washed] bugada *f*, roba *f* bruta; [- newly washed] roba *f* neta. **–2.** [business, room] bugaderia *f*.

laureate ['lɔːrɪət] ➨ **poet laureate**.

lava ['lɑːvə] *n* lava *f*.

lavatory ['lævətrɪ] (*pl* **-ies**) *n* **–1.** [receptacle] vàter *m*. **–2.** [room] lavabo *m*.

lavender ['lævəndəʳ] ◇ *adj* [colour] de color lavanda. ◇ *n* **–1.** [plant] espígol *m*. **–2.** [colour] color *m* lavanda.

lavish ['lævɪʃ] ◇ *adj* **–1.** [person] abundant; [gifts, portions] molt generós -osa; **to be ~ with** [praise, attention] ser generós -osa en; [money] ser desprès -esa amb. **–2.** [sumptuous] esplèndid -a, sumptuós -osa. ◇ *vt*: **to ~ sthg on** [praise, care] prodigar alguna cosa a; [time, money] no escatimar alguna cosa en.

law [lɔː] ◇ *n* **–1.** [gen] llei *f*; **against the ~** contra la llei; **to break the ~** violar la llei, infringir la llei; **~ and order** l'ordre públic; **the ~ of the jungle** la llei de la selva. **–2.** [set of rules, study, profession] dret *m*. **–3.** *inf* [police]: **the ~** la poli. **–4. to lay down the ~** imposar la pròpia llei. ◇ *comp* [degree] en dret; [student] de dret; [firm] jurídic -a.

law-abiding *adj* que observa les lleis.

law court *n* tribunal *m* de justícia.

lawful ['lɔːful] *adj fml* legal, lícit -a.

lawn [lɔːn] *n* [grass] gespa *f*.

lawnmower ['lɔːn,məʊəʳ] *n* màquina *f* de tallar herba.

lawn tennis *n* tenis *m* sobre herba.

law school *n* facultat *f* de dret.

lawsuit ['lɔːsuːt] *n* plet *m*.

lawyer ['lɔːjəʳ] *n* advocat *m* -ada *f*.

lax [læks] *adj* [discipline, morals] relaxat -ada; [person] negligent.

laxative ['læksətɪv] *n* laxant *m*.

lay [leɪ] (*pt & pp* **laid**) ◇ *pt* ➨ **lie**. ◇ *vt* **–1.** [put, place] col·locar, posar. **–2.** [prepare - plans] fer; **to ~ the table** parar (la) taula. **–3.** [put in position - bricks] posar; [- cable, trap] estendre; [- foundations] posar. **–4.** [egg] pondre. **–5.** [blame, curse] llançar. ◇ *adj* **–1.** [not clerical] laic -a, seglar. **–2.** [untrained, unqualified] profà -ana, inexpert -a. ➨ **lay aside** *vt sep* **–1.** [store for future - aside food] guardar; [- aside money] estalviar. **–2.** [put away] deixar de banda. ➨ **lay down** *vt sep* **–1.** [set out] imposar, dictar. **–2.** [put down - down arms] deposar, entregar; [- down tools] deixar. ➨ **lay off** ◇ *vt sep* [make redundant] acomiadar. ◇ *vt fus* **–1.** *inf* [leave in peace] deixar en pau. **–2.** *inf* [stop, give up]: **to ~ off (doing sthg)** deixar (de fer alguna cosa). ➨ **lay on** *vt sep Br* [provide, supply] proveir. ➨ **lay out** *vt sep* **–1.** [arrange, spread out] disposar. **–2.** [plan, design] dissenyar el traçat de.

layabout ['leɪəbaʊt] *n Br inf* dropo *m* -a *f*, gandul *m* -a *f*.

lay-by (*pl* **lay-bys**) *n Br* àrea *f* de descans.

layer ['leɪəʳ] *n* **–1.** [of substance, material] capa *f*. **–2.** *fig* [level] nivell *m*.

layman ['leɪmən] (*pl* **-men** [-mən]) *n* **–1.** [untrained, unqualified person] profà *m* -ana *f*, inexpert *m* -a *f*. **–2.** RELIG laic *m* -a *f*.

layout ['leɪaʊt] *n* [of building, garden] disseny *m*, distribució *f*; [of text] composició *f*.

laze [leɪz] *vi*: **to ~ (about / around)** passar l'estona sense fer res, gandulejar.

lazy ['leɪzɪ] (*compar* **-ier**, *superl* **-iest**) *adj* **–1.** [person] gandul -a, mandrós -osa. **–2.** [stroll, gesture] lent -a; [afternoon] ociós -osa.

lazybones ['leɪzɪbəʊnz] (*pl inv*) *n* gandul *m* -a *f*, dropo *m* -a *f*.

lb (abbr of *pound*) lb.

LCD *n* abbr of **liquid crystal display**.

lead¹ [liːd] (*pt & pp* **led**) ◇ *n* **–1.** [winning position] davantera *f*; **to be in / have the ~** anar al davant de. **–2.** [amount ahead]: **to have a ~ of ...** portar un avantatge de. **–3.** [initiative, example] iniciativa *f*, exemple *m*; **to take the ~** [do sthg first] passar al davant. **–4.** THEAT: **(to play) the ~** (fer) el paper principal. **–5.** [clue] pista *f*. **–6.** [for dog] corretja *f*. **–7.** [wire, cable] cable *m*. ◇ *adj* [singer, actor] principal; [story in newspaper] més destacat -ada. ◇ *vt* **–1.** [be in front of] encapçalar. **–2.** [take, guide, direct] conduir. **–3.** [be in charge of, take the - in] dirigir, estar al capdavant de; **to ~ the way** ensenyar el camí. **–4.** [life] portar. **–5.** [cause]: **to ~ sb to do sthg** induir algú a fer alguna cosa. ◇ *vi* **–1.** [go]: **to ~ (to)** portar (a). **–2.** [give access to]: **to ~ (to / into)** portar (a), anar a parar (a). **–3.** [be winning] anar al capdavant. **–4.** [result in]: **to ~ to** conduir

a. ☞ **lead up to** *vt fus* **–1.** [build up to] conduir a, precedir. **–2.** [plan to introduce] apuntar a.

lead² [led] ◇ *n* **–1.** [metal] plom *m*. **–2.** [in pencil] mina *f*. ◇ *comp* [made of or with -] de plom.

leaded ['lɛdɪd] *adj* **–1.** [petrol] amb plom. **–2.** [window] emplomat -ada.

leader ['liːdəʳ] *n* **–1.** [of party etc., in competition] líder *m*. **–2.** *Br* [in newspaper] editorial *mf*, article *m* de fons.

leadership ['liːdəʃɪp] *n* **–1.** (U) [people in charge]: **the ~** els dirigents, els líders. **–2.** [position of leader] lideratge *m*, comandament *m*. **–3.** [qualities of leader] autoritat *f*, do *m* de comandament.

lead-free [led-] *adj* sense plom.

leading ['liːdɪŋ] *adj* **–1.** [major - athlete, writer] destacat -ada. **–2.** [main - part] principal. **–3.** [at front] que va al capdavant.

leading lady *n* primera actriu *f*.

leading light *n* cervell *m*.

leading man *n* primer actor *m*.

leaf [liːf] (*pl* **leaves** [-vz]) *n* **–1.** [of tree] fulla *f*. **–2.** [of table] full *m* abatible. **–3.** [of book] full *m*. ☞ **leaf through** *vt fus* fullejar.

leaflet ['liːflɪt] ◇ *n* [small brochure] fullet *m*; [piece of paper] full *m* volant. ◇ *vt* repartir fullets.

league [liːg] *n* [gen & SPORT] lliga *f*; **to be in ~ with** [work with] estar confabulat amb.

leak [liːk] ◇ *n* **–1.** [hole - in tank, bucket] forat *m*; [- in roof] gotera *f*. **–2.** [escape] fuita *f*, pèrdua *f*. **–3.** [disclosure] filtració *f*. ◇ *vt* [make known] filtrar. ◇ *vi* **–1.** [bucket] tenir un forat; [roof] tenir goteres. **–2.** [water, gas] escapar-se, fugar-se; **to ~ (out) from** sortir de. ☞ **leak out** *vi* **–1.** [liquid] escapar-se, vessar-se. **–2.** *fig* [secret, information] transcendir, filtrar-se.

leakage ['liːkɪdʒ] *n* fuita *f*, pèrdua *f*.

lean [liːn] (*pt & pp* **leant** / **-ed**) ◇ *adj* **–1.** [person] prim -a. **–2.** [meat] magre -a. **–3.** [winter, year] magre -a, difícil. ◇ *vt* [support, prop]: **to ~ sthg against** recolzar alguna cosa a. ◇ *vi* **–1.** [bend, slope] inclinar-se. **–2.** [rest]: **to ~ on / against** comptar amb el suport d'algú.

leaning ['liːnɪŋ] *n*: **~ (towards)** inclinació *f* (per).

leant [lent] *pt & pp* ☞ **lean**.

lean-to (*pl* **lean-tos**) *n* cobert *m*.

leap [liːp] (*pt & pp* **leapt** / **-ed**) ◇ *n* salt *m*. ◇ *vi* [gen] saltar; [prices] pujar de cop.

leapfrog ['liːpfrɒg] (*pt & pp* **-ged**, *cont* **-ging**) ◇ *n* joc *m* de saltar i parar. ◇ *vt* saltar.

leapt [lept] *pt & pp* ☞ **leap**.

leap year *n* any *m* de traspàs.

learn [lɜːn] (*pt & pp* **-ed** / **learnt**) ◇ *vt* **–1.** [acquire knowledge of, memorize] aprendre; **to ~ (how) to do sthg** aprendre a fer una cosa. **–2.** [hear]: **to ~ (that)** assabentar-se (d'una cosa / que). ◇ *vi* **–1.** [acquire knowledge] aprendre. **–2.** [hear]: **to ~ (of / about)** assabentar-se (de).

learned ['lɜːnɪd] *adj* erudit -a.

learner ['lɜːnəʳ] *n* principiant *mf*.

learner (driver) *n* conductor *m* -a *f* en pràctiques.

learning ['lɜːnɪŋ] *n* saber *m*, erudició *f*.

learnt [lɜːnt] *pt & pp* ☞ **learn**.

lease [liːs] ◇ *n* JUR contracte *m* d'arrendament, arrendament *m*; **to give sb a new ~ of life** *Br* / **on life** *Am* tornar la vida a algú. ◇ *vt* arrendar; **to ~ sthg from / to** arrendar alguna cosa a / d'algú.

leasehold ['liːshəʊld] ◇ *adj* arrendat -ada. ◇ *adv* en arrendament.

leash [liːʃ] *n* [for dog] corretja *f*.

least [liːst] ◇ *adj* [smallest in amount, degree] menor; **he earns the ~ money** és el que guanya menys. ◇ *pron* [smallest amount]: **the ~** el mínim; **it's the ~ (that) he can do** és el mínim que pot fer; **not in the ~** de cap manera; **to say the ~** per no dir més que el mínim. ◇ *adv* [to the smallest amount, degree] menys. ☞ **at least** *adv* com a mínim, almenys. ☞ **least of all** *adv* i menys (encara). ☞ **not least** *adv fml* d'una manera especial.

leather ['leðəʳ] ◇ *n* cuir *m*, pell *f*. ◇ *comp* [jacket, trousers] de cuir; [shoes, bag] de pell.

leave [liːv] (*pt & pp* **left**) ◇ *vt* **–1.** [gen] deixar; **he left it to her to decide** va deixar que ho decidís ella; **to ~ sb alone** deixar algú en pau; **it ~s me cold** tant me fa. **–2.** [go away from - house, room] marxar de; [- wife, home] abandonar. **–3.** [do not take, forget] oblidar-se de. **–4.** [bequeath]: **to ~ sb sthg, to ~ sthg to sb** deixar alguna cosa a algú. ◇ *vi* [bus, train, plane] sortir; [person] marxar, anar-se'n. ◇ *n* [time off] permís *m*; **to be on ~** estar de permís. ☞ **leave behind** *vt sep* **–1.** [abandon] deixar. **–2.** [forget] oblidar-se de. ☞ **leave out** *vt sep* excloure; **to feel left out** sentir-se exclòs -osa, sentir-se ignorat -ada.

leave of absence *n* excedència *f*.

leaves [liːvz] *pl* ☞ **leaf**.

Lebanon ['lebənən] *n*: **(the)** ~ el Líban.

lecherous ['letʃərəs] *adj* lasciu -iva, luxuriós -osa.

lecture ['lektʃər] ◇ *n* **-1.** [talk - at university] classe *f*; [- at conference] conferència *f*; **to give a ~ (on)** [at university] donar una classe (sobre); [at conference] donar una conferència (sobre). **-2.** [criticism, reprimand] sermó *m*. ◇ *vt* [scold] sermonejar. ◇ *vi* [give talk]: **to ~ (on / in)** [at university] donar una classe (de / en); [at conference] donar una conferència (sobre / en).

lecturer ['lektʃərər] *n* professor *m* -a *f* d'universitat.

led [led] *pt & pp* ☞ **lead**.

ledge [ledʒ] *n* **-1.** [of window] ampit *m*, arrambador *m*. **-2.** [of mountain] plataforma *f* sortint.

ledger ['ledʒər] *n* llibre *m* mestre.

leech [liːtʃ] *n lit & fig* sangonera *f*.

leek [liːk] *n* porro *m*.

leer [lɪər] ◇ *n* mirada *f* impúdica. ◇ *vi*: **to ~ at sb** mirar impúdicament algú.

leeway ['liːweɪ] *n* **-1.** [room to manoeuvre] llibertat *f* d'acció, llibertat *f* de moviments. **-2.** [time lost]: **to make up ~** recuperar el temps perdut.

left [left] ◇ *adj* **-1.** [remaining]: **there's no wine ~** no queda gens de vi. **-2.** [not right] esquerre -a. ◇ *adv* a l'esquerra. ◇ *n*: **on / to the ~** a l'esquerra; **keep to the ~!** [on road signs] circuleu per l'esquerra! ☞ **Left** POL *n*: **the ~** l'esquerra.

left-hand *adj* de l'esquerra, esquerre -a; **the ~ side** el costat esquerre, l'esquerra.

left-hand drive ◇ *adj* amb el volant a l'esquerra. ◇ *n* vehicle que té el volant a l'esquerra.

left-handed [-'hændɪd] ◇ *adj* **-1.** [person] esquerrà -ana. **-2.** [implement] per a esquerrans. **-3.** *Am* [compliment] ambigu -a. ◇ *adv* amb l'esquerra.

left luggage (office) *Br n* consigna *f*.

leftover ['leftəʊvər] *adj* sobrant. ☞ **leftovers** *npl* sobres *fpl*.

left wing POL *n* esquerra *f*. ☞ **left-wing** *adj* d'esquerres, esquerrà -ana.

leg [leg] *n* **-1.** [of person] cama *f*; **to be on one's last ~s** estar a les acaballes; **you don't have a ~ to stand on** no tens cap argument a favor teu; **to pull sb's ~** prendre el pèl a algú. **-2.** [of animal] pota *f*. [of trousers] camal *m*. **-4.** CULIN [of lamb, pork] cuixa *f*, cuixot *m*; [of chicken] cuixa *f*.

-5. [of furniture] pota *f*. **-6.** [of journey] etapa *f*; [of tournament] fase *f*, mànega *f*.

legacy ['legəsɪ] (*pl* **-ies**) *n lit & fig* llegat *m*.

legal ['liːgl] *adj* **-1.** [concerning the law] legal, jurídic -a. **-2.** [lawful] legal, lícit -a.

legalize, -ise ['liːgəlaɪz] *vt* legalitzar.

legal tender *n* moneda *f* de curs legal.

legend ['ledʒənd] *n lit & fig* llegenda *f*.

leggings ['legɪŋz] *npl* leotards *mpl*.

legible ['ledʒəbl] *adj* llegible.

legislation [,ledʒɪs'leɪʃn] *n* legislació *f*.

legislature ['ledʒɪsleɪtʃər] *n* legislatura *f*.

legitimate [lɪ'dʒɪtɪmət] *adj* legítim -a.

legless ['legləs] *adj Br inf* [drunk] trompa, pet.

legroom ['legrʊm] *n* (*U*) espai *m* per a les cames.

leg-warmers [-,wɔːməz] *npl* camalls *mpl*.

leisure [*Br* 'leʒər, *Am* 'liːʒər] *n* lleure *m*, temps *m* lliure; **do it at your ~** fes-ho quan tinguis temps.

leisure centre *n* centre *m* esportiu i cultural.

leisurely [*Br* 'leʒəlɪ, *Am* 'liːʒərlɪ] ◇ *adj* lent -a. ◇ *adv* sense pressa, amb calma.

leisure time *n* temps *m* lliure, oci *m*.

lemon ['lemən] *n* [fruit] llimona *f*.

lemonade [,lemə'neɪd] *n* **-1.** *Br* [fizzy drink] gasosa *f*. **-2.** [made with fresh lemons] llimonada *f*.

lemon juice *n* suc *m* de llimona.

lemon sole *n* palaia *f*.

lemon squeezer *n* espremedora *f* de llimones.

lemon tea *n* te *m* amb llimona.

lend [lend] (*pt & pp* **lent**) *vt* **-1.** [loan] deixar, prestar; **to ~ sb sthg, to lend sthg to sb** deixar alguna cosa a algú. **-2.** [offer]: **to ~ sthg (to sb)** deixar alguna cosa (a algú); **to ~ itself to sthg** prestar-se a alguna cosa. **-3.** [add]: **to ~ sthg to** deixar alguna cosa a.

lending rate ['lendɪŋ-] *n* tipus *m* d'interès (en un crèdit).

length [leŋθ] *n* **-1.** [measurement] llargada *f*, longitud *f*; **what ~ is it?** quina llargada té?; **in ~** de llargada. **-2.** [whole distance, size] extensió *f*; **throughout the ~ and breadth of** de cap a cap de. **-3.** [of swimming pool] llarg *m*. **-4.** [piece - of string, wood] tros *m*; [- of cloth] llarg *m*. **-5.** [duration] durada *f*. **-6. to go to great ~s to do sthg** fer tot el que calgui per tal de fer una cosa. ☞ **at length** *adv* **-1.** [eventually] per fi. **-2.** [in detail at - speak] llargament; [at - discuss] detingudament.

lengthen ['leŋθən] ◇ *vt* allargar. ◇ *vi* allargar-se.

lengthways ['leŋθweɪz] *adv* al llarg.

lengthy ['leŋθɪ] (*compar* **-ier**, *superl* **-iest**) *adj* [stay, visit] llarg -a, extens -a; [discussions, speech] prolongat -ada.

lenient ['liːnjənt] *adj* indulgent.

lens [lenz] *n* **-1.** [in glasses] lent *f*; [in camera] objectiu *m*. **-2.** [contact -] lent *f* de contacte.

lent [lent] *pt & pp* ➔ **lend**.

Lent [lent] *n* Quaresma *f*.

lentil ['lentɪl] *n* llentia *f*.

Leo ['liːəʊ] *n* Lleó *m*; to be (a) ~ ser Lleó.

leopard ['lepəd] *n* lleopard *m*.

leotard ['liːətɑːd] *n* mallot *m*.

leper ['lepər] *n* leprós *m* -osa *f*.

leprosy ['leprəsɪ] *n* lepra *f*.

lesbian ['lezbɪən] ◇ *adj* lesbià -ana. ◇ *n* lesbiana *f*.

less [les] (*compar of* **little**) ◇ *adj* menys; ~ ... than menys ... que; ~ and ~ cada vegada menys. ◇ *pron* menys; **the ~ you work, the ~ you earn** com menys treballes, menys guanyes; **it costs ~ than you think** val menys del que et penses; **no ~ than** ni més ni menys que. ◇ *adv* menys; ~ **than five** menys de cinc; ~ **and ~** cada vegada menys. ◇ *prep* [minus] menys.

lessen ['lesn] ◇ *vt* disminuir, reduir. ◇ *vi* disminuir, reduir-se.

lesser ['lesər] *adj* menor; **to a ~ extent / degree** en menor grau.

lesson ['lesn] *n* **-1.** [class] classe *f*; **to give / take ~s (in)** donar / rebre classes (de). **-2.** [warning experience] lliçó *f*; **to teach sb a ~** donar a algú una lliçó.

lest [lest] *conj fml* per tal que no; ~ **we forget** per tal que no ens n'oblidem.

let [let] (*pt & pp* **let**, *cont* **-ting**) *vt* **-1.** [allow]: **to ~ sb do sthg** deixar fer una cosa a algú; **to ~ sthg happen** deixar que una cosa passi; **she ~ her hair grow** es va deixar créixer el cabell; **to ~ sb know sthg** avisar algú d'alguna cosa; **to ~ go of sthg / sb** deixar anar alguna cosa / algú; **to ~ sthg / sb go** [release] deixar que una cosa / algú marxi, alliberar una cosa / algú. **-2.** [in verb forms]: **~'s go!** anem!; **~'s see** a veure; **~ him wait!** que s'esperi! **-3.** [rent out - house, room] llogar; [- land] arrendar; **"to ~"** "per llogar", "per arrendar". ➔ **let alone** *adv* per no parlar de. ➔ **let down** *vt sep* **-1.** [deflate] desinflar. **-2.** [disappoint] fallar a, decebre. ➔ **let in** *vt sep* **-1.** [admit] deixar entrar. **-2.** [leak] deixar passar. ➔ **let off** *vt sep* **-1.** [excuse]: **to ~ sb off sthg** eximir algú d'una cosa. **-2.** [not punish] perdonar. **-3.** [cause to explode - off bomb] fer explotar; [- off gun] disparar. ➔ **let on** *vi*: **don't ~ on!** no diguis res! ➔ **let out** *vt sep* **-1.** [allow to go out] deixar sortir. **-2.** [emit - out sound] fer. ➔ **let up** *vi* **-1.** [heat, rain] cessar. **-2.** [person] parar.

letdown ['letdaʊn] *n inf* decepció *f*, moc *m*.

lethal ['liːθl] *adj* letal, mortífer.

lethargic [lə'θɑːdʒɪk] *adj* [mood] letàrgic -a; [person] ensopit -ida.

let's [lets] = **let us**.

letter ['letər] *n* **-1.** [written message] carta *f*. **-2.** [of alphabet] lletra *f*.

letter bomb *n* carta *f* bomba.

letterbox ['letəbɒks] *n Br* bústia *f*.

letter of credit *n* carta *f* de crèdit.

lettuce ['letɪs] *n* enciam *m*.

letup ['letʌp] *n* respir *m*, treva *f*.

leuk(a)emia [luːˈkiːmɪə] *n* leucèmia *f*.

level ['levl] (*Br pt & pp* **-led**, *cont* **-ling**, *Am pt & pp* **-ed**, *cont* **-ing**) ◇ *adj* **-1.** [equal in speed, score] igualat -ada; [equal in height] anivellat -ada; **to be ~ (with sthg)** ser al mateix nivell (d'una cosa). **-2.** [flat - floor, field] llis -a, pla plana; [- spoonful] ras -a. ◇ *adv*: ~ **(with)** al mateix nivell (que); **to fly ~ with the ground** volar arran de terra; **to draw ~ with sb** arribar al mateix nivell d'algú. ◇ *n* **-1.** [gen]: **to be on a ~ (with)** estar al mateix nivell (de). **-2.** *inf* **to be on the ~** ser de fiar. **-3.** *Am* [spirit -] nivell *m* de bombolla d'aire. ◇ *vt* **-1.** [make flat] anivellar, aplanar. **-2.** [demolish - building] enderrocar; [- forest] arrasar. **-3.** [weapon]: **to ~ sthg at** apuntar amb una cosa. **-4.** [accusation, criticism]: **to ~ sthg at / against sb** dirigir una cosa a algú. ➔ **level off**, **level out** *vi* **-1.** [stabilize, slow down] estabilitzar-se. **-2.** [ground] anivellar-se; [plane] redreçar-se. ➔ **level with** *vt fus inf* ser sincer -a amb.

level crossing *n Br* pas *m* a nivell.

level-headed [-'hedɪd] *adj* assenyat -ada, equilibrat -ada.

lever [*Br* 'liːvər, *Am* 'levər] *n* **-1.** [handle, bar] alçaprem *m*. **-2.** *fig* [tactic] ressort *m*.

leverage [*Br* 'liːvərɪdʒ, *Am* 'levərɪdʒ] *n* **-1.** (*U*) [force] força *f* d'un alçaprem. **-2.** *fig* [influence] influència *f*.

levy ['levɪ] (*pt & pp* **-ied**) ◇ *n*: ~ **(on)** [financial contribution] contribució (a), contribució (per a); [tax] impost *m* (sobre). ◇ *vt* recaptar.

lewd [ljuːd] *adj* [person, look] lasciu -iva; [behaviour, song] obscè -ena; [joke] verd -a.

liability [ˌlaɪəˈbɪlətɪ] (*pl* **-ies**) *n* **-1.** [hindrance] llast *m*. **-2.** [legal responsibility]: ~ **(for)** responsabilitat (per). ◆ **liabilities** FIN *npl* passiu *m*, deutes *mpl*.

liable ['laɪəbl] *adj* **-1.** [likely]: that's ~ to **happen** això pot ser que passi. **-2.** [prone]: to be ~ to ser propens a. **-3.** [legally responsible]: to be **(for)** ser (el) responsable (de).

liaise [lɪˈeɪz] *vi*: to ~ **(with)** estar en contacte (amb); to ~ **(between)** fer d'enllaç (entre).

liaison [lɪˈeɪzɒn] *n* **-1.** [contact, co-operation]: ~ **(with / between)** connexió *f* (amb / entre), enllaç *m* (amb / entre). **-2.** [affair, relationship]: ~ **(with / between)** relacions *fpl* amoroses (amb / entre).

liar ['laɪər] *n* mentider *m* -a *f*.

libel ['laɪbl] (*Br pt & pp* **-led**, *cont* **-ling**, *Am pt & pp* **-ed**, *cont* **-ing**) ◇ *n* libel *m*. ◇ *vt* difamar, calumniar.

liberal ['lɪbərəl] ◇ *adj* **-1.** [tolerant] liberal. **-2.** [generous] generós -osa. ◇ *n* liberal *mf*. ◆ **Liberal** POL ◇ *adj* liberal. ◇ *n* liberal *mf*.

Liberal Democrat ◇ *adj* demòcrata liberal. ◇ *n* demòcrata liberal *mf*.

liberate ['lɪbəreɪt] *vt* alliberar.

liberation [ˌlɪbəˈreɪʃn] *n* alliberació *f*.

liberty ['lɪbətɪ] (*pl* **-ies**) *n* llibertat *f*; at ~ en llibertat; to be at ~ to do sthg tenir llibertat per fer una cosa; to take liberties **(with sb)** tractar algú amb massa familiaritat.

Libra ['liːbrə] *n* Balança *f*; to be (a) ~ ser Balança.

librarian [laɪˈbreərɪən] *n* bibliotecari *m* -ària *f*.

library ['laɪbrərɪ] (*pl* **-ies**) *n* **-1.** [public institution] biblioteca *f*. **-2.** [private collection] col·lecció *f*.

libretto [lɪˈbretəʊ] (*pl* **-s**) *n* llibret *m*.

Libya ['lɪbɪə] *n* Líbia *f*.

lice [laɪs] *pl* ☞ **louse**.

licence ['laɪsəns] ◇ *n* permís *m*, llicència *f*; under ~ amb llicència / permís oficial. ◇ *vt Am* = **license**.

license ['laɪsəns] ◇ *vt* [person, organization] donar permís a; [activity] autoritzar. ◇ *n Am* = **licence**.

licensed ['laɪsənst] *adj* **-1.** [person]: to be ~ to do sthg estar autoritzat -ada a fer una cosa. **-2.** [object] enregistrat -ada, amb llicència. **-3.** *Br* [premises] autoritzat -ada a vendre alcohol.

license plate *n Am* matrícula *f*.

lick [lɪk] ◇ *n* **-1.** [act of licking] llepada *f*. **-2.** *inf* [small amount]: **a** ~ **of paint** una mà de pintura. ◇ *vt* lit & fig llepar; to ~ **one's lips** llepar-se els llavis. **-2.** *inf* [defeat] donar una pallissa a.

licorice ['lɪkərɪs] = **liquorice**.

lid [lɪd] *n* **-1.** [cover] tap *m*, tapa *f*. **-2.** [eyelid] parpella *f*.

lie [laɪ] (*pt sense 1* **lied**, *pt senses 2-5* **lay**, *pp sense 1* **lied**, *pp senses 2-5* **lain**, *cont all senses* **lying**) ◇ *n* mentida *f*; to tell ~s dir mentides, mentir. ◇ *vi* **-1.** [tell -] mentir; to ~ to sb mentir a algú. **-2.** [be horizontal] ajaure's, estirar-se; [be buried] reposar; to be lying estar estirat -ada. **-3.** [be situated] trobar-se, estar situat -ada. **-4.** [be - solution, attraction] trobar-se, raure. **-5.** to ~ low quedar-se amagat -ada. ◆ **lie about**, **lie around** *vi* passar-se el dia sense fer res. ◆ **lie down** *vi* ajeure's, estirar-se; to take sthg lying down suportar una cosa sense dir res. ◆ **lie in** *vi Br* no aixecar-se (del llit) fins tard.

Liechtenstein ['lɪktənˌstaɪn] *n* Liechtenstein.

lie-down *n Br* migdiada *f*.

lie-in *n Br*: to have a ~ quedar-se al llit fins tard.

lieu [ljuː, luː] ◆ **in lieu** *adv* a canvi; in ~ of en lloc de.

lieutenant [*Br* lefˈtenənt, *Am* luːˈtenənt] *n* tinent *m*.

life [laɪf] (*pl* **lives**) ◇ *n* **-1.** [gen] vida *f*; that's ~! la vida és així!; for ~ per a tota la vida; *inf* for the ~ of me per més que ho intento; to breathe ~ into sthg infondre vida a una cosa; to come to ~ [thing] cobrar vida; [person] reanimar-se de sobte; to lay down one's ~ donar la vida; to risk ~ and limb jugar-se la pell; to scare the ~ out of sb donar a algú un ensurt terrible; to take sb's ~ llevar la vida a algú; to take one's own ~ suïcidar-se. **-2.** *inf* [- imprisonment] cadena *f* perpètua. ◇ *comp* [member etc.] vitalici -ícia.

life assurance = **life insurance**.

life belt *n* cinturó *m* salvavides.

lifeboat ['laɪfbəʊt] *n* [on a ship] barca *f* salvavides; [on shore] llanxa *f* de socors.

life buoy *n* cinturó *m* salvavides.

life expectancy [-ɪk'spektənsɪ] *n* esperança *f* de vida.

lifeguard ['laɪfgʊd] *n* socorrista *mf*.

life imprisonment *n* cadena *f* perpètua.

life insurance *n* assegurança *f* de vida.

life jacket *n* jaqueta *f* salvavides.

lifeless ['laɪflɪs] *adj* **-1.** [dead] sense vida. **-2.** [listless] sense nervi.

lifelike ['laɪflaɪk] *adj* natural, realista.

lifeline ['laɪflaɪn] *n* **-1.** [rope] corda *f* salvavides. **-2.** [sthg vital for survival] cordó *m* umbilical.

lifelong ['laɪfloŋ] *adj* de tota la vida.

life preserver [-prɪ,zɜːvəʳ] *n Am* salvavides *m inv*.

life raft *n bot m* salvavides.

lifesaver ['laɪf,seɪvəʳ] *n* **-1.** [person] socorrista *mf*. **-2.** *fig* [relief, help]: **it was a ~** em va salvar la vida, em va treure d'un mal pas.

life sentence *n* (condemna *f* a) cadena *f* perpètua.

life-size(d) *adj* de mida natural.

lifespan ['laɪfspæn] *n* **-1.** [of person, animal, plant] vida *f*. **-2.** [of product, machine] vida *f*, durada *f*.

lifestyle ['laɪfstaɪl] *n* estil *m* de vida.

life-support system *n* aparell *m* de respiració artificial.

lifetime ['laɪftaɪm] *n* vida *f*.

lift [lɪft] ◇ *n* **-1.** [ride - in car etc.]: **to give sb a ~ (somewhere)** portar / acostar algú (a algun lloc). **-2.** *Br* [elevator] ascensor *m*. ◇ *vt* **-1.** [gen] aixecar; **to ~ sthg down** abaixar una cosa. **-2.** [plagiarize] plagiar. ◇ *vi* **-1.** [be able to be lifted] aixecar-se, alçar-se. **-2.** [disappear - mist] aclarir-se, aixecar-se.

lift-off *n* enlairament *m*.

light [laɪt] (*pt & pp* **lit** / **-ed**) ◇ *adj* **-1.** [gen] lleuger -a; [rain] fi fina; [traffic] escàs -assa. **-2.** [not strenuous - duties, responsibilities] simple; [- work] suau; [- punishment] lleu. **-3.** [bright]: **it's growing ~** clareja / es fa de dia. **-4.** [pale - colour] clar -a. ◇ *n* **-1.** [brightness] llum *f*. **-2.** [for cigarette, pipe] foc *m*; **have you got a ~?** tens foc? **-3.** [perspective]: **in the ~ of** *Br* **in ~ of** *Am* en vista de; **to see sthg / sb in a different ~** veure una cosa / algú des d'una nova perspectiva. **-4.** *liter* [look in eyes] brillantor *f*. **-5. to come to ~** sortir a la llum, descobrir-se; **to set ~ to** calar foc a; **to see the ~** veure-ho clar; **to throw / cast / shed ~ on** aclarir. **-6.** [source of -] llum *m*. ◇ *vt* **-1.** [ignite] encendre. **-2.** [illuminate] il·luminar. ◇ *adv* amb poc equipatge. ◆ **light up** ◇ *vt sep* **-1.** [illuminate] il·luminar. **-2.** [start smoking] encendre. ◇ *vi* **-1.** [look happy] il·luminar-se. **-2.** *inf* [start smoking] encendre's.

light bulb *n* bombeta *f*.

lighten ['laɪtn] ◇ *vt* **-1.** [make brighter - room] il·luminar; [- hair] aclarir. **-2.** [make less heavy] alleugerar. ◇ *vi* **-1.** [brighten] aclarir-se. **-2.** [become happier, more relaxed] alegrar-se.

lighter ['laɪtəʳ] *n* [cigarette -] encenedor *m*.

light-headed [-'hedɪd] *adj* marejat -ada.

light-hearted [-'hɑːtɪd] *adj* **-1.** [cheerful] alegre. **-2.** [amusing] frívol -a.

lighthouse ['laɪthaʊs, *pl* -haʊzɪz] *n* far *m*.

lighting ['laɪtɪŋ] *n* il·luminació *f*; **street ~** enllumenat *m* públic.

lightly ['laɪtlɪ] *adv* **-1.** [gently] suaument. **-2.** [slightly] lleugerament. **-3.** [frivolously] a la lleugera.

light meter *n* fotòmetre *m*.

lightning ['laɪtnɪŋ] *n* (U) llamp *m*.

lightweight ['laɪtweɪt] ◇ *adj* **-1.** [object] lleuger -a. **-2.** *fig* [person] de poc pes. ◇ *n* **-1.** [boxer] pes *m* lleuger. **-2.** *fig* [person] figura *f* menor.

likable ['laɪkəbl] *adj* simpàtic -a.

like [laɪk] ◇ *prep* **-1.** [gen] com; (*in questions or indirect questions*) com; **what did it taste ~?** de què tenia gust?; **what did it look ~?** com era?; **tell me what it's ~** digues-me com és; **sthg ~ &100** prop de 100 lliures, unes 100 lliures; **sthg ~ that** una cosa així, una cosa per l'estil. **-2.** [in the same way as] com, igual que; **~ this / that** així. **-3.** [typical of] propi pròpia de, típic -a de. ◇ *vt* **-1.** [find pleasant, approve of]: **I ~ cheese** m'agrada el formatge; **I ~ it / them** m'agrada / m'agraden; **he ~s doing / to do sthg** li agrada fer alguna cosa. **-2.** [want] voler; **I don't ~ to bother her** no la vull molestar; **would you ~ some more?** en vols una mica més?; **I'd ~ to come tomorrow** m'agradaria venir demà; **I'd ~ you to come to dinner** m'agradaria (molt) que vinguessis a sopar; **I'd ~ a kilo of apples / the soup** [in shops, restaurants] posi'm un quilo de pomes / la sopa, si us plau. ◇ *adj* [similar] semblant; [the same] igual. ◇ *n*: **the ~ of sb / sthg** algú / alguna cosa de l'estil; **and the ~** i coses per l'estil; **I've never seen the ~ (of it)** no havia vist mai una cosa així. ◆ **li-**

kes *npl* [things one likes] gustos *mpl*, preferències *fpl*.

likeable ['laɪkəbl] = **likable**.

likelihood ['laɪklɪhʊd] *n* (U) probabilitat *f*; **in all ~** segons totes les probabilitats.

likely ['laɪklɪ] *adj* **-1.** [probable] probable; **rain is ~** és probable que plogui; **he's ~ to come** és probable que vingui; **a ~ story!** *iron* això és un conte de la vora del foc! **-2.** [suitable] indicat -ada.

liken ['laɪkn] *vt*: **to ~ sthg / sb to** comparar una cosa / algú amb.

likewise ['laɪkwaɪz] *adv* [similarly] de la mateixa manera; **to do ~** fer el mateix.

liking ['laɪkɪŋ] *n*: **to have a ~ for sthg** tenir afecció a una cosa; **to take a ~ to sb** agafar afecte a algú; **to be sb's ~** ser del gust d'algú; **for my / his** *etc*. **~** pel meu / seu *etc*. gust.

lilac ['laɪlək] <> *adj* [colour] lila. <> *n* **-1.** [tree] lilà *m*. **-2.** [colour] lila *m*.

Lilo® ['laɪləʊ] (*pl* **-s**) *n Br* matalàs *m* inflable.

lily ['lɪlɪ] (*pl* **-ies**) *n* lliri *m*, assutzena *f*.

lily of the valley (*pl* **lilies of the valley**) *n* muguet *m*.

limb [lɪm] *n* **-1.** [of body] membre *m*, extremitat *f*. **-2.** [of tree] rama *f*. **-3. to be out on a ~** estar aïllat -ada.

limber ['lɪmbə^r] ◆ **limber up** *vi* escalfar, fer exercicis preparatoris.

limbo ['lɪmbəʊ] (*pl* **-s**) *n* **-1.** (U) [uncertain state]: **to be in ~** trobar-se en un estat d'incertesa. **-2.** [dance]: **the ~** dansa del Carib que consisteix a passar per sota d'una barra amb el cos inclinat cap endarrere.

lime [laɪm] *n* **-1.** [fruit] llima *f*. **-2.** [drink]: **~ (juice)** suc de llima *f*. **-3.** [linden tree] til·ler *m*. **-4.** CHEM calç *f*.

limelight ['laɪmlaɪt] *n*: **in the ~** estar a la vista de tothom.

limerick ['lɪmərɪk] *n* estrofa humorística de cinc versos.

limestone ['laɪmstəʊn] *n* (U) pedra *f* calcària.

limey ['laɪmɪ] (*pl* **-s**) *n Am inf* anglès *m* (en sentit pejoratiu).

limit ['lɪmɪt] <> *n* **-1.** [gen] límit *m*. **-2.** *inf* [test of patience]: **you're the ~!** ets d'allò que no hi ha! **-3. off ~s** en zona prohibida; **within ~s** dins d'un límit. <> *vt* limitar, restringir; **to ~ oneself to** limitar-se a.

limitation [ˌlɪmɪ'teɪʃn] *n* limitació *f*.

limited ['lɪmɪtɪd] *adj* [restricted] limitat -ada; **to be ~ to** estar limitat -ada a.

limited (liability) company *n* societat *f* limitada.

limousine ['lɪməziːn] *n* limusina *f*.

limp [lɪmp] <> *adj* fluix -a. <> *n* coixesa *f*. <> *vi* coixejar.

limpet ['lɪmpɪt] *n* paparra *f*.

line [laɪn] <> *n* **-1.** [gen] línia *f*. **-2.** [row] fila *f*. **-3.** [queue] cua *f*; **to stand / wait in ~** fer cua; **to be in ~ for promotion** estar a punt d'aconseguir un ascens. **-4.** [course - direction] línia *f*; [- of action] camí *m*; **to walk in a straight ~** caminar en línia recta; **what's his ~ of business?** a quins negocis es dedica?; **to follow the party ~** seguir les directrius del partit; **along the same ~s** per l'estil. **-5.** [length - of rope] corda *f*; [- for fishing] llinya *f*; [- of wire] fil *m*, cable *m*. **-6.** TELEC: **(telephone) ~** línia *f* (telefònica); **hold the ~, please** no pengi, si us plau; **the ~ is busy** està comunicant; **it's a bad ~** hi ha interferències. **-7.** [on page] línia *f*, ratlla *f*; [of poem, song] vers *m*; *inf* [letter] **to drop sb a ~** escriure dues ratlles a algú. **-8.** [system of transport]: **(railway) ~** [track] via *f* (fèrria); [route] línia *f* (fèrria); **shipping ~** [company] companyia *f* naviliera; [route] ruta *f* marítima. **-9.** [wrinkle] arruga *f*. **-10.** [succession of kings etc.] successió *f*. **-11.** [borderline] límit *m*, frontera *f*. **-12.** COM línia *f*. **-13. to be on the right ~s** anar pel bon camí; **to draw the ~ at sthg** negar-se a una cosa, no passar d'una cosa; **to read between the ~s** llegir entre línies; **to step out of ~** deixar d'obeir, saltar-se les regles. <> *vt* **-1.** [form rows along] alinear-se al llarg de; **crowds ~d the street** la gent ocupava les voravies. **-2.** [coat, curtains] folrar; [drawer] folrar l'interior. ◆ **out of line** *adv*: **to be out of ~** estar fora de lloc. ◆ **line up** <> *vt sep* **-1.** [make into a row or queue] alinear. **-2.** [arrange] programar, organitzar. <> *vi* [form a queue] posar-se a la cua, fer fila.

lined [laɪnd] *adj* **-1.** [of paper] reglat -ada. **-2.** [wrinkled] arrugat -ada.

linen ['lɪnɪn] <> *n* **-1.** [cloth] lli *m*. **-2.** [tablecloths, sheets] roba *f* blanca; **bed ~** llençols *mpl*, roba *f* de llit. <> *comp* **-1.** [suit, napkins] de fil. **-2.** [cupboard, drawer] de la roba.

liner ['laɪnə^r] *n* [ship] transatlàntic *m*.

linesman ['laɪnzmən] (*pl* **-men** [-mən]) *n* jutge *m* -essa *f* de línia.

lineup ['laɪnʌp] *n* **-1.** [of players, competitors] alineació *f*. **-2.** *Am* [identification parade] roda *f* d'identificació.

linger ['lɪŋgə^r] *vi* **-1.** [remain - over activity] entretenir-se; [- in a place] endarrerir-se. **–2.** [persist] persistir.

lingerie ['lænʒəɹi] *n* roba *f* interior femenina.

lingo ['lɪŋgəʊ] (*pl* **-es**) *n inf* [foreign language] idioma *m*; [jargon] argot *m*, patuès *m*.

linguist ['lɪŋgwɪst] *n* **–1.** [someone good at languages] persona *f* amb facilitat per a les llengües. **–2.** [student or teacher of linguistics] lingüista *mf*.

linguistics [lɪŋ'gwɪstɪks] *n* (U) lingüística *f*.

lining ['laɪnɪŋ] *n* **–1.** [gen & AUTOM] revestiment *m*. **–2.** [of stomach, nose] parets *fpl* interiors.

link [lɪŋk] ◇ *n* **–1.** [of chain] anella *f*. **–2.** [connection] connexió *f*, enllaç *m*; **rail ~** enllaç *m* ferroviari; **telephone ~** connexió *f* / línia *f* telefònica; **~s (between / with)** llaços *mpl* (entre / amb). ◇ *vt* **–1.** [connect - cities] comunicar, enllaçar; [- computers] connectar; [- facts] relacionar, associar; **to ~ sthg with / to** relacionar / associar una cosa amb. **–2.** [join - arms] enllaçar.

link up *vt sep*: **to ~ sthg up (with)** connectar una cosa (amb).

links [lɪŋks] (*pl inv*) *n* camp *m* de golf.

lino ['laɪnəʊ], **linoleum** [lɪ'nəʊljəm] *n* linòleum *m*.

lintel ['lɪntl] *n* llinda *f*.

lion ['laɪən] *n* lleó *m*.

lioness ['laɪənes] *n* lleona *f*.

lip [lɪp] *n* **–1.** [of mouth] llavi *m*; **my ~s are sealed** sóc una tomba; **to keep a stiff upper ~** no immutar-se per res. **–2.** [of cup] vora *f*; [of jug] broc *m*.

lip-read *vi* llegir en els llavis.

lip salve *n Br* crema *f* de cacau, pomada *f* labial.

lip service *n*: **to pay ~ to sthg** pagar a algú amb històries, donar excuses de mal pagador.

lipstick ['lɪpstɪk] *n* **–1.** [container] barra *f* de llavis. **–2.** [substance] pintura *f* de llavis.

liqueur [lɪ'kjʊəʳ] *n* licor *m*.

liquid ['lɪkwɪd] ◇ *adj* líquid -a. ◇ *n* líquid *m*.

liquidation [,lɪkwɪ'deɪʃn] *n* liquidació *f*.

liquid crystal display *n* pantalla *f* de cristall líquid.

liquidize, -ise ['lɪkwɪdaɪz] *Br vt* liquar.

liquor ['lɪkəʳ] *n* (U) alcohol *m*, begudes *fpl* alcohòliques.

liquorice ['lɪkərɪs] *n* (U) regalèssia *f*.

liquor store *n Am* botiga *f* de begudes alcohòliques.

Lisbon ['lɪzbən] *n* Lisboa.

lisp [lɪsp] ◇ *n* parlar *m* papissot. ◇ *vi* parlar papissot.

list [lɪst] ◇ *n* llista *f*. ◇ *vt* **–1.** [in writing] fer una llista de. **–2.** [in speech] enumerar. ◇ *vi* NAUT escorar.

listed building [,lɪstɪd-] *n Br* edifici declarat d'interès històric i artístic.

listen ['lɪsn] *vi* **–1.** [give attention]: **to ~ (to sthg / sb)** escoltar (una cosa / algú); **to ~ for** estar atent -a a. **–2.** [heed advice]: **to ~ (to sb / sthg)** fer cas (a algú / d'una cosa); **to ~ to reason** escoltar raons.

listener ['lɪsnəʳ] *n* **–1.** [person listening] oient *mf*. **–2.** [to radio] radiooient *mf*.

listless ['lɪstlɪs] *adj* apàtic -a.

lit [lɪt] *pt & pp* ➨ **light**.

litany ['lɪtənɪ] *lit & fig* (*pl* **-ies**) *n* lletania *f*.

liter *Am* = **litre**.

literacy ['lɪtərəsɪ] *n* alfabetització *f*.

literal ['lɪtərəl] *adj* literal.

literally ['lɪtərəlɪ] *adv* literalment; **to take sthg ~** prendre's una cosa al peu de la lletra.

literary ['lɪtərərɪ] *adj* **–1.** [gen] literari -ària. **–2.** [person] literat -a.

literate ['lɪtərət] *adj* **–1.** [able to read and write] que sap llegir i escriure. **–2.** [well-read] culte -a, instruït -ïda.

literature ['lɪtrətʃəʳ] *n* **–1.** [novels, plays, poetry] literatura *f*. **–2.** [books on a particular subject] publicacions *fpl*, bibliografia *f*. **–3.** [printed information] documentació *f*, informació *f* impresa.

lithe [laɪð] *adj* àgil.

Lithuania [,lɪθjʊ'eɪnɪə] *n* Lituània.

litigation [,lɪtɪ'geɪʃn] *n fml* litigi *m*, plet *m*.

litre *Br*, **liter** *Am* ['liːtəʳ] *n* litre *m*.

litter ['lɪtəʳ] ◇ *n* **–1.** [waste material] brossa *f*. **–2.** [newborn animals] llodrigada *f*. ◇ *vt*: **to ~ sthg (with)** embrutar una cosa (de); **papers ~ed the floor** els papers estaven escampats pel terra.

litterbin ['lɪtəbɪn] *n Br* paperera *f*.

little ['lɪtl] (*compar sense 3* **less**, *superl sense 3* **least**) ◇ *adj* **–1.** [small in size, younger] petit -a. **–2.** [short in length] curt -a; **a ~ while** una estoneta. **–3.** [not much]: **he speaks ~ English** en sap poc, d'anglès; **he speaks a ~ English** en sap una mica, d'anglès. ◇ *pron*: **I understood very ~** vaig entendre (ben) poca cosa; **a ~** una mica; **a ~ (bit)** una mica; **give me a ~ (bit)** dóna-me'n una mica. ◇ *adv* poc; **~ by ~** a poc a poc.

little finger *n* dit *m* petit.

live[1] [lɪv] ◇ *vi* **-1.** [gen] viure. **-2.** [continue to be alive] seguir vivint, viure; **long ~ the Queen!** visca la reina! ◇ *vt*: **to ~ a quiet life** fer una vida tranquil·la; *inf* **to ~ it up** donar-se bona vida. ◆ **live down** *vt sep* aconseguir esborrar. ◆ **live off** *vt fus* [savings, land] viure de; [people] viure a costa de. ◆ **live on** ◇ *vt fus* **-1.** [survive on] viure de. **-2.** [eat] viure de, alimentar-se de. ◇ *vi* [memory, feeling] perdurar, romandre. ◆ **live together** *vi* viure junts -tes. ◆ **live up to** *vt fus* estar a l'altura de. ◆ **live with** *vt fus* **-1.** [- in same house as] viure amb. **-2.** [accept - with situation, problem] acceptar.

live[2] [laɪv] ◇ *adj* **-1.** [living] viu viva. **-2.** [burning] encès -esa. **-3.** [unexploded] sense explotar. **-4.** ELEC amb corrent. **-5.** [performance] en directe. ◇ *adv* [broadcast, perform] en directe.

livelihood ['laɪvlihʊd] *n* mitjans *mpl* de subsistència, vida *f*.

lively ['laɪvlɪ] (*compar* **-ier**, *superl* **-iest**) *adj* **-1.** [person, debate, time] animat -ada. **-2.** [mind] agut -uda, perspicaç. **-3.** [colours] viu viva, llampant.

liven ['laɪvn] ◆ **liven up** ◇ *vt sep* animar. ◇ *vi* animar-se.

liver ['lɪvə'] *n* fetge *m*.

livery ['lɪvərɪ] (*pl* **-ies**) *n* [of servant] lliurea *f*; [of company] uniforme *m*.

lives [laɪvz] *pl* ☞ **life**.

livestock ['laɪvstɒk] *n* bestiar *m*.

livid ['lɪvɪd] *adj* **-1.** [angry] emprenyat -ada. **-2.** [blue-grey] lívid -a.

living ['lɪvɪŋ] ◇ *adj* [relatives, language] viu viva; [artist etc.] contemporani -ània. ◇ *n* **-1.** [means of earning money] mitjà *m* de vida; **what do you do for a ~?** com et guanyes la vida? **-2.** [lifestyle] vida *f*.

living conditions *npl* condicions *fpl* de vida.

living room *n* sala *f* d'estar.

living standards *npl* nivell *m* de vida.

living wage *n* sou *m* mínim.

lizard ['lɪzəd] *n* [small] sargantana *f*; [big] llangardaix *m*.

llama ['lɑːmə] (*pl inv* ó **-s**) *n* llama *f*.

load [ləʊd] ◇ *n* **-1.** [sthg carried] càrrega *f*. **-2.** [amount of work]: **a heavy / light ~** molta / poca feina. **-3.** *inf* [large amount]: **~s of** pilons de, gran quantitat de; *inf* **it was a ~ of rubbish** va ser una porqueria. ◇ *vt* **-1.** [gen & COMPUT]: **to ~ sthg / sb (with)** carregar una cosa / algú (de). **-2.** [camera, video recorder]: **he ~ed the camera with a film** va posar un carret a la càmera. ◆ **load up** *vt sep* & *vi* carregar.

loaded ['ləʊdɪd] *adj* **-1.** [question, statement] carregat -ada d'intenció. **-2.** *inf* [rich] estar cobert de peles.

loading bay ['ləʊdɪŋ-] *n* zona *f* de càrrega i descàrrega.

loaf [ləʊf] (*pl* **loaves**) *n* [of bread] barra *f* de pa.

loafer ['ləʊfə'] *n* [shoe] mocassí *m*.

loan [ləʊn] ◇ *n* [sthg lent] préstec *m*; **on ~** deixat -ada. ◇ *vt* deixar; **to ~ sthg to sb, to ~ sb sthg** deixar una cosa a algú.

loath [ləʊθ] *adj*: **to be ~ to do sthg** fer una cosa de mala gana.

loathe [ləʊð] *vt*: **to ~ (doing sthg)** detestar (fer una cosa).

loathsome ['ləʊðsəm] *adj* [smell] repugnant; [person, behaviour] odiós -osa, fastigós -osa.

loaves [ləʊvz] *pl* ☞ **loaf**.

lob [lɒb] (*pt* & *pp* **-bed**, *cont* **-bing**) ◇ *n* SPORT pilota *f* alta. ◇ *vt* **-1.** [throw] llançar. **-2.** SPORT [ball] tirar enlaire; [opponent] tirar-li enlaire.

lobby ['lɒbɪ] (*pl* **-ies**, *pt* & *pp* **-ied**) ◇ *n* **-1.** [hall] vestíbul *m*. **-2.** [pressure group] grup *m* de pressió. ◇ *vt* fer pressió (política) sobre.

lobe [ləʊb] *n* lòbul *m*.

lobster ['lɒbstə'] *n* llagosta *f*.

local ['ləʊkl] ◇ *adj* local. ◇ *n* **-1.** *inf* [person]: **the ~s** [in village] la gent del poble; [in town] els d'aquí, el veïnat. **-2.** *inf Br* [pub] bar *m* del barri. **-3.** *inf Am* [bus, train] de rodalia.

local authority *n Br* autoritat *f* local.

local call *n* trucada *f* local.

local government *n* govern *m* municipal.

locality [lə'kælətɪ] (*pl* **-ies**) *n* localitat *f*.

locally ['ləʊkəlɪ] *adv* **-1.** [on local basis] per aquí, al veïnat. **-2.** [nearby] a prop, per la zona.

locate [*Br* ləʊ'keɪt, *Am* 'ləʊkeɪt] ◇ *vt* **-1.** [find] localitzar. **-2.** [situate] ubicar. ◇ *vi Am* [settle] establir-se.

location [ləʊ'keɪʃn] *n* **-1.** [place] situació *f*, posició *f*. **-2.** CIN: **on ~** en (els) exteriors.

loch [lɒk] *n Scot* llac *m*.

lock [lɒk] ◇ *n* **-1.** [of door] pany *m*; [of bicycle] cadenat *m*; **under ~ and key** amb pany i clau. **-2.** [on canal] resclosa *f*. **-3.** AUTOM [steering -] angle *m* de gir. **-4.** *liter* [of hair] floc *m*, ble *m*. **-5.** *phr*: **~, stock and barrel** del tot, sense excepció. ◇ *vt* **-1.** [with key] tancar amb clau; [with padlock] tancar amb cadenat. **-2.** [keep safely] tancar amb pany i clau. **-3.** [immobilize] travar. **-4.** [hold firmly]: **to be ~ed in an embrace** estar abraçats amb força; **to be ~ed in combat** lluitar aferrissadament. ◇ *vi* **-1.** [with key] tancar-se amb clau; [with padlock] tancar-se amb cadenat. **-2.** [become immobilized] travar-se. ☞ **lock in** *vt sep* tancar. ☞ **lock out** *vt sep* **-1.** [accidentally] deixar tancat -ada a fora accidentalment; **to ~ oneself out** quedar-se tancat -ada a fora. **-2.** [deliberately] deixar tancat -ada fora. ☞ **lock up** ◇ *vt sep* **-1.** [person - up in prison] tancar; [- up in asylum] internar. **-2.** [house] tancar (amb clau). **-3.** [valuables] guardar amb pany i clau. ◇ *vi* tancar (amb clau).

locker ['lɒkə'] *n* armari *m* amb clau.

locker room *n Am* vestuari *m* amb armaris.

locket ['lɒkɪt] *n* medalló *m*.

locksmith ['lɒksmɪθ] *n* serraller *m* -a *f*.

locomotive ['ləʊkə,məʊtɪv] *n* locomotora *f*.

locum ['ləʊkəm] (*pl* **-s**) *n* interí *m* -ina *f*, suplent *mf*.

locust ['ləʊkəst] *n* llagosta *f*.

lodge [lɒdʒ] ◇ *n* **-1.** [caretaker's etc. room] porteria *f*. **-2.** [of manor house] casa *f* del guarda. **-3.** [of freemasons] lògia *f*. **-4.** [for hunting] refugi *m* de caça. ◇ *vi* **-1.** [stay]: **to ~ (with sb)** allotjar-se (amb algú). **-2.** [become stuck] allotjar-se. **-3.** *fig* [in mind] gravar-se (a la ment). ◇ *vt fml* [register] presentar.

lodger ['lɒdʒə'] *n* hoste *m* -essa *f*.

lodging ['lɒdʒɪŋ] ☞ **board**. ☞ **lodgings** *npl* habitació *f* (llogada).

loft [lɒft] *n* [in house] golfes *fpl*; [for hay] paller *m*.

lofty ['lɒftɪ] (*compar* **-ier**, *superl* **-iest**) *adj* **-1.** [noble] noble, elevat -ada. **-2.** *pej* [haughty] altiu -iva, arrogant. **-3.** *liter* [high] elevat -ada, alt -a.

log [lɒg] (*pt & pp* **-ged**, *cont* **-ging**) ◇ *n* **-1.** [of wood] tronc *m*. **-2.** [written record - of ship] diari *m* de bord; [of plane] diari *m* de vol. ◇ *vt* apuntar. ☞ **log in** COMPUT *vi* entrar (al sistema). ☞ **log out** COMPUT *vi* sortir (del sistema).

logbook ['lɒgbʊk] *n* **-1.** [of ship] diari *m* de bord; [of plane] diari *m* de vol. **-2.** [of car] documentació *f*.

loggerheads ['lɒgəhedz] *n*: **to be at ~** estar a mata-degolla.

logic ['lɒdʒɪk] *n* lògica *f*.

logical ['lɒdʒɪkl] *adj* lògic -a.

logistics [lə'dʒɪstɪks] ◇ *n* (U) logística *f*. ◇ *npl* logística *f*.

logo ['ləʊgəʊ] (*pl* **-s**) *n* logotip *m*, logotipus *m*.

loin [lɔɪn] *n* llom *m*.

loiter ['lɔɪtə'] *vi* [for bad purpose] rondar; [hang around] voltar.

loll [lɒl] *vi* **-1.** [sit, lie about] escarxofar-se. **-2.** [hang down]: **his head was ~ing** el cap li penjava.

lollipop ['lɒlɪpɒp] *n* piruleta *f*.

lollipop lady *n Br* senyora que s'encarrega de parar el trànsit per tal que els nens puguin creuar per un pas de vianants.

lollipop man *n Br* senyor que s'encarrega de parar el trànsit per tal que els nens puguin creuar per un pas de vianants.

lolly ['lɒlɪ] (*pl* **-ies**) *n inf* **-1.** [lollipop] piruleta *f*. **-2.** *Br* [ice cream] gelat *m* (de gel). **-3.** *Br* [money] calés *mpl*.

London ['lʌndən] *n* Londres.

Londoner ['lʌndənə'] *n* londinenc *m* -a *f*.

lone [ləʊn] *adj* solitari -ària.

loneliness ['ləʊnlɪnɪs] *n* soledat *f*, solitud *f*.

lonely ['ləʊnlɪ] (*compar* **-ier**, *superl* **-iest**) *adj* **-1.** [person] sol -a. **-2.** [time, childhood] solitari -ària. **-3.** [place] solitari -ària, aïllat -ada.

lonesome ['ləʊnsəm] *adj Am inf* **-1.** [person] sol -a. **-2.** [place] solitari -ària.

long [lɒŋ] ◇ *adj* llarg -a; **two days ~** que dura dos dies; **the table is 5 m ~** la taula té 5 m de llarg (-ada) / la taula fa 5 m de llarg (-ada); **the journey is 50 km ~** el viatge és de 50 km; **the book is 500 pages ~** el llibre té 500 pàgines. ◇ *adv* molt de temps; **how ~ will it take?** quant dura?; **how ~ will you be?** quanta estona trigaràs?; **how ~ have you been waiting?** quant de temps t'has estat esperant?; **how ~ is the journey?** quant dura el viatge?; **I'm no ~er young** ja no sóc jove; **I can't wait any ~er** no em puc esperar més; *inf* **so ~** fins aviat!; **before ~** aviat; **for ~** molt de temps. ◇ *n*: **the ~ and the short of it is that ...** en resum ... ◇ *vt*: **to ~ to do sthg** tenir moltes ganes de fer una cosa. ☞ **as long as, so long as** *conj* mentre; **as ~ as you do it, so will I** jo ho faré si tu

long-distance

també ho fas. ◆ **long for** *vt fus* anhelar una cosa.

long-distance *adj* [runner] de fons; [lorry driver] de distàncies llargues.

long-distance call *n* conferència *f* (telefònica).

longhand ['lɒŋhænd] *n* escriptura *f* no abreujada.

long-haul *adj* de llarga distància.

longing ['lɒŋɪŋ] ◇ *adj* delerós -osa. ◇ *n* -1. [desire] anhel *m*, desig *m*; [nostalgia] nostàlgia *f*, enyorament *m*. -2. [strong wish]: **(a) ~ (for)** (una) ànsia (de).

longitude ['lɒndʒɪtju:d] *n* longitud *f*.

long jump *n* salt *m* de llargada.

long-life *adj* de llarga duració.

long-playing record [-'pleɪɪŋ-] *n* disc *m* de llarga duració.

long-range *adj* -1. [missile, bomber] de gran abast. -2. [plan, forecast] a llarg termini.

long shot *n* possibilitat *f* remota.

longsighted [,lɒŋ'saɪtɪd] *adj* prèsbita.

long-standing *adj* vell -a.

longsuffering [,lɒŋ'sʌfərɪŋ] *adj* sofert -a.

long term *n*: **in the ~** a llarg termini.

long wave *n* (U) ona *f* llarga.

long weekend *n* cap *m* de setmana llarg, pont *m*.

longwinded [,lɒŋ'wɪndɪd] *adj* prolix -a.

loo [lu:] (*pl* **-s**) *n Br inf* vàter *m*.

look [lʊk] ◇ *n* -1. [with eyes] mirada *f*; **to take / have a ~ (at sthg)** fer un cop d'ull (a una cosa). -2. [search]: **to have a ~ (for sthg)** buscar (una cosa). -3. [glance] cop *m* d'ull; **to give sb a ~** dirigir la mirada cap a algú, mirar algú. -4. [appearance] aspecte *m*; **by the ~ / ~s of it, it has been here for ages** si jutgem pel seu aspecte, sembla que fa temps que és aquí això. ◇ *vi* -1. [with eyes]: **to ~ (at sthg / sb)** mirar (una cosa / algú). -2. [search]: **to ~ (for sthg / sb)** buscar (una cosa / algú). -3. [building, window]: **to ~ (out) onto** donar a. -4. [have stated appearance] veure's; [seem] semblar; **he ~s as if he hasn't slept** fa pinta de no haver dormit; **it ~s like rain / as if it will rain** sembla que està a punt de ploure; **she ~s like her mother** s'assembla a la seva mare. ◇ *vt* -1. [- at] mirar. -2. [appear]: **to ~ one's age** representar l'edat que es té; **to ~ one's best** vestir de forma elegant. ◇ *excl*: ~!, ~ **here!** mira!, escolta! ◆ **looks** *npl* aspecte *m*, bellesa *f*. ◆

look after *vt fus* -1. [take care of] cuidar. -2. [be responsible for] encarregar-se de. ◆

look at *vt fus* -1. [see, glance at] mirar; [examine] examinar. -2. [judge] estudiar. ◆ **look down on** *vt fus* [condescend to] menysprear. ◆ **look for** *vt fus* buscar. ◆ **look forward to** *vt fus* esperar amb il·lusió. ◆ **look into** *vt fus* [problem, possibility] estudiar; [issue] investigar. ◆ **look on** ◇ *vt fus* = **look upon**. ◇ *vi* mirar, observar. ◆ **look out** *vi* anar amb compte; **~ out!** alerta! ◆ **look out for** *vt fus* estar atent -a. ◆ **look round** ◇ *vt fus* [shop] donar un cop d'ull; [castle, town] visitar. ◇ *vi* girar-se. ◆ **look to** *vt fus* -1. [depend on] recórrer a. -2. [think about] pensar en. ◆ **look up** ◇ *vt sep* -1. [in book] buscar. -2. [visit - up person] anar a veure, visitar. ◇ *vi* [improve] millorar. ◆ **look up to** *vt fus* admirar, respectar.

lookout ['lʊkaʊt] *n* -1. [place] talaia *f*, lloc *m* d'observació. -2. [person] vigia *mf*, sentinella *mf*. -3. [search]: **to be on the ~ for** estar a l'expectativa de.

loom [lu:m] ◇ *n* teler *m*. ◇ *vi* -1. [rise up] sorgir, aparèixer de manera amenaçadora. -2. *fig* [be imminent] ser imminent, planar; **to ~ large** ser engoixant. ◆ **loom up** *vi* aparèixer de manera embrívola.

loony ['lu:nɪ] (*compar* **-ier**, *superl* **-iest**, *pl* **-ies**) *inf* ◇ *adj* boig -boja, sonat -ada. ◇ *n* boig *m*, boja *f*, sonat *m* -ada *f*.

loop [lu:p] ◇ *n* -1. [shape] llaç *m*. -2. [contraceptive] esterilet *m*. -3. COMPUT bucle *m*. ◇ *vt*: **to ~ sthg round sthg** passar una cosa al voltant d'una cosa. ◇ *vi* fer una baga.

loophole ['lu:phəʊl] *n* punt *m* feble.

loose [lu:s] ◇ *adj* -1. [not firmly fixed] fluix -a. -2. [unattached - paper, sweets, hair] solt -a. -3. [clothes, fit] balder -a. -4. *dated* [promiscuous] promiscu -íscua. -5. [inexact - translation] poc exacte -a, imprecís -isa. -6. [association] no gaire estret -a. -7. *Am inf* [relaxed]: **to stay ~** estar tranquil. ◇ *n* (U): **to be on the ~** haver-se escapat (un pres).

loose change *n* canvi *m*.

loose end *n* cap *m* per lligar; **to be at a ~** *Br* **to be at ~s** *Am* estar desocupat -ada.

loosely ['lu:slɪ] *adv* -1. [not firmly] de manera baldera. -2. [inexactly] amb poca exactitud.

loosen ['lu:sn] ◇ *vt* afluixar. ◇ *vi* afluixar-se. ◆ **loosen up** *vi* -1. [before game, race] desentumir (els músculs). -2. *inf* [relax] relaxar-se.

loot [lu:t] ◇ *n* botí *m*. ◇ *vt* saquejar.

looting ['lu:tɪŋ] n saqueig m.

lop [lɒp] (pt & pp **-ped**, cont **-ping**) vt podar. ◆ **lop off** vt sep tallar.

lop-sided [,-'saɪdɪd] adj **-1.** [uneven] esbiaixat -ada, tort -a. **-2.** fig [biased] desequilibrat -ada.

lord [lɔ:d] n Br [man of noble rank] noble m. ◆ **Lord** n **-1.** RELIG: **the ~** [God] el Senyor; Br **good ~!** Déu meu! **-2.** [in titles] lord m; [as form of address] **my ~** [bishop] Il·lustríssima; [judge] Senyoria, senyor jutge. ◆ **Lords** npl Br POL: **the ~s** la Cambra dels Lords.

Lordship ['lɔ:dʃɪp] n: **your / his ~** Vostra Senyoria.

lore [lɔ:r] n (U) saber m popular, tradició f popular.

lorry ['lɒrɪ] (pl **-ies**) n Br camió m.

lorry driver n Br camioner m -a f.

lose [lu:z] (pt & pp **lost**) ◇ vt [gen] perdre; [subject: clock, watch] endarrerir; lit & fig **to ~ sight of sthg / sb** perdre una cosa / algú de vista; **to ~ one's way** perdre's. ◇ vi **-1.** [fail to win] perdre. **-2.** [clock] endarrerir-se.

loser ['lu:zər] n **-1.** [of competition] perdedor m -a f; **to be a good / bad ~** saber perdre / no saber perdre. **-2.** inf pej [unsuccessful person] desgraciat m -ada f.

loss [lɒs] n **-1.** [gen] pèrdua f; **~ of life** víctimes fpl; **to make a ~** tenir pèrdues, perdre. **-2.** [failure to win] derrota f. **-3.** inf: **a dead ~** un rave. **-4.** **to be at a ~ to explain sthg** no saber com explicar una cosa; **to cut one's ~es** tirar pel dret.

lost [lɒst] ◇ pt & pp ▶ **lose**. ◇ adj **-1.** [unable to find way] perdut -uda; **to get ~** perdre's; inf **get ~!** vés a fer punyetes! **-2.** [that cannot be found] perdut -uda, extraviat -ada. **-3.** [ineffective]: **to be ~ on sb** no fer efecte en algú. **-4.** [opportunity] desaprofitat -ada.

lost-and-found office n Am oficina f d'objectes perduts.

lost property office n Br oficina f d'objectes perduts.

lot [lɒt] n **-1.** [large amount]: **a ~ of, ~s of** molt de; **a ~ of people** molta gent; **a ~ of problems** molts problemes; **the ~** tot -s. **-2.** [group, set] grup m. **-3.** inf [group of people] colla f, trepa f. **-4.** [destiny] destí m, sort f. **-5.** Am [of land] terreny m; [car park] aparcament m. **-6.** [at auction] lot m. **-7.** **to draw ~s** fer-s'ho a la sort. ◆ **a lot** adv molt.

lotion ['ləʊʃn] n loció f.

lottery ['lɒtərɪ] (pl **-ies**) n loteria f.

loud [laʊd] ◇ adj **-1.** [voice, music] alt -a; [bang] fort -a; [person] sorollós -osa. **-2.** [emphatic]: **to be ~ in one's criticism of** ser enèrgic -a en la crítica de. **-3.** [too bright] llampant, cridaner -a. ◇ adv alt, fort; **~ and clear** alt i clar; **out ~** en veu alta.

loudhailer [,laʊd'heɪlər] n Br megàfon m.

loudly ['laʊdlɪ] adv **-1.** [shout] a crits; [talk] en veu alta. **-2.** [gaudily] amb colors llampants, amb colors cridaners.

loudspeaker [,laʊd'spi:kər] n altaveu m.

lounge [laʊndʒ] (cont **loungeing**) ◇ n **-1.** [in house] saló m. **-2.** [in airport] sala f d'espera. **-3.** Br [- bar] saló bar m. ◇ vi escarxofar-se.

lounge bar n Br saló bar m.

louse [laʊs] (pl sense 1 **lice**, pl sense 2 **-s**) n **-1.** [insect] poll m. **-2.** inf pej [person] canalla mf.

lousy ['laʊzɪ] (compar **-ier**, superl **-iest**) adj inf **-1.** [poor quality] pèssim -a. **-2.** [ill]: **to feel ~** trobar-se molt malament.

lout [laʊt] n gamberro m -a f.

louvre Br, **louver** Am ['lu:vər] n persiana f.

lovable ['lʌvəbl] adj encantador -a.

love [lʌv] ◇ n **-1.** [gen] amor m; **give her my ~** dóna-li molts records meus; **~ from** [at end of letter] una abraçada de; **a ~-hate relationship** una relació d'amor i odi; **to be in ~ (with)** estar enamorat -ada (de); **to fall in ~** enamorar-se; **to make ~** fer l'amor. **-2.** [liking, interest] passió f; **a ~ of / for** una passió per. **-3.** inf [form of address] amor meu. **-4.** SPORT: **30 ~** 30 a res. ◇ vt **-1.** [feel affection for] estimar. **-2.** [like]: **I ~ football** m'agrada molt el futbol; **I ~ going to / to go to the theatre** m'agrada molt anar al teatre.

love affair n aventura f amorosa.

love life n vida f amorosa.

lovely ['lʌvlɪ] (compar **-ier**, superl **-iest**) adj **-1.** [beautiful - person] encantador -a; [- dress, place] preciós -osa. **-2.** [pleasant] deliciós -osa.

lover ['lʌvər] n **-1.** [sexual partner] amant mf. **-2.** [enthusiast] amant mf, entusiasta mf.

loving ['lʌvɪŋ] adj tendre -a, amorós -osa.

low [ləʊ] ◇ adj **-1.** [gen] baix -a; **cook on a ~ heat** cuinar a foc lent; **in the ~ twenties** poc per damunt dels 20 (graus Fahrenheit); **a ~ trick** una mala passada. **-2.** [little remaining] escàs -assa; **to be ~ on sthg** quedar-se sense una cosa. **-3.** [unfavourable - opinion] dolent -a; [- esteem] poc -a. **-4.** [dim] tènue, feble. **-5.** [dress, neckline] escotat -ada. **-6.** [depressed] deprimit -ida. ◇ *adv* **-1.** [gen] baix; morale is very ~ la moral és molt baixa; ~ **paid** mal pagat -ada. **-2.** [speak] en veu baixa. ◇ *n* **-1.** [- point] punt *m* més baix. **-2.** METEOR àrea *f* de baixes pressions.

low-calorie *adj* baix -a en calories.

low-cut *adj* escotat -ada.

lower ['ləʊər] ◇ *adj* inferior. ◇ *vt* **-1.** [gen] abaixar; **to ~ one's eyes** abaixar la mirada; [flag] arriar. **-2.** [reduce] reduir.

low-fat *adj* baix -a en greixos.

low-key *adj* discret -a.

lowly ['ləʊlɪ] (*compar* **-ier**, *superl* **-iest**) *adj* humil.

low-lying *adj* baix -a.

loyal ['lɔɪəl] *adj* lleial, fidel.

loyalty ['lɔɪəltɪ] (*pl* **-ies**) *n* lleialtat *f*, fidelitat *f*.

lozenge ['lɒzɪndʒ] *n* **-1.** [tablet] pastilla *f*. **-2.** [shape] rombe *m*.

LP *n* (abbr of long-playing record) LP *m*.

L-plate *n* Br placa *f* L (de pràctiques).

Ltd, ltd (abbr of limited) SL.

lubricant ['lu:brɪkənt] *n* lubricant *m*.

lubricate ['lu:brɪkeɪt] *vt* lubricar, greixar.

lucid ['lu:sɪd] *adj* **-1.** [clear] clar -a. **-2.** [not confused] lúcid -a.

luck [lʌk] *n* sort *f*; **good / bad ~** [good, bad fortune] bona / mala sort; **good ~!** [said to express best wishes] bona sort!; **bad / hard ~!** mala sort!; **to be in ~** estar de sort; **to try one's ~ at sthg** provar sort amb una cosa; **with (any) ~** amb una mica de sort.

luckily ['lʌkɪlɪ] *adv* afortunadament.

lucky ['lʌkɪ] (*compar* **-ier**, *superl* **-iest**) *adj* **-1.** [fortunate - person] amb sort, afortunat -ada; [- event] oportú -una. **-2.** [bringing good luck] que porta bona sort; **~ number** número *m* de la bona sort.

lucrative ['lu:krətɪv] *adj* lucratiu -iva.

ludicrous ['lu:dɪkrəs] *adj* absurd -a, ridícul -a.

lug [lʌg] (*pt & pp* **-ged**, *cont* **-ging**) *vt inf* arrossegar, portar amb dificultat.

luggage ['lʌgɪdʒ] *n* Br equipatge *m*.

luggage rack *n* Br [of car] baca *f*, portaequipatges *m*; [in train] portaequipatges *m* de malla.

lukewarm ['lu:kwɔ:m] *adj* **-1.** [tepid] tebi tèbia, temperat -ada. **-2.** [unenthusiastic] indiferent, desapassionat -ada.

lull [lʌl] ◇ *n*: **~ (in)** [activity] pausa *f*, respir *m*; [fighting] treva *f*; *fig* **the ~ before** **the storm** la calma abans de la tempesta. ◇ *vt*: **to ~ sb into a false sense of security** infondre a algú una sensació de falsa seguretat; **to ~ sb to sleep** fer dormir / adormir algú.

lullaby ['lʌləbaɪ] (*pl* **-ies**) *n* cançó *f* de bressol.

lumber ['lʌmbər] ◇ *n* **-1.** (U) Am [timber] troncs *mpl* tallats. **-2.** Br [bric-a-brac] andròmines *fpl*. ◇ *vi* moure's amb dificultat. ◆ **lumber with** *vt sep* Br inf: **to ~ sb with sthg** fer que algú carregui amb una cosa.

lumberjack ['lʌmbədʒæk] *n* llenyataire *mf*.

luminous ['lu:mɪnəs] *adj* lluminós -osa.

lump [lʌmp] ◇ *n* **-1.** [of coal, earth] tros *m*; [of sugar] terròs *m*; [in sauce] grumoll *m*. **-2.** [on body] bony *m*. **-3.** *fig* [in throat] nus *m*. ◇ *vt*: **to ~ sthg together** [things] apilonar alguna cosa; [people, beliefs] agrupar una cosa, ajuntar una cosa; *inf* **to ~ it** aguantar-se.

lump sum *n* suma *f* / quantitat *f* global.

lumpy ['lʌmpɪ] (*compar* **-ier**, *superl* **-iest**) *adj* [sauce] grumollós -osa; [mattress] ple plena de bonys.

lunacy ['lu:nəsɪ] *n* bogeria *f*.

lunar ['lu:nər] *adj* lunar.

lunatic ['lu:nətɪk] ◇ *adj pej* demencial. ◇ *n* **-1.** *pej* [fool] idiota *mf*. **-2.** [insane person] boig *m*, boja *f*.

lunch [lʌntʃ] ◇ *n* dinar *m*. ◇ *vi* dinar.

luncheon ['lʌntʃən] *n fml* dinar *m*.

luncheon meat *n* carn de porc en conserva.

luncheon voucher *n* Br val *m* del dinar.

lunch hour *n* hora *f* de dinar.

lunchtime ['lʌntʃtaɪm] *n* hora *f* de dinar.

lung [lʌŋ] *n* pulmó *m*.

lunge [lʌndʒ] (*cont* **lungeing**) *vi* abalançar-se, llançar-se; **to ~ at sb** envestir algú.

lure [ljʊər] ◇ *n* encant *m*, fascinació *f*. ◇ *vt* seduir / atreure amb enganys.

lurid ['ljʊərɪd] *adj* **-1.** [brightly coloured] llampant. **-2.** [shockingly unpleasant] horripilant.

lurk [lɜ:k] *vi* **-1.** [person] estar a l'aguait. **-2.** [memory, danger, fear] estar amagat.

luscious ['lʌʃəs] *adj lit & fig* abellidor -a.

lush [lʌʃ] ◇ *adj* **-1.** [luxuriant] exhuberant. **-2.** *inf* [rich] luxós -osa. ◇ *n Am inf* [drunkard] begut -uda.

lust [lʌst] *n* **-1.** [sexual desire] luxúria *f*. **-2.** [strong desire]: **~ for sthg** desig ardent d'una cosa. ☞ **lust after**, **lust for** vt fus **-1.** [desire - after wealth, success] cobejar. **-2.** [desire sexually] desitjar.

lusty [ˈlʌstɪ] (compar **-ier**, superl **-iest**) adj vigorós -osa, fort -a.

Luxembourg [ˈlʌksəm.bɜːg] n Luxemburg.

luxuriant [lʌgˈʒʊərɪənt] adj exuberant, abundant.

luxurious [lʌgˈʒʊərɪəs] adj **-1.** [expensive] luxós -osa. **-2.** [pleasurable] voluptuós -osa.

luxury [ˈlʌkʃərɪ] (pl **-ies**) ◇ n luxe m. ◇ comp de luxe.

LW n (abbr of long wave) LW f.

Lycra® [ˈlaɪkrə] ◇ n lycra® f. ◇ comp de lycra.

lying [ˈlaɪɪŋ] ◇ adj mentider -a, fals -a. ◇ n (U) mentida f.

lynch [lɪntʃ] vt linxar.

lyric [ˈlɪrɪk] adj líric -a.

lyrical [ˈlɪrɪkl] adj **-1.** [poetic] líric -a. **-2.** [enthusiastic] entusiasmat -ada.

lyrics [ˈlɪrɪks] npl lletra f.

m¹ (pl **ms** / **m's**), **M** (pl **Ms** / **M's**) [em] n [letter] m f, M f. ☞ **M -1.** abbr of motorway. **-2.** (abbr of medium) M.

m² **-1.** (abbr of metre) m. **-2.** (abbr of million) M. **-3.** abbr of mile.

MA ◇ n **-1.** abbr of Master of Arts. **-2.** (abbr of military academy) acadèmia militar. ◇ abbr of Massachusetts.

mac [mæk] n Br inf (abbr of mackintosh) [coat] impermeable m.

macaroni [,mækəˈrəʊnɪ] n (U) macarrons mpl.

mace [meɪs] n **-1.** [ornamental rod] maça f. **-2.** [spice] macís m.

machine [məˈʃiːn] ◇ n **-1.** [power-driven device] màquina f. **-2.** [organization] aparell m. ◇ vt **-1.** cosir a màquina. **-2.** TECHNOL fer amb una màquina.

machinegun [məˈʃiːnɡʌn] (pt & pp **-ned**, cont **-ning**) ◇ n metralladora f. ◇ vt metrallar.

machine language COMPUT n llenguatge m màquina.

machinery [məˈʃiːnərɪ] n lit & fig maquinària f.

macho [ˈmætʃəʊ] adj inf mascle.

mackerel [ˈmækrəl] (pl inv / **-s**) n verat m.

mackintosh [ˈmækɪntɒʃ] n Br impermeable m.

mad [mæd] (compar **-der**, superl **-dest**) adj **-1.** [gen] boig -boja; [attempt, idea] desbaratat -ada, desgavellat -ada; **to be ~ about sb / sthg** estar boig boja per algú / una cosa; **to go ~** tornar-se boig boja. **-2.** [furious] furiós -osa, embogit -ida. **-3.** [hectic]: **like ~** com un -a boig boja.

Madagascar [,mædəˈɡæskər] n Madagascar.

madcap [ˈmædkæp] adj desbaratat -ada, desgavellat -ada.

madden [ˈmædn] vt fer tornar boig boja, enfurismar.

made [meɪd] pt & pp ☞ **make**.

Madeira [məˈdɪərə] n **-1.** [wine] (vi m de) Madeira. **-2.** GEOG Madeira.

made-to-measure adj fet -a a mida.

made-up adj **-1.** [with make-up - face, person] maquillat -ada; [- lips, eyes] pintat -ada. **-2.** [prepared] ja preparat -ada. **-3.** [invented] inventat -ada.

madly [ˈmædlɪ] adv [frantically] bojament; **~ in love** bojament enamorat -ada.

madman [ˈmædmən] (pl **-men** [-mən]) n boig m.

madness [ˈmædnɪs] n bogeria f.

Madrid [məˈdrɪd] n Madrid.

Mafia [ˈmæfɪə] n: **the ~** la màfia.

magazine [,mæɡəˈziːn] n **-1.** [periodical] revista f. **-2.** [news programme] magazín m. **-3.** [on a gun] recambra f.

maggot [ˈmæɡət] n cuc m.

magic [ˈmædʒɪk] ◇ adj **-1.** [gen] màgic -a; **~ spell** encanteri m. **-2.** [referring to conjuring] de màgia. ◇ n màgia f.

magical [ˈmædʒɪkl] adj lit & fig màgic -a.

magician [məˈdʒɪʃn] n **-1.** [conjuror] mag m -a f, prestidigitador m -a f. **-2.** [wizard] bruixot m.

magistrate [ˈmædʒɪstreɪt] n magistrat m -ada f.

magistrates' court n Br jutjat m de primera instància.

magnanimous [mæɡˈnænɪməs] adj magnànim -a.

magnate [ˈmæɡneɪt] n magnat m.

magnesium [mægˈniːziəm] *n* magnesi *m*.
magnet [ˈmægnɪt] *n* imant *m*.
magnetic [mægˈnetɪk] *adj* **-1.** [attracting iron] magnètic -a. **-2.** *fig* [appealingly forceful] magnètic -a, atractiu -iva.
magnetic tape *n* cinta *f* magnetofònica.
magnificent [mægˈnɪfɪsənt] *adj* [building, splendour] grandiós -osa; [idea, book, game] magnífic -a.
magnify [ˈmægnɪfaɪ] (*pt & pp* **-ied**) *vt* **-1.** [in vision] augmentar. **-2.** [in the mind] exagerar.
magnifying glass [ˈmægnɪfaɪɪŋ-] *n* lupa *f*, lent *f* d'augment.
magnitude [ˈmægnɪtjuːd] *n* magnitud *f*.
magpie [ˈmægpaɪ] *n* garsa *f*.
mahogany [məˈhɒɡənɪ] *n* [wood] caoba *f*; [colour] caoba *m*.
maid [meɪd] *n* [in hotel] cambrera *f*; [domestic] minyona *f*.
maiden [ˈmeɪdn] ◇ *adj* inaugural. ◇ *n liter* donzella *f*.
maiden aunt *n* tia *f* soltera.
maiden name *n* nom *m* de soltera.
mail [meɪl] ◇ *n* **-1.** [letters, parcels received] correspondència *f*. **-2.** [system] correu *m*; **by ~** per correu. ◇ *vt* [send] enviar per correu; [put in - box] tirar al correu.
mailbox [ˈmeɪlbɒks] *n Am* bústia *f*.
mailing list [ˈmeɪlɪŋ-] *n* llista *f* de distribució de publicitat / informació.
mailman [ˈmeɪlmən] (*pl* **-men** [-mən]) *n Am* carter *m*.
mail order *n* encàrrec *m* postal.
mailshot [ˈmeɪlʃɒt] *n* fullet *m* de publicitat (per correu).
maim [meɪm] *vt* mutilar.
main [meɪn] ◇ *adj* principal. ◇ *n* [pipe] canonada *f* principal; [wire] cable *m* principal. ✦ **mains** *npl* **the ~s** [gas, water] la canonada principal; [electricity] la xarxa elèctrica. ✦ **in the main** *adv* en general.
main course *n* plat *m* fort.
mainframe (computer) [ˈmeɪnfreɪm-] *n* unitat *f* central, processador *m* central.
mainland [ˈmeɪnlənd] ◇ *adj* continental; **~ Spain** la Península. ◇ *n*: **the ~** el continent.
mainly [ˈmeɪnlɪ] *adv* principalment.
main road *n* carretera *f* principal.
mainstay [ˈmeɪnsteɪ] *n* pilar *m*, base *f*.
mainstream [ˈmeɪnstriːm] ◇ *adj* [gen] predominant; [taste] corrent; [political party] convencional. ◇ *n*: **the ~** la tendència general.
maintain [meɪnˈteɪn] *vt* **-1.** [gen] mantenir. **-2.** [support, provide for] sostenir, sustentar. **-3.** [assert]: **to ~ (that)** sostenir (que).
maintenance [ˈmeɪntənəns] *n* **-1.** [gen] manteniment *m*. **-2.** [money] despeses *fpl* de manteniment.
maize [meɪz] *n* blat *m* de moro.
majestic [məˈdʒestɪk] *adj* majestuós -osa.
majesty [ˈmædʒəstɪ] (*pl* **-ies**) *n* [grandeur] majestat *f*. ✦ **Majesty** *n*: **His / Her / Your ~** Sa Majestat.
major [ˈmeɪdʒər] ◇ *adj* **-1.** [important] principal. **-2.** MUS major. ◇ *n* MIL comandant *m* -a *f*. ◇ *vi*: **to ~ in** especialitzar-se en.
Majorca [məˈjɔːkə, məˈdʒɔːkə] *n* Mallorca.
majority [məˈdʒɒrətɪ] (*pl* **-ies**) *n* majoria *f*; **in a / the ~** la majoria.
make [meɪk] (*pt & pp* **made**) ◇ *vt* **-1.** [produce] fer; **it made a lot of noise** va fer molt de soroll; **she's her own clothes** es fa la seva pròpia roba. **-2.** [perform - action]: **to ~ a speech** fer un discurs, pronunciar un discurs; **to ~ a decision** prendre una decisió; **to ~ a mistake** cometre un error. **-3.** [cause to be, cause to do] fer; **it ~s me seem fatter** em fa més gras -assa; **it ~s me sick em** basqueja; **it made him angry** el va fer enfadar; **you made me jump!** m'has espantat!; **we were made to wait in the hall** ens van fer esperar al rebedor; **to ~ sb happy** fer feliç algú; **to ~ sb sad** fer entristir algú; **to ~ oneself heard** fer-se sentir; **don't ~ me laugh!** no em facis riure! **-4.** [force]: **to ~ sb do sthg** fer fer una cosa a algú, obligar algú a fer una cosa; **they made the hostages lie on the ground** van fer estirar a terra els hostatges. **-5.** [construct]: **to be made of sthg** estar fet -a d'una cosa; **it's made of wood / metal** és de fusta / metall; **made in Spain** fabricat -ada a Espanya; **what's it made of?** de què és? **-6.** [add up to] fer, ser; **2 and 2 ~ 4** dos i dos fan quatre. **-7.** [calculate] calcular; **I ~ it 50 / six o'clock** (calculo que) deuen ser 50 / les sis; **what time do you ~ it?** quina hora deu ser? **-8.** [earn] guanyar; **she ~s £20,000 a year** guanya 20.000 lliures a l'any; **to ~ a profit** obtenir beneficis; **to ~ a loss** tenir pèrdues. **-9.** [have the right qualities for] ser; **she'd ~ a good doctor** de segur que seria una bona metgessa; **books ~ excellent presents** els

llibres sempre són un bon regal. **-10.** [reach] arribar a. **-11.** [cause to be a success]: **she really ~s the play** és ella la que aguanta l'obra. **-12.** [gain - friend, enemy] fer; **to ~ friends with sb** fer-se amic d'algú. **-13. to ~ it** [arrive in time] aconseguir arribar a l'hora; [be a success] triomfar; [be able to attend] venir / anar; **to have it made** tenir l'èxit assegurat; **to ~ do with sthg** compondre-se-les amb una cosa / apanyar-se amb una cosa. ◇ *n* **-1.** [brand] marca *f*; **what ~ is your car?** de quina marca és el teu cotxe? **-2.** *inf pej*: **to be on the ~** [act dishonestly, selfishly] escombrar cap a casa. ● **make for** *vt fus* **-1.** [move towards] dirigir-se a / cap a. **-2.** [contribute to] possibilitar, contribuir a. ● **make of** *vt sep* **-1.** [understand] entendre; **what do you ~ of this word?** què entens tu per aquesta paraula? **-2.** [have opinion of] opinar de. ● **make off** *vi* fugir, escapar-se. ● **make out** ◇ *vt sep* **-1.** *inf* [see] distingir; [hear] entendre, sentir. **-2.** *inf* [understand - out word, number] desxifrar; [- out person, attitude] comprendre. **-3.** [fill out - out form] omplir, emplenar; [- out cheque, receipt] estendre; [- out list] fer. ◇ *vt fus inf* [pretend] fingir, fer veure; **she ~s out she's tough** fa veure que és molt dura. ● **make up** ◇ *vt sep* **-1.** [compose, constitute] compondre, constituir. **-2.** [invent] inventar. **-3.** [apply cosmetics to] maquillar; **to ~ oneself up** maquillar-se. **-4.** [prepare - up parcel, prescription, bed] preparar, fer. **-5.** [- complete - up amount] completar; [- up difference] cobrir. **-6.** [resolve - up quarrel]: **to ~ it up (with sb)** fer les paus (amb algú). ◇ *vi* [become friends again]: **to ~ up (with sb)** fer les paus (amb algú). ● **make up for** *vt fus* compensar; **to ~ up for lost time** recuperar el temps perdut. ● **make up to** *vt sep*: **to ~ it up to sb (for sthg)** recompensar algú (per una cosa).

make-believe *n* invenció *f*.

maker ['meɪkəʳ] *n* [of film, programme] creador *m* -a *f*; [of product] fabricant *mf*.

makeshift ['meɪkʃɪft] *adj* [temporary] provisional; [improvized] improvisat -ada.

make-up *n* **-1.** [cosmetics] maquillatge *m*; **~ bag** necesser *m*; **~ remover** producte *m* desmaquillador. **-2.** [person's character] caràcter *m*. **-3.** [structure] estructura *f*; [of team] composició *f*.

making ['meɪkɪŋ] *n* [of product] fabricació *f*; [of film] rodatge *m*; [of decision] presa *f*; **this is history in the ~** això passarà a la història; **your problems are of your own ~** tu ets l'únic responsable dels teus problemes; **to be the ~ of sb / sthg** ser la causa de l'èxit d'algú / d'una cosa; **to have the ~s of** tenir la manera de.

malaise [mə'leɪz] *n fml* malestar *m*.

malaria [mə'leərɪə] *n* malària *f*.

Malaya [mə'leɪə] *n* península de Malacca.

Malaysia [mə'leɪzɪə] *n* Malàisia.

male [meɪl] ◇ *adj* **-1.** [animal] mascle. **-2.** [human] masculí -ina, baronívol -a. **-3.** [concerning men] masculí -ina, de l'home. ◇ *n* **-1.** [animal] mascle *m*. **-2.** [human] baró *m*, home *m*.

male nurse *n* infermer *m*.

malevolent [mə'levələnt] *adj* malèvol -a.

malfunction [mæl'fʌŋkʃn] ◇ *n* funcionament *m* defectuós. ◇ *vi* funcionar malament.

malice ['mælɪs] *n* malícia *f*.

malicious [mə'lɪʃəs] *adj* maliciós -osa.

malign [mə'laɪn] ◇ *adj* maligne -a, perjudicial. ◇ *vt fml* difamar, calumniar.

malignant [mə'lɪgnənt] *adj* **-1.** *fml* [full of hate] malvat -ada. **-2.** MED maligne -a.

mall [mɔːl] *n*: **(shopping) ~** centre *m* comercial.

mallet ['mælɪt] *n* maça *f*.

malnutrition [ˌmælnjuːˈtrɪʃn] *n* malnutrició *f*.

malpractice [ˌmælˈpræktɪs] *n* (U) JUR negligència *f*.

malt [mɔːlt] *n* **-1.** [grain] malt *m*. **-2.** [whisky] whisky *m* de malt.

Malta [ˈmɔːltə] *n* Malta.

mammal [ˈmæml] *n* mamífer *m*.

mammoth [ˈmæməθ] ◇ *adj* gegantesc -a, descomunal. ◇ *n* mamut *m*.

man [mæn] (*pl* **men**, *pt* & *pp* **-ned**, *cont* **-ning**) ◇ *n* home *m*; **the ~ in the street** la gent, l'home del carrer; **to talk ~ to ~** parlar d'home a home; **to be ~ enough to do sthg** ser prou home per fer una cosa. ◇ *vt* [gen] fer funcionar; [ship, plane] tripular; **manned 24 hours a day** [telephone] que funciona les 24 hores del dia.

manage [ˈmænɪdʒ] ◇ *vi* **-1.** [cope] poder; **can you ~ with that box?** podràs amb aquesta caixa? **-2.** [survive] compondre-se-les, apanyar-se. ◇ *vt* **-1.** [succeed]: **to do sthg** aconseguir fer una cosa. **-2.** [company] dirigir, portar; [money] administrar, manejar; [pop star] representar; [time] organitzar. **-3.** [be available for]: **I can only ~**

an hour tonight només tinc una hora aquesta nit.

manageable ['mænɪdʒəbl] *adj* [task] factible, possible; [children] manejable; [inflation, rate] controlable.

management ['mænɪdʒmənt] *n* **-1.** [control, running] gestió *f*. **-2.** [people in control] direcció *f*.

manager ['mænɪdʒəʳ] *n* **-1.** [of company] director *m* -a *f*; [of shop] encarregat *m* -ada *f*; [of pop star] representant *mf*. **-2.** SPORT ≃ entrenador *m* -a *f*.

manageress [,mænɪdʒə'res] *n Br* [of company] directora *f*; [of shop] encarregada *f*.

managerial [,mænɪ'dʒɪərɪəl] *adj* directiu -iva.

managing director ['mænɪdʒɪŋ-] *n* director *m* -a *f* gerent.

mandarin ['mændərɪn] *n* **-1.** [fruit] mandarina *f*. **-2.** [civil servant] mandarí *m* -ina *f*, persona *f* massa influent.

mandate ['mændeɪt] *n* **-1.** [elected right or authority] mandat *m*. **-2.** [task] missió *f*.

mandatory ['mændətrɪ] *adj* obligatori -òria.

mane [meɪn] *n* [of horse] crinera *f*; [of lion] cabellera *f*.

maneuver *Am* = manoeuvre.

manfully ['mænfʊlɪ] *adv* amb valentia.

mangle ['mæŋgl] *vt* [crush] aixafar; [tear to pieces] esbocinar.

mango ['mæŋgəʊ] (*pl* **-es** / **-s**) *n* mango *m*.

mangy ['meɪndʒɪ] (*compar* **-ier**, *superl* **-iest**) *adj* sarnós -osa.

manhandle ['mæn,hændl] *vt* [person] maltractar.

manhole ['mænhəʊl] *n* registre *m* d'inspecció, embornal *m*.

manhood ['mænhʊd] *n* **-1.** [state] virilitat *f*, maduresa *f*. **-2.** [time] edat *f* viril / adulta.

manhour ['mæn,aʊəʳ] *n* hora *f* de feina (feta per una persona).

mania ['meɪnjə] *n* **-1.** [excessive liking]: ~ **(for)** fal·lera *f* (per). **-2.** PSYCH mania *f*.

maniac ['meɪnɪæk] *n* **-1.** [madman] maníac *m* -a *f*. **-2.** [fanatic] fanàtic *m* -a *f*.

manic ['mænɪk] *adj* maníac -a.

manicure ['mænɪ,kjʊəʳ] ◇ *n* manicura *f*. ◇ *vt*: **to ~ sb** fer la manicura a algú; **to ~ one's nails** arranjar-se les ungles.

manifest ['mænɪfest] *fml* ◇ *adj* manifest -a, evident. ◇ *vt* manifestar.

manifesto [,mænɪ'festəʊ] (*pl* **-es** / **-s**) *n* manifest *m*.

manipulate [mə'nɪpjʊleɪt] *vt* **-1.** [control for personal benefit] manipular. **-2.** [machine] manejar; [controls, lever] accionar.

mankind [mæn'kaɪnd] *n* la humanitat, el gènere humà.

manly ['mænlɪ] (*compar* **-ier**, *superl* **-iest**) *adj* baronívol -a, viril.

man-made *adj* [environment, problem, disaster] causat -ada per l'home; [fibre] artificial.

manner ['mænəʳ] *n* **-1.** [method] manera *f*, forma *f*; **in a ~ of speaking** per dir-ho d'alguna manera. **-2.** [bearing, attitude] comportament *m*. **-3.** *esp liter* [type, sort] classe *f*, mena *f*; **all ~ of** tota mena de. ◆

manners *npl* maneres *fpl*; **it's good / bad ~s to do sthg** és de bona / mala educació fer alguna cosa.

mannerism ['mænərɪzm] *n* costum *m* (típic d'una persona).

mannish ['mænɪʃ] *adj* [woman] homenenc -a.

manoeuvre *Br*, **maneuver** *Am* [mə'nu:vəʳ] ◇ *n lit & fig* maniobra *f*. ◇ *vt* maniobrar, manejar. ◇ *vi* maniobrar.

manor ['mænəʳ] *n* [house] casa *f* pairal.

manpower ['mæn,paʊəʳ] *n* [manual workers] mà *f* d'obra; [white-collar workers] personal *m*.

mansion ['mænʃn] *n* [manor] casa *f* senyorial; [big house] mansió *f*.

manslaughter ['mæn,slɔ:təʳ] *n* homicidi *m*.

mantelpiece ['mæntlpi:s] *n* lleixa *f* de la llar de foc.

manual ['mænjʊəl] ◇ *adj* manual. ◇ *n* manual *m*.

manual worker *n* obrer *m* -a *f*.

manufacture [,mænjʊ'fæktʃəʳ] ◇ *n* fabricació *f*, manufactura *f*. ◇ *vt* **-1.** [make] manufacturar, fabricar. **-2.** [invent] inventar.

manufacturer [,mænjʊ'fæktʃərəʳ] *n* fabricant *mf*.

manure [mə'njʊəʳ] *n* fems *mpl*, adob *m*.

manuscript ['mænjʊskrɪpt] *n* **-1.** [gen] manuscrit *m*. **-2.** [in exam] full *m* d'examen.

many ['menɪ] (*compar* **more**, *superl* **most**) ◇ *adj* molts -tes; **~ people** molta gent, moltes persones; **how ~?** quants quantes?; **I wonder how ~ people went** qui sap quanta gent hi va anar; **too ~** massa; **there weren't too ~ students** no hi havia gaires estudiants; **as ~ ... as** ben bé, més que; **so ~ tants** tantes; **I've never seen so ~ people** no havia vist mai tanta gent; **a good / great ~** moltíssims moltíssimes. ◇ *pron* molts, moltes.

map [mæp] (*pt & pp* **-ped**, *cont* **-ping**) *n* mapa *m*. ☛ **map out** *vt sep* projectar, planificar.

maple ['meɪpl] *n* auró *m*.

mar [mɑːʳ] (*pt & pp* **-red**, *cont* **-ring**) *vt* desllluir.

marathon ['mærəθn] ◇ *adj* maratonià -ana. ◇ *n* marató *f*.

marauder [məˈrɔːdəʳ] *n* saltamarges *mf*.

marble ['mɑːbl] *n* **-1.** [stone] marbre *m*. **-2.** [for game] bala *f*.

march [mɑːtʃ] ◇ *n* **-1.** MIL marxa *f*. **-2.** [of demonstrators] manifestació *f*. **-3.** [steady progress] progrés *m*, avançament *m*. ◇ *vi* **-1.** [in formation] marxar. **-2.** [in protest] manifestar-se. **-3.** [speedily]: **to ~ out** sortir enutjat -ada; **to ~ up to sb** abordar algú com si res. ◇ *vt* portar (per força).

March [mɑːtʃ] *n* març *m*; ☛ **September**.

marcher ['mɑːtʃəʳ] *n* [protester] manifestant *mf*.

mare [meəʳ] *n* euga *f*.

margarine [ˌmɑːdʒəˈriːn, ˌmɑːgəˈriːn] *n* margarina *f*.

marge [mɑːdʒ] *n inf* margarina *f*.

margin ['mɑːdʒɪn] *n* **-1.** [gen] marge *m*. **-2.** [of desert, forest] límit *m*, terme *m*.

marginal ['mɑːdʒɪnl] *adj* **-1.** [unimportant] marginal. **-2.** *Br* POL: **~ seat / constituency** escó susceptible de ser perdut a causa de tenir una majoria molt escassa.

marginally ['mɑːdʒɪnəlɪ] *adv* lleugerament.

marigold ['mærɪgəʊld] *n* calèndula *f*.

marihuana, **marijuana** [ˌmærɪˈwɑːnə] *n* marihuana *f*.

marine [məˈriːn] ◇ *adj* marí -ina. ◇ *n* soldat *mf* d'infanteria de marina.

marital ['mærɪtl] *adj* marital, matrimonial.

marital status *n* estat *m* civil.

maritime ['mærɪtaɪm] *adj* marítim -a.

mark [mɑːk] ◇ *n* **-1.** [stain] taca *f*. **-2.** [written symbol - on paper] marca *f*; [- in the sand] senyal *m*. **-3.** [in exam] nota *f*; **to get good ~s** treure bones notes. **-4.** [stage, level]: **once past the halfway ~** en arribar a mig camí; **above the billion ~** per damunt del bilió. **-5.** [sign - of respect] senyal *m*; [- of illness, old age] indici *m*. **-6.** [currency] marc *m*. **-7. to make one's ~** distin-

gir-se, destacar; **to be quick / slow off the ~** reaccionar ràpidament / lentament; **wide of the ~** lluny d'encertar. ◇ *vt* **-1.** [stain] tacar. **-2.** [label - with initials etc.] senyalar. **-3.** [exam, essay] puntuar, qualificar. **-4.** [identify - place] senyalar; [- beginning, end] marcar. **-5.** [commemorate] commemorar, celebrar. **-6.** [characterize] caracteritzar. ☛ **mark off** *vt sep* [cross off] ratllar.

marked [mɑːkt] *adj* [improvement] notable, gran; [difference] marcat -ada, pronunciat -ada.

marker ['mɑːkəʳ] *n* [sign] senyal *m*.

marker pen *n* marcador *m*.

market ['mɑːkɪt] ◇ *n* mercat *m*; **on the ~** a la venda. ◇ *vt* comercialitzar. ◇ *vi Am* [shop]: **to go ~ing** anar a comprar.

market garden *n* [small] hort *m*; [large] horta *f*.

marketing ['mɑːkɪtɪŋ] *n* màrqueting *m*.

marketplace ['mɑːkɪtpleɪs] *n lit & fig* mercat *m*.

market research *n* estudi *m* de mercat.

market value *n* valor *m* actual / en venda.

marking ['mɑːkɪŋ] *n* [of exams etc.] correcció *f*, qualificació *f*. ☛ **markings** *npl* [of flower, animal] taques *fpl*; [on road] senyals *mpl*.

marksman ['mɑːksmən] (*pl* **-men** [-mən]) *n* tirador *m*.

marmalade ['mɑːməleɪd] *n* melmelada *f* de taronges amargues.

maroon [məˈruːn] *adj* granat.

marooned [məˈruːnd] *adj* incomunicat -ada, aïllat -ada.

marquee [mɑːˈkiː] *n* envelat *m*.

marriage ['mærɪdʒ] *n* **-1.** [act] boda *f*, casament *m*. **-2.** [state, institution] matrimoni *m*.

marriage bureau *n Br* agència *f* matrimonial.

marriage certificate *n* certificat *m* de matrimoni.

marriage guidance *n* assessoria *f* matrimonial.

married ['mærɪd] *adj* **-1.** [wedded] casat -ada. **-2.** [of marriage] matrimonial, de casat -ada.

marrow ['mærəʊ] *n* **-1.** *Br* [vegetable] carbassó *m*. **-2.** [in bones] medul·la *f*.

marry ['mærɪ] (*pt & pp* **-ied**) ◇ *vt* casar; **to get married** casar-se. ◇ *vi* casar-se.

Mars [mɑːz] *n* Mart.

marsh [mɑːʃ] n **-1.** [area of land] zona f pantanosa. **-2.** [type of land] maresme m.
marshal ['mɑːʃl] (Br pt & pp **-led**, cont **-ling**, Am pt & pp **-ed**, cont **-ing**) ◇ n **-1.** MIL mariscal m -a f. **-2.** [steward] oficial mf, mestre m -a f de cerimònies. **-3.** Am [officer] cap mf de policia. ◇ vt [people] dirigir, conduir; [thoughts] ordenar.
martial arts npl arts fpl marcials.
martial law n llei f marcial.
martyr ['mɑːtər] n màrtir mf.
martyrdom ['mɑːtədəm] n martiri m.
marvel ['mɑːvl] (Br pt & pp **-led**, cont **-ling**, Am pt & pp **-ed**, cont **-ing**) ◇ n meravella f; it's a ~ he managed és un miracle que ho hagi aconseguit. ◇ vt meravellar-se (de). ◇ vi: **to ~ (at)** meravellar-se (de).
marvellous Br, **marvelous** Am ['mɑːvələs] adj meravellós -osa.
Marxism ['mɑːksɪzm] n marxisme m.
Marxist ['mɑːksɪst] ◇ adj marxista. ◇ n marxista mf.
marzipan ['mɑːzɪpæn] n massapà m.
mascara [mæs'kɑːrə] n rímel m.
masculine ['mæskjʊlɪn] adj [gen] masculí -ina; [woman, appearance] homenenc -a.
mash [mæʃ] vt triturar.
mashed potatoes [mæʃt-] npl puré m de patates.
mask [mɑːsk] ◇ n lit & fig màscara f. ◇ vt **-1.** [to hide] emmascarar. **-2.** [cover up] ocultar, disfressar.
masochist ['mæsəkɪst] n masoquista mf.
mason ['meɪsn] n **-1.** [stonemason] pedrer m -a f. **-2.** [freemason] francmaçó m -ona f.
masonry ['meɪsnrɪ] n [stones] aparell m (d'un mur).
masquerade [,mæskə'reɪd] vi: **to ~ as** fer-se passar per; **he ~d under the name of ...** es va identificar sota el nom de ...
mass [mæs] ◇ n **-1.** [gen] massa f. **-2.** [large amount] gran quantitat f, munt m. ◇ adj [unemployment] massiu -iva, multitudinari -ària; [communication] de masses. ◇ vt agrupar, concentrar. ◇ vi agrupar-se, concentrar-se. ● **Mass** n [religious ceremony] missa f. ● **masses** npl **-1.** inf [lots] pila f. **-2.** [workers]: **the ~es** les masses.
massacre ['mæsəkər] ◇ n matança f, carnisseria f. ◇ vt massacrar, assassinar despietadament.
massage [Br 'mæsɑːʒ, Am mə'sɑːʒ] ◇ n massatge m. ◇ vt fer un massatge a.

massive ['mæsɪv] adj [gen] enorme; [majority] indiscutible.
mass media n: **the ~** els mitjans de comunicació de masses.
mass production n producció f / fabricació f en sèrie.
mast [mɑːst] n **-1.** [on boat] pal m. **-2.** RADIO & TV torre f, pal m.
master ['mɑːstər] ◇ n **-1.** [of people, animals] amo m, senyor m; [of house] senyor m. **-2.** fig [of situation] amo m, mestressa f. **-3.** Br [teacher - primary school] mestre m -a f; [- secondary school] professor m -a f. ◇ adj mestre -a. ◇ vt **-1.** [situation] dominar, controlar; [difficulty] superar, vèncer. **-2.** [technique etc.] dominar.
master key n clau f mestra.
masterly ['mɑːstəlɪ] adj magistral.
mastermind ['mɑːstəmaɪnd] ◇ n cervell m. ◇ vt ser el cervell de, dirigir.
Master of Arts (pl **Masters of Arts**) n **-1.** [degree] màster m en Lletres. **-2.** [person] màster mf en Lletres.
Master of Science (pl **Masters of Science**) n **-1.** [degree] màster m en Ciències. **-2.** [person] màster mf en Ciències.
masterpiece ['mɑːstəpiːs] n lit & fig obra f mestra.
master's degree n màster m.
mastery ['mɑːstərɪ] n domini m.
mat [mæt] n **-1.** [beer -] tipus d'estalvis per a begudes, copes, gerres, etc.; [tablemat] estalvis mpl. **-2.** [doormat] pelut m, estora f; [rug] catifeta f, estora f.
match [mætʃ] ◇ n **-1.** [game] partit m. **-2.** [for lighting] llumí m. **-3.** [equal]: **to be no ~ for** no poder competir amb. ◇ vt **-1.** [be the same as] coincidir amb. **-2.** [pair off]: **to ~ sthg (to)** aparellar una cosa (amb). **-3.** [be equal with] competir amb, rivalitzar amb. **-4.** [go well with] fer joc amb. ◇ vi **-1.** [be the same] coincidir. **-2.** [go together well] fer joc.
matchbox ['mætʃbɒks] n capsa f de llumins.
matching ['mætʃɪŋ] adj que fa joc, que lliga.
mate [meɪt] ◇ n **-1.** inf [friend] amic m, amiga f, company m -a f. **-2.** Br inf [term of address] col·lega m. **-3.** [of animal] mascle m, femella f. **-4.** NAUT. (**first**) ~ oficial m primer. ◇ vi [animals]: **to ~ (with)** aparellar-se (amb).
material [mə'tɪərɪəl] ◇ adj **-1.** [physical] material. **-2.** [important] essencial. ◇ n **-1.**

[substance] material *m*. **–2.** [type of substance] matèria *f*. **–3.** [fabric] roba *f*, tela *f*, teixit *m*. **–4.** [type of fabric] teixit *m*. **–5.** (U) [ideas, information] informació *f*, dades *fpl*.
◆ **materials** *npl*: building ~s materials *mpl* de construcció; writing ~s material *m* d'escriptori; cleaning ~s productes *mpl* de neteja.

materialistic [məˌtɪəɾɪəˈlɪstɪk] *adj* materialista.

maternal [məˈtɜːnl] *adj* [gen] maternal; [grandparent] matern -a.

maternity [məˈtɜːnətɪ] *n* maternitat *f*.

maternity dress *n* vestit *m* premamà.

maternity hospital *n* casa *f* de maternitat.

math *Am* = maths.

mathematical [ˌmæθəˈmætɪk] *adj* matemàtic -a; he's very ~ és molt bo per a les matemàtiques.

mathematics [ˌmæθəˈmætɪks] *n* (U) matemàtiques *fpl*.

maths *Br inf* [mæθs], **math** *Am* [mæθ] abbr of **mathematics**. ◇ *n* (U) mates *fpl*. ◇ *comp* de matemàtiques.

matinée [ˈmætɪneɪ] *n* [at cinema] primera sessió *f*; [at theatre] funció *f* de tarda.

mating season [ˈmeɪtɪŋ-] *n* època *f* de zel.

matrices [ˈmeɪtrɪsiːz] *pl* ➞ **matrix**.

matriculation [məˌtrɪkjʊˈleɪʃn] *n* matriculació *f*.

matrimonial [ˌmætrɪˈməʊnjəl] *adj* matrimonial.

matrimony [ˈmætrɪmənɪ] *n* (U) matrimoni *m*.

matrix [ˈmeɪtrɪks] (*pl* matrices / -es) *n* matriu *f*.

matron [ˈmeɪtrən] *n* **–1.** *Br* [in hospital] infermera *f* en cap. **–2.** [in school] conserge *f* d'escola. **–3.** *Am* [in prison] funcionària *f* de presó.

matronly [ˈmeɪtrənlɪ] *adj euph* corpulenta i d'edat madura.

matt *Br*, **matte** *Am* [mæt] *adj* mat.

matted [ˈmætɪd] *adj* embolicat -ada.

matter [ˈmætər] ◇ *n* **–1.** [question, situation] assumpte *m*; a ~ of life and death una qüestió de vida o mort; the fact / truth of the ~ is (that) ... la veritat és (que) ...; that's another / a different ~ això és una altra cosa, això són figues d'un altre paner; as a ~ of course per rutina, de manera automàtica; to make ~s worse per acabar-ho d'adobar; as a ~ of principle per principis; within a ~ of hours en unes hores; a ~ of opinion una qüestió d'opinions; it's a ~ of time és qüestió de temps. **–2.** [trouble, cause of pain]: what's the ~ (with it / her)? què (li) passa?; sthg's the ~ with my car hi ha alguna cosa al cotxe que no va prou bé. **–3.** PHYS matèria *f*. **–4.** (U) [material] material *m*; printed ~ impresos *mpl*. ◇ *vi* [be important] importar; it doesn't ~ és igual.
◆ **as a matter of fact** *adv* de fet. ◆ **for that matter** *adv* quant a això, de fet.

Matterhorn [ˈmætəˌhɔːn] *n*: the ~ el Mont Cervin.

matter-of-fact *adj* pràctic -a.

mattress [ˈmætrɪs] *n* matalàs *m*.

mature [məˈtjʊər] ◇ *adj* [person, wine] madur -a; [cheese] curat -ada. ◇ *vi* madurar.

mature student *n Br* UNIV estudiant *mf* en edat adulta.

maul [mɔːl] *vt* [savage] ferir greument.

mauve [məʊv] ◇ *adj* malva. ◇ *n* malva *f*.

max. [mæks] (abbr of **maximum**) màx.

maxim [ˈmæksɪm] (*pl* -s) *n* màxima *f*.

maximum [ˈmæksɪməm] (*pl* **maxima** / -s) ◇ *adj* màxim -a. ◇ *n* màxim *m*.

may [meɪ] *modal vb* poder; the coast ~ be seen es pot veure la costa; you ~ like it pot ser que t'agradi; I ~ come, I ~ not not ser que vingui, o pot ser que no; it ~ be done in two different ways es pot fer de dues maneres diferents; ~ I come in? es pot passar?; ~ I? em permet?; it ~ be cheap, but it's good potser sí que és barat, però és bo; ~ all your dreams come true! que tots els teus somnis es facin realitat!; be that as it ~ malgrat això; come what ~ passi el que passi; ➞ **might**.

May [meɪ] *n* maig *m*; ➞ **September**.

maybe [ˈmeɪbiː] *adv* **–1.** [perhaps] potser, tal vegada; ~ she'll come potser vindrà. **–2.** [approximately] més o menys.

May Day *n* primer *m* de maig.

mayhem [ˈmeɪhem] *n* enrenou *m*, rebombori *m*.

mayonnaise [ˌmeɪəˈneɪz] *n* maionesa *f*.

mayor [meər] *n* alcalde *m*.

mayoress [ˈmeərɪs] *n* alcaldessa *f*.

maze [meɪz] *n lit & fig* laberint *m*.

MB –1. (abbr of **megabyte**) Mb. **–2.** abbr of Manitoba.

MD ◇ *n* **–1.** abbr of **Doctor of Medicine**. **–2.** abbr of **managing director**. ◇ abbr of Maryland.

me [miː] *pers pron* **-1.** (*direct, indirect*) -me, em; **can you see / hear ~?** que em veus / sents?; **it's ~** sóc jo; **they spoke to ~** van parlar amb mi; **she gave it to ~** m'ho va donar a mi; **give it to ~!** dóna-m'ho! **-2.** (*stressed*): **you can't expect ~ to do it** no deus voler que ho faci jo! **-3.** (*after prep*) mi; **they went with / without ~** hi van anar amb mi / sense mi. **-4.** (*in comparisons*) jo; **she's shorter than ~** (ella) és més baixa que jo.

meadow ['medəʊ] *n* prat *m*, praderia *f*.

meagre *Br*, **meager** *Am* ['miːgəʳ] *adj* miserable, escàs -assa.

meal [miːl] *n* menjar *m*; *Br fig & pej* **to make a ~ of sthg** recrear-se amb una cosa.

mealtime ['miːltaɪm] *n* hora *f* de menjar; **at ~s** a l'hora dels àpats.

mean [miːn] (*pt & pp* **meant**) ⟨⟩ *vt* **-1.** [signify] significar, voler dir; **it ~s nothing to me** (això) no em diu res. **-2.** [have in mind] voler dir, referir-se a; **what do you ~?** què vols dir?; **to ~ to do sthg** tenir la intenció de / voler fer una cosa; **I ~t to phone you earlier** et volia trucar abans; **to be ~t for** estar destinat -ada a; **they were ~t for each other** estaven fets l'un per l'altre; **to be ~t to do sthg** haver de fer una cosa; **that's not ~t to be there** això no hi hauria de ser, allà; **it was ~t to be a joke** era una broma; **to ~ well** tenir bones intencions. **-3.** [be serious about]: **I ~ it** ho dic seriosament, no és pas cap broma. **-4.** [be important, matter] significar, suposar. **-5.** [entail] suposar, implicar. **-6.** **I ~** vull dir, és a dir. ⟨⟩ *adj* **-1.** [miserly] garrepa; **to be ~ with** ser garrepa amb. **-2.** [unkind] dolent -a, mesquí -ina; **to be ~ to sb** portar-se malament amb algú. **-3.** [average] mitjà -ana. **-4.** *iro*: **he's no ~ singer** [excellent] és un bon cantant; **it's no ~ task** [difficult, challenging] és una tasca molt difícil. ⟨⟩ *n* [average] mitjana *f*, terme *m* mitjà; ☞ **means**.

meander [mɪ'ændəʳ] *vi* **-1.** [river, road] serpentejar. **-2.** [walk aimlessly] vagar; [write, speak aimlessly] divagar.

meaning ['miːnɪŋ] *n* **-1.** [sense - of a word etc.] significat *m*. **-2.** [significance] intenció *f*, sentit *m*. **-3.** [purpose, point] propòsit *m*, intenció *f*.

meaningful ['miːnɪŋfʊl] *adj* **-1.** [expressive] significatiu -iva. **-2.** [profound] profund -a.

meaningless ['miːnɪŋlɪs] *adj* **-1.** [without meaning, purpose] sense sentit. **-2.** [irrelevant, unimportant] irrellevant.

means [miːnz] ⟨⟩ *n* [method, way] mitjà *m*; **we have no ~ of doing it** no tenim manera de fer-ho; **a ~ to an end** un mitjà per arribar a un fi; **by ~ of** mitjançant. ⟨⟩ *npl* [money] recursos *mpl* econòmics, mitjans *mpl*. ☞ **by all means** *adv* naturalment! ☞ **by no means** *adv fml* de cap manera, ni pensar-hi.

meant [ment] *pt & pp* ☞ **mean**.

meantime ['miːn,taɪm] *n*: **in the ~** mentrestant.

meanwhile ['miːn,waɪl] *adv* mentrestant, entretant.

measles ['miːzlz] *n*: **(the) ~** (el) xarampió.

measly ['miːzlɪ] (*compar* **-ier**, *superl* **-iest**) *adj inf* raquític -a.

measure ['meʒəʳ] ⟨⟩ *n* **-1.** [step, action] mesura *f*. **-2.** [degree]: **a ~ of** cert grau de; **and for good ~** i a més a més. **-3.** [of alcohol] mesura *f*. **-4.** [indication, sign]: **a ~ of** una mostra de. ⟨⟩ *vt* [object] mesurar; [damage, impact etc.] determinar, jutjar. ⟨⟩ *vi* prendre les mides.

measurement ['meʒəmənt] *n* mesura *f*.

meat [miːt] *n* carn *f*; **cold ~** carn *f* freda.

meatball ['miːtbɔːl] *n* pilota *f*, mandonguilla *f*.

meat pie *n Br* pastís *m* de carn.

meaty ['miːtɪ] (*compar* **-ier**, *superl* **-iest**) *adj fig* sucós -osa.

Mecca ['mekə] *n* GEOG Meca; *fig* meca *f*.

mechanic [mɪ'kænɪk] *n* mecànic *m* -a *f*. ☞ **mechanics** ⟨⟩ *n* (U) [study] mecànica *f*. ⟨⟩ *npl fig* mecanismes *mpl*.

mechanical [mɪ'kænɪkl] *adj* **-1.** [worked by machinery, routine] mecànic -a. **-2.** [good at mechanics] hàbil per a la mecànica.

mechanism ['mekənɪzm] *n lit & fig* mecanisme *m*.

medal ['medl] *n* medalla *f*.

medallion [mɪ'dæljən] *n* medalló *m*.

meddle ['medl] *vi*: **to ~ (in)** entremetre's (en), interferir (en); **to ~ with sthg** grapejar una cosa.

media ['miːdjə] ⟨⟩ *pl* ☞ **medium**. ⟨⟩ *n / npl*: **the ~** els mitjans de comunicació.

mediaeval [,medɪ'iːvl] = **medieval**.

median ['miːdjən] ⟨⟩ *adj* mitjà -ana. ⟨⟩ *n Am* [of road] mitjana *f*.

mediate ['miːdɪeɪt] ⟨⟩ *vt* negociar. ⟨⟩ *vi*: **to ~ (for / between)** mitjançar (per / entre).

mediator ['miːdɪeɪtəʳ] *n* mediador *m* -a *f*.

Medicaid ['medɪkeɪd] *n Am* sistema estatal d'ajuda mèdica.

medical ['medɪkl] ◇ *adj* mèdic -a. ◇ *n* revisió *f* mèdica, reconeixement *m*.

Medicare ['medɪkeə'] *n Am* ajuda estatal mèdica per a la gent gran.

medicated [,medɪkeɪtɪd] *adj* medicinal.

medicine ['medsɪn] *n* **-1.** [treatment of illness] medicina *f*; UNIV **Doctor of ~** doctor *m* -a *f* en Medicina. **-2.** [substance] medicina *f*, medicament *m*.

medieval [,medɪ'i:vl] *adj* medieval.

mediocre [,mi:dɪ'əʊkə'] *adj* mediocre.

meditate ['medɪteɪt] *vi*: **to ~ (on / upon)** meditar / reflexionar (sobre).

Mediterranean [,medɪtə'reɪnjən] ◇ *n* **-1.** [sea]: **the ~ (Sea)** el (mar) Mediterrani, la (mar) Mediterrània. **-2.** [person] mediterrani *m* -ània *f*. ◇ *adj* mediterrani -ània.

medium ['mi:djəm] (*pl sense 1* **media**, *pl sense 2* **mediums**) ◇ *adj* mitjà -ana. ◇ *n* **-1.** [way of communicating] mitjà *m*. **-2.** [spiritualist] mèdium *mf*.

medium-sized *adj* de mida mitjana.

medium wave *n* ona *f* mitjana.

medley ['medlɪ] (*pl* **-s**) *n* **-1.** [mixture] barreja *f*, amalgama *f*. **-2.** [selection of music] popurri *m*.

meek [mi:k] *adj* submís -isa, dòcil.

meet [mi:t] (*pt & pp* **met**) ◇ *vt* **-1.** [by chance] trobar; [for first time, come across] conèixer; [by arrangement, for a purpose] reunir-se amb. **-2.** [go to meet - person] anar / venir a buscar; **I met the eight o'clock train to pick up my son** [- train, bus] vaig anar a buscar el meu fill al tren de les vuit. **-3.** [need, demand] satisfer. **-4.** [deal with - problem, challenge] afrontar. **-5.** [costs, debts] pagar. **-6.** [experience - problem, situation] trobar-se amb. **-7.** [hit, touch] donar-se un cop, topar amb. **-8.** [face]: **her eyes met his** van creuar les mirades. **-9.** [join] reunir-se / ajuntar-se amb. ◇ *vi* **-1.** [by chance] trobar-se; [by arrangement] veure's; [for a purpose] reunir-se. **-2.** [get to know sb] conèixer-se. **-3.** [hit in collision] topar, xocar; [touch] tocar. **-4.** [eyes] bescanviar. **-5.** [join - roads etc.] ajuntar-se. ◇ *n Am* [meeting] trobada *f*. ← **meet up** *vi*: **to ~ up (with sb)** trobar-se (amb algú). ← **meet with** *vt fus* **-1.** [refusal, disappointment] trobar-se amb; **to ~ with success** tenir èxit; **to ~ with failure** fracassar. **-2.** *Am* [by arrangement] reunir-se amb.

meeting ['mi:tɪŋ] *n* **-1.** [for discussions, business] reunió *f*. **-2.** [by chance, in sport] trobada *f*; [by arrangement] cita *f*; [formal] entrevista *f*. **-3.** [people at -]: **the ~** l'assemblea.

megabyte ['megəbaɪt] COMPUT *n* megaoctet *m*.

megaphone ['megəfəʊn] *n* megàfon *m*.

melancholy ['melənkəlɪ] ◇ *adj* melancòlic -a. ◇ *n* melancolia *f*.

mellow ['meləʊ] ◇ *adj* **-1.** [sound, colour, light] suau; [wine] anyenc -a. **-2.** [fruit] madur -a. ◇ *vt*: **to be ~ed by** [age] estar calmat -ada per; [alcohol] sentir-se una mica alegre per. ◇ *vi* suavitzar-se; [person] entendrir-se.

melody ['melədɪ] (*pl* **-ies**) *n* melodia *f*.

melon ['melən] *n* meló *m*.

melt [melt] ◇ *vt* **-1.** [make liquid] fondre. **-2.** *fig* [soften] entendrir. ◇ *vi* **-1.** [become liquid] fondre's. **-2.** *fig* [soften] entendrir-se. **-3.** [disappear]: **to ~ into the crowd** desaparèixer entre la gent; **to ~ away** [savings] esfumar-se; [anger] esvair-se. ← **melt down** *vt sep* fondre.

meltdown ['meltdaʊn] *n* **-1.** [act of melting] fusió *f*. **-2.** [incident] fuita *f* radioactiva.

melting pot ['meltɪŋ-] *n fig* gresol *m*.

member ['membə'] ◇ *n* **-1.** [of social group] membre *mf*. **-2.** [of party, union] afiliat *m* -ada *f*, membre *mf*; [of organization, club] soci *m*, sòcia *f*. ◇ *comp* membre.

Member of Congress (*pl* **Members of Congress**) *n* membre *mf* del Congrés (dels Estats Units).

Member of Parliament (*pl* **Members of Parliament**) *n Br* diputat *m* -ada *f* (del parlament britànic).

membership ['membəʃɪp] *n* **-1.** [of party, union] afiliació *f*; [of club] qualitat *f* de membre / de soci. **-2.** [number of members] nombre *m* de socis. **-3.** [people themselves]: **the ~** [of organization] els membres; [of club] els socis.

membership card *n* carnet *m* de soci.

memento [mɪ'mentəʊ] (*pl* **-s**) *n* record *m*.

memo ['meməʊ] (*pl* **-s**) *n* memoràndum *m*.

memoirs ['memwɑː] *npl* memòries *fpl*.

memorandum [,memə'rændəm] (*pl* **-da** [-də] / **-dums** [-də]) *n fml* memoràndum *m*.

memorial [mɪ'mɔːrɪəl] ◇ *adj* commemoratiu -iva. ◇ *n* monument *m* commemoratiu.

memorize, -ise ['meməraɪz] *vt* memoritzar, aprendre de memòria.

memory ['memərɪ] (*pl* **-ies**) *n* **-1.** [faculty, of computer] memòria *f*. **-2.** [thing or things

memory card n targeta f de memòria.

men pl ➡ **man**.

menace ['menəs] ◇ n **-1.** [threat] amenaça f; [danger] perill m. **-2.** [threatening quality]: **with ~** de manera amenaçadora. **-3.** inf [nuisance, pest] llauna f, murga f. ◇ vt amenaçar.

menacing ['menəsɪŋ] adj amenaçador -a.

mend [mend] ◇ n inf: **to be on the ~** millorar, trobar-se més bé. ◇ vt [shoes, toy] adobar; [socks] sargir; [clothes] adobar, apedaçar; **to ~ one's ways** esmenar-se.

menial ['mi:njəl] adj baix -a, servil.

meningitis [,menɪn'dʒaɪtɪs] n (U) meningitis f.

menopause ['menəpɔ:z] n: **the ~** la menopausa.

men's room n Am: **the ~** el lavabo d'homes.

menstruation [,menstru'eɪʃn] n menstruació f.

menswear ['menzweər] n roba f de senyors.

mental ['mentl] adj mental.

mental hospital n hospital m psiquiàtric.

mentality [men'tælətɪ] n mentalitat f.

mentally handicapped npl: **the ~** els disminuïts psíquics.

mention ['menʃn] ◇ vt: **to ~ sthg (to)** esmentar una cosa (a); **not to ~** per no parlar de; **don't ~ it!** de res! ◇ n menció f.

menu ['menju:] n **-1.** [in restaurant] carta f. **-2.** COMPUT menú m.

meow Am = **miaow**.

MEP n (abbr of Member of the European Parliament) eurodiputat m -ada f.

mercenary ['mɜ:sɪnrɪ] (pl **-ies**) ◇ adj mercenari -ària. ◇ n mercenari m -ària f.

merchandise ['mɜ:tʃəndaɪz] n (U) mercaderies fpl, gèneres mpl.

merchant ['mɜ:tʃənt] ◇ adj [seaman, ship] mercant. ◇ n comerciant mf, negociant mf.

merchant bank n Br banc m comercial.

merchant navy Br, **merchant marine** Am n marina f mercant.

merciful ['mɜ:sɪful] adj **-1.** [showing mercy] compassiu -iva, misericordiós -osa. **-2.** [fortunate] afortunat -ada.

merciless ['mɜ:sɪlɪs] adj despietat -ada, implacable.

mercury ['mɜ:kjurɪ] n mercuri m.

Mercury ['mɜ:kjurɪ] n Mercuri.

mercy ['mɜ:sɪ] (pl **-ies**) n **-1.** [kindness, pity] compassió f, misericòrdia f; fig **at the ~ of** a la mercè de. **-2.** [blessing] sort f.

mere [mɪər] adj mer -a, simple; **she's a ~ child** només és una nena.

merely ['mɪəlɪ] adv simplement, merament.

merge [mɜ:dʒ] ◇ vt **-1.** [gen] barrejar. **-2.** COM & COMPUT fusionar. ◇ vi **-1.** [join, combine]: **to ~ (with)** [company] fusionar-se (amb); [roads, branches] unir-se (amb), ajuntar-se (amb). **-2.** [blend - colours] fondre's, barrejar-se; **to ~ into** confondre's amb. ◇ n COMPUT fusió f.

merger ['mɜ:dʒər] n fusió f.

meringue [mə'ræŋ] n merenga f.

merit ['merɪt] ◇ n mèrit m. ◇ vt merèixer, ser digne de. ➡ **merits** npl avantatges mpl; **to discuss the ~s of** considerar els avantatges de; **to judge sthg on its ~s** avaluar / jutjar una cosa segons els seus mèrits.

mermaid ['mɜ:meɪd] n sirena f.

merry ['merɪ] (compar **-ier**, superl **-iest**) adj **-1.** liter [gen] alegre. **-2.** [party] animat -ada; **~ Christmas!** bon Nadal! **-3.** inf [tipsy] alegre, mig begut -uda.

merry-go-round n cavallets mpl.

mesh [meʃ] ◇ n malla f. ◇ vi encaixar.

mesmerize, -ise ['mezməraɪz] vt: **to be ~d (by)** estar fascinat -ada (per).

mess [mes] n **-1.** [untidy state] desordre m; **to be (in) a ~** estar desordenat -ada. **-2.** [muddle, problematic situation] embolic m. **-3.** MIL [room] menjador m (dels quarters); [food] ranxo m. ➡ **mess about**, **mess around** inf ◇ vt sep desorientar. ◇ vi **-1.** [waste time] passar l'estona, perdre el temps; [fool around] fer el ximple. **-2.** [interfere]: **to ~ about with sthg** potinejar una cosa. ➡ **mess up** inf vt sep **-1.** [clothes] embrutar; [room] desordenar. **-2.** [plan, evening] aixafar, arruïnar.

message ['mesɪdʒ] n **-1.** [piece of information] missatge m, encàrrec m. **-2.** [of book etc.] missatge m. **-3.** inf **to get the ~** captar el missatge.

messenger ['mesɪndʒər] n missatger m -a f; **by ~** per missatger.

Messrs, Messrs. ['mesəz] (abbr of messieurs) Srs.

messy ['mesɪ] (*compar* **-ier**, *superl* **-iest**) *adj* **-1.** [dirty] brut -a, desordenat -ada. **-2.** *inf* [complicated, confused] complicat -ada, embolicat -ada.

met [met] *pt & pp* ➭ **meet**.

metal ['metl] ⋄ *n* metall *m*. ⋄ *comp* de metall, metàl·lic -a.

metallic [mɪ'tælɪk] *adj* **-1.** [gen] metàl·lic -a. **-2.** [paint, finish] metal·litzat -ada.

metalwork ['metəlwɜːk] *n* [craft] metal·listeria *f*.

metaphor ['metəfər] *n* metàfora *f*.

mete [miːt] ➭ **mete out** *vt sep*: to ~ sthg out to sb imposar una cosa a algú.

meteor ['miːtɪər] *n* meteor *m*, bòlid *m*.

meteorology [,miːtjə'rɒlədʒɪ] *n* meteorologia *f*.

meter ['miːtər] ⋄ *n* **-1.** [device] comptador *m*. **-2.** *Am* = **metre**. ⋄ *vt* [measure] mesurar.

method ['meθəd] *n* mètode *m*.

methodical [mɪ'θɒdɪkl] *adj* metòdic -a.

Methodist ['meθədɪst] ⋄ *adj* metodista. ⋄ *n* metodista *mf*.

meths [meθs] *n Br inf* alcohol *m* metílic.

methylated spirits ['meθɪleɪtɪd-] *n* alcohol *m* metílic.

meticulous [mɪ'tɪkjʊləs] *adj* meticulós -osa, minuciós -osa.

metre *Br*, **meter** *Am* ['miːtər] *n* metre *m*.

metric ['metrɪk] *adj* mètric -a.

metronome ['metrənəʊm] *n* metrònom *m*.

metropolitan [,metrə'pɒlɪtn] *adj* [of a metropolis] metropolità -ana.

Metropolitan Police *npl* policia de Londres.

mettle ['metl] *n*: to be on one's ~ estar disposat -ada a mostrar el que un val; to show / prove one's ~ mostrar el que un val.

mew [mjuː] = **miaow**.

mews [mjuːz] (*pl inv*) *n Br* carrer d'antigues cavallerisses convertides en habitatges de luxe.

Mexican ['meksɪkn] ⋄ *adj* mexicà -ana. ⋄ *n* mexicà -ana *f*.

Mexico ['meksɪkəʊ] *n* Mèxic *m*.

MI5 *n* (abbr of **Military Intelligence 5**) organisme britànic de contraespionatge.

MI6 *n* (abbr of **Military Intelligence 6**) organisme britànic d'espionatge.

miaow *Br* [miːˈaʊ], **meow** *Am* [mɪˈaʊ] ⋄ *n* miol *m*. ⋄ *vi* miolar.

mice [maɪs] *pl* ➭ **mouse**.

mickey ['mɪkɪ] *n Br inf*: to take the ~ out of sb aixecar la camisa a algú.

microchip ['maɪkrəʊtʃɪp] COMPUT *n* microxip *m*.

microcomputer [,maɪkrəʊkəm'pjuːtər] *n* microordinador *m*.

microfilm ['maɪkrəʊfɪlm] *n* microfilm *m*.

microphone ['maɪkrəfəʊn] *n* micròfon *m*.

microscope ['maɪkrəskəʊp] *n* microscopi *m*.

microscopic [,maɪkrə'skɒpɪk] *adj lit & fig* microscòpic -a.

microwave (oven) ['maɪkrəweɪv-] *n* (forn *m*) microones *m inv*.

mid- [mɪd] *prefix* mig mitja; **(in) ~morning** (a) mig matí; **(in) ~August** (a) mitjan agost; **(in) ~winter** (en) ple hivern; **she's in her ~twenties** ronda els 25 anys.

midair [mɪdˈeər] ⋄ *adj* a l'aire. ⋄ *n*: in ~ a l'aire.

midday ['mɪddeɪ] *n* migdia *m*.

middle ['mɪdl] ⋄ *adj* **-1.** [gen] del mig, central. **-2.** [in time]: **she's in her ~ twenties** ronda els 25 anys. ⋄ *n* **-1.** [of room, town etc.] mig *m*, centre *m*; **in the ~ (of)** al mig (de), al centre (de); **in the ~ of the month / the 19th century** a mitjan mes / segle XIX; **to be in the ~ of doing sthg** estar fent una cosa; **in the ~ of the night** a mitja nit; **in the ~ of nowhere** a la quinta forca. **-2.** [waist] cintura *f*.

middle-aged *adj* de mitjana edat.

Middle Ages *npl*: the ~ l'edat mitjana.

middle-class *adj* de classe mitja.

middle classes *npl*: the ~ la classe mitja.

Middle East *n*: the ~ l'Orient Mitjà.

middleman ['mɪdlmæn] (*pl* **-men** [-mən]) *n* intermediari *m*.

middle name *n* segon nom *m* (en un nom compost).

middleweight ['mɪdlweɪt] *n* pes *m* mitjà.

middling ['mɪdlɪŋ] *adj* regular, mitjà -ana.

Mideast [,mɪdˈiːst] *n Am*: the ~ l'Orient Mitjà.

midfield [,mɪdˈfiːld] SPORT *n* mig camp *m*.

midge ['mɪdʒ] *n* una mena de mosquit.

midget ['mɪdʒɪt] *n* nan *m* -a *f*.

midi system ['mɪdɪ-] *n* minicadena *f*.

Midlands ['mɪdləndz] *npl*: the ~ els Midlands.

midnight ['mɪdnaɪt] ⋄ *n* mitjanit *f*. ⋄ *comp* de mitjanit.

midriff ['mɪdrɪf] *n* diafragma *m*.

midst [mɪdst] *n* **-1.** *liter* [in space]: in the ~ of enmig de; in our ~ entre nosaltres. **-2.** [in time]: in the ~ of enmig de.

midsummer [ˈmɪd,sʌməʳ] *n* ple estiu *m*.

Midsummer Day *n* dia *m* de Sant Joan (24 de juny).

midway [,mɪdˈweɪ] *adv* **-1.** [in space]: ~ (between) a mig camí (entre). **-2.** [in time]: ~ (through) a la meitat (de).

midweek [*adj* mɪdˈwiːk, *adv* ˈmɪdwiːk] ◇ *adj* d'entre setmana. ◇ *adv* entre setmana.

midwife [ˈmɪdwaɪf] (*pl* **-wives** [-waɪvz]) *n* llevadora *f*.

midwifery [ˈmɪd,wɪfəɾɪ] *n* obstetrícia *f*.

might [maɪt] ◇ *modal vb* **-1.** [expressing possibility]: he ~ be armed podria ser que anés armat; I ~ do it pot ser que ho faci; we ~ have been killed, had we not been careful ens haurien pogut matar, si no haguéssim anat amb compte. **-2.** [expressing suggestion]: you ~ have told me! m'ho hauries pogut dir!; it ~ be better to wait potser valdrà més que ens esperem. **-3.** *fml* [asking permission]: he asked if he ~ leave the room va demanar permís per sortir. **-4.** [expressing concession]: you ~ well be right, but ... potser sí que tens tota la raó, però ... **-5.** I ~ have known / guessed ho hauria hagut de saber / m'ho hauria hagut d'imaginar. ◇ *n* (U) força *f*, poder *m*.

mighty [ˈmaɪtɪ] (*compar* **-ier**, *superl* **-iest**) ◇ *adj* **-1.** [strong] fort -a; [powerful] poderós -osa. **-2.** [very large] enorme. ◇ *adv* molt.

migraine [ˈmiːgreɪn, ˈmaɪgreɪn] *n* migranya *f*.

migrant [ˈmaɪgrənt] ◇ *adj* **-1.** [bird, animal] migratori -òria. **-2.** [workers] emigrant. ◇ *n* **-1.** [bird, animal] migratori -òria *f*. **-2.** [person] emigrant *mf*.

migrate [*Br* maɪˈgreɪt, *Am* ˈmaɪgreɪt] *vi* emigrar.

mike [maɪk] *n inf* (abbr of **microphone**) micro *m*.

mild [maɪld] ◇ *adj* **-1.** [taste, disinfectant, wind] suau; [effect, surprise, illness] lleu. **-2.** [person, nature] pacífic -a, assossegat -ada; [tone of voice] serè -ena. **-3.** [climate] temperat -ada. ◇ *n* cervesa de sabor suau.

mildew [ˈmɪldjuː] *n* [gen] verdet *m*; [on plants] rovell *m*.

mildly [ˈmaɪldlɪ] *adv* **-1.** [gen] lleugerament, lleument; to put it ~ per no dir res més. **-2.** [talk] suaument.

mile [maɪl] *n* milla *f*; we could see for ~s podíem veure quilòmetres i quilòmetres; we had walked for ~s havíem caminat moltíssim; this is ~s better això és molt millor; *fig* to be ~s away ser a la lluna de València.

mileage [ˈmaɪlɪdʒ] *n* distància *f* en milles.

mileometer [maɪˈlɒmɪtəʳ] *n* ≃ comptamilles *mpl*, comptaquilòmetres *mpl*.

milestone [ˈmaɪlstəʊn] *n* **-1.** [marker stone] fita *f*, molló *m*. **-2.** *fig* [event] fita *f*.

militant [ˈmɪlɪtənt] ◇ *adj* militant. ◇ *n* militant *mf*.

military [ˈmɪlɪtɾɪ] ◇ *adj* militar. ◇ *n*: the ~ els militars, les forces armades.

militate [ˈmɪlɪteɪt] *vi fml*: to ~ against sthg militar contra una cosa.

milk [mɪlk] ◇ *n* llet *f*. ◇ *vt* **-1.** [cow etc.] munyir. **-2.** [use to own ends] esprémer; they ~ed him for every penny he had li van xuclar fins a l'últim cèntim.

milk chocolate ◇ *n* xocolata *f* amb llet. ◇ *comp* de xocolata amb llet.

milkman [ˈmɪlkmən] (*pl* **-men** [-mən]) *n* lleter *m*, repartidor *m* de llet.

milk shake *n* batut *m* de llet.

milky [ˈmɪlkɪ] (*compar* **-ier**, *superl* **-iest**) *adj* **-1.** *Br* [with milk] amb molta llet. **-2.** [pale white] lletós -osa, pàl·lid -a.

Milky Way *n*: the ~ la Via Làctia.

mill [mɪl] ◇ *n* **-1.** [flour-mill] molí *m*. **-2.** [factory] fàbrica *f*. **-3.** [grinder] molinet *m*. ◇ *vt* moldre. ◆ **mill about**, **mill around** *vi* arremolinar-se.

millennium [mɪˈlenɪəm] (*pl* **-nnia**) *n* mil·lenni *m*.

miller [ˈmɪləʳ] *n* moliner *m* -a *f*.

millet [ˈmɪlɪt] *n* mill *m*.

milligram(me) [ˈmɪlɪgræm] *n* mil·ligram *m*.

millimetre *Br*, **millimeter** *Am* [ˈmɪlɪ,miːtəʳ] *n* mil·límetre *m*.

millinery [ˈmɪlɪnɾɪ] *n* barreteria *f* (de senyores).

million [ˈmɪljən] *n* milió *m*; *fig* a ~, ~s of un milió / milions de.

millionaire [,mɪljəˈneəʳ] *n* milionari *m*.

millstone [ˈmɪlstəʊn] *n* pedra *f* de molí; a ~ round one's neck una creu.

milometer [maɪˈlɒmɪtəʳ] = **mileometer**.

mime [maɪm] ◇ *n* **-1.** [acting] mímica *f*, pantomima *f*. **-2.** [act] imitació *f* a base de gestos. ◇ *vt* representar amb gestos. ◇ *vi* fer mímica.

mimic ['mɪmɪk] (*pt & pp* **-ked**, *cont* **-king**) ⋄ *n* imitador *m* -a *f*. ⋄ *vt* imitar.

mimicry ['mɪmɪkrɪ] *n* imitació *f*.

min [mɪn] (*abbr of* **minimum**) mín.

mince [mɪns] ⋄ *n Br* carn *f* picada. ⋄ *vt* trinxar, picar. ⋄ *vi* caminar amb passes curtes.

mincemeat ['mɪnsmi:t] *n* **-1.** [fruit] barreja de fruita trinxada per farcir una pasta que es menja per Nadal. **-2.** *Am* [minced meat] carn *f* picada.

mince pie *n* pastís *m* de fruita trinxada.

mincer ['mɪnsər] *n* màquina *f* de picar carn.

mind [maɪnd] ⋄ *n* **-1.** [gen] ment *f*; state of ~ estat *m* d'ànim; **to come into / to cross sb's ~** ocórrer-se / passar pel cap; **to concentrate one's ~** concentrar-se; **to have sthg on one's ~** estar preocupat -ada per alguna cosa; **to keep an open ~** tenir una actitud oberta; **to put / set sb's ~ at rest** tranquil·litzar algú; **it slipped my ~** me'n vaig oblidar; **to take sb's ~ off sthg** fer que algú s'oblidi d'una cosa; **that was a load / weight off my ~** em vaig treure un pes de sobre; **great ~s think alike!** ara t'escolto!; **to broaden one's ~** ampliar els propis horitzons; **to make one's ~ up** decidir-se. **-2.** [attention] atenció *f*; **to put one's ~ to sthg** posar tota l'atenció en una cosa. **-3.** [opinion]: **to change one's ~** canviar d'opinió; **to my** ~ a parer meu; **to be in two ~s about sthg** no estar segur -a d'una cosa; **to speak one's ~** dir el que es pensa. **-4.** [memory]: **to bear sthg in ~** tenir present una cosa; **to call sthg to ~** recordar una cosa; **to cast one's ~ back** mirar enrere. **-5.** [intention]: **to have sthg in ~** tenir una cosa al cap; **to have a ~ to do sthg** estar decidit -ida a fer una cosa. ⋄ *vi* **-1.** [be bothered]: **do you ~?** que et fa res?; **I don't ~ ...** no em fa res ...; **never ~** [don't worry] no et preocupis; [it's not important] és igual, no importa. **-2.** *Br* [be careful]: ~ **out!** compte!. ⋄ *vt* **-1.** [be bothered about, dislike]: **do you ~ if I leave?** et fa res que marxi?; **I don't ~ waiting** no em fa res d'esperar; **I wouldn't ~ a ...** no em vindria pas malament un ... **-2.** [pay attention to] anar amb compte amb. **-3.** [take care of] tenir cura de. ⋆ **mind you** *adv*: **he's a bit deaf**, ~ **you, he is old**; és una mica sord; però, de fet, ja és gran.

minder ['maɪndər] *n Br inf* [bodyguard] guardaespatlles *mf*.

mindful ['maɪndful] *adj*: ~ **of** conscient de.

mindless ['maɪndlɪs] *adj* **-1.** [stupid] absurd -a, sense sentit. **-2.** [not requiring thought] avorrit -ida.

mine¹ [maɪn] *poss pron* (el) meu, (la) meva, (els) meus, (les) meves; **that money is** ~ aquests diners són meus; **his car hit** ~ el seu cotxe va xocar contra el meu; **it wasn't your fault, it was** MINE la culpa no va ser teva sinó MEUA; **a friend of** ~ un amic meu.

mine² [maɪn] ⋄ *n* mina *f*; **a** ~ **of information** una mina d'informació. ⋄ *vt* **-1.** [excavate - coal] extreure. **-2.** [lay mines in] minar.

minefield ['maɪnfi:ld] *n lit & fig* camp *m* de mines.

miner ['maɪnər] *n* miner *m* -a *f*.

mineral ['mɪnərəl] ⋄ *adj* mineral. ⋄ *n* mineral *m*.

mineral water *n* aigua *f* mineral.

minesweeper ['maɪn,swi:pər] *n* pescamines *m*.

mingle ['mɪŋgl] ⋄ *vt*: **to** ~ **sthg with** barrejar una cosa amb. ⋄ *vi* **-1.** [combine]: **to** ~ **(with)** barrejar-se (amb). **-2.** [socially]: **to** ~ **(with)** alternar (amb).

miniature ['mɪnətʃər] ⋄ *adj* en miniatura. ⋄ *n* **-1.** [painting] miniatura *f*. **-2.** [of alcohol] ampolleta de licor en miniatura. **-3.** [small scale]: **in** ~ en miniatura.

minibus ['mɪnɪbʌs] (*pl* **-es**) *n* microbús *m*.

minicab ['mɪnɪkæb] *n Br* taxi que es pot demanar per telèfon, però que no es pot parar al carrer.

minima ['mɪnɪmə] *pl* ➞ **minimum**.

minimal ['mɪnɪml] *adj* mínim -a.

minimum ['mɪnɪməm] (*pl* **-mums / -ma**) ⋄ *adj* mínim -a. ⋄ *n* mínim *m*.

mining ['maɪnɪŋ] ⋄ *n* mineria *f*. ⋄ *adj*: ~ **engineer** enginyer *m* -a *f* de mines.

miniskirt ['mɪnɪskɜ:t] *n* minifaldilla *f*.

minister ['mɪnɪstər] *n* **-1.** POL: ~ **(for)** ministre *m* -a *f* (de). **-2.** RELIG pastor *m*. ➞ **minister to** *vt fus* atendre.

ministerial [,mɪnɪ'stɪərəl] *adj* ministerial.

minister of state *n*: ~ **(for)** ministre *m* -a *f* d'estat (per a).

ministry ['mɪnɪstrɪ] (*pl* **-ies**) *n* **-1.** POL ministeri *m*; ~ **of Defence** Ministeri de Defensa. **-2.** RELIG: **the** ~ el sacerdoci, el clergat.

mink [mɪŋk] (*pl inv*) *n* visó *m*.

minnow ['mɪnəu] *n* peixet *m* (d'aigua dolça).

minor ['maɪnə'] ◇ adj menor. ◇ n menor mf (d'edat).

Minorca [mɪ'nɔːkə] n Menorca.

minority [maɪ'nɒrətɪ] (pl -ies) n minoria f; **to be in a / the ~** estar amb la minoria / ser minoria.

mint [mɪnt] ◇ n **-1.** [herb] menta f. **-2.** [peppermint] caramel m de menta. **-3.** [for coins]: **the ~** la casa de moneda; **in ~ condition** en perfecte estat. ◇ vt encunyar.

minus ['maɪnəs] (pl **-es**) ◇ prep **-1.** MATH [less]: **4 ~ 2 is 2** 4 menys 2 són 2. **-2.** [in temperatures]: **it's ~ 5°C** estem a 5°C sota zero. ◇ adj MATH [less than zero] negatiu -iva. ◇ n **-1.** MATH signe m menys. **-2.** [disadvantage] trava f, desavantatge m.

minus sign n signe m menys.

minute¹ ['mɪnɪt] n minut m; **at any ~** en qualsevol moment; **at the last ~** a última hora; **this ~** ara mateix; **up to the ~** [news] d'última hora; [technology] punta; **wait a ~** espera't un moment. ➢ **minutes** npl acta f; **to take ~s** aixecar / fer l'acta.

minute² [maɪ'njuːt] adj diminut -a.

miracle ['mɪrəkl] n lit & fig miracle m.

miraculous [mɪ'rækjʊləs] adj miraculós -osa.

mirage [mɪ'rɑːʒ] n lit & fig miratge m.

mire [maɪə'] n fang m, llot m.

mirror ['mɪrə'] ◇ n mirall m. ◇ vt reflectir.

mirth [mɜːθ] n rialles fpl.

misadventure [,mɪsəd'ventʃə'] n desventures fpl, desgràcia f; JUR **death by ~** mort f d'accident.

misapprehension ['mɪs,æprɪ'henʃn] n **-1.** [misunderstanding] malentès m. **-2.** [mistaken belief] creença f errònia.

misappropriation ['mɪsə,prəʊprɪ'eɪʃn] n: **~ (of)** malversació f (de).

misbehave [,mɪsbɪ'heɪv] vi comportar-se malament.

miscalculate [,mɪs'kælkjʊleɪt] vt & vi calcular malament.

miscarriage [,mɪs'kærɪdʒ] n [at birth] avortament m (natural).

miscarriage of justice n error m judicial.

miscellaneous [,mɪsə'leɪnjəs] adj divers -a.

mischief ['mɪstʃɪf] n **-1.** (U) [playfulness] picardia f. **-2.** [naughty behaviour] entremaliadura f, diableria f. **-3.** [harm] mal m.

mischievous ['mɪstʃɪvəs] adj **-1.** [playful] juganer -a. **-2.** [naughty] entremaliat -ada.

misconception [,mɪskən'sepʃn] n concepte m erroni, idea f equivocada.

misconduct [,mɪs'kɒndʌkt] n mala conducta f.

misconstrue [,mɪskən'struː] vt fml interpretar malament.

miscount [,mɪs'kaʊnt] vt & vi comptar malament.

misdeed [,mɪs'diːd] n lit delicte m, crim m.

misdemeanour Br, **misdemeanor** Am [,mɪsdɪ'miːnə'] n fml delicte m menor, infracció f.

miser ['maɪzə'] n avar m -a f.

miserable ['mɪzrəbl] adj **-1.** [unhappy] trist -a, abatut -uda. **-2.** [wretched, poor] miserable. **-3.** [weather] horrible. **-4.** [pathetic] lamentable.

miserly ['maɪzəlɪ] adj miserable, rata.

misery ['mɪzərɪ] (pl -ies) n **-1.** [unhappiness] tristesa f, pena f. **-2.** [wretchedness] misèria f.

misfire [,mɪs'faɪə'] vi **-1.** [gun] encasquetar-se. **-2.** [car engine] no engegar-se. **-3.** [plan] fracassar.

misfit ['mɪsfɪt] n inadaptat -ada.

misfortune [mɪs'fɔːtʃuːn] n **-1.** [bad luck] mala sort f. **-2.** [piece of bad luck] desgràcia f, infortuni m.

misgivings [mɪs'gɪvɪŋz] npl recel m, temor m.

misguided [,mɪs'gaɪdɪd] adj [person] desencaminat -ada; [attempt] equivocat -ada.

mishandle [,mɪs'hændl] vt **-1.** [person, animal] maltractar. **-2.** [affair] portar malament.

mishap ['mɪshæp] n contratemps m, percaç m; **without ~** sense problemes.

misinterpret [,mɪsɪn'tɜːprɪt] vt interpretar malament.

misjudge [,mɪs'dʒʌdʒ] vt **-1.** [guess wrongly] calcular malament. **-2.** [appraise wrongly] jutjar malament.

mislay [,mɪs'leɪ] (pt & pp **-laid**) vt extraviar, perdre.

mislead [,mɪs'liːd] (pt & pp **-led**) vt enganyar.

misleading [,mɪs'liːdɪŋ] adj enganyós -osa.

misled [,mɪs'led] pt & pp ➢ mislead.

misnomer [,mɪs'nəʊmə'] n terme m equivocat.

misplace [ˌmɪsˈpleɪs] vt extraviar, perdre.
misprint [ˈmɪsprɪnt] n errata f, error m d'impremta.
miss [mɪs] ◇ vt **-1.** [fail to see - TV programme, film] perdre's; [- error, person in crowd] no veure. **-2.** [shot] errar; [ball] no poder agafar; **to ~ the target** no encertar el blanc. **-3.** [feel absence of] enyorar. **-4.** [opportunity] deixar passar, perdre; [turning] passar de llarg. **-5.** [train, bus] perdre. **-6.** [appointment] no (poder) assistir a. **-7.** [avoid] evitar; **I just ~ed being run over** va anar de poc que no m'atropellessin. ◇ vi fallar. ◇ n inf: **to give sthg a ~** passar d'una cosa. ◆ **miss out** ◇ vt sep passar per alt. ◇ vi: **to ~ out (on sthg)** perdre's (una cosa).
Miss [mɪs] n senyoreta f.
misshapen [ˌmɪsˈʃeɪpn] adj deforme, deformat -ada.
missile [Br ˈmɪsaɪl, Am ˈmɪsəl] n **-1.** [weapon] míssil m. **-2.** [thrown object] projectil m.
missing [ˈmɪsɪŋ] adj **-1.** [lost] perdut -uda, extraviat -ada. **-2.** [not present] que falta; **to be ~** faltar.
mission [ˈmɪʃn] n missió f.
missionary [ˈmɪʃənrɪ] (pl **-ies**) n missioner m -a f.
misspend [ˌmɪsˈspend] (pt & pp **-spent**) vt malgastar.
mist [mɪst] n [gen] boira f; [at sea] broma f. ◆ **mist over**, **mist up** vi [windows, spectacles] entelar-se; [eyes] omplir-se de llàgrimes.
mistake [mɪˈsteɪk] (pt **-took**, pp **-taken**) ◇ n error m; **to make a ~** cometre un error, equivocar-se; **by ~** per equivocació. ◇ vt **-1.** [misunderstand] entendre malament. **-2.** [fail to recognize]: **to ~ sthg / sb for** confrondre una cosa / algú amb; **there's no mistaking ...** és inconfusible ...
mistaken [mɪˈsteɪkn] ◇ pp **mistake**. ◇ adj equivocat -ada; **to be ~ about sb / sthg** anar errat -ada respecte a algú / una cosa.
mister [ˈmɪstər] n inf amic m. ◆ **Mister** n senyor m.
mistletoe [ˈmɪsltəʊ] n vesc m.
mistook [mɪˈstʊk] pt ➤ **mistake**.
mistreat [ˌmɪsˈtriːt] vt maltractar.
mistress [ˈmɪstrɪs] n **-1.** [woman in control] mestressa f; **~ of the situation** mestressa f de la situació. **-2.** [female lover] amant f, estimada f. **-3.** Br [school teacher - primary] mestra f, senyoreta f; [- secondary] professora f.
mistrust [ˌmɪsˈtrʌst] ◇ n desconfiança f, recel m. ◇ vt desconfiar de.
misty [ˈmɪstɪ] (compar **-ier**, superl **-iest**) adj [gen] boirós -osa; [at sea] bromós -osa.
misunderstand [ˌmɪsʌndəˈstænd] (pt & pp **-stood**) vt & vi entendre / comprendre malament.
misunderstanding [ˌmɪsʌndəˈstændɪŋ] n malentès m.
misunderstood [ˌmɪsʌndəˈstʊd] pt & pp ➤ **misunderstand**.
misuse [n ˌmɪsˈjuːs, vb ˌmɪsˈjuːz] ◇ n mal ús m. ◇ vt fer mal ús de.
miter Am = **mitre**.
mitigate [ˈmɪtɪɡeɪt] vt fml mitigar, atenuar.
mitre Br, **miter** Am [ˈmaɪtər] n **-1.** [hat] mitra f. **-2.** [joint] biaix m.
mitt [mɪt] n manyopla f.
mitten [ˈmɪtn] n manyopla f.
mix [mɪks] ◇ vt: **to ~ sthg (with)** barrejar una cosa (amb). ◇ vi **-1.** [substances] barrejar-se; [activities] lligar, combinar bé. **-2.** [socially]: **to ~ with** alternar / sortir amb. ◇ n barreja f. ◆ **mix up** vt sep **-1.** [confuse] confondre. **-2.** [disorder] barrejar.
mixed [mɪkst] adj **-1.** [of different kinds] assortit -ida, variat -ada; **to have ~ feelings about** no estar segur -a de, tenir sentiments oposats respecte de; **~ salad** amanida f mixta. **-2.** [of different sexes] mixt -a.
mixed-ability adj Br de nivells diferents.
mixed grill n graellada f mixta.
mixed up adj **-1.** [confused] perdut -uda. **-2.** [involved]: **~ in** [fight, crime] involucrat -ada.
mixer [ˈmɪksər] n **-1.** [for food] batedora f; [for cement] formigonera f. **-2.** [non-alcoholic drink] beguda per barrejar amb begudes alcohòliques.
mixture [ˈmɪkstʃər] n [gen] barreja f; [of sweets] assortiment m.
mix-up n inf confusió f, embolic m.
mm (abbr of millimetre) mm.
moan [məʊn] ◇ n **-1.** [of pain, sadness] gemec m. **-2.** inf [complaint] queixa f. ◇ vi **-1.** [in pain, sadness] gemegar. **-2.** inf [complain]: **to ~ (about)** queixar-se (de).
moat [məʊt] n fossat m.
mob [mɒb] (pt & pp **-bed**, cont **-bing**) ◇ n gentada f, turba f. ◇ vt assetjar, amuntegar-se al voltant de.

mobile ['məʊbaɪl] ⋄ *adj* **-1.** [able to move] mòbil. **-2.** [able to travel]: **to be ~** poder viatjar. ⋄ *n* mòbil *m*.
mobile home *n* caravana *f*.
mobile phone *n* telèfon *m* mòbil.
mobilize, -ise ['məʊbɪlaɪz] ⋄ *vt* mobilitzar. ⋄ *vi* mobilitzar-se.
mock [mɒk] ⋄ *adj* fingit -ida; **~ (exam)** simulacre *m* d'examen. ⋄ *vt* riure's de. ⋄ *vi* riure's de.
mockery ['mɒkərɪ] *n* burla *f*; **to make a ~ of sthg** fer burla d'una cosa.
mod cons (abbr of **modern conveniences**) *npl Br inf*: **all ~** amb totes les comoditats.
mode [məʊd] *n* mode *m*.
model ['mɒdl] (*Br pt & pp* **-led**, *cont* **-ling**, *Am pt & pp* **-ed**, *cont* **-ing**) ⋄ *n* **-1.** [gen] model *m*. **-2.** [small copy] maqueta *f*. **-3.** [for painter, in fashion] model *mf*. ⋄ *adj* **-1.** [exemplary] model. **-2.** [reduced-scale] en miniatura. ⋄ *vt* **-1.** [shape] modelar. **-2.** [wear] lluir (en una passarel·la). **-3.** [copy]: **to ~ oneself on sb** tenir algú com a model. ⋄ *vi* treballar de model.
modem ['məʊdem] COMPUT *n* mòdem *m*.
moderate [*adj & n* 'mɒdərət, *vb* 'mɒdəreɪt] ⋄ *adj* moderat -ada. ⋄ *n* POL moderat *m* -ada *f*. ⋄ *vt* moderar. ⋄ *vi* moderar-se.
moderation [,mɒdə'reɪʃn] *n* moderació *f*; **in ~** amb moderació.
modern ['mɒdən] *adj* modern -a.
modernize, -ise ['mɒdənaɪz] ⋄ *vt* modernitzar. ⋄ *vi* modernitzar-se.
modern languages *npl* llengües *fpl* modernes.
modest ['mɒdɪst] *adj* **-1.** [gen] modest -a. **-2.** [improvement] lleuger -a; [price] mòdic -a.
modesty ['mɒdɪstɪ] *n* modèstia *f*.
modicum ['mɒdɪkəm] *n fml*: **a ~ of** un mínim de.
modify ['mɒdɪfaɪ] (*pt & pp* **-ied**) *vt* modificar.
module ['mɒdjuːl] *n* mòdul *m*.
mogul ['məʊgl] *n* magnat *mf*.
mohair ['məʊheər] ⋄ *n* moher *m*. ⋄ *comp* de moher.
moist [mɔɪst] *adj* humit -ida.
moisten ['mɔɪsn] *vt* humitejar.
moisture ['mɔɪstʃər] *n* humitat *f*.
moisturize, -ise ['mɔɪstʃəraɪz] *vt* hidratar.

molar ['məʊlər] *n* queixal *m*.
molasses [mə'læsɪz] *n* (*U*) melassa *f*.
mold *Am* = **mould**.
mole [məʊl] *n* **-1.** [animal, spy] talp *m*. **-2.** [spot] piga *f*.
molecule ['mɒlɪkjuːl] *n* molècula *f*.
molest [mə'lest] *vt* **-1.** [attack sexually] assetjar sexualment. **-2.** [attack] atacar.
mollusc, mollusk ['mɒləsk] *Am n* mol·lusc *m*.
mollycoddle ['mɒlɪ,kɒdl] *vt inf* aviciar.
molt *Am* = **moult**.
molten ['məʊltn] *adj* fos -a, desfet -a.
mom [mɒm] *n Am inf* mama *f*.
moment ['məʊmənt] *n* moment *m*; **~ of truth** hora de la veritat; **at any ~** d'un moment a l'altre; **at the ~** per ara; **at the last ~** a última hora; **for the ~** de moment; **for one ~** per un moment.
momentarily ['məʊməntərɪlɪ] *adv* **-1.** [for a short time] momentàniament. **-2.** *Am* [soon] aviat, d'un moment a l'altre.
momentary ['məʊməntrɪ] *adj* momentani -ània.
momentous [mə'mentəs] *adj* transcendental.
momentum [mə'mentəm] *n* **-1.** (*U*) PHYS moment *m*. **-2.** *fig* [speed, force] ímpetu *m*, impuls *m*; **to gather ~** agafar velocitat.
momma ['mɒmə], **mommy** ['mɒmɪ] *Am n* mama *f*.
Monaco ['mɒnəkəʊ] *n* Mònaco.
monarch ['mɒnək] *n* monarca *mf*.
monarchy ['mɒnəkɪ] (*pl* **-ies**) *n* **-1.** [gen] monarquia *f*. **-2.** [royal family]: **the ~** la família reial.
monastery ['mɒnəstrɪ] (*pl* **-ies**) *n* monestir *m*.
Monday ['mʌndɪ] *n* dilluns *m*; ▶ **Saturday**.
monetary ['mʌnɪtrɪ] *adj* monetari -ària.
money ['mʌnɪ] *n* diners *mpl*; **to make ~** fer diners; **to get one's ~'s worth** treure profit dels diners propis.
moneybox ['mʌnɪbɒks] *n* guardiola *f*.
moneylender ['mʌnɪ,lendər] *n* prestador *m* -a *f*.
money order *n* gir *m* postal.
money-spinner *n inf* mina *f* (de diners).
mongol ['mɒŋgəl] *dated & offensive* ⋄ *adj* mongòlic -a. ⋄ *n* mongòlic *m* -a *f*.
Mongolia [mɒŋ'gəʊlɪə] *n* Mongòlia.
mongrel ['mʌŋgrəl] *n* gos *m* del carrer, gos *m* sense pedigrí.

monitor ['mɒnɪtəʳ] ⬦ n (gen & COMPUT) monitor m. ⬦ vt **-1.** [check] controlar, fer un seguiment de. **-2.** [listen in to] escoltar.

monk [mʌŋk] n monjo m.

monkey ['mʌŋkɪ] (pl -s) n mona f.

monkey nut n cacauet m.

monkey wrench n clau f anglesa.

mono ['mɒnəʊ] ⬦ adj monoaural. ⬦ n **-1.** inf [sound] so m monoaural. **-2.** Am inf [glandular fever] mononucleosi f.

monochrome ['mɒnəkrəʊm] adj monocrom -a.

monocle ['mɒnəkl] n monocle m.

monologue, monolog Am ['mɒnəlɒg] n monòleg m.

monopolize, -ise [məˈnɒpəlaɪz] vt monopolitzar.

monopoly [məˈnɒpəlɪ] (pl -ies) n monopoli m; ~ (on / of) monopoli m (de); Br **the Monopolies and Mergers Commission** organització que investiga la possible fusió i conversió en monopolis de certes empreses.

monotone ['mɒnətəʊn] n: **in a ~** amb el mateix to de veu.

monotonous [məˈnɒtənəs] adj monòton -a.

monotony [məˈnɒtənɪ] n monotonia f.

monsoon [mɒnˈsuːn] n monsó m, pluges fpl monsòniques.

monster ['mɒnstəʳ] ⬦ n **-1.** [imaginary creature, cruel person] monstre m. **-2.** [very large thing] mastodont m. ⬦ adj enorme, gegant.

monstrosity [mɒnˈstrɒsətɪ] (pl -ies) n monstruositat f.

monstrous ['mɒnstrəs] adj **-1.** [very unfair, frightening, ugly] monstruós -osa. **-2.** [very large] gegant.

Mont Blanc [mɒblã] n Mont Blanc.

month [mʌnθ] n mes m.

monthly ['mʌnθlɪ] (pl -ies) ⬦ adj mensual. ⬦ adv mensualment. ⬦ n revista f mensual.

monument ['mɒnjʊmənt] n monument m.

monumental [ˌmɒnjʊˈmentl] adj **-1.** [gen] monumental. **-2.** [error] descomunal.

moo [muː] (pl -s) ⬦ n mugit m. ⬦ vi mugir.

mood [muːd] n [of individual] humor m; [of public, voters] disposició f; **in a (bad) ~** de (mal) humor; **in a good ~** de bon humor.

moody ['muːdɪ] (compar -ier, superl -iest) adj pej **-1.** [changeable] d'humor variable. **-2.** [bad-tempered] malhumorat -ada, irritable.

moon [muːn] n lluna f; inf **to be over the ~** estar més content que un gínjol.

moonlight ['muːnlaɪt] (pt & pp -ed) ⬦ n llum f de la lluna; **in the ~** a la llum de la lluna. ⬦ vi inf estar pluriocupat -ada.

moonlighting ['muːnlaɪtɪŋ] n pluriocupació f.

moonlit ['muːnlɪt] adj [night] de lluna; [landscape] il·luminat -ada per la lluna.

moor [mɔːʳ] ⬦ n erm m, bruguerar m. ⬦ vt amarrar. ⬦ vi amarrar.

Moor [mɔːʳ] n moro m -a f.

Moorish ['mɔːrɪʃ] adj moro -a.

moorland ['mɔːlənd] n erm m, bruguerar m.

moose [muːs] (pl inv) n [North American] ant m.

mop [mɒp] (pt & pp -ped, cont -ping) ⬦ n **-1.** [for cleaning] pal m de fregar. **-2.** inf [of hair] cabellera f. ⬦ vt **-1.** [clean with -] fregar, passar el pal de fregar per. **-2.** [dry with cloth - sweat] eixugar. ➡ **mop up** vt sep [clean up] netejar.

mope [məʊp] vi pej estar deprimit -ida.

moped ['məʊped] n ciclomotor m.

moral ['mɒrəl] ⬦ adj moral; **~ support** suport m moral. ⬦ n [lesson] moral f. ➡ **morals** npl [principles] moral f.

morale [məˈrɑːl] n (U) moral f.

morality [məˈrælətɪ] (pl -ies) n **-1.** [gen] moralitat f. **-2.** [system of principles] moral f.

morass [məˈræs] n fangar m.

morbid ['mɔːbɪd] adj morbós -osa.

more [mɔːʳ] ⬦ adv **-1.** (with adjectives and adverbs) més; **~ important (than)** més important (que); **~ quickly / often (than)** més ràpidament / sovint (que). **-2.** [to a greater degree]: **she's ~ like a mother to me than a sister** (ella) és més una mare que una germana per a mi; **we were ~ hurt than angry** estàvem més dolguts que no pas enutjats. **-3.** [another time]: **once / twice ~** una vegada més / dues vegades més. ⬦ adj: **there are ~ trains in the morning** al matí hi ha més trens; **~ food than drink** més menjar que no pas beure; **~ than 70 people died** van morir més de 70 persones; **have some ~ tea** pren una mica més de te; **I finished two ~ chapters today** avui he acabat dos capítols més. ⬦ pron: **~ than five** més de cinc; **he's got ~ than I have** en té més que jo; **there's ~ if you want it** si en vols, n'hi ha més; **there's no ~ (left)** no en queda gens; **what ~ do you want?** què vols més?; **(and) what's ~** (i) és més. ☞ **any more** *adv*: **not ... any ~** ja no... ☞ **more and more** ◇ *adv* cada vegada més; **I became ~ and ~ depressed** estava cada vegada més deprimit. ◇ *adj*: **there are ~ and ~ cars on the roads** cada vegada hi ha més cotxes a les carreteres. ◇ *pron*: **we spend ~ and ~ on petrol** cada vegada gastem més en benzina. ☞ **more or less** *adv* més o menys; **she ~ or less suggested I had stolen it** va voler insinuar que jo ho havia robat.

moreover [mɔːˈrəʊvər] *adv fml* a més a més, és més.

morgue [mɔːg] *n* dipòsit *m* de cadàvers.

Mormon [ˈmɔːmən] *n* mormó *m* -ona *f*.

morning [ˈmɔːnɪŋ] *n* -1. [first part of day] matí *m*; **in the ~** al matí; **six o'clock in the ~** les sis del matí. -2. [between midnight and dawn] matinada *f*. -3. [tomorrow -]: **in the ~** demà al matí. ☞ **mornings** *adv Am* al matí.

Moroccan [məˈrɒkən] ◇ *adj* marroquí -ina. ◇ *n* marroquí *m* -ina *f*.

Morocco [məˈrɒkəʊ] *n* Marroc.

moron [ˈmɔːrɒn] *n inf* imbècil *mf*, idiota *mf*.

morose [məˈrəʊs] *adj* malhumorat -ada.

morphine [ˈmɔːfiːn] *n* morfina *f*.

Morse (code) [mɔːs-] *n* alfabet *m* Morse.

morsel [ˈmɔːsl] *n* queixalada *f*.

mortal [ˈmɔːtl] ◇ *adj* -1. [gen] mortal. -2. [fear] horrible, espantós -osa. ◇ *n* mortal *mf*.

mortality [mɔːˈtælətɪ] *n* mortalitat *f*.

mortally [ˈmɔːtəlɪ] *adv* -1. [fatally] mortalment, de mort. -2. [deeply] profundament.

mortar [ˈmɔːtər] *n* -1. [cement mixture] morter *m*. -2. [gun, bowl] morter *m*.

mortgage [ˈmɔːgɪdʒ] ◇ *n* hipoteca *f*. ◇ *vt* hipotecar.

mortified [ˈmɔːtɪfaɪd] *adj* mort -a de vergonya.

mortuary [ˈmɔːtʃʊərɪ] (*pl* **-ies**) *n* dipòsit *m* de cadàvers.

mosaic [məˈzeɪɪk] *n* mosaic *m*.

Moscow [ˈmɒskəʊ] *n* Moscou.

Moslem [ˈmɒzləm] = **Muslim**.

mosque [mɒsk] *n* mesquita *f*.

mosquito [məˈskiːtəʊ] (*pl* **-es** / **-s**) *n* mosquit *m*.

moss [mɒs] *n* molsa *f*.

most [məʊst] (*superl of* **many**) ◇ *adj* -1. [the majority of] la majoria de; **~ people** la majoria de la gent. -2. [largest amount of]: **(the) ~** més; **who has got (the) ~ money?** qui és el que té més diners? ◇ *pron* -1. [the majority]: **~ (of)** la majoria (de); **~ of the time** la major part del temps. -2. [largest amount]: **(the) ~** el que més; **at ~** com a màxim, a tot estirar. -3. **to make the ~ of sthg** aprofitar una cosa al màxim. ◇ *adv* -1. [to the greatest extent]: **(the) ~** el més; **what I like ~** el que m'agrada més. -2. *fml* [very] molt; **~ certainly** de ben segur. -3. *Am* [almost] gairebé.

mostly [ˈməʊstlɪ] *adv* [in the main part] principalment; [usually] normalment.

MOT *n* (abbr of Ministry of Transport test) ≃ ITV *f*; **to have one's car ~'d** ≃ passar la ITV.

motel [məʊˈtel] *n* motel *m*.

moth [mɒθ] *n* papallona *f*.

mothball [ˈmɒθbɔːl] *n* bola *f* de naftalina.

mother [ˈmʌðər] ◇ *n* mare *f*. ◇ *vt usu pej* [spoil] mimar.

motherhood [ˈmʌðəhʊd] *n* maternitat *f*.

mother-in-law (*pl* **mothers-in-law** / **mother-in-laws**) *n* sogra *f*.

motherly [ˈmʌðəlɪ] *adj* maternal.

mother-of-pearl ◇ *n* nàcar *m*. ◇ *comp* de nàcar.

mother-to-be (*pl* **mothers-to-be**) *n* futura mare *f*.

mother tongue *n* llengua *f* materna.

motif [məʊˈtiːf] *n* ART & MUS motiu *m*.

motion [ˈməʊʃn] ◇ *n* -1. [gen] moviment *m*; **to set sthg in ~** posar una cosa en marxa; **to go through the ~s (of doing sthg)** passar pels tràmits necessaris per tal de complir el pas. -2. [proposal] moció *f*. ◇ *vt*: **to ~ sb to do sthg** fer senyals a algú perquè faci una cosa. ◇ *vi*: **to ~ to sb** fer un senyal (amb la mà) a algú.

motionless [ˈməʊʃnlɪs] *adj* immòbil.

motion picture *n Am* pel·lícula *f*.

motivated [ˈməʊtɪveɪtɪd] *adj* motivat -ada.

motivation [ˌməʊtɪˈveɪʃn] *n* motivació *f*.

motive [ˈməʊtɪv] *n* [gen] motiu *m*; [for crime] mòbil *m*.

motley [ˈmɒtlɪ] *adj pej* bigarrat -ada, multicolor.

motor [ˈməʊtər] ◇ *adj Br* [industry, accident] automobilístic -a; [mechanic] d'automòbils. ◇ *n* motor *m*. ◇ *vi dated* viatjar amb cotxe.

motorbike ['məʊtəbaɪk] *n inf* moto *f*.
motorboat ['məʊtəbəʊt] *n* llanxa *f*.
motorcar ['məʊtəkɑːʳ] *n* automòbil *m*.
motorcycle ['məʊtə,saɪkl] *n* motocicleta *f*.
motorcyclist ['məʊtə,saɪklɪst] *n* motociclista *mf*.
motoring ['məʊtərɪŋ] ◇ *adj* automobilístic -a; *Br*; ~ **offence** infracció *f* de trànsit. ◇ *n dated* automobilisme *m*.
motorist ['məʊtərɪst] *n* automobilista *mf*, conductor *m* -a *f*.
motor racing *n* automobilisme *m* esportiu.
motor scooter *n* Vespa® *f*, escúter *m*.
motor vehicle *n* vehicle *m* de motor.
motorway ['məʊtəweɪ] *Br* ◇ *n* autopista *f*. ◇ *comp* d'autopista.
mottled ['mɒtld] *adj* amb taques, clapat -ada.
motto ['mɒtəʊ] (*pl* **-es** / **-s**) *n* lema *m*.
mould, **mold** [məʊld] *Am* ◇ *n* **-1.** [growth] floridura *f*. **-2.** [shape] motlle *m*. ◇ *vt lit & fig* modelar.
moulding, **molding** ['məʊldɪŋ] *Am n* **-1.** [decoration] motllura *f*. **-2.** [moulded object] motlle *m*.
mouldy (*compar* **-ier**, *superl* **-iest**), **moldy** *Am* (*compar* **-ier**, *superl* **-iest**) ['məʊldɪ] *adj* florit -ida.
moult, **molt** [məʊlt] *Am* ◇ *vt* mudar. ◇ *vi* [bird] canviar la ploma; [dog] canviar el pèl.
mound [maʊnd] *n* **-1.** [small hill] turó *m*. **-2.** [untidy pile] munt *m*.
mount [maʊnt] ◇ *n* **-1.** [gen] muntura *f*; [for photograph] marc *m*; [for jewel] encastament *m*. **-2.** [mountain] muntanya *f*. ◇ *vt* **-1.** [horse, bike] muntar, pujar a dalt de. **-2.** *fml* [hill, steps] pujar. **-3.** [attack] llançar; **to ~ guard over sthg / sb** fer guàrdia per vigilar una cosa / algú. **-4.** [exhibition] muntar. **-5.** [jewel] encastar; [photograph] emmarcar. ◇ *vi* **-1.** [increase] augmentar. **-2.** [climb on horse] muntar.
mountain ['maʊntɪn] *n lit & fig* muntanya *f*; **to make a ~ out of a molehill** fer una muntanya d'un gra de sorra.
mountain bike *n* bicicleta *f* de muntanya.
mountaineer [,maʊntɪ'nɪəʳ] *n* muntanyès *m* -esa *f*.
mountaineering [,maʊntɪ'nɪərɪŋ] *n* muntanyisme *m*.
mountainous ['maʊntɪnəs] *adj* muntanyós -osa.
mourn [mɔːn] ◇ *vt* [person] plorar per; [thing] lamentar-se de. ◇ *vi* afligir-se; **to ~ for sb** plorar la mort d'algú.
mourner ['mɔːnəʳ] *n* el *m* que es dol *m*, la *f* que es dol.
mournful ['mɔːnfʊl] *adj* [face, voice] afligit -ida, lúgubre; [sound] planyívol -a.
mourning ['mɔːnɪŋ] *n* dol *m*; **in ~** de dol.
mouse [maʊs] (*pl* **mice**) *n* ZOOL & COMPUT ratolí *m*.
mousetrap ['maʊstræp] *n* ratera *f*.
mousse [muːs] *n* **-1.** [food] mousse *f*. **-2.** [for hair] escuma *f*.
moustache *Br* [mə'stɑːʃ], **mustache** *Am* ['mʌstæʃ] *n* bigoti *m*.
mouth [*n* maʊθ, *vb* maʊð] ◇ *n* [gen] boca *f*; [of river] desembocadura *f*; *inf* **to keep one's ~ shut** guardar un secret, callar. ◇ *vt* articular amb el llavis (sense parlar).
mouthful ['maʊθfʊl] *n* **-1.** [of food] bocada *f*; [of drink] glopada *f*. **-2.** *inf* [difficult word] travallengua *m*.
mouthorgan ['maʊθ,ɔːgən] *n* harmònica *f*.
mouthpiece ['maʊθpiːs] *n* **-1.** [of telephone] micròfon *m*. **-2.** [of musical instrument] broc *m*. **-3.** [spokesperson] portaveu *mf*.
mouthwash ['maʊθwɒʃ] *n* elixir *m* bucal.
mouth-watering [-,wɔːtərɪŋ] *adj* molt apetitós -osa.
movable ['muːvəbl] *adj* movible.
move [muːv] ◇ *n* **-1.** [movement] moviment *m*; **a ~ towards** un pas cap a; **a ~ away from** un allunyament de; **on the ~** [travelling around] viatjant; [beginning to -] en marxa; *inf* **to get a ~ on** bellugar-se, apressar-se. **-2.** [change - of house] mudança *f*; [- of job] canvi *m*. **-3.** [in board game] jugada *f*; **it's your ~** et toca a tu. **-4.** [course of action] mesura *f*. ◇ *vt* **-1.** [shift] moure. **-2.** [change - house] mudar de; [- job] canviar de. **-3.** [affect] commoure. **-4.** [in debate - motion] proposar. **-5.** [cause]: **to ~ sb to do sthg** incitar algú a fer una cosa. ◇ *vi* **-1.** [gen] moure's; [events] canviar. **-2.** [change house] mudar de casa; [change job] canviar. ◆ **move about** *vi* **-1.** [fidget] anar i venir. **-2.** [travel] viatjar. ◆ **move along** ◇ *vt sep* fer circular. ◇ *vi* **-1.** [- towards front or back] fer endavant o enrere. **-2.** [- away - crowd, car] circular. ◆ **move around** = **move about**. ◆ **move away** *vi* [leave] anar-se'n. ◆ **move in** ◇ *vt sep* [troops] manar. ◇ *vi* **-1.** [to new house] instal·lar-se. **-2.** [take control, attack] preparar-se per atacar. ◆ **move on** ◇ *vt sep* fer circular. ◇ *vi* **-1.**

moveable

[go away] reanudar la marxa. **-2.** [progress] avançar; **to ~ on** (to a different subject) canviar (de tema). ➡ **move out** ◇ *vt sep* [troops] retirar. ◇ *vi* mudar de casa. ➡ **move over** *vi* fer lloc, enretirar-se. ➡ **move up** *vi* [on bench etc.] fer lloc, enretirar-se.

moveable = movable.

movement [ˈmuːvmənt] *n* **-1.** [gen] moviment *m*. **-2.** [transportation] transport *m*.

movie [ˈmuːvɪ] *n* pel·lícula *f*.

movie camera *n* càmera *f* cinematogràfica.

moving [ˈmuːvɪŋ] *adj* **-1.** [touching] commovedor -ora. **-2.** [not fixed] mòbil.

mow [məʊ] (*pt* **-ed**, *pp* **-ed** / **mown**) *vt* [grass, lawn] tallar; [corn] segar. ➡ **mow down** *vt sep* crivellar.

mower [ˈməʊər] *n* tallagespa *m*.

mown [məʊn] *pp* ➡ mow.

MP *n* **-1.** (abbr of Military Police) PM. **-2.** *Br* abbr of Member of Parliament. **-3.** (abbr of Mounted Police) la policia muntada del Canadà.

mpg (abbr of miles per gallon) m/gal; **it does 35 ~** gasta 35 m/gal.

mph (abbr of miles per hour) m/h.

Mr [ˈmɪstər] *n* Sr.: **Mister Jones** el Sr. Jones.

Mrs [ˈmɪsɪz] *n* Sra.: **~ Jones** la Sra. Jones.

Ms [mɪz] *n* abreviatura davant del cognom d'una dona sense especificar-ne l'estat civil.

MS ◇ *n* **-1.** (abbr of manuscript) Ms. **-2.** (abbr of Master of Science) persona llicenciada amb el grau de màster en Ciències. ◇ abbr of Mississippi.

MSc *n* (abbr of Master of Science) màster *m* en Ciències.

much [mʌtʃ] (*compar* **more**, *superl* **most**) ◇ *adj* molt -a; **there isn't ~ rice left** no en queda gaire, d'arròs; **as ~ time as ...** tant de temps com ...; **how ~ money?** quants diners?; **so ~** tant -a; **too ~** massa; **how ~ ...?** quant -a...?; **how ~ time?** quant de temps? ◇ *pron:* **have you got ~?** en tens gaire?; **I don't see ~ of him** no el veig gaire; **I don't think ~ of it** no em sembla res de l'altre món; **as ~ as** tant -a com; **too ~** massa; **how ~?** quant -a?; **this isn't ~ of a party** aquesta festa és un pal; **so ~ for** ja n'hi ha prou de; **I thought as ~** ja m'ho pensava; *inf* **it's not so ~** no val res de l'altre món. ◇ *adv* molt; **I don't go out ~** no surto gaire; **~ too cold** massa fred; **so ~** tant; **thank you very ~** moltes gràcies; **as ~ as** tant com; **he is not so ~ stupid as lazy** és més dropo que no pas ximple; **too ~ massa**; **without so ~ as ...** sense ni tan sols ... ➡ **much as** *conj:* **~ as (I like him)** tot i que (m'agrada molt).

muck [mʌk] *inf n* **-1.** (U) [dirt] brutícia *f*, merda *f*. **-2.** [manure] fems *mpl*. ➡ **muck about, muck around** ◇ *vt sep inf* fer perdre el temps. ◇ *vi* fer el ximple. ➡ **muck up** *vt sep inf Br* fastiguejar.

mucky [ˈmʌkɪ] (*compar* **-ier**, *superl* **-iest**) *adj* porc -a.

mucus [ˈmjuːkəs] *n* mucositat *f*.

mud [mʌd] *n* fang *m*, llot *m*.

muddle [ˈmʌdl] ◇ *n* **-1.** [disorder] desordre *m*; **to be in a ~** estar desordenat -ada. **-2.** [confusion] embolic *m*, confusió *f*; **to be in a ~** estar perdut -uda. ◇ *vt* **-1.** [put into disorder] desordenar. **-2.** [confuse] confondre, embolicar. ➡ **muddle along** *vi* sortir del pas com es pugui. ➡ **muddle through** *vi* compondre-se-les. ➡ **muddle up** *vt sep* [put into disorder] desordenar; [confuse] embolicar, confondre.

muddy [ˈmʌdɪ] (*compar* **-ier**, *superl* **-iest**, *pt & pp* **-ied**) ◇ *adj* **-1.** [gen] enfangat -ada; [river] fangós -osa. **-2.** [in colour] tèrbol -a. ◇ *vt fig* embolicar.

mudguard [ˈmʌdɡɑːd] *n* parafang *m*.

mudslinging [ˈmʌdˌslɪŋɪŋ] *n* (U) *fig* insults *mpl*, improperis *mpl*.

muesli [ˈmjuːzlɪ] *n Br* musli *m*.

muff [mʌf] ◇ *n* maniguet *m*. ◇ *vt inf* [catch] fallar; [chance] deixar escapar.

muffin [ˈmʌfɪn] *n* **-1.** *Br* [bread roll] panet *m*. **-2.** *Am* [cake] mena de magdalena que es menja calenta i amb mantega.

muffle [ˈmʌfl] *vt* [sound] esmorteir.

muffler [ˈmʌflər] *n Am* [for car] silenciador *m*.

mug [mʌɡ] (*pt & pp* **-ged**, *cont* **-ging**) ◇ *n* **-1.** [cup] tassa *f* (alta). **-2.** *inf* [fool] tòtil *m* -a *f*. ◇ *vt* assaltar, atracar.

mugging [ˈmʌɡɪŋ] *n* [single attack] atracament *m*; [series of attacks] atracaments *mpl*.

muggy [ˈmʌɡɪ] (*compar* **-ier**, *superl* **-iest**) *adj* xafogós -osa.

mule [mjuːl] *n* mula *f*.

mull [mʌl] ➡ **mull over** *vt sep* reflexionar sobre.

mulled [mʌld] *adj:* **~ wine** vi calent amb sucre i espècies.

multicoloured *Br*, **multicolored** *Am* [ˌmʌltɪˈkʌləd] *adj* multicolor.

multilateral [ˌmʌltɪˈlætərəl] *adj* multilàter -a.

multimedia [ˌmʌltɪ'miːdjə] COMPUT *adj* multimèdia.

multinational [ˌmʌltɪ'næʃənl] ◇ *adj* multinacional. ◇ *n* multinacional *f.*

multiple ['mʌltɪpl] ◇ *adj* múltiple. ◇ *n* múltiple *m.*

multiple sclerosis [-sklɪ'rəʊsɪs] *n* esclerosi *f* múltiple.

multiplex cinema ['mʌltɪpleks-] *n* cinema *m* (amb moltes sales).

multiplication [ˌmʌltɪplɪ'keɪʃn] *n* multiplicació *f.*

multiply ['mʌltɪplaɪ] (*pt & pp* **-ied**) ◇ *vt* multiplicar. ◇ *vi* **-1.** MATH multiplicar. **-2.** [increase, breed] multiplicar-se.

multistorey *Br*, **multistory** *Am* [ˌmʌltɪ'stɔːrɪ] ◇ *adj* de diverses plantes. ◇ *n* aparcament *m* de diverses plantes.

multitude ['mʌltɪtjuːd] *n* multitud *f.*

mum [mʌm] *Br inf* ◇ *n* mama *f.* ◇ *adj*: **to keep ~** no dir ni piu.

mumble ['mʌmbl] ◇ *vt* remugar. ◇ *vi* remugar, parlar entre dents.

mummy ['mʌmɪ] (*pl* **-ies**) *n* **-1.** *Br inf* [mother] mama *f*, mamà *f.* **-2.** [preserved body] mòmia *f.*

mumps [mʌmps] *n* (U) galteres *fpl.*

munch [mʌntʃ] *vt & vi* mastegar.

mundane [mʌn'deɪn] *adj* trivial.

municipal [mjuː'nɪsɪpl] *adj* municipal.

municipality [mjuːˌnɪsɪ'pælətɪ] (*pl* **-ies**) *n* municipi *m.*

mural ['mjʊərəl] *n* mural *m.*

murder ['mɜːdər] ◇ *n* assassinat *m*; **to get away with ~** fer una malifeta i sortir-se'n. ◇ *vt* assassinar.

murderer ['mɜːdərər] *n* assassí *m.*

murderous ['mɜːdərəs] *adj* homicida, assassí -ina.

murky ['mɜːkɪ] (*compar* **-ier**, *superl* **-iest**) *adj* **-1.** [water, past] tèrbol -a. **-2.** [night, street] fosc -a, llòbrec -ega.

murmur ['mɜːmər] ◇ *n* **-1.** [low sound] murmuri *m.* **-2.** MED [of heart] buf *m.* ◇ *vt & vi* murmurar.

muscle ['mʌsl] *n* **-1.** MED múscul *m.* **-2.** *fig* [power] poder *m.* ➣ **muscle in** *vi* entremetre's.

muscular ['mʌskjʊlər] *adj* **-1.** [of muscles] muscular. **-2.** [strong] musculat -ada.

muse [mjuːz] ◇ *n* musa *f.* ◇ *vi* meditar, reflexionar.

museum [mjuː'zɪəm] *n* museu *m.*

mushroom ['mʌʃrʊm] ◇ *n* [button] xampinyó *m*; [field] bolet *m*; BOT bolet *m.* ◇ *vi* estendre's molt ràpidament.

music ['mjuːzɪk] *n* música *f.*

musical ['mjuːzɪkl] ◇ *adj* **-1.** [gen] musical. **-2.** [talented in music] amb talent per a la música. ◇ *n* musical *m.*

musical instrument *n* instrument *m* musical.

music centre *n* cadena *f* (musical), equip *m* de música.

music hall *n Br* teatre *m* de varietats.

musician [mjuː'zɪʃn] *n* músic *m* -a *f.*

Muslim ['mʊzlɪm] ◇ *adj* musulmà -ana. ◇ *n* musulmà *m* -ana *f.*

muslin ['mʌzlɪn] *n* mussolina *f.*

mussel ['mʌsl] *n* musclo *m.*

must [mʌst] ◇ *aux vb* **-1.** [have to, intend to] haver de, caldre; **I ~ go** he d'anar-me'n. **-2.** [as suggestion] haver de; **you ~ come and see us** has de venir a veure'ns. **-3.** [to express likelihood] deure; **it ~ be true** deu ser veritat; **they ~ have known** ho devien saber. ◇ *n inf*: **a ~** una cosa imprescindible; **the film is a ~** aquesta pel·lícula s'ha de veure.

mustache *Am* = **moustache**.

mustard ['mʌstəd] *n* mostassa *f*; **~ and cress** *Br* brots *mpl* de mostassa i creixen.

muster ['mʌstər] ◇ *vt* reunir; **to ~ the courage to do sthg** armar-se de valor per fer una cosa. ◇ *vi* [subject: soldiers] formar; [subject: volunteers] reunir-se.

mustn't ['mʌsnt] = **must not**.

must've ['mʌstəv] = **must have**.

musty ['mʌstɪ] (*compar* **-ier**, *superl* **-iest**) *adj* [room] resclosit -ida; [book] que fa olor de vell.

mute [mjuːt] ◇ *adj* mut muda. ◇ *n* mut *m* muda *f.* ◇ *vt* esmorteir.

muted ['mjuːtɪd] *adj* **-1.** [not bright] apagat -ada. **-2.** [subdued] contingut -uda.

mutilate ['mjuːtɪleɪt] *vt* mutilar.

mutiny ['mjuːtɪnɪ] (*pl* **-ies**, *pt & pp* **-ied**) ◇ *n* motí *m.* ◇ *vi* amotinar-se.

mutter ['mʌtər] ◇ *vt* murmurar, remugar. ◇ *vi*: **to ~ to sb** grunyir a algú; **to ~ to oneself** remugar.

mutton ['mʌtn] *n* carn *f* de xai; **~ dressed as lamb** *Br* llop amb pell d'ovella, dona madura vestida de joveneta.

mutual ['mjuːtʃʊəl] *adj* **-1.** [reciprocal] mutu mútua. **-2.** [common] comú -una.

mutually ['mjuːtʃʊəlɪ] *adv* mútuament; **~ exclusive** que s'anul·len mútuament.

muzzle ['mʌzl] ⟨> n **-1.** [animal's nose and jaws] morro m. **-2.** [wire guard] morral m. **-3.** [of gun] boca f. ⟨> vt **-1.** [put - on] posar el morral a. **-2.** fig [silence] emmordassar, silenciar.

MW (abbr of medium wave) MW f.

my [maɪ] poss adj **-1.** [gen] el meu, la meva, els meus, les meves; ~ **house / sister** la meva casa / germana; ~ **children** els meus fills; ~ **name is Sarah** em dic Sarah; **it wasn't ~ fault** la culpa no va pas ser meva!, jo no en tinc cap, de culpa!; **I washed ~ hair** em vaig rentar el cabell. **-2.** [in titles]: ~ **Lord** milord; ~ **Lady** milady.

myriad ['mɪrɪəd] liter ⟨> adj innombrable. ⟨> n miríade f.

myself [maɪ'self] pron **-1.** (reflexive) em, -me, m', 'm; (after prep) mi mateix -a; **with ~** amb mi mateix -a. **-2.** (for emphasis) jo mateix -a; **I did it ~** ho vaig fer sol jo.

mysterious [mɪ'stɪərɪəs] adj misteriós -osa; **to be ~ about sthg** anar amb misteris sobre una cosa.

mystery ['mɪstərɪ] (pl **-ies**) ⟨> adj misteriós -osa. ⟨> n misteri m.

mystical ['mɪstɪkl] adj místic -a.

mystified ['mɪstɪfaɪd] adj desconcertat -ada, perplex -a.

mystifying ['mɪstɪfaɪɪŋ] adj desconcertant.

mystique [mɪ'sti:k] n misteri m.

myth [mɪθ] n mite m.

mythical ['mɪθɪkl] adj **-1.** [imaginary] mític -a. **-2.** [untrue] fals -a.

mythology [mɪ'θɒlədʒɪ] (pl **-ies**) n **-1.** [collection of myths] mitologia f. **-2.** [set of false beliefs] mite m.

n (pl **ns / n's**), **N** (pl **Ns / N's**) [en] n [letter] n f, N f. ⬥ **N** (abbr of north) N.

nab [næb] inf (pt & pp **-bed**, cont **-bing**) vt **-1.** [arrest] enxampar, arreplegar. **-2.** [get quickly] agafar.

nag [næg] (pt & pp **-ged**, cont **-ging**) vt empipar. ⟨> vi **-1.** [person]: **to ~ (at sb)** donar la llauna (a algú). **-2.** [thought, doubt]: **to ~ at sb** rosegar (algú), abrusar (algú). ⟨> n **-1.** inf [person] gemegaire mf. **-2.** inf [horse] rossí m, rossa f.

nagging ['nægɪŋ] adj **-1.** [thought, doubt] persistent, incessant. **-2.** [person] rondinaire.

nail [neɪl] ⟨> n **-1.** [for fastening] clau m; **to hit the ~ on the head** tocar-hi de mig a mig. **-2.** [of finger, toe] ungla f. ⟨> vt: **to ~ sthg to sthg** clavar (una cosa en una cosa). ⬥ **nail down** vt sep **-1.** [fasten] clavar. **-2.** [person]: **I couldn't ~ him down** no vaig poder fer-li concretar res.

nailbrush ['neɪlbrʌʃ] n raspall m de les ungles.

nail file n llima f de les ungles.

nail polish n esmalt m per a les ungles.

nail scissors npl tisores fpl per a les ungles.

nail varnish n esmalt m per a les ungles.

nail varnish remover n dissolvent m, acetona f.

naive, naïve ['naɾi:v] adj ingenu -ènua.

naked ['neɪkɪd] adj **-1.** [gen] despullat -ada; ~ **flame** flama f sense protecció. **-2.** [blatant - hostility, greed] obert -a; [- facts] sense embuts. **-3.** [unaided]: **with the ~ eye** a simple vista.

name [neɪm] ⟨> n [gen] nom m; [surname] cognom m; **what's your ~?** com et dius?; **my ~ is John** em dic John; **by ~** pel nom; **is there anyone by the ~ of ...** hi ha algú que es digui ...; **in sb's ~** en nom d'algú; **in the ~ of** en el nom de; **in ~ only** només de nom; **to call sb ~s** insultar algú; **to make a ~ for oneself** fer-se un nom. ⟨> vt **-1.** [christen] posar nom a; **to ~ sb after sb** Br **to name sb for sb** Am posar a algú el nom d'algú. **-2.** [identify] anomenar. **-3.** [date, price] posar, dir. **-4.** [appoint] nomenar.

nameless ['neɪmlɪs] adj **-1.** [unknown - person, author] anònim -a; [- disease] desconegut -uda. **-2.** [indescribable] indescriptible.

namely ['neɪmlɪ] adv és a dir.

namesake ['neɪmseɪk] n homònim -a.

nanny ['nænɪ] (pl **-ies**) n mainadera f.

nap [næp] (pt & pp **-ped**, cont **-ping**) ⟨> n becaina f; **to take / have a ~** fer una becaina. ⟨> vi fer migdiada; inf **we were caught ~ping** ens van agafar desprevinguts.

nape [neɪp] n: ~ of the neck clatell m.
napkin [ˈnæpkɪn] n tovalló m.
nappy [ˈnæpɪ] Br (pl **-ies**) n bolquer m.
nappy liner n part rebutjable d'un bolquer de gasa.
narcissi [nɑːˈsɪsaɪ] pl ➡ narcissus.
narcissus [nɑːˈsɪsəs] (pl **-cissuses** / **-cissi**) n narcís m.
narcotic [nɑːˈkɒtɪk] n narcòtic m.
narrative [ˈnærətɪv] ◇ adj narratiu -iva. ◇ n **-1.** [account] narració f. **-2.** [art of narrating] narrativa f.
narrator [Br nəˈreɪtəʳ, Am ˈnæreɪtəʳ] n narrador m -a f.
narrow [ˈnærəʊ] ◇ adj **-1.** [not wide] estret -a. **-2.** [limited] estret -a (de mires). **-3.** [victory, defeat] per un marge molt estret; [escape, miss] pels pèls, per molt poc. ◇ vt **-1.** [eyes] aclucar. **-2.** [gap, choice] reduir. ◇ vi **-1.** [become less wide] estrènyer-se. **-2.** [eyes] aclucar-se. **-3.** [gap] reduir-se, escurçar-se. ➡ **narrow down** vt sep reduir.
narrowly [ˈnærəʊlɪ] adv [barely] per molt poc.
narrow-minded [-ˈmaɪndɪd] adj estret -a de mires.
nasal [ˈneɪzl] adj nasal.
nasty [ˈnɑːstɪ] (compar **-ier**, superl **-iest**) adj **-1.** [unkind] malintencionat -ada. **-2.** [smell, taste, feeling] desagradable; [weather] horrible; **cheap and ~** barat -a i de mal gust. **-3.** [problem, decision] espinós -osa, molt complicat -ada. **-4.** [injury, disease] dolorós -osa; [fall] dolent -a.
nation [ˈneɪʃn] n nació f.
national [ˈnæʃənl] ◇ adj nacional. ◇ n súbdit m -a f.
national anthem n himne m nacional.
national dress n vestit m típic.
National Front n: **the ~** partit polític minoritari d'extrema dreta de la Gran Bretanya.
National Health Service n Br: **the ~** ≃ ICS, organisme gestor de la salut pública.
National Insurance n Br ≃ seguretat f social.
nationalism [ˈnæʃnəlɪzm] n nacionalisme m.
nationalist [ˈnæʃnəlɪst] ◇ adj nacionalista. ◇ n nacionalista mf.
nationality [ˌnæʃəˈnælətɪ] (pl **-ies**) n nacionalitat f.
nationalize, -ise [ˈnæʃnəlaɪz] vt nacionalitzar.

National Lottery n loteria nacional britànica.
national park n parc m nacional.
national service n Br MIL servei m militar.
National Trust n Br: **the ~** organització britànica encarregada de la preservació dels edificis històrics i llocs d'interès.
nationwide [ˈneɪʃənwaɪd] ◇ adj a escala nacional, per tot el país. ◇ adv [travel] per tot el país; [be broadcast] a tot el país.
native [ˈneɪtɪv] ◇ adj **-1.** [country, area] natal. **-2.** [speaker]: **~ language** llengua f materna. **-3.** [plant, animal]: **~ (to)** originari -ària (de). ◇ n nadiu m -a f.
Native American n indi m americà, índia f americana.
Nativity [nəˈtɪvətɪ] n: **the ~** la Nativitat.
NATO [ˈneɪtəʊ] n (abbr of North Atlantic Treaty Organization) OTAN f.
natural [ˈnætʃrəl] ◇ adj **-1.** [gen] natural. **-2.** [comedian, musician] consumat -ada; **to die of ~ causes** morir per causes naturals. ◇ n: **to be a ~** tenir talent.
natural gas n gas m natural.
naturalize, -ise [ˈnætʃrəlaɪz] vt naturalitzar; **to be ~d** naturalitzar-se.
naturally [ˈnætʃrəlɪ] adv **-1.** [as expected, understandably] naturalment. **-2.** [unaffectedly] amb naturalitat. **-3.** [instinctively] per naturalesa; **to come ~ to sb** ser innat en algú. **-4.** [in nature] de manera natural.
natural wastage n (U) reducció de personal per jubilació esglaonada.
nature [ˈneɪtʃəʳ] n **-1.** [gen] natura f. **-2.** [disposition] manera f de ser, essència f; **by ~** per naturalesa.
nature reserve n reserva f natural.
naughty [ˈnɔːtɪ] (compar **-ier**, superl **-iest**) adj **-1.** [badly behaved] entremaliat -ada, dolent -a. **-2.** [rude] picant, verd -a.
nausea [ˈnɔːsjə] n nàusea f.
nauseam [ˈnɔːzɪæm] ➡ **ad nauseam**.
nauseating [ˈnɔːsɪeɪtɪŋ] adj lit & fig nauseabund -a.
nautical [ˈnɔːtɪkl] adj nàutic -a, marítim -a.
naval [ˈneɪvl] adj naval.
nave [neɪv] n nau f.
navel [ˈneɪvl] n melic m.
navigate [ˈnævɪgeɪt] ◇ vt **-1.** [steer] governar, pilotar. **-2.** [travel safely across] navegar per, solcar. ◇ vi [in plane, ship] dirigir, governar; [in car] guiar, dirigir.

navigation [ˌnævɪˈgeɪʃn] *n* navegació *f*.
navigator [ˈnævɪgeɪtər] *n* navegant *mf*, oficial *mf* de navegació.
navvy [ˈnævɪ] (*pl* **-ies**) *n Br inf* peó *m* caminer.
navy [ˈneɪvɪ] (*pl* **-ies**) ◇ *n* marina *f* de guerra. ◇ *adj* [in colour] blau marí.
navy blue ◇ *adj* blau marí. ◇ *n* blau *m* marí.
Nazi [ˈnɑːtsɪ] (*pl* **-s**) ◇ *adj* nazi. ◇ *n* nazi *mf*.
NB **-1.** abbr of nota bene. **-2.** abbr of New Brunswick.
near [nɪər] ◇ *adj* **-1.** [close in distance, time] proper -a; **in the ~ future** aviat. **-2.** [related] pròxim -a, proper -a; **the ~est thing to ...** el que s'assembla més a ... **-3.** [almost happened]: **it was ~ chaos** va ser gairebé un caos; **it was a ~ thing** li va anar de poc. ◇ *adv* **-1.** [close in distance, time] proper; **nowhere ~** ni de bon tros; **to draw / come ~** apropar-se. **-2.** [almost] gairebé. ◇ *prep* **-1.** prop de; [close in position] **~ (to)** prop (de). **-2.** [close in time]: **~ (to)** cap (a); **~ the end** cap al final; **~er the time** quan hi siguem més a prop. **-3.** [on the point of]: **~ (to)** al caire (de). **-4.** [similar to]: **~ (to)** prop (de); **it's ~ (to) the truth** s'acosta a la veritat. ◇ *vt* apropar-se a, aproximar-se a. ◇ *vi* apropar-se, aproximar-se.
nearby [nɪəˈbaɪ] ◇ *adj* proper -a. ◇ *adv* (a) prop.
nearly [ˈnɪəlɪ] *adv*: **I ~ fell** vaig estar a punt de caure; **not ~** ni de bon tros.
near miss *n* **-1.** [nearly a hit]: **to be a ~** fallar per molt poc. **-2.** [nearly a collision] incident *m* aeri (sense col·lisió).
nearside [ˈnɪəsaɪd] ◇ *adj* [right-hand drive] del costat esquerre; [left-hand drive] del costat dret. ◇ *n* [right-hand drive] costat *m* esquerre; [left-hand drive] costat *m* dret.
nearsighted [ˌnɪəˈsaɪtɪd] *adj Am* miop, curt -a de vista.
neat [niːt] *adj* **-1.** [tidy, precise - gen] pulcre -a; [- room, house] endreçat -ada; [- handwriting] elegant. **-2.** [smart] polit -ida, ben arreglat -ada. **-3.** [skilful] hàbil. **-4.** [undiluted] pur -a, sol -a. **-5.** *Am inf* [very good] boníssim -a.
neatly [ˈniːtlɪ] *adv* **-1.** [tidily, smartly] amb pulcritud. **-2.** [skilfully] hàbilment.
nebulous [ˈnebjʊləs] *adj fml* nebulós -osa.
necessarily [ˈnesəsrəlɪ] *adv* necessàriament; **not ~** no necessàriament.

necessary [ˈnesəsrɪ] *adj* **-1.** [required] necessari -ària. **-2.** [inevitable] indispensable.
necessity [nɪˈsesətɪ] (*pl* **-ies**) *n* necessitat *f*; **of ~** per força, per necessitat. ◆ **necessities** *npl* articles *mpl* de primera necessitat.
neck [nek] ◇ *n* [of person] coll *m*; [of animal] coll *m*; **to be up to one's ~ (in sthg)** estar fins al coll (d'una cosa); **to breathe down sb's ~** estar al damunt d'algú; **to stick one's ~ out** jugar-s'hi la pell. ◇ *vi inf* fotre's el bacallà.
necklace [ˈneklɪs] *n* collaret *m*.
neckline [ˈneklaɪn] *n* escot *m*.
necktie [ˈnektaɪ] *n Am* corbata *f*.
nectarine [ˈnektərɪn] *n* nectarina *f*.
née [neɪ] *adj* de soltera.
need [niːd] ◇ *n*: **~ (for sthg / to do sthg)** necessitat *f* (d'una cosa / de fer una cosa); **to be in / to have ~ of sthg** necessitar una cosa; **he was in ~ of rest** necessitava descansar; **to have no ~ of** no necessitar; **there's no ~ for you to cry** no cal que ploris; **if ~ be** si fos necessari; **in ~** necessitada. ◇ *vt* **-1.** [require] necessitar; **I ~ a haircut** em fa falta una bona tallada de cabells. **-2.** [be obliged]: **to ~ to do sthg** haver de fer una cosa. ◇ *modal vb*: **to ~ do sthg** necessitar fer una cosa; **~ we go?** cal que marxem?; **it ~ not happen** no ha de ser necessàriament així.
needle [ˈniːdl] ◇ *n*: **it's like looking for a ~ in a haystack** és com buscar una agulla en un paller. ◇ *vt inf* burxar.
needless [ˈniːdlɪs] *adj* innecessari -ària; **~ to say ...** no cal dir ...
needlework [ˈniːdlwɜːk] *n* **-1.** [embroidery] brodat *m*. **-2.** (U) [activity] costura *f*.
needn't [ˈniːdnt] = need not.
needy [ˈniːdɪ] (*compar* **-ier**, *superl* **-iest**) ◇ *adj* necessitat -ada. ◇ *npl*: **the ~** els necessitats.
negative [ˈnegətɪv] ◇ *adj* negatiu -iva. ◇ *n* **-1.** PHOT negatiu *m*. **-2.** LING partícula *f* negativa, negació *f*; **to answer in the ~** dir que no.
neglect [nɪˈglekt] ◇ *n* [of garden, work] descurança *f*, negligència *f*; [of duty] incompliment *m*; **a state of ~** un estat d'abandonament. ◇ *vt* **-1.** [ignore] desatendre. **-2.** [duty, work] no complir amb; **to ~ to do sthg** descuidar-se de fer una cosa.
neglectful [nɪˈglektfʊl] *adj* deixat -ada, negligent; **to be ~ of sthg / sb** desatendre alguna cosa / algú.

negligee ['nɛglɪʒeɪ] *n* negligé *m*.
negligence ['nɛglɪdʒəns] *n* negligència *f*.
negligible ['nɛglɪdʒəbl] *adj* insignificant.
negotiate [nɪ'gəʊʃɪeɪt] ◇ *vt* **-1.** [obtain through negotiation] negociar. **-2.** [obstacle] franquejar, salvar; [hill] superar; [bend] agafar. ◇ *vi*: **to ~ (with sb for sthg)** negociar (amb algú una cosa).
negotiation [nɪ,gəʊʃɪ'eɪʃn] *n* negociació *f*. ◆ **negotiations** *npl* negociacions *fpl*.
Negress ['niːgrɪs] *n* negra *f*.
Negro ['niːgrəʊ] (*pl* **-es**) ◇ *adj* negre -a. ◇ *n* negre *m* a *f*.
neigh [neɪ] *vi* renillar.
neighbour *Br*, **neighbor** *Am* ['neɪbəʳ] *n* veí *m*, veïna *f*.
neighbourhood *Br*, **neighborhood** *Am* ['neɪbəhʊd] *n* **-1.** [of town] barri *m*, veïnat *m*; **in the ~ (of)** a la rodalia *de*; [approximate figure]: **in the ~ of** pels volts de.
neighbouring *Br*, **neighboring** *Am* ['neɪbərɪŋ] *adj* veí veïna.
neighbourly *Br*, **neighborly** *Am* ['neɪbəlɪ] *adj* de bon veí; **to be ~** ser bon veí.
neither ['naɪðəʳ, 'niːðəʳ] ◇ *adv*: **I don't drink - me -** no bec - jo tampoc; **the food was ~ good nor bad** el menjar no va ser ni bo ni dolent; **to be ~ here nor there** no tenir-hi res a veure. ◇ *pron* cap; **~ of us / them** cap de nosaltres / d'ells. ◇ *adj*: **~ cup is blue** cap de les dues tasses no és blava. ◇ *conj*: **~ ... nor ...** ni ... ni ...; **she could ~ eat nor sleep** no podia ni menjar ni dormir.
neon ['niːɒn] *n* neó *m*.
neon light *n* llum *m* de neó.
nephew ['nɛfjuː] *n* nebot *m*.
Neptune ['nɛptjuːn] *n* Neptú *m*.
nerve [nɜːv] *n* **-1.** ANAT nervi *m*. **-2.** [courage] valor *m*; **to keep one's ~** controlar-se; **to lose one's ~** fer-se enrere. **-3.** [cheek]: **to have the ~ to do sthg** tenir la barra de fer una cosa. ◆ **nerves** *npl* nervis *mpl*; **to get on sb's ~s** treure algú de polleguera, posar els nervis de punta a algú.
nerve-racking [-,rækɪŋ] *adj* que crispa els nervis, anguniós -osa.
nervous ['nɜːvəs] *adj* **-1.** ANAT & PSYCH nerviós -osa. **-2.** [apprehensive] inquiet -a, aprensiu -iva; **to be ~ of sthg / of doing sthg** tenir por d'una cosa / de fer una cosa; **to be ~ about sthg** estar inquiet -a per una cosa.

nervous breakdown *n* crisi *f* nerviosa.
nest [nɛst] ◇ *n* niu *m*; **ant's ~** formiguer *m*; **wasps' ~** vesper *m*; **~ of tables** taules *fpl* niu. ◇ *vi* niar.
nest egg *n* estalvis *mpl*.
nestle ['nɛsl] *vi* **-1.** [settle snugly - in chair] posar-s'hi bé; [- in bed] acotxar-se. **-2.** [be situated] estar situat -ada / emplaçat -ada.
net [nɛt] (*pt* & *pp* **-ted**, *cont* **-ting**) ◇ *adj* **-1.** [weight, price, loss] net -a. **-2.** [final] final. ◇ *n* xarxa *f*. ◇ *vt* **-1.** [catch] agafar amb la xarxa. **-2.** [acquire] embutxacar-se. **-3.** [gain as profit - subject: person] obtenir un benefici net de; [- subject: deal] reportar un benefici net de.
Net [nɛt] *n* COMPUT: **the ~** la Xarxa; **to surf the ~** navegar per la xarxa.
Net user *n* COMPUT internauta *mf*.
netball ['nɛtbɔːl] *n* esport similar al bàsquet, però al qual només juguen noies.
net curtains *npl* cortineta *f*.
Netherlands ['nɛðələndz] *npl*: **the ~** els Països Baixos.
nett [nɛt] *adj* = **net**.
netting ['nɛtɪŋ] *n* xarxa *f*, malla *f*.
nettle ['nɛtl] ◇ *n* ortiga *f*. ◇ *vt* irritar, molestar.
network ['nɛtwɜːk] ◇ *n* **-1.** [gen & COMPUT] xarxa *f*. **-2.** RADIO & TV [station] cadena *f*. ◇ *vt* **-1.** RADIO & TV [broadcast] emetre a tota la cadena. **-2.** COMPUT connectar a la xarxa.
neurosis [,njʊə'rəʊsɪs] (*pl* **-ses**) *n* neurosi *f*.
neurotic [,njʊə'rɒtɪk] ◇ *adj* neuròtic -a. ◇ *n* neuròtic *m* -a *f*.
neuter ['njuːtəʳ] ◇ *adj* neutre -a. ◇ *vt* castrar.
neutral ['njuːtrəl] ◇ *adj* **-1.** [gen] neutre -a; [shoe cream] incolor -a. **-2.** [non-allied] neutral. **-3.** [unexpressive] inexpressiu -iva. ◇ *n* **-1.** AUTOM punt *m* mort. **-2.** [country] país *m* neutral; [person] persona *f* neutral.
neutrality [njuː'trælətɪ] *n* neutralitat *f*.
neutralize, -ise ['njuːtrəlaɪz] *vt* neutralitzar.
never ['nɛvəʳ] *adv* **-1.** [at no time] mai; **~ ever** mai de la vida, mai de mai; **well I ~!** ostres!, vaja! **-2.** *inf* [as negative] no; **you ~ did!** de veritat?, què dius ara!
never-ending *adj* inacabable, que no s'acaba mai.
nevertheless [,nɛvəðə'lɛs] *adv* això no obstant, tanmateix.
new [*adj* njuː, *n* njuːz] *adj* nou nova; [baby] nadó *m*; **to be ~ to sthg** ser nou -nova en

una cosa; **as good as ~** com si fos nou nova. ☛ **news** *n* (*U*) notícies *fpl*; **a piece of ~** una notícia; **the ~s** les notícies; **that's ~ to me** primera notícia!; **to break the ~ to sb** donar la notícia a algú.

newborn ['nju:bɔːn] *adj* nadó *m*.

newcomer ['nju:,kʌməʳ] *n*: **~ (to)** nouvingut *m* -uda *f*.

newfangled [,nju:'fæŋgld] *adj inf pej* modern -a.

new-found *adj* [gen] acabat -ada de descobrir; [friend] recent.

newly ['nju:lɪ] *adv* recent.

newlyweds ['nju:lɪwedz] *npl* nouvingut *mpl*.

new moon *n* lluna *f* nova.

news agency *n* agència *f* de notícies.

newsagent *Br* ['nju:zeɪdʒənt], **newsdealer** *Am* ['nju:zdi:ləʳ] *n* [person] venedor *m* -a *f* de diaris; **~'s (shop)** ≃ quiosc *m* de diaris.

newscaster ['nju:zkɑːstəʳ] *n* presentador *m* -a *f*, locutor *m* -a *f*.

newsdealer *Am* = **newsagent**.

newsflash ['nju:zflæʃ] *n* notícia *f* d'última hora.

newsletter ['nju:z,letəʳ] *n* full *m* informatiu, butlletí *m*.

newspaper ['nju:z,peɪpəʳ] *n* **-1.** [publication, company] diari *m*, periòdic *m*. **-2.** [paper] paper *m* de diari.

newsprint ['nju:zprɪnt] *n* paper *m* de diari.

newsreader ['nju:z,riːdəʳ] *n* presentador *m* -a *f*, locutor *m* -a *f*.

newsreel ['nju:zriːl] *n* noticiari *m* cinematogràfic.

newsstand ['nju:zstænd] *n* parada *f* de diaris.

new technology *n* nova tecnologia *f*.

new town *n* *Br* ciutat nova construïda pel govern.

New Year *n* Any *m* Nou; **Happy ~!** bon Any Nou!

New Year's Day *n* dia *m* d'Any Nou.

New Year's Eve *n* nit *f* de Cap d'Any.

New York *n* **-1.** [city]: **~ (City)** Nova York. **-2.** [state]: **~ (State)** (l'estat de) Nova York.

New Zealand [-'ziːlənd] *n* Nova Zelanda.

New Zealander [-'ziːləndəʳ] *n* neozelandès *m* -esa *f*.

next [nekst] ⋄ *adj* **-1.** [in time] pròxim -a; **the ~ day** l'endemà; **~ Tuesday / year** (el) dimarts que ve / l'any que ve; **~ week** la setmana que ve; **the ~ week** els pròxims set dies. **-2.** [in space - page etc.] següent; [- room] del costat. ⋄ *pron* el següent, la següent; **the day after ~** demà passat; **the week after ~** la setmana que ve no, l'altra. ⋄ *adv* **-1.** [afterwards] després. **-2.** [again] de (bell) nou. **-3.** [with superlatives]: **~ best / biggest ...** el segon millor / més gran ... ⋄ *prep Am* al costat de, prop de. ☛ **next to** *prep* al costat de, prop de; **~ to nothing** gairebé res.

next door *adv* a la casa del costat. ☛ **next-door** *adj*: **next-door neighbour** veí *m*, veïna *f* del costat.

next of kin *n* parent *m* més pròxim, parenta *f* més pròxima.

NHS *n* abbr of National Health Service.

NI ⋄ *n* abbr of National Insurance. ⋄ abbr of Northern Ireland.

nib [nɪb] *n* plomí *m*.

nibble ['nɪbl] ⋄ *n* mossegadeta *f*. ⋄ *vt* mossegar. ⋄ *vi*: **to ~ at sthg** rosegar una cosa.

Nicaragua [,nɪkəˈrægjʊə] *n* Nicaragua.

Nicaraguan [,nɪkəˈrægjʊən] ⋄ *adj* nicaragüenc -a. ⋄ *n* nicaragüenc *m* -a *f*.

nice [naɪs] *adj* **-1.** [attractive] bonic -a; [good] bo bona. **-2.** [kind] amable; [pleasant, friendly] agradable, simpàtic -a; **to be ~ to sb** ser agradable amb algú.

nice-looking [-'lʊkɪŋ] *adj* [person] atractiu -iva, guapo -a; [car, room] bonic -a.

nicely ['naɪslɪ] *adv* **-1.** [well, attractively] ben. **-2.** [politely] amb educació, educadament. **-3.** [satisfactorily] ben; **that will do ~** m'anirà de primera.

niche [niːʃ] *n* **-1.** [in wall] nínxol *m*, fornícula *f*. **-2.** [in life] bona posició *f*.

nick [nɪk] ⋄ *n* **-1.** [cut] tall *m*; [notch] osca *f*. **-2.** *Br inf* [jail]: **the ~** garjola *f*. **-3.** *Br inf* [condition]: **in good / bad ~** en bones / males condicions. **-4. in the ~ of time** en el moment adequat. ⋄ *vt* **-1.** [cut] tallar; [make notch in] escantellar. **-2.** *Br inf* [steal] pispar, rampinyar. **-3.** *Br inf* [arrest] enxampar, atrapar.

nickel ['nɪkl] *n* **-1.** [metal] níquel *m*. **-2.** *Am* [coin] moneda *f* de cinc centaus.

nickname ['nɪkneɪm] ⋄ *n* malnom *m*. ⋄ *vt* motejar.

nicotine ['nɪkətiːn] *n* nicotina *f*.

niece [niːs] *n* neboda *f*.

Nigeria [naɪˈdʒɪərɪə] n Nigèria.

Nigerian [naɪˈdʒɪərɪən] ◇ adj nigerià -ana. ◇ n nigerià m -ana f.

niggle [ˈnɪgl] ◇ n [worry] dubte m (insignificant). ◇ vt **-1.** Br [worry] inquietar. **-2.** [criticize] criticar, fer la guitza. ◇ vi **-1.** [worry]: it ~d at me all day hi vaig donar voltes tot el dia. **-2.** [criticize] criticar, queixar-se.

nigh [naɪ] adv liter [near] prop; well ~ [almost] gairebé.

night [naɪt] n nit f; [evening] vespre m; last ~ ahir a la nit, anit; at ~ a la nit; ~ and day, day and ~ nit i dia, dia i nit; to have an early / a late ~ anar a dormir d'hora / tard. ☛ **nights** adv **-1.** Am [at ~] a la nit. **-2.** Br [nightshift]: to work ~s fer el torn de nit.

nightcap [ˈnaɪtkæp] n **-1.** [drink] beguda (alcohòlica) que es pren abans d'anar a dormir. **-2.** [hat] gorra f de dormir.

nightclub [ˈnaɪtklʌb] n night-club m, club m nocturn.

nightdress [ˈnaɪtdres] n camisa f de dormir.

nightfall [ˈnaɪtfɔːl] n vespre m.

nightgown [ˈnaɪtgaʊn] n camisa f de dormir.

nightie [ˈnaɪtɪ] n inf camisa f de dormir.

nightingale [ˈnaɪtɪŋgeɪl] n rossinyol m.

nightlife [ˈnaɪtlaɪf] n vida f nocturna.

nightly [ˈnaɪtlɪ] ◇ adj nocturn -a, de cada nit. ◇ adv cada nit.

nightmare [ˈnaɪtmeəʳ] n lit & fig malson m.

night porter n recepcionista mf del torn de nit.

night school n (U) escola f nocturna.

night shift n torn m de nit.

nightshirt [ˈnaɪtʃɜːt] n camisa f de dormir (d'home).

nighttime [ˈnaɪttaɪm] n nit f.

nil [nɪl] n **-1.** [nothing] no-res m. **-2.** Br SPORT zero m.

Nile [naɪl] n: the ~ el Nil.

nimble [ˈnɪmbl] adj **-1.** [person, fingers] àgil. **-2.** [mind] ràpid -a.

nine [naɪn] num nou; ☛ **six**.

nineteen [ˌnaɪnˈtiːn] num dinou; ☛ **six**.

ninety [ˈnaɪntɪ] num noranta; ☛ **six**.

ninth [naɪnθ] ◇ num adj novè -ena. ◇ num n **-1.** [fraction] novè m. **-2.** [in order] novè m -ena f; ☛ **sixth**.

nip [nɪp] (pt & pp **-ped**, cont **-ping**) ◇ n **-1.** [pinch] pessigada f; [bite] mossegada f. **-2.** [of drink] glop m. ◇ vt [pinch] pessigar; [bite] mossegar. ◇ vi inf [dash]: to ~ out sortir un moment.

nipple [ˈnɪpl] n **-1.** [of woman] mugró m. **-2.** [of baby's bottle] tetina f.

nit [nɪt] n **-1.** [in hair] llémena f. **-2.** Br inf [idiot] imbècil mf, idiota mf.

nitpicking [ˈnɪtpɪkɪŋ] inf ◇ adj punyeter -a. ◇ n (U) nimietats fpl.

nitrogen [ˈnaɪtrədʒən] n nitrogen m.

nitty-gritty [ˌnɪtɪˈgrɪtɪ] n inf: to get down to the ~ anar al gra.

no [nəʊ] (pl **-es**) ◇ adv [gen]: you're ~ better than me no ets pas millor que jo. ◇ adj: I have ~ time no tinc temps; that's ~ excuse això no és cap excusa; there are ~ taxis no hi ha taxis; he's ~ fool no en té un pèl, de ximple; she's ~ friend of mine no ho és, amiga meva; "~ smoking / parking / cameras" "prohibit fumar / aparcar / fer fotografies". ◇ n no m; he / she won't take ~ for an answer (ell / ella) no accepta un no per resposta.

No., no. (abbr of number) n., núm.

nobility [nəˈbɪlətɪ] n noblesa f.

noble [ˈnəʊbl] ◇ adj noble. ◇ n noble mf.

nobody [ˈnəʊbədɪ] (pl **-ies**) ◇ pron ningú. ◇ n pej ningú m.

nocturnal [nɒkˈtɜːnl] adj nocturn -a.

nod [nɒd] (pt & pp **-ded**, cont **-ding**) ◇ n senyal m fet amb el cap. ◇ vt: to ~ one's head [in agreement] assentir amb el cap; [as greeting] saludar amb el cap. ◇ vi **-1.** [in agreement] assentir amb el cap. **-2.** [to indicate sthg] indicar amb el cap. **-3.** [as greeting] saludar amb el cap. ☛ **nod off** vi fer cabotades.

noise [nɔɪz] n soroll m; to make a ~ fer soroll.

noisy [ˈnɔɪzɪ] (compar **-ier**, superl **-iest**) adj sorollós -osa.

no-man's-land n terra f de ningú.

nominal [ˈnɒmɪnl] adj nominal.

nominate [ˈnɒmɪneɪt] vt **-1.** [propose]: to ~ sb (for / as) proposar algú (per a / com a). **-2.** [appoint]: to ~ sb (to sthg) nomenar algú (per a una cosa).

nomination [ˌnɒmɪˈneɪʃn] n **-1.** [proposal] nominació f. **-2.** [appointment]: ~ (to sthg) nomenament (a una cosa).

nominee [ˌnɒmɪˈniː] n nominat m -ada f.

non- [nɒn] prefix no-.

nonalcoholic [ˌnɒnælkəˈhɒlɪk] *adj* sense alcohol.

nonaligned [ˌnɒnəˈlaɪnd] *adj* neutral, no alineat -ada.

nonchalant [*Br* ˈnɒnʃələnt, *Am* ˌnɒnʃəˈlɑːnt] *adj* indiferent, despreocupat -ada.

noncommittal [ˌnɒnkəˈmɪtl] *adj* que no compromet a res, evasiu -iva.

nonconformist [ˌnɒnkənˈfɔːmɪst] ◇ *adj* inconformista. ◇ *n* inconformista *mf*.

nondescript [*Br* ˈnɒndɪskrɪpt, *Am* ˌnɒndɪˈskrɪpt] *adj* mediocre, anodí -ina.

none [nʌn] ◇ *pron* **-1.** [not any] res; there is ~ left no en queda gens; it's ~ of your business no n'has de fer res; I'll have ~ of your nonsense no les aguantaré més, les teves bestieses. **-2.** [not one - object, person] cap, ningú; ~ of us / the books cap de nosaltres / cap dels llibres; I had ~ no en tenia cap. ◇ *adv*: I'm ~ the worse / better no m'ha perjudicat / ajudat gaire; I'm ~ the wiser no he entès res. ⇒ **none too** *adv* no gaire.

nonentity [nɒˈnentətɪ] (*pl* **-ies**) *n* zero *m* a l'esquerra.

nonetheless [ˌnʌnðəˈles] *adv* no obstant això, tanmateix.

non-event *n* fracàs *m*.

nonexistent [ˌnɒnɪɡˈzɪstənt] *adj* inexistent.

nonfiction [ˌnɒnˈfɪkʃn] *n* no ficció *f*.

no-nonsense *adj* pràctic -a.

nonpayment [ˌnɒnˈpeɪmənt] *n* impagament *m*.

nonplussed, **nonplused** *Am* [ˌnɒnˈplʌst] *adj* perplex -a.

nonreturnable [ˌnɒnrɪˈtɜːnəbl] *adj* no retornable.

nonsense [ˌnɒnsəns] ◇ *n* **-1.** (U) [gen] bestieses *fpl*, disbarats *mpl*; it is ~ to suggest that ... és absurd suggerir que ...; stop this ~ at once! ja n'hi ha prou de bestieses!; to make (a) ~ of sthg fer que una cosa no tingui sentit. **-2.** [incomprehensible words] galimaties *m*; it's ~ to me no li trobo el sentit. ◇ *excl* quines bestieses!

nonsensical [nɒnˈsensɪkl] *adj* absurd -a, desenraonat -ada.

nonsmoker [ˌnɒnˈsməʊkər] *n* no fumador *m* -a *f*.

nonstick [ˌnɒnˈstɪk] *adj* antiadherent.

nonstop [ˌnɒnˈstɒp] ◇ *adj* [activity, rain] continu -ínua, incessant; [flight] sense escales. ◇ *adv* sense parar.

noodles [ˈnuːdlz] *npl* fideus *mpl*.

nook [nʊk] *n* [of room] racó *m*; **every ~ and cranny** tots els racons.

noon [nuːn] *n* migdia *m*.

no one *pron* = **nobody**.

noose [nuːs] *n* [loop] baga *f* corredora; [for hanging] soga *f*.

no-place *Am* = **nowhere**.

nor [nɔːr] *conj* **-1.** ⇒ **neither**. **-2.** [and not] ni; I don't smoke - ~ do I no fumo - jo tampoc; I don't know, ~ do I care ni ho sé, ni m'importa.

norm [nɔːm] *n* norma *f*; the ~ allò que és normal.

normal [ˈnɔːml] *adj* normal.

normality [nɔːˈmælɪtɪ], **normalcy** *Am* [ˈnɔːmlsɪ] *n* normalitat *f*.

normally [ˈnɔːməlɪ] *adv* normalment.

north [nɔːθ] ◇ *n* **-1.** [direction] nord *m*. **-2.** [region]: the ~ el nord. ◇ *adj* del nord; ~ London el nord de Londres. ◇ *adv*: ~ (of) al nord (de).

North Africa *n* Àfrica del Nord.

North America *n* Amèrica del Nord.

North American ◇ *adj* nord-americà -ana. ◇ *n* nord-americà *m* -ana *f*.

northeast [ˌnɔːθˈiːst] ◇ *n* **-1.** [direction] nord-est *m*. **-2.** [region]: the ~ el nord-est. ◇ *adj* del nord-est. ◇ *adv*: ~ (of) al nord-est (de).

northerly [ˈnɔːðəlɪ] *adj* del nord; in a ~ direction en direcció nord.

northern [ˈnɔːðən] *adj* del nord, septentrional.

Northern Ireland *n* Irlanda del Nord.

northernmost [ˈnɔːðənməʊst] *adj* més septentrional, més al nord.

North Korea *n* Corea del Nord.

North Pole *n*: the ~ el Pol Nord.

North Sea ◇ *n*: the ~ el Mar del Nord. ◇ *comp* [fishing] al Mar del Nord; [oil, oil-rig] del Mar del Nord.

northward [ˈnɔːθwəd] ◇ *adj* cap al nord. ◇ *adv* = **northwards**.

northwards [ˈnɔːθwədz] *adv* cap al nord.

northwest [ˌnɔːθˈwest] ◇ *n* **-1.** [direction] nord-oest *m*. **-2.** [region]: the ~ el nord-oest. ◇ *adj* del nord-oest. ◇ *adv*: ~ (of) al nord-oest (de).

Norway [ˈnɔːweɪ] *n* Noruega.

Norwegian [nɔːˈwiːdʒən] ◇ *adj* noruec -ega. ◇ *n* **-1.** [person] noruec *m* -ega *f*. **-2.** [language] noruec *m*.

nose [nəʊz] *n* [of person] nas *m*; [of animal] morro *m*; [of plane, car] morro *m*; **under one's ~** davant del nas; **to cut off one's ~ to spite one's face** sortir perjudicat en intentar perjudicar un altre per enuig; **to have a ~ for sthg** tenir nas per a una cosa; *inf* **he gets up my ~** em treu de pollegueres; **to keep one's ~ out of sthg** no posar-s'hi (en una cosa); **to look down one's ~ at sb / sthg** mirar algú / una cosa amb menyspreu; **to pay through the ~** pagar un dineral; *inf* **to poke / stick one's ~ in** ficar-hi el nas; **to turn up one's ~ at sthg** mirar una cosa amb menyspreu. ➣ **nose about, nose around** *vi* tafanejar.

nosebleed ['nəʊzbliːd] *n* hemorràgia *f* nasal.

nosedive ['nəʊzdaɪv] ◇ *n* [of plane] picat *m*. ◇ *vi* *lit & fig* caure en picat.

nosey ['nəʊzɪ] = **nosy**.

nostalgia [nɒˈstældʒə] *n*: ~ **(for)** nostàlgia *f* (de).

nostril ['nɒstrəl] *n* nariu *m*.

nosy ['nəʊzɪ] (*compar* **-ier**, *superl* **-iest**) *adj* curiós -osa, tafaner -a.

not [nɒt] *adv* no; **this is ~ the first time** no és la primera vegada; **it's green, isn't it?** és verd, oi?; **I hope / think ~** espero / crec que no; **~ a chance** de cap manera; **~ even a ...** ni tan sols un ...; **~ all / every** no tots no totes; **~ always** no sempre; **~ that ...** no que ...; **~ at all** [no] en absolut; [to acknowledge thanks] de res.

notable ['nəʊtəbl] ◇ *adj* notable; **to be ~ for sthg** destacar per alguna cosa. ◇ *n* personatge *m* important.

notably ['nəʊtəblɪ] *adv* **–1.** [in particular] especialment. **–2.** [noticeably] notablement, marcadament.

notary ['nəʊtərɪ] (*pl* **-ies**) *n*: ~ **(public)** notari *m* -ària *f*.

notch [nɒtʃ] *n* **–1.** [cut] osca *f*. **–2.** *fig* [on scale] punt *m*.

note [nəʊt] ◇ *n* **–1.** [gen] nota *f*; **to take ~ of sthg** tenir una cosa present; **to compare ~s** canviar impressions. **–2.** [paper money] bitllet *m*. **–3.** [tone] to *m*. **–4.** [importance]: **of ~** important, notable. ◇ *vt* **–1.** [observe] notar. **–2.** [mention] esmentar. ➣ **notes** *npl* [written record] apunts *mpl*; **to take ~s** prendre apunts; [in book] anotacions *fpl*. ➣ **note down** *vt sep* anotar, apuntar.

notebook ['nəʊtbʊk] *n* **–1.** [for taking notes] llibreta *f*, quadern *m*. **–2.** COMPUT: **~ (computer)** ordinador *m* portàtil.

noted ['nəʊtɪd] *adj* destacat -ada, assenyalat -ada; **to be ~ for** distingir-se per.

notepad ['nəʊtpæd] *n* bloc *m* de notes.

notepaper ['nəʊtpeɪpər] *n* paper *m* de cartes.

noteworthy ['nəʊtˌwɜːðɪ] (*compar* **-ier**, *superl* **-iest**) *adj* digne -a de tenir-se en consideració, significatiu -iva.

nothing ['nʌθɪŋ] ◇ *pron* res; **I've got ~ to do** no tinc res a fer; **there's ~ in it** [it's untrue] és fals; **there's ~ to it** és bufar i fer ampolles; **for ~** [free] gratis; [for no purpose] en va, debades; **he's ~ if not generous** una altra cosa potser no l'és, però de generós, sí que ho és; **~ but** solament, només; *Br* **there's ~ for it** (but to do sthg) no hi ha cap més remei (que fer alguna cosa). ◇ *adv*: **to be ~ like sb / sthg** no assemblar-se gens a algú / a una cosa; **I'm ~ like finished** no he acabat ni de bon tros.

notice ['nəʊtɪs] ◇ *n* **–1.** [on wall, door] rètol *m*, cartell *m*; [in newspaper] anunci *m*. **–2.** [attention] atenció *f*; **to come to one's ~** arribar al coneixement d'algú; **to escape one's ~** escapar-se-li a algú; **to take ~ (of)** fer cas (de), posar atenció (a); **to take no ~ (of)** no fer cas (de); **he / she etc. didn't take a blind bit of ~** no en va fer ni el més mínim cas. **–3.** [warning] avís *m*; **at short ~** amb poc temps d'antelació; **until further ~** fins a un nou avís. **–4.** [at work]: **to be given one's ~** ser acomiadat -ada; **to hand in one's ~** presentar la dimissió. ◇ *vt* [sense, smell] notar; [see] fixar-se en, veure; **to ~ sb doing sthg** adonar-se que algú està fent una cosa.

noticeable ['nəʊtɪsəbl] *adj* notable.

notice board *n* tauler *m* d'anuncis.

notify ['nəʊtɪfaɪ] (*pt & pp* **-ied**) *vt*: **to ~ sb (of sthg)** notificar / comunicar (una cosa) a algú.

notion ['nəʊʃn] *n* noció *f*. ➣ **notions** *npl Am* articles *mpl* de merceria.

notorious [nəʊˈtɔːrɪəs] *adj* notori -òria, cèlebre; **to be ~ for sthg** ser molt conegut -uda per una cosa.

notwithstanding [ˌnɒtwɪðˈstændɪŋ] *fml* ◇ *prep* malgrat. ◇ *adv* no obstant això, tanmateix.

nougat ['nuːgɑː] *n* dolç fet de nous i trossets de fruita semblant al torró.

nought [nɔːt] *num* zero; **~s and crosses** marro *m*.

noun [naʊn] *n* nom *m*, substantiu *m*.

nourish [ˈnʌrɪʃ] *vt* **-1.** [feed] nodrir, alimentar. **-2.** [entertain] alimentar, fomentar.

nourishing [ˈnʌrɪʃɪŋ] *adj* nutritiu -iva, ric -a.

nourishment [ˈnʌrɪʃmənt] *n* aliment *m*.

novel [ˈnɒvl] ◇ *adj* original. ◇ *n* novel·la *f*.

novelist [ˈnɒvəlɪst] *n* novel·lista *mf*.

novelty [ˈnɒvltɪ] (*pl* **-ies**) *n* **-1.** [gen] novetat *f*. **-2.** [cheap object] fotesa *f*.

November [nəˈvembər] *n* novembre *m*; ➢ **September**.

novice [ˈnɒvɪs] *n* **-1.** [inexperienced person] principiant *mf*. **-2.** RELIG novici *m* -ícia *f*.

now [naʊ] ◇ *adv* **-1.** [at this time, at once] ara; **do it ~** fes-ho ara; **he's been away for two weeks ~** ja fa dues setmanes que és fora; **any day ~** qualsevol dia d'aquests; **any time ~** en qualsevol moment; **for ~** per ara; **~ and then / again** de tant en tant. **-2.** [at a particular time in the past] llavors. **-3.** [to introduce statement] a veure. ◇ *conj*: **~ (that)** ara que, ja que. ◇ *n*: **from ~ on** a partir d'ara; **they should be here by ~** ja haurien de ser aquí; **up until ~** fins ara.

nowadays [ˈnaʊədeɪz] *adv* avui (en) dia, actualment.

nowhere *Br* [ˈnaʊweər], **no-place** *Am adv*: **~ else** enlloc més, en cap altre lloc; **to appear out of / from ~** sortir del no-res; **to be getting ~** no anar enlloc, no avançar gens; **(to be) ~ near (as ... as ...)** (no ser) ni de bon tros (tan ... com ...); **this is getting us ~** això no ens porta enlloc.

nozzle [ˈnɒzl] *n* tovera *f*.

nuance [ˈnjuːɑːns] *n* matís *m*.

nuclear [ˈnjuːklɪər] *adj* nuclear.

nuclear bomb *n* bomba *f* atòmica.

nuclear disarmament *n* desarmament *m* nuclear.

nuclear energy *n* energia *f* nuclear.

nuclear power *n* energia *f* nuclear.

nuclear reactor *n* reactor *m* nuclear.

nucleus [ˈnjuːklɪəs] (*pl* **-lei** [-lɪaɪ]) *n* lit & fig nucli *m*.

nude [njuːd] ◇ *adj* despullat -ada. ◇ *n* ART nu *m*; **in the ~** despullat -ada, nu nua.

nudge [nʌdʒ] ◇ *n* **-1.** [with elbow] cop *m* de colze. **-2.** *fig* [to encourage] empenta *f*. ◇ *vt* **-1.** [with elbow] donar un cop de colze. **-2.** *fig* [to encourage] empènyer, impulsar.

nudist [ˈnjuːdɪst] ◇ *adj* nudista. ◇ *n* nudista *mf*.

nudity [ˈnjuːdətɪ] *n* nuesa *f*.

nugget [ˈnʌgɪt] *n* **-1.** [of gold] palleta *f*. **-2.** *fig* [valuable piece]: **~s of wisdom** mostres *fpl* de seny.

nuisance [ˈnjuːsns] *n* [thing] molèstia *f*, destorb *m*; [person] pesat *m* -ada *f*; **to make a ~ of oneself** donar la llauna.

nuke [njuːk] *inf* ◇ *n* bomba *f* atòmica. ◇ *vt* atacar amb arma nuclear.

null [nʌl] *adj*: **~ and void** nul·la i sense efecte.

numb [nʌm] ◇ *adj* [gen] entumit -ida, insensible; [leg, hand] adormit -ida; **to be ~ with cold** estar gelat -ada de fred; **to be ~ with fear** estar paralitzat -ada de por. ◇ *vt* entumir.

number [ˈnʌmbər] ◇ *n* **-1.** [gen] número *m*, nombre *m*; **a ~ of** uns quants unes quantes; **any ~ of** moltíssims moltíssimes. **-2.** [of car] matrícula *f*. ◇ *vt* **-1.** [amount to] pujar a. **-2.** [give a - to] numerar. **-3.** [include]: **to be ~ed among** figurar entre.

number one ◇ *adj* principal, número u. ◇ *n* **-1.** [priority] el més important. **-2.** *inf* [oneself] un mateix, una mateixa.

numberplate [ˈnʌmbəpleɪt] *n* (placa *f* de la) matrícula *f*.

Number Ten *n* el número 10 de Downing Street, residència oficial del primer ministre britànic.

numeral [ˈnjuːmərəl] *n* número *m*, xifra *f*.

numerate [ˈnjuːmərət] *adj Br* competent en aritmètica.

numerical [njuːˈmerɪkl] *adj* numèric -a.

numerous [ˈnjuːmərəs] *adj* nombrós -osa.

nun [nʌn] *n* monja *f*.

nurse [nɜːs] ◇ *n* MED infermer *m* -a *f*; [nanny] mainadera *f*. ◇ *vt* **-1.** [care for] tenir cura de, assistir. **-2.** [try to cure - a cold] curar-se. **-3.** [nourish] nodrir. **-4.** [subject: mother] criar, donar el pit a.

nursery [ˈnɜːsərɪ] (*pl* **-ies**) ◇ *adj* preescolar. ◇ *n* **-1.** [at home] cambra *f* dels nens; [away from home] escola *f* bressol. **-2.** [for plants] viver *m*, planter *m*.

nursery rhyme *n* cançó *f* infantil.

nursery school *n* jardí *m* d'infància, escola *f* bressol.

nursery slopes *npl* pista *f* per a principiants.

nursing [ˈnɜːsɪŋ] *n* [profession] professió *f* d'infermer; [of patient] assistència *f*, atenció *f*.

nursing home *n* [for old people] clínica *f* de repòs; [for childbirth] clínica *f* (privada) de maternitat.

nurture ['nɜːtʃər] vt **-1.** [child, plant] criar. **-2.** [plan, feelings] alimentar.

nut [nʌt] n **-1.** [to eat] nou f. **-2.** [of metal] rosca f; fig **the ~s and bolts** les coses essencials. **-3.** inf [mad person] boig m boja f, sonat m -ada f. **-4.** inf [enthusiast] maniàtic -a. **-5.** Br inf [head]: **she's off her ~** està com un llum de ganxo. ◆ **nuts** inf ◇ adj: **to be ~s** estar tocat -ada del bolet. ◇ excl Am maleït siga!

nutcrackers ['nʌt,krækəz] npl trencanous m.

nutmeg ['nʌtmeg] n nou f moscada.

nutritious [njuːˈtrɪʃəs] adj nutritiu -iva, ric -a.

nutshell ['nʌtʃel] n: **in a ~** en poques paraules.

nuzzle ['nʌzl] ◇ vt fregar amb el morro. ◇ vi: **to ~ (up) against** arrambar-se a.

nylon ['naɪlɒn] ◇ n niló m. ◇ comp de niló.

o (pl **os** / **o's**), **O** (pl **Os** / **O's**) [əʊ] n **-1.** [letter] o f, O f. **-2.** [zero] zero m.

oak [əʊk] ◇ n roure m. ◇ comp de roure.

OAP n abbr of old age pensioner.

oar [ɔːr] n rem m; **to put / stick one's ~ in** entremetre's.

oasis [əʊˈeɪsɪs] (pl **oases** [əʊˈeɪsiːz]) n lit & fig oasi m.

oatcake ['əʊtkeɪk] n galeta f de civada.

oath [əʊθ] n **-1.** [promise] jurament m; **on / under ~** sota jurament. **-2.** [swearword] renec m.

oatmeal ['əʊtmiːl] ◇ n farina f de civada. ◇ comp de civada.

oats [əʊts] npl [grain] civada f.

obedience [əˈbiːdjəns] n: **~ (to sb)** obediència f (a algú).

obedient [əˈbiːdjənt] adj obedient.

obese [əʊˈbiːs] adj fml obès -esa.

obey [əˈbeɪ] vt & vi obeir.

obituary [əˈbɪtʃʊərɪ] (pl **-ies**) n nota f necrològica.

object [n ˈɒbdʒɪkt, vb ɒbˈdʒekt] ◇ n **-1.** [gen] objecte m. **-2.** [aim] objecte m, propòsit m. **-3.** GRAM complement m. ◇ vt objectar. ◇ vi: **to ~ (to sthg / to doing sthg)** oposar-se (a una cosa / a fer una cosa).

objection [əbˈdʒekʃn] n objecció f; **to have no ~ (to sthg / to doing sthg)** no tenir cap inconvenient (a fer una cosa).

objectionable [əbˈdʒekʃənəbl] adj [person] desagradable; [behaviour] censurable.

objective [əbˈdʒektɪv] ◇ adj objectiu -iva. ◇ n objectiu m.

obligation [,ɒblɪˈgeɪʃn] n **-1.** [compulsion] obligació f; **to be under an ~ to do sthg** tenir l'obligació de fer una cosa. **-2.** [duty] obligació f.

obligatory [əˈblɪgətrɪ] adj obligatori -òria.

oblige [əˈblaɪdʒ] ◇ vt **-1.** [force]: **to ~ sb to do sthg** obligar algú a fer una cosa. **-2.** fml [do a favour to] fer un favor a. ◇ vi fer el favor.

obliging [əˈblaɪdʒɪŋ] adj servicial, atent -a.

oblique [əˈbliːk] ◇ adj **-1.** [indirect - reference] indirecte -a. **-2.** [slanting] oblic -iqua. ◇ n PRINT barra f.

obliterate [əˈblɪtəreɪt] vt arrasar.

oblivion [əˈblɪvɪən] n oblit m.

oblivious [əˈblɪvɪəs] adj inconscient; **to be ~ to / of sthg** no ser conscient d'una cosa.

oblong ['ɒblɒŋ] ◇ adj rectangular, oblong -a. ◇ n rectangle m.

obnoxious [əbˈnɒkʃəs] adj repugnant, detestable.

oboe ['əʊbəʊ] n oboè m.

obscene [əbˈsiːn] adj obscè -ena, indecent.

obscure [əbˈskjʊər] ◇ adj lit & fig obscur -a, fosc -a. ◇ vt **-1.** [make difficult to understand] enfosquir. **-2.** [hide] amagar.

obsequious [əbˈsiːkwɪəs] adj fml & pej servil.

observance [əbˈzɜːvəns] n observança f, compliment m.

observant [əbˈzɜːvnt] adj observador -a.

observation [,ɒbzəˈveɪʃn] n **-1.** [by police] vigilància f; [by doctor] observació f. **-2.** [comment] observació f, comentari m.

observatory [əbˈzɜːvətrɪ] (pl **-ies**) n observatori m.

observe [əbˈzɜːv] vt **-1.** [gen] observar. **-2.** [obey] observar, complir amb.

observer [əbˈzɜːvər] n observador m -a f.

obsess [əbˈses] vt obsessionar; **to be ~ed by / with** estar obsessionat -ada amb.

obsessive [əbˈsesɪv] *adj* obsessiu -iva.

obsolescent [ˌɒbsəˈlesnt] *adj* obsolescent, que està caient en desús.

obsolete [ˈɒbsəliːt] *adj* obsolet -a.

obstacle [ˈɒbstəkl] *n* **-1.** [object] obstacle *m*. **-2.** [difficulty] destorb *m*, impediment *m*.

obstetrics [ɒbˈstetrɪks] *n* obstetrícia *f*.

obstinate [ˈɒbstənət] *adj* **-1.** [stubborn] obstinat -ada, tossut -uda. **-2.** [persistent] tenaç.

obstruct [əbˈstrʌkt] *vt* **-1.** [block] obstruir, bloquejar. **-2.** [hinder] entorpir, destorbar.

obstruction [əbˈstrʌkʃn] *n* [gen] obstrucció *f*; [in road] obstacle *m*.

obtain [əbˈteɪn] *vt* obtenir, aconseguir.

obtainable [əbˈteɪnəbl] *adj* que es pot aconseguir, assequible.

obtrusive [əbˈtruːsɪv] *adj* [smell] penetrant; [colour] llampant; [person] inoportú -una, que es posa allà on no el demanen.

obtuse [əbˈtjuːs] *adj lit & fig* obtús -usa.

obvious [ˈɒbvɪəs] ◇ *adj* obvi òbvia, evident. ◇ *n*: **to state the ~** afirmar allò que és obvi.

obviously [ˈɒbvɪəslɪ] *adv* **-1.** [of course] evidentment, òbviament; **~ not** (és) clar que no. **-2.** [clearly] clarament, òbviament; **he's ~ lying** és evident que no diu la veritat.

occasion [əˈkeɪʒn] ◇ *n* **-1.** [time] vegada *f*, ocasió *f*; **on one ~** una vegada, en una ocasió; **on several ~s** diverses vegades, en diverses ocasions; *fml* **on ~** de tant en tant. **-2.** [important event] esdeveniment *m*; **to rise to the ~** posar-se a l'alçada de les circumstàncies. **-3.** *fml* [opportunity] ocasió *f*. ◇ *vt fml* [cause] ocasionar, causar.

occasional [əˈkeɪʒənl] *adj* [trip, drink] esporàdic -a, poc freqüent; [showers] ocasional.

occasionally [əˈkeɪʒnəlɪ] *adv* de tant en tant.

occult [ɒˈkʌlt] ◇ *adj* ocult -a. ◇ *n*: **the ~** les coses sobrenaturals.

occupant [ˈɒkjʊpənt] *n* **-1.** [of building, room] llogater *m* -a *f*. **-2.** [of chair, vehicle] ocupant *m f*.

occupation [ˌɒkjʊˈpeɪʃn] *n* **-1.** [job] ocupació *f*, treball *m*. **-2.** [pastime] passatemps *m*. **3.** MIL [of country, building] ocupació *f*.

occupational hazard [ˌɒkjʊˈpeɪʃənl] *n*: **~s** gangues de l'ofici.

occupational therapy *n* teràpia *f* ocupacional.

occupier [ˈɒkjʊpaɪər] *n* estadant *m f*.

occupy [ˈɒkjʊpaɪ] (*pt & pp* **-ied**) *vt* **-1.** [gen] ocupar. **-2.** [live in] habitar. **-3.** [entertain]: **to ~ oneself** entretenir-se.

occur [əˈkɜːr] (*pt & pp* **-red**, *cont* **-ring**) *vi* **-1.** [happen] ocórrer, passar. **-2.** [be present] trobar-se, existir. **-3.** [thought, idea]: **to ~ to sb** acudir-se (alguna cosa) a algú; **it ~s to me that ...** se m'acut que ...

occurrence [əˈkʌrəns] *n* **-1.** [event] esdeveniment *m*. **-2.** [coming about] existència *f*, aparició *f*.

ocean [ˈəʊʃn] *n* oceà *m*; *Am* [sea] mar *m* o *f*.

oceangoing [ˈəʊʃnˌgəʊɪŋ] *adj* d'alta mar.

ochre *Br*, **ocher** *Am* [ˈəʊkər] *adj* ocre.

o'clock [əˈklɒk] *adv*: **it's one ~** és la una en punt; **it's two / three ~** són les dues / les tres en punt; **at one / two ~** a la una / les dues en punt.

octave [ˈɒktɪv] *n* octava *f*.

October [ɒkˈtəʊbər] *n* octubre *m*; ➤ **September**.

octopus [ˈɒktəpəs] (*pl* **-puses** / **-pi** [-paɪ]) *n* pop *m*.

OD -1. abbr of **overdose**. **-2.** abbr of **overdrawn**.

odd [ɒd] *adj* **-1.** [strange] rar -a, estrany -a. **-2.** [not part of pair] solt -a, desparionat -ada. **-3.** [number] senar. **-4.** *inf* [leftover] de més, sobrer -a. **-5.** *inf* [occasional]: **I play the ~ game** hi jugo de tant en tant. **-6.** *inf* [approximately]: **30 ~ years** 30 anys i escaig. ➤ **odds** *npl* **-1.** **the ~s** [probability] les probabilitats; [in betting] les apostes; **the ~s are that ...** el més probable és que ...; **against all ~s** contra tot i tothom; **against the ~s** contra (tot) pronòstic. **-2.** [bits]: **~s and ends** cosetes *fpl*, trastets *mpl*. **-3. to be at ~s with sthg** no concordar amb una cosa; **to be at ~s with sb** estar renyit amb algú.

oddity [ˈɒdɪtɪ] (*pl* **-ies**) *n* raresa *f*.

odd jobs *npl* reparacions *fpl* diverses.

oddly [ˈɒdlɪ] *adv* estranyament; **~ enough** per més estrany que sembli.

oddments [ˈɒdmənts] *npl* retalls *mpl*.

odds-on [ˌɒdz-] *adj inf*: **the ~ favourite** el favorit, el que té més possibilitats; **it's ~ that ...** de segur que ...

odometer [əʊˈdɒmɪtər] *n* comptaquilòmetres *m inv*.

odour *Br*, **odor** *Am* [ˈəʊdər] *n* [gen] olor *f*; [of perfume] fragància *f*.

of [unstressed əv, stressed ɒv] *prep* **-1.** [gen] de; **the cover ~ a book** la coberta d'un llibre; **the King ~ England** el rei d'Anglaterra; **both ~ us** nosaltres dos; **to die ~ sthg** morir d'alguna cosa. **–2.** [expressing quantity, referring to container] de; **thousands ~ people** milers de persones; **a litre ~ petrol** un litre de benzina; **a cup ~ coffee** un cafè, una tassa de cafè. **–3.** [indicating amount, age, time] de; **a child ~ five** una criatura de cinc anys; **an increase ~ 6%** un increment del 6%; **the 12th ~ February** el 12 de febrer; **the night ~ the disaster** la nit de la desgràcia. **–4.** [made from] de; **a dress ~ silk** un vestit de seda; **to be made ~ sthg** estar fet d'una cosa. **–5.** [with emotions, opinions] **fear ~ ghosts** por dels fantasmes; **love ~ good food** amor a la bona taula; **it was very kind ~ you** va ser molt amable de la teva part.

off [ɒf] ◇ *adv* **–1.** [away]: **to drive ~** allunyar-se en cotxe; **to turn ~ (the road)** sortir de la carretera; **I'm ~!** me'n vaig! **–2.** [at a distance - in time]: **it's two days ~** falten dos dies; **that's a long time ~** encara falten molts dies; [- in space] **it's ten miles ~** és a deu milles (d'aquí); **far ~** lluny. **–3.** [so as to remove]: **to take ~** [gen] treure; [one's clothes] treure's; **to cut ~** tallar; **could you help me ~ with my coat?** m'ajudes a treure'm l'abric? **–4.** [so as to complete]: **to finish ~** acabar; **to kill ~** rematar. **–5.** [not at work] lliure, de vacances; **a day ~** un dia lliure; **time ~** temps *m* lliure. **–6.** [so as to separate]: **to fence ~** tancar; **to wall ~** tapiar. **–7.** [discounted]: **£10 ~** 10 lliures de descompte. **–8.** [having money]: **to be well / badly ~** anar bé / malament de diners. ◇ *prep* **–1.** [away from]: **to get ~ sthg** baixar d'un lloc; **to keep ~ sthg** mantenir-se lluny d'una cosa; **"keep ~ the grass"** "no trepitgeu la gespa". **–2.** [close to]: **just ~ the coast** molt a prop de la costa; **it's ~ Oxford Street** és al costat d'Oxford Street. **–3.** [removed from]: **to cut a slice ~ sthg** tallar una llesca d'una cosa; **take your hands ~ me!** treu-me les mans del damunt! **–4.** [not attending]: **to be ~ work / duty** no treballar / estar de servei. **–5.** *inf* [no longer liking]: **she's ~ coffee / her food** ja no li ve de gust el cafè / ha perdut la gana. **–6.** [deducted from]: **there's 10% ~ the price** fan un 10% de descompte. **–7.** *inf* [from]: **I bought it ~ him** li ho vaig comprar a ell. ◇ *adj* **–1.** [gone bad - meat, cheese] fet -a malbé; [- milk] agre -a, fet -a malbé. **–2.** [not operating] apagat -ada. **–3.** [cancelled] suspès -esa. **–4.** *inf* [offhand] brusc -a, descortès -esa. **–5.** [not being served]: **ice cream's ~ today** avui no hi ha gelat.

offal [ˈɒfl] *n* (U) menuts *mpl*.
off-chance *n*: **on the ~** per si de cas.
off colour *adj* indisposat -ada.
off duty *adj* fora de servei.
offence *Br*, **offense** *Am* [əˈfens] *n* **–1.** [crime] delicte *m*. **–2.** [cause of upset] ofensa *f*; **to take ~** ofendre's.
offend [əˈfend] ◇ *vt* ofendre. ◇ *vi* **–1.** [contravene]: **to ~ against sthg** infringir una cosa. **–2.** [commit a crime] cometre un delicte.
offender [əˈfendəʳ] *n* **–1.** [criminal] delinqüent *mf*. **–2.** [culprit] culpable *mf*.
offense *Am* [ˈɒfens] *n* **–1.** = **offence**. **–2.** SPORT atac *m*.
offensive [əˈfensɪv] ◇ *adj* **–1.** [remark, behaviour] ofensiu -iva; [smell] repugnant. **–2.** [aggressive] atacant. ◇ *n* **–1.** MIL ofensiva *f*. **–2.** *fig* [attack]: **to go on / take the ~** anar a l'ofensiva.
offer [ˈɒfəʳ] ◇ *n* oferta *f*; **on ~** [available] disponible; [at a special price] d'oferta. ◇ *vt* oferir; **to ~ sthg to sb, to ~ sb sthg** oferir una cosa a algú; [be willing] **to ~ to do sthg** oferir-se a fer una cosa. ◇ *vi* oferir-se.
offering [ˈɒfərɪŋ] *n* **–1.** [thing offered] oferiment *m*; [gift] regal *m*. **–2.** [sacrifice] ofrena *f*.
off-guard *adj* desprevingut -uda.
offhand [ˌɒfˈhænd] ◇ *adj* brusc -a, descortès -esa. ◇ *adv* d'improvís.
office [ˈɒfɪs] *n* **–1.** [gen] oficina *f*. **–2.** [room] despatx *m*, oficina *f*. **–3.** [position of authority] càrrec *m*; **in ~** [political party] en el poder; [person] al càrrec; **to take ~** [political party] obtenir el poder; [person] assumir un càrrec.
office automation *n* ofimàtica *f*.
office block *n* edifici *m* d'oficines.
office hours *npl* hores *fpl* d'oficina.
officer [ˈɒfɪsəʳ] *n* **–1.** MIL oficial *mf*. **–2.** [in organization] director *m* -a *f*. **–3.** [in police force] agent *mf* de policia.
office worker *n* oficinista *mf*.
official [əˈfɪʃl] ◇ *adj* oficial. ◇ *n* [of union] delegat *m* -ada *f*; [of government] funcionari *m* -ària *f*.
officialdom [əˈfɪʃəldəm] *n* burocràcia *f*.
offing [ˈɒfɪŋ] *n*: **to be in the ~** estar per caure, estar si cau o no cau.
off-licence *n Br* establiment de venda de begudes alcohòliques.
off-line COMPUT *adj* desconnectat -ada.
off-peak ◇ *adj* [electricity, phone call, tra-

vel] de tarifa reduïda; [period] econòmic -a. ◇ *adv* en hores de tarifa reduïda.

off-putting [-ˌpʊtɪŋ] *adj* desagradable, repel·lent. ● **off-season** *adj* de temporada baixa.

offset ['ɒfset] (*pt & pp* **offset**, *cont* **-setting**) *vt* compensar, contrarestar.

offshoot ['ɒfʃuːt] *n* plançó *m*, brot *m*.

offshore ['ɒfʃɔːʳ] ◇ *adj* [wind] terral; [fishing] costaner -a; [oil rig] marítim -a; [banking] en bancs estrangers. ◇ *adv* mar endins; **two miles ~** a dues milles de la costa.

offside [*adj & adv* ɒfˈsaɪd, *n* ˈɒfsaɪd] ◇ *adj* **-1.** [part of vehicle - right-hand drive] esquerre -a; [- left-hand drive] dret -a. **-2.** SPORT fora de joc. ◇ *adv* SPORT fora de joc. ◇ *n* [of vehicle - right-hand drive] costat *m* esquerre; [- left-hand drive] costat *m* dret.

offspring ['ɒfsprɪŋ] (*pl inv*) *n* **-1.** *hum / fml* [of people - child] descendent *mf*; [- children] descendència *f*, prole *f*. **-2.** [of animals] cria *f*.

offstage [ˌɒfˈsteɪdʒ] *adj & adv* entre bastidors.

off-the-cuff ◇ *adj* improvisat -ada. ◇ *adv* improvisadament.

off-the-peg *adj Br* confeccionat -ada.

off-the-record ◇ *adj* extraoficial, oficiós -osa. ◇ *adv* extraoficialment, oficiosament.

off-white *adj* blanquinós -osa.

often ['ɒfn, 'ɒftn] *adv* [many times] sovint, freqüentment; **how ~ do you go?** quantes vegades hi vas?, amb quina freqüència hi vas?; **I don't ~ see him** no el veig gaire sovint. ● **as often as not** *adv* amb freqüència, força sovint. ● **every so often** *adv* de tant en tant. ● **more often than not** *adv* la majoria de les vegades.

ogle ['əʊgl] *vt pej* menjar-se amb els ulls.

oh [əʊ] *excl* **-1.** [to introduce comment] ah!; **~ really?** de veritat? **-2.** [expressing hesitation] mmm. **-3.** [expressing joy, surprise, fear] oh!; **~ no!** no!

oil [ɔɪl] ◇ *n* **-1.** [gen] oli *m*. **-2.** [petroleum] petroli *m*. ◇ *vt* greixar, lubricar.

oilcan ['ɔɪlkæn] *n* setrill *m*.

oilfield ['ɔɪlfiːld] *n* camp *m* petrolífer.

oil filter *n* filtre *m* de l'oli.

oil-fired [-ˌfaɪəd] *adj* de fuel.

oil painting *n* (pintura *f* a l') oli *m*.

oilrig ['ɔɪlrɪg] *n* plataforma *f* petroliera.

oilskins ['ɔɪlskɪnz] *npl* [gen] roba *f* impermeable; [coat] impermeable *m*.

oil slick *n* marea *f* negra.

oil tanker *n* **-1.** [ship] petrolier *m*. **-2.** [lorry] camió *m* cisterna.

oil well *n* pou *m* petrolífer / de petroli.

oily ['ɔɪlɪ] (*compar* **-ier**, *superl* **-iest**) *adj* **-1.** [food] greixós -osa; [rag, cloth] llardós -osa, greixós -osa. **-2.** *pej* [smarmy] llepa, apegalós -osa.

ointment ['ɔɪntmənt] *n* ungüent *m*, pomada *f*.

OK (*pl* **OKs**, *pt & pp* **OKed**, *cont* **OKing**)
okay [ˌəʊˈkeɪ] *inf* ◇ *adj*: is it ~ with you? et sembla bé? ◇ *n*: to give (sb) the ~ donar el vistiplau (a algú). ◇ *excl* **-1.** [gen] d'acord, entesos. **-2.** [to introduce new topic] molt bé. ◇ *vt* donar el vistiplau a, aprovar.

old [əʊld] ◇ *adj* **-1.** [gen] vell -a; **how ~ are you?** quants anys tens?, quina edat tens?; **I'm 20 years ~** tinc 20 anys. **-2.** [former] antic -iga; **in the ~ days** abans, en aquell temps. **-3.** *inf* [as intensifier]: **any thing** qualsevol cosa. ◇ *npl*: **the ~** els vells.

old age *n* vellesa *f*.

old age pensioner *n Br* jubilat *m* -ada *f*, pensionista *mf*.

Old Bailey [-ˈbeɪlɪ] *n*: **the ~** principal jutjat criminal d'Anglaterra.

old-fashioned ['fæʃnd] *adj* **-1.** [outmoded] passat -ada de moda, antiquat -ada. **-2.** [traditional] antiquat -ada, tradicional.

old people's home *n* residència *f* de vells / de gent gran.

O level *n Br* ≃ ESO *f*.

olive ['ɒlɪv] ◇ *adj* verd oliva. ◇ *n* [fruit] oliva *f*; **~ (tree)** oliver *m*.

olive green *adj* verd oliva.

olive oil *n* oli *m* d'oliva.

Olympic [əˈlɪmpɪk] *adj* olímpic -a. ● **Olympics** *npl*: **the ~s** les Olimpíades.

Olympic Games *npl*: **the ~** els Jocs Olímpics.

ombudsman ['ɒmbʊdzmən] (*pl* **-men** [-mən]) *n* ≃ defensor *m* del poble.

omelet(te) ['ɒmlɪt] *n* truita *f*.

omen ['əʊmen] *n* presagi *m*, auguri *m*.

ominous ['ɒmɪnəs] *adj* de mal averany, sinistre -a.

omission [əˈmɪʃn] *n* **-1.** [thing left out] oblit *m*, descuit *m*. **-2.** [act of omitting] omissió *f*.

omit [əˈmɪt] (*pt & pp* **-ted**, *cont* **-ting**) *vt* ometre; [name - from list] passar per alt; **to ~ to do sthg** oblidar-se de fer una cosa.

omnibus [ˈɒmnɪbəs] *n* **-1.** [book] antologia *f*. **-2.** *Br* RADIO & TV programa que emet diferents capítols seguits.

on [ɒn] ◇ *prep* **-1.** [indicating position - gen] en, a; [- top of] (a) sobre (de), (al) damunt (de); **~ a chair** (a) sobre (d')una cadira, (al) damunt (d')una cadira; **~ the wall / ground** a la paret / a terra; **to stand ~ one leg** estar a peu coix; **he was lying ~ his side / back** estava ajagut de costat / d'esquena; **she had a strange look ~ her face** feia una cara molt estranya; **~ the left / right** a l'esquerra / a la dreta; **I haven't got any money ~ me** no porto diners (a sobre). **-2.** [indicating means]: **it runs ~ diesel** va amb gasoil; **~ TV / the radio** a la tele / la ràdio; **she's ~ the telephone** parla per telèfon; **he lives ~ fruit** s'alimenta de fruita; **to hurt oneself ~ sthg** fer-se mal amb una cosa. **-3.** [indicating mode of transport]: **to travel ~ a bus / train / ship** viatjar amb autobús / tren / vaixell; **I was ~ the bus** (jo) era a l'autobús; **to get ~ a bus / train / ship** pujar en un autobús / tren / vaixell; **~ foot** a peu. **-4.** [indicating time, activity]: **~ Thursday** el dijous; **~ my birthday** el dia del meu aniversari; **~ the 10th of February** el 10 de febrer; **~ my return, ~ returning** en tornar jo, quan jo torni; **~ business / holiday** de negocis / vacances; **~ nightshift** en el torn de nit. **-5.** [concerning] sobre, de; **a book ~ astronomy** un llibre d'astronomia. **-6.** [indicating membership]: **to be ~ a committee** ser (membre) d'un comitè. **-7.** [indicating influence] en, sobre; **the impact ~ the environment** l'impacte en el medi ambient. **-8.** [using, supported by]: **to be ~ social security** cobrar de la seguretat social; **he's ~ tranquillizers** pren tranquil·litzants; **to be ~ drugs** [addicted] drogar-se. **-9.** [earning]: **she's ~ £25,000 a year** guanya 25.000 lliures a l'any; **to be ~ a low income** tenir uns ingressos baixos. **-10.** [obtained from]: **interest ~ investments** interessos d'inversions; **a tax ~ alcohol** un impost sobre l'alcohol. **-11.** [referring to musical instrument] amb; **~ the violin** amb el violí; **~ the piano** al piano. **-12.** *inf* [paid by]: **the drinks are ~ me** les copes, les pago jo, jo pago les copes. ◇ *adv* **-1.** [indicating covering, clothing]: **put the lid ~** posa-hi la tapa; **what did she have ~?** què portava?; **put your coat ~** posa't l'abric. **-2.** [taking place]: **when the war was ~** al temps de la guerra. **-3.** [being shown]: **what's ~ at the cinema?** què fan al cinema? **-4.** [working - machine] funcionant; [- radio, TV, light] encès -esa; [- tap] obert -a; [- brakes] posat -ada; **turn ~ the power** premi el botó de l'encesa. **-5.** [indicating continuing action]: **we talked / worked ~ into the night** vam estar parlant / treballant fins ben entrada la nit; **he kept ~ walking** va continuar caminant. **-6.** [forward]: **send my mail ~ (to me)** reenvia'm el correu; **later ~** més tard, després; **earlier ~** abans, amb anterioritat. **-7.** [of transport]: **the train stopped and we all got ~** el tren es va aturar i hi van pujar tots. **-8.** *inf* [referring to behaviour]: **it's just not ~!** això no es fa! **-9.** *inf*: **to be / go ~ at sb (to do sthg)** donar la llauna a algú (per tal que faci una cosa). ▸ **from... on** *adv*: **from now ~** d'ara endavant, des d'ara; **from that moment / time ~** des d'aquell moment / aquella vegada. ▸ **on and off** *adv* de tant en tant. ◂

on to, onto *prep (only written as* **onto** *for senses 4 and 5)* **-1.** [to a position - top of] (al) damunt (de), (a) sobre (de); **she jumped ~ to the chair** va saltar damunt la cadira. **-2.** [to a position - a vehicle]: **to get ~ to a bus / train / plane** pujar en un autobús / tren / avió. **-3.** [to a position attached to]: **stick the photo ~ to the page** enganxa la foto al full. **-4.** [aware of wrongdoing]: **to be ~ to sb** anar al darrere d'algú. **-5.** [into contact with]: **get ~ to the factory** posa't en contacte amb la fàbrica.

once [wʌns] ◇ *adv* **-1.** [on one occasion] una vegada; **~ a week** una vegada a la setmana; **~ again / more** una altra vegada; **for ~** per una vegada; **~ and for all** una vegada per sempre; **~ or twice** alguna vegada; **~ in a while** de tant en tant. **-2.** [previously]: **~ upon a time** una vegada. ◇ *conj* una vegada (que); **~ you have done it** una vegada ho hagis fet. ▸ **at once** *adv* **-1.** [immediately] immediatament, de seguida. **-2.** [at the same time] al mateix temps, a la vegada; **all at ~** de cop, de sobte.

oncoming [ˈɒnˌkʌmɪŋ] *adj* [traffic] que ve en direcció contrària; [danger, event] que s'acosta.

one [wʌn] ◇ *num* [the number 1] un una; **I only want ~** només en vull un; **~ hundred cent**; **~ thousand** mil; **~ fifth** una cinquena part, un cinquè; **~ of my friends** un dels meus amics; **on page a hundred and ~** a la pàgina cent u; **(number) ~** l'u; **to arrive in ~s and twos** arribar a poc a poc / amb comptagotes. ◇ *adj* **–1.** [only] únic -a; **it's her ~ ambition** és la seva única ambició. **–2.** [indefinite]: **~ day we went to Athens** una dia vam anar a Atenes; **~ of these days** un dia d'aquests. **–3.** *inf* [a]: **~ hell of a bang / racket** una explosió / gresca terrible. ◇ *pron* **–1.** (*referring to a particular thing or person*) un una; **I want the red ~** jo vull el vermell; **the ~ with the blond hair** la rossa; **which ~ do you want?** quin vols?; **this ~** aquest -a; **that ~** aquell -a; **she's the ~ I told you about** és la noia de qui et vaig parlar; **I'm not / I've never been ~ to gossip but ...** no sóc de les persones a qui agrada fer safareig, però ... **–2.** *fml* [you, anyone] un, una; **to do ~'s duty** complir amb el deure (d'un mateix). **–3.** *inf* [blow] bolet *m*, castanya *f*; **she really thumped him ~** no ho vulguis saber, la bufa que li va clavar. ➡ **for one** *adv* per part meva / teva, almenys;; **I for ~ remain unconvinced** jo, almenys, n'estic poc convençut.

one-armed bandit *n* màquina *f* escurabutxaques.
one-man *adj* individual, d'un sol home.
one-man band *n* **–1.** [musician] home *m* orquestra. **–2.** [business, operation] aventura *f* en solitari.
one-off *inf* ◇ *adj* únic -a. ◇ *n* cas *m* excepcional.
one-on-one *Am* = **one-to-one**.
one-parent family *n* família *f* d'un sol pare.
oneself [wʌn'self] *pron* **–1.** (*reflexive, after prep*) un mateix, una mateixa; **to buy presents for ~** fer-se regals a si mateix. **–2.** (*for emphasis*): **by ~** [without help] sol -a.
one-sided [-'saɪdɪd] *adj* **–1.** [unequal] desigual. **–2.** [biased] parcial.
one-to-one *Br*, **one-on-one** *Am adj* [relationship, discussion] entre dos; [tuition] individual.
one-upmanship [,wʌn'ʌpmənʃɪp] *n* destresa a guanyar avantatge sense fer trampes.
one-way *adj* **–1.** [street] de direcció única, de sentit únic. **–2.** [ticket] d'anada.
ongoing ['ɒn,gəʊɪŋ] *adj* actual, en curs.
onion ['ʌnjən] *n* ceba *f*.
online ['ɒnlaɪn] COMPUT *adj* & *adv* en línia.
onlooker ['ɒn,lʊkəʳ] *n* espectador *m* -a *f*.
only ['əʊnlɪ] ◇ *adj* únic -a; **an ~ child** fill únic. ◇ *adv* (exclusively) només, solament; **I was ~ too willing to help** estava encantat de poder ajudar; **I ~ wish I could!** tant de bo pogués!; **it's ~ natural** és completament normal; **not ~ ... but** no solament ... sinó; **~ just** tot just. ◇ *conj* però; **I would go, ~ I'm too tired** hi aniria, però estic massa cansat.

onset ['ɒnset] *n* començament *m*.
onshore ['ɒnʃɔːʳ] ◇ *adj* [wind] que bufa cap a terra; [oil production] en terra ferma. ◇ *adv* [blow] cap a terra; [produce oil] en terra ferma.
onslaught ['ɒnslɔːt] *n lit & fig* envestida *f* furiosa, atac *m*.
onto ['ɒntuː] [*unstressed before consonant* 'ɒntə, *unstressed before vowel* 'ɒntʊ, *stressed* 'ɒntuː] = **on to**.
onus ['əʊnəs] *n* responsabilitat *f*; **the ~ is on you** la responsabilitat és tota teva.
onward ['ɒnwəd] ◇ *adj* [in time] progressiu -iva; [in space] cap endavant. ◇ *adv* = **onwards**.
onwards ['ɒnwədz] *adv* [in space] cap endavant, endavant; [in time] **from now / then ~** d'ara endavant / des d'aquell moment.
ooze [uːz] ◇ *vt fig* traspuar. ◇ *vi*: **to ~ (from / out of)** escolar-se (per); **to ~ with sthg** *fig* traspuar / irradiar una cosa. ◇ *n* llot *m*.
opaque [əʊ'peɪk] *adj* **–1.** [not transparent] opac -a. **–2.** *fig* [obscure] fosc -a.
OPEC ['əʊpek] *n* (abbr of **Organization of Petroleum Exporting Countries**) OPEP *f*.
open ['əʊpn] ◇ *adj* **–1.** [gen] obert -a; [curtains] descorregut -uda; [view, road] sense obstacles. **–2.** [receptive]: **to be ~ to** [ideas, suggestions] estar obert -a; [blame, criticism, question] prestar-se a; **to lay oneself ~ to criticism** exposar-se a les crítiques. **–3.** [frank] sincer -a, franc -a. **–4.** [uncovered - car] descobert -a; **~ fire** xemeneia *f*. **–5.** [available - subject: choice, chance]: **to be ~ to sb** estar disponible per a algú. ◇ *n*: **in the ~** [fresh air] a l'aire lliure; **to bring sthg out into the ~** posar una cosa al descobert. ◇ *vt* **–1.** [gen] obrir; **to ~ fire** obrir foc. **–2.** [inaugurate - public area, event] inaugurar. ◇ *vi* **–1.** [door, flower] obrir-se. **–2.** [shop, office] obrir. **–3.** [event, play] començar. ➡ **open up** ◇ *vt sep* obrir. ◇ *vi* **–1.** [become available] sorgir. **–2.** [unlock door] obrir.
opener ['əʊpnəʳ] *n* obridor *m*; [for tins] obrellaunes *m*; [for bottles] obreampolles *m*.

opening ['əʊpnɪŋ] ⇔ *adj* inicial, inaugural. ⇔ *n* **-1.** [beginning] començament *m*, principi *m*. **-2.** [gap - in fence] obertura *f*; [- in clouds] clariana *f*. **-3.** [opportunity] oportunitat *f*, ocasió *f*; ~ **for** ocasió per. **-4.** [job vacancy] lloc *m* vacant.

opening hours *npl* horari *m* (d'obertura).

openly ['əʊpənlɪ] *adv* obertament.

open-minded [-'maɪndɪd] *adj* sense prejudicis.

open-plan *adj* de planta lliure.

Open University *n Br*: **the** ~ ≃ Universitat Oberta de Catalunya.

opera ['ɒpərə] *n* òpera *f*.

opera house *n* teatre *m* de l'òpera.

operate ['ɒpəreɪt] ⇔ *vt* **-1.** [machine] fer funcionar. **-2.** [business, system] dirigir. ⇔ *vi* **-1.** [carry out trade, business] operar, actuar. **-2.** [function] funcionar. **-3.** MED: **to** ~ **(on sb / sthg)** operar (algú / d'una cosa).

operating theatre *Br* ['ɒpəreɪtɪŋ-], **operating room** *Am* ['ɒpəreɪtɪŋ-] *n* quiròfan *m*, sala *f* d'operacions.

operation [,ɒpə'reɪʃn] *n* **-1.** [planned activity - police, rescue, business] operació *f*; [- military] maniobra *f*. **-2.** [running - of business] administració *f*. **-3.** [functioning - of machine] funcionament *m*; **to be in** ~ [machine] funcionar; [law, system] ser vigent. **-4.** MED operació *f*, intervenció *f* quirúrgica; **to have an** ~ **(for / on)** operar-se (de).

operational [,ɒpə'reɪʃənl] *adj* **-1.** [ready for use] capaç de funcionar. **-2.** [concerning an operation] de les operacions.

operative ['ɒprətɪv] ⇔ *adj* en vigor, vigent. ⇔ *n* operari *m* -ària *f*.

operator ['ɒpəreɪtər] *n* **-1.** TELEC operador *m*, -a *f*, telefonista *mf*. **-2.** [employee] operari *m* -ària *f*. **-3.** [person in charge - of business] encarregat *m* -ada *f*.

opinion [ə'pɪnjən] *n* opinió *f*; **to be of the** ~ **that** ser del parer que ...; **in my** ~ al meu entendre, segons el meu parer.

opinionated [ə'pɪnjəneɪtɪd] *adj pej* tossut -uda.

opinion poll *n* enquesta *f*, sondeig *m*.

opponent [ə'pəʊnənt] *n* **-1.** POL adversari *m* -ària *f*. **-2.** SPORT contrincant *mf*, adversari *m* -ària *f*.

opportune ['ɒpətjuːn] *adj* oportú -una.

opportunist [,ɒpə'tjuːnɪst] *n* oportunista *mf*.

opportunity [,ɒpə'tjuːnətɪ] (*pl* **-ies**) *n* oportunitat *f*, ocasió *f*; **to take the** ~ **to do / of doing sthg** aprofitar l'ocasió per fer una cosa.

oppose [ə'pəʊz] *vt* oposar-se a.

opposed [ə'pəʊzd] *adj* oposat -ada; **to be** ~ **to** oposar-se a; **as** ~ **to** en lloc de, en comparació de; **I like beer as** ~ **to wine** m'agrada la cervesa i no el vi.

opposing [ə'pəʊzɪŋ] *adj* oposat -ada, contrari -ària.

opposite ['ɒpəzɪt] ⇔ *adj* **-1.** [facing - side, house] del davant. **-2.** [very different]: ~ **(to)** oposat -ada (a), contrari -ària (a). ⇔ *adv* davant. ⇔ *prep* davant de. ⇔ *n* contrari *m*; **Janet and John are complete** ~**s** la Janet i en John són com la nit i el dia.

opposite number *n* homòleg *m* -òloga *f*, equivalent *mf*.

opposition [,ɒpə'zɪʃn] *n* **-1.** [gen] oposició *f*. **-2.** [opposing team] oponents *mfpl*.

☞ **Opposition** *n Br* POL: **the** ~ l'oposició.

oppress [ə'pres] *vt* **-1.** [persecute] oprimir. **-2.** [depress] aclaparar, deprimir.

oppressive [ə'presɪv] *adj* **-1.** [unjust] opressiu -iva, tirànic -a. **-2.** [stifling] aclaparador -a, sufocant. **-3.** [causing unease] opressiu -iva, aclaparador -a.

opt [ɒpt] ⇔ *vt*: **to** ~ **to do sthg** optar per fer una cosa. ⇔ *vi*: **to** ~ **for sthg** escollir, triar una cosa. ☞ **opt in** *vi*: **to** ~ **in (to sthg)** optar per participar (en una cosa). ☞ **opt out** *vi*: **to** ~ **out (of sthg)** decidir no prendre part (en una cosa).

optical ['ɒptɪkl] *adj* òptic -a.

optician [ɒp'tɪʃn] *n* òptic *m* -a *f*; ~**'s (shop)** òptica *f*.

optimism ['ɒptɪmɪzm] *n* optimisme *m*.

optimistic [,ɒptɪ'mɪstɪk] *adj* optimista; **to be** ~ **about** ser optimista sobre.

optimum ['ɒptɪməm] *adj* òptim -a.

option ['ɒpʃn] *n* opció *f*; **to have the** ~ **to do / of doing sthg** tenir la possibilitat de fer una cosa.

optional ['ɒpʃənl] *adj* opcional, facultatiu -iva; ~ **extra** extra *m* opcional.

or [ɔːʳ] *conj* **-1.** (*before "o" or "ho"*) [gen] o; ~ **(else)** si no, o bé; **he must be okay** ~ **he wouldn't be eating** deu estar bé, si no, no menjaria. **-2.** (*after negative*): **he cannot read** ~ **write** no sap ni llegir ni escriure.

oral ['ɔːrəl] ⇔ *adj* **-1.** [spoken] oral. **-2.** [relating to the mouth] bucal. ⇔ *n* examen *m* oral.

orally ['ɔːrəlɪ] *adv* **-1.** [in spoken form] oralment. **-2.** [via the mouth] per via bucal.

orange ['ɒrɪndʒ] ◇ *adj* taronja *f*. ◇ *n* **-1.** [fruit] taronja *f*; **~ tree** taronger *m*. **-2.** [colour] color *m* taronja.

orator ['ɒrətə^r] *n* orador *m* -a *f*.

orbit ['ɔːbɪt] ◇ *n* òrbita *f*; **to be in / go into ~ (around)** estar / entrar en òrbita; **to put sthg into ~ (around)** posar una cosa en òrbita (al voltant de). ◇ *vt* girar al voltant de.

orchard ['ɔːtʃəd] *n* hort *m*.

orchestra ['ɔːkɪstrə] *n* orquestra *f*.

orchestral [ɔːˈkestrəl] *adj* orquestral.

orchid ['ɔːkɪd] *n* orquídia *f*.

ordain [ɔːˈdeɪn] *vt* **-1.** *fml* [decree] ordenar, decretar. **-2.** RELIG: **to be ~ed** ordenar-se (capellà).

ordeal [ɔːˈdiːl] *n* experiència *f* terrible, calvari *m*.

order ['ɔːdə^r] ◇ *n* **-1.** [instruction] ordre *f*; **to be under ~s to do sthg** tenir ordres de fer una cosa. **-2.** COM [request] comanda *f*; **to be on ~** estar encarregat -ada; **to ~** per encàrrec. **-3.** [sequence, discipline, system] ordre *m*; **in ~** en ordre, per ordre; **in ~ of importance** per ordre d'importància; **to keep ~** mantenir l'ordre. **-4.** [fitness for use]: **in working ~** en funcionament; **"out of ~"** "no funciona"; **to be out of ~** [not working] estar fet -a malbé; [incorrect behaviour] ser improcedent; **in ~** [correct] en regla. **-5.** RELIG orde *m*. **-6.** *Am* [portion] ració *f*. ◇ *vt* **-1.** [command]: **to ~ sb (to do sthg)** ordenar a algú (de fer una cosa); **to ~ that** ordenar que. **-2.** [request - drink, taxi] demanar. **-3.** COM encarregar. ◇ *vi* demanar. ➡ **in the order of** *Br*, **on the order of** *Am prep* de l'ordre de. ➡ **in order that** *conj* per tal que. ➡ **in order to** *conj* a fi de. ➡ **order about**, **order around** *vt sep* manifassejar.

order form *n* full *m* de comanda.

orderly ['ɔːdəlɪ] (*pl* **-ies**) ◇ *adj* [person, crowd] obedient, pacífic -a; [room] ordenat -ada, en ordre. ◇ *n* [in hospital] auxiliar *mf* sanitari.

ordinarily ['ɔːdənrəlɪ] *adv* d'ordinari, generalment.

ordinary ['ɔːdənrɪ] ◇ *adj* **-1.** [normal] normal, corrent. **-2.** *pej* [unexceptional] mediocre, ordinari -ària. ◇ *n*: **out of the ~** alguna cosa d'extraordinari.

ordnance ['ɔːdnəns] *n* **-1.** (*U*) [military supplies] pertrets *mpl* de guerra. **-2.** [artillery] artilleria *f*.

ore [ɔː^r] *n* mineral *m*.

oregano [,ɒrɪˈgɑːnəʊ] *n* orenga *f*.

organ ['ɔːgən] *n* òrgan *m*.

organic [ɔːˈgænɪk] *adj* orgànic -a.

organization [,ɔːgənaɪˈzeɪʃn] *n* organització *f*.

organize, -ise ['ɔːgənaɪz] ◇ *vt* organitzar. ◇ *vi* organitzar-se, sindicar-se.

organizer ['ɔːgənaɪzə^r] *n* organitzador *m* -a *f*.

orgasm ['ɔːgæzm] *n* orgasme *m*.

orgy ['ɔːdʒɪ] (*pl* **-ies**) *n* *lit & fig* orgia *f*.

Orient ['ɔːrɪənt] *n*: **the ~** l'Orient.

oriental [,ɔːrɪˈentl] ◇ *adj* oriental. ◇ *n* oriental *mf*.

orienteering [,ɔːrɪənˈtɪərɪŋ] *n* esport *m* d'orientació.

origami [,ɒrɪˈgɑːmɪ] *n* papiroflèxia *f*.

origin ['ɒrɪdʒɪn] *n* origen *m*; **country of ~** país *m* d'origen. ➡ **origins** *npl* origen *m*.

original [əˈrɪdʒənl] ◇ *adj* original; **the ~ owner** el primer propietari. ◇ *n* original *m*.

originally [əˈrɪdʒənəlɪ] *adv* [at first] originàriament; [with originality] originalment.

originate [əˈrɪdʒəneɪt] ◇ *vt* originar, produir. ◇ *vi*: **to ~ (in)** venir (de), sorgir (de); **to ~ from** venir de, sorgir de.

Orkney Islands ['ɔːknɪ-], **Orkneys** ['ɔːknɪz] *npl*: **the ~** les Orcades.

ornament ['ɔːnəmənt] *n* ornament *m*.

ornamental [,ɔːnəˈmentl] *adj* ornamental, decoratiu -iva.

ornate [ɔːˈneɪt] *adj* [style] recarregat -ada; [decoration, vase] molt vistós -osa.

ornithology [,ɔːnɪˈθɒlədʒɪ] *n* ornitologia *f*.

orphan ['ɔːfn] ◇ *n* orfe *m*, òrfena *f*. ◇ *vt*: **to be ~ed** quedar orfe.

orphanage ['ɔːfənɪdʒ] *n* orfenat *m*, hospici *m*.

orthodox ['ɔːθədɒks] *adj* ortodox -a.

orthopaedic [,ɔːθəˈpiːdɪk] *adj* ortopèdic -a.

orthopedic [,ɔːθəˈpiːdɪk] = **orthopaedic** etc.

oscillate ['ɒsɪleɪt] *vi* *lit & fig*: **to ~ (between)** oscil·lar (entre).

Oslo ['ɒzləʊ] *n* Oslo.

ostensible [ɒˈstensəbl] *adj* aparent.

ostentatious [,ɒstenˈteɪʃəs] *adj* **-1.** [lifestyle, wealth] ostentós -osa. **-2.** [person] ostensiu -iva. **-3.** [behaviour] ostensible.

osteopath ['ɒstɪəpæθ] *n* osteòpata *mf*.

ostracize, -ise ['ɒstrəsaɪz] vt [colleague etc.] marginar, fer el buit; POL condemnar a l'ostracisme.

ostrich ['ɒstrɪʃ] n estruç m.

other ['ʌðə'] ◇ adj: the ~ one l'altre -a; the ~ day l'altre dia. ◇ pron –1. [different one]: ~s altres mfpl. –2. [remaining, alternative one]: the ~ l'altre -a; the ~s els altres les altres, la resta; one after the ~ l'un darrere l'altre; one or ~ l'un o l'altre; to be none ~ than no ser ni més ni menys que. ☞ **something or other** pron alguna cosa o altra. ☞ **somehow or other** adv d'una manera o altra. ☞ **other than** conj llevat de, excepte.

otherwise ['ʌðəwaɪz] ◇ adv –1. [or else] si no. –2. [apart from that] d'altra banda. –3. [differently] d'una altra manera; deliberately or ~ expressament o no. ◇ conj sinó.

otter ['ɒtə'] n llúdria f.

ouch [aʊtʃ] excl ai!

ought [ɔːt] aux vb deure, haver; you ~ to go / be nicer hauries de marxar / ser més amable; she ~ to pass the exam té probabilitats d'aprovar l'examen.

ounce [aʊns] n –1. [unit of measurement] unça f, ≈ 28,35 g. –2. fig [small amount] mica f.

our ['aʊə'] poss adj el nostre, la nostra, els nostres, les nostres; ~ money els nostres diners; ~ house la nostra casa; ~ children els nostres fills; it wasn't OUR fault no va ser culpa nostra, la culpa no va ser pas nostra; we washed ~ hair ens vam rentar el cabell.

ours ['aʊəz] poss pron (el) nostre, (la) nostra, (els) nostres, (les) nostres; that money is ~ aquests diners són nostres; those keys are ~ aquelles claus són nostres; it wasn't their fault, it was OURS no va ser culpa d'ells sinó nostra; a friend of ~ un amic nostre; their car hit ~ el seu cotxe va xocar amb el nostre.

ourselves [aʊə'selvz] pron pl –1. (reflexive) ens, 'ns -nos mpl i fpl; (after prep) nosaltres. –2. (for emphasis) nosaltres mateixos -es; we did it by ~ ho vam fer nosaltres sols.

oust [aʊst] vt fml: **to ~ sb (from)** [job] fer renunciar algú (a); [land] expulsar algú (de).

out [aʊt] adv –1. [not inside, - of doors] fora; we all went ~ vam sortir tots fora; I'm going ~ for a walk surto a fer un tomb; they ran ~ van sortir corrent; he poured the water ~ va servir l'aigua; ~ here / there aquí / allà fora; ~ you go! vinga, sortiu. –2. [away from home, office] fora; John's ~ at the moment ara mateix no hi és en John; don't stay ~ too late torna a casa d'hora; an afternoon ~ una tarda fora de casa. –3. [extinguished] apagat -ada; the fire went ~ el foc es va apagar. –4. [of tides] the tide had gone ~ la marea estava baixa. –5. [of fashion] passat -ada de moda. –6. [published, released - book] publicat -ada; they've a new record ~ han tret un altre disc. –7. [in flower] en flor; the blossom's ~ already ja ha florit. –8. [visible]: the moon's ~ ha sortit la lluna. –9. inf [on strike] en vaga. –10. [not possible]: sorry, that's ~ em sap greu, però això no pot ser. –11. [determined]: to be ~ to do sthg estar decidit -ida a fer una cosa. ☞ **out of** prep –1. [away from, outside] fora de; I was ~ of the country era fora del país; to go ~ of the room sortir de l'habitació. –2. [indicating cause] per; ~ of spite / love per rancor / amor. –3. [indicating origin, source] de; a page ~ of a book una pàgina d'un llibre; to drink ~ of a glass beure amb un got; to get information ~ of sb treure informació a algú. –4. [without] sense; we're ~ of sugar ens hem quedat sense sucre, no tenim gens de sucre. –5. [made from] de; ~ of plastic està fet de plàstic. –6. [using] de; we can pay for it ~ of petty cash ho podem pagar amb els diners que tenim per a despeses menors. –7. [sheltered from]: we're ~ of the wind here aquí som a recer del vent. –8. [to indicate proportion] one ~ of ten people una de cada deu persones; ten ~ of ten [mark] deu sobre deu, deu de deu.

out-and-out adj [disgrace, lie] absolut -a; [liar, crook] empedreït -ida.

outback ['aʊtbæk] n: **the ~** l'interior (zona despoblada d'Austràlia).

outboard (motor) ['aʊtbɔːd-] n forabord m.

outbreak ['aʊtbreɪk] n [of war] començament m, esclat m; [of crime] onada f, seguit m; [of illness] epidèmia f; [of spots] erupció f.

outburst ['aʊtbɜːst] n –1. [sudden expression of emotion] explosió f, rampell m. –2. [sudden occurrence] caparrada f.

outcast ['aʊtkɑːst] n marginat m -ada f, pària mf.

outcome ['aʊtkʌm] n resultat m.

outcrop ['aʊtkrɒp] n aflorament m.

outcry ['aʊtkraɪ] (pl **-ies**) n crit m, clam m.

outdated [ˌaʊtˈdeɪtɪd] *adj* antiquat -ada, passat -da de moda.

outdid [ˌaʊtˈdɪd] *pt* ➞ **outdo**.

outdo [ˌaʊtˈduː] (*pt* **-did**, *pp* **-done**) *vt* sobrepassar, ser més.

outdoor [ˈaʊtdɔːr] *adj* [life, swimming pool] a l'aire lliure; [clothes] de carrer.

outdoors [aʊtˈdɔːz] *adv* a l'aire lliure; **let's eat ~** anem a menjar fora de casa.

outer [ˈaʊtər] *adj* exterior, extern -a; **Outer London** els afores de Londres.

outer space *n* espai *m* còsmic, sideral.

outfit [ˈaʊtfɪt] *n* **-1.** [clothes] conjunt *m*. **-2.** *inf* [organization] grup *m*, equip *m*.

outfitters [ˈaʊtˌfɪtəz] *n dated* botiga *f* de confecció.

outgoing [ˌaʊtˈgəʊɪŋ] *adj* **-1.** [chairman] sortint. **-2.** [train] que surt. **-3.** [sociable] extravertit -ida, viu -viva. ➞ **outgoings** *npl Br* despeses *fpl*.

outgrow [ˌaʊtˈgrəʊ] (*pt* **-grew**, *pp* **-grown**) *vt* **-1.** [grow too big for]: **he has ~n his shirts** les camises li han quedat petites. **-2.** [grow too old for] ser massa gran per.

outhouse [ˈaʊthaʊs, *pl* -haʊzɪz] *n* dependència *f*.

outing [ˈaʊtɪŋ] *n* **-1.** [trip] excursió *f*. **-2.** [of homosexuals] revelació de la condició homosexual d'una persona famosa.

outlandish [aʊtˈlændɪʃ] *adj* estrafolari -ària, extravagant.

outlaw [ˈaʊtlɔː] ◇ *n* bandit *m* -ida *f*. ◇ *vt* **-1.** [make illegal] declarar il·legal. **-2.** [declare an ~] proscriure, posar fora de la llei.

outlay [ˈaʊtleɪ] *n* desemborsament *m*, inversió *f*.

outlet [ˈaʊtlet] *n* **-1.** [for emotions] sortida *f*, esbravament *m*. **-2.** [for water] desguàs *m*, eixidiu *m*; [for gas] sortida *f*. **-3.** [shop] punt *m* de venda. **-4.** *Am* ELEC presa *f* de corrent.

outline [ˈaʊtlaɪn] ◇ *n* **-1.** [brief description] resum *m*, esbós *m*; **in ~** a grans trets. **-2.** [silhouette] contorn *m*, perfil *m*. ◇ *vt* **-1.** [describe briefly] esbossar, resumir. **-2.** [silhouette]: **to be ~d against** dibuixar-se contra.

outlive [ˌaʊtˈlɪv] *vt* **-1.** [subject: person] sobreviure a. **-2.** [subject: idea, object] durar més que.

outlook [ˈaʊtlʊk] *n* **-1.** [attitude, disposition] actitud *f*. **-2.** [prospect] perspectiva *f* (de futur).

outlying [ˈaʊtˌlaɪɪŋ] *adj* [remote] llunyà -ana, remot -a; [on edge of town] perifèric -a.

outmoded [ˌaʊtˈməʊdɪd] *adj* antiquat -ada, passat -ada de moda.

outnumber [ˌaʊtˈnʌmbər] *vt* excedir en nombre.

out-of-date *adj* **-1.** [clothes, belief] antiquat -ada, passat -ada de moda. **-2.** [passport, season ticket] caducat -ada.

out of doors *adv* a l'aire lliure.

out-of-the-way *adj* [far away] remot -a, aïllat -ada; [unusual] poc comú -una.

outpatient [ˈaʊtˌpeɪʃnt] *n* malalt *m* extern, malalta *f* externa.

outpost [ˈaʊtpəʊst] *n* post *m* avançat.

output [ˈaʊtpʊt] ◇ *n* **-1.** [production] producció *f*, rendiment *m*. **-2.** [COMPUT - printing out] sortida *f*; [- printout] impressió *f*. ◇ *vt* COMPUT imprimir.

outrage [ˈaʊtreɪdʒ] ◇ *n* **-1.** [anger] indignació *f*. **-2.** [atrocity] atrocitat *f*, atemptat *m*. ◇ *vt* ultratjar.

outrageous [aʊtˈreɪdʒəs] *adj* **-1.** [offensive, shocking] escandalós -osa, ultratjós -osa. **-2.** [very unusual] extravagant.

outright [*adj* ˈaʊtraɪt, *adv* ˌaʊtˈraɪt] ◇ *adj* **-1.** [categoric] categòric -a. **-2.** [total - disaster] complet -a; [- victory, winner] indiscutible. ◇ *adv* **-1.** [ask] francament, obertament; [deny] categòricament. **-2.** [win, ban] indiscutiblement, totalment; [be killed] a l'acte.

outset [ˈaʊtset] *n*: **at the ~** al començament; **from the ~** des del començament.

outside [*adv* ˌaʊtˈsaɪd, *adj, prep & n* ˈaʊtsaɪd] ◇ *adj* **-1.** [gen] exterior, extern -a. **-2.** [opinion, criticism] imparcial. **-3.** [chance] remot -a. ◇ *adv* fora, a fora; **to go / run / look ~** anar / córrer / mirar a fora. ◇ *prep* fora de; **we live half an hour ~ London** vivim a mitja hora de Londres. ◇ *n* **-1.** [exterior] exterior *m*. **-2.** [limit]: **at the ~** al màxim. ➞ **outside of** *prep Am* [apart from] a banda de.

outside lane *n* carril *m* d'avançament.

outside line *n* línia *f* exterior.

outsider [ˌaʊtˈsaɪdər] *n* **-1.** [stranger] foraster *m* -a *f*, desconegut *m* -da *f*. **-2.** [in horse race] cavall que no figura entre els favorits.

outsize [ˈaʊtsaɪz] *adj* **-1.** [bigger than usual] enorme. **-2.** [clothes] de talla molt gran.

outskirts [ˈaʊtskɜːts] *npl*: **the ~** els afores.

outsource [ˈaʊtsɔːs] *vt* externalitzar.

outsourcing [ˈaʊtsɔːsɪŋ] *n* externalització *f*.

outspoken [ˌaʊtˈspəʊkn] *adj* franc -a, obert -a.

outstanding [ˌaʊtˈstændɪŋ] *adj* **-1.** [excellent] rellevant, destacat -ada. **-2.** [not paid, unfinished] pendent.

outstay [ˌaʊtˈsteɪ] *vt*: **to ~ one's welcome** quedar-se més estona del compte.

outstretched [ˌaʊtˈstretʃt] *adj* estès -a.

outstrip [ˌaʊtˈstrɪp] (*pt* & *pp* **-ped**, *cont* **-ping**) *vt lit* & *fig* avantatjar, deixar enrere.

out-tray *n* safata dels assumptes ja resolts.

outward [ˈaʊtwəd] ◇ *adj* **-1.** [journey] d'anada. **-2.** [composure, sympathy] aparent. **-3.** [sign, proof] visible, exterior. ◇ *adv Am* = **outwards**.

outwardly [ˈaʊtwədlɪ] *adv* [apparently] en aparença, per fora.

outwards *Br* [ˈaʊtwədz], **outward** *Am adv* cap enfora, cap a fora.

outweigh [ˌaʊtˈweɪ] *vt* pesar més que.

outwit [ˌaʊtˈwɪt] (*pt* & *pp* **-ted**, *cont* **-ting**) *vt* ser més llest -a que.

oval [ˈəʊvl] ◇ *adj* oval, ovalat -ada. ◇ *n* oval *m*.

Oval Office *n*: **the ~** el Despatx Oval, despatx del president dels Estats Units a la Casa Blanca.

ovary [ˈəʊvərɪ] (*pl* **-ies**) *n* ovari *m*.

ovation [əʊˈveɪʃn] *n* ovació *f*; **a standing ~** ovació en què el públic es posa dret.

oven [ˈʌvn] *n* forn *m*.

ovenproof [ˈʌvnpruːf] *adj* refractari -ària.

over [ˈəʊvəʳ] ◇ *prep* **-1.** [directly above, on top of] a sobre de, per sobre de; **a fog hung ~ the river** una boira espessa flotava per sobre el riu; **put your coat ~ the chair** posa el meu abric a sobre de la cadira. **-2.** [to cover] a sobre de; **she wore a veil ~ her face** un vel li tapava el rostre. **-3.** [on other side of] a l'altre costat de; **he lives ~ the road** viu a l'altre costat del carrer. **-4.** [across surface of] per sobre de; **they sailed ~ the ocean** van travessar l'oceà en vaixell. **-5.** [more than] més de; **~ and above** a més. **-6.** [senior to] per sobre de. **-7.** [with regard to] per; **a fight ~ a woman** una baralla per una dona. **-8.** [during] durant; **~ the weekend** durant el cap de setmana. ◇ *adv* **-1.** [short distance away]: **~ here** per aquí; **~ there** per allà. **-2.** [across]: **to cross ~** creuar; **to go ~** anar a l'altre costat. **-3.** [down]: **to fall ~** caure; **to push ~** empènyer, tirar. **-4.** [round]: **to turn sthg ~** girar; **to roll ~** girar-se. **-5.** [more] més. **-6.** [remaining]: **to be (left) ~** sobrar. **-7.** [at sb's house]: **~ at Mum's** a casa de la mare; **invite them ~** convida'ls a casa. **-8.** RADIO: **~ (and out)!** canvi i fora! **-9.** [involving repetitions]: **(all) ~ again** tornar a començar des del principi; **~ and over (again)** una i altra vegada. ◇ *adj* [finished] acabat -ada. ◇ *n* en criquet, sèrie de sis llançaments que fa un mateix jugador. ◆ **all over** ◇ *prep* per tot -a. ◇ *adv* [everywhere] pertot arreu. ◇ *adj* [finished] acabat -ada.

overall [*adj* & *n* ˌəʊvəˈrɔːl, *adv* ˌəʊvərˈɔːl] ◇ *adj* [general] global, total. ◇ *adv* en conjunt, en general. ◇ *n* **-1.** [gen] bata *f*, guardapols *m*. **-2.** *Am* [for work] granota *f*. ◆ **overalls** *npl* **-1.** [for work] granota *f*. **-2.** *Am* [dungarees] granota *f*.

overawe [ˌəʊvərˈɔː] *vt* intimidar.

overbalance [ˌəʊvəˈbæləns] *vi* perdre l'equilibri.

overbearing [ˌəʊvəˈbeərɪŋ] *adj pej* despòtic -a.

overboard [ˈəʊvəbɔːd] *adv*: **to fall ~** caure a l'aigua; *inf* **to go ~ (about sb / sthg)** [be over-enthusiastic about] ésser massa entusiasta (respecte d'algú / alguna cosa).

overbook [ˌəʊvəˈbʊk] *vi* sobrereservar.

overcame [ˌəʊvəˈkeɪm] *pt* ► **overcome**.

overcast [ˈəʊvəkɑːst] *adj* ennuvolat -ada, tapat -ada.

overcharge [ˌəʊvəˈtʃɑːdʒ] ◇ *vt*: **to ~ sb (for sthg)** acanar algú (per alguna cosa). ◇ *vi*: **to ~ (for sthg)** fer pagar més car (per alguna cosa).

overcoat [ˈəʊvəkəʊt] *n* abric *m*.

overcome [ˌəʊvəˈkʌm] (*pt* **-came**, *pp* **-come**) *vt* **-1.** [deal with] vèncer, superar. **-2.** [overwhelm]: **to be ~ (by / with)** [fear, grief, emotion] estar abatut -uda (per); [smoke, fumes] estar asfixiat -ada (per).

overcrowded [ˌəʊvəˈkraʊdɪd] *adj* [room] ple plena de gom a gom, abarrotat -ada; [country] superpoblat -ada.

overcrowding [ˌəʊvəˈkraʊdɪŋ] *n* [of country] superpoblació *f*; [of prison] apilotament *m*.

overdo [ˌəʊvəˈduː] (*pt* **-did**, *pp* **-done**) *vt* **-1.** *pej* [exaggerate] exagerar. **-2.** [do too much]: **to ~ one's work / the walking** treballar / caminar massa; **to ~ it** fer-s'hi massa. **-3.** [overcook] fer coure massa.

overdone [ˌəʊvəˈdʌn] ◇ *pp* ► **overdo**. ◇ *adj* massa cuit -a.

overdose [*n* ˈəʊvədəʊs, *vb* ˌəʊvəˈdəʊs] ◇ *n* sobredosi *f*. ◇ *vi*: **to ~ on** prendre una sobredosi de.

overdraft [ˈəʊvədrɑːft] *n* [sum owed] saldo *m* al descobert; [loan arranged] préstec *m*.

overdrawn [ˌəʊvəˈdrɔːn] *adj*: to be ~ quedar-se al descobert.

overdue [ˌəʊvəˈdjuː] *adj* **-1.** [late]: to be ~ [train] arribar amb retard; [library book] amb el préstec caducat; **I'm ~ (for) a bit of luck** ja és hora que tingui una mica de sort. **-2.** [awaited]: **(long) ~** (molt) desitjat -ada, esperat -ada. **-3.** [unpaid] vençut -uda i sense pagar.

overestimate [ˌəʊvərˈestɪmeɪt] *vt* sobreestimar.

overflow [*vb* ˌəʊvəˈfləʊ, *n* ˈəʊvəfləʊ] ◇ *vi* **-1.** [spill over] vessar; [river] desbordar-se. **-2.** [go beyond limits]: **to ~ (into)** estendre's (a). **-3.** [be very full]: **to be ~ing (with)** vessar (de); **full to ~ing** ple a vessar. ◇ *vt* inundar, desbordar. ◇ *n* [pipe] tub *m* de desguàs.

overgrown [ˌəʊvəˈɡrəʊn] *adj* cobert -a de, tapat -ada per.

overhaul [*n* ˈəʊvəhɔːl, *vb* ˌəʊvəˈhɔːl] ◇ *n* **-1.** [of car, machine] revisió *f*. **-2.** [of method, system] repàs *m* general. ◇ *vt* revisar, repassar.

overhead [*adv* ˌəʊvəˈhed, *adj* & *n* ˈəʊvəhed] ◇ *adj* aeri -aèria, elevat -ada. ◇ *adv* per sobre, enlaire. ◇ *n* (U) *Am* despeses *fpl* generals. ➡ **overheads** *npl* despeses *fpl* generals.

overhead projector *n* retroprojector *m*.

overhear [ˌəʊvəˈhɪər] (*pt* & *pp* **-heard** [-ˈhɜːd]) *vt* sentir per casualitat.

overheat [ˌəʊvəˈhiːt] ◇ *vt* reescalfar. ◇ *vi* escalfar-se massa.

overjoyed [ˌəʊvəˈdʒɔɪd] *adj*: to be ~ (at sthg) estar molt content -a (amb alguna cosa).

overkill [ˈəʊvəkɪl] *n* excés *m*, exageració *f*.

overladen [ˌəʊvəˈleɪdn] ◇ *pp* ➡ **overload**. ◇ *adj* sobrecarregat -ada.

overland [ˈəʊvəlænd] ◇ *adj* terrestre. ◇ *adv* per terra.

overlap [*n* ˈəʊvəlæp, *vb* ˌəʊvəˈlæp] (*pt* & *pp* **-ped**, *cont* **-ping**) ◇ *n* **-1.** [similarity] coincidència *f* parcial. **-2.** [overlapping part, amount] encavalcament *m*. ◇ *vt* **-1.** [cover] encavalcar. **-2.** [be similar to] coincidir parcialment amb. ◇ *vi* **-1.** [cover each other] encavalcar-se. **-2.** [be similar]: to ~ (with sthg) coincidir parcialment (amb alguna cosa).

overleaf [ˌəʊvəˈliːf] *adv* al dors.

overload [ˌəʊvəˈləʊd] (*pp* **-loaded** / **-laden**) *vt* sobrecarregar, enfarfegar; **to be ~ed (with sthg)** estar enfarfegat -ada (d'alguna cosa).

overlook [ˌəʊvəˈlʊk] *vt* **-1.** [look over] donar a, tenir la vista cap a. **-2.** [disregard, miss] passar per alt. **-3.** [forgive] perdonar.

overnight [*adj* ˈəʊvənaɪt, *adv* ˌəʊvəˈnaɪt] ◇ *adj* **-1.** [for all of night] de nit, nocturn -a. **-2.** [for a night's stay - clothes] d'una nit; **~ bag** bossa de viatge. **-3.** [very sudden] sobtat -ada. ◇ *adv* **-1.** [for all of night] a la nit, durant la nit. **-2.** [very suddenly] de cop i volta, de la nit al dia.

overpass [ˈəʊvəpɑːs] *n Am* pas *m* elevat.

overpower [ˌəʊvəˈpaʊər] *vt* **-1.** [in fight] vèncer, subjugar. **-2.** *fig* [overwhelm] dominar.

overpowering [ˌəʊvəˈpaʊərɪŋ] *adj* aclaparador -a.

overran [ˌəʊvəˈræn] *pt* ➡ **overrun**.

overrated [ˌəʊvəˈreɪtɪd] *adj* sobreestimat -ada.

override [ˌəʊvəˈraɪd] (*pt* **-rode**, *pp* **-ridden**) *vt* **-1.** [be more important than] predominar. **-2.** [overrule] anul·lar, desautoritzar.

overriding [ˌəʊvəˈraɪdɪŋ] *adj* predominant.

overrode [ˌəʊvəˈrəʊd] *pt* ➡ **override**.

overrule [ˌəʊvəˈruːl] *vt* [person] desautoritzar; [decision] anul·lar; [request] denegar.

overrun [ˌəʊvəˈrʌn] (*pt* **-ran**, *pp* **-run**, *cont* **-running**) ◇ *vt* **-1.** MIL [enemy, army] esclafar; [country] ocupar, envair. **-2.** *fig* [cover]: **to be ~ with** estar envaït -ïda de. ◇ *vi* passar de la ratlla, sobrepassar el límit.

oversaw [ˌəʊvəˈsɔː] *pt* ➡ **oversee**.

overseas [*adj* ˈəʊvəsiːz, *adv* ˌəʊvəˈsiːz] ◇ *adj* **-1.** [in or to foreign countries - market] exterior; [- sales, aid] a l'estranger; [- network, branches] a l'estranger. **-2.** [from abroad] estranger -a. ◇ *adv* [go, travel] a / per l'estranger; [study, live] a l'estranger.

oversee [ˌəʊvəˈsiː] (*pt* **-saw**, *pp* **-seen** [-ˈsiːn]) *vt* supervisar.

overseer [ˈəʊvəˌsiːər] *n* supervisor *m* -a *f*.

overshadow [ˌəʊvəˈʃædəʊ] *vt* **-1.** [be taller than] sobresortir. **-2.** [be more important than]: **to be ~ed by** ser eclipsat -ada per. **-3.** [mar]: **to be ~ed by sthg** ser enfosquit -ida per alguna cosa.

overshoot [ˌəʊvəˈʃuːt] (*pt* & *pp* **-shot**) *vt* [go past] excedir-se.

oversight [ˈəʊvəsaɪt] *n* badada *f*.

oversleep [ˌəʊvəˈsliːp] (*pt* & *pp* **-slept** [-ˈslept]) *vi* no despertar-se a temps, dormir massa.

overspill ['əʊvəspɪl] *n* excés *m* de població.

overstep [,əʊvə'step] (*pt & pp* **-ped**, *cont* **-ping**) *vt* passar de; **to ~ the mark** passar de la ratlla.

overt [,əʊvɜːt] *adj* obert -a, públic -a.

overtake [,əʊvə'teɪk] (*pt* **-took**, *pp* **-taken** [-'teɪkn]) ◇ *vt* **-1.** AUTOM avançar. **-2.** [subject: event] sorprendre, agafar d'improvís. **-3.** [subject: emotion] aclaparar. ◇ *vi* AUTOM avançar.

overthrow [*n* 'əʊvəθrəʊ, *vb* ,əʊvə'θrəʊ] (*pt* **-threw**, *pp* **-thrown**) ◇ *n* [of government] enderrocament *m*. ◇ *vt* **-1.** [oust] enderrocar. **-2.** [idea, standard] tirar a terra.

overtime ['əʊvətaɪm] ◇ *n* **-1.** (*U*) [extra work] hores *fpl* extres. **-2.** *Am* SPORT temps *m* de descompte. ◇ *adv*: **to work ~** treballar hores extres.

overtones ['əʊvətəʊnz] *npl* harmònics *mpl*.

overtook [,əʊvə'tʊk] *pt* ⇒ **overtake**.

overture ['əʊvə,tjʊər] MUS *n* obertura *f*.

overturn [,əʊvə'tɜːn] ◇ *vt* **-1.** [turn over] bolcar. **-2.** [overrule] rebutjar. **-3.** [overthrow] enderrocar. ◇ *vi* [vehicle] bolcar; [boat] sotsobrar.

overweight [,əʊvə'weɪt] *adj* gras grassa.

overwhelm [,əʊvə'welm] *vt* **-1.** [make helpless] aclaparar. **-2.** [defeat] esclafar.

overwhelming [,əʊvə'welmɪŋ] *adj* **-1.** [despair, kindness] aclaparador -a. **-2.** [defeat, majority] contundent, aclaparador -a.

overwork [,əʊvə'wɜːk] ◇ *n* treball *m* excessiu. ◇ *vt* **-1.** [give too much work to] fer treballar massa. **-2.** [overuse] usar excessivament. ◇ *vi* treballar massa.

overwrought [,əʊvə'rɔːt] *adj fml* molt nerviós -osa, sobreexcitat -ada.

owe [əʊ] *vt*: **to ~ sthg to sb, to ~ sb sthg** deure alguna cosa a algú.

owing ['əʊɪŋ] *adj* que es deu. ⇒ **owing to** *prep* a / per causa de.

owl [aʊl] *n* òliba *f*, mussol *m*.

own [əʊn] ◇ *adj*: **my / your / his** *etc.* **~ car** el meu / el teu / el seu *etc.* propi cotxe. ◇ *pron*: **my ~** el meu la meva; **his / her ~** el seu propi / la seva pròpia; **a house of my / his ~** la meva / la seva pròpia casa; **on one's ~** sol -a; *inf* **to get one's ~ back** prendre's una revenja. ◇ *vt* posseir, tenir (en propietat). ⇒ **own up** *vi*: **to ~ up (to sthg)** confessar (alguna cosa).

owner ['əʊnər] *n* propietari *m* -ària *f*.

ownership ['əʊnəʃɪp] *n* propietat *f*, possessió *f*.

ox [ɒks] (*pl* **oxen**) *n* bou *m*.

Oxbridge ['ɒksbrɪdʒ] *n* (*U*) les universitats d'Oxford i Cambridge.

oxen ['ɒksn] *pl* ⇒ **ox**.

oxtail soup [ɒksteɪl-] *n* sopa *f* de cua de bou.

oxygen ['ɒksɪdʒən] *n* oxigen *m*.

oxygen mask *n* màscara *f* d'oxigen.

oxygen tent *n* cambra *f* d'oxigen.

oyster ['ɔɪstər] *n* ostra *f*.

oz. abbr of **ounce**.

ozone ['əʊzəʊn] *n* ozó *m*.

ozone-friendly *adj* que no perjudica la capa d'ozó.

ozone layer *n* capa *f* d'ozó.

P

p¹ (*pl* **ps** / **p's**), **P** (*pl* **Ps** / **P's**) [piː] *n* [letter] p *f*, P *f*.

p² **-1.** (abbr of **page**) p. **-2.** abbr of **penny**, **pence**.

pa [pɑː] *n inf* papa *m*. ⇒ **PA** ◇ *n* **-1.** *Br* abbr of **personal assistant**. **-2.** abbr of **public-address system**. **-3.** (abbr of **Press Association**) agència de notícies britànica dedicada a la informació nacional. ◇ abbr of **Pennsylvania**.

p.a. abbr of **per annum**.

pace [peɪs] ◇ *n* pas *m*, ritme *m*; **at one's own ~** al ritme d'un mateix; **to keep ~ (with sthg)** [change, events] mantenir-se al corrent (d'alguna cosa); **to keep ~ (with sb)** dur el mateix pas (d'altri). ◇ *vt* apassar. ◇ *vi*: **to ~ (up and down)** anar amunt i avall.

pacemaker ['peɪs,meɪkər] *n* **-1.** MED marcapassos *m*. **-2.** [in race].

Pacific [pə'sɪfɪk] ◇ *adj* del Pacífic. ◇ *n*: **the ~ (Ocean)** (oceà *m*) Pacífic.

pacifier ['pæsɪfaɪər] *n Am* [for child] xumet *m*.

pacifist ['pæsɪfɪst] *adj & n* pacifista *mf*.

pacify ['pæsɪfaɪ] (*pt & pp* **-ied**) *vt* **-1.** [person, mob] calmar, assossegar. **-2.** [country, area] pacificar.

pack [pæk] ◇ *n* **-1.** [bundle] farcell *m*; [rucksack] motxilla *f*. **-2.** [packet] paquet

package

m. **-3.** [of cards] baralla *f.* **-4.** [of dogs] gossada *f*; [of wolves] bandada *f*; *pej* [of people] banda *f.* **-5.** SPORT davanters *mpl.* ◇ *vt* **-1.** [for journey - bags, suitcase] fer; [- clothes, etc.] posar (a la maleta). **-2.** [put in parcel] empaquetar; [put in container] envasar. **-3.** [fill] entatxonar, encabir; **to be ~ed into** estar farcit -ida de. ◇ *vi* fer les maletes.
 ◆ **pack in** *inf* ◇ *vt sep Br* [stop] deixar-ho córrer; **~ it in!** deixa-ho córrer! ◇ *vi* plegar. ◆ **pack off** *vt sep inf* enviar.

package ['pækɪdʒ] ◇ *n* [gen & COMPUT] paquet *m*. ◇ *vt* [wrap up] embalar.

package deal *n* conveni *m*, acord *m* global.

package tour *n* viatge *m* organitzat.

packaging ['pækɪdʒɪŋ] *n* [wrapping] embalatge *m*.

packed [pækt] *adj*: **~ (with)** farcit -ida (de).

packed lunch *n Br* dinar preparat a casa que hom s'enduu a l'escola, el despatx, etc.

packed-out *adj Br inf* de gom a gom.

packet ['pækɪt] *n* **-1.** [gen] paquet *m*; [of crisps, sweets] bossa *f*. **-2.** *Br inf* [lot of money] dineral *m*.

packing ['pækɪŋ] *n* **-1.** [protective material] embalatge *m*. **-2.** [for journey]: **to do the ~** fer l'equipatge.

packing case *n* caixa *f* d'embalatge.

pact [pækt] *n* pacte *m*.

pad [pæd] (*pt & pp* **-ded**, *cont* **-ding**) ◇ *n* **-1.** [of material] encoixinat *m*; **shin ~** genollera *f*; **shoulder ~** musclera *f*. **-2.** [of paper] bloc *m*. **-3.** [of space] **(launch) ~** plataforma *f* de llançament. **-4.** [of cat, dog] tou *m* (de la pota). **-5.** *inf dated* [home] casa *f*. ◇ *vt* encoixinar, farcir. ◇ *vi* [walk softly] caminar silenciosament.

padding ['pædɪŋ] *n* **-1.** (U) [in jacket, chair] revestiment *m*. **-2.** [in speech] palla *f*.

paddle ['pædl] ◇ *n* **-1.** [for canoe, dinghy] platós *m*. **-2.** [walk in sea] xipolleig *m*. ◇ *vt* remar. ◇ *vi* **-1.** [in canoe] remar (amb platós). **-2.** [duck] xipollejar. **-3.** [person - in sea] mullar-se els peus.

paddle boat, **paddle steamer** *n* vaixell *m* de rodes.

paddling pool ['pædlɪŋ-] *n Br* **-1.** [in park] estany *m* per jugar-hi / xipollejar-hi. **-2.** [inflatable] piscina *f* inflable.

paddock ['pædək] *n* **-1.** [small field] cleda *f*, clos *m*. **-2.** [at racecourse] àrea *f* de preparació.

paddy field ['pædɪ-] *n* arrossar *m*.

padlock ['pædlɒk] ◇ *n* cadenat *m*. ◇ *vt* tancat amb cadenat.

paediatrics [ˌpiːdɪˈætrɪks] = **pediatrics**.

pagan ['peɪgən] ◇ *adj* pagà -ana. ◇ *n* pagà *m* -ana *f*.

page [peɪdʒ] ◇ *n* pàgina *f*, plana *f*. ◇ *vt* [in hotel, airport] cridar per megafonia.

pageant ['pædʒənt] *n* processó *f*, desfilada *f*.

pageantry ['pædʒəntrɪ] *n* pompa *f*, solemnitat *f*.

pager ['peɪdʒər] *n* cercapersones *m*.

paid [peɪd] ◇ *pt & pp* ☞ **pay**. ◇ *adj* [holiday, leave] pagat -ada; [work, staff] remunerat -ada; **badly / well ~** ben / mal pagat -ada.

pail [peɪl] *n* galleda *f*.

pain [peɪn] ◇ *n* **-1.** [ache] dolor *m*, mal *m*; **to be in ~** trobar-se malament. **-2.** [mental suffering] pena *f*. **-3.** *inf* [annoyance - person] pesat -ada; [- thing] murga *f*; **a ~ in the neck** [person] pesat -ada com un barret de cap; [thing] llauna *f*. ◇ *vt fml*: **to ~ sb (to do sthg)** doldre a algú (de fer alguna cosa). ◆ **pains** *npl* [effort, care] treballs *mpl*, esforços *mpl*; **to be at ~s to do sthg** esforçar-se a fer una cosa; **to take ~s to do sthg** posar-hi molta cura a fer una cosa; **he got absolutely nothing for his ~s** tants trasbalsos i no en va treure res.

pained [peɪnd] *adj* afligit -ida.

painful ['peɪnfʊl] *adj* [back, eyes] dolorit -ida; [injury, exercise, memory] dolorós -osa; **my shoes are ~** em fan mal les sabates.

painfully ['peɪnfʊlɪ] *adv* **-1.** [causing pain] dolorosament. **-2.** [extremely] terriblement.

painkiller ['peɪnˌkɪlər] *n* calmant *m*.

painless ['peɪnlɪs] *adj* **-1.** [physically] indolent. **-2.** [emotionally] senzill -a.

painstaking ['peɪnzˌteɪkɪŋ] *adj* primmirat -ada, meticulós -osa.

paint [peɪnt] ◇ *n* pintura *f*. ◇ *vt* pintar; **to ~ the ceiling white** pintar el sostre de blanc; **to ~ one's lips** pintar-se els llavis.

paintbrush ['peɪntbrʌʃ] *n* **-1.** ART pinzell *m*. **-2.** [of decorator] brotxa *f*.

painter ['peɪntər] *n* pintor *m* -a *f*.

painting ['peɪntɪŋ] *n* **-1.** [picture] quadre *m*, pintura *f*. **-2.** (U) [art form, trade] pintura *f*.

paint stripper *n* decapant *m*.

paintwork ['peɪntwɜːk] *n* (U) pintura *f*.

pair [peər] *n* **-1.** [of shoes, socks, wings] parell *m*; [of aces] parella *f*. **-2.** [two-part object]: **a ~ of scissors** tisores *fpl*; **a ~ of trousers** pantalons *mpl*; **a ~ of compasses** un compàs *m*. **-3.** [couple - of people] parella *f*.

pajamas [pəˈdʒɑːməz] = **pyjamas**.
Pakistan [*Br* ˌpɑːkɪˈstɑːn, *Am* ˌpækɪˈstæn] *n* Pakistan.
Pakistani [*Br* ˌpɑːkɪˈstɑːnɪ, *Am* ˌpækɪˈstænɪ] ◇ *adj* pakistanès -esa. ◇ *n* pakistanès *m* -esa *f*.
pal [pæl] *inf* **-1.** [friend] col·lega *mf*. **-2.** [as term of address] soci *m*, sòcia *f*.
palace [ˈpælɪs] *n* palau *m*.
palatable [ˈpælətəbl] *adj* **-1.** [pleasant to taste] saborós -osa. **-2.** [acceptable] acceptable.
palate [ˈpælət] *n* paladar *m*.
palaver [pəˈlɑːvəʳ] *n* *inf* **-1.** [talk] xerrameca *f*. **-2.** [fuss] embolic *m*.
pale [peɪl] ◇ *adj* **-1.** [colour, clothes, paint] pàl·lid -a, clar -a; [light] tènue. **-2.** [person] pàl·lid -a. ◇ *vi* empal·lidir.
Palestine [ˈpælɪˌstaɪn] *n* Palestina.
Palestinian [ˌpæləˈstɪnɪən] ◇ *adj* palestí -ina. ◇ *n* [person] palestí *m* -ina *f*.
palette [ˈpælət] *n* paleta *f*.
palings [ˈpeɪlɪŋz] *npl* tanca *f*, estacada *f*.
pall [pɔːl] ◇ *n* **-1.** [of smoke] cortina *f*, núvol *m*. **-2.** *Am* [coffin] drap *m* fúnebre. ◇ *vi* embafar, avorrir, cansar.
pallet [ˈpælɪt] *n* màrfega *f*, paleta *f*.
pallor [ˈpæləʳ] *n liter* pal·lidesa *f*.
palm [pɑːm] *n* **-1.** [tree] palmera *f*, palma *f*. **-2.** [of hand] palmell *m*; **to read sb's ~** llegir la mà a algú. ◆ **palm off** *vt sep inf*: **to ~ sthg off on sb** encolomar alguna cosa a algú; **to ~ sb off with** desempallegar-se d'algú amb; **to ~ sthg off as** fer passar alguna cosa per.
Palm Sunday *n* Diumenge *m* de Rams.
palm tree *n* palmera *f*, palma *f*.
palpable [ˈpælpəbl] *adj* palpable.
paltry [ˈpɔːltrɪ] (*compar* **-ier**, *superl* **-iest**) *adj* insignificant.
pamper [ˈpæmpəʳ] *vt* malacostumar.
pamphlet [ˈpæmflɪt] ◇ *n* [political] pamflet *m*; [publicity, information] full *m*. ◇ *vi* repartir pamflets.
pan [pæn] (*pt & pp* **-ned**, *cont* **-ning**) ◇ *n* **-1.** [saucepan] cassola *f*, casserola *f*; [frying-] paella *f*. **-2.** *Am* [for bread, cakes etc.] motlle *m*. ◇ *vt inf* [criticize] rebentar. ◇ *vi* **-1.** [for gold] garbellar. **-2.** CIN filmar panoràmiques.

panacea [ˌpænəˈsɪə] *n*: **a ~ (for)** la panacea (per).
Panama [ˌpænəˈmɑː] *n* Panamà.
Panama Canal *n*: **the ~** el canal de Panamà.
panama (hat) *n* panamà *m*.
pancake [ˈpæŋkeɪk] *n* coca *f*, crep *m*.
Pancake Day *n Br* dimarts *m* de Carnaval.
panda [ˈpændə] (*pl inv* / **-s**) *n* panda *m*.
Panda car *n Br* cotxe *m* patrulla.
pandemonium [ˌpændɪˈməʊnjəm] *n* pandemoni *m*, olla *f* de grills.
pander [ˈpændəʳ] *vi*: **to ~ to** ser indulgent amb.
pane [peɪn] *n* (làmina de) vidre *m*.
panel [ˈpænl] *n* **-1.** [group of people] grup *m*. **-2.** [of a material] plafó *m*. **-3.** [of a machine] panell *m*, tauler *m*.
panelling *Br*, **paneling** *Am* [ˈpænəlɪŋ] *n* (U) [on a ceiling] cassetonat *m*; [on a wall] plafons *mpl*.
pang [pæŋ] *n* punxada *f*.
panic [ˈpænɪk] (*pt & pp* **-ked**, *cont* **-king**) ◇ *n* pànic *m*. ◇ *vi* atemorir-se, espantar-se.
panicky [ˈpænɪkɪ] *adj* [person] espantadís -issa, espaordit -ida; [feeling] esfereïdor -a.
panic-stricken *adj* mort -a de por.
panorama [ˌpænəˈrɑːmə] *n* panorama *m*.
pansy [ˈpænzɪ] (*pl* **-ies**) *n* **-1.** [flower] pensament *m*. **-2.** *inf pej* [man] marieta *m*.
pant [pænt] *vi* esbufegar, panteixar.
panther [ˈpænθəʳ] (*pl inv* / **-s**) *n* pantera *f*.
panties [ˈpæntɪz] *npl inf* bragues *fpl*.
pantihose [ˈpæntɪhəʊz] = **panty hose**.
pantomime [ˈpæntəmaɪm] *n Br* obra musical de Nadal feta en clau d'humor per als més petits.
pantry [ˈpæntrɪ] (*pl* **-ies**) *n* rebost *m*.
pants [pænts] *npl* **-1.** *Br* [underpants] calçotets *mpl*. **-2.** *Am* [trousers] pantalons *mpl*.
panty hose [ˈpæntɪ-] *npl Am* mitges *fpl*.
papa [*Br* pəˈpɑː, *Am* ˈpæpə] *n* papa *m*.
paper [ˈpeɪpəʳ] ◇ *n* **-1.** (U) [material] paper *m*; **piece of ~** [sheet] full *m* de paper; [scrap] tros *m* de paper; **on ~** [written down] per escrit; [in theory] sobre el paper. **-2.** [newspaper] diari *m*. **-3.** [in exam] examen *m*. **-4.** [essay - gen] assaig *m*, article *m*; [- for conference] ponència *f*. ◇ *adj* **-1.** [made of -] de paper. **-2.** *fig* [hypothetical] teòric -a. ◇

vt empaperar. **papers** *npl* **-1.** [official documents] documentació *f.* **-2.** [collected information] documents *mpl.*

paperback ['peɪpəbæk] ◇ *n* llibre *m* de butxaca; **in ~** en rústica. ◇ *comp:* **~ (book)** llibre *m* en rústica.

paper clip *n* clip *m.*

paper handkerchief *n* mocador *m* de paper.

paper knife *n* tallapapers *m.*

paper shop *n Br* quiosc *m* de diaris.

paperweight ['peɪpəweɪt] *n* petjapapers *m.*

paperwork ['peɪpəwɜːk] *n* paperassa *f.*

papier-mâché [ˌpæpjeɪˈmæʃeɪ] ◇ *n* cartó *m* pedra. ◇ *comp* de cartó pedra.

paprika ['pæprɪkə] *n* pebre *m* vermell.

par [pɑːʳ] *n* **-1.** [parity]: **on a ~ with** al mateix nivell que. **-2.** SPORT par *m;* **under / over ~. -3.** [good health]: **below / under ~** pioc -a.

parable ['pærəbl] *n* paràbola *f.*

parachute ['pærəʃuːt] ◇ *n* paracaigudes *m.* ◇ *vi* llançar-se amb paracaigudes.

parade [pəˈreɪd] ◇ *n* **-1.** [procession] desfilada *f;* MIL **on ~** formant, passant revista. **-2.** *Br* [street of shops] zona de botigues. ◇ *vt* **-1.** [soldiers] fer formar; [criminals, captives] passejar. **-2.** [trophy, medal] passejar. **-3.** *fig* [flaunt] lluir, exhibir. ◇ *vi* desfilar.

paradise ['pærədaɪs] *n fig* paradís *m.*

paradox ['pærədɒks] *n* paradoxa *f.*

paradoxically [ˌpærəˈdɒksɪklɪ] *adv* paradoxalment.

paraffin ['pærəfɪn] *n* parafina *f.*

paragon ['pærəgən] *n* model *m.*

paragraph ['pærəgrɑːf] *n* paràgraf *m.*

Paraguay ['pærəgwaɪ] *n* Paraguai.

Paraguayan [ˌpærəˈgwaɪən] ◇ *adj* paraguaià -ana. ◇ *n* paraguaià *m* -ana *f.*

parallel ['pærəlel] ◇ *adj:* **~ (to / with)** paral·lel -a (a). ◇ *n* **-1.** [- line, surface] paral·lela *f.* **-2.** [sthg, someone similar]: **to have no ~** alguna cosa mai no vista. **-3.** [similarity] paral·lel *m.* **-4.** GEOG paral·lel *m.* ◇ *vt* ser paral·lel a.

paralyse *Br,* **paralyze** *Am* ['pærəlaɪz] *vt lit & fig* paralitzar.

paralysis [pəˈrælɪsɪs] (*pl* **-es** [-lɪsiːz]) *n* paràlisi *f.*

paramedic [ˌpærəˈmedɪk] *n* professional relacionat amb la medicina que pot fer tasques mèdiques auxiliars.

parameter [pəˈræmɪtəʳ] *n* paràmetre *m.*

paramount ['pærəmaʊnt] *adj* cabdal, màxim; **of ~ importance** d'importància cabdal.

paranoid ['pærənɔɪd] *adj* paranoic -a.

paraphernalia [ˌpærəfəˈneɪljə] *n* parafernàlia *f.*

parasite ['pærəsaɪt] *n* paràsit *m* -a *f.*

parasol ['pærəsɒl] *n* ombrel·la *f.*

paratrooper ['pærətruːpəʳ] *n* paracaigudista *mf* (de l'exèrcit).

parcel ['pɑːsl] (*Br pt & pp* **-led,** *cont* **-ling,** *Am pt & pp* **-ed,** *cont* **-ing**) *n* paquet *m.*

parcel up *vt sep* empaquetar, embalar.

parcel post *n* (servei *m* de) paquet *m* postal.

parched [pɑːtʃt] *adj* **-1.** [land] sec -a; [plant] pansit -ida. **-2.** [throat, mouth] sec -a; [lips] tallat -ada. **-3.** *inf* [very thirsty] mort -a (de set).

parchment ['pɑːtʃmənt] *n* [paper] pergamí *m.*

pardon ['pɑːdn] ◇ *n* **-1.** JUR indult *m.* **-2.** [forgiveness] perdó *m;* **I beg your ~?** [showing surprise, asking for repetition] què mana?, com diu?; **I beg your ~** [to apologize] perdoni. ◇ *vt* **-1.** [forgive]: **to ~ sb (for sthg)** perdonar (alguna cosa) a algú; **~?** perdó? com (diu)?; **~ me** [touching sb accidentally, belching] perdoni; [excuse me] amb el seu permís. **-2.** JUR indultar.

parent ['peərənt] *n* [father] pare *m;* [mother] mare *f.* **parents** *npl* pares *mpl.*

parental [pəˈrentl] *adj* [paternal] patern -a; [maternal] matern -a.

parenthesis [pəˈrenθɪsɪs] (*pl* **-es**) *n* parèntesi *m.*

Paris ['pærɪs] *n* París.

parish ['pærɪʃ] *n* **-1.** [of church] parròquia *f.* **-2.** *Br* [area of local government] mena de municipi.

parity ['pærɪtɪ] *n:* **~ (with / between)** paritat *f* (de / entre).

park [pɑːk] ◇ *n* parc *m.* ◇ *vt & vi* aparcar.

parking ['pɑːkɪŋ] *n* aparcament *m;* **"no ~"** "prohibit aparcar".

parking lot *n Am* zona *f* d'aparcament.

parking meter *n* parquímetre *m.*

parking ticket *n* multa *f* per estar mal aparcat -ada.

parlance ['pɑːləns] *n:* **in common / legal** *etc.* **~** en la parla *f* comuna / legal, etc., en el llenguatge *m* comú / legal.

parliament ['pɑːləmənt] *n* **-1.** [assembly,

parliamentary [ˌpɑːləˈmentəɾɪ] *adj* parlamentari -ària.

parlour *Br*, **parlor** *Am* [ˈpɑːləʳ] *n dated* saló *m*.

parochial [pəˈɾəʊkjəl] *adj pej* limitat -ada.

parody [ˈpærədɪ] (*pl* **-ies**) ◇ *n* paròdia *f*. ◇ *vt* parodiar.

parole [pəˈɾəʊl] ◇ *n* llibertat *f* condicional; **on ~** en llibertat condicional. ◇ *vt* deixar anar en llibertat condicional.

parquet [ˈpɑːkeɪ] *n* parquet *m*.

parrot [ˈpærət] *n* lloro *m*.

parry [ˈpærɪ] (*pt & pp* **-ied**) *vt* **-1.** [blow] desviar; [attack] fer front a. **-2.** [question] eludir.

parsimonious [ˌpɑːsɪˈməʊnjəs] *adj fml & pej* garrepa, mesquí -ina.

parsley [ˈpɑːslɪ] *n* julivert *m*.

parsnip [ˈpɑːsnɪp] *n* xirivia *f*.

parson [ˈpɑːsn] *n* rector *m*.

part [pɑːt] ◇ *n* **-1.** [gen] part *f*; **in ~** en part; **the best / better ~ of** la major part de; **for the most ~** en general; **~ and parcel of** part essencial de. **-2.** [component] peça *f*. **-3.** THEAT paper *m*. **-4.** [involvement]: **~ (in)** part en; **to play an important ~ (in)** fer / tenir un paper important (en); **to take ~ (in)** prendre part (en), participar; **to want no ~ in** no voler tenir res a veure amb; **for my / his ~** per part meva / seva; **on my / his ~** de part meva / seva. **-5.** *Am* [hair parting] clenxa *f*. ◇ *adv* en part; **it's black and ~ white** és mig negre i mig blanc. ◇ *vt* **-1.** [lips, curtains] obrir. **-2.** [hair] fer-se la clenxa. ◇ *vi* **-1.** [leave one another] separar-se. **-2.** [separate - lips, curtains] obrir-se. ✢ **parts** *npl* [place] indret *m*, regió *f*. ✢ **part with** *vt fus* desprendre's de, cedir.

part exchange *n* sistema de compra en què es lliura un article usat com a entrada; **in ~ exchange** com a entrada.

partial [ˈpɑːʃl] *adj* **-1.** [incomplete, biased] parcial. **-2.** [fond]: **~ to** amic -iga de, aficionat -ada a.

participant [pɑːˈtɪsɪpənt] *n* participant *mf*.

participate [pɑːˈtɪsɪpeɪt] *vi*: **to ~ (in)** participar/intervenir (en).

participation [pɑːˌtɪsɪˈpeɪʃn] *n* participació *f*, intervenció *f*.

participle [ˈpɑːtɪsɪpl] *n* participi *m*.

particle [ˈpɑːtɪkl] *n* partícula *f*.

particular [pəˈtɪkjʊləʳ] *adj* **-1.** [specific, unique] particular, concret -a, especial. **-2.** [extra, greater] especial. **-3.** [difficult] exigent. ✢ **particulars** *npl* [of person] dades *fpl* personals; [of thing] detalls *mpl*. ✢ **in particular** *adv* en particular.

particularly [pəˈtɪkjʊləlɪ] *adv* sobretot, especialment.

parting [ˈpɑːtɪŋ] *n* **-1.** [separation] separació *f*, comiat *m*. **-2.** *Br* [in hair] clenxa *f*.

partisan [ˌpɑːtɪˈzæn] ◇ *adj* partidista. ◇ *n* [freedom fighter] partisà *m* -ana *f*.

partition [pɑːˈtɪʃn] ◇ *n* **-1.** [wall] envà *m*; [screen] mampara *f*. **-2.** [of a country] divisió *f*. ◇ *vt* **-1.** [room] pujar un envà. **-2.** [country] dividir.

partly [ˈpɑːtlɪ] *adv* en part.

partner [ˈpɑːtnəʳ] ◇ *n* **-1.** [spouse, lover] parella *mf*. **-2.** [in an activity] company *m* -a *f*. **-3.** [in a business] soci *m*, sòcia *f*. **-4.** [ally] col·lega *mf*. ◇ *vt* acompanyar.

partnership [ˈpɑːtnəʃɪp] *n* **-1.** [relationship] associació *f*; **to go into ~ (with)** associar-se (amb). **-2.** [business] societat *f*.

partridge [ˈpɑːtrɪdʒ] *n* perdiu *f*.

part-time ◇ *adj* de mitja jornada. ◇ *adv* a mitja jornada.

party [ˈpɑːtɪ] (*pl* **-ies**) ◇ *n* **-1.** POL partit *m*. **-2.** [social gathering] festa *f*. **-3.** [group] grup *m*. **-4.** JUR part *f*. **-5.** [involved person]: **to be a ~ to** participar en. ◇ *vi inf* sortir de gresca.

party line *n* **-1.** POL línia *f* (política) del partit. **-2.** TELEC línia de telèfon en què poden conversar diverses persones alhora.

pass [pɑːs] ◇ *n* **-1.** SPORT passada *f*. **-2.** [document, permit]: **travel ~** passi *m*. **-3.** *Br* [successful result] aprovat *m*. **-4.** [route between mountains] port *m*. **-5. to make a ~ at sb** tirar floretes a algú. ◇ *vt* **-1.** [gen] passar; **to ~ sthg (to sb)**, **to ~ (sb) sthg** passar-li alguna cosa (a algú); **~ the string through the hole** passi la corda pel forat. **-2.** [move past - thing, person] passar (per davant de); **to ~ sb in the street** creuar-se amb algú pel carrer. **-3.** AUTOM avançar. **-4.** [exceed] sobrepassar. **-5.** [exam, candidate, law] aprovar; **to ~ sthg fit (for)** donar el vistiplau (a). **-6.** [opinion, judgement] expressar; [sentence] dictar. ◇ *vi* **-1.** [gen] passar. **-2.** AUTOM avançar. **-3.** [in exam] aprovar. **-4.** [occur] transcórrer; **to ~ unnoticed** passar desapercebut -uda. ✢ **pass as** *vt fus* passar per. ✢ **pass away** *vi* morir. ✢ **pass by** ◇ *vt sep* [subject: people] passar per alt; [subject: events, life] deixar de banda. ◇ vi passar de llarg. ➽ **pass for** = **pass as**. ➽ **pass on** ◇ vt sep: **to ~ sthg on (to)** donar alguna cosa a algú per fer-ho córrer. ◇ vi **-1.** [move on] continuar; **to ~ on to the next subject** passar al tema següent. **-2.** = **pass away**. ➽ **pass out** vi **-1.** [faint] desmaiar-se. **-2.** Br MIL graduar-se. ➽ **pass over** vt fus passar per alt. ➽ **pass up** vt sep desaprofitar, deixar passar.

passable ['pɑːsəbl] adj **-1.** [satisfactory] passable. **-2.** [not blocked] transitable.

passage ['pæsɪdʒ] n **-1.** [corridor - between houses] passatge m; [- between rooms] passadís m. **-2.** [clear path] pas m. **-3.** MED conducte m. **-4.** [of music, speech] passatge m. **-5.** fml [of vehicle, person, time] pas m. **-6.** [sea journey] travessia f.

passageway ['pæsɪdʒweɪ] n [between houses] passatge m; [between rooms] passadís m.

passbook ['pɑːsbʊk] n llibreta f (de banc / d'estalvi).

passenger ['pæsɪndʒəʳ] n passatger m -a f.

passerby [,pɑːsəˈbaɪ] (pl **passersby** [,pɑːsəzˈbaɪ]) n transeünt mf.

passing ['pɑːsɪŋ] ◇ adj [fad] passatger -a; [remark] ràpid -a. ◇ n pas m. ➽ **in passing** adv de passada.

passion ['pæʃn] n: **~ (for)** passió f (per).

passionate ['pæʃənət] adj apassionat -ada.

passive ['pæsɪv] ◇ adj passiu -iva. ◇ n: **the ~** veu f passiva.

Passover ['pɑːs,əʊvəʳ] n: **(the) ~** Pasqua jueva.

passport ['pɑːspɔːt] n passaport m; fig **~ to sthg** passaport a alguna cosa.

passport control n control m de passaports.

password ['pɑːswɜːd] n [gen & COMPUT] contrasenya f.

past [pɑːst] ◇ adj **-1.** [former] antic -iga. **-2.** [most recent] passat -ada; **over the ~ week** aquesta última setmana. **-3.** [finished] acabat -ada; **our problems are ~** se'ns han acabat els problemes. ◇ adv **-1.** [telling the time] **it's ten ~** passen deu minuts. **-2.** [beyond, in front] per davant; **to walk / run ~** passar caminant / corrent. ◇ n **-1.** [time]: **the ~** el passat. **-2.** [personal history] passat m, història f. ◇ prep **-1.** [telling the time] **it's five ~ ten** passen deu minuts de les cinc; **it's a quarter ~ ten** és un quart d'onze; **it's half ~ ten** són dos quarts d'onze. **-2.** [alongside, in front of] per davant de. **-3.** [beyond] més enllà de; **it's ~ the bank** és després de passar el banc; inf **to be ~ it** no ser bo per a certs tràfecs; inf **I wouldn't put it ~ him** n'és prou capaç.

pasta ['pæstə] n (U) pasta f.

paste [peɪst] ◇ n **-1.** [smooth mixture] pasta f, massa f. **-2.** [food] pasta f. **-3.** [glue] engrut m. **-4.** [jewellery] bijuteria f. ◇ vt [labels, stamps] enganxar; [surface] engrutar.

pastel ['pæstl] ◇ adj al pastel. ◇ n **-1.** [colour] color m pastel. **-2.** ART [crayon] pastel m.

pasteurize, -ise ['pɑːstʃəraɪz] vt pasteuritzar.

pastille ['pæstɪl] n pastilla f, píndola f.

pastime ['pɑːstaɪm] n passatemps m, entreteniment m.

pastor ['pɑːstəʳ] n pastor m.

past participle n participi m passat.

pastry ['peɪstrɪ] (pl **-ies**) n **-1.** [mixture] pasta f, massa f. **-2.** [cake] pastís m.

past tense n: **the ~** el passat.

pasture ['pɑːstʃəʳ] n pastura f.

pasty¹ ['peɪstɪ] (compar **-ier**, superl **-iest**) adj pàl·lid -a, pastós -osa.

pasty² ['pæstɪ] (pl **-ies**) n Br pastís m.

pat [pæt] (pt & pp **-ted**, cont **-ting**, pt & pp **-ted**, cont **-ting**) ◇ adj adient, oportú -una. ◇ n **-1.** [gen] copet m, cop m; [to dog] amanyac m; [on back, hand] copet m. **-2.** [of butter etc.] bola f. ◇ vt [gen] donar copets; [dog] amanyagar; [back, hand] donar copets.

patch [pætʃ] ◇ n **-1.** [for mending] pedaç m, sargit m; [to cover eye] pegat m. **-2.** [part of surface] tros m. **-3.** [area of land] era f, bancal m. **-4.** [period of time] període m. **-5.** inf **not to be a ~ on** no tenir ni punt de comparació amb. ◇ vt apedaçar. ➽ **patch up** vt sep **-1.** [mend] arreglar provisionalment. **-2.** [resolve - up quarrel] fer les paus; [- up relationship] salvar.

patchwork ['pætʃwɜːk] ◇ adj de retalls de diverses formes i colors. ◇ n fig [of fields] mosaic m.

patchy ['pætʃɪ] (compar **-ier**, superl **-iest**) adj **-1.** [uneven - fog, sunshine] irregular; [- colour] desigual. **-2.** [incomplete] incomplet -a. **-3.** [good in parts] desigual.

pâté ['pæteɪ] n paté m.

patent [Br 'peɪtənt, Am 'pætənt] ◇ adj [obvious] evident, patent. ◇ n patent f. ◇ vt patentar.

patent leather n xarol m.

paternal [pə'tɜːnl] *adj* [love, attitude] patern -a; [grandmother, grandfather] patern -a.

paternity [pə'tɜːnətɪ] *n* paternitat *f*.

path [pɑːθ, *pl* pɑːðz] *n* **-1.** [track, way ahead] camí *m*, senda *f*; **our ~s had crossed before** els nostres camins ja s'havien creuat abans. **-2.** [trajectory - of bullet] trajectòria *f*; [- of flight] rumb *m*. **-3.** [course of action] curs *m*.

pathetic [pə'θetɪk] *adj* **-1.** [causing pity] patètic -a, penós -osa. **-2.** [attempt, person] inútil, infeliç; [actor, film] dolentíssim -a.

pathological [ˌpæθə'lɒdʒɪkl] *adj* patològic -a.

pathology [pə'θɒlədʒɪ] *n* patologia *f*.

pathos [ˈpeɪθɒs] *n* patetisme *m*.

pathway [ˈpɑːθweɪ] *n* camí *m*, sender *m*.

patience [ˈpeɪʃns] *n* **-1.** [quality] paciència *f*; **to try sb's ~** posar a prova la paciència d'algú. **-2.** [card game] solitari *m*.

patient [ˈpeɪʃnt] ◇ *adj* pacient, sofert -a. ◇ *n* pacient *mf*.

patio [ˈpætɪəʊ] (*pl* **-s**) *n* pati *m*.

patriotic [Br ˌpætrɪ'ɒtɪk, Am ˌpeɪtrɪ'ɒtɪk] *adj* patriòtic -a.

patrol [pə'trəʊl] (*pt & pp* **-led**, *cont* **-ling**) ◇ *n* patrulla *f*, ronda *f*; **on ~** fer la ronda. ◇ *vt* patrullar.

patrol car *n* cotxe *m* patrulla.

patrolman [pə'trəʊlmən] *Am* (*pl* **-men** [-mən]) *n* policia *m*, guarda *m*.

patron [ˈpeɪtrən] *n* **-1.** [of arts] mecenes *mf*. **-2.** *Br* [of charity, campaign] patrocinador *m* -a *f*. **-3.** *fml* [customer] client *m* -a *f*.

patronize, -ise [ˈpætrənaɪz] *vt* **-1.** *pej* [talk down to] tractar amb condescendència. **-2.** *fml* [back financially] patrocinar.

patronizing [ˈpætrənaɪzɪŋ] *adj pej* condescendent, protector -a.

patter [ˈpætər] ◇ *n* **-1.** [of raindrops] repic *m*; [of feet] trepig *m*. **-2.** [sales talk] xerrameca *f*. ◇ *vi* (dog, feet) caminar sense fer gaire soroll; [rain] repicar.

pattern [ˈpætən] *n* **-1.** [design] disseny *m*, dibuix *m*. **-2.** [of life, work] pauta *f*; [of illness, events] evolució *f*. **-3.** [for sewing, knitting] patró *m*. **-4.** [model] model *m*, mostra *f*.

paunch [pɔːntʃ] *n* panxa *f*, ventre *m*.

pauper [ˈpɔːpər] *n* pobre *m* -a *f*.

pause [pɔːz] ◇ *n* pausa *f*. ◇ *vi* **-1.** [stop speaking] fer una pausa. **-2.** [stop moving, doing sthg] aturar-se.

pave [peɪv] *vt* pavimentar; **to ~ the way for** preparar el terreny per.

pavement [ˈpeɪvmənt] *n* **-1.** *Br* [at side of road] vorera *f*. **-2.** *Am* [roadway] calçada *f*.

pavilion [pə'vɪljən] *n* **-1.** *Br* [at sports field] vestuari *m*. **-2.** [at exhibition] pavelló *m*.

paving [ˈpeɪvɪŋ] *n* (U) paviment *m*.

paving stone *n* llosa *f*, llamborda *f*.

paw [pɔː] ◇ *n* [foot] pota *f*; [claw] garra *f*. ◇ *vt* **-1.** [subject: animal] donar arpades; **to ~ the ground** piafar. **-2.** *pej* [subject: person] potinejar.

pawn [pɔːn] ◇ *n* **-1.** [chesspiece] peó *m*. **-2.** [unimportant person] titella *m*. ◇ *vt* empenyorar.

pawnbroker [ˈpɔːnˌbrəʊkər] *n* prestador *m* -a *f*.

pawnshop [ˈpɔːnʃɒp] *n* casa *f* de préstecs.

pay [peɪ] (*pt & pp* **paid**) ◇ *vt* **-1.** [gen] pagar; **to ~ sb for sthg** pagar a algú per alguna cosa; **he paid £20 for it** ho va pagar a 20 lliures; **to ~ one's way** pagar-se el viatge, etc. **-2.** *Br* [put into bank account]: **to ~ sthg into** ingressar; **he paid in his wages** va ingressar el seu sou. **-3.** [be profitable to] treure profit de. **-4.** [be advantageous to] sortir a compte; **it will ~ you not to say anything** més val que callis. **-5.** [compliment, visit] fer; [respects] presentar; [attention] parar; [homage] retre. ◇ *vi* **-1.** [gen] pagar; **to ~ dearly for sthg** pagar cara alguna cosa. **-2.** [be profitable] rendir. ◇ *n* paga *f*, sou *m*. ☞ **pay back** *vt sep* **-1.** [money] tornar. **-2.** [revenge oneself]: **to ~ sb back (for sthg)**. ☞ **pay for** *vt fus* pagar. ☞ **pay off** ◇ *vt sep* **-1.** [repay - off debt] liquidar. **-2.** [dismiss] acomiadar amb indemnització. **-3.** [bribe] comprar, pagar. ◇ *vi* reeixir. ☞ **pay up** *vi* pagar, abonar.

payable [ˈpeɪəbl] *adj* **-1.** [to be paid] pagable. **-2.** [on cheque]: **~ to** a favor de.

paycheck [ˈpeɪtʃek] *n Am* paga *f*.

payday [ˈpeɪdeɪ] *n* dia *m* de paga.

payee [peɪ'iː] *n* beneficiari *m* -ària *f*.

pay envelope *n Am* sobre *m* de la paga.

payment [ˈpeɪmənt] *n* pagament *m*.

pay packet *Br n* **-1.** [envelope] sobre *m* de la paga. **-2.** [wages] paga *f*.

pay phone, **pay station** *Am n* telèfon *m* públic.

payroll [ˈpeɪrəʊl] *n* nòmina *f*.

payslip [ˈpeɪslɪp] *n Br* nòmina *f*.

pay station *Am* = **pay phone**.

pc *n* –1. abbr of postcard. –2. abbr of per cent.

PC ◇ *n* –1. (abbr of **personal computer**) PC. –2. abbr of **police constable**. –3. (abbr of **privy councillor**) membre del Privy Council. ◇ *adj* abbr of **politically correct**.

PE *n* abbr of **physical education**.

pea [piː] *n* pèsol *m*.

peace [piːs] *n* –1. [gen] pau *f*; **to be at ~ (with)** estar en pau (amb). –2. [quiet] tranquil·litat *f*; **~ of mind** tranquil·litat d'esperit. –3. [freedom from disagreement]: **to make (one's) ~ (with)** fer les paus (amb).

peaceable ['piːsəbl] *adj* [not aggressive] pacífic -a.

peaceful ['piːsful] *adj* –1. [quiet, calm] tranquil -il·la. –2. [not aggressive] pacífic -a.

peacetime ['piːstaɪm] *n* (U) temps *m* de pau.

peach [piːtʃ] ◇ *adj* [in colour] de color de préssec. ◇ *n* –1. [fruit] préssec *m*. –2. [colour] color *m* de préssec. ◇ *comp* de préssec.

peacock ['piːkɒk] *n* paó *m*.

peak [piːk] ◇ *n* –1. [mountain top] cim *m*. –2. [highest point] apogeu *m*. –3. [of cap] visera *f*. ◇ *adj* [season] alt -a; [condition] òptim -a. ◇ *vi* atènyer el punt màxim.

peaked [piːkt] *adj* amb visera.

peak hour *n* hora *f* punta.

peak period *n* [of electricity etc.] període *m* de tarifa màxima; [of traffic] hores *fpl* punta.

peak rate *n* tarifa *f* màxima.

peal [piːl] ◇ *n* [of bells] repicament *m*; **~ (of laughter)** esclat *m* (de rialles); **~ (of thunder)** espetec *m* (del tro). ◇ *vi* repicar.

peanut ['piːnʌt] *n* cacauet *m*.

peanut butter *n* mantega *f* de cacauet.

pear [peər] *n* pera *f*.

pearl [pɜːl] *n* perla *f*.

peasant ['peznt] *n* –1. [in countryside] pagès *m* -esa *f*, camperol *m* -a *f*. –2. *pej* [ignorant person] pagerol *m* -a *f*.

peat [piːt] *n* torba *f*.

pebble ['pebl] *n* còdol *m*.

peck [pek] ◇ *n* –1. [with beak] picada *f*. –2. [kiss] petó *m* (ràpid). ◇ *vt* –1. [with beak] picar. –2. [kiss] fer un petó (ràpid). ◇ *vi* picotejar.

pecking order ['pekɪŋ-] *n* jerarquia *f*.

peckish ['pekɪʃ] *adj Br inf*: **to feel ~** estar mort -a de gana.

peculiar [pɪ'kjuːljər] *adj* –1. [odd] singular, estrany -a. –2. [slightly ill] indisposat -ada. –3. [characteristic]: **to be ~ to** ser propi pròpia de.

peculiarity [pɪˌkjuːlɪ'ærətɪ] (*pl* -ies) *n* –1. [eccentricity] extravagància *f*, dèria *f*. –2. [characteristic] peculiaritat *f*. –3. [oddness] raresa *f*.

pedal ['pedl] (*Br pt & pp* -**led**, *cont* -**ling** *Am pt & pp* -**ed**, *cont* -**ing**) ◇ *n* pedal *m*. ◇ *vi* pedalar.

pedal bin *n* galleda *f* de les escombraries amb pedal.

pedantic [pɪ'dæntɪk] *adj pej* pedant.

peddle ['pedl] *vt* –1. [drugs] traficar amb; [wares] vendre (per les fires, les cases, etc.). –2. [rumours] escampar.

pedestal ['pedɪstl] *n* pedestal *m*, peanya *f*; **to put sb on a ~** posar algú sobre un pedestal.

pedestrian [pɪ'destrɪən] ◇ *adj pej* pedestre. ◇ *n* vianant *mf*.

pedestrian crossing *n Br* pas *m* de vianants.

pedestrian precinct *Br*, **pedestrian zone** *Am n* zona *f* de vianants.

pediatrics [ˌpiːdɪ'ætrɪks] *n* pediatria *f*.

pedigree ['pedɪgriː] ◇ *adj* de raça. ◇ *n* –1. [of animal] pedigrí *m*. –2. [of person] llinatge *m*.

pedlar *Br*, **peddler** ['pedlər] *Am n* venedor *m* -a *f* ambulant, firaire *mf*.

pee [piː] *inf* ◇ *n* pipí *m*; **to go for a ~** anar a fer un pipí. ◇ *vi* pixar.

peek [piːk] *inf* ◇ *n* ullada *f*, cop *m* d'ull. ◇ *vi* mirar de reüll.

peel [piːl] ◇ *n* [gen] pell *f*; [of orange, lemon] pell *f*; [once removed] pela *f*. ◇ *vt* pelar. ◇ *vi* [walls, paint] esclofollar-se; [wallpaper] saltar, desprendre's; [skin, nose] pelar.

peelings ['piːlɪŋz] *npl* peles *fpl*.

peep [piːp] ◇ *n* –1. [look] ullada *f*, llambregada *f*. –2. *inf* [sound] piu *m*, piulet *m*. ◇ *vi* [look] mirar d'amagat, piular.

peep out *vi* treure el cap.

peephole ['piːphəul] *n* espiera *f*.

peer [pɪər] ◇ *n* –1. [noble] par *m*. –2. [equal] igual *mf*. ◇ *vi* mirar atentament.

peerage ['pɪərɪdʒ] *n* –1. [rank] dignitat *f* de par. –2. [group]: **the ~** la noblesa.

peer group *n* grup generacional o social.

peeved [piːvd] *adj inf* empipat -ada, tip -a.

peevish ['piːvɪʃ] *adj* sorrut -uda.

peg [peg] (*pt & pp* **-ged**, *cont* **-ging**) ⬦ *n* **-1.** [hook] clavilla *f*. **-2.** [for washing line] agulla *f* d'estendre. **-3.** [on tent] pal *m*. ⬦ *vt* [prices] fixar.

pejorative [pɪˈdʒɒrətɪv] *adj* pejoratiu -iva.

pekinese [ˌpiːkəˈniːz], **pekingese** [ˌpiːkɪŋˈiːz] (*pl inv* / **-s**) *n* [dog] pequinès *m*.

Peking [piːˈkɪŋ] *n* Pequín.

pelican [ˈpelɪkən] (*pl inv* / **-s**) *n* pelicà *m*.

pelican crossing *n Br* pas de vianants el semàfor del qual és accionat per l'usuari.

pellet [ˈpelɪt] *n* **-1.** [small ball] boleta *f*. **-2.** [for gun] perdigó *m*.

pelmet [ˈpelmɪt] *n Br* galeria *f*.

pelt [pelt] ⬦ *n* **-1.** [animal skin] pell *f*. **-2.** [speed]: **(at) full ~** anar cames ajudeume. ⬦ *vt*: **to ~ sb with sthg** llançar alguna cosa a algú. ⬦ *vi* **-1.** [rain] ploure a bots i barrals. **-2.** [run very fast] córrer com un llamp.

pelvis [ˈpelvɪs] (*pl* **-vises** / **-ves** [-viːz]) *n* pelvis *f*.

pen [pen] (*pt & pp* **-ned**, *cont* **-ning**) ⬦ *n* **-1.** [ballpoint] bolígraf *m*; [fountain -] ploma *f*; [felt-tip] retolador *m*. **-2.** [enclosure] pleta *f*. ⬦ *vt* **-1.** *liter* [write] escriure. **-2.** [enclose] tancar.

penal [ˈpiːnl] *adj* penal.

penalize, -ise [ˈpiːnəlaɪz] *vt* **-1.** [gen] penalitzar; SPORT penalitzar, castigar. **-2.** [JUR - with fine] multar; [- with imprisonment] condemnar. **-3.** [put at a disadvantage] perjudicar.

penalty [ˈpenltɪ] (*pl* **-ies**) *n* **-1.** [punishment] pena *f*; *fig* **to pay the ~ (for sthg)** pagar (per alguna cosa). **-2.** [fine] multa *f*. **-3.** SPORT penal *m*; SPORT **~ (kick)** penal *m*; SPORT **~ cop** *m* **de càstig**.

penance [ˈpenəns] *n fig* RELIG penitència *f*.

pence [pens] *pl Br* ➟ **penny**.

penchant [*Br* pãʃã, *Am* ˈpentʃənt] *n*: **to have a ~ for** tenir debilitat per.

pencil [ˈpensl] (*Br pt & pp* **-led**, *cont* **-ling**, *Am pt & pp* **-ed**, *cont* **-ing**) ⬦ *n* llapis *m*; **in ~** a llapis. ⬦ *vt* escriure amb llapis.

pencil case *n* estoig *m*, plomer *m*.

pencil sharpener *n* maquineta *f* de fer punta.

pendant [ˈpendənt] *n* [jewel on chain] penjoll *m*.

pending [ˈpendɪŋ] *fml* ⬦ *adj* **-1.** [about to happen] imminent. **-2.** [waiting to be dealt with] pendent. ⬦ *prep* a l'espera de.

pen drive *n* COMPUT llapis *m* de memòria.

pendulum [ˈpendjʊləm] (*pl* **-s**) *n* [of clock] pèndol *m*.

penetrate [ˈpenɪtreɪt] ⬦ *vt* **-1.** [barrier] travessar; [jungle, crowd] fer-se endins; [subject: wind, rain, sharp object] penetrar. **-2.** [infiltrate - organization] infiltrar-se en. ⬦ *vi inf* [be understood] fer efecte.

pen friend *n* amic *m* -iga *f* per correspondència.

penguin [ˈpeŋgwɪn] *n* pingüí *m*.

penicillin [ˌpenɪˈsɪlɪn] *n* penicil·lina *f*.

peninsula [pəˈnɪnsjʊlə] (*pl* **-s**) *n* península *f*; **the Iberian ~** la Península Ibèrica.

penis [ˈpiːnɪs] (*pl* **-es** [ˈpiːnɪsɪz]) *n* penis *m*.

penitentiary [ˌpenɪˈtenʃərɪ] (*pl* **-ies**) *n Am* penitenciari *m*.

penknife [ˈpennaɪf] (*pl* **-knives** [-naɪvz]) *n* navalla *f*.

pen name *n* pseudònim *m*.

pennant [ˈpenənt] *n* banderí *m*.

penniless [ˈpenɪlɪs] *adj* pobre -a.

penny [ˈpenɪ] (*pl sense 1* **-ies**, *pl sense 2* **pence**) *n* **-1.** *Br* [coin] penic *m*; *Am* centau *m*. **-2.** *Br* [value] peniq *m*. **-3.** **a ~ for your thoughts** en què penses?; *Br inf* **as I listened, the ~ dropped** hi vaig caure mentre escoltava; *Br inf* **to spend a ~** anar al vàter; *Br inf* **two / ten a ~** regalat каda.

pen pal *n inf* amic *m* -iga *f* per correspondència.

pension [ˈpenʃn] *n* **-1.** *Br* [gen] pensió *f*. **-2.** [disability -] subsidi *m*.

pensioner [ˈpenʃənər] *n Br*: **(old-age) ~** pensionista *mf*.

pensive [ˈpensɪv] *adj* pensatiu -iva.

pentagon [ˈpentəgən] *n* pentàgon *m*. ➟ **Pentagon** *n Am*: **the ~** el Pentàgon.

Pentecost [ˈpentɪkɒst] *n* Pentecosta *f*.

penthouse [ˈpenthaʊs, *pl* -haʊzɪz] *n* àtic *m*.

pent up [ˈpent-] *adj* contingut -uda.

penultimate [peˈnʌltɪmət] *adj* penúltim -a.

people [ˈpiːpl] ⬦ *n* [nation, race] poble *m*. ⬦ *npl* **-1.** [gen] gent *f*; [individuals] persones *fpl*; **a table for eight ~** una taula per a vuit persones; **~ say that ...** es diu que... **-2.** [inhabitants] habitants *mpl*. **-3.** POL: **the ~** el poble. ⬦ *vt*: **to be ~d by / with** poblat -ada / habitat -ada de / per.

people carrier *n* monovolum *m*.

pep [pep] (*pt & pp* **-ped**, *cont* **-ping**) *n inf* empenta *f*, vitalitat *f*. ➟ **pep up** *vt sep* estimular, animar.

pepper [ˈpepər] *n* **-1.** [spice] pebre *m*; **black / white ~** pebre negre / blanc. **-2.** [vegetable] pebrot m; **red / green ~** pebrot vermell / verd.

pepperbox Am = **pepper pot**.

peppermint ['pepəmɪnt] n **-1.** [sweet] caramel m de menta. **-2.** [herb] menta f.

pepper pot Br, **pepperbox** Am ['pepəbɒks] n pebrera f.

pep talk n inf arenga f.

per [pɜːʳ] prep [expressing rate, ratio] per; **~ hour / kilo / person** per hora / quilo / persona; **~ day** el dia; **as ~ instructions** segons les instruccions.

per annum adv l'any.

per capita [pəˈkæpɪtə] ◇ adj per capita. ◇ adv per capita.

perceive [pəˈsiːv] vt **-1.** [notice] percebre, notar. **-2.** [understand, realize] comprendre. **-3.** [see]: **to ~ sthg / sb as** veure alguna cosa / algú com a.

per cent adv per cent.

percentage [pəˈsentɪdʒ] n percentatge m.

perception [pəˈsepʃn] n **-1.** [act of seeing] percepció f. **-2.** [insight] perspicàcia f. **-3.** [opinion] idea f.

perceptive [pəˈseptɪv] adj perceptiu -iva, perspicaç.

perch [pɜːtʃ] (pl sense 3 only inv / **-es**) ◇ n **-1.** [for bird] perxa f, barra f. **-2.** [high position] posició f elevada. **-3.** [fish] perca f. ◇ vi: **to ~ (on)** [bird] posar-se (sobre); [person] enfilar-se.

percolator ['pɜːkəleɪtəʳ] n cafetera f de filtre.

percussion [pəˈkʌʃn] MUS n percussió f; **the ~** la percussió.

perennial [pəˈrenjəl] ◇ adj gen & BOT perenne. ◇ n BOT planta f perenne.

perfect [adj & n 'pɜːfɪkt, vb pəˈfekt] ◇ adj perfecte -a; **he's a ~ stranger to me** m'és del tot desconegut; **it makes ~ sense** és totalment lògic. ◇ n GRAM: **the ~ (tense)** el perfet. ◇ vt perfeccionar.

perfection [pəˈfekʃn] n perfecció f; **to ~ a la perfecció**.

perfectionist [pəˈfekʃənɪst] n perfeccionista mf.

perfectly ['pɜːfɪktlɪ] adv **-1.** [for emphasis] d'allò més, del tot; **~ well** perfectament bé. **-2.** [to perfection] perfectament.

perforate ['pɜːfəreɪt] vt perforar.

perforation [ˌpɜːfəˈreɪʃn] n [in paper] foració f.

perform [pəˈfɔːm] ◇ vt **-1.** [carry out] fer, dur a terme. **-2.** [music, dance] interpretar; [play] representar. ◇ vi **-1.** [function - car, machine] anar, funcionar; [- person, team] sortir-se'n. **-2.** [in front of audience] actuar.

performance [pəˈfɔːməns] n **-1.** [carrying out] realització f, execució f. **-2.** [show] representació f, funció f. **-3.** [of actor, singer etc.] interpretació f, actuació f. **-4.** [of car, engine] rendiment m.

performer [pəˈfɔːməʳ] n [actor, singer etc.] intèrpret mf.

perfume ['pɜːfjuːm] n perfum m.

perfunctory [pəˈfʌŋktərɪ] adj superficial, lleuger -a.

perhaps [pəˈhæps] adv **-1.** [maybe] potser, tal vegada; **~ she'll do it** potser ho farà ella; **~ so / not** potser sí / no. **-2.** [in polite requests, suggestions, remarks]: **~ you could help?** et faria res donar-me un cop de mà?; **~ you should start again** per què no tornes a començar?

peril ['perɪl] n liter perill m; **at one's ~** jugar-se-la un mateix.

perimeter [pəˈrɪmɪtəʳ] n perímetre m; **~ fence / wall** tanca f.

period ['pɪərɪəd] ◇ n **-1.** [of time] període m. **-2.** HIST època f. **-3.** EDUC classe f. **-4.** [menstruation] període m. **-5.** Am [full stop] punt m. ◇ comp d'època.

periodic [ˌpɪərɪˈɒdɪk] adj periòdic -a.

periodical [ˌpɪərɪˈɒdɪkl] ◇ adj = **periodic**. ◇ n [magazine] publicació f periòdica.

peripheral [pəˈrɪfərəl] ◇ adj **-1.** [of little importance] marginal. **-2.** [at edge] perifèric -a. ◇ n COMPUT perifèric m.

perish ['perɪʃ] vi **-1.** [die] morir. **-2.** [decay] atrotinar-se.

perishable ['perɪʃəbl] adj perible. ➡ **perishables** npl articles mpl que no es conserven bé.

perjury ['pɜːdʒərɪ] JUR n perjuri m.

perk [pɜːk] n inf guanys mpl eventuals, ganga f. ➡ **perk up** vi reviscolar-se.

perky ['pɜːkɪ] (compar **-ier**, superl **-iest**) adj inf alegre, eixerit -ida.

perm [pɜːm] ◇ n permanent f. ◇ vt: **to have one's hair ~ed** fer-se la permanent.

permanent ['pɜːmənənt] ◇ adj **-1.** [gen] permanent; [job, address] fix -a. **-2.** [continuous, constant] estable. ◇ n Am [perm] permanent f.

permeate ['pɜːmɪeɪt] vt impregnar.

permissible [pəˈmɪsəbl] adj permissible.

permission [pəˈmɪʃn] n: **~ (to do sthg)** permís m (per fer alguna cosa).

permissive [pəˈmɪsɪv] adj permissiu -iva.

permit [*vb* pəˈmɪt, *n* ˈpɜːmɪt] (*pt & pp* **-ted**, *cont* **-ting**) ⇔ *vt* permetre; **to ~ sb sthg / to do sthg** consentir alguna cosa / que algú faci alguna cosa; **weather permitting** si el temps ho permet. ⇔ *n* permís *m*, llicència *f*.

pernicious [pəˈnɪʃəs] *adj fml* perniciós -osa.

pernickety [pəˈnɪkətɪ] *adj inf* primmirat -ada.

perpendicular [ˌpɜːpənˈdɪkjʊləʳ] ⇔ *adj* **-1.** MATH: **~ (to)** perpendicular (a). **-2.** [upright] vertical. ⇔ *n* MATH línia *f* / pla *m* perpendicular.

perpetrate [ˈpɜːpɪtreɪt] *vt fml* perpetrar.

perpetual [pəˈpetʃʊəl] *adj* **-1.** *pej* [constant] constant. **-2.** [everlasting] perpetu -ètua.

perplex [pəˈpleks] *vt* confondre, desconcertar.

perplexing [pəˈpleksɪŋ] *adj* desconcertant.

persecute [ˈpɜːsɪkjuːt] *vt* perseguir.

perseverance [ˌpɜːsɪˈvɪərəns] *n* perseverança *f*.

persevere [ˌpɜːsɪˈvɪəʳ] *vi*: **to ~ (with sthg / in doing sthg)** perseverar (en alguna cosa / a fer alguna cosa).

Persian [ˈpɜːʃn] ⇔ *adj* pèrsic -a, persa. ⇔ *n* [language] persa *m*.

persist [pəˈsɪst] *vi* **-1.** [problem, rain] persistir. **-2.** [person]: **to ~ in doing sthg** entestar-se a fer una cosa.

persistence [pəˈsɪstəns] *n* **-1.** [continuation] persistència *f*. **-2.** [determination] tenacitat *f*.

persistent [pəˈsɪstənt] *adj* **-1.** [constant] continu. **-2.** [determined] persistent.

person [ˈpɜːsn] (*pl* **people / persons**) *n* **-1.** [man, woman] persona *f*; **in ~** en persona; **in the ~ of** en la persona de. **-2.** [body]: **about one's ~** a sobre.

personable [ˈpɜːsnəbl] *adj* de bon veure.

personal [ˈpɜːsənl] ⇔ *adj* **-1.** [gen] personal. **-2.** [private - life, problem] privat -ada. **-3.** *pej* [rude] ofensiu -iva; **to be ~** ser tafaner -a. ⇔ *n Am* anunci *f* per paraules.

personal assistant *n* secretari *m* -ària *f* personal.

personal column *n* secció *f* d'anuncis per paraules.

personal computer *n* ordinador *m* personal.

personality [ˌpɜːsəˈnælətɪ] (*pl* **-ies**) *n* personalitat *f*.

personally [ˈpɜːsnəlɪ] *adv* personalment; **to take sthg ~** ofendre's.

personal organizer *n* agenda *f* d'usos múltiples.

personal property *n* (U) béns *mpl* mobles.

personal stereo *n* walkman® *m*.

personify [pəˈsɒnɪfaɪ] (*pt & pp* **-ied**) *vt* personificar.

personnel [ˌpɜːsəˈnel] ⇔ *n* (U) [department] personal *m*. ⇔ *npl* [staff] plantilla *f*.

perspective [pəˈspektɪv] *n* perspectiva *f*; *fig* **to get sthg in ~** posar alguna cosa al seu lloc.

Perspex® [ˈpɜːspeks] *n Br* plexiglàs® *m*.

perspiration [ˌpɜːspəˈreɪʃn] *n* transpiració *f*.

persuade [pəˈsweɪd] *vt*: **to ~ sb (of sthg / to do sthg)** persuadir algú (d'alguna cosa / de fer alguna cosa); **to ~ sb that** convèncer algú que.

persuasion [pəˈsweɪʒn] *n* **-1.** [act of persuading] persuasió *f*. **-2.** [belief] convicció *f*.

persuasive [pəˈsweɪsɪv] *adj* persuasiu -iva.

pert [pɜːt] *adj* barrut -uda.

pertain [pəˈteɪn] *vi fml*: **~ing to** relacionat -ada amb.

pertinent [ˈpɜːtɪnənt] *adj* pertinent.

perturb [pəˈtɜːb] *vt fml* pertorbar, trasbalsar.

Peru [pəˈruː] *n* Perú.

peruse [pəˈruːz] *vt* [read carefully] llegir atentament; [browse through] llegir per sobre.

Peruvian [pəˈruːvjən] ⇔ *adj* peruà -ana. ⇔ *n* [person] peruà *m* -ana *f*.

pervade [pəˈveɪd] *vt* escampar-se per.

perverse [pəˈvɜːs] *adj* [delight, enjoyment] pervers -a; [contrary] tossut -uda.

perversion [*Br* pəˈvɜːʃn, *Am* pəˈvɜːʒn] *n* **-1.** [sexual deviation] perversió *f*. **-2.** [of justice, truth] tergiversació *f*.

pervert [*n* ˈpɜːvɜːt, *vb* pəˈvɜːt] ⇔ *n* pervertit *m* -ida *f*. ⇔ *vt* **-1.** [course of justice] tergiversar. **-2.** [sexually corrupt] pervertir.

pessimist [ˈpesɪmɪst] *n* pessimista *mf*.

pessimistic [ˌpesɪˈmɪstɪk] *adj* pessimista.

pest [pest] *n* **-1.** [insect] insecte *m* nociu; [animal] animal *m* nociu. **-2.** *inf* [annoying person] corcó *m*; [annoying thing] porra *f*.

pester [ˈpestəʳ] *vt* fer la guitza, molestar.

pet [pet] (*pt & pp* **-ted**, *cont* **-ting**) ◇ *adj* [subject, theory] favorit -a; ~ hate aversió *f*. ◇ *n* **-1.** [domestic animal] animal *m* domèstic. **-2.** [favourite person] favorit *m* -a *f*. ◇ *vt* amanyagar, acariciar. ◇ *vi* petonejar-se.

petal ['petl] *n* pètal *m*.

peter ['pi:tə^r] ⇒ **peter out** *vi* [supplies, interest] exhaurir-se; [path] morir.

petite [pə'ti:t] *adj* [woman] petita i eixerida.

petition [pɪ'tɪʃn] ◇ *n* petició *f*. ◇ *vt* demanar, sol·licitar. ◇ *vi* **-1.** [campaign]: to ~ for sthg sol·licitar alguna cosa; to ~ against sthg fer una petició en contra d'alguna cosa. **-2.** JUR: to ~ for divorce demanar el divorci.

petrified ['petrɪfaɪd] *adj* [terrified] petrificat -ada.

petrol ['petrəl] *n Br* gasolina *f*, benzina *f*.

petrol bomb *n Br* còctel *m* Molotov.

petrol can *n Br* bidó *m* de gasolina.

petroleum [pɪ'trəʊljəm] *n* petroli *m*.

petrol pump *n Br* assortidor *m* de gasolina.

petrol station *n Br* gasolinera *f*, benzinera *f*.

petrol tank *n Br* dipòsit *m* de gasolina.

petticoat ['petɪkəʊt] *n* [underskirt] enagos *mpl*; [full-length] combinació *f*.

petty ['petɪ] (*compar* **-ier**, *superl* **-iest**) *adj* **-1.** [small-minded] mesquí -ina. **-2.** [trivial] insignificant.

petty cash *n* diners *mpl* per a despeses menors.

petty officer *n* sotsoficial *m* de la marina.

petulant ['petjʊlənt] *adj* geniüt -üda.

pew [pju:] *n* banc *m*.

pewter ['pju:tə^r] *n* peltre *m*.

phantom ['fæntəm] ◇ *adj* fantasmal. ◇ *n* [ghost] fantasma *m*.

pharmaceutical [,fɑ:mə'sju:tɪkl] *adj* farmacèutic -a.

pharmacist ['fɑ:məsɪst] *n* farmacèutic *m* -a *f*.

pharmacy ['fɑ:məsɪ] (*pl* **-ies**) *n* [shop] farmàcia *f*.

phase [feɪz] ◇ *n* fase *f*. ◇ *vt* escalonar. ⇒ **phase in** *vt sep* introduir progressivament. ⇒ **phase out** *vt sep* retirar progressivament.

PhD (*abbr of* Doctor of Philosophy) *n* doctor en filosofia i lletres.

pheasant ['feznt] ((*pl inv*) / **-s**) *n* faisà *m*.

phenomena [fɪ'nɒmɪnə] *pl* ⇒ **phenomenon**.

phenomenal [fɪ'nɒmɪnl] *adj* fenomenal.

phenomenon [fɪ'nɒmɪnən] (*pl* **-mena**) *n lit & fig* fenomen *m*.

phial ['faɪəl] *n* ampolleta *f*.

philanthropist [fɪ'lænθrəpɪst] *n* filantrop *m* -a *f*.

philately [fɪ'lætəlɪ] *n* filatèlia *f*.

Philippine ['fɪlɪpi:n] *adj* filipí -ina; the ~ Islands les Illes Filipines. ⇒ **Philippines** *npl*: the ~s les Filipines.

philosopher [fɪ'lɒsəfə^r] *n* filòsof *m* -a *f*.

philosophical [,fɪlə'sɒfɪkl] *adj* filosòfic -a.

philosophy [fɪ'lɒsəfɪ] (*pl* **-ies**) *n* filosofia *f*.

phlegm [flem] *n* [mucus] flegma *f*.

phlegmatic [fleg'mætɪk] *adj* flegmàtic -a.

phobia ['fəʊbjə] *n*: to have a ~ about sthg tenir fòbia a alguna cosa.

phone [fəʊn] ◇ *n* telèfon *m*; to be on the ~ [speaking] estar parlant per telèfon; *Br* [connected to network] tenir telèfon. ◇ *comp* telefònic -a. ◇ *vt & vi* telefonar, trucar per telèfon. ⇒ **phone up** *vt sep & vi* trucar.

phone book *n* guia *f* telefònica.

phone booth *n* cabina *f* telefònica.

phone box *n Br* cabina *f* telefònica.

phone call *n* trucada *f* telefònica; to make a ~ fer una trucada.

phonecard ['fəʊnkɑ:d] *n* targeta *f* telefònica.

phone-in RADIO & TV *n* programa de ràdio o televisió amb trucades dels oients o espectadors.

phone number *n* número *m* de telèfon.

phonetics [fə'netɪks] *n* (U) fonètica *f*.

phoney *Br*, **phony** *Am* ['fəʊnɪ] (*compar* **-ier**, *superl* **-iest**, *pl* **-ies**) ◇ *adj inf* fals -a. ◇ *n* farsant *mf*.

phosphorus ['fɒsfərəs] *n* fòsfor *m*.

photocopier [,fəʊtəʊ'kɒpɪə^r] *n* fotocopiadora *f*.

photocopy ['fəʊtəʊ,kɒpɪ] (*pl* **-ies**, *pt & pp* **-ied**) ◇ *n* fotocòpia *f*. ◇ *vt* fotocopiar.

photograph ['fəʊtəgrɑ:f] ◇ *n* fotografia *f*; to take a ~ (of) fer una fotografia (de). ◇ *vt* fotografiar.

photographer [fə'tɒgrəfə^r] *n* fotògraf *m* -a *f*.

photography [fə'tɒgrəfɪ] *n* fotografia *f*.

phrasal verb ['freɪzl-] *n* locució verbal que

es compon del verb més preposició o adverbi.

phrase [freɪz] ◇ n **-1.** [group of words] frase f, sintagma m. **-2.** [expression] expressió f, locució f. ◇ vt [apology, refusal] expressar; [letter] redactar.

phrasebook [ˈfreɪzbʊk] n llibre m de frases.

physical [ˈfɪzɪkl] ◇ adj físic -a. ◇ n [examination] examen m mèdic.

physical education n educació f física.

physically [ˈfɪzɪklɪ] adv físicament.

physically handicapped ◇ adj discapacitat -ada. ◇ npl: **the ~** els discapacitats.

physician [fɪˈzɪʃn] n metge m, metgessa f.

physicist [ˈfɪzɪsɪst] n físic m -a f.

physics [ˈfɪzɪks] n (U) física f.

physiotherapy [ˌfɪzɪəʊˈθerəpɪ] n fisioteràpia f.

physique [fɪˈziːk] n físic m.

pianist [ˈpɪənɪst] n pianista mf.

piano [pɪˈænəʊ] (pl **-s**) n [instrument] piano m.

piccolo [ˈpɪkələʊ] (pl **-s**) n flautí m.

pick [pɪk] ◇ n **-1.** [tool] pic m. **-2.** [selection] **take your ~** agafa el que vulguis. **-3.** [best]: **the ~ of** el bo i millor. ◇ vt **-1.** [team, winner] seleccionar; [time, book, dress] triar, escollir; **to ~ one's way across / through** anar amb peus de plom per. **-2.** [fruit, flowers] collir. **-3.** [remove - hairs etc.]: **to ~ sthg off sthg** treure alguna cosa d'una cosa. **-4.** [nose] burxar-se; [teeth] escurar-se. **-5.** [provoke]: **to ~ a fight / quarrel (with)** buscar les puces / brega (a algú). **-6.** [open - lock] rebentar. ◇ vi: **he can afford to ~ and choose** es pot permetre de triar a decidir-se. ☞ **pick on** vt fus fer la guitza a. ☞ **pick out** vt sep **-1.** [recognize] distingir. **-2.** [select] triar. ☞ **pick up** vt sep **-1.** [gen] recollir; fig **to ~ up the pieces** tornar a la normalitat. **-2.** [buy, acquire] comprar; **to ~ up speed** [car] agafar empenta. **-3.** [learn - up tips, language] copsar. **-4.** [subject: police]: **to ~ sb up for sthg** detenir algú per alguna cosa. **-5.** inf [approach] conèixer. **-6.** RADIO & TELEC captar. **-7.** [start again] engegar de nou. ◇ vi **-1.** [improve] millorar. **-2.** [start again] tornar-se a engegar.

pickaxe Br, **pickax** Am [ˈpɪkæks] n pic m.

picket [ˈpɪkɪt] ◇ n piquet m. ◇ vt instal·lar piquets a.

picket line n línia f de piquets.

pickle [ˈpɪkl] ◇ n **-1.** [vinegar preserve] confitat m; [sweet vegetable sauce] salsa espessa agredolça amb trossos de ceba, etc. **-2.** inf [difficult situation]: **to be in a ~** trobar-se en un destret. ◇ vt confitar.

pickpocket [ˈpɪkˌpɒkɪt] n carterista mf.

pick-up n **-1.** [of record player] fonocaptor m. **-2.** [truck] camioneta f.

picnic [ˈpɪknɪk] (pt & pp **-ked**, cont **-king**) ◇ n pícnic m. ◇ vi berenar al camp.

pictorial [pɪkˈtɔːrɪəl] adj pictòric -a, il·lustrat -ada.

picture [ˈpɪktʃəʳ] ◇ n **-1.** [painting] pintura f; [drawing] dibuix m. **-2.** [photograph] fotografia f. **-3.** [on TV] imatge f. **-4.** [cinema film] pel·lícula f. **-5.** [in mind] idea f, imatge f. **-6.** [situation] situació f. **-7.** [epitome]: **the ~ of** la imatge de. **-8.** inf **to get the ~** fer-se'n la idea; **to put sb in the ~** posar al corrent algú d'alguna cosa; **to be in / out of the ~** estar / no estar al corrent. ◇ vt **-1.** [in mind] imaginar-se. **-2.** [in media]: **to be ~d** aparèixer a la foto. **-3.** [in painting] pintar; [in drawing] dibuixar. ☞ **pictures** npl Br: **the ~s** el cinema.

picture book n llibre m il·lustrat.

picturesque [ˌpɪktʃəˈresk] adj pintoresc -a.

pie [paɪ] n [sweet] pastís m; [savoury] panada f; **~ in the sky** fer volar coloms.

piece [piːs] n **-1.** [individual part or portion] tros m; **to come to ~s** esbocinar-se; **to be smashed to ~s** esclafat -ada a cops; **to take sthg to ~s** desmuntar alguna cosa; **in ~s** a trossos; **in one ~** [intact] intacte -a; [unharmed] sa i estalvi, sana i estàlvia; fig **to go to ~s** ensorrar-se. **-2.** (with uncountable noun) [individual object]: **~ of furniture** moble m; **~ of clothing** peça f de vestir; **~ of advice** consell m; **~ of news** notícia f; **~ of luck** cop m de sort; **~ of work** [object] peça f; inf [nasty person] mala peça. **-3.** [in board game] peça f. **-4.** [valuable or interesting object, composition, play] peça f. **-5.** [of journalism] article m. **-6.** [coin] moneda f. ☞ **piece together** vt sep [discover] lligar caps.

piecemeal [ˈpiːsmiːl] ◇ adj poc sistemàtic -a. ◇ adv a poc a poc.

piecework [ˈpiːswɜːk] n (U) feina f a preu fet.

pie chart n gràfic m circular.

pier [pɪəʳ] n [at seaside] escullera f, moll m.

pierce [pɪəs] *vt* **–1.** [subject: bullet, needle] foradar; **to have one's ears ~d** fer-se foradar les orelles. **–2.** [subject: voice, scream] trencar, travessar.

piercing ['pɪəsɪŋ] *adj* **–1.** [scream] punyent; [sound, voice] agut -uda. **–2.** [wind] que talla. **–3.** [look, eyes] penetrant.

piety ['paɪətɪ] *n* pietat *f*.

pig [pɪg] (*pt & pp* **-ged**, *cont* **-ging**) *n* **–1.** [animal] porc *m*. **–2.** *inf pej* [greedy eater] golafre *mf*; **to make a ~ of oneself** afartar-se com un lladre. **–3.** *inf pej* [unkind person] porc *m* -a *f*.

pigeon ['pɪdʒɪn] ((*pl inv*) / **-s**) *n* colom *m*.

pigeonhole ['pɪdʒɪnhəʊl] <> *n* [compartment] casella *f*. <> *vt* [classify] encasellar.

piggybank ['pɪgɪbæŋk] *n* guardiola *f* en forma de porquet.

pigheaded [,pɪg'hedɪd] *adj* tossut -uda.

pigment ['pɪgmənt] *n* pigment *m*.

pigpen *Am* = **pigsty**.

pigsty ['pɪgstaɪ] (*pl* **-ies**) *n lit & fig* cort *f*, cofurna *f*.

pigtail ['pɪgteɪl] *n* [girl's] trena *f*; [Chinese, bullfighter's] cua *f*.

pike [paɪk] (*pl sense 1 only inv* / **-s**) *n* **–1.** [fish] lluç *m* de riu. **–2.** [weapon] pica *f*.

pilchard ['pɪltʃəd] *n* sardina *f*.

pile [paɪl] <> *n* **–1.** [heap] munt *m*; **a ~ / ~s of** un munt de. **–2.** [neat stack] pila *f*. **–3.** [of carpet, fabric] pèl *m*. <> *vt* amuntegar, apilar; **a plate ~d with food** un plat ben ple de menjar. ◆ **piles** MED *npl* morenes *fpl*. ◆ **pile into** *vt fus inf* amuntegar-se. ◆ **pile out** *vi inf*: **to ~ out (of)** sortir a patolls (de). ◆ **pile up** <> *vt sep* apilar, amuntegar. <> *vi* **–1.** [form a heap] amuntegar-se. **–2.** [mount up] acumular-se.

pileup ['paɪlʌp] *n* accident *m* en cadena.

pilfer ['pɪlfər] <> *vt* pispar. <> *vi*: **to ~ (from)** pispar (de).

pilgrim ['pɪlgrɪm] *n* pelegrí *m* -ina *f*.

pilgrimage ['pɪlgrɪmɪdʒ] *n* peregrinació *f*.

pill [pɪl] *n* **–1.** MED píndola *f*. **–2.** [contraceptive]: **the ~** la píndola anticonceptiva; **to be on the ~** prendre la píndola anticonceptiva.

pillage ['pɪlɪdʒ] <> *n* pillatge *m*, saqueig *m*. <> *vt* pillar, saquejar.

pillar ['pɪlər] *n lit & fig*: **to be a ~ of strength** ser un puntal.

pillar box *n Br* bústia *f*.

pillion ['pɪljən] *n* seient *m* del passatger; **to ride ~** anar al seient de darrere.

pillow ['pɪləʊ] *n* **–1.** [for bed] coixí *m*. **–2.** *Am* [on sofa, chair] coixí *m*.

pillowcase [,pɪləʊkeɪs], **pillowslip** ['pɪləʊslɪp] *n* coixinera *f*.

pilot ['paɪlət] <> *n* **–1.** AERON & NAUT pilot *mf*. **–2.** TV programa *m* pilot. <> *comp* pilot. <> *vt* **–1.** AERON & NAUT pilotar. **–2.** [person] guiar; [scheme, plan] posar a prova.

pilot burner, **pilot light** *n* pilot *m*, llumet *m* indicador.

pilot study *n* estudi *m* pilot.

pimp [pɪmp] *n inf* fatxenda *m*, macarró *m*.

pimple ['pɪmpl] *n* gra *m*.

pin [pɪn] (*pt & pp* **-ned**, *cont* **-ning**) <> *n* **–1.** [for sewing] agulla *f* de cap; **~s and needles** formigueig *m*. **–2.** [drawing -] xinxeta *f*. **–3.** [safety -] imperdible *m*. **–4.** [of plug] clavilla *f*. **–5.** TECHNOL pern *m*. **–6.** [in grenade] espoleta *f*. <> *vt* **–1.** [fasten]: **to ~ sthg to / on** [notice] clavar amb xinxetes alguna cosa a; [medal, piece of cloth] penjar. **–2.** [trap]: **to ~ sb against** acorralar. **–3.** [apportion]: **to ~ sthg on / upon sb** carregar les culpes d'alguna cosa a algú.

pinafore ['pɪnəfɔːr] *n* **–1.** [apron] davantal *m*. **–2.** *Br* [dress] pitxi *m*.

pinball ['pɪnbɔːl] *n* milió *m*.

pincers ['pɪnsəz] *npl* **–1.** [tool] tenalles *fpl*. **–2.** [front claws] pinces *fpl*.

pinch [pɪntʃ] <> *n* **–1.** [nip] pessigada *f*; **to feel the ~** trobar-se amb la butxaca escurada. **–2.** [small quantity] pessic *m*. <> *vt* **–1.** [nip] pessigar; [subject: shoes] estrènyer. **–2.** *inf* [steal] pispar. ◆ **at a pinch** *Br*, **in a pinch** *Am adv* en cas de necessitat.

pincushion ['pɪn,kʊʃn] *n* buirac *m*.

pine [paɪn] <> *n* pi *m*. <> *comp* de pi. <> *vi*: **to ~ for** delir-se per. ◆ **pine away** *vi* consumir-se.

pineapple ['paɪn,æpl] *n* pinya *f* tropical.

pinetree ['paɪntriː] *n* pi *m*.

ping [pɪŋ] <> *n* [of bell] ning-nang *m*; [of metal] drang *m*. <> *vi* drangar.

Ping-Pong® [-pɒŋ] *n* ping-pong *m*.

pink [pɪŋk] <> *adj* rosa. <> *n* **–1.** [colour] rosa *m*. **–2.** [flower] clavell *m*.

pinnacle ['pɪnəkl] *n* **–1.** [high point] pinacle *m*. **–2.** [mountain peak, spire] cim *m*.

pinpoint ['pɪnpɔɪnt] *vt* precisar, concretar.

pin-striped [-,straɪpt] *adj* ratllat -ada.

pint [paɪnt] *n* **–1.** [unit of measurement] ≃ pinta *f* = 0'568 litres *Br*, 0'473 litres *Am*. **–2.**

Br [beer]: **to go for a ~** anar a prendre una cervesa; **they went out for a ~** van anar a prendre una cervesa.

pioneer [ˌpaɪəˈnɪər] ◇ *n* pioner *m* -a *f.* ◇ *vt* iniciar, promoure.

pious [ˈpaɪəs] *adj* **-1.** [religious] pietós -osa. **-2.** *pej* [sanctimonious] beat -a.

pip [pɪp] *n* **-1.** [seed] llavor *f.* **-2.** *Br* [bleep] senyal *m.*

pipe [paɪp] ◇ *n* **-1.** [for gas, water] canonada *f.* **-2.** [for smoking] pipa *f.* ◇ *vt* **-1.** [transport via pipes] canalitzar. **-2.** [say] dir en veu aguda. ◆ **pipes** MUS *npl* gaita *f.* ◆ **pipe down** *vi inf* fer mutis. ◆ **pipe up** *vi inf:* **to ~ up with a suggestion** sortir amb un suggeriment.

pipe cleaner *n* netejapipes *m.*

pipe dream *n* castell *m* de vent.

pipeline [ˈpaɪplaɪn] *n* [for gas] gasoducte *m*; [for oil] oleoducte *m*; [for water] canonada *f*; **to be in the ~** estar a punt d'arribar.

piper [ˈpaɪpər] *n* gaiter *m* -a *f.*

piping hot [ˈpaɪpɪŋ-] *adj* que crema.

piquant [ˈpiːkənt] *adj* **-1.** [food] picant. **-2.** [story] intrigant; [situation] estimulant.

pique [piːk] *n* ressentiment *m*; **a fit of ~** un rampell de rancúnia.

pirate [ˈpaɪrət] ◇ *adj* [gen & COMPUT] pirata. ◇ *n* **-1.** [sailor] pirata *mf.* **-2.** [illegal copy] edició *f* pirata. ◇ *vt* piratejar, fer una edició pirata.

pirate radio *n Br* emissora *f* pirata.

pirouette [ˌpɪruˈet] ◇ *n* piruetа *f.* ◇ *vi* fer piruetes.

Pisces [ˈpaɪsiːz] *n* Peixos; **to be (a) ~** ser Peixos.

piss [pɪs] *vulg* ◇ *n* **-1.** [urine] pixarada *f,* pipí *m*; **to take the ~ out of** fotre's de. **-2.** [urination]: **to have a ~** pixar. ◇ *vi* pixar.

pissed [pɪst] *vulg adj* **-1.** *Br* [drunk] trompa. **-2.** *Am* [annoyed] emprenyat -ada.

pissed off *adj vulg:* **to be / to feel ~** estar emprenyat -ada.

pistol [ˈpɪstl] *n* pistola *f.*

piston [ˈpɪstən] *n* pistó *m,* èmbol *m.*

pit [pɪt] (*pt & pp* **-ted,** *cont* **-ting**) ◇ *n* **-1.** [large hole] forat *m.* **-2.** [small hole - in metal, glass] alvèol *m*; [- on face] clotet *m.* **-3.** [for orchestra] orquestra *f.* **-4.** [mine] mina *f.* **-5.** [quarry] pedrera *f.* **-6.** *Am* [of fruit] pinyol *m.* **-7.** **the ~ of one's stomach** la boca de l'estómac. ◇ *vt:* **to be ~ted against** oposar-se a; **to ~ one's wits against** comparar-se amb. ◆ **pits** *npl* **-1.** [in motor racing]: **the ~s box** *m.* **-2.** *inf* [awful]: **it's the ~s** és horrorós -osa.

pitch [pɪtʃ] ◇ *n* **-1.** SPORT camp *m.* **-2.** MUS to *m.* **-3.** [level, degree] nivell *m,* grau *m.* **-4.** [selling place] parada *f.* **-5.** *inf* [sales talk] xerrameca *f* de venedor. **-6.** [motion of ship, plane] capficall *m,* tombarella *f.* ◇ *vt* **-1.** [throw] llançar, tirar; **to be ~ed into a situation** trobar-se en una situació de la nit al dia. **-2.** [speech] contar; [price] fixar un preu. **-3.** [tent] plantar. ◇ *vi* **-1.** [ball] anar a parar; **to ~ forwards** [person] caure de cap. **-2.** [ship, plane] capficar, fer tombarelles.

pitch-black *adj* negre -a com la gola del llop.

pitched battle HIST *n* batalla *f* planificada; *fig* [bitter struggle] lluita *f* aferrissada.

pitcher [ˈpɪtʃər] *Am n* **-1.** [jug] gerra *f,* gerro *m.* **-2.** [in baseball] llançador *m* -a *f.*

pitchfork [ˈpɪtʃfɔːk] *n* forca *f.*

piteous [ˈpɪtɪəs] *adj* llastimós -osa.

pitfall [ˈpɪtfɔːl] *n* escull *m,* trampa *f.*

pith [pɪθ] *n* medul·la *f.*

pithy [ˈpɪθɪ] (*compar* **-ier,** *superl* **-iest**) *adj* concís -isa, lacònic -a.

pitiful [ˈpɪtɪful] *adj* [condition, excuse, effort] lamentable; [person, appearance] llastimós -osa.

pitiless [ˈpɪtɪlɪs] *adj* [person] despietat -ada; [weather] inclement.

pit stop *n* [in motor racing] aturada *f* al box.

pittance [ˈpɪtəns] *n* misèria *f.*

pity [ˈpɪtɪ] (*pt & pp* **-ied**) ◇ *n* [compassion] compassió *f*; [shame] llàstima *m,* pena *f*; **what a ~!** quina llàstima!; **to take / have ~ on** compadir / tenir compassió de. ◇ *vt* compadir, plànyer.

pivot [ˈpɪvət] ◇ *n* pivot *m,* eix *m*; *fig* eix *m.* ◇ *vi:* **to ~ (on)** girar (sobre).

pizza [ˈpiːtsə] *n* pizza *f.*

placard [ˈplækɑːd] *n* pancarta *f.*

placate [pləˈkeɪt] *vt* calmar, apaivagar.

place [pleɪs] ◇ *n* **-1.** [gen] lloc *m,* indret *m*; **~ of birth** lloc de naixement. **-2.** [proper position] lloc *m*; **to fall into ~** encaixar; **to put sb in their ~** posar algú a ratlla. **-3.** [suitable occasion, time] moment *m.* **-4.** [home] casa *f.* **-5.** [specific seat] seient *m*; THEAT localitat *f.* **-6.** [setting at table] cobert *m.* **-7.** [on course, at university] plaça *f.* **-8.** [on committee, in team] lloc *m.* **-9.** [role, function] paper *m*; **to have an important ~ in** tenir un paper important en; **it's not**

my ~ to question it no sóc qui per qüestionar-ho. **-10.** [rank] posició *f*. **-11.** [in book] pàgina *f*; [in speech] punt *m*; to lose one's ~ perdre el punt. **-12.** MATH: decimal ~ decimal *m*. **-13.** [instance]: in the first ~ [from the start] des del començament; in the first ~ ... and in the second ~ ... [firstly, secondly] en primer ... i en segon lloc. **-14.** to take ~ tenir lloc, ocórrer; to take the ~ of substituir. ◇ *vt* **-1.** [position, put] posar, col·locar; to be well ~d to do sthg trobar-se en una bona posició per fer alguna cosa. **-2.** [lay, apportion]: to ~ the blame on donar la culpa a; to ~ pressure on fer pressió sobre. **-3.** [identify]: I recognize the face, but I can't ~ her tinc present la seva cara, però no sé de què. **-4.** [bet, order etc.] fer. **-5.** [in horse racing]: to be ~d classificar-se. ➠ **all over the place** *adv* pertot arreu. ➠ **in place** *adv* **-1.** [in proper position] al seu lloc. **-2.** [established, set up] en funcionament. ➠ **in place of** *prep* en lloc de. ➠ **out of place** *adv* **-1.** [in wrong position]: to be out of ~ estar fora de lloc. **-2.** [inappropriate, unsuitable] inescaient.

place mat *n* tovalla *f* individual.

placement ['pleɪsmənt] *n* col·locació *f*.

placid ['plæsɪd] *adj* **-1.** [even-tempered] plàcid -a. **-2.** [peaceful] tranquil -il·la.

plagiarize, -ise ['pleɪdʒəraɪz] *vt* plagiar.

plague [pleɪg] ◇ *n* **-1.** [attack of disease] pesta *f*. **-2.** [disease]: (the) ~ la pesta; to avoid sb / sthg like the ~ fugir d'algú / alguna cosa com de la pesta. **-3.** [of rats, insects] plaga *f*. ◇ *vt*: to ~ sb with [complaints, requests] fastiguejar algú amb; [questions] atabalar; to be ~d by [ill health] estar infectat -ada per; [doubts] turmentat -ada.

plaice [pleɪs] (*pl inv*) *n* palaia *f*.

plaid [plæd] *n* roba *f* de quadres escocesos.

Plaid Cymru [ˌplaɪd'kʌmrɪ] *n Br* POL partit nacionalista gal·lès.

plain [pleɪn] ◇ *adj* **-1.** [not patterned] llis -a. **-2.** [simple - gen] senzill -a; [- yoghurt] natural. **-3.** [clear] clar -a; to make sthg ~ to sb aclarir alguna cosa a algú. **-4.** [speaking, statement] sincer -a. **-5.** [absolute - madness etc.] autèntic -a. **-6.** [not pretty] lleig lletja. ◇ *adv inf* clarament. ◇ *n* GEOG plana *f*, planura *f*.

plain chocolate *n Br* xocolata *f* sense llet.

plain-clothes *adj* de paisà.

plain flour *n Br* farina *f* sense llevat.

plainly ['pleɪnlɪ] *adv* **-1.** [upset, angry] evidentment. **-2.** [visible, audible] clarament. **-3.** [frankly] francament. **-4.** [simply] senzillament.

plaintiff ['pleɪntɪf] *n* querellant *mf*, demandant *mf*.

plait [plæt] ◇ *n* trena *f*. ◇ *vt* trenar.

plan [plæn] (*pt & pp* **-ned**, *cont* **-ning**) ◇ *n* **-1.** [strategy] pla *m*, projecte *m*; to go according to ~ sortir segons el previst. **-2.** [of story, essay] esquema *m*. **-3.** [of building etc.] plànol *m*. ◇ *vt* **-1.** [organize] planejar. **-2.** [career, future] planificar; to ~ to do sthg proposar-se de fer alguna cosa; it wasn't planned no estava previst -a. **-3.** [design, devise] dissenyar. ◇ *vi* fer plans; to ~ for sthg planificar alguna cosa. ➠ **plans** *npl* plans *mpl*, projectes *mpl*; to have ~s for tenir plans per. ➠ **plan on** *vt fus*: to ~ on doing sthg pensar de fer alguna cosa.

plane [pleɪn] ◇ *adj* pla -plana. ◇ *n* **-1.** [aircraft] avió *m*. **-2.** GEOM [flat surface] pla *m*. **-3.** *fig* [level - intellectual] nivell *m*. **-4.** [tool] ribot *m*. **-5.** [tree] plàtan *m*. ◇ *vt* ribotar.

planet ['plænɪt] *n* planeta *m*.

plank [plæŋk] *n* **-1.** [piece of wood] tauló *m*. **-2.** POL [main policy] principi *m* bàsic.

planning ['plænɪŋ] *n* [gen] planificació *f*; town ~ urbanisme *m*.

planning permission *n* permís *m* d'obres.

plant [plɑːnt] ◇ *n* **-1.** BOT planta *f*. **-2.** [factory] planta *f*. **-3.** [heavy machinery] maquinària *f*. ◇ *vt* **-1.** [seed, tree, vegetable]: to ~ sthg (in) plantar alguna cosa (a). **-2.** [field, garden]: to ~ sthg with sembrar alguna cosa de. **-3.** [kiss, chair] clavar. **-4.** [bomb, bug] col·locar secretament; to ~ sthg on sb [drugs, weapon] endossar alguna cosa a algú.

plantation [plæn'teɪʃn] *n* plantació *f*.

plaque [plɑːk] *n* placa *f*.

plaster ['plɑːstər] ◇ *n* **-1.** [for wall, ceiling] guix *m*. **-2.** [for broken bones] guix *m*; in ~ enguixat -ada. **-3.** *Br* [bandage] esparadrap *m*. ◇ *vt* **-1.** [put - on] enguixar. **-2.** [cover]: to ~ sthg (with) cobrir alguna cosa (amb).

plaster cast *n* **-1.** [for broken bones] guix *m*. **-2.** [model, statue] motlle *m* de guix.

plastered ['plɑːstəd] *adj inf* [drunk] torrat -ada.

plasterer ['plɑːstərər] *n* guixaire *mf*.

plastic ['plæstɪk] ◇ *adj* [made from -] plàstic -a. ◇ *n* plàstic *m*.
Plasticine® ['plæstɪsiːn] *n Br* plastilina *f*.
plastic surgery *n* cirurgia *f* plàstica.
plate [pleɪt] ◇ *n* **-1.** [dish, plateful] plat *m*; **to have a lot on one's ~** [be busy] tenir moltes coses entre mans; **to hand sthg on a ~ to sb** portar alguna cosa a algú amb safata. **-2.** [on machinery, wall, door] placa *f*. **-3.** (U) [metal covering]: **gold / silver ~** xapa *f* d'or / de plata. **-4.** [photograph] placa *f*. **-5.** [in dentistry] pròtesi *f*. ◇ *vt*: **to be ~d (with)** estar xapat -ada (amb).
plateau ['plætəʊ] (*pl* **-s / -x**) *n* **-1.** [high, flat land] altiplà *m*. **-2.** *fig* [steady level] estacionarietat *f*.
plate glass *n* vidre *m*.
platform ['plætfɔːm] *n* **-1.** [gen] plataforma *f*; [stage] tarima *f*; [at meeting] tribuna *f*. **-2.** RAIL andana *f*. **-3.** POL programa *m* (electoral). **-4.** [of bus].
platform ticket *n Br* bitllet *m* d'andana.
platinum ['plætɪnəm] ◇ *adj* [colour] platí. ◇ *n* platí *m*. ◇ *comp* [made of -] de platí.
platitude ['plætɪtjuːd] *n* tòpic *m*.
platoon [plə'tuːn] *n* escamot *m*.
platter ['plætər] *n* [dish] plata *f*, plàtera *f*.
plausible ['plɔːzəbl] *adj* plausible, versemblant.
play [pleɪ] ◇ *n* **-1.** (U) [amusement] joc *m*. **-2.** [piece of drama] obra *f* (de teatre). **-3.** SPORT **out of / in ~** fora de / en joc. **-4.** [consideration]: **to come into ~** entrar en joc. **-5.** [game]: **~ on words** joc *m* de paraules. **-6.** TECHNOL joc *m*. ◇ *vt* **-1.** [game, sport] jugar a. **-2.** [compete against]: **to ~ sb (at sthg)** jugar contra algú (a alguna cosa). **-3.** [perform for amusement]: **to ~ a joke on** fer una broma a; **to ~ a dirty trick on** jugar una mala passada a. **-4.** [role - part, character] representar; *fig* **to ~ a part / role in** representar un paper a; **to ~ the fool** fer el ximple. **-5.** [instrument, tune] tocar; [record, cassette] posar. **-6.** [to ~ it safe actuar sobre segur -a; **to ~ it cool** actuar amb serenitat. ◇ *vi* **-1.** [gen]: **to ~ (with / against)** jugar (amb / contra); **to ~ for sb / a team** jugar per algú / en un equip. **-2.** [act]: **to ~ in sthg** actuar en alguna cosa. **-3.** [MUS - person] tocar; [- music] sonar. **-4.** *liter* [flicker - light, sunshine] titil·lar. ◆ **play along** *vi*: **to ~ along (with)** seguir-li el corrent (a). ◆ **play down** *vt sep* treure importància. ◆ **play up** ◇ *vt sep* [emphasize] emfasitzar. ◇ *vi* [machine, part of body, child] fer la punyeta.
play-act *vi* fer comèdia, fingir.
playboy ['pleɪbɔɪ] *n* playboy *m*.
player ['pleɪər] *n* **-1.** [of sport, game] jugador *m* -a *f*. **-2.** MUS intèrpret *mf*, músic *m* -a *f*. **-3.** THEAT actor *m*, actriu *f*.
playful ['pleɪfʊl] *adj* juganer -a.
playground ['pleɪgraʊnd] *n* pati *m*, parc *m* infantil.
playgroup ['pleɪgruːp] *n* guarderia *f*.
playing card ['pleɪɪŋ-] *n* carta *f*, naip *m*.
playing field ['pleɪɪŋ-] *n* camp *m* d'esports.
playmate ['pleɪmeɪt] *n* company *m* -a *f* de joc.
play-off *n* eliminatòria *f*.
playpen ['pleɪpen] *n* parc *m* (per als nens).
playschool ['pleɪskuːl] *n* guarderia *f*, escola *f* bressol.
plaything ['pleɪθɪŋ] *n* *lit* & *fig* joguina *f*.
playtime ['pleɪtaɪm] *n* esbarjo *m*.
playwright ['pleɪraɪt] *n* dramaturg *m* -a *f*.
plc *abbr of* public limited company.
plea [pliː] *n* **-1.** [appeal] petició *f*, prec *m*. **-2.** JUR al·legat *m*.
plead [pliːd] (*pt* & *pp* **-ed / pled**) ◇ *vt* **-1.** JUR [one's cause] defensar; **to ~ guilty / not guilty** declarar-se culpable / innocent; **to ~ insanity** al·legar desequilibri mental. **-2.** [give as excuse] al·legar. ◇ *vi* **-1.** [beg]: **to ~ (with sb to do sthg)** suplicar (a algú de fer alguna cosa); **to ~ for sthg** demanar alguna cosa. **-2.** JUR declarar.
pleasant ['pleznt] *adj* **-1.** [smell, taste, view] agradable; [surprise, news] grat -a. **-2.** [person, smile, face] simpàtic -a.
pleasantry ['plezntrɪ] (*pl* **-ies**) *n*: **to exchange pleasantries** intercanviar compliments.
please [pliːz] ◇ *vt* complaure, agradar; **he always ~s himself** sempre fa el que li ve de gust; **~ yourself!** fes el que vulguis! ◇ *vi* **-1.** [give satisfaction] satisfer, agradar. **-2.** [think appropriate]: **to do as one ~s** fer el que et ve de gust; **if you ~** si et va bé. ◇ *adv* si us plau.
pleased [pliːzd] *adj*: **to be ~ (about / with)** estar content -a (de / amb); **~ to meet you!** encantat -ada de conèixer-lo -la!
pleasing ['pliːzɪŋ] *adj* agradable, plaent.
pleasure ['pleʒər] *n* **-1.** [feeling of happiness] gust *m*; **to take ~ in sthg** delectar-se en alguna cosa; **with ~** amb molt de gust.

-2. [enjoyment] diversió f. **-3.** [delight] plaer m; it's a ~ to talk to him és un plaer parlar amb ell; it's a ~, my ~ de res.

pleat [pli:t] ◇ n plec m. ◇ vt plegar, prisar.

pled [pled] pt & pp ▶ **plead**.

pledge [pledʒ] ◇ n **-1.** [promise] promesa f. **-2.** [token] penyora f. ◇ vt **-1.** [promise] prometre. **-2.** [make promise]: to ~ sb to sthg fer jurar alguna cosa a algú; to ~ oneself to comprometre's a. **-3.** [pawn] empenyorar.

plentiful ['plentɪfʊl] adj abundant.

plenty ['plentɪ] ◇ n (U) abundància f. ◇ pron: we've got ~ en tenim prou; ~ of molt -a; ~ of reasons moltes raons; ~ of time temps de sobres. ◇ adv Am [very] molt.

pliable ['plaɪəbl], **pliant** ['plaɪənt] adj flexible.

pliers ['plaɪəz] npl tenalles fpl, alicates fpl.

plight [plaɪt] n trangol m.

plimsoll ['plɪmsəl] n Br espardenya f de sola de goma.

plinth [plɪnθ] n [for statue] pedestal m, sòcol m; [for pillar] plint m.

PLO (abbr of Palestine Liberation Organization) n OAP f.

plod [plɒd] (pt & pp **-ded**, cont **-ding**) vi **-1.** [walk slowly] arrossegar-se. **-2.** [work slowly] pencar.

plodder ['plɒdə^r] n pej pencaire mf.

plonk [plɒŋk] n (U) Br inf [wine] vi m de garrafa, ordinari. ▶ **plonk down** vt sep inf deixar caure sorollosament.

plot [plɒt] (pt & pp **-ted**, cont **-ting**) ◇ n **-1.** [plan] complot m, conspiració f. **-2.** [story] argument m, trama f. **-3.** [of land] parcel·la f. **-4.** Am [house plan] plànol m inicial. ◇ vt **-1.** [plan] ordir, tramar. **-2.** [on map, graph] traçar. ◇ vi: to ~ (to do sthg) conjurar-se (per fer alguna cosa); to ~ against conspirar contra.

plotter ['plɒtə^r] n [schemer] conspirador m -a f.

plough Br, **plow** Am [plaʊ] ◇ n arada f. ◇ vt llaurar, solcar. ▶ **plough into** vt sep [invest] invertir. ◇ vt fus [hit] xocar contra.

ploughman's ['plaʊmənz] (pl inv) n Br: ~ (lunch) àpat a base de pa, formatge i cebes confitades, regat amb cervesa.

plow Am = **plough** etc.

ploy [plɔɪ] n estratagema f, truc m.

pluck [plʌk] ◇ vt **-1.** [fruit, flower] collir. **-2.** [pull sharply] arrencar. **-3.** [bird] plomar. **-4.** [eyebrows] depilar. **-5.** [instrument] puntejar. ◇ n dated coratge m, valor m. ▶ **pluck up** vt fus: to ~ up the courage to do sthg armar-se de valor per fer una cosa.

plucky ['plʌkɪ] (compar **-ier**, superl **-iest**) adj dated valent -a, decidit -ida.

plug [plʌg] (pt & pp **-ged**, cont **-ging**) ◇ n **-1.** ELEC endoll m. **-2.** [for bath or sink] tap m. **-3.** inf [favourable mention] publicitat f encoberta. ◇ vt **-1.** [hole, leak] tapar. **-2.** inf [mention favourably] fer publicitat de sotamà. ▶ **plug in** vt sep endollar.

plughole ['plʌghəʊl] n bononera f.

plum [plʌm] ◇ adj **-1.** [colour] de color pruna. **-2.** [choice]: ~ job bicoca f. ◇ n [fruit] pruna f.

plumb [plʌm] ◇ adv **-1.** Br [exactly]: ~ in the middle al bell mig. **-2.** Am [completely] completament, del tot. ◇ vt: to ~ the depths of sondejar els abismes de.

plumber ['plʌmə^r] n lampista mf.

plumbing ['plʌmɪŋ] n **-1.** (U) [fittings] sanitaris mpl. **-2.** [work] lampisteria f.

plume [plu:m] n **-1.** [feather] ploma f. **-2.** [decoration, of smoke] columna f.

plummet ['plʌmɪt] vi caure com un plom.

plump [plʌmp] adj grassonet -eta, rodanxó -ona. ▶ **plump for** vt fus optar per. ▶ **plump up** vt sep estufar.

plum pudding n púding m de prunes.

plunder ['plʌndə^r] ◇ n **-1.** [stealing, raiding] pillatge m. **-2.** [stolen goods] botí m. ◇ vt saquejar, pillar.

plunge [plʌndʒ] ◇ n **-1.** [decrease] caiguda f en picat. **-2.** [fall, dive] cabussó m; to take the ~ fer el pas decisiu. ◇ vt **-1.** [knife etc.]: to ~ sthg into clavar alguna cosa a. **-2.** [into darkness, water]: to ~ sthg into submergir-se en. ◇ vi **-1.** [fall, dive] enfonsar-se, submergir-se. **-2.** [decrease] caure en picat.

plunger ['plʌndʒə^r] n [for blocked pipes] desembossador m.

pluperfect [,plu:'pɜ:fɪkt] n: ~ (tense) (pretèrit) plusquamperfet m.

plural ['plʊərəl] ◇ adj [gen] plural. ◇ n plural m.

plus [plʌs] (pl **-es** / **-ses**) ◇ adj **-1.** [or more]: **35-**~ 35 i escaig. **-2.** [in marks]: **B-**~ ≃ notable alt. ◇ n **-1.** MATH [sign] signe m més. **-2.** inf [bonus] plus m. ◇ prep més. ◇ conj a més.

plush [plʌʃ] *adj* luxós -osa.

plus sign *n* signe *m* més.

Pluto [ˈpluːtəʊ] *n* [planet] Plutó *m*.

plutonium [pluːˈtəʊnɪəm] *n* plutoni *m*.

ply [plaɪ] (*pt & pp* **-ied**) ◇ *n* [of wood] fullola *f*; [of wool, rope] cap *m*. ◇ *vt* **-1.** [trade] fer de. **-2.** [supply, provide]: **to ~ sb with sthg** [questions] atabalar algú amb preguntes; [food, drink] omplir algú de beguda o menjar. ◇ *vi* navegar.

plywood [ˈplaɪwʊd] *n* contraplacat *m*.

p.m., pm *abbr of* post meridiem: **at 3 ~** a les tres de la tarda.

PM *n abbr of* prime minister.

PMT, PMS *n abbr of* premenstrual tension, premenstrual syndrome.

pneumatic [njuːˈmætɪk] *adj* **-1.** [pump, lift] d'aire comprimit. **-2.** [tyre, chair] pneumàtic -a.

pneumatic drill *n* martell *m* pneumàtic.

pneumonia [njuːˈməʊnjə] *n* (U) pneumònia *f*.

poach [pəʊtʃ] ◇ *vt* **-1.** [game] caçar en un vedat; [fish] pescar en un vedat. **-2.** [copy] plagiar. **-3.** CULIN [salmon] bullir; [egg] escaldar. ◇ *vi* [for game] caçar il·legalment; [for fish] pescar il·legalment.

poacher [ˈpəʊtʃər] *n* [hunter] caçador *mf* furtiu, caçadora *f* furtiva; [fisherman] pescador *m* furtiu, pescadora *f* furtiva.

poaching [ˈpəʊtʃɪŋ] *n* [for game] caça *f* furtiva; [for fish] pesca *f* furtiva.

PO Box (*abbr of* Post Office Box) *n* apt. *m*.

pocket [ˈpɒkɪt] ◇ *n* **-1.** [in clothes] butxaca *f*; **to live in each other's ~s** viure pendent l'un de l'altre; **to be £10 out of ~** haver perdut 10 lliures; **to pick sb's ~** escurar a algú la butxaca. **-2.** [in car door etc.] prestatge *m*. **-3.** [of resistance] focus *m*; [of air] bossa *f*. ◇ *vt* **-1.** [place in -] posar a la butxaca. **-2.** [steal] embutxacar. ◇ *adj* de butxaca.

pocketbook [ˈpɒkɪtbʊk] *n* **-1.** [notebook] llibreta *f* de notes. **-2.** *Am* [handbag] bossa *f*.

pocketknife [ˈpɒkɪtnaɪf] (*pl* **-knives** [-naɪvz]) *n* navalla *f*.

pocket money *n* diners *mpl* per a despeses menors.

pockmark [ˈpɒkmɑːk] *n* clot *m* (a la cara).

pod [pɒd] *n* **-1.** [of plants] beina *f*. **-2.** [of spacecraft] mòdul *m* espacial.

podgy [ˈpɒdʒɪ] (*compar* **-ier**, *superl* **-iest**) *adj inf* rodanxó -ona.

podiatrist [pəˈdaɪətrɪst] *n Am* podòleg *m* -òloga *f*.

podium [ˈpəʊdɪəm] (*pl* **-diums** / **-dia** [-dɪə]) *n* podi *m*.

poem [ˈpəʊɪm] *n* poema *m*, poesia *f*.

poet [ˈpəʊɪt] *n* poeta *mf*.

poetic [pəʊˈetɪk] *adj* poètic -a.

poet laureate *n* poeta *mf* llorejat -ada al servei de la Casa Reial britànica.

poetry [ˈpəʊɪtrɪ] *n* poesia *f*.

poignant [ˈpɔɪnjənt] *adj* punyent, commovedor -a.

point [pɔɪnt] ◇ *n* **-1.** [gen] punt *m*; **at that ~** en aquell moment; **~ of no return** punt de no retorn; *fig* **a sore ~** assumpte delicat. **-2.** [tip] punta *f*. **-3.** [detail, argument]: **to make a ~** fer una observació; **to make one's ~** explicar el punt de vista; **to have a ~** tenir raó. **-4.** [main idea]: **the ~ is ...** l'important és ...; **to miss the ~ of** passar per alt l'essencial de; **to get / come to the ~** anar al gra; **to the ~** rellevant. **-5.** [feature] tret *m*; **weak / strong ~** punt feble / fort. **-6.** [purpose] finalitat *f*; **what's the ~?** què se'n treu?; **there's no ~ in it** no té sentit. **-7.** [decimal -] coma *f*; **two ~ six** dos coma sis. **-8.** *Br* ELEC presa *f* de corrent. **-9.** **to make a ~ of doing sthg** insistir a fer una cosa. ◇ *vt*: **to ~ a gun at sthg / sb** apuntar alguna cosa / algú amb una pistola; **to ~ one's finger at sthg / sb** assenyalar alguna cosa / algú amb el dit. ◇ *vi* **-1.** [indicate with finger]: **to ~ at sthg / sb**, **to point to sthg / sb** assenyalar alguna cosa / algú amb el dit. **-2.** [hands of clock etc.]: **to ~ north / to ten o'clock** assenyalar el nord / marcar les deu. **-3.** *fig* [suggest]: **everything ~s to her guilt** tot apunta que ella és la culpable. ◆ **points** *npl Br* RAIL agulles *fpl*. ◆ **up to a point** *adv* fins a cert punt. ◆ **on the point of** *prep*: **to be on the ~ of doing sthg** estar a punt de fer alguna cosa. ◆ **point out** *vt sep* [person, object, fact] indicar; [mistake] fer veure.

point-blank ◇ *adj* **-1.** [refusal etc.] rotund -a. **-2.** [close-range] a boca de canó. ◇ *adv* **-1.** [refuse, deny] rotundament. **-2.** [at close range] a boca de canó.

pointed [ˈpɔɪntɪd] *adj* **-1.** [sharp, angular] afilat -ada, agut -uda. **-2.** [cutting, incisive] intencionat -ada.

pointer [ˈpɔɪntər] *n* **-1.** [piece of advice]

pista *f*. **-2.** [needle] agulla *f*. **-3.** [for map, blackboard] busca *f*. **-4.** COMPUT busca *f*.

pointless ['pɔɪntlɪs] *adj* sense sentit, inútil.

point of view (*pl* **points of view**) *n* **-1.** [opinion] punt *m* de vista. **-2.** [aspect, perspective] òptica *f*.

poised [pɔɪzd] *adj* **-1.** [ready]: **to be ~ to do sthg** estar a punt de fer una cosa; **to be ~ for sthg** estar preparat -ada per alguna cosa. **-2.** [calm and dignified] serè -ena.

poison ['pɔɪzn] ◇ *n* verí *m*. ◇ *vt* **-1.** [gen - intentionally] enverinar; [- unintentionally] intoxicar. **-2.** [environment] contaminar. **-3.** *fig* [spoil, corrupt] corrompre.

poisoning ['pɔɪznɪŋ] *n* **-1.** [intentional] enverinament *m*; [unintentional] intoxicació *f*. **-2.** [of environment] contaminació *f*.

poisonous ['pɔɪznəs] *adj* **-1.** [substance, gas] tòxic -a. **-2.** [snake] verinós -osa. **-3.** *fig* [influence] perniciós -osa; [rumours] malintencionat -ada.

poke [pəʊk] ◇ *n* [blow] cop *m*; [push] empenta *f*; [with elbow] cop *m* de colze. ◇ *vt* **-1.** [with finger, stick] empènyer; [with elbow] donar un cop de colze; [fire] atiar; **to ~ sb in the eye** posar el dit a l'ull a algú. **-2.** [push, stuff]: **to ~ sthg into** entatxonar. **-3.** [stretch]: **he ~d his head round the door** va treure el cap per la porta. ◇ *vi* **-1.** [protrude]: **to ~ out of sthg** sobresortir de. **-2.** [prod]: **his elbow was poking into my back** em clavava el colze a l'esquena.

poke about, **poke around** *vi inf* tafanejar, furgar.

poker ['pəʊkə^r] *n* **-1.** [game] pòquer *m*. **-2.** [for fire] atiador *m*.

poker-faced [-,feɪst] *adj* de rostre inexpressiu.

poky ['pəʊkɪ] (*compar* **-ier**, *superl* **-iest**) *adj pej*: **a ~ little room** un niu.

Poland ['pəʊlənd] *n* Polònia.

polar ['pəʊlə^r] *adj* polar.

Polaroid® ['pəʊlərɔɪd] *n* **-1.** [camera] càmera *f* Polaroid®. **-2.** [photograph] fotografia *f* feta amb una Polaroid.

pole [pəʊl] *n* **-1.** [rod, post] pal *m*; **telegraph ~** pal de telègraf. **-2.** ELEC & GEOG pol *m*; *fig* **to be ~s apart** ser diametralment oposat -ada.

Pole [pəʊl] *n* polonès *m* -esa *f*.

pole vault *n*: **the ~** salt *m* amb perxa.

police [pə'liːs] ◇ *npl* **-1.** [- force]: **the ~** la policia. **-2.** [policemen, policewomen] policia *mf*. ◇ *vt* vigilar, controlar.

police car *n* cotxe *m* de policia.

police constable *n Br* policia *mf*.

police force *n* cos *m* de policia.

policeman [pə'liːsmən] (*pl* **-men** [-mən]) *n* policia *m*.

police officer *n* agent *mf* de policia.

police record *n*: **(to have a) ~** (estar) fitxat -ada per la policia.

police station *n* comissaria *f* (de policia).

policewoman [pə'liːs,wʊmən] (*pl* **-women** [-,wɪmɪn]) *n* policia *f*.

policy ['pɒləsɪ] (*pl* **-ies**) *n* **-1.** [plan, practice] política *f*; **it's not our ~ to do this** no tenim com a norma fer això. **-2.** [document, agreement] pòlissa *f*.

polio ['pəʊlɪəʊ] *n* polio *f*.

polish ['pɒlɪʃ] ◇ *n* **-1.** [for floor] cera *f*; [for shoes] betum *m*; [for window] netejavidres *m*; [for nails] esmalt *m*. **-2.** [shine] lluentor *f*. **-3.** *fig* [refinement] refinament *m*. ◇ *vt* [floor] encerar; [shoes, window, car] netejar; [cutlery, silver, glasses] polir.

◆ **polish off** *vt sep inf* [food] cruspir-se; [job] enllestir.

Polish ['pəʊlɪʃ] ◇ *adj* polonès -esa. ◇ *n* [language] polonès *m*. ◇ *npl*: **the ~** els polonesos.

polished ['pɒlɪʃt] *adj* **-1.** [person, manner] refinat -ada. **-2.** [performance, speech] cuidat -ada.

polite [pə'laɪt] *adj* ben educat -ada; **~ society** gent ben educada.

politic ['pɒlətɪk] *adj fml* prudent, diplomàtic -a.

political [pə'lɪtɪkl] *adj* **-1.** [concerning politics] polític -a. **-2.** [interested in politics] interessat -ada en la política.

politically correct *adj* políticament correcte -a.

politician [,pɒlɪ'tɪʃn] *n* polític *m* -a *f*.

politics ['pɒlətɪks] ◇ *n* **-1.** (*U*) [gen] política *f*. **-2.** [field of study] ciències *fpl* polítiques. ◇ *npl* **-1.** [personal beliefs] idees *fpl* polítiques. **-2.** [of a group, area] política *f*.

polka ['pɒlkə] *n* polca *f*.

polka dot *n* pic *m* (en un vestit).

poll [pəʊl] ◇ *n* [vote] votació *f*; [of opinion] enquesta *f*. ◇ *vt* **-1.** [people] fer una enquesta. **-2.** [votes] obtenir, aconseguir.

◆ **polls** *npl*: **the ~s** les eleccions; **to go to the ~s** anar a votar.

pollen ['pɒlən] *n* pol·len *m*.

polling booth ['pəʊlɪŋ-] *n* cabina *f* per votar.

polling day *n Br* jornada *f* electoral.
polling station *n* col·legi *m* electoral.
pollute [pə'luːt] *vt* contaminar, pol·luir.
pollution [pə'luːʃn] *n* -1. (U) [process of polluting] pol·lució *f*. -2. [impurities] contaminació *f*.
polo ['pəʊləʊ] *n* polo *m*.
polo neck *n Br* -1. [neck] coll *m* alt. -2. [jumper] jersei *m* de coll alt.
polyethylene *n Am* = **polythene**.
Polynesia [ˌpɒlɪ'niːʒə] *n* Polinèsia; French ~ Polinèsia Francesa.
polystyrene [ˌpɒlɪ'staɪriːn] *n* poliestirè *m*.
polytechnic [ˌpɒlɪ'teknɪk] *n Br* politècnic *m*.
polythene ['pɒlɪθiːn] *Br*, **polyethylene** *Am* ['pɒlɪ'eθiliːn] *n* polietilè *m*.
polythene bag *n Br* bossa *f* de plàstic.
pomegranate ['pɒmɪˌɡrænɪt] *n* magrana *f*.
pomp [pɒmp] *n* pompa *f*.
pompom ['pɒmpɒm] *n* pompó *m*.
pompous ['pɒmpəs] *adj* -1. [self-important] pedant. -2. [style] ampul·lós -osa; [building] ostentós -osa.
pond [pɒnd] *n* bassa *f*.
ponder ['pɒndə'] ◇ *vt* reflexionar. ◇ *vi*: **to ~ (on / over)** rumiar / meditar alguna cosa.
ponderous ['pɒndərəs] *adj* -1. [speech, book] pesat -ada. -2. [building] aparatós -osa. -3. [action, walk] feixuc -uga.
pong [pɒŋ] *Br inf* ◇ *n* pudor *f*. ◇ *vi* pudir.
pontoon [pɒn'tuːn] *n* -1. [bridge] pontó *m*. -2. *Br* [game] joc de cartes o daus en què guanya el que fa 21 punts o el que s'hi acosta més sense passar-se.
pony ['pəʊnɪ] (*pl* **-ies**) *n* poni *m*.
ponytail ['pəʊnɪteɪl] *n* cua *f* (de cavall).
pony-trekking [-ˌtrekɪŋ] *n* excursió *f* amb poni.
poodle ['puːdl] *n* caniche.
pool [puːl] ◇ *n* -1. [of water, blood, ink] bassa *f*; [pond] estanyol *m*. -2. [swimming -] piscina *f*. -3. [of light] focus *m*. -4. COM [fund] fons *m* comú. -5. [of people, things]: **typing ~** secció *f* de mecanografia; **car ~** parc *m* d'automòbils. -6. [game] billar *m* americà. ◇ *vt* [resources, funds] ajuntar; [knowledge] posar en comú. ◆ **pools** *npl Br*: **the ~s** travessa *f*.
poor [pɔːʳ] ◇ *adj* -1. [gen] pobre -a; ~ **old John!** pobre John! -2. [quality, result] dolent -a; **to be in ~ health** estar malament de salut. ◇ *npl*: **the ~** els pobres.
poorly ['pɔːlɪ] ◇ *adj Br* malalt -a. ◇ *adv* malament, pobrament.
pop [pɒp] (*pt* & *pp* **-ped**, *cont* **-ping**) ◇ *n* -1. [music] pop *m*. -2. (U) *inf* [fizzy drink] gasosa *f*. -3. *inf* [father] papa *m*. -4. [sound] pet *m*, esclat *m*. ◇ *vt* -1. [balloon, bubble] rebentar. -2. [put quickly]: **to ~ sthg into** ficar alguna cosa (de pressa) dins; **he popped his head round the door** de sobte va treure el cap per la porta. ◇ *vi* -1. [balloon] rebentar-se; [cork, button] petar, saltar. -2. [eyes] saltar. -3. [go quickly]: **I'm just popping round to the shop** vaig un moment fins a la botiga. ◆ **pop in** *vi* entrar de cop i volta. ◆ **pop up** *vi* aparèixer inesperadament.
pop concert *n* concert *m* de pop.
popcorn ['pɒpkɔːn] *n* crispetes *fpl*.
pope [pəʊp] *n* papa *m*.
pop group *n* grup *m* de pop.
poplar ['pɒplə'] *n* pollancre *m*.
poppy ['pɒpɪ] (*pl* **-ies**) *n* rosella *f*.
Popsicle® ['pɒpsɪkl] *n Am* gelat *m* de pal.
populace ['pɒpjʊləs] *n*: **the ~** [masses] el populatxo; [people] el poble.
popular ['pɒpjʊlə'] *adj* -1. [gen] popular; [person] volgut -uda. -2. [belief, attitude, discontent] comú -una, general. -3. [newspaper, politics] per a la massa.
popularize, -ise ['pɒpjʊləraɪz] *vt* -1. [make popular] popularitzar. -2. [simplify].
population [ˌpɒpjʊ'leɪʃn] *n* població *f*.
porcelain ['pɔːsəlɪn] *n* porcellana *f*.
porch [pɔːtʃ] *n* -1. [entrance] porxo *m*, pòrtic *m*. -2. *Am* [verandah] terrassa *f*.
porcupine ['pɔːkjʊpaɪn] *n* porc *m* espí.
pore [pɔːʳ] *n* porus *m*. ◆ **pore over** *vt fus* meditar, rumiar.
pork [pɔːk] *n* carn *f* de porc.
pork pie *n* empanada *f* de carn de porc picada.
pornography [pɔː'nɒɡrəfɪ] *n* pornografia *f*.
porous ['pɔːrəs] *adj* porós -osa.
porridge ['pɒrɪdʒ] *n* farinetes *fpl* (de civada).
port [pɔːt] ◇ *n* -1. [coastal town, harbour] port *m*. -2. NAUT [left-hand side] babord *m*; **to ~ a babord**. -3. [drink] porto *m*. -4. COMPUT connexió *f*. ◇ *comp* -1. [relating to a -] portuari -ària. -2. NAUT [right-hand] de babord.
portable ['pɔːtəbl] *adj* portàtil.

portent ['pɔːtənt] *n liter* presagi *m*, auguri *m*.

porter ['pɔːtə'] *n* -1. *Br* [in block of flats] porter *m* -a *f*; [in public building, hotel] conserge *mf*. -2. [for luggage] mosso *m*, -a *f*. -3. *Am* [on train] empleat *m* -ada *f* d'un vagó llit.

portfolio [ˌpɔːt'fəʊljəʊ] (*pl* **-s**) *n* -1. ART, FIN & POL cartera *f*. -2. [sample of work] carpeta *f*.

porthole ['pɔːthəʊl] *n* portell *m*.

portion ['pɔːʃn] *n* -1. [part, section] porció *f*. -2. [of chips, vegetables etc.] ració *f*.

portly ['pɔːtlɪ] (*compar* **-ier**, *superl* **-iest**) *adj* corpulent -a.

port of call *n* -1. NAUT port *m* d'escala. -2. *fig* [on journey] escala *f*.

portrait ['pɔːtreɪt] *n* retrat *m*.

portray [pɔː'treɪ] *vt* -1. [represent - in a play, film] representar. -2. [describe] descriure. -3. [paint] retratar.

Portugal ['pɔːtʃʊgl] *n* Portugal.

Portuguese [ˌpɔːtʃʊ'giːz] ⋄ *adj* portuguès -esa. ⋄ *n* [language] portuguès *m*. ⋄ *npl*: **the ~** els portuguesos.

pose [pəʊz] ⋄ *n* -1. [position, stance] postura *f*. -2. *pej* [pretence, affectation] posa *f*. ⋄ *vt* -1. [problem, threat] plantejar. -2. [question] formular. ⋄ *vi* -1. [model] posar. -2. *pej* [behave affectedly] adoptar una posa. -3. [pretend to be]: **to ~ as sb / sthg** fer-se passar per algú / alguna cosa.

posh [pɒʃ] *adj inf* -1. [hotel, area etc.] elegant, luxós -osa. -2. *Br* [person, accent] postís -issa.

position [pə'zɪʃn] ⋄ *n* -1. [gen] posició *f*. -2. [right place] lloc *m*; **in ~** al seu lloc. -3. [status] condició *f*. -4. [job] col·locació *f*. -5. [in a race, competition] lloc *m*. -6. [state, situation] situació *f*; **to be in a / no ~ to do sthg** estar / no estar en condicions de fer una cosa. -7. [stance, opinion]: **~ on** opinió *f* sobre. ⋄ *vt* posar, col·locar; **to ~ oneself** col·locar-se.

positive ['pɒzətɪv] *adj* -1. [gen] positiu -iva. -2. [sure]: **to be ~ (about)** estar segur -a (de). -3. [optimistic, confident]: **to be ~ (about)** ser positiu (sobre). -4. [definite - action] decisiu -iva; [- decision] definitiu -iva. -5. [irrefutable - evidence, fact] irrefutable; [- proof] definitiu -iva. -6. [for emphasis - delight, nuisance] autèntic -a.

posse ['pɒsɪ] *n Am* -1. [to pursue criminal] força civil armada sota les ordres d'un xèrif. -2. [group] grup *m* nombrós.

possess [pə'zes] *vt* -1. [gen] posseir. -2. [subject: emotion] dominar; **what ~ed him to do it?** què el va empènyer a fer-ho?

possession [pə'zeʃn] *n* possessió *f*; **to have sthg in one's ~**, **to be in ~ of sthg** estar en possessió d'alguna cosa. ➡ **possessions** *npl* béns *mpl*.

possessive [pə'zesɪv] ⋄ *adj* -1. [gen] possessiu -iva. -2. *pej* [selfish] egoista. ⋄ *n* GRAM possessiu *m*.

possessively [pə'zesɪvlɪ] *adv* -1. [clingingly] abassegadorament. -2. [selfishly] egoistament.

possibility [ˌpɒsə'bɪlətɪ] (*pl* **-ies**) *n* possibilitat *f*.

possible ['pɒsəbl] ⋄ *adj* -1. [gen] possible; **as soon as ~** al més aviat possible; **as much as ~** com més millor; **it's ~ that she'll come** és possible que vingui. -2. [viable - plan etc.] factible. ⋄ *n* candidat *m* -a *f*.

possibly ['pɒsəblɪ] *adv* -1. [perhaps] possiblement, potser. -2. [within one's power]: **I'll do all I ~ can** faré tot el que pugui; **could you ~ help me?** et faria res ajudar-me? -3. [to show surprise]: **how could he ~ do that?** com pot ser que fes això? -4. [for emphasis]: **I can't ~ do it** no ho puc fer de cap manera.

post [pəʊst] ⋄ *n* -1. [service]: **the ~** correu *m*; **by ~** per correu; **in the ~** a correus. -2. (*U*) [letters etc.] correspondència *f*. -3. [delivery] lliurament *m*. -4. *Br* [collection] recollida *f*. -5. [pole] pal *m*. -6. [position, job] plaça *f*. -7. MIL posta *f*. -8. **to pip sb at the ~** guanyar algú per un pèl. ⋄ *vt* -1. [by mail] tirar (a la bústia). -2. [transfer] enviar, trametre. -3. **to keep sb ~ed** tenir algú al corrent.

postage ['pəʊstɪdʒ] *n* franqueig *m*, ports *mpl*; **~ and packing** despeses *fpl* de correu.

postal ['pəʊstl] *adj* postal.

postal order *n* gir *m* postal.

postbox ['pəʊstbɒks] *n Br* bústia *f*.

postcard ['pəʊstkɑːd] *n* postal *f*.

postcode ['pəʊstkəʊd] *n Br* codi *m* postal.

postdate [ˌpəʊst'deɪt] *vt* postdatar.

poster ['pəʊstə'] *n* cartell *m*.

poste restante [ˌpəʊst'restɑːnt] *n* llista *f* de correus.

posterior [pɒ'stɪərɪə'] ⋄ *adj* posterior. ⋄ *n hum* cul *m*.

postgraduate [ˌpəʊst'grædʒʊət] ⋄ *adj* postgraduat -ada. ⋄ *n* postgraduat *m* -ada *f*.

posthumous ['pɒstjuməs] *adj* pòstum -a.

postman ['pəʊstmən] (*pl* **-men** [-mən]) *n* carter *m*.

postmark ['pəʊstmɑːk] ◇ *n* mata-segells *m*. ◇ *vt* timbrar.

postmaster ['pəʊst,mɑːstəʳ] *n* administrador *m* de correus.

postmortem [,pəʊst'mɔːtəm] ◇ *adj* després de la mort. ◇ *n* **-1.** [autopsy] autòpsia *f*. **-2.** *fig* [analysis].

post office *n* **-1.** [organization]: **the ~** ≃ Correus. **-2.** [building] oficina *f* de correus.

post office box *n* apartat *m* de correus.

postpone [,pəʊst'pəʊn] *vt* posposar.

postscript ['pəʊstskrɪpt] *n* [additional message] postdata *f*; *fig* [additional information] nota *f* final.

posture ['pɒstʃəʳ] ◇ *n lit & fig* postura *f*, actitud *f*; **~ on sthg** postura sobre alguna cosa. ◇ *vi* adoptar una posa.

postwar [,pəʊst'wɔːʳ] *adj* de postguerra.

posy ['pəʊzɪ] (*pl* **-ies**) *n* pom *m* de flors.

pot [pɒt] (*pt & pp* **-ted**, *cont* **-ting**) ◇ *n* **-1.** [for cooking] olla *f*. **-2.** [for tea] tetera *f*; [for coffee] cafetera *f*. **-3.** [for paint] pot *m*; [for jam] terrina *f*. **-4.** [flowerpot] test *m*. **-5.** (*U*) *inf* [cannabis] herba *f*. **-6. to go to ~** anar-se'n en orris. ◇ *vt* plantar en un test.

potassium [pə'tæsɪəm] *n* potassi *m*.

potato [pə'teɪtəʊ] (*pl* **-es**) *n* patata *f*.

potato peeler *n* pelapatates *m*.

potent ['pəʊtənt] *adj* **-1.** [powerful, influential] poderós -osa. **-2.** [drink, drug] fort -a. **-3.** [sexually capable] potent.

potential [pə'tenʃl] ◇ *adj* potencial. ◇ *n* (*U*) potencial *m*; **to have ~** tenir capacitat.

potentially [pə'tenʃəlɪ] *adv* potencialment.

pothole ['pɒthəʊl] *n* **-1.** [in road] sot *m*. **-2.** [underground] avenc *m*.

potholing ['pɒt,həʊlɪŋ] *n Br* espeleologia *f*.

potion ['pəʊʃn] *n* beuratge *m*, poció *f*.

potluck [,pɒt'lʌk] *n*: **to take ~** [gen] agafar el que hi hagi; [at meal] menjar el que hi hagi.

potshot ['pɒt,ʃɒt] *n*: **to take a ~ (at sthg / sb)** disparar (a algú / alguna cosa) sense apuntar.

potted ['pɒtɪd] *adj* **-1.** [plant] de test. **-2.** [meat, fish] envasat -ada. **-3.** *Br fig* [biography, history] resumit -ida.

potter ['pɒtəʳ] *n* terrissaire *mf*, ceramista *mf*. ◆ **potter about** *Br*, **potter around** *vi* entretenir-se.

pottery ['pɒtərɪ] (*pl* **-ies**) *n* **-1.** [gen] ceràmica *f*. **-2.** [factory] taller *m* de ceràmica.

potty ['pɒtɪ] (*compar* **-ier**, *superl* **-iest**, *pl* **-ies**) ◇ *adj Br inf* [person] ximplet -a; **to be ~ about** estar boig boja per. ◇ *n* orinal *m*.

pouch [paʊtʃ] *n* **-1.** [small bag] bossa *f*; [for tobacco] petaca *f*. **-2.** [on animal's body] bossa *f*.

poultry ['pəʊltrɪ] ◇ *n* [meat] carn *f* de pollastre. ◇ *npl* [birds] aviram *m*.

pounce [paʊns] *vi* **-1.** [leap]: **to ~ (on / upon)** saltar (sobre). **-2.** *fig* [comment immediately]: **he's quick to ~ on / upon the slightest error** de seguida salta al més mínim error.

pound [paʊnd] ◇ *n* **-1.** [unit of money, weight] lliura *f*; **the ~** la lliura (esterlina). **-2.** [for cars] dipòsit *m*; [for dogs] gossera *f*. ◇ *vt* **-1.** [hammer on] batre. **-2.** [pulverize] moldre. ◇ *vi* **-1.** [hammer]: **to ~ on sthg** copejar alguna cosa. **-2.** [beat, throb] bategar.

pound sterling *n* lliura *f* esterlina.

pour [pɔːʳ] ◇ *vt* **-1.** [cause to flow]: **to ~ sthg (into)** abocar alguna cosa (a); **to ~ sb a drink**, **to ~ a drink for sb** servir una beguda a algú. **-2.** *fig*: **to ~ money into sthg** abocar els diners en una cosa. ◇ *vi* **-1.** [liquid] fluir, brollar; [smoke] treure. **-2.** *fig* [rush]: **to ~ in / out** sortir / entrar a empentes. ◇ *v impers* [rain hard] ploure a bots i barrals. ◆ **pour in** *vi* entrar a munts. ◆ **pour out** *vt sep* **-1.** [empty] buidar. **-2.** [serve] servir. **-3.** *fig* [reveal]: **to ~ out one's feelings / heart (to sb)** exterioritzar els sentiments / obrir el cor (a algú).

pouring ['pɔːrɪŋ] *adj* [rain] torrencial.

pout [paʊt] ◇ *n* [showing displeasure] mala cara *f*; [being provocative] gest *m* provocador amb els llavis. ◇ *vi* [showing displeasure] fer mala cara, fer morros; [being provocative] fer un gest provocador amb els llavis.

poverty ['pɒvətɪ] *n lit & fig* pobresa *f*.

poverty-stricken *adj* indigent.

powder ['paʊdəʳ] ◇ *n* pols *f*; [make-up] pólvores *fpl*. ◇ *vt* empolsar; **to ~ oneself** posar-se pólvores.

powder compact *n* polvorera *f*.

powdered ['paʊdəd] *adj* **-1.** [in powder form] en pols. **-2.** [covered in powder] empolvorat -ada.

powder puff *n* borla *f* (d'empolvorar-se).

powder room *n* lavabo *m* de senyores, tocador *m*.

power ['pauəʳ] ◇ *n* **-1.** (U) [authority, control] poder *m*; **to have ~ over sb** tenir poder sobre algú; **to come to / take ~** pujar al poder; **to be in ~** tenir el poder. **-2.** [ability] facultat *f*; **it isn't within my ~ to do it** fer-ho no està a l'abast de les meves possibilitats. **-3.** [legal authority] autoritat *f*; **to have the ~ to do sthg** tenir autoritat per fer una cosa. **-4.** [physical strength] força *f*. **-5.** [energy - solar, steam etc.] energia *f*. **-6.** [electricity] corrent *m*; **to turn the ~ on / off** donar / tallar el corrent. **-7.** [powerful nation, person, group] potència *f*; **the ~s that be** l'ordre establert. ◇ *vt* impulsar, accionar.

powerboat ['pauəbəut] *n* llanxa *f* motora.

power cut *n* apagada *f*.

power failure *n* tall *m* de llum.

powerful ['pauəful] *adj* **-1.** [gen] poderós -osa. **-2.** [blow, voice, drug] fort -a. **-3.** [speech, film] punyent.

powerless ['pauəlɪs] *adj* **-1.** [helpless] impotent. **-2.** [unable]: **to be ~ to do sthg** incapaç de fer res.

power point *n Br* presa *f* de corrent.

power station *n* central *f* elèctrica.

power steering *n* direcció *f* assistida.

pp (abbr of *per procurationem*) p. p.

p & p abbr of postage and packing.

PR ◇ *n* **-1.** abbr of proportional representation. **-2.** abbr of public relations. ◇ abbr of Puerto Rico.

practicable ['præktɪkəbl] *adj* factible, viable.

practical ['præktɪkl] ◇ *adj* **-1.** [gen] pràctic -a. **-2.** [skilled with hands] hàbil, manyós -osa. ◇ *n* pràctica *f*.

practicality [,præktɪ'kælətɪ] *n* viabilitat *f*.

practical joke *n* broma *f* pesada.

practically ['præktɪklɪ] *adv* **-1.** [in a practical way] de manera pràctica. **-2.** [almost] gairebé, pràcticament.

practice, practise ['præktɪs] *n* **-1.** [training, training session] pràctica *f*; SPORT entrenament *m*; MUS assaig *m*; **I'm out of ~** estic desentrenat -ada. **-2.** [reality]: **to put sthg into ~** posar alguna cosa en pràctica; **in ~** [in fact] a la pràctica. **-3.** [habit, regular activity] costum *m*. **-4.** [of profession] exercici *m*. **-5.** [business - of doctor] consulta *f*; [- of lawyer] bufet *m*.

practicing *Am* = practising.

practise, practice ['præktɪs] *Am* ◇ *vt* **-1.** SPORT entrenar; MUS & THEAT assajar. **-2.** [religion, economy, safe sex] practicar; **to ~ what one preaches** predicar amb l'exemple. **-3.** [medicine, law] exercir. ◇ *vi* **-1.** [train - gen] practicar; [- SPORT] entrenar-se. **-2.** [as doctor] fer de metge; [as lawyer] fer d'advocat.

practising, practicing ['præktɪsɪŋ] *Am adj* **-1.** [Catholic, Jew etc.] practicant. **-2.** [doctor, lawyer] que exerceix. **-3.** [homosexual] actiu -iva.

practitioner [præk'tɪʃnəʳ] *n*: **general ~** metge *m* -essa *f* de capçalera; **medical ~** metge *m* -essa *f*.

Prague [prɑːg] *n* Praga.

prairie ['preərɪ] *n* praderia *f*, plana *f*.

praise [preɪz] ◇ *n* (U) lloança *f*, elogi *m*; **to sing sb's ~s** cantar les excel·lències d'algú. ◇ *vt* elogiar, alabar.

praiseworthy ['preɪz,wɜːðɪ] *adj* lloable, digne -a d'elogi.

pram [præm] *n* cotxet *m* (d'infant).

prance [prɑːns] *vi* **-1.** [person] gallejar. **-2.** [horse] cabriolar.

prank [præŋk] *n* entremaliadura *f*; **to play a ~ on sb** fer una barrabassada a algú.

prawn [prɔːn] *n* gamba *f*.

pray [preɪ] *vi* resar, pregar; **to ~ to sb** suplicar algú; *lit & fig* **to ~ for sthg / for sthg to happen** demanar alguna cosa / que passi alguna cosa.

prayer [preəʳ] *n* **-1.** RELIG oració *f*, pregària *f*; **to say one's ~s** resar. **-2.** *fig* [hope] prec *m*.

prayer book *n* missal *m*.

preach [priːtʃ] ◇ *vt* [gen] predicar; [sermon] sermonar. ◇ *vi* **-1.** RELIG: **to ~ (to)** predicar (a). **-2.** *pej* [pontificate]: **to ~ (at)** sermonejar.

preacher ['priːtʃəʳ] *n* predicador *m* -a *f*.

precarious [prɪ'keərɪəs] *adj* precari -ària.

precaution [prɪ'kɔːʃn] *n* precaució *f*; **as a ~ (against)** com a precaució (contra).

precede [prɪ'siːd] *vt* precedir, antecedir.

precedence ['presɪdəns] *n*: **to take ~ over** precedir / estar per sobre d'algú.

precedent ['presɪdənt] *n* precedent *m*.

precinct ['priːsɪŋkt] *n* **-1.** *Br* [shopping area] centre *m* comercial. **-2.** *Am* [district] barri *m*. ◆ **precincts** *npl* voltants *mpl*.

precious ['preʃəs] *adj* **-1.** [gen] preciós -osa; **~ little** molt poc -a. **-2.** [memories, possessions] preat -ada. **–3.** [affected] preciosista, afectat -ada.

precipice ['pɹesɪpɪs] *n lit & fig* precipici *m*.

precipitate [*adj* pɹɪ'sɪpɪtət, *vb* pɹɪ'sɪpɪteɪt] *fml* ◇ *adj* precipitat -ada. ◇ *vt* precipitar.

precise [pɹɪ'saɪs] *adj* precís -isa, exacte -a; to be ~ per ser precisos.

precisely [pɹɪ'saɪslɪ] *adv* **–1.** [with accuracy] exactament. **–2.** [exactly, literally] precisament. **–3.** [as confirmation]: ~! perfectament!

precision [pɹɪ'sɪʒn] ◇ *n* precisió *f*. ◇ *comp* de precisió.

preclude [pɹɪ'klu:d] *vt fml* evitar, impedir; [possibility] excloure; to ~ sthg / sb from doing sthg impedir que alguna cosa / algú faci una cosa.

precocious [pɹɪ'kəʊʃəs] *adj* precoç.

preconceived [,pɹi:kən'si:vd] *adj* preconcebut -uda.

predator ['pɹedətəʳ] *n* depredador *m*; *fig* depredador *m* -a *f*.

predecessor ['pɹi:dɪsesəʳ] *n* antecessor *m* -a *f*, predecessor *m* -a *f*.

predicament [pɹɪ'dɪkəmənt] *n* (mal) tràngol *m*.

predict [pɹɪ'dɪkt] *vt* predir, pronosticar.

predictable [pɹɪ'dɪktəbl] *adj* **–1.** [result etc.] previsible. **–2.** [film, book, person] poc original.

prediction [pɹɪ'dɪkʃn] *n* predicció *f*, pronòstic *m*.

predispose [,pɹi:dɪs'pəʊz] *vt*: to be ~d to sthg / to do sthg [by nature] estar predisposat -ada a alguna cosa / fer alguna cosa.

predominant [pɹɪ'dɒmɪnənt] *adj* predominant.

predominantly [pɹɪ'dɒmɪnəntlɪ] *adv* predominantment.

preempt [,pɹi:'empt] *vt* **–1.** [make ineffective] anticipar-se a. **–2.** [acquire] apropiar-se de.

preemptive [,pɹi:'emtɪv] *adj* per dret de preempció, preventiu -iva.

preen [pɹi:n] *vt* **–1.** [subject: bird] netejar amb el bec. **–2.** *fig* [subject: person]: to ~ oneself empolainar-se.

prefab ['pɹi:fæb] *n inf* casa *f* prefabricada.

preface ['pɹefɪs] ◇ *n*: ~ (to) pròleg *m*, prefaci *m* (a). ◇ *vt*: to ~ sthg with sthg / by doing sthg introduir alguna cosa amb una cosa / fent una cosa.

prefect ['pɹi:fekt] *n Br* [pupil] delegat *m* -ada *f* de la classe.

prefer [pɹɪ'fɜːʳ] (*pt & pp* **-red**, *cont* **-ring**) *vt*: to ~ sthg (to) estimar-se més una cosa (que no pas); to ~ to do sthg preferir fer alguna cosa.

preferable ['pɹefɹəbl] *adj*: to be ~ (to) ser preferible (a).

preferably ['pɹefɹəblɪ] *adv* preferentment.

preference ['pɹefəɹəns] *n*: ~ (for) preferència *f* (per); to give sb ~, to give ~ to sb donar preferència a algú.

preferential [,pɹefə'ɹenʃl] *adj* preferent.

prefix ['pɹi:fɪks] *n* prefix *m*.

pregnancy ['pɹegnənsɪ] (*pl* **-ies**) *n* embaràs *m*.

pregnant ['pɹegnənt] *adj* **–1.** [carrying unborn baby] embarassada. **–2.** *fig* [significant] significatiu -iva; ~ with carregat -ada de.

prehistoric [,pɹi:hɪ'stɒɹɪk] *adj* prehistòric -a.

prejudice ['pɹedʒʊdɪs] ◇ *n*: ~ (against) prejudici *m* (contra); ~ in favour of prejudici a favor de. ◇ *vt* **–1.** [bias]: to ~ sb (in favour of / against) predisposar algú (a favor / en contra de). **–2.** [harm] perjudicar, fer mal.

prejudiced ['pɹedʒʊdɪst] *adj* parcial; to be ~ in favour of / against estar predisposat -ada a favor / en contra de.

prejudicial [,pɹedʒʊ'dɪʃl] *adj*: ~ (to) perjudicial (per a).

preliminary [pɹɪ'lɪmɪnəɹɪ] (*pl* **-ies**) *adj* preliminar.

prelude ['pɹelju:d] *n* [event]: ~ (to) preludi *m*, preàmbul *m* (a).

premarital [,pɹi:'mæɹɪtl] *adj* prematrimonial.

premature ['pɹemə,tjʊəʳ] *adj* prematur -a.

premeditated [,pɹi:'medɪteɪtɪd] *adj* premeditat -ada.

premenstrual syndrome, premenstrual tension [pɹi:'menstɹʊəl-] *n* síndrome *f* premenstrual.

premier ['pɹemjəʳ] ◇ *adj* primer -a. ◇ *n* primer ministre *m*, primera ministra *f*.

premiere ['pɹemɪeəʳ] *n* estrena *f*.

premise ['pɹemɪs] *n* premissa *f*; on the ~ that amb la premissa que. ☞ **premises** *npl*: on the ~s dins del local.

premium ['pɹi:mjəm] *n* prima *f*; at a ~ [above usual value] per més del seu valor; [in great demand] molt cotitzat -ada; to put / place a high ~ on sthg donar molta importància a alguna cosa.

premium bond *n Br* bo de l'Estat que permet guanyar diners tot participant en un sorteig mensual.

premonition [ˌpreməˈnɪʃn] *n* premonició *f*.

preoccupied [priːˈɒkjʊpaɪd] *adj*: ~ (with) preocupat(ada) (per).

prep [prep] *n* (abbr of **preparation**) (*U*) *Br inf* deures *mpl*; **to do one's** ~ fer els deures.

prepaid [ˈpriːpeɪd] *adj* [post paid] amb ports *mpl* pagats.

preparation [ˌprepəˈreɪʃn] *n* **-1.** [act of preparing] preparació *f*; **in** ~ **for** en preparació. **-2.** [prepared mixture] preparat *m*.

preparations *npl* preparatius *mpl*; **to make ~s for** fer preparatius per.

preparatory [prɪˈpærətrɪ] *adj* preparatori -òria.

preparatory school *n* [in UK] escola primària privada; [in US] escola secundària privada.

prepare [prɪˈpeər] <> *vt* preparar. <> *vi*: **to ~ for sthg / to do sthg** preparar-se per alguna cosa / fer alguna cosa.

prepared [prɪˈpeəd] *adj* **-1.** [gen] preparat -ada; **to be ~ for sthg** estar preparat -ada per alguna cosa. **-2.** [willing]: **to be ~ to do sthg** estar disposat -ada a fer alguna cosa.

preposition [ˌprepəˈzɪʃn] *n* preposició *f*.

preposterous [prɪˈpɒstərəs] *adj* absurd -a, ridícul -a.

prep school *n inf* abbr of **preparatory school**.

prequel [ˈpriːkwəl] *n* preqüela *f*.

prerequisite [ˌpriːˈrekwɪzɪt] *n*: ~ **(for)** prerequisit *m* (per).

prerogative [prɪˈrɒɡətɪv] *n* prerrogativa *f*.

Presbyterian [ˌprezbɪˈtɪərɪən] <> *adj* presbiterià -ana. <> *n* presbiterià *m* -ana *f*.

preschool [ˌpriːˈskuːl] <> *adj* preescolar. <> *n Am* guarderia *f*.

prescribe [prɪˈskraɪb] *vt* **-1.** MED receptar. **-2.** [order] ordenar.

prescription [prɪˈskrɪpʃn] *n* recepta *f*; **on** ~ amb recepta mèdica.

presence [ˈprezns] *n* presència *f*; **to be in sb's ~ / in the ~ of sb** estar en presència d'algú; **to have ~** tenir presència.

presence of mind *n* lucidesa *f*, presència *f* d'esperit.

present [*adj & n* ˈpreznt, *vb* prɪˈzent] <> *adj* **-1.** [current] actual; **at the ~ time** actualment. **-2.** [in attendance] present; **to be ~ at sthg** assistir en alguna cosa. <> *n* **-1.** [current time]: **the ~** el present; **at ~** actualment; **for the ~** de moment. **-2.** LING: ~ **(tense)** present *m*. **-3.** [gift] regal *m*. <> *vt* **-1.** [gen] presentar; **to ~ sthg to sb, to ~ sb with sthg** [challenge, opportunity] oferir alguna cosa a algú; **to ~ sb to sb** presentar algú a algú; **to ~ oneself** [arrive] presentar-se. **-2.** [give]: **to ~ sb with sthg, to ~ sthg to sb** [as -] regalar alguna cosa a algú; [at ceremony] oferir. **-3.** [play etc.] representar.

presentable [prɪˈzentəbl] *adj* presentable; **to make oneself ~** arreglar-se.

presentation [ˌprezn̩ˈteɪʃn] *n* **-1.** [gen] presentació *f*. **-2.** [ceremony] ofrena *f*. **-3.** [performance] representació *f*.

present day *n*: **the ~** l'actualitat.

present-day *adj* actual, d'avui.

presenter [prɪˈzentər] *n Br* presentador *m* -a *f*, moderador *m* -a *f*.

presently [ˈprezntlɪ] *adv* **-1.** [soon] aviat. **-2.** [now] ara, actualment.

preservation [ˌprezəˈveɪʃn] *n* conservació *f*, preservació *f*.

preservative [prɪˈzɜːvətɪv] *n* conservant *m*.

preserve [prɪˈzɜːv] <> *vt* conservar. <> *n* [jam] confitura *f*. **preserves** *npl* [jam] confitura *f*; [vegetables] conserva *f*.

preset [ˌpriːˈset] (*pt & pp* **preset**, *cont* **-ting**) *vt* programar.

president [ˈprezɪdənt] *n* president *m* -a *f*.

presidential [ˌprezɪˈdenʃl] *adj* presidencial.

press [pres] <> *n* **-1.** [push]: **to give sthg a ~** prémer alguna cosa. **-2.** [newspapers, reporters]: **the ~** la premsa; **to get a good / bad ~** tenir bona / mala premsa. **-3.** [machine] premsa *f*. <> *vt* **-1.** [gen] prémer; **to ~ sthg against sthg** prémer alguna cosa contra una altra. **-2.** [grapes, flowers] premsar. **-3.** [iron] planxar. **-4.** [urge]: **to ~ sb (to do sthg / into doing sthg)** empènyer algú (a fer una cosa); **to ~ sb for sthg** anar darrere algú per alguna cosa. **-5.** [force]: **to ~ sthg on / upon sb** insistir a algú que accepti una cosa. **-6.** [pursue - claim] insistir en; JUR **to ~ charges against sb** presentar càrrecs contra algú. <> *vi* **-1.** [gen]: **to ~ (on sthg)** fer pressió (sobre alguna cosa). **-2.** [crowd]: **to ~ forward** avançar. **press for** *vt fus* pressionar, reclamar. **press on** *vi* [continue] tirar endavant; **to ~ on (with)** seguir (amb).

press agency *n* agència *f* de premsa.

press conference *n* roda *f* de premsa.

pressed [prest] *adj*: to be ~ (for time / money) anar curt -a (de temps / diners).

pressing ['presɪŋ] *adj* urgent, imperiós -osa.

press officer *n* cap *mf* de premsa.

press release *n* comunicat *m* de premsa.

press-stud *n Br* fermall *m* de pressió.

press-up *n Br* flexió *f*.

pressure ['preʃəʳ] ◇ *n* pressió *f*; to put ~ on sb (to do sthg) pressionar algú (perquè faci alguna cosa); to be under ~ estar pressionat -ada. ◇ *vt*: to ~ sb to do / into doing sthg pressionar algú perquè faci alguna cosa.

pressure cooker *n* olla *f* de pressió.

pressure gauge *n* manòmetre *m*.

pressure group *n* grup *m* de pressió.

pressurize, -ise ['preʃəraɪz] *vt* –1. TECHNOL pressuritzar. –2. *Br* [force]: to ~ sb to do / into doing sthg pressionar algú perquè faci alguna cosa.

prestige [pre'stiːʒ] ◇ *n* prestigi *m*. ◇ *comp* de prestigi.

presumably [prɪ'zjuːmǝblɪ] *adv*: ~ you've read it suposo que ho has llegit.

presume [prɪ'zjuːm] *vt* suposar; he is ~d dead se suposa que és mort; to ~ that suposar, creure que.

presumption [prɪ'zʌmpʃn] *n* –1. [assumption] suposició *f*; [of innocence] presumpció *f*. –2. (U) [audacity] atreviment *m*.

presumptuous [prɪ'zʌmptʃʊǝs] *adj* presumptuós -osa, presumit -ida.

pretence, pretense *Am* [prɪ'tens] *n* simulació *f*; to make a ~ of doing sthg fer veure que es fa una cosa; under false ~s amb pretextos falsos.

pretend [prɪ'tend] ◇ *vt*: to ~ to do sthg fer veure que es fa una cosa. ◇ *vi* fingir, fer comèdia.

pretense *Am* = pretence.

pretension [prɪ'tenʃn] *n* pretensió *f*; to have ~s to sthg tenir pretensions d'alguna cosa.

pretentious [prɪ'tenʃǝs] *adj* pretensiós -osa.

pretext ['priːtekst] *n* pretext *m*; on / under the ~ that ... / of doing sthg amb el pretext que ... / de fer una cosa.

pretty ['prɪtɪ] (*compar* -ier, *superl* -iest) ◇ *adj* bufó -ona. ◇ *adv* bastant; ~ much més o menys; ~ well [almost] gairebé.

prevail [prɪ'veɪl] *vi* –1. [be widespread] imperar, regnar. –2. [triumph]: to ~ (over) imposar-se (a). –3. [persuade]: to ~ on / upon sb to do sthg convèncer algú que faci alguna cosa.

prevailing [prɪ'veɪlɪŋ] *adj* regnant, imperant.

prevalent ['prevǝlǝnt] *adj* habitual, freqüent.

prevent [prɪ'vent] *vt* impedir; to ~ sthg (from) happening evitar que passi alguna cosa; to ~ sb (from) doing sthg impedir que algú faci alguna cosa; [event, illness, accident] evitar, prevenir.

preventive [prɪ'ventɪv] *adj* preventiu -iva.

preview ['priːvjuː] *n* [of film, exhibition] preestrena *f*.

previous ['priːvjǝs] *adj* previ prèvia, anterior; the ~ week / president la setmana passada / l'anterior president; ~ convictions antecedents *mpl* penals.

previously ['priːvjǝslɪ] *adv* –1. [formerly] anteriorment. –2. [before]: two years ~ dos anys abans.

prewar [,priː'wɔːʳ] *adj* de preguerra.

prey [preɪ] *n* presa *f*, víctima *f*; to fall ~ to ser víctima de. ☞ **prey on** *vt fus* –1. [live off] alimentar-se de. –2. [trouble]: to ~ on sb's mind capficar, obsessionar.

price [praɪs] ◇ *n lit & fig* preu *m*; to go up / down in ~ pujar / baixar de preu; to pay the ~ for sthg pagar alguna cosa a un preu; at any ~ costi el que costi; at a ~ a un preu molt alt; to pay a high ~ for sthg pagar cara alguna cosa. ◇ *vt* fixar el preu de.

priceless ['praɪslɪs] *adj lit & fig* inestimable, incalculable.

price list *n* tarifa *f*.

price tag *n* [label] etiqueta *f* (del preu).

pricey ['praɪsɪ] (*compar* -ier, *superl* -iest) *adj* car -a.

prick [prɪk] ◇ *n* –1. [wound] punxada *f*. –2. *vulg* [penis] cigala *f*, pixa *f*. –3. *vulg* [stupid person] torracollons *mf*. ◇ *vt* –1. [gen] punxar. –2. [sting] picar. ☞ **prick up** *vt fus*: to ~ up one's ears [subject: animal] aixecar les orelles; [subject: person] parar l'orella.

prickle ['prɪkl] ◇ *n* –1. [thorn] espina *f*, punxa *f*. –2. [sensation] picor *f*, coïssor *f*. ◇ *vi* picar.

prickly ['prɪklɪ] (*compar* -ier, *superl* -iest) *adj* –1. [thorny] espinós -osa. –2. *fig* [touchy] geniüt -üda.

prickly heat *n* (U) granissada *f* de calor.

pride [praɪd] ◇ n orgull m; **to take ~ in sthg / in doing sthg** enorgullir-se d'alguna cosa / de fer alguna cosa; **~ and joy** orgull; **to have ~ of place** ocupar el lloc d'honor; **to swallow one's ~** empassar-se l'orgull. ◇ vt: **to ~ oneself on sthg** enorgullir-se d'alguna cosa.

priest [priːst] n sacerdot m, capellà m.

priestess [ˈpriːstɪs] n sacerdotessa f.

priesthood [ˈpriːsthʊd] n **-1.** [position, office]: **the ~** sacerdoci m. **-2.** [priests collectively]: **the ~** clericat m, clergat m.

prig [prɪg] n beat m -a f.

prim [prɪm] (compar **-mer**, superl **-mest**) adj melindrós -osa, sensibler -a.

primarily [ˈpraɪmərɪlɪ] adv de primer, principalment.

primary [ˈpraɪmərɪ] (pl **-ies**) ◇ adj **-1.** [main] principal. **-2.** EDUC primari -ària. ◇ n Am POL eleccions fpl primàries.

primary school n escola f primària.

primate [ˈpraɪmeɪt] n **-1.** ZOOL primat m. **-2.** RELIG primat m.

prime [praɪm] ◇ adj **-1.** [main] primer -a, principal. **-2.** [excellent] excel·lent; [quality] selecte -a. ◇ n: **in one's ~** a la flor de la vida. ◇ vt **-1.** [inform]: **to ~ sb about sthg** preparar algú per a alguna cosa. **-2.** [surface] preparar. **-3.** [gun, pump] encebar.

prime minister n primer ministre m, primera ministra f.

primer [ˈpraɪmər] n **-1.** [paint] emprimació f. **-2.** [textbook] manual m.

primeval [praɪˈmiːvl] adj [ancient] primigeni -ènia; **~ forest** bosc m verge.

primitive [ˈprɪmɪtɪv] adj [tribe, species etc.] primitiu -iva; [accommodation, sense of humour] rudimentari -ària.

primrose [ˈprɪmrəʊz] n primavera f, prímula f.

Primus stove® [ˈpraɪməs-] n fogonet m de petroli.

prince [prɪns] n príncep m.

princess [prɪnˈses] n princesa f.

principal [ˈprɪnsəpl] ◇ adj principal. ◇ n EDUC director m -a f.

principle [ˈprɪnsəpl] n **-1.** [gen] principi m. **-2.** (U) [integrity] principis mpl; **(to do sthg) on ~ / as a matter of ~** (fer alguna cosa) per principis. ➡ **in principle** adv en principi.

print [prɪnt] ◇ n **-1.** (U) [type] caràcter m; **in ~** [available] a la venda; [in printed characters] lletra f impresa; **to be out of ~** exhaurit -ida. **-2.** [piece of artwork] estampa f, gravat m. **-3.** [reproduction] reproducció f. **-4.** [photograph] còpia f. **-5.** [fabric] estampat m. **-6.** [mark - of foot etc.] empremta f, marca f. ◇ vt **-1.** PRINT imprimir. **-2.** [produce by printing - book, newspaper] imprimir. **-3.** [publish] publicar. **-4.** [decorate - cloth etc.] estampar. **-5.** [write in block letters] escriure amb lletres d'impremta. ◇ vi imprimir. ➡ **print out** COMPUT vt sep imprimir.

printer [ˈprɪntər] n **-1.** [person] impressor m -a f; [firm] impremta f. **-2.** [machine] impressora f.

printing [ˈprɪntɪŋ] n **-1.** (U) [act of -] impressió f. **-2.** [trade] impremta f.

printout [ˈprɪntaʊt] COMPUT n impressió f.

prior [ˈpraɪər] ◇ adj **-1.** [previous] anterior, previ -prèvia. **-2.** [more important] preferent. ◇ n [monk] prior m. ➡ **prior to** prep abans de.

priority [praɪˈɒrətɪ] (pl **-ies**) ◇ adj prioritari -ària. ◇ n prioritat f; **to have / take ~ (over)** tenir prioritat (sobre).

prise [praɪz] vt: **to ~ sthg open / away** obrir/fent palanca.

prison [ˈprɪzn] n presó f, penal m.

prisoner [ˈprɪznər] n **-1.** [convict] pres m -a f. **-2.** [captive] presoner m -a f; **to be taken ~** ser fet presoner -a.

prisoner of war (pl **prisoners of war**) n presoner m -a f de guerra.

privacy [Br ˈprɪvəsɪ, Am ˈpraɪvəsɪ] n intimitat f.

private [ˈpraɪvɪt] ◇ adj **-1.** [gen] privat -ada; [class] particular; [telephone call, belongings] personal. **-2.** [thoughts, plans] confidencial. **-3.** [secluded] retirat -ada. **-4.** [unsociable - person] reservat -ada. ◇ n **-1.** [soldier] soldat m ras. **-2.** : **(to do sthg) in ~** [in secret] (fer alguna cosa) en privat.

private enterprise n (U) empresa f privada.

private eye n detectiu m privat, detectiva f privada.

privately [ˈpraɪvɪtlɪ] adv **-1.** [not by the state] de manera privada; **~ owned** de propietat privada. **-2.** [confidentially] privadament. **-3.** [secretly] secretament.

private property n propietat f privada.

private school n escola f privada.

privatize, -ise [ˈpraɪvɪtaɪz] vt privatitzar.

privet [ˈprɪvɪt] n troana f.

privilege [ˈprɪvɪlɪdʒ] n privilegi m.

privy ['prɪvɪ] *adj*: to be ~ to sthg estar al corrent d'alguna cosa.

Privy Council *n Br*: the ~ comitè assessor del monarca format per persones de prestigi reconegut.

prize [praɪz] ◇ *adj* de primera. ◇ *n* premi *m*. ◇ *vt*: to be ~d ser valorat -ada.

prize-giving [-ˌgɪvɪŋ] *n Br* lliurament *m* de premis.

prizewinner ['praɪzˌwɪnər] *n* guardonat *m* -ada *f*.

pro [prəʊ] (*pl* **-s**) *n* **–1.** *inf* [professional] professional *mf*. **–2.** [advantage]: the ~s and cons els pros i els contres.

probability [ˌprɒbə'bɪlətɪ] (*pl* **-ies**) *n* probabilitat *f*; in all ~ they'll win molt probablement guanyaran.

probable ['prɒbəbl] *adj* probable.

probably ['prɒbəblɪ] *adv* probablement.

probation [prə'beɪʃn] *n* **–1.** [of prisoner] llibertat *f* vigilada; to put sb on ~ deixar anar algú en llibertat vigilada. **–2.** [trial period] període *m* de prova; to be on ~ estar en llibertat vigilada.

probe [prəʊb] ◇ *n* **–1.** [investigation]: ~ (into) investigació *f* (sobre). **–2.** MED sonda *f*. ◇ *vt* **–1.** [investigate] investigar. **–2.** [with tool] sondar; [with finger, stick] furgar. ◇ *vi*: to ~ for sthg indagar alguna cosa; to ~ into sthg esbrinar alguna cosa.

problem ['prɒbləm] ◇ *n* problema *m*; *inf* no ~! pots comptar-hi! ◇ *comp* problemàtic -a.

procedure [prə'siːdʒər] *n* procediment *m*.

proceed [prə'siːd] *vi* **–1.** [do subsequently]: to ~ to do sthg posar-se a fer alguna cosa. **–2.** [continue]: to ~ (with sthg) continuar (alguna cosa). **–3.** *fml* [advance] avançar.

proceeds *npl* guanys *mpl*, beneficis *mpl*.

proceedings [prə'siːdɪŋz] *npl* **–1.** [series of events] actes *mpl*. **–2.** [legal action] procés *m*; to start ~ against sb presentar una demanda contra algú.

process ['prəʊses] ◇ *n* procés *m*; in the ~ en curs; to be in the ~ of doing sthg estar fent alguna cosa. ◇ *vt* **–1.** [gen & COMPUT] processar. **–2.** [application] cursar.

processing ['prəʊsesɪŋ] *n* **–1.** [gen & COMPUT] processament *m*. **–2.** [of applications etc.] tramitació *f*.

procession [prə'seʃn] *n* desfilada *f*; [religious] processó *f*.

proclaim [prə'kleɪm] *vt* [gen] proclamar; [law] promulgar.

procrastinate [prə'kræstɪneɪt] *vi* ajornar una decisió, demorar els assumptes.

procure [prə'kjʊər] *vt* [obtain] aconseguir, obtenir.

prod [prɒd] (*pt & pp* **-ded**, *cont* **-ding**) ◇ *n* **–1.** [push, poke] empenta *f*. **–2.** *fig* [reminder] toc *m* d'atenció. ◇ *vt* **–1.** [push, poke] empènyer. **–2.** [remind, prompt]: to ~ sb (into doing sthg) empènyer algú (a fer alguna cosa).

prodigal ['prɒdɪgl] *adj* [son, daughter] pròdig -a.

prodigy ['prɒdɪdʒɪ] (*pl* **-ies**) *n* [person] prodigi *m*, meravella *f*.

produce [*n* 'prɒdjuːs, *vb* prə'djuːs] ◇ *n* (U) productes *mpl* (agrícoles); "~ of France" "producte de França". ◇ *vt* **–1.** [gen] produir; [offspring, flowers] tenir. **–2.** [evidence, argument] presentar. **–3.** [bring out] ensenyar. **–4.** THEAT representar, posar en escena.

producer [prə'djuːsər] *n* **–1.** [gen] productor *m* -a *f*. **–2.** THEAT director *m* -a *f* d'escena.

product ['prɒdʌkt] *n* producte *m*; to be a ~ of ser el fruit de.

production [prə'dʌkʃn] *n* **–1.** [gen] producció *f*; to put / go into ~ començar-se a fabricar. **–2.** (U) THEAT posada *f* en escena.

production line *n* cadena *f* de producció.

productive [prə'dʌktɪv] *adj* **–1.** [efficient] productiu -iva. **–2.** [rewarding] profitós -osa.

productivity [ˌprɒdʌk'tɪvətɪ] *n* productivitat *f*.

profane [prə'feɪn] *adj* [disrespectful] irreverent.

profession [prə'feʃn] *n* professió *f*; by ~ de professió.

professional [prə'feʃənl] ◇ *adj* professional. ◇ *n* professional *mf*.

professor [prə'fesər] *n* **–1.** *Br* [head of department] catedràtic *m* -a *f*. **–2.** *Am & Can* [lecturer] professor *m* -a *f* universitari -ària.

proficiency [prə'fɪʃənsɪ] *n*: ~ (in) competència *f* (en).

profile ['prəʊfaɪl] *n* perfil *m*; high ~ notorietat *f*; in ~ de perfil; to keep a low ~ mirar de no cridar l'atenció.

profit ['prɒfɪt] ◇ *n* **–1.** [financial gain] benefici *m*, guany *m*; to make a ~ treure profit; to sell sthg at a ~ vendre alguna cosa amb guanys. **–2.** [advantage] profit *m*, benefici *m*. ◇ *vi*: **to ~ (from / by)** aprofitar.

profitability [ˌprɒfɪtəˈbɪlətɪ] *n* rendibilitat *f*.

profitable [ˈprɒfɪtəbl] *adj* **-1.** [making a profit] rendible. **-2.** [beneficial] beneficiós -osa.

profiteering [ˌprɒfɪˈtɪərɪŋ] *n* especulació *f*.

profound [prəˈfaʊnd] *adj* profund -a.

profusely [prəˈfjuːslɪ] *adv* profusament.

profusion [prəˈfjuːʒn] *n* profusió *f*.

progeny [ˈprɒdʒənɪ] (*pl* **-ies**) *n* progènie *f*.

prognosis [prɒgˈnəʊsɪs] (*pl* **-noses** [-ˈnəʊsiːz]) *n* pronòstic *m*, prognosi *f*.

program [ˈprəʊgræm] (*pt & pp* **-med** / **-ed**, *cont* **-ming** / **-ing**) ◇ *n* **-1.** COMPUT programa *m*. **-2.** *Am* = **programme**. ◇ *vt* **-1.** COMPUT programar. **-2.** *Am* = **programme**. ◇ *vi* COMPUT programar.

programer *Am* = **programmer**.

programme *Br*, **program** *Am* [ˈprəʊgræm] ◇ *n* programa *m*. ◇ *vt*: **to ~ sthg (to do sthg)** programar alguna cosa (perquè faci alguna cosa).

programmer *Br*, **programer** *Am* [ˈprəʊgræməʳ] *n* COMPUT programador *m* -a *f*.

programming [ˈprəʊgræmɪŋ] *n* programació *f*.

progress [*n* ˈprəʊgres, *vb* prəʊˈgres] ◇ *n* **-1.** [gen] progrés *m*; **in ~** en curs; **to make ~** fer progressos. **-2.** [forward movement] avenç *m*. ◇ *vi* **-1.** [gen] progressar; [pupil etc.] fer progressos. **-2.** [move forward] avançar. **-3.** [move on]: **to ~ to sthg** avançar cap a alguna cosa.

progressive [prəˈgresɪv] *adj* **-1.** [enlightened] progressista. **-2.** [gradual] progressiu -iva.

prohibit [prəˈhɪbɪt] *vt* prohibir; **to ~ sb from doing sthg** prohibir que algú faci alguna cosa.

project [*n* ˈprɒdʒekt, *vb* prəˈdʒekt] ◇ *n* **-1.** [plan, idea] projecte *m*. **-2.** EDUC: **~ (on)** estudi *m* (sobre). ◇ *vt* **-1.** [gen] projectar. **-2.** [estimate - statistic, costs] estimar. **-3.** [company, person] fer una imatge de; [image] projectar. ◇ *vi* sobresortir.

projectile [prəˈdʒektaɪl] *n* projectil *m*.

projection [prəˈdʒekʃn] *n* **-1.** [gen] projecció *f*. **-2.** [protrusion] sortint *m*.

projector [prəˈdʒektəʳ] *n* projector *m*.

proletariat [ˌprəʊlɪˈteərɪət] *n* proletariat *m*.

prolific [prəˈlɪfɪk] *adj* prolífic -a.

prologue, **prolog** *Am* [ˈprəʊlɒg] *n* pròleg *m*; *fig* **to be the / a ~ to sthg** ser el / un pròleg a alguna cosa.

prolong [prəˈlɒŋ] *vt* prolongar.

prom [prɒm] *n* **-1.** abbr of **promenade concert**. **-2.** (abbr of **promenade**) *Br inf* [road by sea] passeig *m* marítim. **-3.** *Am* [ball] ball *m* (a l'escola).

promenade [ˌprɒməˈnɑːd] *n Br* [by sea] passeig *m* marítim.

promenade concert *n Br* concert en què part dels assistents estan drets.

prominent [ˈprɒmɪnənt] *adj* **-1.** [important] important. **-2.** [noticeable] prominent.

promiscuous [prəˈmɪskjʊəs] *adj* promiscu -íscua.

promise [ˈprɒmɪs] ◇ *n* promesa *f*; **to make (sb) a ~** fer una promesa (a algú); **to show ~** prometre. ◇ *vt*: **to ~ (to do sthg)** prometre (fer alguna cosa); **to ~ sb sthg** prometre alguna cosa a algú. ◇ *vi*: **I ~** t'ho prometo.

promising [ˈprɒmɪsɪŋ] *adj* prometedor -a.

promontory [ˈprɒməntrɪ] (*pl* **-ies**) *n* promontori *m*.

promote [prəˈməʊt] *vt* **-1.** [foster] promoure, fomentar. **-2.** [push, advertise] promocionar. **-3.** [in job]: **to ~ sb (to sthg)** ascendir algú (a alguna cosa); SPORT **to be ~d** ascendir.

promoter [prəˈməʊtəʳ] *n* **-1.** [organizer] promotor *m* -a *f*. **-2.** [supporter] defensor *m* -a *f*.

promotion [prəˈməʊʃn] *n* **-1.** [in job] ascens *m*; **to get / be given ~** ser ascendit -ida. **-2.** [advertising] promoció *f*. **-3.** [campaign] campanya *f* publicitària.

prompt [prɒmpt] ◇ *adj* ràpid -a, immediat -a. ◇ *adv* puntualment, en punt. ◇ *vt* **-1.** [motivate]: **to ~ sb (to do sthg)** induir algú (a fer alguna cosa). **-2.** [encourage]: **to ~ sb (to do sthg)** animar algú (a fer alguna cosa). **-3.** THEAT apuntar. ◇ *n* THEAT [line] apunt *m*.

promptly [ˈprɒmptlɪ] *adv* **-1.** [reply, react, pay] ràpidament, tot seguit. **-2.** [arrive, leave] puntualment.

prone [prəʊn] *adj* **-1.** [susceptible]: **to be ~ to sthg / to do sthg** ser propens -a a alguna cosa / fer alguna cosa. **-2.** [lying flat] bocaterrós -osa.

prong [prɒŋ] *n* punxa *f*, pua *f*.
pronoun ['prəʊnaʊn] *n* pronom *m*.
pronounce [prə'naʊns] ◇ *vt* -**1**. [gen] pronunciar. -**2**. [declare] declarar. ◇ *vi*: **to ~ on sthg** pronunciar-se sobre alguna cosa.
pronounced [prə'naʊnst] *adj* pronunciat -ada, marcat -ada.
pronouncement [prə'naʊnsmənt] *n* declaració *f*, opinió *f*.
pronunciation [prə,nʌnsɪ'eɪʃn] *n* pronúncia *f*.
proof [pruːf] ◇ *n* -**1**. [gen & PRINT] prova *f*. -**2**. [of alcohol]: **to be 10% ~** tenir 10 graus d'alcohol. ◇ *adj* [secure]: **~ against** a prova de.
prop [prɒp] (*pt & pp* **-ped**, *cont* **-ping**) ◇ *n* -**1**. [physical support] suport *m*, puntal *m*. -**2**. *fig* [supporting thing, person] pilar *m*. -**3**. SPORT pilar *m*. ◇ *vt*: **to ~ sthg on / against sthg** estintolar alguna cosa en / contra alguna cosa. ◆ **props** *npl* accessoris *mpl*. ◆ **prop up** *vt sep* -**1**. [physically support] apuntalar. -**2**. *fig* [sustain] sostenir.
propaganda [,prɒpə'gændə] *n* propaganda *f*.
propel [prə'pel] (*pt & pp* **-led**, *cont* **-ling**) *vt* propulsar, impulsar.
propeller [prə'pelər] *n* hèlice *f*, hèlix *f*.
propelling pencil [prə'pelɪŋ-] *n Br* portamines *m*.
propensity [prə'pensətɪ] (*pl* **-ies**) *n fml*: **~ (for / to sthg)** propensió *m* (a alguna cosa); **to have a ~ to do sthg** tenir propensió a fer alguna cosa.
proper ['prɒpər] *adj* -**1**. [real] de debò. -**2**. [correct - gen] correcte -a; [- time, place, equipment] apropiat -ada. -**3**. *inf* [as emphasis]: **a ~ idiot** un perfecte idiota.
properly ['prɒpəlɪ] *adv* -**1**. [satisfactorily, correctly] bé. -**2**. [decently] correctament.
proper noun *n* nom *m* propi.
property ['prɒpətɪ] (*pl* **-ies**) *n* -**1**. [gen] propietat *f*. -**2**. [estate] finca *f*. -**3**. *fml* [house] immoble *m*.
property owner *n* propietari *m* -ària *f*.
prophecy ['prɒfɪsɪ] (*pl* **-ies**) *n* profecia *f*.
prophesy ['prɒfɪsaɪ] (*pt & pp* **-ied**) *vt* profetitzar, predir.
prophet ['prɒfɪt] *n* profeta *mf*.
proportion [prə'pɔːʃn] *n* -**1**. [part] part *f*. -**2**. [ratio, comparison] proporció *f*; **in ~ to** en proporció amb; **out of all ~ (to)** totalment desproporcionat -ada (respecte de). -**3**. [correct relationship]: **in ~** a proporció; **out of ~** desproporcionat -ada; *fig* **to get things out of ~** exagerar les coses; *fig* **sense of ~** sentit *m* de la mesura.
proportional [prə'pɔːʃənl] *adj*: **~ (to)** proporcional (a).
proportional representation *n* representació *f* proporcional.
proportionate [prə'pɔːʃnət] *adj*: **~ (to)** proporcional (a).
proposal [prə'pəʊzl] *n* -**1**. [plan, suggestion] proposta *f*. -**2**. [offer of marriage] proposició *f*.
propose [prə'pəʊz] ◇ *vt* -**1**. [suggest] proposar; [motion] presentar. -**2**. [intend]: **to ~ doing / to do sthg** tenir intenció de fer alguna cosa. ◇ *vi* [make offer of marriage] declarar-se; **to ~ to sb** demanar la mà d'algú.
proposition [,prɒpə'zɪʃn] ◇ *n* -**1**. [statement of theory] proposició *f*. -**2**. [suggestion] proposta *f*; **to make sb a ~** fer una proposta a algú. ◇ *vt fml* fer proposicions deshonestes a.
proprietor [prə'praɪətər] *n* propietari *m*.
propriety [prə'praɪətɪ] *n* -**1**. (U) *fml* [moral correctness] decència *f*. -**2**. [rightness] conveniència *f*.
pro rata [-'rɑːtə] *adj & adv* prorrata *f*.
prose [prəʊz] ◇ *n* -**1**. (U) LITER prosa *f*. -**2**. EDUC exercici *m* de traducció inversa. ◇ *comp* processar.
prosecute ['prɒsɪkjuːt] ◇ *vt*: **to be ~d for** ser processat -ada per. ◇ *vi* -**1**. [bring a charge] procedir. -**2**. [represent in court] portar l'acusació.
prosecution [,prɒsɪ'kjuːʃn] *n* -**1**. [gen] procés *m*. -**2**. [lawyers]: **the ~** l'acusació.
prosecutor ['prɒsɪkjuːtər] *n* fiscal *mf*.
prospect [*n* 'prɒspekt, *vb* prə'spekt] ◇ *n* -**1**. [gen] perspectiva *f*. -**2**. [possibility] possibilitat *f*; **there's little ~ of that happening** hi ha poques possibilitats que això passi. ◇ *vi*: **to ~ (for)** buscar. ◆ **prospects** *npl*: **~s (for)** perspectives (de).
prospecting [prə'spektɪŋ] *n* (U) prospecció *f*.
prospective [prə'spektɪv] *adj* probable.
prospector [prə'spektər] *n* prospector *m* -a *f*.
prospectus [prə'spektəs] (*pl* **-es**) *n* prospecte *m*.
prosper ['prɒspər] *vi* prosperar.
prosperity [prɒ'sperətɪ] *n* prosperitat *f*.
prosperous ['prɒspərəs] *adj* pròsper -a.

prostitute ['prɒstɪtjuːt] *n* prostituta *f*; male ~ prostitut *m*.

prostrate [*adj* 'prɒstreɪt, *vb* prɒ'streɪt] ◇ *adj* prostrat -ada. ◇ *vt*: **to ~ oneself (before sb)** prostrar-se (davant d'algú).

protagonist [prə'tægənɪst] *n* **-1.** *fml* [supporter] defensor *m* -a *f*. **-2.** [main character] protagonista *mf*.

protect [prə'tekt] *vt*: **to ~ sthg / sb (against / from)** protegir alguna cosa / algú (contra / de).

protection [prə'tekʃn] *n*: **~ (against / from)** protecció *f* (contra / de).

protective [prə'tektɪv] *adj* protector -a; **to feel ~ towards sb** ser protector -a envers algú.

protege ['prɒteʒeɪ] *n* protegit *m*.

protein ['prəʊtiːn] *n* proteïna *f*.

protest [*n* 'prəʊtest, *vb* prə'test] ◇ *n* protesta *f*. ◇ *vt* **-1.** [state] protestar, afirmar. **-2.** *Am* [oppose] protestar. ◇ *vi*: **to ~ (about / against / at)** protestar (per / contra / de).

Protestant ['prɒtɪstənt] ◇ *adj* protestant. ◇ *n* protestant *mf*.

protester [prə'testər] *n* protestatari *m* -ària *f*.

protest march *n* manifestació *f*.

protocol ['prəʊtəkɒl] *n* protocol *m*.

prototype ['prəʊtətaɪp] *n* prototip *m*.

protracted [prə'træktɪd] *adj* prolongat -ada.

protrude [prə'truːd] *vi*: **to ~ (from)** sobresortir (de).

protuberance [prə'tjuːbərəns] *n* protuberància *f*.

proud [praʊd] *adj* **-1.** [gen]: **~ (of)** orgullós -osa (de); **to be ~ to do sthg** tenir l'honor de fer alguna cosa. **-2.** *pej* [arrogant] arrogant, tibat -ada.

prove [pruːv] (*pt & pp* **-d** / **proven**) *vt* **-1.** [show to be true] provar, demostrar; **events ~d her right** els fets van demostrar que tenia raó. **-2.** [show oneself to be]: **to ~ (to be) sthg** demostrar (ser) alguna cosa; **to ~ oneself to be sthg** demostrar-se a si mateix alguna cosa; **to ~ oneself** posar-se a prova.

proven ['pruːvn, 'prəʊvn] ◇ *pp* ➭ **prove**. ◇ *adj* provat -ada.

proverb ['prɒvɜːb] *n* proverbi *m*, refrany *m*.

provide [prə'vaɪd] *vt* proporcionar, proveir; **to ~ sb with sthg** proporcionar alguna cosa a algú; **to ~ sthg for sb** proporcionar alguna cosa a algú. ➭ **provide for** *vt fus* **-1.** [support] mantenir. **-2.** *fml* [make arrangements for] prevenir.

provided [prə'vaɪdɪd] ➭ **provided (that)** *conj* sempre que, a condició que.

providing [prə'vaɪdɪŋ] ➭ **providing (that)** *conj* = **provided**.

province ['prɒvɪns] *n* **-1.** [part of country] província *f*. **-2.** [speciality] competència *f*.

provincial [prə'vɪnʃl] *adj* **-1.** [of a province] provincial. **-2.** *pej* [narrow-minded] provincià -ana.

provision [prə'vɪʒn] *n* **-1.** [gen] provisió *f*. **-2.** (U) [arrangement]: **to make ~ for** [eventuality, future] prendre mesures per; [one's family] assegurar el futur. **-3.** [in agreement, law] condició *f*. ➭ **provisions** *npl* [supplies] provisions *fpl*, queviures *mpl*.

provisional [prə'vɪʒənl] *adj* provisional.

proviso [prə'vaɪzəʊ] (*pl* **-s**) *n*: **with the ~ that ...** amb la condició que...

provocative [prə'vɒkətɪv] *adj* **-1.** [controversial] provocador -a. **-2.** [sexy] provocatiu -iva.

provoke [prə'vəʊk] *vt* provocar; **to ~ sb to do sthg** provocar algú perquè faci alguna cosa.

prow [praʊ] *n* proa *f*.

prowess ['praʊɪs] *n fml* destresa *f*.

prowl [praʊl] ◇ *n*: **on the ~** rondar-la. ◇ *vt* rondar. ◇ *vi* rondar.

prowler ['praʊlər] *n* rondaire *mf*.

proxy ['prɒksɪ] (*pl* **-ies**) *n*: **by ~** per poders.

prudent ['pruːdnt] *adj* prudent.

prudish ['pruːdɪʃ] *adj* pudorós -osa.

prune [pruːn] ◇ *n* [fruit] pruna *f* seca. ◇ *vt* podar, esporgar.

pry [praɪ] (*pt & pp* **-ied**) *vi* tafanejar, xafardejar; **to ~ into sthg** ficar el nas en alguna cosa.

PS (abbr of *postscript*) *n* p. d.

psalm [sɑːm] *n* salm *m*.

pseudonym ['sjuːdənɪm] *n* pseudònim *m*.

psyche ['saɪkɪ] *n* psique *f*.

psychiatric [ˌsaɪkɪ'ætrɪk] *adj* psiquiàtric -a.

psychiatrist [saɪ'kaɪətrɪst] *n* psiquiatre *m* -a *f*.

psychiatry [saɪ'kaɪətrɪ] *n* psiquiatria *f*.

psychic ['saɪkɪk] ◇ *adj* **-1.** [clairvoyant] persona *f* amb poders mentals. **-2.** [mental] psíquic -a. ◇ *n* vident *mf*.

psychoanalysis [,saɪkəʊə'næləsɪs] *n* psicoanàlisi *f*.

psychoanalyst [,saɪkəʊ'ænəlɪst] *n* psicoanalista *mf*.

psychological [,saɪkə'lɒdʒɪkl] *adj* psicològic -a.

psychologist [saɪ'kɒlədʒɪst] *n* psicòleg *m* -òloga *f*.

psychology [saɪ'kɒlədʒɪ] *n* psicologia *f*.

psychopath ['saɪkəpæθ] *n* psicòpata *mf*.

psychotic [saɪk'ɒtɪk] ◇ *adj* psicòtic -a. ◇ *n* psicòtic *m* -a *f*.

pt -1. (abbr of pint) pt. **-2.** abbr of point.

PTO ◇ *n Am* (abbr of parent-teacher organization) ≃ APA *f*. ◇ (abbr of please turn over) segueix al dors.

pub [pʌb] (abbr of public house) *n* bar *m*.

puberty ['pju:bətɪ] *n* pubertat *f*.

pubic ['pju:bɪk] *adj* púbic -a.

public ['pʌblɪk] ◇ *adj* públic -a; **to be ~ knowledge** ser de domini públic; **to make sthg ~** fer pública alguna cosa; COM **to go ~** constituir una societat anònima (amb cotització a borsa). ◇ *n* públic *m*; **in ~** en públic; **the ~** el gran públic.

public-address system *n* megafonia *f*.

publican ['pʌblɪkən] *n Br* propietari *m* -ària *f* d'un "pub".

publication [,pʌblɪ'keɪʃn] *n* publicació *f*.

public bar *n Br* en alguns pubs i hotels, bar amb una decoració més senzilla i preus més baixos.

public company *n* societat *f* anònima (amb cotització a borsa).

public convenience *n Br* lavabos *mpl* públics.

public holiday *n* festa *f* oficial.

public house *n Br fml* "pub" *m* (britànic).

publicity [pʌb'lɪsɪtɪ] ◇ *n* publicitat *f*. ◇ *comp* publicitari -ària.

publicize, -ise ['pʌblɪsaɪz] *vt* publicar.

public limited company *n* societat *f* anònima.

public opinion *n* (U) opinió *f* pública.

public prosecutor *n* fiscal *mf*.

public relations ◇ *n* (U) relacions *fpl* públiques. ◇ *npl* relacions *fpl* públiques.

public school *n* **-1.** *Br* [private school] escola *f* privada. **-2.** *Am* [state school] escola *f* pública.

public-spirited *adj* amb civisme.

public transport *n* transport *m* públic.

publish ['pʌblɪʃ] ◇ *vt* **-1.** [gen] publicar. **-2.** [make known] fer públic, difondre. ◇ *vi* publicar.

publisher ['pʌblɪʃər] *n* [person] editor *m* -a *f*; [firm] editorial *f*.

publishing ['pʌblɪʃɪŋ] *n* (U) món *m* de l'edició.

pub lunch *n* dinar que es menja en un "pub".

pucker ['pʌkər] ◇ *vt* arrufar. ◇ *vi* arrugar-se.

pudding ['pʊdɪŋ] *n* **-1.** [sweet] púding *m*; [savoury] pastís *m* de carn. **-2.** (U) *Br* [course] postres *fpl*.

puddle ['pʌdl] *n* bassal *m*, toll *m*.

Puerto Rico [,pwɜːtəʊ'riːkəʊ] *n* Puerto Rico.

puff [pʌf] ◇ *n* **-1.** [of cigarette, pipe] bufada *f*. **-2.** [gasp] esbufec *m*. **-3.** [of air] bufada *f*; [of smoke] fumada *f*. ◇ *vt* bufar. ◇ *vi* **-1.** [smoke]: **to ~ at / on** xuclar, pipar. **-2.** [pant] esbufegar. ✦ **puff out** *vt sep* [cheeks, chest] inflar; [feathers] eriçar.

puffed [pʌft] *adj* **-1.** [swollen]: **~ (up)** inflat -ada. **-2.** *Br inf* [out of breath]: **~ (out)** sense alè.

puffin ['pʌfɪn] *n* fraret *m*.

puff pastry, **puff paste** *Am n* pasta *f* fullada.

puffy ['pʌfɪ] (*compar* **-ier**, *superl* **-iest**) *adj* inflat -ada.

pugnacious [pʌg'neɪʃəs] *adj fml* pugnaç.

pull [pʊl] ◇ *vt* **-1.** [gen] estirar; [trigger] prémer. **-2.** [tooth, cork] arrencar. **-3.** [muscle] esquinçar. **-4.** [attract] atreure. **-5.** [gun] treure i apuntar. ◇ *vi* estirar. ◇ *n* **-1.** [tug with hand] estirada *f*. **-2.** (U) [influence] influència *f*. ✦ **pull apart** *vt sep* [machine etc.] desmuntar. ✦ **pull at** *vt fus* estirar. ✦ **pull away** *vi* **-1.** [from roadside] arrencar. **-2.** [in race] deixar enrere. ✦ **pull down** *vt sep* [building] enderrocar. ✦ **pull in** *vi* [train] aturar-se. ✦ **pull off** *vt sep* **-1.** [clothes] treure's. **-2.** [succeed in] aconseguir. ✦ **pull out** ◇ *vt sep* treure. ◇ *vi* **-1.** [vehicle] anar-se'n. **-2.** [withdraw] retirar-se. ✦ **pull over** AUTOM *vi* arrambar-se. ✦ **pull through** ◇ *vi* refer-se, recuperar-se. ◇ *vt sep* ajudar a superar. ✦ **pull together** ◇ *vt sep*: **to ~ oneself together** sobreposar-se, asserenar-se. ◇ *vi fig* cooperar, unir esforços. ✦ **pull up** ◇ *vt sep* **-1.** [move closer] avançar. **-2.** [stop]: **to ~ sb up short** aturar algú en sec. ◇ *vi* aturar-se.

pulley ['pʊlɪ] (*pl* **-s**) *n* politja *f*.

pullover ['pʊl‚əʊvəʳ] *n* jersei *m*.
pulp [pʌlp] ⬦ *adj* [novel etc.] barat -a. ⬦ *n* **-1.** [soft mass] pasta *f*. **-2.** [of fruit] polpa *f*. **-3.** [of wood] pasta *f*. ⬦ *vt* [books] reduir a pasta de paper.
puma ['pju:mə] ((*pl inv*) / **-s**) *n* puma *m*.
pumice (stone) ['pʌmɪs-] *n* tosca *f*.
pummel ['pʌml] (*Br pt & pp* **-led**, *cont* **-ling**, *Am pt & pp* **-ed**, *cont* **-ing**) *vt* bastonejar.
pump [pʌmp] ⬦ *n* **-1.** [machine] bomba *f*. **-2.** [for petrol] assortidor *m*. ⬦ *vt* **-1.** [convey by pumping] bombar. **-2.** *inf* [invest]: **to ~ sthg into sthg** invertir alguna cosa en una cosa. **-3.** *inf* [interrogate] estirar la llengua a algú. ⬦ *vi* bategar. ✦ **pumps** *npl* [shoes] sabatilla *f* de ballet.
pumpkin ['pʌmpkɪn] *n* carbassa *f*.
pun [pʌn] *n* joc *m* de paraules.
punch [pʌntʃ] ⬦ *n* **-1.** [blow] cop *m* de puny. **-2.** [tool - for leather etc.] punxó *m*; [- for tickets] màquina *f* de picar bitllets. **-3.** [drink] ponx *m*. ⬦ *vt* **-1.** [hit] donar un cop de puny. **-2.** [ticket] picar. **-3.** [hole] barrinar, perforar.
Punch-and-Judy show [-'dʒu:dɪ-] *n* marionetes *fpl*.
punch(ed) card [pʌntʃ(t)-] *n* targeta *f* perforada.
punch line *n* paraules *fpl* finals.
punch-up *n Br inf* baralla *f*.
punchy ['pʌntʃɪ] (*compar* **-ier**, *superl* **-iest**) *adj inf* incisiu -iva.
punctual ['pʌŋktjʊəl] *adj* puntual.
punctuation [‚pʌŋktjʊ'eɪʃn] *n* puntuació *f*.
punctuation mark *n* signe *m* de puntuació.
puncture ['pʌŋktʃəʳ] ⬦ *n* punxada *f*; [in skin] punció *f*. ⬦ *vt* punxar.
pundit ['pʌndɪt] *n* setciències *mf*.
pungent ['pʌndʒənt] *adj* **-1.** [strong-smelling] fort -a. **-2.** *fig* [biting] mordaç.
punish ['pʌnɪʃ] *vt*: **to ~ sb (for sthg / for doing sthg)** castigar algú (per alguna cosa / per haver fet alguna cosa).
punishing ['pʌnɪʃɪŋ] *adj* dur -a, esgotador -a.
punishment ['pʌnɪʃmənt] *n* **-1.** [for crime] càstig *m*, pena *f*. **-2.** [severe treatment]: **to take a lot of ~** rebre una bona pallissa.
punk [pʌŋk] ⬦ *adj* inútil. ⬦ *n* **-1.** [music]: **~ (rock)** punk *m*. **-2.** [person]: **~ (rocker)** punki *mf*. **-3.** *Am inf* [lout] pocapena *mf*.

punt [pʌnt] ⬦ *n* xalana *f*. ⬦ *vi* anar amb una xalana.
punter ['pʌntəʳ] *n Br* **-1.** [better] apostador *m* -a *f*. **-2.** *inf* [customer] client *m* -a *f*.
puny ['pju:nɪ] (*compar* **-ier**, *superl* **-iest**) *adj* [person, limbs] escarransit -ida, escanyolit -ida; [effort] penós -osa.
pup [pʌp] *n* **-1.** [young dog] cadell *m*. **-2.** [young seal, otter] cria *f*.
pupil ['pju:pl] *n* **-1.** [student] alumne *m* -a *f*. **-2.** [follower] deixeble *m* -a *f*. **-3.** [of eye] pupil·la *f*.
puppet ['pʌpɪt] *n lit & fig* titella *m*.
purchase ['pɜ:tʃəs] *fml* ⬦ *n* compra *f*, adquisició *f*. ⬦ *vt* comprar, adquirir.
purchaser ['pɜ:tʃəsəʳ] *n* comprador *m* -a *f*.
purchasing power ['pɜ:tʃəsɪŋ-] *n* poder *m* adquisitiu.
pure [pjʊəʳ] *adj* pur -a.
puree ['pjʊəreɪ] ⬦ *n* puré *m*. ⬦ *vt* fer puré.
purely ['pjʊəlɪ] *adv* purament.
purge [pɜ:dʒ] ⬦ *n* POL purga *f*, depuració *f*. ⬦ *vt*: **to ~ sthg (of)** purgar alguna cosa (de).
purify ['pjʊərɪfaɪ] (*pt & pp* **-ied**) *vt* purificar.
purist ['pjʊərɪst] *n* purista *mf*.
puritan ['pjʊərɪtən] ⬦ *adj* purità -ana. ⬦ *n* purità *m* -ana *f*.
purity ['pjʊərətɪ] *n* puresa *f*.
purl [pɜ:l] ⬦ *n* (U) punt *m* de garrotera. ⬦ *vt & vi* fer punt de garrotera.
purple ['pɜ:pl] ⬦ *adj* morat -ada. ⬦ *n* morat *m*.
purport [pə'pɔ:t] *vi fml*: **to ~ to do / be sthg** pretendre fer / ser alguna cosa.
purpose ['pɜ:pəs] *n* **-1.** [gen] propòsit *m*; **for tax ~s** per raons fiscals; **it serves no ~** no serveix per a res; **to no ~** debades. **-2.** [determination] fermesa *f*. ✦ **on purpose** *adv* a posta.
purposeful ['pɜ:pəsfʊl] *adj* decidit -ida.
purr [pɜ:ʳ] ⬦ *n* **-1.** [of cat] ronc *m*. **-2.** [of engine] ronc *m*. ⬦ *vi* **-1.** [cat, person] roncar. **-2.** [engine, machine] roncar.
purse [pɜ:s] ⬦ *n* **-1.** [for money] moneder *m*. **-2.** *Am* [handbag] bossa *f* (de mà). ⬦ *vt* arrufar, arronsar.
purser ['pɜ:səʳ] *n* superintendent *mf*.
pursue [pə'sju:] *vt* **-1.** [follow] perseguir, empaitar. **-2.** *fml* [policy] mantenir; [aim, pleasure etc.] cercar; [topic, question] aprofundir en; [hobby, studies] continuar.

pursuer [pəˈsjuːəʳ] n perseguidor m -a f.

pursuit [pəˈsjuːt] n **-1.** (U) fml [attempt to achieve] recerca f. **-2.** [chase, in cycling] persecució f; **in ~ of** a la recerca de; **in hot ~ (of)** anar darrere (de). **-3.** [occupation, activity] ocupació f; **leisure ~** passatemps m.

pus [pʌs] n pus m.

push [puʃ] ◇ vt **-1.** [shove] empènyer; **to ~ sthg into sthg** ficar una cosa dins una altra; **to ~ sthg open / shut** obrir / tancar alguna cosa tot empenyent-la. **-2.** [press - button] prémer. **-3.** [encourage]: **to ~ sb (to do sthg)** empènyer algú (a fer alguna cosa). **-4.** [force]: **to ~ sb (into doing sthg)** obligar algú (a fer una cosa). **-5.** inf [promote] promoure. **-6.** drugs sl vendre. ◇ vi **-1.** [press forward] empènyer, prémer. **-2.** [move past]: **to ~ through** fer-se camí. ◇ n lit & fig empenta f; inf **to give sb the ~** [end relationship] deixar algú; [from job] acomiadar algú. ◆ **push around** vt sep inf mestressejar. ◆ **push for** vt fus [demand] reclamar. ◆ **push in** vi [in queue] passar al davant sense permís. ◆ **push off** vi inf tocar el dos. ◆ **push on** vi tirar endavant. ◆ **push through** vt sep [law etc.] aconseguir que s'aprovi.

pushchair [ˈpuʃtʃeəʳ] n Br cotxet m.

pushed [puʃt] adj inf: **to be ~ for sthg** anar curt -a d'alguna cosa; **to be hard ~ to do sthg** ser acuitat -ada a fer alguna cosa.

pusher [ˈpuʃəʳ] n inf camell mf.

pushover [ˈpuʃˌəuvəʳ] n inf: **it's a ~** és bufar i fer ampolles.

push-up n flexió f.

pushy [ˈpuʃɪ] (compar **-ier**, superl **-iest**) adj pej emprenedor -a, ambiciós -osa.

puss [pus], **pussy cat** [ˈpusɪ-] n inf mix m -a f.

put [put] (pt & pp put, cont **-ting**) vt **-1.** [gen] posar; **to ~ sthg into sthg** ficar alguna cosa en una cosa. **-2.** [place exactly] col·locar. **-3.** [send - to prison etc.] ficar; **to ~ the children to bed** portar la mainada al llit. **-4.** [express] expressar, dir. **-5.** [ask - question] fer; **to ~ it to sb that ...** suggerir a algú que... **-6.** [estimate]: **to ~ sthg at** estimar alguna cosa en. **-7.** [invest]: **to ~ sthg into sthg** invertir alguna cosa en una cosa. **-8.** [apply]: **to ~ pressure on** fer pressió en; **that ~s a great responsibility on us** això és una enorme responsabilitat per a nosaltres. ◆ **put across** vt sep transmetre. ◆ **put away** vt sep **-1.** [tidy away] desar. **-2.** inf [lock up] recloure. ◆ **put back** vt sep **-1.** [replace] retornar. **-2.** [postpone] ajornar. **-3.** [clock, watch] endarrerir. ◆ **put by** vt sep estalviar. ◆ **put down** vt sep **-1.** [lay down] deixar a terra. **-2.** [quell] reprimir. **-3.** inf [criticize]: **to ~ sb down** criticar algú. **-4.** Br [animal] sacrificar. **-5.** [write down] apuntar. ◆ **put down to** vt sep atribuir. ◆ **put forward** vt sep **-1.** [plan, theory, name] proposar, presentar; [proposal] fer. **-2.** [clock, meeting, event] avançar. ◆ **put in** vt sep **-1.** [spend - in time] dedicar. **-2.** [submit] presentar, inscriure. ◆ **put off** vt sep **-1.** [postpone] ajornar. **-2.** [cause to wait] endarrerir. **-3.** [discourage] desanimar. **-4.** [cause to dislike]: **to ~ sb off sthg** fer avorrir alguna cosa a algú. ◆ **put on** vt sep **-1.** [wear] posar-se. **-2.** [show, play] muntar; [exhibition] organitzar. **-3.** [gain]: **to ~ on weight** engreixar-se; **I've ~ on 10 kilos** m'he engreixat 10 quilos. **-4.** [radio, light] encendre; **to ~ on the brakes** frenar. **-5.** [record, tape] posar. **-6.** [start cooking] cuinar. **-7.** [bet] apostar. **-8.** [add] afegir. **-9.** [feign - on air, accent] fingir. **-10.** inf [tease]: **to ~ sb on** prendre el pèl a algú. ◆ **put out** vt sep **-1.** [place outside] treure. **-2.** [issue - out statement] fer públic. **-3.** [extinguish] apagar. **-4.** [switch off] apagar. **-5.** [prepare for use - out clothes] treure. **-6.** [extend - out hand, leg] estirar; [- out tongue] treure. **-7.** inf [injure] dislocar. **-8.** [upset]: **to be ~ out** estar ofès -esa. **-9.** [inconvenience] molestar; **to ~ oneself out** preocupar-se. ◆ **put through** vt sep **-1.** TELEC [call] passar; **to ~ sb through to sb** posar algú amb algú altre. **-2.** [cause to suffer]: **to ~ sb through sthg** sotmetre algú a alguna cosa. ◆ **put up** ◇ vt sep **-1.** [build] aixecar. **-2.** [umbrella] obrir; [flag] hissar. **-3.** [poster] clavar; [painting] penjar. **-4.** [provide - up money] proporcionar. **-5.** [propose - up candidate] proposar. **-6.** [increase] augmentar. **-7.** [provide accommodation for] allotjar. ◇ vt fus [resistance] oposar; **to ~ up a fight** resistir-se. ◆ **put up with** vt fus aguantar, suportar.

putrid [ˈpjuːtrɪd] adj fml putrefacte -a.

putt [pʌt] ◇ n cop m curt. ◇ vt & vi donar cops curts.

putting green [ˈpʌtɪŋ-] n mena de minigolf.

putty [ˈpʌtɪ] n massilla f.

puzzle [ˈpʌzl] ◇ n **-1.** [toy, game] trencaclosques m. **-2.** [mystery] enigma m, misteri m. ◇ vt deixar parat, confondre. ◇ vi: **to ~ over sthg** capficar-se en alguna cosa. ◆ **puzzle out** vt sep resoldre, desxifrar.

puzzling [ˈpʌzlɪŋ] *adj* desconcertant.
pyjama [pəˈdʒɑːmə] *comp* del pijama. ➡
pyjamas *npl* pijama *m*.
pylon [ˈpaɪlən] *n* torre *f* d'alta tensió.
pyramid [ˈpɪrəmɪd] *n* –**1**. [structure] piràmide *f*. –**2**. [pile] pila *f*.
Pyrenees [ˌpɪrəˈniːz] *npl*: **the** ~ els Pirineus.
Pyrex® [ˈpaɪreks] ◇ *n* pírex *m*. ◇ *comp* de pírex.
python [ˈpaɪθn] ((*pl inv*) / **-s**) *n* pitó *m*.

---

q (*pl* **qs** / **q's**), **Q** (*pl* **Qs** / **Q's**) [kjuː] *n* [letter] q *f*, Q *f*.
quack [kwæk] ◇ *n* –**1**. [noise] claca *f*. –**2**. *inf* [doctor] curandero *m* -a *f*. ◇ *vi* clacar.
quad [kwɒd] *n abbr of* quadrangle.
quadrangle [ˈkwɒdræŋgl] *n* –**1**. [figure] quadrangle *m*. –**2**. [courtyard] pati *m* interior.
quadruple [kwɒˈdruːpl] ◇ *adj* quàdruple -a. ◇ *vt* quadruplicar. ◇ *vi* quadruplicar.
quadruplets [kwɒˈdruːplɪts] *npl* quadrigemin *m*, -èmina *f*.
quads [kwɒdz] *npl inf* quadrigèmins *mpl*, quadrigèmines *f*.
quagmire [ˈkwæɡmaɪər] *n* aiguamoll *m*, pantà *m*.
quail [kweɪl] ((*pl inv*) / **-s**) ◇ *n* guatlla *f*. ◇ *vi fml* esporuguir-se, acovardir-se.
quaint [kweɪnt] *adj* pintoresc -a.
quake [kweɪk] ◇ *n inf* terratrèmol *m*. ◇ *vi* tremolar, estremir-se.
Quaker [ˈkweɪkər] *n* quàquer *m* -a *f*.
qualification [ˌkwɒlɪfɪˈkeɪʃn] *n* –**1**. [examination, certificate] títol *m*. –**2**. [ability, skill] aptitud *f*. –**3**. [qualifying statement] qualificació *f*. –**4**. [becoming qualified] qualificació *f*.
qualified [ˈkwɒlɪfaɪd] *adj* –**1**. [trained] qualificat -ada; **to be ~ to do sthg** estar capacitat -ada per fer alguna cosa. –**2**. [limited] limitat -ada.
qualify [ˈkwɒlɪfaɪ] (*pt & pp* **-ied**) ◇ *vt* –**1**. [modify] modificar. –**2**. [entitle]: **to ~ sb to do sthg** capacitar algú per fer alguna cosa. ◇ *vi* –**1**. [pass exams] obtenir un títol. –**2**. [be entitled]: **to ~ (for)** tenir els requisits (per). –**3**. SPORT classificar-se.
quality [ˈkwɒlətɪ] (*pl* **-ies**) ◇ *n* –**1**. [standard] qualitat *f*. –**2**. [characteristic] qualitat *f*. ◇ *comp* de qualitat.
qualms [kwɑːmz] *npl* escrúpols *mpl*, remordiments *mpl*.
quandary [ˈkwɒndərɪ] (*pl* **-ies**) *n*: **to be in a ~ about / over sthg** dubtar sobre alguna cosa.
quantify [ˈkwɒntɪfaɪ] (*pt & pp* **-ied**) *vt* quantificar.
quantity [ˈkwɒntətɪ] (*pl* **-ies**) *n* quantitat *f*; **in ~** en quantitat; **unknown ~** incògnita *f*.
quantity surveyor *n* aparellador *m* -a *f*.
quarantine [ˈkwɒrəntiːn] ◇ *n* quarantena *f*; **to be in ~** estar en quarantena. ◇ *vt* posar en quarantena.
quark [kwɑːk] *n* –**1**. PHYS quark *m*. –**2**. CULIN tipus de formatge fresc blanc.
quarrel [ˈkwɒrəl] (*Br pt & pp* **-led**, *cont* **-ling**, *Am pt & pp* **-ed**, *cont* **-ing**) ◇ *n* baralla *f*, discussió *f*; **to have no ~ with sb / sthg** no tenir res contra ningú / cap cosa. ◇ *vi* renyir, barallar-se; **to ~ with sb** barallar-se amb algú; **to ~ with sthg** queixar-se d'alguna cosa.
quarrelsome [ˈkwɒrəlsəm] *adj* buscabregues, busca-raons.
quarry [ˈkwɒrɪ] (*pl* **-ies**, *pt & pp* **-ied**) ◇ *n* –**1**. [place] pedrera *f*. –**2**. [prey] presa *f*. ◇ *vt* extreure.
quart [kwɔːt] *n* quart *m* de galó.
quarter [ˈkwɔːtər] *n* –**1**. [fraction] quart *m*. –**2**. [in telling time]: **~ past two** *Br*, **~ after two** *Am* un quart de tres; **~ to two** *Br*, **~ of two** *Am* tres quarts de dues. –**3**. [of year] trimestre *m*. –**4**. *Am* [coin] moneda *f* de 25 centaus. –**5**. [four ounces] 28 lliures *fpl*. –**6**. [area in town] barri *m*. –**7**. [group of people] grup *m*, part *f*; **in some ~s this is seen as lying** en alguns cercles això és considerat una mentida. ➡ **quarters** *npl* [rooms] allotjament *m*. ➡ **at close quarters** *adv* de prop.
quarterfinal [ˌkwɔːtəˈfaɪnl] *n* quart *m* de final.
quarterly [ˈkwɔːtəlɪ] (*pl* **-ies**) ◇ *adj* trimestral. ◇ *adv* trimestralment. ◇ *n* publicació *f* trimestral.
quartermaster [ˈkwɔːtəˌmɑːstər] *n* furrier *m*.
quartet [kwɔːˈtet] *n* quartet *m*.
quartz [kwɔːts] *n* quars *m*.

quartz watch *n* rellotge *m* de quars.
quash [kwɒʃ] *vt* **-1.** [reject] anul·lar, invalidar. **-2.** [quell] reprimir, sofocar.
quasi- ['kweɪzaɪ] *prefix* quasi-.
quaver ['kweɪvəʳ] ◇ *n* **-1.** MUS corxera *f*. **-2.** [in voice] tremolor *m*. ◇ *vi* tremolar.
quay [kiː] *n* moll *m*.
quayside ['kiːsaɪd] *n* andana *f*.
queasy ['kwiːzɪ] (*compar* **-ier**, *superl* **-iest**) *adj* marejat -ada.
queen [kwiːn] *n* **-1.** [gen] reina *f*. **-2.** [playing card] dama *f*.
Queen Mother *n*: the ~ la reina mare.
queer [kwɪəʳ] ◇ *adj* [odd] estrany -a. ◇ *n inf pej* marieta *m*.
quell [kwel] *vt* **-1.** [rebellion] sofocar. **-2.** [feelings] reprimir, dominar.
quench [kwentʃ] *vt* apagar.
querulous ['kwerʊləs] *adj fml* rondinaire, gemegaire.
query ['kwɪərɪ] (*pl* **-ies**, *pt & pp* **-ied**) ◇ *n* pregunta *f*, dubte *m*. ◇ *vt* dubtar de, preguntar.
quest [kwest] *n liter*: ~ **(for)** recerca *f* (de).
question ['kwestʃn] ◇ *n* **-1.** [query, problem in exam] pregunta *f*; **to ask (sb) a ~** fer una pregunta (a algú). **-2.** [doubt] dubte *m*; **to bring sthg into ~** posar alguna cosa en dubte; **to call sthg into ~** posar alguna cosa en dubte; **without ~** sens dubte; **beyond ~** sense cap mena de dubte; **open to ~** per debatre. **-3.** [issue, matter] assumpte *m*, qüestió *f*. **-4. there's no ~ of ...** no hi ha cap possibilitat que. ◇ *vt* **-1.** [interrogate] interrogar. **-2.** [express doubt about] dubtar de. ❖ **in question** *adv*: **the matter in ~** l'assumpte en qüestió. ❖ **out of the question** *adv* impossible.
questionable ['kwestʃənəbl] *adj* [gen] qüestionable; [taste] dubtós -osa.
question mark *n* interrogant *m*.
questionnaire [,kwestʃə'neəʳ] *n* qüestionari *m*, enquesta *f*.
queue [kjuː] *Br* ◇ *n* cua *f*; **to jump the ~** passar al davant. ◇ *vi*: **to ~ (up for sthg)** fer cua (per a alguna cosa).
quibble ['kwɪbl] *pej* ◇ *n* queixa *f*. ◇ *vi* queixar-se per poca cosa; **to ~ over / about** buscar tres peus al gat.
quiche [kiːʃ] *n* mena de pastís de crema.
quick [kwɪk] ◇ *adj* **-1.** [gen] ràpid -a, veloç; **be ~!** afanya't! **-2.** [clever - person] espavilat -ada, viu viva; [- wit] agut -uda. **-3.** [irritable]: **a ~ temper** un mal geni; to

be ~ to take offence ofendre's per poca cosa. ◇ *adv* de pressa.
quicken ['kwɪkn] ◇ *vt* accelerar, apressar. ◇ *vi* anar més de pressa.
quickly ['kwɪklɪ] *adv* **-1.** [rapidly] ràpidament, de pressa. **-2.** [without delay] aviat, de seguida.
quicksand ['kwɪksænd] *n* sorres *fpl* movedisses.
quick-witted [-'wɪtɪd] *adj* agut -uda.
quid [kwɪd] (*pl inv*) *n Br inf* lliura *f* (esterlina).
quiet ['kwaɪət] ◇ *adj* **-1.** [silent - gen] silenciós -osa; [- room, place] tranquil -il·la; **in a ~ voice** en veu baixa; **to keep ~ about sthg** no dir res sobre alguna cosa. **-2.** [not talkative] callat -ada. **-3.** [tranquil, uneventful] tranquil -il·la; **business is ~** el negoci està una mica apagat. **-4.** [unpublicized - wedding etc.] íntim -a. **-5.** [colours] suau, apagat -ada. ◇ *n* tranquil·litat *f*, pau *f*; **on the ~** d'amagat. ◇ *vt Am* tranquil·litzar, calmar. ❖ **quiet down** ◇ *vt sep* calmar, tranquil·litzar. ◇ *vi* calmar-se, tranquil·litzar-se.
quieten ['kwaɪətn] *vt* calmar, tranquil·litzar. ❖ **quieten down** ◇ *vt sep* calmar, tranquil·litzar. ◇ *vi* calmar-se, tranquil·litzar-se.
quietly ['kwaɪətlɪ] *adv* **-1.** [without noise] silenciosament; **to speak ~** parlar en veu baixa. **-2.** [without moving] sense moure's. **-3.** [without excitement] tranquil·lament. **-4.** [without fuss] discretament.
quilt [kwɪlt] *n* edredó *m*.
quinine [kwɪ'niːn] *n* quinina *f*.
quins *Br* [kwɪnz], **quints** *Am* [kwɪnts] *npl inf* quintigèmins *mpl*, -èmines *fpl*.
quintet [kwɪn'tet] *n* quintet *m*.
quints *Am* = **quins**.
quintuplets [kwɪn'tjuːplɪts] *npl* quintigèmins *mpl*, -èmines *fpl*.
quip [kwɪp] (*pt & pp* **-ped**, *cont* **-ping**) ◇ *n* acudit *m*, broma *f*. ◇ *vi* dir un acudit, fer broma.
quirk [kwɜːk] *n* **-1.** [habit] raresa *f*, mania *f*. **-2.** [strange event] estranya coincidència *f*; **~ of fate** casualitat *f* (de la vida).
quit [kwɪt] (*Br pt & pp* **quit / -ted**, *cont* **-ting**, *Am pt & pp* **quit**, *cont* **-ting**) ◇ *vt* **-1.** [resign from] deixar, abandonar. **-2.** [stop]: **to ~ doing sthg** deixar de fer una cosa. ◇ *vi* [resign] dimitir.
quite [kwaɪt] *adv* **-1.** [completely] del tot, completament. **-2.** [fairly] força, bastant; ~

quits

a lot of people força gent. **-3.** [after negative]: **it's not ~ big enough** no és prou gran; **I don't ~ understand / know** no ho entenc / sé ben bé. **-4.** [to emphasize]: **~ a ...** tot -a un una... **-5.** [to express agreement]: **~ (so)!** és clar!

quits [kwɪts] *adj inf*: **to be ~ (with sb)** estar en paus (amb algú); **to call it ~** fer les paus.

quiver ['kwɪvə^r] ◇ *n* **-1.** [shiver] tremolor *m*. **-2.** [for arrows] buirac *m*. ◇ *vi* tremolar, estremir-se.

quiz [kwɪz] (*pl* **-es**, *pt* & *pp* **-zed**, *cont* **-zing**) ◇ *n* **-1.** [gen] concurs *m*. **-2.** *Am* EDUC prova *f*. ◇ *comp*: **~ programme** concurs *m*. ◇ *vt*: **to ~ sb (about)** interrogar algú (sobre).

quizzical ['kwɪzɪkl] *adj* [smile] soneguer -a; [look, glance] burleta.

quota ['kwəʊtə] *n* quota *f*.

quotation [kwəʊ'teɪʃn] *n* **-1.** [citation] citació *f*. **-2.** COM pressupost *m*.

quotation marks *npl* cometes *fpl*.

quote [kwəʊt] ◇ *n* **-1.** *inf* [citation] citació *f*. **-2.** COM pressupost *m*. ◇ *vt* **-1.** [cite] citar. **-2.** [figures, example, price] posar, fixar; **he ~d £100** va fixar un preu de 100 lliures. ◇ *vi* **-1.** [cite]: **to ~ (from)** citar (de). **-2.** COM: **to ~ for** fixar el preu de.

quotient ['kwəʊʃnt] *n* quocient *m*.

R

r (*pl* **rs / r's**), **R** (*pl* **Rs / R's**) [ɑː^r] *n* [letter] r *f*, R *f*.

rabbi ['ræbɪ] *n* rabí *m*.

rabbit ['ræbɪt] *n* conill *m*.

rabbit hutch *n* conillera *f*.

rabble ['ræbl] *n* púrria *f*, xusma *f*.

rabies ['reɪbiːz] *n* ràbia *f*.

RAC (abbr of *Royal Automobile Club*) *n* associació britànica semblant al Reial Automòbil Club de Catalunya (RACC).

race [reɪs] ◇ *n* **-1.** *lit* & *fig* [competition] cursa *f*. **-2.** [people, descent] raça *f*. ◇ *vt* **-1.** [compete against] competir; **they ~d each other to the door** van córrer fins a la porta per veure qui arribava primer. **-2.** [cars, pigeons] fer curses de; [horses] fer córrer. ◇ *vi* **-1.** [rush] anar de pressa. **-2.** [beat fast] bategar de pressa.

race car *Am* = **racing car**.

racecourse ['reɪskɔːs] *n* hipòdrom *m*.

race driver *Am* = **racing driver**.

racehorse ['reɪshɔːs] *n* cavall *m* de cursa.

racetrack ['reɪstræk] *n* [for horses] hipòdrom *m*; [for cars] velòdrom *m*; [for runners] pista *f*.

racial discrimination ['reɪʃl-] *n* discriminació *f* racial.

racing ['reɪsɪŋ] *n* curses *fpl*; **motor ~** curses de cotxes.

racing car *Br*, **race car** *Am n* cotxe *m* de competició.

racing driver *Br*, **race driver** *Am n* pilot *mf* de competició.

racism ['reɪsɪzm] *n* racisme *m*.

racist ['reɪsɪst] ◇ *adj* racista. ◇ *n* racista *mf*.

rack [ræk] ◇ *n* **-1.** [for plates] escorreplats *m*; [for clothes] penjador *m*; [for magazines] revister *m*; [for bottles] ampoller *m*. **-2.** [for luggage] portaequipatge *m*. ◇ *vt liter* **to be ~ed by / with** ser turmentat -ada per; **to ~** *Br*, **cudgel** *Am* **one's brains** esprémer-se el cervell.

racket ['rækɪt] *n* **-1.** [noise] rebombori *m*, enrenou *m*. **-2.** [swindle] estafa *f*. **-3.** [illegal activity] negoci *m* il·legal. **-4.** SPORT raqueta *f*.

racquet ['rækɪt] SPORT *n* = **racket**.

racy ['reɪsɪ] (*compar* **-ier**, *superl* **-iest**) *adj* picant, salat -ada.

radar ['reɪdə^r] *n* radar *m*.

radial (tyre) ['reɪdjəl-] *n* pneumàtic *m* radial.

radiant ['reɪdjənt] *adj* **-1.** [happy] radiant. **-2.** *liter* [brilliant] resplendent. **-3.** TECHNOL radiant.

radiate ['reɪdɪeɪt] ◇ *vt lit* & *fig* irradiar. ◇ *vi* **-1.** [be emitted] ser irradiat -ada. **-2.** [spread from centre] sortir formant raigs.

radiation [,reɪdɪ'eɪʃn] *n* radiació *f*.

radiator ['reɪdɪeɪtə^r] *n* radiador *m*.

radical ['rædɪkl] ◇ *adj* radical. ◇ *n* POL radical *mf*.

radically ['rædɪklɪ] *adv* radicalment.

radii ['reɪdɪaɪ] *pl* ➤ **radius**.

radio ['reɪdɪəʊ] (*pl* **-s**) ◇ *n* ràdio *f*. ◇ *comp* radiofònic -a. ◇ *vt* radiar.

radioactive [,reɪdɪəʊ'æktɪv] *adj* radioactiu -iva.

radio alarm *n* radiodespertador *m*.
radio-controlled *adj* teledirigit -ida.
radiography [ˌreɪdɪˈɒɡrəfɪ] *n* radiografia *f*.
radiology [ˌreɪdɪˈɒlədʒɪ] *n* radiologia *f*.
radiotherapy [ˌreɪdɪəʊˈθerəpɪ] *n* radioteràpia *f*.
radish [ˈrædɪʃ] *n* rave *m*.
radius [ˈreɪdɪəs] (*pl* **radii**) *n* [gen & ANAT] radi *m*.
RAF [ɑːreɪˈef, ræf] *n* abbr of Royal Air Force.
raffle [ˈræfl] ◇ *n* rifa *f*, sorteig *m*. ◇ *comp*: ~ **ticket** butlleta *f*. ◇ *vt* rifar, sortejar.
raft [rɑːft] *n* **-1.** [craft] rai *m*. **-2.** POL [large number]: **a ~ of policies** un munt de disposicions.
rafter [ˈrɑːftə^r] *n* biga *f*.
rag [ræɡ] *n* **-1.** [piece of cloth] retall *m*; **it was like a red ~ to a bull** era el que més l'irritava. **-2.** *pej* [newspaper] diariot *m*.
rags *npl* [clothes] draps *mpl*; **from ~s to riches** de la pobresa a la riquesa.
rag-and-bone man *n* drapaire *mf*.
rag doll *n* nina *f* de drap.
rage [reɪdʒ] ◇ *n* **-1.** [fury] ràbia *f*, ira *f*; **to fly into a ~** aïrar-se. **-2.** *inf* [fashion]: **the ~** la moda; **it's all the ~** és l'últim crit. ◇ *vi* **-1.** [behave angrily] enrabiar-se. **-2.** [subject: storm, sea] enfuriar-se; [subject: disease] apoderar-se; [subject: argument, controversy] seguir aferrissadament.
ragged [ˈræɡɪd] *adj* **-1.** [wearing torn clothes] esparracat -ada, espellifat -ada. **-2.** [torn] estripat -ada. **-3.** [uneven, poor -quality] desigual.
rag week *n Br* setmana en què els universitaris organitzen tota mena d'activitats amb finalitats benèfiques.
raid [reɪd] ◇ *n* **-1.** [attack] incursió *f*, ràtzia *f*. **-2.** [forced entry - by robbers] assalt *m*; [- by police] agafada *f*. ◇ *vt* **-1.** [attack] atacar. **-2.** [subject: robbers] assaltar; [subject: police] registrar.
raider [ˈreɪdə^r] *n* **-1.** [attacker] invasor *m*. **-2.** [thief] assaltant *mf*.
rail [reɪl] ◇ *n* **-1.** [on staircase] barana *f*. **-2.** [bar] barra *f*; **towel ~** tovalloler *m*. **-3.** [of railway line] rail *m*, carril *m*. **-4.** [form of transport] ferrocarril *m*; **by ~** en tren. ◇ *comp* ferroviari -ària.
railing [ˈreɪlɪŋ] *n* reixat *m*.
railway *Br* [ˈreɪlweɪ], **railroad** *Am* [ˈreɪlrəʊd] *n* **-1.** [company] ferrocarril *m*. **-2.** [route] línia *f* de ferrocarril.

railway line *n* línia *f* de ferrocarril.
railwayman [ˈreɪlweɪmən] (*pl* **-men** [-mən]) *n Br* ferroviari *m*.
railway station *n* estació *f* de ferrocarril.
railway track *n* via *f* fèrria.
rain [reɪn] ◇ *n* pluja *f*. ◇ *v impers* METEOR ploure. ◇ *vi* ploure.
rainbow [ˈreɪnbəʊ] *n* arc *m* de sant Martí.
rain check *n Am*: **I'll take a ~ (on that)** ho faré en un altre moment.
raincoat [ˈreɪnkəʊt] *n* impermeable *m*.
raindrop [ˈreɪndrɒp] *n* gota *f* de pluja.
rainfall [ˈreɪnfɔːl] *n* precipitacions *fpl*.
rain forest *n* selva *f* tropical.
rainy [ˈreɪnɪ] (*compar* **-ier**, *superl* **-iest**) *adj* plujós -osa.
raise [reɪz] ◇ *vt* **-1.** [lift up] aixecar, alçar; **to ~ oneself** aixecar-se. **-2.** [increase - level] augmentar; **to ~ one's voice** aixecar la veu. **-3.** [improve] millorar. **-4.** [obtain - from donations] recaptar; [- by selling, borrowing] aconseguir. **-5.** [memory, thoughts] evocar; [doubts] suscitar. **-6.** [bring up, breed] criar, pujar. **-7.** [crops] conrear. **-8.** [mention] plantejar. **-9.** [build] erigir. ◇ *n Am* augment *m*, puja *f*.
raisin [ˈreɪzn] *n* pansa *f*.
rake [reɪk] ◇ *n* **-1.** [implement] rascle *m*. **-2.** *dated & liter* [immoral man] llibertí *m*, cràpula *m*. ◇ *vt* **-1.** [smooth] rasclar. **-2.** [gather] recollir amb el rascle.
rally [ˈrælɪ] (*pl* **-ies**, *pt & pp* **-ied**) ◇ *n* **-1.** [meeting] reunió *f*, míting *m*. **-2.** [car race] ral·li *m*. **-3.** [in tennis etc.] piloteig *m*. ◇ *vt* reunir. ◇ *vi* **-1.** [come together] reunir-se. **-2.** [recover] refer-se. ➡ **rally round** ◇ *vt fus* fer pinya. ◇ *vi inf* fer pinya.
ram [ræm] (*pt & pp* **-med**, *cont* **-ming**) ◇ *n* moltó *m*, be *m*. ◇ *vt* **-1.** [crash into] xocar amb. **-2.** [force] encabir, entaforar. **-3.** **to ~ sthg home** fer entendre alguna cosa.
RAM [ræm] (abbr of **random access memory**) *n* COMPUT RAM *f*.
ramble [ˈræmbl] ◇ *n* caminada *f*, excursió *f*. ◇ *vi* **-1.** [walk] fer una caminada. **-2.** [talk] divagar. ➡ **ramble on** *vi* divagar.
rambler [ˈræmblə^r] *n* [walker] excursionista *mf*.
rambling [ˈræmblɪŋ] *adj* **-1.** [building, house] intrincat -ada; [town] laberíntic -a. **-2.** [speech, writing] confús -usa.
ramp [ræmp] *n* **-1.** [slope] rampa *f*. **-2.** AUTOM [in road] talús *m*.

rampage [ræm'peɪdʒ] ◇ n: to go on the ~ desbandar-se. ◇ vi desbandar-se.
rampant ['ræmpənt] adj furiós -osa, desenfrenat -ada.
ramparts ['ræmpɑːts] npl muralles fpl.
ramshackle ['ræmˌʃækl] adj esgavellat -ada, rònec -ega.
ran [ræn] pt ⇒ **run**.
ranch [rɑːntʃ] n ranxo m.
rancher ['rɑːntʃər] n ranxer m -a f.
rancid ['rænsɪd] adj ranci rància.
rancour Br, **rancor** Am ['ræŋkər] n rancúnia f.
random ['rændəm] ◇ adj fortuït -ïta. ◇ n: **at ~** a l'atzar.
random access memory COMPUT n memòria f d'accés aleatori.
R and R (abbr of rest and recreation) n Am permís militar.
randy ['rændɪ] (compar **-ier**, superl **-iest**) adj inf calent -a (sexualment).
rang [ræŋ] pt ⇒ **ring**.
range [reɪndʒ] (cont **rangeing**) ◇ n -1. [of missile, telescope] abast m; [of ship, plane] autonomia f; **to be out of / within ~** estar fora de / a l'abast; **at close ~** de prop. -2. [variety] ventall m, gamma f. -3. [of prices, salaries] escala f. -4. [of mountains] cadena f, serralada f. -5. [shooting area] camp m de tir. -6. [of voice] registre m. ◇ vt alinear, arrenglerar. ◇ vi -1. [vary]: **to ~ from ... to ...**, **to ~ between ... and ...** oscil·lar entre ... i ... -2. [deal with, include]: **to ~ over sthg** abastar alguna cosa.
ranger ['reɪndʒər] n guardabosc mf.
rank [ræŋk] ◇ adj -1. [utter, absolute - bad luck, outsider] veritable; [- disgrace, injustice] autèntic -a. -2. [foul] pudent, ranci rància. ◇ n -1. [position, grade] rang m, grau m; **to pull ~** abusar de l'autoritat. -2. [social class] classe f, categoria f; **the ~ and file** la massa. -3. [row] fila f, filera f; **to close ~s** tancar files. ◇ vt -1. [class]: **to be ~ed** estar classificat -ada. -2. Am [outrank] estar per sobre de. ◇ vi: **to ~ as** estar considerat -ada com; **to ~ among** figurar entre. ⇒ **ranks** npl MIL: **the ~s** els soldats rasos. -2. fig [members] files fpl, socis mpl.
rankle ['ræŋkl] vi amargar, doldre.
ransack ['rænsæk] vt [search] escorcollar; [plunder] saquejar, pillar.
ransom ['rænsəm] n rescat m; **to hold sb to ~** [keep prisoner] demanar un rescat per (alliberar) algú; fig posar algú entre l'espasa i la paret.

rant [rænt] vi malparlar.
rap [ræp] (pt & pp **-ped**, cont **-ping**) ◇ n -1. [knock] cop m. -2. [type of music] rap m. -3. **to take the ~** pagar els plats trencats. ◇ vt donar cops. ◇ vi -1. [knock]: **to ~ on sthg** copejar alguna cosa. -2. [sing - music] cantar música rap.
rape [reɪp] ◇ n -1. [crime] violació f. -2. [of countryside etc.] destrucció f. -3. BOT colza f. ◇ vt violar, forçar.
rapeseed ['reɪpsiːd] n llavor f de colza.
rapid ['ræpɪd] adj ràpid -a. ⇒ **rapids** npl ràpids mpl.
rapidly ['ræpɪdlɪ] adv ràpidament.
rapist ['reɪpɪst] n violador m -a f.
rapport [ræ'pɔːr] n simpatia f, bona relació f; **to have a ~ with sb** entendre's bé amb algú.
rapture ['ræptʃər] n rapte m, èxtasi m; **to go into ~s over / about** extasiar-se davant / amb.
rapturous ['ræptʃərəs] adj extàtic -a, entusiasta.
rare [reər] adj -1. [scarce] rar -a. -2. [infrequent] gens freqüent. -3. [exceptional] rar -a, excepcional. -4. CULIN cru crua, poc fet -a.
rarely ['reəlɪ] adv rarament.
raring ['reərɪŋ] adj: **to be ~ to go** estar ansiós -osa per marxar.
rarity ['reərətɪ] (pl **-ies**) n raresa f.
rascal ['rɑːskl] n murri m, múrria f, bandarra mf.
rash [ræʃ] ◇ adj temerari -ària, precipitat -ada. ◇ n -1. MED erupció f, granissada f. -2. [spate] devessall m.
rasher ['ræʃər] n tall m, llenca f.
rasp [rɑːsp] ◇ n [harsh sound] xerric m.
raspberry ['rɑːzbərɪ] (pl **-ies**) n -1. [fruit] gerd m. -2. [rude sound] so m groller.
rat [ræt] n -1. [animal] rata f.
rate [reɪt] ◇ n -1. [speed] velocitat f; **at this ~** d'aquesta manera. -2. [of birth, death] índex m; [of unemployment, inflation] taxa f. -3. [price] preu m, tarifa f; [of interest] tipus m. ◇ vt -1. [consider]: **to ~ sthg / sb (as / among)** considerar alguna cosa / algú (com / entre). -2. [deserve] merèixer. ⇒ **rates** npl Br ≈ contribució f urbana. ⇒ **at any rate** adv -1. [at least] almenys. -2. [anyway] de totes maneres.
ratepayer ['reɪtˌpeɪər] n Br contribuent mf.
rather ['rɑːðər] adv -1. [to quite a large extent] bastant, força; **I ~ thought so** ja m'ho semblava. -2. [to a limited extent]

una mica, prou; **he's ~ like you** s'assembla una mica a tu. **-3.** [as preference]: **I would ~ wait** m'estimaria més esperar; **I'd ~ not** més aviat no. **-4.** [more exactly]: **or ~ ...** més ben dit. **-5.** [on the contrary]: **(but) ~ ...** al contrari, sinó. ◆ **rather than** *conj* abans que.

ratify ['rætɪfaɪ] (*pt & pp* **-ied**) *vt* ratificar.

rating ['reɪtɪŋ] *n* **-1.** [standing] classificació *f*. **-2.** Br [sailor] mariner *m* -a *f*.

ratio ['reɪʃɪəʊ] (*pl* **-s**) *n* raó *f*, proporció *f*.

ration ['ræʃn] ◇ *n* ració *f*. ◇ *vt* racionar. ◆ **rations** *npl* queviures *mpl*.

rational ['ræʃənl] *adj* racional.

rationale [ˌræʃəˈnɑːl] *n* base *f*, raó *f*.

rationalize, -ise ['ræʃənəlaɪz] *vt* racionalitzar.

rat race *n* competitivitat *f* de la vida moderna.

rattle ['rætl] ◇ *n* **-1.** [of engine, metal] repic *m*; [of glass] dring *m*; [of typewriter] repic *m*. **-2.** [toy] sonall *m*. ◇ *vt* **-1.** [make -] fer sonar. **-2.** [unsettle] desconcertar. ◇ *vi* colpejar; [gunfire] petarrellejar.

rattlesnake ['rætlsneɪk], **rattler** *Am* ['rætlər] *n* serp *f* de cascavell.

raucous ['rɔːkəs] *adj* ronc -a.

ravage ['rævɪdʒ] *vt* destruir, fer estralls en. ◆ **ravages** *npl* estralls *mpl*.

rave [reɪv] ◇ *adj* entusiasta. ◇ *n* Br *inf* [party] festa *f* molt animada. ◇ *vt inf*: **to ~ it up** divertir-se d'allò més. ◇ *vi* **-1.** [talk angrily]: **to ~ at sb** insultar algú de paraula; **to ~ against sb / sthg** malparlar d'algú / alguna cosa. **-2.** [talk enthusiastically]: **to ~ about sthg** elogiar alguna cosa.

raven ['reɪvn] ◇ *adj* negre -a com el carbó. ◇ *n* corb *m*.

ravenous ['rævənəs] *adj* [person, animal] famolenc -a, afamat -ada; [appetite] voraç.

ravine [rəˈviːn] *n* barranc *m*.

raving ['reɪvɪŋ] *adj* [lunatic] com un llum; [fantasy] delirant.

ravioli [ˌrævɪˈəʊlɪ] *n* (U) ravioli *m*.

ravishing ['rævɪʃɪŋ] *adj* [sight, beauty] embadalidor -a; [person] encisador -a.

raw [rɔː] *adj* **-1.** [uncooked] cru crua. **-2.** [untreated] brut -a. **-3.** [painful - wound] en carn viva. **-4.** [inexperienced] inexpert -a. **-5.** [cold] cru crua.

raw deal *n*: **to get a ~** ser una injustícia.

raw material *n* primera matèria *f*.

ray [reɪ] *n* raig *m*; **~ of hope** raig d'esperança.

rayon ['reɪɒn] *n* raió *m*.

raze [reɪz] *vt* arrasar, assolar.

razor ['reɪzər] *n* [wet shaver] navalla *f*; [electric machine] maquineta *f* d'afaitar.

razor blade *n* fulla *f* d'afaitar.

RC *abbr of* Roman Catholic.

Rd *abbr of* road.

R & D (*abbr of* **research and development**) *n* investigació i desenvolupament.

re [riː] *prep* en relació amb.

RE *n* **-1.** (*abbr of* **religious education**) religió *f*. **-2.** (*abbr of* **Royal Engineers**) unitat de l'exèrcit britànic encarregada de les obres d'enginyeria.

reach [riːtʃ] ◇ *n* abast *m*; **he has a long ~** té els braços llargs; **within (sb's) ~** [easily touched] a l'abast (d'algú); [easily travelled to] a prop (de); **out of / beyond sb's ~** fora de l'abast d'algú. ◇ *vt* **-1.** [gen] arribar a, atènyer; **to ~ an agreement / a decision** arribar a un acord / una decisió; **to ~ an objective** atènyer un objectiu. **-2.** [arrive at - place etc.] arribar a. **-3.** [get by stretching - object, shelf] abastar. **-4.** [contact] localitzar. ◇ *vi*: **to ~ out / across** allargar la mà; **to ~ down** ajupir-se.

react [rɪˈækt] *vi* **-1.** [respond]: **to ~ (to)** reaccionar (davant / a). **-2.** [rebel]: **to ~ against** reaccionar contra. **-3.** CHEM: **to ~ with** reaccionar amb. MED: **to ~ to sthg** fer reacció alguna cosa.

reaction [rɪˈækʃn] *n*: **~ (to / against)** reacció *f* (a / contra).

reactionary [rɪˈækʃənrɪ] ◇ *adj* reaccionari -ària ◇ *n* reaccionari *m* -ària *f*.

reactor [rɪˈæktər] *n* reactor *m*.

read [riːd] (*pt & pp* **read**) ◇ *vt* **-1.** [gen] llegir. **-2.** [subject: sign, words] dir. **-3.** [interpret] interpretar. **-4.** [subject: thermometer, meter etc.] mirar. **-5.** Br UNIV estudiar. ◇ *vi* **-1.** [person] llegir. **-2.** [- aloud]: **to ~ (to sb)** llegir alguna cosa (a algú). **-3.** [piece of writing] llegir-se. ◇ *n*: **to be a good ~** ser una lectura amena. ◆ **read out** *vt sep* llegir en veu alta. ◆ **read up on** *vt fus* llegir sobre, documentar-se.

readable ['riːdəbl] *adj* amè -ena, llegible.

reader ['riːdər] *n* [person who reads] lector *m* -a *f*.

readership ['riːdəʃɪp] *n* [total number of readers] lectors *mpl*.

readily ['redɪlɪ] *adv* **-1.** [willingly] de grat. **-2.** [easily] fàcilment.

reading ['riːdɪŋ] *n* **-1.** [gen] lectura *f*. **-2.** [recital] lectura *f*, recitació *f*.

readjust [ˌriːəˈdʒʌst] ◇ vt reajustar. ◇ vi: **to ~ (to)** reajustar-se (a).

readout [ˈriːdaʊt] COMPUT n text m en pantalla.

ready [ˈredɪ] (pt & pp **-ied**) ◇ adj **-1.** [prepared] llest -a, a punt; **to be ~ for sthg / to do sthg** estar a punt per alguna cosa / fer alguna cosa. **-2.** [willing]: **to be ~ to do sthg** estar disposat -ada a fer alguna cosa. **-3.** [in need of]: **to be ~ for sthg** necessitar alguna cosa. **-4.** [likely]: **to be ~ to do sthg** estar en condicions de fer alguna cosa. **-5.** [cash] en efectiu; [smile] fàcil. ◇ vt preparar.

ready cash n diners mpl en efectiu.

ready-made adj **-1.** [products] fabricat -ada en sèrie; [clothes] de confecció. **-2.** fig [excuse etc.] fàcil.

ready money n diners mpl en efectiu.

ready-to-wear adj de confecció.

reafforestation [ˌriːəˌfɒrɪˈsteɪʃn] n reforestació f, repoblació f forestal.

real [rɪəl] ◇ adj **-1.** [not imagined, actual] real; **the ~ thing** la veritat; **this isn't a joke, it's the ~ thing** no és cap broma, és la veritat; **for ~** de veritat; **in ~ terms** en termes reals. **-2.** [genuine, proper] autèntic -a, legítim -a. ◇ adv Am molt.

real estate n béns mpl immobles.

realign [ˌriːəˈlaɪn] vt reajustar.

realism [ˈrɪəlɪzm] n realisme m.

realistic [ˌrɪəˈlɪstɪk] adj realista; **to be ~ about** ser realista sobre.

reality [rɪˈælətɪ] (pl **-ies**) n realitat f; **in ~** en realitat.

realization [ˌrɪəlaɪˈzeɪʃn] n **-1.** [recognition] comprensió f. **-2.** [achievement] realització f, consecució f.

realize, -ise [ˈrɪəlaɪz] vt **-1.** [become aware of] adonar-se de. **-2.** [produce, achieve, make profit of] realitzar.

really [ˈrɪəlɪ] ◇ adv **-1.** [for emphasis] de debò; **~ good** molt bo bona; **~ bad** molt dolent -a. **-2.** [actually, honestly] realment, francament. **-3.** [to sound less negative] en realitat. ◇ excl **-1.** [expressing doubt]: **~?** [in affirmatives] ah sí?; [in negatives] ah no? **-2.** [expressing surprise, disbelief]: **~?** de debò? **-3.** [expressing anger]: **~!** com és possible!

realm [relm] n **-1.** [field] terreny m, camp m. **-2.** [kingdom] regne m, reialme m.

realtor [ˈrɪəltər] n Am agent mf de la propietat immobiliària.

reap [riːp] vt lit & fig segar.

reappear [ˌriːəˈpɪər] vi reaparèixer.

rear [rɪər] ◇ adj posterior. ◇ n **-1.** [back] darrere m; **to be at the ~** ser al final; **to bring up the ~** tancar la marxa. **-2.** inf [bottom] cul m. ◇ vt criar, educar. ◇ vi: **to ~ (up)** encabritar-se.

rearm [ˌriːˈɑːm] ◇ vt rearmar. ◇ vi rearmar-se.

rearmost [ˈrɪəməʊst] adj últim -a de tots -es.

rearrange [ˌriːəˈreɪndʒ] vt **-1.** [room, furniture] col·locar d'una altra manera; [system, plans] reorganitzar. **-2.** [meeting] canviar la data o l'hora.

rearview mirror [ˈrɪəvjuː-] n retrovisor m.

reason [ˈriːzn] ◇ n **-1.** [cause]: **~ (for)** motiu m (per); **by ~ of** a causa de; **for some ~** per algun motiu. **-2.** [justification]: **to have ~ to do sthg** tenir un motiu per fer alguna cosa. **-3.** [rationality] raó f, judici m; **it stands to ~** és evident; **to listen to ~** estendre's de raons. ◇ vt & vi raonar. ☛ **reason with** vt fus al·legar raons per convèncer.

reasonable [ˈriːznəbl] adj raonable.

reasonably [ˈriːznəblɪ] adv raonablement.

reasoned [ˈriːznd] adj raonat -ada.

reasoning [ˈriːznɪŋ] n raonament m.

reassess [ˌriːəˈses] vt tornar a valorar.

reassurance [ˌriːəˈʃɔːrəns] n **-1.** (U) [comfort] alleugeriment m. **-2.** [promise] promesa f.

reassure [ˌriːəˈʃɔːr] vt tranquil·litzar, animar.

reassuring [ˌriːəˈʃɔːrɪŋ] adj tranquil·litzador -a, encoratjador -a.

rebate [ˈriːbeɪt] n descompte m.

rebel [n ˈrebl, vb rɪˈbel] (pt & pp **-led**, cont **-ling**) ◇ n rebel mf. ◇ vi: **to ~ (against)** rebel·lar-se (contra).

rebellion [rɪˈbeljən] n rebel·lió f, revolta f.

rebellious [rɪˈbeljəs] adj rebel.

reboot [ˌriːˈbuːt] vt COMPUT reinicialitzar.

rebound [n ˈriːbaʊnd, vb rɪˈbaʊnd] ◇ n: **on the ~** [ball] de retop; **to marry on the ~** casar-se per despit. ◇ vi **-1.** [bounce back] rebotar. **-2.** [harm]: **to ~ on / upon sb** sortir el tret per la culata a algú.

rebuff [rɪˈbʌf] ◇ n rebuig m, menyspreu m. ◇ vt rebutjar, menysprear.

rebuild [ˌriːˈbɪld] vt reconstruir.

rebuke [rɪˈbjuːk] ◇ n reprimenda f, reprensió f. ◇ vt: **to ~ sb (for)** renyar algú (per).

rebuttal [rɪˈbʌtl] n refutació f.

recalcitrant [rɪ'kælsɪtrənt] *adj* recalcitrant.

recall [rɪ'kɔːl] ◇ *n* **-1.** [memory] record *m*, memòria *f*. **-2.** [change]: **beyond ~** irrevocable. ◇ *vt* **-1.** [remember] recordar. **-2.** [ambassador] retirar.

recant [rɪ'kænt] ◇ *vt* [statement, opinion] retractar; [religion] renegar. ◇ *vi* [deny statement] desdir-se, retractar-se; [deny religion] renegar de la fe.

recap [rɪ'kæp] (*pt & pp* **-ped**, *cont* **-ping**) *inf* ◇ *n* recapitulació *f*. ◇ *vt* **-1.** [summarize] recapitular. **-2.** *Am* [tyre] recautxutar. ◇ *vi* recapitular.

recapitulate [ˌriːkə'pɪtjʊleɪt] *vt & vi* recapitular.

recd, **rec'd** *abbr of* received.

recede [riː'siːd] *vi* **-1.** [person, car] allunyar-se; [coastline] retrocedir. **-2.** [light] apagar-se; [colour] difuminar-se. **-3.** *fig* [disappear] esfumar-se. **-4.** [hair]: **his hair is receding** comença a tenir entrades.

receding [rɪ'siːdɪŋ] *adj* [chin] enfonsat -ada; [forehead] inclinat -ada; **~ hairline** entrades *fpl*.

receipt [rɪ'siːt] *n* recepció *f*, rebut *m*; **to acknowledge ~** acusar recepció. ▸ **receipts** *npl* ingressos *mpl*.

receive [rɪ'siːv] ◇ *vt* **-1.** [gen] rebre. **-2.** [reaction] acollir; [injury, setback] patir. **-3.** [greet]: **to be well / badly ~d** tenir una bona / mala acollida. ◇ *vi* [in tennis etc.] restar.

receiver [rɪ'siːvər] *n* **-1.** [of telephone] auricular *m*. **-2.** [radio, TV set] receptor *m*. **-3.** [criminal] perista *mf*. **-4.** FIN síndic *m*.

recent [rɪ'sɪnt] *adj* recent.

recently [rɪ'siːntlɪ] *adv* recentment.

receptacle [rɪ'septəkl] *n* receptacle *m*.

reception [rɪ'sepʃn] *n* recepció *f*.

reception desk *n* recepció *f*.

receptionist [rɪ'sepʃənɪst] *n* recepcionista *mf*.

recess ['riːses, *Br* rɪ'ses] *n* **-1.** [vacation] vacances *fpl*; **to be in ~** activitat suspesa; **to go into ~** suspendre l'activitat. **-2.** [alcove] nínxol *m*, buit *m*. **-3.** *Am* EDUC esbarjo *m*. ▸ **recesses** *npl* [of mind, heart] recessos *mpl*; [of building] racons *mpl*, amagatalls *mpl*.

recession [rɪ'seʃn] *n* recessió *f*.

recharge [ˌriː'tʃɑːdʒ] *vt* recarregar.

recipe ['resɪpɪ] *n* CULIN & *fig* recepta *f*.

recipient [rɪ'sɪpɪənt] *n* [of letter, cheque] destinatari *m* -ària *f*.

reciprocal [rɪ'sɪprəkl] *adj* recíproc -a.

recital [rɪ'saɪtl] *n* recital *m*.

recite [rɪ'saɪt] *vt* **-1.** [poem] recitar. **-2.** [list] enumerar.

reckless ['reklɪs] *adj* temerari -ària, imprudent.

reckon ['rekn] *vt* **-1.** *inf* [think]: **to ~ (that)** creure (que), considerar (que). **-2.** [consider, judge]: **to be ~ed to be sthg** ser considerat -ada alguna cosa. **-3.** [expect]: **to ~ to do sthg** esperar fer alguna cosa. **-4.** [calculate] calcular. ▸ **reckon on** *vt fus* comptar amb. ▸ **reckon with** *vt fus* **-1.** [expect] comptar amb. **-2.** [face, deal with]: **he / she** *etc.* **is a force to be ~ed with** ell / ella *etc.* és una força que cal tenir en compte.

reckoning ['rekənɪŋ] *n* [calculation] càlcul *m*; **by my ~** segons els meus comptes.

reclaim [rɪ'kleɪm] *vt* **-1.** [claim back] reclamar. **-2.** [recover]: **to ~ land from the sea** guanyar terra al mar.

recline [rɪ'klaɪn] *vi* reclinar.

reclining [rɪ'klaɪnɪŋ] *adj* abatible, jacent.

recluse [rɪ'kluːs] *n* anacoreta *mf*, solitari *m* -ària *f*.

recognition [ˌrekəg'nɪʃn] *n* reconeixement *m*; **beyond / out of all ~** difícil de reconèixer; **in ~ of** en senyal / reconeixement de.

recognizable ['rekəgnaɪzəbl] *adj* identificable.

recognize, -ise ['rekəgnaɪz] *vt* reconèixer.

recoil (*vb* rɪ'kɔɪl, *n* 'riːkɔɪl) ◇ *vi* **-1.** [draw back] retrocedir, recular. **-2.** *fig* [shrink from]: **to ~ from / at sthg** [truth, bad news] defugir alguna cosa; [idea, suggestion] cedir. ◇ *n* [of gun] retrocés *m*, culatada *f*.

recollect [ˌrekə'lekt] *vt* recordar.

recollection [ˌrekə'lekʃn] *n* record *m*; **I have no ~ of it** no en tinc cap record, d'això.

recommend [ˌrekə'mend] *vt* recomanar.

recompense ['rekəmpens] ◇ *n*: **~ (for)** recompensa *f* / indemnització *f* (per). ◇ *vt*: **to ~ sb (for)** recompensar algú (per).

reconcile ['rekənsaɪl] *vt* **-1.** [find agreement between] conciliar; **to ~ sthg with** conciliar alguna cosa amb. **-2.** [make friendly again] reconciliar; **to be ~d with sb** reconciliar-se amb algú. **-3.** [accept]: **to ~ oneself to** conformar-se a.

reconditioned [ˌriːkən'dɪʃnd] *adj* renovat -ada, arreglat -ada.

reconnaissance [ɾɪˈkɒnɪsəns] *n* reconeixement *m*.
reconnoitre *Br*, **reconnoiter** *Am* [ˌɾekəˈnɔɪtəʳ] ◇ *vt* reconèixer. ◇ *vi* reconèixer, explorar.
reconsider [ˌɾiːkənˈsɪdəʳ] *vt & vi* repensar.
reconstruct [ˌɾiːkənˈstɾʌkt] *vt* **-1.** [building, crime] reconstruir. **-2.** [system, policy] refer.
record [*n & adj* ˈɾekɔːd, *vb* ɾɪˈkɔːd] ◇ *n* **-1.** [of event, piece of information] document *m*, nota *f*; [of meeting] acta *f*; **on ~** [on file] registrat -ada; [ever recorded] consta que; **to go / be on ~ as saying that ...** declarar públicament que ...; **off the ~** extraoficialment. **-2.** [vinyl disc] disc *m*. **-3.** [best achievement] rècord *m*. **-4.** [history] historial *m*; **criminal ~** antecedents *mpl* penals; **school ~** expedient *m* acadèmic. **-5. to set / put the ~ straight** deixar les coses clares. ◇ *vt* **-1.** [write down] registrar, anotar. **-2.** [put on tape] enregistrar. ◇ *adj* rècord.
recorded delivery [ɾɪˈkɔːdɪd-] *n* correu *m* certificat.
recorder [ɾɪˈkɔːdəʳ] *n* **-1.** [machine] magnetòfon *m*. **-2.** [musical instrument] flauta *f* dolça.
record holder *n* recordista *mf*.
recording [ɾɪˈkɔːdɪŋ] *n* enregistrament *m*.
record player *n* tocadiscs *m*.
recount [*n* ˈɾiːkaʊnt, *vt sense 1* ɾɪˈkaʊnt, *sense 2* ˌɾiːˈkaʊnt] ◇ *n* recompte *m*. ◇ *vt* **-1.** [narrate] contar, narrar. **-2.** [count again] recomptar.
recoup [ɾɪˈkuːp] *vt* recuperar.
recourse [ɾɪˈkɔːs] *n fml*: **to have ~ to** recórrer a.
recover [ɾɪˈkʌvəʳ] ◇ *vt* **-1.** [retrieve, recoup] recuperar. **-2.** [regain - calm etc.] recobrar; **to ~ oneself** recuperar-se. ◇ *vi*: **to ~ (from)** refer-se (de).
recovery [ɾɪˈkʌvəɾɪ] (*pl* **-ies**) *n* recuperació *f*.
recreation [ˌɾekɾɪˈeɪʃn] *n* [leisure] esbarjo *m*, esplai *m*.
recrimination [ɾɪˌkɾɪmɪˈneɪʃn] *n* recriminació *f*.
recruit [ɾɪˈkɾuːt] ◇ *n* recluta *mf*. ◇ *vt* **-1.** [gen] reclutar; **to ~ sb (for sthg / to do sthg)** reclutar algú (per a alguna cosa / fer alguna cosa). **-2.** [find, employ] contractar. ◇ *vi* buscar personal, allistar reclutes.
recruitment [ɾɪˈkɾuːtmənt] *n* [gen] reclutament *m*; [of staff] contractació *f*.
rectangle [ˈɾekˌtæŋgl] *n* rectangle *m*.

rectangular [ɾekˈtæŋgjʊləʳ] *adj* rectangular.
rectify [ˈɾektɪfaɪ] (*pt & pp* **-ied**) *vt fml* rectificar.
rector [ˈɾektəʳ] *n* **-1.** [priest] rector *m*. **-2.** *Scot* [head - of school] director *m* -a *f*; [- of college, university] rector *m* -a *f*.
rectory [ˈɾektəɾɪ] (*pl* **-ies**) *n* rectoria *f*.
recuperate [ɾɪˈkuːpəɾeɪt] *vi fml*: **to ~ (from)** refer-se (de).
recur [ɾɪˈkɜːʳ] (*pt & pp* **-red**, *cont* **-ring**) *vi* repetir-se, reaparèixer.
recurrence [ɾɪˈkʌɾəns] *n fml* repetició *f*.
recurrent [ɾɪˈkʌɾənt] *adj* recurrent.
recycle [ˌɾiːˈsaɪkl] *vt* reciclar.
recyclable [ˌɾiːˈsaɪkəbl] *adj* reciclable.
recycling centre [ˌɾiːˈsaɪklɪŋ ˌsentəʳ] *n Br* deixalleria *f*.
red [ɾed] (*pt & pp* **-ded**, *cont* **-ding**) ◇ *adj* vermell -a; [hair] pèl-roig -roja. ◇ *n* [colour] vermell *m*, roig *m*; *inf* **to be in the ~** estar en números vermells; **to see ~** sulfurar-se.
red card SPORT *n*: **to show sb the ~** ensenyar a algú targeta vermella.
red carpet *n*: **to roll out the ~ for sb** rebre algú a so de bombo i platerets.
red-carpet *adj*: **to give sb the red-carpet treatment** tractar algú a cor què vols.
Red Cross *n*: **the ~** la Creu Roja.
redcurrant [ˈɾedkʌɾənt] *n* **-1.** [fruit] grosella *f*. **-2.** [bush] groseller *m*.
redden [ˈɾedn] ◇ *vt* [make red] envermellir. ◇ *vi* [flush] tornar-se vermell -a.
redecorate [ˌɾiːdekəɾeɪt] *vt & vi* pintar i empaperar.
redeem [ɾɪˈdiːm] *vt* **-1.** [save, rescue] salvar, redimir; **he ~ed himself for his mistake** va reparar el seu error. **-2.** *fml* [at pawnbroker's] desempenyorar.
redeeming [ɾɪˈdiːmɪŋ] *adj*: **his only ~ feature** l'únic que el salva.
redeploy [ˌɾiːdɪˈplɔɪ] *vt* reorganitzar.
red-faced [-ˈfeɪst] *adj* **-1.** [flushed] vermell -a. **-2.** [with embarrassment] avergonyit -ida.
red-haired [-ˈheəd] *adj* pèl-roig -roja.
red-handed [-ˈhændɪd] *adj*: **to catch sb ~** enxampar algú amb les mans a la pasta.
redhead [ˈɾedhed] *n* pèl-roig *m*, pèl-roja *f*.
red herring *n fig* [unhelpful clue] pista *f* falsa; [means of distracting attention] estratagema *m* per desviar l'atenció.
red-hot *adj* [metal, person, passion] roent, encès -esa; [zeal] aferrissat -ada, vehement.

redid [ˌriːˈdɪd] *pt* ⮕ **redo**.

redirect [ˌriːdɪˈrekt] *vt* **-1.** [retarget] dirigir cap a un altre objectiu. **-2.** [send elsewhere] enviar a una altra adreça. **-3.** [forward] reexpedir.

rediscover [ˌriːdɪˈskʌvər] *vt* **-1.** [re-experience] redescobrir. **-2.** [make popular, famous again]: **to be ~ed** ser redescobert -a.

red light *n* [traffic signal] semàfor *m* vermell.

red-light district *n* barri *m* xinès.

redo [ˌriːˈduː] (*pt* **-did**, *pp* **-done**) *vt* **-1.** [do again] refer. **-2.** *inf* [redecorate] pintar i empaperar.

redolent [ˈredələnt] *adj liter* **-1.** [reminiscent]: **~ of** recordar alguna cosa. **-2.** [smelling]: **~ of** fer olor de.

redouble [ˌriːˈdʌbl] *vt*: **to ~ one's efforts (to do sthg)** redoblar els esforços (per fer alguna cosa).

redraft [ˌriːˈdrɑːft] *vt* tornar a redactar.

redress [rɪˈdres] *fml* ◇ *n* (*U*) rectificació *f*, compensació *f*. ◇ *vt*: **to ~ the balance (between)** restablir l'equilibri (entre).

red tape *n fig* paperassa *f*.

reduce [rɪˈdjuːs] ◇ *vt* reduir; **to be ~d to doing sthg** veure's obligat -ada a fer alguna cosa; **to be ~d to** veure's reduït -ïda a. ◇ *vi Am* [diet] aprimar-se.

reduction [rɪˈdʌkʃn] *n* **-1.** [gen]: **~ (in)** reducció *f* (de). **-2.** COM: **~ (of)** rebaixa *f* (de).

redundancy [rɪˈdʌndənsɪ] (*pl* **-ies**) *n* **-1.** *Br* [job loss] acomiadament *m*. **-2.** [unemployment] atur *m*, desocupació *f*.

redundant [rɪˈdʌndənt] *adj* **-1.** *Br* [jobless]: **to be made ~** ser acomiadat -ada. **-2.** [not required - equipment, factory] innecessari -ària; [- comment] redundant.

reed [riːd] ◇ *n* **-1.** [plant] jonc *m*, canya *f*. **-2.** [of musical instrument] llengüeta *f*. ◇ *comp* de canya.

reef [riːf] *n* escull *m*.

reek [riːk] ◇ *n* pudor *f*. ◇ *vi*: **to ~ (of)** pudir (a).

reel [riːl] ◇ *n* [of cotton, film, on fishing rod] bobina *f*, rodet *m*. ◇ *vi* **-1.** [stagger] tentinejar. **-2.** [whirl - mind] rodar. **-3.** [be stunned]: **to ~ from sthg** recuperar-se de l'impacte d'alguna cosa. ⮕ **reel off** *vt sep* recitar d'una tirada.

reenact [ˌriːɪˈnækt] *vt* recrear, reconstruir.

ref [ref] *n* **-1.** (abbr of **referee**) *inf* SPORT àrbitre *m*. **-2.** (abbr of **reference**) ADMIN ref.

refectory [rɪˈfektərɪ] (*pl* **-ies**) *n* refectori *m*.

refer [rɪˈfɜːr] (*pt* & *pp* **-red**, *cont* **-ring**) *vt* **-1.** [send, direct]: **to ~ sb to** [to place] enviar algú a; [to source of information] remetre algú a. **-2.** [report, submit]: **to ~ sthg to** remetre alguna cosa a. ⮕ **refer to** *vt fus* **-1.** [mention, speak about] fer referència a. **-2.** [consult] consultar.

referee [ˌrefəˈriː] ◇ *n* **-1.** SPORT àrbitre *m* -a *f*. **-2.** *Br* [for job application] persona que recomana algú per a un lloc de treball. ◇ *vt* & *vi* SPORT arbitrar.

reference [ˈrefrəns] *n* **-1.** [mention, - number]: **to make ~ to** fer referència a; *fml* **with ~ to** amb referència a. **-2.** (*U*) [for advice, information]: **~ (to)** consulta (a); **for future ~** per a consultes futures. **-3.** [for job - letter] referència *f*; [- person] recomanació *f*.

reference book *n* obra *f* de consulta.

reference number *n* número *m* de referència.

referendum [ˌrefəˈrendəm] (*pl* **-s** / **-da** [-də]) *n* referèndum *m*.

refill [*n* ˈriːfɪl, *vb* ˌriːˈfɪl] ◇ *n inf*: **would you like a ~?** vols beure res més? ◇ *vt* reomplir.

refine [rɪˈfaɪn] *vt* **-1.** [oil, food] refinar. **-2.** [plan, speech] polir.

refined [rɪˈfaɪnd] *adj* **-1.** [oil, food, person] refinat -ada. **-2.** [equipment, theory] perfeccionat -ada.

refinement [rɪˈfaɪnmənt] *n* **-1.** [improvement]: **~ (on)** millora *f* (en). **-2.** (*U*) [gentility] refinament *m*.

reflect [rɪˈflekt] ◇ *vt* **-1.** [gen] reflectir; **to be ~ed in** reflectir-se en. **-2.** [think, consider]: **to ~ that ...** pensar que ... ◇ *vi*: **to ~ (on / upon)** reflexionar (sobre).

reflection [rɪˈflekʃn] *n* **-1.** [gen] reflex *m*. **-2.** [criticism]: **~ on** crítica *f* a. **-3.** [thinking] reflexió *f*; **on ~** ben pensat. **-4.** [thought]: **~s (on)** consideracions *fpl* (sobre).

reflector [rɪˈflektər] *n* reflector *m*.

reflex [ˈriːfleks] *n*: **~ (action)** (acte *m*) reflex.

reflexive [rɪˈfleksɪv] *adj* GRAM reflexiu -iva.

reforestation [riːˌfɒrɪˈsteɪʃn] = **reafforestation**.

reform [rɪˈfɔːm] ◇ *n* reforma *f*. ◇ *vt* reformar. ◇ *vi* reformar-se.

Reformation [ˌrefəˈmeɪʃn] *n*: **the ~** la Reforma.

reformatory [rɪˈfɔːmətrɪ] *n Am* reformatori *m*, correccional *m*.

reformer [ɹɪˈfɔːməʳ] *n* reformador *m* -a *f*.

refrain¹ [ɹɪˈfɹeɪn] *n* [chorus] tornada *f*. ⇔ *vi fml*: **to ~ from doing sthg** estar-se de fer alguna cosa.

refresh [ɹɪˈfɹeʃ] *vt* refrescar; **to ~ sb's memory** refrescar la memòria (a algú).

refreshed [ɹɪˈfɹeʃt] *adj* nou nova, descansat -ada.

refresher course [ɹɪˈfɹeʃəʳ-] *n* curs *m* de reciclatge.

refreshing [ɹɪˈfɹeʃɪŋ] *adj* [change, honesty, drink] refrescant; [sleep] reparador -a.

refreshments [ɹɪˈfɹeʃmənts] *npl* refrigeri *m*.

refrigerator [ɹɪˈfɹɪdʒəɹeɪtəʳ] *n* nevera *f*, refrigerador *m*.

refuel [ˌɹiːˈfjʊəl] (*Br, pt & pp* **-led**, *cont* **-ling**, *Am, pt & pp* **-ed**, *cont* **-ing**) ⇔ *vt* reomplir de combustible. ⇔ *vi* fer gasolina.

refuge [ˈɹɛfjuːdʒ] *n* refugi *m*; *fig* **to seek / take ~ (in)** buscar aixopluc / refugiar-se (a).

refugee [ˌɹɛfjʊˈdʒiː] *n* refugiat *m* -ada *f*.

refund [*n* ˈɹiːfʌnd, *vb* ɹɪˈfʌnd] ⇔ *n* devolució *f*, reembossament *m*. ⇔ *vt*: **to ~ sthg to sb, to ~ sb sthg** reemborsar / reintegrar alguna cosa a algú.

refurbish [ˌɹiːˈfɜːbɪʃ] *vt* [building] restaurar; [office, shop] renovar.

refusal [ɹɪˈfjuːzl] *n* -1. [disagreement, saying no]: **~ (to do sthg)** negativa *f* (a fer alguna cosa). -2. [withholding, denial] denegació *f*. -3. [non-acceptance]: **to meet with ~** ser rebutjat -ada.

refuse¹ [ɹɪˈfjuːz] ⇔ *vt* -1. [withold, deny]: **to ~ sb sthg, to ~ sthg to sb** negar alguna cosa a algú. -2. [decline, reject] rebutjar. -3. [not agree, be completely unwilling]: **to ~ to do sthg** negar-se a fer alguna cosa. ⇔ *vi* negar-se.

refuse² [ˈɹɛfjuːs] *n* [rubbish] escombraries *fpl*.

refuse collection [ˈɹɛfjuːs-] *n* recollida *f* de les escombraries.

refute [ɹɪˈfjuːt] *vt fml* refutar, rebatre.

regain [ɹɪˈgeɪn] *vt* [leadership, first place] recuperar; [health, composure] recuperar, recobrar.

regal [ˈɹiːgl] *adj* reial, regi règia.

regalia [ɹɪˈgeɪljə] *n* (*U*) *fml* insígnies *fpl* (reials).

regard [ɹɪˈgɑːd] ⇔ *n* -1. *fml* [respect, esteem]: **~ (for)** respecte *m* / estima *f* (per); **to hold sthg / sb in high ~** tenir algú / alguna cosa en molt bon concepte. -2. [aspect]: **in this / that ~** respecte d'això / allò. ⇔ *vt* -1. [consider]: **to ~ o.s. as sthg** considerar-se alguna cosa; **to ~ sthg / sb as** considerar alguna cosa / algú. -2. [look at, view]: **to ~ sb / sthg with** mirar algú / alguna cosa amb; **to be highly ~ed** estar molt ben considerat -ada. ● **regards** *npl* [in greetings] records *mpl*. ● **as regards** *prep* quant a, pel que fa a. ● **in regard to, with regard to** *prep* respecte de.

regarding [ɹɪˈgɑːdɪŋ] *prep* respecte a, pel que fa a.

regardless [ɹɪˈgɑːdlɪs] *adv* malgrat tot. ● **regardless of** *prep*: **~ of the cost** costi el que costi.

regime [ɹeɪˈʒiːm] *n* règim *m*.

regiment [ˈɹɛdʒɪmənt] MIL *n* regiment *m*.

region [ˈɹiːdʒən] *n* regió *f*; **in the ~ of** pels volts de.

regional [ˈɹiːdʒənl] *adj* regional.

register [ˈɹɛdʒɪstəʳ] ⇔ *n* [of electors etc.] cens *m*; [at school] llista *f*. ⇔ *vt* -1. [record - gen] enregistrar; [- car] matricular. -2. [express] manifestar, mostrar. ⇔ *vi* -1. [be put on official list]: **to ~ (as / for)** inscriure's (com / a). -2. [book in - at hotel] signar el registre; [- at conference] inscriure's. -3. *inf* [be noticed]: **I told him but it didn't seem to ~** li ho vaig dir, però sembla que no ho va captar.

registered [ˈɹɛdʒɪstəd] *adj* -1. [officially listed] registrat -ada. -2. [letter, parcel] certificat -ada.

registered trademark *n* marca *f* registrada.

registrar [ˌɹɛdʒɪˈstrɑːʳ] *n* -1. [keeper of records] registrador *m* -a *f*. -2. UNIV secretari *m* -ària *f* general. -3. [doctor] metge *m* -essa *f* d'hospital.

registration [ˌɹɛdʒɪˈstreɪʃn] *n* -1. [gen] registre *m*. -2. *abbr of* AUT = **registration number**.

registration number *n* número *m* de matrícula.

registry [ˈɹɛdʒɪstɹɪ] (*pl* **-ies**) *n* registre *m*.

registry office *n* registre *m* civil.

regret [ɹɪˈgɹɛt] (*pt & pp* **-ted**, *cont* **-ting**) ⇔ *n* -1. *fml* [sorrow] pesar *m*. -2. [sad feeling]: **I've no ~s about it** no me'n penedeixo gens; **he sends his ~s** s'excusa. ⇔ *vt* [be sorry about]: **to ~ sthg / doing sthg** lamentar alguna cosa / fer alguna cosa; **we ~ to announce ...** ens sap molt de greu haver d'anunciar ...

regretfully [ɹɪˈgɹɛtfʊlɪ] *adv* amb pena;

~ **we have to announce ...** lamentem haver d'anunciar ...

regrettable [rɪ'ɡretəbl] *adj fml* lamentable.

regroup [ˌriː'ɡruːp] *vi* tornar a agrupar-se.

regular ['reɡjʊləʳ] ◇ *adj* **-1.** [gen] regular. **-2.** [customer] habitual, assidu -ídua. **-3.** [time, place] oficial; [problem] normal. **-4.** *Am* [pleasant] bo bona. ◇ *n* client *m* -a *f* habitual.

regularly ['reɡjʊləlɪ] *adv* **-1.** [gen] regularment. **-2.** [equally spaced] amb regularitat.

regulate ['reɡjʊleɪt] *vt* regular.

regulation [ˌreɡjʊ'leɪʃn] ◇ *adj* [standard] reglamentari -ària. ◇ *n* **-1.** [rule] norma *f*, regla *f*. **-2.** (U) [control] regulació *f*.

rehabilitate [ˌriːə'bɪlɪteɪt] *vt* rehabilitar.

rehearsal [rɪ'hɜːsl] *n* assaig *m*.

rehearse [rɪ'hɜːs] ◇ *vt* assajar. ◇ *vi*: **to ~ (for)** assajar (per a).

reign [reɪn] *lit & fig* ◇ *n* regnat *m*. ◇ *vi*: **to ~ (over)** regnar (sobre).

reimburse [ˌriːɪm'bɜːs] *vt*: **to ~ sb (for sthg)** reemborsar a algú (alguna cosa).

rein [reɪn] *n fig*: **to give (a) free ~ to sb, to give sb free ~** donar curs a; **to keep a tight ~ on sb / sthg** vigilar algú de prop. ➡ **reins** *npl* **-1.** [for horse] regnes *fpl*. **-2.** [for child] caminadors *mpl*.

reindeer ['reɪnˌdɪəʳ] (*pl inv*) *n* ren *m*.

reinforce [ˌriːɪn'fɔːs] *vt* reforçar.

reinforced concrete [ˌriːɪn'fɔːst-] *n* ciment *m* armat.

reinforcement [ˌriːɪn'fɔːsmənt] *n* reforç *m*. ➡ **reinforcements** *npl* reforços *mpl*.

reinstate [ˌriːɪn'steɪt] *vt* **-1.** [give job back to] readmetre. **-2.** [bring back] restablir.

reissue [riː'ɪʃuː] ◇ *n* reedició *f*, reestrena *f*. ◇ *vt* [gen] reeditar; [film] reestrenar.

reiterate [riː'ɪtəreɪt] *vt fml* reiterar.

reject [*n* 'riːdʒekt, *vb* rɪ'dʒekt] ◇ *n* rebuig *m*; **~s** productes *mpl* defectuosos. ◇ *vt* rebutjar, refusar.

rejection [rɪ'dʒekʃn] *n* rebuig *m*.

rejoice [rɪ'dʒɔɪs] *vi*: **to ~ (at / in)** alegrar-se (de).

rejuvenate [rɪ'dʒuːvəneɪt] *vt* rejovenir.

rekindle [ˌriː'kɪndl] *vt fig* revifar.

relapse [rɪ'læps] ◇ *n* recaiguda *f*; **to have a ~** recaure. ◇ *vi*: **to ~ into** reincidir en.

relate [rɪ'leɪt] ◇ *vt* **-1.** [connect]: **to ~ sthg (to)** relacionar alguna cosa (amb). **-2.** [tell] relatar, contar. ◇ *vi* **-1.** [be connected]: **to ~ to** relacionar-se amb. **-2.** [concern]: **to ~ to** referir-se a. **-3.** [empathize]: **to ~ to (sb)** tenir una bona relació (amb algú). ➡ **relating to** *prep* referent a.

related [rɪ'leɪtɪd] *adj* **-1.** [in same family] emparentat -ada; **to be ~ to sb** ser parent -a d'algú. **-2.** [connected] afí.

relation [rɪ'leɪʃn] *n* **-1.** [connection]: **~ (to / between)** relació *f* (amb / entre); **to bear no ~ to** no tenir res a veure amb; **in ~ to** [state, size] en relació amb; [position] respecte de. **-2.** [family member] parent *m* -a *f*, familiar *mf*. ➡ **relations** *npl* [family, race, industrial] relacions *fpl*.

relationship [rɪ'leɪʃnʃɪp] *n* relació *f*; **a good ~** una bona relació.

relative ['relətɪv] ◇ *adj* relatiu -iva. ◇ *n* parent *m* -a *f*, familiar *mf*. ➡ **relative to** *prep fml* referent a.

relatively ['relətɪvlɪ] *adv* relativament.

relax [rɪ'læks] ◇ *vt* **-1.** [gen] relaxar. **-2.** [loosen - grip] afluixar. ◇ *vi* **-1.** [gen] relaxar-se. **-2.** [loosen] afluixar-se.

relaxation [ˌriːlæk'seɪʃn] *n* **-1.** [recreation] esbargiment *m*, relaxació *f*. **-2.** [slackening - of discipline] relaxació *f*.

relaxed [rɪ'lækst] *adj* [gen] relaxat -ada; [person] assossegat -ada; [atmosphere] informal.

relaxing [rɪ'læksɪŋ] *adj* relaxant.

relay ['riːleɪ] (*pt & pp senses 1 & 2* **-ed**, *pt & pp sense 3* **relaid**) ◇ *n* **-1.** SPORT: **~ (race)** cursa *f* de relleus; *fig* **in ~s** per torns. **-2.** RADIO & TV retransmissió *f*. ◇ *vt* **-1.** [broadcast] retransmetre. **-2.** [repeat]: **to ~ sthg to sb** transmetre alguna cosa (a). **-3.** [lay again] tornar a col·locar.

release [rɪ'liːs] ◇ *n* **-1.** [setting free] alliberament *m*, excarceració *f*. **-2.** [relief] alliberament *m*. **-3.** [statement] comunicat *m*. **-4.** [emitting - of gas] fuita *f*; [- of heat, pressure] emissió *f*. **-5.** [thing issued - of film] estrena *f*; [- of record] llançament *m*; **on ~** ja als cinemes. ◇ *vt* **-1.** [set free]: **to ~ sb (from)** alliberar algú (de); **to be ~d** ser alliberat -ada. **-2.** [lift restriction on]: **to ~ sb from** eximir algú de. **-3.** [make available - funds, resources] cedir. **-4.** [let go - rope, reins, person] deixar anar; [- grip] afluixar; [- brake, lever] deixar anar; [- mechanism, trigger] accionar. **-5.** [emit - gas, heat] emetre. **-6.** [issue - film] estrenar; [- record] llançar; [- statement] fer públic.

relegate ['relɪɡeɪt] *vt* **-1.** [demote]: **to ~ sthg / sb (to)** relegar alguna cosa / algú (a). **-2.** *Br* SPORT: **to be ~d** baixar (a una divisió inferior).

relent [rɪ'lent] *vi* [person] estovar-se; [wind, storm] amainar.

relentless [rɪ'lentlɪs] *adj* implacable, despietat -ada.

relevant ['relǝvǝnt] *adj* **-1.** [connected]: **~ (to)** pertinent (amb). **-2.** [important]: **~ (to)** important (per a). **-3.** [appropriate] pertinent, adient.

reliable [rɪ'laɪǝbl] *adj* **-1.** [dependable] de confiança, fiable. **-2.** [information] fidedigne -a.

reliably [rɪ'laɪǝblɪ] *adv* **-1.** [dependably] amb fiabilitat. **-2.** [correctly]: **to be ~ informed about sthg** saber alguna cosa de bona font.

reliant [rɪ'laɪǝnt] *adj*: **to be ~ on sb / sthg** confiar en algú / alguna cosa.

relic ['relɪk] *n* **-1.** [gen] relíquia *f*. **-2.** [custom still in use] vestigi *m*.

relief [rɪ'liːf] *n* **-1.** [comfort] alleujament *m*; **she sighed with ~** va sospirar alleugerida. **-2.** [for poor, refugees] ajuda *f* humanitària, beneficència *f*. **-3.** *Am* [social security] subsidi *m*.

relieve [rɪ'liːv] *vt* **-1.** [ease, lessen] alleujar, alleugerir. **-2.** [take away from]: **to ~ sb of sthg** robar alguna cosa a algú.

religion [rɪ'lɪdʒn] *n* religió *f*.

religious [rɪ'lɪdʒǝs] *adj* religiós -osa.

relinquish [rɪ'lɪŋkwɪʃ] *vt* [power, claim] renunciar a; [hold] deixar anar.

relish ['relɪʃ] ◇ *n* **-1.** [enjoyment]: **with (great) ~** amb (molt) entusiasme *m*. **-2.** [pickle] salsa *f*. ◇ *vt*: **to ~ the thought / idea / prospect of doing sthg** fer gràcia la idea / la perspectiva de fer alguna cosa.

relocate [ˌriːlǝʊ'keɪt] ◇ *vt* traslladar. ◇ *vi* traslladar-se.

reluctance [rɪ'lʌktǝns] *n* reticència *f*, desgana *f*; **with ~** a contracor.

reluctant [rɪ'lʌktǝnt] *adj* reticent; **to be ~ to do sthg** estar poc disposat -ada a fer alguna cosa.

reluctantly [rɪ'lʌktǝnlɪ] *adv* a contracor.

rely [rɪ'laɪ] (*pt & pp* **-ied**) . ➡ **rely on** *vt fus* **-1.** [count on] comptar amb; **to ~ on sb / sthg to do sthg** comptar amb algú / alguna cosa per fer una cosa. **-2.** [be dependent on]: **to ~ on sb / sthg for sthg** dependre d'algú / alguna cosa per a alguna cosa.

remain [rɪ'meɪn] ◇ *vt*: **to ~ the same** ser el mateix la mateixa. ◇ *vi* **-1.** [stay] quedar-se. **-2.** [survive - custom, problem] quedar. **-3.** [be left]: **to ~ to be done / proved** estar per fer / demostrar; **it ~s to be seen …** caldrà veure … ➡ **remains** *npl* restes *fpl*, ruïnes *fpl*.

remainder [rɪ'meɪndǝʳ] *n* **-1.** [rest]: **the ~** la resta. **-2.** MATH residu *m*.

remaining [rɪ'meɪnɪŋ] *adj* restant, sobrer -a.

remand [rɪ'mɑːnd] JUR ◇ *n*: **on ~** estar en presó preventiva. ◇ *vt* remetre a una altra audiència; **to be ~ed in custody** estar en presó preventiva.

remark [rɪ'mɑːk] ◇ *n* [comment] comentari *m*. ◇ *vt*: **to ~ (that)** comentar (que). ◇ *vi*: **to ~ on** fer una observació sobre.

remarkable [rɪ'mɑːkǝbl] *adj* notable, excepcional.

remarry [ˌriː'mærɪ] (*pt & pp* **-ied**) *vi* tornar-se a casar.

remedial [rɪ'miːdjǝl] *adj* **-1.** EDUC [class, teacher] de recuperació; [pupil] endarrerit -ida. **-2.** [corrective] correctiu -iva.

remedy ['remǝdɪ] (*pl* **-ies**, *pt & pp* **-ied**) ◇ *n* remei *m*; *lit & fig* **~ (for)** remei (per a). ◇ *vt* remeiar.

remember [rɪ'membǝʳ] ◇ *vt* **-1.** [gen] recordar; **~ that his eyesight is poor** tingues present que no s'hi veu gaire; **to ~ to do sthg** recordar-se de fer alguna cosa; **to ~ doing sthg** recordar haver fet alguna cosa. **-2.** [as greeting]: **to ~ sb to sb** donar records a algú de part d'algú. ◇ *vi* **-1.** [gen] recordar. **-2.** [not forget] recordar-se de.

remembrance [rɪ'membrǝns] *n fml*: **in ~ of** en commemoració *f* de.

Remembrance Day *n* a la Gran Bretanya, diumenge més proper a l'11 de novembre en què es commemoren els morts de les dues guerres mundials.

remind [rɪ'maɪnd] *vt*: **to ~ sb (about sthg / to do sthg)** recordar a algú (alguna cosa / que faci alguna cosa); **she ~s me of my sister** em recorda la meva germana.

reminder [rɪ'maɪndǝʳ] *n* **-1.** [to jog memory] recordatori *m*. **-2.** [letter, note] notificació *f*.

reminisce [ˌremɪ'nɪs] *vi*: **to ~ (about sthg)** rememorar (alguna cosa).

reminiscent [ˌremɪ'nɪsnt] *adj* [similar to]: **~ of** rememoratiu -iva, que recorda algú / alguna cosa.

remiss [rɪ'mɪs] *adj* remís -isa, negligent;

repetition

it was ~ of me va ser una negligència meva.

remit¹ [rɪˈmɪt] (*pt & pp* **-ted**, *cont* **-ting**) *vt* [money] remetre, enviar.

remit² [ˈriːmɪt] *n* [responsibility] competència *f*.

remittance [rɪˈmɪtns] *n* tramesa *f*.

remnant [ˈremnənt] *n* **-1.** [remaining part] resta *f*. **-2.** [of cloth] retall *m*.

remold *n & vt Am* = **remould**.

remorse [rɪˈmɔːs] *n* (U) remordiment *m*.

remorseful [rɪˈmɔːsful] *adj* penedit -ida.

remorseless [rɪˈmɔːslɪs] *adj* **-1.** [pitiless] despietat -ada. **-2.** [unstoppable] implacable.

remote [rɪˈməʊt] *adj* **-1.** [place, time possibility] remot -a, aïllat -ada. **-2.** [from reality etc.]: ~ **(from)** allunyat -ada (de).

remote control *n* comandament *m* a distància.

remotely [rɪˈməʊtlɪ] *adv* **-1.** [in the slightest]: **not** ~ ni de bon tros. **-2.** [far off] remotament.

remould *Br*, **remold** *Am* [ˈriːməʊld] *n* pneumàtic *m* recautxutat.

removable [rɪˈmuːvəbl] *adj* **-1.** [stain] que es pot treure. **-2.** [detachable] separable.

removal [rɪˈmuːvl] *n* **-1.** (U) [act of removing] separació *f*, sostracció *f*; [of threat, clause] supressió *f*. **-2.** *Br* [change of house] trasllat *m*, mudança *f*.

removal van *n Br* camió *m* de mudances.

remove [rɪˈmuːv] *vt* **-1.** [take away, clean away]: **to ~ sthg (from)** treure alguna cosa (de). **-2.** [take off] treure. **-3.** [from a job, post]: **to ~ sb (from)** destituir algú (de). **-4.** [problem] eliminar; [suspicion] dissipar.

remuneration [rɪˌmjuːnəˈreɪʃn] *n fml* remuneració *f*.

Renaissance [rəˈneɪsns] ◇ *n*: **the ~** el Renaixement. ◇ *comp* renaixentista.

render [ˈrendər] *vt* **-1.** [make]: **to ~ sthg useless** inutilitzar alguna cosa; **to ~ sb speechless** deixar algú bocabadat. **-2.** [give - help] donar, prestar; **to ~ an account** passar factura.

rendering [ˈrendərɪŋ] *n* reproducció *f*, interpretació *f*.

rendezvous [ˈrɒndɪvuː] (*pl inv*) *n* **-1.** [meeting] cita *f*. **-2.** [place] lloc *m* de cita.

renegade [ˈrenɪɡeɪd] ◇ *adj* renegat -ada. ◇ *n* renegat *m* -ada *f*.

renew [rɪˈnjuː] *vt* **-1.** [attempt, attack] reprendre. **-2.** [relationship] reprendre. **-3.** [licence, contract] renovar. **-4.** [strength, interest] recuperar.

renewable [rɪˈnjuːəbl] *adj* renovable.

renewal [rɪˈnjuːəl] *n* **-1.** [of an activity] represa *f*. **-2.** [of a contract, licence etc.] renovació *f*, pròrroga *f*.

renounce [rɪˈnaʊns] *vt* renunciar a.

renovate [ˈrenəveɪt] *vt* renovar.

renown [rɪˈnaʊn] *n* renom *m*.

renowned [rɪˈnaʊnd] *adj*: ~ **(for)** famós -osa (per).

rent [rent] ◇ *pt & pp* ➡ **rend**. ◇ *n* lloguer *m*. ◇ *vt* llogar.

rental [ˈrentl] ◇ *adj* de lloguer. ◇ *n* lloguer *m*.

renunciation [rɪˌnʌnsɪˈeɪʃn] *n* renúncia *f*.

reorganize, -ise [ˌriːˈɔːɡənaɪz] ◇ *vt* reorganitzar. ◇ *vi* reorganitzar-se.

rep [rep] *n* **-1.** abbr of **representative**. **-2.** abbr of **repertory**. **-3.** abbr of **repertory company**.

repaid [riːˈpeɪd] *pt & pp* ➡ **repay**.

repair [rɪˈpeər] ◇ *n* reparació *f*; **in good / bad ~** en bon / mal estat; **it's beyond ~** és irreparable. ◇ *vt* reparar, arreglar.

repair kit *n* caixa *f* d'eines.

repartee [ˌrepɑːˈtiː] *n* rèplica *f*.

repatriate [ˌriːˈpætrɪeɪt] *vt* repatriar.

repay [riːˈpeɪ] (*pt & pp* **repaid**) *vt* reemborsar; **to ~ sb sthg, to ~ sthg to sb** tornar alguna cosa a algú.

repayment [riːˈpeɪmənt] *n* **-1.** [act of paying back] devolució *f*, reemborsament *m*. **-2.** [sum] pagament *m*.

repeal [rɪˈpiːl] ◇ *n* revocació *f*. ◇ *vt* revocar.

repeat [rɪˈpiːt] ◇ *vt* **-1.** [gen] repetir; **to ~ o.s.** repetir-se. **-2.** [TV, radio programme] tornar a emetre. ◇ *n* reposició *f*.

repeatedly [rɪˈpiːtɪdlɪ] *adv* repetidament.

repel [rɪˈpel] (*pt & pp* **-led**, *cont* **-ling**) *vt* [disgust] repel·lir, repugnar.

repellent [rɪˈpelənt] ◇ *adj* repel·lent. ◇ *n* repel·lent *m*.

repent [rɪˈpent] ◇ *vt* penedir-se. ◇ *vi*: **to ~ of** penedir-se de.

repentance [rɪˈpentəns] *n* penediment *m*.

repercussions [ˌriːpəˈkʌʃnz] *npl* repercussions *fpl*.

repertoire [ˈrepətwɑːr] *n* repertori *m*.

repertory [ˈrepətrɪ] *n* repertori *m*.

repetition [ˌrepɪˈtɪʃn] *n* repetició *f*.

repetitious [ˌrepɪˈtɪʃəs], **repetitive** [rɪˈpetɪtɪv] *adj* repetitiu -iva.

replace [rɪˈpleɪs] *vt* **-1.** [take the place of] reemplaçar. **-2.** [change for sthg else]: to ~ sthg (with) substituir alguna cosa (per). **-3.** [change for sb else]: to ~ sb (with) substituir algú (per). **-4.** [supply another]: to ~ sthg reposar alguna cosa. **-5.** [put back] posar al seu lloc.

replacement [rɪˈpleɪsmənt] *n* **-1.** [act of replacing] substitució *f*. **-2.** [sthg new]: ~ (for) recanvi *m* (per a). **-3.** [sb new]: ~ (for) substitut *m* -a *f* (per a).

replay [*n* ˈriːpleɪ, *vb* ˌriːˈpleɪ] ⋄ *n* repetició *f*. ⋄ *vt* **-1.** [match, game] desempatar. **-2.** [film, tape] tornar a posar.

replenish [rɪˈplenɪʃ] *vt fml*: to ~ sthg (with) reomplir alguna cosa (amb).

replica [ˈreplɪkə] *n* rèplica *f*.

reply [rɪˈplaɪ] (*pl* **-ies**, *pt & pp* **-ied**) ⋄ *n*: ~ (to) resposta *f* (a); in ~ (to) com a resposta (a). ⋄ *vt* respondre, contestar. ⋄ *vi*: to ~ (to sb / sthg) contestar (alguna cosa / a algú).

reply coupon *n* butlleta *f* de resposta.

report [rɪˈpɔːt] ⋄ *n* **-1.** [gen] informe *m*; PRESS & TV reportatge *m*. **-2.** *Br* EDUC butlletí *m* de notes. ⋄ *vt* **-1.** [say, make known]: to ~ that informar que; to ~ sthg (to) informar d'alguna cosa (a). **-2.** [complain about]: to ~ sb (to sb for sthg) denunciar algú (a algú per alguna cosa). ⋄ *vi* **-1.** [give account]: to ~ on informar sobre. **-2.** [present o.s.]: to ~ to sb / for sthg presentar-se davant algú / per a alguna cosa.

report card *n* butlletí *m* de notes.

reportedly [rɪˈpɔːtɪdlɪ] *adv* segons que es diu.

reporter [rɪˈpɔːtər] *n* reporter *m* -a *f*.

repose [rɪˈpəʊz] *n liter* repòs *m*.

repossess [ˌriːpəˈzes] *vt* requisar.

reprehensible [ˌreprɪˈhensəbl] *adj fml* reprensible, censurable.

represent [ˌreprɪˈzent] *vt* **-1.** [gen] representar; [person, country] parlar en nom de; to be well / strongly ~ed estar ben representat -ada. **-2.** [describe]: to ~ sthg / sb as descriure alguna cosa / algú com a.

representation [ˌreprɪzenˈteɪʃn] *n* representació *f*. ◆ **representations** *npl fml*: to make ~s to queixar-se a.

representative [ˌreprɪˈzentətɪv] ⋄ *adj*: ~ (of) representatiu -iva (de). ⋄ *n* representant *mf*.

repress [rɪˈpres] *vt* reprimir.

repression [rɪˈpreʃn] *n* repressió *f*.

reprieve [rɪˈpriːv] ⋄ *n* **-1.** [delay] ajornament *m*. **-2.** [of death sentence] indult *m*. ⋄ *vt* [prisoner] indultar.

reprimand [ˈreprɪmɑːnd] ⋄ *n* reprensió *f*. ⋄ *vt* reprendre, renyar.

reprisal [rɪˈpraɪzl] *n* represàlia *f*.

reproach [rɪˈprəʊtʃ] ⋄ *n* retret *m*. ⋄ *vt*: to ~ sb (for / with sthg) retreure a algú (alguna cosa).

reproachful [rɪˈprəʊtʃfʊl] *adj* ple plena de retrets.

reproduce [ˌriːprəˈdjuːs] ⋄ *vt* reproduir. ⋄ *vi* BIOL reproduir-se.

reproduction [ˌriːprəˈdʌkʃn] *n* reproducció *f*.

reproof [rɪˈpruːf] *n* **-1.** [words of blame] reprovació *f*. **-2.** [disapproval] retret *m*.

reprove [rɪˈpruːv] *vt*: to ~ sb (for) reprendre algú (per).

reptile [ˈreptaɪl] *n* rèptil *m*.

republic [rɪˈpʌblɪk] *n* república *f*.

republican [rɪˈpʌblɪkən] ⋄ *adj* republicà -ana. ⋄ *n* republicà *m* ,-ana *f*. ◆ **Republican** ⋄ *adj* **-1.** [in US] republicà -ana; the ~ Party el partit republicà. **-2.** [in Northern Ireland] independentista. ⋄ *n* **-1.** [in US] republicà *m* -ana *f*. **-2.** [in Northern Ireland] independentista *mf*.

repudiate [rɪˈpjuːdɪeɪt] *vt fml* repudiar.

repulse [rɪˈpʌls] *vt* rebutjar, refusar.

repulsive [rɪˈpʌlsɪv] *adj* repulsiu -iva.

reputable [ˈrepjʊtəbl] *adj* acreditat -ada, honrat -ada.

reputation [ˌrepjʊˈteɪʃn] *n* reputació *f*; to have a ~ for sthg / for being sthg tenir fama d'alguna cosa / de ser alguna cosa.

repute [rɪˈpjuːt] *n fml*: of good / ill ~ de bona / mala fama; of ~ de renom.

reputed [rɪˈpjuːtɪd] *adj*: to be ~ to be / do sthg tenir fama de ser / fer alguna cosa.

reputedly [rɪˈpjuːtɪdlɪ] *adv* segons que es diu.

request [rɪˈkwest] ⋄ *n*: ~ (for) petició *f* (de); on ~ a sol·licitud; at sb's ~ a petició d'algú. ⋄ *vt* sol·licitar, demanar; to ~ sb to do sthg demanar que algú faci una cosa.

request stop *n Br* parada *f* discrecional.

requirement [rɪˈkwaɪəmənt] *n* requisit *m*.

requisition [ˌrekwɪˈzɪʃn] *vt* requisar.

rerun [*n* ˈriːˌrʌn, *vb* ˌriːˈrʌn] (*pt* **-ran**, *pp* **-run**, *cont* **-ning**) ⋄ *n* **-1.** [film, programme] reposició f. **–2.** [repeated situation] repetició f. ◇ vt **–1.** [race] repetir. **–2.** [film, programme] reposar. **–3.** [tape] tornar a posar.

resat [ˌriː'sæt] pt & pp ▶ resit.

rescind [rɪ'sɪnd] JUR vt [contract] rescindir; [law] derogar.

rescue ['reskjuː] ◇ n rescat m, salvament m; **to go / come to sb's ~** anar a rescatar algú. ◇ vt: **to ~ sb / sthg (from)** salvar algú / alguna cosa (de).

rescuer ['reskjʊər] n rescatador m -a f.

research [rɪ'sɜːtʃ] ◇ n (U): **~ (on / into)** investigació f (sobre); **~ and development** recerca i desenvolupament. ◇ vt investigar. ◇ vi: **to ~ (into)** investigar (alguna cosa).

researcher [rɪ'sɜːtʃər] n investigador m -a f.

resemblance [rɪ'zembləns] n semblança f; **to bear a strong ~ to** assemblar-se molt a.

resemble [rɪ'zembl] vt assemblar-se a, semblar.

resent [rɪ'zent] vt ressentir-se de.

resentful [rɪ'zentfʊl] adj ressentit -ida.

resentment [rɪ'zentmənt] n ressentiment m, rancor m.

reservation [ˌrezə'veɪʃn] n **–1.** [booking] reserva f. **–2.** [uncertainty]: **without ~** sense cap reserva. **–3.** Am [for Native Americans] reserva f d'indis. ▶ **reservations** npl [doubts] dubtes mpl.

reserve [rɪ'zɜːv] ◇ n **–1.** [gen] reserva f; **in ~** en reserva. **–2.** SPORT suplent mf, reserva mf. ◇ vt **–1.** [save, book] reservar. **–2.** [retain]: **to ~ the right to do sthg** reservar-se el dret de fer alguna cosa.

reserved [rɪ'zɜːvd] adj reservat -ada.

reservoir ['rezəvwɑːr] n **–1.** [lake] embassament m, pantà m. **–2.** [large supply] mina f.

reset [ˌriː'set] (pt & pp reset, cont **-ting**) ◇ vt **–1.** [clock] posar a l'hora; [meter, controls, computer] reinicialitzar. **–2.** [bone] encaixar de nou. ◇ vi COMPUT reinicialitzar.

reshape [ˌriː'ʃeɪp] vt [policy, thinking] reformar.

reshuffle [ˌriː'ʃʌfl] ◇ n reorganització f; **cabinet ~** remodelació f del gabinet. ◇ vt reorganitzar, remodelar.

reside [rɪ'zaɪd] fml vi **–1.** [live] residir. **–2.** [be found]: **to ~ in** residir en.

residence ['rezɪdəns] n **–1.** [house] residència f. **–2.** [state of residing] **to be in ~ (at)** residir (a); **to take up ~** fixar la residència.

residence permit n permís m de residència.

resident ['rezɪdənt] ◇ adj **–1.** [settled, living] resident. **–2.** [on-site, live-in] que viu on treballa. ◇ n resident mf, veí m -ïna f.

residential [ˌrezɪ'denʃl] adj [live-in] amb allotjament.

residential area n zona f residencial.

residue ['rezɪdjuː] n residu m.

resign [rɪ'zaɪn] ◇ vt **–1.** [give up] renunciar a, dimitir. **–2.** [accept calmly]: **to ~ o.s. to sthg** resignar-se a alguna cosa. ◇ vi [quit]: **to ~ (from)** dimitir (de).

resignation [ˌrezɪg'neɪʃn] n **–1.** [from job] dimissió f. **–2.** [calm acceptance] resignació f.

resigned [rɪ'zaɪnd] adj: **~ (to)** resignat -ada (a).

resilient [rɪ'zɪlɪənt] adj [person] resistent; [rubber] elàstic -a.

resin ['rezɪn] n resina f.

resist [rɪ'zɪst] vt **–1.** [refuse to accept] oposar-se a. **–2.** [fight against] resistir. **–3.** [refuse to give in to - temptation] resistir a.

resistance [rɪ'zɪstəns] n: **~ (to)** resistència f (a).

resit [n ˌriː'sɪt, vb ˌriː'sɪt] (pt & pp **-sat**, cont **-ting**) Br ◇ n (examen m de) repesca f. ◇ vt tornar-se a examinar.

resolute ['rezəluːt] adj resolut -uda, decidit -ida.

resolution [ˌrezə'luːʃn] n **–1.** [gen] resolució f. **–2.** [vow, promise] propòsit m.

resolve [rɪ'zɒlv] ◇ n (U) resolució f. ◇ vt **–1.** [vow, promise]: **to ~ that** acordar que; **to ~ to do sthg** prendre la decisió de fer alguna cosa. **–2.** [solve] resoldre.

resort [rɪ'zɔːt] n **–1.** [for holidays] lloc m d'estiueig. **–2.** [solution]: **as a / in the last ~** en última instància. ▶ **resort to** vt fus recórrer a.

resound [rɪ'zaʊnd] vi **–1.** [noise] ressonar. **–2.** [place]: **the room ~ed with laughter** les rialles van ressonar per tota l'habitació.

resounding [rɪ'zaʊndɪŋ] adj **–1.** [loud - noise, knock] ensordidor -a; [- crash] estrepitós -osa. **–2.** [very great] clamorós -osa.

resource [rɪ'sɔːs] n recurs m, mitjà m.

resourceful [rɪ'sɔːsfʊl] adj amb recursos, enginyós -osa.

respect [rɪ'spekt] ◇ n **–1.** [gen]: **~ (for)** respecte m (per); **with ~** amb respecte. **–2.**

[aspect] sentit m; **in this ~** en aquest sentit; **in that ~** quant a allò. ⋄ vt [admire] respectar; **to ~ sb for sthg** respectar algú per alguna cosa. ➢ **respects** npl: **to pay one's ~s (to)** adreçar un compliment (a); **to pay one's last ~s (to)** retre l'últim homenatge (a). ➢ **with respect to** prep respecte de / a.

respectable [rɪˈspektəbl] adj respectable.

respectful [rɪˈspektful] adj respectuós -osa.

respective [rɪˈspektɪv] adj respectiu -iva.

respectively [rɪˈspektɪvlɪ] adv respectivament.

respite [ˈrespaɪt] n **–1.** [lull] respir m. **–2.** [delay] pròrroga f.

resplendent [rɪˈsplendənt] adj liter resplendent, brillant.

respond [rɪˈspɒnd] ⋄ vt respondre. ⋄ vi: **to ~ (to)** respondre (a), ser sensible (a); **to ~ by doing sthg** respondre fent alguna cosa.

response [rɪˈspɒns] n resposta f; **in ~** en resposta.

responsibility [rɪˌspɒnsəˈbɪlətɪ] (pl **-ies**) n: **~ (for)** responsabilitat f (de); **to have a ~ to sb** ser responsable davant d'algú.

responsible [rɪˈspɒnsəbl] adj **–1.** [gen] responsable; **~ (for)** responsable (de). **–2.** [answerable]: **~ to sb** responsable davant algú. **–3.** [job, position] de responsabilitat.

responsibly [rɪˈspɒnsəblɪ] adv de manera responsable.

responsive [rɪˈspɒnsɪv] adj **–1.** [quick to react] que respon molt bé. **–2.** [aware]: **~ (to)** sensible (a).

rest [rest] ⋄ n **–1.** [remainder]: **the ~ (of)** la resta (de). **–2.** [relaxation, break] descans m; **to have a ~** reposar. **–3.** [support - for feet] reposapeus m; [- for head] reposacaps m; [- for snooker cue] estri que serveix per recolzar-hi el tac durant les tirades llargues. **–4. to come to ~** aturar-se. ⋄ vt **–1.** [relax - eyes, feet] descansar. **–2.** [support] recolzar, reposar. ⋄ vi **–1.** [relax, be still] descansar. **–2.** [depend]: **to ~ on / upon** dependre de. **–3.** [duty, responsibility]: **to ~ with sb** residir en algú. **–4.** [be supported] recolzar, descansar. **–5.** LITER [eyes]: **to ~ on** clavar la vista sobre. **–6. ~ assured that ...** estigui tranquil -il·la que ...

restaurant [ˈrestərɒnt] n restaurant m.

restaurant car n Br vagó m restaurant.

restful [ˈrestful] adj tranquil -il·la.

rest home n [for the elderly] residència f de vells; [for the sick] casa f de repòs.

restive [ˈrestɪv] adj inquiet -a, intranquil -il·la.

restless [ˈrestlɪs] adj **–1.** [bored, dissatisfied] desassossegat -ada. **–2.** [fidgety] inquiet -a. **–3.** [sleepless] desvetllat -ada.

restoration [ˌrestəˈreɪʃn] n restauració f.

restore [rɪˈstɔːr] vt **–1.** [reestablish] restablir. **–2.** [to a previous position or condition]: **to ~ sb to sthg** tornar alguna cosa a algú; **to ~ sthg to sthg** restituir alguna cosa a alguna cosa. **–3.** [renovate] restaurar. **–4.** [give back] tornar, restituir.

restrain [rɪˈstreɪn] vt contenir, reprimir; **to ~ o.s. from doing sthg** contenir-se de fer alguna cosa.

restrained [rɪˈstreɪnd] adj moderat -ada.

restraint [rɪˈstreɪnt] n **–1.** [rule, check] limitació f, restricció f. **–2.** (U) [control] moderació f, contenció f.

restrict [rɪˈstrɪkt] vt [limit] limitar, restringir; **to ~ sthg / sb to** limitar alguna cosa / algú a; **to ~ o.s. to sthg** limitar-se a alguna cosa.

restriction [rɪˈstrɪkʃn] n restricció f, limitació f; **~s on** restriccions de / en.

restrictive [rɪˈstrɪktɪv] adj restrictiu -iva.

rest room n Am lavabo m.

result [rɪˈzʌlt] ⋄ n resultat m; **as a ~** com a conseqüència. ⋄ vi **–1.** [cause]: **to ~ (in sthg)** tenir com a resultat (alguna cosa). **–2.** [be caused]: **to ~ (from)** resultar (de).

resume [rɪˈzjuːm] ⋄ vt **–1.** [start again] reprendre. **–2.** fml [return to] tornar a. ⋄ vi tornar a començar.

résumé [ˈrezjumeɪ] n **–1.** [summary] resum m. **–2.** Am [of career, qualifications] currículum m.

resumption [rɪˈzʌmpʃn] n represa f.

resurgence [rɪˈsɜːdʒəns] n ressorgiment m.

resurrection [ˌrezəˈrekʃn] n resurrecció f.

resuscitate [rɪˈsʌsɪteɪt] vt ressuscitar.

retail [ˈriːteɪl] ⋄ n venda f al detall. ⋄ adv al detall, a la menuda.

retailer [ˈriːteɪlər] n detallista mf.

retail price n preu m de venda al públic.

retain [rɪˈteɪn] vt retenir, conservar.

retainer [rɪˈteɪnər] n **–1.** [fee] conducta f. **–2.** [servant] criat m -ada f (que fa molts anys que serveix en una mateixa casa).

retaliate [rɪˈtælɪeɪt] vi venjar-se, prendre represàlies.

retaliation [ɾɪˌtælɪˈeɪʃn] n (U) represàlia f.
retch [ɾetʃ] vi tenir arcades.
retentive [ɾɪˈtentɪv] adj retentiu -iva.
reticent [ˈɾetɪsənt] adj reticent, reservat -ada.
retina [ˈɾetɪnə] (pl **-nas** / **-nae** [-niː]) n retina f.
retinue [ˈɾetɪnjuː] n comitiva f, seguici m.
retire [ɾɪˈtaɪəʳ] vi **-1.** [from work] jubilar-se. **-2.** fml [to another place, to bed] retirar-se, anar a dormir.
retired [ɾɪˈtaɪəd] adj jubilat -ada.
retirement [ɾɪˈtaɪəmənt] n jubilació f, retir m.
retiring [ɾɪˈtaɪəɾɪŋ] adj **-1.** [shy] reservat -ada, retret -a. **-2.** [about to retire from work] que es jubila.
retort [ɾɪˈtɔːt] ◇ n [sharp reply] rèplica f. ◇ vt: **to ~ (that)** replicar (que).
retrace [ɾɪˈtɾeɪs] vt: **to ~ one's steps** tornar algú sobre els seus passos.
retract [ɾɪˈtɾækt] ◇ vt **-1.** [withdraw, take back] retirar. **-2.** [pull in - claws] retreure. ◇ vi [subject: claws] retreure's; [subject: wheels] replegar-se.
retrain [ˌɾiːˈtɾeɪn] ◇ vt reciclar. ◇ vi reciclar-se.
retraining [ˌɾiːˈtɾeɪnɪŋ] n reciclatge m.
retread [ˈɾiːtɾed] n pneumàtic m recautxutat.
retreat [ɾɪˈtɾiːt] ◇ n **-1.** MIL: **~ (from)** retirada f (de); **to beat a (hasty) ~** retirar-se (a corre-cuita). **-2.** [backing down]: **~ (from)** abandó m (de). **-3.** [peaceful place] redós m. ◇ vi [move away]: **to ~ (from)** [gen] retirar-se (de); [from a person] allunyar-se (de).
retribution [ˌɾetɾəˈbjuːʃn] n càstig m.
retrieval [ɾɪˈtɾiːvl] COMPUT n recuperació f.
retrieve [ɾɪˈtɾiːv] vt **-1.** [get back] recuperar. **-2.** COMPUT recuperar. **-3.** [rescue - situation] salvar.
retriever [ɾɪˈtɾiːvəʳ] n gos m perdiguer.
retrograde [ˈɾetɾəgɾeɪd] adj fml [gen] retrògrad -a; [step] enrere.
retrospect [ˈɾetɾəspekt] n: **in ~** retrospectivament, mirant enrere.
retrospective [ˌɾetɾəˈspektɪv] ◇ adj **-1.** fml [gen] retrospectiu -iva. **-2.** [law, pay rise] retroactiu -iva. ◇ n retrospectiva f.
return [ɾɪˈtɜːn] ◇ n **-1.** (U) [arrival back] retorn m, tornada f; **~ to** tornada a. **-2.** [in tennis] restada f. **-3.** Br [ticket] bitllet m d'anada i tornada. **-4.** [profit] rendiment m, renda f. ◇ comp [journey] de tornada. ◇ vt **-1.** [book, visit, compliment] tornar. **-2.** [reciprocate] correspondre a. **-3.** [replace] retornar. **-4.** JUR [verdict] pronunciar. **-5.** POL [candidate] elegir. ◇ vi: **to ~ (from / to)** tornar (de / a). ◆ **returns** npl **-1.** COM ingressos mpl, beneficis mpl. **-2.** **many happy ~s (of the day)!** per molts anys! ◆ **in return** adv en recompensa. ◆ **in return for** prep en compensació de.
return (key) COMPUT n tecla f de retorn.
return ticket n Br bitllet m d'anada i tornada.
reunification [ˌɾiːjuːnɪfɪˈkeɪʃn] n reunificació f.
reunion [ˌɾiːˈjuːnjən] n reunió f.
reunite [ˌɾiːjuːˈnaɪt] vt [people]: **to be ~d with** retrobar-se amb; [factions, parts] reconciliar.
rev [ɾev] (pt & pp **-ved**, cont **-ving**) ◇ n inf (abbr of **revolution**) revolució f. ◇ vt: **to ~ sthg (up)** accelerar alguna cosa. ◇ vi: **to ~ (up)** accelerar-se.
revamp [ˌɾiːˈvæmp] vt inf renovar.
reveal [ɾɪˈviːl] vt revelar.
revealing [ɾɪˈviːlɪŋ] adj revelador -a.
reveille [Br ɾɪˈvælɪ, Am ˈɾevəlɪ] n diana f.
revel [ˈɾevl] (Br, pt & pp **-led**, cont **-ling**, Am, pt & pp **-ed**, cont **-ing**) vi: **to ~ in** delectar-se en.
revelation [ˌɾevəˈleɪʃn] n revelació f.
revenge [ɾɪˈvendʒ] ◇ n venjança f; **to take ~ (on sb)** revenjar-se (d'algú). ◇ comp per venjança. ◇ vt: **to ~ o.s. on sb / sthg** venjar-se d'algú / alguna cosa.
revenue [ˈɾevənjuː] n ingressos mpl, rèdit m.
reverberate [ɾɪˈvɜːbəɾeɪt] vi **-1.** [reecho] ressonar, retrunyir. **-2.** [have repercussions] repercutir.
reverberations [ɾɪˌvɜːbəˈɾeɪʃnz] npl **-1.** [echoes] reverberacions fpl. **-2.** [repercussions] repercussions fpl.
revere [ɾɪˈvɪəʳ] vt fml venerar, reverir.
reverence [ˈɾevəɾəns] n fml reverència f.
Reverend [ˈɾevəɾənd] n reverend m.
reverie [ˈɾevəɾɪ] n fml somieig m.
reversal [ɾɪˈvɜːsl] n **-1.** [turning around] inversió f. **-2.** [ill fortune] revés m.
reverse [ɾɪˈvɜːs] ◇ adj contrari -ària, invers -a. ◇ n **-1.** AUTOM: **~ (gear)** marxa f enrere; **to be in ~** tenir posada la marxa enrere; **to go into ~** anar marxa enrere.

–2. [opposite]: **the ~** el contrari. **–3.** [opposite side, back]: **the ~** [gen] el revés; [of coin] revers *m*; [of piece of paper] dors *m*. ◇ *vt* **–1.** AUTOM fer marxa enrere. **–2.** [change usual order] invertir. **–3.** [change to opposite] canviar radicalment. **–4.** *Br* TELEC: **to ~ the charges** trucar amb cobrament a destinació. ◇ *vi* AUTOM fer marxa enrere.

reverse-charge call *n Br* trucada *f* amb cobrament a destinació.

reversing light [rɪ'vɜːsɪŋ-] *n Br* llum *m* de marxa enrere.

revert [rɪ'vɜːt] *vi*: **to ~** revertir en.

review [rɪ'vjuː] ◇ *n* **–1.** [examination] anàlisi *f*, examen *m*; **to come under ~** ser examinat -ada; **under ~** seguit -ida de prop. **–2.** [critique] ressenya *f*. ◇ *vt* **–1.** [reexamine] repassar, examinar. **–2.** [consider] tornar a considerar. **–3.** [write an article on] ressenyar. **–4.** *Am* [study again] repassar.

reviewer [rɪ'vjuːər] *n* crític *m* -a *f*.

revile [rɪ'vaɪl] *vt liter* injuriar, vilipendiar.

revise [rɪ'vaɪz] ◇ *vt* **–1.** [reconsider] revisar. **–2.** [rewrite] modificar, corregir. **–3.** *Br* [study] repassar. ◇ *vi Br*: **to ~ (for sthg)** repassar (per a alguna cosa).

revision [rɪ'vɪʒn] *n* **–1.** [alteration] correcció *f*, modificació *f*. **–2.** *Br* [study] repàs *m*.

revitalize, -ise [ˌriː'vaɪtəlaɪz] *vt* revivificar.

revival [rɪ'vaɪvl] *n* renovació *f*, revifada *f*.

revive [rɪ'vaɪv] ◇ *vt* **–1.** [person, plant] ressuscitar; [economy] reanimar. **–2.** [tradition, play, memories] reviure. ◇ *vi* renéixer, revifar-se.

revolt [rɪ'vəʊlt] ◇ *n* revolta *f*, rebel·lió *f*. ◇ *vt* repugnar. ◇ *vi*: **to ~ (against)** rebel·lar-se (contra).

revolting [rɪ'vəʊltɪŋ] *adj* repugnant, fastigós -osa.

revolution [ˌrevə'luːʃn] *n* revolució *f*; **~ in sthg** revolució en alguna cosa.

revolutionary [ˌrevə'luːʃnərɪ] (*pl* **-ies**) ◇ *adj* revolucionari -ària. ◇ *n* revolucionari *m* -ària *f*.

revolve [rɪ'vɒlv] *vi* [go round] girar, voltar; *lit & fig* **to ~ around / round** girar al voltant de.

revolver [rɪ'vɒlvər] *n* revòlver *m*.

revolving [rɪ'vɒlvɪŋ] *adj* giratori -òria.

revolving door *n* porta *f* giratòria.

revue [rɪ'vjuː] *n* revista *f*.

revulsion [rɪ'vʌlʃn] *n* fàstic *m*, repugnància *f*.

reward [rɪ'wɔːd] ◇ *n* recompensa *f*, premi *m*. ◇ *vt*: **to ~ sb (for / with)** recompensar algú (per / amb).

rewarding [rɪ'wɔːdɪŋ] *adj* gratificador -a.

rewind [ˌriː'waɪnd] (*pt & pp* **rewound**) *vt* rebobinar.

rewire [ˌriː'waɪər] *vt* canviar la instal·lació elèctrica de.

reword [ˌriː'wɜːd] *vt* expressar d'una altra manera.

rewound [ˌriː'waʊnd] *pt & pp* → **rewind**.

rewrite [ˌriː'raɪt] (*pt* **-wrote** [ˌriː'rəʊt], *pp* **-written** [ˌriː'rɪtn]) *vt* reescriure, refondre.

Reykjavik ['rekjəvɪk] *n* Reykjavik.

rhetoric ['retərɪk] *n* retòrica *f*.

rhetorical question [rɪ'tɒrɪkl-] *n* pregunta *f* retòrica.

rheumatism ['ruːmətɪzm] *n* reuma *m*.

Rhine [raɪn] *n*: **the ~** el Rin.

rhino ['raɪnəʊ] (*pl inv* **/ -s**), **rhinoceros** [raɪ'nɒsərəs] (*pl inv* **/ -es**) *n* rinoceront *m*.

rhododendron [ˌrəʊdə'dendrən] *n* rododendre *m*.

Rhône [rəʊn] *n*: **the (River) ~** el (riu) Roine.

rhubarb ['ruːbɑːb] *n* ruibarbre *m*.

rhyme [raɪm] ◇ *n* **–1.** [gen] rima *f*. **–2.** [poem] poesia *f*, versos *mpl*; **in ~** en vers. ◇ *vi*: **to ~ (with)** rimar (amb).

rhythm ['rɪðm] *n* ritme *m*.

rib [rɪb] *n* **–1.** ANAT costella *f*. **–2.** [of umbrella] barnilla *f*.

ribbed [rɪbd] *adj* de canalé.

ribbon ['rɪbən] *n* cinta *f*.

rice [raɪs] *n* arròs *m*.

rice pudding *n* arròs *m* amb llet.

rich [rɪtʃ] ◇ *adj* **–1.** [gen] ric -a. **–2.** [full]: **to be ~ in** abundar en / de. **–3.** [fertile] fèrtil. **–4.** [indigestible] embafador -a. **–5.** [vibrant - sound] sonor -a; [- colour] viu viva. **–6.** [sumptuous] sumptuós -osa. ◇ *npl*: **the ~** els rics. ➡ **riches** *npl* **–1.** [natural resources] riqueses *fpl*. **–2.** [wealth] riquesa *f*.

richly ['rɪtʃlɪ] *adv* **–1.** [well - rewarded] ricament; **~ deserved** ben merescut -uda. **–2.** [plentifully] abundantment. **–3.** [sumptuously] sumptuosament.

richness ['rɪtʃnɪs] *n* **–1.** [gen] riquesa *f*. **–2.** [fertility] fertilitat *f*. **–3.** [indigestibility] cuina *f* forta. **–4.** [vibrancy - of sound] sonoritat *f*; [- of colour] vivesa *f*. **–5.** [sumptuousness] sumptuositat *f*.

rickety ['rɪkətɪ] *adj* raquític -a, rònec -ega.

rickshaw ['rɪkʃɔː] *n* vehicle oriental de dues rodes estirat per un home.

ricochet ['rɪkəʃet] (*pt & pp* **-ed** / **-ted**, *cont* **-ing** / **-ting**) ◇ *n* rebot *m*. ◇ *vi*: **to ~ (off)** rebotar (de).

rid [rɪd] (*pt* **rid** / **-ded**, *pp* **rid**, *cont* **-ding**) ◇ *adj*: **to be ~ of** estar lliure de. ◇ *vt*: **to ~ sthg / sb of** lliurar alguna cosa / algú de; **to ~ o.s. of** deslliurar-se de; **to get ~ of** desfer-se de.

ridden ['rɪdn] *pp* ➡ **ride**.

riddle ['rɪdl] *n* **-1.** [verbal puzzle] endevinalla *f*. **-2.** [mystery] enigma *m*.

riddled ['rɪdld] *adj*: **to be ~ with** ser ple plena de.

ride [raɪd] (*pt* **rode**, *pp* **ridden**) ◇ *n* passejada *f*; **to go for a ~** [on horseback] fer una volta a cavall; [on bike] fer una volta amb bicicleta; [in car] fer una volta amb cotxe; *inf fig* **to take sb for a ~** aixecar la camisa a algú. ◇ *vt* **-1.** [horse] muntar. **-2.** [bicycle, motorbike] anar amb; **he rode his bike to the station** va anar a l'estació amb bicicleta. **-3.** *Am* [bus, train] anar amb; [elevator] pujar / baixar amb. **-4.** [distance] recórrer. ◇ *vi* **-1.** [on horseback] cavalcar; **she rode over to see me** em va venir a veure. **-2.** [on bicycle] anar amb bicicleta; [on motorbike] anar amb moto. **-3.** [in car]: **we rode to London in a jeep** vam anar a Londres amb un tot terreny.

rider ['raɪdər] *n* **-1.** [on horseback] genet *m* -a *f*. **-2.** [on bicycle] ciclista *mf*; [on motorbike] motociclista *mf*.

ridicule ['rɪdɪkjuːl] ◇ *n* (U) mofa *f*. ◇ *vt* ridiculitzar.

ridiculous [rɪ'dɪkjʊləs] *adj* ridícul -a, grotesc -a.

riding ['raɪdɪŋ] ◇ *n* equitació *f*. ◇ *comp* d'equitació.

riding school *n* picador *m*.

rife [raɪf] *adj* estès -esa; **to be ~ with** abundar en / de.

riffraff ['rɪfræf] *n* gentussa *f*, púrria *f*.

rifle ['raɪfl] ◇ *n* rifle *m*, fusell *m*. ◇ *vt* espoliar, saquejar.

rifle range *n* camp *m* de tir.

rift [rɪft] *n* **-1.** GEOL esquerda *f*. **-2.** [quarrel] desavinença *f*. **-3.** POL: **~ between / in** escissió *f* entre / en.

rig [rɪg] (*pt & pp* **-ged**, *cont* **-ging**) ◇ *n*: **(oil) ~** [onshore] camp *m* de perforació; [offshore] plataforma *f* petroliera. ◇ *vt* [falsify] falsejar, manipular. ➡ **rig up** *vt sep* instal·lar.

rigging ['rɪgɪŋ] *n* eixàrcia *f*.

right [raɪt] ◇ *adj* **-1.** [correct] correcte -a; **have you got the ~ time?** quina hora és exactament?; **to be ~ (about)** tenir raó (sobre); **he never gets anything ~** mai no li surt res bé; **get it ~!** l'he encertat! **-2.** [satisfactory] satisfactori -òria. **-3.** [morally correct, socially acceptable] just -a; **to be ~ to do sthg** ser de justícia fer alguna cosa. **-4.** [uppermost]: **~ side** anvers *m*. **-5.** [on right-hand side] dret -a. **-6.** *Br inf* [complete - mess, idiot] absolut -a. ◇ *n* **-1.** (U) [moral correctness] bé *m*; **to be in the ~** tenir raó. **-2.** [entitlement, claim] dret *m*; **by ~s** a dreta llei; **in one's own ~** estar en el (seu) dret. **-3.** [right-hand side] dreta *f*. ◇ *adv* **-1.** [correctly] bé. **-2.** [to right-hand side] a la dreta. **-3.** [emphatic use]: **~ here** aquí mateix; **~ at the top** a dalt de tot; **~ in the middle** al bell mig. **-4.** [immediately]: **I'll be ~ back** ara torno; **~ before / after (sthg)** just abans / després (d'alguna cosa); **~ now** ara mateix; **~ away** de seguida. ◇ *vt* **-1.** [correct] corregir, rectificar. **-2.** [make upright] adreçar. ◇ *excl* molt bé! ➡ **Right** POL *n*: **the ~** la dreta.

right angle *n* angle *m* recte; **at ~s (to)** en angle recte (amb).

righteous ['raɪtʃəs] *adj* [anger] just -a; [person] exemplar, virtuós -osa.

rightful ['raɪtfʊl] *adj* legítim -a, vertader -a.

right-hand *adj* dret -a; **the ~ side** la dreta.

right-hand drive *adj* conducció *f* per la dreta.

right-handed [-'hændɪd] *adj* dretà -ana.

right-hand man *n* braç *m* dret.

rightly ['raɪtlɪ] *adv* **-1.** [correctly] correctament. **-2.** [appropriately] degudament. **-3.** [morally] justament.

right of way *n* **-1.** AUTOM prioritat *f*. **-2.** [access] dret *m* de pas.

right-on *adj inf* esnob.

right wing *n*: **the ~** la dreta. ➡ **right-wing** *adj* de dretes, dretà -ana.

rigmarole ['rɪgmərəʊl] *n inf pej* **-1.** [process] ritual *m*. **-2.** [story] galimaties *m*.

rigor *Am* = **rigour**.

rigorous ['rɪgərəs] *adj* rigorós -osa.

rigour *Br*, **rigor** *Am* ['rɪgər] *n* [firmness] rigor *m*, severitat *f*.

rile [raɪl] *vt* fastiguejar, irritar.

rim [rɪm] *n* **-1.** [of container] vora *f*. **-2.** [of spectacles] muntura *f*.

rind [raɪnd] *n* escorça *f*.

ring [rɪŋ] (*pt vt senses 1 & 2, vi* **rang**, *pp vt senses 1 & 2, vi* **rung**, *pt & pp vt senses 3 &*

4 *only* **-ed**) ◇ *n* **–1.** [telephone call]: **to give sb a ~** telefonar a algú. **–2.** [sound of doorbell] toc *m* de timbre. **–3.** [quality]: **it has a familiar ~** em resulta familiar. **–4.** [metal hoop] argolla *f*; [for curtains] anella *f*. **–5.** [on finger] anell *m*. **–6.** [circle - of trees] anella *f* de creixement; [- of people] rotllana *f*. **–7.** [for boxing] ring *m*. **–8.** [illegal group] banda *f*. ◇ *vt* **–1.** *Br* [phone] trucar a, telefonar a. **–2.** [bell] tocar. **–3.** [draw a circle round] marcar amb un cercle. **–4.** [surround] encerclar; **to be ~ed with** estar encerclat -ada amb. ◇ *vi* **–1.** *Br* [phone] telefonar. **–2.** [bell] repicar, sonar. **–3.** [to attract attention]: **to ~ (for)** tocar (a). **–4.** [resound]: **to ~ with** ressonar amb. **–5. to ~ true** sona que és veritat. ● **ring back** *vt sep & vi Br* tornar a trucar. ● **ring off** *vi Br* penjar. ● **ring up** *vt sep Br* telefonar.

ring binder *n* enquadernació *f* d'anelles.

ringing [ˈrɪŋɪŋ] ◇ *adj* ressonant, sonor -a. ◇ *n* [of bell] repic *m*; [in ears] xiulet *m*.

ringing tone *n* timbre *m*.

ringleader [ˈrɪŋˌliːdəʳ] *n* capitost *mf*.

ringlet [ˈrɪŋlɪt] *n* rínxol *m*.

ring road *n Br* carretera *f* de ronda.

rink [rɪŋk] *n* pista *f*.

rinse [rɪns] ◇ *n* [of dishes, vegetables] esbandida *f*; [of clothes] esbandida *f*. ◇ *vt* **–1.** [dishes, vegetables] esbandir; [clothes] esbandir. **–2.** [wash out]: **to ~ one's mouth out** glopejar.

riot [ˈraɪət] ◇ *n* aldarull *m*, disturbi *m*; **to run ~** excedir-se. ◇ *vi* provocar aldarulls, amotinar-se.

rioter [ˈraɪətəʳ] *n* amotinat *m* -ada *f*.

riotous [ˈraɪətəs] *adj* amotinat -ada, caòtic -a.

riot police *npl* brigada *f* antidisturbis.

rip [rɪp] (*pt & pp* **-ped**, *cont* **-ping**) ◇ *n* estrip *m*. ◇ *vt* **–1.** [tear] estripar. **–2.** [remove violently] arrencar. ◇ *vi* estripar-se, esqueixar-se.

RIP (abbr of rest in peace) RIP.

ripe [raɪp] *adj* madur -a; **to be ~ (for sthg)** estar a punt (per a alguna cosa).

ripen [ˈraɪpn] *vt & vi* madurar.

rip-off *n inf* estafa *f*.

ripple [ˈrɪpl] ◇ *n* **–1.** [in water] ona *f*. **–2.** [of laughter, applause] murmuri *m*, remor *f*. ◇ *vt* arrissar.

rise [raɪz] (*pt* **rose**, *pp* **risen**) ◇ *n* **–1.** [increase] augment *m*, increment *m*. **–2.** *Br* [increase in salary] augment *m*. **–3.** [to fame etc.] pujada *f*. **–4. to give ~ to sthg** causar, originar. ◇ *vi* **–1.** [gen] augmentar. **–2.** [sun, moon] sortir. **–3.** [price, wage, temperature] pujar. **–4.** [stand up, get out of bed] aixecar-se. **–5.** [street, ground] pujar. **–6.** [respond]: **to ~ to** respondre a; **to ~ to a challenge** acceptar un repte. **–7.** [rebel] aixecar-se. **–8.** [move up in status] ascendir; **to ~ to power / fame** pujar al poder / a la fama.

rising [ˈraɪzɪŋ] ◇ *adj* **–1.** [sloping upwards] ascendent. **–2.** [increasing] creixent. **–3.** [increasingly successful] prometedor -a. ◇ *n* alçament *m*.

risk [rɪsk] ◇ *n* [gen] risc *m*; [danger] perill *m*; **to run the ~ of sthg / of doing sthg** córrer el risc d'alguna cosa / de fer alguna cosa; **to take a ~** arriscar-se; **at your own ~** sota la teva responsabilitat; **at ~** en perill; **at the ~ of** a risc de. ◇ *vt* **–1.** [put in danger] arriscar. **–2.** [take the chance of]: **to ~ doing sthg** arriscar-se a fer alguna cosa.

risky [ˈrɪskɪ] (*compar* **-ier**, *superl* **-iest**) *adj* arriscat -ada, perillós -osa.

risque [ˈriːskeɪ] *adj* verd -a, escabrós -osa.

rissole [ˈrɪsəʊl] *n Br* ≃ croqueta *f*.

rite [raɪt] *n* ritu *m*.

ritual [ˈrɪtʃʊəl] ◇ *adj* ritual. ◇ *n* ritual *m*, rite *m*.

rival [ˈraɪvl] (*Br*, *pt & pp* **-led**, *cont* **-ling**, *Am*, *pt & pp* **-ed**, *cont* **-ing**) ◇ *adj* rival, competidor -a. ◇ *n* rival *mf*, competidor *m* -a *f*. ◇ *vt* rivalitzar, competir amb.

rivalry [ˈraɪvlrɪ] *n* rivalitat *f*.

river [ˈrɪvəʳ] *n* riu *m*.

river bank *n* riba *f* del riu.

riverbed [ˈrɪvəbed] *n* llit *m* del riu.

riverside [ˈrɪvəsaɪd] *n*: **the ~** la riba del riu.

rivet [ˈrɪvɪt] ◇ *n* rebló *m*. ◇ *vt* **–1.** [fasten] reblar. **–2.** *fig*: **to be ~ed by sthg** estar captivat -ada per alguna cosa.

Riviera [ˌrɪvɪˈeərə] *n*: **the French ~** la Costa Blava; **the Italian ~** la Riviera.

road [rəʊd] *n* [minor] camí *m*; [major] carretera *f*; [street] carrer *m*; *fig* **to be on the ~ to** ser en curs de; **on the ~** de camí.

roadblock [ˈrəʊdblɒk] *n* obstrucció *f* a la carretera.

road hog *n inf pej* conductor *m* -a *f* temerari -ària.

road map *n* mapa *m* de carreteres.

road safety *n* seguretat *f* viària.

roadside [ˈrəʊdsaɪd] ◇ *n*: **the ~** el voral. ◇ *comp* de la carretera.

road sign n senyal m de carretera.
road tax n impost m de circulació.
roadway ['rəʊdweɪ] n calçada f.
road works npl obres fpl a la calçada.
roadworthy ['rəʊd,wɜːðɪ] adj apte -a per circular.
roam [rəʊm] ⋄ vt errar a la ventura. ⋄ vi vagar.
roar [rɔːʳ] ⋄ vi [make a loud noise] bramar, rugir; to ~ with laughter esclafir de riure. ⋄ vt dir cridant. ⋄ n **-1.** [of traffic] brogit m. **-2.** [of lion, person] bram m, rugit m.
roaring ['rɔːrɪŋ] adj **-1.** [loud] sorollós -osa. **-2.** [blazing] violent -a. **-3.** [as emphasis]: **a ~ success** tot un èxit; **to do a ~ trade** fer un bon negoci.
roast [rəʊst] ⋄ adj rostit -ida. ⋄ n rostit m. ⋄ vt **-1.** [potatoes, meat] rostir. **-2.** [nuts, coffee beans] torrar.
roast beef n rosbif m.
robber ['rɒbəʳ] n lladre mf.
robbery ['rɒbərɪ] (pl **-ies**) n robatori m.
robe [rəʊb] n **-1.** [towelling] barnús m. **-2.** [of student] toga f. **-3.** [of priest] hàbit m. **-4.** Am [dressing gown] bata f.
robin ['rɒbɪn] n pit-roig m.
robot ['rəʊbɒt] n robot m.
robust [rəʊ'bʌst] adj robust -a.
rock [rɒk] ⋄ n **-1.** (U) [substance] roca f. **-2.** [boulder] penya f. **-3.** Am [pebble] còdol m. **-4.** [music] rock m. **-5.** Br [sweet] pal m de caramel. ⋄ comp rupestre. ⋄ vt **-1.** [cause to move] gronxar. **-2.** [shock] sacsejar. ⋄ vi gronxar-se. ● **Rock** n inf [Gibraltar]: **the ~** el Penyal. ● **on the rocks** adv **-1.** [drink] amb gel. **-2.** [marriage, relationship] que va malament.
rock and roll n rock m.
rock bottom n fons m; **to hit ~** tocar fons. ● **rock-bottom** adj: **rock-bottom prices** preus mínims.
rockery ['rɒkərɪ] (pl **-ies**) n jardí m rocallós.
rocket ['rɒkɪt] ⋄ n coet m. ⋄ vi pujar com un coet.
rocket launcher [-,lɔːntʃəʳ] n llançacoets m.
rocking chair ['rɒkɪŋ-] n balancí m.
rocking horse ['rɒkɪŋ-] n cavall m de balancí.
rock'n'roll [,rɒkən'rəʊl] = **rock and roll**.
rocky ['rɒkɪ] (compar **-ier**, superl **-iest**) adj **-1.** [full of rocks] rocós -osa. **-2.** [unsteady] inestable.

Rocky Mountains npl: **the ~** les muntanyes Rocalloses.
rod [rɒd] n [wooden] vara f; [metal] barra f; [for fishing] canya f.
rode [rəʊd] pt → **ride**.
rodent ['rəʊdənt] n rosegador m.
roe [rəʊ] n ouera f.
roe deer n cabirol m.
rogue [rəʊg] ⋄ adj **-1.** [animal] solitari -ària. **-2.** fig [person] deshonest -a. ⋄ n **-1.** [likeable rascal] brètol m -a f. **-2.** dated [dishonest person] brivall m.
role [rəʊl] n THEAT & fig paper m.
roll [rəʊl] ⋄ n **-1.** [gen] rotlle m; [of paper, banknotes] feix m; [of cloth] peça f. **-2.** [of bread] panet m. **-3.** [list] llista f; [payroll] nòmina f. **-4.** [of drums] redoblament m; [of thunder] retrò m. ⋄ vt **-1.** [turn over] girar; **to ~ one's eyes** girar els ulls en blanc. **-2.** [- up] enrotllar; **~ed into one** tot en un. **-3.** [cigarette] fer. ⋄ vi **-1.** [ball, barrel] rodolar. **-2.** [vehicle] avançar. **-3.** [ship] balandrejar-se. **-4.** [thunder] retrunyir; [drum] redoblar. ● **roll about**, **roll around** vi: **to ~ about / around (on)** rodolar (per). ● **roll in** vi inf ploure. ● **roll over** vi tombar-se, girar-se. ● **roll up** ⋄ vt sep **-1.** [make into -] enrotllar, caragolar. **-2.** [sleeves] arromangar. ⋄ vi **-1.** [vehicle] arribar. **-2.** inf [person] aparèixer, presentar-se.
roll call n: **to take a ~** passar llista.
roller ['rəʊləʳ] n **-1.** [cylinder] rodet m, corró m. **-2.** [curler] bigudí m.
Rollerblades® ['rəʊləbleɪdz] npl patins mpl de línia.
roller coaster n muntanyes fpl russes.
roller skate n patí m de rodes.
rolling ['rəʊlɪŋ] adj **-1.** [undulating] ondulat -ada. **-2.** inf **to be ~ in it** nedar en l'abundància.
rolling pin n corró m.
rolling stock n material m mòbil.
roll-on adj [deodorant etc.] de bola.
ROM [rɒm] (abbr of **read only memory**) n ROM f.
Roman ['rəʊmən] ⋄ adj romà -ana. ⋄ n romà m -ana f.
Roman Catholic ⋄ adj catòlic -a. ⋄ n catòlic m -a f.
romance [rəʊ'mæns] n **-1.** [romantic quality] encís m. **-2.** [love affair] aventura f amorosa. **-3.** [in fiction - modern] novel·la m sentimental; [- medieval] novel·la f de cavalleria.
Romania [ruː'meɪnjə] n Romania.

Romanian [ruːˈmeɪnjən] ◇ *adj* romanès -esa. ◇ *n* **-1.** [person] romanès *m* -esa *f*. **-2.** [language] romanès *m*.

Roman numerals *npl* xifres *fpl* romanes.

romantic [rəʊˈmæntɪk] *adj* romàntic -a.

Rome [rəʊm] *n* Roma.

romp [rɒmp] ◇ *n* joc *m* renouer. ◇ *vi* divertir-se.

rompers [ˈrɒmpəz] *npl*, **romper suit** [ˈrɒmpəʳ-] *n* pijama *m* d'una peça.

roof [ruːf] *n* **-1.** [of building] teulat *m*; [of vehicle] sostre *m*; **under the same ~ sota el mateix sostre; under one's ~** a casa (meva); **to have a ~ over one's head** tenir un aixopluc; **to go through / hit the ~** [person] enfilar-se per les parets. **-2.** [of mouth] paladar *m*.

roofing [ˈruːfɪŋ] *n* coberta *f*.

roof rack *n* baca *f*.

rooftop [ˈruːftɒp] *n* teulat *m*.

rook [rʊk] *n* **-1.** [bird] gralla *f*. **-2.** [chess piece] torre *f*.

rookie [ˈrʊkɪ] *n Am inf* principiant *mf*.

room [ruːm, rʊm] *n* **-1.** [in house, building] habitació *f*. **-2.** [for conferences etc.] sala *f*. **-3.** [bedroom] habitació *f*, dormitori *m*. **-4.** (*U*) [space] espai *m*, cabuda *f*. **-5.** [opportunity, possibility]: **~ for improvement** millorable; **~ to / for manoeuvre** espai per maniobrar.

rooming house [ˈruːmɪŋ-] *n Am* pensió *f*.

roommate [ˈruːmmeɪt] *n* company *m* -a *f* d'habitació.

room service *n* servei *m* d'habitacions.

roomy [ˈruːmɪ] (*compar* **-ier**, *superl* **-iest**) *adj* espaiós -osa, ampli àmplia.

roost [ruːst] ◇ *n* jóc *m*; **to rule the ~** manar. ◇ *vi* ajocar-se.

rooster [ˈruːstəʳ] *n* gall *m*.

root [ruːt] ◇ *adj* [fundamental] essencial. ◇ *n lit & fig* arrel *f*; *lit & fig* **to take ~** arrelar; **to put down ~s** [person] arrelar-se. ◇ *vi* [pig etc.] grufar; [person] furgar. ◆ **roots** *npl* [origins] arrels *fpl*. ◆ **root for** *vt fus Am inf* donar suport a. ◆ **root out** *vt sep* [eradicate] extirpar, suprimir del tot.

rope [rəʊp] ◇ *n* [thin] corda *f*; [thick] soga *f*; NAUT maroma *f*; **to know the ~s** tenir-hi la mà trencada. ◇ *vt* lligar amb una corda. ◆ **rope in** *vt sep inf* reclutar.

rosary [ˈrəʊzərɪ] (*pl* **-ies**) *n* rosari *m*.

rose [rəʊz] ◇ *pt* ➤ **rise**. ◇ *adj* [pink] rosa. ◇ *n* [flower] rosa *f*.

rosé [ˈrəʊzeɪ] *n* vi *m* rosat.

rosebud [ˈrəʊzbʌd] *n* poncella *f*.

rosebush *n* roser *m*.

rosemary [ˈrəʊzmərɪ] *n* romaní *m*.

rosette [rəʊˈzet] *n* [of clothing] escarapel·la *f*; [of building] rosassa *f*.

roster [ˈrɒstəʳ] *n* llista *f*.

rostrum [ˈrɒstrəm] (*pl* **-trums** / **-tra** [-trə]) *n* tribuna *f*.

rosy [ˈrəʊzɪ] (*compar* **-ier**, *superl* **-iest**) *adj* **-1.** [pink] rosat -ada. **-2.** [hopeful] prometedor -a, falaguer -a.

rot [rɒt] (*pt & pp* **-ted**, *cont* **-ting**) ◇ *n* **-1.** (*U*) [of wood, food] podridura *f*, putrefacció *f*; [in society, organization] decadència *f*, corrupció *f*. **-2.** *Br dated* [nonsense] bajanades *fpl*. ◇ *vt* podrir, corrompre. ◇ *vi* podrir-se, corrompre's.

rota [ˈrəʊtə] *n* torn *m*, tanda *f*.

rotary [ˈrəʊtərɪ] ◇ *adj* rotatiu -iva. ◇ *n Am* [roundabout] rotonda *f*.

rotate [rəʊˈteɪt] ◇ *vt* **-1.** [turn] fer girar. **-2.** [jobs] alternar; [crops] conrear en rotació. ◇ *vi* **-1.** [turn] girar. **-2.** [jobs] alternar-se; [crops] conrear-se en rotació.

rotation [rəʊˈteɪʃn] *n* **-1.** [gen] rotació *f*, gir *m*. **-2.** [of jobs] torn *m*; **in ~** per torns.

rote [rəʊt] *n*: **by ~** de memòria.

rotten [ˈrɒtn] *adj* **-1.** [decayed] podrit -ida. **-2.** *inf* [poor-quality] de fira. **-3.** *inf* [unpleasant] horrorós -osa. **-4.** *inf* [unwell]: **to feel ~** no estar ben catòlic -a. **-5.** [unhappy]: **to feel ~ (about)** sentir-se malament (per).

rouge [ruːʒ] *n* coloret *m*.

rough [rʌf] ◇ *adj* **-1.** [not smooth - surface, skin] aspre -a; [- ground, road] escabrós -osa. **-2.** [not gentle, brutal] brutal. **-3.** [crude, not refined - person, manner] rude, groller -a; [- shelter] precari -ària; [- food, living conditions] cru -a. **-4.** [approximate - plan, sketch] general; [- estimate, translation] aproximat -ada. **-5.** [unpleasant] dur -a. **-6.** [wind] violent -a; [sea] brau brava, picat -ada; [weather, day] rúfol -a, borrascós -osa. **-7.** [harsh - wine, voice] aspre -a, ronc -a. **-8.** [violent - area] perillós -osa; [- person] violent -a. **-9.** [tired, ill]: **to look / feel ~** fer mala cara / trobar-se malament. ◇ *adv*: **to sleep ~** dormir al ras. ◇ *n* **-1.** SPORT: **the ~** rough *m* (herba alta). **-2.** [undetailed form]: **in ~** aproximadament. ◇ *vt* **to ~ it** passar-les magres.

roughage [ˈrʌfɪdʒ] *n* (*U*) fibra *f*.

rough and ready *adj* improvisat -ada.

roughcast [ˈrʌfkɑːst] *n* arrebossat *m*.
roughen [ˈrʌfn] *vt* fer aspre.
roughly [ˈrʌflɪ] *adv* **-1.** [approximately] aproximadament. **-2.** [not gently] brutalment. **-3.** [crudely] toscament.
roulette [ruːˈlet] *n* ruleta *f*.
round [raʊnd] ◇ *adj* rodó -ona, circular. ◇ *prep* **-1.** [surrounding] al voltant de. **-2.** [near] prop de; ~ **here** per aquí. **-3.** [all over - the world etc.] per tot -a. **-4.** [in circular movement]: ~ **(and round)** al voltant de. **-5.** [in measurements]: **she's 30 inches ~ the waist** fa 30 polzades de cintura. **-6.** [at or to the other side of]: **they were waiting ~ the corner** esperaven a la cantonada; **to drive ~ the corner** girar a la cantonada; **to go ~ sthg** insistir en alguna cosa. **-7.** [so as to avoid]: **he drove ~ the pothole** va esquivar el clot. ◇ *adv* **-1.** [on all sides]: **all ~** pertot arreu; **to sit ~ in a circle** asseure's en rotllana. **-2.** [near]: ~ **about** pels voltants. **-3.** [all over]: **to travel ~** viatjar per aquests móns de Déu. **-4.** [in circular movement]: ~ **(and ~)** en rodó; **to go / spin ~** girar / voltar. **-5.** [in measurements] de circumferència. **-6.** [to the other side] a l'altra banda; **to go ~** fer marrada. **-7.** [at or to nearby place]: **he came ~ to see us** ens va venir a veure; **I'm going ~ to the shop** vaig un moment fins a la botiga. ◇ *n* **-1.** [of talks, drinks] ronda *f*; **a ~ of applause** una salva d'aplaudiments. **-2.** [in championship] volta *f*. **-3.** [of doctor] visita *f*; [of milkman, postman] recorregut *m*. **-4.** [of ammunition] cartutx *m*, bala *f*. **-5.** [in boxing] assalt *m*. **-6.** [in golf] volta *f*. ◇ *vt* arrodonir. ◆ **rounds** *npl* [of doctor] visites *fpl*; [of postman] recorregut *m*; **to do / go the ~s** [joke, rumour] córrer de boca en boca; [illness] circular. ◆ **round off** *vt sep* acabar, arrodonir. ◆ **round up** *vt sep* **-1.** [gather together] reunir. **-2.** MATH arrodonir.
roundabout [ˈraʊndəbaʊt] ◇ *adj* indirecte -a. ◇ *n* **-1.** *Br* [on road] rotonda *f*. **-2.** *Br* [at fairground] cavallets *mpl*. **-3.** *Br* [at playground] plataforma giratòria que els nens fan d'empènyer i després pujar-hi.
rounders [ˈraʊndəz] *n Br* joc semblant al beisbol.
roundly [ˈraʊndlɪ] *adv* categòricament, rotundament.
round-shouldered [-ˈʃəʊldəd] *adj* carregat-ada d'espatlles.
round trip ◇ *adj Am* d'anada i tornada. ◇ *n* viatge *m* d'anada i tornada.

roundup [ˈraʊndʌp] *n* [summary] síntesi *f*.
rouse [raʊz] *vt* **-1.** *fml* [wake up] despertar. **-2.** [impel]: **to ~ sb / oneself to do sthg** incitar algú / animar-se a fer alguna cosa. **-3.** [excite] excitar. **-4.** [give rise to] suscitar.
rousing [ˈraʊzɪŋ] *adj* [speech] vibrant; [cheer] entusiasta.
rout [raʊt] ◇ *n* derrota *f*, desfeta *f*. ◇ *vt* derrotar.
route [ruːt] ◇ *n* [gen] ruta *f*; [of bus] línia *f*, trajecte *m*; [of ship] rumb *m*. ◇ *vt* [gen] dirigir; [goods] enviar.
route map *n* mapa *m* de carreteres.
routine [ruːˈtiːn] ◇ *adj* rutinari -ària. ◇ *n* rutina *f*.
roving [ˈrəʊvɪŋ] *adj* errant, ambulant.
row¹ [rəʊ] ◇ *n* **-1.** [line] fila *f*, filera *f*. **-2.** [succession] rengle *m*; **three in a ~** tres de seguits -ides. ◇ *vt* **-1.** [boat] portar remant. **-2.** [people, things] portar en barca. ◇ *vi* remar.
row² [raʊ] ◇ *n* **-1.** [quarrel] baralla *f*, brega *f*. **-2.** *inf* [noise] escàndol *m*, rebombori *m*. ◇ *vi* [quarrel] barallar-se.
rowboat [ˈrəʊbəʊt] *n Am* barca *f* de rems.
rowdy [ˈraʊdɪ] (*compar* **-ier**, *superl* **-iest**) *adj* [noisy] sorollós -osa; [quarrelsome] buscaraons.
row house [rəʊ-] *n Am* casa *f* adossada.
rowing [ˈrəʊɪŋ] *n* rem *m*.
rowing boat *n* barca *f* de rems.
royal [ˈrɔɪəl] ◇ *adj* reial. ◇ *n inf* membre *mf* de la família reial; **the ~s** la reialesa.
Royal Air Force *n*: **the ~** les Forces Aèries de la Gran Bretanya.
royal family *n* família *f* reial.
Royal Mail *n Br*: **the ~** ≃ Correus *m*.
Royal Navy *n*: **the ~** l'Armada de la Gran Bretanya.
royalty [ˈrɔɪəltɪ] *n* reialesa *f*. ◆ **royalties** *npl* drets *mpl* d'autor.
rpm (*abbr of* **revolutions per minute**) rpm.
RSPCA (*abbr of* **Royal Society for the Prevention of Cruelty to Animals**) *n* societat britànica protectora d'animals.
RSVP (*abbr of* **répondez s'il vous plaît**) r.s.
Rt Hon (*abbr of* **Right Honourable**) tractament donat als parlamentaris i als fills de comtes, barons i vescomtes.
rub [rʌb] (*pt* & *pp* **-bed**, *cont* **-bing**) ◇ *vt*: **to ~ sthg (against / on)** fregar / refregar; **to ~ sthg on / onto** fregar; **to ~ sthg in / into** fer penetrar fregant; *inf* **to ~ it in** insistir; **to ~ sb up the wrong way** *Br*, **to ~**

sb the wrong way *Am* caure malament a algú. ◇ *vi*: **to ~ (against)** fregar; **to ~ (together)** fregar-se. ◆ **rub off on** *vt fus* [subject: quality] encomanar. ◆ **rub out** *vt sep* [erase] esborrar.

rubber ['rʌbəʳ] ◇ *adj* de goma, de cautxú. ◇ *n* **-1.** [substance] cautxú *m*, goma *f*. **-2.** *Br* [eraser] goma *f* (d'esborrar). **-3.** *Am inf* [condom] preservatiu *m*. **-4.** [in bridge] joc *m*. **-5.** *Am* [overshoe] xancle *m*.

rubber band *n* goma *f* (elàstica).

rubber plant *n* ficus *m inv*.

rubber stamp *n* tampó *m*. ◆ **rubber-stamp** *vt* donar el vistiplau.

rubbish ['rʌbɪʃ] ◇ *n* **-1.** (U) [refuse] escombraries *fpl*. **-2.** (U) *inf fig* [worthless matter] porqueria *f*; **it was** ~ va ser una merda. **-3.** *inf* [nonsense] ximpleries *fpl*. ◇ *vt inf* deixar per terra.

rubbish bin *n Br* cubell *m* de les escombraries.

rubbish dump *n Br* abocador *m*.

rubble ['rʌbl] *n* (U) runa *f*.

ruby ['ruːbɪ] (*pl* **-ies**) *n* robí *m*.

rucksack ['rʌksæk] *n* motxilla *f*.

ructions ['rʌkʃnz] *npl inf* sarau *m*, embolic *m*.

rudder ['rʌdəʳ] *n* timó *m*.

ruddy ['rʌdɪ] (*compar* **-ier**, *superl* **-iest**) *adj* **-1.** [reddish] rogenc -a. **-2.** *Br dated* [for emphasis] maleït -ïda.

rude [ruːd] *adj* **-1.** [impolite - person, manners, word] groller -a, mal educat -ada; [- joke] verd -a. **-2.** [shocking] inesperat -ada. **-3.** *liter* [rough-and-ready] tosc -a.

rudimentary [ˌruːdɪ'mentərɪ] *adj* rudimentari -ària.

rueful ['ruːfʊl] *adj* penedit -ida.

ruffian ['rʌfjən] *n* rufià *m* -ana *f*.

ruffle ['rʌfl] *vt* **-1.** [hair] despentinar; [water] agitar; [feathers] estarrufar. **-2.** [composure, nerves] enervar.

rug [rʌg] *n* **-1.** [carpet] estora *f*. **-2.** [blanket] manta *f* de viatge.

rugby ['rʌgbɪ] *n* rugbi *m*.

rugged ['rʌgɪd] *adj* **-1.** [wild, inhospitable] abrupte -a, escabrós -osa. **-2.** [sturdy] dur -a, sever -a. **-3.** [roughly handsome] dur i atractiu, dura i atractiva.

rugger ['rʌgəʳ] *n Br inf* rugbi *m*.

ruin ['ruːɪn] ◇ *n* ruïna *f*. ◇ *vt* **-1.** [destroy] arruïnar, destruir. **-2.** [bankrupt] arruïnar. ◆ **in ruin(s)** *adv* en ruïnes.

rule [ruːl] ◇ *n* **-1.** [regulation, guideline] regla *f*, norma *f*; **to bend the ~s** fer una petita excepció (respecte de les normes). **-2.** [norm]: **the ~** la norma; **as a ~** per regla general. **-3.** [government] autoritat *f*, govern *m*. **-4.** [ruler] regle *m*. ◇ *vt* **-1.** *fml* [control] controlar. **-2.** [govern] governar. **-3.** [decide]: **to ~ that** decidir / decretar que. ◇ *vi* **-1.** [give decision] decidir. **-2.** *fml* [be paramount] regir. **-3.** [govern] governar. ◆ **rule out** *vt sep* excloure.

ruled [ruːld] *adj* pautat -ada.

ruler ['ruːləʳ] *n* **-1.** [for measurement] regle *m*. **-2.** [monarch] governant *mf*.

ruling ['ruːlɪŋ] ◇ *adj* dirigent, governant. ◇ *n* sentència *f*, decisió *f*.

rum [rʌm] (*compar* **-mer**, *superl* **-mest**) ◇ *n* rom *m*. ◇ *adj Br dated* estrany -a, rar -a.

Rumania [ruːˈmeɪnjə] = **Romania**.

Rumanian [ruːˈmeɪnjən] = **Romanian**.

rumble ['rʌmbl] ◇ *n* **-1.** [gen] remor *f* sorda; [of stomach] soroll *m*. **-2.** *Am inf* [fight] batussa *f*. ◇ *vt Br inf dated* filar, calar. ◇ *vi* [gen] fer una remor sorda; [stomach] fer soroll.

rummage ['rʌmɪdʒ] *vi* furgar, escorcollar.

rumour *Br*, **rumor** *Am* ['ruːməʳ] *n* rumor *m*.

rumoured *Br*, **rumored** *Am* ['ruːməd] *adj*: **to be ~** córrer el rumor que; **she is ~ to be very rich** corre el rumor que és molt rica.

rump [rʌmp] *n* **-1.** [of animal] gropa *f*, anques *fpl*. **-2.** *inf* [of person] cul *m*. **-3.** [of organisation, political party] els incondicionals.

rump steak *n* filet *m* de llom.

rumpus ['rʌmpəs] *n inf* tabola *f*, xivarri *m*.

run [rʌn] (*pt* **ran**, *pp* **run**, *cont* **-ning**) ◇ *n* **-1.** [on foot] corregada *f*; **to go for a ~** anar a córrer; **on the ~** evadit -ida; **to make a ~ for it** evadir-se. **-2.** [journey - in car] volta *f* (amb cotxe); [- in plane, ship] trajecte *m*, singladura *f*. **-3.** [series - of wins, disasters] sèrie *f*; [- of luck] ratxa *f*. **-4.** THEAT: **the play had a 6-week ~** l'obra va estar 6 setmanes a la cartellera. **-5.** [great demand]: **~ on sthg** gran demanda d'alguna cosa. **-6.** [in tights] carrera *f*. **-7.** [in cricket, baseball] corregada *f*. **-8.** [for skiing etc.] pista *f*. **-9.** [term]: **in the short / long ~** a llarg / curt termini. ◇ *vt* **-1.** [on foot] córrer. **-2.** [manage - business] dirigir, administrar; [- life, event] organitzar. **-3.** [operate - computer program, machine, film] fer funcionar, posar; [- experiment] realitzar. **-4.** [have and use - car etc.] tenir; **it's cheap to**

~ és barat-a de mantenir; **it ~s on diesel / off the mains** és dièsel / funciona amb electricitat. **–5.** [open - tap] buidar; **to ~ a bath** omplir la banyera. **–6.** [publish] publicar. **–7.** *inf* [transport by car] portar. **–8.** [move] **to ~ sthg along / over** passar alguna cosa per. ◇ *vi* **–1.** [on foot] córrer; **to ~ for it** fugir. **–2.** [follow a direction] seguir. **–3.** [in election] **to ~ (for)** ser candidat -a (a). **–4.** [factory, machine] funcionar; [engine] funcionar; **to ~ on / off sthg** anar amb alguna cosa; **to ~ smoothly** anar bé. **–5.** [bus, train] anar. **–6.** [flow] fluir, rajar; **to ~ dry** quedar-se sense aigua. **–7.** [tap] degotar; [nose] rajar; [eyes] plorar. **–8.** [colour] destenyir. **–9.** [pass - gen] passar. **–10.** [continue to be] seguir. **–11.** [remain valid] tenir validesa. **–12. feelings were running high** la gent estava exaltada; **to be running late** anar amb retard. ➡ **run across** *vt fus* [meet] topar amb. ➡ **run away** *vi* **–1.** [flee] **to ~ away (from)** fugir (de). **–2.** *fig* [avoid] **to ~ away from** [responsibility, subject] defugir; [thought] evitar. ➡ **run down** ◇ *vt sep* **–1.** [- over] atropellar. **–2.** [criticize] parlar malament de. **–3.** [allow to decline] reduir. ◇ *vi* [battery] acabar-se; [clock] parar-se; [project, business] no reeixir. ➡ **run into** *vt fus* **–1.** [problem] trobar; [person] trobar per casualitat; **to ~ into debt** contreure deutes. **–2.** [in vehicle] xocar amb. **–3.** [blend with]: **to ~ into each other** mesclar-se. **–4.** [amount to] pujar a. ➡ **run off** ◇ *vt sep* tirar, imprimir. ◇ *vi*: **to ~ off (with)** fugir (amb). ➡ **run out** *vi* **–1.** [become used up] acabar-se. **–2.** [expire] caducar. ➡ **run out of** *vt fus* quedar-se sense; **we've ~ out of food** se'ns ha acabat el menjar. ➡ **run over** *vt sep* atropellar, envestir. ➡ **run through** *vt fus* **–1.** [be present in] afectar. **–2.** [practise] assajar. **–3.** [read through] fullejar, donar un cop d'ull. ➡ **run to** *vt fus* **–1.** [amount to] pujar a. **–2.** [be able to afford] donar per. ➡ **run up** *vt fus* [amass] acumular. ➡ **run up against** *vt fus* topar amb.

runaway ['rʌnəweɪ] ◇ *adj* **–1.** [gen] fugitiu -iva; [horse] desbocat -ada; [train] a la deriva; [inflation] galopant. **–2.** [victory] fàcil. ◇ *n* fugitiu m -iva f.

rundown ['rʌndaʊn] *n* **–1.** [report] informe m, resum m. **–2.** [decline] reducció f progressiva. ➡ **run-down** *adj* **–1.** [dilapidated] en decadència. **–2.** [tired] abatut -uda.

rung [rʌŋ] ◇ *pp* → **ring**. ◇ *n lit & fig* esglaó m, graó m.

runner ['rʌnər] *n* **–1.** [athlete] corredor m -a f. **–2.** [smuggler] contrabandista mf. **–3.** [on skate] ganiveta f; [on sledge] patí m; [on drawer, sliding seat] guia f.

runner bean *n Br* mongeta f.

runner-up (*pl* **runners-up**) *n* subcampió m -ona f.

running ['rʌnɪŋ] ◇ *adj* **–1.** [continuous] continu -ínua. **–2.** [consecutive] consecutiu -iva. **–3.** [water] corrent. ◇ *n* **–1.** [act of -] jòguing m; **to go ~** fer jòguing. **–2.** SPORT atletisme m. **–3.** [management] direcció f, organització f. **–4.** [operation] funcionament m. **–5. to make the ~** anar davant; **to be in / out of the ~ (for sthg)** tenir / no tenir cap possibilitat (d'alguna cosa). ◇ *comp* d'esport.

runny ['rʌnɪ] (*compar* **-ier**, *superl* **-iest**) *adj* **–1.** [food] fos -a. **–2.** [nose] que raja; [eyes] plorós -osa.

run-of-the-mill *adj* normal i corrent.

runt [rʌnt] *n* **–1.** [animal] caganiu mf. **–2.** *pej* [person] nan m -a f.

run-up *n* **–1.** [preceding time] període m previ. **–2.** SPORT correguda f d'impuls.

runway ['rʌnweɪ] *n* pista f.

rupture ['rʌptʃər] *n* **–1.** MED hèrnia f. **–2.** [of relationship] ruptura f.

rural ['rʊərəl] *adj* rural.

ruse [ruːz] *n* ardit m, estratagema m.

rush [rʌʃ] ◇ *n* **–1.** [hurry] pressa f; **to be in a ~** tenir pressa; **there's no ~** no hi ha cap pressa. **–2.** [burst of activity]: **~ (for / on sthg)** córrer pressa (una cosa); **there was a ~ to stock up on sugar** tothom va córrer a emmagatzemar sucre. **–3.** [busy period] hora f punta. **–4.** [surge - of air] corrent m; [- of water] torrent m; [- mental] rampell m; **to make a ~ for sthg** córrer a la desbandada cap a alguna cosa. ◇ *vt* **–1.** [hurry] apressar; **don't ~ me!** no em vinguis amb presses!; **to ~ sb into doing sthg** empènyer algú a fer alguna cosa. **–2.** [send quickly] portar ràpidament. **–3.** [attack suddenly] atacar de sobte. ◇ *vi* **–1.** [hurry] afanyar-se, apressar-se; **to ~ into sthg** llançar-se en alguna cosa. **–2.** [surge] entrar / sortir precipitadament. ➡ **rushes** *npl* **–1.** BOT joncs *mpl*. **–2.** CIN fragments *mpl*.

rush hour *n* hora f punta.

rusk [rʌsk] *n* galeta f (dura perquè els nens petits aprenguin a mossegar).

Russia ['rʌʃə] *n* Rússia.

Russian ['rʌʃn] ◇ *adj* rus russa. ◇ *n* **–1.** [person] rus m russa f. **–2.** [language] rus m.

rust [rʌst] ◇ *n* rovell *m*. ◇ *vi* rovellar-se, oxidar-se.
rustic ['rʌstɪk] *adj* rústic -a.
rustle ['rʌsl] ◇ *n* [of wind, leaves] remor *f*; [of paper] cruixit *m*. ◇ *vt* **-1.** [paper] fer cruixir. **-2.** *Am* [cattle] robar. ◇ *vi* [wind, leaves] xiuxiuejar; [paper] cruixir.
rusty ['rʌstɪ] (*compar* **-ier**, *superl* **-iest**) *adj lit & fig* rovellat -ada.
rut [rʌt] *n* [track] rodera *f*; *fig* **to get into / be in a ~** fer-se / ser esclau -ava d'una rutina.
ruthless ['ru:θlɪs] *adj* despietat -ada.
RV *n* **-1.** (abbr of revised version) revisió feta al segle XIX de la versió autoritzada de la Bíblia. **-2.** *Am* (abbr of recreational vehicle) rulot *f*.
rye [raɪ] *n* **-1.** [grain] sègol *m*. **-2.** [bread] pa *m* de sègol.
rye bread *n* pa *m* de sègol.

S

s (*pl* **ss / s's**), **S** (*pl* **Ss / S's**) [es] *n* [letter] s *f*, S *f*. ◆ **S** (abbr of **south**) S.
Sabbath ['sæbəθ] *n*: **the ~** [for Christians] diumenge *m*; [for Jews] sàbat *m*.
sabotage ['sæbətɑːʒ] ◇ *n* sabotatge *m*. ◇ *vt* sabotejar.
saccharin(e) ['sækərɪn] *n* sacarina *f*.
sachet ['sæʃeɪ] *n* saquet *m*, bosseta *f*.
sack [sæk] ◇ *n* **-1.** [bag] sac *m*. **-2.** *Br inf* [dismissal]: **to get / be given the ~** ser acomiadat -ada. ◇ *vt Br inf* despatxar, acomiadar.
sacking ['sækɪŋ] *n* [fabric] arpillera *f*.
sacred ['seɪkrɪd] *adj lit & fig* sagrat -ada.
sacrifice ['sækrɪfaɪs] RELIG & *fig* ◇ *n* sacrifici *m*. ◇ *vt* sacrificar.
sacrilege ['sækrɪlɪdʒ] *n* RELIG & *fig* sacrilegi *m*.
sacrosanct ['sækrəʊsæŋkt] *adj* sagrat -ada.
sad [sæd] (*compar* **-der**, *superl* **-dest**) *adj* trist -a.
sadden ['sædn] *vt* entristir.
saddle ['sædl] ◇ *n* **-1.** [for horse] sella *f*. **-2.** [of bicycle, motorcycle] seient *m*. ◇ *vt* **-1.** [horse] ensellar. **-2.** *fig* [burden]: **to ~ sb with sthg** carregar alguna cosa a algú.
saddlebag ['sædlbæg] *n* alforja *f*.
sadistic [sə'dɪstɪk] *adj* sàdic -a.
sadly ['sædlɪ] *adv* tristament.
sadness ['sædnɪs] *n* tristesa *f*.
s.a.e., **sae** *n* abbr of **stamped addressed envelope**.
safari [sə'fɑːrɪ] *n* safari *m*; **to go on ~** fer un safari.
safe [seɪf] ◇ *adj* **-1.** [gen] segur -a; **~ and sound** sa i estalvi, sana i estàlvia. **-2.** [without harm] il·lès-esa. **-3.** [not causing disagreement]: **it's ~ to say that ...** és assenyat dir que ...; **to be on the ~ side** prendre precaucions. **-4.** [reliable] digne -a de confiança; **in ~ hands** en bones mans. ◇ *n* caixa *f* forta.
safe-conduct *n* salconduit *m*.
safe-deposit box *n* caixa *f* de seguretat.
safeguard ['seɪfgɑːd] ◇ *n* salvaguarda *f*; **~ against sthg** protecció *f* contra alguna cosa. ◇ *vt*: **to ~ sthg / sb (against sthg)** salvaguardar alguna cosa / algú (d'alguna cosa).
safekeeping [,seɪf'kiːpɪŋ] *n* protecció *f*.
safely ['seɪflɪ] *adv* **-1.** [with no danger] sense perill. **-2.** [not in danger] amb seguretat. **-3.** [unharmed] sense cap novetat. **-4.** [for certain]: **I can ~ say that** puc dir amb tota seguretat que.
safe sex *n* sexe *m* segur.
safety ['seɪftɪ] ◇ *n* seguretat *f*. ◇ *comp* de seguretat.
safety belt *n* cinturó *m* de seguretat.
safety pin *n* imperdible *m*.
saffron ['sæfrən] *n* **-1.** [spice] safrà *m*. **-2.** [colour] color *m* de safrà.
sag [sæg] (*pt & pp* **-ged**, *cont* **-ging**) *vi* **-1.** [sink downwards] aclofar-se. **-2.** *fig* [lessen] baixar.
sage [seɪdʒ] ◇ *adj* savi sàvia. ◇ *n* **-1.** [herb] sàlvia *f*. **-2.** [wise man] savi *m* sàvia *f*.
Sagittarius [,sædʒɪ'teərɪəs] *n* Sagitari; **to be (a) ~** ser Sagitari.
Sahara [sə'hɑːrə] *n*: **the ~ (Desert)** el (desert del) Sàhara.
said [sed] *pt & pp* ☞ **say**.
sail [seɪl] ◇ *n* **-1.** [of boat] vela *f*; **to set ~** fer vela. **-2.** [journey by boat] passejada *f* amb vaixell de vela. ◇ *vt* **-1.** [boat, ship] governar. **-2.** [sea] solcar. ◇ *vi* **-1.** [travel by boat] navegar. **-2.** [move - boat]: **the ship ~ed across the ocean** el vaixell va creuar

l'oceà. **-3.** [leave by boat] salpar, embarcar-se. **-4.** [move quickly] volar, lliscar. ◆
sail through *vt fus* fer sense cap dificultat.
sailboat *Am* = sailing boat.
sailing ['seɪlɪŋ] *n* **-1.** (*U*) SPORT vela *f*; plain ~ bufar i fer ampolles. **-2.** [trip by ship] sortida *f*.
sailing boat *Br*, **sailboat** *Am* ['seɪlbəʊt] *n* veler *m*.
sailing ship *n* veler *m*.
sailor ['seɪlə^r] *n* mariner *m* -a *f*; to be a good ~ no marejar-se.
saint [seɪnt] *n* RELIG & *fig* sant *m* -a *f*.
saintly ['seɪntlɪ] (*compar* **-ier**, *superl* **-iest**) *adj* sant -a.
sake [seɪk] *n*: for the ~ of en consideració a; to argue for its own ~ discutir per discutir; for God's / heaven's ~ per l'amor de Déu!
salad ['sæləd] *n* amanida *f*.
salad bowl *n* enciamera *f*.
salad cream *n Br* salsa semblant a la maionesa per amanir ensalades.
salad dressing *n* amaniment *m*.
salami [sə'lɑːmɪ] *n* salami *m*.
salary ['sælərɪ] (*pl* **-ies**) *n* sou *m*, salari *m*.
sale [seɪl] *n* **-1.** [gen] venda *f*; on ~ en venda; (up) for ~ en venda; "for ~" "en venda". **-2.** [at reduced prices] liquidació *f*. ◆ **sales** ◇ *npl* **-1.** ECON vendes *fpl*. **-2.** [at reduced prices]: **the ~s** les rebaixes. ◇ *comp* de vendes.
saleroom *Br* ['seɪlrʊm], **salesroom** *Am* ['seɪlzrʊm] *n* sala *f* de subhastes.
sales assistant ['seɪlz-], **salesclerk** *Am* ['seɪlzklɜːrk] *n* dependent *m* -a *f*.
salesman ['seɪlzmən] (*pl* **-men** [-mən]) *n* [in shop] dependent *m*; [travelling] viatjant *m*.
sales rep *n inf* representant *mf*.
salesroom *Am* = saleroom.
saleswoman ['seɪlz,wʊmən] (*pl* **-women** [-,wɪmɪn]) *n* [in shop] dependenta *f*, venedora *f*; [travelling] viatjant *f*.
salient ['seɪljənt] *adj fml* remarcable.
saliva [sə'laɪvə] *n* saliva *f*.
sallow ['sæləʊ] *adj* groguenc-a, esbarrellat -ada.
salmon ['sæmən] (*pl inv* o **-s**) *n* salmó *m*.
salmonella [,sælmə'nelə] *n* salmonel·la *f*.
salon ['sælɒn] *n* saló *m*.
saloon [sə'luːn] *n* **-1.** *Br* [car] turisme *m*. **-2.** *Am* [bar] bar *m*. **-3.** *Br* [in pub]: ~ (bar) en alguns "pubs" i hotels, bar de més categoria que el "public bar". **-4.** [in ship] cabina *f* de primera classe.

salt [sɔːlt, sɒlt] ◇ *n* sal *f*; **the ~ of the earth** la sal de la terra; **to rub ~ into the wounds, he said ...** per posar-hi el dit a la llaga va dir ...; **to take sthg with a pinch of ~** no creure's una cosa al peu de la lletra. ◇ *comp* salat -ada. ◇ *vt* [food] salar; [roads] posar sal (a les carreteres perquè no es gelin). ◆ **salt away** *vt sep inf* estalviar, arraconar.
salt cellar *Br*, **salt shaker** *Am* [-,ʃeɪkə^r] *n* saler *m*.
saltwater ['sɔːlt,wɔːtə^r] ◇ *n* aigua *f* de mar / salada. ◇ *adj* d'aigua salada.
salty ['sɔːltɪ] (*compar* **-ier**, *superl* **-iest**) *adj* salat -ada, salobre.
salutary ['sæljʊtrɪ] *adj* saludable.
salute [sə'luːt] ◇ *n* **-1.** [with hand] salut *m*. **-2.** MIL [firing of guns] salva *f*. **-3.** [formal acknowledgement] homenatge *m*, reconeixement *m*. ◇ *vt* **-1.** MIL [with hand] saludar. **-2.** [acknowledge formally] reconèixer. ◇ *vi* saludar.
Salvadorean, Salvadorian [,sælvə'dɔːrɪən] ◇ *adj* salvadorenc -a. ◇ *n* salvadorenc *m* -a *f*.
salvage ['sælvɪdʒ] ◇ *n* **-1.** (*U*) [rescue of ship] salvament *m*. **-2.** [property rescued] objectes *mpl* salvats. ◇ *vt lit & fig*: **to ~ sthg (from)** salvar alguna cosa (de).
salvation [sæl'veɪʃn] *n* salvació *f*.
Salvation Army *n*: **the ~** l'Exèrcit de Salvació.
same [seɪm] ◇ *adj* mateix -a; **the ~ colour as his** el mateix color que el seu; **at the ~ time** [simultaneously] alhora; [yet] malgrat això; **one and the ~** el mateix la mateixa. ◇ *pron*: **the ~** el mateix, la mateixa; **she did the ~** va fer el mateix; **the ingredients are the ~** els ingredients són els mateixos; **I'll have the ~ (again)** prendré el mateix (que abans); **all / just the ~** [nevertheless, anyway] de totes maneres; **it's all the ~ to me** m'és ben igual; **it's not the ~** no és pas el mateix. ◇ *adv*: **the ~** igual, de la mateixa manera.
sample ['sɑːmpl] ◇ *n* mostra *f*. ◇ *vt* **-1.** [food, wine, attractions] tastar, provar. **-2.** MUS mostrejar.
sanatorium (*pl* **-riums** / **-ria** [-rɪəl]), **sanitorium** *Am* (*pl* **-riums** / **-ria** [-rɪəl]) [,sænə'tɔːrɪəm] *n* sanatori *m*.
sanctimonious [,sæŋktɪ'məʊnjəs] *adj pej* beat -a.

sanction [ˈsæŋkʃn] ⬦ n sanció f. ⬦ vt sancionar.

sanctity [ˈsæŋktətɪ] n santedat f.

sanctuary [ˈsæŋktʃuərɪ] (pl **-ies**) n **-1.** [for birds, wildlife] reserva f. **-2.** [refuge] refugi m. **-3.** [holy place] santuari m.

sand [sænd] ⬦ n sorra f. ⬦ vt polir.

sandal [ˈsændl] n sandàlia f.

sandalwood [ˈsændlwʊd] n sàndal m.

sandbox Am = sandpit.

sandcastle [ˈsændˌkɑːsl] n castell m de sorra.

sand dune n duna f.

sandpaper [ˈsændˌpeɪpər] ⬦ n paper m de vidre. ⬦ vt passar el paper de vidre.

sandpit Br [ˈsændpɪt], **sandbox** Am [ˈsændbɒks] n sorrera f.

sandstone [ˈsændstəʊn] n pedra f arenosa.

sandwich [ˈsænwɪdʒ] ⬦ n [made with roll etc.] entrepà m; [made with sliced bread] entrepà fred. ⬦ vt fig fer cabre una cosa entre dues.

sandwich board n cartell m (d'un home-anunci).

sandwich course n Br curs universitari durant el qual s'alternen les classes i les pràctiques.

sandy [ˈsændɪ] (compar **-ier**, superl **-iest**) adj **-1.** [covered in sand] arenós -osa. **-2.** [sand-coloured] vermellós -osa.

sane [seɪn] adj **-1.** [not mad] en el seu seny. **-2.** [sensible] assenyat -ada, prudent.

sang [sæŋ] pt ⮕ sing.

sanitary [ˈsænɪtrɪ] adj **-1.** [connected with health] sanitari -ària. **-2.** [clean, hygienic] higiènic -a.

sanitary towel, **sanitary napkin** Am n [disposable] compresa f; [made of cloth] gasa f.

sanitation [ˌsænɪˈteɪʃn] n sanitat f, higiene f.

sanitorium Am = sanatorium.

sanity [ˈsænɪtɪ] n **-1.** [saneness] seny m. **-2.** [good sense] prudència f.

sank [sæŋk] pt ⮕ sink.

Santa (Claus) [ˈsæntə(ˌklɔːz)] n Pare Noel m.

sap [sæp] (pt & pp **-ped**, cont **-ping**) ⬦ n **-1.** [of plant] saba f. **-2.** Am inf [gullible person] enze mf. ⬦ vt [weaken] minar, soscavar.

sapling [ˈsæplɪŋ] n plançó m, arbre m jove.

sapphire [ˈsæfaɪər] n safir m.

Saragossa [ˌsærəˈɡɒsə] n Saragossa.

sarcastic [sɑːˈkæstɪk] adj sarcàstic -a.

sardine [sɑːˈdiːn] n sardina f.

sardonic [sɑːˈdɒnɪk] adj sardònic -a.

SAS (abbr of **Special Air Service**) n regiment de l'exèrcit britànic especialista en operacions clandestines.

SASE n abbr of **self-addressed stamped envelope**.

sash [sæʃ] n faixa f.

sat [sæt] pt & pp ⮕ sit.

SAT [sæt] n **-1.** (abbr of **Standard Assessment Test**) examen d'aptitud que es fa als set anys, onze i catorze a Anglaterra i Gal·les. **-2.** (abbr of **Scholastic Aptitude Test**) examen d'ingrés a la universitat nord-americana.

Satan [ˈseɪtn] n Satanàs m.

satchel [ˈsætʃəl] n cartera f.

satellite [ˈsætəlaɪt] ⬦ n lit & fig satèl·lit m. ⬦ comp **-1.** [link, broadcast] per satèl·lit. **-2.** [dependent] satèl·lit.

satellite TV n televisió f via satèl·lit.

satin [ˈsætɪn] ⬦ n setí m. ⬦ comp de setí.

satire [ˈsætaɪər] n sàtira f.

satisfaction [ˌsætɪsˈfækʃn] n satisfacció f; **to do sthg to sb's ~** fer alguna cosa a la satisfacció d'algú.

satisfactory [ˌsætɪsˈfæktərɪ] adj satisfactori -òria.

satisfied [ˈsætɪsfaɪd] adj satisfet -a; **to be ~ with sthg** estar satisfet -a d'alguna cosa; **to be ~ that** estar convençut -uda que.

satisfy [ˈsætɪsfaɪ] (pt & pp **-ied**) vt **-1.** [gen] satisfer. **-2.** [convince] convèncer; **to ~ sb that** convèncer algú que; **to ~ oneself that** convèncer-se a si mateix que.

satisfying [ˈsætɪsfaɪɪŋ] adj satisfactori -òria, bo bona.

satsuma [ˌsætˈsuːmə] n tipus de mandarina.

saturate [ˈsætʃəreɪt] vt **-1.** [drench]: **to ~ sthg (with)** impregnar alguna cosa (de). **-2.** [fill completely]: **to ~ sthg (with)** saturar alguna cosa (de).

Saturday [ˈsætədɪ] ⬦ n dissabte m; **what day is it? - it's ~** quin dia és avui? - dissabte; **on ~** (el) dissabte; inf **are you going ~?** te'n vas (el) dissabte?; inf **see you ~!** fins dissabte!; **on ~s** el -s dissabte -s; **last ~** (el) dissabte passat; **this ~** aquest dissabte, (el) dissabte que ve; **next ~** el dissabte vinent; **every ~** cada dissabte; **every other ~** cada dos dissabtes; **the ~ before** el dissabte anterior; **the ~ after**

next d'aquí a dos dissabtes; **the ~ before last** fa dos dissabtes; **~ week, a week on ~** de dissabte en vuit; **to work ~s** treballar el -s dissabte -s. ◇ *comp* sabatí -ina; **~ morning / afternoon / evening / night** dissabte al matí / a la tarda / al vespre; **a ~ job** una feina de dissabtes.

Saturn ['sætən] *n* Saturn.

sauce [sɔːs] *n* **-1.** CULIN salsa *f.* **-2.** *Br inf* [cheek] insolència *f*, descaradura *f*.

saucepan ['sɔːspən] *n* [with two handles] cassola *f*; [with one long handle] cassó *m*.

saucer ['sɔːsər] *n* platet *m*.

saucy ['sɔːsɪ] (*compar* **-ier**, *superl* **-iest**) *adj inf* descarat -ada, impertinent.

Saudi Arabia ['saʊdɪ-] *n* Aràbia Saudita.

Saudi (Arabian) ['saʊdɪ,reɪbjə] ◇ *adj* àrab saudita. ◇ *n* [person] àrab saudita *mf*.

sauna ['sɔːnə] *n* sauna *f*.

saunter ['sɔːntər] *vi* passejar xino-xano.

sausage ['sɒsɪdʒ] *n* salsitxa *f*.

sausage roll *n Br* salsitxa embolicada amb pasta de full.

sauté [*Br* 'səʊteɪ, *Am* səʊ'teɪ] (*pt* & *pp* **sautéed / sautéd**) ◇ *adj* saltat -ada. ◇ *vt* saltar.

savage ['sævɪdʒ] ◇ *adj* [cruel, fierce] ferotge, salvatge. ◇ *n pej* salvatge. ◇ *vt* **-1.** [subject: animal] envestir. **-2.** [subject: person] atacar.

save [seɪv] ◇ *vt* **-1.** [rescue] rescatar, salvar; **to ~ sb from sthg** salvar algú d'alguna cosa. **-2.** [prevent waste of - time, money, energy] estalviar; [- food, strength] guardar, reservar. **-3.** [set aside - money] estalviar; [- food, strength] guardar, reservar. **-4.** [avoid] evitar; **to ~ sb from doing sthg** evitar que algú faci alguna cosa. **-5.** SPORT parar. **-6.** COMPUT desar. ◇ *vi* estalviar. ◇ *n* SPORT parada *f*. ◇ *prep fml*: **~ (for)** excepte, llevat de. ☛ **save up** *vi* estalviar.

saving grace ['seɪvɪŋ-] *n* l'única cosa positiva.

savings ['seɪvɪŋz] *npl* estalvis *mpl*.

savings account *n Am* compte *m* d'estalvis.

savings and loan association *n* societat *f* d'estalvis i préstecs.

savings bank *n* caixa *f* d'estalvis.

saviour *Br*, **savior** *Am* ['seɪvjər] *n* salvador *m* -a *f*.

savour *Br*, **savor** *Am* ['seɪvər] *vt lit* & *fig* assaborir.

savoury *Br* (*pl* **-ies**), **savory** *Am* (*pl* **-ies**) ['seɪvərɪ] ◇ *adj* **-1.** [not sweet] salat -ada. **-2.** [respectable, pleasant] poc respectable, poc decent. ◇ *n* plat salat que es serveix al final d'un àpat.

saw [sɔː] (*Br pt* **-ed**, *pp* **sawn**, *Am pt* & *pp* **-ed**) ◇ *pt* ☞ **see**. ◇ *n* serra *f*. ◇ *vt* serrar.

sawdust ['sɔːdʌst] *n* serradures *fpl*.

sawed-off shotgun *Am* = **sawn-off shotgun**.

sawmill ['sɔːmɪl] *n* serradora *f*.

sawn [sɔːn] *pp* ☞ **saw**.

sawn-off shotgun *Br*, **sawed-off shotgun** *Am* [sɔːd-] *n* arma *f* de canó retallat.

saxophone ['sæksəfəʊn] *n* saxòfon *m*.

say [seɪ] (*pt* & *pp* **said**) ◇ *vt* **-1.** [gen] dir; **to ~ sthg again** repetir una cosa; **to ~ to o.s.** dir-se a si mateix; **to ~ yes** dir que sí, acceptar; **he's said to be good** diuen que és bo; **let's ~ you were to win** posem per cas que guanyessis; **to ~ nothing of** per no dir res de; **that goes without ~ing** no cal ni dir; **I'll ~ this for him / her ...** s'ha d'admetre que ell / ella ...; **it has a lot to be said for it** hi ha bones raons a favor d'això; *inf* **she didn't have much to ~ for herself** era molt reservada. **-2.** [indicate - clock, meter] marcar. ◇ *n*: **to have a / no ~ in sthg** tenir-hi / no tenir-hi ni veu; **let me have my ~** deixeu-me dir, parlar. ☛ **that is to say** *adv* és a dir.

saying ['seɪɪŋ] *n* dita *f*, refrany *m*.

scab [skæb] *n* **-1.** MED crosta *f*. **-2.** *pej* [non-striker] esquirol *m*.

scaffold ['skæfəʊld] *n* **-1.** [around building] bastida *f*. **-2.** [for execution] cadafal *m*, patíbul *m*.

scaffolding ['skæfəldɪŋ] *n* (U) bastida *f*.

scald [skɔːld] ◇ *n* cremada *f*. ◇ *vt* escaldar, cremar.

scale [skeɪl] ◇ *n* **-1.** [gen] escala *f*. **-2.** [size, extent] escala *f*; **to a ~** a escala. **-3.** [of fish, snake] escama *f*. **-4.** *Am* = **scales**. ◇ *vt* **-1.** [climb] escalar. **-2.** [remove scales from] escatar. ☛ **scales** *npl* **-1.** [for weighing food] balança *f*. **-2.** [for weighing person] bàscula *f*. ☛ **scale down** *vt fus* reduir a escala.

scale model *n* maqueta *f*.

scallop ['skɒləp] ◇ *n* ZOOL petxina *f*. ◇ *vt* [decorate edge of] fistonar.

scalp [skælp] ◇ *n* cuir *m* cabellut. ◇ *vt* arrencar la cabellera a.

scalpel ['skælpəl] *n* escalpel *m*.

scamper ['skæmpər] *vi* jugar a perseguir-se.

scampi ['skæmpɪ] *n* (U): **(breaded) ~** escamarlans *mpl* (arrebossats).

scan [skæn] (*pt & pp* **-ned**, *cont* **-ning**) ⬦ *n* exploració *f*. ⬦ *vt* **-1.** [examine carefully] escorcollar, examinar. **-2.** [glance at] fer un cop d'ull a. **-3.** ELEC & TV enregistrar. **-4.** COMPUT escanejar. ⬦ *vi* **-1.** LITER escandir. **-2.** COMPUT escanejar.

scandal ['skændl] *n* **-1.** [scandalous event, outrage] escàndol *m*. **-2.** [scandalous talk] xafarderies *fpl*.

scandalize, -ise ['skændəlaɪz] *vt* escandalitzar.

Scandinavia [ˌskændɪ'neɪvjə] *n* Escandinàvia.

Scandinavian [ˌskændɪ'neɪvjən] ⬦ *adj* escandinau -ava. ⬦ *n* [person] escandinau *m* -ava *f*.

scant [skænt] *adj* escàs -assa.

scanty ['skæntɪ] (*compar* **-ier**, *superl* **-iest**) *adj* [amount, resources] escàs -assa, poc abundant; [dress] lleuger -a; [meal] magre -a.

scapegoat ['skeɪpɡəʊt] *n* boc *m* expiatori.

scar [skɑːr] (*pt & pp* **-red**, *cont* **-ring**) ⬦ *n* **-1.** [physical] cicatriu *f*. **-2.** *fig* [mental] senyal *m*. ⬦ *vt* **-1.** [physically] deixar una cicatriu a. **-2.** *fig* [mentally] marcar.

scarce ['skeəs] *adj* escàs -assa, rar -a; **to make o.s. ~** fer-se escàpol -a.

scarcely ['skeəslɪ] *adv* a penes, amb prou feines; **~ anyone / ever** gairebé ningú / mai.

scare [skeər] ⬦ *n* **-1.** [sudden fear] ensurt *m*, esglai *m*. **-2.** [public fear] pànic *m*. ⬦ *vt* espantar, acoquinar. ➔ **scare away**, **scare off** *vt sep* fer fugir.

scarecrow ['skeəkrəʊ] *n* espantaocells *m*, espantall *m*.

scared ['skeəd] *adj* **-1.** [frightened] espantat -ada; **to be ~ stiff / to death** estar escagarrinat -ada / mort -a de por. **-2.** [worried]: **to be ~ that** tenir por que.

scarf [skɑːf] (*pl* **-s** *or* **scarves**) *n* [for neck] bufanda *f*; [for head] mocador *m*.

scarlet ['skɑːlət] ⬦ *adj* escarlata. ⬦ *n* escarlata *f*.

scarlet fever *n* escarlatina *f*.

scarves [skɑːvz] *pl* ➔ **scarf**.

scathing ['skeɪðɪŋ] *adj* mordaç; **to be ~ about sthg / sb** criticar durament alguna cosa / algú.

scatter ['skætər] ⬦ *vt* escampar, espargir. ⬦ *vi* escampar-se, desbandar-se.

scatterbrained ['skætəbreɪnd] *adj inf* eixelebrat -ada.

scavenger ['skævɪndʒər] *n* **-1.** [animal] carronyaire *m*. **-2.** [person] persona que busca menjar o altres coses a les escombraries.

scenario [sɪ'nɑːrɪəʊ] (*pl* **-s**) *n* **-1.** [possible situation] perspectiva *f*. **-2.** [of film, play] guió *m*.

scene [siːn] *n* **-1.** [gen] escena *f*; **behind the ~s** entre bastidors. **-2.** [painting of place] paisatge *m*, escena *f*. **-3.** [location] escenari *m*, lloc *m*; **on the ~** a l'escenari; **a change of ~** un canvi d'aires; **it's not my ~** això no és per a mi. **-4.** [show of emotion] escena *f*, escàndol *m*; **to make a ~** fer una escena. **-5.** **to set the ~** [for person] descriure l'escena; [for event] crear l'ambient adequat.

scenery ['siːnərɪ] *n* **-1.** (U) [of countryside] paisatge *m*. **-2.** THEAT decorat *m*.

scenic ['siːnɪk] *adj* [view] pintoresc -a; [tour] turístic -a.

scent [sent] ⬦ *n* **-1.** [smell - of flowers] aroma *f*, olor *f*; [- of animal] rastre *m*. **-2.** *fig* [track] pista *f*. **-3.** [perfume] perfum *m*. ⬦ *vt* **-1.** [subject: animal] olorar, flairar. **-2.** *fig* [subject: person] sospitar.

scepter *Am* = **sceptre**.

sceptic *Br*, **skeptic** *Am* ['skeptɪk] *n* escèptic *m* -a *f*.

sceptical *Br*, **skeptical** *Am* ['skeptɪkl] *adj* escèptic -a; **to be ~ about** mostrar-se escèptic -a sobre.

sceptre *Br*, **scepter** *Am* ['septər] *n* ceptre *m*.

schedule [*Br* 'ʃedjuːl, *Am* 'skedʒuːl] ⬦ *n* **-1.** [plan] programa *m*; **(according) to ~** segons el previst; **on ~** a l'hora prevista; **ahead of ~** abans d'hora; **behind ~** amb retard. **-2.** [of prices, contents] llista *f*; [of times] horari *m*. ⬦ *vt*: **to ~ sthg (for)** programar alguna cosa (per).

scheduled flight [*Br* 'ʃedjuːld-, *Am* 'skedʒuːld-] *n* vol *m* regular.

scheme [skiːm] ⬦ *n* **-1.** [plan] pla *m*, projecte *m*. **-2.** *pej* [dishonest plan] maquinació *f*, estratagema *f*. **-3.** [arrangement, decoration - of room] disposició *f*; [- of colours] combinació *f*. **-4.** **the ~ of things** l'ordre de les coses. ⬦ *vi pej*: **to ~ (to do sthg)** tramar (fer alguna cosa).

scheming ['skiːmɪŋ] *adj* intrigant.

schism ['sɪzm, 'skɪzm] *n* cisma *m*.

schizophrenic [ˌskɪtsə'frenɪk] ⬦ *adj* esquizofrènic -a. ⬦ *n* esquizofrènic *m* -a *f*.

scholar ['skɒlər] *n* **-1.** [expert] erudit *m* -a *f*. **-2.** *dated* [student] alumne *m* -a *f*. **-3.** [holder of scholarship] becari *m* -ària *f*.

scholarship ['skɒləʃɪp] *n* **-1.** [grant] beca *f*. **-2.** [learning] erudició *f*.
school [skuːl] *n* **-1.** [gen] escola *f*, col·legi *m*; [for driving, art] escola *f*; [for medicine, law] facultat *f*. **-2.** *Am* [university] universitat *f*. **-3.** [group of fish, dolphins] banc *m*.
school age *n* edat *f* escolar.
schoolbook ['skuːlbʊk] *n* llibre *m* de text.
schoolboy ['skuːlbɔɪ] *n* col·legial *m*, escolar *m*.
schoolchild ['skuːltʃaɪld] (*pl* **-children** ['tʃɪldrən]) *n* escolar *mf*.
schooldays ['skuːldeɪz] *npl* anys *mpl* escolars.
school failure *n* fracàs *m* escolar.
schoolgirl ['skuːlgɜːl] *n* col·legiala *m*, escolar *f*.
schooling ['skuːlɪŋ] *n* ensenyament *m*, escolaritat *f*.
school-leaver [-,liːvəʳ] *n Br* jove *mf* que acaba l'escola.
schoolmaster ['skuːl,mɑːstəʳ] *n dated* [at primary school] mestre *m*; [at secondary school] professor *m*.
schoolmistress ['skuːl,mɪstrɪs] *n dated* [at primary school] mestra *f*; [at secondary school] professora *f*.
school of thought *n* corrent *m* d'opinió.
schoolteacher ['skuːl,tiːtʃəʳ] *n* [primary] mestre *m* -a *f*; [secondary] professor *m* -a *f*.
school year *n* any *m* escolar.
schooner ['skuːnəʳ] *n* **-1.** [ship] goleta *f*. **-2.** *Br* [sherry glass] copa *f* de conyac.
sciatica [saɪ'ætɪkə] *n* ciàtica *f*.
science ['saɪəns] <> *n* ciència *f*. <> *comp* de ciència.
science fiction *n* ciència-ficció *f*.
scientific [,saɪən'tɪfɪk] *adj* científic -a.
scientist ['saɪəntɪst] *n* científic *m* -a *f*.
scintillating ['sɪntɪleɪtɪŋ] *adj* brillant, espurnejant.
scissors ['sɪsəz] *npl*: **a pair of ~** unes tisores.
sclerosis ⇒ **multiple sclerosis**.
scoff [skɒf] <> *vt Br inf* endrapar, cruspir. <> *vi*: **to ~ (at sb / sthg)** mofar-se (d'algú / d'alguna cosa).
scold [skəʊld] *vt* renyar, escridassar.
scone [skɒn] *n* panet que se sol servir untat amb melmelada, mantega, etc., a l'hora del te.
scoop [skuːp] <> *n* **-1.** [utensil - for sugar] cullereta *f* plana; [- for ice cream] cullera *f* (per servir gelat); [- for flour] pala *f*. **-2.** [amount - of sugar] cullereta *f*; [- of ice

cream] bola *f*. **-3.** PRESS exclusiva *f*. <> *vt* **-1.** [with hands] treure. **-2.** [with utensil] treure amb una pala / cullera. ⇒ **scoop out** *vt sep* treure amb pala / cullera.
scooter ['skuːtəʳ] *n* **-1.** [toy] patinet *m*. **-2.** [motorcycle] escúter *m*.
scope [skəʊp] *n* **-1.** (*U*) [opportunity] oportunitat *f*, possibilitat *f*. **-2.** [range] abast *m*, esfera *f*.
scorch [skɔːtʃ] <> *vt* **-1.** [dress, meat] socarrimar; [face, skin] cremar. **-2.** [dry out] assecar, cremar. <> *vi* [burn - dress, meat] socarrimar-se; [face, skin] cremar-se.
scorching ['skɔːtʃɪŋ] *adj inf* canicular.
score [skɔːʳ] <> *n* **-1.** [in test] qualificació *f*, nota *f*; [in competition] puntuació *f*. **-2.** SPORT resultat *m*; **what's the ~?** com anem? **-3.** *dated* [twenty] vintena *f*. **-4.** MUS partitura *f*. **-5.** [subject]: **on that ~** quant a allò. <> *vt* **-1.** SPORT marcar. **-2.** [achieve - success, victory] obtenir. **-3.** [note in an argument - point] apuntar-se. **-4.** [cut] oscar. <> *vi* **-1.** SPORT fer (gols, etc.). **-2.** [in test etc.] obtenir un resultat de. **-3.** [win in an argument]: **to ~ over sb** superar algú. ⇒
score out *vt sep Br* ratllar.
scoreboard ['skɔːbɔːd] *n* pissarra *f* de marcadors, marcador *m*.
scorer ['skɔːrəʳ] *n* **-1.** [official] persona encarregada del marcador. **-2.** [player - in football] golejador *m*-a *f*; [- in other sports] anotador *m* -a *f*.
scorn [skɔːn] <> *n* menyspreu *m*; **to pour ~ on sthg / sb** menysprear alguna cosa / algú. <> *vt* menysprear, desdenyar.
scornful ['skɔːnfʊl] *adj* desdenyós -osa; **to be ~ of sthg** desdenyar alguna cosa.
Scorpio ['skɔːpɪəʊ] (*pl* **-s**) *n* Escorpí *m*; **to be (a) ~** ser escorpí.
scorpion ['skɔːpjən] *n* escorpí *m*.
Scot [skɒt] *n* escocès *m* -esa *f*.
scotch [skɒtʃ] *vt* [rumour] desmentir; [idea] treure del cap.
Scotch [skɒtʃ] <> *adj* escocès -esa. <> *n* whisky *m* (escocès).
Scotch (tape)® *n Am* cinta *f* adhesiva.
scot-free *adj inf*: **to get off ~** quedar impune.
Scotland ['skɒtlənd] *n* Escòcia *f*.
Scots [skɒts] <> *adj* escocès -esa. <> *n* [dialect] escocès *m*.
Scotsman ['skɒtsmən] (*pl* **-men** [-mən]) *n* escocès *m*.
Scotswoman ['skɒtswʊmən] (*pl* **-women** [-,wɪmɪn]) *n* escocesa *f*.

Scottish ['skɒtɪʃ] *adj* escocès -esa.
Scottish National Party *n*: the ~ el Partit Nacionalista Escocès.
scoundrel ['skaʊndrəl] *n dated* bergant *m* -a *f*, rufià *m* -ana *f*.
scour [skaʊəʳ] *vt* **-1.** [clean] fregar, netejar. **-2.** [search] escorcollar.
scourge [skɜːdʒ] *n* **-1.** [cause of suffering] flagell *m*, assot *m*. **-2.** [critic] flagell *m*.
scout [skaʊt] *n* MIL escolta *mf*, explorador *m* -a *f*. ◆ **Scout** *n* [boy -] escolta *mf*. ◆ **scout around** *vi*: to ~ around (for) explorar el terreny (a la recerca de).
scowl [skaʊl] ◇ *n* celles *fpl* arrufades. ◇ *vi* arrufar les celles; **to ~ at sb** mirar algú amb cara de pomes agres.
scrabble ['skræbl] *vi* **-1.** [scramble, scrape] remenar, furgar; **to ~ up / down** anar amunt i avall remenant. **-2.** [feel around] palpar; **to ~ around for sthg** furgar aquí i allà buscant alguna cosa.
Scrabble® ['skræbl] *n* Scrabble®.
scraggy ['skrægɪ] (*compar* **-ier**, *superl* **-iest**) *adj inf* magre -a, flac -a.
scramble ['skræmbl] ◇ *n* [rush] baralla *f*. ◇ *vi* **-1.** [climb] grimpar. **-2.** [move clumsily]: **to ~ to one's feet** aixecar-se a correcuita; **to ~ out of the way** apartar-se amb dificultat.
scrambled eggs ['skræmbld-] *npl* ous *mpl* remenats.
scrap [skræp] (*pt & pp* **-ped**, *cont* **-ping**) ◇ *n* **-1.** [small piece] bocí *m*, tros *m*; **it won't make a ~ of difference** no ho canviarà gens ni mica. **-2.** [metal] ferralla *f*. **-3.** *inf* [fight, quarrel] brega *f*. ◇ *vt* descartar, renunciar a. ◆ **scraps** *npl* [food] deixalles *fpl*.
scrapbook ['skræpbʊk] *n* àlbum *m* de retalls.
scrap dealer *n* ferrovaller *m* -a *f*.
scrape [skreɪp] ◇ *n* **-1.** [noise] xerric *m*. **-2.** *dated* [difficult situation] embolic *m*, tràngol *m*. ◇ *vt* **-1.** [remove]: **to ~ sthg off sthg** treure alguna cosa d'alguna cosa rascant. **-2.** [vegetables] rascar. **-3.** [car, bumper, glass] ratllar; [knee, elbow, skin] esgarrinxar. ◇ *vi* [rub]: **to ~ against / on sthg** fregar contra alguna cosa. **-2.** [save money] estalviar. ◆ **scrape through** *vt fus* aprovar pels pèls.
scraper ['skreɪpəʳ] *n* tragella *f*.
scrap merchant *n Br* ferrovaller *m* -a *f*.
scrap paper *Br*, **scratch paper** *Am n* (U) paper *m* usat.

scrapyard ['skræpjɑːd] *n* [gen] dipòsit *m* de ferralla; [for cars] cementiri *m* de cotxes.
scratch [skrætʃ] ◇ *n* **-1.** [wound] rascada *f*, esgarrapada *f*. **-2.** [mark] marca *f*, pelada *f*. **-3. to do sthg from ~** fer alguna cosa començant de zero; **to be up to ~** estar en bones condicions. ◇ *vt* **-1.** [wound] esgarrapar, esgarrinxar. **-2.** [mark] rascar, ratllar. **-3.** [rub - head, leg] gratar; **to ~ o.s.** gratar-se. ◇ *vi* **-1.** [make mark]: **to ~ at / against sthg** rascar alguna cosa. **-2.** [rub] gratar-se.
scratch paper *Am* = scrap paper.
scrawl [skrɔːl] ◇ *n* gargot *m*. ◇ *vt* guixar, fer gargots.
scrawny ['skrɔːnɪ] (*compar* **-ier**, *superl* **-iest**) *adj* magre -a, flac -a.
scream [skriːm] ◇ *n* **-1.** [cry, shout] crit *m*, xiscle *m*; **~s of laughter** xiscles *mpl* de rialles. **-2.** [noise] xerric *m*. **-3.** *inf* [funny person]: **she's a ~** sempre en té una per dir. ◇ *vt* dir cridant. ◇ *vi* **-1.** [person] xisclar. **-2.** [tyres] xerricar; [jet] xiular.
scree [skriː] *n* vessant de la muntanya ple de pedres.
screech [skriːtʃ] ◇ *n* **-1.** [of person] xiscle *m*; [of bird] xeric *m*. **-2.** [of car, tyres] xerric *m*. ◇ *vt* xisclar. ◇ *vi* **-1.** [person, bird] xericar. **-2.** [car, tyres] xerricar.
screen [skriːn] ◇ *n* **-1.** TV, CIN & COMPUT pantalla *f*. **-2.** [panel] mampara *f*. ◇ *vt* **-1.** [show in cinema] projectar. **-2.** [broadcast on TV] emetre. **-3.** [shield]: **to ~ sthg / sb (from)** protegir alguna cosa / algú (de). **-4.** [candidate, patient] examinar; **to ~ sb for sthg** fer una revisió a algú per alguna cosa.
screening ['skriːnɪŋ] *n* **-1.** [of film] projecció *f*. **-2.** [of TV programme] emissió *f*. **-3.** [for security] examen *m*. **-4.** MED [examination] exploració *f*.
screenplay ['skriːnpleɪ] *n* guió *m*.
screw [skruː] ◇ *n* [for fastening] cargol *m*. ◇ *vt* **-1.** [fix]: **to ~ sthg to** collar alguna cosa a. **-2.** [twist] enroscar. **-3.** *vulg* [woman] tirar-se a. ◇ *vi* cargolar-se, enroscar-se. ◆ **screw up** *vt sep* **-1.** [sheet of paper etc.] arrugar; [eyes] corrugar; [face] corrugar. **-3.** *v inf* [ruin] fastiguejar.
screwdriver ['skruːˌdraɪvəʳ] *n* tornavís *m*.
scribble ['skrɪbl] ◇ *n* gargot *m*. ◇ *vt & vi* gargotejar.
script [skrɪpt] *n* **-1.** [of play, film etc.] guió *m*. **-2.** [system of writing] escriptura *f*. **-3.** [handwriting] lletra *f*.

Scriptures ['skrɪptʃəz] *npl*: the ~ la Bíblia.

scriptwriter ['skrɪpt,raɪtər] *n* guionista *mf*.

scroll [skrəʊl] ⋄ *n* rotlle *m* (de paper, etc.). ⋄ *vt* COMPUT desplaçar.

scrounge [skraʊndʒ] *inf* ⋄ *vt* gorrejar. ⋄ *vi Br*: **to ~ (off sb)** gorrejar (d'algú).

scrounger ['skraʊndʒər] *n inf* gorrer *m* -a *f*.

scrub [skrʌb] (*pt & pp* **-bed**, *cont* **-bing**) ⋄ *n* **-1.** [rub] fregada *f*. **-2.** [undergrowth] sotabosc *m*, matoll *m*. ⋄ *vt* fregar.

scruff [skrʌf] *n*: **by the ~ of the neck** pel clatell.

scruffy ['skrʌfɪ] (*compar* **-ier**, *superl* **-iest**) *adj* [person] pollós-osa; [clothes] llardós -osa; [room] desendreçat-ada.

scrum(mage) ['skrʌm(ɪdʒ)] SPORT *n* melé *f* ordenada.

scruples ['skru:plz] *npl* escrúpols *mpl*.

scrutinize, -ise ['skru:tɪnaɪz] *vt* escodrinyar.

scrutiny ['skru:tɪnɪ] *n* (U) escrutini *m*, examen *m*.

scuff [skʌf] *vt* **-1.** [drag] arrossegar. **-2.** [damage - shoes] gastar; [- furniture, floor] ratllar.

scuffle ['skʌfl] ⋄ *n* batussa *f*, brega *f*. ⋄ *vi*: **to ~ (with sb)** esbatussar-se (amb algú).

scullery ['skʌlərɪ] (*pl* **-ies**) *n* rerecuina *m*.

sculptor ['skʌlptər] *n* escultor *m* -a *f*.

sculpture ['skʌlptʃər] ⋄ *n* escultura *f*. ⋄ *vt* esculpir.

scum [skʌm] *n* **-1.** [froth] escuma *f*. **-2.** *v inf pej* [worthless person] escòria *f*, púrria *f*.

scupper ['skʌpər] *vt* NAUT & *fig* enfonsar.

scurrilous ['skʌrələs] *adj fml* groller -a, obscè -ena.

scurry ['skʌrɪ] (*pt & pp* **-ied**) *vi*: **to ~ off / away** escapolir-se.

scuttle ['skʌtl] ⋄ *n* escotilla *f*. ⋄ *vi* [rush]: **to ~ off / away** fugir corrents.

scythe [saɪð] ⋄ *n* dalla *f*. ⋄ *vt* dallar.

SDLP (*abbr of* **Social Democratic and Labour Party**) *n* partit polític d'Irlanda del Nord que defensa la integració pacífica a la República d'Irlanda.

sea [si:] ⋄ *n* **-1.** [not land] mar *m*; **at ~** al mar; **by ~** per mar, amb vaixell; **by the ~** a la costa, a la vora del mar; **out to ~** [away from shore] mar endins; [across the water] cap al mar. **-2.** [not ocean] mar *m*. **-3.** *fig* [large number] mar *f*. **-4. to be all at ~** estar perplex -a. ⋄ *comp* de mar, marítim -a, marí -ina.

seabed ['si:bed] *n*: **the ~** el fons del mar.

seaboard ['si:bɔ:d] *n fml* litoral *m*.

sea breeze *n* marinada *f*.

seafood ['si:fu:d] *n* (U) marisc *m*.

seafront ['si:frʌnt] *n* passeig *m* marítim.

seagull ['si:gʌl] *n* gavina *f*.

seal [si:l] (*pl inv* / **-s**) ⋄ *n* **-1.** [animal] foca *f*. **-2.** [official mark] segell *m*; **~ of approval** vistiplau *m*; **to put / set the ~ on sthg** segellar alguna cosa. **-3.** [on bottle, meter] precinte *m*; [on letter] segell *m*. **-4.** TECHNOL juntura *f* d'estanquitat. ⋄ *vt* **-1.** [envelope] tancar. **-2.** [opening, tube, crack] precintar.
➡ **seal off** *vt sep* [entrance, exit] tancar; [area] acordonar.

sea level *n* nivell *m* del mar.

sea lion (*pl inv* / **-s**) *n* lleó *m* marí.

seam [si:m] *n* **-1.** costura *f*; **to be bursting at the ~s** no cabre-hi. **-2.** [of coal] veta *f*.

seaman ['si:mən] (*pl* **-men** [-mən]) *n* mariner *m*.

seamy ['si:mɪ] (*compar* **-ier**, *superl* **-iest**) *adj* sòrdid -a.

seance ['seɪɒns] *n* sessió *f* d'espiritisme.

seaplane ['si:pleɪn] *n* hidroavió *m*.

seaport ['si:pɔ:t] *n* port *m* de mar.

seaquake ['si:kweɪk] *n* terratrèmol *m* marí.

search [sɜ:tʃ] ⋄ *n* [gen] recerca *f*; [of room, drawer] escorcoll *m*; [of person] escorcoll *m*; **~ for sthg** recerca d'alguna cosa; **in ~ of** a la recerca de. ⋄ *vt* [gen] buscar; [person] escorcollar; **to ~ sthg for sthg** buscar alguna cosa en algun lloc. ⋄ *vi*: **to ~ (for sthg / sb)** buscar (alguna cosa / algú).

search engine *n* cercador *m*.

searching ['sɜ:tʃɪŋ] *adj* [question] perspicaç -a; [look] penetrant.

searchlight ['sɜ:tʃlaɪt] *n* reflector *m*, projector *m*.

search party *n* equip *m* de salvament.

search warrant *n* ordre *f* d'escorcoll.

seashell ['si:ʃel] *n* petxina *f*.

seashore ['si:ʃɔ:r] *n*: **the ~** la costa, la platja.

seasick ['si:sɪk] *adj* marejat -ada.

seaside ['si:saɪd] *n*: **the ~** la platja, la costa.

seaside resort *n* lloc *m* d'estiueig (a mar).

season ['si:zn] ⋄ *n* **-1.** [of year] estació *f*. **-2.** [particular period] època *f*, període *m*. **-3.** [of holiday] temporada *f*; **out of ~** fora de temporada. **-4.** [of food]: **out of / in ~** no és el temps de / del temps. **-5.** [of talks, films] cicle *m*. ⋄ *vt* amanir, assaonar.

seasonal ['si:zənl] *adj* [work] de temporada; [change] estacional.

seasoned ['si:znd] *adj* assaonat -ada, expert -a.

seasoning ['si:znɪŋ] *n* condiment *m*.

season ticket *n* abonament *m*.

seat [si:t] ◇ *n* -1. [gen] seient *m*. -2. [of trousers, skirt] cul *m*, darrere *m*. -3. POL [in parliament] escó *m*. ◇ *vt* -1. [sit down] asseure; **be ~ed!** asseieu-vos!; **to ~ o.s.** asseure's. -2. [subject: building, vehicle] tenir capacitat per.

seat belt *n* cinturó *m* de seguretat.

seating ['si:tɪŋ] ◇ *n* (U) [capacity] nombre *m* de seients. ◇ *comp*: **~ capacity** aforament *m*; **~ plan** distribució *m* (dels convidats).

seawater ['si:,wɔ:tər] *n* aigua *f* de mar.

seaweed ['si:wi:d] *n* (U) alga *f* marina.

seaworthy ['si:,wɜ:ðɪ] *adj* en condicions de navegar.

sec. (abbr of second) s.

secede [sɪ'si:d] *vi fml*: **to ~ (from sthg)** escindir-se, separar-se (d'alguna cosa).

secluded [sɪ'klu:dɪd] *adj* retirat -ada.

seclusion [sɪ'klu:ʒn] *n* reclusió *f*.

second ['sekənd] ◇ *n* -1. [gen] segon *m*. -2. *Br* UNIV títol de llicenciatura obtingut amb un notable. ◇ *num adj* segon -a; **~ only to** segon -a després de. ◇ *num n* -1. [in order] segon -a. -2. [in dates]: **the ~ (of May)** el 2 (de maig); ➙ **sixth**. ◇ *vt* secundar.

seconds *npl* -1. COM articles *mpl* amb tara. -2. [of food]: **to have ~s** repetir.

secondary ['sekəndrɪ] *adj* -1. [EDUC - school] secundari -ària; [- education] secundari -ària; [- teacher] de secundària. -2. [less important]: **to be ~ to** ser secundari -ària a.

secondary school *n* escola *f* d'ensenyament secundari.

second-class ['sekənd-] *adj* -1. [gen] de segona classe. -2. *Br* UNIV nota global de la llicenciatura equivalent a un notable.

second hand ['sekənd-] *n* [of clock] busca *f* dels segons.

second-hand ['sekənd-] ◇ *adj* -1. [goods, information] de segona mà. -2. [shop] de segona mà. ◇ *adv* -1. [not new] de segona mà. -2. *fig* (indirectly): **to hear sthg ~** sentir alguna cosa de segona mà.

secondly ['sekəndlɪ] *adv* en segon lloc.

secondment [sɪ'kɒndmənt] *n Br* trasllat *m* temporal.

second-rate ['sekənd-] *adj pej* mediocre.

second thought ['sekənd-] *n*: **to have ~s about sthg** tenir dubtes sobre alguna cosa; **on ~s** *Br*, **on ~** *Am* després de pensar-s'hi molt.

secrecy ['si:krəsɪ] *n* (U) discreció *f*.

secret ['si:krɪt] ◇ *adj* secret -a. ◇ *n* secret *m*; **in ~** en secret.

secretarial [,sekrə'teərɪəl] *adj* [course, training] de secretariat; [staff] administratiu -iva.

secretary [*Br* 'sekrətrɪ, *Am* 'sekrə,terɪ] (*pl* **-ies**) *n* -1. [gen] secretari *m* -ària *f*. -2. POL [minister] ministre *m* -a *f*.

Secretary of State *n* -1. *Br*: **~ (for)** ministre *m* -a *f* (de). -2. *Am* Secretari *m* -ària *f* d'Estat.

secretive ['si:krətɪv] *adj* [person] reservat -ada; [organization] secret -a.

secretly ['si:krɪtlɪ] *adv* [hope, think] secretament; [tell] d'amagat.

sect [sekt] *n* secta *f*.

sectarian [sek'teərɪən] *adj* sectari -ària.

section ['sekʃn] ◇ *n* secció *f*. ◇ *vt* seccionar.

sector ['sektər] *n* sector *m*.

secular ['sekjʊlər] *adj* [education, life] laic -a; [music] profà -ana.

secure [sɪ'kjʊər] ◇ *adj* -1. [gen] segur -a. -2. [house, building] segur -a, protegit -ida. ◇ *vt* -1. [obtain] aconseguir. -2. [make safe] protegir. -3. [fasten] assegurar, fixar.

security [sɪ'kjʊərətɪ] (*pl* **-ies**) ◇ *n* -1. seguretat *f*. -2. [legal protection]: **~ of tenure** càrrec *m* vitalici. -3. [for loan] fiança *f*. ◇ *comp* de seguretat. ➙ **securities** *npl* FIN títols *mpl*, valors *mpl*.

security guard *n* guàrdia *mf* de seguretat.

sedan [sɪ'dæn] *n Am* utilitari *m*.

sedate [sɪ'deɪt] ◇ *adj* apaivagat -ada. ◇ *vt* sedar.

sedation [sɪ'deɪʃn] *n* (U) sedació *f*.

sedative ['sedətɪv] ◇ *adj* sedant. ◇ *n* sedant *m*.

sediment ['sedɪmənt] *n* sediment *m*.

seduce [sɪ'dju:s] *vt*: **to ~ sb (into doing sthg)** induir algú (a fer alguna cosa).

seductive [sɪ'dʌktɪv] *adj* seductor -a.

see [si:] (*pt* **saw**, *pp* **seen**) ◇ *vt* -1. [gen] veure. -2. [visit - friend, doctor] anar a veure, visitar; **~ you soon / later / tomorrow etc.!** fins aviat / després / demà; **~ you!** adéu!; **as I ~ it** a parer meu; **~ below / p 10** vegeu més avall / p. 10. -3. [accompany - to door etc.] acompanyar. -4. [make sure]:

to ~ (to it) that ... assegurar que ... ◇ *vi* [gen] veure; [understand] comprendre; **to ~ if** one can do sthg veure què s'hi pot fer; **let's ~, let me ~** a veure; **you ~** ... mira, és que ...; **I ~** ja entenc. ● **seeing as, seeing that** *conj inf* en vista de. ● **see about** *vt fus* **-1.** [arrange] encarregar-se de. **-2.** [consider further]: **we'll ~ about that** ja ho veurem. ● **see off** *vt sep* **-1.** [say goodbye to] acomiadar. **-2.** *Br* [chase away] foragitar. ● **see through** *vt fus* [person] calar, llucar. ● **see to** *vt fus* tenir cura de.

seed [siːd] *n* [of plant] llavor *f*. ● **seeds** *npl fig* [of doubt] llavor *f*; [of idea] embrió *m*.

seedling ['siːdlɪŋ] *n* plançó *m*.

seedy ['siːdɪ] (*compar* -ier, *superl* -iest) *adj* [room, area] sòrdid -a; [person] deixat -ada.

seek [siːk] (*pt & pp* sought) *fml* ◇ *vt* **-1.** [look for, try to obtain] buscar. **-2.** [ask for] demanar. **-3.** [try]: **to ~ to do sthg** intentar fer alguna cosa. ◇ *vi* **-1.** [look for]: **to ~ for sthg** buscar alguna cosa. **-2.** [ask for]: **to ~ for sthg** demanar alguna cosa.

seem [siːm] ◇ *vi* semblar; **it ~s (to be) good** sembla (que és) bo bona; **I can't ~ to do it** em sembla que no ho puc fer; **I ~ to remember that ...** em sembla que recordo que ... ◇ *v impers*: **it ~s that** sembla que.

seemingly ['siːmɪŋlɪ] *adv* aparentment.

seen [siːn] *pp* ● **see**.

seep [siːp] *vi* filtrar-se.

seesaw ['siːsɔː] *n* gronxador *m*.

seethe [siːð] *vi* **-1.** [person] estar furiós -osa. **-2.** [place]: **to be seething with** bullir de.

see-through *adj* transparent.

segment ['segmənt] *n* **-1.** [proportion, section] segment *m*. **-2.** [of fruit] grill *m*.

segregate ['segrɪgeɪt] *vt* segregar.

Seine [seɪn] *n*: **the (River) ~** el (riu) Sena.

seize [siːz] *vt* **-1.** [grab] agafar, engrapar. **-2.** [capture - control, power, town] apoderar-se de. **-3.** [arrest] detenir, agafar. **-4.** [take advantage of] aprofitar. ● **seize (up)on** *vt fus* aprofitar. ● **seize up** *vi* encallar-se.

seizure ['siːzər] *n* **-1.** MED atac *m*. **-2.** [taking, capturing] presa *f*.

seldom ['seldəm] *adv* rarament.

select [sɪ'lekt] ◇ *adj* selecte -a. ◇ *vt* [gen] triar, escollir; [team] seleccionar.

selection [sɪ'lekʃn] *n* **-1.** [gen] selecció *f*. **-2.** [fact of being selected] elecció *f*. **-3.** [in shop] assortiment *m*.

selective [sɪ'lektɪv] *adj* selectiu -iva.

self [self] (*pl* selves) *n* un mateix *m*, una mateixa *f*; **he's his old ~ again** torna a ser el que era abans; **the ~** el jo.

self-addressed stamped envelope [-ə'dreststæmpt-] *n Am* sobre franquejat amb el nom i l'adreça d'un mateix.

self-assured *adj* segur -a d'un mateix.

self-catering *adj* sense els àpats.

self-centred [-'sentəd] *adj* egocèntric -a.

self-confessed *adj* confés -essa.

self-confident *adj* [person] segur d'un mateix; [attitude, remark] amb molta seguretat.

self-conscious *adj* tímid -a.

self-contained *adj* autosuficient.

self-control *n* autocontrol *m*.

self-defence *n* autodefensa *f*; **in ~** en defensa pròpia.

self-discipline *n* autodisciplina *f*.

self-employed [-ɪm'plɔɪd] *adj* autònom -a.

self-esteem *n* amor *m* propi.

self-evident *adj* patent, evident.

self-explanatory *adj* clar -a.

self-government *n* autogovern *m*.

self-help *n* autoajuda *f*.

self-important *adj pej* cofoi -a.

self-indulgent *adj pej* massa indulgent amb un una mateixa -a.

self-interest *n* (U) *pej* amor *m* propi.

selfish ['selfɪʃ] *adj* egoista.

selfishness ['selfɪʃnɪs] *n* egoisme *m*.

selfless ['selflɪs] *adj* desinteressat -ada.

self-made *adj* que s'ha fet a si mateix -a.

self-opinionated *adj pej* tossut -uda.

self-pity *n pej* compassió *f* d'un mateix.

self-portrait *n* autoretrat *m*.

self-possessed *adj* serè -ena.

self-raising flour *Br* [-ˌreɪzɪŋ], **self-rising flour** *Am n* farina *f* amb llevat.

self-reliant *adj* independent.

self-respect *n* autoestima *f*.

self-respecting [-rɪs'pektɪŋ] *adj* que té autoestima.

self-restraint *n* autocontrol *m*.

self-righteous *adj pej* nyeu-nyeu, fariseu -a.

self-rising flour *Am* = **self-raising flour**.

self-sacrifice *n* abnegació *f*.

self-satisfied *adj pej* [person] cofoi -a; [smile] autosuficient.

self-service ◇ *n* autoservei *m*. ◇ *comp* d'autoservei.

self-sufficient *adj*: ~ (in) autosuficient (en).

self-taught *adj* autodidacte -a.

sell [sel] (*pt & pp* **sold**) ◇ *vt* **-1.** [gen] vendre; **to ~ sthg to sb, to ~ sb sthg** vendre alguna cosa a algú; **to ~ sthg for** vendre alguna cosa com. **-2.** [encourage sale of] fer vendre. **-3.** *fig* [make acceptable, desirable]: **I'm not really sold on it** no m'acaba pas d'entusiasmar; **to ~ o.s.** vendre's. ◇ *vi* **-1.** [exchange for money] vendre. **-2.** [be bought]: **to ~ (for / at)** vendre's (per / a). ➡ **sell off** *vt sep* liquidar. ➡ **sell out** ◇ *vt sep* [performance]: **to be sold out** estar esgotat -ada. ◇ *vi* **-1.** [shop]: **to ~ out (of sthg)** esgotar les existències (d'alguna cosa). **-2.** [be disloyal, unprincipled] vendre's.

sell-by date *n Br* data *f* de caducitat.

seller ['selə'] *n* venedor *m* -a *f*.

selling price *n* preu *m* de venda.

Sellotape® ['seləteɪp] *n Br* cinta *f* adhesiva.

sell-out *n* [performance, match] ple *m*.

selves [selvz] *pl* ➡ **self**.

semaphore ['seməfɔː'] *n* (U) semàfor *m*.

semblance ['sembləns] *n fml* aparença *f*.

semen ['siːmen] *n* semen *m*.

semester [sɪ'mestə'] *n* semestre *m*.

semicircle [ˌsemɪˌsɜːkl] *n* semicercle *m*.

semicolon [ˌsemɪˈkəʊlən] *n* punt i coma *m*.

semidetached [ˌsemɪdɪˈtætʃt] ◇ *adj* adossat -ada. ◇ *n Br* casa *f* adossada.

seminal ['semɪnl] *adj* **-1.** [of semen] seminal. **-2.** [influential] fonamental.

seminar ['semɪnɑː'] *n* seminari *m*.

seminary ['semɪnərɪ] (*pl* **-ies**) *n* RELIG seminari *m*.

semiskilled [ˌsemɪˈskɪld] *adj* semiqualificat -ada.

semolina [ˌseməˈliːnə] *n* sèmola *f*.

Senate ['senɪt] *n* POL: **the (United States) ~** el Senat (dels Estats Units).

senator ['senətə'] *n* senador *m* -a *f*.

send [send] (*pt & pp* **sent**) *vt* **-1.** [gen] enviar; **to ~ sb sthg, to ~ sthg to sb** enviar alguna cosa a algú. **-2.** [tell to go, arrange for attendance]: **to ~ sb (to)** fer anar algú (a). **-3.** [subject: explosion, blow] llançar. ➡ **send for** *vt fus* **-1.** [person] enviar a buscar. **-2.** [goods, information] demanar, encarregar. ➡ **send in** *vt sep* presentar. ➡ **send off** *vt sep* **-1.** [by post] enviar (per correu). **-2.** SPORT expulsar. ➡ **send off for** *vt fus* [goods, information] escriure per demanar. ➡ **send up** *vt sep inf* **-1.** *Br* [imitate] parodiar. **-2.** *Am* [- to prison] empresonar.

sender ['sendə'] *n* remitent *mf*.

send-off *n* comiat *m*.

senile ['siːnaɪl] *adj* senil.

senior ['siːnjə'] ◇ *adj* **-1.** [highest-ranking] superior. **-2.** [higher-ranking]: **~ to sb** superior a algú. **-3.** EDUC [pupil] més gran; [class, common room] dels grans; *Am* **~ year** últim curs / any. ◇ *n* **-1.** [older person]: **I'm five years his ~** tinc cinc anys més que ell; **she's my ~** és més gran que jo. **-2.** EDUC estudiant *mf* d'últim curs.

senior citizen *n* persona *f* de la tercera edat.

sensation [sen'seɪʃn] *n* sensació *f*.

sensational [sen'seɪʃənl] *adj* **-1.** [gen] sensacional. **-2.** [sensationalist] sensacionalista.

sensationalist [sen'seɪʃnəlɪst] *adj pej* sensacionalista.

sense [sens] ◇ *n* **-1.** [faculty, meaning] sentit *m*; **to make ~** [have meaning] tenir sentit; **to make ~ of sthg** treure l'aigua clara d'alguna cosa. **-2.** [feeling - of guilt, terror] sentiment *m*; [- of urgency] sensació *f*; [- of honour, duty] sentit *m*. **-3.** [natural ability]: **business ~** aptitud *f* per als negocis; **dress ~** gust *m* en el vestir; **~ of humour / style** sentit de l'humor / estil. **-4.** [wisdom, reason] sentit *m* comú; **to make ~** [be sensible] ser raonable; **to talk ~** parlar amb seny; **there's no / little ~ in arguing** no té cap / té ben poc sentit discutir. **-5.** **to come to one's ~s** [see reason] recuperar el seny. ◇ *vt*: **to ~ (that)** tenir la impressió (que). ➡ **in a sense** *adv* en cert sentit.

senseless ['senslɪs] *adj* **-1.** [stupid] insensat -a. **-2.** [unconscious] inconscient.

sensibilities [ˌsensɪˈbɪlətɪz] *npl* [delicate feelings] sensibilitat *f*.

sensible ['sensəbl] *adj* [person, decision] sensat -a, raonable; [clothes] pràctic -a.

sensitive ['sensɪtɪv] *adj* **-1.** [understanding]: **~ (to)** conscient (de). **-2.** [easily hurt, touchy]: **~ (to / about)** susceptible (a) / preocupar-se (per). **-3.** [controversial] delicat -ada. **-4.** [easily damaged, tender]: **~ (to)** sensible (a). **-5.** [responsive - instrument] delicat -ada.

sensual ['sensjʊəl] *adj* sensual.
sensuous ['sensjʊəs] *adj* sensual.
sent [sent] *pt & pp* ▶ **send**.
sentence ['sentəns] ◇ *n* **-1.** [group of words] frase *f*, oració *f*. **-2.** JUR sentència *f*. ◇ *vt*: **to ~ sb (to)** condemnar algú (a).
sentiment ['sentɪmənt] *n* **-1.** [feeling] sentiment *m*. **-2.** [opinion] opinió *f*. **-3.** *pej* [emotion, tenderness] sentimentalisme *m*.
sentimental [,sentɪ'mentl] *adj* sentimental.
sentry ['sentrɪ] (*pl* **-ies**) *n* sentinella *mf*.
separate [*adj & n* 'seprət, *vb* 'sepəreɪt] ◇ *adj* **-1.** [not joined, apart]: **~ (from)** separat -ada (de). **-2.** [individual, distinct] diferent. ◇ *vt* **-1.** [keep or move apart]: **to ~ sthg / sb (from)** separar alguna cosa / algú (de). **-2.** [distinguish]: **to ~ sthg / sb from** distingir alguna cosa / algú de. **-3.** [divide]: **to ~ sthg / sb into** dividir alguna cosa / algú en. ◇ *vi* **-1.** [gen]: **to ~ (from)** separar-se (de). **-2.** [divide]: **to ~ (into)** dividir-se (en). ◆ **separates** *npl Br* peces *fpl* de roba (que es compren soltes i combinen amb diversos conjunts).
separately ['seprətlɪ] *adv* **-1.** [on one's own] separadament. **-2.** [one by one] per separat.
separation [,sepə'reɪʃn] *n* separació *f*.
September [sep'tembər] ◇ *n* setembre *m*; **when are you going?** - **~** quan te'n vas? - al setembre; **one of the hottest ~s on record** un dels setembres més calorosos del qual se'n tenen dades; **1 - 1992** [in letters etc.] 1 de setembre de 1992; **by /** in ~ el mes de / al setembre; **last / this / next ~** el setembre passat / d'aquest any / que ve; **every ~** cada setembre; **during ~** el setembre, durant el mes de setembre; **at the beginning / end of ~** al començament / al final de setembre; **in the middle of ~** a mitjan setembre. ◇ *comp* de setembre; **I've got a ~ birthday** faig els anys el mes de setembre.
septic ['septɪk] *adj* sèptic -a; **to go ~** infectar-se.
septic tank *n* fossa *f* sèptica.
sequel ['si:kwəl] *n* **-1.** [book, film]: **~ (to)** continuació *f* (de). **-2.** [consequence]: **~ (to)** conseqüència *f* (de).
sequence ['si:kwəns] *n* **-1.** [series] sèrie *f*. **-2.** [order, of film] seqüència *f*; **in ~** en successió.
Serb = **Serbian**.
Serbia ['sɜ:bjə] *n* Sèrbia *f*.

Serbian ['sɜ:bjən], **Serb** [sɜ:b] ◇ *adj* serbi sèrbia. ◇ *n* **-1.** [person] serbi *m* sèrbia *f*. **-2.** [dialect] serbi *m*.
serene [sɪ'ri:n] *adj* serè -ena.
sergeant ['sɑ:dʒənt] *n* **-1.** MIL ≃ sergent *m* -a *f*. **-2.** [in police] sotsinspector *m* -a *f* de policia.
sergeant major *n* brigada *mf*.
serial ['sɪərɪəl] *n* sèrie *f*, telenovel·la *f*.
serial number *n* número *m* de sèrie.
series ['sɪəri:z] (*pl inv*) *n* sèrie *f*, seqüència *f*.
serious ['sɪərɪəs] *adj* **-1.** [gen] seriós -osa; **are you ~?** ho dius de debò? **-2.** [very bad] greu.
seriously ['sɪərɪəslɪ] *adv* **-1.** [honestly] seriosament. **-2.** [very badly] greument. **-3.** [in a considered, earnest, solemn manner] seriosament. **-4.** **to take sthg / sb ~** prendre's alguna cosa / algú seriosament.
seriousness ['sɪərɪəsnɪs] *n* **-1.** [gravity] gravetat *f*. **-2.** [honesty] **in all ~** molt seriosament. **-3.** [solemnity] formalitat *f*, serietat *f*.
sermon ['sɜ:mən] *n* RELIG & *pej* sermó *m*.
serrated [sɪ'reɪtɪd] *adj* serrat -ada.
servant ['sɜ:vənt] *n* servent *m* -a *f*.
serve [sɜ:v] ◇ *vt* **-1.** [work for] servir. **-2.** [have effect]: **to ~ to do sthg** servir per fer alguna cosa. **-3.** [fulfil]: **to ~ a purpose** respondre a una finalitat. **-4.** [provide for] abastir; **the town is ~d by three motorways** la ciutat té tres autopistes. **-5.** [food, drink]: **to ~ sthg to sb**, **to ~ sb sthg** servir alguna cosa a algú. **-6.** [in shop, bar etc.] despatxar, atendre. **-7.** JUR: **to ~ sb with sthg**, **to ~ sthg on sb** lliurar alguna cosa a algú. **-8.** [prison sentence] complir; [apprenticeship] fer; [term of office] exercir. **-9.** SPORT servir, sacar. **-10.** **that ~s you right!** ja t'està bé! ◇ *vi* **-1.** [work, give food or drink] servir. **-2.** [function]: **to ~ as** servir de. **-3.** [in shop, bar etc.] despatxar. **-4.** SPORT servir, sacar. ◇ *n* servei *m*.
serve out, **serve up** *vt sep* servir.
service ['sɜ:vɪs] ◇ *n* **-1.** [gen] servei *m*; **in ~** en funcionament; **out of ~** fora de servei. **-2.** [mechanical check] revisió *f*. **-3.** RELIG ofici *m*. **-4.** [set - of plates etc.] servei *m*, joc *m*. **-5.** SPORT sacada *f*. **-6.** [use]: **to be of ~ (to sb)** ajudar (algú). ◇ *vt* **-1.** [car, machine] repassar, arreglar. **-2.** FIN [debt] pagar els interessos de. ◆ **services** *npl* **-1.** [on motorway] àrea *f* de servei. **-2.** [armed forces]: **the ~s** les forces armades. **-3.** [efforts, work] serveis *mpl*.

serviceable [ˈsɜːvɪsəbl] *adj* útil, pràctic -a.

service area *n* àrea *f* de servei.

service charge *n* servei *m*.

serviceman [ˈsɜːvɪsmən] (*pl* **-men** [-mən]) *n* militar *m*.

service station *n* estació *f* de servei.

serviette [ˌsɜːvɪˈet] *n* tovalló *m*.

sesame [ˈsesəmɪ] *n* sèsam *m*.

session [ˈseʃn] *n* **-1.** [gen] sessió *f*; **in ~** en sessió. **-2.** *Am* [school term] trimestre *m*.

set [set] (*pt & pp* **set**, *cont* **-ting**) ◇ *adj* **-1.** [fixed - expression, amount] fix -a; [- pattern, method] preestablert -a; **~ phrase** frase feta. **-2.** *Br* EDUC [text etc.] assignat -ada. **-3.** [ready, prepared]: **~ (for sthg / to do sthg)** a punt (per a alguna cosa / per fer alguna cosa). **-4.** [determined]: **to be ~ on sthg / doing sthg** estar entestat -ada en alguna cosa / a fer alguna cosa. **-5. to be ~ in one's ways** tenir uns costums molt arrelats. ◇ *n* **-1.** [collection - gen] joc *m*; [- of stamps] sèrie *f*. **-2.** [TV, radio] aparell *m*. **-3.** THEAT decorat *m*; CIN plató *m*. **-4.** SPORT set *m*. ◇ *vt* **-1.** [position, place] posar, col·locar. **-2.** [fix, insert]: **to ~ sthg in / into** muntar alguna cosa en. **-3.** [cause to be or start]: **to ~ free** alliberar; **to ~ fire to** calar foc a; **to ~ sthg in motion** posar alguna cosa en marxa; **to ~ sb's mind at rest** tranquil·litzar algú; **to ~ sb thinking** fer pensar algú. **-4.** [trap, table, essay] posar. **-5.** [alarm, meter] posar. **-6.** [time, wage] fixar. **-7.** [example] donar; [precedent] crear; [trend] imposar. **-8.** [target] fixar. **-9.** [face] compungir; [jaw] estrènyer. **-10.** MED [bones, leg] encaixar. **-11.** [arrange]: **to ~ sthg to music** posar música en alguna cosa. **-12.** [book, play, film] situar, ambientar. ◇ *vi* **-1.** [sun] pondre's. **-2.** [jelly] quallar-se; [glue, cement] solidificar-se. ◆ **set about** *vt fus* [start - task] posar-se a; [- about problem] atacar; **to ~ about doing sthg** posar-se a fer alguna cosa. ◆ **set aside** *vt sep* **-1.** [keep, save] reservar. **-2.** [dismiss - aside enmity, differences] deixar de banda. ◆ **set back** *vt sep* **-1.** [delay] endarrerir. **-2.** *inf* [cost]: **this book ~ me back £10** aquest llibre em va costar 10 lliures. ◆ **set off** ◇ *vt sep* **-1.** [initiate, cause] donar peu a. **-2.** [ignite - off bomb] fer explotar. ◇ *vi* posar-se en marxa. ◆ **set out** ◇ *vt sep* **-1.** [arrange] arranjar. **-2.** [explain] exposar. ◇ *vi* **-1.** [on journey] posar-se en marxa. **-2.** [intend]: **to ~ out to do sthg** proposar-se de fer alguna cosa. ◆ **set up** ◇ *vt sep* **-1.** [business] muntar; [committee, organization] constituir; [procedure] establir; [interview, meeting] convocar; **to ~ oneself up** establir-se. **-2.** [~ up house / home] instal·lar-se. **-2.** [statue, roadblock] erigir. **-3.** [cause, produce] produir. **-4.** [prepare for use] preparar. **-5.** *inf* [frame] parar una trampa a. ◇ *vi* [establish oneself] establir-se.

setback [ˈsetbæk] *n* contratemps *m*, revés *m*.

set menu *n* menú *m* del dia.

settee [seˈtiː] *n* sofà *m*.

setting [ˈsetɪŋ] *n* **-1.** [surroundings] escenari *m*. **-2.** [of dial, control] posició *f*.

settle [ˈsetl] ◇ *vt* **-1.** [conclude, decide] resoldre. **-2.** [pay] liquidar. **-3.** [make oneself comfortable]: **to ~ o.s.** escarxofar-se. **-4.** [calm - nerves] calmar. ◇ *vi* **-1.** [stop travelling] instal·lar-se. **-2.** [make o.s. comfortable] escarxofar-se. **-3.** [dust, sediment] sedimentar-se, dipositar-se. **-4.** [calm down] tranquil·litzar-se. **-5.** [bird]: **to ~ on** posar-se. ◆ **settle down** *vi* **-1.** [concentrate on]: **to ~ down to doing sthg** posar-se a fer alguna cosa; **to ~ down to sthg** concentrar-se en alguna cosa; **to ~ down (for) sthg** preparar-se (per a alguna cosa). **-2.** [become respectable] posar seny. **-3.** [calm oneself] tranquil·litzar-se. ◆ **settle for** *vt fus* conformar-se amb. ◆ **settle in** *vi* [in new home] instal·lar-se; [in new job] adaptar-se. ◆ **settle on** *vt fus* [choose] decidir-se per. ◆ **settle up** *vi*: **to ~ up (with sb)** passar comptes (amb algú).

settlement [ˈsetlmənt] *n* **-1.** [agreement] acord *m*. **-2.** [village] poble *m*.

settler [ˈsetləʳ] *n* colon *m* -a *f*.

set-up *n inf* **-1.** [system, organization] organització *f*. **-2.** [frame, trap] tripijoc *m*.

seven [ˈsevn] *num* set; ➢ **six**.

seventeen [ˌsevnˈtiːn] *num* disset; ➢ **six**.

seventeenth [ˌsevnˈtiːnθ] *num* dissetè -ena; ➢ **sixth**.

seventh [ˈsevnθ] ◇ *num adj* setè -ena. ◇ *num n* **-1.** [fraction] setè *m*. **-2.** [in order] setè -ena; ➢ **sixth**.

seventy [ˈsevntɪ] *num* setanta; ➢ **sixty**.

sever [ˈsevəʳ] *vt* **-1.** [cut through] tallar. **-2.** [finish completely] trencar.

several [ˈsevrəl] ◇ *adj* diversos -es. ◇ *pron* alguns, algunes.

severance [ˈsevrəns] *n fml* ruptura *f*.

severance pay *n* indemnització *f* per cessament.

severe [sɪˈvɪər] *adj* [gen] sever -a; [pain] agut -uda, fort -a.

severity [sɪˈverətɪ] *n* [gen] rigor *m*, severitat *f*; [of shortage, problem] gravetat *f*.

Seville [səˈvɪl] *n* Sevilla.

sew [səʊ] (*Br pp* **sewn**, *Am pp* **sewed** / **sewn**) *vt & vi* cosir. ➤ **sew up** *vt sep* **-1.** [cloth] cosir. **-2.** *inf* [arrange, fix]: **to have sthg ~n up** [deal, election etc.] tenir alguna cosa ben lligada; [market] tenir alguna cosa controlada.

sewage [ˈsuːɪdʒ] *n* (U) aigües *fpl* residuals.

sewer [ˈsʊər] *n* claveguera *f*, col·lector *m*.

sewing [ˈsəʊɪŋ] *n* **-1.** (U) [activity] costura *f*. **-2.** [items] labor *f*.

sewing machine *n* màquina *f* de cosir.

sewn [səʊn] *pp* ➤ **sew**.

sex [seks] *n* sexe *m*; **to have ~** tenir relacions sexuals.

sexist [ˈseksɪst] ◇ *adj* sexista. ◇ *n* sexista *mf*.

sexual [ˈsekʃʊəl] *adj* sexual.

sexual harassment *n* assetjament *m* sexual.

sexual intercourse *n* (U) relacions *fpl* sexuals.

sexy [ˈseksɪ] (*compar* **-ier**, *superl* **-iest**) *adj inf* "sexy".

shabby [ˈʃæbɪ] (*compar* **-ier**, *superl* **-iest**) *adj* **-1.** [clothes, briefcase] tronat -ada; [street] deixat -ada. **-2.** [person] espellifat -ada. **-3.** [treatment etc.] injust -a.

shack [ʃæk] *n* barraca *f*.

shackle [ˈʃækl] *vt* **-1.** [enchain] encadenar. **-2.** *liter* [restrict] posar traves a. ➤ **shackles** *npl* **-1.** [metal rings] grillons *mpl*. **-2.** *liter* [restrictions] traves *fpl*.

shade [ʃeɪd] ◇ *n* **-1.** (U) [shadow] ombra *f*. **-2.** [lampshade] pantalla *f*. **-3.** [of colour, meaning] matís *m*. ◇ *vt* [from light] ombrejar; **to ~ one's eyes** protegir-se del sol. ◇ *vi*: **to ~ into sthg** transformar-se en alguna cosa gradualment. ➤ **shades** *npl inf* [sunglasses] ulleres *fpl* de sol.

shadow [ˈʃædəʊ] ◇ *adj Br* POL a l'ombra. ◇ *n* **-1.** [dark shape, form] ombra *f*. **-2.** [darkness] foscor *f*. **-3. to be a ~ of one's former self** ser una ombra del que es va ser; **there's not a / the ~ of a doubt** no hi ha cap mena de dubte.

shadow cabinet *n* gabinet *m* fantasma.

shadowy [ˈʃædəʊɪ] *adj* **-1.** [dark] ombrívol -a. **-2.** [hard to see] vague -ga. **-3.** [unknown, sinister] espectral.

shady [ˈʃeɪdɪ] (*compar* **-ier**, *superl* **-iest**) *adj* **-1.** [sheltered from sun] obac -ga. **-2.** [providing shade] ombriu -iva. **-3.** *inf* [dishonest - businessman] deshonest -a; [- deal] tèrbol -a.

shaft [ʃɑːft] ◇ *n* **-1.** [vertical passage] pou *m*. **-2.** [rod - of propellor etc.] eix *m*. **-3.** [of light] raig *m*. ◇ *vt* **-1.** *v inf* [dupe] enganyar. **-2.** *Am v inf* [treat unfairly].

shaggy [ˈʃægɪ] (*compar* **-ier**, *superl* **-iest**) *adj* [dog] pelut -uda.

shake [ʃeɪk] (*pt* **shook**, *pp* **shaken**) ◇ *vt* **-1.** [move vigorously] sacsejar, agitar; **to ~ sb's hand** donar la mà a algú; **to ~ hands** fer una encaixada; **to ~ one's head** [in refusal] dir que no amb el cap; [in disbelief] moure el cap mostrant incredulitat. **-2.** [shock] esgarrifar, commoure. **-3.** [undermine] debilitar, afeblir. ◇ *vi* tremolar, trontollar. ◇ *n* [of bottle etc.] sacseig *m*; [of head in disbelief] expressió *f* d'incredulitat amb el cap; [of head in disagreement] negació *f* amb el cap. ➤ **shake off** *vt sep* [pursuer] desfer-se de; [cold] treure's del damunt; [illness] treure's del damunt.

shaken [ˈʃeɪkn] *pp* ➤ **shake**.

shaky [ˈʃeɪkɪ] (*compar* **-ier**, *superl* **-iest**) *adj* **-1.** [weak, nervous] tremolós -osa. **-2.** [unconfident, insecure - start] incert -a; [- argument] poc sòlid -a; [- finances] inestable.

shall [weak form ʃəl, strong form ʃæl] *aux vb* **-1.** (*1st person sg & 1st person pl*) [to express future tense]: **we ~ be there tomorrow** demà hi serem; **I shan't be home till ten** no seré a casa fins a les deu. **-2.** (*esp 1st person sg & 1st person pl*) [in questions]: **~ we go for a walk?** vols que anem a donar una volta?; **~ I give her a ring?** li truco?; **I'll do that, ~ I?** ho faré, d'acord? **-3.** [will definitely]: **we ~ overcome!** guanyarem! **-4.** [in orders]: **you ~ do as I tell you!** faràs el que et digui!; **no one ~ leave until I say so** ningú no se n'anirà fins que jo ho digui.

shallow [ˈʃæləʊ] *adj* **-1.** [in size] poc fondo -a. **-2.** *pej* [superficial] superficial.

sham [ʃæm] (*pt & pp* **-med**, *cont* **-ming**) ◇ *adj* simulat -ada. ◇ *n* farsa *f*. ◇ *vi* simular, fingir.

shambles [ˈʃæmblz] *n* caos *m*, confusió *f*; **in a ~** de potes enlaire.

shame [ʃeɪm] ◇ *n* **-1.** (U) [remorse] vergonya *f*. **-2.** [dishonour]: **to bring ~ on / upon sb** deshonrar algú. **-3.** [pity]: **what a ~!** quina llàstima!; **it's a ~** és una llàstima. ◇ *vt* **-1.** [fill with -] avergonyir. **-2.** [force by making ashamed]: **to ~ sb into doing**

shamefaced sthg avergonyir algú perquè faci alguna cosa.

shamefaced [ˌʃeɪmˈfeɪst] *adj* avergonyit -ida.

shameful [ˈʃeɪmfʊl] *adj* vergonyós -osa.

shameless [ˈʃeɪmlɪs] *adj* desvergonyit -ida, descarat -ada.

shampoo [ʃæmˈpuː] (*pl* **-s**, *pt & pp* **-ed**, *cont* **-ing**) ◇ *n* **–1.** [liquid] xampú *m*. **–2.** [act of shampooing] rentat *m* (amb xampú). ◇ *vt* rentar (el cabell amb xampú).

shamrock [ˈʃæmrɒk] *n* trèvol *m*.

shandy [ˈʃændɪ] (*pl* **-ies**) *n* beguda de cervesa i limonada.

shan't [ʃɑːnt] = **shall not**.

shantytown [ˈʃæntɪtaʊn] *n* barri *m* de barraques.

shape [ʃeɪp] ◇ *n* **–1.** [outer form] forma *f*. **–2.** [definite form, silhouette] figura *f*. **–3.** [structure] configuració *f*; **to take ~** agafar / prendre forma. **–4.** [guise]: **in the ~ of** en forma de; **in any ~ or form** de cap manera. **–5.** [form, health]: **to be in good / bad ~** [person] estar / no estar en forma; [business etc.] estar en bon / mal estat; **to lick / knock sb into ~** entrenar algú. ◇ *vt* **–1.** [mould]: **to ~ sthg (into)** donar a alguna cosa forma (de). **–2.** [cause to develop] determinar. ◆ **shape up** *vi* [develop] desenvolupar-se.

-shaped [ʃeɪpt] *suffix*: **egg / star~** en forma d'ou / estrella.

shapeless [ˈʃeɪplɪs] *adj* amorf -a, informe.

shapely [ˈʃeɪplɪ] (*compar* **-ier**, *superl* **-iest**) *adj* ben proporcionat -ada.

share [ʃeər] ◇ *n* **–1.** [portion]: **~ (of / in)** part *f* (de). **–2.** [contribution, quota]: **to have / do one's ~ of sthg** fer la part que et toca. ◇ *vt* **–1.** [gen]: **to ~ sthg (with)** compartir alguna cosa (amb). **–2.** [reveal]: **to ~ sthg (with)** participar alguna cosa (a). ◇ *vi* compartir. ◆ **shares** *npl* accions *fpl*. ◆ **share out** *vt sep* repartir, distribuir.

shareholder [ˈʃeəˌhəʊldər] *n* accionista *mf*.

shareware [ˈʃeəˌweər] *n* COMPUT programari *m* de prova.

shark [ʃɑːk] (*pl inv* -**s**) *n* tauró *m*; *fig* estafador *m* -a *f*.

sharp [ʃɑːp] ◇ *adj* **–1.** [not blunt] punxegut -uda. **–2.** [well-defined - outline] perfilat -ada; [- photograph] nítid -a; [- contrast] marcat -ada. **–3.** [intelligent, keen - person] llest -a, viu viva; [- eyesight] penetrant; [- hearing] agut -uda; [- intelligence] perspi-caç. **–4.** [abrupt, sudden] sobtat -ada, brusc -a. **–5.** [quick, firm - blow] sec -a. **–6.** [angry, severe] aspre -a. **–7.** [piercing, acute - sound, cry, pain] penetrant, agut -uda; [- cold, wind] intens -a, penetrant. **–8.** [bitter] agre -a, aspre -a. **–9.** MUS sostingut-uda. ◇ *adv* **–1.** [punctually] en punt. **–2.** [quickly, suddenly] bruscament. **–3.** MUS desafinadament. ◇ *n* MUS sostingut *m*.

sharpen [ˈʃɑːpn] ◇ *vt* **–1.** [make sharp] esmolar, afilar; [pencil] fer punta a. **–2.** [make keener, quicker, greater] aguditzar. **–3.** [make angrier - voice]: **to ~ one's voice** pujar el to de la veu. ◇ *vi* **–1.** [gen] aguditzar-se. **–2.** [become angrier]: **his voice ~ed** va apujar el to de veu.

sharpener [ˈʃɑːpnər] *n* [for pencils] maquineta *f* de fer punta; [for knives] esmolador *m*.

sharp-eyed [-ˈaɪd] *adj* de vista aguda.

sharply [ˈʃɑːplɪ] *adv* **–1.** [distinctly] clarament. **–2.** [suddenly] sobtadament. **–3.** [harshly] durament.

shat [ʃæt] *pt & pp* ⟶ **shit**.

shatter [ˈʃætər] ◇ *vt* **–1.** [smash] esmicolar. **–2.** [hopes etc.] destruir. **–3.** [shock, upset]: **to be ~ed (by)** quedar desfet -a (per). ◇ *vi* esmicolar-se, trencar-se.

shattered [ˈʃætəd] *adj* **–1.** [shocked, upset] desfet -a. **–2.** *Br inf* [very tired] llassat -ada.

shave [ʃeɪv] ◇ *n* afaitat *m*; **to have a ~** afaitar-se; **it was a close ~** va anar d'un pèl. ◇ *vt* **–1.** [face, body] afaitar-se. **–2.** [cut pieces off] retallar. ◇ *vi* afaitar.

shaver [ˈʃeɪvər] *n* màquina *f* d'afaitar.

shaving brush [ˈʃeɪvɪŋ-] *n* brotxa *f* d'afaitar.

shaving cream [ˈʃeɪvɪŋ-] *n* crema *f* d'afaitar.

shaving foam [ˈʃeɪvɪŋ-] *n* escuma *f* d'afaitar.

shavings [ˈʃeɪvɪŋz] *npl* encenalls *mpl*.

shawl [ʃɔːl] *n* xal *m*.

she [ʃiː] ◇ *pers pron* **–1.** [referring to woman, girl, animal] ella; **~'s tall** (ella) és alta; **~ loves fish** a ella li encanta el peix; SHE can't do it (ella) no ho pot fer; **there ~ is** és allà; *fml* **if I were / was ~** si (jo) fos d'ella. **–2.** [referring to boat, car, country]: **~'s a fine ship** és un bon vaixell. ◇ *adj* **~** [animal] és femella; [baby] és (una) nena. ◇ *comp*: **~-elephant** elefanta *f*; **~ bear** óssa *f*.

sheaf [ʃiːf] (*pl* **sheaves**) *n* **–1.** [of papers, letters] feix *m*. **–2.** [of corn, grain] garba *f*.

shear [ʃɪəʳ] (*pt* -ed, *pp* -ed shorn) *vt* [sheep] esquilar. ◆ **shears** *npl* -1. [for garden] tisores *fpl* de podar. -2. [for dressmaking] tisores *fpl*. ◆ **shear off** ◇ *vt fus* tallar. ◇ *vi* trencar-se.

sheath [ʃiːθ] (*pl* -s) *n* -1. [covering for knife] beina *f*, funda *f*. -2. *Br* [condom] condó *m*, preservatiu *m*.

sheaves [ʃiːvz] *pl* ► sheaf.

shed [ʃed] (*pt & pp* shed, *cont* -ding) ◇ *n* cobert *m*. ◇ *vt* -1. [skin] mudar; [leaves] caure. -2. [discard] desfer-se de. -3. [accidentally lose - load] perdre. -4. [tears] vessar; **to ~ blood** vessar sang.

she'd [*weak form* ʃɪd, *strong form* ʃiːd] = **she had, she would**.

sheen [ʃiːn] *n* lluentor *f*, tornassol *m*.

sheep [ʃiːp] (*pl inv*) *n* [animal] ovella *f*; *fig* [person] xai *m* xaia *f*.

sheepdog [ˈʃiːpdɒg] *n* gos *m* d'atura.

sheepish [ˈʃiːpɪʃ] *adj* vergonyós -osa.

sheepskin [ˈʃiːpskɪn] *n* pell *f* de xai.

sheer [ʃɪəʳ] *adj* -1. [absolute] pur -a, mer -a. -2. [very steep - cliff] escarpat -ada; [- drop] perpendicular. -3. [delicate] diàfan -a.

sheet [ʃiːt] *n* -1. [for bed] llençol *m*; **as white as a ~** blanc -a com el paper. -2. [of paper] full *m*. -3. [of glass, metal, wood] làmina *f*, full *m*.

sheik(h) [ʃeɪk] *n* xeic *m*.

shelf [ʃelf] (*pl* shelves) *n* prestatge *m*.

shell [ʃel] ◇ *n* -1. [of egg, nut] clova *f*. -2. [of tortoise, crab] closca *f*; [of snail, mussels] closca *f*. -3. [on beach] petxina *f*. -4. [of building] esquelet *m*; [of boat] buc *m*; [of car] xassís *m*. -5. MIL [missile] projectil *m*. ◇ *vt* -1. [peas] esgranar; [nuts, eggs] esclofollar. -2. MIL [fire shells at] bombardejar.

she'll [ʃiːl] = **she will, she shall**.

shellfish [ˈʃelfɪʃ] (*pl inv*) *n* -1. [creature] crustaci *m*. -2. (U) [food] marisc *m*.

shell suit *n Br* xandall *m* (de niló).

shelter [ˈʃeltəʳ] ◇ *n* -1. [building, protection] refugi *m*. -2. [place to live] aixopluc *m*. ◇ *vt* -1. [protect] **to be ~ed by / from** estar protegit -ida per / de. -2. [provide place to live for] aixoplugar, refugiar. -3. [hide] ocultar, amagar. ◇ *vi*: **to ~ from / in** refugiar-se / a.

sheltered [ˈʃeltəd] *adj* -1. [place, existence] arrecerat -ada, protegit -ida. -2. [accommodation, housing]: **~ housing** habitatges dissenyats per a vells i minusvàlids.

shelve [ʃelv] ◇ *vt* arxivar, ajornar. ◇ *vi* fer baixada.

shelves [ʃelvz] *pl* ► shelf.

shepherd [ˈʃepəd] ◇ *n* pastor *m*. ◇ *vt fig* guiar, conduir.

shepherd's pie [ˈʃepədz-] *n* mena de pastís de carn picada i puré de patates.

sheriff [ˈʃerɪf] *n Am* xèrif *m* -a *f*.

sherry [ˈʃerɪ] (*pl* -ies) *n* xerès *m*.

she's [ʃiːz] = **she is, she has**.

Shetland [ˈʃetlənd] *n*: **(the) ~ (Islands)** les (illes) Shetland.

shield [ʃiːld] ◇ *n* -1. [armour, sports trophy] escut *m*. -2. [protection]: **~ against** protecció *f* contra. ◇ *vt*: **to ~ sb (from)** protegir algú (de); **to ~ o.s. (from)** protegir-se (de).

shift [ʃɪft] ◇ *n* -1. [slight change] canvi *m*. -2. [period of work, workers] torn *m*. ◇ *vt* -1. [furniture etc.] canviar de lloc. -2. [attitude, belief] canviar. -3. [transfer]: **to ~ the blame (on to sb)** donar (a algú) la culpa de. ◇ *vi* -1. [person] moure's; [wind, opinion] canviar. -2. *Am* AUTOM canviar de marxa.

shiftless [ˈʃɪftlɪs] *adj* gandul -a.

shifty [ˈʃɪftɪ] (*compar* -ier, *superl* -iest) *adj inf* [person] sospitós -osa; [behaviour] sospitós -osa; [look] furtiu -iva.

shilling [ˈʃɪlɪŋ] *n* xíling *m*.

shilly-shally [ˈʃɪlɪˌʃælɪ] (*pt & pp* -ied) *vi* vacil·lar, dubtar.

shimmer [ˈʃɪməʳ] ◇ *n* reflex *m*. ◇ *vi* brillar, resplendir.

shin [ʃɪn] (*pt & pp* -ned, *cont* -ning) *n* canya *f*.

shinbone [ˈʃɪnbəʊn] *n* tíbia *f*.

shine [ʃaɪn] (*pt & pp* shone) ◇ *n* resplendor *f*. ◇ *vt* [torch, lamp] projectar. ◇ *vi* -1. [gen] brillar, resplendir. -2. [excel]: **to ~ at** destacar en.

shingle [ˈʃɪŋgl] *n* (U) [on beach] palets *mpl*. ◆ **shingles** *n* (U) herpes *m*.

ship [ʃɪp] (*pt & pp* -ped, *cont* -ping) ◇ *n* vaixell *m*, nau *f*. ◇ *vt* enviar per mar.

shipbuilding [ˈʃɪpbɪldɪŋ] *n* construcció *f* naval.

shipment [ˈʃɪpmənt] *n* tramesa *f*.

shipper [ˈʃɪpəʳ] *n* exportador *m* -a *f*.

shipping [ˈʃɪpɪŋ] *n* -1. (U) [transport] expedició *f*. -2. [ships] vaixells *mpl*.

shipshape [ˈʃɪpʃeɪp] *adj* en regla.

shipwreck [ˈʃɪprek] ◇ *n* -1. [destruction of ship] naufragi *m*. -2. [wrecked ship] vaixell *m* nàufrag. ◇ *vt*: **to be ~ed** naufragar.

shipyard [ˈʃɪpjɑːd] *n* drassana *f*.

shire [ʃaɪəʳ] *n* [county] comtat *m*.

shirk [ʃɜːk] *vt* eludir, defugir.

shirt [ʃɜːt] *n* camisa *f*.

shirtsleeves [ˈʃɜːtsliːvz] *npl*: **to be in (one's) ~** anar en màniguas de camisa.

shit [ʃɪt] (*pt & pp* **shit** / **shitted** / **shat**, *cont* **-ting**) *vulg* ⬦ *n* **-1.** [excrement] merda *f*. **-2.** (*U*) [nonsense] collonades *fpl*. **-3.** [person] merda *mf*. ⬦ *vi* cagar. ⬦ *excl* merda!

shiver [ˈʃɪvəʳ] ⬦ *n* calfred *m*; **to give sb the ~s** venir-li a algú esgarrifances. ⬦ *vi*: **to ~ (with)** [fear] tremolar (de); [cold] tremolar de.

shoal [ʃəʊl] *n* banc *m*.

shock [ʃɒk] ⬦ *n* **-1.** [unpleasant surprise, reaction, emotional state] xoc *m*, ensurt *m*; **I got a real ~** vaig tenir un bon ensurt; **it came as a ~** va ser un cop molt dur. **-2.** (*U*) MED: **to be suffering from ~** tenir una crisi nerviosa. **-3.** [impact] xoc *m*. **-4.** [electric -] descàrrega *f*, enrampada *f*. **-5.** [thick mass] mata *f*. ⬦ *vt* **-1.** [upset] commoure. **-2.** [offend] escandalitzar. ⬦ *vi* escandalitzar-se.

shock absorber [-əb,zɔːbəʳ] *n* amortidor *m*.

shocking [ˈʃɒkɪŋ] *adj* **-1.** [very bad] desastrós -osa. **-2.** [behaviour, film] escandalós -osa; [price] d'escàndol.

shod [ʃɒd] ⬦ *pt & pp* ⬟ **shoe**. ⬦ *adj* calçat -ada.

shoddy [ˈʃɒdɪ] (*compar* **-ier**, *superl* **-iest**) *adj* [work] barroer -a; [goods] de pacotilla; *fig* [treatment] mesquí -ina.

shoe [ʃuː] (*pt & pp* **shot** / **shoed**, *cont* **shoeing**) ⬦ *n* sabata *f*. ⬦ *vt* ferrar, calçar.

shoebrush [ˈʃuːbrʌʃ] *n* raspall *m* de les sabates.

shoehorn [ˈʃuːhɔːn] *n* calçador *m*.

shoelace [ˈʃuːleɪs] *n* cordó *m* de la sabata.

shoe polish *n* betum *m*, llustre *m*.

shoe shop *n* sabateria *f*.

shoestring [ˈʃuːstrɪŋ] ⬦ *adj* reduït -ida. ⬦ *n fig*: **on a ~** amb pocs diners.

shone [ʃɒn] *pt & pp* ⬟ **shine**.

shoo [ʃuː] ⬦ *vt* [animal] fer marxar; [person] fer anar a un altre lloc. ⬦ *excl* marxa!, fora!

shook [ʃʊk] *pl* ⬟ **shake**.

shoot [ʃuːt] (*pt & pp* **shot**) ⬦ *n* **-1.** [hunting expedition] cacera *f*. **-2.** [new growth] brot *m*, lluc *m*. ⬦ *vt* **-1.** [fire gun at] tirar trets a; [injure] ferir a trets; [kill] matar a trets; **to ~ oneself** tirar-se un tret. **-2.** *Br* [hunt] caçar. **-3.** [arrow] tirar. **-4.** [direct - glance] clavar; [- question] llançar. **-5.** CIN filmar. **-6.** *Am* [play]: **to ~ pool** jugar a billar americà. ⬦ *vi* **-1.** [fire gun]: **to ~ (at)** disparar (contra). **-2.** *Br* [hunt] caçar. **-3.** [move quickly]: **to ~ in / out / past** entrar / sortir / passar pitant. **-4.** CIN filmar. **-5.** SPORT xutar. ⬦ *excl* **-1.** *Am inf* [go ahead] endavant! **-2.** *Am inf* [damn] recòdol! ⬟

shoot down *vt sep* **-1.** [plane] abatre. **-2.** [person] matar a trets. **-3.** *fig* [reject] rebatre. ⬟ **shoot up** *vi* **-1.** [child, plant] créixer de pressa. **-2.** [prices] pujar com un coet. **-3.** *drugs sl* [take drugs] punxar-se.

shooting star *n* estel *m* fugaç.

shop [ʃɒp] (*pt & pp* **-ped**, *cont* **-ping**) ⬦ *n* **-1.** [store] botiga *f*; **to talk ~** parlar de la feina. **-2.** [workshop] taller *m*. ⬦ *vi*: **to go ~ping** anar a comprar.

shop assistant *n Br* dependent *m* -a *f*.

shop floor *n*: **the ~** els treballadors, els obrers.

shopkeeper [ˈʃɒp,kiːpəʳ] *n* botiguer *m* -a *f*.

shoplifting [ˈʃɒp,lɪftɪŋ] *n* (*U*) robatori *m* en una botiga.

shopper [ˈʃɒpəʳ] *n* comprador *m* -a *f*.

shopping [ˈʃɒpɪŋ] *n* **-1.** (*U*) [purchases] compra *f*. **-2.** [act of -] compra *f*.

shopping bag *n* bossa *f* d'anar a comprar.

shopping centre *Br*, **shopping mall** *Am*, **shopping plaza** *Am n* centre *m* comercial.

shopsoiled *Br* [ˈʃɒpsɔɪld], **shopworn** *Am* [ˈʃɒpwɔːn] *adj* deteriorat -ada.

shop steward *n* enllaç *mf* sindical.

shopwindow [,ʃɒpˈwɪndəʊ] *n* aparador *m*.

shopworn *Am* = **shopsoiled**.

shore [ʃɔːʳ] *n* **-1.** [of sea, lake, river] riba *f*, vora *f*. **-2.** [land]: **on ~** en terra. ⬟ **shore up** *vt sep* apuntalar, reforçar.

shorn [ʃɔːn] ⬦ *pp* ⬟ **shear**. ⬦ *adj* [grass, hair] tallat -ada; [head] rapat -ada.

short [ʃɔːt] ⬦ *adj* **-1.** [gen] curt -a. **-2.** [not tall] baix -a. **-3.** [curt]: **to be ~ (with sb)** tractar (algú) secament. **-4.** [lacking] mancat -ada; **to be ~ on sthg** mancar-li a algú alguna cosa; **to be ~ of** anar curt -a / malament de; **we're a chair / pound ~** ens manca una cadira / lliura; **to be ~ of breath** faltar l'alè. **-5.** [be shorter form]: **to be ~ for** ser l'abreviatura de. ⬦ *adv* **-1.** [out of]: **we are running ~ of water** se'ns està acabant l'aigua. **-2.** [suddenly, abruptly]: **to cut sthg ~** interrompre; **to stop ~**

parar en sec; **to bring / pull sb up** ~ fer parar algú en sec. ◇ *n* **–1.** *Br* [alcoholic drink] beguda alcohòlica servida en una copa petita. **–2.** [film] curtmetratge *m*. ◆ **shorts** *npl* **–1.** [gen] pantalons *mpl* curts. **–2.** *Am* [underwear] calçotets *mpl*. ◆ **for short** *adv* per abreujar. ◆ **in short** *adv* en resum. ◆ **nothing short of** *prep*: **it was nothing ~ of madness / a disgrace** va ser una autèntica bestiesa / desgràcia. ◆

short of *prep* **–1.** [just before] al costat de; **just ~ of the cliff** al caire del precipici. **–2.** [without]: **~ of asking, I can't see how you'll find out** fora que ho preguntis, no sé pas com ho esbrinaràs.

shortage ['ʃɔːtɪdʒ] *n* carència *f*, escassetat *f*.

shortbread ['ʃɔːtbred] *n* mena de galeta feta amb mantega, farina i sucre.

short-change *vt* [in shop] tornar malament el canvi; *fig* [reward unfairly] estafar, enganyar.

short circuit *n* curtcircuit *m*.

shortcomings [ˌʃɔːt'kʌmɪŋz] *npl* defectes *mpl*.

shortcrust pastry ['ʃɔːtkrʌst-] *n* pasta *f* (per fer empanades, etc.).

short cut *n* **–1.** [quick way] drecera *f*. **–2.** [quick method] mètode *m* ràpid i senzill.

shorten ['ʃɔːtn] ◇ *vt* escurçar, abreujar. ◇ *vi* escurçar-se.

shortfall ['ʃɔːtfɔːl] *n*: **~ (in / of)** dèficit *m* (de).

shorthand ['ʃɔːthænd] *n* **–1.** [writing system] taquigrafia *f*. **–2.** [short form]: **~ (for)** una manera abreujada (de dir).

shorthand typist *n Br* taquimecanògraf *m* -a *f*.

short list *n Br* [for job] llista *f* de candidats seleccionats; [for prize] llista *f* de finalistes.

shortly ['ʃɔːtlɪ] *adv* **–1.** [soon] en breu; **~ before / after** poc abans / després. **–2.** [curtly] bruscament, secament.

shortsighted [ˌʃɔːt'saɪtɪd] *adj* [myopic] curt -a de vista, miop; *fig* [lacking foresight] de poques mires.

short-staffed [-'stɑːft] *adj*: **to be ~** mancat -ada de personal.

short story *n* conte *m*.

short-tempered [-'tempəd] *adj* de mal geni.

short-term *adj* a curt termini.

short wave *n* (U) ona *f* curta.

shot [ʃɒt] ◇ *pt & pp* ► **shoot**. ◇ *n* **–1.** [gunshot] tret *m*; **like a ~** [quickly] com un llamp. **–2.** [marksman] tirador *m* -a *f*. **–3.** [in football] xut *m*; [in golf, tennis] cop *m*. **–4.** [photograph] instantània *f*, foto *f*. **–5.** CIN pla *m*. **–6.** *inf* [try, go] intent *m*. **–7.** [injection] injecció *f*. **–8.** [of alcohol] glop *m*.

shotgun ['ʃɒtgʌn] *n* escopeta *f*.

should [ʃʊd] *aux vb* **–1.** [be desirable]: **we ~ leave now** hauríem d'anar passant. **–2.** [seeking advice, permission]: **~ I go too?** hi puc anar també? **–3.** [as suggestion]: **I ~ deny everything** jo ho negaria tot. **–4.** [indicating probability]: **she ~ be home soon** no pot tardar gaire a arribar a casa. **–5.** [have been expected]: **they ~ have won the match** haurien hagut de guanyar el partit. **–6.** [indicating intention, wish]: **I ~ like to come with you** m'agradaria venir amb tu. **–7.** (*as conditional*): **you ~ go if you were invited** hi hauries d'anar, si t'hi han convidat. **–8.** (*in 'that' clauses*): **we decided that you ~ do it** vam decidir que ho fessis tu. **–9.** [expressing uncertain opinion]: **I ~ think he's about 50 (years old)** jo diria que deu tenir uns 50 anys.

shoulder ['ʃəʊldə] ◇ *n* **–1.** [part of body, clothing] espatlla *f*, muscle *m*; **to look over one's ~** mirar per sobre l'espatlla; **a ~ to cry on** algú a qui s'expliquen les desgràcies; **to rub ~s with** tractar algú de tu a tu. **–2.** CULIN espatlla *f*. ◇ *vt* **–1.** [carry - load] carregar. **–2.** [accept - responsibility] assumir.

shoulder blade *n* omòplat *m*.

shoulder strap *n* **–1.** [on dress] tirant *m*. **–2.** [on bag] bandolera *f*.

shouldn't ['ʃʊdnt] = **should not**.

should've ['ʃʊdəv] = **should have**.

shout [ʃaʊt] ◇ *n* crit *m*. ◇ *vt* cridar. ◇ *vi*: **to ~ (at)** fer crits (a). ◆ **shout down** *vt sep* fer callar algú escridassant-lo.

shouting ['ʃaʊtɪŋ] *n* (U) cridòria *f*.

shove [ʃʌv] ◇ *n*: **to give sthg / sb a ~** donar una empenta a algú. ◇ *vt*: **to ~ sthg / sb in** empènyer alguna cosa / algú cap a dins; **to ~ sthg / sb out** empènyer alguna cosa / algú cap a fora; **to ~ sthg / sb apart** fer fora alguna cosa / algú a empentes. ◆

shove off *vi* **–1.** [in boat] fer-se a la mar. **–2.** *inf* [go away] tocar el dos.

shovel ['ʃʌvl] (*Br pt & pp* **-led**, *cont* **-ling**, *Am pt & pp* **-ed**, *cont* **-ing**) ◇ *n* pala *f*. ◇ *vt* palejar; *fig* **to ~ food into one's mouth** devorar el menjar.

show [ʃəʊ] (*pt* **-ed**, *pp* **shown / -ed**) ◇ *n* **–1.** [display, demonstration] demostració *f*,

show business

manifestació *f.* **–2.** [piece of entertainment - at theatre] espectacle *m;* [- on radio, TV] xou *m.* **–3.** [performance] representació *f.* **–4.** [of dogs, flowers, art] exposició *f;* **on ~** exposat -ada; **for ~** per impressionar. ◇ *vt* **–1.** [gen] mostrar, ensenyar; **to ~ sb sthg, to ~ sthg to sb** mostrar alguna cosa a algú; **to ~ sb how to do sthg** ensenyar a algú a fer alguna cosa; **he has nothing to ~ for all his efforts** es va esforçar en debades. **–2.** [escort]: **to ~ sb to sthg** acompanyar algú a algun lloc. **–3.** [make visible, reveal] deixar veure; **to ~ oneself** fer acte de presència. **–4.** [indicate - increase, profit, loss] indicar; **it just goes to ~ that ...** això demostra que ... **–5.** [broadcast - film] projectar; [- TV programme] emetre. ◇ *vi* **–1.** [indicate, make clear] indicar. **–2.** [be visible] veure's. **–3.** [film] projectar-se. ➡ **show off** ◇ *vt sep* lluir. ◇ *vi* presumir. ➡ **show up** ◇ *vt sep* demostrar. ◇ *vi* **–1.** [stand out] ressaltar. **–2.** [turn up] aparèixer.

show business *n* (U) món *m* de l'espectacle.

showdown ['ʃəʊdaʊn] *n:* **to have a ~ with** parlar obertament amb.

shower ['ʃaʊər] ◇ *n* **–1.** [device] dutxa *f.* **–2.** [wash]: **to have / take a ~** dutxar-se. **–3.** [of rain] ruixat *m.* **–4.** [stream] pluja *f.* **–5.** *Am* [party] festa en què les amigues fan regals a l'homenatjada amb motiu del seu casament, etc. ◇ *vt* **–1.** [sprinkle] ruixar. **–2.** [bestow]: **to ~ sb with sthg, to ~ sthg on / upon sb** [present, compliments] omplir algú d'alguna cosa; [insults] vessar. ◇ *vi* dutxar-se.

shower cap *n* gorra *f* de dutxa.

showing ['ʃəʊɪŋ] *n* [of film] projecció *f,* sessió *f;* [of paintings] exposició *f.*

show jumping [-,dʒʌmpɪŋ] *n* concurs *m* d'hípica.

shown [ʃəʊn] *pp* ➡ **show**.

show-off *n inf* presumit -ida.

showpiece ['ʃəʊpiːs] *n* peça *f* de gran valor.

showroom ['ʃəʊrʊm] *n* sala *f* d'exposició.

shrank [ʃræŋk] *pt* ➡ **shrink**.

shrapnel ['ʃræpnl] *n* metralla *f.*

shred [ʃred] (*pt & pp* **-ded**, *cont* **-ding**) ◇ *n* [small piece - of material] retall *m,* tira *f;* [- of paper] tros *m; fig* [scrap] menuderia *f.* ◇ *vt* [paper] estripar; [food] bocinejar.

shredder ['ʃredər] *n* [for paper] trituradora *f;* [for food] tallant *m.*

shrewd [ʃruːd] *adj* astut -a, murri múrria.

shriek [ʃriːk] ◇ *n* xiscle *m.* ◇ *vt* xisclar. ◇ *vi*: **to ~ (with / in)** xisclar (de).

shrill [ʃrɪl] *adj* [high-pitched] agut -uda, estrident.

shrimp [ʃrɪmp] *n* gamba *f.*

shrine [ʃraɪn] *n* santuari *m.*

shrink [ʃrɪŋk] (*pt* **shrank**, *pp* **shrunk**) ◇ *vt* encongir. ◇ *vi* **–1.** [become smaller] encongir-se. **–2.** *fig* [contract, diminish] disminuir. **–3.** [recoil]: **to ~ away from** fer-se enrere davant de. **–4.** [be reluctant]: **to ~ from sthg** no gosar fer alguna cosa.

shrinkage ['ʃrɪŋkɪdʒ] *n* [loss in size] encongiment *m; fig* [contraction] reducció *f.*

shrink-wrap *vt* empaquetar amb plàstic termoretràctil.

shrivel ['ʃrɪvl] (*Br pt & pp* **-led**, *cont* **-ling**; *Am pt & pp* **-ed**, *cont* **-ing**) ◇ *vt*: **to ~ (up)** assecar, pansir. ◇ *vi*: **to ~ (up)** assecar-se, pansir-se.

shroud [ʃraʊd] ◇ *n* [cloth] mortalla *f.* ◇ *vt*: **to be ~ed in sthg** estar envoltat -ada d'alguna cosa.

Shrove Tuesday ['ʃrəʊv-] *n* dimarts *m* de carnaval.

shrub [ʃrʌb] *n* arbust *m,* mata *f.*

shrubbery ['ʃrʌbərɪ] *n* arbustos *mpl.*

shrug [ʃrʌg] (*pt & pp* **-ged**, *cont* **-ging**) ◇ *n* encongiment *m* d'espatlles. ◇ *vt*: **to ~ one's shoulders** encongir-se d'espatlles. ◇ *vi* arronsar les espatlles. ➡ **shrug off** *vt sep* treure importància a.

shrunk [ʃrʌŋk] *pp* ➡ **shrink**.

shudder ['ʃʌdər] ◇ *n* esgarrifança *f.* ◇ *vi* **–1.** [tremble]: **to ~ (with)** estremir-se (de); **I ~ to think** només de pensar-hi ja em vénen esgarrifances. **–2.** [shake] vibrar.

shuffle ['ʃʌfl] ◇ *n* **–1.** [of feet]: **to walk with a ~** caminar arrossegant els peus. **–2.** [of cards]: **to give the cards a ~** barrejar les cartes. ◇ *vt* **–1.** [feet] arrossegar. **–2.** [cards] barrejar. ◇ *vi* **–1.** [walk by dragging feet]: **to ~ in / out / along** entrar / sortir / caminar arrossegant els peus. **–2.** [fidget] bellugar-se.

shun [ʃʌn] (*pt & pp* **-ned**, *cont* **-ning**) *vt* esquivar.

shunt [ʃʌnt] RAIL *vt* canviar de via; *fig* [move] fer anar d'un lloc a l'altre.

shut [ʃʌt] (*pt & pp* **shut**, *cont* **-ting**) ◇ *adj* tancat -ada. ◇ *vt* tancar; *inf* **~ your mouth / face!** tanca la boca! ◇ *vi* **–1.** [close] tancar-se. **–2.** [close for business] tancar. ➡ **shut away** *vt sep* tancar amb pany i clau; **to ~ o.s. away** enclaustrar-se. ➡

shut down *vt sep & vi* tancar. ➡ **shut out** *vt sep* **-1.** [person, cat] deixar a fora; [light, noise] no deixar que entri. **-2.** [thought, feeling] foragitar. ➡ **shut up** *inf* ◇ *vt sep* [silence] fer callar. ◇ *vi* callar.

shutter ['ʃʌtər] *n* **-1.** [on window] porticó *m*, finestró *m*. **-2.** [in camera] obturador *m*.

shuttle ['ʃʌtl] ◇ *adj*: ~ **service** [of planes] pont *m* aeri; [of buses, trains] servei *m* regular. ◇ *n* [plane] avió *m* (del pont aeri). ◇ *vi* viatjar regularment.

shuttlecock ['ʃʌtlkɒk] *n* volant *m*.

shy [ʃaɪ] (*pt & pp* **shied**) ◇ *adj* **-1.** [timid] tímid -a. **-2.** [wary]: **to be ~ of doing sthg** no gosar fer una cosa. ◇ *vi* espantar-se.

Siberia [saɪ'bɪərɪə] *n* Sibèria.

sibling ['sɪblɪŋ] *n* germà *m* -ana *f*.

Sicily ['sɪsɪlɪ] *n* Sicília.

sick [sɪk] *adj* **-1.** [ill] malalt -a. **-2.** [nauseous]: **to feel ~** estar marejat -ada. **-3.** *Br* [vomiting]: **to be ~** vomitar. **-4.** [fed up]: **to be ~ of sthg / of doing sthg** estar tip -a d'alguna cosa / de fer alguna cosa. **-5.** *fig* [angry, disgusted]: **to make sb ~** fer posar malalt algú. **-6.** [offensive] de mal gust.

sickbay ['sɪkbeɪ] *n* infermeria *f*.

sicken ['sɪkn] ◇ *vt* fer posar malalt -a. ◇ *vi Br*: **to be ~ing for sthg** presentar símptomes d'alguna cosa.

sickening ['sɪknɪŋ] *adj* **-1.** [disgusting] nauseabund -a, fastigós -osa. **-2.** [infuriating] fastigós -osa.

sickle ['sɪkl] *n* falç *f*.

sick leave *n* (*U*) baixa *f* per malaltia.

sickly ['sɪklɪ] (*compar* **-ier**, *superl* **-iest**) *adj* **-1.** [unhealthy] malaltís -issa. **-2.** [unpleasant] nauseabund -a.

sickness ['sɪknɪs] *n* **-1.** [illness] malaltia *f*. **-2.** (*U*) *Br* [nausea, vomiting] mareig *m*.

sick pay *n* (*U*) sou que el treballador segueix cobrant a pesar d'estar malalt.

side [saɪd] ◇ *n* **-1.** [gen] costat *m*; **at / by one's ~** al costat de; **on every ~, on all ~s** per tots costats; **from ~ to ~** d'un costat a l'altre; **~ by ~** de costat; **to put sthg to / on one ~** deixar alguna cosa en una banda. **-2.** [of person] costat *m*; [of animal] illada *f*. **-3.** [edge] cantó *m*. **-4.** [of hill, valley] falda *f*. **-5.** [bank] ribera *f*. **-6.** [page] cara *f*. **-7.** [participant - in war, game] bàndol *m*; [- in sports match] equip *m*. **-8.** [viewpoint] punt *m* de vista; **to take sb's ~** prendre partit; **to be on sb's ~** anar a favor d'algú. **-9.** [line of parentage]: **on my father's ~** de part del meu pare. **-10.** [aspect] aspecte *m*; **to be on the safe ~** per precaució. **-11. on the large / small ~** una mica gran / petit -a; **to do sthg on the ~** fer alguna cosa de sotamà; **to keep / stay on the right ~ of sb** no portar la contrària a algú. ◇ *adj* lateral. ➡ **side with** *vt fus* prendre partit per.

sideboard ['saɪdbɔːd] *n* aparador *m*.

sideboards *Br* ['saɪdbɔːdz], **sideburns** *Am* ['saɪdbɜːnz] *npl* patilles *fpl*.

side effect *n* MED & *fig* efecte *m* secundari.

sidelight ['saɪdlaɪt] *n* llum *m* de posició.

sideline ['saɪdlaɪn] *n* **-1.** [extra business] negoci *m* suplementari. **-2.** [on tennis court] línia *f* lateral; [on football pitch] línia *f* de banda. **-3.** [periphery]: **on the ~s** al marge.

sidelong ['saɪdlɒŋ] *adj & adv* de reüll.

sidesaddle ['saɪd,sædl] *adv*: **to ride ~** muntar de costat.

sideshow ['saɪdʃəʊ] *n* barraca *f*, caseta *f* de fira.

sidestep ['saɪdstep] (*pt & pp* **-ped**, *cont* **-ping**) *vt* **-1.** [in football, rugby] driblar. **-2.** *fig* [problem, question] defugir.

side street *n* carrer *m* lateral.

sidetrack ['saɪdtræk] *vt*: **to be ~ed** desviar-se del tema.

sidewalk ['saɪdwɔːk] *n Am* vorera *f*.

sideways ['saɪdweɪz] ◇ *adj* [movement] lateral; [glance] de reüll. ◇ *adv* [move] de través; [look] d'esquitllentes.

siding ['saɪdɪŋ] *n* apartador *m*, via *f* morta.

sidle ['saɪdl] ➡ **sidle up** *vi*: **to ~ up to** apropar-se furtivament a.

siege [siːdʒ] *n* **-1.** [by army] setge *m*. **-2.** [by police] setge *m*.

sieve [sɪv] ◇ *n* [utensil] sedàs *m*, colador *m*; **to have a head / memory like a ~** tenir molt mala memòria. ◇ *vt* [soup] colar; [flour, sugar] tamisar.

sift [sɪft] ◇ *vt* **-1.** [sieve] tamisar, colar. **-2.** *fig* [examine carefully] escodrinyar. ◇ *vi*: **to ~ through sthg** escodrinyar alguna cosa.

sigh [saɪ] ◇ *n* sospir *m*; **to heave a ~ of relief** sospirar descansat -ada. ◇ *vi* sospirar.

sight [saɪt] ◇ *n* **-1.** [vision] vista *f*. **-2.** [act of seeing]: **her first ~ of the sea** la primera vegada que va veure el mar; **in ~** a la vista; **to disappear out of ~** desaparèixer; **to catch ~ of sthg / sb** albirar alguna cosa / algú; **to know sb by ~** conèixer algú de vista; *lit & fig* **to lose ~ of** perdre de vista; **to shoot on ~** disparar a l'acte; **at first ~** a primera vista. **-3.** [sthg seen] vista *f*; **a beautiful ~** una bonica vista. **-4.** [on gun] mira *f*; **to set one's ~s on sthg** fixar-se en alguna cosa. **-5.** [small amount]: **a ~ better / worse** molt millor / pitjor. ◇ *vt* veure, mirar. ◆ **sights** *npl* llocs *mpl* d'interès; **to see the ~s** visitar els llocs d'interès (d'una ciutat).

sightseeing ['saɪt,si:ɪŋ] *n* visita *f* dels llocs d'interès.

sightseer ['saɪt,si:ər] *n* turista *mf*.

sign [saɪn] ◇ *n* **-1.** [written symbol] signe *m*. **-2.** [gesture] senyal *m*. **-3.** [of pub, shop] rètol *m*; [on road] senyal *m*; [notice] cartell *m*. **-4.** [indication] indici *m*, senyal *m*; **there's no ~ of him** no se'l veu enlloc. ◇ *vt* signar. ◆ **sign on** *vi* **-1.** [enrol, register]: **to ~ on (for)** [army] allistar-se (a); [job] signar el contracte; [course] matricular-se. **-2.** [register as unemployed] segellar (per cobrar el subsidi d'atur). ◆ **sign up** ◇ *vt sep* [employee] contractar; [recruit] reclutar. ◇ *vi*: **to ~ up (for)** [army] allistar-se (a); [job] signar el contracte (de); [course] matricular-se (a).

signal ['sɪgnl] (*Br pt & pp* -**led**, *cont* -**ling**, *Am pt & pp* -**ed**, *cont* -**ing**) ◇ *n* senyal *m*. ◇ *vt* **-1.** [indicate] indicar. **-2.** [tell]: **to ~ sb (to do sthg)** fer senyals a algú (perquè faci alguna cosa). **-3.** *fig* [change, event] assenyalar. ◇ *adj fml* [triumph] assenyalat -ada; [failure] estrepitós -osa. ◇ *vi* **-1.** AUTOM senyalitzar. **-2.** [indicate]: **to ~ to sb (to do sthg)** fer senyals a algú (perquè faci alguna cosa); **to ~ for sthg** demanar alguna cosa amb senyals.

signalman ['sɪgnlmən] (*pl* -**men** [-mən]) *n* RAIL guardaagulles *mf*.

signature ['sɪgnətʃər] *n* signatura *f*, firma *f*.

signature tune *n* sintonia *f*.

signet ring ['sɪgnɪt-] *n* anell *m* de segell.

significance [sɪg'nɪfɪkəns] *n* significació *f*, importància *f*.

significant [sɪg'nɪfɪkənt] *adj* **-1.** [considerable, meaningful] significatiu -iva. **-2.** [important] important.

signify ['sɪgnɪfaɪ] (*pt & pp* -**ied**) *vt* significar.

signpost ['saɪnpəʊst] *n* pal *m* indicador.

Sikh [si:k] ◇ *adj* sikh. ◇ *n* [person] sikh *mf*.

silence ['saɪləns] ◇ *n* silenci *m*. ◇ *vt* [person, critic] fer callar; [gun] silenciar.

silencer ['saɪlənsər] *n* silenciador *m*.

silent ['saɪlənt] *adj* **-1.** [gen] silenciós -osa. **-2.** [not revealing anything]: **to be ~ about** no dir res sobre. **-3.** CIN & LING mut muda.

silhouette [,sɪluː'et] ◇ *n* silueta *f*. ◇ *vt*: **to be ~d against** destacar sobre.

silicon chip *n* xip *m* de silici.

silk [sɪlk] ◇ *n* seda *f*. ◇ *comp* de seda.

silky ['sɪlkɪ] (*compar* -**ier**, *superl* -**iest**) *adj* [hair, dress, skin] sedós -osa; [voice] dolç -a, suau.

sill [sɪl] *n* [of window] ampit *m*.

silly ['sɪlɪ] (*compar* -**ier**, *superl* -**iest**) *adj* ximple, estúpid -a.

silo ['saɪləʊ] (*pl* -**s**) *n* sitja *f*.

silt [sɪlt] *n* sediment *m*, llot *m*. ◆ **silt up** *vi* enllotar-se.

silver ['sɪlvər] ◇ *adj* [of colour] platejat -ada. ◇ *n* **-1.** (*U*) [metal, silverware] argent *m*, plata *f*. **-2.** [coins] monedes *fpl*. ◇ *comp* de plata.

silver foil, **silver paper** *n* paper *m* d'alumini.

silver-plated [-'pleɪtɪd] *adj* platejat -ada.

silversmith ['sɪlvəsmɪθ] *n* argenter *m* -a *f*.

silverware ['sɪlvəweər] *n* **-1.** (*U*) [dishes etc.] vaixella *f* de plata. **-2.** *Am* [cutlery] coberteria *f* de plata.

similar ['sɪmɪlər] *adj*: **~ (to)** semblant (a).

similarly ['sɪmɪləlɪ] *adv* [likewise] de la mateixa manera; [equally] igualment.

simmer ['sɪmər] *vt & vi* fer xup-xup.

simpering ['sɪmpərɪŋ] *adj* [person] que somriu afectadament; [smile] afectat -ada.

simple ['sɪmpl] *adj* **-1.** [gen] simple, senzill -a. **-2.** *dated* [mentally retarded] beneit -a. **-3.** [plain - fact] mer -a; [- truth] pur -a.

simple-minded [-'maɪndɪd] *adj* ingenu -ènua.

simplicity [sɪm'plɪsətɪ] *n* simplicitat *f*, senzillesa *f*.

simplify ['sɪmplɪfaɪ] (*pt & pp* -**ied**) *vt* simplificar.

simply ['sɪmplɪ] *adv* **-1.** [merely] simplement, senzillament. **-2.** [for emphasis]: **you ~ must go and see it!** ho has de veure!; **~ dreadful / wonderful** francament horrorós -osa / meravellós -osa; **I ~ can't believe it!** no m'ho puc acabar! **-3.** [in a simple way] fàcilment.

simulate ['sɪmjʊleɪt] *vt* simular.

simultaneous [*Br* ,sɪmʊl'teɪnjəs, *Am* ,saɪməl'teɪnjəs] *adj* simultani -ània.

sin [sɪn] (*pt & pp* **-ned**, *cont* **-ning**) ⋄ *n* pecat *m*; **to live in ~** viure en concubinat. ⋄ *vi*: **to ~ (against)** pecar (contra).

since [sɪns] ⋄ *adv* des d'aleshores; **long ~ des de fa molt temps.** ⋄ *prep* des de; **he has worked here ~ 1975** treballa aquí des de 1975. ⋄ *conj* **-1.** [in time] des que; **it's ages ~ I saw you** fa segles que no et veia. **-2.** [because] ja que, atès que.

sincere [sɪn'sɪər] *adj* sincer -a.

sincerely [sɪn'sɪəlɪ] *adv* sincerament; **Yours ~** [at end of letter] atentament.

sincerity [sɪn'serətɪ] *n* sinceritat *f*.

sinew ['sɪnju:] *n* tendó *m*.

sinful ['sɪnful] *adj* **-1.** [person] pecador -a. **-2.** [thought, act] pecaminós -osa.

sing [sɪŋ] (*pt* **sang**, *pp* **sung**) *vt & vi* cantar.

Singapore [,sɪŋə'pɔ:r] *n* Singapur.

singe [sɪndʒ] (*cont* **singeing**) ⋄ *n* socarrimada *f*. ⋄ *vt* socarrimar.

singer ['sɪŋər] *n* cantant *mf*.

singing ['sɪŋɪŋ] ⋄ *adj* de cant. ⋄ *n* (U) cant *m*.

single ['sɪŋgl] ⋄ *adj* **-1.** [only one] únic -a; **not one ~ time** ni una sola vegada. **-2.** [individual]: **every ~ penny** tots i cadascun dels penics. **-3.** [unmarried] solter -a. **-4.** *Br* [one-way] d'anada. ⋄ *n* **-1.** *Br* [one-way ticket] bitllet *m* d'anada. **-2.** MUS [record] senzill *m*. ➡ **singles** SPORT *npl* partit *m* d'individuals. ➡ **single out** *vt sep*: **to ~ sb out (for)** escollir algú (per a).

single bed *n* llit *m* individual.

single-breasted [-'brestɪd] *adj* sense creuar.

single cream *n Br* nata *f* líquida.

single file *n*: **in ~** en fila índia.

single-handed [-'hændɪd] *adv* sense ajuda.

single-minded [-'maɪndɪd] *adj* decidit -ida; **to be ~ about** tenir els objectius clars respecte de.

single-parent family *n* família *f* monoparental.

single room *n* habitació *f* individual.

singlet ['sɪŋglɪt] *n Br* samarreta *f*.

singular ['sɪŋgjulər] ⋄ *adj* singular. ⋄ *n* singular *m*.

sinister ['sɪnɪstər] *adj* sinistre -a.

sink [sɪŋk] (*pt* **sank**, *pp* **sunk**) ⋄ *n* **-1.** [in kitchen] aigüera *f*. **-2.** [in bathroom] pica *f*. ⋄ *vt* **-1.** [cause to go under water] enfonsar. **-2.** [cause to penetrate]: **to ~ sthg into** [knife, claws] clavar alguna cosa a; [teeth] clavar les dents a. ⋄ *vi* **-1.** [go down - ship, sun] enfonsar-se. **-2.** [slump - person] ensorrar-se; **to ~ to one's knees** caure de genolls. **-3.** [decrease] minvar. **-4.** [become quieter]: **her voice sank** se li va apagar la veu. **-5.** *fig* [into poverty, despair]: **to ~ into** caure en. **-6.** [become depressed]: **his heart / spirits sank** li va caure l'ànima als peus. ➡ **sink in** *vi* penetrar, fer efecte.

sink unit *n* mòdul de cuina i aigüera.

sinner ['sɪnər] *n* pecador *m* -a *f*.

sinus ['saɪnəs] (*pl* **-es**) *n* si *m*.

sip [sɪp] (*pt & pp* **-ped**, *cont* **-ping**) ⋄ *n* glop *m*, xarrup *m*. ⋄ *vt* xarrupar.

siphon ['saɪfn] ⋄ *n* sifó *m*. ⋄ *vt* **-1.** [liquid] treure amb sifó. **-2.** *fig* [funds] desviar. ➡ **siphon off** *vt sep* **-1.** [liquid] treure amb sifó. **-2.** *fig* [funds] desviar.

sir [sɜ:r] *n* **-1.** [form of address] senyor *m*. **-2.** [in titles]: **~ Philip Holden** sir Philip Holden.

siren ['saɪrən] *n* [alarm] sirena *f*.

sirloin (steak) ['sɜ:lɔɪn] *n* entrecot *m*.

sissy ['sɪsɪ] (*pl* **-ies**) *n inf* efeminat *m*.

sister ['sɪstər] ⋄ *adj* [organization, newspaper] associat -ada; [ship] bessó -ona. ⋄ *n* **-1.** [gen] germana *f*. **-2.** *Br* [senior nurse] infermera *f* en cap.

sister-in-law (*pl* **sister-in-laws** / **sisters-in-law**) *n* cunyada *f*.

sit [sɪt] (*pt & pp* **sat**, *cont* **-ting**) ⋄ *vi* **-1.** [be seated, be sitting] seure, asseure's. **-2.** [be member]: **to ~** ser membre de. **-3.** [be in session] reunir-se. **-4.** [be situated] estar situat -ada. **-5. to ~ tight** quedar-se palplantat -ada. ⋄ *vt Br* [exam] presentar-se a. ➡ **sit about**, **sit around** *vi* seure sense fer res. ➡ **sit down** ⋄ *vt sep* fer seure. ⋄ *vi* asseure's. ➡ **sit in on** *vt fus* assistir. ➡ **sit through** *vt fus* aguantar (fins al final). ➡ **sit up** *vi* **-1.** [- upright] incorporar-se. **-2.** [stay up] passar la nit en blanc.

sitcom ['sɪtkɒm] *n inf* comèdia *f* de situació.

site [saɪt] ⋄ *n* [place] emplaçament *m*, lloc *m*; [of construction work] solar *m*. ⋄ *vt* situar.

sit-in *n* seguda *f*.

sitting ['sɪtɪŋ] *n* **-1.** [serving of meal] torn *m*. **-2.** [session] sessió *f*.

sitting room *n* sala *f* d'estar.

situated ['sɪtjueɪtɪd] *adj* [located]: **to be ~** estar situat -ada.

situation [ˌsɪtjʊˈeɪʃn] *n* **-1.** [gen] situació *f*. **-2.** [job] lloc *m*, feina *f*; *Br* "~s Vacant" "ofertes de feina".

six [sɪks] ◇ *num adj* sis; she's ~ (years old) té sis anys. ◇ *num n* **-1.** [the number -] sis; two hundred and ~ dos-cents sis; ~ comes before seven el sis ve abans que el set; my favourite number is ~ el meu nombre favorit és el sis. **-2.** [in times]: it's ~ (thirty) són (dos quarts) de set; we arrived at ~ vam arribar a les sis. **-3.** [in temperatures]: it's ~ below estem a sis sota zero. **-4.** [in addresses]: ~ Peyton Place Peyton Place número sis. **-5.** [referring to group of -] sis; we sell them in ~es els venem de sis en sis; to form into ~es fer grups de sis. **-6.** [in scores]: ~-nil sis a zero. **-7.** [in cards] sis; to lay / play a ~ jugar un sis. ◇ *num pron*: I want ~ en vull sis; ~ of us sis de nosaltres; there are ~ of us som sis; groups of ~ grups de sis.

sixteen [sɪksˈtiːn] *num* setze; ☞ **six**.

sixteenth [sɪksˈtiːnθ] *num* setzè -ena; ☞ **sixth**.

sixth [sɪksθ] ◇ *num adj* sisè -ena. ◇ *num adv* sisè -ena. ◇ *num pron* sisè -ena. ◇ *n* **-1.** [fraction]: a ~ / one ~ of un sisè / una sisena part de. **-2.** [in dates]: the ~ el (dia) sis; the ~ of September el 6 de setembre.

sixth form *n Br* EDUC els dos últims anys de l'ensenyament secundari en què es prepara l'ingrés a la universitat.

sixth form college *n Br* centre públic on s'imparteixen els dos últims cursos de l'ensenyament secundari.

sixty [ˈsɪkstɪ] (*pl* **-ies**) *num* seixanta; ☞ **six**. ❖ **sixties** *npl* **-1.** [decade]: the sixties els anys seixanta. **-2.** [in ages]: to be in one's sixties haver fet els seixanta. **-3.** [in temperatures]: the temperature was in the sixties estàvem a més de seixanta graus (Fahrenheit).

size [saɪz] *n* **-1.** [gen] mida *f*. **-2.** [of clothes] talla *f*; [of shoes] número *m*. **-3.** to cut sb down to ~ fer baixar els fums a algú. ❖ **size up** *vt sep* [situation] mesurar; [person] jutjar.

sizeable [ˈsaɪzəbl] *adj* considerable.

sizzle [ˈsɪzl] *vi* espetarregar.

skate [skeɪt] (*pl sense 2 inv* **-s**) ◇ *n* **-1.** [ice skate, roller -] patí *m*. **-2.** [fish] rajada *f*. ◇ *vi* [on skates] patinar.

skateboard [ˈskeɪtbɔːd] *n* monopatí *m*.

skater [ˈskeɪtər] *n* patinador *m* -a *f*.

skating [ˈskeɪtɪŋ] *n* patinatge *m*.

skating rink *n* pista *f* de patinatge.

skeleton [ˈskelɪtn] ◇ *adj* bàsic -a. ◇ *n* ANAT esquelet *m*; *fig* to have a ~ in the cupboard amagar un secret vergonyós.

skeleton key *n* clau *f* mestra.

skeleton staff *n* personal *m* mínim.

skeptic *Am* = **sceptic** etc.

sketch [sketʃ] ◇ *n* **-1.** [drawing, brief outline] esbós *m*, apunt *m*. **-2.** [humorous scene] esquetx *m*. ◇ *vt* esbossar, dibuixar. ◇ *vi* fer esbossos.

sketchbook [ˈsketʃbʊk] *n* bloc *m* d'apunts.

sketchpad [ˈsketʃpæd] *n* bloc *m* de dibuix.

sketchy [ˈsketʃɪ] (*compar* **-ier**, *superl* **-iest**) *adj* vague vaga, superficial.

skewer [ˈskjʊər] ◇ *n* broqueta *f*. ◇ *vt* enfilar en una broqueta.

ski [skiː] (*pt & pp* **-ed**, *cont* **-ing**) ◇ *n* esquí *m*. ◇ *comp* d'esquí. ◇ *vi* esquiar.

ski boots *npl* botes *fpl* d'esquí.

skid [skɪd] (*pt & pp* **-ded**, *cont* **-ding**) ◇ *n* relliscada *f*, patinada *f*. ◇ *vi* relliscar, patinar.

skier [ˈskiːər] *n* esquiador *m* -a *f*.

skies [skaɪz] *pl* ☞ **sky**.

skiing [ˈskiːɪŋ] ◇ *n* (U) esquí *m*. ◇ *comp* [holiday, accident] d'esquí; [enthusiast] de l'esquí.

ski jump *n* **-1.** [slope] pista *f* de salts. **-2.** [event] salts *mpl*.

skilful, skillful *Am* [ˈskɪlfʊl] *adj* destre -a.

ski lift *n* telecadira *m*.

skill [skɪl] *n* **-1.** (U) [expertise] traça *f*, destresa *f*. **-2.** [craft, technique] tècnica *f*.

skilled [skɪld] *adj* **-1.** [skilful] traçut -uda, manyós -osa; to be ~ (in / at doing sthg) ser expert -a (en / fent alguna cosa). **-2.** [trained] qualificat -ada.

skillful *Am* = **skilful** etc.

skim [skɪm] (*pt & pp* **-med**, *cont* **-ming**) ◇ *vt* **-1.** [remove - cream] desnatar, descremar; [- grease] desengreixar. **-2.** [fly above] rasar. **-3.** [glance through] fullejar. ◇ *vi*: to ~ through sthg donar un cop d'ull a alguna cosa.

skim(med) milk [skɪm(d)-] *n* llet *f* descremada / desnatada.

skimp [skɪmp] ◇ *vt* [gen] regatejar; [work] potinejar. ◇ *vi*: to ~ on sthg estalviar alguna cosa; [work] fer corrents.

skimpy [ˈskɪmpɪ] (*compar* **-ier**, *superl* **-iest**) *adj* [clothes] esquifit -ida; [meal, facts] magre -a.

skin [skɪn] (*pt & pp* **-ned**, *cont* **-ning**) ◇ *n* **-1.** [gen] pell *f*; [on face] cutis *m*; **to do sthg by the ~ of one's teeth** fer alguna cosa pels pèls; *Br* **to jump out of one's ~** tenir un espant de mort; **it makes my ~ crawl** em fa venir esgarrifances; **to save / protect one's own ~** salvar la pell. **-2.** [on milk, pudding] tel *m*; [on paint] pel·lícula *f*. ◇ *vt* **-1.** [animal] escorxar. **-2.** [knee, elbow etc.] pelar-se.

skin-deep *adj* superficial.

skin diving *n* submarinisme *m*.

skinhead ['skɪnhed] *n Br* cap *mf* rapat.

skinny ['skɪnɪ] (*compar* **-ier**, *superl* **-iest**) *adj inf* desnerit -ida, sec -a.

skin-tight *adj* cenyit -ida.

skip [skɪp] (*pt & pp* **-ped**, *cont* **-ping**) ◇ *n* **-1.** [little jump] saltiró *m*. **-2.** *Br* [large container] contenidor *m*. ◇ *vt* saltar-se. ◇ *vi* **-1.** [move in little jumps] saltironar. **-2.** *Br* [jump over rope] saltar a corda.

ski pants *npl* pantalons *mpl* d'esquí.

ski pole *n* bastó *m*.

skipper ['skɪpə^r] NAUT & SPORT *n* patró *m* -ona *f*.

skipping rope *n Br* corda *f* de saltar.

skirmish ['skɜ:mɪʃ] ◇ *n lit & fig* escaramussa *f*. ◇ *vi* MIL sostenir una escaramussa; *fig* [argue] discutir.

skirt [skɜ:t] ◇ *n* faldilla *f*. ◇ *vt* **-1.** [border] vorejar. **-2.** [go round - obstacle] esquivar; [- person, group] evitar. **-3.** [avoid dealing with] evitar, eludir. ➤ **skirt round** *vt fus* **-1.** [obstacle] esquivar. **-2.** [issue, problem] evitar, eludir.

skit [skɪt] *n*: **~ (on)** paròdia *f* (de).

skittle ['skɪtl] *n Br* bitlla *f*.

skive [skaɪv] *vi Br inf*: **to ~ (off)** escapolir-se.

skulk [skʌlk] *vi* amagar-se.

skull [skʌl] *n* [gen] calavera *f*; ANAT crani *m*.

skunk [skʌŋk] *n* mofeta *f*.

sky [skaɪ] (*pl* **-ies**) *n* cel *m*.

skylight ['skaɪlaɪt] *n* claraboia *f*, lluerna *f*.

skyscraper ['skaɪ,skreɪpə^r] *n* gratacel *m*.

slab [slæb] *n* [of stone] llosa *f*; [of cheese] tros *m*; [of chocolate] rajola *f*.

slack [slæk] ◇ *adj* **-1.** [rope, cable] fluix -a. **-2.** [business] inactiu -iva. **-3.** [person - careless] deixat -ada. ◇ *n* [in rope] part *f* fluixa.

slacken ['slækn] ◇ *vt* [speed, pace] reduir; [rope] afluixar. ◇ *vi* [speed, pace] reduir-se.

slag [slæg] *n* [waste material] escòria *f*.

slagheap ['slæghi:p] *n* abocador *m* d'escòries.

slain [sleɪn] *pp* ➡ **slay**.

slam [slæm] (*pt & pp* **-med**, *cont* **-ming**) ◇ *vt* **-1.** [shut] tancar de cop. **-2.** [criticize] deixar com un drap brut. **-3.** [place with force]: **to ~ sthg on / onto sthg** donar un cop fort contra alguna cosa. ◇ *vi* [shut] tancar-se de cop.

slander ['slɑ:ndə^r] ◇ *n* calúmnia *f*, difamació *f*. ◇ *vt* calumniar, difamar.

slang [slæŋ] ◇ *adj* argòtic. ◇ *n* argot *m*.

slant [slɑ:nt] ◇ *n* **-1.** [diagonal angle] inclinació *f*; **on / at a ~** inclinat -ada. **-2.** [perspective] punt *m* de vista. ◇ *vt* [bias] enfocar de manera parcial. ◇ *vi* inclinar-se.

slanting ['slɑ:ntɪŋ] *adj* inclinat -ada.

slap [slæp] (*pt & pp* **-ped**, *cont* **-ping**) ◇ *n* [in face] bufetada *f*; [on back] copet *m*; *fig* **a ~ in the face** una bufetada. ◇ *vt* **-1.** [person, face] donar una bufetada; [back] donar un copet. **-2.** [place with force]: **to ~ sthg on / onto** donar un cop amb alguna cosa contra. ◇ *adv* de ple; *inf* [directly] de ple; **~ in the middle of ...** just al mig de ...

slapdash ['slæpdæʃ], **slaphappy** ['slæp,hæpɪ] *adj inf* barroer -a, matusser -a.

slapstick ['slæpstɪk] *n* (U) pallassades *fpl*.

slap-up *adj Br inf*: **~ meal** tiberi *m*.

slash [slæʃ] ◇ *n* **-1.** [long cut] tall *m*. **-2.** [oblique stroke] barra *f* inclinada. ◇ *vt* **-1.** [material] estripar; [wrists] tallar. **-2.** *inf* [prices etc.] retallar dràsticament.

slat [slæt] *n* llistó *m*.

slate [sleɪt] ◇ *n* pissarra *f*. ◇ *vt* [criticize] deixar com un drap brut.

slaughter ['slɔ:tə^r] ◇ *n lit & fig* matança *f*. ◇ *vt* matar.

slaughterhouse ['slɔ:təhaʊs, *pl* -haʊzɪz] *n* escorxador *m*.

slave [sleɪv] ◇ *n* esclau *m* -ava *f*; *fig* **a ~ to** un esclau de. ◇ *vi* [work hard]: **to ~ (over)** matar-se treballant (en).

slavery ['sleɪvərɪ] *n lit & fig* esclavitud *f*.

slay [sleɪ] (*pt* **slew**, *pp* **slain**) *vt liter* matar.

sleazy ['sli:zɪ] (*compar* **-ier**, *superl* **-iest**) *adj* [disreputable] de mala mort.

sledge [sledʒ], **sled** *Am* [sled] *n* trineu *m*.

sledgehammer ['sledʒ,hæmə^r] *n* mall *m*.

sleek [sli:k] *adj* **-1.** [hair] suau i brillant; [fur] lluent. **-2.** [shape] de línia depurada.

sleep [sli:p] (*pt & pp* **slept**) ◇ *n* son *m*; **to go to ~** [doze off] adormir-se; **my foot has gone to ~** [become numb] se m'ha quedat el peu adormit; **to put to ~** [animal] matar (un animal que és vell o està malalt). ◇ vi dormir. ◆ **sleep in** vi dormir fins tard. ◆ **sleep with** vt fus euph anar-se'n al llit amb.

sleeper ['sli:pər] n **-1.** [person]: **to be a heavy / light ~** tenir el son profund / lleuger. **-2.** [sleeping compartment] vagó m llit. **-3.** [train] tren m nocturn. **-4.** Br [on railway track] travessa f.

sleeping bag ['sli:pɪŋ-] n sac m de dormir.

sleeping car ['sli:pɪŋ-] n vagó m llit.

sleeping pill ['sli:pɪŋ-] n pastilla f per dormir.

sleepless ['sli:plɪs] adj desvetllat -ada.

sleepwalk ['sli:pwɔ:k] vi [be a sleepwalker] ser somnàmbul -a; [walk in one's sleep] caminar mentre un dorm.

sleepy ['sli:pɪ] (compar **-ier**, superl **-iest**) adj **-1.** [person] somnolent -a. **-2.** [place] mort -a, poc animat -ada.

sleet [sli:t] ◇ n aiguaneu f. ◇ v impers: **it's ~ing** està caient aiguaneu.

sleeve [sli:v] n **-1.** [of garment] màniga f; **to have sthg up one's ~** amagar una carta sota la màniga. **-2.** [for record] coberta f.

sleigh [sleɪ] n trineu m.

sleight of hand [,slaɪt-] n (U) lit & fig joc m de mans.

slender ['slendər] adj **-1.** [thin] esvelt -a. **-2.** [scarce] escàs -assa.

slept [slept] pt & pp ► **sleep**.

slew [slu:] ◇ pt ► **slay**. ◇ vi girar bruscament.

slice [slaɪs] ◇ n **-1.** [of bread] llesca f; [of cheese] tall m; [of sausage] rodanxa f; [of lemon] tallada f; [of meat] tall m. **-2.** [of market, glory] part f. **-3.** SPORT cop m amb efecte baix. ◇ vt [gen] tallar; [bread] llescar. ◇ vi: **to ~ through / into sthg** tallar alguna cosa.

slick [slɪk] adj **-1.** [smooth, skilful] destre -a. **-2.** pej [superficial - talk] aparentment brillant; [- person] garlaire.

slide [slaɪd] (pt & pp **slid**) ◇ n **-1.** [decline] descens m. **-2.** PHOT diapositiva f. **-3.** [in playground] tobogan m. **-4.** [for microscope] portaobjectes m. **-5.** Br [for hair] passador m. ◇ vt fer lliscar. ◇ vi **-1.** [slip] relliscar. **-2.** [glide] lliscar. **-3.** [decline gradually] caure; **to let things ~** deixar que les coses passin sense actuar.

sliding door ['slaɪdɪŋ-] n porta f corredissa.

sliding scale ['slaɪdɪŋ-] n escala f mòbil.

slight [slaɪt] ◇ adj **-1.** [improvement, hesitation etc.] lleuger -a, insignificant; [wound] superficial; fml **not in the slightest** en absolut. **-2.** [slender] petit -a, d'aspecte fràgil. ◇ n menyspreu m. ◇ vt menysprear.

slightly ['slaɪtlɪ] adv **-1.** [to small extent] lleugerament. **-2.** [slenderly]: **~ built** menut -uda.

slim [slɪm] (compar **-mer**, superl **-mest**, pt & pp **-med**, cont **-ming**) ◇ adj **-1.** [person, object] prim -a. **-2.** [chance, possibility] remot -a. ◇ vi aprimar-se.

slime [slaɪm] n [in pond etc.] llot m; [of snail, slug] bava f.

slimming ['slɪmɪŋ] n aprimament m.

sling [slɪŋ] (pt & pp **slung**) ◇ n **-1.** [for injured arm] cabestrell m. **-2.** [for carrying things] fona f, braga f. ◇ vt **-1.** [hang roughly] penjar desacuradament. **-2.** inf [throw] llançar. **-3.** [hang by both ends] penjar.

slip [slɪp] (pt & pp **-ped**, cont **-ping**) ◇ n **-1.** [mistake] distracció f, patinada f; **a ~ of the pen / tongue** un lapsus. **-2.** [of paper - gen] paperera f; [- form] full m. **-3.** [underskirt] combinació f. **-4.** inf **to give sb the ~** escapolir-se d'algú. ◇ vt: **to ~ sthg into** ficar alguna cosa ràpidament a; **to ~ into sthg**, **to ~ sthg on** [clothes] posar-se alguna cosa ràpidament. ◇ vi **-1.** [lose one's balance] relliscar. **-2.** [slide] lliscar, escórrer-se. **-3.** [decline] empitjorar; **to let things ~** deixar que les coses passin sense actuar. **-4. to let sthg ~** dir alguna cosa sense voler. ◆ **slip up** vi ficar la pota.

slipped disc [,slɪpt-] n hèrnia f discal.

slipper ['slɪpər] n sabatilla f.

slippery ['slɪpərɪ] adj relliscós -osa.

slip road n Br [for joining motorway] accés m; [for leaving motorway] sortida f.

slipshod ['slɪpʃɒd] adj barroer -a, matusser -a.

slip-up n inf errada f poc important.

slipway ['slɪpweɪ] n grada f.

slit [slɪt] (pt & pp **-ted**, cont **-ting**) ◇ n ranura f, clivella f. ◇ vt tallar (en sentit longitudinal).

slither ['slɪðər] vi lliscar.

sliver ['slɪvər] n [of glass] resquill m; [of wood] estella f; [of cheese, ham] tall m molt fi.

slob [slɒb] n inf porc m -a f.

slog [slɒg] (pt & pp **-ged**, cont **-ging**) inf ◇ n **-1.** [work] treball m pesat. **-2.** [journey] viatge m pesat. ◇ vi **-1.** [work]: **to ~**

(away) at treballar sense descans en. **–2.** [move] caminar amb dificultat.

slogan ['sləʊgən] *n* eslògan *m*.

slop [slɒp] (*pt & pp* **-ped**, *cont* **-ping**) ◇ *vt* vessar. ◇ *vi* vessar-se.

slope [sləʊp] ◇ *n* pendent *m*; **to be on a slippery ~** estar entre l'espasa i la paret. ◇ *vi* inclinar-se.

sloping ['sləʊpɪŋ] *adj* [gen] inclinat -ada; [ground] en pendent.

sloppy ['slɒpɪ] (*compar* **-ier**, *superl* **-iest**) *adj* **–1.** [person] descurós -osa; [work] barroer -a; [appearance] deixat -ada. **–2.** *inf* [sentimental] carrincló -ona.

slot [slɒt] (*pt & pp* **-ted**, *cont* **-ting**) *n* **–1.** [opening - gen & COMPUT] ranura *f*. **–2.** [groove] osca *f*. **–3.** [place in schedule] espai *m*.

slot machine *n* **–1.** [vending machine] màquina *f* automàtica. **–2.** [arcade machine] màquina *f* escurabutxaques.

slouch [slaʊtʃ] ◇ *n*: **to walk with a ~** caminar capbaix -a. ◇ *vi* fer un posat capbaix.

Slovakia [slə'vækɪə] *n* Eslovàquia.

slovenly ['slʌvnlɪ] *adj* [unkempt] malgirbat -ada; [careless] descurós -osa. ➡ **slow down, slow up** ◇ *vt sep* [growth] retardar; [car] reduir la velocitat. ◇ *vi* [walker] caminar més lentament; [car] reduir la velocitat.

slowdown ['sləʊdaʊn] *n* alentiment *m*.

slowly ['sləʊlɪ] *adv* a poc a poc, lentament; **~ but surely** de manera lenta però segura.

slow motion *n* alentiment *m*.

sludge [slʌdʒ] *n* (U) [mud] fang *m*, llot *m*; [sewage] tarquim *m*.

slug [slʌg] (*pt & pp* **-ged**, *cont* **-ging**) ◇ *n* **–1.** [animal] llimac *m*. **–2.** *inf* [of alcohol] glop *m*. **–3.** *Am inf* [bullet] bala *f*. ◇ *vt inf* donar un cop de puny.

sluggish ['slʌgɪʃ] *adj* [movement, activity] lent -a; [feeling] flegmàtic -a.

sluice [slu:s] ◇ *n* [passage] canal *m* de desguàs; [gate] comporta *f*. ◇ *vt* [rinse]: **to ~ sthg down / out** rentar alguna cosa amb molta aigua.

slum [slʌm] (*pt & pp* **-med**, *cont* **-ming**) ◇ *n* [area] barri *m* pobre, suburbi *m*. ◇ *vt inf*: **to ~ it** viure com els pobres.

slumber ['slʌmbər] *liter* ◇ *n* son *m*. ◇ *vi* dormir.

slump [slʌmp] ◇ *n* **–1.** [decline]: **~ (in)** declivi *m* (en). **–2.** ECON crisi *f* econòmica. ◇ *vi* **–1.** [fall in value] sofrir un declivi. **–2.** [fall heavily - person] deixar-se caure, desplomar-se.

slung [slʌŋ] *pt & pp* ➡ **sling**.

slur [slɜ:r] (*pt & pp* **-red**, *cont* **-ring**) ◇ *n* [insult] calúmnia *f*, greuge *m*. ◇ *vt* remugar.

slush [slʌʃ] *n* colada *f* de neu.

slush fund, slush money *Am n* fons destinats a activitats corruptes.

slut [slʌt] *n* **–1.** *inf* [dirty or untidy woman] marrana *f*. **–2.** *v inf* [sexually immoral woman] meuca *f*.

sly [slaɪ] (*compar* **slyer** / **slier**, *superl* **slyest** / **sliest**) ◇ *adj* **–1.** [look, smile] furtiu -iva. **–2.** [person] astut -a, murri múrria. ◇ *n*: **on the ~** d'amagat.

smack [smæk] ◇ *n* **–1.** [slap] plantofada *f*, bolet *m*. **–2.** [impact] cop *m*. ◇ *vt* **–1.** [slap] pegar, donar una plantofada **–2.** [place violently] llançar bruscament. **–3. to ~ one's lips** llepar-se els llavis. ◇ *adv inf* [directly]: **~ in the middle** al bell mig.

small [smɔ:l] ◇ *adj* [gen] petit -a; [person] baix -a; [matter, attention] insignificant; [importance] poc -a; **in a ~ way** a petita escala. ◇ *n*: **the ~ of the back** la regió lumbar.

small ads *npl Br* anuncis *mpl* classificats.

small change *n* canvi *m*.

smallholder ['smɔ:l,həʊldər] *n Br* minifundista *mf*.

small hours *npl* primeres hores *fpl* de la matinada.

smallpox ['smɔ:lpɒks] *n* verola *f*.

small print *n*: **the ~** la lletra *f* menuda.

small talk *n* (U) conversa *f* trivial.

smarmy ['smɑ:mɪ] (*compar* **-ier**, *superl* **-iest**) *adj* llepa *mf*.

smart [smɑ:t] ◇ *adj* **–1.** [neat, stylish] elegant. **–2.** [clever] intel·ligent. **–3.** [fashionable, exclusive] distingit -ida, elegant. **–4.** [quick, sharp] ràpid -a. ◇ *vi* **–1.** [eyes, wound] coure. **–2.** [person] sentir rancúnia.

smart card *n* targeta *f* intel·ligent.

smartphone ['smɑ:tfəʊn] *n* telèfon *m* intel·ligent.

smarten ['smɑ:tn] ➡ **smarten up** *vt sep* arreglar.

smash [smæʃ] ◇ *n* **–1.** [sound] estrèpit *m*. **–2.** *inf* [car crash] topada *f*. **–3.** *inf* [success] èxit *m*. **–4.** SPORT esmaixada *f*. ◇ *vt* **–1.** [break into pieces] trencar, fer miques. **–2.** [hit, crash]: **to ~ one's fist into sthg** donar un cop de puny a. **–3.** *fig* [defeat] esclafar. ◇ *vi* **–1.** [break into pieces] trencar-se, fer-se miques. **–2.** [crash, collide]: **to ~**

smashing ['smæʃɪŋ] *adj inf* fenomenal, formidable.

smattering ['smætərɪŋ] *n* nocions *fpl*; he has a ~ of Spanish té nocions d'espanyol.

smear [smɪər] ◇ *n* **-1.** [dirty mark] taca *f*. **-2.** MED frotis *m*. **-3.** [slander] calúmnia *f*, difamació *f*. ◇ *vt* **-1.** [smudge] tacar. **-2.** [spread]: **to ~ sthg onto sthg** untar una cosa en una altra. **-3.** [slander] calumniar, difamar.

smell [smel] (*pt & pp* **-ed** / **smelt**) ◇ *n* **-1.** [odour] olor *f*. **-2.** [sense of -] olfacte *m*. ◇ *vt lit & fig* olorar. ◇ *vi* **-1.** [gen] olorar; **to ~ of / like** fer olor de; **to ~ good / bad** fer bona / mala olor. **-2.** [- unpleasantly] fer pudor.

smelly ['smelɪ] (*compar* **-ier**, *superl* **-iest**) *adj* pudent.

smelt [smelt] ◇ *pt & pp* ➡ **smell**. ◇ *vt* fondre.

smile [smaɪl] ◇ *n* somriure *m*. ◇ *vi* somriure. ◇ *vt* expressar amb un somriure.

smiley ['smaɪlɪ] *n* emoticona *f*.

smirk [smɜːk] ◇ *n* somriure *m* afectat. ◇ *vi* somriure de manera afectada.

smock [smɒk] *n* brusa *f* llarga.

smog [smɒg] *n* boirum *m*.

smoke [sməʊk] ◇ *n* **-1.** [gen] fum *m*. **-2.** [act of smoking]: **to have a ~** fumar. ◇ *vt* **-1.** [cigarette, cigar] fumar. **-2.** [fish, meat, cheese] fumar. ◇ *vi* **-1.** [- tobacco] fumar. **-2.** [give off -] fumejar.

smoked [sməʊkt] *adj* fumat -ada.

smoker ['sməʊkər] *n* **-1.** [person] fumador *m* -a *f*. **-2.** RAIL [compartment] compartiment *m* de fumadors.

smokescreen ['sməʊkskriːn] *n fig* cortina *f* de fum.

smoke shop *n Am* estanc *m*.

smoking ['sməʊkɪŋ] *n*: **~ is bad for you** fumar és dolent; **"no ~"** "prohibit fumar".

smoky ['sməʊkɪ] (*compar* **-ier**, *superl* **-iest**) *adj* **-1.** [full of smoke] ple plena de fum. **-2.** [taste, colour] fumat -ada.

smolder *Am* = **smoulder**.

smooth [smuːð] ◇ *adj* **-1.** [surface] llis -a; [skin] fi -fina. **-2.** [mixture] sense grumolls. **-3.** [movement, taste] suau. **-4.** [flight, ride] tranquil -il·la. **-5.** *pej* [person, manner] melós -osa. **-6.** [trouble-free] sense problemes. ◇ *vt* allisar; **to ~ the way** aplanar el camí. ➡ **smooth out** *vt sep* allisar.

smother ['smʌðər] *vt* **-1.** [cover thickly]: **to ~ sthg in / with** cobrir alguna cosa de. **-2.** [kill] asfixiar. **-3.** [extinguish] sufocar, apagar. **-4.** *fig* [control] controlar, contenir. **-5.** [suffocate with love] carregar d'afecte.

smoulder *Br*, **smolder** *Am* ['sməʊldər] *vi* **-1.** [fire] cremar sense flama. **-2.** *fig* [person, feelings] bullir.

smudge [smʌdʒ] ◇ *n* [dirty mark] taca *f*; [ink blot] esborrall *m*. ◇ *vt* [by blurring] esborrallar; [by dirtying] tacar.

smug [smʌg] (*compar* **-ger**, *superl* **-gest**) *adj pej* satisfet -a de si mateix -a.

smuggle ['smʌgl] *vt* **-1.** [across frontiers] passar de contraban. **-2.** [against rules]: **to ~ sthg in / out** passar / treure alguna cosa.

smuggler ['smʌglər] *n* contrabandista *mf*.

smuggling ['smʌglɪŋ] *n* (*U*) contraban *m*.

smutty ['smʌtɪ] (*compar* **-ier**, *superl* **-iest**) *adj inf pej* obscè -ena.

snack [snæk] ◇ *n* mos *m*, refrigeri *m*. ◇ *vi Am* picar.

snack bar *n* bar *m*, cafeteria *f*.

snag [snæg] (*pt & pp* **-ged**, *cont* **-ging**) ◇ *n* [problem] entrebanc *m*. ◇ *vt* agafar. ◇ *vi*: **to ~ (on)** enganxar-se (a).

snail [sneɪl] *n* cargol *m*.

snake [sneɪk] ◇ *n* [large] serp *f*; [small] colobra *f*. ◇ *vi* serpentejar.

snap [snæp] (*pt & pp* **-ped**, *cont* **-ping**) ◇ *adj* sobtat -ada. ◇ *n* **-1.** [act or sound] cruixit *m*, espetec *m*. **-2.** *inf* [photograph] foto *f*. **-3.** [card game] joc de cartes. ◇ *vt* **-1.** [break] trencar. **-2.** [move with a -]: **to ~ sthg open** obrir alguna cosa de cop. **-3.** [speak sharply] dir bruscament. ◇ *vi* **-1.** [break] trencar-se. **-2.** [move with a -]: **to ~ into place** col·locar-se amb un cop sec. **-3.** [attempt to bite]: **to ~ at sthg / sb** intentar mossegar algú / alguna cosa. **-4.** [speak sharply]: **to ~ (at sb)** respondre bruscament. **-5.** **to ~ out of it** animar-se. ➡ **snap up** *vt sep* no deixar escapar.

snap fastener *n* fermall *m* de pressió.

snappy ['snæpɪ] (*compar* **-ier**, *superl* **-iest**) *adj inf* **-1.** [stylish] elegant. **-2.** [quick] ràpid -a; **make it ~!** afanya't!

snapshot ['snæpʃɒt] *n* foto *f*.

snare [sneər] ◇ *n* trampa *f*. ◇ *vt* [animal] caçar amb trampa; [person] fer caure en la trampa.

snarl [snɑːl] ◇ *n* grunyit *m*. ◇ *vi* grunyir.

snatch [snætʃ] ◇ *n* [of conversation, song] fragment *m*. ◇ *vt* **-1.** [grab] agafar; **to ~ sthg from sb** arrabassar-li alguna cosa a algú. **–2.** [take as time allows]: **to ~ some sleep** trobar temps per dormir; **to ~ an opportunity / a few moments** aprofitar una oportunitat / uns minuts. ◇ *vi*: **to ~ at sthg** intentar agafar alguna cosa.

sneak [sni:k] (*Am pt* **snuck**) ◇ *n Br inf* espieta *mf*, delator *m* -a *f*. ◇ *vt* passar d'amagat; **to ~ a look at** dirigir una mirada furtiva. ◇ *vi*: **to ~ in / out** entrar / sortir d'amagat.

sneakers ['sni:kəz] *npl Am* sabates *fpl* esportives.

sneaky ['sni:kɪ] (*compar* **-ier**, *superl* **-iest**) *adj inf* furtiu -iva.

sneer [snɪər] ◇ *n* expressió *f* burleta. ◇ *vi* **–1.** [smile unpleasantly] somriure amb menyspreu. **–2.** [ridicule]: **to ~ (at)** burlar-se (de).

sneeze [sni:z] ◇ *n* esternut *m*. ◇ *vi* esternudar; *inf* **it's not to be ~d at** no és gens menyspreable.

snide [snaɪd] *adj* sarcàstic -a.

sniff [snɪf] ◇ *n*: **to give a ~** inhalar. ◇ *vt* **–1.** [smell] olorar. **–2.** [drug] inhalar drogues. ◇ *vi* **–1.** [to clear nose] empassar-se pel nas. **–2.** [to show disapproval]: **to ~ at sthg** menystenir alguna cosa.

snigger ['snɪɡər] ◇ *n* riure *m* dissimulat. ◇ *vi* riure per sota el nas.

snip [snɪp] (*pt & pp* **-ped**, *cont* **-ping**) ◇ *n inf* [bargain] ganga *f*. ◇ *vt* tallar amb tisores.

sniper ['snaɪpər] *n* franctirador *m* -a *f*.

snippet ['snɪpɪt] *n* retall *m*, fragment *m*.

snivel ['snɪvl] (*Br pt & pp* **-led**, *cont* **-ling**, *Am pt & pp* **-ed**, *cont* **-ing**) *vi* ploriquejar.

snob [snɒb] *n* esnob *mf*.

snobbish ['snɒbɪʃ], **snobby** ['snɒbɪ] (*compar* **-ier**, *superl* **-iest**), *adj* esnob.

snooker ['snu:kər] ◇ *n* snooker *m* (joc semblant al billar). ◇ *vt Br inf*: **to be ~ed** estar lligat -ada de mans i peus.

snoop [snu:p] *vi inf* tafanejar.

snooty ['snu:tɪ] (*compar* **-ier**, *superl* **-iest**) *adj* cregut -uda.

snooze [snu:z] ◇ *n* becaina *f*. ◇ *vi* dormitar.

snore [snɔ:r] ◇ *n* ronc *m*. ◇ *vi* roncar.

snoring ['snɔ:rɪŋ] *n* (U) roncs *mpl*.

snorkel ['snɔ:kl] *n* tub *m* respirador.

snort [snɔ:t] ◇ *n* esbufec *m*. ◇ *vi* esbufegar. ◇ *vt drugs sl* inhalar drogues.

snout [snaʊt] *n* morro *m*.

snow [snəʊ] ◇ *n* neu *f*. ◇ *v impers* nevar.

snowball ['snəʊbɔ:l] ◇ *n* bola *f* de neu. ◇ *vi fig* augmentar ràpidament.

snowbound ['snəʊbaʊnd] *adj* bloquejat -ada per la neu.

snowdrift ['snəʊdrɪft] *n* pila *f* de neu.

snowdrop ['snəʊdrɒp] *n* flor *f* de neu.

snowfall ['snəʊfɔ:l] *n* nevada *f*.

snowflake ['snəʊfleɪk] *n* floc *m* de neu.

snowman ['snəʊmæn] (*pl* **-men** [-men]) *n* ninot *m* de neu.

snowplough *Br*, **snowplow** *Am* ['snəʊplaʊ] *n* llevaneu *f*.

snowshoe ['snəʊʃu:] *n* raqueta *f* de neu.

snowstorm ['snəʊstɔ:m] *n* tempesta *f* de neu.

SNP *n abbr of* Scottish National Party.

Snr, snr (*abbr of* senior) sènior.

snub [snʌb] (*pt & pp* **-bed**, *cont* **-bing**) ◇ *n* menyspreu *m*. ◇ *vt* menysprear.

snuck [snʌk] *pt* → **sneak**.

snuff [snʌf] *n* [tobacco] rapè *m*.

snug [snʌɡ] (*compar* **-ger**, *superl* **-gest**) *adj* **–1.** [person] còmode -a i abrigat -ada; [feeling] de benestar. **–2.** [place] acollidor -a. **–3.** [close-fitting] ajustat -ada.

snuggle ['snʌɡl] *vi*: **to ~ up to sb** arrupir-se contra algú; **to ~ down** arraulir-se.

so [səʊ] ◇ *adv* **–1.** [to such a degree] tan; **~ difficult (that)** tan difícil (que); **don't be ~ stupid!** no siguis tan babau!; **I've never seen ~ much money / many cars** mai no havia vist tants diners / cotxes; **he's not ~ stupid as he looks** no és tan estúpid com sembla; **we're ~ glad you could come** ens alegrem molt que hagis pogut venir. **–2.** [in referring back to previous statement, event etc.]: **~ what's the point then?** aleshores, quin sentit té?; **~ you knew already?** així que ja ho sabies?; **I don't think ~** no ho crec, em sembla que no; **I'm afraid ~** temo que sí; **if ~** si és així, en aquest cas; **is that ~?** és veritat? **–3.** [also] també; **~ can I** jo també (puc); **~ do I** jo també; **she speaks French and ~ does her husband** ella parla francès i el seu marit també; **as with children ~ with adults** de la mateixa manera que amb els nens, també amb els adults; **just as some people like family holidays ~ others prefer to holiday alone** de la mateixa manera que hi ha gent a qui agrada anar de vacances en família, també n'hi ha que prefereix anar-hi sola. **–4.** [in such a way]: **(like) ~** així, d'aquesta manera; **it was ~ arranged as to look impressive** estava col·locat de manera que impressionés. **-5.** [in expressing agreement]: ~ **there is!** sí que és cert!; ~ **I see** ja ho veig. **-6.** [unspecified amount, limit]: **they pay us ~ much a week** ens paguen un tant cada setmana; **it's not ~ much the money as the time involved** no és tant els diners com el temps que porta; **or ~ o** així; **a year / week or ~ ago** fa un any / una setmana o així. ◇ *conj* **-1.** [with the result that, therefore] així que, per tant; **he said yes and ~ we got married** va dir que sí, així que ens vam casar. **-2.** [to introduce a statement] doncs; ~ **what have you been up to?** i doncs, què has estat fent?; ~ **that's who she is!** així que és ella!; *inf* ~ **what?** i què?; *inf* ~ **there** doncs t'aguantes! ➡ **and so on, and so forth** *adv* i coses per l'estil. ➡ **so as** *conj* per tal de; **we didn't knock ~ as not to disturb them** no vam trucar per no molestar-los. ➡ **so that** *conj* per tal que; **he lied ~ that she would go free** va mentir per tal que la deixessin lliure.

soak [səʊk] ◇ *vt* **-1.** [leave immersed] posar en remull. **-2.** [wet thoroughly] amarar, xopar; **to be ~ed with** estar xop -a de. ◇ *vi* **-1.** [become thoroughly wet]: **to leave sthg to ~, to let sthg ~** deixar alguna cosa en remull. **-2.** [spread]: **to ~ into / through sthg** calar alguna cosa. ➡ **soak up** *vt sep* [liquid] amarar, absorbir.

soaking ['səʊkɪŋ] *adj* xop -a.

so-and-so *n inf* **-1.** [to replace a name] el senyor *m* tal, la senyora *f* tal. **-2.** [annoying person] fill -a de tal.

soap [səʊp] ◇ *n* **-1.** (U) [for washing] sabó *m*. **-2.** TV serial *m*. ◇ *vt* ensabonar.

soap flakes *npl* escates *fpl* de sabó.

soap opera *n* serial *m*.

soap powder *n* detergent *m* en pols.

soapy ['səʊpɪ] (*compar* **-ier**, *superl* **-iest**) *adj* **-1.** [full of soap] sabonós -osa. **-2.** [taste] de sabó; [texture] de sabó.

soar [sɔːr] *vi* **-1.** [bird] remuntar el vol. **-2.** [rise into the sky] enlairar. **-3.** [increase rapidly] pujar vertiginosament. **-4.** *liter* [be impressively high] elevar-se. **-5.** [rise in volume or pitch] pujar de volum.

sob [sɒb] (*pt & pp* **-bed**, *cont* **-bing**) ◇ *n* sanglot *m*. ◇ *vt* dir sanglotant. ◇ *vi* sanglotar.

sober ['səʊbər] *adj* **-1.** [gen] sobri sòbria, serè -ena. **-2.** [serious] seriós -osa. ➡ **sober up** *vi* passar la borratxera.

sobering ['səʊbərɪŋ] *adj* que fa reflexionar.

so-called [-kɔːld] *adj* **-1.** [misleadingly named] mal anomenat -ada, suposat -ada. **-2.** [widely known as] conegut -uda com.

soccer ['sɒkər] *n* (U) futbol *m*.

sociable ['səʊʃəbl] *adj* sociable.

social ['səʊʃl] *adj* social.

social club *n* local *m* social.

socialism ['səʊʃəlɪzm] *n* socialisme *m*.

socialist ['səʊʃəlɪst] ◇ *adj* socialista. ◇ *n* socialista *mf*.

socialize, -ise ['səʊʃəlaɪz] *vi*: **to ~ (with)** alternar (amb).

social security *n* seguretat *f* social.

social services *npl* serveis *mpl* socials.

social worker *n* assistent *m* -a *f* social.

society [sə'saɪətɪ] (*pl* **-ies**) *n* **-1.** [gen] societat *f*. **-2.** [club, organization] societat *f*, associació *f*.

sociology [ˌsəʊsɪ'ɒlədʒɪ] *n* sociologia *f*.

sock [sɒk] *n* mitjó *m*; *inf* **to pull one's ~s up** esforçar-se.

socket ['sɒkɪt] *n* **-1.** ELEC sòcol *m*. **-2.** [of eye] conca *f*; [of joint] glena *f*.

sod [sɒd] *n* **-1.** [of turf] gespa *f*. **-2.** *v inf* [person] malparit *m* -ida *f*.

soda ['səʊdə] *n* **-1.** [gen] soda *f*. **-2.** *Am* [fizzy drink] gasosa *f*.

soda water *n* soda *f*.

sodden ['sɒdn] *adj* xop -a.

sodium ['səʊdɪəm] *n* sodi *m*.

sofa ['səʊfə] *n* sofà *m*.

Sofia ['səʊfjə] *n* Sofia.

soft [sɒft] *adj* **-1.** [pliable, not stiff, not strict] tou tova. **-2.** [smooth, gentle, not bright] suau. **-3.** [caring - person] de bon cor.

soft drink *n* refresc *m*.

soften ['sɒfn] ◇ *vt* suavitzar. ◇ *vi* **-1.** [substance] estovar-se. **-2.** [expression] suavitzar-se.

softhearted [ˌsɒft'hɑːtɪd] *adj* de bon cor.

softly ['sɒftlɪ] *adv* **-1.** [gently] amb delicadesa. **-2.** [quietly, not brightly] suaument. **-3.** [leniently] amb indulgència.

soft-spoken *adj* de veu suau.

software ['sɒftweər] *n* COMPUT programari *m*.

soggy ['sɒgɪ] (*compar* **-ier**, *superl* **-iest**) *adj inf* xop -a.

soil [sɔɪl] ◇ *n* **-1.** [earth] terra *f*, sòl *m*. **-2.** *fig* [territory] territori *m*. ◇ *vt* embrutar.

soiled [sɔɪld] *adj* brut -a.

solace ['sɒləs] *n* *liter* consol *m*.

solar ['səʊlə^r] *adj* solar.
sold [səʊld] *pt & pp* ➢ **sell**.
solder ['səʊldə^r] ⬦ *n* (U) soldadura *f.* ⬦ *vt* soldar.
soldier ['səʊldʒə^r] *n* soldat *m*.
sold-out *adj* exhaurit -ida; **the theatre was ~** les localitats estaven exhaurides.
sole [səʊl] (*pl sense 2 inv* **-s**) ⬦ *adj* **-1.** [only] únic -a. **-2.** [exclusive] exclusiu -iva. ⬦ *n* **-1.** [of foot] planta *f*; [of shoe] sola *f*. **-2.** [fish] llenguado *m*.
solemn ['sɒləm] *adj* solemne.
solicit [sə'lɪsɪt] ⬦ *vt fml* [request] sol·licitar. ⬦ *vi* [prostitute] oferir els seus serveis.
solicitor [sə'lɪsɪtə^r] *n Br* JUR advocat *que* ofereix assessorament legal als clients i prepara documents i casos.
solid ['sɒlɪd] ⬦ *adj* **-1.** [gen] sòlid -a. **-2.** [rock, wood, gold] massís -issa. **-3.** [reliable, respectable] seriós -osa, formal. **-4.** [without interruption] continuat -ada. ⬦ *n* sòlid *m*.
solidarity [,sɒlɪ'dærətɪ] *n* solidaritat *f*.
solitaire [,sɒlɪ'teə^r] *n* **-1.** [jewel, board game] solitari *m*. **-2.** *Am* [card game] solitari *m*.
solitary ['sɒlɪtrɪ] *adj* solitari -ària.
solitary confinement *n*: **to be in ~** estar incomunicat -ada a la presó.
solitude ['sɒlɪtju:d] *n* solitud *f*.
solo ['səʊləʊ] (*pl* **-s**) ⬦ *adj & adv* tot -a sol -a. ⬦ *n* solo *m*.
soloist ['səʊləʊɪst] *n* solista *mf*.
soluble ['sɒljʊbl] *adj* soluble.
solution [sə'lu:ʃn] *n*: **~ (to)** solució *f* (a).
solve [sɒlv] *vt* resoldre.
solvent ['sɒlvənt] ⬦ *adj* FIN solvent. ⬦ *n* dissolvent *m*.
Somalia [sə'mɑ:lɪə] *n* Somàlia.
sombre *Br*, **somber** *Am* ['sɒmbə^r] *adj* ombrívol -a.
some [sʌm] ⬦ *adj* **-1.** [a certain amount, number of]: **would you like ~ coffee?** vols cafè?; **give me ~ money** dóna'm diners; **there are ~ good articles in it** conté alguns articles bons; **I bought ~ socks** [one pair] m'he comprat uns mitjons; [more than one pair] m'he comprat mitjons. **-2.** [fairly large number or quantity of]: **I've known him for ~ years** el conec des de fa uns quants anys; **we still have ~ way to go** encara ens queda un bon tros; **I had ~ difficulty getting here** m'ha costat una mica arribar fins aquí. **-3.** (*contrastive use*) [certain] alguns -es, certs -es; **~ jobs are better paid than others** algunes feines estan més ben pagades que d'altres; **~ people say that ...** hi ha gent que diu que... **-4.** [in imprecise statements] algun -a; **there must be ~ mistake** hi ha d'haver algun error; **she married ~ writer or other** es va casar amb no sé quin escriptor. **-5.** *inf* [very good] bon -a; **that's ~ car he's got** té un bon cotxe!; *iro* **~ help you are!** [not very good] no saps com m'estàs ajudant! ⬦ *pron* **-1.** [a certain amount]: **can I have ~?** [money, milk, coffee etc.] me'n dónes una mica?; **I've already had ~** ja n'he pres; **~ of** part de. **-2.** [a certain number] alguns -es; **can I have ~?** [books, potatoes etc.] me'n dónes uns quants?; **~ (of them) left early** alguns van marxar d'hora; **~ say he lied** hi ha qui diu que va mentir. ⬦ *adv* uns uns; **there were ~ 7,000 people there** hi deuria haver unes 7.000 persones.
somebody ['sʌmbədɪ] ⬦ *pron* algú. ⬦ *n*: **he thinks he's ~** es pensa que és algú.
someday ['sʌmdeɪ] *adv* algun dia.
somehow ['sʌmhaʊ], **someway** ['sʌmweɪ] *Am adv* **-1.** [by some action] d'alguna manera. **-2.** [for some reason] per algun motiu.
someone ['sʌmwʌn] *pron* algú; **~ or other** algú o altre.
someplace *Am inf* = **somewhere**.
somersault ['sʌməsɔ:lt] ⬦ *n* [in air] salt *m* mortal; [on ground] tombarella *f*. ⬦ *vi* [in air] fer un salt mortal; [on ground] fer una tombarella.
something ['sʌmθɪŋ] ⬦ *pron* quelcom, alguna cosa; *inf* **or ~** o una cosa així; **that's ~ (at least)** ja és alguna cosa; **to be really ~** ser increïble; **she's ~ of a poet** és mig poetessa; **it came as ~ of a surprise to me** em va agafar una mica per sorpresa. ⬦ *adv*: **~ like, ~ in the region of** alguna cosa així com.
sometime ['sʌmtaɪm] ⬦ *adj* antic -iga. ⬦ *adv* en algun moment; **~ next week** algun dia de la setmana vinent.
sometimes ['sʌmtaɪmz] *adv* de / a vegades.
someway *Am* = **somehow**.
somewhat ['sʌmwɒt] *adv fml* una mica, un xic.
somewhere *Br* ['sʌmweə^r], **someplace** *Am* ['sʌmpleɪs] *adv* **-1.** [unknown place - with verbs of position] en algun lloc; [- with verbs of movement] a algun lloc; **it's ~ else** és en un altre lloc; **shall we go ~ else?** vols que

anem a un altre lloc? **-2.** [in approximations]: **~ between five and ten** entre cinc i deu; **~ around 20** al voltant de 20. **-3. to be getting ~** avançar.

son [sʌn] n fill m.

song [sɒŋ] n **-1.** [gen] cançó f; **they burst into ~** es van posar a cantar; *inf* **to make a ~ and dance about sthg** fer un sagramental. **-2.** [of bird] cant m. **-3.** *inf* **for a ~** [cheaply] per quatre duros.

sonic ['sɒnɪk] *adj* sònic -a.

son-in-law (*pl* **son-in-laws** / **sons-in-law**) n gendre m.

sonnet ['sɒnɪt] n sonet m.

sonny ['sʌnɪ] (*pl* **-ies**) n *inf* fill m, noi m.

soon [suːn] *adv* aviat; **how ~ will it be ready?** quan estarà llest?; **~ after** poc després; **as ~ as** tan aviat com; **as ~ as possible** al més aviat possible; **I'd just as ~...** no em faria res...

sooner ['suːnə^r] *adv* **-1.** [in time] abans; **no ~ did he arrive than ...** amb prou feines havia arribat que...; **~ or later** tard o d'hora; **the ~ the better** com més aviat millor. **-2.** [expressing preference]: **I'd ~ ...** preferiria...

soot [sʊt] n sutge m.

soothe [suːð] *vt* **-1.** [pain] alleujar. **-2.** [nerves etc.] calmar.

sophisticated [sə'fɪstɪkeɪtɪd] *adj* **-1.** [gen] sofisticat -ada. **-2.** [intelligent] intel·ligent.

sophomore ['sɒfəmɔː^r] n *Am* estudiant m, -a f de segon curs (a l'institut o la universitat).

soporific [,sɒpə'rɪfɪk] *adj* soporífer -a.

sopping ['sɒpɪŋ] *adj*: **~ (wet)** regalimant.

soppy ['sɒpɪ] (*compar* **-ier**, *superl* **-iest**) *adj inf pej* sentimental.

soprano [sə'prɑːnəʊ] (*pl* **-s**) n soprano f.

sorbet ['sɔːbeɪ] n sorbet m.

sorcerer ['sɔːsərə^r] n mag m -a f, bruixot m, bruixa f.

sordid ['sɔːdɪd] **-1.** [immoral] obscè -ena. **-2.** [dirty, unpleasant] sòrdid -a.

sore [sɔː^r] ◇ *adj* **-1.** [painful] adolorit -ida; **to have a ~ throat** tenir mal de coll. **-2.** *Am* [upset] enutjat -ada. **-3.** *liter* [dire, great] enorme. ◇ n llaga f, úlcera f.

sorely ['sɔːlɪ] *adv lit* enormement.

sorrow ['sɒrəʊ] n aflicció f, pena f.

sorry ['sɒrɪ] (*compar* **-ier**, *superl* **-iest**) ◇ *adj* **-1.** [expressing apology]: **to be ~ about sthg** lamentar alguna cosa; **I'm ~ for what I did** em sap greu el que vaig fer; **I'm ~ em sap greu; I'm ~ if I'm disturbing you / to disturb you** em sap greu molestar-te. **-2.** [expressing shame, disappointment]: **to be ~ that** lamentar que; **we were ~ about his resignation** ens va saber greu que dimitís; **to be ~ for** penedir-se de; **we're ~ to see you go** lamentem que te'n vagis. **-3.** [expressing regret]: **I'm ~ to have to say that ...** lamento haver de dir que... **-4.** [expressing pity]: **to be / feel ~ for sb** compadir-se d'algú; **to be / feel ~ for o.s.** sentir llàstima d'un -a mateix -a. **-5.** [expressing polite disagreement]: **I'm ~, but ...** perdó, però... **-6.** [poor, pitiable] lamentable, penós -osa. ◇ *interj* **-1.** [pardon]: **~?** perdó? **-2.** [to correct oneself]: **a girl, ~, a woman** una noia, perdó, una dona.

sort [sɔːt] ◇ n tipus m, mena f; **all ~s of** tot tipus de; **~ of** més o menys; **a ~ of** una mena de. ◇ *vt* classificar. ◆ **sort out** *vt sep* **-1.** [classify] classificar. **-2.** [solve] solucionar, resoldre.

sorting office ['sɔːtɪŋ-] n oficina de classificació del correu.

SOS (abbr of **save our souls**) n SOS m.

so-so *adj & adv inf* així, així.

soufflé ['suːfleɪ] n suflé m.

sought [sɔːt] *pt & pp* **seek**.

soul [səʊl] n **-1.** [gen] ànima f; **she's a good ~** és una bona persona; **poor ~!** pobret! **-2.** [of nation etc.] esperit m. **-3.** [music] música f soul.

soul-destroying [dɪ,strɔɪɪŋ] *adj* depriment.

soulful ['səʊlfʊl] *adj* sentimental.

sound [saʊnd] ◇ *adj* **-1.** [healthy] sa sana. **-2.** [sturdy] sòlid -a. **-3.** [reliable] fiable, segur -a. ◇ *adv*: **to be ~ asleep** dormir profundament. ◇ n **-1.** [gen] so m. **-2.** [particular noise] soroll m. **-3.** [impression]: **I don't like the ~ of it** no m'agrada la idea; **by the ~ of it** segons sembla. ◇ *vt* [bell etc.] fer sonar, tocar. ◇ *vi* **-1.** [gen] sonar. **-2.** [give impression]: **it ~s like fun** sona divertit; **he ~s like a nice man** sembla un home agradable. ◆ **sound out** *vt sep*: **to ~ sb out (on / about)** sondejar algú (sobre alguna cosa).

sound barrier n barrera f del so.

sound effects *npl* efectes *mpl* sonors.

sounding ['saʊndɪŋ] NAUT n sondeig m marí.

soundly ['saʊndlɪ] *adv* **-1.** [severely - beat] totalment. **-2.** [deeply] profundament.

soundproof ['saʊndpruːf] *adj* insonoritzat -ada.

soundtrack ['saʊndtræk] n banda f sonora.

soup [suːp] *n* [thick] sopa *f*; [clear] brou *m*, consomé *m*.

soup plate *n* plat *m* soper.

soup spoon *n* cullera *f* sopera.

sour [sauə^r] ◇ *adj* **-1.** [acidic] àcid -a. **-2.** [milk, person, reply] agre -a. **-3.** *fig* **to go / turn** ~ [evening, plans] anar-se'n en orris; [relationship] agrir-se. ◇ *vt* agrir. ◇ *vi* agrir-se.

source [sɔːs] *n* **-1.** [gen] font *f*. **-2.** [cause] origen *m*. **-3.** [of river] naixement *m*.

sour grapes *n* (U) *inf*: **it's ~!** quan no les pot haver diu que són verdes.

south [sauθ] ◇ *n* **-1.** [direction] sud *m*. **-2.** [region]: **the ~** el sud. ◇ *adj* del sud. ◇ *adv*: **~ (of)** al sud (de).

South Africa *n*: **(the Republic of) ~** (la República de) Sud-Àfrica.

South African ◇ *adj* sud-africà -ana. ◇ *n* [person] sud-africà *m* -ana *f*.

South America *n* Sud-amèrica.

South American ◇ *adj* sud-americà -ana. ◇ *n* [person] sud-americà *m* -ana *f*.

southeast [sauθ'iːst] ◇ *n* **-1.** [direction] sud-est *m*. **-2.** [region]: **the ~** el sud-est. ◇ *adj* del sud-est. ◇ *adv*: **~ (of)** al sud-est (de).

southerly [sʌðəlɪ] *adj* del sud; **in a ~ direction** en direcció sud.

southern [sʌðən] *adj* del sud.

South Korea *n* Corea del Sud.

South Pole *n*: **the ~** el pol Sud.

southward [sauθwəd] ◇ *adj* del sud. ◇ *adv* = **southwards**.

southwards [sauθwədz] *adv* cap al sud.

southwest [sauθ'west] ◇ *n* **-1.** [direction] sud-oest *m*. **-2.** [region]: **the ~** el sud-oest. ◇ *adj* del sud-oest. ◇ *adv*: **~ (of)** al sud-oest (de).

souvenir [ˌsuːvə'nɪə^r] *n* record *m*.

sovereign [sɒvrɪn] ◇ *adj* sobirà -ana. ◇ *n* **-1.** [ruler] sobirà *m* -ana *f*. **-2.** [coin] sobirà *m*.

soviet [səuvɪət] *n* soviet *m*. ● **Soviet** ◇ *adj* soviètic -a. ◇ *n* [person] soviètic *m* -a *f*.

sow[1] [səu] (*pt* **-ed**, *pp* **sown / -ed**) *vt lit & fig* sembrar.

sow[2] [sau] *n* truja *f*, porca *f*.

sown [səun] *pp* = **sow**[1].

soya [sɔɪə] *n* soja *f*.

soy(a) bean [sɔɪ(ə)-] *n* llavor *f* de soja.

spa [spɑː] *n* balneari *m*.

space [speɪs] ◇ *n* espai *m*; **to stare into ~** tenir la mirada perduda. ◇ *comp* espacial. ◇ *vt* espaiar.

spacecraft [speɪskrɑːft] (*pl inv*) *n* nau *f* espacial, astronau *f*.

spaceman [speɪsmæn] (*pl* **-men** [-men]) *n* astronauta *m*.

spaceship [speɪsʃɪp] *n* nau *f* espacial, astronau *f*.

space shuttle *n* transbordador *m* espacial.

spacesuit [speɪssuːt] *n* vestit *m* espacial.

spacing [speɪsɪŋ] PRINT espai *m*.

spacious [speɪʃəs] *adj* espaiós -osa.

spade [speɪd] *n* **-1.** [tool] pala *f*. **-2.** [playing card] piques *fpl*.

spaghetti [spə'ɡetɪ] *n* (U) espagueti *m*.

Spain [speɪn] *n* Espanya.

span [spæn] (*pt & pp* **-ned**, *cont* **-ning**) ◇ *pt* = **spin**. ◇ *n* **-1.** [in time] lapse *m*, període *m*. **-2.** [range] ventall *m*. **-3.** [of wings] envergadura *f*. **-4.** [of bridge, arch] ull *m*. ◇ *vt* **-1.** [in time] abastar. **-2.** [subject: bridge etc.] creuar, travessar.

Spaniard [spænjəd] *n* espanyol *m* -a *f*.

spaniel [spænjəl] *n* gos *m* d'aigua.

Spanish [spænɪʃ] ◇ *adj* espanyol -a. ◇ *n* [language] espanyol *m*, castellà *m*. ◇ *npl* [people]: **the ~** els espanyols.

spank [spæŋk] ◇ *n* assot *m*, surra *f*. ◇ *vt* assotar, donar una surra.

spanner [spænə^r] *n* clau *f* anglesa.

spar [spɑː^r] (*pt & pp* **-red**, *cont* **-ring**) ◇ *n* pal *m*, verga *f*. ◇ *vi* **-1.** SPORT: **to ~ (with)** entrenar-se (amb). **-2.** [verbally]: **to ~ (with)** discutir amistosament (amb).

spare [speə^r] ◇ *adj* **-1.** [surplus] de sobres. **-2.** [free - chair, time] lliure. ◇ *n* **-1.** [- object] (peça *f* de) recanvi *m*. **-2.** *inf* [tyre] pneumàtic *m* de recanvi. **-3.** *inf* [part] peça *f* de recanvi. ◇ *vt* **-1.** [time] concedir; [money] deixar; **we can't ~ any time / money** no tenim temps / diners; **to ~** de sobres. **-2.** [not harm - person, life] perdonar; [- company, city] salvar. **-3.** [not use, not take]: **to ~ no expense / effort** no escatimar despeses / esforços. **-4.** [save from]: **to ~ sb sthg** estalviar alguna cosa a algú.

spare part AUTOM *n* peça *f* de recanvi, refecció *f*.

spare time *n* temps *m* lliure.

spare wheel *n* roda *f* de recanvi.

sparing [speərɪŋ] *adj*: **~ with / of** parc -a en.

sparingly [speərɪŋlɪ] *adv* amb moderació.

spark [spɑːk] ◇ n lit & fig espurna f. ◇ vt provocar.

sparking plug ['spɑːkɪŋ-] Br = **spark plug**.

sparkle ['spɑːkl] ◇ n -1. (U) [of diamond] llambreig m; [of eyes] brillantor f. -2. [style] estil m. ◇ vi -1. [star, jewels] centellejar; [eyes] brillar. -2. fig [person, work] ser brillant.

sparkler ['spɑːklər] n [firework] bengala f.

sparkling wine ['spɑːklɪŋ-] vi m escumós.

spark plug n bugia f.

sparrow ['spærəʊ] n pardal m.

sparse [spɑːs] adj escàs -assa.

spasm ['spæzm] n -1. MED [state] espasme m. -2. MED [attack] accés m. -3. [of emotion] atac m.

spastic ['spæstɪk] MED ◇ adj espàstic -a. ◇ n espàstic m -a f.

spat [spæt] pt & pp ☛ **spit**.

spate [speɪt] n cadena f, seguit m.

spatter ['spætər] ◇ vt esquitxar. ◇ vi: to ~ on sthg esquitxar alguna cosa.

spawn [spɔːn] ◇ n (U) fresa f, ous mpl de peix. ◇ vt fig engendrar. ◇ vi fresar.

speak [spiːk] (pt **spoke**, pp **spoken**) ◇ vt -1. [say] dir; to ~ ill of parlar malament de. -2. [language] parlar. ◇ vi parlar; to ~ to / with parlar amb; to ~ to sb (about) parlar amb algú (sobre); to ~ about parlar de; to ~ to sb (on sthg) [give speech] parlar davant d'algú (sobre alguna cosa); to ~ well / highly of parlar bé de; nobody / nothing to ~ of ningú / res important. ☛ **so to speak** adv per dir-ho així, com aquell qui diu. ☛ **speak for** vt fus [represent] parlar en nom de; ~ for yourself! això ho dius tu!; it ~s for itself és evident. ☛ **speak up** vi -1. [- out]: to ~ up for sortir en defensa de. -2. [- louder] parlar més alt.

speaker ['spiːkər] n -1. [person talking] persona f que parla. -2. [person making a speech - at meal etc.] orador m -a f; [- at conference] conferenciant mf. -3. [of a language] parlant mf. -4. [of radio] altaveu m.

speaking ['spiːkɪŋ] ◇ adv: **generally / legally ~** des del punt de vista general / legal; **~ as** [in the position of] parlant com a; **~ of** [on the subject of] parlant de. ◇ n oratòria f.

spear [spɪər] ◇ n [gen] llança f; [for hunting] javelina f. ◇ vt [animal] travessar; [piece of food] punxar.

spearhead ['spɪəhed] ◇ n punta f de llança, capdavanter m -a f. ◇ vt encapçalar.

spec [spek] n Br inf: **to buy on ~** comprar sense garanties; **to go on ~** anar a provar fortuna.

special ['speʃl] ◇ adj -1. [gen] especial. -2. [particular, individual] particular. ◇ n -1. [on menu]: **today's ~** plat m del dia. -2. [TV programme] programa m especial.

special delivery n correu m urgent.

specialist ['speʃəlɪst] ◇ adj [doctor] especialista; [literature] especialitzat -ada. ◇ n especialista mf.

speciality [ˌspeʃɪˈælətɪ] (pl -ies), **specialty** Am ['speʃltɪ] (pl -ies) n especialitat f.

specialize, -ise ['speʃəlaɪz] vi: **to ~ (in)** especialitzar-se (en).

specially ['speʃəlɪ] adv especialment.

specialty Am = **speciality**.

species ['spiːʃiːz] (pl inv) n espècie f.

specific [spəˈsɪfɪk] adj -1. [particular] concret -a. -2. [precise] específic -a. -3. [unique]: **~ to** específic -a de.

specifically [spəˈsɪfɪklɪ] adv -1. [particularly] expressament. -2. [precisely] específicament.

specify ['spesɪfaɪ] (pt & pp **-ied**) vt: **to ~ (that)** especificar (que).

specimen ['spesɪmən] n -1. [example] espècimen m, exemplar m. -2. [sample] mostra f.

speck [spek] n -1. [small stain] taca f petita. -2. [small particle] brossa f.

speckled ['spekld] adj: **~ (with)** amb taques (de).

specs [speks] npl Br inf [glasses] ulleres fpl.

spectacle ['spektəkl] n -1. [gen] espectacle m. -2. [person] fatxa f. ☛ **spectacles** npl Br ulleres fpl.

spectacular [spekˈtækjʊlər] ◇ adj espectacular. ◇ n espectacle m.

spectator [spekˈteɪtər] n espectador m -a f.

spectre Br, **specter** Am ['spektər] n lit & fig fantasma m.

spectrum ['spektrəm] (pl -tra [-trə]) n -1. [gen] espectre m. -2. fig [variety] ventall m.

speculation [ˌspekjʊˈleɪʃn] n especulació f.

sped [sped] pt & pp ☛ **speed**.

speech [spiːtʃ] n -1. [gen] parla f. -2. [formal talk] discurs m; **to give / make a ~ (on sthg to sb)** pronunciar / fer un discurs (sobre alguna cosa a algú). -3. THEAT

parlament m. **-4.** [manner of speaking] manera f de parlar. **-5.** [dialect] dialecte m, parla f.
speechless ['spi:tʃlɪs] adj: to be ~ (with) emmudir (de).
speed [spi:d] (pt & pp **-ed / sped**) ◇ n **-1.** [rate of movement] velocitat f; **at** ~ a gran velocitat; **at top** ~ a tota velocitat. **-2.** [rapidity] rapidesa f. **-3.** [gear] marxa f. ◇ vi **-1.** [move fast]: **to** ~ **(along / away / by)** (passar / allunyar-se) a tota velocitat. **-2.** AUTOM [go too fast] conduir amb excés de velocitat. ◆ **speed up** ◇ vt sep [gen] accelerar; [person] donar pressa a. ◇ vi [gen] accelerar-se; [person] afanyar-se.
speedboat ['spi:dbəʊt] n llanxa f motora.
speeding ['spi:dɪŋ] n (U) excés m de velocitat.
speed limit n límit m de velocitat.
speedometer [spɪ'dɒmɪtər] n velocímetre m.
speedway ['spi:dweɪ] n **-1.** (U) SPORT carreres fpl de motos. **-2.** Am [road] autopista f.
speedy ['spi:dɪ] (compar **-ier**, superl **-iest**) adj ràpid -a.
spell [spel] (Br pt & pp **spelt / -ed**, Am pt & pp **-ed**) ◇ n **-1.** [of time] temporada f; [of weather] ratxa f; **to go through a good / bad** ~ passar per una bona / mala ratxa. **-2.** [enchantment] encís m; **to cast / put a** ~ **on sb** encisar algú. **-3.** [magic words] conjur m. ◇ vt **-1.** [form by writing] lletrejar. **-2.** fig [signify] significar. ◇ vi escriure correctament. ◆ **spell out** vt sep **-1.** [read aloud] lletrejar. **-2.** [explain]: **to** ~ **sthg out (for / to sb)** dir alguna cosa de manera clara (a algú).
spellbound ['spelbaʊnd] adj encisat -ada, embadalit -ida.
spelling ['spelɪŋ] n ortografia f; ~ **mistake** falta f d'ortografia.
spelt [spelt] pt & pp Br ☞ spell.
spend [spend] (pt & pp **spent**) vt **-1.** [gen] gastar; **to** ~ **sthg on** gastar alguna cosa en. **-2.** [time, life] passar.
spendthrift ['spendθrɪft] n malgastador m -a f.
spent [spent] ◇ pt & pp ☞ **spend**. ◇ adj [matches, ammunition] usat -ada; [patience] acabat -ada.
sperm [spɜ:m] (pl inv / **-s**) n esperma m.
spew [spju:] ◇ vt llançar, escopir. ◇ vi: **flames ~ed out of the volcano** el volcà escopia flames.

sphere [sfɪər] n **-1.** [gen] esfera f. **-2.** [of people] cercle m.
spice [spaɪs] ◇ n **-1.** CULIN espècie f. **-2.** fig [excitement] picantor f. ◇ vt **-1.** CULIN: **to** ~ **sthg (with)** condimentar (amb). **-2.** fig [add excitement to]: **to** ~ **sthg (up)** fer més picant alguna cosa.
spick-and-span [,spɪkən'spæn] adj immaculat -ada.
spicy ['spaɪsɪ] (compar **-ier**, superl **-iest**) adj CULIN & fig picant.
spider ['spaɪdər] n aranya f.
spike [spaɪk] n **-1.** [on railing etc.] punta f; [- on wall] clau m. **-2.** [on plant] punxa f; [of hair] pèl m de punta.
spill [spɪl] (Br pt & pp **spilt / -ed**, Am pt & pp **-ed**) ◇ vt vessar. ◇ vi **-1.** [flow] vessar-se. **-2.** [flood out]: **to** ~ **out of** sortir en massa (de).
spilt [spɪlt] pt & pp Br ☞ spill.
spin [spɪn] (pt **spa** / **spun**, pp **spun**, cont **spinning**) ◇ n **-1.** [turn] volta f. **-2.** AERON barrina f. **-3.** inf [in car] volta f. ◇ vt **-1.** [cause to rotate] girar, donar voltes a. **-2.** [clothes, washing] centrifugar. **-3.** [wool, yarn] filar. ◇ vi **-1.** [rotate] girar, donar voltes. **-2.** [feel dizzy]: **my head is ~ning** el cap em dóna voltes. **-3.** [make thread, wool, cloth] filar. ◆ **spin out** vt sep [story] allargar; [money] estirar.
spinal column ['spaɪnl-] n columna f vertebral.
spinal cord ['spaɪnl-] n medul·la f espinal.
spindly ['spɪndlɪ] (compar **-ier**, superl **-iest**) adj llargarut -uda.
spin-dryer n Br centrifugadora f.
spine [spaɪn] n **-1.** ANAT espina f dorsal. **-2.** [of book] llom m. **-3.** [spike, prickle] espina f, pua f.
spinning ['spɪnɪŋ] n filat m.
spinning top n baldufa f.
spin-off n [by-product] resultat m, efecte m indirecte.
spinster ['spɪnstər] n soltera f.
spiral ['spaɪərəl] (Br pt & pp **-led**, cont **-ling**, Am pt & pp **-ed**, cont **-ing**) ◇ adj espiral. ◇ n **-1.** [curve] espiral f. **-2.** [increase] escalada f. **-3.** [decrease] descens m ràpid. ◇ vi **-1.** [move in - curve] moure's en espiral. **-2.** [increase rapidly] pujar vertiginosament. **-3.** [decrease rapidly]: **to** ~ **downwards** baixar vertiginosament.
spiral staircase n escala f de cargol.
spire [spaɪər] n agulla f.

spirit ['spɪrɪt] ◇ *n* **-1.** [gen] esperit *m*; **to enter into the ~ of** endinsar-se en l'ambient de. **-2.** [vigour] ànim *m*, valor *m*. ◇ *vt*: **to ~ sb in / out** fer entrar / treure algú d'amagat. ➠ **spirits** *npl* **-1.** [mood] humor *m*; **to be in high / low ~s** estar animat -ada / decaigut -uda. **-2.** [alcohol] licors *mpl*.

spirited ['spɪrɪtɪd] *adj* animat -ada, enèrgic -a.

spirit level *n* nivell *m* de bombolla.

spiritual ['spɪrɪtʃʊəl] *adj* espiritual.

spit [spɪt] (*Br pt & pp* **spat**, *cont* **-ting**, *Am pt & pp* **spat**, *cont* **-ting**) ◇ *n* **-1.** [saliva] saliva *f*. **-2.** [skewer] rostidor *m*. ◇ *vi* escopir. ◇ *v impers Br* [rain lightly]: **it's ~ting** plovisqueja.

spite [spaɪt] ◇ *n* rancúnia *f*; **to do sthg out of / from ~** fer alguna cosa per despit. ◇ *vt* molestar. ➠ **in spite of** *prep* malgrat, a pesar de; **I did it in ~ of myself** [unintentionally] ho vaig fer a despit de mi mateix.

spiteful [spaɪtfʊl] *adj* [person, behaviour] rancuniós -osa; [action, remark] malintencionat -ada.

spittle ['spɪtl] *n* saliva *f*.

splash [splæʃ] ◇ *n* **-1.** [sound] xipolleig *m*. **-2.** [small quantity]: **a ~ of lemonade** un rajolí de llimonada. **-3.** [of colour, light] taca *f*. ◇ *vt* esquitxar. ◇ *vi* **-1.** [person]: **to ~ about / around** xipollejar. **-2.** [water, liquid]: **to ~ on / against sthg** esquitxar alguna cosa. ➠ **splash out** *inf* ◇ *vt sep*: **to ~ sthg out on** gastar alguna cosa en. ◇ *vi*: **to ~ out (on sthg)** gastar un dineral (en alguna cosa).

spleen [spliːn] ANAT *n* melsa *f*; *fig* [anger] còlera *f*.

splendid ['splendɪd] *adj* **-1.** [marvellous] esplèndid -a. **-2.** [magnificent, beautiful] magnífic -a.

splint [splɪnt] *n* fèrula *f*.

splinter ['splɪntər] *n* [of wood] estella *f*; [of glass, metal] fragment *m*. ◇ *vt*: **to be ~ed** [wood] estar estellat -ada; [glass, metal] estar fragmentat -ada. ◇ *vi* estellar-se.

split [splɪt] (*pt & pp* **split**, *cont* **-ting**) ◇ *n* **-1.** [crack - in wood] clivella *f*; [- in garment] estrip *m*. **-2.** [division]: **~ (in)** escissió *f* (en). **-3.** [difference]: **~ (between)** diferència *f* (entre). ◇ *vt* **-1.** [tear] esquinçar, estripar; [crack] clivellar. **-2.** [break in two] partir, trencar. **-3.** [party, organization] escindir. **-4.** [share] repartir, dividir; **to ~ the difference** partir la diferència. ◇ *vi* **-1.** [break up - road] bifurcar-se; [- object] partir-se, trencar-se. **-2.** [party, organization] escindir-se. **-3.** [wood] partir-se, clivellar-se; [fabric] esquinçar-se, estripar-se. **-4.** *Am inf* [leave] anar-se'n. ➠ **split up** ◇ *vt sep*: **to ~ sthg up (into)** dividir alguna cosa (en). ◇ *vi* separar-se.

split second *n* fracció *f* de segon.

splutter ['splʌtər] ◇ *n* [of person] balbuceig *m*. ◇ *vi* **-1.** [person] balbucejar. **-2.** [fire, oil] espetarregar.

spoil [spɔɪl] (*pt & pp* **-ed / spoilt**) *vt* **-1.** [ruin] espatllar. **-2.** [child etc.] malcriar; **to ~ oneself** permetre's un caprici. ➠ **spoils** *npl* botí *m*.

spoiled [spɔɪld] ➠ **spoilt**.

spoilsport ['spɔɪlspɔːt] *n* esgarriacries *mf*.

spoilt [spɔɪlt] ◇ *pt & pp* ➠ **spoil**. ◇ *adj* malcriat -ada, consentit -ida.

spoke [spəʊk] ◇ *pt* ➠ **speak**. ◇ *n* raig *m*.

spoken ['spəʊkn] *pp* ➠ **speak**.

spokesman ['spəʊksmən] (*pl* **-men** [-mən]) *n* portaveu *m*.

spokeswoman ['spəʊks,wʊmən] (*pl* **-women** [-,wɪmɪn]) *n* portaveu *f*.

sponge [spʌndʒ] (*cont* **spongeing** *Br*, *cont* **sponging** *Am*) ◇ *n* **-1.** [for cleaning, washing] esponja *f*. **-2.** [cake] bescuit *m*. ◇ *vt* netejar amb una esponja. ◇ *vi inf*: **to ~ off** viure a costa de.

sponge bag *n Br* necesser *m*.

sponge cake *n* bescuit *m*.

sponsor ['spɒnsər] ◇ *n* patrocinador *m* -a *f*. ◇ *vt* **-1.** [gen] patrocinar. **-2.** [support] donar suport.

sponsored walk [,spɒnsəd-] *n* marxa *f* benèfica.

sponsorship ['spɒnsəʃɪp] *n* patrocini *m*.

spontaneous [spɒn'teɪnjəs] *adj* espontani -ània.

spooky ['spuːkɪ] (*compar* **-ier**, *superl* **-iest**) *adj inf* estremidor -a, esfereïdor -a.

spool [spuːl] ◇ *n* [gen & COMPUT] bobina *f*. ◇ *vi* COMPUT tractar en diferit.

spoon [spuːn] ◇ *n* **-1.** [piece of cutlery] cullera *f*. **-2.** [spoonful] cullerada *f*. ◇ *vt*: **to ~ sthg onto / into** posar una cullerada d'alguna cosa en.

spoon-feed *vt* **-1.** [feed with spoon] donar de menjar amb cullera. **-2.** *fig* [present in simple form] donar mastegat.

spoonful ['spuːnfʊl] (*pl* **-s / spoonsful**) *n* cullerada *f*.

sporadic [spə'rædɪk] *adj* esporàdic -a.

sport [spɔːt] ◇ *n* **-1.** [game] esport *m*.

–2. dated [cheerful person] persona *f* amable. ◇ *vt* portar, dur.

sporting ['spɔːtɪŋ] *adj lit & fig* esportiu -iva; **to give sb a ~ chance** donar a algú l'oportunitat de guanyar.

sports car *n* cotxe *m* esportiu.

sports jacket *n* jaqueta *f* d'esport.

sportsman ['spɔːtsmən] (*pl* **-men** [-mən]) *n* esportista *m*.

sportsmanship ['spɔːtsmənʃɪp] *n* esportivitat *f*.

sportswear ['spɔːtsweəʳ] *n* roba *f* esportiva.

sportswoman ['spɔːts,wumən] (*pl* **-women** [-,wɪmɪn]) *n* esportista *f*.

sporty ['spɔːtɪ] (*compar* **-ier**, *superl* **-iest**) *adj inf* **-1.** [fond of sports] aficionat -ada als esports. **-2.** [flashy] llampant.

spot [spɒt] (*pt & pp* **-ted**, *cont* **-ting**) ◇ *n* **-1.** [stain] taca *f*; [dot] punt *m*. **-2.** [pimple] gra *m*. **-3.** [drop] gota *f*. **-4.** *inf* [bit, small amount] mica *f*, engruna *f*. **-5.** [place] lloc *m*; **on the ~** en el lloc; **to do sthg on the ~** fer alguna cosa a l'acte. **-6.** RADIO & TV espai *m*. **-7. to have a soft ~ for sb** tenir debilitat per algú; **to put sb on the ~** posar algú entre l'espasa i la paret. ◇ *vt* [notice] notar, detectar.

spot check *n* control *m* aleatori.

spotless ['spɒtlɪs] *adj* [thing] impecable; [reputation] irreprotxable.

spotlight ['spɒtlaɪt] *n* [of car] far *m* auxiliar; [in theatre, home] focus *m*, reflector *m* de llum; *fig* **to be in the ~** ser el centre d'atenció.

spotted ['spɒtɪd] *adj* clapejat -ada.

spotty ['spɒtɪ] (*compar* **-ier**, *superl* **-iest**) *adj* **-1.** *Br* [skin] amb grans. **-2.** *Am* [patchy] irregular.

spouse [spaʊs] *n* cònjuge *mf*.

spout [spaʊt] ◇ *n* [of kettle, teapot] broc *m*; [of jug] broc *m*; [of pipe] canó *m*. ◇ *vt pej* [churn out] engegar. ◇ *vi*: **to ~ from / out of** [liquid] sortir a raig de; [smoke, flames] sortir incessantment.

sprain [spreɪn] ◇ *n* torçada *f*. ◇ *vt* torçar-se.

sprang [spræŋ] *pt* ▶ **spring**.

sprawl [sprɔːl] ◇ *n* (U): **urban ~** desorganització *f* urbana. ◇ *vi* **-1.** [sit] arrepapar-se, escarxofar-se; [lie] estirar-se, ajeure's. **-2.** [cover large area] estendre's.

spray [spreɪ] ◇ *n* **-1.** [small drops - of liquid] ruixada *f*; [- of sea] escuma *f*; [- of aerosol] polvorització *f*. **-2.** [pressurized liquid] esprai *m*. **-3.** [can, container - gen] atomitzador *m*; [- for garden] polvoritzador *m*. **-4.** [of flowers] ram *m*. ◇ *vt* ruixar, vaporitzar. ◇ *vi*: **water ~ed all over the room** l'aigua va esquitxar tota l'habitació.

spread [spred] (*pt & pp* **spread**) ◇ *n* **-1.** [soft food] pasta *f* per untar. **-2.** [of fire, disease] propagació *f*. **-3.** [of ideas, interests] varietat *f*; [of products] assortiment *m*. PRESS: **two-page ~** doble pàgina *f*. ◇ *vt* **-1.** [rug, tablecloth] estendre; [map] desplegar. **-2.** [legs, fingers etc.] estirar. **-3.** [butter, jam] untar; [glue] repartir; **to ~ sthg over sthg** estendre una cosa per sobre d'una altra. **-4.** [disease] propagar; [news] difondre. **-5.** [in time]: **to be ~ over** tenir una durada de. **-6.** [wealth, work] repartir equitativament. ◇ *vi* **-1.** [disease, fire, news] escampar-se, propagar-se. **-2.** [gas, cloud] escampar-se. ▸ **spread out** ◇ *vt sep* **-1. to be ~ out** [far apart] estar disseminat -ada; [sprawling] estendre's. **-2.** [rug, tablecloth, legs] estendre; [map] desplegar. ◇ *vi* disseminar-se, dispersar-se.

spread-eagled [-,iːgld] *adj* eixancarrat -ada.

spreadsheet ['spredʃiːt] *n* COMPUT full *m* de càlcul.

spree [spriː] *n* gatzara *f*.

sprightly ['spraɪtlɪ] (*compar* **-ier**, *superl* **-iest**) *adj* animat -ada.

spring [sprɪŋ] (*pt* **sprang**, *pp* **sprung**) ◇ *n* **-1.** [season] primavera *f*; **in ~** a la primavera. **-2.** [coil] molla *f*. **-3.** [jump] salt *m*. **-4.** [water source] brollador *m*. ◇ *comp* primaveral. ◇ *vt* **-1.** [make known suddenly]: **to ~ sthg on sb** engegar alguna cosa a algú. **-2.** [develop]: **to ~ a leak** obrir una via d'aigua. ◇ *vi* **-1.** [jump] saltar. **-2.** [move suddenly] moure's sobtadament; **she sprang to her feet** posar-se dret -a d'un salt; **to ~ into action / to life** posar-se en marxa. **-3.** [originate]: **to ~ from** provenir de. ▸

spring up *vi* sorgir de sobte.

springboard ['sprɪŋbɔːd] *n lit & fig* trampolí *m*.

spring-clean ◇ *vt* netejar a fons. ◇ *vi* fer una neteja general.

spring onion *n Br* ceba *f* tendra.

springtime ['sprɪŋtaɪm] *n*: **in (the) ~** a la primavera.

springy ['sprɪŋɪ] (*compar* **-ier**, *superl* **-iest**) *adj* [carpet, mattress, grass] tou tova; [rubber] elàstic -a.

sprinkle ['sprɪŋkl] *vt* ruixar, esquitxar; **to ~ sthg over / on sthg**, **to ~ sthg**

with sthg ruixar una cosa amb una altra.

sprinkler ['sprɪŋklər] n aspersor m.

sprint [sprɪnt] ◇ n -1. SPORT esprint m. -2. [fast run] carrera f. ◇ vi SPORT esprintar; [run fast] córrer a tota velocitat.

sprout [spraut] ◇ n -1. (Brussels) ~s cols fpl de Brussel·les. -2. [shoot] brot m. ◇ vt -1. [subject: plant] treure. -2. [subject: person, animal] he has ~ed a beard li ha sortit barba. ◇ vi -1. [plants, vegetables] créixer. -2. [leaves, shoots] brotar. -3. [hairs, feathers, horns] sortir. -4. [appear]: **to ~ (up)** aparèixer ràpidament.

spruce [spru:s] ◇ adj polit -ida. ◇ n pícea f. ← **spruce up** vt sep arreglar; **to ~ oneself up** arreglar-se.

sprung [sprʌŋ] pp ⇒ **spring**.

spry [sprai] (compar **-ier**, superl **-iest**) adj àgil, actiu -iva.

spun [spʌn] pt & pp ⇒ **spin**.

spur [spɜːr] (pt & pp **-red**, cont **-ring**) ◇ n -1. [incentive]: ~ **(to sthg)** estímul f (per aconseguir alguna cosa). -2. [on rider's boot] esperó m. ◇ vt -1. [encourage]: **to ~ sb to do sthg** animar algú a fer alguna cosa. -2. [bring about] impulsar. ← **on the spur of the moment** adv sense pensar-s'ho dos cops. ← **spur on** vt sep: **to ~ sb on** animar algú.

spurious ['spuərɪəs] adj fals -a.

spurn [spɜːn] vt rebutjar.

spurt [spɜːt] ◇ n -1. [of water] raig m; [of flame] flamarada f. -2. [of activity, effort] arrencada f. -3. [of speed] acceleració f; **to put on a ~** accelerar. ◇ vi -1. [gush]: **to ~ (out of / from)** [liquid] sortir a raig (de); [flame] sortir incessantment. -2. [run] accelerar.

spy [spaɪ] (pl **-ies**, pt & pp **-ied**) ◇ n espia mf. ◇ vt inf divisar. ◇ vi: **to ~ (on)** espiar.

spying ['spaɪɪŋ] n espionatge m.

Sq., **sq.** abbr of square.

squabble ['skwɒbl] ◇ n batussa f. ◇ vi: **to ~ (about / over)** barallar-se (per).

squad [skwɒd] n -1. [of police] brigada f. -2. MIL escamot m. -3. [SPORT - of club] plantilla f; [- of national team] selecció f.

squadron ['skwɒdrən] n [of planes] esquadrilla f; [of warships] esquadra f; [of soldiers] esquadró m.

squalid ['skwɒlɪd] adj -1. [filthy] miserable, sòrdid -a. -2. [dishonest] menyspreable.

squall [skwɔːl] n [storm] tamborinada f.

squalor ['skwɒlər] n (U) misèria f.

squander ['skwɒndər] vt [opportunity] desaprofitar; [money] malgastar; [resources] malgastar.

square [skweər] ◇ adj -1. [gen] quadrat -da. -2. [not owing money]: **we're ~** now ara estem en pau. ◇ n -1. [shape] quadrat m. -2. [in town, city] plaça f. -3. inf [unfashionable person] carca mf. -4. **to be back to ~ one** tornar al punt de partida. ◇ vt -1. MATH elevar al quadrat. -2. [balance, reconcile]: **how can you ~ that with your principles?** com encaixes això en els teus principis?; **it doesn't ~ with the facts** això no quadra amb els fets. ← **square up** vi -1. [settle up]: **to ~ up with** saldar comptes amb. -2. **to ~ up to** [confront] fer front a.

squarely ['skweəlɪ] adv -1. [directly] just, exactament. -2. [honestly] obertament, honradament.

square meal n àpat m complet.

squash [skwɒʃ] ◇ n -1. [game] esquaix m. -2. Br [drink] suc m. -3. Am [vegetable] carbassó m. ◇ vt [squeeze, flatten] aixafar.

squat [skwɒt] (compar **-ter**, superl **-test**, pt & pp **-ted**, cont **-ting**) ◇ adj rabassut -uda. ◇ n Br [building] casa f ocupada. ◇ vi -1. [crouch]: **to ~ (down)** ajupir-se, aclofar-se. -2. [be a squatter] viure en una casa ocupada.

squatter ['skwɒtər] n Br ocupant mf il·legal.

squawk [skwɔːk] ◇ n [of bird] grall m, clacada f. ◇ vi [of bird] grallar, clacar.

squeak [skwiːk] ◇ n -1. [of animal] xiscle m. -2. [of hinge] grinyol m. ◇ vi -1. [animal] xisclar. -2. [hinge] grinyolar.

squeal [skwiːl] ◇ n -1. [of person, animal] crit m, xiscle m. -2. [of brakes, tyres] xerric m. ◇ vi -1. [person, animal] cridar, xisclar. -2. [brakes] xerricar.

squeamish ['skwiːmɪʃ] adj aprensiu -iva.

squeeze [skwiːz] ◇ n -1. [pressure] estreta f. -2. inf [squash]: **it was a real ~** estàvem totalment apilotats. ◇ vt -1. [press firmly] estrènyer. -2. [force out - toothpaste] treure (prement); [- juice] esprémer. -3. [cram]: **to ~ sthg into sthg** [into place] col·locar amb dificultat una cosa dins d'una altra; [into time] trobar temps per fer alguna cosa. -4. fig: **to ~ sthg out of sb** [extract] arrencar una cosa a algú. ◇ vi: **to ~ into / through** entrar / passar amb dificultat.

squelch [skweltʃ] vi: **to ~ through mud** passar pel fang xipollejant.

squib [skwɪb] *n* [firework] petard *m*; *fig* **to be a damp ~** ser un desenganyat.

squiggle ['skwɪgl] *n* gargot *m*.

squint [skwɪnt] ⬦ *n* estrabisme *m*. ⬦ *vi*: **to ~ at** mirar amb els ulls mig tancats.

squire ['skwaɪəʳ] *n* [landowner] terratinent *mf*.

squirm [skwɜːm] *vi* **-1.** [wriggle] recargolar-se. **-2.** [wince]: **to ~ (with)** sentir-se violent (per).

squirrel [*Br* 'skwɪrəl, *Am* 'skwɜːrəl] *n* esquirol *m*.

squirt [skwɜːt] ⬦ *vt* **-1.** [force out] treure a raig de. **-2.** [cover with liquid]: **to ~ the plants with water** cobrir les plantes d'aigua. ⬦ *vi*: **to ~ out of** sortir a raig.

Sr -1. abbr of senior. **-2.** abbr of sister.

Sri Lanka [ˌsriːˈlæŋkə] *n* Sri Lanka.

St -1. (abbr of saint) St., Sta. **-2.** (abbr of Street) c.

stab [stæb] (*pt* & *pp* **-bed**, *cont* **-bing**) ⬦ *n* **-1.** [with knife] punyalada *f*. **-2.** *inf* [attempt]: **to have a ~ (at sthg)** provar (de fer alguna cosa). **-3.** [twinge] punxada *f*. ⬦ *vt* **-1.** [with knife] apunyalar. **-2.** [jab] punxar. ⬦ *vi*: **to ~ at sthg** assenyalar alguna cosa amb moviments bruscs del dit.

stable ['steɪbl] ⬦ *adj* **-1.** [unchanging] estable. **-2.** [not moving] fix -a. **-3.** MED [condition] estacionari -ària; [mental health] equilibrat -ada. ⬦ *n* [building] cavallerissa *f*.

stack [stæk] ⬦ *n* **-1.** [pile] pila *f*. **-2.** *inf* [a lot, lots]: **~s / a ~ of** un munt de. ⬦ *vt* **-1.** [pile up] apilar. **-2.** [fill]: **to be ~ed with** ser ple plena de.

stadium ['steɪdjəm] (*pl* **-diums** / **-dia** [-djə]) *n* estadi *m*.

staff [stɑːf] ⬦ *n* [employees] personal *m*. ⬦ *vt*: **the shop is ~ed by women** el personal de la botiga està format per dones.

stag [stæg] (*pl inv* / **-s**) *n* cérvol *m*.

stage [steɪdʒ] ⬦ *n* **-1.** [part of process, phase] fase *f*. **-2.** [in theatre, hall] escenari *m*, escena *f*; **on ~** en escena; **to set the ~ for** preparar el terreny per a. **-3.** [acting profession]: **the ~** el teatre. ⬦ *vt* **-1.** THEAT representar. **-2.** [event, strike] organitzar.

stagecoach ['steɪdʒkəʊtʃ] *n* diligència *f*.

stage fright *n* por *f* escènica.

stage-manage *vt* **-1.** THEAT dirigir. **-2.** *fig* [orchestrate] ordir, maquinar.

stagger ['stægəʳ] ⬦ *vt* **-1.** [astound] deixar bocabadat -ada. **-2.** [arrange at different times] escalonar. ⬦ *vi* trontollar.

stagnant ['stægnənt] *adj* *lit* & *fig* estancat -ada.

stagnate [stæg'neɪt] *vi* estancar-se, paralitzar-se.

stag party *n* comiat *m* de solter.

staid [steɪd] *adj* seriós -osa, conservador -a.

stain [steɪn] ⬦ *n* taca *f*. ⬦ *vt* tacar.

stained glass *n* (U) vidre *m* de color.

stainless steel ['steɪnlɪs-] *n* acer *m* inoxidable.

stain remover *n* llevataques *m*.

stair [steəʳ] *n* graó *m*, esglaó *m*. ➤ **stairs** *npl* escales *fpl*, escala *f*.

staircase ['steəkeɪs] *n* escala *f*.

stairway ['steəweɪ] *n* escala *f*.

stairwell ['steəwel] *n* caixa *f* de l'escala.

stake [steɪk] ⬦ *n* **-1.** [share]: **to have a ~ in** tenir interessos en. **-2.** [wooden post] estaca *f*. **-3.** [in gambling] aposta *f*. ⬦ *vt* **-1.** [risk]: **to ~ sthg (on / upon)** arriscar / jugar-se alguna cosa. **-2.** [in gambling] apostar. **-3.** [state]: **to ~ a claim to sthg** reivindicar alguna cosa. ➤ **at stake** *adv*: **to be at ~** estar en joc.

stale [steɪl] *adj* **-1.** [bread] dur -a; [food] passat -ada; [air] viciat -ada. **-2.** [athlete] esgotat -ada; [artist etc.] mancat -ada d'idees.

stalemate ['steɪlmeɪt] *n* **-1.** [deadlock] punt *m* mort. **-2.** SPORT taules *fpl*.

stalk [stɔːk] ⬦ *n* **-1.** [of flower, plant] tija *f*. **-2.** [of leaf, fruit] tija *f*. ⬦ *vt* [hunt] aguaitar, seguir sigilosament. ⬦ *vi*: **to ~ in / out** entrar / sortir amb pas irat.

stall [stɔːl] ⬦ *n* [in market, at exhibition] parada *f*. ⬦ *vt* **-1.** AUTOM calar. **-2.** [delay - event] retardar; [- person] retenir. ⬦ *vi* **-1.** AUTOM calar-se. **-2.** [delay] sortir amb evasives. ➤ **stalls** *npl Br* platea *f*.

stallion ['stæljən] *n* semental *m*.

stalwart ['stɔːlwət] ⬦ *adj* [loyal] lleial, incondicional. ⬦ *n* partidari *m* -ària *f* incondicional.

stamina ['stæmɪnə] *n* resistència *f*.

stammer ['stæməʳ] ⬦ *n* quequeig *m*. ⬦ *vi* quequejar.

stamp [stæmp] ⬦ *n* **-1.** [gen] segell *m*, timbre *m*. **-2.** [tool] tampó *m*. ⬦ *vt* **-1.** [mark by stamping] timbrar. **-2.** [stomp]: **to ~ one's feet** trepitjar. **-3.** [stick - on] segellar. **-4.** *fig* [identify, mark]: **to ~ sthg / sb as** identificar alguna cosa / algú com a. ⬦ *vi* **-1.** [stomp] picar de peus. **-2.** [tread heavily]: **to ~ on sthg** trepitjar alguna cosa.

stamp album *n* àlbum *m* de segells.

stamp-collecting *n* filatèlia *f*.

stamped addressed envelope ['stæmpt-əˌdrest-] *n Br* sobre buit que s'envia amb les dades del remitent i el franqueig corresponent.

stampede [stæm'piːd] ◇ *n lit & fig* fugida *f*, desbandada *f*. ◇ *vi* fugir a la desbandada.

stance [stæns] *n* **-1.** [way of standing] postura *f*. **-2.** [attitude]: ~ (on) actitud *f* (davant).

stand [stænd] (*pt & pp* **stood**) ◇ *n* **-1.** [stall] parada *f*; [selling newspapers] quiosc *m*. **-2.** [supporting object] suport *m*; **coat** ~ penjador *m*; **music** ~ faristol *m*. **-3.** SPORT tribuna *f*. **-4.** [act of defence]: **to make a** ~ resistir davant l'enemic. **-5.** [publicly stated view] posició *f*; **to take a** ~ **on sthg** adoptar una actitud davant d'alguna cosa. **-6.** *Am* JUR estrada *f*; **to take the** ~ pujar a l'estrada. ◇ *vt* **-1.** [place upright] col·locar (verticalment). **-2.** [withstand, tolerate] suportar. **-3.** [treat]: **to** ~ **sb sthg** convidar algú a alguna cosa. **-4.** JUR: **to** ~ **trial** ser processat -ada. ◇ *vi* **-1.** [be upright - person] estar dret -a; [- object] estar (en posició vertical). **-2.** [get to one's feet] posar-se dret -a, aixecar-se. **-3.** [liquid] reposar. **-4.** [still be valid] continuar vigent. **-5.** [be in particular state]: **unemployment** ~**s at three million** la xifra d'aturats és de tres milions; **as things** ~ tal com estan les coses. **-6.** [have attitude]: **where do you** ~ **on ...?** quina és la teva posició sobre...? **-7.** [be likely]: **I** ~ **to win / lose** és probable que guanyi / perdi. **-8.** *Br* POL [be a candidate] presentar-se; **to** ~ **for Parliament** presentar-se a les eleccions del Parlament. **-9.** *Am* AUTOM: "no ~**ing**" "prohibit aparcar". ◆ **stand back** *vi* retrocedir. ◆ **stand by** ◇ *vt fus* **-1.** [person] fer costat. **-2.** [promise, decision] mantenir. ◇ *vi* **-1.** [in readiness]: **to** ~ **by (for sthg / to do sthg)** estar preparat -ada (per a alguna cosa / per fer alguna cosa). **-2.** [remain inactive] quedar-se sense fer res. ◆ **stand down** *vi* [resign] retirar-se. ◆ **stand for** *vt fus* **-1.** [signify] significar. **-2.** [support - for policy, ideas] defensar. **-3.** [tolerate] suportar, tolerar. ◆ **stand in** *vi*: **to** ~ **in for sb** substituir algú. ◆ **stand out** *vi* destacar. ◆ **stand up** ◇ *vt sep inf* [boyfriend etc.] deixar plantat -ada. ◇ *vi* **-1.** [rise from seat] posar-se dret -a. **-2.** [claim, evidence] ser convincent. ◆ **stand up for** *vt fus* defensar. ◆ **stand up to** *vt fus* **-1.** [weather, heat etc.] resistir. **-2.** [person] fer front a.

standard ['stændəd] ◇ *adj* **-1.** [normal] normal, estàndard. **-2.** [accepted] establert -a. **-3.** [basic] clau, fonamental. ◇ *n* **-1.** [acceptable level] nivell *m*. **-2.** [point of reference - moral] criteri *m*; [- technical] norma *f*. **-3.** [flag] bandera *f*, estendard *m*. ◆ **standards** *npl* [principles] valors *mpl* morals.

standard lamp *n Br* llum *m* de peu.

standard of living (*pl* **standards of living**) *n* nivell *m* de vida.

standby ['stændbaɪ] (*pl* -**s**) ◇ *n* recurs *m*; **on** ~ preparat -ada. ◇ *comp*: ~ **ticket** bitllet *m* en llista d'espera.

stand-in *n* [stuntman] doble *mf*; [temporary replacement] substitut *m* -a *f*.

standing ['stændɪŋ] ◇ *adj* [permanent] permanent; **a** ~ **joke** la broma de sempre; ~ **invitation** invitació oberta. ◇ *n* **-1.** [reputation] reputació *f*. **-2.** [duration] durada *f*; **friends of 20 years'** ~ amics des de fa 20 anys.

standing order *n* ordre *f* bancària.

standing room *n* (U) [on bus] espai *m* per estar dempeus; [at theatre, sports ground] localitats *fpl* dempeus.

standoffish [ˌstænd'ɒfɪʃ] *adj* distant.

standpoint ['stændpɔɪnt] *n* punt *m* de vista.

standstill ['stændstɪl] *n*: **at a** ~ [not moving] aturat -ada; *fig* [not active] en un punt mort; **to come to a** ~ [stop moving] aturar-se; *fig* [cease] estancar-se.

stank [stæŋk] *pt* ➜ **stink**.

staple ['steɪpl] ◇ *adj* [principal] bàsic -a, de primera necessitat. ◇ *n* **-1.** [item of stationery] grapa *f*. **-2.** [principal commodity] producte *m* bàsic, de primera necessitat. ◇ *vt* grapar.

stapler ['steɪplər] *n* grapadora *f*.

star [stɑːr] (*pt & pp* -**red**, *cont* -**ring**) ◇ *n* **-1.** [gen] estrella *f*. **-2.** [asterisk] asterisc *m*. ◇ *comp* estel·lar. ◇ *vt*: **the film** ~**s Kevin Costner** la pel·lícula està protagonitzada per Kevin Costner. ◇ *vi*: **to** ~ **(in)** fer de protagonista (a). ◆ **stars** *npl* horòscop *m*.

starboard ['stɑːbəd] ◇ *adj* d'estribord. ◇ *n*: **to** ~ a estribord.

starch [stɑːtʃ] *n* **-1.** [gen] midó *m*. **-2.** [in potatoes etc.] fècula *f*.

stardom ['stɑːdəm] *n* categoria *f* d'estrella.

stare [steər] ◇ *n* mirada *f* fixa. ◇ *vi*: **to** ~

(at sthg / sb) mirar fixament (alguna cosa / algú).

stark [stɑːk] ◇ *adj* **-1.** [bleak - landscape] desert -a; [- decoration, room] auster -a. **-2.** [harsh - reality] cru -a; [- fact] sense embuts. ◇ *adv*: **~ naked** totalment despullat -ada.

starling [ˈstɑːlɪŋ] *n* estornell *m*.

starry [ˈstɑːrɪ] (*compar* **-ier**, *superl* **-iest**) *adj* estrellat -ada.

starry-eyed [-ˈaɪd] *adj* [optimism etc.] il·lús -a; [lovers] encegat -ada.

Stars and Stripes *n*: **the ~** la bandera de les barres i les estrelles.

start [stɑːt] ◇ *n* **-1.** [beginning] principi *m*, inici *m*; **at the ~ of the year** a principis d'any; **to make a good / bad ~** començar bé / malament; **for a ~** per començar. **-2.** [jerk, jump] ensurt *m*. **-3.** [starting place] sortida *f*. **-4.** [time advantage] avantatge *m*; **to have a ~ on sb** portar avantatge a algú. ◇ *vt* **-1.** [begin] començar; **to ~ doing / to do sthg** començar a fer alguna cosa. **-2.** [turn on - machine, engine] posar en marxa; [- vehicle] engegar. **-3.** [set up] formar, crear; [business] muntar. ◇ *vi* **-1.** [begin] començar; **to ~ with sb / sthg** començar per algú / alguna cosa. **-2.** [machine, tape] posar-se en marxa; [vehicle] engegar-se. **-3.** [begin journey] sortir, posar-se en camí. **-4.** [jerk, jump] espantar-se. **-5.** *inf* [be annoying]: **don't ~!** no comencis! ✤ **start off** ◇ *vt sep* [discussion, rumour] desencadenar; [meeting] començar; [person] **this should be enough to ~ you off** amb això n'hauries de tenir prou per començar. ◇ *vi* **-1.** [begin] començar; **to ~ off by doing sthg** començar per fer alguna cosa; **I ~ed off as a clerk** vaig començar fent d'oficinista. **-2.** [leave on journey] sortir, posar-se en camí. ✤ **start out** *vi* **-1.** [originally be] començar. **-2.** [leave on journey] sortir, posar-se en camí. ✤ **start up** ◇ *vt sep* **-1.** [business] muntar, establir; [shop] posar; [association] crear, formar. **-2.** [car, engine] engegar, posar en marxa. ◇ *vi* **-1.** [begin] començar. **-2.** [car, engine] engegar-se, posar-se en marxa.

starter [ˈstɑːtər] *n* **-1.** *Br* [of meal] entrant *m*. **-2.** AUTOM estàrter *m*. **-3.** [person participating in race] participant *mf*, competidor -a *f*.

starting point [ˈstɑːtɪŋ-] *n lit & fig* punt *m* de partida.

startle [ˈstɑːtl] *vt* espantar.

startling [ˈstɑːtlɪŋ] *adj* sorprenent.

starvation [stɑːˈveɪʃn] *n* fam *f*, inanició *f*.

starve [stɑːv] ◇ *vt* **-1.** [deprive of food] privar de menjar. **-2.** [deprive]: **to ~ sb of sthg** privar algú d'alguna cosa. ◇ *vi* **-1.** [have no food] passar gana. **-2.** *inf* [be hungry]: **I'm starving!** em moro de gana!

state [steɪt] ◇ *n* estat *m*; **not to be in a fit ~ to do sthg** no estar en condicions de fer alguna cosa; **to be in a ~** tenir els nervis de punta. ◇ *comp* [ceremony] oficial, d'Estat; [control, ownership] estatal. ◇ *vt* **-1.** [gen] declarar; [reason, policy] plantejar; [case] exposar. **-2.** [time, date, amount] fixar. ✤ **State** *n*: **the ~** l'Estat. ✤ **States** *npl*: **the ~s** els Estats Units.

State Department *n Am* Ministeri d'Afers Estrangers.

stately [ˈsteɪtlɪ] (*compar* **-ier**, *superl* **-iest**) *adj* majestuós -osa.

statement [ˈsteɪtmənt] *n* **-1.** [gen] declaració *f*. **-2.** [from bank] extracte *m* bancari.

state of mind (*pl* **states of mind**) *n* estat *m* d'ànim.

statesman [ˈsteɪtsmən] (*pl* **-men** [-mən]) *n* estadista *m*, home *m* d'Estat.

static [ˈstætɪk] ◇ *adj* estàtic -a. ◇ *n* (U) interferències *fpl*, paràsits *mpl*.

static electricity *n* electricitat *f* estàtica.

station [ˈsteɪʃn] ◇ *n* **-1.** [gen] estació *f*. **-2.** RADIO emissora *f*. **-3.** [centre of activity] centre *m*. **-4.** *fml* [rank] rang *m*. ◇ *vt* **-1.** [position] situar, col·locar. **-2.** MIL estacionar, apostar.

stationary [ˈsteɪʃnərɪ] *adj* immòbil.

stationer [ˈsteɪʃnər] *n* paperaire *mf*; **~'s (shop)** papereria *f*.

stationery [ˈsteɪʃnərɪ] *n* (U) material *m* d'escriptori.

stationmaster [ˈsteɪʃn,mɑːstər] *n* cap *m* d'estació.

station wagon *n Am* cotxe *m* familiar.

statistic [stəˈtɪstɪk] *n* estadística *f*. ✤ **statistics** *n* (U) estadística *f*.

statue [ˈstætjuː] *n* estàtua *f*.

status [ˈsteɪtəs] *n* **-1.** (U) [position, condition] condició *f*, estat *m*. **-2.** [prestige] prestigi *m*, estatus *m*.

status symbol *n* símbol *m* extern de prestigi social.

statute [ˈstætjuːt] *n* estatut *m*.

statutory [ˈstætjʊtrɪ] *adj* estatutari -ària.

staunch [stɔːntʃ] ◇ *adj* fidel, lleial. ◇ *vt* estroncar.

stave [steɪv] (*pt & pp* **-d / stove**) *n* MUS pentagrama *m*. ✤ **stave off** *vt sep* [disaster,

stay [steɪ] ⟢ *vi* **-1.** [not move away] quedar-se, romandre; **to ~ put** quedar-se al mateix lloc; **~ put!** no et moguis! **-2.** [as visitor] allotjar-se, quedar-se. **-3.** [continue, remain] romandre; **to ~ away from sb / somewhere** no acostar-se a algú / allunyar-se d'algun lloc; **to ~ out of sthg** mantenir-se al marge d'alguna cosa. **-4.** *Scot* [reside] viure. ⟢ *n* estada *f*, permanència *f*. ➣ **stay in** *vi* quedar-se a casa. ➣ **stay on** *vi* quedar-se, romandre. ➣ **stay out** *vi* **-1.** [from home] quedar-se fora, no tornar a casa. **-2.** [strikers] continuar en vaga. ➣ **stay up** *vi* quedar-se despert.

staying power ['steɪɪŋ-] *n* resistència *f*.

stead [sted] *n*: **to stand sb in good ~** ser de gran utilitat per a algú.

steadfast ['stedfɑːst] *adj* [supporter] fidel, lleial; [gaze] fix -a, impertorbable; [resolve] indestructible.

steadily ['stedɪlɪ] *adv* **-1.** [gradually] constantment. **-2.** [regularly - breathe, move] amb normalitat. **-3.** [calmly - look] fixament; [- speak] amb tranquil·litat.

steady ['stedɪ] (*compar* **-ier**, *superl* **-iest**, *pt & pp* **-ied**) ⟢ *adj* **-1.** [gradual] uniforme. **-2.** [regular, constant] constant, continuat -ada. **-3.** [not shaking] ferm -a. **-4.** [voice] serè -ena; [stare] fix -a. **-5.** [relationship] estable; [boyfriend, girlfriend] formal; **a ~ job** una feina fixa. **-6.** [reliable, sensible] sensat -a. ⟢ *vt* **-1.** [stop from shaking] subjectar en posició ferma; **he steadied his hand** va deixar de tremolar-li la mà; **to ~ oneself** tranquil·litzar-se. **-2.** [nerves, voice] dominar, controlar; **to ~ oneself** controlar els nervis.

steak [steɪk] *n* **-1.** (U) [meat] bistec *m*, filet *m*. **-2.** [piece of meat, fish] filet *m*.

steal [stiːl] (*pt* **stole**, *pp* **stolen**) ⟢ *vt* [gen] robar; [idea] apropiar-se de; **to ~ sthg from sb** robar alguna cosa a algú; **to ~ a glance at** dirigir una mirada furtiva a. ⟢ *vi* **-1.** [take illegally] robar. **-2.** [move secretly] moure's sigilosament.

stealthy ['stelθɪ] (*compar* **-ier**, *superl* **-iest**) *adj* cautelós -osa, sigilós -osa.

steam [stiːm] ⟢ *n* vapor *m*; (U) baf *m*; **to let off ~** desfogar-se; **to run out of ~** quedar-se sense forces. ⟢ *comp* de vapor. ⟢ *vt* CULIN coure al vapor. ⟢ *vi* **-1.** [water, food] treure vapor. **-2.** [train, ship] moure's traient vapor. ➣ **steam up** ⟢ *vt sep* **-1.** [mist up] entelar. **-2.** *fig* [get angry]: **to get ~ed up about sthg** enutjar-se per alguna cosa. ⟢ *vi* entelar-se.

steamboat ['stiːmbəʊt] *n* vaixell *m* de vapor.

steam engine *n* màquina *f* de vapor.

steamer ['stiːmə'] *n* **-1.** [ship] vaixell *m* de vapor. **-2.** CULIN instrument de cuina que serveix per fer aliments al vapor.

steamroller ['stiːmˌrəʊlə'] *n* piconadora *f*.

steamy ['stiːmɪ] (*compar* **-ier**, *superl* **-iest**) *adj* **-1.** [full of steam] vaporós -osa. **-2.** *inf* [erotic] calent -a.

steel [stiːl] ⟢ *n* acer *m*. ⟢ *comp* d'acer. ⟢ *vt*: **to ~ oneself (for sthg)** armar-se de valor (per fer alguna cosa).

steelworks ['stiːlwɜːks] (*pl inv*) *n* fàbrica *f* siderúrgica.

steep [stiːp] ⟢ *adj* **-1.** [hill, road] empinat -ada. **-2.** [considerable - increase, fall] important, considerable. **-3.** *inf* [expensive] molt car -a, abusiu -iva. ⟢ *vt* remullar.

steeple ['stiːpl] *n* agulla *f* (d'un campanar).

steeplechase ['stiːpltʃeɪs] *n* carrera *f* d'obstacles.

steer [stɪə'] ⟢ *n* bou *m*. ⟢ *vt* **-1.** [vehicle] conduir. **-2.** [person, discussion etc.] dirigir. ⟢ *vi*: **the car ~s well** aquest cotxe es condueix bé; **the bus ~ed into a ditch** l'autobús es va desviar i va caure en una cuneta; **to ~ clear of sthg / sb** evitar alguna cosa / algú.

steering ['stɪərɪŋ] *n* (U) direcció *f*.

steering wheel *n* volant *m*.

stem [stem] (*pt & pp* **-med**, *cont* **-ming**) ⟢ *n* **-1.** [of plant] tija *f*. **-2.** [of glass] peu *m*. **-3.** [of pipe] tub *m*. **-4.** GRAM arrel *f*. ⟢ *vt* [flow] contenir, detenir; [blood] estroncar. ➣ **stem from** *vt fus* derivar de, ser el resultat de.

stench [stentʃ] *n* pudor *f*.

stencil ['stensl] (*Br pt & pp* **-led**, *cont* **-ling**, *Am pt & pp* **-ed**, *cont* **-ing**) ⟢ *n* plantilla *f*. ⟢ *vt* estergir.

stenographer [stə'nɒgrəfə'] *n Am* taquígraf *m* -a *f*.

step [step] (*pt & pp* **-ped**, *cont* **-ping**) ⟢ *n* **-1.** [gen] pas *m*; **~ by step** pam a pam; *liter* **to be in / out of ~** portar / no portar el pas; *fig* estar / no estar al corrent; **to watch one's ~** caminar amb compte; *fig* anar amb compte. **-2.** [action] mesura *f*. **-3.** [stair, rung] esglaó *m*. **-4.** *Am* MUS to *m*. ⟢ *vi* **-1.** [move foot] fer un pas; **watch**

where you ~! mira on trepitges!; **he stepped off the bus** va baixar de l'autobús. **–2.** [tread]: **to ~ on sthg** trepitjar alguna cosa; **to ~ in sthg** posar el peu en algun lloc. ◆ **steps** *npl* **–1.** [stairs steps indoors] escales *fpl*; [steps outside] escalinata *f.* **–2.** *Br* [stepladder] escala *f* de tisora. ◆ **step down** *vi* [leave job] renunciar. ◆ **step in** *vi* intervenir. ◆ **step up** *vt sep* augmentar.

step aerobics *n* (U) step *m*, aeròbic *m* amb esglaó.

stepbrother ['step,brʌðəʳ] *n* germanastre *m.*

stepdaughter ['step,dɔːtəʳ] *n* fillastra *f.*

stepfather ['step,fɑːðəʳ] *n* padrastre *m.*

stepladder ['step,lædəʳ] *n* escala *f* de tisora.

stepmother ['step,mʌðəʳ] *n* madrastra *f.*

stepping-stone ['stepɪŋ-] *n* **–1.** [in river] passera *f.* **–2.** *fig* [to success] trampolí *m.*

stepsister ['step,sɪstəʳ] *n* germanastra *f.*

stepson ['stepsʌn] *n* fillastre *m.*

stereo ['steriəʊ] (*pl* **-s**) ◇ *adj* estereofònic -a. ◇ *n* **–1.** [record player] equip *m* estereofònic. **–2.** [- sound] estèreo *m.*

stereotype ['steriətaip] ◇ *n* estereotip *m.* ◇ *vt* estereotipar.

sterile ['steraɪl] *adj* **–1.** [germ-free] esterilitzat -ada. **–2.** [unable to produce offspring] estèril. **–3.** *pej* [unimaginative] improductiu -iva.

sterilize, -ise ['sterəlaɪz] *vt* esterilitzar.

sterling ['stɜːlɪŋ] ◇ *adj* **–1.** [of British money] esterlí -ina. **–2.** [excellent] excel·lent. ◇ *n* (U) lliura *f* esterlina. ◇ *comp* en lliures esterlines.

sterling silver *n* plata *f* de llei.

stern [stɜːn] ◇ *adj* sever -a. ◇ *n* popa *f.*

steroid ['stɪərɔɪd] *n* esteroide *m.*

stethoscope ['steθəskəʊp] *n* estetoscopi *m.*

stew [stjuː] ◇ *n* estofat *m*, guisat *m.* ◇ *vt* [meat, vegetables] estofar, guisar; [fruit] fer una compota de. ◇ *vi fig*: **to let sb ~** deixar que algú pateixi.

steward ['stjʊəd] *n* **–1.** [on plane] auxiliar *m* de vol; [on ship, train] cambrer *m.* **–2.** *Br* [organizer] ajudant *mf* d'organització.

stewardess ['stjʊədɪs] *n* auxiliar *f* de vol, hostessa *f.*

stick [stɪk] (*pt & pp* **stuck**) ◇ *n* **–1.** [of wood, for playing sport] estic *m.* **–2.** [of dynamite] cartutx *m*; [of liquorice, rock] barra *f.* **–3.** [walking -] bastó *m.* **–4.** **to get the wrong end of the ~** entendre-ho al revés. ◇ *vt* **–1.** [push]: **to ~ sthg in / into sthg** [knife, pin] clavar una cosa en una altra; [finger] posar una cosa dins d'una altra; **to ~ sthg through sthg** travessar una cosa amb una altra. **–2.** [make adhere]: **to ~ sthg (on / to sthg)** enganxar una cosa (en una altra). **–3.** *inf* [put] posar. **–4.** *Br inf* [tolerate] suportar, aguantar; **to ~ it** suportar-ho, resistir-ho. ◇ *vi* **–1.** [adhere]: **to ~ (to)** enganxar-se (a). **–2.** [jam] embussar-se. **–3.** [remain]: **to ~ in one's mind** continuar en el pensament d'algú. ◆ **stick out** ◇ *vt sep* **–1.** [make protrude] treure. **–2.** [endure] aguantar. ◇ *vi* **–1.** [protrude] sobresortir. **–2.** *inf* [be noticeable] cridar l'atenció. ◆ **stick to** *vt fus* **–1.** [follow closely] seguir. **–2.** [principles] ser fidel a; [promise, agreement] complir amb; [decision] atenir-se; **if I were you, I'd ~ to French** jo de tu, em limitaria al francès. ◆ **stick up** ◇ *vt sep* **–1.** [attach] enganxar a la paret. **–2.** [with gun] robar a mà armada. ◇ *vi* sortir, sobresortir. ◆ **stick up for** *vt fus* defensar.

sticker ['stɪkəʳ] *n* [piece of paper] adhesiu *m.*

sticking plaster ['stɪkɪŋ-] *n* esparadrap *m.*

stickler ['stɪkləʳ] *n*: **~ for sthg** maniàtic *m* -a *f* d'alguna cosa.

stick shift *n Am* palanca *f* de canvis.

stick-up *n inf* atracament *m* a mà armada.

sticky ['stɪkɪ] (*compar* **-ier**, *superl* **-iest**) *adj* **–1.** [tacky] enganxós -osa. **–2.** [adhesive] adhesiu -iva. **–3.** *inf* [awkward] molest -a. **–4.** [humid] xafogós -osa.

stiff [stɪf] ◇ *adj* **–1.** [inflexible] rígid -a. **–2.** [door, drawer] encallat -ada. **–3.** [aching] engarrotat -ada; **to be ~** estar ben cruixit -ida. **–4.** [formal - person, manner] estirat -ada; [- smile] rígid -a. **–5.** [severe, intense] sever -a. **–6.** [difficult - task] dur -a. **–7.** *inf* [strong in alcohol] carregat -ada. **–8.** [breeze] fort -a. ◇ *adv inf*: **bored / frozen ~** mort -a d'avorriment / de fred.

stiffen ['stɪfn] ◇ *vt* **–1.** [make inflexible - gen] posar rígid -a; [- clothes] emmidonar. **–2.** [make more severe, intense] reforçar, intensificar. ◇ *vi* **–1.** [become inflexible] endurir-se. **–2.** [bones] entumir-se; [muscles] engarrotar-se. **–3.** [become more severe, intense] intensificar-se, endurir-se. **–4.** [wind] tornar-se més fort.

stifle ['staɪfl] ◇ *vt* **–1.** [prevent from breathing] ofegar, sufocar. **–2.** [prevent from happening] reprimir. ◇ *vi* ofegar-se.

stifling ['staɪflɪŋ] *adj* carregós -osa, sufocant.

stigma ['stɪgmə] *n* estigma *m*.

stile [staɪl] *n* esglaó *m* per passar una tanca.

stiletto heel [stɪ'letəʊ-] *n Br* taló *m* d'agulla.

still [stɪl] ◇ *adv* **-1.** [up to now, up to then, even now] encara. **-2.** [to emphasize remaining amount] encara; **I've ~ got two left** encara me'n queden dos. **-3.** [nevertheless, however] tanmateix, no obstant això. **-4.** [with comparatives] encara; **~ bigger** més gran encara. **-5.** [motionless] sense moure's; **sit ~!** seu i no et moguis! ◇ *adj* **-1.** [not moving] quiet -a, immòbil. **-2.** [calm, quiet] tranquil -il·la. **-3.** [not windy] plàcid -a. **-4.** [not fizzy] sense gas. ◇ *n* **-1.** PHOT fotograma *m*. **-2.** [for making alcohol] alambí *m*.

stillborn ['stɪlbɔːn] *adj* nascut mort nascuda morta.

still life (*pl* **-s**) *n* natura *f* morta.

stilted ['stɪltɪd] *adj* forçat -ada.

stilts [stɪlts] *npl* **-1.** [for person] xanques *fpl*. **-2.** [for building] puntal *m*.

stimulate ['stɪmjʊleɪt] *vt* [gen] estimular; [interest] excitar.

stimulating ['stɪmjʊleɪtɪŋ] *adj* [physically] estimulant; [mentally] interessant.

stimulus ['stɪmjʊləs] (*pl* **-li** [-laɪ]) *n* estímul *m*.

sting [stɪŋ] (*pt & pp* **stung**) ◇ *n* **-1.** [by bee] picada *f*. **-2.** [of bee] fibló *m*. **-3.** [sharp pain] coïssor *f*; **to take the ~ out of sthg** suavitzar alguna cosa. ◇ *vt* **-1.** [subject: bee, nettle] picar. **-2.** [cause sharp pain to] coure. **-3.** *fig* [subject: criticism] ferir. ◇ *vi* picar.

stingy ['stɪndʒɪ] (*compar* **-ier**, *superl* **-iest**) *adj inf* garrepa, agarrat -ada.

stink [stɪŋk] (*pt* **stank** / **stunk**, *pp* **stunk**) ◇ *n* pudor *f*. ◇ *vi* **-1.** [have unpleasant smell] fer pudor. **-2.** *inf fig* [be worthless] no valer res.

stinking ['stɪŋkɪŋ] ◇ *adj inf fig* fastigós -osa. ◇ *adv* fastigosament; **they're ~ rich** són tan rics que fa fàstic.

stint [stɪnt] ◇ *n* període *m*. ◇ *vi*: **to ~ on sthg** escatimar alguna cosa.

stipulate ['stɪpjʊleɪt] *vt* estipular.

stir [stɜːʳ] (*pt & pp* **-red**, *cont* **-ring**) ◇ *n* **-1.** [act of stirring] **to give sthg a ~** remenar alguna cosa. **-2.** [public excitement] enrenou *m*, sensació *f*. ◇ *vt* **-1.** [mix] remenar. **-2.** [move gently] agitar, moure. **-3.** [move emotionally] impressionar, commoure. **-4.** [move] **to ~ oneself** bellugar-se. ◇ *vi* **-1.** [move gently] bellugar-se, agitar-se. **-2.** [feeling, idea] despertar l'interès. ◆ **stir up** *vt sep* **-1.** [cause to rise] aixecar. **-2.** [cause] excitar.

stirrup ['stɪrəp] *n* estrep *m*.

stitch [stɪtʃ] ◇ *n* **-1.** puntada *f*. **-2.** [in knitting] punt *m*. **-3.** MED punt *m* (de sutura). **-4.** [stomach pain] **to have a ~** sentir punxades (a l'estómac). **-5. to be in ~es** partir-se de riure. ◇ *vt* **-1.** cosir. **-2.** MED suturar, posar punts.

stoat [stəʊt] *n* ermini *m*.

stock [stɒk] ◇ *n* **-1.** [supply] reserva *f*, estoc *m*. **-2.** (*U*) COM [reserves] existències *fpl*; [selection] assortiment *m*; **in ~** en existència, al magatzem; **out of ~** exhaurit -ida. **-3.** FIN [of company] capital *m*; **government ~** paper *m* de l'estat; **~s and shares** accions *fpl*, valors *mpl*. **-4.** [ancestry] llinatge *m*, nissaga *f*. **-5.** CULIN brou *m*. **-6.** [livestock] ramat *m*, ramaderia *f*. **-7. to take ~ (of sthg)** avaluar (alguna cosa). ◇ *adj* estereotipat -ada. ◇ *vt* **-1.** COM proveir, tenir al magatzem. **-2.** [shelves] omplir; [lake] repoblar. ◆ **stock up** *vi*: **to ~ up (with)** proveir-se (de).

stockbroker ['stɒk,brəʊkəʳ] *n* agent *mf* de borsa.

stock cube *n Br* pastilla *f* de brou.

stock exchange *n* borsa *f*.

stockholder ['stɒk,həʊldəʳ] *n Am* accionista *mf*.

Stockholm ['stɒkhəʊm] *n* Estocolm.

stocking ['stɒkɪŋ] *n* [for woman] mitja *f*.

stockist ['stɒkɪst] *n Br* distribuïdor *m* -a *f*.

stock market *n* borsa *f*, mercat *m* de valors.

stock phrase *n* frase *f* estereotipada.

stockpile ['stɒkpaɪl] ◇ *n* reserves *fpl*. ◇ *vt* emmagatzemar, acumular.

stocktaking ['stɒk,teɪkɪŋ] *n* (*U*) inventari *m*, balanç *m*.

stocky ['stɒkɪ] (*compar* **-ier**, *superl* **-iest**) *adj* corpulent -a, robust -a.

stodgy ['stɒdʒɪ] (*compar* **-ier**, *superl* **-iest**) *adj* **-1.** [indigestible] indigest -a. **-2.** *pej* [uninteresting] pesat -ada.

stoical ['stəʊɪkl] *adj* estoic -a.

stoke [stəʊk] *vt* [fire] avivar, alimentar.

stole [stəʊl] ◇ *pt* ☞ **steal**. ◇ *n* estola *f*.

stolen ['stəʊln] *pp* ☞ **steal**.

stolid ['stɒlɪd] *adj* impassible, imperturbable.

stomach ['stʌmək] ◇ *n* **-1.** [organ] estómac

m. **-2.** [abdomen] ventre *m.* ◇ *vt* aguantar.

stomachache ['stʌməkeɪk] *n* mal *m* d'estómac.

stomach upset [-'ʌpset] *n* trastorn *m* gàstric.

stone [stəʊn] (*pl sense 4 only inv* / **-s**) ◇ *n* **-1.** [mineral] pedra *f*; **a ~'s throw from** a tret de pedra de. **-2.** [jewel] pedra *f* preciosa. **-3.** [seed] pinyol *m.* **-4.** *Br* [unit of measurement] 6,35 kg. ◇ *comp* de pedra. ◇ *vt* apedregar.

stone-cold *adj* gelat -ada.

stonewashed ['stəʊnwɒʃt] *adj* rentat -ada a la pedra.

stonework ['stəʊnwɜːk] *n* maçoneria *f.*

stood [stʊd] *pt & pp* ▶ **stand**.

stool [stuːl] *n* [seat] tamboret *m.*

stoop [stuːp] ◇ *n* **-1.** [bent back]: **to walk with a ~** caminar encorbat -ada. **-2.** *Am* [of house] llindar *m* amb escales. ◇ *vi* **-1.** [bend] inclinar-se, ajupir-se. **-2.** [hunch shoulders] encorbar-se. **-3.** *fig* [debase oneself]: **to ~ to sthg** rebaixar-se a alguna cosa.

stop [stɒp] (*pt & pp* **-ped**, *cont* **-ping**) ◇ *n* **-1.** [gen] parada *f*; **to come to a ~** aturar-se; *fig* paralitzar-se; **to put a ~ to sthg** posar fi a alguna cosa. **-2.** [full -] punt *m.* ◇ *vt* **-1.** [gen] parar; **to ~ doing sthg** deixar de fer alguna cosa. **-2.** [prevent] impedir; **to ~ sb / sthg from doing sthg** impedir que algú / alguna cosa faci alguna cosa. **-3.** [cause to - moving] aturar. **-4.** [not pay - wages] suspendre; [- cheque] anul·lar, invalidar. **-5.** [block - pipe] tapar. ◇ *vi* [gen] aturar-se; [rain, music] cessar; **to ~ at nothing (to do sthg)** no reparar en res (a l'hora de fer alguna cosa). ◆ **stop off** *vi* fer una parada. ◆ **stop up** ◇ *vt sep* [block] tapar, obturar. ◇ *vi Br inf* quedar-se despert -a.

stopgap ['stɒpgæp] *n* [thing] recurs *m* provisional; [person] substitut -a *f.*

stopover ['stɒp,əʊvəʳ] *n* [gen] parada *f*; [of plane] escala *f.*

stoppage ['stɒpɪdʒ] *n* **-1.** [strike] aturada *f*, vaga *f.* **-2.** *Br* [deduction] retenció *f.*

stopper ['stɒpəʳ] *n* tap *m.*

stop press *n* notícies *fpl* d'última hora.

stopwatch ['stɒpwɒtʃ] *n* cronòmetre *m.*

storage ['stɔːrɪdʒ] *n* emmagatzematge *m.*

storage heater *n Br* acumulador *m.*

store [stɔːʳ] ◇ *n* **-1.** [shop] botiga *f.* **-2.** [supply] provisió *f*, reserva *f.* **-3.** [place of storage] magatzem *m.* **-4. to set great ~ by / on sthg** valorar molt alguna cosa. ◇ *vt* **-1.** [gen & COMPUT] emmagatzemar. **-2.** [keep] guardar. ◆ **store up** *vt sep* [provisions, goods] emmagatzemar; [information] acumular.

storekeeper ['stɔːˌkiːpəʳ] *n Am* botiguer *m* -a *f.*

storeroom ['stɔːrʊm] *n* [gen] magatzem *m*; [for food] rebost *m.*

storey *Br* (*pl* **-s**), **story** *Am* (*pl* **-ies**) ['stɔːrɪ] *n* planta *f*, pis *m.*

stork [stɔːk] *n* cigonya *f.*

storm [stɔːm] ◇ *n* **-1.** [bad weather] tempesta *f*; **a ~ in a teacup** una tempesta en un got d'aigua. **-2.** [violent reaction] torrent *m.* ◇ *vt* MIL assaltar. ◇ *vi* **-1.** [go angrily]: **to ~ out** sortir irat -ada. **-2.** [say angrily] vociferar.

stormy ['stɔːmɪ] (*compar* **-ier**, *superl* **-iest**) *adj* **-1.** [weather] tempestuós -osa. **-2.** [meeting] acalorat -ada; [relationship] tempestuós -osa.

story ['stɔːrɪ] (*pl* **-ies**) *n* **-1.** [tale] conte *m*; **it's the (same) old ~** és la història de sempre; **to cut a long ~ short** en poques paraules, en resum. **-2.** [history] història *f.* **-3.** [news article] article *m.* **-4.** *euph* [lie] història *f.* **-5.** *Am* = **storey**.

storybook ['stɔːrɪbʊk] *adj* de novel·la, de conte.

storyteller ['stɔːrɪˌtɛləʳ] *n* **-1.** [teller of story] narrador *m* -a *f*, contista *mf.* **-2.** *euph* [liar] camandulér *m* -a *f.*

stout [staʊt] ◇ *adj* **-1.** [rather fat] corpulent -a, gras -assa. **-2.** [strong, solid] fort -a, sòlid -a. **-3.** [resolute] ferm -a. ◇ *n* (*U*) cervesa *f* negra.

stove [stəʊv] ◇ *pt & pp* ▶ **stave**. ◇ *n* [for heating] estufa *f*; [for cooking] cuina *f.*

stow [stəʊ] *vt*: **to ~ sthg (away)** guardar alguna cosa.

stowaway ['stəʊəweɪ] *n* polissó *m.*

straddle ['strædl] *vt* **-1.** [subject: person] encamellar-se sobre. **-2.** [subject: bridge, town] travessar, creuar.

straggle ['strægl] *vi* **-1.** [sprawl] escampar-se. **-2.** [dawdle] endarrerir-se.

straggler ['stræglər] *n* endarrerit *m* -ida *f.*

straight [streɪt] ◇ *adj* **-1.** [not bent] recte -a. **-2.** [hair] llis -a. **-3.** [honest, frank] directe -a, sincer -a. **-4.** [tidy] endreçat -ada. **-5.** [choice, swap] senzill -a, fàcil. **-6.** [alcoholic drink] sol -a, sense barrejar. **-7.** *inf* [conventional] ordinari -ària. **-8.** *gay sl* [heterosexual] heterosexual. ◇ *adv* **-1.** [in a - line - horizontally] directament; [- vertically] recte -a; **~ ahead** tot recte; **I couldn't see ~** no m'hi veia. **-2.** [directly] directament; [immediately] immediatament. **-3.** [frankly] francament. **-4.** [tidy] en ordre. **-5.** [undiluted] sol -a. **-6. let's get things ~** deixem les coses clares; **to go ~** [criminal] deixar la mala vida. ◇ *n* [of race track]: **the ~** la recta final. ➠ **straight off** *adv* a l'acte. ➠ **straight out** *adv* sense embuts.

straightaway [ˌstreɪtəˈweɪ] *adv* de seguida.

straighten [ˈstreɪtn] ◇ *vt* **-1.** [tidy - room] endreçar; [- hair, dress] posar bé. **-2.** [make straight - horizontally] posar recte -a; [- vertically] redreçar. ◇ *vi*: **to ~ (up)** redreçar-se, posar-se recte -a. ➠ **straighten out** *vt sep* [mess] arreglar; [problem] resoldre.

straight face *n*: **to keep a ~** aguantar-se el riure.

straightforward [ˌstreɪtˈfɔːwəd] *adj* **-1.** [easy] senzill -a. **-2.** [frank - answer] directe -a; [- person] obert -a, sincer -a.

strain [streɪn] ◇ *n* **-1.** [weight] pes *m*; [pressure] pressió *f*. **-2.** [mental stress] tensió *f* nerviosa. **-3.** [physical injury] distensió *f*, torçada *f*; **eye ~** vista *f* cansada. **-4.** [worry, difficulty] esforç *m*. **-5.** [variety] tipus *m*, varietat *f*. ◇ *vt* **-1.** [overtax - budget] estirar; [- ceiling] forçar; [- enthusiasm] esgotar. **-2.** [use hard]: **to ~ one's eyes / ears** agusar la vista / l'oïda. **-3.** [injure - eyes] cansar; [- muscle, back] distendre, torçar. **-4.** [drain] colar. ◇ *vi*: **to ~ to do sthg** esforçar-se per fer alguna cosa. ➠ **strains** *npl liter* [of music] acords *mpl*, compassos *mpl*.

strained [streɪnd] *adj* **-1.** [worried] preocupat -ada. **-2.** [unfriendly] tens -a, tibat -ada. **-3.** [insincere] forçat -ada.

strainer [ˈstreɪnər] *n* colador *m*.

strait [streɪt] *n* estret *m*. ➠ **straits** *npl*: **in dire / desperate ~s** en una situació desesperada.

straitjacket [ˈstreɪtˌdʒækɪt] *n* [garment] camisa *f* de força.

straitlaced [ˌstreɪtˈleɪst] *adj pej* purità -ana.

strand [strænd] *n* **-1.** [thin piece] bri *m*; **a ~ of hair** un pèl del cabell. **-2.** [theme, element] fil *m*.

stranded [ˈstrændɪd] *adj* [ship] encallat -ada, embarrancat -ada; [person] penjat -ada.

strange [streɪndʒ] *adj* **-1.** [unusual] rar -a, estrany -a. **-2.** [unfamiliar] estrany -a, desconegut -uda.

stranger [ˈstreɪndʒər] *n* **-1.** [unfamiliar person] estrany *m* -a *f*, desconegut *m* -uda *f*; **to be a / no ~ to sthg** no estar / estar familiaritzat -ada amb alguna cosa. **-2.** [outsider] foraster *m* -a *f*.

strangle [ˈstræŋgl] *vt* **-1.** [kill] estrangular. **-2.** *fig* [stifle] ofegar, reprimir.

stranglehold [ˈstræŋglhəʊld] *n* **-1.** [round neck] collar *m* de força. **-2.** *fig* [strong influence] domini *m* absolut.

strap [stræp] (*pt* & *pp* **-ped**, *cont* **-ping**) ◇ *n* **-1.** [of handbag, rifle] bandolera *f*. **-2.** [of watch, case] corretja *f*; [of dress, bra] tirant *m*. ◇ *vt* [fasten] lligar amb corretja.

strapping [ˈstræpɪŋ] *adj* robust -a.

Strasbourg [ˈstræzbɜːg] *n* Estrasburg.

strategic [strəˈtiːdʒɪk] *adj* estratègic -a.

strategy [ˈstrætɪdʒɪ] (*pl* **-ies**) *n* estratègia *f*.

straw [strɔː] ◇ *n* **-1.** AGR palla *f*. **-2.** [for drinking] palla *f*. **-3. to clutch at ~s** aferrar-se a un vaixell que s'enfonsa; **the last ~** passar de mida. ◇ *comp* de palla.

strawberry [ˈstrɔːbərɪ] (*pl* **-ies**) ◇ *n* maduixa *f*. ◇ *comp* de maduixa.

stray [streɪ] ◇ *adj* **-1.** [animal - without owner] de carrer; [- lost] extraviat -ada. **-2.** [bullet] perdut -uda; [example] aïllat -ada. ◇ *n* [animal] animal *m* de carrer. ◇ *vi* **-1.** [from path] desviar-se; [from group] extraviar-se. **-2.** [thoughts, mind] perdre's; **to ~ from the point** desviar-se del tema, divagar.

streak [striːk] ◇ *n* **-1.** [of hair] floc *m*; [of lightning] raig *m*; [of grease] ratlla *f*. **-2.** [in character] vena *f*. **-3.** [period]: **a lucky ~** una ratxa de bona sort. ◇ *vi* [move quickly] passar com un llampec.

stream [striːm] ◇ *n* **-1.** [small river] rierol *m*. **-2.** [of liquid, gas] torrent *m*; [of gas, light] raig *m*. **-3.** [current] corrent *m*. **-4.** [of people, cars] torrent *m*. **-5.** [continuous series] sèrie *f*, enfilall *m*. **-6.** *Br* EDUC grup *m*. ◇ *vi* **-1.** [liquid, gas, light]: **to ~ into** entrar a dolls a; **to ~ out of** sortir brollant de. **-2.** [people, cars]: **to ~ into** entrar atropelladament a; **to ~ out of** sortir atropelladament de. ◇ *vt* *Br* EDUC agrupar d'acord amb el rendiment escolar.

streamer [ˈstriːmər] *n* [for party] serpentina *f*.

streamlined [ˈstriːmlaɪnd] *adj* **-1.** [aerodynamic] aerodinàmic -a. **-2.** [efficient] racional.

street [striːt] *n* carrer *m*; **to be right up one's ~** *Br inf* ser just allò que a un li interessa; **to be ~s ahead of sb** *Br* portar molt d'avantatge a algú.

streetcar ['striːtkaːʳ] *n Am* tramvia *m*.

street lamp, **street light** *n* fanal *m*.

street plan *n* plànol *m* (de la ciutat).

streetwise ['striːtwaɪz] *adj inf* espavilat -ada.

strength [streŋθ] *n* **-1.** [physical or mental power] força *f*. **-2.** [power, influence] poder *m*; **to go from ~ to strength** tenir cada cop més èxit. **-3.** [quality] punt *m* fort. **-4.** [solidity of material structure] solidesa *f*. **-5.** [intensity of feeling, smell, wind] intensitat *f*; [- of accent, wine] força *f*; [- of drug] potència *f*. **-6.** [credibility, weight] pes *m*; **on the ~ of** a partir de, en base a. **-7.** (U) [in numbers - gen] nombre *m*; [- army] efectius *mpl*; **in ~** en gran nombre; **to be at / below full ~** haver-hi / no haver-hi prou personal. **-8.** [of currency] valor *m*.

strengthen ['streŋθn] ◇ *vt* **-1.** [gen] enfortir. **-2.** [reinforce - argument, bridge] reforçar. **-3.** [intensify] accentuar, intensificar. **-4.** [make closer] estrènyer. ◇ *vi* **-1.** [improve - sales, currency] enfortir-se. **-2.** [intensify] accentuar-se, intensificar-se. **-3.** [become closer] estrènyer-se.

strenuous ['strenjʊəs] *adj* esgotador -a, extenuant.

stress [stres] ◇ *n* **-1.** [emphasis]: **~ (on)** èmfasi *m* (en). **-2.** [tension, anxiety] estrès *m*, tensió *f* (nerviosa); **to be under ~** patir estrès. **-3.** [physical pressure]: **~ (on)** pressió *f* (en). **-4.** LING [on word, syllable] accent *m*. ◇ *vt* **-1.** [emphasize] emfasitzar, recalcar. **-2.** LING [word, syllable] accentuar.

stressful ['stresfʊl] *adj* estressant.

stretch [stretʃ] ◇ *adj* elàstic -a. ◇ *n* **-1.** [of land, water] extensió *f*; [of road, river] tram *m*. **-2.** [of time] període *m*. **-3.** [effort]: **by no ~ of the imagination** ni per casualitat. ◇ *vt* **-1.** [gen] estirar. **-2.** [overtax - person] estendre. **-3.** [challenge] fer rendir al màxim. ◇ *vi* **-1.** [area]: **to ~ over / from ...to** estendre's per / des de ... fins a. **-2.** [person, animal] estirar-se. **-3.** [be pulled taut] donar-se. ◆ **stretch out** ◇ *vt sep* [foot, leg] estirar; [hand, arm] allargar. ◇ *vi* **-1.** [lie down] ajeure's. **-2.** [reach out] estirar-se.

stretcher ['stretʃəʳ] *n* llitera *f*.

strew [struː] (*pt* strew, *pp* strewn / strewed) *vt*: **to be strewn on / over** estar escampat -ada per sobre / per; **to be strewn with** estar cobert -a de.

stricken ['strɪkn] *adj*: **to be ~ by / with** [illness] patir de; [grief] estar afligit -ida per; [doubts, horror] estar petrificat -ada per.

strict [strɪkt] *adj* **-1.** [gen] estricte -a. **-2.** [precise] exacte -a, estricte -a. **-3.** [faithful, disciplined] rigorós -osa.

strictly ['strɪktlɪ] *adv* **-1.** [severely] estrictament. **-2.** [absolutely - prohibited] terminantment; [- confidential] absolutament, totalment. **-3.** [exactly] exactament; **~ speaking** en el sentit estricte de la paraula. **-4.** [exclusively] exclusivament.

stride [straɪd] (*pt* strode, *pp* stridden) ◇ *n* gambada *f*; **to take sthg in one's ~** prendre's alguna cosa amb calma. ◇ *vi* gambar.

strident ['straɪdnt] *adj* **-1.** [harsh] estrident. **-2.** [vociferous] exaltat -ada.

strife [straɪf] *n* (U) *fml* conflictes *mpl*.

strike [straɪk] (*pt* & *pp* struck) ◇ *n* **-1.** [refusal to work etc.] vaga *f*; **to be (out) on ~** vaga; **to go on ~** declarar-se en vaga. **-2.** MIL atac *m*. **-3.** [find] troballa *f*. ◇ *comp* de vaga. ◇ *vt* **-1.** *fml* [hit - deliberately] colpejar, pegar; [- accidentally] xocar contra. **-2.** [subject: disaster, earthquake] assolar; [subject: lightning] fulminar. **-3.** [subject: thought, idea] acudir-se-li. **-4.** [give impression]: **to ~ sb as sthg** semblar alguna cosa a algú. **-5.** [impress]: **to be struck by / with sthg** estar impressionat -ada per / davant d'alguna cosa. **-6.** [deal, bargain] tancar. **-7.** [match] encendre. **-8.** [find] trobar; **to ~ a balance (between)** arribar a un punt intermedi (entre); **to ~ a serious note** tenir un to seriós. **-9.** **to be struck blind / dumb** quedar-se cec cega / mut muda; **to ~ fear / terror into sb** infondre temor a algú; **to ~ (it) lucky** tenir sort; **to ~ it rich** fer-se ric -a. ◇ *vi* **-1.** [stop working] fer vaga. **-2.** *fml* [hit accidentally]: **to ~ against** xocar contra. **-3.** [hurricane, disaster] sobrevenir; [lightning] caure. **-4.** *fml* [attack] atacar. **-5.** [chime] tocar l'hora; **the clock struck six** el rellotge va tocar les sis. ◆ **strike down** *vt sep* fulminar. ◆ **strike out** ◇ *vt sep* ratllar, passar ratlla. ◇ *vi* **-1.** [head out] partir, anar-se'n. **-2.** [do sthg different] fer alguna cosa diferent; **to ~ out on one's own** independitzar-se. ◆ **strike up** ◇ *vt fus* **-1.** [friendship] fer; [conversation] entaular. **-2.** [tune] començar a tocar. ◇ *vi* començar a tocar.

striker ['straɪkəʳ] *n* **-1.** [person on strike] vaguista *mf*. **-2.** SPORT davanter *m* -a *f*.

striking ['straɪkɪŋ] *adj* **-1.** [noticeable, unusual] sorprenent. **-2.** [attractive] atractiu -iva, impressionant.

string [strɪŋ] ◇ *n* **-1.** [thin rope] corda *f*; **a (piece of) ~** un cordill; **(with) no ~s attached** sense cap compromís; **to pull ~s** utilitzar les influències pròpies. **-2.** [of beads, pearls] enfilall *m*. **-3.** [series] sèrie *f*, successió *f*. **-4.** [of musical instrument] corda *f*. ◇ *comp* de corda. ➡ **strings** *npl* MUS: **the ~s** els instruments de corda. ➡ **string out** *vt fus* (*pt & pp* **strung out**): **to be strung out** alinear-se. ➡ **string together** *vt sep* (*pt & pp* **strung together**) lligar, unir.

string bean *n* mongeta *f* tendra.

stringed instrument ['strɪŋd-] *n* instrument *m* de corda.

stringent ['strɪndʒənt] *adj* estricte -a, sever -a.

strip [strɪp] (*pt & pp* **-ped**, *cont* **-ping**) ◇ *n* **-1.** [narrow piece] tira *f*; *Br* **to tear a ~ off sb, to tear sb off a ~** esbroncar algú. **-2.** [narrow area] franja *f*. **-3.** *Br* SPORT samarreta *f*, colors *mpl*. ◇ *vt* **-1.** [undress] despullar. **-2.** [paint, wallpaper] treure. **-3.** [take away from]: **to ~ sb of sthg** desposseir algú d'alguna cosa. ◇ *vi* **-1.** [undress] despullar-se. **-2.** [do a striptease] fer "striptease". ➡ **strip off** ◇ *vt sep* treure's. ◇ *vi* despullar-se.

strip cartoon *n Br* tira *f* còmica.

stripe [straɪp] *n* **-1.** [band of colour] ratlla *f*. **-2.** [sign of rank] galó *m*.

striped [straɪpt] *adj* de ratlles.

strip lighting *n* enllumenat *m* fluorescent.

stripper ['strɪpəʳ] *n* **-1.** [performer of striptease] artista *mf* d'"striptease". **-2.** [for paint] dissolvent *m*.

striptease ['strɪptiːz] *n* "striptease" *m*.

strive [straɪv] (*pt* **strove**, *pp* **striven** ['strɪvn]) *vi fml*: **to ~ for sthg** lluitar per alguna cosa; **to ~ to do sthg** esforçar-se per fer alguna cosa.

strode [strəʊd] *pt* ➡ **stride**.

stroke [strəʊk] ◇ *n* **-1.** MED apoplexia *f*, vessament *m* cerebral. **-2.** [of pen] traç *m*; [of brush] pinzellada *f*. **-3.** [in swimming] braçada *f*; [in rowing] palada *f*. **-4.** [style of swimming] estil *m*. **-5.** [in tennis, golf etc.] cop *m*. **-6.** [of clock] campanada *f*. **-7.** *Br* PRINT [oblique] barra *f*. **-8.** [piece]: **a ~ of genius** una genialitat; **a ~ of luck** un cop de sort; **not to do a ~ of work** no fer brot; **at a ~** de cop. ◇ *vt* acaronar.

stroll [strəʊl] ◇ *n* passeig *m*. ◇ *vi* passejar.

stroller ['strəʊləʳ] *n Am* [for baby] cotxet *m*.

strong [strɒŋ] *adj* **-1.** [gen] fort -a; **to be still going ~** [person] conservar-se bé; [group] continuar al peu del canó; [object] funcionar bé. **-2.** [material, structure] sòlid -a, resistent. **-3.** [feeling, belief] profund -a; [opposition, denial] ferm -a; [support] acèrrim -a; [accent] marcat -ada. **-4.** [discipline, policy] estricte -a. **-5.** [argument] sòlid -a. **-6.** [in numbers]: **the crowd was 2,000 ~** en la multitud hi havia 2.000 persones. **-7.** [good, gifted]: **I've never been ~ at sums** les sumes no són el meu fort; **one's ~ point** el punt fort d'algú. **-8.** [concentrated] concentrat -ada.

strongbox ['strɒŋbɒks] *n* caixa *f* forta.

stronghold ['strɒŋhəʊld] *n fig* [bastion] bastió *m*, baluard *m*.

strongly ['strɒŋlɪ] *adv* **-1.** [sturdily] amb força. **-2.** [in degree] intensament. **-3.** [fervently] **to support / oppose sthg ~** donar ferm suport a / oposar-se fermament a alguna cosa.

strong room *n* cambra *f* blindada.

strove [strəʊv] *pt* ➡ **strive**.

struck [strʌk] *pt & pp* ➡ **strike**.

structure ['strʌktʃəʳ] ◇ *n* **-1.** [arrangement] estructura *f*. **-2.** [building] construcció *f*. ◇ *vt* estructurar.

struggle ['strʌgl] ◇ *n* **-1.** [great effort]: **~ (for sthg / to do sthg)** lluita *f* (per alguna cosa / per fer alguna cosa). **-2.** [fight, tussle] forcejament *m*. **-3.** [difficult task]: **it will be a ~ to do it** caldrà esforçar-se per fer-ho. ◇ *vi* **-1.** [make great effort]: **to ~ (for sthg / to do sthg)** lluitar (per alguna cosa / per fer alguna cosa). **-2.** [to free oneself]: **to ~ free** forcejar per deslliurar-se. **-3.** [fight]: **to ~ (with sb)** barallar-se (amb algú). **-4.** [move with difficulty]: **to ~ with sthg** barallar-se amb alguna cosa; **to ~ to one's feet** posar-se dempeus amb dificultat.

strum [strʌm] (*pt & pp* **-med**, *cont* **-ming**) *vt & vi* tocar uns acords.

strung [strʌŋ] *pt & pp* ➡ **string**.

strut [strʌt] (*pt & pp* **-ted**, *cont* **-ting**) ◇ *n* **-1.** CONSTR puntal *m*. **-2.** AERON muntant *m*. ◇ *vi* caminar fatxendejant.

stub [stʌb] (*pt & pp* **-bed**, *cont* **-bing**) ◇ *n* **-1.** [of cigarette] burilla *f*; [of pencil] tros *m*. **-2.** [of ticket] resguard *m*; [of cheque] matriu *f*. ◇ *vt*: **to ~ one's toe on** donar-se un cop al peu amb. ☞ **stub out** *vt sep* apagar.

stubble ['stʌbl] *n* **-1.** (U) [in field] rostoll *m*. **-2.** [on chin] barba *f* incipient.

stubborn ['stʌbən] *adj* **-1.** [person] tossut -uda. **-2.** [stain] rebel, difícil.

stuck [stʌk] ◇ *pt & pp* ☞ **stick** ◇ *adj* **-1.** [jammed - lid, window] encallat -ada; [- finger] enganxat -ada. **-2.** [unable to progress] encallat -ada. **-3.** [stranded] penjat -ada. **-4.** [in a meeting, at home] tancat -ada.

stuck-up *adj inf pej* envanit -ida, pagat -ada de si mateix -a.

stud [stʌd] *n* **-1.** [metal decoration] tatxó *m*. **-2.** [earring] arracada *f*. **-3.** *Br* [on boot, shoe] muntant *m*. **-4.** [horse] semental *m*; **to be put out to ~** ser usat com a semental.

studded ['stʌdɪd] *adj*: **~ (with)** tatxonat -ada (amb).

student ['stju:dnt] ◇ *n* **-1.** [at college, university] estudiant *m -a f*. **-2.** [scholar] estudiós *m -osa f*. ◇ *comp* estudiantil.

studio ['stju:dɪəʊ] (*pl* **-s**) *n* estudi *m*.

studio apartment *Am* = **studio flat**.

studious ['stju:djəs] *adj* estudiós -osa.

studiously ['stju:djəslɪ] *adv* amb cura.

study ['stʌdɪ] (*pl* **-ies**, *pt & pp* **-ied**) ◇ *n* [gen] estudi *m*; [piece of research] investigació *f*. ◇ *vt* **-1.** [learn] estudiar. **-2.** [examine - report, sb's face] examinar, analitzar. ◇ *vi* estudiar.

stuff [stʌf] ◇ *n* **-1.** (U) *inf* [things, belongings] coses *fpl*; **to know one's ~** saber el que un es fa; **and all that ~** i tot allò. **-2.** (U) *inf* [substance]: **what's that ~ in your pocket?** què és tot això que duus a la butxaca?; **this whisky is good ~** aquest whisky és cosa bona. ◇ *vt* **-1.** [push, put] posar, entaforar. **-2.** [fill, cram]: **to ~ sthg (with)** [box, room] omplir alguna cosa (de); [pillow, doll] farcir, embotir. **-3.** *inf* [with food]: **to ~ o.s. (with / on)** atipar-se (de). **-4.** CULIN farcir.

stuffed [stʌft] *adj* **-1.** [filled, crammed]: **~ with** atapeït -ida de. **-2.** *inf* [subject: person - with food] tip -a, ple plena. **-3.** CULIN farcit -ida. **-4.** [preserved - animal] dissecat -ada. **-5.** *Br inf* **get ~!** vés a pastar fang!

stuffing ['stʌfɪŋ] *n* (U) farciment *m*.

stuffy ['stʌfɪ] (*compar* **-ier**, *superl* **-iest**) *adj* **-1.** [atmosphere] carregat -ada; [room] mal ventilat -ada. **-2.** [old-fashioned] carrincló -ona.

stumble ['stʌmbl] *vi* **-1.** [trip] ensopegar. **-2.** [make mistake in speech] equivocar-se; **to ~ at / over sthg** travar-se la llengua amb alguna cosa; **to ~ through sthg** dir alguna cosa equivocant-se repetidament.

stumbling block ['stʌmblɪŋ-] *n* obstacle *m*, escull *m*.

stump [stʌmp] ◇ *n* [of tree] soca *f*; [of limb] monyó *m*. ◇ *vt* [subject: question, problem] desconcertar. ◇ *vi* caminar amb pas fort.

stun [stʌn] (*pt & pp* **-ned**, *cont* **-ning**) *vt lit & fig* atordir.

stung [stʌŋ] *pt & pp* ☞ **sting**.

stunk [stʌŋk] *pt & pp* ☞ **stink**.

stunning ['stʌnɪŋ] *adj* **-1.** [very beautiful] impressionant. **-2.** [shocking] esbalaïdor -a.

stunt [stʌnt] ◇ *n* **-1.** [for publicity] truc *m* publicitari. **-2.** CIN escena *f* perillosa. ◇ *vt* atrofiar.

stunted ['stʌntɪd] *adj* raquític -a.

stunt man *n* especialista *m*, doble *m*.

stupefy ['stju:pɪfaɪ] (*pt & pp* **-ied**) *vt* **-1.** [tire, bore] estabornir. **-2.** [surprise] deixar estupefacte -a.

stupendous [stju:'pendəs] *adj inf* [wonderful] formidable; [very large] enorme.

stupid ['stju:pɪd] *adj* **-1.** [foolish] estúpid -a, babau -a. **-2.** *inf* [annoying] punyeter -a.

stupidity [stju:'pɪdətɪ] *n* (U) estupidesa *f*.

sturdy ['stɜ:dɪ] (*compar* **-ier**, *superl* **-iest**) *adj* [person, shoulders] fort -a; [furniture, bridge] ferm -a, sòlid -a.

stutter ['stʌtər] ◇ *n* quequeig *m*. ◇ *vi* quequejar, tartamudejar.

sty [staɪ] (*pl* **-ies**) *n* [pigsty] cort *f*.

stye [staɪ] *n* mussol *m*.

style [staɪl] ◇ *n* **-1.** [characteristic manner] estil *m*; **in the ~ of** a l'estil de. **-2.** (U) [smartness, elegance] classe *f*. **-3.** [design] moda *f*. ◇ *vt* [hair] pentinar.

stylish ['staɪlɪʃ] *adj* elegant, a la moda.

stylist ['staɪlɪst] *n* [hairdresser] perruquer *m -a f*.

stylus ['staɪləs] (*pl* **-es**) *n* [on record player] agulla *f*.

suave [swɑ:v] *adj* [well-mannered] afable, amable; [obsequious] afalagador -a.

sub [sʌb] *n inf* **-1.** SPORT (abbr of **substitute**) reserva *mf*. **-2.** (abbr of **submarine**) submarí *m*. **-3.** *Br* (abbr of **subscription**) subscripció *f*. **-4.** *Am* [sandwich] entrepà allargat amb farciment variat.

subconscious [ˌsʌb'kɒnʃəs] ◇ *adj* subconscient. ◇ *n*: **the ~** el subconscient.

subcontract [ˌsʌbkənˈtrækt] *vt* subcontractare *m*.

subdivide [ˌsʌbdɪˈvaɪd] *vt* subdividir.

subdue [səbˈdjuː] *vt* **-1.** [enemy, nation] sotmetre, subjugar. **-2.** [feelings] contenir, dominar. **-3.** [light, colour] atenuar, suavitzar.

subdued [səbˈdjuːd] *adj* **-1.** [person] ensopit -ida. **-2.** [emotion] suau. **-3.** [colour, light] tènue.

subject [*adj, n & prep* ˈsʌbdʒekt, *vb* səbˈdʒekt] ⇔ *adj* **-1.** [not independent] sotmès -esa. **-2.** [affected]: ~ **to** sthg [taxes, changes, law] subjecte -a a alguna cosa; [illness] propens -a a. ⇔ *n* **-1.** [topic] tema *m*. **-2.** GRAM subjecte *m*. **-3.** EDUC & UNIV assignatura *f*. **-4.** [citizen] súbdit *m* -a *f*. ⇔ *vt* **-1.** [bring under control] sotmetre, dominar. **-2.** [force to experience]: **to ~ sb to sthg** sotmetre algú a alguna cosa.

subject to *prep* depenent de; **~ to approval** prèvia aprovació.

subjective [səbˈdʒektɪv] *adj* subjectiu -iva.

subject matter [ˈsʌbdʒekt-] *n* (U) contingut *m*.

subjunctive [səbˈdʒʌŋtɪv] *n* GRAM: ~ **(mood)** (mode *m*) subjuntiu *m*.

sublet [ˌsʌbˈlet] (*pt & pp* **sublet**, *cont* **-ting**) *vt & vi* subarrendar.

sublime [səˈblaɪm] *adj* [wonderful] sublim; **from the ~ to the ridiculous** passar del sublim al ridícul.

submachine gun [ˌsʌbməˈʃiːn-] *n* metralladora *f*.

submarine [ˌsʌbməˈriːn] *n* submarí *m*.

submerge [səbˈmɜːdʒ] ⇔ *vt* **-1.** [in water] submergir. **-2.** *fig* [in activity]: **to ~ o.s. in sthg** dedicar els cinc sentits a fer alguna cosa. ⇔ *vi* submergir-se.

submission [səbˈmɪʃn] *n* **-1.** [capitulation] submissió *f*. **-2.** [presentation] presentació *f*.

submissive [səbˈmɪsɪv] *adj* submís -isa.

submit [səbˈmɪt] (*pt & pp* **-ted**, *cont* **-ting**) ⇔ *vt* presentar. ⇔ *vi*: **to ~ (to sb)** sotmetre's (a algú); **to ~ (to sthg)** resignar-se (a alguna cosa).

subnormal [ˌsʌbˈnɔːml] *adj* subnormal.

subordinate [*adj & n* səˈbɔːdɪnət, *vb* səˈbɔːdɪneɪt] ⇔ *adj fml* [less important]: ~ **(to)** subordinat -ada (a). ⇔ *n* subordinat *m* -ada *f*. ⇔ *vt fml* subordinar.

subpoena [səbˈpiːnə] (*pt & pp* **-ed**) JUR ⇔ *n* citació *f*. ⇔ *vt* citar.

subscribe [səbˈskraɪb] ⇔ *vi* **-1.** [to magazine, newspaper]: **to ~ (to)** subscriure's (a). **-2.** [to belief]: **to ~ to** estar d'acord amb. ⇔ *vt* fer donació de.

subscriber [səbˈskraɪbər] *n* **-1.** [to magazine, newspaper] subscriptor *m* -a *f*. **-2.** [to service] abonat *m* -ada *f*. **-3.** [to charity] donant *mf*.

subscription [səbˈskrɪpʃn] *n* [to magazine] subscripció *f*; [to service] abonament *m*; [to society, club] quota *f*.

subsequent [ˈsʌbsɪkwənt] *adj* subsegüent, posterior.

subsequently [ˈsʌbsɪkwəntlɪ] *adv* posteriorment.

subservient [səbˈsɜːvjənt] *adj* **-1.** [servile]: ~ **(to sb)** servil (davant d'algú). **-2.** [less important]: ~ **(to sthg)** subordinat -ada (a alguna cosa).

subside [səbˈsaɪd] *vi* **-1.** [anger] apaivagar-se; [pain] calmar-se; [grief] passar-se; [storm, wind] amainar. **-2.** [noise] apagar-se. **-3.** [river] baixar, descendir; [building, ground] esfondrar-se.

subsidence [səbˈsaɪdns, ˈsʌbsɪdns] CONSTR *n* esfondrament *m*.

subsidiary [səbˈsɪdjərɪ] (*pl* **-ies**) ⇔ *adj* secundari -ària. ⇔ *n*: ~ **(company)** filial *f*.

subsidize, -ise [ˈsʌbsɪdaɪz] *vt* subvencionar.

subsidy [ˈsʌbsɪdɪ] (*pl* **-ies**) *n* subsidi *m*, subvenció *f*.

subsistence [səbˈsɪstəns] *n* subsistència *f*.

substantial [səbˈstænʃl] *adj* **-1.** [large, considerable] substancial, considerable; [meal] abundant. **-2.** [solid] sòlid -a.

substantially [səbˈstænʃəlɪ] *adv* **-1.** [quite a lot] substancialment, considerablement. **-2.** [fundamentally] essencialment; [for the most part] en gran part.

substantiate [səbˈstænʃɪeɪt] *vt fml* justificar.

substantive [ˈsʌbstæntɪv] *adj fml* [meaningful] substancial, substanciós -osa.

substitute [ˈsʌbstɪtjuːt] ⇔ *n* **-1.** [replacement]: ~ **(for)** substitut *m* -a *f* (de); **to be no ~ (for)** ser un mal substitut (de). **-2.** SPORT suplent *mf*, reserva *mf*. ⇔ *vt*: **to ~ sthg / sb for** substituir alguna cosa / algú per. ⇔ *vi*: **to ~ for sb / sthg** substituir algú / alguna cosa.

subtitle [ˈsʌbˌtaɪtl] *n* subtítol *m*.

subtle [ˈsʌtl] *adj* **-1.** [gen] subtil; [taste, smell] delicat -ada. **-2.** [plan, behaviour] enginyós -osa.

subtlety ['sʌtltɪ] *n* subtilesa *f*; [of taste, smell] delicadesa *f*; [of plan, behaviour] enginy *m*.

subtract [səb'trækt] *vt*: to ~ sthg (from) restar alguna cosa (de).

subtraction [səb'trækʃn] *n* resta *f*.

suburb ['sʌbɜːb] *n* barri *m* residencial dels afores. ☛ **suburbs** *npl*: the ~s els afores.

suburban [sə'bɜːbn] *adj* **-1.** [of suburbs] suburbà -ana. **-2.** *pej* [boring] convencional, burgès -esa.

suburbia [sə'bɜːbɪə] *n* (U) barris *mpl* residencials dels afores.

subversive [səb'vɜːsɪv] ◇ *adj* subversiu -iva. ◇ *n* subversiu *m* -iva *f*.

subway ['sʌbweɪ] *n* **-1.** *Br* [underground walkway] pas *m* subterrani. **-2.** *Am* [underground railway] metro *m*.

succeed [sək'siːd] ◇ *vt* succeir a. ◇ *vi* **-1.** [gen] tenir èxit. **-2.** [achieve desired result]: to ~ in sthg / in doing sthg aconseguir alguna cosa / fer alguna cosa. **-3.** [plan, tactic] sortir bé. **-4.** [go far in life] triomfar.

succeeding [sək'siːdɪŋ] *adj fml* següent, successiu -iva.

success [sək'ses] *n* **-1.** [gen] èxit *m*; to be a ~ tenir èxit. **-2.** [in career, life] triomf *m*.

successful [sək'sesfʊl] *adj* [gen] d'èxit; [attempt] assolit -ida, reeixit -ida; [politician] popular.

succession [sək'seʃn] *n* successió *f*; to follow in quick / close ~ succeir-se ràpidament.

successive [sək'sesɪv] *adj* successiu -iva, consecutiu -iva.

succinct [sək'sɪŋkt] *adj* succint -a.

succumb [sə'kʌm] *vi*: to ~ (to) sucumbir (a).

such [sʌtʃ] ◇ *adj* **-1.** [like that] semblant, tal; ~ **stupidity** una estupidesa semblant. **-2.** [like this]: **have you got ~ a thing as a tin opener?** no tens pas un obrellaunes?; ~ **words as "duty" and "honour"** paraules com ara "deure" i "honor". **-3.** [whatever]: **I've spent ~ money as I had** m'he gastat tots els diners que tenia. **-4.** [so great, so serious]: **there are ~ differences that** ... les diferències són tan grans que...; ~ ... **that** tal ... que. ◇ *adv* tan; ~ **a lot of books** tants llibres; ~ **nice people** una gent tan agradable; ~ **a good car** un cotxe tan bo; ~ **a long time** tant de temps. ◇ *pron*: **and ~ (like)** i d'altres per l'estil; **this is my car, ~ as it is** aquest que veus és el meu cotxe; **have some wine, ~ as there is** beu una mica de vi, si és que en queda. ☛ **as such** *pron* pròpiament dit -a. ☛ **such and such** *adj*: **at ~ and ~ a time** a tal hora.

suck [sʌk] *vt* **-1.** [by mouth] xuclar. [subject: machine] aspirar. **-3.** *fig* [involve]: **to be ~ed into sthg** veure's involucrada en alguna cosa.

sucker ['sʌkər] *n* **-1.** [of animal] ventosa *f*. **-2.** *inf* [gullible person] beneit *m* -a *f*, ingenu *m* -ènua *f*.

suction ['sʌkʃn] *n* [gen] succió *f*; [by machine] aspiració *f*.

Sudan [suː'dɑːn] *n* (el) Sudan.

sudden ['sʌdn] *adj* [quick] sobtat -ada; [unforeseen] inesperat -ada; **all of a ~** de sobte.

suddenly ['sʌdnlɪ] *adv* de sobte, de cop i volta.

suds [sʌdz] *npl* sabonera *f*.

sue [suː] *vt*: **to ~ sb (for)** demandar algú (per).

suede [sweɪd] ◇ *n* [for jacket, shoes] ant *m*; [for gloves] cabritilla *f*. ◇ *comp* [jacket, shoes] d'ant; [gloves] de cabritilla.

suet ['sʊɪt] *n* sèu *m*.

suffer ['sʌfər] ◇ *vt* sofrir, patir. ◇ *vi* **-1.** [gen] sofrir, patir. **-2.** [experience negative effects] ser víctima de. **-3.** MED: **to ~ from** [illness] patir de.

sufferer ['sʌfərər] *n* malalt *m* -a *f*.

suffering ['sʌfrɪŋ] *n* [gen] sofriment *m*; [pain] dolor *m*.

suffice [sə'faɪs] *vi fml* bastar, haver-n'hi prou.

sufficient [sə'fɪʃnt] *adj fml* suficient.

sufficiently [sə'fɪʃntlɪ] *adv fml* suficientment.

suffocate ['sʌfəkeɪt] ◇ *vt* asfixiar, ofegar. ◇ *vi* asfixiar-se, ofegar-se.

suffrage ['sʌfrɪdʒ] *n* sufragi *m*.

suffuse [sə'fjuːz] *vt*: **~d with** banyat -ada de.

sugar ['ʃʊgər] ◇ *n* sucre *m*. ◇ *vt* ensucrar.

sugar beet *n* remolatxa *f* (sucrera).

sugarcane ['ʃʊgəkeɪn] *n* (U) canya *f* de sucre.

sugary ['ʃʊgərɪ] *adj* **-1.** [high in sugar] ensucrat -ada, dolç -a. **-2.** *pej* [sentimental] sentimental.

suggest [sə'dʒest] *vt* **-1.** [propose] suggerir; **to ~ that sb do sthg** suggerir que algú faci alguna cosa. **-2.** [imply] insinuar; **his work ~s a lack of care** el seu treball fa pensar que no hi posa atenció.

suggestion [sə'dʒestʃn] *n* **–1.** [proposal] suggeriment *m*. **–2.** [implication] insinuació *f*. **–3.** PSYCH suggestió *f*.

suggestive [sə'dʒestɪv] *adj* **–1.** [implying sexual connotation] provocatiu -iva, insinuant. **–2.** [implying a certain conclusion]: ~ **(of)** indicatiu -iva (de). **–3.** [reminiscent]: ~ **of** evocador -a de.

suicide ['suɪsaɪd] *n lit & fig* suïcidi *m*; **to commit** ~ suïcidar-se.

suit [suːt] ◇ *n* **–1.** [clothes - for men] vestit *m*, tern *m*; [- for women] vestit *m* jaqueta. **–2.** [in cards] coll *m*. **–3.** JUR plet *m*. **–4.** *fig* [to follow] seguir l'exemple. ◇ *vt* **–1.** [look attractive on] afavorir, escaure. **–2.** [be convenient or agreeable to] convenir; ~ **yourself!** fes el que vulguis! **–3.** [be appropriate to] ser adient per a; **that job ~s you perfectly** aquesta feina és perfecta per a tu. ◇ *vi*: **does that ~ va bé?**

suitable ['suːtəbl] *adj* adient; **the most ~ person** la persona més adient.

suitably ['suːtəblɪ] *adv* adequadament; **I was ~ impressed** com era d'esperar, em va impressionar.

suitcase ['suːtkeɪs] *n* maleta *f*.

suite [swiːt] *n* **–1.** [of rooms] suite *f*. **–2.** [of furniture] joc *m*; **dining-room ~** menjador *m*.

suited ['suːtɪd] *adj*: ~ **to / for** adequat -ada per a; **the couple are ideally ~** aquesta parella estan fets l'un per l'altre.

suitor ['suːtər] *n dated* pretendent *m*.

sulfur *Am* = **sulphur**.

sulk [sʌlk] ◇ *n*: **he went into a ~** es va posar de mal humor. ◇ *vi* estar de mal humor.

sulky ['sʌlkɪ] (*compar* **-ier**, *superl* **-iest**) *adj* malhumorat -ada.

sullen ['sʌlən] *adj* esquerp -a, antipàtic -a.

sulphur *Br*, **sulfur** *Am* ['sʌlfər] *n* sofre *m*.

sultana [səl'tɑːnə] *n Br* [dried grape] pansa *f* d'Esmirna.

sultry ['sʌltrɪ] (*compar* **-ier**, *superl* **-iest**) *adj* **–1.** [hot] xafogós -osa, sufocant. **–2.** [sexual] sensual.

sum [sʌm] (*pt & pp* **-med**, *cont* **-ming**) *n* suma *f*. ➢ **sum up** *vt sep & vi* [summarize] resumir.

summarize, **summarise** ['sʌməraɪz] *vt & vi* resumir.

summary ['sʌmərɪ] (*pl* **-ies**) ◇ *adj fml* sumari -ària. ◇ *n* resum *m*.

summer ['sʌmər] ◇ *n* estiu *m*; **in ~** a l'estiu. ◇ *comp* estiuenc -a.

summerhouse ['sʌməhaʊs, *pl* -haʊzɪz] *n* glorieta *f*.

summer school *n* escola *f* d'estiu.

summertime ['sʌmətaɪm] ◇ *adj* estiuenc -a, d'estiu. ◇ *n*: **(the) ~** (l')estiu.

summit ['sʌmɪt] *n* **–1.** [mountain-top] cim *m*. **–2.** [meeting] cimera *f*.

summon ['sʌmən] *vt* [person] cridar; [meeting] convocar. ➢ **summon up** *vt sep* [courage] armar-se de; **to ~ up one's strength** reunir forces.

summons ['sʌmənz] (*pl* **-es**) JUR ◇ *n* citació *f*. ◇ *vt* citar.

sump [sʌmp] *n* càrter *m*.

sumptuous ['sʌmptʃʊəs] *adj* sumptuós -osa.

sun [sʌn] (*pt & pp* **-ned**, *cont* **-ning**) ◇ *n* sol *m*; **in the ~** al sol. ◇ *vt*: **to ~ oneself** prendre el sol.

sunbathe ['sʌnbeɪð] *vi* prendre el sol.

sunbed ['sʌnbed] *n* gandula *f*, llitera *f* de raigs ultraviolats.

sunburn ['sʌnbɜːn] *n* (U) cremada *f* (del sol).

sunburned ['sʌnbɜːnd], **sunburnt** ['sʌnbɜːnt] *adj* cremat -ada pel sol.

Sunday ['sʌndɪ] *n* diumenge *m*; **~ lunch** dinar de diumenge que normalment consisteix en rosbif, patates rostides, etc.; ➢ **Saturday**.

Sunday School *n* catequesi *f*.

sundial ['sʌndaɪəl] *n* rellotge *m* de sol.

sundown ['sʌndaʊn] *n* posta *f* de sol.

sundries ['sʌndrɪz] *npl fml* [gen] articles *mpl* diversos; FIN despeses *fpl* diverses.

sundry ['sʌndrɪ] *adj fml* diversos -es; **all and ~** tots i cadascun.

sunflower ['sʌn,flaʊər] *n* gira-sol *m*.

sung [sʌŋ] *pp* ➢ **sing**.

sunglasses ['sʌn,glɑːsɪz] *npl* ulleres *fpl* de sol.

sunk [sʌŋk] *pp* ➢ **sink**.

sunlight ['sʌnlaɪt] *n* llum *f* del sol.

sunlit ['sʌnlɪt] *adj* il·luminat -ada pel sol.

sunny ['sʌnɪ] (*compar* **-ier**, *superl* **-iest**) *adj* **–1.** [day] de sol; [room] assolellat -ada. **–2.** [cheerful] alegre. **–3.** *Am* = **side up** [egg] fregit.

sunrise ['sʌnraɪz] *n* **–1.** (U) [time of day] alba *f*. **–2.** [event] sortida *f* del sol.

sunroof ['sʌnruːf] *n* [on car] sostre *m* corredís; [on building] terrat *m*.

sunset ['sʌnset] *n* **-1.** (U) [time of day] ocàs *m*. **-2.** [event] posta *f* de sol.

sunshade ['sʌnʃeɪd] *n* para-sol *m*.

sunshine ['sʌnʃaɪn] *n* (llum *f* del) sol *m*.

sunstroke ['sʌnstrəʊk] *n* (U) insolació *f*.

suntan ['sʌntæn] ◇ *n* bronzejat *m*. ◇ *comp* bronzejador -a.

suntrap ['sʌntræp] *n* indret *m* molt assolellat.

super ['su:pə^r] *adj* **-1.** *inf* [wonderful] formidable. **-2.** [better than normal - size etc.] superior.

superannuation [,su:pə,rænjʊ'eɪʃn] *n* (U) jubilació *f*, pensió *f*.

superb [su:'pɜ:b] *adj* superb -a, magnífic -a.

supercilious [,su:pə'sɪlɪəs] *adj* altiu -iva.

superficial [,su:pə'fɪʃl] *adj* superficial.

superfluous [su:'pɜ:flʊəs] *adj* superflu -èrflua.

superhuman [,su:pə'hju:mən] *adj* sobrehumà -ana.

superimpose [,su:pərɪm'pəʊz] *vt*: **to ~ sthg on** superposar / sobreposar alguna cosa a.

superintendent [,su:pərɪn'tendənt] *n* **-1.** *Br* [of police] sotscap *mf* de policia. **-2.** *fml* [of department] supervisor *m* -a *f*.

superior [su:'pɪərɪə^r] ◇ *adj* **-1.** [gen]: **~ (to)** superior (a). **-2.** *pej* [arrogant] altiu -iva, arrogant. ◇ *n* superior *mf*.

superlative [su:'pɜ:lətɪv] ◇ *adj* [of the highest quality] suprem -a. ◇ *n* GRAM superlatiu *m*.

supermarket ['su:pə,mɑ:kɪt] *n* supermercat *m*.

supernatural [,su:pə'nætʃrəl] ◇ *adj* sobrenatural. ◇ *n*: **the ~** allò sobrenatural.

superpower ['su:pə,paʊə^r] *n* superpotència *f*.

supersede [,su:pə'si:d] *vt* suplantar.

supersonic [,su:pə'sɒnɪk] *adj* supersònic -a.

superstitious [,su:pə'stɪʃəs] *adj* supersticiós -osa.

superstore ['su:pəstɔ:^r] *n* hipermercat *m*.

supertanker ['su:pə,tæŋkə^r] *n* superpetroler *m*.

supervise ['su:pəvaɪz] *vt* [person] vigilar; [activity] supervisar.

supervisor ['su:pəvaɪzə^r] *n* [gen] supervisor *m* -a *f*; [of thesis] director *m* -a *f*.

supper ['sʌpə^r] *n* **-1.** [evening meal] sopar *m*. **-2.** [before bedtime] ressopó *m*.

supple ['sʌpl] *adj* flexible.

supplement [*n* 'sʌplɪmənt, *vb* 'sʌplɪment] ◇ *n* suplement *m*. ◇ *vt* complementar.

supplementary [,sʌplɪ'mentərɪ] *adj* suplementari -ària.

supplementary benefit *n Br* subsidi *m* social.

supplier [sə'plaɪə^r] *n* proveïdor *m* -a *f*, subministrador *m* -a *f*.

supply [sə'plaɪ] ◇ *n* **-1.** [gen] subministrament *m*; [of jokes etc.] assortiment *m*; **water / electricity ~** subministrament d'aigua / electricitat; **to be in short ~** escassejar. **-2.** (U) ECON oferta *f*. ◇ *vt*: **to ~ sthg (to)** subministrar o proveir alguna cosa (a); **to ~ sb (with)** proveir algú (de); **to ~ sthg with sthg** subministrar alguna cosa a alguna cosa. ◆ **supplies** *npl* MIL pertrets *mpl*; [food] provisions *fpl*; [for office etc.] material *m*.

support [sə'pɔ:t] ◇ *n* **-1.** (U) [physical, moral, emotional] suport *m*. **-2.** (U) [financial] ajuda *f*. **-3.** (U) [intellectual] defensa *f*. **-4.** TECHNOL suport *m*. ◇ *vt* **-1.** [physically] sostenir. **-2.** [emotionally, morally, intellectually] donar suport a. **-3.** [financially - oneself, one's family] mantenir; [- company, organization] finançar. **-4.** SPORT seguir.

supporter [sə'pɔ:tə^r] *n* **-1.** [gen] partidari *m* -ària *f*. **-2.** SPORT seguidor *m* -a *f*.

suppose [sə'pəʊz] ◇ *vt* suposar; **I don't ~ you could help me** [in polite request] per casualitat, em podries ajudar?; **you don't ~ she's ill, do you?** [asking opinion] no deu estar malalta, oi? ◇ *vi*: **I ~ (so)** suposo (que sí); **I ~ not** suposo que no; **you're right** suposo que tens raó. ◇ *conj*: **~ your father found out?** i si el teu pare ho descobreix?

supposed [sə'pəʊzd] *adj* **-1.** [doubtful] suposat -ada. **-2.** [intended]: **he was ~ to be here at eight** hauria d'haver arribat a les vuit. **-3.** [reputed]: **it's ~ to be very good** diuen que és molt bo.

supposedly [sə'pəʊzɪdlɪ] *adv* suposadament.

supposing [sə'pəʊzɪŋ] *conj*: **~ your father found out?** i si el teu pare ho descobreix?

suppress [sə'pres] *vt* **-1.** [uprising] reprimir. **-2.** [information] ocultar. **-3.** [emotions] contenir.

supreme [sʊ'pri:m] *adj* suprem -a.

Supreme Court *n*: **the ~** [in US] el Tribunal Suprem (dels Estats Units).

surcharge ['sɜ:tʃɑ:dʒ] ◇ *n*: **~ (on)** recàrrec

m (a). ⋄ *vt*: **to ~ sb (on)** aplicar un recàrrec a algú (a).

sure [ʃʊəʳ] ⋄ *adj* **-1.** [gen] segur -a; **I'm ~ I know him** estic segur que el conec. **-2.** [certain of outcome]: **to be ~ of** estar segur -a de; **it's ~ to happen** de segur que passarà; **make ~ (that) you do it** assegura't que ho fas. **-3.** [confident]: **to be ~ of o.s.** estar segur -a de si mateix -a. **-4. be ~ to lock the door!** recorda't de tancar la porta amb clau! ⋄ *adv* **-1.** *inf* [yes] sí, naturalment. **-2.** *Am* [really] realment. ➡ **for sure** *adv* amb tota seguretat. ➡ **sure enough** *adv* efectivament.

surely [ˈʃʊəlɪ] *adv* sens dubte; **~ you remember him?** segur que te'n recordes?; **~ not!** no és possible!

surety [ˈʃʊərətɪ] *n* (U) fiança *f*.

surf [sɜːf] ⋄ *n* escuma *f* (de les ones). ⋄ *vi* fer surf.

surface [ˈsɜːfɪs] ⋄ *n* **-1.** [gen] superfície *f*. **-2.** *fig* [immediately visible part]: **on the ~** a primera vista; **below / beneath the ~** sota les aparences. **-3. to scratch the ~ of sthg** passar per sobre d'alguna cosa. ⋄ *vi* **-1.** [gen] sortir a la superfície. **-2.** *inf hum* [person] aparèixer.

surface mail *n* correu *m* per via terrestre / marítima.

surfboard [ˈsɜːfbɔːd] *n* planxa *f* de surf.

surfeit [ˈsɜːfɪt] *n fml* excés *m*.

surfing [ˈsɜːfɪŋ] *n* surf *m*.

surge [sɜːdʒ] ⋄ *n* **-1.** [of waves, people] onada *f*; [of electricity] sobrecàrrega *f* transitòria. **-2.** [of emotion] rampell *m*. **-3.** [of interest, support, sales] augment *m* sobtat. ⋄ *vi* **-1.** [people, vehicles] avançar en massa; [sea] encrespar-se; **the blood ~d to his head** li va pujar la sang al cap. **-2.** [emotion]: **anger ~d inside him** la ira es va apoderar d'ell. **-3.** [prices, current] pujar sobtadament.

surgeon [ˈsɜːdʒən] *n* cirurgià *m* -ana *f*.

surgery [ˈsɜːdʒərɪ] (*pl* **-ies**) *n* **-1.** (U) MED [performing operations] cirurgia *f*. **-2.** *Br* MED [place] consultori *m*; [consulting period] consulta *f*. **-3.** *Br* POL període de temps que un diputat dedica a les consultes i peticions dels electors.

surgical [ˈsɜːdʒɪkl] *adj* **-1.** [gen] quirúrgic -a. **-2.** [stocking, boot etc.] ortopèdic -a.

surgical spirit *n Br* alcohol *m* de 90°.

surly [ˈsɜːlɪ] (*compar* **-ier**, *superl* **-iest**) *adj* esquerp -a, malhumorat -ada.

surmount [sɜːˈmaʊnt] *vt* **-1.** [overcome] superar, vèncer. **-2.** *fml* [top] coronar.

surname [ˈsɜːneɪm] *n* cognom *m*.

surpass [səˈpɑːs] *vt fml* [exceed] superar, sobrepassar.

surplus [ˈsɜːpləs] ⋄ *adj* excedent, sobrer -a; **you are ~ to requirements** ja no necessitem els teus serveis. ⋄ *n* [gen] excedent *m*, sobrant *m*; [in budget] superàvit *m*.

surprise [səˈpraɪz] ⋄ *n* sorpresa *f*; **to take sb by ~** sorprendre algú. ⋄ *vt* sorprendre.

surprised [səˈpraɪzd] *adj* [person, expression] sorprès -esa; **I wouldn't be ~ if she came** no m'estranyaria gens que vingués.

surprising [səˈpraɪzɪŋ] *adj* sorprenent.

surrender [səˈrendəʳ] ⋄ *n* rendició *f*. ⋄ *vt fml* [weapons, passport] rendir, lliurar; [claim, right] renunciar a. ⋄ *vi lit & fig*: **to ~ (to)** rendir-se (a).

surreptitious [ˌsʌrəpˈtɪʃəs] *adj* subrepticí -ícia.

surrogate [ˈsʌrəgeɪt] ⋄ *adj* substitutori -òria. ⋄ *n* substitut *m* -a *f*.

surrogate mother *n* mare *f* de lloguer.

surround [səˈraʊnd] ⋄ *n* vora *f*. ⋄ *vt lit & fig* envoltar.

surrounding [səˈraʊndɪŋ] *adj* **-1.** [area, countryside] circumdant. **-2.** [controversy, debate] relacionat -ada.

surroundings [səˈraʊndɪŋz] *npl* [physical] voltants *mpl*; [social] entorn *m*.

surveillance [sɜːˈveɪləns] *n* vigilància *f*.

survey [*n* ˈsɜːveɪ, *vb* səˈveɪ] ⋄ *n* **-1.** [of public opinion, population] enquesta *f*, estudi *m*. **-2.** [of land] mesurament *m*; [of building] inspecció *f*. ⋄ *vt* **-1.** [contemplate] contemplar. **-2.** [investigate statistically] fer un estudi de. **-3.** [examine - land] mesurar; [- building] inspeccionar.

surveyor [səˈveɪəʳ] *n* [of property] inspector *m* -a *f*; [of land] agrimensor *m* -a *f*.

survival [səˈvaɪvl] *n* **-1.** [gen] supervivència *f*. **-2.** [relic] relíquia *f*, vestigi *m*.

survive [səˈvaɪv] ⋄ *vt* sobreviure a. ⋄ *vi* **-1.** [person] sobreviure; [custom, project] perdurar. **-2.** *inf* [cope successfully]: **how will you ~?** com t'ho faràs?

survivor [səˈvaɪvəʳ] *n* **-1.** [person who escapes death] supervivent *mf*. **-2.** [resilient person] persona *f* que sempre surt endavant.

susceptible [səˈseptəbl] *adj* **-1.** [to pressure, flattery]: **~ (to)** sensible (a). **-2.** MED: **~ (to)** propens -a (a).

suspect [*adj & n* ˈsʌspekt, *vb* səˈspekt] ⋄ *adj* sospitós -osa. ⋄ *n* sospitós *m* -osa *f*.

◇ vt **–1.** [distrust] sospitar. **–2.** [think likely] imaginar. **–3.** [consider guilty]: **to ~ sb (of)** considerar algú sospitós -osa (de).

suspend [sə'spend] vt [gen] suspendre; [payments, work] interrompre; [schoolchild] expulsar temporalment.

suspended sentence [sə'spendɪd-] n condemna f condicional.

suspender belt [sə'spendər-] n Br portalligacames mpl.

suspenders [sə'spendəz] npl **–1.** Br [for stockings] lligacama f. **–2.** Am [for trousers] elàstics mpl.

suspense [sə'spens] n [gen] incertesa f; CIN suspens m; **to keep sb in ~** mantenir algú en suspens.

suspension [sə'spenʃn] n **–1.** [gen & AUTOM] suspensió f. **–2.** [from job, school] expulsió f temporal.

suspension bridge n pont m penjant.

suspicion [sə'spɪʃn] n **–1.** [gen] sospita f; [distrust] recel m; **under ~** sota sospita. **–2.** [small amount] mica f.

suspicious [sə'spɪʃəs] adj **–1.** [having suspicions] recelós -osa. **–2.** [causing suspicion] sospitós -osa.

sustain [sə'steɪn] vt **–1.** [gen] sostenir. **–2.** [subject: food, drink] sustentar. **–3.** fml [injury, damage] sofrir.

sustenance ['sʌstɪnəns] n (U) fml aliment m.

SW –1. (abbr of short wave) SW. **–2.** (abbr of south-west) SO.

swab [swɒb] n (tros m de) cotó m fluix.

swagger ['swægər] ◇ n fatxenda f. ◇ vi fatxendejar.

Swahili [swɑː'hiːlɪ] ◇ adj suahili. ◇ n [language] suahili m.

swallow ['swɒləʊ] ◇ n **–1.** [bird] oreneta f. **–2.** [of food] mos m; [of drink] glop m. ◇ vt **–1.** [food, drink] empassar-se. **–2.** fig [accept, hold back] empassar-se. ◇ vi empassar.

swam [swæm] pt ➢ swim.

swamp [swɒmp] ◇ n pantà m, aiguamoll m. ◇ vt **–1.** [flood - boat] enfonsar; [- land] inundar. **–2.** [overwhelm]: **to ~ sthg (with)** [office] inundar alguna cosa (de); **to ~ sb (with)** carregar algú (amb).

swan [swɒn] n cigne m.

swap [swɒp] (pt & pp **-ped**, cont **-ping**) ◇ n canvi m, intercanvi m. ◇ vt **–1.** [of one thing]: **to ~ sthg (for / with)** canviar alguna cosa (per / amb). **–2.** [of two things]: **to ~ sthg (over / round)** [hats, chairs] intercanviar-se alguna cosa; [stories, experiences] intercanviar; **to ~ places** canviar-se de lloc. ◇ vi fer un intercanvi.

swarm [swɔːm] ◇ n [of bees] eixam m; fig [of people] multitud f. ◇ vi **–1.** [bees] eixamenar. **–2.** fig [people] anar en tropell. **–3.** fig [place]: **to be ~ing (with)** estar abarrotat -ada (de).

swarthy ['swɔːðɪ] (compar **-ier**, superl **-iest**) adj morè -ena.

swastika ['swɒstɪkə] n esvàstica f, creu f gammada.

swat [swɒt] (pt & pp **-ted**, cont **-ting**) vt aixafar.

sway [sweɪ] ◇ vt **–1.** [cause to -] balancejar. **–2.** [influence] convèncer. ◇ vi balancejar-se. ◇ n fml: **to hold ~ (over sthg / sb)** dominar (alguna cosa / algú); **to come under the ~ of** estar sota el domini de.

swear [sweər] (pt swore, pp sworn) ◇ vt: **to ~ (to do sthg)** jurar (fer alguna cosa); **to ~ an oath** prestar jurament. ◇ vi **–1.** [state emphatically] jurar. **–2.** [use swearwords] dir paraulotes, renegar.

swearword ['sweəwɜːd] n paraulota f, renec m.

sweat [swet] ◇ n **–1.** [perspiration] suor f. **–2.** (U) inf [hard work] feinada f. **–3.** inf [state of anxiety]: **to be in a ~ about sthg** estar molt preocupat -ada per alguna cosa; **to be in a cold ~** sentir una suor freda. ◇ vi **–1.** [perspire] suar. **–2.** inf [worry] preocupar-se.

sweater ['swetər] n suèter m, jersei m.

sweatshirt ['wetʃɜːt] n dessuadora f.

sweaty ['swetɪ] (compar **-ier**, superl **-iest**) adj **–1.** [skin] suós -osa; [clothes] suat -ada. **–2.** [room, atmosphere] carregat -ada; [activity] esgotador -a.

swede [swiːd] n Br nap m de Suècia.

Swede [swiːd] n suec m -a f.

Sweden ['swiːdn] n Suècia.

Swedish ['swiːdɪʃ] ◇ adj suec -a. ◇ n [language] suec m. ◇ npl: **the ~** els suecs.

sweep [swiːp] (pt & pp **swept**) ◇ n **–1.** [movement - of broom] escombrada f; [- of arm, hand] moviment m ampli. **–2.** [by police] batuda f. **–3.** [chimney -] escura-xemeneies mf. ◇ vt **–1.** [with brush] escombrar. **–2.** [with light-beam] rastrejar; [with eyes] recórrer. **–3.** [move rapidly through - subject: ideas, disease] estendre's ràpidament per. **–4.** [for bugs or bombs] registrar. **–5.** [subject: sea, wave] arrossegar. **–6.** [push]: **she swept the papers off her desk** va netejar l'escriptori de papers. ◇ vi **–1.** [wind, rain]:

sweeping

to ~ over / across sthg batre alguna cosa; [vehicle] to ~ along anar a tot rem. **–2.** [emotion, laughter, rumour]: to ~ through sthg estendre's per algun lloc. **–3.** [person]: to ~ past passar com un llamp. ◆ **sweep away** *vt sep* [destroy] destruir completament. ◆ **sweep up** *vt sep & vi* escombrar.

sweeping ['swiːpɪŋ] *adj* **–1.** [effect, change] radical. **–2.** [statement] general. **–3.** [curve] ampli àmplia.

sweet [swiːt] ◇ *adj* **–1.** [gen] dolç -a; [sugary] ensucrat -ada. **–2.** [feelings] agradable. **–3.** [smell - of flowers, air] perfumat -ada. **–4.** [sound] melodiós -osa. **–5.** [character, person] amable. ◇ *n* **–1.** *Br* [candy] caramel *m*, llaminadura *f*. **–2.** *Br* [dessert] postres *fpl*.

sweet corn *n* blat *m* de moro.

sweeten ['swiːtn] *vt* endolcir.

sweetheart ['swiːthɑːt] *n* **–1.** [term of endearment] estimat -ada *f*. **–2.** [boyfriend or girlfriend] amor *m*, xicot -a *f*.

sweetness ['swiːtnɪs] *n* **–1.** [gen] dolcesa *f*. **–2.** [of taste] dolçor *f*. **–3.** [of smell] fragància *f*. **–4.** [of sound] melodia *f*.

sweet pea *n* pèsol *m* d'olor.

swell [swel] (*pt* **-ed**, *pp* **swollen** / **-ed**) ◇ *vi* **–1.** [become larger] inflar-se. **–2.** [balloon, sails] inflar-se. **–3.** [population, sound] augmentar. ◇ *vt* [numbers etc.] augmentar. ◇ *n* [of sea] maregassa *f*. ◇ *adj* *Am inf* formidable, estupend -a.

swelling ['swelɪŋ] *n* inflor *f*.

sweltering ['sweltərɪŋ] *adj* **–1.** [weather] abrusador -a, sufocant. **–2.** [person] abrusat -ada.

swept [swept] *pt & pp* ► **sweep**.

swerve [swɜːv] *vi* virar bruscament.

swift [swɪft] ◇ *adj* **–1.** [fast] ràpid -a. **–2.** [prompt] prompte -a. ◇ *n* [bird] falcillot *m*.

swig [swɪg] (*pt & pp* **-ged**, *cont* **-ging**) *inf* ◇ *vt* beure a grans glops. ◇ *n* glop *m*.

swill [swɪl] ◇ *n* [pig food] deixalles *fpl*. ◇ *vt Br* [wash] esbandir.

swim [swɪm] (*pt* **swam**, *pp* **swum**, *cont* **-ming**) ◇ *n* bany *m*; to go for a ~ anar a nedar. ◇ *vi* **–1.** [in water] nedar. **–2.** [head, room] donar voltes.

swimmer ['swɪmər] *n* nedador -a *f*.

swimming ['swɪmɪŋ] ◇ *n* natació *f*. ◇ *comp* [club, gala] de natació; [cap] de bany.

swimming cap *n* gorra *f* de bany.

swimming costume *n Br* banyador *m*, vestit *m* de bany.

swimming pool *n* piscina *f*.

swimming trunks *npl* banyador *m* masculí.

swimsuit ['swɪmsuːt] *n* banyador *m*, vestit *m* de bany.

swindle ['swɪndl] ◇ *n* estafa *f*. ◇ *vt* estafar; to ~ sb out of sthg estafar alguna cosa a algú.

swine [swaɪn] *n inf pej* [person] porc *m* -a *f*, canalla *m*.

swing [swɪŋ] (*pt & pp* **swung**) ◇ *n* **–1.** [child's toy] gronxador *m*. **–2.** [change] viratge *m*, canvi *m* brusc. **–3.** [sway] balanceig *m*. **–4.** *inf* [blow]: to take a ~ at sb intentar colpejar algú. **–5.** to be in full ~ estar en plena activitat; to get into the ~ of agafar el ritme a. ◇ *vt* **–1.** [move back and forth] balancejar, gronxar. **–2.** [move in a curve - car etc.] virar. ◇ *vi* **–1.** [move back and forth] balancejar-se, gronxar-se. **–2.** [move in a curve] girar; to ~ open obrir-se. **–3.** [turn]: to ~ (round) girar-se. **–4.** [hit out]: to ~ at sb intentar colpejar algú. **–5.** [change] virar, canviar.

swing bridge *n* pont *m* giratori.

swing door *n* porta *f* oscil·lant.

swingeing ['swɪndʒɪŋ] *adj* sever -a.

swipe [swaɪp] ◇ *n*: to take a ~ at sthg intentar colpejar alguna cosa. ◇ *vt inf* [steal] pispar. ◇ *vi*: to ~ at sthg intentar colpejar alguna cosa.

swirl [swɜːl] ◇ *n* remolí *m*. ◇ *vt* donar voltes a. ◇ *vi* arremolinar-se.

swish [swɪʃ] ◇ *n* [of curtains, dress] cruixit *m*; [of tail] remenada *f*; [of whip] espetec *m*. ◇ *vt* [tail] remenar. ◇ *vi* [curtains, dress] cruixir; [whip] fer un espetec.

Swiss [swɪs] ◇ *adj* suís -ïssa. ◇ *n* [person] suís *m*, ïssa *f*. ◇ *npl*: the ~ els suïssos.

switch [swɪtʃ] ◇ *n* **–1.** [control device] interruptor *m*. **–2.** [change] canvi *m*, viratge *m*. **–3.** *Am* RAIL agulla *f*. ◇ *vt* **–1.** [change] canviar de; to ~ one's attention to sthg dirigir l'atenció cap alguna cosa. **–2.** [swap] intercanviar. ◇ *vi*: to ~ (to / from) canviar (a / de). ◆ **switch off** ◇ *vt sep* [light, radio etc.] apagar; [engine] parar. ◇ *vi inf* desconnectar, deixar de parar atenció. ◆ **switch on** *vt sep* [light, radio etc.] encendre; [engine] posar en marxa.

switchboard ['swɪtʃbɔːd] *n* centraleta *f*, commutador *m*.

Switzerland ['swɪtsələnd] *n* Suïssa.

swivel ['swɪvl] (*Br pt & pp* **-led**, *cont* **-ling**,

swivel chair n cadira f giratòria.

swollen ['swəʊln] ⋄ pp ⮕ **swell**. ⋄ adj [ankle, leg etc.] inflat -ada; [river] crescut -uda.

swoop [swu:p] ⋄ n **-1.** [of bird] caiguda f en picat; [of plane] descens m en picat; **in one fell ~ de cop. -2.** [raid] batuda f. ⋄ vi **-1.** [move downwards] caure en picat. **-2.** [move quickly] atacar per sorpresa.

swop [swɒp] ⮕ **swap**.

sword [sɔːd] n espasa f; **to cross ~s (with)** haver-se-les (amb).

swordfish ['sɔːdfɪʃ] (pl inv / **-es**) n peix m espasa.

swore [swɔːʳ] pt ⮕ **swear**.

sworn [swɔːn] ⋄ pp ⮕ **swear**. ⋄ adj **-1.** [committed]: **to be ~ enemies** ser enemics implacables. **-2.** JUR jurat -ada.

swot [swɒt] (pt & pp **-ted**, cont **-ting**) Br inf ⋄ n pej rata f de biblioteca. ⋄ vi: **to ~ (for)** estudiar de valent (per a).

swum [swʌm] pp ⮕ **swim**.

swung [swʌŋ] pt & pp ⮕ **swing**.

sycamore ['sɪkəmɔːʳ] n sicòmor m.

syllable ['sɪləbl] n síl·laba f.

syllabus ['sɪləbəs] (pl **-buses** / **-bi**) n pla m docent.

symbol ['sɪmbl] n símbol m.

symbolize, -ise ['sɪmbəlaɪz] vt simbolitzar.

symmetry ['sɪmətrɪ] n simetria f.

sympathetic [ˌsɪmpə'θetɪk] adj **-1.** [understanding] comprensiu -iva. **-2.** [willing to support] favorable; **~ to** amb bona disposició vers. **-3.** [likable] agradable, benèvol -a.

sympathize, -ise ['sɪmpəθaɪz] vi **-1.** [feel sorry]: **to sympathize (with)** compadir-se (de). **-2.** [understand]: **to sympathize (with sthg)** comprendre (alguna cosa). **-3.** [support]: **to sympathize with sthg** donar suport a alguna cosa.

sympathizer, -iser ['sɪmpəθaɪzəʳ] n simpatitzant mf.

sympathy ['sɪmpəθɪ] n **-1.** [understanding]: **~ (for)** comprensió f (vers); [compassion] compassió f (per). **-2.** [agreement] solidaritat f; **in ~ (with)** d'acord (amb). **-3.** [support]: **in ~ (with)** en solidaritat (amb).
⮕ **sympathies** npl **-1.** [support] simpaties fpl. **-2.** [to bereaved person] condol m.

symphony ['sɪmfənɪ] (pl **-ies**) n simfonia f.

symposium [sɪm'pəʊzjəm] fml (pl **-siums** / **-sia**) n simpòsium m.

symptom ['sɪmptəm] n lit & fig símptoma m.

synagogue ['sɪnəgɒg] n sinagoga f.

syndicate [n 'sɪndɪkət, vb 'sɪndɪkeɪt] ⋄ n sindicat m. ⋄ vt sindicar.

syndrome ['sɪndrəʊm] n síndrome f.

synonym ['sɪnənɪm] n: **~ (for / of)** sinònim m (de).

synopsis [sɪ'nɒpsɪs] (pl **-ses**) n sinopsi f.

syntax ['sɪntæks] n sintaxi f.

synthesis ['sɪnθəsɪs] (pl **-ses**) n síntesi f.

synthetic [sɪn'θetɪk] adj **-1.** [man-made] sintètic -a. **-2.** pej [insincere] artificial.

syphilis ['sɪfɪlɪs] n sífilis f.

syphon ['saɪfn] = **siphon**.

Syria ['sɪrɪə] n Síria.

syringe [sɪ'rɪndʒ] (cont **syringeing**) ⋄ n xeringa f. ⋄ vt xeringar.

syrup ['sɪrəp] n **-1.** (U) CULIN almívar m. **-2.** MED xarop m.

system ['sɪstəm] n [gen] sistema m; [of central heating etc.] instal·lació f; **digestive ~** aparell m digestiu; **transport ~** xarxa f de transports; inf **to get sthg out of one's ~** treure's alguna cosa de sobre.

systematic [ˌsɪstə'mætɪk] adj sistemàtic -a.

system disk COMPUT n disc m del sistema.

systems analyst ['sɪstəmz-] COMPUT n analista mf de sistemes.

t (pl **ts** / **t's**), **T** (pl **Ts** / **T's**) [tiː] n [letter] t f, T f.

ta [tɑː] excl Br inf gràcies!

tab [tæb] n **-1.** [of cloth] etiqueta f. **-2.** [of metal, card etc.] llengüeta f. **-3.** Am [bill] compte m. **-4.** COMPUT (abbr of **tabulator**) tab. **-5. to keep ~s on sb** vigilar algú de prop.

tabby ['tæbɪ] (pl **-ies**) n: **~ (cat)** gat m tigrat.

table ['teɪbl] ◇ n **-1.** [piece of furniture] taula f; [small] tauleta f. **-2.** [diagram] taula f. **-3. to turn the ~s on** girar-se la truita. ◇ vt **-1.** Br [propose] presentar. **-2.** Am [postpone] ajornar.

tablecloth ['teɪblklɒθ] n estovalles fpl.

table lamp n llum m de taula.

tablemat ['teɪblmæt] n estalvis mpl.

tablespoon ['teɪblspu:n] n **-1.** [spoon] cullera f de taula. **-2.** [spoonful] cullerada f.

tablet ['tæblɪt] n **-1.** [pill, piece of soap] pastilla f. **-2.** [piece of stone] làpida f.

table tennis n ping-pong m, tennis m de taula.

table wine n vi m de taula.

tabloid ['tæblɔɪd] n: **the ~s** els diaris sensacionalistes; **~ (newspaper)** diari m tabloide.

tabulate ['tæbjʊleɪt] vt tabular.

tacit ['tæsɪt] adj fml tàcit -a.

taciturn ['tæsɪtɜ:n] adj fml taciturn -a.

tack [tæk] ◇ n **-1.** [nail] tatxa f. **-2.** NAUT bordada f. **-3.** fig [course of action] tàctica f. ◇ vt **-1.** [fasten with nail] tatxonar. **-2.** embastar. ◇ vi NAUT virar.

tackle ['tækl] ◇ n **-1.** SPORT entrada f. **-2.** SPORT blocatge m. **-3.** (U) [equipment] equip m, estris mpl. **-4.** [for lifting] aparell m. ◇ vt **-1.** [deal with - job] emprendre; [- problem] abordar. **-2.** SPORT fer una entrada. **-3.** SPORT placar. **-4.** [attack] atacar. **-5.** [talk to]: **to ~ sb about / on sthg** discutir amb algú sobre alguna cosa.

tacky ['tækɪ] (compar **-ier**, superl **-iest**) adj **-1.** inf [cheap and nasty] cursi; [ostentatious and vulgar] vulgar. **-2.** [sticky] enganxós -osa.

tact [tækt] n (U) tacte m, discreció f.

tactful ['tæktfʊl] adj discret -a.

tactic ['tæktɪk] n tàctica f. ✦ **tactics** n (U) MIL tàctica f.

tactical ['tæktɪkl] adj estratègic -a; [weapons] tàctic -a.

tactless ['tæktlɪs] adj indiscret -a, mancat -ada de tacte.

tadpole ['tædpəʊl] n capgròs m.

tag [tæg] (pt & pp **-ged**, cont **-ging**) ◇ n **-1.** [of cloth, paper] etiqueta f. **-2.** [game] joc m de tocar i parar. **-3.** COMPUT codi m, etiqueta f. ◇ vt etiquetar. ✦ **tag along** vi inf anar al darrere.

tail [teɪl] ◇ n [gen] cua f; [of coat, shirt] faldó m; **with one's ~ between one's legs** [person] amb la cua entre les cames. ◇ comp posterior. ◇ vt inf [follow] seguir de prop. ✦ **tails** npl **-1.** [formal dress] frac m. **-2.** [side of coin] creu f. ✦ **tail off** vi **-1.** [voice] debilitar-se progressivament; [sound] disminuir progressivament. **-2.** [interest, sales etc.] descendir progressivament.

tailback ['teɪlbæk] n Br cua f.

tailcoat [ˌteɪl'kəʊt] n frac m.

tail end n part f final.

tailgate ['teɪlgeɪt] n [of hatchback car] porta f posterior.

tailor ['teɪlər] ◇ n sastre m -essa f. ◇ vt adaptar.

tailor-made adj fet -a a mida.

tailwind ['teɪlwɪnd] n vent m de cua.

tainted ['teɪntɪd] adj **-1.** [reputation] tacat -ada. **-2.** Am [food] fet -a malbé.

Taiwan [ˌtaɪ'wɑ:n] n Taiwan.

take [teɪk] (pt **took**, pp **taken**) ◇ vt **-1.** [gen] prendre; **~ a seat!** seu!; **to ~ control / command** prendre el control; **to ~ a photo** fer una foto; **to ~ a walk** fer un passeig; **to ~ a bath** banyar-se; **to ~ a test** fer un examen; **to ~ sthg seriously / badly** prendre's alguna cosa seriosament / malament; **to ~ pity on sb** compadir-se d'algú; **to ~ offence** ofendre's. **-2.** [bring, carry, accompany] portar. **-3.** [steal] prendre, robar. **-4.** [buy] agafar, quedar-se amb; [rent] llogar. **-5.** [receive] rebre. **-6.** [- hold of] agafar; **let me ~ your coat** deixi'm agafar-li l'abric; **to ~ sb prisoner** fer algú presoner. **-7.** [accept - offer, cheque, criticism] acceptar; [- advice] seguir; [- responsibility, blame] assumir; **the machine only ~s 50p pieces** la màquina només admet monedes de 50 penics; **~ my word for it** creu-me. **-8.** [have room for - passengers, goods] tenir cabuda per a. **-9.** [bear - pain etc.] suportar, aguantar. **-10.** [require - time, courage] requerir; [- money] costar; **it will ~ a week / three hours** tardarà una setmana / tres hores. **-11.** [travel by - means of transport, route] agafar. **-12.** [wear - shoes] portar; [- clothes] usar. **-13.** [consider] considerar. **-14.** [assume]: **I ~ it (that) ...** suposo que... ◇ vi [dye] agafar; [vaccine, fire] actuar, prendre. ◇ n CIN presa f. ✦ **take after** vt fus assemblar-se a. ✦ **take apart** vt sep [dismantle] desmuntar. ✦ **take away** vt sep **-1.** [remove] treure, endur-se. **-2.** [deduct] restar. ✦ **take back** vt sep **-1.** [return] tornar, retornar. **-2.** [accept - back faulty goods] acceptar la devolució de. **-3.** [admit as wrong] retirar. ✦ **take down** vt sep **-1.** [dismantle] desmuntar. **-2.** [write down] escriure, prendre nota de.

–3. [lower - down trousers] abaixar-se; [- down picture] baixar. ◆ **take in** *vt sep* **–1.** [deceive] enganyar. **–2.** [understand] comprendre, assimilar. **–3.** [include] incloure. **–4.** [provide accommodation for] acollir. ◆ **take off** ◇ *vt sep* **–1.** [clothes, glasses] treure's. **–2.** [have as holiday] agafar-se; to ~ time off agafar-se temps lliure. **–3.** *Br inf* [imitate] imitar. **–4.** *inf* [go away suddenly]: to ~ oneself off anar-se'n, marxar. ◇ *vi* **–1.** [plane] enlairar-se. **–2.** [go away suddenly] anar-se'n. **–3.** [career] consolidar-se; [idea, fashion] quallar. ◆ **take on** ◇ *vt sep* **–1.** [accept - on work, job] acceptar; [- on responsibility] assumir. **–2.** [employ] donar feina a, contractar. **–3.** [confront] desafiar. ◇ *vt fus* [assume] prendre. ◆ **take out** *vt sep* **–1.** [from container, pocket] treure. **–2.** [delete] suprimir. **–3.** [go out with]: to ~ sb out convidar algú a sortir; *inf* to ~ it / a lot out of one esgotar algú. ◆ **take over** ◇ *vt sep* **–1.** [company, business] absorbir, adquirir; [country, government] apoderar-se de. **–2.** [job] fer-se càrrec, assumir. ◇ *vi* **–1.** [- control] fer-se amb el poder. **–2.** [in job] entrar en funcions. ◆ **take to** *vt fus* **–1.** [feel a liking for - to person] agafar-li afecte a; [- to activity] aficionar-se a. **–2.** [begin]: to ~ to doing sthg començar a fer alguna cosa. ◆ **take up** *vt sep* **–1.** [begin]: to ~ up singing dedicar-se a cantar; [job] acceptar. **–2.** [continue] reprendre. **–3.** [discuss] discutir. **–4.** [time, space] ocupar; [effort] requerir. ◆ **take up on** *vt sep* **–1.** [accept]: to ~ sb up on an offer acceptar una oferta d'algú. **–2.** [ask to explain]: to ~ sb up on sthg demanar explicacions a algú sobre alguna cosa.

takeaway *Br* ['teɪkə,weɪ], **takeout** *Am* ['teɪkaʊt] *n* **–1.** [shop] establiment on es venen menjars preparats per endur-se. **–2.** [food] menjar *m* per endur-se.

taken ['teɪkn] ◇ *pp* ◆ **take**. ◇ *adj*: ~ with atret -a.

takeoff ['teɪkɒf] *n* [of plane] enlairament *m*.

takeout *Am* = **takeaway**.

takeover ['teɪk,əʊvə'] *n* **–1.** [of company] adquisició *f*. **–2.** [of government] presa *f* del poder.

taking ['teɪkɪŋ] *adj dated* atractiu -iva. ◆
takings *npl* [of shop] venda *f*; [of show] recaptació *f*.

talc [tælk], **talcum** ['tælkəm-] *n* talc *m*.

tale [teɪl] *n* **–1.** [fictional story] conte *m*. **–2.** [anecdote] anècdota *f*.

talent ['tælənt] *n*: ~ (for sthg) talent *m* (per a alguna cosa).

talented ['tæləntɪd] *adj* amb talent.

talk [tɔːk] ◇ *n* **–1.** [conversation] conversa *f*. **–2.** (U) [gossip] rumors *mpl*. **–3.** [lecture] xerrada *f*, conferència *f*. ◇ *vi* **–1.** [gen] parlar; to ~ to / of parlar amb / de; to ~ on / about parlar sobre; to ~ big fanfarronejar. **–2.** [gossip] fer safareig. ◇ *vt* parlar de. ◆ **talks** *npl* negociacions *fpl*. ◆ **talk into** *vt sep*: to ~ sb into doing sthg convèncer algú perquè faci alguna cosa. ◆ **talk out of** *vt sep*: to ~ sb out of doing sthg dissuadir algú de fer alguna cosa. ◆ **talk over** *vt sep* discutir, parlar de.

talkative ['tɔːkətɪv] *adj* xerraire.

talk show *Am* ◇ *n* programa *m* d'entrevistes. ◇ *comp* de programa d'entrevistes.

tall [tɔːl] *adj* alt -a; she's 2 metres ~ medeix 2 metres.

tall story *n* història *f* (increïble).

tally ['tælɪ] (*pl* -ies, *pt & pp* -ied) ◇ *n* compte *m*; to keep a ~ portar el compte. ◇ *vi* concordar, casar.

talon ['tælən] *n* urpa *f*.

tambourine [,tæmbə'riːn] *n* pandereta *f*.

tame [teɪm] ◇ *adj* **–1.** [domesticated] domèstic -a. **–2.** *pej* [obedient] dòcil. **–3.** *pej* [unexciting] avorrit -ida. ◇ *vt* **–1.** [domesticate] domesticar. **–2.** [bring under control] dominar.

tamper ['tæmpə'] ◆ **tamper with** *vt fus* [lock] intentar forçar; [records, file] falsejar; [machine] manipular.

tampon ['tæmpɒn] *n* tampó *m*.

tan [tæn] (*pt & pp* -ned, *cont* -ning) ◇ *adj* de color marró clar. ◇ *n* bronzejat *m*. ◇ *vi* bronzejar-se.

tang [tæŋ] *n* [smell] olor *f* forta; [taste] gust *m* fort.

tangent ['tændʒənt] GEOM *n* tangent *f*; to go off at a ~ fugir per la tangent.

tangerine [,tændʒə'riːn] *n* mandarina *f*.

tangible ['tændʒəbl] *adj* tangible.

tangle ['tæŋgl] ◇ *n* [mass] garbuix *m*; *fig* [mess] embolic *m*, embrolla *f*. ◇ *vi* embolicar-se; to get ~d (up) embolicar-se.

tank [tæŋk] *n* **–1.** [container] dipòsit *m*, tanc *m*. **–2.** MIL tanc *m*.

tanker ['tæŋkə'] *n* **–1.** [ship - gen] vaixell *m* cisterna; [- for oil] petrolier *m*. **–2.** [truck] camió *m* cisterna. **–3.** [train] tren *m* cisterna.

tanned [tænd] *adj* bronzejat -ada, morè -ena.

Tannoy® ['tænɔɪ] *n* (sistema *m* d') altaveus *mpl*.

tantalizing [ˈtæntəlaɪzɪŋ] *adj* temptador -a.

tantamount [ˈtæntəmaʊnt] *adj*: ~ to equivalent a.

tantrum [ˈtæntrəm] (*pl* -s) *n* enrabiada *f*.

Tanzania [ˌtænzəˈnɪə] *n* Tanzània.

tap [tæp] (*pt & pp* -**ped**, *cont* -**ping**) ⟨⟩ *n* -**1.** [device] aixeta *f*. -**2.** [light blow] copet *m*. ⟨⟩ *vt* -**1.** [hit] colpejar lleugerament; he ~ped his fingers on the table va fer picar els dits sobre la taula. -**2.** [strength, resources] utilitzar. -**3.** [phone] intervenir. ⟨⟩ *vi* donar un copet.

tap dance *n* claqué *m*.

tape [teɪp] ⟨⟩ *n* -**1.** [cassette, magnetic tape, strip of cloth] cinta *f*. -**2.** SPORT [at finishing line] cinta *f* d'arribada. -**3.** [adhesive plastic] cinta *f* adhesiva. ⟨⟩ *vt* -**1.** [on - recorder, video recorder] enregistrar. -**2.** [with adhesive -] enganxar amb cinta adhesiva. -**3.** *Am* [bandage] embenar.

tape measure *n* cinta *f* mètrica.

taper [ˈteɪpəʳ] ⟨⟩ *n* [candle] espelma *f*. ⟨⟩ *vi* afilar-se.

tape recorder *n* magnetòfon *m*.

tapestry [ˈtæpɪstrɪ] (*pl* -**ies**) *n* -**1.** [piece of work] tapís *m*. -**2.** [craft] tapisseria *f*. -**3.** *liter* [pattern] quadre *m*.

tar [tɑːʳ] *n* quitrà *m*.

target [ˈtɑːgɪt] ⟨⟩ *n* -**1.** [of missile, goal, aim] objectiu *m*. -**2.** [in archery, shooting, of criticism] blanc *m*; **to be on** ~ **to do sthg** estar en el bon camí per assolir alguna cosa. ⟨⟩ *vt* -**1.** [aim weapon at] apuntar. -**2.** [channel]: **to** ~ **funds on** destinar fons a.

tariff [ˈtærɪf] *n* tarifa *f*, aranzel *m*.

Tarmac® [ˈtɑːmæk] *n* [material] asfalt *m*. ➤ **tarmac** AERON *n*: **the tarmac** la pista.

tarnish [ˈtɑːnɪʃ] ⟨⟩ *vt* [make dull] desenllustrar; *fig* [damage] deslluir, tacar. ⟨⟩ *vi* [become dull] desenllustrar-se.

tarpaulin [tɑːˈpɔːlɪn] *n* encerat *m*.

tart [tɑːt] ⟨⟩ *adj* -**1.** [bitter] agre -a. -**2.** [sarcastic] mordaç. ⟨⟩ *n* -**1.** [sweet pastry] pastís *m*. -**2.** *v inf* [prostitute] meuca *f*. ➤ **tart up** *vt sep Br inf* empolainar; **to** ~ **oneself up** empolainar-se.

tartan [ˈtɑːtn] ⟨⟩ *n* tartà *m*. ⟨⟩ *comp* de tartà.

tartar(e) sauce [ˈtɑːtəʳ-] *n* salsa *f* tàrtara.

task [tɑːsk] *n* tasca *f*.

task force *n* MIL destacament *m* de forces.

tassel [ˈtæsl] *n* borla *f*.

taste [teɪst] ⟨⟩ *n* -**1.** [physical sense, discernment] gust *m*; **in bad / good** ~ de mal / bon gust. -**2.** [flavour] sabor *m*. -**3.** [try]: **have a** ~ tasta-ho. -**4.** *fig* [for success, fast cars etc.]: ~ **(for)** afició *f* (a), gust *m* (per). -**5.** *fig* [experience] experiència *f*. ⟨⟩ *vt* -**1.** [food] notar el gust de. -**2.** [test, try] tastar. -**3.** *fig* [experience] conèixer. ⟨⟩ *vi* tenir gust; **to** ~ **of / like** tenir gust de.

tasteful [ˈteɪstfʊl] *adj* elegant, de bon gust.

tasteless [ˈteɪstlɪs] *adj* -**1.** [offensive, cheap and unattractive] de mal gust. -**2.** [without flavour] insípid -a, insuls -a.

tasty [ˈteɪstɪ] (*compar* -**ier**, *superl* -**iest**) *adj* gustós -osa.

tatters [ˈtætəz] *npl*: **in** ~ [clothes] esparracada -ada; *fig* [confidence, reputation] per terra.

tattoo [təˈtuː] (*pl* -**s**) ⟨⟩ *n* -**1.** [design] tatuatge *m*. -**2.** [rhythmic beating] repic *m* de tambors. -**3.** *Br* [military display] desfilada *f* militar. ⟨⟩ *vt* tatuar.

tatty [ˈtætɪ] *Br inf* (*compar* -**ier**, *superl* -**iest**) *adj pej* malgirbat -ada.

taught [tɔːt] *pt & pp* ⊨ **teach**.

taunt [tɔːnt] ⟨⟩ *vt* humiliar. ⟨⟩ *n* mofa *f*.

Taurus [ˈtɔːrəs] *n* Taure *m*; **to be (a)** ~ ser Taure.

taut [tɔːt] *adj* tens -a.

tawdry [ˈtɔːdrɪ] (*compar* -**ier**, *superl* -**iest**) *adj pej* xaró -ona.

tax [tæks] ⟨⟩ *n* impost *m*, tribut *m*. ⟨⟩ *vt* -**1.** [goods, profits] gravar. -**2.** [business, person] cobrar impostos a. -**3.** [strain, test] posar a prova.

taxable [ˈtæksəbl] *adj* imposable.

tax allowance *n* desgravació *f* fiscal.

taxation [tækˈseɪʃn] *n* -**1.** [system] sistema *m* tributari. -**2.** [amount] impostos *mpl*, tributs *mpl*.

tax avoidance *n* evasió *f* fiscal.

tax collector *n* recaptador *m* -a *f* d'impostos.

tax disc *n Br* adhesiu de l'impost de circulació.

tax evasion *n* frau *m* fiscal, evasió *f* d'impostos.

tax-exempt *Am* = **tax-free**.

tax-free *Br*, **tax-exempt** *Am adj* exempt -a d'impostos.

taxi [ˈtæksɪ] ⟨⟩ *n* taxi *m*. ⟨⟩ *vi* [plane] rodar per la pista.

taxi driver *n* taxista *mf*.

tax inspector *n* inspector *m* -a *f* d'Hisenda.

taxi rank *Br*, **taxi stand** *n* parada *f* de taxis.

taxpayer ['tæks,peɪəʳ] *n* contribuent *mf*.

tax relief *n* (U) desgravació *f* fiscal.

tax return *n* declaració *f* de renda.

TB *n* abbr of tuberculosis.

tea [tiː] *n* **-1.** [drink, leaves] te *m*. **-2.** *Br* [afternoon snack] te *m*, berenar *m*. **-3.** *Br* [evening meal] berenar sopar *m*.

teabag ['tiːbæg] *n* bosseta *f* de te.

tea break *n Br* descans *m* (durant la jornada laboral).

teach [tiːtʃ] (*pt & pp* **taught**) ◇ *vt* **-1.** [give lessons to] ensenyar; to ~ sb sthg ensenyar alguna cosa a algú; to ~ sb to do sthg ensenyar a algú a fer alguna cosa; to ~ (sb) that inculcar a algú que. **-2.** [give lessons in] donar classes. **-3.** [advocate, state] preconitzar; to ~ sb sthg, to teach sthg to sb predicar alguna cosa a algú. ◇ *vi* ser professor -a, donar classes.

teacher ['tiːtʃəʳ] *n* [at primary school] mestre *m* -a *f*; [at secondary school] professor *m* -a *f*.

teachers college *Am* = teacher training college.

teacher training college *Br*, **teachers college** *Am n* facultat *f* de Ciències de l'Educació.

teaching ['tiːtʃɪŋ] *n* ensenyament *m*; **I've got ten hours of ~** tinc deu hores de classes.

tea cloth *n Br* **-1.** [tablecloth] estovalles *fpl*. **-2.** [tea towel] eixugamà *m*.

tea cosy *Br*, **tea cozy** *Am n* funda *f* de tetera.

teacup ['tiːkʌp] *n* tassa *f* de te.

teak [tiːk] ◇ *n* tec *m*. ◇ *comp* de tec.

team [tiːm] *n* equip *m*.

teammate ['tiːmmeɪt] *n* company *m* -a *f* d'equip.

teamwork ['tiːmwɜːk] *n* (U) treball *m* en equip.

teapot ['tiːpɒt] *n* tetera *f*.

tear[1] [tɪəʳ] *n* llàgrima *f*; **in tears** plorant.

tear[2] [teəʳ] (*pt* **tore**, *pp* **torn**) ◇ *vt* **-1.** [rip] estripar, esquinçar; to ~ sthg open obrir alguna cosa estripant-la; *fig* to ~ sthg to pieces esmicolar. **-2.** [remove roughly] arrencar. **-3.** to be torn between vacil·lar entre. ◇ *vi* **-1.** [rip] trencar-se, esquinçar-se. *inf* [move quickly] moure's de pressa. **-3.** to tear loose deixar-se anar d'una estrebada. ◇ *n* esquinç *m*, estrip *m*. ◆ **tear apart** *vt sep* **-1.** [rip up] espedaçar. **-2.** *fig* [disrupt greatly] desintegrar. **-3.** [upset greatly] punyir. ◆ **tear down** *vt sep* enderrocar. ◆ **tear up** *vt sep* fer miques.

teardrop ['tɪədrɒp] *n* llàgrima *f*.

tearful ['tɪəful] *adj* **-1.** [person] ploraner -a. **-2.** [event] llagrimós -osa.

tear gas [tɪəʳ-] *n* (U) gas *m* lacrimogen.

tearoom ['tiːrʊm] *n* saló *m* de te.

tease [tiːz] ◇ *n inf* punyeter *m* -a *f*. ◇ *vt* [mock]: to ~ sb (about) prendre el pèl a algú (en relació amb).

tea service, **tea set** *n* joc *m* de te.

teaspoon ['tiːspuːn] *n* **-1.** [utensil] cullereta *f*. **-2.** [amount] culleradeta *f*.

teat [tiːt] *n* **-1.** [of animal] mamella *f*. **-2.** [of bottle] tetina *f*.

teatime ['tiːtaɪm] *n Br* hora *f* del te.

tea towel *n* eixugamà *m*, drap *m* de cuina.

technical ['teknɪkl] *adj* tècnic -a.

technical college *n Br* escola *f* d'arts i oficis.

technicality [,teknɪˈkælətɪ] (*pl* -**ies**) *n* detall *m* tècnic.

technically ['teknɪklɪ] *adv* **-1.** [gen] tècnicament. **-2.** [theoretically] teòricament, en teoria.

technician [tekˈnɪʃn] *n* tècnic *m* -a *f*.

technique [tekˈniːk] *n* tècnica *f*.

technological [,teknəˈlɒdʒɪkl] *adj* tecnològic -a.

technology [tekˈnɒlədʒɪ] (*pl* -**ies**) *n* tecnologia *f*.

teddy ['tedɪ] (*pl* -**ies**) *n*: ~ (**bear**) ós *m* de peluix.

tedious ['tiːdjəs] *adj* tediós -osa.

tee [tiː] *n* SPORT tee *m*.

teem [tiːm] *vi* **-1.** [rain] ploure a bots i barrals. **-2.** [be busy]: **to be ~ing with** estar ple plena de.

teenage ['tiːneɪdʒ] *adj* adolescent.

teenager ['tiːn,eɪdʒəʳ] *n* adolescent *mf*.

teens [tiːnz] *npl* adolescència *f*.

tee shirt *n* samarreta *f*.

teeter ['tiːtəʳ] *vi lit & fig* vacil·lant.

teethe [tiːð] *vi* sortir les dents.

teething troubles ['tiːðɪŋ-] *npl fig* problemes *mpl* inicials.

teetotaller *Br*, **teetotaler** *Am* ['tiːˌtəʊtləʳ] *n* abstemi *m* -èmia *f*.

TEFL ['tefl] *n* (abbr of **teaching of English as a foreign language**) ensenyament de l'anglès a per a estrangers.

telecommunications [ˈtelɪkəˌmjuːnɪ'keɪʃnz] npl telecomunicacions fpl.

telegram [ˈtelɪgræm] n telegrama m.

telegraph [ˈtelɪgrɑːf] ◇ n telègraf m. ◇ vt telegrafiar.

telegraph pole, telegraph post Br n pal m de telègraf.

telepathy [tɪˈlepəθɪ] n telepatia f.

telephone [ˈtelɪfəʊn] ◇ n telèfon m; Br to be on the ~ [connected to network] tenir telèfon; [speaking] estar al telèfon. ◇ vt & vi telefonar.

telephone book n guia f de telèfons.

telephone box n Br cabina f (telefònica).

telephone call n trucada f, telefonada f.

telephone directory n guia f de telèfons.

telephone number n número m de telèfon.

telephonist [tɪˈlefənɪst] n Br telefonista mf.

telephoto lens [ˌtelɪˈfəʊtəʊ-] n teleobjectiu m.

telescope [ˈtelɪskəʊp] n telescopi m.

teletext [ˈtelɪtekst] n teletext m.

televise [ˈtelɪvaɪz] vt televisar.

television [ˈtelɪˌvɪʒn] n televisió f; on ~ a la televisió.

television set n televisor m, aparell m de televisió.

telex [ˈteleks] ◇ n tèlex m. ◇ vt [message] transmetre per tèlex; [person] enviar un tèlex a.

tell [tel] (pt & pp **told**) ◇ vt **-1.** [gen] dir; to ~ sb (that) dir a algú que; to ~ sb sthg, to ~ sthg to sb dir alguna cosa a algú; to ~ sb to do sthg dir a algú que faci alguna cosa; **I told you so!** jo ja t'ho deia! **-2.** [joke, story] explicar. **-3.** [judge, recognize]: to ~ what sb is thinking saber en què està pensant algú; to ~ the time dir l'hora; there's no ~ing ... és impossible saber... ◇ vi [have effect] fer efecte. ◆ **tell apart** vt sep distingir, diferenciar. ◆ **tell off** vt sep renyar.

telling [ˈtelɪŋ] adj **-1.** [speech, argument] efectiu -iva. **-2.** [remark, incident] revelador -a.

telltale [ˈtelteɪl] ◇ adj revelador -a. ◇ n delator m -a f.

telly [ˈtelɪ] (pl **-ies**) (abbr of **television**) n Br inf tele f; on ~ a la tele.

temp [temp] ◇ n Br inf (abbr of **temporary employee**) treballador m -a f eventual (per hores). ◇ vi: **she's ~ing** treballa de manera eventual.

temper [ˈtempər] ◇ n **-1.** [state of mind, mood] humor m; **to lose one's ~** perdre els estreps; **to have a short ~** tenir mal geni. **-2.** [angry state]: **to be in a ~** estar de mal humor. **-3.** [temperament] temperament m. ◇ vt fml temperar, suavitzar.

temperament [ˈtempərəmənt] n temperament m.

temperamental [ˌtempərəˈmentl] adj [volatile] temperamental.

temperate [ˈtempərət] adj temperat -ada, tebi -tèbia.

temperature [ˈtemprətʃər] n temperatura f; **to take sb's ~** prendre la temperatura a algú; **to have a ~** tenir febre.

tempestuous [temˈpestjʊəs] adj lit & fig tempestuós -osa.

template [ˈtemplɪt] n plantilla f.

temple [ˈtempl] n **-1.** RELIG temple m. **-2.** ANAT templa f.

temporarily [ˌtempəˈrerəlɪ] adv temporalment, provisionalment.

temporary [ˈtempərərɪ] adj [gen] temporal, provisional; [improvement, problem] passatger -a.

tempt [tempt] vt [entice]: to ~ sb (to do sthg) temptar algú (a fer alguna cosa); to be / feel ~ed to do sthg tenir la temptació de fer alguna cosa.

temptation [tempˈteɪʃn] n temptació f.

tempting [ˈtemptɪŋ] adj temptador -a.

ten [ten] num deu; **six**.

tenable [ˈtenəbl] adj **-1.** [reasonable, credible] sostenible. **-2.** [job, post]: **the post is ~ for one year** la feina durarà un any.

tenacious [tɪˈneɪʃəs] adj tenaç.

tenancy [ˈtenənsɪ] (pl **-ies**) n **-1.** [period of house] lloguer m; [- of land] arrendament m. **-2.** [possession] ocupació f.

tenant [ˈtenənt] n [of house] inquilí m -ina f; [of pub] arrendatari m -ària f.

tend [tend] vt **-1.** [have tendency]: to ~ to do sthg tenir tendència a fer alguna cosa; **I ~ to think ...** m'inclino a pensar. **-2.** [look after] tenir cura de.

tendency [ˈtendənsɪ] (pl **-ies**) n **-1.** [trend]: ~ **(for sb / sthg to do sthg)** tendència (d'algú / d'alguna cosa a fer alguna cosa); ~ **towards** tendència cap a. **-2.** [leaning, inclination] inclinació f.

tender [ˈtendər] ◇ adj [gen] tendre -a; [sore] adolorit -ida; **at a ~ age** de petit -a. ◇ n COM proposta f, oferta f. ◇ vt fml [resignation] presentar; [apology, suggestion] oferir.

tendon ['tendən] *n* tendó *m*.

tenement ['tenəmənt] *n* bloc de pisos modestos.

Tenerife [,tenə'ri:f] *n* Tenerife.

tenet ['tenɪt] *n fml* principi *m*, dogma *m*.

tennis ['tenɪs] ◇ *n* tennis *m*. ◇ *comp* de tennis; ~ **player** tennista *mf*.

tennis ball *n* pilota *f* de tennis.

tennis court *n* pista *f* de tennis.

tennis racket *n* raqueta *f* de tennis.

tenor ['tenər] ◇ *adj* de tenor. ◇ *n* **-1.** [singer] tenor *m*. **-2.** *fml* [meaning, mood] to *m*.

tense [tens] ◇ *adj* tens -a. ◇ *n* temps *m*. ◇ *vt* tensar. ◇ *vi* tensar-se, posar-se tens -a.

tension ['tenʃn] *n* tensió *f*.

tent [tent] *n* tenda *f* (de campanya).

tentacle ['tentəkl] *n* tentacle *m*.

tentative ['tentətɪv] *adj* **-1.** [person] indecís -isa; [step, handshake] vacil·lant. **-2.** [suggestion, conclusion etc.] provisional.

tenterhooks ['tentəhʊks] *npl*: to be on ~ passar ànsia.

tenth [tenθ] ◇ *num adj* desè -ena. ◇ *num n* **-1.** [in order] desè *m* -ena *f*. **-2.** [fraction] desena / dècima part *f*; ➤ **sixth**.

tent peg *n* estaca *f*.

tent pole *n* màstil *m* de tenda.

tenuous ['tenjʊəs] *adj* [argument] fluix -a, poc convincent; [evidence, connection] dèbil, insignificant; [hold] lleuger -a.

tenure ['tenjər] *n* **-1.** (U) *fml* [of property] arrendament *m*. **-2.** [of job] ocupació *f*, exercici *m*.

tepid ['tepɪd] *adj* **-1.** [liquid] tebi tèbia. **-2.** *pej* [welcome] poc calorós -osa; [performance, speech] poc vehement.

term [tɜːm] ◇ *n* **-1.** [word, expression] terme *m*. **-2.** EDUC & UNIV trimestre *m*. **-3.** POL mandat *m*. **-4.** [period of time] període *m*; **in the long / short ~** a llarg / curt termini. ◇ *vt*: **to ~ sthg sthg** qualificar alguna cosa d'una altra. ➤ **terms** *npl* **-1.** [of contract, agreement] condicions *fpl*. **-2.** [basis]: **in international / real ~s** en termes internacionals / reals; **on equal / the same ~s** en condicions d'igualtat; **to be on good ~s (with sb)** mantenir bones relacions (amb algú); **to be on speaking ~s (with sb)** parlar-se (amb algú); **to come to ~s with sthg** acceptar alguna cosa. **-3.** to think in ~s of doing sthg pensar a fer alguna cosa. ➤ **in terms of** *prep* pel que fa a.

terminal ['tɜːmɪnl] ◇ *adj* MED terminal. ◇ *n* **-1.** [transport] terminal *f*. **-2.** COMPUT terminal *m*.

terminate ['tɜːmɪneɪt] ◇ *vt fml* [gen] posar fi a; [pregnancy] interrompre. ◇ *vi* **-1.** [bus, train] finalitzar el trajecte. **-2.** [contract] terminar-se.

termini ['tɜːmɪnaɪ] *pl* ➤ **terminus**.

terminus ['tɜːmɪnəs] (*pl* **-ni** / **-nuses**) (estació *f*) terminal *f*.

terrace ['terəs] *n* **-1.** [gen] terrassa *f*. **-2.** *Br* [of houses] filera *f* de cases adossades. ➤ **terraces** *npl* SPORT: **the ~s** la graderia.

terraced ['terəst] *adj* **-1.** [hillside] amb terrasses. **-2.** [house, housing] adossat -ada.

terraced house *n Br* casa *f* adossada, xalet *m* adossat.

terrain [te'reɪn] *n* terreny *m*.

terrible ['terəbl] *adj* **-1.** [crash, mess, shame] terrible, esgarrifós -osa. **-2.** [unwell, unhappy, very bad] fatal.

terribly ['terəblɪ] *adv* [sing, play, write] horriblement; [injured, sorry, expensive] terriblement.

terrier ['terɪər] *n* terrier *m*.

terrific [tə'rɪfɪk] *adj* **-1.** [wonderful] estupend -a, meravellós -osa. **-2.** [enormous] enorme.

terrified ['terɪfaɪd] *adj* aterrit -ida; **to be ~ (of)** tenir pànic (de).

terrifying ['terɪfaɪɪŋ] *adj* aterridor -a.

territory ['terətrɪ] (*pl* **-ies**) *n* **-1.** [political area] territori *m*. **-2.** [terrain] terreny *m*. **-3.** [area of knowledge] camp *m*, àmbit *m*.

terror ['terər] *n* **-1.** [fear] terror *m*. **-2.** *inf* [rascal] dimoni *m*.

terrorism ['terərɪzm] *n* terrorisme *m*.

terrorist ['terərɪst] *n* terrorista *mf*.

terrorize, -ise ['terəraɪz] *vt* aterrir, atemorir.

terse [tɜːs] *adj* lacònic -a, sec -a.

Terylene® ['terəliːn] *n* terylene® *m*.

test [test] ◇ *n* **-1.** [trial] prova *f*; **to put sthg to the ~** posar alguna cosa a prova. **-2.** [examination] examen *m*, prova *f*. **-3.** MED [of blood, urine] anàlisi *f*; [of eyes] revisió *f*. ◇ *vt* **-1.** [try out] provar, posar a prova. **-2.** [examine] examinar; **to ~ sb on** examinar algú de.

testament ['testəmənt] *n* **-1.** [will] testament *m*. **-2.** [proof]: **~ to** testimoni *m* de.

test-drive *vt* sotmetre a prova de carretera.

testicles ['tɛstɪklz] *npl* testicles *mpl*.

testify ['tɛstɪfaɪ] (*pt & pp* **-ied**) ◇ *vi* **–1.** JUR testificar. **–2.** [be proof]: **to ~ to sthg** donar fe d'alguna cosa. ◇ *vt*: **to ~ that** declarar que.

testimony ['tɛstəməʊnɪ] *n* **–1.** JUR testimoni *m*, declaració *f*. **–2.** [proof, demonstration]: **~ to** testimoni de.

testing ['tɛstɪŋ] *adj* dur -a, difícil.

test match *n Br* partit *m* internacional.

test pilot *n* pilot *mf* de proves.

test tube *n* proveta *f*.

test-tube baby *n* bebè *mf* proveta.

tetanus ['tɛtənəs] *n* tètanus *m*.

tether ['tɛðəʳ] ◇ *vt* lligar. ◇ *n*: **to be at the end of one's ~** estar al límit d'un mateix.

text [tɛkst] *n* **–1.** [gen] text *m*. **–2.** [textbook] llibre *m* de text.

textbook ['tɛkstbʊk] *n* llibre *m* de text.

textile ['tɛkstaɪl] ◇ *n* tèxtil *m*, teixit *m*. ◇ *comp* tèxtil.

text message *n* missatge *m* de text, SMS *m*.

texture ['tɛkstʃəʳ] *n* textura *f*.

Thai [taɪ] ◇ *adj* tailandès -esa. ◇ *n* **–1.** [person] tailandès *m* -esa *f*. **–2.** [language] tailandès *m*.

Thailand ['taɪlænd] *n* Tailàndia.

Thames [tɛmz] *n*: **the ~** el Tàmesi.

than [*weak form* ðən, *strong form* ðæn] ◇ *prep* que; **you're older ~ me** tu ets més gran que jo; **you're older ~ I thought** ets més gran que no em pensava. ◇ *conj* que, de; **I'd sooner read ~ sleep** m'agrada més llegir que dormir; **no sooner did he arrive ~ she left** tan bon punt ell va arribar, ella va marxar; **more ~ three / once** més de tres / d'un cop; **rather ~ stay, he chose to go** abans que quedar-se, va preferir marxar.

thank [θæŋk] *vt*: **to ~ sb (for sthg)** donar les gràcies a algú (per alguna cosa); **~ God / goodness / heavens!** gràcies a Déu! ◆ **thanks** ◇ *npl* agraïment *m*. ◇ *excl* gràcies! ◆ **thanks to** *prep* gràcies a.

thankful ['θæŋkfʊl] *adj* **–1.** [relieved] alleujat -ada. **–2.** [grateful]: **~ (for)** agraït -ïda (per).

thankless ['θæŋklɪs] *adj* desagraït -ïda.

thanksgiving ['θæŋks,gɪvɪŋ] *n* acció *f* de gràcies. ◆ **Thanksgiving (Day)** *n* Dia *m* d'Acció de Gràcies.

thank you *excl* gràcies!; **~ for** gràcies per.

that [ðæt, *weak form of pron and conj* ðət] (*pl* **those**) ◇ *pron* **–1.** (*demonstrative use: plural 'those'*) aquell *m*, aquella *f*, aquells *mpl*, aquelles *fpl*; (*indefinite*) això; **~ sounds familiar** això em sona; **who's ~?** [who is it?] qui és?; **what's ~?** què és això?; **~'s a shame** és una llàstima; **is ~ Maureen?** [asking someone else] aquella és la Maureen?; [asking person in question] ets la Maureen?; **do you like these or those?** t'agraden aquests o aquells? **–2.** [further away in distance, time] aquell *m*, aquella *f*, aquells *mpl*, aquelles *fpl*; (*indefinite*) allò; **~ was the life!** allò sí que era vida!; **all those who helped me** tots aquells que em van ajudar. **–3.** (*to introduce relative clauses*) que; **a path ~ led into the woods** un camí que duia al bosc; **everything ~ I have done** tot el que he fet; **the room ~ I sleep in** l'habitació en què dormo; **the day ~ he arrived** el dia en què va arribar; **the firm ~ he's applying to** l'empresa a la qual demana feina. ◇ *adj* (*demonstrative: plural 'those'*) aquell -a, aquells -es; [further away in distance, time] aquell -a, aquells -es; **those chocolates are delicious** aquells bombons són deliciosos; **I'll have ~ book at the back** ja l'agafo jo, aquell llibre del fons; **later ~ day** més tard aquell mateix dia. ◇ *adv* tan; **it wasn't ~ bad** no ha estat tan malament; **it doesn't cost ~ much** no val tant; **it was ~ big** era així de gran. ◇ *conj* que; **he recommended ~ I phone you** em va aconsellar que et truqués; **it's time ~ we were leaving** ja comença a ser hora de marxar. ◆ **that is** *adv* és a dir, o sigui.

thatched [θætʃt] *adj* amb sostre de palla.

that's [ðæts] = **that is**.

thaw [θɔː] ◇ *vt* [snow, ice] fondre; [frozen food] descongelar. ◇ *vi* [snow, ice] fondre's; [frozen food] descongelar-se; *fig* [people, relations] distendre's. ◇ *n* desglaç *m*.

the [*weak form* ðə, *before vowel* ðɪ, *strong form* ðiː] *def art* **–1.** [gen] el la, (*pl* els les); **~ boat** el vaixell; **~ Queen** la reina; **~ men** els homes; **~ women** les dones; **~ (cold) water** l'aigua (freda); **to ~ end of the world** a la fi del món; **~ highest mountain in the world** la muntanya més alta del món; **~ monkey is a primate** el mico és un primat; **to play ~ piano** tocar el piano; **~ Joneses are coming to supper** els Jones vénen a sopar; **you're not ~ John Major, are you?** vostè no deu ser pas John Major el polític, oi?; **it's ~ place to**

go to in Paris és l'indret de París que no et pots perdre. **–2.** (*with an adjective to form a noun*): ~ **old** / **young** els vells / joves; ~ **impossible** l'impossible. **–3.** [in dates]: ~ **twelfth of May** el 12 de maig; ~ **forties** els anys quaranta. **–4.** (*in comparisons*): ~ **more I see her,** ~ **less I like her** com més la veig, menys m'agrada; ~ **sooner** ~ **better** com més aviat millor. **–5.** [in titles]: **Catherine** ~ **Great** Caterina la Gran; **George** ~ **First** Jordi Primer.

theatre *Br*, **theater** *Am* [θɪətəʳ] *n* **–1.** [for plays etc.] teatre *m*. **–2.** *Br* [in hospital] sala *f* d'operacions. **–3.** *Am* [cinema] cinema *m*.

theatregoer *Br*, **theatergoer** *Am* [ˈθɪətə.ɡəʊəʳ] *n* aficionat -ada *f* al teatre.

theatrical [θɪˈætɾɪkl] *adj lit & fig* teatral.

theft [θeft] *n* [more serious] robatori *m*; [less serious] furt *m*.

their [ðeəʳ] *poss adj* el seu la seva, els seus les seves *pl*; ~ **house** la seva casa; ~ **children** els seus fills; **it wasn't** ~ **fault** no va ser culpa seva; **they washed** ~ **hair** es van rentar el cabell.

theirs [ðeəz] *poss pron* (el) seu, (la) seva, (els) seus, (les) seves; **that money is** ~ aquests diners són seus; **our car hit** ~ el nostre cotxe va topar amb el seu; **it wasn't our fault, it was** ~ no ha estat culpa nostra, sinó seva; **a friend of** ~ un amic d'ells.

them [*weak form* ðəm, *strong form* ðem] *pers pron pl* **–1.** (*direct*) els *mpl* les *fpl*; **I know** ~ els conec; **I like** ~ m'agraden; **if I were** / **was** ~ jo, en el seu lloc... **–2.** (*indirect* - *generally*) els *mfpl*; **we sent** ~ **a letter** els va enviar una carta; **we spoke to** ~ vam parlar amb ells; **I gave it to** ~ els ho vaig donar. **–3.** (*stressed, after preposition, in comparisons etc.*) ells *mpl* elles *fpl*; **you can't expect** ~ **to do it** no esperis que ho facin ells; **with / without** ~ amb / sense ells; **we're not as wealthy as** ~ no som tan rics com ells.

theme [θiːm] *n* **–1.** [gen] tema *m*. **–2.** [signature tune] sintonia *f*.

theme park *n* parc *m* temàtic.

theme tune *n* tema *m* musical.

themselves [ðəmˈselvz] *pron* **–1.** (*reflexive*) es; (*after preposition*) si; **they enjoyed** ~ es van divertir. **–2.** (*for emphasis*) ells mateixos *mpl* elles mateixes *fpl*; **they did it** ~ ho van fer ells mateixos. **–3.** [alone] sols soles; **they organised it (by)** ~ ho van organitzar totes soles.

then [ðen] *adv* **–1.** [not now] llavors; "**it starts at 8**" "**I'll see you** ~" "comença a les 8" "ens veiem llavors". **–2.** [next, afterwards] després. **–3.** [in that case] aleshores; **all right** ~ d'acord, doncs. **–4.** [therefore] per tant. **–5.** [furthermore, also] a més.

theology [θɪˈɒlədʒɪ] *n* teologia *f*.

theoretical [θɪəˈrɛtɪkl] *adj* teòric -a.

theorize, -ise [ˈθɪəɾaɪz] *vi*: **to theorize (about sthg)** teoritzar (sobre alguna cosa).

theory [ˈθɪəɾɪ] (*pl* **-ies**) *n* teoria *f*; **in** ~ en teoria.

therapist [ˈθeɾəpɪst] *n* terapeuta *mf*.

therapy [ˈθeɾəpɪ] *n* teràpia *f*.

there [ðeəʳ] ⬦ *pron* **–1.** [indicating existence]: ~ **is** / **are** hi ha; ~'**s sb at the door** hi ha algú a la porta; ~ **must be some mistake** hi deu haver un error; ~ **are five of us** som cinc. **–2.** (*with verb*) *fml*: ~ **followed an ominous silence** després en va fer un silenci amenaçador. ⬦ *adv* **–1.** [in existence, available] aquí; **is anybody** ~? hi ha algú?; **is John** ~, **please?** [when telephoning] que hi és en John, si us plau? **–2.** [referring to place - near speaker] allí; [- further away] allà; **I'm going** ~ **next week** hi vaig la setmana vinent; ~ **it is** és allà; **over** ~ per allà; **it's six miles** ~ **and back** són sis milles d'anada i tornada. **–3.** [point - in conversation, activity] en aquest punt; **I can't agree with you** ~ en aquest punt no estic d'acord amb tu; **we're getting** ~ ja falta poc. **–4.** *inf* **all / not all** ~ bé / malament del cap. ⬦ *interj*: ~, **I knew he'd turn up** veus? sabia que apareixeria!; ~, **there (don't cry)** vinga, vinga (no ploris).

➤ **there and then**, **then and there** *adv* a l'acte.

thereabouts *Br* [ˈðeəɾəbaʊts], **thereabout** *Am* [ˈðeəɾəbaʊt] *adv*: **or** ~ més o menys.

thereafter [ðeəɾˈɑːftəʳ] *adv fml* després, a partir d'aleshores.

thereby [ˌðeəʳˈbaɪ] *adv fml* d'aquesta manera.

therefore [ˈðeəfɔːʳ] *adv* per tant.

there's [ðeəz] = **there is**.

thermal [ˈθɜːml] *adj* tèrmic -a.

thermometer [θəˈmɒmɪtəʳ] *n* termòmetre *m*.

Thermos (flask)® [ˈθɜːməs-] *n* termos *m*.

thermostat [ˈθɜːməstæt] *n* termòstat *m*.

thesaurus [θɪˈsɔːɾəs] (*pl* **-es**) *n* tesaurus *m*.

these [ðiːz] *pl* ➤ **this**.

thesis [ˈθiːsɪs] (*pl* **theses**) *n* tesi *f*.

they [ðeɪ] *pers pron pl* **–1.** [gen] ells *mpl* elles *fpl*; ~'**re pleased** (ells) estan satisfets;

~'re pretty earrings són unes arracades molt boniques; ~ love fish els encanta el peix; ~ can't do it (ells) no saben fer-ho; there ~ are són allà. **-2.** [unspecified people]: ~ say it's going to snow diuen que nevarà; ~'re going to put petrol up s'a- pujarà el preu de la gasolina.

they'd [ðeɪd] = **they had, they would.**

they'll [ðeɪl] = **they shall, they will.**

they're [ðeəʳ] = **they are.**

they've [ðeɪv] = **they have.**

thick [θɪk] ◇ adj **-1.** [not thin] gruixut -uda; it's 3 cm ~ té 3 cm de gruix; how ~ is it? quin gruix té? **-2.** [dense - hair, liquid, fog] espès -essa. **-3.** inf [stupid] curt -a, estúpid -a. **-4.** [indistinct]: a voice ~ with emotion una veu velada per l'emoció. **-5.** [full, covered]: to be ~ with estar ple plena de. ◇ n: to be in the ~ of ser al centre de.

thicken ['θɪkn] ◇ vt espessir. ◇ vi **-1.** [gen] espessir-se. **-2.** [forest, crowd] fer-se més dens -a. **-3. the plot ~s** la cosa es complica.

thicket ['θɪkɪt] n matoll m, bardissa f.

thickness ['θɪknɪs] n espessor f.

thickset [ˌθɪk'set] adj robust -a, cepat -ada.

thick-skinned [ˌ'skɪnd] adj insensible.

thief [θiːf] (pl **thieves**) n lladre mf.

thieve [θiːv] vt & vi robar.

thieves [θiːvz] pl = **thief.**

thigh [θaɪ] n cuixa f.

thimble ['θɪmbl] n didal m.

thin [θɪn] (compar **-ner**, superl **-nest**, pt & pp **-ned**, cont **-ning**) ◇ adj **-1.** [not thick] prim -a, fi fina. **-2.** [skinny] prim -a, magre -a. **-3.** [watery] clar -a, aigualit -ida. **-4.** [sparse - crowd, vegetation, mist] poc dens -a; [- hair] esclarissat -ada; **to be ~ on top** començar a quedar-se calb -a. ◇ adv: **to be wearing ~** [joke, story] perdre interès; **my patience is wearing ~** se m'està acabant la paciència. ◇ vi: **his hair is ~ning** li comença a caure el cabell. ➡ **thin down** vt sep aclarir.

thing [θɪŋ] n **-1.** [gen] cosa f; **the next ~ on the list** l'element següent de la llista; **the (best) ~ to do would be ...** el millor seria...; **for one ~** per començar; **(what) with one ~ and another** entre una coses i altres; **the ~ is ...** el cas és que...; inf **it's just one of those ~s** són coses que passen; inf **I have a ~ about ...** [like] tinc debilitat per...; [dislike] no puc sofrir; inf **to make a ~ (out) of sthg** exagerar. **-2.** [any-thing]: **not a ~** res. **-3.** [person]: **poor ~!** pobret! **-4.** inf [fashion]: **the ~** l'última moda. ➡ **things** npl **-1.** [clothes, possessions] coses fpl, andròmines fpl. **-2.** inf [life]: **how are ~s?** com va tot?

think [θɪŋk] (pt & pp **thought**) ◇ vt **-1.** [believe]: **to ~ (that)** pensar, creure (que); **I ~ so / not** crec que sí / no. **-2.** [have in mind] pensar; **what are you ~ing?** en què penses? **-3.** [imagine] imaginar, fer-se una idea; **I thought so** ja m'ho imaginava. **-4.** [remember] recordar. **-5.** [in polite requests] creure; **do you ~ you could help me?** em podria ajudar, si us plau? ◇ vi **-1.** [use mind] pensar; **let me ~** a veure. **-2.** [have stated opinion]: **what do you ~ of / about his new film?** què en penses, de la seva nova pel·lícula?; **to ~ a lot of sthg / sb** tenir en molta estima alguna cosa / algú. **-3. to ~ better of sthg / doing sthg** repensar-se fer alguna cosa; **he ~s nothing of doing it** per a ell fer això és bufar i fer ampolles; **to ~ twice** pensar-s'ho dos cops. ◇ n inf: **to have a ~ (about sthg)** pensar-se (alguna cosa). ➡ **think about** vt fus pensar en; **I'll have to ~ about it** m'ho hauré de pensar; **to ~ about doing sthg** pensar a fer alguna cosa. ➡ **think of** vt fus **-1.** [consider]: **to ~ of doing sthg** pensar a fer alguna cosa. **-2.** [remember] recordar-se de. **-3.** [conceive] pensar en; **how did you ~ of (doing) that?** com se't va acudir (fer) això? **-4.** [show consideration for]: **it was kind of you to ~ of me** és tot un detall que t'hagis recordat de mi. ➡ **think out, think through** vt sep [plan] elaborar; [problem] examinar. ➡ **think over** vt sep meditar, considerar. ➡ **think up** vt sep idear.

think tank n grup d'experts convocats per un organisme per tal que ofereixin el seu assessorament sobre un tema concret.

third [θɜːd] ◇ num adj tercer -a. ◇ num n **-1.** [fraction] terç m. **-2.** [in order] tercer m -a f. **-3.** UNIV aprovat m (en un títol universitari); ➡ **sixth.**

thirdly ['θɜːdlɪ] adv en tercer lloc.

third party insurance n assegurança f a tercers.

third-rate adj pej de mala qualitat.

Third World n: **the ~** el Tercer Món.

thirst [θɜːst] n lit & fig: **~ (for)** set f (de).

thirsty ['θɜːstɪ] (compar **-ier**, superl **-iest**) adj **-1.** [parched]: **to be / feel ~** tenir set. **-2.** [causing thirst] que fa set.

thirteen [ˌθɜː'tiːn] num tretze; ➡ **six.**

thirty ['θɜːtɪ] (pl **-ies**) num trenta; ▶ **sixty**.

this [ðɪs] (pl **these**) ◇ pron [gen] aquest m, aquesta f, aquests mpl, aquestes fpl; (indefinite) això; ~ is / these are for you això és / aquests són per a tu; ~ **can't be true** això no pot ser veritat; **do you prefer these or those?** t'estimes més aquests o aquells?; ~ **is Daphne Logan** [introducing another person] aquesta és / et presento la Daphne Logan; [introducing o.s. on phone] sóc la Daphne Logan; **what's ~?** què és això?; ~ **and that** això i allò. ◇ adj **-1.** [gen] aquest -a, aquests -es; ~ **country** aquest país; **these thoughts** aquestes idees; **I prefer ~ one** prefereixo aquest; ~ **morning / week** aquest matí / aquesta setmana; ~ **Sunday / summer** aquest diumenge / estiu. **-2.** inf [a certain] un una; **there's ~ woman I know** conec una dona... ◇ adv: **it was ~ big** era així de gran; **you'll need about ~ much** en necessitaràs una quantitat així.

thistle ['θɪsl] n card m.

thong [θɒŋ] n **-1.** [of leather] corretja f. **-2.** Am [flip-flop] xancleta f.

thorn [θɔːn] n **-1.** [prickle] espina f; **to be a ~ in one's flesh / side** ser un destorb per a algú. **-2.** [bush, tree] arçot m.

thorough ['θʌrə] adj **-1.** [investigation etc.] exhaustiu -iva, complet -a. **-2.** [person, work] minuciós -osa, meticulós -osa. **-3.** [idiot, waste] absolut -a.

thoroughbred ['θʌrəbred] n pura sang mf.

thoroughfare ['θʌrəfeəʳ] n fml carrer m major, avinguda f principal.

thoroughly ['θʌrəlɪ] adv **-1.** [fully, in detail] a fons, exhaustivament. **-2.** [completely, utterly] completament, totalment.

those [ðəʊz] pl ▶ **that**.

though [ðəʊ] ◇ conj tot i que, encara que; **difficult ~ it may be** encara que sigui difícil; **even ~** encara que; **as ~** com si. ◇ adv tanmateix.

thought [θɔːt] ◇ pt & pp ▶ **think**. ◇ n **-1.** [notion, idea] idea f. **-2.** [act of thinking]: **after much ~** després de pensar-hi molt. **-3.** [philosophy, thinking] pensament m. **-4.** [gesture] detall m. ◆ **thoughts** npl **-1.** [reflections] reflexions fpl; **she keeps her ~s to herself** no explica el que pensa; **to collect one's ~s** concentrar-se. **-2.** [views] idees fpl, opinions fpl.

thoughtful ['θɔːtful] adj **-1.** [pensive] pensatiu -iva. **-2.** [considerate] considerat -ada, atent -a.

thoughtless ['θɔːtlɪs] adj desconsiderat -ada.

thousand ['θauznd] num mil; **a / one ~** mil; **two ~** dos mil; **~s of** milers de; ▶ **six**.

thousandth ['θauzntθ] ◇ num adj milè -ena ◇ num n **-1.** [fraction] mil·lèsim m. **-2.** [in order] milè m -ena f; ▶ **sixth**.

thrash [θræʃ] vt lit & fig donar una pallissa a. ◆ **thrash about**, **thrash around** vi agitar-se violentament.

thrash out vt sep discutir llargament.

thread [θred] ◇ n **-1.** [of cotton, argument] fil m. **-2.** [of screw] rosca f. ◇ vt **-1.** [needle] enfilar. **-2.** [move]: **to ~ one's way through** obrir-se pas entre.

threadbare ['θredbeəʳ] adj gastat -ada, atrotinat -ada.

threat [θret] n: ~ **(to / of)** amenaça f (a / de).

threaten ['θretən] ◇ vt amenaçar; **to ~ sb (with)** amenaçar algú (amb); **to ~ to do sthg** amenaçar de fer alguna cosa. ◇ vi amenaçar.

three [θriː] num tres; ▶ **six**.

three-dimensional adj tridimensional.

threefold ['θriːfəʊld] ◇ adj triple. ◇ adv tres vegades; **to increase ~** triplicar-se.

three-piece adj de tres peces; ~ **suite** tresillo m.

three-ply adj [wood] de tres capes; [rope, wool] de tres caps.

thresh [θreʃ] vt trillar.

threshold ['θreʃhəʊld] n **-1.** [doorway] llindar m. **-2.** [level] límit m. **-3.** fig [verge]: **to be on the ~ of** estar al llindar de.

threw [θruː] pt ▶ **throw**.

thrill [θrɪl] ◇ n **-1.** [sudden feeling] emoció f. **-2.** [exciting experience]: **it was a ~ to see it** veure-ho va ser emocionant. ◇ vt entusiasmar. ◇ vi: **to ~ to** entusiasmar-se amb.

thrilled [θrɪld] adj: ~ **(with sthg / to do sthg)** il·lusionat -ada (per alguna cosa / de fer alguna cosa).

thriller ['θrɪləʳ] n novel·la f / pel·lícula f / obra f de suspens.

thrilling ['θrɪlɪŋ] adj emocionant.

thrive [θraɪv] (pt **-d** o **throve**, pp **-d**) vi [plant] créixer molt; [person] estar ple plena de salut; [business] prosperar.

thriving ['θraɪvɪŋ] adj [plant] que creix bé.

throat [θrəʊt] n gola f; fig **to ram / force sthg down sb's ~** fer que algú s'empassi

throb

alguna cosa; *fig* to stick in sb's ~ entravessar-se-li a algú; **to be at each other's ~s** tirar-se els plats pel cap.

throb [θrɒb] (*pt & pp* **-bed**, *cont* **-bing**) ◇ *n* [of heart] batec *m*; [of pulse] palpitació *f*; [of engine, music] vibració *f*. ◇ *vi* **-1.** [heart, pulse] batagar; [head] palpitar. **-2.** [engine, music] vibrar, ressonar.

throes [θrəʊz] *npl*: **to be in the ~ of** estar enmig de.

throne [θrəʊn] *n* tron *m*; **the ~** el tron.

throng [θrɒŋ] ◇ *n* multitud *f*. ◇ *vt* arribar en tropell a. ◇ *vi* arribar en tropell.

throttle [ˈθrɒtl] ◇ *n* vàlvula *f* reguladora. ◇ *vt* [strangle] estrangular.

through [θruː] ◇ *adj* [finished]: **to be ~ with sthg** haver acabat alguna cosa / amb alguna cosa. ◇ *adv* **-1.** [in place] de cap a cap; **they let us ~** ens van deixar passar; **I read it ~** el vaig llegir tot. **-2.** [in time] fins al final; **we stayed ~ till Friday** ens vam quedar fins divendres. ◇ *prep* **-1.** [relating to place, position] a través de; **to cut / travel ~ sthg** tallar / viatjar per algun lloc. **-2.** [during] durant; **to go ~ an experience** passar per una experiència. **-3.** [because of] a causa de. **-4.** [by means of] gràcies a, per mitjà de; **I got it ~ a friend** ho vaig aconseguir gràcies a un amic. **-5.** *Am* [up to and including]: **Monday ~ Friday** de dilluns a divendres. ➣ **through and through** *adv* de cap a peus; **to know sthg ~ and through** saber alguna cosa de cap a peus.

throughout [θruːˈaʊt] ◇ *prep* **-1.** [during] al llarg de, durant tot -a. **-2.** [everywhere in] per tot -a. ◇ *adv* **-1.** [all the time] tot el temps. **-2.** [everywhere] pertot arreu.

throve [θrəʊv] *pt* ➣ **thrive**.

throw [θrəʊ] (*pt* **threw**, *pp* **thrown**) ◇ *vt* **-1.** [gen] llençar; [ball, hammer, javelin] llançar; **to ~ one's arms around sb** abraçar algú; **to ~ o.s.** estirar-se, jeure; *fig* **to ~ oneself into sthg** ficar-se de ple en alguna cosa. **-2.** [subject: horse] abatre, desmuntar. **-3.** *fig* [put]: **we were ~n into confusion** vam quedar desconcertats; **they threw him into the job at short notice** el van carregar amb la feina sense gairebé avisar-lo. **-4.** [cast - light, shadow]: **to ~ sthg on** projectar alguna cosa sobre. **-5.** [have suddenly]: **to ~ a tantrum / fit** agafar una enrabiada. **-6.** *fig* [confuse] desconcertar. ◇ *n* llançament *m*. ➣ **throw away** *vt sep* [discard] llençar; [waste] malgastar. ➣ **throw out** *vt sep* **-1.** [discard] llençar. **-2.** *fig* [reject] rebutjar. **-3.** [force to leave] fer fora. ➣ **throw up** ◇ *vt sep* [dust] aixecar. ◇ *vi inf* [vomit] vomitar, treure.

throwaway [ˈθrəʊə‚weɪ] *adj* **-1.** [bottle, product] d'usar i llençar. **-2.** [remark, gesture] que no espera resposta.

throw-in *n Br* SPORT servei *m* de banda.

thrown [θrəʊn] *pp* ➣ **throw**.

thru [θruː] *Am inf* = **through**.

thrush [θrʌʃ] *n* **-1.** [bird] tord *m*. **-2.** MED [vaginal] fongs *mpl* (vaginals).

thrust [θrʌst] ◇ *n* **-1.** [of sword] estocada *f*; [of knife] ganivetada *f*; [of troops] escomesa *f*. **-2.** TECHNOL (força *f* de) propulsió *f*. **-3.** [main meaning] essència *f*. ◇ *vt* **-1.** [shove]: **he ~ the knife into his enemy** va clavar el ganivet al seu enemic; **he ~ the book at me** em va donar el llibre bruscament. **-2.** [jostle]: **to ~ one's way** obrir-se pas a empentes.

thud [θʌd] (*pt & pp* **-ded**, *cont* **-ding**) ◇ *n* cop *m* sord. ◇ *vi* donar un cop sec.

thug [θʌɡ] *n* pinxo *m*.

thumb [θʌm] ◇ *n* [of hand] polze *m*; **to twiddle one's ~s** donar voltes als polzes; *fig* gratar-se la panxa. ◇ *vt inf* [hitch]: **to ~ a lift** fer autoestop. ➣ **thumb through** *vt fus* fullejar.

thumbs down *n*: **to get / be given the ~** [plan] ser rebutjat -ada; [play] ser rebutuda amb desaprovació.

thumbs up *n*: **we got / were given the ~** ens van donar el vistiplau.

thumbtack [ˈθʌmtæk] *n Am* xinxeta *f*.

thump [θʌmp] ◇ *n* **-1.** [blow] cop *m* de puny. **-2.** [thud] cop *m* sec. ◇ *vt* **-1.** [punch] donar un cop de puny a. **-2.** [place heavily]: **he ~ed the book down on the table** va deixar el llibre de cop sobre la taula. ◇ *vi* **-1.** [person]: **to ~ in / out** entrar / sortir fent passes pesades. **-2.** [heart, head] bategar amb força.

thunder [ˈθʌndər] ◇ *n* **-1.** (U) METEOR tro *m*. **-2.** *fig* [loud sound] estrèpit *m*. ◇ *vt* vociferar. ◇ *v impers* METEOR tronar. ◇ *vi* [make loud sound] retrunyir.

thunderbolt [ˈθʌndəbəʊlt] *n* llampec *m*.

thunderclap [ˈθʌndəklæp] *n* tro *m*.

thunderstorm [ˈθʌndəstɔːm] *n* tronada *f*.

thundery [ˈθʌndərɪ] *adj* tempestuós -osa.

Thursday [ˈθɜːzdɪ] *n* dijous *m*; ➣ **Saturday**.

thus [ðʌs] *fml adv* **-1.** [therefore] per tant. **-2.** [in this way] així, d'aquesta manera.

thwart [θwɔːt] *vt* frustrar.

thyme [taɪm] n farigola f.
thyroid [ˈθaɪrɔɪd] n tiroide f.
tiara [tɪˈɑːrə] n tiara f.
Tibet [tɪˈbet] n (el) Tibet.
tic [tɪk] n tic m.
tick [tɪk] ◇ n **-1.** [written mark] marca f de vistiplau. **-2.** [sound] tic tac m. ◇ vt marcar (amb un senyal). ◇ vi **-1.** [make ticking sound] fer tic-tac. **-2.** fig [behave in a certain way]: **what makes her ~?** què és el que fa que actuï així? ◆ **tick off** vt sep **-1.** [mark off] marcar (amb un senyal de vistiplau). **-2.** [tell off]: **to ~ sb off (for sthg)** esbroncar algú (per alguna cosa). ◆ **tick over** vi funcionar al ralentí.
ticket [ˈtɪkɪt] n **-1.** [for bus, train etc.] bitllet m; [for cinema, football match] entrada f. **-2.** [for traffic offence] multa f. **-3.** POL llista f de candidats.
ticket collector n Br revisor m -a f.
ticket inspector n Br revisor m -a f.
ticket machine n màquina f de venda automàtica de bitllets.
ticket office n taquilla f.
tickle [ˈtɪkl] ◇ vt **-1.** [touch lightly] fer pessigolles a. **-2.** fig [amuse] divertir. ◇ vi: **my feet are tickling** tinc pessigolles als peus.
ticklish [ˈtɪklɪʃ] adj **-1.** [sensitive to touch]: **to be ~** tenir pessigolles. **-2.** fig [delicate] delicat -ada, espinós -osa.
tidal [ˈtaɪdl] adj de la marea.
tidal wave n sisme m submarí.
tidbit Am = titbit.
tiddlywinks Br [ˈtɪdlɪwɪŋks], **tiddledywinks** Am [ˈtɪdldɪwɪŋks] n joc m de la puça.
tide [taɪd] n **-1.** [of sea] marea f. **-2.** fig [of opinion, history] corrent m. **-3.** fig [of protest, feeling] onada f.
tidy [ˈtaɪdɪ] (compar **-ier**, superl **-iest**, pt & pp **-ied**) ◇ adj **-1.** [room, desk etc.] ordenat -ada. **-2.** [person, dress, hair] arreglat -ada. **-3.** inf [sum] considerable. ◇ vt ordenar, arranjar. ◆ **tidy up** ◇ vt sep ordenar, arranjar. ◇ vi ordenar les coses, recollir.
tie (pt & pp **tied**, cont **tying**) ◇ n **-1.** [necktie] corbata f. **-2.** [string, cord] lligam m. **-3.** [bond, link] vincle m, llaç m. **-4.** SPORT [draw] empat m. **-5.** Am RAIL travessa f. ◇ vt **-1.** [attach, fasten]: **to ~ sthg (to / onto sthg)** lligar alguna cosa (a una altra); **to ~ sthg round / with sthg** lligar alguna cosa amb una altra. **-2.** [do up - shoelaces] lligar; [- knot] fer. **-3.** fig [link]: **to be ~d to** estar relacionat -ada amb. **-4.** fig [limited, restricted]: **to be ~d to** estar lligat -ada a. ◇ vi [draw]: **to ~ (with)** empatar (amb). ◆ **tie down** vt sep fig lligar. ◆ **tie in with** vt fus concordar amb. ◆ **tie up** vt sep **-1.** [gen] lligar. **-2.** fig [money, resources] immobilitzar. **-3.** fig [link]: **to be ~d up with** estar lligat -ada a.
tiebreak(er) [ˈtaɪbreɪk(ər)] n **-1.** SPORT joc m decisiu, tie-break m. **-2.** [in game, competition] pregunta addicional per desfer un empat.
tiepin [ˈtaɪpɪn] n agulla f de corbata.
tier [tɪər] n [of seats] filera f; [of cake] pis m.
tiff [tɪf] n baralla f (de poca importància).
tiger [ˈtaɪgər] n tigre m.
tight [taɪt] ◇ adj **-1.** [gen] ajustat -ada; [shoes] estret -a; **it's a ~ fit** queda molt just. **-2.** [string, skin] tibant. **-3.** [painful]: **my chest feels ~** tinc una opressió al pit. **-4.** [budget] ajustat -ada. **-5.** [rules, restrictions] rigorós -osa. **-6.** [corner, bend] tancat -ada. **-7.** [match, finish] disputat -ada. **-8.** inf [drunk] trompa. **-9.** inf [miserly] garrepa. ◇ adv **-1.** [hold, squeeze] amb força; **to hold ~** agafar fort; **to shut / close sthg ~** tancar alguna cosa bé. **-2.** [pull, stretch] de manera tibant. ◆ **tights** npl pantis mpl.
tighten [ˈtaɪtn] ◇ vt **-1.** [hold, grip]: **to ~ one's hold / grip on sthg** agafar alguna cosa amb més força. **-2.** [rope, chain] tibar. **-3.** [knot] estrènyer; [belt] estrènyer-se. **-4.** [rules, system] intensificar. ◇ vi [rope, chain] tibar-se.
tightfisted [ˌtaɪtˈfɪstɪd] adj inf pej agarrat -ada.
tightly [ˈtaɪtlɪ] adv **-1.** [fit]: **the dress fitted her ~** el vestit li quedava molt ajustat. **-2.** [hold, squeeze] amb força; [fasten] bé. **-3.** [pull, stretch] de manera tibant. **-4.** [pack] ajustadament.
tightrope [ˈtaɪtrəʊp] n corda f fluixa; **to be on / walking a ~** estar a la corda fluixa.
tile [taɪl] n **-1.** [on roof] teula f. **-2.** [on floor] rajola f (de terra); [on wall] rajola f (de paret).
tiled [taɪld] adj [roof] cobert -a de teules; [floor] enrajolat -ada; [wall] enrajolat -ada.
till [tɪl] ◇ prep fins; **~ now / then** fins ara / aleshores. ◇ conj fins que; **wait ~ he arrives** espera que arribi. ◇ n caixa f enregistradora.
tiller [ˈtɪlər] n NAUT canya f del timó.
tilt [tɪlt] ◇ n inclinació f, decantament m. ◇ vt inclinar, decantar. ◇ vi inclinar-se, decantar-se.

timber ['tɪmbər] *n* **-1.** (U) [wood] fusta *f*. **-2.** [beam - of ship] costella *f*; [- of house] fustam *m*.

time [taɪm] ⬦ *n* **-1.** [gen] temps *m*; **a good ~** to go un bon moment per marxar; **ahead of ~** d'hora; **in good ~** amb el temps; **on ~** puntualment; **to take ~** requerir temps; **it's (about) ~ to ...** ja és hora de...; **to get the ~ to do sthg** trobar temps per fer alguna cosa; **it's high ~ ...** ja era hora...; **to get ~ and a half** rebre el pagament establert més la meitat; **to have no ~ for** no suportar; **to make good ~** anar bé de temps; **to pass the ~** passar l'estona; **to play for ~** intentar guanyar temps; **to take one's ~ (doing sthg)** agafar-se prou temps (per fer alguna cosa); **take your ~!** pren-t'ho amb calma! **-2.** [as measured by clock] hora *f*; **what ~ is it?, what's the time?** quina hora és?; **the ~ is three o'clock** són les tres en punt; **in a week's / year's ~** d'aquí a una setmana / un any; **to keep ~** anar a l'hora; **to lose ~** retardar. **-3.** [length of -] estona *f*; **it was a long ~ before he came** va passar una bona estona abans no va venir; **for a ~** durant un temps. **-4.** [point in - in past, era] època *f*; **at that ~** en aquella època; **in ancient ~s** a l'Antiguitat; **to be ahead of one's ~** avançar-se als temps; **before my ~** quan jo encara no havia nascut. **-5.** [occasion] cop *m*; **three ~s a week** tres cops per setmana; **from ~ to time** de tant en tant; **~ after time, time and again** un cop rere l'altre; **I don't like children at the best of ~s** d'entrada, ja no m'agraden els nens. **-6.** [experience]: **we had a good / bad ~** vam passar bé / malament; **I had a hard ~ making myself understood** em va costar molt fer-me entendre. **-7.** MUS temps *m*. ⬦ *vt* **-1.** [schedule] programar. **-2.** [race, runner] cronometrar. **-3.** [arrival, remark] escollir el moment oportú per. ◆ **times** ⬦ *n*: **four ~s as much as me** quatre vegades més que jo. ⬦ *prep* MATH: **4 ~s 5** 4 per 5. ◆ **about time** *adv*: **it's about ~** ja comença a ser hora. ◆ **at a time** *adv*: **for months at a ~** durant sis mesos seguits; **one at a ~** d'un en un. ◆ **at times** *adv* a / de vegades. ◆ **at the same time** *adv* al mateix temps. ◆ **for the time being** *adv* de moment;. ◆ **in time** *adv* **-1.** [not late]: **in ~ (for)** a temps (per). **-2.** [eventually] amb el temps.

time bomb *n* [bomb] bomba *f* de rellotgeria; *fig* [dangerous situation] bomba *f*.

time lag *n* interval *m*.

timeless ['taɪmlɪs] *adj* etern -a.

time limit *n* límit *m* de temps, termini *m*.

timely ['taɪmlɪ] (*compar* **-ier**, *superl* **-iest**) *adj* oportú -una.

time off *n* temps *m* lliure; **I'm owed ~ (from) work** a la feina em deuen uns quants dies lliures.

time out *n* **-1.** *Am* SPORT temps *m* mort. **-2.** [break]: **to take ~ to do sthg** agafar-se temps lliure per fer alguna cosa.

timer ['taɪmər] *n* temporitzador *m*.

time scale *n* temps *m* d'execució.

time-share *n Br* multipropietat *f*.

time switch *n* interruptor *m* de rellotge.

timetable ['taɪm,teɪbl] *n* **-1.** [of buses, trains, school] horari *m*. **-2.** [schedule of events] programa *m*.

time zone *n* fus *m* horari.

timid ['tɪmɪd] *adj* tímid -a.

timing ['taɪmɪŋ] *n* **-1.** (U) [judgment]: **she made her comment with perfect ~** va fer un comentari en el moment oportú. **-2.** [scheduling]: **the ~ of the election is crucial** és essencial programar les eleccions per al moment oportú. **-3.** [measuring] cronometratge *m*.

timpani ['tɪmpənɪ] *npl* timbals *mpl*.

tin [tɪn] ⬦ *n* **-1.** [metal] estany *m*; **~ plate** llauna *f*. **-2.** *Br* [can, container] llauna *f*. ⬦ *comp* [of -] d'estany; [of tinplate] de llauna.

tin can *n* llauna *f*.

tinfoil ['tɪnfɔɪl] *n* (U) paper *m* d'alumini.

tinge [tɪndʒ] *n* **-1.** [of colour] matís *m*, toc *m*. **-2.** [of feeling] lleugera sensació *f*.

tinged [tɪndʒd] *adj*: **~ with** amb un toc de.

tingle ['tɪŋgl] *vi*: **my feet are tingling** noto un formigueig als peus; **to ~ with** estremir-se de.

tinker ['tɪŋkər] ⬦ *n* **-1.** *Br pej* [gypsy] gitano *m* -a *f*. **-2.** [rascal] murri *m* múrria *f*. ⬦ *vi* potinejar; **to ~ with** potinejar amb.

tinkle ['tɪŋkl] ⬦ *n* **-1.** [sound] dringadissa *f*. **-2.** *Br inf* [phone call]: **to give sb a ~** fer un truc a algú. ⬦ *vi* [ring] dringar.

tinned [tɪnd] *adj Br* enllaunat -ada, en conserva.

tin opener *n Br* obrellaunes *m*.

tinsel ['tɪnsl] *n* (U) oripell *m*.

tint [tɪnt] ⬦ *n* tint *m*, matís *m*. ⬦ *vt* [hair] tenyir; [windows, glass] fumar.

tinted ['tɪntɪd] *adj* [glasses, windows] fumat -ada.

tiny ['taɪnɪ] (compar **-ier**, superl **-iest**) adj diminut -a, petitó -ona.

tip [tɪp] (pt & pp **-ped**, cont **-ping**) ◇ n **-1.** [end] punta f; **it's on the ~ of my tongue** ho tinc a la punta de la llengua. **-2.** Br [dump] abocador m. **-3.** [gratuity] propina f. **-4.** [piece of advice] consell m. ◇ vt **-1.** [tilt] inclinar, decantar. **-2.** [spill, pour] buidar, abocar. **-3.** [give a gratuity to] donar una propina a. ◇ vi **-1.** [tilt] inclinar-se, decantar-se. **-2.** [spill] vessar-se. **-3.** [give a gratuity] donar propina. ➠ **tip over** ◇ vt sep abocar. ◇ vi abocar-se.

tip-off n informació f (confidencial).

tipped [tɪpt] adj **-1.** [cigarette] amb filtre, amb broquet. **-2.** [spear etc.]: **~ with stone / gold** amb punta de pedra / d'or.

tipsy ['tɪpsɪ] (compar **-ier**, superl **-iest**) adj inf alegre.

tiptoe ['tɪptəʊ] ◇ n: **on ~** de puntetes. ◇ vi posar-se de puntetes.

tip-top adj inf dated de primera.

tire ['taɪər] ◇ n Am = **tyre**. ◇ vt cansar. ◇ vi: **to ~ (of)** cansar-se (de).

tired ['taɪəd] adj: **~ (of sthg / of doing sthg)** cansat -ada (d'alguna cosa / de fer alguna cosa).

tireless ['taɪəlɪs] adj incansable.

tiresome ['taɪəsəm] adj pesat -ada.

tiring ['taɪərɪŋ] adj cansat -ada.

tissue ['tɪːʃuː] n **-1.** [paper handkerchief] mocador m de paper. **-2.** (U) BIOL teixit m. **-3.** [paper] paper m de seda. **-4. a ~ of lies** un enfilall de mentides.

tissue paper n (U) paper m de seda.

tit [tɪt] n **-1.** [bird] mallerenga f. **-2.** vulg [breast] teta f.

titbit ['tɪtbɪt] Br, **tidbit** ['tɪdbɪt] Am n **-1.** [of food] llaminadura f. **-2.** fig [of news] notícia f breu.

tit for tat n: **it's ~** tal faràs tal trobaràs.

titillate ['tɪtɪleɪt] vt & vi excitar.

title ['taɪtl] n títol m.

titled ['taɪtld] adj amb títol de noblesa.

title deed n títol m de propietat.

title role n paper m principal.

titter ['tɪtər] vi riure per sota el nas.

TM ◇ (abbr of **transcendental meditation**) n meditació transcendental. ◇ abbr of **trademark**.

to [unstressed before consonant tə, unstressed before vowel tu, stressed tuː] ◇ prep **-1.** [indicating place, direction] a; **to go ~ Liverpool / Spain / school** anar a Liverpool / Espanya / l'escola; **to go ~ the doctor's / John's** anar a cal metge / John; **the road ~ Glasgow** la carretera que va a Glasgow; **~ the left / right** a l'esquerra / la dreta; **the east / west** a l'est / l'oest. **-2.** (to express indirect object) a; **to give sthg ~ sb** donar alguna cosa a algú; **to talk ~ sb** parlar amb algú; **a threat ~ sb** una amenaça per a algú; **we were listening ~ the radio** estàvem escoltant la ràdio. **-3.** [as far as] fins (a); **to count ~ ten** comptar fins a deu; **we work from nine ~ five** treballem de nou a cinc. **-4.** [in expressions of time]: **it's ten / a quarter ~ three** són tres quarts i cinc / tres quarts de tres. **-5.** [per] per; **40 miles ~ the gallon** 40 milles per galó. **-6.** [of] de; [for] per a; **the key ~ the car** la clau del cotxe; **a letter ~ my daughter** una carta per a la meva filla. **-7.** [indicating reaction, effect]: **~ my surprise** davant la meva sorpresa; **to be ~ one's advantage** anar en benefici propi; **to be ~ sb's liking** ser del gust d'algú. **-8.** [in stating opinion]: **~ me, he's lying** a mi em fa l'efecte que menteix; **it seemed quite unnecessary ~ me / him etc.** a mi em / a ell li va semblar força innecessari. **-9.** [indicating state, process]: **to drive sb ~ drink** portar algú cap a la beguda; **to shoot ~ fame** saltar a la fama; **to lead ~ trouble** portar problemes. **-10.** [accompanied by]: **we danced ~ the sound of guitars** vam ballar al so de les guitarres. ◇ adv [shut]: **push the door ~** tanca la porta. ◇ (with infinitive) **-1.** (forming simple infinitive): **~ walk** caminar. **-2.** (following another verb): **to begin ~ do sthg** començar a fer alguna cosa; **to try / want ~ do sthg** intentar / voler fer alguna cosa; **to hate ~ do sthg** detestar fer alguna cosa. **-3.** (following an adjective): **difficult ~ do** difícil de fer; **ready ~ go** a punt per marxar. **-4.** (indicating purpose) per; **I'm doing it ~ help you** ho faig per ajudar-te; **he came ~ see me** va venir a veure'm. **-5.** (substituting for a relative clause): **I have a lot ~ do** tinc moltes coses per fer; **he told me ~ leave** em va dir que marxés. **-6.** (to avoid repetition of infinitive): fig: **I meant ~ call him but I forgot to** volia trucar-li, però se'm va oblidar. **-7.** [in comments]: **~ be honest ...** per ser honest...; **~ sum up ...** per resumir..., en resum... ➠ **to and fro** adv d'un costat a l'altre.

toad [təʊd] n gripau m.

toadstool ['təʊdstuːl] n bolet m verinós.

toast [təʊst] ◇ n **-1.** (U) [bread] pa m torrat; **a slice of ~** una torrada. **-2.** [drink] brindis m; **to drink a ~ to** fer un brindis per. **–3.** [person]: **the ~ of the town** l'heroi de la ciutat. ◇ *vt* **–1.** [bread] torrar. **–2.** [person] brindar per.

toasted sandwich ['təʊstɪd-] *n* sandvitx *m* torrat.

toaster ['təʊstər] *n* torradora *f*.

tobacco [tə'bækəʊ] *n* tabac *m*.

tobacconist [tə'bækənɪst] *n* estanquer *m* -a *f*; **~'s (shop)** estanc *m*.

toboggan [tə'bɒgən] ◇ *n* tobogan *m*, trineu *m*. ◇ *vi* lliscar en un trineu.

today [tə'deɪ] ◇ *n* **–1.** [this day] avui *m*. **–2.** [nowadays] avui (dia). ◇ *adv* **–1.** [this day] avui. **–2.** [nowadays] avui (dia).

toddle ['tɒdl] *vi* tentinejar.

toddy ['tɒdɪ] (*pl* **-ies**) *n* ponx *m*.

to-do [tə'duː] (*pl* **-s**) *n inf dated* xivarri *m*, rebombori *m*.

toe [təʊ] ◇ *n* **–1.** [of foot] dit *m* (del peu). **–2.** [of sock] punta *f*; [of shoe] puntera *f*. ◇ *vt*: **to ~ the line** acatar les normes.

toenail ['təʊneɪl] *n* ungla *f* (del peu).

toffee ['tɒfɪ] *n* caramel *m*.

toga ['təʊgə] *n* toga *f*.

together [tə'geðər] ◇ *adv* **–1.** [gen] junts, plegats; **all ~** tots junts; **to stick ~** mantenir-se units; **to join ~** unir; **to go (well) ~** combinar bé. **–2.** [at the same time] alhora. ◇ *adj inf* organitzat -ada. ➡ **together with** *prep* juntament amb.

toil [tɔɪl] *fml* ◇ *n* treball *m* dur. ◇ *vi* treballar sense descans.

toilet ['tɔɪlɪt] *n* [at home] vàter *m*, lavabo *m*; [in public place] lavabo *m*; **to go to the ~** anar al vàter.

toilet bag *n* necesser *m*.

toilet paper *n* (*U*) paper *m* higiènic.

toiletries ['tɔɪlɪtrɪz] *npl* articles *mpl* de tocador.

toilet roll *n* **–1.** [paper] paper *m* higiènic. **–2.** [roll] rotlle *m* de paper higiènic.

toilet water *n* (aigua *f* de) colònia *f*.

token ['təʊkn] ◇ *adj* simbòlic -a. ◇ *n* **–1.** [voucher] val *m*; [disk] fitxa *f*. **–2.** [symbol] mostra *f*, símbol *m*. ➡ **by the same token** *adv* de la mateixa manera.

told [təʊld] *pt & pp* → **tell**.

tolerable ['tɒlərəbl] *adj* tolerable, passable.

tolerance ['tɒlərəns] *n* tolerància *f*.

tolerant ['tɒlərənt] *adj* tolerant.

tolerate ['tɒləreɪt] *vt* **–1.** [put up with] suportar, tolerar. **–2.** [permit] tolerar.

toll [təʊl] ◇ *n* **–1.** [number]: **death ~** nombre *m* de víctimes. **–2.** [fee] peatge *m*. **–3. to take its ~** tenir efecte sobre. ◇ *vt* tocar. ◇ *vi* tocar, sonar.

toll-free *Am* ◇ *adj* gratuït -a. ◇ *adv*: **to call a number ~** trucar a un número gratuït.

tomato [*Br* tə'mɑːtəʊ, *Am* tə'meɪtəʊ] (*pl* **-es**) *n* tomàquet *m*.

tomb [tuːm] *n* tomba *f*, sepulcre *m*.

tomboy ['tɒmbɔɪ] *n* nena *f* poc femenina.

tombstone ['tuːmstəʊn] *n* làpida *f*.

tomcat ['tɒmkæt] *n* gat *m* (mascle).

tomorrow [tə'mɒrəʊ] ◇ *n lit & fig* demà *m*; **the day after ~** demà passat; **~ night** demà a la nit. ◇ *adv* demà.

ton [tʌn] (*pl inv* O **-s**) *n* **–1.** [imperial] tona *f*. **–2.** [metric] tona *f*. **–3.** *inf* **to weigh a ~** pesar una tona; **to come down on sb like a ~ of bricks** [speak angrily] esbroncar algú severament; [punish severely] escarmentar algú. ➡ **tons** *npl inf*: **~s (of)** una pila (de).

tone [təʊn] *n* **–1.** [gen] to *m*. **–2.** [on phone] senyal *m*. **–3. to lower the ~ of** rebaixar la categoria de. ➡ **tone down** *vt sep* suavitzar, moderar. ➡ **tone up** *vt sep* tonificar.

tone-deaf *adj* dur -a d'orella.

tongs [tɒŋz] *npl* [for coal] molles *fpl*; [for sugar] pinces *fpl*.

tongue [tʌŋ] *n* **–1.** [gen] llengua *f*; *inf* **to have one's ~ in one's cheek** fer broma; *fig* **to hold one's ~** quedar-se callat -ada; **~s will wag** la gent farà comentaris. **–2.** [of shoe] llengüeta *f*.

tongue-in-cheek *adj*: **it was only ~** era una broma.

tongue-tied [-ˌtaɪd] *adj* incapaç de parlar (per timidesa o nervis).

tongue twister [-ˌtwɪstər] *n* embarbussament *m*, joc *m* de paraules.

tonic ['tɒnɪk] *n* **–1.** [gen] tònic *m*. **–2.** [- water] tònica *f*.

tonic water *n* aigua *f* tònica.

tonight [tə'naɪt] ◇ *n* aquesta nit *f*. ◇ *adv* aquesta nit.

tonnage ['tʌnɪdʒ] *n* tonatge *m*.

tonne [tʌn] (*pl inv* O **-s**) *n* tona *f* mètrica.

tonsil ['tɒnsl] *n* amígdala *f*.

tonsil(l)itis [ˌtɒnsɪ'laɪtɪs] *n* (*U*) amigdalitis *f*.

too [tuː] *adv* **–1.** [also] també. **–2.** [excessively] massa; **~ much** massa; **~ many things** massa coses; **it finished all / only ~ soon** va acabar massa aviat; **I'd be only**

~ happy to help m'agradaria ajudar-te; not ~ no gaire.

took [tʊk] *pt* ► **take**.

tool [tuːl] *n* **-1.** [implement] eina *f*; **garden ~s** eines *fpl* de jardineria; *Br* **to down ~s** deixar de treballar com a protesta. **-2.** *fig* [means] instrument *m*; **the ~s of one's trade** les eines de treball pròpies.

tool box *n* caixa *f* d'eines.

tool kit *n* joc *m* d'eines.

toot [tuːt] ◇ *n* toc *m* de botzina. ◇ *vt* tocar. ◇ *vi* tocar la botzina.

tooth [tuːθ] (*pl* **teeth**) *n* **-1.** [in mouth, of saw, gear wheel] dent *f*; *Br pej* **to be (a bit) long in the ~ for sthg** ser (una mica) grandet -a per a alguna cosa; *Br inf* **to be fed up to the back teeth with sthg** estar fins al capdamunt d'alguna cosa; **to grit one's teeth** serrar les dents; **to lie through one's teeth** mentir per la gola. **-2.** [of comb] pua *f*.

toothache ['tuːθeɪk] *n* mal *m* de queixal.

toothbrush ['tuːθbrʌʃ] *n* raspall *m* de dents.

toothpaste ['tuːθpeɪst] *n* dentífric *m*.

toothpick ['tuːθpɪk] *n* escuradents *m*.

top [tɒp] (*pt & pp* **-ped**, *cont* **-ping**) ◇ *adj* **-1.** [highest - step, floor] de dalt; [- object on pile] de dalt. **-2.** [most important, successful] el / la més important; **she got the ~ mark** va obtenir la nota més alta. **-3.** [maximum] màxim -a. ◇ *n* **-1.** [highest point] part *f* superior; [of list] principi *m*; [of tree] capçada *f*; [of hill, mountain] cim *m*; **on ~** a sobre; *Br* **to go over the ~** passar-se (de rosca); **at the ~ of one's voice** a plena veu. **-2.** [lid, cap - of jar, box] tapa *f*; [- of bottle, tube] tap *m*; [- of pen] tap *m*. **-3.** [upper side] superfície *f*. **-4.** [blouse] brusa *f*; [T-shirt] samarreta *f*; [of pyjamas] part *f* de dalt. **-5.** [toy] baldufa *f*. **-6.** [most important level] cúpula *f*. **-7.** [of league, table, scale] capdamunt *m*. ◇ *vt* **-1.** [be first in] ser al capdavant de. **-2.** [better] superar. **-3.** [exceed] excedir. ► **on top of** *prep* **-1.** [in space] a sobre de. **-2.** [in addition to] a més de; **on ~ of that** per si no fos prou. **-3.** [in control of]: **to be on ~ of sthg** tenir alguna cosa sota control. **-4. to get on ~ of sb** aclaparar algú. ► **top up** *Br*, **top off** *Am vt sep* omplir fins a dalt.

top floor *n* pis *m* superior.

top hat *n* copalta *m*, barret *m* de copa.

top-heavy *adj* massa pesat -ada a la part superior.

topic ['tɒpɪk] *n* tema *m*, assumpte *m*.

topical ['tɒpɪkl] *adj* d'actualitat, d'interès.

topless ['tɒplɪs] *adj* "topless".

top-level *adj* d'alt nivell.

topmost ['tɒpməʊst] *adj* més alt -a.

topping ['tɒpɪŋ] *n* capa *f*; **with a ~ of cream** cobert -a de nata.

topple ['tɒpl] ◇ *vt* [government, pile] fer caure; [president] enderrocar. ◇ *vi* esfondrar-se.

top-secret *adj* de màxima confidencialitat.

topspin ['tɒpspɪn] *n* SPORT topspin *m*.

topsy-turvy [ˌtɒpsɪ'tɜːvɪ] ◇ *adj* **-1.** [messy] desordenat -ada. **-2.** [haywire] boig boja. ◇ *adv* [messily] en desordre.

torch [tɔːtʃ] *n* **-1.** *Br* [electric] llanterna *f*. **-2.** [burning] torxa *f*.

tore [tɔːr] *pt* ► **tear**.

torment [*n* 'tɔːment, *vb* tɔː'ment] ◇ *n* turment *m*. ◇ *vt* **-1.** [worry greatly] turmentar. **-2.** [annoy] fastiguejar.

torn [tɔːn] *pp* ► **tear**.

tornado [tɔː'neɪdəʊ] (*pl* **-es** / **-s**) *n* tornado *m*.

torpedo [tɔː'piːdəʊ] (*pl* **-es**) ◇ *n* torpede *m*. ◇ *vt* torpedinar.

torrent ['tɒrənt] *n* torrent *m*.

torrid ['tɒrɪd] *adj* [hot] tòrrid -a; *fig* [passionate] apassionat -ada.

tortoise ['tɔːtəs] *n* tortuga *f* (de terra).

tortoiseshell ['tɔːtəʃel] ◇ *adj*: **~ cat** gat *m* bru tigrat. ◇ *n* (U) [material] carei *m*, closca *f*. ◇ *comp* de carei / closca.

torture ['tɔːtʃər] ◇ *n* tortura *f*. ◇ *vt* torturar.

Tory ['tɔːrɪ] (*pl* **-ies**) ◇ *adj* tory, del partit conservador (britànic). ◇ *n* tory *mf*, membre *mf* del partit conservador (britànic).

toss [tɒs] ◇ *vt* **-1.** [throw carelessly] llançar. **-2.** [move from side to side - head, boat] sacsejar. **-3.** [salad] remenar; [pancake] donar-li la volta. **-4.** [coin]: **to ~ a coin** tirar a cara o creu. ◇ *vi* **-1.** [with coin] tirar a cara o creu. **-2.** [move rapidly]: **to ~ and turn** donar voltes (al llit). ◇ *n* **-1.** [of coin] tirada *f*. **-2.** [of head] sacsejada *f*. ► **toss up** *vi* jugar a cara o creu.

tot [tɒt] (*pt & pp* **-ted**, *cont* **-ting**) *n* **-1.** *inf* [small child] infant *mf*. **-2.** [of drink] glop *m*.

total ['təʊtl] (*Br pt & pp* **-led**, *cont* **-ling**, *Am pt & pp* **-ed**, *cont* **-ing**) ◇ *adj* total. ◇ *n* total *m*; **in ~** en total. ◇ *vt* **-1.** [add up] sumar. **-2.** *Am inf* [wreck] destrossar. ◇ *vi* [amount to] pujar a.

totalitarian [ˌtəʊtælɪˈteərɪən] *adj* totalitari -ària.

totally [ˈtəʊtəlɪ] *adv* [entirely] totalment.

totter [ˈtɒtə'] *vi lit & fig* trontollar.

touch [tʌtʃ] ◇ *n* **-1.** [sense, act of feeling] tacte *m*. **-2.** [detail, skill, knack] toc *m*; **to put the finishing ~es to sthg** fer els últims retocs a alguna cosa. **-3.** [contact]: **to get / keep in ~ (with)** posar-se / mantenir-se en contacte (amb); **to lose ~ (with)** perdre el contacte (amb); **to be out of ~ with** no estar en contacte amb. **-4.** SPORT: **in ~** fora de banda. **-5.** [small amount]: **a ~** un pessic. **-6. to be ~ and go** ser dubtós -osa; **to be a soft ~** no saber dir que no. ◇ *vt* **-1.** [gen] tocar. **-2.** [emotionally] commoure. ◇ *vi* **-1.** [with fingers etc.] tocar. **-2.** [be in contact] tocar-se. ● **touch down** *vi* [plane] aterrar. ● **touch on** *vt fus* tocar, mencionar.

touch-and-go *adj* dubtós -osa, poc segur -a.

touchdown [ˈtʌtʃdaʊn] *n* **-1.** [of plane] aterratge *m*. **-2.** [in American football] assaig *m*.

touched [tʌtʃt] *adj* **-1.** [grateful] emocionat -ada. **-2.** *inf* [slightly mad] tocat -ada.

touching [ˈtʌtʃɪŋ] *adj* commovedor -a.

touchline [ˈtʌtʃlaɪn] *n* línia *f* de banda.

touchy [ˈtʌtʃɪ] (*compar* **-ier**, *superl* **-iest**) *adj* **-1.** [person]: **~ (about)** susceptible (quant a). **-2.** [subject, question] delicat -ada.

tough [tʌf] *adj* **-1.** [resilient] fort -a. **-2.** [hard-wearing] resistent. **-3.** [meat, regulations, policies] dur -a. **-4.** [difficult to deal with] difícil. **-5.** [rough - area] perillós -osa. **-6.** *inf* [unfortunate] injust -a; **~ luck** mala sort.

toughen [ˈtʌfn] *vt* endurir.

toupee [ˈtuːpeɪ] *n* perruquí *m*.

tour [tʊə'] ◇ *n* **-1.** [long journey] viatge *m* llarg. **-2.** [of pop group etc.] gira *f*. **-3.** [for sightseeing] recorregut *m*, visita *f*. ◇ *vt* [museum] visitar; [country] recórrer, viatjar per. ◇ *vi*: **to ~ round sthg** viatjar per / recórrer algun lloc.

touring [ˈtʊərɪŋ] ◇ *adj* [exhibition] itinerant; [theatre, music group] que va de gira. ◇ *n* viatges *mpl* turístics; **to go ~** fer turisme.

tourism [ˈtʊərɪzm] *n* turisme *m*.

tourist [ˈtʊərɪst] *n* turista *mf*.

tourist (information) office *n* oficina *f* de turisme.

tournament [ˈtɔːnəmənt] *n* torneig *m*.

tour operator *n* majorista *mf* de viatges.

tousle [ˈtaʊzl] *vt* despentinar.

tout [taʊt] ◇ *n* revenedor *m* -a *f*. ◇ *vt* revendre. ◇ *vi*: **to ~ for sthg** sol·licitar alguna cosa.

tow [təʊ] ◇ *n*: **to give sb a ~** remolcar algú; **Br on ~** [car] a remolc; **in ~ with sb** acompanyat -ada d'algú. ◇ *vt* remolcar.

towards [təˈwɔːdz] *Br*, **toward** [təˈwɔːd] *Am prep* **-1.** [gen] cap a. **-2.** [for the purpose or benefit of] per a; **efforts ~ peace** esforços per aconseguir la pau; **£20 ~ the blind** 20 lliures per als cecs.

towel [ˈtaʊəl] *n* tovallola *f*.

towelling *Br*, **toweling** *Am* [ˈtaʊəlɪŋ] ◇ *n* (U) (teixit *m* de) tovallola *f*. ◇ *comp* de tovallola.

towel rail *n* tovalloler *m*.

tower [ˈtaʊə'] ◇ *n* torre *f*; *Br* **a ~ of strength** un suport ferm. ◇ *vi*: **to ~ (over sthg)** elevar-se (per sobre d'alguna cosa); **to ~ over sb** ser molt més alt -a que algú altre.

tower block *n Br* bloc *m* (de pisos o oficines).

towering [ˈtaʊərɪŋ] *adj* altíssim -a.

town [taʊn] *n* **-1.** [gen] ciutat *f*; [smaller] poble *m*. **-2.** [centre of town, city] centre *m* de la ciutat; **to go out on the ~** sortir de gresca; *fig* **to go to ~** [to put in a lot of effort] dedicar-hi tots els esforços; [spend a lot of money] tirar la casa per la finestra.

town centre *n* centre *m* (de la ciutat).

town council *n* ajuntament *m*.

town hall *n* ajuntament *m*.

town plan *n* plànol *m* de la ciutat.

town planning *n* **-1.** [study] urbanisme *m*. **-2.** [practice] planificació *f* urbanística.

township [ˈtaʊnʃɪp] *n* **-1.** [in South Africa] zona urbana assignada pel govern per a la població negra. **-2.** [in US] municipi *m*.

towpath [ˈtaʊpɑːθ] *n* camí *m* de sirga.

towrope [ˈtaʊrəʊp] *n* cable *m* de remolc.

tow truck *n Am* (cotxe *m*) grua *f*.

toxic [ˈtɒksɪk] *adj* tòxic -a. ● **toy with** *vt fus* [idea] acariciar; [food, coin etc.] joguinejar.

toy [tɔɪ] *n* joguina *f*.

toy shop *n* botiga *f* de joguines.

trace [treɪs] ◇ *n* **-1.** [evidence, remains] rastre *m*, senyal *m*; **without ~** sense deixar rastre. **-2.** [small amount] mica *f*. ◇ *vt*

–1. [find] localitzar, trobar. **–2.** [follow progress of] descriure. **–3.** [on paper] calcar.

tracing paper *n* (U) paper *m* de calcar.

track [træk] ◇ *n* **–1.** [path] sender *m*; off the beaten ~ apartat -ada, aïllat -ada. SPORT pista *f*. **–3.** RAIL via *f*. **–4.** [mark, trace] rastre *m*, senyal *m*; to hide / cover one's ~s no deixar rastre; to be dead in one's ~s parar en sec. **–5.** [on record, tape] pista *f*. **–6.** to keep / lose ~ of sb no perdre-li / perdre-li la pista a algú; to lose / keep ~ of events perdre el fil / seguir els esdeveniments; I've lost ~ of how many times I've told you ja he perdut el compte de quantes vegades t'ho he dit; to be on the right / wrong ~ estar en el bon / mal camí. ◇ *vt* **–1.** [follow tracks of] rastrejar, seguir la pista de. **–2.** [with radar] seguir la trajectòria de. ◇ *vi* [camera etc.] fer un tràveling. ☞ **track down** *vt sep* localitzar.

track record *n* historial *m*.

tracksuit ['træksu:t] *n* xandall *m*.

tract [trækt] *n* **–1.** [pamphlet] article *m* breu. **–2.** [of land, forest] extensió *f*. **–3.** MED: digestive ~ aparell *m* digestiu.

traction ['trækʃn] *n* tracció *f*; to have one's leg in ~ tenir una cama enguixada i alçada.

tractor ['træktər] *n* tractor *m*.

trade [treɪd] ◇ *n* **–1.** (U) [commerce] comerç *m*. **–2.** [job] ofici *m*; by ~ d'ofici. ◇ *vt* [exchange]: to ~ sthg (for) bescanviar alguna cosa (per). ◇ *vi* **–1.** COM: to ~ (with) comerciar (amb). **–2.** *Am* [shop]: to ~ at / with fer les seves compres a. ☞ **trade in** *vt sep* [exchange] donar com a entrada.

trade fair *n* fira *f* de mostres.

trade-in *n* article usat que es lliura com a part del pagament d'un article nou.

trademark ['treɪdmɑːk] *n* **–1.** COM marca *f* comercial. **–2.** *fig* [characteristic] tret *m* característic.

trade name COM *n* nom *m* comercial.

trader *n* comerciant *mf*.

tradesman ['treɪdzmən] (*pl* **-men** [-mən]) *n* [trader] comerciant *m*; [shopkeeper] botiguer *m*.

trade(s) union *Br n* sindicat *m*.

Trades Union Congress *n Br*: the ~ la confederació britànica de sindicats.

trade(s) unionist *n Br* sindicalista *mf*.

trading ['treɪdɪŋ] *n* (U) comerç *m*.

trading estate *n Br* polígon *m* industrial.

tradition [trə'dɪʃn] *n* tradició *f*.

traditional [trə'dɪʃənl] *adj* tradicional.

traffic ['træfɪk] (*pt & pp* **-ked**, *cont* **-king**) ◇ *n* **–1.** [vehicles] trànsit *m*. **–2.** [illegal trade]: ~ (in) tràfic *m* (de). ◇ *vi*: to ~ in traficar amb.

traffic circle *n Am* glorieta *f*.

traffic jam *n* embús *m*.

trafficker ['træfɪkər] *n*: ~ (in) traficant *mf* (de).

traffic lights *npl* semàfor *m*.

traffic warden *n Br* guàrdia *mf* de trànsit.

tragedy ['trædʒədɪ] (*pl* **-ies**) *n* tragèdia *f*.

tragic ['trædʒɪk] *adj* tràgic -a.

trail [treɪl] ◇ *n* **–1.** [path] sender *m*, camí *m*; *fig* to blaze a ~ marcar la pauta. **–2.** [trace, track] rastre *m*, senyal *m*; on the ~ of sb / sthg seguir la pista d'algú / d'alguna cosa. ◇ *vt* **–1.** [drag] arrossegar. **–2.** [lose to] anar darrere de. ◇ *vi* **–1.** [drag] arrossegar-se. **–2.** [move slowly] caminar sense ànims. **–3.** [lose] anar perdent. ☞ **trail away**, **trail off** *vi* apagar-se.

trailer ['treɪlər] *n* **–1.** [vehicle for luggage] remolc *m*. **–2.** [for living in] caravana *f*. **–3.** CIN tràiler *m*.

train [treɪn] ◇ *n* **–1.** RAIL tren *m*. **–2.** [of dress] cua *f*. ◇ *vt* **–1.** [teach]: to ~ sb (to do sthg) ensenyar algú (a fer alguna cosa); to ~ sb in sthg preparar algú per a alguna cosa. **–2.** [for job]: to ~ sb (as sthg) formar algú (com a alguna cosa). **–3.** SPORT: to ~ sb (for) entrenar algú (per a). **–4.** [direct growth of] guiar. **–5.** [aim - gun] apuntar; [- camera] enfocar. ◇ *vi* **–1.** [for job] estudiar, preparar-se; to ~ as form a se com a; to ~ as a doctor estudiar per ser metge. **–2.** SPORT: to ~ (for) entrenar-se (per a).

trained [treɪnd] *adj* qualificat -ada.

trainee [treɪ'niː] ◇ *adj* en període de pràctiques. ◇ *n* aprenent *m* -a *f*, persona *f* que està en període de pràctiques.

trainer ['treɪnər] *n* **–1.** [of animals] ensinistrador *m* -a *f*. **–2.** SPORT entrenador *m* -a *f*. ☞ **trainers** *npl Br* sabatilles *fpl* d'esport.

training ['treɪnɪŋ] *n* **–1.** (U) [for job]: ~ (in) formació *f* / preparació *f* (per a). **–2.** SPORT entrenament *m*.

training college *n Br* [gen] centre *m* de formació especialitzada; [for teachers] escola *f* normal.

training shoes *npl Br* sabatilles *fpl* d'esport.

train of thought *n* fil *m* del pensament.

traipse [treɪps] *vi* caminar sense ganes.

trait [treɪt] *n* tret *m*, característica *f*.

traitor ['treɪtə^r] *n*: **~ (to)** traïdor *m* -a *f* (a).

trajectory [trə'dʒektərɪ] (*pl* **-ies**) *n* trajectòria *f*.

tram [træm], **tramcar** ['træmkɑː^r] *n Br* tramvia *m*.

tramp [træmp] ⋄ *n* **-1.** [homeless person] vagabund *m* -a *f*. **-2.** *Am inf* [woman] meuca *f*. ⋄ *vt* recórrer pesadament. ⋄ *vi* caminar pesadament.

trample ['træmpl] ⋄ *vt* trepitjar. ⋄ *vi* **-1.** [tread]: **to ~ on sthg** trepitjar alguna cosa. **-2.** *fig* [act cruelly]: **to ~ on sb** trepitjar algú.

trampoline ['træmpəliːn] *n* trampolí *m* elàstic.

trance [trɑːns] *n* tràngol *m*; **in a ~** en trànsit.

tranquil ['træŋkwɪl] *adj lit* tranquil -il·la.

transaction [træn'zækʃn] *n* transacció *f*.

transcend [træn'send] *vt fml* transcendir, ultrapassar.

transcript ['trænskrɪpt] *n* transcripció *f*.

transfer [*n* 'trænsfɜː^r, *vb* træns'fɜː^r] (*pt & pp* **-red**, *cont* **-ring**) ⋄ *n* **-1.** [gen] transferència *f*. **-2.** [for job] trasllat *m*. **-3.** SPORT traspàs *m*. **-4.** [design] calcomania *f*. **-5.** *Am* [ticket] bitllet vàlid per fer transbord a un altre tren, autobús, etc. ⋄ *vt* **-1.** [from one place to another] traslladar. **-2.** [from one person to another] transferir. **-3.** SPORT traspassar. ⋄ *vi* **-1.** [to different job etc.]: **he ~red to a different department** es va traslladar a un altre departament. **-2.** SPORT: **he ~red to Spurs** va fitxar per l'Spurs.

transfix [træns'fɪks] *vt* [immobilize] paralitzar.

transform [træns'fɔːm] *vt*: **to ~ sthg / sb (into)** transformar alguna cosa / algú (en).

transfusion [træns'fjuːʒn] *n* transfusió *f*.

transient ['trænzɪənt] ⋄ *adj fml* [fleeting] transitori -òria, passatger -a. ⋄ *n Am* [person] viatger *m* -a *f* de pas.

transistor [træn'zɪstə^r] *n* transistor *m*.

transistor radio *n dated* transistor *m*.

transit ['trænsɪt] *n*: **in ~** de pas.

transition [træn'zɪʃn] *n*: **~ (from sthg to sthg)** transició *f* (d'una cosa a una altra); **in ~** en transició.

transitive ['trænzɪtɪv] *adj* GRAM transitiu -iva.

transitory ['trænzɪtrɪ] *adj* transitori -òria.

translate [træns'leɪt] ⋄ *vt* **-1.** [languages] traduir. **-2.** [transform]: **to ~ sthg into** transformar alguna cosa en. ⋄ *vi*: **it doesn't ~** no es pot traduir; **to ~ from sthg into** traduir d'alguna cosa a.

translation [træns'leɪʃn] *n* traducció *f*.

translator [træns'leɪtə^r] *n* traductor *m* -a *f*.

transmission [trænz'mɪʃn] *n* transmissió *f*.

transmit [trænz'mɪt] (*pt & pp* **-ted**, *cont* **-ting**) *vt* transmetre.

transmitter [trænz'mɪtə^r] *n* ELEC transmissor *m*.

transparency [trans'pærənsɪ] (*pl* **-ies**) *n* transparència *f*.

transparent [træns'pærənt] *adj* **-1.** [seethrough] transparent. **-2.** [obvious] clar -a; **that's a ~ excuse** és clar que és una excusa.

transpire [træn'spaɪə^r] *fml* ⋄ *vt*: **it ~s that ...** se sap que... ⋄ *vi* [happen] ocórrer, passar.

transplant [*n* 'trænsplɑːnt, *vb* træns'plɑːnt] ⋄ *n* trasplantament *m*. ⋄ *vt* **-1.** [organ, seedlings] trasplantar. **-2.** [headquarters, workers] traslladar.

transport [*n* 'trænspɔːt, *vb* træn'spɔːt] ⋄ *n* transport *m*. ⋄ *vt* transportar.

transportation [ˌtrænspɔː'teɪʃn] *n* transport *m*.

transport cafe ['trænspɔːt-] *n Br* bar *m* de carretera.

transpose [træns'pəʊz] *vt* [change round] invertir.

trap [træp] (*pt & pp* **-ped**, *cont* **-ping**) ⋄ *n* trampa *f*. ⋄ *vt* **-1.** [catch - animals, birds] caçar mitjançant una trampa. **-2.** [trick] enganyar. **-3.** [in place, unpleasant situation]: **to be trapped in** estar atrapat -ada en. **-4.** [energy, heat] emmagatzemar.

trapdoor [ˌtræp'dɔː^r] *n* [gen] trampa *f*; THEAT escotilló *m*.

trapeze [trə'piːz] *n* trapezi *m*.

trappings ['træpɪŋz] *npl* arreus *mpl*.

trash [træʃ] *n Am lit & fig* escombraries *fpl*.

trashcan ['træʃkæn] *n Am* galleda *f* de les escombraries.

traumatic [trɔː'mætɪk] *adj* traumàtic -a.

travel ['trævl] (*Br pt & pp* **-led**, *cont* **-ling**, *Am pt & pp* **-ed**, *cont* **-ing**) ⋄ *n* (U) viatges *mpl*; **I'm keen on ~** m'agrada molt viatjar. ⋄ *vt* [place] viatjar per; [distance] recórrer. ⋄ *vi* viatjar.

travel agency *n* agència *f* de viatges.

travel agent n agent mf de viatges; ~'s agència f de viatges.

traveler Am = traveller.

traveller's cheque n xec m de viatge.

travelling Br, **traveling** Am ['trævlɪŋ] adj **-1.** [theatre, showman] ambulant. **-2.** [clock, time, allowance] de viatge.

travelsick ['trævəlsɪk] adj marejat -ada.

travesty ['trævəstɪ] (pl **-ies**) n paròdia f.

trawler ['trɔːləʳ] n traïnya f.

tray [treɪ] n safata f.

treacherous ['tretʃərəs] adj **-1.** [plan, action] traïdorenc -a; [person] traïdor -a. **-2.** [dangerous] perillós -osa.

treachery ['tretʃərɪ] n traïció f.

treacle ['triːkl] n Br melassa f.

tread [tred] (pt **trod**, pp **trodden**) ⋄ n **-1.** [on tyre, shoe] banda f. **-2.** [sound of walking] passes fpl; [way of walking] manera f de caminar. ⋄ vt [crush]: **to ~ sthg into** aixafar alguna cosa amb el peu. ⋄ vi **-1.** [step]: **to ~ on sthg** trepitjar alguna cosa. **-2.** [walk] caminar; fig **to ~ carefully** anar amb peus de plom.

treason ['triːzn] n traïció f.

treasure ['treʒəʳ] ⋄ n lit & fig tresor m. ⋄ vt guardar com a relíquia.

treasurer ['treʒərəʳ] n tresorer m -a f.

treasury ['treʒərɪ] (pl **-ies**) n [room] cambra on es guarda el tresor d'un castell, d'una catedral, etc. ◆ **Treasury** n: **the Treasury** ≃ el Ministeri d'Hisenda.

treat [triːt] ⋄ vt **-1.** [gen] tractar; **to ~ sb as / like** tractar algú com; **to ~ sthg as a joke** prendre's alguna cosa de broma. **-2.** [give sthg special]: **to ~ sb (to)** convidar algú (a). ⋄ n [sthg special] regal m; **he took me out to dinner as a ~** em va convidar a sopar.

treatise ['triːtɪz] n fml: **~ (on)** tractat m (sobre).

treatment ['triːtmənt] n **-1.** MED tractament m. **-2.** [manner of dealing] tracte m.

treaty ['triːtɪ] (pl **-ies**) n tractat m.

treble ['trebl] ⋄ adj **-1.** MUS de tiple. **-2.** [with numbers] triple. ⋄ n MUS [range, singer] tiple mf. ⋄ vt triplicar. ⋄ vi triplicar-se.

treble clef n clau f de sol.

tree [triː] n BOT & COMPUT arbre m; **to be barking up the wrong ~** equivocar-se de ple.

treetop ['triːtɒp] n capçada f.

tree-trunk n tronc m (d'arbre).

trek [trek] (pt & pp **-ked**, cont **-king**) ⋄ n viatge m llarg i difícil; **it's quite a ~** és un bon passeig. ⋄ vi: **we ~ked round the museums** vam recórrer tots els museus.

trellis ['trelɪs] n enreixat m, espatllera f.

tremble ['trembl] vi tremolar.

tremendous [trɪ'mendəs] adj **-1.** [impressive, large] enorme, tremend -a. **-2.** inf [really good] estupend -a, magnífic -a.

tremor ['treməʳ] n **-1.** [of person, body, voice] estremiment m. **-2.** [small earthquake] tremolor f, sisme m.

trench [trentʃ] n **-1.** [narrow channel] rasa f. **-2.** MIL trinxera f.

trench coat n trinxera f.

trend [trend] n [tendency] tendència f; [fashion] moda f.

trendy ['trendɪ] (compar **-ier**, superl **-iest**) inf ⋄ adj [person] modern -a; [clothes] de moda. ⋄ n modern m -a f.

trepidation [,trepɪ'deɪʃn] n fml: **in / with ~** amb agitació.

trespass ['trespəs] vi entrar il·legalment; **"no ~ing"** "prohibit el pas".

trespasser ['trespəsəʳ] n intrús -usa; **"~s will be prosecuted"** "els intrusos seran sancionats per la llei".

trestle ['tresl] n cavallet m.

trestle table n taula f de cavallet.

trial ['traɪəl] n **-1.** JUR judici m, procés m; **to be on ~ (for)** ser processat -ada (per). **-2.** [test, experiment] prova f; **on ~** de prova; **by ~ and error** per temptateig. **-3.** [unpleasant experience] suplici m; **~s and tribulations** tribulacions fpl.

triangle ['traɪæŋgl] n **-1.** GEOM & MUS triangle m. **-2.** Am [set square] escaire m, cartabó m.

tribe [traɪb] n tribu f.

tribunal [traɪ'bjuːnl] n tribunal m.

tributary ['trɪbjʊtrɪ] (pl **-ies**) n afluent m.

tribute ['trɪbjuːt] n **-1.** [credit] tribut m; **to be a ~ to** fer honor a; **to pay a ~ (to)** retre un homenatge (a). **-2.** (U) [respect, admiration]: **to pay ~ (to)** retre homenatge (a).

trice [traɪs] n: **in a ~** en un tres i no res.

trick [trɪk] ⋄ n **-1.** [to deceive] engany m; [to trap] trampa f; [joke] broma f; **to play a ~ on sb** fer una broma a algú. **-2.** [in magic] truc m. **-3.** [knack] truc m; **that should do the ~** això ens anirà bé. ⋄ vt enganyar; **to ~ sb into doing sthg** enganyar algú perquè faci alguna cosa. ⋄ comp [joke] de broma.

trickery ['trɪkərɪ] n (U) engany m, frau m.

trickle ['trɪkl] ◇ n **-1.** [of liquid] rajolí m. **-2.** [of people, things] enfilall m. ◇ vi **-1.** [liquid] regalimar. **-2.** [people, things]: **to ~ in / out** arribar / sortir de mica en mica.

trick or treat n frase que diuen els nens la nit de Halloween quan van de porta en porta demanant llaminadures.

tricky ['trɪkɪ] (compar **-ier**, superl **-iest**) adj [difficult] difícil, delicat -ada.

tricycle ['traɪsɪkl] n tricicle m.

tried [traɪd] ◇ pt & pp ➨ **try**. ◇ adj: **~ and tested** provat -ada.

trifle ['traɪfl] n **-1.** Br CULIN postres de bescuit amb gelatina, crema, fruita i nata. **-2.** [unimportant thing] fotesa f. ➨ **a trifle** adv fml una mica, lleugerament.

trifling ['traɪflɪŋ] adj pej trivial, insignificant.

trigger ['trɪgər] ◇ n [on gun] gallet m. ◇ vt desencadenar, provocar. ➨ **trigger off** ➨ **-med**, cont **-ming**) ◇ adj **-1.** [neat desencadenar, provocar.

trill [trɪl] ◇ n refilada f. ◇ vi [bird] refilar; [woman] pronunciar amb vibració.

trim [trɪm] (compar **-mer**, superl **-mest**, pt & pp **-med**, cont **-ming**) ◇ adj **-1.** [neat and tidy] net -a, arranjat -ada. **-2.** [slim] esvelt -a. ◇ n **-1.** [hair] tallada f; [- hedge] poda f. **-2.** [decoration] ornament m. ◇ vt **-1.** [nails, moustache] retallar, tallar. **-2.** [decorate]: **to ~ sthg (with)** guarnir alguna cosa (amb).

trimmings ['trɪmɪŋz] npl **-1.** [on clothing] adornaments mpl. **-2.** [with food] guarnició f.

trinket ['trɪŋkɪt] n quincalla f.

trio ['triːəʊ] (pl **-s**) n trio m.

trip [trɪp] (pt & pp **-ped**, cont **-ping**) ◇ n [gen & drugs sl] viatge m. ◇ vt [make stumble] fer la traveta a. ◇ vi [stumble] ensopegar; **to ~ over sthg** ensopegar amb alguna cosa.

tripe [traɪp] n **-1.** (U) CULIN tripes fpl. **-2.** inf [nonsense] bajanades fpl.

triple ['trɪpl] ◇ adj triple. ◇ vt triplicar. ◇ vi triplicar-se.

triple jump n: **the ~** el triple salt.

triplets ['trɪplɪts] npl trigèmins mpl -es fpl.

triplicate ['trɪplɪkət] ◇ adj fml triplicat -ada. ◇ n: **in ~** per triplicat.

tripod ['traɪpɒd] n trípode m.

trite [traɪt] adj pej suat -ada, gastat -ada.

triumph ['traɪəmf] ◇ n triomf m. ◇ vi: **to ~ (over)** triomfar (sobre).

trivia ['trɪvɪə] n (U) trivialitats fpl.

trivial ['trɪvɪəl] adj pej trivial.

trod [trɒd] pt ➨ **tread**.

trodden ['trɒdn] ◇ pp ➨ **tread**. ◇ adj trepitjat -ada.

trolley ['trɒlɪ] (pl **-s**) n **-1.** Br [for shopping, food, drinks] carretó m. **-2.** Am [tram] tramvia m.

trombone [trɒm'bəʊn] n trombó m.

troop [truːp] ◇ n [of people] grup m, colla f; [of animals] ramat m. ◇ vi anar en grup. ➨ **troops** npl tropes fpl.

trooper ['truːpər] n **-1.** MIL soldat m de cavalleria. **-2.** Am [policeman] membre de la policia estatal.

trophy ['trəʊfɪ] (pl **-ies**) n SPORT trofeu m.

tropical ['trɒpɪkl] adj tropical.

tropics ['trɒpɪks] npl: **the ~** el tròpic.

trot [trɒt] (pt & pp **-ted**, cont **-ting**) ◇ n **-1.** [of horse] trot m. **-2.** [of person] pas m ràpid. ◇ vi **-1.** [horse] trotar. **-2.** [person] caminar amb pas ràpid. ➨ **on the trot** adv inf: **three times on the ~** tres cops seguits.

trouble ['trʌbl] ◇ n **-1.** (U) [bother] molèstia f; [difficulty, main problem] problema m; **would it be too much ~ to ask you to ...?** us fa res que us demani que...?; **to be in ~** tenir problemes; **to take the ~ to do sthg** molestar-se a fer alguna cosa; **the ~ with sb / sthg is ...** el problema amb algú / alguna cosa és...; **to be asking for ~** buscar-se problemes. **-2.** (U) [pain] dolor m; [illness] malaltia f. **-3.** (U) [violence, unpleasantness] problemes mpl. ◇ vt **-1.** [worry, upset] preocupar. **-2.** [disturb, give pain to] molestar. ➨ **troubles** npl **-1.** [problems, worries] problemes mpl, preocupacions fpl. **-2.** POL conflicte m.

troubled ['trʌbld] adj **-1.** [worried, upset] preocupat -ada. **-2.** [disturbed, problematic] agitat -ada, turbulent -a.

troublemaker ['trʌbl,meɪkər] n buscaraons mf.

troubleshooter ['trʌbl,ʃuːtər] n [for machines] especialista en la localització i reparació d'avaries; [in organizations] persona contractada per resoldre problemes.

troublesome ['trʌblsəm] adj molest -a.

trough [trɒf] n **-1.** [for drinking] abeurador m; [for eating] menjadora f. **-2.** [low point] punt m més baix.

troupe [truːp] n companyia f, grup m.

trousers ['traʊzəz] npl pantalons mpl.

trousseau ['truːsəʊ] (pl **-x** / **-s**) n aixovar m.

trout [traʊt] (pl inv / **-s**) n truita f (de riu).

trowel ['trauəl] n **-1.** [for the garden] càvec m. **-2.** [for cement, plaster] paleta f.
truant ['tru:ənt] n [child] alumne m -a f que fa campana; **to play ~** fer campana.
truce [tru:s] n: **~ (between)** treva f (entre).
truck [trʌk] ◇ n **-1.** [lorry] camió m. **-2.** RAIL vagó m de mercaderies. ◇ vt Am transportar amb camió.
truck driver n camioner m -a f.
trucker ['trʌkər] n Am camioner m -a f.
truck farm n Am hort m.
truculent ['trʌkjʊlənt] adj agressiu -iva.
trudge [trʌdʒ] ◇ n caminada f fatigosa. ◇ vi caminar fatigosament.
true [tru:] adj **-1.** [gen] cert -a, vertader -a; **it's ~** és veritat; **to come ~** fer-se realitat. **-2.** [genuine] autèntic -a; [friend] lleial. **-3.** [exact] exacte -a. **-4.** [TECHNOL - wheel] centrat -ada; [- window-frame] anivellat -ada.
truffle ['trʌfl] n trufa f.
truly ['tru:lɪ] adv veritablement; **yours ~** atentament.
trump [trʌmp] ◇ n trumfo m. ◇ vt fallar.
trumped-up ['trʌmpt-] adj pej inventat -ada.
trumpet ['trʌmpɪt] ◇ n trompeta f. ◇ vi [elephant] bramar.
truncheon ['trʌntʃən] n porra f.
trundle ['trʌndl] ◇ vt fer rodar lentament. ◇ vi rodar lentament.
trunk [trʌŋk] n **-1.** [of tree, person] tronc m. **-2.** [of elephant] trompa f. **-3.** [box] bagul m. **-4.** Am [of car] maleter m. ☞ **trunks** npl banyador m (d'home).
trunk call n Br conferència f, trucada f interurbana.
trunk road n carretera f nacional.
truss [trʌs] n **-1.** MED braguer m. **-2.** CONSTR armadura f.
trust [trʌst] ◇ vt **-1.** [believe in] confiar en. **-2.** [have confidence in]: **to ~ sb to do sthg** confiar en algú perquè faci alguna cosa. **-3.** [entrust]: **to ~ sb with sthg** confiar alguna cosa a algú. **-4.** fml [hope] esperar. **-5.** [accept as safe, reliable] refiar-se de. ◇ n **-1.** (U) [faith, responsibility]: **~ (in)** confiança f (en); **to take sthg on ~** creure alguna cosa a ulls clucs; **to put / place one's ~ in** confiar en. **-2.** FIN trust m; **in ~** en fideïcomís.
trusted ['trʌstɪd] adj de confiança.
trustee [trʌs'ti:] n FIN & JUR fideïcomissari m -ària f.
trust fund n fons m de fideïcomís.
trusting ['trʌstɪŋ] adj confiat -ada.

trustworthy ['trʌst,wɜ:ðɪ] adj digne -a de confiança.
truth [tru:θ] n veritat f; **the ~** la veritat; **in (all) ~** de veritat, veritablement.
truthful ['tru:θfʊl] adj **-1.** [person] sincer -a, honest -a. **-2.** [story] verídic -a.
try [traɪ] (pt & pp **-ied**, pl **-ies**) ◇ vt **-1.** [attempt] intentar; **to ~ to do sthg** intentar fer alguna cosa. **-2.** [sample, test] provar. **-3.** JUR [case] veure; [criminal] jutjar, processar. **-4.** [put to the test - person] acabar amb la paciència de; [- patience] acabar amb. ◇ vi intentar; **to ~ for sthg** intentar aconseguir alguna cosa. ◇ n **-1.** [attempt] intent m, temptativa f; **to have a ~ at sthg** intentar fer alguna cosa. **-2.** [sample, test]: **to give sthg a ~** provar alguna cosa. **-3.** SPORT assaig m. ☞ **try on** vt sep emprovar-se. ☞ **try out** vt sep [car, machine] provar; [plan] posar a prova.
trying ['traɪɪŋ] adj difícil, pesat -ada.
T-shirt n samarreta f.
T-square n escaire m en forma de T.
tsunami [su:'nɑ:mɪ] n tsunami m.
tub [tʌb] n **-1.** [container - small] pot m; [- large] tina f. **-2.** inf [bath] banyera f.
tubby ['tʌbɪ] (compar **-ier**, superl **-iest**) adj inf rabassut -uda, rodanxó -ona.
tube [tju:b] n **-1.** [cylinder, container] tub m. **-2.** ANAT conducte m. **-3.** Br RAIL metro m; **by ~** amb metro.
tuberculosis [tju:,bɜ:kjʊ'ləʊsɪs] n tuberculosi f.
tubing ['tju:bɪŋ] n (U) tubs mpl.
tubular ['tju:bjʊlər] adj tubular.
TUC n abbr of **Trades Union Congress**.
tuck [tʌk] ◇ n plec m. ◇ vt [place neatly] ficar. ☞ **tuck away** vt sep **-1.** [money etc.] guardar. **-2.** [village, house]: **to be ~ed away** estar amagat -ada. ☞ **tuck in** ◇ vt sep **-1.** [person - in bed] acotxar. **-2.** [clothes] posar-se. ◇ vi inf endrapar. ☞ **tuck up** vt sep acotxar.
tuck shop n Br confiteria f (situada prop d'una escola).
Tuesday ['tju:zdɪ] n dimarts m; ☞ **Saturday**.
tuft [tʌft] n [of hair] floc m; [of grass] manat m.
tug [tʌg] (pt & pp **-ged**, cont **-ging**) ◇ n **-1.** [pull] estrebada f. **-2.** [boat] remolcador m. ◇ vt estirar, donar una estrebada a. ◇ vi: **to ~ (at)** estirar.
tug-of-war n joc m de la corda (en el qual dos equips l'estiren de l'extrem oposat).

tuition ['tjuː'iːʃn] *n* ensenyament *m*; private ~ classes *fpl* particulars.

tulip ['tjuːlɪp] *n* tulipa *f*.

tumble ['tʌmbl] ◇ *vi* –1. [person] caure (rodolant). –2. [water] caure a borbolls. *fig* [prices] caure en picat. –4. *inf fig* [become involved]: **to ~ into sthg** ficar-se de ple en alguna cosa. ◇ *n* caiguda *f*. ➡ **tumble to** *vt fus Br inf* adonar-se de, caure.

tumbledown ['tʌmbldaʊn] *adj* ruïnós -osa.

tumble-dryer [-,draɪər] *n* assecadora *f*.

tumbler ['tʌmblər] *n* [glass] got *m*.

tummy ['tʌmɪ] *inf* (*pl* -**ies**) *n* panxa *f*.

tumour *Br*, **tumor** *Am* ['tjuːmər] *n* tumor *m*.

tuna [*Br* 'tjuːnə, *Am* 'tuːnə] (*pl inv* / -**s**) *n* tonyina *f*.

tune [tjuːn] ◇ *n* –1. [song, melody] melodia *f*. –2. MUS [harmony]: **in ~** afinat -ada; MUS **out of ~** desafinat -ada; *fig* **to be out of / in ~ (with sb / sthg)** avenir-se / no avenir-se (amb algú / alguna cosa); *fig* **to the ~ of** per la quantitat de; *inf* **to change one's ~** canviar d'opinió. ◇ *vt* –1. MUS afinar. –2. RADIO & TV sintonitzar; **~ the TV to BBC1** posa la BBC1 (a la tele). –3. [engine] posar a punt. ◇ *vi* RADIO & TV: **to ~ to sthg** sintonitzar alguna cosa. ➡ **tune in** *vi* RADIO & TV: **to ~ in (to sthg)** sintonitzar (alguna cosa). ➡ **tune up** *vi* MUS concertar / afinar els instruments.

tuneful ['tjuːnfʊl] *adj* melodiós -osa.

tuner ['tjuːnər] *n* –1. RADIO & TV sintonitzador *m*. –2. MUS afinador *m* -a *f*.

tunic ['tjuːnɪk] *n* túnica *f*.

tuning fork ['tjuːnɪŋ-] *n* diapasó *m*.

Tunisia [tjuː'nɪzɪə] *n* Tunísia *f*.

tunnel ['tʌnl] (*Br pt & pp* -**led**, *cont* -**ling**, *Am pt & pp* -**ed**, *cont* -**ing**) ◇ *n* túnel *m*. ◇ *vi* fer un túnel.

turban ['tɜːbən] *n* turbant *m*.

turbine ['tɜːbaɪn] *n* turbina *f*.

turbocharged ['tɜːbəʊtʃɑːdʒd] *adj* de turbocompressió; [car] turbo.

turbulence ['tɜːbjʊləns] *n* (U) *lit & fig* turbulència *f*.

turbulent ['tɜːbjʊlənt] *adj lit & fig* turbulent -a.

tureen [tə'riːn] *n* sopera *f*.

turf [tɜːf] (*pl* -**s** / **turves**) ◇ *n* –1. [grass surface] gespa *f*. –2. [clod] pa *m* d'herba. ◇ *vt* cobrir amb gespa. ➡ **turf out** *vt sep Br inf* [person] fer fora, expulsar; [old clothes] llençar.

turgid ['tɜːdʒɪd] *adj fml* [over-solemn] ampul·lós -osa.

Turk [tɜːk] *n* turc *m* -a *f*.

turkey ['tɜːkɪ] (*pl* -**s**) *n* gall *m* dindi.

Turkish ['tɜːkɪʃ] ◇ *adj* turc -a. ◇ *n* [language] turc *m*. ◇ *npl* [people]: **the ~** els turcs.

Turkish delight *n* dolç fet d'una substància gelatinosa i cobert de sucre o xocolata.

turmoil ['tɜːmɔɪl] *n* confusió *f*, aldarull *m*.

turn [tɜːn] ◇ *n* –1. [in road, river] revolt *m*. –2. [of knob, wheel] volta *f*. –3. [change] canvi *m*; **to take a ~ for the worse** empitjorar. –4. [in game] torn *m*; **it's my ~** em toca a mi; **in ~** successivament; **to take (it in) ~s (to do sthg)** fer torns (a l'hora de fer alguna cosa). –5. [of year, decade etc.] tombant *m*. –6. [performance] número *m*. –7. MED atac *m*. –8. **to do sb a good ~** fer un favor a algú. ◇ *vt* –1. [chair, page, omelette] donar la volta a. –2. [knob, wheel] girar. –3. [corner] girar. –4. [thoughts, attention]: **to ~ sthg to** dirigir alguna cosa cap a. –5. [change]: **to ~ sthg into** convertir alguna cosa en. –6. [cause to become]: **the cold ~ed his fingers blue** tenia els dits blaus del fred; **to ~ sthg inside out** donar la volta a alguna cosa. –7. [become]: **it ~ed black** es va tornar negre; **the demonstration ~ed nasty** la manifestació va acabar malament. –8. [milk] tallar, agrir. ◇ *vi* –1. [car] girar; [road] tòrcer; [person] girar-se. –2. [wheel] donar voltes. –3. [- page over]: **~ to page two** passeu a la pàgina dos. –4. [thoughts, attention]: **to ~ to** dirigir-se cap a. –5. [seek consolation]: **to ~ to sb / sthg** buscar consol en algú / alguna cosa. –6. [change]: **to ~ into** convertir-se en. –7. [go sour] tallar-se, agrir-se. ➡ **turn around** = **turn round**. ➡ **turn away** *vt sep* [refuse entry to] impedir l'entrada. ➡ **turn back** ◇ *vt sep* [person, vehicle] fer tornar. ◇ *vi* tornar. ➡ **turn down** *vt sep* –1. [offer, person] rebutjar. –2. [volume etc.] abaixar. ➡ **turn in** *vi inf* [go to bed] anar-se'n a dormir. ➡ **turn off** ◇ *vt fus* [road, path] desviar-se de, sortir de. ◇ *vt sep* [radio, heater] apagar; [engine] parar; [gas, tap] tancar. ◇ *vi* [leave road] desviar-se, sortir. ➡ **turn on** ◇ *vt sep* –1. [radio, TV, engine] encendre; [gas, tap] obrir. –2. *inf* [excite sexually] posar calent -a, excitar. ◇ *vt fus* [attack] atacar. ➡ **turn out** ◇ *vt sep* –1. [extinguish] apagar. –2. *inf* [produce] produir. –3. [eject] expulsar. –4. [empty - out pockets, bag] buidar. ◇ *vt fus inf*: **to ~ out to be** resultar ser; **it ~s out that ...** resulta que... ◇ *vi* **-1.** [end up] sortir. **-2.** [arrive]: **to ~ out (for)** presentar-se (a). ☛ **turn over** ◇ *vt sep* **-1.** [consider] donar voltes a. **-2.** *Br* RADIO & TV canviar. **-3.** [hand over]: **to ~ sthg / sb over (to)** lliurar alguna cosa / algú (a). ◇ *vi Br* RADIO & TV canviar de canal. ☛ **turn round** ◇ *vt sep* **-1.** [gen] donar la volta a. **-2.** [knob, key] fer girar. ◇ *vi* [person] fer una volta, girar-se. ☛ **turn up** ◇ *vt sep* [volume, heating] apujar. ◇ *vi inf* aparèixer.

turning ['tɜːnɪŋ] *n* [road] embocadura *f*.

turning point *n* moment *m* decisiu.

turnip ['tɜːnɪp] *n* nap *m*.

turnout ['tɜːnaʊt] *n* nombre *m* d'assistents, assistència *f*.

turnover ['tɜːn,əʊvə*r*] *n* **-1.** (*U*) [of personnel] moviment *m* de personal. **-2.** FIN volum *m* de negoci, facturació *f*.

turnpike ['tɜːnpaɪk] *n Am* autopista *f* de peatge.

turnstile ['tɜːnstaɪl] *n* torniquet *m*.

turntable ['tɜːn,teɪbl] *n* placa *f* giratòria.

turn-up *n Br* [on trousers] vora *f*; *inf* **a ~ for the books** una autèntica sorpresa.

turpentine ['tɜːpəntaɪn] *n* trementina *f*.

turquoise ['tɜːkwɔɪz] ◇ *adj* turquesa. ◇ *n* **-1.** [mineral, gem] turquesa *f*. **-2.** [colour] turquesa *m*.

turret ['tʌrɪt] *n* torreló *m*, torreta *f*.

turtle ['tɜːtl] (*pl inv* / **-s**) *n* tortuga *f* (marina).

turtleneck ['tɜːtlnek] *n* coll alt.

turves [tɜːvz] *pl Br* ☛ **turf**.

tusk [tʌsk] *n* ullal *m*.

tussle ['tʌsl] ◇ *n* lluita *f*, baralla *f*. ◇ *vi*: **to ~ (over)** barallar-se (per).

tutor ['tjuːtə*r*] ◇ *n* **-1.** [private] professor *m* -a *f* particular, tutor *m* -a *f*. **-2.** UNIV professor universitari *m* professora universitària *f* (d'un grup reduït d'estudiants). ◇ *vt*: **to ~ sb in sthg** donar classes particulars d'alguna cosa a algú. ◇ *vi* donar classes particulars.

tutorial [tjuːˈtɔːrɪəl] ◇ *adj*: **~ group** grup reduït d'estudiants que assisteix a una classe. ◇ *n* tutoria *f*, classe *f* amb un grup reduït.

tuxedo [tʌkˈsiːdəʊ] (*pl* **-s**) *n* esmòquing *m*.

TV ◇ *n* (abbr of **television**) televisió *f*; **on ~ a** la televisió. ◇ *comp* televisiu -iva.

twang [twæŋ] ◇ *n* **-1.** [of guitar] punteig *m*; [of string, elastic] so *m* vibrant. **-2.** [accent] timbre *m* nasal. ◇ *vt* [guitar] puntejar; [wire, string] fer vibrar. ◇ *vi* produir un so vibrant.

tweed [twiːd] ◇ *n* tweed *m*. ◇ *comp* de tweed.

tweezers ['twiːzəz] *npl* pinces *fpl*.

twelfth [twelfθ] ◇ *num adj* dotzè -ena. ◇ *num n* **-1.** [fraction] dotzè *m*. **-2.** [in order] dotzè *m* -ena *f*; ☛ **sixth**.

twelve [twelv] *num* dotze; ☛ **six**.

twentieth ['twentɪəθ] ◇ *num adj* vintè -ena. ◇ *num n* **-1.** [fraction] vintè *m*. **-2.** [in order] vintè *m* -ena *f*; ☛ **sixth**.

twenty ['twentɪ] (*pl* **-ies**) *num* vint; ☛ **sixty**.

twice [twaɪs] ◇ *num adv* dos cops / vegades; **~ a week** dos cops a la setmana; **it costs ~ as much** costa el doble. ◇ *num adj* dos cops; **~ as big** el doble de gran.

twiddle ['twɪdl] ◇ *vt* donar voltes a. ◇ *vi*: **to ~ with** joguinejar amb.

twig [twɪg] *n* branquilló *m*.

twilight ['twaɪlaɪt] *n* crepuscle *m*, ocàs *m*.

twin [twɪn] ◇ *adj* bessó -ona. ◇ *n* bessó *m* -ona *f*.

twin-bedded [-'bedɪd] *adj* de dos llits.

twine [twaɪn] ◇ *n* (*U*) caramell *m*. ◇ *vt*: **to ~ sthg round sthg** enrotllar una cosa al voltant d'una altra.

twinge [twɪndʒ] *n* [of pain] punxada *f*; [of guilt] remordiment *m*.

twinkle ['twɪŋkl] ◇ *n* brillantor *f*. ◇ *vi* **-1.** [star] parpellejar. **-2.** [eyes] brillar.

twin room *n* habitació *f* doble.

twin town *n* ciutat *f* agermanada.

twirl [twɜːl] ◇ *vt* donar voltes a. ◇ *vi* donar voltes ràpidament.

twist [twɪst] ◇ *n* **-1.** [in road] revolt *m*; [in river] meandre *m*. **-2.** [of head, lid, knob] gir *m*. **-3.** [shape] espiral *f*. **-4.** *fig* [in plot] canvi *m* imprevist. ◇ *vt* **-1.** [cloth, rope] retorçar; [hair] cargolar. **-2.** [face etc.] torçar. **-3.** [dial, lid] donar voltes a; [head] girar. **-4.** [ankle, knee etc.] torçar-se. **-5.** [misquote] tergiversar. ◇ *vi* **-1.** [person] retorçar-se; [road, river] serpentejar, donar voltes. **-2.** [face] fer contorsions; [frame, rail] torçar-se. **-3.** [turn - head, hand] girar-se.

twit [twɪt] *n Br inf* imbècil *mf*.

twitch [twɪtʃ] ◇ *n* contorsió *f*; **nervous ~** tic *m* (nerviós). ◇ *vt* moure nerviosament. ◇ *vi* fer contorsions.

two [tuː] *num* dos dues; **in ~** de dos en dos; ☛ **six**.

two-door *adj* [car] de dues portes.

twofaced [,tuːˈfeɪst] *adj pej* hipòcrita.

twofold ['tuːfəʊld] ◇ *adj* doble; **a ~ in-**

two-piece

crease un augment del doble. ◇ *adv*: **to increase** ~ duplicar-se.

two-piece *adj* [suit] de dues peces.

twosome ['tuːsəm] *n inf* parella *f*.

two-way *adj* **-1.** [traffic] en tots dos sentits; [agreement, cooperation] mutu mútua. **-2.** TELEC: ~ **radio** aparell *m* emissor i receptor.

tycoon [taɪˈkuːn] *n* magnat *m*.

type [taɪp] ◇ *n* **-1.** [gen] tipus *m*; *inf* **he's / she's not my** ~ no és el meu tipus. **-2.** (U) PRINT tipus *m*, lletra *f*; **in bold / italic** ~ en negreta / cursiva. ◇ *vt* **-1.** [on typewriter] escriure a màquina, teclejar. **-2.** [on computer] teclejar; **to** ~ **sthg into sthg** entrar una cosa en una altra. ◇ *vi* escriure a màquina, teclejar.

typecast ['taɪpkɑːst] (*pt & pp* **typecast**) *vt*: **to** ~ **sb (as)** encasellar algú (com a).

typeface ['taɪpfeɪs] *n* tipus *m*, lletra *f*.

typescript ['taɪpskrɪpt] *n* mecanoscrit *m*.

typeset ['taɪpset] (*pt & pp* **typeset**, *cont* **-ting**) *vt* compondre.

typewriter ['taɪpˌraɪtər] *n* màquina *f* d'escriure.

typhoid (fever) ['taɪpfɔɪd-] *n* febre *f* tifoide.

typhoon [taɪˈfuːn] *n* tifó *m*.

typical ['tɪpɪkl] *adj*: ~ **(of)** típic -a (de).

typing ['taɪpɪŋ] *n* mecanografia *f*.

typist ['taɪpɪst] *n* mecanògraf *m* -a *f*.

typography [taɪˈpɒgrəfɪ] *n* **-1.** [process, job] tipografia *f*. **-2.** [format] composició *f* tipogràfica.

tyranny ['tɪrənɪ] *n* tirania *f*.

tyrant ['taɪrənt] *n* tirà *m* -ana *f*.

tyre *Br*, **tire** *Am* ['taɪər] *n* pneumàtic *m*.

tyre pressure *n* pressió *f* dels pneumàtics.

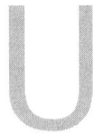

u (*pl* **us / u's**), **U** (*pl* **Us / U's**) [juː] *n* [letter] u *f*, U *f*.
U-bend *n* sifó *m*.
udder ['ʌdər] *n* braguer *m*.

UFO (abbr of **unidentified flying object**) *n* OVNI *m*.

Uganda [juːˈgændə] *n* Uganda.

ugh [ʌg] *excl* ecs!, uix!

ugly ['ʌglɪ] (*compar* **-ier**, *superl* **-iest**) *adj* **-1.** [unattractive] lleig lletja. **-2.** *fig* [unpleasant] desagradable.

UHF (abbr of **ultra-high frequency**) UHF.

UK (abbr of **United Kingdom**) *n* RU *m*; **the** ~ el Regne Unit.

Ukraine [juːˈkreɪn] *n*: **the** ~ Ucraïna.

ulcer ['ʌlsər] *n* úlcera *f*.

ulcerated ['ʌlsəreɪtɪd] *adj* ulcerós -osa.

Ulster ['ʌlstər] *n* (l') Ulster.

ulterior [ʌlˈtɪərɪər] *adj*: ~ **motive** motiu *m* ocult.

ultimata [ˌʌltɪˈmeɪtə] *pl* ➡ **ultimatum**.

ultimate ['ʌltɪmət] ◇ *adj* **-1.** [final, long-term] final, definitiu -iva. **-2.** [most powerful] màxim -a. ◇ *n*: **the** ~ **in** el súmmum de.

ultimately ['ʌltɪmətlɪ] *adv* finalment, a la llarga.

ultimatum [ˌʌltɪˈmeɪtəm] (*pl* **-s / -ta**) *n* ultimàtum *m*.

ultrasound [ˌʌltrəsaʊnd] *n* ultrasò *m*.

ultraviolet [ˌʌltrəˈvaɪələt] *adj* ultraviolat -ada.

umbilical cord [ʌmˈbɪlɪkl-] *n* cordó *m* umbilical.

umbrella [ʌmˈbrelə] ◇ *n* **-1.** [for rain] paraigua *m*. **-2.** [on beach] para-sol *m*. ◇ *adj* que engloba altres.

umpire ['ʌmpaɪər] ◇ *n* àrbitre *m*. ◇ *vt & vi* arbitrar.

umpteen [ˌʌmpˈtiːn] *num adj inf*: ~ **times** moltíssimes vegades.

umpteenth [ˌʌmpˈtiːnθ] *num adj inf* enèsim -a; **for the** ~ **time** per enèsima vegada.

UN *n* abbr of **United Nations**: **the** ~ l'ONU.

unabated [ˌʌnəˈbeɪtɪd] *adj* incessant.

unable [ʌnˈeɪbl] *adj*: **to be** ~ **to do sthg** no poder fer alguna cosa.

unacceptable [ˌʌnəkˈseptəbl] *adj* inacceptable.

unaccompanied [ˌʌnəˈkʌmpənɪd] *adj* **-1.** [child] sol -a, que no va acompanyat -ada; [luggage] desatès -esa, abandonat -ada. **-2.** [song] sense acompanyament.

unaccountably [ˌʌnəˈkaʊntəblɪ] *adv* inexplicablement.

unaccounted [ˌʌnəˈkaʊntɪd] *adj*: **12 peo-**

ple are ~ for hi ha 12 persones sense localitzar; £30 are ~ for falten 30 lliures.

unaccustomed [ˌʌnəˈkʌstəmd] *adj* **-1.** [unused]: **to be ~ to** no estar acostumat -ada a. **-2.** *fml* [not usual] insòlit -a, inusual.

unadulterated [ˌʌnəˈdʌltəreɪtɪd] *adj* **-1.** [unspoilt] sense adulterar, pur -a. **-2.** [absolute] complet -a, absolut -a.

unanimous [juːˈnænɪməs] *adj* unànime.

unanimously [juːˈnænɪməslɪ] *adv* unànimement.

unanswered [ˌʌnˈɑːnsəd] *adj* sense respondre.

unappetizing, -ising [ˌʌnˈæpɪtaɪzɪŋ] *adj* poc apetitós -osa.

unarmed [ˌʌnˈɑːmd] ◇ *adj* desarmat -ada. ◇ *adv* sense armes.

unarmed combat *n* combat *m* sense armes.

unashamed [ˌʌnəˈʃeɪmd] *adj* descarat -ada.

unassuming [ˌʌnəˈsjuːmɪŋ] *adj* sense pretensions, modest -a.

unattached [ˌʌnəˈtætʃt] *adj* **-1.** [not fastened, linked] solt -a; **~ to** que no està lligat -ada a. **-2.** [without partner] lliure, sense compromís.

unattended [ˌʌnəˈtendɪd] *adj* desatès -esa.

unattractive [ˌʌnəˈtræktɪv] *adj* poc atractiu -iva.

unauthorized, -ised [ˌʌnˈɔːθəraɪzd] *adj* no autoritzat -ada.

unavailable [ˌʌnəˈveɪləbl] *adj* indisponible.

unavoidable [ˌʌnəˈvɔɪdəbl] *adj* inevitable, ineludible.

unaware [ˌʌnəˈweər] *adj* inconscient; **to be ~ of** no ser conscient de.

unawares [ˌʌnəˈweəz] *adv*: **to catch / take sb ~** agafar algú desprevingut.

unbalanced [ˌʌnˈbælənst] *adj* desequilibrat -ada.

unbearable [ʌnˈbeərəbl] *adj* insuportable, inaguantable.

unbeatable [ˌʌnˈbiːtəbl] *adj* [gen] insuperable; [prices, value] immillorable.

unbeknown(st) [ˌʌnbɪˈnəʊn(st)] *adv*: **~ to** sense coneixement de.

unbelievable [ˌʌnbɪˈliːvəbl] *adj* increïble.

unbending [ˌʌnˈbendɪŋ] *adj* inflexible.

unbias(s)ed [ˌʌnˈbaɪəst] *adj* imparcial.

unborn [ˌʌnˈbɔːn] *adj* [child] nonat -ada.

unbreakable [ˌʌnˈbreɪkəbl] *adj* irrompible.

unbridled [ˌʌnˈbraɪdld] *adj* desmesurat -ada, desenfrenat -ada.

unbutton [ˌʌnˈbʌtn] *vt* descordar (un botó).

uncalled-for [ˌʌnˈkɔːld-] *adj* gratuït -a, immerescut -uda.

uncanny [ʌnˈkænɪ] (*compar* **-ier**, *superl* **-iest**) *adj* estrany -a.

unceasing [ˌʌnˈsiːsɪŋ] *adj fml* incessant.

unceremonious [ˈʌnˌserɪˈməʊnjəs] *adj* **-1.** [curt] brusc -a. **-2.** [informal] poc formal.

uncertain [ʌnˈsɜːtn] *adj* [gen] incert -a; [undecided, hesitant] indecís -isa; **in no ~ terms** amb vehemència.

unchanged [ˌʌnˈtʃeɪndʒd] *adj* sense alterar.

unchecked [ˌʌnˈtʃekt] ◇ *adj* [unrestrained] desenfrenat -ada. ◇ *adv* [unrestrained] lliurement, sense restriccions.

uncivilized, -ised [ˌʌnˈsɪvɪlaɪzd] *adj* [society] incivilitzat -ada; [person] inculte -a.

uncle [ˈʌŋkl] *n* oncle *m*.

unclear [ˌʌnˈklɪər] *adj* poc clar -a; **to be ~ about sthg** no tenir clara alguna cosa.

uncomfortable [ˌʌnˈkʌmftəbl] *adj* **-1.** [gen] incòmode -a. **-2.** *fig* [fact, truth] inquietant, desagradable.

uncommon [ʌnˈkɒmən] *adj* **-1.** [rare] poc comú -una, rar -a. **-2.** *fml* [extreme] summe -a.

uncompromising [ˌʌnˈkɒmprəmaɪzɪŋ] *adj* inflexible, intransigent.

unconcerned [ˌʌnkənˈsɜːnd] *adj* [not anxious] indiferent.

unconditional [ˌʌnkənˈdɪʃənl] *adj* incondicional.

unconscious [ʌnˈkɒnʃəs] ◇ *adj* inconscient; **to be ~ of sthg** no ser conscient de / ignorar alguna cosa. ◇ *n* inconscient *m*.

unconsciously [ʌnˈkɒnʃəslɪ] *adv* inconscientment.

uncontrollable [ˌʌnkənˈtrəʊləbl] *adj* [gen] incontrolable; [desire, hatred] irrefrenable; [laughter] incontenible.

unconventional [ˌʌnkənˈvenʃənl] *adj* gens convencional.

unconvinced [ˌʌnkənˈvɪnst] *adj*: **to remain ~** continuar sent escèptic.

uncouth [ʌnˈkuːθ] *adj* groller -a.

uncover [ʌnˈkʌvər] *vt* [gen] descobrir; [jar, tin etc.] destapar.

undecided [ˌʌndɪˈsaɪdɪd] *adj* **-1.** [person] indecís -isa. **-2.** [issue] pendent, sense resoldre.

undeniable [ˌʌndɪˈnaɪəbl] *adj* innegable.

under [ˈʌndəʳ] ◇ *prep* **-1.** [beneath] (a) sota (de). **-2.** [with movement] (per) sota (de); **they walked ~ the bridge** van passar per sota del pont. **-3.** [subject to, undergoing, controlled by] sota, en; **~ the circumstances** en aquestes circumstàncies; **~ discussion** en procés de discussió; **he has 20 men ~ him** té 20 homes a càrrec seu. **-4.** [less than] menys de. **-5.** [according to] segons. **-6.** [in headings, classifications]: **he filed it ~ "D"** el va arxivar a la "D". **-7.** [name, title]: **~ an alias** amb un nom fals. ◇ *adv* **-1.** [gen] sota; **to go ~** [business] enfonsar-se. **-2.** [less]: **children of 12 years and ~** nens de menys de 12 anys.

underage [ˌʌndərˈeɪdʒ] *adj* [person] menor d'edat; [sex, drinking] en menors d'edat.

undercarriage [ˈʌndəˌkærɪdʒ] *n* tren *m* d'aterratge.

undercharge [ˌʌndəˈtʃɑːdʒ] *vt* cobrar menys del preu just a.

underclothes [ˈʌndəkləʊðz] *npl* roba *f* interior.

undercoat [ˈʌndəkəʊt] *n* [of paint] primera capa *f*.

undercover [ˈʌndəˌkʌvəʳ] ◇ *adj* secret -a. ◇ *adv* en la clandestinitat; **to go ~** passar a la clandestinitat.

undercurrent [ˈʌndəˌkʌrənt] *n fig* sentiment *m* ocult.

undercut [ˈʌndəkʌt] (*pt & pp* **undercut**, *cont* **-ting**) *vt* [in price] vendre més barat que.

underdeveloped [ˌʌndədɪˈveləpt] *adj* subdesenvolupat -ada.

underdog [ˈʌndədɒg] *n*: **the ~** els desvalguts.

underdone [ˌʌndəˈdʌn] *adj* poc fet -a.

underestimate [ˌʌndərˈestɪmət] ◇ *n* infravaloració *f*. ◇ *vt* subestimar, infravalorar.

underexposed [ˌʌndərɪkˈspəʊzd] PHOT *adj* subexposat -ada.

underfoot [ˌʌndəˈfʊt] *adv* a sota dels peus; **it's wet ~** el terra està mullat.

undergo [ˌʌndəˈgəʊ] (*pt* **-went**, *pp* **-gone**) *vt* [pain, change, difficulties] sofrir, experimentar; [operation, examination] sotmetre's a.

undergraduate [ˌʌndəˈgrædʒʊət] ◇ *adj* [course, studies] de llicenciatura; [gown, prospectus] per a estudiants no llicenciats. ◇ *n* estudiant universitari no llicenciat *m*, estudiant universitària no llicenciada *f*.

underground [*adj & n* ˈʌndəgraʊnd, ˌʌndəˈgraʊnd] ◇ *adj* **-1.** [below the ground] subterrani -ània. **-2.** *fig* [secret, illegal] clandestí -ina. ◇ *adv*: **to go ~** passar a la clandestinitat; **to be forced ~** haver de passar a la clandestinitat. ◇ *n* **-1.** *Br* [railway system] metro *m*. **-2.** [activist movement] resistència *f*, moviment *m* clandestí.

undergrowth [ˈʌndəgrəʊθ] *n* (U) sotabosc *m*, brossa *f*.

underhand [ˌʌndəˈhænd] *adj* tèrbol -a, poc net -a.

underline [ˌʌndəˈlaɪn] *vt* subratllar.

underlying [ˌʌndəˈlaɪɪŋ] *adj* subjacent.

undermine [ˌʌndəˈmaɪn] *vt fig* minar, soscavar.

underneath [ˌʌndəˈniːθ] ◇ *prep* **-1.** [beneath] (a) sota (de). **-2.** [with movement] sota. ◇ *adv* **-1.** [under, below] a sota. **-2.** *fig* [fundamentally] en el fons. ◇ *adj inf* inferior, de sota. ◇ *n* **-1.** [underside]: **the ~** la superfície inferior. **-2.** *fig* [true personality]: **on the ~** en el fons.

underpaid [*pt & pp* ˌʌndəˈpeɪd, *adj* ˈʌndəpeɪd] ◇ *pt & pp* ➡ **underpay**. ◇ *adj* mal pagat -ada.

underpants [ˈʌndəpænts] *npl* calçotets *mpl*.

underpass [ˈʌndəpɑːs] *n* pas *m* subterrani.

underprivileged [ˌʌndəˈprɪvɪlɪdʒd] *adj* desvalgut -uda, desemparat -ada.

underrated [ˌʌndəˈreɪtɪd] *adj* subestimat -ada, infravalorat -ada.

undershirt [ˈʌndəʃɜːt] *n Am* samarreta *f*.

underside [ˈʌndəsaɪd] *n*: **the ~** superfície inferior.

underskirt [ˈʌndəskɜːt] *n* enagos *mpl*.

understand [ˌʌndəˈstænd] (*pt & pp* **-stood**) ◇ *vt* **-1.** [gen] entendre, comprendre; **do you ~ French?** entens el francès?; **to make oneself understood** fer-se entendre. **-2.** [know all about] entendre de. **-3.** *fml* [to be informed]: **to ~ that** tenir entès que. ◇ *vi* entendre, comprendre.

understandable [ˌʌndəˈstændəbl] *adj* comprensible.

understanding [ˌʌndəˈstændɪŋ] ◇ *n* **-1.** [knowledge] enteniment *m*, comprensió *f*. **-2.** [sympathy] comprensió *f* mútua. **-3.** [interpretation]: **it is my ~ that** tinc la impressió que. **-4.** [informal agreement] acord *m*;

on the ~ that amb la condició que. ◇ *adj* comprensiu -iva.

understatement [ˌʌndəˈsteɪtmənt] *n* **-1.** [inadequate statement] atenuació *f*; **it's an ~ to say he's fat** dir que és gras és quedar-se curt. **-2.** (U) [quality of understating]: **he's a master of ~** sap treure importància a tot.

understood [ˌʌndəˈstʊd] *pt & pp* ➤ **understand**.

understudy [ˈʌndəˌstʌdɪ] (*pl* **-ies**) *n* suplent *mf*.

undertake [ˌʌndəˈteɪk] (*pt* **-took**, *pp* **-taken**) *vt* **-1.** [task] emprendre; [responsibility, control] assumir, prendre. **-2.** [promise]: **to ~ to do sthg** comprometre's a fer alguna cosa.

undertaker [ˈʌndəˌteɪkəʳ] *n* director *m* -a *f* de pompes fúnebres.

undertaking [ˌʌndəˈteɪkɪŋ] *n* **-1.** [task] tasca *f*, empresa *f*. **-2.** [promise] promesa *f*.

undertone [ˈʌndətəʊn] *n* **-1.** [quiet voice] veu *f* baixa. **-2.** [vague feeling] matís *m*.

undertook [ˌʌndəˈtʊk] *pt* ➤ **undertake**.

underwater [ˌʌndəˈwɔːtəʳ] ◇ *adj* submarí -ina. ◇ *adv* sota l'aigua.

underwear [ˈʌndəweəʳ] *n* roba *f* interior.

underwent [ˌʌndəˈwent] *pt* ➤ **undergo**.

underworld [ˈʌndəˌwɜːld] *n* [criminal society]: **the ~** l'hampa, els baixos fons.

underwriter [ˈʌndəˌraɪtəʳ] *n* assegurador *m* -a *f*.

undid [ˌʌnˈdɪd] *pt* ➤ **undo**.

undies [ˈʌndɪz] *npl inf* roba *f* interior.

undisputed [ˌʌndɪˈspjuːtɪd] *adj* indiscutible.

undistinguished [ˌʌndɪˈstɪŋgwɪʃt] *adj* mediocre.

undo [ˌʌnˈduː] (*pt* **-did**, *pp* **-done**) *vt* **-1.** [unfasten - knot] desfer; [- button, clasp] descordar; [- parcel] obrir. **-2.** [nullify] anul·lar.

undoing [ˌʌnˈduːɪŋ] *n* (U) *fml* ruïna *f*, perdició *f*.

undone [ˌʌnˈdʌn] ◇ *pp* ➤ **undo**. ◇ *adj* **-1.** [coat] descordat -ada; [shoes] descordat -ada. **-2.** *fml* [not done] per fer.

undoubted [ʌnˈdaʊtɪd] *adj* indubtable.

undoubtedly [ʌnˈdaʊtɪdlɪ] *adv* indubtablement, sens dubte.

undress [ˌʌnˈdres] ◇ *vt* despullar. ◇ *vi* despullar-se.

undue [ˌʌnˈdjuː] *adj fml* indegut -uda, excessiu -iva.

undulate [ˈʌndjʊleɪt] *vi fml* ondular.

unduly [ˌʌnˈdjuːlɪ] *adv fml* indegudament, excessivament.

unearth [ˌʌnˈɜːθ] *vt* [dig up] desenterrar; *fig* [discover] descobrir.

unearthly [ʌnˈɜːθlɪ] *adj* **-1.** [ghostly] sobrenatural, misteriós -osa. **-2.** *inf* [hour] intempestiu -iva.

unease [ʌnˈiːz] *n* malestar *m*.

uneasy [ʌnˈiːzɪ] (*compar* **-ier**, *superl* **-iest**) *adj* **-1.** [person, feeling] intranquil -il·la. **-2.** [peace] insegur -a.

uneconomic [ˈʌnˌiːkəˈnɒmɪk] *adj* poc rendible.

uneducated [ˌʌnˈedjʊkeɪtɪd] *adj* ignorant, inculte -a.

unemployed [ˌʌnɪmˈplɔɪd] ◇ *adj* aturat -ada, parat -ada. ◇ *npl*: **the ~** els parats.

unemployment [ˌʌnɪmˈplɔɪmənt] *n* desocupació *f*, atur *m*.

unemployment benefit [ˌʌn] *Br*, **unemployment compensation** *Am* *n* subsidi *m* d'atur.

unerring [ˌʌnˈɜːrɪŋ] *adj* infal·lible.

uneven [ˌʌnˈiːvn] *adj* **-1.** [not flat - road] accidentat -ada; [- land] escabrós -osa. **-2.** [inconsistent, unfair] desigual.

unexpected [ˌʌnɪkˈspektɪd] *adj* inesperat -ada.

unexpectedly [ˌʌnɪkˈspektɪdlɪ] *adv* inesperadament.

unfailing [ʌnˈfeɪlɪŋ] *adj* indefectible.

unfair [ˌʌnˈfeəʳ] *adj* injust -a.

unfaithful [ˌʌnˈfeɪθfʊl] *adj* [sexually] infidel.

unfamiliar [ˌʌnfəˈmɪljəʳ] *adj* **-1.** [not well-known] desconegut -uda, nou nova. **-2.** [not acquainted]: **to be ~ with sthg / sb** no conèixer alguna cosa / algú.

unfashionable [ˌʌnˈfæʃnəbl] *adj* [clothes, ideas] passat -ada de moda; [area of town] poc popular.

unfasten [ˌʌnˈfɑːsn] *vt* [garment, buttons] descordar; [rope, tie] descordar, deslligar; [door] obrir.

unfavourable *Br*, **unfavorable** *Am* [ˌʌnˈfeɪvrəbl] *adj* desfavorable.

unfeeling [ʌnˈfiːlɪŋ] *adj* insensible.

unfinished [ˌʌnˈfɪnɪʃt] *adj* inacabat -ada.

unfit [ˌʌnˈfɪt] *adj* **-1.** [injured] lesionat -ada; [in poor shape] que no està en forma. **-2.** [not suitable - thing] impropi -òpia; [- person] **~ to** incapaç de; **~ for** no apte -a per.

unfold [ʌnˈfəʊld] ◇ vt **-1.** [open out] desplegar, desdoblar. **-2.** [explain] exposar, revelar. ◇ vi [become clear] revelar-se.

unforeseen [ˌʌnfɔːˈsiːn] adj imprevist -a.

unforgettable [ˌʌnfəˈgetəbl] adj inoblidable.

unforgivable [ˌʌnfəˈgɪvəbl] adj imperdonable.

unfortunate [ʌnˈfɔːtʃnət] adj **-1.** [unlucky] desgraciat -ada, desafortunat -ada. **-2.** [regrettable] inoportú -una.

unfortunately [ʌnˈfɔːtʃnətlɪ] adv desgraciadament, desafortunadament.

unfounded [ˌʌnˈfaʊndɪd] adj infundat -ada.

unfriendly [ˌʌnˈfrendlɪ] (compar **-ier**, superl **-iest**) adj poc amigable.

unfurnished [ˌʌnˈfɜːnɪʃt] adj sense mobles, desmoblat -ada.

ungainly [ʌnˈgeɪnlɪ] adj maldestre -a, malgirbat -ada.

ungodly [ˌʌnˈgɒdlɪ] adj **-1.** [irreligious] impiu -ia. **-2.** inf [hour] intempestiu -iva.

ungrateful [ʌnˈgreɪtful] adj desagraït -ïda, ingrat -a.

unhappy [ʌnˈhæpɪ] (compar **-ier**, superl **-iest**) adj **-1.** [sad] trist -a; [wretched] infeliç. **-2.** [uneasy]: **to be ~ (with / about)** estar inquiet -a (per). **-3.** fml [unfortunate] desafortunat -ada.

unharmed [ˌʌnˈhɑːmd] adj [person] il·lès -esa; [thing] indemne.

unhealthy [ʌnˈhelθɪ] (compar **-ier**, superl **-iest**) adj **-1.** [in bad health] malaltís -issa. **-2.** [causing bad health] insalubre. **-3.** fig [interest etc.] morbós -osa.

unheard-of [ˌʌn-] adj **-1.** [unknown, completely absent] inaudit -a. **-2.** [unprecedented] sense precedents.

unhook [ˌʌnˈhʊk] vt **-1.** [unfasten hooks of] descordar. **-2.** [remove from hook] despenjar, desenganxar.

unhurt [ˌʌnˈhɜːt] adj il·lès -esa.

unhygienic [ˌʌnhaɪˈdʒiːnɪk] adj antihigiènic -a.

unidentified flying object n objecte m volador no identificat.

unification [ˌjuːnɪfɪˈkeɪʃn] n unificació f.

uniform [ˈjuːnɪfɔːm] ◇ adj uniforme, constant. ◇ n uniforme m.

unify [ˈjuːnɪfaɪ] (pt & pp **-ied**) vt unificar, unir.

unilateral [ˌjuːnɪˈlætərəl] adj unilateral.

unimportant [ˌʌnɪmˈpɔːtənt] adj sense importància, insignificant.

uninhabited [ˌʌnɪnˈhæbɪtɪd] adj deshabitat -ada, desert -a.

uninjured [ˌʌnˈɪndʒəd] adj il·lès -esa.

unintelligent [ˌʌnɪnˈtelɪdʒent] adj poc intel·ligent.

unintentional [ˌʌnɪnˈtenʃənl] adj involuntari -ària.

union [ˈjuːnjən] ◇ n **-1.** [trade -] sindicat m. **-2.** [alliance] unió f, aliança f. ◇ comp sindical.

Union Jack n: **the ~** la bandera del Regne Unit.

unique [juːˈniːk] adj **-1.** [gen] únic -a. **-2.** fml [peculiar, exclusive]: **~ to** peculiar de.

unison [ˈjuːnɪzn] n uníson m; **in ~** [simultaneously] a l'uníson.

unit [ˈjuːnɪt] n **-1.** [gen] unitat f. **-2.** [piece of furniture] mòdul m, element m.

unite [juːˈnaɪt] ◇ vt [gen] unir; [country] unificar. ◇ vi unir-se, ajuntar-se.

united [juːˈnaɪtɪd] adj unit -ida; **to be ~ in** estar tots d'acord amb.

United Kingdom n: **the ~** el Regne Unit.

United Nations n: **the ~** les Nacions Unides.

United States n: **the ~** els Estats Units; **the ~ of America** els Estats Units d'Amèrica.

unit trust n Br fons m d'inversió mobiliària.

unity [ˈjuːnətɪ] n (U) unitat f, unió f.

universal [ˌjuːnɪˈvɜːsl] adj universal.

universe [ˈjuːnɪvɜːs] n: **the ~** l'univers.

university [ˌjuːnɪˈvɜːsətɪ] (pl **-ies**) ◇ n universitat f. ◇ comp universitari -ària; **student** (estudiant) universitari m, (estudiant) universitària f.

unjust [ˌʌnˈdʒʌst] adj injust -a.

unkempt [ˌʌnˈkempt] adj [person] brut -a; [hair] despentinat -ada; [clothes] desagençat -ada.

unkind [ʌnˈkaɪnd] adj **-1.** [uncharitable] poc amable, cruel. **-2.** fig [inhospitable] rigorós -osa.

unknown [ˌʌnˈnəʊn] ◇ adj desconegut -uda. ◇ n **-1.** [thing]: **the ~** allò desconegut. **-2.** [person] desconegut m -uda f.

unlawful [ˌʌnˈlɔːful] adj il·legal, il·lícit -a.

unleaded [ˌʌnˈledɪd] adj sense plom.

unleash [ˌʌnˈliːʃ] vt lit desencadenar.

unless [ənˈles] conj a menys que; **~ I say so** a menys que ho digui jo; **~ I'm mistaken** si no m'equivoco.

unlike [ˌʌn'laɪk] *prep* **–1.** [different from] diferent de. **–2.** [differently from] a diferència de. **–3.** [not typical of] impropi -òpia de, poc característic -a de.

unlikely [ʌn'laɪklɪ] *adj* **–1.** [not probable] improbable, poc probable. **–2.** [bizarre] inversemblant.

unlisted [ʌn'lɪstɪd] *adj Am* [phone number] que no apareix a la guia telefònica.

unload [ˌʌn'ləʊd] *vt* **–1.** [goods, car] descarregar. **–2.** *fig* [unburden]: to ~ sthg on / onto sb descarregar alguna cosa en algú.

unlock [ˌʌn'lɒk] *vt* obrir (amb clau).

unlucky [ʌn'lʌkɪ] (*compar* **-ier**, *superl* **-iest**) *adj* **–1.** [unfortunate] desgraciat -ada. **–2.** [number, colour etc.] de mala sort.

unmarried [ˌʌn'mærɪd] *adj* solter -a.

unmistakable [ˌʌnmɪ'steɪkəbl] *adj* inconfusible.

unmitigated [ʌn'mɪtɪgeɪtɪd] *adj* absolut -a.

unnatural [ʌn'nætʃrəl] *adj* **–1.** [unusual, strange] anormal. **–2.** [affected] afectat -ada.

unnecessary [ʌn'nesəsərɪ] *adj* innecessari -ària.

unnerving [ˌʌn'nɜːvɪŋ] *adj* desconcertant.

unnoticed [ˌʌn'nəʊtɪst] *adj* inadvertit -ida, desapercebut -uda.

unobtainable [ˌʌnəb'teɪnəbl] *adj* inassequible.

unobtrusive [ˌʌnəb'truːsɪv] *adj* discret -a.

unofficial [ˌʌnə'fɪʃl] *adj* extraoficial, oficiós -osa.

unorthodox [ˌʌn'ɔːθədɒks] *adj* poc convencional, poc ortodox -a.

unpack [ˌʌn'pæk] ◇ *vt* **–1.** [box] desempaquetar; [suitcases] desfer. **–2.** [clothes] treure (de la maleta). ◇ *vi* desfer les maletes.

unpalatable [ʌn'pælətəbl] *adj* [food] immenjable; [drink] imbevible; *fig* [difficult to accept] desagradable.

unparalleled [ʌn'pærəleld] *adj* incomparable, sense precedents.

unpleasant [ʌn'pleznt] *adj* **–1.** [disagreeable] desagradable. **–2.** [unfriendly, rude - person] antipàtic -a; [- remark] mesquí -ina.

unplug [ˌʌn'plʌg] (*pt & pp* **-ged**, *cont* **-ging**) *vt* desendollar, desconnectar.

unpopular [ˌʌn'pɒpjʊlər] *adj* impopular, poc popular.

unprecedented [ʌn'presɪdəntɪd] *adj* sense precedents, inaudit -a.

unpredictable [ˌʌnprɪ'dɪktəbl] *adj* imprevisible.

unprofessional [ˌʌnprə'feʃənl] *adj* poc professional.

unqualified [ˌʌn'kwɒlɪfaɪd] *adj* **–1.** [not qualified] sense títol, no qualificat -ada. **–2.** [total, complete] incondicional, total.

unquestionable [ʌn'kwestʃənəbl] *adj* inqüestionable, indiscutible.

unquestioning [ʌn'kwestʃənɪŋ] *adj* incondicional.

unravel [ʌn'rævl] *lit & fig* (*Br pt & pp* **-led**, *cont* **-ling**, *Am pt & pp* **-ed**, *cont* **-ing**) *vt* desembrollar.

unreal [ˌʌn'rɪəl] *adj* irreal.

unrealistic [ˌʌnrɪə'lɪstɪk] *adj* [person] poc realista; [idea, plan] impracticable.

unreasonable [ʌn'riːznəbl] *adj* **–1.** [person, behaviour, decision] poc raonable. **–2.** [demand, price] excessiu -iva.

unrelated [ˌʌnrɪ'leɪtɪd] *adj*: to be ~ (to) no tenir connexió (amb).

unrelenting [ˌʌnrɪ'lentɪŋ] *adj* implacable, inexorable.

unreliable [ˌʌnrɪ'laɪəbl] *adj* que no és de fiar.

unremitting [ˌʌnrɪ'mɪtɪŋ] *adj* incessant, continuat -ada.

unrequited [ˌʌnrɪ'kwaɪtɪd] *adj* no correspost -a.

unreserved [ˌʌnrɪ'zɜːvd] *adj* **–1.** [wholehearted] incondicional, absolut -a. **–2.** [not reserved] lliure, no reservat -ada.

unresolved [ˌʌnrɪ'zɒlvd] *adj* irresolt -a, pendent.

unrest [ˌʌn'rest] *n* (U) malestar *m*, inquietud *f*.

unrivalled *Br*, **unrivaled** [ʌn'raɪvld] *Am adj* incomparable, sense parió.

unroll [ˌʌn'rəʊl] *vt* desenrotllar.

unruly [ʌn'ruːlɪ] (*compar* **-ier**, *superl* **-iest**) *adj* **–1.** [person, behaviour] entremaliat -ada. **–2.** [hair] rebel.

unsafe [ˌʌn'seɪf] *adj* [gen] insegur -a; [risky] arriscat -ada.

unsaid [ˌʌn'sed] *adj*: to leave sthg ~ callar alguna cosa.

unsatisfactory [ˈʌnˌsætɪs'fæktərɪ] *adj* insatisfactori -òria.

unsavoury, **unsavory** [ˌʌn'seɪvərɪ] *Am adj* desagradable.

unscathed [ˌʌn'skeɪðd] *adj* il·lès -esa.

unscrew [ˌʌn'skruː] *vt* **–1.** [lid, top] obrir. **–2.** [sign, hinge] descargolar.

unscrupulous [ʌnˈskruːpjʊləs] *adj* desaprensiu -iva, poc escrupolós -osa.

unseemly [ʌnˈsiːmlɪ] (*compar* **-ier**, *superl* **-iest**) *adj* impropi -òpia, indecorós -osa.

unselfish [ˌʌnˈselfɪʃ] *adj* desinteressat -ada, altruista.

unsettle [ʌnˈsetl] *vt* pertorbar, inquietar.

unsettled [ˌʌnˈsetld] *adj* **-1.** [person] nerviós -osa, intranquil -il·la. **-2.** [weather] variable, inestable. **-3.** [argument, matter, debt] pendent. **-4.** [situation] inestable.

unshak(e)able [ʌnˈʃeɪkəbl] *adj* irrompible.

unshaven [ˌʌnˈʃeɪvn] *adj* sense afaitar.

unsightly [ʌnˈsaɪtlɪ] *adj* [building] lleig lletja; [scar, bruise] desagradable.

unskilled [ˌʌnˈskɪld] *adj* [person] no qualificat -ada; [work] no especialitzat -ada.

unsociable [ʌnˈsəʊʃəbl] *adj* insociable, poc sociable.

unsocial [ˌʌnˈsəʊʃl] *adj*: **to work ~ hours** treballar en hores intempestives.

unsold [ˌʌnˈsəʊld] *adj* sense vendre.

unspeakable [ʌnˈspiːkəbl] *adj* [crime] inqualificable; [pain] indescriptible.

unsportsmanlike [ˌʌnˈspɔːtsmənˌlaɪk] *adj* antiesportiu -iva.

unstable [ˌʌnˈsteɪbl] *adj* inestable.

unsteady [ˌʌnˈstedɪ] (*compar* **-ier**, *superl* **-iest**) *adj* [gen] inestable; [hands, voice] tremolós -osa; [footsteps] vacil·lant.

unstoppable [ˌʌnˈstɒpəbl] *adj* irrefrenable, incontenible.

unstuck [ʌnˈstʌk] *adj*: **to come ~** [notice, stamp, label] desenganxar-se, desprendre's; *fig* [plan, system, person] fracassar.

unsuccessful [ˌʌnsəkˈsesfʊl] *adj* [person] fracassat -ada; [attempt, meeting] infructuós -osa.

unsuccessfully [ˌʌnsəkˈsesfʊlɪ] *adv* sense èxit, en va.

unsuitable [ˌʌnˈsuːtəbl] *adj* inadequat -ada; **he is ~ for the job** no és la persona adient per a aquesta feina; **I'm afraid 3 o'clock would be ~** em sap greu, però a les 3 no és bona hora.

unsure [ˌʌnˈʃɔːʳ] *adj* **-1.** [not confident]: **to be ~ of o.s.** sentir-se insegur -a. **-2.** [not certain]: **to be ~ (about / of)** no estar gaire segur -a (de).

unsuspecting [ˌʌnsəˈspektɪŋ] *adj* desprevingut -uda, confiat -ada.

unsympathetic [ˈʌnˌsɪmpəˈθetɪk] *adj*: **~ to** indiferent a.

untangle [ˌʌnˈtæŋgl] *vt* desembrollar.

untapped [ˌʌnˈtæpt] *adj* sense explotar.

untenable [ˌʌnˈtenəbl] *adj* insostenible.

unthinkable [ʌnˈθɪŋkəbl] *adj* impensable, inconcebible.

untidy [ʌnˈtaɪdɪ] (*compar* **-ier**, *superl* **-iest**) *adj* [room, desk] desendreçat -ada; [person, appearance] deixat -ada.

untie [ˌʌnˈtaɪ] (*cont* **untying**) *vt* descordar.

until [ənˈtɪl] <> *prep* fins (a); **~ now / then** fins ara / aleshores. <> *conj* **-1.** [gen] fins que. **-2.** (*after negative*): **don't leave ~ you've finished** no marxis fins que no hagis acabat.

untimely [ʌnˈtaɪmlɪ] *adj* **-1.** [premature] prematur -a. **-2.** [inappropriate] intempestiu -iva.

untold [ˌʌnˈtəʊld] *adj* [incalculable, vast] incalculable; [suffering, joy] indescriptible.

untoward [ˌʌntəˈwɔːd] *adj* [event] advers -a; [behaviour] fora de lloc.

untrue [ˌʌnˈtruː] *adj* **-1.** [not true] fals -a. **-2.** [unfaithful]: **to be ~ to** ser infidel / deslleial a.

unused [*sense 1* ˌʌnˈjuːzd, *sense 2* ʌnˈjuːst] *adj* **-1.** [not previously used] nou nova, sense usar. **-2.** [unaccustomed]: **to be ~ to sthg / to doing sthg** no estar acostumat -ada a alguna cosa / a fer alguna cosa.

unusual [ʌnˈjuːʒl] *adj* [rare] insòlit -a, poc comú -una.

unusually [ʌnˈjuːʒəlɪ] *adv* **-1.** [exceptionally] extraordinàriament. **-2.** [surprisingly] sorprenentment.

unveil [ˌʌnˈveɪl] *vt* **-1.** [statue, plaque] descobrir. **-2.** *fig* [plans, policy] revelar.

unwanted [ˌʌnˈwɒntɪd] *adj* [clothes, furniture] superflu -èrflua; [child, pregnancy] no desitjat -ada.

unwavering [ʌnˈweɪvərɪŋ] *adj* [determination, feeling] ferm -a; [concentration] constant; [gaze] fix -a.

unwelcome [ʌnˈwelkəm] *adj* inoportú -una.

unwell [ˌʌnˈwel] *adj*: **to be / feel ~** trobar-se malament.

unwieldy [ʌnˈwiːldɪ] (*compar* **-ier**, *superl* **-iest**) *adj* **-1.** [object] voluminós -osa; [tool] poc manejable. **-2.** *fig* [system, organization] poc eficient.

unwilling [ʌnˈwɪlɪŋ] *adj* no disposat -ada; **to be ~ to do sthg** no estar disposat a fer alguna cosa.

unwind [ˌʌnˈwaɪnd] (*pt & pp* **unwound**) <> *vt* desenrotllar. <> *vi* *fig* [person] relaxar-se.

unwise [ˌʌnˈwaɪz] *adj* imprudent, poc aconsellable.

unwitting [ʌnˈwɪtɪŋ] *adj fml* inconscient.

unworkable [ˌʌnˈwɜːkəbl] *adj* impracticable.

unworthy [ʌnˈwɜːðɪ] (*compar* **-ier**, *superl* **-iest**) *adj* [undeserving]: **to be ~ of** no ser digne -a de.

unwound [ˌʌnˈwaʊnd] *pt & pp* ➤ **unwind**.

unwrap [ˌʌnˈræp] (*pt & pp* **-ped**, *cont* **-ping**) *vt* [present] desembolicar; [parcel] desempaquetar.

unwritten law [ˌʌnˈrɪtn-] *n* llei *f* no escrita.

up [ʌp] (*pt & pp* **-ped**, *cont* **-ping**) ⋄ *adv* **-1.** [towards a higher position] cap amunt; [in a higher position] dalt; **to throw sthg ~** llançar alguna cosa cap amunt; **she's ~ in her room** és dalt, a la seva habitació; **pick it ~!** recull-ho!; **we walked ~ to the top** vam pujar fins a dalt de tot; **the sun came ~** va sortir el sol; **a house ~ in the mountains** una casa dalt de la muntanya; **prices are going ~** els preus estan pujant. **-2.** [into an upright position]: **to stand ~** aixecar-se; **help me ~** ajuda'm a aixecar-me; **~ you get!** amunt! **-3.** [northwards]: **I'm going ~ to York next week** la setmana vinent pujaré a York; **~ north** al nord. **-4.** [along a road or river] endavant; **their house is 100 metres further ~** la seva casa és 100 metres més enllà. **-5.** [close up, towards]: **to come ~ to sb** acostar-se a algú. ⋄ *prep* **-1.** [towards a higher position]: **we went ~ the mountain** vam pujar a dalt de la muntanya; **I went ~ the stairs** vaig pujar les escales. **-2.** [in a higher position] al damunt de; **~ a tree** dalt d'un arbre; **halfway ~ a mountain** a mig camí de la pujada a una muntanya. **-3.** [at far end of] al final de; **they live ~ the road from us** viuen al final del nostre carrer. **-4.** [against current of river]: **~ the Amazon** Amazones amunt. ⋄ *adj* **-1.** [out of bed] llevat -ada; **I was ~ at six today** avui m'he llevat a les sis. **-2.** [at an end] acabat -ada; **time's ~** s'ha acabat el temps. **-3.** [under repair]: **"road ~"** "carretera en obres". **-4.** *inf* [wrong]: **is sthg ~?** passa res?; **what's ~?** què passa? ⋄ *n*: **~s and downs** alts i baixos *mpl*. ⋄ *vt inf* [price, cost] pujar. ➤ **up and down** ⋄ *adv* **to jump ~ and down** saltar amunt i avall; **to walk ~ and down** caminar d'un costat a l'altre. ⋄ *prep*: **she's ~ and down the stairs all day** porta tot el dia pujant i baixant les escales; **she looked ~ and down the ranks of soldiers** va inspeccionar les fileres de soldats de dalt a baix; **we walked ~ and down the avenue** vam passejar avinguda amunt, avinguda avall. ➤ **up to** *prep* **-1.** [indicating level] fins; **it could take ~ to six weeks** podria tardar fins a sis setmanes; **it's not ~ to standard** no té el nivell necessari. **-2.** [well or able enough for]: **to be ~ to doing sthg** sentir-se amb forces per fer alguna cosa; **my French isn't ~ to much** el meu francès no és res de l'altre món. **-3.** *inf* [secretly doing sthg]: **what are you ~ to?** què estàs tramant? **-4.** [indicating responsibility]: **it's not ~ to me to decide** decidir-ho no és cosa meva; **it's ~ to you** tu decideixes. ➤ **up to, up until** *prep* fins.

up-and-coming *adj* prometedor -a, amb futur.

upbringing [ˈʌpˌbrɪŋɪŋ] *n* educació *f*.

update [ˌʌpˈdeɪt] *vt* actualitzar.

upheaval [ʌpˈhiːvl] *n* trastorn *m*, agitació *f*.

upheld [ʌpˈheld] *pt & pp* ➤ **uphold**.

uphill [ˌʌpˈhɪl] ⋄ *adj* [rising] empinat -ada; *fig* [difficult] ardu àrdua, difícil. ⋄ *adv* costa amunt.

uphold [ʌpˈhəʊld] (*pt & pp* **upheld**) *vt* sostenir, recolzar.

upholstery [ʌpˈhəʊlstərɪ] *n* tapisseria *f*, entapissat *m*.

upkeep [ˈʌpkiːp] *n* manteniment *m*.

uplifting [ʌpˈlɪftɪŋ] *adj* inspirador -a.

up-market *adj* de classe superior, de categoria.

upon [əˈpɒn] *prep fml* sobre (de); **~ entering the room** en el moment d'entrar a l'habitació; **question ~ question** pregunta rere pregunta; **summer is ~ us** ja tenim l'estiu a sobre.

upper [ˈʌpəʳ] ⋄ *adj* superior. ⋄ *n* [of shoe] empenya *f*.

upper class *n*: **the ~** la classe alta. ➤ **upper-class** *adj* de classe alta.

upper hand *n*: **to have / gain the ~ (in)** portar / començar a portar avantatge (en).

uppermost [ˈʌpəməʊst] *adj* **-1.** [highest] més alt -a. **-2.** [most important]: **to be ~ in one's mind** ser el més important per a un mateix.

upright [*adj senses 1 to 3 & adv* ˌʌpˈraɪt, *adj sense 4 & n* ˈʌpraɪt] ⋄ *adj* **-1.** [erect - person] dret -a. **-2.** [standing vertically - object] vertical. **-3.** [chair] dret -a. **-4.** *fig* [honest] recte -a, honrat -ada. ⋄ *adv* verticalment. ⋄ *n* muntant *m*.

uprising ['ʌpˌraɪzɪŋ] n sublevació f, aixecament m.

uproar ['ʌprɔːʳ] n **-1.** (U) [commotion] avalot m. **-2.** [protest] escàndol m.

uproot [ʌpˈruːt] vt **-1.** [person] desplaçar; **to ~ oneself** traslladar-se. **-2.** BOT [plant] desarrelar.

upset [ʌpˈset] (pt & pp **upset**, cont **-ting**) ◇ adj **-1.** [distressed] disgustat -ada, afectat -ada. **-2.** MED: **to have an ~ stomach** tenir mal d'estómac. ◇ n: **to have a stomach ~** tenir mal d'estómac. ◇ vt **-1.** [distress] disgustar, pertorbar. **-2.** [mess up] desconcertar, alterar. **-3.** [overturn, knock over] bolcar.

upshot ['ʌpʃɒt] n resultat m.

upside down [ˌʌpsaɪd-] ◇ adj del revés. ◇ adv al revés; **to turn sthg ~** regirar alguna cosa, desordenar alguna cosa.

upstairs [ˌʌpˈsteəz] ◇ adj de dalt. ◇ adv a dalt. ◇ n el pis de dalt.

upstart ['ʌpstɑːt] n arribista mf.

upstream [ˌʌpˈstriːm] ◇ adj: **to be ~ (from)** estar riu amunt (de). ◇ adv riu amunt.

upsurge ['ʌpsɜːdʒ] n: ~ **of / in** augment m considerable de.

uptake ['ʌpteɪk] n: **to be quick on the ~** agafar-les al vol; **to be slow on the ~** ser un xic maldestre.

uptight [ʌpˈtaɪt] adj inf tens -a, nerviós -osa.

up-to-date adj **-1.** [modern] modern -a. **-2.** [most recent] actual. **-3.** [informed]: **to keep ~ with** mantenir-se al dia de.

upturn ['ʌptɜːn] n: ~ **(in)** millora f (de).

upward ['ʌpwəd] ◇ adj ascendent. ◇ adv Am = **upwards**.

upwards ['ʌpwədz] adv cap amunt.
➝ **upwards of** prep més de.

uranium [juˈreɪnjəm] n urani m.

Uranus [ˈjʊərənəs] n Urà.

urban ['ɜːbən] adj urbà -ana.

urbane [ɜːˈbeɪn] adj cortès -esa, urbà -ana.

urchin ['ɜːtʃɪn] n dated pillet m -a f, murri m múrria f.

Urdu ['ʊədu:] n urdú m.

urge [ɜːdʒ] ◇ n impuls m, desig m; **to have an ~ to do sthg** tenir un desig molt fort de fer alguna cosa. ◇ vt **-1.** [try to persuade]: **to ~ sb to do sthg** instar algú a fer alguna cosa. **-2.** [advocate] recomanar vivament.

urgency ['ɜːdʒənsɪ] n (U) urgència f.

urgent ['ɜːdʒənt] adj **-1.** [pressing] urgent. **-2.** [desperate] instant.

urinal [ˌjʊəˈraɪnl] n [place] urinari m; [vessel] orinal m.

urinate ['jʊərɪneɪt] vi orinar.

urine ['jʊərɪn] n orina f.

urn [ɜːn] n **-1.** [for ashes] urna f. **-2.** [for tea, coffee] cilindre o barril amb aixeta per servir te o cafè en grans quantitats.

Uruguay ['jʊərəgwaɪ] n Uruguai.

Uruguayan [ˌjʊərəˈgwaɪən] ◇ adj uruguaià -ana. ◇ n uruguaià m -ana f.

us [ʌs] pers pron **-1.** (direct, indirect) ens, 'ns, -nos; **can you see / hear ~?** ens pots veure / sentir?; **it's ~** som nosaltres; **he sent ~ a letter** ens va enviar una carta; **she gave it to ~** ens ho va donar. **-2.** (stressed, after preposition, in comparisons etc.) nosaltres mfpl; **you can't expect ~ to do it** no deus pas esperar que ho fem nosaltres; **with / without ~** amb / sense nosaltres; **they are more wealthy than ~** ells són més rics que nosaltres; **all of ~** tots nosaltres; **some of ~** alguns de nosaltres.

US n (abbr of United States) EUA mpl.

USA n **-1.** (abbr of United States of America) EUA mpl. **-2.** (abbr of United States Army) forces armades dels Estats Units.

usage ['juːzɪdʒ] n ús m.

use [n & aux vb juːs, vt juːz] ◇ n ús m; **to be in ~** funcionar; **to be out of ~** no funcionar; **"out of ~"** "fora de servei"; **to make ~ of sthg** utilitzar alguna cosa; **he still has the ~ of his legs** encara li funcionen les cames; **to let sb have the ~ of sthg** deixar que algú utilitzi alguna cosa; **to be of / no ~** ser útil / inútil; **what's the ~ (of doing sthg)?** de què serveix (fer alguna cosa)? ◇ aux vb soler, acostumar; **he ~d to be fat** abans era gras; **I ~d to go swimming** abans solia anar a nedar. ◇ vt **-1.** [utilize, employ] usar, emprar. **-2.** [exploit] usar, fer servir. ➝ **use up** vt sep esgotar.

used [sense 1 juːzd, sense 2 juːst] adj **-1.** [dirty, second-hand] usat -ada. **-2.** [accustomed]: **to be ~ to** estar acostumat -ada a; **to get ~ to** acostumar-se a.

useful ['juːsfʊl] adj **-1.** [handy] útil; **to come in ~** servir, ser útil. **-2.** [helpful - person] valuós -osa.

useless ['juːslɪs] adj **-1.** [gen] inútil. **-2.** inf [hopeless] incompetent.

user ['juːzəʳ] n usuari m -ària f.

user-friendly adj [gen & COMPUT] d'ús fàcil.

usher ['ʌʃər] ◇ n [at wedding] uixer m; [at theatre, concert] acomodador m. ◇ vt: **to ~ sb in** fer passar algú; **to ~ sb out** acompanyar algú fins a la porta.

usherette n acomodadora f.

USSR (abbr of Union of Soviet Socialist Republics) n: **the (former) ~** la (l'antiga) URSS.

usual ['ju:ʒəl] adj habitual; **as ~** [as normal] com de costum; [as often happens] com sempre.

usually ['ju:ʒəlɪ] adv generalment, normalment; **more than ~** més que de costum.

usurp [ju:zɜ:p] vt fml usurpar.

utensil [ju:tensl] n utensili m.

uterus ['ju:tərəs] (pl **-ri** [-raɪ] / **-ruses**) n úter m.

utility [ju:'tɪlətɪ] (pl **-ies**) n -1. [gen & COMPUT] utilitat f. -2. [public service] servei m públic.

utility room n recuina f.

utilize, -ise ['ju:təlaɪz] vt utilitzar.

utmost ['ʌtməʊst] ◇ adj major, suprem -a. ◇ n: **to do one's ~** fer els impossibles; **to the ~** al màxim.

utter ['ʌtər] ◇ adj pur -a, complet -a. ◇ vt [word] pronunciar; [sound, cry] emetre.

utterly ['ʌtəlɪ] adv completament, totalment.

U-turn n lit & fig gir m de 180°.

v¹ (pl **vs** / **v's**), **V** (pl **Vs** / **V's**) [vi:] n [letter] v f, V f.

v² -1. (abbr of verse) v. -2. (abbr of volt) V. -3. (abbr of vide) [cross-reference] v. -4. abbr of versus.

vacancy ['veɪkənsɪ] (pl **-ies**) n -1. [job, position] vacant f. -2. [room available] habitació f lliure; **"no vacancies"** "complet".

vacant ['veɪkənt] adj -1. [room, chair, toilet] lliure. -2. [job, post] vacant. -3. [look, expression] distret -a.

vacant lot n solar m.

vacate [və'keɪt] vt -1. [job, post] deixar vacant. -2. [room, seat, premises] desocupar.

vacation [və'keɪʃn] n vacances fpl.

vacationer [və'keɪʃənər] n Am: summer **~** estiuejant mf.

vaccinate [væksɪneɪt] vt: **to ~ sb (against sthg)** vacunar algú (contra alguna cosa).

vaccine [Br 'væksi:n, Am væk'si:n] n vacuna f.

vacuum ['vækjʊəm] ◇ n -1. TECH & fig buit m. -2. [cleaner] aspiradora f. ◇ vt passar l'aspiradora per.

vacuum cleaner n aspiradora f.

vacuum-packed adj envasat -ada al buit.

vagina [və'dʒaɪnə] n vagina f.

vagrant ['veɪgrənt] n vagabund m -a f.

vague [veɪg] adj -1. [imprecise] vague -ga, imprecís -isa. -2. [person] poc clar -a. -3. [feeling] lleuger -a. -4. [evasive] evasiu -iva; **to be ~ about** ser imprecís -isa respecte de. -5. [absent-minded] distret -a. -6. [outline] borrós -osa.

vaguely ['veɪglɪ] adv -1. [imprecisely] vagament. -2. [slightly, not very] lleugerament. -3. [indistinctly]: **I could ~ make out a ship** amb prou feines veia un vaixell.

vain [veɪn] adj -1. pej [conceited] vanitós -osa. -2. [futile] va vana. ✦ **in vain** adv en va.

valentine card ['væləntaɪn-] n targeta f que s'envia el Dia dels Enamorats.

Valentine's Day ['væləntaɪnz-] n: **(St) ~** Dia m dels Enamorats.

valet ['væleɪ] n ajuda m de cambra.

valiant ['væljənt] adj valerós -osa.

valid ['vælɪd] adj -1. [argument, explanation] vàlid -a. -2. [ticket, driving licence] valedor -a.

valley ['vælɪ] (pl **-s**) n vall f.

valour Br, **valor** Am ['vælər] n (U) fml & liter valor m.

valuable ['væljʊəbl] adj valuós -osa. ✦ **valuables** npl objectes mpl de valor.

valuation [,væljʊ'eɪʃn] n -1. [pricing, estimated price] avaluació f, taxació f. -2. [opinion, judging of worth] valoració f.

value ['vælju:] ◇ n valor m; **to place a high ~ on** donar molta importància a; **to be good ~** estar molt bé de preu; **to be ~ for money** estar molt bé de preu; **to take sthg / sb at face ~** prendre's alguna cosa / algú al peu de la lletra. ◇ vt -1. [estimate price of] valorar, taxar. -2. [cherish] apreciar. ✦ **values** npl [morals] valors mpl morals, principis mpl.

value-added tax [-'ædɪd] n impost m sobre el valor afegit.

valued ['vælju:d] *adj* estimat -ada, apreciat -ada.

valve [vælv] *n* [in pipe, tube] vàlvula *f*.

van [væn] *n* **-1.** AUTOM furgoneta *f*, camioneta *f*. **-2.** *Br* RAIL furgó *m*.

vandal ['vændl] *n* vàndal *m* -a *f*, gamberro *m* -a *f*.

vandalism ['vændəlɪzm] *n* vandalisme *m*, gamberrisme *m*.

vandalize, -ise ['vændəlaɪz] *vt* destruir, destrossar.

vanguard ['væŋgɑːd] *n* avantguarda *f*; **in the ~ of** a l'avantguarda de.

vanilla [və'nɪlə] <> *n* vainilla *f*. <> *comp* de vainilla.

vanish ['vænɪʃ] *vi* desaparèixer.

vanity ['vænətɪ] *n pej* vanitat *f*.

vantagepoint ['vɑːntɪdʒ,pɔɪnt] *n* posició *f* avantajosa.

vapour *Br*, **vapor** *Am* ['veɪpəʳ] *n* (U) vapor *m*.

variable ['veərɪəbl] <> *adj* variable. <> *n* variable *f*.

variance ['veərɪəns] *n fml*: **at ~ (with)** en desacord (amb).

variation [,veərɪ'eɪʃn] *n*: **~ (in / on)** variació *f* (de / sobre).

varicose veins ['værɪkəʊs-] *npl* varices *fpl*.

varied ['veərɪd] *adj* variat -ada.

variety [və'raɪətɪ] (*pl* **-ies**) *n* **-1.** [gen] varietat *f*; **for a ~ of reasons** per raons diverses; **a wide ~ of** una gran diversitat de. **-2.** (U) THEAT varietats *fpl*.

variety show *n* espectacle *m* de varietats.

various ['veərɪəs] *adj* **-1.** [several] diversos -es. **-2.** [different] distints -es.

varnish ['vɑːnɪʃ] <> *n* vernís *m*. <> *vt* [with -] envernissar; [with nail -] pintar.

vary ['veərɪ] (*pt & pp* **-ied**) <> *vt* variar. <> *vi*: **to ~ (in / with)** variar (de / amb).

vase [*Br* vɑːz, *Am* veɪz] *n* gerro *m*.

Vaseline® ['væsəliːn] *n* vaselina *f*.

vast [vɑːst] *adj* vast -a, immens -a.

vat [væt] *n* bóta *f*, tina *f*.

VAT [væt, viːeɪ'tiː] *n* (abbr of **value added tax**) IVA *m*.

Vatican ['vætɪkən] *n*: **the ~** el Vaticà.

vault [vɔːlt] <> *n* **-1.** [in bank] cambra *f* cuirassada. **-2.** [in church] cripta *f*. **-3.** [roof] volta *f*. **-4.** [jump] salt *m*. <> *vt* saltar. <> *vi*: **to ~ over sthg** saltar per sobre d'alguna cosa.

VCR (abbr of **video cassette recorder**) *n* vídeo *m*.

VD (abbr of **venereal disease**) *n* MTS *f*.

VDU (abbr of **visual display unit**) *n* pantalla *f*.

veal [viːl] *n* (U) vedella *f*.

veer [vɪəʳ] *vi* virar.

vegan ['viːgən] *n* persona vegetariana que no consumeix cap producte provinent d'un animal, com ara ous, llet, etc.

vegetable ['vedʒtəbl] <> *n* **-1.** BOT vegetal *m*. **-2.** [food] hortalissa *f*, llegum *m*; **~s** verdura *f*. <> *adj* vegetal.

vegetarian [,vedʒɪ'teərɪən] <> *adj* vegetarià -ana. <> *n* vegetarià *m* -ana *f*.

vegetation [,vedʒɪ'teɪʃn] *n* vegetació *f*.

vehement ['viːəmənt] *adj* [person, denial] vehement; [attack, gesture] violent -a.

vehicle ['viːəkl] *n* **-1.** [for transport] vehicle *m*. **-2.** *fig* [medium]: **a ~ for** un vehicle per a.

veil [veɪl] *n lit & fig* vel *m*.

vein [veɪn] *n* **-1.** ANAT & BOT vena *f*. **-2.** [of mineral] filó *m*, veta *f*. **-3.** [style, mood] rampell *m*.

velocity [vɪ'lɒsətɪ] (*pl* **-ies**) *n* velocitat *f*.

velvet ['velvɪt] <> *n* vellut *m*. <> *comp* de vellut.

vendetta [ven'detə] *n* enemistat *f* mortal.

vending machine ['vendɪŋ-] *n* expenedor *m*.

vendor ['vendɔːʳ] *n* venedor *m* -a *f*.

veneer [və'nɪəʳ] *n* [of wood] xapa *f*; *fig* [appearance] aparença *f*.

venereal disease [vɪ'nɪərɪəl-] *n* malaltia *f* venèria.

venetian blind *n* persiana *f* veneciana.

Venezuela [,venɪz'weɪlə] *n* Veneçuela.

Venezuelan [,venɪz'weɪlən] <> *adj* veneçolà -ana. <> *n* veneçolà *m* -ana *f*.

vengeance ['vendʒəns] *n* venjança *f*; **with a ~** amb escreix.

venison ['venɪzn] *n* carn *f* de cérvol.

venom ['venəm] *n* [poison] verí *m*; *fig* [spite] malevolència *f*.

vent [vent] <> *n* [opening] boca *f* de ventilació; [grille] reixeta *f* de ventilació; **to give ~ to sthg** donar curs a alguna cosa. <> *vt*: **to ~ sthg (on)** desfogar alguna cosa (sobre).

ventilate ['ventɪleɪt] *vt* ventilar.

ventilator ['ventɪleɪtəʳ] *n* ventilador *m*.

ventriloquist [ven'trɪləkwɪst] *n* ventríloc *m* -oqua *f*.

venture ['ventʃəʳ] ◇ n empresa f; business ~ empresa comercial. ◇ vt aventurar; to ~ to do sthg aventurar-se a fer alguna cosa. ◇ vi **-1.** [go somewhere dangerous]: she ~d outside es va atrevir a sortir. **-2.** [take a risk]: to ~ into llançar-se a.

venue ['venjuː] n lloc m (on se celebra alguna cosa).

Venus ['viːnəs] n [planet] Venus m.

veranda(h) [vəˈrændə] n veranda f.

verb [vɜːb] n verb m.

verbal ['vɜːbl] adj verbal.

verbatim [vɜːˈbeɪtɪm] ◇ adj literal. ◇ adv literalment, paraula per paraula.

verbose [vɜːˈbəʊs] adj fml [person] verbós -osa; [report] prolix -a.

verdict ['vɜːdɪkt] n **-1.** JUR veredicte m. **-2.** [opinion]: ~ (on) judici m / opinió f (sobre).

verge [vɜːdʒ] n **-1.** [edge, side] vora f. **-2.** [brink]: on the ~ of sthg al caire d'alguna cosa; on the ~ of doing sthg a punt de fer alguna cosa. ◆ **verge (up)on** vt fus ranejar.

verify ['verɪfaɪ] (pt & pp **-ied**) vt **-1.** [check] verificar, comprovar. **-2.** [confirm] confirmar.

veritable ['verɪtəbl] adj hum / fml veritable.

vermin ['vɜːmɪn] npl bestioles fpl, cuques fpl.

vermouth ['vɜːməθ] n vermut m.

versa ⇒ vice versa.

versatile ['vɜːsətaɪl] adj **-1.** [person] versàtil. **-2.** [machine, tool] que té molts usos.

verse [vɜːs] n **-1.** (U) [poetry] vers m, poesia f. **-2.** [stanza] estrofa f. **-3.** [in Bible] versicle m.

versed [vɜːst] adj: well ~ in versat -ada en.

version ['vɜːʃn] n versió f.

versus ['vɜːsəs] prep **-1.** SPORT contra. **-2.** [as opposed to] en oposició a.

vertebra ['vɜːtɪbrə] (pl **-brae** ['bɜː]) n vèrtebra f.

vertical ['vɜːtɪkl] adj vertical.

vertigo ['vɜːtɪgəʊ] n vertigen m.

verve [vɜːv] n nervi m, entusiasme m.

very ['verɪ] ◇ adv **-1.** [as intensifier] molt; ~ much molt. **-2.** [as euphemism]: not ~ often / much no gaire; he's not ~ intelligent no és gaire intel·ligent; is it good? - not ~ és bo? - no gaire. ◇ adj precís -isa; the ~ thing I was looking for just allò que estava buscant; the ~ thought makes me ill només de pensar-hi en poso malalta; fighting for his ~ life lluitant per la seva pròpia vida; the ~ best el millor (de tots); at the ~ least com a mínim; a house of my ~ own la meva pròpia casa. ◆ **very well** adv molt bé; you can't ~ well stop him now ara ja és massa tard per aturar-lo.

vessel ['vesl] n fml **-1.** [boat] nau f. **-2.** [container] atuell m, recipient m.

vest [vest] n **-1.** Br [undershirt] samarreta f. **-2.** Am [waistcoat] armilla f.

vested interest ['vestɪd-] n: ~ (in) interessos mpl creats (en).

vestibule ['vestɪbjuːl] n **-1.** fml [entrance hall] vestíbul m. **-2.** Am [on train] plataforma f.

vestige ['vestɪdʒ] n fml vestigi m.

vestry ['vestrɪ] (pl **-ies**) n sagristia f.

vet [vet] (pt & pp **-ted**, cont **-ting**) ◇ n **-1.** Br (abbr of **veterinary surgeon**) veterinari m -ària f. **-2.** Am (abbr of **veteran**) excombatent mf. ◇ vt investigar.

veteran ['vetrən] ◇ adj veterà -ana. ◇ n veterà m -ana f.

veterinarian [ˌvetərɪˈneərɪən] n Am veterinari m -ària f.

veterinary surgeon ['vetərɪnrɪ-] n Br fml veterinari m -ària f.

veto ['viːtəʊ] (pl **-es**, pt & pp **-ed**, cont **-ing**) ◇ n veto m. ◇ vt vetar.

vex [veks] vt fml molestar.

vexed question [vekst-] n qüestió f espinosa.

vg (abbr of very good) MB.

VHF (abbr of very high frequency) VHF.

VHS (abbr of video home system) n VHS.

via ['vaɪə] prep **-1.** [travelling through] via. **-2.** [by means of] a través de, per; ~ satellite per satèl·lit.

viable ['vaɪəbl] adj viable.

vibrate [vaɪˈbreɪt] vi vibrar.

vicar ['vɪkəʳ] n [in Church of England] rector m; [in Roman Catholic Church] vicari m.

vicarage ['vɪkərɪdʒ] n rectoria f.

vicarious [vɪˈkeərɪəs] adj vicari -ària, indirecte -a.

vice [vaɪs] n **-1.** [immorality, moral fault] vici m. **-2.** [tool] cargol m de banc.

vice-chairman n vicepresident m.

vice-chancellor n UNIV rector m -a f.

vice-president n vicepresident m -a f.

vice versa [ˌvaɪsɪˈvɜːsə] adv viceversa.

vicinity [vɪˈsɪnətɪ] n: in the ~ (of) prop (de).

vicious ['vɪʃəs] *adj* [dog] furiós -osa; [person, ruler] cruel, depravat -ada; [criticism, attack] despietat -ada.

vicious circle *n* cercle *m* viciós.

victim ['vɪktɪm] *n* víctima *f*.

victimize, -ise ['vɪktɪmaɪz] *vt* [retaliate against] prendre represàlies contra; [pick on] mortificar.

victor ['vɪktəʳ] *n liter* vencedor *m* -a *f*.

victorious [vɪk'tɔːrɪəs] *adj* victoriós -osa.

victory ['vɪktərɪ] (*pl* -**ies**) *n*: ~ **(over)** victòria *f* (sobre).

video ['vɪdɪəʊ] (*pl* -**s**, *pt & pp* -**ed**, *cont* -**ing**) ◇ *n* -**1.** [recording, medium, machine] vídeo *m*. -**2.** [cassette] videocasset *f*. ◇ *comp* vídeo. ◇ *vt* -**1.** [using - recorder] enregistrar en vídeo. -**2.** [using camera] fer un vídeo de.

video camera *n* càmera *f* de vídeo.

video cassette *n* videocasset *f*.

videoconference [,vɪdɪə'kɒnfərəns] *n* videoconferència *f*.

video game *n* videojoc *m*, joc *m* de vídeo.

video shop *n* botiga *f* de vídeos.

videotape ['vɪdɪəʊteɪp] *n* cinta *f* de vídeo.

vie [vaɪ] (*pt & pp* **vied**, *cont* **vying**) *vi*: **to** ~ **(with sb for sthg / to do sthg)** competir (amb algú per alguna cosa / per fer alguna cosa).

Vienna [vɪ'enə] *n* Viena.

Vietnam [,vjet'næm] *n* (el) Vietnam.

Vietnamese [,vjetnə'miːz] ◇ *adj* vietnamita. ◇ *n* -**1.** [person] vietnamita *mf*. -**2.** [language] vietnamita *m*.

view [vjuː] ◇ *n* -**1.** [opinion] parer *m*, opinió *f*; **what is your** ~ **on ...?** què opines sobre...?; **in my** ~ segons el meu parer; **to take the** ~ **that** pensar que. -**2.** [attitude]: ~ **(of)** actitud *f* (davant de). -**3.** [scene] vista *f*, panorama *m*. -**4.** [field of vision] vista *f*; **to come into** ~ aparèixer. ◇ *vt* -**1.** [consider] considerar. -**2.** *fml* [examine, look at - stars etc.] observar; [- house, flat] visitar, veure. ◆ **in view of** *prep* en vista de.

viewer ['vjuːəʳ] *n* -**1.** [person] (tele)espectador *m* -a *f*. -**2.** [apparatus] visionadora *f*.

viewfinder ['vjuː,faɪndəʳ] *n* visor *m*.

viewpoint ['vjuːpɔɪnt] *n* -**1.** [opinion] punt *m* de vista. -**2.** [place] mirador *m*.

vigil ['vɪdʒɪl] *n* -**1.** [watch] vigília *f*. -**2.** RELIG Vigília *f*.

vigilante [,vɪdʒɪ'læntɪ] *n* persona que patrulla pels carrers de manera extraoficial, prenent-se la justícia pel seu compte.

vigorous ['vɪgərəs] *adj* enèrgic -a.

vile [vaɪl] *adj* [person, act] vil, roí roïna; [food, smell] repugnant; [mood] de futris.

village ['vɪlɪdʒ] *n* vila *f*, poble *m*.

villager ['vɪlɪdʒəʳ] *n* vilatà *m* -ana *f*.

villain ['vɪlən] *n* -**1.** [of film, book] dolent *m* -a *f*. -**2.** *dated* [criminal] canalla *mf*, criminal *mf*.

vinaigrette [,vɪnɪ'gret] *n* vinagreta *f*.

vindicate ['vɪndɪkeɪt] *vt* vindicar; **his decision was** ~**d by the result** el resultat va justificar la seva decisió.

vindictive [vɪn'dɪktɪv] *adj* vindicatiu -iva.

vine [vaɪn] *n* [on ground] vinya *f*; [climbing plant] cep *m*.

vinegar ['vɪnɪgəʳ] *n* vinagre *m*.

vineyard ['vɪnjəd] *n* vinya *f*.

vintage ['vɪntɪdʒ] ◇ *adj* -**1.** [wine] anyenc -a. -**2.** [classic] clàssic -a. ◇ *n* collita *f* (de vi).

vintage wine *n* vi *m* anyenc.

vinyl ['vaɪnɪl] ◇ *n* vinil *m*. ◇ *comp* de vinil.

viola [vɪ'əʊlə] *n* viola *f*.

violate ['vaɪəleɪt] *vt* -**1.** [law, treaty, rights] violar, infringir. -**2.** [peace, privacy] envair. -**3.** [tomb, grave] profanar.

violence ['vaɪələns] *n* violència *f*.

violent ['vaɪələnt] *adj* -**1.** [gen] violent -a. -**2.** [emotion, anger] intens -a. -**3.** [colour] cridaner -a. -**4.** [weather] borrascós -osa.

violet ['vaɪələt] ◇ *adj* violeta, violat -ada. ◇ *n* -**1.** [flower] violeta *f*. -**2.** [colour] violeta *m*.

violin [,vaɪə'lɪn] *n* violí *m*.

violinist [,vaɪə'lɪnɪst] *n* violinista *mf*.

VIP *n* (abbr of **very important person**) personalitat *f*, VIP *mf*.

viper ['vaɪpəʳ] *n* escurçó *m*.

virgin ['vɜːdʒɪn] ◇ *adj liter* [spotless] verge. ◇ *n* verge *mf*.

Virgo ['vɜːgəʊ] (*pl* -**s**) *n* Verge *m*; **to be (a)** ~ ser Verge.

virile ['vɪraɪl] *adj* viril.

virtually ['vɜːtʃʊəlɪ] *adv* pràcticament, gairebé.

virtual reality *n* realitat *f* virtual.

virtue ['vɜːtjuː] *n* -**1.** [morality, good quality] virtut *f*. -**2.** [benefit] avantatge *m*; **there's no** ~ **in** no té cap avantatge. ◆ **by virtue of** *prep fml* en virtut de.

virtuous ['vɜːtʃʊəs] *adj* virtuós -osa.

virus ['vaɪrəs] *n* COMPUT & MED virus *m*.

visa ['viːzə] *n* visat *m*.

vis-a-vis [ˌviːzɑːˈviː] *prep fml* en relació amb.

viscose ['vɪskəʊs] *n* viscosa *f*.

visibility [ˌvɪzɪˈbɪlətɪ] *n* visibilitat *f*.

visible ['vɪzəbl] *adj* visible.

vision ['vɪʒn] *n* **-1.** (U) [ability to see] visió *f*, vista *f*. **-2.** *fig* [foresight] clarividència *f*. **-3.** [impression, dream] visió *f*. **-4.** (U) TV imatge *f*.

visit ['vɪzɪt] ◇ *n* visita *f*; **on a ~** de visita. ◇ *vt* visitar.

visiting hours ['vɪzɪtɪŋ-] *npl* hores *fpl* de visita.

visitor ['vɪzɪtəʳ] *n* **-1.** [to one's home, hospital] visita *f*. **-2.** [to museum, town etc.] visitant *mf*.

visitors' book *n* llibre *m* de visites.

visitor's passport *n Br* passaport *m* provisional.

visor ['vaɪzəʳ] *n* visera *f*.

vista ['vɪstə] *n* [view] vista *f*, perspectiva *f*; *fig* [wide range] perspectiva *f*.

visual ['vɪʒʊəl] *adj* [gen] visual; [of the eyes] ocular.

visual aids *npl* materials *mpl* visuals.

visual display unit *n* monitor *m*.

visualize, -ise ['vɪʒʊəlaɪz] *vt* visualitzar; **to visualize (sb) doing sthg** imaginar (algú) fent alguna cosa.

vital ['vaɪtl] *adj* **-1.** [essential] vital, essencial. **-2.** [full of life] enèrgic -a, ple plena de vida.

vitally ['vaɪtəlɪ] *adv* vitalment, essencialment.

vital statistics *npl inf* mides *fpl* (del cos d'una dona).

vitamin [*Br* vɪtəmɪn, *Am* 'vaɪtəmɪn] *n* vitamina *f*.

vivacious [vɪˈveɪʃəs] *adj* vivaç, animat -ada.

vivid ['vɪvɪd] *adj* **-1.** [colour] viu viva. **-2.** [description, memory] vívid -a.

vividly ['vɪvɪdlɪ] *adv* **-1.** [brightly] amb colors molt vius. **-2.** [clearly] vívidament.

vixen ['vɪksn] *n* guineu *f*.

VLF (abbr of **very low frequency**) VLF.

V-neck *n* **-1.** [sweater, dress] jersei *f* amb coll en punta. **-2.** [neck] coll *m* en punta.

vocabulary [vəˈkæbjʊlərɪ] (*pl* **-ies**) *n* vocabulari *m*.

vocal ['vəʊkl] *adj* **-1.** [outspoken] vociferant. **-2.** [of the voice] vocal.

vocal cords *npl* cordes *fpl* vocals.

vocalist ['vəʊkəlɪst] *n* [in orchestra] vocalista *mf*; [in pop group] cantant *mf*.

vocation [vəʊˈkeɪʃn] *n* vocació *f*; **to have a ~ for** tenir vocació de.

vocational [vəʊˈkeɪʃənl] *adj* professional.

vociferous [vəˈsɪfərəs] *adj fml* sorollós -osa.

vodka ['vɒdkə] *n* [drink] vodka *m*.

vogue [vəʊg] ◇ *adj* de moda. ◇ *n* moda *f*; **there's a ~ for ...** està de moda...; **in ~** de moda.

voice [vɔɪs] ◇ *n* veu *f*; **to raise / lower one's ~** alçar / abaixar la veu; **to keep one's ~ down** no alçar la veu. ◇ *vt* [opinion, emotion] expressar.

voice mail *n* correu *m* de veu.

void [vɔɪd] ◇ *adj* **-1.** [invalid] invàlid -a; **null. -2.** *fml* [empty]: **~ of** mancat -ada de. ◇ *n liter* buit *m*.

volatile [*Br* 'vɒlətaɪl, *Am* 'vɒlətl] *adj* [situation] volàtil; [person] voluble, inconstant.

vol-au-vent ['vɒləʊvã] *n* vol-au-vent *m*.

volcano [vɒlˈkeɪnəʊ] (*pl* **-es** *o* **-s**) *n* volcà *m*.

volition [vəˈlɪʃn] *n fml*: **of one's own ~** per voluntat pròpia.

volley ['vɒlɪ] (*pl* **-s**) ◇ *n* **-1.** [of gunfire] ràfega *f*, descàrrega *f*. **-2.** *fig* [rapid succession] torrent *m*. **-3.** SPORT volea *f*. ◇ *vt* volejar.

volleyball ['vɒlɪbɔːl] *n* voleibol *m*.

volt [vəʊlt] *n* volt *m*.

voltage ['vəʊltɪdʒ] *n* voltatge *m*.

voluble ['vɒljʊbl] *adj fml* loquaç.

volume ['vɒljuːm] *n* [gen & COMPUT] volum *m*.

voluntarily [*Br* 'vɒləntrɪlɪ, *Am* ˌvɒlənˈterəlɪ] *adv* voluntàriament.

voluntary ['vɒləntrɪ] *adj* voluntari -ària; **~ organization** organització *f* benèfica.

volunteer [ˌvɒlənˈtɪəʳ] ◇ *n* [person who volunteers] voluntari *m* -ària *f*. ◇ *vt* **-1.** [offer of one's free will]: **to ~ to do sthg** oferir-se per fer alguna cosa. **-2.** [information, advice] donar, oferir. ◇ *vi* **-1.** [freely offer one's services]: **to ~ (for)** oferir-se (per). **-2.** MIL allistar-se.

vomit ['vɒmɪt] ◇ *n* vòmit *m*. ◇ *vi* vomitar.

vote [vəʊt] ◇ *n* **-1.** [gen] vot *m*; **~ for / against** vota a favor de / en contra de. **-2.** [session, ballot, result] votació *f*; **to put sthg to the ~** sotmetre alguna cosa a votació. **-3.** [votes cast]: **the ~** els vots. ◇ *vt* **-1.** [person, leader] elegir. **-2.** [choose]: **to ~ to**

vote of thanks (pl **votes of thanks**) n paraules fpl d'agraïment.

voter ['vəʊtəʳ] n votant mf.

voting ['vəʊtɪŋ] n votació f.

vouch [vaʊtʃ]. ◆ **vouch for** vt fus -1. [person] respondre de. -2. [character, accuracy] donar fe de.

voucher ['vaʊtʃəʳ] n val m.

vow [vaʊ] ◇ n RELIG vot m; [solemn promise] promesa f solemne. ◇ vt: **to ~ to do sthg** jurar fer alguna cosa; **to ~ that** jurar que.

vowel ['vaʊəl] n vocal f.

voyage ['vɔɪɪdʒ] n viatge m.

vs abbr of versus.

VSO n (abbr of Voluntary Service Overseas) organització britànica de voluntaris que ajuda països en vies de desenvolupament.

vulgar ['vʌlgəʳ] adj -1. [in bad taste] ordinari -ària, vulgar. -2. [offensive] groller -a.

vulnerable ['vʌlnərəbl] adj: ~ **(to)** vulnerable (a).

vulture ['vʌltʃəʳ] n lit & fig voltor m.

W

w (pl **ws / w's**), **W** (pl **Ws / W's**) ['dʌblju:] n [letter] w f, W f. ◆ **W -1.** (abbr of west) O. **-2.** (abbr of watt) W.

wad [wɒd] n **-1.** [of paper] bloc m. **-2.** [of banknotes, documents] feix m. **-3.** [of cotton, cotton wool, tobacco] bola f.

waddle ['wɒdl] vi caminar com un ànec.

wade [weɪd] vi caminar per l'aigua. ◆ **wade through** vt fus fig: **he was wading through the documents** llegia els documents amb dificultat.

wading pool ['weɪdɪŋ-] n Am piscina f per a nens.

wafer ['weɪfəʳ] n [thin biscuit] neula f.

waffle ['wɒfl] ◇ n **-1.** CULIN gofre m. **-2.** Br inf [vague talk] palla f. ◇ vi enrotllar-se.

waft [wɒft, wɑːft] vi surar.

wag [wæg] (pt & pp **-ged**, cont **-ging**) ◇ vt remenar. ◇ vi agitar-se.

wage [weɪdʒ] ◇ n [gen] salari m; [daily] jornal m. ◇ vt: **to ~ war** fer la guerra. ◆

wages npl [gen] salari m; [daily] jornal m.

wage earner n assalariat m -ada f.

wage packet Br n **-1.** [envelope] sobre m de pagament. **-2.** fig [pay] paga f.

wager ['weɪdʒəʳ] n aposta f.

waggle ['wægl] inf ◇ vt remenar. ◇ vi agitar-se.

waggon ['wægən] Br = **wagon**.

wagon ['wægən] n **-1.** [horse-drawn vehicle] carro m. **-2.** Br RAIL vagó m.

wail [weɪl] ◇ n lament m, gemec m. ◇ vi lamentar-se, gemegar.

waist [weɪst] n cintura f.

waistcoat ['weɪskəʊt] n armilla f.

waistline ['weɪstlaɪn] n cintura f.

wait [weɪt] ◇ n espera f. ◇ vi: **to ~ (for sthg / sb)** esperar (alguna cosa / algú); **to be unable to ~ to do sthg** estar impacient per fer alguna cosa; **(just) you ~**! me les pagaràs!; **to ~ and see** esperar a veure què passa; **~ a minute / second / moment** [interrupting sb] espera un minut / segon / moment; [interrupting oneself] espera! ◇ vt Am [delay] retardar. ◆ **wait for** vt fus esperar. ◆ **wait on** vt fus [serve food to] servir. ◆ **wait up** vi quedar-se esperant despert -a.

waiter ['weɪtəʳ] n cambrer m.

waiting list ['weɪtɪŋ-] n llista f d'espera.

waiting room ['weɪtɪŋ-] n sala f d'espera.

waitress ['weɪtrɪs] n cambrera f.

waive [weɪv] vt fml [rule] no aplicar.

wake [weɪk] (pt **woke / -d**, pp **woken / -d**) ◇ n [of ship, boat] solc m; fig **in its ~** com a conseqüència; fig **in the ~ of** darrere. ◇ vt despertar. ◇ vi despertar-se. ◆ **wake up** ◇ vt sep despertar. ◇ vi **-1.** [wake] despertar-se. **-2.** fig [become aware]: **to ~ up to** adonar-se de, prendre consciència de.

waken ['weɪkən] fml ◇ vt despertar. ◇ vi despertar-se.

Wales [weɪlz] n Gal·les.

walk [wɔːk] ◇ n **-1.** [action of walking] pas m. **-2.** [journey on foot] passeig m; **to go for a ~** sortir a passejar; **it's ten minutes' ~ away** és a deu minuts caminant. **-3.** [route for walking]: **there are some nice ~s here** per aquí es poden fer unes passejades molt agradables. ◇ vt **-1.** [accompany on foot]: **to ~ sb home** acompanyar algú a casa. **-2.** [dog] passejar. **-3.** [streets] caminar per; [distance] recórrer, caminar. ⬦ *vi* **-1.** [move on foot] caminar. **-2.** [for pleasure] passejar. ➣ **walk out** *vi* **-1.** [leave suddenly] sortir. **-2.** [go on strike] declarar-se en vaga. ➣ **walk out on** *vt fus* deixar, abandonar.

walker ['wɔːkə'] *n* caminant *mf*, passejant *mf*.

walkie-talkie [,wɔːkɪ'tɔːkiː] *n* transceptor *m* portàtil.

walking ['wɔːkɪŋ] *n* (U) [for sport] marxa *f*; [for pleasure] passeig *m*.

walking shoes *npl* sabates *fpl* per caminar.

walking stick *n* bastó *m*.

Walkman® ['wɔːkmən] *n* walkman® *m*.

walkout ['wɔːkaʊt] *n* vaga *f*.

walkover ['wɔːk,əʊvə'] *n* victòria *f* fàcil.

walkway ['wɔːkweɪ] *n* [on ship, oilrig, machine] passarel·la *f*; [between buildings] pas *m*.

wall [wɔːl] *n* **-1.** [inside building, of cell, stomach] paret *f*. **-2.** [outside] mur *m*; **to come up against a brick ~** trobar-se en un carrer que no passa; **to drive sb up the ~** tornar algú boig.

wallchart ['wɔːltʃɑːt] *n* mural *m*.

walled [wɔːld] *adj* emmurallat -ada.

wallet ['wɒlɪt] *n* cartera *f*.

wallflower ['wɔːl,flaʊə'] *n* **-1.** [plant] violer *m* groc. **-2.** *inf fig* [person] persona tímida que queda al marge en una festa.

wallop ['wɒləp] *inf* ⬦ *n* [to person] mastegot *m*; [to thing] cop *m*. ⬦ *vt* [child] donar un mastegot a; [ball] colpejar amb força.

wallow ['wɒləʊ] *vi* **-1.** [in liquid] rebolcar-se. **-2.** [in emotion]: **to ~ in self-pity** rebolcar-se en l'autocompassió.

wallpaper ['wɔːl,peɪpə'] ⬦ *n* paper *m* de paret. ⬦ *vt* empaperar.

Wall Street *n* Wall Street.

wally ['wɒlɪ] *Br inf* (*pl* **-ies**) *n* babau *m* -a *f*, imbècil *mf*.

walnut ['wɔːlnʌt] *n* **-1.** [nut] nou *f*. **-2.** [wood, tree] noguera *f*.

walrus ['wɔːlrəs] (*pl inv* / **-es**) *n* morsa *f*.

waltz [wɔːls] ⬦ *n* vals *m*. ⬦ *vi* **-1.** [dance] ballar el vals. **-2.** *inf dated* [walk confidently]: **to ~ in / out** entrar / sortir amb pas confiat.

wan [wɒn] (*compar* **-ner**, *superl* **-nest**) *adj* pàl·lid -a.

wand [wɒnd] *n* vara *f*, vareta *f* màgica.

wander ['wɒndə'] *vi* vagar; **my mind kept ~ing** divagava.

wane [weɪn] ⬦ *n*: **on the ~** en decadència. ⬦ *vi* [influence, interest] disminuir, decréixer.

wangle ['wæŋgl] *vt inf* procurar-se, aconseguir.

want [wɒnt] ⬦ *n* **-1.** *fml* [need] necessitat *f*. **-2.** *fml* [lack] manca *f*; **for ~ of** a falta de. **-3.** [deprivation] indigència *f*, misèria *f*. ⬦ *vt* **-1.** [desire] voler; **to ~ to do sthg** voler fer alguna cosa; **to ~ sb to do sthg** voler que algú faci alguna cosa. **-2.** *inf* [need - subject: person] haver de; [- subject: thing] necessitar, requerir; **you ~ to be more careful** has d'anar amb més compte; **the house ~s cleaning** aquesta casa necessita una neteja.

wanted ['wɒntɪd] *adj*: **to be ~ (by the police)** ser buscat -ada (per la policia).

wanton ['wɒntən] *adj fml* gratuït -a, sense motiu.

war [wɔː'] (*pt* & *pp* **-red**, *cont* **-ring**) ⬦ *n lit* & *fig* guerra *f*; **to go to ~** entrar en guerra; *Br* **to have been in the ~s** estar malparat -ada. ⬦ *vi* estar en guerra.

ward [wɔːd] *n* **-1.** [in hospital] sala *f*. **-2.** *Br* POL districte *m* electoral. **-3.** JUR tutel·la *f*, custòdia *f*. ➣ **ward off** *vt fus* protegir-se de.

warden ['wɔːdn] *n* **-1.** [of park] guarda *mf*. **-2.** *Br* [of youth hostel, hall of residence] encarregat *m* -ada *f*. **-3.** [of monument] guardià *m* -ana *f*. **-4.** *Am* [prison governor] director *m* -a *f*.

warder ['wɔːdə'] *n* [in prison] escarceller *m* -a *f*.

wardrobe ['wɔːdrəʊb] *n* **-1.** [piece of furniture] armari *m*. **-2.** [collection of clothes] vestuari *m*.

warehouse ['weəhaʊs] *n* magatzem *m*.

wares [weəz] *npl lit* mercaderies *fpl*.

warfare ['wɔːfeə'] *n* (U) guerra *f*.

warhead ['wɔːhed] *n* ogiva *f*.

warily ['weərəlɪ] *adv* cautelosament.

warm [wɔːm] ⬦ *adj* **-1.** [pleasantly hot - gen] calent -a; [- weather, day] calorós -osa; **it's / I'm ~** fa / tinc calor; **are you ~ enough?** ja vas prou abrigat?; [lukewarm] tebi tèbia. **-2.** [clothes etc.] que abriga. **-3.** [colour, sound] càlid -a. **-4.** [friendly - person, atmosphere, smile] afectuós -osa; [- congratulations] efusiu -iva. ⬦ *vt* escalfar. ➣

warm up ⬦ *vt sep* escalfar. ⬦ *vi* [gen] entrar en calor; [weather, room, engine] escalfar-se.

warm-hearted [-'hɑːtɪd] *adj* afectuós -osa.

warmly ['wɔːmlɪ] *adv* **-1.** [in warm clothes]: **to dress ~** posar-se roba d'abric. **-2.** [in a friendly way] efusivament, calorosament.

warmth [wɔːmθ] *n* **-1.** [heat] calor *f*. **-2.** [of clothes] abric *m*. **-3.** [friendliness] cordialitat *f*, efusió *f*.

warn [wɔːn] ⋄ *vt* prevenir, advertir; **to ~ sb of sthg** prevenir algú d'alguna cosa; **to ~ sb not to do sthg** advertir algú que no faci alguna cosa. ⋄ *vi*: **to ~ of sthg** prevenir contra alguna cosa.

warning [wɔːnɪŋ] ⋄ *adj* d'avís, d'advertiment. ⋄ *n* avís *m*, advertiment *m*.

warning light *n* llum *f* d'avís.

warning triangle *n Br* triangle *m* d'avaria.

warp [wɔːp] ⋄ *n* [of cloth] ordit *m*. ⋄ *vt* **-1.** [wood] guerxar, bombar. **-2.** [personality] tòrcer, deformar. ⋄ *vi* guerxar-se, bombar-se.

warrant ['wɔːrənt] ⋄ *n* ordre *f* judicial. ⋄ *vt fml* merèixer.

warranty ['wɔːrəntɪ] (*pl* **-ies**) *n* garantia *f*.

warren ['wɔːrən] *n* conillera *f*, cau *m* de conills.

warrior ['wɒrɪər] *n lit* guerrer *m* -a *f*.

Warsaw ['wɔːsɔː] *n* Varsòvia; **the ~ Pact** el Pacte de Varsòvia.

warship ['wɔːʃɪp] *n* vaixell *m* de guerra.

wart [wɔːt] *n* berruga *f*.

wartime ['wɔːtaɪm] ⋄ *adj* de la guerra. ⋄ *n* temps *m* de guerra.

wary ['weərɪ] (*compar* **-ier**, *superl* **-iest**) *adj*: **~ (of)** recelós -osa (de).

was [wɒz] *pt* ⊳ **be**.

wash [wɒʃ] ⋄ *n* **-1.** [act of washing] rentat *m*, rentada *f*. **-2.** [things to -] roba *f* bruta. **-3.** [from boat] solc *m*. ⋄ *vt* **-1.** [gen] rentar; [hands, face] rentar-se. **-2.** [carry - subject: waves etc.] arrossegar, emportar-se. ⋄ *vi* **-1.** [clean oneself] rentar-se. **-2.** [waves, oil]: **to ~ over sthg** banyar alguna cosa. ⊳ **wash away** *vt sep* [subject: water, waves] emportar-se, escombrar. ⊳ **wash up** ⋄ *vt sep* **-1.** *Br* [dishes] rentar. **-2.** [subject: sea, river]: **to ~ up on the shore** arrossegar fins a la platja. ⋄ *vi* **-1.** *Br* [- the dishes] rentar els plats. **-2.** *Am* [- oneself] rentar-se.

washable ['wɒʃəbl] *adj* rentable.

washbasin *Br* ['wɒʃ,beɪsn], **washbowl** *Am* ['wɒʃbəʊ] *n* lavabo *m*.

washcloth ['wɒʃ,klɒθ] *n Am* tovalloleta *f* per rentar-se la cara.

washer ['wɒʃər] *n* **-1.** TECHNOL volandera *f*. **-2.** [washing machine] rentadora *f*.

washing ['wɒʃɪŋ] *n* **-1.** (U) [operation] bugada *f*. **-2.** [clothes - dirty] roba *f* bruta; [- clean] roba *f* neta.

washing line *n* estenedor *m*.

washing machine *n* rentadora *f*.

washing powder *n Br* detergent *m* (en pols).

Washington ['wɒʃɪŋtən] *n* **-1.** [state]: **~ State** Estat *m* de Washington. **-2.** [town]: **~ D. C.** ciutat *f* de Washington.

washing-up *n* **-1.** *Br* [crockery, pans etc.] plats *mpl* per rentar. **-2.** [operation] rentat *m*; **to do the ~** rentar els plats.

washing-up liquid *n Br* detergent *m* (per a vaixelles).

washout ['wɒʃaʊt] *n inf* desastre *m*, fracàs *m*.

washroom ['wɒʃrʊm] *n Am* lavabo *m*, serveis *mpl*.

wasn't [wɒznt] = **was not**.

wasp [wɒsp] *n* [insect] vespa *f*.

wastage ['weɪstɪdʒ] *n* desaprofitament *m*.

waste [weɪst] ⋄ *adj* [land] erm -a; [material, fuel] residual. ⋄ *n* **-1.** [misuse, incomplete use] desaprofitament *m*, malbaratament *m*; **to go to ~** perdre's; **a ~ of time** una pèrdua de temps. **-2.** (U) [refuse] deixalles *fpl*; [chemical, toxic etc.] residus *mpl*. ⋄ *vt* [time] perdre; [money] malgastar; [food, energy, opportunity] desaprofitar; **it would be ~d on me** jo no sabria treure'n profit. ⊳ **wastes** *npl liter* erms *mpl*.

wastebasket *Am* = **wastepaper basket**.

waste disposal unit *n* trituradora *f* d'escombraries.

wasteful ['weɪstfʊl] *adj* malgastador -a.

waste ground *n* (U) descampats *mpl*.

wastepaper basket [,weɪst'peɪpər-], **wastebasket** ['weɪst,bɒskɪt] *Am*, **wastepaper bin** [,weɪst'peɪpər-] *n* paperera *f*.

watch [wɒtʃ] ⋄ *n* **-1.** [timepiece] rellotge *m*. **-2.** [act of watching]: **to keep ~** estar de guàrdia; **to keep ~ on sthg / sb** vigilar alguna cosa / algú. **-3.** MIL [group of people] guàrdia *f*. ⋄ *vt* **-1.** [look at - gen] mirar; [- sunset] contemplar; [- football match, TV] mirar. **-2.** [spy on] vigilar. **-3.** [be careful about] anar amb compte amb, vigilar; *inf* **~ it!** compte! ⋄ *vi* mirar, observar. ⊳ **watch out** *vi* anar amb compte, estar alerta.

watchdog ['wɒtʃdɒg] *n* **-1.** [dog] gos *m* guardià. **-2.** *fig* [organization] comissió *f* de vigilància.

watchful ['wɒtʃfʊl] *adj* atent -a.

watchmaker ['wɒtʃˌmeɪkəʳ] *n* rellotger *m* -a *f*.

watchman ['wɒtʃmən] (*pl* **-men**) *n* vigilant *m*, guarda *m*.

water ['wɔːtəʳ] ◇ *n* **-1.** [gen] aigua *f*; **to pour / throw cold ~ on** tirar una galleda d'aigua freda sobre; **to tread ~** pedalejar a l'aigua; **that's ~ under the bridge** això és aigua passada. **-2.** [urine]: **to pass ~** orinar. ◇ *vt* regar. ◇ *vi* **-1.** [eyes]: **my eyes are ~ing** em ploren els ulls. **-2.** [mouth]: **my mouth is ~ing** em fa venir salivera. ➥ **waters** *npl* aigües *fpl*. ➥ **water down** *vt sep* **-1.** [dilute] diluir, aigualir. **-2.** *usu pej* [moderate] moderar, suavitzar.

water bottle *n* cantimplora *f*.

water closet *n dated* vàter *m*.

watercolour ['wɔːtəˌkʌləʳ] *n* aquarel·la *f*.

watercress ['wɔːtəkres] *n* créixen *m*.

waterfall ['wɔːtəfɔːl] *n* cascada *f*, salt *m* d'aigua.

water heater *n* escalfador *m* d'aigua.

waterhole ['wɔːtəhəʊl] *n* bassa *f*.

watering can ['wɔːtərɪŋ-] *n* regadora *f*.

water level *n* nivell *m* de l'aigua.

water lily *n* nenúfar *m*.

waterline ['wɔːtəlaɪn] NAUT *n* línia *f* de flotació.

waterlogged ['wɔːtəlɒgd] *adj* inundat -ada.

water main *n* canonada *f* principal.

watermark ['wɔːtəmɑːk] *n* **-1.** [in paper] filigrana *f*. **-2.** [showing water level] marca *f* del nivell de l'aigua.

watermelon ['wɔːtəˌmelən] *n* síndria *f*.

water polo *n* waterpolo *m*.

waterproof ['wɔːtəpruːf] ◇ *adj* impermeable. ◇ *n* impermeable *m*. ◇ *vt* impermeabilitzar.

watershed ['wɔːtəʃed] *n fig* moment *m* decisiu.

water skiing *n* esquí *m* aquàtic.

water tank *n* dipòsit *m* d'aigua.

watertight ['wɔːtətaɪt] *adj* **-1.** [waterproof] hermètic -a. **-2.** *fig* [agreement, plan] perfecte -a; [argument, excuse] irrecusable, irrebatible.

waterway ['wɔːtəweɪ] *n* via *f* navegable.

waterworks ['wɔːtəwɜːks] (*pl inv*) *n* [building] central *f* d'aigua.

watery ['wɔːtərɪ] *adj* **-1.** [food] fat fada; [drink] aigualit -ida. **-2.** [pale] pàl·lid -a.

watt [wɒt] *n* watt *m*.

wave [weɪv] ◇ *n* **-1.** [of hand] senyal *m* (amb la mà). **-2.** [of water] ona *f*, onada *f*. **-3.** [of emotion, nausea, panic] rampell *m*; [of immigrants, crime etc.] onada *f*. **-4.** [of light, sound, heat] ona *f*. **-5.** [in hair] onda *f*. ◇ *vt* **-1.** [move about as signal] agitar. **-2.** [signal to] fer senyals a. ◇ *vi* **-1.** [with hand - in greeting] saludar amb la mà; [- to say goodbye] dir adéu amb la mà; **to ~ at / to sb** saludar algú amb la mà. **-2.** [flag] onejar; [trees] agitar-se.

wavelength ['weɪvleŋθ] *n* longitud *f* d'ona; *fig* **to be on the same ~** tenir afinitats.

waver ['weɪvəʳ] *vi* **-1.** [falter - resolution, confidence] flaquejar; [- person] vacil·lar, dubtar; **to ~ (in)** flaquejar (en). **-2.** [hesitate] dubtar, vacil·lar. **-3.** [fluctuate] oscil·lar.

wavy ['weɪvɪ] (*compar* **-ier**, *superl* **-iest**) *adj* ondulat -ada.

wax [wæks] ◇ *n* cera *f*. ◇ *vt* encerar. ◇ *vi dated / hum* [become] posar-se; **to ~ and wane** pujar i baixar.

wax paper *n Am* paper *m* de cera.

waxworks ['wækswɜːks] (*pl inv*) *n* museu *m* de cera.

way [weɪ] ◇ *n* **-1.** [manner, method] manera *f*; **~s and means** mitjans *mpl*; **in the same ~** de la mateixa manera, igualment; **this / that ~** així; **in a ~** en certa manera; **in a big / small ~** a gran / petita escala; **she has fallen for him in a big ~** està bojament enamorada d'ell; **to get / have one's ~** sortir-se amb la seva; **to have everything one's own ~** sortir-se sempre amb la seva; **to have a ~ with people** tenir el do de gents; **to have a ~ with words** ser una boca d'or; **to have a ~ of doing sthg** tenir el costum de fer alguna cosa. **-2.** [route, path] camí *m*; **to lose one's ~** perdre's; **~ in** entrada *f*; **~ out** sortida *f*; **it's out of my ~** no em ve de pas; **it's out of the ~** [place] està una mica apartat; **on the / on one's ~** de camí; **I'm on my ~** ja vinc; **across / over the ~** enfront de; **to be under ~** [ship] estar navegant; *fig* [meeting] estar en curs; **to get under ~** [ship] salpar; [meeting] posar-se en marxa; **to be in the ~** fer nosa, destorbar; **to get sthg out of the ~** [task] treure's alguna cosa de sobre; **to go out of one's ~ to do sthg** prendre's moltes molèsties per fer alguna cosa; **to keep out of the ~** mantenir-se allunyat; **to make one's ~ to** dirigir-se cap a; **to make ~ for** donar pas a; *fig* **to stand in**

waylay

sb's ~ interposar-se en el camí d'algú; **to work one's ~ to** obrir-se pas cap a. **-3.** [direction] direcció *f*; **come this ~** vine per aquí; **go that ~** vés per allà; **which ~ do we go?** per on hem d'anar?; **the wrong ~ up / round** al revés; **the right ~ up / round** del dret. **-4.** [distance]: **all the ~** tot el trajecte; *fig* **we're with you all the ~** tens el nostre suport incondicional; **most of the ~** gairebé tot el camí; **it's a long ~ away** és molt lluny; **we have a long ~ to go** encara ens queda molt de camí per fer; *fig* **to go a long ~ towards doing sthg** contribuir enormement a fer alguna cosa. **-5. to give ~** [under weight, pressure] cedir; *Br* **"give ~"** "cediu el pas"; **no ~!** de cap manera! ◇ *adv inf* [far] massa; **it's ~ too big** és excessivament gran. ◆ **ways** *npl* [customs, habits] costums *mpl*, hàbits *mpl*. ◆ **by the way** *adv* per cert.

waylay [ˌweɪˈleɪ] (*pt & pp* **-laid**) *vt* abordar.

wayward [ˈweɪwəd] *adj* [person, behaviour] incorregible.

WC (abbr of water closet) WC.

we [wiː] *pers pron* nosaltres; **~ can't do it** nosaltres no podem fer-ho; **as ~ say in France** com diem els francesos; **~ British** nosaltres els britànics.

weak [wiːk] *adj* **-1.** [gen] dèbil. **-2.** [material, structure] fràgil. **-3.** [argument, reason etc.] fluix -a. **-4.** [lacking knowledge, skill]: **to be ~ on sthg** ser fluix -a en alguna cosa.

weaken [ˈwiːkn] ◇ *vt* debilitar. ◇ *vi* **-1.** [become less determined] cedir, afluixar. **-2.** [physically] debilitar-se.

weakling [ˈwiːklɪŋ] *n pej* escarransit -ida *f*.

weakness [ˈwiːknɪs] *n* **-1.** [gen] debilitat *f*; **to have a ~ for sthg** tenir debilitat per alguna cosa. **-2.** [imperfect point] defecte *m*.

wealth [welθ] *n* **-1.** [riches] riquesa *f*. **-2.** [abundance] abundància *f*.

wealthy [ˈwelθɪ] (*compar* **-ier**, *superl* **-iest**) *adj* ric -a.

wean [wiːn] *vt* **-1.** [from mother's milk] deslletar. **-2.** [discourage]: **to ~ sb from / off sthg** anar apartant algú d'alguna cosa.

weapon [ˈwepən] *n* arma *f*.

weaponry [ˈwepənrɪ] *n* (U) armament *m*.

wear [weər] (*pt* **wore**, *pp* **worn**) ◇ *n* **-1.** (U) [use] ús *m*; **to be the worse for ~** [thing] estar deteriorat -ada; [person] estar fet un nyap. **-2.** (U) [damage] desgast *m*; **~ and tear** desgast *m*. **-3.** [type of clothes] roba *f*. ◇ *vt* **-1.** [clothes, hair] calçar; [shoes] portar posat; **to ~ red** *anat* vestit -ida de vermell. **-2.** [damage] gastar. ◇ *vi* **-1.** [deteriorate] desgastar-se. **-2.** [last]: **to ~ well / badly** durar molt / poc. **-3. to ~ thin** [joke] deixar de fer gràcia. ◆ **wear away** ◇ *vt sep* desgastar. ◇ *vi* desgastar-se.
wear down ◇ *vt sep* **-1.** [reduce size of] desgastar. **-2.** [weaken] esgotar. ◇ *vi* desgastar-se. ◆ **wear off** *vi* desaparèixer, dissipar-se. ◆ **wear out** ◇ *vt sep* **-1.** [shoes, clothes] fer malbé. **-2.** [person] esgotar. ◇ *vi* desgastar-se.

weary [ˈwɪərɪ] (*compar* **-ier**, *superl* **-iest**) *adj* fatigat -ada, cansat -ada; **to be ~ of sthg / of doing sthg** estar cansat -ada d'alguna cosa / de fer alguna cosa.

weasel [ˈwiːzl] *n* mostela *f*.

weather [ˈweðər] ◇ *n* temps *m*; **to make heavy ~ of sthg** complicar alguna cosa sense cap necessitat; **to be under the ~** no trobar-se gaire bé. ◇ *vt* [crisis etc.] superar. ◇ *vi*: **to ~ well** ser resistent.

weather-beaten *adj* **-1.** [face, skin] colrat -ada. **-2.** [building, stone] deteriorat -ada per la intempèrie.

weathercock [ˈweðəkɒk] *n* penell *m*.

weather forecast *n* previsió *f* meteorològica.

weatherman [ˈweðəmæn] (*pl* **-men** [-mən]) *n* home *m* del temps.

weather vane [-veɪn] *n* penell *m*.

weave [wiːv] (*pt* **wove**, *pp* **woven**) ◇ *n* teixit *m*. ◇ *vt* **-1.** [using loom] teixir. **-2.** [move along]: **to ~ one's way (through)** colar-se (per). ◇ *vi* [move]: **to ~ through** colar-se per.

weaver [ˈwiːvər] *n* teler *m*.

web [web] *n* **-1.** [cobweb] teranyina *f*. **-2.** *fig* [network] xarxa *f*.

Web *n* web *m*.

webcam [ˈwebkæm] *n* càmera *f* web, webcam *f*.

web page *n* pàgina *f* web.

website *n* lloc *m* Web.

wed [wed] (*pt & pp* **-ded / wed**) ◇ *vt* casar. ◇ *vi* casar-se.

we'd [wiːd] = **we had**, **we would**.

wedding [ˈwedɪŋ] *n* boda *f*, casament *m*.

wedding anniversary *n* aniversari *m* de boda.

wedding cake *n* pastís *m* nupcial.

wedding dress *n* vestit *m* de núvia.

wedding ring *n* aliança *f*.

wedge [wedʒ] ◇ *n* **-1.** [for steadying or splitting] falca *f*, cuny *f*; **to drive a ~ bet-**

ween dividir; **the thin end of the ~** la punta de l'iceberg. **-2.** [triangular slice] porció f, tros m. ⬦ vt: **to ~ sthg open / shut** deixar alguna cosa oberta / tancada amb una falca.

Wednesday ['wendzɪ] n dimecres m; ➡ **Saturday**.

wee [wiː] ⬦ adj Scot petit -a; **a ~ bit** una miqueta. ⬦ n v inf pipí m. ⬦ vi v inf fer pipí.

weed [wiːd] ⬦ n **-1.** [wild plant] mala herba f. **-2.** Br inf [feeble person] escarransit m -ida f. ⬦ vt desherbar.

weedkiller ['wiːd,kɪlər] n herbicida m.

weedy ['wiːdɪ] (compar **-ier**, superl **-iest**) adj **-1.** [overgrown with weeds] cobert -a de males herbes. **-2.** Br inf [feeble] dèbil.

week [wiːk] n [gen] setmana f; **a ~ on Saturday, Saturday week** de dissabte en vuit.

weekday ['wiːkeɪ] n dia m laborable.

weekend [,wiːk'end] n cap m de setmana.

weekly ['wiːklɪ] ⬦ adj setmanal. ⬦ adv setmanalment. ⬦ n setmanari m, periòdic m setmanal.

weep ['wiːp] (pt & pp **wept**) ⬦ n: **to have a ~** plorar. ⬦ vt vessar. ⬦ vi plorar.

weeping willow ['wiːpɪŋ-] n desmai m.

weigh [weɪ] vt **-1.** [gen] pesar. **-2.** [consider carefully] sospesar. ➡ **weigh down** vt sep **-1.** [physically] carregar. **-2.** [mentally]: **to be ~ed down by / with** sentir-se aclaparat -ada per. ➡ **weigh up** vt sep **-1.** [consider carefully] sospesar. **-2.** [size up] fer-se una idea de.

weight [weɪt] ⬦ n **-1.** [gen] pes m; **to put on / gain ~** engreixar-se; **to lose ~** aprimar-se; **to carry ~** pesar; **it's a ~ off my mind** m'ha tret un pes de sobre; **to pull one's ~** posar de la seva part; **to take the ~ off one's feet** descansar; **to throw one's ~ about** comportar-se de manera autoritària. **-2.** [metal object] pes m. ⬦ vt: **to ~ sthg (down)** subjectar alguna cosa amb un pes.

weighted ['weɪtɪd] adj: **to be ~ in favour / against** inclinar-se a favor de / en contra de.

weighting ['weɪtɪŋ] n subsidi que es dóna per viure en una ciutat amb un nivell de vida alt.

weightlifting ['weɪt,lɪftɪŋ] n halterofília f.

weighty ['weɪtɪ] (compar **-ier**, superl **-iest**) adj [serious] de pes.

weir [wɪər] n presa f, dic m.

weird [wɪəd] adj estrany -a.

welcome ['welkəm] ⬦ adj **-1.** [guest] benvingut -uda; **to make sb ~** fer que algú se senti ben acollit. **-2.** [free]: **you're ~ to come** si vols, pots venir. **-3.** [appreciated]: **to be ~** ser d'agrair. **-4.** [in reply to thanks]: **you're ~** de res. ⬦ n benvinguda f. ⬦ vt **-1.** [receive] donar la benvinguda a. **-2.** [approve, support] rebre bé. ⬦ excl benvingut -uda.

weld [weld] ⬦ n soldadura f. ⬦ vt soldar.

welfare ['welfeər] ⬦ adj de beneficència. ⬦ n **-1.** [state of well-being] benestar m. **-2.** Am [income support] subsidi m de la seguretat social.

welfare state n: **the ~** l'Estat del benestar.

well [wel] (compar **better**, superl **best**) ⬦ adj bé; **to be ~** [healthy] estar bé (de salut); **all is ~** tot va bé; **(that's all) ~ and good** (això està) molt bé; **(it's) just as ~** encara bo. ⬦ adv **-1.** [satisfactorily, thoroughly] bé, ben; **they were ~ beaten** els van derrotar amb facilitat; **to go ~** anar bé; **~ done!** ben fet!; **to know ~ and truly** de debò; inf **to be ~ in with sb** ser molt amic d'algú; inf **to be ~ out of sthg** tenir la sort d'haver sortit d'alguna cosa. **-2.** [definitely, certainly] clarament, definitivament; **it was worth it** ha valgut la pena. **-3.** [as emphasis]: **you know perfectly ~ (that)** saps de sobres (que). **-4.** [very possibly]: **it could ~ rain** és molt possible que plogui. ⬦ n pou m. ⬦ excl **-1.** [gen] bé; **oh ~!** en fi! **-2.** [in surprise] vaja! ➡ **as well** adv **-1.** [in addition] també. **-2.** [with same result]: **you may ~ as ~ (do it)** per què no (fer-ho)? ➡ **as well as** conj a més de. ➡ **well up** vi brollar.

we'll [wiːl] = **we shall**, **we will**.

well-advised [-əd'vaɪzd] adj assenyat -ada; **you would be ~ to do it** seria aconsellable que ho fessis.

well-behaved [-bɪ'heɪvd] adj formal, ben educat -ada.

wellbeing [,wel'biːɪŋ] n benestar m.

well-built adj cepat -ada.

well-done adj [thoroughly cooked] molt fet -a.

well-dressed [-'drest] adj ben vestit -ida.

well-earned [-'ɜːnd] adj ben merescut -uda.

well-heeled [-'hiːld] adj inf ric -a.

wellington boots ['welɪŋtən-], **wellingtons** ['welɪŋtənz] npl botes fpl d'aigua.

well-kept adj **-1.** [neat, tidy] ben cuidat -ada. **-2.** [not revealed] ben guardat -ada.

well-known adj conegut -uda.

well-mannered *adj* de bones maneres, educat -ada.

well-meaning *adj* benintencionat -ada.

well-nigh *adv* gairebé.

well-off *adj* **-1.** [rich] acomodat -ada, ric -a. **-2.** [well-provided]: **to be ~ for sthg** estar ben proveït -ïda d'alguna cosa; *inf* **not to know when one is ~** no saber la sort que un té.

well-read [-'rɛd] *adj* instruït -ïda, culte -a.

well-rounded [-'raʊndɪd] *adj* [varied] complet -a.

well-timed *adj* oportú -una.

well-to-do *adj* benestant, adinerat -ada.

wellwisher ['wel,wɪʃər] *n* simpatitzant *mf*.

Welsh [welʃ] ◇ *adj* gal·lès -esa. ◇ *n* [language] gal·lès *m*. ◇ *npl*: **the ~** els gal·lesos.

Welshman ['welʃmən] (*pl* **-men** [-mən]) *n* gal·lès *m*.

Welshwoman ['welʃwʊmən] (*pl* **-women** [-,wɪmɪn]) *n* gal·lesa *f*.

went [went] *pt* ➞ **go**.

wept [wept] *pt & pp* ➞ **weep**.

were [wɜːr] *pt* ➞ **be**.

we're [wɪər] = **we are**.

weren't [wɜːnt] = **were not**.

west [west] ◇ *n* **-1.** [direction] oest *m*. **-2.** [region]: **the ~** l'Oest. ◇ *adj* de l'oest. ◇ *adv*: **~ (of)** a l'oest (de). ➜ **West** POL *n*: **the ~** Occident.

West Bank *n*: **the ~** Cisjordània.

West Country *n Br*: **the ~** el sud-oest d'Anglaterra.

West End *n Br*: **the ~** zona del centre de Londres, famosa pels seus teatres, botigues, etc.

westerly ['westəlɪ] *adj* de l'oest; **in a ~ direction** cap a l'oest.

western ['westən] ◇ *adj* occidental. ◇ *n* [book] novel·la *f* de l'oest; [film] pel·lícula *f* de l'oest.

West German ◇ *adj* de l'Alemanya Occidental. ◇ *n* [person] alemany *m* -a *f* occidental.

West Germany *n*: **(the former) ~** (l'antiga) Alemanya Occidental.

West Indian ◇ *adj* antillà -ana. ◇ *n* [person] antillà *m* -ana *f*.

West Indies [-'ɪndɪːz] *npl* (les) Antilles.

Westminster ['westmɪnstər] *n* Westminster.

westward ['westwəd] ◇ *adj* cap a l'oest. ◇ *adv* = **westwards**.

westwards ['westwədz] *adv* cap a l'oest.

wet [wet] (*compar* **-ter**, *superl* **-test**, *pt & pp* **wet / -ted**, *cont* **-ting**) ◇ *adj* **-1.** [soaked] mullat -ada; [damp] humit -ida. **-2.** [rainy] plujós -osa. **-3.** [paint, cement] fresc -a. **-4.** [eyes] ple plena de llàgrimes. **-5.** *Br inf pej* [weak, feeble] bleda. ◇ *n inf* POL polític conservador moderat. ◇ *vt* **-1.** [soak] mullar; [dampen] humitejar. **-2.** [urinate on]: **to ~ the bed** orinar-se al llit; **to ~ o.s.** orinar-se a sobre.

wet blanket *n inf pej* esgarriacries *mf*.

wet suit *n* vestit *m* isotèrmic.

we've [wiːv] = **we have**.

whack [wæk] *inf* ◇ *n* **-1.** [hit] mastegot *m*. **-2.** [share] part *f*. ◇ *vt* [person] pegar, donar un mastegot a; [object] donar una patacada a.

whale [weɪl] *n* [animal] balena *f*; *inf* **to have a ~ of a time** passar-s'ho de conya.

wharf [wɔːf] (*pl* **-s / wharves** [-wɔːvz]) *n* moll *m*, embarcador *m*.

what [wɒt] ◇ *adj* **-1.** (*in direct, indirect questions*) quin -a; **~ shape is it?** quina forma té?; **he asked me ~ shape it was** em va preguntar quina forma tenia; **~ colour is it?** de quin color és? **-2.** (*in exclamations*) quin -a; **~ a surprise!** quina sorpresa!; **~ a stupid idea!** quina idea més estúpida! ◇ *pron* **-1.** (*interrogative*) què; **~ are they doing?** què fan?; **~ are they talking about?** de què estan parlant?; **~ is it called?** com es diu?; **~ does it cost?** quant costa?; **~ is it like?** com és?; **~'s the Spanish for "book"?** com es diu "book" en espanyol?; **~ about another drink / going out for a meal?** què et sembla una altra copa / si sortim a menjar?; **~ about me?** jo què?; **~ if nobody comes?** i si no ve ningú? **-2.** (*relative*) el que, allò que, què; **I saw ~ happened / he did** jo vaig veure el que va passar / va fer; **I don't know ~ to do** no sé què fer. ◇ *excl* [expressing disbelief] com?; **~, no milk!** com, no hi ha llet!

whatever [wɒt'evər] ◇ *adj* qualsevol; **eat ~ food you find** menja el que trobis; **no chance ~** ni la més mínima possibilitat; **nothing ~** res en absolut. ◇ *pron* **-1.** [no matter what]: **~ they may offer** independentment del que ofereixin; **~ you like** el que vulguis; **~ happens** passi el que passi. **-2.** [indicating surprise]: **~ do you mean?** què diantre vols dir? **-3.** [indicating ignorance]: **~ that is / may be** sigui el que sigui això; **or ~** o el que sigui.

whatsoever [,wɒtsəʊ'evər] *adj*: **nothing ~** res en absolut; **none ~** ni un.

wheat [wiːt] n blat m.

wheedle ['wiːdl] vt ensarronar; **to ~ sb into doing sthg** ensarronar algú perquè faci alguna cosa; **to ~ sthg out of sb** estirar la llengua a algú per treure-li informació.

wheel [wiːl] ◇ n **-1.** [gen] roda f. **-2.** [steering -] volant m. ◇ vt empènyer (qualsevol cosa que vagi sobre rodes). ◇ vi **-1.** [move in circle] donar voltes. **-2.** [turn round]: **to ~ round** girar-se.

wheelbarrow ['wiːlˌbærəʊ] n carretó m.

wheelchair ['wiːltʃeəʳ] n cadira f de rodes.

wheelclamp ['wiːlklæmp] n cep m.

wheeze [wiːz] ◇ n [sound] esbufec m. ◇ vi esbufegar.

whelk [welk] n buccí m.

when [wen] ◇ adv (in direct, indirect question) quan; **~ does the plane arrive?** quan arriba l'avió?; **he asked me ~ I would be in London** em va preguntar quan seria a Londres. ◇ conj quan; **tell me ~ you've read it** avisa'm quan l'hagis llegit; **on the day ~ it happened** el dia en què va passar; **you said it was black ~ it was actually white** vas dir que era negre quan en realitat era blanc; **how can I buy it ~ I can't afford it?** com el compraré si no tinc diners?

whenever [wenˈevəʳ] ◇ conj [no matter when] quan; [every time] cada cop que; **~ you like** quan vulguis. ◇ adv quan sigui.

where [weəʳ] ◇ adv (in direct, indirect questions) on; **~ do you live?** on vius?; **do you know ~ he lives?** saps on viu?; **~ are we going?** on anem?; **I don't know ~ to start** no sé per on començar. ◇ conj **-1.** [referring to place, situation] on; **this is ~ ...** aquí és on...; **go ~ you like** vés on vulguis. **-2.** [whereas]: **children often understand ~ adults don't** els infants sovint entenen allò que els adults no entenen.

whereabouts [ˌweərəˈbaʊts] ◇ adv (per) on. ◇ npl parador m.

whereas [weərˈæz] conj mentre que.

whereby [weəˈbaɪ] conj fml amb / per la qual cosa.

whereupon [ˌweərəˈpɒn] conj fml amb la qual cosa.

wherever [weərˈevəʳ] ◇ conj [no matter where] arreu on, allà on; **~ you go** allà on vagis; **sit ~ you like** seu on vulguis. ◇ adv **-1.** [no matter where] a qualsevol lloc on. **-2.** [indicating surprise]: **~ did you hear that?** on diantre has sentit això?

wherewithal [ˈweəwɪðɔːl] n fml: **to have the ~ to do sthg** disposar dels mitjans per fer alguna cosa.

whet [wet] (pt & pp **-ted**, cont **-ting**) vt: **to ~ sb's appetite (for sthg)** despertar l'interès d'algú (per alguna cosa).

whether ['weðəʳ] conj **-1.** [indicating choice, doubt]: **I doubt ~ it dubto que ho faci. -2.** [no matter if]: **I want to or not** tant si vull com si no.

which [wɪtʃ] ◇ adj **-1.** (in direct, indirect questions) quin -a; **~ house is yours?** quina casa és la teva?; **~ one?** quin / quina?; **~ ones?** quins / quines? **-2.** [to refer back to]: **in ~ case** en aquest cas. ◇ pron **-1.** (in direct, indirect questions) quin -a; **~ do you prefer?** quin prefereixes?; **I can't decide ~ to have** no sé quin agafar. **-2.** (in relative clause replacing noun) què, el / ella qual, que; **the table, ~ was made of wood, ...** la taula, que era de fusta; **the world in ~ we live** el món en què vivim. **-3.** (to refer back to a clause) la qual cosa; **she denied it, ~ surprised me** ho va negar, la qual cosa em va sorprendre.

whichever [wɪtʃˈevəʳ] ◇ adj **-1.** [no matter which]: **~ route you take** vagis per on vagis. **-2.** [the one which]: **~ colour you prefer** el color que prefereixis. ◇ pron qualsevol; **take ~ you like** agafa el que vulguis.

whiff [wɪf] n **-1.** [smell] bafarada f. **-2.** fig [sign] indici m.

while [waɪl] ◇ n estona f; **it's a long ~ since I did that** feia molt que no feia això; **for a ~** una estona; **after a ~** al cap d'una estona; **in a ~** d'aquí a poca estona; **once in a ~** de tant en tant; **to be worth one's ~** valer la pena. ◇ conj **-1.** [during the time that] mentre. **-2.** [whereas] mentre que. **-3.** [although] encara que. ➣ **while away** vt sep passar.

whilst [waɪlst] conj = **while**.

whim [wɪm] n capric i m.

whimper ['wɪmpəʳ] ◇ n gemec m. ◇ vt & vi gemegar.

whimsical ['wɪmzɪkl] adj [idea, story] fantasiós -osa; [remark] extravagant, caprixós -osa; [look] entremaliat -ada.

whine [waɪn] ◇ n gemec m. ◇ vi **-1.** [child, dog] gemegar; [siren] udolar. **-2.** [complain]: **to ~ (about)** queixar-se (de).

whinge [wɪndʒ] Br (cont **whingeing**) vi: **to ~ (about)** queixar-se (de).

whip [wɪp] (pt & pp **-ped**, cont **-ping**) ◇ n **-1.** [for hitting] fuet m; [for horse] fuet m.

whipped cream

–2. *Br* POL membre d'un partit que s'encarrega d'assegurar que els altres membres votin al parlament. ◇ *vt* –1. [gen] assotar. –2. [take quickly]: **to ~ sthg out / off** treure alguna cosa ràpidament. –3. [whisk] batre.

whipped cream [wɪpt-] *n* nata *f* muntada.

whip-round *n Br inf*: **to have a ~** fer una col·lecta.

whirl [wɜːl] ◇ *n* –1. [rotating movement] remolí *m*; **to be in a ~** estar atabalat -ada. –2. *fig* [of activity, events] remolí *m*. –3. *inf* **let's give it a ~** provem-ho! ◇ *vt*: **to ~ sb / sthg round** fer donar voltes a algú / alguna cosa. ◇ *vi* –1. [move around] arremolinar-se; [dancers] girar vertiginosament. –2. *fig* [head, mind] donar voltes.

whirlpool ['wɜːlpuːl] *n* remolí *m*.

whirlwind ['wɜːlwɪnd] ◇ *adj fig* vertiginós -osa. ◇ *n* remolí *m* de vent.

whirr [wɜːr] ◇ *n* brunzit *m*. ◇ *vi* brunzir.

whisk [wɪsk] ◇ *n* CULIN batedora *f* (de clares). ◇ *vt* –1. [move quickly]: **to ~ sthg away / out** endur-se / treure alguna cosa ràpidament. –2. CULIN batre.

whisker ['wɪskər] *n* (pèl *m* del) bigoti *m*. ➤ **whiskers** *npl* [of person] patilles *fpl*; [of cat] bigotis *mpl*.

whisky ['wɪskɪ] (*pl* **-ies**) *n* whisky *m* (escocès).

whisper ['wɪspər] ◇ *n* [gen] murmuri *m*; [of voices] xiuxiueig *m*. ◇ *vt* murmurar. ◇ *vi* xiuxiuejar.

whistle ['wɪsl] ◇ *n* –1. [sound] xiulet *m*, xiulada *f*. –2. [device] xiulet *m*. ◇ *vt* xiular. ◇ *vi* –1. [person] xiular; [referee] xiular; [bird] piular. –2. [move quickly]: **to ~ past** passar com un llampec. –3. [kettle, train] xiular.

white [waɪt] ◇ *adj* –1. [gen] blanc -a; **to go / turn ~** quedar-se blanc. –2. [coffee, tea] amb llet. ◇ *n* –1. [colour] blanc *m*. –2. [person] blanc *m* -a *f*. –3. [of egg] clara *f*. –4. [of eye] blanc *m*.

white-collar *adj* d'oficina; **~ worker** oficinista *mf*.

white elephant *n fig* andròmina *f*.

Whitehall ['waɪthɔːl] *n* carrer londinenc on es troba l'Administració britànica.

white-hot *adj* incandescent, roent.

White House *n*: **the ~** la Casa Blanca.

white lie *n* mentida *f* pietosa.

whiteness ['waɪtnɪs] *n* blancor *f*.

white paper POL *n* llibre *m* blanc.

white sauce *n* (salsa *f*) beixamel *f*.

white spirit *n Br* trementina *f*.

whitewash ['waɪtwɒʃ] ◇ *n* –1. (*U*) [paint] blanqueig *m*, lletada *f* de calç. –2. *pej* [cover-up] encobriment *m*. ◇ *vt* –1. [paint] blanquejar, emblanquinar. –2. *pej* [cover up] encobrir.

whiting ['waɪtɪŋ] (*pl inv* / **-s**) *n* llucet *m*.

Whitsun ['wɪtsn] *n* [day] Pentecosta *f*.

whittle ['wɪtl] *vt* [reduce]: **to ~ down / away** reduir gradualment.

whiz(z) kid *inf n* geni *m*, prodigi *m*.

who [huː] *pron* –1. (*in direct, indirect questions*) qui; **~ are you?** qui ets?; **~ did you see?** qui has vist?; **I didn't know ~ she was** no sabia qui era. –2. (*in relative clauses*) que, qui, el / la qual; **he's the doctor ~ treated me** és el metge que em va tractar; **those ~ are in favour** els que hi estiguin a favor.

who'd [huːd] = **who had**, **who would**.

whodun(n)it [ˌhuːˈdʌnɪt] *inf n* història *f* policíaca de misteri.

whoever [huːˈevər] *pron* –1. [unknown person] qui, qualsevol; **~ finds it** qui ho trobi; **tell ~ you like** digues-ho a qui vulguis. –2. [indicating surprise, astonishment]: **~ can that be?** qui deu ser? –3. [no matter who]: **come in, ~ you are** passi, sigui qui sigui.

whole [həʊl] ◇ *adj* –1. [entire, complete] sencer -a. –2. [for emphasis]: **a ~ lot of** moltíssims -es; **a ~ lot taller** molt més alt -a; **a ~ new idea** una idea totalment nova. ◇ *n* –1. [all]: **the ~ of the school / summer** tota l'escola / tot l'estiu. –2. [unit, complete thing] tot *m*. ➤ **as a whole** *adv* en conjunt. ➤ **on the whole** *adv* en general.

wholefood ['həʊlfuːd] *n Br* aliments *mpl* integrals.

whole-hearted [-ˈhɑːtɪd] *adj* profund -a.

wholemeal ['həʊlmiːl] *adj Br* integral.

wholesale ['həʊlseɪl] ◇ *adj* –1. COM a l'engròs. –2. *pej* [indiscriminate] indiscriminat -ada. ◇ *adv* –1. COM a l'engròs. –2. *pej* [indiscriminately] indiscriminadament.

wholesaler ['həʊlˌseɪlər] *n* majorista *mf*.

wholesome ['həʊlsəm] *adj* sa sana, saludable.

whole wheat *Am* ➤ **wholemeal**.

who'll [huːl] = **who will**.

wholly ['həʊlɪ] *adv* completament, totalment.

whom [huːm] *pron* –1. (*in direct, indirect questions*) *fml* qui; **from ~ did you receive it?** de qui ho vas rebre?; **for / of / to ~** per a / de / a qui. –2. (*in relative clauses*) que, (a) qui, el / la qual; **the man ~ I saw** l'home que vaig veure; **the man to ~ I gave it** l'home a qui ho vaig donar; **several people came, none of ~ I knew** van venir diverses persones, de les quals no coneixia cap.

whooping cough ['huːpɪŋ-] n tos f ferina.

whopping ['wɒpɪŋ] inf ◇ adj enorme. ◇ adv: **a ~ great lorry / lie, a whopping big lorry / lie** un camió / una mentida enorme.

whore [hɔːʳ] n pej puta f, meuca f.

who're ['huːəʳ] = who are.

whose [huːz] ◇ pron (in direct, indirect questions) de qui; **~ is this?** de qui és això?; **I wonder ~ they are** em pregunto de qui deuen ser. ◇ adj **-1.** (in direct, indirect questions) de qui; **~ car is that?** de qui és aquest cotxe? **-2.** (in relative clauses) del qual / de la qual; **that's the boy ~ father's an MP** aquest és el noi el pare del qual és diputat; **the woman ~ daughters are twins** la dona les filles de la qual són bessones.

who's who [huːz-] n [book] Qui és Qui m.

who've [huːv] = who have.

why [waɪ] ◇ adv per què; **~ did you lie to me?** per què m'has enganyat?; **~ don't you all come?** per què no veniu tots?; **~ not?** per què no? ◇ conj per què; **I don't know ~ he said that** no sé per què ho ha dit. ◇ pron: **there are several reasons ~ he left** té diversos motius per haver marxat; **that's ~ she did it** ho va fer per això; **I don't know the reason ~** no sé per quina raó. ◇ excl què!, com! ◆ **why ever** adv: **~ ever did you do that?** per què diantre ho has fet?

wick [wɪk] n metxa f; Br inf fig **to get on sb's ~** treure algú de polleguera.

wicked ['wɪkɪd] adj **-1.** [evil] malvat -ada. **-2.** [mischievous, devilish] entremaliat -ada. **-3.** inf [very good] l'hòstia.

wicker ['wɪkəʳ] adj de vímet m.

wickerwork ['wɪkəwɜːk] n (U) articles mpl de vímet.

wicket ['wɪkɪt] SPORT n **-1.** [stumps] wicket m. **-2.** [pitch] part del terreny de joc des d'on es llança fins on es bat.

wide [waɪd] ◇ adj **-1.** [broad] ample -a; **it's 50 cm ~** fa 50 cm d'ample. **-2.** [range, choice etc.] ampli amplia. **-3.** [gap, difference, implications] gran, considerable. **-4.** [eyes] ben obert -a. **-5.** [off-target] desviat -ada. ◇ adv **-1.** [broadly]: **to open / spread sthg ~** obrir / estendre alguna cosa àmpliament. **-2.** [off target]: **to go / be ~** sortir desviat.

wide-angle lens n gran angular m.

wide-awake adj ben despert -a.

widely ['waɪdlɪ] adv **-1.** [smile, yawn] àmpliament. **-2.** [travel, read] extensament. **-3.** [believed, known, loved] generalment. **-4.** [differ, vary] molt.

widen ['waɪdn] ◇ vt [gen] ampliar; [road, bridge] eixamplar. ◇ vi **-1.** [gen] ampliar-se; [river, road] eixamplar-se. **-2.** [eyes] obrir-se molt.

wide open adj **-1.** [window, door] obert -a de bat a bat. **-2.** [eyes] ben obert -a. **-3.** [spaces] extens -a.

wide-ranging [-'reɪndʒɪŋ] adj [changes, survey, consequences] de gran abast; [discussion, interests] molt variat -ada; [selection] ampli amplia.

widespread ['waɪdspred] adj estès -esa, difós -osa.

widow ['wɪdəʊ] n [woman] vídua f.

widowed ['wɪdəʊd] adj vidu vídua.

widower ['wɪdəʊəʳ] n vidu m.

width [wɪdθ] n **-1.** [breadth] amplada f; **it's 50 cm in ~** fa 50 cm d'amplada. **-2.** [in swimming pool] ample m.

wield [wiːld] vt **-1.** [weapon] esgrimir; [implement] manejar. **-2.** [power] exercir.

wife [waɪf] (pl **wives**) n dona f, muller f.

wig [wɪg] n perruca f.

wiggle ['wɪgl] inf ◇ n **-1.** [movement] bellugueig m; [of hips etc.] remenada f de cul. **-2.** [wavy line] línia f ondulada. ◇ vt bellugar; [hips etc.] remenar. ◇ vi bellugar-se; [hips etc.] remenar.

wild [waɪld] ◇ adj **-1.** [gen] salvatge; [plant, flower] silvestre; [bull] fer -a. **-2.** [landscape, scenery] agrest -a. **-3.** [weather, sea] borrascós -osa. **-4.** [crowd, laughter, applause] frenètic -a; **to run ~** descontrolar-se. **-5.** [hair] rebel. **-6.** [hope, idea, plan] escabellat -ada. **-7.** [guess, exaggeration] extravagant. **-8.** inf [very enthusiastic]: **to be ~ about** estar boig boja per. ◇ n: **in the ~** en llibertat, en el seu hàbitat natural. ◆ **wilds** npl: **the ~s** les terres remotes.

wilderness ['wɪldənɪs] n **-1.** [barren land] erm m, desert m. **-2.** [overgrown land] jungla f. **-3.** fig [unimportant place]: **in the political ~** en l'anonimat polític.

wild-goose chase n inf cerca f infructuosa.

wildlife ['waɪldlaɪf] n (U) fauna f.

wildly ['waɪldlɪ] adv **-1.** [enthusiastically] frenèticament. **-2.** [without discipline, inaccurately] bojament. **-3.** [very] extremament. **-4.** [menacingly] de manera salvatge.

wilful *Br*, **willful** *Am* ['wɪlfʊl] *adj* **-1.** [stubborn] tossut -uda, voluntariós -osa. **-2.** [deliberate] deliberat -ada, intencionat -ada.

will[1] [wɪl] ⋄ *n* **-1.** [gen] voluntat *f*; **against one's will** contra la voluntat d'un; **at will** a voluntat. **-2.** [document] testament *m*. ⋄ *vt*: **to ~ sthg to happen** desitjar amb força que passi alguna cosa; **to ~ sb to do sthg** desitjar amb força que algú faci alguna cosa.

will[2] [wɪl] *modal vb* **-1.** [to express future tense]: **they say it ~ rain tomorrow** diuen que demà plourà; **I'll be arriving at six** arribaré a les sis; **when ~ we get paid?** quan ens pagaran?; **- they come? - yes, they ~** vindran? - sí. **-2.** [indicating willingness]: **~ you have some more tea?** vols més te?; **I won't do it** no ho faré. **-3.** [in commands, requests]: **you ~ leave this house at once** surt d'aquesta casa ara mateix; **close that window, ~ you?** tanca la finestra, vols?; **~ you be quiet!** voleu fer el favor de callar! **-4.** [indicating possibility, what usually happens]: **the hall ~ hold up to 1,000 people** la sala té cabuda per a 1.000 persones; **this ~ stop any draughts** això evitarà els corrents; **pensions ~ be paid monthly** les pensions s'abonaran mensualment. **-5.** [expressing an assumption]: **that'll be your father** deu ser el teu pare; **as you'll have gathered, I'm not keen on the idea** com ja us deveu imaginar, no m'agrada la idea. **-6.** [indicating irritation]: **well, if you ~ leave your toys everywhere ...** normal, si aneu deixant les joguines pertot arreu; **she ~ keep phoning me** i vinga trucar-me!

willful *Am* = wilful.

willing ['wɪlɪŋ] *adj* **-1.** [prepared]: **to be ~ (to do sthg)** estar disposat -ada (a fer alguna cosa). **-2.** [eager] volenterós -osa.

willingly ['wɪlɪŋlɪ] *adv* de gust, gustosament.

willow (tree) ['wɪləʊ-] *n* salze *m*.

willpower ['wɪl,paʊə^r] *n* força *f* de voluntat.

willy-nilly [,wɪlɪ'nɪlɪ] *adv* passi el que passi.

wilt [wɪlt] *vi* [plant] pansir-se; [person] defallir, extenuar-se.

wily ['waɪlɪ] (*compar* **-ier**, *superl* **-iest**) *adj* astut -a.

wimp [wɪmp] *n inf pej* figaflor *mf*, fleuma *mf*.

win [wɪn] (*pt & pp* **won**, *cont* **-ning**) ⋄ *n* victòria *f*, triomf *m*. ⋄ *vt* guanyar. ⋄ *vi* guanyar; **you / I etc. can't ~** no hi ha manera. ➣ **win over, win round** *vt sep* convèncer.

wince [wɪns] ⋄ *vi* fer un gest de dolor; **to ~ at / with sthg** estremir-se davant d'alguna cosa. ⋄ *n* gest *m* de dolor.

winch [wɪntʃ] ⋄ *n* torn *m*. ⋄ *vt*: **to ~ sthg up / out** aixecar / treure alguna cosa amb un torn.

wind[1] [wɪnd] ⋄ *n* **-1.** METEOR vent *m*. **-2.** [breath] alè *m*. **-3.** (U) [in stomach] gasos *mpl*; *euph* **to break ~** fer pets. **-4.** [in orchestra]: **the ~** els instruments de vent. **-5.** *inf* **to get ~ of sthg** assabentar-se d'alguna cosa. ⋄ *vt* **-1.** [knock breath out of] deixar sense alè. **-2.** *Br* [baby] fer-li fer el rotet.

wind[2] [waɪnd] (*pt & pp* **wound**) ⋄ *vt* **-1.** [string, thread] enrotllar; **to ~ sthg around sthg** enrotllar una cosa al voltant d'una altra. **-2.** [clock, watch] donar corda a. **-3.** **to wind its way** serpentejar. ⋄ *vi* serpentejar. ➣ **wind down** ⋄ *vt sep* **-1.** [car window] baixar. **-2.** [business] plegar de mica en mica. ⋄ *vi* **-1.** [clock, watch] aturar-se. **-2.** [person] relaxar-se, descansar. ➣ **wind up** ⋄ *vt sep* **-1.** [finish - up activity] finalitzar, concloure; [business] liquidar. **-2.** [clock, watch] donar corda a. **-3.** [car window] pujar. **-4.** *Br inf* [annoy] prendre el pèl a. ⋄ *vi inf* [end up] acabar; **to ~ up doing sthg** acabar fent alguna cosa.

windfall ['wɪndfɔːl] *n* **-1.** [fruit] fruita *f* caiguda. **-2.** [unexpected gift] regal *m* caigut del cel.

wind farm ['wɪnd-] *n* parc *m* eòlic.

winding ['waɪndɪŋ] *adj* tortuós -osa, sinuós -osa.

wind instrument [wɪnd-] *n* instrument *m* de vent.

windmill ['wɪndmɪl] *n* [building] molí *m* de vent.

window ['wɪndəʊ] *n* **-1.** [gen & COMPUT] finestra *f*. **-2.** AUTOM finestreta *f*. **-3.** [of shop] aparador *m*.

window box *n* jardinera *f* (de finestra).

window cleaner *n* netejavidres *m*.

window ledge *n* ampit *m*.

window pane *n* vidre *m* (de la finestra).

windowsill ['wɪndəʊsɪl] *n* ampit *m*.

windpipe ['wɪndpaɪp] *n* tràquea *f*.

windscreen ['wɪndskriːn] *Br*, **windshield** ['wɪndʃiːld] *Am n* parabrisa *m*.

windscreen washer *n* rentaparabrisa *m*.

windscreen wiper *n* eixugaparabrisa *m*.

windshield *Am* = **windscreen**.

windsurfing ['wɪnd,sɜːfɪŋ] *n* surf *m* de vela.

windswept ['wɪndswept] *adj* **-1.** [scenery] arrasat -ada pel vent. **-2.** [person, hair] despentinat -ada.

wind turbine ['wɪnd-] *n* generador *m* eòlic.

windy ['wɪndɪ] (*compar* **-ier**, *superl* **-iest**) *adj* [day, weather] ventós -osa, de vent; [place] exposat -ada al vent; **it's ~** fa vent.

wine [waɪn] <> *n* vi *m*; **red / white ~** vi negre / blanc. <> *vt*: **to ~ and dine sb** complimentar algú.

wine bar *n* bar especialitzat en vins.

wine cellar *n* celler *m* de vins.

wineglass ['waɪnglɑːs] *n* copa *f* / vas *m* (de vi).

wine list *n* llista *f* de vins.

wine merchant *n Br* vinater *m* -a *f*.

wine tasting [-,teɪstɪŋ] *n* tast *m* de vins.

wine waiter *n* sommelier *m*.

wing [wɪŋ] *n* **-1.** [gen] ala *f*. **-2.** AUTOM parafang *m*. **-3.** SPORT [side of pitch] banda *f*; [winger] extrem *m*, ala *f*. ◆ **wings** THEAT *npl*: **the ~s** els bastidors *mpl*.

winger ['wɪŋər] SPORT *n* extrem *m*.

wing mirror *n* retrovisor *m*.

wink [wɪŋk] <> *n* parpelleig *m*; *inf* **to have forty ~s** fer una becaina; *inf* **not to sleep a ~, not to get a ~ of sleep** no poder acluc ar l'ull. <> *vi* **-1.** [eye]: **to ~ (at sb)** fer l'ullet (a algú). **-2.** *liter* [lights] parpellejar.

winkle ['wɪŋkl] *n* cargolí *m*.

winner ['wɪnər] *n* guanyador *m* -a *f*.

winning ['wɪnɪŋ] *adj* **-1.** [team, competitor] vencedor -a, victoriós -osa; [goal, point] de la victòria; [ticket, number] premiat -ada. **-2.** [smile, ways] atractiu -iva. ◆

winnings *npl* guanys *mpl*.

winning post *n* meta *f*.

winter ['wɪntər] <> *n* (*U*) hivern *m*; **in ~** a l'hivern. <> *comp* d'hivern, hivernal.

winter sports *npl* esports *mpl* d'hivern.

wintertime ['wɪntətaɪm] *n* (*U*) hivern *m*; **in ~** a l'hivern.

wint(e)ry ['wɪntrɪ] *adj* [gen] d'hivern, hivernal; [showers] amb neu.

wipe [waɪp] <> *n*: **give the table a ~** passar el drap a la taula. <> *vt* [rub to clean] netejar, passar el drap a; [rub to dry] eixugar. ◆ **wipe out** *vt sep* **-1.** [erase] esborrar. **-2.** [eradicate] aniquilar. ◆ **wipe up** *vt sep* netejar.

wire [waɪər] <> *n* **-1.** [gen] filferro *m*; ELEC cable *m*. **-2.** [telegram] telegrama *m*. <> *comp* de filferro. <> *vt* **-1.** [connect]: **to ~ sthg to sthg** connectar una cosa amb una altra. **-2.** [ELEC - house] fer la instal·lació elèctrica a, [- plug] connectar el cable a. **-3.** [send telegram to] enviar un telegrama a.

wireless ['waɪəlɪs] *n dated* ràdio *f*.

wiring ['waɪərɪŋ] *n* (*U*) instal·lació *f* elèctrica.

wiry ['waɪərɪ] (*compar* **-ier**, *superl* **-iest**) *adj* **-1.** [hair] com un fregall. **-2.** [body, man] nerviüt -üda.

wisdom ['wɪzdəm] *n* **-1.** [learning] saviesa *f*. **-2.** [good sense] seny *m*.

wisdom tooth *n* queixal *m* del seny.

wise [waɪz] *adj* **-1.** [learned] savi sàvia; *inf* **to get ~ to sthg** adonar-se d'alguna cosa; **she's no ~r / none the wiser** continua sense entendre-ho. **-2.** [sensible] prudent.

wisecrack ['waɪzkræk] *n pej* acudit *m*.

wish [wɪʃ] <> *n*: **~ (for sthg / to do sthg)** desig *m* (d'alguna cosa / de fer alguna cosa); **to make a ~** demanar un desig. <> *vt fml*: **to ~ to do sthg** desitjar fer alguna cosa; **to ~ sb sthg** desitjar alguna cosa a algú; **I ~ (that) you had told me before!** tant de bo m'ho haguessis dit abans!; **I ~ (that) I were / was rich** tant de bo fos ric; **I ~ (that) you would shut up** per què no calles? <> *vi* [by magic]: **to ~ for sthg** pensar un desig. ◆ **wishes** *with npl*: **best ~es** [in letter] una abraçada.

wishful thinking ['wɪʃful-] *n* (*U*): **it's just ~** només són il·lusions.

wishy-washy ['wɪʃɪ,wɒʃɪ] *adj inf pej* insípid -a, insuls -a.

wisp [wɪsp] *n* **-1.** [of hair] floc *m*; [of grass] bri *m*. **-2.** [cloud] vestigi *m*; [of smoke] columna *f* prima.

wistful ['wɪstful] *adj* trist -a, melangiós -osa.

wit [wɪt] *n* **-1.** [humour] enginy *m*, agudesa *f*. **-2.** [funny person] graciós *m* -osa *f*. **-3.** [intelligence]: **to have the ~ to do sthg** tenir prou seny per fer alguna cosa. ◆ **wits** *npl*: **to have / keep one's ~s about one** mantenir-se alerta; *inf* **to be scared out of one's ~s** estar mort -a de por; **to be at one's ~s end** estar a punt de tornar-se boig.

witch [wɪtʃ] *n* bruixa *f*.

with [wɪð] *prep* **-1.** [in company of] amb; **we stayed ~ them for a week** ens vam quedar amb ells una setmana; **I play tennis ~ his wife** jugo a tennis amb la seva dona; **~ me** amb mi; **~ you** amb tu; **~ himself / herself** amb si mateix -a. **-2.** [indicating opposition] amb; **to argue ~ sb** discutir amb algú; **the war ~ Germany** la guerra amb Alemanya. **-3.** [indicating means, manner, feelings] amb, de; **I washed it ~ detergent** ho he rentat amb detergent; **he filled it ~ wine** el va omplir de vi; **covered ~ mud** cobert de fang; **she was trembling ~ fear** tremolava de por; **~ care** amb cura; **"all right", she said ~ a smile** "d'acord", digué amb un somriure. **-4.** [having - gen] amb, de; **a man ~ a beard** un home amb barba; **the woman ~ the black hair / big dog** la dona dels cabells negres / del gos gran; **the computer comes ~ a printer** l'ordinador va amb una impressora. **-5.** [regarding] amb; **he's very mean ~ money** és molt gasiu amb els diners; **what will you do ~ the house?** què fareu amb la casa?; **the trouble ~ her is that ...** el seu problema és que... **-6.** [indicating simultaneity]: **I can't do it ~ you watching me** no ho puc fer amb tu aquí, mirant-me. **-7.** [because of] amb; **~ the weather as it is, we have decided to stay at home** amb aquest temps, hem decidit quedar-nos a casa; **~ my luck, I'll probably lose** amb la sort que tinc, de segur que perdo. **-8.** [indicating understanding]: **are you ~ me?** em segueixes?; **I'm sorry, I'm not ~ you** em sap greu, m'he perdut. **-9.** [indicating support] amb; **I'm ~ Dad on this** en això, estic amb el pare.

withdraw [wɪðˈdrɔː] (*pt* **-drew**, *pp* **-drawn**) ◇ *vt* **-1.** [gen]: **to ~ sthg (from)** retirar alguna cosa (de). **-2.** [money] treure. ◇ *vi*: **to ~ (from / to)** retirar-se (de / a).

withdrawal [wɪðˈdrɔːəl] *n* **-1.** [gen & MIL] retirada *f*. **-2.** [retraction] retractació *f*. **-3.** MED (síndrome *f* d') abstinència *f*. **-4.** FIN reintegrament *m*.

withdrawal symptoms *npl* síndrome *f* d'abstinència.

withdrawn [wɪðˈdrɔːn] ◇ *pp* ▻ **withdraw**. ◇ *adj* [shy, quiet] reservat -ada.

withdrew [wɪðˈdruː] *pt* ▻ **withdraw**.

wither [ˈwɪðər] ◇ *vt* pansir. ◇ *vi* **-1.** [dry up] pansir-se. **-2.** [become weak] debilitar-se, decaure.

withhold [wɪðˈhəʊld] (*pt & pp* **-held**) *vt* [gen] retenir; [consent, permission] denegar.

within [wɪˈðɪn] ◇ *prep* **-1.** [gen] dins de; **~ reach** a l'abast de la mà. **-2.** [less than - distance] a menys de; [- time] en menys de; **it's ~ walking distance** s'hi pot anar a peu; **he was ~ five seconds of the leader** estava a cinc segons del líder; **~ the next six months** en els pròxims sis mesos; **it arrived ~ a week** va arribar en menys d'una setmana. ◇ *adv* dins.

without [wɪðˈaʊt] ◇ *prep* sense; **~ sthg / doing sthg** sense alguna cosa / fer alguna cosa; **it happened ~ my realizing** va passar sense que me n'adonés. ◇ *adv*: **to go / do ~ sthg** passar sense alguna cosa.

withstand [wɪðˈstænd] (*pt & pp* **-stood**) *vt* resistir, aguantar.

witness [ˈwɪtnɪs] ◇ *n* **-1.** [person] testimoni *mf*; **to be ~ to sthg** ser testimoni d'alguna cosa. **-2.** [testimony]: **to bear ~ to sthg** testimoniar alguna cosa, donar fe d'alguna cosa. ◇ *vt* **-1.** [see] presenciar. **-2.** [countersign] firmar (com a testimoni).

witness box *Br*, **witness stand** *Am n* tribuna *f* (dels testimonis).

witticism [ˈwɪtɪsɪzm] *n* agudesa *f*, ocurrència *f*.

witty [ˈwɪtɪ] (*compar* **-ier**, *superl* **-iest**) *adj* enginyós -osa, ocurrent.

wives [waɪvz] *pl* ▻ **wife**.

wizard [ˈwɪzəd] *n* **-1.** [magician] mag *m* -a *f*. **-2.** [skilled person] geni *m*.

wobble [ˈwɒbl] *vi* [gen] trontollar; [furniture] coixejar; [legs] tremolar.

woe [wəʊ] *n lit* aflicció *f*, pesar *m*.

woke [wəʊk] *pt* ▻ **wake**.

woken [ˈwəʊkn] *pp* ▻ **wake**.

wolf [wʊlf] (*pl* **wolves**) *n* ZOOL llop *m*.

wolves [wʊlvz] *pl* ▻ **wolf**.

woman [ˈwʊmən] (*pl* **women** [-,wɪmɪn]) ◇ *n* **-1.** [female] dona *f*. **-2.** [womanhood] la dona. ◇ *comp*: **~ doctor** metgessa *f*; **~ prime minister** primera ministra *f*.

womanly [ˈwʊmənlɪ] *adj* femení -ina.

womb [wuːm] *n* matriu *f*, úter *m*.

women [ˈwɪmɪn] *pl* ▻ **woman**.

women's liberation *n* alliberament *m* de la dona.

won [wʌn] *pt & pp* ▻ **win**.

wonder [ˈwʌndər] ◇ *n* **-1.** [amazement] sorpresa *f*, admiració *f*. **-2.** [cause for surprise]: **it's a ~ (that) ...** és un miracle que...; **no / little / small ~ ...** no és estrany que... **-3.** [amazing thing, person] meravella *f*; **to work / do ~s** fer meravelles. ◇ *vt* **-1.** [speculate]: **to ~ (if / whether)** preguntar-se (si). **-2.** [in polite requests]: **I ~ if / whether I could ask you a question?** li faria res que li fes unes preguntes? ◇ *vi* **-1.** [speculate]:

I was only ~ing només preguntava per curiositat; **to ~ about sthg** preguntar-se alguna cosa. **–2.** *liter* [be amazed]: **to ~ at sthg** quedar-se meravellat -ada davant d'alguna cosa.

wonderful ['wʌndəful] *adj* meravellós -osa.

wonderfully ['wʌndəfulı] *adv* **–1.** [very well] de meravella. **–2.** [very] extremament.

won't [wəʊnt] = **will not**.

woo [wu:] *vt* **–1.** *liter* [court] fer la cort a. **–2.** [try to win over] guanyar-se el suport de.

wood [wʊd] ◇ *n* **–1.** [timber] fusta *f*; [for fire] llenya *f*; **touch ~!** toquem fusta! **–2.** [group of trees] bosc *m*; *Br* **I can't see the ~ for the trees** els arbres no em deixen veure el bosc. **–3.** SPORT (bastó *m* de) fusta *f*. ◇ *comp* de fusta. ➤ **woods** *npl* bosc *m*.

wooded ['wʊdɪd] *adj* poblat -ada d'arbres, boscós -osa.

wooden ['wʊdn] *adj* **–1.** [of wood] de fusta. **–2.** *pej* [actor] encarcarat -ada.

woodpecker ['wʊd,pekər] *n* pigot *m*.

woodwind ['wʊdwɪnd] *n*: **the ~** els instruments de vent de fusta.

woodwork ['wʊdwɜːk] *n* fusteria *f*.

woodworm ['wʊdwɜːm] *n* corc *m*.

wool [wʊl] *n* llana *f*; *inf fig* **to pull the ~ over sb's eyes** donar a algú gat per llebre.

woollen *Br*, **woolen** *Am* ['wʊlən] *adj* de llana.

woolly ['wʊlɪ] (*compar* **-ier**, *superl* **-iest**, *pl* **-ies**) ◇ *adj* **–1.** [woollen] de llana. **–2.** *inf* [fuzzy, unclear] confús -usa. ◇ *n inf* peça *f* de llana.

word [wɜːd] ◇ *n* **–1.** LING paraula *f*, mot *m*; **~ for** paraula per paraula; **in other ~s** és a dir; **in one's own ~s** en paraules pròpies; **not in so many ~s** no pas amb aquestes paraules; **in a ~** en una paraula; **too ... for ~s** d'allò més...; **by ~ of mouth** de paraula; **to put in a (good) ~ for sb** parlar en favor d'algú; **just say the ~** només cal que ho demanis; **she doesn't mince her ~s** no té pèls a la llengua; **to have a ~ with sb** parlar amb algú; *inf* **to have ~s with sb** tenir una conversa amb algú; **to have the last ~** tenir l'última paraula; **to weigh one's ~s** mesurar les paraules; **I couldn't get a ~ in edgeways** no vaig poder ficar-hi cullerada. **–2.** (U) [news] notícia *f*. **–3.** [promise] paraula *f*; **to give sb one's ~** donar la paraula a algú; **I give you my ~** t'ho prometo; **to be as good as one's ~, to be true to one's ~** complir les promeses. ◇ *vt* redactar, expressar.

wording ['wɜːdɪŋ] *n* (U) fraseologia *f*, estil *m*.

word processing *n* (U) processament *m* de textos.

word processor *n* processador *m* de textos.

wore [wɔːr] *pt* ➤ **wear**.

work [wɜːk] ◇ *n* **–1.** (U) [employment] treball *m*, ocupació *f*; **to be in ~** tenir feina; **to be out of ~** estar aturat -ada; **at ~ a la feina. –2.** [activity, tasks] feina *f*; **at ~** fent feina; **to have one's ~ cut out doing sthg / to do sthg** tenir-ho molt difícil per fer alguna cosa. **–3.** [of art, literature etc.] obra *f*. **–4. he's a nasty piece of ~** és un bon element. ◇ *vt* **–1.** [employees, subordinates] fer treballar. **–2.** [machine] manejar, operar. **–3.** [wood, metal, land] treballar. **–4.** [cause to become]: **to ~ o.s. into a frenzy** exaltar-se. **–5.** [force]: **to ~ one's way through** [crowd etc.] obrir-se pas entre; **to ~ one's way up** [in career] treballar de valent per aconseguir una bona posició. ◇ *vi* **–1.** [person] **to ~ (on sthg)** treballar (en alguna cosa). **–2.** [machine, system, idea] funcionar. **–3.** [drug] fer efecte. **–4.** [have effect]: **to ~ against sb / sthg** funcionar contra algú / alguna cosa. **–5.** [become by movement]: **to ~ loose** deixar-se anar; **to ~ free** desprendre's. ➤ **works** ◇ *n* [factory] fàbrica *f*. ◇ *npl* **–1.** [mechanism] mecanisme *m*. **–2.** [digging, building] obres *fpl*. **–3.** *inf* [everything]: **the ~** tot, la totalitat. ➤ **work on** *vt fus* **–1.** [pay attention to] treballar en. **–2.** [take as basis] partir de. ➤ **work out** ◇ *vt sep* **–1.** [plan, schedule] elaborar. **–2.** [total, amount] calcular; [answer] trobar. ◇ *vi* **–1.** [figure out]: **to ~ out at** sortir a. **–2.** [turn out] resultar, endreçar-se. **–3.** [be successful] sortir bé. **–4.** [train, exercise] entrenar-se, fer exercici. ➤ **work up** ◇ *vt sep* **–1.** [excite]: **to ~ oneself up into a frenzy** exaltar-se. **–2.** [generate] despertar. ◇ *vi*: **to ~ up to sthg** mentalitzar-se per a alguna cosa.

workable ['wɜːkəbl] *adj* factible, viable.

workaholic ['wɜːkəˈhɒlɪk] *n* addicte *m* -a *f* al treball.

workday ['wɜːkdeɪ] *n* **–1.** [day's work] jornada *f* de treball. **–2.** [not weekend] dia *m* laborable.

worked up [wɜːkt-] *adj* nerviós -osa.

worker ['wɜːkər] *n* [person who works] treballador *m* -a *f*; [manual -] obrer *m* -a *f*; **a hard / fast ~** una persona que treballa molt / amb rapidesa.

workforce ['wɜːkfɔːs] *n* mà *f* d'obra.

working ['wɜːkɪŋ] *adj* **-1.** [in operation] en funcionament. **-2.** [having employment] ocupat -ada. **-3.** [relating to work - gen] laboral; [- clothes] de treball; [- day] laborable, feiner. **-4.** [sufficient, adequate] suficient. ➣ **workings** *npl* mecanisme *m*.

working class *n*: the ~ la classe obrera. ➣ **working-class** *adj* de la classe obrera.

working order *n*: to be in (good) ~ funcionar (bé).

workload ['wɜːkləʊd] *n* quantitat *f* de treball.

workman ['wɜːkmən] (*pl* **-men** [-mən]) *n* obrer *m*.

workmanship ['wɜːkmənʃɪp] *n* artesania *f*.

workmate ['wɜːkmeɪt] *n* company *m* -a *f* de feina, col·lega *mf*.

work permit *n* permís *m* de treball.

workplace ['wɜːkpleɪs] *n* lloc *m* de treball.

workshop ['wɜːkʃɒp] *n* taller *m*.

workstation ['wɜːk,steɪʃn] COMPUT *n* estació *f* de treball.

worktop ['wɜːktɒp] *n Br* taulell *m*, marbre *m*.

work-to-rule *n Br* vaga *f* de zel.

world [wɜːld] ◇ *n* món *m*; **the best in the ~** el millor del món; **what / where / why in the ~ ...?** què / on / per què diantre...?; **the ~ over** arreu del món; **to be dead to the ~** estar totalment adormit -ida / begut -uda; **to want the best of both ~s** voler repicar i anar a la processó; **to think the ~ of sb** tenir algú en molt bona consideració; **to do sb the ~ of good** ser molt profitós per a algú; **a ~ of difference** una diferència enorme. ◇ *comp* mundial.

world-class *adj* de primera categoria.

world-famous *adj* famós -osa arreu del món.

worldly ['wɜːldlɪ] *adj liter* mundà -ana; **~ goods** béns *mpl* materials.

World War I *n* la Primera Guerra Mundial.

World War II *n* la Segona Guerra Mundial.

worldwide ['wɜːldwaɪd] ◇ *adj* mundial. ◇ *adv* arreu del món, a escala mundial.

worm [wɜːm] ◇ *n* [animal] cuc *m*; [earthworm] cuc *m* de terra. ◇ *vt*: **to ~ one's way into sthg** [move] aconseguir colar-se en algun lloc; [wheedle] aconseguir apoderar-se d'alguna cosa.

worn [wɔːn] ◇ *pp* ➣ **wear**. ◇ *adj* **-1.** [threadbare] gastat -ada. **-2.** [tired] llassat -ada.

worn-out *adj* **-1.** [old, threadbare]: **to be ~** estar totalment desgastat -ada. **-2.** [tired] esgotat -ada.

worried ['wʌrɪd] *adj* preocupat -ada; **to be ~ (sick) about** estar (molt) preocupat -ada per.

worry ['wʌrɪ] (*pl* **-ies**, *pt & pp* **-ied**) ◇ *n* preocupació *f*. ◇ *vt* [trouble] preocupar. ◇ *vi*: **to ~ (about)** preocupar-se (per); **not to ~!** cap problema!

worrying ['wʌrɪɪŋ] *adj* preocupant.

worse [wɜːs] ◇ *adj* pitjor; **to get ~** empitjorar. ◇ *adv* pitjor; **~ off** [gen] en pitjor situació; [financially] pitjor econòmicament. ◇ *n*: **~ was to come** el pitjor encara havia de venir; **so much the ~** molt pitjor; **for the ~** a pitjor.

worsen ['wɜːsn] *vt & vi* empitjorar.

worship ['wɜːʃɪp] (*Br pt & pp* **-ped**, *cont* **-ping**, *Am pt & pp* **-ed**, *cont* **-ing**) ◇ *vt lit & fig* adorar. ◇ *n lit & fig*: **~ (of)** culte *m* (a), adoració *f* (a). ➣ **Worship** *n*: **Your / Her / His ~** Vostra Senyoria; **his ~ the Mayor** l'Excel·lentíssim Senyor Alcalde.

worst [wɜːst] ◇ *adj* pitjor; **the ~ thing is ...** el pitjor és que... ◇ *adv* pitjor; **the ~ affected area** la regió més afectada. ◇ *n*: **the ~** [thing] el pitjor; [person] el pitjor *m*, la pitjor *f*; **if the ~ comes to the worst** en últim extrem. ➣ **at (the) worst** *adv* en el pitjor dels casos.

worth [wɜːθ] ◇ *prep* **-1.** [having the value of]: **it's ~ £50** val 50 lliures; **how much is it ~?** quant val? **-2.** [deserving of] digne -a de, mereixedor -a de; **the museum is ~ visiting / a visit, it's worth visiting the museum** val la pena visitar el museu. ◇ *n* **-1.** [amount]: **£50,000 ~ of antiques** antiguitats per valor de 50.000 lliures; **a month's ~ of groceries** provisions per a un mes. **-2.** *fml* [value] valor *m*.

worthless ['wɜːθlɪs] *adj* **-1.** [object] sense valor. **-2.** [person] menyspreable.

worthwhile [,wɜːθ'waɪl] *adj* que val la pena; [cause] noble, digne -a.

worthy ['wɜːðɪ] (*compar* **-ier**, *superl* **-iest**) *adj* **-1.** [gen] digne -a. **-2.** [good but unexciting] encomiable.

would [wʊd] *modal vb* **-1.** (*in reported speech*): **she said she ~ come** va dir que vindria. **-2.** [indicating likelihood]: **what ~ you do?** tu què faries?; **he ~ have resigned** ell hauria dimitit. **-3.** [indicating willingness]: she ~n't go no hi va voler / volia anar; he ~ do anything for her faria qualsevol cosa per ella. **-4.** (*in polite questions*): ~ you like a drink? vols prendre res?; ~ you mind closing the window? et faria res tancar la finestra?; help me shut this suitcase, ~ you? ajuda'm a tancar la maleta, vols? **-5.** [indicating inevitability]: he ~ say that, wouldn't he? era d'esperar que ho digués, oi? **-6.** [expressing opinions]: I ~ have thought (that) it ~ be easy hauria dit que era fàcil; I ~ prefer ... preferiria...; I ~ like ... voldria..., vull... **-7.** [giving advice]: I ~ report it if I were you jo de tu ho denunciaria.

would-be *adj*: a ~ author un aspirant a literat.

wouldn't ['wʊdnt] = would not.

would've ['wʊdəv] = would have.

wound¹ [wuːnd] ◇ *n* ferida *f*; to lick one's wounds autocompadir-se. ◇ *vt lit & fig* ferir.

wound² [waʊnd] *pt & pp* ➥ **wind²**.

wove [waʊv] *pt* ➥ **weave**.

woven ['waʊvn] *pp* ➥ **weave**.

WP -1. abbr of word processing. **-2.** abbr of word processor. **-3.** (abbr of **weather permitting**) si el temps ho permet.

wrangle ['ræŋgl] ◇ *n* disputa *f*. ◇ *vi*: to ~ (with sb over sthg) discutir / barallar-se (amb algú per alguna cosa).

wrap [ræp] (*pt & pp* **-ped**, *cont* **-ping**) ◇ *vt* **-1.** [cover] embolicar; to ~ sthg in sthg embolicar una cosa amb una altra; to ~ sthg around / round sthg enrotllar una cosa al voltant d'una altra. **-2.** [encircle]: he ~ped his hands around it el va envoltar amb les mans. ◇ *n* [garment] xal *m*.

wrap up ◇ *vt sep* **-1.** [cover] embolicar. **-2.** *inf* [complete] tancar, completar. ◇ *vi* [put warm clothes on]: ~ up well / warmly abriga't bé / força.

wrapper ['ræpə^r] *n* embolcall *m*.

wrapping ['ræpɪŋ] *n* embalatge *m*.

wrapping paper *n* (U) paper *m* d'embolicar.

wrath [rɒθ] *n lit* ira *f*, còlera *f*.

wreak [riːk] *vt* causar; to ~ havoc fer estralls; to ~ revenge / vengeance prendre's la revenja.

wreath [riːθ] *n* corona *f* (de flors).

wreck [rek] ◇ *n* **-1.** [of car, plane] restes *fpl* del sinistre; [of ship] restes *fpl* del naufragi. **-2.** *inf* [person] esparracat *m* -ada *f*; to look a ~ fer un fàstic. ◇ *vt* **-1.** [destroy] arruïnar. **-2.** NAUT fer naufragar; to be ~ed naufragar. **-3.** [spoil] espatllar; [health] fer malbé.

wreckage ['rekɪdʒ] *n* (U) [of plane, car] restes *fpl*; [of building] runes *fpl*.

wren [ren] *n* caragolet *m*.

wrench [rentʃ] ◇ *n* **-1.** [tool] clau *f* anglesa. **-2.** [injury] torçada *f*. **-3.** [cause of suffering]: it was a ~ to leave her va ser dolorós deixar-la. ◇ *vt* **-1.** [pull violently]: to ~ sthg (off) arrencar alguna cosa; to ~ sthg open obrir alguna cosa amb un moviment brusc. **-2.** [twist and injure] torçar.

wrestle ['resl] ◇ *vt* lluitar amb / contra. ◇ *vi lit & fig*: to ~ (with) lluitar (amb).

wrestler ['reslə^r] *n* lluitador *m* -a *f*.

wrestling ['reslɪŋ] *n* lluita *f* lliure.

wretch [retʃ] *n* desgraciat *m* -ada *f*, infeliç *mf*.

wretched ['retʃɪd] *adj* **-1.** [miserable] miserable. **-2.** *inf* [damned] maleït -ida.

wriggle ['rɪgl] ◇ *vt* remenar. ◇ *vi* **-1.** [move about] balancejar-se. **-2.** [twist] escórrer-se, lliscar.

wring [rɪŋ] (*pt & pp* **wrung**) *vt* **-1.** [wet clothes etc.] escórrer. **-2.** *liter* [hands] estrènyer. **-3.** [neck] retòrcer.

wringing ['rɪŋɪŋ] *adj*: ~ (wet) xop -a.

wrinkle ['rɪŋkl] ◇ *n* arruga *f*. ◇ *vt* arrugar. ◇ *vi* arrugar-se.

wrist [rɪst] *n* canell *m*.

wristwatch ['rɪstwɒtʃ] *n* rellotge *m* de polsera.

writ [rɪt] *n* mandat *m* judicial.

write [raɪt] (*pt* **wrote**, *pp* **written**) ◇ *vt* **-1.** [gen & COMPUT] escriure; to ~ sb a letter escriure una carta a algú. **-2.** *Am* [person] escriure a. ◇ *vi* [gen & COMPUT] escriure; *Br* to ~ to sb escriure a algú. ➥

write back *vt sep & vi* contestar una carta. ➥ **write down** *vt sep* apuntar. ➥ **write into** *vt sep* incloure a, inserir a. ➥ **write off** ◇ *vt sep* **-1.** [plan, hopes] abandonar. **-2.** [debt] cancel·lar, anul·lar. **-3.** [person - off as failure] considerar un fracàs. **-4.** *Br inf* [wreck] destrossar. ◇ *vi*: to ~ off (to sb) escriure (a algú); to ~ off for sthg escriure demanant alguna cosa. ➥ **write up** *vt sep* redactar.

write-off *n*: the car was a ~ el cotxe va quedar totalment destrossat.

writer ['raɪtə^r] *n* **-1.** [as profession] escriptor *m* -a *f*. **-2.** [of letter, article, story] autor *m* -a *f*.

writhe [raɪð] *vi* retòrcer-se.

writing [ˈraɪtɪŋ] *n* **-1.** (U) [handwriting] lletra *f*, cal·ligrafia *f*. **-2.** [sthg written] escrit *m*; **in ~** per escrit. **-3.** [activity] escriptura *f*.

writing paper *n* (U) paper *m* de carta.

written [ˈrɪtn] ◇ *pp* ⮕ **write**. ◇ *adj* **-1.** [not oral] escrit -a. **-2.** [official] per escrit.

wrong [rɒŋ] ◇ *adj* **-1.** [not normal, not satisfactory] dolent -a; **the clock's ~** aquest rellotge va malament; **what's ~?** què passa?; **there's nothing ~ with me** no em passa res. **-2.** [not suitable, not correct] equivocat -ada; [moment, time] inoportú -una; **to be ~** estar equivocat -ada; **to be ~ to do sthg** cometre un error en fer alguna cosa; **I got the ~ number** m'he equivocat de número. **-3.** [morally bad] dolent -a, injust -a; **it's ~ to steal / lie** robar / mentir no està bé; **what's ~ with being a communist?** quin mal hi ha a ser comunista? ◇ *adv* [incorrectly] malament; **to get sthg ~** entendre alguna cosa malament; **to go ~** [make a mistake] cometre un error; [stop functioning] espatllar-se; *inf* **don't get me ~** no em malinterpretis. ◇ *n* **-1.** [evil] mal *m*; **to be in the ~** fer malament; **he can do no ~** res del que fa no està malament. **-2.** [injustice] injustícia *f*. ◇ *vt* ser injust -a amb, agreujar.

wrongful [ˈrɒŋfʊl] *adj* [dismissal] improcedent; [arrest, imprisonment] il·legal.

wrongly [ˈrɒŋlɪ] *adv* equivocadament.

wrong number *n*: sorry, **~** ho sento, s'ha equivocat de número.

wrought iron [rɔːt-] *n* ferro *m* forjat.

wrung [rʌŋ] *pt & pp* ⮕ **wring**.

wry [raɪ] *adj* **-1.** [amused] irònic -a. **-2.** [displeased] de fàstic.

WW *abbr of* **world war.**

x (*pl* **xs / x's**), **X** (*pl* **Xs / X's**) [eks] *n* **-1.** [letter] x *f*, X *f*. **-2.** [unknown quantity] ics *f*; **~ number of ...** un nombre ics de... **-3.** [in algebra, to mark spot] x *f*. **-4.** [at end of letter] **~XX** petons.

xenophobia [ˌzenəˈfəʊbjə] *n* xenofòbia *f*.

Xmas [ˈeksməs] ◇ *n* Nadal *m*. ◇ *comp* de Nadal.

X-ray ◇ *n* **-1.** [ray] raig *m* X. **-2.** [picture] radiografia *f*. ◇ *vt* radiografiar.

xylophone [ˈzaɪləfəʊn] *n* xilòfon *m*.

y (*pl* **ys / y's**), **Y** (*pl* **Ys / Y's**) [waɪ] *n* **-1.** [letter] y *f*, Y *f*. **-2.** [in algebra] y *f*.

yacht [jɒt] *n* iot *m*; [for racing] balandre *m*.

yachting [ˈjɒtɪŋ] *n* vela *f*.

yachtsman [ˈjɒtsmən] (*pl* **-men** [-mən]) *n* regatista *m*.

Yank [jæŋk] *n inf* ianqui *mf* (terme pejoratiu que s'usa per designar un nord-americà).

Yankee [ˈjæŋkɪ] *n* **-1.** *Br inf* ianqui *mf* (terme pejoratiu que s'usa per designar un nord-americà). **-2.** *Am* [citizen] ianqui *mf*.

yap [jæp] (*pt & pp* **-ped**, *cont* **-ping**) *vi* **-1.** [dog] bordar. **-2.** *pej* [person] garlar, xerrar.

yard [jɑːd] *n* **-1.** [unit of measurement] iarda *f* = 91,44 cm. **-2.** [walled area] pati *m*. **-3.** [shipyard] verga *f*; **builder's / goods ~** dipòsit *m* de materials / mercaderies. **-4.** *Am* [attached to house] jardí *m*.

yardstick [ˈjɑːdstɪk] *n* criteri *m*, pauta *f*.

yarn [jɑːn] *n* **-1.** [thread] fil *m*. **-2.** *inf* [story]: **to spin sb a ~** explicar un sopar de duro a algú.

yawn [jɔːn] ◇ *n* **-1.** [when tired] badall *m*. **-2.** *Br inf* [boring event] llauna *f*. ◇ *vi* **-1.** [when tired] badallar. **-2.** [gap] obrir-se.

yd *abbr of* **yard.**

yeah [jeə] *adv inf* sí.

year [jɪər] *n* **-1.** [gen] any *m*; **~ in, year out** any rere any; **he's 25 ~s old** té 25 anys; **all (the) ~ round** tot l'any. **-2.** EDUC curs *m*; **he's in (his) first ~** fa primer. ⮕

years *npl* [ages] anys *mpl*; **it's ~s since I last saw you** fa segles que no et veig.

yearly [ˈjɪəlɪ] ◇ *adj* anual. ◇ *adv* **-1.** [once a year] un cop l'any. **-2.** [every year] anualment.

yearn [jɜːn] *vi*: **to ~ for sthg / to do sthg** anhelar alguna cosa / fer alguna cosa.

yearning [ˈjɜːnɪŋ] *n*: **~ (for sb / sthg)** anhel *m* (d'algú / d'alguna cosa).

yeast [jiːst] *n* llevat *m*.

yell [jel] ◇ *n* crit *m*. ◇ *vt & vi* cridar, xisclar.

yellow ['jeləʊ] ◇ *adj* **-1.** [in colour] groc groga. **-2.** [cowardly] covard -a. ◇ *n* groc *m*. ◇ *vi* posar-se groc, groguejar.

yellow card SPORT *n* targeta *f* groga.

yelp [jelp] ◇ *n* udol *m*. ◇ *vi* udolar.

yeoman of the guard ['jəʊmən-] (*pl* **yeomen of the guard** ['jəʊmən-]) *n* alabarder de la Casa Reial Britànica.

yes [jes] ◇ *adv* sí; ~, **please** sí, si us plau; **to say** ~ dir que sí; **to say** ~ **to sthg** consentir alguna cosa. ◇ *n* sí *m*.

yesterday ['jestədɪ] ◇ *n* ahir *m*. ◇ *adv* ahir; ~ **afternoon** ahir a la tarda; **the day before** ~ abans d'ahir.

yet [jet] ◇ *adv* **-1.** [gen] encara, ja; **have you had lunch** ~? ja has dinat?; **their worst defeat** ~ la pitjor derrota que han patit mai; **as** ~ de moment, fins ara; **not** ~ encara no. **-2.** [even]: ~ **another car** un altre cotxe més; ~ **again** un cop més; ~ **more** encara més. ◇ *conj* això no obstant, tanmateix.

yew [ju:] *n* teix *m*.

Yiddish ['jɪdɪʃ] ◇ *adj* "jiddisch". ◇ *n* "jiddisch" *m*.

yield [ji:ld] ◇ *n* **-1.** AGR collita *f*. **-2.** FIN rendiment *m*. ◇ *vt* **-1.** [gen] produir, donar. **-2.** [give up] cedir. ◇ *vi* **-1.** [shelf, lock etc.] cedir. **-2.** *fml* [person, enemy] rendir-se; **to** ~ **to sb / sthg** claudicar davant d'algú / alguna cosa. **-3.** *Am* AUTOM [give way]: "~" "cediu el pas".

YMCA (abbr of **Young Men's Christian Association**) *n* associació internacional de joves cristians.

yoga ['jəʊgə] *n* ioga *m*.

yoghourt, yoghurt ['jɒgət] *Br*, **yogurt** ['jəʊgərt] *Am n* iogurt *m*.

yoke [jəʊk] *n lit & fig* jou *m*.

yolk [jəʊk] *n* rovell *m* (d'ou).

you [ju:] *pers pron* **-1.** (*subject you singular*) tu; (*you plural*) vosaltres; (*you formal use*) vostè, vostès *pl*; **~'re a good cook** ets / vostè és un bon cuiner; **are** ~ **French?** ets / vostè és francès?; ~ **idiot!** imbècil!; **if I were / was** ~ jo de tu / vostè; **excuse me, Madam, have** ~ **got the time?** disculpi, senyora, em pot dir l'hora?; **there** ~ **are** [you've appeared] ja ets / és aquí!; [have this] té / tingui; **that jacket isn't really** ~ aquesta jaqueta no és del teu estil. **-2.** (*direct object - unstressed - singular*) et;(- *plural*) us;(- *formal use*) el *m*, la *f*; (- *plural*) els *mpl*, les *fpl*; **I can see** ~ et / us veig; **yes, Madam, I understand** ~ sí, senyora, l'entenc. **-3.** (*direct object - stressed*): **I don't expect** ~ no espero que ho facis tu. **-4.** (*indirect object - singular*) et; (- *plural*) us; (- *formal use*) li; (- *plural*) els; **she gave it to** ~ t'ho / us ho va donar; **can I get** ~ **a chair, sir?** li porto una cadira, senyor? **-5.** (*after preposition, in comparisons etc. - sg*) tu; (*plural*) vosaltres; (- *formal use*) vostè; (- *plural*) vostès; **we shall go with / without** ~ anirem amb / sense tu, anirem amb / sense vosaltres; **I'm shorter than** ~ sóc més baix que tu / vosaltres. **-6.** [anyone, one] hom; ~ **wouldn't have thought so** hom no ho hauria pensat; **exercise is good for** ~ és bo fer exercici.

you'd [ju:d] = **you had**, **you would**.

you'll [ju:l] = **you will**.

young [jʌŋ] ◇ *adj* [not old] jove. ◇ *npl* **-1.** [- people]: **the** ~ el jovent. **-2.** [baby animals] cries *fpl*.

younger ['jʌŋgər] *adj*: **Pitt the** ~ Pitt el jove, Pitt fill.

youngster ['jʌŋstər] *n* jove *mf*, noi *m* noia *f*.

your [jɔ:r] *poss adj* **-1.** (*everyday use - referring to one person*) el teu la teva els teus les teves; (- *referring to more than one person*) el vostre la vostra els vostres les vostres; ~ **dog** el teu / el vostre gos; ~ **children** els teus / els vostres fills; **what's** ~ **name?** com et dius?; **it wasn't** ~ **fault** no ha estat culpa teva / vostra; **you didn't wash** ~ **hair** no t'has rentat els cabells / us heu rentat els cabells. **-2.** (*formal use*) el seu la seva els seus les seves; ~ **dog** el seu gos; **what are** ~ **names?** vostè com es diu? **-3.** (*impersonal - one's*): ~ **attitude changes as you get older** l'actitud d'un canvia amb els anys; **it's good for** ~ **teeth / hair** és bo per a les dents / per al cabell; ~ **average Englishman** l'anglès mitjà.

you're [jɔ:r] = **you are**.

yours [jɔ:z] *poss pron* **-1.** (*everyday use - referring to one person*) (el) teu (la) teva (els) teus (les) teves;(- *referring to more than one person*) (el) vostre (la) vostra (els) vostres (les) vostres; **that money is** ~ aquests diners són teus / vostres; **those keys are** ~ aquestes claus són teves / vostres; **my car hit** ~ el meu cotxe va xocar amb el teu / el vostre; **it wasn't her fault, it was** ~ no ha estat culpa seva, sinó teva / vostra; **a friend of** ~ un amic teu / vostre. **-2.** (*formal use*) (el) seu (la) seva (els) seus (les) seves. ➤ **Yours** *adv* [in letter] salutacions; ➤ **faithfully**, **sincerely** etc.

yourself [jɔːˈself] (*pl* **-selves**) *pron* **-1.** (*as reflexive - singular*) et; (*- plural*) us; (*- formal use*) es; **did you hurt ~?** t'has / s'ha fet mal? **-2.** (*after preposition - singular*) tu mateix tu mateixa; (*- pl*) vosaltres mateixos vosaltres mateixes; (*- formal use*) vostè mateix vostè mateixa; **with ~** amb tu mateix / mateixa. **-3.** (*for emphasis*): **you ~** tu mateix tu mateixa; (*formal use*) vostè mateix vostè mateixa; **you yourselves** vosaltres mateixos vosaltres mateixes; (*formal use*) vostès mateixos vostès mateixes. **-4.** [without help] tot sol tota sola; **did you do it (by) ~?** ho has fet tot sol?

youth [juːθ] *n* **-1.** [gen] joventut *f*. **-2.** [boy, young man] jove *m*.

youth club *n* club *m* juvenil.

youthful [ˈjuːθfʊl] *adj* jovenívol -a.

youth hostel *n* alberg *m* de joventut.

you've [juːv] = **you have**.

YTS (*abbr of* **Youth Training Scheme**) *n* programa governamental de promoció de l'ocupació juvenil a la Gran Bretanya.

Yugoslav = **Yugoslavian**.

Yugoslavia [ˌjuːɡəˈslɑːvjə] *n* Iugoslàvia.

Yugoslavian [ˌjuːɡəˈslɑːvɪən], **Yugoslav** [ˌjuːɡəˈslɑːv] ◇ *adj* iugoslau -ava. ◇ *n* iugoslau -ava *f*.

yuppie, **yuppy** [ˈjʌpɪ] (*pl* **-ies**) (*abbr of* **young urban professional**) *n* yuppy *mf*.

YWCA (*abbr of* **Young Women's Christian Association**) *n* associació internacional de joves cristianes.

Z

z (*pl* **zs / z's**), **Z** (*pl* **Zs / Z's**) [*Br* zed, *Am* ziː] *n* [letter] z *f*, Z *f*.

Zambia [ˈzæmbɪə] *n* Zàmbia.

zany [ˈzeɪnɪ] *inf* (*compar* **-ier**, *superl* **-iest**) *adj* [humour, trick] absurd -a; [person] boig boja.

zap [zæp] *inf* (*pt & pp* **-ped**, *cont* **-ping**) ◇ *vt* [kill] matar. ◇ *vi*: **to ~ off (somewhere)** fer una escapada (a algun lloc).

zeal [ziːl] *n fml* zel *m*.

zealous [ˈzeləs] *adj fml* entusiasta, infatigable.

zebra [*Br* ˈzebrə, *Am* ˈziːbrə] (*pl inv* / **-s**) *n* zebra *f*.

zebra crossing *n Br* pas *m* de vianants.

zenith [*Br* ˈzenɪθ, *Am* ˈziːnəθ] *n fig* ASTRON zenit *m*.

zero [*Br* ˈzɪərəʊ, *Am* ˈziːrəʊ] (*pl inv* / **-es**) ◇ *adj* zero, nul nul·la. ◇ *n* zero *m*; **below ~** sota zero.

zest [zest] *n* **-1.** (*U*) [excitement, eagerness] entusiasme *m*. **-2.** [of orange, lemon] pell *f*.

zigzag [ˈzɪɡzæɡ] (*pt & pp* **-ged**, *cont* **-ging**) ◇ *n* ziga-zaga *f*. ◇ *vi* zigzaguejar.

Zimbabwe [zɪmˈbɑːbwɪ] *n* Zimbabwe.

zinc [zɪŋk] *n* zinc *m*.

zip [zɪp] (*pt & pp* **-ped**, *cont* **-ping**) ◇ *n Br* [fastener] cremallera *f*. ◇ *vt* **-1.** cordar la cremallera de. **-2.** COMPUT comprimir. ◇ *vi*: **he ~ped round the city in half an hour** va fer la volta a la ciutat en només mitja hora. ◆ **zip up** *vt sep* tancar la cremallera.

zip code *n Am* codi *m* postal.

zip fastener *Br* = **zip**.

zipper [ˈzɪpəʳ] *n Am* = **zip**.

zodiac [ˈzəʊdɪæk] *n*: **the ~** el zodíac; **sign of the ~** signe del zodíac.

zone [zəʊn] *n* zona *f*.

zoo [zuː] *n* zoo *m*.

zoology [zəʊˈɒlədʒɪ] *n* zoologia *f*.

zoom [zuːm] *inf vi* **-1.** [move quickly]: **to ~ past** passar volant. **-2.** [rise rapidly] disparar-se.

zoom lens *n* zoom *m*.

zucchini [zuːˈkiːnɪ] (*pl inv*) *n Am* carbassó *m*.

CATALÀ - ANGLÈS
CATALAN - ENGLISH

CATALÀ-ANGLÈS
ENGLISH-CATALAN

a¹, A ['a] *nf* [lletra] a, A.

a² [ə] *prep* (a + el = **al**) **-1.** [gen] to; **vaig a Sevilla / l'Àfrica / el (al) Japó** I'm going to Seville / Africa / Japan; **va arribar a Barcelona / la festa** he arrived in Barcelona / at the party; **a la sortida del cinema** outside the cinema; **és a més de cent quilòmetres** it's more than a hundred kilometres away; **és a la dreta / esquerra** it's on the right / left; **dóna-ho a en Joan** give it to Joan; **a quin preu van les peres?** how much are the pears?; **ven les peres a dos euros** she's selling pears for / at two euros; **van guanyar (per) tres a zero** they won three nil *Br*, they won three to zero *Am*; **escriure a màquina / mà** to type / to write; **a les set** at seven o'clock; **als onze anys a** eleven years. **-2.** after; [període de temps] **a les poques setmanes** a few weeks later. **-3.** [freqüència, quantitat] a; **quaranta hores a la setmana** forty hours a week. **-4.** [manera] in; **a l'antiga** in the old way. **-5.** (*després de verb i abans d'infinitiu*) to; [finalitat] **va entrar a pagar** he came in to pay; **aprendre a nedar** to learn to swim; **va venir a buscar un llibre** he came to get a book.

àbac ['aβək] *nm* **-1.** [per a comptar] abacus. **-2.** ARQUIT abacus.

abadessa [əβəˈðɛsə] *nf* ⇒ **abat**.

abadia [əβəˈðiə] *nf* abbey.

abaixar [əβəˈʃa] *vt* [preu] to reduce; [intensitat] to tone down; [alçada] to lower. ⇒ **abaixar-se** *vp fig* [humiliar-se] to humiliate o.s.

abalançar-se [əβələnˈsarsə] *vp* to fall upon, to rush towards.

abalisament [əβəlizəˈmen] *nm* marker buoy.

abalisar [əβəliˈza] *vt* to mark.

abandó [əβənˈdo] *nm* **-1.** [acció] abandon. **-2.** [estat] desertion.

abandonar [əβənduˈna] *vt* **-1.** [gen] to abandon; [lloc, professió, cònjuge] to give up / to leave. **-2.** to give up; [obligacions, estudis] to neglect. ⇒ **abandonar-se** *vp*: ~-se a [desesperació, dolor] to yield to, to surrender to; [vici] to succumb to; [d'aspecte] to neglect o.s., to let o.s. go.

abandonat -ada [əβənduˈnat -aðə] *adj* **-1.** [desemparat] abandoned. **-2.** neglected; [descurat - persona] unkempt; [- jardí, casa] neglected.

abans [əˈβans] ◇ *adj* (*després de substantiu*) [anterior] previous, preceding; **el mes ~** the previous / preceding month. ◇ *adv* [gen] first, beforehand; **pot inscriure's, si vol, però ~ ha d'omplir el qüestionari** you can register, if you wish, but first you have to fill out this questionnaire; **molt / poc ~** a long / short time before. ⇒ **abans de** *loc prep* before; **~ de fer alguna cosa** before doing sthg. ⇒ **abans de tot** *loc adv* first of all. ⇒ **abans que** *conj* before; **~ que arribéssiu** before you arrived.

abans-d'ahir [ə.βanzdəˈi] *adv* the day before yesterday.

abaratir [əβəɾəˈti] *vt* to reduce the price of, to cheapen. ⇒ **abaratir-se** *vp* [preu] to lower, to go down in price, to become cheaper.

abast [əˈβast] *nm* reach, range; **a l'~ de** within reach of; **al meu / al teu**, *etc*. **~ de**

abastar [əβəs'ta] ◇ *vt* **-1.** to supply. **-2.** [fornir de provisions] to supply sthg / sb (with). ◇ *vi* **-1.** to manage; **no ~ a entendre un problema** to be unable to understand a problem. **-2.** [arribar a tocar] to reach.

abat abadessa [ə'βat əβə'ðesə] *nm, f* abbot *m*, abbess *f*.

abatible [əβə'tibblə] *adj* folding; [seient] folding chair; [taula] folding table.

abatre [ə'βatɾə] *vt* **-1.** to knock down. **-2.** [arbre, avió] to cut down, to flatten, to shoot down; [persona] to discourage, to depress. ☞ **abatre's** *vp* **-1.** to swoop; **~'s (sobre)** to swoop (down on). **-2.** [persona] become discouraged / depressed.

abdicació [əbdikəsi'o] *nf* abdication.

abdicar [əbdi'ka] *vt* to renounce; *fig* **~ alguna cosa** to renounce sthg.

abdominal [əbdumi'nal] *adj* abdominal. ☞ **abdominals** *nm pl* sit-ups; **fer ~s** to do sit-ups.

abecé [əβe'se] *nm* **-1.** [abecedari] alphabet. **-2.** *fig* [primeres nocions] ABC.

abecedari [əβəsə'ðaɾi] *nm* **-1.** [alfabet] alphabet. **-2.** [llibre] spelling book.

abella [ə'βeʎə] *nf* bee; **~ obrera** worker (bee); **~ reina** queen (bee).

abellir [əβə'ʎi] *vi* to fancy, to crave; **l'abelleix tot el que veu** he fancies everything he sees.

abellot [əβə'ʎɔt] *nm* ZOOL bumblebee, blowfly.

aberració [əβərəsi'o] *nf* aberration, perverse / evil thing.

abeurador [əβəwɾə'ðo] *nm* [construït] drinking trough; [natural] watering place.

abeuradora [əβəwɾə'ðoɾə] *nf* [de gàbia] water dish.

abeurar [əβəw'ɾa] *vt* to water, to give water to.

abillar [əβi'ʎa] *vt* to deck out, to decorate. ☞ **abillar-se** *vp*: **~-se (amb)** to dress up in.

abismal [əβiz'mal] *adj* vast, colossal, abysmal.

abismar [əβiz'ma], **abissar** [əβi'sa] *vt* [enfonsar] to engulf, to sink into, to ruin; [abatre] to plunge sb into sthg.

abisme [ə'βizmə], **abís** [ə'βis] *nm* abyss; *fig* **estar ran de l'~** to be on the brink of ruin.

abissal [əβi'sal] *adj* vast, colossal, abyssal.

abjurar [əbʒu'ɾa] *vt* to abjure; **~ alguna cosa** to abjure sthg.

ablanir [əblə'ni] *vt* **-1.** [material] to soften. **-2.** *fig* [persona] to move, to soften, to calm; [caràcter] to soften, to calm. ☞ **ablanir-se** *vp* **-1.** [material] to soften, to become softer. **-2.** *fig* [persona] to be moved; [caràcter] to become softer, to cool off.

ablatiu [əblətiu] *nm* GRAM ablative; **~ absolut** absolute ablative.

ablució [əβlusi'o] *nf* ablution; **fer les ablucions** to have a wash, to perform one's ablutions.

abnegació [əmnəɣəsi'o] *nf* abnegation, self-denial.

abnegat -ada [əmnə'ɣat -aðə] *adj* self-sacrificing, altruistic.

abocador [əβukə'ðo] *nm* [d'escombraries] rubbish tip / dump.

abocar [əβu'ka] *vt* **-1.** [buidar] to decant. **-2.** *fig* [idees, pensaments] to express, to voice.

abolició [əβulisi'o] *nf* abolition.

abolir [əβu'li] *vt* to abolish.

abominació [əβuminəsi'o] *nf* abomination, abhorrence; **és una ~** it's abominable.

abonament [əβunə'men] *nm* **-1.** [passi] season ticket, subscription. **-2.** COM credit entry.

abonar [əβu'na] *vt* [subscriure] to subscribe. ☞ **abonar-se** *vp*: **~-se (a)** [revista] to subscribe to; [piscina, teatre] to buy a season ticket (for).

abonat -ada [əβu'nat] *nm, f* subscriber; [piscina, teatre] season-ticket holder.

abonyegar [əβuɲə'ɣa] *vt* to dent. ☞ **abonyegar-se** *vp* to get dented.

abordar [əβur'da] *vt* **-1.** [embarcació] to board. **-2.** [persona] to approach; [tema] to tackle; [tasca] to undertake.

abordatge [əβur'dadʒə] *nm* boarding; **a l'~!** all aboard!

aborigen [əβu'ɾiʒən] *adj* indigenous. ☞ **aborígens** *nmf pl* indigenous population, aborigines.

abortiu [əβur'tiw] *nm* abortive.

abr. (abrev de abril) Apr.

abraçada [əβɾə'saðə] *nf* embrace, hug; **fer una ~ a algú** to give sb a hug, to embrace sb; **una (forta) ~** [en cartes] best wishes, lots of love.

abraçadora [əβɾəsə'ðoɾə] *nf* clamp, brace.

abraçar [əβɾəˈsa] *vt* **–1.** [amb els braços] to embrace, to take in one's arms; [espai] to take in; [temes] to go into. **–2.** [cenyir, circumdar] to embrace. **–3.** [amb la vista] to take in. **–4.** *fig* [doctrina] to embrace; [professió] to go into. **–5.** to go into; **qui molt abraça poc estreny** don't bite off more than you can chew.

abrandar [əβɾənˈda] *vt* [foc] to stoke up; *fig* [passions] to rekindle, arouse.

abraonar-se [əβɾəuˈnarsə] *vp* to get entangled / embroiled in.

abrasador -a [əβɾəzəˈðo -orə] *adj* **–1.** [gen] burning. **–2.** *fig* [amor, passió] burning; **una calor ~a** a scorching heat.

abrasió [əβɾəziˈo] *nf* abrasion.

abrasiu -iva [əβɾəˈziw -iβə] *adj* abrasive. ► **abrasiu** *nm* abrasive.

abreujar [əβɾəwˈʒa] *vt* to abbreviate, to shorten; [text] to abridge; [viatge, estada] to cut short; [tràmits, procés] to speed up.

abreviació [əβɾəβiəsiˈo] *nf* [de text] abridgement.

abreviatura [əβɾəβiəˈturə] *nf* abbreviation.

abric [əˈβɾik] *nm* **–1.** [peça de vestir] coat, overcoat. **–2.** [refugi] shelter; **a l' ~ de** under the shelter of.

abrigall [əβɾiˈɣaʎ] *nm* **–1.** blanket; [roba de llit] bedcovers. **–2.** [lloc] shelter.

abrigar [əβɾiˈɣa] *vt* **–1.** [amb roba] to wrap up. **–2.** *fig* [amb protecció] to protect. ► **abrigar-se** *vp* to wrap up; [resguardar-se] to shelter from.

abril [əˈβɾil] *nm* April; ► **setembre**.

abrillantar [əβɾiʎənˈta] *vt* to polish.

abrogar [əβɾuˈɣa] *vt* DR to abrogate, to repeal.

abrupte -a [əˈβɾuptə] *adj* abrupt.

abrusar [əβɾuˈza] *vt* **–1.** [gen] to burn. **–2.** *fig* to burn up, to go through; [subj: set, desig] to burn; [subj: odi, gelosia] to plague, to consume; [subj: calor] scorching; [subj: passió] consuming. ► **abrusar-se** *vp* to get burned, to get scorched; [persona] to get burned; [plantes] to scorch.

absència [apˈsɛnsiə] *nf* [gen] absence; [de glucosa, etc.] lack, deficiency.

absent [apˈsen] ◇ *adj* absent. ◇ *nmf* absentee.

absentar-se [əpsənˈtarsə] *vp* to go / keep away.

absentisme [əpsənˈtizmə] *nm* **–1.** absenteeism. **–2.** **~ laboral** absenteeism at work.

àbsida [ˈapsiðə] *nf* ► **absis**.

absis [ˈapsis], **àbsida** [ˈapsiðə] *nm* apse.

absoldre [əpˈsɔldɾə] *vt* **–1.** RELIG to absolve; **~ (algú d'alguna cosa)** to absolve sb (of sthg). **–2.** DR to acquit; **van ~ l'acusat del delicte** they acquitted the accused of the crime.

absolució [əpsulusiˈo] *nf* **–1.** DR acquittal. **–2.** RELIG absolution.

absolut -a [əpsuˈlut -ə] *adj* absolute, total. ► **en absolut** *loc adv* **–1.** (*en negatives*) at all; **res en ~** nothing at all. **–2.** (*després de pregunta*) not at all.

absolutisme [əpsuluˈtizmə] *nm* absolutism.

absorbent [əpsurˈβen] *adj* **–1.** [material] absorbent. **–2.** [persona, caràcter] domineering. **–3.** [activitat] absorbing.

absorbir [əpsurˈβi] *vt* to absorb; **la feina l'absorbeix** he is absorbed by / in his work.

absort -a [əpˈsɔrt -ə] *adj* absorbed / engrossed (in).

abstemi -èmia [əpsˈtɛmi -ɛmiə] *adj* teetotal; **és ~** he is a teetotaller.

abstenció [əpstənsiˈo] *nf* abstention.

abstencionisme [əpstənsiuˈnizmə] *nm* abstentionism.

abstenir-se [əpstəˈnirsə] *vp* to abstain; **~ (d'alguna cosa / de fer alguna cosa)** to abstain (from sthg / from doing sthg).

abstinència [əpstiˈnɛnsiə] *nf* abstinence.

abstracció [əpstɾəksiˈo] *nf* abstraction.

abstracte -a [əpsˈtɾaktə] *adj* abstract; **en ~** in the abstract.

abstret -a [əpsˈtɾet -ə] *adj* **–1.** lost in thought. **–2.** engrossed.

abstreure [əpsˈtɾɛwɾə], **abstraure** [əpsˈtɾawɾə] *vt* to detach, to abstract; **~ conceptes** to consider separately. ► **abstreure's** *vp* **–1.** [recollir-se] to detach o.s. (from). **–2.** to do without.

absurd -a [əpˈsurt -urðə] *adj* absurd.

absurd *nm* sthg ridiculous, an absurdity.

abúlia [əˈβuliə] *nf* apathy, lethargy.

abúlic -a [əˈβulik -ə] *adj* apathetic, lethargic.

abundància [əβunˈdansiə] *nf* abundance, plenty; **en ~** in abundance; **nedar / viure en l'~** to be rolling in money.

abundant [əβunˈdan] *adj* abundant.

abundar [əβunˈda] *vi* (haver-n'hi molt) to abound; **abundaven els nens** there were hundreds of children; **la regió abunda en riqueses** the region abounds with riches.

aburgesar-se [əβurʒəˈzarsə] *vp* to adopt middle-class ways.

abús [əˈβus] *nm* abuse; [mal ús] ~ (de) abuse (of); [de confiança] breach of confidence; [sexual] sexual abuse (*U*).

abusar [əβuˈza] *vi* to go too far, to abuse, to misuse; ~ **d'alguna cosa / d'algú** to abuse sthg / to take advantage of sb.

abusiu -iva [əβuˈziw -iβə] *adj* abusive, appalling; [preu] extortionate.

a. C. (abrev de abans de Crist) BC.

ACA *nm* (abrev de Arxiu de la Corona d'Aragó) institution that conserves the medieval documents of the Crown of Aragon.

acaballes [əkəˈβaʎəs] *nf pl* **-1.** ending, closing stages; **les ~ de la festa** the end of the party. **-2.** agony; [morint-se] **ésser a les ~** to be in the throes of death.

acabar [əkəˈβa] ◇ *vi* **-1.** [gen] to finish, to end; ~ **bé / malament** to end well / badly; ~ **en** to end in; **les paraules que acaben en n** the words that end in n. **-2.** to finish; [haver fet recentment] ~ **de fer alguna cosa** to have just done sthg; **acabo d'arribar ara mateix** I've just arrived. **-3.** (*en frase negativa abans d'infinitiu*) I just can't understand it; **no acabo d'entendre la seva reacció** I just can't understand his reaction. ◇ *vt* [provisions] to use up; ~ **una feina** to finish a job; ~ **la carrera** to finish one's degree / university course; ~ **la paciència d'algú** to make sb lose their patience. ◆ **acabar-se** *vp* **-1.** to be used up, to be gone, to be / run out of; [esgotar-se] **se'ns ha acabat la gasolina** we have run out of petrol; **s'ha acabat el menjar** there's no more food left, all the food has gone; **les vacances s'han acabat** the holiday is over. **-2.** to finish; [menjar, beguda] **acaba't la sopa** finish your soup! **-3.** [morir-se] to die. **-4.** to end; **com s'acabarà, tot això?** how will it / this all end?

acabdillar [əkəbdiˈʎa] *vt* **-1.** [capitanejar] to command. **-2.** *fig* [liderar] to lead.

acàcia [əˈkasiə] *nf* acacia.

acadèmia [əkəˈðɛmiə] *nf* **-1.** [gen] school, academy. **-2.** [societat] academy.

acadèmic -a [əkəˈðɛmik -ə] ◇ *adj* **-1.** [any, diploma - escolar] academic; [- universitari] university (*abans de nom*). **-2.** [estil] academic. ◇ *nm, f* academician.

academicisme [əkəðəmiˈsizmə] *nm* academicism.

acalorar [əkəluˈra] *vt* **-1.** [donar calor] to (make) warm, to heat. **-2.** [excitar] to arouse, to excite. ◆ **acalorar-se** *vp* **-1.** [agafar calor] to get hot. **-2.** [excitar-se] to get aroused / excited.

acalorat -ada [əkəluˈrat -aðə] *adj* **-1.** [amb calor]: **estar ~** to feel hot. **-2.** heated; [apassionat - persona] hot under the collar; [- debat] heated. **-3.** [excitat] excited.

acampada [əkəmˈpaðə] *nf* to go camping; **fer una ~** to go wild camping, to camp out; **~ lliure** camping out.

acampanat -ada [əkəmpəˈnat -aðə] *adj* [faldilla] flared; [pantalons] bell-shaped, bell-bottomed.

acampar [əkəmˈpa] *vi* to camp.

acanar [əkəˈna] *vt* to measure.

acanonar [əkənuˈna] *vt* [l'aigua] to channel.

acant [əˈkan] *nm* acanthus.

acantonar [əkəntuˈna] *vt* MIL to billet.

acaparador -a [əkəpəɾəˈðo -oɾə] ◇ *adj* greedy; **ser ~** to be greedy. ◇ *nm, f* hoarder.

acaparar [əkəpəˈra] *vt lit & fig* to monopolize, to hoard, to buy up.

àcar [ˈakəɾ] *nm* acurus, mite.

acariciar [əkəɾisiˈa] *vt* to caress; [animal] to stroke; [idea] to cherish.

acarnissar-se [əkəɾniˈsarsə] *vp* to gorge o.s. on; **~ (amb)** to fall upon (one's food).

acaronar [əkəɾuˈna] *vt* to caress.

acatament [əkətəˈmen] *nm* respect, compliance, reverence; RELIG reverence.

acatar [əkəˈta] *vt* to respect, to comply with.

acatarrar-se [əkətəˈrarsə] *vp* to catch a cold.

accedir [əksəˈði] *vi* **-1.** [consentir]: **~ (a alguna cosa / a fer alguna cosa)** to agree (to sthg / to do sthg), to consent. **-2.** [tenir accés]: **~ a** to gain / have access to, to accede to.

acceleració [əksələɾəsiˈo] *nf* acceleration.

accelerador -a [əksələɾəˈðo -oɾə] *adj* accelerating. ◆ **accelerador** *nm* accelerator.

accelerar [əksələˈra] *vt & vi* to accelerate. ◆ **accelerar-se** *vp* [motor] to accelerate.

accent [əkˈsen] *nm* GRAM accent; **~ agut / circumflex / greu** acute / circumflex / grave accent; **~ ortogràfic** (written) accent; **posar l'~ en** to put the accent on.

accentuació [əksəntuəsiˈo] *nf* accentuation.

accentuar [əksəntuˈa] *vt lit & fig* to accent, to accentuate, to emphasize.

accepció [əksəpsi'o] *nf* meaning, sense.
acceptació [əksəptəsi'o] *nf* **-1.** [aprovació] acceptance. **-2.** [èxit] success, popularity; **tenir bona ~** to be popular.
acceptar [əksəp'ta] *vt* to accept.
accés [ək'ses] *nm* **-1.** entrance, access; [entrada, pas] **~ (a)** entrance (to). **-2.** [tracte] approach. **-3.** *fig* fit, attack; [atac - de febre] ~ attack of fever; [- de tos] a coughing fit. **-4.** *fig* [d'ira, gelosia] fit.
accessori -òria [əksə'sɔɾi -ɔɾiə] *adj* incidental, of secondary importance. ⇨ **accessori** *nm* [de l'automòbil, de vestit] accessory.
accident [əksi'ðen] *nm* **-1.** [gen & GEOG] accident, unevenness (U); **~ del terreny** unevenness. **~ laboral / de trànsit** industrial / traffic accident. **-2.** GRAM accidence.
accidental [əksiðən'tal] *adj* **-1.** [afer] incidental, of secondary importance. **-2.** [mort, xoc] accidental; [trobada] chance.
accidentar-se [əksiðən'tarsə] *vp* to be involved in / have an accident.
accidentat -ada [əksiðən'tat -aðə] ◇ *adj* **-1.** [vida, viatge] turbulent, bumpy, rough. **-2.** [terreny, camí] rough, rugged. ◇ *nm, f* injured person, victim.
acció [əksi'o] *nf* **-1.** [gen] action; **posar en ~** to get moving; **~ de gràcies** thanksgiving. **-2.** [fet] deed; **unir l'~ a la paraula** to practice what one preaches, to be as good as one's word.
accionista [əksiu'nistə] *nmf* shareholder.
acer [ə'ser] *nm* steel; **~ inoxidable** stainless steel.
acèrrim -a [ə'sɛrim -ə] *adj* diehard (*abans de nom*), staunch (*abans de nom*); [defensor] staunch; [enemic] bitter.
ací [ə'si] *adv* here; **vine ~** come here; **d'~ d'allà** to and fro.
àcid -a ['asit -iðə] *adj* acid, sour. ⇨ **àcid** *nm* **-1.** QUÍM acid; **~ desoxiribonucleic / ribonucleic** deoxyribonucleic / ribonucleic acid; **~ clorhídric / sulfúric** hydrochloric / sulphuric acid. **-2.** *fam* [droga] acid.
acidesa [əsi'ðɛzə] *nf* **-1.** [qualitat] acidity. **-2.** MED: **~ (d'estómac)** heartburn.
aclamació [əkləməsi'o] *nf* acclamation, acclaim; *fig* **per ~** unanimously.
aclamar [əklə'ma] *vt* **-1.** [ovacionar] to acclaim. **-2.** [elegir] to elect, to hail.
aclaparar [əkləpə'ra] *vt* to overwhelm; **la feina m'aclapara** I'm snowed under with work, I'm overwhelmed with work.

aclariment [əkləɾi'men] *nm* explanation, clarification.
aclarir [əklə'ɾi] *vt* **-1.** [gen] to explain, to clarify; **~ el significat del mot** to explain the meaning of the word; [tallar - cabells] to make lighter; [- bosc] to thin out. **-2.** [salsa] to thin (down); **~ la veu** to clear one's throat. **-3.** [roba] to rinse. ⇨ **aclarir-se** *vp* to clear up; **el cel s'anava aclarint** the sky was clearing up.
aclimatar [əklimə'ta] *vt* **-1.** [gen] to acclimatize sthg / sb. **-2.** *fig* [a ambient] to get sthg / sb used to sthg. ⇨ **aclimatar-se** *vp* to acclimatize (to sthg).
aclofar-se [əklu'farsə] *vp* to shrink, to contract.
aclucar [əklu'ka] *vt* to ignore; **~ els ulls** (half-)close one's eyes.
acne ['aŋnə] *nf* acne.
ACNUR [əŋ'nur] *nf* (abrev de **Alta Comissaria de les Nacions Unides per als Refugiats**) Commission of the United Nations for Refugees.
acoblar [əku'bbla] *vt* **-1.** to attach. **-2.** to adapt, to fit. ⇨ **acoblar-se** *vp* **-1.** [d'animals] to mate, to couple (with). **-2.** [encaixar] to adjust to.
acòlit [ə'kɔlit] *nm* **-1.** [ministre de l'Església] acolyte. **-2.** [escolà] altar boy.
acollida [əku'ʎiðə] *nf* welcome, reception; **tenir gran ~** [idea, novel·la, etc.] to be well-received.
acollidor -a [əkuʎi'ðo -oɾə] *adj* friendly, welcoming, cosy.
acolliment [əkuʎi'men] *nm* welcome, reception.
acollir [əku'ʎi] *vt* **-1.** to welcome, to take in. **-2.** to receive. ⇨ **acollir-se** *vp* to take refuge in; **~-se a** [llei, protecció institucional] to have recourse to.
acollonidor -a [əkuʎuni'ðo -oɾə] *adj vulg* [que fa por] bloody scary.
acollonir [əkuʎu'ni], **acollonar** [əkuʎu'na] *vt* **-1.** [espantar] to scare shitless. **-2.** [impressionar] to be gobsmacked by sthg. ⇨ **acollonir-se** *vp vulg* to be shit scared.
acolorir [əkulu'ɾi] *vt* to colour (in).
acomiadament [əkumiəðə'men] *nm* dismissal; **~ improcedent** wrongful dismissal.
acomiadar [əkumiə'ða] *vt* **-1.** [dir adéu] to say goodbye to; **vam anar a ~-lo a l'estació** we went to see him off at the station. **-2.** [fer fora d'una feina] to dismiss, to sack. ⇨ **acomiadar-se** *vp* [una persona]: **~-se**

acomodador

de to say goodbye (to); [una cosa] to throw out.

acomodador -a [əkumuðə'ðo -oɾə] *nm, f* usher *m*, usherette *f*.

acomodar [əkumu'ða] *vt* **-1.** [col·locar, instal·lar] to seat, to install. **-2.** [adaptar] to fit.

acomodat -ada [əkumu'ðat -aðə] *adj* [ric] well-off, comfortable.

acomodatici -ícia [əkumuðə'tisi -isiə] *adj* [complaent] accommodating, easy-going.

acompanyament [əkumpəɲə'men] *nm* **-1.** [comitiva en enterrament] cortege; [- de rei] retinue. **-2.** MÚS accompaniment. **-3.** CULIN accompaniment.

acompanyant [əkumpə'ɲan] <> *adj* accompanying. <> *nmf* accompaniment; **no tinc ~ per a la festa** I have nobody to accompany me to the party.

acompanyar [əkumpə'ɲa] *vt* **-1.** [gen] to go with / accompany sb; **~ algú** [anar amb] to go with / accompany sb; [a casa] to accompany sb. **-2.** [compartir emocions amb]: **~ algú en alguna cosa** to be with sb in sthg; **~ en el sentiment** to offer one's condolences. **-3.** [adjuntar] to enclose. **-4.** [fer companyia] to accompany; **la desgràcia l'acompanya** bad luck is with him / her, he / she is cursed with bad luck. • **acompanyar-se** *vp* [amb instrument musical]: **~-se amb** to accompany o.s. on.

acomplexar [əkumpləkˈsa] *vt*: **~ algú** to give sb a complex. • **acomplexar-se** *vp* to develop a complex.

acomplir [əkum'pli] *vt* **-1.** [encàrrec, missió] to fulfil, to comply (with); [funció] to comply (with). **-2.** to carry out.

aconseguir [əkunsə'ɣi] *vt* **-1.** to obtain. **-2.** to achieve; [un objectiu] to achieve; **~ fer alguna cosa** to manage to do sthg; **~ alguna cosa** to achieve sthg; **~ el seu objectiu** to achieve his objective.

aconsellar [əkunsə'ʎa], **consellar** [kunsə'ʎa] *vt*: **a algú que faci alguna cosa** to advise sb (to do sthg).

acontentar [əkuntən'ta] *vt* to please, to keep happy. • **acontentar-se** *vp*: **~-se amb alguna cosa** to make do with sthg.

acoquinar [əkuki'na] *vt fam* [acovardir] to put the wind up sb. • **acoquinar-se** *vp fam* [acovardir-se] to get scared.

acord [ə'kɔrt] *nm* **-1.** agreement; **d'~** alright; **d'~ amb** [conforme a] in accordance with; **estar d'~** to agree (with sb / to do sthg); **arribar a un ~** to reach an agreement; **posar-se d'~** to reach an agreement; **de comú ~** by common consent / agreement; **~ marc** framework agreement. **-2.** [gen & MÚS] harmony.

acordar [əkur'ða] *vt* [gen & MÚS] to agree, to harmonize; [decidir] to agree. • **acordar-se** *vp* to be in agreement with; **s'han acordat totes les resolucions** all the resolutions have been agreed upon.

acordió [əkurdi'o] *nm* accordion.

acordionista [əkurdiu'nistə] *nmf* accordionist.

acordonar [əkurdu'na] *vt* [encerclar] to cordon off.

acorralar [əkurə'la] *vt* [perseguir] to corner; *fig* [en una discussió] to corner sb.

acostar [əkus'ta] *vt* **-1.** NÀUT to bring alongside. **-2.** to put to bed; **acosta'm el pa!** pass me the bread!; **~ l'orella a la porta** to eavesdrop. • **acostar-se** *vp* [aproximar-se] to come closer; **~-se a alguna cosa** to come closer to sthg.

acostumar [əkustu'ma] <> *vi* to get used to; [soler] **~ a fer alguna cosa** to be used to doing sthg. <> *vt* [habituar] to get used to; **~ algú a alguna cosa / a fer alguna cosa** to get sb used to sthg / doing sthg. • **acostumar-se** *vp* **-1.** [habituar-se]: **~-se a alguna cosa / a fer alguna cosa** to be in the habit of doing sthg, to be used to sthg / doing sthg. **-2.** [adquirir hàbit]: **~-se a fer alguna cosa** to get used to doing sthg.

acostumat -ada [əkustu'mat -aðə] *adj* **-1.** [habitual] usual. **-2.** [habituat]: **estar ~ (a)** to be used to.

acotar [əku'ta] *vt* **-1.** [terreny, camp] to enclose, to demarcate. **-2.** [text] to write notes in the margin of. **-3.** to delimit.

acotxar [əku'tʃa] *vt* to lower, to bow. • **acotxar-se** *vp* to crouch down, to stoop.

acovardir [əkuβər'ði] *vt* to frighten, to scare. • **acovardir-se** *vp* to get frightened / scared; **~-se per** to shrink back from.

acràcia [ə'krasiə] *nf* acracy, anarchy.

àcrata ['akrətə] *adj & nmf* anarchic, anarchist.

acre ['akrə] <> *adj* **-1.** [sabor, olor] acrid, pungent, bitter. **-2.** *fig* [brusc, desagradable] caustic; [humor, to] sour, sharp. <> *nm* acre.

acreditació [əkrəðitəsi'o] *nf* [identificació] credential, accreditation.

acreditar [əkrəði'ta] *vt* **-1.** [certificar] to certify; [autoritzar] to authorize. **-2.** [confirmar] to confirm. **-3.** [ambaixador, enviat] to accredit.

acreditat -ada [əkɾəði'tat -aðə] *adj* **–1.** [ambaixador, enviat] accredited. **–2.** [metge, advocat, etc.] distinguished; [marca] reputable.

acrimònia [əkɾi'mɔniə] *nf* ➡ **acritud**.

acritud [əkɾi'tut] *nf* **–1.** [d'olor, sabor] acridity, pungency, bitterness. **–2.** *fig* [mordacitat] venom.

acrobàcia [əkɾu'βasiə] *nf* acrobatics *pl*.

acròbata [ə'kɾɔβətə] *nmf* acrobat.

acròpolis [ə'kɾɔpulis], **acròpoli** [ə'kɾɔpuli] *nf* acropolis.

acta ['aktə] *nf* **–1.** [de junta, reunió] minutes; **ser consignat en ~** to be recorded in the minutes; **aixecar ~** to take the minutes. **–2.** [de defunció, etc.] certificate; [notarial] affadavit. **–3. ~ (de nomenament)** certificate of appointment.

acte ['aktə] *nm* **–1.** [acció & TEAT] act; **fer ~ de presència** to show one's face; **~ reflex** reflex action; **~ sexual** sexual act, sexual intercourse (U). **–2.** [cerimònia] ceremony. **–3.** LITER act; **~ sacramental** holy act. ➡ **a l'acte** *loc adv* on the spot; **fotos de carnet a l'~** "passport photos while you wait". ➡ **acte de fe** *nm* certificate, testimonial, act of faith. ➡ **actes (de processament)** *nm pl* DR act of processing; **constar en els ~s de processament** to be recorded in the act of processing.

actitud [əkti'tut] *nf* attitude.

actiu -iva [ək'tiw -iβə] *adj* active; **volcà ~** active volcano; **en ~** [en funcions, soldat] on active service; **en ~** [càrrec] acting. ➡ **actiu** *nm* ECON assets *pl*; **~ fix** fixed assets; **~ liquid** liquid assets; **~ financer** financial assets.

activació [əktiβəsi'o] *nf* **–1.** [gen & QUÍM] activation, stimulation; **l'objectiu és l'~ de les negociacions** the aim is to get negotiations under way. **–2.** activation, firing; [de mecanisme] activation, firing (elect).

activar [ək̩ti'βa] *vt* **–1.** [gen & QUÍM] to activate. **–2.** [explosiu, mecanisme] to detonate, to activate.

activitat [əktiβi'tat] *nf* activity; **en ~** active; **desplegar una gran ~** to be in a flurry of activity; **~ extraescolar** extracurricular activity.

actor actriu [ək'to ək'tɾiw] *nm, f* actor *m*, actress *f*.

actuació [əktuəsi'o] *nf* **–1.** [manera de procedir] conduct, behaviour. **–2.** [paper] action; [de la policia, etc.] performance. **–3.** [interpretació] performance. **–4.** DR proceedings *pl*; **les actuacions del jutge** the judge's decision.

actual [əktu'al] *adj* present, current.

actualitat [əktuəli'tat] *nf* current situation; **d'~** topical; **en l'~** at the present time, these days; **ser ~** to be making the news.

actualitzar [əktuəli'dza] *vt* [dades] to update; [repertori] to modernize.

actualment [əktuəl'men] *adv* these days, nowadays.

actuar [əktu'a] *vi* **–1.** [gen] to act; **~ com a** [exercir funció] to act as. **–2.** [representar] to act as. **–3.** DR to undertake proceedings.

acudir [əku'ði] *vi* [anar]: **~ a** [cita] to go to; [escola, església] to attend.

acudit [əku'ðit] *nm* joke; **explicar un ~** to tell a joke; **~ verd** dirty joke.

acumulació [əkumuləsi'o] *nf* accumulation.

acumulador [əkumulə'ðo] *nm* ELECT accumulator.

acumular [əkumu'la] *vt* to accumulate. ➡ **acumular-se** *vp* to accumulate, to build up.

acupuntor -a [əkupun'to -oɾə] *nm, f* acupuncturist.

acupuntura [əkupun'tuɾə] *nf* acupuncture.

acurat -ada [əku'ɾat -aðə] *adj* [treball, pronunciació, etc.] accurate, careful.

acusació [əkuzəsi'o] *nf* **–1.** [inculpació] accusation. **–2.** charge, prosecution; [fiscal] **l'~** the prosecution.

acusador -a [əkuzə'ðo -oɾə] *adj* accusing.

acusar [əku'za] *vt* to accuse; **~ (algú d'alguna cosa)** to accuse (sb of sthg); **acuso recepció de la seva carta** I acknowledge receipt of your letter. ➡ **acusar-se** *vp* to blame one another.

acusat -ada [əku'zat -aðə] ◇ *adj* **–1.** [trets, faccions] marked, distinct. **–2.** [processat] accused. ◇ *nm, f* [processat] accused.

acusatiu [əkuzə'tiw] *nm* GRAM accusative.

acústic -a [ə'kustik -ə] *adj* acoustic. ➡ **acústica** *nf* acoustics (U).

a.D. (abrev de *anno Domini*) AD.

adagi [ə'ðaʒi] *nm* [sentència breu] adage.

adagio [ə'ðadʒio] *nm* MÚS adagio.

adaptació [əðəptəsi'o] *nf* adjustment, adaptation; **~ (a)** adjustment (to).

adaptador -a [əðəptə'ðo -oɾə] *nm, f* adapter. ➡ **adaptador** *nm* ELECT adapter.

adaptar [əðəpˈta] *vt* to adjust, to adapt. ➡ **adaptar-se** *vp* to adjust / to adapt (to); ~-se (a) to adjust o.s. (to).

addicció [əddiksiˈo] *nf* addiction; ~ (a) an addiction (to).

addició [əddisiˈo] *nf* **-1.** [afegitó] addition. **-2.** [suma] sum.

addicional [əddisjuˈnal] *adj* additional; [clàusula, etc.] additional.

addicionar [əddisjuˈna] *vt* to add.

addicte -a [əˈddiktə] ◇ *adj* addicted; ~ (a) addicted (to). ◇ *nm, f* addict; **un ~ a l'alcohol / al tabac** an alcohol / tobacco addict.

additiu [əddiˈtiw] *nm* additive.

adduir [ədduˈi] *vt* to adduce.

a. de JC. (abrev de abans de Jesucrist) BC.

adepte -a [əˈðɛptə] ◇ *adj* [partidari] supporting, supportive; **ser ~ a** [doctrina, religió] to be follower of; [partit, política] to support. ◇ *nm, f*: ~ (a) [doctrina, religió] follower (of); [partit, política] supporter (of).

adequació [əðəkwəsiˈo] *nf* adaptation.

adequar [əðəˈkwa] *vt* to adapt. ➡ **adequar-se** *vp* to make suitable for, to adapt to; ~-se a to adjust to.

adéu [əˈðew] ◇ *interj*: ~! good-bye! ◇ *nm* goodbye.

adéu-siau [əˌðewsiˈaw] *interj* see you later!

adherència [əðəˈɾɛnsiə] *nf* **-1.** [acció] stickiness, adhesion; **tenir bona / mala ~** [adhesiu, segell] to be well / bad adhesive. **-2.** [afegit] appendage.

adherir [əðəˈɾi] *vt* to stick, to adhere. ➡ **adherir-se** *vp* **-1.** to stick, to adhere (to); [enganxar-se] to stick. **-2.** [aprovar, afiliar-se]: ~-se a to join.

adhesió [əðəziˈo] *nf* support, adhesion.

adhesiu -iva [əðəˈziw -iβə] *adj* adhesive. ➡ **adhesiu** *nm* **-1.** [etiqueta] sticker. **-2.** [substància] adhesive.

adient [əðiˈen] *adj* convenient.

adipós -osa [əðiˈpos -ozə] *adj* fatty, adipose.

adir-se [əˈðirsə] *vp* [anar bé] to get on (well); ~ **amb** to come to an agreement.

adjectiu [ədʒəkˈtiw] *nm* adjective; ~ **qualificatiu / demostratiu / indefinit / possessiu** qualifying / demonstrative / indefinite / possessive adjective; ~ **numeral** quantitative adjective.

adjectiu -iva [ədʒəkˈtiw -iβə] *adj* adjectival.

adjudicació [ədʒuðikəsiˈo] *nf* **-1.** [de premi, etc.] awarding. **-2.** DR adjudication, award.

adjudicar [ədʒuðiˈka] *vt* **-1.** [gen] to award, to grant; [premi] to award; [pensió] to grant. **-2.** DR to adjudge. ➡ **adjudicar-se** *vp* [apropiar-se] to take for o.s.

adjunt -a [əˈdʒun -untə] ◇ *adj* [auxiliar] auxiliary. ◇ *nm, f* [auxiliar] assistant, auxiliary; ~ **a una càtedra** professor's assistant.

adjuntar [ədʒunˈta] *vt* to enclose.

admetre [ədˈmɛtɾə] *vt* **-1.** [gen] to admit, to allow; ~ **algú a** to admit sb. **-2.** [acceptar] to accept.

administració [əðministɾəsiˈo] *nf* **-1.** supply, management. **-2.** [govern] Administration; ~ **pública** civil service.

administrador -a [əðministɾəˈðo -oɾə] ◇ *adj* administrative. ◇ *nm, f* manager, administrator.

administrar [əðminisˈtɾa] *vt* **-1.** [gen] to manage, to run, to administer; [empresa, pagament, etc.] to run, to administer. **-2.** [justícia] to administer. ➡ **administrar-se** *vp* [diners] to manage one's finances.

administratiu -iva [əðministɾəˈtiw -iβə] ◇ *adj* administrative. ◇ *nm, f* office clerk, administrative assistant.

admirable [əðmiˈɾabblə] *adj* **-1.** admirable. **-2.** [sensacional] admirable; [sorprenent] admirable.

admiració [əðmiɾəsiˈo] *nf* **-1.** [sentiment] admiration. **-2.** [signe ortogràfic] exclamation mark.

admirador -a [əðmiɾəˈðo -oɾə] *nm, f* admirer.

admirar [əðmiˈɾa] *vt* **-1.** [gen] to admire. **-2.** [sorprendre] to amaze. ➡ **admirar-se** *vp*: ~-se (de) [sorprendre's] to be astonished (by); [meravellar-se] to be amazed (by).

admissió [ədmisiˈo] *nf* **-1.** [de persona] admission. **-2.** [de sol·licituds, etc.] acceptance.

ADN *nm* (abrev de àcid desoxiribonucleic) DNA.

adob [əˈðop] *nm* **-1.** [fertilitzant] fertilizer. **-2.** [acció] repair. **-3.** adobe (brick).

adobar [əðuˈβa] *vt* **-1.** [pell] to tan, to dress. **-2.** [terra] to fertilize. **-3.** to marinate, to dress.

adoctrinar [əðuktɾiˈna] *vt* to instruct.

adolescència [əðuləˈsensiə] *nf* adolescence.

adolescent [ədələ'sen] *adj & nmf* adolescent.

adolorir [əðolu'ɾi] *vt* to hurt.

adonar-se [əðu'naɾsə] *vp* **–1.** to become aware, to realise; **~ (de)** to become aware (of). **–2.** to be aware; **(no) ~** (not) to be aware (of).

adopció [əðupsi'o] *nf* adoption.

adoptar [əðup'ta] *vt* to adopt.

adoptiu -iva [əðup'tiw -iβə] *adj* adoptive.

adorable [əðu'rabblə] *adj* [persona] adorable, wonderful; [ambient, etc.] wonderful.

adoració [əðuɾəsi'o] *nf* adoration.

adorador -a [əðuɾə'ðo -orə] <> *adj* adoring. <> *nm, f* adorer.

adorar [əðu'ɾa] *vt* to adore, to worship.

adormir [əðuɾ'mi] *vt* **–1.** [insensibilitzar] to numb. **–2.** *fig* [aplacar] to calm. ⇒ **adormir-se** *vp* **–1.** [persona] to nod off, to drop off; **~-se sobre els llorers** to rest on one's laurels. **–2.** [insensibilitzar-se] to become numb. **–3.** [ciment, calç] to settle.

adormit -ida [əðuɾ'mit -iðə] *adj* sleepy; **els dits ~s** numb fingers.

adornament [əðurnə'men] *nm* decoration, ornament; *culte* [joies] decorative, costume jewellery (U).

adornar [əður'na] <> *vi* to decorate. <> *vt* [habitació, botiga, etc.] to decorate, to dress up; [vestit, etc.] to trim, to adorn.

adquirir [ətki'ɾi] *vt* to acquire, to purchase, to achieve.

adquisició [ətkizisi'o] *nf* purchase; **ser alguna cosa una bona / mala ~** to be a good / bad buy.

adquisitiu -iva [ətkizi'tiw -iβə] *adj* purchasing (*abans de nom*); **el poder ~** purchasing power.

adreça [ə'ðrɛsə] *nf* address; **~ electrònica** e-mail address.

adreçador [əðrəsə'ðo] *nm* rectifier, straightener; **passar per l'~** to go straight to sb; **fer passar algú per l'~** to make sb tow the line.

adreçar [əðrə'sa] *vt* [paraula, carta] to address. ⇒ **adreçar-se** *vp* [parlar, escriure] to address; **~-se a algú** to address o.s. (to).

adscriure [əts'kriwɾə] *vt* [destinar] to appoint, to assign (to). ⇒ **adscriure's** *vp*: **~'s (a)** [grup, partit] to become a member (of); [ideologia] to subscribe to.

adulació [əðuləsi'o] *nf* flattery.

adulador -a [əðulə'ðo -orə] <> *adj* flattering. <> *nm, f* flatterer.

adular [əðu'la] *vt* to flatter.

adult -a [ə'ðul -ultə] *adj & nm, f* adult.

adúlter -a [ə'ðultər -ərə] <> *adj* adulterous. <> *nm, f* adulterer *m*, adultress *f*.

adulterar [əðultə'ɾa] *vt* [aliment, fets] to adulterate, to distort; [vi] to adulterate; [veritat] to distort.

adulteri [əðul'tɛri] *nm* adultery.

advent [əd'ben] *nm* advent.

adverbi [əd'bɛrbi] *nm* adverb; **~ de quantitat / lloc / manera / temps** adverb of degree / place / manner / time.

advers -a [əd'bɛrs -ə] *adj* adverse, bad, unfavourable, opposing; [circumstàncies] adverse; [destí, vent] unfavourable.

adversari -ària [ədbər'saɾi -aɾiə] *nm, f* adversary.

adversitat [ədbərsi'tat] *nf* adversity.

advertència [ədbər'tɛnsiə] *nf* warning.

advertiment [ədbərti'men] *nm* ⇒ **advertència**.

advertir [ədbər'ti] *vt* **–1.** [notar] to notice. **–2.** [prevenir] to warn. **–3.** [avisar] to warn, to notify.

advocació [ədbukəsi'o] *nf* name given to a church, chapel or altar dedicated to the Virgin or a saint; **església sota l'~ de sant Joan** church devoted to Saint John.

advocar [ədbu'ka] *vi* **–1.** [gen] to advocate; [intercedir] **~ per alguna cosa / algú** to stand up for sthg / sb. **–2.** DR to plead.

advocat -ada [ədbu'kat -aðə] *nm, f* lawyer, solicitor; **~ defensor** counsel for the defence; **~ de l'estat** public prosecutor; **~ d'ofici** legal aid lawyer; **~ laboralista** labour lawyer; **fer d'~ del diable** to play devil's advocate.

aeri aèria [ə'ɛri ə'ɛriə] *adj* aerial.

aeroclub [ə,ɛɾu'klup] *nm* flying club.

aerodinàmic -a [ə,ɛɾuði'namik -ə] *adj* aerodynamic, streamlined. ⇒ **aerodinàmica** *nf* aerodynamics (U).

aeròdrom [əɛ'ɾɔdɾum] *nm* airfield, aerodrome.

aerofàgia [ə,ɛɾu'faʒiə] *nf* aerophagia.

aeròlit [əɛ'ɾɔlit] *nm* aerolite.

aeronau [ə,ɛɾu'naw] *nf* aircraft.

aeronàutic -a [ə,ɛɾu'nawtik -ə] *adj* aeronautic. ⇒ **aeronàutica** *nf* aeronautics (U).

aeronaval [ə,ɛɾunə'βal] *adj* air and sea (*abans de nom*).

aeroplà [ə,ɛɾu'pla] *nm* aeroplane.

aeroport [ə,ɛɾu'pɔrt] *nm* airport.

aerosol [ə,ɛɾu'sɔl] *nm* aerosol.
aeròstat [ae'ɾɔstət] *nm* hot-air balloon.
afabilitat [əfəβili'tat] *nf* affability.
afable [ə'fabblə] *adj* affable.
afaitada [əfəj'taðə] *nf* shave.
afaitar [əfəj'ta] *vt* **–1.** to shave. **–2.** *fig*: demà m'afaitaràs! get away with you!
afalac [əfə'lak] *nm* flattery.
afalagador -a [əfələɣə'ðo -orə] *adj* flatterer.
afalagar [əfələ'ɣa] *vt* to flatter.
afamat -ada [əfə'mat -aðə] *adj* hungry, starving.
afanar [əfə'na] *vt fam* [robar] to steal, to pinch.
afany [ə'faɲ] *nm* [d'aventures] longing, yearning, ardent desire; [d'aprendre] longing; li va costar tants d'~s he had to make such a lot of effort.
afanyar-se *vp* to long / to wish (for); [esforçar-se] **~ (a fer alguna cosa)** to work hard (to do sthg), to get on with sthg.
afartar [əfər'ta] *vt* **–1.** [fer menjar massa] to stuff (full). **–2.** *fam* [enfastidir] to annoy sb, to get on sb's nerves. ☛ **afartar-se** *vp* **–1.** [menjar excessivament] to stuff / gorge o.s. **–2.** *fam* [cansar-se] to get fed up (with). **–3.** [excedir-se]: **~-se de fer alguna cosa** to do sthg non-stop.
afavorir [əfaβu'ɾi] *vt* **–1.** [caure bé] to suit. **–2.** [embellir] to flatter.
afavorit -ida [əfəβu'ɾit -iðə] *adj* **–1.** [atractiu] favoured. **–2.** helped, backed; **~ amb alguna cosa** backed by sthg.
afeblir [əfə'bbli] *vt* to weaken. ☛ **afeblir-se** *vp* to become / grow weak.
afecció [əfəksi'o] *nf* complaint, disease.
afeccionar-se [əfəksiu'narsə] *vp* ☛ **aficionar-se**.
afectació [əfəktəsi'o] *nf* affectation.
afectar [əfək'ta] ◇ *vi* to affect; [afer] to have an affect on. ◇ *vt* **–1.** [afligir, fingir] to upset, to affect. **–2.** [atènyer, perjudicar] to affect badly.
afectat -ada [əfək'tat -aðə] *adj* **–1.** [gen] affected; **~ per** affected (by). **–2.** [per malaltia] affected; **~ de** affected (by).
afecte [ə'fɛktə] *nm* affection, fondness; **sentir ~ per algú**, **tenir ~ a algú** to be fond of sb.
afectiu -iva [əfək'tiw -iβə] *adj* **–1.** [emocional] emotional. **–2.** [sensible] sensitive.
afectuós -osa [əfəktu'os -ozə] *adj* affectionate, loving.

afegir [əfə'ʒi] *vt* to add.
afegit -ida [əfə'ʒit -iðə] *adj* added; **~ (a)** added (to). ☛ **afegit** *nm* addition.
afegitó [əfəʒi'to] *nm* **–1.** addition. **–2.** [en una carta] enclosure.
afer [ə'fer] *nm* **–1.** [negoci] business affair / matter. **–2.** *fam* [relació amorosa] affair. ☛ **Afers Estrangers** *nm pl* Foreign Office.
aferrissat -ada [əfəɾi'sat -aðə] *adj* [combat, lluita] bloody, bitter; [partidari, discussió] bitter.
afí [ə'fi] *adj* similar, alike.
afició [əfisi'o] *nf* [inclinació] fondness, liking; **per ~** as a hobby; **tenir ~ a alguna cosa** to be keen on sthg.
aficionar-se [əfisiu'narsə] *vp*: **~ a alguna cosa** to become keen on sthg.
aficionat -ada [əfisiu'nat -aðə] ◇ *adj* keen; **ser ~ a alguna cosa** to be keen on sthg. ◇ *nm, f* **–1.** fan, amateur; **tot i ser un ~ pinta bé** even though he is an amateur, he paints well; **~ al cine** movie fan. **–2.** ESPORT fan.
afilar [əfi'la] *vt* [ganivet, tisores] to sharpen. ☛ **afilar-se** *vp fig* [cara, nas] to become pointed, to taper.
afiliar-se [əfili'arsə] *vp*: **~ a** [associació] to join, to become a member of; [partit] to join, to become a member of.
afiliat -ada [əfili'at -aðə] *nm, f* member; [a un partit, etc.] member (of).
afinar [əfi'na] *vt* **–1.** MÚS [instrument] to tune; [veu] to sing in tune. **–2.** [tret] to aim. **–3.** [metall] to refine.
afinitat [əfini'tat] *nf* affinity, kinship; **per ~** [parentiu] by marriage.
afirmació [əfirməsi'o] *nf* statement, assertion.
afirmar [əfir'ma] *vt* [dir] to state, to claim, to affirm.
afirmatiu -iva [əfirmə'tiw -iβə] *adj* affirmative; **en cas ~** in an affirmative case, if so / yes. ☛ **afirmativa** *nf* affirmative; **contestar amb una afirmativa** to answer in the affirmative.
aflicció [əfliksi'o] *nf* suffering, sorrow.
afligir [əfli'ʒi] *vt* to afflict, to distress. ☛ **afligir-se** *vp* to be / get distressed.
aflorar [əflu'ɾa] *vi lit & fig* to (come to the) surface, to show.
afluència [əflu'ɛnsiə] *nf* flow, stream, volume.
afluent [əflu'en] *nm* tributary.

afluir [əfluˈi] *vi* **–1.** [gent, fluid]: ~ a to congregate with, to flow into. **–2.** to flow; [riu] ~ a to flow into.

afluixar [əfluˈʃa] ◇ *vi* **–1.** [vent] to abate, to lessen; [tempesta] to abate. **–2.** *fig* [cedir] to ease off. ◇ *vt* **–1.** *fam* [diners, cosa] to fork out. **–2.** [cinturó, nus] loosen; [corda] slacken.

afonia [əfuˈniə] *nf* loss of voice.

afònic -a [əˈfɔnik -ə] *adj* hoarse; **estar** ≃ to have lost one's voice.

afores [əˈfɔɾəs] *nm pl* outskirts *pl*.

afortunat -ada [əfuɾtuˈnat -aðə] *adj* [que té sort] lucky, fortunate; **és molt ~** he is very lucky.

Àfrica [ˈafɾikə] Africa; **(l')~ austral** South Africa; **(l')~ del Nord** North Africa; **(l')~ negra** Black Africa.

africà -ana [əfɾiˈka -anə] ◇ *adj* African. ◇ *nm, f* African.

afrodisíac -a [əfɾuðiˈziək -ə] *adj* aphrodisiac. ⯈ **afrodisíac** *nm* aphrodisiac.

afront [əˈfɾon] *nm* **–1.** [vergonya] disgrace. **–2.** [ultratge] affront.

afrontar [əfɾunˈta] *vt* **–1.** to face, to confront. **–2.** [acarar] to face up to.

afusellada [əfuzəˈʎaðə] *nf* ⯈ **afusellament**.

afusellament [əfuzəʎəˈmen] *nm* **–1.** [execució] execution by firing squad. **–2.** *fam* [plagi] plagiarism.

afusellar [əfuzəˈʎa] *vt* **–1.** [executar] to execute by firing squad, to shoot. **–2.** *fam* [plagiar] to plagiarize.

agafador [əɣəfəˈðo] *nm* **–1.** [nansa] handle. **–2.** *fam fig* [excusa] pretext.

agafar [əɣəˈfa] ◇ *vi* **–1.** to take, to pick; [succeir] **li ha agafat un mareig / un atac de nervis** she / he feels dizzy, she / he is having a nervous breakdown. **–2.** *fam* [dirigir-se] to take; **~ pel camí** catch (sb) on their way somewhere. ◇ *vt* **–1.** [gen] to take, to catch, to pick; [trobar] **el vaig ~ de bon humor** I found him in a good mood; [sorprendre] **em va ~ la pluja** I was caught in the rain; **~ l'avió** to catch / take the plane; **~ algú de la mà** to take sb by the hand; **li vaig anar agafant afecte** I became fond of him; [vehicle, persona] to take; [lladre, peix, grip, etc.] to catch. **–2.** to get; **~ son** to get sleepy. **–3.** *fam* [sorprendre] to surprise, to catch (out); **em va ~ en pijama** he caught me in my pyjamas. ⯈

agafar-se *vp* [subjectar-se] to cling to / clutch sthg; **~-se a alguna cosa** to cling to / hang on to sthg; **~-se fort** to cling strongly to.

àgape [ˈaɣəpə] *nm culte* banquet, feast.

àgata [ˈaɣətə] *nf* agate.

agència [əˈʒɛnsiə] *nf* **–1.** [empresa] agency; **~ de duanes** custom's office; **~ de notícies / premsa** news agency; **~ de viatges / de publicitat** travel / advertising agency; **~ immobiliària / matrimonial** estate agent's *Br*, real estate office *Am*. **–2.** ECON branch.

agenda [əˈʒɛndə] *nf* **–1.** [gen] diary, agenda; **~ d'adreces** address book; **~ de telèfons** telephone book; **~ electrònica** electronic pocket diary, digital organizer. **–2.** *fig* [de treball] agenda.

agenollar-se [əʒənuˈʎaɾsə] *vp* **–1.** [posar-se de genolls] to kneel. **–2.** *fig* [humiliar-se] to go down on one's knees, to grovel.

agent [əˈʒen] ◇ *nm* **–1.** [causa activa] agent. **–2.** GRAM ⯈ **complement**. ◇ *nmf* agent, broker; **~ comercial** commercial agent / broker; **~ de duanes** customs officer; **~ de canvi (i borsa)** stockbroker; **~ de policia / de l'autoritat** police officer, policeman *m*, policewoman *f*; **~ secret** secret agent; **~s econòmics** company agent; **~ turístic** courier, tour operator.

agermanar [əʒəɾməˈna] *vt* **–1.** [esforços] to unite. **–2.** [persones] to unite. **–3.** [ciutats] to twin. ⯈ **agermanar-se** *vp* **–1.** [ciutats] to be twinned. **–2.** [idees, tendències, etc.] to be united.

àgil [ˈaʒil] *adj* **–1.** [moviment, persona] agile. **–2.** [estil] fluent; [ment] quick.

agilitar [əʒiliˈta] *vt* ⯈ **agilitzar**.

agilitat [əʒiliˈtat] *nf* agility.

agilitzar [əʒiliˈdza] *vt* to speed up.

agitació [əʒitəsiˈo] *nf* shaking, waving.

agitador -a [əʒitəˈðo -ɾə] ◇ *adj* agitating, gusty. ◇ *nm, f* agitator.

agitar [əʒiˈta] *vt* **–1.** [moure - ampolla, etc.] to shake, to move; [- liquid] to shake. **–2.** [inquietar] to worry. **–3.** [alterar, pertorbar] to stir up.

aglà [əˈɣla], **gla** [ˈɣla] *nm* acorn.

aglomeració [əɣluməɾəsiˈo] *nf* build-up, crowd; [de gent] crowd.

aglomerar [əɣluməˈɾa] *vt* to bring together; [dades] to bring together. ⯈ **aglomerar-se** *vp* to amass.

aglutinar [əɣlutiˈna] *vt* **–1.** [enganxar] to agglutinate. **–2.** MED to bind, to join; **~ les vores d'una ferida** to join the edges of the wound.

agnòstic -a [əŋˈnɔstik -ə] *adj & nm, f* agnostic.

agnosticisme [əŋnusti'sizmə] *nm* agnosticism.

agonia [əɣu'niə] *nf* [gen] agony.

agonitzar [əɣuni'dza] *vi* **-1.** [expirar] to be dying. **-2.** *fig* [sofrir] to be in agony.

agorafòbia [,aɣuɾə'fɔβiə] *nf* agoraphobia.

agost [ə'ɣost] *nm* **-1.** [mes] August; ➣ **setembre**. **-2.** *fig* [collita] harvest (time). **-3.** *loc:* **fer l'~** to line one's pockets.

agradable [əɣɾə'ðabblə] *adj* pleasant.

agradar [əɣɾə'ða] *vi* to be pleasant, to please; **m'agrada aquesta noia** I like this girl; **m'agrada l'esport / anar al cine** I like sport / going to the cinema.

agraïment [əɣɾəi'men] *nm* gratitude, thanks.

agrair [əɣɾə'i] *vt:* **~ alguna cosa a algú** to thank sb for sthg; [estar agraït] to be grateful (to sb for sthg).

agraït -ïda [əɣɾə'it -iðə] *adj* grateful.

agrari -ària [ə'ɣɾaɾi -aɾiə] *adj* agrarian; **reforma agrària** agrarian reform.

agre -a ['aɣɾə] *adj* **-1.** [àcid] sour. **-2.** *fig* [desagradable] acerbic, bitter.

agredir [əɣɾə'ði] *vt* to attack.

agregar [əɣɾə'ɣa] *vt* to add; **~ (alguna cosa a alguna cosa)** to add (sthg to sthg).
➣ **agregar-se** *vp:* **~-se (a alguna cosa)** to join (sthg).

agregat -ada [əɣɾə'ɣat -aðə] ⟨⟩ *adj* [afegit] added. ⟨⟩ *nm, f* **-1.** EDUC assistant teacher. **-2.** [d'ambaixada] attaché; **~ cultural** cultural attaché. ⟨⟩ **agregat** *nm* **-1.** [afegit] addition. **-2.** ECON aggregate.

agressió [əɣɾəsi'o] *nf* [atac] act of aggression, attack.

agressiu -iva [əɣɾə'siw -iβə] *adj* **-1.** [ofensiu, provocatiu] aggressive. **-2.** *fig* [emprenedor] aggressive.

agressivitat [əɣɾəsiβi'tat] *nf* aggression.

agressor -a [əɣɾə'so -oɾə] *nm, f* attacker, assailant.

agrest -a [ə'ɣɾest -ə] *adj* **-1.** [rural] rough, rugged, country *(abans de nom)*; [paisatge] rural. **-2.** [animal] wild; [vegetació] rough. **-3.** *fig* [rude, bast] coarse, uncouth.

agreujament [əɣɾəwʒə'men] *nf* worsening, exacerbation.

agreujant [əɣɾəw'ʒan] ⟨⟩ *adj* aggravating. ⟨⟩ *nm* additional problem.

agreujar [əɣɾəw'ʒa] *vt* **-1.** [empitjorar] to get worse, to worsen. **-2.** to deteriorate.
➣ **agreujar-se** *vp* to get worse.

agrícola [ə'ɣɾikulə] *adj* agricultural.

agricultor -a [əɣɾikul'to -oɾə] *nm, f* farmer.

agricultura [əɣɾikul'tuɾə] *nf* agriculture, farming; **~ extensiva / intensiva** extensive / intensive agriculture / farming.

agrir [ə'ɣɾi] *vt* **-1.** [aliment] to (turn) sour. **-2.** *fig* [caràcter] to sour, to embitter; **les decepcions li han agrit el caràcter** disappointments have made him / her bitter.
➣ **agrir-se** *vp* **-1.** [llet] to (turn) sour. **-2.** [vi] to (turn) sour. **-3.** *fig* [persona] to turn sour.

agró [ə'ɣɾo] *nm* heron.

agrònom -a [ə'ɣɾɔnum -ə] *nm, f* agronomist.

agrupació [əɣɾupəsi'o] *nf* **-1.** [associació] group, association. **-2.** [agrupament] grouping.

agrupament [əɣɾupə'men] *nm* [concentració] grouping.

agrupar [əɣɾu'pa] *vt* to group (together).

aguait [ə'ɣwajt] *nm* observation, surveillance; *lit & fig* **estar a l'~ (de)** to be on the lookout for.

aguaitar [əɣwəj'ta] *vt* to observe, to keep watch.

aguant [ə'ɣwan] *nm* **-1.** [paciència] self-restraint, tolerance. **-2.** [resistència] strength, stamina; **tenir ~** to have stamina.

aguantar [əɣwən'ta] ⟨⟩ *vi* to hold, to bear. ⟨⟩ *vt* **-1.** [gen] to hold on. **-2.** [resistir, tolerar] to bear. **-3.** [retenir] to contain, to hold (in / back). ➣ **aguantar-se** *vp* **-1.** [contenir-se] to restrain o.s., to hold o.s. back. **-2.** [resignar-se] to refuse to put up with.

agudesa [əɣu'ðɛzə] *nf* **-1.** *fig* [dels sentits, de l'enginy] sharpness. **-2.** [dita enginyosa] witticism.

aguditzar [əɣuði'dza] *vt* [accentuar] to exacerbate, to make worse. ➣ **agudit-zar-se** *vp* **-1.** [crisi] to get worse. **-2.** [enginy] to get sharper.

àguila ['aɣilə], **àliga** ['aliɣə] *nf* [ocell] eagle.

aguilenc -a [əɣi'leŋ -eŋkə] *adj* aquiline; **un nas ~** an aquiline nose.

aguiló [əɣi'lo] *nm* large eagle.

agulla [ə'ɣuʎə] *nf* **-1.** needle; *fig* **buscar una ~ en un paller** to look for a needle in a haystack; **~ hipodèrmica** hypodermic needle. **-2.** pin; **~ de corbata** tie pin. **-3.** [joia] brooch.

agulló [əɣu'ʎo] *nm* **-1.** [d'insecte] sting. **-2.** [de planta] thorn. **-3.** *fig* [estímul] spur.

stimulus; **va sentir l'~ de l'art** he / she caught the art bug.

agullonar [əɣuʎu'na] *vt* **–1.** [bou] to drive on; [- cavall] to drive on. **–2.** *fig* [estimular] to drive on, to goad.

agut -uda [ə'ɣut -uðə] *adj* **–1.** [gen] sharp, serious, acute; [crisi, veu, nota] acute; [problema, malaltia] serious. **–2.** *fig* [perspicaçment] sharp; [- oïda] sharp; [- vista] keen. **–3.** *fig* [enginyós] keen. **–4.** oxytone; GRAM **paraula aguda** an oxytone word.

ah! ['a] *interj* ooh!, oh!, ah!

ahir [ə'i] ◇ *adv* last night; ~ **a la nit** last night; ~ **al matí** yesterday morning. ◇ *nm* yesterday, past; *fig* **de l'~** from the past.

ai! [aj] ◇ *interj* [dolor físic] ouch! ◇ *nm* oh!

aigua ['ajɣwə] *nf* water; ~ **beneita / destil·lada / dolça / potable** holy / distilled / fresh / drinking ~ **mineral** mineral water; ~ **(mineral) amb gas / sense gas** sparkling / still mineral water; **més clar que l'~** as clear as day; **estar amb l'~ fins al coll** to be up to one's neck (in it); NÀUT **fer aigües** to leak; *fig* to go under; **fer venir a algú ~ a la boca** to make one's mouth water. ▸ **aigües** *nf pl* **–1.** [font, riu, mar] waters, spring; **aigües termals** thermal / hot springs; **aigües territorials / jurisdiccionals** territorial waters; **aigües residuals** sewage (U). **–2.** [de diamant] water (U). **–3.** waters, spring; **nedar entre dues aigües** to sit on the fence; **trencar ~** to break waters (before going into labour). ▸ **aigua de colònia** *nf* eau de cologne.

aigua oxigenada *nf* hydrogen peroxide.

aiguafort [ˌajɣwə'fɔrt] *nm* etching.

aigualir [əjɣwə'li] *vt* **–1.** [mesclar amb aigua] to water down. **–2.** *fig* [interrompre, fer malbé] to spoil, to ruin. ▸ **aigualir-se** *vp* to be / get spoiled.

aiguamarina [ˌajɣwəmə'rinə] *nf* aquamarine.

aiguamoll [ˌajɣwə'mɔʎ] *nm* large pool or puddle, marsh, fen.

aiguardent [ˌajɣwər'den] *nm* spirit, liquor.

aiguarràs [ˌajɣwə'ras] *nm* turpentine.

aiguat [əj'ɣwat] *nm* water spout.

aigüera [əj'ɣweɾə] *nf* (kitchen) sink.

aïllador -a [əiʎə'ðo -oɾə] ◇ *adj* insulating. ◇ *nm* [gen & ELECT] insulant, insulator.

aïllament [əiʎə'men] *nm* isolation.

aïllant [əi'ʎan] *adj* insulating.

aïllar [əi'ʎa] *vt* **–1.** to isolate. **–2.** MAT [incògnita] to insulate.

aïllat -ada [əi'ʎat -aðə] *adj* isolated, insulated.

aire ['ajɾə] *nm* **–1.** [gen] air; **a l'~** exposed to the air; **a l'~ lliure** in the open air; **canviar d'~s** to have a change of scene; **deixar alguna cosa en l'~** to leave sthg up in the air; **prendre l'~** to go for a breath of fresh air; **té l'~ de** to take after sb, to be like sb; **té l'~ de ser veritat** it seems to be true. **–2.** [gràcia] grace, elegance. ▸ **aire condicionat** *nm* air conditioning.

airejar [əjɾə'ʒa] *vt* **–1.** [ventilar] to air. **–2.** *fig* [explicar] to air (publicly). ▸ **airejar-se** *vp* to get / let in fresh air.

airós -osa [aj'ɾos -ozə] *adj* **–1.** [gràcil] graceful, elegant. **–2.** successful; [triomfant] **sortir ~ d'alguna cosa** to come out of sthg with flying colours. **–3.** airy, windy.

aixada [ə'ʃaðə] *nf* hoe.

aixafadissa [əʃəfə'ðisə] *nf* crushing, flattening.

aixafar [əʃə'fa] *vt* **–1.** to crush, to flatten. **–2.** [pla, dia] to ruin. **–3.** *fam* [subj: malaltia] to feel under the weather. **–4.** [roba] to crumple, to crease.

aixecament [əʃəkə'men] *nm* **–1.** [gen] raising. **–2.** [supressió] raising; ~ **del cadàver** the act of exhuming a corpse after the coroner has given his approval.

aixecar [əʃə'ka] *vt* **–1.** [gen] to raise, to lift; [pes, pols] to lift; ~ **el campament** to take down. **–2.** [vas, gerra, etc.] to lift, to raise; ~ **el colze** to raise one's elbow. **–3.** [empènyer - barrera, etc.] to remove; ~ **l'ànim** to cheer up. **–4.** [erigir, alçar] to build, to raise. **–5.** [alçar en armes] to recruit, to raise; ~ **algú contra** to stir sb up against. **–6.** [redactor - acta, pla] to lift. ▸ **aixecar-se** *vp* **–1.** [pujar] to go up; [enlairar-se] to get up, to lift off, to take off. **–2.** [gen] to stand up. **–3.** [revoltar-se] to rise up. **–4.** *fam* [membre viril]: **se li aixeca** it gets stiff / hard / erect.

aixella [ə'ʃeʎə] *nf* armpit.

aixeta [ə'ʃetə] *nf* tap *Br*, faucet *Am*. ▸ **aixetes** *nf pl* taps *pl*, plumbing.

aixi [ə'ʃi] *adv* [d'aquesta manera] in this way, like this; [d'aquella manera] in that way, like that; **era ~ de llarg** it was this / that long; ~ **és / era / va ser com ...** that is how; ~ ~ so so; **una cosa ~** something like this / that; **una cosa ~ com** something

això [əˈʃɔ] *pron dem* that, this; ~ **és un nou producte** this is a new product; ~ **no pot ser** this is not possible; ~ **que acabes de dir no té sentit** what you have just said makes no sense; ~ **de treballar de nit no m'agrada gens** I don't like the idea of working at night; **per** ~ **vaig venir** that's why I came; **m'és antipàtic, però** ~ **no impedeix que li parli** he is unpleasant to me, but that will not stop me from talking to him; **per** ~ that's why; **per** ~ **haurem de** that's why we'll have to; **va ploure, per** ~ **ens vam quedar a casa** it rained, so we stayed home.

aixopluc [əʃuˈpluk] *nm* [de la intempèrie] shelter.

aixoplugar-se [əʃupluˈɣarsə] *vp* [de la intempèrie] to shelter o.s. (from).

ajaçar [əʒəˈsa] *vt* to put to bed. ➣ **ajaçar-se** *vp* to lie down.

ajaure [əˈʒawɾə] *vt & vp* ➣ ajeure. ➣ **ajeure's** *vp* to go to bed.

ajeure [əˈʒewɾə], **ajaure** [əˈʒawɾə] *vt* [estendre] to lie down.

ajornament [əʒurnəˈmen] *nm* postponement, adjournment.

ajornar [əʒurˈna] *vt* to postpone, adjourn.

ajuda [əˈʒuðə] *nf* help.

ajudant -a [əʒuˈðan -antə] *adj & nm, f* assistant.

ajudar [əʒuˈða] *vt* to help, to assist. ➣ **ajudar-se** *vp*: ~-se (amb) to make use (of).

ajuntament [əʒuntəˈmen] *nm* -1. [corporació] ≃ town council. -2. [edifici] town hall.

ajuntar [əʒunˈta] *vt* [unir] to put together, to join. ➣ **ajuntar-se** *vp* -1. [reunir-se - persones] to get together, to meet; [- rius, camins] to meet. -2. [conviure] to live together. -3. *fig* [problemes] to come together / at the same time. -4. *fam* to get together.

ajupir-se [əʒuˈpirsə] *vp* to bend down.

ajustar [əʒusˈta] *vt* -1. [arreglar] to adjust, to fix, to tighten; [conducta] to adapt; [horari] to adjust. -2. [pactar - matrimoni] to arrange. ➣ **ajustar-se** *vp*: ~-se a [adaptar-se a] to adapt to; [conformar-se amb] to fit in with.

ajustat -ada [əʒusˈtat -aðə] *adj* -1. [roba] tight-fitting. -2. [just] reasonable, right, correct; [preu] reasonable, right, correct. -3. [pressupost, etc.] reasonable.

ajut [əˈʒut] *nm* ➣ ajuda.

al [əl] (*contracció* **a** + **el**) ➣ **a**.

ala [ˈalə] *nf* -1. [gen] wing, brim, side; [de barret] brim; [de taula] leaf. -2. ESPORT winger, wing. -3. [de nas] nostril. -4. ESPORT [ala delta] hang-glider.

alabança [ələˈβansə] *nf* praise.

alabar [ələˈβa] *vt* to praise; ~ **algú per la seva bondat** to praise sb for their goodness / kindness.

alabastre [ələˈβastɾə] *nm* alabaster.

alacrà [ələˈkɾa] *nm* ZOOL scorpion.

alambí [ələmˈbi] *nm* still.

alambinar [ələmbiˈna] *vt* -1. [substàncies] to distil. -2. *fig* [idees, conceptes] to overcomplicate.

alarma [əˈlarmə] *nf* [aparell, inquietud] alarm.

alarmar [ələrˈma] *vt fig* to alarm. ➣ **alarmar-se** *vp* to be alarmed.

alba [ˈalβə] *nf* dawn, daybreak; **a trenc d'**~ at the break of day.

albada [əlˈβaðə] *nf* -1. dawn. -2. LITER & MÚS aubade, dawn song.

albarà [əlβəˈra] *nm* delivery note, invoice.

albarda [əlˈβarðə] *nf* packsaddle.

àlber [ˈalβər] *nm* poplar.

albercoc [əlβərˈkɔk] *nm* [fruita] apricot.

albercoquer [əlβərkuˈke] *nm* [arbre] apricot tree.

albereda [əlβəˈɾeðə] *nf* poplar grove.

alberg [əlˈβerk] *nf* shelter, refuge, accommodation, hostel.

albergar [əlβərˈɣa] *vt* [persones] to shelter, to give shelter to, to put sb up.

albergínia [əlβərˈʒiniə] *nf* aubergine *Br*, eggplant *Am*.

albí -ina [əlˈβi -inə] *adj & nm f* albino.

albir [əlˈβir] *nm* [elecció] judgment, reason, opinion; **lliure** ~ free will.

albirar [əlβiˈɾa] *vt* -1. to guess (at), to conjecture. -2. *fig* to catch a glimpse of.

àlbum [ˈalβum] *nm* album.

albúmina [əlˈβuminə] *nf* albumin.

albuminoide [əlβuminɔjðə] *adj* albuminoid.

alça [ˈalsə] *nf* rise, rising; **en** ~ on the rise.

alça! [ˈalsə] *interj* oh!, oh dear me!

alçada [əlˈsaðə] *nf* -1. height. -2. [alçària] height; ~ **de cavall** height (in hands).

alcalde -essa [əlˈkaldə -esə] *nm, f* mayor *m*, mayoress *f*; **l'alcaldessa** [dona alcalde] mayoress; [dona de l'alcalde] mayor's wife.

alcaldia [əlkəlˈdiə] *nf* **-1.** [càrrec, lloc] mayor's office. **-2.** [jurisdicció] mayoralty.

alçament [əlsəˈmen] *nm* [gen] lifting, raising; **~ de pesos** weight lifting.

alçaprem [ˌalsəˈpɾem] *nm* [barra, comandament] lever, crowbar, wedge.

alçar [əlˈsa] *vt* **-1.** [erigir] to lift (up), to raise; **~ el to** to raise your voice. **-2.** [aixecar] to lift (up), to raise; [veu] to raise. **-3.** [edifici] to raise, to build, to erect. **-4.** [revoltar] to stir up, to raise. ■ **alçar-se** *vp* **-1.** [pujar] to rise, to straighten up, to stand up. **-2.** [revoltar-se] to stir up, to raise. **-3.** [aixecar-se] to get up. **-4.** [edifici] to raise.

alçària [əlˈsaɾiə] *nf* height, elevation.

alcàsser [əlˈkasəɾ] *nm* fortress.

alçavidres [ˌalsəˈβiðɾəs] *nm inv* window winder; **~ elèctric** electric window switch.

alcavot -a [alkəˈβɔt -ə] *nm, f* go-between, gossipmonger.

alcohol [əlkuˈɔl] *nm* alcohol; **~ de cremar** methylated spirits (*U*).

alcoholèmia [əlkuuˈlɛmiə] *nf* blood alcohol level.

alcohòlic -a [əlkuˈɔlik -ə] <> *adj* **-1.** [beguda] alcoholic. **-2.** [persona] alcoholic. <> *nm, f* alcoholic.

alcoholisme [əlkuuˈlizmə] *nm* alcoholism.

alcoholitzar [əlkuuliˈdza] *vt* to turn into an alcoholic. ■ **alcoholitzar-se** *vp* to become an alcoholic.

Alcorà [əlkuˈɾa] *nm* the Koran.

alcova [əlˈkɔβə] *nf* bedroom.

alè [əˈlɛ] *nm* **-1.** [respiració] breath; **agafar ~** to catch one's breath; **quedar sense ~** [tallar-se la respiració] to be (left) breathless; [sorprendre's, admirar-se] to be amazed (by); **va arribar sense ~** he arrived breathless. **-2.** *fig* [ànim] strength.

aleatori -òria [əleaˈtɔɾi -ɔɾiə] *adj* random, chance (*abans de nom*).

alegrar [ələˈɣɾa] *vt* **-1.** to cheer up, to make happy; [persona] **~ algú** to make sb happy. **-2.** *fig* [habitació, etc.] to brighten up. **-3.** *fig* [engatar] to make tipsy. ■ **alegrar-se** *vp* **-1.** [sentir alegria] to be pleased. **-2.** *fig* [engatar-se] to get tipsy.

alegre [əˈleɣɾə] *adj* **-1.** [gen] happy; [cara] happy; [notícia] joyful. **-2.** [que dóna alegria] cheerful, bright. **-3.** *fig* [irreflexiu]

happy-go-lucky. **-4.** *fam* [gat] tipsy. **-5.** *fig* [deshonest - vida] loose; [- moral] to be loose moraled; [- dona] loose.

alegria [ələˈɣɾiə] *nf* **-1.** [sentiment] happiness, joy; **tinc molta ~ de veure't** I'm very happy to see you. **-2.** [qualitat] joy. **-3.** *fig* [irresponsabilitat] rashness, recklessness.

alemany -a [ələˈmaɲ -ə] <> *adj* German. <> *nm, f* [persona] German. ■ **alemany** *nm* [llengua] German.

Alemanya [ələˈmaɲə] Germany.

alerta [əˈlɛɾtə] <> *adv* alert; **estar ~** to be alert, to watch / look out. <> *interj* watch / look out!

alertar [ələɾˈta] *vt* to alert.

aleshores [ələˈzɔɾəs] *adv* ▶ **llavors**.

aleta [əˈlɛtə] *nf* [de peix] fin.

aleví [ələˈβi] *nm* **-1.** [cria de peix] fry, young fish. **-2.** *fig* [en una professió] novice, beginner; ESPORT beginner.

alfabet [əlfəˈβɛt] *nm* alphabet; **~ Braille** Braille; **~ Morse** Morse code.

alfàbrega [əlˈfaβɾəɣə] *nf* basil.

alfac [əlˈfak] *nm* sandbank, bar.

alfals [əlˈfals] *nm* alfalfa, lucerne.

alfil [əlˈfil] *nm* bishop.

alga [ˈalɣə] *nf* seaweed (*U*), algae.

àlgebra [ˈaʎʒəβɾə] *nf* algebra.

àlgid -a [ˈaʎʒit -iðə] *adj* [punt] critical; [moment] critical, culminating.

algú [əlˈɣu] *pron* someone, somebody (*en interrogació*) anyone, anybody; **que hi ha ~?** is anyone there?; **arribarà a ser ~** he will become sb.

algun -a [əlˈɣun -ə] (*mpl* **alguns**, *fpl* **algunes**) <> *adj* [indeterminat] some; **~ dia** some / one day. <> *pron* [algú] some *pl*; [cosa] **~s de** some of; **~s dels seus amics no han vingut** some of his friends have not come.

alhora [əˈlɔɾə] *adv* together (with), at the same time.

aliança [əliˈansə] *nf* alliance.

aliar [əliˈa] *vt* to ally. ■ **aliar-se** *vp* to form an alliance.

aliatge [əliˈadʒə] *nm* alloying, alloy.

alicates [əliˈkatəs] *nf pl* pliers.

aliè -ena [əliˈɛ -ɛnə] *adj* **-1.** [d'altri] someone else's. **-2.** strange; [estrany] **~ a** having nothing to do with.

alienació [əliənəsiˈo] *nf* alienation.

alienar [əliəˈna] *vt* **-1.** [embogir] to derange, to drive mad. **-2.** [propietat] to sell, to

àlies ['aliəs] ⋄ *adv* alias. ⋄ *nm inv* alias, nickname.

àliga ['aliɣə] *nf* àguila.

aliment [əli'men] *nm* **-1.** [gen] food. **-2.** [menjar] food.

alimentació [əliməntəsi'o] *nf* feeding; INFORM **- de paper** paper feeding.

alimentar [əlimən'ta] *vt* [persona, animal, sentiment] to feed, to nourish; [foc, relació, etc.] to nourish; [màquina, etc.] to fuel, to feed. ➤ **alimentar-se** *vp* [menjar] to live on.

alimentari -ària [əlimən'tari -ariə] *adj* food (*abans de nom*); **la indústria alimentària** food industry.

alineació [əlineəsi'o] *nf* **-1.** [en l'espai] alignment. **-2.** ESPORT line-up.

alinear [əline'a] *vt* **-1.** [gen] to align, to line up; [nens] to line up. **-2.** ESPORT to select. ➤ **alinear-se** *vp* POLÍT to align.

alineat -ada [əline'at -aðə] *adj* **-1.** [en l'espai] lined up. **-2.** ESPORT selected.

all ['aʎ] *nm* garlic; CULIN **sopa d'~** garlic soup; **~ tendre** spring / wild garlic.

allà [ə'ʎa] *adv* **-1.** [espai] over there; **~ baix** down there; **~ dalt** up there. **-2.** back then; [temps] **cap ~ els anys vint** that happened (way) back in the twenties.

allargador -a [əʎərɣə'ðo -orə] *adj* long, drawn out, extension (*abans de nom*). ➤
allargador *nm* ELECT extension lead / cable.

allargar [əʎər'ɣa] *vt* **-1.** [màniques, faldilla, etc.] to lengthen. **-2.** [viatge, termini, conversa] to prolong. **-3.** to pass (on); [passar] **~ alguna cosa a algú** to pass sthg to sb. **-4.** *fig* [ració] to make sthg go round. **-5.** [salsa] to make sthg go round, to stretch sthg (to go round). ➤ **allargar-se** *vp* **-1.** [fer-se més llarg - dies] to lengthen, to get longer, to draw out; [- reunió] to draw out. **-2.** *fig* [en comentaris] to drag out.

allau [ə'ʎaw] *nf lit & fig* avalanche, rush.

al·legar [əllə'ɣa] *vt* [motius] to allege, to claim; [proves, arguments] to allege.

al·legoria [əlləɣu'riə] *nf* allegory.

al·leluia [alle'lujə] ⋄ *interj* ⋄ *nm* hallelujah.

al·lèrgia [ə'llɛrʒiə] *nf lit & fig* allergy; **tenir ~ a alguna cosa** to be allergic to sthg; *fam* **ell em provoca ~** I'm allergic to him.

al·lèrgic -a [ə'llɛrʒik -ə] *adj* allergic; *lit & fig* **(a)** allergic (to).

alletar [əʎə'ta] *vt* to suckle, to nurse.

alleugerir [əʎəwʒə'ri] *vt* **-1.** [pes] to lighten. **-2.** [ritme] to quicken; [pas] to quicken. **-3.** *fig* [dolor] to ease, to relieve.

alleujar [əʎəw'ʒa] *vt* [calmar - dolor, etc.] to ease, to soothe; [- ànim] to make more bearable.

allí [ə'ʎi] *adv* [gen] there; **~ és on menjarem** that's where we'll eat; **~ va néixer** that's where she / he was born; **~ mateix** right there; **és per ~** it's around there somewhere.

alliberament [əʎiβərə'men] *nm* [gen] liberation, freeing, releasing; **~ de la dona** women's liberation; **~ sexual** sexual liberation.

alliberar [əʎiβə'ra] *vt* **-1.** [gen] to liberate. **-2.** [eximir] to free; **~ (algú d'alguna cosa)** to free (sb from sthg). ➤ **alliberar-se** *vp* to free o.s., to shake o.s. free; **~ (d'alguna cosa)** to free o.s. (from sthg), to get out of (doing) sthg; **com que tu vas anar a la reunió, ell se'n va ~** since you went to the meeting, he was able to get out of it; **~ (d'algú)** to get rid (sb).

al·licient [əllisi'en] *nm* **-1.** [incentiu] incentive. **-2.** [atractiu] attraction.

allioli [,aʎi'ɔli] *nm* CULIN sauce made from ground garlic and olive oil.

allistar-se [əʎis'tarsə] *vp* MIL to enlist, to join up.

allò [ə'ʎɔ] *pron dem* that; **~ que es veu al fons és el mar** what you see in the background is the sea; **no sé si ~ ho va dir seriosament** I don't know whether (or not) he said that seriously.

allotjament [əʎudʒə'men] *nm* accommodation; **donar ~** to put sb up.

allotjar [əʎu'dʒa] *vt* [gen] to put sb up. ➤ **allotjar-se** *vp* to stay, to lodge; **~-se a l'hotel** to stay at a hotel.

al·lucinació [əllusinəsi'o] *nf* hallucination, delusion.

al·lucinar [əllusi'na] ⋄ *vi* **-1.** [desvariejar] to hallucinate. **-2.** *fam* [equivocar-se] to fascinate. ⋄ *vt fam fig* [seduir] to fascinate.

al·lucinat -ada [əllusi'nat -aðə] *adj* **-1.** [que té al·lucinacions] hallucinating. **-2.** *fam fig* [sorprès] amazed; **estic ~** I'm amazed.

al·lucinogen -ògena [əllusi'nɔʒən -ɔʒənə] *adj* hallucinogenic. ➤ **al·lucinogen** *nm* hallucinogen.

al·ludir [əllu'ði] *vi* to allude / refer to, to mention; **~ a** [sense mencionar] to indicate; [mencionar] to mention.

allunyar [əʎu'ɲa] *vt* **-1.** [fer més lluny] to move away. **-2.** *fig* [foragitar] to drive out. ☛ **allunyar-se** *vp* to go / move away (from).

al·lusió [əlluzi'o] *nf* allusion, mention, reference; **fer ~ a** to allude to.

al·luvió [əlluβi'o] *nm* **-1.** [inundació] flood. **-2.** [dipòsit] alluvium.

almenys [əl'mɛɲs] *adv* at least.

almesc [əl'mɛsk] *nm* musk.

almirall [əlmi'raʎ] *nm* admiral.

almirallat [əlmiɾə'ʎat] *nm* admiralship.

almívar [əl'miβər] *nm* syrup; **en ~** in syrup.

almoina [əl'mɔjnə] *nf* alms, charity; **demanar ~** to beg, to ask for alms.

àloe ['aloe] *nm* aloe.

alopècia [əlu'pɛsiə] *nf* alopecia, hair-loss.

alosa [ə'lozə] *nf* lark, skylark.

alpaca [əl'pakə] *nf* **-1.** [animal, teixit] alpaca. **-2.** [metall] alpaca.

alpí -ina [əl'pi -inə] *adj* Alpine.

alpinisme [əlpi'nizmə] *nm* mountaineering.

alpinista [əlpi'nistə] *nmf* mountaineer.

Alps ['alps] *nm pl* Alps; **els ~** the Alps.

alquímia [əl'kimiə] *nf* alchemy.

als [əls] (*contracció* **a** + **els**) ☛ **a**.

alt -a ['al 'altə] *adj* **-1.** [gen] high, tall; [persona, arbre] tall, high; [preu] high; [qualitat] high. **-2.** [hora] in the small hours. ☛ **alt** *nm* height; **passar per ~** to pass over sthg. ☛ **alta** *nf* **-1.** [document] certificate of discharge. **-2.** [en organisme] membership; **donar-se d'~a** to become a member. **-3.** [de malaltia] discharge; **donar d'~a / l'~a** to discharge, to declare fit for work.

altar [əl'ta] *nm* altar; **~ major** high altar.

altaveu [əltə'βɛw] *nm* loudspeaker.

altell [əl'tɛʎ] *nm* [pujol] small hill, hillock.

alteració [əltəɾəsi'o] *nf* **-1.** [canvi] alteration, change. **-2.** [excitació] agitation. **-3.** [esvalot] disturbance.

alterar [əltə'ɾa] *vt* **-1.** [canviar] to alter, to change. **-2.** [pertorbar - ordre] to upset, to disturb; [- persona] to upset. **-3.** [fer malbé] to spoil; [aliments] to spoil. ☛ **alterar-se** *vp* **-1.** [pertorbar-se] to get agitated / flustered / upset. **-2.** [fer-se malbé] to spoil; [aliments] to spoil.

altern -a [əl'tɛrn -ə] *adj* **-1.** [corrent] alternate. **-2.** GEOM alternate.

alternador [əltərnə'ðo] *nm* alternator.

alternança [əltər'nansə] *nf* alternation.

alternar [əltər'na] ◇ *vt* to alternate. ◇ *vi* **-1.** to mix / alternate (with); [relacionar-se] to socialize; **~ amb algú** to alternate with sb, to take turns with sb. **-2.** [succeir-se]: **~ amb** to succeed sb. **-3.** [una dona] to fraternize (with).

alternatiu -iva [əltərnə'tiw -iβə] *adj* alternative. ☛ **alternativa** *nf* [gen & TAUROM] alternative; TAUROM **prendre l'alternativa** to become a professional bullfighter; POLÍT **alternativa de poder** succession of power.

altesa [əl'tɛzə] *nf* **-1.** *fig* [de sentiments] high-mindedness. **-2.** [tractament] Highness; **Sa Altesa Reial** His / Her Royal Highness.

altiplà [ˌalti'pla] *nm* high plateau.

altíssim -a [əl'tisim -ə] *adj* very high / tall. ☛ **Altíssim** *nm* Almighty; **l'~** the Almighty.

altitud [əlti'tut] *nf* altitude.

altiu -iva [əl'tiw -iβə] *adj* arrogant, haughty.

altivesa [əlti'βɛzə] *nf* arrogance, haughtiness.

alto! ['altu] *interj* halt!, stop!

altre -a ['altrə] ◇ *adj* another *sg*, other *pl*; **un ~ xicot** another boy; **l'~ carrer** the other road; **uns ~s tres gols** another three goals; **l'~ dia** the other day. ◇ *pron* another (one) *sg*, others *pl*; **dóna-me'n un ~** give me another (one); **l'~ / l'altra** the other one; **una altra!** [en els concerts] encore!, more!; **no vaig ser jo, sinó un ~** it wasn't me, it was sb else; **els ~s** (the) others; **i ~s** and others; **~s ja haurien abandonat** anyone else would have given up.

altruisme [əltɾu'izmə] *nm* altruism.

altura [əl'tuɾə] ◇ *nf* **-1.** [gen] height, elevation, altitude; **tenir dos metres d'~** to be two metres high; **~ de esperit** loftiness. **-2.** [en el mar] sea level; [altitud] above sea level. **-3.** [nivell, valor] value; **a l'~ de** on a par with. ◇ *nf pl* [el cel] Heaven *sg*.

alumini [alu'mini] *nm* aluminium *Br*, aluminum *Am*.

alumne -a [ə'lumnə] *nm, f* student, pupil (primary school).

alvèol [əl'βɛul] *nm* alveolus.

alvocat [əlβu'kat] *nm* avocado (pear).

alvocater [əlβukə'te] *nm* avocado (pear) tree.

alzina [əl'zinə] *nf* holm oak.

alzinar-se [əlzi'narsə] *vp* to straighten up.

a.m. (abrev de ante meridiem) a.m.
amabilitat [əməβiliˈtat] *nf* kindness.
amable [əˈmabblə] *adj* kind.
amagar [əməˈɣa] *vt* −1. *lit & fig* to hide. −2. *fig* [disfressar, encobrir] to conceal. ◆ **amagar-se** *vp* to hide; ~-se de to hide from. ◆ **fet i amagar** *nm* [joc] hide and seek.
amagat -ada [əməˈɣat -aðə] *adj* hidden, secluded; [lloc] secluded. ◆ **d'amagat** *loc adv* secretly, on the sly.
amagatall [əməɣəˈtaʎ] *nm* hiding place, hide-out.
amagatotis [əməɣəˈtɔtis] ◆ **d'amagatotis** *loc adv*: d'~ on the quiet.
amainar [əməjˈna] ◇ *vt* NÀUT to take in, to shorten; [vent] to abate. ◇ *vi* [temporal] to abate; [vent] to abate.
amalgama [əməlˈɣamə] *nf* amalgam.
amalgamar [əməlɣəˈma] *vt* to amalgamate.
amanerament [əmənərəˈmen] *nm* −1. [efeminament] affectation. −2. [falta de naturalitat] mannerism; l'~ de la meva germana my sister's mannerisms.
amanerar-se [əmənəˈrarsə] *vp* −1. [efeminar-se] to become effeminate. −2. [tornar-se afectat] to become affected.
amanerat -ada [əmənəˈrat -aðə] *adj* −1. [efeminat] effeminate. −2. [afectat] mannered, affected.
amanida [əməˈniðə] *nf* salad.
amanir [əməˈni] *vt* to season.
amanita [əməˈnitə] *nf* amanita.
amansir [əmənˈsi] *vt* −1. [animal, passions] to tame, to break in. −2. *fig* [persona] to tame, to subdue. ◆ **amansir-se** *vp* to calm down.
amant [əˈman] *nmf* −1. [estimat] lover, mistress *f*. −2. *fig* [aficionat]: ser (un) ~ d'alguna cosa to be (a) lover of sthg.
amar [əˈma] *vt* to love.
amarar [əməˈra] ◇ *vi* to soak, to saturate, to drench. ◇ *vt* to land. ◆ **amarar-se** *vp* [mullar-se] to get soaked; [persona] to get soaked / drenched.
amarg -a [əˈmark -arɣə] *adj lit & fig* bitter.
amargar [əmərˈɣa] *vt* −1. [aliment] to make bitter. −2. *fig* [menjar, dia] to spoil; ~ la vida to spoil life.
amargat -ada [əmərˈɣat -aðə] ◇ *adj* bitter. ◇ *nm, f* bitter person.
amargor [əmərˈɣo] *nf* bitterness.
amargura [əmərˈɣurə] *nf* [sentiment] bitterness, grief, distress.

amarra [əˈmarə] *nf* mooring; **amollar amarres** to moor.
amarrar [əməˈra] *vt* −1. NÀUT to moor up, to tie up. −2. [subjectar]: ~ **alguna cosa / algú (a alguna cosa)** to tie sthg / sb (to sthg).
amassar [əməˈsa] *vt fam fig* [riqueses] to amass, to hoard.
amateur [əməˈter] *adj & nmf* amateur.
amazona [əməˈzonə] *nf* −1. MIT Amazon. −2. *fig* [genet] horsewoman.
Amazones [əməˈzonəs] *nm* Amazon; l'~ the Amazon.
Amazònia [əməˈzɔniə] *nf* Amazonia.
amazònic -a [əməˈzɔnik -ə] ◇ *adj* Amazon (abans de nom). ◇ *nm, f* Amazonian.
amb [əm] *prep* −1. [gen] with; **ho ha aconseguit ~ el seu esforç** he has achieved it through his own efforts; **una cartera ~ diversos documents** a briefcase containing several documents; **és amable ~ tothom** he is friendly towards / with everyone; **~ tot, tot i ~ això** despite everything. −2. [mitjà de transport] by; **anar ~ tren / cotxe / avió / vaixell** to go by train / car / airplane / ship. −3. (*per introduir una condició*) as long as, provided (that); **~ que sortim (o sortint) a les deu n'hi ha prou** provided we leave at ten, we'll have plenty of time; [amb la condició que] **~ que arribi a temps em conformo** as long as she arrives on time, I'm happy. −4. with; **~ mi** with me; **~ mi mateix / mateixa** with myself.
ambaixada [əmbaˈʃaðə] *nf* embassy.
ambaixador -a [əmbaʃəˈðo -orə] *nm, f* ambassador.
ambdós ambdues [əmˈdos əmˈduəs] *adj pl* both.
ambició [əmbisiˈo] *nf* ambition.
ambicionar [əmbisiuˈna] *vt* to aspire to, to have as one's ambition.
ambiciós -osa [əmbisiˈos -ozə] ◇ *adj* ambitious. ◇ *nm, f* ambitious person.
ambidextre -a [əmbiˈðekstrə] ◇ *adj* ambidextrous. ◇ *nm, f* ambidextrous person.
ambient [əmbiˈen] ◇ *adj* ambient, surrounding. ◇ *nm* −1. [aire] atmosphere. −2. [circumstàncies] environment. −3. [àmbit] ambient, world, circles. −4. [animació] life, atmosphere.
ambientació [əmbiəntəsiˈo] *nf* −1. [d'una obra] setting. −2. [preparació] environment. −3. [adaptació] ambient. −4. RADIO, CIN & TEAT sound effects.

ambientador [əmbiəntəˈðo] *nm* air-freshener.

ambiental [əmbiənˈtal] *adj* **–1.** [música] ambient; [físic, atmosfèric] atmospheric. **–2.** [ecològic] environmental.

ambientar [əmbiənˈta] *vt* **–1.** LITER & CIN to set. **–2.** [festa, etc.] to liven up. ➤ **ambientar-se** *vp* to settle down.

ambigu -a [əmˈbiɣu -ə] *adj* **–1.** ambiguous. **–2.** GRAM that may be either masculine or feminine.

ambigüitat [əmbiɣwjˈtat] *nf* ambiguity.

àmbit [ˈambit] *nm* **–1.** [espai, límits] confines *pl*, ambit, area; [d'una llei] scope. **–2.** [ambient] world, circles *pl*.

ambivalència [əmbiββəˈlɛnsiə] *nf* ambivalence.

ambivalent [əmbiββəˈlen] *adj* ambivalent.

ambre [ˈambrə] *nm* amber.

ambulància [əmbuˈlansiə] *nf* ambulance.

ambulant [əmbuˈlan] *adj* travelling, mobile, itinerant.

ambulatori [əmbuləˈtɔɾi] *nm* ambulatory, state run surgery / clinic; [hospital] state run clinic.

amè -ena [əˈmɛ -ɛnə] *adj* entertaining, pleasant.

ameba [əˈmɛβə] *nf* amoeba.

amén [əˈmen] *adv* [en pregària] amen; *fig* **dir ~ a** to accept as unquestionable.

amenaça [əməˈnasə] *nf* **–1.** [perill] threat; **proferir amenaces** to make threats; **~ de mort** death threat. **–2.** [avís] scare, threat; **~ de bomba** bomb scare.

amenaçar [əmənəˈsa] *vt* to threaten; **amenaça pluja** it's threatening to rain; **~ algú amb alguna cosa / de fer alguna cosa** to threaten sb with sthg / with doing sthg; **~ algú d'alguna cosa** to threaten sb with sthg.

amenitat [əməniˈtat] *nf* [entreteniment] entertaining qualities, pleasantness; [grat] pleasantness.

amenitzar [əməniˈdza] *vt fig* to liven up.

Amèrica [əˈmɛɾikə] America; **~ Central / del Nord / del Sud** Central / North / South America.

americà -ana [əməɾiˈka -anə] ◇ *adj* American. ◇ *nm, f* **–1.** American. **–2.** [indià, emigrant] American. ➤ **americana** *nf* [jaqueta] jacket.

ametlla [əˈmmɛʎʎə] *nf* almond.

ametller [əmməˈʎʎe] *nm* almond tree.

amfibi [əɱˈfiβi] *adj lit & fig* amphibious, amphibian. ➤ **amfibis** *nm pl* amphibia.

amfiteatre [əɱfiteˈatɾə] *nm* circle, amphitheatre.

amfitrió -ona [əɱfitɾiˈo -onə] ◇ *adj* host (*abans de nom*). ◇ *nm, f* host *m*, hostess *f*.

àmfora [ˈaɱfuɾə] *nf* amphora.

amiant [əmiˈan] *nm* asbestos.

amic -iga [əˈmik -iɣə] ◇ *adj* **–1.** [gen] friendly, kind; **fer-se ~ de** to befriend, to become friend of; **fer-se ~s** to become friends. **–2.** to be fond of; [aficionat] **ser ~ d'alguna cosa** to have a taste for something / to be fond of. ◇ *nm, f* **–1.** [gen] friend. **–2.** *fam* [promès] partner, boyfriend *m*, girlfriend *f*.

amidar [əmiˈða] *vt* to measure, to survey.

amígdala [əˈmigdələ] *nf* tonsil.

amigdalitis [əmigdəˈlitis] *nf inv* tonsillitis.

amistançat -ada [əmistənˈsat -aðə] *nf* [amant] concubine.

amistançar-se [əmistənˈsarsə] *vp* to live together.

amistat [əmisˈtat] *nf lit & fig* friendship; **fer ~ (amb)** to make friends (with). ➤ **amistats** *nf pl* friends *pl*.

amistós -osa [əmisˈtos -ozə] *adj* friendly; **consell ~** friendly advice.

amnèsia [əmˈnɛziə] *nf* amnesia.

amnistia [əmnisˈtiə] *nf* amnesty; **~ fiscal** amnesty during which people guilty of tax evasion may pay what they owe without being prosecuted.

amnistiar [əmnistiˈa] *vt* to grant amnesty to.

amo [ˈamu] *nm* **–1.** master, head of the family. **–2.** [propietari] proprietor, owner, boss.

amoïnar [əmuiˈna] *vt* to worry, to bother; **l'amoïna el seu comportament** his behaviour worries her. ➤ **amoïnar-se** *vp* to be uneasy about, to worry; **s'amoïna per tot** he / she worries about everything.

amonestació [əmunəstəsiˈo] *nf* **–1.** reprimand. **–2.** ESPORT warning.

amonestacions *nf pl* [de boda] banns *pl*.

amonestar [əmunəsˈta] *vt* **–1.** [reprendre] to reprimand. **–2.** ESPORT to warn. **–3.** [anunciar boda] to publish the banns of.

amoníac [əmuˈniak] *nm* **–1.** [gas] ammonia. **–2.** [dissolució] liquid ammonia.

amor [əˈmor] *nm* **–1.** love; **~ lliure** free love; **~ platònic** platonic love; **fer l'~** to make love; **per ~ a l'art** for the love of it;

amorf

per l'~ de Déu! for God's sake! **-2.** [nom afectuós]: ~ meu! my love, my sweetheart. ☞ **amor propi** *nm* self-respect.

amorf -a [ə'mɔrf -ə] *adj lit & fig* amorphous.

amorós -osa [əmu'ros -ozə] *adj* [persona] love (*abans de nom*), loving; [relació] loving; [carta] love.

amorosir [əmuɾu'zi] *vt* to soften, to alleviate, to relieve.

amorrar [əmu'ra] *vt* to make sb fall (flat). ☞ **amorrar-se** *vp* to move up.

amortallar [əmurtə'ʎa] *vt* [difunt] to shroud.

amortidor -a [əmurti'ðo -orə] *adj* deadening, muffling. ☞ **amortidor** *nm* AUTOM muffler, shock absorber.

amortir [əmur'ti] *vt* [soroll, cop] to muffle, to deaden; [llum, colors] to soften. ☞ **amortir-se** *vp* [soroll, cop] to be cushioned; [llum, colors] to become dim, to be softened.

amortització [əmurtidzəsi'o] *nf* ECON amortization, paying-off.

amortitzar [əmurti'dza] *vt* ECON to amortize, to pay off.

amotinament [əmutinə'men] *nm* **-1.** [del poble] rebellion, uprising. **-2.** [de presos, soldats] mutiny.

amotinar [əmuti'na] *vt* to incite, to riot; [multitud] to riot. ☞ **amotinar-se** *vp* [poble] to riot; [presos, soldats] to mutiny.

amotinat -ada [əmuti'nat -aðə] ◇ *adj* **-1.** [poble] rebel, insurgent. **-2.** [pres, soldat] mutinous. ◇ *nm, f* rebel, insurgent.

ampere [əm'pɛɾə] *nm* ampere, amp.

ampit [əm'pit] *nm* parapet, ledge, sill.

amplada [əm'plaðə] *nf* **-1.** width, breadth; **cinc metres d'~** five metres wide. **-2.** [de roba] looseness, fullness.

amplària [əm'plaɾiə] *nf* ☞ **amplada**.

ample -a ['amplə] *adj* wide, broad. ☞ **ample de banda** *nm* bandwidth.

ampli àmplia ['ampli 'ampliə] *adj* **-1.** [sala, casa] spacious, roomy; [món] wide. **-2.** [majoria, etc.] wide. **-3.** [poders, coneixements] extensive; [exposició, estudi] extensive.

ampliació [əmpliəsi'o] *nf* **-1.** [de foto, local] enlargement, extension, expansion; [de carretera] widening; [de termini] extension; [de negoci] expansion. **-2.** [de número] increase in capital; ECON **~ de capital** increase in capital.

ampliar [əmpli'a] *vt* **-1.** [foto, local] to enlarge; [poders, carretera] to extend; [termini] to extend; [negoci] to enlarge, to expand. **-2.** [capital] to increase. **-3.** [estudis] to further.

amplificació [əmplifikəsi'o] *nf* amplification.

amplificador -a [əmplifikə'ðo -oɾə] *adj* amplifying. ☞ **amplificador** *nm* amplifier.

amplificar [əmplifi'ka] *vt* to amplify.

amplitud [əmpli'tut] *nf* **-1.** [gen] roominess, spaciousness; **~ de mires** broadmindedness. **-2.** *fig* [extensió - de coneixements] extent, amplitude; [- de catàstrofe] extent. **-3.** FÍS scope.

ampolla [əm'poʎə] *nf* bottle, ampoule; MED **~ d'oxigen** oxygen cylinder; [de submarinista] oxygen bottle.

ampul·lós -osa [əmpu'ʎos -ozə] *adj* bombastic, pompous.

amputar [əmpu'ta] *vt* to amputate.

amulet [əmu'let] *nm* amulet.

amunt [ə'mun] *adv* up, upwards; **mirar cap ~** to look up; **anar cap ~** to go upwards; **riu ~** up-river.

amuntegar [əmuntə'ɣa] *vt* to heap / to pile (up). ☞ **amuntegar-se** *vp* **-1.** to be heaped up, to be piled up. **-2.** [problemes, treball] to accumulate.

anacronisme [ənəkɾu'nizmə] *nm* anachronism.

anada [ə'naðə] *nf* going, departure, excursion; **un bitllet d'~ i tornada** round trip / return ticket; *fig* **anades i vingudes** comings and goings.

anal [ə'nal] *adj* ANAT anal.

anàleg -oga [ə'nalək -uɣə] *adj* analogous, similar; **~ a** similar to.

analfabet -a [ənəlfə'βet -ə] *adj & nm, f* illiterate.

analfabetisme [ənəlfəβə'tizmə] *nm* illiteracy.

analgèsic -a [ənəl'ʒezik -ə] *adj* analgesic. ☞ **analgèsic** *nm* analgesic.

anàlisi [ə'nalizi] *nf* analysis, test; **~ clínica** clinical test; **~ d'orina / de sang** urine / blood test; **~ gramatical** sentence analysis, parsing.

analista [ənə'listə] *nmf* MED, INFORM & FIN analyst; **~ de sistemes** program / systems analyst; **~ financer** financial analyst; **~ programador** program analyst.

analític -a [ənə'litik -ə] *adj* analytical. ☞ **analítica** *nf* MED clinical testing (U).

analitzar [ənəli'dza] *vt* to analyse.

analogia [ənəluˈʒiə] *nf* similarity; **per ~** by analogy; **presentar analogies** to present analogies.

analògic -a [ənəˈlɔʒik -ə] *adj* **–1.** [anàleg] analogous, similar. **–2.** INFORM & TECNOL analogue, analog.

anar [əˈna] *vi* **–1.** [gen] to go, to move, to travel; **vaig a Tarragona / al cine** I'm going to Tarragona / to the cinema; **hi anirem amb cotxe / amb tren / caminant** we'll go by car / by train / on foot; **encara va a l'escola (col·legi)** he still goes to school; **la nostra parcel·la va d'aquí fins al mar** our plot of land goes from here to the ocean; **el seu negoci va malament** his business is going badly; **anem-hi!** let's / shall we go!; **~ millor / pitjor** to get better / worse. **–2.** (*abans de gerundi*) to work on, to get; [expressa duració gradual] **vaig millorant el meu estil** I'm working on improving my style; **el seu estat va empitjorant** his condition is getting worse. **–3.** to go to do; [expressa intenció, opinió] **~ a fer alguna cosa** to be going to do sthg; **vaig a cridar-lo ara mateix** I'm going to call him right now. **–4.** [funcionar] to work; **el teu cotxe va molt bé** your car goes well; **com et / li, etc. va?** how's it going? **–5.** [vestir] to dress in, to be wearing; **~ de blau / en samarreta / amb corbata** to be dressed in blue / in a T-shirt / in a tie. **–6.** to look like, to be; [estar] **anava fet un captaire** he looked like a beggar; **anava molt borratxo** he was very drunk. **–7.** (vacances, tractament): **~ bé a algú** to do sb good. **–8.** [roba]: **~ (bé) a algú** to suit sb well; **el color negre li va molt malament** black doesn't suit her at all. **–9.** [harmonitzar]: **~ amb alguna cosa** to go well with sthg. **–10.** [amb valor emfàtic]: **~ i fer alguna cosa** to go and do sthg; **va ~ i li ho va explicar tot** he went and told her everything; **va i es posa a plorar** and then he burst into tears. **–11.** [tractar]: **~ de** to be about; **de què va la pel·lícula?** what's the film about? **–12.** (*en present*) to bet; [apostar] **van deu euros que no ho fas** I bet ten euros that you won't do it. **–13.** to go; **va malament de diners** he's short of money; **les coses van malament** things are going badly; **~ darrere alguna cosa / algú** [buscar] to go after sthg / sb. **–14. ~ amb compte** to be careful, to go carefully; **~ a la seva** to do one's own thing, to go one's own way; **~ de ventre** to open one's bowels. ➣ **anar-se'n** *vp* to go, to leave; **se n'ha anat de viatge / a menjar** she's gone on a trip / to eat; **si continues, me'n vaig** if you keep out on, I'll leave; **aquesta taca no se'n va** this stain won't go away; **els diners se'n van sense adonar-te'n** your money goes before you notice it; **vés-te'n!** go away! ➣ **anar-se'n al calaix** *loc fam* [morir-se] to kick the bucket.

anarquia [ənərˈkiə] *nf lit & fig* anarchy, anarchism.

anarquista [ənərˈkistə] *adj & nmf* anarchist.

anatomia [ənətuˈmiə] *nf* anatomy.

anca [ˈaŋkə] *nf* [de cavall] rump.

ancestral [ənsəsˈtral] *adj* ancestral.

ancià -ana [ənsiˈa -anə] ◇ *adj* old. ◇ *nm, f* old person, old man *m*, old woman *f*.

àncora [ˈaŋkurə] *nf* anchor; **tirar / llevar àncores** to drop / weigh anchor; *fig* **ser l'~ de salvació** to be the sheet anchor.

ancorar [əŋkuˈra] *vi* to anchor.

andalús -usa [əndəˈlus -uzə] ◇ *adj* Andalusian. ◇ *nm, f* Andalusian.

Andalusia [əndəluˈziə] Andalusia.

andana [ənˈdanə] *nf* FERROC platform.

andante [anˈdante] *adv* MÚS andante.

Andes [ˈandəs] *nm pl* Andes; **els ~** the Andes.

Andorra [ənˈdorə]: **(el principat d') ~** the principality of Andorra.

andorrà -ana [əndu'ra -anə] ◇ *adj* Andorran. ◇ *nm, f* Andorran.

androide [ənˈdrɔjdə] *nm* [autòmata] android.

andròmina [ənˈdrɔminə] *nf* [trasto] piece of lumber, piece of junk.

ànec [ˈanək], **ànet** [ˈanət] *nm* duck.

anècdota [əˈnɛɡdutə] *nf* anecdote.

ànega [ˈanəɣə], **àneda** [ˈanəðə] *nf* (female) duck.

anell [əˈneʎ] *nm* **–1.** [gen & ASTRON] ring. **–2.** [dit] ring; **~ de casament** wedding ring; *fig fam* **anar com l'~ al dit** to be just right; *fig fam* **no li cauran els ~s** it won't hurt you to do it).

anella [əˈneʎə] *nf* big ring. ➣ **anelles** *nf pl* ESPORT rings; **les anelles olímpiques** Olympic rings.

anèmia [əˈnɛmiə] *nf* anaemia.

anestèsia [ənəsˈtɛziə] *nf* anaesthesia, anaesthetic; **~ general / local** general / local anaesthetic.

anestesiar [ənəstəziˈa] *vt* to anaesthetize.

anestèsic -a [ənəsˈtɛzik -ə] *adj* anaesthetic. ➣ **anestèsic** *nm* anaesthetic.

ànet ['anət] nm ➡ **ànec**.
àngel ['aŋʒəl] nm lit & fig angel; ~ custodi / de la guarda guardian angel.
angelical [əŋʒəli'kal] adj angelic.
angina [əŋ'ʒinə] nf angina, sore throat; tenir angines to have a sore throat. ➡ **angina de pit** nf angina (pectoris).
Anglaterra [əŋglə'tɛrə] England.
angle ['aŋglə] nm angle; ~ agut / obtús / recte acute / obtuse / right angle; ~ facial line of sight.
anglès -esa [əŋ'glɛs -ɛzə] <> adj English. <> nm, f Englishman m, Englishwoman f. ➡ **anglès** nm [llengua] English.
anglicà -ana [əŋgli'ka -anə] adj & nm, f Anglican.
angoixa [əŋ'goʃə] nf anguish, distress.
angoixant [əŋgu'ʃan] adj worrying, distressing.
angoixar [əŋgu'ʃa] vt to distress. ➡ **angoixar-se** vp to get worried / worry (about).
angoixós -osa [əŋgu'ʃos -ozə] adj distressed, distressing, anguished, anguishing.
angora [əŋ'gorə] nf angora, mohair; d'~ [de gat, conill] angora (abans de nom); [de cabra] mohair (abans de nom).
àngstrom ['aŋstrom] nm angstrom.
anguila [əŋ'gilə] nf eel.
angula [əŋ'gulə] nf elver.
angular [əŋgu'lar] adj angular. ➡ **gran angular** nm FOTOG wide-angle lens.
angulós -osa [əŋgu'los -ozə] adj angular.
angúnia [əŋ'guniə] nf anxiety, distress; passo ~ perquè triga massa I am worried because he is taking too long; fer ~ to disgust, to sicken.
anguniar [əŋguni'a] vt ➡ **anguniejar**.
anguniejar [əŋguniə'ʒa] vt to distress. ➡ **anguniejar-se** vp to get worried (about).
anhel [ə'nɛl] nm -1. longing. -2. yearning; fig [d'aprendre, saber] ~ (de) a longing (for).
anhelar [ənə'la] vt [dignitats] to long / wish for; [glòria] to long for; ~ fer alguna cosa to long to do sthg.
anhelós -osa [ənə'los -ozə] adj longing; ~ (per alguna cosa / per fer alguna cosa) longing (for sthg / to do sthg).
anhídrid [ə'niðrit] nm anhydride; ~ carbònic carbon dioxide.
anihilar [ənii'la] vt to annihilate, to destroy.

ànim ['anim] <> nm -1. [energia, valor] courage. -2. [estímul] encouragement; donar ~ a algú to encourage sb. -3. [intenció] intention; amb ~ de with the intention of; sense ~ de without the intention of. <> interj [per a encoratjar]: ~! come on!
ànima ['animə] nf -1. [gen] soul; ~ beneïda blessed soul. -2. [nucli] core, heart. -3. soul; anar amb l'~ en pena / ser com una ~ en pena to go about like a lost soul; arribar a l'~ to touch sb / sb's heart.
animació [əniməsi'o] nf liveliness, animation, life.
animadversió [ənimədbərsi'o] nf ill will, antagonism.
animal [əni'maʎ] <> adj -1. fam fig [persona - ignorant] rough, ignorant; ser ~ to be ignorant. -2. [espècie] animal (abans de nom). <> nm animal; ~ domèstic / de companyia pet. <> nmf fam fig [persona] brute.
animalada [ənimə'laðə] nf fam fig sthg stupid / mindless.
animar [əni'ma] vt -1. [estimular] to encourage; ~ algú a / per fer alguna cosa to encourage sb to do sthg. -2. [alegrar] to cheer up; ~ algú to cheer sb up. -3. [fer viu - diàleg, festa] to animate, to liven up. ➡ **animar-se** vp -1. [alegrar-se - festa, reunió] to cheer up, to liven up; [- persona] to cheer up. -2. [atrevir-se]: ~-se (a fer alguna cosa) to liven o.s up, to resolve to do sthg.
animat -ada [əni'mat -aðə] adj -1. [gen] cheerful, lively. -2. [persona - amb bon ànim] lively, fun; [- divertida] fun.
aniquilació [ənikiləsi'o], **anihilació** [əniiləsi'o] nf annihilation.
aniquilar [əniki'la], **anihilar** [ənii'la] vt to annihilate, to wipe out.
anís [ə'nis] nm -1. BOT aniseed, anise. -2. [licor] anisette.
anit [ə'nit] adv tonight, [passada] last night.
anivellació [əniβəʎəsi'o] nf levelling.
anivellament [əniβəʎə'men] nm levelling.
anivellar [əniβə'ʎa] vt to level (out), to level (up), to even out; [balança] to balance.
aniversari [əniβər'sari] nm anniversary.
annex -a [ə'nnɛks -ə] adj [edifici] attached; [document] enclosed. ➡ **annex** nm attachment, enclosure.
annexar [ənnək'sa] vt [document] to enclose.

annexió [ənnəksi'o] *nf* annexation.
annexionar [ənnəksiu'na] *vt* [terres] to annex.
ànode ['anuðə] *nm* anode.
anodí -ina [ənu'ði -inə] *adj* **-1.** [sense gràcia] dull, insipid, anodyne. **-2.** [insubstancial] lacking in substance.
anòmal -a [ə'nɔməl -ə] *adj* anomalous.
anomalia [ənumə'liə] *nf* anomaly.
anomenar [ənumə'na] *vt* to name, to mention.
anomenat -ada [ənumə'nat -aðə] *adj* **-1.** [citat] named. **-2.** [famós] renowned. ➢ **anomenada** *nf* fame, renown; **d'anomenada** of renown.
anònim -a [ə'nɔnim -ə] *adj* anonymous. ➢ **anònim** *nm* anonymity, anonymous letter / work.
anonimat [ənuni'mat] *nm* anonymity; **viure en l'~** to remain nameless / anonymous.
anorac [ənu'ɾak] *nm* anorak.
anorèxia [ənu'ɾɛksiə] *nf* anorexia.
anormal [ənuɾ'mal] ◇ *adj* abnormal. ◇ *nmf* abnormity.
anormalitat [ənuɾməli'tat] *nf* abnormality, handicap; [de trànsit, situació, etc.] abnormality.
anorrear [ənure'a] *vt* to annihilate, to destroy.
anotació [ənutəsi'o] *nf* note; **~ comptable** COM book entry.
anotar [ənu'ta] *vt* [apuntar] to annotate, to note (down); [un llibre] to annotate.
anquilosament [əŋkiluzə'men] *nm* MED paralysis; *fig* [estancament] stagnation.
anquilosar-se [əŋkilu'zarsə] *vp* MED to become paralysed.
ansa ['ansə] *nf* handle.
ànsia ['ansiə] *nf* **-1.** anxiety, worry; [afany] **~ de** yearning for; **fer alguna cosa amb ~** to do sthg with longing. **-2.** [ansietat] anguish, anxiety. ➢ **ànsies** *nf pl* [nàusees] sickness (U), nausea (U).
ansietat [ənsiə'tat] *nf* anxiety.
ansiós -osa [ənsi'os -ozə] *adj* **-1.** [impacient] anxious, eager, impatient; **estar ~ per / de fer alguna cosa** to be anxious / impatient / to do sthg. **-2.** [preocupat] anxious, uneasy, worried.
ant ['an] *nm* **-1.** ZOOL elk, moose. **-2.** [pell adobada] suede.
antagònic -a [əntə'ɣɔnik -ə] *adj* antagonistic.

antagonisme [əntəɣu'nizmə] *nm* antagonism.
antagonista [əntəɣu'nistə] *nmf* opponent; **~ de** antagonist / opponent of.
antany [ən'taɲ] *adv* last year, in days gone by.
antàrtic -a [ən'tartik -ə] *adj* old, ancient. ➢ **Antàrtic** *nm* Antarctic; **l'(oceà) ~** the Antarctic (ocean).
Antàrtida [ən'tartiðə] *nf* Antarctic; **l'~** the Antarctic.
antecedent [əntəse'ðen] ◇ *adj* preceding, previous. ◇ *nm* **-1.** [precedent] precedent. **-2.** GRAM & MAT antecedent. **-3.** *gen pl* [de persona - passat] background; [- experiència] background, past / track record; [d'afer] past history / background; **fer saber els ~s** [informar] to give information about one's / sb's past history; **~s penals** criminal record.
antecedir [əntəsə'ði] *vt* to come before, to precede.
antecessor -a [əntəse'so -oɾə] *nm, f* [predecessor] predecessor. ➢ **antecessors** *nm pl* [avantpassats] ancestors.
antediluvià -ana [,antəðiluβi'a -anə] *adj lit & fig* antediluvian.
antelació [əntələsi'o] *nf* advance.
antena [ən'tenə] *nf* RADIO, TELE & ZOOL antenna, aerial; **sortir en ~** to be / go on the air; **~ col·lectiva / parabòlica** aerial shared by all the inhabitants of a block of flats / satellite dish.
antepenúltim -a [,antəpə'nultim -ə] *adj & nm, f* last but two.
anteposar [,antəpu'za] *vt* **-1.** [posar davant]: **~ alguna cosa a alguna cosa** to place sthg in front of sthg. **-2.** [donar preferència] to give preference (to).
anterior [əntəɾi'oɾ] *adj* **-1.** [previ] previous; **la parada ~** the previous stop; **la nit ~** the night before; **~ a** previous (to). **-2.** [de davant - membre, façana] front (*abans de nom*); [- fila, etc.] front.
anterioritat [əntəɾiuɾi'tat] *nf* precedence, priority; **amb ~** beforehand, previously; **amb ~ a** with priority to.
anteriorment [əntəɾi.oɾ'men] *adv* previously; **això ja ho has dit ~** you've said that before.
antiaeri -èria [,antiə'ɛɾi -ɛɾiə] *adj* anti-aircraft.
antibales [,anti'βaləs] *adj inv* bullet-proof.
antibiòtic -a [,antiβi'ɔtik -ə] *adj* antibiotic. ➢ **antibiòtic** *nm* antibiotic.

antiboira [ˌantiˈβojɾə] *adj inv* AUTOM (anti-)fog (*abans de nom*); **llums ~** fog-lamp(s).

antic -iga [ənˈtik -iɣə] *adj* **–1.** [gen] old, antique; [vell] old. **–2.** [passat de moda]: **a l'antiga** in the old-fashioned way. **–3.** old fashioned; *fig* **fet a l'antiga** done the old (-fashioned) way. ◆ **antics** *nm pl* HIST ancients.

anticicló [ˌantisiˈklo] *nm* anticyclone.

anticipació [əntisipəsiˈo] *nf* anticipation, earliness.

anticipar [əntisiˈpa] *vt* **–1.** [avançar] to anticipate, to bring forward. **–2.** [preveure] to anticipate. **–3.** [pagament] to pay in advance. ◆ **anticipar-se** *vp* **–1.** [succeir abans - estació] to arrive early; [- data] to arrive early; **~-se al seu temps** to be ahead of one's time. **–2.** to be ahead of; [avançar-se] **~-se a algú** to beat sb to it; **~-se a fer alguna cosa** to do sthg in advance.

anticlerical [ˌantikləɾiˈkal] *adj* anticlerical.

anticonceptiu -iva [ˌantikunsəpˈtiw -iβə] *adj* [píndola, etc.] contraceptive; [mètodes] contraceptive. ◆ **anticonceptiu** *nm* contraceptive.

anticongelant [ˌantikuɲʒəˈlan] ◇ *adj* antifreeze. ◇ *nm* AUTOM antifreeze.

anticòs [ˌantiˈkɔs] *nm* antibody.

antidepressiu -iva [ˌantidəpɾəˈsiw -iβə] *adj* antidepressant. ◆ **antidepressiu** *nm* antidepressant.

antídot [ənˈtiðut] *nm* antidote.

antiesportiu -iva [ˌantiəspurˈtiw -iβə] *adj* unsportsmanlike.

antiestètic -a [ˌantiəsˈtɛtik -ə] *adj* unsightly.

antifaç [ˌantiˈfas] *nm* [de cara] mask; [d'ulls] eye mask.

antigalla [əntiˈɣaʎə] *nf despec* [cosa] museum piece; [persona] old fogey, old fossil.

antigament [əntiɣəˈmen] *adv* long ago, formerly.

antigàs [ˌantiˈɣas] *adj inv* (anti-)gas (*abans de nom*); **una màscara ~** gasmask.

antiguitat [əntiɣiˈtat] *nf* **–1.** [passat] antiquity, age. **–2.** [vellesa, veterania] seniority. ◆ **antiguitats** *nf pl* [objectes] antiques.

antihistamínic -a [ˌantistəˈminik -ə] *adj* antihistamine. ◆ **antihistamínic** *nm* antihistamine.

antiinflamatori -òria [ˌantiɱfləməˈtɔɾi -ɔɾiə] *adj* anti-inflammatory. ◆ **antiinflamatori** *nm* anti-inflammatory drug.

antílop [ənˈtilup] *nm* [animal] antelope.

antimoni [əntiˈmɔni] *nm* antimony.

antinatural [ˌantinətuˈɾal] *adj* unnatural.

antiparasitari -ària [ˌantipəɾəziˈtaɾi -aɾiə] *adj* **–1.** [loció, xampú] antiparasitic; [collar] flea collar. **–2.** TELECOM anti-interference. ◆ **antiparasitari** *nm* [d'animals] flea collar.

antipatia [əntipəˈtiə] *nf* [cap a una persona] dislike; [cap a una cosa] dislike towards; **tenir ~ a algú** to dislike sb.

antipàtic -a [əntiˈpatik -ə] ◇ *adj* unpleasant. ◇ *nm, f* unpleasant person.

antípodes [ənˈtipuðəs] *nf pl* antipodes; **les ~** the Antipodes.

antiquari -ària [əntiˈkwaɾi -aɾiə] *nm, f* antique dealer, antiquarian; **a ca l'~** at the antique shop / dealer's.

antiquat -ada [ˌantiˈkwat -aðə] *adj* [objectes, música] old-fashioned, obsolete; [paraules] obsolete; [persona] old-fashioned; [idees] obsolete.

antiquíssim -a [ˌantiˈkisim -ə] *adj* very antique.

antirobatori [ˌantiruβəˈtɔɾi] ◇ *adj inv* antitheft (*abans de nom*). ◇ *nm* [en cotxe] antitheft device; [en un edifici] burglar alarm.

antisemita [ˌantisəˈmitə] ◇ *adj* anti-Semitic. ◇ *nmf* anti-Semite.

antisèptic -a [əntiˈsɛptik -ə] *adj* antiseptic. ◆ **antisèptic** *nm* antiseptic.

antítesi [ənˈtitəzi] *nf inv* antithesis.

antitètic -a [əntiˈtɛtik -ə] *adj culte* antithetic (al).

antivíric [ˌantiˈβiɾik] *nm* MED vaccine against viral infections.

antivirus [ˌantiˈβiɾus] *nm inv* INFORM antivirus system.

antologia [əntuluˈʒiə] *nf* anthology; **d'~** memorable, unforgettable.

antològic -a [əntuˈlɔʒik -ə] *adj* **–1.** anthological, memorable, unforgettable; [de col·lecció] **un llibre ~** an unforgettable book. **–2.** [rellevant] memorable.

antracita [əntɾəˈsitə] *nf* anthracite.

àntrax [ˈantɾəks] *nm* anthrax.

antre [ˈantɾə] *nm despec* [establiment] cavern, cave.

antropòfag -a [əntɾuˈpɔfək -aɣə] ◇ *adj* anthropophagous. ◇ *nm, f* cannibal.

antropologia [əntɾupuluˈʒiə] *nf* anthropology.

anual [ənuˈal] *adj* annual, yearly.

anualitat [ənuəliˈtat] *nf* annuity, yearly occurrence.

anuari [ənu'aɾi] *nm* yearbook.

anular [ənu'lar] *adj* [en forma d'anell] annular.

anul·lació [ənulləsi'o] *nf* [gen] cancellation; [de llei] repeal.

anul·lar [ənu'ʎa] *vt* [reprimir - personalitat] to cancel, to repress. ◆ **anul·lar-se** *vp* [cancel·lar-se] to cancel o.s. out, to be cancelled.

anunci [ə'nunsi] *nm* **-1.** [gen] announcement. **-2.** [publicitat] notice, advertisement; ~ **(publicitari)** advertisement; [a la televisió] commercial; [en una revista] advertisement; [cartell] poster, placard; **petits ~s** classified / small advertisements.

anunciació [ənunsiəsi'o] *nf* **-1.** announcement. **-2.** RELIG Annunciation.

anunciant [ənunsi'an] *nmf* advertiser.

anunciar [ənunsi'a] *vt* **-1.** [notificar, presagiar] to announce, to herald. **-2.** [fer publicitat de]: ~ **alguna cosa** to advertise.

anus ['anus] *nm* anus.

anvers [əm'bers] *nm* [de moneda] back, other side; [de full] back.

anxova [ən'ʃoβə] *nf* anchovy.

any ['aɲ] *nm* **-1.** [gen] year; **l'~ 1939** in 1939; **els ~s 30** the thirties / 30s; **de 3 ~s ençà** for 3 years; **Bon ~!** Happy New Year!; **~ acadèmic / escolar** academic / school year; **~ de traspàs / bixest** leap year; **~ sabàtic** sabbatical year; **~ solar** solar year; **l'~ de la picor** way back, long ago. **-2.** ECON: **~ (fiscal)** tax year. ◆ **any llum** *nm* FIS light year; *fig* **estar a ~s llum de** to be light years away from. ◆ **anys** *nm pl* [edat] years; **quants ~s tens?** - **tinc 17 ~s** how old are you? I'm 17 years old; **fer ~s** to have one's birthday; **carregat d'~s** to be getting on; **treure's ~s** to look younger / to take years off sb.

anyell [ə'ɲeʎ] *nm* lamb.

anyil [ə'ɲil] *nm* [color] indigo blue.

aorta [ə'ɔrtə] *nf* ANAT aorta.

apa! ['apə] *interj* come on!, let's go!; *fam* **doncs ~** well, let's go!

apadrinar [əpəðɾi'na] *vt* [nen] to act as a godparent to. **-2.** [artista, etc.] to sponsor.

apagada [əpə'ɣaðə] *nf* out, off.

apagar [əpə'ɣa] *vt* **-1.** [extingir, desconnectar] to extinguish, to turn / switch off. **-2.** [aplacar - dolor, etc.] to get rid of; [- set] to quench; [- il·lusions] to crush. **-3.** [rebaixar - color] to soften; [- so] to muffle. ◆ **apagar-se** *vp* [gen] to go out, to die down; [il·lusions].

apagat -ada [əpə'ɣat -aðə] *adj* **-1.** [llum, foc] extinguished. **-2.** [persona, color] subdued. **-3.** [so] dull, muffled; [veu] low, quiet.

apallissar [əpəʎi'sa] *vt* to beat up, to thrash; **el van ~ de valent** they really beat him up.

apanyar [əpə'ɲa] *vt* [apariar] to arrange, to fix. ◆ **apanyar-se** *vp fam* to cope, to manage; *fig* **~-se-les (per a fer alguna cosa)** to manage (to do sthg).

aparador [əpəɾə'ðo] *nm* **-1.** shop window. **-2.** [moble] display case.

aparat [əpə'ɾat] *nm* [ostentació] ostentation, pomp.

aparcament [əpərkə'men] *nm* **-1.** [acció] parking; [resultat] parking. **-2.** [pàrquing] car park; [plaça] parking place.

aparcar [əpər'ka] ◇ *vi* [estacionar] to park; **'no aparqueu'** 'no parking'. ◇ *vt* **-1.** [estacionar] to park. **-2.** [posposar] to shelve.

aparèixer [əpə'ɾɛʃə] *vi* **-1.** [gen] to appear. **-2.** [acudir] to show up. **-3.** [publicarse] to come out.

aparell [əpə'ɾeʎ] *nm* **-1.** [gen] machine, apparatus, apparatus (*U*), appliance; [de ràdio, televisió] apparatus; **qui hi ha a l'~?** who's speaking? **-2.** [de cavalleries] harness. **-3.** TECNOL apparatus. **-4.** NÀUT rigging. **-5.** ARQUIT instrument.

aparellador -a [əpəɾəʎə'ðo -oɾə] *nm, f* [d'arquitecte] architect's assistant, quantity surveyor.

aparellar [əpəɾə'ʎa] *vt* **-1.** [posar per parelles] to pair up, to match up; [persones] to match. **-2.** [animals] to mate. **-3.** [arreglar] to prepare. **-4.** [cavalleries] to saddle, to harness. **-5.** NÀUT to fit out, to rig out. ◆ **aparellar-se** *vp* **-1.** to match, to pair. **-2.** [animals] to mate.

aparença [əpə'ɾɛnsə] *nf* **-1.** [aspecte extern] appearance, aspect; **en ~** apparently, outwardly, to all appearances; **salvar les aparences** to keep up appearances. **-2.** appearance, semblance; **té una bona ~** to look good.

aparent [əpə'ɾen] *adj* **-1.** [gen] apparent. **-2.** [cridaner] striking.

aparentar [əpəɾən'ta] *vt* [edat] to look, seem to be; **no aparenta els anys que té** he doesn't look his age.

aparició [əpəɾisi'o] *nf* **-1.** [gen] appearance. **-2.** [publicació] publication.

apart [ə'part] *nm* TEAT aside; **dir alguna cosa en un ~** to say sthg in a new paragraph.

apartament [əpərtə'men] *nm* separation, apartment.

apartar [əpər'ta] *vt* **–1.** [allunyar] to move away, to remove; **~ la vista** to look away; **no ~ la vista d'alguna cosa / d'algú** not to look away from sthg / from sb. **–2.** [separar] to separate. ➤ **apartar-se** *vp* to move to one side, to move out of the way; **~se de** [la gent]; [un tema, camí] to get away from; [el món] to cut o.s. off from.

apartat -ada [əpər'tat -aðə] *adj* **–1.** [separat] separated. **–2.** [allunyat] remote.

apartat *nm* [de text] paragraph. ➤ **apartat de correus** *nm* PO Box.

apassionant [əpəsiu'nan] *adj* fascinating, thrilling.

apassionar [əpəsiu'na] *vt* [entusiasmar] to fascinate, to thrill. ➤ **apassionar-se** *vp* [entusiasmar-se] to get excited; [posar-se nerviós] to get excited; **~se per / amb** to be mad about.

apassionat -ada [əpəsiu'nat -aðə] *adj & nm, f* passionate.

àpat ['apət] *nm* [dinar, sopar, etc.] meal.

apatia [əpə'tiə] *nf* apathy.

apàtic -a [ə'patik -ə] ◇ *adj* apathetic. ◇ *nm, f* apathetic person.

apàtrida [ə'patɾiðə] ◇ *adj* stateless. ◇ *nmf* stateless person.

apedaçar [əpəðə'sa] *vt* to mend, to patch.

apedregar [əpəðɾə'ɣa] *vt* to stone, to throw stones at.

apel·lació [əpəlləsi'o] *nf* DR appeal.

apel·lar [əpə'lla] *vi* **–1.** DR to (lodge an) appeal; **~ contra** to appeal against. **–2.** [recórrer]: **~ a** [persona, violència, etc.] to turn / resort to; [sentit comú] to appeal (to).

apel·latiu -iva [əpəllə'tiw -iβə] *adj* GRAM appellative.

apendicitis [əpəndi'sitis] *nf inv* appendicitis.

apèndix [ə'pendiks] *nm* **–1.** [gen & ANAT] appendix. **–2.** [de document] appendix, supplement.

aperitiu [əpəɾi'tiw] *nm* [beguda] aperitif; [menjar] appetizer.

apetitós -osa [əpəti'tos -ozə] *adj* **–1.** [saborós] appetizing. **–2.** [desitjable - menjar] tempting.

àpex ['apəks] *nm* **–1.** [d'edifici, fulla] apex, top; [de la llengua] tip. **–2.** *fig* crisis, crux.

api ['api] *nm* celery.

apiadar-se [əpiə'ðarsə] *vp* to take pity; **~ (de)** to take pity (on).

apicultor -a [əpikul'to -oɾə] *nm, f* beekeeper.

apicultura [əpikul'tuɾə] *nf* beekeeping.

apilar [əpi'la] *vt* to pile up. ➤ **apilar-se** *vp* to pile up.

apilotar [əpilu'ta] *vt* [roba] to heap up, to pile up; [llana] to pill. ➤ **apilotar-se** *vp* to heap up, to pile up.

apinyar [əpi'ɲa] *vt* to pack / cram together. ➤ **apinyar-se** *vp* to crowd / huddle together.

aplacar [əplə'ka] *vt* to placate, to satisfy, to quench. ➤ **aplacar-se** *vp* to calm down, to abate.

aplanar [əplə'na] *vt* **–1.** [terreny] to level. **–2.** *fig* [dificultat] to yield, to give in.

aplatar [əplə'ta] *vt* to flatten.

aplaudiment [əpləwði'men] *nm* **–1.** [amb les mans] applause. **–2.** *fig* [lloança] approval, acclaim.

aplaudir [əpləw'ði] *vt lit & fig* to applaud.

aplegar [əplə'ɣa] *vt* to assemble, to collect.

aplic [ə'plik] *nm* [llum] wall lamp.

aplicació [əplikəsi'o] *nf* application.

aplicar [əpli'ka] *vt* to apply. ➤ **aplicar-se** *vp* **–1.** to apply o.s. / to; [dedicar-se amb cura] **~se a (fer) alguna cosa** to apply o.s. to (doing) sthg. **–2.** to apply to; [concernir] **~se a algú / a alguna cosa** to devote o.s. to sb / to sthg.

aplom [ə'plom] *nm* composure, aplomb; **perdre l'~** to lose one's composure.

apocalipsi [əpukə'lipsi] *nf* **–1.** calamity. **–2.** Apocalypse.

apocament [əpukə'men] *nm* timidity.

apocar-se [əpu'karsə] *vp* **–1.** [intimidar-se] to be frightened / scared. **–2.** [rebaixar-se] to humble o.s.

apòcope [ə'pɔkupə] *nf* apocope.

apòcrif -a [ə'pɔkɾif -ə] *adj* apocryphal.

apoderar [əpuðə'ɾa] *vt* [donar poders] to authorize, to empower. ➤ **apoderar-se** *vp* to seize; **~se de** to take hold of, to grip.

apoderat -ada [əpuðə'ɾat -aðə] *nm, f* [representant] representative.

apogeu [əpu'ʒew] *nm* height, apogee.

apologia [əpulu'ʒiə] *nf* apology, eulogy; **~ del delicte / del terrorisme** apology for crime / terrorism.

apoplexia [əpu'pleksiə] *nf* apoplexy.

aportació [əpurtəsi'o] *nf* provision, contribution; **fer una ~ a una causa** to make a contribution to a cause.

aportar [əpurˈta] *vt* [gen] to provide, to contribute.

aposició [əpuziziˈo] *nf* apposition.

aposta [əˈpɔstə] *nf* bet, wager.

apostar [əpusˈta] *vt* **-1.** [joc] to bet. **-2.** [col·locar] to post.

apòstol [əˈpɔstul] *nm lit & fig* apostle.

apòstrof [əˈpɔstruf] *nm* GRAM apostrophe.

apoteòsic -a [əputeˈɔzik -ə] *adj* tremendous.

apreciable [əpɾəsiˈabblə] *adj* **-1.** [perceptible] appreciable, significant. **-2.** *fig* [estimable] worthy.

apreciació [əpɾəsiəsiˈo] *nf* appreciation, evaluation.

apreciar [əpɾəsiˈa] *vt* [gen] to appreciate, to evaluate.

aprendre [əˈpɛndɾə] *vt* **-1.** [gen] to learn. **-2.** [memoritzar] to learn by heart; **perquè n'aprengui** that'll teach him. ☞ **aprendre's** *vp* to learn, to learn by heart.

aprenent -a [əpɾəˈnen -entə] *nm, f* **-1.** [que comença] beginner. **-2.** [novell] apprentice, trainee.

aprenentatge [əpɾənənˈtadʒə] *nm* learning, apprenticeship.

aprensió [əpɾənsiˈo] *nf*: **~ (per)** apprehension (about); [escrúpol] squeamishness.

aprensiu -iva [əpɾənˈsiw -iβə] *adj* **-1.** [poruc] fearful. **-2.** [escrupolós] squeamish. **-3.** [hipocondríac] hypochondriac.

apressar [əpɾəˈsa] ◇ *vi* [ser urgent] to hurry, to speed up. ◇ *vt* **-1.** [donar pressa] to hurry up, to speed up. **-2.** *fig* [pas, marxa] to make haste, to hurry along. ☞ **apressar-se** *vp* to hasten to.

aprimar [əpɾiˈma] *vt* to slim, to make thin. ☞ **aprimar-se** *vp* to slim, to lose weight.

aprofitable [əpɾufiˈtabblə] *adj* [objecte] useful, profitable, usable; [peça, roba] usable.

aprofitament [əpɾufitəˈmen] *nm* **-1.** [bon ús] use. **-2.** [en l'estudi] progress, improvement.

aprofitar [əpɾufiˈta] ◇ *vt* to make good use of, to take advantage of; [gen] **~ alguna cosa** to make the most of sthg. ◇ *vi* [ser profitós] to be beneficial, to be of use. ☞ **aprofitar-se** *vp*: **~ (de)** to take advantage (of).

aprofitat -ada [əpɾufiˈtat -aðə] ◇ *adj* **-1.** well spent; [persona] **és molt ~** he's always sponging off other people, he uses people. **-2.** [temps] well planned, well-spent; [espai] well-planned; **un dia ben ~** a day well-spent. ◇ *nm, f* selfish person.

aprofundir [əpɾufunˈdi] ◇ *vt* to study in depth, to go into detail. ◇ *vi*: **~ alguna cosa** [qüestió, tema] to study in depth / to go into detail.

apropar [əpɾuˈpa] *vt* to bring nearer / closer; **~ una cadira** to draw up a chair. ☞ **apropar-se** *vp* [acostar-se] to come closer, to come, to draw near.

apropiar [əpɾupiˈa] *vt* **-1.** [fer propi] to adapt / to fit (to); **~ un benefici** to give an advantage; **~ (a)** to adapt / to fit (to). **-2.** [adequar] to adapt (to); **cal ~ el discurs a les circumstàncies** it's necessary to adapt the speech to the circumstances. ☞ **apropiar-se** *vp* to steal; **~-se d'alguna cosa** to steal sthg.

apropiat -ada [əpɾupiˈat -aðə] *adj* suitable, appropriate.

aprovació [əpɾuβəsiˈo] *nf* approval.

aprovar [əpɾuˈβa] *vt* **-1.** [gen] to approve, to pass; [llei] to pass. **-2.** [examen, assignatura] to pass.

aprovat -ada [əpɾuˈβat -aðə] *adj* approved. ☞ **aprovat** *nm* pass.

aproximació [əpɾuksiməsiˈo] *nf* **-1.** [gen] approach, approximation. **-2.** [a través de càlcul] approximation; **amb ~** approximation to. **-3.** [en loteria] in lotteries, consolation prize given to numbers immediately before and after the winning number.

aproximadament [əpɾuksi,maðəˈmen] *adv* approximately.

aproximar [əpɾuksiˈma] *vt* to move closer. ☞ **aproximar-se** *vp* **-1.** to come closer. **-2.** [persona] to go / come up to sb.

aproximat -ada [əpɾuksiˈmat -aðə] *adj* approximate.

apte -a [ˈaptə] *adj* **-1.** suitable, capable; [capaç] **~ (per a)** capable / fit (for). **-2.** [adequat] suitable; **~ per al servei militar** fit for military service. **-3.** suitable; CIN **pel·lícula no apta per a menors** a film not suitable for children.

aptitud [əptiˈtut] *nf* ability, aptitude; **tenir ~ per a alguna cosa** to have an apptitude / gift for sthg.

apujar [əpuˈʒa] *vt* **-1.** [preu, sou] to increase, to raise; **~ els impostos** to increase taxes. **-2.** [en intensitat] to turn up; **fa fred, cal ~ la calefacció** it's cold, we need to turn up the heating.

apunt [əˈpun] *nm* **-1.** [nota escrita] note. **-2.** [esbós] sketch. ☞ **apunts** *nm pl* **-1.**

apuntador

EDUC notes; **prendre ~s** to take notes. **–2.** [en exàmens, notes] notes.

apuntador -a [əpuntəˈðo -ɔɾə] *nm, f* TEAT prompter.

apuntalament [əpuntələˈmen] *nm* CONSTR underpinning.

apuntalar [əpuntəˈla] *vt lit & fig* to underpin.

apuntar [əpunˈta] ◇ *vt* **–1.** [anotar] to make a note of, to note down; **~ algú** [a la llista] to enrol sb, to add sb to the list. **–2.** [dirigir - arma] to aim; **~ algú (amb una arma)** to aim at sb (with a weapon). **–3.** TEAT to prompt. **–4.** *fig* [suggerir] to hint at. ◇ *vi* [començar a sortir] to start to show.

apunyalar [əpuɲəˈla] *vt* to stab.

aquarel·la [əkwəˈɾɛllə] *nf* watercolour.
 aquarel·les *nf pl* watercolours / watercolour paintings.

aquarel·lista [əkwəɾəˈllistə] *nmf* watercolourist.

aquari [əˈkwaɾi] *nm* aquarium. **Aquari** ◇ *nm inv* [zodíac] Aquarius. ◇ *nmf inv* [persona] Aquarius.

aquarterament [əkwəɾtəɾəˈmen] *nm* quartering, billeting.

aquarterar [əkwəɾtəˈɾa] *vt* MIL to quarter, to billet; [allotjar] to quarter; [retenir] to confine.

aquàtic -a [əˈkwatik -ə] *adj* aquatic.

aqüeducte [əkwəˈðuktə] *nm* aqueduct.

aqueix -a [əˈkeʃ -ə] (*mpl* **aqueixos**, *fpl* **aqueixes**) ◇ *pron dem* that one, those ones *pl*; **~ és el culpable de tot** that one is guilty of everything. ◇ *adj dem* that, those *pl*; **passa'm ~ llapis** pass me that pencil.

aquelarre [əkəˈlarə] *nm* [de bruixes] Sabbath.

aquell -a [əˈkeʎ -ə] (*mpl* **aquells**, *fpl* **aquelles**) ◇ *adj dem* that, those *pl*; **doni'm ~s llibres** give me those books; **~ edifici que es veu allà és nou** that building you see there is new; **en ~a època** at that time. ◇ *pron dem* that (one), those (ones) *pl*; **aquest quadre m'agrada, però ~ del fons no** I like this picture, but I don't like the one at the back; **~ va ser el meu últim dia a Londres** that was my last day in London.

aquest -a [əˈket -ˈkestə] (*mpl* **aquests**, *fpl* **aquestes**) ◇ *adj dem* this, these *pl*; **~ home** this man; **m'ha regalat ~s llibres** she gave me these books; **m'agrada més ~a casa que aquella** I like this house more than that one; **~ matí ha plogut** this morning it rained; **~a nena, no la suporto** I can't stand this girl. ◇ *pron dem* **–1.** [proper en l'espai] this one, these ones *pl*; **aquells quadres estan bé, però ~s m'agraden més** those paintings aren't bad, but I like these (ones) better; **~ és el model més barat** this is the cheapest model; **~ ha estat el dia més feliç de la meva vida** this has been the happiest day of my life. **–2.** *fam despec* the one, he / she *sg*, that lot *pl*; **què fa ~ aquí?** what is he doing here?; **~ és el que em va pegar** he's the one who hit me.

aquí [əˈki] *adv* **–1.** [gen] here; **~ dalt / baix** up / down here; **~ a prop** near here; **~ dintre** in here; **~ fora** out here; **~ mateix** right here; **~ i allà** here and there; **d'~ cap allà** [d'un costat a l'altre] to and fro; **per ~** over here; **d'~ a demà** between now and tomorrow. **–2.** [en temps passat] **~ van començar els problemes** that was when the problems started. **d'aquí a** *loc prep* from now on; **d'~ a un mes** a month from now.

aquós -osa [əˈkwos -ozə] *adj* watery; [sucós] juicy.

ara¹ [ˈaɾə] *nf* **–1.** [pedra] altar stone. **–2.** [altar] altar.

ara² [ˈaɾə] *adv* now; **~ viu a Mèxic** now he lives in Mexico; **~ ens veiem** see you soon; **~ mateix** right now; [fa poc] just; **ha sortit ~ mateix** he has just left; **vine ~ mateix** come right now; **per ~** for the time being; **~..., ~...** now..., now...; **~ és amable, ~ s'enfada** one minute he's kind, the next he's angry.

àrab [ˈaɾəp] ◇ *adj* Arab, Arabian. ◇ *nmf* Arab. ◇ *nm* [llengua] Arabic.

Aràbia Saudita [əˈɾaβiə səwˈðitə] Saudi Arabia.

aràbic -iga [əˈɾaβik -iɣə] *adj* **–1.** [d'Aràbia] Arab, Arabian. **–2.** [numeració] Arabic.

aràcnids [əˈɾaŋnits] *nm pl* arachnida.

arada [əˈɾaðə] *nf* plough.

Aragó [əɾəˈɣo] Aragon.

aragonès -esa [əɾəɣuˈnɛs -ɛzə] ◇ *adj* Aragonese. ◇ *nm, f* Aragonese.

aram [əˈɾam] *nm* copper. **d'aram** *adj* [metall] copper.

aranja [əˈɾaɲʒə] *nf* grapefruit.

aranya [əˈɾaɲə] *nf* **–1.** [animal] spider; **~ de mar** spider crab. **–2.** [llum] chandelier.

aranzel [əɾənˈzɛl] *nm* **–1.** [tarifa] tariff. **–2.** [taxa] tax, duty.

arbitrar [əɾβiˈtɾa] *vt* **–1.** ESPORT & DR to referee, to arbitrate. **–2.** [disposar - mesures] to bring together; [- recursos] to bring together.

arbitrari -ària [ərbi'trari -ariə] *adj* arbitrary.

arbitrarietat [ərbitrəriə'tat] *nf* **-1.** [qualitat] arbitrariness. **-2.** [acció] arbitrary action; **amb ~** with arbitrary action.

àrbitre -a ['arbitrə] *nm, f* ESPORT & DR referee, arbitrator.

arbitri [ər'bitri] *nm* judgement. ☞ **arbitris** *nm pl* taxes *pl*.

arboç [ər'bos] *nm* [arbre] strawberry tree.

arboça [ər'bosə] *nf* arbutus berry.

arborar [ərbu'ra] *vt* **-1.** [vaixell] to mast. **-2.** [bandera] to raise, to hoist. **-3.** [mar] to get rough. ☞ **arborar-se** *vp* [mar] to get up / rough.

arbre ['aβrə] *nm* **-1.** [gen] tree; **~ de Nadal** Christmas tree. **-2.** NÀUT [pal] mast.

arbust [ər'bust] *nm* bush, shrub.

arc ['ark] *nm* **-1.** [gen & GEOM] arc. **-2.** ARQUIT arch; **~ de ferradura** horseshoe arch; **~ de triomf** triumphal arch. **-3.** MÚS bow. ☞ **arc de sant Martí** *nm* rainbow.

arç ['ars] *nm* [planta] hawthorn.

arca ['arkə] *nf* chest, ark; **~ de Noè** Noah's Ark.

arcà -ana [ər'ka -anə] *adj* arcane. ☞ **arcà** *nm* mystery.

arcada [ər'kaðə] *nf* **-1.** gen *pl* [d'estómac] retching *pl*, (U). **-2.** ARQUIT [arc] arcade, arch. **-3.** [de pont] arch.

arcaic -a [ər'kajk -ə] *adj* archaic.

arcàngel [ər'kaŋʒəl] *nm* archangel.

ardent [ər'den] *adj* burning, ardent; [desig, defensor, brasa] ardent; [admiradoɾ] ardent.

ardit [ər'dit] *nm* [engany] ruse, trick.

ardor [ər'do] *nf* **-1.** *lit & fig* heat, fervour. **-2.** burning sensation.

ardu àrdua ['ardu 'arduə] *adj* arduous.

àrea ['areə] *nf* **-1.** [gen] area; **~ de lliure canvi** free exchange area; **~ de servei** motorway services; **l'~ metropolitana de París** metropolitan area of Paris. **-2.** GEOM area. **-3.** [mesura] are. **-4.** area; ESPORT **~ (de càstig / penalti)** (penalty) area.

arena [ə'rɛnə] *nf* **-1.** [sorra] sand; **arenes movedisses / movents** quicksand (U). **-2.** HIST & TAUROM bullring, arena.

areng [ə'rɛŋ] *nm* herring.

arenga [ə'rɛŋɡə] *nf* harangue, speech.

arengada [ərəŋɡaðə] *nf* salted herring.

arengar [ərəŋ'ɡa] *vt* to harangue.

arenal [ərə'nal] *nm* sandy spot.

arenós -osa [ərə'nos -ozə] *adj* sandy; [platja] sandy.

aresta [ə'rɛstə] *nf* ARQUIT arris.

argamassa [ərɡə'masə] *nf* CONSTR mortar.

argent [ər'ʒen] *nm* ☞ **plata**.

argentar [ərʒən'ta] *vt* ☞ **platejar**.

argila [ər'ʒilə] *nf* clay.

argolla [ər'ɡoʎə] *nf* **-1.** [gen] large ring. **-2.** [per als tovallons] napkin ring.

argot [ər'ɡɔt] *nm* **-1.** [popular] slang. **-2.** [tècnica] jargon.

argúcia [ər'ɡusiə] *nf* sophism.

argüir [ərɡu'i] ◇ *vt* **-1.** [deduir] to deduce. **-2.** [demostrar] to prove, to demonstrate. ◇ *vi* to argue.

argument [ərɡu'men] *nm* **-1.** [raonament, resum] argument. **-2.** [trama] plot.

argumentació [ərɡuməntəsi'o] *nf* line of argument.

argumentar [ərɡumən'ta] *vt* [teoria, opinió] to argue.

ària *nf* MÚS aria.

àrid -a ['arit -iðə] *adj* [gen] dry, arid; [avorrit] dry. ☞ **àrids** *nm pl* dry goods.

aridesa [əri'ðɛzə] *nf lit & fig* dryness, aridity.

Àries ['ariəs] ◇ *nm inv* [zodíac] Aries. ◇ *nmf inv* [persona] Aries.

ariet [əri'et] *nm* HIST & MIL battering ram.

aristocràcia [əristu'krasiə] *nf* aristocracy.

aristòcrata [əris'tɔkrətə] *nmf* aristocrat.

aritmètic -a [ərið'mɛtik -ə] *adj* arithmetic. ☞ **aritmètica** *nf* arithmetic.

arítmia [ə'ridmiə] *nf* arrythmia.

arma ['armə] *nf* arm, weapon; **~ blanca / de foc** blade, weapon with a sharp blade / firearm; **~ biològica / química** biological / chemical weapon; **~ homicida** murder weapon; **~ nuclear** nuclear weapon; **~ de doble tall** double-edged blade. ☞ **armes** *nf pl* MIL the forces; **presentar armes** to present arms; **retre armes** to surrender arms; **aixecar-se en armes** to rise up in arms.

armadillo [ərmə'ðiʎu] *nm* armadillo.

armador -a [ərmə'ðo -orə] *nm, f* shipowner.

armadura [ərmə'ðurə] *nf* **-1.** [de guerrer] armour. **-2.** framework, frame.

armament [ərmə'men] *nm* arms, armament.

armar [ərˈma] *vt* **-1.** [arma, persones] to arm; [mobles] to assemble. **-2.** *fam fig* [provocar] to cause; ~ **un escàndol** to cause a scandal. ◆ **armar-se** *vp* [amb armes] to arm o.s.; **~-se** [de paciència, coratge, etc.] to summon up patience, courage, etc.

armari [ərˈmaɾi] *nm* cupboard, wardrobe; ~ **(de paret)** fitted cupboard / wardrobe. ◆ **armada** *nf* **-1.** [marina] navy; [esquadra] fleet. **-2.** [ramat] circular shape (of lassoes coiled for throwing) *Am*.

armeria [ərməˈɾiə] *nf* **-1.** [dipòsit] armoury. **-2.** [museu] military / war museum. **-3.** [botiga, art] gunsmith's (shop).

armilla [ərˈmiʎə] *nf* waistcoat *Br*, vest *Am*; ~ **antibales** bullet-proof vest; ~ **salvavides** life jacket.

armistici [ərmisˈtisi] *nm* armistice.

arna [ˈarnə] *nf* moth.

arnar-se [ərˈnarsə] *vp* [arnes] to get motheaten.

àrnica [ˈarnikə] *nf* arnica.

aroma [əˈɾomə] *nf* aroma; [vi] bouquet; CULIN flavouring.

aromàtic -a [əɾuˈmatik -ə] *adj* aromatic.

aromatitzar [əɾuməti'dza] *vt* to perfume; CULIN to flavour.

arpa [ˈarpə] *nf* **-1.** [d'animal] claw. **-2.** [instrument] harp.

arpó [ərˈpo] *nm* harpoon.

arponar [ərpuˈna] *vt* to harpoon.

arquebisbe [ərkəˈβizβə] *nm* archbishop.

arquejar [ərkəˈʒa] *vt* to bend, to arch; [celles] to arch; [espatlla] to bend; ~ **el llom** [un gat] to arch its back.

arqueòleg -òloga [ərkeˈɔlək -ˈɔluɣə] *nm, f* archeologist.

arqueologia [ərkeuluˈʒiə] *nf* archeology.

arquer -a [ərˈke -eɾə] *nm, f* ESPORT & MIL archer.

arquetip [ərkəˈtip] *nm* archetype.

arquitecte -a [ərkiˈtɛktə] *nm, f* architect.

arquitectura [ərkitəkˈtuɾə] *nf* architecture.

arrabassar [ərəβəˈsa] *vt* [arrencar] to uproot.

arracada [ərəˈkaðə] *nf* earring.

arraconar [ərəkuˈna] *vt* **-1.** [apartar, abandonar] to put to one side, to discard. **-2.** *fig* [persona - acorralar] to corner; [- deixar de costat] to cold-shoulder.

arraconat -ada [ərəkuˈnat -aðə] *adj* **-1.** [apartat] forgotten. **-2.** [fora d'ús] discarded, shelved.

arrambar [ərəmˈba] *vt* to move / bring closer; ~ **(amb) alguna cosa** to move sthg up against. ◆ **arrambar-se** *vp* to come closer / nearer; **arramba't a la paret** to move up against the wall.

arran [əˈran], **ran** [ˈran] *adv* as a result of, following; **tallar els cabells** ~ to crop or cut hair very close to the scalp. ◆ **arran de** [ˈran] *loc prep* **-1.** level with; **tallar una flor** ~ **de terra** to cut a flower close to the ground. **-2.** [conseqüència] as a result of, because of, due to; **va dimitir** ~ **de l'escàndol sexual** he resigned because of the sex scandal.

arranar [ərəˈna] *vt* **-1.** to destroy, to devastate; **ungles arranades** closely cut nails. **-2.** to raze, to level; ~ **un edifici** to raze a building.

arrancada [ərəŋˈkaðə] *nf* AUTOM sudden start.

arrancar [ərəŋˈka] *vt* ☞ **arrencar**.

arranjador -a [ərənʒəˈðo -ˈoɾə] *nm, f* MÚS arranger.

arranjament [ərənʒəˈmen] *nm* **-1.** [reparació] mending, repair; [de roba] mending. **-2.** settlement, arrangement.

arranjar [ərənˈʒa] *vt* **-1.** [gen & MÚS] to arrange. **-2.** [arreglar] to fix, to repair. **-3.** *fam* [amenaçant] to sort out; **ja t'arranjaré!** I'll sort you out!

arrasar [ərəˈza] *vt* to destroy, to devastate.

arraulir-se [ərəwˈlirsə] *vp* to crouch down; [pel fred] to huddle up; [per por] to cower; [en un lloc agradable] to curl up.

arrauxat -ada [ərəwˈʃat -aðə] *adj* [impetuós] bold, impetuous.

arravatament [ərəβətəˈmen] *nm* fit, outburst; [de passió] fit.

arravatar-se [ərəβəˈtarsə] *vp* to get furious.

arrebossar [ərəβuˈsa] *vt* **-1.** CONSTR to coat. **-2.** CULIN to coat in batter / breadcrumbs.

arreglar [ərəˈɡɡla] *vt* **-1.** [ordenar] to tidy up. **-2.** [solucionar] to sort out. **-3.** [reparar] to fix, to repair. ◆ **arreglar-se** *vp* **-1.** [empolainar-se] to make do (with sthg). **-2.** [engalanar-se] to smarten up. **-3.** [arranjar-se, espavilar-se] to manage (to do sthg).

arreglat -ada [ərəˈɡɡlat -aðə] *adj* **-1.** [ordenat] tidy; [de vestit] smart. **-2.** [solucionat] sorted out. **-3.** *fig* [preu] reasonable.

arrel [əˈrɛl], **rel** [ˈrɛl] *nf* **-1.** [gen, MAT & GRAM] root; ~ **quadrada** square root; ~ **cúbica** cube root. **-2.** root; [peu, mà]

arrencar d'~ to nip in the bud, to pull out at the root.

arrelament [ərələˈmen] *nm* roots *pl.*

arrelar [ərəˈla] *vi* **-1.** to take root, to settle down. **-2.** [planta] to take root. **-3.** [en un lloc] to settle down. ☞ **arrelar-se** *vp* [establir-se] to settle in.

arremangar [ərəməŋˈga] *vt* to roll up / turn up one's sleeves.

arremangat -ada [ərəmənˈgat -aðə] *adj* **-1.** rolled-up; *fam* **anar ~** to have rolled-up sleeves. **-2.** *fig*: **tenir un nas ~** to take a firm line.

arremetre [ərəˈmɛtrə] *vi*: **~ contra** to attack.

arrencar, arrancar [ərəŋˈka] ◇ *vt* [gen] to pull up / out, to uproot, to extract; [arbre] to uproot. ◇ *vi* **-1.** [cotxe] to start. **-2.** [provenir] to come from; **~ de** to come from. **-3.** [començar] **~ a fer alguna cosa** to start / to begin sthg.

arrendador -a [ərəndəˈðo -orə] *nm, f* lessor.

arrendament [ərəndəˈmen] *nm* **-1.** [acció] renting, leasing. **-2.** [preu] rent, lease.

arrendar [ərənˈda] *vt* to let, to lease.

arrendatari -ària [ərəndəˈtari -ariə] ◇ *adj* leasing (*abans de nom*). ◇ *nm, f* leaseholder, tenant; [agrícola] tax farmer.

arrepapar-se [ərəpəˈparsə] *vp fam* to lounge, to sprawl.

arreplegar [ərəpləˈɣa] *vt* **-1.** to gather up, to put together. **-2.** *fam fig* [malaltia] to catch.

arrest [əˈrest] *nm* arrest, detention; **~ domiciliari** house arrest.

arrestar [ərəsˈta] *vt* to arrest.

arrestat -ada [ərəsˈtat -aðə] ◇ *adj* arrested, under arrest. ◇ *nm, f* detainee, person under arrest.

arreus [əˈrɛws] *nm pl* harness, trappings *pl.*

arri! [ˈari] *interj* gee up!

arriar [əriˈa] *vt* **-1.** [animal] to move forward. **-2.** [veles] to haul down, to lower; [bandera] to lower.

arribada [əriˈβaðə] *nf* arrival, coming.

arribar [əriˈβa] *vi* **-1.** [acudir] to arrive, to come; **~ de viatge** to arrive from a trip. **-2.** [sobrevenir] to come; **en ~ la nit** when night comes. **-3.** [last; [durar, abastar] **~ a / fins alguna cosa** to afford sthg; **no va ~ al cim** it didn't reach the top; **l'abric li arriba fins als genolls** his coat reaches down to his knees; **no arribarà a demà** he won't make it 'til tomorrow. **-4.** [bastar] to reach; **no m'arriba per a pagar** I don't have enough to pay. **-5.** [aconseguir] to get to be sthg, to become sthg; **arribaràs a (ser) president** you'll get to be president; **si ho arribo a saber!** **-6.** [poder] to achieve, to manage; **~ a fer alguna cosa** to manage to do sthg. **-7.** [per mar] to arrive. ☞ **arribar-se** *vp*: **~-se a** to go round to.

arribista [əriˈβistə] *adj & nmf* social climber, careerist.

arriscar [ərisˈka] *vt* to risk, to endanger. ☞ **arriscar-se** *vp* to take risks / a risk; **~-se a** to dare to do sthg.

arriscat -ada [ərisˈkat -aðə] *adj* **-1.** [perillós] risky. **-2.** [temerari] daring.

arrissar [əriˈsa] *vt* to curl. ☞ **arrissar-se** *vp* [cabells] to curl; [mar] to ripple.

arrodonir [əruðuˈni] *vt* [gen] to round (off); [rematar] **~ amb** to round (off).

arrodonit -ida [əruðuˈnit -iðə] *adj* rounded.

arrogància [əruˈɣansiə] *nf* arrogance.

arrogant [əruˈɣan] *adj* arrogant.

arrogar-se [əruˈɣarsə] *vp* to assume; **~ alguna cosa** to claim sthg for o.s.

arròs [əˈrɔs] *nm* rice; **~ blanc** white rice; **~ amb llet** rice pudding; **~ integral** brown rice.

arrossar [əruˈsa] *nm* ricefield.

arrossegar [ərusəˈɣa] ◇ *vt* **-1.** [gen] to drag / pull (along); [carro, vagó] to pull. **-2.** *fig* [convèncer] to win over, to sway. **-3.** *fig* [produir] to bring; **~ algú a alguna cosa / a fer alguna cosa** to lead sb into sthg / to do sthg. ◇ *vi* to haul. ☞ **arrossegar-se** *vp* **-1.** [per terra] to crawl, to creep, to drag o.s. along; [rèptil] to snake. **-2.** *fig* [humiliar-se] to cringe, to lower o.s.

arrosser -a [əruˈse -erə] ◇ *adj* relating to rice. ◇ *nm, f* rice-grower.

arrufar [əruˈfa] *vt* to wrinkle, to pucker; **~ les celles** to knit one's brow.

arruga [əˈruɣə] *nf* **-1.** [de roba] crease. **-2.** [de pell] wrinkle, line.

arrugar [əruˈɣa] *vt* to crease, to crumple, to wrinkle; **en paper** to screw up / crumple up a piece of paper.

arruïnar [əruiˈna] *vt lit & fig* to ruin.

arruïnar-se *vp* to go bankrupt, to be ruined.

arrupir-se [əruˈpirsə] *vp* to curl up; **~ en un racó** to curl up in a corner.

arsenal [ərsə'nal] *nm* **-1.** [de vaixells, armes] shipyard, arsenal. **-2.** [de coses] array. **-3.** *fig* [de coneixements] fount, store.

arsènic [ər'sɛnik] *nm* arsenic.

art ['art] *nm* **-1.** [gen] art; **~ abstracte / figuratiu** abstract / figurative art. **-2.** [astúcia] artfulness, cunning; **males ~s** trickery (U). **-3. no tenir ~ ni part** to have nothing whatsoever to do with; **per ~ d'encantament / màgia** as if by magic.
arts *nf pl* arts; **~s gràfiques / plàstiques** graphic / plastic arts; **~s liberals** liberal arts; **~s marcials** martial arts; **~s i oficis** ≃ arts and crafts; **belles ~s** fine arts.

art. (abrev de *article*) art.

artefacte [ərtə'faktə] *nm* device, machine.

artell [ər'teʎ] *nm* knuckle, joints in feet.

artèria [ər'tɛriə] *nf* artery.

arteriosclerosi [ər,tɛriusklə'rɔzi] *nf* arteriosclerosis.

artesà -ana [ərtə'za -anə] *nm, f* craftsman *m*, craftswoman *f*.

artesanal [ərtəzə'nal] *adj* handmade.

artesania [ərtəzə'niə] *nf* craftsmanship.

Àrtic ['artik] Arctic; **l'(oceà) ~** the Arctic (Ocean).

article [ər'tiklə] *nm* article; **~ definit / determinat** definite article; **~ indefinit / indeterminat** indefinite article; PREMSA **~ de fons** leading article, leader; **~ d'importació** import; **~ de primera necessitat / bàsic** basic commodity; **~ líder** product leader; **fer l'~** to boost one's goods.
article de fe *nm* **-1.** RELIG article of faith. **-2.** *fig* [veritat] gospel (truth) (U).

articulació [ərtikuləsi'o] *nf* **-1.** [gen & ANAT] joint. **-2.** [estructuració] joint.

articular [ərtiku'la] *vt* to articulate, to coordinate.

artífex [ər'tifəks] *nmf* artist, craftsman.

artifici [ərti'fisi] *nm* **-1.** [aparell] device. **-2.** *fig* [tripijoc] trick.

artificial [ərtifisi'al] *adj lit & fig* artificial.

artiller -a [ərti'ʎe -erə] *nm, f* artilleryman.

artilleria [ərtiʎə'riə] *nf* artillery.

artista [ər'tistə] *nmf lit & fig* artist.

artístic -a [ər'tistik -ə] *adj* artistic.

artritis [ər'tritis] *nf inv* arthritis.

artrosi [ər'trɔzi] *nf inv* arthrosis.

arxidiòcesi [,ərfi'ðiɔsəzi] *nf* RELIG archdiocese.

arxiduc arxiduquessa [,ərʃi'ðuk ərʃiðu'kesə] *nm, f* archduke *m*, archduchess *f*.

arxipèlag [,ərʃi'pɛlək] *nm* archipelago.

arxiu [ər'ʃiw] *nm* [gen] archive.

arxivador [ərʃiβə'ðo] *nm* filing clerk, filing cabinet.

arxivar [ərʃi'βa] *vt* **-1.** [coses] to file, to archive. **-2.** *fig* [pensaments] to push to the back of the mind. **-3.** INFORM [fitxer] to file.

arxiver -a [ərʃi'βe -erə] *nm, f* filing clerk, archivist.

as ['as] *nm* ace; **ser un ~** to be brilliant.

ascendència [əsən'dɛnsiə] *nf* **-1.** [llinatge] ancestry, descent, origin. **-2.** descent; [origen, classe social] **és de baixa / alta ~** to be of low / high descent. **-3.** *fig* [influència] ascendancy.

ascendent [əsən'den] ◇ *adj* rising. ◇ *nmf* [avantpassat] ancestry. ◇ *nm* **-1.** ASTROL ascendency. **-2.** [influència] influence.

ascendir [əsən'di] ◇ *vi* **-1.** [pujar] to go up, to climb. **-2.** [incrementar-se] to rise, to go up. **-3.** [progressar - a la feina] to be promoted (to); [- en esports] to be promoted (to); **~ a primera divisió** to go up to the first division. **-4.** [factura, compte]: **~ a** to come / amount to. ◇ *vt* to promote; **~ algú (a alguna cosa)** to promote sb (to).

ascens [ə'sens] *nm* [en feina] promotion, ascent; [esports] **l'equip lluita per l'~ a primera** the team is fighting for promotion to first place.

ascensió [əsənsi'o] *nf* ascent, ascension.
Ascensió *nf* Ascension; RELIG **l'Ascensió** the Ascension.

ascensor [əsən'so] *nm* lift *Br*, elevator *Am*.

ascètic -a [ə'sɛtik -ə] *adj* ascetic.

ase ['azə] *nm lit & fig* donkey, ass.

asèpsia [ə'sɛpsiə] *nf* **-1.** MED asepsis. **-2.** detachment, indifference; *fig* [fredor, indiferència] **amb una ~ total** with complete indifference.

asèptic -a [ə'sɛptik -ə] *adj* **-1.** MED aseptic, germ-free. **-2.** *fig* [discurs] detached.

asexuat -ada [əseksu'at -aðə] *adj* asexual.

asfalt [əs'fal] *nm* asphalt.

asfaltar [əsfəl'ta] *vt* to asphalt.

asfíxia [əs'fiksiə] *nf* asphyxiation, suffocation.

asfixiar [əsfiksi'a] *vt* **-1.** [ofegar] to asphyxiate. **-2.** *fig* [aclaparar] to overwhelm.
asfixiar-se *vp* **-1.** [ofegar-se] to asphyxiate, to suffocate. **-2.** *fam* [de calor] to be stifling. **-3.** *fig* [aclaparar-se] to be overwhelmed.

Àsia ['aziə] Asia; **~ Central** Central Asia.
asiàtic -a [əzi'atik -ə] ◇ *adj* Asian, Asiatic. ◇ *nm, f* Asian, Asiatic.
asil [ə'zil] *nm lit & fig* asylum, old people's home; **~ polític** political asylum.
asma ['azmə] *nf* asthma.
aspa ['aspə] *nf* [de molí] sail; [d'hèlix] propeller.
aspecte [əs'pɛktə] *nm* [gen] aspect, appearance; [de persona - presència] to look; [- cara, estat físic] appearance; **tenir bon / mal ~** to look well / awful; **en tots els ~s** in every respect.
aspergir [əspər'ʒi] *vt* to sprinkle with holy water.
aspersió [əspərsi'o] *nf* sprinkling.
aspersor [əspər'so] *nm* [per a jardí] sprinkler; [per a cultius] sprayer.
aspiració [əspirəsi'o] *nf* aspiration, breathing in.
aspirador [əspirə'ðo], **aspiradora** [əspirə'ðorə] *nm, nf* vacuum cleaner.
aspirant [əspi'ran] ◇ *adj* aspiring. ◇ *nmf* candidate.
aspirar [əspi'ra] ◇ *vt* to breathe in, to inhale; [aspirador] to vacuum. ◇ *vi* to aspire; **~ a alguna cosa** [ansiar] to aspire to sthg.
aspre -a ['asprə] *adj* **-1.** [al tacte - roba] rough; [- teixit] rough. **-2.** [al gust] sour, tart. **-3.** [terreny] rough. **-4.** *fig* [caràcter] sour, surly. **-5.** [material] rough.
aspror [əs'pro] *nf* **-1.** [de pell, etc.] roughness, harshness; [de sabor] sourness, bitterness. **-2.** *fig* [de caràcter] sharpness.
assabentar [əsəβən'ta] *vi* to inform (about), to acquaint (with); **~ algú d'alguna cosa** to inform sb about sthg. ➡ **assabentar-se** *vp* **-1.** [saber, descobrir] to find out (about), to acquaint (with); **~-se d'alguna cosa** to find out about sthg; **m'he assabentat que t'has mudat** I've found out that you've moved. **-2.** [informar-se] to find out, to enquire; **~-se d'alguna cosa** to find out about sthg.
assabentat -ada [əsəβən'tat -aðə] *adj* informed, acquainted; **estar ~ de** to be informed of / to be acquainted with.
assaborir [əsaβu'ri] *vt* to savour, to relish.
assaig [ə'satʃ] *nm* **-1.** [d'espectacle] rehearsal. **-2.** [prova] trial. **-3.** LITER essay.
assajar [əsə'ʒa] *vt* **-1.** [gen] to test, to try out. **-2.** TEAT to rehearse.
assalariat -ada [əsələri'at -aðə] *nm, f* wage earner, employee.

assalt [ə'sal] *nm* **-1.** [de castell, ciutat] attack, storming; [de banc] raid; [de persona] attack. **-2.** ESPORT round.
assaltar [əsəl'ta] *vt* **-1.** [gen] to attack, to assail, to storm; [castell, ciutat] to storm. **-2.** [banc, persona, tren] to break into, to raid; *fig* **~ amb** to break into. **-3.** *fig* [subj: dubte] to be beset by; [subj: idea] to be struck by an idea.
assaonament [əsəunə'men] *nm* seasoning, ripening; [de peix] seasoning.
assaonar [əsəu'na] *vt* to season.
assassí -ina [əsə'si -inə] ◇ *adj* [mà, mirada] murderous; [arma, tendències] murderous. ◇ *nm, f* murderer *m*, murderess *f*; **~ a sou / professional** hired assassin.
assassinar [əsəsi'na] *vt* to murder, to assassinate.
assassinat [əsəsi'nat] *nm* murder.
assecador [əsəkə'ðo] *nm* [lloc] airing cupboard; [aparell] dryer; **~ (de cabells)** hair dryer.
assecadora [əsəkə'ðorə] *nf* dryer; **~ de roba** clothes dryer.
assecar [əsə'ka] *vt* **-1.** [roba, llàgrimes] to dry; [planta, pell] to dry up. **-2.** [eixugar] to dry up, to mop up. ➡ **assecar-se** *vp* to dry out, to whither; [riu, font] to dry out; [planta, pell] to wither; **~-se els cabells** to dry one's hair.
assedegar [əsəðə'ɣa] *vt* to cause thirst.
assegurança [əsəɣu'ransə] *nf* [contracte] insurance, assurance; **~ a tot risc** comprehensive insurance; **~ a tercers** third-party insurance; **~ de canvi** exchange rate hedge; **~ d'incapacitat / d'invalidesa** disability insurance; **~ de vida** life insurance; **~ mútua** health insurance.
assegurar [əsəɣu'ra] *vt* **-1.** [fixar] to secure, to assure; [rosca] to secure. **-2.** [garantir] to insure. ➡ **assegurar-se** *vp* **-1.** [cerciorar-se] to insure o.s., to make sure; **~-se que** to make sure that; **assegura't de tancar la porta** make sure you close the door. **-2.** to insure o.s.; [fer una assegurança] **~-se (contra)** to take out an insurance policy (against).
assegurat -ada [əsəɣu'rat -aðə] *nm, f* insurance policy-holder.
assemblar-se [əsəm'blarsə] *vp* to be alike (in), to look like (sb), to take after sb; **~ a algú / a alguna cosa** to be like sb / to look like; **~ en alguna cosa** to be alike in sthg; **s'assemblen en els ulls** their eyes look alike.
assemblea [əsəm'bleə] *nf* [reunió] assembly.

assentar [əsənˈta] *vt* **-1.** to set up, to settle; **~ una estàtua sobre el pedestal** to settle the statue on its pedestal. **-2.** to secure. ◆ **assentar-se** *vp* **-1.** to settle down. **-2.** [líquid] to settle.

assentiment [əsəntiˈmen] *nm* assent.

assentir [əsənˈti] *vi* **-1.** to assent, to agree; [estar conforme] **~ (a alguna cosa)** to agree (to sthg). **-2.** [afirmar amb el cap] to nod (one's assent).

assenyalar [əsəɲəˈla] *vt* **-1.** [apuntar] to mark, to denote, to point (out); **no assenyalis el senyor amb el dit** don't point at the man with your finger. **-2.** [indicar, anunciar] to indicate.

assenyalat -ada [əsəɲəˈlat -aðə] *adj* special, distinguished; **un dia ~** special day.

assenyat -ada [əsəˈɲat -aðə] *adj* [sensat] judicious, sensible.

assequible [əsəˈkibblə] *adj* affordable, attainable.

asserenar [əsərəˈna] *vt* [persona] to appease, to calm. ◆ **asserenar-se** *vp* to calm down; [temps] to calm down.

assessor -a [əsəˈso -orə] *nm, f* **-1.** DR [gen] consultant; **~ d'imatge** beauty consultant; **~ fiscal** tax consultant. **-2.** ECON consultant.

assessorament [əsəsurəˈmen] *nm* advice, consultancy.

assessorar [əsəsuˈra] *vt* to advise. ◆ **assessorar-se** *vp* to seek advice; **~-se (en alguna cosa)** to consult (sthg); **~-se de / amb algú** to consult sb.

assessoria [əsəsuˈriə] *nf* **-1.** [ofici] consultancy. **-2.** [oficina] consultant's office; **~ jurídica** legal advisor's office.

assestar [əsəsˈta] *vt* [cop, punyalada] to deal; [tret] to fire.

assetjament [əsədʒəˈmen] *nm* siege; **~ escolar** bullying; **~ sexual** sexual harassment.

assetjar [əsəˈdʒa] *vt* **-1.** [perseguir] to lay siege to. **-2.** to blockade. **-3.** *fig* to badger, to pester; **~ algú amb preguntes** to badger sb with questions.

asseure [əˈsewrə] *vt lit & fig* to sit, to seat. ◆ **asseure's** *vp* **-1.** [en seient] to seat o.s. **-2.** to sit down; [detenir-se] **~'s a fer alguna cosa** to sit down and do sthg.

asseveració [əsəβərəsiˈo] *nf* assertion.

asseverar [əsəβəˈra] *vt* to assert.

assidu -ídua [əˈsiðu -iðuə] ◇ *adj* regular, assiduous. ◇ *nm, f* regular.

assiduïtat [əsiðuiˈtat] *nf* frequency.

assignació [əsiɲɲəsiˈo] *nf* **-1.** [a una persona] salary, allocation; [a un grup] allocation; [de fons, vacant] allocation. **-2.** [sou] salary; [de funcionari] assignation.

assignar [əsiɲˈna] *vt* **-1.** [atribuir]: **~ alguna cosa a algú** to assign / allocate sthg to sb. **-2.** [destinar]: **~ algú a** to assign sthg to sb.

assignatura [əsiɲɲəˈturə] *nf* EDUC subject; **~ pendent** subject which a pupil has to resit *Br*, a flunked subject *Am*; *fig* unresolved matter.

assimilació [əsimiləsiˈo] *nf* [gen & LING] assimilation.

assimilar [əsimiˈla] *vt* to assimilate. ◆ **assimilar-se** *vp* to become assimilated, to become similar.

assistència [əsisˈtɛnsiə] *nf* **-1.** [presència] attendance, presence. **-2.** [ajuda, públic] assistance; **~ jurídica** legal assistance; **~ mèdica** medical assistance; **~ pública** social security; **~ social** social work; **~ tècnica** technical assistance. **-3.** [afluència] audience. **-4.** ESPORT assistance.

assistent [əsisˈten] *nmf* **-1.** [ajudant] assistant; **una ~ social** a social worker. **-2.** audience *sg*; [presents] **els ~s** the audience.

assistir [əsisˈti] ◇ *vt* **-1.** [acompanyar] to assist, to accompany. **-2.** [ajudar - ferits, necessitats] to attend; [- malalts] to attend. ◇ *vi* [presenciar]: **~ a** to attend to, to go to.

assistit -ida [əsisˈtit -iðə] *adj* AUTOM & INFORM power (*abans de nom*).

associació [əsusiəsiˈo] *nf* association; **~ de consumidors** consumer association; **~ d'idees** association of ideas.

associar [əsusiˈa] *vt* to associate. ◆ **associar-se** *vp* to form a partnership.

associatiu -iva [əsusiəˈtiw -iβə] *adj* associative.

assolar [əsuˈla] *vt* to devastate, to destroy; **els enemics han assolat el poble** the enemy has destroyed the village.

assolir [əsuˈli] *vt* to obtain, to get.

assortiment [əsurtiˈmen] *nm* selection, assortment; [de pastes, bombons] assortment.

assortir [əsurˈti] *vt* to supply, to stock; **aquest majorista ens assorteix de roba** this wholesaler supplies us with clothes; **~ una biblioteca** to stock a library.

assortit -ida [əsurˈtit -iðə] *adj* assorted, mixed; [variat] **unes pastes assortides** assorted cakes.

assossegar [əsusəˈɣa] *vt* to calm. ◆ **assossegar-se** *vp* to calm down.

assot [ə'sɔt] *nm* **-1.** smack, slap. **-2.** [cop] whip, lash; [amb fuet] to lash, to whip. **-3.** *fig* [calamitat] scourge.

assotar [əsu'ta] *vt* to beat, to smack, to flog.

assumir [əsu'mi] *vt* to assume.

assumpció [əsumsi'o] *nf* **-1.** assumption. **-2.** Assumption; RELIG l'**Assumpció** the Assumption.

assumpte [ə'sumtə] *nm* **-1.** [gen] subject, matter. **-2.** [de compte] affair.

assutzena [əsu'dzɛnə] *nf* white lily.

asta ['astə] *nf* [de bandera, llança] flagpole, mast; **a mitja ~** at half-mast.

asterisc [əstə'risk] *nm* asterisk.

astigmatisme [əstigmə'tizmə] *nm* astigmatism.

astorament [əstuɾə'men] *nm* fright, terror, dismay.

astorar [əstu'ɾa] *vt* to frighten, to scare. ➥ **astorar-se** *vp* to get frightened, to get scared, to be appalled.

astre ['astrə] *nm* [cos celeste] heavenly body, star.

astringent [əstriɲ'ʒen] *adj* astringent.

astrologia [əstɾulu'ʒiə] *nf* astrology.

astronauta [,astɾu'nawtə] *nmf* astronaut.

astrònom -a [əs'tɾɔnum -ə] *nm, f* astronomer.

astronomia [əstɾunu'miə] *nf* astronomy.

astronòmic -a [əstɾu'nɔmik -ə] *adj* astronomical; *fam* **uns preus ~s** astronomical prices.

astúcia [əs'tusiə] *nf* [picardia] cunning, astuteness, shrewdness.

astut -a [əs'tut -ə] *adj* **-1.** cunning. **-2.** [llest] astute.

AT *nm* (abrev de **Antic Testament** (Bíblia)) Old Testament.

atabalament [ətəβələ'men] *nm* dizziness, bewilderment.

atabalar [ətəβə'la] *vt* to bewilder, to upset; **aquest xivarri m'atabala** this noise bothers me.

atac [ə'tak] *nm* **-1.** [gen & ESPORT] attack. **-2.** *fig* [de nervis, plors] fit, bout; **~ cardíac / de cor** heart attack; **~ de tos** a coughing fit; **~ de riure** a fit of laughter.

atacant [ətə'kan] ◇ *adj* attacking. ◇ *nmf* attacker. ◇ *nm* ESPORT [davanter] forward.

atacar [ətə'ka] *vt* **-1.** [gen] to attack; *fig* **m'ataca els nervis** it gets on my nerves. **-2.** [sobrevenir] to have a fit / bout; **em va ~ la son** my sleep was affected; **el va ~ la febre** he had a bout of fever. **-3.** *fig* [combatre - idea] to attack; [- subj: medicament] to attack.

atansar [ətən'sa] *vt* **-1.** to bring near(er); **atansa'm aquell llibre** pass me that book. **-2.** to bring over; **atansa la cadira a la taula** bring the chair to the table. ➥ **atansar-se** *vp* to approach, to come closer; **un gos se li atansà** a dog came closer; **atanseu-vos** come nearer!

atapeït -ïda [ətəpə'it -iðə] *adj* [bosc, fullatge] dense, thick.

ateisme [ətə'izmə] *nm* atheism.

atemorir [ətəmu'ɾi] *vt* to frighten. ➥

atemorir-se *vp* to get frightened.

atemptar [ətəm'ta] *vi* to make an attempt on sb's life.

atemptat [ətəm'tat] *nm* attempt on sb's life; **~ terrorista** terrorist attack.

atenció [ətənsi'o] ◇ *nf* **-1.** [interès] attention; **a l'~ de** for the attention of; **cridar l'~** [atreure] to draw attention; [amonestar] to tell sb off; **prestar ~** to pay attention. **-2.** [cortesia] attentiveness (U). ◇ *interj* attention!; **~!** your attention please! ➥

atencions *nf pl* attentions, attentiveness (U).

atendre [ə'tendɾə] ◇ *vt* **-1.** [acceptar - petició, prec] to attend to, to heed, to agree to; [- consell, instruccions] to heed. **-2.** [tenir cura de] to care for, to attend; [malalt] to take care of; [client] to attend; **l'atenen?** are you being served? ◇ *vi* [estar atent] to pay attention to.

atenir-se [ətə'niɾsə] *vp* to abide by, to stick to; **~ a** [ordre, instruccions] to abide by; [llei] to observe, to abide by.

atent -a [ə'ten -entə] *adj* [cortès] considerate, thoughtful.

atentament [ə,tentə'men] *adv* **-1.** [amb atenció] attentively. **-2.** [amb cortesia] attentively; [en una carta] yours faithfully / sincerely.

atenuant [ətənu'an] *nm* DR extenuating circumstance.

atenuar [ətənu'a] *vt* to diminish;.

aterrar [ətə'ra] *vi* **-1.** [avió] to land. **-2.** [fer caure] to knock down, to demolish.

aterratge [ətə'radʒə] *nm* landing; **~ forçós** emergency landing.

aterridor -a [ətəri'ðo -oɾə] *adj* frightening, terrifying.

aterrir [ətə'ri] *vt* to terrify, to frighten.

atès -esa [ə'tɛs -ɛzə] *pp* ➥ **atendre**. ➥

atès que *loc conj* given that, since; **~ que**

plou, no anirem al zoo since it's raining, we won't go to the zoo.

ateu -a [ə'tew -eə] *adj & nm, f* atheist.

atiar [əti'a] *vt* **–1.** [lluita, disputa] to stir up. **–2.** [foc, sentiments] to fan, to rouse; [sospites] to rouse.

àtic ['atik] *nm* **–1.** [pis] penthouse. **–2.** ARQUIT top floor.

atipar [əti'pa] *vt* ➢ **afartar**.

atlàntic -a [ə'ʎantik -ə] *adj* Atlantic (*abans de nom*). ➢ **Atlàntic** *nm:* l'(oceà) ~ the Atlantic (Ocean).

atles ['aʎəs] *nm* atlas. ➢ **Atles** *nm* Atlas; l'~ the Atlas.

atleta [ə'ʎetə] *nmf lit & fig* athlete.

atletisme [əʎə'tizmə] *nm* athletics (U).

atmosfera [ədmus'ferə] *nf lit & fig* atmosphere.

atmosfèric -a [ədmus'fɛɾik -ə] *adj* atmospheric.

àtom ['atum] *nm lit & fig* atom; ~ **gram** gram atom.

atòmic -a [ə'tɔmik -ə] *adj* atomic.

atomitzador [ətumidzə'ðo] *nm* atomizer, spray.

àton -a ['atun -ə] *adj* GRAM atonic, unstressed.

atonyinar [ətuɲi'na] *vt* to beat, to trash; *fam* [pegar] ~ **algú** to beat sb up.

atordiment [əturði'men] *nm* **–1.** [desconcert] bewilderment, confusion. **–2.** [irreflexió] thoughtlessness.

atordir [ətur'ði] *vt* **–1.** to stun, to fuddle. **–2.** *fig* [subj: fet moral] to confuse, to bewilder. ➢ **atordir-se** *vp fig* [per un fet moral] to get confused.

atorgament [əturɣə'men] *nm* **–1.** [de privilegi] granting, award. **–2.** DR [de contracte] execution.

atorgar [ətur'ɣa] *vt* [privilegi] to grant, to award; [poders] to grant; ~ **el perdó** to grant pardon.

atot [ə'tɔt] *nm* [en jocs de cartes] trump; **sense** ~ without trumps.

atracador -a [ətɾəkə'ðo -oɾə] *nm, f* armed robber. ➢ **atracador** *nm* armed mugger.

atracament [ətɾəkə'men] *nm* robbery, a hold-up; ~ **a mà armada** armed robbery.

atracar [ətɾə'ka] ⟨> *vt* [banc] to rob; [persona] to mug. ⟨> *vi* to dock; NÀUT ~ **(en)** to dock (at).

atracció [ətɾəksi'o] *nf* **–1.** [gen] attraction. **–2.** *fig* [atractiu] charm; attraction, appeal; [de persona] charm; **sentir** ~ **per** be / feel attracted to.

atractiu -iva [ətɾək'tiw -iβə] *adj* attractive. ➢ **atractiu** *nm* attractiveness, charm; [de persona] attractiveness, attraction.

atrafegar-se [ətɾəfə'ɣaɾsə] *vp* to work hard, to keep busy.

atrafegat -ada [ətɾəfə'ɣat -aðə] *adj* busy, rushed; **vaig molt ~ en aquesta època de l'any** I'm very busy at this time of year.

atraient [ətɾə'jen] *adj* attractive.

atrapar [ətɾə'pa] *vt* to trap, to catch.

atraure [ə'tɾawɾə] *vt* ➢ **atreure**.

atresorar [ətɾəzu'ɾa] *vt* **–1.** [riqueses] to hoard, to store up. **–2.** *fig* [coneixements] to accumulate; [virtuts] to accumulate.

atreure [ə'tɾɛwɾə], **atraure** [ə'tɾawɾə] *vt fig* FÍS to attract.

atreviment [ətɾəβi'men] *nm* **–1.** [gosadia] daring. **–2.** [insolència] cheek.

atrevir-se [ətɾə'βiɾsə] *vp* to dare; ~ **a alguna cosa** to dare to do sthg; ~ **amb algú** to take sb on.

atrevit -ida [ətɾə'βit -iðə] ⟨> *adj* **–1.** [descarat] bold, daring; [valent] daring. **–2.** [fet, dita] cheeky, impudent. ⟨> *nm, f* daring person, daredevil.

atri ['atɾi] *nm* **–1.** [d'església] atrium. **–2.** [de casa] porch.

atribució [ətɾiβusi'o] *nf* attribution, responsibility.

atribuir [ətɾiβui'i] *vt* to attribute; [imputar] ~ **alguna cosa a** to attribute sthg to. ➢ **atribuir-se** *vp* to claim for o.s., to assume.

atribut [ətɾi'βut] *nm* [gen & INFORM] attribute.

atrinxerar-se [ətɾiɲʃə'ɾaɾsə] *vp* to entrench o.s; *lit & fig* ~ **(en)** to hide behind.

atroç [ə'tɾɔs] *adj* atrocious.

atrocitat [ətɾusi'tat] *nf* **–1.** [cruesa] atrocity. **–2.** *fig* stupid thing.

atropellar [ətɾupə'ʎa] *vt* **–1.** [subj: vehicle] to run over. **–2.** *fig* [subj: persona] to trample on. ➢ **atropellar-se** *vp* [en parlar] to trip over one's words.

atrotinar [ətɾuti'na] *vt* to damage, to spoil, to ruin.

atrotinat -ada [ətɾuti'nat -aðə] *adj* [casa, moble] damaged, spoiled, worn out; [cotxe, aparell] worn out.

atuell [ətu'eʎ] *nm* [recipient] vase, vessel, receptacle; [de cuina] receptacle.

atur [ə'tur] *nm* [gen] unemployment; **estar a l'~** to be unemployed, to be on the dole; ~ **cíclic / estructural** cyclical / structural unemployment; **~ encobert** hidden unemployment; **~ forçós** forced redundancy.

aturar [ətuˈra] *vt* to stop; **atura el cotxe** stop the car. **aturar-se** *vp* to stop; **atura't al semàfor** stop at the traffic lights; **el conferenciant s'ha aturat de sobte** the lecturer has suddenly stopped.

aturat -ada [ətuˈrat -aðə] *nm, f* [desocupat] unemployed person. **aturada** *nf* stopping, strike, unemployment, arrest; **aturada cardíaca** cardiac arrest; **aturada de la imatge** freeze-frame function; **aturada general** general strike.

atxa [ˈaʧə] *nf* torch, large candle; **endavant les atxes!** let's get on with it!

atzabeja [ədzəˈβeʒə] *nf* jet.

atzar [əˈdzar] *nm* chance, fate, random; **a l'~** at random.

atzavara [ədzəˈβarə] *nf* agave.

atzucac [ədzuˈkak] *nm* blind alley, cul-de-sac.

au [ˈaw] *nf* bird.

audaç [awˈðas] *adj* daring.

audàcia [awˈðasiə] *nf* daring.

audició [əwðisiˈo] *nf* hearing, audition.

audiència [əwðiˈɛnsiə] *nf* -1. [gen] audience; [en conferència, etc.] audience; **concedir una ~** to grant an audience; **donar ~** to grant an audience. -2. [tribunal] court hearing; [edifici] court; **~ provincial** provincial court; **~ pública** public hearing.

àudio [ˈawðio] *nm* audio.

auditiu -iva [əwðiˈtiw -iβə] *adj* hearing (*abans de nom*).

auditori [əwðiˈtɔri] *nm* -1. [públic] audience. -2. [lloc] auditorium.

auditoria [əwðitoˈriə] *nf* -1. [professió, balanç] auditing; **~ externa / interna** external / internal audit. -2. [despatx] auditing company, auditor's.

auge [ˈawʒə] *nm* boom; **la festa va en ~** the party is swinging.

augment [əwgˈmen] *nm* -1. [de sou, tarifes] increase; **anar en ~** to be on the increase; [tensió] increase; **~ lineal** across-the-board rise. -2. [en òptica] magnification.

augmentar [əwgmənˈta] *vi* to increase, to magnify. *vt* -1. [gen] to increase, to magnify, to put on; **~ de pes** to put on weight. -2. [en òptica] to magnify. -3. [so] to amplify.

augurar [əwɣuˈra] *vt* [subj: persona] to predict; [subj: esdeveniment] to augur.

auguri [əwˈɣuri] *nm* omen, sign; **de bon / mal ~** a good / bad omen.

aula [ˈawlə] *nf* [d'escola] classroom; [d'universitat] lecture room; **~ magna** assembly hall.

aura [ˈawrə] *nf* -1. [irradiació] aura. -2. *culte* [vent] gentle breeze.

aurèola [əwˈrɛulə] *nf lit & fig* aureole.

aurícula [əwˈrikulə] *nf* -1. [de cor] auricle. -2. [d'orella] auricle.

auricular [əwrikuˈlar] *adj* auricular, aural. *nm* [de telèfon] receiver. **auriculars** *nmpl* [d'equip de música] headphones.

aurora [əwˈrɔrə] *nf* first light of dawn / day; **~ austral / boreal / polar** southern lights, aurora borealis / northern lights *pl*.

auscultar [əwskulˈta] *vt* to sound with a stethoscope.

auspicis [əwsˈpisis] *nm pl* omens, auspices; [senyals] **amb bons ~** auspiciously; **sota els ~ de** under the auspices of.

auster -a [əwsˈter -erə] *adj* austere, sober; **ser ~ en el menjar** to be austere in one's eating habits.

austeritat [əwstəriˈtat] *nf* austerity.

Àustria [ˈawstriə] Austria.

austríac -a [əwsˈtriək -ə] *adj* Austrian. *nm, f* Austrian.

autarquia [əwtərˈkiə] *nf* autarchy.

autèntic -a [əwˈtɛntik -ə] *adj* -1. [veraç] authentic, genuine, real. -2. [no falsificat, veritable] genuine, real; [pell] genuine, real; **brillants ~s** genuine, real diamonds.

autenticitat [əwtəntisiˈtat] *nf* authenticity.

auto [ˈawtu] *nm fam* [cotxe] car.

autoadhesiu -iva [ˌawtuəðəˈziw -iβə] *adj* self-adhesive.

autoajuda [awtuəˈʒuðə] *nf* self-help.

autobiografia [ˌawtuβiuɣraˈfiə] *nf* autobiography.

autobús [ˌawtuˈβus] *nm* bus.

autocar [ˌawtuˈkar] *nm* coach.

autòcton -a [əwˈtɔktun -ə] *adj & nm, f* native.

autodeterminació [ˌawtuðətərminəsiˈo] *nf* self-determination.

autodidacte -a [ˌawtuðiˈðaktə] *nm, f* self-taught person.

autoedició [ˌawtuəðisiˈo] *nf* INFORM desktop publishing.

autoescola [ˌawtuəsˈkɔlə] *nf* driving school.

autoestop [ˌawtuəsˈtɔp] *nm* hitch-hiking.

autoestopista [ˌawtuəstuˈpistə] *nmf* hitchhiker.

autogestió [ˌawtuʒəstiˈo] *nf* self-management.

autògraf [əwˈtɔɣɾəf] *nm* autograph.

autòmat [əwˈtɔmət] *nm lit & fig* automaton.

automàtic -a [əwtuˈmatik -ə] *adj* automatic; [gest] automatic.

automòbil [ˌawtuˈmɔβil] *nm* car *Br*, automobile *Am*; ~ **de carreres / elèctric** racing / electric car.

automobilisme [ˌawtumuβiˈlizmə] *nm* motoring, motor racing.

automobilista [ˌawtumuβiˈlistə] *nmf* motorist, driver.

automobilístic -a [ˌawtumuβiˈlistik -ə] *adj* motor *(abans de nom)*.

autònom -a [əwˈtɔnum -ə] ◇ *adj* **–1.** [gen] autonomous. **–2.** [treballador] self-employed. ◇ *nm, f* self-employed, freelance worker.

autonomia [əwtunuˈmiə] *nf* **–1.** [gen] autonomy; ~ **de vol** range. **–2.** POLÍT autonomy.

autopista [ˌawtuˈpistə] *nf* motorway *Br*, freeway *Am*; ~ **de peatge** toll road *Br*, tollway *Am*.

autopropulsió [ˌawtupɾupulsiˈo] *nf* self-propulsion.

autòpsia [əwˈtɔpsiə] *nf* autopsy, post-mortem.

autor -a [əwˈto -oɾə] *nm, f* author, perpetrator; DR ~ **material del fet** perpetrator.

autoretrat [ˌawtuɾəˈtɾat] *nm* self-portrait.

autoria [əwtuˈɾiə] *nf* **–1.** [d'obra] authorship. **–2.** [de crim] perpetration.

autoritat [əwtuɾiˈtat] *nf* **–1.** [gen] authority; **imposar l'~** to impose one's authority; **ser una ~** to be an authority (on); **~ paterna** paternal authority. **–2.** authorities *pl*; [llei] **l'~** the authorities *pl*.

autorització [əwtuɾidzəsiˈo] *nf* authorization; **donar ~ a algú (per fer alguna cosa)** to authorize sb (to do sthg).

autoritzar [əwtuɾiˈdza] *vt* to allow, to authorize, to approve.

autoservei [ˌawtusəɾˈβej] *nm* **–1.** [botiga] self-service shop. **–2.** [restaurant] self-service restaurant.

autosuficient [ˌawtusufisiˈen] *adj* self-sufficient.

autovia [ˌawtuˈβiə] *nf* dual carriageway *Br*, state highway *Am*.

auxili [əwkˈsili] *nm* assistance, help; **demanar ~** to call / ask for help.

auxiliar¹ [əwksiliˈa] *vt* to help, to assist.

auxiliar² [əwksiliˈar] ◇ *adj* [gen & GRAM] auxiliary; [moble] side. ◇ *nmf* [ajudant] assistant; **~ administratiu** office clerk; **~ de vol** air steward (air hostess / stewardess) *f*; **~ tècnic sanitari** health worker.

aval [əˈβal] *nm* guarantee, reference; **~ bancari** banker's reference / bank guarantee.

avalar [əβəˈla] *vt* to endorse, to guarantee.

avall [əˈβaʎ] *adv* **–1.** [direcció] below, down; **mirar cap ~** to look down; **anar cap ~** to go down; **córrer escales ~** to run down the stairs; **carrer ~** down the street; **riu ~** downstream. **–2.** [en un text] below; **més ~** further down.

avaluació [əβəluəsiˈo] *nf* **–1.** [gen] evaluation. **–2.** EDUC [examen] assessment; [període] period of continuous assessment.

avaluar [əβəluˈa] *vt* **–1.** to evaluate. **–2.** EDUC to assess.

avanç [əˈβans] *nm* RADIO & TELE summary; **~ informatiu** news summary.

avançada [əβənˈsaðə] *nf* MIL scout, patrol.

avançament [əβənsəˈmen] *nm* AUTOM overtaking manoeuvre.

avançar [əβənˈsa] ◇ *vt* **–1.** [gen] to move / put / bring forward. **–2.** [deixar enrere] to overtake; [cotxe] to overtake. ◇ *vi* **–1.** [progressar] to make progress. **–2.** to advance. ➣ **avançar-se** *vp* **–1.** [en el temps] to be early, to arrive early; **~-se per fer alguna cosa** to make headway to do sthg; **~-se a algú** to beat sb to it. **–2.** [rellotge] to gain. **–3.** [en l'espai] to go on ahead.

avantatge [əβənˈtadʒə] *nm* advantage; **donar ~** to give a head start; **portar ~ a algú** to have a lead over sb; **tenir l'~ de** to have an advantage over; **té l'~ que treballa a casa** he has the advantage of working at home.

avantatjar [əβəntəˈdʒa] *vt* [superar] to be ahead of; **~ algú en alguna cosa** to surpass sb in sthg.

avantatjós -osa [əβəntəˈdʒos -ozə] *adj* advantageous, profitable.

avantbraç [əˌβamˈbɾas] *nm* forearm.

avantguarda [əβəŋˈgwaɾðə] *nf* vanguard.

avantguardisme [əβəŋgwəɾˈdizmə] *nm* avant-guarde.

avantpassat -ada [ə.βampə'sat -aðə] *nm, f* ancestor.

avantprojecte [ə.βampɾu'ʒektə] *nm* preliminary sketch.

avantsala [ə.βan'salə] *nf* antechamber; **fer ~** [esperar] to wait in the waiting room; *fig* **ser a l'~ de** to wait to be received.

avar -a [ə'βar -arə] ◇ *adj* miserly, mean. ◇ *nm, f* miser.

avarada [əβə'raðə] *nf* NÀUT launching.

avaria [əβə'riə] *nf* breakdown, fault, damage; [de vaixell] average.

avariar [əβəri'a] *vt* to damage, to spoil. **avariar-se** *vp* to breakdown.

avariat -ada [əβəri'at -aðə] *adj* damaged, faulty.

avarícia [əβə'risiə] *nf* greed, avarice.

avariciós -osa [əβərisi'os -ozə] ◇ *adj* avaricious, miserly. ◇ *nm, f* miser.

avellana [əβə'ʎanə] *nf* hazelnut.

avellaner [əβəʎə'ne] *nm* hazelnut (tree).

avemaria [əβəmə'riə] *nf* [oració] Hail Mary.

avena [ə'βenə] *nf* civada.

avenc [ə'βeŋ] *nm* abysm, chasm.

avenç [ə'βens] *nm* [progrés] advancement, progress.

avençar [əβən'sa] *vt* to save, to progress.

avenir [əβə'ni] *nm* [temps a venir, futur] future; **el passat, el present i l'~** the past, the present and the future.

avenir-se *vp* to get on well (together), to agree; **~ a alguna cosa** to agree to sthg.

aventura [əβən'turə] *nf* adventure.

aventurar-se *vp* to take a risk / risks; **~ (a alguna cosa / a fer alguna cosa)** to dare (to do sthg).

aventurer -a [əβəntu're -erə] ◇ *adj* [persona, esperit] adventurous. ◇ *nm, f* adventurer.

averany [əβə'raɲ] *nm* omen, sign, prediction; **aquesta bruixa fa bons ~s** this witch makes good predictions; **ocell de mal ~** bird of ill omen.

avergonyir [əβərɣuɲi] *vt* to shame, to embarrass. **avergonyir-se** *vp* to be ashamed (of), to be embarrassed (about); **~-se (d'alguna cosa / d'algú)** to be ashamed (of sthg / of sb).

aversió [əβərsi'o] *nf* aversion.

avesar [əβə'za] *vt* to accustom (to).
avesar-se *vp* to become accustomed to; **~-se a dutxar-se abans d'anar a dormir** to be in the habit of taking a shower before going to bed.

avet [ə'βet] *nm* fir, fir tree.

avi àvia ['aβi 'aβiə] *nm, f* grandfather *m*, grandmother *f*; [en llenguatge infantil] grandpa *m*, grandma *f*; *fam* **no tenir àvia** to praise o.s.

aviació [əβiəsi'o] *nf* aviation.

aviador -a [əβiə'ðo -orə] *nm, f* aviator.

aviat [əβi'at] *adv* **-1.** [d'aquí a poc temps] soon, quickly; **vine ~** come soon; **fins ~!** see you soon!; **tan ~ com** as soon as. **-2.** [d'hora] early; **vam sortir ~** we left early. **més aviat** *loc adv* rather (than). **tan aviat com** *loc conj* as soon as; **tan ~ com va arribar, li van donar la mala notícia** as soon as he arrived, they gave him the bad news; **tan ~ com van marxar, me'n vaig anar a dormir** as soon as they left, I went to bed.

aviciar [əβisi'a] *vt* [nen] to indulge, to pamper. **aviciar-se** *vp* to become / get corrupted, to take to vice; [beguda, joc] **~-se a** to get addicted to; [ordinador, televisió] to become addicted to.

avícola [ə'βikulə] *adj* poultry (*abans de nom*).

avicultura [əβikul'turə] *nf* poultry farming.

àvid -a ['aβit -iðə] *adj* eager; **~ (de)** eager (for).

avidesa [əβi'ðezə] *nf* eagerness.

avinentesa [əβinən'tezə] *nf* opportunity; **aprofitar l'~ per a fer alguna cosa** to take advantage of the opportunity to do sthg.

avinguda [əβiŋ'guðə] *nf* avenue.

avió [əβi'o] *nm* plane; **amb ~** by plane; **per ~** by airmail; **~ de reacció** jet.

avioneta [əβiu'netə] *nf* light aircraft.

aviram [əβi'ram] *nm* poultry, fowls.

avís [ə'βis] *nm* **-1.** [gen] warning, notice. **-2.** [notificació] notice; [als aeroports] call; **fins a un altre ~** until further notice.

avisar [əβi'za] *vt* **-1.** [informar, advertir] to inform, to notify, to warn. **-2.** [cridar] to call.

avituallament [əβituəʎə'men] *nm* provisioning.

avituallar [əβitu'əʎa] *vt* to supply with food.

avivar [əβi'βa] *vt* to rekindle, to brighten, to stoke up.

avorriment [əβuri'men] *nm* boredom, aversion, loathing.

avorrir [əβuˈri] vt **-1.** to hate, to loathe, to destest. **-2.** to bore, to tire. ◆ **avorrir-se** vp to be / get bored (with).

avorrit -ida [əβuˈrit -iðə] ◇ adj **-1.** bored, dull; [fart, fastiguejat] **estar ~** to be bored; **estar ~ de fer alguna cosa** to be fed up with doing sthg. **-2.** [que avorreix] boring. ◇ nm, f bore; **és un ~** he's a bore.

avortament [əβurtəˈmen] nm [intencionat] abortion; [espontani] miscarriage.

avortar [əβurˈta] ◇ vi **-1.** [intencionadament] to have an abortion; [espontàniament] to have a miscarriage. **-2.** fig [fracassar] to miscarry. ◇ vt fig [fer fracassar] to fail, to foil.

avui [əˈβuj] adv today; **d'~ endavant** from now on; **~ dia, ~ en dia** these days, nowadays.

axioma [əksiˈomə] nm axiom.

azalea [əzəˈleə] nf azalea.

àzeri [ˈazəri] ◇ adj Azeri. ◇ nm [llengua] Azerbaidjanese.

àzim -a [ˈazim -ə] adj unleavened, azymous.

B

b, B [ˈbe] nf [lletra] b, B.

babalà [bəβəˈla] anyhow, unsystematically. ◆ **a la babalà** loc adv anyhow, unsystematically.

babau -a [bəˈβaw -ə] ◇ adj stupid, daft. ◇ nm, f fool, idiot.

babord [bəˈβɔrt] nm port; **a ~** to port (side).

baca [ˈbakə] nf luggage rack.

bacallà [bəkəˈʎa] nm cod; CULIN **~ amb samfaina** cod in a sauce of onions, peppers, tomato and garlic fried in olive oil; **~ a la biscaïna** Basque dish of cod cooked in a thick sauce of onion, tomato and red peppers; **~ al pil-pil** Basque dish of salted cod cooked slowly in an earthenware dish with olive oil and garlic; fam fig **tallar el ~** to be the boss.

bacanal [bəkəˈnal] nf orgy.

bacı́ [bəˈsi] nm chamber pot.

bacil [bəˈsil] nm bacillus, germ; **~ de Koch** tubercle bacillus.

bacó -ona [bəˈko -onə] nm, f **-1.** [porc] pig. **-2.** fam fig [persona bruta] dirty person, slob. ◆ **bacó** nm **-1.** bacon (U). **-2.** salted pork.

bacteri [bəkˈtɛri] nm bacteria.

bacteriologia [bəktəriuluˈʒiə] nf bacteriology.

bàcul [ˈbakul] nm [de bisbe] crosier.

badada [bəˈðaðə] nf mistake, oversight.

badall [bəˈðaʎ] nm yawn.

badallar [bəðəˈʎa] vi to yawn.

badar [bəˈða] vi **-1.** to split open, to gape (open), to crack open; **tinc unes espardenyes que baden** my sandals have got gaping holes in them. **-2.** [estar despistat] to daydream, to have one's mind on other things; **hem badat i no hi hem arribat a temps** we had our mind on other things and didn't make it on time. **-3.** [encantar-se]: **~ davant d'un aparador** to stand gaping in the shop window. **-4.** to be open, to be half-open; **la maleta bada més de dos dits** the case is so full it's half-open. ◇ vt to split open; **li ha dat el cap amb un martell** he split his head open with a hammer; **no ~ boca** not to say a word, to be silent.

badia [bəˈðiə] nf bay, inlet.

badoc -a [bəˈðɔk -ə] ◇ adj fam despec curious. ◇ nm, f onlooker, observer.

baf [ˈbaf] nm [vapor] vapour; [en vidres] haze, vapour; [pudor] stink. ◆ **bafs** nm pl MED inhalation bath.

bafarada [bəfəˈraðə] nm [en còmic] whiff, puff.

baga [ˈbaɣə] nf **-1.** shady place / side. **-2.** bow, knot. **-3.** ring, buckle.

bagassa [bəˈɣasə] nf fam whore, prostitute.

bagatel·la [bəɣəˈtɛllə] nf trifle, bagatelle.

bagatge [bəˈɣadʒə] nm [cultural, etc.] cultural background; **~ emocional** emotional baggage.

bagul [bəˈɣul] nm trunk.

baieta [bəˈjetə] nf **-1.** [teixit] cleaning rag. **-2.** [per a fregar] floorcloth.

baioneta [bəjuˈnetə] nf MIL bayonet thrust.

baix -a [ˈbaʃ -ə] adj **-1.** [gen] low, short; [persona, estatura] short. **-2.** [so - greu] soft; [- fluix] low; **en veu ~a** in a low voice. ◆ **baix** ◇ nm **-1.** (gen pl) [part inferior] inferior part; **els baixos d'una muntanya** the base of a mountain. **-2.** [al mar] shoal. **-3.** MÚS [instrument, cantant] bass, bass singer; [instrumentista] bassist. ◇ adv low; **parlar**

~ to speak quietly / softly. ⋄ *interj* down; **a ~ la dictadura!** down with the dictatorship! ◆ **baixa** *nf* **-1.** [descens] drop, fall; FIN **jugar a la ~a** to bear the market. **-2.** [per malaltia - permís] sick leave (U); [- document] sick note, doctor's certificate; **estar de ~a** to be on / to take sick leave. **-3.** MIL loss, casualty. ◆ **baixos** *nm pl* [d'una casa] ground floor *sg*.

baixada [bə'ʃaðə] *nf* **-1.** [descens] descent. **-2.** [pendent] (downward) slope. **-3.** [d'aigua, preus, etc.] decrease. **-4.** [en taxi] minimum fare.

baixador [baʃə'ðo] *nm* [de tren] stop, wayside station.

baixamar [ˌbaʃə'mar] *nf* low tide, low water.

baixar [bə'ʃa] ⋄ *vt* **-1.** [gen] to take / bring down. **-2.** [descendir] to go / come down; **~ les escales** to go down the stairs; **~ les maletes de l'armari** to take the suitcases down from the closet. ⋄ *vi* **-1.** [disminuir - febre, preu, etc.] to fall, to drop; [- inflor] to reduce. **-2.** [descendir] to go / come down. **-3.** [de tren, d'avió] to get off.

baixesa [bə'ʃɛzə] *nf* baseness, nasty deed.

bajanada [baʒə'naðə] *nf* **-1.** idiocy. **-2.** [paraules] silliness, foolishness.

bala ['balə] *nf* **-1.** bullet. **-2.** [joc] (game of) marbles.

balada [bə'laðə] *nf* **-1.** LIT & MÚS ballad. **-2.** [cançó lenta] ballad.

balanç [bə'lans] *nm* [gen & COM] balance, balance sheet; **fer el ~ (de)** to take stock of; **~ consolidat** consolidated balance sheet.

balança [bə'lansə] *nf* [gen & COM] scales; **~ de cuina / de precisió** kitchen / precision scales; **~ comercial / de pagaments** balance of trade / payments; **s'inclinà la ~ a favor nostre** the balance / scales tipped in our favour.

balanceig [bələn'setʃ] *nm* swinging, rocking; [de vaixell] roll; [del pèndol] swinging.

balancejar [bələndʒə'ʒa] *vt* **-1.** to rock. **-2.** to swing. ◆ **balancejar-se** *vp* to rock, to swing; to roll; [un vaixell] to roll.

balancí [bələn'si] *nm* **-1.** rocking chair. **-2.** AUTOM rocker arm.

balandre [bə'landrə] *nm* yacht.

balandrejar [bələndɾə'ʒa] *vi* [vehicle] to swing, to sway; [vaixell] to roll.

balbuceig [bəlβu'setʃ] *nm* babbling, stammering.

balbucejar [bəlβuse'ʒa] *vt & vi* to babble, to stammer.

Balcans [bəl'kans] *nm pl* Balkans; **els ~** the Balkans.

balcó [bəl'ko] *nm* **-1.** [terrassa] balcony. **-2.** [mirador] vantage point.

balda ['baldə] *nf* **-1.** [picaporta] knocker. **-2.** [pestell] bolt, catch, latch.

baldar [bəl'da] *vt fig* [cansar] to overwhelm, to tire out.

baldat -ada [bəl'dat -aðə] *adj* [atuït] impotent, crippled; [exhaust] exhausted.

baldell [bəl'deʎ], **baldó** [bəl'do] *nm* small knocker, catch, fastener.

baldufa [bəl'dufə] *nf* [joc] spinning top; [persona] chubby.

balear [bələ'ar] *adj* Balearic.

Balears [bələ'ars] *nf pl*: **les (illes) ~** the Balearic Islands.

balena [bə'lɛnə] *nf* whale.

balener -a [bələ'ne -erə] *adj* whaling; **la pesca ~a** whaling. ◆ **balener** *nm* whaler, whaling ship.

balenó [bələ'no] *nm* baby whale.

balí [bə'li] *nm* small bullet, pellet.

ball ['baʎ] *nm* **-1.** [gen] dance, dancing. **-2.** [festa] dance. **-3.** COM: **~ de xifres** number transposition. **-4.** *fam*: **~ de patacada** a knees-up. ◆ **ball de Sant Vito** St. Vitus' dance.

ballar [bə'ʎa] ⋄ *vt* to dance; **~-la magra** to go through hard / lean times; **~ el vals** to dance the waltz. ⋄ *vi* **-1.** [dansar] to dance. **-2.** *fig* [no encaixar] to be loose; **~ a algú alguna cosa** [roba] to be loose; **els peus em ballen a les sabates** my shoes are too big / loose.

ballarí -ina [bəʎə'ɾi -inə] *nm, f* dancer.

ballesta [bə'ʎestə] *nf* **-1.** [arma antiga] crossbow. **-2.** AUTOM spring.

ballet [bə'ʎet] *nm* ballet.

balneari [bəlne'aɾi] *nm* spa.

baló [bə'lo] *nm* [pilota, recipient] ball; *lit & fig* **~ d'oxigen** oxygen bag.

bàlsam ['balsəm] *nm lit & fig* balsam.

balsàmic -a [bəl'samik -ə] *adj* balsamic; **una píndola ~a** a balsamic pill.

Bàltica ['baltikə] *nf*: **la (mar) ~** the Baltic Sea.

baluard [bəlu'aɾt] *nm lit & fig* bastion, bulwark.

bambolina [bəmbu'linə] *nf* TEAT backdrop.

bambú [bəm'bu] *nm* bamboo.

banal [bəˈnal] *adj* banal.

banana [bəˈnanə] *nf* banana.

bananer [bənəˈne] *nm* banana tree.

banc [ˈbaŋ] *nm* **–1.** [seient, concentració] bench; **~ de peixos** shoal; **~ de sorra** sandbank. **–2.** FIN, INFORM & MED bank; **~ central / emissor** central / issuing bank; **~ comercial** commercial bank; **~ de dades** data bank; **~ de negocis** trading bank; **~ de sang** blood bank. **–3.** [de fuster] workbench. **–4.** bench; DR **~ (dels acusats)** dock; *fig* **seure al ~ (dels acusats)** to sit on the dock. ☛ **banc de proves** *nm lit & fig* test bed. ☛ **Banc Mundial** *nm* World Bank.

banca [ˈbaŋkə] *nf* **–1.** [gen] banking; **~ electrònica** electronic banking; **~ privada** private banking; **fer saltar la ~** to break the bank. **–2.** [seient] bench.

bancari -ària [bəŋˈkaɾi -aɾiə] *adj* banking (*abans de nom*).

bancarrota [bəŋkəˈrɔtə] *nf* bankruptcy; **en ~** (to go) bankrupt.

banda [ˈbandə] *nf* **–1.** [gen] side; **d'una / per una ~** on (the) one hand; **d'altra / per altra ~** on the other hand; **de ~ a ~** to and fro; **a la ~ de** alongside (from); **a la ~ de baix / de dalt** on the top / bottom (part); **en alguna ~** somewhere; **en alguna altra ~** somewhere else. **–2.** [cinta] ribbon; **~ magnètica** magnetic band. **–3.** ESPORT [en futbol] touchline. **–4.** MÚS band. **–5.** RÀDIO band; **~ de freqüències** frequency (band). **–6. ~ armada** terrorist organization. ☛ **banda sonora** *nf* CIN soundtrack.

bandarra [bənˈdarə] *n mf despec* scoundrel, rogue.

bandera [bənˈdeɾə] *nf* flag; **jurar ~** to swear allegiance (to the flag); **~ blanca** white flag.

banderí [bəndəˈɾi] *nm* **–1.** [bandera] pennant. **–2.** MIL pennant-bearer.

bandit -ida [bənˈdit -iðə] *nm, f* **–1.** [delinqüent] bandit. **–2.** [pocavergonya] rascal.

bàndol [ˈbandul] *nm* [facció] side.

bandoler -a [bənduˈle -eɾə] *nm, f* bandit.

bandolera [bənduˈleɾə] *nf* [corretja] bandoleer; **en ~** slung across one's chest.

banquer -a [bəŋˈke -eɾə] *nm, f* banker.

banquet [bəŋˈkɛt] *nm* **–1.** banquet; **~ de noces** wedding feast; RELIG **~ eucarístic** holy communion. **–2.** [seient] low stool.

banqueta [bəŋˈkɛtə] *nf* **–1.** [gen] stool. **–2.** ESPORT bench.

banús [bəˈnus] *nm* ☛ **eben**.

bany [ˈbaɲ] *nm* **–1.** [gen] bath, swim; [en el mar] swim; **prendre un ~** to take a bath; **~ de sol** sunbath. **–2.** [pica] bathtub, bath. **–3.** [cambra] bathroom. **–4.** [capa] coat. ☛ **bany maria** *nm* bain Marie. ☛ **banys** *nm pl* spa.

banya [ˈbaɲə] *nf* [gen] horn. ☛ **banyes** *nf pl* to be unfaithful to sb; *fam* [ser infidel] **posar banyes a algú** to cuck old sb.

banyador [bəɲəˈðo] *nm* [dones] swimsuit; [homes] swimming trunk.

banyar [bəˈɲa] *vt* **–1.** [gen] to bath. **–2.** to cover; [cobrir] **~ amb / de** to cover with; [amb or] to cover with. **–3.** to soak, to submerge; [mullar] **~ en** to soak, to submerge (in). ☛ **banyar-se** *vp* [gen] to have / take a bath.

banyera [bəˈɲeɾə] *nf* bathtub, bath.

baptismal [bəptizˈmal] *adj* baptismal; [ritu, cerimònia] baptism.

baptisme [bəpˈtizmə] *nm* baptism.

baptisteri [bəptisˈteɾi] *nm* [pica] baptistry; [lloc] baptistry.

baqueta [bəˈkɛtə] *nf* [per a tambor] ramrod.

bar [ˈbar] *nm* bar; **~ musical** music bar.

baralla [bəˈraʎə] *nf* **–1.** pack of cards. **–2.** [cops] fight.

barallar [bəɾəˈʎa] *vi* [gen] to quarrel; [renyir] to quarrel. ☛ **barallar-se** *vp* [renyir] to argue with; [a cops] to fight with.

barana [bəˈɾanə] *nf* handrail.

barat -a [bəˈɾat -ə] *adj* cheap. ☛ **barat** *adv* cheap, cheaply; **comprar ~** to come out cheap; **sortir ~** to result cheap.

baratar [bəɾəˈta] *vt* [bescanviar] to exchange.

barb [ˈbarp] *nm* **–1.** [gra] blackhead. **–2.** [peix] barbel.

barba [ˈbarbə] *nf* beard; **deixar-se ~** to let one's beard grow. ☛ **barbes** *nf pl* [de peix] barbel *sg*.

barbacoa [bərbəˈkoa] *nf* barbecue.

barbamec -a [ˌbarbəˈmɛk -ə] *adj* [sense barba] smooth-faced, beardless.

bàrbar -a [ˈbarbər -əɾə] ⋄ *adj* **–1.** [gen & HIST] barbarian; **que ~!** [cruel, temerari] how barbaric / cruel! **–2.** [bast] uncouth, coarse. ⋄ *nm, f* HIST barbarian.

barbàrie [bərˈbaɾiə] *nf* cruelty, savagery; **viure en la ~** to revert to barbarism.

barbaritat [bərbəɾiˈtat] *nf* **–1.** [qualitat] cruelty; **quina ~!** how terrible! **–2.** [disbarat] nonsense (U). **–3.** [munt] tons; **una ~ (de)** tons (of); **menjar una ~ (de)** to eat tons of; **gastar una ~** to spend a fortune.

barber [bərˈbe] *nm* barber.
barberia [bərbəˈɾiə] *nf* barber's (shop).
barbeta [bərˈβetə] *nf* chin.
barbut -uda [bərˈbut -uðə] ◇ *adj* bearded. ◇ *nm, f* bearded person.
barca [ˈbarkə] *nf* dinghy, small boat.
barcassa [bərˈkasə] *nf* [fluvial] lighter, barge; ~ **de desembarcament** disembarcation barge, ferry.
Barcelona [bərsəˈlonə] Barcelona.
barceloní -ina [bərsəluˈni -inə], **barcelonès -esa** [bərsəluˈnɛs -ɛzə] ◇ *adj* of / relating to Barcelona. ◇ *nm, f* native / inhabitant of Barcelona.
barcelonista [bərsəluˈnistə] *adj* supporter of Barcelona football club.
bardissa [bərˈðisə] *nm* bramble patch, hedge.
barem [bəˈɾɛm] *nm* [escala] scale, table.
bari [ˈbaɾi] *nm* barium.
baríton -a [bəˈɾitun -ə] *nm, f* baritone.
Barna [ˈbarnə] *abrev de* **Barcelona**.
barnilla [bərˈniʎə] *nf* [tira llarga - de paraigua, cotilla] spoke.
barnús [bərˈnus] *nm* bathrobe.
baró baronessa [bəˈɾo bəɾuˈnɛsə] *nm, f* baron *m*, baroness *f*. ⬥ **baró** *nm* [home] male.
baròmetre [bəˈɾɔmətɾə] *nm* barometer.
baronívol -a [bəɾuˈniβul -ə] *adj* virile, manly.
barqueta [bərˈketə] *nf* small boat.
barra [ˈbarə] *nf* –1. [gen] bar; [d'or] gold bar; [de gel] block of ice; [per a cortines] curtain rail; ~ **de pa** baguette, loaf. –2. *fam* [descaradura] **tenir** ~ to have a cheek.
barrabassada [bərəβəˈsaðə] *nf* –1. [bogeria] *fam* mischief (U). –2. rude or uncouth action.
barraca [bəˈrakə] *nf* –1. shack; **els barris de barraques** shanty town. –2. [caseta de fira] stall. –3. [a València i Múrcia] thatched farmhouse.
barranc [bəˈraŋ] *nm* [precipici] precipice.
barrar [bəˈra] *vt* [pas, carretera] to barricade, to bar.
barreja [bəˈrɛʒə] *nf* –1. mixture, combination. –2. [confusió] jumble, muddle; **una ~ de papers** a jumble of papers. –3. [combat] fight, struggle. –4. [morter] mixing.
barrejar [bərəˈʒa] *vt* to mix, to blend. ⬥ **barrejar-se** *vp* –1. [gen]: ~-se **amb** / **entre** to mix (with), to mix in (with), to

merge (with). –2. to disappear; [intervenir] ~-se **amb** to get mixed up in.
barrera [bəˈreɾə] *nf* –1. [gen] barrier; **barreres aranzelàries** tariff barriers. –2. ESPORT [de jugadors] wall. –3. [barrera del so] sound barrier.
barret [bəˈret] *nm* cap, hat; ~ **de copa** top hat; *fig* **treure's el** ~ to take off one's hat.
barreta [bəˈretə] *nf* [barra llarga] small rod.
barri [ˈbari] *nm* –1. [veïnat] area, neighborhood *Am*; ~ **comercial** shopping area / centre; ~ **perifèric** outlying district; *fam fig* **enviar a l'altre** ~ to do sb in, to finish sb off. –2. area; [de ciutat] ~ **antic (o vell)** old quarters; ~ **comercial** shopping district.
barriada [bəriˈaðə] *nf* neighbourhood, area.
barricada [bəriˈkaðə] *nf* barricade.
barrija-barreja [bəˌriʒəβəˈrɛʒə] *nf fam* hotchpotch, jumble, pell-mell.
barril [bəˈril] *nm* barrel; [de fusta] wooden barrel; **de** ~ [cervesa] from the barrel.
barrina [bəˈrinə] *nf* drill, gimlet; ~ **de mà** hand drill; AERON **caure en** ~ spin.
barrinar [bəriˈna] *vt* [foradar] to drill.
barroc -a [bəˈrɔk -ə] *adj* –1. ART baroque. –2. *fig* [llenguatge, estil] baroque; [persona, pentinat etc.] ornate. ⬥ **barroc** *nm* ART baroque period.
barroer -a [bəruˈe -eɾə] *adj* –1. slapdash, crude. –2. [treball] roughly done.
barrot [bəˈrɔt] *nm* heavy / thick bar.
barrut -uda [bəˈrut -uðə] ◇ *adj* greedy, gluttonous. ◇ *nm, f* glutton.
basar¹ [bəˈza] *vt* [fonamentar] to base. ⬥ **basar-se** *vp*: ~-se **en** to be based on.
basar² [bəˈzar] *nm* bazaar.
basc -a [ˈbask -ə] ◇ *adj* Basque. ◇ *nm, f* Basque. ⬥ **basc** *nm* [llengua] Basque.
bàscula [ˈbaskulə] *nf* scales *pl*; ~ **de precisió** precision scales.
bascular [bəskuˈla] *vi* to tilt.
base [ˈbazə] *nf* base, bed; ~ **aèria** / **espacial** air base / space station; ~ **de llançament** launch site; ~ **d'operacions** operational base; [de partit, sindicat etc.] **de** ~ grassroots (*abans de nom*); **a** ~ **de** [aliment] to live on, [medicament] to live on medicine. ⬥ **base de dades** *nf* INFORM database; ~ **de dades documental** documentary database. ⬥ **base imposable** taxable income.
bàsic -a [ˈbazik -ə] *adj* –1. [fonamental] fundamental, basic; **principis / coneixe-**

ments ~s basic principles / knowledge; **l'oxigen és ~ per a la vida** oxygen is essential for life; **el francès ~** basic French. **-2.** QUÍM basic.

basílica [bəˈzilikə] *nf* basilica.

bàsquet [ˈbaskət], **basquetbol** [ˌbaskədˈbɔl] *nm* **-1.** basketball. **-2.** [cistella del bàsquet] basket.

bassa [ˈbasə] *nf* **-1.** [estany] pool, pond. **-2.** *fig:* **ser una ~ d'oli** as calm as a millpond, to be unraffled; *fig* **travessar la ~ gran** to cross the Atlantic.

bassal [bəˈsal] *nm* puddle, pool.

bast¹ [ˈbast] *nm* packsaddle.

bast² -a [ˈbast -ə] *adj* **-1.** [groller] coarse, rude. **-2.** [aspre] rough.

bastant [bəsˈtan] ◇ *adj* enough, sufficient; **érem ~s** there were quite a few of us; **tinc ~ fred** I'm quite / pretty cold; **guanya ~s diners** he / she earns enough money; **tinc ~s diners per comprar-ho tot** I have enough money to buy everything. ◇ *adv* sufficient, quite; **ho heu fet ~ bé** you've done it quite well; **guanya ~** he earns enough.

bastar [bəsˈta] *vi* to be enough / sufficient; **basta dir-ho** just say the word; **basta que li ho diguis** you only need to tell her / him.

bastard -a [bəsˈtart -ardə] ◇ *adj* **-1.** [gen] bastard *(abans de nom)*. **-2.** *despec* [innoble] mean, base. ◇ *nm, f* [descendent] bastard.

bastida [bəsˈtiðə] *nf* scaffold.

bastidor [bəstiˈðo] *nm* **-1.** [armadura & AUTOM] chassis. **-2.** NÀUT screw propeller's frame. ⮞ **bastidors** *nm pl* TEAT wings; *fig* **entre ~s** in the wings, behind the scenes.

bastiment [bəstiˈmen] *nm* [de porta, finestra] door frame.

bastió [bəstiˈo] *nm* bastion.

bastir [bəsˈti] *vt* [pont, via fèrria] to build, to construct.

bastó [bəsˈto] *nm* **-1.** [per a caminar] walking stick. **-2.** MIL baton. ⮞ **bastons** *nm pl* = clubs.

bastonada [bəstuˈnaðə] *nf* [cop de bastó] blow with a stick; **esllomar algú a bastonades** to beat sb (up) with a stick.

bastonejar [bəstuneˈʒa] *vt* to beat / hit (with a stick).

bat¹ [ˈbat] *nm* ESPORT bat.

bat² [ˈbat] ⮞ **de bat a bat** wide open; **obrir la finestra de ~ a ~** to open the window wide.

bata [ˈbatə] *nf* **-1.** [de casa] housecoat, dressing gown. **-2.** [de treball] overall. **-3.** [d'escolar] school overall.

batall [bəˈtaʎ] *nm* clapper (of bell).

batalla [bəˈtaʎə] *nf* **-1.** [entre exèrcits] battle; MIL **~ campal** pitched battle; *fig* everyday battle. **-2.** *fig* [lluita interior] struggle. **-3.** fight; **de ~** [d'ús diari] everyday use.

batallar [bətəˈʎa] *vi lit & fig* to battle.

batalló [bətəˈʎo] *nm* [MIL & fig] batallion.

batec [bəˈtek] *nm* [palpitació] beat, beating, throb.

batedor [bətəˈðo] *nm* **-1.** CULIN beater, whisk, mixer. **-2.** [en la caça] beater. **-3.** MIL scout.

batedora [bətəˈðorə] *nf* CULIN: **~ (elèctrica)** [per a batre, per a triturar] mixer.

bategar [bətəˈɣa] *vi* **-1.** [palpitar] to beat, to palpitate. **-2.** [estar latent] to conceal.

bateig [bəˈtetʃ] *nm* baptism, christening; **~ de foc** baptism of fire; **nom de ~** Christian name.

batejar [bətəˈʒa] *vi lit & fig* to baptise, to christen.

batent [bəˈten] ◇ *adj* beating, banging. ◇ *nm* [de porta, finestra] swing door / window.

bateria [bətəˈriə] ◇ *nf* **-1.** [gen, MÚS & MIL] drums *pl*, battery; **~ de cuina** pots *pl* and pans; **~ solar** solar cell. **-2.** TEAT floodlights. **-3.** battery; **aparcar en ~** parallel parking. **-4.** *fig* [de llums] bank, battery, set. ◇ *nmf* MÚS drummer, percussionist.

batlle [ˈbaʎʎə] *nm* mayor, bailiff.

batre [ˈbatrə] ◇ *vi* [pluja] to beat down. ◇ *vt* **-1.** [gen] to beat, to whip; [nata] to whip. **-2.** [zona - subj: policia] to comb, to search. ⮞ **batre's** *vp* [lluitar] to fight.

batuda [bəˈtuðə] *nf* **-1.** [de caça] drive, beat. **-2.** [batre, combing, search; [de policia] **fer una ~** to round up, to raid.

batut -uda [bəˈtut -uðə] *adj* **-1.** [camí] well-trodden. **-2.** [nata] whipped; [clares] whisked. ⮞ **batut** *nm* [beguda] milkshake.

batuta [bəˈtutə] *nf* MÚS baton; *fig* **portar la ~** to call the tune.

baula [ˈbawlə] *nf* link; **la ~ perduda** the lost link.

bava [ˈbaβə] *nf* spittle, saliva; *fam* **caure a algú la ~ amb algú** to be charmed / delighted; *fam* **tenir mala ~** [mal caràcter] to be malicious.

bavejar [bəβəˈʒa] *vi* to drool, to slobber.

bavós -osa [bəˈβos -ozə] *adj* drooling, slobbering.

be¹ [ˈbe] *nf* [lletra] letter b.

be² [ˈbe] *nm lit & fig* lamb, sheep; **i un ~ negre!** [ni parlar-ne] and pigs might fly!

bé¹ [ˈbe] *adv* **–1.** [gen] well, fine; **has fet ~** you did the right thing; **parla ~ l'anglès** he speaks English well; **trobar-se ~** to be / feel well; **estar ~** [de salut] to be healthy; **estar ~** [ser suficient] to be enough; **està ~ que te'n vagis, però abans acomiada't de tothom** it's all right for you to go, but say goodbye first; **passar-s'ho ~** to have a good time; **ens ho vam passar molt ~** we had a very good time; **molt ~!** very good!, excellent!; **sí que anem ~!** that's all we needed! **–2.** [d'acord] all right.

bé² [ˈbe] *conj* **o ~... o ~** either ... or; **pot pagar-ho o ~ en efectiu o ~ en quotes** you can either pay in cash or in instalments. ➣ **si bé** *loc conj* although, even though; **si ~ no m'ho va dir, m'ho imagino** although he didn't tell me, I can imagine it.

bé³ [ˈbe] *nm* **–1.** [gen] good (U); **les vacances li han fet molt de ~** the vacation did her a lot of good; **pel teu ~** for your own good; **fer el ~** to do good (deeds); **el ~ i el mal** good and evil. **–2.** EDUC good. ➣

béns *nm pl* property (U); **béns de consum / d'equip** consumer / capital goods; **béns immobles** real estate (U); **béns mobles** personal property (U).

beat -a [beˈat -ə] ◇ *adj* **–1.** [beatificat] blessed. **–2.** [pietós] devout. **–3.** *fig* [rosegaaltars] sanctimonious. ◇ *nm, f* **–1.** [beatificat] beatified person. **–2.** [pietós] devout person. **–3.** *fig* [rosegaaltars] sactimonious person.

beatificar [beətifiˈka] *vt* **–1.** RELIG to beatify. **–2.** *fig* [fer venerable] to be blessed.

beatitud [beətiˈtut] *nf* **–1.** RELIG beatitude. **–2.** *fam* [tranquil·litat] **dormir amb ~** to have a blessed sleep.

bebè [bəˈβɛ] *nm* baby; **~ proveta** test-tube baby.

bec [ˈbek] *nm* **–1.** [gen] beak, bill. **–2.** [de flauta] mouthpiece. **–3.** *fam* [boca] gob, mouth; **tancar el ~** to shut up; **costar el ~ i les ungles** to cost a fortune; *fig* **tenir un bon ~** to be a smooth talker, to have the gift of gab; [fer-se petons] **donar-se el ~** to kiss, to bill and coo.

beca [ˈbekə] *nf* [subvenció] grant, scholarship; **~ d'investigació** research grant.

becaina [bəˈkajnə] *nf fam* nod, snooze; **faré una ~** I'll have a snooze.

becari -ària [bəˈkaɾi -aɾiə] *nm, f* grant / scholarship holder.

beceroles [basəˈɾɔləs] *nf pl* **–1.** [per a aprendre a llegir] spelling book. **–2.** alphabet; first spelling book; **estar a les ~** [projecte] to be in the first stages; **no saber-ne ni les ~** not to even know the basics.

beduí -ïna [bəðuˈi -inə] ◇ *adj* Bedouin. ◇ *nm, f* Bedouin.

befa [ˈbefə] *nf* jeer; **fer ~ de** to jeer at sb.

begònia [bəˈɣɔniə] *nf* begonia.

begut -uda [bəˈɣut -uðə] *adj* drunk. ➣ **beguda** *nf* drink; **donar-se a la beguda** to take to the bottle.

beina [ˈbejnə] *nf* **–1.** [funda] sheath, case; [d'espasa, sabre] sheath, scabbard. **–2.** BOT [de pèsols, etc.] pod, husk.

beisbol [bajzˈbɔl] *nm* baseball.

beix [ˈbeʃ] *adj & nm inv* beige.

beixamel [bəʃəˈmel] *nf* bechamel.

bel [ˈbel] *nm* bleat, bleating (U).

belar [bəˈla] *vi* to bleat.

Bèlgica [ˈbɛlʒikə] Belgium.

Belgrad [bəlˈɣɾat] Belgrade.

bell -a [ˈbeʎ -ə] *adj* beautiful.

bellesa [bəˈʎezə] *nf* beauty.

bèl·lic -a [ˈbɛllik -ə] *adj* war (abans de nom); [actitud] bellicose, warlike.

bel·licós -osa [bəlliˈkos -ozə] *adj* bellicose, aggressive.

bel·ligerant [bəlliʒəˈɾan] *adj & nmf* belligerent, (belligerent person).

bellugar [bəʎuˈɣa] ◇ *vt* to move; **després de l'accident, no pot ~ la cama** after the accident, he can't move his leg; **~ el cap** to move / shake one's head. ◇ *vi* to shake, to move; **el peix és fresc: encara belluga** the fish is fresh: it's still moving. ➣ **bellugar-se** *vp* to move, to toss and turn; **la mainada sempre es belluga** children are always moving around / children never keep still.

bemoll [bəˈmɔʎ] ◇ *adj* flat. ◇ *nm* MÚS flat; **doble ~** double flat; **té (molts) ~s** [té valor] he's got (a lot of) guts.

bena [ˈbenə] *nf* bandage; *fig* **tenir una ~ als ulls** to be blind.

benaurança [ˌbenəwˈɾansə] *nf* **–1.** [felicitat] happiness. **–2.** RELIG blessing. ➣ **benaurances** *nf pl* RELIG the Beatitudes.

benaurat -ada [ˌbenəwˈɾat -aðə] ◇ *adj* [feliç, sortós] happy, blessed. ◇ *nm, f* simple soul.

benedicció [bənəðiksi'o] *nf* blessing.
benedictí -ina [bənəðik'ti -inə] *adj & nm, f* Benedictine.
benefactor -a [bənəfək'to -orə] ◇ *adj* beneficient. ◇ *nm, f* benefactor.
benèfic -a [bə'nɛfik -ə] *adj* **-1.** [favorable] beneficial. **-2.** [funció, institució] charity (*abans de nom*).
benefici [bənə'fisi] *nm* **-1.** [bé] benefit; **en ~ de** in aid of; **en ~ de tothom** in everyone's interest; **en ~ propi** for one's own good. **-2.** [guany] profit; **~ brut / net** gross / net profit.
beneficiar [bənəfisi'a] *vt* [afavorir] to benefit; **aquesta actitud no et beneficia** this attitude will get you nowhere. ⇒ **beneficiar-se** *vp* to benefit; **no se'n beneficia ningú** no one benefits from it; **~~ se d'alguna cosa** to do well out of sthg.
beneficència [bənəfi'sɛnsiə] *nf* charity.
beneficiós -osa [bənəfisi'os -ozə] *adj* beneficial.
beneir [bənə'i] *vt* to bless.
beneit -a [bə'nɛjt -ə] ◇ *adj* blessed. ◇ *nm, f* simple soul.
beneït -ïda [bənə'it -iðə] *adj* **-1.** [sant] holy. **-2.** [per a emfatitzar] damned.
beneplàcit [bənə'plasit] *nm* consent.
benestant [ˌbənəs'tan] *adj* [persona] well-to-do, wealthy; [posició, situació] well-to-do, well-off.
benestar [ˌbənəs'ta] *nm* **-1.** [econòmic] wellbeing; **viure amb ~** to live well / to be comfortably off. **-2.** [placidesa] comfort.
benèvol -a [bə'nɛβul -ə] *adj* benevolent.
benevolència [bənəβu'lɛnsiə] *nf* benevolence.
bengala [bəŋ'galə] *nf* **-1.** [per a demanar ajuda] flare. **-2.** [per a festes] sparkler.
benigne -a [bə'niɲnə] *adj* **-1.** MED benign. **-2.** [clima, temperatura] mild.
benjamí -ina [bəɲʒə'mi -inə] *nm, f* youngest child.
benvingut -uda [ˌbembiŋ'gut -uðə] ◇ *adj* welcome. ◇ *interj*: **~!** welcome! ⇒ **benvinguda** *nf* welcome; **donar la benvinguda** to welcome sb.
benzina [bən'zinə] *nf* benzine.
benzinera [bənzi'nerə] *nf* ⇒ **gasolinera**.
berbena [bər'bɛnə] *nf* [planta] verbena.
berenar[1] [bərə'na] *vi* to have tea (as a light afternoon meal).
berenar[2] [bərə'na] *nm* tea (as a light afternoon meal), picnic.

bergant -a [bər'gan -antə] *nm, f* scoundrel, rascal.
bergantí [bərgən'ti] *nm* NÀUT brig.
beril·li [bə'rilli] *nm* beryllium.
Berlín [bər'lin] Berlin.
berlina [bər'linə] *nf* four-door saloon.
berlinès -esa [bərli'nɛs -ɛzə] ◇ *adj* of / relating to Berlin. ◇ *nm, f* Berliner.
bermudes [bər'muðəs] *nf pl* Bermuda shorts.
Berna ['bɛrnə] Berne.
bernat [bər'nat] *nm* [de porta, finestra] bar. ⇒ **bernat ermità** *nm* hermit crab.
berruga [bə'ruɣə] *nf* wart.
besar [bə'za] *vt* to kiss. ⇒ **besar-se** *vp* to kiss one another.
besavi -àvia [bə'zaβi -aβiə] *nm, f* great-grandfather *m*, great-grandmother *f*.
bescanvi [bəs'kambi] *nm* ⇒ **canvi**.
bescanviable [bəskəmbi'abblə] *adj inv* ⇒ **canviable**.
bescanviar [bəskəmbi'a] *vt* ⇒ **canviar**.
bescoll [bəs'kɔʎ] *nm* back of the neck, nape.
besnét -a [bəz'net -ə] *nm, f* great-grandson *m*, great-granddaughter *f*.
bessó -ona [bə'so -onə] ◇ *adj* twin (*abans de nom*). ◇ *nm, f* twin. ⇒ **bessó** *nm* ANAT marrow.
bèstia ['bɛstiə] ◇ *adj* stupid, clumsy, rude; *fig* **és molt ~** he's a real brute / idiot. ◇ *nmf fig* [persona] brute. ◇ *nf* [animal] beast, animal; **~ de càrrega** beast of burden.
bestial [bəsti'al] *adj* **-1.** [brutal] beastly, brutal, animalistic. **-2.** *fam* clumsy. **-3.** *fam* [molt bo] terrific.
bestialitat [bəstiəli'tat] *nf* **-1.** [brutalitat] brutality. **-2.** *fam* [bogeria] rubbish (*U*), nonsense.
bestiar [bəsti'a] *nm* stock, livestock; **~ gros** cattle, horses and mules; **~ menut** small livestock.
bestiesa [bəsti'ɛzə] *nf* **-1.** [dita, fet] foolish act / remark. **-2.** tons / stacks of; *fam* [quantitat] **hi ha una ~ de gent** there are loads of people.
bestiola [bəsti'ɔlə] *nf* [animal] creature, little animal.
bestreta [bəs'trɛtə] *nf* [de diners] advance payment.
besuc [bə'zuk] *nm* [peix] sea bream.
betum [bə'tum] *nm* **-1.** [per a les sabates] shoe polish. **-2.** QUÍM bitumen; **~ de Judea** asphalt.

beuratge [bəwˈradʒə] *nm* **-1.** MED potion, mixture. **-2.** *brew*, concoction.
beure [ˈbewrə] ◇ *vi* to drink; ~ a / per [brindar] to drink to. ◇ *vt* **-1.** [gen] to drink. **-2.** *fig* [coneixements] to draw, to acquire. ➥ **beure's** *vp* [absorbir] to drink up, to drink down.
bevedor -a [bəβəˈðo -orə] *nm, f* heavy drinker.
biaix [biˈaʃ] *nm* slant, slope. ➥ **de biaix** *loc adv* on the bias; **mirar de ~** to look slyly (at).
bianual [biənuˈal] *adj* [cada dos anys] biannual.
biberó [biβəˈro] *nm* (baby's) bottle.
bíblia [ˈbiβliə] *nf* Bible.
bibliografia [biβliuɣrəˈfiə] *nf* bibliography.
biblioteca [biβliuˈtɛkə] *nf* library; **~ pública** public library.
bibliotecari -ària [biβliutəˈkari -ariə] *nm, f* librarian.
bicarbonat [bikərbuˈnat] *nm* **-1.** QUÍM bicarbonate. **-2.** FARM bicarbonate of soda.
bicentenari [bisəntəˈnari] *nm* bicentenary.
bíceps [ˈbisəps] *nm inv* biceps.
bici [ˈbisi] *nf fam* bike.
bicicleta [bisiˈklɛtə] *nf* bicycle. ➥ **bicicleta de muntanya / tot terreny** *nf* mountain bike.
bidell -a [biˈðeʎ -ə] *nm, f* beadle, headporter.
bidet [biˈðɛt] *nm* bidet.
bidó [biˈðo] *nm* drum, can; [de plàstic] (large) bottle.
biela [biˈɛlə] *nf* connecting rod.
biennal [biənˈnal] ◇ *adj* biennial. ◇ *nf* biennial exhibition.
bienni [biˈɛnni] *nm* [període] two-year period.
bífid -a [ˈbifit -iðə] *adj* forked.
bifurcació [bifurkəsiˈo] *nf* fork; TECNOL bifurcation.
bifurcar-se [bifurˈkarsə] *vp* to fork; [branca] to branch (off).
biga [ˈbiɣə] *nf* **-1.** beam, rafter; **~ mestra** main beam. **-2. comptar les bigues** [distreure's] to stand gaping / gape at the ceiling.
bígam -a [ˈbiɣəm -ə] ◇ *adj* bigamous. ◇ *nm, f* bigamist.
bigàmia [biˈɣamiə] *nf* bigamy.
bigarrat -ada [biɣəˈrat -aðə] *adj lit & fig* colourful.
bigoti [biˈɣɔti] *nm* moustache.

bigotut -uda [biɣuˈtut -uðə] *adj* with a big moustache.
bijuteria [biʒutəˈriə] *nf* imitation jewellery.
biliar [biliˈar] *adj* bile (abans de nom), biliary.
bilingüe [biˈliŋgwə] *adj* bilingual.
bilingüisme [biliŋˈgwizmə] *nm* bilingualism.
bilió [biliˈo] *nm* billion *Br*, trillion *Am*, a million million.
bilis [ˈbilis] *nf inv* bile.
billar [biˈʎar] *nm* billiards (U); **~ americà** ≃ pool; **~ automàtic** billiards.
bimensual [bimənsuˈal] *adj* twicemonthly.
bimestral [biməsˈtral] *adj* two-monthly.
bimotor -a [bimuˈtor -orə] *adj* twin-engine (abans de nom). ➥ **bimotor** *nm* twin-engined plane.
binari -ària [biˈnari -ariə] *adj* INFORM binary.
bingo [ˈbiŋgu] *nm* **-1.** [joc, premi] bingo. **-2.** [sala] bingo hall.
binocle [biˈnɔklə] *nm* binoculars.
binomi [biˈnɔmi] *nm* MAT binomial.
biodegradable [ˌbiuðəɣrəˈðabblə] *adj* biodegradable.
biodiversitat [ˌbiuðiβərsiˈtat] *nf* biodiversity.
biògraf -a [biˈɔɣrəf -ə] *nm, f* biographer.
biografia [biuɣrəˈfiə] *nf* biography.
biogràfic -a [biuˈɣrafik -ə] *adj* biographical.
biòleg -òloga [biˈɔlək -ɔluɣə] *nm, f* biologist.
biologia [biuluˈʒiə] *nf* biology.
biològic -a [biuˈlɔʒik -ə] *adj* biological.
bioma [biˈomə] *nm* biome.
biomassa [biuˈmas] *nf* biomass.
biòpsia [biˈɔpsiə] *nf* biopsy.
bioquímic -a [ˌbiuˈkimik -ə] ◇ *adj* biochemical. ◇ *nm, f* biochemist. ➥ **bioquímica** *nf* biochemistry.
biosfera [ˌbiusˈferə] *nf* biosphere.
biquini [biˈkini] *nm* **-1.** bikini. **-2.** toasted ham and cheese sandwich.
birret [biˈret] *nm* **-1.** [de clergue] biretta. **-2.** [de catedràtic, advocat] cap worn by judges and lawyers.
bis [ˈbis] ◇ *adj inv* bis; **viuen al 15 ~** they live at 150a. ◇ *nm* encore; **demanar un ~** to demand an encore.
bisbat [bizˈbat] *nm* **-1.** [càrrec] bishopric. **-2.** [edifici, jurisdicció] bishopric.
bisbe [ˈbizbə] *nm* bishop.

biscaí -ïna [biskəˈi -inə] ◇ *adj* Biscayan; CULIN **a la biscaïna** in the Biscayan style. ◇ *nm, f* Biscayan.
Biscaia [bisˈkajə] Biscay.
bisecció [bisəksiˈo] *nf* bisection.
bisector -a [bisəkˈto -orə] *adj* bisecting.
bisectriu [bisəkˈtɾiw] *nf* bisector.
bisellar [bizəˈʎa] *vt* to bevel.
bisexual [bisəksuˈal] *adj & nmf* bisexual.
bismut [bizˈmut] *nm* bismuth.
bisó [biˈzo] *nm* bison.
bistec [bisˈtɛk] *nm* steak.
bisturí [bistuˈɾi] *nm* scalpel.
bit [ˈbit] *nm* INFORM bit.
bitlla [ˈbiʎʎə] *nf* [de joc] ninepin, skittle. ➤ **bitlles** *nm pl* [joc] tenpin bowling.
bitllet [biʎˈʎɛt] *nm* -1. ticket, banknote; **agafar / comprar un** ~ to get / buy a ticket; ~ **d'andana** platform ticket; ~ **d'anada i tornada** return (ticket) Br, round-trip (ticket) Am; ~ **senzill** single (ticket) Br, one-way (ticket) Am. -2. [de loteria, rifa] lottery ticket; [de travesses] punt.
bitllo-bitllo [ˌbiʎʎuˈβiʎʎu] *loc adv* cash down, on the nail; **pagar** ~ to pay cash.
bitxo [ˈbitʃu] *nm* animal, bug.
bivac [biˈβak] *nm* bivouac.
bixest [biˈʃest] *adj* ➤ **any**.
bla blana [ˈbla ˈblanə] *adj* -1. [gen] soft, smooth. -2. *fig* [de caràcter] delicate, indulgent; **és massa** ~ **amb els alumnes** he is too soft with the students.
blanc -a [ˈblaŋ ˈblaŋkə] ◇ *adj* white. ◇ *nm, f* white man *m*, white woman *f*. ➤ **blanc** *nm* -1. [color, espai] blank (space). -2. [de tret] target; **fer** ~ to hit the target; **va ser el** ~ **de totes les mirades** he was the object of everyone's gaze. -3. *fig* [objectiu] target. ➤ **blanc de l'ull** *nm* white of the eye. ➤ **blanca** *nf* MÚS minim. ➤ **en blanc** *loc adv* -1. blank; [buit] **deixar la fulla en** ~ to leave the page blank. -2. blank; [sense saber] **es va quedar amb la ment en** ~ his mind went blank. -3. sleepless; [sense dormir] **passar la nit en** ~ to have a sleepless night.
blancor [blaŋˈko] *nf* whiteness.
blanesa [bləˈnɛzə] *nf* -1. [gen] excessive softness. -2. *fig* [de caràcter] weakness.
blanquejar [blaŋkəˈʒa] *vt* [diners] to launder.
blanquinós -osa [blaŋkiˈnos -ozə] *adj* off-white; [llum] whitish.
blasfem -a [bləsˈfɛm -ə] ◇ *adj* blasphemous; [persona] blasphemous. ◇ *nm, f* blasphemer.

blasfemar [bləsfəˈma] *vi* -1. RELIG to blaspheme (against). -2. [maleir] to swear, to curse.
blasfèmia [bləsˈfɛmiə] *nf* -1. [contra Déu] blasphemy. -2. [paraulota] curse. -3. *fig* [injúria] sacrilege.
blasó [bləˈzo] *nm* coat of arms.
blat [ˈblat] *nm* wheat. ➤ **blat de moro** *nm* corn, sweet corn maize Am.
blau blava [ˈblaw ˈblaβə] *adj* blue. ➤ **blau** *nm* blue; ~ **cel / elèctric** sky / electric blue; ~ **marí / turquesa** navy / turquoise blue.
blaugrana [ˌblawˈɣɾanə] *adj inv* pertaining to the Barcelona football club.
blavós -osa [bləˈβos -ozə] *adj* bluish.
bleda [ˈblɛðə] *nf* chard.
bleda-rave [ˌblɛðəˈraβə] *nf* beet (root).
blindar [blinˈda] *vt* to armour-plate, to shield.
blindatge [blinˈdadʒə] *nm* armour-plating.
bloc¹ [ˈblɔk] *nm* -1. [gen & INFORM] block; **en** ~ as a whole. -2. [llibreta] notebook, notepad. -3. [edifici] block of flats. -4. [de paper, etc.] pad. ➤ **bloc motor** *nm* engine block.
bloc² [ˈblɔk] *nm* ➤ **blog**.
blocaire [bluˈkajɾə] *nmf* ➤ **bloguer**.
blocar [bluˈka] *vt* -1. [gen & ESPORT] to block. -2. [béns] to blockade, to block; [xec] to stop; [compte, crèdits] to freeze. ➤ **blocar-se** *vp* [persona] to have a mental block.
blocatge [bluˈkadʒə] *nm* -1. [gen] blockade. -2. [de país, ciutat] blockade; [de mercat] blockade; ~ **econòmic** economic blockade. -3. [de bens] freezing, blockade; [de compte, crèdits] freezing.
blocosfera [blukusˈfɛɾə] *nf* ➤ **blogosfera**.
blog [ˈblɔɡ] *nm* INFORM blog.
blogosfera [bluɣusˈfɛɾə] *nf* blogosphere.
bloguer -a [bluˈɣe -eɾə] *nm, f* blogger.
blonda [ˈblondə] *nf* doily.
bloquejar [blukəˈʒa] *vt* -1. [gen] to block. -2. [béns] to block, to freeze; [xec] to stop; [compte, crèdits] to freeze.
bo¹ [ˈbɔ] *nm* -1. [val] voucher. -2. COM [títol] order, ticket; [del Tresor] government bond; ~ **de caixa** cash voucher; ~ **de l'Estat** treasury bond.
bo² bona [ˈbɔ ˈbɔnə] *adj* -1. [gen] good, kind; **un home** ~ a good man; **un bon ganivet** a good knife; **una bona migdiada** a good siesta / nap; **ser** ~ **amb algú** to be good to sb. -2. [tranquil] good; **un nen** ~ a good child. -3. [guarit, sa]: **estar** ~ to be better / well. -4. [temps, clima] fine; **fa**

bon dia / temps it's a nice day, the weather's good / fine. –**5.** *fam* [atractiu] good-looking, attractive; **està ~ / ~ és** he's / she's good-looking, attractive. –**6.** good; [ús emfàtic] **aquell bon home** that good man; **un bon dia** one fine day. –**7.** [saborós, agradable] tasty; **un pastís (molt) ~** a (very) good cake. –**8. a les bones** willingly; **escapar-se d'una i bona** to have a narrow escape.

boa ['boə] *nf* [animal] boa; **~ constrictor** boa constrictor.

bobina [bu'βinə] *nf* reel; ELECT coil.

boc ['bok] *nm* he-goat, billy-goat; *fig* **ésser el ~ expiatori** to be the scapegoat.

boca ['bokə] *nf* mouth; **mantenir sis boques** to have six mouths to feed; **~ de l'estómac** pit of the stomach; **~ de metro** tube station entrance *Br*, subway entrance *Am*; **~ de reg / regatge** hydrant; **fer ~** to whet one's appetite; **fer venir aigua a la ~** to make one's mouth water; **anar / córrer de ~ en ~** to be on everyone's lips; **tapar la ~ a algú** to silence sb; **anar-se'n de la ~** to blab; **no badar ~** to hold one's tongue / to remain silent; **qui té ~ s'equivoca** anyone can be mistaken; **quedar-se amb la ~ oberta** to be left speechless; **treure de la ~** to take the words out of sb's mouth; **deixar bona ~** to leave a good taste; **~ d'incendis** fire-hydrant. ● **boca per amunt** *loc adv* face up. ● **boca per avall** *loc adv* face down.

bocabadat -ada [,bokəβə'ðat -aðə] *adj* open-mouthed, dumbfounded; **quedar-se ~** to be dumbfounded.

bocaterrós -osa [,bokətə'ros -ozə] *adj* face downward; **posar-se de bocaterrosa** to put o.s. / lie face downward.

boci [bu'si] *nm* –**1.** piece (of food), morsel. –**2.** *fam* [tros] piece, morsel; **un ~ de pa** a morsel / piece of bread.

boda ['boðə] *nf* –**1.** marriage ceremony. –**2.** wedding; **a bodes em convides!** with pleasure; **bodes d'argent, d'or, de diamant** silver / golden / diamond weddings.

bodega [bu'ðeɣə] *nf* [vaixell, avió] hold.

bogeria [buʒə'ɾiə] *nf* –**1.** madness, insanity; **amb ~** madly. –**2.** *fam* madness. –**3.** [enamorament] mad love (amour fou).

bohemi -èmia [bu'emi -emiə] <> *adj* –**1.** [artista] bohemian; [vida] bohemian. –**2.** [de Bohèmia] Bohemian. <> *nm, f* –**1.** [artista] bohemian. –**2.** [de Bohèmia] Bohemian. ● **bohèmia** *nf* bohemian life style.

Bohèmia [bu'ɛmiə] Bohemia.

boia ['bojə] *nf* [en el mar] buoy.

boicot [buj'kɔt] *nm* boycott.

boicotejar [bujkutə'ʒa] *vt* to boycott.

boig boja ['botʃ 'boʒə] <> *adj* mad, crazy; *fig* **fer el ~** to play / act the fool; **estar ~ de / per / amb** to be mad about / crazy for; **fer tornar ~ algú** to drive sb mad; **~ rematat** stark raving mad; **com un ~** [conduir] to drive like a madman / madwoman; [respondre, treballar, etc.] to work like mad; *fig fam* [enamorat] **estar ~ per algú** to be madly in love with; **fer tornar-se ~ per algú** to be mad about sb; *fam* [encantar] **tornar-se ~ per alguna cosa** to be mad about; **les patates fregides em tornen ~** I'm mad about chips *Br*, French fries *Am*. <> *nm, f* fool, idiot; **fer-se el ~** to play the fool.

boina ['bojnə] *nf* beret.

boira ['bojɾə] *nf lit* & *fig* fog, mist.

boirina [buj'ɾinə] *nf* mist, mistiness.

boix ['boʃ] *nm* box (wood).

bol ['bɔl] *nm* bowl, basin.

bola ['bɔlə] *nf* –**1.** [gen] **~ de vidre** crystal ball; **~ de neu** snowball. –**2.** *fam* [mentida] **dir boles** to fib. –**3.** ball; [jersei] **fer boles** to pill.

bolcar [bul'ka] <> *vt* to knock over, to tip. <> *vi* [vehicle] to overturn; [vaixell] to capsize. ● **bolcar-se** *vp* [caure's] to fall over; [vaixell] to capsize.

bolet [bu'let] *nm* –**1.** fungus, mushroom (edible). –**2.** [barret] bowler hat. –**3.** [cop] smack, slap, swipe.

bòlid ['bɔlit] *nm* meteorite, racing car, hot-rod *Am*.

bolígraf [bu'liɣɾəf] *nm* ballpoint pen, Biro®.

bolquer [bul'ke] *nm* nappy, swaddling (clothes / band).

bolquet [bul'kɛt] *nm* wheelbarrow.

bomba ['bombə] *nf* –**1.** [explosiu] bomb; **~ atòmica** atomic bomb; **~ de cobalt** cobalt bomb; **~ de mà** (hand) grenade; **~ de neutrons** neutron bomb; **~ de rellotgeria** time bomb; **~ H / d'hidrogen** hydrogen bomb; **~ lacrimògena** tear gas grenade. –**2.** [màquina] pump; **~ hidràulica** hydraulic pump.

bombament [bumbə'men] *nm* [de líquid] pumping.

bombar [bum'ba] *vt* –**1.** to pump. –**2.** to praise, to speak highly of. –**3.** *fam* [suspendre] to suspend, to arch; *fam fig* **au, que et bombin!** go jump in the lake!, go to hell!

bombardeig [bumbərˈdetʃ] *nm* bombardment; **~ aeri / atòmic** air raid / atom bombing.

bombardejar [bumbərdəˈʒa] *vt lit & fig* to bombard.

bombarder -a [bumbərˈde -erə] *adj* bombing (abans de nom). ☛ **bombarder** *nm* bomber.

bombejar [bumbəˈʒa] *vt* to bomb, to bombard.

bomber -a [bumˈbe -erə] *nm, f* fireman *m*, firewoman *f*.

bombeta [bumˈbetə] *nf* light bulb.

bombo [ˈbombu] *nm* [tambor] bass drum.

bombó [bumˈbo] *nm* **-1.** [llaminadura] chocolate. **-2.** [gelat] ice cream on a stick.

bombolla [bumˈboʎə] *nf* bubble.

bombollejar [bumbuʎəˈʒa] *vi* to bubble, to form bubbles.

bombona [bumˈbonə] *nf* cylinder; **~ de butà** gas cylinder.

bombonera [bumbuˈnerə] *nf* [caixa] sweet (box / tin).

bonament [ˌbonəˈmen] *adv* simply, plainly; **fes el que ~ puguis** do what you can.

bonança [buˈnansə] *nf* **-1.** [de temps, mar] fair weather, calm at sea. **-2.** [prosperitat] prosperity.

bonàs -assa [buˈnas -asə] *adj* kindly, good-natured.

bonaventura [ˌbonəβənˈturə] *nf* **-1.** [endevinació] fortune telling. **-2.** [sort] fortune.

bondadós -osa [bundəˈðos -ozə] *adj* kind, good-natured; **és ~** he's kind.

bondat [bunˈdat] *nf* goodness, kindness.

bonic -a [buˈnik -ə] *adj* pretty, nice; **és molt ~** it's very nice.

bonificació [bunifikəsiˈo] *nf* **-1.** COM discount, allowance. **-2.** [del sòl] development.

bonificar [bunifiˈka] *vt* **-1.** COM to give a discount / allowance. **-2.** [el sòl] to develop.

bonítol [buˈnitul] *nm* striped tunny, bonito.

bonsai [bunˈsaj] *nm* bonsai.

bonyiga [buˈɲiɣə] *nf* cowpat, dung (*U*), turd.

bor [ˈbɔr] *nm* boron.

borboll [burˈboʎ] *nm* bubble. ☛ **a borbolls** *loc adv* tumultuously; *fig* **parlar a ~** to boil over with stgh (to say).

borbollejar [burbuʎəˈʒa] *vi* to bubble, to boil.

bord -a [ˈbort ˈborðə] ◇ *adj* [antipàtic] stroppy, miserable. ◇ *nm, f* [antipàtic] stroppy person. ☛ **bord** *nm* NÀUT board; **a ~** on board. ☛ **borda** *nf* board.

bordell [burˈðeʎ] *nm* brothel.

boreal [bureˈal] *adj* northern.

bòric -a [ˈbɔrik -ə] *adj* boric.

borinot [buriˈnɔt] *nm* **-1.** ZOOL humblebee, bumble-bee. **-2.** *fam* [persona] bore.

borla [ˈbɔrlə] *nf* [adorn] tassel, pompon.

born [ˈbɔrn] *nm* ELECT terminal.

borni bòrnia [ˈbɔrni ˈbɔrniə] ◇ *adj* one-eyed. ◇ *nm, f* blind in one eye.

borrall [buˈraʎ] *nm* **-1.** [de llana, neu] flock, fluff. **-2.** flock, tuft; *fam* **no en sé / no hi entenc un ~, d'anglès** I don't understand a thing in English; **no veig ni un ~** I can't see a thing.

borrasca [buˈraskə] *nf* thunderstorm.

borrascós -osa [burəsˈkos -ozə] *adj* stormy, gusty.

borratxo -a [buˈratʃu -ə] ◇ *adj* **-1.** [embriac] drunk. **-2.** intoxicated; *fig* [emocional] **~ de** drunk with. ◇ *nm, f* [persona] drunk.

borrissol [buriˈsɔl] *nm* fluff, down.

borrós -osa [buˈros -ozə] *adj* [visió, fotografia] blurred; [escriptura, text] fuzzy, unclear.

borsa [ˈborsə] *nf* FIN stock (exchange / market); **~ de valors** stock exchange / market; **la ~ baixa / puja** share prices have gone down / up; **jugar a la ~** to speculate on the stock market; **~ de treball** employment office, labour exchange.

bosc [ˈbɔsk] *nm* [petit] wood, woods; [gran] forest.

Bòsnia [ˈbɔzniə] Bosnia.

bossa [ˈbosə] *nf* **-1.** [gen] bag, sack; **~ d'escombraries** bin liner; **~ de viatge** travel bag. **-2.** [cavitat] pocket; **~ de petroli** oil well. **-3.** bottle; **~ d'aigua calenta** hot-water bottle. **-4.** pocket; [en un vol] **~ d'aire** air pocket.

bot [ˈbɔt] *nm* **-1.** [barca] boat; **~ salvavides** life-boat. **-2.** [salt] leap, jump; **fer ~s d'alegria** to jump with joy.

bota [ˈbɔtə] *nf* [sabata] boot; **~ d'aigua / de goma / de pluja** wellington, gum boot; **~ de muntar** riding boot.

bóta [ˈbotə] *nf* small leather container in which wine is kept.

botànic -a [buˈtanik -ə] ◇ *adj* botanical. ◇ *nm, f* botanist. ☛ **botànica** *nf* botany.

botar [buˈta] *vi* [gen] to jump, leap, bound.

botella [buˈteʎə] *nf* bottle, leather wine bottle.

botí [buˈti] *nm* **–1.** [de guerra] booty, plunder. **–2.** [sabata] ankle boot.

botifarra [butiˈfarə] *nf* **–1.** sausage; ~ **catalana** spicy Catalan sausage made of lean, good-quality pork, sometimes with added truffle. **–2.** gesture of contempt; *m fam* **fer una ~** to make a gesture of contempt.

botiga [buˈtiɣə] *nf* shop, store; ~ **lliure d'impostos** duty-free shop. ☞ **botiga de queviures** *nf* grocer's.

botiguer -a [butiˈɣe -erə] *nm, f* shopkeeper; [de queviures] grocer.

botó [buˈto] *nm* **–1.** stud. **–2.** [de roda] knob. **–3.** button; *fig* **anar / vestir-se de vint-i-un botons** to put on one's best clothes. ☞ **botons de puny** *nm pl* [de camisa] cufflinks.

botonar [butuˈna] *vt* to button (up). ☞ **botonar-se** *vp* to button up.

botxí [buˈtʃi] *nm* executioner, hangman.

botzina [buˈdzinə] *nf* [de cotxe] horn.

bou [ˈbɔw] *nm* ox, steer; *fig* **agafar el ~ per les banyes** to take the bull by the horns.

boví -ina [buˈβi -inə] *adj* bovine. ☞ **bovins** *nm pl* cattle (*U*).

bòvids [ˈbɔβits] *nm pl* bovidae, bovines.

boxa [ˈbɔksə] *nf* boxing.

boxador -a [buksəˈðo -orə] *nm, f* ESPORT boxer.

boxar [bukˈsa] *vi* to box.

boxejador -a [buksəʒəˈðo -orə] *nm, f* ☞ **boxador -a**.

boxejar [buksəˈʒa] *vi* ☞ **boxar**.

braç [ˈbras] *nm* **–1.** [gen] arm; **agafats pel ~** arm in arm; **portar en braços** to carry in one's arms. **–2.** [d'animal] foreleg; [de cavall] foreleg. **–3.** [capacitat de treball] arm; **necessitem braços per a descarregar** we need a hand to unload. **–4.** arm; **amb els braços oberts** with open arms; **ser el ~ dret d'algú** to be sb's right-hand (man / woman). ☞ **braç de gitano** *nm* CULIN ≃ swiss roll. ☞ **braç de mar** *nm* GEOG arm (of the sea), sound.

braça [ˈbrasə] *nf* [ESPORT & mesura] breaststroke, fathom.

braçada [brəˈsaðə] *nf* stroke.

braçalet [brəsəˈlɛt] *nm* **–1.** [al canell] bracelet. **–2.** [al braç] armband.

bracejar [brəsəˈʒa] *vi* **–1.** [moure els braços] to swing / wave one's arms. **–2.** [nedar] to swim, crawl.

bracer [brəˈse] *nm* labourer, farmhand.

bracet [brəˈsɛt] *nm* arm; **anar de ~** to walk arm in arm.

braguer [brəˈɣe] *nm* belt, truss.

bragueta [brəˈɣɛtə] *nf* slit, fly.

bram [ˈbram] *nm* **–1.** [de l'ase] bray, braying. **–2.** [de bou] bellow; [de nen] howl, bawl. **–3.** [de dolor] howl; [d'ira] roar.

bramar [brəˈma] *vi* **–1.** to bray. **–2.** to rage, to bellow; [nen] to bawl. **–3.** [animal, vent] to howl. **–4.** [persona - de dolor] to howl; [- d'ira] to roar.

bramul [brəˈmul] *nm* moo, bellow.

branca [ˈbraŋkə] *nf* [d'arbre] branch.

brànquia [ˈbraŋkiə] *nf* branchia, gill.

branquilló [brəŋkiˈʎo] *nm* [llenya] sprig, twig, small branch.

brasa [ˈbrazə] *nf* **–1.** (live / hot) coals *pl*. **–2.** (glowing) embers, cinders; CULIN **a la ~** grilled.

braser [brəˈze] *nm* brazier.

brau -ava [ˈbraw -aβə] *adj* **–1.** [animal] fierce, ferocious; [persona] brave. **–2.** [mar] rugged, rough, wild.

bravada [brəˈβaðə] *nf* bad smell, stench.

bravata [brəˈβatə] *nf* [fanfarronada] boast, brag.

bravesa [brəˈβɛzə] *nf* ☞ **bravura**.

bravo! [ˈbraβo] *interj* bravo!

bravura [brəˈβurə] *nf* **–1.** [de persona] bravery. **–2.** [d'animal] ferocity.

brea [ˈbreə] *nf* tar, pitch.

brega [ˈbrɛɣə] *nf* **–1.** *fam* struggle; **buscar ~** to try to pick a quarrel with sb. **–2.** [lluita] struggle.

bregar [brəˈɣa] *vi fig* [lluitar] to quarrel, to scrap.

bresca [ˈbrɛskə] *nf* honeycomb.

bressar [brəˈsa] *vt* to rock.

bressol [brəˈsɔl] *nm lit & fig* cradle.

Bretanya [brəˈtaɲə] Brittany.

bretó -ona [brəˈto -onə] ◇ *adj* Breton. ◇ *nm* Breton.

brètol -a [ˈbrɛtul -ə] *nm, f* scoundrel, rascal.

bretolada [brətuˈlaðə] *nf* dirty trick; **no li facis cap ~ al nen!** don't play any tricks on the child!; **t'han fet una ~!** they played a dirty trick on you.

bretxa [ˈbretʃə] *nf* [obertura] breach, gap.

breu [ˈbrew] ◇ *adj* **–1.** short, brief; **en ~** [aviat] shortly. **–2.** [en extensió, temps] brief,

brevetat [brəβə'tat] *nf* shortness.

breviari [brə'βiari] *nm* **-1.** RELIG breviary. **-2.** [compendi] compendium.

bri ['bri] *nm* **-1.** [fil, tabac] thread, strand; [d'aire] wisp. **-2.** bit; *fig* **no té ni un ~ de sentit de l'humor** he's totally lacking a sense of humour.

bricolatge [briku'ladʒə] *nm* D.I.Y., do-it-yourself.

brida ['briðə] *nf* bridle, rein.

brigada [bri'γaðə] ◇ *nm* MIL brigade. ◇ *nf* **-1.** brigade, squad; **~ antidisturbis** riot squad; **~ antidroga** drug squad; **~ de neteja** cleaning squad. **-2.** [de treballadors] brigade, squad, gang.

brillant [bri'ʎan] ◇ *adj* **-1.** [gen] shining. **-2.** [somriure] sparkling. ◇ *nm* diamond.

brillantina [briʎən'tinə] *nf* brillantine, Brylcreem®.

brillantor [briʎən'to] *nf* **-1.** brilliance. **-2.** *fig* sparkle, brightness.

brillar [bri'ʎa] *vi* lit & *fig* to shine.

brindar [brin'da] ◇ *vi* to drink a toast; **~ per alguna cosa / algú** to drink to sthg / sb; **~ a la salut d'algú** to drink to sb's health. ◇ *vt* to offer. ➠ **brindar-se** *vp*: **~-se a fer alguna cosa** to offer to do sthg.

brindis ['brindis] *nm inv* toast.

brioix [bri'ɔʃ] *nm* brioche.

brisa ['brizə] *nf* breeze.

britànic -a [bri'tanik -ə] ◇ *adj* British. ◇ *nm, f* British person, Briton.

brivall [bri'βaʎ] *nm* **-1.** rogue, scoundrel. **-2.** [malvat] bad lot, rotter.

broc ['brɔk] *nm* [càntir] spout, lip.

broca ['brɔkə] *nf* (drill) bit.

brocal [bru'kal] *nm* curb, parapet.

brocat [bru'kat] *nm* brocade; [de seda] silk brocade.

brodar [bru'ða] *vt* **-1.** [gen] to embroider. **-2.** [fer bé] to do excellently.

brodat -ada [bru'ðat -aðə] *adj* embroidered. ➠ **brodat** *nm* embroidery.

brollador [bruʎə'ðo] *nm* jet, waterspout.

brollar [bru'ʎa] *vi* **-1.** [planta] to sprout. **-2.** [líquid] to spring, to gush. **-3.** *fig* [sentiment] to stir up.

brom ['brɔm] *nm* QUÍM bromine.

broma ['brɔmə] *nf* **-1.** [acudit] joke; [jugada] prank, practical joke; **en ~** as a joke; **fer una ~ a algú** to play a joke / prank on sb; **~ de mal gust** bad joke. **-2.** [boira] mist, fog. **-3.** fun, gaiety; *fam* **prendre's alguna cosa de ~** not to take sthg seriously.

bromera [bru'merə] *nf* froth, foam.

bromista [bru'mistə] ◇ *adj* fond of joking. ◇ *nmf* joker.

bromós -osa [bru'mos -ozə] *adj* misty, foggy.

bromur [bru'mur] *nm* bromide.

bronqui ['brɔŋki] *nm* bronchial tube.

bronquial [broŋki'al] *adj* bronchial; **una malaltia ~** a bronchial illness.

bronquitis [broŋ'kitis] *nf inv* bronchitis.

bronze ['brɔnzə] *nm* bronze.

bronzejador -a [brunzəʒə'ðo -ora] *adj* tanning. ➠ **bronzejador** *nm* suntan lotion / cream.

bronzejar [brunzə'ʒa] *vt* to tan. ➠ **bronzejar-se** *vp* to get a tan.

bronzejat -ada [brunzə'ʒat -aðə] *adj* tanned. ➠ **bronzejat** *nm* tan.

broquet [bru'ket] *nm* [per a fumar] cigarette holder.

broqueta [bru'ketə] *nf* **-1.** drumstick. **-2.** brochette, skewer.

bròquil ['brɔkil] *nm* broccoli.

brossa ['brɔsə] *nf* **-1.** dead leaves. **-2.** [partícula] speck, grain, smut.

brot ['brɔt] *nm* **-1.** [d'arbre, planta] bud, shoot. **-2.** *fig* [inicis] sign, hint. **-3.** bit, scrap; *fam* **no fer ~** not to do a scrap of work.

brotar [bru'ta] *vi* [plantes] to sprout, to bud.

brotxa ['brɔtʃə] *nf* brush; **~ d'afaitar** shaving brush.

brou ['brɔw] *nm* [sopa] broth, bouillon, clear soup. ➠ **brou de cultiu** *nm fig* BIOL culture medium.

bru bruna ['bru 'brunə] *adj* dark, dusky. ➠ **bru** *nm* dark(-haired) / swarthy person.

bruixa ['bruʃə] *nf* **-1.** witch. **-2.** [dona lletja] old hag; **estar feta una ~** to look like a witch. **-3.** [dona dolenta] sorceress.

bruixeria [bruʃə'riə] *nf* witchcraft, sorcery.

brúixola ['bruʃulə] *nf* compass; *fig* **perdre la ~** to lose one's way, to be disoriented.

bruixot [bru'ʃɔt] *nm* sorcerer, wizard, magician.

brunyiment [bruɲi'men] *nm* polish, polishing.

brunyir [bruˈɲi] *vt* [metall] to polish; [fusta] to burnish, to shine.

brunzidor [bunziˈðo] *nm* buzzing, droning.

brunziment [brunziˈmen] *nm* [d'abella] buzzing; [de motor] hum.

brunzir [brunˈzi] *vi* [abella] to buzz; [motor] to hum; **em brunzeixen les oïdes** my ears are buzzing.

brusa [ˈbruzə] *nf* blouse, overall, smock.

brusc -a [ˈbrusk -ə] *adj* sudden, abrupt.

brusquedat [bruskəˈðat] *nf* –1. [imprevisió] suddenness, abruptness. –2. [grolleria] brusqueness; **amb ~** brusquely.

Brussel·les [bruˈsɛlləs] Brussels.

brut -a [ˈbrut -ə] ◇ *adj inv* [xampany] brut. ◇ *adj* –1. [gen] clumsy, ignorant, stupid; **en ~** uncut. –2. [color, feina] dirty, filthy, grimy. –3. [negoci] foul. –4. [petroli] crude; [sou, pes, etc.] gross; [diamant] **en ~** uncut.

brutal [bruˈtal] *adj* –1. [violent] brutal. –2. *fam* [extraordinari] tremendous.

brutalitat [brutəliˈtat] *nf* –1. brutality; **és una ~** it's brutal. –2. [estupidesa] brutal act.

brutícia [bruˈtisiə], **brutor** [bruˈto] *nf* dirtiness, filthiness.

buc [ˈbuk] *nm* [de vaixell] hull.

bucal [buˈkal] *adj* oral.

bucaner [bukəˈne] *nm* buccaneer.

bucle [ˈbuklə] *nm* –1. [gen & INFORM] loop; [ris] curl, ringlet. –2. [de carretera] loop.

bucòlic -a [buˈkɔlik -ə] *adj* –1. [campestre] country (*abans de nom*). –2. LITER pastoral, bucolic.

budell [buˈðeʎ] *nm* [intestí] intestine, gut.

budisme [buˈðizmə] *nm* Buddhism.

buf -a [buf -ə] *adj* MÚS comic. ◆ **buf** *nm* –1. MÚS comic opera. –2. [gen & MED] bladder.

bufador [bufəˈðo] *nm* glass blower, blow-pipe, blow-lamp.

búfal [ˈbufəl] *nm* buffalo.

bufanda [buˈfandə] *nf* scarf, muffler.

bufar [buˈfa] ◇ *vt* –1. [gen] to blow. –2. [inflar] to blow up. ◇ *vi* to blow. ◆ **bufa!** [ˈbufə] *interj fam* the devil!, hang it! ◆ **bufar-se** *vp* to rise, to swell; [paret] to swell.

bufet [buˈfet] *nm* –1. sideboard. –2. lawyer's office.

bufeta [buˈfetə] *nf* bladder; **~ biliar** gall bladder; **~ natatòria** air bladder; **~ urinària** urinary bladder.

bufetada [bufəˈtaðə] *nf* slap / smack in the face.

bufetejar [bufətəˈʒa] *vt* to hit, to slap, to smack.

bufó -ona [buˈfo -onə] *adj* –1. dainty, pretty. –2. [simpàtic] cute. ◆ **bufó** *nm* buffoon, clown.

bufonada [bufuˈnaðə] *nf* buffonery, clowning.

bugada [buˈɣaðə] *nf* [roba] washing, bleaching; **fer la ~** to do the washing.

bugaderia [buɣəðəˈriə] *nf* laundry, wash-house.

bugia [buˈʒiə] *nf* AUTOM spark plug.

buidar [bujˈða] *vt* –1. [recipient] to empty. –2. [deixar buit] to drain. –3. [llibre, text] to copy out. –4. ART to cast, to mould. –5. to empty, to drain; **~ el pap** [ocell] to clean its breast; *fam fig* **~ el pap** to get sthg off one's chest.

buidatge [bujˈðadʒə] *nm* –1. [de recipient] emptying. –2. [de text] copying out.

buidor [bujˈðo] *nf* emptiness, vagueness.

buit buida [ˈbujt ˈbujðə] *adj* –1. [gen] empty, devoid of; [frase, discurs, etc.] light, idle, frivolous; [persona] empty-headed; [sentit, etc.] **~ de** devoid of. –2. [no ocupat] vacant, unoccupied. ◆ **buit** *nm* emptiness; **al ~** vacuum-packed; **caure al ~** to fall on deaf ears; **fer el ~ a algú** to send sb to Coventry; **tenir un ~ a l'estómac** to feel hungry.

bulb [ˈbulp] *nm* BOT & ANAT bulb; **~ raquidi** rachidian bulb.

buldog [bulˈdɔk] *nm* bulldog.

bulevard [buləˈβart] *nm* boulevard.

búlgar -a [ˈbulɣar -ərə] ◇ *adj* Bulgarian. ◇ *nm, f* Bulgarian. ◆ **búlgar** *nm* [llengua] Bulgarian.

Bulgària [bulˈɣariə] Bulgaria.

bulímia [buˈlimiə] *nf* bulimia.

bull [ˈbuʎ] *nm* –1. type of flat sausage made of pork, spices and, at times, blood; CULIN **fer donar un ~ a alguna cosa** to scald sthg. –2. boil; *fam fig* **li falta un ~** he has a screw loose.

bullabessa [buʎəˈβesə] *nf* bouillabaisse.

bullícia [buˈʎisiə] *nm* [soroll] racket, din; [de gent] hustle and bustle.

bulliciós -osa [buʎisiˈos -ozə] *adj* –1. [sorollós, agitat] noisy. –2. [inquiet] rowdy, boisterous.

bullir [buˈʎi] ◇ *vt* to boil, to cook. ◇ *vi* –1. to boil. –2. *fig* [multitud] to bustle.

bumerang [buməˈraŋ] *nm* boomerang.

búnquer ['buŋkər] *nm* **-1.** [refugi] bunker. **-2.** *fig* POLÍT reactionary forces *pl*.

bunyol [bu'ɲɔl] *nm* **-1.** CULIN fritter, doughnut, dumpling; **~ de bacallà / de cervell** cod / brain dumpling; **~ de vent** doughnut. **-2.** *fig* [cosa mal feta] botched job, mess.

buquet [bu'kɛt] *nm* bouquet.

burgès -esa [bur'ʒɛs -ɛzə] ◇ *adj* middle-class, bourgeois. ◇ *nm, f* member of the middle class.

burgesia [burʒə'siə] *nf* middle class; **alta ~** upper middle class.

burilla [bu'riʎə] *nf* cigarette stub / end.

burla ['burlə] *nf* **-1.** [mofa] taunt, jeer. **-2.** [broma] joke. **-3.** [engany] trick.

burlar-se [bur'larsə] *vp* to joke, to make fun of; **~ de** to make fun of.

burlesc -a [bur'lɛsk -ə] *adj* LITER burlesque.

burleta [bur'lɛtə] *nm, f fam* joker, tease.

buró [bu'ro] *nm* [escriptori] bureau, writing desk; POLÍT executive committee.

burocràcia [buru'krasiə] *nf* bureaucracy.

buròcrata [bu'rɔkrətə] *nmf* bureaucrat.

buròcràtic -a [buru'kratik -ə] *adj* bureaucratic.

burro -a ['buru -ə] ◇ *adj* [neci] stupid, dim. ◇ *nm, f* **-1.** [animal, neci] donkey, ass. **-2.** donkey, ass; [treballador] **treballar com un ~** to work like a donkey; **~ de càrrega** workhorse; *fig* nitwit, ass.

burxar [bur'ʃa] *vt* **-1.** [punxar] to poke, to jab. **-2.** [foc] to poke. **-3.** *fig* [furgar] to stir up, to excite, to hassle; **para de ~-me, no et diré res** stop hassling me, I won't tell you anything.

bus ['bus] *nm* **-1.** AUTOM & INFORM bus. **-2.** [que busseja] diver.

busca ['buskə] *nf* [del rellotge] hand.

busca-raons [,buskərə'ons] *adj & nm f* quarrelsome, argumentative (person).

buscar [bus'ka] *vt* to look for, to search.

bussejar [busə'ʒa] *vi* to dive; *fig* [qüestió, passat] **~ en** to delve into.

bust ['bust] *nm* bust.

bústia ['bustiə] *nm* letter box, postbox.

butà [bu'ta] *nm* butane (gas).

butaca [bu'takə] *nf* **-1.** [moble] armchair. **-2.** [localitat] seat; **~ (de pati)** garden chair.

butlla ['buʎʎə] *nf* RELIG bull.

butlletí [buʎʎə'ti] *nm* schedule, bulletin; **~ de notícies / informatiu** news bulletin; **~ de premsa** press release; **~ de subscripció** subscription form; **~ meteorològic** weather forecast.

butllofa [bu'ʎʎofə] *nf* [a la pell] blister.

butxaca [bu'tʃakə] *nf* pocket, purse; **de ~** [llibre etc.] pocket; **ficar-se algú a la ~** to win sb over, to have sb eating out of one's hand; **gratar-se la ~** to pay up, to fork out.

C

c, C ['se] *nf* [lletra] c, C.

c. (abrev de carrer) St.

c/c (abrev de **compte corrent**) abbreviation of current account.

ca¹ [ka] *nm* dog.

ca² [ka] home, house; **anar a ~ la Laura** to go to Laura's.

cabal [kə'βal] *nm* **-1.** [quantitat d'aigua] flow. **-2.** [capital] property, possessions. ➤ **cabals** *nmpl* [diners] money.

càbala ['kaβələ] *nf* **-1.** [doctrina] cabbala. **-2.** *gen pl* [conjectures] guess; **fer càbales** to speculate, to guess.

cabalós -osa [kəβə'los -ozə] *adj* **-1.** [riu] with a large flow. **-2.** [persona] rich, wealthy.

cabana [kə'βanə], **cabanya** [kə'βaɲə] *nf* **-1.** [barraca] shack. **-2.** [casa] hut, cabin.

cabanya [kə'βaɲə] *nf* [bestiar] livestock (U).

cabaret [kəβə'rɛt] *nm* cabaret.

cabàs [kə'βas] *nm* **-1.** [bressol] baby-carrying basket. **-2.** basket. ➤ **a cabassos** *loc adv* in abundance, copiously.

cabdal [kəb'dal] *adj fig* [que sobresurt] main, principal; **és l'obra ~ de...** it is the main work by...

cabdell [kəb'deʎ] *nm* **-1.** ball. **-2.** [d'enciam, col, etc.] heart.

cabdill [kəb'diʎ] *nm* **-1.** [en la guerra] leader. **-2.** [en una comunitat] head.

cabdillatge [kəbdi'ʎadʒə] *nm* leadership.

cabeça [kə'βesə] ➤ **cabeça d'all** bulb of garlic.

cabell [kə'βeʎ] *nm* hair; *fam* **se li van posar els ~s de punta** his hair stood on end. ➤ **cabell blanc** *nm* white hair. ➤ **ca-**

bell d'àngel *nm* [dolç] pumpkin and syrup preserve; [fideu] vermicelli. ☞ **cabells** *nm pl* [cabellera] hair (U).

cabellera [kəβəˈʎeɾə] *nf* head of hair, hair (U).

caber [kəˈβe] *vi* ☞ **cabre**.

cabestrell [kəβəsˈtɾeʎ] sling. ☞ **en cabestrell** *loc adj* in a sling.

cabina [kəˈβinə] *nf* cabin; [en piscina] bathing hut; ~ **de projecció** projection room; ~ **telefònica** phone box *Br*, phone booth *Am*.

cable [ˈkabblə] *nm* cable.

cablegrafiar [ˌkabbləɣɾəfiˈa] *vt* to cable.

cabotatge [kəβuˈtadʒə] *nm* NÀUT coastal shipping.

cabra [ˈkaβɾə] *nf* goat; ~ **salvatge** wild goat; *fam* [sonat] **està com una** ~ he's off his head; **la ~ avesada a saltar fa de mal desvesar** you can't make a leopard change his spots.

cabre [ˈkaβɾə], **caber** [kəˈβe] *vi* **-1.** [gen] to fit; **la maleta no cap a l'armari** the suitcase doesn't fit into the cupboard; **darrere n'hi caben tres** three more fit into the back; **no hi cap ningú més** there's no room for anyone else. **-2.** MAT to go into; **deu entre dos, n'hi caben cinc** two into ten goes five (times). **-3.** to be beside o.s.; **no ~ a la pell d'alegria** to be beside o.s. with joy.

cabriola [kəβɾiˈɔlə] *nf* **-1.** prance; [de cavall] **fer una ~** to prance about. **-2.** [de nen] hop, skip.

cabrit [kəˈβɾit] *nm* kid (goat); *fam* [persona] bastard.

cabró [kəˈβɾo] *nm* **-1.** [animal] billy goat. **-2.** *vulg* [cornut] cuckold.

cabut -uda [kəˈβut -uðə] ◇ *adj* pigheaded, stubborn. ◇ *nm, f* pighead / stubborn person.

caca [ˈkakə] *nf* **-1.** [excrement] excrement, faeces, [shit *vulg*]; [llenguatge infantil] poo; **fer ~** to open one's bowels; **tenir ~** to need to open one's bowels. **-2.** dirty thing; [cosa bruta] **és ~** it's dirty / nasty. **-3.** *fig* [cosa dolenta]: **és una ~** it's crap.

caça [ˈkasə] ◇ *nf* **-1.** [acció de caçar] hunting; *fig* **~ de bruixes** witch hunt. **-2.** [animals, carn] hunt, game shooting; **~ major / menor** big / small game. ◇ *nm* chase, pursuit. ☞ **caça bombarder** *nm* fighter-bomber.

caçador -a [kəsəˈðo -ɔɾə] ◇ *adj* [gos, etc.] hunting. ◇ *nm, f* lit & *fig* hunter; ~ **de dots** fortune hunter; ~ **furtiu** poacher.

☞ **caçadora** *nf* [peça de vestir] hunting jacket, anorak.

caçar [kəˈsa] *vt* **-1.** [animals] to hunt; **anar a ~** to go hunting. **-2.** *fig* [sorprendre] to catch. **-3.** *fam* [aconseguir] to trap.

cacatua [kəkəˈtuə] *nf* [au] cockatoo.

cacau [kəˈkaw] *nm* **-1.** [gen & arbre] cacao; [beguda] cocoa. **-2.** *fam* [desordre] chaos, mess.

cacauet [kəkəˈwɛt] *nm* **-1.** [fruit] peanut. **-2.** [planta] groundnut.

cacera [kəˈseɾə] *nf* hunting, shooting.

cacic [kəˈsik] *nm* **-1.** [de partit polític] cacique. **-2.** *fig & despec* [dèspota] despot. **-3.** [cap indi] chief, cacique.

cactus [ˈkaktus] *nm* cactus.

CAD [ˈkat] *nm* (abrev de **Computer aided design**) CAD.

cada [ˈkaðə] *adj inv* **-1.** [gen] each; **a ~ instant** each moment; **~ cosa al seu temps** one thing at a time; **~ un (de)** each one (of); **una de ~ deu persones** one in every ten people. **-2.** [amb regularitat] every; **~ dos dies** every two days. **-3.** more and more; [valor progressiu] **~ vegada / dia més** more and more each time / each day; **~ vegada més llarg** longer and longer. **-4.** such; [valor emfàtic] **es posa ~ barret!** she wears such hats!

cadafal [kəðəˈfal] *nm* **-1.** [per al condemnat] scaffold. **-2.** platform, stand.

cadascú [ˌkaðəsˈku] *pron* everybody, everyone; **~ té el seu llibre** everybody has their own book.

cadascun -a [ˌkaðəsˈkun -ə] *adj* each (one), every (one); **donaran un caramel a ~ dels nens** they will give a piece of candy to each child.

cadàver [kəˈðaβər] *nm* corpse, (dead) body; *fig* **abans hauran de passar per damunt del meu ~** over my dead body!

cadavèric -a [kəðəˈβɛɾik -ə] *adj* cadaverous; [pàl·lid] deathly pale.

cadell -a [kəˈðeʎ -ə] *nm, f* **-1.** [de gos] puppy. **-2.** [de mamífer] cub. ☞ **cadell** *nm* [de roda] ratchet. ☞ **cadell d'ós** *nm* bear cub.

cadena [kəˈðenə] *nf* **-1.** [gen] chain; **en ~** multiple; [treball] chain; **~ alimentària / tròfica** food chain; **~ d'hotels** hotel chain; **~ de fred** cold chain; **~ de muntatge** assembly line; **~ de botigues** chain of stores; **rompre (o trencar) les cadenes** to break out of one's chains. **-2.** [d'inodor] chain; **estirar la ~** to pull the chain, to flush the toilet. **-3.** [emissora de ràdio] sta-

tion. **–4.** [successió] line of succession. ◆ **cadenes** *nf pl* AUTOM chains.
cadenat [kəðə'nat] *nm* padlock.
cadència [kə'ðɛnsiə] *nf* rhythm, cadence.
cadernera [kəðər'nerə] *nm* goldfinch.
cadet [kə'ðɛt] *nm* MIL cadet.
cadira [kə'ðirə] *nf* [seient] chair; **~ de rodes** wheelchair; **~ elèctrica** electric chair.
caduc -a [kə'ðuk -ə] *adj* **–1.** [gen] decrepit, outmoded; [persona] decrepit. **–2.** [llei & BOT] deciduous.
caducar [kəðu'ka] *vi* **–1.** [carnet, passaport, llei] to expire. **–2.** [aliment, medicament] to go past the sell / use-by date.
caducitat [kəðusi'tat] *nf* **–1.** [de carnet, passaport, llei] expiry. **–2.** data.
cafè [ka'fɛ] ⬦ *adj inv* [color] coffee-coloured. ⬦ *nm* **–1.** [gen] coffee; **~ americà** American coffee; large weak black coffee; **~ amb llet** white coffee; **~ descafeïnat** decaffeinated coffee; **~ exprés** expresso; **~ instantani / soluble** instant coffee; **~ irlandès** Irish coffee; **~ mòlt** ground coffee; **~ sol** black coffee. **–2.** [planta] coffee.
cafeïna [kəfə'inə] *nf* caffeine.
cafeter -a [kəfə'te -erə] ⬦ *adj* **–1.** [país] coffee-producing. **–2.** [aficionat] (a real) coffee drinker. ⬦ *nm, f* **–1.** [que cultiva] coffee grower; [que ven] coffee merchant. **–2.** [amo] coffee plantation owner. ◆ **cafetera** *nf* **–1.** [aparell] coffee pot. **–2.** *fam* [trasto vell] old crock; [cotxe] jalopy.
cafeteria [kəfətə'riə] *nf* café.
cagada [kə'ɣaðə] *nf vulg* **–1.** [equivocació] cock-up. **–2.** [excrement] shit.
caganer -a [kəɣə'ne -erə] *nm, f* shitter; [nen] **ser un ~** to be a brat; [covard] coward.
cagar [kə'ɣa] ⬦ *vi vulg* [defecar] to shit. ⬦ *vt vulg* [fer malbé] to bugger up; *fig* **l'has cagat** you've cocked it up. ◆ **cagar-se** *vp* **–1.** [defecar] to shit o.s. **–2.** *fig* [insultar] to damn; **em cago amb ta mare!** damn your mother! **–3.** [acovardir-se] to be shit-scared.
cagat -ada [kə'ɣat -aðə] *nm, f vulg* [covard] yellow-belly, chicken; **ser un ~** to be a chicken.
caiguda [kəj'ɣuðə] *nf* **–1.** [gen] fall, falling (U). **–2.** [de preus, atur, etc.] drop. **–3.** [de la nit] nightfall. **–4.** fall; **a la ~ (o a la posta) del sol** at sunset; **a la ~ de la tarda** at dusk. ◆ **caiguda d'ulls** *nf* drooping of one's eyelids.

caiman [kəj'man] *nm* [animal] cayman, alligator.
caixa ['kaʃə] *nf* **–1.** [gen] box; **~ de les eines** tool box. **–2.** [per a transport, de diners] box; **~ d'estalvis** savings bank; **~ enregistradora** till *Br*, cash register *Am*. **–3.** [de mecanismes] casing; **~ del canvi** gear-box. **–4.** [de morts] coffin. **–5.** [de diners] box; **~ forta / de cabals** safe, strong-box. **–6.** [buit - d'escala, ascensor] well, shaft; [- de xemeneia] shaft; **~ toràcica** thorax. **–7.** MÚS body, case. **–8.** [recipient] crate, case. ◆ **caixa de música** *nf* music box. ◆ **caixa de reclutament** *nf* MIL recruiting office. ◆ **caixa negra** *nf* black box.
caixer -a [kə'ʃe -erə] *nm, f* (at the store) cashier; [guixeta de banc] teller. ◆ **caixer** *nm*: **~ (automàtic)** cash machine / dispenser.
caixó [kə'ʃo] *nm* box, case.
cal ['kal] (*contracció* **ca + el**) contraction of ca + el home, house.
cala ['kalə] *nf* [badia petita] cove.
calabós [kələ'βos] *nm* prison cell; [a la comissaria] cell.
calafatar [kələfə'ta] *vt* to caulk.
calaix [kə'laʃ] *nm* **–1.** [d'un moble] drawer; *fam* **anar-se'n al ~** to die, to kick the bucket; **~ de sastre** muddle, jumble; *fam* **portar algú al ~** to do away with sb. **–2.** [diners] till; **hem fet 450 euros de ~** we've taken 450 euros.
calaixera [kələ'ʃerə] *nf* chest of drawers.
calamar [kələ'ma] *nm* squid.
calamarsa [kələ'marsə] *nf* hail (U), hailstone.
calamitat [kələmi'tat] *nf* [desgràcia] calamity; **passar ~s** to suffer great hardship; **és una ~** it's a dead loss. ◆ **calamitats** *nf pl* calamities.
calamitós -osa [kələmi'tos -ozə] *adj* calamitous.
calàndria [kə'landriə] *nf* **–1.** [ocell, setinadora] calandra lark. **–2.** [torn] calender, mangle.
calar [kə'la] ⬦ *vt* **–1.** [amarar] to cast, to lower. **–2.** [tela] to soak. **–3.** [gorra, barret] to jam on. **–4.** *fam* to weigh up. ⬦ *vi* **–1.** NÀUT to draw. **–2.** [persona, etc.] to see through. ◆ **calar-se** *vp* [motor] to stall.
calavera [kələ'βerə] *nf* skull.
calb -a ['kalp 'kalβə] ⬦ *adj* bald. ⬦ *nm, f* bald man / woman. ◆ **calba** *nf* bald head.
calbot [kəl'βɔt] *nm* bump on the head.

calc ['kalk] *nm lit & fig* copy; **ser un ~ de** to be a copy of.

calç ['kals] *nf* lime; **~ viva** quick-lime.

calça ['kalsə] *nf* stocking; **fer ~, fer mitja** to knit.

calçada [kəl'saðə] *nf* road (surface).

calçador [kəlsə'ðo] *nm* shoehorn.

calcar [kəl'ka] *vt* **-1.** [dibuix] to trace. **-2.** *fig* [imitar - moviments] to copy; [- escena] to imitate.

calçar [kəl'sa] *vt* **-1.** [gen] to put on shoes. **-2.** to wear (shoes); [portar un calçat] to wear shoes; **quin peu calça?** what shoe size do you take? ◆ **calçar-se** *vp* to put on one's shoes; **~-se unes sandàlies** to put on some sandals.

calcari -ària [kəl'kari -ariə] *adj* calcareous. ◆ **calcària** *nf* limestone.

calçasses [kəl'sasəs] ◇ *adj* henpecked. ◇ *nm* **-1.** henpecked man / husband.

calçat [kəl'sat] *nm* footwear.

calcat -ada [kəl'kat -aðə] *adj* shod; **ser ~ (o clavat) a algú** to be the image of sb.

calci ['kalsi] *nm* calcium.

calcinar [kəlsi'na] *vt* to burn, to char.

calçotets [kəlsu'tets] *nm pl* [eslip] pants, underpants, shorts *Am*.

càlcul ['kalkul] *nm* MAT & MED calculus; **~ de probabilitats** probability theory; **diferencial / infinitesimal / integral** differential / infinitesimal / integral calculus; **~ mental** mental arithmetic (*U*).

calculador -a [kəlkulə'ðo -orə] *adj lit & fig* calculating. ◆ **calculadora** *nf* calculator; **~a de butxaca** pocket calculator.

calcular [kəlku'la] *vt* **-1.** [quantitats] to calculate. **-2.** [suposar] to reckon; **calculo que tornarem aviat** I reckon we will return soon.

caldera [kəl'derə] *nf* **-1.** [recipient] cauldron. **-2.** [màquina] boiler; **~ de vapor** steam boiler.

calderó [kəldə'ro] *nm* MÚS pause.

caldo ['kaldu] *nm* [sopa] broth, stock.

caldre ['kaldrə] *vi* [ésser just, convenient] to be necessary, to be precise; [com s'ha de fer] **com cal** properly.

calefacció [kələfəksi'o] *nf* heating; **~ central** central heating.

calendari [kələn'dari] *nm* calendar; **~ de treball** working year; **~ escolar** school year; **~ laboral** working year.

calent -a [kə'len -entə] *adj* **-1.** [gen] hot; *fig* **en ~** in the heat of the moment. **-2.** randy *Br*, *fam* [excitat] **posar-se ~** to become horny.

calfred [kəl'fret] *nm* shiver.

calibrar [kəli'βra] *vt* [mesurar, donar calibre] to calibrate.

calibre [kə'liβrə] *nm* calibre; [diàmetre, instrument] gauge; [de fil] gauge.

càlid -a ['kalit -iðə] *adj* **-1.** [temperatura, colors] warm. **-2.** [afectuós] warm.

califa [kə'lifə] *nm* caliph.

calitja [kə'lidʒə] *nf* haze, mist.

caliu [kə'liw] *nm* embers, hot ashes; *fig* warmth.

call ['kaʎ] *nm* **-1.** sight, fright. **-2.** [durícia] callus; [als peus] corn.

callar [kə'ʎa] ◇ *vi* to keep quiet, to be silent; **qui calla consent** silence signifies consent. ◇ *vt* [amagar] to keep quiet about; [secret] to keep.

callat -ada [kə'ʎat -aðə] *adj* **-1.** [que no parla] quiet. **-2.** [en silenci] silent. ◆ **a la callada** *loc adv fam* [en silenci] quietly; [amb dissimulació] on the quiet, furtively.

cal·ligrafia [kəlliɣrə'fiə] *nf* **-1.** [art] calligraphy. **-2.** [trets] handwriting.

callista [kə'ʎistə] *nmf* chiropodist.

calma ['kalmə] *nf* calm; **estar en ~** to be calm; **no perdre / perdre la ~** not to lose one's composure; **~ absoluta** [mar plana] dead calm.

calmant [kəl'man] ◇ *adj* sedative, soothing. ◇ *nm* sedative.

calmar [kəl'ma] *vt* **-1.** MED to relieve. **-2.** [disminuir - dolor] to calm, to soothe; [- temps] to calm. ◆ **calmar-se** *vp* to calm down.

calor [kə'lo] *nf* heat; [persona] **entrar en ~** to get warm; [esportista] to warm up; **fa ~** it's warm / hot; **tenir ~** to be warm / hot; **~ animal** body heat; **~ específic** specific heat.

caloria [kəlu'riə] *nf* calorie.

calorífic -a [kəlu'rifik -ə] *adj* calorific.

calorós -osa [kəlu'ros -ozə] *adj* **-1.** [amb calor] hot. **-2.** *fig* [afectuós] warm.

calostre [kə'lɔstrə] *nm* colostrum.

calúmnia [kə'lumniə] *nf* (oral) slander, (escrit) libel.

calumniar [kəlumni'a] *vt* (oral) to slander, (escrit) to libel.

calvari [kəl'βari] *nm* **-1.** [via crucis] Calvary, stations *pl* of the Cross. **-2.** *fig* [sofriment] ordeal.

calvície [kəl'βisiə] *nf* baldness.

calze ['kalzə] *nm* chalice.
CAM ['kam] *nf* (abrev de Computer aided manufacturing) CAM.
cama ['kamə] *nf* [de persona] leg; **estirar les cames** to stretch one's legs; **~ ací ~ allà** astride.
camafeu [kəmə'fɛw] *nm* cameo.
camal [kə'mal] *nm* leg (of trousers).
camaleó [kəmələ'o] *nm lit & fig* chameleon.
camamilla [kəmə'miʎə] *nf* [planta, infusió] camomile.
camarada [kəmə'raðə] *nmf* comrade, colleague.
camarilla [kəmə'riʎə] *nf* lobby, pressure group.
cambra ['kambrə] *nf* -1. [gen & TECNOL] chamber; **~ d'aire** air chamber; **~ de compensació** clearing house; **~ de gas** gas chamber; **~ freda (o frigorífica)** cold-storage room; **~ mortuòria** funeral chamber; **~ fosca** camera obscura; **~ de bany** bathroom. -2. [de vaixell] cabin. -3. [de pilota, pneumàtic] inner tube. ☛ **Cambra de Comerç** *nf* Chamber of Commerce. ☛ **de cambra** *loc adj* MÚS chamber (*abans de nom*).
cambrer -a [kəm'bre -erə] *nm, f* -1. [de bar, restaurant] waiter *m*, waitress *f*; [d'hotel] steward *m*, chambermaid *f*. -2. [de rei, etc.] chamberlain *m*, lady-in-waiting *f*.
cambril [kəm'bril] *nm* RELIG alcove, niche.
camèlia [kə'mɛliə] *nf* camellia.
camell -a [kə'meʎ -ə] *nm, f* [animal] camel. ☛ **camell** *nm fam* [traficant] drug pusher / dealer.
càmera ['kamərə] <> *nf* -1. CIN & TELE camera. -2. FOTOG camera; **~ digital** camera; **~ fotogràfica** camera; **~ web** webcam. <> *nmf* [persona] cameraman *m*, camerawoman *f*.
camerino [kəmə'rinu] *nm* TEAT dressing room.
càmfora ['kamfurə] *nf* camphor.
camí [kə'mi] *nm* -1. [gen] path, track; **de ~** on the way; **ens ve de ~** it's on the way; **~ de ferradura** bridle path; **~ de ronda** rampart walk; *fig* **obrir-se ~** to get on / ahead; *fig* **anar per mal ~** to be on the wrong track; *fig* **anar (o tirar) cadascú pel seu ~** to go different ways; *fig* **quedar-se a mig ~** to stop halfway through. -2. [viatge] journey; **posar-se en ~** to set off. -3. way; *fig* **sortir del ~ fressat** to get off the beaten track. ☛ **camí de sant Jaume** *nm* -1. ASTRON the Milky Way. -2. RELIG St. James' Way.
caminada [kəmi'naðə] *nf* long walk, hike.
caminador -a [kəminə'ðo -orə] *adj* walking, hiking; **ser molt ~** to be a walker.
caminant [kəmi'nan] *nmf* walker.
caminar [kəmi'na] *vi* -1. to walk. -2. to travel; *fig* [anar] **~ (cap a)** to head (for); **~ (o anar cap) a la seva perdició** to head for ruin.
camió [kəmi'o] *nm* [gen] lorry *Br*, truck *Am*; **~ cisterna** tanker.
camioner -a [kəmiu'ne -erə] *nm, f* lorry driver *Br*, truck driver *Am*.
camioneta [kəmiu'nɛtə] *nf* van.
camisa [kə'mizə] *nf* -1. [peça de vestir] shirt. -2. TECNOL lining. -3. shirt; **deixar sense ~ (o amb la ~ a l'esquena)** to take the shirt from sb's back; **jugar-se la ~** to stake everything one has; **mudar / canviar de ~** to change sides. ☛ **camisa de dormir** *nf* nightdress, nightshirt. ☛ **camisa de força** *nf* straitjacket.
camiser -a [kəmi'ze -erə] <> *adj* shirt (*abans de nom*); **un vestit ~** shirtwaisted dress. <> *nm, f* [persona] shirtmaker.
camiseria [kəmizə'riə] *nf* shirt shop, outfitter's.
camiseta [kəmi'zɛtə] *nf* -1. [roba interior] vest. -2. [d'estiu] T-shirt.
camp ['kam] *nm* -1. [gen] field; **~s a través** cross country; **a ~ obert** open countryside; **~ de batalla / de tir** battlefield / shooting range; **~ elèctric** electric field; *fig* **deixar el ~ lliure** to leave the field open; *fam* **fotre / fúmer el ~** to go away. -2. [campanya] country, countryside. -3. ESPORT & AERON pitch; **jugar en ~ propi** to play at home. -4. *fig* [àmbit] range. -5. [de tennis] court. ☛ **camp de concentració** *nm* concentration camp. ☛ **camp de treball** *nm* [de vacances] work camp; [per a presos] labour camp. ☛ **camp ras** *nm* flat / bare country. ☛ **camp visual** *nm* field of vision.
campal [kəm'pal] *adj* ☛ **batalla**.
campament [kəmpə'men] *nm* -1. [indret] encampment. -2. [persones] camp.
campana [kəm'panə] *nf* bell; [de xemeneia] hood; **tocar les campanes** to sound the bells; [en enterrament] bell; **~ de bus / de salvament** diving bell; **~ extractora de fums** extractor hood; *fam* **llançar les campanes al vol** to jump for joy; **fer ~** to play truant.

campanada [kəmpəˈnaðə] *nf* [de campana, rellotge] peal, stroke.

campanar [kəmpəˈna] *nm* belfry, bell tower.

campaneta [kəmpəˈnɛtə] *nf* **-1.** [instrument, flor] handbell, campanula, bellflower; [de porta] door-bell. **-2.** ANAT uvula.

campanya [kəmˈpaɲə] *nf* **-1.** campaign; **fer ~ a favor / contra alguna cosa** to campaign (for / against) sthg. **-2.** open countryside.

camperol -a [kəmpəˈrɔl -ə] ◇ *adj* country (*abans de nom*), rural. ◇ *nm, f* farmer.

campestre [kəmˈpɛstrə] *adj* country (*abans de nom*).

càmping [ˈkampiŋ] *nm* camping; **anar de ~** to go camping.

campió -ona [kəmpiˈo -onə] *nm, f* champion.

campionat [kəmpiuˈnat] *nm* championship; *fam* **de ~** terrific, great.

camuflar [kəmuˈfla] *vt* to camouflage.

camuflatge [kəmuˈfladʒə] *nm* camouflage.

camús -usa [kəˈmus -uzə] *adj* [nas] snub; [persona] snub-nosed person.

camussa [kəˈmusə] *nf* **-1.** [animal, pell] chamois. **-2.** [drap] chamois leather.

can [ˈkan] (*contracció* **ca** + **en**) contraction of ca + en = can (at/to) sb's house; **després anirem a ~ Costa** afterwards we'll go to Costa's. ➤ **anar-se'n a can Pistraus** *loc fig* to go to pots.

Canadà [kənəˈða] *nm* **(el) ~** Canada.

canadenc -a [kənəˈðeŋ -eŋkə] ◇ *adj* Canadian. ◇ *nm, f* Canadian.

canal [kəˈnal] ◇ *nf* **-1.** [de teulada] gutter. **-2.** GEOG channel, strait. ◇ *nm* **-1.** [gen, GEOG & ANAT] channel, strait; ECON **~ de comercialització** distribution channel. **-2.** [cap de bestiar] duct; [animal] **obrir en ~** to slit open; *fig* to tear apart. **-3.** RADIO & TELE channel. **-4.** [de reg] conduit, pipe.

canalitzar [kənəliˈdza] *vt lit & fig* to channel.

canalla [kəˈnaʎə] ◇ *nf fam* kids, rabble. ◇ *nm* swine, rotter.

canallada [kənəˈʎaðə] *nf* dirty trick; **fer una ~** to play a dirty trick.

canaló [kənəˈlo] *nm* [de teulada] gutter.

canapè [kənəˈpɛ] *nm* [CULIN & sofà] canapé; [seient] couch.

canari -ària [kəˈnari -ariə] ◇ *adj* of the Canary Islands. ◇ *nm, f* Canary Islander. ➤ **canari** *nm* [ocell] canary.

Canàries [kəˈnariəs] *nf pl*: **les (illes) ~** the Canaries, the Canary Islands.

canastra [kəˈnastrə] *nf* **-1.** [de vímet] basket. **-2.** [joc de cartes] canasta.

cancan [kəŋˈkan] *nm* cancan.

cancel·lació [kənsəlləsiˈo] *nf* cancellation.

cancel·lar [kənsəlˈla] *vt* **-1.** [gen] to cancel; [contracte, subscripció] to cancel. **-2.** [deute, hipoteca] to pay, to settle.

canceller -a [kənsəˈʎe -erə] *nm, f* **-1.** [de govern, ambaixada] chancellor. **-2.** [d'assumptes exteriors] (foreign) minister.

càncer [ˈkansər] *nm fig* MED cancer. ➤ **Càncer, Cranc** ◇ *nm inv* [zodíac] Cancer. ◇ *nmf inv* [persona] Cancerian.

cancerigen -ígena [kənsəˈriʒən -iʒənə] *adj* carcinogenic.

cancerós -osa [kənsəˈros -ozə] *adj & nm, f* cancerous.

cançó [kənˈso] *nf* song; **~ de bressol** lullaby; *fig* **sempre surt amb aquesta ~** he always tells the same old story.

cançoner [kənsuˈne] *nm* [de cançons] songbook; [de poesies] poetry book.

candela [kənˈdɛlə] *nf* [espelma] candle. ➤ **candeles** *nf pl fam* [mocs] snot (U).

candent [kənˈden] *adj* **-1.** [incandescent] red-hot. **-2.** *fig* [tema] burning (*abans de nom*).

càndid -a [ˈkandit -iðə] *adj* ingenuous, simple.

candidat -a [kəndiˈðat -ə] *nm, f* candidate.

candidatura [kəndiðəˈturə] *nf* **-1.** [per a un càrrec] candidacy; **presentar una ~** to put o.s. forward as a candidate. **-2.** [llista] list of candidates.

candidesa [kəndiˈðezə] *nf* ingenuousness.

candor [kənˈdo] *nm o nf* ingenuousness, simplicity.

candorós -osa [kənduˈros -ozə] *adj* ingenuous, simple.

caneló [kənəˈlo] *nm* CULIN cannelloni *pl*.

canelobre [kənəˈlɔβrə] *nm* candelabra.

cànem [ˈkanəm] *nm* hemp.

cangur [kəŋˈgur] ◇ *nm* [animal] kangaroo. ◇ *nmf fam* [persona] babysitter; **fer de ~** to babysit.

caní -ina [kəˈni -inə] *adj* canine. ➤ **dent canina** *nf* [dent] canine (tooth).

caníbal [kəˈniβəl] ◇ *adj* cannibalistic. ◇ *nmf* cannibal.

canícula [kəˈnikulə] *nf* dog / hottest days *pl*.

canó [kəˈno] *nm* **-1.** [gen] cannon; [de xemeneia] flue; [d'orgue] pipe. **-2.** [tub] tube, pipe.

canoa [kəˈnoə] *nf* canoe.

canòdrom [kəˈnɔðɾum] *nm* greyhound track.

cànon [ˈkanun] ◇ *nm* **-1.** [norma & MÚS] canon. **-2.** [model] ideal. **-3.** [impost] tax. ◇ *nm pl* DR canon law (U).

canonada [kənuˈnaðə] *nf* **-1.** cannon shot; [canonades] cannon shots. **-2.** [d'aigua, gas] pipe, tube. **-3.** gunshot.

canonejar [kənuneˈʒa] *vt* to shell.

canonge [kəˈnɔɲʒe] *nm* canon.

canònic -a [kəˈnɔnik -ə] *adj* ➤ **dret**.

canonitzar [kənuniˈdza] *vt* RELIG to canonize.

cansalada [kənsəˈlaðə] *nf* **-1.** bacon fat; ~ viada streaky bacon. **-2.** salted pork; *fig & fam* **suar la ~** to sweat blood.

cansalader -a [kənsələˈðe -eɾə] *nm, f* pork-butcher.

cansaladeria [kənsələðəˈɾiə] *nf* pork-butcher's.

cansament [kənsəˈmen] *nm* tiredness.

cansar [kənˈsa] *vt & vi* to tire (out), to be tiring. ➤ **cansar-se** *vp* **-1.** to get tired; [esgotar-se] **~-se (de)** to get tired (of). **-2.** to get bored; *fig* [atipar-se] **~-se (d'alguna cosa / de fer alguna cosa)** to get fed up with sthg / doing sthg.

cansat -ada [kənˈsat -aðə] *adj* **-1.** [gen] tired; *fig* **estar ~ d'alguna cosa** to be tired of sthg. **-2.** [pesat, carregós] tiring.

cant [ˈkan] *nm* **-1.** [de cigne] singing; *fig* **~ del cigne** swansong. **-2.** song; **sempre és el mateix ~ de sirena** it's always the same false praises.

Cantàbria [kənˈtaβɾiə] Cantabria.

cantàbric -a [kənˈtaβɾik -ə] *adj* Cantabrian. ➤ **Cantàbrica** *nf*: **la mar ~** the Cantabrian Sea.

cantador -a [kəntəˈðo -oɾə] ◇ *adj* singing. ◇ *nm, f* singer.

cantaire [kənˈtajɾe] *adj* singer; **un ocell ~** songbird.

cantant [kənˈtan] ◇ *adj* singing. ◇ *nmf* singer.

cantar [kənˈta] ◇ *vi* **-1.** *fam fig* [confessar]: **~ (de ple)** to talk. **-2.** *fam fig* [fer pudor] to whiff, to pong. ◇ *vt* **-1.** **~ les quaranta** to tell sb a few home truths. **-2.** [cançó] to sing; *fig* **~ l'amor / el coratge**, etc to sing praises of love / courage. **-3.** [bingo, la grossa] to call (out).

cantell [kənˈteʎ] *nm* **-1.** [vora - de taula, etc.] edge, rim; [- de moneda, llibre] edge; **estar de ~** to be on edge; [llibre] border. **-2.** [pedra] edge.

càntic [ˈkantik] *nm* canticle.

cantimplora [kəntimˈplɔɾə] *nf* water bottle, canteen.

cantina [kənˈtinə] *nf* [de caserna] mess; [d'estació] buffet; [d'escola, de fàbrica] canteen.

càntir [ˈkanti] *nm* large pitcher.

cantó [kənˈto] *nm* corner, side; [territori] canton.

cantonada [kəntuˈnaðə] *nf* corner; **en girar la ~** around the corner; **fer ~ (amb)** to be on the corner (of).

cantoner -a [kəntuˈne -eɾə] *adj* corner *(abans de nom)*. ➤ **cantonera** *nf* **-1.** [moble] corner (piece). **-2.** [per a protegir] angle bar.

cantoral [kəntuˈɾal] *nm* choir book.

cantussejar [kəntuseˈʒa] *vt & vi* to sing softly.

canvi [ˈkambi] *nm* **-1.** [variació] change; **~ climàtic** climate change. **-2.** [permuta] exchange; **en ~** in exchange / return (for). **-3.** [moneda petita, diners retornats] change; **donar el ~** to give change. **-4.** [d'accions, divises] price, exchange rate; **~ base** base rate. **-5.** transmission; AUTOM **~ (de marxes / velocitats)** gear change; **~ automàtic** automatic transmission / gears. ➤ **canvi de rasant** *nm* brow of a hill. ➤ **en canvi** *loc adv* **-1.** [d'altra banda] on the other hand, however. **-2.** [en lloc de] instead (of). ➤ **lliure canvi** *nm* free trade.

canviant [kəmbiˈan] *adj* changeable.

canviar [kəmbiˈa] ◇ *vi* **-1.** [gen] to change; **~ de parer** to change one's mind. **-2.** AUTOM **~ (de velocitats)** to change gear; **~ a segona** to change to second gear. ◇ *vt* **-1.** to change; **~ alguna cosa (per)** to exchange sthg (for). **-2.** to change. ➤ **canviar-se** *vp* **-1.** [de roba] to change; **~-se de sabates** to change one's shoes. **-2.** [de casa] to move.

canvista [kəmˈbista] *nmf* money changer.

canya [ˈkaɲə] *nf* **-1.** [de planta, bóta] cane; **~ de sucre** sugar-cane. **-2.** [de riu, estany] reed. **-3.** [de cervesa] small glass of beer. **-4.** [de pescar] rod; **pescar amb ~** to fish with a rod.

canyar [kəˈɲa] *nm* **–1.** [de riu] reedbed. **–2.** [plantació] cane plantation.

canyella [kəˈɲeʎə] *nf* **–1.** ANAT shinbone. **–2.** cinnamon. ◆ **de canyella** *adj* cinnamon-coloured.

canyellera [kəɲəˈʎeɾə] *nf* legging(s).

canyís [kəˈɲis] *nm* wicker tray, wicker fence.

caoba [kəˈɔβə] *nf* mahogany.

caos [ˈkaos] *nm inv* chaos.

caòtic -a [kəˈɔtik -ə] *adj* chaotic.

cap¹ [ˈkap] ◇ *nm* **–1.** [gen] head; **al ~** in front, in the lead; **tenir molt de ~** to be intelligent; **~ per amunt / avall** standing upright / upside down; **de ~ (amb el ~ per davant)** with your head up high; **tirar-se de ~ (a)** to dive (into); **~ lector** head; **escalfar-se el ~** to brainwash; **~ de trons / ~ verd** scatterbrain; **trencar-se el ~** to rack one's brain; **abaixar / acotar algú el ~** to make sb give in; *fig* **anar de ~ a** to be very busy with; **val més ser ~ d'arengada que cua de lluç** a bird in the hand is worth two in the bush; **alçar / aixecar el ~** to pick up / to recover; **ficar alguna cosa al ~ d'algú** to put stgh into sb's head; **se li ha posat (o ficat) al ~ que...** he's got it into his head that...; **no li va passar pel ~ que...** it didn't cross his mind; **perdre el ~ (o el seny)** to lose one's head; **li va pujar al ~** it went to his head; **fer perdre el ~ a** to make sb lose his head; *fam fig* **fer venir mal de ~** to foresee trouble; **de ~ a peus** from head to toe. **–2.** [ciutat] main town. **–3.** GEOG cape, point. **–4.** NÀUT rope. **–5.** [tros, punta] end, bit; **a què treu ~ això?** what sense is there to this?; **lligar ~s** to tie up the loose ends. **–6.** **portar a ~** to carry out. **–7.** [de bestiar] head. ◇ *nm, f* leader; MIL **en ~** in the lead; **~ d'estació** stationmaster; **~ d'Estat, Chief Executive**; **~ d'estudis** head of studies; **~ de govern** head of the government; **~ de vendes** Sales Manager; **~ de família** head of the family. ◆ **cap de llista** *nm* POLÍT person who heads a party's list of candidates. ◆ **cap de pardals** *nm* scatterbrain. ◆ **cap de turc** *nf* scapegoat. ◆ **cap i casal** *nm* [ciutat] centre, main part; [de districte] main part; **~ de partit** county town. ◆ **cap rapat** *nm* skinhead. ◆ **de cap a cap** *loc adv* from one end to the other.

cap² [ˈkap] ◇ *adj inv* [ni un] not any, no; **en ~ banda** nowhere; **~ llibre** no book; **~ dona** no woman; **no té ~ intenció d'estudiar** he has no desire to study; **no té ~ gràcia** it's not funny at all. ◇ *pron* not any; **~ (de)** none; **~ no funciona** none function; **~ d'ells no el va veure** none of them saw him; **~ dels carrers** none of the streets.

cap³ [ˈkap] *prep* towards, to; **~ avall / amunt** up, upwards / down, downwards; **~ aquí / allí** this / that way; **~ enrere / endavant** backwards / forwards. ◆ **al cap de** *loc prep* after. ◆ **cap a** *prep* towards, to; [direcció] **~ a la dreta** to the right; [prop de] **això és ~ a Mataró** this is on the way to Mataro; [temps] **vine ~ a les vuit** come around eight.

capa [ˈkapə] *nf* **–1.** layer. **–2.** [mantell & TAUROM] cape. **–3.** [bany, estrat, grup social] coat, stratum, class; **~ atmosfèrica** atmosphere; **~ d'ozó** ozone layer. **–4.** cloak; **defensar a ~ i espasa** to defend tooth and nail.

capaç [kəˈpas] *adj* capable; **~ (d'alguna cosa / de fer alguna cosa)** capable of stgh / of doing stgh.

capacitar [kəpəsiˈta] *vt* **–1.** to train; [formar] **~ algú per a alguna cosa** to train sb for stgh. **–2.** to qualify; [habilitar] **~ algú per a fer alguna cosa** to qualify sb for stgh.

capacitat [kəpəsiˈtat] *nf* **–1.** capacity; **el teatre té una ~ de 1.000 places** the theatre has a capacity of 1.000. **–2.** ability; **~ de producció** production capacity. ◆ **capacitat adquisitiva** *nf* purchasing power.

capar [kəˈpa] *vt* to castrate.

caparrut -uda [kəpəˈrut -uðə] *adj* [tossut] pigheaded, stubborn.

capatàs [kəpəˈtas] *nm* **–1.** [de finca] foreman *m*, forewoman *f*, overseer. **–2.** [d'obra] foreman *m*, forewoman *f*.

capbussar [kəbbuˈsa] *vt* to lower. ◆ **capbussar-se** *vp* [aigua]: **~-se en / a** to dive in / into; [activitat] to plunge into.

capbussó [kəbbuˈso] *nm* dive; *fam* [mar, llac] **fer un ~** to dive.

capçal [kəpˈsal] *nm* **–1.** [falca] wedge. **–2.** [d'aixeta] head. **–3.** [d'aparell] frame. **–4.** [coixí] pillow.

capçalera [kəpsəˈleɾə] *nf* **–1.** [de llit] headboard. **–2.** [lloc de preferència] head (of the table). **–3.** [de text] heading; [de diari] heading. **–4.** [de riu] headwaters *pl*.

capcinada [kəpsiˈnaðə] *nf* **–1.** [de son] nap. **–2.** [de cortesia] nod.

capcinejar [kəpsinəˈʒa] *vi* [dormir] to nod (off).

capciós -osa [kəpsiˈos -ozə] *adj* trick (*abans de nom*); **pregunta capciosa** trick question.

capcot -a [ˌkapˈkɔt -ə] *adj* face-down; **mirava a terra, ~ he** looked face-down at the ground.

capdamunt [ˌkabdəˈmun] top, highest part; **fig estar fins al ~** to be fed up.

capdavall [ˌkabdəˈβaʎ] ➭ **al capdavall** *loc adv* after all, in the end.

capdavant [ˌkabdəˈβan] ➭ **al capdavant** *loc adv* at the top; **anar al ~** to lead the way.

capell [kəˈpeʎ] *nm* ➭ **barret**.

capella [kəˈpeʎə] *nf* chapel; **~ ardent** funeral chapel; *fig* [condemnat a mort] **estar en ~** to be awaiting execution.

capellà [kəpəˈʎa] *nm* –1. [de saliva] the spit ejected by a person while speaking. –2. priest. –3. chaplain.

caperutxa [kəpəˈrutʃə] *nf* –1. top, cap. –2. [gorra] hood.

capficar-se [ˌkapfiˈkarsə] *vp* to worry.

capgirar [ˌkabʒiˈra] *vt* –1. [canviar d'ordre - papers] to change, to overturn; [canviar - plans] to change. –2. [canviar de sentit] to turn round. –3. [tergiversar] to distort, to twist.

capgròs -ossa [ˌkabˈɡɾɔs -ɔsə] *adj* [de cap gran] big-headed. ➭ **capgròs** *nm* –1. ZOOL tadpole. –2. giant-headed carnival figure.

capicua [ˌkapiˈkuə] *nm inv* reversible number.

capil·lar [kəpilˈlar] ◇ *adj* hair (*abans de nom*). ◇ *nm* capillary.

capita [ˈkapitə] ➭ **per capita** *loc prep* per capita.

capità -ana [kəpiˈta -anə] *nm, f* captain; **~ general** field marshal *Br*, army general *Am*.

capital [kəpiˈtal] ◇ *adj* supreme, main. ◇ *nf* [ciutat] capital. ◇ *nm* ECON capital; **~ circulant** working capital; **~ fix** fixed capital; **~ risc** venture capital; **~ social** share capital.

capitalisme [kəpitəˈlizmə] *nm* capitalism.
capitalista [kəpitəˈlistə] *adj & nmf* capitalist.

capitalitzar [kəpitəliˈdza] *vt* –1. ECON to capitalize. –2. to capitalize; *fig* [treure profit] **~ alguna cosa** to capitalize on; **~ l'atenció** to draw attention.

capitanejar [kəpitənəˈʒa] *vt* –1. MIL to captain. –2. [dirigir] to head, to lead. –3. [equip esportiu] to head, to lead.

capitania [kəpitəˈniə] *nf* –1. [càrrec] captaincy. –2. [oficina] military headquarters; [càrrec] **~ general** Captaincy General; [territori] captaincy.

capitell [kəpiˈteʎ] *nm* ARQUIT capital.

capítol [kəˈpitul] *nm* –1. chapter; **és ~ a part** to be another matter (altogether). –2. [d'eclesiàstics] chapter. ➭ **capítols** *nm pl* chapters.

capitost [kəpiˈtɔst] *nm* –1. *fam* boss. –2. *fam fig* [persona] leader, head.

capitular [kəpituˈla] *vi* to capitulate, to surrender.

capó [kəˈpo] *nm* [animal] capon.

capoll [kəˈpoʎ] *nm* –1. [de flor] bud. –2. [de cuc] cocoon. –3. [d'arròs, blat] husk; [de cacau] bud.

caporal -a [kəpuˈral -ə] *nf* –1. MIL corporal. –2. [d'esquadra] corporal.

capot [kəˈpɔt] *nm* –1. cape with sleeves. –2. [militar, etc.] greatcoat.

capota [kəˈpɔtə] *nf* AUTOM bonnet *Br*, hood *Am*.

caprici [kəˈpɾisi], **capritx** [kəˈpɾitʃ] *nm* whim, caprice; **donar-se un ~** to treat o.s.; **per pur ~** on pure whim.

capriciós -osa [kəpɾisiˈos -ozə], **capritxós -osa** [kəpɾiˈtʃos -ozə] *adj* capricious.

Capricorn [kəpɾiˈkɔrn] ◇ *nm inv* [zodiac] Capricorn. ◇ *nmf inv* [persona] Capricorn.

capsa [ˈkapsə] *nf* box; **~ per a almoines** charity box.

càpsula [ˈkapsulə] *nf* –1. gen capsule. –2. [pastilla] capsule.

captaire [kəpˈtajɾə] *nmf* beggar.

captar [kəpˈta] *vt* –1. [atreure - simpatia] to win; [- atenció] to capture. –2. [sintonitzar] to pick up, to receive. ➭ **captar-se** *vp* [atreure] to win over, to attract.

captiu -iva [kəpˈtiw -iβə] *adj & nm, f* captive, prisoner.

captivador -a [kəptiβəˈðo -orə] ◇ *adj* –1. captivating. –2. captivating, charming; **una mirada ~a** a captivating look. ◇ *nm, f* charmer.

captivar [kəptiˈβa] *vt* –1. [capturar] to capture. –2. [seduir] to captivate, to enchant.

captiveri [kəptiˈβeɾi] *nm* captivity.

captivitat [kəptiβiˈtat] *nf* captivity; **viure en ~** to live in captivity.

captura [kəpˈtuɾə] *nf* capture.

capturar [kəptuˈɾa] *vt* [animal, persona] to capture.

caputxa [kəˈputʃə] *nf* [d'impermeable, etc.] hood.

caputxí -ina [kəpuˈtʃi -inə] *nm, f* Capuchin.
caputxino [kəpuˈtʃino] *nm* cappuccino.
caputxó [kəpuˈtʃo] *nm* cap, top.
capvespre [ˌkabˈbespɾə] *nm* late afternoon.
caqui [ˈkaki] ◇ *adj inv* [color] khaki. ◇ *nm* **–1.** [planta] persimmion. **–2.** [fruita, color] caqui, khaki.
car -a [ˈkar ˈkarə] *adj* **–1.** expensive. **–2.** dear; *fig* **ésser ~ de veure** he's rarely seen. ☞ **car** *adv* dearly, expensively; **costar / vendre ~** to be expensive, to sell at a high price; **aquesta botiga ven ~** this store sells at a high price.
cara [ˈkarə] *nf* **–1.** [rostre] face; **a ~ descoberta** openly; **amb vista a** with a view to; **~ a ~** face to face; [sol] **de ~** in one's face. **–2.** [aspecte] face; **fer bona / mala ~** to look well / awful; **fer ~ d'enutjat / de son** to look angry / sleepy; **fer ~ de fàstic** to make a disgusted face; **fa ~ de ploure** it looks like rain. **–3.** [costat, superfície, anvers de moneda]: **a ~ o creu** heads or tails. **–4.** [d'edifici] front. **–5.** *fam* **caure la ~ de vergonya a algú** to make sb blush with shame; **fer una ~ nova a algú** to smash sb's face in; **donar (o treure) la ~ per algú** to make excuses for sb; **dir alguna cosa a la ~ d'algú** to say sthg to sb's face; **clavar (o tirar) per la ~** to tell sb what you think; **fer ~ a** to stand up to; **per la seva bona ~** because his / her face fits; **ens veurem les cares** we'll have it out; **trencar la ~ a algú** to smash sb's face in.
carabassa [kəɾəˈβasə] *nf* ☞ **carbassa**.
caràcter [kəˈɾaktər] *nm* character; **(tenir) bon / mal ~** to be good-natured / bad-tempered.
característic -a [kəɾəktəˈristik -ə] *adj* characteristic. ☞ **característica** *nf* characteristic.
caracterització [kəɾəktəɾidzəsiˈo] *nf* **–1.** [gen] characterization. **–2.** [maquillatge] make-up.
caracteritzar [kəɾəktəɾiˈdza] *vt* **–1.** [definir] to characterize. **–2.** [representar] to portray. **–3.** [maquillar] to make up. ☞ **caracteritzar-se** *vp* to be characterized; **~-se per** to be characterized by.
carai [kəˈɾaj], **carall** [kəˈɾaʎ] ◇ *interj* [contrarietat] damn it!; **~ de vagues una altra vegada!** damn it, there are strikes again! ◇ *nm fam* go to hell!; **què ~!** damn it!; *fig* **anar-se'n al ~** to go down the tubes.

caram! [kəˈɾam] *interj* [sorpresa] good heavens!; [enuig] for heaven's sake!
carambola [kəɾəmˈbɔlə] *nf* [en billar] cannon; *fam* **per ~** by pure chance / fluke.
caramel [kəɾəˈmel] *nm* **–1.** [dolç] sweet. **–2.** [sucre fos] caramel; *fig* **de ~** great.
caramel·litzar [kəɾəməlliˈdza] *vt* caramelize.
caravana [kəɾəˈβanə] *nf* [gen] caravan, tailback; [de bohemis] caravan.
caravàning [kəɾəˈβaniŋ] *nm* caravanning.
caravel·la [kəɾəˈβellə] *nf* caravel.
carbassa [kərˈβasə], **carabassa** [kəɾəˈβasə] *nf* pumpkin, gourd; [gran] pumpkin; [planta, recipient] marrow; *fig fam* [pretendent] **donar ~ a algú** to turn sb down; [en un examen] **rebre ~** to get a fail; [pretendent] to be turned down.
carbassera [kərβəˈseɾə] *nf* **–1.** pumpkin or marrow seller. **–2.** BOT calabash tree.
carbassó [kərβəˈso] *nm* courgette *Br*, zucchini *Am*.
carbó [kərˈβo] *nm* [per a cremar] coal; **negre com el ~** black as coal; **~ animal / negre** charcoal, black charcoal; **~ de llenya / vegetal** charcoal; **~ mineral / de pedra** coal.
carboner -a [kərbuˈne -eɾə] ◇ *adj* coal (abans de nom). ◇ *nm, f* coal merchant. ☞ **carbonera** *nf* **–1.** [de carbó] coal bunker. **–2.** [de llenya] charcoal stack.
carboni [kərˈβɔni] *nm* carbon; **~ 14** carbon 14.
carbonissa [kərbuˈnisə] *nf* **–1.** [cendra] cinder. **–2.** [restes de carbó] slag.
carbonitzar [kərbuniˈdza] *vt* to carbonize. ☞ **carbonitzar-se** *vp* to carbonize.
carburador [kərbuɾəˈðo] *nm* carburettor.
carburant [kərbuˈɾan] *nm* fuel.
carburar [kərbuˈɾa] ◇ *vi fam* to function. ◇ *vt* TECNOL to carburate.
carca [ˈkarkə] ◇ *adj* old-fashioned. ◇ *nmf* old fogey.
carcassa [kərˈkasə] *nf* carcass.
carceller -a [kərsəˈʎe -eɾə] *nm, f* warder, jailer.
carcerari -ària [kərsəˈɾaɾi -aɾiə] *adj* prison (abans de nom); **la vida carcerària** prison life.
card [ˈkart] *nm* [planta] cardoon, thistle.
cardada [kərˈðaðə] *nf* **–1.** [de llana] cardful. **–2.** [del pèl] backcombing.

cardar [kərˈda] ◇ *vi vulg* [fer l'amor] to fuck. ◇ *vt* **-1.** [llana] to card. **-2.** [pèl] to backcomb.

cardenal [kərdəˈnal] *nm* RELIG cardinal.

cardíac -a [kərˈdiək -ə] *adj* cardiac, heart (*abans de nom*).

cardinal [kərdiˈnal] ◇ *adj* cardinal. ◇ *nm* ➤ **nombre**.

cardiòleg -òloga [kərdiˈɔlek -ɔluɣə] *nm, f* cardiologist.

cardiovascular [ˌkardiuβəskuˈlar] *adj* cardiovascular.

carei [kəˈrɛj] *nm* **-1.** [tortuga] sea turtle. **-2.** [material] tortoiseshell.

carestia [kərəsˈtia] *nf* **-1.** [escassesa] scarcity, shortage. **-2.** [encariment]: **la ~ de la vida** the (high) cost of living.

careta [kəˈrɛtə] *nf* **-1.** [màscara] mask; **~ antigàs** gas mask; **llevar-se la ~** to throw off the mask. **-2.** *fig* [engany] front.

cargol [kərˈɣɔl] *nm* **-1.** snail. **-2.** ZOOL snail; **~ de mar** sea snail. **-3.** [closca] shell. **-4.** ANAT cochlea. **-5.** [rínxol] curl.

cargolar [kərɣuˈla] *vt* **-1.** to prance about. **-2.** [cigarret] to roll. ➤ **cargolar-se** *vp* **-1.** to curl up; *fam* **~-se de riure** to split o.s. with laughter. **-2.** to roll up; [contreure's] **~-se (de)** to roll up (with).

cargolí [kərɣuˈli] *nm* small snail.

cariar-se [kəriˈarsə] *vp* to decay.

Carib [kəˈrip] Caribbean; **el mar ~** the Caribbean Sea.

caricatura [kərikəˈtuɾə] *nf* caricature.

caricaturar [kərikətuˈɾa], **caricaturitzar** [kərikətuɾiˈdza] *vt* to caricature.

caricaturitzar [kərikətuɾiˈdza] *vt* ➤ **caricaturar**.

carícia [kəˈɾisiə] *nf lit & fig* caress.

càries [ˈkaɾiəs] *nf inv* tooth decay.

carilló [kəɾiˈʎo] *nm* carillon.

carisma [kəˈɾizmə] *nm* charisma.

Caritas [ˈkaɾitəs] *nf* charitable organization run by the Catholic Church.

caritat [kəɾiˈtat] *nf* charity.

caritatiu -iva [kəɾitəˈtiw -iβə] *adj* [persona, associació] charitable.

carmanyola [kərməˈɲɔlə] *nf* lunch / sandwich box.

carmesí [kərməˈzi] *nm* crimson.

carmí [kərˈmi] ◇ *adj* [color] carmine. ◇ *nm* [color] carmine.

carn [ˈkarn] *nf* **-1.** [de persona, fruita] flesh; **en ~ viva** raw; *fig* **ésser algú de ~ i ossos** to be human. **-2.** [aliment] meat; **~ de porc** pork; **~ de xai** lamb; [lletó] suckling lamb; **~ de vedella** veal; **~ picada** mince; *fig* **no ser ni ~ ni peix** to be neither one thing nor the other; *fig* **posar tota la ~ a la graella** to go the whole hog. ➤ **carn d'olla** *nf* meat cooked in broth. ➤ **carn de canó** *nf* cannon-fodder. ➤ **carn de gallina** *nf* chicken.

carnal [kərˈnal] *adj* **-1.** [de la carn] carnal. **-2.** [oncle, nebot, cosí] first (*abans de nom*).

carnaval [kərnəˈβal] *nm* carnival.

carnestoltes [kərnəsˈtɔltəs] *nm* **-1.** Shrovetide. **-2.** *fam* Carnival; **anar fet un ~** to look a fright.

carnet [kərˈnɛt] *nm* **-1.** [document] card; **~ (o permís) de conduir** driving licence; **~ d'identitat** identity card. **-2.** [agenda] notebook.

carni càrnia [ˈkarni ˈkarniə] *adj* [indústria] butcher's; [producte] meat (*abans de nom*).

carnisser -a [kərniˈse -eɾə] ◇ *adj* [animal] carnivorous. ◇ *nm, f lit & fig* [persona] butcher.

carnisseria [kərnisəˈɾiə] *nf* **-1.** [botiga] butcher's. **-2.** *fig* [destrossa, massacre] butchery (U).

carnívor -a [kərˈniβur -uɾə] *adj & nm, f* carnivore; [au] carnivorous.

carnós -osa [kərˈnos -ozə] *adj* fleshy.

carnots [kərˈnɔts] *nm pl* MED adenoids *pl*.

carota [kəˈɾɔtə] *nf* **-1.** grimace. **-2.** [jocs] mask.

carp [ˈkarp] *nm* carpus.

carpa [ˈkarpə] *nf* [peix] carp.

Carpats [kərˈpats] *nm pl* Carpathians; **els ~** the Carpathians.

carpeta [kərˈpɛtə] *nf* **-1.** file. **-2.** [amb papers, llibres] folder.

carrabina [kərəˈβinə] *nf* [arma] carbine, rifle.

carraca [kəˈrakə] *nf* **-1.** *fig* [cosa vella] old crock. **-2.** [cotxe vell] old banger.

càrrec [ˈkarək] *nm* **-1.** [gen & DR] charge; **ésser a ~ de** to be in charge of; **estar al ~ d'alguna cosa** to be in charge of sthg; **fer-se ~ de** [ocupar-se de] to see about; [assumir el control de] to take charge of; [comprendre] to understand. **-2.** [ocupació] post, position; **un alt ~** high-ranking office. **-3.** ECON **fer un pagament amb ~ a** to make a payment chargeable to. ➤ **a càrrec de** *loc prep* in the charge of.

càrrega [ˈkarəɣə] *nf* **-1.** [gen, MIL & ELECT] load; *fig* **tornar a la ~** to persist; **càrregues socials** social burdens / responsibilities;

~ de profunditat depth charge; **~ útil** useful load. **–2.** [acció] loading. **–3.** [carregament] cargo; **de ~ i descàrrega** [zona] loading and unloading. **–4.** [recanvi] refill.

carregador -a [kərəɣəˈðo -oɾə] *adj* that can be charged. ◆ **carregador** *nm* **–1.** [d'arma] chamber. **–2.** [persona] loader; **~ del moll** docker, stevedore.

carregament [kərəɣəˈmen] *nm* cargo.

carregar [kərəˈɣa] ◇ *vi* **–1.** to load; [recaure] **~ alguna cosa sobre algú** to burden sb with sthg. **–2.** to charge; [atacar] **~ (contra) algú** to fall on sb. **–3.** [paquet]: **~ amb** to load down with; [despeses] to charge; *fig* [responsabilitat, culpa] to assume, to take on, to accept; *fig* [conseqüències] to pay. ◇ *vt* **–1.** [gen, MIL & ELECT] to charge. **–2.** [ploma, encenedor] to refill. **–3.** [import, factura, deute] to charge; [preu] to charge. **–4.** to charge; [anotar] **~ alguna cosa en compte** to charge to sb's account. **–5.** *fig* [d'obligacions] to give, to lay upon; **el van ~ de feina / de responsabilitats** they burdened him with work / responsibilities. **–6.** *fam fig* [molestar] to annoy. **–7.** to make stuffy; [subj: fum] **~ el cap** to burden one's head; **~ l'ambient** to make the atmosphere stuffy. ◆ **carregar-se** *vp* **–1.** *fam* [trencar] to break. **–2.** *fam* [suspendre] to fail. **–3.** *fam* [matar] to bump off. **–4.** to get stuffy; [pel fum] **se'm carrega el pit** my chest is congested. **–5.** [omplir-se]: **~-se de** to be loaded down (with); **~-se de deutes** to be loaded down with debts; *fam* **te la carregaràs!** you'll pay for that! **–6.** *m fam* [espatllar] to break / ruin sthg.

carregat -ada [kərəˈɣat -aðə] *adj* **–1.** [gen] loaded (with); *fam* **estar ~ de** to have loads of. **–2.** [beguda alcohòlica] strong; **un cafè ~** a strong coffee. **–3.** [temps, atmosfera] sultry, close; **un cel ~** an overcast sky; **quina habitació més carregada!** what a stuffy room!

carrer [kəˈre] *nm* **–1.** [gen] street, road; **~ per als vianants** pedestrian street. **–2.** ESPORT lane. **–3. deixar algú al mig del ~** to put sb out of a job; **tirar-se al ~** to riot; **treure algú al ~** to throw sb out.

carrera [kəˈɾeɾə] *nf* **–1.** [estudis] university degree (course); **fer la ~ de dret** to study for a law degree; **donar ~ a algú** to put sb through school *Am* / university *Br*. **–2.** [professió] career; [triomfar] **fer ~** to succeed (in life). **–3.** ESPORT race.

carreró [kərəˈɾo] *nm* alley; *lit & fig* **~ sense sortida** blind alley.

carretada [kərəˈtaðə] *nf* **–1.** [càrrega de carreta] cart load. **–2.** *fam* [gran quantitat] a load of sthg; **a carretades** in loads.

carreter -a [kərəˈte -eɾə] *nm, f* [conductor] carter; *fig* **fumar com un ~** to smoke like a chimney. ◆ **carretera** *nf* road; **~a comarcal** ≈ B road *Br*; **/ ~a nacional** A road *Br*, state highway *Am*.

carretó [kərəˈto] *nm* **–1.** [carro de mà] wheelbarrow. **–2.** [per a l'equipatge] trolley. **–3.** [en un supermercat] basket.

carril [kəˈɾil] *nm* **–1.** [de carretera] lane; **~ bus** bus lane; **~ d'acceleració** fast lane. **–2.** [de ferrocarril] track.

carro [ˈkaɾu] *nm* [gen] cart; **~ de combat** tank; *fam* **para el ~!** [ja n'hi ha prou!] hold your horses!

carronya [kəˈɾoɲə] *nf* carrion.

carrossa [kəˈɾɔsə] ◇ *nf* [cotxe] carriage. ◇ *nmf fam* [vell] old fogey.

carrosseria [kəruseˈɾiə] *nf* **–1.** [d'automòbil] bodywork. **–2.** [taller] workshop.

carruatge [kəɾuˈadʒə] *nm* carriage.

carta [ˈkaɾtə] *nf* **–1.** [escrit] letter; **enviar una ~** to send a letter; **~ certificada** registered letter; COM **~ de crèdit** letter of credit; **~ de naturalesa** naturalization papers; **~ de recomanació** reference (letter); **cartes credencials** credentials; **~ urgent** express letter. **–2.** [naip, menú, mapa] card, list; **a la ~** à la carte; **tirar les cartes a algú** to tell sb's fortune (with cards); **~ astral** star chart; **~ de vins** wine list; **~ verda** green card. **–3.** [document] receipt, permit; COM **~ de pagament** receipt; **~ de treball** work permit. **–4.** card; **jugar-se l'última ~** to play one's last card; *fig* **jugar-s'ho tot a una ~** to put all one's eggs in one basket; *fig* **abatre les cartes** to give it all up; **prendre les cartes en un afer** to intervene in a matter. ◆ **carta blanca** *nf* carte blanche; **tenir ~ blanca** to have carte blanche.

cartabó [kəɾtəˈβɔ] *nm* square, triangle, quadrant.

cartejar-se [kəɾtəˈʒaɾsə] *vp* to correspond.

cartell [kəɾˈteʎ] *nm* [anunci] poster; **"prohibit d'afixar ~s"** "post no bills" *Am*, "no fly-posting" *Br*.

cartellera [kəɾtəˈʎeɾə] *nf* **–1.** [plafó] billboard. **–2.** hoarding, PREMSA entertainment's page.

càrter [ˈkaɾtəɾ] *nm* AUTOM housing.

carter -a [kəɾˈte -eɾə] *nm, f* postman *m*, postwoman *f*.

cartera *nf* **–1.** [gen] wallet, portfolio; **~ de clients** client portfolio; **~ de coman-**

des orders *pl* in hand; **~ de valors** portfolio. **–2.** [per a documents] briefcase; [de col·legial] satchel; *fig* **tenir alguna cosa en ~** to have sthg in the pipeline.

carterista [kərtə'ristə] *nmf* pickpocket.

cartílag [kər'tilək] *nm* cartilage.

cartilla [kər'tiʎə] *nf* [document] book; **~ de la seguretat social** social security card; **~ d'aturat** ≃ UB40 *Br* registration card issued to the unemployed; **~ militar** booklet to say one has completed one's military service.

cartó [kər'to], **cartró** [kər'tro] *nm* **–1.** [material] cardboard; **~ pedra** papier mâché. **–2.** [de cigarrets] carton.

cartografia [kərtuɣrə'fiə] *nf* cartography.

cartoixa [kər'toʃə] *nf* hermit.

cartoixà -ana [kərtu'ʃa -anə] ◇ *adj* Carthusian. ◇ *nm, f* [religiós] Carthusian.

cartolina [kərtu'linə] *nf* card.

cartomància [kərtu'mansiə] *nf* cartomancy, tarot reading.

cartoné [kərtu'ne] ⇨ **en cartoné** *loc adj* bound in boards; **un llibre en ~** a hardback book.

cartró [kər'tro] *nm* ⇨ **cartó**.

cartutx [kər'tutʃ] *nm* **–1.** [d'arma] cartridge. **–2.** [de monedes] roll.

cartutxera [kərtu'tʃerə] *nf* cartridge belt.

carxofa [kər'ʃɔfə], **escarxofa** [əskər'ʃɔfə] *nf* artichoke.

carxofera [kərʃu'ferə] *nf* artichoke.

cas ['kas] *nm* **–1.** [gen & GRAM] case; **el ~ és que...** the fact is (that); **en el millor / pitjor dels casos** at best / worst; **~ de consciència** matter of conscience; **~ de força major** force *(abans de nom)* of circumstance; **~ que, donat el ~ que, en ~ que** in the event of; **en tot / qualsevol ~** in any event / case. **–2.** DR case. **–3. fer ~ a** to pay attention to; **fer ~ omís de** to ignore; *fam* **no fer al ~** to be irrelevant; *fam* **ser tot un ~ (o un ~ com un cabàs)** to be a case, to be a right one; *fam* **és un ~ clínic!** he's a hopeless case!; **ser un ~ desesperat** to be a desperate case. ⇨ **si de cas** *loc conj* **–1.** [en tot cas] in any case, if need be; **avui no puc, si de ~ demà** today I can't, at any rate, tomorrow yes. **–2.** [en cas que] if; **si de ~ truca'm** if you need to, call me.

casa ['kazə] *nf* **–1.** [gen] house; **~ adossada / unifamiliar** semidetached house / single-dwelling (house, usually detached on an estate); **~ Consistorial** town hall; **~ de camp (o de pagès)** country house;

~ de cites brothel; **~ de préstecs** pawnshop; **~ d'hostes** guesthouse; **~ de socors** first-aid post; **~ discogràfica** record company; **~ religiosa** house of God, church. **–2.** [habitatge] house; **posar ~** to set up house. **–3.** [família] family. **–4.** house; **caure la ~ a sobre d'algú** [estar a disgust] to be the end of the world for sb; [tenir problemes] to have problems; **tirar la ~ per la finestra** [malbaratar] to spare no expense; **començar la ~ per la teulada** to begin at the end; **ser d'estar per ~** to be of no importance.

casaca [kə'zakə] *nf* frock coat.

casament [kəzə'men] *nm* wedding.

casar [kə'za] ◇ *vi* to match, to fit together. ◇ *vt* **–1.** [gen] to marry, to match. **–2.** [comptes] to match. ⇨ **casar-se** *vp* to get married; **~-se (amb)** to get married (to); **~-se per l'Església / civilment** to have a church / civil wedding.

casat -ada [kə'zat -aðə] ◇ *adj* married; **estar ~ amb algú** to be married to sb. ◇ *nm, f* married man *m*, married woman *f*.

casc ['kask] *nm* **–1.** [per al cap] helmet. **–2.** [de cavall] hoof. **–3.** [envàs] empty bottle. ⇨ **cascos blaus** *nm pl* Blue Helmets; **els cascos blaus** the Blue Helmets.

cascada [kəs'kaðə] *nf* **–1.** cascade, waterfall; **en ~** one after another. **–2.** [d'aigua] waterfall; **cascades del Niàgara** Niagara Falls.

cascall [kəs'kaʎ] *nm* poppy.

cascavell [kəskə'βeʎ] *nm* **–1.** (small) bell; *fig* **posar el ~ al gat** to put a (little) bell on the cat. **–2.** ⇨ **serp**.

casella [kə'zeʎə] *nf* [d'imprès, escacs, etc.] square.

caseller [kəzə'ʎe] *nm* set of pigeonholes.

caserna [kə'zɛrnə] *nf* MIL barracks; [de policia] headquarters.

caseta [kə'zetə] *nf* **–1.** [casa petita] hut. **–2.** [a la platja] bathing hut. **–3.** [de tir] stall, booth. **–4.** [per a gos] kennel.

casino [kə'zinu] *nm* **–1.** [per a jugar] casino. **–2.** [associació] (social) club.

casolà -ana [kazu'la -anə] *adj* **–1.** domestic. **–2.** [de casa - menjar] home-made; [- feina] domestic; [- festa, vetllada] at home.

caspa ['kaspə] *nf* dandruff.

casquet [kəs'kɛt] *nm* **–1.** skullcap. **–2.** [de bala] casket. **–3.** [de bombeta] valve. ⇨ **casquet esfèric** *nm* spherical element. ⇨ **casquet glacial** *nm* ice cap.

casserola [kəsə'rɔlə] *nf* pot, pan.

casset [kəˈsɛt] ◇ *nm* [magnetòfon] cassette recorder. ◇ *nf* [cinta] cassette.

cassó [kəˈso] *nm* [recipient] saucepan.

cassola [kəˈsɔlə] *nf* **-1.** pot. **-2.** [recipient] pot, casserole; **a la ~** casseroled (dish).

cassoleta [kasuˈlɛtə] *nf* **-1.** kneecap. **-2.** [recipient] pan. **-3.** [de pipa] bowl.

cast -a [ˈkast -ə] *adj* chaste.

casta [ˈkastə] *nf* **-1.** [nissaga] stock, lineage. **-2.** [espècie, qualitat] breed. **-3.** [a l'Índia] caste.

castany -a [kəsˈtaɲ -ə] *adj* **-1.** [cavall] chestnut. **-2.** [color] chestnut; [cabells] chestnut. ➤ **castany** *nm* [color] chestnut colour; [cabells] head of chestnut-coloured hair. ➤ **castanya** *nf* **-1.** [fruit] chestnut; **castanyes calentes** hot chestnuts; **treure les castanyes del foc a algú** to get sb out of trouble. **-2.** *fam* smack.

castanyer [kəstəˈɲe] *nm* [arbre, fusta] chestnut-tree; **~ d'Índia** horse-chestnut tree.

castanyola [kəstəˈɲɔlə] *nf* **-1.** sea-bream. **-2.** castanet.

castedat [kəstəˈðat] *nf* chastity.

castell [kəsˈteʎ] *nm* **-1.** [gen] castle; **fer ~s en l'aire** to make castles in the air. **-2.** NÀUT: **~ de popa / de proa** forecastle / quarterdeck.

Castella [kəsˈteʎə] Castile.

castellà -ana [kəstəˈʎa -anə] ◇ *adj* Castilian. ◇ *nm, f* [persona] Castilian. ➤ **castellà** *nm* **-1.** castle owner. **-2.** [llengua] Castilian.

càstig [ˈkastik] *nm* **-1.** [sanció] punishment; **quedar sense ~** to be left without punishment; **~ exemplar** exemplary punishment. **-2.** [sofriment] suffering (U).

castigar [kəstiˈɣa] *vt* **-1.** [imposar càstig] to punish; **l'han castigat sense postres** his punishment is to go without dessert. **-2.** [maltractar] to damage.

castor [kəsˈto] *nm* beaver.

castració [kəstrəsiˈo] *nf* castration.

castrar [kəsˈtra] *vt* [animal, persona] to castrate.

castrat [kəsˈtrat] *adj m* [animal, home] castrated.

castrense [kəsˈtrɛnsə] *adj* military.

casual [kəzuˈal] *adj* chance, accidental.

casualitat [kəzuəliˈtat] *nf* coincidence; **per ~** by chance; **quina ~!** what a coincidence!

casuístic -a [kəzuˈistik -ə] *adj* **-1.** RELIG casuistic. **-2.** *fig* [subtil] casuistic. ➤ **casuística** *nf* casuistry.

casulla [kəˈzuʎə] *nf* chasuble.

cataclisme [kətəˈklizmə] *nm lit & fig* cataclysm.

catacumba [kətəˈkumbə] *nf* catacombs *pl*.

català -ana [kətəˈla -anə] ◇ *adj* Catalan, Catalonian. ◇ *nm, f* Catalan, Catalonian. ➤ **català** *nm* [llengua] Catalan.

catàleg [kəˈtalək] *nm* catalogue.

catalitzador -a [kətəlidzəˈðo -orə] *adj* **-1.** QUÍM catalyst. **-2.** catalysing (*abans de nom*); *fig* [impulsor] **ser l'element ~ de** to be the catalyst. ➤ **catalitzador** *nm lit & fig* catalyst.

catalogar [kətəluˈɣa] *vt* to catalogue; **està catalogat entre els millors especialistes** to be classed as being among the best specialists; **~ algú d'alguna cosa** to classify sb as sthg.

Catalunya [kətəˈluɲə] Catalonia.

catapulta [kətəˈpultə] *nf* catapult.

catapultar [kətəpulˈta] *vt* **-1.** [avions] to catapult. **-2.** to catapult; *fig* [promoure] **~ algú a la fama** to catapult sb to fame.

cataracta [kətəˈraktə] *nfgen pl* MED cataract.

catarsi [kəˈtarzi] *nf* catharsis.

catàstrofe [kəˈtastrufə] *nf* catastrophe.

catastròfic -a [kətəsˈtrɔfik -ə] *adj* catastrophic.

catecisme [kətəˈsizmə] *nm* catechism.

càtedra [ˈkatəðrə] *nf* (university) chair, professorship.

catedral [kətəˈðral] *nf* cathedral.

catedràtic -a [kətəˈðratik -ə] *nm, f* professor.

categoria [kətəɣuˈriə] *nf* **-1.** [gen] category. **-2.** [posició social] standing; [persona] **de ~** important; [artista] prestigious, first-rate; [producte] high quality; [hotel] prestigious, first-rate. **-3.** category; [qualitat] **de primera ~** of the highest quality.

categòric -a [kətəˈɣɔrik -ə] *adj* categorical.

catequesi [kətəˈkɛzi] *nf* catechesis.

càtering [ˈkatəriŋ] *nm* catering company, catering (U).

caterva [kəˈtɛrbə], **catèrvola** [kəˈtɛrbulə] *nf* host, multitude.

catet [kəˈtɛt] *nm* GEOM cathetus.

catifa [kəˈtifə] *nf* rug, carpet.

càtode [ˈkatuðə] *nm* cathode.

catòlic -a [kəˈtɔlik -ə] ◇ *adj* Catholic; *fam fig* **no estar gaire ~** to be under the weather, to be not quite right. ◇ *nm, f* Catholic.

catolicisme [kətuliˈsizmə] *nm* Catholicism; **convertir-se al ~** to convert to Catholicism.

catorze [kəˈtorzə] *adj num inv & nm inv* fourteen; ▶ **sis**.

catorzè -ena [kəturˈzɛ -ɛnə] *adj num & nm, f* fourteenth; **catorzena part** a fourteenth; ▶ **sisè**.

catre [ˈkatrə] *nm* **–1.** [llit lleuger] camp bed. **–2.** *fam* [llit] folding bed; **anar-se'n al ~** to hit the sack.

catxalot [kətʃəˈlɔt] *nm* sperm whale.

catxap [kəˈtʃap] *nm* ▶ **llorigó**.

catxet [kəˈtʃɛt] *nm* [cotització d'artista] cachet.

cau [ˈkaw] *nm* **–1.** [d'animals] nest. **–2.** *fig* [de lladres] hiding-place.

caudal [kəwˈðal] *adj* [aleta] caudal.

caure [ˈkawrə] *vi* **–1.** [gen] to fall; **~ en diumenge** it falls on a Sunday; **~ en la desesperació** to fall into desperation; **~ en desús** to become obsolete; **~ de l'arbre** to fall out of a tree; **~ de costat** to fall sideways; **~ d'esquena** to fall on one's back. **–2.** [entendre] to understand; **no hi caus? don't you get it? –3.** *fig* [recordar]: **~ en alguna cosa** to remember sthg; **no hi caic** I can't remember; **ja hi caic!** now I remember! **–4.** *fig* [aparèixer]: **deixar-se ~ a casa d'algú** to drop by sb's house. **–5.** to fall; *fig* [abalançar-se]: **~ sobre** to fall / descend upon. **–6.** *fig* [anar bé o malament] to go down; **el seu compliment em va ~ bé** his compliment went down well (with me); **el comentari li va ~ malament** his comment didn't go down too well; **em cau bé** I like it / him / her; **em cau malament, no em cau bé** I don't think much of it / him / her. **–7.** *fig* [estar situat] to be near / far; **~ lluny** to be far away. **–8.** **~ baix** to sink low; **~ pel seu propi pes** to be obvious; [persona] **estar per ~** to be about to arrive; [nit] to fall.

causa [ˈkawzə] *nf* cause; **a ~ de** due to; **~ pública** public cause.

causalitat [kəwzəliˈtat] *nf* causality.

causant [kəwˈzan] ◇ *adj* causing; **el fet ~ de** the causing factor. ◇ *nmf* cause; [causa] **ser el ~ de** to be the cause of.

causar [kəwˈza] *vt* to cause; [plaer, víctimes] to give, to cause; [malaltia] to cause; [perjudici] to cause; [impressió] to make.

càustic -a [ˈkawstik -ə] *adj lit & fig* caustic.

caut -a [ˈkawt -ə] *adj* cautious, careful.

cautela [kəwˈtɛlə] *nf* caution, cautiousness; **amb ~** cautiously.

cautelós -osa [kəwtəˈlos -ozə] ◇ *adj* cautious, careful. ◇ *nm, f* cautious person.

cautxú [kəwˈtʃu] *nm* rubber; **~ vulcanitzat (o sintètic)** vulcanized rubber.

cava [ˈkaβə] ◇ *adj* ANAT cava. ◇ *nf* [celler] cellar. ◇ *nm* Spanish champagne-type wine.

cavalcada [kəβəlˈkaðə] *nf* cavalcade, procession. ▶ **cavalcada dels Reis Mags** *nf* procession of the Three Wise Men.

cavalcadura [kəβəlkəˈðurə] *nf* mount.

cavalcar [kəβəlˈka] *vi* to ride (a horse).

cavall [kəˈβaʎ] *nm* **–1.** [animal] horse; **muntar a ~** to ride; **~ de raça** breed; **~ pura sang** thoroughbred. **–2.** [d'escacs] knight. **–3.** [carta] ≃ queen. **–4.** *m fam* [heroïna] smack. **–5.** **estar a ~ entre** to be halfway between two things; **a ~ regalat no li miris el dentat** don't look a gift horse in the mouth. ▶ **cavall de vapor** *nm* horsepower. ▶ **cavall marí** *nm* sea horse.

cavalla [kəˈβaʎə] *nf* ZOOL mackerel.

cavaller [kəβəˈʎe] *nm* **–1.** [home cortès] gentleman; **ser tot un ~** to be a gentleman. **–2.** [noble] knight; **~ errant** errant knight.

cavalleria [kəβəʎəˈriə] *nf* **–1.** [animal] mount, horse. **–2.** MIL cavalry. **–3.** [noblesa] knighthood.

cavallet [kəβəˈʎɛt] *nm* **–1.** [de taula] trestle. **–2.** [de pintor] easel. **–3.** ridge. ▶ **cavallets** *nm pl* merry-go-round.

cavar [kəˈβa] ◇ *vi* [amb fanga] to dig; [amb aixada] to hoe. ◇ *vt* to dig.

caverna [kəˈβɛrnə] *nf* cavern.

cavernícola [kəβərˈnikulə] ◇ *adj* [animals, persones] cave-dwelling. ◇ *nmf* **–1.** HIST troglodyte. **–2.** *nmf* caveman *m*, cavewoman *f*.

cavernós -osa [kəβərˈnos -ozə] *adj* **–1.** [relleu, zona] cavernous. **–2.** [veu, so] hollow.

caviar [kəβiˈar] *nm* caviar.

cavil·lar [kəβiˈʎa] *vi* to think deeply, to ponder.

cavitat [kəβiˈtat] *nf* cavity.

CCOO *nf pl* (abrev de **Comisiones Obreras**) Spanish communist-inspired trade union.

CCRTV nf (abrev de Corporació Catalana de Ràdio i Televisió) depending of Generalitat.

CD nm **-1.** (abrev de cos diplomàtic) CD. **-2.** (abrev de compact disc) CD.

CDC nf (abrev de Convergència Democràtica de Catalunya) Catalan political party to the centre-right of the political spectrum.

ce nf letter c; ~ **trencada** cedilla.

ceba ['sɛβə] nf BOT onion.

cebollí [səβuˈʎi] nm [planta] onion seed.

cec cega ['sek 'seɣə] ⬦ adj **-1.** [gen] blind; **a cegues** blindly. **-2.** fig [d'ira, amor] blinded (by); **de** blinded by. **-3.** [pou, canonada] blocked (up). ⬦ nm, f [invident] blind person.

cedir [səˈði] vi **-1.** [gen] to hand over; ~ **a** to give in to; ~ **en** to give up on; ~ **a una proposta** to yield to a proposal; ~ **en les seves pretensions** to give up trying / on his pretensions. **-2.** [destensar-se] to give, to become loose. ⬦ vt to abate.

cedre ['sɛðɾə] nm cedar.

cèdula ['sɛðulə] nf [gen] document; DR ~ **de citació** summons; ~ **d'habitabilitat** certificate stating that a place is habitable; ~ **hipotecària** mortgage bond.

cegar [səˈɣa] vt **-1.** [gen] to blind. **-2.** [tapar - tub, etc.] to block off / up; [- finestra, porta] to block off. ⬥ **cegar-se** vp lit & fig to be blinded.

ceguesa [səˈɣɛzə] nf [de visió] blindness.

CEI nf (abrev de Comunitat d'Estats Independents) CIS.

cel ['sɛl] nm **-1.** [gen] heaven; **estar al setè ~** to be in seventh heaven; **remoure ~ i terra** to move heaven and earth; **baixat del ~** a godsend; **veure el ~ obert** to see one's way out; [- sortir d'un compromís] to be heaven-sent. **-2.** [part superior] roof; ~ **ras** ceiling. **-3.** sky; **a ~ obert** [oportunament] at just the right moment; **com caigut del ~** (as if) out of the blue.

celebració [sələβɾəsiˈo] nf **-1.** [festeig] celebration. **-2.** [realització] holding.

celebrar [sələˈβɾa] vt **-1.** [missa, aniversari, bona notícia, etc.] to celebrate. **-2.** [reunió, junta, eleccions] to hold. **-3.** [alegrar-se de] to be delighted with; [lloar] to congratulate, to praise. ⬥ **celebrar-se** vp **-1.** [gen] to be celebrated. **-2.** [centenari, missa, etc.] to take place.

cèlebre ['sɛləβɾə] adj [amb fama] famous, celebrated.

celebritat [sələβɾiˈtat] nf celebrity.

celeritat [sələɾiˈtat] nf speed.

celeste [səˈlɛstə] adj [volta, cossos] celestial, heavenly.

celestial [sələstiˈal] adj **-1.** [del cel] celestial, heavenly; [glòria] celestial. **-2.** fig [plaer, etc.] heavenly.

celíac -a [səˈliək -ə] adj & nm, f coeliac.

celiaquia [səliəˈkiə] nf coeliac disease.

cèlibe ['sɛliβə] adj & nmf celibate.

celibat [səliˈβat] nm celibacy.

cèlibe ['sɛliβə] adj & nmf celibate.

cella ['sɛʎə] nf **-1.** ANAT eyebrow. **-2.** [vora] border, edging. **-3.** fam fig: **ficar-se alguna cosa entre ~ i ~** to get sthg into one's head; fam **cremar-se les celles** to burn the midnight oil; fam **tenir algú entre ~ i ~** to be unable to stand the sight of sb; **arrufar (o arronsar) les celles** to knit one's brow.

cel·la ['sɛllə] nf **-1.** cell; ~ **de càstig** solitary confinement cell. **-2.** [de bresca] cell.

celler [səˈʎe] nm [gen, bar] cellar.

cèl·lula ['sɛllulə] nf cell. ⬥ **cèl·lula fotoelèctrica** nf photoelectric cell, electric eye. ⬥ **cèl·lula fotovoltaica** nf photovoltaic cell.

cel·lular [səlluˈlar] adj cellular, cell (abans de nom).

cel·lulitis [səlluˈlitis] nf inv cellulitis.

cementiri [səmənˈtiɾi] nm **-1.** cemetery, graveyard. **-2.** [de coses inutilitzables] dump; ~ **d'automòbils / cotxes** scrap-yard; ~ **nuclear de residus radioactius** nuclear dumping ground.

cendra ['sɛndɾə] nf ash. ⬥ **cendres** nf pl [de cadàver] ashes.

cendrer [sənˈdɾe] nm ashtray.

cens ['sɛns] nm **-1.** [de població] census; ~ **(electoral)** electoral roll. **-2.** [tribut] tax. **-3.** DR lease.

censar [sənˈsa] vt to take census of.

censor -a [sənˈso -oɾə] nm, f censor. ⬥ **censor de comptes** nm auditor.

censura [sənˈsuɾə] nf **-1.** [gen] censorship; [de local] censure; [d'activitat] censure. **-2.** [reprovació] censure, severe criticism; **ha estat objecte de ~** he has been the object of censure.

censurable [sənsuˈrabblə] adj censurable.

censurar [sənsuˈra] vt **-1.** [gen] to censor. **-2.** [reprovar] to criticize severely, to censure.

cent ['sen] adj num inv & nm inv a hundred; ~ **mil** a hundred thousand; **al ~ per ~** through and through; ~ **per ~ pura llana** a hundred per cent pure wool; ➤ **sis**.

centau [sənˈtaw] nm [moneda llatinoamericana] centavo.

centaure [sənˈtawɾə] *nm* centaur.
centelleig [səntəˈʎetʃ] *nm* sparkle, sparkling (U).
centellejar [səntəʎəˈʒa] *vi* to sparkle; [estel] to twinkle.
centena [sənˈtɛnə] *nf* hundred.
centenar [səntəˈna] *nm* hundred; **a ~s** by the hundred.
centenari -ària [səntəˈnaɾi -aɾiə] *adj* centennial. ➤ **centenari** *nm* centenary; **cinquè ~** five hundredth anniversary.
centèsim -a [sənˈtɛzim -ə] *adj num & nm* hundredth; **~a part** a hundredth part; ➤ **sisè**.
centígrad -a [sənˈtiɣɾət -ədə] *adj* centigrade.
centigram [səntiˈɣɾam] *nm* centigram.
centilitre [səntiˈlitɾə] *nm* centilitre.
cèntim [ˈsɛntim] *nm* [moneda] cent; [diners] **quedar-se sense un ~** to be flat broke.
centímetre [sənˈtimətɾə] *nm* centimetre; **~ quadrat / cúbic** square /cubic centimetres.
centpeus [ˌsemˈpews] *nm inv* centipede.
central [sənˈtɾal] ⬦ *adj* central. ⬦ *nf* **-1.** [oficina] headquarters; **~ telefònica** telephone exchange. **-2.** [d'energia] power station; **~ eòlica / hidràulica** wind farm / hydroelectric power station; **~ nuclear / tèrmica** nuclear / thermal power station. ⬦ *nmf* ESPORT central defender.
centraleta [səntɾəˈlɛtə] *nf* switchboard.
centrar [sənˈtɾa] *vt* **-1.** [gen & ESPORT] to centre; **~ una novel·la en qüestions socials** to centre a novel on social matters. **-2.** [foto] to centre. **-3.** [mirada, atenció] to be the centre of; **~ l'atenció / la mirada en alguna cosa** to fix one's attention / gaze on sthg. ➤ **centrar-se** *vp* **-1.** to concentrate; [concentrar-se] **~-se en** to concentrate / focus on. **-2.** [equilibrar-se] to find one's feet.
centre [ˈsɛntɾə] *nm* [gen] centre; [catòlic, etc.] centre, institution; [d'estudis, investigació] institution; **~ docent / d'ensenyament** institution; [de ciutat] **me'n vaig al ~** I'm going up town / to the town centre; **~ de desintoxicació** drug rehabilitation centre; **~ nerviós** nerve centre; **~ òptic** optician's; [de les mirades] centre. ➤ **centre comercial** *nm* shopping centre. ➤ **centre d'atracció** *nm* main attraction. ➤ **centre de gravetat** *nm* centre of gravity. ➤ **centre de taula** *nm* centrepiece. ➤ **centre urbà** *nm* town centre.

centrecampista [ˌsɛntɾəkəmpistə] *nmf* ESPORT midfielder.
cèntric -a [ˈsɛntɾik -ə] *adj* central; **un pis ~** a centrally situated flat.
centrífug -a [sənˈtɾifuk -uɣə] *adj* centrifugal.
centrifugar [səntɾifuˈɣa] *vt* to centrifuge.
cèntuple -a [ˈsɛntuplə] *adj* centuple; **la ~a part** a hundredfold. ➤ **cèntuple** *nm* hundredfold.
centúria [sənˈtuɾiə] *nf* **-1.** *culte* [segle] century. **-2.** [divisió militar] century.
centurió [sənturiˈo] *nm* centurion.
cenyidor [səɲiˈðo] *nm* belt.
cenyir [səˈɲi] *vt* [estrènyer - roba] to tighten, to take in; [- cinturó] to tighten, to pull in; [abraçar] **~ per la cintura** to embrace; *fig* [emmotllar] **~ a** to keep / restrict to. ➤ **cenyir-se** *vp* [estrènyer-se] to tighten; [emmotllar-se, limitar-se] **~-se a** to keep / stick to; **es va ~ el cinturó** he tightened his belt.
cenyit -ida [səˈɲit -iðə] *adj* [peça de vestir] tight.
cep [ˈsɛp] *nm* [de vinya] vine; [per a vehicles] reel; [per a presos] trap.
CEPSA [ˈsɛpsə] *nf* (abrev de **Compañía Española de Petróleos, SA**) Spanish petroleum company.
ceptre [ˈsɛptɾə] *nm* **-1.** [vara, regnat] sceptre, reign. **-2.** *fig* [superioritat]: **ostentar el ~ de** to hold the crown of.
cera [ˈsɛɾə] *nf* **-1.** [gen] wax; **~ depilatòria / verge** hair-removing wax. **-2.** [per a esquís] wax.
ceràmica [seˈɾamikə] *nf* ceramics (U), pottery.
ceramista [səɾəˈmistə] *nmf* potter.
cerç [ˈsɛɾs] *nm* north wind.
cercador [sərkəˈðo] *nm* search engine.
cercar [sərˈka] *vt* **-1.** [gen] to seek, to look for. **-2.** INFORM to seek.
cerca-raons [ˌsɛrkəɾəˈons] *nm, f* troublemaker.
cercavila [ˌsɛrkəˈβilə] *nf* MÚS passacaglia.
cerciorar [sərsioˈɾa] *vt* to assure. ➤ **cerciorar-se** *vp* to make sure; **~-se (de)** to make sure (of); **em vaig ~ que no hi havia ningú** I made sure that there was no one there.
cercle [ˈsɛrklə] *nm* **-1.** circle. **-2.** [de ferida] circle. ➤ **cercle viciós** *nm* vicious circle. ➤ **cercles** *nm pl* [medis] circles.
cèrcol [ˈsɛrkul] *nm* **-1.** [gen] hoop. **-2.** [de barril] barrel hoop.
cereal [səɾeˈal] *nm* cereal.

cerebel [sərəˈβel] *nm* cerebellum.
cerebral [sərəˈβɾal] *adj* brain (*abans de nom*), cerebral.
cerilla [səˈɾiʎə] *nf* match.
cerimònia [səɾiˈmɔniə] *nf* ceremony; **~ civil** civil ceremony.
cerimonial [səɾimuniˈal] *adj* ceremonial; [vestit] ceremonial.
cerimoniós -osa [səɾimuniˈos -ozə] *adj* [persona] ceremonious; [acollida, salutació, etc.] ceremonious.
cerra [ˈsɛrə] *nf* [pèl - de porc] bristle.
cert -a [ˈsɛrt -ə] *adj* certain; **~a tristesa** a certain sadness; **el ~ és que...** the fact is that. ➤ **del cert** *loc adv* positively.
certamen [sərˈtamən] *nm* trade fair / exhibition.
certament [ˌsɛrtəˈmen] *adv* certainly.
certesa [sərˈtɛzə] *nf* certainty; **tenir la ~ que...** to be certain (that).
certificació [sərtifikasiˈo] *nf* **-1.** [fet] certification. **-2.** [document] certificate.
certificar [sərtifiˈka] *vt* **-1.** [gen] to certify. **-2.** *fig* [innocència] to confirm. **-3.** [carta, paquet] to register.
certificat -ada [sərtifiˈkat -aðə] *adj* [carta, paquet] registered. ➤ **certificat** *nm* certificate; **~ de qualitat** quality guarantee; FIN **~ de dipòsit** certificate of deposit; **~ mèdic** medical certificate.
cerumen [səˈrumən] *nm* earwax.
cervatell [sərβəˈteʎ], **cervató** [sərβəˈto] *nm* (small) fawn.
cervell [sərˈbeʎ] *nm* **-1.** [capitost & ANAT] brain. **-2.** [intel·ligència] brains *pl*, intelligence; **utilitzar el ~** to use your brain. **-3.** *fig* [eminència] brains *pl*. ➤ **cervell electrònic** *nm* electronic brain.
cervesa [sərˈβezə] *nf* beer; **~ de barril** draught beer; **~ negra** stout.
cerveser -a [sərβəˈze -eɾə] ◇ *adj* [indústria, ciutat, etc.] beer (*abans de nom*). ◇ *nm, f* brewer.
cerveseria [sərβəzəˈɾiə] *nf* brewery.
cervical [sərβiˈkal] ◇ *adj* cervical, neck (*abans de nom*). ◇ *nf* back of the neck.
cérvol -a [ˈsɛrβul -ə] *nm, f* deer, stag *m*, doe *f*.
cesària [səˈzaɾiə] *nf* caesarean (section); **practicar una ~** to do a caesarian.
cesi [ˈsɛzi] *nm* Caesium.
cessament [səsəˈmen] *nm* **-1.** [gen] cessation; [de l'activitat, les hostilitats] ceasing. **-2.** [destitució] cessation.

cessar [səˈsa] ◇ *vi* **-1.** [parar] **~ (de fer alguna cosa)** to stop / cease (doing sthg). **-2.** [dimitir] **~ (de / en)** to resign (from). ◇ *vt* to suspend; [destituir] to destitute; [funcionari] to remove from office.
cessió [səsiˈo] *nf* cession, transfer; **~ de béns** surrender of property.
cf. (abrev de **confronteu**) cf. (see, refer to).
cg. (abrev de **centigram**) cg.
cia. (abrev de **companyia**) Co.
CIA [ˈsiə] *nf* (abrev de **Central Intelligence Agency**) CIA.
cianur [siəˈnur] *nm* cyanide.
ciàtic -a [siˈatik -ə] *adj* sciatic. ➤ **ciàtica** *nf* sciatica.
cibercafè [siβərkəˈfɛ] *nm* cybercafé.
cibercrim [siβərˈkɾim] *nm* cybercrime.
cibernauta [siβərˈnawtə] *nmf* cybernaut.
ciberespai [siβərəsˈpaj] *nm* cyberspace.
cibernètic -a [siβərˈnɛtik -ə] *adj* cybernetic. ➤ **cibernètica** *nf* cybernetics (*U*).
cicatritzar [sikətriˈdza] *vt & vi* to form a scar, to heal.
cicatriu [sikəˈtɾiw] *nf lit & fig* scar.
cicerone [siseˈɾone] *nmf* guide.
cicle [ˈsiklə] *nm* cycle.
cíclic -a [ˈsiklik -ə] *adj* cyclical.
ciclisme [siˈklizmə] *nm* cycling.
ciclista [siˈklistə] ◇ *adj* cycling (*abans de nom*). ◇ *nmf* cyclist.
cicló [siˈklo] *nm* cyclone.
ciclomotor [ˌsiklumuˈtor] *nm* moped.
cicuta [siˈkutə] *nf* hemlock.
ciència [siˈɛnsiə] *nf* science; *fig* **~ infusa** intuitive knowledge; **és un pou de ~** to be a well of learning. ➤ **ciència-ficció** *nf* science fiction. ➤ **ciències** *nf pl* science (*U*); **ciències econòmiques / socials** economics (*U*), social sciences; **ciències exactes / naturals** exact / pure sciences; **ciències ocultes** occult sciences.
científic -a [siənˈtifik -ə] ◇ *adj* scientific. ◇ *nm, f* scientist.
cigala [siˈɣalə] *nf* **-1.** [insecte] cicada. **-2.** [crustaci] Dublin Bay prawn. **-3.** *vulg* cock, prick.
cigar [siˈɣar] *nm* [havà] cigar.
cigarrer -a [siɣəˈre -eɾə] *nm, f* [fabricant] cigar maker. ➤ **cigarrera** *nf* [capsa] cigar case.
cigarret [siɣəˈret] *nm* cigarette.
cigarreta [siɣəˈretə] *nf* cigarette.
cigne [ˈsiŋnə] *nm* swan.
cigonya [siˈɣoɲə] *nf* stork.

cigonyal [siɣu'ɲal] *nm* crankshaft.
cigró [si'ɣɾo] *nm* chickpea.
cilindrada [silin'dɾaðə] *nf* cylinder capacity; **una moto de gran ~** a powerful motor bike.
cilindre [si'lindɾə] *nm* cylinder.
cilíndric -a [si'lindɾik -ə] *adj* cylindrical.
cim ['sim] *nm* **-1.** [punta] peak. **-2.** [de muntanya, punt culminant] peak, summit.
ciment [si'men] *nm* [de construcció] cement; **~ hidràulic** hydraulic cement.
cinabri [si'naβɾi] *nm* cinnabar.
cinc ['siŋ] *adj num inv & nm inv* five; *fam fig* **no val ni ~** it's not worth a dime; **estar sense ni ~** to be broke; ▸ **sis**.
cinc-cents -centes [siŋ'sens -sentəs] *adj num & nm, f* five hundred; ▸ **sis**.
cine ['sinə] *nm* cinema; **~ d'estrena** cinema which shows latest releases; **~ mut / sonor** silent films, talking pictures.
cineasta [sine'astə] *nmf* film maker / producer.
cineclub [,sinə'klup] *nm* film club.
cinèfil -a [si'nɛfil -ə] ◇ *adj* film-mad. ◇ *nm, f* film buff.
cinema [si'nɛmə] *nm* cinema.
cinematògraf [sinəmə'tɔɣɾəf] *nm* film projector.
cinematografia [sinəmətuɣɾə'fiə] *nf* cinematography, film-making.
cinematogràfic -a [sinəmətu'ɣɾafik -ə] *adj* film *(abans de nom)*.
cingla ['siŋglə] *nf* saddle strap.
cinglar [siŋ'gla] *vt* [sella] to secure the girth.
cingle ['siŋglə] *nm* cliff.
cínic -a ['sinik -ə] ◇ *adj* cynical. ◇ *nm, f* cynic.
cinisme [si'nizmə] *nm* cynicism.
cinquanta [siŋ'kwantə] *adj num inv & nm inv* fifty; ▸ **sis**.
cinquantè -ena [siŋkwən'tɛ -ɛnə] *adj num & nm, f* fiftieth; ▸ **sisè**.
cinquantenari [siŋkwəntə'naɾi] *nm* fiftieth anniversary.
cinquè -ena [siŋ'kɛ -ɛnə] *adj num & nm, f* fifth; **cinquena part** a fiftieth; ▸ **sisè**.
cinta ['sintə] *nf* **-1.** [gen] strip, band; **~ adhesiva / autoadhesiva** adhesive / sticky tape; **~ aïllant** insulating tape; **~ d'impressora** printer ribbon; **~ mètrica** tape measure. **-2.** [d'imatge, so] tape; **~ de vídeo** videotape; **~ magnètica / magnetofònica** magnetic / recording tape. **-3.** belt; [mecanisme] **~ (transportadora)** [de merca-

deries, persones] conveyor belt. **-4.** INFORM tape; **~ digital** digital tape; **~ perforada** punched tape.
cintura [sin'tuɾə] *nf* **-1.** [de persona] waist. **-2.** [de vestit] waist.
cinturó [sintu'ɾo] *nm* [gen & ESPORT] belt; **~ negre** black belt. ▸ **cinturó de seguretat** *nm* seat / safety belt.
cinyell [si'ɲeʎ] *nm* [cinturó] belt.
circ ['sirk] *nm* circus.
circuit [sir'kujt] *nm* **-1.** [gen, ESPORT & ELECT] circuit; [de bicicletes] bicycle tour; **~ tancat** closed circuit; **~ imprès / integrat** printed / integrated circuit. **-2.** [contorn] contour.
circulació [sirkuləsi'o] *nf* circulation; **~ fiduciària / monetària** paper currency / monetary circulation.
circular¹ [sirku'la] *vi* **-1.** [gen] to circulate; [persona, líquid] **~ per** to flow / to circulate; [vehicles] to drive (along). **-2.** [monedes] to be in circulation.
circular² [sirku'lar] *adj & nf* circular.
circulatori -òria [sirkulə'tɔɾi -ɔɾiə] *adj* circulatory.
circumcidar [sirkumsi'ða] *vt* to circumcise.
circumcisió [sirkumsizi'o] *nf* circumcision.
circumdar [sirkum'da] *vt* to surround.
circumferència [sirkumfə'ɾɛnsiə] *nf* GEOM circumference.
circumflex [sirkum'flɛks] *nm* ▸ **accent**.
circumscriure [sirkums'kriwɾə] *vt* to restrict, to confine. ▸ **circumscriure's** *vp*: **~'s a** to confine o.s. to.
circumspecció [sirkumspəksi'o] *nf* **-1.** circumspection. **-2.** [de rostre] graveness, seriousness; [en el comportament] seriousness.
circumstància [sirkums'tansiə] *nf* **-1.** [gen & DR] circumstance. **-2.** [requisit] circumstance.
circumstancial [sirkumstənsi'al] *adj* **-1.** [accidental] circumstantial, chance *(abans de nom)*. **-2.** GRAM ▸ **complement**.
circumval·lar [,sirkumbə'lla] *vt* to go around.
cirera [si'ɾeɾə] *nf* cherry; **remenar les cireres** to be the boss. ▸ **cirera d'arboç** *nf* arbutus berry.
cirerer [siɾə'ɾe] *nm* [arbre] cherry tree. ▸ **cirerer bord** *nm* wild cherry.
ciri ['siɾi] *nm* **-1.** candle; **~ pasqual** paschal candle. **-2.** candle; *fig* **~s trencats** (some) impertinent remark.
CIRIT ['siɾit] *nf* (abrev de Comissió Interdepartamental de Recerca i Innovació Tec-

cirrosi [si'rɔzi] *nf* cirrhosis.

cirurgia [sirur'ʒiə] *nf* surgery; ~ **estètica / plàstica** cosmetic / plastic surgery.

cirurgià -ana [sirurʒi'a -anə] *nm, f* surgeon.

cisalla [si'zaʎə] *nf* [eina] shears.

cisar [si'za] *vt* to cheat, to steal.

cisell [si'zeʎ] *nm* chisel.

cisellar [sizə'ʎa] *vt* to chisel.

cisma ['sizmə] *nm* schism, split.

cismàtic -a [siz'matik -ə] *adj & nm, f* schismatic.

cissura [si'surə] *nf* incision.

cistell [sis'teʎ] *nm* **-1.** [continent] basket; **un ~ de plàstic** a plastic basket; *fig* **posar dins el mateix ~** to put (sthg) in the same pot. **-2.** [contingut] basket; **un ~ de pomes** a basket of apples.

cistella [sis'teʎə] *nf* basket; [de nadó] layette; ESPORT [bàsquet] basket.

cistelleria [sistəʎə'riə] *nf* **-1.** basket shop. **-2.** [ofici] basketmaking.

cisterna [sis'tɛrnə] *nf* **-1.** [de comuna] cistern. **-2.** [aljub, tanc] tank.

cistitis [sis'titis] *nf inv* cystitis.

cita ['sitə] *nf* [entrevista] appointment; **tenir una ~** to have an appointment.

citació [sitəsi'o] *nf* [referència] summons *sg*.

citar [si'ta] *vt* to make an appointment with. ● **citar-se** *vp* to arrange to meet (sb).

cítara ['sitərə] *nf* zither.

citologia [situlu'ʒiə] *nf* smear test, cytology.

cítric -a ['sitrik -ə] *adj* [àcid] citric; **una fruita ~a** a citrus fruit. ● **cítrics** *nm pl* citrus fruits.

CiU ['siw] *nm* (abrev de **Convergència i Unió**) Catalan coalition party to the centre-right of the political spectrum.

ciutadà -ana [siwtə'ða -anə] ◇ *adj* city (*abans de nom*). ◇ *nm, f* **-1.** [habitant] citizen. **-2.** [súbdit] citizen; **~ del carrer** the man in the street.

ciutadania [siwtəðə'niə] *nf* **-1.** [nacionalitat] citizenship. **-2.** citizenship; [població] **la ~** public (*U*), citizens *pl*.

ciutadella [siwtə'ðeʎə] *nf* citadel, fortress.

ciutat [siw'tat] *nf* city; **~ dormitori** commuter town, **~ jardí** garden city; **~ sanità-** ria hospital complex; **~ satèl·lit** satellite town; **~ universitària** university campus.

civada [si'βaðə] *nf* oat(s).

cívic -a ['siβik -ə] *adj* civic.

civil [si'βil] ◇ *adj lit & fig* civil; **tenir un comportament ~** to have a civil behaviour. ◇ *nm* **-1.** [no militar] civilian. **-2.** *fam* [Guàrdia Civil] member of the "Guardia Civil".

civilització [siβilidzəsi'o] *nf* civilization.

civilitzar [siβili'dza] *vt* to civilize. ● **civilitzar-se** *vp* to become civilized.

civilitzat -ada [siβili'dzat -aðə] *adj* civilized.

civisme [si'βizmə] *nm* [urbanitat] community spirit.

claca ['klakə] *nf* **-1.** chatter; TEAT **la ~** chatter. **-2.** small talk; **fer petar la ~** to have a chat.

clam ['klam] *nm* **-1.** claim; **el ~ dels admiradors** the audience's demands (for more). **-2.** [queixa] complaint.

clamar [klə'ma] ◇ *vi* **-1.** [implorar]: **~ a** to clamour for. **-2.** [protestar]: **~ contra** to protest against; **~ contra la injustícia** to protest against injustice. ◇ *vt* to exclaim, to appeal; **~ justícia** to appeal to justice.

clamor [klə'mo] *nm* clamour.

clamorós -osa [kləmu'ros -ozə] *adj* resounding.

clan ['klan] *nm* clan.

clandestí -ina [kləndəs'ti -inə] *adj* clandestine.

clandestinitat [kləndəstini'tat] *nf* secrecy.

clapar [klə'pa] *vi fam* to sleep.

claqué [klə'ke] *nm* tap dancing.

claqueta [klə'ketə] *nf* CIN clapperboard.

clar -a ['kla 'klarə] *adj* **-1.** [gen] clear; [imatge] clear; **tenir el cap ~** to have a clear head; **una ~a victòria** a clear victory; **és ~ que...** it's clear that...; **deixar ~ que...** to make sthg clear; **parlar ~ i català** to speak plainly; **deixar en ~** to make sthg clear. **-2.** [diluït] weak; **m'ho va deixar més ~ que l'aigua** he left it plain as a pikestaff. **-3.** [poc espès] sparse. **-4.** [aigües, mar] clear. ● **clar** ◇ *interj* ◇ *nm* **-1.** [en multitud] space, gap. **-2.** [en pintura] (high)light. ● **clar de lluna** *nm* moonlight. ● **clara** *nf* **-1.** [d'ou] egg white. **-2.** [beguda] shandy.

claraboia [klərə'βɔjə] *nf* skylight.

clarament [ˌklarə'men] *adv* clearly.

claredat [klərə'ðat] *nf* [gen] clearness, clarity; [lucidesa] clarity.

clarejar [klərə'ʒa] ◇ *v impers* **-1.** [fer-se de dia] to become light. **-2.** [asserenar-se] to clear up, to brighten up. ◇ *vi* [transparentar] to be transparent; [fer-se de dia] **el dia està clarejant** day is dawning.

clarí [klə'ɾi] *nm* bugle.

clariana [kləɾi'anə] *nf* METEOR patch of blue between clouds; [en bosc] clearing.

clarificar [kləɾifi'ka] *vt* to clarify; [tema, misteri] to clear up.

clarinet [kləɾi'nɛt] ◇ *nm* [instrument] clarinet. ◇ *nmf* [persona] clarinettist.

clarividència [kləɾiβi'ðɛnsiə] *nf* clairvoyance.

claror [klə'ɾo] *nf* light, brightness; **les primeres ~s de l'alba** the first light of dawn; **a la ~ de** by the light of; **a la ~ d'una espelma** by the light of a candle.

classe ['klasə] *nf* -1. [gen] class; **primera ~** first flass; **~ mitjana / obrera / treballadora** middle / working class; **~ preferent / turista** club / tourist class; **les ~s passives** pensioners. -2. [tipus]: **tota ~ de** all sorts / kinds of. -3. [manera de ser] type, category. -4. [assignatura] class; [professor] **fer ~s** go to class; [alumne] class; **~s de recuperació** extra lessons for pupils who have failed their exams; **~s particulars** private classes / lessons.

clàssic -a ['klasik -ə] ◇ *adj* -1. [gen] classical. -2. classic; [peculiar] **~ de** typical of. ◇ *nm*, *f* classic.

classificació [kləsifikəsi'o] *nf* classification.

classificar [kləsifi'ka] *vt* to classify. ► **classificar-se** *vp* to qualify (for); **es va ~ per a la final** she got through to the finals.

classista [klə'sistə] *adj & nmf* class conscious / class conscious person.

clatell [klə'teʎ] *nm* -1. nape. -2. *fam* [nuca] scruff of the neck.

clatellot [klətə'ʎɔt] *nm fam* slap on the back of the neck.

clau ['klaw] ◇ *adj inv* key; **és el punt ~** it's the key point. ◇ *nf* -1. [gen & ESPORT] lock; **tancar amb ~** to lock (with a key); **~ de contacte** ignition key; **~ anglesa** spanner; **~ mestra** master key. -2. [del gas, aigua] tap *Br*, faucet *Am*; **~ de pas** stopcock. -3. [signe ortogràfic] curly bracket. -4. [codi] code; INFORM **~ d'accés** access key; **en ~** in code. -5. [*MÚS* & *solució*] clef, key. ◇ *nm* -1. [peça metàl·lica] screw, nail. -2. MED code. -3. key; **com un ~** very punctual; *fam* [insistir] **reblar el ~** to reinforce an argument; *vulg* [coit] **fer un ~** to screw; *fig* **no tenir ni un ~** to be totally broke; *fam fig* [de persona] **quedar-se sec com un ~** to become as thin as a rake.

claudàtor [kləw'ðatoɾ] *nm* [signe tipogràfic] bracket.

clàudia ['klawðiə] *adj* ► **pruna**.

claudicar [kləwði'ka] *vi* -1. [sotmetre's] to give in. -2. [renunciar]: **~ de** [deures, principis] to abandon; [promesa, compromís] to go back on.

clauer [klə'we] *nm* keyring.

claustre ['klawstɾə] *nm* -1. ARQUIT & RELIG cloister. -2. [assemblea] senate, staff; **~ de professors** teaching staff. ► **claustre matern** *nm* womb.

claustrofòbia [kləwstɾu'fɔβiə] *nf* claustrophobia.

clàusula ['klawzulə] *nf* -1. [article] clause. -2. GRAM clause.

clausura [kləw'zuɾə] *nf* -1. [gen & RELIG] closing ceremony. -2. [de local] closing down.

clausurar [kləwzu'ɾa] *vt* -1. [acte] to close, to conclude. -2. [local] to close down.

clavar [klə'βa] *vt* -1. [gen] to nail, to drive; [amb claus] to nail. -2. to fix, to rivet; *fig* [fixar] **~ la mirada / l'atenció en** to fix one's gaze / attention on; *fam* [pegar] **~ una pallissa a algú** to give sb a beating; *fam* [dir] **ens va ~ la pallissa / història de sempre** he gave us the same old story; *fam* **~ una esbroncada a algú** to tell sb off. ► **clavar-se** *vp fam* [menjar, beure] to tuck in.

clavat -ada [klə'βat -aðə] *adj* -1. [amb claus] nailed. -2. [en punt] on the dot. -3. just right; [a mida] **anar ~** to be just right. -4. almost identical; [semblant] **ésser ~ a algú** to be the spitting image of sb.

clavecí [kləβə'si] *nm* MÚS spinet.

claveguera [kləβə'ɣeɾə] *nf* drain, sewer.

clavell [klə'βeʎ] *nm* carnation; BOT & CULIN **~ d'espècia** clove.

clavetejar [kləβətə'ʒa] *vt* -1. [adornar amb claus] to stud (with nails). -2. [posar claus] to nail roughly.

clavícula [klə'βikulə] *nf* collar bone.

clavilla [klə'βiʎə] *nf* -1. [de fusta, ferro] pins. -2. TECNOL & MÚS peg. -3. ELECT pin.

clàxon ['klaksun] *nm* horn.

clemència [klə'mɛnsiə] *nf* clemency.

clement [klə'men] *adj lit & fig* merciful, clement.

clenxa ['klɛnʃə] *nf* parting (in hair); **fer-se la ~** to part one's hair.

clepsa ['klɛpsə] *nf fam* skull; *fig* [judici] no li entra al a la ~ que... it doesn't enter his brain; **ser dur de ~** to be thick-headed.

cleptòman -a [kləp'tɔmən -ə] *nm, f* kleptomaniac.

clerecia [klərə'siə] *nf* [clergat] clergy.

clergat [klər'ɡat] *nm* clergy.

clergue ['klɛrɡə] *nm* clergyman, priest.

clerical [kləri'kal] ◇ *adj* clerical. ◇ *nmf* clericist.

client -a [kli'en -entə] *nm, f* customer.

clientela [kliən'tɛlə] *nf* customers *pl*.

clima ['klimə] *nm lit & fig* climate; **~ mediterrani / tropical** Mediterranean / tropical climate.

climatitzar [kliməti'dzɑ] *vt* to air-condition.

climatitzat -ada [klimə'dzat -aðə] *adj* air-conditioned.

climatologia [klimətulu'ʒiə] *nf* climatology.

clínic -a ['klinik -ə] *adj* clinical. ► **clínica** *nf* clinic.

clip ['klip] *nm* -1. [per al cabell] hairclip. -2. [per a paper] paper clip. -3. [pendent, videoclip] clip.

clítoris ['klituris] *nm inv* clitoris.

clivella [kli'βeʎə] *nf* crack, split; [a la pell] chap.

clivellar [kliβə'ʎa] *vt* [terra] to crack. ► **clivellar-se** *vp* to split.

clixé [kli'ʃe] *nm lit & fig* cliché.

cloaca [klu'akə] *nf* ANAT [orifici d'animal] anus.

cloenda [klu'endə] *nf* conclusion.

clofolla [klu'foʎə] *nf* [d'avellanes, etc.] shell.

cloïssa [klu'isə] *nf* clam.

cloquejar [klukə'ʒa] *vi* -1. [gallina] to cluck. -2. [atordir] to bewilder, to confuse.

clor ['klɔr] *nm* chlorine.

clorhídric [klu'riðrik] *adj* ► **àcid**.

clorofil·la [kluru'fillə] *nf* chlorophyll.

cloroform [kluru'fɔrm] *nm* chloroform.

clos -a ['klɔs -ɔzə] *adj* closed; **boca ~a** closed mouth. ► **clos** *nm* -1. closing. -2. [indret] enclosure. ► **closa** *nf* [tanca] closure.

closca ['klɔskə] *nf* -1. [d'ou, nou, etc.] shell. -2. [de tortuga] shell. -3. *fam* [cap] skull; **ficar-se dins la ~** to get into sb's head. -4. *fig* [cuirassa] shell.

clot ['klɔt] *nm* [a la carretera] hole.

cloure ['klowrə] *vt* -1. [tancar] to close. -2. [afer, discussió] to conclude. ► **cloure's** *vp* [debat, acte, etc.] to conclude.

club ['klup] *nm* club; **~ de fans** fan club; **~ nàutic** yacht club.

CNT *nf* (abrev de **Confederación Nacional del Trabajo**) Spanish anarchist trade union federation created in 1911.

coacció [kuəksi'o] *nf* coercion.

coaccionar [kuəksiu'na] *vt* to coerce; **~ algú a / per a fer alguna cosa** to coerce sb into doing sthg.

coàgul [ku'aɣul] *nm* clot.

coagular [kuəɣu'la] *vt* to coagulate; [llet] to curdle. ► **coagular-se** *vp* -1. to coagulate; [llet] to curdle. -2. [sang] to clot.

coalició [kuəlisi'o] *nf* coalition.

coartada [kuər'taðə] *nf* alibi.

coartar [kuər'ta] *vt* to limit, to restrict; [sentiment] to hinder.

coautor -a [,koəw'to -orə] *nm, f* co-author.

cobai [ku'βaj] *nm* guinea pig.

cobalt [ku'βal] *nm* cobalt.

cobdícia [kub'disiə] *nf* [de riquesa] greed; **mirar amb ~** to thirst (for).

cobdiciós -osa [kubdisi'os -ozə] *adj* covetous, greedy.

cobejar [kuβə'ʒa] *vt* to house, to shelter.

cobert -a [ku'βert -ə] ◇ *pp irreg* ► **cobrir**. ◇ *adj* -1. **un cel ~** a cloudy sky. -2. **estar / posar-se a ~ de** to be sheltered from, to shelter from. ► **cobert** *nm* -1. shelter, cover. -2. [àpat] meal; [per a menjar] cutlery (U). ► **coberta** *nf* [per a tapar - llibre] cover; [de pneumàtic] tyre; [de vaixell] deck.

coberteria [kuβərtə'riə] *nf* set of cutlery, cutlery (U).

cobertura [kuβər'turə] *nf* covering; PREMSA **~ informativa** coverage.

cobla ['kɔbblə] *nf* [estrofa] folksong, popular song.

cobra ['kɔβrə] *nf* [serp] cobra.

cobrador -a [kuβrə'ðo -orə] *nm, f* [de l'autobús] conductor *m*, conductress *f*; [de factures, rebuts] collector.

cobrament [kuβrə'men] *nm* collection, cashing.

cobrar [ku'βra] ◇ *vi* -1. [a la feina] to get paid. -2. to cash, to collect; *fam* [rebre pallissa] **cobraràs!** you'll cop it! ◇ *vt* -1. [deute, xec] to cash, to collect; [sou] to be paid; **em cobra, si us plau?** how much do I owe you?; **m'ho han cobrat molt car** they've charged me a lot. -2. to get, to acquire; [adquirir] **~ importància** to become important.

cobrellit [ˌkɔβɾəˈʎit] nm bedspread.
cobrir [kuˈβɾi] vt **-1.** [gen] to cover. **-2.** [dissimular] to cover up, to hide. **-3.** [lloc, vacant] to fill; ~ **les seves necessitats** to cover his needs. ☞ **cobrir-se** vp: ~-**se (de)** to become covered (with); ~-**se de glòria** to cover o.s. in / with glory.
coc [ˈkɔk] nm **-1.** BOT [bacteri] coccus. **-2.** [carbó] coke.
coca [ˈkɔkə] nf **-1.** CULIN flat cake. **-2.** [cosa tova] sthg squashed. **-3.** [planta] coca. **-4.** fam [cocaïna] coke.
coça [ˈkɔsə] nf **-1.** [de l'animal] kick; [puntada de peu] kick. **-2.** fam fig [injúria] insult, rude remark; **tractar algú a coces** to treat sb rudely.
cocaïna [kukəˈinə] nf cocaine.
cocció [kuksiˈo] nf cooking, baking.
coco [ˈkoku] nm [fruita] coconut.
cocodril [kukuˈðɾil] nm crocodile.
cocoter [kukuˈte] nm [arbre] coconut tree.
còctel [ˈkɔktəl] nm cocktail. ☞ **còctel Molotov** nm Molotov cocktail.
coctelera [kuktəˈleɾə] nf cocktail shaker.
còdex [ˈkɔðəks] nm codex.
codi [ˈkɔði] nm code; ~ **ASCII** ASCII code; ~ **civil / penal** civil / penal code; ~ **de barres** bar code; ~ **de circulació** highway code; ~ **de comerç / mercantil** commercial / mercantile law; ~ **d'identificació fiscal** tax code; INFORM ~ **màquina** machine code; ~ **Morse** Morse code; ~ **postal** post code; ~ **de senyals** signal code; ~ **territorial** area code.
codificar [kuðifiˈka] vt **-1.** [gen & INFORM] to code. **-2.** [llei] to codify.
còdol [ˈkɔðul] nm pebble, stone.
codony [kuˈðoɲ] nm quince.
codonyat [kuðuˈɲat] nm quince jelly.
coeficient [kuəfisiˈen] nm **-1.** [gen] coefficient; ~ **de caixa** cash ratio. **-2.** [grau, índex] rate; ~ **intel·lectual / d'intel·ligència** intelligence quotient, I.Q.
coet [kuˈɛt] nm rocket.
coetani -ània [kuəˈtani -aniə] adj contemporary.
coexistència [kuəgzisˈtɛnsiə] nf coexistence; **pacífica** peaceful coexistence.
coexistir [kuəgzisˈti] vi to coexist.
còfia [ˈkɔfiə] nf cap, coif.
cofre [ˈkɔfɾə] nm **-1.** [per a joies] jewel box. **-2.** [arca] chest, trunk.
cofurna [kuˈfurnə] nf [habitatge pobre] small hut, shack.

cognom [kuŋˈnɔm] nm surname.
cogombre [kuˈɣombɾə] nm BOT cucumber.
cogombret [kuɣumˈbɾɛt] nm gherkin.
cohabitar [kuəβiˈta] vi to cohabit; ~ **amb algú** to live with sb.
coherència [kuəˈɾɛnsiə] nf **-1.** [d'idees, arguments, etc.] coherence. **-2.** cohesion.
coherent [kuəˈɾen] adj coherent.
cohesió [kuəziˈo] nf cohesion.
cohibir [kuiˈβi] vt to inhibit.
cohibit -ida [kuiˈβit -iðə] adj inhibited.
coi! [ˈkɔj] interj fam [estranyesa, admiració] good heavens!; [disgust, molèstia] for heaven's sake!
COI [ˈkɔj] nm (abrev de **Comitè Olímpic Internacional**) IOC.
coincidència [kuinsiˈðɛnsiə] nf coincidence.
coincidir [kuinsiˈði] vi **-1.** [gen] to coincide; [versions] to coincide. **-2.** [dues persones] to meet. **-3.** [estar d'acord] to agree; **tothom coincideix a dir que...** everyone agrees in saying that...; **tots coincideixen en els gustos** everyone coincides in their tastes.
coiot [kuˈjɔt] nm coyote.
coïssor [kuiˈso] nf stinging.
coit [ˈkɔjt] nm coitus.
coix -a [ˈkoʃ -ə] ◇ adj **-1.** [persona] lame, crippled. **-2.** [moble, raonament, frase] wobbly. ◇ nm, f cripple.
coixejar [kuʃəˈʒa] vi **-1.** [persona] to limp. **-2.** [moble] to wobble. **-3.** fig [negoci, etc.] to falter, to flounder.
coixesa [kuˈʃezə] nf limp, lameness.
coixí [kuˈʃi] nm **-1.** [en sofà, butaca] cushion. **-2.** [al llit] pillow. ☞ ~ **de seguretat** airbag.
coixinera [kuʃiˈneɾə] nf **-1.** [de coixí de llit] pillow case. **-2.** [per al pa, aliments] sack.
coixinet [kuʃiˈnɛt] nm **-1.** bearing. **-2.** [en un eix] bearing; ~ **de boles** ball-bearing.
col [ˈkɔl] nf cabbage; ~ **de Brussel·les** Brussels sprouts; ~ **llombarda** (o **vermella**) red cabbage.
colador [kuləˈðo] nm fam strainer, sieve.
colar [kuˈla] vt [un líquid] to strain. ☞ **colar-se** vp [líquid] to seep through; ~-**se (per / en)** to filter.
colat -ada [kuˈlat -aðə] adj [líquid] strained.
còlera [ˈkɔləɾə] ◇ nf [ira] anger, rage; **esclatar la** ~ **(d'algú)** to go into a rage, to lose one's temper. ◇ nm MED cholera.
colèric -a [kuˈlɛɾik -ə] adj **-1.** [caràcter] bad-tempered. **-2.** MED choleric.

colesterol [kuləstə'ɾɔl] *nm* cholesterol.
colgar [kul'ɣa] *vt* -1. [sota terra] to bury; ~ un mort to bury a dead person. -2. [ocultar a la vista] to hide; les cases han quedat colgades sota la neu the houses are buried under the snow. ← **colgar-se** *vp* to get buried.
còlic ['kɔlik] *nm* colic, stomach ache; ~ hepàtic biliary colic; ~ nefrític / renal renal colic.
coliflor [ˌkɔli'flɔ] *nf* cauliflower.
colissa [ku'lisə] *nf* -1. MÚS [de trombó] slide. -2. [ranura] groove.
coll ['kɔʎ] *nm* -1. [de botella] bottleneck. -2. [de naips] suit. -3. [turó] hill. -4. [del cos] neck, throat; **portar a ~ (o a ~-i-be)** to give sb a piggyback. -5. [d'objecte, peça de vestir] collar; *fig* [en carretera] hill; ~ **d'aletes** wing collar.
colla ['kɔʎə] *nf* [d'amics, malfactors] gang.
col·laboració [kulləβuɾəsi'o] *nf* collaboration.
col·laborador -a [kulləβuɾə'ðo -oɾə] *adj* cooperative. ◇ *nm, f* collaborator.
col·laborar [kulləβu'ɾa] *vi* to collaborate; ~ **(en / amb)** to collaborate with.
col·lació [kulləsi'o] *nf* [per menjar] snack; *fig* **portar a ~** to mention, to bring up.
col·lapsar [kulləp'sa] *vt* to bring to a halt, to stop.
col·lapse [ku'llapsə] *nm* -1. MED collapse, breakdown. -2. [de trànsit] traffic jam, hold-up; **provocar el ~ del trànsit** to provoke a traffic jam. -3. [d'activitat] stoppage.
collar [ku'ʎa] *vt* to screw; *fig fam* ~ **algú** to keep a tight rein on.
collaret [kuʎə'ɾɛt] *nm* necklace.
col·lateral [kullətə'ɾal] *adj* DR [successió, línia] collateral.
col·lecció [kulləksi'o] *nf lit & fig* collection.
col·leccionable [kulləksiu'nabblə] ◇ *adj* collectable. ◇ *nm* special supplement in a serialized form.
col·leccionar [kulləksiu'na] *vt* to collect.
col·leccionista [kulləksiu'nistə] *nmf* collector.
col·lecta [ku'llɛktə] *nf* collection.
col·lectiu -iva [kullək'tiw -iβə] *adj* collective. ← **col·lectiu** *nm* -1. [gen] group, collective; ~ **dels metges** group of doctors. -2. [d'investigació] group.
col·lectivitat [kulləktiβi'tat] *nf* community; **la ~ agrícola** agricultural association.

col·lector -a [kullək'to -oɾə] ◇ *adj* collecting. ◇ *nm, f* collector. ← **col·lector** *nm* sewer; ~ **de brossa** chute.
col·lega [ku'llɛɣə] *nmf* -1. *fam* mate. -2. [company professional] colleague.
col·legi [ku'llɛʒi] *nm* -1. [de nens] school; ~ **de pagament** private school. -2. [de professionals] [d'arquitectes, metges] association; ~ **d'advocats** lawyer's association. ← **col·legi electoral** *nm* polling station. ← **col·legi major** *nm* hall of residence.
col·legial -a [kulləʒi'al -ə] ◇ *adj* school (*abans de nom*). ◇ *nm, f* schoolboy *m*, schoolgirl *f*.
collir [ku'ʎi] *vt* -1. [fruita, flors] to pick. -2. AGR to harvest; *fig* [guanyar] ~ **triomfs** to reap the rewards.
col·lisió [kullizi'o] *nf* -1. [de vehicles] collision, crash. -2. *fig* [d'idees, persones] clash.
collita [ku'ʎitə] *nf* -1. [de fruita] harvest. -2. [de cereals] crop; *fig* [poemes, etc.] **de la seva (pròpia) ~** home-grown products; **fer la ~** to reap (ideas, acknowledgement).
colló [ku'ʎo] ◇ *interj vulg*: **collons!** [enuig] bollocks! ◇ *nm gen pl vulg* balls; *fig vulg* **ho faràs per collons!** you bloody well will do it; *fig vulg* **tenir collons** to have balls / guts.
col·locació [kullukəsi'o] *nf* -1. [gen] placing, positioning. -2. *fig* [contractació] place, position. -3. [feina] position, job.
col·locar [kullu'ka] *vt* -1. [gen] to place, to put; [donar feina] ~ **algú en...** to find a job for. -2. [en una posició] to find a job for; ~ **alguna cosa al revés** to put sthg the wrong way around. ← **col·locar-se** *vp fam* [amb drogues] to get high / stoned; [amb alcohol] to get drunk.
collonut -uda [kuʎu'nut -uðə] *adj vulg* bloody brilliant.
col·loqui [ku'llɔki] *nm* -1. [conversa] conversation. -2. [debat] discussion, debate.
colobra [ku'lɔβɾə] *nf* snake.
colofó [kulu'fo] *nm* -1. [de carrera, etc.] climax, culmination. -2. [de llibre] colophon.
colom [ku'lom] *nm* pigeon, dove; ~ **missatger** carrier / homing pigeon; ~ **tudó** ring-collared dove, wood pigeon.
coloma [ku'lomə] *nf* pigeon, dove.
colomar [kulu'ma] *nm* pigeon shed, dovecot.
colomí [kulu'mi] *nm* young pigeon. ← **colomins** *nm pl fam* [enamorats] lovebirds.

còlon [ˈkɔlon] *nm* colon.

colon -a [kuˈlon -ə] *nm, f* colonist, settler.

colònia [kuˈlɔniə] *nf* **-1.** [gen] colony. **-2.** colony; [de nens] **colònies (d'estiu)** (summer) camp; **anar de colònies** to go to summer camp; **~ industrial** industrial district. **-3.** [perfum] cologne.

colonial [kuluniˈal] *adj* colonial.

colonització [kulunidzəsiˈo] *nf* colonization.

colonitzador -a [kulunidzəˈðo -orə] ◇ *adj* colonizing. ◇ *nm, f* colonizer, colonist.

colonitzar [kuluniˈdza] *vt* to colonize.

color [kuˈlo] *nm* **-1.** [gen] colour; **de ~** coloured; **en ~** in colour; *fig* [escena] **ple de ~** colourful; **~s complementaris** complementary colours; **~ local** local colour; **~ primari** primary colour. **-2.** [aspecte] tone; **~ de cara** complexion. **-3.** **donar ~ a alguna cosa** to brighten sthg up; *fig* to liven up; **no hi ha ~** it's no contest; **fer pujar a algú els ~s (a la cara)** to make sb blush; **veure les coses de ~ de rosa** to see things through rose-coloured / rose-tinted spectacles; *fig* **haver-ne vist de tots ~s** to have seen a lot; *fam fig* **passar-ne de tots ~s** to go through a lot.

coloraina [kuluˈrajnə] *nf* sthg very colourful.

colorant [kuluˈran] ◇ *adj* colouring. ◇ *nm* [per a tenyir] dye.

colorar [kuluˈra] *vt* to colour.

colorit [kuluˈrit] *nm* [de dibuix, etc.] colours *pl*; [de paisatge] colour, tone.

colós [kuˈlos] *nm* **-1.** [estàtua] colossus. **-2.** *fig* [cosa, persona] giant.

colossal [kuluˈsal] *adj* **-1.** colossal. **-2.** [error, equivocación] great, enormous.

colpejar [kulpəˈʒa] *vt & vi* to hit, to bang.

colpir [kulˈpi] *vt fig* [idees, paraules, moda] to impress.

colrar [kulˈra] *vt* [pell] to tan.

coltell [kulˈteʎ] *nm* [ganivet] knife; [punyal] dagger.

columna [kuˈlumnə] *nf* **-1.** [gen & ARQUIT] column; **cinquena (o quinta) ~** fifth column. **-2.** *fig* [pilar] pillar. ⇒ **columna vertebral** *nf* spinal column.

columnata [kulumˈnata] *nf* colonnade.

columnista [kulumˈnistə] *nmf* columnist.

colzar [kulˈza] *vt* to bend.

colze [ˈkolzə] *nm* **-1.** [de canonada] bend. **-2.** [en braç, canonada] elbow; **tenia els ~s sobre la taula** he had his elbows on the table. **-3.** [mesura] the average length of a forearm.

colzera [kulˈzerə] *nf* **-1.** [gen] elbow patch. **-2.** ESPORT elbow guard.

com [ˈkɔm] ◇ *adv* **-1.** [gen] as; **viu ~ un rei** he lives like a king; **ho he fet ~ calia** I did it as / the way it should be done; **~ et deia ahir** as I was telling you yesterday; **és (tan) negre ~ el carbó** he's as black as coal; **és tan alt ~ jo** he's as tall as I am; **el que em va dir va ser ~ per enrojolar-se** his words were enough to make me blush; **m'encanta ~ balles** I love the way you dance. **-2.** [aproximadament] about; **té un gust ~ de taronja** it tastes a bit like orange. **-3.** [de quina manera, per quin motiu] how; **~ ho has fet?** how did you do it?; **~ et dius?** what's your name?; **~ que mai no l'has vist?** what, you've never seen him?; **no sé ~ has pogut dir això** I don't know how you could say that; **~ és això?** how come?; [què dius] **~?** what? **-4.** [exclamatiu] how!; **~ passen els anys!** how quickly the years go by!; **podria ser d'una altra manera!** how could it be any other way!; [exclamatiu] **~ han canviat les coses!** how things have changed!; **~ m'agrada aquest quadre!** how I like this picture! ◇ *conj* **-1.** [ja que]: **~ que no arribaves, vam marxar** since you didn't come, we left. **-2.** [que]: **ja veuràs ~ guanyes** you'll see how you win. ◇ *interj*: **~!** what! ◇ *nm* the whys *pl*; **el ~ i el perquè** the whys and the wherefores *pl*. ⇒ **com a** *adv* [en qualitat de] as; **va a les classes ~ a oient** he goes to the class as a listener; **~ a periodista tinc una opinió molt diferent sobre el tema** as a journalist, I have a very different opinion about the matter. ⇒ **com que** *loc conj* **-1.** that; [expressa causa] **sembles cansat - ~ que he treballat tota la nit** you seem tired - well, I've been up all night. **-2.** as if; [expressa incredulitat] **~ vols que et cregui, si ets un mentider** as if I'd believe a liar like you. **-3.** [atès que] since; **~ que és diumenge, no treballa** since it's Sunday, he doesn't work. ⇒ **com si** *loc conj* [que] as if; **li va semblar ~ si ploressin** it seemed to him as if they were crying. ⇒ **com sigui que** *loc conj* since.

coma [ˈkomə] ◇ *nf* GRAM comma. ◇ *nm* MED coma; **en ~** in a coma.

comanda [kuˈmandə] *nf* **-1.** [encàrrec] order. **-2.** order; **fer una ~** to place an order.

comandament [kumandəˈmen] *nm* **-1.** [gen & MIL] command (U), order; **tenir el**

~ de to be in charge of; **els ~s** the orders; MIL **alt ~** high command. **–2.** [cap] command, authority; **~s intermedis** middle management (U). **–3.** [dispositiu] control; **~ a distància** automatic / remote control; **quadre de ~** control panel; **taula de ~s** control panel.

comandància [kumənˈdansiə] *nf* **–1.** [rang] command. **–2.** [edifici] command headquarters.

comandant -a [kumənˈdan -antə] *nm, f* commander, commandant.

comandar [kumənˈda] *vt* MIL to command.

comando [kuˈmandu] *nm* MIL commando; **~ terrorista** terrorist unit.

comarca [kuˈmarkə] *nf* region, area.

comare [kuˈmarə] *nf* **–1.** [dona xafardera] gossip. **–2.** godmother *f*.

comatós -osa [kuməˈtos -ozə] *adj* comatose.

combat [kumˈbat] *nm* fight; *lit & fig* **deixar fora de ~** to put sb out of the running.

combatent [kumbəˈten] *nmf* combatant, fighter.

combatiu -iva [kumbəˈtiw -iβə] *adj* aggressive, combative.

combatre [kumˈbatɾə] ◇ *vt* to fight (against). ◇ *vi* to combat; **~ (contra)** to fight (against).

combinació [kumbinəsiˈo] *nf* **–1.** [roba] slip, petticoat. **–2.** [gen, QUÍM & MAT] combination. **–3.** [beguda] cocktail. **–4.** [pla] scheme. **–5.** connections *pl*; [d'enllaç] **tenir bona ~** to have good connections.

combinar [kumbiˈna] *vt* **–1.** [barrejar] to mix. **–2.** [harmonitzar] to match. **–3.** [planificar] to arrange, to organize.

combinat [kumbiˈnat] *nm* **–1.** [beguda] cocktail; [gelat] assortment of ice cream. **–2.** ESPORT combined team.

comboi [kumˈbɔj] *nm* convoy.

combregar [kumbɾəˈɣa] *vi* **–1.** RELIG to receive Communion. **–2.** *fig* [amb idees, etc.] to swallow; **~ amb alguna cosa** to swallow sthg.

combustible [kumbusˈtibblə] ◇ *adj* combustible. ◇ *nm* fuel.

combustió [kumbustiˈo] *nf* combustion; **~ orgànica** organic combustion.

comèdia [kuˈmɛðiə] *nf* **–1.** [gen] comedy; **~ musical** musical (comedy). **–2.** *fig* [engany] farce; **tenir molta ~** to act the goat.

comediant -a [kuməðiˈan -antə] *nm, f lit & fig* actor *m*, actress *f*.

començament [kumənsəˈmen] *nm* start, beginning.

començar [kumənˈsa] ◇ *vt* to start, to begin; *fig* **tot just va ~** it has just begun. ◇ *vi* to start, to begin; **~ a / per fer alguna cosa** to begin to do sthg; **per ~** to begin with.

comensal [kumənˈsal] *nmf* fellow diner.

comentar [kumənˈta] *vt* to comment, to discuss; **li ho comentaré** I'll discuss it with him.

comentari [kumənˈtaɾi] *nm* comment, commentary. ➢ **comentaris** *nm pl* [murmuracions] gossip (U).

comentarista [kuməntəˈɾistə] *nmf* commentator.

comerç [kuˈmɛɾs] *nm* trade; **~ exterior / interior** foreign / domestic trade; **~ just** fair trade.

comercial [kumərsiˈal] *adj* commercial.

comercialitzar [kumərsiəliˈdza] *vt* to market.

comerciant [kumərsiˈan] *nmf* tradesman *m*, tradeswoman *f*, shopkeeper.

comerciar [kumərsiˈa] *vi* to trade, to do business; [persona, país, empresa] **~ amb** to do business with.

comesa [kuˈmezə] *nf* **–1.** [objectiu] mission, task. **–2.** [deure] duty.

comestible [kuməsˈtibblə] *adj* edible, eatable. ➢ **comestibles** *nm pl* food (U).

cometa [kuˈmetə] *nm* ASTRON comet.

cometes *nf pl* inverted commas, quotation marks; **entre ~** in quotation marks.

cometre [kuˈmetɾə] *vt* to commit; **acusat de ~ delictes** accused of committing crimes.

comí [kuˈmi] *nm* [planta] cumin, cummin.

comiat [kumiˈat] *nm* **–1.** [adéu] goodbye, farewell. **–2.** [festa] farewell party; **~ de solter -a** stag / hen party.

còmic -a [ˈkɔmik -ə] ◇ *adj* **–1.** [graciós] comedy (*abans de nom*), *comic*. **–2.** comic, comical. ◇ *nm, f* [actor] comedian *m*, comedienne *f*. ➢ **còmic** *nm* **–1.** TEAT comic. **–2.** comedian *m*, comedienne *f*.

comicis [kuˈmisis] *nm pl* elections, polls.

comicitat [kumisiˈtat] *nf* humorousness.

comissari -ària [kumiˈsaɾi -aɾiə] *nm, f* commissioner; **~ de policia** police superintendent; **~ polític** political commissar.

comissaria [kumisəˈɾiə] *nf* police station, precint *Am*.

comissió [kumisiˈo] *nf* [recàrrec, delegació] commission; **(treballar) a ~** work on commission; **~ fixa** flat fee; **~ investigadora**

committee of inquiry; ~ **parlamentària** parliamentary committee. ◆ **comissió de servei** *nf* special assignment.

comissura [kumiˈsuɾə] *nf* corner (of mouth, eyes).

comitè [kumiˈtɛ] *nm* committee; ~ **d'empresa** works council; ~ **executiu** executive committee.

comitiva [kumiˈtiβə] *nf* retinue.

commemoració [kumməmuɾəsiˈo] *nf* commemoration; **en ~ de** in commemoration of.

commemorar [kumməmuˈɾa] *vt* to commemorate.

comminar [kummiˈna] *vt* to threaten; [amenaçar] ~ **algú amb alguna cosa** to threaten sb with sthg.

commiseració [kummizəɾəsiˈo] *nf* compassion, pity.

commoció [kummusiˈo] *nf* -1. [física, psíquica] shock; ~ **cerebral** concussion. -2. [política, social] upheaval.

commoure [kuˈmmowɾə] *vt* -1. [físicament o psíquicament] to touch, to move. -2. [políticament o socialment] to shake. -3. [entendrir] to touch. -4. [sotragar] to shake. ◆ **commoure's** *vp* -1. [emocionar-se] to be moved, to be touched. -2. [per una sotragada] to be shaken.

commovedor -a [kummuβəˈðo -oɾə] *adj* moving, touching.

commutador [kummutəˈðo] *nm* ELECT switch.

commutar [kummuˈta] *vt* to commute; DR ~ **una pena (per)** to commute a punishment (through).

còmoda [ˈkɔmuðə] *nf* chest of drawers.

còmode -a [ˈkɔmuðə] *adj* -1. [confortable] comfortable. -2. [fàcil, oportú] easy. -3. convenient; [a gust] **sentir-se ~** to feel comfortable.

comodí [kumuˈði] *nm* joker; *fig* [cosa] multi purpose gadget; [persona] jack-of-all-trades.

comoditat [kumuðiˈtat] *nf* comfort, convenience (U); **és una gran ~** it's a great convenience. ◆ **comoditats** comforts.

compacte -a [kumˈpaktə] *adj* -1. [gen] compact. -2. *fig* [escriptura] compressed. ◆ **compact disc** *nm* [disc] compact disc; [aparell] compact disc player.

compadir [kumpəˈði] *vt* to pity, to feel sorry for.

compaginació [kumpəʒinəsiˈo] *nf* [en impremta] page make-up.

compaginar [kumpəʒiˈna] *vt* -1. [combinar] to reconcile; ~ **la feina amb l'oci és difícil** mixing work with pleasure is difficult. -2. [en impremta] to make up. ◆ **compaginar-se** *vp*: **~-se amb** to square with, to go together with.

company -a [kumˈpaɲ -ə] *nm, f* -1. *fam* chum. -2. [parella, acompanyant] companion. -3. [de feina] colleague; [d'estudis] classmate.

companyia [kumpəˈɲiə] *nf* -1. [gen] company; **en ~ de** accompanied by, in the company of; **fer ~ a algú** to keep sb company. -2. [empresa] company; ~ **d'assegurances** insurance company; ~ **multinacional** multinational company.

companyonia [kumpəɲuˈniə] *nf* -1. comradeship. -2. camaraderie; *fam* [amistat] **hi ha un bon ambient de ~** there's a nice atmosphere of camaraderie.

comparació [kumpəɾəsiˈo] *nf* comparison; **en ~ amb** in comparison with; **sense ~** without comparison.

comparar [kumpəˈɾa] *vt* to compare; ~ **(amb)** to compare with.

compare [kumˈpaɾə] *nm fam* [amic] friend, mate.

compareixença [kumpəɾəˈʃensə] *nf* DR appearance.

comparèixer [kumpəˈɾɛʃə] *vi* -1. DR to appear. -2. [aparèixer] to appear.

comparsa [kumˈparsə] ⋄ *nf* -1. TEAT extras *pl*. -2. [en el carnaval] group of people at a carnival in the same costume and with masks. ⋄ *nmf* -1. TEAT extra. -2. *fig* [persona] extra.

compartiment [kumpəɾtiˈmen] *nm* compartment; ~ **estanc** watertight compartment.

compartir [kumpəɾˈti] *vt* to share.

compàs [kumˈpas] *nm* -1. [gen & NÀUT] compass. -2. [MÚS & període] bar; [ritme] rhythm, beat; **al ~** in time (with the music); **portar / perdre el ~** to beat time / to lose the beat; **marcar el ~** to keep time. ◆ **compàs d'espera** *nm* MÚS pause, interlude; *fig* **donar un ~ d'espera** to make a pause.

compassió [kumpəsiˈo] *nf* compassion, pity.

compassiu -iva [kumpəˈsiw -iβə] *adj* compassionate.

compatible [kumpəˈtibblə] *adj* [gen & INFORM] compatible.

compatriota [kumpətɾiˈɔtə] *nmf* compatriot, fellow countryman m, fellow countrywoman f.

compendi [kum'pɛndi] nm **-1.** [llibre] compendium. **-2.** [síntesi] epitome, essence; fig **es considera un ~ de virtuts** he considers himself to be virtue itself.

compendiar [kumpəndi'a] vt to summarize, to abridge.

compenetració [kumpənətɾəsi'o] nf mutual understanding.

compenetrar-se [kumpənə'tɾarsə] vp to understand each other.

compensació [kumpənsəsi'o] nf **-1.** [contrapartida & FIN] compensation; **en ~ (per)** in return (for); **~ (bancària)** bank clearing. **-2.** [indemnització] compensation.

compensar [kumpən'sa] vt **-1.** to make up for; [valer la pena] **no em compensa (perdre tant de temps)** it's not worth my while (wasting all that time); **veure els seus fills sans el compensava de tants sacrificis** seeing his children healthy he was compensated for so many sacrifices. **-2.** to compensate; [indemnitzar] **~ algú (de / per)** to compensate sb (for).

competència [kumpə'tɛnsiə] nf **-1.** [gen & ECON] competition; **~ deslleial** unfair competition. **-2.** area (of responsibility); [incumbència] **no és de la meva ~** it's not my field. **-3.** [aptitud] competence. **-4.** [atribucions] competence.

competent [kumpə'ten] adj competent.

competició [kumpətisi'o] nf **-1.** [lluita] competition. **-2.** ESPORT competition.

competidor -a [kumpəti'ðo -oɾə] ⋄ adj rival, competing. ⋄ nm, f competitor.

competir [kumpə'ti] vi **-1.** to compete; [entre persones] **~ (per / amb)** to compete (for / with). **-2.** to compete; [entre empreses, productes] **~ (amb)** to compete with.

compilar [kumpi'la] vt [gen & INFORM] to compile.

complaença [kumplə'ɛnsə] nf [de grat] pleasure, satisfaction.

complaent [kumplə'en] adj [amable] obliging, helpful.

complaure [kum'plawɾə] vt **-1.** [donar satisfacció] to please; **em complau veure'l** it pleases me to see you. **-2.** [accedir als desigs] **~ algú** to please sb.

complement [kumplə'men] nm complement; **~ agent** agent; **~ circumstancial** adjunct; **~ directe / indirecte** direct / indirect object.

complementar [kumpləmən'ta] vt to complement. ⇒ **complementar-se** vp to complement each other.

complementari -ària [kumpləmən'taɾi -aɾiə] adj complementary.

complert -a [kum'plɛrt -ə] adj completed; **cinc anys ~s** five complete years.

complet -a [kum'plɛt -ə] adj complete, full; **per ~** totally.

completar [kumplə'ta] vt to complete. ⇒ **completar-se** vp to be completed.

complex -a [kum'plɛks -ə] adj complex. ⇒ **complex** nm complex; **~ d'Èdip** Oedipus complex; **~ d'inferioritat / de superioritat** inferiority / superiority complex; **~ (industrial)** industrial park.

complexió [kumpləksi'o] nf build.

complexitat [kumpləksi'tat] nf complexity.

complicació [kumplikəsi'o] nf **-1.** [gen] complication. **-2.** [complexitat] complexity.

complicar [kumpli'ka] vt **-1.** [dificultar] to complicate. **-2.** [comprometre]: **~ (en)** to involve sb (in). ⇒ **complicar-se** vp to become complicated.

complicat -ada [kumpli'kat -aðə] adj **-1.** [difícil] complicated. **-2.** [compromès]: **~ (en)** involved (in).

còmplice ['kɔmplisə] nmf accomplice.

complicitat [kumplisi'tat] nf complicity; [mirada] **de ~** involvement.

complidor -a [kumpli'ðo -oɾə] ⋄ adj reliable, dependable. ⋄ nm, f reliable / dependable person.

compliment [kumpli'men] nm **-1.** attainment, accomplishment. **-2.** [cortesia] compliment; **sense ~s** without reservations; [lloança] compliment. **-3.** [d'un deure] performance, compliance; [d'ordre, contracte] fulfilment; [de llei, promesa] observance; [de termini] expiry; **per ~** out of courtesy.

complimentar [kumplimən'ta] vt **-1.** to compliment, to congratulate; **~ algú amb alguna cosa** to compliment sb on sthg. **-2.** [saludar] to greet. **-3.** [felicitar] to congratulate.

complir [kum'pli] ⋄ vt **-1.** [requisits] to carry out, to comply. **-2.** [deure, missió] to carry out; [ordre, contracte] to fulfil; [promesa, paraula] keep; [llei] to observe. **-3.** [anys] to reach; **ha complert 40 anys** he's reached 40 (years old). **-4.** [condemna] to serve. ⋄ vi **-1.** [termini, garantia] to expire. **-2.** [persona] to do one's duty; **~ amb algú**

to do one's duty by sb; ~ **amb el deure** to do one's duty; ~ **de paraula** to keep one's word.

complot [kum'plɔt] *nm* plot, conspiracy.
compondre [kum'pɔndrə] *vt* [gen] to make up, to compose. ☞ **compondre's** *vp* **–1.** [estar format]: ~'**s de** to be made up of, to consist of. **–2. que se les compongui** let him work it out for himself; **~-se-les (per fer alguna cosa)** to manage, to find a way (to do sthg).
component [kumpu'nen] ◇ *adj* component, constituent. ◇ *nm* **–1.** [gen & ELECT] component. **–2.** [persona] member.
comporta [kum'pɔrtə] *nf* watergate, sluice.
comportament [kumpurtə'men] *nm* behaviour.
comportar [kumpur'ta] *vt* **–1.** to bear. **–2.** [implicar] to involve, to entail; ~ **riscos** to involve risks. ☞ **comportar-se** *vp* to behave.
composició [kumpuzisi'o] *nf* composition; **fer(-se) una ~ de lloc** to size up the situation.
compositor -a [kumpuzi'to -orə] *nm, f* composer.
compost -a [kum'pɔst -ə] ◇ *pp* ☞ **compondre**. ◇ *adj* [gen]: ~ **de** composed of, consisting of. ☞ **compost** *nm* QUÍM compound.
compota [kum'pɔtə] *nf* CULIN compote, stewed fruit (*U*).
compra ['komprə] *nf* [gen] purchase; COM ~ **a terminis** hire purchase.
comprador -a [kumprə'ðo -orə] ◇ *adj* buying, purchasing. ◇ *nm, f* purchaser, buyer.
comprar [kum'pra] *vt* to buy, to purchase; **anar a ~** to go shopping.
compravenda [,komprə'βendə] *nf* buying and selling, trading.
comprendre [kum'pendrə] *vt* to include, to comprise. ☞ **comprendre's** *vp* [entre persones] to understand one another.
comprensió [kumprənsi'o] *nf* understanding.
comprensiu -iva [kumprən'siw -iβə] *adj* understanding.
compresa [kum'prezə] *nf* **–1.** MED compress. **–2.** [per a menstruació] sanitary towel *Br*, sanitary napkin *Am*.
compressió [kumprəsi'o] *nf* compression.
comprimir [kumpri'mi] *vt* **–1.** to compress. **–2.** INFORM to zip.

comprimit -ida [kumpri'mit -iðə] *adj* compressed. ☞ **comprimit** *nm* pill, tablet.
compromès -esa [kumpru'mɛs -ɛzə] *adj* **–1.** [amb una idea] committed. **–2.** [difícil] compromising, awkward.
comprometedor -a [kumprumətə'ðo -orə] *adj* compromising.
comprometre [kumpru'mɛtrə] *vt* **–1.** [paraula] to compromise; [honor] to compromise. **–2.** [posar en perill] to jeopardize. **–3.** [avergonyir] to embarrass. **–4.** [fer responsable] to oblige, to compel. **–5. algú (a fer alguna cosa)** to oblige / compel sb to do sthg. ☞ **comprometre's** *vp* **–1.** to commit o.s.; [gen] **~'s (a fer alguna cosa / en alguna cosa)** to commit o.s. (to doing sthg). **–2.** [ideològicament] to become involved.
compromís [kumpru'mis] *nm* **–1.** [obligació] committment; ~ **matrimonial** engagement. **–2.** engagement; [cita] **tinc un ~** I have an engagement. **–3.** [acord] agreement. **–4.** [dificultat] compromising / difficult situation.
comprovació [kumpruβəsi'o] *nf* checking.
comprovant [kumpru'βan] *nm* **–1.** [document] supporting document, proof. **–2.** [rebut] receipt.
comprovar [kumpru'βa] *vt* to check, to verify.
comptabilitat [kumtəβili'tat] *nf* bookkeeping, accounting; **portar la ~** to do the accounts; **doble ~** double-entry bookkeeping.
comptabilitzar [kumtəβili'dza] *vt* to do the accounts.
comptable [kum'tabblə] *nmf* accountant.
comptador [kumtə'ðo] *nm* [aparell] meter.
comptagotes [,komtə'ɣotəs] *nm inv* dropper; **amb ~** in dribs and drabs.
comptant [kum'tan] *adj* ☞ **diner**.
comptaquilòmetres [,komtəki'lɔmətrəs] *nm inv* speedometer.
comptar [kum'ta] ◇ *vt* [enumerar, incloure] to count; ~ **algú entre** to count sb. ◇ *vi* [gen] to count; [confiar en] ~ **amb alguna cosa / algú** to count on sthg / sb; **no comptava amb això** I didn't reckon on this.
compta-revolucions [,komtərəβulusi'ons] *nm inv* tachometer.
comptat -ada [kum'tat -aðə] *adj* **–1.** [rar] rare, infrequent; **comptades vegades** very rarely. **–2.** [enumerat] numbered. ☞ **al**

comptat *loc adv*: pagar al ~ to pay (in) cash.

compte ['komtə] ◇ *nm* **-1.** [acció de comptar] count; **fer ~s** to reckon up; **portar els ~s** to keep count of; **he perdut el ~** I've lost count of; **m'ho ha dit tantes vegades que he perdut el ~** he's told so many times that I've lost count; **~ enrere** countdown. **-2.** FIN & COM account; **obrir un ~** to open an account; **domiciliar un ~** to pay an account by standing order; **pagar a ~** to pay on account; **~ corrent** current account; **~ d'estalvi** savings account; **~ d'explotació / de resultats** operating statement. **-3.** [suma, divisió, etc.] sum; *fam* **utilitzar el ~ de la vella** to count on one's fingers. **-4.** [factura] bill. **-5.** [obligació, cura] responsibility; **les despeses van a ~ meu** the costs are on me; **ho faré pel meu ~** I'll do it on my own. **-6.** account; **passar ~s a algú** to send sb the bill; [comunicar] **donar ~ de** to account for sthg, to report sthg; *fam* [acabar] **to finish sthg off**; **més del ~** too much; **demanar ~s a algú** to call sb to account; **tenir en ~ alguna cosa** to take sthg into account. ◇ *interj* **~!** look out!; **anar amb ~** to be careful.

compulsiu -iva [kumpul'siw -iβə] *adj* compulsive.

compungit -ida [kumpuɲ'ʒit -iðə] *adj* contrite, remorseful.

còmput ['kɔmput] *nm* calculation.

computador -a [kumputə'ðo -orə] *nm, f* computer.

computar [kumpu'ta] *vt* [calcular] to compute, to calculate.

comtal [kum'tal] *adj* of or pertaining to an earl or count; **la Ciutat Comtal** Barcelona.

comtat [kum'tat] *nm* [territori] county.

comte -essa ['komtə kum'tɛsə] *nm, f* count *m*, countess *f*.

comú -una [ku'mu -unə] *adj* **-1.** [gen] common; **fer alguna cosa en ~** to do sthg together; **tenir alguna cosa en ~** to have sthg in common. **-2.** [freqüent] common. **-3.** [ordinari] ordinary, average. ◆ **comú** *nm* [municipi] town council. ◆ **comuna** *nf* commune.

comunicació [kumunikə'sio] *nf* **-1.** [gen] communication; **posar-se en ~ amb algú** to get in touch with sb; **~ de masses** mass media; **estar en ~ amb algú** to be in touch with sb. **-2.** [oficial] communiqué. ◆ **comunicacions** [kumunikə'sions] *nf pl* communications.

comunicant [kumuni'kan] ◇ *adj* communicating. ◇ *nmf* informant.

comunicar [kumuni'ka] ◇ *vt* [gen] to convey, to transmit. ◇ *vi* **-1.** to communicate; [persona] **~ amb algú** to inform sb of sthg. **-2.** [dues coses] to connect, to join; **~ amb alguna cosa** to connect with sthg, to join sthg; [dues regions, ciutats, etc.] to join sthg. **-3.** [telèfon, línia] to be engaged *Br*, to be busy *Am*. ◆ **comunicar-se** *vp* **-1.** [persona - parlar-se] to communicate (with each other); [- relacionar-se] to communicate with each other. **-2.** [dues habitacions] to be connected; [dues regions, ciutats, etc.] **Sevilla es comunica amb Jerez per autopista** Seville is connected to Jerez by a highway. **-3.** [habitacions] to be connected.

comunicat -ada [kumuni'kat -aðə] *adj* well-served, with good connections; [lloc] **ben ~** well-served. ◆ **comunicat** *nm* **-1.** [informe] announcement, statement; **~ mèdic** medical statement. **-2.** press release.

comunicatiu -iva [kumunikə'tiw -iβə] *adj* communicative.

comunió [kumuni'o] *nf* **-1.** [acord] communion; **estar en ~ amb alguna persona** to see eye to eye with sb; **~ dels sants** holy communion. **-2.** RELIG [sagrament] communion.

comunisme [kumu'nizmə] *nm* communism.

comunista [kumu'nistə] *adj & nmf* communist.

comunitari -ària [kumuni'tari -ariə] *adj* community *(abans de nom)*.

comunitat [kumuni'tat] *nf* community; **~ autònoma** autonomous region; **~ de béns** co-ownership; **~ de propietaris** resident's association.

con ['kon] *nm* cone.

conat [ku'nat] *nm* [començament] attempt; **~ d'incendi** the beginnings of a fire.

conca ['koŋkə] *nf* **-1.** [de riu, regió minera] basin. **-2.** [de l'ull] socket.

concatenar [kuŋkətə'na] *vt* to link together.

còncau -ava ['kɔŋkəw -aβə] *adj* concave.

concavitat [kuŋkəβi'tat] *nf* **-1.** [qualitat] concavity. **-2.** [indret] hollow.

concebre [kun'sɛβrə] *vt & vi* to conceive.

concedir [kunsə'ði] *vt* **-1.** [donar] to grant; [premi] to award. **-2.** [assentir] to admit, to concede.

concentració [kunsəntɾəsi'o] *nf* **–1.** [gen] gathering; ECON ~ **parcel·lària** land consolidation. **–2.** [de gent] gathering. **–3.** ESPORT training camp.

concentrar [kunsən'tɾa] *vt* **–1.** [gen] to concentrate. **–2.** QUÍM & MIL to concentrate. ◆ **concentrar-se** *vp* **–1.** [fixar l'atenció] to concentrate. **–2.** [reunir-se] to get together.

concentrat [kunsən'tɾat] *nm* concentrate.

concèntric -a [kun'sɛntɾik -ə] *adj* concentric.

concepció [kunsəpsi'o] *nf* conception.

concepte [kun'septə] *nm* **–1.** [idea] concept. **–2.** [concept; [opinió] **tenir un gran ~ d'algú** to have a good opinion of sb. **–3.** concept; [motiu] **en (o per) cap ~** under no circumstances; **en ~ de** by way of, as.

concernir [kunsər'ni] *v impers* to concern; **pel que concerneix...** as far as ... is concerned.

concert [kun'sɛrt] *nm* **–1.** MÚS [obra] concert; [funció] concert. **–2.** [acord] agreement. **–3.** [ordre] order.

concertar [kunsər'ta] ◇ *vt* [preu] to agree on; [entrevista, cita] to arrange; [pacte, etc.] to reach. ◇ *vi* [concordar]; **~ (amb)** to tally (with), to fit in (with).

concertista [kunsər'tistə] *nmf* soloist.

concessió [kunsəsi'o] *nf* [gen & COM] concession; [d'un premi] awarding.

concessionari -ària [kunsəsiu'naɾi -aɾiə] ◇ *adj* concessionary. ◇ *nm, f* licensed dealer.

concili [kun'sili] *nm* council; **~ ecumènic** ecumenical council.

conciliar[1] [kunsili'a] *vt* **–1.** [enemics] to reconcile. **–2.** [activitats, coses, etc.] to harmonize.

conciliar[2] [kunsili'ar] *adj* conciliar.

concís -isa [kun'sis -izə] *adj* **–1.** brief. **–2.** [estil] concise.

concisió [kunsizi'o] *nf* conciseness.

concitar [kunsi'ta] *vt* to stir up, to arouse, to incite; **~ la ira d'algú contra algú** to incite sb's anger against sb; **va ~ en contra seu el meu malhumor** my bad feelings were stirred up against him.

conciutadà -ana [kunsiwtə'ða -anə] *nm, f* fellow citizen.

conclave [kuŋ'klaβə] *nm* **–1.** RELIG conclave. **–2.** [familiar, entre amics, etc.] conclave.

concloent [kuŋklu'en] *adj* [prova] conclusive.

concloure [kuŋ'klowɾə] ◇ *vt* **–1.** [tracte] to conclude. **–2.** [acabar] to end. **–3.** [treure conclusió] to reach. ◇ *vi* to (come) to an end; **~ fent alguna cosa** to end up doing sthg.

conclusió [kuŋklusi'o] *nf* **–1.** [gen] conclusion; **en ~** in conclusion. **–2.** [acord] conclusion; **arribar a una ~** to come to / to reach a conclusion.

concordança [kuŋkur'ðansə] *nf* [gen & GRAM] agreement.

concordar [kuŋkur'ða] ◇ *vt* [persones] to reconcile. ◇ *vi* **–1.** [coincidir] to agree / to tally (with). **–2.** GRAM to agree (with); **~ en nombre i persona** to agree in number and person.

concòrdia [kuŋ'kɔɾðiə] *nf* harmony.

concorregut -uda [kuŋkurə'ɣut -uðə] *adj* [lloc] crowded; [espectacle] well-attended.

concórrer [kuŋ'korə] *vi* **–1.** [assistir]: **~ a** to go to sthg, to attend sthg. **–2.** to contribute (to); [influir] **~ a** to contribute (to).

concret -a [kuŋ'kɾɛt -ə] *adj* specific, particular; [determinat] definite; [en resum] **en ~** in short; [especificament] especially; **res en ~** nothing definite.

concretar [kuŋkɾə'ta] *vt* **–1.** [precisar] to specify, to state exactly; **~ una data** to specify a date. **–2.** [materialitzar]: **~ un acord** to specify an agreement. **–3.** [reduir a l'essencial] to summarize. ◆ **concretar-se** *vp* to confine / to limit o.s.; [limitar-se] **~-se a fer alguna cosa** to confine / to limit o.s. to doing sthg.

conculcar [kuŋkul'ka] *vt* to infringe, to break.

concurrència [kuŋku'rɛnsiə] *nf* **–1.** [assistència] attendance. **–2.** [d'esdeveniments] concurrence.

concurs [kuŋ'kurs] *nm* **–1.** [gen] competition; **~ de bellesa** beauty contest; **~ de televisió** game show. **–2.** [per a una obra] auction; **sortir a ~** to be up for auction. **–3.** [licitació] licitation; **~ públic** public bidding / licitation.

concursant [kuŋkur'san] *nmf* competitor, contestant.

concursar [kuŋkur'sa] *vi* to compete, to participate; [participar] **~ en** to compete in.

condecoració [kundəkuɾəsi'o] *nf* **–1.** [insígnia] medal. **–2.** [acte] decoration.

condecorar [kundəku'ɾa] *vt* to decorate.

condemna [kun'demnə] *nf* sentence; **complir ~** to serve a sentence.

condemnar [kundəm'na] *vt* **–1.** [gen] to condemn, to convict; **~ algú a alguna**

cosa / a fer alguna cosa to condemn sb to sthg / to do sthg. **–2.** [al fracàs, silenci, etc.]: **~ a** to condemn. ● **condemnar-se** *vp* **–1.** [acusar-se] to blame o.s. **–2.** RELIG to be damned.

condemnat -ada [kundəm'nat -aðə] ◇ *adj* **–1.** [a una pena] convicted, sentenced; *fig* **treballar com un ~** to work like a slave. **–2.** RELIG damned. ◇ *nm, f* **–1.** convicted person. **–2.** RELIG damned person.

condensar [kundən'sa] *vt lit & fig* to condense.

condensat -ada [kundən'sat -aðə] *adj* condensed; **la llet condensada** condensed milk.

condescendència [kundəsən'dɛnsiə] *nf* **–1.** [indulgència] graciousness, kindness. **–2.** [altivesa] condescension.

condescendir [kundəsən'di] *vi* [amb amabilitat]: **~ a** to consent to, to accede to; [amb menyspreu] to deign to, to condescend to.

condició [kundisi'o] *nf* **–1.** [gen] condition; **de ~ humil** of humble status / background; **amb la (o a) ~ que** on condition that; **amb una sola ~** on one condition; **sense condicions** unconditional. **–2.** [caràcter] nature. ● **condicions** *nf pl* **–1.** [aptitud] talent (U), ability (U). **–2.** [circumstàncies] conditions; **condicions atmosfèriques / de vida** weather / living conditions. **–3.** [estat] condition (U); **estar en condicions (de / per fer alguna cosa)** to be in a fit state (to do sthg); [aliment] **no estar en condicions, estar en males condicions** to be off.

condicional [kundisiu'nal] ◇ *adj* **–1.** [gen & GRAM] conditional. **–2.** [amb condicions] conditional. ◇ *nm* GRAM conditional.

condicionar [kundisiu'na] *vt* **–1.** to condition. **–2. ~ (alguna cosa a alguna cosa)** to condition (sthg to sthg); **condicionarà la seva resposta al resultat** he will fashion his reply according to the result.

condicionat -ada [kundisiu'nat -aðə] *adj* **–1.** conditioned. **–2.** conditioned.

condiment [kundi'men] *nm* seasoning (U).

condimentar [kundimən'ta] *vt* to season.

condol [kun'dɔl] *nm* condolence, sympathy; **carta de ~** letter of condolence / sympathy card; **donar el ~** to express one's condolence.

condolença [kundu'lɛnsə] *nf* condolence, sympathy; **expressar ~ a algú** to express condolence to sb.

condom [kun'dom], **condó** [kun'do] *nm fam* condom.

conducció [kunduksi'o] *nf* **–1.** [de vehicle, negoci] driving, running. **–2.** FÍS pipe.

conducta [kun'duktə] *nf* behaviour, conduct.

conducte [kun'duktə] *nm* **–1.** [de fluid & ANAT] pipe, duct. **–2.** *fig* [camí] channel; **per ~ de** through.

conductor -a [kunduk'to -orə] ◇ *adj* FÍS conductive. ◇ *nm, f* [d'automòbil] driver; [de camió, autobús] driver. ● **conductor** *nm* FÍS conductor.

conduir [kundu'i] ◇ *vt* **–1.** [gen] to drive, to manage, to conduct; **~ una investigació** to conduct an investigation. **–2.** [líquid] to convey. ◇ *vi* to lead to; **la teva decisió no ens ha conduït a res** your decision has lead us to nothing. ● **conduir-se** *vp* to behave.

conegut -uda [kunə'ɣut -uðə] ◇ *adj* well-known. ◇ *nm, f* acquaintance.

coneixedor -a [kunəʃə'ðo -orə] *nm, f* expert; **ser un bon ~ de...** to be a good connoisseur (of).

coneixement [kunəʃə'men] *nm* knowledge (U); **quedar sense ~** to lose consciousness; **recuperar el ~** to regain consciousness; **tenir ~ de causa** to know what one is talking about / doing; **perdre / recobrar el ~** to lose / regain consciousness. ● **coneixements** *nm pl* knowledge (U); **tenir molts ~s** to be very knowledgeable.

conèixer [ku'nɛʃə] ◇ *vt* **–1.** [gen] to know; **~ algú de vista** to know sb by sight; **donar-se a ~** to make o.s. known. **–2.** [per primera vegada]: **~ algú** to meet sb. **–3.** [reconèixer] to recognize sb; **~ algú (per alguna cosa)** to recognize sb (from / by sthg). ◇ *v impers* to be apparent; [semblar] **s'hi coneix que...** apparently. ● **conèixer-se** *vp* **–1.** [gen] to know one another; **~-se de tota la vida** to have known each other all their life. **–2.** [per primera vegada] to meet, to get to know each other.

confabular [kumfəβu'la] *vi* to plot, to conspire. ● **confabular-se** *vp* to plot / to conspire (to); **~-se per a fer alguna cosa** to conspire to do sthg.

confecció [kumfəksi'o] *nf* **–1.** [de roba] tailoring, dress-making; **de ~** off-the-peg. **–2.** [de llista] drawing up; [de menjar, medicament] preparation, making.

confeccionar [kuɱfəksiu'na] *vt* **-1.** [gen] to make (up), to prepare. **-2.** [beguda, preparació] to mix; [llista] to make up.

confederació [kuɱfəðəɾəsi'o] *nf* confederation.

confederar-se [kuɱfəðə'ɾarsə] *vp* to confederate, to form a confederation.

conferència [kuɱfə'ɾɛnsiə] *nf* [gen] lecture, conference; **fer una ~** to give a talk / lecture; **~ de premsa** press conference.

conferir [kuɱfə'ɾi] *vt* [gen]: **~ alguna cosa a algú** to confer / to bestow sthg upon sb; [responsabilitats] to give.

confessar [kuɱfə'sa] *vt* **-1.** [gen] to confess, to admit; **~ la seva ignorància** to admit his ignorance. **-2.** to confess; RELIG **~ algú** to confess sb; **~ alguna cosa** to confess sthg. ➔ **confessar-se** *vp* to confess (sthg); RELIG **~-se (d'alguna cosa)** to confess (sthg).

confessió [kuɱfəsi'o] *nf* **-1.** [de culpa, secret] confession. **-2.** RELIG confession.

confessionari [kuɱfəsiu'naɾi] *nm* confessional.

confessor -a [kuɱfə'so -oɾə] *nm, f* confessor.

confí [kuɱ'fi] *nm* border, boundary.

confiança [kuɱfi'ansə] *nf* **-1.** [fe, seguretat]: **~ (en alguna cosa / algú)** confidence (in sthg / sb); **tinc ~ que les coses s'arreglaran** I have confidence that everything will turn out all right; **de ~** trustworthy. **-2.** confidence, trust; [familiaritat] **tinc molta ~ en ell** I have a lot of trust in him; **ens tractem amb molta ~** we are on very close terms; **amb mi hi ha ~** I am trustworthy; **en ~** in confidence.

confiar [kuɱfi'a] ◇ *vt* to confide; **~ alguna cosa a algú** to entrust sthg to sb. ◇ *vi* **-1.** to trust; [tenir fe] **~ en** to trust in; **confio en tu** I trust you. **-2.** to be confident; [esperar] **~ en / que** I am confident that; **confio veure't demà** I trust I'll see her tomorrow. ➔ **confiar-se** *vp* to be very sure of o.s., to be highly self-confident; [sincerar-se] **~-se a algú** to confide in sb.

confiat -ada [kuɱfi'at -aðə] *adj* confident, trusting.

confidència [kuɱfi'ðɛnsiə] *nf* confidence, secret.

confidencial [kuɱfiðənsi'al] *adj* confidential.

confident [kuɱfi'ðen] *nmf* **-1.** [amic] confidant *m*, confidante *f*. **-2.** [delator] informer.

configurar [kuɱfiɣu'ɾa] *vt* **-1.** [formar] to shape, to form. **-2.** INFORM to configurate.

confinar [kuɱfi'na] *vt* **-1.** [detenir] to confine; **~ en el domicili** to confine to the home. **-2.** [desterrar] to banish.

confirmació [kuɱfirməsi'o] *nf* confirmation.

confirmar [kuɱfir'ma] *vt* **-1.** [gen] to confirm. **-2.** to confirm; [idea] **això confirma la idea que tenia que...** this confirms the idea that I had.

confiscar [kuɱfis'ka] *vt* to confiscate.

confit [kuɱ'fit] *nm* sweet *Br*, candy *Am*.

confitar [kuɱfi'ta] *vt* **-1.** to candy. **-2.** to preserve.

confitat -ada [kuɱfi'tat -aðə] *adj* candied, preserved.

confiter -a [kuɱfi'te -eɾə] *nm, f* confectioner.

confiteria [kuɱfitə'ɾiə] *nf* [botiga] sweetshop, confectioner's, candy store *Am*.

confitura [kuɱfi'tuɾə] *nf* preserve, jam.

conflagració [kuɱflaɣɾəsi'o] *nf* conflict, war.

conflicte [kuɱ'flikta] *nm* conflict, clash.

conflictiu -iva [kuɱflik'tiw -iβə] *adj* [situació] controversial, troubled; [tema, assumpte] controversial; [persona] troubled (worried), trouble *(abans de nom)*.

confluir [kuɱflu'i] *vi* [rius] to converge / to meet (at); [carrers] to meet.

confondre [kuɱ'fondɾə] *vt* **-1.** [gen]: **~ una cosa amb una altra** to mistake one thing for another; [lletres, números, etc.] **~ alguna cosa** to confuse; **vaig ~ la recepta** I got the recipe mixed up. **-2.** [embolicar] to mistake. ➔ **confondre's** *vp* **-1.** [equivocar-se] to make a mistake; **s'ha confós [al telèfon]** you have the wrong number. **-2.** [embolicar-se] to get confused. **-3.** to make a mistake; [no distingir-se] **~'s en / entre** to lose o.s. in.

conformar [kuɱfur'ma] *vt* [configurar] to shape. ➔ **conformar-se** *vp* **-1.** to resign o.s., to make do with; **~-se a [les circumstàncies]** to be resigned to. **-2.** to resign o.s., to make do with, to settle for; **~-se amb / a** to settle for; [sort, destí] to resign o.s. to.

conforme [kuɱ'formə] ◇ *adj* [d'acord]: **~ a** in agreement (with); [adaptat] in accordance with. ◇ *adv* **-1.** [igual, segons] in accordance. **-2.** alright; **~ a** in accordance with.

conformista [kuɱfur'mistə] *adj & nmf* conformist.

conformitat [kuɱfurmi'tat] *nf* **-1.** [aprovació] approval; **de ~ amb** on approval (of);

donar la ~ to give one's consent. **–2.** [resignació] resignation.

confort [kuɱˈfɔrt] *nm* comfort.

confortable [kuɱfurˈtabblə] *adj* comfortable.

confortar [kuɱfurˈta] *vt* to console, to comfort.

confrontar [kuɱfrunˈta] ◇ *vt* to confront, to compare; **~ els testimonis** to compare the testimonies. ◇ *vi* **–1. ~ amb alguna cosa** [espai] to compare with sthg; [conceptes] to compare. **–2.** to confront; **~ (amb)** to confront (with).

confús -usa [kuɱˈfus -uzə] *adj* obscure, confused.

confusió [kuɱfuziˈo] *nf* **–1.** [gen] confusion. **–2.** [error] mix-up.

congelació [kuɲʒələsiˈo] *nf* **–1.** [d'aliments] freezing. **–2.** [de preus, salaris] freeze.

congelador [kuɲʒələˈðo] *nm* freezer.

congelar [kuɲʒəˈla] *vt* **–1.** [aliment] to freeze. **–2.** [preus, salaris, etc.] to freeze. ☞ **congelar-se** *vp lit & fig* to freeze.

congelats *nm pl* frozen foods.

congeniar [kuɲʒəniˈa] *vi* to get on; **~ (amb)** to get on (with).

congènit -a [kuɲˈʒɛnit -ə] *adj* [malformació] congenital; [talent] innate.

congestió [kuɲʒəstiˈo] *nf* **–1.** MED congestion. **–2.** congestion; [embús] **la ~ del trànsit** traffic congestion.

congestionar [kuɲʒəstiuˈna] *vt* to block. ☞ **congestionar-se** *vp* **–1.** MED to become congested; **se li va ~ la cara de ràbia** he flushed / turned purple with rage. **–2.** [embussar-se] to become congested.

conglomerat [kuŋglumaˈrat] *nm* **–1.** GEOL & ECON conglomerate. **–2.** TECNOL conglomerate. **–3.** *fig* [mescla] combination.

congost [kuŋˈgost] *nm* **–1.** narrow pass. **–2.** GEOG canyon.

congraciar-se [kuŋgrəsiˈarsə] *vp* to ingratiate o.s.; **~ amb algú** to win sb over.

congratular [kuŋgrətuˈla] *vt* to congratulate; **~ algú per alguna cosa** to congratulate sb (on). ☞ **congratular-se** *vp* to be pleased (about); **~-se per alguna cosa** to be pleased about sthg; **~-se pel fet que** to be pleased with the fact that.

congregació [kuŋgrəɣəsiˈo] *nf* congregation.

congregar [kuŋgrəˈɣa] *vt* to assemble, to bring together.

congrés [kuŋˈgres] *nm* **–1.** [reunió] congress. **–2.** POLÍT: **~ de diputats** [a Espanya] lower house of Spanish parliament. **–3.** **el ~** [als Estats Units] Congress.

congressista [kuŋgrəˈsistə] *nmf* **–1.** [en congrés] delegate. **–2.** [polític] congressman *m*, congresswoman *f*.

congruent [kuŋgruˈen] *adj* consistent, congruous; **ser ~ (amb)** to be congruous (with).

cònic -a [ˈkɔnik -ə] *adj* **–1.** GEOM conical. **–2.** [bonet] conical.

conill -a [kuˈniʎ -ə] *nm, f* rabbit; CULIN **~ a la caçadora** rabbit cooked in olive oil with chopped onion, garlic and parsley.

conillet [kuniˈʎet] ☞ **conillet d'Índies** *nm* guinea pig; **ser un ~ d'Índies** to be a guinea pig.

conjectura [kuɲʒəkˈturə] *nf* conjecture, guess; **fer-se una ~** to make a conjecture / guess; **fer conjectures** to make conjectures.

conjecturar [kuɲʒəktuˈra] *vt* to conjecture, to make predictions; **~ alguna cosa** to make predicitons about sthg; **~ que** to guess that.

conjugació [kuɲʒuɣəsiˈo] *nf* **–1.** [GRAM - d'un verb] conjugation. **–2.** [de coses] combination.

conjugal [kuɲʒuˈɣal] *adj* conjugal.

conjugar [kuɲʒuˈɣa] *vt* **–1.** [gen & GRAM] to conjugate. **–2.** [idees, opinions] to bring together, to combine.

cònjuge [ˈkɔɲʒuʒə] *nmf* spouse.

conjunció [kuɲʒunsiˈo] *nf lit & fig* conjunction, combination.

conjunt -a [kuɲˈʒun -untə] *adj* joint; [fets, esdeveniments] combined. ☞ **conjunt** *nm* **–1.** [gen, MAT & MÚS] group, band; **en ~** overall, as a whole; **un ~ de circumstàncies** a whole number of reasons; **~ urbanístic** housing estate. **–2.** [d'esport] outfit.

conjuntiu -iva [kuɲʒunˈtiw -iβə] *adj* conjunctive. ☞ **conjuntiva** *nf* ANAT conjuntiva.

conjuntura [kuɲʒunˈturə] *nf* [situació] moment, occasion; [oportunitat] occasion.

conjur [kuɲˈʒur] *nm* [exorcisme] spell, incantation; [súplica] spell.

conjurar [kuɲʒuˈra] ◇ *vt* **–1.** [exorcitzar] to exorcize. **–2.** [evitar] to ward off, to avert. ◇ *vi* [conspirar] to conspire.

connectar [kunnəkˈta] ◇ *vt* **–1.** ELECT: **~ alguna cosa (a)** to connect sthg (to / up to). **–2.** to connect; [unir] **~ alguna cosa**

(amb) to connect sthg (to). ◇ *vi* RADIO & TELE to go over to; ~ **amb** to go over to.

connectat -ada [kunnək'tat -aðə] *adj* **–1.** ELECT connected; ~ **a** connected to. **–2.** INFORM on-line.

connexió [kunnəksi'o] *nf* **–1.** [entre dues coses] connection. **–2.** ELECT connection. **–3.** RADIO & TELE link-up. ☞ **connexions** *nf pl* [influència] connections; **connexions internacionals** international connections.

connotació [kunnutəsi'o] *nf* connotation.

connotar [kunnu'ta] *vt* to suggest, to have connotations of.

conqueridor -a [kuŋkəri'ðo -orə] *nm, f* **–1.** [de terres] conqueror. **–2.** HIST conquistador.

conquerir [kuŋkə'ri] *vt lit & fig* to win the heart of.

conquesta [kuŋ'kestə] *nf lit & fig* conquest.

conquilla [kuŋ'kiʎə] *nf* [d'animals] shell.

conquistador -a [kuŋkista'ðo -orə] ◇ *adj* [seductor] seductive. ◇ *nm, f fig* [persona seductora] seducer, womanizer *m*, maneater *f*.

conrear [kunre'a] *vt* [cultivar] to cultivate.

conreu [kun'rew] *nm* cultivation; **eines de** ~ cultivating tools.

consagració [kunsəɣrəsi'o] *nf* dedication; [de bisbe, rei] consecration.

consagrar [kunsə'ɣra] *vt* to dedicate, to devote; [bisbe, rei] to consecrate; ~ **alguna cosa a alguna cosa / a algú** to devote sthg to sthg / sb. ☞ **consagrar-se** *vp* **–1.** to devote / to dedicate o.s.; [dedicar-se] **~-se a** to dedicate o.s. to. **–2.** [aconseguir fama] to establish o.s.

consciència [kunsi'ɛnsiə] *nf* consciousness, awareness, conscience; **a ~** conscientiously; **remordir a algú la ~** to have a guilty conscience.

conscient [kunsi'en] *adj* conscious; **ésser ~ d'alguna cosa** to be conscious of sthg; **estar ~** to be aware.

consecució [kunsəkusi'o] *nf* [d'un desig, objectiu] realization, attainment.

consecutiu -iva [kunsəku'tiw -iβə] *adj* consecutive; **el número dos és el ~ de l'u** number two is the consecutive of number one.

consegüent [kunsə'ɣwen] *adj* consequent; **vam rebre la notícia amb la ~ pena** we received the news with (resulting) sorrow; **per ~** thus.

consell [kun'seʎ] *nm* advice (U); **donar un ~** to give advice. ☞ **Consell d'Europa** *nm* European Council. ☞ **consell de guerra** *nm* court martial. ☞ **consell de ministres** *nm* cabinet.

conseller -a [kunsə'ʎe -erə] *nm, f* **–1.** [assessor] counsellor; **en Joan és un bon ~** John is a good counsellor. **–2.** POLÍT councillor.

consens [kun'sens] *nm* [acord] consensus, consent; [consentiment] consent.

consensuar [kunsənsu'a] *vt* to approve by consensus.

consentiment [kunsənti'men] *nm* consent.

consentir [kunsən'ti] ◇ *vt* **–1.** [gen] to allow, to permit; [el mal, rebombori] to permit; **no et consento que em repliquis així** I won't allow you to answer me back like that. **–2.** [malacostumar] to spoil; **li consentia tots els capricis** he totally spoiled him. ◇ *vi* to agree; ~ **en alguna cosa / a fer alguna cosa** to agree to sthg / to do sthg.

conseqüència [kunsə'kwensiə] *nf* consequence; **a / com a ~ de** as a consequence / result of; **en ~** consequently; **tenir conseqüències** to have consequences.

conseqüent [kunsə'kwen] *adj* [coherent] consistent.

conserge [kun'serʒə] *nmf* porter.

consergeria [kunsərʒə'riə] *nf* **–1.** [d'hotel] reception desk. **–2.** [d'edifici] porter's lodge.

conserva [kun'serβə] *nf* tinned / canned food (U); **en ~** tinned, canned.

conservació [kunsərβəsi'o] *nf* **–1.** [gen] conservation, preservation. **–2.** [manteniment] maintenance.

conservador -a [kunsərβə'ðo -orə] *adj & nm, f* conservative.

conservant [kunsər'βan] *nm* preservative.

conservar [kunsər'βa] *vt* [gen & CULIN] to preserve; [cartes, secret, salut] keep. ☞ **conservar-se** *vp* [persona] to keep; **es conserva jove** he's keeping young.

conservatori [kunsərβə'tɔri] *nm* conservatoire.

considerable [kunsiðə'rabblə] *adj* [enorme] considerable; [important, eminent] notable.

consideració [kunsiðərəsi'o] *nf* **–1.** [valoració] consideration; **en ~ a alguna cosa** in recognition of sthg; **prendre alguna cosa en ~** to take sthg into consideration. **–2.** [respecte] respect; **en ~ a algú** in consideration of sb; **tractar algú amb ~** to be nice to sb. **–3.** importance; [importància] **de ~** serious; **hi va haver diversos ferits de ~** several people were seriously injured.

considerar [kunsiðəˈɾa] *vt* to consider, to think about sthg; **~ les conseqüències** to consider the consequences.

considerat -ada [kunsiðəˈɾat -aðə] *adj* [atent] considerate, thoughtful; [respectat] respected, highly-regarded.

consigna [kunˈsiɲnə] *nf* left-luggage office; [ordre] instructions.

consignar [kunsiɲˈna] *vt* **–1.** [gen] to record, to write down. **–2.** [quantitat] to allocate. **–3.** [paquet - enviar] to consign, to dispatch; [- dipositar] to deposit.

consistència [kunsisˈtɛnsiə] *nf* consistency.

consistent [kunsisˈten] *adj* consistent, solid.

consistir [kunsisˈti] *vi* **–1.** [gen]: **~ en** to consist of. **–2.** [deure's a]: **~ en / a** to lie in, to be based on.

consistori [kunsisˈtɔɾi] *nm* [corporació] town council; [edifici] town hall.

consistorial [kunsistuɾiˈal] *adj* ➤ **casa**.

consogre -a [kunˈsɔɣɾə] *nm, f* father-in-law or mother-in-law of one's son or daughter; **els meus ~s** my in-laws.

consol [kunˈsɔl] *nm* consolation, solace.

cònsol [ˈkɔnsul] *nm* consul.

consola [kunˈsɔlə] *nf* [tauler de comandaments & INFORM] console; **~ de videojocs** video console.

consolació [kunsuləsiˈo] *nf* consolation.

consolar [kunsuˈla] *vt* to console. ➤ **consolar-se** *vp* to console o.s.

consolat [kunsuˈlat] *nm* consulate.

consolidar [kunsuliˈða] *vt* **–1.** to consolidate. **–2.** *fig* [pau, unió] to strengthen.

consomé [kunsuˈme] *nm* consommé.

consonància [kunsuˈnansiə] *nf* harmony.

consonant [kunsuˈnan] *nf* consonant.

consonàntic -a [kunsuˈnantik -ə] *adj* consonantal.

consorci [kunˈsɔɾsi] *nm* consortium; **~ bancari** banker's consortium.

consort [kunˈsɔɾt] *nmf* **–1.** [espòs] spouse. **–2.** [soci] partner; **el príncep ~** prince consort.

conspiració [kunspiɾəsiˈo] *nf* plot, conspiracy.

conspirador -a [kunspiɾəˈðo -oɾə] *nm, f* conspirator, plotter.

conspirar [kunspiˈɾa] *vi* to conspire, to plot.

constància [kunsˈtansiə] *nf* **–1.** [perseverança - en una empresa] perseverance; [- en les idees, opinions] steadfastness, constancy. **–2.** [testimoni] record; [provar] **deixar ~ d'alguna cosa** to put sthg on the record; [deixar testimoni, registrar] to put sthg on record.

constant [kunsˈtan] *nf* constant; **~s vitals** vital constants.

constar [kunsˈta] *vi* **–1.** to appear, to figure; [informació] **~ (en)** to appear (in); **em consta que ha arribat** I'm quite sure that it has arrived; **fer ~** to put on record; **que consti que...** let it be clearly understood that. **–2.** [estar constituït per]: **~ de** to consist of.

constatar [kunstəˈta] *vt* [observar] to confirm; [comprovar] to check.

constel·lació [kunstəlləsiˈo] *nf* constellation.

consternació [kunstərnəsiˈo] *nf* consternation, dismay.

consternar [kunstərˈna] *vt* to dismay.

constipar-se [kunstiˈparsə] *vp* to catch a cold.

constipat [kunstiˈpat] *nm* cold.

constitució [kunstitusiˈo] *nf* **–1.** [gen] constitution. **–2.** [composició] constitution. **–3.** [d'un Estat]: **la ~** The Constitution.

constitucional [kunstitusiuˈnal] *adj* constitutional.

constituent [kunstituˈen] ◇ *adj* constituent. ◇ *nm* constituent.

constituir [kunstituˈi] *vt* to make up, to set up, to constitute.

constrènyer [kunsˈtɾɛɲə] *vt* **–1.** to compel, to force. **–2.** [obligar]: **~ algú a fer alguna cosa** to compel / to force sb to do sthg. **–3.** [oprimir] to restrict.

construcció [kunstɾuksiˈo] *nf* **–1.** [gen] construction. **–2.** [art] construction.

constructiu -iva [kunstɾukˈtiw -iβə] *adj* constructive.

constructor -a [kunstɾukˈto -oɾə] ◇ *adj* building (*abans de nom*). ◇ *nm, f* [d'edificis] builder.

construir [kunstɾuˈi] *vt* to build, to construct.

consular [kunsuˈlar] *adj* consular.

consulta [kunˈsulta] *nf* **–1.** [petició de parer] consultation; **fer una ~ a algú** to seek sb's advice. **–2.** [de metge] surgery; **el metge passa ~ de quatre a sis** the doctor has surgery from four to six.

consultar [kunsul'ta] ◇ vt [llibre, persona] to look up, to consult; [dada, data] to consult. ◇ vi: ~ **algú** to seek advice from sb.

consultori [kunsul'tɔɾi] nm **-1.** [de metge] consulting room. **-2.** PREMSA problem page. **-3.** RADIO program answering listeners' questions. **-4.** [oficina] advice bureau.

consum [kun'sum] nm consumption; ~ **de drogues** drug taking.

consumar [kunsu'ma] vt to complete, to perpetrate, to consummate.

consumició [kunsumisi'o] nf consumption, drink.

consumidor -a [kunsumi'ðo -oɾə] nm, f consumer.

consumir [kunsu'mi] ◇ vt **-1.** [energia, etc.] to consume. **-2.** [subj: foc, malaltia, etc.] to destroy. ◇ vi to consume. ➡ **consumir-se** vp **-1.** [amb la malaltia] to waste away. **-2.** [amb el foc] to burn out.

consumisme [kunsu'mizmə] nm consumerism.

contactar [kuntək'ta] vi to contact; ~ **amb algú** to get in touch with sb.

contacte [kun'taktə] nm contact; **perdre el ~ amb algú** to lose touch with sb; **posar-se en ~ amb algú** to get in touch with sb.

contagi [kun'taʒi] nm infection, contagion.

contagiar [kuntəʒi'a] vt [malaltia] to transmit; [persona] to infect. ➡ **contagiar-se** vp [malaltia] to be contagious; [persona] to become infected; [el riure] contagious; ~**-se amb alguna cosa** to become infected with sthg.

contagiós -osa [kuntəʒi'os -ozə] adj contagious, infectious; [el riure] contagious.

contaminació [kuntəminəsi'o] nf **-1.** [del medi ambient] contamination; ~ **acústica** noise pollution. **-2.** [contagi] contamination.

contaminar [kuntəmi'na] vt **-1.** [el medi ambient] to contaminate, to pollute; [contagiar] to contaminate. **-2.** fig [pervertir] to corrupt.

contar [kun'ta] vt [narrar] to tell.

conte ['kontə] nm **-1.** [faula, narració] tale, short story. **-2.** story; fig **...i vet aquí que el ~ ja s'ha fos** and they lived happily ever after.

contemplació [kuntəmpləsi'o] nf contemplation. ➡ **contemplacions** nf pl consideration (U).

contemplar [kuntəm'pla] vt **-1.** [mirar] to contemplate. **-2.** [complaure] to contemplate.

contemplatiu -iva [kuntəmplə'tiw -iβə] adj contemplative.

contemporani -ània [kuntəmpu'ɾani -aniə] adj contemporary.

contenció [kuntənsi'o] nf **-1.** CONSTR retaining wall. **-2.** [moderació] restraint, self-restraint.

contenidor -a [kuntəni'ðo -oɾə] adj containing. ➡ **contenidor** nm container; ~ **de la brossa** large rubbish bin for collecting rubbish from blocks of flats etc.

contenir [kuntə'ni] vt to contain; [respiració, riure] to restrain, to hold back. ➡ **contenir-se** vp to restrain o.s., to hold o.s. back.

content -a [kun'ten -entə] adj **-1.** happy, pleased; **venia tan ~ amb el seu vestit nou** she was so pleased with her new dress. **-2.** happy, pleased; ~ **amb** happy with.

contesa [kun'tɛzə] nf [competició, combat] contest; [guerra] conflict, war.

contestació [kuntəstəsi'o] nf answer.

contestador [kuntəstə'ðo] ➡ **contestador automàtic** nm answering machine.

contestar [kuntəs'ta] vt [donar resposta] to answer.

contestatari -ària [kuntəstə'taɾi -aɾiə] adj anti-establishment.

context [kun'tekst] nm context.

contextualitzar [kuntəkstuəli'dza] vt to contextualize.

contigu -a [kun'tiɣu -ə] adj adjacent.

continència [kunti'nɛnsiə] nf [abstinència] continence, self-restraint; [moderació] continence, self-restraint.

continent [kunti'nen] nm **-1.** GEOG continent. **-2.** [recipient] container.

continental [kuntinən'tal] adj continental.

contingent [kuntiŋ'ʒen] ◇ adj unpredictable. ◇ nm MIL contingent.

contingut [kuntiŋ'gut] nm contents pl.

continu -ínua [kun'tinu -inuə] adj **-1.** [gen & ELECT] continuous. **-2.** [constant] continual.

continuació [kuntinuəsi'o] nf continuation; **a ~** then, next.

continuar [kuntinu'a] ◇ vt to continue, to carry on with. ◇ vi to continue, to go on; ~ **fent alguna cosa** to continue doing / to do sthg.

continuïtat [kuntinui'tat] *nf* continuity; [permanència] continuation.

contorn [kun'torn] *nm* [línia] outline; GEOG contour.

contornejar [kunturnə'ʒa] *vt* **-1.** [perfilar] to outline. **-2.** [seguir el contorn de] to go around.

contorsionista [kuntursiu'nistə] *nmf* contortionist.

contra ['kɔntrə] ◇ *nm* against; **els pros i els contres** the pros and cons. ◇ *prep* **-1.** contrary to; [oposat] **en ~** contrary to; **estar en ~ d'alguna cosa** to be opposed to sthg; [a diferència de] **en ~ de** contrary to. **-2.** against; **anar ~ rellotge** to go against the clock; **~ reemborsament** payment on delivery.

contraatacar [ˌkɔntrətə'ka] *vt* to counter-attack.

contrabaix [ˌkɔntrə'βaʃ] ◇ *nm* [instrument] double bass. ◇ *nmf* [instrumentista] double bass player.

contraban [ˌkɔntrə'βan] *nm* smuggling, contraband.

contrabandista [ˌkɔntrəβən'distə] *nmf* smuggler.

contracció [kuntrək'sio] *nf* contraction.

contraceptiu -iva [ˌkɔntrəsəp'tiw -iβə] *adj* contraceptive (*abans de nom*). ➤ **contraceptiu** *nm* contraceptive.

contracor [ˌkɔntrə'kɔr] ➤ **a contracor** *loc adv fig* [actuar] reluctantly; **fer alguna cosa a ~** to do sthg reluctantly.

contracorrent [ˌkɔntrəku'ren] *nf* crosscurrent; *fig* **anar a ~** to go against the current / tide.

contractar [kuntrək'ta] *vt* **-1.** [personal] to hire; [detectiu, esportista] to sign. **-2.** to contract; [servei, obra] **~ alguna cosa amb algú** to contract sb to do sthg.

contracte [kun'traktə] *nm* contract; **~ administratiu** administrative contract; **~ d'arrendament / de compravenda** lease / contract of sale; **~ indefinit** indefinite contract; **~ de treball** work contract; **~ lleoní** unconscionable contract; **~ mercantil** commercial contract; **~ temporal** temporary / short term contract; **~ verbal** verbal contract.

contractista [kuntrək'tistə] *nmf* contractor; **~ d'obres** building contractor.

contradicció [kuntrədik'sio] *nf* contradiction.

contradictori -òria [kuntrədik'tɔri -ɔriə] *adj* contradictory.

contradir [kuntrə'ði] *vt* to contradict. ➤ **contradir-se** *vp* to contradict o.s.

contraespionatge [ˌkɔntrəspiu'nadʒə] *nm* counter-espionage.

contraindicació [ˌkɔntrəindikə'sio] *nf* contraindication.

contrallum [ˌkɔntrə'ʎum] *nm* back lighting; **a ~** against the light.

contralt [kun'tral] ◇ *nm* [veu] contralto. ◇ *nmf* [cantant] counter tenor (contralto *f*).

contramestre -a [ˌkɔntrə'mɛstrə] *nm, f* **-1.** NÀUT boatswain. **-2.** [capatàs] foreman.

contraofensiva [ˌkɔntrəwfən'siβə] *nf* counter-offensive.

contrapartida [ˌkɔntrəpər'tiðə] *nf* compensation; **en ~** to make up for it.

contrapèl [ˌkɔntrə'pɛl] ➤ **a contrapèl** *loc adv* the wrong way, against the grain.

contrapès [ˌkɔntrə'pɛs] *nm* counterweight; **servir de ~** to be useful as counterbalance.

contrapesar [ˌkɔntrəpə'za] *vt lit & fig* to counterbalance.

contraportada [ˌkɔntrəpur'taðə] *nf* [de revista, llibre] back cover; [de diari] back page.

contraposar [ˌkɔntrəpu'za] *vt* **-1.** [oposar] to set up (against). **-2.** [confrontar] to set up (against). ➤ **contraposar-se** *vp* to oppose.

contraproduent [ˌkɔntrəpruðu'en] *adj* counterproductive.

contrapunt [ˌkɔntrə'pun] *nm* **-1.** MÚS counterpoint. **-2.** *fig* [entre coses, persones] contrast.

contrari -ària [kun'trari -ariə] *adj* opposite, contrary; [part] opposing; [persona] **ser ~ a alguna cosa** to be opposed to sthg; [en el que s'ha dit] **portar la contrària** to be awkward / contrary; [en el que s'ha fet] contrary. ➤ **contrari** *nm* **-1.** [rival] opponent. **-2.** [oposat] opposite; **al ~** on the contrary; **al ~ del que pensava** contrary to what I thought; **en cas ~** otherwise; **tot el ~** quite the contrary.

contrariar [kuntrəri'a] *vt* to go against, to upset.

contrarietat [kuntrəriə'tat] *nf* **-1.** [dificultat] setback. **-2.** [disgust] annoyance. **-3.** [oposició] contrary / opposing nature.

contrasentit [ˌkɔntrəsən'tit] *nm* [interpretació] nonsense (*U*), contradiction in terms; [absurditat] nonsense.

contrasenya [ˌkɔntrə'sɛɲə] *nf* **-1.** countersign. **-2.** [paraula] password.

contrast [kun'tɾast] *nm* contrast.

contrastar [kuntɾəs'ta] ◇ *vi* to contrast, to check. ◇ *vt* [posar a prova] to chek, to verify.

contratemps [ˌkɔntɾə'tems] *nm* **-1.** setback. **-2.** mishap; **tenir un ~** to have a mishap; MÚS **a ~** off-beat.

contreure [kun'tɾɛwɾə] *vt* [reduir el volum] to contract; [- malaltia] to contract. ◆ **contreure's** *vp* to contract.

contribució [kuntɾiβusi'o] *nf* contribution; **~ directa / indirecta** direct / indirect taxes; **~ urbana** council tax *Br*; **pagar la ~** to pay taxes.

contribuent [kuntɾiβu'en] *nmf* taxpayer.

contribuir [kuntɾiβu'i] *vi* **-1.** [gen] to contribute. **-2.** [prendre part]: **~ a** to contribute (to). **-3.** [pagar impostos] to pay (tax) contributions.

contrincant [kuntɾiŋ'kan] *nmf* rival, opponent.

control [kun'tɾɔl] *nm* **-1.** [gen] control; **~ de qualitat** quality control; **~ de canvis** foreign exchange regulation; **~ de natalitat** birth control. **-2.** [dispositiu de funcionament] examination, inspection.

controlador -a [kuntɾulə'ðo -oɾə] *nm, f* controller; **~ aeri** air traffic controller. ◆ **controlador** *nm* INFORM controller; **~ de disc** disk controller.

controlar [kuntɾu'la] *vt* **-1.** [vigilar, dominar] to control. **-2.** [comprovar] to check. **-3.** [regular] to audit. ◆ **controlar-se** *vp* to control o.s., to restrain o.s.

controvèrsia [kuntɾu'βɛɾsiə] *nf* controversy.

contundència [kuntun'densiə] *nf* **-1.** [física] force. **-2.** forcefulness; *fig* [en l'ànim] **amb ~** with forcefulness.

contundent [kuntun'den] *adj* **-1.** [arma, objecte] blunt, thudding. **-2.** *fig* [raonament, argument] forceful; [prova] forceful, convincing.

contusió [kuntuzi'o] *nf* bruise.

convalescència [kumbələ'sɛnsiə] *nf* convalescence.

convalescent [kumbələ'sen] *adj* convalescent; **estar ~** to be convalescent.

convalidar [kumbəli'ða] *vt* [diploma] to officially recognize, to convalidate; **li van ~ moltes assignatures** they convalidated many subjects.

convèncer [kum'bensə] *vt* to convince; **~ algú (d'alguna cosa)** to convince sb (of sthg). ◆ **convèncer-se** *vp*: **~-se d'alguna cosa** to become convinced of.

convenciment [kumbənsi'men] *nm* conviction, convincing.

convenció [kumbənsi'o] *nf* convention.

convencional [kumbənsiu'nal] *adj* conventional.

convençut -uda [kumbən'sut -uðə] *adj* convinced; **n'estic convençuda** I'm convinced.

conveni [kum'beni] *nm* agreement; **~ col·lectiu** collective bargaining.

conveniència [kumbəni'ensiə] *nf* **-1.** [pertinència - de mida, oferta] usefulness, suitability; [- de resposta] suitability. **-2.** [interès] convenience; **per la seva pròpia ~** for his own convenience. ◆ **conveniències** *nf pl* conventions.

convenient [kumbəni'en] *adj* [beneficiós] useful, advisable; [pertinent] suitable; [correcte] suitable, appropriate; **seria ~ assistir a la reunió** it would be advisable to go to the meeting.

convenir [kumbə'ni] ◇ *vi* **-1.** [gen] to be suitable; **convé analitzar la situació** it would be a good idea to analyse the situation; **no et convé fer-ho** you shouldn't do it; [acordar que] **~ que** to agree that; **vam ~ reunir-nos** we agreed to meet; [un preu, etc.] **~ en** to agree on. **-2.** to be suitable; [assentir] **~ que** to agree that. **-3.** [veure a mida] to be suitable; **aquesta feina li convé** this job is just what he needs. ◇ *vt* to agree on; **~ alguna cosa** to agree to sthg.

convent [kum'ben] *nm* convent.

convergència [kumbəɾ'ʒensiə] *nf* **-1.** [de camins] convergence. **-2.** *fig* [d'interessos, etc.] convergence.

convergir [kumbəɾ'ʒi] *vi* **-1.** [físicament] to converge. **-2.** [dues idees, dues opinions]: **~ en** to be in agreement with.

convers -a [kum'bɛɾs -ə] ◇ *adj* converted. ◇ *nm, f* convert.

conversa *nf* conversation; **donar ~ a algú** to talk to sb. ◆ **converses** *nf pl* [negociacions] talks.

conversar [kumbəɾ'sa] *vi* to talk, to converse; **~ amb algú** to talk to sb.

conversió [kumbəɾsi'o] *nf* conversion.

convertir [kumbəɾ'ti] *vt* **-1.** [diners, persona] to convert; RELIG **~ algú a alguna cosa** to convert sb to (sthg). **-2.** to convert; [transformar] **~ alguna cosa en** to convert / turn sthg into; **va ~ el seu fill en una estrella** he turned his son into a star.

convertir-se *vp* **-1.** RELIG: ~-se (a) to convert (to). **-2.** [transformar-se]: ~-se en to become, to turn into.

convex -a [kum'bɛks -ə] *adj* convex.

convicció [kumbiksi'o] *nf* conviction; tenir la ~ que... to be convinced that.

convicte -a [kum'biktə] *adj* convicted; DR ~ de convicted of.

convidar [kumbi'ða] ◇ *vt* to invite; ~ algú a prendre alguna cosa to invite sb to have a drink / meal. ◇ *vi* to pay; [incitar] ~ a to invite to.

convincent [kumbin'sen] *adj* convincing.

convit [kum'bit] *nm* **-1.** [invitació] invitation. **-2.** [festa] invitation.

conviure [kum'biwrə] *vi* to live together; ~ amb to live with; conviu amb els seus germans he lives with his brothers and sisters.

convivència [kumbi'βεnsiə] *nf* living together.

convocar [kumbu'ka] *vt* [assemblea, eleccions] to convene; [vaga] to call.

convocatòria [kumbukə'tɔɾiə] *nf* **-1.** [anunci, escrit] notice. **-2.** [d'examen] convocation.

conxorxa [kuɲ'ʃɔɾʃə] *nf* conspiracy; *fam* fer ~ to gang up.

cony ['kɔɲ] ◇ *nm vulg* **-1.** [genital] cunt. **-2.** [per a emfasitzar]: on ~ és el jersei? where the fuck is the sweater?; què ~ fas? what the fuck are you doing? ◇ *interj* ~! for fuck's sake!, fucking hell!; [enuig] fuck!; [sorpresa] fucking hell!

conya ['kɔɲə] *nf* **-1.** *fam* [cosa poc seriosa] joke; fer ~ to be joking; prendre's alguna cosa amb ~ to take sthg lightly; estar de ~ to be joking. **-2.** [molèstia] drag, pain.

conyac [ku'ɲak] *nm* brandy, cognac.

cooperació [kuupəɾəsi'o] *nf* cooperation.

cooperar [kuupə'ɾa] *vi* to cooperate; ~ (en alguna cosa) to cooperate (in sthg).

cooperatiu -iva [kuupəɾə'tiw -iβə] *adj* cooperative. **cooperativa** [kuupəɾə'tiβə] *nf* cooperative; ~ agrícola farming cooperative.

coordinador -a [kuurdinə'ðo -oɾə] *adj & nm, f* coordinator.

coordinar [kuurdi'na] *vt* to coordinate, to combine; [paraules] to coordinate.

cop ['kɔp] *nm* **-1.** [gen] blow, smack; [entre cotxes] bump, collision; omplir algú de ~s to beat sb up; *lit & fig* ~ baix a blow below the belt; ESPORT ~ franc free kick. **-2.** *fam* witticism; [ocurrència] té cada ~! he's ever so witty! **-3.** blow; errar / fallar el ~ to miss the mark; ~ de gràcia coup de grâce. **cop d'estat** *nm* coup (d'état). **cop d'ull** *nm* glance, look; donar un ~ d'ull (a) to take a look. **cop de cua** *nm* to snub sb, to turn one's back on sb. **cop de culata** *nm* smack. **cop de puny** *nm* punch. **cop de sort** *nm* stroke of luck. **de cop** *loc adv* suddenly. **de cop i volta** *loc adv* without warning, just like that.

cóp ['kop] *nm* flake.

copa ['kɔpə] *nf* **-1.** [got] glass. **-2.** [contingut] drink; anar a fer la ~ (o unes quantes copes) to go and have a drink / some drinks. **-3.** [d'arbre] top. **-4.** [de barret] crown; de ~ (alta) top hat. **-5.** ESPORT cup. **copes** *nf pl* [cartes] suit with pictures of goblets in Spanish playing cards, ≈ hearts.

copar [ku'pa] *vt* **-1.** [llocs] to cut off. **-2.** MIL to surround.

copec [ku'pek] *nm* kopeck.

còpia ['kɔpiə] *nf* **-1.** [reproducció, acció] copy; ~ de seguretat backup. **-2.** [personal]: ser una ~ d'algú to be the spitting image of sb.

copiar [kupi'a] ◇ *vt* to copy. ◇ *vi* [en un examen] to cheat, to copy.

copiós -osa [kupi'os -ozə] *adj* [àpat] copious; [pluja, cabellera] copious.

copsar [kup'sa] *vt* [entendre] to grasp; no ha copsat l'acudit he hasn't grasped the joke.

còpula ['kɔpulə] *nf* **-1.** [sexual] copulation. **-2.** GRAM copula.

copular [kupu'la] *vi* to copulate.

copulatiu -iva [kupulə'tiw -iβə] *adj* copulative.

coquetejar [kukətə'ʒa] *vi* [mirar d'agradar] to flirt.

cor ['kɔɾ] *nm* **-1.** [gen] heart; no tenir ~ to have no heart; ser de bon ~ to be kindhearted. **-2.** [valor, energia] courage. **-3.** heart; de (tot) ~ from the bottom of one's heart; se m'encogeix el ~ quan... it breaks my heart to see...; *fig* fer el ~ fort to pluck up courage; parlar amb el ~ a la mà to speak frankly / openly; anar amb el ~ a la mà to wear one's heart on one's sleeve; partir (o trencar) el ~ a algú to break sb's heart. **-4.** [de música] chorus. **(a) cor què vols** *loc*: viure a ~ què vols to live the way you want to. **de cor** sincerely.

corada [ku'ɾaðə] *nf* [impuls] feeling, hunch.

coral [ku'ral] ◇ *adj* MÚS choral. ◇ *nf* [cor] choir. ◇ *nm* [de mar] coral.

corall [ku'raʎ] *nm* coral.

coratge [ku'radʒə] *nm* [valor] courage.

corb ['kɔrp] *nm* raven.

corb -a ['kɔrp 'kɔrbə] *adj* **-1.** [esquena, etc.] bent. **-2.** curved.

corba *nf* **-1.** [gen] curve, bend; [de carretera] curve bend; ~ **de nivell** contour line. **-2.** [del cos]: **les corbes** curves, bulges; *fig* ~ **de la felicitat** paunch.

corbar [kur'ba] *vt* **-1.** to bend. **-2.** to arch; [doblegar] to bend. ◆ **corbar-se** *vp* **-1.** to become bent. **-2.** to become curved.

corbata [kur'batə] *nf* tie.

corbatí [kurbə'ti] *nm* bow tie.

corbeta [kur'betə] *nf* NÀUT corvette.

corc ['kɔrk] *nm* [insecte] woodworm.

corcar-se [kur'karsə] *vp* to be eaten up, to be consumed; **se m'ha corcat un queixal** one of my teeth has become decayed.

corcat -ada [kur'kat -aðə] *adj* [queixal] decayed.

corcoll [kur'kɔʎ] *nm* back of the neck; **fer anar de ~** to be in a hurry, to go head over heels.

corda ['kɔrðə] *nf* **-1.** [gen & GEOM] chord. **-2.** [de rellotge] spring; **donar ~ a un rellotge** to wind up the clock; **parla com si li haguessin donat ~** he talks his head off. **-3.** rope; **estar a la ~ fluixa** to be hanging by a thread; **tenir ~ per estona** to go on and on; **estirar la ~** to go too far, to push it; *fig* **~ sensible** raw nerve; **saltar a ~** to do skipping (with a rope). ◆ **cordes vocals** *nf pl* vocal cords.

cordar [kur'da] *vt* **-1.** ESPORT [raqueta] to string. **-2.** te (up); [cinturó, cordons] to buckle, to fasten; **cordeu-vos els cinturons** buckle your belts. **-3.** [lligar] to tie (up).

corder -a [kur'de -erə] *nm, f* lit & fig lamb; [persona] cordmaker, ropemaker.

cordial [kurði'al] *adj* cordial.

cordialitat [kurðiəli'tat] *nf* cordiality.

cordill [kur'ðiʎ] *nm* cord, string.

cordó [kur'ðo] ◇ *nm* **-1.** [gen] cord, string; [de sabates] lace; **~ umbilical** umbilical cord. **-2.** [de soldats] cordon; [de policies] police cordon. ◇ *interj*: **cordons!** [sorpresa] oh, heavens!; [molèstia] shit!

coreògraf -a [kuɾe'ɔɣɾəf -ə] *nm, f* choreographer.

coreografia [kuɾeuɣɾə'fiə] *nf* choreography.

corista [ku'ristə] ◇ *nmf* chorus singer. ◇ *nf* [ballarina] chorus girl.

corn ['kɔrn] *nm* MÚS horn.

cornada [kur'naðə] *nf* goring.

cornamenta [kurnə'mentə] *nf* [de toro] goring; [de cérvol] butt, thrust.

cornamusa [kurnə'muzə] *nf* **-1.** [trompeta] hunting horn. **-2.** [gaita] bagpipe.

cornamusaire [kurnəmu'zajɾə] *nmf* ➤ **gaiter**.

córner ['kɔrnər] *nm* corner (kick).

corneta [kur'netə] ◇ *nf* [instrument] bugle. ◇ *nmf* [instrumentista] bugler.

cornetí [kurnə'ti] ◇ *nm* cornet. ◇ *nmf* [instrumentista] cornet player.

còrnia ['kɔrniə] *nf* cornea.

cornisa [kur'nizə] *nf* cornice.

cornut -uda [kur'nut -uðə] ◇ *adj* **-1.** [animal] horned. **-2.** *fam fig* [cònjuge] cuckolded. ◇ *nm, f fam fig* cuckold.

corona [ku'ɾonə] *nf* **-1.** [gen] crown; **~ fúnebre / de llorer** funeral / laurel wreath. **-2.** [de sants] halo.

coronació [kuɾunəsi'o] *nf lit & fig* coronation, culmination.

coronar [kuɾu'na] *vt* **-1.** [gen] to crown. **-2.** *fig* [concloure] to complete. **-3.** *fig* [assolir] to reach. ◆ **coronar-se** *vp* to crown (come out head first at the time of birth).

coronel -a [kuɾu'nɛl -ə] *nm, f* colonel.

coroneta [kuɾu'netə] *nf* crown (of the head).

corporació [kurpuɾəsi'o] *nf* corporation.

corporal [kurpu'ral] *adj* corporal.

corporatiu -iva [kurpuɾə'tiw -iβə] *adj* corporate.

corpori -òria [kur'pɔɾi -ɔɾiə] *adj* corporeal.

corpulència [kurpu'lɛnsiə] *nf* corpulence.

corpulent -a [kurpu'len -entə] *adj* corpulent.

corral [ku'ral] *nm* **-1.** [per als animals] pen; [per a aus] bird pen. **-2.** [per a teatre] open-air theatre in courtyard. **-3.** [de toros] stockyard.

correcció [kurəksi'o] *nf* correction; **amb tota ~** very correctly.

correccional [kurəksiu'nal] ◇ *adj* correctional. ◇ *nm* reformatory.

correcte -a [ku'rɛktə] *adj* correct.

correctiu -iva [kurək'tiw -iβə] *adj* corrective. ◆ **correctiu** *nm* punishment.

corrector -a [kurək'to -oɾə] ◇ *adj* corrective. ◇ *nm, f* proofreader. ◆ **corrector**

nm INFORM checker; ~ **d'estil / ortogràfic** stylechecker / spellchecker.
corredís -issa [kurəˈðis -isə] *adj* sliding.
corredor -a [kurəˈðo -orə] *nm, f* **–1.** [esportista] runner. **–2.** [intermediari] broker; ~ **de comerç** registered broker; ~ **d'assegurances** insurance broker. ☞ **corredor** *nm* corridor, passage. ☞ **corredora** *nf* [de màquina de vapor] slide valve.
corregir [kurəˈʒi] *vt* to correct. ☞ **corregir-se** *vp* to change for the better, to mend one's ways.
correguda [kurəˈɣuðə] *nf* **–1.** bull fight. **–2.** run; [acció] **fer una** ~ to race.
correlació [kurələsiˈo] *nf* correlation.
correlatiu -iva [kurələˈtiw -iβə] *adj* **–1.** [en relació] correlative. **–2.** [en consecució] consecutive.
corrent [kuˈrɛn] ◇ *adj* [gen] ordinary, normal. ◇ *nm* current; *fig* **deixar-se portar pel** ~ to follow the crowd; **estar al** ~ **de** [pagaments] to be up to date with; [notícies] current; **anar contra** ~ to go against the tide.
córrer [ˈkorə] ◇ *vt* **–1.** [recórrer - ciutat] to cross. **–2.** [recórrer - distància, lloc] to cover; [propagar-se - fet, notícia] to spread; [- rumor] to circulate. **–3.** [desplaçar - taula, cadira, etc.] to push; [- cortines] to draw. **–4.** [experimentar - aventures, vicissituds] to have. ◇ *vi* **–1.** [caminar de pressa] to run; **vés a més** ~ run as fast as you can. **–2.** [anar de pressa] to run; [cotxe] to drive fast. **–3.** [passar per - riu, aigua de l'aixeta] to run; [- camí] to run. **–4.** [temps, hores] to pass, to go by.
correspondència [kurəspunˈdɛnsiə] *nf* **–1.** [entre fets] correspondence. **–2.** [entre estacions, persones] connection; **mantenir una** ~ **amb algú** to be in correspondence with sb. **–3.** [correu] correspondence.
correspondre [kurəsˈpondrə] *vi* **–1.** to correspond; [pagar, compensar] ~ **a alguna cosa** to correspond to sthg; ~ **amb alguna cosa a alguna cosa** to repay sthg with sthg; **m'ho va oferir per** ~'**m** he offered it to me in order to repay me. **–2.** to correspond; [pertànyer, coincidir] ~ **(amb)** to correspond (with). **–3.** to be sb's responsibility; [tocar] **et correspon de fer-ho a tu** it's your responsibility to do it; **li correspon l'herència** the inheritance belongs to him. **–4.** to reciprocate; [a un sentiment, favor] to reciprocate; **ell l'estima i ella li correspon** he loves her and she loves him in return. ☞ **correspondre's** *vp* [estimar-se] to love each other; [escriure's] ~'**s amb algú** to correspond.
corresponsal [kurəspunˈsal] *nmf* **–1.** PREMSA correspondent. **–2.** COM agent.
corretja [kuˈrɛdʒə] *nf* [tira & TECNOL] belt; [de rellotge] strap; [de gos] lead, leash; [de bossa] strap.
correu [kuˈrɛw] *nm* **–1.** [correspondència] post, mail; **pel primer** ~ by the first post; **tirar al** ~ to post; ~ **brossa** spam; ~ **certificat** registered post / mail; ~ **comercial** direct mail; ~ **electrònic** e-mail. **–2.** [servei] courrier; postman *m* postwoman *f*. ☞ **Correus** *nm pl* the post office.
corriment [kuriˈmen] ☞ **corriment de terres** *nm* landslide.
corró [kuˈro] *nm* **–1.** roller; [per fer rebosteria] rolling pin. **–2.** ANAT lumbar region.
corroborar [kuruβuˈra] *vt* to corroborate.
corroir [kuruˈi] *vt* [gen] to corrode.
corrompre [kuˈrompre] *vt* to rot, to turn bad, to spoil. ☞ **corrompre's** *vp* **–1.** [podrir-se] to rot, to spoil. **–2.** [pervertir-se] to corrupt.
corrosiu -iva [kuruˈziw -iβə] *adj* **–1.** [que desgasta, àcid, etc.] corrosive. **–2.** [mordaç] corrosive.
corrupció [kurupsiˈo] *nf* corruption; ~ **de menors** corruption of minors.
corsari -ària [kurˈsari -ariə] *adj* pirate (*abans de nom*); **una nau corsària** a pirate ship; **un capità** ~ a pirate. ☞ **corsari** *nm* corsair, pirate.
cort [ˈkɔrt] *nf* **–1.** [palau] (royal) court; **fer la** ~ **a algú** to court sb. **–2.** [habitatge] suite; [bar] court.
cortejar [kurtəˈʒa] *vt* to court.
cortès -esa [kurˈtɛs -ɛzə] *adj* **–1.** courteous. **–2.** gracious. **–3.** polite.
cortesia [kurtəˈziə] *nf* **–1.** [maneres] politeness; **de** ~ out of politeness. **–2.** [favor] courtesy. **–3.** [regal] **l'aperitiu és** ~ **de la casa** the aperitif is on the house.
cortina [kurˈtinə] *nf* curtain.
corxera [kurˈʃerə] *nf* MÚS quaver.
cos [ˈkɔs] *nm* body; **en** ~ **de camisa** in shirt sleeves; **de** ~ **present** to lie in state; *fig* **en** ~ **i ànima** body and soul; ~ **de bombers / de policia** fire brigade / police corps; ~ **estrany** foreign body; **lluitar a** ~ to fight hand-to-hand; **prendre** ~ to take shape; *fig* **viure a** ~ **de rei** to live like a king.
cosa [ˈkɔzə] *nf* **–1.** [gen] thing; **poca** ~ nothing much. **–2.** *gen pl* [pertinences] things.

–3. *gen pl* [instruments] things; **coses de cosir** sewing things. **–4.** *gen pl* [ocurrència] ideas; **quines coses tens!** you do say some funny things. **–5.** *gen pl* [manies] typical things; **són coses d'ell** it's typical of him. **–6.** matter; **com qui no vol la ~** surreptitiously; **no sigui ~ (o cas) que se'n vagi** just in case he goes; **això és ~ meva** that's my affair / business; **una ~ va per l'altra** one thing or the other. ▪ **cosa de** *loc adv* about; **vam haver d'esperar ~ de 10 minuts** we had to wait about 10 minutes.

cosí -ina [ku'zi -inə] *nm, f* [parent] cousin.

cosir [ku'zi] ◇ *vt* **–1.** [amb fil] to sew. **–2.** [amb grapes] to staple (together). **–3.** to sew; **~ a trets** to riddle with bullets; **~ a ganivetades** to stab repeatedly. ◇ *vi* to sew.

cosmètic -a [kuz'mɛtik -ə] *adj* cosmetic (abans de nom). ▪ **cosmètic** *nm* cosmetic. ▪ **cosmètica** *nf* cosmetics (U).

còsmic -a [ˈkɔzmik -ə] *adj* cosmic.

cosmopolita [kuzmupuˈlitə] *adj & nmf* cosmopolitan.

cosmos [ˈkɔzmos] *nm* cosmos.

cost [ˈkɔst] *nm* cost; **~ de la vida** cost of living; **~ unitari** unit cost.

costa [ˈkɔstə] *nf* **–1.** coast; **la ~ Blava** the Côte d'Azur; **la ~ Blanca** the Costa Blanca; **la ~ Brava** the Costa Brava; **la ~ del Sol** the Costa del Sol; **la ~ Daurada** the Costa Daurada. **–2.** [pendent] slope; **anar ~ avall** to go downhill; **anar ~ amunt** to go uphill; *fig* **fer aquest treball se li va posar ~ amunt** this job was a hard slog. ▪ **a costa de** *loc prep* [a expenses de] at the expense of.

costaner -a [kustəˈne -erə] ◇ *adj* coastal. ◇ *nm, f* slope.

costar [kusˈta] ◇ *vt* **–1.** [gen] to cost; **li va ~ la vida** it cost him his life; **~ un ull de la cara / un ronyó** to cost an arm and a leg. **–2.** [temps] to take. ◇ *vi* to be difficult; **et costarà car** it'll cost you (dearly); **costi el que costi** whatever the cost.

costat [kusˈtat] *nm* [gen] side; **als dos ~s** on both sides; **de ~** sideways; **retirar-se a un ~** [apartar-se] to move aside; **dormir de ~** to sleep on one's side. ▪ **al costat** *loc adv* [a prop] nearby. ▪ **al costat de** *loc prep* [a la vora de, a tocar de] beside. ▪ **del costat** *loc adj* next door; **la casa del ~** the house next door.

costejar [kustəˈʒa] *vt* **–1.** [pagar] to pay; [rendibilitzar] to pay for. **–2.** NÀUT to hug / keep close to the coast. ▪ **costejar-se** *vp* to pay for; **~-se alguna cosa** to be able to afford sthg; **es costeja els estudis** he pays for his studies.

costella [kusˈteʎə] *nf* **–1.** [de persona] rib. **–2.** [d'animal] rib. **–3.** [de vaixell] rib. **–4.** *fam fig* [cònjuge] other half; **la meva ~** my other half.

costerut -uda [kustəˈrut -udə] *adj* [en pendent] sloping, steep.

costós -osa [kusˈtos -ozə] *adj* **–1.** [preu] expensive. **–2.** *fig* [feina] exhausting; [triomf] costly.

costum [kusˈtum] *nm* **–1.** [hàbit] habit. **–2.** [pràctica] custom. ▪ **costums** *nm pl* [de país] customs; [de persona] habits.

costura [kusˈturə] *nf* **–1.** sewing, needlework. **–2.** dressmaking; **alta ~** haute couture.

costurer [kustuˈre] *nm* [ofici] dressmaker, tailor; [caixa] sewing box.

costurera [kustuˈrerə] *nf* sewing box.

cota [ˈkɔtə] *nf* **–1.** [altura, nivell] altitude, height above sea level. **–2.** [vestit] doublet; **~ de malles** mail coat; body-armour made of metal rings.

cotilla [kuˈtiʎə] *nf* corset.

cotització [kutidzəsiˈo] *nf* **–1.** [de producte] price. **–2.** [a la Borsa - preu] quotation, price; [- activitat] quotation.

cotitzar [kutiˈdza] ◇ *vt* [valorar] to quote, to price; [a la Borsa] to quote. ◇ *vi* [pagar] to pay. ▪ **cotitzar-se** *vp* **–1.** to be valued / prized; [bons, valors, etc.] **~-se (a)** to sell for, to fetch. **–2.** [valorar-se] to be quoted at.

cotó [kuˈto] *nm* cotton; **~ (hidròfil)** cotton wool *Br*, absorbent cotton *Am*.

cotorra [kuˈtorə] *nf* **–1.** [au] parrot. **–2.** *fam fig* [persona] chatterbox; **parlar com una ~** to talk nineteen to the dozen.

cotxe [ˈkotʃə] *nm* car, automobile; [de tren] **~ llit** sleeping car; **~ de lloguer / de bombers / de competició** hire car / fire engine / racing car; **~ esportiu** sports car; **~ familiar** estate car *Br*, station wagon *Am*; **~ grua** breakdown lorry / tow truck *Br*, breakdown truck *Am*; **~ patrulla** patrol car; [de tren] **~ restaurant** restaurant / dining car. ▪ **cotxe bomba** *nm* car bomb.

cotxer [kuˈtʃe] *nm* coachman.

cotxera [kuˈtʃerə] *nf* [de cotxes] garage; [d'autobusos, tramvies] depot.

cotxinilla [kutʃiˈniʎə] *nf* [insecte] cochineal.

coure¹ [ˈkowɾə] ◇ vi [ferida, condiment] to sting, to burn. ◇ vt to cook, to bake. ▪
coure's vp [menjar] to cook; **mig cuit** half cooked.
coure² [ˈkowɾə] nm [gen] copper. ▪ **de coure** adj [color, pell] copper (abans de nom).
cova [ˈkɔβə] nf cave.
covar [kuˈβa] ◇ vt **-1.** [ou] to incubate. **-2.** [arròs] to stick, to go sticky. ◇ vi fig to incubate; [sentiment] ~ **en** to smoulder. ▪
covar-se vp [arròs] to get overcooked.
covard -a [kuˈβart -arðə] ◇ adj cowardly. ◇ nm, f coward.
covardia [kuβərˈdiə] nf cowardice.
crac [ˈkɾak] nm FIN crash.
cranc [ˈkɾaŋ] nm crab; ~ **de riu** crayfish.
cranca [ˈkɾaŋkə] nf spider crab.
crani [ˈkɾani] nm cranium, skull.
cràpula [ˈkɾapulə] ◇ nf libertine. ◇ nm crapulence, drunkenness, intoxication.
cras crassa [ˈkɾas ˈkɾasə] adj gross, crass; fig [greu] **una ignorància ~sa** a crass ignorance; **un ~ error** a crass error.
cràter [ˈkɾatər] nm crater.
creació [kɾəasiˈo] nf creation.
creador -a [kɾəaˈðo -oɾə] ◇ adj creative. ◇ nm, f creator. ▪ **Creador** nm **el ~** the Creator.
crear [kɾeˈa] vt **-1.** [gen] to create. **-2.** [desordre, descontentament, etc.] to create; [rumors] to invent.
creatiu -iva [kɾəaˈtiw -iβə] ◇ adj creative. ◇ nm, f ideas man m, ideas woman f.
creativitat [kɾəatiβiˈtat] nf creativity.
credibilitat [kɾəðiβiliˈtat] nf credibility.
crèdit [ˈkɾɛðit] nm **-1.** [gen] credit; **a ~ on credit**; **~ a l'exportació** export credit; **~ al consum** consumer credit; **~ tou** soft loan; **~ hipotecari** mortgage; **~ oficial** official credit; **~ personal** personal loan. **-2.** [confiança] trust, belief; **donar ~ a una cosa** to give credit to sthg. **-3.** [a la universitat] credit.
creditor -a [kɾəðiˈto -oɾə] nm, f creditor.
credo [ˈkɾɛðu] nm lit & fig credo.
crèdul -a [ˈkɾɛðul -ə] adj credulous.
creença [kɾəˈɛnsə] nf **-1.** [de fe] belief. **-2.** [d'opinió] belief.
cregut -uda [kɾəˈɣut -uðə] nm, f bighead, conceited person.
creïble [kɾəˈibblə] adj credible, believable.
creient [kɾəˈjen] nmf believer.

creixement [kɾəʃəˈmen] nm growth, rise; **~ econòmic** economic growth.
creixent [kɾəˈʃen] ◇ adj growing, crescent. ◇ nm spate, flood.
créixer [ˈkɾeʃə] vi **-1.** [nens, sentiments] to grow; [plantes, cabells] to grow. **-2.** [riu] to rise; [lluna] to wax. **-3.** [interès, gust, afició] to grow, to increase.
crema [ˈkɾɛmə] ◇ adj inv cream. ◇ nf **-1.** [gen] cream. **-2.** [betum] shoe polish.
cremada [kɾəˈmaðə] nf burn, scald; **~ del sol** sunburn.
cremador [kɾəməˈðo] nm burner.
cremallera [kɾəməˈʎeɾə] nf **-1.** [per a tancar] zip (fastener) Br, zipper Am. **-2.** TECNOL rack.
cremar [kɾəˈma] ◇ vt **-1.** [gen] to burn. **-2.** [fusible] to blow; [motor] to burn. ◇ vi lit & fig to be (scalding) hot. ▪ **cremar-se** vp **-1.** [gen] to burn down; **se li ha cremat l'arròs** the rice got burnt. **-2.** [persona, pel sol] to get sunburned; [fusible] to blow.
crematístic -a [kɾəməˈtistik -ə] adj financial.
crematori -òria [kɾəməˈtɔɾi -ɔɾiə] adj cremation (abans de nom). ▪ **crematori** nm crematorium.
cremós -osa [kɾəˈmos -ozə] adj creamy.
crep [ˈkɾɛp] nf crepe.
crepitar [kɾəpiˈta] vi to crackle.
crepuscle [kɾəˈpusklə] nm lit & fig twilight.
crescut -uda [kɾəsˈkut -uðə] adj [quantitat, nen] large, grown up. ▪ **crescuda** nf growth.
cresta [ˈkɾɛstə] nf **-1.** [gall] comb. **-2.** [gen] crest; fig **picar la ~ a algú** to reprimand sb; fig **estar a la ~ (de l'onada)** to be riding high. **-3.** [cim] crest. **-4.** crest.
creta [ˈkɾɛtə] nf chalk.
cretí -ina [kɾəˈti -inə] nm, f [neci] cretin.
creu [ˈkɾɛw] nf **-1.** [gen] cross; **~ gammada** swastika; **~ llatina** Latin Cross. **-2.** [d'animals] withers. **-3.** [de moneda] tails (U). **-4.** [de branques] fork. **-5.** fig [aflicció - persona, activitat, etc.] burden, torment. **-6.** [en un afer] **fer ~ i ratlla** to finish off; [amb una persona] to finish with sb. ▪ **Creu-Roja** nf Red Cross; **la Creu Roja** the Red Cross.
creuar [kɾəˈwa] vt [carrer, via, etc.] to cross.
creuer [kɾəˈwe] nm **-1.** [viatge] cruise. **-2.** [d'església] transept. **-3.** [vaixell de guerra] cruiser.

creure ['kɾɛwɾə] ⬦ vt to believe. ⬦ vi to believe, to think; **~ en** to believe in. ■ **creure's** vp **-1.** [considerar-se] to believe; **qui es creu que és?** who does he think he is? **-2.** [donar per cert] to believe completely.

cria ['kɾiə] nf **-1.** [de nadó] kid. **-2.** [d'animals] baby animal.

criador -a [kɾiə'ðo -oɾə] nm, f [animals] breeder.

criar [kɾi'a] vt **-1.** [animals] to rear. **-2.** [tenir cura - nens] to bring up. ■ **criar-se** vp **-1.** [créixer] to grow up. **-2.** [reproduir-se] to breed.

criat -ada [kɾi'at -aðə] ⬦ adj brought up; **ben ~** well brought up. ⬦ nm, f servant m, maid f.

criatura [kɾiə'tuɾə] nf **-1.** [nen] child; [nadó] baby. **-2.** [ésser viu] creature.

criaturada [kɾiətu'ɾaðə] nf childish prank.

criaturer -a [kɾiətu'ɾe -eɾə] adj fond of children; **és molt ~** he's very fond of children.

cric ['kɾik] nm AUTOM jack.

crida ['kɾiðə] nf **-1.** appeal, call. **-2.** [en un llibre] proclamation.

cridaner -a [kɾiðə'ne -eɾə] ⬦ adj **-1.** noisy. **-2.** [veu, color] piercing, loud. **-3.** [nens] screeching. ⬦ nm, f noisy person.

cridar [kɾi'ða] ⬦ vt **-1.** [gen] to shout. **-2.** DR to call; **~ algú a judici** to summon sb to court. **-3.** to call; MIL **~ a files** to call up. **-4.** [a un actor, etc.] to call; **~ algú** to call sb. ⬦ vi to shout.

cridòria [kɾi'ðɔɾiə] nf screaming, shouting.

crim ['kɾim] nm crime; **cometre un ~** to commit a crime; **~ de guerra** war crime; **~ passional** crime of passion.

criminal [kɾimi'nal] adj & nm, f criminal.

crin ['kɾin] nf **-1.** [de cavall] mane. **-2.** [material] horsehair fibre.

crinera [kɾi'neɾə] nf mane.

crioll -a [kɾi'oʎ -ə] ⬦ adj native to Latin America. ⬦ nm, f Creole. ■ **crioll** nm [llengua] Creole; **parlar ~** to speak Creole.

cripta ['kɾiptə] nf crypt.

crisantem [kɾizən'tɛm] nm chrysanthemum.

crisi ['kɾizi] nf **-1.** [gen] crisis; **~ econòmica** recession. **-2.** [escassesa] shortage.

crisma ['kɾizmə] nf chrism; [cap] **trencar (o rompre) la ~ a algú** to knock sb's head off.

crispar [kɾis'pa] vt to set on edge; **~ els nervis** to set one's nerves on edge. ■ **crispar-se** vp to become tense.

crispeta [kɾis'pɛtə] nf [de blat de moro] popcorn.

Crist ['kɾist] nm Christ.

cristall [kɾis'taʎ] nm [vidre fi] crystal.

cristal·lí -ina [kɾistə'lli -inə] adj crystalline. ■ **cristal·lí** [kɾistə'lli] nm crystalline lens.

cristal·litzar [kɾistəlli'dza] vt [substància, sentiment] to crystallize; [afer] to bring to a head; fig **~ en** to end up in.

cristià -ana [kɾisti'a -anə] adj & nm, f Christian; fig & despec **parlar ~** to speak properly / a proper language.

cristiandat [kɾistiən'tat] nf Christianity.

cristianisme [kɾistiə'nizmə] nm **-1.** [religió] Christianity. **-2.** [fidels] Christianity.

crit ['kɾit] nm shout; **fer un ~** to shout / to scream (out); **demanar a ~s** to be crying out for sthg; **fer grans ~s** to cry at the top of one's voice; **~ de socors** shout / shout for help; **~ de comandament** shouted order.

criteri [kɾi'tɛɾi] nm **-1.** [norma] criterion. **-2.** [judici] taste, discernment. **-3.** [opinió] opinion.

crític -a ['kɾitik -ə] ⬦ adj critical. ⬦ nm, f critic. ■ **crítica** nf review, criticism.

criticar [kɾiti'ka] vt to review, to criticize.

Croàcia [kɾu'asiə] Croatia.

croada [kɾu'aðə] nf crusade; fig **iniciar una ~ contra** to begin a crusade against.

croat -a [kɾu'at -ə] ⬦ adj Croatian. ⬦ nm, f Croatian. ■ **croat** nm HIST Croatian.

croissant [kɾu'zan, kɾwə'zan] nm croissant.

crol ['kɾɔl] nm ESPORT crawl.

crom ['kɾom] nm [metall] chrome.

cromatisme [kɾumə'tizmə] nm chromatism.

cromo ['kɾomu] nm [estampa] transfer.

cromosoma [kɾumu'somə] nm chromosome.

crònic -a ['kɾɔnik -ə] adj chronic. ■ **crònica** nf **-1.** [gen] chronicle. **-2.** [de televisió] feature, programme.

cronista [kɾu'nistə] nmf chronicler.

cronologia [kɾunulu'ʒiə] nf chronology.

cronometrar [kɾunumə'tɾa] vt to time.

cronòmetre [kɾu'nɔmətɾə] nm stopwatch, chronometer.

croqueta [kɾu'kɛtə] nf CULIN croquette.

croquis ['krɔkis] *nm inv* sketch.

cros ['krɔs] *nm inv* cross-country race / running.

crossa ['krɔsə] *nf* **-1.** [per a caminar] crutch. **-2.** [de bisbe] crozier.

crosta ['krɔstə] *nf* [de pa, formatge, etc.] crust, rind.

crostó [krus'tɔ] *nm* crust.

cru -a ['kru -ə] *adj* **-1.** [gen] raw, crude; **és la ~a realitat** it's the harsh truth; **de manera ~a** harshly, crudely. **-2.** [temps] harsh. **-3.** [color] beige. ☞ **cru** *nm* crude (oil).

crucial [krusi'al] *adj* crucial.

crucificar [krusifi'ka] *vt* to crucify; *fig* [turmentar] to torment.

crucifix [krusi'fiks] *nm* crucifix.

crucifixió [krusifiksi'o] *nf* crucifixion.

cruel [kru'el] *adj* cruel, terrible.

crueltat [kruəl'tat] *nf* cruelty, harshness.

cruent -a [kru'en -entə] *adj* bloody.

cruesa [kru'ɛzə] *nf* **-1.** [del temps] harshness. **-2.** [de descripció] brutality, harsh realism. **-3.** [de comportament] coarseness; [de la veritat, realitat] harshness.

cruïlla [kru'iʎə] *nf* [de camins] crossing, intersection; [de carreteres, carrers] crossroads.

cruixent [kru'ʃen] *adj* creaky; [pa, patates fregides] crunchy.

cruixir [kru'ʃi] *vi* **-1.** to creak; [dents] to grind; [seda] to rustle. **-2.** to crunch.

crustacis [krus'tasis] *nm pl* Crustaceae.

cua ['kuə] *nf* **-1.** [gen] tail; **fer ~** to queue (up) *Br*, to stand in line *Am*; [pentinat] **~ de cavall** pony tail; INFORM **~ d'impressió** printout queue. **-2.** [de vestit] train. **-3.** [de cotxes] queue *Br*, line *Am*. **-4.** [de cabells] pony tail. **-5.** tail; **deixar ~** to have serious consequences / repercussions; *fig* **mirar de ~ d'ull** to look out of the corner of one's eye; **marxar amb la ~ entre cames** to leave with one's tail between one's legs.

cub ['kup] *nm* GEOM & MAT cube.

Cuba ['kuβə] Cuba.

cubà -ana [ku'βa -anə] ⋄ *adj* Cuban. ⋄ *nm, f* Cuban.

cubell [ku'βeʎ] *nm* [recipient] bucket; **~ de les escombraries** rubbish bin.

cubeta [ku'βetə] *nf* [de baròmetre] tray; FOTOG tray.

cúbic -a ['kuβik -ə] *adj* **-1.** [gen & MAT] cubic. **-2.** cubic; [a volums] **metre ~** cubic metre.

cubisme [ku'βizmə] *nm* cubism.

cuc ['kuk] *nm* **-1.** [animal] worm; **~ de seda** silk worm; **~ de terra** earthworm; **tenir ~s** to be really afraid; **~ solitari** tapeworm. **-2.** *fig* [persona] worm.

cuca ['kukə] *nf fam* dear. ☞ **cuca de llum** *nf* glow-worm.

cucanya [ku'kaɲə] *nf* greased pole.

cucurutxo [kuku'rutʃu] *nm* [paper] paper cone.

cucut [ku'kut] *nm* **-1.** cuckoo. **-2.** cuckoo clock.

cuejar [kuə'ʒa] *vi* [animal] to wag its tail.

cuidar [kuj'ða] ⋄ *vt* **-1.** [gen] to look after. **-2.** [cosa] to pay attention to. ⋄ *vi*: **~ de** to take care of. ☞ **cuidar-se** *vp*: **~-se de** to take care of / to look after o.s.; **~-se de** to worry about.

cuina ['kujnə] *nf* **-1.** [habitació, art] kitchen; **~ de mercat** cooking according to seasonal availability (of products). **-2.** [electrodomèstic] cooker, stove.

cuinar [kuj'na] ⋄ *vt* to cook. ⋄ *vi* to cook.

cuiner -a [kuj'ne -erə] *nm, f* cook.

cuir ['kujr] *nm* leather; **~ cabellut** scalp.

cuirassa [kuj'rasə] *nf* **-1.** [gen] shield. **-2.** [de soldat] cuirasse, armour.

cuirassar [kujrə'sa] *vt* to armour.

cuirassat -ada [kujrə'sat -aðə] *adj* armoured. ☞ **cuirassat** *nm* battleship.

cuita-corrents [,kujtəku'rens] ☞ **a cuita-corrents** *loc adv* in a great hurry.

cuixa ['kuʃə] *nf* **-1.** thigh. **-2.** CULIN [de xai] leg.

cul ['kul] *nm* **-1.** *m fam* [de persones] backside, bum *Br*. **-2.** [d'objectes, liquid] bottom. **-3.** *fig*: **ésser el ~ d'en Jaumet** not to be quiet.

culata [ku'latə] *nf* **-1.** [d'arma] butt. **-2.** [d'animal] hindquarters.

culinari -ària [kuli'nari -ariə] *adj* culinary.

cullera [ku'ʎerə] *nf* **-1.** [per a menjar] spoon. **-2.** [d'una grua] scoop.

cullerada [kuʎə'raðə] *nf* **-1.** spoonful. **-2.** spoonful; **ficar ~ en** to butt in.

cullereta [kuʎə'retə] *nf* teaspoon.

cullerot [kuʎə'rɔt] *nm* [estri] ladle.

culminació [kulminəsi'o] *nf* culmination.

culminant [kulmi'nan] *adj* culminating; **en el moment ~ de la seva carrera** at the high point of his career.

culminar [kulmi'na] ⋄ *vt* to crown; **(amb)** to crown (with). ⋄ *vi* to finish, to culminate; *fig* ~ **(amb)** to culminate (with).

culpa ['kulpə] *nf* fault; **en té la ~** he's to blame (for it); **donar la ~ a algú** to blame sb (for); **per ~ de** because of.

culpabilitat [kulpəβili'tat] *nf* guilt.

culpable [kul'pabblə] ◇ *adj* guilty; **~ (de)** guilty (of); **declarar ~ algú** to find sb guilty; **declarar-se ~** to plead guilty. ◇ *nmf* guilty party; **tu n'ets el ~** you're to blame.

culpar [kul'pa] *vt* to blame sb (for); [atribuir la culpa] **~ algú d'alguna cosa** to blame sb for sthg; [acusar] to accuse sb (of).

culte -a ['kultə] *adj* [persona] cultured, educated; [llengua] literary, learned.

culte *nm* cult; **retre ~ a** to worship.

cultiu [kul'tiw] *nm* farming, growing.

cultivar [kulti'βa] *vt* to farm, to cultivate, to grow. **cultivar-se** *vp* to improve o.s.

cultura [kul'turə] *nf* culture.

cultural [kultu'ral] *adj* cultural.

culturisme [kultu'rizmə] *nm* ESPORT body-building.

cúmul ['kumul] *nm* -1. [de papers, roba, etc.] pile, heap. -2. *fig* [d'afers, esdeveniments] accumulation.

cuneta [ku'nɛtə] *nf* [de carrer] gutter; [de carretera] ditch.

cunyat -ada [ku'ɲat -aðə] *nm, f* brother-in-law *m*, sister-in-law *f*.

cup ['kup] *nm* winepress.

cupè [ku'pɛ] *nm* coupé.

cupido [ku'piðu] *nm fig* matchmaker.

cupó [ku'po] *nm* -1. [de loteria] ticket. -2. [d'accions] coupon.

cúpula ['kupulə] *nf* -1. ARQUIT dome, cupola. -2. *fig* [alts càrrecs] leaders *pl*.

cura ['kurə] *nf* -1. [vigilància] treatment; **tenir ~ de** to look after. -2. [atenció & MED]: **cures intensives** intensive care. -3. [tractament] treatment, cure; **~ de son** a good sleep; [malaltia] **no tenir ~** to be incurable; *fam fig* to be incorrigible.

curandero -a [kuɾan'deɾu -eɾa] *nm, f* quack.

curar [ku'ɾa] ◇ *vt* [gen] to cure. ◇ *vi* to heal. **curar-se** *vp* -1. [gen] to recover (from); [sanar] **~-se (de)** to recover (from). -2. **~-se en salut** to play safe; *fig*.

cúria ['kuɾiə] *nf* -1. HIST & RELIG curia. -2. [DR - tribunal] court; [- personal] bar body of lawyers, judges, etc.

curiós -osa [kuɾi'os -ozə] ◇ *adj* -1. [gen] curious, inquisitive. -2. [polit] neat, tidy. ◇ *nm, f* onlooker.

curiositat [kuɾiusi'tat] *nf* [gen] curiosity; **sentir / tenir ~ per** to be curious about.

curós -osa [ku'ɾos -ozə] *adj* [complidor] careful; **~ en la seva feina** careful with his work.

currículum [ku'rikulum] *nm* curriculum; **~ vitae** curriculum vitae.

curs ['kurs] *nm* -1. [trajecte] course. -2. [gen & ECON] trend; [moneda] **de ~** legal legal trend; **seguir el seu ~** to go on, to continue; **~ de reciclatge** revision course; **en ~** current; **en el ~ de** during the course of); **donar ~ a alguna cosa** to process / to deal with sthg. -3. [any acadèmic] academic year. -4. [conjunt d'estudiants] intake.

cursa ['kursə] *nf* [gen & ESPORT] race; **en una ~** in a race; **~ armamentista / d'armaments** arms race; **~ contra rellotge** race against the clock.

cursar [kur'sa] *vt* -1. [estudiar] to study. -2. [petició, sol·licitud] to submit.

curset [kur'set] *nm* [curs] short course; [conferències] series of lectures.

cursi ['kursi] ◇ *adj* [persona, maneres] affected; [objecte, vestit] naff, tacky. ◇ *nmf* affected / pretentious person.

cursileria [kursilə'riə] *nf* [objecte] tacky thing; [acte, comentari] pretentious / affected act; [de persona] pretension, naffness.

cursiva [kur'siβə] *nf* ▸ **lletra**.

cursor [kur'so] *nm* INFORM cursor.

curt -a ['kurt -ə] *adj* -1. short; **~ d'enteniment / de reflexos** dull-witted. -2. [insuficient] small, meager; [diners, idees] **~ de** short of; **~ de vista** short-sighted. -3. dim, simple; [en calcular] **fer ~** to underestimate; *fig* **~ (de gambals)** dull-witted.

curtcircuit [ˌkurtsir'kujt] *nm* short circuit.

curtmetratge [kurmə'tradʒə] *nm* short (film).

curvatura [kurβə'turə] *nf* curvature.

curvilini -ínia [kurβi'lini -iniə] *adj* curved.

cúspide ['kuspiðə] *nf lit & fig* peak, height.

custodi -òdia [kus'tɔði -ə] *adj* ▸ **àngel**.

custodi *nm* guardian, custodian.

custòdia *nf* -1. [vigilància] custody; **estar sota la custòdia d'algú** to be in the custody of. -2. RELIG monstrance.

custodiar [kustuði'a] *vt* -1. [vigilar] to guard. -2. [protegir] to look after.

cutani -ània [kuˈtani -aniə] *adj* skin (*abans de nom*).

cutícula [kuˈtikulə] *nf* cuticle.

cutis [ˈkutis] *nm inv* skin, complexion.

CV *nm* (abrev de **currículum vitae**) CV.

d, D [ˈde] *nf* [lletra] d, D.

dactilar [dəktiˈlar] *adj* ➠ **empremta**.

dada [ˈdaðə] *nf* **-1.** [gen, INFORM & MAT] data. **-2.** [informació] piece of information, fact; **dades personals** personal details.

daga [ˈdaɣə] *nf* dagger.

daina [dajnə] *nf* doe.

dalla [ˈdaʎə] *nf* scythe.

dàlmata [ˈdalmətə] ⟨⟩ *adj* **-1.** GEOG Dalmatian. **-2.** ZOOL **gos ~** Dalmatian dog. ⟨⟩ *nmf* **-1.** [persona] Dalmatian. **-2.** [gos] Dalmatian dog.

dalt [ˈdal] *adv* [posició] above; **viu (al pis de) ~** she lives upstairs; **a ~ de tot** right at the top. ➠ **de dalt** *loc adj* top; **la veïna de ~** the neighbour upstairs; **el prestatge de ~** the top shelf.

daltabaix [daltəˈβaʃ] *nm* **-1.** ups and downs. **-2.** calamity. **-3.** [desordre] disorder.

dama [ˈdamə] *nf* lady. ➠ **dama d'honor** *nf* [de núvia] bridesmaid; [de reina] lady-in-waiting. ➠ **primera dama** *nf* first lady *Am*; **la primera ~ de França** the first lady of France. ➠ **dames** *nf pl* draughts (*U*).

damisel·la [dəmiˈzɛllə] *nf despec & irònic* [senyoreta] damsel.

damnificar [dəmnifiˈka] *vt* to damage, to harm, to injure.

damnificat -ada [dəmnifiˈkat -aðə] ⟨⟩ *adj* affected, damaged. ⟨⟩ *nm, f* victim.

damnós -osa [dəmˈnos -ozə] *adj* [animal] harmful.

damunt [dəˈmun] *adv* **-1.** on top; **deixa-ho allà ~** leave it there on top. **-2.** [en escrit] above. **-3.** [a més a més] besides. ➠ **al damunt** *loc adv* [sobre si] over; **porta un abric al ~** she has a coat on; **portes diners al ~?** have you got any money on you? ➠ **per damunt de** *loc adv* **-1.** [gen] over; **per ~ de les seves possibilitats** he lives beyond his means. **-2.** *fig* [més que] more than; **per ~ de tot** more than anything else.

dandi [ˈdandi] *nm* dandy.

danès -esa [dəˈnɛs -ɛzə] ⟨⟩ *adj* Danish. ⟨⟩ *nm, f* Dane. ➠ **danès** *nm* [llengua] Danish.

dansa [ˈdansə] *nf* dancing, dance; *fig* **anar en ~** to be always on the go; *fig* **posar en ~** to get sthg going.

dansar [dənˈsa] *vi* to dance.

dany [ˈdaɲ] *nm* [perjudici] harm; **~s i perjudicis** damages.

danyar [dəˈɲa] *vt* [gen - collites, etc.] to harm, to damage.

dard [ˈdart] *nm* [de joc] dart.

darrer -a [dəˈre -erə] *adj* behind; **sóc la ~a de la llista** I'm the last on the list.

darrere [dəˈrerə] ⟨⟩ *adv* **-1.** [en l'espai] behind; **seu al ~** sit at the back; **els teus amics vénen ~** your friends are coming behind. **-2.** [en l'ordre] then, afterwards; **primer va entrar ell i ~, ella** first he entered, then she did. **-3.** behind; [en absència] **parlar d'algú ~** to speak behind sb's back. ⟨⟩ *adv & prep* [gen] behind; **anar ~ algú** to go after sb; **anar ~ alguna cosa** to go after sthg; **dia ~ dia** day after day; **una mentida ~ l'altra** one lie after another; **~ la porta** behind the door. ⟨⟩ *nm* back. ➠ **del darrere** *loc adv* at the back.

darreria [dərəˈria] *nf* end.

dàrsena [ˈdarsənə] *nf* NÀUT dock.

data [ˈdatə] *nf* date; **en ~ pròxima** in the next few days; **per aquestes dates** around this time; **~ de caducitat** [d'aliments] sell-by date; [de medicament] "use before" date; **~ límit** deadline.

datar [dəˈta] ⟨⟩ *vi* to date; **~ de** to date (from). ⟨⟩ *vt* to date.

dàtil [ˈdatil] *nm* date. ➠ **dàtil de mar** *nm* date mussel.

dau [ˈdaw] *nm* **-1.** dice, die. **-2.** [de pernil, formatge] square.

daurar [dəwˈra] *vt* **-1.** [gen] to gild. **-2.** [aliment - a la paella - al forn] to brown. **-3.** [veritat, mala notícia] to gloss over.

daurat -ada [dəwˈrat -aðə] *adj* [color, època] golden.

davallada [dəβəˈʎaðə] *nf* slope; **fer una ~** [temperatures etc.] go down; [salut] decline.

davallant [dəβəˈʎan] *nm* gullet; **fam tenir un bon ~** to have a big appetite; *fam* [creure-s'ho tot] to swallow everything.

davant [dəˈβan] ◇ *adv* **-1.** in front; passar ~ to pass to the front; **el de ~** the one in front; **passar al ~ de** to pass in front of. **-2.** opposite; **la botiga de ~** the store opposite. ◇ *prep* [gen] in front of; **~ les circumstàncies** considering the circumstances; **~ del jutge** before the judge; **~ notari** before the notary; **~ dels ulls** in front of one's eyes. ❖ **davant de** *loc prep* in front of; **~ de la finestra** in front of the window; **~ d'ell** opposite him; **~ de casa meva** opposite my house; **al ~ de tothom** in front of everyone. ❖ **davant per davant** *loc adv* facing each other; **~ per ~ de casa meva** right in front of my house.

davantal [dəβənˈtal] *nm* apron.

davanter -a [dəβənˈte -eɾə] ◇ *adj* front; **les rodes davanteres** the front wheels. ◇ *nm, f* ESPORT forward line; **~ centre** centre forward. ❖ **davantera** *nf* ESPORT forward.

dC (abrev de després de Crist) AD.

de¹ [ˈde] *nf* the letter d.

de² [də] *prep* (de + el = **del**, de + [*vocal o h + vocal*] = **d'**) **-1.** [gen] of; **el cotxe del meu pare** my father's car; **va beure un got d'aigua** he drank a glass of water; **els llibres d'~ història** the history books; **una bicicleta ~ cursa** a racing bike; **vinc ~ casa meva** I'm coming from my house; **sóc ~ Berga** I'm from Berga; **plorar d'alegria** to cry with joy; **és ~ bona família** he's from a good family; **d'una tirada** in one go; **el millor ~ tots** the best one of all; **més / menys ~** more / less of; **~ nou a cinc** from nine to five; **a les tres ~ la tarda** at three in the afternoon. **-2.** [matèria] of; **un rellotge d'or** a gold watch. **-3.** [en descripcions] of; **~ fàcil maneig** user-friendly; **la senyora ~ verd** the lady in green; **un segell ~ quaranta cèntims** a 40 cents stamp. **-4.** [en qualitat de] as; **treballa ~ bomber** he works as a fireman; **fa ~ cambrer en un hotel** he works as a waiter at a hotel. **-5.** [durant] during; **vam arribar ~ matinada** we arrived during the early morning hours; **treballa ~ nit i dorm ~ dia** he works at night and sleeps during the day. **-6.** [emfasitza la qualitat] of; **l'idiota del teu germà** your stupid brother. **-7.** (*després d'adjectiu i abans d'infinitiu*) to); **difícil ~ creure** hard to believe; **fàcil ~ dir** easy to say.

deambular [dəəmbuˈla] *vi* to wander (about).

debat [dəˈβat] *nm* debate.

debatre [dəˈβatɾə] *vt* to debate; **~ alguna cosa** to debate sthg. ❖ **debatre's** *vp* [lluitar] to struggle.

dèbil [ˈdeβil] ◇ *adj* **-1.** weak. **-2.** [condescendent] lax, lenient; [veu] faint. ◇ *nmf* weak person.

debilitar [dəβiliˈta] *vt* **-1.** to debilitate. **-2.** to weaken; *fig* **~ l'enteniment** to impair understanding. ❖ **debilitar-se** *vp* to become / grow weak.

debilitat [dəβiliˈtat] *nf* **-1.** [gen] weakness. **-2.** [afició, afecte]: **tenir ~ per** to have a soft spot for.

debò [dəˈβɔ] ❖ **de debò** *loc adv* really; **una carrera extraordinària de ~** a really extraordinary race; **de ~?** really?

debut [dəˈβut] *nm* [d'artista] premiere.

debutar [dəβuˈta] *vi* to make one's debut.

dècada [ˈdekəðə] *nf* **-1.** [anys] decade. **-2.** [dies] ten.

decadència [dəkəˈðɛnsiə] *nf* decadence; [cultura, societat] **estar en ~** to be in decline; [moda] **on the way out**.

decadent [dəkəˈðen] *adj* decadent.

decaigut -uda [dəkəjˈɣut -uðə] *adj* **-1.** [desanimat] gloomy, downhearted. **-2.** [afeblit] frail.

decàleg [dəˈkalək] *nm* **-1.** RELIG Decalogue. **-2.** *fig* [normes] golden / basic rules *pl*.

decantar [dəkənˈta] *vt* to decant; **~ el cap** to incline one's head. ❖ **decantar-se** *vp* **-1.** [inclinar-se] to incline; **~-se (a)** to be inclined towards. **-2.** [optar] to opt for; **~-se per alguna cosa** to opt for sthg.

decapitar [dəkəpiˈta] *vt* to decapitate, to behead.

decaure [dəˈkawɾə] *vi* **-1.** to decline; [malalt] to get weaker; [estat de salut] to fail; [qualitat] to go downhill; [entusiasme] to flag. **-2.** *fig* [persona, imperi] decline, to lose heart.

decebedor -a [dəsəβəˈðo -oɾə] *adj* deceptive.

decebre [dəˈseβɾə] *vt* to deceive, to disappoint.

decència [dəˈsɛnsiə] *nf* decency, modesty.

decenni [dəˈsɛnni] *nm* decennium.

decent [dəˈsen] *adj* decent, modest; [preu, propina] decent; **una dona ~** a seemly / proper woman.

decepció [dəsəpsiˈo] *nf* disappointment.

decibel [dəsiˈβɛl] *nm* decibel.

decidir [dəsiˈði] *vt* to decide; **~ fer alguna cosa** to decide to do sthg; [determinar]

~ alguna cosa to decide sthg. ☞ **decidir-se** *vp* to decide, to make up one's mind; **~-se (a fer alguna cosa)** to decide (to do sthg); **~-se per** to decide on, to choose.

decidit -ida [dəsiˈðit -iðə] *adj* determined.

dècim -a [ˈdɛsim -ə] *adj num & nm, f* tenth. ☞ **dècim** *nm* [fracció, loteria] tenth part of a lottery ticket. ☞ **dècima** *nf* [en mesures] tenth; **una ~ de segon** a tenth of a second; **té dècimes (de febre)** she has a slight fever.

decimal [dəsiˈmal] ◇ *adj* [sistema] decimal; **la part ~** the tenth part. ◇ *nm* decimal.

decímetre [dəˈsimətrə] *nm* decimetre.

decisió [dəsiziˈo] *nf* decision.

decisiu -iva [dəsiˈziw -iβə] *adj* decisive.

declamar [dəkləˈma] *vt* to declaim, to recite.

declaració [dəkləməsiˈo] *nf* **-1.** [gen] statement, declaration; **~ de l'impost sobre la renda, ~ de renda** income tax return. **-2.** [de testimoni, reu] declaration; **fer / prendre ~** to take (down) a statement.

declarar [dəkləˈra] ◇ *vi* DR [davant del jutge] to testify before the judge; [en un judici] to testify. ◇ *vt* to declare. ☞ **declarar-se** *vp* to declare o.s.; **~-se a favor / en contra d'alguna cosa** to declare o.s. in favour / against sthg; **~-se culpable / innocent** to plead guilty / innocent.

declinació [dəklinəsiˈo] *nf* **-1.** [fi] decline; **el dia començava la seva ~** the day began to draw to a close. **-2.** GRAM declension.

declinar [dəkliˈna] *vt & vi* to decline.

declivi [dəˈkliβi] *nm* **-1.** [decadència] decline, fall. **-2.** [pendent] slope; **en ~** in decline; *fig* to be on the decline.

decoració [dəkurəsiˈo] *nf* **-1.** [gen] decoration. **-2.** TEAT set, scenery.

decorar [dəkuˈra] *vt* to decorate.

decorat [dəkuˈrat] *nm* set.

decoratiu -iva [dəkurəˈtiw -iβə] *adj* decorative.

decorós -osa [dəkuˈros -ozə] *adj* decent, seemly, proper.

decreixent [dəkrəˈʃen] *adj* **-1.** [gen] declining, decreasing; **interès ~** waning interest. **-2.** [salut, etc.] declining.

decréixer [dəˈkreʃə] *vi* to decrease, to decline.

decrèpit -a [dəˈkrɛpit -ə] *adj despec* [persona] decrepit; [civilització] decadent, declining.

decret [dəˈkrɛt] *nm* decree; **per reial ~** by royal decree; **~ llei** decree, ≃ order in council *Br*.

decretar [dəkrəˈta] *vt* to decree.

dedicació [dəðikəsiˈo] *nf* **-1.** [de temps] dedication; [activitat] **de ~ exclusiva** full-time. **-2.** [de fons, etc.] full dedication. **-3.** [de monument, etc.] dedication.

dedicar [dəðiˈka] *vt* **-1.** [temps, diners, energia] to devote. **-2.** [obra, monument, signar] to dedicate. ☞ **dedicar-se** *vp* **-1.** [a una professió]: **~-se a** to dedicate o.s. to; **es dedica a la fotografia** he does photography for a living; [a una activitat, persona] to dedicate o.s. to; **a què et dediques?** what do you do for a living?; **em dedico a l'ensenyament** I work as a teacher. **-2.** [amb esforç] to spend time on.

dedicatòria [dəðikəˈtɔɾiə] *nf* dedication (in a book).

deducció [dəðukˈsio] *nf* deduction; **~ fiscal** tax deduction.

deductiu -iva [dəðukˈtiw -iβə] *adj* deductive.

deduïble [dəðuˈibblə] *adj* **-1.** [idea] deducible; **és fàcilment ~ que...** it's easy to deduce that. **-2.** [diners] deductible.

deduir [dəðuˈi] *vt* to deduce.

defallença [dəfəˈʎensə] *nf* ☞ **defalliment**.

defalliment [dəfəʎiˈmen] *nm* **-1.** [desmai] fainting. **-2.** [feblesa] weakness.

defallir [dəfəˈʎi] *vi* **-1.** [debilitar-se] to weaken; [gana, por] **~ de** to weaken in; [cansament] to lose spirit. **-2.** [desmaiar-se] to faint.

defecar [dəfəˈka] *vi* to defecate.

defecte [dəˈfɛktə] *nm* defect, fault, shortcoming; **~ de forma** administrative error. ☞ **per defecte** *loc adv* by default.

defectuós -osa [dəfəktuˈos -ozə] *adj* [mercaderia] defective; [treball] inaccurate.

defensa [dəˈfɛnsə] ◇ *nf* **-1.** [gen, MIL & ESPORT] defence; **en ~ pròpia** in self-defence; **en ~ d'alguna cosa** in defence of sthg; **(en) legítima ~** in self-defence. **-2.** DR [arguments] defence. ◇ *nmf* ESPORT defence. ☞ **defenses** *nf pl* MED defences.

defensar [dəfənˈsa] *vt* **-1.** [gen & DR] to defend. **-2.** [resguardar] to protect; **algú (de)** to protect sb (from). ☞ **defensar-se** *vp* **-1.** [gen] to defend o.s. (against). **-2.** [resguardar-se] to protect o.s. (from); **~-se de** to protect o.s. from; **es defensa del**

fred he protects himself from the cold; *fig* **es defensa bé a la feina** he's getting along okay at work.

defensiu -iva [dəfənˈsiw -iβə] *adj* defensive. ☛ **defensiva** [dəfənˈsiβə] *nf* defensive; **posar-se / estar a la defensiva** to be on the defensive.

deficiència [dəfisiˈɛnsiə] *nf* **–1.** [defecte] shortcoming. **–2.** [insuficiència & MED] deficiency.

deficient [dəfisiˈen] *adj* **–1.** [gen] deficient. **–2.** [alumne] poor, unsatisfactory. ☛ **deficient (mental)** *nmf* mentally handicapped person. ☛ **molt deficient** *nm* EDUC very poor, ≈ E.

dèficit [ˈdefisit] *nm* **–1.** ECON deficit. **–2.** [manca] lack, shortage.

definició [dəfinisiˈo] *nf* **–1.** [gen & TECNOL] resolution; **alta ~** high definition. **–2.** [descripció] definition. **–3.** [resolució] resolution.

definir [dəfiˈni] *vt* to define. ☛ **definir-se** *vp* to declare o.s. as; [en política, etc.] to take a clear stance.

definitiu -iva [dəfiniˈtiw -iβə] *adj* definite; **en definitiva** in short, anyway.

deformació [dəfurməsiˈo] *nf* deformation; **~ professional** professional distorsion.

deformar [dəfurˈma] *vt lit & fig* to deform, to distort. ☛ **deformar-se** *vp* to go out of shape.

defraudar [dəfrəwˈða] *vt* **–1.** [decebre] to disappoint. **–2.** [estafar] to defraud; **~ Hisenda** to evade tax, to defraud the Inland Revenue.

defugir [dəfuˈʒi] *vt* to avoid; **va ~ contestar-me** he avoided answering me.

defunció [dəfunsiˈo] *nf* decease, death.

degà -ana [dəˈɣa -anə] *nm, f* dean. ☛ **degà** *nm* doyen *m*, doyenne *f*, senior member.

degeneració [dəʒənərəsiˈo] *nf* **–1.** [moral] degeneration. **–2.** [física] degeneration.

degenerar [dəʒənəˈra] *vi* to degenerate; **~ (en)** to degenerate (into).

degenerat -ada [dəʒənəˈrat -aðə] ◇ *adj* degenerated. ◇ *nm, f* degenerate.

degollar [dəɣuˈʎa] *vt* to decapitate.

degradació [dəɣrəðəsiˈo] *nf* **–1.** [material & MIL] demotion. **–2.** [moral] degradation.

degradar [dəɣrəˈða] *vt* [moralment & MIL] to degrade, to debase; [d'un càrrec] to demote. ☛ **degradar-se** *vp* [gen] to degrade / to lower o.s.

degustar [dəɣusˈta] *vt* to taste (wines etc).

deixadesa [dəʃəˈðezə] *nf* **–1.** neglect. **–2.** slovenliness; **un cert aire de ~** a particular air of slovenliness.

deixalla [dəˈʃaʎə] *nm* remains, scraps. ☛ **deixalles** *nfpl* [residu] waste.

deixalleria [dəʃaʎəˈriə] *nf* recycling centre.

deixar [dəˈʃa] ◇ *vi* **–1.** [parar] to stop; **~ de fer alguna cosa** to stop doing sthg; **deixa de cridar** stop shouting. **–2.** [expressa promesa] to be sure to; **no deixarem de venir a veure't** we'll be sure to see you; **no deixis d'escriure'm!** don't forget to write (to me). **–3. ~ (molt) a desitjar** to leave a lot to be desired. ◇ *vt* **–1.** [gen] to leave; **deixa el llibre sobre la taula** leave the book on the table; **he deixat l'abric al guarda-roba** I've left my coat in the wardrobe; **deixa una mica de cafè per a mi** leave some coffee for me; **deixaré la clau a la portera** I'll leave the key with the caretaker; **el seu avi li va ~ molts diners** his grandfather left him a lot of money; **deixa-ho, no hi fa res** forget it, it doesn't matter; **deixa'm, que tinc feina!** leave me alone, I'm busy!; **deixa que el teu fill vingui amb nosaltres** let your son come with us; [amb el cotxe] **~ algú en algun lloc** to drop sb off somewhere; **ho he deixat per inútil** I gave it up as a lost cause; **~ algú enrere** to leave sb behind; **més val ~-ho córrer** let's / we may as well leave it. **–2.** [prestar] to lend; **~ alguna cosa a algú** to lend sb sthg. **–3.** [abandonar - família, feina, país - estudis] to give up; **he deixat de beure** I've given up drinking. **–4.** [causar - efecte] to leave; **m'ha deixat les sabates com noves** he's left my shoes like new; **em vas ~ amoïnat** you upset me. **–5.** [impedir] to prevent; **no ~** to prevent; **els seus crits no em van ~ dormir** his shouts prevented me from sleeping. **–6.** [ometre] to leave out; **ho va copiar tot, sense ~ ni una coma** he copied everything, without leaving out one single coma; **~ alguna cosa per / sense fer** to fail to do sthg; **deixar per resoldre** to leave unsolved. **–7.** [ajornar] to leave; **deixarem la festa per quan es trobi bé** we'll wait to have the party until she's feeling better. **–8.** [esperar] to wait; **~ que** to wait until; **va ~ que acabés de ploure per sortir** he waited until it stopped raining before going out. **–9.** [ocupació, professió] to leave. ☛ **deixar-se** *vp* **–1.** [oblidar] to leave; **~-se alguna cosa en algun lloc** to leave sthg somewhere. **–2.** (*abans d'infinitiu*) [permetre] to allow; **~-se enganyar** to allow o.s. to be taken in; **~-se dir el nom del porc** to call one another names. **–3.** [parar]: **deixa't de ximpleries!** stop messing about! **–4.** [descuidar-se] to let o.s. go; **s'ha deixat molt després de l'accident** he's really let himself go since the accident. **–5.** [allò que es diu, es llegeix, etc.] **~-se portar (per)** to get carried away (with); [per la ira] to get carried away (with). **–6.** [d'aspecte]: **~-se anar** to let o.s. go.

deixat -ada [dəˈʃat -aðə] ◇ *adj* careless; [aspecte] slovenly. ◇ *nm, f* slovenly person. ➡ **deixada** *nf* ESPORT drop shot.

deixeble -a [dəˈʃebblə] *nm, f* disciple.

dejunar [dəʒuˈna] *vi* to fast.

dejuni [dəˈʒuni] *nm* fast; **fer ~** to fast.

del [dəl] (*contracció* **de** + **el**) ➡ **de**.

delatar [dələˈta] *vt* to denounce; *fig* [subj: ulls, somriure, etc.] to betray, to give away. ➡ **delatar-se** *vp* to give o.s. away.

delator -a [dələˈto -orə] *nm, f* informer.

delegació [dələɣəsiˈo] *nf* **-1.** [autorització, persones] delegation. **-2.** [d'empresa privada] branch. **-3.** [d'organisme públic] local office; **~ d'Hisenda** tax office, Inland Revenue office. **-4.** [oficina] branch; **~ comercial** commercial branch.

delegar [dələˈɣa] *vt* to delegate; **~ alguna cosa (en / a algú)** to delegate sthg (to sb).

delegat -ada [dələˈɣat -aðə] *nm, f* **-1.** [gen] delegate. **-2.** COM representative.

deliberar [dəliβəˈra] *vt & vi* to deliberate.

delicadesa [dəlikəˈðezə] *nf* care, kindness.

delicat -ada [dəliˈkat -aðə] *adj* delicate, subtle, refined; [educat] polite; [debilitat] sensitive; **estar ~ de salut / de l'estómac** to be in delicate health, to have a delicate stomach.

delícia [dəˈlisiə] *nf* delight; **quina ~!** what a delight!; **estar amb tu és una ~** being with you is delightful; *fig* **fer les delícies d'algú** to delight sb.

deliciós -osa [dəlisiˈos -ozə] *adj* [àpat] delicious; [personal] lovely, delightful.

delicte [dəˈlikte] *nm* crime, offence; **cometre un ~** to commit a crime / an offence.

delineant [dəlineˈan] *nmf* draughtsman *m*, draughtswoman *f*.

delinear [dəlineˈa] *vt* to draw, to outline.

delinqüència [dəliŋˈkwɛnsiə] *nf* crime; **~ juvenil** juvenile delinquency.

delinqüent [dəliŋˈkwen] *nmf* criminal.

delinquir [dəliŋˈki] *vi* to commit a crime.

delir-se [dəˈlirsə] *vp* to disappear; *fam* **~ per alguna cosa** to bend over backwards for sthg.

delirar [dəliˈra] *vi* to be delirious.

deliri [dəˈliri] *nm* delirium; **~s de grandesa** delusions of grandeur; **la xocolata m'agrada amb ~** I'm mad about chocolate.

dels [dəls] (*contracció* **de** + **els**) ➡ **de**.

demà [dəˈma] ◇ *adv* tomorrow; **fins ~!** see you tomorrow; **~ al matí** tomorrow morning; **~ passat** the day after tomorrow. ◇ *nm* [futur] one of these days.

demacrat -ada [dəməˈkrat -aðə] *adj* [rostre] gaunt; [cos] gaunt.

demagog -a [dəməˈɣɔk -ɔɣə] *nm, f* demagogue.

demanar [dəməˈna] *vt* **-1.** [sol·licitar] to ask for; **~ a algú que faci alguna cosa** to ask sb to do sthg; **et demano que callis** I'm asking you to keep quiet; **quant en demanen per aquest pis?** how much are they asking for this flat?; **~ la mà d'algú (en matrimoni)** to ask for sb's hand (in marriage). **-2.** [requerir] to call for, to need; **aquesta planta demana sol** this plant needs sun.

demanda [dəˈmandə] *nf* **-1.** [gen & ECON] demand; **~ salarial** wage claim. **-2.** DR lawsuit; **presentar una ~ contra algú** to take legal action against sb.

demandant [dəmənˈdan] *nmf* plaintiff.

demandar [dəmənˈda] *vt* DR to sue sb; **~ algú (per)** to sue sb (for).

demarcació [dəmərkəsiˈo] *nf* **-1.** [senyalització] demarcation. **-2.** [territori] area; [jurisdicció] **~ territorial** territorial demarcation.

demència [dəˈmɛnsiə] *nf* dementia, madness, insanity.

dement [dəˈmen] ◇ *adj* mad. ◇ *nmf* mental patient, lunatic.

democràcia [dəmuˈkrasiə] *nf* democracy.

demòcrata [dəˈmɔkrətə] ◇ *adj* democratic. ◇ *nmf* democrat.

democràtic -a [dəmuˈkratik -ə] *adj* democratic.

demografia [dəmuɣrəˈfiə] *nf* demography.

demolir [dəmuˈli] *vt* to demolish, to pull down.

demora [dəˈmorə] *nf* delay.

demorar [dəmuˈra] *vt* to delay.

demostració [dəmustrəsiˈo] *nf* **-1.** [gen] demonstration. **-2.** [prova] proof; [de dolor,

demostrar [dəmus'tɾa] vt **-1.** [teoria, hipòtesi, veritat] to prove. **-2.** [alegria, impaciència, dolor] to show; [poder, riquesa] to show, to demonstrate. **-3.** [funcionament, procediment] to demonstrate, to show.

denegar [dənə'ɣa] vt to turn down, to reject.

denigrar [dəni'ɣɾa] vt [humiliar] to denigrate, to vilify.

denominació [dənuminəsi'o] nf naming; ~ **d'origen** "appellation d'origine".

denominador [dənuminəðo] nm denominator; ~ **comú** common denominator.

denotar [dənu'ta] vt to indicate, to show; **un llenguatge que denota molta cultura** language which shows that one is highly cultured.

dens -a ['dɛns -ə] adj **-1.** [gen & FÍS] dense. **-2.** [líquid] thick.

densitat [dənsi'tat] nf [gen & INFORM] density; [disquet] **alta / doble** ~ high / double density; ~ **de població** population density.

dent ['den] nf **-1.** tooth; ~ **de llet** milk tooth; ~ **incisiva** incisor; ~ **molar** molar; **ensenyar les ~s** to bare one's teeth; **parlar entre ~s** to mumble, to mutter; **em peten / cruixen les ~s** my teeth are chattering / I'm shaking like a leaf. **-2.** [de clau] tooth.
→ **dent de lleó** nf dandelion.

dentadura [dəntə'ðuɾə] nf teeth pl; ~ **postissa** false teeth pl, dentures pl.

denteta [dən'tetə] nf small tooth; fig **fer ~ (o dentetes)** to make sb jealous, to make sb's mouth water.

dentifrici -ícia [dənti'fɾisi -isiə] adj tooth (abans de nom). → **dentifrici** nm toothpaste.

dentista [dən'tistə] nmf dentist.

denúncia [də'nunsiə] nf **-1.** [a l'autoritat] complaint; **presentar una ~ (contra)** to file a complaint against. **-2.** [de delicte] denunciation.

denunciar [dənunsi'a] vt **-1.** [a l'autoritat] to denounce. **-2.** [delicte] to report.

departament [dəpartə'men] nm **-1.** department. **-2.** [de calaix, maleta] compartment.

dependència [dəpən'dɛnsiə] nf **-1.** [gen] dependence. **-2.** [departament] section.

dependències nf pl [habitacions] rooms; [edificis] outbuildings.

dependent [dəpən'den] <> adj dependent. <> nm shop assistant, salesman. →

dependenta nf shop assistant, saleswoman.

dependre [də'pendɾə] vi to depend; ~ **d'alguna cosa / d'algú** to depend on sthg / sb.

depilar [dəpi'la] vt to remove the hair from. → **depilar-se** vp to remove one's body hair.

deplorable [dəplu'rabblə] adj deplorable; [persona] sorry, pitiful.

deportar [dəpur'ta] vt to deport.

deposar [dəpu'za] vt **-1.** [abandonar] to drop, to set aside; [les armes] to lay down arms; **va ~ la seva actitud hostil** he put aside his hostile attitude. **-2.** [destituir - ministre, secretari] to remove from office; [- rei, líder] to depose; ~ **algú del seu càrrec** to remove sb from office.

deposició [dəpuzisi'o] nf **-1.** [destitució - de ministre, secretari] removal from office; [- de rei] deposition. **-2.** [defecació] defecation.

depravar [dəprə'βa] vt to corrupt, to deprave. → **depravar-se** vp to become depraved.

depreciar [dəpɾəsi'a] vt to (cause to) depreciate. → **depreciar-se** vp to depreciate.

depredador -a [dəpɾəðə'ðo -oɾə] adj **-1.** [animal] predatory. **-2.** fig [persona] predatory. → **depredador** nm predator.

depressió [dəpɾəsi'o] nf depression; ~ **atmosfèrica** atmospheric depression.

depressiu -iva [dəpɾə'siw -iβə] <> adj [deprimit] depressed; [depriment] depressing. <> nm, f depressive.

deprimir [dəpɾi'mi] vt **-1.** [desanimar] to depress. **-2.** fig [empobrir] to belittle. → **deprimir-se** vp to get depressed.

depuració [dəpuɾəsi'o] nf **-1.** [d'aigua, metall, gas] purification. **-2.** fig [d'organisme, corporació, etc.] purge.

depurar [dəpu'ɾa] vt **-1.** [gen] to purify. **-2.** fig [organisme, corporació, etc.] to purge. **-3.** [gust] to refine.

dèria ['dɛɾiə] nf **-1.** [idea extravagant] mania, whim; **li ha agafat la ~ de...** he has the odd habit of... **-2.** urge; fam [idea fixa] **té la ~ de voler marxar** he is determined to leave.

deriva [də'ɾiβə] nf drift; **a la ~** adrift.

derivar [dəɾi'βa] <> vi **-1.** [desviar-se] to change direction; [conversa] to drift. **-2.** [procedir & GRAM] to derive; ~ **de** to derive from. <> vt to divert.

derivat -ada [dəɾiˈβat -aðə] *adj* GRAM derived. ◆ **derivada** *nf* MAT derivative. ◆ **derivat** *nm* QUÍM derivative.

dermatòleg -òloga [dərməˈtɔlək -ɔluɣə] *nm, f* dermatologist.

dermis [ˈdɛrmis] *nf inv* dermis.

derogar [dəɾuˈɣa] *vt* to repeal, to abolish.

derrapar [dərəˈpa] *vi* to skid.

derrota [dəˈrɔtə] *nf* **-1.** [fracàs] defeat. **-2.** MIL & ESPORT defeat. **-3.** NÀUT course.

derrotar [dəruˈta] *vt* [gen & ESPORT] to defeat; MIL to defeat.

derrotista [dəruˈtistə] *adj & nmf* defeatist.

derruir [dəruˈi] *vt* to demolish, to knock down.

des [ˈdes] ◆ **des de** *loc prep* **-1.** [temps] since; ~ de fa molt / un mes for ages / a month; **no el veig ~ de fa una setmana** I haven't seen him since last week; ~ d'ara from now on; ~ de llavors since then; ~ d'ara mateix from this moment on. **-2.** [espai] from; ~ d'aquí fins al centre from here to the centre. ◆ **des que** *loc conj* ever since; ~ que va morir la meva mare ever since my mother died.

desacatament [dəzəkatəˈmen] *nm* **-1.** [desobediència] lack of respect (for). **-2.** [insolència] disrespect (for). **-3.** DR contempt of court.

desaconsellar [dəzəkunsəˈʎa] *vt* to advise against; ~ a algú que faci alguna cosa to advise sb against doing sthg.

desacord [dəzəˈkɔrt] *nm* disagreement; **estar en** ~ to disagree (with).

desacreditar [dəzəkɾəðiˈta] *vt* to discredit. ◆ **desacreditar-se** *vp* to become discredited.

desactivar [dəzəktiˈβa] *vt* [bomba] to defuse.

desafiament [dəzəfiəˈmen] *nm* challenge.

desafiar [dəzəfiˈa] *vt* **-1.** [persona] to challenge. **-2.** [perill] to defy.

desafinar [dəzəfiˈna] *vi* MÚS to be out of tune.

desafortunat -ada [dəzəfurtuˈnat -aðə] ◇ *adj* **-1.** [persona] unlucky; **ésser ~** to be unlucky. **-2.** [accident, declaracions] unfortunate. ◇ *nm, f* unlucky person; **és un ~ amb les dones / els cotxes** he's unlucky with women / cars.

desagradable [dəzəɣɾəˈðabblə] *adj* unpleasant.

desagradar [dəzəɣɾəˈða] *vi* to displease.

desagraït -ïda [dəzəɣɾəˈit -iðə] *nm, f* ungrateful person.

desagreujar [dəzəɣɾəwˈʒa] *vt* to make amends; [ofensa] ~ **algú per alguna cosa** to make amends to sb for sthg; [perjudici] to compensate.

desajust [dəzəˈʒust] *nm* **-1.** [de peça] misalignment; [de màquina, conducta] breakdown. **-2.** [entre declaracions] inconsistency. **-3.** [econòmic, etc.] imbalance.

desallotjar [dəzəʎuˈdʒa] *vt* **-1.** [per força, emergència] to clear, to evacuate. **-2.** [residents] to evict. **-3.** [per pròpia voluntat] to abandon, to move out of.

desànim [dəˈzanim] *nm* dejection, depression.

desanimar [dəzəniˈma] *vt* to discourage. ◆ **desanimar-se** *vp* to get downhearted / discouraged.

desanimat -ada [dəzəniˈmat -aðə] *adj* **-1.** [persona] downhearted. **-2.** [festa, lloc] quiet, lifeless; **la festa estava molt desanimada** the party was lifeless.

desaparegut -uda [dəzəpəɾəˈɣut -uðə] *nm, f* missing person.

desaparèixer [dəzəpəˈɾɛʃə] *vi* to disappear.

desaparició [dəzəpəɾisiˈo] *nf* disappearance.

desapercebut -uda [dəzəpərsəˈβut -uðə] *adj*: **passar ~** to go unnoticed.

desaprensiu -iva [dəzəpɾənˈsiw -iβə] *nm, f*: **és un ~** he's an unscrupulous person.

desaprofitar [dəzəpɾufiˈta] ◇ *vt* [gen] to waste.

desaprovar [dəzəpɾuˈβa] *vt* to disapprove of.

desar [dəˈza] *vt* [col·locar] to put away.

desarmament [dəzərməˈmen] *nm* **-1.** MIL & POLÍT disarmament; ~ **nuclear** nuclear disarmament. **-2.** [desarticulació] taking apart, dismantling.

desarmar [dəzərˈma] *vt* **-1.** [gen] to disarm. **-2.** [desmuntar] to dismantle.

desarrelament [dəzərələˈmen] *nm lit & fig* uprooting, rooting out.

desarrelar [dəzərəˈla] *vt* **-1.** to banish. **-2.** [vici, costum] to root out.

desarrugar [dəzəruˈɣa] *vt* to smooth out. ◆ **desarrugar-se** *vp* to smooth out.

desarticulació [dəzərtikuləsiˈo] *nf* **-1.** [d'ossos] dislocation. **-2.** [d'organització, banda] breaking up.

desarticular [dəzərtiku'la] *vt* **–1.** [ossos] to dislocate. **–2.** [mecanisme] to disarticulate. **–3.** *fig* [organització, banda] to break up.

desassossec [dəzəsu'sɛk] *nm* unease, restlessness.

desastre [də'zastrə] *nm* **–1.** [catàstrofe, fracàs] disaster. **–2.** *fig* [persona inútil] a hopeless case.

desastrós -osa [dəzəs'tros -ozə] *adj* **–1.** [devastador] disastrous. **–2.** *fam* [inepte] disastrous.

desatendre [dəzə'tendrə] *vt* **–1.** [obligació, feina] to neglect. **–2.** [consells, precs] to ignore. **–3.** [persona]: ~ algú to neglect sb; **el van processar per ~ una persona** they took him to court for neglecting somebody.

desautoritzar [dəzawturi'dza] *vt* **–1.** [rebutjar - persona] to discredit; [- notícia, declaració] to deny; [- vaga, manifestació] to ban. **–2.** [desacreditar] to discredit.

desavantatge [dəzəβən'tadʒə] *nm* disadvantage.

desballestament [dəzbəʎəstə'men] *nm* [de cotxes] breakdown.

desballestar [dəzbəʎəs'ta] *vt* to put out of order. ☛ **desballestar-se** *vp* [descompondre's] to get ruined, to become wrecked.

desbancar [dəzbəŋ'ka] *vt fig* [ocupar el lloc de] to oust, to replace.

desbandada [dəzbən'dadə] *nf* breaking up, scattering; **a la ~** in great disorder.

desbaratar [dəzbərə'ta] *vt* **–1.** [mecanisme] to ruin, to wreck. **–2.** [conspiració, plans] to foil.

desblocar [dəzblu'ka] *vt* to unfreeze; [país] to lift the blockade on.

desbocar-se [dəzbu'karsə] *vp* [cavall] to bolt.

desbordar [dəzbur'da] ◇ *vi* [líquid, riu] to overflow; ~ **(de)** to overflow (with). ◇ *vt* **–1.** to exceed; **desborda energia** he/she's overflowing with energy. **–2.** [cabdal, ribera] to overflow; **l'aigua desborda el lavabo** the sink was overflown with water. **–3.** [límits, línia, paciència] to exceed. ☛ **desbordar-se** *vp fig* [sentiment] to erupt.

descafeïnat -ada [dəskəfəi'nat -adə] *adj* **–1.** [sense cafeïna] decaffeinated. **–2.** *fig* [sense força] watered down. ☛ **descafeïnat** *nm* decaffeinated coffee.

descalç -a [dəs'kals -ə] *adj* **–1.** [peus] barefoot. **–2.** RELIG discalced.

descalçar [dəskəl'sa] *vt* to take sb's shoes off. ☛ **descalçar-se** *vp* to take off one's shoes.

descans [dəs'kans] *nm* **–1.** [repòs] rest; **prendre's un ~** to take a rest; **MIL ~!** stand at ease! **–2.** [alleujament] relief. **–3.** [pausa] break. **–4.** CIN & TEAT interval. **–5.** ESPORT half-time, interval.

descansar [dəskən'sa] *vi* **–1.** [reposar, dormir] to rest; **que descansis!** have a good rest! **–2.** [cadàver, biga] to rest; **~ (en)** to rest (on).

descapotable [dəskəpu'tabblə] ◇ *adj* convertible. ◇ *nm* convertible.

descaradura [dəskərə'ðurə] *nf* shamelessness.

descarat -ada [dəskə'rat -aðə] ◇ *adj* cheeky, impertinent; [flagrant] barefaced, blatant; **ésser un ~** to be a cheeky devil. ◇ *nm, f* cheeky devil.

descargolar [dəskərgu'la] *vt* [cargol, rosca] to unwind.

descarnat -ada [dəskər'nat -aðə] *adj* **–1.** [persona, animal] scrawny. **–2.** [descripció] brutal.

descàrrec [dəs'karək] *nm* **–1.** [excusa] argument against; DR defence; **en ~ de la meva / teva,** etc. **consciència** to clear one's conscience; **en ~ seu** in his / her own defence. **–2.** [de deute, rebut] clear.

descàrrega [dəs'karəɣə] *nf* **–1.** [de mercaderies, camió, vaixell] unloading. **–2.** [d'electricitat, arma] shock.

descarregar [dəskərə'ɣa] ◇ *vi* [tempestat] to let go. ◇ *vt* to unload. ☛ **descarregar-se** *vp* **–1.** [desfogar-se]: **~-se amb algú** to take it out on sb. **–2.** DR to clear o.s. (of). **–3.** [bateria] to go flat.

descarrilament [dəskərilə'men] *nm* derailment.

descarrilar [dəskəri'la] *vi* to be derailed.

descartar [dəskər'ta] *vt* to refuse, to reject; [ajuda, proposta] to rule out. ☛ **descartar-se** *vp* [cartes] to discard.

descavalcar [dəskəβəl'ka] *vi* to dismount.

descendència [dəsən'dɛnsiə] *nf* **–1.** [fills]: **tenir ~** to have offspring. **–2.** [nissaga] lineage, descent.

descendir [dəsən'di] *vi* **–1.** [en categoria] to go down. **–2.** [quantitat, valor, nivell] to fall, to drop.

descens [dəs'sɛns] *nm* **–1.** [gen & ESPORT] descent, relegation. **–2.** [de quantitat, valor, nivell] drop.

descentrar [dəsən'tɾa] *vt* **-1.** [geomètricament] to knock off centre. **-2.** [mentalment] to distract.

descobert -a [dəsku'βɛɾt -ə] ◇ *pp irreg* ► **descobrir**. ◇ *adj* uncovered. ► **al descobert** *loc adv* [al ras] in the open; [sense disfressa] to be exposed / uncovered. ► **descobert** *nm* [de compte bancari] overdraft; [d'empresa] deficit. ► **descoberta** *nf* **-1.** [gen] deficit, shortage; [de màquina, giny] discovery. **-2.** [estàtua, placa] unveiling. ► **en descobert** *loc adv* FIN overdrawn.

descobridor -a [dəskuβɾi'ðo -oɾə] *nm, f* discoverer.

descobriment [dəskuβɾi'men] *nm* [territori no explorat] discovery.

descobrir [dəsku'βɾi] *vt* **-1.** [gen] to discover. **-2.** [estàtua, placa] to unveil. **-3.** [albirar] to discover. **-4.** [intencions, secret, culpable] to give away. ► **descobrir-se** *vp* to reveal o.s.; *fig* ~-se davant d'alguna cosa to take one's hat off to sthg.

descolorir [dəskulu'ɾi] *vt* to fade.

descompondre [dəskum'pondɾə] *vt* [podrir, dividir] to rot, to decompose. ► **descompondre's** *vp* [podrir-se] to rot, to decompose.

descomposició [dəskumpuzisi'o] *nf* decomposition; ~ de ventre diarrhoea.

descomptar [dəskum'ta] *vt* **-1.** [quantitat] to deduct; ~ alguna cosa de to deduct sthg from. **-2.** COM [lletra, pagaré] to discount.

descomptat -ada [dəskum'tat -aðə] *adj* discounted. ► **per descomptat** *loc adv* **-1.** obviously, needless to say; donar per ~ que to take for granted. **-2.** [per a confirmar] obviously.

descompte [dəs'komtə] *nm* **-1.** [de preu] discount. **-2.** FIN discount.

descomunal [dəskumu'nal] *adj* tremendous, enormous.

desconcentrar [dəskunsən'tɾa] *vt* to distract. ► **desconcentrar-se** *vp* to get distracted.

desconcert [dəskun'sɛɾt] *nm* [desordre] disorder; [desorientació, confusió] confusion.

desconcertar [dəskunsəɾ'ta] *vt* to disconcert. ► **desconcertar-se** *vp* to be thrown / bewildered / disconcerted.

desconegut -uda [dəskunə'ɣut -uðə] ◇ *adj* **-1.** [no conegut] unknown. **-2.** [molt canviat] changed beyond all recognition. ◇ *nm, f* stranger.

desconeixement [dəskunəʃə'men] *nm* ignorance, lack of knowledge.

desconèixer [dəsku'neʃə] *vt* [ignorar] be unaware of; desconec els seus plans I don't know her plans.

desconfiança [dəskumfi'ansə] *nf* distrust.

desconfiar [dəskumfi'a] *vi* [sospitar de]: ~ de to distrust; [no confiar en] to have no faith in.

descongelar [dəskunʒə'la] *vt* **-1.** [producte] to thaw; [nevera] to defrost. **-2.** *fig* [crèdits] to unfreeze; [salaris, preus] to unfreeze.

descongestionar [dəskunʒəstiu'na] *vt* **-1.** [gen & MED] to clear, relieve. **-2.** *fig* [deixar lliure] to clear.

desconnectar [dəskunnək'ta] *vt* [aparell] to switch off; [línia] to disconnect. ► **desconnectar-se** *vp* to switch off; ~-se d'alguna cosa to forget about sthg.

desconsiderat -ada [dəskunsiðə'ɾat -aðə] ◇ *adj* thoughtless, inconsiderate. ◇ *nm, f* thoughtless / inconsiderate person.

desconsol [dəskun'sɔl] *nm* distress, grief.

desconsolar [dəskunsu'la] *vt* to distress.

descontent -a [dəskun'ten -entə] *adj* unhappy, dissatisfied.

descontentament [dəskuntəntə'men] *nm* dissatisfaction.

descontentar [dəskuntən'ta] *vt* to upset, to make sb unhappy; [mesures, notícies] ~ algú to upset sb; [actitud] to displease sb.

descontrol [dəskun'tɾɔl] *nm fam* lack of control.

desconvocar [dəskumbu'ka] *vt* to cancel; ~ una vaga to call off.

descoratjador -a [dəskuɾədʒə'ðo -oɾə] *adj* discouraging.

descoratjar [dəskuɾə'dʒa] *vt* to discourage. ► **descoratjar-se** *vp* [desanimar-se] to be discouraged, to lose heart; [empetitir-se] to lose heart.

descordar [dəskuɾ'da] *vt* **-1.** [roba - amb botons] to unbutton; [- amb gafets, fermalls] to undo. **-2.** [cinturó] to unbuckle. **-3.** [deslligar] to untie. ► **descordar-se** *vp* to undo one's buttons; ~-se l'abric to open one's coat.

descórrer [dəs'korə] *vt* to draw back, to open.

descosir [dəsku'zi] *vt* to unstitch.

descosit -ida [dəsku'zit -iðə] *adj* [tela, roba] unstitched. ► **pels descosits** *loc prep*: parlar pels ~s to talk endlessly, nonstop.

descrèdit [dəs'kɾɛðit] *nm* discredit.

descregut -uda [dəskrə'ɣut -uðə] *nm, f* non-believer, disbeliever.

descremat -ada [dəskrə'mat -aðə] *adj* skimmed.

descripció [dəskripsi'o] *nf* [gen] description.

descriptiu -iva [dəskrip'tiw -iβə] *adj* descriptive.

descriure [dəs'kriwrə] *vt* to describe.

descuidar [dəskuj'ða] *vt* [desatendre] to neglect, to ignore. ☞ **descuidar-se** *vp* **–1.** [abandonar-se] to let o.s. go. **–2.** [despistar-se] to forget; **~-se d'alguna cosa / de fer alguna cosa** to forget sthg / to do sthg.

descuidat -ada [dəskuj'ðat -aðə] *adj* **–1.** [abandonat - persona] untidy; [- jardí, plantes] neglected. **–2.** [despistat] off one's guard.

descurança [dəsku'ransə] *nf* carelessness.

descurós -osa [dəsku'ros -ozə] *adj* [persona] negligent.

desdejunar-se [dəzdəʒu'narsə] *vp* to breakfast.

desdejuni [dəzdə'ʒuni] *nm* breakfast.

desdeny [dəz'deɲ] *nm* disdain, scorn.

desdenyar [dəzdə'ɲa] *vt* to scorn.

desdibuixar-se [dəzdiβu'ʃarsə] *vp* to blur, to become blurred.

desdir [dəz'di] *vi* [desmerèixer de]: **~ de** to be unworthy of; [desentonar amb] not to go with, to clash with. ☞ **desdir-se** *vp* to go back on one's word; **~-se d'alguna cosa** to go back on sthg.

desdoblar [dəzdu'bblə] *vt* to unfold, to split; [duplicar] to split.

desè -ena [də'zɛ -enə] *adj num & nm, f* ten; **desena part** one tenth; ☞ **sisè**.

desembalar [dəzəmba'la] *vt* to unpack.

desembarassar [dəzəmbərə'sa] *vt* [gen] to clear. ☞ **desembarassar-se** *vp*: **~-se de** to get rid of sthg.

desembarcador [dəzəmbərkə'ðo] *nm* pier, landing stage.

desembarcament [dəzəmbərkə'men] *nm* [de passatgers, mercaderies & MIL] disembarkation.

desembarcar [dəzəmbər'ka] *vi & vt* to disembark, to unload.

desembeinar [dəzəmbəj'na] *vt* to unsheathe.

desembocadura [dəzəmbukə'ðurə] *nf* [de riu] mouth.

desembocar [dəzəmbu'ka] *vi* [riu]: **~ en** to flow into; [carrer] to meet; **la disputa va ~ en un drama** the dispute ended up in a drama.

desembolicar [dəzəmbuli'ka] *vt* to unwrap.

desembors [dəzəm'bors] *nm* [de diners] payment; **~ inicial** down payment.

desembragar [dəzəmbrə'ɣa] *vt* AUTOM to disengage the clutch, to declutch.

desembre [də'zembrə] *nm* December; ☞ **setembre**.

desembrollar [dəzəmbru'ʎa] *vt* [embolic, malentès] to clarify.

desembussar [dəzəmbu'sa] *vt* [lavabo, canonada] to unblock.

desembutxacar [dəzəmbutʃə'ka] *vt* to pay out.

desemmascarar [dəzəmməskə'ra] *vt* to unmask.

desempallegar-se [dəzəmpəʎəˈɣarsə] *vp* [lliurar-se - persona]: **~ de** to escape from; [obligació] to get rid of.

desempaquetar [dəzəmpəkə'ta] *vt* [paquet] to unwrap; [caixa] to unpack.

desemparar [dəzəmpə'ra] *vt* to abandon.

desempat [dəzəm'pat] *nm* final result; **el partit de ~** the decider / deciding game.

desempatar [dəzəmpə'ta] *vi* to decide the contest; **jugar per ~** to have a play-off.

desempenyorament [dəzəmpəɲurə'men] *nm* [d'objecte] redemption.

desempenyorar [dəzəmpəɲu'ra] *vt* [joies] to redeem.

desena [də'zɛnə] *nf* ten.

desencadenar [dəzəŋkəðə'na] *vt* **–1.** [pres, gos] to unchain. **–2.** *fig* [tempesta, passions, fúria] to burst, to erupt; [guerra, conflicte] to break out; [polèmica] to erupt. ☞ **desencadenar-se** *vp* [ira, passions] to erupt; [guerra, conflicte] to break out.

desencaixar [dəzəŋkə'ʃa] *vt* to knock out of place. ☞ **desencaixar-se** *vp* to come apart; [cara] to distort, to become distorted.

desencaixonar [dəzəŋkəʃu'na] *vt* to take out of a box.

desencallar [dəzəŋkə'ʎa] *vt* [cotxe, carreta] to get back on.

desencant [dəzəŋ'kan] *nm* disappointment, disillusionmnent.

desencantar [dəzəŋkən'ta] *vt* **–1.** [decebre] to disappoint, to disillusion. **–2.** [desfer l'encant] to disenchant. ☞ **desencantar-se** *vp* to be disappointed.

desencert [dəzən'sɛrt] *nm* error, miscalculation.

desencís [dəzənˈsis] *nm* disappointment, disillusionment.

desendollar [dəzəndu'ʎa] *vt* to unplug; [apagar] to switch off.

desendreçar [dəzəndrə'sa] *vt* [desordenar - habitació, calaix] to mess up; [- documents, fitxes] to jumble up; [cabell] to ruffle.

desenfocar [dəzəɱfu'ka] *vt* to put out of focus; **si et mous, la fotografia es desenfocarà** if you move, the photograph will be out of focus.

desenfrenar [dəzəɱfrə'na] *vt* [cotxe] to take the brake off; [cavall] to unbridle.
➤ **desenfrenar-se** *vp* [passions] to lose all self-control, to go wild.

desenfrenat -ada [dəzəɱfrə'nat -aðə] *adj* **-1.** [ritme, carrera] frantic, frenzied; **un ball ~** a frenzied dance. **-2.** [comportament, estil] uncontrolled, wild; [apetit] insatiable.

desenfundar [dəzəɱfun'da] *vt* **-1.** [moble] to uncover. **-2.** [pistola] to draw.

desenganxar [dəzəŋgən'ʃa] *vt* **-1.** [vagó] to uncouple. **-2.** [cavall] to unhitch. **-3.** [etiqueta, adhesiu, segell] to unfasten, to unstick. ➤ **desenganxar-se** *vp* **-1.** [deixar-se anar] to break free. **-2.** *fam* [d'un vici] to kick (a habit). **-3.** [etiqueta, adhesiu, segell] to come unstuck. **-4.** [allunyar-se]; **~-se d'algú** to get rid of sb.

desengany [dəzəŋ'gaɲ] *nm* disappointment; **endur-se un ~ amb algú** to be disappointed in sb; **~ amorós** unhappy love affair.

desenganyar [dəzəŋga'ɲa] *vt* **-1.** to enlighten, to disillusion; [una persona equivocada] **~ algú** to reveal the truth to sb. **-2.** [una persona esperançada]: **~ algú** to disillusion, to bring sb down to earth.
➤ **desenganyar-se** *vp* to become disillusioned with; **~-se (de)** to disabuse sb (of a notion, etc.); **desenganya't!** stop kidding yourself!

desenllaç [dəzəɲ'ʎas] *nm* denouement, ending.

desenredar [dəzənrə'ða] *vt* **-1.** [fils, cabells] to untangle;. **-2.** [tema, problema] to sort out, to resolve. ➤ **desenredar-se** *vp* to untangle; **~-se els cabells** to untangle one's hair.

desenrotllar [dəzənru'ʎʎa] *vt* [fil, cinta] to unwind; [persiana] to roll down; [paper] to unroll.

desensellar [dəzənsə'ʎa] *vt* to unsaddle.

desentelar [dəzəntə'la] *vt* [amb un drap] to clean; [electrònicament] to demist.

desentendre's [dəzən'tendrəs] *vp* **-1.** [fer el desentès] to pretend not to hear / know about. **-2. ~ de** [no ocupar-se]: **~ de les teves obligacions** to affect ignorance of your duties.

desenterrar [dəzəntə'ra] *vt* **-1.** to dig up. **-2.** *lit & fig* to unearth, to revive sthg.

desentès -esa [dəzən'tɛs -ɛzə] *adj*: **es fa el ~** he pretends not to hear, he turns a deaf ear.

desentonar [dəzəntu'na] *vi* **-1.** MÚS [cantant] to be / sing out of tune; [instrument] to be out of tune. **-2.** *fig* [color] [persona, maneres] to be out of place.

desentrenat -ada [dəzəntrə'nat -aðə] *adj* not in form, out of practice; **estar ~** to be out of training.

desenvolupament [dəzəmbulupə'men] *nm* **-1.** [gen - millora] development. **-2.** [de nen, planta] development, growth.

desenvolupar [dəzəmbulu'pa] *vt* **-1.** [millorar - creixement, país] to develop; [planta] to grow. **-2.** [exposar - teoria, tema] to expound, to explain. **-3.** [realitzar - activitat, feina] to carry out. **-4.** MAT to expand.

desenvolupar-se *vp* **-1.** [créixer - nen] to develop; [- planta] to grow. **-2.** [tenir lloc - reunió] to take place; [- pel·lícula] to be set. **-3.** [ocórrer] to unfold.

desenvolupat -ada [dəzəmbulu'pat -aðə] *adj* **-1.** [persona] refined, mature. **-2.** [país] developed.

desequilibrat -ada [dəzəkili'βrat -aðə] *adj & nm, f* **-1.** [persona] unbalanced. **-2.** [eix, balança] off-centre.

desert -a [də'zɛrt -ə] *adj* **-1.** [gen] vacant, empty. **-2.** [lliure] unoccupied, free; **la vacant queda deserta** the post is unoccupied.; **el premi ha quedat ~** the prize remains void. ➤ **desert** *nm* desert; **predicar en el ~** to preach in the wilderness.

desertar [dəzər'ta] *vi* to desert.

desèrtic -a [də'zɛrtik -ə] *adj* desert, barren; [despoblat] deserted.

desertificació [dəzərtifikəsi'o] *nf* desertification.

desertor -a [dəzər'to -orə] *nm, f* deserter.

desesperació [dəzəspərəsi'o] *nf* despair, desperation; **causar ~** to cause despair; **amb ~** in despair; **ser una ~** to be maddening.

desesperar [dəzəspə'ra] *vt* **-1.** [treure esperances] to drive to despair;. **-2.** [irritar, enutjar] to exasperate, to drive to distraction. ➤ **desesperar-se** *vp* to be driven to despair; [irritar-se, enutjar-se] to get angry.

desesperat -ada [dəzəspəˈrat -aðə] *adj* [persona, intent] desperate; [estat, situació] hopeless; [esforç] furious; **actuar a la desesperada** to act in desperation.

desestimar [dəzəstiˈma] *vt* **-1.** [menysprear] to turn one's nose up at. **-2.** [refusar] to turn down.

desfalc [dəsˈfalk] *nm* embezzlement.

desfasament [dəsfəzəˈmen] *nm* **-1.** [desacord] misalignment, breakdown. **-2.** [desajust] gap, inconsistency, imbalance.

desfavorable [dəsfəβuˈrabblə] *adj* unfavourable.

desfer [dəsˈfe] *vt* **-1.** [fondre - gelat, mantega] to melt; [pastilla, terròs de sucre] to dissolve. **-2.** [posar fi a - pacte, contracte] to break; [- negoci] to cancel; [- pla] to foil; [- organització] to dissolve. **-3.** [destruir - enemic] to rout; [- matrimoni] to break up. **-4.** *fig* [afligir] to devastate, to shatter. **-5.** [esquinçar - llibre] to tear up; [- bèstia] to cut up. **-6.** [gen] to undo; [maleta] to unpack; [pastís, castell de sorra] to destroy. ◆ **desfer-se** *vp* **-1.** [esvair-se] to disappear. **-2.** [afligir-se] to be devastated. **-3.** *fig* [alliberar-se]: ~-se de to get rid of. **-4.** *fig* [dir] [compliments]: ~-se en to lavish sthg (on sb); [excuses, besades] to heap sthg (on sb). **-5.** *fig* [desviure's]: ~-se per to bend over backwards for (sb); [estar enamorat] to be madly in love with sb.

desfigurar [dəsfiɣuˈra] *vt* [rostre] to disfigure; [cos, veritat] to distort.

desfilada [dəsfiˈlaðə] *nf* parade; [de carrosses] procession; ~ **de models** fashion show.

desfilar [dəsfiˈla] ◇ *vi* **-1.** MIL to parade. **-2.** *fig* [anar-se'n] to head off, to leave. ◇ *vt* [tela] to unravel; [jersei, punt] to unstitch.

desfogar [dəsfuˈɣa] *vt* [irritació, mal humor] to vent, to relieve; [passions] to give free rein (to). ◆ **desfogar-se** *vp* **-1.** to let o.s. go. **-2.** [explicar] to let off steam.

desgana [dəzˈɣanə] *nf* **-1.** [manca de gana] lack of appetite; **tenir** ~ to lack an appetite. **-2.** [manca d'ànim] lack of enthusiasm; **fer alguna cosa amb** ~ to do sthg reluctantly.

desganat -ada [dəzɣəˈnat -aðə] *adj* (to be) off one's food; [sense gana] **estic** ~ I'm off my food; [sense ganes] listless, apathetic.

desgast [dəzˈɣast] *nm* **-1.** [gen] wear and tear; [de roca] erosion; [de piles] running down; [de cordes] fraying. **-2.** [de persones] wearing out; [de dirigents] losing one's touch.

desgastar [dəzɣəsˈta] *vt* to wear out. ◆ **desgastar-se** *vp* to wear o.s. out; *fig* [persona] to be / feel weak.

desgavell [dəzɣəˈβeʎ] *nm* **-1.** disorder, confusion. **-2.** *fam* havoc.

desgel [dəˈʒel] *nm* thaw.

desgelar [dəʒəˈla] *vt & vi* ◆ **desglaçar**.

desglaçar [dəzɣləˈsa] *vt* [neu, gel, etc.] to thaw, to melt; [parabrisa, nevera, etc.] to de-ice, to defrost. ◆ **desglaçar-se** *vp* [neu, gel, etc.] to thaw, to melt.

desglossament [dəzɣlusəˈmen] *nm* breakdown; [de despeses] breakdown, itemization.

desglossar [dəzɣluˈsa] *vt* **-1.** [gen] to break sthg down. **-2.** [imprès] to detach. **-3.** [despeses] to break down.

desgràcia [dəzˈɣrasiə] *nf* **-1.** [gen] misfortune, disaster, disgrace. **-2.** [mala sort]: **per** ~ unfortunately. **-3.** **caure en** ~ to fall into disgrace.

desgraciadament [dəzɣrəsi‚aðəˈmen] *adv* unfortunately.

desgraciar [dəzɣrəsiˈa] *vt* **-1.** [malmetre] to spoil, to demean, to injure seriously; [enlletgir] to make ugly. **-2.** [ferir] to injure. **-3.** *fig* [espatllar] to damage. ◆ **desgraciar-se** *vp* [ferir-se] to have a disaster, to hurt o.s.

desgraciat -ada [dəzɣrəsiˈat -aðə] ◇ *adj* **-1.** [gen] unfortunate, unlucky; [esdeveniment] unhappy. **-2.** [sense sort]: **ésser** ~ to be unfortunate / unhappy / unlucky. ◇ *nm, f* **-1.** [gen] miserable wretch, born loser. **-2.** *fig* [persona insignificant] unfortunate.

desgravar [dəzɣrəˈβa] *vt* to deduct (from one's tax bill, etc.).

desgreixar [dəzɣrəˈʃa] *vt* to remove the grease from.

desgreuge [dəzˈɣrewʒə] *nm* [per un perjudici] amends, compensation; satisfaction.

desguàs [dəzˈɣwas] *nm* **-1.** [d'aigua, pantà] drain, drainpipe. **-2.** drainage. **-3.** [canonada] drainpipe. **-4.** [buidatge] outlet, channel.

desguassar [dəzɣwəˈsa] *vi* **-1.** [aigua] to drain; [lavabo, banyera] to empty. **-2.** [riu]: ~ **en** to empty into.

deshabitat -ada [dəzəβiˈtat -aðə] *adj* uninhabited.

deshabituar [dəzəβituˈa] *vt* to get sb out of the habit of. ◆ **deshabituar-se** *vp* to break the habit (of).

desheretar [dəzərəˈta] *vt* to disinherit.

deshidratant [dəziðrə'tan] ◇ *adj* dehydrating. ◇ *nm* dehydrating agent.
deshidratar [dəziðra'ta] *vt* to dehydrate. ☞ **deshidratar-se** *vp* to become dehydrated.
deshonest -a [dəzu'nest -ə] *adj* -1. [sense honradesa] dishonest. -2. [sense pudor] indecent.
deshonor [dəzu'nor] *nm* dishonour.
deshonra [də'zonrə] *nf* dishonour.
deshonrar [dəzun'ra] *vt* to dishonour.
deshora [də'zɔrə] ☞ **a deshora** *loc adv* -1. [en moment inoportú] at a bad time; [en hores poc habituals] at an unearthly hour; **arribar a ~** to arrive at a bad time. -2. unexpectedly.
deshumanitzar [dəzumənid'za] *vt* to dehumanize. ☞ **deshumanitzar-se** *vp* to become dehumanized, to lose one's humanity.
desídia [də'ziðiə] *nf* neglect; [a l'aspecte] slovenliness.
desig [də'zitʃ] *nm* -1. [gen] desire, wish. -2. **bons desitjos** good intentions, best wishes. -3. **tenir ~** to want (to).
designar [dəziɲ'na] *vt* -1. [nomenar] to appoint. -2. [fixar, determinar] to name, to fix.
designi [də'ziɲni] *nm* intention, plan.
desigual [dəzi'ɣwal] *adj* [gen] unequal; [diferent] different; **un terreny ~** uneven ground.
desil·lusió [dəzilluzi'o] *nf* disappointment, disillusionment; **emportar-se una ~ amb** to be disappointed.
desil·lusionar [dəzilluziu'na] *vt* -1. [decebre] to disappoint, to disillusion. -2. [desenganyar] to reveal the truth to. ☞ **desil·lusionar-se** *vp* -1. [decebre's] to be disappointed / disillusioned. -2. [desenganyar-se] to realize the truth, to come down to earth; **desil·lusiona't!** open your eyes!
desimbolt -a [dəzim'bɔl -ɔltə] *adj* [persona, conducta] natural; [parla] fluent.
desinfecció [dəziɱfəksi'o] *nf* disinfection.
desinfectar [dəziɱfək'ta] *vt* to disinfect.
desinflar [dəziɱ'fla] *vt* -1. [treure aire] to let down, to deflate. -2. [inflor] to let down. -3. *fig* [treure importància] to play down. -4. [desanimar] to depress. ☞ **desinflar-se** *vp* -1. [perdre aire - gen] to go down; [- pneumàtic] to go flat. -2. *fam fig* [pedant, presumit] to go down. -3. [desanimar-se] to get depressed.

desintegració [dəzinteɣrəsi'o] *nf* -1. [gen] disintegration. -2. [de grups, organitzacions] breaking up.
desintegrar [dəzinte'ɣra] *vt* -1. [gen] to disintegrate; [àtom] to split. -2. [grups, organitzacions] to break up. ☞ **desintegrar-se** *vp* -1. [gen] to disintegrate. -2. [grups, organitzacions] to break up.
desinterès [dəzinta'rɛs] *nm* -1. [indiferència] disinterest, lack of interest. -2. [generositat] unselfishness.
desinteressar-se [dəzintərə'sarsə] *vp* to lose interest; **~ de / per alguna cosa** to lose interest in sthg.
desinteressat -ada [dəzintərə'sat -aðə] *adj* unselfish.
desintoxicar [dəzintuksi'ka] *vt* to detoxify. ☞ **desintoxicar-se** *vp* to dry out, to detoxify o.s.
desistir [dəzis'ti] *vi* to desist; **~ (de fer alguna cosa)** to give up / stop (doing sthg).
desitjar [dəzi'dʒa] *vt* -1. [voler] to want; **desitjo que tothom sigui feliç** I want everybody to be happy; [a la botiga] **què desitgeu?** can I help you?; **(no) deixar (res) a ~** to leave nothing to be desired. -2. [esperar, felicitar per:] **et desitjo un bon any** I wish you a happy new year. -3. [sexualment] to desire; [anhelar] to wish, to long for. -4. [anhelar] to yearn for.
desitjós -osa [dəzi'dʒos -ozə] *adj*: **estar ~ d'alguna cosa / de fer alguna cosa** to be desirous of sthg, to be eager to do sthg.
deslleial [dəzʎə'jal] *adj* disloyal, unfair.
deslleialtat [dəzʎəjəl'tat] *nf* disloyalty.
deslligar [dəzʎi'ɣa] *vt* -1. [gen] to untie. -2. to separate. -3. *fig* [separar]: **~ alguna cosa (de)** to separate sthg (from). ☞ **deslligar-se** *vp* -1. [gen] to extricate o.s. -2. [descordar-se] [d'una obligació] to get out of, to free o.s. from. -3. *fig* [separar-se]: **~-se de** to become separated from; **~-se d'un grup** to dissociate o.s. from a group.
deslluït -ïda [dəzʎu'it -iðə] *adj* -1. [sense esclat] tarnished. -2. [sense gràcia] dull.
desmai [dəz'maj] *nm* -1. [físic] fainting fit, swoon. -2. [moral] loss of heart; **sense ~** unfalteringly.
desmaiar [dəzma'ja] *vi* to lose heart, to be dismayed. ☞ **desmaiar-se** *vp* to faint, to swoon.
desmanegar [dəzmənə'ɣa] *vt* to take the handle off; [desordenar] to mess up.
desmanegat -ada [dəzmənə'ɣat -aðə] *adj fig* [discurs, guió] untidy.

desmantellar [dəzməntə'ʎa] vt to dismantle; [fàbrica] to strip (down); [nau] to unrig.

desmaquillador -a [dəzməkiʎə'ðo -oɾə] adj cleansing.

desmembrar [dəzməm'bɾa] vt to dismember; [disgregar] to break up.

desmemoriat -ada [dəzməmuɾi'at -aðə] ◇ adj: ésser ~ to be forgetful. ◇ nm, f forgetful person.

desmentir [dəzmən'ti] vt to deny.

desmerèixer [dəzmə'ɾeʃə] vi **-1.** [decaure] to lose value. **-2.** [ser inferior] not to deserve, to be unworthy of; **~ d'algú en alguna cosa** to be unworthy of sb in sthg.

desmesurat -ada [dəzməzu'ɾat -aðə] adj excessive, disproportionate, enormous.

desmillorar [dəzmiʎu'ɾa] vt to spoil; fig [cosa] to go downhill, to deteriorate. ☞ **desmillorar-se** vp [persona] to go downhill, to deteriorate.

desmitificar [dəzmitifi'ka] vt to demythologize.

desmoralitzar [dəzmuɾəli'dza] vt to demoralize. ☞ **desmoralitzar-se** vp to become demoralized.

desmunt [dəz'mun] nm [de terreny] levelled ground.

desmuntar [dəzmun'ta] ◇ vi to dismantle, to disassemble; **~ de** to clear of, to strip of. ◇ vt to take apart / to take to pieces.

desnatat -ada [dəznə'tat -aðə] adj skimmed (cream, etc.).

desnaturalitzat -ada [dəznətuɾəli'dzat -aðə] adj denatured.

desnerit -ida [dəznə'ɾit -iðə] adj stunted, weak.

desnivell [dəzni'βeʎ] nm **-1.** [cultural, social] difference, inequality. **-2.** [de terreny] irregularity, unevenness.

desnivellar [dəzniβə'ʎa] vt **-1.** [gen] to make uneven; [balança] to tip. **-2.** [terreny] to make uneven. ☞ **desnivellar-se** vp **-1.** [gen] to become unequal, to go out of balance. **-2.** fig [desequilibrar-se] to go off balance.

desnonament [dəznunə'men] nm eviction, cancellation.

desnonar [dəznu'na] vt **-1.** [llogater] to evict. **-2.** [malalt] to give up all hope for.

desnucar [dəznu'ka] vt to break the neck of. ☞ **desnucar-se** vp to break one's neck.

desnutrició [dəznutɾisi'o] nf malnutrition.

desobediència [dəzuβəði'ɛnsiə] nf disobedience.

desobedient [dəzuβəði'en] adj disobedient.

desobeir [dəzuβə'i] vt to disobey.

desocupar [dəzuku'pa] vt [local - abandonar] to vacate; [- deixar lliure] to leave free.

desocupat -ada [dəzuku'pat -aðə] adj **-1.** [ociós, buit] unoccupied, free. **-2.** [sense feina] unemployed.

desodorant [dəzuðu'ɾan] nm [corporal] deodorant; [d'un local] air freshener.

desoir [dəzu'i] vt not to listen to, to turn a deaf ear to.

desolació [dəzuləsi'o] nf **-1.** [destrucció] desolation; **causar ~** to cause distress / grief. **-2.** [desconsol] grief.

desolador -a [dəzulə'ðo -oɾə] adj [notícia] devastating; [espectacle] desolate.

desolar [dəzu'la] vt **-1.** [destruir] to devastate. **-2.** [afligir] to cause anguish to. ☞ **desolar-se** vp to be devastated.

desorbitat -ada [dəzuɾbi'tat -aðə] adj disproportionate; **amb els ulls ~s** pop-eyed.

desordenar [dəzuɾðə'na] vt to mess up, to jumble.

desordenat -ada [dəzuɾðə'nat -aðə] adj **-1.** [persona] untidy, messy; [armari, habitació, etc.] untidy, cluttered. **-2.** fig [vida] chaotic.

desordre [də'zoɾdɾə] nm chaos, disorder.

desorganització [dəzuɾgənidzəsi'o] nf disorganization.

desorganitzar [dəzuɾgəni'dza] vt to disorganize, to disrupt.

desori [də'zɔɾi] nm **-1.** fam tumult. **-2.** disorder.

desorientar [dəzuɾiən'ta] vt lit & fig to disorientate, to mislead. ☞ **desorientar-se** vp to lose one's way / bearings.

desossar [dəzu'sa] vt [carn] to bone; [fruita] to remove the pips / stones from.

desparar [dəspə'ɾa] vt [taula] to clear.

desparellar [dəspəɾə'ʎa] vt to uncouple.

despatx [dəs'patʃ] nm **-1.** [gen] office, study. **-2.** [venda] sale. **-3.** [comunicació oficial] dispatch; [del jutge] mandate.

despatxar [dəspə'tʃa] ◇ vi [sobre un assumpte] to settle, to dispatch; **~ amb algú** to have an interview / meeting with sb. ◇ vt **-1.** [mercaderia, entrades] to dispatch, to sell, to deal in. **-2.** [client] to serve. **-3.** fam fig [treball, discurs] to finish off. **-4.** fam [treballador]: ~ algú (de) to dismiss / sack sb (from). –5. [assumpte] settle, deal with; [negoci] to settle, to complete. –6. *fam* [fer de pressa] to expedite. –7. *fam* [desempallegar-se, matar]: ~ alguna cosa / algú to do away with / liquidate sthg / sb.

despectiu -iva [dəspəkˈtiw -iβə] *adj* –1. [menyspreador] scornful, contemptuous; **de manera despectiva** disparagingly. –2. GRAM pejorative.

despenjar [dəspəɲˈʒa] *vt* to take down; [telèfon] to lift, to pick up. ◆ **despenjar-se** *vp* –1. [caure] to come down / off; ~-se (per alguna cosa) to slide / let o.s. down. –2. *fam*: **es despenja que vol ser actor** he's come up with the idea that he wants to be an actor.

despentinar [dəspəntiˈna] *vt* to tousle, to ruffle. ◆ **despentinar-se** *vp* to mess up one's hair.

despenyar-se [dəspəˈɲarsə] *vp* to hurl o.s. down, to fall headlong.

desperfecte [dəspərˈfɛktə] *nm* [deterioració] damage; [imperfecció] flaw; **patir ~s** to be flawed / damaged.

despert -a [dəsˈpɛrt -ə] *adj* awake; [llest] bright, sharp.

despertador [dəspərtaˈðo] *nm* alarm clock.

despertar [dəspərˈta] *vt* –1. [gen] to wake (up). –2. [interès] to awaken; [admiració] to inspire. ◆ **despertar-se** *vp* to wake up.

despesa [dəsˈpɛzə] *nf* expenditure, outlay; **cobrir despeses** to cover costs; **no reparar en les despeses** to spare no expense; ~ **amortitzable** ECON redeemable expense; ~ **deduïble** ECON tax-deductible expense; ~ **pública** public expenditure; **despeses de representació** entertainment / expenses allowance; **despeses fixes / generals** overheads.

despietat -ada [dəspiəˈtat -aðə] *adj* pitiless, merciless.

despistar [dəspisˈta] *vt* –1. [perdre] to throw off the scent / trail; [la policia, etc.] to mislead. –2. *fig* [confondre] to confuse. ◆ **despistar-se** *vp* –1. [perdre's] to get lost, to lose one's way. –2. *fig* [distreure's] to become distracted.

despistat -ada [dəspisˈtat -aðə] ◇ *adj* –1. [distret] absent-minded. –2. [confós]: **estar ~** to be muddled. ◇ *nm, f* scatterbrain.

despit [dəsˈpit] *nm* spite, bitterness. ◆ **a despit de** *loc prep* in spite of.

desplaçament [dəspləsəˈmen] *nm* journey, move.

desplaçar [dəspləˈsa] *vt* –1. [gen] to move, to take the place of. –2. *fig* [desbancar]: ~ **algú / alguna cosa** to take the place of sb / sthg. ◆ **desplaçar-se** *vp* [viatjar] to travel; **s'ha de ~ cinc quilòmetres** you have to travel five kilometres.

desplaçat -ada [dəspləˈsat -aðə] *adj fig*: **trobar-se ~** to feel out of place / like a fish out of water.

desplegar [dəspləˈɣa] *vt* –1. [gen & MIL] to display, to deploy. –2. [tela, diari, etc.] to unfold, to spread out.

desplomar-se [dəspluˈmarsə] *vp lit & fig* to collapse, to come crashing down.

despoblat -ada [dəspuˈbblat -aðə] *adj* unpopulated, deserted. ◆ **despoblat** *nm* deserted spot, uninhabited place; **en ~** deserted.

desposseir [dəspusəˈi] *vt* to dispossess, to oust; ~ **algú d'alguna cosa** to dispossess sb of sthg. ◆ **desposseir-se** *vp*: ~-**se d'alguna cosa** to dispossess o.s. from sthg.

dèspota [ˈdɛsputə] *nmf lit & fig* despot.

desprendre [dəsˈpɛndrə] *vt* –1. [deixar anar] to separate, to detach; [desenganxar] to unfasten. –2. [olor] to give off; [llum] to give out. ◆ **desprendre's** *vp* –1. [deixar-se anar] to break free; [desenganxar-se] to part with / get rid of sthg. –2. *fig* [deduir-se]: **de les seves paraules es desprèn que...** from his words it can be seen that... –3. [alliberar-se, renunciar]: ~'**s de** to get rid of.

despreniment [dəsprəniˈmen] *nm* –1. [separació] detachment; ~ **de retina** detachment of the retina; ~ **de terres** landslide. –2. *fig* [generositat] generosity.

despreocupar-se [dəsprəwkuˈparsə] *vp* [un assumpte]: ~ **de** to stop worrying about; [una persona, un negoci] to be neglectful of.

despreocupat -ada [dəsprəwkuˈpat -aðə] ◇ *adj* [sense preocupacions] unworried, unconcerned; [en el vestir] casual. ◇ *nm, f* [sense preocupacions] carefree person; **és un ~ en el vestir** he / she is a casual dresser.

després [dəsˈprɛs] *adv* –1. [gen] afterwards, later; **poc ~** soon after; **anys ~** years later; **l'any ~** the year after. –2. [més endavant - en el temps] later; **dos dies ~** two days afterwards / later; [en l'espai] further on; **dues files ~** two rows along; [- en una llista] further down. –3. [llavors] afterwards; **primer vaig trucar i ~ vaig**

entrar first I knocked, then I went in. **–4.** [més tard]: **fes-ho ~** do it later; **vindré ~** I'll come later. ◆ **després de** *loc prep* after; **va arribar ~ de tu** he arrived after you; **~ de dinar** after lunch. ◆ **després que** *loc conj* after; **~ que ho hagués fet** after I had done it.

després -esa [dəsˈpɾɛs -ɛzə] *adj* [generós] generous, detached.

desprestigiar [dəspɾəstiʒiˈa] *vt* to discredit.

desprevingut -uda [dəspɾəβiŋˈgut -uðə] *adj*: **agafar ~** to take (sb) unawares; **estar ~** to be unprepared.

desproporcionat -ada [dəspɾupursiuˈnat -aðə] *adj* disproportionate.

despropòsit [dəspɾuˈpɔzit] *nm* absurdity, piece of nonsense.

desproveït -ïda [dəspɾuβəˈit -iðə] *adj* **–1.** lacking (in). **–2. ~ de** devoid of.

despulla [dəspuˈʎa] *nf* stripping, plundering. ◆ **despulles** *nf pl* **–1.** [residus, deixalles] leftovers *pl*. **–2.** [d'animals] offal. **–3.** [restes mortals] remains.

despullar [dəspuˈʎa] *vt* **–1.** [persona] to undress, to divest (of). **–2.** *fig* [cosa] to strip. ◆ **despullar-se** *vp* to undress, to relinquish (power).

despullat -ada [dəspuˈʎat -aðə] *adj* bare, naked; [arbre, espatlla, paisatge] stripped, denuded; [decorat] bare.

despuntar [dəspunˈta] <> *vi* **–1.** [planta] to sprout; [flor, capoll] to bud. **–2.** *fig* [persona] to stand out; **~ entre / per** to stand out among / from; **no despunta per la seva intel·ligència** he isn't noted for his intelligence. **–3.** [dia] to dawn. <> *vt* [llapis, etc.] to blunt, to break the point of (sthg).

desqualificar [dəskwəlifiˈka] *vt* to disqualify.

dessagnar [dəsəŋˈna] *vt* **–1.** to bleed, to lose a lot of blood. **–2.** *fig* to bleed dry. ◆ **dessagnar-se** *vp* [molt] to lose a lot of blood; [totalment] to bleed to death.

dessecar [dəsəˈka] *vt* to dry up / out; [pantà, riu] to dry up, to drain. ◆ **dessecar-se** *vp* [pantà, riu] to dry up.

destacament [dəstəkəˈmen] *nm* MIL detachment.

destacar [dəstəˈka] <> *vi* [sobresortir] to stand out. <> *vt* **–1.** [posar de relleu] to emphasize, to highlight; **cal ~ que...** it is important to emphasize that. **–2.** MIL to detach. ◆ **destacar-se** *vp*: **~-se (de / per)** to stand out (from / because of).

destacat -ada [dəstəˈkat -aðə] *adj* **–1.** [notable] remarkable; [figura, personalitat] distinguished, prominent. **–2.** MIL detached.

destapar [dəstəˈpa] *vt* **–1.** [ampolla] to open, to uncork. **–2.** [treure la tapa] to uncork. **–3.** [treure la coberta] to unwrap, to take the cover off. ◆ **destapar-se** *vp* **–1.** [desabrigar-se] to remove one's clothes, to throw off the bedclothes. **–2.** *fig* [revelar-se] to reveal o.s.

destenyir [dəstəˈɲi] *vt* to fade, to discolour; **~ alguna cosa** to bleach. ◆ **destenyir-se** *vp* [descolorir-se] to fade.

desterrament [dəstərəˈmen] *nm* exile, banishment.

desterrar [dəstəˈra] *vt* [persona] to banish.

destí [dəsˈti] *nm* [sort] fate, destiny.

destil·lació [dəstilləsiˈo] *nf* distillation.

destil·lar [dəstiˈlla] <> *vi* [to gotejar] to drip. <> *vt* **–1.** [gen] to distil. **–2.** [pus, sang] to ooze.

destil·leria [dəstilləˈria] *nf* distillery.

destinar [dəstiˈna] *vt* **–1.** [gen] to destine; [cartes] to address; [càrrec, feina] to appoint sb to; [designar]: **~ algú a** [càrrec, feina] to appoint sb to; [lloc] to post sb to.

destinatari -ària [dəstinəˈtari -aɾiə] *nm, f* addressee.

destituir [dəstituˈi] *vt* to dismiss.

destorb [dəsˈtorp] *nm* hindrance, nuisance.

destorbar [dəsturˈba] <> *vi* [estar enmig] to hinder, to get in the way of. <> *vt* [obstaculitzar, molestar] to bother; **el soroll el destorba** the noise bothers him; **no vull ~** I don't want to be a bother, I don't want to get in the way.

destral [dəsˈtral] *nf* axe, hatchet; *fig* **desenterrar la ~ de guerra** to sharpen one's sword.

destre -a [ˈdɛstɾə] *adj* [hàbil] good with one's hands, deft; [que usa la mà dreta] right-handed. ◆ **destre** *nm* TAUROM matador.

destresa [dəsˈtɾɛzə] *nf* skill.

destronar [dəstɾuˈna] *vt lit & fig* to dethrone, to overthrow.

destrossa [dəsˈtɾɔsə] *nf* **–1.** harm; **ocasionar grans destrosses** to cause a lot of damage. **–2.** [estrall] damage.

destrossar [dəstɾuˈsa] *vt* **–1.** [trencar] to smash, to shatter; [malmetre] to ruin; [destruir] to destroy. **–2.** *fig* [persona, carrera] to shatter. **–3.** [desgastar - camisa] to ruin.

destrucció [dəstɾuksiˈo] *nf* destruction.

destructor -a [dəstɾukˈto -oɾə] *adj* destructive. **destructor** *nm* destroyer.

destruir [dəstɾuˈi] *vt* **-1.** to destroy; [argument, projecte] to demolish. **-2.** [vèncer] to ruin.

desvalgut -uda [dəzbəlˈɣut -uðə] *adj* helpless, destitute. *nm, f* needy person.

desvalisar [dəzbəliˈza] *vt* to burgle, to rob.

desvariejament [dəzbəɾiəʒəˈmen] *nm* [estat] delirium.

desvariejar [dəzbəɾiəˈʒa] *vi* to be delirious, to rave.

desvelar [dəzbəˈla] *vt* [notícia, secret, etc.] to reveal.

desventura [dəzbənˈtuɾə] *nf* misfortune.

desvergonyiment [dəzbəɾɣuɲiˈmen] *nm* **-1.** [moral] shamelessness, effrontery. **-2.** [atreviment, barra] effrontery. **-3.** shameless act.

desvergonyit -ida [dəzbəɾɣuˈɲit -iðə] *adj* shameless, brazen. *nm, f* shameless person.

desvestir [dəzbəsˈti] *vt* to undress. **desvestir-se** *vp* to get undressed.

desvetllar [dəzbəˈʎʎa] *vt* [persona] to keep sb awake.

desvetllat -ada [dəzbəˈʎʎat -aðə] *adj* sleepless, wakeful; **estar ~** to be unable to get to sleep.

desviació [dəzbiəsiˈo] *nf* deviation, diversion, detour.

desviament [dəzbiəˈmen] *nm* [via] diversion.

desviar [dəzbiˈa] *vt* **-1.** [gen] to divert, to change; [vaixell] to change the course of; [pilota, tret] to deflect; [trànsit] to divert. **-2.** [pregunta] to evade. **desviar-se** *vp* **-1.** [canviar de direcció - conductor] to take a detour; [- avió, vaixell] to go off course. **-2.** [canviar] to digress from; **~-se de tema** to wander off the point; **~-se de propòsit** to lose sight of the objective.

desvincular [dəzbiŋkuˈla] *vt*: **~ algú d'una obligació** to release sb from an obligation. **desvincular-se** *vp* to cut o.s. off from; [amics] **~-se de** to lose contact with; [responsabilitat] to relieve o.s. of.

desvirtuar [dəzbiɾtuˈa] *vt* to detract from, to spoil.

desviure's [dəzˈbiwɾəs] *vp*: **~ (per algú / alguna cosa)** to put o.s out (for sb / sthg); **~ per a fer alguna cosa** to bend over backwards to do sthg.

desxifrar [dəʃiˈfɾa] *vt* to decipher; [misteri] to solve; [problema] to work out.

detall [dəˈtaʎ] *nm* **-1.** [gen] detail; **amb ~** in detail; **entrar en ~s** to go into detail. **-2.** [amabilitat]: **tenir un ~** to be thoughtful. **-3.** [regal] token gesture. **al detall** *loc adv* COM retail.

detallar [dətəˈʎa] *vt* to detail.

detallista [dətəˈʎistə] *adj* painstaking, thoughtful. *nmf* COM retailer, retail trader.

detectar [dətəkˈta] *vt* to detect.

detectiu -iva [dətəkˈtiw -iβə] *nm, f* detective; **~ privat** private detective.

detenció [dətənsiˈo] *nf* **-1.** [arrest] arrest. **-2.** [paralització] stoppage, holdup.

deteniment [dətəniˈmen] *nm* **amb deteniment** *loc adv* carefully, thoroughly.

detenir [dətəˈni] *vt* **-1.** [arrestar, aturar] to arrest, to stop. **-2.** [retardar] to delay. **-3.** [rècord] to hold, to retain. **-4.** [sense dret] to cling to; **va ~ el poder** she clung to power. **detenir-se** *vp* **-1.** [aturar-se] to stop; **~-se a fer alguna cosa** to stop to do sthg. **-2.** [entretenir-se] to linger.

detergent [dətərˈʒen] *nm* [per a la roba] detergent; [per al terra, etc.] detergent, detersive.

deteriorament [dətəɾiuɾəˈmen] *nm* deterioration.

deteriorar [dətəɾiuˈɾa] *vt* to deteriorate. **deteriorar-se** *vp fig* [empitjorar] to deteriorate, to get worse.

determinació [dətərminəsiˈo] *nf* settling, fixing; [resolució] resolution, determination; **prendre una ~** to take a decision.

determinar [dətərmiˈna] *vt* **-1.** [gen] to determine, to settle; [data] to fix. **-2.** [causar, motivar] to cause, to bring about. **-3.** [decidir] to decide; **~ alguna cosa / fer alguna cosa** to decide to do sthg.

determinat -ada [dətərmiˈnat -aðə] *adj* **-1.** [concret] specific; **en ~s casos** in particular cases. **-2.** [resolt] resolved, resolute. **-3.** GRAM **article**.

detestar [dətəsˈta] *vt* to detest.

detingut -uda [dətiŋˈgut -uðə] *adj* **-1.** [detallat] thorough, careful. **-2.** [arrestat]: **estar ~** to be arrested. *nm, f* prisoner, person under arrest.

detonació [dətunəsiˈo] *nf* [so] explosion, bang; [acció] **procedir a la ~ d'alguna cosa** to blow sthg up.

detonar [dətuˈna] *vi* to detonate.

detractor -a [dətɾəkˈto -oɾə] *adj* disparaging. *nm, f* detractor.

detriment [dətri'men] *nm* damage; causar ~ to cause damage; en ~ de to the detriment of.

deu¹ ['dɛw] *adj num inv & nm inv* ten; ► sis.

deu² ['dɛw] *nf* fount, fountain.

déu deessa ['dew də'esə] *nm* god, goddess; *m fam* tot ~ the world and his wife. ► **Déu** *nm* God; gràcies a ~ thank God! thank heavens! thank goodness!; ajuda't i ~ t'ajudarà God helps those who help themselves; vés en nom de ~ God be with you; com ~ mana properly; donar a ~ el que és de ~ i al Cèsar el que és del Cèsar to render unto Caesar the things which are Caesar's and unto God the things that are God's; ~ tanca una porta i n'obre una altra one door closes and another one opens; ~ dirà (only) time will tell; si ~ vol God willing; ~ meu! good heavens! my God!; va necessitar ~ i ajut per convèncer-la it was all one could do to convince her; per l'amor de ~! for God's sake!; sense encomanar-se a ~ ni al diable throwing caution to the winds; lloat sia ~! praise be to God!

deure¹ ['dɛwrə] *vt* to owe; ~ alguna cosa a algú to owe sb sthg; quant / què us dec? how much do I owe you?; deuen ser les set it must be seven o'clock; no deu ser molt gran she can't be very old; deu tenir més de seixanta anys he must be over sixty years old. ► **deure's** *vp* [ser conseqüència de]: ~'s a to be due to; el retard es deu a la vaga the delay is due to the strike; [dedicar-se a] to have a responsibility towards; diu que es deu als seus fills he says that he has a responsibility towards his children.

deure² ['dɛwrə] *nm* –1. debit (entry); ~ i haver debit and credit. –2. duty. ► **deures** *nm pl* [treball escolar] homework; fer els ~s to do one's homework.

deute ['dɛwtə] *nm* debt; contraure un ~ to get into debt; estar en ~ amb algú to be in debt to sb; ~ públic national debt *Br*, public debt *Am*; ~ exterior foreign debt.

deutor -a [dəw'to -orə] ◇ *adj* debit (abans de nom). ◇ *nm, f* debtor.

devaluació [dəβəluəsi'o] *nf* devaluation.

devaluar [dəβəlu'a] *vt* to devalue. ► **devaluar-se** *vp* to go down in value.

devastar [dəβəs'ta] *vt* to devastate.

devessall [dəβə'saʎ] *nm* [abundància] downpour, torrent.

devoció [dəβusi'o] *nf fig* RELIG devotion.

devocionari [dəβusiu'nari] *nm* prayer book.

devolució [dəβulusi'o] *nf* [gen] return; [de correu] return to sender; [d'import] refund; ~ fiscal tax rebate / return.

devorar [dəβu'ra] *vt lit & fig* to devour.

devot -a [də'βɔt -a] ◇ *adj* –1. [admirador] devoted; ésser molt ~ (d'algú) to be very devoted (to sb). –2. [lloc] una imatge devota a devout image. ◇ *nm, f* –1. [gen] devotee; devout / pious person. –2. [beat] devout person.

dia ['dia] *nm* –1. [gen] day; me'n vaig el ~ vuit I'm going on the eighth; quin ~ som? what day is it?; a ple ~ in broad daylight; nit i ~ night and day; a 60 dies vista 60 days after sight; el ~ de demà in the future; al seu ~ in due time / course; avui (en) ~ nowadays; tots els dies every day; un ~ sí i un altre no every other day; ~ de pagament [de sou] payday; ~ festiu (public) holiday; ~ feiner / de cada ~ / laborable working day; ~ de classe / d'escola school day / teaching day; ~ lliure day off; menú del ~ today's (set) menu; pa del ~ fresh bread. –2. [temps, espai de temps] day; un ~ plujós a rainy day; tot el (sant) ~ all day long. –3. [commemoració] holiday; ~ dels Innocents ≃ April Fool's Day; el ~ de la Mare Mother's Day; el ~ de Sant Joan St John the Baptist's Day. –4. un bon ~ some fine day; demà serà un altre ~ tomorrow is another day; posar alguna cosa al ~ to update sthg; posar algú al ~ to update sb; tenir dies to have (one's) good days and (one's) bad days; un ~ és un ~ it doesn't happen everyday; viure al ~ to live from hand to mouth. ► **bon dia!** *interj* hello!, good morning!

diabètic -a [diə'βetik -ə] *adj & nm, f* diabetic.

diable [di'abblə] *nm* devil; enviar / engegar al ~ to send sb packing; el ~, quan és vell, es fa ermità you can't teach an old dog new tricks; tenir el ~ al cos to have the devil in one, to be always on the go; vés-te'n al ~! go packing! ► **diables** *nm pl* [per a donar èmfasi]: on / com ~s...? where / how the hell...?

diabòlic -a [diə'βɔlik -ə] *adj lit & fig* diabolical.

diadema [diə'ðemə] *nf* diadem; [joia] tiara.

diàfan -a [di'afən -ə] *adj* –1. [transparent] diaphanous. –2. *fig* [clar] translucent.

diafragma [diə'fraɣmə] *nm* diaphragm.

diagnosi [diəɣˈnɔzi] *nf* diagnosis.
diagnòstic [diəɣˈnɔstik] *nm* diagnosis.
diagnosticar [diəɣnustiˈka] *vt* to diagnose.
diagonal [diəɣuˈnal] ◇ *adj* diagonal. ◇ *nf* diagonal.
diagrama [diəˈɣramə] *nm* diagram.
dial [diˈal] *nm* [de telèfon] dial, keypad.
dialectal [diələkˈtal] *adj* dialectal.
dialecte [diəˈlɛktə] *nm* dialect.
diàleg [diˈalək] *nm* dialogue; *fig* ~ **de sords** nobody listened to anyone else.
diàlisi [diˈalizi] *nf* dialysis.
dialogar [diəluˈɣa] *vi* to have a conversation / hold talks (with).
diamant [diəˈman] *nm* diamond. ☛ **diamants** *nm pl* [coll de la baralla] diamonds.
diàmetre [diˈamətrə] *nm* diameter.
diana [diˈanə] *nf* -1. target; [de tir] **fer** ~ to hit the bull's-eye. -2. [en quarter] reveille; **toquen** ~ **a les sis** the reveille sounds at six.
diantre [diˈantrə] ◇ *interj fam*: ~! dash it!; **què – vol ara?** what the devil does he want now?; ~ **de nano!** damned kid! ◇ *nm* [per a donar èmfasi]: **on / què ~...?** where / what the hell ...?
diapasó [diəpəˈzo] *nm* -1. tuning fork. -2. **posar-se al ~ d'algú** to march to the tune of another.
diapositiva [diəpuziˈtiβə] *nf* slide, transparency.
diari -ària [diˈari -ariə] *adj* [activitat] everyday (*abans de nom*), daily. ☛ **diari** *nm* newspaper; ~ **parlat / televisat** radio / television news; ~ **de bord** logbook.
diarrea [diəˈrrɛə] *nf* diarrhoea; *fam* **tenir ~ mental** not to be thinking straight.
dibuix [diˈβuʃ] *nm* drawing; ~ **lineal / tècnic** line / technical drawing; ~**os animats** cartoons.
dibuixant [diβuˈʃan] *nmf* drawer, sketcher; [de dibuix tècnic] draughtsman, draughtswoman.
dibuixar [diβuˈʃa] *vt & vi* to draw, to sketch.
dic [ˈdik] *nm* -1. [en riu] dike; ~ **de contenció** dam. -2. [en port]: ~ **sec** dry dock.
diccionari [diksiuˈnari] *nm* dictionary.
dicotomia [dikutuˈmiə] *nf* dichotomy, duality.
dictador -a [diktəˈðo -orə] *nm, f* dictator.
dictamen [dikˈtamən] *nm* -1. [opinió] opinion, judgment; **oferir un ~** to give an opinion. -2. [informe] report. ☛ **dictàmens** *nm pl* dictate.
dictar [dikˈta] *vt* -1. [gen] to dictate. -2. [sentència, decisió] to pronounce, to pass; [llei, decret] to issue, to pass.
dictat [dikˈtat] *nm* dictation.
dictatorial [diktətuɾiˈal] *adj* dictatorial.
didàctic -a [diˈðaktik -ə] *adj* didactic. ☛ **didàctica** *nf* didactics (U).
didal [diˈðal] *nm* thimble.
dièresi [diˈɛrəzi] *nf* dieresis (diaeresis).
dièsel [diˈɛzəl] *nm* diesel.
diesi [diˈɛzi] ◇ *adj* MÚS sharp. ◇ *nm* sharp.
dieta [diˈɛtə] *nf* diet; **estar a ~** to be on a diet. ☛ **dietes** *nf pl* expense allowance; **dietes per desplaçament** travelling expenses.
dietari [diəˈtari] *nm* account book, housekeeping book.
dietètic -a [diəˈtɛtik -ə] *adj* dietetic, dietary. ☛ **dietètica** *nf* dietetics (U).
difamar [difəˈma] *vt* to slander; [per escrit] to libel.
diferència [difəˈrɛnsiə] *nf* -1. [gen] difference; **a ~ de** unlike. -2. [d'opinions, punt de vista] dispute, controversy; **llimar diferències** to settle one's differences.
diferencial [difərənsiˈal] ◇ *adj* [gen & MAT] differential; [tret] distinguishing. ◇ *nf* MAT differential. ◇ *nm* TECNOL differential.
diferenciar [difərənsiˈa] *vt* [els colors, les lletres] to distinguish; ~ **el bé del mal** to distinguish between good and evil. ☛ **diferenciar-se** *vp* -1. [ser diferent] to differ in; ~**-se (de)** to be distinct (from). -2. [excel·lir] to stand out from.
diferent [difəˈren] *adj* different; ~ **de / a** different from.
diferir [difəˈri] ◇ *vi* [diferenciar-se] to differ (from / in); ~ **(de)** to be different (from / in); **difereixo de tu en opinions** I differ from you in my opinions. ◇ *vt* [ajornar] to postpone, to put off, to defer. ☛ **en diferit** *loc adv* TV recorded.
difícil [diˈfisil] *adj* difficult; ~ **de fer** difficult to do.
dificultar [difikulˈta] *vt* to hinder; [obstruir] to obstruct.
dificultat [difikulˈtat] *nf* difficulty; [empresa, etc.] **amb ~s** in trouble; **passar ~s** to suffer hardships; **posar ~s** to raise objections.

difondre [di'fondɾə] *vt* [notícia] to spread. ➤ **difondre's** *vp* **-1.** [gen] to diffuse, to spread; [notícia] to spread. **-2.** [publicació] to publish.

diftong [dif'toŋ] *nm* diphthong.

difunt -a [di'fun -untə] *adj & nm, f* deceased, dead person.

difusió [difuzi'o] *nf* dissemination; [d'un programa] broadcasting.

digerir [diʒə'ɾi] *vt lit & fig* to digest.

digestió [diʒəsti'o] *nf* digestion.

digestiu -iva [diʒəs'tiw -iβə] *adj* digestive. ➤ **digestiu** *nm* digestive (drink), after-dinner drink.

dígit ['diʒit] *nm* digit.

digital [diʒi'tal] *adj* **-1.** [gen] digital. **-2.** INFORM digital.

dignar-se [diŋ'narsə] *vp*: ~ a fer alguna cosa to deign to do sthg.

digne -a ['diŋnə] *adj* honourable, noble; ~ de worthy of.

dignificar [diŋnifi'ka] *vt* to dignify.

dignitat [diŋni'tat] *nf* dignity.

digressió [diɣɾəsi'o] *nf* digression.

dijous [di'ʒows] *nm* Thursday; ~ Gras Thursday before Shrovetide; ➤ **dissabte**. ➤ **Dijous Sant** *nm* Maundy Thursday.

dilapidar [diləpi'ða] *vt* to squander, to waste; [fortuna] to run through.

dilatar [dilə'ta] *vt* **-1.** [gen] to dilate. **-2.** [prolongar] to prolong, to delay. ➤ **dilatar-se** *vp* **-1.** [gen] to expand, to dilate. **-2.** [prolongar-se] to be long-winded.

dilema [di'lɛmə] *nm* dilemma.

diligència [dili'ʒɛnsiə] *nf* **-1.** [cura] diligence, care, application. **-2.** [promptitud] speed; **amb ~** quickly. **-3.** [tràmit, gestió] business (U). **-4.** [vehicle] stagecoach.

diligent [dili'ʒen] *adj* diligent.

dilluns [di'ʎuns] *nm inv* Monday; ➤ **dissabte**.

diluir [dilu'i] *vt* to dilute. ➤ **diluir-se** *vp* to dissolve.

diluvi [di'luβi] *nm* flood.

diluviar [diluβi'a] *v impers* to pour with rain.

dimarts [di'mars] *nm* Tuesday; ~ i tretze ≈ Friday the thirteenth; ➤ **dissabte**.

dimecres [di'mekɾəs] *nm inv* Wednesday; **dimecres de Cendra** Ash Wednesday; ➤ **dissabte**.

dimensió [dimənsi'o] *nf* dimension.

diminut -a [dimi'nut -ə] *adj* diminutive.

diminutiu [diminu'tiw] *nm* diminutive.

dimissió [dimisi'o] *nf* resignation; **presentar la ~** to hand in one's notice / resignation.

dimitir [dimi'ti] *vi* to resign; ~ **de** to resign (from).

dimoni [di'mɔni] *nm* **-1.** RELIG demon, devil. **-2.** *fig* devil. **-3.** *fam*: **del ~** from hell.

Dinamarca [dinə'markə] Denmark.

dinàmic -a [di'namik -ə] *adj* dynamic. ➤ **dinàmica** *nf* dynamics.

dinamisme [dinə'mizmə] *nm* dynamism, dynamic.

dinamita [dinə'mitə] *nf* dinamite.

dinamo [di'namu] *nf* dynamo.

dinar¹ [di'na] *vi* to eat / have lunch.

dinar² [di'na] *nm* dinar.

dinastia [dinəs'tiə] *nf* dynasty.

diner [di'ne] *nm* money (U); ~ **en circulació** money in circulation; ~ **de curs legal** legal tender; ~ **fals** counterfeit; ~ **negre** undeclared income money circulating on the black market; ~**s comptants** hard cash; **anar bé de ~s** to be well off for money; **un home de ~s** a man of means.

dineral [dinə'ɾal] *nm fam* fortune.

dinosaure [dinu'sawɾə] *nm* dinosaur.

dinou [di'nɔw] *adj num inv & nm inv* nineteen; **el segle ~** the nineteenth century; ➤ **sis**.

dinovè -ena [dinu'βɛ -enə] *adj num & nm, f* nineteenth; ➤ **sisè**.

dins ['dins] ◇ *adv* **-1.** inside; **quedar-se a ~** to stay inside; **allà ~** in there; **de ~** from (the) inside; **la butxaca de ~** the inside pocket; **per ~** inside; *fig* inside; **cal rentar el cotxe per ~** the inside of the car needs cleaning. **-2.** [d'un espai imaginari]: ~ **meu / teu**, etc. inside me, you / myself, yourself, etc. ◇ *prep* [gen] inside; ~ **el sobre** in(side) the envelope.

dintre ['dintɾə] *adv* ➤ **dins**.

dinyar-la [di'ɲarlə] *vi* **-1.** *fam*: ~ to snuff it. **-2.** to kick the bucket.

diòcesi [di'ɔsəzi] *nf* diocese.

diòptria [di'ɔptɾiə] *nf* dioptre.

diploma [di'plomə] *nm* diploma.

diplomàcia [diplu'masiə] *nf* diplomacy.

diplomat -ada [diplu'mat -aðə] ◇ *adj* qualified. ◇ *nm, f* holder of a diploma.

diplomàtic -a [diplu'matik -ə] ◇ *adj* diplomatic. ◇ *nm, f* qualified, holder of a diploma, diplomat.

dipòsit [di'pɔzit] *nm* **-1.** [gen & COM] deposit; ~ **de cadàvers** morgue, mortuary;

~ legal registered publication. **–2.** [recipient]: **~ de benzina** petrol *Br* / gas *Am* tank.

dipositar [dipuziˈta] *vt* **–1.** [objectes, diners] to deposit, to place. **–2.** *fig* [sentiments]: **~ la seva confiança en algú** to place one's trust in sb; **~ il·lusions en alguna persona** to instill hope in sb; **~ afecte en alguna persona** to develop / show affection for sb. ☛ **dipositar-se** *vp* [establir-se] to settle.

dipositari -ària [dipuziˈtari -ariə] *adj & nm, f* trustee.

diputació [diputəsiˈo] *nf* **–1.** [corporació] committee. **–2.** [càrrec]: **~ provincial** county council *Br*.

diputat -ada [dipuˈtat -aðə] *nm, f* ≃ Member of Parliament, MP *Br*, representative *Am*.

dir¹ [ˈdi] *vt* **–1.** [gen] to say, to tell, to be called / named; **com es diu?** what is his / her name?; **~ a algú que faci alguna cosa** to tell sb to do sthg; **~ molt d'alguna cosa** to say a lot about sthg; **es diu que...** they say (that); **~ que sí / no** to say yes / no; [al telèfon] **digueu?** hello? **–2.** [lliçó] to read, to say out loud. **–3. com qui no diu res** quite nonchalantly, offhandedly; **~ dintre seu** to say to o.s.; **... i es va ~: "ja ho veurem"** ... and he said to himself: "well, we shall see"; **és a ~** that is (to say); **no cal ~** needless to say...; **el tennis no em diu res** tennis doesn't do anything for me; **no hi ha res més a ~** that's all there is to it, that's it; **què dius ara!** what do you mean by that?, what are you saying!; **per ~-ho així** so to speak; **que diguem / que diguéssim** let's say. **–4.** [tractar, dirigir-se]: **~ de tu / vostè a algú** to be informal / formal with sb. ☛ **dir besties** *vi* [dir ximpleries] to talk nonsense / rubbish. ☛ **dir fàstics** *vi* to rail, to run down; *fam* **~ fàstics de** to rail against (sb / sthg). ☛ **dir-se** *vp* [tenir per nom] to be called, to be named.

dir² *nm* to say; **és un ~** it's a manner of speaking; **el ~ de la gent** gossip, what people will say.

direcció [dirəksiˈo] *nf* [gen & COM] direction; [de carrer, de les busques del rellotge] address; **~ prohibida** wrong direction; **~ única** one-way (street); AUTOM **~ assistida** power steering; **~ comercial / general** management; **en ~ a** towards, in the direction of.

directe -a [diˈrɛktə] *adj* **–1.** direct, straight. **–2.** GRAM ☛ **complement**. ☛ **directa** *nf* AUTOM top gear; **posar la directa** to go into top gear; *fig* to really get a move on. ☛ **directe** ◇ *adv* directly. ◇ *nm* [tren] through, nonstop. ☛ **en directe** *loc adv* live.

directiu -iva [dirəkˈtiw -iβə] ◇ *adj* managerial; personnel (*abans de nom*). ◇ *nm, f* manager *m*, manageress *f*. ☛ **directiva** *nf* **–1.** [junta] board (of directors). **–2.** [norma] directive, instructions.

director -a [dirəkˈto -orə] *nm, f* director; **~ de cinema** film director; **~ d'escena / teatre** producer, stage manager; **~ d'orquestra** conductor; **~ espiritual** spiritual guide, father confessor; **~ general** general manager; ESPORT **~ tècnic** trainer.

directori [dirəkˈtɔri] *nm* [gen & INFORM] directory; **~ arrel** root directory.

directriu [dirəkˈtriw] *nf* GEOM directrix. ☛ **directrius** *nf pl* [normes] directives.

dirigent [diriˈʒen] ◇ *adj* leading. ◇ *nmf* leader.

dirigir [diriˈʒi] *vt* **–1.** [gen] to lead, to direct, to run, to manage. **–2.** [obra de teatre] [pel·lícula] to direct. **–3.** [assessorar] to guide, to supervise. **–4.** [dedicar] to dedicate; **~ alguna cosa a** to direct sthg at. ☛ **dirigir-se** *vp* [encaminar-se] to head for; **~-se a / cap a** to go towards / in the direction of.

disbarat [dizbəˈrat] *nm* **–1.** [bogeria, fet] (piece of) nonsense. **–2.** [desencert, comentari, acció] silly thing; [idea] crazy idea. **–3.** [dit] foolish remark. **–4.** rubbish (*U*).

disc [ˈdisk] *nm* **–1.** [gen, ESPORT & INFORM] disk, discus, disc; **~ compacte** CD, compact disc *Br*, disk *Am*; **~ d'arrencada** start-up / system disc; **~ de llarga durada** LP, long-playing record; **~ del sistema** system disc; **~ dur / flexible** hard / floppy disc; **~ magnètic / òptic** magnetic / optic disc; **~ amovible** removable disc; **~ virtual** virtual disc. **–2.** [semàfor] (traffic) light; **~ vermell** red light.

discjòquei [ˌdiskˈdʒɔki] *nmf* disc jockey.

discernir [disərˈni] *vt* to discern.

disciplina [disiˈplinə] *nf* discipline.

discografia [diskuɣrəˈfiə] *nf* records previously released (by an artist or group).

disconforme [diskumˈformə] *adj* in disagreement; **estar ~ amb** to disagree with.

disconformitat [diskumfurmiˈtat] *nf* disagreement.

discontinu -ínua [diskunˈtinu -inuə] *adj* intermittent; [línia] dotted, broken.

discordant [diskurˈdan] *adj* discordant, clashing.

discòrdia [disˈkɔrdiə] *nf* discord.

discórrer [disˈkorə] *vi* **-1.** [temps, vida] to invent, to contrive; [acte, sessió] to take place. **-2.** [pensar] to think, to reflect.

discoteca [diskuˈtɛkə] *nf* discotheque.

discreció [diskrəsiˈo] *nf* discretion. ◆ **a discreció** *loc adv* at one's discretion, as much as one wants.

discrecional [diskrəsiuˈnal] *adj* [servei de transport] discretional, request (*abans de nom*).

discrepància [diskrəˈpansiə] *nf* difference, discrepancy, disagreement.

discrepar [diskrəˈpa] *vi* to differ; ~ **de** to differ from.

discret -a [disˈkrɛt -ə] *adj* **-1.** [gen] discreet. **-2.** [quantitat] moderate, modest.

discriminació [diskriminəsiˈo] *nf* discrimination; ~ **racial** racial discrimination.

discriminar [diskrimiˈna] *vt* to discriminate.

discriminatori -òria [diskriminəˈtɔri -ɔriə] *adj* discriminatory.

disculpa [disˈkulpə] *nf* excuse; **demanar disculpes (a algú)** to apologize (to sb).

disculpar [diskulˈpa] *vt* to excuse; ~ **algú (de / per alguna cosa)** to forgive sb (for sthg). ◆ **disculpar-se** *vp* to apologize; ~**-se (de / per alguna cosa)** to apologize (for sthg).

discurs [disˈkurs] *nm* speech; **pronunciar un** ~ to give a speech.

discussió [diskusiˈo] *nf* discussion; [baralla] argument.

discutible [dikuˈtibblə] *adj* debatable.

discutir [diskuˈti] ◇ *vi* **-1.** [barallar-se] to argue. **-2.** [conversar] to discuss; ~ **de / sobre** to talk sthg over. ◇ *vt* to discuss (sthg); ~ **alguna cosa** to discuss sthg.

disfressa [disˈfrɛsə] *nf* disguise; **de disfresses** [ball, festa] fancy dress (*U*).

disfressar [disfrəˈsa] *vt* to disguise; ~ **algú de** to dress sb up as. ◆ **disfressar-se** *vp* to disguise o.s.; ~**-se (de)** to dress up (as).

disgregar [dizɣrəˈɣa] *vt* **-1.** [multitud, manifestació] to disperse, to break (sthg) up. **-2.** [roca] to break up, to split. ◆ **disgregar-se** *vp* **-1.** [família, manifestació] to disperse, to break up. **-2.** [roca] to break up, to split. **-3.** [imperi] to break up, to dissolve.

disgust [dizˈɣust] *nm* [tristesa, pena] upset, misfortune; **donar un** ~ to upset (sb); **en** dur-se un ~ to be upset; **matar algú a disgustos** to worry sb to death.

disgustar [dizɣusˈta] *vt* to upset (sb), to disgust (sb). ◆ **disgustar-se** *vp* to get upset (with sb about sthg).

dislèxia [dizˈlɛksiə] *nf* dyslexia.

dislocar [dizluˈka] *vt* to dislocate. ◆ **dislocar-se** *vp* to dislocate.

disminució [dizminusiˈo] *nf* decrease, drop; [de temperatura, sou, etc.] fall.

disminuir [dizminuˈi] *vt & vi* to reduce, to decrease.

disparar [dispəˈra] ◇ *vi* to shoot. ◇ *vt* [fletxa, dard] to shoot, to fire. ◆ **disparar-se** *vp* **-1.** [arma de foc] to go off. **-2.** [persona] to rush off. **-3.** [preus] to shoot up.

disparitat [dispəriˈtat] *nf* difference, disparity.

dispensa [disˈpɛnsə] *nf* exemption, dispensation.

dispensar [dispənˈsa] ◇ *vi* to dispense, to give out; [eximir] ~ **de** to exempt from. ◇ *vt* **-1.** [distribuir] to give out. **-2.** [disculpar] to excuse, to forgive. **-3.** [honors] to confer sthg (upon sb); [benvinguda] welcome; [ajuda] give. ◆ **dispensar-se** *vp* to excuse o.s., to forgive o.s., to say pardon.

dispensari [dispənˈsari] *nm* dispensary.

dispers -a [disˈpɛrs -ə] *adj* scattered.

dispersar [dispərˈsa] *vt* to scatter, to dissipate. ◆ **dispersar-se** *vp* to disperse, to break up.

dispersió [dispərsiˈo] *nf* **-1.** [gen & FÍS] dispersion. **-2.** [d'objectes] scattering, disorder.

disponibilitat [dispuniβiliˈtat] *nf* availability.

disponible [dispuˈnibblə] *adj* available.

disposar [dispuˈza] ◇ *vi* **-1.** to arrange, to order; ~ **de** to have at one's disposal. **-2.** [tenir] to have; **disposa de dues hores per fer-ho** he / she's got two hours to do it. ◇ *vt* **-1.** [gen]: ~ **allò necessari per a** to have everything one needs (for). **-2.** [preceptuar] [- subj: persona]: ~ **d'alguna cosa** to have use of, to avail o.s. of; [- subj: llei] to stipulate. ◆ **disposar-se** *vp* to prepare; ~**-se a** to get ready (to do sthg).

disposat -a [dispuˈzat -adə] *adj* [preparat] ready, prepared; **estar** ~ **a alguna cosa / a fer alguna cosa** to be a ready for, to be willing to do sthg.

disposició [dispuziziˈo] *nf* **-1.** [gen] arrangement, order, layout; **a** ~ **de** at the disposal of; **tenir ~ per a** to have a talent for. **–2.** [estat]: **estar / sentir-se en ~ de** to be prepared to do sthg, to feel for sthg.

dispositiu [dispuˈziˈtiw] *nm* device; **~ intrauterí** intrauterine device, IUD.

disputa [disˈputə] *nf* dispute; **tenir una ~ amb algú** to have a dispute / quarrel with sb.

disputar [dispuˈta] *vt* **–1.** [debatre] to dispute, to argue about. **–2. ~ alguna cosa** to compete for / dispute sthg. **–3.** [partit esportiu] to compete in.

disquet [disˈket] *nm* INFORM diskette, floppy disk.

disquetera [diskəˈtɛɾə] *nf* INFORM disk drive.

dissabte [diˈsaptə] *nm* Saturday; **quin dia és avui? (és) ~** what day is it today? It's Saturday; **cada dos ~s, un ~ sí, l'altre no** every other Saturday; **cada ~** every Saturday; **caure en ~** to fall on a Saturday; **et truco ~** I'll call you on Saturday; **~ que ve** next Saturday; **~ passat** last Saturday; **~ al matí / a la tarda / a la nit** Saturday morning / afternoon / night; **en ~** on Saturday; **vaig néixer en ~** I was born on a Saturday; **treballes els ~s?** do you work (on) Saturdays; **treballar un ~** to work on a Saturday; **un ~ qualsevol** (on) any Saturday; *fig* **fer ~** to clean the house.

dissecar [disəˈka] *vt* to dissect; [animal] to stuff; [planta] to dry.

dissecció [disəkˈsio] *nf* disection.

disseminar [disəmiˈna] *vt* to scatter, to disseminate.

dissentir [disənˈti] *vi* to dissent; **~ d'algú / alguna cosa** to disagree with sb / about sthg.

disseny [diˈsɛɲ] *nm* **–1.** [gen] design, sketch. **–2.** [concepció] **de ~** [mobles, etc.] designer; **~ assistit per ordinador** computer-aided design; **~ gràfic** graphic design.

dissenyador -a [disəsəɲəˈðo -oɾə] *nm, f* [de mobles, teixits] designer; **~ de modes** fashion designer; **~ gràfic** graphic designer.

dissenyar [disəˈɲa] *vt* **–1.** [gen] to design. **–2.** [crear] to outline.

dissertació [disəɾtəˈsio] *nf* lecture, discourse; [escrita] dissertation.

disset [diˈsɛt] *adj num inv & nm inv* seventeen; **el segle ~** the seventeenth century; ⇒ **sis**.

dissetè -ena [disəˈtɛ -ɛnə] *adj num & nm, f* seventeenth; ⇒ **sisè**.

dissimulació [disimuləˈsio] *nf* dissimulation, concealment; **amb ~** furtively.

dissimular [disimuˈla] *vi* [culpable] to pretend; [fingir desconeixement] to play the innocent. ◇ *vt* to hide, to conceal.

dissipar [disiˈpa] *vt* to dispel. ⇒ **dissipar-se** *vp* to be dispelled, to vanish.

dissoldre [diˈsɔldɾə] *vt* to dissolve. ⇒ **dissoldre's** *vp* to dissolve; [manifestació] to break up.

dissolució [disuluˈsio] *nf* **–1.** [gen] dissolution. **–2.** [mescla] solution.

dissolvent [disulˈβɛnt] ◇ *adj* solvent, dissolvent. ◇ *nm* solvent.

dissort [diˈsɔɾt] *nf* [desgràcia] misfortune.

dissortat -ada [disuɾˈtat -aðə] ◇ *adj* unlucky. ◇ *nm, f* unfortunate person.

dissuadir [disuəˈði] *vt* to dissuade.

dissuasió [disuəziˈo] *nf* deterrence, dissuasion.

dissuasiu -iva [disuəˈziw -iβə] *adj* deterrent.

distància [disˈtansiə] *nf* distance; **a ~** from a distance; **~ de seguretat** safe distance; **escurçar les distàncies** to come closer (to an agreement); **guardar les distàncies** to keep one's distance.

distanciar [distənsiˈa] *vt* to drive (sb / sthg) apart; [en competició] to forge ahead of. ⇒ **distanciar-se** *vp* to distance o.s.; [afectivament] to grow apart.

distant [disˈtan] *adj* **–1.** [espai] far (away from); **no es troba gaire ~** it isn't far. **–2.** [tracte] distant, cold.

distar [disˈta] *vi* **–1.** [trobar-se a]: **aquest lloc dista uns quants quilòmetres d'aquí** that place is several kilometres away from here. **–2.** *fig* [diferir]: **~ de** to be far from.

distendre [disˈtɛndɾə] *vt* [ambient, corda] to ease, to slacken.

distinció [distinsiˈo] *nf* distinction; **a ~ de** in contrast to.

distingir [distinˈʒi] *vt* **–1.** [gen] to distinguish. **–2.** [guardonar] to honour; **~ amb** to honour with / by. ⇒ **distingir-se** *vp* to distinguish o.s.

distingit -ida [distinˈʒit -iðə] *adj* **–1.** [destacat] distinguished. **–2.** [elegant] refined.

distint -a [disˈtin -intə] *adj* [diferent] distinct.

distintiu -iva [distinˈtiw -iβə] *adj* distinctive, distinguishing. ⇒ **distintiu** *nm* **–1.** [insígnia] badge. **–2.** [característica] mark, distinguishing feature.

distorsió [disturˈsio] *nf* **-1.** [de turmell, genoll] sprain. **-2.** [d'imatges, sons] distorsion.

distracció [distrəkˈsio] *nf* **-1.** distraction. **-2.** [error] oversight.

distret -a [disˈtrɛt -ə] ◇ *adj* **-1.** [entretingut] amusing. **-2.** [despistat] dreamy, vague. ◇ *nm, f* daydreamer, absent-minded person.

distreure [disˈtrɛwrə] *vt* to distract. ◆ **distreure's** *vp* **-1.** [entretenir-se] to enjoy o.s. **-2.** [despistar-se] to let one's mind wander; [de la feina] to be distracted (from); ~'s un moment to daydream.

distribució [distriβuˈsio] *nf* distribution; ~ (comercial) delivery.

distribuïdor -a [distriβuiˈðo -orə] ◇ *adj* [entitat] wholesale; [xarxa] supply (*abans de nom*). ◇ *nm, f* [persona] distributor; ~ exclusiu exclusive distributor. ◆ **distribuïdor** [aparell] vending machine. ◆ **distribuïdora** *nf* [firma] supplier.

distribuir [distriβuˈi] *vt* to distribute, to deliver.

districte [disˈtriktə] *nm* **-1.** district. **-2.** EDUC catchment area; ~ electoral constituency; ~ postal postal district.

disturbi [disˈturβi] *nm* disturbance, riot.

dit [ˈdit] *nm* **-1.** llepar-se'n els ~s to lick one's fingers; prendre dels ~s to take sthg right out of sb's hands; no em mamo el ~ I wasn't born yesterday; no tenir dos ~s de front to be as thick as two short planks; picar-se / agafar-se / cremar-se els ~s to get one's fingers burnt; tenir per la punta (pel cap) dels ~s to know sthg (off) by heart; posar el ~ a la llaga to put one's finger on it; assenyalar amb el ~ to point (sb) out. **-2.** [gen] finger; escollir algú a ~ to handpick sb; *fam* fer ~ to hitchhike; ~ anular ring finger; ~ del mig middle finger; ~ gros thumb; ~ índex forefinger, index finger; ~ auricular little finger. **-3.** [del peu] toe; ~ gros / petit big / little toe. **-4.** posar-se els ~s al nas to pick one's nose; fer petar els ~s to crack one's knuckles; sense moure un ~ without (so much as) lifting a finger.

dit -a [ˈdit -ə] *pp* → **dir** o millor ~ or rather; ~ i fet no sooner said than done; aviat és ~! there's many a slip twixt (the) cup and (the) lip. ◆ **dita** *nf* saying, proverb.

DIU [ˈdiw] *nm* (abrev de dispositiu intrauterí) IUD.

diumenge [diwˈmɛnʒə] *nm* Sunday; Diumenge de Rams Palm Sunday; Diumenge de Resurrecció / de Pasqua Easter Sunday; → **dissabte**.

diürètic -a [diuˈrɛtik -ə] *adj* diuretic. ◆ **diürètic** *nm* diuretic.

diürn -a [diˈurn -ə] *adj* daytime, diurnal.

divagar [diβəˈɣa] *vi* **-1.** to digress. **-2.** [desviar-se] to be / get sidetracked; ~ sobre to lose o.s. in. **-3.** [deambular] wander.

divan [diˈβan] *nm* divan, couch.

divendres [diˈβɛndrəs] *nm inv* Friday; → **dissabte**. ◆ **Divendres Sant** *nm* Good Friday.

divergència [diβərˈʒɛnsiə] *nf lit & fig* divergence, difference of opinion.

divergir [diβərˈʒi] *vi lit & fig* to diverge, to differ.

divers -a [diˈβɛrs -ə] *adj* **-1.** [diferent] different; [variat] several, various *pl*. **-2.** [uns quants] some.

diversificar [diβərsifiˈka] *vt* to diversify. ◆ **diversificar-se** *vp* to diversify.

diversió [diβərsiˈo] *nf* diversification.

diversitat [diβərsiˈtat] *nf* diversity.

divertir [diβərˈti] *vt* to entertain, to amuse. ◆ **divertir-se** *vp* to enjoy o.s.; [amb passatems] to amuse o.s.

divertit -ida [diβərˈtit -iðə] ◇ *adj* **-1.** entertaining, funny. **-2.** [graciós] funny. ◇ *nm, f* wit, amusing person.

diví -ina [diˈβi -inə] *adj* **-1.** [de déus] divine. **-2.** *fig* [excel·lent] wonderful; [gust, àpat] exquisite.

dividend [diβiˈðen] *nm* FIN & MAT dividend; ~ a compte interim dividend.

dividir [diβiˈði] *vt* **-1.** [gen & MAT] to divide. **-2.** [trossejar] to share out. **-3.** [repartir] to divide between / among.

divinitat [diβiniˈtat] *nf* divinity, deity.

divisa [diˈβizə] *nf* **-1.** [moneda estrangera] foreign currency; ~ convertible convertible currency. **-2.** [distintiu] emblem.

divisió [diβiziˈo] *nf* **-1.** [gen, MIL & ESPORT] division; ~ del treball division of labour. **-2.** *fig* [d'opinió] discord; hi va haver ~ d'opinions there was a difference of opinions.

divisor [diβiˈzo] *nm* MAT divisor; màxim comú ~ highest common factor.

divo -a [ˈdiβo -ə] *nm, f* MÚS star, prima donna *f*, diva *f*.

divorci [diˈβɔrsi] *nm lit & fig* divorce.

divorciar [diβursiˈa] *vt* **-1.** [persones] to divorce. **-2.** *fig* [coses] to separate. ◆ **divorciar-se** *vp* to get divorced.

divorciat -ada [diβursiˈat -aðə] *adj & nm, f* divorced, divorced person.

divuit [diˈβujt] *adj num inv & nm inv* eighteen; **el segle ~** the eighteenth century; ☞ **sis**.

divuitè -ena [diβujˈtɛ -ɛnə] *adj num & nm, f* eighteenth; ☞ **sisè**.

divulgació [diβulɣəsiˈo] *nf* **-1.** [de notícia, secret] disclosure, divulgation. **-2.** [de cultura, ciència] popularization.

divulgar [diβulˈɣa] *vt* **-1.** [difondre - notícia, secret] to divulge, to disclose; [- rumor] to spread. **-2.** [cultura, ciència] to popularize.

dm (abrev de **decímetre**) dm.

DNI *nm* (abrev de **document nacional d'identitat**) ID card.

do [ˈdɔ] *nm* **-1.** [habilitat] to have a knack / gift for; **tenir ~ de llengües** to have a gift for languages; **tenir el ~ dels negocis** to have the knack for business; **tenir ~ de gents** to be good with people. **-2.** MÚS C, doh; *fam* **fig fer el ~ de pit** to do one's best. **-3.** [regal] present.

doblar [duˈββla] *vt* **-1.** [gen, NÀUT & CIN] to double, to round, to dub. **-2.** [plegar] to fold.

doblat -ada [duˈββlat -aðə] *adj* [veu, pel·lícula] dubbed.

doblatge [duˈββladʒə] *nm* dubbing.

doble [ˈdɔbblə] ◇ *adj* **-1.** [gen] double; **de ~ sentit** with a double meaning. **-2.** [quantitat] **té ~ nombre d'habitants** it has double / twice the number of inhabitants; **~ d'ample que...** twice as wide as. ◇ *adv* double; **veure-hi ~** to see double; **treballar ~** to work twice as hard. ◇ *nm* [còpia] duplicate; **guanya el ~ que jo** she earns double what I do. ◇ *nmf* **-1.** [persona] double. **-2.** CIN double. ☞ **dobles** *nm inv* [en tennis] doubles.

doblec [duˈββlɛk] *nm* [plec] fold, crease.

doblegar [dubbləˈɣa] *vt* **-1.** [tòrcer] to bend. **-2.** [sotmetre] to give in (to sb). ☞ **doblegar-se** *vp* [sotmetre's] to give in, to yield (to); **~-se a / davant alguna cosa** to give in to sthg; [a una petició] to yield to a request.

docència [duˈsɛnsiə] *nf* teaching.

docent [duˈsen] ◇ *adj* [personal] teaching; [centre] teaching, educational. ◇ *nmf* teacher.

dòcil [ˈdɔsil] *adj* [mans] mild, docile; [nen] obedient.

docte -a [ˈdɔktə -ə] ◇ *adj* learned. ◇ *nm, f* scholar.

doctor -a [dukˈto -orə] *nm, f* doctor; [en dret, medicina] **~ en** doctor of; [en ciències, lletres] doctor; someone with a PhD.

doctorar [duktuˈra] *vt*: **~ algú** to confer a doctorate on sb. ☞ **doctorar-se** *vp*: **~-se (en)** to take a doctorate (in).

doctrina [dukˈtrinə] *nf* doctrine.

document [dukuˈmen] *nm* **-1.** [escrit] document; **~ nacional d'identitat** ID card. **-2.** [testimoni] record.

documentació [dukuməntəsiˈo] *nf* **-1.** [en arxius] documentation. **-2.** [identificació personal] papers *pl*.

documental [dukumənˈtal] *adj & nm* documentary.

documentar [dukumənˈta] *vt* **-1.** [evidenciar] to document; [petició] to provide evidence for, to back up. **-2.** [informar] to brief. ☞ **documentar-se** *vp* to do research.

documentat -ada [dukumənˈtat -aðə] *adj* **-1.** [informat] researched, informed. **-2.** [amb papers a sobre]: **anar ~** having identification.

dofí [duˈfi] *nm* dolfin.

dogma [ˈdɔgmə] *nm* dogma.

dogmàtic -a [dugˈmatik -ə] *adj* dogmatic.

dojo [ˈdɔʒu] ☞ **a dojo** *loc adv* [en abundància] profusely, in plenty; [a plena satisfacció] to our full satisfaction.

dol [ˈdɔl] *nm* [sentiment] grief, sorrow; **vestir de ~** to dress in mourning; **mig ~** half mourning.

dòlar [ˈdɔlər] *nm* dollar.

dolç -a [ˈdɔls -ə] *adj* sweet; [amb sucre] sugary, sugared. ☞ **dolç** *nm* [pastís] sweet; [caramel] sweet *Br*, candy *Am*. ☞ **dolços** *nm pl* sweets *pl Br*, candies *Am*.

dolçor [dulˈso] *nf* sweetness, gentleness.

doldre [ˈdɔldrə] *vi* [moralment] to upset, to grieve, to hurt; **em dol veure't plorar** it upsets me to see you cry; **és allà on li dol** that's where it hurts him. ☞ **doldre's** *vp* [queixar-se]: **~'s de / per** to complain of / about; [penedir-se] to regret; [afligir-se] to grieve (about).

dolent -a [duˈlen -entə] ◇ *adj* **-1.** [gen] bad, naughty; **un menjar ~** a bad meal; **un resultat ~** an unfavourable result. **-2.** [maliciós] wicked; **ser ~ amb algú** to be unpleasant to sb. **-3.** *fam* [entremaliat] naughty. ◇ *nm, f* [de pel·lícula, etc.] villain, baddie.

doll ['doʎ] *nm* [d'aigua] earthenware jug with spout and handle.

dolmen ['dɔlmən] *nm* dolmen.

dolor [du'lo] *nm* **-1.** [gen] pain. **-2.** [pena] grief, sorrow.

dolorós -osa [dulu'ros -ozə] *adj* painful.

domador -a [dumə'ðo -orə] *nm, f* trainer, tamer.

domar [du'ma] *vt* **-1.** [feres, passions] to tame. **-2.** [persona, animal] to control.

domèstic -a [du'mɛstik -ə] *adj* **-1.** [de casa] domestic, house (*abans de nom*). **-2.** [animal] pet.

domesticar [dumǝsti'ka] *vt* **-1.** [animal] to tame, to domesticate. **-2.** [persona] to domesticate.

domicili [dumi'sili] *nm* home, residence; **a ~** at home; **~ fiscal** registered office; **~ social** head office.

domiciliació [dumisiliəsi'o] *nf*: **~ bancària** standing order, direct debit.

domiciliar [dumisili'a] *vt* [pagament] to pay by direct debit / standing order.

dominant [dumi'nan] ◇ *adj* dominating; [persona] domineering. ◇ *nf* predominant feature.

dominar [dumi'na] *vt* **-1.** to dominate; [conèixer, controlar] to master, to have a good command of. **-2.** [sotmetre] to overpower, to control; **no et deixis ~** don't let yourself be controlled. ◆ **dominar-se** *vp* [contenir-se] to control o.s.

domini [du'mini] *nm* **-1.** [control] control, power; **el ~ dels Àustries** the domain of the Austrian Empire. **-2.** [autoritat] authority, power; **el ~ de l'Església** the power of the Church. **-3.** [territori, àmbit] domain, realm. **-4.** [coneixement] mastery, command. **-5.** **ésser del ~ públic** to be public knowledge. ❖ **dominis** *nm pl* territories *pl*.

dominical [domini'kal] *adj* Sunday (*abans de nom*).

dominó [domi'no] , **dòmino** ['dɔminu] *nm* **-1.** [joc] dominoes *pl*. **-2.** [fitxa] domino.

dona ['dɔnə] *nf* woman; **~ de fer feines** cleaning lady; **~ de casa seva / de sa casa** housewife; **~ fatal** femme fatale; **~ pública** prostitute.

donació [dunəsi'o] *nf* **-1.** donation. **-2.** DR gift.

donant [du'nan] *nmf* [gen] donor; **~ de sang** blood donor.

donar [du'na] ◇ *vi* **-1.** [repartir - en cartes] to deal. **-2.** [colpejar] to strike; **la pedra ha donat contra el vidre** the stone hit the window. **-3.** [assestar]: **~ un cop amb alguna cosa** to deal a blow with sthg; [amb escopeta, bitlla] **li ha donat a la primera** he hit it with the first shot. **-4.** [estar orientat] to look out onto, to overlook; [- finestra, balcó] **~ a** to give on(to); [- façana, casa] to face. **-5.** [proporcionar]: **~ de** (+ *infinitiu*) provide (with); **~ de menjar a algú** to give sb sthg to eat; **li dóna de mamar al seu fill** she breast-feeds her baby son. **-6.** [prendre costum]: **li ha donat per deixar-se la barba** he's got it into his head to grow a beard. **-7.** [ésser suficient]: **~ per a** to be enough for; **aquesta roba no dóna per a una faldilla** this piece of fabric isn't enough to make a skirt with. **-8.** [persona, animal]: **no dóna més de si** he isn't up to much; **aquesta targeta de telèfon no dóna per a més** this phone card is used up; **no dono per a més** I'm exhausted. ◇ *vt* **-1.** [gen]: **~ alguna cosa a algú** to give sb sthg; **dóna'm un caramel** give me a sweet; **em va ~ un consell / permís per a...** he gave me some advice / permission to; **podries ~-me'n un exemple?** could you give me an example?; **t'agrada?, te'l dono** do you like it? I'll give it to you; **aquesta font ja no dóna aigua** this fountain has dried up. **-2.** [cartes]: **~ cartes** to deal (the) cards. **-3.** [produir - beneficis, interessos] to yield. **-4.** [expressa acció] to give; **~ una empenta a algú** to push sb on. **-5.** [subministrar] to provide, to turn / switch on; **encara no ens han donat la llum / l'aigua** they still haven't turned on the electricity / water. **-6.** [dir]: **~ el bon dia** to greet, to say hello; **~ les gràcies** to thank. **-7.** [considerar]: **~ alguna cosa per** to consider sthg as; **ho dono per fet** I take it as read; **el van ~ per mort** they gave him up for dead. **-8.** *fig*: **~ per perdut** to give up for lost. ❖ **donar-se** *vp* **-1.** [roba] to give, to stretch; [calçat] to give. **-2.** [ocórrer] to occur, to happen; **s'ha donat el cas que...** what has happened is that... **-3.** [lliurar-se]: **~-se a la beguda** to take to drink. **-4.** [colpejar-se]: **~-se contra** to bump into; **s'ha donat un munt de cops** he kept hitting himself. **-5.** [considerar-se]: **pots ~-te per suspès** you can consider yourself as having failed the course.

donatiu [dunə'tiw] *nm* contribution, donation.

doncs ['doŋs] *conj* [per tant] so, then, well; **jo penso, ~ jo sóc** I think therefore I am.

dopar [du'pa] *vt* to dope. **dopar-se** *vp* to take drugs.

dopat -ada [du'pat -aðə] *adj* doped, drugged.

dopatge [du'padʒə] *nm* doping.

dorment [dur'men] *adj* sleeping; **la Bella Dorment** Sleeping Beauty.

dormilega [durmi'leɣə] ◇ *adj* sleepy; **és un nen ~** he's a sleepyheaded boy. ◇ *nm, f* [persona] sleepyhead.

dormir [dur'mi] ◇ *vi* to sleep; *fam* [copular] **~ junts** to sleep together. ◇ *vt* to put to bed.

dormisquejar [durmiskə'ʒa] *vi* to doze, to snooze.

dormitori [durmi'tɔɾi] *nm* bedroom; [de col·legi] school dormitory.

dors ['dɔɾs] *nm* back; **vegeu al ~** see overleaf.

dorsal [dur'sal] ◇ *adj* dorsal. ◇ *nm* ESPORT number (on player's back).

dos dues ['dos 'duəs] *adj num & nm, f* two; **de ~ en ~** in twos; **cada ~ per tres** every five seconds, continually; **en un ~ per tres** in no time at all; **tocar el ~** to clear off, to hop it; ➤ **sis**.

dos-cents   dues-centes [ˌdo'sens ˌduə'sentəs] *adj num inv & nm, f* two hundred; ➤ **sis**.

dosi ['dɔzi] *nf lit & fig* dose, dosage, amount.

dosificar [duzifi'ka] *vt* **-1.** [gen & QUÍM] to measure out. **-2.** *fig* [paraules] to use sparingly.

dosser [du'se] *nm* [de tron, llit] canopy.

dossier [dusi'e] *nm* dossier.

dot ['dɔt] *nm* [en casament] dowry. **dots** *nm pl* [dons] qualities, gifts; **tenir ~s de** to have a talent for.

dotació [dutəsi'o] *nf* **-1.** [gen] endowment. **-2.** [plantilla] staff, personnel.

dotar [du'ta] *vt* **-1.** [gen] to endow, to give a dowry to; [de material] **~ alguna cosa de** to supply / provide with; [persones] to endow, to provide funds / money. **-2.** *fig* [subj: natura]: **~ algú de** endow sb / sthg with.

dotze ['dodzə] *adj num inv & nm inv* twelve; [del matí] **les ~** noon; [de la nit] midnight; ➤ **sis**.

dotzè -ena [du'dzɛ -ɛnə] *adj num & nm, f* twelfth; **dotzena part** a twelfth; ➤ **sisè**. **dotzena** *nf* dozen; [dotze a dotze] **per dotzenes** by the dozen; [en quantitat] (in) dozens.

Dr. (abrev de doctor) Dr.

Dra. (abrev de doctora) Dr.

drac ['drak] *nm* dragon.

draga ['draɣə] *nf* dredge, dredger.

dragamines [ˌdraɣə'minəs] *nm inv* minesweeper.

dragar [drə'ɣa] *vt* to dredge.

dragea [drə'ʒea] *nf* sugar-coated pill.

drama ['dramə] *nm* drama; *fig* **fer un ~** to make a scene.

dramàtic -a [drə'matik -ə] *adj lit & fig* dramatic.

dramatitzar [drəməti'dza] *vt* to dramatize.

dramaturg -a [drəmə'turk -urɣə] *nm, f* playwright, dramatist.

drap ['drap] *nm* **-1.** [gen]: **~ de cuina** cloth, tea towel. **-2.** [tela] rag. **-3.** cloth, fabric, material; *fig* **deixar algú com un ~ brut** [criticar] to shower abuse on sb.

drapaire [drə'pajɾə] ◇ *nmf* rag-and-bone man, ragman. ◇ *nm*: **anar a cal ~** to go to the rag-and-bone man's.

drassana [drə'sanə] *nf* shipyard.

dràstic -a ['drastik -ə] *adj* **-1.** [efecte, canvi] drastic. **-2.** [mesura] draconian, drastic.

dreçar [drə'sa] *vt* [aixecar] to straighten, to raise, to build.

drecera [drə'seɾə] *nf* [camí, mitjà] shortcut.

drenar [drə'na] *vt* to drain.

dret -a ['drɛt -ə] ◇ *adj* **-1.** right, straight, direct, upright; **a la fila ~a** in the right-hand row (of seats, etc). **-2. portava el cap ben ~** he held his head high. ◇ *adv* straight on / ahead; **anar ~** to go straight (ahead); **me'n vaig anar de ~ al llit** I went straight to bed; **anar ~ al gra** to get straight to the point. **dret** *nm* **-1.** [gen & DR] law; **no hi ha ~!** it's not fair!; **es reserva el ~ d'admissió** the management reserves the right of admission; **tenir ~ a alguna cosa** to have a right to sthg; **tenir el ~ de fer alguna cosa** to have the right to do sthg; **~ administratiu / canònic** administrative / mercantile law, canon / tax law; **~ civil / penal** civil / criminal law; ECON **~ de retenció** right of retention; **~ fiscal / mercantil** tax / mercantile law; **~s civils** civil rights; **~s humans** human rights; *fig* **reservar-se el ~ a picar de peus** to have the right to complain. **-2.** [de tela, roba] right side; **del ~** right side out. **dreta** *nf* right; **a la dreta** on the right; **ser de dretes** to be right-wing. **drets** *nm*

dretà *pl* [taxes] duties, taxes; **~s de duana** customs duties; **~s d'autor** copyright; **~s reals** death duty.

dretà -ana [drəˈta -anə] ◇ *adj* POLÍT right-wing. ◇ *nm, f* right-winger; **els dretans** the right-wingers.

driblar [driˈbblə] *vt* to dribble.

droga [ˈdrɔɣə] *nf* drugs *pl*; **~ tova / dura** hard / soft drugs.

drogar [druˈɣa] *vt* to drug. ⇒ **drogar-se** *vp* to take drugs.

drogoaddicte -a [ˌdrɔɣuəˈddiktə] ◇ *adj* addicted (to drugs). ◇ *nm, f* drug addict.

drogueria [druɣəˈriə] *nf* ≈ dry goods store; shop selling paint, cleaning materials, etc.

dromedari [druməˈðari] *nm* dromedary.

dropejar [drupəˈʒa] *vi fam* to idle, to loaf around.

dropo -a [ˈdrɔpu -ə] *nm, f fam* idler, dropout, layabout.

dual [duˈal] *adj* dual.

dualitat [duəliˈtat] *nf* dualilty.

duana [duˈanə] *nf* customs *s / pl*, customs house.

dubtar [dupˈta] ◇ *vi* **–1.** [desconfiar] to doubt; **~ d'algú** to doubt sb; **no cal ~-ne** there is no need to doubt it. **–2.** [no estar segur] to be unsure; **~ sobre** to have one's doubts about. **–3.** [vacil·lar] to hesitate. ◇ *vt*: **dubto que vingui** I doubt that she'll come; **ho dubto** I doubt it.

dubte [ˈduptə] *nm* doubt; **posar alguna cosa en ~** to call sthg into question; **treure algú de ~ / ~s** to remove sb's doubts; **sortir de ~s** to set one's mind at rest; **sens ~** without doubt; **tenir els seus ~s** to have one's doubts.

dubtós -osa [dupˈtos -ozə] *adj* **–1.** [improbable] doubtful; **és ~ que...** it is doubtful whether. **–2.** [vacil·lant] hesitant, indecisive. **–3.** [sospitós] questionable, suspect.

duc duquessa [duk duˈkesə] *nm, f* duke *m*, duchess *f*.

ducat [duˈkat] *nm* **–1.** [terres] duchy. **–2.** [moneda] ducat.

duel [duˈel] *nm* [combat] duel.

duet [duˈet] *nm* duet.

duna [ˈdunə] *nf* dune.

duo [ˈduo] *nm* duo, duet; **a ~** together.

duodè [duuˈðe] *nm* duodenum.

dúplex [ˈdupləks] *nm inv* duplex.

duplicar [dupliˈka] *vt* **–1.** [quantitat] to double, to duplicate. **–2.** [document] to duplicate. ⇒ **duplicar-se** *vp* to double; **s'ha duplicat el preu** the price has doubled.

duplicat -ada [dupliˈkat -aðə] *adj* [document] in duplicate. ⇒ **duplicat** *nm*: **per ~** (in) duplicate.

dur¹ [ˈdu] *vt* ➡ **portar**.

dur² -a [ˈdu ˈdurə] *adj* hard.

durada [duˈraðə] *nf* duration.

durador -a [duraˈðo -orə] *adj* lasting.

durant [duˈran] *prep* during; **~ les vacances** during the holidays; **~ tota la setmana** all week.

durar [duˈra] *vi* to last; [restar, subsistir] to remain, to stay.

duresa [duˈrezə] *nf* [gen] hardness / harshness.

durícia [duˈrisiə] *nf* [callositat] hard patch, callosity, callus.

duro [ˈduru] *nm* **–1.** [moneda] five-peseta coin; **un ~** a five-peseta coin. **–2.** **el que faltava pel ~!** that's all we need!

dutxa [ˈdutʃə] *nf* shower; **prendre una ~** to have / take a shower; *fam fig* **per mi ha estat com una ~ d'aigua freda** it was like a bucket of cold water.

dutxar [duˈtʃa] *vt* to shower. ⇒ **dutxar-se** *vp* to have a shower.

e, E [ˈɛ] *nf* [lletra] e, E.

eben [ˈɛβən] *nm* [fusta] ebony.

ebenista [əβəˈnistə] *nmf* cabinet-maker.

ebenisteria [əβənistəˈriə] *nf* [ofici] cabinet-making.

Ebre [ˈɛβrə] *nm*: **l'~** the (River) Ebro.

ebri èbria [ˈɛβri ˈɛβriə] *adj lit & fig* drunk.

ebullició [əβuʎisiˈo] *nf* boiling.

eburni -úrnia [əˈβurni -urniə] *adj* ivory.

eclesiàstic -a [əkləziˈastik -ə] *adj* ecclesiastical. ⇒ **eclesiàstic** *nm* clergyman.

eclipsar [əklipˈsa] *vt* **–1.** [subj: astre] to eclipse. **–2.** *fig* to overshadow.

eclipsi [əˈklipsi] *nm* eclipse.

eco [ˈɛku] *nm* echo. ⇒ **eco del radar** *nm* radar.

ecografia [ˌɛkuɣɾəˈfiə] *nf* ultrasound scan.
ecologia [əkuluˈʒiə] *nf* ecology.
ecològic -a [əkuˈlɔʒik -ə] *adj* ecological.
ecologista [əkuluˈʒistə] *adj & nmf* ecologist.
economia [əkunuˈmiə] *nf* economy; ~ de (lliure) mercat free-market economy; ~ doméstica / familiar housekeeping; ~ mixta mixed economy; ~ planificada planned economy; ~ política political economy; ~ submergida black market economy.
econòmic -a [əkuˈnɔmik -ə] *adj* **-1.** [gen] economic; se serveixen menjars ~s cheap meals are served. **-2.** [persona] thrifty. ◆ **econòmiques** *nf pl* [estudis] economics (U).
economista [əkunuˈmistə] *nmf* economist.
economitzar [əkunuˈmistə] *vt lit & fig* to economize.
ecosistema [ˌəkusisˈtemə] *nmf* ecosystem.
ecotaxa [əkuˈtaksə] *nf* ecotax.
ecoturisme [əkutuˈɾizmə] *nm* ecotourism.
èczema [ˈɛɡzəmə] *nm* eczema.
ed. -1. (abrev d'editor) ed. **-2.** (abrev d'edició) edition. **-3.** (abrev d'editorial) publisher.
edat [əˈðat] *nf* age; quina ~ tens? how old are you?; una persona d'~ an elderly person; ~ de la raó the Age of Reason; ~ de la poca-solta the awkward age; ~ escolar school age; ~ de pedra the Stone Age; ~ mitjana the Middle Ages; tercera ~ senior citizen; estar en ~ de to be of an age to.
edelweiss [ˌəðəlˈvajs] *nm inv* edelweiss.
edèn [əˈðɛn] *nm lit & fig* paradise, Eden.
edició [əðisiˈo] *nf* edition; ~ crítica critical edition; ~ de butxaca pocket edition; ~ extraordinària special edition; ~ pirata pirated edition.
edicte [əˈðiktə] *nm* edict.
edificació [əðifikəsiˈo] *nf* building.
edificant [əðifiˈkan] *adj* exemplary, edifying.
edificar [əðifiˈka] *vt* **-1.** [construir] to build. **-2.** [alliçonar] to edify, to improve.
edifici [əðiˈfisi] *nm* [bloc] building; ~ intel·ligent intelligent building.
editar [əðiˈta] *vt* to publish; [disc] to release.
editor -a [əðiˈto -oɾə] ◇ *adj* publishing (abans de nom). ◇ *nm, f* **-1.** [de publicació, disc] publisher. **-2.** [de programa de ràdio, televisió] editor. ◆ **editor** *nm* INFORM editor.
editorial [əðituɾiˈal] ◇ *adj* publishing. ◇ *nm* editorial, leader. ◇ *nf* publisher, publishing house.
edredó [əðɾəˈðo] *nm* eiderdown; ~ (nòrdic) Scandinavian eiderdown, duvet.
educació [əðukəsiˈo] *nf* education; va rebre una bona ~ en aquella escola she received a good education in that school; quina poca ~! how rude!; ~ especial special education / school; ~ física physical education; ~ sexual sex education.
educador -a [əðukəˈðo -oɾə] *nm, f* teacher.
educar [əðuˈka] *vt* to educate; [criar] to bring up.
educat -ada [əðuˈkat -aðə] *adj* educated, polite. ◆ **mal educat -ada** *adj & nm, f* ill-mannered.
edulcorar [əðulkuˈɾa] *vt* to sweeten.
efecte [əˈfektə] *nm* **-1.** [gen] effect; fer ~ to have the desired effect, to work; tenir ~ to take effect; COM ~ de comerç commercial paper; COM ~ de favor accommodation bill; ~ hivernacle greenhouse effect; ~ òptic optical illusion; ~s especials special effects; ~s secundaris side effects; ~s visuals visual effects. **-2.** [artifici] impression. **-3.** [finalitat] aim, purpose; a l'~ de with the aim of. ◆ **efectes personals** *nm pl* personal possessions / effects. ◆ **en efecte** *loc adv* indeed, in fact.
efectiu -iva [əfəkˈtiw -iβə] *adj* **-1.** [eficaç] effective. **-2.** [real] actual, true. **-3.** [promesa, amenaça, pla]: fer ~ to carry out; [somni, desig] to make sthg come true; [diners, crèdit] to cash. ◆ **efectiu** *nm* [diners] cash; no tinc ~ I am out of cash; en ~ in cash. ◆ **efectius** *nm pl* forces, troops.
efectivitat [əfəktiβiˈtat] *nf* effectiveness.
efectuar [əfəkˈtua] *vt* to effect, to carry out. ◆ **efectuar-se** *vp* to take place.
efemèride [əfəˈmɛɾiðə] *nf* [succés notable] major event, anniversary. ◆ **efemèrides** *nf pl* [notes, llibre d'esdeveniments] list of the day's anniversaries published in a newspaper.
efeminar-se [əfəmiˈnarsə] *vp* to become effeminate.
efervescència [əfərβəˈsɛnsiə] *nf lit & fig* effervescence.
eficaç [əfiˈkas] *adj* effective, efficient.
eficàcia [əfiˈkasiə] *nf* efficiency.
eficiència [əfisiˈɛnsiə] *nf* efficiency.
eficient [əfisiˈen] *adj* efficient.

efímer -a [əˈfimər -ərə] *adj* ephemeral.
efusió [əfuziˈo] *nf* warmth, effusiveness.
efusiu -iva [əfuˈziw -iβə] *adj* effusive.
egipci -ípcia [əˈʒipsi -ipsiə] ◇ *adj* Egyptian. ◇ *nm, f* Egyptian.
Egipte [əˈʒiptə] Egypt; **l'~ antic** ancient Egypt.
ègloga [ˈɛɣluɣə] *nf* eclogue.
egocèntric -a [əɣuˈsɛntɾik -ə] *adj & nm, f* egocentric.
egoisme [əɣuˈizmə] *nm* selfishness, egoism.
egoista [əɣuˈistə] ◇ *adj* egotistic. ◇ *nmf* egoist, selfish person.
egòlatra [əˈɣɔlətɾə] *adj* egotistical.
egua [ˈeɣwə], **euga** [ˈewɣə] *nf* mare.
eh! [ˈɛ] *interj* hey!
ehem! [əˈxem] *interj* ahem!
eina [ˈejnə] *nf* tool.
eix [ˈeʃ] *nm* [gen] axis; [de cotxe] axle.
eixam [əˈʃam] *nm* **-1.** [d'abelles] swarm. **-2.** *fig* [de persones] crowd.
eixamplar [əʃəmˈpla] *vt* [ampliar] to widen.
eixample [əˈʃamplə] *nm* **-1.** [de carrer, etc.] extension, widening. **-2.** [en la ciutat] suburban development.
eixelebrat -ada [əʃələˈβɾat -aðə] *nm, f* [excitat] scatterbrained, reckless.
eixerit -ida [əʃəˈɾit -iðə] *adj* **-1.** clever. **-2.** lively. **-3.** *fam* smart.
eixir [əˈʃi] *vi* ➨ **sortir**.
eixordador -a [əʃurðəˈðo -oɾə] *adj* deafening; **una veu ~a** an ear-splitting voice.
eixordar [əʃurˈða] *vt* [subj: so] to deafen.
eixugamà [ə‚ʃuɣəˈma] *nm* hand-towel.
eixugaparabrises [ə‚ʃuɣəˌpaɾəˈβɾizəs] *nm inv* windscreen wiper *Br*, windshield wiper *Am*.
eixugar [əʃuˈɣa] *vt* **-1.** [llàgrimes] to wipe (away), to dry up. **-2.** *fig* [deutes, dèficit] to absorb.
eixut -a [əˈʃut -ə] *adj* [prim] thin, skinny.
ejaculació [əʒəkuləsiˈo] *nf* ejaculation; **~ precoç** premature ejaculation.
ejacular [əʒəkuˈla] *vi* to ejaculate.
el¹ la [əl lə] (*mpl* **els**, *fpl* **les**) *art* el + vocal = **l'**; la + vocal = **l'**, llevat de *i* o *u* àtones **-1.** [gen] the; **~ llibre / la casa** the book, the house; **l'amor / la vida** love / life; **l'aigua / la destral / l'àguila** water / hatchet / eagle; **~s nens imiten ~s adults** children imitate adults; **~ Sena / l'Everest** the (River) Seine / (Mount) Everest; **ara amb tots vosaltres, l'inigualable Ferrer!** and now, ladies and gentlemen, the one and only Ferrer!; **prefereixo ~ gran** I prefer the large one. **-2.** [indica pertinença]: **s'ha trencat la cama** he has broken his leg; **s'ha tret les sabates** she's taken off her shoes. **-3.** (*amb complement de nom, especificatiu i possessiu*): **~ de** the one; **he perdut ~ tren, agafaré ~ de les dotze** I've missed the train, I'll get the twelve o'clock one; **~ meu germà i ~ d'en Guillem** my brother and Guillem's. ➨ **el que, el qui** ◇ *art* (*abans de frase*) [subjecte]: **~ qui** the one, whichever, whoever; [complement] the one, whichever, whoever; **~ qui arribi primer...** the one who / whoever gets there first; **agafa ~ que vulguis** take the / whichever one you want. ◇ *loc conj*: **vaig acceptar ~ que em van oferir** I accepted the one / what they offered me.
el² la [əl lə] (**l'** davant de verb començat en vocal o h; **la** darrere de verb acabat en vocal que no sigui *u* semivocal; **lo** (masculí) darrere de verb acabat en consonant o en *u* semivocal) *pron pers* (*complement directe*) [persona, cosa] him, her / you / it; [fórmula de cortesia]; **no ~ / la conec** I don't know him / her; **l'estima** he / she loves her / him; **les vaig veure** I saw them; **la invito a la meva festa** I'm inviting her to my party; **canvieu-lo** change it; **agafi'l per la mà** take him by the hand.
elaborar [ələβuˈɾa] *vt* **-1.** [gen] to manufacture, to produce. **-2.** [confeccionar] to prepare, to make.
elàstic -a [əˈlastik -ə] *adj lit & fig* elastic, flexible. ➨ **elàstic** *nm* elastic. ➨ **elàstics** *nm pl* braces.
elasticitat [ələstisiˈtat] *nf* **-1.** [de múscul, teixit] elasticity. **-2.** [en esport, en el caràcter] flexibility.
elecció [ələksiˈo] *nf* **-1.** [nomenament] election, choice. **-2.** [opció] choice. ➨ **eleccions** *nf pl*: **eleccions autonòmiques** elections to the regional parliament; **eleccions generals** general elections; **eleccions municipals** local elections.
electe -a [əˈlɛktə] *adj* elect.
elector -a [ələkˈto -oɾə] *nm, f* elector, voter.
electorat [ələktuˈɾat] *nm* electorate.
elèctric -a [əˈlɛktɾik -ə] *adj* electric.
electricista [ələktɾiˈsistə] ◇ *adj* electrical; **un enginyer ~** an electrical engineer. ◇ *nmf* electrician.
electricitat [ələktɾisiˈtat] *nf* electricity.
electrificar [ələktɾifiˈka] *vt* to electrify.

electritzar [ələktɾi'dza] *vt lit & fig* to electrify.

electró [ələk'tɾo] *nm* electron.

electrocutar [ələktɾuku'ta] *vt* to electrocute. ◆ **electrocutar-se** *vp* to electrocute o.s.

electrodomèstic [ə,lektɾuðu'mestik] *nm* electrical household appliance; **els ~s** the appliances.

electrònic -a [ələk'tɾɔnik -ə] *adj* electronic; **un feix ~** an electron group. ◆

electrònica *nf* electronics (U).

elefant [ələ'fan] *nm* elephant. ◆ **elefant marí** *nm* sea cow, walrus.

elegància [ələ'ɣansiə] *nf* elegance.

elegant [ələ'ɣan] *adj* elegant.

elegir [ələ'ʒi] *vt* **-1.** [escollir] to choose. **-2.** [per votació] to elect.

element [ələ'men] *nm* **-1.** [gen] element; *fig* **estar / trobar-se algú en el seu ~** to find o.s. in one's element. **-2.** *fam* [persona]: **quin ~!** what an individual! ◆ **elements** *nm pl* **-1.** [forces naturals] the elements. **-2.** [nocions] rudiments.

elemental [ələmən'tal] *adj* **-1.** [bàsic] elemental. **-2.** [obvi] obvious.

elenc [ə'leŋ] *nm* **-1.** [d'artistes - conjunt] troupe. **-2.** TECNOL [aparells]: **d'~** lifting.

elevació [ələβəsi'o] *nf* **-1.** [gen] elevation, rise. **-2.** TECNOL [aparells]: **d'~** lifting.

elevador -a [ələβə'ðo -oɾə] *adj* lifting, elevator (*abans de nom*). ◆ **elevador** *nm* [gen] hoist, lift *Br*, elevator *Am*.

elevar [ələ'βa] *vt* **-1.** [gen] to raise, to lift; **~ al quadrat / al cub** to square / to cube. ◆ **elevar-se** *vp* [preu, compte] to rise; **~-se a** to reach, to come to.

elevat -ada [ələ'βat -aðə] *adj* **-1.** [alt] high, lofty. **-2.** *fig* [sublim] lofty.

elidir [əli'ði] *vt* to elide.

eliminar [əlimi'na] *vt* to eliminate.

elit [ə'lit] *nf* elite.

elitista [əli'tistə] *adj & nmf* elitist.

elixir [əlik'sir] *nm lit & fig* elixir.

ell ella ['eʎ 'eʎə] *pron pers* [subjecte] he, she; [predicat i complement] him, her; **~ es diu Guillem** his name's Guillem; **el culpable és ~** he is the guilty one; **digues-ho a ~ / ella** tell him / her; **vaig amb ella** I'm going with her; **li vaig parlar d'~ / ella** I talked to him / her about him / her; [possessiu] **d'~ /d'ella** his / hers.

el·lipse [ə'ʎlipsə] *nf* GEOM ellipse.

ells elles ['eʎs 'eʎəs] *pron pers* **-1.** [subjecte] they; [predicat i complement] them; **~ es diuen**

Guillem i Martí they're called Guillem and Martí; **els culpables són ~** they are the guilty ones; **digues-ho a ~** tell it to them; **vaig amb elles** I'm going with them; **li vaig parlar d'~ /** I told him / her about them; [possessiu] **d'~ / d'elles** theirs.

elm ['elm] *nm* helmet.

elogi [ə'lɔʒi] *nm* praise, eulogy.

elogiar [əluʒi'a] *vt*: **~ alguna cosa / algú** to praise sthg / sb.

eloqüència [əlu'kwensiə] *nf* eloquence.

eloqüent [əlu'kwen] *adj* eloquent.

el Quixot [əl ki'ʃɔt] *nm* Don Quixote.

els [əls] *('ls darrere de verb acabat en vocal que no sigui u semivocal; los darrere de verb acabat en consonant o u semivocal) pron pers (complement indirecte)* [a ells, elles] them; [a vostès] you; **~ he enviat un regal** I've sent you / them a gift; **~ he dit tot el que sé** I told you / them what I know; **feu-los entrar** tell them to come in.

elucubració [əlukuβɾəsi'o] *nf* reflection.

elucubrar [əluku'βɾa] *vt* **-1.** [reflexionar]: **~ sobre** to reflect / meditate upon. **-2.** *despec* [imaginar] to theorize about.

eludir [əlu'ði] *vt* to elude; [pregunta, dificultat] to avoid; [perseguidors] to escape.

em [əm] (**m'** *davant de verb començant en vocal o h;* **'m** *darrere de verb acabat en vocal que no sigui u semivocal;* **me** *darrere de verb acabat en consonant o u semivocal o davant d'un altre pronom*) *pron pers* [gen] me, myself; [en imperatiu] me; **ve a veure'm** he comes to see me; **m'estima** she loves me; **m'ho va donar** he gave it to me; **~ té por** he's afraid of me; **mira'm!** look at me!; **no ~ diguis que no!** don't say no (to me)!; **m'agrada llegir** I like reading; **~ trobo malament** I don't feel well; **m'agrada com ~ mires** I lilke the way you look at me; **vols dir-me a quina hora marxes?** can you tell me what time you're leaving?

emanar [əmə'na] *vi* to emanate; **~ de** to emanate from.

emancipació [əmənsipəsi'o] *nf* **-1.** [gen] emancipation; [d'esclau] manumission, freeing. **-2.** [de territori] obtaining independence.

emancipar [əmənsi'pa] *vt* [gen] to emancipate; [esclau] to free. ◆ **emancipar-se** *vp* to free o.s.

embadalir [əmbəðə'li] *vt* to enchant. ◆ **embadalir-se** *vp* to be enchanted / entranced.

embafador -a [əmbəfəˈðo -oɾə] *adj* cloying, overrich.

embafar [əmbəˈfa] *vt* to satiate, to sicken. ◆ **embafar-se** *vp*: ~-se de / amb alguna cosa to get fed up with sthg, to get sick of sthg.

embalar [əmbəˈla] *vt* to wrap. ◆ **embalar-se** *vp* −1. *fam* to bolt, to get carried away. −2. *lit & fig* to race away.

embalatge [əmbəˈladʒə] *nm* packing, wrapping.

embalsamar [əmbəlsəˈma] *vt* to embalm.

embalum [əmbəˈlum] *nm* −1. [equipatge] luggage. −2. volume, mass; **fer ~** to take up space.

embaràs [əmbəˈɾas] *nm* obstacle, hindrance, pregnancy.

embarassada [əmbəɾəˈsaðə] ◇ *adj f*: **deixar ~** to get sb pregnant; **(estar) ~ de** to be pregnant; **quedar-se ~** to become / get pregnant. ◇ *nf* pregnant woman.

embarassar [əmbəɾəˈsa] *vt* −1. [prenyar] to make sb pregnant, to impregnate. −2. [impedir, molestar] to restrict.

embarcació [əmbərkəsiˈo] *nf* −1. [vaixell] boat, ship. −2. [embarcament] embarkation.

embarcador [əmbərkəˈðo] *nm* jetty, pier.

embarcament [əmbərkəˈmen] *nm* embarkation.

embarcar [əmbərˈka] ◇ *vi* to embark, to board. ◇ *vt* −1. [per a viatjar] to put on board. −2. *fig* to launch into; **~ algú en alguna cosa** to launch sb into sthg. ◆ **embarcar-se** *vp* −1. [per a viatjar] to board. −2. *fig*: **~-se en alguna cosa** to embark upon sthg.

embargament [əmbərɣəˈmen] *nm* −1. DR seizure. −2. ECON embargo.

embargar [əmbərˈɣa] *vt* DR to impede, to seize.

embarrancar [əmbərəŋˈka] *vi* to get stuck. ◆ **embarrancar-se** *vp* to run aground.

embassament [əmbəsəˈmen] *nm* [construcció] dam; [pantà] reservoir.

embastar [əmbəsˈta] *vt* −1. [roba] to tack. −2. *fig* [idees] to outline.

embeinar [əmbəjˈna] *vt* to sheathe.

embellir [əmbəˈʎi] *vt* to embellish.

embenar [əmbəˈna] *vt* to bandage, to bind.

embenat [əmbəˈnat] *nm* bandage, bandaging.

emblanquinar [əmbləŋkiˈna] *vt* to whitewash.

emblanquir [əmbləŋˈki] *vt* to whitewash.

emblema [əmˈblɛmə] *nm* emblem.

emboçar-se [əmbuˈsarsə] *vp* [persona] to wrap / muffle o.s. up in.

embogir [əmbuˈʒi] ◇ *vi* −1. to go mad. −2. **~ per algú** to lose one's head over sb. ◇ *vt* [tornar boig] to drive sb mad.

emboirar [əmbojˈɾa] *vt* [sentits] to confuse; [subj: alcohol] to stupefy.

èmbol [ˈɛmbul] *nm* plunger, piston.

embolcall [əmbulˈkaʎ] *nm* [paper, cartró, etc.] wrapper; **posar un ~** to put a wrapper on.

embòlia [əmˈbɔliə] *nf* embolism, clot.

embolic [əmbuˈlik] *nm* −1. [amorós] entanglement. −2. [complicació] mess; **s'ha fumut en un ~** molt gros she's got herself in a real mess. −3. [embrolla] **fer-se un ~** to get into a muddle; **ficar-se en un ~** to get into a jam. −4. *fam* [merder] row, fuss, mix-up. −5. *fam* [merder] **tenir un ~** to have a row.

embolicar [əmbuliˈka] *vt* −1. [enrotllar] to wrap (up). −2. [implicar]: **~ algú en** to involve sb in. −3. [entabanar] to cajole. −4. [envolupar] to envelop, to wrap up. −5. *fam fig* [enredar]: **~ algú en un assumpte** to involve sb in an affair. ◆ **embolicar-se** *vp* −1. to get tied up / involved. −2. [enredar-se] to get tangled up. −3. *fam* [sexualment]: **~-se (amb algú)** to get involved / to have an affair with sb.

embolicat -ada [əmbuliˈkat -aðə] *adj* [embrollat] involved.

emborrascar-se [əmburəsˈkarsə] *vp* [temps] to become stormy; [cel] to become cloudy.

emborratxar [əmburəˈtʃa] *vt* to intoxicate, to get sb drunk. ◆ **emborratxar-se** *vp* to get drunk.

emboscada [əmbusˈkaðə] *nf lit & fig* ambush.

emboscar [əmbusˈka] *vt* to lie in ambush.

embotellar [əmbutəˈʎa] *vt* to bottle.

embotellat -ada [əmbutəˈʎat -aðə] *adj* bottled.

embotir [əmbuˈti] *vt* −1. to pack, to stuff. −2. *fig* [introduir] to put into.

embotit -ida [əmbuˈtit -iðə] *adj* stuffed, padded; **carn embotida** stuffed meat. ◆ **embotit** *nm* [menjar] sausage.

embotonar [əmbutuˈna] *vt* ▶ **botonar**.

embragar [əmbɾəˈɣa] *vi* to connect, to couple, to engage.

embragatge [əmbɾəˈɣadʒə] *nm* connecting, coupling.

embranzida [əmbɾənˈziðə] *nf* impulse, dash; **agafar ~** to take off.

embravir [əmbɾəˈβi] *vt* **-1.** to encourage. **-2.** [encoratjar]: **~ algú** to encourage sb. ◆ **embravir-se** *vp* **-1.** [irritar-se] to get angry. **-2.** [animal] to become enraged. **-3.** to get worked up. **-4.** [mar, tempesta] to grow rough.

embriac -aga [əmbɾiˈak -aɣə] *nm, f* drunk, intoxicated.

embriagar [əmbɾiəˈɣa] *vt* to intoxicate, to make drunk. ◆ **embriagar-se** *vp* to get drunk.

embriaguesa [əmbɾiəˈɣɛzə] *nf* drunkenness, intoxication.

embrió [əmbɾiˈo] *nm lit & fig* embryo.

embruixament [əmbɾuʃəˈmen] *nm* **-1.** bewitchment. **-2.** [encantament] enchantment.

embruixar [əmbɾuˈʃa] *vt* **-1.** to bewitch. **-2.** *lit & fig* to enchant.

embrutar [əmbɾuˈta] *vt lit & fig* to dirty, to sully. ◆ **embrutar-se** *vp* to get dirty.

embrutir [əmbɾuˈti] *vt* to dirty, to brutalise. ◆ **embrutir-se** *vp* to become depraved.

embull [əmˈbuʎ] *nm fam* [complicació, embolic] mess, entanglement; [als cabells] tangle.

embullar [əmbuˈʎa] *vt* [desordenar] to make a mess.

embús [əmˈbus] *nm* **-1.** [de trànsit] traffic jam. **-2.** [obstrucció] blockage.

embussar [əmbuˈsa] *vt* **-1.** [trànsit] to obstruct. **-2.** [conducte] to clog. **-3.** to block. ◆ **embussar-se** *vp* **-1.** [conducte] to get clogged up. **-2.** *fig* [detenir-se] to stop, to linger.

embut [əmˈbut] *nm* **-1.** funnel. **-2.** *fig* roundabout expression; **parlar sense ~s** to come to the point.

emergència [əmərˈʒɛnsiə] *nf* emergence, appearance, emergency.

emergir [əmərˈʒi] *vi* to emerge.

emetre [əˈmɛtɾə] ◇ *vt* **-1.** to issue. **-2.** *fig* [difondre, desprendre] to emit, to give off. ◇ *vi* to broadcast, to send.

èmfasi [ˈɛɱfəzi] *nm* emphasis.

emfasitzar [əɱfəziˈdza] *vt* to emphasize.

emfàtic -a [əɱˈfatik -ə] *adj* emphatic.

emigració [əmiɣɾəsiˈo] *nf* [de persones] emigration.

emigrant [əmiˈɣɾan] ◇ *adj* emigrating, migratory. ◇ *nmf* emigrant.

emigrar [əmiˈɣɾa] *vi* [persona] to emigrate.

eminència [əmiˈnɛnsiə] *nf* [persona] eminent figure; **~ grisa** éminence grise. ◆ **Eminència** *nf*: **Sa Eminència** His / Her Eminence.

eminent [əmiˈnen] *adj* **-1.** [distingit] eminent, distinguished. **-2.** [elevat] distinguished.

emir [əˈmir] *nm* emir.

emirat [əmiˈrat] *nm* emirate.

emissió [əmisiˈo] *nf* emission; **~ d'obligacions** debentures issue.

emissor -a [əmiˈso -orə] *adj* transmitter. ◆ **emissor** *nm* broadcasting station. ◆ **emissora** *nf* radio station.

emmagatzemar [əmməɣədzəˈma] *vt* **-1.** [desar] to store. **-2.** [reunir] to collect.

emmagatzematge [əmməɣədzəˈmadʒə] *nm* [gen & INFORM] storage, warehousing.

emmalaltir [əmmələlˈti] *vi* [posar-se malalt] to fall ill.

emmanillar [əmməniˈʎa] *vt* **-1.** to handcuff. **-2.** to shackle, to secure the hands of.

emmarcar [əmmərˈka] *vt* to frame.

emmascarar [əmməskəˈra] *vt* **-1.** to mask, to disguise. **-2.** *lit & fig* to blacken. ◆ **emmascarar-se** *vp* to get sooty, to blacken o.s.

emmascarat -ada [əmməskəˈrat -aðə] ◇ *adj* masked. ◇ *nm, f* masked man / woman.

emmetzinament [əmmədzinəˈmen] *nm* poisoning.

emmetzinar [əmmədziˈna] *vt* [enverinar] to poison.

emmidonar [əmmiðuˈna] *vt* to starch.

emmordassar [əmmurðəˈsa] *vt* [persona] to gag; [animal] to muzzle.

emmotllar [əmmuˈʎʎa] *vt* **-1.** to mould; **~ alguna cosa (a)** to mould sthg to. **-2.** ART to mould. ◆ **emmotllar-se** *vp* [adaptar-se]: **~-se a** to adapt o.s. to, to adjust o.s. to.

emmudir [əmmuˈði] ◇ *vi* **-1.** [perdre la parla] to be / remain silent. **-2.** [callar] to go silent. ◇ *vt* to become mute.

emmurallar [əmmurəˈʎa] *vt* to wall, to wall in.

emmurriar-se [əmmuriˈarsə] *vp* [posar mala cara] to sulk; *fam* [grunyir] to grumble.

emoció [əmusiˈo] *nf* emotion.

emocionant [əmusiuˈnan] *adj* **-1.** [commovedor] moving, touching. **-2.** [apassionant] thrilling.

emocionar [əmusiuˈna] *vt* **-1.** [commoure] to move, to touch. **-2.** [apassionar] to thrill, to excite. ➣ **emocionar-se** *vp* **-1.** [commoure's] to be moved. **-2.** [apassionar-se] to get excited, to be thrilled.

emoticona [əmutiˈkonə] *nf* smiley, emoticon.

emotiu -iva [əmuˈtiw -iβə] *adj* **-1.** [persona] emotional. **-2.** [escena, paraules] moving.

emotivitat [əmutiβiˈtat] *nf* **-1.** [impacte]: l'~ de l'escena és enorme the scene's emotional impact is enormous. **-2.** [sensibilitat] emotiveness.

empadronament [əmpəðɾunəˈmen] *nm* census, register.

empadronar [əmpəðɾuˈna] *vt* ≃ to register on the electoral roll; **estic empadronat a Lleida** I'm registered to vote in Lleida. ➣ **empadronar-se** *vp* ≃ to register on the electoral roll.

empaitar [əmpəjˈta] *vt* **-1.** [encalçar] to pursue; **el gat empaita els ratolins** the cat chases the mice. **-2.** [perseguir] to pursue; **els policies empaiten els lladres** the police pursue thieves.

empal·lidir [əmpəlliˈði] *vi* to turn pale.

empalmar [əmpəlˈma] ⋄ *vi* **-1.** [mitjans de transport] to connect; ~ **(amb)** to join to. **-2.** [succeir-se] to link (up); **empalmava un acudit amb un altre** she linked the jokes together. ⋄ *vt* **-1.** [cables, tubs] to connect. **-2.** [en futbol] to volley.

empantanar [əmpəntəˈna] *vt* to flood. ➣ **empantanar-se** *vp* to be flooded / waterlogged.

empaperar [əmpəpəˈɾa] *vt* **-1.** [paret] to wrap in paper. **-2.** *fam fig* [processar] to have up before the courts.

empaquetar [əmpəkəˈta] *vt* to pack, to parcel up.

empara [əmˈpaɾə] *nf* **-1.** [protecció] protection. **-2.** [refugi] shelter; **a l'~ de** [persona, llei] under the protection of; [caritat, fortuna] (social / humanitarian) aid; [pluja, desastre] shelter.

emparar [əmpəˈɾa] *vt* to shelter. ➣ **emparar-se** *vp* **-1.** to lay hold of; *fig* [recolzar-se] ~**-se en** [llei] to have recourse to; [excuses] to draw on. **-2.** [protegir-se]: ~**-se de / contra** to (take) shelter from.

emparaular [əmpəɾəwˈla] *vt* to give one's word on; ~ **un preu** to agree on a price.

emparedar [əmpəɾəˈða] *vt* **-1.** [amagar a la paret] to confine. **-2.** *fam* [engarjolar] to lock away.

emparentar [əmpəɾənˈta] *vi*: ~ **amb** to marry into.

empassar-se [əmpəˈsarsə] *vp* to swallow.

empastament [əmpəstəˈmen] *nm* [de queixal] filling.

empastar [əmpəsˈta] *vt* [queixal] to fill.

empastifar [əmpəstiˈfa] *vt* **-1.** to soil; ~ **(d'alguna cosa)** to smear (sthg) on. **-2.** *fam despec* [daubar] to daub (on). ➣ **empastifar-se** *vp*: ~**-se (d'alguna cosa)** to smear / plaster o.s. (with sthg).

empat [əmˈpat] *nm* **-1.** ESPORT draw, tie; ~ **a dos** a two-two draw; ~ **a zero** a goalless draw. **-2.** [en eleccions] tie, draw.

empatar [əmpəˈta] *vi* **-1.** ESPORT to draw; ~ **a dos** to draw two-all; ~ **a zero** to draw nil-nil. **-2.** [en eleccions] to tie.

empatx [əmˈpatʃ] *nm* [obstacle] hindrance; [indigestió] indigestion.

empatxar [əmpəˈtʃa] *vt* to hinder; to give indigestion to. ➣ **empatxar-se** *vp* to have indigestion.

empedreït -ïda [əmpəðɾəˈit -iðə] *adj* hardened, inveterate; **és un fumador ~** she's a heavy smoker.

empelt [əmˈpel] *nm* graft.

empeltar [əmpəlˈta] *vt* to graft.

empenta [əmˈpentə] *nf* **-1.** push, shove; **obrir-se pas a empentes** to push one's way through. **-2.** [energia] drive. **-3.** *fig* [impuls] effort; **donar una ~** to get going. **-4.** *fig* [arravatament] momentum, impulse; **en una ~ de generositat** on / with a generous impulse. ➣ **a empentes i rodolons** *nf loc* with great difficulty.

empenya [əmˈpeɲə] *nf* **-1.** ANAT instep. **-2.** [de sabata] instep.

empènyer [əmˈpeɲə] *vt* to push; ~ **algú a fer alguna cosa** to push sb into doing sthg.

empenyorament [əmpəɲuɾəˈmen] *nm* [de joies, etc.] pawning.

empenyorar [əmpəɲuˈɾa] *vt* [joies, etc.] to pledge, to pawn.

emperador -driu [əmpəɾəˈðo -ˈðɾiw] *nm, f* emperor *m*, empress *f*. ➣ **emperador** *nm* [peix] swordfish.

empestar [əmpəsˈta] *vt* **-1.** [fer que faci pudor] to stink out. **-2.** [contagiar pesta] to infect with the plague.

empetitir [əmpətiˈti] *vt* **-1.** [reduir les dimensions] to make smaller. **-2.** *fig* [treure importància] to minimize; [acovardir] to belittle. ➣ **empetitir-se** *vp* [acovardir-se] to lose courage; ~**-se davant d'algú** to be intimidated by sb.

empipador -a [əmpipəˈðo -orə] *adj* annoying, vexing.

empipar [əmpiˈpa] *vt fam* to bother. **empipar-se** *vp*: ~-se amb algú to fall out with sb.

empíric -a [əmˈpirik -ə] ◇ *adj* empirical. ◇ *nm, f* empiricist.

empitjorament [əmpidʒurəˈmen] *nm* deterioration, worsening.

empitjorar [əmpidʒuˈra] *vi* **-1.** to get worse. **-2.** [decaure] to deteriorate.

emplaçament [əmpləsəˈmen] *nm* **-1.** [ubicació] site, location. **-2.** DR summons.

emplaçar [əmpləˈsa] *vt* **-1.** [situar] to locate, to set up. **-2.** DR to summon(s).

empleat -ada [əmpleˈat -aðə] *nm, f* employee, worker.

empobrir [əmpuˈβri] *vt* to impoverish. **empobrir-se** *vp* to become impoverished.

empolainar [əmpuləjˈna] *vt fam* to dress up. **empolainar-se** *vp* **-1.** [persona] to doll / tart o.s. up. **-2.** to do (o.s.) up. **-3.** *fam* to get dressed up, to spruce o.s. up.

empolainat -ada [əmpuləjˈnat -aðə] *adj* dressed up; **anar molt ~** to be dressed (up) to the nines.

emportar-se [əmpurˈtarsə] *vp* **-1.** [agafar] to carry off, to take away, to go off with; [arrossegar] to bear off; **els lladres s'ho han emportat tot** the thieves have carried off the whole lot; **algú s'ha emportat la meva bossa** sb has taken my bag; **la riuada s'ha emportat la carretera** the flood has washed the road away. **-2.** [premi] to win, to carry off. **-3.** [rebre] to get; **em vaig emportar un bon ensurt!** I got a real scare!

emprar [əmˈpra] *vt* to use, to employ; [temps]: **ha emprat molt de temps a fer-ho** it took him a long time to do it. **emprar-se** *vp* to make use of, to put to good use.

empremta [əmˈpremtə] *nf* **-1.** [gen] stamp, imprint; **~ digital / dactilar** fingerprint. **-2.** *fig* [impressió profunda] mark, print, trace; **deixar ~** to leave / make a mark. **-3. seguir les empremtes d'algú** to follow sb's footprints.

emprendre [əmˈpendrə] *vt* **-1.** to undertake; **~ el vol** to take flight. **-2.** [començar] to begin (on), to embark on.

emprenedor -a [əmprənəˈðo -orə] *adj* enterprising; **tenir esperit ~** to have an enterprising spirit.

emprenyar [əmprəˈɲa] *vt* to get sb pregnant; *fam* to annoy, to bother. **emprenyar-se** *vp fam* [persona] to get cross; [enfadar-se] to get annoyed.

emprenyat -ada [əmprəˈɲat -aðə] *adj* annoyed; *fam* **estar ~** to be irritated.

empresa [əmˈprɛzə] *nf* [societat comercial] company; **~ de seguretat** security firm; **~ júnior** junior enterprise; **~ filial** subsidiary; **~ lliure** free enterprise; **~ matriu** parent company; **~ mixta** mixed company; **~ multinacional** multinational company; **~ privada** private company; **~ pública** public sector firm; **petita i mitjana ~** small business.

empresari -ària [əmprəˈzari -ariə] *nm, f* businessman *m*, businesswoman *f*; **petit ~** small businessperson.

empresonar [əmprəzuˈna] *vt* **-1.** [gen] to put in prison. **-2.** [lligar] to immobilize, to tie up, to block.

emprèstit [əmˈprɛstit] *nm* government loan.

emprovar [əmpruˈβa] *vt* to try (on). **emprovar-se** *vp* to try on; **emprova't l'abric** try the coat on.

empunyadura [əmpuɲəˈðurə] *nf* grip, handle; [d'espasa] hilt.

empunyar [əmpuˈɲa] *vt* to take hold of, to clasp; [arma] to take up.

emular [əmuˈla] *vt* **-1.** [una persona] to emulate; **~ algú** [rivalitzar] to rival sb; [imitar] to emulate sb. **-2.** INFORM To emulate.

en¹ [ən] *prep* **-1.** [lloc - a l'interior de] in; [- sobre la superfície de] on; [- en un punt concret de] at. **-2.** [temps - moment precís] at, in; [- durada] at; **~ aquella època** at that time; **~ l'antiguitat** in ancient times; **ho va fer ~ dos dies** she did it in two days. **-3.** [manera] in, on; **pagar ~ metàl·lic** to pay (in) cash; **fabricar ~ sèrie** to mass produce; **ho va dir ~ anglès** he said it in English; **tot s'ho gasta ~ roba** she spends everything on clothes; **~ veu baixa** in a low voice; **la inflació ha augmentat ~ un 10%** inflation has risen 10%. **-4.** [seguit de xifra] in; **els guanys es calculen ~ milions** the profits are calculated in (the) millions. **-5.** [tema, qualitat] in, on; **és una experta ~ la matèria** she is an expert in / on the subject; **és doctor ~ medicina** he is a doctor of medicine; **el supera ~ intel·ligència** she outdistances him in intelligence. **-6.** on; [quan] **~ sentir la notícia es va desmaiar** on hearing the news, he fainted.

en² [ən] (**n'** davant de verb començat en vocal o h; **'n** darrere de verb acabat en vocal que no sigui u semivocal; **ne** darrere de verb acabat en consonant o en u semivocal) *pron pers*: **tinc xocolata, ~ vols?** I've got some chocolate, would you like some?; **cal que ~ parlem** we must talk about it; **vull portar-ne** I want to take some; **se'n recorda** he remembers (it); **ja n'hem parlat** we've spoken about it.

enaltir [ənəl'ti] *vt* **-1.** to praise, to exalt. **-2.** to ennoble.

enamoradís -issa [ənəmuɾəˈðis -isə] *adj*: **ser ~** to fall in love easily.

enamorament [ənəmuɾəˈmen] *nm* falling in love.

enamorar [ənəmuˈɾa] *vt* **-1.** to enrapture, to win the love of. **-2.** to delight, to enrapture. ➤ **enamorar-se** *vp*: **~-se (de)** to fall in love with.

enamorat -ada [ənəmuˈɾat -aðə] ◇ *adj* in love. ◇ *nm, f* lover, enamoured.

enarborar [ənərbuˈɾa] *vt* to hang (up / out).

ençà [ənˈsa] *adv* on this side; [temps] **d'una setmana ~ ~** for a week, since the beginning of the week; **d'un temps ~** for sometime.

encabritar-se [əŋkəβɾiˈtarsə] *vp* [cavall] to rear (up).

encadenar [əŋkəðəˈna] *vt* **-1.** to chain. **-2.** [una cadena] to chain (up), to link (together).

encadenat [əŋkəðəˈnat] *nm* CIN fade.

encaix [əŋˈkaʃ] *nm* **-1.** insertion, fitting. **-2.** [ajust] fitting.

encaixar [əŋkəˈʃa] ◇ *vi* [peces, objectes] to pack, to connect. ◇ *vt* **-1.** [ficar] to introduce; [ficar ajustant] to fit. **-2.** [os dislocat] to set. **-3.** [rebre] to take. **-4.** [mans] to shake hands.

encaixonar [əŋkəʃuˈna] *vt* **-1.** [en caixes, caixons] to box (up). **-2.** [en lloc estret] to squeeze in.

encalçar [əŋkəlˈsa] *vt* [perseguir]: **~ algú** to chase sb; [atrapar] to catch.

encallar [əŋkəˈʎa] *vi* [vaixell] to run aground. ➤ **encallar-se** *vp fig* [sol·licitud] to get stuck / held up.

encaminar [əŋkəmiˈna] *vt fig* [conducta, educació] to guide. ➤ **encaminar-se** *vp*: **~-se a / cap a** to set off for / towards.

encanonar [əŋkənuˈna] *vt* to point / aim (at).

encant [əŋˈkan] *nm* **-1.** [atractiu] charm. **-2.** spell. ➤ **encants** *nm pl* [subhasta]: **els ~s** secondhand market, flea market.

encantador -a [əŋkəntəˈðo -oɾə] *adj* charming.

encantar [əŋkənˈta] *vt* **-1.** [agradar] to delight, to fascinate; **~ alguna cosa / fer alguna cosa a algú** to love sthg / doing sthg. **-2.** [embruixar] to bewitch, to cast a spell on.

encantat -ada [əŋkənˈtat -aðə] *adj* **-1.** [content] happy, pleased; **~ de conèixer-vos** pleased to meet you. **-2.** [embruixat - casa, lloc] haunted; [- persona] bewitched. **-3.** [esbalaït] amazed, frightened. **-4.** [distret] absent-minded.

encaparrar [əŋkəpəˈra] *vt* to put on edge; **aquest xivarri m'encaparra** this racket is giving me a headache. ➤ **encaparrar-se** *vp* to brood about / over; **no t'hi encaparris, no passa res** don't worry yourself about it, it's all right.

encapçalament [əŋkəpsələˈmen] *nm* [de carta, escrit] headline, rubric; [preàmbul] preamble.

encapçalar [əŋkəpsəˈla] *vt* **-1.** [llista, classificació] to head. **-2.** [text] to entitle. **-3.** [marxa, expedició] to lead.

encapotat -ada [əŋkəpuˈtat -aðə] *adj* overcast.

encapritxar-se [əŋkəpɾiˈtʃarsə] *vp* [obstinar-se] to become infatuated (with); **~ a fer alguna cosa** to take a fancy to doing sthg.

encaputxat -ada [əŋkəpuˈtʃat -aðə] ◇ *adj* hooded. ◇ *nm, f* cloaked / hooded person.

encara [əŋˈkaɾə] *adv* **-1.** still, yet, even; **~ no** not yet; **~ no ho sap** he doesn't know yet; **si no li ho dius, ~ serà pitjor** it will be even worse if you don't tell her. **-2.** [amb tot, a sobre] still; **és dolent i ~ l'estima** he's mean to her and she still loves him; **... i ~ es queixa** ...and she still complains. ➤ **encara que** *loc conj* **-1.** even though, although; **~ que està malalt, vindrà** even though he's ill, he'll still come. **-2.** [fins i tot si] even if; **~ que estigui malalt, continuarà venint** even if she's ill, she'll continue to attend.

encarar [əŋkəˈɾa] *vt* [fer front a] to face. ➤ **encarar-se** *vp* [enfrontar-se] to defy; **~-se a / amb** to confront.

encariment [əŋkəɾiˈmen] *nm* [de preu, producte] price rise; **~ de la vida** rise in the cost of living.

encarir [əŋkəˈɾi] *vt* [producte] to raise the price (of). ➤ **encarir-se** *vp* [preu, producte] to become dearer.

encarnació [əŋkərnəsi'o] *nf* [personificació] embodiment.

encarnar [əŋkər'na] *vt* to incarnate. ☞ **encarnar-se** *vp* RELIG to become flesh; MIT ~-se en to metamorphose into.

encarnat -ada [əŋkər'nat -aðə] *adj* -1. [personificat] incarnate. -2. [color] flesh-coloured; [de la pell] reddened. ☞ **encarnat** *nm* crimson.

encàrrec [əŋ'karək] *nm* -1. [comanda] job, post, assignment, commission; **fer un** ~ to do a job. -2. [avís] notice, order.

encarregar [əŋkərə'ɣa] *vt* -1. [comanda] to charge, to commission; [posar al càrrec] ~ **a algú d'alguna cosa / que faci alguna cosa** to commission sb to do sthg. -2. [demanar] to order. ☞ **encarregar-se** *vp* [ocupar-se]: ~-se d'alguna cosa / de fer alguna cosa to take care of sthg / doing sthg.

encarregat -ada [əŋkərə'ɣat -aðə] ◇ *adj* responsible for; ~ **d'alguna cosa** in charge of sthg; ~ **de fer alguna cosa** responsible for doing sthg. ◇ *nm, f* person in charge; [de negoci] manager *m*, manageress *f*.

encarrilar [əŋkəri'la] *vt* -1. [tren] to put back on the rails. -2. [orientar] to point in the right direction. -3. *fig* [fer anar bé] to put on the right track. ☞ **encarrilar-se** *vp* to be on the right track.

encasellar [əŋkəzə'ʎa] *vt* -1. [classificar] to pigeonhole. -2. [posar en caselles] to put in a box / grid.

encastar [əŋkəs'ta] *vt* to set, to embed.

encaterinar-se [əŋkətəri'narsə] *vp* [enamorar-se] to be infatuated (with); ~ **amb alguna cosa** to take a fancy to sthg; ~ **amb algú** to fall for.

encatifar [əŋkəti'fa] *vt* to carpet.

encegar [ənsə'ɣa] *vt* to blind.

encenall [ənsə'naʎ] *nm* wood shaving.

encendre [ən'sendrə] *vt* -1. [gen] to ignite; ~ **la llar de foc** to light the fireplace. -2. *fig* [avivar - cor, discussió] to enliven; [- ira] to arouse. -3. [llum] to switch / turn on. ☞ **encendre's** *vp* to kindle, to get excited.

encenedor [ənsənə'ðo] *nm* -1. igniting device. -2. [de cotxe] cigarette lighter; [de cuina] lighter.

encens [ən'sens] *nm* incense.

encenser [ənsən'se] *nm* censer.

encerar [ənsə'ra] *vt* to cheat, to trick.

encerclar [ənsər'kla] *vt* -1. [amb tropes, policies, etc.] to surround. -2. [rodejar, acorralar] to enclose, to encircle.

encert [ən'sert] *nm* -1. [punteria] good shot, hit. -2. [a pregunta] correct answer; [en travesses] winning combination. -3. [habilitat] good / sound (judgement); **vas tenir molt d'**~ you made a good choice. -4. [èxit] success.

encertar [ənsər'ta] ◇ *vi* [fer bé] to hit, to get right; **ho vas ~ dient-li-ho** you were right to tell him / her so. ◇ *vt* -1. [un tret] to hit. -2. [endevinar] to guess (correctly). -3. [triar bé] to choose well.

encertat -ada [ənsər'tat -aðə] *adj* [resposta, idea] correct; [tret] good, true; [observació] good judgment.

encès -esa [ən'sɛs -ɛzə] *adj* -1. [gen] burning, (turned) on. -2. *fig* [desitjos, mirada] ardent, passionate. -3. [galtes] flushed, red. ☞ **encesa** *nf* ignition, lighting.

encetar [ənsə'ta] *vt* -1. [començar] to begin, to start. -2. [pell] to skin, to flay. ☞ **encetar-se** *vp* [pell] to chafe.

enciam [ənsi'am] *nm* lettuce.

encíclica [ən'siklikə] *nf* encyclical.

enciclopèdia [ənsiklu'pɛðiə] *nf* encyclopaedia.

encinta [ən'sintə] *adj* pregnant; **estar ~** to be pregnant.

encís [ən'sis] *nm* [encant] charm, spell.

encisar [ənsi'za] *vt fig* [enamorar] to enrapture.

encistellar [ənsistə'ʎa] *vi* ESPORT to score a basket.

enclusa [əŋ'kluzə] *nf* anvil.

encobert -a [əŋku'βɛrt -ə] ◇ *pp irreg* ☞ **encobrir**. ◇ *adj* [significat, etc.] hidden; [paraules, etc.] cryptic; [intent, intencions] covert.

encobridor -a [əŋkuβri'ðo -orə] ◇ *adj* concealing. ◇ *nm, f* -1. accesory, accomplice. -2. DR accessory (to).

encobrir [əŋku'βri] *vt* -1. [delinqüent] to hide; [delicte] to be an accomplice; DR to (aid and) abet. -2. [intencions, etc.] to harbour.

encoixinat -ada [əŋkuʃi'nat -aðə] *adj* upholstered, padded.

encolar [əŋku'la] *vt* [paret] to size, to paste.

encolomar [əŋkulu'ma] *vt fam* [tasca] to foist (off on); [sermó, reny] to burden (with).

encomanar [əŋkumə'na] *vt* -1. to order, to ask for; **us encomano el meu fill** I leave my son in your hands. -2. to transmit, to infect; [contagiar - malaltia]

~ **alguna cosa a algú** to transmit sthg to sb. ◆ **encomanar-se** *vp* **–1.** to entrust o.s. to; **~-se a** to put one's trust in. **–2.** to be contagious; *fig* [contagiar-se] to become infected, to catch; **se'm va ~ el seu accent** I picked up his / her / your accent.

encongir [əŋkuɲ'ʒi] ◇ *vi* to shrink, to scare. ◇ *vt* **–1.** [roba] to shrink. **–2.** [membre] to contract. ◆ **encongir-se** *vp* [roba] to shrink; [membre] to shrivel up; **~-se d'espatlles** to shrug one's shoulders.

encongit -ida [əŋkuɲ'ʒit -iðə] *adj* shy; **tenir el cor ~** to have one's heart in one's mouth.

encontorns [əŋkun'torns] *nm pl* [territori] surroundings, outskirts.

encontre [əŋ'kontrə] *nm* [gen & ESPORT] game, match; [per rebre] **sortir a l'~ de** to go to meet sb; [endavant] meeting; **dos individus li van sortir a l'~** two people went out to find him / her.

encoratjador -a [əŋkurədʒə'ðo -orə] *adj* encouraging.

encoratjar [əŋkura'dʒa] *vt* to encourage. ◆ **encoratjar-se** *vp* to take heart.

encrespar [əŋkrəs'pa] *vt* **–1.** [mar] to ripple, to make waves (on). **–2.** [cabells] to frizzle, to curl.

encreuament [əŋkrəwə'men] *nm* BIOL cross; [carreteres] crossroad.

encreuar [əŋkrə'wa] *vt* [posar en creu, emparellar] to intersect; **~ les espases** to cross swords; **~ els braços / les cames** to fold one's arms / to cross one's legs. ◆ **encreuar-se** *vp* to cross paths with; **~-se amb algú** to run into sb; **em vaig ~ amb ella** I ran into her.

encuny [əɲ'kuɲ] *nm* **–1.** [motlle] stamp, die. **–2.** stamp. **–3.** *fig* [paraula, terme]: **ser de nou ~** to be new coinage.

encunyar [əŋku'ɲa] *vt* **–1.** [monedes, medalles] to mint; **~ moneda** to strike / mint a coin. **–2.** [paraules] to coin. **–3.** to mint, to strike.

encuriosit -ida [əŋkuriu'zit -iðə] *adj* curious, eager.

endarreriment [əndərəri'men] *nm* delay, time lag. ◆ **endarreriments** *nm pl* arrears *pl*.

endarrerir [əndərə'ri] *vt* [rellotge] to put back; **~ el rellotge una hora** to set the clock back an hour; [esdeveniment] to postpone. ◆ **endarrerir-se** *vp* [quedar enrere] to fall behind; [trigar] to lag behind.

endavant [əndə'βan] *adv* forward(s), onward(s); **d'ara en ~** from now on; **més ~** [en el temps] later on; [en l'espai] farther on; [en un text] below; *fig* **anar ~** to go ahead; **seguir ~** to go on. ◆ **per endavant** *loc adv* in advance.

endemà [əndə'ma] *nm* next day; **l'~ al matí** the next morning / the morning after.

endèmic -a [ən'dɛmik -ə] *adj fig* MED endemic.

enderrocar [əndəru'ka] *vt* **–1.** [edifici] to demolish, to pull down. **–2.** *fig* [govern, governant] to overthrow.

endeutar-se [əndəw'tarsə] *vp* to get into debt.

endeví -ina [əndə'βi -inə] *nm, f* **–1.** fortune teller. **–2.** medium.

endevinalla [əndəβi'naʎə] *nf* riddle.

endevinar [əndəβi'na] *vt* to prophesy, to guess.

endimoniat -ada [əndimuni'at -aðə] ◇ *adj* **–1.** possessed, devilish. **–2.** *fam fig* [nen, vida, etc.] wicked; **una feina endimoniada** a very tricky job. **–3.** [posseït] possessed (of the devil). ◇ *nm, f* person possessed.

endins [ən'dins] *adv* far, deep; **mar ~** out at / to sea; **terra ~** inland; **cap ~** inside; **anar-se'n cap ~** to go in.

endinsar-se [əndin'zarsə] *vp:* **~ en** [selva, etc.] to penetrate (into); [tema, etc.] to study thoroughly.

endívia [ən'diβiə] *nf* endive.

endolar [əndu'la] *vt fig* [entristir] to go into mourning.

endolcir [əndul'si] *vt* **–1.** [amb sucre] to sweeten. **–2.** *fig* [assuaujar] to alleviate.

endoll [ən'doʎ] *nm* ELECT socket, plug.

endollar [əndu'ʎa] *vt* [aparell] to connect, to plug in.

endormiscar-se [əndurmis'karsə] *vp* **–1.** [mig adormir-se] to doze. **–2.** to nod / drop off.

endossar [əndu'sa] *vt* **–1.** *fig* [tasca, càrrega] to lumber sb with sthg; **em va ~ les seves maletes** he loaded me down with his suitcases. **–2.** COM to endorse.

endrapar [əndrə'pa] *vi fam* to cover with a cloth.

endreçar [əndrə'sa] *vt* **–1.** to tidy up, to put in order; **endreça la teva habitació** tidy up your room. **–2.** LITER to dedicate, to write a dedication in.

endurir [əndu'ri] *vt* **–1.** [gen] to harden. **–2.** [músculs, etc.] to strengthen. **–3.** *fig*

endurir-se *vp fig* [persona] to grow cruel.

ènema ['ɛnəmə] *nm* enema; [instrument] enema tube.

enemic -iga [ənəˈmik -iɣə] ◇ *adj* enemy (*abans de nom*). ◇ *nm, f* enemy. ◆ **enemic** *nm* MIL enemy.

enemistar [ənəmisˈta] *vt* to make enemies of. ◆ **enemistar-se** *vp* to become enemies.

enemistat [ənəmisˈtat] *nf* enmity.

energètic -a [ənərˈʒɛtik -ə] *adj* energetic.

energia [ənərˈʒiə] *nf* -1. *fig* FÍS energy, force; ~ atòmica / nuclear atomic / nuclear energy; ~ eòlica / hidràulica / solar wind / hydraulic / solar energy; ~ renovable renewable energy. -2. [força] strength.

enèrgic -a [əˈnɛrʒik -ə] *adj* vigorous, energetic.

energumen -úmena [ənərˈɡumən -umənə] *nm, f fig* possessed person, wild person, demon.

enèsim -a [əˈnɛzim -ə] *adj* -1. *fig* [que s'ha repetit]: per ~a vegada for the umpteenth time; és l'~a vegada que... it's the umpteenth time that. -2. MAT: ~a potència to the nth power.

enfadar [əɱfəˈða] *vt* to anger, to annoy. ◆ **enfadar-se** *vp* to get angry / irritated; ~-se amb algú to get mad at sb.

enfangar [əɱfəŋˈɡa] *vt* to muddy. ◆ **enfangar-se** *vp* -1. to get covered in mud. -2. *fam fig* [en un afer brut] to get mixed up in (shady business).

enfarinar [əɱfəriˈna] *vt* to flour.

enfeinat -ada [əɱfəjˈnat -aðə] *adj* rushed, busy.

enfiladís -issa [əɱfiləˈðis -isə] *adj* climber, rambler; una planta enfiladissa a creeper.

enfilall [əɱfiˈʎaʎ] *nm* [unió - de perles, granadures] string, line.

enfilar [əɱfiˈla] ◇ *vi* to string, to thread; ~ cap a to go along towards; va ~ cap a casa seva he headed for his house. ◇ *vt* -1. to string, to thread. -2. [direcció] to aim. ◆ **enfilar-se** *vp* -1. [subj: plantes] to climb, to creep. -2. *fig* to get carried away / angry.

enfocament [əɱfukəˈmen] *nm* -1. [d'imatge] focus. -2. *fig* [d'afer] angle, approach.

enfocar [əɱfuˈka] *vt* -1. [imatge, objectiu] to focus, to concentrate on. -2. [llum, focus] to shine on. -3. *fig* [tema, qüestió] to approach, to look at.

enfonsament [əɱfunzəˈmen] *nm* -1. sinking. -2. [ruïna] collapse.

enfonsar [əɱfunˈza] *vt* -1. [gen] to sink; [embarcació] to go down, to sink; [urpes, ungles] to dig into. -2. [terreny] to excavate, to lower. -3. *fig* [persona] to shatter, to devastate. ◆ **enfonsar-se** *vp* -1. [objecte] to slide, to sink (into); [submarí] to submerge. -2. [sostre, persona] to collapse.

enfora [əɱˈfɔrə] *adv* out, outside.

enfornar [əɱfurˈna] *vt* to bake.

enfortir [əɱfurˈti] *vt* to strengthen; [físicament] to build up; [moralment] to encourage.

enfosquir [əɱfusˈki] *vt* -1. [gen] to darken. -2. *fig* [ment] to confuse, to cloud. ◆ **enfosquir-se** *vp* -1. [fer-se fosc] to get dark. -2. to fall (night).

enfront [əɱˈfron] *nm* frontage, façade; l'~ de la casa the façade of the house. ◆ **enfront de** *loc prep* opposite (to), facing.

enfrontar [əɱfrunˈta] *vt* -1. [fer front a] to confront, to face (up to). -2. [posar cara a cara] to bring face-to-face.

enfrontat -ada [əɱfrunˈtat -aðə] *adj* opposing; opinions enfrontades opposing views; interessos ~s conflicting interests.

enfundar [əɱfunˈda] *vt* [arma] to sheathe, to put away. ◆ **enfundar-se** *vp* to engross o.s. (in); ~-se l'abric to wrap o.s. up in one's overcoat.

enfurir [əɱfuˈri] *vt* to enrage. ◆ **enfurir-se** *vp* to fly into a rage.

enfurismar [əɱfurizˈma] *vt* [ànim] to exasperate.

engabiar [əŋɡəβiˈa] *vt* [en gàbia] to cage up.

engalipar [əŋɡəliˈpa] *vt fam* to dupe.

enganxar [əŋɡənˈʃa] ◇ *vi* [adherir] to stick. ◇ *vt* -1. [subjectar - remolc, vagons] to couple; [- cavalls] to hitch up. -2. [gen & INFORM] to paste. -3. [subj: toro] to catch. -4. *fam fig* [atraure]: ~ algú to rope sb into doing sthg; [agafar] to hook. -5. *fam* [- feina] to land (o.s. sthg); [- marit, etc.] to land (o.s. sb). ◆ **enganxar-se** *vp* -1. [aferrar-se] to stick (to), to adhere (to). -2. [adherir-se] *despec*: ~-se a algú to stick to sb like glue. -3. *fam* [fer-se addicte]: ~-se a to become addicted to / hooked on. -4. CULIN [el menjar] to stick. -5. [en parlar] to mumble, to stammer. -6. ~-se els dits a la porta to get one's fingers stuck in the door.

enganxós -osa [əŋɡənˈʃos -ozə] *adj* [música] sloppy, oversweet; *lit & fig* cloying.

engany [əŋˈgaɲ] *nm* deceit, deception; **al·legar ~** to claim one has been cheated.

enganyar [əŋgəˈɲa] *vt* to deceive, to fool; **~ la gana** to cheat one's stomach; **les aparences enganyen** appearances can be deceptive. ◆ **enganyar-se** *vp* **-1.** [il·lusionar-se] to delude o.s., to be wrong. **-2.** [confondre's] to be wrong / mistaken.

enganyifa [əŋgəˈɲifə] *nf* **-1.** [mentida, engany] trick. **-2.** *fam:* **fer una ~ a algú** to play a trick on sb.

enganyós -osa [əŋgəˈɲos -ozə] *adj* deceitful, deceptive.

engarjolar [əŋgərʒuˈla] *vt fam* to pen (up), to imprison.

egegada [ənʒəˈɣaðə] *nf* AUTOM turning over, starting motor.

engegar [ənʒəˈɣa] <> *vi* [cotxe, màquina] to start. <> *vt* **-1.** [paraules] to exchange; [insults] to let fly. **-2.** *fig:* **~ a passeig** to send sb packing; **~ a rodar** to give up. **-3.** [cotxe, màquina] to start (up). **-4.** INFORM [programa] to start / to run. **-5.** [màquina] to start (up), to turn on. **-6.** [disparar]: **~ trets** to shoot / fire at sb.

engendrar [ənʒənˈdra] *vt lit & fig* to beget, to breed.

enginy [ənˈʒiɲ] *nm* [intel·ligència] ingenuity; **agusar l'~** to sharpen one's wits.

enginyar [ənʒiˈɲa] *vt* to devise, to think up. ◆ **enginyar-se** *vp* to manage; **~-se-les (per a)** to find a way (to).

enginyer -a [ənʒiˈɲe -erə] *nm, f* engineer; **~ agrònom** agronomist; **~ civil** civil engineer; **~ de sistemes** systems engineer; **~ de so** sound engineer; **~ de telecomunicacions** telecommunications engineer; **~ industrial** industrial engineer.

enginyeria [ənʒiɲəˈriə] *nf* **-1.** [ciència] engineering. **-2. ~ genètica** genetic engineering. **-3.** [estudis]: **estudia ~** she studies engineering.

enginyós -osa [ənʒiˈɲos -ozə] *adj* **-1.** clever. **-2.** *fig* [conversa, discurs] brilliant.

englobar [əŋgluˈβa] *vt* to include, to embody.

engolir [əŋguˈli] *vt* to swallow.

engomar [əŋguˈma] *vt* **-1.** [enganxar] to glue, to stick. **-2.** [donar aprest] to size.

engonal [əŋguˈnal] *nm* groin.

engranatge [əŋgrəˈnadʒə] *nm* **-1.** [gen] geer(s), mesh. **-2.** *fig* [d'idees] chain, sequence. **-3.** *fig* [funcionament] gearwheel, cog.

engrandir [əŋgrənˈdi] *vt* **-1.** *fig* [enaltir] to enlarge, to exalt, to exaggerate. **-2.** [augmentar] to increase, to enlarge. **-3.** to grow, to swell. ◆ **engrandir-se** *vp* [incrementar-se] to increase.

engreixar [əŋgrəˈʃa] <> *vi* [persona] to put on weight; [aliment] to be fattening. <> *vt* **-1.** [animal] to fatten (up); [ocells] to stuff.

engrescador -a [əŋgrəskəˈðo -orə] *adj fam* [música, cançó] engaging, stirring, rousing.

engrescar [əŋgrəsˈka] *vt* to rouse, to liven up; **~ algú amb** to fire sb with. ◆ **engrescar-se** *vp* to become lively, to rave about.

engròs [əŋˈgrɔs] ◆ **a l'engròs** *loc adv* [compra, venda, comerç, preus] wholesale.

engrossir [əŋgruˈsi] *vt* **-1.** [engreixar - persona] to make sb look fat; [- text] to expand. **-2.** *fig* [aigües, llistes] to grow; **deu persones engrossien les nostres files** ten people increased our ranks. ◆ **engrossir-se** *vp* to increase, to get fat.

engruna [əŋˈgrunə] *nf* **-1.** crumb. **-2.** *fig* [quantitat petita] pinch, tiny bit.

engrunar [əŋgruˈna] *vt* to crumble. ◆ **engrunar-se** *vp* to crumble.

enguany [əŋˈgwaɲ] *adv* this year; **~ acaba els estudis** this year he finishes his studies.

enguixar [əŋgiˈʃa] *vt* to plaster; **porta un braç enguixat** he has an arm in a plaster.

ENHER [ˈenər] *nf* (abrev d'**Empresa Nacional Hidroeléctrica del Ribagorzana, SA**) Spanish national hydroelectric company.

enhorabona [ə.nɔrəˈβonə] *nf* congratulations *pl*.

enigma [əˈnigmə] *nm* enigma.

enigmàtic -a [ənigˈmatik -ə] *adj* enigmatic.

enjardinar [ənʒərdiˈna] *vt* to landscape.

enjogassat -ada [ənʒugəˈsat -aðə] *adj* playful.

enjoiar [ənʒuˈja] *vt* to adorn with jewels. ◆ **enjoiar-se** *vp* to put on one's jewels.

enjudiciar [ənʒuðisiˈa] *vt* DR [persona] to judge; [causa] to pass judgment.

enlairar [ənləˈja] *vt* **-1.** to lift, to raise. **-2.** *fig* [exalçar] to praise; **~ les virtuts** to exalt one's virtues. ◆ **enlairar-se** *vp* [cosa] to take off, to rise.

enlaire [ənˈlajrə] *adv* high (up); **agafar ~** to catch in the air.

enllà [əɲˈʎa] *adv* further away, outside the limits.

enllaç [əɲˈʎas] *nm* **-1.** [gen & QUÍM] link. **-2.** [persona] go-between; **servir d'~ entre** to act as a go-between for; **~ sindical** shop steward. **-3.** [casament] union; **~ (matrimonial)** marriage bond. **-4.** [de trens, autocars] junction, connection; **via d'~** link road.

enllaçar [əɲʎəˈsa] <> *vi* to link; [mitjans de transport] **~ amb** to connect with. <> *vt* **-1.** [lligar]: **~ alguna cosa a / amb** to tie sthg up to; [relacionar] to link / connect sthg with. **-2.** [plans, idees] to relate. ✶ **enllaçar-se** *vp* to become linked, to get married.

enllestir [əɲʎəsˈti] *vt* [despatxar] to end.

enlletgir [əɲʎəˈdʒi] *vt* to make ugly, to deface.

enlloc [əɲˈʎɡk] *adv* nowhere, anywhere, in no part.

enlluernar [əɲʎuərˈna] *vt lit & fig* to blind, to dazzle. ✶ **enlluernar-se** *vp* to be dazzled.

enllumenar [əɲʎuməˈna] <> *vi* [il·luminar] to light (up). <> *vt* [il·luminar, instruir] to illuminate.

enllumenat [əɲʎuməˈnat] *nm* lighting (system); **~ elèctric** electric lighting.

enllustrar [əɲʎusˈtra] *vt* [sabates] to polish, to shine.

ennegrir [ənnəˈɣɾi] *vt* to blacken; [subj: núvols] to grow dark. ✶ **ennegrir-se** *vp* [ennuvolar-se] to cloud over, to become blackned.

ennoblir [ənnuˈbbli] *vt* **-1.** [donar un títol a] to lend distinction to. **-2.** *fig* [dignificar] to ennoble.

ennuegar-se [ənnuəˈɣaɾsə] *vp* to choke; **~ (amb)** to get sick on.

ennuvolar [ənnuβuˈla] *vt* **-1.** *fig* [ment] to become cloudy. **-2.** [cel] to cloud over, to grow overcast. ✶ **ennuvolar-se** *vp* **-1.** [temps] to cloud over. **-2.** [ulls] to blur, to become blurry / blurred. **-3.** *fig* [persona]: **se li va ~ la raó** he grew dim-witted.

enorgullir [ənurɡuˈʎi] *vt* to fill with pride. ✶ **enorgullir-se** *vp* to swell with pride; **~-se de** to pride o.s. on.

enorme [əˈnɔrmə] *adj lit & fig* enormous.

enormitat [ənurmiˈtat] *nf lit & fig* enormity.

enquadernació [əŋkwəðərnəsiˈo] *nf* binding; **~ en rústica / en cartoné** paperback / hardback book.

enquadernador -a [əŋkwəðərnəˈðo -ɔɾə] *nm, f* bookbinder.

enquadernar [əŋkwəðərˈna] *vt* to bind; **~ en rústica** paper binding.

enquesta [əŋˈkɛstə] *nf* **-1.** [d'opinió] inquiry, opinion poll. **-2.** [investigació] inquiry, investigation.

enquestar [əŋkəsˈta] *vt*: **~ algú** to poll sb.

enquistar-se [əŋkisˈtaɾsə] *vp* to encyst.

enquitranar [əŋkitɾəˈna] *vt* to tar.

enrabiada [ənɾəβiˈaðə] *nf* outburst of passion; *fam* **agafar una ~** to fly into a rage.

enrabiar [ənɾəβiˈa] <> *vi* [enfadar-se] to rage; **fer ~ algú** to send sb into a rage. <> *vt* to infuriate. ✶ **enrabiar-se** *vp*: **no em facis ~** don't make me mad.

enrajolar [ənɾəʒuˈla] *vt* **-1.** [casa] to tile. **-2.** to pave.

enraonar [ənɾəuˈna] <> *vi* to speak; **sempre enraona de futbol amb els amics** she always talks about football with friends. <> *vt* [discutir, examinar]: **enraonarem el tema de seguida** we'll discuss the subject immediately.

enrarir [ənɾəˈɾi] *vt* to rarefy. ✶ **enrarir-se** *vp* to become rarefied.

enredada [ənɾəˈðaðə] *nf* [embolic] tangle, muddle, mess.

enredaire [ənɾəˈðajɾə] *adj & nmf* [embolicador] busybody.

enredar [ənɾəˈða] *vt* **-1.** [gen] to net, to embroil; [situació, assumpte] to involve; [cabell] to tangle. **-2.** *fam*: **~ algú** to involve / embroil sb (in sthg). ✶ **enredar-se** *vp* [gen] to get confused; [afer, situació] to become entangled / confused.

enregistrament [ənɾəʒistɾəˈmen] *nm* registry, recording.

enregistrar [ənɾəʒisˈtɾa] *vt* [so & INFORM] to record.

enreixar [ənɾəˈʃa] *vt* to surround with railings.

enrenou [ənɾəˈnɔw] *nm fig* [embolic] disturbance; *fam* **armar un ~** to cause a great stir.

enrere [ənˈrɛɾə] <> *adv* [moviment] back, backwards; **fer marxa ~** to move back, to reverse. <> *interj*: **~!** get back!

enretirar [ənɾətiˈɾa] *vt* **-1.** [tirar enrere] to move back / away; **quan em va tocar vaig ~ la mà** when he touched me I moved his hand away. **-2.** [decantar]: **~ la taula** to push back the table. ✶ **enretirar-se** *vp* [desplaçar-se] to move away.

enrevessat -ada [ənrəβə'sat -aðə] *adj* complicated.

enriquidor -a [ənrikiˈðo -oɾə] *adj* enriching.

enriquir [ənriˈki] *vt* to enrich. ◆ **enriquir-se** *vp* to prosper.

enrobustir [ənruβusˈti] *vt* to strengthen. ◆ **enrobustir-se** *vp* [persona] to grow stronger.

enrogir [ənruˈʒi] *vt* to turn red. ◆ **enrogir-se** *vp* [avergonyir] to blush, to redden.

enrojolament [ənruʒuləˈmen] *nm* [rubor] reddening, blush; **no va poder evitar l'~** she couldn't help blushing.

enrojolar-se [ənruʒuˈlarsə] *vp* [persona] to blush; [rostre, galtes] to flush.

enrolar [ənruˈla] *vt* to enrol. ◆ **enrolar-se** *vp*: **~-se (en)** to sign up (for).

enroscar [ənrusˈka] *vt* **-1.** [cargolar] to coil, to screw (in). **-2.** [enrotllar] to roll up.

enrotllar [ənruˈʎʎa] *vt* **-1.** to roll (up). **-2.** *fam* [agradar] to think much of / love sthg. **-3.** *fam* [lligar] to get round sb.

enrunar [ənruˈna] *vt* to knock down.

ens[1] ['ens] *nm* **-1.** [ésser] being, entity. **-2.** [corporació] body, organization; TELE **~ públic** public institution.

ens[2] [əns] ('**ns** darrere de verb acabat en vocal que no sigui *u* semivocal o darrere de pronom acabat en vocal; **nos** darrere de verb acabat en consonant o *u* semivocal) *pron pers*: **vine a veure'ns** come to see us; **~ ho va donar** she gave it to us; **~ estimem** we love each other; **salveu-nos** save us; **vestim-nos** let's get dressed.

ensabonar [ənsəβuˈna] *vt* to soap, to lather; *fig* **~ algú** to flatter sb.

ensaïmada [ənsəjˈmaðə] *nf* spiral-shaped bun sprinkled with caster sugar.

ensalada [ənsəˈlaðə] *nf* salad; **~ russa** Russian salad.

ensangonar [ənsəŋguˈna] *vt* to stain with blood.

ensarronada *nf fam* flattery.

ensellar [ənsəˈʎa] *vt* to saddle.

ensenya [ənˈseɲə] *nf* ensign.

ensenyament [ənsəɲəˈmen] *nm* education; **~ a distància** distance learning; **~ públic** state education; **~ privat** private education; **~ superior / universitari** higher / university education; **~ primari** primary education; **~ secundari** secondary education.

ensenyança [ənsəˈɲansə] *nf* ☞ **ensenyament**.

ensenyant [ənsəˈɲan] *nmf* teacher.

ensenyar [ənsəˈɲa] *vt* **-1.** [gen] to teach; [fer classes] to give lessons. **-2.** [mostrar, indicar] to show. **-3.** [deixar veure] to demonstrate.

ensenyorir-se [ənsəɲuˈrirsə] *vp* to take possession of; **~ d'alguna cosa** [apoderar-se] to take control of sthg; *fig* [envair] to overrun.

ensinistrament [ənsinistɾəˈmen] *nm* [d'animal] training; [de persona] drilling.

ensinistrar [ənsinisˈtɾa] *vt* to train; [persona] to coach; **~ algú en alguna cosa / per a fer alguna cosa** to show sb sthg / how to do sthg; [soldat] to drill.

ensopegada [ənsupəˈɣaðə] *nm* stumble; *lit & fig* **tenir una ~** to slip up.

ensopegar [ənsupəˈɣa] *vi* **-1.** [en caminar] to meet, to find; *lit & fig* **~ amb** to meet up with. **-2.** *fam* [trobar-se] to bump into sb; **~ amb algú** to run into sb.

ensopir [ənsuˈpi] *vt* **-1.** to make sleepy. **-2.** *fam* [enganyar] to dupe. ◆ **ensopir-se** *vp* to get drowsy.

ensordir [ənsurˈdi] *vt* [causar sordera] to deafen, to muffle. ◆ **ensordir-se** *vp* to grow fainter.

ensorrar [ənsuˈra] *vt* [moralment] to sink. ◆ **ensorrar-se** *vp lit & fig* to subside.

ensucrar [ənsuˈkra] *vt* **-1.** to sugar. **-2.** *fig* to soften; **els guionistes han ensucrat massa la història** the writers have watered down the plot too much.

ensumar [ənsuˈma] ◇ *vi* to smell; *fig* to guess. ◇ *vt* to get wind (of).

ensuperbiment [ənsupərbiˈmen] *nm* conceit.

ensuperbir [ənsupərˈbi] *vt* to make proud; **l'èxit ensuperbeix** success brings pride.

ensurt [ənˈsurt] *nm* fright, scare.

entabanador -a [əntəβənəˈðo -oɾə] ◇ *adj* sham. ◇ *adj & nm, f* [persona] sham, humbug. ◇ *nm, f* trickster.

entabanar [əntəβəˈna] *vt* to coax, to inveigle.

entallar [əntəˈʎa] ◇ *vi* to nick. ◇ *vt* **-1.** [roba] to notch, to carve. **-2.** [fusta] to carve, to sculpt.

entapissar [əntəpiˈsa] *vt* **-1.** [moble] to upholster. **-2.** [paret] to paper, to cover.

entaular [əntəwˈla] *vt* [iniciar - lluita, conversa, amistat] to strike up, to start.

entebeir [əntəβəˈi] *vt* **-1.** [beguda, etc.] to cool. **-2.** [ànims, entusiasme] to warm;

[afecte, amistat] to become lukewarm. ➤ **entebeir-se** *vp* –1. [beguda, etc.] to cool; [atmosfera, habitació] to cool down. –2. [sentiment] to cool.

entelar [əntəˈla] *vt* –1. [vidre] to mist, to steam up. –2. *fig* [reputació] to tarnish. ➤ **entelar-se** *vp* to get misty.

entelèquia [əntəˈlɛkiə] *nf* –1. FILOS entelechy. –2. [fantasia] pipe dream.

entendre[1] [ənˈtendɾə] ◇ *vi* [comprendre] to understand; [saber] **~ de / en alguna cosa** to know all (about) sthg; **~ alguna cosa de** to know sthg of / about; **~ poc de** to understand little of / about. ◇ *vt* –1. [gen] to understand; **què entens tu per amistat?** what do you understand by friendship?; **fer ~** to make (sb) understand. –2. [opinar, jutjar]: **jo no entenc les coses així** I don't see things this way. ➤ **entendre's** *vp* –1. [gen] to know what one means; **ja m'hi entenc** I understand; **no m'hi entenc (pas)** I don't understand. –2. [comunicar-se] to communicate with each other. –3. [posar-se d'acord, avenir-se] to reach an agreement. –4. [tenir amors] to have an affair with.

entendre[2] [ənˈtendɾə] *nm*: **al meu ~** the way I see it.

entendrir [əntənˈdɾi] *vt* to tenderize. ➤ **entendrir-se** *vp* to be touched, to relent.

entenedor -a [əntənəˈðo -ɔɾə] ◇ *adj* comprehensible. ◇ *nm, f* understanding person.

enteniment [əntəniˈmen] *nm* understanding; **amb molt d'~** with great comprehension.

enter -a [ənˈter -eɾə] *adj* [complet] whole; **el poble ~** the entire town; **la casa ~a** the whole house. ➤ **enter** *nm* MAT integer.

enterbolir [əntərbuˈli] *vt* [ment] to disturb, to muddy.

enteresa [əntəˈɾɛzə] *nf* [fermesa] firmness; [serenitat] integrity; [honradesa] honesty.

enterrament [əntərəˈmen] *nm* burial.

enterramorts [ənˌterəˈmɔrts] *nmf* gravedigger.

enterrar [əntəˈra] *vt* to inter; *fig* [oblidar] to forget. ➤ **enterrar-se** *vp fig* to bury o.s. away.

entès -esa [ənˈtes -ɛzə] ◇ *adj* –1. expert. –2. [comprès] understood; **entesos!** all right! –3. [expert]: **ser ~ en** to be an expert in / on. ◇ *nm, f* expert. ➤ **entesa** *nf* understanding.

entestar-se [əntəsˈtarsə] *vp* –1. to be determined; **~ a fer alguna cosa** to insist on doing sthg; **~ en una idea** to keep on about an idea. –2. to persist; **~ a** to keep working at.

entitat [əntiˈtat] *nf* –1. [organisme] entity, body; **~ esportiva** sports organization; **~ local** local company. –2. [empresa] firm, company; **una ~ privada** a privately owned company; **~ bancària** banking establishment / firm. –3. FILOS entity.

entollar [əntuˈʎa] *vt* to swamp. ➤ **entollar-se** *vp* [terreny] to be swamped.

entomar [əntuˈma] *vt* to catch.

entonació [əntunəsiˈo] *nf* intonation; **cantar amb bona ~** to sing in tune.

entonar [əntuˈna] ◇ *vi* –1. [en cantar] to chant, to sing in tune. –2. [harmonitzar]: **~ amb** to match (sthg). ◇ *vt* –1. [cantar] to sing. –2. [tonificar] to tone up.

entorn [ənˈtorn] *nm* outline, environs. ➤ **a l'entorn de** ◇ *loc adv* around. ◇ *loc prep* [aproximadament] somewhere around. ➤ **entorn de** *loc prep* [al voltant de] approximately.

entossudir-se [əntusuˈðirsə] *vp* [insistir]: **~ a fer alguna cosa** to persist in doing sthg; [persistir] to keep (on).

entrada [ənˈtɾaðə] *nf* –1. [gen] entry; [d'hotel] entrance; [de gas, aigua] inlet. –2. [bitllet] ticket; **treure una ~** to buy a ticket. –3. [pagament] intake, assets. –4. [ingrés] income; **~ de diners** cash income. –5. [al front]: **tenir entrades** to have a receding hairline. –6. [principi] beginning, start; **d'~** right from the beginning / the word go. –7. INFORM input.

entrant [ənˈtɾan] ◇ *adj* [any, mes] coming; [president, govern] (the) next. ◇ *nm* [plat] starter.

entranya [ənˈtɾaɲə] *nf* [de persona, animal, Terra] entrails, centre.

entranyable [əntɾəˈɲabblə] *adj* [amic, records] intimate; [amistat] close; [carta, persona, escena, etc.] tender.

entrar [ənˈtɾa] ◇ *vi* –1. [gen] to introduce; **~ (en)** to bring (in); **entra a casa** to come / get home; **vaig ~ per la finestra** I got in through the window; **~ a l'exèrcit** to enlist in the army; **entrem en un període de...** we are entering a period of...; **això no entrava dins dels meus càlculs** this wasn't included in my calculations; **~ de** to begin as; **va ~ de telefonista i ara és directora** she went in as a telephonist and now she's the director. –2. [cabre]:

entre

aquest anell no t'entra this ring is too small for you; **tots no entrem dins del teu cotxe** we can't all fit in your car. **–3.** [començar]: va ~ a treballar aquí el mes passat he started working here last month. **–4.** [estat físic o d'ànim]: li van ~ ganes de parlar she felt like talking; **m'està entrant fred** I'm getting cold; li va ~ pànic he started to panic. **–5.** [estar inclòs]: ~ en to be included in; això no entra en el preu this isn't included in the price. **–6.** [quantitat]: quantes n'entren en un quilo? how many are there in a kilo? **–7.** [figurar]: jo entro en el grup dels dissidents I'm in the dissident group. **–8.** *fam* [concepte, assignatura, etc.]: no li entra la geometria he can't get the hang of geometry. **–9.** AUTOM: no entra la tercera it won't go into third gear. **–10.** [ser prou ample]: aquests pantalons no m'entren I can't get into these trousers. ◇ *vt* **–1.** [ficar] to bring in; entra les cadires perquè plou bring the chairs in because it's raining. **–2.** [peça de vestir] to take back, to return.

entre ['entrə] *prep* **–1.** [gen] between, among; ~ **Barcelona i Tarragona** between Barcelona and Tarragona; ~ **la vida i la mort** between life and death; [en confiança] ~ **nosaltres** between the two of us. **–2.** [enmig de - molts] among; [- coses] in; ~ **els millors** amongst the best; ~ **els papers** amongst the papers; ~ **els rosers** amongst the rose bushes. **–3.** [addició]: ~ **tu i jo ho aconseguirem** between the two of us we'll manage it; ~ **una cosa i una altra, ens ha sortit caríssim** (what) with one thing and another it was all very expensive. **–4.** [recíproc]: ~ **si** between / among them; **discutien ~ si** they argued among themselves.

entreacte [ˌentrəˈaktə] *nm* interval.

entrebanc [ˌentrəˈβaŋ] *nm* **–1.** [ensopec, falta] hindrance. **–2.** *fig* [impediment] obstacle, stumbling block.

entrebancar [ˌentrəβəŋˈka] *vt* **–1.** to impede, to bother; les joguines per terra entrebanquen la mare en passar toys on the floor get in mama's way. **–2.** *fig*: els deutes han entrebancat la realització del projecte debts have hindered us in carrying out the project. ◆ **entrebancar-se** *vp* **–1.** to run into / up against; **a les fosques, m'he entrebancat amb les joguines** in the darkness I stumbled over the toys. **–2.** *fig*: ~-se en una conversa to get tangled up in a conversation.

entrecot [ˌentrəˈkɔt] *nm* entrecôte, sirloin.

entrecuix [ˌentrəˈkuʃ] *nm* crotch.
entrega [ənˈtrɛɣə] *nf* ▶ **lliurament**.
entregar [ˌentrəˈɣa] ▶ **lliurar**.
entreguerres [ˌentrəˈɣɛrəs] ◆ **d'entreguerres** *loc adj* between (two) wars.
entrellaçar [ˌentrəʎəˈsa] *vt* to interlace, to intertwine.
entremaliadura [ˌentrəməliəˈðurə] *nf* prank.
entremaliat -ada [ˌentrəməliˈat -aðə] ◇ *adj* **–1.** mischievous. **–2.** naughty. ◇ *nm, f* naughty person.
entremès [ˌentrəˈmɛs] *nm* CULIN side dish.
entremesclar [ˌentrəməsˈkla] *vt* to intermingle. ◆ **entremesclar-se** *vp* to mix.
entremetre's [ˌentrəˈmetrəs] *vp* to intrude; [immiscir-se] ~ **en** to interfere (in / with).
entremig [ˌentrəˈmitʃ] *adv* amid(st).
entrenador -a [ˌentrənəˈðo -orə] *nm, f* coach.
entrenament [ˌentrənəˈmen] *nm* training.
entrenar [ˌentrəˈna] *vi* to train. ◇ *vt* to train. ◆ **entrenar-se** *vp* to train.
entreobrir [ˌentrəuˈβri] *vt* to half-open.
entrepà [ˌentrəˈpa] *nm* [per a menjar] sandwich; ~ **de carn** meat sandwich.
entresòl [ˌentrəˈsɔl] *nm* [pis] mezzanine.
entretant [ˌentrəˈtan] *adv* in the meantime.
entretemps [ˌentrəˈtems] *nm* [roba]: d'~ between-season (*abans de nom*).
entreteniment [ˌentrətəniˈmen] *nm* **–1.** [diversió, passatemps] entertainment. **–2.** [manteniment] maintenance.
entretenir [ˌentrətəˈni] *vt* **–1.** [divertir] to amuse, to entertain. **–2.** [retardar - persona] to hold up, to keep. **–3.** [mantenir] to keep alive, to sustain. **–4.** [fer oblidar - gana] to stave off; [- dolor] to calm. ◆ **entretenir-se** *vp* **–1.** [distreure's] to get distracted, to be delayed. **–2.** [divertir-se] to amuse o.s. **–3.** [retardar-se] to be held up.
entretingut -uda [ˌentrətiŋˈgut -uðə] *adj* [divertit] amusing, entertaining; [laboriós] long.
entreveure [ˌentrəˈβewrə] *vt lit & fig* to half-see. ◆ **entreveure's** *vp fig* [endevinar-se] to be barely visible; **no s'entreveu una solució** *fig* there's no sign of a solution.
entrevista [ˌentrəˈβistə] *nf* **–1.** [de feina, etc.] interview; ~ **de selecció** job interview. **–2.** [de periodista]: **fer una ~ a algú** to have an interview with sb.

entrevistar [əntɾəßis'ta] *vt* to interview. ➤ **entrevistar-se** *vp*: ~-se (amb) to have a meeting with.

entristir [əntɾis'ti] *vt* [persona] to sadden; [cosa] to make sad. ➤ **entristir-se** *vp* **-1.** to become sad. **-2.** ~-se (per / amb alguna cosa) to be sad about / because of sthg.

entrompar-se [əntɾum'parsə] *vp fam* to get stewed.

entroncar [əntɾuŋ'ka] *vi* **-1.** [autopistes, carreteres] to connect. **-2.** [família]: ~ amb to be related to; [tren, etc.] to connect.

entronitzar [əntɾuni'dza] *vt* **-1.** [en el tron] to enthrone; **el van ~ com a rei** the king was enthroned. **-2.** *fig* [en una posició] to honour, to exalt.

entubar [əntu'ßa] *vt* **-1.** [cosa] to fit with tubes. **-2.** [persona] to intubate, to cannulate.

entumir [əntu'mi] *vt* to swell, to grow numb. ➤ **entumir-se** *vp* to become numb.

entusiasmar [əntuziəz'ma] *vt* **-1.** [agradar molt] to fill with enthusiasm; **m'entusiasma menjar** I love eating. **-2.** [animar] to excite, to thrill. ➤ **entusiasmar-se** *vp*: ~-se (amb) to get excited about.

entusiasme [əntuzi'azmə] *nm* enthusiasm.

entusiasta [əntuzi'astə] ◇ *adj* enthusiastic. ◇ *nmf* enthusiast.

enuig [ə'nut∫] *nm* **-1.** worry, anxiety; [enfadar] **causar** ~ to cause annoyance; [molestar] to bother. **-2.** boredom.

enumerar [ənumə'ɾa] *vt* to enumerate, to list.

enunciar [ənunsi'a] *vt* to formulate.

enunciat [ənunsi'at] *nm* [gen & LING] formulation.

enutjar [ənu'dʒa] *vt* **-1.** to annoy. **-2.** to offend. ➤ **enutjar-se** *vp* to get annoyed; ~-se amb / contra to get cross at / with sb.

enutjós -osa [ənu'dʒos -ozə] *adj* **-1.** distressing, troublesome. **-2.** [situació] delicate. **-3.** [paraula] irritating.

envà [əm'ba] *nm* partition wall.

envair [əmbə'i] *vt lit & fig* to overrun, to invade.

envanir [əmbə'ni] *vt* **-1.** to make conceited. **-2.** to swell with vanity. ➤ **envanir-se** *vp* **-1.** to grow vain; ~-se (amb) to swell with pride (at). **-2.** ~-se d'alguna cosa to be conceited about sthg; ~-se de fer alguna cosa to swell with pride at doing sthg.

envàs [əm'bas] *nm* **-1.** [gen] container. **-2.** [embolcall] packing; [ampolla] bottle; [llauna] tin *Br*, can *Am*; ~ no retornable non-returnable bottle; ~ per a llençar disposable container.

envasament [əmbazə'men] *nm* [en ampolles, paquets] bottling, packaging; ~ en llaunes conserving in tins.

envasar [əmbə'za] *vt* [en ampolles, paquets] to tin, to can, to bottle.

enveja [əm'beʒə] *nf* **-1.** [admiració] envy. **-2.** [gelosia] jealousy; **em fa ~ el teu vestit nou** your new dress really makes me envious; **tenir ~ de** to be jealous of.

envejar [əmbə'ʒa] *vt* **-1.** [sentir admiració] to envy. **-2.** [sentir gelosia] to be jealous.

envejós -osa [əmbə'ʒos -ozə] ◇ *adj* envious. ◇ *nm, f* envious person.

envelat [əmbə'lat] *nm* awning, marquee.

envelliment [əmbəʎi'men] *nm* ag(e)ing.

envellir [əmbə'ʎi] *vt & vi* to (cause to) age.

envergadura [əmbərɣə'ðuɾə] *nf* breadth, beam.

enverinament [əmbəɾinə'men] *nm* poisoning.

enverinar [əmbəɾi'na] *vt* to poison.

envernissar [əmbərni'sa] *vt* to varnish.

envers [əm'bɛrs] *prep* towards; ~ algú towards sb.

envestida [əmbəs'tiðə] *nf* assault.

envestir [əmbəs'ti] *vt* to attack.

enviar [əmbi'a] *vt* to send; ~ algú a fer alguna cosa to send sb away; *fam* ~ algú a passeig / a la porra to send sb packing; ~ alguna cosa per correu to send sthg by post.

enviat -ada [əmbi'at -aðə] *nm, f* envoy; ~ especial special correspondent.

enviduar [əmbiðu'a] *vi* ➤ **enviudar**.

envilir [əmbi'li] *vt* to degrade. ➤ **envilir-se** *vp* to lower o.s.

enviudar [əmbiw'ða], **enviduar** [əmbiðu'a] *vi* to become a widow(er).

envol [əm'bɔl] *nm* AERON takeoff.

envolar-se [əmbu'larsə] *vp* to take off; **se m'ha envolat el barret** my hat has blown off.

envoltar [əmbul'ta] *vt* [encerclar] to surround. ➤ **envoltar-se** *vp* to surround o.s. with; ~-se de to be surrounded by.

enxampar [əɲʃəmˈpa] *vt* **–1.** [*fam*] [detenir] to overtake. **–2.** [lladre, malaltia] to catch. **–3.** [sorprendre] to surprise, take unaware.

enyorança [əɲuˈɾansə] *nf* **–1.** homesickness. **–2.** [del passat] nostalgia; [d'una persona] sense of loss.

enyorar [əɲuˈɾa] *vt* [passat] to miss; **enyora el seu país natal** she longs for her own country; **enyoro la meva germana** I miss my sister.

enzim [anˈzim] *nm* enzyme.

ep! [ˈep] *interj* hey!; **~, sóc aquí!** hey, here I am!

EPD (abrev d'en pau descansi) RIP.

èpic -a [ˈepik -ə] *adj* epic. ◆ **èpica** *nf* epic poetry.

epicentre [əpiˈsentɾə] *nm* epicentre.

epicuri -úria [əpiˈkuɾi -uɾiə] *adj & nm, f* epicurean.

epidèmia [əpiˈðɛmiə] *nf* epidemic.

epidermis [əpiˈðɛrmis] *nf inv* epidermis.

epiglotis [əpiˈɣlɔtis] *nf inv* epiglottis.

epígraf [əˈpiɣɾəf] *nm* epigraph.

epíleg [əˈpilək] *nm lit & fig* epilogue.

epilèpsia [əpiˈlɛpsiə] *nf* epilepsy.

episcopat [əpiskuˈpat] *nm* episcopacy.

episodi [əpiˈzɔði] *nm* episode.

epístola [əˈpistulə] *nf* epistle.

epitafi [əpiˈtafi] *nm* epitaph.

epiteli [əpiˈteli] *nm* epithelium.

epítet [əˈpitət] *nm* epithet.

època [ˈɛpukə] *nf* epoch, period; [estació] season; [vestit, cotxe] **d'~** vintage car; [pel·lícula] old movie; **fer ~** to become a symbol of its time.

epopeia [əpuˈpejə] *nf lit & fig* epic.

èpsilon [ˈɛpsilun] *nf* epsilon.

equació [əkwəsiˈo] *nf* equation; **~ de segon grau** quadratic equation.

equador [əkwəˈðo] *nm* equator.

equànime [əˈkwanimə] *adj* [en el judici, en l'ànim] impartial.

eqüestre [əˈkwɛstɾə] *adj* equestrian.

equí -ina [əˈki -inə] *adj* equine.

equidistant [əkiðisˈtan] *adj* equidistant.

èquids [ˈɛkits] *nm pl* members of the horse family.

equilàter -a [əkiˈlatər -əɾə] *adj* equilateral.

equilibrar [əkiliˈβɾa] *vt* to balance. ◆ **equilibrar-se** *vp* to balance.

equilibrat -ada [əkiliˈβɾat -aðə] *adj* balanced.

equilibri [əkiˈliβɾi] *nm* equilibrium; **mantenir alguna cosa en ~** to keep sthg balanced; **mantenir-se en ~** to stay balanced; **perdre l'~** to lose one's balance; **~ ecològic** ecological balance; *fig* **fer ~s** to perform a balancing act.

equilibrista [əkiliˈβɾistə] *nmf* tightrope walker.

equinocci [əkiˈnɔksi] *nm* equinox.

equip [əˈkip] *nm* **–1.** [d'objectes] equipment; **~ d'oficina** office equipment. **–2.** [de núvia] trousseau; [de soldat] kit. **–3.** [de persones, jugadors]: **~ de rescat** rescue team. **–4.** [de música]: **~ (de so)** (sound) system.

equipar [əkiˈpa] *vt* to outfit; **~ (amb / de)** to fit out with. ◆ **equipar-se** *vp* to fit o.s. out with.

equiparar [əkipəˈɾa] *vt*: **~ a / amb** to compare to / with. ◆ **equiparar-se** *vp* to compare o.s. (to / with).

equipatge [əkiˈpadʒə] *nm* luggage, baggage; **~ de mà** hand luggage.

equitació [əkitəsiˈo] *nf* horse riding.

equitat [əkiˈtat] *nf* equity, fairness.

equitatiu -iva [əkitəˈtiw -iβə] *adj* evenhanded.

equivalència [əkiβəˈlɛnsiə] *nf* equivalence.

equivalent [əkiβəˈlen] ◇ *adj* equivalent. ◇ *nm* equivalent.

equivaler [əkiβəˈle] *vi* to be equivalent to; **~ a** to amount to.

equívoc -a [əˈkiβuk -ə] *adj* equivocal, ambiguous. ◆ **equívoc** *nm* [error] misunderstanding.

equivocació [əkiβukəsiˈo] *nf* mistake.

equivocar [əkiβuˈka] *vt* to choose wrongly; **~ alguna cosa amb alguna cosa** to mistake one thing for another. ◆ **equivocar-se** *vp*: **~-se (de)** to make a mistake (about); **~-se amb algú** to be wrong about sb.

equivocat -ada [əkiβuˈkat -aðə] *adj* mistaken.

era [ˈɛɾə] *nf* **–1.** [gen & HIST] era; [napoleònica, gòtica, etc.] the Napoleonic Age, the Gothic Age; **~ cristiana** (the) Christian era; **~ geològica** geological era; **~ primària / secundària / terciària** Primary / Secondary / Tertiary Period of the Cenozoic Era. **–2.** [per a trillar] threshing-floor.

eradicació [əɾəðikəsiˈo] *nf* eradication; [de locals] suppression.

eradicar [əɾəðiˈka] *vt* to eradicate.

erari [əˈrari] *nm* funds *pl*; ~ públic; exchequer.

ERASMUS [əˈrazmus] (abrev de European Action Scheme for the Mobility of University Students) ERASMUS.

ERC (abrev d'Esquerra Republicana de Catalunya) left-wing Catalan nationalist party.

erecció [ərəksiˈo] *nf* erection.

erecte -a [əˈrɛktə] *adj* erect; [penis] in erection.

eriçar [əriˈsa] *vt* to cause to stand on end. ◆ **eriçar-se** *vp* to stand on end.

eriçat -ada [əriˈsat -aðə] *adj lit & fig* on end.

eriçó [əriˈso] *nm* **–1.** [mamífer] hedgehog. **–2.** [peix] sea urchin.

erigir [əriˈʒi] *vt* **–1.** [construir] to raise, to build. **–2.** [nomenar] to name. ◆ **erigir-se** *vp*: ~-se en to set o.s. up in / as.

erm -a [ˈɛrm -ə] *adj* **–1.** barren; un terreny ~ an uninhabited plot. **–2.** [estèril] barren. **–3.** [despoblat] uninhabited. ◆ **erm** *nm* **–1.** wasteland. **–2.** [desert] desert. **–3.** [terreny] empty plain.

ermini [ərˈmini] *nm* ermine.

ermita [ərˈmitə] *nf* hermitage.

ermità -ana [ərmiˈta -anə] *nm, f* hermit.

eros [ˈɛros] *nm inv* Eros.

erosionar [əruziuˈna] *vt* to erode. ◆ **erosionar-se** *vp* to erode.

eròtic -a [əˈrɔtik -ə] *adj* erotic. ◆ **eròtica** *nf* erotica; l'~a del poder the thrill of power.

erotisme [əruˈtizmə] *nm* eroticism.

errant [əˈran] *adj* roving, errant.

errar [əˈra] ◇ *vi* **–1.** [equivocar-se] to choose wrongly. **–2.** [en disparar] to miss. **–3.** [vagar] to wander. ◇ *vt* **–1.** [camí, rumb, etc.] to choose wrongly; ~ la vocació to choose the wrong vocation. **–2.** [tret, cop] to miss.

errata [əˈratə] *nf* misprint, erratum.

erroni -ònia [əˈrɔni -ɔniə] *adj* mistaken.

error [əˈrɔr] *nm* **–1.** ésser / estar en l'~ to be mistaken; per ~ by mistake; salvat ~ o omissió errors and omissions excepted. **–2.** mistake, error; *fig* un ~ de joventut a youthful error.

eructar [ərukˈta] *vi* to belch.

eructe [əˈruktə] *nm* belch.

erudit -a [əruˈðit -ə] ◇ *adj* erudite. ◇ *nm, f* scholar.

eruga [əˈruɣə] *nf* [ZOOL & cadena] caterpillar.

erupció [ərupsiˈo] *nf* **–1.** [de volcà] eruption; en ~ erupting. **–2.** MED rush.

es [əs] (**s'** davant de verb començat en vocal o h; **'s** darrere de verb acabat en vocal; **se** darrere de verb acabat en consonant o davant d'un altre pronom) *pron pers* **–1.** [reflexiu] herself *f*, himself *m*, themselves *pl*; ~ passeja he is taking a walk; ~ diverteix she is having a good time. **–2.** [recíproc]: ~ tutegen they use the informal with each other; s'estimen they love each other; renti's les mans wash your hands. **–3.** [impersonal]: ~ parla anglès English is spoken.

esbalair [əzbaləˈi] *vt* **–1.** [sorprendre] to astonish, to amaze. **–2.** to astound. ◆ **esbalair-se** *vp* to be astonished.

esbandir [əzbənˈdi] *vt* to rinse (out). ◆ **esbandir-se** *vp* to rinse o.s. / one's hands / one's mouth.

esbarjo [əzˈbarʒu] *nm* [lleure] relaxation; EDUC break, recreation.

esbarzer [əzbərˈze] *nm* **–1.** [arbust] bramble. **–2.** mulberry tree.

esbarzerar [əzbərzəˈra] *nm* bramble patch.

esberlar [əzbərˈla] *vt* to splinter, to break. ◆ **esberlar-se** *vp* to shatter, to splinter.

esbiaixar [əzbiəˈʃa] *vt* to slope, to slant.

esbombar [əzbumˈba] *vt* **–1.** [difondre] to reveal, to spread. **–2.** *fam* [pregonar] to make widely known.

esborrador [əzburəˈðo] *nm* duster.

esborrany [əzbuˈraɲ] *nm* [escrit] rough draft.

esborrar [əzbuˈra] *vt* **–1.** [gen] to erase; [amb goma] to rub out. **–2.** [ratllar] to delete, to cross out. ◆ **esborrar-se** *vp* **–1.** [desaparèixer] to withdraw (sb / sthg) from. **–2.** [oblidar-se]: se m'ha esborrat la seva cara I can't remember his face.

esborronar [əzburuˈna] *vt* to frighten.

esbós [əzˈbɔs] *nm* **–1.** draft, outline. **–2.** *fig* [de tema, situació] fer un ~ d'alguna cosa to outline sthg.

esbossar [əzbuˈsa] *vt lit & fig* to sketch.

esbotzar [əzbuˈdza] *vt* to break open; la torrentada ha esbotzat la presa the flood has burst the dam. ◆ **esbotzar-se** *vp*: la pilota s'ha esbotzat the ball has burst.

esbrinar [əzbriˈna] *vt* to investigate; [assabentar-se] to learn of, find out.

esbronc [əzˈbrɔŋ] *nm* telling off, row; clavar un ~ a algú to give sb a piece of one's mind.

esbroncar [əzbruŋˈka] vt **–1.** to rebuke, to scold. **–2.** [reprendre] to tell off.

esbudellar [əzbuðəˈʎa] vt [treure els budells] to disembowel.

esbufec [əzbuˈfɛk] nm **–1.** [d'animal] wheeze, gasp. **–2.** fam [de persona] wheeze, gasp; **fer un ~** to breathe heavily. **–3. fer ~s** to puff and blow.

esbufegar [əzbufəˈɣa] vi **–1.** [brau] to wheeze; [cavall] to neigh. **–2.** to pant.

escabellar [əskəβəˈʎa] vt to ruffle. ➢ **escabellar-se** vp to muss up one's hair.

escabetx [əskəˈβɛtʃ] nm brine, pickle; [de peix] marinade; **~ de sardina / perdiu** marinaded sardines pl / partridge; [peix] **en ~** in marinade.

escabetxada [əskəβəˈtʃaðə] nf marinated, marinaded.

escabetxar [əskəβəˈtʃa] vt **–1.** CULIN to pickle, to marinate. **–2.** fam [en examen] to fail an exam.

escabrós -osa [əskəˈβɾos -ozə] adj **–1.** [superfície] rough; **un terreny ~** rugged terrain. **–2.** [obscè] risqué. **–3.** [espinós] awkward, thorny.

escac [əsˈkak] nm square, check, chesspiece; **~ al rei** check; **~ i mat** checkmate. ➢ **escacs** nm pl chess.

escafandre [əskəˈfandɾə] nm diving suit; **~ espacial** space suit.

escaig [əsˈkatʃ] nm remnant; [quantitat indeterminada] **i ~** and a bit; **a les cinc i ~** at a little after five.

escaiola [əskəˈjɔlə] nf **–1.** plaster. **–2.** [planta] canary grass. **–3.** [llavor per a les aus] birdseed.

escaire [əsˈkajɾə] nm GEOM square.

escala [əsˈkalə] nf **–1.** [gen] ladder, stair(case); **~ de cargol** (spiral / winding) staircase; **~ d'incendis** fire escape; **~ de mà** (step)ladder; **~ de servei** service stairs; **~ de tisora** step ladder; **~ mecànica / automàtica** escalator. **–2.** [gen & FÍS] stairs, staircase, scale; **a ~ 1:50.000** on a scale of 1:50,000; **a ~ internacional** on an international scale; **a gran ~** on a large scale. **–3.** [MÚS & de colors] range; **~ musical** musical scale. **–4.** [en un viatge] stopover; **fer ~** to (make a) stopover. **–5.** [grau] mark, classification; **~ de popularitat** popularity stakes pl. **–6.** [en cartes] straight; **~ de color** straight flush.

escalada [əskəˈlaðə] nf lit & fig climb, rise.

escalador -a [əskələˈðo -oɾə] ◇ adj climbing (abans de nom). ◇ nm, f [que escala, alpinista] climber.

escalafó [əskələˈfo] nm scale, ladder; [en la feina] promotion chart.

escalar [əskəˈla] vt to climb; fam fig [socialment] **~ posicions** to climb socially.

escaldar [əskəlˈda] vt **–1.** [ou] to boil. **–2.** CULIN to scald. ➢ **escaldar-se** vp [amb aigua] to scald o.s.

escaldat -ada [əskəlˈdat -aðə] adj **–1.** CULIN scalded. **–2.** fig [persona] wary, cautious. **–3.** fig: **en sortiràs ~** you'll get your fingers burnt / burned.

escalfador -a [əskəlfəˈðo -oɾə] adj heating, warming. ➢ **escalfador** nm [d'aigua] heater.

escalfar [əskəlˈfa] vt [menjar] to heat; **~ aigua** to heat water; fig [públic, etc.] to rouse; fig [pegar] to strike. ➢ **escalfar-se** vp **–1.** [subj: persona] to warm o.s.; [subj: menjar] to warm sthg (up); [subj: ànims, esportista] to warm up. **–2.** fam fig [sexualment] to turn on.

escalfor [əskəlˈfo] nf heat, warmth.

escalinata [əskəliˈnatə] nf outside staircase.

escaló [əskəˈlo] nm ➢ **esglaó**.

escalonar [əskəluˈna] vt to space out, to terrace.

escalopa [əskəˈlɔpə] nf escalope.

escamarlà [əskəmərˈla] nm Norway lobster.

escamnar [əskəmˈna] vt to make wary. ➢ **escamnar-se** vp to become wary; **es va ~** he got suspicious.

escamot [əskəˈmɔt] nm MIL & ESPORT small flock / herd; **~ d'execució** execution squad.

escamotejar [əskəmutəˈʒa] vt [estafar] to whisk / snatch away; [furtar] to palm.

escampar [əskəmˈpa] ◇ v impers [deixar de ploure] to scatter, to spread. ◇ vt **–1.** [líquid, oli, notícia] to spread. **–2.** to disperse, to separate. **–3.** [papers, objectes] to scatter, to disperse. **–4.** fig [diners] to squander, to waste. ➢ **escampar-se** vp **–1.** to scatter. **–2.** [papers] to disperse.

escandalitzar [əskəndəliˈdza] vt [indignar] to scandalize; [esvalotar] to make a row. ➢ **escandalitzar-se** vp: **~-se de** to be scandalized by.

escandalós -osa [əskəndəˈlos -ozə] ◇ adj **–1.** [gen] scandalous. **–2.** [sorollós] very noisy; [nens] rowdy. ◇ nm, f very noisy / loud person.

escàndol [əsˈkandul] *nm* **–1.** [gen] scandal. **–2.** [esvalotament] uproar, racket; [a classe] uproar in the classroom.

escànner [əsˈkannər] *nm* scanner.

escanyolit -ida [əskəpuˈlit -iðə] ◇ *adj* [persona] thin, weak; **un rostre ~** a skinny face. ◇ *nm, f* weakling.

escapada [əskəˈpaðə] *nf* **–1.** [sortida ràpida] flight, flying visit. **–2.** ESPORT breakaway.

escapament [əskapəˈmen] *nm* getaway, escape.

escapar [əskəˈpa] *vi* **–1.** to escape; [fugir d'un lloc] **~ (de)** to get away (from). **–2.** [lliurar-se, quedar fora de l'abast]: **~ a alguna cosa / a algú** to be beyond sb, to escape sb. ➡ **escapar-se** *vp* **–1.** [fugir] to flee; **~-se (d'alguna cosa)** to escape (from sthg). **–2.** [involuntàriament]: **se li va ~ el riure / una paraulota** he let out a laugh / a curse; **se li va ~ el tren / l'oportunitat** he missed the train/the oportunity. **–3.** [líquid, gas] to leak.

escapatòria [əskapəˈtɔɾiə] *nf* [fuita] flight; [escapada] trip; [persona] **no tenir ~** not to have any loophole / means of escape.

escapçar [əskəpˈsa] *vt* [planta, arbre] to pollard, to cut back.

escapolir-se [əskəpuˈlirsə] *vp* **–1.** *fam* to break free, to escape; **~ de fer alguna cosa** to get out of doing sthg. **–2.** [escaparse] to slip away.

escapulari [əskəpuˈlaɾi] *nm* scapular(y).

escaquer [əskaˈke] *nm* chessboard.

escarabat [əskaɾəˈβat] *nm* **–1.** ZOOL beetle. **–2.** *fam* [cotxe] (the) Beetle.

escarafalls [əskaɾəˈfaʎs] *nm pl* excessive concern; **fer ~** to make a fuss.

escaramussa [əskaɾəˈmusə] *nf* skirmish, brush.

escarlata [əskərˈlatə] *adj & nf* scarlet.

escarlatina [əskərləˈtinə] *nf* scarlet cloth, scarlet fever.

escarment [əskərˈmen] *nm* lesson; **servir d'~** to serve as a lesson.

escarmentar [əskərmənˈta] *vi* to teach a lesson.

escarn [əsˈkarn], **escarni** [əsˈkarni] *nm* derision.

escarniment [əskərniˈmen] *nm* ➡ **escarn**.

escarnir [əskərˈni] *vt* to ridicule.

escarola [əskəˈɾɔlə] *nf* endive.

escarpat -ada [əskərˈpat -aðə] *adj* steep.

escarransit -ida [əskəɾənˈsit -iðə] *adj* **–1.** puny, rachitic. **–2.** [persona] weak, skinny; [vell] rickety; [planta] stunted.

escartejar [əskərtəˈʒa] *vt* to leaf through, to skim.

escarxofa [əskərˈʃɔfə] *nf* ➡ **carxofa**.

escàs -assa [əsˈkas -asə] *adj* **–1.** [insuficient - recursos, menjar] scant, scarce; [- nombre, quantitat] scarce, sparse; **anar ~ de diners** to be short of money. **–2.** [poc freqüent] rare. **–3.** [quasi complet] short; **un metre / quilo ~** barely a metre / a kilo; **mitja hora escassa** barely / not quite half an hour.

escassejar [əskasəˈʒa] *vi* to skimp.

escassesa [əskaˈsezə] *nf* **–1.** [carestia] shortage, lack. **–2.** [pobresa] poverty.

escata [əsˈkatə] *nf* **–1.** [de peix, rèptil] scale. **–2.** [de sabó] soapflakes *pl*. **–3.** [a la pell] flake.

escatar [əskəˈta] *vt* [treure escates] to scale.

escatimar [əskatiˈma] *vt* [menjar, mitjans] to skimp; [esforços] to cut down; **no ~ alguna cosa** not to stint on sthg.

escena [əˈsenə] *nf* scene, stage; **portar alguna cosa a ~** to stage sthg; **posar en ~** to stage; *fig* **fer una ~** to make a scene.

escenari [əsəˈnaɾi] *nm* **–1.** [taules] stage, setting. **–2.** CIN & TEAT [lloc de l'acció] stage. **–3.** *fig* [de succés]: **l'~ del crim** the scene of the crime.

escenificar [əsənifiˈka] *vt* to stage.

escenografia [əsənuɣɾəˈfiə] *nf* **–1.** [art] set design. **–2.** [decorats] production.

escèptic -a [əˈseptik -ə] ◇ *adj* sceptical. ◇ *nm, f* sceptic.

escepticisme [əsəptiˈsizmə] *nm* scepticism.

escindir [əsinˈdi] *vt* to split. ➡ **escindir-se** *vp* [partit polític, etc.]: **~-se (en)** to split (into); [àtom] to split.

escissió [əsisiˈo] *nf* [de partit polític, etc.] split; [del nucli] splitting.

esclafar [əsklaˈfa] *vt fam* to crush, to bruise.

esclarir [əsklaˈɾi] *vt* **–1.** [gen] to clarify [cabell] to comb out, to untangle. **–2.** [assumpte] to clear up. ➡ **esclarir-se** *vp* [temps] to clear (up); [cel] to dawn, to brighten.

esclarissat -ada [əskləɾiˈsat -aðə] *adj* [cabells, barba] disentanglement, combing out.

esclat [əsˈklat] *nm* **–1.** [de llum, brillantor] explosion, burst; [d'estel] sparkling, shimmer. **–2.** [de guerra, pneumàtic] outbreak.

esclatar [əsklə'ta] *vi* **-1.** to burst; [vidre] to shatter; **~ en plors / en rialles** to burst into tears / laughter. **-2.** to break out.

esclau -ava [əs'klaw -aβə] *adj & nm, f lit & fig* slave. ➤ **esclava** *nf* [braçalet] slave f, bangle f, bracelet f.

esclavitud [əskləβi'tut] *nf lit & fig* slavery.

esclavitzar [əskləβi'dza] *vt* to enslave; **el vi / la feina l'esclavitza** wine / work makes him a slave.

esclerosi [əsklə'ɾɔzi] *nf* sclerosis.

escletxa [əs'kletʃə] *nf* **-1.** [obertura] crack, cleft. **-2.** *fig* [d'esperança] glimmer.

esclop [əs'klɔp] *nm* [sabata] clog, wooden shoe.

escó [əs'ko], **escon** [əs'kon] *nm* bench, seat in parliament.

escodrinyar [əskuðɾi'ɲa] *vt* **-1.** [mirar] to scrutinize; [investigar] to inquire into. **-2.** *fig* [examinar] to examine, to search.

escola [əs'kɔlə] *nf* school; **~ de magisteri** teacher training college; **~ bressol** nursery school; **~ privada / pública** private / state school; **~ universitària** higher school; **formar / fer ~** to have a following; **ser de la vella ~** to be of the old school.

escolanet [əskulə'net] *nm* altar boy.

escolania [əskulə'niə] *nf* choir (school).

escolar [əsku'la] ⬦ *adj* scholastic. ⬦ *nmf* pupil, schoolboy m, schoolgirl f.

escolar-se *vp* [temps] pass, slip away.

escolaritzar [əskuləɾi'dza] *vt* to provide education / schools (for).

escoliosi [əskuli'ɔzi] *nf* scoliosis.

escollir [əsku'ʎi] *vt* to choose.

escollit -ida [əsku'ʎit -iðə] *adj* selected, chosen.

escolta [əs'kɔltə] ⬦ *nf* listening in, monitoring; **escoltes telefòniques** telephone tapping. ⬦ *nmf* boy scout m, girl guide f.

escoltar [əskul'ta] *vt* to listen to; **escolti, si us plau!** listen, please!; *fam* **escolta!** listen!; *fig* **~, veure i callar** listen, look and keep your mouth shut. ➤ **escoltar-se** *vp* to like to hear o.s. talk.

escombra [əs'kombɾə] *nf* broom.

escombrar [əskum'bɾa] *vt* to sweep.

escombraries [əskumbɾə'ɾiəs] *nf pl* **-1.** refuse, rubbish. **-2.** *fig* [de mala qualitat] rubbish Br, trash Am.

escombratge [əskum'bɾadʒə] *nm* [gen & TECNOL] scanning.

escombreta [əskum'bɾɛtə] *nf* **-1.** [escombra] brush. **-2.** ELECT new broom.

escombriaire [əskumbɾi'ajɾə] *nm* [persona] dustman Br, garbage collector Am.

escomesa [əsku'mezə] *nf* **-1.** [atac] assault, attack. **-2.** connection.

escometre [əsku'metɾə] *vt* **-1.** [abordar] to attack; **en aquest, no sé per on ~'l** I don't know how to go after that one. **-2.** to assail; *fam fig* [molestar] **~ algú amb preguntes** to bombard sb with questions. **-3.** [atacar] to attack. **-4.** [envestir] to hurtle into.

escon [əs'kon] *nm* ➤ **escó**.

escopeta [əsku'petə] *nf* shotgun; **~ d'aire comprimit** air gun; **~ de canons retallats** sawn-off shotgun.

escopetada [əskupə'taðə] *nf* gunshot, gunshot wound.

escopidora [əskupi'ðoɾə] *nf* spittoon.

escopinada [əskupi'naðə] *nm* spittle, spit.

escopinya [əsku'piɲə] *nf* clam.

escopir [əsku'pi] *vt & vi* to spit; *fig* **~ a la cara d'algú** to spit in sb's face.

escorça [əs'kɔɾsə] *nf* **-1.** [de l'arbre] bark. **-2.** bark, peel; **~ terrestre** terrestrial crust. **-3.** ANAT cortex.

escorcollar [əskurku'ʎa] *vt* to inquire into, to investigate.

escòria [əs'kɔɾiə] *nf* **-1.** slag, scoria. **-2.** *fig* scum.

escornar [əskur'na] *vt* to poll.

escorpí [əskur'pi] *nm* scorpion, burdock.

Escorpió [əskurpi'o] ⬦ *nm inv* [zodíac] Scorpio. ⬦ *nmf inv* [persona] Scorpio.

escorredor -a [əskurə'ðo -oɾə] *adj* running; **un nus ~** a running knot. ➤ **escorredor** *nm* **-1.** draining board, f strainer. **-2.** [colador] collander.

escorreplats [əs,kɔɾə'plats] *nm inv* plate rack.

escórrer [əs'koɾə] ⬦ *vi* **-1.** [cosa mullada, líquid] to wring out, to drain. **-2.** [sòl] to slip, to slide. ⬦ *vt* **-1.** [gen] to drain; [bugada] to wring out. **-2.** [buidar] to empty. ➤ **escórrer-se** *vp* **-1.** [cosa mullada] to slip. **-2.** *vulg* [tenir un orgasme] to come.

escorta [əs'kɔɾtə] *nf* escort.

escortar [əskur'ta] *vt* to escort.

escorxador [əskurʃə'ðo] *nm* abattoir, slaughterhouse.

escorxar [əskur'ʃa] *vt* **-1.** [treure la pell de] to skin. **-2.** [animal] to skin, to flay. **-3.** *fig* [arruïnar] to make sb pay through the nose, to fleece.

escot [əs'kɔt] *nm* **-1.** [de roba] low neck, décolletage. **-2.** [de persona] neck. **-3.** pa-

gar a ~ to go Dutch; **paguem a ~** let's go Dutch.

escotar [əsku'ta] *vt* to cut low in front, to wear a low-necked dress.

escotat -ada [əsku'tat -aðə] *adj* low-necked.

escotilla [əsku'tiʎə] *nf* hatch(way).

escreix [əs'kɾeʃ] ➤ **amb escreix** *loc adv*: **amb ~** amply, fully.

escriptor -a [əskɾip'to -orə] *nm, f* writer.

escriptori [əskɾip'tɔɾi] *nm* **-1.** [moble] desk. **-2.** [habitació] office.

escriptura [əskɾip'tuɾə] *nf* **-1.** [gen] alphabet, writing. **-2.** DR deed. ➤ **Sagrada Escriptura** *nf*: la Sagrada Escriptura Holy Scripture.

escrit -a [əs'kɾit -ə] ◇ *pp* ➤ **escriure**. ◇ *adj* written; **per ~** in writing. ➤ **escrit** *nm* written; [text] text, document.

escriure [əs'kɾiwɾə] *vt* to write. ➤ **escriure's** *vp* to be written / spelled; to write to one another.

escrivania [əskɾiβə'niə] *nf* **-1.** [DR - ofici] clerkship; [- despatx] clerk's office. **-2.** [joc d'escriptori] writing materials, portable writing case.

escrivent -a [əskɾi'βen -entə] *nm, f* copyist, clerk.

escrostonar [əskɾustu'na] *vt* [paret] to remove the crust from. ➤ **escrostonar-se** *vp* [paret, pintura] to scrape.

escrúpol [əs'kɾupul] *nm* **-1.** [dubte, recel] scruple, doubt; **sense ~** unscrupulous person. **-2.** [cura] extreme care. **-3.** [aprensió] qualms.

escrupolós -osa [əskɾupu'los -ozə] *adj* scrupulous; [aprensiu] fussy.

escrutar [əskɾu'ta] *vt* **-1.** [mirar] to scrutinize. **-2.** [computar] to count; **~ els vots** to count (the) votes.

escrutini [əskɾu'tini] *nm* scrutiny.

escuderia [əskuðə'ɾiə] *nf* ESPORT team (in motor racing).

escull [əs'kuʎ] *nm* **-1.** *lit & fig* rock, reef. **-2.** reef.

escullera [əsku'ʎeɾə] *nf* breakwater.

esculpir [əskul'pi] *vt* to sculpt.

escultor -a [əskul'to -orə] *nm, f* sculptor *m*, sculptress *f*.

escultura [əskul'tuɾə] *nf* sculpture.

escuma [əs'kumə] *nf* **-1.** [de cervesa, sabó] foam, lather. **-2.** [per al cabell] (styling) mousse. **-3.** [d'onades, brou] surf, scum.

escumadora [əskumə'ðoɾə] *nf* **-1.** skimming ladle. **-2.** CULIN spatula, skimmer.

escumar [əsku'ma] *vt*: **va ~ la cervesa** she skimmed the foam off the beer.

escumós -osa [əsku'mos -ozə] *adj* [mar, onades] foamy; [vi] sparkling; [sabó] lathery. ➤ **escumós** *nm* [vi] sparkling wine.

escurabutxaques [əs.kuɾəbu'tʃakəs] *nf pl* pickpocket, sharper; slot machine.

escuradents [əs.kuɾə'ðens] *nm inv* toothpick.

escurar [əsku'ɾa] *vt* to scour, to clean. ➤ **escurar-se (el coll)** *vp* [tossir] to clear one's throat.

escurat -ada [əsku'ɾat -aðə] *adj* **-1.** out of; *fam* [de diners] **estar ~** to be stone broke. **-2.** [sense diners] penniless.

escurçar [əskur'sa] *vt* **-1.** [longitud] to reduce, to shorten. **-2.** [temps] to cut short, to shorten. ➤ **escurçar-se** *vp* [dies] cut short; [reunió] shorten.

escurçó [əskur'so] *nm* asp, viper.

escusat [əsku'zat] *nm* lavatory.

escut [əs'kut] *nm* **-1.** [arma] shield. **-2.** [emblema] plaque, shield; **~ d'armes** coat of arms. **-3.** [moneda portuguesa] escudo.

esdentar [əzdən'ta] *vt* to remove the teeth of.

esdentegat -ada [əzdəntə'ɣat -aðə] *adj* toothless.

esdeveniment [əzdəβəni'men] *nm* occurrence, event; **avançar-se / anticipar-se als ~s** to jump the gun / to take pre-emptive measures.

esdevenir [əzdəβə'ni] *vi* [fer-se] to become. ➤ **esdevenir-se** *vp culte* to take place, to come to be.

esfera [əs'feɾə] *nf* **-1.** [globus] sphere, globe; [de rellotge] face; *fig* **les altes esferes** the higher spheres; **~ celeste / terrestre** celestial / terrestrial sphere. **-2.** *fig* [àmbit] circle.

esfèric -a [əs'fɛɾik -ə] *adj* spherical.

esfilagarsar [əsfiləɣər'sa] *vt* to unravel.

esfínter [əs'fintər] *nm* sphincter.

esfinx [əs'fiŋs] *nf* sphinx.

esfondrament [əsfundɾə'men] *nm lit & fig* fall, demolition, collapse.

esfondrar [əsfun'dɾa] *vt* [físicament] to destroy, to demolish.

esforç [əs'fors] *nm* effort, endeavour.

esforçar-se [əsfur'sarsə] *vp* to make an effort, to strain; **~ en / a fer alguna cosa** to try hard to do sthg.

esfullar [əsfuˈʎa] *vt* [arbre, flor] to thin out the leaves. ◆ **esfullar-se** *vp* to shed leaves.

esfumar [əsfuˈma] *vt* [color] to shade off, to blur; [olor] to vanish; [so] to fade out. ◆ **esfumar-se** *vp fig* to fade / to melt away.

esgargamellar-se [əzɣərɣəməˈʎarsə] *vp* to bawl, to scream, to shout.

esgarip [əzɣəˈrip] *nm* [crit de persones] shriek, hoot.

esgarrapada [əzɣərəˈpaðə] *nf* scratch.

esgarrapar [əzɣərəˈpa] *vt* [amb les ungles] to scratch.

esgarriacries [əzɣəˌriəˈkriəs] *nmf inv* spoilsport, wet blanket.

esgarriar-se [əzɣəriˈarsə] *vp* **–1.** [ovelles, ramat] to lose one's way. **–2.** *fig* [pervertir-se] to go astray, to lose one's way.

esgarrifança [əzɣəriˈfansə] *nf* chill.

esgarrifós -osa [əzɣəriˈfos -ozə] *adj* chilling, hair-raising.

esgarrinxada [əzɣərinˈʃaðə] *nf* scratch.

esgarrinxar [əzɣərinˈʃa] *vt* to scratch; [amb les urpes] to claw.

esglai [əzˈɡlaj] *nm* fright; **vam tenir un gran ~** we had a great scare.

esglaiador -a [əzɡləjəˈðo -orə] *adj* frightful.

esglaiar [əzɡləˈja] *vt* to frighten, to scare, to appal. ◆ **esglaiar-se** *vp* [sobresaltar] to get scared; [espantar-se] to become frightened.

esglaó [əzɡləˈo] *nm* **–1.** [escaló] stair, step. **–2.** *fig* [grau] step, grade, rung.

esglaonar [əzɡləuˈna] *vt* to echelon, to spread out.

església [əzˈɡleziə] *nf* church.

esgotador -a [əzɡutəˈðo -orə] *adj* exhausting.

esgotar [əzɡuˈta] *vt* to exhaust, to drain.

esgranar [əzɣrəˈna] *vt* [blat de moro, raïm] to shell, to thresh, to remove the seeds from.

esgrima [əzˈɡrimə] *nf* fencing.

esgrimir [əzɡriˈmi] *vt* **–1.** [arma blanca] to brandish; [amenaçant] to wield. **–2.** *fig* [argument, fet, idea] to use.

esguerrar [əzɣəˈra] *vt* **–1.** [plans, projecte] to mutilate, to bungle. **–2.** [part del cos] to mutilate. ◆ **esguerrar-se** *vp* **–1.** [plans, projecte] to spoil, to botch (up). **–2.** [part del cos] to mutilate o.s.; **es va ~ la mà** he mutilated his hand.

eslip [əzˈlip] *nm* briefs.

esllavissar-se [əzʎaβiˈsarsə] *vp* [roques] to slip.

esllomar [əzʎuˈma] *vt* to break the back of, to wear out. ◆ **esllomar-se** *vp* **–1.** *fam* to get worn out. **–2.** to get tired; *fig* [cansar-se] to knock o.s. up; *fam irònic* **no s'esllomarà pas!** he won't knock himself out.

eslògan [əzˈlɔɣən] *nm* slogan.

eslora [əzˈlɔrə] *nf* length.

esmalt [əzˈmal] *nm* enamel; [art] enamelwork. ◆ **esmalt (d'ungles)** *nm* nail polish, varnish.

esmaltar [əzməlˈta] *vt* to enamel, to varnish.

esmena [əzˈmɛnə] *nf* **–1.** [gen & POLÍT] amendment; **fer un propòsit d'~** to promise to mend one's ways. **–2.** [en escrits] correction.

esmenar [əzməˈna] *vt* **–1.** [gen] to emend; [mal] to correct. **–2.** [llei, dictamen] to amend. ◆ **esmenar-se** *vp* to reform; **~-se d'una equivocació** to mend one's ways.

esmeril [əzməˈril] *nm* emery.

esmerilar [əzməriˈla] *vt* [polir] to polish with emery.

esmicolar [əzmikuˈla] *vt* **–1.** [trossejar] to crush, to pound; [pa] to crush. **–2.** [triturar] to break, to smash.

esmolar [əzmuˈla] *vt* to sharpen, to whet, to grind.

esmolat -ada [əzmuˈlat -aðə] *adj* sharpened.

esmòquing [əzˈmɔkiŋ] *nm* dinner jacket *Br*, tuxedo *Am*.

esmorteir [əzmurtəˈi] *vt* ➔ **amortir**.

esmorzar¹ [əzmurˈza] *vi* **–1.** to breakfast. **–2.** [a mig matí] to have a snack.

esmorzar² *nm* breakfast.

esmunyir [əzmuˈɲi] *vt* [per pas estret] to slip, to slide. ◆ **esmunyir-se** *vp* [introduir-se] to slide, to glide.

esmussat -ada [əzmuˈsat -aðə] *adj* [punta] blunted.

esnifar [əzniˈfa] *vt fam* to sniff.

esnob [əzˈnɔp] *adj & nmf* snob.

ESO [ˈɛsu] *nf* (abrev d'**Educació Secundària Obligatòria**) EDUC ≃ compulsory secondary education.

esòfag [əˈzɔfək] *nm* oesophagus.

esotèric -a [əzuˈtɛrik -ə] *adj* esoteric.

espacial [əspəsiˈal] *adj* spatial.

espagueti [əspəˈɣeti] *nm* spaghetti.

espai [əsˈpaj] *nm* **-1.** [gen] space, room; **no tinc gaire ~** I don't have much room; **per ~ de dos anys** for two years; **~ aeri** air space; **~ de temps** space of time; **~ publicitari** advertising space; **~ verd** park; **~ vital** living space. **-2.** RADIO & TELE programme *Br*, program *Am*; **~ musical** musical programme. **-3.** [entre línies] double spacing; **a doble ~** double-spaced.

espaiador [əspəjəˈðo] *nm* space bar.

espaiar [əspəˈja] *vt* to space (out).

espaiós -osa [əspəˈjos -ozə] *adj* spacious.

espant [əsˈpan] *nm* fright; **quin ~!** how terrible!

espantadís -issa [əspəntəˈðis -isə] *adj* shy, easily frightened.

espantall [əspənˈtaʎ] *nm* scarecrow; [per a amenaçar els infants] bugbear, bugaboo *Br*, bogeyman *Am*.

espantaocells [əsˌpantuˈseʎs] *nm inv* scarecrow.

espantar [əspənˈta] *vt* **-1.** [fer fugir] to frighten, to scare away, to drive / shoo away. **-2.** [fer por] to scare. **espantar-se** *vp* to become frightened; **~-se de / per** to get scared of / by.

espanta-sogres [əsˌpantəˈsɔɣɾəs] *nm inv* paper serpent.

espantat -ada [əspənˈtat -aðə] *adj* frightened.

espantós -osa [əspənˈtos -ozə] *adj* **-1.** [terrible] frightful, dreadful. **-2.** *fig* [enorme] horrendous. **-3.** [lletgíssim] horrible.

espantosament [əspənˌtozəˈmen] *adv* [amb fúria] **cridar ~** scream terribly.

Espanya [əsˈpaɲə] Spain; **l'~ del segle d'or** Spain of the Golden Age.

espanyol -a [əspəˈɲɔl -ə] ◇ *adj* Spanish. ◇ *nm, f* Spaniard, Spanish *pl*. **espanyol** *nm* [llengua] Spanish.

espaordir [əspəurˈði] *vt* to terrify.

esparadrap [əspəɾəˈðɾap] *nm* adhesive tape, (sticking) plaster *Br*, Band Aid® *Am*.

espardenya [əspərˈðɛɲə] *nf* rope-soled sandal.

esparracat -ada [əspəɾəˈkat -aðə] ◇ *adj* **-1.** ragged, in tatters. **-2.** shredded, in shreds. **-3.** [vestit] torn, in tatters. ◇ *nm, f* wreck.

espàrrec [əsˈparək] *nm* asparagus; **~ bord** wild asparagus.

esparreguera [əspəɾəˈɣeɾə] *nf* asparagus (plant).

espart [əsˈpart] *nm* BOT esparto.

esparver [əspərˈβe] *nm* sparrow-hawk.

espasa [əsˈpazə] *nf* sword; **estar entre l'~ i la paret** to be between the devil and the deep blue sea; *fig* **ser ~ de dos talls** to be a two-edged sword; **qui mata amb l'~ amb l'~ morirà** he who lives by the sword will die with it. **espases** *nf pl* [cartes] ≈ spades.

espasme [əsˈpazmə] *nm* spasm.

espasmòdic -a [əspəzˈmɔðik -ə] *adj* spasmodic.

espaterrant [əspətəˈran] *adj fam* amazing.

espaterrat -ada [əspətəˈrat -aðə] *adj fam* amazed.

espatlla [əsˈpaʎʎə] *nf* **-1.** shoulder; **sobre les espatlles** on one's shoulders; **a l'~** on one's shoulder; **arronsar-se / encongir-se d'espatlles** to shrug one's shoulders; **cobrir-se les espatlles** to cover o.s.; **és carregat d'espatlles** he is round-shouldered; *fig* **posar l'~ / fer ~** to put one's shoulder to the wheel / to lend a hand. **-2.** CULIN [de xai] shoulder of mutton; [de porc] shoulder of pork.

espatllar [əspəˈʎʎa] *vt* **-1.** [avariar] to damage. **-2.** [spoil] to spoil. **-3.** *fam* [to ruin]; **ens has espatllat el viatge** you've ruined the trip. **-4.** [pla, projecte, etc.] to spoil. **espatllar-se** *vp* **-1.** [avariar-se] to get damaged / go bad. **-2.** [malmetre's] to get ruined. **-3.** [fer-se malbé] to get damaged. **-4.** [pla, projecte, etc.] to fall through.

espàtula [əsˈpatulə] *nf* spatula.

espavilar [əspəβiˈla] *vt* **-1.** [despertar] to wake up. **-2. ~ algú** to liven up sb. **espavilar-se** *vp* **-1.** [despertar-se] to wake up, to brighten up. **-2.** *fam* [donar-se pressa] to get a move on.

espavilat -ada [əspəβiˈlat -aðə] *adj* **-1.** [per sortir-se'n] alert. **-2.** lively.

espècia [əsˈpɛsiə] *nf* spice.

especial [əspəsiˈal] *adj* special; [tracte] privileged; [sobretot] **en ~** especially; **un en ~** one in particular.

especialista [əspəsiəˈlistə] ◇ *adj* specialist; **un metge ~** a specialist. ◇ *nmf* **-1.** [expert] specialist. **-2.** CIN stuntman *m*, stuntwoman *f*.

especialitat [əspəsialiˈtat] *nf* speciality *Br*, specialty *Am*; **~ de la casa** house speciality.

especialització [əspəsiəlidzəsiˈo] *nf* specialization.

especialitzar [əspəsiəliˈdza] *vt* to specialize. **especialitzar-se** *vp*: **~-se (en alguna cosa)** to specialize (in sthg).

especialitzat -ada [əspəsiəliˈdzat -aðə] *adj* specialized.

espècie [əsˈpɛsiə] *nf* **-1.** [gen] species, kind. **-2.** [tipus, classe] kind, sort; **pagar en ~** to pay in kind.

específic -a [əspəˈsifik -ə] *adj* specific. ➤ **específics** *nm pl* FARM patent medicine.

espècimen [əsˈpɛsimən] *nm* specimen.

espectacle [əspəkˈtaklə] *nm* spectacle, performance; **~ de varietats** variety show; *fig* **fer l'~** to cause a scene.

espectacular [əspəktəkuˈlar] *adj* **-1.** spectacular. **-2.** [cosa] flashy, showy.

espectador -a [əspəktəˈðo -ɔɾə] *nm, f* spectator, onlooker, member of the audience, viewer. ➤ **espectadors** *nm pl* spectators, onlookers, viewers *pl*.

espectral [əspəkˈtral] *adj* ghostly, spectral.

espectre [əsˈpɛktɾə] *nm* spectrum, spectre, ghost.

especulació [əspəkuləsiˈo] *nf* speculation.

especular [əspəkuˈla] *vi* **-1.** to speculate (in); [mentalment] **~ (sobre)** to speculate (on / about). **-2.** [comercialment]: **~ (amb / en)** to speculate with / on / in.

espedaçar [əspəðəˈsa] *vt* **-1.** [fer peces] to cut up. **-2.** [fer bocins] to crumble.

espeleologia [əspələuluˈʒiə] *nf* potholing.

espelma [əsˈpɛlmə] *nf* candle.

espera [əsˈpeɾə] *nf* **-1.** [acció] wait, period of waiting; [esdeveniment] **a l'~ de** in hope of; [carta, paquet, etc.] **en ~ de** waiting for, awaiting. **-2.** [calma] patience.

esperança [əspəˈɾansə] *nf* hope, expectation; **perdre l'~** to lose hope; **tenir ~ de fer alguna cosa** to hope (to be able) to do sthg; **~ de vida** life expectancy.

esperançar [əspəɾənˈsa] *vt* to give hope to, to encourage. ➤ **esperançar-se** *vp* to be encouraged.

esperanto [əspəˈɾantu] *nm* Esperanto.

esperar [əspəˈɾa] *vt* **-1.** [gen] to hope, to wait, to expect; **~ (alguna cosa / algú)** to expect (sthg / sb); **~ alguna cosa d'algú** to expect sthg from sb; **~ que algú faci alguna cosa** to expect / be waiting for sb to do sthg, to hope sb does sthg; **era una cosa d'~** it was (sthg) to be expected; **tal com era d'~** as was to be expected; **qui espera es desespera** a watched pot never boils. **-2.** [desitjar] to hope for; **~ que** to expect that; **espero que sí** I hope so; **~ fer alguna cosa** to hope to do sthg. **-3.** to await. ➤ **esperar-se** *vp* **-1.** to wait, to expect; **es va ~ durant una hora** she waited for an hour; **~-se que algú faci alguna cosa** to wait for sb to do sthg. **-2.** [imaginar-se] to expect, to wait; **no s'ho esperava** he didn't expect it.

esperit [əspəˈɾit] *nm* **-1.** [gen & RELIG] spirit; **ésser pobre d'~** to be poor in spirit; **~ de contradicció** (to be) contrary. **-2.** *fig* [ànim] spirit, (moving) force. ➤ **Esperit Sant** *nm* Holy Ghost.

esperitat -ada [əspəɾiˈtat -aðə] *adj* possessed; **sortir com un ~** to run hell for leather.

esperma [əsˈpɛɾmə] *nf* sperm.

espermatozou [əspəɾmətuˈzɔw] *nm* spermatazoon.

esperó [əspəˈɾo] *nm* **-1.** spur. **-2.** ARQUIT buttress.

esperonar [əspəɾuˈna] *vt* **-1.** [cavall] to spur (on). **-2.** *fig* [incitar]: **~ algú per a** to spur sb on to (do / sthg).

esperpent [əspəɾˈpen] *nm* grotesque sight.

espès -essa [əsˈpɛs -esə] *adj* **-1.** [gen] dense, thick. **-2.** [atapeït - vegetació] heavy, dense; [- bosc] dense. **-3.** [difícil d'entendre] deep, profound. **-4.** [vegetació, pluja] heavy. **-5.** *fig* [barba, celles] thick.

espetegar [əspətəˈɣa] ⬦ *vi* to crack. ⬦ *vt* to crack; [llengua, dits] **fer ~** to snap.

espeternec [əspətərˈnɛk] *nm* stamping; *fig* **fer els darrers ~s** be in the / one's last throes.

espia [əsˈpiə] *nmf* spy.

espiar [əspiˈa] *vt* to spy on.

espiera [əspiˈeɾə] *nf* peephole.

espieta [əspiˈetə] *adj & nmf fam* spy.

espifiar [əspifiˈa] *vi* to miss, to fail; *fam* **~-la** to bungle it.

espiga [əsˈpiɣə] *nf* **-1.** [de blat, etc.] ear, spike. **-2.** [en teles] pin.

espigar-se [əspiˈɣarsə] *vp* **-1.** *fig* [infant] to shoot up. **-2.** [planta] to go to seed.

espigat -ada [əspiˈɣat -aðə] *adj* **-1.** *fig* [persona] **és ~** he's grown up. **-2.** [planta] ripe.

espigó [əspiˈɣo] *nm* catch, pin.

espígol [əsˈpiɣul] *nm* lavender.

espina [əsˈpinə] *nf* **-1.** [peix] bone. **-2.** [de planta] thorn. **-3.** *fig* [pena] **té una ~ clavada** it's a great burden; **em fa mala ~** it makes me uneasy. ➤ **espina dorsal** *nf* spine.

espinac [əspi'nak] *nm* spinach (U).
espinada [əspi'naðə] *nf* backbone, spine.
espinós -osa [əspi'nos -ozə] *adj lit & fig* spiny, prickly; **filferro ~** barbed wire.
espionatge [əspiu'nadʒə] *nm* espionage; **~ industrial** industrial espionage.
espiració [əspirəsi'o] *nf* expiration.
espiral [əspi'ral] *nf* spiral; **en ~** spiral, winding; **~ de la inflació** inflationary spiral.
espiritista [əspiri'tistə] ◇ *adj* spiritualist, spiritist. ◇ *nmf* spiritualist, spiritist.
espiritual [əspiritu'al] ◇ *adj* spiritual. ◇ *nm* MÚS: **~ (negre)** spiritual.
espitregar-se [əspitrə'ɣarsə] *vp fam fig* to open one's collar / shirt front.
esplaiar [əsplə'ja] *vt* **–1.** [pena] to pour out; [ira] to unbosom o.s. **–2.** to let off steam. ➨ **esplaiar-se** *vp* **–1.** [divertir-se] to take it easy. **–2.** [desfogar-se] to pour out (one's woes), to unbosom o.s.; **~-se amb algú** to tell one's troubles to sb.
esplanació [əsplənəsi'o] *nf* explanation.
esplanada [əsplə'naðə] *nf* esplanade, terrace.
esplanar [əsplə'na] *vt* [terreny] to level out, to flatten.
esplèndid -a [əs'plɛndit -iðə] *adj* **–1.** [magnífic] splendid. **–2.** [generós] lavish, generous.
esplendor [əsplən'do] *nf* splendour.
espoleta [əspu'letə] *nf* [de projectil] fuse.
espoli [əs'pɔli] *nm culte* effects of a dead prelate.
espoliar [əspuli'a] *vt* to rob, to plunder.
espolsador [əspulsə'ðo] *nm* [estri] whisk, feather duster.
espolsar [əspul'sa] *vt* **–1.** [netejar de pols] to dust. **–2.** [sacsejar] to shake, to move to and fro; **~ les branques d'un arbre perquè en caiguin els fruits** to shake the branches of a tree to make the fruit fall. ➨ **espolsar-se** *vp fig* [alliberar-se de] to get rid of; **~-se** to rid o.s. of, to shake (off).
esponja [əs'pɔnʒə] *nf* sponge.
esponjós -osa [əspuɲ'ʒos -ozə] *adj* spongy.
espònsor [əs'pɔnsur] *nm* sponsor.
espontaneïtat [əspuntənəi'tat] *nf* spontaneity.
espontani -ània [əspun'tani -aniə] ◇ *adj* spontaneous. ◇ *nm, f* spectator who tries to join in a bullfight.
esporàdic -a [əspu'raðik -ə] *adj* sporadic.

esport [əs'pɔrt] ◇ *adj inv* sports (abans de nom); **un vestit ~** a sports dress. ◇ *nm* sport; **fer ~** to practice sports; **practicar un ~** to practice a sport.
esportista [əspur'tistə] ◇ *adj* sporty, sports-loving. ◇ *nmf* sportsman *m*, sportswoman *f*.
esportiu -iva [əspur'tiw -iβə] *adj* **–1.** [gen] sports; **roba esportiva** sportswear. **–2.** [conducta, comportament] sporting, sportsmanlike. **–3.** NÀUT [vaixell, port] pleasure. ➨ **esportiu** *nm* sports (abans de nom).
esporuguir [əspuru'ɣi] *vt* to scare. ➨ **esporuguir-se** *vp* to become frightened; **~-se per / de** to get scared of / by.
espòs -osa [əs'pɔs -ozə] *nm, f* husband *m*, wife *f*.
esposalles [əspu'zaʎəs] *nf pl* engagement.
esposar [əspu'za] *vt* to wed, to marry. ➨ **esposar-se** *vp* to get married.
espot [əs'pɔt] *nm* advertising spot, commercial.
esprai [əs'praj] *nm* spray, atomiser.
esprémer [əs'premə] *vt* **–1.** [cítric] to squeeze (out). **–2.** *fig* [treure profit] to exploit; [treure diners] to bleed. ➨ **esprémer-se** *vp* [atapeir-se] to squeeze / huddle up; **~-se el cap** to wrack one's brains.
esprint [əs'prin] *nm* sprint.
espurna [əs'purnə] *nf* sparkle; [de pluja] drizzle; *fig* [fet detonant] spark.
espurnejar [əspurnə'ʒa] *vi* **–1.** *fig* [ulls - d'alegria, malícia] to gleam; [- per enuig, ràbia] to flash. **–2.** [gen] to shine. **–3.** to spark; [estel] to sparkle.
esput [əs'put] *nm* spit, sputum.
esquadra [əs'kwaðrə] *nf* **–1.** NÀUT squadron. **–2.** MIL squad.
esquadrilla [əskwə'ðriʎə] *nf* squadron.
esquadró [əskwə'ðro] *nm* squadron; **~ de la mort** death squad.
esquarterar [əskwərtə'ra] *vt* to quarter.
esqueix [əs'keʃ] *nm* cutting, slip.
esquela [əs'kelə] *nf* **–1.** announcement. **–2.** obituary.
esquelet [əskə'let] *nm* skeleton; *fam* **bellluga l'~** move your body.
esquelètic -a [əskə'lɛtik -ə] *adj* skeletal.
esquellot [əskə'ʎɔt] *nm* cowbell.
esquema [əs'kemə] *nm* **–1.** [gràfic] diagram. **–2.** [resum] plan.
esquemàtic -a [əskə'matik -ə] *adj* schematic.

esquematitzar [əskəməti'dza] *vt* to outline.

esquena [əs'kɛnə] *nf* **-1.** [gen] back; **caure d'~** to fall on one's back; **jeure d'~** to lie on one's back. **-2.** ESPORT backstroke. **-3. tenir bona ~ / l'~ grossa** to be strapping / to be broad-shouldered; **tombar d'~** to fall on one's back; **girar / donar l'~ a algú** to turn one's back on sb; *fig* **doblegar l'~** to work. **-4.** *fig:* **fer caure d'~** to knock sb flat.

esquer [əs'ke] *nm* [per a caçar, atreure] bait.

esquerda [əs'kɛrðə] *nf* **-1.** [de vaixella] chip, crack. **-2.** crack, fissure.

esquerdar [əskər'da] *vt* to break, to crack. ◆ **esquerdar-se** *vp* **-1.** [vaixella, gel, etc.] to split, to fissure. **-2.** to crack, to split.

esquerp -a [əs'kɛrp -ə] *adj* **-1.** [persona] shy, elusive. **-2.** [lloc] unfriendly. **-3.** cold, uninviting. **-4.** [insociable] unsociable. **-5.** [eixut] disagreeable, cold. **-6.** *fam fig* [persona]: **és ~** he's unsociable.

esquerrà -ana [əskə'ra -anə] ◇ *adj* **-1.** [persona] left-handed, leftist, left-winger. **-2.** ◇ *nm, f* leftist.

esquerre -a [əs'kɛrə] *adj* left; [fila, botó, carril] left-hand, left-handed. ◆ **esquerra** *nf* **-1.** POLÍT: **l'esquerra** the left. **-2.** [gen & POLÍT]: **a l'esquerra** to / on the left; **estava assegut a la meva esquerra** he was seated on my left; **d'~s** left-wing. **-3.** ESPORT [mà, peu] left (hand, foot); **va donar un cop a la pilota amb l'esquerra** she kicked the ball with her left foot.

esquetx [əs'ketʃ] *nm* sketch.

esquí [əs'ki] *nm* ski, skiing; **~ alpí** alpine skiing; **~ de fons / nòrdic** cross-country skiing; **~ nàutic / aquàtic** water skiing.

esquiador -a [əskiə'ðo -orə] *nm, f* skier.

esquiar [əski'a] *vi* to ski.

esquilada [əski'laðə] *nf* clipping, (sheep-)shearing.

esquilador -a [əskilə'ðo -orə] *nm, f* shearer, clipper.

esquilar [əski'la] *vt* to shear, to crop.

esquimal [əski'mal] ◇ *adj* Eskimo. ◇ *nmf* [persona] Eskimo. ◇ *nm* [llengua] Eskimo.

esquinç [əs'kins] *nm* **-1.** sprain. **-2.** [múscul] rip, rent. **-3.** [en una tela] rip, tear.

esquinçar [əskin'sa] *vt lit & fig* to rip, to slash. ◆ **esquinçar-se** *vp* to tear (up).

esquirol [əski'rɔl] *nm* **-1.** squirrel, blackleg, scab. **-2.** *fam* blackleg, scab.

esquitllar-se [əski'ʎʎarsə] *vp* **-1.** [escórrer-se] to slip (up). **-2.** [escapar-se] to slip away. **-3.** [escapolir-se] to escape, to break free. **-4.** [en un lloc] to slip / sneak in; [en una festa, etc.] to crash; **~ en una cua** to jump the queue *Br*, line *Am*.

esquitxar [əski'tʃa] *vt fig* to splash, to spatter, to sprinkle.

esquiu -iva [əs'kiw -iβə] *adj* shy, reserved.

esquivar [əski'βa] *vt* to elude, to avoid; [cop] to dodge.

esquívol -a [əs'kiβul -ə] *adj* ☞ **esquiu -iva**.

esquizofrènia [əskizu'frɛniə] *nf* schizophrenia.

essa ['esə] *nf* [lletra] s; [persona] **fer esses** to zig-zag; [cotxe] to weave.

essència [ə'sɛnsiə] *nf* essence; [allò principal] essentials *pl*; **quinta ~** quintessence.

ésser[1] ['esə] ◇ *vi* **-1.** [gen] to be; **som tres** there are three of us; **l'important és decidir-se** the important thing is to decide; **és la tercera vegada que...** it's the third time that.; **avui és dimarts** today is Tuesday; **demà és 15 de juliol** tomorrow is the 15th of July; **quina hora és?** what time is it?; **són les tres de la tarda** it's three p.m; **la clau és al pany** the key is in the lock; **que hi és la Maria?** is Maria there?; **és possible que...** it's possible that... **-2.** [esdevenir]: **la conferència era aquest matí** the conference was this morning; **com va ~ l'accident?** how did the accident happen? **-3.** [evolucionar]: **que n'és de tu?** how have you been? **-4.** MAT: **dos i dos són quatre** two and two are / make four. ◇ *v impers* **-1.** [expressa temps] to be; **és de dia** it's daytime; **és molt tard** it's very late. **-2.** [estar fet de] **el rellotge és d'or** it's a gold watch; [ser originari de] **jo sóc de Barcelona** I'm from Barcelona; [pertànyer a] **és del meu germà** it's my brother's. ◇ *v cop* **-1.** [gen]: **és molt guapo** he's very handsome; **sóc advocat** I'm a lawyer; **és un amic** he's a friend; **és de la família** she's one of the family. **-2.** [servir, ser adequat]: **aquest drap és per a netejar els vidres** this cloth is for cleaning the windows; **aquest llibre no és per als nens** this book is not for the children. ◇ *v aux*: **va ser vista per un testimoni** she was seen by a witness.

ésser[2] ['esər] *nm* [ens] being, entity.

est ['est] ◇ *adj* [zona, frontera] east(ern); [vent] east(erly). ◇ *nm* east; **l'~ d'Europa** eastern Europe. ◈ **Est** *nm* [punt cardinal] east; **l'Est** the East; **els països de l'~** the countries of the East.

estabilitat [əstəbili'tat] *nf* stability; **~ de preus** price stability.

estabilitzar [əstəbili'dzà] *vt* to stabilize. ◈ **estabilitzar-se** *vp* to become stabilized.

estable [əs'tabblə] ◇ *adj* stable. ◇ *nm* stable.

establiment [əstəbbli'men] *nm* establishment.

establir [əstə'bbli] *vt* to establish. ◈ **establir-se** *vp* to become established; **~-se al camp** to settle down in the country.

estaca [əs'takə] *nf* –1. [pal punxegut] stake, post. –2. [garrot] stick, cudgel.

estacada [əstə'kaðə] *nf* fence, palisade; **deixar algú a l'~** to leave sb in the lurch.

estació [əstəsi'o] *nf* –1. [gen & INFORM] station; **~ d'esquí** ski resort; **~ de servei** service station; **~ de metro** underground station; **~ emissora / meteorològica** broadcasting / weather station. –2. [de tren] railway station; **~ d'autobusos** coach station. –3. [de l'any, temporada] season.

estacionament [əstəsiunə'men] *nm* placing, stationing; **~ prohibit** no parking.

estacionar [əstəsiu'na] *vt* to place, to park. ◈ **estacionar-se** *vp* to park, to position o.s.

estacionari -ària [əstəsiu'nari -ariə] *adj* stationary.

estada [əs'taðə] *nf* [temps] sojourn, stay.

estadi [əs'taði] *nm* stadium.

estadista [əstə'ðistə] *nmf* statesman *m*, stateswoman *f*.

estadístic -a [əstə'ðistik -ə] *adj* statistical. ◈ **estadística** *nf* statistics.

estafa [əs'tafə] *nf* –1. racket, swindle; **~ de l'estampeta** confidence trick. –2. *fam* [engany] fraud.

estafador -a [əstəfə'ðo -orə] *nm, f* trickster, swindler.

estafar [əstə'fa] *vt* –1. to defraud, to swindle; **~ deu mil euros** to swindle out of ten thousand euros. –2. *fam* [enganyar] to defraud.

estafeta [əstə'fɛtə] *nf* post, post office.

estalactita [əstələk'titə] *nf* stalactite.

estalagmita [əstələg'mitə] *nf* stalagmite.

estalvi -àlvia [əs'talβi -alβiə] *adj* safe, unscathed. ◈ **estalvi** *nm* –1. [gen] economy, saving, savings *pl*. –2. *gen pl* [quantitat estalviada] savings *pl*. –3. *fig* [de temps] saving.

estalviar [əstəlβi'a] *vt* to economize; [al banc] to save. ◈ **estalviar-se** *vp* [esforços] to save; [problemes] to avoid.

estam [əs'tam] *nm* –1. [fil] worsted. –2. [de flor] stamen.

estament [əstə'men] *nm* rank, estate.

estampa [əs'tampə] *nf* –1. [imatge impresa] print, engraving. –2. [targeta, retrat] image; **aquest nen és l'~ del seu pare** this boy is the (spitting) image of his father. –3. [aspecte] appearance.

estampar [əstəm'pa] *vt* –1. [imprimir - metall] to stamp, to engrave; [- tela] to print. –2. [escriure]: **~ la seva firma** to sign one's name. –3. *fig* [llançar]: **~ alguna cosa / algú contra** to fling sthg / sb against. –4. *fam fig* [donar] to plant, to land.

estampat -ada [əstəm'pat -aðə] *adj* –1. [tela] print(ed). –2. [firma, etc.] signed, stamped.

estampeta [əstəm'pɛtə] *nf* ➔ **estafa**.

estampida [əstəm'piðə] *nf* stampede.

estampilla [əstəm'piʎə] *nf* [segell - amb signatura] seal, stamp; [- amb rètol] lettering, inscription.

estanc -a [əs'taŋ -aŋkə] *adj* tight, impervious. ◈ **estanc** *nm* tobacconist's.

estança [əs'tansə] *nf* [habitació] abode, dwelling.

estancar-se [əstəŋ'karsə] *vp* –1. [líquid] to stagnate. –2. [situació, projecte] to come to a standstill.

estand [əs'tan] *nm* stall, stand.

estàndard [əs'tandər] *adj & nm* standard.

estandarditzar [əstəndərdi'dza] *vt* to standardize.

estanquer -a [əstəŋ'ke -erə] *nm, f* tobacconist.

estany [əs'taɲ] *nm* –1. tank. –2. [bassa] pond, small lake.

estaquirot [əstəki'rɔt] *nm fam* quintain, silly person, dolt; **no et quedis aquí com un ~** don't stand there like an idiot!

estar [əs'ta] ◇ *vi* –1. [romandre] to be, to stand, to remain; **hi estaré un parell d'hores i me n'aniré** I'll be there for a couple of hours, then I'll go; **va ~ tota la tarda a casa** she was at home the whole afternoon. –2. [trobar-se preparat]: **el dinar estarà a les tres** lunch will be ready at three; **~ per a** [d'humor] to be in the mood for; [en condicions] to be fit / in condition (to); **no estic per bromes** I'm not in the mood for jokes; **no estic per a jugar** I'm not ready to play; **per això estan els amics** that's what friends are for; **~ per [a punt de]** to be about to, to be on the point of; **[amb ganes de]** to be ready to; **això està per fer** this needs doing; **estava per marxar quan has arribat** I was on the point of leaving when you came in; **estava per pegar-lo** I was on the verge of hitting him; **estic per trucar-lo** I think I'm going to ring him. **–3.** *fig:* **t'està bé!** it suits you! **–4.** *fig* [sentència, etc.]: **~ en suspens** to be in abeyance. ◇ *v aux* **–1.** *(abans de gerundi)* [expressa durada] to be; **estic pintant** I'm painting; **van ~ treballant nit i dia** they were working day and night. **–2.** *(abans de 'sense' + infinitiu)* [expressa negació]: **estic sense dormir des d'ahir** I haven't slept since yesterday; **les obres estan sense acabar** the repair work is unfinished. ◇ *v cop* **–1.** [gen] to be; **com estàs?** how are you?; **aquest carrer està brut** this street is dirty; **estic a règim** I'm on a diet; **està de director de l'agència** he's the director of the agency; **avui estic de bon humor** I'm in a good mood today; **està que mossega perquè ha suspès** he might bite your head off because he's failed his exam; **el dòlar està a 74 cèntims** the dollar's at 74 cents. **–2.** *(abans de 'amb' o 'sense' + substantiu)*: **estem sense aigua** we're without water. **–3.** [consistir]: **el problema està en la data** the problem is (in) the date. **–4.** [escaure]: **aquest vestit t'està molt bé** this dress looks very nice on you. ☛ **estar-se** *vp* [romandre] to be, to stay; **estigueu-vos quiets** keep still!; **et pots ~ uns dies aquí** you can stay here a few days.

estarrufat -ada [əstəruˈfat -aðə] *adj* [satisfet] delighted, without complaints.

estat [əsˈtat] *nm* state, condition; **en ~ de guerra** at war; **estar en bon / mal ~** to be in good / bad condition; **la carn està en mal ~** the meat's off; **~ civil** marital status; **~ d'ànim** state of mind; **~ d'excepció / d'emergència** state of emergency; **~ de setge** state of siege; *fig* **estar en ~ (interessant)** to be expecting (a baby). ☛ **Estat** *nm* [govern] state; MIL **~ major** general staff.

estatal [əstəˈtal] *adj* state (*abans de nom*); **un representant ~** a state representative; **un organisme ~** a state body; **una empresa ~** a state firm.

estàtic -a [əsˈtatik -ə] *adj* [FÍS & immòbil] static, stock-still.

estatisme [əstəˈtizmə] *nm* POLÍT statism.

Estats Units (d'Amèrica) [əsˈtats uˈnits] the United States of America; **han guanyat els ~** the United States won.

estàtua [əsˈtatuə] *nf* statue.

estatura [əstəˈturə] *nf* stature, height.

estatus [əsˈtatus] *nm inv* status.

estatut [əstəˈtut] *nm* statute.

estatutari -ària [əstətuˈtari -aria] *adj* statutory.

estavellar [əstəβəˈʎa] *vt* [llançar] to dash, to smash; [vas, plat] to shatter. ☛ **estavellar-se** *vp* **–1.** [xocar] to smash; **~-se contra** to crash against; [cotxe, avió] to crash. **–2.** *fig* [fracassar] to come to grief.

estel [əsˈtel] *nm* **–1.** [gen] star; **~ fugaç / polar** shooting / pole star. **–2.** [astre]: **~ del matí** morning star. **–3.** kite.

estella [əsˈteʎa] *nf* [de pedra, fusta] chip, splinter; [en el dit] splinter; *fig* **tenir d'on (/ de què) fer estelles** to have means / funds.

estel·lar [əstəlˈlar] *adj* **–1.** ASTRON stellar. **–2.** *fig* [més important]: **la figura ~** star (*abans de nom*); **el moment ~** the big moment.

estenalles [əstəˈnaʎəs] *nf pl* ☞ **tenalles**.

estendard [əstənˈdart] *nm* banner, flag.

estendre [əsˈtendrə] *vt* **–1.** [gen] to stretch, to extend; **~ la roba** to hang out. **–2.** [llavors, sucre, etc.] to cast, to sprinkle. **–3.** [certificat] to issue; [xec] to make out to. ☛ **estendre's** *vp* **–1.** to extend, to stretch (out); **~'s (en / per)** to lie / to stretch (out) on. **–2.** [pintura, colors] to spread. **–3.** [propagar-se] to spread; **s'estén la veu que...** it's said that...

estenedor [əstənəˈðo] *nm* clothesline.

estepa [əsˈtepə] *nf* steppe.

estèreo [əsˈtɛreo] *adj inv* stereo.

estereofònic -a [əs.tɛreuˈfɔnik -ə] *adj* stereophonic.

estereotip [əs.tɛreuˈtip] *nm* stereotype.

estereotipat -ada [əs.tɛreutiˈpat -aðə] *adj* stereotyped.

estèril [əsˈtɛril] *adj lit & fig* sterile, barren.

esterilitzar [əstəriliˈdza] *vt* to sterilize.

esterlina [əstərˈlinə] *nm* ☞ **lliura**.

estern [əsˈtɛrn] *nm* sternum.

esternudar [əstərnuˈða] *vi* to sneeze.

estèrnum [əsˈtɛrnum] *nm* ☞ **estern**.

esternut [əstərˈnut] *nm* sneeze.

estès -esa [əsˈtɛs -ɛzə] *adj* **–1.** [gen] spread out, open, extended. **–2.** stretched. **–3.** [roba] hung out. ➣ **estesa** *nf* [instal·lació] extent.

esteta [əsˈtetə] *nmf* aesthete.

estètic -a [əsˈtetik -ə] *adj* aesthetic. ➣ **estètica** *nf* aesthetics.

esteticista [əstəti'sistə] *nmf* beautician.

estigma [əsˈtigmə] *nm lit & fig* stigma. ➣ **estigmes** *nm pl* RELIG stigmata.

estil [əsˈtil] *nm* **–1.** [gen & GRAM] style; **per l'~ de** something of the sort; **~ de vida** life style; **~ directe / indirecte** direct / indirect style. **–2.** ESPORT: **~ lliure** freestyle; **~ papallona** butterfly (stroke). **–3. tenir ~** to have style. ➣ **per l'estil** *loc adv* like that.

estilar-se [əstiˈlarsə] *vp fam* to be in fashion; **aquesta mena de pantalons ja no s'estilen** this type of trousers aren't (being) worn now.

estilet [əstiˈlɛt] *nm* stylet, stiletto.

estilista [əstiˈlistə] *nmf* stylist.

estilístic -a [əstiˈlistik -ə] *adj* stylistic.

estilitzar [əstiliˈdza] *vt* to stylize; **~ la figura** [un vestit] to stylize the figure.

estilogràfica [əstiluˈɣrafikə] *nf* ➣ **ploma**.

estima [əsˈtimə] *nf* esteem, respect; **tenir algú en molta ~** to think very highly of sb.

estimació [əstiməsiˈo] *nf* **–1.** [afecte] esteem; **sentir ~ per algú** to value sb. **–2.** [valoració]: **~ directa / objectiva** singular flat-rate scheme / objective fiscal obligation.

estimar [əstiˈma] *vt* to love, to value, to think highly of.

estimbar [əstimˈba] *vt* to precipitate, to hurl (down).

estímul [əsˈtimul] *nm* **–1.** [al·licient] stimulus, stimulation; [ànim] encouragement. **–2.** [d'òrgan] stimulus.

estimulant [əstimuˈlan] <> *adj* encouraging, stimulating. <> *nm* stimulant.

estimular [əstimuˈla] *vt* to stimulate, to encourage.

estipendi [əstiˈpɛndi] *nm* stipend, remuneration.

estipulació [əstipuləsiˈo] *nf* **–1.** [de preus, etc.] provision, stipulation. **–2.** DR stipulation.

estipular [əstipuˈla] *vt* to set (down), to stipulate.

estira-i-arronsa [əsˌtirəjəˈronsə] *nm* give-and-take; **ésser un ~** to be a give-and-take.

estirar [əstiˈra] <> *vt* **–1.** [allargar] to stretch; **~ els cabells** to pull (out). **–2.** [desarrugar, posar tens] to stretch, to straighten; **~ les cames** to stretch one's legs. **–3.** *fig* [diners, conversa] to spin out. <> *vi*: **~ de** to pull by. ➣ **estirar-se** *vp* **–1.** [desempereir-se] to stretch. **–2.** [ajeure's] to stretch out. **–3.** [créixer] to shoot up.

estirat -ada [əstiˈrat -aðə] *adj* [afectat] pompous, stiff; [arrogant] vain, stuck-up. ➣ **estirada** *nf* **–1.** [acció] stretching; **fer una estirada a alguna cosa** to pull at / on sthg. **–2.** [de creixement]: **quina estirada que ha fet aquest nen!** he's grown quickly! **–3.** [estrebada]: **fer una estirada** to pull; [als cabells] **fer estirades** to pull one's hair out.

estirp [əsˈtirp] *nf* lineage.

estisores [əstiˈzorəs] *nf pl* ➣ **tisora**.

estisoreta [əstizuˈrɛtə] *nf* ➣ **papaorelles**.

estiu [əsˈtiw] *nm* summer.

estiueig [əstiˈwetʃ] *nm* summer holidays.

estiuejant [əstiwəˈʒan] <> *adj* holidaymaking. <> *nmf* holiday-maker.

estiuejar [əstiwəˈʒa] *vi*: **~ (a / en)** to summer at / in.

estiuenc -a [əstiˈwɛŋ -ɛŋkə] *adj* [clima, temporada, etc.] summer (*abans de nom*).

estival [əstiˈβal] *adj* summer, summery.

estoc [əsˈtɔk] *nm* sword, stock.

Estocolm [əstuˈkɔlm] Stockholm.

estofa [əsˈtɔfə] *nf* material, stuff; **de baixa ~** [gent] low-class.

estofar [əstuˈfa] *vt* CULIN to stew.

estofat [əstuˈfat] *nm* stew.

estoic -a [əsˈtɔjk -ə] *adj* stoic, stoical.

estoïcisme [əstujˈsizmə] *nm* stoicism.

estoig [əsˈtɔtʃ] *nm* [d'ulleres, instrument] case, box.

estómac [əsˈtomək] *nm* stomach; *fig* **regirar l'~ a algú** to turn sb's stomach.

estomacada [əstuməˈkaðə] *nf fam* beating, thrashing.

estomacal [əstuməˈkal] <> *adj* **–1.** [de l'estómac] gastric, stomachal; **dolors ~s** gastric pains. **–2.** [beguda] digestive (drink). <> *nm* digestive.

estomacar [əstuməˈka] *vt fam* [colpejar] to beat.

estona [əsˈtonə] *nf* time, spell; **fa una ~** a moment ago; **n'hi ha per ~** there's enough to keep us going for a while; **mol-**

ta ~ a long time; **passar l'~** to pass the time; **passar una mala ~** to have a bad time; **una bona ~** a good time; **a estones** at times; **a estones perdudes** at odd moments.

Estònia [əsˈtɔniə] Estonia.

estora [əsˈtɔɾə] *nf* **-1.** mat(ting). **-2.** doormat. **-3.** [del bany] bath mat.

estoreta [əstuˈɾɛtə] *nf* (door)mat.

estornell [əstuɾˈneʎ] *nm* starling.

estovalles [əstuˈβaʎəs] *nf pl* tablecloth.

estovar [əstuˈβa] *vt* to soften, to fluff (up).

estrabisme [əstɾəˈβizmə] *nm* strabismus, squinting.

estrada [əsˈtɾaðə] *nf* platform, stage; [en actes solemnes] dais.

estrafer [əstɾəˈfe] *vt* [imitar] to imitate; *fig* [per burla] to mimic, to ape.

estrafolari -ària [əstɾəfuˈlaɾi -aɾiə] *adj* **-1.** outlandish, strange. **-2.** *fam* eccentric. **-3.** weird.

estragó [əstɾəˈɣo] *nm* tarragon.

estralls [əsˈtɾaʎs] *nm pl*: **causar / fer grans ~** to wreak / cause havoc.

estrambòtic -a [əstɾəmˈbɔtik -ə] *adj* eccentric.

estranger -a [əstɾənˈʒe -eɾə] ◇ *adj* alien, foreign. ◇ *nm, f* foreign, alien. ☞ **estranger** *nm* foreigner; **viure a l'~** to live abroad.

estrangulació [əstɾəŋɡuləsiˈo] *nf* strangulation.

estrangulador -a [əstɾəŋɡuləˈðo -oɾə] *nm, f* strangler.

estrangular [əstɾəŋɡuˈla] *vt* **-1.** [ofegar] to strangle. **-2.** MED to strangulate. ☞ **estrangular-se** *vp* to strangle o.s.

estrany -a [əsˈtɾaɲ -ə] *adj* **-1.** [rar] strange. **-2.** [desconegut, aliè] foreign. **-3.** [sorprenent] surprising.

estranyament [əsˌtɾaɲəˈmen] *nm* banishment.

estranyar [əstɾəˈɲa] *vt* **-1.** [sorprendre] to surprise; **m'ha estranyat veure't aquí** it surprises me to see you here. **-2.** [desterrar] to banish. ☞ **estranyar-se** *vp* [sorprendre's de]: **~~-se de** to be surprised at / by.

estranyesa [əstɾəˈɲezə] *nf* **-1.** [sorpresa] surprise. **-2.** [raresa] strangeness.

estrat [əsˈtɾat] *nm* **-1.** GEOL stratum. **-2.** *fig* [social] social stratum / level.

estratagema [əstɾətəˈʒemə] *nf* **-1.** stratagem. **-2.** trick, artifice.

estratega [əstɾəˈtɛɣə] *nmf* strategist.

estratègia [əstɾəˈtɛʒiə] *nf* strategy.

estratègic -a [əstɾəˈtɛʒik -ə] *adj* strategic.

estratificar [əstɾətifiˈka] *vt* to stratify. ☞ **estratificar-se** *vp* to form strata.

estratosfera [əstɾətusˈfeɾə] *nf* stratosphere.

estrebada [əstɾəˈβaðə] *nf* [muscular] jerk, jolt.

estrebar [əstɾəˈβa] *vt* to pull (out), to exert o.s.

estrella [əsˈtɾeʎə] ◇ *adj inv* **-1.** [gen] top. **-2.** [presentador] star *(abans de nom)*; [producte] main. ◇ *nm* **-1.** *fig* [persona] star. **-2.** *fig* [celebritat] star. **-3. tenir bona / mala ~** to be lucky / unlucky; **veure les estrelles** to see stars. ◇ *nm, f fig* [figura] star. ☞ **estrella de mar** *nf* starfish.

estremiment [əstɾəmiˈmen] *nm* **-1.** vibration, shake. **-2.** [de terra, mar] earthquake.

estremir-se [əstɾəˈmirsə] *vp* to tremble; [horror] **~ de** to shiver from; [por, fred] to shake (from / with).

estrena [əsˈtɾenə] *nf* **-1.** first use; [de pel·lícula, espectacle] première, first night. **-2.** [en una feina] debut. ☞ **estrenes** *nf pl* tip, Christmas box.

estrenar [əstɾəˈna] *vt* **-1.** [gen] to use for the first time. **-2.** TEAT to première. **-3.** CIN to release, to show for the first time. ☞ **estrenar-se** *vp* **-1.** [persona] to make one's début. **-2.** [pel·lícula] to première.

estrènyer [əsˈtɾeɲə] *vt* **-1.** [fer estret] to narrow. **-2.** *fig* [relacions] to make closer. **-3.** [gen]: **aquestes sabates m'estrenyen** these shoes are too tight for me; **~ els braços** to hug, to squeeze; **~ la mà a algú** to shake sb's hand. **-4.** [roba, objectes] to take in. **-5.** [llavis] to press together. **-6.** *fig* [pressionar] **~ algú** to pressure sb. **-7. ~ els lligams entre dos països** to strengthen relations between two countries. ☞ **estrènyer-se** *vp* **-1.** [fer-se estret] to narrow, to get narrow. **-2.** [abraçar-se] to embrace. **-3. ~~-se el cinturó** to tighten one's belt.

estrep [əsˈtɾep] *nm* **-1.** [de muntura] stirrup. **-2.** [de cotxe, tren] step. **-3. perdre els ~s** to fly off the handle.

estrèpit [əsˈtɾɛpit] *nm* **-1.** [soroll] row, racket. **-2.** *fig* [ostentació]: **amb gran ~** with great fanfare.

estrepitós -osa [əstɾəpiˈtos -ozə] *adj* deafening, very loud.

estrès [əsˈtɾɛs] *nm* stress.

estret -a [əsˈtɾɛt -ə] ◇ *adj* **–1.** [gen] narrow, tight; **ésser molt ~** to be very narrow. **–2.** *fig* [rígid] strict. **–3.** [comprimit] cramped. ◇ *nm, f fam* mean person; **fer-se l'~** to play the miser; **ésser una ~a** to be strait-laced person. ➠ **estret** *nm* GEOG strait, narrows *pl*. ➠ **estreta** *nf*: **~ de mans** handshake.

estretir [əstɾəˈti] *vt* to make smaller; **hem d'~ el vestit** we have to make the suit smaller. ➠ **estretir-se** *vp*: **aquí la carretera s'estreteix** the road gets narrower here.

estretor [əstɾəˈto] *nf* **–1.** [gen] narrowness; **~ d'esperit** mean spirit. **–2.** *fig* [manca de diners] financial straits; **passar ~s** to have financial difficulties. **–3.** [de lloc] lack of space.

estri [ˈɛstɾi] *nm gen pl* tool.

estria [əsˈtɾiə] *nf* groove, flute.

estribord [əstɾiˈβoɾt] *nm* starboard; **a ~** to starboard.

estricte -a [əsˈtɾiktə] *adj* strict.

estrident [əstɾiˈðen] *adj* **–1.** [soroll] shrill, strident. **–2.** *fig* [color, etc.] loud.

estrip [əsˈtɾip] *nm* tear, rent; **es va fer un ~ a la faldilla** she ripped her skirt.

estripar [əstɾiˈpa] *vt* [paper, tela] to tear, to rip.

estrofa [əsˈtɾɔfə] *nf* strophe, stanza.

estropellar [əstɾupəˈʎa] *vt* to spoil, to ruin. ➠ **estropellar-se** *vp* to spoil, to get damaged.

estruç [əsˈtɾus] *nm* ostrich.

estructura [əstɾukˈtuɾə] *nf* structure.

estructurar [əstɾuktuˈɾa] *vt* to organize, to structure.

estuari [əstuˈaɾi] *nm* estuary.

estudi [əsˈtuði] *nm* **–1.** [treball, anàlisi] study; **estar en ~** to be under consideration; **~ de mercat** market research. **–2.** [local de pintor] studio. **–3.** [apartament, local de fotògraf] studio apartment. **–4.** *gen pl* CIN, TELE & RADIO studio. ➠ **estudis** *nm pl* schooling, education; **tenir ~s** to be (formally) educated; **~s primaris / secundaris** primary / secondary education.

estudiant -a [əstuðiˈan -antə] *nm, f* student.

estudiantil [əstuənˈtil] *adj* student (*abans de nom*).

estudiar [əstuðiˈa] ◇ *vi* to study; **~ per a metge** to study to be a doctor; **he d'~ per a aprovar** I have to study to pass. ◇ *vt* [lliçó, idioma] to learn; **~ dret** to study law.

estudiós -osa [əstuðiˈos -ozə] ◇ *adj* studious. ◇ *nm, f* expert.

estufa [əsˈtufə] *nf* [per a escalfar] heater, fire.

estupefacte -a [əstupəˈfaktə] *adj* **–1.** thunderstruck. **–2.** *fam* flabbergasted.

estupefaent [əstupəfəˈen] *nm* narcotic.

estupend -a [əstuˈpen -endə] *adj* fantastic.

estupendament [əstuˌpendəˈmen] *adv* wonderfully; **trobar-se ~** to feel great.

estúpid -a [əsˈtupit -iðə] ◇ *adj* stupid. ◇ *nm, f* fool.

estupidesa [əstupiˈðezə] *nf* stupidity; **dir / fer una ~** to say / to do sthg stupid.

estupor [əstuˈpor] *nm o nf* stupor.

esturió [əstuɾiˈo] *nm* [peix] sturgeon.

esvaïment [əzβəiˈmen] *nm* rout.

esvair [əzβəˈi] *vt* to rout, to defeat.

esvalot [əzβəˈlɔt] *nm* **–1.** row, racket. **–2.** [soroll] din; **fer ~** to make a row / racket. **–3.** [desordre] mess.

esvalotar [əzβəluˈta] *vi* **–1.** [pertorbar] to disturb, to make a racket. **–2.** [amotinar] to agitate, to stir up. **–3.** [desordenar] to mess up. ➠ **esvalotar-se** *vp* [pertorbarse] to get excited, to get worked up, to become violent.

esvalotat -ada [əzβəluˈtat -aðə] ◇ *adj* [nerviós] excited, noisy; [cabell] messed / mussed up. ◇ *nm, f* agitated, rough.

esvaniment [əzβəniˈmen] *nm* disappearing, vanishing.

esvanir-se [əzβəˈniɾsə] *vp* **–1.** [gen] to vanish. **–2.** [persona] to faint.

esvàstica [əzˈβastikə] *nf* swastika, gammadion.

esvelt -a [əzˈβɛl -ɛltə] *adj* svelte.

esventrar [əzβənˈtɾa] *vt fam* to eviscerate.

esverar [əzβəˈɾa] *vt* to scare, to frighten.

esvoranc [əzβuˈɾaŋ] *nm* [obertura] opening, gap.

et [ət] (**t'** davant de verb començat en vocal o *h*; **'t** darrere de verb acabat en vocal que no sigui *u* semivocal; **te** darrere de verb acabat en consonant o *u* semivocal o davant d'un altre pronom) *pron pers* **–1.** [gen] you; **vinc a veure't** I've come to see you; **t'estimo** I love you; **t'ho vaig donar** I gave it to you; **~ té por** he's afraid of you; **mira't** look at yourself; **t'agrada llegir** you like reading; **vull donar-te les gràcies** I'd like to thank you. **–2.** *fam* [impersonal] you, one; **si ~ deixes trepitjar, estàs perdut** if you let people trample on you, you're lost.

ETA ['eta] *nf* (abrev d'**Euskadi ta Askatasuna**) organization of militant Basque nationalists attempting to gain independence by means of guerilla warfare.

etapa [ə'tapə] *nf* phase, stage; **per etapes** in stages; **cremar etapes** to burn up laps.

etc. (abrev de **etcètera**) etc.

etcètera [ət'setəɾə] ◇ *nm* etcetera; **i un llarg ~** and a lot more besides. ◇ *adv* etcetera.

èter ['etəɾ] *nm* ether.

eteri -èria [ə'teɾi -ɛɾiə] *adj* light; [vapors] ethereal.

etern -a [ə'tɛrn -ə] *adj* eternal; *fig* [llarguíssim] never-ending.

eternitat [ətərni'tat] *nf lit & fig* eternity.

ètic -a ['ɛtik -ə] *adj* ethical. ➡ **ètica** *nf* **-1.** FILOS ethics (*U*). **-2.** [educació] ethics (*U*); **~ professional** professional ethics.

etílic -a [ə'tilik -ə] *adj* ethyl(ic); **en estat ~** drunk, inebriated (state).

etimologia [ətimuluˈʒiə] *nf* etymology.

etiqueta [ətiˈkɛtə] *nf* **-1.** [gen] label; [sopar, vestit] **d'~** formal; [visita, rebuda] official; [vestit] evening, formal. **-2.** INFORM label.

etiquetar [ətikəˈta] *vt* to label; *fig* **~ algú** to label sb.

ètnia ['ɛdniə] *nf* ethnic group.

ètnic -a ['ɛdnik -ə] *adj* ethnic.

etzibar [ədziˈβa] *vt fam* [bufetada] to hit, to deal a blow, to fetch a blow.

EUA *nm pl* (abrev d'**Estats Units d'Amèrica**) USA.

eucaliptus [əwkəˈliptus] *nm* eucalyptus.

eucaristia [əwkəɾisˈtiə] *nf* the Eucharist.

eufemisme [əwfəˈmizmə] *nm* euphemism.

eufòria [əwˈfɔɾiə] *nf* euphoria.

eufòric -a [əwˈfɔɾik -ə] *adj* euphoric, elated.

eunuc [əwˈnuk] *nm* eunuch.

eureka! [əwˈɾɛkə] *interj* eureka!

euro ['ɛwɾu] *nm* euro.

eurodiputat -ada [ˌɛwɾuðipuˈtat -aðə] *nm, f* Euro-MP, MEP.

eurodivisa [ˌɛwɾuðiˈβizə] *nf* eurocurrency.

Europa [əwˈɾopə] Europe; **l'~ central** Central Europe; **l'~ de l'Est** Eastern Europe.

europarlamentari -ària [ˌɛwɾupəɾləmənˈtaɾi -aɾiə] ◇ *adj* of the European Parliament. ◇ *nm, f* MEP.

europeïtzació [əwɾupəidzəsiˈo] *nf* Europeanization.

europeïtzar [əwɾupəiˈdza] *vt* to Europeanize.

europeu -ea [əwɾuˈpɛw -ɛə] ◇ *adj* European. ◇ *nm, f* European.

eurovisió [ˌɛwɾuβiziˈo] *nf* Eurovision.

eurozona [əwˈɾuzonə] *nf* Eurozone.

èuscar *nm* [llengua] Basque.

Euskadi [əwsˈkaði] the Basque Lands, the Basque Country.

eutanàsia [əwtəˈnaziə] *nf* euthanasia.

evacuació [əβəkuəsiˈo] *nf* evacuation.

evacuar [əβəkuˈa] *vt* **-1.** [desallotjar] to evacuate. **-2.** [defecar] to void; **~ (el ventre)** to have a bowel movement. **-3.** [gestió, petició] to complete, to carry out; [dubte] to leave empty.

evacuat -ada [əβəkuˈat -aðə] ◇ *adj* evacuated. ◇ *nm, f* evacuee.

evadir [əβəˈði] *vt* **-1.** to avoid, to evade; [gen] **~ (fer alguna cosa)** to avoid (doing sthg). **-2.** [responsabilitats] to shirk; [pregunta] to evade. ➡ **evadir-se** *vp* to escape from.

evangeli [əβənˈʒɛli] *nm* gospel; [doctrina] beliefs.

evaporar [əβəpuˈɾa] *vt* to evaporate. ➡ **evaporar-se** *vp lit & fig* to evaporate.

evasió [əβəziˈo] *nf* **-1.** [gen] evasion, flight. **-2.** ECON **~ de capital / divises** capital / currency evasion; **~ fiscal** tax evasion.

evasiu -iva [əβəˈziw -iβə] *adj* evasive. ➡ **evasiva** *nf*: **respondre amb evasives** not to give a straight answer.

eventual [əβənˈtwal] *adj* **-1.** [no fix] casual, temporary. **-2.** [possible] eventual.

eventualitat [əβəntwəliˈtat] *nf* **-1.** [temporalitat] temporariness, migrant. **-2.** [possibilitat] possibility / eventuality.

evidència [əβiˈðɛnsiə] *nf* **-1.** [claredat] obviousness; **posar alguna cosa en ~** to make something evident; **posar algú en ~** to show sb up. **-2.** [prova] proof, evidence.

evidenciar [əβiðənsiˈa] *vt* to demonstrate.

evident [əβiˈðen] *adj* obvious.

evitar [əβiˈta] *vt* to avoid, to evade.

evocació [əβukəsiˈo] *nf* evocation, recollection.

evocar [əβuˈka] *vt* to evoke, to invoke; to call up.

evolució [əβulusiˈo] *nf* evolution.

evolucionar [əβulusiuˈna] *vi* to evolve.

evolucionisme [əβulusiuˈnizmə] *nm* evolutionism.

evolutiu -iva [əβulu'tiw -iβə] *adj* evolutionary.

exacerbar [əgzəsər'ba] *vt* -1. [agreujar] to exacerbate. -2. [irritar] to irritate.

exacte -a [əg'zaktə] *adj* -1. exact; **3 metres ~s** exactly three metres; **per a ser ~** to be exact. -2. [quantitat] exact; [temps] right. ☞ **exacte** *interj* **~!** exactly! ☞ **exactes** *nf pl* ▷ **ciència**.

exactitud [əgzəkti'tut] *nf* exactitude, precision.

exageració [əgzəʒərəsi'o] *nf* exaggeration; **explicar exageracions** to exaggerate; **ser una ~** to be over the top.

exagerar [əgzəʒə'ra] *vt* to exaggerate.

exagerat -ada [əgzəʒə'rat -aðə] ◇ *adj* exaggerated; [preu, persona] exorbitant, flamboyant. ◇ *nm, f*: **ser (un) ~** to be an overly dramatic person; **escolta el que diu aquest ~!** listen to the way he's exaggerating!

exaltació [əgzəltəsi'o] *nf* -1. [lloança, entusiasme] overexcitement, exaltation. -2. [de príncep, etc.] exaltation.

exaltar [əgzəl'ta] *vt* -1. [encimbellar] to elevate, to raise. -2. [glorificar] to extol, to exalt. ☞ **exaltar-se** *vp* to get worked up.

exaltat -ada [əgzəl'tat -aðə] ◇ *adj* impassioned. ◇ *nm, f* hothead, rash / excitable person.

examen [əg'zamən] *nm* exam, examination; **fer un ~ d'alguna cosa** to sit an examination in sthg; **presentar-se a un ~** to go in for an exam; **~ de consciència** a good look at o.s.; **~ d'ingrés** entrance exam; **~ final** final examination; **~ mèdic** check up / medical examination; **~ oral** oral exam; **~ parcial** end-of-term exam; **lliure ~** open exam.

examinar [əgzəmi'na] *vt* -1. [observar] to examine, to inspect. -2. [avaluar, interrogar] to examine, to test; **~ algú sobre alguna cosa** to question sb about sthg. ☞ **examinar-se** *vp* to sit (for) an exam.

exànime [əg'zanimə] *adj* -1. [mort, desmaiat] lifeless, dead. -2. *fig* [esgotat] exhausted; **deixar algú ~** to leave sb worn out.

exasperant [əgzəspə'ran] *adj* exasperating.

exasperar [əgzəspə'ra] *vt* to exasperate. ☞ **exasperar-se** *vp* -1. [persona] to lose patience. -2. to get exasperated.

excarcerar [əkskərsə'ra] *vt* to release (from prison).

excavació [əkskəβəsi'o] *nf* excavation; [arqueològica] dig, excavation.

excavador -a [əkskəβə'ðo -orə] ◇ *adj* excavating, digging; **una màquina ~a** a power-operated digger. ◇ *nm, f* digger, excavator. ☞ **excavadora** *nf* [màquina] digger, excavator.

excavar [əkskə'βa] *vt* to excavate, to dig.

excedència [əksə'ðεnsiə] *nf* [de treballadors, embarassades] leave (of absence), maternity leave; EDUC sabbatical.

excedent [əksə'ðen] ◇ *adj* -1. [producció, diners, etc.] surplus. -2. [treballador, embarassada] on leave; [funcionari] on leave-of-absence. ◇ *nm* person on leave (of absence). ◇ *nmf* [treballador] employee on leave; [funcionari] civil servant on leave / sabbatical; **~ de contingent** person excused from military service because there are already enough new recruits.

excedir [əksə'ði] *vt* to exceed, to surpass; **~ algú** to outdo sb. ☞ **excedir-se** *vp* -1. [ultrapassar-se] to go too far. -2. [exagerar]: **~-se (en alguna cosa)** to exaggerate (sthg / about sthg); **~-se en el pes** to exaggerate (about) the weight.

excel·lència [əksə'llensiə] *nf* [qualitat] excellence; **per ~** par excellence. ☞ **Excel·lència** *nmf*: **Sa Excel·lència** Her / His / Your Excellency.

excel·lent [əksə'llen] *adj* excellent.

excels -a [ək'sεls -ə] *adj* -1. [poeta, director] sublime, lofty. -2. [muntanyes] high.

excèntric -a [ək'sentrik -ə] *adj & nm, f* eccentric.

excentricitat [əksəntrisi'tat] *nf* eccentricity.

excepció [əksəpsi'o] *nf* exception; **fer una ~** to make an exception; **a ~ de** with the exception of; **l'~ confirma la regla** the exception proves the rule. ☞ **d'excepció** *loc adj* exceptional.

excepcional [əksəpsiu'nal] *adj* exceptional.

excepte [ək'septə] *prep* except.

exceptuar [əksəptu'a] *vt* -1. [excloure] to leave out, to exclude; **no exceptuo ningú** I except no one; **si exceptuem els nois** if we don't include the boys. -2. [eximir] [obligació, tasca]: **~ algú (de)** to exempt sb (from).

excés [ək'ses] *nm* -1. [gen] excess, surfeit; **és llest en ~** he's too clever; **parla en ~** he talks too much; [obesitat] **~ de pes** excess weight; [sobrecàrrega] overload; **~ de poder** abuse of power; **~ de velocitat** speeding. **-2.** [excedent]: ~ **d'equipatge** excess baggage; ~ **de natalitat** over-high birth rate.

excessiu -iva [əksəˈsiw -iβə] *adj* excessive.

excipient [əksipiˈen] *nm* excipient, vehicle.

excisió [əksiziˈo] *nf* excision.

excitació [əksitəsiˈo] *nf* excitement.

excitant [əksiˈtan] ⬦ *adj* exciting. ⬦ *nm* stimulant.

excitar [əksiˈta] *vt* **-1.** [inquietar] to excite. **-2.** [incitar] to incite; ~ **algú a alguna cosa / a fer alguna cosa** to incite sb to (do) sthg. **-3.** [activar - gana] to whet; [- desitjos] to arouse; [- nervis] to get sb's nerves. ➤ **excitar-se** *vp* to get excited / worked up.

excitat -ada [əksiˈtat -aðə] *adj* excited.

exclamació [əkskləməsiˈo] *nf* exclamation.

exclamar [əkskləˈma] *vt* to exclaim. ➤ **exclamar-se** *vp* to protest.

excloure [əksˈklowrə] *vt* to exclude; ~ **algú de** to leave sb out (of). ➤ **excloure's** *vp* to exclude o.s.; **aquestes dues opcions s'exclouen** these two options are mutually exclusive.

exclusió [əkskluziˈo] *nf* exclusion.

exclusiu -iva [əkskluˈziw -iβə] *adj* **-1.** [únic] sole. **-2.** [privilegiat] exclusive. **-3.** [que exclou] exclusive. ➤ **exclusiva** *nf* exclusive.

exclusivament [əkskluˌziβaˈmen] *adv* exclusively, solely; **pàgina 10** ~ only page ten; **fins al 24 de gener** ~ only till January 24.

excomunicar [əkskummniˈka] *vt* to excommunicate.

excomunió [əkskumuniˈo] *nf* excommunication.

excrement [əkskrəˈmen] *nm* excrement.

excretar [əkskrəˈta] *vt* to excrete.

exculpar [əkskulˈpa] *vt* to acquit, to exonerate; ~ **algú d'alguna cosa** to exonerate sb from; DR to acquit sb. ➤ **exculpar-se** *vp*: ~-**se de** to declare one's innocence.

excursió [əkskursiˈo] *nf* **-1.** [viatge] trip, excursion; **anar d'**~ to go on a trip / outing. **-2.** *fam* [passeig]: **fer una** ~ to go on an outing / trip.

excursionista [əkskursiuˈnistə] *nmf* hiker, rambler.

excusa [əksˈkuzə] *nf* excuse.

excusar [əkskuˈza] *vt* **-1.** [justificar] to excuse, to apologize for. **-2.** [evitar]: ~ **de fer alguna cosa** to avoid doing sthg. ➤ **excusar-se** *vp*: ~-**se (amb algú per alguna cosa)** to apologize to sb for sthg.

excusat -ada [əkskuˈzat -aðə] *adj* **-1.** [disculpat] excused. **-2.** [secret] secret.

execució [əgzəkusiˈo] *nf* [gen & INFORM] execution, carrying out.

executar [əgzəkuˈta] *vt* [gen & INFORM] to execute.

executiu -iva [əgzəkuˈtiw -iβə] ⬦ *adj* executive; **la secretaria executiva** executive secretary. ⬦ *nm, f* [professional] executive; ~ **agressiu** hursting executive; ~ **de comptes** account administrator. ➤ **executiu** *nm* executive. ➤ **executiva** *nf*: (junta) executiva executive; POLÍT the government.

exegesi [əgzəˈʒezi] *nf* exegesis.

exemplar [əgzəmˈplar] ⬦ *adj* exemplary. ⬦ *nm* example, model.

exemple [əgˈzemplə] *nm* example, instance; **donar** ~ to set an example; **per** ~ for instance; **n'hi ha prou amb un** ~ one example is enough.

exemplificar [əgzəmplifiˈka] *vt* [il·lustrar] to illustrate; [donar exemples de] to exemplify.

exempt -a [əgˈzemt -ə] *adj* exempt; [curiositat, errors] ~ **(de)** free from, without; [responsabilitats, obligacions] free from; [servei militar] exempt; [impostos] (tax / duty) free; [classe] free.

exèquies [əgˈzɛkiəs] *nf pl* obsequies, funeral rites.

exercici [əgzərˈsisi] *nm* exercise; ~ **econòmic / fiscal** financial / tax year. ➤ **exercicis espirituals** *nm pl* spiritual retreat.

exercir [əgzərˈsi] *vt* to practise; ~ **de** to work as.

exèrcit [əgˈzɛrsit] *nm lit & fig* army.

exercitar [əgzərsiˈta] *vt* [un dret] to exercise. ➤ **exercitar-se** *vp*: ~-**se (en alguna cosa)** to train (in sthg).

exfoliar [əksfuliˈa] *vt* to exfoliate. ➤ **exfoliar-se** *vp* to exfoliate, to flake.

exhalació [əgzələsiˈo] *nf* **-1.** [emanació] exhalation, vapour; [sospir] sigh, breath. **-2.** [rapidesa]: **com una** ~ like lightning.

exhalar [əgzəˈla] *vt* **-1.** [emanar] to exhale, to breathe out. **-2.** *fig* [sospirs] to heave a sigh; [retrets] to utter; ~ **el darrer sospir** to breathe one's last.

exhaust -a [əgˈzawst -ə] *adj* [cansat] exhausted.

exhaustiu -iva [əgzəws'tiw -iβə] *adj* exhaustive.

exhibició [əgziβisi'o] *nf* **–1.** [de quadres] exhibition. **–2.** [de dansa, karate, etc.] show, display. **–3.** [de pel·lícula] showing. **–4.** [de models] presentation. **–5.** [de força] show, display.

exhibicionisme [əgziβisiu'nizmə] *nm lit & fig* exhibitionism.

exhibir [əgzi'βi] *vt* **–1.** [quadres, fotografies] to show, to display. **–2.** [pel·lícula] to show, to screen. **–3.** [models, productes] to show. ➣ **exhibir-se** *vp* to show off.

exhortació [əgzurtəsi'o] *nf* exhortation.

exhortar [əgzur'ta] *vt*: ~ **algú a alguna cosa / a fer alguna cosa** to exhort sb to (do) sthg.

exhumar [əgzu'ma] *vt lit & fig* to disinter, to exhume.

exigència [əgzi'ʒɛnsiə] *nf* demand; **exigències del treball** demands of the job.

exigent [əgzi'ʒen] ⬦ *adj* demanding. ⬦ *nmf*: **és un ~** he's a demanding person.

exigir [əgzi'ʒi] *vt* to demand, to call for, to require.

exigu -a [əg'ziɣu -wə] *adj* scanty, small; [salari] low, meagre; [habitació] tiny.

exili [əg'zili] *nm* exile.

exiliar [əgzili'a] *vt* to exile. ➣ **exiliar-se** *vp* to exile o.s.

exiliat -ada [əgzili'at -aðə] ⬦ *adj* exiled. ⬦ *nm, f* exile.

eximir [əgzi'mi] *vt*: ~ **de** to exempt from. ➣ **eximir-se** *vp*: **–se de** to free o.s. from; [responsabilitats] to liberate o.s. from; [obligacions] to exempt o.s. from.

existència [əgzis'tɛnsiə] *nf* existence, being, life. ➣ **existències** *nf pl* COM stock.

existencialisme [əgzistənsiə'lizmə] *nm* existentialism.

existir [əgzis'ti] *vi* to exist, to be.

èxit ['ɛgzit] *nm* [gen] success; [llibre] bestseller; [cançó] hit; **tenir ~** to be successful.

èxode ['ɛgzuðə] *nm* exodus, migration.

exorbitant [əgzurbi'tan] *adj* exorbitant.

exorcisme [əgzur'sizmə] *nm* exorcism.

exorcitzar [əgzursi'dza] *vt* to exorcise.

exòtic -a [əg'zɔtik -ə] *adj* exotic.

expandir [əkspən'di] *vt* **–1.** FÍS to expand, to spread. **–2.** [notícia, rumor] to spread. ➣ **expandir-se** *vp* **–1.** [rumor] to spread. **–2.** FÍS to (cause to) expand. **–3.** ECON to expand.

expansió [əkspənsi'o] *nf* **–1.** [gen, FÍS & ECON] expansion. **–2.** *fig* [de notícia] spreading. **–3.** [esbarjo] relaxation.

expansionar-se [əkspənsiu'narsə] *vp* **–1.** [divertir-se] to relax. **–2.** [desfogar-se] ~ **amb algú** to open up to sb.

expansionisme [əkspənsiu'nizmə] *nm* expansionism.

expansiu -iva [əkspən'siw -iβə] *adj lit & fig* expansive.

expatriar [əkspətɾi'a] *vt* to expatriate, to exile. ➣ **expatriar-se** *vp* to emigrate, to go into exile.

expectació [əkspəktəsi'o] *nf* **–1.** [espera] anticipation, expectation. **–2.** [interès] eagerness. **–3.** [ànsia] impatience.

expectativa [əkspəktə'tiβə] *nf* **–1.** [espera] expectation; **estar a l'~** to wait and see; **estar a l'~ de** to be on the lookout for. **–2.** [possibilitat] prospect.

expedició [əkspəðisi'o] *nf* expedition.

expedicionari -ària [əkspəðisiu'naɾi -aɾiə] ⬦ *adj* expeditionary. ⬦ *nm, f* member of an expedition.

expedient [əkspəði'en] *nm* **–1.** [documentació, historial] documents, records, file; ~ **de regulació de feina** streamlining (of the workforce). **–2.** [investigació] investigation, proceedings; **obrir ~ a algú** [castigar] to take disciplinary action against sb; [investigar] to investigate; *fig* **cobrir l'~** to do the bare minimum.

expedir [əkspə'ði] *vt* **–1.** [carta, paquet] to send. **–2.** [passaport, certificat] to issue. **–3.** [contracte] to draw up.

expedit -a [əkspə'ðit -ə] *adj* [via, camí, etc.] sent, dispatched.

expel·lir [əkspə'lli] *vt* to expel, to eject; [fum, calor] to blow out.

expenedor -a [əkspənə'ðo -oɾə] ⬦ *adj* vending (*abans de nom*); **una màquina ~a de...** a vending machine. ⬦ *nm, f* dealer, retailer; ~ **de tabac** tobacconist. ➣ **expenedor** *nm* [màquina]: ~ **automàtic** vending machine.

expenedoria [əkspənəðu'ɾiə] *nf* tobacconist's *Br*, cigar store *Am*.

expenses [əks'pɛnsəs] *nf pl* costs, expenses.

experiència [əkspəɾi'ɛnsiə] *nf* experience.

experiment [əkspəɾi'men] *nm* experiment.

experimentar [əkspəɾimən'ta] *vt* **–1.** [provar] to experiment. **–2.** [viure, sentir] to experience; ~ **el que és la por** to experience fear.

experimentat -ada [əkspəɾimənˈtat -aðə] *adj* [persona] experienced; [mètode] tried and tested.

expert -a [aksˈpɛrt -ə] ⬦ *adj* expert (*abans de nom*). ⬦ *nm, f* expert.

expiar [əkspiˈa] *vt* to atone (for).

expirar [əkspiˈɾa] ⬦ *vi* to expire. ⬦ *vt* to expire.

explanar [əksplə'na] *vt fig* [assumpte] to elucidate, to explain.

explicació [əksplikəsiˈo] *nf* explanation; explication; **donar / demanar explicacions** to give / demand an explanation.

explicar [əksplikˈa] *vt* to explain; [assignatura] to teach, to lecture in. ➡ **explicarse** *vp* to explain o.s., to make o.s. understood.

explícit -a [aksˈplisit -ə] *adj* explicit.

explicitar [əksplisiˈta] *vt* to make explicit.

exploració [əksplurəsiˈo] *nf* –1. [gen] exploration; [de jaciments] prospecting. –2. MED exploration.

explorador -a [əksplurəˈðo -oɾə] ⬦ *adj* exploring, exploratory. ⬦ *nm, f* explorer; [escolta] boy scout *m*, girl guide *f*.

explorar [əkspluˈɾa] *vt* –1. [gen] to explore; [en jaciments] to prospect. –2. MED to explore, to probe.

explosió [əkspluziˈo] *nf* explosion; **fer ~** to explode; **~ atòmica / termonuclear** atomic / thermonuclear explosion; **~ demogràfica** population explosion.

explosiu -iva [əkspluˈziw -iβə] *adj* explosive. ➡ **explosiu** *nm* explosive.

explotació [əksplutəsiˈo] *nf* [negoci] exploitation; **~ agrícola** farm.

explotar [əkspluˈta] *vi* to exploit, to operate.

exportació [əkspurtəsiˈo] *nf* exportation; **exportacions invisibles** invisible exports.

exportar [əkspurˈta] *vt* COM & INFORM to export.

exposar [əkspuˈza] *vt* to expose, to exhibit. ➡ **exposar-se** *vp* –1. [posar-se a la vista] to show o.s. –2. [arriscar-se] to lay o.s. open to; **~-se a** to take the risk of.

exposat -ada [əkspuˈzat -aðə] *adj* exposed; [arriscat] risky.

exposició [əkspuziˈsio] *nf* –1. [gen] exposure. –2. [explicació] setting out, explanation. –3. [risc] risk.

expòsit -a [aksˈpɔzit -ə] ⬦ *adj* [infantil] foundling. ⬦ *nm, f* foundling.

expositor -a [əkspuziˈto -oɾə] ⬦ *adj* [principi] exhibiting. ⬦ *nm, f* [que exhibeix] exhibitor; *fig* [que explica] exponent.

exprés -essa [aksˈpɾes -esə] *adj* [explícit] specific, express. ➡ **exprés** ⬦ *adj inv* [tren] express. ⬦ *adv* [intencionadament] on purpose. ⬦ *nm* [cafè] expresso.

expressament [aks.pɾesəˈmen] *adv* intentionally; **ho va fer ~** he did it on purpose.

expressar [əkspɾəˈsa] *vt* to express, to voice. ➡ **expressar-se** *vp* to express o.s.

expressió [əkspɾəsiˈo] *nf* expression; **reduir a la mínima ~** to cut down to the bare minimum.

expressionisme [əkspɾəsiuˈnizmə] *nm* expressionism.

expressiu -iva [əkspɾəˈsiw -iβə] *adj* –1. [paraules, mirada] expressive. –2. [pare, promès] affectionate.

expropiació [əkspɾupiəsiˈo] *nf* –1. [acció] expropriation. –2. [terreny] expropriated land.

expropiar [əkspɾupiˈa] *vt* to expropriate.

expulsar [əkspulˈsa] *vt* –1. [fums, gasos] to emit, to give off. –2. [fer fora d'un club] to expel, to throw out.

expulsió [əkspulsiˈo] *nf* expulsion; [de gasos de cotxe] emission, giving off.

exquisit -ida [əkskiˈzit -iðə] *adj* exquisite.

exquisitat [əkskiziˈtat] *nf* –1. [qualitat] exquisiteness, exquisite thing. –2. [àpat] delicacy, delight.

èxtasi [ˈɛkstəzi] *nm* –1. [estat] ecstasy. –2. *fam* [droga] ecstasy.

extasiar-se [əkstəziˈaɾsə] *vp*: **~ (davant / amb)** to go into raptures / ecstasy over.

extens -a [aksˈtens -ə] *adj* –1. [planura, membre] vast, full. –2. [discurs, conversació, etc.] long.

extensió [əkstənsiˈo] *nf* –1. [superfície] area, expanse. –2. [durada] duration, length. –3. [acció] extension; **en tota l'~ de la paraula** in every sense of the word; **per ~** by extension. –4. TELECOM extension.

extensiu -iva [əkstənˈsiw -iβə] *adj* extensive, wide.

extenuar [əkstənuˈa] *vt* to weaken. ➡ **extenuar-se** *vp* to become weak, to waste away.

exterior [əkstəɾiˈor] ⬦ *adj* –1. outward, exterior. –2. POLÍT foreign. ⬦ *nm* exterior, outside; [aspecte] appearance. ➡ **exteriors** *nm pl* outside / exterior shots *pl*.

exterioritzar [əkstəriuri'dzə] vt to reveal, to show.

exterminació [əkstərminəsi'o] nf extermination.

exterminar [əkstərmi'na] vt **-1.** [anihilar] to exterminate. **-2.** [devastar] to destroy, to devastate.

extermini [əkstər'mini] nm extermination.

extern -a [əks'tɛrn -ə] adj external, outer; [signe, aspecte] outward.

externalització [əkstərnəlidzəsi'o] nf outsourcing.

externalitzar [əkstərnəli'dzə] vt to outsource.

extinció [əkstinsi'o] nf extinction, loss.

extingir [əkstiŋ'ʒi] vt to extinguish; [raça] to wipe out; [afecte, entusiasme] to die. ◆ **extingir-se** vp to go out; [afecte, entusiasme, soroll] to die (down).

extintor -a [əkstin'to -orə] adj extinguishing. ◆ **extintor** nm extinguisher.

extirpació [əkstirpəsi'o] nf eradication, stamping out; [d'òrgan, quist] removal; fig [d'un mal] wiping out.

extirpar [əkstir'pa] vt to remove; [queixal] to take out; fig [mal] to root out.

extorsió [əkstursi'o] nf **-1.** [molèstia] inconvenience. **-2.** [delicte] extortion.

extra ['ɛkstrə] ⋄ adj [qualitat, producte] extra, top quality, superior; [hores, feina, paga, despeses] overtime. ⋄ nmf CIN [actor - de figuració] extra; [- substitut] double. ⋄ nm [regal] extra; [plat] supplement. ⋄ nf ▶ **paga**.

extracció [əkstrəksi'o] nf extraction, mining.

extracel·lular [ˌɛkstrəsəlluˈlar] adj extracellular.

extracte [əks'traktə] nm extract; ~ **de comptes** bank statement.

extractor -a [əkstrək'to -orə] adj extractor (abans de nom); [indústria] ventilating (abans de nom). ◆ **extractor** nm extractor; ~ **(de fums)** extractor.

extradir [əkstrə'ði] vt extradite.

extralimitar-se [ˌɛkstrəlimi'tarsə] vp fig to go too far; ~ **en les seves funcions** to overstep the bounds of their duties.

extraoficial [ˌɛkstraufisi'al] adj unofficial.

extraordinari -ària [ˌɛkstrəurdi'nari -ariə] adj extraordinary; [hora, treball] overtime; [edició, suplement] special (edition). ◆ **extraordinari** nm **-1.** CULIN special dish. **-2.** PREMSA special edition. **-3.** [correu] special delivery. ◆ **extraordinària** nf ▶ **paga**.

extrapolació [əkstrəpuləsi'o] nf fig extrapolation.

extrapolar [əkstrəpu'la] vt (treure una conclusió) to extrapolate.

extraradi [ˌɛkstra'raði] nm outskirts pl, suburbs pl.

extraterrestre [ˌɛkstrətə'rɛstrə] adj & nmf extraterrestrial.

extraterritorial [ˌɛkstrətərituri'al] adj extraterritorial.

extravagància [əkstrəβə'γansiə] nf extravagance, peculiarity, oddness.

extravagant [əkstrəβə'γan] adj extravagant, eccentric.

extravertit -ida [ˌɛkstrəβər'tit -iðə] ⋄ adj extroverted. ⋄ nm, f extrovert.

extraviar [əkstrəβi'a] vt [perdre] to lose, to mislay. ◆ **extraviar-se** vp **-1.** [perdre's] to get lost, to go missing. **-2.** [desenfrenar-se] to give free rein to (one's passions).

extraviat -ada [əkstrəβi'at -aðə] adj **-1.** [perdut] lost. **-2.** [de vida lleugera] debauched.

extrem -a [əks'trɛm -ə] adj extreme. ◆ **extrem** nm **-1.** [en l'espai] end. **-2.** [límit] extreme; **en darrer ~** as a last resort; **anar / passar d'un ~ a l'altre** to go from one extreme to the other; **arribar a l'~ de fer alguna cosa** to go to extremes to do sthg. **-3.** ESPORT outside right / left. **-4.** [en un text] end.

extremar [əkstrə'ma] vt to go to extremes with; [vigilància] to reinforce. ◆ **extremar-se** vp to take great pains.

extremat -ada [əkstrə'mat -aðə] adj excessive, extreme; [vestit] extravagant.

extremis [əks'trɛmis] ◆ **in extremis** loc adv right at the very last moment.

extremista [əkstrə'mistə] adj & nmf extremist.

extremitat [əkstrəmi'tat] nf extremity, end, tip. ◆ **extremitats** nf pl [mans, peus] extremities pl.

extremunció [əkstrəmunsi'o] nf extreme unction.

extreure [əks'trɛwrə], **extraure** [əks'trawrə] vt [treure] to extract; [queixal] to pull / take out.

extrínsec -a [əks'trinsək -ə] adj extrinsic.

exuberància [əgzuβə'ransiə] nf lit & fig exuberance.

exuberant [əgzuβə'ran] adj exuberant.

exultació [əgzultəsi'o] nf exultation.

exultant [əgzul'tan] adj exultant.

exultar [əgzul'ta] *vi*: ~ **de** to exult in, to rejoice in.

exvot [,εgz'bɔt] *nm* ex voto, votive offering.

f, F ['efə] *nf* [lletra] f, F.
fa ['fa] *nm* MÚS F, fa.
fàbrica ['faβrikə] *nf* **-1.** [establiment] factory, mill. **-2.** [fabricació] manufacture. **-3.** [obra] building, construction.
fabricació [fəβrikəsi'o] *nf* manufacture; ~ **en sèrie** mass production.
fabricant [fəβri'kan] <> *adj* manufacturing. <> *nmf* manufacturer.
fabricar [fəβri'ka] *vt* **-1.** [produir, elucubrar] to manufacture, to make, to produce. **-2.** [construir] to build, to construct.
fabulós -osa [fəβu'los -ozə] *adj* fabulous, fantastic, mythical.
faç ['fas] *nf* face, front.
façana [fə'sanə] *nf lit & fig* façade, front.
facció [fəksi'o] *nf* POLÍT faction.
facècia [fə'sεsiə] *nf* joke.
faceta [fə'setə] *nf* facet.
facial [fəsi'al] *adj* facial.
fàcil ['fasil] *adj* **-1.** [gen] easy; **ser una persona ~** to be (an) easy-going (person). **-2.** [probable] **és ~ que...** it's likely / probable that. **-3.** *fam*: **és més ~ que beure's un ou** it's as easy as pie.
facilitar [fəsili'ta] *vt* **-1.** [simplificar, possibilitar] to make easy / possible; **~ la vida** to make life easy. **-2.** [proporcionar] to facilitate; **li ha facilitat la informació** she has provided you with the information.
facilitat [fəsili'tat] *nf* easiness, facility. ➤ **facilitats** *nf pl* facilities *pl*; ~**s de pagament** easy payment terms.
facinerós -osa [fəsinə'ros -ozə] <> *adj* criminal, wicked. <> *nm, f* **-1.** villain. **-2.** malefactor, criminal.
factible [fək'tibblə] *adj* practical, feasible.
fàctic -a ['faktik -ə] *adj* ➤ **poder²**.
factor [fək'to] *nm* factor; ~ **Rh / Rhesus** Rh / Rhesus factor.
factoria [fəktu'riə] *nf* [colònia] factory, outlet.
factòtum [fək'tɔtum] *nmf* factotum.
factura [fək'turə] *nf* invoice, bill; ~ **proforma** proforma invoice.
facturar [fəktu'ra] *vt* **-1.** [cobrar] to invoice, to bill. **-2.** [vendre] to turn over. **-3.** [consignar] to register. **-4.** [aeroport, hotel] to check in.
facultar [fəkul'ta] *vt* to authorize; [legalment] to empower.
facultat [fəkul'tat] *nf* faculty, ability; **tenir ~ per a** to have authorization / power to.
facultatiu -iva [fəkultə'tiw -iβə] <> *adj* **-1.** [opcional] optional, facultative. **-2.** [mèdic] medical; [comunicat] health. **-3.** [d'una facultat universitària] university. <> *nm, f* doctor, practitioner.
fada ['faðə] *nf* fairy.
fageda [fə'ʒeðə] *nf* beechwood.
fagina [fə'ʒinə] *nf* ZOOL marten.
fagot [fə'ɣɔt] <> *nm* [instrument] bassoon. <> *nmf* [músic] bassoonist.
faiçó [fəj'so] *nf* making, workmanship.
faig ['fatʃ] *nm* beech.
faisà [fəj'za] *nm* pheasant.
faixa ['faʃə] *nf* **-1.** [per a la cintura] sash, cummerbund. **-2.** [de dona, terapèutica] corset. **-3.** [de llibre, terreny] band (around a new book). **-4.** [cinturó] cloth belt.
faixar [fə'ʃa] *vt* **-1.** [periòdic] to wrap, to bandage. **-2.** [criatura] to swaddle.
falç ['fals] *nf* sickle; **la ~ i el martell** the hammer and sickle.
falca ['falkə] *nf* [per a subjectar] wedge; RADIO & TELE **~ publicitària** advertising spot.
falcar [fəl'ka] *vt* [posar una falca a] to wedge.
falcó [fəl'ko] *nm* falcon, hawk.
falda ['faldə] *nf* [de muntanya] slope, foot.
falder -a [fəl'de -erə] *adj* [gos] lapdog.
faldilla [fəl'diʎə] *nf* [peça de vestir] skirt; ~ / **faldilles pantaló** culottes *pl*.
faldiller -a [fəldi'ʎe -erə] *adj* [aficionat a les dones] **un home ~** a man keen on women; **ésser ~** to be one for the women. ➤ **faldiller** *nm* ladies' man.
faldó [fəl'do] *nm* [de jaqueta, frac] skirt, tail; [de camisa] shirt-tail.
falguera [fəl'ɣerə] *nf* fern, bracken.
falla ['faʎə] *nf* **-1.** GEOL fault. **-2.** [a València] bonfire; ➤ **falles.** ➤ **falles** *nf pl* cele-

brations in Valencia where grotesque and humorous handcrafted effigies are burned on the feast of St. Joseph.

fal·laç [fəˈʎas] *adj* deceitful.

fal·làcia [fəˈʎasiə] *nf* deceit.

fallada [fəˈʎaðə] *nf* [equivocació] failure, defect.

fallar [fəˈʎa] ◇ *vi* –**1.** [fracassar] to go wrong, to miscarry; **va ~ en l'examen** she failed the test. –**2.** [flaquejar - memòria] to grow weak, to fail; [- cor, nervis] to fail. –**3.** to deceive; [decebre] **~ a algú** to let sb down; **no em fallis** don't let me down. –**4.** [errar] to go wrong. –**5.** to have faults; [tenir falles] **~ en algun punt** to have a weak point. ◇ *vt* to miss, to go astray; [equivocar] **~ el tret** to miss the shot, misfire.

fallida [fəˈʎiðə] *nf* [ruïna] failure, bankruptcy; **~ fraudulenta** fraudulent bankruptcy; *fig* [pèrdua] collapse.

fal·lus [ˈfaʎus] *nm* phallus.

falòrnia [fəˈlɔrniə] *nf fam* idle tale, fib.

fals -a [ˈfals -ə] *adj* false, sham. ☞ **en fals** *loc adv* falsely; **fer un pas en ~** to take a false step; **declarar en ~** to make a false statement.

falsari -ària [fəlˈsaɾi -aɾiə] *nm, f* falsifier, forger.

falsedat [fəlsəˈðat] *nf* deceit; [mentida] falsehood.

falsejar [fəlsəˈʒa] *vt* [resultat] to falsify; [fet, paraula] to alter, to twist.

falset [fəlˈsɛt] *nm* falsetto.

falsificació [fəlsifikasiˈo] *nf* –**1.** [acció] falsification, forging. –**2.** [objecte fals] forgery.

falsificador -a [fəlsifikaˈðo -oɾə] *nm, f* forger.

falsificar [fəlsifiˈka] *vt* to falsify; [firma] to forge.

falta [ˈfaltə] *nf* –**1.** [gen] lack, need, want; **fa ~ pa** we need bread; **em fas ~** I need you; **~ d'educació** bad manners. –**2.** [absència] absence. –**3.** [error & ESPORT] foul, fault; **~ d'ortografia** spelling mistake; **~ personal** personal foul. –**4.** [en la menstruació] **ja ha tingut tres faltes** she's missed three periods. ☞ **a falta de** *loc prep* in the absence of.

faltar [fəlˈta] *vi* –**1.** [gen] to be lacking; **~ a la seva paraula** to break one's word; **~ (al respecte) a algú** to fail to show sb respect. –**2.** [ésser absent] to be absent / missing; **en Pere falta, em penso que està malalt** Pere is away / off, I think he's ill; **va ~ a la cita** she missed the appointment. –**3.** falta un mes per a les vacances there's a month till the holidays; **només et falta firmar** all you need to do now is sign; **falta molt per fer** there's still a lot to do. –**4.** [morir]: **quan faltin els seus pares** when your parents have died.

faltat -ada [fəlˈtat -aðə] *adj* missed.

fam [ˈfam] *nf* hunger; **tenir ~** to be hungry; **~ canina** ravenous hunger; **matar la ~** to stave off hunger.

fama [ˈfamə] *nf* –**1.** fame. –**2.** [popularitat] popularity. –**3.** [reputació] reputation; **de mala ~** of bad reputation. –**4.** **agafa / cria ~ i posa't a jeure** ≃ build yourself a good reputation and you can rest on your laurels.

famèlic -a [fəˈmɛlik -ə] *adj* famished, starving.

família [fəˈmiliə] *nf* family; **acaba de tenir ~** she has just become a mother; **en ~** privately, within the family; **~ nombrosa** large family.

familiar [fəmiliˈar] ◇ *adj* –**1.** [gen & LING] colloquial, informal. –**2.** [de família] family (*abans de nom*). ◇ *nmf* relative, relation.

familiaritat [fəmiliəɾiˈtat] *nf* –**1.** familiarity. –**2.** simplicity.

familiaritzar [fəmiliəɾidˈza] *vt* to familiarize. ☞ **familiaritzar-se** *vp* to familiarize o.s. with, to get used to.

famós -osa [fəˈmos -ozə] ◇ *adj* –**1.** [conegut] renowned, well-known. –**2.** *fam* [bo, excel·lent] famous. –**3.** celebrated. ◇ *nm, f* celebrity, star.

fanal [fəˈnal] *nm* [de carrer] lamp(post); [llanterna] lantern.

fanalet [fənəˈlet] *nm* [de paper] paper / Chinese lantern.

fanàtic -a [fəˈnatik -ə] ◇ *adj* fanatical. ◇ *nm, f* fanatic.

fanatisme [fənəˈtizmə] *nm* bigotry, fanaticism.

fanfàrria [fəɱˈfariə] *nf* –**1.** *fam* [jactància] boasting. –**2.** [de música] fanfare.

fanfarró -ona [fəɱfəˈro -onə] ◇ *adj* boastful. ◇ *nm, f* braggart.

fang [ˈfaŋ] *nm* –**1.** mire, mud; *fig* **arrossegar-se pel ~** to drag o.s. through the mud. –**2.** [de terrissaire] clay.

fangar [fəŋˈga] *nm* bog, quagmire.

fangós -osa [fəŋˈgos -ozə] *adj* miry, muddy.

fanguissar [fəŋgiˈsa] *nm* mire.

fantasia [fəntəˈziə] *nf* –**1.** [imaginació] fantasy; **una joia de ~** costume jewellery *U*. –**2.** [somni] fantasy. –**3.** MÚS fantasia.

fantasiar [fəntəziˈa] *vi* to dream, to fantasize.

fantasma [fənˈtazmə] ◇ *nm* [espectre] phantom, apparition. ◇ *nmf fam* [fanfarró] show-off.

fantàstic -a [fənˈtastik -ə] *adj* fantastic.

fantotxe [fənˈtɔtʃə] *nm* [mamarratxo] marionette, puppet; **estar fet un ~** to look ridiculous.

faquir [fəˈkir] *nm* fakir.

far [ˈfar] *nm* lighthouse; **~ antiboira** foglamp.

faramalla [fərəˈmaʎə] *nf* [de persona] blarney; [d'acte, cerimònia] fanfare.

faraó -ona [fərəˈo -onə] *nm, f* pharaoh.

farcell [fərˈseʎ] *nm* –**1.** bundle. –**2.** MIL kit, pack.

farciment [fərsiˈmen] *nm* –**1.** CULIN stuffing; *fig* [pastís] filling. –**2.** garnishing.

farcir [fərˈsi] *vt* –**1.** [gen] to stuff, to fill. –**2.** [d'ornaments] to garnish; [ple] **farcit de** filled with.

farcit -ida [fərˈsit -iðə] *adj* CULIN [oliva, pebrot] stuffed; [pastís] filled; **estar ~** [persona] to be stuffed.

farigola [fəriˈɣolə] *nf* thyme.

farina [fəˈrinə] *nf* flour.

faringe [fəˈrinʒə] *nf* pharynx.

faringitis [fərinˈʒitis] *nf inv* pharyngitis.

farinós -osa [fəriˈnos -ozə] *adj* floury.

faristol [fərisˈtɔl] *nm* –**1.** [per a llibres] lectern. –**2.** MÚS music stand.

fàrmac [ˈfarmək] *nm* drug.

farmacèutic -a [fərməˈsɛwtik -ə] ◇ *adj* pharmaceutical. ◇ *nm, f* chemist, pharmacist.

farmàcia [fərˈmasiə] *nf* chemist's (shop), pharmacy *Br*, drugstore *Am*; **~ de guàrdia** all-night chemist's.

farmaciola [fərməsiˈɔlə] *nm* [moble] medicine chest; [maletí] first-aid kit.

farratge [fəˈradʒə] *nm* fodder, forage.

farsa [ˈfarsə] *nf* farce.

farsant [fərˈsan] *adj & nmf* –**1.** humbug. –**2.** [mentider] fake.

fart -a [ˈfart -ə] *adj* –**1.** [de menjar] full. –**2.** *fam* [cansat] fed up; **estar ~ de** to be fed up with. ➔ **fart** [ˈfart] *nm* –**1.** glutton, pig; **fer-se un ~ de plorar** to cry o.s. out. –**2.** *fam fig:* **fer-se un ~ de treballar** to work like a slave.

fascicle [fəˈsiklə] *nm* part, issue.

fascinant [fəsiˈnan] *adj* fascinating.

fascinar [fəsiˈna] *vt* to fascinate.

fase [ˈfazə] *nf* phase, stage.

fàstic [ˈfastik] *nm* [del menjar] revulsion; **quin ~!** how revolting!; **li fa ~ la carn** meat revolts him.

fastig [fəsˈtik] *nm* boredom, weariness.

fastigós -osa [fəstiˈɣos -ozə] *adj* –**1.** sickening, disgusting. –**2.** [temps] nasty.

fastiguejar [fəstiɣəˈʒa] *vt* –**1.** to disgust. –**2.** to bore, to sicken. –**3.** [molestar] to annoy. ➔ **fastiguejar-se** *vp:* **~-se de** to be disgusted by.

fastuós -osa [fəstuˈos -ozə] *adj* splendid.

fat [ˈfat] *nm* fate.

fat fada [ˈfat ˈfaðə] *adj* –**1.** [sense sal] unsalted, bland. –**2.** [sense gràcia] insipid.

fatal [fəˈtal] *adj* –**1.** [inevitable, seductor] fatal, tempting, irresistible. –**2.** [molt dolent] awful.

fatalisme [fətəˈlizmə] *nm* fatalism.

fatalitat [fətəliˈtat] *nf* –**1.** [desgràcia] misfortune. –**2.** [destí] fate.

fatídic -a [fəˈtiðik -ə] *adj* fateful, prophetic.

fatiga [fəˈtiɣə] *nf* tiredness. ➔ **fatigues** *nf pl* troubles.

fatigar [fətiˈɣa] *vt* to tire, to wear out. ➔ **fatigar-se** *vp* to get tired.

fatigós -osa [fətiˈɣos -ozə] *adj* tiring.

fatu fàtua [ˈfatu ˈfatuə] *adj* [presumptuós] fatuous, foolish.

fatxa [ˈfatʃə] ◇ *nf* look, appearance. ◇ *nmf fam* fascist.

fatxada [fəˈtʃaðə] *nf* ➔ **façana**.

fatxenda [fəˈtʃendə] ◇ *adj fam* [persona] presumptuousness. ◇ *nmf* show-off.

fatxendejar [fətʃəndəˈʒa] *vi fam* to show off; **~ d'alguna cosa** to show sthg off.

faula [ˈfawlə] *nf* –**1.** fable, myth. –**2.** gossip.

fauna [ˈfawnə] *nf* fauna.

fauvisme [fawˈβizmə] *nm* Fauvism.

fava [ˈfaβə] *nf* –**1.** (broad) bean. –**2.** [a la pell] spot, pimple; [d'insecte] bite, sting.

favada [fəˈβaðə] *nf* CULIN stew of beans, pork, sausages, bay leaf, etc.

favor [fəˈβor] *nm* –**1.** [gen] favour, service; **a ~ de** in favour of / to the order of; **de ~** preferential, favoured; **tenir al seu ~** to have in one's favour. –**2.** [ajuda]: **fer un ~ a algú** to do sb a favour; **faci'm el ~ de...** would you please...; **per ~** please.

favorable [fəβu'rabblə] *adj* favourable; **una ocasió ~** an auspicious occasion.

favorit -a [fəβu'rit -itə] *adj & nm, f* favourite. ➥ **favorit** *nm* favourite.

fax ['faks] *nm* fax; **enviar per ~ to** (send by) fax.

FBI *nm* (abrev de Federal Bureau of Investigation) FBI.

fe ['fe] *nf* -1. [gen] faith; **de bona ~** in good faith; **la ~ mou muntanyes** faith can move mountains. -2. [confiança] confidence; **digne de ~** reliable. -3. [document] certificate; **~ d'errates** list of errata; **~ de vida** document to prove that a person is still alive; **donar ~ que** to testify that.

feble ['febblə] *adj* -1. weak, frail. -2. *lit & fig* flabby.

feblesa [fə'bbleza] *nf* feebleness, weakness.

febr. (abrev de febrer) Feb.

febre ['feβrə] *nf* -1. fever; **~ groga** yellow fever; **~ del fenc** hay fever; **~ de Malta** Malta fever. -2. **tenir ~** to have a fever / temperature.

febrer [fə'βre] *nm* February; ➥ **setembre**.

febril [fə'βril] *adj lit & fig* feverish.

fècula ['fekulə] *nf* starch.

fecund -a [fə'kun -undə] *adj* fecund, fertile.

fecundació [fəkundəsi'o] *nf* fertilization; **~ artificial / in vitro** artificial / in vitro fertilization.

fecundar [fəkun'da] *vt* -1. [fertilitzar] to fertilize. -2. [fer productiu] to make fertile.

federació [fəðərəsi'o] *nf* federation.

federal [fəðə'ral] ◇ *adj* -1. [de federació] federal. -2. [federalista] federalist. ◇ *nmf* federal; HIST **els ~s** the Federals.

federar [fəðə'ra] *vt* to federate, to federalize. ➥ **federar-se** *vp* to form / become a federation.

federatiu -iva [fəðərə'tiw -iβə] *adj* federative.

fefaent [,fɛfə'en] *adj* [document] authentic, reliable.

feina ['fɛjnə] *nf* -1. work, task; **estar sense ~** to be jobless; **tenir una bona ~** to have a good job; **trobar ~** to find work. -2. task, chore; **feines del camp** farm chores; **feines domèstiques** housework, household chores; **fer una bona ~** to do a good job. -3. *fam* work.

feiner -a [faj'ne -erə] *adj* -1. industrious; **una noia molt ~a** a very hard-working young woman. -2. working (*abans de nom*); **dia ~** working day, weekday.

feix ['feʃ] *nm* -1. bundle, fasces *pl*; [de llenya] stack; **~ de raigs lluminosos** light beam. -2. [de bitllets] wad.

feixa ['feʃə] *nf* terrace.

feixisme [fə'ʃizmə] *nm* Fascism.

feixista [fə'ʃistə] *adj & nmf* fascist.

feixuc -uga [fə'ʃuk -uɣə] *adj* heavy, weighty.

fel ['fɛl] *nm* bile, gall.

felí -ina [fə'li] *adj* feline. ➥ **felins** *nm pl* cats *pl*.

feliç [fə'lis] *adj* happy; [aniversari, Nadal] Happy Birthday / Christmas!; [Any Nou] Happy New Year!

felicitació [fəlisitəsi'o] *nf* -1. *gen pl* [congratulació] congratulations *pl*. -2. [postal] greetings card.

felicitar [fəlisi'ta] *vt* -1. [congratular] to congratulate. -2. [desitjar] to wish; **~ a algú l'aniversari / l'Any Nou / el Nadal** to wish sb (a) happy anniversary / New Year / Christmas. ➥ **felicitar-se** *vp*: **~-se (per)** to be pleased / glad (about).

felicitat [fəlisi'tat] *nf* happiness. ➥ **felicitats!** *interj* congratulations!; [en un aniversari] happy birthday!

feligrès -esa [fəli'ɣrɛs -ɛzə] *nm, f* parishioner.

feltre ['feltrə] *nm* felt.

fem ['fem] *nm gen pl* manure (U).

femella [fəm'eʎə] *nf* -1. [animal] female. -2. [dona] woman. -3. [cargol] nut, socket.

femení -ina [fəmə'ni -inə] *adj* -1. [gen & GRAM] feminine. -2. [de femella] female. ➥ **femení** *nm* GRAM feminine.

femer [fə'me] *nm* manure heap.

feminisme [fəmi'nizmə] *nm* feminism.

feminista [fəmi'nistə] *adj & nmf* feminist.

femta ['femtə] *nf* dung.

fèmur ['femur] *nm* femur.

fenc ['feŋ] *nm* hay.

fendre ['fendrə] *vt* to crack.

fènix ['feniks] *nm inv* phoenix.

fenomen [fə'nɔmən] *nm* phenomenon.

fer ['fe] ◇ *vt* -1. [gen] to make, to create; **va ~ un vestit / pastís** she made a dress / a cake; **~ plans** to make plans; **~ els mots encreuats / una fotocòpia** to do crosswords / to make a photocopy; **l'arbre fa ombra** the tree gives shade; **li vaig ~ senyals** I signalled to her; **no facis soroll / el ximple** don't make a noise / act the fool;

has de ~ esport you should do some sport; he fet el llit I've made the bed; em va ~ mal / riure she hurt me / made me laugh; en va ~ una bona cantant he made a good singer of her; vaig a ~ tenyir aquest vestit I'm going to have this dress dyed; ~ amistat amb to make friends with; ~ una broma / compliments a algú to joke with / compliment sb; ~ por a algú to frighten sb; no feu tant de soroll don't make so much noise. –2. [donar l'aspecte]: aquest mirall et fa gras this mirror makes you look fat; aquest pentinat la fa més jove this hairdo makes her look younger. –3. [convertir]: et farà feliç it will make you happy. –4. [representar]: fa el paper de to play the role / part of. –5. [suposar]: et feia a París I thought you were in Paris. –6. fam l'has feta bona!, has trencat el got now you've done it! you've broken the glass. –7. [creure]: em fa que... I think... –8. tal faràs tal trobaràs you've made your bed and now you must lie on it. –9. fig: ser si fa no fa el mateix to be more or less the same. ◇ vi –1. [motivar] to cause; ~ pensar to make (sb) think; aquesta història va ~ parlar molt this story made people talk a lot. –2. [intervenir] to act; deixa'm ~ a mi let me do it. –3. CIN & TEAT [actuar]: ~ de to act as; [reemplaçar] to stand in for. –4. [aparentar]: ~ com si to act as if; fa com si no ens veiés he acts as if he didn't see us. –5. fam: anem al cine, ok? ◇ v impers –1. [temps meteorològic]: fa fred it's cold; fa bon temps it's fair. –2. [temps transcorregut]: fa una setmana it's been a week; fa molt it's been a long time; demà farà un mes que sóc aquí tomorrow it will be a week since I got here. ➠ **fer la toaleta** vp [rentar-se] to get washed and dressed. ➠ **fer mal** vt [físicament] to hurt; em fa mal la cama my leg hurts; em fa mal el cap my head aches. ➠ **fer passar** vt [diners falsos] to pass; [mentida] to make sb believe. ➠ **fer un cop de cap** vi [en futbol] to head the ball. ➠ **fer-se** vp –1. [apartar-se] to move; ~-se a un costat to move to one side; [retrocedir] ~-se enrere to step / move back; fig to set off / head for. –2. ~-se malbé [menjar] to go off. –3. [coure's] to get done. –4. [convertir-se] to become; es va ~ monja she became a nun; es va ~ ric he became rich; ~-se vell to grow old. –5. [resultar]: s'està fent tard it's getting late. –6. [imaginar] no et facis il·lusions don't get your hopes up. –7. [simular]: es fa el graciós he's acting the comedian; es fa l'atrevida she's playing the daredevil; es fa el distret per a no saludar he's pretending to be distracted so as not to say hello. –8. [obligar a]: li agrada ~-se pregar he loves to be asked. –9. [acostumar-se]: ~-se a to get used to; no em faig a aquesta casa I can't get used to this house.

fer -a ['fer -erə] adj lit & fig wild, fierce. ➠ **fera** ◇ nf [animal] wild beast. ◇ nmf –1. [persona] devil; estar / posar-se fet una ~a to be / get enraged. –2. fam [geni] demon; és un ~a en física he's terrific at physics.

feréstec -ega [fəˈrɛstək -əɣə] adj unsociable, wild.

fèretre [ˈfɛrətrə] nm coffin.

ferir [fəˈri] vt –1. lit & fig to hurt, to wound. –2. [maltractar] to injure; [ofendre] to wound. –3. fig [ofendre] to hurt, to offend.

ferit -ida [fəˈrit -iðə] ◇ adj wounded, offended. ◇ nm, f offended party. ➠ **ferida** nf lit & fig injury, wound.

ferm -a [ˈfɛrm -ə] ◇ adj –1. [gen] firm; es va mantenir ~ en la seva posició she was firm about her position. –2. [estable] stable. –3. [sòlid] unshakeable; un argument ~ a solid argument. –4. [segur] stable, secure. ◇ adv firmly. ◇ nm [de carretera] covering, surface. ➠ **ferms!** interj MIL attention!

fermall [fərˈmaʎ] nm –1. [tanca] cord, fastener. –2. [ornament] brooch. –3. [agulla] pin.

fermentació [fərməntəsiˈo] nf fermentation.

fermentar [fərmənˈta] ◇ vi to ferment. ◇ vt to ferment.

fermesa [fərˈmɛzə] nf firmness, stability; [solidesa] solidity, steadiness.

feroç [fəˈrɔs] adj [animal, bèstia] ferocious; el llop ~ the fierce wolf.

ferocitat [fərusiˈtat] nf ferocity.

ferotge [fəˈrɔdʒə] adj ➠ feroç.

ferradura [fərəˈðurə] nf horseshoe.

ferralla [fəˈraʎə] nf –1. [metall, peces] scrap iron. –2. fam despec [bijuteria] cheap jewellery.

ferrer [fəˈre] nm (black)smith.

ferreria [fərəˈria] nf [taller] hardware shop, ironmongery; a la ~ in / at the hardware shop.

ferreteria [fərətəˈria] nf hardware shop, ironmongery.

ferri fèrria ['fɛri 'fɛriə] *adj* **–1.** unshakeable. **–2.** [línia, via] ferrous, iron (*abans de nom*). **–3.** *fig* [voluntat, disciplina] iron (*abans de nom*).

ferro ['fɛru] *nm* **–1.** [gen] iron; **de ~** [salut, voluntat, etc.] iron (*abans de nom*); **~ forjat** wrought iron / steel. **–2.** [de punyal, ganivet] blade.

ferrocarril [ˌfɛrukə'ril] *nm* railway *Br*, railroad *Am*; **~ urbà / metropolità** commuter rail system *Br* / train *Am*, underground *Br*, subway *Am*.

ferroveller -a [ˌfɛruβə'ʎe -ɛrə] *nm, f* steel bender, scrap dealer.

ferroviari -ària [fərəruβi'ari -ariə] <> *adj* railway *Br*, railroad *Am* (*abans de nom*). <> *nm, f* railwayman *m*, -woman *f Br*, railroadman *m*, -woman *f Am*.

fèrtil ['fɛrtil] *adj* fertile, rich.

fertilitat [fərtili'tat] *nf* fertility.

fertilitzant [fərtili'dzan] <> *adj* fertilizing. <> *nm* fertilizer.

fertilitzar [fərtili'dza] *vt* to fertilize.

fervent [fər'ben] *adj* fervent.

fervor [fər'bor] *nm o f* **–1.** fervour, passion. **–2.** [devoció] fervour.

fes -a ['fɛs 'fɛzə] *adj* split, cracked.

fesol [fə'zɔl] *nm* kidney bean.

fesomia [fəzu'miə] *nf* ➔ **fisonomia**.

festa ['fɛstə] *nf* **–1.** [gen] party; **aigualir la ~ a algú** to spoil the fun for sb. **–2.** [dia] holiday; **fer ~** to be on holiday; **~ de guardar** day of obligation; **~ major** celebrations in honour of the patron saint of a town or neighbourhood. ➔ **festes** *nf pl* Christmas / Easter holidays.

festeig [fəs'tetʃ] *nm* courting. ➔ **festeigs** *nm pl* [festes] festivities.

festejar [fəstə'ʒa] *vt* **–1.** to court, to celebrate; [complimentar] **~ algú** to court sb. **–2.** [celebrar] to celebrate; **el dia 10 festegem el patró del poble** on the tenth we celebrate the feast of the town's patron saint.

festí [fəs'ti] *nm* banquet, feast.

festiu -iva [fəs'tiw -iβə] *adj* **–1.** [de festa] festive, merry; [dia] festival (*abans de nom*). **–2.** [alegre] cheerful, jolly.

festival [fəsti'βal] *nm* festival.

festivitat [fəstiβi'tat] *nf* festivity.

fet -a ['fɛt -ə] <> *pp* ➔ **fer**. <> *adj* **–1.** [gen]: **treball mal ~** badly done job; *fam* **està molt ben feta** it's done very well; **està ~ un paràs** he's (become) the ideal father. **–2.** [menjar]: **el pastís està molt ~** the cake is well done; **un filet ben ~** a well done steak. **–3. el que està ~ està ~!** what's done is done. ➔ **fet** *nm* done, completed; **~ consumat** fait accompli. ➔ **de fet** *loc adv* in fact, as a matter of fact.

fetal [fə'tal] *adj* foetal.

fetge ['fedʒə] *nm* **–1.** liver. **–2.** *fam*: **no posar-se pedres al ~** to take things easy. ➔ **fetget** [fə'dʒɛt] *nm*: **fetgets de pollastre** chicken livers.

fètid -a ['fɛtit -iðə] *adj* rank, stinking; **una bomba ~a** a stink bomb.

fetiller -a [fəti'ʎe -ɛrə] *nm, f* sorcerer, wizard.

fetilleria [fətiʎə'riə] *nf* [pràctica] witchcraft, sorcery.

fetitxe [fə'titʃə] *nm* fetish.

fetitxista [fəti'tʃista] <> *adj* fetishistic. <> *nmf* fetishist.

fetus ['fetus] *nm* foetus.

feudal [fəw'ðal] *adj* feudal.

feudalisme [fəwðə'lizmə] *nm* feudalism.

FGC *nm pl* (abrev de **Ferrocarrils de la Generalitat de Catalunya**) local rail system sponsored by the Generalitat of Catalonia.

fi¹ ['fi] <> *nf* [gen] end, ending; **posar ~ a alguna cosa** to bring sthg to a close; **~ de festa** the end of the party; **al cap i a la ~** after all; **a la ~ del món** to the end of the world (and back). <> *nm* [objectiu] goal, aim. ➔ **a fi de** *loc conj* (in order) to. ➔ **a la fi** *loc adv* finally. ➔ **en fi** *loc adv* well, in short.

fi² fina ['fi 'finə] *adj* **–1.** [gen] excellent, fine; **té l'oïda ~na** she has a good ear. **–2.** [gust, maneres] refined; [llenguatge] elegant. **–3.** [persona] courteous.

fiable [fi'abblə] *adj* reliable.

fiador -a [fiə'ðo -orə] *nm, f* guarantor, surety; **sortir ~** to vouch for. ➔ **fiador** *nm* [de pistola] safety catch.

fiança [fi'ansə] *nf* bail, deposit, security bond.

fiar [fi'a] *vi* to sell on credit; **ser de ~** to be trustworthy. <> *vt* [vendre a crèdit] to sell on credit. ➔ **fiar-se** *vp*: **~-se d'alguna cosa / d'algú** to trust sthg / sb; **no te'n fiïs!** don't be too sure (about it); **se'n fia massa** he is too trusting.

FIBA ['fiβa] *nf* (abrev de **Federación Internacional de Bàsquet Amateur**) IABF.

fibló [fi'bblo] *nm* sting, spur.

fibra ['fiβrə] *nf* fibre; **~ de vidre** fibreglass; **~ òptica** optic fibre.

fibroma [fiˈβɾomə] *nm* fibroma, fibrous tumour.

ficar [fiˈka] *vt* **-1.** [gen] to put (in), to introduce; **~ alguna cosa / algú en alguna cosa** to put sthg / sb in sthg; **~ la clau al pany** to put the key in the lock; **en quin embolic ens ha ficat!** what a mess she's got us into!; **el van ~ a la presó** they put him in prison. **-2.** [fer participar]: **em va ~ a l'associació** he made me join the association. ☛ **ficar-se** *vp* **-1.** *fam* to get in(to). **-2.** [posar-se] to go, to get; **no sabia on ~-se** I didn't know where to go; **em vaig ~ al llit a les deu** I went to bed at ten. **-3.** [entrar] to enter; **es va ~ al cine** he went to the cinema. **-4.** *(en frase interrogativa)* [ésser] to be located; **on s'ha ficat?** where has he got to? **-5.** to interfere; [intervenir indegudament] **~-se en** to interfere in; **no t'hi fiquis!** keep your nose out!; **~-se en tot** to butt in everywhere. **-6.** [atacar]: **~-se amb algú** to go for sb; [molestar] to hassle.

ficat -ada [fiˈkat -aðə] *adj* [embolicat, enredat] to be (involved) in; **estar ~ en** [assumptes] to be mixed up in; [treball] to be / work in.

ficció [fiksiˈo] *nf* **-1.** [simulació] fiction. **-2.** [invenció] fib, falsehood.

fictici -ícia [fikˈtisi -isiə] *adj* imaginary, fictitious.

fidedigne -a [fiðəˈðiŋnə] *adj* trustworthy; **segons fonts ~s...** according to reliable sources...

fidel [fiˈðel] ◇ *adj* faithful. ◇ *nmf* faithful person.

fidelitat [fiðəliˈtat] *nf* fidelity.

fideu [fiˈðew] *nm* noodle; **ésser prim com un ~** to be (as) thin as a rake.

FIFA [ˈfifə] *nf* (abrev de Federació Internacional de Futbol Associació) FIFA.

figa [ˈfiɣə] *nf* **-1.** fig; **~ de moro** prickly pear. **-2.** *fig*: **això són figues d'un altre paner** that's another kettle of fish.

figuera [fiˈɣeɾə] *nf* fig tree. ☛ **figuera de moro** *nf* prickly pear.

figura [fiˈɣuɾə] *nf* **-1.** [gen] figure. **-2.** [tipus, físic, cos] shape.

figurar [fiɣuˈɾa] ◇ *vi* **-1.** [aparèixer] to figure, to appear. **-2.** [ser important] to be prominent. ◇ *vt* **-1.** [representar] to represent. **-2.** [simular] to feign, to simulate. ☛ **figurar-se** *vp* [imaginar-se] to imagine; **no es figura com em va costar de convèncer-lo** you can't imagine how hard it was for me to convince him; **ja m'ho figurava!** I thought as much!

figurí [fiɣuˈɾi] *nm* fashion sketch.

fil [ˈfil] *nm* **-1.** [gen] thread, wire. **-2.** *fig* [d'aigua, sang, etc.] trickle; **un ~ de veu** a barely audible voice. **-3.** **aguantar-se per un ~** to be hanging by a thread; **moure els ~s** to pull some strings; **perdre / seguir el ~** to lose / follow the argument / thread. **-4.** *fam fig*: **saber ~ per randa** to know by heart. **-5.** [cable elèctric] wire, cable. ☛ **fil musical** *nm* piped music.

fila [ˈfilə] *nf* [filera] line, row; [cua] file; **en ~** in a row / line; **posar-se en ~** to line up, to get in line; **en ~ índia** in single file. ☛ **files** *nf pl* ranks; **trenqueu files!** fall out!

filaberquí [filəβərˈki] *nm* carpenter's brace.

filador -a [filəˈðo -oɾə] *nm, f* spinner, spinning jenny.

filament [filəˈmen] *nm* filament.

filantrop -a [filənˈtɾɔp -ə] *nm, f* philanthropist.

filar [fiˈla] *vt* to spin; *fig* **~ prim** to split hairs.

filat [fiˈlat] *nm* **-1.** [fil] spinning. **-2.** [tela metàl·lica] wire. **-3.** NÀUT [xarxa] net.

filatèlia [filəˈtɛliə] *nf* philately, stamp collecting.

filera [fiˈleɾə] *nf* row, line; **en ~** in a row / line.

filet [fiˈlet] *nm* (filet) steak.

filferro [filˈferu] *nm* wire.

filharmònic -a [filərˈmɔnik -ə] *adj* philharmonic.

filiació [filiəsiˈo] *nf* **-1.** [parentiu] relationship. **-2.** POLÍT membership.

filial [filiˈal] ◇ *adj* **-1.** [de fill] filial. **-2.** [d'empresa]: **una companyia ~** a subsidiary company. ◇ *nf* COM subsidiary.

filigrana [filiˈɣɾanə] *nf* **-1.** [en orfebreria, bitllets] filigree (mark). **-2.** *fig* [acció] skilful work; [objecte] filigree.

Filipines [filiˈpinəs] the Philippines.

fill -a [ˈfiʎ -ə] *nm, f* **-1.** [descendent] son *m*, daughter *f*; *fam* **~ de papà** daddy's boy; *vulg* **~ de puta** bastard, son-of-a-bitch. **-2.** [fill o filla]: **té dos ~s** he has two children; **~ il·legítim** illegitimate child; **~ pròdig** prodigal son. **-3.** [d'una terra] native. **-4.** *fig* [obra] offspring. **-5.** [vocatiu] girl, woman, boy, man, mate; **ai, ~a, quina mala sort!** oh, woman, what bad luck!; **doncs ~, hauries pogut avisar!** you could have said something, mate!; ~ meu my lad; ~ meu, que n'ets, de burro! you're an idiot, son, you really are! ☛ **fill polític** *nm* son-in-law. ☛ **filla política** *nf* daughter-in-law.

fillol -a [fiˈʎɔl -ə] *nm, f* [de padrins] godson *m*, goddaughter *f*. ☛ **fillola** *nf* [DR - document] deed; [- béns] deed of settlement.

film [ˈfilm] *nm* film.

filmar [filˈma] *vt* to film; ~ una pel·lícula to shoot a film.

filmoteca [filmuˈtɛkə] *nf* film library / institute.

filó [fiˈlo] *nm lit & fig* lode, seam, vein.

filologia [filuluˈʒiə] *nf* philology; **estudiar ~ anglesa** to study English philology / language and literature.

filosa [fiˈlozə] *nf* distaff.

filòsof -a [fiˈlɔzuf -ə] *nm, f* philosopher.

filosofal [filuzuˈfal] *adj* ☛ **pedra**.

filosofia [filuzuˈfiə] *nf* philosophy.

filtració [filtrəsiˈo] *nf* -1. [d'aigua] filtration. -2. [de notícia, etc.] leak(ing).

filtrar [filˈtra] *vt* to filter. ☛ **filtrar-se** *vp* [dada, llum] to filter; [aigua] to seep (through).

filtre [ˈfiltrə] *nm* -1. [gen & FOTOG] filter. -2. [beuratge màgic] magic potion.

fimosi [fiˈmɔzi] *nf* phimosis.

final [fiˈnal] <> *adj* final, last. <> *nm* -1. [terme, mort] end(ing), conclusion; ~ **feliç** happy ending. -2. [part extrema] end; **al ~ de** [semana, mes, etc.] at the end of; **al ~ de setembre** at the end of September; **al ~ de** [en temps, en espai] at the end of; **al ~ de l'any acadèmic** at the end of the academic year; **al ~ del carrer** at the end of the street. <> *nf* ESPORT final.

finalitat [finaliˈtat] *nf* object, intention.

finalitzar [finəliˈdza] <> *vi* to finish, to complete. <> *vt* to end / finish (in).

finançament [finənsəˈmen] *nm* financing.

finançar [finənˈsa] *vt* to finance.

financer -a [finənˈse -erə] <> *adj* financial. <> *nm, f* financier. ☛ **financera** *nf* finance company.

finances [fiˈnansəs] *nf pl* finance (U); **el món de les ~** the world of finance; **les meves ~ van a mal borràs** my finances are at rock bottom.

finca [ˈfiŋkə] *nf* -1. [de camp] country estate. -2. [de ciutat] town property.

finesa [fiˈnɛzə] *nf* -1. [qualitat] fineness, purity. -2. [cortesia] etiquette.

finestra [fiˈnɛstrə] *nf* -1. [gen & INFORM] window; ~ **de guillotina** sash window. -2. ANAT: **les finestres nasals** the nostrils.

finestral [finəsˈtral] *nm* large window.

finestreta [finəsˈtrɛtə] *nf* -1. [gen] window. -2. [de taquilla] counter.

finestró [finəsˈtro] *nm* shutter.

fingir [fiɲˈʒi] <> *vi* to simulate, to feign. <> *vt* to pretend, to feign.

finir [fiˈni] *vt & vi* ☛ **finalitzar**.

finit -a [fiˈnit -ə] *adj* finite.

finlandès -esa [finlənˈdɛs -ɛzə] <> *adj* Finnish. <> *nm, f* Finn. ☛ **finlandès** *nm* [llengua] Finnish.

Finlàndia [finˈlandiə] Finland.

fins [ˈfins] <> *prep* until, as far as; **des d'aquí ~ allí** from here to there; **~ ara** see you; **~ després** see you later; [adéu] goodbye; **~ demà** see you tomorrow; **~ a la pròxima** see you (later); **~ ben aviat** see you very soon. <> *adv* even. ☛ **fins a cert punt** *loc adv* up to a certain point. ☛ **fins i tot** *loc adv* even; **va convidar tothom, ~ i tot el teu germà** she invited everyone, even your brother; **i tot ens va convidar a sopar** he even invited us to dinner; **~ i tot en ple hivern...** even in the middle of winter. ☛ **fins que** *loc conj* till, until.

fira [ˈfirə] *nf* -1. [mercat] (trade) fair, market. -2. COM: **(de mostres)** (trade) fair / show; **~ del llibre** book fair.

firma [ˈfirmə] *nf* -1. [gen] signature. -2. [empresa] firm.

firmament [firməˈmen] *nm* firmament.

firmar [firˈma] *vt* ☛ **signar**.

fisc [ˈfisk] *nm* exchequer, treasury.

fiscal [fisˈkal] <> *adj* fiscal, financial. <> *nmf* public prosecutor *Br*, district attorney *Am*.

fiscalia [fiskəˈliə] *nf* -1. [oficina] office of public prosecutor *Br*, district attorney *Am*. -2. [càrrec] office / post of the public prosecutor *Br*, district attorney *Am*.

fiscalitzar [fiskəliˈdza] *vt* -1. [els impostos] to control, to inspect. -2. *fig* [controlar]: **deixa de ~ la meva vida!** stop controlling my life!

físic -a [ˈfizik -ə] <> *adj* physical. <> *nm, f* physicist. ☛ **físic** *nm* [complexió] physique. ☛ **física** *nf* [ciència] physics (*U*).

fisiològic -a [fiziuˈlɔʒik -ə] *adj* physiological.

fisioterapeuta [ˌfiziutərəˈpewtə] *nmf* physiotherapist.

fisonomia [fizunu'miə], **fesomia** [fəzu'miə] *nf* physiognomy, appearance.

fissura [fi'surə] *nf* [clivella] fissure, weak point.

fístula ['fistulə] *nf* fistula.

fit -a ['fit -ə] *adj* [mirada] fixed; mirar ~ a ~ / de ~ a ~ to stare at sb.

fita *nf* -1. [molló] boundary, milestone. -2. *fig* [esdeveniment important] milestone.

fitxa ['fitʃə] *nf* -1. [per a classificar] (index) card, file; INFORM ~ **perforada** perforated card. -2. [de joc, telèfon] piece, slug *Am*; [del dòmino] domino; [dels escacs] (chess) piece. -3. ESPORT contract.

fitxar [fi'tʃa] ◇ *vi* -1. [treballador] to clock in. -2. to sign; ESPORT ~ **(per)** to sign up (for). ◇ *vt* -1. [arxivar] to note down on an index card, to file. -2. [subj: policia] to put on police files.

fitxer [fi'tʃe] *nm* INFORM file.

fix -a [fiks -ə] *adj* fixed, firm, steady, stable.

fixació [fiksəsi'o] *nf* -1. [gen] fixation. -2. FOTOG ▶ **fixatge**. ▶ **fixacions** *nf pl* [d'esquí] bindings *pl*.

fixador -a [fiksə'ðo -orə] *adj* fixative. ▶ **fixador** *nm* [liquid] fixative, fixer; ~ (**de cabell**) [esprai] hair spray / gel; [crema] hair cream.

fixar [fik'sa] *vt* to fix, to fasten; ~ **(el) domicili** to take up (residence); ~ **la mirada / l'atenció en** to fix one's gaze / attention on. ▶ **fixar-se** *vp* to notice; **no s'hi va ~ i es va equivocar** he didn't pay enough close attention and made a mistake; ~**-se en alguna cosa** [adonar-se] to realize sthg; [parar atenció] to pay attention (to); **fixa't en això que em va dir** just listen to what she told me.

fixatge [fik'sadʒə] *nm* FOTOG fixing.

flac -a ['flak -ə] *adj* thin, skinny.

flàccid -a ['flaksit -iðə] *adj* flaccid.

flagel [flə'ʒel] *nm* BIOL flagellum.

flagell [flə'ʒeʎ] *nm* whip.

flagel·lar [fləʒə'ʎa] *vt* to flagellate, to scourge, to whip. ▶ **flagel·lar-se** *vp* to flagellate o.s.

flagrant [flə'ɣran] *adj* flagrant.

flairar [fləj'ra] *vt lit & fig* to smell, to sniff (out).

flaire ['flajrə] *nf* odour, smell.

flaix ['flaʃ] *nm* [gen & FOTOG] flash; *fam* **tenir un ~** to have / get a flash.

flam ['flam] *nm* crème caramel.

flama ['flamə] *nf* [gen] flame.

flamant [flə'man] *adj* -1. [nou] flaming, brilliant. -2. [vistent] radiant.

flamarada [fləmə'raðə] *nf* flare-up.

flamejar [fləmə'ʒa] ◇ *vi* -1. to blaze, to flare, to flame. -2. [bandera, vela] to wave. ◇ *vt* CULIN to flambé.

flamenc -a [flə'meŋ -eŋkə] ◇ *adj* MÚS flamenco (*abans de nom*). -2. [de Flandes] Flemish. ◇ *nm, f* [de Flandes] Flemish.

flanc ['flaŋ] *nm* side, flank.

flanquejar [fləŋkə'ʒa] *vt* to (out)flank.

flaquejar [fləkə'ʒa] *vi* [cames] to grow weak; [forces, entusiasme] weaken.

flaquesa [flə'keza] *nf* weakness.

flascó [fləs'ko] *nm* bottle, flask.

flash ['flaʃ] *nm* ▶ **flaix**.

flassada [flə'saðə] *nf* blanket.

flatulència [flətu'lensiə] *nf* flatulence.

flatulent -a [flətu'len -entə] *adj* flatulent.

flauta ['flawtə] *nf* flute.

flautista [flaw'tistə] *nmf* flautist.

fleca ['flekə] *nf* baker's (shop).

flegma ['fleŋmə] *nf* -1. [mucositat] phlegm. -2. [tranquil·litat] phlegm, self-possession.

flegmàtic -a [fləŋ'matik -ə] *adj* -1. [amb mucositat] phlegmatic. -2. [tranquil] phlegmatic, matter-of-fact.

flegmó [fləŋ'mo] *nm* phlegmon.

fletxa ['fletʃə] *nf* arrow, dart.

flexibilitat [fləksiβili'tat] *nf* flexibility; [de persona] adaptability.

flexible [flək'sibblə] *adj* flexible; [persona] adaptable.

flexió [fləksi'o] *nf* bending, inflection.

flirtar [flir'ta], **flirtejar** [flirtə'ʒa] *vi* to flirt; ~ **(amb algú)** to flirt (with sb).

flonjo -a ['flɔnʒu -ə] *adj* -1. [tou] spongy, porous. -2. *fig* [de poca consistència] flabby.

flor ['flɔ] *nf* flower; **en ~** in bloom; **la ~ i nata** the cream; **en la ~ de l'edat / de la vida** in the prime of life; ~ **de lis** fleur-de-lys. ◆ **a flor d'aigua** *loc adv* [en el mar] at water level. ◆ **a flor de** *loc adv* (on a) level with; *fig* **a ~ de pell** just below the surface.

flora ['flɔrə] *nf* flora; ~ **intestinal / microbiana** intestinal / microbial flora.

florejar [flurə'ʒa] *vi* ▶ **florir**.

Florència [flu'rensiə] Florence.

florent [flu'ren] *adj* in flower, thriving.

florera [flu'rerə] *nf* vase.

floreta [flu'ɾɛtə] *nf* **-1.** small flower, gallantry. **-2.** *fam*: **tirar floretes a algú** to make flattering / flirtatious remarks to sb.
floridura [fluɾi'ðuɾə] *nf* **-1.** mould, mildew. **-2.** [fongs] mould.
floriment [fluɾi'men] *nm* **-1.** [de planta] flowering. **-2.** *fig* [d'art, cultura] flourishing.
florir [flu'ɾi] ◇ *vi* **-1.** [planta] to flower. **-2.** [prosperar] to flourish. ◇ *vt* [aliments, etc.] to get mouldy. ☞ **florir-se** *vp fig* to be kept waiting.
florista [flu'ɾistə] *nmf* florist.
floristeria [fluɾistə'ɾia] *nf* florist's (shop); **vaig a la ~** I'm going to the florist's.
florit -ida [flu'ɾit -iðə] *adj* **-1.** florid. **-2.** *fig* [discurs, estil] flowery. **-3.** [amb fongs] mouldy, mildewed.
flota ['flɔtə] *nf* fleet.
flotació [flutəsi'o] *nf* **-1.** [a l'aigua] floating, flotation. **-2.** ECON floating (of currencies).
flotador [flutə'ðo] *nm* float; [per a nedar] rubber ring.
flotar [flu'ta] *vi* to float.
flotilla [flu'tiʎə] *nf* flotilla.
fluctuar [fluktu'a] *vi* **-1.** [variar] to fluctuate. **-2.** [vacil·lar] to waver.
fluid -a ['flujt -jðə] *adj* fluid, fluent. ☞ **fluid** *nm* fluid, current.
fluïdesa [flui'ðezə] *nf* **-1.** [gen & ECON] fluidity; [de relacions] harmony. **-2.** *fig* [en el llenguatge] fluency.
fluir [flu'i] *vi* to flow.
fluix[1] [fluʃ] *nm* MED flow.
fluix[2] **-a** ['fluʃ -ə] *adj* **-1.** [nus, embenat] loose. **-2.** [beguda, so, vent] light. **-3.** [dolent] weak; [treball] mediocre; **~ en anglès** his English is weak. **-4.** *fam* [persona] lazy.
fluixejar [fluʃə'ʒa] *vi* to weaken; [ser poc apte] **~ en alguna cosa** to be weak at sthg.
fluor [flu'o] *nm* fluorine.
fluorescent [fluoɾə'sen] ◇ *adj* fluorescent. ◇ *nm* strip light.
fluvial [fluβi'al] *adj* fluvial.
flux ['fluks] *nm* [gen & ECON] flow (rate), flux; **~ de caixa** cash flow; **~ de lava** lava flow; **un ~ de paraules** word flow.
FM *nf* (abreu de freqüència modulada) FM.
FMI *nm* (abreu de Fons Monetari Internacional) IMF.
fòbia ['fɔβiə] *nf* phobia.
foc ['fɔk] *nm* **-1.** fire; CULIN: **a ~ lent** on a low flame / heat; **atiar el ~** to stir / poke the fire; **calar ~ a** to set fire to; **~ follet** will-o'-the-wisp; **~s artificials / d'artifici** fireworks; **estar / trobar-se entre dos ~s** to be between the devil and the deep blue sea; **jugar amb ~** to play with fire; *fig* **ser ~ d'encenalls** to be a flash in the pan; *fig* **treure ~ pels queixals** to be furious / indignant. **-2.** *fam fig* [llum]: **donar ~** to give (sb) a light.
foca ['fɔkə] *nf* seal; *fam fig* [persona] ugly person.
focus ['fokus] *nm* **-1.** [gen & FÍS] centre, origin. **-2.** [llum] focal point. **-3.** [de rebel·lió, etc.] focus.
fofo -a ['fofu -ə] *adj* flabby, soft.
fogar [fu'ɣa] *nm* hearth; *culte* [xemeneia] home, hearth.
fogata [fu'ɣatə] *nf* bonfire.
fogó [fu'ɣo] *nm* **-1.** [de laboratori, per a cuinar] burner, cooker. **-2.** [enfadar-se]: **sortir algú de ~** to fly off the handle.
fogonada [fuɣu'naðə] *nf* [tret] flash; [canonada] explosion; [en festes] (cannon) shot fired to initiate festivals.
fogonet [fuɣu'nɛt] *nm* burner.
fogós -osa [fu'ɣos -ozə] *adj* **-1.** fiery. **-2.** [cavall] spirited.
fogositat [fuɣuzi'tat] *nf* spirit, mettle.
foguera [fu'ɣeɾə] *nf* blaze; [de festa] bonfire.
foie gras [,fwa'ɣɾas] *nm* foie gras.
folgat -ada [ful'ɣat -aðə] *adj* **-1.** [ample] full, loose. **-2.** [situació econòmica] well-off.
foli ['fɔli] *nm* [full] leaf, sheet; [mida] folio.
folklore [ful'klɔɾə] *nm* folklore.
fol·licle [fu'likɫə] *nm* follicle.
folrar [ful'ra] *vt* [llibre, moble] to line, to pad; [roba] to line. ☞ **folrar-se** *vp fam* to line one's pockets.
folrat -ada [ful'rat -aðə] *adj* [roba] lined, faced; *fam fig* **estar ~** to be rolling in it.
folre ['folɾə] *nm* [de llibre] cover; [de moble] padding; [de roba] lining.
folro ['folɾu] *nm* ☞ **folre**.
foment [fu'men] *nm* [de producció, indústria, etc.] promotion.
fomentar [fumən'ta] *vt* to promote; [odi, guerra] to foster.
fona ['fonə] *nf* sling.
fonament [funə'men] *nm* **-1.** *fig* [base] groundwork, foundation. **-2.** *fig* [motiu, raó] basis; **sense ~** groundless. ☞ **fonaments** *nm pl* **-1.** [principis] foundations *pl*. **-2.** CONSTR foundation; *fig* [principi] **posar**

els ~s d'alguna cosa to lay the foundations of sthg.

fonamental [funəmənˈtal] *adj* basic, essential, fundamental.

fonamentar [funəmənˈta] *vt* **-1.** to lay the foundations; CONSTR ~ **alguna cosa (en)** to rest / seat sthg (on); *fig* [teoria, etc.] to base (on). **-2.** [edifici] to lay the foundations of; [ciutat] to found.

fonda [ˈfondə] *nf* inn.

fondària [funˈdaɾiə] *nf* depth.

fondejar [fundəˈʒa] ⋄ *vi* NÀUT to (drop) anchor. ⋄ *vt* to sound.

fondista [funˈdistə] *nmf* **-1.** [propietari de fonda] innkeeper. **-2.** ESPORT - esquiador] cross-country skier; [- nedador] long-distance swimmer; [- corredor] long-distance runner.

fondo -a [ˈfondu -ə] *adj* deep, low; **en el lloc més ~ de** in / on the lowest part of.

fondre [ˈfondɾə] *vt* [gen] to melt (down); **van ~ el seus interessos** they squandered away their interest. ⬥ **fondre's** *vp* **-1.** ELECT [bombeta, aparell] to fuse; [fusible] to blow. **-2.** [tornar-se líquid] to melt. **-3.** *fig* [unir-se] to fuse.

fonema [fuˈnɛmə] *nm* phoneme.

foneria [funəˈɾiə] *nf* [taller] forge, foundry.

fonètic -a [fuˈnɛtik -ə] *adj* phonetic. ⬥ **fonètica** *nf* phonetics.

fong [ˈfoŋ] *nm* BIOL & MED fungus.

fonoll [fuˈnoʎ] *nm* fennel.

fons [ˈfons] ⋄ *nm* **-1.** [gen] back, bottom; **al ~ de** at the bottom / back of; **dedicar-se a ~** to apply o.s. thoroughly; **tenir bon ~** to have a good heart; **tocar ~** to scrape along the sea / river bed; *fig* to hit rock bottom; **doble ~** false bottom. **-2.** [de diner, biblioteca, arxiu] fund; **recaptar ~** to raise funds; **a ~ perdut** [pagament] non-refundable; **estar malament de ~** to be badly off; **~ comú** kitty; **~ editorial** collection of public works; **~ d'amortització** sinking fund; **~ de garantia de dipòsit** deposit guarantee fund; **~ d'inversió** investment fund; **~ de pensions** pension fund; **~ reservats** reserved funds. **-3.** ESPORT [resistència] stamina; **de ~** long-distance; **de mig ~** middle-distance. ⋄ *nm* -1. [capital] funds; **recaptar ~** to raise funds. **-2.** [d'embarcació] bottom. ⬥ **a fons** *loc adv* [de velocitat, intensitat] thoroughly. ⬥ **al fons** *loc adv* deep down, to / at (the) bottom. ⬥ **baixos fons** *nm pl* the underworld.

font [ˈfon] *nf* **-1.** [gen] source; **~ d'alimentació** food source. **-2.** [construcció] fountain; **~(s) baptismal(s)** baptismal font(s). **-3.** fountain; **saber alguna cosa de bona ~** to know sthg from reliable sources.

fora [ˈfɔɾə] ⋄ *adv* **-1.** [a l'exterior] out(side); **cap a ~** outside; **per ~** (on the) outside; **hem pintat la casa per ~** we have painted the outside of the house. **-2.** [en un altre lloc] out, away; **aquesta setmana seré ~** I won't be in this week; **de ~** [estranger] from abroad; [d'un altre lloc] from elsewhere. **-3.** *fig* [allunyat]: **~ de** far (away) from; **això està ~ dels meus càlculs** that lies outside my calculations; **estar ~ de si** to be outside o.s.; **~ de termini** late, after the expiry date. ⋄ *interj*: **~!** out!; **~ d'aquí!** get out of here! ⬥ **fora de** *loc adv* [excepte] except; **~ d'això, em pots demanar el que vulguis** aside from that, you can ask whatever you want of me. ⬥ **fora de banda** *nm* ESPORT out of play. ⬥ **fora de combat** ESPORT eliminated; **estar ~ de combat** knocked out; *fig* out of action. ⬥ **fora de joc** *nm* ESPORT offside. ⬥ **fora de sèrie** *adj fig* [persona] exceptional; **ser un ~ de sèrie** to be one of a kind.

forabord [ˌfɔɾəˈβoɾt] *nm inv* outboard motor.

foradar [fuɾəˈða] *vt* **-1.** [roca] to perforate; [paret] to pierce. **-2.** to bore through. **-3.** [bitllet- subj: revisor] to punch.

foragitar [fuɾəʒiˈta] *vt* to expel (from).

foraster -a [fuɾəsˈte -eɾə] *nm, f* foreigner.

forat [fuˈɾat] *nm* **-1.** ASTRON: **~ negre** black hole. **-2.** hole; [gana] **tenir un ~ a l'estómac** to have a hollow leg. **-3.** *fam* [sepultura] tomb.

forca [ˈfoɾkə] *nf* **-1.** [patíbul] gallows. **-2.** AGR pitchfork. **-3.** **a la quinta ~** [molt lluny] at the back of beyond. **-4.** *fam fig*: **vés-te'n a la quinta ~** go to hell.

força [ˈfoɾsə] ⋄ *adj inv & adv* much, many, a lot; **tinc ~ fred** I'm pretty cold; **guanya ~ diners** she makes a lot of money; **érem ~** there were lots of us. ⋄ *nf* **-1.** [gen & FÍS] strength, vigour; **tenir forces per a** to have (the) strength to / for; **se n'ha d'anar per ~** you must go; **forces d'ordre públic** the forces of law and order; **a ~ de** by dint of; **a la ~** [contra la voluntat] by force; [per necessitat] out of necessity; **per la ~** by force. **-2.** [electricitat] power. ⬥ **forces** *nf pl* [grup de persones] forces *pl*.

forçar [fuɾˈsa] *vt* **-1.** [gen]: **~ algú a fer alguna cosa** to force sb to do sthg. **-2.** [vio-

lar] to violate. **–3.** [veu, vista] to compel, to force.

forçat -ada [furˈsat -aðə] *adj* forced.

forcejar [fursəˈʒa] *vi* **-1.** [per a desagafar-se] to struggle (violently). **-2.** [lluitar] to wrestle.

fòrceps [ˈfɔrsəps] *nm inv* forceps *pl*.

forçós -osa [furˈsos -ozə] *adj* [obligatori] necessary; [inevitable] inescapable.

forçut -uda [furˈsut -uðə] *adj & nm, f* strong, brawny.

forense [fuˈrɛnsə] *nmf* forensic surgeon / scientist / expert.

forestal [furəsˈtal] *adj* forest *(abans de nom)*.

forja [ˈfɔrʒə] *nf* **-1.** [farga] forge, foundry. **-2.** [treball de forja] forging.

forjar [furˈʒa] *vt* **-1.** *lit & fig* to forge. **-2.** [ferro] to shape, to hammer. **-3.** *fig* [idea, pla] to hammer out. ⇒ **forjar-se** *vp fig* [fer-se] to carve out for o.s.

forma [ˈformə] *nf* **-1.** [gen] shape; **estar en ~** to be fit. **-2.** [manera] type; **~ de pagament** method of payment. **-3.** [motlle] shape; [utensili] mould. **-4.** RELIG host. ⇒ **formes** *nf pl* [silueta] figure, curves; [manera de captenir-se] manners, conventions.

formació [furməsiˈo] *nf* formation; **~ de personal** training; **~ professional** professional / job training.

formal [furˈmal] *adj* **-1.** [educat] formal, official; [de confiança] reliable. **-2.** [acusació, compromís] official; [llenguatge] formal.

formalitat [furməliˈtat] *nf* **-1.** [gen] formality. **-2.** [seriositat] seriousness.

formalitzar [furməliˈdza] *vt* [situació] to formalize, to regularize; [acord, relacions] to make official.

formar [furˈma] *vt* to make, to form. ⇒ **formar-se** *vp* to develop, to be educated; **~-se una idea** to form an opinion.

format [furˈmat] *nm* [gen & INFORM] format.

formatar [furməˈta] *vt* to format.

formatge [furˈmadʒə] *nm* cheese; **~ de bola** Dutch cheese; **~ de Gruyère** Gruyère; **~ manxego** firmish mild yellow cheese made in La Mancha; **~ parmesà** Parmesan cheese; **~ ratllat** grated cheese; **~ rocafort** Roquefort.

formatgeria [furmədʒəˈriə] *nf* cheese shop.

fòrmica [ˈfɔrmikə] *nf* Formica®.

formidable [furmiˈðabblə] *adj* amazing, tremendous.

formiga [furˈmiɣə] *nf* ant; *fig* **ésser una ~** to be hardworking and thrifty.

formigó [furmiˈɣo] *nm* concrete; **~ armat** reinforced concrete.

formigonera [furmiɣuˈnerə] *nf* concrete mixer.

formigueig [furmiˈɣɛtʃ] *nm* pins and needles; **tenir ~ a...** to have pins and needles in...

formiguer [furmiˈɣe] ◇ *adj* ⇒ **ós**. ◇ *nm lit & fig* anthill, ant's nest.

formigueta [furmiˈɣɛtə] *nf* hard-working and thrifty; **la seva dona és una ~** his wife is hardworking.

formol [furˈmɔl] *nm* formol.

fórmula [ˈformulə] *nf* formula.

formular [furmuˈla] ◇ *vi* QUÍM to formulate, to draw up. ◇ *vt* to formulate; **~ una pregunta** to ask a question.

formulari [furmuˈlari] *nm* form.

formulisme [furmuˈlizmə] *nm* formulism.

forn [ˈforn] *nm* **-1.** oven; **alt ~** blast furnace; **~ crematori** crematorium; **~ elèctric / de microones** electric / microwave oven. **-2.** kiln, furnace.

fornada [furˈnaðə] *nf* baking, batch.

forner -a [furˈne -erə] *nm, f* baker.

fornit -ida [furˈnit -iðə] *adj* well-stocked.

forquilla [furˈkiʎə] *nf* [gen, de bicicleta, etc.] fork.

forrellat [furəˈʎat] *nm* bolt, latch; **passar el ~** to shoot the bolt.

fort -a [ˈfɔrt -ə] ◇ *adj* **-1.** [gen] strong, tough; [material, paret, nus] tight; [fred, calor, color] intense; [lluita, combat] hard. **-2.** [groller] coarse. ◇ *adv* [gen] hard; **treballa ~** he works hard. ◇ *nm* [fortalesa] fort(ress); **ser alguna cosa el ~ d'algú** to be one's strong point / forte.

fortalesa [furtəˈlɛzə] *nf* **-1.** [gen] strength, fortitude. **-2.** [recinte] fort(ress).

fortificació [furtifikəsiˈo] *nf* fortification.

fortuït -a [furtuˈit -ə] *adj* fortuitous.

fortuna [furˈtunə] *nf* **-1.** [sort] fortune, luck; **per ~** fortunately; **provar ~** to try one's luck. **-2.** [destí] fate. **-3.** [riquesa] fortune.

fosa [ˈfozə] *nf* **-1.** [fusió] (s)melting. **-2.** CIN fade in / out.

fosc -a [ˈfɔsk -ə] *adj* **-1.** [color] dim, dark. **-2.** [cel, futur] dim; **era molt ~** it was very black. ⇒ **fosca** *nf* darkness; **a les fosques** in the dark.

foscor [fusˈko] *nf* darkness.

fosfat [fusˈfat] *nm* phosphate.

fòsfor [ˈfɔsfur] *nm* QUÍM phosphorus.

fosforescent [fusfuɾəˈsen] *adj* phosphorescent.

fossa [ˈfosə] *nf* grave, pit; **~ comuna** common grave; **~ sèptica** septic tank; **fosses nasals** nostrils.

fossat [fuˈsat] *nm* **-1.** [gen & ESPORT] ditch. **-2.** [de fortalesa] moat.

fòssil [ˈfɔsil] ◇ *adj* fossil (abans de nom). ◇ *nm* **-1.** CIÈNCIA fossil. **-2.** *fam* [vell] old fossil.

fotesa [fuˈtɛzə] *nf* **-1.** [bagatel·la] trifle. **-2.** [cosa sense valor] mere nothing. **-3.** bagatelle. ► **foteses** *nf pl fam* mere nothings; **s'enfada per foteses** he gets annoyed over the merest trifle.

fotimer [futiˈme] *nm fam* lot; **un ~ de** heaps of, piles of.

foto [ˈfotu] *nf* photo; **fer una ~** to take a photo. ► **foto robot** *nf* Photofit® picture.

fotocòpia [futuˈkɔpiə] *nf* photocopy.

fotocopiadora [futukupiəˈðoɾə] *nf* photocopier, photocopy machine.

fotocopiar [futukupiˈa] *vt* to photocopy.

fotoelèctric -a [ˌfotuˈlektɾik -ə] *adj* photoelectric.

fotogènic -a [futuˈʒɛnik -ə] *adj* photogenic.

fotògraf -a [fuˈtɔɣɾəf -ə] *nm, f* photographer.

fotografia [futuɣɾəˈfiə] *nf* photography, photograph.

fotografiar [futuɣɾəfiˈa] *vt* to photograph.

fotonovel·la [ˌfotunuˈβɛllə] *nf* photo story.

fotosíntesi [ˌfotuˈsintəzi] *nf inv* photosynthesis.

fotre [ˈfotɾə] ◇ *vt* **-1.** [molestar, enutjar] to irritate, to upset. **-2.** [fer malbé] to hurt, to swindle. **-3.** *fam* to fuck / screw sb up. **-4.** *fam vulg* [donar] to deal a blow; **li va ~ un cop de puny** she hit him with her fist. ◇ *vi* **-1.** [copular] to fuck, to screw. **-2.** [fastiguejar] **no fotis!** [incredulitat] you're kidding!; ◇ *interj* **~!** [disgust] fuck!; [admiració] wow! ► **fotre's** *vp* **-1.** not to care; *fam* **se me'n fot, (de la virolla)** I don't give a shit / I couldn't care less. **-2.** [aguantar-se] to grin and bear it. **-3.** [fer-se malbé] to get messed up. **-4.** to go away; *fam* **si no t'agrada, et fots!** if you don't like it, then get lost! **-5.** *fam* to get o.s. into difficulties; **~'s de** to get fed up with.

fotut -uda [fuˈtut -uðə] *adj fam* **-1.** [físicament] worn out, fucked up. **-2.** [moralment] in a muddle, tormented. **-3.** [difícil] irksome, unwieldy. **-4.** crappy; [maleït] **aquest ~ cotxe** this damned car. **-5.** [trencat] bust. **-6.** [fastiguejat] queasy; **tinc l'estómac ~** my stomach's upset. **-7.** [malmès] lousy.

FP *nf* (abrev de formació professional) vocational training.

fra. (abrev de factura) invoice.

frac [ˈfɾak] *nm* tails, dress coat.

fracàs [fɾəˈkas] *nm* fiasco, failure; **~ escolar** school failure.

fracassar [fɾəkəˈsa] *vi* to fail; **~ en un examen** to fail an exam; **va ~ com a actor** he failed as an actor.

fracció [fɾəksiˈo] *nf* fraction; **~ decimal** decimal fraction.

fraccionament [fɾəksiunəˈmen] *nm* division, breaking up.

fraccionari -ària [fɾəksiuˈnaɾi] *adj* MAT fractional; **la moneda fraccionària** small change.

fractura [fɾəkˈtuɾə] *nf* **-1.** MED fracture. **-2.** DR breaking and entering, forcible entry.

fracturar-se [fɾəktuˈɾarsə] *vp* to fracture.

fragància [fɾəˈɣansiə] *nf* fragrance.

fraganti [fɾəˈɣanti] ► **in fraganti** *loc adv* red-handed, in the act.

fragata [fɾəˈɣatə] *nf* frigate.

fràgil [ˈfɾaʒil] *adj* fragile, frail; **una memòria ~** a failing memory.

fragilitat [fɾəʒiliˈtat] *nf* fragility.

fragment [fɾəɡˈmen] *nm* fragment.

fragmentar [fɾəɡmənˈta] *vt* to fragment.

fragor [fɾəˈɣo] *nmf* **-1.** din, clamour; [de tro] crash. **-2.** [soroll] din; [d'aplaudiments] clamour, uproar.

franc -a [ˈfɾaŋ -əŋkə] ◇ *adj* **-1.** [gen] free; **~ de port** carriage free / paid. **-2.** [indubtable] clear, clean; **una ~a millora** a clear improvement. **-3.** HIST Frankish. ◇ *nm, f* HIST Frank. ► **franc** *nm* [moneda] franc.

França [ˈfɾansə] France.

francès -esa [fɾənˈses -ɛzə] ◇ *adj* French; *fig* **anar-se'n a la francesa** to take French leave. ◇ *nm, f* French. ► **francès** *nm* [llengua] French.

franciscà -ana [fɾənsisˈka -anə] *adj & nm, f* Franciscan.

francmaçoneria [ˌfɾəŋməsunəˈɾiə] *nf* (free)masonry.

franctirador -a [fɾəntiɾəˈðo -oɾə] *nm, f* sharpshooter, sniper.

franel·la [fɾəˈnɛllə] *nf* flannel.

franja [ˈfɾaɲʒə] *nf* [adornament] border, band; [de terreny] strip.

franqueig [fɾəŋˈketʃ] *nm* franking, postage.

franquejar [fɾəŋkəˈʒa] *vt* –1. [pas, camí] to clear. –2. [riu, obstacle] to negotiate, to cross. –3. [carta, postal] to frank.

franquesa [fɾəŋˈkɛzə] *nf* –1. [sinceritat] frankness. –2. [confiança] familiarity; **tenir ~ amb algú** to be in sb's confidence.

franquícia [fɾəŋˈkisiə] *nf* exemption, franchise.

frare [ˈfɾaɾə] *nm* friar, monk.

frase [ˈfɾazə] *nf* sentence; **~ feta** idiomatic expression.

fratern [fɾəˈtɛrn -ə] *adj* brotherly.

fraternitat [fɾətərniˈtat] *nf* fraternity.

fratricida [fɾətɾiˈsiðə] <> *adj* fratricidal. <> *nmf* fratricide.

frau [ˈfɾaw] *nm* fraud; **~ fiscal** tax evasion.

fraudulent -a [fɾəwðuˈlen -entə] *adj* fraudulent.

fre [ˈfɾɛ] *nm* –1. [gen & AUTOM] brake; **~ automàtic** automatic brake; **~ de disc** disc brake(s); **frens ABS** ABS brakes. –2. ANAT brake, fraenum. –3. [de cavalls] bit.

fred -a [ˈfɾɛt -ɛðə] *adj* –1. indifferent, unresponsive, frigid. –2. cold; *fig* [relacions, sentiments, etc.] cold. ◆ **fred** *nm* cold; **en ~** (when) cold; *fam* **fa un ~ que pela** it's freezing; **pelar-se de ~** to be freezing; **no em fa ni ~ ni calor** it's all the same to me.

fredolic -a [fɾəðuˈlik -ə] <> *adj* sensitive to cold. <> *nm, f* person who feels the cold.

fredor [fɾəˈðo] *nf* –1. [falta de calor] cold(ness). –2. *fig* [indiferència] indifference, unresponsiveness.

frega [ˈfɾɛɣə] *nf* massage.

fregada [fɾəˈɣaðə] *nf* –1. [rentada] mopping, cleaning; [d'olles] washing-up. –2. [senyal] scratch, scuff mark.

fregador [fɾəɣəˈðo] *nm* (kitchen) sink.

fregall [fɾəˈɣaʎ] *nm* scrubber, scourer.

fregament [fɾəɣəˈmen] *nm* –1. [fricció] rub(bing), friction. –2. [marca] scuff mark; [a la pell] scratch, abrasion. –3. FÍS friction, drag.

fregar [fɾəˈɣa] *vt* –1. [netejar] to rub, to scrub; [olles] to scour; **~ els plats** to wash up. –2. [una cosa amb una altra] to rub. –3. [tocar] to brush (against). ◆ **fregar-se** *vp* –1. to rub. –2. to graze.

fregidora [fɾəʒiˈðoɾə] *nf* fryer.

fregir [fɾəˈʒi] *vt* CULIN to fry. ◆ **fregir-se** *vp fam fig*: to be frying.

fregit -ida [fɾəˈʒit -iðə] *adj* –1. [cuit] fried. –2. *fig* [exasperat]: **em té ~** it's getting on my nerves.

freixe [ˈfɾeʃə] *nm* ash tree.

frenada [fɾəˈnaðə] *nf* –1. braking. –2. AUTOM sudden braking. –3. *fig* [aturada d'un projecte, etc.] stoppage, cancellation.

frenar [fɾəˈna] *vt* to brake; **~ el cotxe** to stop the car.

frenesí [fɾənəˈzi] *nm* –1. [exaltació] frenzy. –2. [bogeria] madness.

frenètic -a [fɾəˈnɛtik -ə] *adj* –1. [exaltat] frenzied, wild. –2. [furiós] raving (mad).

freqüència [fɾəˈkwɛnsiə] *nf* frequency; **alta / baixa ~** high / low frequency; **~ modulada** modulated frequency; **amb ~** frequently.

freqüent [fɾəˈkwen] *adj* frequent.

freqüentar [fɾəkwənˈta] *vt* to frequent.

fresa [ˈfɾɛzə] *nf* TECNOL countersink, milling cutter.

fresar [fɾəˈza] *vi* [amfibis] to mill; [peixos] to spawn.

fresc -a [ˈfɾesk -ə] <> *adj* –1. [gen] fresh, new; **tinc el seu record ben ~ a la meva memòria** I've got his memory fresh in my mind. –2. [penques] inconsiderate. –3. *fam* **estar ~** to be in a fine pickle / mess; **quedar-se tan ~** not to bat an eyelid. <> *adj & nm, f* cheeky; **ser un ~** to be (a) cheeky (person). ◆ **fresc** *nm* ART fresco; **al ~** al fresco. ◆ **fresca** *nf* –1. [fred moderat] coolness; **prendre la ~a** to get a breath of fresh air. –2. [insolència] **dir-ne quatre de fresques a algú** to tell sb a few home truths; **prendre's una cosa a la ~a** not to bother about sthg.

frescor [fɾəsˈko] *nm* coolness, freshness.

fressa [ˈfɾɛsə] *nf* noise; **moure ~** to make noise.

fricandó [fɾikənˈdo] *nm* fricandeau.

fricció [fɾiksiˈo] *nf* –1. friction; **fer-se una ~ amb** to rub o.s. with. –2. [desavinença] disagreement, rift; **tenir una ~ amb algú** to have trouble / problems with sb.

frigidesa [fɾiʒiˈðɛzə] *nf* frigidity.

frigorífic -a [fɾiɣuˈɾifik -ə] *adj* refrigerating. ◆ **frigorífic** *nm* refrigerator.

frívol -a [ˈfɾiβul -ə] *adj* frivolous.

frondós -osa [fɾunˈdos -ozə] *adj* leafy.

front

front ['fron] *nm* **-1.** ANAT brow, forehead. **-2.** [gen, METEOR & POLÍT] front; **fer ~ a** [problema, etc.] to face; [persona] to stand up to sb; **~ fred** cold front. **-3.** [part del davant] front.

frontal [frun'tal] ◇ *adj* frontal. ◇ *nm* ANAT frontal bone / lobe.

frontera [frun'tera] *nf* [entre països] border.

fronterer -a [frunte'ɾe -eɾə] *adj* border (abans de nom), frontier (abans de nom).

frontispici [fruntis'pisi] *nm* **-1.** ARQUIT [façana] façade, pediment. **-2.** [de llibre] frontispiece.

frontissa [frun'tisə] *nf* hinge.

frontó [frun'to] *nm* **-1.** [acabament de façana] pediment. **-2.** ESPORT & ARQUIT pelota court, arch, gable. **-3.** [pilota basca] jai-alai.

fructífer -a [fruk'tifər -aɾə] *adj* [esforços, resultats] fruitful.

frugal [fru'ɣal] *adj* frugal.

fruir [fru'i] *vi* to enjoy (o.s.); **~ de la vida** to enjoy life.

fruit ['frujt] *nm* fruit; *fig* **donar ~** to bear fruit; **treure ~ d'alguna cosa** to profit from sthg.

fruita ['frujtə] *nf* fruit; li agrada molt la ~ she is very fond of fruit; **~ gebrada** candied / glacé fruit. ☛ **fruita seca** *nf* dried fruit.

fruital ◇ *adj* fruit (abans de nom). ◇ *nm* fruit tree.

fruiter -a [fruj'te -eɾə] ◇ *adj* fruit (abans de nom). ◇ *nm, f* [venedor] fruiterer. ☛ **fruitera** *nf* [recipient] fruit bowl.

fruiteria [frujtə'ɾiə] *nf* fruit shop; **anar a la ~** to go to the fruit shop / greengrocer's.

frunzir [frun'zi] *vt* to gather, to pleat.

frustració [frustrəsi'o] *nf* [desil·lusió] frustration.

frustrar [frus'tɾa] *vt* **-1.** [deixar insatisfet] to frustrate, to thwart. **-2.** [desil·lusionar] to disappoint; **em frustra veure que no milloro** it's frustrating to see I'm not getting any better. **-3.** [possibilitats, plans] to thwart, to put paid to. ☛ **frustrar-se** *vp* **-1.** [estar insatisfet] to be(come) frustrated. **-2.** [plans, projectes] to be thwarted; [intent] to run aground.

fúcsia ['fuksiə] ◇ *nf* [planta] fuchsia. ◇ *adj inv & m inv* [color] fuchsia.

fuet [fu'et] *nm* **-1.** [instrument per a pegar] whip. **-2.** [embotit] sausage. **-3.** riding crop.

fuga ['fuɣə] *nf* MÚS fugue.

fugaç [fu'ɣas] *adj* fleeting; [estrella] shooting.

fugida [fu'ʒiðə] *nf* [gen] flight; [de presos] escape; **~ de cervells** brain drain.

fugir [fu'ʒi] *vi* **-1.** [escapar] to flee. **-2.** [evitar] to get out of; **~ d'alguna cosa / d'algú** to run away from sthg / sb. **-3.** [de la presó] to break out of; **el seu marit va ~ amb una altra** her husband ran away with another woman.

fugisser -a [fuʒi'se -eɾə] *adj* **-1.** fleeting. **-2.** [que dura poc] vanishing.

fugitiu -iva [fuʒi'tiw -iβə] ◇ *nm, f* fugitive. ◇ *adj* [que fuig] fleeing; **~ de la llei / justícia** outlaw / fugitive from justice.

fuita ['fujtə] *nf* **-1.** escape; **~ de gas / aigua** gas / water leak. **-2.** ☛ **fugida**.

fulgor [ful'ɣor] *nmf* glow, radiance.

full ['fuʎ] *nm* [de paper] leaf, sheet; **~ de pagament** pay slip; **~ de serveis** record (of service), track record. ☛ **full de càlcul** *nm* INFORM spreadsheet. ☛ **full volant** *nm* [de propaganda] tract, pamphlet, flyer.

fulla ['fuʎə] *nf* **-1.** [de plantes] leaf. **-2.** [de metall] blade; **~ d'afaitar** razor blade. **-3.** [de porta, finestra] leaf. **-4.** *fig*: **tremolar com una ~** to shake like a leaf.

fullaraca [fuʎə'ɾakə] *nf* [fulles seques] dead / fallen leaves.

fullejar [fuʎə'ʒa] *vt* **-1.** [llibre] to leaf through. **-2.** [diaris, revistes] to glance at / over.

fullet [fu'ʎet] *nm* [turístic, publicitari] leaflet; [explicatiu] pamphlet.

fulletó [fuʎə'to] *nm* (newspaper) serial.

fulminant [fulmi'nan] *adj* **-1.** [malaltia, mirada] devastating, withering; [acomiadament, cessament] sudden. **-2.** [explosiu] fulminating.

fulminar [fulmi'na] *vt* to strike down; **~ algú amb la mirada** to look daggers at sb.

fum ['fum] *nm* smoke, vapour. ☛ **fums** *nm pl fig*: **tenir (uns) ~s** to be conceited; **li han pujat els ~s al cap** he's become a real big-head.

fumador -a [fumə'ðo -oɾə] *nm, f* smoker; **~ passiu** passive smoker. ☛ **fumador** *nm* smoking room; **~ d'opi** opium den.

fumar [fu'ma] ◇ *vt* **-1.** [assecar al fum] to smoke. **-2.** [omplir de fum] to fill with smoke. ◇ *vi* to smoke. ☛ **fumar-se** *vp* **-1.** [fer gust de fum] to smoke. **-2.** [ennegrir-se de fum] to blacken with smoke.

fumarada [fumə'raðə] *nf* puff of smoke.
fumat -ada [fu'mat -aðə] *adj* smoked.
fumejant [fumə'ʒan] *adj* smoky, smoking.
fumejar [fumə'ʒa] *vi* to smoke.
fumera [fu'merə] *nf* (mass of) smoke.
fumigació [fumiɣəsi'o] *nf* fumigation.
fumigar [fumi'ɣa] *vt* to fumigate.
fumut -uda [fu'mut -uðə] *adj* down, worn out; *fam* [de salut] **estar ~** to be done in; **estar ~ de l'estómac** to have a queasy stomach.
funció [funsi'o] *nf* **-1.** [gen] function. **-2.** TEAT performance; **~ de tarda** matinée.
funcional [funsiu'nal] *adj* functional.
funcionalitat [funsiunəli'tat] *nf* functionality.
funcionament [funsiunə'men] *nm* operation, function; **entrar o / estar en ~** to start, to be working / on; **posar alguna cosa en ~** to turn sthg on.
funcionar [funsiu'na] *vi* **-1.** [aparell, màquina] to work, to operate; **~ amb gasolina** to run on petrol; **"no funciona"** "out of order". **-2.** [pla, activitat] to go well, to work.
funcionari -ària [funsiu'nari -ariə] *nm, f* civil servant.
funda ['fundə] *nf* [gen] case, sheathe; [de moble, màquina] cover; [de disc] sleeve.
fundació [fundəsi'o] *nf* foundation.
fundador -a [fundə'ðo -orə] ◊ *adj* founding. ◊ *nm, f* founder.
fundar [fun'da] *vt* to found, to base (on).
fúnebre ['funəβrə] *adj* funereal, funeral (*abans de nom*).
funeral [funə'ral] *nm* funeral. ➤ **a la funerala** *loc adj* with reversed arms; **ull a la ~a** black eye.
funerari -ària [funə'rari -ariə] *adj* funerary, funeral (*abans de nom*); **una empresa funerària** an undertaker's. ➤ **funerària** *nf* undertaker's.
funest -a [fu'nest -ə] *adj* unfortunate, ill-fated.
fungicida [funʒi'siðə] ◊ *adj* fungicidal. ◊ *nm* fungicide.
funicular [funiku'lar] ◊ *adj* funicular. ◊ *nm* [per terra] cable car / railway. ➤ **funicular aeri** *nm* aerial funicular.
fur ['fur] *nm* **-1.** [llei especial] privilege; [a l'edat mitjana] ≃ charter; **els ~s** ancient regional laws still existing in some parts of Spain. **-2.** [jurisdicció] tribunal, (district) court. **-3. en el seu ~ intern** in one's heart of hearts.
fura ['furə] *nf* [animal] ferret.
furetejar [furətə'ʒa] *vi* to ferret out; **~ en** to poke one's nose into.
furgar [fur'ɣa] ◊ *vi* to poke (around / in). ◊ *vt* to poke.
furgó [fur'ɣo] *nm* van, wagon.
furgoneta [furɣu'netə] *nf* **-1.** van. **-2. ~ de la policia** Black Maria *Br*, patrol wagon *Am*.
fúria ['furiə] *nf* fury, violence; **posar-se fet una ~** to fly into a rage.
furiós -osa [furi'os -ozə] *adj* furious.
furóncol [fu'ronkul] *nm* boil, furuncle.
furor [fu'ror] *nm* rage, passion; *fig* **fer ~** to be all the rage.
furt ['furt] *nm* theft.
furtar [fur'ta] *vt* to steal.
furtiu -iva [fur'tiw -iβə] *adj* furtive; **un caçador ~** a poacher.
fus ['fus] *nm* spindle. ➤ **fus horari** *nm* time zone.
fusell [fu'zeʎ] *nm* rifle.
fusible [fu'zibblə] ◊ *adj* fusible. ◊ *nm* ELECT fuse; **han saltat els ~s** the fuses have blown.
fusió [fuzi'o] *nf* fusion, merger; **~ nuclear** nuclear fusion.
fusionar [fuziu'na] *vt* to fuse, to merge. ➤ **fusionar-se** *vp* ECON to merge.
fusta ['fustə] *nf* [gen] wood, timber; [planxa] plank; **de ~** wooden.
fuster -a [fus'te -erə] ◊ *adj* [indústria] lumber, timber (*abans de nom*). ◊ *nm, f* [de mobles] cabinetmaker; [de teulada] carpenter, builder.
fusteria [fustə'riə] *nf* [de mobles] cabinetmaker's (shop); [de teulada - tècnica] joinery; [- obra] framing, support; **~ metàl·lica** ribbing, metal framework.
fustigar [fusti'ɣa] *vt* **-1.** to harass, to criticize harshly. **-2.** *culte* [assotar] to thrash; [cavall] to whip.
futbol [fub'bɔl] *nm* football; **~ sala** indoor five-a-side.
futbolí [fubbu'li] *nm* table / bar football.
futbolista [fubbu'listə] *nmf* footballer, football player.
fútil ['futil] *adj* **-1.** pointless, trivial. **-2.** trivial; **un record ~** a trivial memory.
fúting ['futiŋ] *nm* jogging.
futris ['futris] ➤ **de futris** *loc adv* bad-tempered; **de ~** in a foul mood.

futur -a [fuˈtur -uɾə] ◇ *adj* future, coming. ◇ *nm* GRAM future (tense); **~ compost** future perfect (tense). ● **futur** *nm* [temps a venir] future. ● **futurs** *nm pl* ECON futures.

futurologia [futuɾuluˈʒiə] *nf* futurology.

g¹, G [ˈʒe] *nf* [lletra] g, G.

g² (abrev de gram) g.

gàbia [ˈɡaβiə] *nf* cage.

gabinet [ɡəβiˈnɛt] *nm* -1. [gen] office; **~ d'estudis** research office. -2. [de dama] boudoir.

gag [ˈɡak] *nm* gag.

gai [ɡaj] *adj inv* & *nm* gay.

gaiato [ɡəˈjatu] *nm* [de pastor] shepherd's crook.

gaire [ˈɡajɾə] *adj* & *adv* not very, not much, not many; **no em trobo ~ bé** I'm not feeling very well; **has menjat ~?** have you eaten much?; **no tinc ~s amics** I haven't got many friends.

gairebé [ɡajɾəˈβe] *adv* nearly, almost; **~ no he dormit** I've hardly slept; **~ cau** it's almost falling down; **~ mai** hardly ever.

gaita [ˈɡajtə] *nf* -1. MÚS bagpipes. -2. *fam* [cosa pesada] annoyance; **és una ~!** it's a drag.

gal gal·la [ˈɡal ˈɡallə] ◇ *adj* HIST Gallic; [francès] French. ◇ *nm, f* HIST Gaul; [francès] French person.

gala [ˈɡalə] *nf* -1. [gen] pomp, display; **una festa de ~** a gala party; **vestit de ~** full-dress uniform. -2. **fer ~ d'alguna cosa** (vanar-se de) to be proud of sthg.

galant [ɡəˈlan] ◇ *adj* charming, gallant; **té fama de ~** he has a reputation for being charming. ◇ *nm* -1. [home atractiu] suave (and sophisticated) man. -2. TEAT leading man, lead. ● **galant de nit** *nm* [penja-robes] clotheshorse.

galantejar [ɡələntəˈʒa] *vt* to flirt with, to court; **~ una dona** to woo a woman.

galanteria [ɡələntəˈɾiə] *nf* gallantry, politeness.

galàxia [ɡəˈlaksiə] *nf* galaxy.

galera [ɡəˈlɛɾə] *nf* galley.

galeria [ɡələˈɾiə] *nf* -1. [gen] gallery, verandah. -2. [per a cortines] rod; *fig* **fer alguna cosa per a la ~** to play to the gallery. ● **galeries (comercials)** [ɡələˈɾiəs] *nf pl* shopping arcade.

galerna [ɡəˈlɛɾnə] *nf* strong north-west wind.

galet [ɡəˈlɛt] *nm* -1. [broc petit] spout; **beure a ~** to pour drink into one's mouth without letting one's lips touch the bottle, canteen, etc. -2. [pasta de sopa] large pasta shells.

galeta [ɡəˈlɛtə] *nf* biscuit *Br*, cookie *Am*.

Galícia [ɡəˈlisiə] Galicia.

galifardeu [ɡəlifəɾˈðɛw] *nm fam* [jove] strapping youth.

galimaties [ɡəliməˈtiəs] *nm inv* gibberish, jumble.

galindaines [ɡəlinˈdajnəs] *nf pl fam* trifles *pl*.

galindó [ɡəlinˈdo] *nm* MED bunion.

gall [ˈɡaʎ] *nm* -1. [ocell] cock, cockerel, rooster *Am*; **~ de baralla / de combat** fighting cock; **~ fer** grouse. -2. *fig* [capitost] cock of the walk. -3. [nota aguda falsa] squeak. -4. [peix] John Dory.

gallardia [ɡəʎəɾˈdiə] *nf* -1. [valor] courage. -2. [elegància] elegance, gracefulness.

gallec -ega [ɡəˈʎɛk -ɛɣə] ◇ *adj* Galician. ◇ *nm, f* Galician. ● **gallec** *nm* [llengua] Galician.

galleda [ɡəˈʎɛðə] *nf* [recipient] pail, bucket; **~ de les escombraries** dustbin *Br*, dumpster *Am*; *fig* **em va tirar una ~ d'aigua freda** it was a real let-down.

gal·lès -esa [ɡəˈlːɛs -ɛzə] ◇ *adj* Welsh. ◇ *nm, f* Welshman *m* Welshwoman *f*. ● **gal·lès** *nm* [llengua] Welsh.

Gal·les, país de [ˈɡalːəs] Wales.

gallet [ɡəˈʎɛt] *nm* cockerel.

gallina [ɡəˈʎinə] ◇ *nf* [ocell] hen; **~ cega** blind man's buff; *fam* **matar la ~ dels ous d'or** to kill the goose that lays the golden eggs. ◇ *nmf fam fig* [persona] chicken, coward.

galliner [ɡəʎiˈne] *nm* -1. henhouse. -2. **esvalotar el ~** to set the cat amongst the pigeons.

galó [ɡəˈlo] *nm* -1. braid. -2. [distintiu] stripe, chevron. -3. [mesura] gallon.

galop [ɡəˈlɔp] *nm* gallop; **al ~** at a gallop; **a ~ tirat** at full gallop.

galopar [ɡəluˈpa] *vi* to gallop.

galta [ˈɡaltə] *nf* -1. cheek. -2. [de pistola] butt, grip.

galteres [gəlˈteɾəs] *nf pl* mumps *pl*.

gamba [ˈgambə] *nf* prawn, shrimp *Am*.

gambal [gəmˈbal] *nm* leg, stirrup strap; *fam fig* **ésser curt de ~s** to be a blockhead *Am*, dimwit *Br*.

gamberrada [gəmbəˈraðə] *nf* act of vandalism; **fer gamberrades** to vandalize.

gamberro -a [gəmˈberu -ə] ◊ *adj* loutish; **un nen ~** a juvenile delinquent. ◊ *nm, f* delinquent, criminal, thug.

gamma [ˈgammə] *nf* gamma; **~ d'articles** range of items.

gammaglobulina [ˌgamməɣluβuˈlinə] *nf* gamma globulin.

gana [ˈganə] *nf* **-1.** appetite, hunger; **tenir ~** to be hungry; **obrir la ~** to whet the appetite. **-2.** [desig]: **~ (de)** desire, wish (to); **ho faig perquè em dóna la ~** I'm doing it because I want to; **fer el que li dóna la ~** to do as one pleases; **de bona ~** gladly, willingly; **no em dóna la ~ de fer-ho** I don't feel like doing it. ◆ **ganes** *nf pl* **-1.** [desig] desire; **venir-li a algú ganes de** to begin to want to; **tenir ganes d'alguna cosa / de fer alguna cosa** to feel like sthg / to do sthg; **quedar-se amb les ganes** to be left wanting. **-2.** *fam* appetite; **menjar amb ganes** to eat with an appetite.

gandul -a [gənˈdul -ə] ◊ *adj* idle, lazy. ◊ *nm, f* idler, lazybones. ◆ **gandula** *nf* (sun) lounger; [de platja] deck chair.

gandulejar [gəndulə'ʒa] *vi* to idle.

ganga [ˈgaŋgə] *nf* **-1.** [producte, compra] snip, bargain. **-2.** *fam* affair. **-3.** gangue; **gangues de l'ofici** the occupational hazards.

gangrena [gəŋˈgɾenə] *nf* gangrene.

gàngster [ˈgaŋstər] *nm* gangster, thug.

ganivet [gəniˈβet] *nm* knife; **~ elèctric** electric carving knife.

ganivetada [gəniβəˈtaðə] *nf* [acció] cut, slash; [ferida] gash, knife wound.

ganxet [gənˈʃet] *nm* crochet hook; **fer ~** to crochet.

ganxo [ˈgaɲʃu] *nm* [gen & ESPORT] hook shot. ◆ **ganxo de dreta** *nm* [en boxa] right hook.

ganya [ˈgaɲə] *nf* ZOOL gill.

ganyota [gəˈɲɔtə] *nf* face, grimace; [de disgust] (wry) face.

gara-gara [ˌgaɾəˈɣaɾə] *nf* **fer la ~ a algú** to suck up to sb.

garant [gəˈɾan] *nmf* guarantor; **fer-se ~** to act as a guarantor.

garantia [gəɾənˈtiə] *nf* guarantee, warranty; **aquest llibre és una ~ d'èxit** this book is a guarantee of success; **amb ~** with guarantee; **~ bancària** bank guarantee.

garantir [gəɾənˈti] *vt* to guarantee; **~ alguna cosa a algú** to guarantee sb sthg.

garapinyar [gəɾəpiˈɲa] *vt* to brown in sugar.

garatge [gəˈɾadʒə] *nm* garage.

garba [ˈgaɾbə] *nf* [feix d'espigues] sheaf; [de llenya] bundle of firewood, cordwood.

garbell [gərˈbeʎ] *nm* screen, sieve.

garbellar [gərbəˈʎa] *vt* [amb sedàs] to sift.

gardènia [gərˈdɛniə] *nf* gardenia.

garfi [ˈgaɾfi] *nm* hook, gaff.

gargall [gərˈgaʎ] *nm* **-1.** phlegm, sputum. **-2.** *fam* spit, mucus.

gargamella [gərgəˈmeʎə] *nf* throat, gullet.

gàrgara [ˈgaɾgəɾə] *nf* gargle, gargling; **fer gàrgares** to gargle.

gargarisme [gərgəˈɾizmə] *nm* gargle, gargling solution.

gargot [gərˈgɔt] *nm* scrawl, scribble; **fer ~s** to scribble.

garita [gəˈɾitə] *nf* MIL sentry box, hut, cabin.

garjola [gərˈʒɔlə] *nf* **-1.** *vulg* [presó] clink; *fam* **a la ~** in the nick. **-2.** can, stir.

garlanda [gərˈlandə] *nf* garland.

garlar [gərˈla] *vi fam* [parlar] to chat(ter).

garota [gəˈɾɔtə] *nf* sea-urchin.

garrafa [gəˈrafə] *nf* carafe.

garratibat -ada [gərətiˈβat -aðə] *adj* [de sorpresa] astounded, stunned; [de fred] paralysed with cold.

garrepa [gəˈrepə] ◊ *adj fam* [avar] stingy. ◊ *nmf fam* [avar] mean person.

garrí -ina [gəˈri -inə] *nm, f* sucking-pig. ◆ **garrí** *nm* [de senglar] piglet, sucking-pig.

garrofa [gəˈrɔfə] *nf* [fruita] carob.

garrofer [gəɾuˈfe] *nm* carob tree.

garrot [gəˈrɔt] *nm* **-1.** [pal] stick, club. **-2.** [per a lligar] tourniquet. **-3.** [instrument d'execució] garotte.

garrotada [gəɾuˈtaðə] *nf* **-1.** [cop amb el garrot] blow with a stick. **-2.** cudgel blow.

garsa [ˈgaɾsə] *nf* magpie.

gas [ˈgas] *nm* gas; **~ butà** butane gas; **~ ciutat** city / town gas; **~ lacrimogen** tear gas; **~ natural** natural gas. ◆ **a tot**

gas *loc adv* flat out. ● **gasos** *nm pl* [a l'estómac] wind (U).

gasa ['gazə] *nf* gauze.

gasela [gəˈzɛlə] *nf* gazelle.

gasiu -iva [gəˈziw -iβə] ◇ *adj* stingy. ◇ *nm, f* mean person.

gasiveria [gəziβəˈɾiə] *nf* **-1.** avarice. **-2.** *fam* stinginess.

gasoducte [gəzuˈðuktə] *nm* gas pipeline.

gasoil [gəˈzɔjl] *nm* diesel oil.

gasolina [gəzuˈlinə] *nf* petrol *Br*, gas(oline) *Am*; **posar ~** to fill (up) with petrol; **~ normal** regular grade petrol; **(~) súper** super / premium grade petrol.

gasolinera [gəzuliˈneɾə] *nf* petrol station *Br*, gas station *Am*.

gasós -osa [gəˈzos -ozə] *adj* gaseous, carbonated. ● **gasosa** *nf* lemonade.

gastar [gəsˈta] ◇ *vt* **-1.** [gen] to spend. **-2.** [desgastar] to use. **-3.** *fig*: **gasta aires de llest** he thinks he's smart; **gasta aires de valent** he thinks he's tough. ● **-les** to behave, to carry on. ◇ *vi* **-1.** [diners] to spend. ● **gastar-se** *vp* **-1.** [per l'ús] to wear out; [espelma] to burn out / down. **-2.** [diners] to spend.

gastat -ada [gəsˈtat -aðə] *adj* **-1.** hackneyed. **-2.** *fig* [tema, excusa, etc.] worn out.

gastritis [gəsˈtɾitis] *nf inv* gastritis.

gastrònom -a [gəsˈtɾɔnom -ə] *nm, f* gourmet.

gastronomia [gəstɾunuˈmiə] *nf* gastronomy.

gat -a ['gat -ə] *nm, f* **-1.** cat; **~ salvatge** wild cat; *fam* **vendre / donar ~ per llebre a algú** to pull the wool over sb's eyes; **cercar / buscar tres peus al ~** to overcomplicate matters; **hi ha quatre ~s** there's hardly a soul; **hi ha ~ amagat** there's something fishy (going on) here. **-2.** *fig* **ésser un ~ vell** to be a crafty old fox. ● **gat** *nm* **-1.** [peix] dogfish. **-2.** AUTOM jack.

gatejar [gətəˈʒa] *vi* to crawl.

gatera [gəˈteɾə] *nf* cat hole.

gatosa [gəˈtozə] *nf* furze, gorse, whin.

gatzara [gəˈdzaɾə] *nf* [esvalot] clamour; **fer ~** to create an uproar.

gaudi ['gawði] *nm* **-1.** delight, pleasure; [plaer] **el ~ de la música** the enjoyment of music. **-2.** [profit] benefit, use; **amb el ~ de** with the benefit of; **el dret al ~ de** right to use / enjoy.

gaudir [gawˈði] *vi* **-1.** [sentir plaer] to enjoy o.s. **-2.** [disposar de comoditats, etc.]: **~ de** to take pleasure / delight in. **-3.** [bona salut, favor, etc.] to enjoy; **~ d'alguna cosa** to enjoy (doing) sthg.

gavardina [gəβəɾˈðinə] *nf* raincoat.

gavina [gəˈβinə] *nf* seagull.

GB *nf* (abrev de Gran Bretanya) GB.

gebrar [ʒəˈβɾa] *v impers* to frost (over); **anit ha gebrat** there was a frost last night.

gec ['ʒɛk] *nm* jacket.

gegant -a [ʒəˈɣan -antə] ◇ *adj* giant, gigantic. ◇ *nm, f* giant.

gegantí -ina [ʒəɣənˈti -inə] *adj* gigantic.

gel ['ʒɛl] *nm* **-1.** ice; [a la carretera] ice; *fig* **trencar / rompre el ~** to break the ice. **-2.** gel.

gelar [ʒəˈla] ◇ *vt* [convertir en gel] to freeze. ◇ *v impers* to freeze; **ahir a la nit va ~** it froze last night. ● **gelar-se** *vp* to freeze; **les plantes s'han gelat** the plants have frozen; **m'estic gelant!** I'm freezing!

gelat -ada [ʒəˈlat -aðə] *adj* [gen] frozen, icy; [postres] glacé. ● **gelat** *nm* ice cream. ● **gelada** *nf* frost, (big) freeze.

gelateria [ʒəlatəˈɾiə] *nf* ice-cream parlour; **ho vaig comprar a la ~** I bought it at the ice-cream parlour.

gelatina [ʒəlaˈtinə] *nf* [de carne, etc.] gelatin(e); [ingredient] jelly, gelatin.

gelea [ʒəˈlɛə] *nf* jelly; **~ reial** royal jelly.

gelera [ʒəˈleɾə] *nf* glacier, snowfield.

gelor [ʒəˈlo] *nf* cold(ness).

gelós -osa [ʒəˈlos -ozə] *adj* [amb gelosia] jealous.

gelosia [ʒəluˈziə] *nf* jealousy; **tenir ~ d'algú** to be jealous of sb; [enreixat] trellis.

gemec [ʒəˈmek] *nm* moan.

gemegós -osa [ʒəməˈɣos -ozə] *adj* complaining, plaintive.

Gèminis ['ʒɛminis] ◇ *nm* [zodíac] Gemini. ◇ *nmf inv* [persona] Gemini.

gemir [ʒəˈmi] *vi* to moan.

gemma ['ʒɛmmə] *nf* **-1.** [de planta] bud. **-2.** gem.

gen ['ʒɛn] *nm* gene.

gendre ['ʒendɾə] *nm* son-in-law.

genealogia [ʒənəəluˈʒiə] *nf* genealogy.

gener [ʒəˈne] *nm* January; ● **setembre**.

generació [ʒənəɾəsiˈo] *nf* generation; **~ espontània** spontaneous generation.

generador -a [ʒənəɾəˈðo -ɔɾə] *adj* generating. ● **generador** *nm* ELECT generator; **~ eòlic** wind turbine.

general [ʒənəˈɾal] ◇ *adj* general; **en ~** in general; **parlar d'alguna cosa en termes**

~s to speak of sthg in general terms. ◇ *nm* MIL general.
generalitat [ʒənərəli'tat] *nf* **-1.** [majoria] majority. **-2.** [vaguetat] generalization. ➢ **generalitats** *nf pl* [coneixements bàsics] basic principles.
generalitzar [ʒənərəli'dza] *vt* to generalize. ➢ **generalitzar-se** *vp* to become general, to become widely known.
generar [ʒənə'ra] *vt* to generate.
gènere ['ʒenərə] *nm* **-1.** [gen & GRAM] gender; **el ~ humà** the human race; **~ líric** opera. **-2.** [productes] merchandise, goods *pl*. **-3.** [teixit] cloth, material. ➢ **gèneres de punt** *nm pl* knitwear.
generós -osa [ʒənə'ros -ozə] *adj* generous.
generositat [ʒənəruzi'tat] *nf* generosity.
gènesi ['ʒenəzi] *nf* genesis.
genet -a [ʒə'net -ə] *nm, f* rider, horseman *m*, horsewoman *f*.
genètic -a [ʒə'netik -ə] *adj* genetic. ➢ **genètica** *nf* genetics.
geni ['ʒeni] *nm* **-1.** [temperament] disposition, nature. **-2.** [mal caràcter] bad temper. **-3.** [ésser sobrenatural, persona de talent] genius.
genial [ʒəni'al] *adj* brilliant.
genital [ʒəni'tal] *adj* genital. ➢ **genitals** *nm pl* genitals.
genitiu [ʒəni'tiw] *nm* genitive.
geniva [ʒə'niβə] *nf* gum.
genocidi [ʒənu'siði] *nm* genocide.
genoll [ʒə'noʎ] *nf* knee; **de ~s** kneeling.
gens ['ʒens] *adv* [en absolut] not at all, not any, none; **no m'agrada ~** I don't like it at all.
gent ['ʒen] *nf* **-1.** [gen] people; **hi ha poca ~** there aren't many people; *fam* **és bona ~** they're decent folk / people; **la ~ d'upa** people of good standing; **la bona ~** good folk; **la ~ petita / menuda** kids. **-2.** *fam* [família]: **la meva ~** my folks.
gentada [ʒən'taðə] *nf* crowd; **hi havia una ~** there was a real throng.
gentalla [ʒən'taʎə] *nf* ➢ **gentussa**.
gentil [ʒən'til] ◇ *adj* [educat] kind, graceful; [amable] nice. ◇ *nmf* [pagà] pagan, heathen.
gentilesa [ʒənti'lezə] *nf* [educació] courtesy, gentility; [amabilitat] kindness; **per ~ de** by courtesy of.
gentola [ʒən'tɔlə] *nf* ➢ **gentussa**.

gentussa [ʒən'tusə] *nf despec* [mala gent] mob.
genuflexió [ʒənufləksi'o] *nf* genuflection; **fer una ~** to genuflect.
genuí -ïna [ʒənu'i -inə] *adj* real, genuine; [pell] authentic.
geògraf -a [ʒe'ɔɣrəf -ə] *nm, f* geographer.
geografia [ʒeuɣrə'fiə] *nf* geography.
geòleg -òloga [ʒe'ɔlək -ɔluɣə] *nm, f* geologist.
geologia [ʒeulu'ʒiə] *nf* geology.
geometria [ʒeumə'triə] *nf* geometry.
gep ['ʒep] *nm* hump, hunchback.
gepa ['ʒepə] *nf* hump, hunchback.
geperut -uda [ʒəpə'rut -uðə] ◇ *adj* [que té una gepa] hunchbacked. ◇ *nm, f* hunchback.
gerani [ʒə'rani] *nm* geranium.
gerd ['ʒert] *nm* raspberry.
gerència [ʒə'rɛnsiə] *nf* management.
gerent [ʒə'ren] *nmf* manager.
geriatria [ʒəriə'triə] *nf* geriatrics (U).
germà -ana [ʒər'ma -anə] ◇ *adj* **-1.** related, connected. **-2.** sister. ◇ *nm, f* **-1.** brother *m*, sister *f*; **germans siamesos** Siamese twins. **-2.** member (of some organizations).
germanastre -a [ʒərmə'nastrə] *nm, f* stepbrother *m*, stepsister *f*.
germandat [ʒərmən'dat] *nf* [associació] association; RELIG [- d'homes] brotherhood; [- de dones] sisterhood.
germànic -a [ʒər'manik -ə] ◇ *adj* HIST Germanic; [alemany] German, Teuton. ◇ *nm* Germanic. ◇ *nm, f* HIST [alemany] German.
germanor [ʒərmə'no] *nf* brotherhood.
germen ['ʒermən] *nm lit & fig* germ, seed, source.
germinar [ʒərmi'na] *vi lit & fig* to germinate.
gerra ['ʒerə] *nf* **-1.** pitcher, jug. **-2.** [per a servir] pitcher; [de cervesa] mug, tankard.
gerro ['ʒeru] *nm* **-1.** pitcher, vase. **-2.** *fam*: **caure un ~ d'aigua freda** to be (like) a bolt from the blue.
gerundi [ʒə'rundi] *nm* gerund.
gespa ['ʒespə] *nf* lawn, grass (U); **"no trepitgeu la ~"** "keep off the grass".
gessamí [ʒəsə'mi] *nm* jasmine.
gest ['ʒest] *nm* [gen] gesture.
gesta ['ʒestə] *nf* heroic / epic deed; **la cançó de ~** chanson de geste.

gestar [ʒəs'ta] *vt & vi* to gestate. ☞ **gestar-se** *vp* [projecte] to be in the process of gestating; [canvi] to unfold; [revolució] to take place.

gesticular [ʒəstiku'la] *vi* to gesticulate, to pull faces.

gestió [ʒəsti'o] *nf* **-1.** [diligència] management, step. **-2.** [administració] ~ **de cartera** portfolio management; ~ **financera** financial management.

gestionar [ʒəstiu'na] *vt* **-1.** [tramitar] to manage, to negotiate. **-2.** [administrar] to conduct, administrate.

gestor -a [ʒəs'to -orə] ◇ *adj* managing (*abans de nom*). ◇ *nm, f* agent; administrator who deals with public bodies on behalf of private clients, combining the role of solicitor and accountant.

gestoria [ʒəstu'riə] *nf* office of a "gestor, -a".

ghetto ['getu] *nm* ☞ **gueto**.

Gibraltar [ʒiβɾəl'ta] Gibraltar.

gibrell [ʒi'βɾeʎ] *nm* bowl, basin.

gibrelleta [ʒiβɾə'ʎetə] *nf* chamber pot.

gimcana [ʒim'kanə] *nf* gymkhana, treasure hunt.

gimnàs [ʒim'nas] *nm* gymnasium.

gimnasta [ʒim'nastə] *nmf* gymnast.

gimnàstic -a [ʒim'nastik -ə] *adj* gymnastic. ☞ **gimnàstica** *nf* gymnastics (*U*); ~**a correctiva / mèdica / terapèutica** physiotherapeutic exercises *pl*; ~**a esportiva / rítmica** gymnastics / rhythmic gymnastics; ~**a sueca** free exercise (*U*).

gin ['ʒin] *nm* gin.

ginebra [ʒi'neβɾə] *nf* gin.

ginecòleg -òloga [ʒinə'kɔlək -ɔluɣə] *nm, f* gynecologist.

ginecologia [ʒinəkuluˈʒiə] *nf* gynecology.

ginesta [ʒi'nestə] *nf* broom.

gingivitis [ʒinʒi'βitis] *nf inv* gingivitis.

giny ['ʒin] *nm* [màquina] scheme, machination.

gir ['ʒir] *nm* **-1.** [moviment] turn, rotation. **-2.** [de conversa, assumpte, frase] turn, turn of phrase. **-3.** COM bill of exchange; [enviament] ~ **postal** money / postal order.

gira ['ʒirə] *nf* **-1.** [de llençol] turnover. **-2.** [de pantalon, etc.] turn-up. **-3.** tour; **estar de** ~ to be on tour.

girafa [ʒi'rafə] *nf* giraffe.

girar [ʒi'ra] ◇ *vt* **-1.** [gen] to turn (around), to revolve; [cap, esquena] to turn; [baldufa] to spin; ~ **(el volant)** to turn (the wheel). **-2.** to turn; *fam*: **s'ha girat la truita** now the boot is on the other foot. **-3.** [diners] to transfer. **-4.** COM [lletra] to draw. ◇ *vi* **-1.** [gen] to rotate, to twist; *fig* ~ **al voltant de** to revolve around. **-2.** COM: ~ **a seixanta dies** to pay in sixty days. **-3.** [dirigir-se]: ~ **a la dreta / a l'esquerra** to turn (to the) right / left.

gira-sol [ʒirə'sɔl] *nm* sunflower.

giratori -òria [ʒirə'tɔri -ɔriə] *adj* [moviment] rotatory, revolving; [moble, cadira] swivel; [placa] turntable; [porta] revolving.

Girona [ʒi'ronə] Girona.

gitano -a [ʒi'tanu -ə] ◇ *adj* [del poble gitano] Gypsy. ◇ *nm, f* Gypsy.

gla ['gla] *nf* ☞ **aglà**.

glaç ['glas] *nm* ☞ **gel**.

glaçar [glə'sa] *vt* **-1.** *fig* [convertir en gel] to freeze. **-2.** *fig* [deixar bocabadat] to dumbfound.

glaçat -ada [glə'sat -aðə] *adj* **-1.** frozen, freezing. **-2.** *fig* [estupefacte] **restar / quedar-se ~** to be astonished, speechless. ☞ **glaçada** *nf* freeze, frost.

glacera [glə'serə] *nf* glacier.

glacial [gləsi'al] *adj* glacial; [vent, acollida] icy.

glaçó [glə'so] *nm* [de gel] ice cube.

gladiador [gləðiə'ðo] *nm* gladiator.

gladiol [gləði'ɔl] *nm* gladiolus.

gland ['glan] *nm* ANAT glans clitoridis / penis.

glàndula ['glandulə] *nf* gland.

gleva ['gleβə] *nf* clod.

glicerina [glisə'rinə] *nf* glycerine.

global [glu'βal] *adj* global, total.

glòbul ['glɔβul] *nm* globule; ~ **blanc / vermell** white / red corpuscle.

globus ['glɔβus] *nm* **-1.** [gen] balloon; ~ **ocular** eyeball; ~ **terraqüi / terrestre** globe. **-2.** [aeròstat, joguina] balloon; ~ **sonda** weather balloon.

glop ['glɔp] *nm* [de líquid] draught, drink, mouthful, guzzle; **d'un ~** to drink sthg down in one go.

glopada [glu'paðə] *nf* [de líquid] mouthful; [de fum, aire] puff.

glòria ['glɔriə] ◇ *nf* **-1.** [gen] glory. **-2.** [plaer]: **és una ~ veure't** it's great to see you! **-3. estar a / en la ~** to be in seventh heaven. ◇ *nm* [cant litúrgic] Gloria.

gloriar-se [gluɾi'arsə] *vp* to boast; ~ **de** to be proud of.

gloriejar [gluɾiəˈʒa] *vt* ➤ **glorificar**. ➤ **gloriejar-se** *vp* ➤ **gloriar-se**.

glorieta [gluɾiˈɛtə] *nf* [de casa, jardí] arbour.

glorificar [gluɾifiˈka] *vt* to glorify.

gloriós -osa [gluɾiˈos -ozə] *adj* **-1.** glorious. **-2.** RELIG happy, blessed.

glossar [gluˈsa] *vt* to gloss, to annotate.

glossari [gluˈsaɾi] *nm* glossary.

glúcid [ˈglusit] *nm* carbohydrate.

gluten [ˈglutən] *nm* gluten.

godall [guˈðaʎ] *nm* [garrí] sucking pig.

goig [ˈgɔt͡ʃ] *nm* joy, pleasure; **ésser motiu de ~** to be a reason for joy; **un ~ sense alegria!** (that's) just my luck!

gol [ˈgɔl] *nm* ESPORT goal.

gola [ˈgɔlə] *nf* throat, gullet.

golafre [guˈlafɾə] ◇ *adj* gluttonous. ◇ *nmf* glutton.

golejada [guləˈʒaðə] *nf* high goal score.

golejar [guləˈʒa] *vt* to score (goals); **~ l'equip contrari** to thrash the opposing team.

golf [ˈgɔlf ˈgɔlf] *nm* **-1.** golf. **-2.** GEOG gulf; **el ~ de Lleó** the Gulf of Lion; **el ~ de Biscaia** the Bay of Biscay; **el ~ Pèrsic** the Persian Gulf.

golfa [ˈgɔlfə] *nf* attic, garret.

golfista [gulˈfistə] *nmf* golfer.

golfo [ˈgɔlfu] *nm* hinge.

golut -uda [guˈlut -uðə] *adj & nm, f fam* greedy.

gom [ˈgɔm] ➤ **de gom a gom** *loc adv fam* [lloc] full to overflowing.

goma [ˈgɔmə] *nf* **-1.** [gen] rubber; **~ aràbiga** gum arabic. **-2.** [tira] elastic; **~ (elàstica)** elastic band *Br*, rubber band *Am*. **-3.** [cautxú] rubber. **-4.** *fam* [preservatiu] rubber, condom. **-5.** [d'enganxar] glue. ➤ **goma 2** *nf* plastic explosive. ➤ **goma d'esborrar** *nm* [de llapis] rubber *Br*, eraser *Am*.

góndola [ˈgondulə] *nf* [barca] gondola.

gondoler -a [gunduˈle -eɾə] *nm* gondolier.

goril·la [guˈɾiʎə] *nm* **-1.** ZOOL gorilla. **-2.** *fam* [guardaespatlles] bodyguard.

gorja [ˈgɔɾʒə] *nf* throat, gorge.

gorra [ˈgoɾə] *nf* cap; *fam* **de ~** sb else's expense, cadging.

gorrejar [guɾəˈʒa] *vi* to sponge.

gos gossa [ˈgos ˈgosə] *nm, f* **-1.** ZOOL dog *m*, bitch *f*. **-2.** *loc* **estar com gat i ~ to** be like cat and dog; **lligar gossos amb llonganisses** to roll in money; **~ que lla-**dra no mossega his bark is worse than his bite; **~ de carrer** stray dog; **~ de caça** hunting dog; **~ pigall** guide dog; **~ llop** Alsatian, wolfhound; **~ pastor** sheepdog; **~ policia** police dog.

gosadia [guzəˈðiə] *nf* daring.

gosar [guˈza] *vi* to dare.

got [ˈgɔt] *nm* [gen] glass, tumbler; *fig* **ofegar-se dins un ~ d'aigua** to make a mountain out of a molehill.

gota [ˈgotə] ◇ *nf* **-1.** [gen & MED] drop; **van caure quatre gotes** it spat with rain; **és la ~ que fa vessar el got** that's the last straw; **s'assemblen com dues gotes d'aigua** they're like two peas in a pod. **-2.** [mica - d'aire] breath; [- de sensatesa, etc.] ounce; **no em queda ni ~ de farina** I haven't an ounce of flour left. ◇ *adv fam* (not) at all, (not) anything; **no hi veig ~** I can't see anything at all. ➤ **gota a gota** *nm* intravenous drip.

gotejar [gutəˈʒa] *vi* **-1.** [líquid] to dribble, to drip. **-2.** [plovisquejar] to spit, to drizzle.

gotera [guˈteɾə] *nf* **-1.** [filtració] leak, drip. **-2.** [esquerda] crack.

gòtic -a [ˈgɔtik -ə] *adj* Gothic. ➤ **gòtic** *nm* [art] Gothic. ➤ **gòtica** *nf* [lletra] Gothic.

gotim [guˈtim] *nm* [de raïm] bunch of grapes.

govern [guˈβɛɾn] *nm* **-1.** [gen] government; **~ autònom / central** autonomous / central government; **~ de transició / provisional** transitional / provisional government. **-2.** [forma política]: **~ militar** military government; **~ parlamentari** parliamentary government. **-3.** [edifici]: **~ civil** provincial / civil government (offices). **-4.** NÀUT rudder, helm.

governabilitat [guβəɾnəβiliˈtat] *nf* governability; **la ~ d'aquest país és cada vegada més difícil** the governability of this country is (growing) increasingly difficult.

governació [guβəɾnəsiˈo] *nf* government.

governador -a [guβəɾnəˈðo -oɾə] ◇ *adj* governing (*abans de nom*). ◇ *nm, f* governor.

governall [guβəɾˈnaʎ] *nm* rudder, helm.

governant [guβəɾˈnan] ◇ *adj* governing; [partit, persona] ruling. ◇ *nmf* governor, ruler.

governar [guβəɾˈna] ◇ *vt* **-1.** [gen & NÀUT] to govern, to steer. **-2.** [casa] to run; [negocis] to manage. ◇ *vi* NÀUT to govern, to sail.

gra ['gɾa] *nm* **-1.** [gen] grain, seed. **-2.** [a la pell] spot, pimple; *fig* **anar al ~** to get to the point. **-3.** [boleta - de collaret] bead; [- de rosari] rosary bead. **-4.** grain, seed; *fam* **fer-ne un ~ massa** to overstep the mark. ◆ **gra d'all** *nm* clove of garlic.

gràcia ['gɾasiə] *nf* **-1.** [gen] grace; [en caminar] gracefulness; [en expressar-se] eloquence; **no és guapo però té ~** he isn't good-looking, but he's funny; **gaudeix de la ~ del rei** she's in the king's favour. **-2.** [humor, acudit] wit; **caure en ~** to be liked; **fer ~ a algú** to amuse sb; **(no) tenir ~** not to be funny. ◆ **gràcies** *nf pl* thank you, thanks *pl*; **donar les gràcies** to thank (sb); **gràcies a** thanks to; **moltes gràcies** thank you / thanks very much.

graciós -osa [gɾəsi'os -ozə] ◇ *adj* graceful, amusing. ◇ *nm, f* funny / amusing person; **no para de fer el ~** he's always clowning around. ◆ **graciós** *nm, f* TEAT fool, clown.

grada ['gɾaðə] *nf* [graderia] stair, step. ◆ **grades** *nf pl* [d'estadi, plaça de toros] terraces *pl*.

graderia [gɾəðə'ɾiə] *nf* rows *pl*, terraces *pl*.

graduació [gɾəðuəsi'o] *nf* **-1.** [acció] grading; [de vi, licor, etc.] strength, proof; **~ de la vista** eye-test. **-2.** [títol - MIL] rank; EDUC graduation.

graduar [gɾəðu'a] *vt* **-1.** [mesurar] to grade, to measure; [vi, licor, etc.] to measure alcohol content. **-2.** [regular] to regulate. **-3.** [termòmetre] to graduate. **-4.** [llicenciar - MIL] to confer a rank on, to commission; EDUC to confer a degree on. ◆ **graduar-se** *vp* EDUC: **~-se (en)** to graduate (in); **~-se la vista** to have one's eyes tested.

graduat -ada [gɾəðu'at -aðə] ◇ *adj* **-1.** [ulleres, termòmetre] graded, graduated. **-2.** [universitari] graduated. ◇ *nm, f* [persona] graduate. ◆ **graduat** *nm* [títol] degree, certificate; **~ escolar** basic school-leaving certificate.

graella [gɾə'eʎə] *nf* **-1.** grid, grating; [estri] grill; **a la ~** grilled. **-2.** ESPORT: **~ (de sortida)** starting gate / line / point / post.

graellada [gɾəe'ʎaðə] *nf* CULIN grill.

grafia [gɾə'fiə] *nf* sign.

gràfic -a [gɾafik -ə] *adj* **-1.** [gen] graphic. **-2.** *fig* [expressiu] graphic, vivid. ◆ **gràfic** *nm* graphics (U), visual(s). ◆ **gràfica** *nf* chart, graph.

grafit [gɾə'fit] *nm* graphite.

grafologia [gɾəfulu'ʒiə] *nf* graphology.

gral. (abrev de **general**) gen.

grall ['gɾaʎ] *nm* [del corb] scream.

grallar [gɾə'ʎa] *vi* [corb, graula] to caw.

gram ['gɾam] *nm* gram *Am*, gramme *Br*.

gramàtic -a [gɾə'matik -ə] *nm, f* [persona] grammarian. ◆ **gramàtica** *nf* grammar.

gran ['gɾan] ◇ *adj* **-1.** [gen]: **una casa ~** a large house; **un ~ ensurt** a great fright. **-2.** [ancià] old, elderly. **-3.** [superlatiu] large; **el ~ dels seus germans** the eldest of his siblings; **el / la més ~** [de mida, importància] the most important; **de la més ~ importància** of the greatest importance / significance. **-4.** [comparatiu]: **més ~ (que)** [de mida, importància] greater (than); [d'edat] older; **el seu germà és dos anys més ~** his brother is two years older than him; [de nombre] greater (number). ◇ *nm* [noble] grandee. ◇ *nmf* size; **el / la ~** the great. ◆ **grans** *nm pl* [adults] adults, grown-ups.

Gran Bretanya ['gɾan bɾə'taɲə] Great Britain.

Gran Canària ['gɾan kə'naɾiə] Gran Canaria.

granada [gɾə'naðə] *nf* grenade; **~ de mà** hand grenade.

granar [gɾə'na] *vi* to granulate, to seed.

granat [gɾə'nat] *adj inv & mm* garnet.

grandesa [gɾən'dezə] *nf* **-1.** greatness. **-2.** [dignitat] distinction; **tota la ~ d'Espanya** all the grandeur of Spain.

grandiós -osa [gɾəndi'os -ozə] *adj* grand(iose).

grandolàs -assa [gɾəndu'las -asə] ◇ *adj* gargantuan, jumbo. ◇ *nm, f despec* lummox.

granel [gɾə'nɛl] ◆ **a granel** *loc adv* [gen] loose; [líquid] in bulk.

graner [gɾə'ne] *nm* granary, barn.

granger -a [gɾəɲ'ʒe -eɾə] *nm, f* farmer.

granís [gɾə'nis] *nm* small seed, hail (storm).

granissada [gɾəni'saðə] *nf* METEOR hailstorm.

granissat [gɾəni'sat] *nm* CULIN iced drink.

granit [gɾə'nit] *nm* granite.

granja ['gɾanʒə] *nf* farm(house); **~ de vaques** dairy farm.

granota [gɾə'nɔtə] *nf* **-1.** frog. **-2.** [roba] boiler suit, overalls.

granular [gɾənu'la] *vt* granular.

granulós -osa [gɾənu'los -ozə] *adj* granular.

graó [gɾəˈo] *nm* step; [d'escala de mà] rung.
grapa [ˈgɾapə] *nf* **-1.** clamp. **-2.** [d'animal] claw. **-3.** staple; **tenir ~** to be all thumbs. ◆ **de (quatre) grapes** *loc adv* on all fours.
grapadora [gɾəpəˈðoɾə] *nf* stapler.
grapar [gɾəˈpa] *vt* to staple.
grapat [gɾəˈpat] *nm* **-1.** clawing, handful; **a ~s** with claw strokes, in handfuls. **-2.** [nombre considerable] plenty; **hi havia un ~ de gent** there were many people there.
grapejar [gɾəpəˈʒa] *vt vulg* to feel up, to paw.
gras -assa [ˈgɾas -asə] *adj* **-1.** fat. **-2.** stout.
grat -a [ˈgɾat -ə] *adj* pleasant, pleasing, pleased; **ens és ~ comunicar-li que...** we are pleased to inform you that... ◆ **grat** *nm* **-1.** [voluntat] liking; **de bon / mal ~** willingly / unwillingly. **-2.** taste.
gratacel [ˌgɾatəˈsɛl] *nm* skyscraper.
gratar [gɾəˈta] *vt* **-1.** [terra] to scrape, to scratch; *fig* [vida, passat] delve (into). **-2.** to scratch, to scrape.
gratificació [gɾətifikəsiˈo] *nf* reward, bonus.
gratificar [gɾətifiˈka] *vt* **-1.** [complaure] to reward. **-2.** [retribuir] to give a bonus to.
gratinar [gɾətiˈna] *vt* to prepare a dish au gratin.
gratis [ˈgɾatis] *adv* [sense pagar] free.
gratitud [gɾətiˈtut] *nf* gratitude.
gratuït -a [gɾətuˈit -ə] *adj* free, gratuitous.
grau [ˈgɾaw] *nm* **-1.** [gen, GRAM & GEOM] degree; **~ centígrad / Celsius** degree centigrade / Celsius. **-2.** [curs escolar] year, course. **-3.** EDUC degree; **tenir el ~ de doctor** to have a doctorate; MIL rank.
grava [ˈgɾaβə] *nf* gravel.
gravació [gɾəβəsiˈo] *nf* **-1.** [estampació] engraving. **-2.** [enregistrament] recording.
gravamen [gɾəˈβamən] *nm* ECON [impost] tax; [càrrega] burden.
gravar [gɾəˈβa] *vt* **-1.** [gen] to tax. **-2.** [so & INFORM] to record. **-3.** ECON [amb impostos] to tax. ◆ **gravar-se** *vp* **-1.** *fig* [a la ment] to engrave; **aquella imatge se li va ~ a la memòria** that image was engraved on her mind. **-2.** [records]: **~-se en** to engrave / impress on.
gravat [gɾəˈβat] *nm* engraving, print.
gravetat [gɾəβəˈtat] *nf* gravity; **ser ferit de ~** to be seriously injured.
gràvid -a [ˈgɾaβit -iðə] *adj* **-1.** [carregat] full. **-2.** [embarassada - femella] big (with child); [- dona] pregnant.
gravidesa [gɾəβiˈðezə] *nf* [de femella] gestation; [de dona] pregnancy.
gravitar [gɾəβiˈta] *vi* **-1.** FÍS to gravitate. **-2.** *fig* [suj: amenaça, perill]: **~ sobre** to lie heavy on.
grec grega [ˈgɾɛk ˈgɾeɣə] ◇ *adj* Greek. ◇ *nm, f* Greek. ◆ **grec** *nm* [llengua] Greek.
Grècia [ˈgɾɛsiə] Greece.
greix [ˈgɾeʃ] *nm* **-1.** fat; **~ vegetal** vegetable fat. **-2.** [substància] grease, suet.
greixar [gɾəˈʃa] *vt* to grease, to lubricate.
greixatge [gɾəˈʃadʒə] *nm* [acció] lubrication.
greixós -osa [gɾəˈʃos -ozə] *adj* greasy.
gremi [ˈgɾɛmi] *nm* **-1.** [d'un ofici] guild, trade(s) union. **-2.** *fam* [grup] corporation, league.
grenya [ˈgɾɛɲə] *nf* shock of hair.
gres [ˈgɾɛs] *nm* potter's clay, stoneware.
gresca [ˈgɾɛskə] *nf* **-1.** *fam* revelry, fun; **anar-se'n de / fer ~** to go out on the town. **-2.** [soroll, xivarri] uproar. **-3.** [baralla] row.
gresol [gɾəˈzɔl] *nm* **-1.** [gen] crucible; [prova] developer. **-2.** [peça] crucible, melting pot.
greu [ˈgɾew] *adj* **-1.** [gen] heavy, grave. **-2.** GRAM: **una paraula ~** a paroxytone.
greuge [ˈgɾewʒə] *nm* **-1.** injury, wrong. **-2.** [ofensa] offence. **-3.** [perjudici] injustice.
grèvol [ˈgɾɛβul] *nm* holly (tree).
grifa [ˈgɾifə] *nf fam* claw, marijuana.
grill [ˈgɾiʎ] *nm* **-1.** cricket. **-2.** [tros de fruita] segment, quarter.
grillar-se [gɾiˈʎaɾsə] *vi lit & fig* to germinate.
grimpador -a [gɾimpəˈðo -oɾə] *nm, f fam* [de llocs] climbing, clambering.
grimpar [gɾimˈpa] *vi* **-1.** [pujar] to go up; **~ als arbres** to clamber up. **-2.** *fam fig* [pujar] to go up, to ascend.
grinyol [gɾiˈɲɔl] *nm* howl, yell.
grinyolar [gɾiɲuˈla] *vi* to yelp, to howl.
grip [ˈgɾip] *nf* influenza, flu.
gripau [gɾiˈpaw] *nm* ZOOL toad.
gris -a [ˈgɾis -izə] *adj* [color] grey, dull. ◆ **gris** *nm* grey; **~ marengo / perla** light / pearl grey.
grisenc -a [gɾiˈzɛŋ -eŋkə] *adj* greyish.
groc -oga [ˈgɾɔk -ɔɣə] *adj* **-1.** [color] yellow, golden. **-2.** PREMSA yellow. ◆ **groc** *nm* yellow.

groguenc -a [grʊˈɣeŋ -eŋkə] *adj* yellowish, sallow.

groller -a [grʊˈʎe -erə] *adj* **-1.** rude, coarse. **-2.** vulgar.

grolleria [grʊʎəˈriə] *nf* **-1.** rudeness. **-2.** [qualitat] vulgarity.

gronxador [grʊɲʃəˈðo] *nm* swing.

gronxar [grʊɲˈʃa] *vt* to swing, to sway.
➡ **gronxar-se** *vp* to swing.

gropa [ˈɡropə] *nf* rump, hindquarters.

gros -ossa [ˈɡrɔs -ɔsə] ◇ *adj* **-1.** heavy, stout, bulky. **-2.** *fig & iròn*: **és ~ que...** [molest, inadequat] it's a bit much that... ◇ *nm, f* stout person. ➡ **gros** *nm* major portion; [la major part] **el ~ de** the main part. ➡ **grossa** *nf* [de la loteria] grand prize; *fig fam* **tocar a algú la grossa** to win the big prize.

grosella [grʊˈzeʎə] *nf* redcurrant.

grosser -a [grʊˈse -erə] ◇ *adj* [tosc] coarse, rough. ◇ *nm, f* lout.

grossesa [grʊˈsezə] *nf* stoutness, corpulence.

grosso [ˈɡrɔso] ➡ **grosso modo** *loc adv* roughly.

grossor [grʊˈso] *nf* size, fatness.

grotesc -a [grʊˈtɛsk -ə] *adj* grotesque.

grua [ˈɡruə] *nf* **-1.** CONSTR crane. **-2.** AUTOM breakdown lorry *Br*, tow truck *Am*; **~ (municipal)** municipal breakdown lorry / tow truck. **-3.** ZOOL crane.

gruix [ˈɡruʃ] *nm* thickness.

gruixut -uda [grʊˈʃut -uðə] *adj* [tela, post] thick.

grumet [grʊˈmet] *nm* cabin boy.

grumoll [grʊˈmoʎ] *nm* lump, dollop.

grunyir [grʊˈɲi] *vi* **-1.** to groan; *fam* to grumble. **-2.** [animal, persona] to grunt.

grunyit [grʊˈɲit] *nm* **-1.** groan, grunt. **-2.** [d'animal]: **fer un ~** to make a grunting sound.

grup [ˈɡrup] *nm* **-1.** [gen] group. **-2.** TEAT group, troupe. ➡ **grup sanguini** *nm* blood group.

grupuscle [grʊˈpuskla] *nm* clique.

gruta [ˈɡrutə] *nf* cavern.

gruyère [ɡryˈjɛr] *nm* ➡ **formatge**.

guaiaba [ɡwəˈjaβə] *nf* [fruita] guava.

Guaiana [ɡwəˈjanə] Guyana.

guaita [ˈɡwajtə] ◇ *nf* watchtower. ◇ *nmf* **-1.** lookout, sentinel. **-2.** NÀUT watch.

guaitar [ɡwəjˈta] *vt* **-1.** [vigilar] to watch; **aquells guaiten el camí** those people are watching the road. **-2.** [mirar] to look.

gual [ˈɡwal] *nm* **-1.** [en la vorera] lowered kerb; **"~ permanent"** "keep clear". **-2.** [de riu] ford. **-3.** [a la carretera] pothole.

guant [ˈɡwan] *nm* glove; **~ de boxa** boxing glove; **llançar el ~ a algú** to catch hold of sb.

guantera [ɡwənˈterə] *nf* glove compartment / box.

guany [ˈɡwaɲ] *nm* gain, profit.

guanyador -a [ɡwəɲəˈðo -orə] ◇ *adj* winning. ◇ *nm, f* winner.

guanyar [ɡwəˈɲa] ◇ *vi* to gain, to win, to earn; **guanya just per a viure** she earns just enough to live on; **hem guanyat amb el canvi** we've come out winning with the change; **hi hem guanyat en espai** we've gained space here. ◇ *vt* **-1.** [gen] to win; [glòria, fama] to achieve. **-2.** [ésser superior] to surpass; **em guanyes en astúcia** you are more astute than I am. ➡ **guanyar-se** *vp* **-1.** [gen]: **~-se alguna cosa** to win / gain sthg; [merèixer] to deserve; **~-se algú** to win sb (over). **-2.** [admiració, amistat] to win, to gain, to get.

guapo -a [ˈɡwapu -ə] *adj* [físicament] attractive, pretty *f*, handsome *m*.

guarda [ˈɡwardə] ◇ *nf* guard, custody. ◇ *nmf*: **~ de caça** gamekeeper; **~ forestal** forest warden *Br*, forest ranger *Am*; **~ jurat** private security guard.

guardaagulles [ˌɡwardəˈɣuʎəs] *nmf inv* pointsman *Br*, switchman *Am*.

guardabarrera [ˌɡwardəβəˈrerə] *nmf* level-crossing guard *Br*, grade crossing keeper *Am*.

guardabosc [ˌɡwardəˈβɔsk] *nmf* forest warden *Br*, forest ranger *Am*.

guardacostes [ˌɡwardəˈkɔstəs] *nm inv* coastguard vessel *Br*, coastguard cutter *Am*.

guardacotxes [ˌɡwardəˈkotʃəs] *nmf inv* parking attendant.

guardador -a [ɡwərdəˈðo -orə] *nm, f* keeper.

guardaespatlles [ˌɡwardəsˈpaʎʎəs] *nmf inv* bodyguard.

guardamobles [ˌɡwardəˈmɔbbləs] *nm inv* furniture warehouse.

guardapols [ˌɡwardəˈpɔls] *nm* [bata] overalls *pl*.

guardar [ɡwərˈda] *vt* **-1.** [gen] to keep, to maintain; **~ silenci** to keep quiet; *fig* **~ les formes** to keep up appearances; **~ les lleis**

to maintain law and order. –2. [protegir]: **~ (de)** to protect (from). **◆ guardar-se** *vp*: **~-se de** to avoid doing sthg, to be careful not to do sthg.

guarda-roba [ˌgwardəˈrɔβə] *nm* [armari - públic] cloakroom; [- particular] wardrobe.

guardería [gwərdəˈriə] *nf* nursery, crèche.

guàrdia [ˈgwardiə] ◇ *nf* **–1.** [gen] guard; **estar de ~** to be on duty / guard; **fer ~** to stand guard; **~ muntada** mounted police; **~ municipal / urbana** traffic police; **la vella ~** the old guard; **abaixar la ~** to lower one's guard; **estar en ~** to be on one's guard. **–2.** guard, watch; MED **de ~** on duty. ◇ *nmf*: **~ de trànsit** traffic warden. ◆ **Guàrdia Civil** *nf* (the) Civil Guard.

guardià -ana [gwərdiˈa -anə] *nm, f* guard, warder.

guardiola [gwərdiˈɔlə] *nf* moneybox.

guardó [gwərˈdo] *nm* recompense, reward.

guardonar [gwərduˈna] *vt* to reward; [amb premi] to give a prize for; **~ amb alguna cosa** to award sthg (to sb).

guarició [gwərisiˈo] *nf* [curació] cure, treatment.

guarir [gwaˈri] *vt* to cure, to heal.

guarnició [gwərnisiˈo] *nf* **–1.** [adornament & CULIN] garnish. **–2.** MIL garrison.

guarniment [gwərniˈmen] *nm* toilette, attire, wear.

guarnir [gwərˈni] *vt* to adorn; [adornar] **~ (amb)** to adorn / garnish (with).

Guatemala [gwatəˈmalə] Guatemala.

guatemalenc -a [gwatəməˈleŋ -eŋkə] ◇ *adj* Guatemalan. ◇ *nm, f* Guatemalan.

guatlla [ˈgwaʎʎə] *nf* quail.

guèiser [ˈgɛjzər] *nm* geyser.

guenyo -a [ˈgɛɲu -ə] ◇ *adj* cross-eyed. ◇ *nm, f* cross-eyed person.

guepard [gəˈpart] *nm* cheetah.

guerra [ˈgɛrə] *nf* war; **declarar la ~** to declare war; **~ atòmica / nuclear** atomic / nuclear war; **~ bacteriològica** germ warfare; **~ civil** civil war; **~ de preus** price war; **~ espacial / de les galàxies** star wars; **~ freda** cold war; **~ mundial** world war; **~ química** chemical warfare; **~ llampec** blitzkrieg; **~ santa** holy war; **~ sense quarter** total war.

guerrejar [gərəˈʒa] *vi* to make war; **els dos pobles guerregen** the two nations are at war.

guerrer -a [gəˈre -erə] ◇ *adj* warlike. ◇ *nm, f* warrior. ◆ **guerrera** *nf* [peça de vestir] military jacket.

guerrilla [gəˈriʎə] *nf* MIL [grup] guerilla group; [estratègia] guerilla tactics / warfare.

guerriller -a [gəriˈʎe -erə] *nm, f* guerilla (fighter).

guerxar [gərˈʃa] *vt* **–1.** [deformar] to deform, to distort. **–2.** [~ a la vista] to buckle. ◆ **guerxar-se** *vp* to warp.

gueto [ˈgɛtu] *nm* ghetto.

guia [ˈgiə] ◇ *nf* **–1.** [gen] guide; **~ de ferrocarrils** train timetable; **~ telefònica** telephone book; **~ turística** tourist guidebook. **–2.** [per a cortines] rail, rod. ◇ *nmf* [persona] guide; **~ turístic** tourist guide.

guiar [giˈa] *vt* **–1.** [gen] to guide; **el professor va ~ l'estudi** the teacher led the study. **–2.** AUTOM to drive. ◆ **guiar-se** *vp*: **~-se (de / per)** to be guided (by / through).

guilladura [giʎaˈðurə] *nf* craziness, whim.

guillar [giˈʎa] *vi fam* to go away. ◆ **guillar-se** *vp fam* [tornar-se boig] to go crazy.

guillat -ada [giˈʎat -aðə] ◇ *adj* cracked. ◇ *nm, f* crackpot.

guillotina [giʎuˈtinə] *nf* **–1.** [per a decapitar] guillotine. **–2.** [per a tallar] guillotine (paper cutter).

guillotinar [giʎutiˈna] *vt* **–1.** [decapitar] to guillotine. **–2.** [tallar] to guillotine (to trim sheet material).

guinda [ˈgində] *nf* morello cherry.

Guinea [giˈneə] Guinea; **~ Bissau** Guinea-Bissau; **~ Equatorial** Equatorial Guinea.

guineu [giˈnɛw] *nf* **–1.** fox; **~ blava o àrtica** Arctic fox. **–2.** *fig* [persona] (old) fox.

guinyol [giˈɲɔl] *nm* ≃ Punch and Judy show.

guió [giˈo] *nm* **–1.** [esquema] outline, plan. **–2.** CIN & TELE script. **–3.** GRAM [signe] hyphen.

guionista [giuˈnistə] *nmf* (script)writer, (screen)writer.

guirigall [giriˈɣaʎ] *nm* **–1.** [esvalot] racket, disturbance. **–2.** *fam* [xivarri] hubbub, uproar.

guisa [ˈgizə] *nf* manner, way; **a ~ de** like, in the manner of; **d'aquesta ~** in this way.

guisar [giˈza] *vt* to cook (a stew).

guisat [giˈzat] *nm* stew.

guitarra [giˈtarə] *nf* guitar; **~ elèctrica** electric guitar; **aixafar la ~ a algú** to queer sb's pitch.

guitarrista [gitə'ristə] *nmf* guitarist.

guitza ['gidzə] *nf* **-1.** kick. **-2. fer la ~** to be a pain.

guix ['giʃ] *nm* **-1.** chalk; [de billar] chalk. **-2.** [mineral] gypsum. **-3.** [pols, escultura] plaster (of Paris).

guixada [gi'ʃaðə] *nf* crossing out *Br*, strikeover *Am*.

guixar [gi'ʃa] *vt* to mark, to scribble on; **el nen ha guixat tots els papers** the little boy has scribbled on all the papers.

gurmet [gur'mɛt] *nmf* gourmet.

guru ['guɾu] *nm* guru.

guspira [gus'piɾə] *nf* [de foc, electricitat] spark.

gust ['gust] *nm* **-1.** [gen] taste; **tenir bon / mal ~** to have good / bad taste; **agafar ~ a alguna cosa** to develop a taste / liking for sthg; **tenir ~ per a alguna cosa** to have a taste for sthg. **-2.** [plaer] pleasure; **amb molt de ~** with pleasure, gladly; **el ~ de fer alguna cosa** the pleasure of doing sthg; **molt / tant de ~** with pleasure; **vestir amb ~** to dress tastefully; **de ~os no hi ha res escrit** there's no accounting for taste. ◆ **de gust** *loc adv*: **estar de ~** to be comfortable / at ease; **fer alguna cosa de ~** [de bona gana] to do sthg willingly / gladly.

gustós -osa [gus'tos -ozə] *adj* **-1.** [saborós] tasty. **-2.** [amb gust]: **fer alguna cosa ~** to do sthg gladly.

gutural [gutu'ɾal] *adj* guttural.

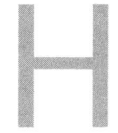

h¹, H ['ak] *nf* [lletra] h, H.

h² (abrev de hora) h, h.

ha! ['a] *interj* hah!

ha ['a] (abrev de hectàrea) ha.

hàbil ['aβil] *adj* **-1.** [destre] skilful *Br*, skillful *Am*. **-2.** DR: **~ per a** fit / suitable for; **dies ~s** working days, business days; **en temps ~** duly, at the proper time.

habilitar [əβili'ta] *vt* **-1.** [condicionar] to fit out, to equip. **-2.** DR [autoritzar] to authorize.

habilitat¹ [əβili'tat] *nf* [destresa] skill, cleverness; [aptitud] know-how; **tenir ~ per a alguna cosa** to be skilful at sthg.

hàbit ['aβit] *nm* **-1.** [costum] habit. **-2.** [vestit] habit; RELIG **penjar els ~s** to give up the cloth; **l'~ no fa el monjo** clothes don't make the man.

habitació [əβitəsi'o] *nf* room; [dormitori] bedroom; **~ doble / individual** double / single room.

habitacle [əβi'taklə] *nm* tiny room, scullery; [de cotxe] cockpit.

habitant [əβi'tan] *nm* inhabitant, resident.

habitar [əβi'ta] *vt & vi* to live in, to inhabit.

hàbitat ['aβitat] *nm* habitat, housing conditions.

habitatge [əβi'tadʒə] *nm* housing (U), dwelling; **~ de protecció oficial**, **~ de renda limitada** ≃ council house / flat.

habitual [əβitu'al] *adj* **-1.** [client, lector] habitual, regular;. **-2.** [costum, passeig] customary, usual.

habituar [əβitu'a] *vt*: **~ algú a** to accustom sb to. ◆ **habituar-se** *vp*: **~-se a** to get used / accustomed to; [drogues, etc.] to become addicted to.

habitud [əβi'tut] *nf* habit.

haca ['akə] *nf* [cavall] pony, small horse.

Haití [əj'ti] Haiti.

haixix [ə'ʃiʃ] *nm* hashish.

hala! ['alə] *interj* [per animar] come on!; [per a expressar sorpresa] wow!

halar [ə'la] *vi* [menjar] to eat. ◆ **halar-se** *vp*: **~-se alguna cosa** to tow sthg.

hàlit ['alit] *nm lit & fig* breath.

halo ['alu] *nm* halo.

halogen -ògena [ə'lɔʒən -ɔʒənə] *adj* halogenous.

halterofília [əltəɾu'filiə] *nf* weightlifting.

ham ['am] *nm* [per a pescar] hook; **picar l'~** to swallow the bait.

hamaca [ə'makə] *nf* hammock.

hamburguesa [əmbur'gɛzə] *nf* hamburger.

hampa ['ampə] *nf* underworld.

hàmster ['amstər] *nm* hamster.

handbol [ən'bɔl] *nm* handball.

handicap [əndi'kap] *nm* handicap.

hangar [əŋ'gar] *nm* hangar.

hardware [,xard'wer] *nm* hardware.

harem [ə'ɾɛm] *nm* harem.

harmonia [ərmu'niə] *nf* harmony.

harmònic -a [ər'mɔnik -ə] *adj* harmonic.

harmònic *nm* harmonic. **harmònica** *nf* harmonica.

harmoniós -osa [ərmuni'os -ozə] *adj* harmonious.

harmonitzar [ərmuni'dza] ◇ *vt* [gen & MÚS] to harmonize. ◇ *vi* to harmonize; [concordar] ~ **amb** to be in harmony with.

havà -ana [ə'βa -anə] ◇ *adj* Havanan. ◇ *nm* [cigar] Havana cigar. ◇ *nm, f* Havanan.

haver[1] [ə'βe] ◇ *v aux* **–1.** *(abans de verbs transitius)* to have; **ho he / havia fet** I have / had done it; **els nens ja han menjat** the children have already eaten. **–2.** *(abans de verbs de moviment, d'estat o permanència)*: **ha sortit** she's gone (out); **ens hem quedat a casa** we've stayed at home. **–3.** [expressa obligació] to have to, must, should; ~ **de fer alguna cosa** to have to do sthg; **has de treballar més** you must work harder; **ho he de fer** I must / have to do it; **has de dominar els teus impulsos** you must learn to control yourself; **haurien d'abolir aquesta llei** this law should be abolished. ◇ *v impers* **–1.** [existir, estar]: **hi ha molta gent al carrer** there are a lot of people in the street; **hi havia / hi va haver problemes** there were a lot of problems; **hi haurà dues mil persones** there will be two thousand people; [existir] **hi ha un quilòmetre entre les dues cases** there's a kilometre between the two houses; **entre els dos edificis hi ha un jardí** between the two buildings (there) is a garden. **–2.** **alguna cosa hi haurà** there will be something; **com n'hi ha pocs** as there are few (of them); *fam* **què hi ha?** how are things? how are you? **–3.** [ocórrer]: **els accidents que hi ha hagut aquest estiu** the accidents that have occurred this summer.

haver[2] [ə'βe] *nm* [en els comptes, comptabilitat] credit (side); **tenir en el seu** ~ to have to one's credit. **havers** *nm pl* **–1.** [béns] assets. **–2.** [sou] income, basic salary.

hebreu -ea [ə'βrew -eə] ◇ *adj* Hebrew. ◇ *nm, f*: **els ~s** the Hebrews. **hebreu** *nm* [llengua] Hebrew.

hectàrea [ək'tarεə] *nf* hectare.

hegemonia [əʒəmu'niə] *nf* hegemony.

hegemònic -a [əʒə'mɔnik -ə] *adj* hegemonic.

heli ['εli] *nm* helium.

hèlice ['εlisə] *nf* helix.

helicòpter [əli'kɔptər] *nm* helicopter.

heliport [əli'pɔrt] *nm* heliport.

hel·lè -ena [əl'lε -enə] ◇ *adj* Hellene. ◇ *nm, f* Hellene.

Hèlsinki [əl'sinki] Helsinki.

helvètic -a [əl'βεtik -ə] ◇ *adj* Helvetic, Helvetian, Swiss. ◇ *nm, f* Helvetian, Swiss.

hematologia [əmətulu'ʒiə] *nf* haematology *Br*, hematology *Am*.

hematoma [əmə'tɔmə] *nm* haematoma *Br*, hematoma *Am*.

hemeroteca [əməru'tεkə] *nf* newspaper library.

hemicicle [əmi'siklə] *nm* hemicycle, arena, the floor (in parliament).

hemisferi [əmis'fεri] *nm* hemisphere.

hemofília [əmu'filiə] *nf* haemophilia *Br*, hemophilia *Am*.

hemorràgia [əmu'raʒiə] *nf* haemorrhage *Br*, hemorrhage *Am*; ~ **nasal** nosebleed.

hemorroide [əmu'rɔjðə] *nf* haemorrhoid *Br*, hemorrhoid *Am*.

hepatitis [əpə'titis] *nf inv* hepatitis.

heptàgon [əp'tayun] *nm* heptagon.

herba ['εrβə] *nf* herb; (~) **mate** (yerba) mate, Paraguay tea; **herbes medicinals** medicinal herbs; **mala ~ mai no mor / sempre creix** ill weeds grow apace. **herba de Sant Jordi** *nf* red valerian.

herbari [ər'βari] *nm* herbarium.

herbicida [ərβi'siðə] *nm* herbicide.

herbívor -a [ər'βiβur -uɾə] *adj* herbivorous. **herbívor** *nm* herbivore.

herbolari -ària [ərβu'lari -ariə] *nm, f* herbalist. **herbolari** *nm* herbalist's (shop).

hereditari -ària [ərəði'tari -ariə] *adj* hereditary.

herència [ə'rεnsiə] *nf* inheritance.

heretar [ərə'ta] *vt* to inherit; **va ~ un pis** he inherited a flat / an apartment *Am*; **va ~ una casa del seu pare** she inherited a house from her father; **ha heretat el nas de la seva mare** he has inherited / got his mother's nose.

heretge [ə'rεdʒə] *nmf* RELIG heretic.

heretgia [ərə'dʒiə] *nf* [doctrina, actitud] heresy.

hereu -eva [ə'rεw -eβə] ◇ *adj* inheriting; **el príncep** ~ the crown prince. ◇ *nm, f* heir *m*, heiress *f*.

hermafrodita [ərməfru'ðitə] ◇ *adj* hermafroditic. ◇ *nmf* hermaphrodite.

hermètic -a [ərˈmɛtik -ə] *adj lit & fig* airtight, hermetic.

hèrnia [ˈɛrniə] *nf* hernia.

herniar-se [ərniˈarsə] *vp* MED to rupture o.s.

heroi -ïna [əˈɾɔj əɾuˈinə] *nm, f* hero *m*, heroine *f*.

heroic -a [əˈɾɔik -ə] *adj* heroic.

heroïna *nf* [droga] heroin.

heroïnòman -a [əɾuiˈnɔmən -ə] *nm, f* heroin addict.

heroisme [əɾuˈizmə] *nm* heroism.

herpes [ˈɛrpəs] *nm* herpes (U).

heterodox -a [ətəɾuˈdɔks -ə] ◇ *adj* heterodox, unorthodox. ◇ *nm, f* heterodox / unorthodox person.

heterogeni -ènia [ətəɾuˈʒɛni -ɛniə] *adj* heterogeneous.

heterosexual [ˌetəɾusəksuˈal] *adj & nmf* heterosexual.

heura [ˈewɾə] *nf* ivy.

hexàgon [əɡˈzaɣun] *nm* hexagon.

hg (abrev de **hectogram**) hg.

hi [i] *pron* there, (of) it / them; **~ aniré demà** I'll go there tomorrow; **mai no ~ penses** you never consider / think of it.

hiat [ˈjat] *nm* hiatus.

hibernació [iβərnəsiˈo] *nf* hibernation.

hibernar [iβərˈna] *vi* to hibernate.

híbrid -a [ˈiβɾit -iðə] *adj* hybrid. ◆ **híbrid** *nm* hybrid.

hidrat [iˈðɾat] *nm* hydrate; **~ de carboni** carbohydrate.

hidratació [iðɾətəsiˈo] *nf* moisturizing, hydration.

hidratant [iðɾəˈtan] ◇ *adj* moisturizing. ◇ *nm* moisturizer, moisturizing cream.

hidratar [iðɾəˈta] *vt* to moisturize.

hidràulic -a [iˈðɾawlik -ə] *adj* hydraulic. ◆ **hidràulica** *nf* hydraulics (U).

hidroavió [ˌiðɾuəβiˈo] *nm* seaplane.

hidroelèctric -a [ˌiðɾuəˈlektɾik -ə] *adj* hydro-electric.

hidrofòbia [iðɾuˈfɔβiə] *nf* **-1.** hydrophobia. **-2.** MED rabies.

hidrogen [iˈðɾɔʒən] *nm* hydrogen.

hidrografia [iðɾuɣɾəˈfiə] *nf* hydrography.

hidroplà [ˌiðɾuˈpla] *nm* [embarcació] hydrofoil, seaplane.

hidrostàtic -a [ˌiðɾusˈtatik -ə] *adj* hydrostatic. ◆ **hidrostàtica** *nf* hydrostatics (U).

hiena [ˈjenə] *nf* hyena.

hieràtic -a [jəˈɾatik -ə] *adj* solemn.

higiene [iʒiˈɛnə] *nf* hygiene; **~ mental** mental health.

higiènic -a [iʒiˈɛnik -ə] *adj* hygienic.

hilaritat [iləɾiˈtat] *nf* hilarity.

himen [ˈimən] *nm* ANAT hymen.

himne [ˈimnə] *nm* hymn.

hindú [inˈdu] ◇ *adj* RELIG Hindu. ◇ *nmf* RELIG Hindu.

hinduisme [induˈizmə] *nm* Hinduism.

hiper [ˈipər] *nm fam* hypermarket.

hiperactivitat [ˌipəɾəktiβiˈtat] *nf* hyperactivity.

hipèrbaton [iˈpɛrβətun] *nm* hyperbaton.

hipèrbola [iˈpɛrβulə] *nf* GEOM hyperbola.

hipèrbole [iˈpɛrβulə] *nf* LITER hyperbole.

hipermercat [ˌipərmərˈkat] *nm* hypermarket.

hipertròfia [ˌipərˈtɾɔfiə] *nf* hypertrophy.

hípic -a [ˈipik -ə] *adj* horse (abans de nom), horseriding (abans de nom). ◆ **hípica** *nf* horse-racing, horse-riding, show-jumping.

hipnosi [ipˈnɔzi] *nf inv* hypnosis.

hipnòtic -a [ipˈnɔtik -ə] *adj* hypnotic. ◆ **hipnòtic** *nm* hypnotic, narcotic.

hipnotisme [ipnuˈtizmə] *nm* hypnotism.

hipnotitzador -a [ipnutidzəˈðo -oɾə] ◇ *adj* [d'hipnosi] hypnotizing. ◇ *nm, f* hypnotist.

hipnotitzar [ipnutiˈdza] *vt lit & fig* to hypnotize, to mesmerize.

hipocondríac -a [ipukunˈdɾiək -ə] ◇ *adj* hypochondriac(al). ◇ *nm, f* hypochondriac.

hipocresia [ipukɾəˈziə] *nf* hypocrisy.

hipòcrita [iˈpɔkɾitə] ◇ *adj* hypocritical. ◇ *nmf* hypocrite.

hipoderma [ipuˈðɛrmə] *nf* hypodermis, hypoderm.

hipodèrmic -a [ipuˈðɛrmik -ə] *adj* hypodermic.

hipòdrom [iˈpɔðɾum] *nm* racecourse *Br*, racetrack *Am*.

hipopòtam [ipuˈpɔtəm] *nm* hippopotamus.

hipoteca [ipuˈtekə] *nf* mortgage; **aixecar una ~** to pay off a mortgage.

hipotecar [iputəˈka] *vt lit & fig* to mortgage, [posar en perill] to jeopardize.

hipotecari -ària [iputəˈkaɾi -aɾiə] *adj* mortgage (abans de nom).

hipotenusa [iputə'nuzə] *nf* GEOM hypotenuse.

hipòtesi [i'pɔtəzi] *nf* hypothesis.

hipotètic -a [ipu'tɛtik -ə] *adj* hypothetic(al).

hippy ['xipi] *adj & nmf* hippy.

hirsut -a [ir'sut -ə] *adj* [cabell] hirsute, hairy, rough.

hisenda [i'zɛndə] *nf* –1. [finca] country property. –2. [béns] fortune. ☞ **Hisenda** *nf*: la Hisenda Pública ≃ the Inland Revenue *Br*, the public treasury (office) *Am*.

hisendat -ada [izən'dat -aðə] *nm, f* landowner.

hisop [i'zɔp] *nm* –1. [planta] hyssop. –2. RELIG aspergillum, sprinkler.

hispà -ana [is'pa -anə] ◇ *adj* Hispanic, Spanish. ◇ *nm, f* [als Estats Units] Hispanic.

hispànic -a [is'panik -ə] ◇ *adj* Hispanic, Spanish. ◇ *nm, f* [d'un país de parla hispana] Hispanic, Latin; [espanyol] Spaniard.

hispanista [ispə'nistə] *nmf* Hispanicist.

hispanística [ispə'nistikə] *nf* ≃ Hispanic studies.

hispanitat [ispəni'tat] *nf* [cultura] Spanishness; [pobles] the Hispanic world.

Hispanoamèrica [is,panu'mɛrikə] Spanish-America.

hispanoamericà -ana [is,panuməri'ka -anə] ◇ *adj* Spanish-American. ◇ *nm, f* Spanish-American, Hispanic *Am*.

hispanoamericanisme [is,panuməriku'nizmə] *nm* Hispano-Americanism.

hispanòfon -a [ispə'nɔfun -ə] ◇ *adj* Spanish-speaking. ◇ *nm, f* Spanish speaker.

hissar [i'sa] *vt* to hoist, to haul up.

història [is'tɛriə] *nf* hysteria.

histèric -a [is'tɛrik -ə] ◇ *adj* hysteric(al). ◇ *nm, f* hysterical person.

histerisme [istə'rizmə] *nm* hysteria.

història [is'tɔriə] *nf* history; ~ antiga / universal ancient / world history; ~ de l'art history of art; passar alguna cosa a la ~ to go down in history; passar algú a la ~ to go down in history. ☞ **història natural** *nf* natural history. ☞ **històries** *nf pl* gossip, tales; [circumloqui, excusa] deixa't d'històries stop beating about the bush; no són més que històries it / that is only gossip; venir amb històries to tell tales.

historiador -a [isturiə'ðo -orə] *nm, f* historian.

historial [isturi'al] *nm* [gen] record; ~ mèdic / clínic medical / clinical record; ~ professional curriculum vitae.

històric -a [is'tɔrik -ə] *adj* –1. [gen] historic. –2. [vertader] historical.

historicisme [isturi'sizmə] *nm* historicism.

historicitat [isturisi'tat] *nf* historicity, historical authenticity.

historieta [isturi'ɛtə] *nf* [còmic] comic strip.

historiografia [isturiuɣrə'fiə] *nf* historiography.

histrió [istri'o] *nm* –1. [actor] actor. –2. [persona afectada] poseur, ham.

histriònic -a [istri'ɔnik -ə] *adj* histrionic.

histrionisme [istriu'nizmə] *nm* histrionics *pl*.

hitlerià -ana [xidləri'a -anə] ◇ *adj* Hitlerian. ◇ *nm, f* Hitlerite.

hivern [i'βɛrn] *nm* winter.

hivernacle [iβər'naklə] *nm* greenhouse.

hivernal [iβər'nal] *adj* winter (*abans de nom*), wintry.

hivernar [iβər'na] *vi* –1. [passar l'hivern] to winter. –2. [hibernar] to hibernate.

ho [u] *pron* it, that; la seva germana és molt maca però ell no ~ és his sister is very attractive but he isn't; és molt bo encara que no ~ sembli it's very good even though it doesn't look it.

hobby ['xɔβi] *nm* hobby.

hola ['ɔlə] *interj* ~! hello!; *fam* hi!

Holanda [u'landə] Holland.

holandès -esa [ulən'dɛs -ɛzə] ◇ *adj* Dutch. ◇ *nm, f* Dutchman *m*, Dutchwoman *f*. ☞ **holandès** *nm* –1. [llengua] Dutch. –2. [full de paper] sheet of paper 22 x 28 cm.

holocaust [ulu'kawst] *nm* holocaust.

holografia [uluɣrə'fiə] *nf* holography.

holograma [ulu'ɣramə] *nm* hologram.

home ['ɔmə] ◇ *nm* –1. man; l'~ del carrer the person / man in the street; un bon ~ a good man; l'abominable ~ de les neus the abominable snowman, yeti; ~ d'acció man of action; ~ de color coloured man; ~ d'Estat statesman; ~ de món man of the world; ~ de palla straw man, stooge; ~ de paraula man of his word; ~ robot robot; pobre ~ poor man, poor fellow; d'~ a ~ man to man; ésser tot un ~ to be every bit a man. –2. *fam* [fantasma] l'~ del sac bogeyman. –3. [senyor] gentleman; [en lavabos] "~s" men's public lavatory *Br*, men's room *Am*; **d'~ [roba]** gentlemen's / men's. ◇ *interj* man; **~! [sorpresa]** wow! / good heavens! **[evidència]** look! ▸ **home granota** *nm* frogman. ▸ **home llop** *nm* werewolf. ▸ **home orquestra** *nm* one-man band.

homenada [umə'naðə] *nf*: **fer l'~ de** to have the courage to.

homenatge [umə'nadʒə] *nm* homage; **en ~ a** in honour of, as a tribute to; **retre ~ a algú** to render homage to sb.

homenatjat -ada [umənə'dʒat -aðə] ◇ *nm, f* guest of honour. ◇ *adj* honoured.

homenenc -a [umə'nɛŋ -ɛŋkə] *adj* manly.

homeòpata [ume'ɔpətə] ◇ *adj* homeopathic. ◇ *nmf* homeopath.

homeopatia [umeupə'tiə] *nf* homeopathy.

homicida [umi'siðə] ◇ *adj* murder, murderous. ◇ *nmf* murderer.

homicidi [umi'siði] *nm* homicide, crime.

homilia [umi'liə] *nf* homily, sermon.

homínid [u'minit] *nm* hominid. ▸ **homínids** *nm pl* hominidae.

homòfon -a [u'mɔfon -ə] *adj* homophonic. ▸ **homòfon** *nm* homophone.

homofonia [umufu'niə] *nf* homophony.

homogeneïtat [umuʒənəi'tat] *nf* homogeneity.

homogeneïtzació [umuʒənəidzəsi'o] *nf* homogenization.

homogeneïtzar [umuʒənəi'dza] *vt* to homogenize.

homogeni -ènia [umu'ʒɛni -ɛniə] *adj* homogenous.

homògraf -a [u'mɔɣɾəf -ə] *adj* homographic. ▸ **homògraf** *nm* GRAM homograph.

homòleg -òloga [u'mɔlək -ɔluɣə] ◇ *adj* homologous. ◇ *nm, f* homologue.

homologable [umulu'ɣabblə] *adj* equivalent, comparable (to).

homologació [umuluɣəsi'o] *nf* **-1.** [gen & ESPORT] official confirmation / authorization. **-2.** [equiparació] standardization.

homologar [umulu'ɣa] *vt* **-1.** ESPORT [autoritzar] to authorize / confirm officially. **-2.** [equiparar]: **~ amb** to bring into line with.

homònim -a [u'mɔnim -ə] ◇ *adj* homonymous. ◇ *nm, f* homonym. ▸ **homònim** *nm* homonym.

homonímia [umu'nimiə] *nf* homonymy.

homosexual [ˌɔmusəksu'al] *adj & nmf* homosexual.

homosexualitat [ˌɔmusəksuəli'tat] *nf* homosexuality.

hondureny -a [undu'rɛɲ -ə] ◇ *adj* Honduran. ◇ *nm, f* Honduran.

Hondures [un'durəs] Honduras.

honest -a [u'nest -ə] *adj* honest.

honestament [u.nestə'men] *adv* honestly.

honestedat [unəstə'ðat] *nf* honesty.

Hong Kong ['xɔŋ 'kɔŋ] Hong Kong.

hongarès -esa [uŋɡə'ɾɛs -ɛzə] ◇ *adj* Hungarian. ◇ *nm, f* Hungarian. ▸ **hongarès** *nm* [llengua] Hungarian.

Hongria [uŋ'ɡɾiə] Hungary.

honor [u'nor] *nm* honour *Br*, honor *Am*; **en ~ de** in honour of; **en ~ a la veritat** to be (quite) honest; **fer ~ a** to honour. ▸ **honors** *nm pl* [cerimonial] honours *Br*, honors *Am*; *fig* **fer els ~s de la casa** to do / perform the honours, to look after the guests.

honorabilitat [unuɾəβili'tat] *nf* honourability *Br*, honorability *Am*.

honorable [unu'ɾabblə] *adj* honourable *Br*, honorable *Am*. ▸ **Honorable** *adj*: **l'Honorable Alcalde** the Right Honourable Lord Mayor *Br*, the Honorable Mayor *Am*.

honorar [unu'ɾa] *vt* to honour *Br*, to honor *Am*.

honorari -ària [unu'ɾaɾi -aɾiə] *adj* honorary. ▸ **honoraris** *nm pl* fees.

honorífic -a [unu'ɾifik -ə] *adj* honorific.

honra ['onɾə] *nf* honour *Br*, honor *Am*; **tenir a molta ~ alguna cosa** to hold sthg in high esteem; **és clar que sóc ecologista, i amb molta ~!** of course I'm an ecologist, and proud of it!

honradesa [unɾə'ðɛzə] *nf* honesty.

honrar [un'ɾa] *vt* to honour *Br*, to honor *Am*; **~ (amb)** to honour by. ▸ **honrar-se** *vp* to be honoured; **~-se (amb / de)** to be honoured by.

honrat -ada [un'rat -aðə] *adj* honest, honourable *Br*, honorable *Am*.

honrós -osa [un'ros -ozə] *adj* honourable *Br*, honorable *Am*.

hoquei [u'kɛj] *nm* ESPORT hockey; **~ sobre gel / herba / patins** ice / field / roller hockey.

hora ['ɔɾə] *nf* **-1.** [gen] hour; **a altes hores de la nit** in the small hours; **a l'~** on time; **a primera ~** first thing in the morning; **a**

primera / última ~ de early / late on; **a última ~** at the last moment; **tocar l'~** to strike the hour; **d'última ~** latest; [notícia, informació] up-to-the-minute; **a la seva ~** when the time comes, at the appropriate time; **aquestes són hores d'arribar?** what time do you call this to be coming in?; **posar a l'~** to bring up-to-date; **quina ~ és?** what's the time?; **treballar / pagar per hores** to work / pay by the hour; **ja era ~!** it is / was about time!; **~ H** zero hour, H hour; **~ oficial** official time; **~ punta** rush hour; **hores d'oficina / de feina** office / working hours; **hores de visita** visiting hours; **hores extraordinàries** overtime; **mitja ~** half an hour. **–2.** [cita] appointment; **donar / demanar ~** to fix / ask for an appointment; **tenir ~ a cal dentista** to have a dental appointment. **–3.** [mort]: **va arribar la seva ~** his time came. **–4. en bona ~ m'ho dius / m'ho portes, etc** now you tell me / bring it to me; **en mala ~ me'l vaig creure** I shouldn't have believed him; **l'~ de la veritat** the hour of truth; **no veure l'~ de fer alguna cosa** to be unable to wait to do sthg; **té les hores comptades** her days are numbered. **–5.** *fig:* **es veu d'una ~ lluny** you can see it coming (a mile off).

horari -ària [uˈɾaɾi -aɾiə] *adj* time *(abans de nom)*; **tenir problemes ~s** to have time problems. ◆ **horari** *nm* timetable, schedule; [escolar] school timetable / class schedule; **~ comercial** opening hours; **~ flexible** flexitime *Br*, flextime *Am*; **~ intensiu** working day without a long break for lunch; **~ laboral** working hours.

horda [ˈɔɾdə] *nf* horde.

horitzó [uɾiˈdzo] *nm* [gen] horizon; [pensament] **tenir amplitud d'horitzons** to have wide horizons.

horitzontal [uɾidzunˈtal] *adj* horizontal.

horitzontalitat [uɾidzuntəliˈtat] *nf* horizontality.

hormona [uɾˈmonə] *nf* hormone.

horòscop [uˈɾɔskup] *nm* **–1.** [signe] star sign. **–2.** [predicció] horoscope.

horrible [uˈrribblə] *adj* horrible, awful.

hòrrid -a [ˈɔrit -iðə] *adj* **–1.** [espantós] horrid, horrifying. **–2.** *fam* [molt dolent, lleig] hideous.

horripilant [uripiˈlan] *adj* **–1.** *fam* [molt dolent, lleig] awful, hideous. **–2.** [que horroritza] hair-raising.

horror [uˈrror] *nm* horror; **els ~s de la guerra** the horrors of (the) war.

horroritzar [ururiˈdza] *vt* to horrify, to terrify. ◆ **horroritzar-se** *vp* to be horrified / terrified.

horroritzat -ada [ururiˈdzat -aðə] *adj* horrified, terrified.

horrorós -osa [uruˈros -ozə] *adj* awful, dreadful.

hort [ˈɔrt] *nm* [de verdures] kitchen / vegetable garden.

horta [ˈɔrtə] *nf* **–1.** [de verdures] vegetable garden; [d'arbres fruiters] orchard. **–2.** [terra de regadiu] floodplain.

hortalissa [urtəˈlisə] *nf* vegetable.

hortènsia [urˈtɛnsiə] *nf* hydrangea.

hortícola [urˈtikulə] *adj* horticultural.

horticultor -a [urtikulˈto -orə] *nm, f* horticulturist.

horticultura [urtikulˈturə] *nf* horticulture.

hortolà -ana [urtuˈla -anə] *adj & nm, f* market gardener.

hospici [usˈpisi] *nm* [per a infants] orphanage, children's home; [per a pobres] poorhouse.

hospital [uspiˈtal] *nm* hospital.

hospitalari -ària [uspitəliˈtari -ariə] *adj* hospitable, hospital *(abans de nom)*.

hospitalitat [uspitəliˈtat] *nf* hospitality.

hospitalitzar [uspitəliˈdza] *vt* to hospitalize, to take / send to hospital.

host [ˈɔst] *nf* host, army, followers *pl*.

hostal [usˈtal] *nm* guesthouse.

hostalatge [ustəˈladʒə] *nm* **–1.** [allotjament] pension, hostal, lodgings *pl*. **–2.** [preu] cost of board and lodging, rent.

hostaler -a [ustəˈle -erə] ◇ *adj* catering. ◇ *nm, f* landlord *m*, landlady *f*.

hostaleria [ustələˈria] *nf* hotel industry, catering.

hostatgeria [ustədʒəˈria] *nf* [de convent] hospice.

hostatjar [ustəˈdʒa] *vt* to put up, to lodge. ◆ **hostatjar-se** *vp* to lodge; [en un hotel] to lodge, to stay at a hotel; **es va ~ a l'hotel** he stayed at the hotel.

hoste -essa [ˈɔstə usˈtesə] *nm, f* host *m*, hostess *f*; [d'un hotel] client, guest. ◆ **hostessa** *nf* hostess; **~ d'exposicions i congressos** hostess, receptionist; **~ de terra** ground hostess *Br*, ground stewardess *Am*; **~ de vol** air hostess *Br*, air stewardess *Am*.

hòstia [ˈɔstiə] ◇ *nf* **–1.** RELIG host. **–2.** *vulg* [bufetada] blow; **fúmer / fotre una ~ a algú** to punch sb. **–3.** *vulg* [accident] crash; **fúmer-se / fotre's una ~** to crash into sthg, to hit against sthg. ◇ *interj vulg*: **~!** bloody hell! damn it!

hostil [usˈtil] *adj* hostile.

hostilitat [ustiliˈtat] *nf* hostility.

hostilitzar [ustiliˈdza] *vt* MIL to engage in hostilities.

hotel [uˈtɛl] *nm* hotel.

hoteler -a [utəˈle -eɾə] ◇ *adj* hotel (*abans de nom*). ◇ *nm, f* hotel manager *m*, hotel manageress *f*, hotelier.

hoteleria [utələˈɾiə] *nf* hotel industry / trade.

hovercraft [ˈɔbərkraft] *nm* hovercraft.

hule [ˈulə] *nm* oilskin.

hulla [ˈuʎa] *nf* soft coal.

humà -ana [uˈma -anə] *adj* human, humane. ◆ **humà** *nmgen pl* human being.

humanisme [uməˈnizmə] *nm* humanism.

humanístic -a [uməˈnistik -ə] *adj* **–1.** [de l'humanisme] humanistic. **–2.** [de les humanitats] of or pertaining to the humanities / liberal arts; **la seva cultura ~a** his knowledge of the humanities.

humanitari -ària [uməniˈtaɾi -aɾiə] *adj* humanitarian.

humanitat [uməniˈtat] *nf* humanity. ◆ **humanitats** *nf pl* humanities, liberal arts.

humanització [umənidzəsiˈo] *nf* humanization; **reclamen la ~ de les condicions laborals** they are demanding more humane working conditions.

humanitzar [uməniˈdza] *vt* to humanize, to make more human. ◆ **humanitzar-se** *vp* to become (more) human.

húmer [ˈumər] *nm* humerus.

humidificador [umiðifikəˈðo] *nm* humidifier.

humidificar [umiðifiˈka] *vt* to humidify.

humil [uˈmil] *adj* humble.

humiliació [umiliəsiˈo] *nf* humiliation.

humiliant [umiliˈan] *adj* humiliating.

humiliar [umiliˈa] *vt* to humiliate. ◆ **humiliar-se** *vp* to humble o.s.; **~-se a fer alguna cosa** to lower o.s., to do sthg, to stoop to doing sthg.

humiliat -ada [umiliˈat -aðə] *adj* humiliated.

humilitat [umiliˈtat] *nf* humility.

humit -ida [uˈmit -iðə] *adj* humid, damp, moist, wet.

humitat [umiˈtat] *nf* humidity, damp(ness).

humitejar [umitəˈʒa] *vt* to moisten; [roba per a planxar] to dampen. ◆ **humitejar-se** *vp* to become moist.

humor [uˈmor] *nm* **–1.** [gen & ANAT] humour; **bon / mal ~** good / bad humour / mood *Br*, humor *Am*. **–2.** [gràcia] comedy; **un programa d'~** a comedy programme; **~ negre** black humour.

humorada [umuˈɾaðə] *nf fam* witticism, caprice.

humorisme [umuˈɾizmə] *nm* humour *Br*, humor *Am*, comedy; **el món de l'~** the world of comedy.

humorista [umuˈɾistə] *nmf* [còmic] humorist, comedian *m*, comedienne *f*; [dibuixant, autor] humorist.

humorístic -a [umuˈɾistik -ə] *adj* humorous.

humus [ˈumus] *nm inv* humus.

huracà [uɾəˈka] *nm* hurricane.

huracanat -ada [uɾəkəˈnat -aðə] *adj* violent, hurricane-force.

hurra! [ˈuɾa] *interj* hurrah! / hurray!

hússar [ˈusər] *nm* hussar.

i¹, I [ˈi] *nf* [lletra] i, I.

i² [ˈi] *conj* [gen] and; **un cafè i un pastís** a coffee and a cake; **sabia que no ho aconseguiria i ho continuava intentant** she knew she wouldn't manage to do it and yet she kept trying; **després d'hores i hores d'espera** after hours and hours of waiting; **i la teva dona, on és?** and where is your wife?

IAE [iaˈɛ] *nm* (abrev d'**Impost sobre Activitats Econòmiques**) state tax paid by self-employed professionals.

iaio -a [ˈjaju -ə] *nm, f fam* grandad *m*, grandma *f*.

ib. (abrev de ibídem) ibid.

iber -a [iˈβer -eɾə] ◇ *adj* Iberian. ◇ *nm, f* [habitant] Iberian. ◆ **iber** *nm* [llengua] Iberian.

ibèric -a [iˈβeɾik -ə] *adj* Iberian.

iberoamericà -ana [ˌiβəɾuəməɾiˈka -anə] ◇ *adj* Latin-American. ◇ *nm, f* Latin-American.

ibídem [iˈβiðəm] *adv* ibidem, ibid.
iceberg [isaˈβɛrk] *nm* iceberg.
ICONA [iˈkonə] *nm* (abrev de Instituto Nacional para la Conservación de la Naturaleza) Spanish institute for conservation, ≃ NCC.
iconoclasta [ikunuˈklastə] *nmf* iconoclast.
iconoclàstic -a [ikunuˈklastik -ə] ⬦ *adj* iconoclastic. ⬦ *nm, f* iconoclast.
ics [ˈiks] ⬦ *adj* X; **un nombre ~ de persones** x number of people. ⬦ *nf* [lletra] X.
ICS [ˈiks] *nm* (abrev de Institut Català de la Salut) Catalan governmental health organization, ≃ NHS *Br*, ≃ Medicaid *Am*.
idea [iˈðeə] *nf* -1. [gen] idea; **~ fixa** obsession; **~ lluminosa / genial** brilliant idea. -2. [propòsit, pla] plan; **canviar d'~** to change one's mind; **amb la ~ de** with the idea / intention of; **fer alguna cosa amb mala ~** to do sthg with ill intentions; **tenir ~ de fer alguna cosa** to have the idea / intention of doing sthg. -3. [coneixement] concept; **no tenir ni ~ d'alguna cosa** [esdeveniment] not to have a clue about sthg; [assignatura, tema] notion. ⬧ **idees** *nf pl* [ideologia] ideas.
ideal [iðeˈal] ⬦ *adj* ideal. ⬦ *nm* ideal.
ideals *nm pl* ideals.
idealista [iðeəˈlistə] ⬦ *adj* idealistic. ⬦ *nmf* idealist.
idealitzar [iðəaliˈdza] *vt* to idealize.
idear [iðeˈa] *vt* to think up, to devise.
ideari [iðeˈari] *nm* ideology.
ídem [ˈiðem] *pron* ditto; *fam* **~ d'~** exactly the same.
idèntic -a [iˈðentik -ə] *adj* identical; **~ a** identical to.
identificació [iðəntifikəsiˈo] *nf* identification.
identificar [iðəntifiˈka] *vt* [reconèixer] to identify. ⬧ **identificar-se** *vp* to identify o.s.; **~-se (amb)** [personatge] to identify (with).
identitat [iðəntiˈtat] *nf* identity.
ideòleg -òloga [iðeˈɔlək -ɔluɣə] *nm, f* ideologist.
ideologia [iðeuluˈʒiə] *nf* ideology.
idil·li [iˈðilli] *nm* idyll.
idioma [iðiˈomə] *nm* language.
idiosincràsia [iðiusiŋˈkraziə] *nf* -1. individual behaviour. -2. *culte* idiosyncrasy.
idiota [iðiˈɔtə] ⬦ *adj* idiotic. ⬦ *nmf* idiot.
idiotesa [iðiuˈtɛzə] *nf* idiocy, foolishness.
ídol [ˈiðul] *nm* idol.

idolatrar [iðuləˈtra] *vt* to worship, to idolize.
idoni -ònia [iˈðɔni -ɔniə] *adj* suitable, fit; [persona] capable, competent; [paraula, resposta] suitable, appropriate.
IEC [iˈɛk] *nm* (abrev d'Institut d'Estudis Catalans) Institute of Catalan Studies ≃ Royal Academy *Br*.
Iemen [ˈjɛmən] : **el ~** Yemen.
ien [ˈjɛn] *nm* yen.
iglú [iˈɣlu] *nm* igloo.
ignorància [iŋnuˈransiə] *nf* ignorance; **~ supina / crassa** blind / crass ignorance.
ignorant [iŋnuˈran] ⬦ *adj* ignorant. ⬦ *nmf* ignoramus.
ignorar [iŋnuˈra] *vt* to ignore.
igual [iˈɣwal] ⬦ *adj* -1. [idèntic, semblant] identical; **dos llibres ~s** two identical books; **porten jerseis ~s** they're wearing the same jumper; **~ que** identical to; **el meu llapis és ~ que el teu** my pencil is just like yours; **la seva filla és ~** her daughter looks just like her. -2. [llis, constant] even, level, smooth. -3. MAT equal; **A més B és ~ a C** A plus B is equal to C. ⬦ *adv* -1. [de la mateixa manera]: **a l'~ de** the same as. -2. **m'és ~ sortir o quedar-me** it's all the same to me whether we go out or stay in; **és ~ l'hora que vinguis** it doesn't matter what time you come. ⬦ *nmf* equal.
igualar [iɣwəˈla] ⬦ *vt* -1. [anivellar] to level, to smooth. -2. [sous, terreny, etc.] to level; **~ alguna cosa / algú amb** to put sthg / sb on the same footing with, to compare sthg / sb with. -3. to equal; [persona] **~ algú en** to equal sb in; **ningú no l'iguala en generositat** nobody is as generous as he is. ⬦ *vi* ESPORT to equalise, to match, to tie. ⬧ **igualar-se** *vp* -1. [gen] to be equal; **~-se a / amb alguna cosa** to be equated with sthg. -2. [a una altra persona]: **~-se a / amb algú** to treat sb as an equal.
igualat -ada [iɣwəˈlat -aðə] *adj* smooth, level, similar, even; **estar ~** to be level / even; **estan molt ~s** they are very (much) alike.
igualitari -ària [iɣwəliˈtari -ariə] *adj* egalitarian.
igualment [i.ɣwalˈmen] *adv* -1. [també] also, likewise. -2. also; [fórmula de cortesia] **records als teus pares - gràcies, ~** give your parents my regards - thanks, likewise; **passa-t'ho bé! - ~** have a good time! - and you!

igualtat [iɣwəl'tat] *nf* equality; **en ~ de condicions** on equal terms; **~ d'oportunitats** equal opportunities *pl*.

iguana [i'ɣwanə] *nf* iguana.

illa ['iʎə] *nf* -1. island; **~ de Pasqua** Easter Island; **les Illes Balears** the Balearic Islands; **les illes Canàries** the Canary Islands; **les illes Fiji** the Fiji Islands; **les illes Galápagos** the Galápagos Islands; **les illes Malvines** the Falkland Islands; **les illes Seychelles** the Seychelle Islands. -2. [grup de cases] block (of houses).

il·legal [illə'ɣal] *adj* illegal.

il·legible [illə'ʒibblə] *adj* illegible.

il·legítim -a [illə'ʒitim -ə] *adj* illegitimate.

illenc -a [i'ʎeŋ -eŋkə] ◇ *adj* island (adj) *(abans de nom)*. ◇ *nm, f* islander.

il·lès -esa [i'ʎɛs -ɛzə] *adj* unhurt, unharmed; **el conductor va sortir / va resultar ~** the driver escaped / was uninjured.

il·lícit -a [i'ʎisit -ə] *adj* illicit.

il·limitat -ada [illimi'tat -aðə] *adj* unlimited, limitless.

illot [i'ʎɔt] *nm* islet, small island, rocky island.

il·luminació [illuminəsi'o] *nf* -1. [gen] lighting, illumination; **aquest carrer té poca ~** this street is poorly lighted; [a les festes] lights *pl*. -2. RELIG enlightenment.

il·luminar [illumi'na] *vt* -1. [gen] to illuminate, to light up; [fer llum, aclarir] to lighten, to throw light on. -2. [llibres] to illuminate, to enlighten. -3. to shed light on, to enlighten. ◆ **il·luminar-se** *vp* [carrer] to light up; [monument] to be lit up / illuminated; [cara, mirada, etc.] to light up.

il·lús -usa [i'ʎus -uzə] ◇ *adj* gullible. ◇ *nm, f* gullible person, dupe.

il·lusió [illuzi'o] *nf* -1. [gen] illusion, dream, hope; **fer-se / forjar-se il·lusions** to build up (false) hopes; **~ òptica** optical illusion. -2. [confiança] hope. -3. [emoció] enthusiasm; **quina ~ veure't!** how great to see you!; **em fa (molta) ~ que vinguis** I'm (so) happy / excited that you're coming.

il·lusionar [illuziu'na] *vt* -1. [esperançar] to build up hopes; **~ algú** to build up sb's hopes. -2. [emocionar] to excite, to thrill; **m'il·lusiona veure't** I'm really thrilled to see you! ◆ **il·lusionar-se** *vp* -1. [esperançar-se] to get one's hopes up; **~-se (amb)** to get one's hope up (about). -2. [emocionar-se]: **~-se (amb)** to get excited (about).

il·lusionista [illuziu'nistə] ◇ *adj* conjuring *(abans de nom)*; **un mag ~** a magician. ◇ *nmf* conjurer.

il·lusori -òria [illu'zɔri -ɔriə] *adj* illusory.

il·lustració [illustrəsi'o] *nf* -1. [estampa] illustration. -2. [cultura] learning.

il·lustrador -a [illustrə'ðo -orə] ◇ *adj* illustrative, enlightening. ◇ *nm, f* illustrator.

il·lustrar [illus'tra] *vt* -1. [gen] to illustrate, to explain. -2. [educar] to enlighten.

il·lustrat -ada [illus'trat -aðə] *adj* -1. [publicació] illustrated. -2. [persona] learned. -3. HIST enlightened.

il·lustre [i'ʎustrə] *adj* -1. [gen] illustrious, distinguished. -2. [títol]: **l'~ senyor alcalde** His Worship, the Lord Mayor *Br*, the Honorable Mayor *Am*. -3. *fig* eminent.

imaginació [iməʒinəsi'o] *nf* -1. [facultat] imagination; **passar per la ~ d'algú** to occur to sb, to cross sb's mind. -2. *gen pl* [idea falsa] imagining, delusion; **són imaginacions teves** it's all in your mind, you're just imagining things.

imaginar [iməʒi'na] *vt* to imagine. ◆ **imaginar-se** *vp* to imagine; **imagina't!** just imagine! / think!; **m'imagino que sí** I suppose so

imaginari -ària [iməʒi'nari -ariə] *adj* imaginary.

imaginatiu -iva [iməʒinə'tiw -ißə] *adj* imaginative.

imant [i'man] *nm* [per a atreure metalls] magnet.

imatge [i'madʒə] *nf* image; **a ~ i semblança d'alguna cosa / d'algú** identical to, exactly the same as; **ésser la viva ~ d'algú** to be the spitting image of sb.

imbècil [im'bɛsil] ◇ *adj & nmf* stupid. ◇ *nm* imbecile, idiot.

imbecil·litat [imbəsilli'tat] *nf* imbecility.

imberbe [im'berbə] *adj* beardless.

imbuir [imbu'i] *vt* to imbue with; **~ a algú idees falses** to imbue sb with false ideas.

imitació [imitəsi'o] *nf* imitation; [d'obra literària] plagiarism; **joia d'~** imitation jewellery; **pell d'~** imitation leather.

imitador -a [imitə'ðo -orə] *nm, f* imitator, impersonator; **és una ~a de...** she's a... impersonator / she imitates...

imitar [imi'ta] *vt* to imitate, to copy.

immadur -a [imma'ðu -urə] *adj* -1. [fruita] unripe. -2. [persona] immature.

immaduresa [imməðu'rɛzə] *nf* immaturity.

immediacions [imməðiəsi'ons] *nf pl* surrounding area, vicinity.
immediat -a [imməði'at -ə] *adj* **-1.** [contigu] next, adjoining; [pròxim] neighbouring, near. **-2.** [instantani] at once; **de manera ~a** immediately.
immediatament [imməðiˌatə'men] *adv* immediately, at once.
immens -a [im'mɛns -ə] *adj* immense, huge.
immensitat [immənsi'tat] *nf* immensity.
immers -a [im'mɛrs -ə] *adj* [en liquid] submerged; [en la lectura] immersed.
immersió [immərsi'o] *nf* immersion.
immigració [immiɣrəsi'o] *nf* immigration.
immigrant [immi'ɣran] *nmf* [establert] emigré; [acabat d'arribar] immigrant.
immigrar [immi'ɣra] *vi* to immigrate.
immillorable [immiʎu'rabblə] *adj* unbeatable, unsurpassable.
imminent [immi'nen] *adj* imminent.
immiscir-se [immi'sirsə] *vp* to interfere; **~ (en)** to meddle in.
immòbil [im'mɔβil] *adj* immobile.
immobiliari -ària [immuβili'aɾi -aɾiə] *adj* property (*abans de nom*) *Br*, real estate (*abans de nom*) *Am*. **immobiliària** *nf* estate agency *Br*, real estate agent *Am*.
immobilitzar [immuβili'dza] *vt* to immobilize.
immoble [im'mɔbblə] ⋄ *nm* building. ⋄ *adj* ⪢ **bé**.
immoral [immu'ral] *adj* immoral.
immortal [immur'tal] *adj* immortal.
immortalitat [immurtəli'tat] *nf* immortality.
immortalitzar [immurtəli'dza] *vt* to immortalize.
immund -a [im'mun -undə] *adj* filthy, dirty.
immundícia [immun'disiə] *nf* filthiness, rubbish. ⪢ **immundícies** *nf pl* refuse (U), filth (U).
immune [im'munə] *adj* **-1.** MED immune. **-2.** [exempt] exempt.
immunitat [immuni'tat] *nf* immunity; **~ diplomàtica / parlamentària** diplomatic / parliamentary immunity.
immunitzar [immuni'dza] *vt* to immunize.
immutar [immu'ta] *vt* to upset, to perturb. ⪢ **immutar-se** *vp* to get upset, to be perturbed; **no ~-se** to be unperturbed, not to flinch.

impaciència [impəsi'ɛnsiə] *nf* impatience.
impacient [impəsi'en] *adj* impatient; **~ (de fer alguna cosa)** impatient / anxious to do sthg.
impacientar [impəsien'ta] *vt* to make sb impatient, to exasperate. ⪢ **impacientar-se** *vp* to grow impatient.
impactar [impək'ta] *vt* **-1.** to have an impact on. **-2.** *fig* [afectar] to affect.
impacte [im'paktə] *nm* impact; [emocional] shock.
impagat -ada [impə'ɣat -aðə] *adj* unpaid. ⪢ **impagat** *nm* unpaid account.
imparable [impə'rabblə] *adj* unstoppable.
imparcial [impərsi'al] *adj* impartial.
imparcialitat [impərsiəli'tat] *nf* impartiality.
imparell -a [impə'rɛʎ -ə] *adj* **-1.** MAT odd. **-2.** [sense parió] unequalled.
impartir [impər'ti] *vt* to give.
impassible [impə'sibblə] *adj* impassive.
impàvid -a [im'paβit -iðə] *adj* **-1.** [impassible] impassive. **-2.** *culte* [valent] courageous.
impecable [impə'kabblə] *adj* impeccable.
impediment [impəði'men] *nm* impediment, obstacle.
impedir [impə'ði] *vt* **-1.** [impossibilitar] to impede, to prevent; **~ algú de fer alguna cosa** to prevent sb from doing sthg. **-2.** [dificultar] to hinder, to obstruct.
impedit -ida [impə'ðit -iðə] ⋄ *adj* disabled; **estar ~ per a** to be disabled in. ⋄ *nm, f* disabled person.
impenetrable [impənə'trabblə] *adj* lit & fig impenetrable.
impensable [impən'sabblə] *adj* unthinkable.
imperant [impə'ran] *adj* prevailing.
imperar [impə'ra] *vi* to prevail.
imperatiu -iva [impərə'tiw -iβə] *adj* imperative, imperious. ⪢ **imperatiu** *nm* [gen & GRAM] imperative.
imperceptible [impərsəp'tibblə] *adj* imperceptible.
imperdible [impər'dibblə] *nm* safety pin.
imperdonable [impərdu'nabblə] *adj* unforgivable.
imperfecció [impərfəksi'o] *nf* imperfection, flaw.
imperfecte -a [impər'fektə] *adj* imperfect, flawed, faulty, defective.
imperfet [impər'fet] *nm* GRAM imperfect.
imperi [im'pɛɾi] *nm* **-1.** [gen] empire; **una dona que val un ~** a woman (who is)

worth her weight in gold. **-2.** [mandat] emperorship.

imperial [impəɾiˈal] *adj* imperial.

imperialisme [impəɾiəˈlizmə] *nm* imperialism; **~ econòmic** economic imperialism.

impericia [impəˈɾisiə] *nf* lack of skill, inexperience.

imperiós -osa [impəɾiˈos -ozə] *adj* imperious, pressing.

impermeabilitzar [impərmeəβiliˈdza] *vt* to waterproof.

impermeable [impərmeˈabblə] ⬦ *nm* raincoat, mac *Br.* ⬦ *adj* waterproof.

impersonal [impərsuˈnal] *adj* impersonal.

impertinència [impərtiˈnɛnsiə] *nf* impertinence.

impertinent [impərtiˈnen] ⬦ *adj* impertinent. ⬦ *nmf* impertinent person.

impertorbable [impərturˈbabblə] *adj* imperturbable.

ímpetu [ˈimpətu] *nm* **-1.** [força] force. **-2.** [energia] force, impetus, energy.

impetuós -osa [impətuˈos -ozə] *adj* **-1.** [onades, vent, atac] violent. **-2.** [persona] impulsive, impetuous.

impiu -ia [imˈpiw -iə] *adj* impious, godless.

implacable [impləˈkabblə] *adj* implacable, relentless.

implantar [implənˈta] *vt* [gen & MED] to implant, to insert, to introduce. ➤ **implantar-se** *vp* to be introduced, to be implanted.

implicació [implikəsiˈo] *nf* implication, involvement.

implicar [impliˈka] *vt* to implicate. ➤ **implicar-se** *vp* to involve o.s., to incriminate o.s.; **~-se en** to become involved in.

implícit -a [imˈplisit -ə] *adj* implicit.

implorar [impluˈɾa] *vt* to implore.

imponent [impuˈnen] *adj* [edifici, muntanya, etc.] imposing, impressive; [obra, espectacle] sensational, terrific; **estàs ~ amb aquest abric!** you look sensational in that coat!

impopular [impupuˈlar] *adj* unpopular.

import [imˈpɔrt] *nm* [de factura, etc.] amount; [de mercaderia] cost; **~ total** total cost.

importació [impurtəsiˈo] *nf* importation, import; **d'~** imported; **importacions invisibles** invisible imports.

importador -a [impurtəˈðo -oɾə] ⬦ *adj* importing. ⬦ *nm, f* importer.

importància [impurˈtansiə] *nf* importance; **donar ~ a alguna cosa** to give importance to sthg; **d'~** important, of import(ance); **treure ~ a alguna cosa** to play sthg down; **sense ~** unimportant; *fig* **donar-se ~** to give o.s. airs, to show off.

important [impurˈtan] *adj* important, serious.

importar [impurˈta] ⬦ *vi* **-1.** [preocupar] to concern; **ens importa saber...** we are interested in knowing...; **i a tu què t'importa?** what's it got to do with you?; **això no t'importa** that's none of your business; **m'importes molt** you mean a lot to me; **no m'importa** it's all the same to me. **-2.** [en interrogació] to mind, to be of importance; **t'importa que vingui amb tu?** do you mind if I come with you? **-3.** to matter; **no importa** it doesn't matter; **què importa si plou!** who cares if it's raining! ⬦ *vt* **-1.** [gen & INFORM] to import. **-2.** [subj: factura] to amount to; [subj: article, mercaderia] to come to.

importunar [impurtuˈna] *vt* to bother, to pester.

imposable [impuˈzabblə] *adj* ➤ **base**.

imposar [impuˈza] ⬦ *vi* to impose, to tax. ⬦ *vt* to lay, to put, to impose; **~ les mans** to lay on hands; **~ respecte / silenci** to command respect / to impose silence. ➤ **imposar-se** *vp* to command respect, to show authority.

imposició [impuzisiˈo] *nf* **-1.** [acció d'imposar] imposition; **la ~ de sancions** the imposition of sanctions. **-2.** [obligació] constraint. **-3.** [tribut] tax. **-4.** [banca] deposit.

impossibilitar [impusiβiliˈta] *vt* to make impossible; **~ algú per a fer alguna cosa** to make it impossible for sb to do sthg.

impossibilitat -ada [impusiβiliˈtat -aðə] *adj* prevented, disabled; **estar ~ per a fer alguna cosa** to be prevented from doing sthg. ➤ **impossibilitat** *nf* impossibility, inability; **~ física** physical disability.

impossible [impuˈsibblə] ⬦ *adj* impossible. ⬦ *nm* impossible; *fig* **demanar ~s / l'~** to ask impossible things / the impossible; *fig* **fer l'~** to accomplish / do the impossible.

impost [imˈpɔst] *nm* tax; **~ al consum** sales tax; **~ de luxe** purchase / luxury tax; **~ directe / indirecte** direct / indirect tax; *fig* **~ revolucionari** money illegally sought by terrorist groups from business organizations; **impostos municipals** city / municipal taxes; **~ sobre el capital** capital tax, wealth tax; **~ sobre el valor afegit** value added tax; **~ sobre la renda** income tax.

impostor -a [impusˈto -oɾə] <> *adj* [suplantador] fraudulent; **una persona ~a** an impostor. <> *nm, f* **-1.** [suplantador] impostor. **-2.** [calumniador] slanderer.

impotència [impuˈtɛnsiə] *nf* impotence.

impotent [impuˈten] <> *adj* impotent. <> *nm* impotent man.

impracticable [impɾəktiˈkabblə] *adj* **-1.** [irrealitzable] impracticable, unfeasible; **el busseig és ~ sense aletes** diving is impracticable without flippers. **-2.** [intransitable] impassable.

imprecís -isa [impɾəˈsis -izə] *adj* imprecise.

imprecisió [impɾəsiziˈo] *nf* imprecision.

impregnar [impɾəŋˈna] *vt* to impregnate. ◆ **impregnar-se** *vp*: **~-se (de)** to become impregnated (with).

impremeditació [impɾəməðitəsiˈo] *nf* lack of premeditation; **amb ~** without premeditation.

impremeditat -ada [impɾəməðiˈtat -aðə] *adj*: **ésser ~** to be unpremeditated.

impremta [imˈpɾemtə] *nf* printing, printing house, press.

imprès -esa [imˈpɾɛs -ɛzə] <> *pp irreg* ◆ **imprimir**. <> *adj* printed. ◆ **imprès** *nm* [formulari] form, printed sheet, printed matter (U).

imprescindible [impɾəsinˈdibblə] *adj* indispensable, essential.

impresentable [impɾəzənˈtabblə] *adj* unpresentable; **estàs ~** you are unpresentable.

impressió [impɾəsiˈo] *nf* **-1.** [gen] impression; **canviar impressions** to exchange opinions; **causar (una) bona / mala ~** to cause a good / bad impression; **fer la ~ de** to give the impression of / that; **tenir la ~ que** to have the impression that. **-2.** [empremta] printing, impression, edition; [en el fang] imprint, mark; **~ digital** fingerprint.

impressionable [impɾəsiuˈnabblə] *adj* impressionable.

impressionant [impɾəsiuˈnan] *adj* impressive.

impressionar [impɾəsiuˈna] <> *vi* to impress, to move; **aquesta pel·lícula impressiona molt** this film has great impact. <> *vt* [gen & FOTOG] to expose. ◆ **impressionar-se** *vp* to be impressed / moved.

impressionisme [impɾəsiuˈnizmə] *nm* impressionism.

impressor -a [impɾəˈso -oɾə] <> *adj* printing *(abans de nom)*. <> *nm, f* printer. ◆ **impressora** *nf* INFORM printer; **~a de raig de tinta** ink-jet printer; **~a d'agulles** dot-matrix printer; **~a de margarida** daisy-wheel printer; **~a matricial** dot-matrix printer; **~a làser** laser printer; **~a tèrmica** thermal printer.

imprevisible [impɾəβiˈzibblə] *adj* unforeseeable, unpredictable.

imprevist -a [impɾəˈβist -ə] *adj* unforeseen, unexpected. ◆ **imprevist** *nm* unforeseen circumstances; **salvant / salvat imprevistos** unless something unexpected should come up. ◆ **imprevistos** *nm pl* [despeses] unforeseen expenses.

imprimir [impɾiˈmi] *vt & vi* to print.

improbable [impɾuˈβabblə] *adj* improbable, unlikely.

ímprobe -a [ˈimpɾuβə] *adj* [treball, esforç] arduous, strenuous.

improcedent [impɾusəˈðen] *adj* **-1.** [fora de lloc] inappropriate; [comentari] improper; [petició, reclamació] inadmissible. **-2.** DR inadmissible, irrelevant.

improperi [impɾuˈpɛɾi] *nm* insult; **omplir algú d'~s** to heap / shower abuse on sb.

impropi -òpia [imˈpɾɔpi -ɔpiə] *adj* [inadequat] improper, unbecoming; [vocabulari] incorrect; **~ del seu rang** unworthy of your standing; **coses impròpies de la seva edat** things unbecoming for your age.

improvís [impɾuˈβis] ◆ **d'improvís** *loc adv* unexpectedly, on the spur of the moment.

improvisació [impɾuβizəsiˈo] *nf* improvisation.

improvisar [impɾuβiˈza] *vt* to improvise.

imprudència [impɾuˈðɛnsiə] *nf* carelessness (U); DR **~ temerària** criminal negligence (U).

imprudent [impɾuˈðen] *adj & nmf* rash, careless.

impúdic -a [imˈpuðik -ə] *adj* immodest, indecent.

impugnar [impuɲˈna] *vt* to contest, to challenge.

impuls [imˈpuls] *nm* **-1.** [gen] stimulus, boost; **obeir els seus impulsos** to be guided by one's impulses. **-2.** [força, arravatament] impulse; **tenir un ~ de generositat** to have a generous impulse; **agafar ~** to gain momentum.

impulsar [impul'sa] *vt* **-1.** [gen] to propel, to drive. **-2.** [promocionar] to stimulate.

impulsiu -iva [impul'siw -iβə] ◇ *adj* impulsive. ◇ *nm, f* impulsive person, hothead.

impulsor -a [impul'so -orə] ◇ *adj* driving (abans de nom). ◇ *nm, f* driving force.

impune [im'punə] *adj* unpunished; **quedar / restar ~** to remain / go unpunished.

impunitat [impuni'tat] *nf* impunity; **amb la més absoluta ~** with complete impunity.

impur -a [im'pur -urə] *adj* impure.

impuresa [impu'ɾɛzə] *nf* impurity.

imputació [imputəsi'o] *nf* accusation, charge.

imputar [impu'ta] *vt* to impute, to attribute; **~ alguna cosa a algú** [responsabilitat, error] to attribute sthg to sb.

inabastable [inəβəs'tabblə] *adj* **-1.** unattainable. **-2.** inaccessible.

inacabable [inəkə'βabblə] *adj* interminable, endless.

inacceptable [inəksəp'tabblə] *adj* unacceptable.

inaccessible [inəksə'sibblə] *adj* inaccessible.

inactiu -iva [inək'tiw -iβə] *adj* inactive.

inactivitat [inəktiβi'tat] *nf* inactivity.

inadaptació [inəðəptəsi'o] *nf* maladjustment.

inadaptat -ada [inəðəp'tat -aðə] ◇ *adj* maladjusted. ◇ *nm, f* misfit.

inadequat -ada [inəðə'kwat -aðə] *adj* unsuitable, inappropriate.

inadmissible [inədmi'sibblə] *adj* inadmissible.

inadvertit -ida [inəðβər'tit -iðə] *adj* unnoticed; **passar ~** to go unnoticed.

inaguantable [inəɣwən'tabblə] *adj* intolerable, unbearable.

inalàmbric -a [inə'lambrik -ə] *adj* cordless.

inalterable [inəltə'rabblə] *adj* unalterable, stable, undying; [caràcter] impassive.

inamovible [inəmu'βibblə] *adj* immovable, fixed.

inanimat -ada [inəni'mat -aðə] *adj* inanimate.

inapel·lable [inəpə'llabblə] *adj* DR not open to appeal.

inapetència [inəpə'tɛnsiə] *nf* lack of appetite.

inapreciable [inəpɾəsi'abblə] *adj* **-1.** [incalculable] invaluable, inestimable. **-2.** [nimi] insignificant; [diferència] imperceptible.

inapropiat -ada [inəpɾupi'at -aðə] *adj* inappropriate; [comportament, actitud] unsuitable, improper.

inassequible [inəsə'kibblə] *adj* **-1.** [pel preu] prohibitive. **-2.** [inabastable] unattainable.

inaudit -a [inəw'ðit -ə] *adj* unheard of.

inauguració [inəwɣuɾəsi'o] *nf* inauguration, opening; [de congrés, etc.] opening ceremony.

inaugurar [inəwɣu'ɾa] *vt* to inaugurate, to open.

incalculable [iŋkəlku'labblə] *adj* incalculable.

incandescent [iŋkəndə'sen] *adj* incandescent.

incansable [iŋkən'sabblə] *adj* untiring, tireless.

incapaç [iŋkə'pas] *adj* **-1.** [gen & DR]: **~ (de)** incapable (of); **és ~ de matar una mosca** he wouldn't harm a fly; DR **declarar ~ algú** to declare sb incompetent. **-2.** [sense talent]: **ésser ~ per a** to be incompetent / no good at.

incapacitar [iŋkəpəsi'ta] *vt* to disqualify; **~ per a** to disqualify from; [per a treballar, etc.] to render unfit for.

incapacitat -ada [iŋkəpəsi'tat -aðə] ◇ *adj* disqualified, incapacitated, unfit. ◇ *nm, f* disqualified person, person declared unfit. ➢ **incapacitat** *nf* inability; **~ laboral** industrial disablement.

incaut -a [iŋ'kawt -ə] *adj & nm, f* innocent.

INCAVI [iŋka'βi] *nm* (abrev de **Institut Català de la Vinya i el Vi**) official organization controlling the production and quality of Catalan wines.

incendi [in'sendi] *nm* fire.

incendiar [insəndi'a] *vt* to set fire to. ➢ **incendiar-se** *vp* to catch fire.

incendiari -ària [insəndi'aɾi -aɾiə] ◇ *adj* incendiary. ◇ *nm, f* arsonist, fire-raiser.

incentiu [insən'tiw] *nm* incentive; **un treball sense ~s** a job without incentives.

incentivar [insənti'βa] *vt* to motivate.

incert -a [in'sɛrt -ə] *adj* [dubtós] uncertain.

incertesa [insər'tɛzə] *nf* uncertainty.

incest [in'sest] *nm* incest.

incidència [insi'ðɛnsiə] *nf* **-1.** [repercussió] impact, effect. **-2.** [esdeveniment] event, incident.

incident [insi'ðen] *nm* incident.

incidir [insiˈði] *vi* to strike, to fall on; [influir] ~ **en** to have an influence on, to affect.

incineració [insinərəsiˈo] *nf* incineration, cremation.

incinerar [insinəˈra] *vt* to incinerate, to cremate.

incipient [insipiˈen] *adj* incipient, early; **una paràlisi ~** an early paralysis.

incís [inˈsis] *nm* **-1.** [en un discurs] passing remark. **-2.** GRAM incidental clause.

incisió [insiziˈo] *nf* incision.

incitar [insiˈta] *vt* to incite; ~ **algú a alguna cosa / a fer alguna cosa** to incite sb to sthg / to do sthg.

incivilitzat -ada [insiβiliˈdzat -aðə] *adj* uncivilized.

inclemència [iŋkləˈmensiə] *nf* **-1.** [del clima] harshness. **-2.** [de persona] inclemency.

inclinació [iŋklinəsiˈo] *nf* **-1.** [desviació] slant, incline, slope; [de terreny] slope. **-2.** [afició, salutació] penchant, propensity; **sentir ~ per alguna cosa / algú** to feel a fondness towards sthg / sb.

inclinar [iŋkliˈna] *vt* [gen] to bend, to tilt; ~ **el cap** [en una salutació] to bow; [per a llegir] to lean over; [per vergonya] to lower one's head. ◆ **inclinar-se** *vp* **-1.** [doblegar-se] to lean. **-2.** [en una salutació] **~-se (davant)** to bow (before). **-3.** *fig.* **~-se per** [preferir] to favour. **-4.** *fig.* **~-se a** [tendir a] to be feel inclined to.

ínclit -a [ˈiŋklit -ə] *adj* illustrious.

incloure [iŋˈklɔwrə] *vt* **-1.** [posar dins] to enclose. **-2.** [contenir] to include.

inclusivament [iŋkluziβaˈmen] *adv* inclusively; **fins a la pàgina 9 ~** to page 9 inclusive.

incògnit -a [iŋˈkɔɲnit -ə] *adj* unknown. ◆ **d'incògnit** *loc adv* incognito. ◆ **incògnita** *nf* **-1.** MAT unknown quantity. **-2.** [enigma] mystery.

incoherència [iŋkuəˈrensiə] *nf* incoherence, nonsensical remark.

incoherent [iŋkuəˈren] *adj* incoherent.

incolor -a [iŋkuˈlo -orə] *adj* colourless *Br*, colorless *Am*.

incomodar [iŋkumuˈða] *vt* [molestar] to bother, to inconvenience; [subj: visita, trucada, etc.] to disturb; [subj: situació] to make uncomfortable. ◆ **incomodar-se** *vp* to bother, to put o.s. out; [enutjar-se] **~-se (per)** to get annoyed about.

incòmode -a [iŋˈkɔmuðə] *adj* **-1.** uncomfortable, awkward; [sense comoditat] **ésser ~** [no confortable] to be ill at ease; [inadequat] clumsy. **-2.** [molest] ill at ease; **sentir-se ~** to feel awkward.

incomoditat [iŋkumuðiˈtat] *nf* discomfort, awkwardness; **ésser una ~** [no ésser confortable] to be a nuisance; [no ésser adequat] to be impractical.

incomparable [iŋkumpəˈrabblə] *adj* incomparable.

incompatible [iŋkumpəˈtibblə] *adj* incompatible.

incompetència [iŋkumpəˈtensiə] *nf* incompetence.

incompetent [iŋkumpəˈten] *adj* incompetent.

incompliment [iŋkumpliˈmen] *nm* [de llei, contracte] nonfulfillment, breach; [d'ordre] non-execution, failure to perform; ~ **de la seva paraula / seu deure** failure to keep one's promise / to carry out one's duties.

incomplir [iŋkumˈpli] *vt* [llei, contracte] not to fulfill, to break; [ordre] not to carry out, to fail to carry out; [deure, paraula] to neglect, to break; [promesa] to break, to fail to comply with.

incomprensible [iŋkumprənˈsibblə] *adj* incomprehensible.

incomprès -esa [iŋkumˈprɛs -ɛzə] ◇ *adj* misunderstood; [mal comprès] **el seu discurs va ser ~** his speech was misconceived. ◇ *nm, f* misunderstood person.

incomptable [iŋkumˈtabblə] *adj* [quantitat] countless, innumerable; **un nombre ~ de** a countless number of.

incomunicat -ada [iŋkumuniˈkat -aðə] *adj* isolated, cut off.

inconcebible [iŋkunsəˈβibblə] *adj* inconceivable.

inconclús -usa [iŋkuŋˈklus -uzə] *adj* inconclusive.

incondicional [iŋkundisiuˈnal] ◇ *adj* unconditional. ◇ *nmf* staunch supporter.

inconformisme [iŋkumfurˈmizmə] *nm* nonconformism.

inconfusible [iŋkumfuˈzibblə] *adj* unmistakable, irrefutable.

incongruent [iŋkuŋgruˈen] *adj* incongruous; [relat] contradictory, conflicting.

inconnex -a [iŋkuˈnnɛks -ə] *adj* disjointed, disconnected.

inconsciència [iŋkunsisˈtensiə] *nf lit & fig* unconsciousness.

inconscient [iŋkunsiˈen] ◇ *adj & nmf* unconscious. ◇ *nm* thoughtless person; PSIC **l'~** the unconscious.

inconseqüència [iŋkunsəˈkwɛnsiə] *nf* inconsistency, inconsequence.

inconseqüent [iŋkunsəˈkwen] ◇ *adj* inconsistent, inconsequent. ◇ *nmf*: **ser un ~** to be an inconsistent person.

inconsistent [iŋkunsisˈten] *adj* inconsistent.

inconstància [iŋkunsˈtansiə] *nf* unreliability.

inconstant [iŋkunsˈtan] *adj* unreliable, changeable.

inconstitucional [iŋkunstitusiuˈnal] *adj* unconstitutional.

incontinència [iŋkuntiˈnɛnsiə] *nf* incontinence.

incontrolable [iŋkuntɾuˈlabblə] *adj* uncontrollable.

inconveniència [iŋkumbəniˈɛnsiə] *nf* **-1.** inconvenience, inappropriateness; [falta de conveniència] **ser una ~** to be an inconvenience. **-2.** [despropòsit] faux pas, tactless remark.

inconvenient [iŋkumbəniˈen] ◇ *adj* [dita, conducta] inappropriate, rude; [roba, estil] unsuitable. ◇ *nm* **-1.** [desavantatge] disadvantage, drawback; **no tinc ~ ... / en ...** I've no problem in... **-2.** [entrebanc, obstacle] obstacle; **posar ~s** to make trouble, to create obstacles.

incorporació [iŋkurpuɾəsiˈo] *nf* incorporation, induction.

incorporar [iŋkurpuˈɾa] *vt* **-1.** [gen] to incorporate, to mix; **~ els ous a la pasta** to blend the eggs into the dough; **~ un paràgraf a un capítol** to incorporate a paragraph into a chapter, to annex a paragraph to a chapter. **-2.** [alçar] to sit (sb) up. ◆ **incorporar-se** *vp* **-1.** [gen] to join, to become a member; **~-se a alguna cosa** [equip, grup] to join sthg; [feina] to start. **-2.** [alçar-se] to sit up.

incorrecció [iŋkurəksiˈo] *nf* incorrectness, mistake, rudeness, gaffe.

incorrecte -a [iŋkuˈrɛktə] *adj* incorrect, wrong, rude.

incorregible [iŋkurəˈʒibblə] *adj* incorrigible.

incórrer [iŋˈkorə] *vi* to commit, to incur; **~ en** [falta, delicte] to fall into.

incorrupte -a [iŋkuˈruptə] *adj* **-1.** [cadàver] not decomposed. **-2.** *fig* [persona] uncorrupted.

incrèdul -a [iŋˈkɾɛdul -ə] ◇ *adj* sceptical, incredulous. ◇ *nm, f* sceptic, unbeliever.

incredulitat [iŋkɾəduliˈtat] *nf* incredulity.

increïble [iŋkɾəˈibblə] *adj* incredible, unconvincing.

increment [iŋkɾəˈmen] *nm* increase, growth; [de temperatures] rise.

incrementar [iŋkɾəmənˈta] *vt* to increase. ◆ **incrementar-se** *vp* to increase.

incriminació [iŋkɾiminəsiˈo] *nf* accusation, incrimination.

incriminar [iŋkɾimiˈna] *vt* to accuse, to incriminate.

incrustar [iŋkɾusˈta] *vt* to inlay, to set, to encrust. ◆ **incrustar-se** *vp* [adherir-se] to become encrusted.

incubació [iŋkuβəsiˈo] *nf* incubation; **~ artificial** artificial incubation.

incubadora [iŋkuβəˈðoɾə] *nf* incubator.

inculcar [iŋkulˈka] *vt* to inculcate; **~ alguna cosa a algú** to instil sthg into sb.

inculpar [iŋkulˈpa] *vt* to accuse, to incriminate; **~ algú (de)** to charge sb (with).

inculte -a [iŋˈkultə] ◇ *adj* uneducated, uncultivated. ◇ *nm, f* ignoramus.

incultura [iŋkulˈtuɾə] *nf* lack of education.

incumbència [iŋkumˈbɛnsiə] *nf* line, province, field; **no és de la meva ~** it isn't my area; **això no és assumpte de la teva ~** it's none of your business.

incumbir [iŋkumˈbi] *vi* to be a matter for sb.

incurable [iŋkuˈrabblə] *adj* incurable.

incursió [iŋkursiˈo] *nf* incursion. ◆ **incursions** *nf pl* [temptatives] forays.

indagació [indəɣəsiˈo] *nf* investigation, inquiry.

indagar [indəˈɣa] *vt* [orígens, causes] to investigate, to inquire into.

indecència [indəˈsɛnsiə] *nf* indecency, outrage, crime.

indecent [indəˈsen] *adj* [impúdic] indecent.

indecís -isa [indəˈsis -izə] *adj* indecisive, undecided, unsure, hesitant.

indecisió [indəsiziˈo] *nf* indecision.

indefens -a [indəˈfɛns -ə] *adj* defenceless.

indefinit -ida [indəfiˈnit -iðə] *adj* **-1.** [il·limitat] indefinite; **un contracte ~** an open-ended contract. **-2.** [imprecís] vague. **-3.** GRAM ➣ **article**.

indeleble [indəˈlebblə] *adj culte* indelible.

indemne [inˈdɛmnə] *adj* unhurt, unharmed.

indemnització [indəmnidzəsiˈo] *nf* compensation; [compensació] compensation;

~ per danys i perjudicis damages; **~ per acomiadament** redundancy / severance pay.

indemnitzar [indəmniˈdza] *vt* to indemnify; **~ algú (per)** to compensate sb (for).

independència [indəpənˈdɛnsiə] *nf* independence.

independent [indəpənˈden] *adj* independent.

independentista [indəpəndənˈtistə] ◇ *adj* advocating independence. ◇ *nmf* supporter of independence.

independitzar [indəpəndiˈdza] *vt* to grant independence to; **~ un país** to grant independence to a country. ⇒ **independitzar-se** *vp* [persona] to become independent; [país] to become independent, to gain independence from; **~-se de** to free / liberate o.s. of / from.

indesitjable [indəziˈdʒabblə] *adj* undesirable.

indeterminació [indətərminəsiˈo] *nf* indecisiveness.

indeterminat -ada [indətərmiˈnat -aðə] *adj* **-1.** [gen]: **per un temps ~** for an indefinite time. **-2.** GRAM ⇒ **article**.

índex [ˈindəks] *nm* **-1.** [gen & MAT] index, level; [de natalitat, alcohol, increment] rate; **~ borsari** stock market index; **~ del cost de la vida** cost-of-living index; **~ econòmic** economic indicator; **~ de preus al consum** retail price index. **-2.** [alfabètic, d'autors, obres] alphabetical index; [de temes, capítols] table of contents; [d'una biblioteca] (card) catalogue.

indexar [indəkˈsa] *vt* INFORM to index.

indi índia [ˈindi ˈindiə] ◇ *adj* Indian. ◇ *nm, f* Indian. ⇒ **indi** *nm* [metall] indium.

Índia [ˈindiə] *nf*: **l'~** India.

indià -ana [indiˈa -anə] ◇ *adj* Indian, Spanish-American. ◇ *nm, f* **-1.** [indígena] Indian. **-2.** [emigrant] Catalan emigrant to Latin America who returned to Catalonia after making his / her fortune.

Índic [ˈindik] *nm*: **l'(oceà) ~** the Indian Ocean.

indicació [indikəsiˈo] *nf* **-1.** [gen] indication, suggestion, instruction. **-2.** [senyal, gest] sign, signal, gesture.

indicador -a [indikəˈðo -orə] *adj* indicating *(abans de nom)*. ⇒ **indicador** *nm* indicator, gauge, meter; **~ de velocitat** speedometer; **~ econòmic** economic indicator.

indicar [indiˈka] *vt* **-1.** [gen] to indicate, to read; **~ alguna cosa amb la mirada** to indicate something with one's look / glance. **-2.** [subj: metge] to prescribe.

indicatiu -iva [indikəˈtiw -iβə] *adj* indicative. ⇒ **indicatiu** *nm* GRAM indicative.

indici [inˈdisi] *nm* sign, clue, trace.

indiferència [indifəˈrɛnsiə] *nf* indifference.

indiferent [indifəˈren] *adj* **-1.** indifferent. **-2.** *fig* uninterested, neutral.

indígena [inˈdiʒənə] ◇ *adj* indigenous. ◇ *nmf* indigenous person, indigen(e).

indigència [indiˈʒɛnsiə] *nf culte* destitution, poverty.

indigent [indiˈʒen] ◇ *adj* destitute, poor. ◇ *nmf* poor person.

indigest -a [indiˈʒest -ə] *adj lit & fig* indigestible.

indigestar-se [indiʒəsˈtarsə] *vp* [de menjar] to get indigestion; **~ de** to get indigestion from.

indigestió [indiʒəstiˈo] *nf* indigestion.

indignació [indiŋnəsiˈo] *nf* indignation; **causar ~** to cause indignation.

indignar [indiŋˈna] *vt* to anger. ⇒ **indignar-se** *vp* to become indignant; **~-se (per alguna cosa / amb algú)** to get angry (about sthg / at sb).

indigne -a [inˈdiŋnə] *adj* contemptible, unworthy; **~ (de)** unworthy (of).

indirecte -a [indiˈrɛktə] *adj* **-1.** indirect. **-2.** GRAM ⇒ **complement**. ⇒ **indirecta** *nf* hint; **llançar una indirecta** [criticar] to drop a hint to sb; [insinuar] to allude.

indisciplina [indisiˈplinə] *nf* indiscipline, lack of discipline.

indiscreció [indiskrəsiˈo] *nf* indiscretion, indiscreet remark; **si no és ~** if you don't mind my asking.

indiscret -a [indisˈkret -ə] *adj* indiscreet.

indiscriminat -ada [indiskrimiˈnat -aðə] *adj* indiscriminate; **de manera indiscriminada** indiscriminately.

indiscutible [indiskuˈtibblə] *adj* indisputable, undisputed.

indispensable [indispənˈsabblə] *adj* indispensable, essential.

indisposar [indispuˈza] *vt* **-1.** [emmalaltir] to make ill, to upset. **-2.** [enemistar] to set at odds.

indisposat -ada [indispuˈzat -aðə] ◇ *pp* ⇒ **indisposar**. ◇ *adj* indisposed, unwell.

indisposició [indispuziˈo] *nf* **-1.** [trastorn] indisposition, illness. **-2.** [reticència]: **la seva ~ per treballar era manifesta** his / her unwillingness to work was obvious.

indistint -a [indis'tin -intə] *adj* **-1.** [gen] indistinct. **-2.** [indiferent] vague; **és ~** it's all the same; **un compte ~** a joint account.

individu -ídua [indi'βiðu -iðuə] *nm, f* **-1.** person. **-2.** *despec* individual.

individual [indiβiðu'al] ◇ *adj* **-1.** [personal] individual; [habitació] single; [llit] single bed. **-2.** [prova, competició] individual, singles (*abans de nom*). ◇ *nm pl* ESPORT singles; **~s masculins / femenins** men's / women's singles.

individualisme [indiβiðuə'lizmə] *nm* individualism.

individualitzar [indiβiðuəli'dza] *vi* to single people out; **no vull ~** I don't want to single people out.

indocumentat -ada [indukumən'tat -aðə] *adj* [sense documentació] without identity papers; **va sortir ~** he went out without his (identity) papers.

índole ['indulə] *nf* nature, type, kind; **ser d'~ pacífica** to be the peaceful sort / type.

indolència [indu'lɛnsiə] *nf* indolence, laziness.

indolor -a [indu'lo -orə] *adj* painless.

indòmit -a [in'dɔmit -ə] *adj* **-1.** [animal] untamed. **-2.** *fig* [persona, caràcter] rebellious.

Indonèsia [indu'nɛziə] Indonesia.

indret [in'dɾɛt] *nm* [lloc] place.

indubtable [indup'tabblə] *adj* **-1.** indubitable. **-2.** *fam* undoubted.

inductor -a [induk'to -orə] ◇ *adj* instigating. ◇ *nm, f* instigator. ▸ **inductor** *nm* inductor, starter, inducer.

induir [indu'i] *vt* **-1.** [gen & FÍS] to induce; **~ a error** to lead into error. **-2.** [incitar] to coax; **~ algú a alguna cosa / a fer alguna cosa** to lead sb into sthg / doing sthg.

indulgència [induʎ'ʒensiə] *nf* indulgence; **~ plenària** plenary indulgence.

indult [in'dul] *nm* [total] pardon; [parcial] remission of sentence.

indultar [indul'ta] *vt* to pardon.

indumentària [indumən'taɾiə] *nf* attire, clothing.

indústria [in'dustɾiə] *nf* industry; **~ de l'automòbil** the automobile / car industry; **~ pesant** heavy industry; **~ punta** sunrise industry, leading (hi-tech) industry.

industrial [industɾi'al] ◇ *adj* industrial. ◇ *nmf* industrialist.

industrialitzar [industɾiəli'dza] *vt* to industrialize. ▸ **industrialitzar-se** *vp* to become industrialized.

industriós -osa [industɾi'os -ozə] *adj* [hàbil] industrious.

inèdit -a [i'nɛðit -ə] *adj* unpublished, unheard of, unprecedented.

INEF [i'nef] *nm* (abrev de Instituto Nacional de Educación Física) Spanish university for training physical education teachers.

inefable [inə'fabblə] *adj* ineffable, inexpressible.

ineficaç [inəfi'kas] *adj* inefficient, ineffective.

ineficient [inəfisi'en] *adj* inefficient.

ineludible [inəlu'ðibblə] *adj* unavoidable.

INEM [i'nem] *nm* (abrev de Instituto Nacional de Empleo) Spanish department of employment.

inepte -a [i'nɛptə] *adj* inept.

ineptitud [inəpti'tut] *nf* ineptitude.

inequívoc -a [inə'kiβuk -ə] *adj* unequivocal, unmistakeable.

inèrcia [i'nɛrsiə] *nf* inertia; *fig* **fer alguna cosa per ~** to do sthg out of inertia.

inerme [i'nɛrmə] *adj* [sense armes, defensa] unarmed, defenceless.

inert -a [i'nɛrt -ə] *adj* inert, lifeless.

inesgotable [inəzgu'tabblə] *adj* inexhaustible.

inesperat -ada [inəspə'ɾat -aðə] *adj* unexpected.

inestable [inəs'tabblə] *adj* unstable.

inevitable [inəβi'tabblə] *adj* inevitable.

inexacte -a [inəg'zaktə] *adj* inexact, incorrect, wrong.

inexistència [inəgzis'tɛnsiə] *nf* non-existence.

inexperiència [inəkspəɾi'ɛnsiə] *nf* inexperience.

inexpert -a [inəks'pɛrt -ə] *adj* inexperienced, unskillful, inexpert.

inexpressiu -iva [inəksprə'siw -iβə] *adj* expressionless.

infal·lible [imfə'ʎibblə] *adj* infallible.

infame [im'famə] *adj* vile, base.

infàmia [im'famiə] *nf* infamy, disgrace, base deed.

infància [im'fansiə] *nf* childhood.

infant [im'fan] *nm* **-1.** [nen] child. **-2.** [fill del rei] infante *m*, prince *m*, infanta *f*, princess *f*. **-3.** [soldat] infantryman. **-4.** *fam* cherub.

infanta [im'fantə] *nf* [filla del rei] infanta, princess.

infantament [iɱfəntə'men] *nm* [part] childbirth.

infantar [iɱfən'ta] *vt* [parir] to give birth.

infanteria [iɱfəntə'riə] *nf* infantry; ~ de marina marines *pl*; ~ lleugera light infantry.

infantesa [iɱfən'tɛzə] *nf* childhood.

infanticidi [iɱfənti'siði] *nm* infanticide.

infantil [iɱfən'til] *adj* **-1.** [medicina, comportament] infantile, childish. **-2.** [llenguatge, joc] child *(abans de nom)*; [programa, llibre, calçat] children's.

infart [iɱ'fart] *nm* heart attack.

infatigable [iɱfəti'ɣabblə] *adj* indefatigable, tireless.

infecció [iɱfəksi'o] *nf* infection.

infecciós -osa [iɱfəksi'os -ozə] *adj* infectious.

infectar [iɱfək'ta] *vt* to infect. ◆ **infectar-se** *vp* to become infected.

infeliç [iɱfə'lis] ◇ *adj* **-1.** [desgraciat] unhappy. **-2.** *fig* [ingenu] gullible, ingenuous. ◇ *nmf* [ingenu] gullible person; **pobre ~!** poor wretch!

inferior [iɱfəri'or] ◇ *adj* lower, inferior. ◇ *nmf* inferior, subordinate.

inferioritat [iɱfəriuri'tat] *nf* inferiority; **estar en ~ de condicions** to be at a disadvantage.

inferir [iɱfə'ri] *vt* **-1.** [deduir] to deduce, to infer. **-2.** [ocasionar] to inflict; ~ **una ferida** to cause a wound.

infermer -a [iɱfər'me -erə] *nm, f* nurse.

infermeria [iɱfərmə'riə] *nf* infirmary, nursing.

infern [iɱ'fɛrn] *nm* hell.

infernal [iɱfər'nal] *adj* infernal; **el regne ~** the realm of darkness.

infestar [iɱfəs'ta] *vt* **-1.** [corrompre] to contaminate. **-2.** [subj: animals paràsits] to infest. **-3.** *fig* [subj: anuncis, cartells, etc.] to plaster across.

infidel [iɱfi'ðɛl] ◇ *adj* unfaithful. ◇ *nmf* infidel.

infidelitat [iɱfiðəli'tat] *nf* infidelity, unfaithfulness, disloyalty.

infiltrar [iɱfil'tra] *vt* **-1.** [gen & MED] to infiltrate, to filter. **-2.** *fig* [idees] to inculcate. ◆ **infiltrar-se** *vp*: ~~-se (en) to infiltrate (into), to filter (in / through).

infiltrat -ada [iɱfil'trat -aðə] ◇ *adj* infiltrated. ◇ *nm, f* infiltrator; **els ~s** infiltrators.

ínfim -a ['iɱfim -ə] *adj* lowest, worst, very poor (quality).

infinit -a [iɱfi'nit -ə] *adj* infinite; **un nombre ~ de cartes** an infinite number of cards. ◆ **infinit** ◇ *adv* [molt] infinitely; **t'estimo ~** I love you enormously. ◇ *nm* infinity.

infinitat [iɱfini'tat] *nf* infinity; **una ~ de** an infinity / infinite number of; **en ~ de vegades** an infinite number of times.

infinitiu [iɱfini'tiw] *nm* infinitive.

inflació [iɱfləsi'o] *nf* inflation.

inflamable [iɱflə'mabblə] *adj* inflammable, flammable.

inflamació [iɱfləməsi'o] *nf* inflammation.

inflamar [iɱflə'ma] *vt lit & fig* to inflame, to set alight. ◆ **inflamar-se** *vp* to become inflamed, to catch fire.

inflamatori -òria [iɱfləmə'tɔri -ɔriə] *adj* inflammatory.

inflar [iɱ'fla] *vt* **-1.** [amb aire] to inflate, to blow up, to pump up. **-2.** *fig* [exagerar] to blow up, to exaggerate. ◆ **inflar-se** *vp* **-1.** [augmentar de volum] to swell, to fill out. **-2.** *fig*: ~~-se d'orgull to swell with pride, to get conceited.

inflexible [iɱflək'sibblə] *adj* **-1.** [material] rigid, inflexible. **-2.** *fig* [caràcter, actitud, etc.] inflexible, unbending.

inflexió [iɱfləksi'o] *nf* inflection.

infligir [iɱfli'ʒi] *vt* to inflict, to impose.

inflor [iɱ'flo] *nf* distension, swelling.

influència [iɱflu'ɛnsiə] *nf* influence; **d'~** [persona] influential.

influent [iɱflu'en] *adj* influential.

influir [iɱflu'i] ◇ *vi* to influence; ~ **en** to influence in / on. ◇ *vt* to influence, to have an influence on.

influx [iɱ'fluks] *nm* influx.

infondre [iɱ'fondɾə] *vt* [por, temor, etc.] to instil; [valor, ànims] to infuse.

informació [iɱfurməsi'o] *nf* **-1.** [coneixement] information. **-2.** [notícia] news *(U)*; ~ **meteorològica** weather report / news. **-3.** [oficina] information office; [a l'aeroport] information desk; [en una botiga] information / reception. **-4.** [telefònica] directory enquiries *Br*, information *Am*.

informador -a [iɱfurmə'ðo -oɾə] ◇ *adj* informing, reporting. ◇ *nm, f* **-1.** informer. **-2.** PREMSA reporter.

informal [iɱfur'mal] *adj* **-1.** [irresponsable] unreliable. **-2.** [reunió, etc.] casual; [roba, etc.] casual.

informar [iɱfur'ma] *vt* to inform; ~ **algú d'alguna cosa** to report. ◆ **informar-**

se *vp* to find out (sthg); **~-se (de)** to find out (about).

informàtic -a [imfurˈmatik -ə] ◇ *adj* computing. ◇ *nm, f* computer expert.

informàtica *nf* [ciència] information technology (U), computing (U).

informatiu -iva [imfurməˈtiw -iβə] *adj* [publicitat] informative; [butlletí, revista] bulletin. ◆ **informatiu** *nm* RADIO & TELE news (U).

informe [imˈformə] ◇ *adj* shapeless. ◇ *nm* report. ◆ **informes** *nm pl* information (U); [d'un empleat] references *pl*.

infortuni [imfurˈtuni] *nm* misfortune, bad luck (U).

infracció [imfrəksiˈo] *nf* infringement, offence.

infraestructura [ˌimfrəstrukˈturə] *nf* infrastructure (U).

infrahumà -ana [ˌimfrəwˈma -anə] *adj* sub-human.

infranquejable [imfrəŋkəˈʒabblə] *adj* impassable, unsurmountable.

infraroig -oja [ˌimfrəˈrɔtʃ -ɔʒə] *adj* infrared. ◆ **infraroig** *nm* infra-red (U).

infravalorar [ˌimfrəβəluˈra] *vt* [cost, producte] to undervalue, to underestimate; [persona, mèrits] to underestimate sb.

infringir [imfrinˈʒi] *vt* to infringe, to break (law).

ínfules [ˈimfuləs] *nf pl* pretensions, presumption; *fam* **tenir ~** to put on airs and graces.

infundat -ada [imfunˈdat -aðə] *adj* unfounded.

infús -usa [imˈfus -uzə] *adj* inspired.

infusió [imfuziˈo] *nf* infusion.

ingenu -ènua [inˈʒɛnu -ɛnuə] ◇ *adj* ingenuous, naive. ◇ *nm, f* naive person, simpleton.

ingenuïtat [inʒənuiˈtat] *nf* ingenuousness (U), naivety (U).

ingerència [inʒəˈrɛnsiə] *nf* interference (U), meddling (U).

ingerir [inʒəˈri] *vt* to swallow, to ingest. ◆ **ingerir-se** *vp* [introduir-se indegudament] to meddle in sthg.

ingrat -a [inˈgrat -ə] *adj* ungrateful.

ingratitud [ingrətiˈtut] *nf* ingratitude (U), ungratefulness (U).

ingràvid -a [inˈgraβit -iðə] *adj* [sense gravetat] weightless; **en estat ~** to be weightless.

ingredient [ingrəðiˈen] *nm* ingredient.

ingrés [inˈgres] *nm* **-1.** [en un lloc] entry. **-2.** [de diners] in-payment, deposit; [de xec] in-payment. ◆ **ingressos** *nm pl* [personals] income (U); [comercials] revenue; **ingressos bruts / nets** gross earnings / net earnings.

ingressar [ingrəˈsa] ◇ *vi* to join; **~ (en)** to be admitted (hospital). ◇ *vt* [xec] to deposit; [diners en efectiu] to pay in.

inhabilitar [inəβiliˈta] *vt* [incapacitar] to disqualify; to bar (from medical and legal practice).

inhabitable [inəβiˈtabblə] *adj* uninhabitable.

inhabitat -ada [inəβiˈtat -aðə] *adj* uninhabited.

inhalació [inələsiˈo] *nf* inhalation.

inhalar [inəˈla] *vt* to inhale, to breathe in.

inherent [inəˈren] *adj* inherent.

inhibir [iniˈβi] *vt* **-1.** [gen & MED] to inhibit. **-2.** DR to bar. ◆ **inhibir-se** *vp* to keep out of sthg, to stay away from sthg; **~-se de** [responsabilitats, compromisos] to avoid sthg, to shirk sthg.

inhòspit -a [iˈnɔspit -ə] *adj* inhospitable.

inhumà -ana [inuˈma -anə] *adj* inhuman, ruthless, cruel.

inici [iˈnisi] *nm* start (U), beginning.

inicial [inisiˈal] ◇ *adj* initial. ◇ *nf* [lletra] initial.

inicialitzar [inisiəliˈdza] *vt* INFORM to initialise.

iniciar [inisiˈa] *vt* **-1.** [començar] to start, to initiate. **-2.** [instruir] **~ (algú en alguna cosa)** to initiate sb in sthg, to show sb the ropes.

iniciativa [inisiəˈtiβə] *nf* initiative; **prendre la ~** to take the initiative; **~ privada** private initiative.

inigualable [iniɣwəˈlabblə] *adj* unrivalled, peerless.

inintel·ligible [inintəlliˈʒibblə] *adj* unintelligible.

ininterromput -uda [inintərumˈput -uðə] *adj* uninterrupted, continuous.

injecció [inʒəksiˈo] *nf* **-1.** [acció] injection. **-2.** [medicament] injection; **posar una ~** to give an injection.

injectar [inʒəkˈta] *vt* to inject. ◆ **injectar-se** *vp* [amb drogues] to take drugs intravenously, to inject o.s. with sthg; [amb medicaments] to have an injection.

injúria [inˈʒuriə] *nf* insult, abuse, offence, slander, defamation, libel (legal).

injuriar [iɲʒuɾi'a] *vt* to insult, to abuse, to slander, to defame, to libel.

injuriós -osa [iɲʒuɾi'os -ozə] *adj* insulting, abusive, slanderous, defamatory, libellous (legal).

injust [iɲ'ʒust -ə] *adj* unfair, unjust.

injustícia [iɲʒus'tisiə] *nf* injustice, wrong.

injustificat -ada [iɲʒustifi'kat -aðə] *adj* unjustified, wrongful.

innat -a [in'nat -ə] *adj* innate.

innecessari -ària [innəsə'saɾi -aɾiə] *adj* unnecessary.

innocència [innu'sɛnsiə] *nf* innocence (U).

innocent [innu'sen] ◇ *adj* innocent, naive. ◇ *nmf* gullible person, innocent.

innombrable [innum'brabblə] *adj* countless, innumerable, endless.

innovació [innuβəsi'o] *nf* innovation.

innovador -a [innuβə'ðo -oɾə] ◇ *adj* innovative, innovatory. ◇ *nm, f* innovator.

innovar [innu'βa] *vt* to innovate.

inoblidable [inuβli'ðabblə] *adj* unforgettable.

inodor -a [inu'ðoɾ -oɾə] *adj* odourless. ➡ **inodor** *nm* toilet *Br*, washroom *Am*.

inofensiu -iva [inufən'siw -iβə] *adj* inoffensive, harmless.

inoperant [inupə'ɾan] *adj* [mesura] useless; [persona] useless, hopeless, bad at one's job.

inoportú -una [inupur'tu -unə] *adj* inopportune, untimely.

inoxidable [inuksi'ðabblə] *adj* rustproof, stainless (steel).

inquiet -a [iŋki'et -ə] *adj* **-1.** [preocupat] worried (about) sthg, anxious (about) sthg. **-2.** [agitat] restless. **-3.** [emprenedor] dynamic, enterprising.

inquietar [iŋkiə'ta] *vt* to worry, to trouble. ➡ **inquietar-se** *vp* to worry, to get anxious.

inquietud [iŋkiə'tut] *nf* worry, anxiety. ➡ **inquietuds** *nf pl*: tenir ~ to have an enquiring mind.

inquilí -ina [iŋki'li -inə] *nm, f* tenant.

inquirir [iŋki'ɾi] *vt culte* to enquire into, to investigate.

inquisició [iŋkizisi'o] *nf* [indagació] inquiry, investigation. ➡ **Inquisició** *nf* Inquisition; **la ~** the Spanish Inquisition.

inquisidor -a [iŋkizi'ðo -oɾə] *adj* inquisitive, inquiring. ➡ **inquisidor** *nm* inquisitor.

inri ['inɾi] *nm fam fig*: **per a més ~** to add insult to injury, to crown it all.

insaciable [insəsi'abblə] *adj* insatiable.

insalubre [insə'luβɾə] *adj* insalubrious, unhealthy.

INSALUD [insa'lut] *nm* (abrev de **Instituto Nacional de la Salud**) ≃ NHS *Br*, Medicaid *Am*.

insatisfacció [insətisfəksi'o] *nf* dissatisfaction (U).

insatisfet -a [insətis'fet -ə] *adj* [descontent] dissatisfied; **estic ~ dels resultats del meu fill** dissatisfied (with) / not satisfied (with) the results of my son.

inscripció [inskɾipsi'o] *nf* [escrit] inscription; [en cursos] registration, enrolment.

inscrit -a [ins'kɾit -ə] ◇ *pp* ➡ **inscriure**. ◇ *adj* [gravat] inscribed; [cursos, associacions] enrolled, registered; [competició] entered.

inscriure [ins'kɾiwɾə] *vt* to inscribe; [escola, curs, etc.] to enrol at (educational institution), to enrol on (course); [registre civil, llista, etc.] to register. ➡ **inscriure's** *vp* to register, to enrol; [llista, registre] **~'s en** to register with (organisation), to register on (list); [escola, curs] to enrol, to enrol; [club, associació] to join.

insecte [in'sektə] *nm* insect.

insecticida [insəkti'siðə] ◇ *adj* insecticidal. ◇ *nm* insecticide.

insegur -a [insə'ɣu -uɾə] *adj* **-1.** insecure, unsafe; [persona] **és ~** he is insecure. **-2.** [projecte, resultat, etc.] uncertain, badly thought out. **-3.** [lloc, artefacte] unsafe, risky.

inseguretat [insəɣuɾə'tat] *nf* insecurity (lack of confidence); [dubte] uncertainty; **~ ciutadana** lack of law and order.

inseminació [insəminəsi'o] *nf* insemination; **~ artificial** artificial insemination.

insensat -a [insən'sat -ə] ◇ *adj* foolish, senseless. ◇ *nm, f* irrational person, fool.

insensatesa [insənsə'tezə] *nf* foolishness (U), senselessness (U).

insensibilitat [insənsiβili'tat] *nf* insensitivity (U).

insensible [insən'sibblə] *adj* insensitive (to), numb (physical), imperceptible, extremely slight.

inseparable [insəpə'ɾabblə] *adj* inseparable.

inserir [insə'ɾi] *vt* [gen & INFORM] to insert (into).

inservible [insər'biβblə] *adj* useless, unserviceable.

insidiós -osa [insiðiˈos -ozə] *adj* insidious, sly.

insigne [inˈsiɲɲə] *adj* notable, distinguished, illustrious.

insígnia [inˈsiɲɲiə] *nf* –1. [distintiu] badge, decoration, insignia. –2. [bandera] ensign (ship), flag, banner.

insignificant [insiɲɲifiˈkan] *adj* insignificant, trifling.

insinuar [insinuˈa] *vt* to insinuate, to hint (at). ➡ **insinuar-se** *vp* –1. [declarar-se] to declare one's intentions, to declare one's love. –2. [deixar-se veure] to begin to appear, to become apparent.

insípid -a [inˈsipit -iðə] *adj lit & fig* insipid.

insistència [insisˈtɛnsiə] *nf* insistence.

insistir [insisˈti] *vi*: ~ **(en)** to insist (on).

insociable [insusiˈabblə] *adj* unsociable.

insolació [insulasiˈo] *nf* sunstroke (U).

insolència [insuˈlɛnsiə] *nf* insolence.

insolent [insuˈlen] ◇ *adj* [descortès] insolent. ◇ *nmf* insolent, insolent person, churl.

insolidari -ària [insuliˈðari -ariə] *adj* lacking in solidarity.

insòlit -a [inˈsɔlit -ə] *adj* very unusual.

insoluble [insuˈlubblə] *adj* insoluble (substance), unsolvable (problem).

insolvència [insulˈβɛnsiə] *nf* insolvency.

insolvent [insulˈβen] *adj* insolvent.

insomne [inˈsɔmnə] *adj* sleepless; *culte* **romandre ~** to remain awake.

insomni [inˈsɔmni] *nm* insomnia, sleeplessness.

insondable [insunˈdabblə] *adj* unfathomable.

insonoritzar [insunuriˈdza] *vt* to soundproof.

insostenible [insustəˈnibblə] *adj* untenable, indefensible.

inspecció [inspəkˈsio] *nf* inspection, examination; ~ **de qualitat** quality control inspection, quality check.

inspeccionar [inspəksiuˈna] *vt* to inspect, to examine.

inspector -a [inspəkˈto -orə] *nm, f* inspector; ~ **d'Hisenda** tax inspector.

inspiració [inspirasiˈo] *nf* inspiration (U), intake of breath (physical).

inspirar [inspiˈra] *vt* [respirar] to inspire, to breath in. ➡ **inspirar-se** *vp* to be inspired (by); **no escriu si no s'inspira** he doesn't write if he doesn't feel inspired; **~-se en** to be based on.

instal·lació [instəlləsiˈo] *nf* installation. ➡ **instal·lacions** *nf pl* [esportives, etc.] facilities.

instal·lador -a [instəlləˈðo -orə] *nm, f* installer.

instal·lar [instəˈlla] *vt* –1. install. –2. [empresa] to set up. ➡ **instal·lar-se** *vp* to settle in, to move in; **~-se (en)** to move into (new house).

instància [insˈtansiə] *nf* –1. [sol·licitud] application, request; **a instàncies de** at sb's request, at sb's bidding; *fig* **en última ~** as a last resort. –2. DR instance.

instant [insˈtan] *nm* moment; **a cada ~** all the time; **a l' ~** instantly, immediately; **en un ~** in a second.

instantani -ània [instənˈtani -aniə] *adj* instantaneous, instant (*abans de nom*). ➡ **instantània** *nf* FOTOG snapshot, snap.

instar [insˈta] *vt* to urge, to press; ~ **(algú) a** to urge sb to do sthg, to press sb to do sthg.

instaurar [instəwˈra] *vt* to establish, to found, to set up.

instigar [instiˈɣa] *vt* to instigate.

instint [insˈtin] *nm* instinct.

instintiu -iva [instinˈtiw -iβə] *adj* instinctive.

institució [institusiˈo] *nf* institution; ~ **benèfica** charitable organisation, charitable body, charity; EDUC ~ **pública** public institution; *fig* **ser una ~** to be a household name, to enjoy prestige. ➡ **institucions** *nf pl* institutions.

institucionalitzar [institusiunəliˈdza] *vt* to institutionalise.

instituir [instituˈi] *vt* to establish, to found, to appoint an heir.

institut [instiˈtut] *nm* –1. [corporació] institute. –2. EDUC: ~ **d'ensenyament secundari** secondary school *Br*, high school *Am*; ~ **politècnic** polytechnic. ➡ **institut de bellesa** *nm* beauty salon *Br*, beauty parlor *Am*.

institutriu [institutriw] *nf* governess.

instrucció [instruksiˈo] *nf* instruction; ~ **militar** military training. ➡ **instruccions** *nf pl* [d'ús] instructions.

instructiu -iva [instrukˈtiw -iβə] *adj* instructive, educational.

instructor -a [instrukˈto -orə] ◇ *adj* DR & MIL instructive, training (*abans de nom*). ◇ *nm, f* –1. instructor, teacher, trainer *Br*, coach *Am*. –2. MIL instructor.

instruir [instruˈi] *vt* to instruct, to train.

instruït -ïda [instɾu'it -iðə] *adj* trained.
instrument [instɾu'men] *nm* instrument; ~ de precisió precision tool.
instrumental [instɾumən'tal] ◇ *adj* instrumental. ◇ *nm* instruments.
instrumentar [instɾumən'ta] *vt* MÚS to orchestrate, to score.
instrumentista [instɾumən'tistə] *nmf* instrumentalist.
insubmís -isa [insu'mmis -izə] ◇ *adj* rebellious, defiant. ◇ *nm, f* [gen] rebel; MIL person who refuses to do military or community service.
insubordinació [insuβurðinəsi'o] *nf* insubordination (U).
insubordinar [insuβurði'na] *vt* to stir up, to incite to rebel. ❖ **insubordinar-se** *vp* to rebel.
insubordinat -ada [insuβurði'nat -aðə] *adj* insubordinate, rebellious; [nen, actitud] fractious, disobedient, unruly.
insubstancial [insupstənsi'al] *adj* **-1.** [insípid] insubstantial. **-2.** [construcció] flimsy. **-2.** *fig* [sense interès] of no interest.
insuficiència [insufisi'ensiə] *nf* lack (U), shortage, insufficiency (U); ~ cardíaca / renal renal / cardiac failure.
insuficient [insufisi'en] ◇ *adj* insufficient. ◇ *nm* [nota] fail.
insular [insu'lar] ◇ *adj* insular, island *(abans de nom)*. ◇ *nmf* islander.
insulina [insu'linə] *nf* insulin.
insult [in'sul] *nm* insult; **proferir ~s contra algú** to hurl insults.
insultar [insul'ta] *vt* to insult.
insuperable [insupə'ɾabblə] *adj* **-1.** [immillorable] unsurpassable. **-2.** [sense solució] unsurmountable, insoluble.
insuportable [insupur'tabblə] *adj* insufferable, intolerable.
insurrecció [insurəksi'o] *nf* insurrection, revolt, uprising.
intacte -a [in'taktə] *adj* untouched, intact.
integral [intə'ɣɾal] ◇ *adj* [total, sense refinar] whole; [pa, arròs] wholemeal bread, brown / whole grain rice. ◇ *nf* MAT integral.
integrant [intə'ɣɾan] *adj* constituent, member *(abans de nom)*; **els països ~s de l'OTAN** NATO members.
integrar [intə'ɣɾa] *vt* **-1.** [gen & MAT] to integrate. **-2.** [compondre] to make up; **els capítols que integren el llibre** the chapters which make up the book. ❖ **integrar-se** *vp* to integrate; **~-se (a)** to become integrated in, to become part of.
íntegre -a ['intəɣɾə] *adj* **-1.** [complet] whole, complete, unabridged. **-2.** *fig* [honrat] honest, honourable.
integritat [intəɣɾi'tat] *nf lit & fig* integrity, wholeness.
intel·lecte [intəl'lɛktə] *nm* intellect.
intel·lectual [intəlləktu'al] *adj & nmf* intellectual.
intel·ligència [intəlli'ʒensiə] *nf* **-1.** [enteniment] intelligence (U), insight (U); **~ artificial** artificial intelligence, AI. **-2.** MIL: **els serveis d'~** intelligence services.
intel·ligent [intəlli'ʒen] *adj* [gen & INFORM] intelligent, clever *Br*, smart *Am* (computing).
intel·ligible [intəlli'ʒibblə] *adj* intelligible.
intemperància [intəmpə'ɾansiə] *nf* [falta de moderació] lack of moderation (U).
intempèrie [intəm'pɛɾiə] *nf* in the open air; **a la ~** exposed to the elements; [fora] outside.
intempestiu -iva [intəmpəs'tiw -iβə] *adj* [arribada, intervenció] ill-timed; [proposició, visita] innoportune; [comentari] ill-considered; **a / en hores intempestives** at an ungodly, unearthly hour.
intemporal [intəmpu'ɾal] *adj* timeless.
intenció [intənsi'o] *nf* intention; **en bona / mala ~** with good / bad intentions; **tenir la ~ de** to intend to.
intencionat -ada [intənsiu'nat -aðə] *adj* intentional; **ben / mal ~** ill-meant / well-meant, ill-intentioned / well-intentioned.
intendència [intən'densiə] *nf* management, administration; **~ militar** service.
intens -a [in'tens -ə] *adj* intense.
intensificar [intənsifi'ka] *vt* to intensify. ❖ **intensificar-se** [intənsifi'k] *vp* to intensify.
intensitat [intənsi'tat] *nf* [gen & ELECT] intensity.
intensiu -iva [intən'siw -iβə] *adj* intensive; **la jornada intensiva** full working day without a lunch hour.
intent [in'ten] *nm* **-1.** [gen] attempt. **-2.** ESPORT try.
intentar [intən'ta] *vt* to try; **~ (de) fer alguna cosa** to try (to do sthg).
interactiu -iva [ˌintəɾək'tiw -iβə] *adj* INFORM interactive.

intercalar [intərkə'la] *vt* **-1.** [fitxes, fulls] to insert, to put in. **-2.** [capítols, episodis, etc.] to insert.

intercanvi [,intər'kambi] *nm* exchange.

intercedir [intərsə'ði] *vi* to intercede; ~ a favor d'algú to intercede on sb's behalf.

interceptar [intərsəp'ta] *vt* **-1.** [carta, conversa, etc.] to intercept. **-2.** [carretera] to block.

interès [intə'rɛs] *nm* [gen & FIN] interest; **tenir ~ en alguna cosa** to be interested in sthg; **té ~ que vinguem** he's interested in us coming along; **tenir ~ per alguna cosa** to be interested in sthg; **té ~ per comprar el quadre** she's interested in buying the painting; **interessos creats** special interests; **~ interbancari** interbank deposit rate; **~ preferencial** preferential interest rate.

interessant [intərə'san] *adj* interesting.

interessar [intərə'sa] *vi* to interest; **l'assumpte no interessa** the matter is of no interest. ◇ *vt* to interest; **~ algú en alguna cosa** to interest sb in sthg. ◆ **interessar-se** *vp* to be interested (in); **~-se (en / per)** to take an interest (in); **es va ~ per la teva salut** he asked after your health.

interessat -ada [intərə'sat -aðə] ◇ *adj* interested. ◇ *nm, f* interested party, interested person.

interestatal [,intərəstə'tal] *adj* interstate; **les relacions ~s** international relations, relations between states.

interferència [intərfə'rɛnsiə] *nf* interference (U).

interferir [intərfə'ri] *vi* **-1.** RADIO, TELECOM & TELE to interfere (with). **-2.** *fig* [interposar-se] to interfere (with). **-3.** ~ **en** to interfere in; [assumptes, problemes, etc.] to interfere, to meddle; [conversa] to interrupt.

intèrfon [in'tɛrfun] *nm* automatic porter.

interí -ina [intə'ri -inə] ◇ *adj* temporary, substitute *(abans de nom)*, deputy *(abans de nom)*; **el president ~** the acting president. ◇ *nm, f* substitute, deputy.

ínterim ['intərim] *adv* interim.

interior [intəri'or] ◇ *adj* inner, inside *(abans de nom)*, interior; **roba ~** underwear. ◇ *nm* **-1.** [gen] interior, inside. **-2.** [de persona]: **en el meu ~** in my innermost being, deep down.

interiorisme [intəriu'rizmə] *nm* interior design (U).

interioritzar [intəriuri'dza] *vt* to assimilate.

interjecció [intərʒəksi'o] *nf* interjection.

interlineat [intərline'at] *nm* space between the lines, spacing.

interlocutor -a [intərluku'to -orə] *nm, f* interlocutor, speaker.

intermedi -èdia [intər'mɛði -ɛðiə] *adj* intermediary. ◆ **intermedi** *nm* intermediary, middle-man; **hi ha tres ~s a la pel·lícula** the film has three intervals.

intermediari -ària [intərməði'ari -ariə] *adj & nm, f* intermediary.

interminable [intərmi'nabblə] *adj* endless, interminable.

intermitent [intərmi'ten] ◇ *adj* intermittent, flashing. ◇ *nm* indicator light.

intern -a [in'tɛrn -ə] ◇ *adj* **-1.** [gen & MED] intern *(abans de nom)*, resident *(abans de nom)*; POLÍT interned. **-2.** interior. **-3.** [en un col·legi] boarding. ◇ *adj & nm, f* internal. ◇ *nm, f* **-1.** [alumne] pupil; [en un col·legi] boarder. **-2.** [pres] inmate.

internacional [intərnəsiu'nal] *adj* international.

internar [intər'na] *vt* to confine, to intern; [en un col·legi] to send away to; [en un hospital] to hospitalise. ◆ **internar-se** *vp* to delve into; **~-se en** to delve into sthg.

internat [intər'nat] *nm* boarding school.

internauta [intər'nawtə] *nmf* Internet user.

interpel·lació [intərpəlləsi'o] *nf* interpellation, formal question.

interplanetari -ària [intərplənə'tari -ariə] *adj* interplanetary.

Interpol [intər'pɔl] *nf* (abrev de International Criminal Police Organization) Interpol.

interpolar [intərpu'la] *vt* to interpolate.

interposar [intərpu'za] *vt* **-1.** [gen] to interpose, to put in. **-2.** DR: **~ un recurs** to lodge an appeal. ◆ **interposar-se** *vp* [entre dos] to intervene; **~-se en** [assumptes, vida] to interfere, to meddle.

intèrpret [in'tɛrprət] ◇ *nm* INFORM interpreter. ◇ *nmf* performer, actor.

interpretació [intərprətəsi'o] *nf* interpretation.

interpretar [intərprə'ta] *vt* **-1.** to interpret. **-2.** [paper] to perform.

interrogació [intəruɣəsi'o] *nf* interrogation, question.

interrogant [intəru'ɣan] *nm* **-1.** [incògnita] question mark. **-2.** GRAM question.

interrogar [intəru'ɣa] *vt* to interrogate, to question.

interrogatori [intəruɣə'tɔri] *nm* interrogation, questioning (U).

interrompre [intə'rromprə] *vt* to interrupt. ◆ **interrompre's** *vp* to interrupt;

la programació es va ~ the programme was interrupted.

interrupció [intərupsiˈo] *nf* interruption; ~ **voluntària de l'embaràs** abortion.

interruptor [intərupˈto] *nm* switch; ~ **general** switch.

intersecció [intərsəksiˈo] *nf* junction *Br*, intersection *Am*.

interurbà -ana [intərurˈba -anə] *adj* inter-city.

interval [intərˈbal] *nm* distance, gap; [temps] **a ~s** interval.

intervenció [intərbənsiˈo] *nf* intervention, contribution; ~ **quirúrgica** operation.

intervencionista [intərbənsiuˈnistə] *adj & nmf* interventionist.

intervenir [intərbəˈni] ◇ *vi* to participate, to contribute; ~ **(en)** to take part (in), to contribute (to); ~ **en un debat** to take part in a debate. ◇ *vt* **–1.** MED to operate (on). **–2.** TELECOM to bug. **–3.** DR [armes, droga, etc.] to intercept; [comptes] to block.

interventor -a [intərbənˈto -orə] *nm, f* **–1.** [comptable] auditor. **–2.** [revisor] conductor, inspector. **–3.** [en unes eleccions] returning officer.

interviu [intərˈbiw] *nf* interview.

intestí -ina [intəsˈti -inə] *adj* internal.

intestí *nm* intestine; ~ **prim** small intestine; ~ **gros** large intestine.

íntim -a [ˈintim -ə] ◇ *adj* intimate, close; **en el (més) ~ de** in the privacy of. ◇ *nm, f* close friend.

intimar [intiˈma] *vi* to become very friendly, to become intimate; ~ **(amb)** to become very friendly (with), to become intimate (with).

intimidació [intimiðəsiˈo] *nf* intimidation (U).

intimista [intiˈmistə] *adj* intimist.

intimitat [intimiˈtat] *nf* private life, privacy; **en la ~** in the privacy of.

intolerable [intuləˈrabblə] *adj* intolerable.

intolerància [intuləˈransiə] *nf* intolerance (U).

intoxicació [intuksikəsiˈo] *nf* poisoning (U); ~ **alimentària** food poisoning.

intoxicar [intuksiˈka] *vt* to poison. ◆ **intoxicar-se** *vp* to poison o.s.

intranquil -il·la [intrəŋˈkil -illə] *adj* **–1.** [preocupat] worried, concerned. **–2.** [nerviós] restless, nervous.

intranscendent [intrənsənˈden] *adj* unimportant, insignificant.

intransferible [intrənsfəˈribblə] *adj* not transferable; untransferable.

intransigent [intrənziˈʒen] *adj* intransigent, uncompromising.

intransitable [intrənziˈtabblə] *adj* impassible.

intransitiu -iva [intrənziˈtiw -iβə] *adj* intransitive.

intrauterí -ina [intrəutəˈri -inə] *adj* intrauterine.

intrèpid -a [inˈtrɛpit -iðə] *adj* intrepid, fearless, bold.

intricat -ada [intriˈkat -aðə] *adj* intricate, complicated; [assumpte, problema] complicated, difficult, tricky.

intriga [inˈtriɣə] *nf* **–1.** [gènere] intrigue; **d'~** thriller. **–2.** [trama, maquinació] plot.

intrigar [intriˈɣa] *vt & vi* to intrigue, to plot.

intrínsec -a [inˈtrinsək -ə] *adj* intrinsic.

introducció [intruðuksiˈo] *nf* introduction.

introduir [intruðuˈi] *vt* to introduce; ~ **(en)** to introduce sb to. ◆ **introduir-se** *vp*: **~-se (en)** to get into.

intromissió [intrumisiˈo] *nf* interfering (U), meddling (U).

introspectiu -iva [intruspəkˈtiw -iβə] *adj* introspective.

introvertit -ida [intruβərˈtit -iðə] ◇ *adj* introverted, inward-looking. ◇ *nm, f* introvert.

intrús -usa [inˈtrus -uzə] ◇ *adj* intrusive. ◇ *nm, f* intruder, interloper.

intuïció [intuisiˈo] *nf* intuition.

intuir [intuˈi] *vt* to know by intuition, to sense.

intuïtiu -iva [intuiˈtiw -iβə] *adj* intuitive.

inundació [inundəsiˈo] *nf* flood.

inundar [inunˈda] *vt* **–1.** to flood. **–2.** *fig* to flood, to swamp. ◆ **inundar-se** *vp* to flood; **~-se (de)** to flood (with); *fig* to swamp (with), to inundate (with).

inusitat -ada [inuziˈtat -aðə] *adj* [paraula, llenguatge] uncommon, unusual; [comportament, etc.] strange, odd.

inusual [inuzuˈal] *adj* unusual.

inútil [iˈnutil] ◇ *adj* **–1.** [cosa, acció] useless, pointless. **–2.** [persona] hopeless case, good-for-nothing. ◇ *nmf* [incapaç] disabled.

inutilitat [inutiliˈtat] *nf* [qualitat] uselessness (U), pointlessness (U).

inutilitzar [inutiliˈdza] *vt* to render unusable, to disable, to put out of action; **~ alguna cosa** to render sthg unusable, to put out of action.

invàlid -a [imˈbalit -iðə] ◇ *adj* disabled. ◇ *nm, f* disabled person.

invalidesa [imbəliˈðɛzə] *nf* [incapacitat] disablement; **~ permanent / temporal** permanent temporary disablement.

invariable [imbəɾiˈabblə] *adj* invariable.

invasió [imbəziˈo] *nf* invasion.

invasor -a [imbəˈzo -oɾə] ◇ *adj* invading; **el país ~ fou sancionat** the invading country was sanctioned. ◇ *nm, f* invader.

invectiva [imbəkˈtiβə] *nf* invective (U), abuse (U).

invencible [imbənˈsibblə] *adj* **-1.** [exèrcit, equip, etc.] invencible, unbeatable. **-2.** [timidesa, repugnància, etc.] insurmountable, insuperable.

invenció [imbənsiˈo] *nf* invention.

invent [imˈben] *nm* invention.

inventar [imbənˈta] *vt* to invent. ➣ **inventar-se** *vp* to invent, to make up; **es va ~ una excusa** he made up an excuse.

inventari [imbənˈtaɾi] *nm* inventory.

inventiva [imbənˈtiβə] *nf* inventiveness.

inventor -a [imbənˈto -oɾə] *nm, f* inventor.

invers -a [imˈbɛrs -ə] *adj* inverse, opposite; **~ a** opposite to. ➣ **a la inversa** *loc adv* the other way round.

inversemblant [imbərsəmˈblan] *adj* unlikely.

inversió [imbərsiˈo] *nf* **-1.** [de l'ordre] reversal. **-2.** [de diners, temps] investment; **inversions estrangeres** foreign investments; **una mala ~** a bad investment.

inversor -a [imbərˈso -oɾə] ◇ *adj* investing. ◇ *nm, f* investor. ➣ **inversor** *nm* ELECT inverter.

invertebrat -ada [imbərtəˈβɾat -aðə] *adj* **-1.** ZOOL invertebrate. **-2.** *fig* [sense organització] chaotic. ➣ **invertebrats** *nm pl* invertebrates.

invertir [imbərˈti] *vt* **-1.** [ordre] to reverse, to invert. **-2.** [diners] to invest, to spend. **-3.** [temps] to spend; **inverteixo molt de temps per anar a casa teva** it takes me ages to get to your house.

invertit -ida [imbərˈtit -iðə] ◇ *adj* queer (*abans de nom*). ◇ *nm, f* queer, fairy.

investidura [imbəstiˈðuɾə] *nf* investiture.

investigació [imbəstiɣəsiˈo] *nf* **-1.** [estudi] research (U), research paper; [seguiment] investigation, inquiry; **~ i desenvolupament** research and development (R&D). **-2.** [indagació] research (U).

investigador -a [imbəstiɣəˈðo -oɾə] ◇ *adj* **-1.** [que estudia] research (*abans de nom*); **un centre ~** a research centre. **-2.** [que indaga] investigative; **una comissió ~a** an investigative committee. ◇ *nm, f* **-1.** [estudiós] researcher. **-2.** [detectiu] detective; **~ privat** private investigator, detective.

investigar [imbəstiˈɣa] ◇ *vi* **-1.** [estudiar] to do research. **-2.** [indagar] to look into, to investigate. ◇ *vt* **-1.** [estudiar] to research. **-2.** [indagar] to look into, to investigate.

investir [imbəsˈti] *vt* to invest; **~ algú amb alguna cosa** [càrrec] to invest sb with sthg; [grau, títol] to grant a title.

inveterat -ada [imbətəˈrat -aðə] *adj* [costum] deep-rooted, ingrained.

inviable [imbiˈabblə] *adj* impractical, unviable.

invident [imbiˈðen] ◇ *adj* blind, sightless. ◇ *nmf* blind person, sightless person.

invisible [imbiˈzibblə] *adj* invisible.

invitació [imbitəsiˈo] *nf* invitation.

invitar [imbiˈta] *vt* to invite; **~ algú a (fer) alguna cosa** to invite sb to do sthg; **el va ~ a una copa** he treated him to a drink; *fig* [incitar] **~ a** to encourage sb to do sthg; **el sol invita a passejar** such a sunny day makes you want to go for a walk.

invitat -ada [imbiˈtat -aðə] ◇ *adj* guest (*abans de nom*), invited. ◇ *nm, f* guest.

invocar [imbuˈka] *vt* to invoke (sb or sthg).

involució [imbulusiˈo] *nf* **-1.** MED regression. **-2.** *fig* [de situació] reversal, radical change.

involucrar [imbuluˈkɾa] *vt* to involve sb; **~ en** to involve sb in sthg. ➣ **involucrar-se** *vp* to get involved; **~-se en** to get involved in sthg.

involuntari -ària [imbulunˈtaɾi -aɾiə] *adj* involuntary, unintentional.

invulnerable [imbulnəˈrabblə] *adj* invulnerable, immune; **ser ~ a** to be invulnerable to, immune to.

ió [iˈo] *nm* ion.

iode [ˈjɔðə] *nm* iodine.

ioga [ˈjɔɣə] *nm* yoga.

iogurt [juˈɣurt] *nm* yoghurt.

iogurtera [juɣurtəˈɾiə] *nf* yoghurt maker.

ionqui [ˈjɔŋkə] *nmf fam* junkie.
iot [ˈjɔt] *nm* yacht.
IPC *nm* (abrev de Índex de Preus al Consum) Spanish cost of living index, ≈ retail price index *Br*.
IRA [ˈiɾə] *nm* (abrev de Irish Republican Army) IRA.
iracund -a [iɾəˈkun -undə] *adj* irascible, angry, irate; **es va posar ~** he became irascible.
Iran [iˈɾan] Iran.
iranià -ana [iɾəniˈa -anə] ◇ *adj* Iranian. ◇ *nm, f* Iranian.
Iraq [iˈɾak] Iraq.
iraquià -ana [iɾəkiˈa -anə] ◇ *adj* Iraqi. ◇ *nm, f* Iraqui.
irascible [iɾəˈsibblə] *adj* irascible, tetchy.
irat -ada [iˈɾat -aðə] *adj* furious.
iris [ˈiɾis] *nm inv* iris.
Irlanda [irˈlandə] Ireland; **~ del Nord** Northern Ireland, Ulster, the six counties.
irlandès -esa [irlənˈdɛs -ɛzə] ◇ *adj* Irish. ◇ *nm, f* Irishman *m*, Irishwoman *f*. ● **irlandès** *nm* [llengua] Irish, Gaelic.
ironia [iɾuˈniə] *nf* irony; **per una curiosa ~** by a curious irony.
irònic -a [iˈɾɔnik -ə] *adj* ironic.
ironitzar [iɾuniˈdza] ◇ *vi* to ridicule, to be ironic; **~ (sobre)** to be ironic (about). ◇ *vt* to ridicule sb or sthg, to be ironic (about sb or sthg).
IRPF *nm* (abrev de Impost sobre la Renda de les Persones Físiques) Spanish income tax.
irracional [iɾəsiuˈnal] *adj* irrational.
irradiar [iɾəðiˈa] *vt* [llum, energia] to shine (on), to radiate (with).
irreal [ireˈal] *adj* unreal.
irrecognoscible [irəkuɲnuˈsibblə] *adj* unrecognisable.
irrecuperable [irəkupəˈrabblə] *adj* irretrievable, unrecoverable.
irreflexió [irəflǝksiˈo] *nf* thoughtlessness.
irreflexiu -iva [irəflǝkˈsiw -iβə] *adj* thoughtless.
irrefutable [irəfuˈtabblə] *adj* irrefutable.
irregular [irəɣuˈlar] *adj* irregular.
irregularitat [irəɣuləɾiˈtat] *nf* irregularity.
irrellevant [irəʎəˈβan] *adj* [sense importància] irrelevant; [sense significat] meaningless.
irremeiable [irəməˈjabblə] *adj* irremediable.

irreparable [irəpəˈrabblə] *adj* irreperable.
irresistible [irəzisˈtibblə] *adj* [força] irresistible; [èxit] runaway success; [bellesa] irresistible.
irresolut -uda [irəzuˈlut -uðə] ◇ *adj* irresolute. ◇ *nm, f* irresolute person.
irrespectuós -osa [irəspəktuˈos -ozə] *adj* disrespectful.
irrespirable [irəspiˈrabblə] *adj* unbreathable.
irresponsable [irəspunˈsabblə] ◇ *adj* irresponsible. ◇ *nmf* irresponsible person.
irreverent [irəβəˈren] *adj* irreverent.
irreversible [irəβərˈsibblə] *adj* irreversible.
irrevocable [irəβuˈkabblə] *adj* irrevocable.
irrigació [iriɣəsiˈo] *nf* MED [gen] irrigation.
irrigar [iriˈɣa] *vt* to irrigate, to water.
irrisori -òria [iriˈzɔɾi -ɔɾiə] *adj* derisory, laughable.
irritable [iriˈtabblə] *adj* irritable.
irritar [iriˈta] *vt* to irritate. ● **irritar-se** *vp* to get annoyed, to become irritated.
irrompible [irumˈpibblə] *adj* unbreakable.
irrupció [irupsiˈo] *nf* bursting in.
isard -a [iˈzart -arðə] *adj fig* [persona] uncouth, churlish; **ésser un ~** to be uncouth, to be churlish. ● **isard** *nm* [camussa: animal] izard, pyreneen chamoix.
islam [izˈlam] *nm* RELIG Islam.
islàmic -a [izˈlamik -ə] *adj* Islamic.
islamisme [izləˈmizmə] *nm* **-1.** [religió] Islam, islamism. **-2.** [moviment] Islamism.
islandès -esa [izlənˈdɛs -ɛzə] ◇ *adj* Icelandic. ◇ *nm, f* Icelander. ● **islandès** *nm* [llengua] Icelandic.
Islàndia [izˈlandiə] Iceland.
isòtop [iˈzɔtup] *nm* QUÍM isotope.
Israel [izɾəˈel] Israel.
israelià -ana [izɾəliˈa -anə] ◇ *adj* Israeli. ◇ *nm, f* Israeli.
israelita [izɾəˈlitə] *adj & nmf* Israelite.
istme [ˈizmə] *nm* isthmus.
Itàlia [iˈtaliə] Italy.
italià -ana [itəliˈa -anə] ◇ *adj* Italian. ◇ *nm, f* Italian. ● **italià** *nm* [llengua] Italian.
ítem [ˈitəm] *nm* INFORM item.
itinerant [itinəˈran] *adj* itinerant; [ambaixador] roving.
itinerari [itinəˈɾaɾi] *nm* itinerary, route.
ITV *nf* (abrev de Inspecció Tècnica de Vehicles) periodic test of vehicle roadworthiness, ≈ MOT *Br*.

iuca ['jukə] *nf* [planta] yucca.
iugoslau -ava [juɣuz'law -aβə] ◇ *adj* Yugoslav, Yugoslavian. ◇ *nm, f* Yugoslav, Yugoslavian.
Iugoslàvia [juɣuz'laβiə] Yugoslavia; **l'ex~** the former Yugoslavia.
IVA ['iβə] *nm* (abrev de **Impost sobre el Valor Afegit**) value added tax, ≃ VAT *Br*, sales tax *Am*.
ivori [i'βɔɾi] *nm* ivory.
ixent [i'ʃen] *adj* rising; **sol ~** rising sun.

J

j, J ['ʒota] *nf* [lletra] j, J.
ja ['ʒa] ◇ *adv* **-1.** [denota passat] already; **~ el 1950** already in 1950; **~ m'ho havies explicat** you have already told me. **-2.** [ara] now; [immediatament] (right) now, right / straight away; **ens n'anem ~ o d'aquí a un moment?** shall we go right now or wait a moment?; **cal fer alguna cosa ~** something has to be done now; **~ no** not now, not any more. **-3.** [denota futur] will; **~ et trucaré** I'll call you now; **~ haurem marxat** we will have already left. **-4.** [reforça el verb] now emphasis; **~ ho entenc** now I understand, now I've got it; **~ ho sé** I know now; **~ era hora!** it was high time!; **~ està!** that's it!; **~ veurem!** we shall see!; **~ vinc!** I'm on my way now!, I'm coming now! ◇ *conj* [distributiva] given (that); **~ arribi tard, ~ arribi d'hora...** he's late, he's on time... ◇ *interj* well, indeed; [assentiment] **~!** yes indeed!, right!, I see; [és suficient] that's enough!, whoah!, when!; [per fi] at last!; [per descomptat] of course; **~, ~!** oh really?, is that a fact?; **~!** yes indeed! ▸ **ja que** *loc conj*: **~ que has vingut...** since you have come, as you have come.
jaç ['ʒas] *nm* bed, ramshackle bed.
jaciment [ʒəsi'men] *nm* **-1.** [miner] bed, deposit. **-2.** [històric] historical site; **~ (arqueològic)** archeological site.
jacint [ʒə'sin] *nm* hyacinth.
jactar-se *vp* to praise os, to blow one's own trumpet; **~ de** to blow one's own trumpet (over).

jacuzzi [ʒə'kuzi] *nm* jacuzzi.
jaguar [ʒə'ɣwar] *nm* jaguar.
jalonar [ʒəlu'na] *vt lit & fig* to measure, to gauge.
jamai [ʒə'maj] *adv* never.
Jamaica [ʒə'majkə] Jamaica.
Japó [ʒə'po] : (**el**) ~ Japan.
japonès -esa [ʒəpu'nɛs -ɛzə] ◇ *adj* Japanese. ◇ *nm, f* Japanese. ▸ **japonès** *nm* [llengua] Japanese.
jaqué [ʒə'ke] *nm* tailcoat, morning suit.
jaqueta [ʒə'ketə] *nf* [de vestit] jacket; **~ curta** short jacket.
jardí [ʒər'di] *nm* garden; **~ botànic** botanical garden. ▸ **jardí d'infància** *nm* nursery school, kindergarten.
jardiner -a [ʒərdi'ne -erə] *nm, f* gardener. ▸ **jardinera** *nf* flower pot, flower box, window box; CULIN **a la ~** with vegetables; [truita] vegetable omelette.
jardineria [ʒərdinə'ɾiə] *nf* gardening (U).
jaspiat -ada [ʒəspi'at -aðə] *adj* mottled, speckled, streaked. ▸ **jaspiada** *nf* mottle, speck, streak.
jaure ['ʒawɾə] *vi* **-1.** ▸ **jeure**. **-2.** [estar enterrat] to be buried; **jaure aquí** I'm going to lie down here.
javelina [ʒəβə'linə] *nf* ESPORT javelin.
jazz ['dʒas] *nm* jazz.
JC (abrev de **Jesucrist**) JC, Jesus Christ.
jeep ['dʒip] *nm* jeep.
jerarquia [ʒərər'kiə] *nf* hierarchy; **l'alta ~** the top hierarchy.
jeràrquic -a [ʒə'rarkik -ə] *adj* hierarchical.
jeroglífic -a [ʒəɾu'ɣlifik -ə] *adj* hieroglyphic, hieroglyphical. ▸ **jeroglífic** *nm* **-1.** [caràcter] hieroglyph. **-2.** [joc] guessing game where some or all of the letters are replaced by characters.
jersei [ʒər'sej] *nm* jersey, pullover, jumper.
Jerusalem [ʒəɾuzə'lem] Jerusalem.
jesuïta [ʒəzu'itə] *adj & nm* jesuit.
jesús! [ʒə'zus] *interj* [després de l'esternut] bless you!; [sorpresa] Good God! *Br*, Jeez! *Am*.
jet ['ʒet] *nm* jet.
jeure ['ʒewɾə], **jaure** ['ʒawɾə] *vi* [estar estirat] to lie down, to be in bed.
jo ['ʒɔ] ◇ *pron pers* [subjecte] I; [predicat] me; **~ em dic Jaume** I'm called Jaume; **el culpable sóc ~** I am to blame; **~ de tu / d'ell**, etc if I were you / him, etc. ◇ *nm* PSIC: **el ~** l'ego, el jo.

JO *nm* (abrev de **Jocs Olímpics**) Olympic Games.

joc ['ʒɔk] *nm* **–1.** [gen & ESPORT] game; **obrir / tancar el ~** start the game / end the game; **estar / posar en ~** to be / put at stake; ESPORT **estar (en) fora de ~** to be offside; *fig* game; *lit & fig* **facin ~!** make your play!, **ser un ~ de nens** to be child's play; **~ d'atzar** a game of chance; **~ de mans** conjuring trick; **~ de paraules** play on words, pun; **~ de penyores** (game of) forfeits; **Jocs Olímpics** Olympic Games; **doble ~** double-cross. **–2.** [conjunt] **fer ~ a** to go with sthg, to match; **sabates a ~ amb...** matching shoes; **~ de cafè / de te** coffee set, tea set; **~ de claus** a set of keys; **~ de llençols** a set of sheets; **~ de taula** a board game; **~ net** fair play. ⇒ **jocs florals** *nm pl* ≈ eisteddfod *Br*; Catalan literary event.

jocós -osa [ʒu'kos -ozə] *adj* jocular, amusing, funny.

joglar [ʒu'gglɑ] *nm* minstrel.

joguina [ʒu'ɣinə] *nf* toy; **un cotxe de ~** a toy car; **un vaixell de ~** a toy ship; **~ bèl·lica** war toy.

joguinejar [ʒuɣinə'ʒa] *vi* to play; **para de ~ amb les claus** stop playing / fiddling with the keys.

joia ['ʒɔjə] *nf* jewel; *fig* gem.

joier -a [ʒu'je -erə] *nm, f* jeweller. ⇒ **joier** *nm* jewellery box.

joieria [ʒujə'riə] *nf* jeweller's shop.

joiós -osa [ʒu'jos -ozə] *adj* joyful.

jonc ['ʒɔŋ] *nm* [planta] rush, reed.

joquei [ʒu'kej] *nm* jockey.

Jordània [ʒur'daniə] Jordan.

jornada [ʒur'naðə] *nf* day; **~ de reflexió** day before elections when campaigning is not allowed; **~ de feina** working day; **~ intensiva** working day without a break for lunch; **feina de mitja ~** part-time job.

jornal [ʒur'nal] *nm* day's wage, day's work.

jornaler -a [ʒurnə'le -erə] *nm, f* labourer.

jota ['ʒɔtə] *nf* **–1.** [lletra] J. **–2.** [ball, música] jota; traditional dance and music from Aragon.

jou ['ʒow] *nm lit & fig* yoke.

jove ['ʒoβə] <> *adj* young; **de ~** as a young man *m* / woman *f*. <> *nmf* youth; **~!** young man! *Br*, hey kid!

jovenet -a [ʒuβə'nɛt -ə] *nm, f* youngster, young man *m*, young woman *f*.

joventut [ʒuβən'tut] *nf* **–1.** [gen] youth. **–2.** [conjunt]: **la ~** young people *pl*.

jovialitat [ʒuβiəli'tat] *nf* joviality (U), cheerfulness (U).

Jr. (abrev de junior) junior.

jubilació [ʒuβiləsi'o] *nf* retirement; **~ anticipada** early retirement.

jubilar [ʒuβi'la] *vt* to retire; *fam fig* [empleat] to pension sb off; [roba] to get rid of. ⇒ **jubilar-se** *vp* to retire.

jubilat -ada [ʒuβi'lat -aðə] <> *adj* retired. <> *nm, f* pensioner.

jubileu [ʒuβi'lew] *nm* RELIG jubilee.

judici [ʒu'ðisi] *nm* trial; **portar algú a ~** take sb to court. ⇒ **Judici Final** *nm* final judgement; **Judici Final** Last Judgement.

judicial [ʒuðisi'al] *adj* judicial.

judiciós -osa [ʒuðisi'os -ozə] *adj* judicious, wise.

judo ['ʒuðo] *nm* judo.

judoka [ʒu'ðɔkə] *nmf* judoka, judoist.

jueu -eva [ʒu'ew -eβə] <> *adj* Jewish. <> *nm, f* Jew.

jugada [ʒu'ɣaðə] *nf* **–1.** ESPORT move; **ha estat una bona ~ de...** it was a good move, piece of play; *fig* **fer una mala ~ a algú** to play a dirty trick on sb. **–2.** *fam* move.

jugador -a [ʒuɣə'ðo -orə] <> *adj* playing. <> *nm, f* player.

juganer -a [ʒuɣə'ne -erə] *adj* playful.

jugar [ʒu'ɣa] <> *vi* **–1.** to play; **~ a pilota** to play with a ball; **~ net** to play fair; **~ brut** to play dirty. **–2. --la a algú** to give sb a bad time. <> *vt* **–1.** [partit] to play; **~ un partit de futbol** to play a football match. **–2.** [diners, carta] to gamble, to play cards. ⇒ **jugar-se** *vp* **–1.** [fer a sorts] to draw straws. **–2.** [arriscar] to take risks; **t'estàs jugant el lloc** you are risking your job; **es va ~ la vida per a salvar-la** he risked his life to save her.

juguesca [ʒu'ɣɛskə] *nf* bet, wager.

jugular [ʒuɣu'lar] *adj & nf* jugular.

juliol [ʒuli'ɔl] *nm* [mes] July; ⇒ **setembre**.

julivert [ʒuli'βɛrt] *nm* parsley.

jumbo ['ʒumbo] *nm* jumbo.

junc ['ʒuŋ] *nm* [embarcació] junk.

jungla ['ʒuŋglə] *nf* jungle.

júnior ['ʒunior] <> *adj* junior. <> *nmf* ESPORT junior.

junt -a ['ʒun 'ʒuntə] *adj* **–1.** [gen] together.

–2. [reunit] gathered; **mai no havia vist tanta gent ~a** I had never seen such a big gathering; **resava amb les mans juntes** he prayed with his hands clasped together. **–3.** [pròxim] close; **tenia els ulls ~s** his eyes were close-set. ⏵ **junta** *nf* **–1.** [reunió, òrgan] meeting; **junta (general) d'accionistes** shareholders' meeting; **~a de govern** cabinet; **~a directiva** board of directors; **~a militar** military junta. **–2.** [unió]: **~a de culata** gasket.

juntament [ˌʒuntəˈmen] *adv* together; **~ amb** together with; **cal estudiar-ho ~ amb l'altra proposta** it will have to be studied together with the other proposal.

juntura [ʒunˈturə] *nf* joint.

juny [ˈʒuɲ] *nm* June; ⏵ **setembre**.

junyir [ʒuˈɲi] *vt* to yoke, to put together.

jura [ˈʒurə] *nf* oath, pledge; **~ de la bandera** pledge of allegiance.

jurament [ʒuɾəˈmen] *nm* [promesa] solemn promise; **sota ~** under oath; **prestar ~** to take the oath; **prendre ~ a algú** to swear sb in; **~ hipocràtic** Hippocratic oath.

jurar [ʒuˈra] *vt* **–1.** [prometre] to promise; **~ per... que** to swear by... that; **~ per Déu que** to swear by Almighty God that. **–2.** [acatar] to swear (to).

jurat -ada [ʒuˈrat -aðə] *adj* **–1.** [declaració, etc.] sworn. **–2.** ⏵ **traductor**. **–3.** ⏵ **guarda**. ⏵ **jurat** *nm* [tribunal] jury; [membre] member of the jury.

jurídic -a [ʒuˈriðik -ə] *adj* legal.

jurisdicció [ʒuɾizdikˈsio] *nf* [poder, autoritat] jurisdiction; **estar fora de la ~ d'algú** to be out of one's jurisdiction.

jurisdiccional [ʒuɾizdiksiuˈnal] *adj* **–1.** [gen] jurisdictional. **–2.** ⏵ **aigua**.

jurisprudència [ʒuɾispɾuˈðɛnsiə] *nf* jurisprudence; **fer ~** to set a legal precedent.

jurista [ʒuˈɾistə] *nmf* jurist.

just -a [ˈʒust -ə] *adj* just, fair, right; **tindrem la llum ~a per a...** we will have just enough light to...; **venir ~** to be a tight fit. ⏵ **just** ⏵ *adv* just; **~ acaba d'arribar** he's just arrived. ⏵ *nm* RELIG: **els justos** the Righteous. ⏵ **justa** *nf* HIST joust. ⏵ **tot just** *loc adv* right next to; **tot ~ fa dos minuts** just two minutes ago.

justament [ˌʒustəˈmen] *adv* just, exactly, precisely.

justícia [ʒusˈtisiə] *nf* justice; **administrar ~** to administer justice; **en ~** in (all) fairness; **fer ~ a** to do sb / sthg justice; **social** social justice; **és de ~ que** it is only fair that; **fer ~ pel seu compte** to take justice into one's own hands.

justicier -a [ʒustisiˈe -eɾə] ⏵ *adj* avenging. ⏵ *nm, f* avenging angel, angel of justice.

justificació [ʒustifikəsiˈo] *nf* (gen & INFORM) justification; **~ automàtica** automatic justification.

justificant [ʒustifiˈkan] *nm* voucher, supporting document.

justificar [ʒustifiˈka] *vt* to justify; [excusar] **~ algú** to justify sb's actions. ⏵ **justificar-se** *vp* to justify; **~-se d'alguna cosa amb algú** to justify one's actions to sb.

jute [ˈʒutə] *nm* jute.

jutge -essa [ˈʒudʒə -esə] *nm, f* judge; **~ d'instrucció / de primera instància** examining magistrate; [futbol, rugbi] **~ de línia** linesman (football), touch judge (rugby); [tenis] umpire; **~ de pau** justice of the peace.

jutjar [ʒuˈdʒa] *vt* **–1.** to judge; **si s'ha de ~ per** judging by (how). **–2.** [opinar] to judge, to consider.

jutjat [ʒuˈdʒat] *nm* **–1.** [gen] court, tribunal; **~ de guàrdia** court open during the night or at other times when ordinary courts are shut; **~ municipal** magistrates' court. **–2.** [territori] county court.

juvenil [ʒuβəˈnil] ⏵ *adj* **–1.** [de joves] juvenile. **–2.** ESPORT youth (*abans de nom*). ⏵ *nmf* ESPORT player in the youth team.

juxtaposar [ʒukstəpuˈza] *vt* to juxtapose. ⏵ **juxtaposar-se** *vp* to juxtapose.

juxtaposició [ʒukstəpuziˈsio] *nf* juxtaposition.

k, K [ˈka] *nf* [lletra] k, K.

kafkià -ana [kəfkiˈa] *adj* Kafkaesque.

karate [kəˈɾate] *nm* karate.

kart [ˈkart] *nm* go-kart.

Kenya [ˈkeniə] Kenya.

ketchup [ˈketʃup] *nm inv* tomato sauce *Br*, tomato ketchup *Am*.

kg (abrev de **quilogram**) kilogram.

KGB *nm* (abrev de Komitet Gosudárstvennoy Bezopásnosti) KGB.
kibbutz ['kibbuts] *nm* kibbutz.
kilòmetre [ki'lɔmətɾə] *nm* ▸ **quilòmetre**.
kilowatt, quilovatt [kilu'ßat] *nm* kilowatt.
kiwi ['kiwi] *nm* kiwi.
km (abrev de quilòmetre) km.
km² (abrev de quilòmetre quadrat) square kilometre.
km/h (abrev de quilòmetre per hora) kilometre per hour, kph.
Kuwait [ku'ßajt] ▸ **-1.** [país] Kuwait. **-2.** [ciutat] Kuwait City.

l¹, L ['ela] *nf* [lletra] l, L.
l² (abrev de litre) litre.
l' *pron pers* ▸ **el² la**.
'l *pron pers* ▸ **el² la**.
la ['la] ◇ *nm* MÚS la, A. ◇ *art* ▸ **el¹, la**. ◇ *pron* ▸ **el²**.
laberint [ləßə'ɾin] *nm* labyrinth, maze.
labial [ləßi'al] *adj & nf* labial.
labor [lə'ßor] *nf* **-1.** [treball] work; ~ d'equip teamwork. **-2.** [de cosir, brodar, etc.] needlework, sewing.
laborable [ləßu'rabblə] *adj* ▸ **dia**.
laboral [ləßu'ral] *adj* [jornada, condicions] working; [accident, dret] industrial (accident), employment (law).
laboratori [ləßuɾə'tɔɾi] *nm* laboratory; ~ d'idiomes language laboratory.
laboriós -osa [ləßuɾi'os -ozə] *adj* **-1.** [difícil] laborious, arduous. **-2.** [treballador] hard-working.
laborista [ləßu'ɾistə] ◇ *adj* Labour (*abans de nom*). ◇ *nmf* Labour Party supporter / member.
laca ['lakə] *nf* **-1.** [gen] lacquer; [per a quadres] lake. **-2.** [per al cabell] hair-spray.
lacai [lə'kaj] *nm* lackey.
lacar [lə'ka] *vt* to lacquer.

lacerar [ləsə'ɾa] *vt* **-1.** [cos, cara, etc.] to lacerate, to wound. **-2.** *fig* [persona] to damage; [cor] to break.
lacònic -ica [lə'kɔnik -ikə] *adj* laconic.
la Corunya [lə ku'ɾuɲə] Corunna.
lacrar [lə'kɾa] *vt* to seal with sealing wax.
lacre ['lakɾə] *nm* sealing wax.
lacrimal [ləkɾi'mal] *adj* lacrimal, tear (*abans de nom*).
lacrimogen -a [ləkɾi'mɔʒən -ə] *adj* **-1.** tear-producing; **gas** ~ tear gas. **-2.** *fig* [pel·lícula, novel·la, etc.] tear-jerking, weepy.
lactància [lək'tansiə] *nf* lactation, breastfeeding.
lactant [lək'tan] *nmf* breast-fed baby.
lactar [lək'ta] *vt & vi* to suckle, to breast feed.
lacti làctia ['lakti 'laktiə] *adj* **-1.** [gen] milk (*abans de nom*); [producte, indústria] dairy; **-2.** *fig* [blanc] milky.
lactosa [lək'tozə] *nf* lactose.
ladí [lə'ði] *nm* [dialecte] sephardic Spanish dialect spoken in the Near East.
laic -a ['lajk -ə] ◇ *adj* lay, secular. ◇ *nm, f* layman *m*, laywoman *f*.
lama ['lamə] *nm* lama.
la Manxa [lə 'maɲʃə] La Mancha; region of Castille.
la Meca [lə 'mɛkə] Mecca.
lament [lə'men] *nm* lament(ation).
lamentable [ləmən'tabblə] *adj* **-1.** [trist] terribly sad. **-2.** [dolent] lamentable, deplorable.
lamentar [ləmən'ta] *vt* to be sorry about, to regret. ▸ **lamentar-se** *vp* to complain; ~-se de / per alguna cosa to complain about sthg / because of sthg.
làmina ['laminə] *nf* **-1.** [planxa] sheet, plate. **-2.** [rodanxa] slice.
laminar¹ [ləmi'na] *vt* [fer làmines] to roll, to laminate.
laminar² [ləmi'nar] *adj* laminate(d).
lampista [lam'pistə] *nmf* [electricista] electrician; *fam* [instal·lador de conduccions, etc.] plumber, pipework installer.
landó [lən'do] *nm* landau.
lànguid -a ['langit -iðə] *adj* **-1.** [dèbil] weak, listless. **-2.** [sense ànim] languid.
lanolina [lənu'linə] *nf* lanolin(e).
la Palma [lə 'palmə] Palma (Majorca).
la Paz [lə 'paθ] La Paz.
làpida ['lapiðə] *nf* memorial stone. ▸ **làpida mortuòria** *nf* gravestone, tombstone.

lapidar [ləpiˈða] vt to stone.
lapidari -ària [ləpiˈðari -ariə] adj lapidary.
lapse [ˈlapsə] nm lapse, interval of time.
lapsus [ˈlapsus] nm inv [en parlar] slip of the tongue; [en actuar] lapse, mistake.
laringe [ləˈriɲʒə] nf larynx.
laringitis [ləriɲˈʒitis] nf inv laryngitis.
larva [ˈlarβə] nf larva.
lasanya [ləˈzaɲə] nf lasagna.
lasciu -iva [ləˈsiw -iβə] ⋄ adj lascivious, lewd. ⋄ nm, f wanton, rakish person, lewd person.
làser [ˈlazər] ⋄ adj inv ➙ **raig**. ⋄ nm inv laser; Light Amplification by Stimulated Emission of Radiation.
lassitud [ləsiˈtut] nf lassitude, weariness.
lata [ˈlatə] nf fam pain; **és una ~** it's a nuisance!; **quina ~!** what a pain!; **donar la ~** to be annoying.
latent [ləˈten] adj latent.
lateral [lətəˈral] ⋄ adj [gen] lateral. ⋄ nm -1. [costat, banda] side. -2. ESPORT side, wing.
latifundi [lətiˈfundi] nm large rural estate.
latifundista [lətifunˈdistə] nmf important landowner.
latitud [lətiˈtut] nf -1. GEOG latitude. -2. [extensió] area; fam **per aquestes ~s** here, around here.
lava [ˈlaβə] nf lava.
lavabo [ləˈβaβu] nm -1. [objecte] washbasin. -2. [habitació] bathroom, lavatory Br, washroom Am.
lavanda [ləˈβandə] nf lavender.
lavativa [ləβəˈtiβə] nf -1. [utensili] enema. -2. [acció] enema.
laxant [ləkˈsan] ⋄ adj & nm MED laxative. ⋄ adj [relaxant] relaxing.
laxar [ləkˈsa] vt to ease, to relax; [ventre] to loosen one's bowels.
lectiu -iva [ləkˈtiw -iβə] adj [dia, any] school (abans de nom).
lector -a [ləkˈto -orə] nm, f -1. reader; nm **~ òptic** reader, scanner. -2. EDUC language assistant.
lectorat [ləktuˈrat] nm post of language assistant.
lectura [ləkˈturə] nf reading; [de tesi] viva voce; **~ òptica** optical scanning.
legal [ləˈɣal] adj -1. [gen] legal; [hora] standard. -2. [forense] forensic. -3. fam [persona] honest, decent.
legalitat [ləɣəliˈtat] nf legality.

legalitzar [ləɣəliˈdza] vt to legalise.
legió [ləʒiˈo] nf legion; **són ~** they're legion. ➙ **Legió** nf Legion; **la Legió** the Spanish Legion (elite army corps). ➙ **Legió d'Honor** nf Legion of Honour.
legionari -ària [ləʒiuˈnari -ariə] adj legionary. ➙ **legionari** nm legionary, legionnaire.
legislació [ləʒizləsiˈo] nf legislation.
legislar [ləʒizˈla] vi to legislate.
legislatura [ləʒizləˈturə] nf -1. [període] period of office. -2. [òrgans] parliament, legislature.
legítim -a [ləˈʒitim -ə] adj -1. [gen] legitimate, rightful. -2. [or, pell, etc.] genuine, officially certified.
legitimar [ləʒitiˈma] vt to legalise, to legitimatize.
legitimitat [ləʒitimiˈtat] nf legitimacy.
leitmotiv [ˌlajdmuˈtif] nm leitmotiv.
lema [ˈlemə] nm -1. [norma] motto; [polític, publicitari] slogan, watchword. -2. LING & MAT lemma.
lent -a [ˈlen -entə] adj slow; **a foc ~** on low heat. ➙ **lent** [ˈlen] nf lens; **~s de contacte** contact lenses.
lenticular [ləntikuˈlar] adj lenticular.
lentitud [ləntiˈtut] nf slowness; **amb ~** slowly.
leotards [leuˈtarts] nm pl -1. [mitges] tights, stockings. -2. [de gimnasta] leotard.
lepra [ˈleprə] nf leprosy.
leprós -osa [ləˈpros -ozə] ⋄ adj leprous. ⋄ nm, f leper.
les -a [ˈles -ezə] adj the injured party; **crim de ~a majestat** crim de ~a pàtria high treason (U).
lesbià -ana [ləzbiˈa -anə] adj lesbian (abans de nom). ➙ **lesbiana** nf lesbian.
lesió [ləziˈo] nf -1. [ferida & DR] injury. -2. fig [perjudici] harm, damage; [a l'honradesa] a smirch on one's honour.
lesionar [ləziuˈna] vt -1. [cos] to injure; **l'alcoholisme lesiona el fetge** alcoholism damages the liver. -2. fig [perjudicar] to harm, to damage. ➙ **lesionar-se** vp to injure o.s.; **~-se el braç** to injure one's arm.
lesionat -ada [ləziuˈnat -aðə] ⋄ adj injured. ⋄ nm, f injured person.
letal [ləˈtal] adj lethal, deadly.
letargia [ləˈtarʒiə] nf -1. [gen & MED] lethargy. -2. [d'animals] torpor, sluggishness.
Letònia [ləˈtɔniə] Latvia.
leucèmia [lewˈsɛmiə] nf leuk(a)emia.

leucòcit [ləwˈkɔsit] *nm* leukocyte.
levita [ləˈβitə] *nf* frock coat.
levitar [ləβiˈta] *vi* to levitate.
levitat [ləβiˈtat] *nf* levity, lightness; [de malaltia] mild illness; [de delicte, pecat] a minor crime, a venial sin.
lèxic -a [ˈlɛksik -ə] *adj* lexical. ☞ **lèxic** *nm* vocabulary, lexicon, dictionary.
lexicografia [ləksikuɣɾəˈfiə] *nf* lexicography.
li [li] *pron pers* (*complement indirecte*) [a ell, ella] him, her; [a vostè, vostès] you; **~ vaig donar una poma** I gave him an apple; **vaig dir que no** [a vostè] I told you no; **~ tinc por** I'm afraid of him / her.
Líban [ˈliβən] Lebanon; **el ~** the Lebanon.
libèl·lula [liˈβɛlːulə] *nf* dragonfly.
liberal [liβəˈral] *adj & nmf* liberal.
liberalisme [liβərəˈlizmə] *nm* liberalism.
libi líbia [ˈliβi ˈliβiə] ◇ *adj* Libyan. ◇ *nm, f* Libyan.
Líbia [ˈliβiə] Libya.
libido [liˈβiðo] *nf* libido, sex-drive.
Libra [ˈliβɾə] *nf inv* ☞ **Balança**.
liceu [liˈsew] *nm* **–1.** EDUC lyceum. **–2.** [societat recreativa] leisure association, social club *Am*.
lícit -a [ˈlisit -ə] *adj* lawful, legal, permissible, allowed.
licor [liˈkor] *nm* spirit *Br*, liquor *Am*.
líder [ˈliðər] ◇ *adj* leading. ◇ *nmf* leader.
liderar [liðəˈra] *vt* to lead, to manage.
lideratge [liðəˈradʒə] *nm* **–1.** ESPORT lead, first place; [carreres de cotxes] pole position. **–2.** [direcció] leadership.
lifting [ˈliftiŋ] *nm* face-lift.
lila [ˈlilə] ◇ *adj inv* [color] lilac (U). ◇ *nf* [planta] lilac.
lilà [liˈla] *nm* [color] lilac.
lil·liputenc -a [lilːipuˈtɛŋ -ɛŋkə] ◇ *adj* dwarfish (*abans de nom*), midget (*abans de nom*). ◇ *nm, f* dwarf, midget.
Lima [ˈlimə] Lima.
limbe [ˈlimbə] *nm* **–1.** RELIG limbo. **–2.** ASTRON & BOT limb.
límit [ˈlimit] ◇ *adj inv* **–1.** [preu, edat] maximum. **–2.** [situació] extreme; [cas] borderline; **data ~** deadline. ◇ *nm* limit.
limitació [limitəsiˈo] *nf* [restricció] limitation, limit, restriction; **~ d'edat** age limit; **~ de velocitat** speed limit.
limitar [limiˈta] *vi* to limit, to restrict. ☞ **limitar-se a** *vp* to limit o.s. to.

limitat -ada [limiˈtat -aðə] *adj* limited, restricted.
limítrof -a [liˈmitɾuf -ə] *adj* [país, territori] bordering; [terreny, casa] neighbouring.
lingot [liŋˈgɔt] *nm* ingot.
lingüista [liŋˈgwistə] *nmf* linguist.
lingüístic -a [liŋˈgwistik -ə] *adj* linguistic. ☞ **lingüística** *nf* linguistics.
línia [ˈliniə] *nf* **–1.** (gen, ESPORT & MIL) line; **guardar la ~** to watch one's figure; **tallar la ~ (telefònica)** to cut off the phone; **~ de banda** sideline, touchline; **~ contínua** solid white line; **~ de crèdit** line of credit, overdraft facility; **~ de flotació** waterline; **~ de meta** finishing line; **~ de punts** dotted line; **~ de sacada** base line, service line; **~ de tir** line of fire; **~ recta** straight line; **línies aèries** airlines. **–2.** [fila] line; [de persones] queue *Br*, line *Am*. **–3.** [categoria] category, class; **en la mateixa ~** on / along the same lines. **–4.** [relació familiar] family line. **–5.** [completament]: **en tota la ~** all along the line; **llegir entre línies** to read between the lines.
linier [liniˈe] *nm* ESPORT linesman.
liniment [liniˈmen] *nm* liniment.
linx [liŋs] *nm* lynx.
linxar [liŋˈʃa] *vt* to lynch.
lipotímia [lipuˈtimiə] *nf* fainting fit.
liquadora [likwəˈðoɾə] *nf* liquidiser, blender.
liquar [liˈkwa] *vt* **–1.** CULIN to liquidize. **–2.** TECNOL to liquefy.
liqüefacció [likwəfəksiˈo] *nf* liquefaction.
liquen [ˈlikən] *nm* lichen.
líquid -a [ˈlikit -iðə] *adj* **–1.** (gen) liquid (*abans de nom*). **–2.** ECON [net] net. ☞ **líquid** *nm* **–1.** (gen) liquid. **–2.** ECON liquid assets.
liquidació [likiðəsiˈo] *nf* COM [de factura] payment, settlement; [d'existències] clearance sale; [d'inversió] realisation of investments; **~ de béns** liquidation of assets.
liquidar [likiˈða] *vt* **–1.** (gen) to liquidate; [compte] to settle an account. **–2.** [resoldre] to settle, to resolve.
liquiditat [likiðiˈtat] *nf* liquidity.
lira [ˈliɾə] *nf* **–1.** MÚS lyre. **–2.** [moneda] Lira. **–3.** [en poesia] lyric.
líric -a [ˈliɾik -ə] *adj* lyrical. ☞ **lírica** *nf* lyric poetry.
liró [liˈɾo] *nm* ZOOL doormouse.
lis [ˈlis] *nf* fleur-de-lis, iris.
Lisboa [lizˈβoə] Lisbon.
literal [litəˈral] *adj* literal.

literari -ària [litəˈɾaɾi -aɾiə] *adj* literary.

literat -a [litəˈɾat -ə] *nm, f* man of letters *m*, woman of letters *f*, writer.

literatura [litəɾəˈtuɾə] *nf* literature.

litigar [litiˈɣa] *vi* to go to law.

litigi [liˈtiʒi] *nm* lawsuit, litigation.

litografia [lituɣɾəˈfiə] *nf* –1. [gen] lithography. –2. [taller] lithographic workshop.

litoral [lituˈɾal] ◇ *adj* coastal. ◇ *nm* coast.

litre [ˈlitɾə] *nm* litre.

Lituània [lituˈaniə] Lithuania.

litúrgia [liˈturʒiə] *nf* liturgy.

lívid -a [ˈliβit -iðə] *adj* livid, very pale.

lividesa [liβiˈðezə] *nf* lividness, paleness, pallor.

llac [ˈʎak] *nm* lake.

llaç [ˈʎas] *nm* –1. [lligadura] tie, knot; [per al cabell] bow. –2. [de vaquer] lasso. –3. *gen pl fig* [vincle] link. –4. [per a ocells] bird trap.

llacuna [ʎəˈkunə] *nf* –1. [d'aigua] lagoon, small lake, tarn. –2. *fig* [omissió, oblit] oversight, lapse.

lladella [ʎəˈðeʎə] *nf* crab louse.

lladrar [ʎəˈðɾa] *vi* –1. [subj: gos] to bark. –2. *fig* [subj: persona] to threaten; **gos que lladra no mossega** his bark is worse than his bite.

lladre [ˈʎaðɾə] ◇ *adj* thieving. ◇ *nm, f* thief. ◇ *nm* –1. ELECT extension cable, extension sockets. –2. *fig*: **beure com un ~** to drink like a fish.

lladregot -ota [ʎəðɾəˈɣɔt -ɔtə] *nm, f fam* petty thief.

lladronici [ʎəðɾuˈnisi] *nm* theft.

lladruc [ʎəˈðɾuk] *nm* bark, barking (*U*).

llaga [ˈʎaɣə] *nf* [ferida] wound; [úlcera] ulcer, sore.

llagosta [ʎəˈɣɔstə] *nf* –1. [crustaci] lobster. –2. [insecte] locust.

llagostí [ʎəɣusˈti] *nm* king prawn.

llàgrima [ˈʎaɣɾimə] *nf* tear, teardrop; **fer venir les llàgrimes als ulls** to make one cry; **plorar a ~ viva** to cry buckets; *fig* **llàgrimes de cocodril** crocodile tears.

llagrimall [ʎəɣɾiˈmaʎ] *nm* corner of the eye.

llagrimejar [ʎəɣɾiməˈʒa] *vi* to weep, to shed tears.

llagrimer [ʎəɣɾiˈme] *nm* corner of the eye.

llagrimós -osa [ʎəɣɾiˈmos -ozə] *adj* –1. [amb llàgrimes] lachrymose, tearful. –2. [ulls] watery.

llama [ˈʎamə] *nf* ZOOL llama.

llamàntol [ʎəˈmantul] *nm* lobster.

llamborda [ʎəmˈbɔɾðə] *nf* [pedra] paving stone.

llaminadura [ʎəminəˈðuɾə] *nf* titbit, delicacy, sweetmeat.

llamp [ˈʎam] *nm* –1. METEOR lightning; *fam fig* **mal ~ et mati!** may God strike you dead! –2. streak / flash of lightning; *fig* [cosa, persona] **ésser un ~** to be a wizard (at sthg); **com un ~** quick as lightning, in a flash.

llampec [ʎəmˈpek] *nm* –1. METEOR lightning. –2. *fig* [de lucidesa, esperança] flash of insight, flash of hope.

llampegar [ʎəmpəˈɣa] ◇ *v impers* to lighten. ◇ *vi fig* to flash.

llampegueig [ʎəmpəˈɣetʃ] *nm* lightning, flashing.

llamprea [ʎəmˈpɾeə] *nf* lamprey, lamprey eel.

llana [ˈʎanə] *nf* –1. wool; **de ~** woollen. –2. [bestiar, ramat]: **de ~** livestock.

llança [ˈʎansə] *nf* –1. [arma] lance, spear. –2. [de carruatge] shaft.

llançagranades [ˌʎansəɣɾəˈnaðəs] *nm inv* grenade launcher.

llançament [ʎənsəˈmen] *nm* –1. [gen] throwing, launching. –2. ESPORT throw; **~ de disc / de javelina / de martell** discus throw / javelin throw / hammer throw; **~ de pes** shot put. –3. [de pilota, fletxa] throw (ball), shoot (arrow).

llançar [ʎənˈsa] *vt* –1. to throw away. –2. to throw [amb força] to fling, to hurl; [fletxa, míssil] to fire; [bomba] to drop; [pilota] to pitch; **~ un sospir / un crit / una queixa** to make a sigh, to let out a cry, to complain. ◆ **llançar-se** *vp* –1. [tirar-se] to throw o.s. –2. [començar] to begin. –3. [abalançar-se] to lean out; **~-se sobre algú** to throw o.s. at sb.

llangardaix [ʎəŋgərˈdaʃ] *nm* lizard.

llangor [ʎəŋˈgo] *nf* –1. [debilitat] languor. –2. [falta d'ànim] listlessness.

llanguiment [ʎəŋgiˈmen] *nm* ▶ **llangor**.

llanguir [ʎəŋˈgi] *vi* to languish.

llanta [ˈʎantə], **llanda** [ˈʎandə] *nf* AUTOM spoiler.

llanterna [ʎənˈtɛɾnə] *nf* [de piles] torch *Br*, flashlight *Am*. ◆ **llanterna màgica** *nf* magic lantern.

llàntia [ˈʎantiə] *nf* [gen] lamp, light; *fig* [taca] oil / grease stain.

llantió [ʎəntiˈo] *nf* [llum petit] lantern.

llanxa ['ʎaɲʃə] *nf* [embarcació - gran] launch, motor cruiser; [- petita] motor boat; ~ **pneumàtica** rubber dinghy; ~ **patrullera** patrol craft, patrol boat; ~ **salvavides** life boat.

llapis ['ʎapis] *nm* pencil; ~ **de memòria** pen drive; ~ **d'ulls** eyebrow pencil, eyeliner; ~ **òptic** light pen.

llar ['ʎar] *nf* **-1.** [foc] hearth, fireplace. **-2.** home, family; **retornar a la ~** to return home.

llard ['ʎart] *nm* lard.

llardons [ʎər'dons] *nm pl* pieces of crackling.

llardós -osa [ʎər'dos -ozə] *adj* greasy, fatty.

llarg -a ['ʎark -argə] *adj* **-1.** [gen] long; **aquesta faldilla et va ~a** this skirt is too long for you. **-2.** [i escaig] **mitja hora ~a** a good half hour. **-3.** *fam* [astut] shrewd. ⋄ **llarg** ⋄ *nm* length; **set metres de ~** seven metres long (object); **passar de ~** to pass by; **vestir-se de ~** to dress up / formally; **al ~ de** [en l'espai] throughout; [en el temps] over time; **es va difondre de ~ a ~ de la ciutat** it spread throughout the city. ⋄ *adv* [extensament] at length; **parlar ~ d'alguna cosa** to talk for a long time about sthg. ■ **llarga** *nf*: **a la ~a** in the long run; **està aprenent i, a la ~a, pensa treballar** he's studying and has long-term plans to work.

llargària [ʎər'gariə] *nf* length.

llargmetratge [ˌʎargmə'tradʒə] *nm* feature film.

llast ['ʎast] *nm* **-1.** [pes] ballast; **deixar anar ~** to release ballast, *fig* to get rid of encumbrances. **-2.** *fig* [destorb] burden; **el seu passat és un ~ per a la seva carrera** his past held him back in his career.

llastar [ʎəs'ta] *vt* to ballast.

llàstima ['ʎastimə] *nf* [compassió] pity, compassion; **fer ~** to be a crying shame; **fa anar-se'n** it's a pity to leave; **quina ~!** what a pity!, what a shame!; **quedar fet una ~** to be a sorry sight, to be a pitiful sight.

llastimós -osa [ʎəsti'mos -ozə] *adj* pitiful, woeful.

llatí -ina [ʎə'ti -inə] ⋄ *adj* Latin. ⋄ *nm, f* Latin. ■ **llatí** *nm* Latin; ~ **clàssic** Classical Latin; ~ **macarrònic** dog Latin; ~ **vulgar** Vulgar Latin.

llatinisme [ʎəti'nizmə] *nm* Latinism.

llatinoamericà -ana [ʎəˌtinuməri'ka -anə] ⋄ *adj* Latin American. ⋄ *nm, f* Latin American.

llauna ['ʎawnə] *nf* **-1.** [envàs] tin *Br*, can *Am*; **una ~ d'oli** a tin of oil. **-2.** tin, can, tinplate. **-3.** *fig*: **quina ~!** what a pain!, what a bore!; **donar la ~ a algú** to pester sb.

llaurador -a [ʎəwrə'ðo -orə] *nm, f* ploughman *m*, ploughwoman *f*, farm worker.

llaurar [ʎəw'ra] *vt* **-1.** to plough, to till; *fig* **fer ~ dret** to keep sb in line.

llaüt [ʎə'ut] *nm* lute.

llautó [ʎəw'to] *nm* brass.

llavi ['ʎaβi] *nm* **-1.** [gen] lip; ~ **leporí** harelip. **-2.** *fig* [parla] speech; **estar pendent dels ~s d'algú** to hang on sb's words; **no obrir els ~s** not to say a word.

llavor [ʎə'βo] *nf* **-1.** seed. **-2.** *fig* leaven; [motiu] **ser la ~ d'alguna cosa** to be the seed of sthg; **ser la ~ de la discòrdia** to be the cause of discord. ⋄ **llavor de cànem** *nf* hemp seed.

llavors [ʎə'βɔs] *adv* then; **de ~ ençà** from then on, since then.

llebre ['ʎeβrə] *nf* hare; *fig* **córrer com una ~** to run like a hare, to hare along; *fig* **aixecar / moure la ~** to let the cat out of the bag.

llebrer [ʎə'βre] *nm* greyhound, whippet.

llec llega ['ʎek ʎeɣə] ⋄ *adj* **-1.** [ignorant] ignorant; **ser ~ en** to be ignorant about sthg. **-2.** [seglar] secular, lay. **-3.** [religiós] lay. ⋄ *nm, f* **-1.** [ignorant] ignorant. **-2.** [seglar] lay person. **-3.** [religiós] lay brother *m*, lay sister *f*.

lleganya [ʎə'ɣaɲə] *nf* sleep (in the eyes), rheum.

lleganyós -osa [ʎəɣə'ɲos -ozə] *adj* bleary.

llegar [ʎə'ɣa] *vt* to leave (in a will / testament), to bequeath.

llegat [ʎə'ɣat] *nm* **-1.** DR bequest. **-2.** *fig* [d'una generació] legacy. **-3.** [persona] heir *m*, heiress *f*, legate.

llegenda [ʎə'ʒendə] *nf* legend; **una ~ negra** a black legend.

llegendari -ària [ʎəʒən'dari -ariə] *adj* legendary.

llegible [ʎə'ʒibblə] *adj* legible.

llegida [ʎə'ʒiðə] *nf* reading.

llegir [ʎə'ʒi] ⋄ *vt* [gen & INFORM] to read. ⋄ *vi* to read; ~ **d'una tirada** to read in one go.

llegua ['ʎeɣwə] *nf* league; ~ **marina** sea league.

llegum [ʎə'ɣum] *nm* legume, pod vegetable; **~s secs / verds** dried pulses / green vegetables.

llei [ˈʎej] ◇ *nf* **-1.** [gen] law; [parlamentària] bill, act, measure; **~ d'estrangeria** Aliens Act; **~ d'incompatibilitats** act regulating which other positions may be held by people holding public office; **~ de l'oferta i de la demanda** law of supply and demand; ESPORT **~ de l'avantatge** head start; **~ sàlica** salic law; HIST **~ seca** prohibition law; **feta la ~, feta la trampa** every law has a loophole; **~ de l'embut** one law for o.s. and another for everyone else; **de bona ~** reliable, of good quality. **-2.** [d'un metall]: **de ~** [or] pure; [plata] sterling. ◇ *nf pl* [dret] law.

lleial [ʎəˈjal] ◇ *adj*: **~ a** loyal to ◇ *nmf* **~ (a)** loyal supporter (of).

lleialtat [ʎəjalˈtat] *nf*: **~ a** a loyalty to.

Lleida [ˈʎɛjðə] Lleida.

lleig lletja [ˈʎetʃ ˈʎedʒə] *adj* **-1.** [gen] ugly; **~ com un pecat** as ugly as sin. **-2.** [temps, clima] foul. **-3.** [acció] dirty.

lleixa [ˈʎeʃə] *nf* **-1.** shelf, mantlepiece. **-2.** legacy.

lleixiu [ʎəˈʃiw] *nf* bleach.

llémena [ˈʎemənə] *nf* egg of hair louse.

llenç [ˈʎens] *nm* linen.

llençar [ʎənˈsa] *vt* to throw away, to throw out.

llenceria [ʎənsəˈɾiə] *nf* **-1.** [de la llar] linen; [de dona] ladies' underwear, lingerie; **~ fina** lingerie. **-2.** [botiga de roba interior] lingerie shop, underwear shop.

llençol [ʎənˈsɔl] *nf* sheet; **~ de sota / de sobre** bottom / top sheet; **agafar-se a algú el ~ a les anques** not to be good at getting up.

llengua [ˈʎeŋgwə] *nf* tongue, language; *fig* **~ d'escurçó / viperina** sharp-tongued; **~ materna** mother tongue; **~ morta** dead language; *fig* **anar-se'n de la ~** to blab (about); **entortolligar-se la ~** to get one's words twisted, to trip over one's words; *fig* **mossegar-se la ~** to bite one's tongue; **tenir la ~ llarga** to talk too much; *fig* **estirar la ~ a algú** to loosen sb's tongue.

llenguado [ʎəŋˈgwaðu] *nm* sole.

llenguatge [ʎəŋˈgwadʒə] *nm* language; **~ col·loquial** colloquial language, slang; **~ comercial** business language, business jargon; **~ corporal** body language; **~ d'alt nivell** high level language; **~ de baix nivell** low level language; **~ de màquina** machine language; **~ de programació** programming language; **~ estructurat** structured language; **~ modular** modular language; **~ orientat a l'objecte** object-oriented language; **~ xifrat / codificat** coded language, encrypted language, code.

llengüeta [ʎəŋˈgwetə] *nf* small tongue, tab, [balança] pointer; MÚS tongue.

llengut -uda [ʎəŋˈgut -uðə] *adj* foul-mouthed.

llentia [ʎənˈtiə] *nf* lentil.

llenya [ˈʎeɲə] *nf* **-1.** [fusta per a cremar] firewood. **-2.** *fam fig* [cops]: **fúmer ~ a algú** to give sb a beating / thrashing. **-3.** *loc*: **tirar / afegir ~ al foc** to add fuel to the flames.

llenyataire [ʎəɲəˈtajɾə] *nm, f* woodcutter, woodman, lumberjack *Am*.

lleó lleona [ʎəˈo ʎəˈonə] *nm, f* **-1.** [animal] lion *m*, lioness *f*. **-2.** *fig* [persona]: **defensar-se com un ~** to fight like a lion. **-3.** *fig*: **la part del ~** the lion's share. ● **Lleó** ◇ *nm inv* [zodíac] Leo. ◇ *nmf inv* [persona] fierce person. ● **lleó marí** *nm* sea lion.

lleonera [ʎəwˈneɾə] *nf* [gàbia] lion's cage.

lleoní -ina [ʎəwˈni -inə] *adj* leonine, lionlike.

lleopard [ʎəwˈpart] *nm* leopard.

llepa [ˈʎepə] *nm, f* toady, creep *Am*.

llepada [ʎəˈpaðə] *nf* licking.

llepaire [ʎəˈpajɾə] *nmf fam & vulg* arse-licker; **ser un ~** to be an arse-licker.

llepar [ʎəˈpa] *vt* to lick. ● **llepar-se** *vp* to lick o.s., to smack one's lips.

llera [ˈʎeɾə] *nf* river bed.

llesca [ˈʎeskə] *nf* slice of bread; *fig* **fer la ~a algú** to put a spoke in sb's wheel.

llescar [ʎəsˈka] *vt* [el pa] to slice; [tallar] to cut.

llest -a [ˈʎest -ə] *adj* [astut] cunning, shrewd, astute; [espavilat] clever, bright, smart *Am*.

llet [ˈʎet] *nf* **-1.** [gen] milk; **~ condensada** condensed milk; **~ descremada / desnatada** skimmed milk; **~ en pols** powdered milk; **~ esterilitzada** sterilised milk; **~ homogeneïtzada** homogenised milk; **~ merengada** milk mixed with egg white, sugar and cinnamon; **~ higienitzada / pasteuritzada** pasteurised; **~ semidesnatada / semidescremada** semi-skimmed milk; **~ d'ametlles** almond milk; drink made from crushed almonds, water and sugar. **-2.** [de plantes] (milky) sap. **-3.** **dents de ~** milk teeth. **-4.** *vulg* [semen] spunk. **-5.** *vulg* [mal humor]: **estar de mala ~** to be in a foul mood; **tenir mala ~** to be bad-tempered, to be ill-willed.

lletania [ʎətəˈniə] *nf lit & fig* litany.

lleter -a [ʎəˈte -eɾə] ◇ *adj* milk (*abans de nom*). ◇ *nm, f* dairyman *m*, dairywoman *f*, milkman *m*, milkmaid *f*. ▶ **lletera** *nf* [per a transportar] milk churn; [per a servir] milk jug.

lleteria [ʎətəˈɾiə] *nf desus* dairy.

lletgesa [ʎəˈdʒezə] *nf lit & fig* ugliness, hideousness.

lletra [ˈʎetɾə] *nf* **-1.** [signe, sentit] letter. **-2.** [manera d'escriure] handwriting. **-3.** [estil] font; **~ cursiva / itàlica** italics; **~ d'impremta** print; **~ majúscula** capital, upper case; **~ negreta** bold; **~ versaleta** small capital; *fig* **a la ~, al peu de la ~** to the letter. **-4.** [d'una cançó] lyrics *pl*. **-5.** COM: **~ (de canvi)** bill of exchange; **~ avalada** guaranteed bill of exchange; **~ de canvi a la vista** sight bill; **~ de favor** fictitious bill; **girar / protestar una ~** to draw / protest a bill of exchange. ▶ **lletra menuda** *nf*: **tenir molta ~ menuda** [persona] to be very shrewd; [llibre] to be full of notes. ▶

lletres *nf pl* EDUC humanities, arts.

lletrat -ada [ʎəˈtɾat -aðə] ◇ *adj* learned. ◇ *nm, f* lawyer.

lletrejar [ʎətɾəˈʒa] *vt* to spell (out).

lletuga [ʎəˈtuɣə] *nf* [enciam] lettuce.

lleu [ˈʎew] *adj* **-1.** light, small, trivial, slight. **-2.** [malaltia] mild, slight. **-3.** [delicte, pecat] minor.

lleuger -a [ʎəwˈʒe -eɾə] *adj* **-1.** [gen] light; [dolor, rumor, descens] slight; [vestit, tela] thin. **-2.** [àgil] agile, nimble. **-3.** [ràpid] quick, swift. **-4.** [irreflexiu] flippant; **a la ~a** without reflection, unthinkingly.

lleugeresa [ʎəwʒəˈɾezə] *nf* **-1.** [gen] lightness; [rapidesa] swiftness; [moure's amb facilitat] agility. **-2.** [error] slip; [poc seriós] flippancy.

lleure [ˈʎewɾə] *nm* leisure; **el temps de ~** leisure, spare time.

lleva [ˈʎeβa] *nf* **-1.** MIL levy(ing). **-2.** TECNOL camshaft.

llevadís -issa [ʎəβəˈðis -isə] *adj* ▶ **pont**.

llevaneu [ˌʎeβəˈnew] *nf inv* snow plough.

llevant [ʎəˈβan] *nm* **-1.** [est] East. **-2.** [vent] Easterly, East wind.

llevar [ʎəˈβa] *vt* **-1.** [gen] to remove. **-2. ~ àncores** to weigh anchor. ▶ **llevar-se** *vp* to get up.

llevat [ʎəˈβat] *nm* yeast, baking powder; **~ de cervesa** brewer's yeast.

llevataps [ˌʎeβəˈtaps] *nm inv* corkscrew.

llevataques [ˌʎeβəˈtakəs] *nm inv* stain remover.

lli [ˈʎi] *nm* **-1.** [planta] flax. **-2.** [teixit] linen.

llibertat [ʎiβərˈtat] *nf* liberty, freedom; **deixar / posar algú en ~** to free sb, to release sb; **estar en ~** to be free; **prendre's la ~ de fer alguna cosa** to take the liberty of doing sthg; **prendre's ~s** to take liberties; **tenir ~ per a fer alguna cosa** to be free to do sthg; **~ condicional** probation; **~ de circulació de capitals / de treballadors** free movement of capital / workers; **~ d'expressió** freedom of speech; **~ d'impremta / premsa** freedom of the press; **~ provisional / ~ sota fiança** bail.

llibertí -ina [ʎiβərˈti -inə] *adj & nm, f* libertine.

llibre [ˈʎiβɾə] *nm* book; **portar els ~s** to keep the ledgers; **~ blanc** white paper; **~ de butxaca** paperback; **~ de capçalera** bedside book; **~ de caixa** bank book; **~ de cuina** cook(ery) book; **~ de comerç** sales book; **~ de comptes / comptabilitat** ledger; **~ de família** document containing personal details of the members of a family; **~ de reclamacions** official complaints book; **~ de text** textbook; **~ sagrat** holy book; **parlar com un ~** to express o.s. very clearly.

llibrer -a [ˈʎiβɾe -eɾə] ◇ *adj* book (*abans de nom*). ◇ *nm, f* ▶ **llibreter -a**.

llibreria [ʎiβɾəˈɾiə] *nf* **-1.** [gen] bookshop. **-2.** [moble] bookcase.

llibret [ʎiˈβɾet] *nm* MÚS libretto.

llibreta [ʎiˈβɾetə] *nf* [per a escriure] notebook. ▶ **llibreta d'estalvis** *nf* bank book, savings book.

llibreter -a [ʎiβɾəˈte -eɾə] *nm, f* bookseller.

Llic. (abrev de llicenciat / llicenciada) graduate.

llicència [ʎiˈsɛnsiə] *nf* [document] license, permit; [autorització] permission; **~ d'armes** firearm / gun license; **~ d'exportació / d'importació** export / import license; **~ d'obres** works / building permit; **~ fiscal** official authorization to practice a profession.

llicenciament [ʎisənsiəˈmen] *nm* MIL discharge.

llicenciar [ʎisənsiˈa] *vt* **-1.** EDUC to confer a degree on. **-2.** MIL to discharge. ▶ **llicenciar-se** *vp* **-1.** EDUC to graduate; **~-se (en)** to graduate (in). **-2.** MIL to be discharged.

llicenciat -ada [ʎisənsiˈat -aðə] *adj & nm, f* **-1.** EDUC graduate; **~ en** bachelor of. **-2.** MIL discharged.

llicenciatura [ʎisənsiəˈtuɾə] *nf* EDUC bachelor's degree, degree course.

llicenciós -osa [ʎisənsiˈos -ozə] *adj* licentious, ribbald, lewd.

lliçó [ʎiˈso] *nf* lesson, class; *fig* donar a algú una ~ d'alguna cosa [advertir] to teach sb a lesson; servir de ~ to serve as a lesson; *fam fig* donar a algú una bona ~ to give sb a good lesson.

lliga [ˈʎiɣə] *nf* league.

lligacama [ˌʎiɣəˈkamə] *nf* garter.

lligadura [ʎiɣəˈðurə] *nf* **-1.** [acció & MED] ligation, ligature. **-2.** MÚS ligature.

lligam [ʎiˈɣam] *nm* **-1.** tie, bond, link. **-2.** *fig* [obligació] obligation; [econòmic] trading link, economic link.

lligament [ʎiɣəˈmen] *nm* [gen & MED] ligament; ~ de trompes ligation of the fallopian tubes.

lligar [ʎiˈɣa] ◇ *vt* **-1.** [gen] to tie up, to bind, to fasten. **-2.** MED to perform ligature. **-3.** [unir] to join. **-4.** *fig* [relacionar] to tie up, to link. ◇ *vi* **-1.** [declaracions, fets, dades] to tie up, to relate; ~ (amb) to tie up (with). **-2.** [coincidir] to coincide, to match; ~ amb to match with. **-3.** *fam* [conquistar]: ~ (amb algú) to chat sb up. **-4.** [harmonitzar] to go with sthg; ~ amb alguna cosa to go with sthg; el verd i el rosa no lliguen green and pink don't go together; portar un vestit que lliga amb les sabates to wear a dress which goes with one's shoes. ● **lligar-se** *vp* **-1.** to tie up, to bind, to fasten; [nuar] ~-se els cordons to tie up one's shoelaces. **-2.** [comprometre's] to tie o.s. down.

lligueta [ʎiˈɣetə] *nf* garter.

llima [ˈʎimə] *nf* **-1.** [utensili] file; menjar com una ~ to eat like a horse. **-2.** BOT lime.

llimac [ʎiˈmak] *nm* ZOOL slug.

llimar [ʎiˈma] *vt* **-1.** [polir] to file (down / off), to smooth (over). **-2.** [perfeccionar] to polish, to add the finishing touches to.

llimona [ʎiˈmonə] *nf* lemon.

llimonada [ʎimuˈnaðə] *nf* lemon juice; [refresc] lemonade.

llimoner -a [ʎimuˈne -erə] *adj* lemon; l'exportació ~a lemon exports. ● **llimoner** *nm* lemon tree.

llinatge [ʎiˈnadʒə] *nm* lineage; alt ~ nobility.

llinda [ˈʎində] *nf* lintel.

llindar [ʎinˈda] *nm* **-1.** threshold. **-2.** first step, beginning; al ~ de on the verge / point of.

lliri [ˈʎiri] *nm* iris, lily. ● **lliri d'aigua** *nm* [planta, flor] calla lily.

llis -a [ˈʎis -izə] *adj* **-1.** [gen] flat, smooth, even. **-2.** [cabell] straight. **-3.** [no estampat] plain. **-4.** ESPORT sprint; els 400 metres llisos the 400 metres flat.

lliscadís -issa [ʎiskəˈðis -isə] *adj* [sòl] slippery.

lliscar [ʎisˈka] *vt* to slip, to slide, to skid, to glide.

llista [ˈʎistə] *nf* **-1.** [enumeració] list; passar ~ to call the register; ~ de boda / d'espera wedding list, waiting list; ~ de preus price list; ~ electoral electoral roll; ~ negra black list. **-2.** [de tela, fusta] strip; de paper] slip; [de color] stripe. ● **llista de carrers** *nf* [guia] street directory. ● **llista de correus** *nf* poste restante.

llistat -ada [ʎisˈtat -aðə] *adj* striped. ● **llistat** *nm* **-1.** list. **-2.** INFORM list.

llistó [ʎisˈto] *nm* lath; ESPORT bar.

llit [ˈʎit] *nm* **-1.** [gen] bed; *lit* [de riu, llac, canal] bed, bottom; fer ~, estar al ~ to be ill in bed; fer el ~ to make the bed; ~ de matrimoni double bed; ~ individual single bed. **-2.** [capa] layer. **-3.** no és un ~ de roses it's no bed of roses, it's no bowl of cherries; la seva vida fou un ~ de roses his path through life was strewn with rose petals.

llitera [ʎiˈterə] *nf* **-1.** [llit] bunk (bed); [de vaixell] berth; [de tren] couchette, berth. **-2.** [vehicle] litter. **-3.** [d'ambulància, etc.] stretcher.

lliura [ˈʎiwrə] *nf* pound; ~ esterlina / irlandesa pound sterling / Irish pound.

lliurament [ʎiwrəˈmen] *nm* **-1.** [de paquet, diners] handing over, delivery; [premi] presentation; fer ~ d'alguna cosa a algú to deliver / hand over sthg to sb; ~ a domicili home delivery. **-2.** COM order to pay.

lliurar [ʎiwˈra] *vt* **-1.** [paquet, diners] to hand over, to deliver; [premi] to present. **-2.** COM to draw (on). ● **lliurar-se** *vp* **-1.** [rendir-se] to surrender, to give up. **-2.** [família, amics, feina]: ~-se a to dedicate o.s. (to); [vici, beguda, passió] to give o.s. over (to).

lliure [ˈʎiwrə] *adj* [gen] free; [temps] spare; [camí] clear; [lavabo, pis] empty, vacant; ser ~ de / per a fer alguna cosa to be free to do sthg; ~ de free from; ~ d'impostos tax-free; ~ de franqueig post-free; ~ del servei militar not liable to military service. ● **lliure-canvi** *nm* free trade.

lliurepensador -a [ˌʎiwɾəpənsəˈðo -oɾə] ◇ *adj* freethinking. ◇ *nm, f* freethinker.

lloa [ˈʎoə] *nf* **-1.** [lloança] praise, eulogy. **-2.** LITER eulogy, panegyric.

lloable [ʎuˈabblə] *adj* laudable, praiseworthy, commendable.

lloança [ʎuˈansə] *nf* eulogy, elegy.

lloar [ʎuˈa] *vt* to praise, to eulogise, to laud.

lloba [ˈʎoβə] *nf* ➥ **llop**.

llobarro [ʎuˈβaru] *nm* [peix] sea-perch, sea-dace.

llobató [ʎuβəˈto] *nm* wolf cub.

llòbrec -ega [ˈʎɔβɾək -əɣə] *adj* dark, gloomy, sombre, mournful.

lloc [ˈʎɔk] *nm* **-1.** [gen] place; **en el ~ del crim** at the scene of the crime; **donar ~ a** give rise to, lead to; **en primer ~** first of all, firstly; **fora de ~** out of place, unbefitting; **tenir ~** to happen, to occur. **-2.** [emplaçament, indret] spot, site; **en un ~ apartat** in an isolated spot; **en aquest ~ hi havia una església** there used to be a church here; **la gent d'aquest ~** people thereabouts. **-3.** [posició] position, place; **ocupar el segon ~** to be in second place; **deixar les coses al seu ~** to put things in their place; **jo, al teu ~, no ho faria** I wouldn't do that if I were you. ➥ **en lloc de** *loc adv* instead of, in place of. ➥ **lloc comú** *nm* commonplace, cliché, platitude.

lloca [ˈʎɔkə] *nf* broody hen.

lloctinent -a [ˌʎɔktiˈnen -entə] *nm, f* [ajudant] lieutenant, deputy.

llodriguera [ʎuðɾiˈɣeɾə] *nf* ➥ **lloriguera**.

llogar [ʎuˈɣa] *vt* [casa, TV, oficina] to rent; [cotxe] to hire. ➥ **llogar-se** *vp* to hire; [casa, oficina] to rent; **"es lloga"** for rent / hire.

llogar(r)et [ʎuɣəˈ(r)ɛt] *nm* hamlet, village.

lloguer [ʎuˈɣe] *nm* **-1.** renting, hiring; **de ~** rented; **tenim pisos de ~** we have flats to let *Br*, we have apartments to rent *Am*. **-2.** [preu - de casa, oficina] rent; [- de televisió] rental; [- de cotxe] hire charge.

llom [ˈʎom] *nm* **-1.** [gen] back; [llibre] spine; [muntanya] flank. **-2.** [carn] loin.

llombrígol [ʎumˈbɾiɣul] *nm* navel.

llonganissa [ʎuŋɡəˈnisə] *nf* speciality cold sausage with spiced pork filling and intestine skins.

llop lloba [ˈʎop ˈʎoβə] *nm, f* wolf *m*, she-wolf *f*. ➥ **llop de mar** *nm* sea dog, old salt.

llorer [ʎuˈre] *nm* laurel. ➥ **llorers** *nm pl fig* laurels; **adormir-se sobre els ~s** to rest on one's laurels.

llorigó [ʎuɾiˈɣo] *nm* young rabbit.

lloriguera [ʎuɾiˈɣeɾə], **llodriguera** [ʎuðɾiˈɣeɾə] *nf* rabbit burrow / warren.

lloro [ˈʎɔɾu] *nm* **-1.** [animal] parrot. **-2.** *fam fig* [xerraire] parrot, chatterbox. **-3.** *fam* [dona lletja] hag, fright.

llosa [ˈʎɔzə] *nf* paving stone, flagstone; *fig* burden.

llostrejar [ʎustɾəˈʒa] *v impers* to dawn, to get dark.

llot [ˈʎɔt] *nm* [fang] soft mud, sludge; *fig* [deshonra] mire, dirt.

llotja [ˈʎɔdʒə] *nf* **-1.** ARQUIT loggia. **-2.** [edifici oficial] hall of commerce, exchange; **~ del peix** fish market. **-3.** TEAT box.

lluç [ˈʎus] *nm* **-1.** [peix] hake. **-2.** *fam* [persona] fool, nitwit. ➥ **lluç de riu** *nm* pike-perch.

llucet [ʎuˈsɛt] *nm* hake fry.

llúdria [ˈʎuðɾiə] *nf* otter.

llufa [ˈʎufə] *nf* **-1.** silent fart; *fam* **fer ~** to flop. **-2.** *fig* **penjar-la ~ a algú** to play a practical joke on sb, to make fun of sb.

llufar-se [ʎuˈfaɾsə] *vp* to fart.

lluir [ʎuˈi] ◇ *vt* [joies, roba] to show off; **~ les cames** to show off one's legs. ◇ *vi* **-1.** [gen] to shine. **-2.** [donar prestigi] to shine, to stand out. ➥ **lluir-se** *vp* **-1.** to do sthg very well; [sobresortir] **~-se (en)** to stand out (in), to excel (at), to shine (at). **-2.** *fam fig & iròn* [quedar malament] to show o.s. up; **t'has ben lluït!** what a mess you have made!

lluita [ˈʎujtə] *nf* fight, struggle; **~ lliure** wrestling; **~ de classes** class struggle.

lluitar [ʎujˈta] *vi* to fight; **~ contra / per** to fight against / for.

llum [ˈʎum] ◇ *nf* **-1.** [gen] light; [electricitat] electricity; **pagar el rebut de la ~** to pay the electricity bill; **se n'ha anat la ~** there has been a power cut; **tallar la ~** to cut off the electricity; **encendre / apagar la ~** to switch on / off the light. **-2.** **donar a ~** to give birth; **donar ~ verda** to give the green light; **treure a la ~** to bring to light. ◇ *nm* **-1.** [gen] lamp, light; **~ d'oli** oil lamp; **~ de taula** table lamp; **~ de peu** standard lamp. **-2.** AUTOM light; **fer ~s a algú** to flash one's headlights at sb; **~s de carretera / llargs** headlights on full beam; **~s d'encreuament / curts** dipped headlights; **~s de fre** brake lights; **~s de posició** side lights; **~s de trànsit / de senyalit-**

zació road lights. **–3.** *fam fig*: **estar com un ~** to be as mad as a hatter. ► **llums** *nf pl* intelligence; [cultura] **el segle de les ~s the** Enlightenment.

llumenera [ʎumə'neɾə] *nf* oil lamp, paraffin lamp, kerosene lamp *Am*; *fam* **no ser cap ~** to be no genius, to be dim.

lluminós -osa [ʎumi'nos -ozə] *adj* lit & fig light-emitting, shining, bright.

lluna [ˈʎunə] *nf* **–1.** [astre] moon; **~ creixent** waxing moon; **~ plena** full moon; **~ minvant** waning moon; **~ nova** new moon. **–2.** [vidre de mirall] mirror pane, looking glass. **–3.** [en una tela, un paper] round design; **amb llunes** with round designs. **–4.** *fam* **estar de bona / mala ~** to be in a good / bad mood; **estar a la ~ (de València)** to be daydreaming; **demanar la ~** to ask for the impossible. ► **lluna de mel** *nf* honeymoon.

llunàtic -a [ʎu'natik -ə] <> *adj* moody, lunatic. <> *nm, f* moody person.

lluny [ˈʎuɲ] *adv* far (away); **al ~** far off, in the distance; **de ~** from afar. ► **lluny de** *loc conj* far from; **~ de millorar...** far from getting better...

llunyà -ana [ʎu'ɲa -anə] *adj* [gen] far off, distant, remote; **ésser ~** to be far away, to be distant, to be remote; **no és gaire ~ el dia en què me n'atiparé** it will not be long before I lose patience.

llunyania [ʎuɲə'niə] *nf* distance, remoteness; **a la ~** far in the distance.

llustre [ˈʎustrə] *nm* lit & fig lustre, shine, polish, gloss.

llustrós -osa [ʎus'tros -ozə] *adj* shining, bright.

lo [lu] *pron pers* ► **el² la**.

lòbul [ˈlɔβul] *nm* lobe.

local [lu'kal] <> *adj* local. <> *nm* **–1.** [edifici] premises, shop. **–2.** [seu] headquarters.

localisme [lukə'lizmə] *nm* **–1.** [sentiment] parochialism. **–2.** LING localism.

localitat [lukəli'tat] *nf* **–1.** [població] place, village, town. **–2.** [seient, bitllet] seat, ticket.

localitzar [lukəli'dzа] *vt* to site, to locate, to find, to track down. ► **localitzar-se** *vp* to be located.

loció [lusi'o] *nf* lotion.

locomoció [lukumusi'o] *nf* locomotion; **les despeses de ~** transport costs.

locomotor -triu [lukumu'tor -triw] *adj* locomotive.

locomotora [lukumu'toɾə] *nf* locomotive, railway engine *Br*.

locució [lukusi'o] *nf* locution, expression, phrase; **~ adverbial** adverb phrase.

locutor -a [luku'to -oɾə] *nm, f* speaker, presenter; [ràdio] announcer.

locutori [luku'tɔɾi] *nm* **–1.** [en un convent, una presó] visitor's room. **–2.** TELECOM place with several public pay phones; **~ (telefònic)** telephone booth.

logaritme [luɣə'ridmə] *nm* logarithm.

lògic -a [ˈlɔʒik -ə] <> *adj* **–1.** [gen] logical. **–2.** [normal]: **és ~ que...** it's understandable that..., one can understand why... <> *nm, f* logician. ► **lògica** *nf* logic.

logístic -a [lu'ʒistik -ə] *adj* logistic. ► **logística** *nf* logistics.

logopeda [luɣu'pɛðə] *nmf* speech therapist.

logotip [luɣu'tip] *nm* logotype, logo.

LOGSE [ˈlɔksə] *nf* (abrev de Llei Orgànica d'Ordenació General del Sistema Educatiu) Spanish educational reform legislation.

lona [ˈlonə] *nf* canvas, sailcloth.

londinenc -a [lundi'neŋ -eŋkə] <> *adj* London (*abans de nom*). <> *nm, f* Londoner.

Londres [ˈlondɾəs] London.

longitud [luŋʒi'tut] *nf* **–1.** [dimensió] length; **de 10 metres de ~** 10 metres long; **~ d'ona** wavelength. **–2.** GEOG & ASTRON longitude.

longitudinal [luŋʒituðiˈnal] *adj* longitudinal.

loquaç [lu'kwas] *adj* loquacious, voluble, talkative, garrulous.

lot [ˈlɔt] *nm* [gen] portion, share, lot; **~ de Nadal** Christmas hamper.

loteria [lutə'ɾiə] *nf* [gen] lottery; **jugar a la ~** to play the lottery; **tocar a algú la ~** to win the lottery, to hit the jackpot; **~ primitiva** weekly state-run Spanish lottery.

lotus [ˈlɔtus] *nf* lotus.

LSD *nm* (abrev de **L**ysergic **D**iethylamide) LSD.

ltda. (abrev de **l**imita**d**a) Ltd.

lubrificant [luβɾifiˈkan] <> *adj* lubricating. <> *nm* lubricant.

lubrificar [luβɾifiˈka] *vt* to lubricate.

lúcid -a [ˈlusit -iðə] *adj* lucid.

lucidesa [lusiˈðɛzə] *nf* lucidity.

lucratiu -iva [lukɾə'tiw -iβə] *adj* lucrative, profitable, remunerative.

lucre [ˈlukɾə] *nm* profit; **l'afany de ~** the profit motive.

lúdic -a [ˈluðik -ə] *adj* [del joc] game (*abans de nom*); [oci] of enjoyment / pleasure.

ludopatia [luðupəˈtiə] *nf* pathological addiction to gambling.

lúgubre [ˈluɣuβɾə] *adj* lugubrious, sad, depressing, dismal, gloomy.

lumbago [lumˈbaɣu] *nm* lumbago, lower back pain.

lumbar [lumˈbar] *adj* lumbar.

lunar [luˈnar] *adj* lunar.

lupa [ˈlupə] *nf* magnifying glass.

lustre [ˈlustɾə] *nm* five-year period; **fa ~s que no el veig** I have not seen him for years.

luxació [luksəsiˈo] *nf* dislocation.

luxe [ˈluksə] *nm* luxury, sumptuousness; **amb gran ~ de detalls** with profuse details; **de ~ de luxe**; **un article de ~** a luxury item; **un pis de ~** a luxury flat; **permetre's el ~ de** to be able to afford sthg.

Luxemburg [luksəmˈburk] Luxembourg.

luxós -osa [lukˈsos -ozə] *adj* luxurious, sumptuous, opulent.

luxúria [lukˈsuɾiə] *nf* lust, lechery.

m¹, M [ˈemə] *nf* [lletra] m, M.
m' *pron pers* ➥ **em**.
'm *pron pers* ➥ **em**.
m² (abrev de **metre quadrat**) square metre.
m³ (abrev de **metre cúbic**) cubic metre.

mà [ˈma] *nf* **-1.** [gen] hand; [sense màquina] **a ~** by hand; **a ~ armada** armed; **donar / estrènyer la ~ a algú** to shake hands. **-2.** ZOOL forefoot, forepaw; [del porc] pig trotter. **-3.** hand; [banda, costat] **a ~ dreta / esquerra** on the right (hand side) / left (-hand side). **-4.** [de pintura, etc.] coat. **-5.** hand; [habilitat] **té bones mans per al bricolatge** he is a good handyman, he is a dab hand at D.I.Y. **-6.** [capacitat de treball] manpower; **~ d'obra** labour, manpower; **~ d'obra especialitzada** skilled labour. **-7.** [ajuda, intervenció] help; **donar la ~ / un cop de ~ a algú** to give sb a (helping) hand, to help sb. **-8.** [de jocs] game. **-9.** *fig* [de cops] blow. **-10. alçar la ~ a algú** to raise one's hand to sb, to hit sb; **caure a les mans d'algú** to fall into sb's hands / clutches; **carregar la ~** to go too far, to go overboard; **amb les mans plegades / ~ sobre ~** sitting around doing nothing; **amb les mans al plat** red-handed; **deixar de les mans** to abandon, to leave to fate; **posar a les mans d'algú** to put sthg in sb's hands; **de primera ~** [cotxe, etc.] brand new; [notícies, etc.] first-hand; **de segona ~** second-hand; **embrutar-se les mans** to get one's hands dirty; **el projecte se li va escapar de la ~** he lost control of the project; **estar deixat de la ~ de Déu** to be godforesaken, lawless, uncared for, left to (one's) own devices; **rentar-se'n les mans (d'alguna cosa)** to wash one's hands (of sthg); **~ a ~** side by side, together; **mans a l'obra** let's get down to it!; **mans enlaire!** hands up!; *vulg fam* **fotre / fúmer ~** [tocar] to touch sb up, to grope sb, to paw sb; **demanar la ~ d'una dona** to propose (marriage) to a woman, to ask for sb's hand (in marriage); **posar-se a les mans d'algú** to put o.s. in sb's hands; **ser la ~ dreta d'algú** to be sb's right-hand man; **tenir ~ esquerra amb la gent** to know how to deal with people; *fam* **portar / tenir alguna cosa entre mans** to be up to sthg; **venir a mans** to come to blows. ➥ **mà de morter** *nf* pestle.

maça [ˈmasə] *nf* mace; [del bombo] drumstick.

macabre -a [məˈkaβɾə] *adj* macabre.

macadura [məkəˈðuɾə] *nf* bruise.

macar [məˈka] *vt* to bruise.

macarró [məkəˈro] *nm* **-1.** macaroni *pl*. **-2.** [proxeneta] pimp.

macarrònic -a [məkəˈrɔnik -ə] *adj* macaronic; *fam* **parla un anglès ~** he speaks bad English; **un llatí ~** dog Latin.

macedònia [məsəˈðɔniə] *nf* fruit salad.

maceta [məˈsetə] *nf* [eina] maller.

maco -a [ˈmaku -ə] *adj* **-1.** [simpàtic, bonic] nice, pretty. **-2.** [persona] good, kind.

maçó -ona [məˈso -onə] *nm, f* freemason.

macramé [məkɾəˈme] *nm* macramé.

macro [ˈmakɾu] *nf* INFORM macro.

macrobiòtic -a [ˌmakɾuβiˈɔtik -ə] *adj* macrobiotic. ➥ **macrobiòtica** *nf* macrobiotics.

màcula [ˈmakulə] *nf lit & fig* stain, spot, blemish; [ASTRON] sunspot.

madeixa [məˈðeʃə] *nf* hank, skein; **~ de llana** hank of wool.

madrastra [məˈðɾastɾə] *nf* stepmother.

maduixa [məˈðuʃə] *nf* strawberry.

maduixera [məðuˈʃeɾə] *nf* strawberry plant.

maduixot [məðuˈʃɔt] *nm* large strawberry.

madur -a [məˈðu -uɾə] *adj* **–1.** [gen] ripe. **–2.** [idea, projecte, solució] mature.

madurar [məðuˈɾa] *vt & vi* to ripen, to mature.

maduresa [məðuˈɾɛzə] *nf* maturity, ripeness.

màfia [ˈmafiə] *nf* mafia.

mafiós -osa [məfiˈos -ozə] ◇ *adj* mafia (*abans de nom*). ◇ *nm, f* mafia member, gangster.

mag -a [ˈmak ˈmaɣə] *nm, f* **–1.** [prestidigitador] magician. **–2.** [en contes] wizard.

magatzem [məɣəˈdzem] *nm* warehouse, store, storeroom. ☛ **(grans) magatzems** *nm pl* department stores.

magdalena [məgdəˈlenə] *nf* CULIN fairy cake.

màgia [ˈmaʒiə] *nf* magic; **~ blanca / negra** white / black magic.

màgic -a [ˈmaʒik -ə] *adj* magic.

magisteri [məʒisˈtɛɾi] *nm* **–1.** [títol] teaching certificate. **–2.** [ensenyament] teaching. **–3.** [professió] teaching profession.

magistral [məʒisˈtral] *adj* magisterial, masterly.

magistrat -ada [məʒisˈtrat -aðə] *nm, f* magistrate, judge.

magistratura [məʒistɾəˈtuɾə] *nf* [ofici] judgeship; [jutges] magistrature; **~ de treball** industrial tribunal.

magnànim -a [məŋˈnanim] *adj* magnanimous.

magnat [məŋˈnat] *nm* magnate, tycoon, mogul.

magnèsia [məŋˈnɛziə] *nf* magnesia.

magnètic -a [məŋˈnetik -ə] *adj* magnetic.

magnetisme [məŋnəˈtizmə] *nm* magnetism.

magnetitzar [məŋnətiˈdza] *vt* [gen] to magnetise; [exercir atracció sobre algú] to mesmerize.

magnetòfon [məŋnəˈtɔfun] *nm* tape recorder.

magnetoscopi [məŋ.netusˈkɔpi] *nm* video recorder.

magnicidi [məŋniˈsiði] *nm* assassination (of an important person).

magnífic -a [məŋˈnifik -ə] *adj* wonderful, magnificent, superb, splendid.

magnificència [məŋnifiˈsensiə] *nf* magnificence.

magnitud [məŋniˈtut] *nf* magnitude, importance.

magnòlia [məŋˈnɔliə] *nf* magnolia.

magolar [məɣuˈla] *vt* [la pell] to beat, to flail.

magrana [məˈɣɾanə] *nf* pomegranate.

magre -a [ˈmaɣɾə] *adj* lean, poor.

maharajà [məəɾəˈʒa] *nm* maharaja(h).

mai [ˈmaj] *adv* (*frases dubitatives o condicionals*) ever, (*frases negatives*) never; **has estat ~ al Quebec?** – **no, ~** have you ever been to Quebec? – No, never; **~ per ~** never!; **no telefona ~** he never telephones; **~ no parles amb mi** you never talk to me; **~ més** never again.

maig [ˈmatʃ] *nm* May; ☛ **setembre**.

mainada [məjˈnaðə] *nf* **–1.** children. **–2.** MIL escort.

mainadera [məjnəˈðeɾə] *nf* nursemaid.

maionesa [məjuˈnɛzə] *nf* ☛ **salsa**.

maître [ˈmɛtɾə] *nm* head waiter.

majestat [məʒəsˈtat] *nf* majesty.

majestuós -osa [məʒəstuˈos -ozə] *adj* majestic.

major [məˈʒo] ◇ *adj* **–1.** [gen] main, major. **2.** [comparatiu] more, greater, larger, older, etc.; [superlatiu] the most , the greatest, the largest, the oldest, etc; **el ~ nombre de passatgers** the largest number of passengers. **–3.** [adult] adult; **~ d'edat** of legal age. **–4.** MÚS: **en do ~** in C major. ◇ *nm* MIL major.

majoral -a [məʒuˈral -ə] *nm, f* **–1.** [pastor] head shepherd. **–2.** [capatàs] overseer, foreman.

majordom -a [məʒurˈdɔm -ə] *nm, f* butler.

majoria [məʒuˈɾiə] *nf* majority; **la ~ de** the majority of; **~ absoluta / relativa** absolute / relative majority; **~ silenciosa** silent majority. ☛ **majoria d'edat** *nf* majority, adult age.

majorista [məʒuˈɾistə] ◇ *adj* wholesale. ◇ *nmf* wholesaler.

majoritari -ària [məʒuɾiˈtaɾi -aɾiə] *adj* majority.

majúscul -a [məˈʒuskul -ə] *adj* [error] enormous, terrible, awful; [esforç, sorpresa] enormous, big. ☛ **majúscula** *nf* capital letter.

mal -a [ˈmal -ə] *adj* **–1.** bad; **tenir ~ gust** to have bad taste. **–2. a (les) males** [a la força] by force. ☛ **mal** *nm* **–1.** wrong; **el ~** evil, wrong; **~ menor** lesser evil; **de**

muntanya a great wrong; **el ~ d'ull** evil eye; **als grans ~s, grans remeis** big problems, big solutions / great wrongs, great rights; **~ de molts, conhort de boigs** only fools run with the devil; **no hi ha ~ que per bé no vingui** every cloud has a silver lining. **–2.** [dolor] pain; **fer(-se) ~** to hurt o.s. **–3.** fig: **saber de quin ~ pateix** to know what ails one. **–4.** ache; **~ de queixals** toothache; **~ de cap / d'estómac** headache / stomachache; **~ de ventre / de ronyons** gut ache / lower back pain. **–5.** [ferir]: **fer ~ a** to do sb harm. ⇒ **mal que bé** loc adv despite everything; **~ que bé, va acabar la marató** despite everything, he finished the marathon. ⇒ **mala passada** nf dirty trick.

malabar [mələˈβar] adj ⇒ joc.

malabarisme [mələβəˈrizmə] nm juggling; lit & fig **fer ~s** to juggle (things).

malabarista [mələβəˈristə] nmf juggler.

Màlaga [ˈmaləɣə] Malaga.

malaguanyat -ada [ˌmaləɣwəˈɲat -aðə] adj **–1.** [desaprofitat] wasted. **–2.** [artista] ill-starred.

Malàisia [məˈlajzjə] Malaysia.

malalt -a [məˈlal -altə] ◇ adj sick, ill, poorly; **estar ~** to be sick, to be ill, to be poorly, to be unwell; **caure ~** to fall ill, to fall sick. ◇ nm, f ill person, sick person.

malaltia [məlalˈtiə] nf sickness, illness, disease.

malaltís -issa [məlalˈtis -isə] adj [gen] weak, sickly, unhealthy, illness-prone.

malament [ˌmaləˈmen] adv **–1.** [gen] badly; **trobar-se ~** to feel unwell; **sentir-hi / veure-hi ~** to feel ill at ease, to feel uncomfortable / to see poorly; **caure ~ a algú** [roba] not to suit sb; **aquesta roba et queda ~** those clothes don't suit you; [comentari, actitud] **~!** too bad!, that's a pity!; **s'ho ha pres molt ~** he has taken it badly. **–2. no estaria ~ que...** it wouldn't be a bad idea if...

malària [məˈlarjə] nf malaria.

malastrugança [ˌmaləstruˈɣansə] nf bad luck, ill fortune; **portar ~** to bring bad luck.

malbaratar [ˌmalβərəˈta] vt [fortuna] to squander one's money / fortune. ⇒ **fer malbé** loc to ruin sthg; **la fruita madura es pot fer ~ amb la calor** ripe fruit may get bad in hot weather.

malcarat -ada [ˌmalkəˈrat -aðə] adj **–1.** repulsive (face). **–2.** [persona] surly, sullen.

malcriar [ˌmalkriˈa] vt **–1.** to spoil (a child). **–2.** to bring (a child) up badly.

malcriat -ada [ˌmalkriˈat -aðə] ◇ adj spoiled. ◇ nm, f spoilt brat.

maldat [məlˈdat] nf evilness, wickedness.

maldestre -a [ˌmalˈdɛstrə] adj clumsy, unskilful.

maledicció [mələðiksiˈo] nf curse.

malèfic -a [məˈlɛfik -ə] adj harmful; **una influència ~a** a harmful influence.

malefici [mələˈfisi] nm curse.

maleir [mələˈi] vt to curse.

maleït -ïda [mələˈit -iðə] adj **–1.** awful, terrible; fam **~ sigui!** damn it!; **aquests ~s diners!** that damned / bloody money! **–2.** fam fig bloody.

malenconia [mələŋkuˈniə] nf melancholy, sadness.

malenconiós -osa [mələŋkuniˈos -ozə] ◇ adj sad, melancholic. ◇ nm, f sad person, melancholic person.

malentès [ˌmalənˈtɛs] nm misunderstanding.

malestar [mələsˈta] nm **–1.** [dolor físic] discomfort, indisposition, malaise; **tenir ~ general** to feel uncomfortable, to feel ill at ease, to feel uneasy. **–2.** fig [unrest] uneasiness.

maleta [məˈlɛtə] nf suitcase.

maleter [mələˈte] nm AUTOM boot Br, trunk Am.

maletí [mələˈti] nm briefcase, attaché case.

malèvol -a [məˈlɛβul -ə] adj malevolent.

malfactor -a [malfəkˈto -ora] adj & nm, f delinquent, criminal, wrongdoer.

malgastar [ˌmalɣəsˈta] vt [diners, temps] to waste; [salut] to ruin.

malgirbat -ada [ˌmalʒirˈbat -aðə] adj slipshod, careless, scruffy, shabby, badly-attired.

malgrat [məlˈɣrat] prep despite, in spite of; **~ que** although.

malhumorat -ada [ˌmalumuˈrat -aðə] adj ill-humoured, bad-tempered, in a bad mood.

malícia [məˈlisjə] nf **–1.** [maldat] malice, naughty, malevolence. **–2.** [picardia] wicked, knowing.

maliciós -osa [məlisiˈos -ozə] adj **–1.** [dolent, malintencionat] malicious, malevolent, ill-intentioned. **–2.** [murri] sly, cunning.

malifeta [ˌmaliˈfetə] nf misdeed, evil deed.

maligne -a [məˈliɲɲə] *adj* **–1.** [persona] wicked, evil, harmful, malignant. **–2.** MED malignant; **un tumor ~** a malignant tumour.

malla [ˈmaʎə] *nf* **–1.** [teixit] mesh. **–2.** [xarxa] net. ➡ **malles** *nf pl* tights *pl*, pantyhose (*U*).

mal·leable [məlleˈabblə] *adj* malleable.

Mallorca [məˈʎorkə] Majorca.

mallorquí -ina [məʎurˈki -inə] ◇ *adj* Majorcan. ◇ *nm, f* Majorcan.

mallot [məˈʎɔt] *nm* ESPORT track suit; [de ballet] leotard. **~ groc** the yellow jersey (worn by the fastest cyclist in the Tour de France).

malmenar [ˌmalməˈna] *vt* [maltractar] to maltreat, to damage.

malmetre [malˈmɛtrə] *vt* to harm, to damage, to spoil. ➡ **malmetre's** *vp* to get ruined.

malnom [ˌmalˈnɔm] *nm* nickname.

malparat -ada [ˌmalpəˈrat -aðə] *adj* harmed, prejudiced; **va sortir ~ de...** he came out badly of...

malparlat -ada [ˌmalpərˈlat -aðə] *adj* foul-mouthed, gross, vulgar.

malpensat -ada [ˌmalpənˈsat -aðə] *nm, f* evil-minded person, nasty-minded person.

malson [ˌmalˈsɔn] *nm* nightmare.

malsonant [ˌmalsuˈnan] *adj* offensive, rude.

malt [ˈmal] *nm* malt.

Malta [ˈmaltə] Malta.

maltractament [ˌmaltrəktəˈmen] *nm* ill-treatment.

maltractar [ˌmaltrəkˈta] *vt* **–1.** [pegar, insultar] to mistreat, to hit, to abuse, to insult. **–2.** [fer malbé] to damage.

maltracte [ˌmalˈtraktə] *nm* ill-treatment.

maluc [məˈluk] *nf* hip.

malva [ˈmalβə] ◇ *adj inv* mauve. ◇ *nm* [color] mauve. ◇ *nf* BOT mallow; *fig* **fer malves** to push up daisies.

malvat -ada [məlˈβat -aðə] *adj & nm, f* wicked, evil, bad, twisted.

malversació [ˌmalβərsəsiˈo] *nf*: **~ de fons** embezzlement of funds.

malversar [ˌmalβərˈsa] *vt* to embezzle.

Malvines [məlˈβinəs] : **les (illes) ~** the Falklands (Islands).

malviure [ˌmalˈβiwrə] *vi* to lead a dissolute life, to live badly, to scrape by.

malvolença [ˌmalβuˈlɛnsə] *nf* malevolence, ill will.

mama [ˈmamə] *nf* **–1.** ➡ **mamella**. **–2.** *fam* [mare] mother.

mamà [maˈma] *nf fam* [mare] mummy *Br*, mum, ma *Am*.

mamar [məˈma] ◇ *vt* **–1.** (gen) to suck. **–2.** *fig* [aprendre] to learn the basics. ◇ *vi* **–1.** to suckle; **donar de ~** to breast feed. **–2.** *fam* [beure] to knock back. **–3.** *fam* [emborratxar-se] to get plastered, to get roaring drunk. ➡ **mamar-se** *vp fam* to get plastered, to get sozzled, to get pissed *Br*.

mamarratxada [məməərəˈtʃaðə] *nf* **–1.** [acció] stupid deed; **em sembla una ~** what a stupid thing to do! **–2.** [quadre] daubing.

mamarratxo [məməˈratʃu] *nm* **–1.** [fantotxe] sight, mess; **estar fet un ~** to be dressed like a scarecrow. **–2.** [imbècil] idiot, imbecile. **–3.** [pel·lícula] crappy film; [quadre] daubing.

mamella [məˈmeʎə] *nf* [òrgan - d'animal] mammary gland; [- de dona] breast; [- de mascle] nipple; [- de vaca] udder. ➡ **mamelles** *nf pl fam* tits.

mameluc [məməˈluk] *nm* HIST Marmeluke.

mamífer -a [məˈmifər -erə] *adj* mammalian. ➡ **mamífer** *nm* mammal.

mamografia [məmuɣrəˈfiə] *nf* mammography, breast scan.

mampara [mamˈparə] *nf* screen.

mamut [məˈmut] *nm* mammoth.

mànager [ˈmanəʒər] *nm* manager.

Managua [məˈnaɣwə] Managua.

manament [mənəˈmen] *nm* commandment.

manar [məˈna] ◇ *vt* **–1.** [donar ordres] to order; **~ (de) fer alguna cosa** to order sb to do sthg. **–2.** [dirigir - exèrcit] to command; [- país] to rule, to govern, to run. ◇ *vi desp* [donar ordres] to order about, to boss around.

manat [məˈnat] *nm* handful, bunch; *fig* **estar fet un ~ de nervis** to be a bundle of nerves; *fig* **ser un ~ de nervis** to be hyperactive.

manc -a [ˈmaŋ ˈmaŋkə] *adj* one-handed, one-armed.

manca [ˈmaŋkə] *nf* lack, absence, shortage.

mancar [məŋˈka] *vi* to lack; **~ d'alguna cosa** to lack sthg.

mancomunitat [məŋkumuniˈtat] *nf* association.

mandarí [məndəˈɾi] *nm* **–1.** mandarin. **–2.** [llengua] Mandarin.

mandarina [məndəˈɾinə] *nf* tangerine, mandarin orange.

mandat [mənˈdat] *nm* **–1.** [gen] order, command; **~ judicial** warrant. **–2.** POLÍT term of office.

mandatari -ària [məndəˈtaɾi -aɾiə] *nm, f* representative, agent; **primer ~** head of state.

mandíbula [mənˈdiβulə] *nf* jaw, mandible.

mandioca [məndiˈɔkə] *nf* [planta] cassava; [fècula] tapioca.

mandolina [mənduˈlinə] *nf* mandolin.

mandonguilla [məndunˈɡiʎə] *nf* meatball.

mandra [ˈmandɾə] *nf* laziness, idleness; *fam* sloth; **fer el ~** to idle, to take it easy.

mandrejar [məndɾəˈʒa] *vi* to laze about, to idle away one's time.

manduca [mənˈdukə] *nf fam* food, nosh *Br*, chow *Am*.

mànec [ˈmanək] *nm* handle.

manefla [məˈneflə] *nmf* meddler.

mànega [ˈmanəɣə] *nf* **–1.** ⇨ **mànega**. **–2.** ESPORT part. **–3.** [filtre] filter. **–4.** [de pastisseria] (swiss) roll. **–5.** [tub llarg] hose; [de bomber] fire hose. ● **mànega de vent / anemoscòpica** *nf* [mesurador de vent] wind gauge, anemometer.

manegar [mənəˈɣa] *vt* to fasten, to stick / screw / hold down; *fig* to arrange, to salve. ● **manegar-se** *vp* to get by, to manage; **~-se les** to manage, to sort things out.

manejable [mənəˈʒabblə] *adj* manageable.

manejar [mənəˈʒa] *vt* [gen] to handle, to use, to operate, to manage. ● **manejar-se** *vp* **–1.** [moure's] to achieve / get results. **–2.** [moure's per a alguna cosa] to get a move on.

manera [məˈneɾə] *nf* [gen] manner, way; **la ~ que tens de menjar** the way you eat; **fes-ho de la ~ que vulguis** do it any way you want, do it how you like; **a ~ de** as a way of; **a la ~ de** in the style of, after the fashion of; **de tota ~ / totes maneres** anyway; **de ~ que** so (that); **ho va fer de ~ que...** he did it in a way that; **~ de viure** way of life, lifestyle; **plou, i de quina ~!** it's raining like nobody's business!, just look how it's raining!; **de qualsevol ~** [sense cura] that's (just) the way it is; [sigui com sigui] be that as it may; **em va enganyar de mala ~** he tricked me; **de cap ~** [reforçant una negació] it's out of the question!, no way! *Am*; [resposta exclamativa] what!; **d'una ~ o d'una altra** one way or another; **no hi ha ~** there's just no way. ● **maneres** *nf pl* [capteniment correcte] manners; **tenir bones / males maneres** to be well-mannered / ill-mannered, to have good / bad manners.

maneta [məˈnɛtə] *nf* **–1.** [del rellotge] hand. **–2.** (little) hand. **–3.** handle. ● **manetes** *nmf pl* handyman; **ser un manetes** to be a handyman; **té manetes** he is good with his hands, he is good at D.I.Y.; **fer manetes** to fondle, to touch each other up.

mango [ˈmanɡu] *nm* **–1.** [arbre] mango tree. **–2.** [fruita] mango.

mania [məˈniə] *nf* **–1.** mania, craze, obsession, complex, fixation; **~ persecutòria** persecution complex. **–2.** [afició exagerada] obsession, addiction; **la ~ dels videojocs** an obsession with video games, an addiction to video games. **–3.** *fam* dislike; **agafar ~ a algú** to take a dislike to sb, to have it in for sb.

maníac -a [məˈniak -ə] ◇ *adj* manic. ◇ *nm, f* maniac.

maniàtic -a [məniˈatik -ə] ◇ *adj* fussy (*abans de nom*). ◇ *nm, f* fussy person; *fig* **un ~ del futbol** a football-crazy.

manicomi [məniˈkɔmi] *nm* psychiatric hospital, mental asylum.

manicur -a [məniˈkur -uɾə] *nm, f* manicurist. ● **manicura** *nf* manicure.

manifest -a [məniˈfest -ə] *adj* [evident] manifest, obvious, evident; **posar de ~** to show, to demonstrate. ● **manifest** *nm* [escrit] manifesto.

manifestació [mənifəstəsiˈo] *nf* demonstration.

manifestar [mənifəsˈta] *vt* **–1.** [gen] to demonstrate, to manifest, to show. **–2.** [dir] to say, to put into words. ● **manifestar-se** *vp* **–1.** [pel carrer] to demonstrate. **–2.** [fer-se evident] to become apparent.

màniga [ˈmaniɣə], **mànega** [ˈmanəɣə] *nf* **–1.** [de peça de vestir] sleeve; **en mànigues de camisa** in shirtsleeves; **de ~ curta / llarga** short-sleeved / long-sleeved; **~ raglan** raglan sleeve. **–2. ser de la ~ ampla** to be overindulgent.

Manila [məˈnilə] Manila.

manilla [mə'niʎə] *nf gen pl* handcuffs, manacles.

manillar [məni'ʎa] *nm* handlebars *pl*.

maniobra [məni'ɔβɾə] *nf* manoeuvre *Br*, maneuver *Am*.

maniobrar [məniu'βɾa] *vi* to manoeuvre *Br*, to maneuver *Am*.

manipulació [mənipuləsi'o] *nf* handling, manipulation.

manipular [mənipu'la] *vt* -1. [manejar] to handle. -2. *fam* [informació] to manipulate.

maniquí [məni'ki] ◇ *nm* [de sastre] tailor's dummy. ◇ *nmf* [model] model.

manllevar [mənʎə'βa] *vt* to borrow.

mannà [mə'nna] *nm* manna.

mans -a [mans -ə] *adj* -1. [pacífic] tame, docile, gentle. -2. [domesticat] domesticated.

mansalva [mən'salβə] ⇒ **a mansalva** *loc adv* risk-free.

mansió [mənsi'o] *nf* mansion.

mansuet -a [mənsu'ɛt -ə] *adj* docile, tame gentle.

mansuetud [mənsuə'tut] *nf* gentleness; [d'animal] docility, tameness.

manta ['mantə] *nf* blanket, travel blanket.

mantega [mən'tɛɣə] *nf* butter; ~ **de cacau** cocoa butter.

mantell [mən'teʎ] *nm* -1. [peça de vestir] cloak; **el** ~ **de la Verge** the mantle of the Virgin Mary. -2. *fig* [que oculta] cloak. -3. [terrestre] mantle.

manteniment [məntəni'men] *nm* maintenance.

mantenir [məntə'ni] *vt* -1. [gen] to support, to keep, to maintain; **mantinc que...** I maintain that, I hold that, I say that; **mantingues el cap ben alt!** hold your head up high!; ~ **la distància** to keep one's distance. -2. [alimentar, tenir] to feed, to keep; ~ **una família** to maintain a family, to feed a family; ~ **relacions / una conversa** to maintain relations / a conversation; ~ **en bon estat** to keep sthg in good condition. ⇒ **mantenir-se** *vp* -1. [restar, quedar-se]: ~-se dempeus / dret to stay upright, to stand straight, *fig* to bear up ~-se jove to stay young, ~-se en el poder to stay in power. -2. [alimentar-se] ~-se amb / de to keep o.s. fed with.

mantó [mən'to] *nm* [mantell] shawl; ~ **de Manila** embroidered silk shawl.

manual [mənu'al] ◇ *adj* manual, hand, hand-operated, hand-driven. ◇ *nm* [llibre] manual, handbook.

manubri [mə'nuβɾi] *nm* crank, handle.

manufacturar [mənufəktu'ɾa] *vt* to manufacture, to make.

manufacturat -ada [mənufəktu'ɾat -aðə] *adj* manufactured.

manuscrit -a [mənus'krit -ə] *adj* handwritten. ⇒ **manuscrit** *nm* manuscript.

manutenció [mənutənsi'o] *nf* -1. [alimentació] feeding, food. -2. [sustentació] support, maintenance.

manxa ['manʃə] *nf* pump.

manxego [mən'ʃɛɣu] *nm* ⇒ **formatge**.

manxol -a [mən'ʃɔl -ə] ◇ *adj* -1. [sense braç, mà] one-armed, one-handed, armless, handless. -2. **no ser** ~ **en l'art de...** to be no newcomer to..., to be an old hand at... ◇ *nm, f* a person missing one or both arms and hands.

manya ['maɲə] *nf* -1. [destresa] skill, dexterity; **donar-se** ~ **per a** to try hard, to contrive. -2. [astúcia] cunning, shrewdness.

manyopla [mə'ɲɔplə] *nf* -1. [guant] mitten. -2. [d'higiene] hygienic glove.

maó [mə'o] *nm* brick.

mapa ['mapə] *nm* map; ~ **físic / polític** physical / political map; ~ **mut** fill-in map for teaching purposes; *fig* **esborrar del** ~ to wipe off the map; **desaparèixer del** ~ to vanish into thin air.

mapamundi [ˌmapə'mundi] *nm* world map.

maqueta [mə'kɛtə] *nf* model, scale model.

maquillar [məki'ʎa] *vt lit & fig* to make up. ⇒ **maquillar-se** *vp* to make o.s. up.

maquillatge [məki'ʎadʒə] *nm* make-up.

màquina ['makinə] *nf* machine; **feta a** ~ machine-made; **escriure / passar a** ~ to type / to type sthg up; *fig* **a tota** ~ full steam ahead, flat out; ~ **d'afaitar** electric razor; ~ **de calcular** calculator; ~ **de cosir** sewing machine; ~ **d'escriure** typewriter; ~ **de vapor** steam engine *Br*, locomotive *Am*; ~ **elèctrica** dynamo; ~ **fotogràfica / de retratar** camera; (~) **escurabutxaques** fruit machine *Br*, one-armed bandit, slot machine, *Am*.

maquinació [məkinəsi'o] *nf* machination, plot.

maquinal [məki'nal] *adj* mechanical, machine-like.

maquinar [məki'na] *vt* to machinate, to plot; ~ **alguna cosa contra algú** to plot against sb.

maquinària [məkiˈnaɾiə] *nf* [gen] machinery; [de rellotge] clockwork; ~ agrícola farming machinery.

maquineta [məkiˈnɛtə] *nf* small blade; ~ (d'afaitar) razor blade. ☞ **maquineta de fer punta** *nf* pencil sharpener.

maquinista [məkiˈnistə] *nmf* [de tren] engine driver *Br*, engineer *Am*.

mar [ˈmar] *nm o nf* sea; **fer-se a la ~ to** set sail, to put (out) to sea; **alta ~** the high seas *pl*; **la ~ Adriàtica** the Adriatic; **la ~ Bàltica** the Baltic; **la ~ Cantàbrica** the sea of Cantabria, the Bay of Biscay; **el ~ Carib** the Caribbean; **la ~ Càspia** the Caspian Sea; **la ~ Mediterrània / el ~ Mediterrani** the Mediterranean; **el ~ del Nord** the North Sea; **la ~ Morta** the Dead Sea; **la ~ Negra** the Black Sea; **la ~ Roja** the Red Sea; *fig* **la ~ de** really, very; **és la ~ d'intel·ligent** he's highly intelligent, amazingly intelligent; ~ **endins** out to sea; ~ **de fons** *lit & fig* groundswell.

maraca [məˈɾakə] *nf* maraca.

maragda [məˈɾaɣðə] ◇ *adj inv* emerald. ◇ *nmf* emerald.

marató [məɾəˈto] *nf* marathon.

marbre [ˈmarβɾə] *nm* marble; *fig* **de ~** cold, insensitive.

marc [ˈmark] *nm* **–1.** [gen] frame, framework, setting; [de porta, finestra] door frame, window frame. **–2.** [moneda] Mark.

març [ˈmars] *nm* March; ☞ **setembre**.

marca [ˈmarkə] *nf* **–1.** [senyal] mark; [de roda, d'animal] track. **–2.** [en paper] water mark. **–3.** ESPORT record; **batre una ~** to break a record. **–4.** COM [- de tabac, de cafè, etc.] brand; [- de cotxe, d'ordinador, etc.] make; **de ~** designer (*abans de nom*); ~ **de fàbrica**, ~ **registrada** registered trademark.

marcador -a [mərkəˈðo -oɾə] *adj* marking, scoring. ☞ **marcador** *nm* **–1.** scoreboard; ~ **electrònic** electronic scoreboard. **–2.** [golejador] scorer. **–3.** [tipografia] layer-on, feeder.

marcapassos [ˌmarkəˈpasus] *nm inv* pacemaker.

marcar [mərˈka] ◇ *vt* **–1.** [gen] to mark; [indicar] to indicate. **–2.** [ressaltar] to highlight; **la faldilla li marca els malucs** the skirt shows off her hips; ~ **la diferència** to highlight the difference. **–3.** [número de telèfon] to dial. **–4.** [cabells] to style, to set. **–5.** ESPORT to score. ◇ *vi* to mark.

marcatge [mərˈkadʒə] *nm* ESPORT score.

marcial [mərsiˈal] *adj* martial.

marcir [mərˈsi] *vt* to wither. ☞ **marcir-se** *vp* to wither, to fade.

marduix [mərˈduʃ] *nm* marjoram.

mare [ˈmaɾə] ◇ *nf* **–1.** [gen] mother; ~ **adoptiva** foster mother; ~ **de lloguer** surrogate mother; ~ **pàtria** motherland; ~ **política** mother-in-law; ~ **soltera** single mother. **–2.** [del vi] dregs *pl*, sediment. **–3.** **tot ha tornat a ~** it's all gone to seed. ☞ **mare meva!** *interj* my God! ◇ *adj* mother; **la casa ~** head office.

marea [məˈɾeə] *nf* tide; ~ **alta / baixa** high / low tide; ~ **negra** oil slick.

mareig [məˈɾetʃ] *nm* **–1.** [nàusea] sickness, queasiness, dizziness; [en un vaixell] seasickness; [vertigen] vertigo, giddiness. **–2.** [molèstia]: **tanta canalla, quin ~!** all these children it's enough to make your head spin!

marejada [məɾəˈʒaðə] *nf* [al mar] heavy sea.

marejar [məɾəˈʒa] *vt* **–1.** [causar mareig] to make sick / dizzy. **–2.** *fam* [fastiguejar] to annoy. ☞ **marejar-se** *vp* [tenir mareig] to feel / be sick / dizzy / giddy; [en un vaixell] to feel / be seasick; [en un cotxe, avió] to feel / be travelsick.

marengo [məˈɾɛŋgu] *adj* ☞ **gris**.

mareselva [ˌmaɾəˈsɛlβə] *nf* honeysuckle.

maresma [məˈɾɛzmə] *nf* salt marsh, coastal swamp.

màrfega [ˈmarfəɣə] *nf* straw mattress.

marfil [mərˈfil] *nm* ivory.

margarida [məɾɣəˈɾiðə] *nf* daisy.

margarina [məɾɣəˈɾinə] *nf* margerine.

marge [ˈmarʒə] *nm* **–1.** [de riu] bank; [de camí] side. **–2.** [en gen & COM] margin; **al ~** on the margin; **al ~ de la llei** outside the law, beyond the law; ~ **de benefici** profit margin; ~ **d'error** margin of error; ~ **de seguretat** degree of certainty. **–3.** [ocasió]: **donar ~ a algú per a fer alguna cosa** to give sb the opportunity to do sthg.

marginació [mərʒinəsiˈo] *nf* exclusion; ~ **social** exclusion from society.

marginat -ada [mərʒiˈnat -aðə] ◇ *adj* excluded, black-balled, ostracised. ◇ *nm, f* outcast.

marí -ina [məˈɾi -inə] *adj* sea (*abans de nom*), marine. ☞ **marí** *nm* sailor, seaman, naval officer. ☞ **marina** *nf* seamanship; **marina de guerra** navy; **marina mercant** merchant marine.

marieta [məɾiˈetə] ◇ *nf* [insecte] ladybird Br, ladybug Am. ◇ *nm despec* [homosexual] poof, queer, fairy.

marihuana [məɾiˈwanə] *nf* marijuana, marihuana.

mariner -a [məɾiˈne -eɾə] *adj* **-1.** [barri, poble] fishing, seafaring. **-2.** [embarcació] seaworthy. ➥ **mariner** *nm* sailor, seaman.

marioneta [məɾiuˈnetə] *nf* marionette, puppet. ➥ **marionetes** *nf pl* [teatre] puppet show.

marisc [məˈɾisk] *nm* seafood, shellfish.

marisqueria [məɾiskəˈɾiə] *nf* seafood restaurant.

marit [məˈɾit] *nm* husband.

marítim -a [məˈɾitim -ə] *adj* maritime.

marmota [məɾˈmɔtə] *nf* marmot.

marquès -esa [məɾˈkɛs -ɛzə] *nm, f* marquis *m*, marchioness *f*.

marquesina [məɾkəˈzinə] *nf* glass canopy; [d'autobús] bus-shelter.

marrà -ana [məˈra -anə] ◇ *adj* dirty, filthy. ◇ *nm, f fam* [persona - bruta] pig; ZOOL ram.

marrada [məˈraðə] *nf* [gen] detour; *fig* **fer ~** to make a detour.

marranada [məɾəˈnaðə] *nf* **-1.** ➥ **porcada**. **-2.** [porqueria] filth, muck. **-3.** [mala jugada] dirty trick.

marrec [məˈɾɛk] *nm* **-1.** kid goat. **-2.** *fam* young boy.

marró [məˈɾo] *adj & nm* brown.

Marroc [məˈɾɔk] Morocco.

marron glacé [məˌɾon glaˈse] *nm* marron glacé.

marroquí -ina [məɾuˈki -inə] ◇ *adj* Moroccan. ◇ *nm, f* Moroccan.

mart [ˈmart] *nm* ZOOL marten.

Mart [ˈmart] *nm* ASTRON & MIT Mars.

marta [ˈmaɾtə] *nf* ➥ **mart**.

martell [məɾˈteʎ] *nm* hammer; **~ pneumàtic** pneumatic drill Br, jackhammer Am.

martellejar [məɾtəʎəˈʒa] *vt* to hammer.

martinet [məɾtiˈnet] *nm* ZOOL heron.

martingala [məɾtiŋˈɡalə] *nf* trick.

màrtir [ˈmaɾtir] *nmf* martyr.

martiri [məɾˈtiɾi] *nm* martyrdom.

martiritzar [məɾtiɾiˈdza] *vt lit & fig* to martyr, to torture.

marxa [ˈmaɾʃə] *nf* **-1.** [gen] march; **obrir / tancar la ~** to lead a procession / to bring up the rear of a parade; **a marxes forçades** against the clock; **a tota ~** at top speed, at full steam ahead; [màquina] **en ~** working, in operation; [assumptes] progress; [màquina] **posar en ~** to start, to get going; [negoci] progress, performance; **sobre la ~** to do sthg as one goes along; **~ fúnebre / nupcial** funeral / wedding march; *fig* **fer ~ enrere** to go into reverse, *fig* to back out. **-2.** [sortida, abandonament] leave, abandon. **-3.** AUTOM gear; **canviar de ~** to change gear, to shift gear; **~ enrere** reverse gear. **-4.** *fam* [animació] fun; **hi ha molta ~** there's a great atmosphere, it's a rave; **anar de ~** to go out on the town; **tenir (molta) ~** to be a (real) raver.

marxant -a [məɾˈʃan -antə] *nm, f* dealer, merchant.

marxar [məɾˈʃa] *vi* **-1.** [caminar] to march; [funcionar] to work, to operate. **-2.** [anar-se'n] to leave.

mas [ˈmas] *nm* farmhouse, country house.

mascara [məsˈkaɾə] *nf* soot, black smear, stain.

màscara [ˈmaskəɾə] *nf* mask; **~ antigàs** gas mask; **treure la ~ a algú** to unmask sb; **treure's la ~** to reveal o.s.

mascarell [məskəˈɾeʎ] *nm* gannet.

mascaró [məskəˈɾo] *nm* grotesque head; **~ de proa** figurehead.

mascle [ˈmasklə] ◇ *adj* **-1.** [gen] male. **-2.** *fig* [home] macho. ◇ *nm* **-1.** [gen] male. **-2.** *fig* [home] macho man, he-man. **-3.** TECNOL pin, spigot. **-4.** ELECT plug.

masclista [məsˈklistə] *adj & nmf* male chauvinist.

mascota [məsˈkɔtə] *nf* mascot, pet.

masculí -ina [məskuˈli -inə] *adj* masculine, male, manly.

masia [məˈziə] *nf* farmhouse, country house.

masmorra [məzˈmɔrə] *nf* dungeon.

masoquista [məzuˈkistə] *adj & nmf* masochistic.

massa [ˈmasə] ◇ *adj inv & adv* too much; **~ pa** too much bread; **~ menjar** too much food; **parla ~** he talks too much; **va ~ ràpid** he goes too fast. ◇ *nf* **-1.** [gen] mass; **en ~** en masse; **~ atòmica** atomic mass; **~ salarial** total wages bill. **-2.** CULIN dough.

massacre [məˈsakɾə] *nf* massacre, slaughter.

massapà [məsəˈpa] *nm* marzipan.

massatge [məˈsadʒə] *nm* massage.

massatgista [məsəˈdʒistə] *nmf* masseur *m*, masseuse *f*.

massís -issa [məˈsis -isə] *adj* **-1.** [or, fusta] solid. **-2.** *fam fig* [persona]: **estar ~** to be

matrícula

strong, to be stoutly built. ⇒ **massís** *nm* GEOG massif.

mastegar [məstə'ɣa] *vt* to chew, to masticate.

mastegot [məstə'ɣɔt] *nm fam* [bufetada] blow, punch; **donar un ~ a algú** to hit sb.

masticar [məsti'ka] *vt* to chew, to masticate.

masturbació [məsturbəsi'o] *nf* masturbation.

masturbar [məstur'ba] *vt* to masturbate. ⇒ **masturbar-se** *vp* to masturbate.

mat ['mat] ⇔ *adj inv* matt, dull. ⇔ *nm* [escacs] mate, checkmate.

mata ['matə] *nf* [arbust] bush, shrub; [matoll] scrub. ⇒ **mata de cabells** *nf* mop of hair. ⇒ **a mata-degolla** *loc adv*: **estar a mata-degolla** to be at daggers drawn; *fig* **lluita a ~-degolla!** fight to the death!

matalàs [mətə'las] *nm* [de llit] mattress; [per a la platja] **~ d'aigua** Lilo®, beach mat; [de gimnàs] gym mat.

matança [mə'tansə] *nf* **–1.** [mortaldat] massacre, slaughter. **–2.** [del porc] pig-killing.

matar [mə'ta] *vt* **–1.** [gen] to kill. **–2.** [apagar] to finish off; [esperances, etc.] to kill off; [color] to tone down; [la set] to slake, to quench. **–3.** [arrodonir] to round off. ⇒ **matar-se** *vp* to kill o.s., to commit suicide; [els uns als altres] to kill one another; **~-se treballant** to work o.s. to death.

mata-rates [,matə'ratəs] *nm inv* **–1.** [verí] rat-poison. **–2.** *fig* [beguda] rotgut.

Mataró [mətə'ro] Mataró.

mata-segells [,matəsə'ʒeʎs] *nm inv* postmark.

mateix -a [mə'teʃ -ə] ⇔ *adj* same; **el ~ pis** the same flat; **del ~ color** the same colour; **en aquesta ~a habitació** in this very room; **en el seu ~ carrer** right in the street where he lives; **el rei ~** the King himself, the King in person; **jo / tu, etc ~** I myself / you yourself; **tu ~!** it's up to you! ⇔ *adv* same; **avui ~** today; **ahir ~ em va dir que se n'anava** he told me only yesterday that he was leaving; **el vaig veure des de casa ~** I saw him from my own house; **ara ~** right now.

matemàtic -a [mətə'matik -ə] ⇔ *adj* mathematical. ⇔ *nm, f* mathematician. ⇒ **matemàtiques** *nf pl* mathematics, maths.

matèria [mə'tɛriə] *nf* matter; **en ~ de** on the subject of, concerning, with regard to; **entrar en ~** to get down to business,

to get down to brass tacks; **~ grisa** grey matter, brains; **primeres matèries** raw materials.

material [məteri'al] ⇔ *adj* **–1.** [gen] material, physical. **–2.** [real] real, tangible. ⇔ *nm* **–1.** [matèria] matter, substance; [de fabricació, construcció] manufacturing material, building material; **~ de rebuig** waste material; **~ refractari** heat-resistant material, refractory material. **–2.** [instruments]: **~ bèl·lic / de guerra** munitions, arms, war supplies.

materialisme [mətəriə'lizmə] *nm* materialism; **~ dialèctic / històric** dialectic / historical materialism.

materialitzar [mətəriəli'dza] *vt* [gen - idea, projecte] to realise; [fer tangible] to produce. ⇒ **materialitzar-se** *vp* to materialise.

matern -a [mə'tɛrn -ə] *adj* maternal, mother (*abans de nom*).

maternal [mətər'nal] *adj* maternal, motherly.

maternitat [mətərni'tat] *nf* maternity hospital, motherhood.

matí [mə'ti] *nm* **–1.** [gen] morning; **a les dues de ~** at two in the morning; **(molt) de ~** very early; **al ~** in the morning. **–2.** [període de temps]: **tot el ~** the whole morning.

matinada [məti'naðə] *nf* dawn, daybreak, early in the morning; **la una de la ~** one o'clock in the morning; [acció] early rise.

matinador -a [mətinə'ðo -orə] *adj* ⇒ **matiner**.

matinal [məti'nal] *adj* morning (*abans de nom*).

matinar [məti'na] *vi* [llevar-se] to get up early; **qui matina fa farina** it's the early bird that catches the worm.

matinejar [mətinə'ʒa] *vi* [llevar-se d'hora] to get up early.

matiner -a [məti'ne -erə] ⇔ *adj* early-rising. ⇔ *nm, f* early riser.

matís [mə'tis] *nm* nuance, shade.

matisar [məti'za] *vt* **–1.** [gen] to introduce nuances. **–2.** *fig* [distingir] to distinguish. **–3.** *fig* [donar un to especial] to tinge, to colour.

mató [mə'to] *nm* curd.

matoll [mə'toʎ] *nm* bush, scrub, thicket, brake.

matraca [mə'trakə] *nf* rattle.

matriarcat [mətriər'kat] *nm* matriarchy.

matrícula [mə'trikulə] *nf* **–1.** [inscripció] registration, enrollment, matriculation.

–2. [document] certificate, registration document. **–3.** [del cotxe] number plate. ● **matrícula d'honor** *nf* top marks *pl*.

matriculació [mətɾikuləsi'o] *nf* **–1.** [d'alumne] enrollment, registration, matriculation. **–2.** [de cotxe] registration number *Br*, license number *Am*.

matricular [mətɾiku'la] *vt* **–1.** [alumne] to enroll, to register, to matriculate. **–2.** [cotxe] to register. ● **matricular-se** *vp* to enroll, to register, to matriculate.

matrimoni [mətɾi'mɔni] *nm* **–1.** [unió] marriage, matrimony; **consumar el ~** to consummate one's marriage; **contreure ~** to get married; **~ civil** civil marriage. **–2.** [parella] married couple.

matrimonial [mətɾimuni'al] *adj* marital; [vida] married.

matriu [mə'tɾiw] *nf* **–1.** [gen] womb. **–2.** [de talonari] (cheque) stub;. **–3.** [motlle] mould. **–4.** MAT matrix.

matrona [mə'tɾonə] *nf* matron.

matusser -a [mətu'se -eɾə] *adj* [gen] bungling, slapdash.

matutí -ina [mətu'ti -inə] *adj* morning (*abans de nom*).

matx ['matʃ] *nm* match, game.

matxet [mə'tʃet] *nm* machete.

matxo ['matʃu] *nm fam* mule.

mausoleu [mawzu'lɛw] *nm* mausoleum.

maxil·lar [məksi'llar] ◇ *adj* maxillary (*abans de nom*). ◇ *nm* jaw, jawbone.

màxim -a ['maksim -ə] *adj* maximum; **el ~ responsable** the highest person in charge. ● **màxim** *nm* **–1. com a ~** at the most. **–2.** maximum. ● **màxima** *nf* **–1.** [sentència, principi] maxim. **–2.** [temperatura] highest temperature.

me [mə] *pron pers* ▶ **em**.

meandre [me'andɾə] *nm* meander.

mecànic -a [mə'kanik -ə] ◇ *adj* mechanical. ◇ *nm, f* mechanic; **~ dentista** dental auxiliary, dental nurse. ● **mecànica** [mə'kanikə] *nf* mechanics.

mecanisme [məkə'nizmə] *nm* mechanism.

mecanitzar [məkəni'dza] *vt* to mechanise.

mecanògraf -a [məkə'nɔɣɾəf -ə] *nm, f* typist.

mecanografia [məkənuɣɾə'fiə] *nf* typing; **~ al tacte** touch typing.

mecenatge [məsə'nadʒə] *nm* sponsorship, patronage.

mecenes [mə'sɛnəs] *nmf inv* sponsor, patron.

medalla [mə'ðaʎə] *nf* medal; **posar-se medalles** *fig* to show off.

medalló [məðə'ʎo] *nm* medallion.

medi ['mɛði] *nm* [ambient social] atmosphere; [físic] environment. ● **medi ambient** *nm* environment.

mediació [məðiəsi'o] *nf* mediation.

mediambiental [,məðiəmbiən'tal] *adj* environmental.

mediatitzar [məðiəti'dza] *vt* to interfere with, to affect adversely.

mediatriu [məðiə'tɾiw] *nf* GEOM median line.

mèdic -a ['mɛðik -ə] *adj* medical.

medicació [məðikəsi'o] *nf* medication, treatment.

medicament [məðikə'men] *nm* medicine, drug.

medicar [məði'ka] *vt* to treat, to prescribe. ● **medicar-se** *vp* to treat o.s., to take medicines.

medicastre -a [məði'kastɾə] *nm, f despec* quack (doctor).

medicina [məði'sinə] *nf* **–1.** [ciència] medicine, medical science; **~ alternativa** alternative medicine / healing; **~ interna** internal medicine; **~ preventiva** preventive medicine; **~ social** community medicine. **–2.** [medicament] medicine.

medicinal [məðisi'nal] *adj* medicinal.

medieval [məðiə'βal] *adj* medi(a)eval.

mediocre [məði'ɔkɾə] *adj* mediocre, average, uninspiring, poor.

meditar [məði'ta] ◇ *vt* to meditate, to ponder, to muse, to consider, to think over. ◇ *vi* **~ (sobre)** to meditate (on), to ponder (on), to muse (on).

mediterrani, -ània [məðitə'rani -aniə] ◇ *adj* Mediterranean. ◇ *nm, f* **el / la (mar) Mediterrani -ània** the Mediterranean (Sea).

mèdium ['mɛðium] *nmf inv* medium.

medul·la [mə'ðullə] *nf* ANAT medula, marrow; **~ espinal** spinal cord.

medusa [mə'ðuzə] *nf* jellyfish.

megàfon [mə'ɣafun] *nm* megaphone, loudspeaker, tannoy *Br*.

megafonia [məɣəfu'niə] *nf* **–1.** [tècnica] public address system. **–2.** [aparells] loudspeakers.

meitat [məj'tat] *nf* **–1.** half, middle; **a la ~ de la reunió** halfway through the meeting. **–2.** [gen] half; **la ~ del temps no hi és** he's isn't here half the time; **a ~ de preu**

at half price; **a la ~ del camí** halfway; **~ home, ~ animal** half man, half animal; **tallar / partir per la ~** to cut sthg in half; **~ i ~** half and half; *fam fig* [la muller] my other half. **-3.** [centre] **a la ~ de** in the middle of.

mel ['mɛl] *nf* honey.

melic [mə'lik] *nm* navel, belly button.

melindro [mə'lindɾu] *nm* CULIN finger-shaped cake for dipping in hot chocolate, etc. ☞ **melindros** *nm pl fig* affected manners *pl*, airs and graces.

melmelada [mɔlmə'laðə] *nf* jam; [de cítrics] marmalade.

meló [mə'lo] *nm* melon.

melodia [məlu'ðiə] *nf* melody, tune.

melodrama [məlu'ðɾamə] *nm* **-1.** TEAT & CIN melodrama. **-2.** *fig* scene; **muntar un ~** to make a scene.

melòman -a [mə'ləmən -ə] *nm, f* music lover, buff.

melopea [məlu'peə] *nf fam* chant, dirge.

melós -osa [mə'los -ozə] *adj* **-1.** [dolç] sweet, honeyed. **-2.** *fig* [embafador] cloying, sickly sweet.

melsa ['mɛlsə] *nm* ANAT spleen.

membrana [məm'bɾanə] *nf* membrane.

membre ['mɛmbɾə] *nm* **-1.** [gen] member. **-2.** [extremitat] limb, member; **~s inferiors / superiors** upper / lower limbs; **~ (viril)** penis.

memorable [məmu'ɾabblə] *adj* memorable.

memoràndum [məmu'ɾandum] *nm* **-1.** [quadern] notebook. **-2.** [nota diplomàtica] memorandum.

memòria [mə'mɔɾiə] *nf* **-1.** [gen & INFORM] memoria; **de ~** by heart; **ser de bona ~** to be a happy memory; **ser d'ingrata ~** to be an unhappy memory; **fer ~ (d'alguna cosa)** to remind sb of sthg, to remember sthg; **fer ~** to recall sthg; **~ d'accés aleatori** random access memory, RAM; **~ només de lectura** read only memory, ROM; **~ programable** programmable memory; **~ RAM / ROM** RAM / ROM; **tenir mala ~** to have a bad memory. **-2.** [dissertació] (academic) paper; [d'empresa] company annual report. ☞ **memòries** *nf pl* [biografia] memoirs; **escriure les seves memòries** to write one's memoirs.

memoritzar [məmuɾi'dzɑ] *vt* to memorise.

mena ['mɛnə] *nf* kind, type, sort; *loc* **de ~** by nature.

menció [mənsi'o] *nf* mention; **fer ~ d'alguna cosa** to mention sthg.

mencionar [mənsiu'na] *vt* to mention.

mendicar [məndi'ka] *vt & vi* to beg (for).

mendicitat [məndisi'tat] *nf* begging.

menester [mənəs'te] *nm* need; **haver de ~ alguna cosa** to need sthg.

menja ['mɛnʒə] *nm* special dish, tasty dish, delicacy.

menjador [mənʒə'ðo] *nm* dining room; **~ d'empresa** canteen.

menjadora [mənʒə'ðoɾə] *nf* [per a animals] trough.

menjar¹ [mən'ʒa] *vt* **-1.** [gen] to eat. **-2.** *fig* [subj: gelosia, etc.] to be consumed with jealousy etc; [colors] to make fade. ☞ **menjar-se** *vp* **-1.** *fam* [lletres, síl·labes] to swallow, to skip letters. **-2.** [gen] to eat; [gastar metall] to corrode, to wear away. **-3.** [en jocs de taula] to take, to capture.

menjar² *nm* [aliment] food.

menopausa [mənu'pawzə] *nf* menopause.

menor [mə'nor] ◇ *adj* **-1.** (*comparatiu*) minor, lesser, smaller; **~ (que)** less than, smaller than; [d'edat] under age; [de número] lower; **de ~ importància** less important. **-2.** [jove, de poca importància & MÚS]: minor; **ser ~ d'edat** to be under age; **un problema ~** a minor problem; **en do ~** in C minor. ◇ *nmf* [d'edat] minor.

Menorca [mə'nɔrkə] Minorca.

menstru ['mɛnstɾu] *nm* period, menstrual flow.

menstruació [mənstɾuəsi'o] *nf* menstruation.

menstruar [mənstɾu'a] *vi* to menstruate.

mensual [mənsu'al] *adj* monthly.

mensualitat [mənsuəli'tat] *nf* **-1.** [sou] monthly salary, monthly wage, monthly pay check *Am.* **-2.** [pagament] monthly, instalment.

ment ['men] *nf* mind.

menta ['mɛntə] *nf* mint.

mentalitat [məntəli'tat] *nf* mentality, mind.

mentalitzar [məntəli'dza] *vt* to prepare (mentally); [persuadir] to persuade; **~ algú (que)** to persuade sb (that). ☞ **mentalitzar-se** *vp* to prepare o.s. (mentally), to get used to an idea.

mentida [mən'tiðə] *nf* [falsedat] lie, falsehood; [acció] lying; **encara que sembli ~** although it seems hard to believe; **de ~** fake; **un rellotge de ~** a toy watch; **sembla ~ que...** it seems incredible that...

mentider -a [mənti'ðe -erə] ◇ *adj* lying, deceptive. ◇ *nm, f* liar.

mentir [mən'ti] *vi* to lie.

mentó [mən'to] *nm* chin.

mentre ['mentɾə] *conj* **-1.** [durant el temps en què] while; **puc llegir ~ escolto música** I can read while I listen to music. **-2.** [fins que] until; **~ no es demostri el contrari** until proved otherwise. **-3.** [al contrari]: **~ que** whereas, whilst.

mentrestant [ˌmentɾəs'tan] *adv* meanwhile, in the meantime; **arregla't; ~, jo faig les maletes** you get ready; meanwhile I'll pack.

menú [mə'nu] *nm* menu; **~ del dia** set meal; INFORM **~ desplegable** pull-down menu.

menudesa [mənu'ðezə] *nf* littleness, shortness.

menut -uda [mə'nut -uðə] *adj* [petit, insignificant] tiny, minute, slight, petty, insignificant. ➲ **menuts** *nm pl* [monedes] small change; [d'animal] offal.

menys ['meɲs] ◇ *adv* **-1.** *(comparatiu)* [quantitat] less *(U)*, [nombre] fewer *pl*; **~ gros** smaller; **fa ~ fred** it's less cold; **~ pomes** fewer apples; **~ de** less *(U)*, fewer *pl*; **~... que...** [qualitat, intensitat] less... than...; [quantitat] less *(U)*, fewer *pl*; **fa ~ calor que ahir** it's not as hot as yesterday, it's cooler than yesterday; **té ~ llibres que tu** he has fewer books than you; **tinc dos anys ~ que tu** I am two years younger than you; **de ~** short; **hi ha cent euros de ~** there's one hundred euros short. **-2.** *(superlatiu)*: **el / la ~** the least; **el ~ possible** the least possible. **-3.** [excepte] except; **tot ~ això** everything except that. **-4.** MAT subtract; **tres ~ dos igual a u** three take away two is one, three subtract two is one. **-5. venir a ~** to end up a loser, to wind up a loser. ◇ *nm inv* [MAT & mínim] the least *(U)*, the fewest *pl*; **és el ~ que puc fer** it's the least I can do.

menyspreable [ˌmeɲspɾe'abblə] *adj* **-1. una quantitat no ~** a not inconsiderable quantity, a quantity not to be sniffed at. **-2.** *fig* [llibre, actuació] despicable, contemptible; [raó, excusa] worthless.

menysprear [ˌmeɲspɾe'a] *vt* **-1.** to scorn, to despise; [infravalorar] to underrate, to undervalue, to slight, to knock. **-2.** [rebutjar] to reject, to disdain. **-3.** [ultratjar] to denigrate.

menyspreu [ˌmeɲs'pɾɛw] *nm* disdain, scorn, contempt; **fer un ~** to make a scornful comment.

meravella [məɾə'βeʎə] *nf* **-1.** [objecte extraordinari] wonder, marvel. **-2.** *loc* **a ~** wonderfully, extremely well; **fer meravelles** to work wonders; **anar de ~** to be just the thing.

meravellar [məɾəβə'ʎa] *vt* **-1.** [agradar] to impress. **-2.** [sorprendre] to surprise, to amaze. ➲ **meravellar-se** *vp* **-1.** [admirar-se] to be impressed. **-2.** [sorprendre's] to be surprised.

meravellós -osa [məɾəβə'ʎos -ozə] *adj* marvellous, wonderful.

mercaderia [məɾkəðə'ɾiə] *nf* goods, merchandise.

mercant [məɾ'kan] *adj* trading, commercial, merchant.

mercantil [məɾkən'til] *adj* trading, mercantile.

mercat [məɾ'kat] *nm* market; **~ alcista** bull market; **~ baixista / a la baixa** bear market; **~ borsari / financer** stock / financial market; **~ comú** Common Market, EEC; **~ de capitals** capital market; **~ de divises** currency market; **~ de futures** futures market; **~ de treball** labour market; **~ de valors** securities market; **~ interbancari** interbank market; **~ lliure** free market; **~ negre** black market.

mercenari -ària [məɾsə'naɾi -aɾiə] *adj & nm, f* mercenary.

merceria [məɾsə'ɾiə] *nf* haberdashery *Br*, notion shop *Am*.

mercuri [məɾ'kuɾi] *nm* mercury.

merda ['mɛɾdə] ◇ *nf* **-1.** *vulg* [gen] shit; *fig* crap; **aquesta tele / aquest gos de ~** those crappy TV programmes! / that bloody dog! **-2.** [brutícia] filth; **hi ha molta ~ aquí** the place is filthy. **-3. anar-se'n a la ~** [projecte] to go down the tubes; **engegar algú a la ~** to tell sb to piss off; **vés-te'n a la ~!** go to hell!, piss off! ◇ *nmf vulg* shithead.

mereixedor -a [məɾəʃə'ðo -oɾə] *adj* worthy, deserving; **~ d'alguna cosa** worthy of sthg, deserving of sthg; **fer-se ~ de** to make o.s. worthy of sthg.

merèixer [mə'ɾɛʃə] *vt* to be worthy (of), to deserve, to merit; **rebrà el que es mereix** he'll get what he deserves; **per ~** [noia jove] neither married nor engaged.

meretriu [məɾə'tɾiw] *nf* prostitute, whore.

meridià -ana [məɾiði'a -anə] *adj* meridian. ➲ **meridià** *nm* meridian.

mèrit ['mɛɾit] *nm* merit, worth, value; **de ~** worthy, deserving, of merit; **fer ~s per a** to strive to be deserving.

meritori -òria [məɾi'tɔɾi -ɔɾiə] ◇ *adj* meritorious, worthy. ◇ *nm, f* unpaid employee, apprentice.

mes ['mes] ◇ *nm* month; *fig* **tenir el ~** to have the period. ◇ *conj* but.

més ['mes] ◇ *adv* **-1.** (*comparatiu*) more; **en Joan és ~ alt** John is taller; **necessito ~ temps** I need more time; **~ de** more of; **tinc ~ de cent euros** I have over one hundred euros; **~... que...** more... than...; **l'Anna és ~ jove que tu** Anna is younger than you; **té dos anys ~ que jo** he is two years older than I am; **de ~** too much / many, left over; **hi ha mil euros de ~** there is one thousand euros left over. **-2.** (*superlatiu*) most; **el / la ~** the most; **és la ~ intel·ligent de la classe** she is the most intelligent pupil in the class. **-3.** (*en frases negatives*): **no en vull ~** I don't want any more; **ni una gota ~** not a drop more. **-4.** (*amb pronom interrogatiu i indefinit*): **què / qui ~?** what / who else?; **no vindrà ningú ~** no one else will come. **-5.** [indica repetició]: **vull ~ pastís** i would like some more cake. **-6.** [indica preferència]: **val ~ que ens n'anem** It would be better if we left, we had better leave. **-7.** [indica intensitat]: **és ~ ruc!** he's so stupid! **quin dia ~ bonic!** what a lovely day! **-8.** *loc* **qui ~ qui menys** everyone; **no estava content, encara ~, estava furiós** he wasn't happy, quite the reverse, he was furious; **~ o menys** more or less; **~ i ~** more and more, increasingly; **sense ~ ni ~** without rhyme or reason, just like that. ◇ *nm* MAT plus (sign). ➤ **a més (a més a més, de més a més)** *adv* moreover, furthermore, in addition, besides. ➤ **a més (a més a més, de més a més) de** *loc prep*: **a ~ de** in addition to.

mesa ['mɛzə] *nf* RELIG altar; [en una assemblea] board, committee. ➤ **mesa electoral** *nf* polling station.

mescla ['mɛsklə] *nf* **-1.** [gen] mixture, blend. **-2.** [de so] mix.

mesclar [məs'kla] *vt* to mix, to blend; [gen] **~ (amb)** to mix (with), to blend (with). ➤ **mesclar-se** *vp*: **~se (amb)** to mix (with), to blend (with).

mesquí -ina [məs'ki -inə] *adj & nm, f* mean, stingy.

mesquita [məs'kitə] *nf* mosque.

messes ['mɛsəs] *nf pl* (ripe) wheat, corn, oats, barley, cereals; **segar les ~** to harvest the wheat / oats / barley, etc.

messies [mə'siəs] *nm* saviour. ➤ **Messies** *nm* Messiah.

mestís -issa [məs'tis -isə] ◇ *adj* [persona] half-caste; [animal, planta] half-breed, hybrid. ◇ *nm, f* half-breed.

mestre -a ['mɛstɾə] ◇ *adj* masterly; **biga mestra** structural beam, joist; **paret mestra** master wall, structural wall; **cop ~** master stroke. ◇ *nm, f* [d'escola] teacher. ➤ **mestre** *nm* **-1.** [savi, director] master, maestro; **~ de cerimònies** master of ceremonies; **~ de cuina** chef. **-2.** [compositor, director] composer, conductor. **-3.** MIL master-at-arms.

mestressa [məs'tɾesə] *nf* [de pis] landlady; [de fonda, etc.] owner; **~ de casa** housewife.

mesura [mə'zuɾə] *nf* measure, measurement; **amb ~** in moderation; **sense ~** immoderately, without restraint; [disposicions] **prendre mesures** to take measures / steps; **~ repressiva** repressive measure; **a ~ que** as.

mesurar [məzu'ɾa] *vt* **-1.** [gen] to measure. **-2.** *fig* to restrain, to moderate; [considerar] to weigh up.

mesurat -ada [məzu'ɾat -aðə] *adj* **-1.** measured (out), precisely calculated. **-2.** moderate.

meta ['mɛtə] *nf* **-1.** [gen] goal, objective; **fixar-se una ~** to set o.s. a goal / objective. **-2.** ESPORT [arribada] finishing line, winning post; **~ volant** [en ciclisme] hot spot sprint.

metabolisme [mətəβu'lizmə] *nm* metabolism.

metafísic -a [mətə'fizik -ə] ◇ *adj* metaphysical. ◇ *nm, f* metaphysicist. ➤ **metafísica** *nf* metaphysics.

metàfora [mə'tafuɾə] *nf* metaphor.

metall [mə'taʎ] *nm* **-1.** [material] metal; **~ blanc** white metal; **~s preciosos** precious metals. **-2.** MÚS brass instruments.

metàl·lic -a [mə'tallik -ə] *adj* metallic, metal. ➤ **metàl·lic** *nm* cash; **pagar en ~** to pay (in) cash.

metal·lúrgia [mətə'lluɾʒiə] *nf* metallurgy.

metamorfisme [mətəmuɾ'fizmə] *nm* metamorphism.

metamorfosi [mətəmuɾ'fɔzi] *nf* metamorphosis.

meteor [mətə'ɔɾ] *nm* meteor, shooting star.

meteorit [mətəu'ɾit] *nm* meteorite.

meteorologia [mətəuɾulu'ʒiə] *nf* meteorology.

meteorològic -a [mətəuɾu'lɔʒik -ə] *adj* meteorological.

metge -essa [ˈmedʒə] *nm, f* doctor; **anar al ~** to go to the doctor's; **~ de capçalera / família** general practitioner, GP, family doctor; **~ forense** specialist in forensic medicine, forensic surgeon.

meticulós -osa [mətikuˈlos -ozə] *adj* meticulous.

mètode [ˈmɛtuðə] *nm* method.

metòdic -a [məˈtɔðik -ə] *adj* methodical.

metodologia [mətuðuluˈʒiə] *nf* methodology.

metralla [məˈtraʎə] *nf* shrapnel.

metralladora [mətɾəʎəˈðoɾə] *nf* machine gun.

metrallar [mətɾəˈʎa] *vt* to machine-gun.

metralleta [mətɾəˈʎɛtə] *nf* submachine gun.

metre [ˈmɛtɾə] *nm* metre; **~ quadrat / cúbic** square / cubic metre; **~s per segon** metres per second.

mètric -a [ˈmɛtɾik -ə] *adj* metric(al); **una cinta mètrica** a measuring tape.

metro [ˈmɛtɾu] *nm* [transport] underground *Br*, tube *Br*, subway *Am*.

metròpoli [məˈtɾɔpuli] *nf* metropolis.

metropolità -ana [mətɾupuliˈta -anə] *adj* metropolitan.

metxa [ˈmetʃə] *nf* **-1.** [d'una espelma] wick; [per a explosius] fuse. **-2.** TECNOL dovetail (joint).

mèu [ˈmew] *nm* mew, miaow.

meu meva [ˈmew ˈmeβə] (*mpl* **meus**, *fpl* **meves**) <> *adj poss* my, mine; **els ~s llibres** my books; **aquest llibre és ~** this book is mine; **un amic ~** a friend of mine; **no és assumpte ~** it's none of my business; **no és culpa meva** it's not my fault. <> *pron poss* my, mine; **el ~ / la meva** mine; [família] **els ~s** my family.

meuca [ˈmewkə] *nf* **-1.** [prostituta] whore, prostitute, call-girl. **-2.** *despec* tart. **-3.** *fig* bitch.

Mèxic [ˈmɛksik] Mexico; **~ (districte federal)** Mexico City.

mexicà -ana [məksiˈka -anə] <> *adj* Mexican. <> *nm, f* Mexican.

mg (abrev de **mil·ligram**) milligram(me).

mi [ˈmi] <> *nm* MÚS mi, E. <> *pron pers* me; **no es fia de ~** he doesn't trust me; **i a ~ què!** why should I care?; **per ~ no hi ha inconvenient** there's no problem as far as I'm concerned, it's fine by me; **per ~ que...** I think that...; **per ~ que no vindrà** I don't think he'll come.

mica [ˈmikə] *nf* **-1.** piece, fragment; **fer miques [cosa]** to smash to bits. **-2.** [fragment] piece, shard, fragment; *fam* **fer miques (una cosa)** to smash sthg up. **-3.** [porció petita] little, bit. **-4.** piece, slice, bit; *fam* [gen] **una ~ de** a piece of; **una ~ de sal** a bit of salt; **gens ni ~** not a bit, not a drop, none at all. **-5.** GEOL mica. ◆ **miques** *nf pl* [restes] bits, pieces, shards.

mico [ˈmiku] *nm* **-1.** [simi] monkey. **-2.** *fam* [persona] ugly little devil.

micro [ˈmikɾu] *nm fam* micro, microphone.

microbi [miˈkɾɔβi] *nm* microbe.

microbús [ˌmikɾuˈβus] *nm* minibus.

microfilm [ˌmikɾuˈfilm] *nm* microfilm.

micròfon [miˈkɾɔfun] *nm* microphone.

microones *nm inv* microwaves.

microscopi [ˌmikɾusˈkɔpi] *nm* microscope.

microscòpic -a [ˌmikɾusˈkɔpik -ə] *adj* microscopic.

mida [ˈmiðə] *nf* **-1.** measurement, measure, size; **[roba] a (la) ~** made-to-measure, tailor-made; **a la ~ de** fitted for; **prendre la ~ d'alguna cosa** to measure sthg. **-2. de ~ natural** life-size. **-3.** *fig* [moderació] proportion; **fora / sense ~** completely out of proportion, lacking a sense of proportion; *fam* **això ja passa de ~!** that's really over the top! ◆ **mides** *nf pl* [del cos] measurements; **prendre les mides a algú** to take sb's measurements.

midó [miˈðo] *nm* starch.

mig mitja [ˈmitʃ ˈmidʒə] *adj* **-1.** [meitat de] half; **mitja dotzena** half a dozen; **un quilo i ~** one and a half kilogrammes. **-2.** *fig* [molt]: **~ poble era allà** half the village was there. **-3.** *fig* [incomplet]: **a mitja llum** in the half-light. ◆ **mig** ◇ *adv* half; **~ borratxo** half drunk; **a ~ fer** half done. ◇ *nm* **-1.** [meitat] half. **-2.** ESPORT midfielder. **-3.** [centre] middle, center; **posar-se al ~** to get in the way, to interfere; **treure de ~ a algú** [apartar] to get sb out of the way. ◆ **a mitges** *loc adv* to go halves; **[fer, creure] to make sb half believe in sthg.** ◆ **mitja** *nf gen pl* **-1.** [peça de vestir] tights *pl*. **-2.** ESPORT midfielders *pl*.

migdia [ˌmidʒˈdiə] *nm* **-1.** [hora] midday; **al ~** at midday / noon. **-2.** [sud] south.

migdiada [ˌmidʒdiˈaðə] *nf* afternoon; **fer la ~** to have an afternoon nap / a siesta.

migrador -a [miɣɾəˈðo -oɾə] *adj* [au] migratory.

migranya [miˈɣɾaɲə] *nf* migraine.

migrar [miˈɣɾa] *vi* to migrate.

migratori -òria [miɣɾəˈtɔɾi -ɔɾiə] *adj* migratory.

mil [ˈmil] *adj num inv & nm inv* thousand; **~ gràcies** many thanks, thanks a million *Am*; *fig* **~ i una / un** a lot / lots, a great deal / many, tons, a thousand and one. ▶ **sis.**

milà [miˈla] *nm* kite.

miler [miˈle] *nm* thousand; **a ~s** in thousands, by the thousand.

mileurista [miləwˈɾistə] *nmf* person who earns about 1,000 euros a month.

milícia [miˈlisiə] *nf* **-1.** [professió] soldiering, military. **-2.** *gen pl* [grup armat] militia.

milicià -ana [milisiˈa -anə] ⬦ *adj* military, militia (*abans de nom*). ⬦ *nm, f* militiaman, conscript.

milió [miliˈo] *nm* million; **un ~ de** a million; **un ~ de gràcies** thank you very much, thanks a million *Am*. ▶ **milions** *nm pl* millions; **costar / guanyar, etc milions** to cost millions / to make, to earn millions.

milionada [miliuˈnaðə] *nf fam* fortune, millions *pl*.

milionari -ària [miliuˈnaɾi -aɾiə] ⬦ *adj* millionary. ⬦ *nm, f* millionaire *m*, millionairess *f*.

militant [miliˈtan] ⬦ *adj* militant. ⬦ *nmf* militant, activist.

militar¹ [miliˈta] *vi* to serve (in the army).

militar² [miliˈta] ⬦ *adj* military. ⬦ *nmf* serviceman *m*, servicewoman *f*, soldier.

militarisme [militəˈɾizmə] *nm* militarism.

militaritzar [militəɾiˈdza] *vt* to militarise.

mill [ˈmiʎ] *nm* millet.

milla [ˈmiʎə] *nf* mile; **~ (marina)** nautical mile.

mil·lenari -ària [miʎəˈnaɾi -aɾiə] *adj* millennial. ▶ **mil·lenari** *nm* millennium.

mil·lenni [miʎˈlɛnni] *nm* millennium.

mil·lèsim -a [miʎˈlɛzim -ə] *adj num & nm* thousandth; **la ~a part** a thousandth part.

mil·limetrat -ada [miʎiməˈtɾat -aðə] *adj* precisely calculated, precisely adjusted.

mil·límetre [miʎˈlimətɾə] *nm* millimetre.

millor [miˈʎo] ⬦ *adj* **-1.** (*comparatiu i superlatiu*) better, the best; **el ~ pianista** the best pianist; **la ~ alumna** the best student; **~ que** better than; **estar ~** to feel better. **-2.** [preferible]: **(és) ~ que...** it would be better if... ⬦ *adv* **-1.** better, (the) best; **veig ~ ara** I can see better now; **el que la coneix ~** the one who knows her best; **~ per a ella!** all the better for her!; **~!** so much the better!, all the better! **-2.** *fig*: **ésser alguna cosa del bo i ~** to be sthg of the very best. ⬦ *nmf* **el / la ~** the best.

millora [miˈʎoɾə] *nf* **-1.** [progrés] improvement. **-2.** [augment] increase.

millorable [miʎuˈrabblə] *adj* improvable.

millorar [miʎuˈɾa] ⬦ *vi* **-1.** [gen] to improve; [malalt] to recover, to improve. **-2.** [temps] to clear up. **-3.** [situació, país] to improve, to pick up; **el país ha millorat molt** the country has made great progress. ⬦ *vt* **-1.** [gen] to improve; **aquesta pel·lícula millora les altres** this film *Br* / movie *Am* is an improvement on the others. **-2.** [malalt]: **aquest medicament el va ~** this medicine made him better. **-3.** [sou, etc.] to increase. ▶ **millorar-se** *vp* **-1.** [gen] to improve. **-2.** [malalt] to get better; **que et milloris!** get well soon!

mim [ˈmim] *nm* TEAT mime; **fer ~** to mime.

mimar [miˈma] *vt* [gestos, actituds] to imitate, to mimic, to ape.

mímic -a [ˈmimik -ə] *adj* mime (*abans de nom*). ▶ **mímica** *nf* **-1.** [mim] mime. **-2.** [llenguatge] sign language.

mimós -osa [miˈmos -ozə] *adj* affectionate. ▶ **mimosa** *nf* BOT mimosa.

min (abrev de minut) min., minute.

mina [ˈminə] *nf* **-1.** *lit & fig* mine; **aquest llibre és una ~ d'informacions** this book is a mine of information. **-2.** *fig* [persona] jewel, gem.

minar [miˈna] *vt* to mine; *fig* **~ l'autoritat** to undermine authority.

miner -a [miˈne -eɾə] ⬦ *adj* mining, mine. ⬦ *nm, f* miner.

mineral [minəˈɾal] ⬦ *adj* **-1.** mineral. **-2.** ▶ **aigua.** ⬦ *nm* GEOL mineral.

mineria [minəˈɾiə] *nf* **-1.** [tècnica] mining. **-2.** [sector] mining industry.

miniatura [miniəˈtuɾə] *nf* [gen] miniature; **en ~** in miniature.

mínim -a [ˈminim -ə] *adj* [el més baix] minimum; [menor] less; **la temperatura ~a** the minimum temperature; **no tinc la més ~a idea** I don't have the slightest idea; **com a ~** at (the very) least; **com a ~ podries haver...** you could at least have... ▶ **mínim** *nm* [límit] minimum; **el ~ de l'any** the annual minimum; **~ comú múltiple** lowest common multiple. ▶ **mínima** *nf* METEOR lowest temperature.

ministeri [minisˈtɛɾi] *nm* ministry, government department; **treballar en un ~**

to work in a ministry; ~ fiscal / públic ≈ Department of Public Prosecution *Br*, Attorney General's Office *Am*.

ministre -a [mi'nistrə] *nm, f* minister; el ~ d'Assumptes / d'Afers Exteriors minister for Foreign Affairs; ~ de Déu / l'Església minister of God; ~ sense cartera minister without portfolio; primer ~ prime minister.

minoria [minu'riə] *nf* minority.

minoritari -ària [minuri'tari -ariə] *adj* minority (*abans de nom*).

minúcia [mi'nusiə] *nf* trifle, insignificant thing.

minuciós -osa [minusi'os -ozə] *adj* thorough, meticulous, very detailed.

minuciositat [minusiuzi'tat] *nf* thoroughness, meticulousness.

minúscul -a [mi'nuskul -ə] *adj* minute, tiny. ◆ **minúscula** *nf* small letter, lower case letter.

minusvàlid -a [minuz'balit -iðə] ◇ *adj* disabled, handicapped. ◇ *nm, f* disabled, handicapped person.

minusvàlua [minuz'baluə] *nf* ECON depreciation, capital loss, fall in value.

minut [mi'nut] *nm* minute.

minuta [mi'nutə] *nf* [factura] fee; rough draft, carbon copy.

minutera [minu'terə] *nf* minute hand.

minvant [mim'ban] *adj* **-1.** [gen] decreasing; [lluna] waning. **-2.** ➤ quart.

minvar [mim'ba] *vi & vt* to dwindle, to lessen, to decay, to decrease, to diminish; [lluna] to wane.

minyó -ona [mi'ɲo -onə] *nm, f* child, youngster, lad, boy *m*, girl *f*. ◆ **minyona** *nf* **-1.** [de servei] maid. **-2.** *fam* girl.

miol [mi'ɔl] *nm* mew, miaow.

miolar [miu'la] *vi* to mew, to miaow.

miop [mi'ɔp] ◇ *adj* myopic. ◇ *nmf* short-sighted person.

miopia [miu'piə] *nf* myopia.

mira ['mirə] *nf* look, glance; *fig* purpose, object; amb mires a with a view to, with the aim of.

miracle [mi'raklə] *nm* miracle, wonder; de ~ by a miracle; *fig* fer ~s to work wonders.

miraculós -osa [miraku'los -ozə] *adj* miraculous.

mirada [mi'raðə] *nf* look, gaze; apartar la ~ to look away; dirigir la ~ a algú to look at sb; sense dirigir-li la ~ without looking at her; fulminar amb la ~ to give sb a withering look, to look daggers at sb; alçar la ~ to raise one's eyes.

mirador [mirə'ðo] *nm* **-1.** [balcó] enclosed balcony. **-2.** [per a mirar un paisatge] viewpoint.

mirall [mi'raʎ] *nm* **-1.** mirror, looking glass; (~) retrovisor rear view mirror. **-2.** *fig* [imatge] mirror, reflection; ser el ~ d'alguna cosa [societat, època etc.] to reflect sthg, to mirror sthg; [ànima] mirror, window.

mirament [mirə'men] *nm* wariness, caution, care, circumspection; sense ~s without due care, unwarily; no tenir ~s to be unwary, to lack circumspection.

mirar [mi'ra] ◇ *vi* **-1.** [gen] to look at, to watch. **-2.** [orientar-se] to face; ~ al [nord, sud, etc.] to face North, South, etc.; [carrer, pati, etc.] to look onto. **-3.** [tenir cura] ~ per algú / per alguna cosa to look out for sb / sthg. ◇ *vt* **-1.** [gen] to look (at), to gaze (at); mira! look!; ~ de prop / de lluny to look at sthg closely / from a distance; de mira'm i no em toquis very fragile, hypersensitive; ~ algú de dalt a baix to look sb up and down; *fig* ben mirat all things considered. **-2.** [considerar] to consider; mira bé el que fas be careful what you do, watch what you do; mira si val la pena think whether it's worth it. **-3.** mira [explicació] look; (*en imperatiu*) mira, jo crec que...; [explicació] as I see it... ◆ **mirar-se** *vp* to look at o.s.

miratge [mi'radʒə] *nm* lit & fig mirage.

mirra ['mirə] *nf* myrrh.

misantrop -a [mizən'trɔp -ə] *nm, f* misanthrope, misanthropist.

miscel·lània [misə'llaniə] *nf* miscellany.

míser -a ['mizər -erə] *adj* wretched, very poor.

miserable [mizə'rabblə] ◇ *adj* wretched, very poor; una quantitat ~ a measly sum, a miserable amount. ◇ *nmf* **-1.** [avar] miserly, mean *Br*. **-2.** [roí, menyspreable] rotten, contemptible, vile, base.

misèria [mi'zɛriə] *nf* poverty, misery, destitution.

misericòrdia [mizəri'kɔrdiə] *nf* compassion; demanar ~ to beg for mercy.

misogin -ògina [mi'zɔʒin -ɔʒinə] ◇ *adj* misogynous. ◇ *nm, f* misogynist.

missa ['misə] *nf* mass; cantar / dir ~ sing / say mass; oir / anar a ~ to hear / to go to mass; ~ cantada sung mass; ~ de cam-

missal [miˈsal] *nm* missal.

missatge [miˈsadʒə] *nm* message.

missatger -a [misəˈdʒe -eɾə] ⬦ *adj* messenger. ⬦ *nm, f* **-1.** [de missatges] messenger. **-2.** [de paquets] courier.

míssil [ˈmisil] *nm* missile.

missió [misiˈo] *nf* mission, task, expedition. ▸ **missions** *nf pl* RELIG missions.

missioner -a [misiuˈne -eɾə] ⬦ *adj* missionary, mission (*abans de nom*). ⬦ *nm, f* missionary.

missiva [miˈsiβə] *nf culte* missive.

misteri [misˈtɛɾi] *nm* mystery; **portar alguna cosa amb molt de ~** to be mysterious about something.

misteriós -osa [mistəɾiˈos -ozə] *adj* mysterious.

místic -a [ˈmistik -ə] ⬦ *adj* mystic (*abans de nom*), mystical. ⬦ *nm, f* mystic. ▸ **mística** *nf* mysticism.

misto [ˈmistu] *nf* match.

mite [ˈmitə] *nm* **-1.** [gen] myth; **és un ~!** it's a myth, it's a complete fabrication; **és un ~ que s'ha creat** it's a myth which has become widely accepted. **-2.** [personatge famós] legend; **un ~ de la Història** a legendary figure from history; mythical figure.

mític -a [ˈmitik -ə] *adj* mythical; [molt famós] legendary.

mitificar [mitifiˈka] *vt* to mythologize, to make a myth of sb /sthg.

mitigar [mitiˈɣa] *vt* to alleviate, to calm.

míting [ˈmitiŋ] *nm* political rally, meeting.

mitjà -ana [miˈdʒa -anə] *adj* middle, average. ▸ **mitjà** *nm* **-1.** circle; **en mitjans ben informats** in well-informed circles. **-2.** [sistema, manera] means; [persona] **per ~ de** through the good offices of, through. ▸ **mitjana** *nf* **-1.** average; mitjana aritmètica arithmetic mean; mitjana horària hourly average; mitjana geomètrica weighted average. **-2.** GEOM median. **-3.** [d'una carretera] central reservation. **-4.** [messana] mizzen. ▸ **mitjans** *nm pl* media; mitjans de comunicació / d'informació the media; mitjans de producció means of mass production, mass production facilities; mitjans de transport means of transport.

mitjan [miˈdʒan] *adj inv* the middle of, halfway through; **a ~** in the middle of, halfway through; **a ~ gener** in the middle of January, halfway through January.

mitjançant [midʒənˈsan] *prep* by, through, by means of.

mitjançar [midʒənˈsa] *vi* to mediate, to intercede.

mitjancer -a [midʒənˈse -eɾə] ⬦ *adj* mediating. ⬦ *nm, f* mediator.

mitjanit [midʒəˈnit] *nf* [hora] midnight; **a ~** at midnight.

mitjó [miˈdʒo] *nm* sock.

mitologia [mituluˈʒiə] *nf* mythology.

mixt -a [ˈmikst -ə] *adj* mixed.

ml (abrev de mil·lilitre) ml.

mm (abrev de mil·límetre) mm.

mòbil [ˈmɔβil] ⬦ *adj* mobile. ⬦ *nm* cellular / mobile phone.

mobiliari [muβiliˈaɾi] *nm* furniture, household goods.

mobilitat [muβiliˈtat] *nf* mobility.

mobilitzar [muβiliˈdza] *vt* to mobilize.

moblar [muˈbbla] *vt* to furnish.

moble [ˈmɔbblə] ⬦ *adj* ▸ **bé**. ⬦ *nm* piece of furniture; **~ bar** cocktail cabinet.

moc [ˈmok] *nm* **-1.** snot; MED mucus; **netejar-se els ~s** to wipe one's nose; **tenir ~s** to have a runny nose, to have a snotty nose. **-2.** *fam* **clavar un ~ a algú** to rebuff sb.

mocador [mukəˈðo] *nm* [de nas] handkerchief; **~ de paper** tissue, paper handkerchief; [guarniment] scarf, headscarf, shawl.

mocar [muˈka] *vt* [nens, etc.] to wipe sb's nose. ▸ **mocar-se** *vp* to wipe one's nose.

mocassí [mukəˈsi] *nm* moccasin.

moció [musiˈo] *nf* motion, movement; **~ de censura** censure motion.

mocós -osa [muˈkos -ozə] *nm, f fam despec* brat.

moda [ˈmɔðə] *nf* fashion; **estar passat de ~** to be out of fashion; **anar a la (l'última) ~** to wear the latest fashion; **estar de ~** to be in fashion.

modal [muˈðal] *adj* modal.

modalitat [muðəliˈtat] *nf* form, type, method; **~ de pagament** method of payment.

mode [ˈmɔðə] *nm* **-1.** [gen] way, manner, method. **-2.** GRAM mood.

model [muˈðel] ⬦ *adj* model. ⬦ *nm* **-1.** [gen] model **~ econòmic** economic model. **-2.** *fig* **ésser un ~ de virtuts** to be a paragon of virtue. ⬦ *nmf* model.

modelar [muðə'la] *vt* –1. to model. –2. *fig* to shape, to mould.

moderació [muðərəsi'o] *nf* moderation.

moderador -a [muðərə'ðo -orə] ◇ *adj* moderating. ◇ *nm, f* chairman, moderator.

moderar [muðə'ra] ◇ *vi* [temps, temperatura] to moderate, to become milder. ◇ *vt* –1. [velocitat, aspiracions, etc.] to reduce. –2. [debat, reunió] to chair. ● **moderar-se** *vp* to restrain o.s.; ~**-se en les paraules** to watch one's words, to tone down one's language.

modern -a [mu'ðɛrn -ə] ◇ *adj* modern. ◇ *nm, f fam* trendy.

modernisme [muðər'nizmə] *nm* –1. [gen & LITER] modernism. –2. ARQUIT & ART modernism, ≃ Art Nouveau.

modernitzar [muðərni'dza] *vt* to modernise. ● **modernitzar-se** *vp* to modernise.

modest -a [mu'ðest -ə] *adj* modest. ◇ *nm, f* modest person.

modèstia [mu'ðɛstiə] *nf* modesty; **falsa** ~ false modesty.

mòdic -a ['mɔðik -ə] *adj* modest, reasonable.

modificar [muðifi'ka] *vt* to alter, to modify.

modista [mu'ðistə] *nmf* –1. [dissenyador] fashion designer. –2. [que cus] tailor *m*, dressmaker *f*.

mòdul ['mɔðul] *nm* module.

modular[1] [muðu'la] *vt* to modulate.

modular[2] [muðu'la] *adj* modular.

mofa ['mɔfə] *nf* jibe, derision, mockery, scoffing; **fer** ~ **d'alguna cosa / d'algú** to mock sthg / sb.

mofar-se [mu'farsə] *vp* ~ **(de)** to mock, to scoff at.

mogut -uda [mu'ɣut -uðə] *adj* –1. [gen] turbulent, restless, hectic, lively; **conversa moguda, viatge** ~ lively conversation, hectic journey / trip. –2. [foto, imatge] blurred.

moixó [mu'ʃo] *nm* small bird.

mola ['mɔlə] *nf* millstone, grindstone.

moldre ['mɔldrə] *vt* –1. [gra] to mill, to grind. –2. *fig* [pegar] ~ **algú a cops** to give sb a beating. –3. *fam* [cansar] ~ **els ossos** to wear o.s. out.

molècula [mu'lɛkulə] *nf* molecule.

molest -a [mu'lest -ə] *adj* –1. [enutjós] annoyed, irritated; **ser** ~ to be annoying / irritating. –2. [incòmode] uncomfortable.

molestar [muləs'ta] *vt* –1. [fastiguejar] to annoy; **em molesta fer...** I hate doing... –2. [fer mal] to hurt, to offend. ● **molestar-se** *vp* [incomodar-se] to bother, to put o.s. out; ~**-se per algú / alguna cosa** to bother about sb / sthg, to put o.s. out for sb / sthg.

molèstia [mu'lɛstiə] *nf* –1. [incomoditat] bother, nuisance, trouble; **si no és una** ~ if it's not too much bother / trouble; **prendre's la** ~ **de fer alguna cosa** to take the trouble to do sthg. –2. [malestar] discomfort.

molí [mu'li] *nm* mill; ~ **de vent** windmill.

moliner -a [muli'ne -erə] ◇ *adj* milling. ◇ *nm, f* miller.

molinet [muli'nɛt] *nm* –1. hand mill. –2. [de sal] salt mill; [de pebre] pepper mill. ● **molinet de cafè** *nm* coffee grinder. ● **molinet de vent** *nm* [joguina] paper windmill.

moll ['mɔʎ] *nm* –1. marrow; **fins al** ~ **de l'os** to the core. –2. [peix] red mullet. –3. [de port] wharf. –4. kernel.

moll -a ['mɔʎ -ə] *adj* soft.

molla ['mɔʎə] *nf* –1. [de pa] crumb. –2. [de matalàs, rellotge] spring.

molló [mu'ʎo] *nm* [fita] landmark, boundary mark, milestone.

mol·luscs [mu'ʎusks] *nm pl* molluscs.

molsa ['mɔlsə] *nm* BOT moss.

molt -a ['mol 'moltə] (*mpl* **molts**, *fpl* **moltes**) ◇ *adj* –1. [gen] a lot, many; ~**a gent** many people; ~**s mesos** many months; ~ **de temps** a long time. –2. [son, gana, fred, etc.] very; **fa** ~**a calor** it's very hot. ◇ *pron* a lot; ~**s pensen que...** a lot of people think that...

moment [mu'men] *nm* moment; **no para ni un** ~ he doesn't stop for a moment; **a cada** ~ every moment; **de** ~ at the moment; **des del** ~ **que** [temps] from the (very) moment that; [causa] seeing as, given that; **d'un** ~ **a l'altre** any minute now; **per** ~**s** by the minute.

mòmia ['mɔmiə] *nf* mummy.

món ['mon] *nm* –1. [gen] world; **el Nou** ~ the New World; **l'altre** ~ the other side, the netherworld, the hereafter; **el tercer** ~ the Third World; **mig** ~ half the world; **tot el** ~ the whole world, everyone; **des que el** ~ **és** ~ since the dawn of time, since Adam was a lad; **quin** ~ **de monels!** what a crazy world!; **el** ~ **és un mocador / és petit** it's a small world; *fam* **no és res de l'altre** ~ it's nothing to write home about; **la perfecció no és d'aquest** ~ the world isn't perfect; **riure's del** ~ to laugh at the world. **-2.** [sector social] circle; **el ~ teatral / del teatre** the theatre world. **-3.** [experiència] worldliness; **home / dona de ~** man / woman of the world; **tenir (molt de) ~** to be worldly-wise, to know the ways of the world; **veure / córrer ~** to see life. **-4.** world; **prometre el ~ i la bolla** to promise sb the world.

mona ['monə] *nf* **-1.** monkey; **encara que la ~ es vesteixi de seda, ~ es queda** you cannot make a silk purse out of a sow's ear. **-2.** *fam* [borratxera] **agafar una ~** to get drunk; **dormir la ~** to sleep it off. **-3.** [pastís]: **la ~ (de Pasqua)** Easter egg or cake.

Mònaco ['monəku] Monaco; **el principat de ~** the principality of Monaco.

monada [mu'naðə] *nf* **-1.** *fam* darling; [persona] little beauty; [cosa] lovely thing. **-2.** [gràcia] amusing antic.

monarca [mu'narkə] *nm* monarch, ruler.

monarquia [munər'kiə] *nf* monarchy; **~ absoluta / constitucional / parlamentària** absolute / constitutional / parliamentary monarchy.

monàrquic -a [mu'narkik -ə] ◇ *adj* monarchic; [partidari] monarchist. ◇ *nm, f* monarchist, royalist.

moneda [mu'nɛðə] *nf* **-1.** [peça] coin; **~ menuda** small change. **-2.** [divisa] currency; ECON **~ corrent** legal tender; *fig* **~ dèbil / forta** weak / strong currency; **~ divisionària / fraccionària** minor unit of currency; **~ estrangera** foreign currency. **-3.** **pagar algú amb la mateixa ~** to pay sb back in kind.

moneder -a [munə'ðe -eɾə] *nm, f* minter. ➤ **moneder** *nm* purse.

monestir [munəs'ti] *nm* monastery.

mongeta [muɲ'ʒɛtə] *nf* bean; **~ seca** haricot bean; **~ verda / tendra** French bean.

mongòlic -a [muŋ'ɡɔlik -ə] ◇ *adj* **-1.** MED Down's syndrome (*abans de nom*). **-2.** [de Mongòlia] Mongol, Mongolian. ◇ *nm, f* [malalt] Down's syndrome person; Mongol, Mongolian.

mongolisme [muŋɡu'lizmə] *nm* mongolism, Down's syndrome.

moniato [muni'atu] *nm* sweet potato, yam.

monitor -a [muni'to -oɾə] *nm, f* monitor, instructor. ➤ **monitor** *nm* INFORM monitor, visual display unit, VDU; **~ en color** colour monitor.

monja ['mɔɲʒə] *nf* nun.

monjo ['mɔɲʒu] *nm* monk.

monocle [mu'nɔklə] *nm* monocle.

monogàmia [munu'ɣamiə] *nf* monogamy.

monografia [munuɣɾə'fiə] *nf* monograph.

monòleg [mu'nɔlək] *nm* monologue; TEAT soliloquy.

monomania [munumə'niə] *nf* [afició] obsession; [preocupació] obsessive worry / concern.

monoparental [ˌmonupəɾən'tal] *adj* single-parent.

monopatí [munupə'ti] *nm* skateboard.

monopoli [munu'pɔli] *nm* monopoly.

monopolitzar [munupuli'dza] *vt* to monopolise.

monosíl·lab -a [munu'silləp -əβə] ◇ *adj* monosyllabic. ◇ *nm* monosyllable.

monosil·làbic -a [munusi'llaβik -ə] *adj* monosyllabic.

monoteisme [munutə'izmə] *nm* monotheism.

monòton -a [mu'nɔtun -ə] *adj* monotonous, boring, dreary.

monotonia [munutu'niə] *nf* monotony; [entonació] monotone.

monovolum [munuβu'lum] *nm* people carrier.

monsenyor [munsə'ɲo] *nm* Monsignor.

monsó [mun'so] *nm* monsoon.

monstre ['monstɾə] ◇ *adj inv* huge, giant, enormous, whopping. ◇ *nm* monster, freak.

monstruós -osa [munstɾu'os -ozə] *adj* monstrous; [lleig] hideous.

monstruositat [munstɾuuzi'tat] *nf* monstrosity, atrocity; [lletjor] hideousness.

mont ['mon] *nm* mountain. ➤ **mont de pietat** *nm* **-1.** pawnbroker's, pawn shop. **-2.** friendly society. ➤ **mont de Venus** *nm* ANAT mons veneris.

montícle [mun'tiklə] *nm* hummock, hillock, mount.

monument [munu'men] *nm* monument.

monumental [munumən'tal] *adj* monumental.

monyo ['moɲu] *nm* bun; *fig* **agafar-se pel ~** to grab sb by the hair.

monyó [mu'ɲo] *nm* stump.

moquejar [mukə'ʒa] *vi* to have a runny nose.

moqueta [mu'kɛtə] *nf* fitted carpet, wall-to-wall carpet.

mora ['moɾə] *nf* DR delay.

móra ['moɾə] *nf* blackberry.

moral [mu'ral] ◇ *adj* moral; **un exemple ~** a moral example, an uplifting example. ◇ *nf* **-1.** [ètica] morality. **-2.** [ànim] morale;

moralitat

aixecar la ~ to raise morale; **estar baix de ~** to be in poor spirits.

moralitat [murəli'tat] *nf* morality.

moralitzar [murəli'dza] *vi* to moralise.

morat -ada [mu'rat -aðə] *adj* purple, violet. ➤ **morat** *nm* **-1.** [color] purple. **-2.** [hematoma] bruise.

morbo ['mɔrbu] *nm* MED disease; *fam* [plaer malsà] morbid pleasure.

morbós -osa [mur'bos -ozə] *adj* morbid; **detalls morbosos** morbid details.

mordaç [mur'das] *adj* scathing, biting, caustic.

mordassa [mur'dasə] *nf* gag, nag's bridle.

morè -ena [mu'rɛ -enə] ◇ *adj* **-1.** [persona] dark, dark-haired. **-2.** [pel sol] sun-tanned; **posar-se ~** to get a sun tan. **-3.** [pa] rye bread. ◇ *nm, f* dark-skinned person. ➤ **morena** *nf* **-1.** [peix] moray eel. **-2.** haemorrhoid.

morera [mu'rerə] *nf* mulberry tree.

morfina [mur'finə] *nf* morphine.

morganàtic -a [murgə'natik -ə] *adj* morganatic.

moribund -a [muri'βun -undə] ◇ *adj* dying, moribund. ◇ *nm, f* dying person, moribund person.

morir [mu'ri] *vi* to die. ➤ **morir-se** *vp*: **~se (de)** to die (of); *fig* **morir-se de ganes de** to be dying for / to do sthg.

mormó -ona [mur'mo -onə] *adj & nm, f* Mormon.

moro -a ['mɔru -ə] ◇ *adj* **-1.** HIST Moorish. **-2.** *despec* [àrab] Arab. ◇ *nm, f* **-1.** HIST Moor. **-2.** *despec* [àrab] Arab. ➤ **Moros i Cristians** Spanish festival simulating the wars between Moors and Christians.

morós -osa [mu'ros -ozə] ◇ *adj* slow, sluggish; **és un client ~** he is a slow-paying customer. ◇ *nm, f* defaulter, bad debtor.

morralla [mu'raʎə] *nf* **-1.** *despec* [persones] scum (of the earth); [cosa de poc valor] junk, rubbish. **-2.** [peix] small fry.

morrejar [murə'ʒa] *vt & vi* to snog. ➤ **morrejar-se** *vp* to snog.

morrió [muri'o] *nm* muzzle.

morro ['moru] *nm* **-1.** [gen] snout, nose, muzzle. **-2.** *despec* **del ~ fort** [persona] pig-headed person. **-3.** [cara d'alguns animals] face. **-4.** *gen pl fam* [llavis] thick lips, smackers; **fer ~** to be in a bad mood; **inflar els ~s a algú** to give sb a bloody nose; **fotre's / caure de ~s** to fall flat on one's face. **-5.** *fam* [de cotxe] bonnet *Br*, hood *Am*; [d'avió] nose.

morsa ['mɔrsə] *nf* ZOOL walrus.

morse ['mɔrsə] *nm* morse (code).

mort -a ['mɔrt -ə] ◇ *adj* **-1.** [gen] dead; *fig* **estar ~ de por / de fred / de gana** to be frightened to death, to be half dead from cold / hunger. **-2.** [color] dull. ◇ *nm, f* corpse, body; *fam* **carregar amb el ~** [feina, tasca] to be left holding the baby; *fam* **carregar / endossar el ~ a algú** [culpa] to pass the buck on to sb; **fer el ~** to float on one's back; **més ~ que viu** frightened half to death; **mig ~** [cansat] dead beat; **no tenir on caure ~** not to have a penny to one's name; **riure's del ~ i del qui el vetlla** to make fun of everything; **fer-se el ~** to play dead. ◇ *pp irreg* ➤ **morir**. ◇

mort ['mɔrt] *nf* **-1.** [gen] death; **a ~** to the death; **de mala ~** third-rate; **~ natural / violenta** natural / violent death. **-2.** [homicidi] murder *Br*, homicide *Am*.

mortadel·la [murtə'ðɛllə] *nf* mortadella.

mortal [mur'tal] *adj & nmf* mortal, fatal, deadly.

mortaldat [murtəl'dat] *nf* mortality; **causar ~** to produce high mortality (rates).

mortalitat [murtəli'tat] *nf* mortality.

mortalla [mur'taʎə] *nf* shroud.

morter [mur'te] *nm* mortar.

mortífer -a [mur'tifər -erə] *adj* deadly.

mortificació [murtifikəsi'o] *nf* mortification.

mortificant [murtifi'kan] *adj* mortifying.

mortificar [murtifi'ka] *vt* **-1.** to mortify; *fig* [torturar] to torture. **-2.** *fig* [molestar] to humiliate, to spite. ➤ **mortificar-se** *vp* to torture o.s.

mortuori -òria [murtu'ɔri -ɔriə] *adj* mortuary, death *(abans de nom)*.

mos ['mɔs] *nm* **-1.** [porció] mouthful. **-2.** bite; *fam* **menjar / fer un ~** to have sthg to eat.

mosaic -a [mu'zajk -ə] *adj* [de Moisès] Mosaic, of Moses. ➤ **mosaic** *nm* mosaic.

mosca ['mɔskə] *nf* fly; **~ tse-tsé** tsetse fly; **afluixar la ~** to cough up; **no se sentia ni una ~** you could have heard a pin drop; **quina ~ t'ha picat?** what's up with you?; *fam* **tenir la ~ al nas** [estar enfadat] to be annoyed. ➤ **mosca balba** *nf fam fig* [dona múrria, astuta] cunning woman, scheming woman.

moscatell [muskə'teʎ] *nm* muscatel.

Moscou [mus'kɔw] Moscow.

moscovita [musku'βitə] ◇ *adj* Muscovite. ◇ *nmf* Muscovite.

mosquet [musˈkɛt] *nm* musket.
mosqueter [muskəˈte] *nm* musketeer.
mosquetó [muskəˈto] *nm* musketoon.
mosquit [musˈkit] *nm* mosquito.
mosquiter [muskiˈte] *nm* warbler.
mossa [ˈmɔsə] *nf* –**1.** teenage girl. –**2.** ➙ **mosso**.
mossàrab [muˈsarəp] ◇ *adj* Mozarabic. ◇ *nmf* Mozarab. ◇ *nm* [llengua] Mozarabic.
mossegada [musəˈɣaðə] *nf* bite; **a mossegades** by biting; **fer una ~ en alguna cosa** to take a bite out of sthg.
mossegar [musəˈɣa] *vt* to bite. ➙ **mossegar-se** *vp* ~**-se les ungles** to bite one's nails.
mossèn [muˈsɛn] *nm* priest, monsignor, reverend.
mosso -a [ˈmosu -ə] *nm, f* [jove] youth *m*, lad *m*, girl *f*, wench *f*; **és un bon ~** he is a good lad. ➙ **mosso** *nm* –**1.** [criat] servant, hand; ~ **(d'estació)** seasonal worker / labourer. –**2.** MIL recruit. –**3.** [que fa encàrrecs] office boy. ➙ **mosso d'esquadra** *nm* policeman (in the Catalan national police force).
most [ˈmost] *nm* must, unfermented grape juice.
mostassa [musˈtasə] *nf* mustard.
mostatxo [musˈtatʃu] *nm* moustache.
mostela, mustela [musˈtɛlə] *nf* weasel.
mostra [ˈmɔstrə] *nf* –**1.** [petita quantitat] sample; ~ **gratuïta** free sample. –**2.** [senyal, prova] sign, proof; **donar mostres de** [intel·ligència, prudència, etc.] to show signs of (intelligence, prudence, etc.); [estimació, simpatia] show. –**3.** [model] model; **pis de** ~ show flat. –**4.** [exposició] fair.
mostrar [musˈtra] *vt* to show. ➙ **mostrar-se** *vp* to show (o.s.), to appear.
mostrari [musˈtrari] *nm* collection of samples, pattern book.
mostreig [musˈtretʃ] *nm* sample, sampling.
mot [ˈmɔt] *nm* word; [literalment] **a ~, ~ per ~** word by word; [complir la paraula] **agafar pel ~ algú** to take sb at his word; [parlar breument] **dir quatre ~s** to say a couple of words. ➙ **mots encreuats** *nm* crossword (puzzle).
motejar [mutəˈʒa] *vt* to nickname.
motel [muˈtɛl] *nm* motel.
motí [muˈti] *nm* revolt, uprising; [de soldats] mutiny.
motiu [muˈtiw] *nm* –**1.** reason, cause, motive; **amb ~ de** [per celebrar] on the occasion of; [a causa de] because (of); **donar ~ a** to provide the reason for; **per aquest ~** for this reason; **tinc ~s per a queixar-me** I have grounds to complain. –**2.** [d'obra literària] subject. –**3.** MÚS motif. –**4.** [dibuix] subject.
motivació [mutiβəsiˈo] *nf* motive, motivation.
motivar [mutiˈβa] *vt* to motivate; [causar] to cause; [raonar] to explain / justify.
motlle [ˈmɔʎʎə], **motllo** [ˈmɔʎʎu] *nm* mould.
motllura [muˈʎʎurə] *nf* moulding.
moto [ˈmɔtu] *nf* motorbike, motorcycle, scooter.
motocicle [mutuˈsiklə] *nm* motorcycle.
motocicleta [mutusiˈklɛtə] *nf* motorcycle.
motociclisme [mutusiˈklizmə] *nm* motorcycling.
motociclista [mutusiˈklistə] *nmf* motorcyclist.
motocròs [mutuˈkrɔs] *nm inv* motocross.
motocultor [ˌmotukulˈto] *nm* cultivator.
motonàutic -a [ˌmotuˈnawtik -ə] *adj* speedboat (*abans de nom*). ➙ **motonàutica** *nf* speedboat racing.
motor [muˈtor] ◇ *adj* motor, driving, propulsive. ◇ *nm* motor, engine; ~ **d'arrencada** starter; ~ **de combustió interna** internal combustion engine; ~ **d'explosió** spark-ignition engine; ~ **de gasolina** petrol engine; ~ **d'injecció** fuel injection engine; ~ **de reacció** jet engine; ~ **dièsel** diesel engine; ~ **elèctric** electric motor; ~ **fora borda** outboard motor. ➙ **llanxa motora** *nf* motorboat.
motorista [mutuˈristə] *nmf* motorcyclist.
motoritzar [muturiˈdza] *vt* to motorise.
motoritzat -ada [muturiˈdzat -aðə] *adj* motorised; *fam* **anar ~** to have a vehicle.
motricitat [mutrisiˈtat] *nf* motive force.
motriu [muˈtriw] *adj* ➙ **motor**.
motxilla [muˈtʃiʎə] *nf* rucksack, knapsack.
moure [ˈmowrə] *vt* –**1.** [accionar] to move. –**2.** [canviar de lloc] to drive, to work, to power. –**3.** [agitar] to shake; ~ **les masses** to move the masses. –**4.** [suscitar] to arouse; ~ **la curiositat** to arouse one's curiosity; [incitar] ~ **a pietat / riure** to move sb to piety, to make sb laugh. –**5.** *fig* [incitar]: ~ **algú a alguna cosa / a fer alguna cosa** to make sb do sthg. ➙ **moure's** *vp* –**1.** [posar-se en moviment, agitar-se] to go into action, to get a move on, to toss and turn. –**2.** [traslladar-se] to move. –**3.** [relacionar-se]

mousse ['musə] *nf inv* CULIN mousse.

movedís -issa [muβəˈðis -isə] *adj* **–1.** [peça, plafó] unsteady, moving, shifting, loose. **–2.** [sorra] shifting; [terra] sliding. **–3.** unstable.

moviment [muβiˈmen] *nm* **–1.** movement; FÍS & TECNOL **~ continu** perpetual motion; **~ de rotació** rotational motion; **~ de terra** earthquake, earth tremor; **~ obrer** labour movement. **–2.** [de capital] cash flow. **–3.** [circulació] activity.

moviola [muβiˈɔlə] *nf* editing projector.

ms (abrev de **manuscrit**) MS.

mu ['mu] *nm* [mugir] moo.

mucós -osa [muˈkos -ozə] *adj* mucous.

mucosa *nf* mucous membrane.

mucositat [mukuziˈtat] *nf* mucus.

mucus ['mukus] *nm inv* mucus.

muda ['muðə] *nf* **–1.** [de plomes, pell] moulting. **–2.** [roba interior] change of clothing.

mudable [muˈðabblə] *adj* changeable, fickle.

mudament [muðəˈmen] *nm* change.

mudança [muˈðansə] *nf* **–1.** change. **–2.** [de casa] move, removal; **estar de ~** to be moving.

mudar [muˈða] ◇ *vi* [canviar] to change; **~ de** to change; **~ de casa** to move. **~ les plomes / la pell** to moult (fur / feathers), to shed (skin). ◇ *vt* to change, to alter. ◆ **mudar-se** *vp* to change, to alter; **~-se (de casa)** to move; **~-se (de roba)** to change one's clothes; to dress up.

mudat -ada [muˈðat -aðə] *adj* [persona] well-dressed, dressed up.

mudèjar [muˈðeʒər] *adj & nmf* Mudejar.

mugir [muˈʒi] *vi* to low, to moo, to bellow.

mugit [muˈʒit] *nm* lowing, moo, bellow.

mugró [muˈɣro] *nm* nipple, teat.

mul -a ['mul -ə] *nm, f* mule. ◆ **mula** *nf* [durícia] callosity, callus.

mulat -a [muˈlat -ə] *adj & nm, f* mulatto.

mullar [muˈʎa] *vt* to wet, to moisten, to soak. ◆ **mullar-se** *vp* to get wet, to get drenched.

mullat -ada [muˈʎat -aðə] *adj* wet, soaked through, drenched.

multa ['multə] *nf* fine.

multar [mulˈta] *vt* to fine.

multicolor [ˌmultikuˈlo] *adj* multi-coloured.

multicopista [ˌmultikuˈpistə] *nf* duplicating.

multidisciplinar [ˌmultiðisipliˈna] *adj* multidisciplinary.

multiforme [ˌmultiˈformə] *adj* multiform.

multigrau [ˌmultiˈɣɾaw] *adj* multigrade.

multilàter -era [ˌmultiˈlatər -eɾə] *adj* many-sided, multilateral.

multimèdia [ˌmultiˈmɛðiə] *adj inv* multimedia.

multimilionari -ària [ˌmultimiliuˈnaɾi -aɾiə] *adj & nm, f* multimillionaire.

multinacional [ˌmultinəsiuˈnal] *adj & nf* multinational.

múltiple -a ['multiplə] *adj & nm* multiple.

multiplicació [multiplikəsiˈo] *nf* multiplication.

multiplicador -a [multiplikəˈðo -oɾə] *adj* multiplying. ◆ **multiplicador** *nm* MAT multiplier.

multiplicand [multipliˈkan] *nm* multiplicand.

multiplicar [multipliˈka] *vt & vi* to multiply. ◆ **multiplicar-se** *vp* **–1.** [gen] to multiply. **–2.** *fig* to do lots of things at the same time.

multiplicitat [multiplisiˈtat] *nf* multiplicity.

multitud [multiˈtut] *nf* multitude, crowd.

multitudinari -ària [multituðiˈnaɾi -aɾiə] *adj* extremely crowded; **una manifestació multitudinària** a mass demonstration.

multiús [ˌmultiˈus] *adj inv* multipurpose.

mundà -ana [munˈda -anə] *adj* worldly, of the world.

mundanal [mundəˈnal] *adj* worldly, of the world.

mundial [mundiˈal] ◇ *adj* world, worldwide. ◇ *nm* [futbol] world cup.

mundialització [mundiəlidzəsiˈo] *nf* globalization.

munició [munisiˈo] *nf* munitions, war supplies, ammunition.

municipal [munisiˈpal] ◇ *adj* municipal, town. ◇ *nmf* ☞ **guàrdia**.

municipalitzar [munisipəliˈdza] *vt* to municipalise.

municipi [muniˈsipi] *nm* **–1.** [divisió territorial] municipality, town / city corporation. **–2.** [habitants] residents in a municipality. **–3.** [ajuntament] town / city council.

munificència [munifi'sɛnsiə] *nf* munificence, extraordinary generosity.

munió [muni'o] *nf* crowd, throng, multitude.

munt ['mun] *nm* mount, mountain; [coses] heap, pile, stack; **d'això, n'hi ha un ~** there's a whole heap of this; **guanyar diners a ~s** to make money hand over fist, to make heaps of money.

muntacàrregues [,muntə'karəɣəs] *nm inv* goods lift, goods hoist.

muntador -a [muntə'ðo -orə] *nm, f* mounter, gitter.

muntant [mun'tan] *nf* ARQUIT upright; [- de finestra] mullion; [- de porta] jamb.

muntanya [mun'taɲə] *nf* **-1.** mountain; **les muntanyes Rocalloses** the Rocky Mountains, the Rockies; **muntanyes russes** big dipper; *fig* **fer una ~ d'alguna cosa** to make a mountain out of a molehill. **-2.** [regió muntanyosa] mountainous area, uplands, highlands; **a la ~** in the mountains.

muntanyenc -a [muntə'ɲeŋ -eŋkə] ◇ *adj* mountain, hill, highland *(abans de nom)*. ◇ *nm, f* mountaineer.

muntanyès -esa [muntə'ɲɛs -ɛzə] ◇ *adj* highland *(abans de nom)*. ◇ *nm, f* highlander.

muntanyisme [muntə'ɲizmə] *nm* mountaineering, climbing.

muntanyós -osa [muntə'ɲos -ozə] *adj* mountainous.

muntar [mun'ta] ◇ *vi* [gen] to get up (on), to mount; **~ en bicicleta** to ride a bicycle, to get on a bicycle; **~ en avió** to get on an aeroplane; **~ a cavall** to ride a horse. ◇ *vt* **-1.** [gen] to set up; **~ el pis** to set up a flat. **-2.** CULIN [maionesa, clara] to beat; [nata] to whip. **-3.** [moble] to put together / assemble; [tenda de campanya] to put up. **-4.** TEAT to stage; CIN to edit.

muntatge [mun'tadʒə] *nm* **-1.** [gen] assembly. **-2.** TEAT staging. **-3.** [farsa] put-up job.

muntès -esa [mun'tɛs -ɛzə] *adj* wild; mountain, highland *(abans de nom)*.

muntura [mun'turə] *nf* **-1.** [gen] mounting. **-2.** [ulleres] frame.

munyidor -a [muɲi'ðo -orə] *nm, f* milkmaid *f*, person who milks.

munyiment [muɲi'men] *nm* milking.

munyir [mu'ɲi] *vt* to milk.

mur ['mur] *nm* wall; **~ de contenció** retaining wall. ◆ **Mur de les lamentacions** *nm* Wailing Wall. ◆ **mur de sos-**

teniment *nm* structural wall.

mural [mu'ral] ◇ *adj* mural, wall. ◇ *nm* mural.

muralla [mu'raʎə] *nf* wall; [defensiva] city wall, ramparts.

murga ['murɣə] *nf* **-1.** [conjunt musical] band of street musicians. **-2.** *fam* [cosa pesada] bore; **fer ~** to be a bore.

murmuració [murmurəsi'o] *nf* gossip, backbiting.

murmurador -a [murmurə'ðo -orə] ◇ *adj* gossiping, backbiting. ◇ *nm, f* gossip, backbiter.

murmurar [murmu'ra] ◇ *vi* **-1.** [gen] to murmur. **-2.** [criticar]: **~ d'algú** to whisper behind sb's back. **-3.** *fig* [queixar-se] to complain, to whinge. ◇ *vt* [aigua, vent] to murmur, to whisper; [queixarse] to grumble, to complain.

murmuri [mur'muri] *nm* murmur, whisper, muttering.

murri múrria ['muri 'muriə] ◇ *adj* [astut] sly, crafty, cunning, wily. ◇ *nm, f* sly / crafty / cunning / wily person; *fig* [persona sagaç] **és un ~** he's a wise old bird.

murtra ['murtrə] *nf* myrtle.

musa ['muzə] *nf* **-1.** [inspiració] muse. **-2.** MITOL Muse. ◆ **muses** *nf pl* [arts] arts.

musaranya [muzə'raɲə] *nf* shrew.

muscle ['musklə] *nm* shoulder.

musclera [mus'klerə] *nf* shoulder pad.

musclo ['musklu] *nm* mussel; CULIN **~s a la marinera** mussels prepared with a tomato-based sauce.

múscul ['muskul] *nm* muscle.

musculació [muskuləsi'o] *nf* body-building.

muscular [musku'la] *adj* muscular.

musculat -ada [musku'lat -aðə] *adj* muscular, strongly-muscled.

musculatura [muskulə'turə] *nf* muscles *pl*, musculature.

musculós -osa [musku'los -ozə] *adj* **-1.** ANAT muscular. **-2.** [fort] well-muscled.

musell [mu'zeʎ] *nm* [morro] snout, muzzle, nose.

museologia [muzeulu'ʒiə] *nf* museology.

museu [mu'zew] *nm* museum.

músic -a ['muzik -ə] ◇ *adj* musical. ◇ *nm, f* musician; [compositor] composer. ◆ **música** *nf* music; *fig* **~a celestial** hot air, empty words; **~a ambiental** background music; **~a de cambra** chamber music; **~a electrònica** electronic music; **~a instrumental** instrumental music; **~a**

lleugera light music; **~a pop** pop music; **~a vocal** choral music.

musical [muziˈkal] ◇ *adj* musical. ◇ *nm* ➥ **comèdia**.

musicalitat [muzikəliˈtat] *nf* musicality.

mussitar [musiˈta] *vt* to mumble, to mutter.

mussol [muˈsɔl] *nm* little owl.

mussola [muˈsɔlə] *nf* dogfish.

mussolina [musuˈlinə] *nf* muslin.

mustela [musˈtɛlə] *nf* ➥ **mostela**.

mústic -iga [ˈmustik -iɣə] *adj* **-1.** withered, faded. **-2.** [trist] sad, melancholic, gloomy.

mustigar [mustiˈɣa] *vt* to wither, to fade.

musulmà -ana [muzulˈma -anə] *adj & nm, f* Muslim, Moslem.

mut muda [ˈmut ˈmuðə] ◇ *adj* dumb, silent, mute. ◇ *nm, f* dumb person, mute. ➥ **muts i a la gàbia!** *interj* not a word!

mutació [mutəsiˈo] *nf* sudden change, mutation.

mutant [muˈtan] *adj & nmf* mutant.

mutilació [mutiləsiˈo] *nf* mutilation.

mutilar [mutiˈla] *vt* to mutilate.

mutilat -ada [mutiˈlat -aðə] ◇ *adj* mutilated. ◇ *nm, f* cripple.

mutis [ˈmutis] *nm inv* TEAT exit, exeunt; **fer ~** to keep quiet; [anar-se'n] to leave.

mutisme [muˈtizmə] *nm* dumbness, silence, uncommunicativeness.

mutu mútua [ˈmutu ˈmutuə] *adj* mutual. ➥ **mútua** *nf* mutual benefit society, friendly society; **~ d'assegurances** insurance company.

mutualista [mutuəˈlistə] *adj & nmf* member of a mutual benefit / friendly society.

mutualitat [mutuəliˈtat] *nf* **-1.** mutuality. **-2.** [associació] mutual benefit society, friendly society.

N

n, N [ˈenə] *nf* [lletra] n, N.
n' *pron pers* ➥ **en²**.
'n *pron pers* ➥ **en²**.
nabiu [nəˈβiw] *nm* bilberry.

nació [nəsiˈo] *nf* [gen] nation; [territori] land. ➥ **Nacions Unides** *nf pl* United Nations.

nacional [nəsiuˈnal] ◇ *adj* national, domestic, home (abans de nom). ◇ *nmf* HIST Francoist.

nacionalisme [nəsiunəˈlizmə] *nm* nationalism.

nacionalista [nəsiunəˈlistə] *adj & nmf* nationalist.

nacionalitat [nəsiunəliˈtat] *nf* nationality; **doble ~** dual nationality.

nacionalitzar [nəsiunəliˈdza] *vt* **-1.** ECON to nationalise. **-2.** [persona] to naturalise.

nacrat -ada [nəˈkrat -aðə] *adj* pearly, decorated with mother-of-pearl.

nacre [ˈnakrə] *nm* mother-of-pearl.

Nadal [nəˈðal] *nf* Christmas; **bon ~** Merry Christmas; **les festes de ~** Christmas, Yuletide.

nadala [nəˈðalə] *nm* Christmas carol.

nadalenc -a [nəðəˈleŋ -eŋkə] *adj* Christmas (abans de nom).

nadar [nəˈða] *vi* ➥ **nedar**.

nadiu -a [nəˈðiw -ə] *adj & nm, f* native.

nadó [nəˈðo] *nm* newborn (baby).

nafra [ˈnafrə] *nf* sore, wound, ulcer; *fig* **posar el dit a la ~** to put one's finger on the spot.

nafrar [nəˈfra] *vt* to wound, to injure.

naftalina [nəftəˈlinə] *nf* naphthalene.

naip [ˈnajp] *nm* playing card. ➥ **naips** *nm pl* cards.

naixement [nəʃəˈmen] *nm* **-1.** [gen] birth; [de riu] source; **de ~** from birth. **-2.** [pessebre de Nadal] Nativity scene.

naixença [nəˈʃɛnsə] *nf* birth.

naixent [nəˈʃen] *adj* **-1.** [gen] growing, waxing; **el sol ~** the rising sun. **-2.** [nou] new; **la república ~** the new republic.

nàixer [ˈnaʃə] *vi* ➥ **néixer**.

nan -a [ˈnan -ə] ◇ *adj* dwarf (abans de nom), small, tiny. ◇ *nm, f* dwarf, midget.

nansa [ˈnansə] *nf* handle, grip.

nap [ˈnap] *nm* turnip.

napa [ˈnapə] *nf* nappa (leather).

nàpia [ˈnapiə] ◇ *nf fam* big conk, big hooter. ◇ *nmf inv* big nose; *fam* **és un ~** he has a big hooter.

narcís [nərˈsis] *nm* BOT narcissus, daffodil; *fig* **és un ~** he is a narcissist.

narcòtic -a [nərˈkɔtik -ə] *adj* narcotic. ➥ **narcòtic** *nm* drug, narcotic.

narcotitzar [nərkutiˈdza] *vt* to drug.

narcotràfic [ˌnarkuˈtrafik] *nm* drug trafficking.

nard [ˈnart] *nm* nard, spikenard, matgrass.

nariu [nəˈriw] *nf* -1. [de persona] nostril. -2. [d'animal] snout.

narració [nərəsiˈo] *nf* narration; [conte, relat] story, tale.

narrador -a [nərəˈðo -ˈoɾə] *nm, f* narrator.

narrar [nəˈra] *vt* to recount, to tell.

narratiu -iva [nərəˈtiw -iβə] *adj* narrative. ◆ **narrativa** *nf* narrative.

nas [ˈnas] *nm* nose; ~ aguilenc / xato (camús) / arromangat hooked nose / flat nose / turned up nose; *fam* deixar amb un pam de ~ to leave sb in the lurch; topar a ~ amb algú to bump into sb; pujar la mosca al ~ to get annoyed; *fig* ficar el ~ en alguna cosa to stick one's nose into sthg / sb else's business. ◆ **de nas** *nm* nasal; parlar amb veu de ~ to speak in a nasal voice, to speak through one's nose.

NASA [ˈnazə] *nf* (abrev de National Aeronautics and Space Administration) NASA.

nasal [nəˈzal] *adj* nasal.

nascut -uda [nəsˈkut -uðə] ◇ *adj* born. ◇ *nm, f*: els nascuts al gener / a València those born in January / in Valencia.

Nassau [nəˈsaw] Nassau.

nassut -uda [nəˈsut -uðə] ◇ *adj* bignosed; **és tan ~!** he has such a big-nose! ◇ *nm, f* person with a big nose.

nat nada [ˈnat ˈnaðə] *adj* born.

nata [ˈnatə] *nf* -1. cream; ~ batuda / muntada whipped cream; *fig* **la (flor i) ~ de...** the cream / pick of ... -2. *fam*: donar una ~ a algú to hit sb.

natació [nətəsiˈo] *nf* swimming.

natal [nəˈtal] *adj* natal, native, home (*abans de nom*).

natalici [nətəˈlisi] *nm* date of birth, birthday.

natalitat [nətəliˈtat] *nf* birth rate.

natiu -iva [nəˈtiw -iβə] *adj & nm, f* native.

natja [ˈnadʒə] *nf* buttock, haunch.

natura [nəˈtuɾə] *nf* nature; contra ~ against nature, unnatural; ART ~ morta still life.

natural [nətuˈɾal] ◇ *adj* -1. [gen] natural; [menjar] fresh; [normal] aquesta reacció és ~ en ell that is one of his typical reactions. -2. [nadiu] native; ser ~ de to come from. -3. [beguda] drink served at room temperature. ◇ *nm* [índole] nature; al ~ served plain, served au naturel. ◇ *nmf* [persona] native, inhabitant.

naturalesa [nətuɾəˈlɛzə] *nf* nature; per ~ by nature; la mare ~ Mother Nature.

naturalitat [nətuɾəliˈtat] *nf* naturalness; amb tota ~ in a completely natural way.

naturalitzar [nətuɾəliˈdzaɾ] *vt* to naturalise. ◆ **naturalitzar-se** *vp* to become naturalised.

naturista [nətuˈɾistə] *nmf* person favouring a return to nature.

nau [ˈnaw] *nf* -1. [embarcació] ship, vessel. -2. [vehicle] craft; ~ **espacial** spacecraft; ~ **extraterrestre** alien spaceship. -3. [d'església] nave. -4. warehouse, plant.

nàufrag -a [ˈnawfɾək -əɣə] ◇ *adj* shipwrecked. ◇ *nm, f* shipwrecked person.

naufragar [nawfɾəˈɣa] *vi* -1. [vaixell] to sink, to be wrecked; [persona] to be shipwrecked. -2. *fig* [fracassar] to fail, to collapse.

naufragi [nawˈfɾaʒi] *nm* -1. [vaixell] shipwreck. -2. *fig* failure, collapse.

nàusea [ˈnawzeə] *nf* nausea, sickness; tenir nàusees to feel sick.

nauseabund -a [nəwzeəˈβun -undə] *adj* sickening, nauseating.

nàutic -a [ˈnawtik -ə] *adj* nautical. ◆ **nàutica** *nf* seamanship, navigation.

naval [nəˈβal] *adj* naval, ship (*abans de nom*).

navalla [nəˈβaʎə] *nf* -1. [ganivet - petit] penknife; [- gros] jack-knife; ~ **d'afaitar** razor. -2. ZOOL razor clam.

Navarra [nəˈβarə] Navarre.

navarrès -esa [nəβəˈres -ezə] ◇ *adj* Navarrese. ◇ *nm, f* Navarrese.

navegació [nəβəɣəsiˈo] *nf* navigation; ~ de cabotatge / d'altura coastal navigation / ocean navigation.

navegador [nəβəɣəˈðo] *nm* browser.

navegant [nəβəˈɣan] ◇ *adj* navigating, sailing; un poble ~ a sea-faring folk. ◇ *nmf* navigator.

navegar [nəβəˈɣa] *vi* to sail, to navigate.

navili [nəˈβili] *nm* squadron of ships; ship.

navilier -a [nəβiliˈe -eɾə] *adj* shipping. ◆ **navilier** *nm* [armador] shipowner. ◆ **naviliera** *nf* shipping company, shipping line.

ne [nə] *pron pers* ➤ **en²**.

nebot -oda [nəˈβɔt -ɔðə] *nm, f* nephew *m*, niece *f*.

nebulós -osa [nəβuˈlos -ozə] *adj* -1. [amb núvols] cloudy; [amb boira] foggy / misty. -2. *fig* [mirada, idea] vague. ◆ **nebulosa** *nf* ASTRON nebula.

nebulositat [nəβuluzi'tat] *nf* fogginess, mistiness.

necessari -ària [nəsə'sari -ariə] *adj* necessary; **no és ~ que vingui** it isn't necessary for him to come, he needn't come; **és ~ que l'ajudis** you have to help him, he needs your help; **si fos ~…** if need be.

necesser [nəsə'se] *nm* toilet bag, vanity case.

necessitar [nəsəsi'ta] *vt* to need; **necessito ajuda / veure't** I need help, I need to see you; **necessito que em diguis…** I need you to tell me (whether)…; **"es necessita pis"** "flat wanted".

necessitat -ada [nəsəsi'tat -aðə] ◇ *adj* needy; **estar ~ de** to be in need of, to need. ◇ *nm, f* person in need. ◆ **necessitat** *nf* **-1.** [menester] need; **en cas de ~ if** necessary; **sentir la ~ de** to feel the need for. **-2.** [imperatiu] necessity; **de primera ~** essential / basic needs; **obeir a la ~ (de)** to arise from the need (for); **per ~** out of necessity. **-3.** [mancances econòmiques] need; **passar ~** to be poor. ◆ **necessitats** *nf pl* [fisiològiques] physical needs, bodily needs; **fer les seves ~s** to relieve o.s.

neci nècia ['nɛsi 'nɛsiə] ◇ *adj* silly, stupid. ◇ *nm, f* silly person, stupid person.

neciesa [nəsi'ɛzə] *nf* foolishness, sillyness, stupidity.

nècora ['nɛkurə] *nf* fiddler crab.

necrologia [nəkrulu'ʒiə] *nf* obituary.

nèctar ['nɛktər] *nm* nectar.

nectarina [nəktə'rinə] *nf* nectarine.

nedador -a [nəðə'ðo -orə] ◇ *adj* swimming. ◇ *nm, f* swimmer.

nedar, nadar [nə'ða] *vi* to swim; **~ en l'opulència** to be living in the lap of luxury.

neerlandès -esa [nəərlən'dɛs -ɛzə] ◇ *adj* Dutch. ◇ *nm, f* Dutchman *m*, Dutchwoman *f*. ◆ **neerlandès** *nm* [llengua] Dutch.

nefast -a [nə'fast -ə] *adj* ill-fated, ill-starred, unlucky, inauspicious.

negació [nəɣəsi'o] *nf* **-1.** refusal, denial, negation. **-2.** GRAM negative.

negar [nə'ɣa] *vt* **-1.** [inundar] to flood. **-2.** [ofegar] to drown. **-3.** [desmentir] to deny. **-4.** [denegar] to refuse. ◆ **negar-se** *vp* **-1.** [inundar-se] to become flooded; **els seus ulls es van ~ de llàgrimes** his eyes brimmed with tears. **-2.** [ofegar-se] to drown o.s. **-3.** to deny; **no m'hi vaig poder ~** I couldn't say no; **~-se a fer alguna cosa** to refuse to do sthg.

negat -ada [nə'ɣat -aðə] ◇ *adj* [poc hàbil] useless, hopeless; **ésser ~ per a alguna cosa** to be useless for sthg. ◇ *nm, f* dead loss.

negatiu -iva [nəɣə'tiw -iβə] *adj* negative. ◆ **negatiu** *nm* FOTOG negative. ◆ **negativa** *nf* refusal, denial.

negligència [nəɣli'ʒɛnsiə] *nf* negligence.

negligent [nəɣli'ʒen] *adj* negligent, careless.

negoci [nə'ɣɔsi] *nm* **-1.** [gen] business; **fer ~s** to do business; **~ rodó** profitable deal; **~ brut** dirty business. **-2.** [establiment] business premises. **-3.** deal, transaction.

negociació [nəɣusiəsi'o] *nf* negotiation; **~ col·lectiva** collective bargaining.

negociant [nəɣusi'an] ◇ *adj* negotiating. ◇ *nmf* **-1.** [comerciant] dealer, trader, merchant, businessman *m*, businesswoman *f*.

negociar [nəɣusi'a] ◇ *vi* **-1.** [comerciar] to do business, to trade, to deal; **~ en** to trade in, to deal in. **-2.** [discutir] **~ (amb)** to negotiate (with), to haggle (with). ◇ *vt* to negotiate.

negre -a ['nɛɣrə] ◇ *adj* **-1.** [gen & LITER] black; **és negra nit** it's pitch dark; [tabac, cervesa] dark tobacco, dark beer; **el mercat ~** the black market. **-2.** [futur] bleak. **-3. treballar com un ~** to work like a slave. ◇ *nm, f* black man *m*, black woman *f*. ◆ **negra** *nf* MÚS crotchet. ◆ **negre** *nm* **-1. vi ~** red wine. **-2.** [color] black.

negrer -a [nə'ɣre -erə] ◇ *adj* **-1.** HIST slave trader. **-2.** *fig* [dèspota] tyrannical. ◇ *nm, f fig* slave driver.

negreta [nə'ɣretə] *nf* ► **lletra**.

negror [nə'ɣro] *nf* blackness.

negrós -osa [nə'ɣros -ozə] *adj* blackish.

neguit [nə'ɣit] *nm* **-1.** annoyance, displeasure. **-2.** [angoixa] uneasiness, concern, worry.

neguitós -osa [nəɣi'tos -ozə] *adj* uneasy, anxious.

néixer ['neʃə], **nàixer** ['naʃə] *vi* **-1.** [gen] to be born; **va ~ / nasqué a Granada** he was born in Granada; **ha nascut cantant** he's a born singer; **ha nascut per a treballar** he was born to work; **tornar a ~** to have a lucky escape. **-2.** [descendir] **~ de** to be born of. **-3.** [sorgir - aigua] to spring; [- sol] to rise.

nen -a ['nɛn -ə] ◇ *adj* [criatura petita] young; [jove] **ser molt ~** to be very young. ◇ *nm, f* [infant] child, boy *m*, girl *f*; [bebè] baby; **de ~** as a child; **els ~s** the children; **~ de pit** small baby, suckling baby; **~ Jesús** the infant Jesus, the Christ child;

~ **proveta** test-tube baby; ~ **prodigi** child prodigy, wonder child.

nenúfar [nə'nufər] *nm* water lily.

neoclassicisme [,neukləsi'sizmə] *nm* neoclassicism.

neolític -a [neu'litik -ə] *adj* Neolithic. ◆ **neolític** *nm* Neolithic (period), Stone Age.

neologisme [neulu'ʒizmə] *nm* neologism.

nero ['nɛru] *nm* grouper.

nervi ['nɛrbi] *nm* **-1.** [gen & ANAT] nerve; ~ **ciàtic** sciatic nerve. **-2.** [a la carn] sinew. **-3.** [energia] **fer alguna cosa amb** ~ to do sthg vigorously / decisively; **ésser un** ~ to be a bundle of energy; *fig* **ésser un manat / feix de ~s** to be a bundle of nerves. **-4.** BOT & ARQUIT rib. ◆ **nervis** *nm pl* [nerviosisme] nerves; **tenir ~s** to be nervous; **atac de ~s** fit of hysterics; **tenir ~s de ferro / d'acer** to have nerves of steel.

nerviós -osa [nərbi'os -ozə] *adj* **-1.** [gen & ANAT] nervous. **-2.** [irritat] irritable; **posar-se** ~ to get nervous; **em posa** ~ he gets on my nerves.

nerviosisme [nərbiu'zizmə] *nm* nervousness.

nerviüt -üda [nərbi'ut -uðə] *adj* sinewy.

nespla, nespra ['nesplə, 'nesprə] *nf* medlar.

nespler, nesprer [nəs'ple, nəs'pre] *nm* medlar tree.

net -a ['nɛt -ə] *adj* **-1.** [sense brutícia, pulcre] clean, neat, tidy; **un cel** ~ a clear sky. **-2.** [sense afegits, clar] ~ **de** free from. **-3.** [honrat] upright, honest; **un afer** ~ sthg completely above board. **-4.** [sense culpa]: **estar** ~ to be blameless; **estar** ~ **de tota sospita** to be above suspicion. ◆ **en net** *loc adv* clean, neat; **passar en** ~ to make a fair / neat copy; **treure'n en** ~ to make sthg out from. ◆ **net** *adv* [joc] fair.

nét -a ['nɛt -ə] *nm, f* grandson *m*, granddaughter *f*. ◆ **néts** *nm pl* grandchildren.

netedat [nətə'ðat] *nf* **-1.** cleanliness, honesty. **-2.** [clar, sense coses accessòries] simplicity, straightforwardness.

neteja [nə'tɛʒə] *nf* **-1.** [qualitat] cleanliness. **-2.** [acció] cleaning; **fer la** ~ to do the cleaning.

netejador -a [nətəʒə'ðo -orə] ◇ *adj* cleaning, cleansing. ◇ *nm, f* cleaner.

netejar [nətə'ʒa] *vt* **-1.** [gen] to clean. **-2.** *fam* [robar] to clean out, to snipe.

netejavidres [nə,tɛʒə'βiðrəs] *nm inv* window-cleaning fluid.

neu ['new] *nf* snow, **bola de** ~ snowball. ◆ **neu carbònica** *nf* carbon dioxide snow. ◆ **neus** *nf pl* [nevada] snowfall.

neuràlgic -a [nəw'ralʒik -ə] *adj* neuralgic.

neurastènia [nəwrəs'tɛniə] *nf* neurasthenia.

neuròleg -òloga [nəw'rɔlək -ɔluɣə] *nm, f* neurologist.

neurologia [nəwrulu'ʒiə] *nf* neurology.

neurona [nəw'ronə] *nf* neuron, nerve cell.

neurosi [nəw'rɔzi] *nf* neurosis.

neuròtic -a [nəw'rɔtik -ə] *adj & nm, f* neurotic.

neutral [nəw'tral] *adj & nmf* neutral.

neutralitat [nəwtrəli'tat] *nf* neutrality.

neutralitzar [nəwtrəli'dza] *vt* to neutralise. ◆ **neutralitzar-se** *vp* QUÍM to become neutralised.

neutre -a ['newtrə] *adj* neutral.

nevar [nə'βa] *v impers* to snow.

nevat -ada [nə'βat -aðə] *adj* snowy, snow-covered. ◆ **nevada** *nf* snowfall.

nevera [nə'βerə] *nf* refrigerator, fridge *Br*, icebox *Am*.

neviscar [nəβis'ka] *v impers* to snow lightly.

nexe ['nɛksə] *nm* link, nexus, connection.

ni [ni] *conj* **-1.** ~... ~... neither... nor...; ~ **de dia** ~ **de nit** neither day nor night; **no canto** ~ **ballo** I neither sing nor dance; ~ **l'un** ~ **l'altre** neither one nor the other; ~ **un / una**... not a single one; **no va dir** ~ **una paraula** he didn't say anything; ~ **que... no t'escolti**... not even if...; ~ **que el coneguessis!** not even if you knew him!; ~ **pensar-ho!**, ~ **parlar-ne!** forget it! no way! it's out of the question! **-2.** not even; ~ **té temps per a menjar** he hasn't even got time to grab something to eat; **no vull** ~ **pensar-ho** I don't even want to think about it; **no va menjar** ~ **una poma** he didn't even eat an apple.

niador [niə'ðo] *nm* nest, nesting box.

Niàgara [ni'aɣərə] ➤ **cascada**.

niar [ni'a] *vi* to nest.

Nicaragua [nikə'raɣwə] Nicaragua.

nicaragüenc -a [nikərə'ɣwɛŋ -ɛŋkə] ◇ *adj* Nicaraguan. ◇ *nm, f* Nicaraguan.

niciesa [nisi'ɛzə] *nf* foolish thing / act.

Nicòsia [ni'kɔziə] Nicosia.

nicotina [niku'tinə] *nf* nicotine.

nidificar [niðifi'ka] *vi* to (build a) nest.

NIF ['nif] *nm* (abrev de número d'identificació fiscal) Spanish identification number for tax purposes.

Nil ['nil] *nm*: **el ~** the Nile.

nimbe ['nimbə] *nm* **-1.** [de sant] halo. **-2.** METEOR nimbus.

nimfa ['nimfə] *nf* nymph.

nimfòmana [nimˈfɔmənə] <> *adj* nymphomaniac. <> *nf* nymphomaniac.

nimi nímia ['nimi 'nimiə] *adj* insignificant, trivial.

nimietat [nimiəˈtat] *nf* **-1.** [qualitat] triviality. **-2.** [dit, fet] trifle.

nina ['ninə] *nf* **-1.** [joguina] doll. **-2.** *fig* [dona bonica] pretty woman. **-3.** [de l'ull] pupil.

nineta [niˈnɛtə] *nf* **-1.** small girl; [joguina] small doll. **-2.** ANAT pupil; **estimar algú com la ~ dels seus ulls** to love sb dearly, to dote on sb.

ningú [ninˈgu] <> *nm* nobody; **ésser un ~ / un no ~** to be a nobody. <> *pron* **~ més** no one / nobody else; **~ no m'ho ha dit** no one / nobody told me.

ninó -ona [niˈno -onə] *nm, f fam* small child, kid.

ninot [niˈnɔt] *nm* **-1.** doll, dummy; **un ~ de neu** a snowman. **-2.** *fig* figure of fun. **-3.** cartoon, caricature.

nínxol ['ninʃul] *nm* niche.

nipó -ona [niˈpo -onə] <> *adj* Japanese. <> *nm, f* Japanese.

níquel ['nikəl] *nm* nickel.

niquelar [nikəˈla] *vt* to nickel-plate.

nissaga [niˈsaɣə] *nf* race, stock, lineage, breed, caste.

nit ['nit] *nf* [gen] night; [capvespre] evening, dusk; **aquesta ~ sopo a casa** I will have supper at home tonight; **de ~** at night; [treball] night work; **és de ~** it's night, it's night-time; **fer ~ a / en** to spend / stay the night in / at; **passar la ~ en vetlla** to have a sleepless night; **a la ~** at night; **a la ~** last night, yesterday night; **s'ha fet de ~** night has fallen; **de la ~ al dia** overnight; **és la ~ i el dia** it's the difference between chalk and cheese. ☛ **nit de Cap d'Any** *nf* New Year's Eve. ☛ **nit de Nadal** *nf* Christmas Eve.

nítid -a ['nitit -iðə] *adj* sharp, clear.

nitidesa [nitiˈðɛzə] *nf* sharpness, clearness; **veure alguna cosa amb ~** to see sthg clearly.

nitrat [niˈtrat] *nm* nitrate; **~ de Xile** Chile saltpetre, nitre.

nitrogen [niˈtrɔʒən] *nm* nitrogen.

niu ['niw] *nm* **-1.** nest; **~ de lladres** den of thieves; *fig* **~ d'escurçons** viper's nest. **-2.** **saber-ne un ~ (d'alguna cosa)** to know a lot about sthg.

niuada [niˈwaðə] *nf* brood, clutch.

nivell [niˈβeʎ] *nm* level, height; **a ~ europeu** at a European level; **al ~ de** at the level of; **al ~ del mar** at sea level; **~ d'aigua** water level; **~ de vida** standard of living; **~ mental** mental capacity, intelligence.

no ['no] <> *adv* **-1.** [gen] no; **t'agrada? - ~** you like it - don't you?; **hi estàs d'acord, ~?** you agree - don't you?; **~ fumadors** no smoking, non-smokers. **-2.** [en forma negativa] not; **~ tinc prou gana** I am not hungry enough, I have no appetite; **~ véns?** aren't you coming?; **crec que ~** I don't think so; **~ vull res** I don't want anything; **~ hem vist ningú** we haven't seen anyone / anybody; **per què ~?** why (ever) not?; **encara ~** not yet; **ben bé que ~** actually no. **-3.** not; **~ solament / sols... sinó...** not only... but also...; **~ solament s'equivoca, sinó que a més és tossut** not only does he make mistakes but he is also pig-headed / stubborn; **això sí que ~!** certainly not! <> *nm* no; **un ~ rotund** a definite "no".

nobiliari -ària [nuβiliˈari -ariə] *adj* noble.

noble [noˈbblə] *adj & nmf* noble.

noblesa [nuˈbblɛzə] *nf* nobility.

noces ['nɔsəs] *nf pl* wedding, marriage, wedding reception; **~ de diamant / d'or / de plata** diamond / gold / silver wedding anniversary.

noció [nusiˈo] *nf* notion. ☛ **nocions** *nf pl* elements, smattering; **tenir ~ de...** to have a smattering of...

nociu -iva [nuˈsiw -iβə] *adj* harmful, noxious.

noctàmbul -a [nukˈtambul -ə] <> *adj* active at night, night (*abans de nom*). <> *nm, f* night owl.

nocturn -a [nukˈturn -ə] *adj* **-1.** night, evening (*abans de nom*). **-2.** ZOOL nocturnal. ☛ **nocturn** *nm* MÚS nocturne.

nodrir [nuˈðri] *vt* [gen] to feed, to nourish; **~ amb** to feed with. ☛ **nodrir-se** *vp fig* **~-se amb** to supply / provide o.s. with.

nodrissa [nuˈðrisə] *nf* wet-nurse.

nòdul ['nɔðul] *nm* nodule.

noguera [nuˈɣerə] *nf* walnut tree.

noi -a ['nɔj -ə] *nm, f* **-1.** lad *m*, boy *m*, girl *f*. **-2.** *fam* [tractament]: **mira, ~!** look my boy / mate!

noli ['nɔli], **nòlit** ['nɔlit] *nm* shipping charges *pl*, freightage.

noliejament [nuliəʒə'men] *nm* chartering.

noliejar [nuliə'ʒa] *vt* to charter.

nom ['nɔm] *nm* **-1.** [gen] name; **a ~ de** addressed to; **en ~ de** on behalf of; **~ artístic** [d'actor] stage name; [d'escriptor] pen name, nom de plume; **~ col·lectiu** abstract / collective noun; **~ comercial** trade name; **~ de soltera** maiden name; *fig* **això que m'has fet no té ~** what you did to me is unspeakable; **dir les coses pel seu ~** to call a spade a spade; **~ (de pila / de fonts / personal)** first / Christian name; **~ i cognoms** full name; **un home de ~** Joan a man called Joan. **-2.** GRAM noun; **~ comú / propi** common / proper noun; **~ compost** compound name. **-3.** *fig* [fama] reputation.

nòmada ['nɔmədə] <> *adj* nomadic. <> *nmf* nomad.

nombre ['nombrə] *nm* [quantitat, MAT & GRAM] number; **un gran ~ de** a great number of; **hi havia gent sens ~** there was a countless sea of people; **~ cardinal / ordinal** cardinal / ordinal number; **~ complex / irracional** complex / irrational number; **~ complementari** complementary number; **~ dígit** digit; **~ enter** whole number; **~ fraccionari / trencat** fraction; **~ imparell (senar) / parell** even / odd number; **~ primer** prime number.

nomenament [numənə'men] *nm* appointment, nomination.

nomenar [numə'na] *vt* to appoint, to nominate.

nomenclatura [numəŋklə'turə] *nf* nomenclature.

només [nu'mes] *adv* only; just; **~ et demano que m'ajudis** I'm just asking you to help me; **~ volia veure't** he only / just wanted to see you.

nòmina ['nɔminə] *nf* **-1.** [registre] list, roll; **estar en ~** to be on the staff. **-2.** [full] payslip. **-3.** [pagament] wage packet.

nominal [numi'nal] *adj* nominal.

nominar [numi'na] *vt* to nominate.

nonagèsim -a [nunə'ʒɛzim -ə] *adj num & nm, f* ninetieth.

nora ['nɔrə] *nf* daughter-in-law.

noranta [nu'rantə] *adj num inv & nm inv* ninety; ➤ **sis**.

norantè -ena [nuran'tɛ -enə] *adj num & nm, f* ninetieth; **norantena part** ninetieth, ninetieth part; ➤ **sisè**.

nord ['nɔrt] <> *nm* North; **el ~ d'Europa** Northern Europe; *fig* **perdre el ~** to lose one's bearings. <> *adj* [zona, frontera] Northern.

Nord-amèrica [ˌnɔrtə'mɛrikə] North America, America.

nord-americà -ana [ˌnɔrtəməri'ka -anə] *adj & nm, f* North American, American.

nord-est [ˌnɔr'test] <> *adj* North Eastern. <> *nm* North East.

nòrdic -a ['nɔrdik -ə] <> *adj* **-1.** [del nord] northern, northerly. **-2.** [escandinau] Nordic. <> *nm, f* Norse, Nordic person.

nord-oest [ˌnɔrtu'est] <> *adj* North Western. <> *nm* North West.

no-res [ˌno'rɛs] *nm* nothingness, nothing.

norma ['nɔrmə] *nf* **-1.** [reglament] regulation, norm, rule; **per ~** as a rule; **per general** as a general rule; **~ de conducta** standards of behaviour. **-2.** [industrial] standard.

normal [nur'mal] *adj* normal; [gasolina] three-star petrol.

normalitat [nurməli'tat] *nf* normality; **tornar a la ~** to return to normal.

normalitzar [nurməli'dza] *vt* to normalise; [estandaritzar] to standardise. ➤ **normalitzar-se** *vp* to become normalised.

normatiu -iva [nurmə'tiw -iβə] *adj* normative, regulatory, standard. ➤ **normativa** *nf* rules and regulations *pl*.

noruec -ega [nuru'ɛk -ɛɣə] *adj & nm, f* Norwegian. ➤ **noruec** *nm* [llengua] Norwegian.

Noruega [nuru'ɛɣə] Norway.

nos [nus] *pron pers* ➤ **ens**.

nosa ['nɔzə] *nf* hindrance, nuisance; **fer ~** to hinder, to get in the way, to be a nuisance.

nosaltres [nu'zaltrəs] *pron pers* we, us, ourselves; **~ mateixos** ourselves; **entre ~** between us.

nostàlgia [nus'talʒiə] *nf* nostalgia.

nostre -a ['nɔstrə] (*mf pl* **nostres**) <> *adj poss* our, ours; **el ~ pare** our father; **els ~s llibres** our books; **aquest llibre és ~** this book is ours; **un amic ~** a friend of ours; **no és problema ~** it's none of our business; **no és culpa nostra** it's not our fault. <> *pron poss* our, ours; **el ~** ours; **la nostra** ours; *fam* **aquesta és la nostra** this is the chance we have been waiting for; [família] **els ~s** our folks.

nota ['nɔtə] *nf* [gen & MÚS] note; **voler / buscar ~** to want a higher mark, to go for a top mark; **treure / tenir bones notes** to get / have good marks Br, to get / have good grades Am; **prendre ~ d'alguna cosa** to note sthg down; **~ a peu de pàgina** footnote; **~ de tall** cut-off mark Br, cut-off grade Am (set for university entry); **~ de despeses** expenses claim. ► **nota bene** nf [en una carta, un escrit] NB, nota bene. ► **notes de societat** nf pl society column sg.

notable [nu'tabblə] ◇ adj [meritori] outstanding, remarkable, noteworthy; [considerable] worthy of consideration. ◇ nm **-1.** EDUC merit, second class. **-2.** gen pl [persona] dignitary, distinguished person.

notar [nu'ta] vt **-1.** [advertir] to notice; **et noto cansada** you look tired to me. **-2.** [sentir] to feel; **~ calor / fred** I feel cold / hot.

notari -ària [nu'tari -ariə] nm, f notary (public).

notaria [nutə'riə] nf **-1.** [funció] profession of notary. **-2.** [oficina] notary's office.

notícia [nu'tisiə] ◇ nf news; **una ~ a** piece of news; **tenir notícies** to have news. ◇ nf pl RADIO & TELE news; **les notícies** the news.

notificació [nutifikəsi'o] nf notification.

notificar [nutifi'ka] vt to notify, to inform.

notori -òria [nu'tɔri -ɔriə] adj widely-known.

notorietat [nuturiə'tat] nf **-1.** fame, renown. **-2.** wide knowledge.

nou[1] ['nɔw] adj num inv & nm inv nine; ► **sis**.

nou[2] ['nɔw] nf [fruit] nut, walnut. ► **nou del coll** nf ANAT Adam's apple. ► **nou moscada** nf nutmeg.

nou[3] ['nɔw 'nɔβə] adj [gen] new; **l'any ~** New Year; **quedar com ~** to be as good as new. ► **bona nova** nf good news, glad tidings. ► **de nou** loc adv recently, again. ► **nova** nf [notícia] piece of news.

noucasat -ada [ˌnɔwkə'zat -aðə] ◇ adj newly-wed. ◇ nm, f pl the newly-weds pl.

nou-cents -centes [ˌnɔw'sens -sentəs] adj num & nm, f nine hundred; ► **sis**.

nounat -ada [ˌnɔw'nat -aðə] adj & nm, f newborn, newly born.

nov. (abrev de **novembre**) November, Nov.

Nova York ['nɔβə 'jɔrk] New York.

novè -ena [nu'βε -enə] adj num & nm, f **una novena part** a ninth; ► **sisè**. ► **novena** nf RELIG novena.

novel·la [nu'βellə] nf novel; **~ de cavalleria** tales of chivalry pl; **~ policíaca** detective story; **~ de fulletó** pulp fiction; **~ rosa** romantic novel; fam **~ llarga** long novel, family saga.

novel·lar [nuβə'lla] vt to fictionalize, to make into a novel.

novel·lesc -a [nuβə'llesk -ə] adj fictional, fantastic.

novel·lista [nuβə'llistə] nmf novelist.

novembre [nu'βembrə] nm November; ► **setembre**.

novetat [nuβə'tat] nf novelty, sthg new; [canvi] change; **sense ~** without incident. ► **novetats** nf pl COM new releases, latest fashions.

N.S. (abrev de **Nostre Senyor**) Our Lord.

N. Sra. (abrev de **Nostra Senyora**) Our Lady.

ntre. (abrev de **nostre**) our.

nu nua ['nu 'nuə] adj naked, bare; **és la veritat tota ~a** it's the plain truth. ► **nu** nm ART nude.

nuar [nu'a] vt lit & fig to knot, to tie. ► **nuar-se** vp lit & fig to become knotted, to get tied; **se li va ~ la veu** he choked on his words.

nuca ['nukə] nf nape (of the neck).

nuclear [nukle'ar] adj nuclear.

nucli ['nukli] nm nucleus, heart, core.

nudisme [nu'ðizmə] nm nudism.

nuesa [nu'ɛzə] nf nakedness, nudeness, bareness.

nul nul·la ['nul 'nullə] adj **-1.** [sense validesa] invalid, null and void. **-2.** fam [incapacitat]: **~ (per a)** useless (at).

núm. (abrev de **número**) number, No.

numeració [numərəsi'o] nf **-1.** [acció] numeration, numbering. **-2.** [sistema] number system; **~ aràbiga / romana** Arabic / Roman numerals; **~ binària / decimal** binary system / decimal system.

numeral [numə'ral] adj numeral.

numerar [numə'ra] vt to number. ► **numerar-se** vp [persones] to number off.

numèric -a [nu'mɛrik -ə] adj numerical.

número ['numəru] nm **-1.** [gen] number; **~ de matrícula** registration number Br, license plate Am; **~ de telèfon** telephone number. **-2.** [xifra] figure; **~ rodó** round number; **~ romà** Roman numeral. **-3.** [talla - de roba] size; [- de sabates] shoe size. **-4.** [loteria] ticket. **-5. en ~s vermells** in the red; **fer ~s** to do a few sums, to reckon things up; **ser el ~ u** to be number one, to be top cat. ➺ **número atòmic** nm QUÍM atomic number.

numerologia [numərulu'ʒiə] nf numerology.

nunci ['nunsi] nm RELIG Papal nuncio.

nupcial [nupsi'al] adj wedding, nuptial.

núpcies ['nupsiəs] nf pl wedding, nuptial rites; **casar-se en segones ~** to get married a second time.

nus ['nus] nm **-1.** [gen] knot; **~ escorredor** slipknot; **~ de comunicacions** communications centre / hub; **fer-se a algú un ~ a la gola** to get a lump in one's throat. **-2.** fig [d'amistat] bond, tie. **-3.** [de problema] nub, core.

nutrició [nutrisi'o] nf nutrition.

nutritiu -iva [nutri'tiw -iβə] adj nourishing, nutritious.

nuvi núvia ['nuβi 'nuβiə] nm, f [promès] fiancé m, fiancée f; [casament] bride f, bride-groom m; [acabats de casar] **els ~s** the newly-weds.

nuviatge [nuβi'adʒə] nm bride's trousseau.

núvol ['nuβul] nm **-1.** [gen] cloud; fig **~ d'estiu** short fit of anger. **-2.** fig [multitud] swarm. **-3. estar als ~s** to be daydreaming; **estar pels ~s** to be sky-high; **posar alguna cosa / algú pels ~s** to praise sb to the skies; **viure als ~s** to live in cloud-cuckoo land.

nuvolat -ada [nuβu'lat -aðə] adj cloudy, overcast.

nuvolós -osa [nuβu'los -ozə] adj cloudy, overcast.

nyanyo ['ɲaɲu] nm bump, swelling.

nyap ['ɲap] nm botched job.

nyicris ['ɲikris] nm fam fig weakling, wimp.

o¹, O ['ɔ] nf [lletra] o, O.

o² ['ɔ] conj or; **~...~** either...or...; **25 o 30** 25 or 30; **l'un o l'altre** one or the other. ➺ **o sigui (que)** loc conj that is, in other words.

OACI nf (abrev d'Organització de l'Aviació Civil Internacional) ICAO.

oasi [u'azi] nm inv lit & fig oasis.

obac -aga [u'βak -aɣə] adj shady, shaded. ➺ **obaga** nf shady / shaded place.

obcecar [upsə'ka] vt to blind (mentally). ➺ **obcecar-se** vp [encegar-se] to blind o.s. to sthg; **~-se amb** to insist on doing sthg.

obcecat -ada [upsə'kat -aðə] adj **-1.** [obstinat] obstinate, pig-headed, stubborn. **-2.** [obsessionat] blinded.

obediència [uβəði'ɛnsiə] nf obedience.

obedient [uβəði'en] adj obedient.

obeir [uβə'i] ◇ vi to obey; **calla i obeeix** shut up and do as you are told; **~ a** [estar motivat per] to be due to. ◇ vt to obey.

obert -a [u'βɛrt -ə] ◇ pp ➺ **obrir**. ◇ adj [gen] open; **estar ~ a** to be open to; **~ de bat a bat** wide open.

obertura [uβər'turə] nf **-1.** [gen] opening. **-2.** MÚS overture. **-3.** ESPORT [en rugbi] kick-off. **-4.** [als escacs] opening move. **-5.** POLÍT liberalization. **-6.** ARQUIT opening, aperture.

obès -esa [u'βɛs -ɛzə] adj & nm, f obese, fat.

obesitat [uβəzi'tat] nf obesity, fatness.

òbit ['ɔβit] nm culte decease, demise.

objecció [upʒəksi'o] nf objection; **~ de consciència** conscientious objection.

objectar [upʒək'ta] vt to object; **si no té res a ~** if you have no objection(s).

objecte [up'ʒɛktə] nm object; **ser ~ de** to be the object of; **sense ~** to no purpose pointlessly. ➺ **objectes perduts** nm pl lost property (U).

objectiu -iva [upʒək'tiw -iβə] adj objective. ➺ **objectiu** nm objective, aim.

objectivitat [upʒəktiβi'tat] nf objectivity.

objector -a [upʒək'to -orə] nm, f objector; **~ (de consciència)** conscientious objector.

oblic -iqua [u'βlik -ikwə] adj **-1.** oblique, slanting. **-2.** GEOM oblique.

oblidar [uβli'ða] vt **-1.** [gen] to forget. **-2.** [deixar-se] to leave. ➺ **oblidar-se** vp **-1.** [gen] to forget; **~-se (alguna cosa / de fer alguna cosa)** to forget sthg / to do sthg. **-2.** [deixar-se] to leave.

obligació [uβliɣəsi'o] nf **-1.** [gen] obligation, duty. **-2.** FIN bond, security; **~ convertible** convertible bond; **~ de l'Estat** Treasury bond.

obligar [uβli'ɣa] vt to oblige, to force, to make, to compel; **~ algú a fer alguna cosa** to oblige / force / compel sb to do

obligatori [uβliɣəˈtɔɾi -ˈɔɾiə] *adj* obligatory, compulsory.

sthg, to make sb do sthg. ❖ **obligar-se** *vp*: ~-se a fer alguna cosa to undertake to do sthg.

oblit [uˈβlit] *nm* **-1.** oblivion; caure en l'~ to fall into oblivion. **-2.** forgetting, oversight.

oboè [uˈβuɛ] ◇ *nm* [instrument] oboe. ◇ *nmf* [persona] oboist, oboe player.

òbol [ˈɔβul] *nm* small contribution.

obra [ˈɔβɾə] *nf* **-1.** [gen] work; posar en ~ to put into effect; ~ d'art work of art; ~ de caritat charity, act of charity; ~ de consulta reference work; ~ de teatre play; obres completes complete works; ~ mestra masterpiece; per ~ (i gràcia) de thanks to; per ~ i gràcia de l'Esperit Sant by God's grace and will. **-2.** CONSTR [lloc] building site; [reforma] building works; "tancat per obres" "closed for alterations"; obres públiques public works.

obrador [uβɾəˈðo] *nm* workshop.

obrar [uˈβɾa] ◇ *vt* to work. ◇ *vi* to act.

obrellaunes [ˌɔβɾəˈʎawnəs] *nm inv* tin opener *Br*, can opener *Am*.

obrer -a [uˈβɾe -eɾə] ◇ *adj* [classe] working; [moviment] labour (*abans de nom*). ◇ *nm, f* worker, labourer; ~ qualificat skilled worker.

obridor [uβɾiˈðo] *nm* opener.

obrir [uˈβɾi] ◇ *vi* [establiment] to open. ◇ *vt* **-1.** [gen] to open; [meló] to split. **-2.** [encendre] to switch on; obre el llum de la cuina switch on the kitchen light. **-3.** [pany] to unlock; [aixeta] to turn on; [túnel] to dig; [canal, camí] to build; [llista, manifestació] to head. ❖ **obrir-se** *vp* **-1.** to open up; [sincerar-se] ~-se a algú to confide in sb. **-2.** [comunicar-se]: ~-se (amb algú) to be open (with sb). **-3.** [cel]: to clear.

obscè -ena [upˈsɛ -ɛnə] *adj* obscene, coarse.

obscenitat [upsəniˈtat] *nf* obscenity.

obscur -a [upsˈkur -uɾə] *adj* dark, dim, obscure, gloomy.

obscurir [upskuˈɾi] *vt* ☞ **enfosquir**.

obscuritat [upskuɾiˈtat] *nf* darkness, gloom.

obsequi [upˈsɛki] *nm* gift, present; ~ d'empresa promotional / complimentary gift.

obsequiar [upsəkiˈa] *vt*: ~ algú amb alguna cosa to present sb with sthg.

observació [upsərβəsiˈo] *nf* observation, remark; [nota] note.

observador -a [upsərβəˈðo -oɾə] ◇ *adj* observant, observer (*abans de nom*). ◇ *nm, f* observer.

observança [upsərˈβansə] *nf* observance.

observar [upsərˈβa] *vt* to observe; [advertir] to notice.

observatori [upsərβəˈtɔɾi] *nm* observatory.

obsés -essa [upˈses -esə] ◇ *adj* obsessed, obsessive. ◇ *nm, f* obsessed person.

obsessió [upsəsiˈo] *nf* obsession.

obsessionar [upsəsiuˈna] *vt* to obsess. ❖ **obsessionar-se** *vp*: ~-se amb to be obsessed with.

obsessiu -iva [upsəˈsiw -iβə] *adj* obsessive.

obstacle [upsˈtaklə] *nm* obstacle.

obstaculitzar [upstəkuliˈdza] *vt* **-1.** to hinder; ~ el pas to get in the way, to block the gangway. **-2.** *fig* [impedir] to block.

obstant [upsˈtan] ❖ **no obstant** *loc adv* in spite of, not withstanding.

obstar [upsˈta] *vi* to stop, to prevent; això no obsta perquè vinguis that doesn't prevent you from coming.

obstetrícia [upstəˈtɾisiə] *nf* obstetrics (U).

obstinació [upstinəsiˈo] *nf* obstinacy, stubbornness.

obstinar-se [upstiˈnarsə] *vp* to be stubborn, to be obstinate; ~ en [idea, etc.] to persist in sthg; ~ a fer alguna cosa to continue obstinately doing sthg.

obstinat -ada [upstiˈnat -aðə] *adj* obstinate, stubborn.

obstrucció [upstɾuksiˈo] *nf* obstruction.

obstruir [upstɾuˈi] *vt* to block. ❖ **obstruir-se** *vp* to get / become blocked.

obtenir [uptəˈni] *vt* to obtain.

obturar [uptuˈɾa] *vt* to block. ❖ **obturar-se** *vp* to get / become blocked.

obtús -usa [upˈtus -uzə] ◇ *adj* obtuse. ◇ *fig nm, f* dimwit; és un ~ he's a dimwit.

obús [uˈβus] *nm* **-1.** [canó] howitzer. **-2.** [projectil] howitzer shell.

obvi òbvia [ˈɔbbi ˈɔbbiə] *adj* obvious.

obviar [ubbiˈa] *vt* [inconvenient, problema] to avoid; [dificultat, obstacle] to get round.

oca [ˈɔkə] *nf* **-1.** [animal] goose, geese *pl*. **-2.** [joc] board game ≃ snakes and ladders.

ocàs [uˈkas] *nm* **-1.** [vespre] sunset. **-2.** *fig* decadence.

ocasió [ukəziˈo] *nf* occasion, opportunity, chance; en ~ de on the occasion of; d'~

bargain (abans de nom); **en alguna / certa ~** once; **en algunes ocasions** sometimes.

ocasionar [ukəziu'na] vt to cause, to produce, to give raise to.

occident [uksi'ðen] nm West; **el sol es pon per ~** the sun sets in the West.

occidental [uksiðən'tal] adj Western. ◇ nmf Westerner.

OCDE nf (abrev d'Organització per a la Cooperació i el Desenvolupament Econòmic) OECD.

oceà [use'a] nm ocean; **l'~ (Glacial) Antàrtic** the Antarctic Ocean; **l'~ Atlàntic** the Atlantic Ocean; **l'~ (Glacial) Àrtic** the Arctic Ocean; **l'~ Índic** the Indian Ocean; **l'~ Pacífic** the Pacific Ocean.

Oceania [usea'niə] Oceania.

oceànic -a [use'anik -ə] adj -1. [de l'oceà] oceanic. -2. [d'Oceania] Oceanian.

ocell [u'seʎ] nm -1. [gen] bird; **~ del paradís** bird of paradise; **~ rapinyaire / de presa / rapaç** bird of prey, raptor. -2. fig: **~ de mal averany / mal any** bird of ill omen; **~ de paper** small bird, origami bird figure.

ocelleria [useʎə'riə] nf pet shop.

oci ['ɔsi] nm leisure; **el temps d'~** free time, spare time.

ociós -osa [usi'os -ozə] adj at leisure; [inútil] pointless; [inactiu] idle.

ociositat [usiuzi'tat] nf idleness.

ocloure [u'klowrə] vt MED to occlude.

ocórrer [u'korə] vi -1. [esdevenir-se] to happen, to occur. -2. [venir al pensament]: **no m'ocorre cap solució** I can't think of any solution; **t'ocorre alguna idea?** can you think of any idea?

ocre ['ɔkrə] adj inv & nm ochre.

octàgon [uk'tayun] nm octagon.

octau -ava [uk'taw -aβə] adj num & nm, f eighth; **octava part** eighth part. ◆ **octau** nm octave. ◆ **octava** nf MÚS octave. ◆ **en octau** GRÀF octavo.

octet [uk'tɛt] nm -1. INFORM byte. -2. MÚS octet.

octogenari -ària [uktuʒə'nari -ariə] adj & nm, f octogenarian.

octubre [uk'tuβrə] nm October; ▸ **setembre**.

ocular [uku'lar] adj ocular, eye (abans de nom).

oculista [uku'listə] nmf oculist.

ocult -a [u'kul -ultə] adj -1. [gen] hidden. -2. fig [poders, ciències] occult.

ocultar [ukul'ta] vt to hide; **~ alguna cosa a algú** to hide sthg from sb.

ocultisme [ukul'tizmə] nm occultism.

ocupació [ukupəsi'o] nf -1. [gen] occupation. -2. [feina] job.

ocupant [uku'pan] ◇ adj occupying. ◇ nmf [exèrcit] occupier; [d'un cotxe, d'una cadira] occupant.

ocupar [uku'pa] vt -1. [gen] to occupy. -2. [donar feina] to provide work. ◆ **ocupar-se** vp: **~-se (de)** to deal with, to look after.

ocupat -ada [uku'pat -aðə] adj occupied; [lavabo, telèfon] engaged; [amb feina] busy.

ocurrència [uku'rɛnsiə] nf -1. occurrence, event. -2. [idea] bright idea; **té cada ~!** he gets the oddest ideas!

oda ['ɔðə] nf ode.

odi ['ɔði] nm loathing, hatred; **tenir ~ a alguna cosa / algú** to loathe / hate sthg / sb.

odiar [uði'a] vt to loathe, to hate.

odiós -osa [uði'os -ozə] adj loathsome, hateful.

odissea [uði'seə] nf odyssey.

odontologia [uðuntulu'ʒiə] nf dentistry, dental surgery.

oest [u'est] ◇ adj [zona, frontera] Western; [vent] Westerly, West. ◇ nm [zona] West; **l'~ d'Europa** the West of Europe, Western Europe. ◆ **Oest** nm West; [punt cardinal] **l'~** West; **la gent de l'~** Westerners.

ofec [u'fɛk] nm difficulty in breathing.

ofegar [ufə'ɣa] vt -1. [asfixiar - a l'aigua] to drown; [- cobrint boca i nas] to smother, to stifle, to suffocate. -2. [estrangular] to strangle. -3. [extingir] to put out; [dominar] to put down. -4. CULIN to brown, to stew. ◆ **ofegar-se** vp -1. [a l'aigua] to drown. -2. [asfixiar-se] to suffocate. -3. fig [de calor] to be stifled.

ofegat -ada [ufə'ɣat -aðə] ◇ adj -1. [respiració] out of breath. -2. [espai] cramped. -3. fig [aclaparat]: **~ en** oppressed (by). ◇ nm, f drowned person; [asfixiat] suffocated person.

ofendre [u'fendrə] ◇ vt to offend, to hurt, to slight. ◇ vi to cause offence. ◆ **ofendre's** vp to take offence (at).

ofensa [u'fɛnsə] nf -1. [gen] offence, slight, injury. -2. [d'atac] attacking. ◆

ofensiu -iva [ufən'siw -iβə] adj -1. [injuriós] offensive. -2. [d'atac] attacking. ◆ **ofensiva** nf offensive; **passar a l'ofensiva** to go on the offensive.

oferiment [ufəɾiˈmen] *nm* offer.

oferir [ufəˈɾi] *vt* to offer; [festa, possibilitat] to give; [aspecte] to present. ☛ **oferir-se** *vp* to offer, to volunteer; ~-se a / per a fer alguna cosa to offer to do sthg.

oferta [uˈfɛrtə] *nf* -1. [gen] offer. -2. ECON supply; ~ pública de compra takeover bid; ~ pública de compra hostil hostile takeover bid; ofertes de treball job offers, vacancies. -3. [rebaixa] special offer, cut-price deal; d' / en ~ sale, cut-price, bargain.

ofici [uˈfisi] *nm* -1. [gen] trade; d'~ by trade; ser de l'~ to be part of the job; no tenir ~ ni benefici to have no trade. -2. RELIG service. -3. [funció] function, role. ☛ **Sant Ofici** *nm* Holy Office.

oficial -a [ufisiˈal -ə] *nm, f* official labourer, trainee. ☛ **oficial** ◇ *adj* official. ◇ *nm* -1. MIL officer. -2. [funcionari] clerk.

oficiar [ufisiˈa] ◇ *vi* -1. [sacerdot] to officiate. -2. [actuar de]: ~ de to act as. ◇ *vt* to officiate at.

oficina [ufiˈsinə] *nf* office; ~ de correus post office; ~ d'ocupació employment office, job centre; ~ de turisme tourist office.

oficinista [ufisiˈnistə] *nmf* office worker.

oficiós -osa [ufisiˈos -ozə] *adj* unofficial; [servicial] kind, helpful.

ofimàtica [ufiˈmatikə] *nf* office computing.

ofrena [uˈfɾɛnə] *nf* offering, gift.

ofrenar [ufɾəˈna] *vt* to offer up.

òfset [ˈɔfsɛt] ◇ *adj inv & nm inv* offset; [màquina] offset printing press.

oftalmologia [uftəlmuluˈʒiə] *nf* ophthalmology.

ofuscar [ufusˈka] *vt lit & fig* to blind. ☛ **ofuscar-se** *vp*: ~-se amb to be blinded by.

ogre -essa [ˈɔɣɾə uˈɣɾɛsə] *nm, f* ogre; *fig* menjar com un ~ to eat like a horse.

oh! [ˈɔ] *interj* oh!

oi [ˈɔj] *interj* oh!, ow!; [d'assentiment] és bo, ~? it's good - isn't it?

oïda [uˈiðə] *nf* [sentit] hearing; arribar a ~ d'algú to reach sb's ears. ☛ **d'oïda** *loc adv* by ear.

oient [uˈjen] *nmf* -1. RADIO listener. -2. [alumne] (unregistered) student.

OIT *nf* -1. (abrev d'Organització Internacional del Treball) ILO. -2. (abrev d'Oficina Internacional del Treball) ILO.

oleoducte [uleuˈðuktə] *nm* oil pipeline.

olfacte [ulˈfaktə] *nm* (sense of) smell.

oli [ˈɔli] *nm* -1. (vegetable / animal) oil (excludes crude oil but including lubricating oils). -2. ART oil painting; a l'~ in oils *pl*.

òliba [ˈɔliβə] *nf* owl.

oligarquia [uliɣərˈkiə] *nf* oligarchy.

olimpíada [ulimˈpiaðə] *nf* Olympiad, Olympic Games *pl*.

oliós -osa [uliˈos -ozə] *adj* oily.

oliva [uˈliβə] ◇ *nf* olive; ~ farcida stuffed olive. ◇ *nm* olive; de color d'~ olive (abans de nom).

olivaci -àcia [uliˈβasi -asiə] *adj* olive-greenish.

olivaire [uliˈβajɾə] *nmf* dealer in olives.

oliver [uliˈβe] *nm* olive tree.

olivera [uliˈβeɾə] *nf* olive tree.

oliverar [uliβəˈɾa] *nm* olive grove.

olla [ˈɔʎə] *nf* -1. pot, kettle; ~ a pressió / exprés pressure cooker. -2. *fig* cada olleta la seva tapadoreta to each his own. ☛ **olla de grills** *nf fam* hell of a row, bedlam.

olor [uˈlo] *nf* smell; ~ de smell of, odour of, scent of; ~ corporal body odour; *fig* en ~ de multituds enjoying popular acclaim; fer bona / mala ~ to smell good / bad; fa ~ de lavanda / tabac it smells of lavender / tobacco; *fig* fa ~ de mentida it smacks of a lie.

olorar [uluˈɾa] *vt* -1. to smell. -2. [sospitar]: ~ alguna cosa to smell out.

oloreta [uluˈɾɛtə] *nf* CULIN smell.

olorós -osa [uluˈɾos -ozə] *adj* sweet-smelling, good-smelling.

OLP *nf* (abrev d'Organització per a l'Alliberament de Palestina) PLO.

om [ˈom] *nm* elm.

ombra [ˈombɾə] *nf* shade, shadow; a l'~ in the shade; fer ~ to cast a shadow (over); *fig* restar a l'~ to stay out of the limelight; *fam* fer ~ a algú to overshadow sb, to thrust sb into the shade.

ombrel·la [umˈbɾɛʎə] *nf* parasol, sunshade.

ometre [uˈmɛtɾə] *vt* to leave / miss out, to omit.

omís -isa [uˈmis -izə] *adj* ☛ **cas**.

omissió [umisiˈo] *nf* omission.

òmnibus [ˈɔmniβus] *nm inv* omnibus, bus.

omnipotent [umnipuˈten] *adj* omnipotent, all-powerful, almighty.

omnívor -a [umˈniβur -uɾə] ◇ *adj* omnivorous. ◇ *nm, f* omnivore.

omòplat [uˈmɔplət] *nm* shoulder blade.

omplir [um'pli] *vt* **-1.** to fill; ~ alguna cosa (de) to fill sthg (with); ~ el pit d'aire to take a deep breath. **-2.** [satisfer] to fulfil. **-3.** [consells, alegria] to fill sb with; ~ algú de lloances to heap praises on sb. **-4.** [imprès] to fill in / out. ➣ **omplir-se** *vp* **-1.** [ocupar-se] to fill up. **-2.** [saciar-se] to be full. **-3.** [cobrir-se]: ~se de to become covered in.

OMS ['oms] *nf* (abrev d'Organització Mundial de la Salut) WHO.

on ['on] ◇ *adv* **-1.** where; la bossa és ~ la vas deixar the bag is where you left it; se n'ha anat ~ vivia ella he has gone where she used to live; arribaré fins ~ pugui I will get as far as I can; passaré per ~ em manin I will do whatever they want. **-2.** (*interrogatiu*) where; ~ ets? where are you?; no sé ~ és I don't know where he is; ~ vas? where are you going?; d'~ ets? where are you from?; cap ~ aneu? where are you going? ◇ *pron* where, whence; és la casa ~ vaig néixer it's the house where I was born; d'~ from whence; la ciutat d'~ ve the city where he comes from, the city from whence he comes; el lloc cap ~ em dirigeixo the place I'm going to.

ona ['ɔnə] *nf* wave; ~ curta short wave; ~ elèctrica / hertziana Hertzian wave; ~ llarga long wave; ~ lluminosa light wave; ~ mitjana medium wave; ~ sonora sound wave; ~ expansiva shock wave.

onada [u'naðə] *nf lit & fig* wave; la nova ~ the new wave.

onatge [u'nadʒə] *nm* wave train.

ONCE ['onsə] *nf* (abrev d'Organització Nacional de Cecs Espanyols) Spanish national organisation for the blind.

oncle ['oŋklə] *nm* [parent] uncle; ~ carnal blood uncle; *fig* ~ Sam Uncle Sam; ~ valencià cousin of one's mother or father.

onda ['ondə] *nf* wave.

ondulació [undulasi'o] *nf* ripple; [- d'aigua, de cabell] wave; [de terra, d'objectes sòlids] undulation.

ondular [undu'la] *vt & vi* to undulate, to wave, to ripple.

ondulat -ada [undu'lat -aðə] *adj* wavy.

onejar [unə'ʒa] *vi* to wave.

ONG *nf* (abrev d'Organització No Governamental) NGO.

ònix ['ɔniks] *nm* onyx.

onomàstic -a [unu'mastik -ə] *adj culte* onomastic. ➣ **onomàstica** *nf culte* one's (saint's / name) day.

onomatopeia [unumətu'pɛjə] *nf* onomatopoeia.

onsevulga [,onsə'βulɣə], **onsevulla** [,onsə'βuʎə] *adv* wheresoever, anywhere; ~ que siguis wheresoever it be.

ONU ['ɔnu] *nf* (abrev d'Organització de les Nacions Unides) UN, UNO.

onze ['onzə] *adj num inv & nm inv* eleven; ➣ **sis**.

onzè -ena [un'zɛ -ɛnə] *adj num & nm, f* eleventh; onzena part an eleventh part; ➣ **sisè**.

OPA ['ɔpə] *nf* (abrev d'Oferta pública de compra) takeover bid.

opac -a [u'pak -ə] *adj* opaque.

opció [upsi'o] *nf* **-1.** [elecció] option, choice. **-2.** [dret] right; donar ~ a alguna cosa to give the right to sthg; tenir ~ a alguna cosa to have a right / entitlement to sthg. **-3.** COM option; ~ de compra / de venda purchase / sale option.

opcional [upsio'nal] *adj* optional.

OPEP [u'pɛp] *nf* (abrev d'Organització de Països Exportadors de Petroli) OPEC.

òpera ['ɔpərə] *nf/opera*; ~ rock rock opera.

operació [upərəsi'o] *nf* operation; ~ tornada special arrangements in Spain for traffic returning after holidays.

operacional [upərəsio'nal] *adj* operational.

operador -a [upərə'ðo -orə] *nm, f* **-1.** MED surgeon. **-2.** [de màquina] operator. **-3.** CIN cameraman. ➣ **operador** *nm* MAT operator.

operar [upə'ra] ◇ *vi* **-1.** [gen] to operate. **-2.** COM to deal. ◇ *vt* to operate; ~ algú d'alguna cosa to operate on sb for sthg. ➣ **operar-se** *vp* to be operated on, to have an operation.

operari -ària [upə'rari -ariə] *nm, f* worker.

operatiu -iva [upərə'tiw -iβə] *adj* operative.

opereta [upə'rɛtə] *nf* operetta.

opi ['ɔpi] *nm* opium.

opinar [upi'na] ◇ *vi* to give one's opinion; ~ de / sobre alguna cosa / algú to give one's opinion on sthg / of sb. ◇ *vt* to believe, to think.

opinió [upini'o] *nf* opinion; expressar / donar la seva ~ to give an opinion; reservar-se l'~ to reserve judgement; ~ pública public opinion.

opípar -a [u'pipər -ərə] *adj* sumptuous, lavish.

oponent [upu'nen] *nmf* **-1.** opponent. **-2.** [càrrec públic] candidate.

oportú -una [upur'tu -unə] *adj* **-1.** appropriate; és ~ dir-li-ho ara it would be best

oportunisme [upurtu'nizmə] *nm* opportunism.

oportunista [upurtu'nistə] *adj & nm, f* opportunist.

oportunitat [upurtuni'tat] *nf* **–1.** [ocasió] opportunity, chance; **aprofitar l'~** to seize the opportunity. **–2.** [conveniència] timeliness. ➣ **oportunitats** *nf pl* COM bargains.

oposar [upu'za] *vt* to oppose. ➣ **oposar-se** *vp* **~-se (a)** to be opposed (to), to oppose.

oposició [upuzisi'o] *nf* **–1.** [gen & POLÍT] opposition. **–2.** [resistència] resistance. **–3.** *gen pl* [examen] public entrance examination.

opositor -a [upuzi'to -orə] *nm, f* **–1.** [a un càrrec] candidate in a public entrance examination. **–2.** [oponent] opponent.

opressió [oprəsi'o] *nf* [repressió, ofec] oppression.

opressor -a [opɾə'so -orə] <> *adj* oppressive. <> *nm, f* oppressor.

oprimir [upɾi'mi] *vt fig* to weigh down (on), to stifle, to oppress.

optar [up'ta] *vi* **–1.** [escollir]: **~ per alguna cosa** to choose sthg; **~ entre** to choose between. **–2.** [aspirar]: **~ a** to aim for, to go for.

optatiu -iva [uptə'tiw -iβə] *adj* optional. ➣ **optativa** *nf* EDUC optional subject.

òptic -a [' ɔptik -ə] <> *adj* optic, optical. <> *nm, f* optician. ➣ **òptica** *nf* **–1.** [gen] optics. **–2.** [botiga] optician's (shop).

òptim -a [' ɔptim -ə] <> *adj* optimum, very good. <> *adj superl* ➣ **bo**.

optimisme [upti'mizmə] *nm* optimism.

optimista [upti'mistə] <> *adj* optimistic. <> *nmf* optimist.

opulència [upu'lɛnsiə] *nf* opulence, affluence, luxury; **viure / nedar en l'~** to live in the lap of luxury.

opulent -a [upu'len -entə] *adj* opulent, luxurious.

or [' ɔr] *nm* gold; **d'~** golden, gold; **un cor d'~** a heart of gold; *fig* **estar carregat d'~** to be filthy rich, to be loaded *Am*; **~ en barres** gold bars; **~ en pols** gold dust; **fer-se (la barba) d'~** to make a fortune, to make money hand over fist; **no és ~ tot el que lluu** all that glitters is not gold. ➣ **or negre** *nm* crude oil, black gold.

oració [uɾəsi'o] *nf* **–1.** [pregària] prayer; **~fúnebre** memorial speech. **–2.** GRAM sentence.

oracle [u'ɾaklə] *nm* oracle, soothsayer.

orada [u'ɾaðə] *nf* gilt-head.

orador -a [uɾə'ðo -orə] *nm, f* speaker, orator.

oral [u'ɾal] <> *adj* oral. <> *nm* ➣ **examen**.

orangutan [uɾəŋgu'tan] *nm* orang-outang.

orar [u'ɾa] *vi* to pray.

oratori -òria [uɾə'tɔɾi -ɔɾiə] *adj* oratorical, rhetorical. ➣ **oratori** *nm* **–1.** oratory, chapel. **–2.** MÚS oratorio. ➣ **oratòria** *nf* oratory, rhetoric.

òrbita [' ɔrβitə] *nf* **–1.** [gen] orbit; **posar en ~** to put (sthg / sb) into orbit. **–2.** *fig* [àmbit] sphere, realm.

orca [' ɔrkə] *nf* killer whale.

orde [' ɔrðə] *nm* RELIG order; **~ de cavalleria** order of knighthood; **~ militar** military order.

ordenació [urðənəsi'o] *nf* **–1.** [organització] ordering, arranging, structuring; [disposició] order, arrangement; [recursos] planning; **~ territorial** regional plan. **–2.** RELIG ordination.

ordenança [urðə'nansə] <> *nfgen pl* ordinance, decree, by-law, regulation. <> *nm* **–1.** [empleat] office boy, messenger. **–2.** MIL orderly.

ordenar [urðə'na] *vt* **–1.** [gen] to arrange, to put in order. **–2.** [fer netejar] to tidy (up). **–3.** [manar] to order. **–4.** RELIG to ordain. ➣ **ordenar-se** *vp* RELIG to be ordained.

ordi [' ɔrði] *nm* barley.

ordinador [urðina'ðo] *nm* computer; **~ central** mainframe (computer); **~ personal** personal computer, PC; **~ portàtil** portable / laptop computer.

ordinal [urði'nal] <> *adj* ordinal. <> *nm* ➣ **nombre**.

ordinari -ària [urði'naɾi -aɾiə] <> *adj* **–1.** [gen] ordinary; **d'~** usually. **–2.** [vulgar] common, run-of-the-mill. <> *nm, f* common / coarse person.

ordir [ur'ði] *vt* **–1.** to warp. **–2.** *fig* [pla] to plot.

ordre [' ɔrðɾə] <> *nm* **–1.** order; **en ~** in order; **cridar algú a l'~** to call sb to order; **posar en ~** to put in order; **per ~** in order; **sense ~ ni concert** completely haphazard; **[parlar] ~!** Order!; **~ públic** law and order. **–2.** DR (court) order, writ, summons; **~ de processament** committal for trial. <> *nf* [manament] order; MIL **a les seves ~s!** reporting for duty, Sir!; **donar ~s** to give orders; **per ~ de** by order of; **~ d'arrest** arrest warrant; **~ de cerca i captura** warrant for search and arrest; COM **~ de compra** purchase order; **~ de pagament** payment order. ☞ **ordre del dia** *nm* agenda.

orella [uˈɾɛʎə] *nf* **–1.** [òrgan] ear. **–2.** *fig* **entrar per una ~ i sortir per l'altra** to go in one ear and out the other; **tenir mala ~ / oïda, no tenir ~ / oïda** to hear really badly / well, not to hear.

orellera [uɾəˈʎeɾə] *nf* earflap.

oreneta [uɾəˈnetə] *nf* swallow.

orenga [uˈɾɛŋgə] *nf* oregano, wild marjoram.

orfandat [urfənˈdat] *nf* **–1.** [estat] orphanhood; **estar en ~** to be an orphan. **–2.** *fig* abandonment.

orfe òrfena [ˈɔrfə ˈɔrfənə] ◇ *adj* orphaned. ◇ *nm, f* orphan.

orfebre [urˈfeβɾə] *nmf* goldsmith, silversmith.

orfebreria [urfəβɾəˈɾiə] *nf* **–1.** [art] goldsmithy, silversmithry. **–2.** [obra] gold / silver work.

orfenat [urfəˈnat] *nm* orphanage.

orfeó [urfəˈo] *nm* choral society.

òrgan [ˈɔrgən] *nm* organ.

orgànic -a [urˈganik -ə] *adj* organic.

organigrama [urgəniˈɣɾamə] *nm* organisation chart.

organisme [urgəˈnizmə] *nm* **–1.** BIOL organism. **–2.** [oficial] organisation, body.

organista [urgəˈnistə] *nmf* organist.

organització [urgənidzəsiˈo] *nf* organisation.

organitzar [urgəniˈdza] *vt* to organise. ☞ **organitzar-se** *vp* **–1.** [persona] to organise o.s. **–2.** [baralla] to break out.

orgasme [urˈgazmə] *nm* orgasm.

orgia [urˈʒiə] *nf* orgy.

orgue [ˈɔrɣə] *nm* **–1.** MÚS organ. **–2.** organ; *fig* **no estar per ~s** not to be in the mood.

orguenet [urɣəˈnet] *nm* barrel organ.

orgull [urˈɣuʎ] *nm* **–1.** [satisfacció] pride. **–2.** [supèrbia] arrogance.

orgullós -osa [urɣuˈʎos -ozə] ◇ *adj* **–1.** [satisfet] proud. **–2.** [superbiós] proud, haughty, conceited. ◇ *nm, f* proud person.

orient [uɾiˈen] *nm* east. ☞ **Orient** *nm:* **l'Orient** the East; **l'Orient Mitjà** the Middle East; **el Pròxim Orient** the Near East; **l'Orient Llunyà / Extrem Orient** the Far East.

orientació [uɾiəntəsiˈo] *nf* **–1.** [gen] orientation. **–2.** *fig* guidance.

oriental [uɾiənˈtal] ◇ *adj* oriental, Eastern. ◇ *nmf* oriental.

orientar [uɾiənˈta] *vt* to orientate, to direct. ☞ **orientar-se** *vp* to get one's bearings.

orifici [uɾiˈfisi] *nm* hole, opening.

origen [uˈɾiʒən] *nm* origin, source.

original [uɾiʒiˈnal] ◇ *adj* **–1.** [gen] original. **–2.** [rar] different, eccentric. ◇ *nm* original.

originalitat [uɾiʒinəliˈtat] *nf* originality.

originar [uɾiʒiˈna] *vt* to cause. ☞ **originar-se** *vp* to be caused.

originari -ària [uɾiʒiˈnaɾi -aɾiə] *adj* [inicial] original; **ser ~ de** to be from.

orina [uˈɾinə] *nf* urine.

orinal [uɾiˈnal] *nm* chamber pot, bedpan.

orinar [uɾiˈna] *vt & vi* to urinate. ☞ **orinar-se** *vp* to wet o.s.

orins [uˈɾins] *nm pl* urine.

oriünd -a [uɾiˈun -undə] ◇ *adj* native; **ser ~ de** to hail from. ◇ *nm, f* native, inhabitant.

orla [ˈɔrlə] *nf* **–1.** [gen] fringe, trimming; [de quadre] border. **–2.** [fotografia] graduation photograph.

orlar [urˈla] *vt* to decorate with trimmings, to border.

ornament [urnəˈmen] *nm* **–1.** ornament, adornment. **–2.** MÚS **notes d'~** grace notes. ☞ **ornaments** *nm pl* RELIG (church) ornaments, vestments.

ornamentació [urnəməntəsiˈo] *nf* ornamentation.

ornamentar [urnəmənˈta] *vt* to ornament, to embellish, to decorate.

ornar [urˈna] *vt* **–1.** to decorate, to adorn. **–2.** to embellish with trimmings.

orni [ˈurni] *nm* ☞ **fer l'orni** *loc* to pretend not to hear / understand, to act dumb.

ornitòleg -òloga [urniˈtɔlək -ɔluɣə] *nm, f* ornithologist.

ornitologia [urnituluˈʒiə] *nf* ornithology.

orografia [uɾuɣɾəˈfiə] *nf* orography.

orquestra [urˈkestɾə] *nf* **–1.** orchestra; **~ de cambra / simfònica** chamber / symphony orchestra. **–2.** TEAT orchestra pit.

orquestrar [urkəsˈtɾa] *vt lit & fig* to orchestrate.

orquestrina [urkəsˈtɾinə] *nf* dance band.

orquídia [urˈkiðiə] *nf* orchid.

orri [ˈɔri] *nm* ➤ **anar(-se'n) en orri(s)** *loc fig* to go to pot, to go to rack and ruin, to flop.

ortiga [urˈtiɣə] *nf* stinging nettle.

ortodòncia [urtuˈðɔnsiə] *nf* orthodontia, orthodontics.

ortodox -a [urtuˈðɔks -ə] *adj & nm, f* orthodox.

ortodòxia [urtuˈðɔksiə] *nf* orthodoxy.

ortografia [urtuɣɾəˈfiə] *nf* spelling.

ortopèdia [urtuˈpɛðiə] *nf* orthopaedics.

ortopèdic -a [urtuˈpɛðik -ə] *adj* orthopaedic.

orxata [urˈʃatə] *nf* orgeat; cold drink made from ground tiger nuts or almonds, milk and sugar.

os [ˈɔs] *nm* **–1.** [del cos] bone; **no tenir més que la pell i l'~ / més que ossos** to be all skin and bones; *fig* **no tenir cap ~ sencer** to be dog-tired. **–2.** [de fruita] seed.

ós óssa [ˈos ˈosə] *nm, f* bear; **~ de pelfa / de peluix** teddy bear; **~ formiguer** anteater; **~ panda** panda; **~ polar / blanc** polar bear. ➤ **Óssa Major** *nf* Great Bear, Charles' Wain *Br*, Big Dipper *Am*. ➤ **Óssa Menor** *nf* Little Bear.

osca [ˈɔskə] *nf* notch.

oscar [usˈka] *vt* to nick, to dent.

Òscar [ˈɔskər] *nm inv* CIN Oscar.

osci·lació [usilləsiˈo] *nf* oscillation, swing, fluctuation.

osci·lar [usiˈlla] *vi* to oscillate, to swing, to fluctuate.

òscul [ˈɔskul] *nm culte* kiss.

ossamenta [usəˈmentə] *nf* [esquelet] skeleton; [ossos] bones.

ossaments [usəˈmens] *nm pl* bones, remains.

ossera [uˈseɾə] *nf* ossuary, charnel house.

ossi òssia [ˈɔsi ˈɔsiə] *adj* bony, osseous.

ostatge [usˈtadʒə] *nm* hostage.

ostensible [ustənˈsibblə] *adj* evident, (patently) clear.

ostentació [ustəntəsiˈo] *nf* ostentation, show; **fer ~ de** [idees] to parade; [béns] to show off.

ostentar [ustənˈta] *vt* to show off.

ostentós -osa [ustənˈtos -ozə] *adj* ostentatious.

ostra [ˈɔstɾə] ◇ *nf* oyster. ◇ *interj fam* **ostres!** bloody hell!, hell's bells!

OTAN [uˈtan] *nf* (abrev d'**Organització del Tractat de l'Atlàntic Nord**) NATO.

OTG *nf* (abrev d'**Oficina de Treball de la Generalitat**) Catalan government's department of employment.

otitis [uˈtitis] *nf inv* earache, inflammation of the ear.

otorinolaringologia [ˌotuˌrinuləɾiŋguluˈʒiə] *nf* ear, nose and throat medicine.

ou [ˈɔw] *nm* **–1.** [gen & CULIN] egg; **~ dur / bullit** hard-boiled egg / boiled egg; **~ escumat** poached egg; **~ ferrat** fried egg; **~ passat per aigua / ~ blanc** soft-boiled egg; **~s al plat** oven-cooked eggs with tomato and spicy sausage. **–2.** *gen pl vulg* [testicles] balls *pl*; **costar un ~** to be extremely difficult / expensive. ➤ **ous de peix** *nm* roe.

ouaire [oˈwajɾə] *nmf* ➤ **ouataire**.

ouataire [owəˈtajɾə], **ouaire** [oˈwajɾə] *nm, f* egg seller.

ouera [oˈweɾə] *nf* **–1.** [per a servir un ou] egg cup. **–2.** [per a guardar ous] egg box.

output [ˌawtˈput] *nm* INFORM output.

ovació [uβəsiˈo] *nf* ovation.

ovacionar [uβəsiuˈna] *vt* to give an ovation, to cheer, to applaud.

oval [uˈβal] *adj* oval, egg-shaped.

ovalat -ada [uβəˈlat -aðə] *adj* oval.

ovari [uˈβaɾi] *nm* ovary.

ovella [uˈβeʎə] *nf* sheep, ewe. ➤ **ovella esgarriada** *nf* lost sheep. ➤ **ovella negra** *nf* black sheep.

oví -ina [uˈβi -inə] *adj* ovine, sheep (*abans de nom*).

òvids [ˈɔβits] *nm pl* ZOOL sheep.

ovípar -a [uˈβipər -əɾə] *adj & nm, f* oviparous.

ovni [ˈɔvni] *nm* (abrev d'**objecte volador no identificat**) UFO.

òvul [ˈɔβul] *nm* ovum.

ovulació [uβuləsiˈo] *nf* ovulation.

ovular[1] [uβuˈla] *vi* to ovulate.

ovular[2] [uβuˈlar] *adj* ovular.

òxid [ˈɔksit] *nm* **–1.** QUÍM oxide. **–2.** [rovell] rust.

oxidació [uksiðəsiˈo] *nf* oxidation, rusting.

oxidar [uksiˈða] *vt* **–1.** QUÍM to oxidise. **–2.** to rust. ➤ **oxidar-se** *vp* **–1.** QUÍM to be oxidised. **–2.** to get rusty.

oxigen [ukˈsiʒən] *nm* oxygen.

oxigenar [uksiʒəˈna] *vt* to oxygenate. ➤ **oxigenar-se** *vp* to get a breath of fresh air.

ozó [uˈzo] *nm* ozone.

P

p, P [ˈpe] *nf* [lletra] p, P.

p. ▶ **pàg.**

pa [ˈpa] *nm* **-1.** [gen] bread; **~ de pagès** cottage bread; **~ francès** baguette, French-style bread; **~ morè / de sègol** rye bread; **~ ratllat** breadcrumbs; **ser un tros de ~** to be kindness itself; **saber el ~ que s'hi dóna** to know what the score is; **~ de motlle / anglès** English-style white square loaf. **-2.** [d'or, plata] gold / silver leaf. **-3. a ~ i aigua** on bread and water; *fig* **estar a ~ i aigua de diners** to be penniless *Br*, to be without a red cent *Am*; **al ~, ~, i al vi, vi** to put things bluntly; **ser el ~ nostre de cada dia** to be an everyday occurence; *fig* **de ~ sucat amb oli** low quality, shoddy.

pàbul [ˈpaβul] *nm culte* food, fodder; **donar ~ a alguna cosa** [crítiques, xafarderies] to provide plenty to gossip about.

paciència [pəsiˈɛnsiə] *nf* patience, forebearance; **armar-se de ~** to summon up one's patience; **perdre la ~** to lose one's patience; **tenir més ~ que un sant** to have the patience of a saint.

pacient [pəsiˈen] *adj & nmf* patient.

pacífic -a [pəˈsifik -ə] *adj* **-1.** [gen] pacific, peaceful, peaceable. **-2.** [tranquil] calm, relaxed, laid-back. ▶ **Pacífic** [pəˈsifik] *nm*: **el ~** the Pacific (Ocean).

pacificació [pəsifikəsiˈo] *nf* pacification.

pacificar [pəsifiˈka] *vt* to pacify, to calm. ▶ **pacificar-se** *vp* to calm down, to quieten down.

pacifisme [pəsiˈfizmə] *nm* pacifism.

pacifista [pəsiˈfista] *adj & nmf* pacifist.

pacotilla [pəkuˈtiʎə] *nf* freight-free goods carried on board by merchant seamen; **de ~** shoddy, third-rate.

pactar [pəkˈta] ◇ *vi* to make a deal, to come to an agreement, to make a pact; **~ (amb)** to make a deal (with), to strike a bargain (with); **~ amb l'enemic / el diable** to treat with the enemy / to pact with the devil. ◇ *vt* to make a deal, to come to an agreement, to make a pact.

pacte [ˈpaktə] *nm* deal, agreement, pact, treaty, covenant; **fer / trencar un ~** to break an agreement / a deal / pact / treaty / covenant; **~ social** social contract.

padrastre [pəˈðrastrə] *nm* **-1.** [parent] stepfather. **-2.** [repeló] hangnail.

padrí -ina [pəˈðri -inə] *nm, f* **-1.** [en acte solemne] official witness. **-2.** *fig* protector, sponsor. ▶ **padrí** *nm* [de baptisme] godfather *m*, godmother *f*; [acte solemne] official witnesses; [protector] protector, sponsor. ▶ **padrina** *nf lit & fig* protector, sponsor. ▶ **padrins** *nm pl* [padrí i padrina] godparents.

padró [pəˈðro] *nm* [cens] census; [per a votar] electoral roll.

paella [pəˈeʎə] *nf* paella.

paf! [ˈpaf] *interj* bang!, crash!, wallop!

pàg., p. (abrev de pàgina) p.

paga [ˈpaɣə] *nf* salary, pay; **~ extra / extraordinària** ≃ bonus.

pagà -ana [pəˈɣa -anə] *adj & nm, f* heathen, pagan.

pagament [pəɣəˈmen] *nm* **-1.** payment. **-2.** [diners] receipt of payment; **de ~** in payment. **-3.** *fig* [recompensa]: **en ~ de** as a reward for.

pagar [pəˈɣa] *vt* **-1.** [gen] to pay; **~ amb la vida** to cost one's life. **-2.** *fig* [correspondre] to repay. **-3.** *fam* **me les pagaràs** you'll pay for this; **el qui la fa la paga** he / she etc. will pay for it in the end.

pagaré [pəɣəˈre] *nm* COM promissory note; **~ del Tresor** Treasury Bond.

pagell [pəˈʒeʎ] *nm* red sea bream.

pagellida [pəʒəˈʎiðə] *nf* limpet.

pagerol -a [pəʒəˈrɔl -ə] *adj & nm, f* **-1.** *despec* [rústec] yokel, country bumpkin. **-2.** peasant. **-3.** *fam* [ingenu] ingenuous.

pagès -esa [pəˈʒɛs -ezə] *nm, f* **-1.** peasant, peasant farmer. **-2.** country bumpkin.

pagesia [pəʒəˈziə] *nm* peasantry.

pàgina [ˈpaʒinə] *nf* page; **les pàgines grogues** the yellow pages; **~ web** web page.

pair [pəˈi] *vt* to digest; *fig* **~ els raonaments exposats** to digest the arguments put forward.

país [pəˈis] *nm* country; **països desenvolupats / subdesenvolupats** developed / underdeveloped countries; **països en via de desenvolupament** developing countries; **~ natal** native country; **~ satèl·lit** satellite state.

País Basc [pəˈis ˈbask]: **el ~** the Basque Country.

paisà -ana [pəjˈza -anə] ◇ *adj* [de país] of the same country / region. ◇ *nm* fellow countryman; **de ~** in civilian clothes. ◇ *nm, f* compatriot.

paisatge [pəjˈzadʒə] *nm* landscape, countryside.

Països Baixos [pəˈizus ˈbaʃus] *nm pl*: **els ~** the Netherlands *pl*.

paixà [pəˈʃa] *nm* pasha.

Pakistan [pakisˈtan] Pakistan.

pal [ˈpal] *nm* **-1.** [gen] stick; [d'escombra] broomstick. **-2.** [ESPORT - de porteria] goal post; [- de golf] golf club. **-3.** [vaixell] mast. **-4.** [de lletra] stem. **-5.** *fam fig* [cosa pesada] a pain in the arse *Br*, a pain in the butt *Am*. **-6.** stick, pole, post. **-7.** *fig* **posar ~s a les rodes a algú** to put a spanner in the works. ➧ **pal de fregar** *nm* mop.

pala [ˈpalə] *nf* **-1.** [eina] spade, shovel; **~ mecànica / excavadora** excavator. **-2.** [raqueta - de ping-pong] ping-pong bat; [- de beisbol] baseball bat. **-3.** [de rem, hèlix] oar; [hèlix d'helicòpter] rotor blade. **-4.** [de calçat] instep.

palada [pəˈlaðə] *nf* **-1.** [quantitat] spadeful, shovelful. **-2.** [moviment - de pala] shovel stroke; [- d'hèlix] rotation; [- de rem] stroke.

paladar [pələˈða] *nm* palate, roof of the mouth.

paladejar [pələðəˈʒa] *vt* to savour.

palanca [pəˈlaŋkə] *nf* lever, springboard.

palangana [pələŋˈganə] *nf* washbasin.

palau [pəˈlaw] *nm* palace; **~ de congressos** conference centre; **~ de Justícia** Law Courts *pl*.

paleografia [pəleuɣɾəˈfiə] *nf* paleography.

paleolític -a [pəleuˈlitik -ə] *adj* Paleolithic. ➧ **paleolític** *nm* Paleolithic Period.

palestí -ina [pələsˈti -inə] *adj & nm, f* Palestinian.

Palestina [pələsˈtinə] Palestine.

paleta [pəˈlɛtə] ◇ *nf* **-1.** [instrument] small spade; [de paleta] mortar trowel. **-2.** ART palette. **-3.** [d'hèlix] rotor; [de rem] oar. ◇ *nm* bricklayer.

paletada [pələˈtaðə] *nf* shovelful.

palla [ˈpaʎə] *nf* **-1.** [gen] straw. **-2.** *fig* waffle. **-3.** *vulg* [masturbació]: **fer-se una ~** to wank o.s. *Br*, to jerk off *Am*.

pallassada [pəʎəˈsaðə] *nf* clowning; **fer pallassades** to clown around.

pallasso -a [pəˈʎasu -ə] *nm, f* clown; **fer el ~** to clown around, to play the fool.

paller [pəˈʎe] *nm* hayrick, haystack, straw loft.

palleta [pəˈʎɛtə] *nf* **-1.** [d'or] gold grain. **-2.** straw.

pal·liar [pəlliˈa] *vt* **-1.** [dolor, pena] to alleviate, to relieve. **-2.** [disculpar] to excuse.

pàl·lid -a [ˈpallit -iðə] *adj* pale, pallid.

pal·lidesa [pəlliˈðezə] *nf* paleness, pallidness.

pallissa [pəˈʎisə] *nf* **-1.** [cops, derrota] thrashing, drubbing, beating. **-2.** *fig* [esforç]: **el viatge en cotxe va ser una ~** the car journey was a pain. **-3.** [llauna] drag.

pallús -ussa [pəˈʎus -usə] ◇ *adj* **-1.** doltish, thick, stupid. **-2.** *fam despec* dolt, blockhead, twit, dunderhead. ◇ *nm, f vulg* dolt, blockhead, twit, dunderhead.

palma [ˈpalmə] *nf* **-1.** [de mà] palm. **-2.** [fulla, triomf] palm leaf; **endur-se'n la ~** to win the laurel crown, to take the honours. **-3.** [arbre] palm tree.

Palma de Mallorca [ˈpalmə ðə məˈʎɔrkə] Palma, capital of Majorca.

palmarès [palməˈɾɛs] *nm* record, list of winners.

palmell [pəlˈmeʎ] *nm* palm of the hand.

palmera [pəlˈmeɾə] *nf* palm tree.

palpable [pəlˈpabblə] *adj lit* palpable, touchable; *fig* obvious.

palpar [pəlˈpa] *vt* **-1.** [tocar] to touch, to feel, to grope. **-2.** *fig* [percebre] to perceive, to sense. ➧ **a les palpentes** *loc adv* blindly, gropingly.

palpitació [pəlpitəsiˈo] *nf* palpitation.

palpitar [pəlpiˈta] *vi* to palpitate, to beat, to throb.

paludisme [pəluˈðizmə] *nm* malaria.

pam [ˈpam] *nm* [mida] handspan; **un ~ de** a handspan of, some nine inches of; **~ a ~** inch by inch; *fig* **deixar algú amb un ~ de nas** to let sb down.

pamela [pəˈmɛlə] *nf* broad-brimmed lady's hat.

pàmfil -a [ˈpamfil -ə] ◇ *adj* slothful, dilatory. ◇ *nm, f* sloth, dilatory person.

pamflet [pəmˈflɛt] *nm* pamphlet.

pampallugues [pəmpəˈʎuɣəs] *nf pl* blinking lights, flickering lights, intermittent blocking of one's view / field of vision; *fam fig* **els ulls li feien ~** he blinked quickly.

pana [ˈpanə] *nf* corduroy.

panacea [pənəˈseə] *nf* panacea, cure-all, snake oil *Am*.

Panamà [pənəˈma] Panama.

panameny -a [pənəˈmɛɲ -ə] *adj & nm, f* Panamanian.

pancarta [pəŋˈkartə] *nf* banner, placard.

pàncrees [ˈpaŋkɾeəs] *nm inv* pancreas.

panda [ˈpandə] *nm* ➥ **ós**.

pandereta [pəndəˈɾetə] *nf* tambourine.

panegíric [pənəˈʒiɾik] *nm* panegyric, eulogy.

panera [pəˈneɾə] *nf* **-1.** [cistella gran] linen basket. **-2.** bread basket.

panerola [pənəˈɾɔlə] *nf* **-1.** [crustaci] sea louse. **-2.** [insecte] woodlouse.

panet [pəˈnet] *nm* bread roll.

pànic [ˈpanik] *nm* panic; **ser presa del ~** to be panic-stricken.

panificadora [pənifikəˈðoɾə] *nf* bakery factory.

panorama [pənuˈɾamə] *nm* panorama.

panoràmic -a [pənuˈɾamik -ə] *adj* panoramic. ➥ **panoràmica** *nf* **-1.** [vista] panorama, view, vista, outlook. **-2.** CIN wide screen.

panotxa [pəˈnɔtʃə] *nf* ear, cob.

pansa [ˈpansə] *nf* **-1.** [fruita] raisin, sweet grape variety. **-2.** [pústula] blistermouth sore, labial herpes. **-3.** [erupció] pus-filled spot.

pansir [pənˈsi] *vt fig* [gen] to wither, to dry up in the sun, to wilt; *fig* **està tot desanimat i pansit** he is depressed and in poor shape. ➥ **pansir-se** *vp* **-1.** [planta] to become withered, to become wilted. **-2.** [persona] to fade away.

pansit -ida [pənˈsit -iðə] *adj* **-1.** [pell] aged; [planta] withered. **-2.** *fig* [persona] worn.

pantà [pənˈta] *nm* **-1.** [aiguamoll] marsh, bog, swamp. **-2.** [embassament] dam, reservoir.

pantalla [pənˈtaʎə] *nf* **-1.** [gen & INFORM] screen; **mostrar en ~** to show / display on screen; **la petita ~** television, the box; **~ de vidre líquid** LCD, liquid crystal display; **~ de radar** radar screen; **~ tàctil** touch-sensitive screen. **-2.** [de llum] light screen. ➥ **pantalla acústica** *nf* baffle, loudspeaker baffle.

pantalons [pəntəˈlons] *nm pl* trousers; **~ curts** shorts, short trousers *Br*, short pants *Am*; **~ de pirata** bermuda shorts; **~ texans / vaquers** jeans, denims; *fig* **abaixar-se els ~** to give in.

pantanós -osa [pəntəˈnos -ozə] *adj* marshy, swampy, boggy.

panteixar [pəntəˈʃa] *vi* to gasp, to pant.

panteó [pənteˈo] *nm* pantheon.

pantera [pənˈteɾə] *nf* panther; **~ negra** black panther.

panxa [ˈpaɲʃə] *nf* belly, stomach; **posar ~** to get a pot belly, to get a spare tire; *fig* **gratar-se la ~** to twiddle one's thumbs, to laze around.

panxacontent -a [ˌpaɲʃəkunˈten -entə] ◇ *adj* carefree, happy-go-lucky (*abans de nom*). ◇ *nm, f* a happy-go-lucky person.

panxada [pəɲˈʃaðə] *nf* bellyful; [cop] **fer una ~** to bump with one's belly; [a l'aigua] to do a bellyflop, to bellyflop.

panxell [pəɲˈʃeʎ] *nm* calf (muscles).

panxó [pəɲˈʃo] *nm* bellyful; *fam* [afartarse] **fer-se'n un ~** to have a bellyful (of sthg / sb); *fig* **fer-se un ~ de riure** to split one's sides (laughing).

panxut -uda [pəɲˈʃut -uðə] *adj* [home] pot-bellied, paunchy; [dona] fat, broad in the beam.

pany [ˈpaɲ] *nm* lock, bolt, latch.

paó paona [pəˈo pəˈonə] *nm, f* peacock *m*, peahen *f*; **~ reial** peacock.

paorós -osa [pəuˈɾos -ozə] *adj* frightful, dreadful, terrifying.

pap [ˈpap] *nm* **-1.** [gen] craw. **-2.** *fam* [de persona] gullet. **-3.** *fig* **tenir el ~ ple** to be sick and tired (of sthg / sb), to be up to the craw (with sthg / sb).

papa [ˈpapə], **papà** [pəˈpa] *nm fam* daddy, dad, pop *Am*.

Papa [ˈpapə] *nm* Pope.

papada [pəˈpaðə] *nf* **-1.** [de persona] double chin. **-2.** [d'animal] dewlap.

papagai [pəpəˈɣaj] *nm* parrot.

papaia [pəˈpajə] *nf* papaya, pawpaw.

papallona [pəpəˈʎonə] *nf* butterfly.

papallonejar [pəpəʎunəˈʒa] *vi* to flit to and fro.

papamosques [ˌpapəˈmoskəs] *nm inv* flycatcher.

papaorelles [ˌpapəuˈɾeʎəs] *nf pl* ZOOL earwig.

papar [pəˈpa] *vt* **-1.** *fam* [menjar] to swallow, to gulp down. **-2.** *fam* to see, to tense; **ei, que no en papes ni una!** you're not getting the hang of this at all!, you haven't understood a word!

paparra [pəˈparə] *nf* **-1.** tick. **-2.** *fam* [persona] leech, hanger-on; **enganxar-se com una ~** to stick like a leech.

paper [pəˈpe] *nm* **-1.** [gen] paper; **~ bíblia** lightweight paper used for printing Bibles; **~ carbó** carbon paper; **~ ceba** tracing paper; INFORM ~ **continu** fan-fold paper; ~ **couché** coated paper; ~ **de barba** bloom paper; ~ **d'alumini / de plata** aluminium foil; ~ **d'embalar / d'embalatge** wrapping paper; ~ **d'estrassa** brown paper; ~ **de fumar** cigarette paper; ~ **de vidre** glass paper; ~ **higiènic** toilet paper; ~ **pintat** wallpaper; ~ **assecant** blotting paper; ~ **timbrat** stamped paper; ~ **vegetal** tracing paper. –2. CIN & TEAT role, part; **exercir / fer el** ~ **de** to play a role. –3. FIN stocks and shares; ~ **d'Estat** government bonds; ~ **de pagaments** special stamps for making certain payments to the State; ~ **moneda** banknotes. –4. **fer bon / mal** ~ to do well / to do badly.

paperassa [pəpəˈrasə] *nf fam* [documentació] paperwork.

paperer -a [pəpəˈre -erə] *adj* paper (*abans de nom*). ☛ **paperera** *nf* wastepaper basket / bin.

papereria [pəpərəˈriə] *nf* stationer's (shop).

papereta [pəpəˈrɛtə] *nf* –1. [de votació] voting paper. –2. EDUC report card *Br*, grade slip / card *Am*.

papir [pəˈpir] *nm* papyrus.

paquet [pəˈkɛt] *nm* –1. [gen] package; ~ **d'accions** share holding, stake; ~ **postal** parcel; ~ **de cigarrets** packet of cigarettes; ~ **bomba** parcel bomb. –2. INFORM: ~ **(de programes / de software)** software package. –3. [en moto]: **anar de** ~ to ride pillion. –4. [conjunt]: **un** ~ **de mesures** a set of measures; ~ **turístic** package tour, package deal. –5. *fam* [bolquers] nappies. –6. *fam* [no apte] **ésser un** ~ to be a burden, to be useless.

paquiderm [pəkiˈðɛrm] *nm* pachyderm.

par [ˈpar] *nm* [títol] peer. ☛ **a la par** *loc adv* –1. [simultàniament] at the same time. –2. [al mateix nivell] on the same level. –3. FIN at par value.

paràbola [pəˈraβulə] *nf* –1. GEOM parabola. –2. LITER parable.

parabrisa [ˌparəˈβrizə] *nm* windscreen *Br*, windshield *Am*.

paracaigudes [ˌparəkəjˈɣuðəs] *nm inv* parachute.

paracaigudista [ˌparəkəjɣuˈðistə] *nmf* parachutist.

paradís [pərəˈðis] *nm* heaven, paradise; ~ **terrenal** heaven on earth; ~ **fiscal** tax haven.

paradisíac -a [pərəðiˈziək -ə] *adj* heavenly.

parador [pərəˈðo] *nm* –1. [persona] textile worker. –2. [hostal] inn.

paradoxa [pərəˈðɔksə] *nf* paradox.

paradoxal [pərəðukˈsal] *adj* paradoxical.

parafang [ˌparəˈfaŋ] *nm* mudguard.

parafrasejar [pərəfrəzəˈʒa] *vt* to paraphrase.

paràfrasi [pəˈrafrəzi] *nf* paraphrase.

paràgraf [pəˈraɣrəf] *nm* paragraph.

Paraguai [pərəˈɣwaj] (**el**) ~ Paraguay.

paraguaià -ana [pərəɣwəˈja -anə] *adj & nm, f* Paraguayan.

paraigua [pəˈrajɣwə] *nm* umbrella.

paraigüer [pəraiˈɣwe] *nm* umbrella stand.

paràlisi [pəˈralizi] *nf inv* paralysis; ~ **cerebral** cerebral paralysis; ~ **infantil** polio.

paralític -a [pərəˈlitik -ə] *adj & nm, f* paralytic.

paralitzar [pərəliˈdza] *vt* to paralyze. ☛ **paralitzar-se** *vp* [extremitats] to become paralyzed; [obra] to come to a standstill.

parallamps [ˌparəˈʎams] *nm inv* lightning rod / conductor.

paral·lel -a [pərəˈlːɛl -ə] *adj* parallel. ☛ **paral·lel** *nm* parallel; ELECT **en** ~ in parallel. ☛ **paral·lela** *nf* GEOM parallel, line of latitude. ☛ **paral·leles** *nf pl* parallel bars.

paral·lelisme [pərəlːəˈlizmə] *nm* similarity.

parangó [pərəŋˈgo] *nm* comparison; **sense** ~ peerless, unparalleled, matchless; **tenir** ~ **amb** to be comparable with.

paranoia [pərəˈnɔjə] *nf* paranoia.

parany [pəˈraɲ] *nm* trap, snare, pitfall; **caure en el** ~ to fall in the trap.

parapent [ˌparəˈpen] *nm* ESPORT hang-gliding.

parapet [pərəˈpɛt] *nm* –1. [gen] parapet, retaining wall. –2. [barricada] barricade.

parapetar-se [pərəpəˈtarsə] *vp* to shield o.s.; ~ (**darrere**) to hide (behind), to take refuge (behind).

paraplègic -a [pərəˈplɛʒik -ə] *adj & nm, f* paraplegic.

parapsicologia [ˌparəpsikuluˈʒiə] *nf* parapsychology.

parapsicològic -a [ˌparəpsikuˈlɔʒik -ə] *adj* parapsychological.

parar [pəˈra] *vi* –1. [gen] to stop; (**no**) ~ **de** (not to) stop doing sthg; **no para de ploure** it keeps raining; **sense** ~ non-stop; *fam*: **és un no** ~ he's a restless soul, he's a busy bee. **–2.** [acabar] to end up; **va anar a ~ a la presó** he ended up in prison / gaol; **on anirem a ~?** where will we end up?, what are things coming to? **–3.** [allotjar-se] to stay. **–4.** [esdevenir] to become; **~ boig** to go mad / crazy. ◆ **parar-se** *vp* [gen] to stop; **~-se a fer alguna cosa** to stop to do sthg.

paràsit -a [pəˈɾazit -ə] *adj* parasitic. ◆ **paràsit** *nm* parasite.

para-sol [ˌpaɾəˈsɔl] *nm* parasol; [gran] sunshade.

parat -ada [pəˈɾat -aðə] ◇ *adj* **–1.** [immòbil] standing. **–2.** [indecís] wavering, indecisive. **–3.** quedar-se ~ to be taken aback, to be left gaping; **no et quedis aquí ~!** don't just stand there gaping!; **va sortir ben / mal ~** it turned out well / it turned out badly. **–4.** [a l'atur] unemployed, out of work. ◇ *nm, f* [aturat] unemployed person, out of work person. ◆ **parada** *nf* **–1.** [gen] stop; **parada d'autobús** bus stop; **parada de metro** underground station / stop; **parada de taxis** taxi rank; **parada discrecional** request stop. **–2.** MIL parade ground. **–3.** [per a festes, etc.] stall.

paratge [pəˈɾadʒə] *nm* place, spot.

paraula [pəˈɾawlə] *nf* **–1.** [gen] word; **de ~** by word of mouth, orally; **~ per ~** word for word; **sense dir ni una ~** without saying a word; **prendre la ~ a algú** to hold sb to their word; **sota ~** on one's word. **–2.** [dret a parlar] right to speak; **donar la ~ a algú** to give sb the floor; **mantenir la ~** to keep one's word; **no tenir ~** to go back on one's word, to break one's promise; **~ d'honor** word of honour; **~ de Déu / divina** word of God. **–3.** *loc*: **deixar algú amb la ~ a la boca** to cut sb off in mid-sentence; **en quatre paraules** in short; **en una ~** in a word; **mesurar les paraules** to weigh one's words; **les seves crítiques són paraules grosses** his criticisms are extremely serious.

paraulota [pəɾəwˈlɔtə] *nf* swear word, oath.

paravent [ˌpaɾəˈβen] *nm* draught-screen.

para-xocs [ˌpaɾəˈʃɔks] *nm inv* bumper *Br*, fender *Am*.

parc¹ [ˈpark] *nm* park; **~ aquàtic** waterpark; **~ d'atraccions** amusement park; **~ de bombers** fire station; **~ eòlic** wind farm; **~ mòbil** car pool; **~ nacional** national park; **~ tecnològic** science park; **~ temàtic** theme park; **~ zoològic** zoo.

parc² -a [ˈpark -ə] *adj* frugal, moderate, sparing.

parcel·la [pərˈsɛllə] *nf* plot, piece of land, lot *Am*.

parcial [pərsiˈal] ◇ *adj* **–1.** [no total] partial. **–2.** [no equànime] biased. ◇ *nm* [examen] end-of-term examination at university.

pardal [pərˈdal] *nm* **–1.** sparrow. **–2.** *fig* **val més un ~ a la mà que una perdiu en l'aire** a bird in a hand is worth two in the bush; **matar dos ~s d'un tret** to kill two birds with one stone; **tenir ~s al cap** to be scatterbrained.

pare [ˈpaɾə] *nm* father; **~ de família** head of a family; **~ espiritual** confessor. ◆ **Pare Noel** *nm* Father Christmas. ◆ **pares** *nm pl* [pare i mare] parents. ◆ **pares de l'Església** *nm pl* RELIG Fathers of the Christian church. ◆ **Sant Pare** *nm* RELIG **el Sant Pare** the Holy Father.

parell -a [pəˈɾɛʎ -ə] *adj* **–1.** [gen] like / similar, even; **~s o senars** odd or evens. **–2.** [igual] matching. ◆ **parell** *nm* **–1.** [de sabates, guants] pair. **–2.** [nombre indeterminat] **d'aquí a un ~ de dies** in a couple of days time; **ho va fer un ~ de vegades** he did it a couple of times; **prendre un ~ de copes** to have a few drinks. ◆ **parella** *nf* **–1.** pair. **–2.** [de promesos] engaged couple. **–3.** [membre de la parella, en ball] partner. **–4.** [- roba] **la ~a d'aquest mitjó** the matching sock.

parenostre [ˌpaɾəˈnɔstɾə] *nm* Lord's Prayer.

parent -a [pəˈɾen -entə] *nm, f* relative, relation, kinsman *m*, kinswoman *f*; **els seus ~s** his relatives, his kinsfolk.

parentela [pəɾənˈtɛlə] *nf* relations, relatives, kinsfolk.

parentesc [pəɾənˈtesk] *nm* relationship.

parèntesi [pəˈɾɛntəzi] *nm* **–1.** bracket, parenthesis; **entre ~s** in brackets, in parenthesis; **fer un ~** to take a break. **–2.** [pausa] pause, break.

parer [pəˈɾe] *nm* [opinió] opinion, view, standpoint; **al meu ~ de** in my opinion.

paret [pəˈɾɛt] *nf* **–1.** [gen] wall; **~ mestra** load-bearing wall; **entre quatre ~s** cooped-up at home; **les ~s tenen orelles** walls have ears; **si les ~s parlessin...** if walls could talk... **–2.** [muntanya] side. **–3.** ESPORT one-two.

pària [ˈpaɾiə] *nmf lit & fig* pariah, social outcast.

parió [pəɾiˈo] *nm* equal, like; **sense ~** incomparable.

parir [pəˈɾi] *vt* to give birth (to), to deliver.

París [pəˈɾis] Paris.

parisenc -a [pəɾiˈzeŋ -eŋkə] ◇ *adj* Parisian. ◇ *nm, f* Parisian *m*, Parisienne *f*.

parla [ˈparlə] *nf* **-1.** [idioma] language, idiolect. **-2.** [facultat] speech; **quedar-se sense ~** to be left speechless. **-3.** LING speech.

parlament [pərləˈmen] *nm* **-1.** [gen] parliament. **-2.** TEAT discourse.

parlamentar [pərləmənˈta] *vi* to negotiate.

parlamentari -ària [pərləmənˈtaɾi -aɾiə] ◇ *adj* parliamentary. ◇ *nm, f* member of parliament.

parlant [pərˈlan] *adj* speaking, talking.

parlar [pərˈla] ◇ *vi* [expressar, comunicar] to speak, to talk; **~ (amb)** to speak, to talk to; **~ bé / malament d'algú** to speak well / badly of sb; **~ de tu / de vostè a algú** to address sb informally / formally; **~ en veu alta / baixa** to speak loudly / softly; **tothom en parla** it's the talk of the town, it's on everyone's lips; **~ per ~** to talk for the sake of it; **ni ~-ne!** it's out of the question!, no way! *Am*; **haver sentit ~ d'algú** to have heard of sb; **~ amb veu ronca** to speak with a hoarse voice. ◇ *vt* **-1.** [idioma] to speak. **-2.** [assumpte]: **~ alguna cosa amb algú** to discuss sthg with sb.

parlar-se *vp* to speak (to each other); **no ~-se** not to be on speaking terms.

parlotejar [pərlutəˈʒa] *vi fam* to chatter.

parmesà [pərməˈza] *nm* ➞ **formatge**.

paròdia [pəˈɾɔðiə] *nf* parody.

parodiar [pəɾuˈðia] *vt* to parody.

parpella [pərˈpeʎə] *nf* eyelid.

parpellejar [pərpəʎəˈʒa] *vi* **-1.** to blink, to wink; *fig* **sense ~** without blinking. **-2.** [pampallugues - llum] to flash; [- estrella] to twinkle.

parquet [pərˈket] *nm* parquet; FIN **al ~** on the floor of the stock exchange (dealing area).

parquímetre [pərˈkimətɾə] *nm* parking meter.

pàrquing [ˈparkiŋ] *nm* car park *Br*, parking lot *Am*.

parra [ˈparə] *nf* grapevine, vine.

parrac [pəˈrak] *nm* tear, tatter, darned patch; **ple de ~s** full of tears and holes.

parricidi [pəriˈsiði] *nm* parricide.

parròquia [pəˈrɔkiə] *nf* **-1.** [gen] parish. **-2.** [clientela] clientele.

parroquià -ana [pəɾukiˈa -anə] *nm, f* **-1.** [feligrès] parishioner. **-2.** [client] customer.

parrup [pəˈrup] *nm* cooing.

parsimònia [pərsiˈmɔniə] *nf* deliberation, moderation, parsimony.

part [ˈpart] ◇ *nf* **-1.** [tros] piece, part; **en ~** partly; **formar ~ de** to be part of; **per ~s** one thing at a time; **anem per ~s** let's take this step by step. **-2.** [porció] part; **la major ~ de la gent** most people. **-3.** [costat] side; **estar / posar-se de ~ d'algú** to be on sb's side / to take sb's side; *fig* **estan de la meva ~** they are on my side; **per ~ de mare / pare** on one's mother's / father's side. **-4.** TEAT role, actor. **-5. de ~ de** on behalf of; **de ~ de qui?** who is calling? (telephone); **per la meva ~** for my part, personally; **prendre ~ en alguna cosa** to take part in sthg; **donar ~ de** to inform. **-6.** [lloc] place; **en alguna ~** somewhere, someplace *Am*. **-7.** DR party. ◇ *nm* birth; **anar de ~** to be in labour; **~ natural / prematur** natural delivery / premature birth.
➞ **a part** *loc adv* separately. ➞ **a part de** *loc prep* apart from, besides, in addition to; **a ~ de lletja...** besides / in addition to being ugly... ➞ **parts** *nf pl* [genitals] genitals; **~s pudendes** private parts.

partera [pərˈteɾə] *nf* woman either in labour or who has just given birth.

parterre [pərˈterə] *nm* parterre, flowerbed.

partició [pərtisiˈo] *nf* partition.

partícip [pərˈtisip] ◇ *adj* participating; **fer ~ d'alguna cosa a algú** to inform sb of sthg. ◇ *nmf* participant.

participació [pərtisipəsiˈo] *nf* **-1.** [col·laboració] participation; ECON share; **~ en els beneficis** share of profits. **-2.** [de loteria] lottery ticket. **-3.** [comunicació] notice.

participant [pərtisiˈpan] ◇ *adj* participating. ◇ *nmf* participant.

participar [pərtisiˈpa] ◇ *vi* **-1.** to participate; [col·laborar] **~ (en)** to take part (in), to participate (in). **-2.** [beneficiar] **~ de / en** to receive a share (of). **-3.** [compartir] to share; **participo de les teves idees** I share your ideas. ◇ *vt*: **~ alguna cosa a algú** to inform sb of sthg.

partícula [pərˈtikulə] *nf* particle.

particular [pərtikuˈlar] ◇ *adj* **-1.** [gen] particular; **en ~** in particular. **-2.** [no públic] private. ◇ *nm* [assumpte] matter. ◇ *nmf* [persona] private individual.

particularitzar [pərtikuləriˈdza] ◇ *vt* [caracteritzar] to characterise. ◇ *vi* [detallar] to go into details; [personalitzar]: **~ en algú** to single sb out. ➞ **particularitzar-se** *vp* to be characterised (by).

partidari -ària [pərtiˈðaɾi -aɾiə] ◇ *adj*: **~ de** in favour of; **és ~ de tancar la fàbri-**

ca he is in favour of closing the factory. ◇ *nm, f* follower, supporter.

partidisme [pərtiˈðizmə] *nm* partisanship, bias.

partidista [pərtiˈðistə] *adj* partisan, biased.

partir [pərˈti] ◇ *vi* **-1.** to divide, to split; [marxar] ~ **(cap a)** to leave (for). **-2.** [basar-se en] ~ **de** to base one's opinion on, to be based on / upon. ◇ *vt* **-1.** [trencar] to split (asunder). **-2.** [tallar] to cut. **-3.** [repartir] to share out. ☛ **partir-se** *vp* to split, to break; *fig* ~**-se de riure** to split one's sides (laughing). ☛ **a partir de** *loc prep* starting from.

partisà -ana [pərtiˈza -anə] *adj & nm, f* partisan.

partit -ida [pərˈtit -iðə] *adj* **-1.** divided, splitted. **-2.** [trencat] broken. ☛ **partit** *nm* **-1.** [gen] party. **-2.** [futur cònjuge] match; **bon / mal** ~ good / bad match. **-3.** ESPORT match, game; ~ **amistós** friendly match. **-4.** advantage; **treure** ~ **de** to take advantage of. **-5.** *loc* **prendre** ~ **to** side with. ☛ **partida** *nf* **-1.** [document]: **partida de naixement** birth certificate. **-2.** [en joc]: **fer una partida** to have a game. **-3.** COM [mercaderia] consignment; [de factura] item, entry. **-4.** [partença] departure, leave-taking.

partitura [pərtiˈturə] *nf* score.

parvulari [pərbuˈlari] *nm* nursery school, kindergarten.

parxís [pərˈʃis] *nm inv* ludo.

pas¹ [ˈpas] *nm* **-1.** [gen] step; **obrir / obrir-se** ~ to make way (for); **cedir el** ~ to give way; **a nivell** level crossing; ~ **(de) zebra** zebra crossing, pedestrian crossing; CONSTR ~ **elevat** flyover; *fig* ~ **obligat** requirement; ~ **de vianants** pedestrian crossing; ~ **subterrani** subway *Br*, underpass *Am*; "**prohibit el** ~" "no entry". **-2.** [forma de caminar] walk, pace; **marcar el** ~ to keep time. **-3.** [en processons] march. **-4.** *gen pl* [gestió] step. **-5.** [mal moment]: **(mal)** ~ difficult moment. **-6. obrir-se** ~ **a la vida** to open up the way ahead; **a cada** ~ at every step; **a quatre passos** just a few steps away; **a** ~ **de tortuga** at a snail's pace; **fer un** ~ **en fals** to make a false move; ~ **a** ~ step by step; **sortir del** ~ to get out of trouble. ☛ **primers passos** *nm pl* first steps; *lit & fig* **fer els primers passos** to take the first steps.

pas² [ˈpas] *adv* (not) at all; **no vindré** ~ I (certainly) won't come; **no** ~ **jo!** not me!

Pasqua [ˈpaskwə] *nf* **-1.** [de jueus] Passover. **-2.** [de cristians] Easter.

passa [ˈpasə] *nf* step; *fig* **a quatre passes** just round the corner.

passadís [pəsəˈðis] *nm* **-1.** corridor, passage. **-2.** corridor; **fer el** ~ to form a corridor (for people to walk down).

passador [pəsəˈðo] *nm* **-1.** flat door-bolt. **-2.** [per als cabells] hair slide.

passamà [ˌpasəˈma] *nm* **-1.** [galó] braid, ribbon. **-2.** [barana] bannister rail.

passamuntanyes [ˌpasəmunˈtaɲəs] *nm inv* Balaclava helmet / cap.

passaport [ˌpasəˈpɔrt] *nm* passport.

passapuré [ˌpasəpuˈre] *nm inv* food mill.

passar [pəˈsa] ◇ *vi* **-1.** [gen] to pass; **vaig** ~ **per l'oficina** I popped in to the office; **passen els dies i...** days go by and...; **el fred ha passat** the cold weather is over; ~ **de... a...** to go from... to ...; **va** ~ **de l'alegria a la tristesa** his joy turned to sadness; ~ **a** to move on (to); ~ **de llarg** to go by. **-2.** [entrar] to enter; **passi!** come in! **-3.** [succeir] to happen; **passi el que passi** whatever happens; **no ho deixis** ~**!** don't miss this opportunity!; **explica'm què va** ~ tell me what happened. **-4.** [conformar-se]: ~ **sense alguna cosa** to make do without sthg. **-5.** [tolerar]: ~ **per alguna cosa** to put up with sthg. **-6.** [prescindir]: **en passo, d'anar al cine** I'm not going to the cinema; **en passo, de la política** I have no interest in politics. ◇ *vt* **-1.** [gen] to pass; **passa'm la sal** please pass me the salt; [creuar] ~ **la frontera** to cross the border; [temps] **va** ~ **dos anys a Roma** he spent two years in Rome; [acabar] **Nadal ja ha passat** Christmas is over. **-2.** [portar que a dins]: **fer** ~ **algú** to show sb in. **-3.** [traslladar]: ~ **alguna cosa d'un lloc a un altre** to move sthg from one place to another. **-4.** [admetre] to admit, to allow in. **-5.** [patir]: **està passant una depressió** he is suffering from depression; ~ **fred / gana** to be cold, to be hungry. **-6.** [aprovar] to approve. **-7.** [sobrepassar]: **ja ha passat dels trenta** he is over thirty. **-8.** [cotxe] to overtake. ☛ **passar-se** *vp* **-1.** [acabar-se, destinar temps] to spend; **es van** ~ **el dia parlant** they spent the day chatting. **-2.** [desaprofitar] to slip by. **-3.** [fer-se malbé - menjar] to go off. **-4.** [canviar de bàndol]: ~**-se a** to switch sides. **-5.** [no fixar-se]: **no li passa per alt res** nothing escapes his attention. **-6.** [ometre] to omit; **t'has passat una pàgina** you have skipped a page. **-7.** *fam* [propassar-se]: ~**-se de mida** to go too

passarel·la

far. **–8.** [divertir-se o avorrir-se]: **què tal t'ho passes?** how are you enjoying yourself?; **~-s'ho bé / malament** to have a good / bad time.

passarel·la [pəsəˈrɛllə] *nf* **–1.** [d'embarcament] gangway. **–2.** [de desfilada] catwalk. ◆ **passarel·la telescòpica** *nf* AERON finger.

passat -ada [pəˈsat -aðə] *adj* **–1.** past; [menjar] **està ~** it's off. **–2.** [anterior] previous, last; **l'any ~** last year; **el ~ ja és ~** it's all water under the bridge. ◆ **passat** *nm* past. ◆ **passada** [pəˈsaðə] *nf* **–1.** pass; [jugada] **mala ~** dirty trick. **–2.** [mà]: **fer una ~ de pintura** to apply a coat of paint. **–3.** *fam* [cosa extraordinària]: **el teu cotxe nou és una ~** you new car is really quite something! **–4.** ESPORT pass. ◆ **a (o de) totes passades** *loc adv* be that as it may. ◆ **de passada** *loc adv* **–1.** in passing. **–2.** incidentally.

passatemps [ˌpasəˈtems] *nm inv* **–1.** pastime. **–2.** PREMSA crossword and puzzles section.

passatge [pəˈsadʒə] *nm* **–1.** [gen] passage. **–2.** [passatgers] passengers. **–3.** [bitllet] ticket, fare.

passatger -a [pəsəˈdʒe -erə] ◇ *adj* passing; [dolor] fleeting. ◇ *nm, f* passenger.

passeig [pəˈsɛtʃ] *nm* **–1.** stroll, walk; **sortir a ~** to go for a stroll; **fam enviar algú a ~** to send sb packing. **–2.** [carrer] avenue.

passejar [pəsəˈʒa] ◇ *vi* to go for a walk. ◇ *vt* to take for a walk; [gos] to walk. ◆ **passejar-se** *vp* **–1.** [riure's] **passejar-se algú** to poke fun at sb. **–2.** *fam* [vagar] to walk up and down.

passi [ˈpasi] *nm* pass.

passió [pəsiˈo] *nf* passion, suffering.

passiu -iva [pəˈsiw -iβə] *adj* passive. ◆ **passiu** *nm* ECON liabilities *pl*.

passivitat [pəsiβiˈtat] *nf* passiveness.

past [ˈpast] *nm* **–1.** [aliment] food, fodder. **–2.** *fig* [motiu]: **ser ~ de les flames** to go up in flames.

pasta [ˈpastə] *nf* **–1.** [massa] dough; **~ dentifrícia / de les dents** toothpaste; *fam* **ser de bona ~** to be good-natured. **–2.** [CULIN - espaguetis, etc.] pasta; [- pastisset] pastry cake; **pastes alimentoses** pasta (U). **–3.** *fam* [diners] dough. ◆ **pasta fullada / de full** *nf* puff pastry.

pastanaga [pəstəˈnaɣə] *nf* carrot.

pastar [pəsˈta] *vt* to mauld, to knead.

pastera [pəsˈterə] *nf* [de forner] kneading trough; [de paleta] mixing trough.

726

pasterada [pəstəˈraðə] *nm* amount of dough to fill a kneeding trough.

pasteuritzat -ada [pəstəwriˈdzat -aðə] *adj* pasteurised.

pastilla [pəsˈtiʎa] *nf* **–1.** [gen] tablet; MED pill; **~ de xocolata** chocolate bar; **~ de sabó** bar of soap. **–2.** AUTOM brake-lining. **–3.** INFORM microchip.

pastís [pəsˈtis] *nm* CULIN [dolç] cake; [pla] tart; **~ de xocolata** chocolate cake; **~ d'aniversari** birthday cake. **–2. ~ de carn, verdures** meatloaf, meat pie, vegetable pie; **~ de peix** fish pie. **–3.** *fig* **repartir-se el ~** to split the spoils.

pastisseria [pəstisəˈriə] *nf* pastry baker's.

pastitx [pəsˈtitʃ] *nm* pastiche.

pastor -a [pəsˈto -orə] *nm, f* shepherd *m*, shepherdess *f*. ◆ **pastor** *nm* **–1.** [sacerdot] priest; **~ protestant** minister, vicar. **–2.** [gos] sheepdog.

pastós -osa [pəsˈtos -ozə] *adj* pasty, doughy.

pastura [pəsˈturə] *nf* **–1.** [acció] grazing; [lloc] pasture; **ser ~ de les flames** to burn down, to be swallowed by a fire; [aliment] fodder. **–2.** [motiu] **ser ~ per a la crítica** to be the target of criticism.

pasturar [pəstuˈra] *vt & vi* to graze.

patacada [pətəˈkaðə] *nf* **–1.** bang, thump, thud. **–2.** *fam* **de ~** low-class.

patata [pəˈtatə] *nf* potato; **patates fregides** chips *Br*, French fries *Am*; [de bossa] crisps *Br*, potato chips *Am*; *fig* **~ calenta** hot potato, hot issue.

patena [pəˈtɛnə] *nf* paten; *fig* **net com una ~** as clean as a whistle.

patent [pəˈten] ◇ *adj* evident, obvious. ◇ *nf* **–1.** [d'invent] patent. **–2.** [autorització] licence.

patentar [pətənˈta] *vt* to patent.

patentat -ada [pətənˈtat -aðə] *adj* patented.

patern -a [pəˈtɛrn -ə] *adj* paternal.

paternal [pətərˈnal] *adj* paternal, fatherly.

paternitat [pətərniˈtat] *nm* fatherhood, paternity.

patètic -a [pəˈtɛtik -ə] *adj* pathetic, poignant.

patetisme [pətəˈtizmə] *nm* pathos, poignancy.

patge [ˈpadʒə] *nm* page, page-boy.

pati [ˈpati] *nm* **–1.** [gen] courtyard; **~ interior** patio; **~ d'esbarjo** playground. **–2.** TEAT: **~ (de butaques)** stalls *pl*.

patí [pəˈti] *nm* **–1.** [calçat] skate; **~ de gel** ice skate; **~ de rodes** roller skate. **–2.** [jo-

patilla [pəˈtiʎə] *nf* sideboard, sideburn.
patiment [pətiˈmen] *nm* suffering.
pàtina [ˈpatinə] *nf* patina.
patinada [pətiˈnaðə] *nf* [relliscada] slip, slide; [de cotxe] skid.
patinar [pətiˈna] *vi* **-1.** to skate. **-2.** to slide, to slip.
patinatge [pətiˈnadʒə] *nm* skating; **~ artístic** figure skating; **~ sobre gel / sobre rodes** ice skating / roller skating.
patinet [pətiˈnɛt] *nm* child's scooter.
patir [pəˈti] *vi* to suffer; **~ de** [malaltia] to suffer / endure illness. ◇ *vt* **-1.** [sofrir - malaltia, fred, etc.] to suffer (from); **ha patit un infart** he had a heart attack. **-2.** [suportar] to bear, to stand; **va ~ totes les seves impertinències** he had to put up with all his impertinent remarks.
patològic -a [pətuˈlɔʒik -ə] *adj* pathological.
patri -àtria [ˈpatri ˈpatriə] *adj* home, native. ► **pàtria** *nf* native country. ► **pàtria potestat** *nf* DR patria potestas.
patriarca [pətriˈarkə] *nm* patriarch.
patrimoni [pətriˈmɔni] *nm* patrimony, inheritance; **~ nacional** [artístic] national heritage; [econòmic] national wealth.
patriota [pətriˈɔtə] ◇ *adj* patriotic. ◇ *nmf* patriot.
patriotisme [pətriuˈtizmə] *nm* patriotism.
patró -ona [pəˈtro -onə] *nm, f* [d'obrers] boss; [de criats] master *m*, mistress *f*; [de pensió] landlord *m*, landlady *f*; [sant] patron saint. ► **patró** *nm* **-1.** [de vaixell] skipper; [de costura] pattern. **-2.** [referència] reference; **~ or** gold standard; *fig* **estar tallats per un mateix ~** to be cast in the same mould.
patrocinador -a [pətrusinaˈðo -orə] ◇ *adj* sponsoring. ◇ *nm, f* sponsor, patron, protector.
patrocinar [pətrusiˈna] *vt* to sponsor, to patronise, to protect.
patrocini [pətruˈsini] *nm* sponsorship.
patronal [pətruˈnal] ◇ *adj* management. ◇ *nf* **-1.** [d'empresa] management. **-2.** [de país] employer's organisation.
patronat [pətruˈnat] *nm* board; [de beneficència] trust.
patrulla [pəˈtruʎə] ◇ *adj* ► **cotxe**. ◇ *nf* patrol; **~ urbana** vigilante group.
patrullar [pətruˈʎa] *vi* to patrol.
pau [ˈpaw] *nf* peace; **deixeu-me en ~!** leave me alone!; **estar / quedar en ~** to be even, to be quits; **firmar la ~** to sign a peace treaty; **fer les ~s** to make (it) up, to bury the hatchet; **que descansi en ~** may he / she rest in peace.

pausa [ˈpawzə] *nf* pause, break.
pausat -ada [pawˈzat -aðə] *adj* deliberate, slow.
pauta [ˈpawtə] *nf* **-1.** [gen] model, standard; **seguir unes pautes** to follow an example. **-2.** [en paper] line, guideline.
pautat -ada [pawˈtat -aðə] *adj* ruled, lined.
pavelló [pəβəˈʎo] *nm* **-1.** [gen] pavilion. **-2.** ANAT ear.
paviment [pəβiˈmen] *nm* pavement, paving, flooring; [amb maons] brick paving.
pavimentació [pəβiməntəsiˈo] *nf* [d'una carretera] road surface; [de la vorera] paving.
pavimentar [pəβimənˈta] *vt* to pave; [carretera] to surface; [sòl] to floor.
pça. (abrev de **plaça**) Sq.
PD *nf* (abrev de **postdata**) PS.
peanya [peˈaɲə] *nf* altar platform.
peatge [peˈadʒə] *nm* toll.
pebre [ˈpeβrə] *nm* pepper; **~ blanc / negre** white / black pepper.
pebrot [pəˈβrɔt] *nm* pepper, capsicum; **posar-se vermell com un ~** to go as red as a beetroot; *fam* **tenir ~s** to have the balls.
peça [ˈpesə] *nf* **-1.** [gen] piece; **~ de recanvi** spare part; **un vestit de dues peces** a two-piece suit. **-2.** *irón* [personal]: **ser un(a) bona ~** to be a good old stick. ► **peça de vestir** *nf* item of clothing.
pecador -a [pəkəˈðo -orə] ◇ *adj* sinful. ◇ *nm, f* sinner.
pecaminós -osa [pəkəmiˈnos -ozə] *adj* sinful.
pecar [pəˈka] *vi* **-1.** RELIG to sin. **-2. ~ de prudent** to err on the safe side.
pecat [pəˈkat] *nm* sin; **~ original** original sin; **~s capitals** mortal sins.
pectoral [pəktuˈral] ◇ *adj* pectoral. ◇ *nm* pectoral; [cos] chest.
peculiar [pəkuliˈar] *adj* peculiar, particular.
peculiaritat [pəkuliəriˈtat] *nf* uniqueness, particular feature.
pedaç [pəˈðas] *nm* **-1.** [afegit] patch. **-2.** [solució provisional] stopgap solution.
pedagog -a [pəðəˈɣɔk -ɣə] *nm, f* pedagogue, educator, teacher.

pedagogia [pəðəɣu'ziə] *nf* pedagogy.
pedagògic -a [pəðə'ɣɔʒik -ə] *adj* educational.
pedal [pə'ðal] *nm* pedal.
pedalar [pəðə'la] *vi* to pedal.
pedant [pə'ðan] ◇ *adj* pedantic. ◇ *nmf* pedant.
pedestal [pəðəs'tal] *nm* pedestal; *fig* **posar algú sobre el ~** to put sb on a pedestal.
pedestre [pə'ðestrə] *adj* pedestrian.
pediatre -a [pəði'atrə] *nm, f* paediatrician.
pedicur -a [pəði'kur -urə] *nm, f* chiropodist, pedicure.
pedigrí [pəði'ɣri] *nm* pedigree.
pedra ['peðrə] *nf* **-1.** stone; **~ preciosa** precious stone; **no deixar ~ sobre ~** not to leave anything standing; **posar la primera ~** [inaugurar] to place the foundation stone; *fig* **quedar-se de ~** to be frozen with shock; *fam* **tirar la ~ i amagar la mà** to play the innocent. **-2.** [calamarsa] hail.
pedrada [pə'ðraðə] *nf* stone throw; **a pedrades** stoned.
pedrega [pə'ðreɣə] *nf* [lluita] stone-throwing, stone fight.
pedregada [pəðrə'ɣaðə] *nf* hailstorm.
pedregar [pəðrə'ɣa] *nm* stony / rocky ground.
pedrer [pə'ðre] *nm* **-1.** [persona] stonecutter. **-2.** [d'ocell] gizzard.
pedrera [pə'ðrerə] *nf* quarry.
pedreria [pəðrə'riə] *nf* precious stones.
pedrot [pə'ðrɔt] *nm* large stone.
peduncle [pə'ðuŋklə] *nm* BOT peduncle.
pega ['peɣə] *nf* **-1.** tar, pitch. **-2.** [mala sort] bad luck.
pegar [pə'ɣa] ◇ *vi* to hit, to strike, to bash. ◇ *vt* **-1.** [colpejar] to hit, to strike, to bash; [donar una pallissa] to beat sb up. **-2.** [cop, bufetada] to hit, to slap. ► **pegar-se** *vp* [barallar-se] to fight.
pegat [pə'ɣat] *nm* **-1.** [en teixit] mending patch. **-2.** [nyap] botch job. **-3.** [massa enganxosa] large sticking plaster.
peix ['peʃ] *nm* fish; *fig* **estar com un ~ a l'aigua** to be in one's element; *fam* [fàcil] **és ~ al nen** it's child's play. ► **peix gros** *nm fam fig* big shot.
peixater -a [pəʃə'te -erə] *nm, f* fishmonger *Br*, fish dealer *Am*.
peixateria [pəʃətə'riə] *nf* fishmonger's *Br*, fish dealer's *Am*.

peixera [pə'ʃerə] *nf* fish tank; [rodona] fish bowl.
Peixos ['peʃus] ◇ *nm pl* [zodíac] Pisces. ◇ *nmf inv* [persona] Pisces.
pejoratiu -iva [pəʒura'tiw -iβə] *adj* pejorative.
pel [pəl] *contracció* **per + el** ➡ **per**.
pèl ['pɛl] *nm* **-1.** [gen] hair; *fig* **anar d'un ~ de...** to be a hair's breadth / whisker away from...; *fam* **fer alguna cosa a ~** to go the whole hog; **muntar a cavall a ~** to ride a horse bareback; *fam* **no tenir ~s a la llengua** to be blunt, not to mince one's words; **pels ~s** by the skin of one's teeth; *fam* **un ~** a little; *fam* **prendre el ~ a algú** [burlar-se de] to pull sb's leg; **amb tots els ~s i senyals** with all the details. **-2.** [d'animal] fur, coat.
pela ['pelə] *nf* **-1.** peeling, fur, skinning. **-2.** [de fruita] peel. **-3.** *fam* [diners] money; **no tinc ni una ~** I'm (stony) broke.
pelar [pə'la] *vt* **-1.** [pèl] to skin. **-2.** [fruita, verdures] to peel. ► **pelar-se** *vp* **-1.** *fam* to have one's hair cut. **-2.** [pell] to peel.
pelat -ada [pə'lat -aðə] *adj* **-1.** [cap] bald. **-2.** [verdura, fruita] peeled; [muntanya, arbre] bare.
pelatge [pə'ladʒə] *nm* fur, coat.
pelegrí -ina [pələ'ɣri -inə] *nm, f* [persona] pilgrim; [au] migratory.
pelegrinar [pələɣri'na] *vi* RELIG to go on a pilgrimage.
pelegrinatge [pələɣri'nadʒə] *nm* RELIG pilgrimage.
pelfa ['pelfə] *nf* plush.
pelicà [pəli'ka] *nm* pelican.
pell ['peʎ] *nf* **-1.** [gen] skin; **~-roja** redskin. **-2.** [cuir] leather. **-3.** [pèl] fur; **un abric de ~s** a fur coat. **-4.** jugar-se la ~ to risk one's neck; *fig* **estar / posar-se a la ~ d'algú** to put o.s. in sb's shoes; **deixar-hi la ~** to work like a dog.
pelleringa [pəʎə'riŋgə] *nf* **-1.** *gen pl* [restes] scraps. **-2.** *fam* [persona dèbil] frail person, skin and bone.
pelleteria [pəʎətə'riə] *nf* **-1.** [ofici] furriery. **-2.** [botiga] fur shop, furrier's.
pel·lícula [pəl'likulə] *nf* **-1.** CIN film *Br*, movie *Am*; [televisió] **fer una ~** to show a film; **~ de l'Oest** cowboy film, western; **~ de terror / por** horror film; **~ muda** silent film. **-2.** [capa fina & FOTOG] film; **~ verge** blank film. **-3.** *fam* [història increïble] (tall) story, far-fetched tale.
pellingot [pəʎiŋ'gɔt] *nm* rag, tatter.

pellissa [pəˈʎisə] *nf* fur-lined garment.
pellofa [pəˈʎɔfə] *nm* skin, pod.
pèl-roig -roja [ˌpɛlˈrɔtʃ -rɔʒə] *adj & nm, f* redheaded.
pels [pəls] *contracció* **per + els** ☞ **per**.
peluix [pəˈluʃ] *nm* plush.
pelussa [pəˈlusə] *nf* **-1.** [cutis] down. **-2.** [de tela, de pols] fluff.
pelut -uda [pəˈlut -uðə] *adj* hairy, shaggy. ☞ **pelut** *nm* mat, doormat.
pelvis [ˈpɛlβis] *nf inv* pelvis.
pena [ˈpɛnə] *nf* **-1.** [gen] pain, punishment; **amb penes i treballs** with great difficulty; **fer ~** to inspire pity; **(no) valer la ~ (fer alguna cosa)** not to be worth it, not to be worth doing sthg; **sota ~ de** under penalty of; **~ capital / de mort** capital punishment / death penalty. **-2.** [llàstima] shame; **és una ~** it's a shame / pity. ☞ **a penes** *loc adv* **-1.** hardly; **a penes em puc moure** I can hardly move.
penal [pəˈnal] ◇ *adj* penal, criminal. ◇ *nm* **-1.** prison, jail, penitentiary *Am*. **-2.** ESPORT penalty.
penalitat [pənəliˈtat] *nf* hardship.
penalització [pənəlidzəsiˈo] *nf* penalisation.
penar [pəˈna] ◇ *vi* [sofrir] to suffer. ◇ *vt* [castigar] to punish.
penca [ˈpɛŋkə] *nf* piece, chunk; **una ~ de cansalada** a chunk of bacon. ☞ **penques** ◇ *nf pl fam* [barra]: **quines penques té!** what a bloody cheek!
pencar [pəŋˈka] *vi fam* to toil, to labour, to swink.
pendent [pənˈden] ◇ *adj* **-1.** [sense fer] pending, outstanding; **tenir una assignatura ~** to have a subject to pass; **estar ~ de judici / resposta** to be awaiting trial / a reply. **-2.** [atent]: **està molt ~ dels seus fills** he keeps a close eye on his children. ◇ *nm* **-1.** [de teulada] pitch. **-2.** [de terreny] slope, gradient.
pendó [pənˈdo] ◇ *nm* [bandera] flag, ensign. ◇ *nm, f fam* despicable person, lazybones.
pèndol [ˈpɛndul] *nm* pendulum.
penediment [pənəðiˈmen] *nm* repentance, regret, remorse.
penedir-se [pənəˈðirsə] *vp*: **~ d'alguna cosa** to regret sthg / having done sthg.
penedit -ida [pənəˈðit -iðə] ◇ *adj* regretful. ◇ *nm, f* penitent.
penell [pəˈneʎ] *nm* weathercock, weathervane.

penelló [pənəˈʎo] *nm* chilblain.
penetració [pənətɾəsiˈo] *nf* penetration.
penetrant [pənəˈtɾan] *adj* penetrating; [veu, crit] shrill; [dolor] acute; [so] piercing.
penetrar [pənəˈtɾa] ◇ *vi*: **~ en** to penetrate, to get into. ◇ *vt* to penetrate.
penicil·lina [pənisilˈlinə] *nf* penicillin.
península [pəˈninsulə] *nf* peninsula; **~ Ibèrica** Iberian Peninsula.
penis [ˈpenis] *nm* penis.
penitència [pəniˈtɛnsiə] *nf* penitence, repentance; **fer ~** to do penance.
penitencieria [pənitənsiəˈɾiə] *nf* penitentiary.
penjador [pənʒəˈðo] *nm* **-1.** [per a eixugar la roba] clothes horse. **-2.** hanger.
penjar [pənˈʒa] ◇ *vi* **-1.** to hang (up); [gen] **~ (de)** to hang (from). ◇ *vt* [gen] to hang; [imputar] **~ alguna cosa a algú** to pin sthg on sb; **~ el telèfon** to hang up; **~ els hàbits** to give up the cloth; [suspendre en examen] to fail *Br*, to flunk *Am*. ☞
penjar-se *vp* to hang o.s. (from).
penja-robes [ˌpɛnʒəˈrɔβəs] *nm* hanger.
penjat -ada [pənˈʒat -aðə] ◇ *adj* **-1.** [gen] hung, suspended. **-2.** [telèfon] hung up. **-3.** *fam fig* [abandonat] abandoned, left in the lurch; **estar ~** to be up shit creek without a paddle, to be on skid row. **-4.** *fam* [enganxat] **quedar-se ~ amb alguna cosa** to get hooked on sthg. ◇ *nm, f fam*: **ser un ~** to be a good-for-nothing.
penjoll [pənˈʒoʎ] *nm* trinket, pendant.
penó [pəˈno] *nm* **-1.** [insígnia familiar o de confraria] coat-of-arms; [insígnia feudal] standard. **-2.** NÀUT ensign.
penombra [pəˈnombɾə] *nf* penumbra; **en ~** in penumbra, in the half-shadows.
penós -osa [pəˈnos -ozə] *adj* **-1.** [feina] laborious. **-2.** [esdeveniment] harrowing. **-3.** [espectacle] awful, sorry.
pensador -a [pənsəˈðo -ɔɾə] *nm, f* thinker.
pensament [pənsəˈmen] *nm* **-1.** [ment] mind. **-2.** BOT pansy. **-3.** [gen] thought; **llegir el ~ a algú** to read sb's thoughts. ☞ **lliure pensament** *nm* free-thinking.
pensar [pənˈsa] ◇ *vi* to think; [reflexionar] to think over; **~ en** to think of. ◇ *vt* **-1.** [gen] to think. **-2.** [reflexionar] to think over; **pensa el que t'he dit** think of what I have told you. ☞ **pensar-se** *vp* to think about sthg, to think sthg over. ☞ **ben pensat** *loc adv* on reflection, on second thoughts.

pensatiu -iva [pənsə'tiw -iβə] *adj* thoughtful, pensive.

pensió [pənsi'o] *nf* -1. pension; ~ **alimentària** maintenance; ~ **(de jubilació)** retirement pension; ~ **de viduïtat** widow's pension. -2. [d'hostes] ≃ guest house; **mitja** ~ half board; ~ **completa** full board.

pensionista [pənsiu'nistə] *nmf* -1. [jubilat] pensioner. -2. [de pensió] guest, lodger. -3. [escola] boarder.

pentàgon [pən'tayun] *nm* pentagon.

pentagrama [pəntə'ɣramə] *nm* MÚS staff.

pentinar [pənti'na] *vt* to comb. ◆ **pentinar-se** *vp* to comb one's hair.

pentinat [pənti'nat] *nm* hairstyle.

penúltim -a [pə'nultim -ə] *adj & nm, f* penultimate, last but one.

penúria [pə'nuriə] *nf* penury, shortage, misery.

penya ['peɲə] *nf* -1. [roca] crag. -2. [grup de persones] circle of friends, club.

penyal [pə'ɲal] *nm* crag, rocky outcrop.

penya-segat [ˌpeɲəsə'ɣat] *nm* cliff.

penyora [pə'ɲɔrə] *nf* pledge, security.

peó [pe'o] *nm* -1. [obrer] unskilled worker; ~ **caminer** roadworker. -2. [en escacs] pawn.

Pequín [pə'kin] Pekin.

pequinès -esa [pəki'nɛs -ɛzə] *adj & nm, f* Pekinese. ◆ **pequinès** *nm* [gos] Pekinese.

per [pər] *prep* -1. [gen] for; **és ~ a tu** it's for you; **és dolent ~ a la salut** it's bad for one's health; **surt ~ a distreure't** go out and have fun; **~ a què?** what for?, why?; **ho ha fet ~ agradar-te** I did it to please you. -2. [temps]: **ha d'estar fet ~ demà** it has to be ready / done for tomorrow. -3. *(darrere d'adjectiu i davant d'infinitiu)* [imminència] **el sopar està llest (~ ser servit)** supper is ready to be served. -4. [causa] because of. -5. [finalitat] to; **ho va fer ~ complaure't** he did it to please you. -6. [mitjà, mode, agent] by; **~ escrit** in writing; **~ missatger / fax** by courier / fax; **el rècord fou batut ~ l'atleta** the record is a new record. -7. [temps concret]: **~ uns dies** for several days. -8. [lloc] through; **vam entrar a l'Àfrica ~ Tànger** we entered Africa through Tangiers; **hi havia papers ~ terra** there were papers on the floor. -9. [a canvi de] for; **va canviar el cotxe ~ la moto** he changed his car for a motorbike. -10. [valor distributiu]: **en toquen dos ~ cap** there are two each; **20 km ~ hora** 20 kilometers an / per hour. -11. [elecció] for; **va votar ~ mi** he voted for me. -12. MAT: **tres ~ tres...** three times three... -13. [concessió]: **no em cau bé, ~ (molt) simpàtic que et sembli** I don't like him however nice he may seem.

pera ['pɛrə] *nf* pear; *fig* **partir peres amb algú** to fall out with sb; *fam fig* **aquest paio és la ~!** this guy is amazing!

perbocar [pərbu'ka] *vt* to throw up, to spew.

percebre [pər'seβrə] *vt* -1. [pels sentits] to perceive, to observe. -2. [rebre] to receive, to get.

percentatge [pərsən'tadʒə] *nm* percentage.

percepció [pərsəpsi'o] *nf* [gen] perception; [cobrament] collection, receipt.

perceptible [pərsəp'tibblə] *adj* -1. [pels sentits] perceptible, noticeable. -2. COM receivable, payable.

percussió [pərkusi'o] *nf* percussion.

percussor [pərku'so] *nm* percussion hammer, striker.

perdedor -a [pərdə'ðo -orə] ◇ *adj* easily lost, losable, losing. ◇ *nm, f* loser.

perdició [pərdisi'o] *nf* ruin, perdition.

perdigó [pərdi'ɣo] *nm* -1. [munició] pellet. -2. [ocell] young partridge.

perdiu [pər'diw] *nf* partridge.

perdó [pər'do] *nm* forgiveness, pardon; **no tenir ~** to be unforgivable; **~!** sorry!, excuse me!, I beg your pardon!

perdonar [pərdu'na] *vt* -1. [gen] to forgive, to pardon; **et perdono les teves crítiques** I'll overlook your criticism; **perdona!** sorry!, excuse me!; **perdoni que el molesti** I'm sorry to trouble you. -2. [deute, obligació] to cancel.

perdre ['perdrə] *vt* -1. [gen] to lose; **~ el cap** to lose one's head; **~ el temps** to waste time; **~ l'esperança** to lose hope; **les males companyies el perdran** bad friends will lead him the wrong way. -2. [tren, autobús, ocasió] to miss. -3. [deixar escapar aire, aigua] to leak. ◆ **perdre's** *vp* to get lost, to lose one's bearings.

pèrdua ['pɛrduə] *nf* [gen] loss; **no té ~** you can't miss it. ◆ **pèrdues** *nf pl* -1. MIL & FIN losses; **pèrdues i guanys** profit and loss. -2. [danys] damage.

perdurable [pərdu'rabblə] *adj* -1. [que dura sempre] eternal. -2. [que dura molt] long-lasting.

perdurar [pərdu'ra] *vi* -1. to endure, to last. -2. to persist.

perdut -uda [pər'dut -uðə] ◇ *adj* -1. [gen] lost; *fig* **estar ~** to be a hopeless case, to be done for. **–2.** *fam* [del tot] utterly. ◇ *nm, f* reprobate.

peregrí -ina [pərəɣɾi -inə] *adj fig* strange, unusual, uncommon.

peregrinació [pərəɣɾinəsi'o] *nf* RELIG pilgrimage; *fig* [a un lloc] trek

peregrinar [pərəɣɾi'na] *vi* RELIG to make a pilgrimage; [a un lloc] to trail, to trek.

perenne [pə'ɾɛnnə] *adj* **–1.** [gen] everlasting; [fullatge, fulla] evergreen; **una planta ~** perennial. **–2.** [continu] constant.

perer [pə'ɾe] *nm* pear tree.

peresa [pə'ɾɛzə] *nf* sloth, laziness.

peresós -osa [pəɾə'zos -ozə] ◇ *adj* lazy, slothful, sluggish. ◇ *nm, f* lazy person, slothful person, lazybones.

perfecció [pərfəksi'o] *nf* perfection; **a la ~** to perfection, perfectly.

perfeccionar [pərfəksiu'na] *vt* to perfect, to improve. ✥ **perfeccionar-se** *vp* to improve.

perfeccionista [pərfəksiu'nistə] *adj & nmf* perfectionist.

perfecte -a [pər'fɛktə] *adj* perfect; **és un ~ seductor** he is an outstanding ladykiller.

perfectiu -iva [pərfək'tiw -iβə] *adj* perfective.

perfídia [pər'fiðiə] *nf* treachery, perfidy.

perfil [pər'fil] *nm* **–1.** [gen & GEOM] shape, outline; **de ~** in profile. **–2.** [característica] characteristic(s).

perfilar [pərfi'la] *vt* **–1.** [dibuixar] to outline. **–2.** *fig* [detallar] to detail, to shape. ✥ **perfilar-se** *vp* to take shape.

perforació [pərfuɾəsi'o] *nf* **–1.** [gen & MED] perforation. **–2.** [de pou] bore-hole.

perforar [pərfu'ɾa] *vt* to perforate; [pou] to drill.

perfumar [pərfu'ma] *vt* to perfume, to scent.

pergamí [pərɣə'mi] *nm* parchment.

pèrgola [ˈpɛɾɣulə] *nf* pergola.

perícia [pə'ɾisiə] *nf* skill, skillfulness.

perifèria [pəɾi'fɛɾiə] *nf* periphery; [d'una ciutat] outskirts.

perifèric -a [pəɾi'fɛɾik -ə] *adj* peripheral; [d'una ciutat] outlying. ✥ **perifèric** *nm* INFORM peripheral.

perífrasi [pə'ɾifɾəzi] *nf* periphrasis.

perill [pə'ɾiʎ] *nm* danger, peril, risk, hazard; **córrer ~** to be in danger; **fora de ~** out of danger, safe; **"~ de mort"** danger!

perillar [pəɾi'ʎa] *vi* to be in danger.

perillós -osa [pəɾi'ʎos -ozə] *adj* dangerous, perilous, risky.

perímetre [pə'ɾimətɾə] *nm* perimeter.

període [pə'ɾiuðə] *nm* period; **~ de pràctiques** trial period.

periòdic -a [pəɾi'ɔðik -ə] *adj* periodic.

periodisme [pəɾiu'ðizmə] *nm* journalism.

periodista [pəɾiu'ðistə] *nmf* journalist.

peripècia [pəɾi'pɛsiə] *nf* vicissitude, sudden unforseen change.

periquito [pəɾi'kitu] *nm* parakeet, budgerigar.

pèrit -a [ˈpɛɾit -ə] *nm, f* **–1.** [expert] expert; **~ mercantil** auditor, financial expert. **–2.** [enginyer tècnic] technical engineer.

peritar [pəɾi'ta] *vt* to submit to evaluation by experts.

peritatge [pəɾi'tadʒə] *nm* **–1.** expert work, expert's report. **–2.** [estudis] professional training.

perjudicar [pərʒuði'ka] *vt* to prejudice, to harm, to impair, to damage.

perjudici [pərʒu'ðisi] *nm* harm, damage; **anar en ~ de** to be detrimental to; **sense ~ de** without prejudice (to).

perjudicial [pərʒuðisi'al] *adj* prejudicial, harmful, damaging.

perjurar [pərʒu'ɾa] *vi* **–1.** [jurar en fals] to perjure o.s. **–2.** [jurar molt]: **jurar i ~** to swear blind.

perla [ˈpɛɾlə] *nf* **–1.** pearl. **–2.** *fig* gem, treasure.

perlejar [pərlə'ʒa] *vi* to pearl, to adorn with pearls / pearl-like drops.

permanència [pərmə'nɛnsiə] *nf* **–1.** [en un lloc] permanence, stay. **–2.** [durada] continuation.

permanent [pərmə'nen] ◇ *adj* permanent, enduring. ◇ *nf* [cabells] perm.

permetre [pər'mɛtɾə] *vt* to permit, to allow, to let; **em permet?** may I? ✥ **permetre's** *vp* to allow o.s.; **no poder ~'s alguna cosa** not to be able to afford sthg.

permís [pər'mis] *nm* **–1.** [gen & MIL] permission; **estar de ~** to be on leave; **demanar ~ per a fer alguna cosa** to ask permission to do sthg. **–2.** [document] license.

permissible [pərmi'sibblə] *adj* permissible, allowable.

permissiu -iva [pərmi'siw -iβə] *adj* permissive.

permuta [pər'mutə] *nf* exchange.

permutar [pərmu'ta] *vt* to exchange, to swap.

perniciós -osa [pərnisi'os -ozə] *adj* damaging, harmful.

pernil [pər'nil] *nm* ham; **~ dolç** boiled ham; **~ salat / serrà** salted / cured leg ham.

però [pə'rɔ] ◇ *conj* but; **fa molt de temps d'això, ~ encara ho recordo** it was a long time ago but I still remember it. ◇ *nm* objection; **no hi valen ~s** there can be no objections, no buts allowed.

perol [pə'rɔl] *nm* cooking pot, cauldron.

peroné [pəru'ne] *nm* fibula.

perpendicular [pərpəndiku'lar] *adj & nf* perpendicular.

perpetrar [pərpə'tra] *vt* to perpetrate, to commit.

perpetu -ètua [pər'pɛtu -ɛtuə] *adj* perpetual, everlasting; DR life (*abans de nom*).

perpetuar [pərpətu'a] *vt* to perpetuate. ➤ **perpetuar-se** *vp* to last, to endure.

perplex -a [pər'plɛks -ə] *adj* perplexed, bewildered.

perquè [pər'kɛ] ◇ *conj* **-1.** [causa] because. **-2.** [finalitat] so that, in order to. ◇ *nm* reason.

perruca [pə'rukə] *nf* wig.

perruquer -a [pəru'ke -erə] *nm, f* hairdresser, barber.

perruqueria [pərukə'riə] *nf* **-1.** [establiment] barber's, hairdresser's. **-2.** [ofici] hairdressing.

perruquí [pəru'ki] *nm* **-1.** periwig. **-2.** toupée.

persecució [pərsəkusi'o] *nf* **-1.** [seguiment] pursuit, chase. **-2.** [assetjament] persecution.

perseguir [pərsə'ɣi] *vt* to pursue, to follow, to chase.

perseverant [pərsəβə'ran] *adj* persevering.

perseverar [pərsəβə'ra] *vi* to persevere.

persiana [pərsi'anə] *nf* blind, slatted shutter.

persistent [pərsis'ten] *adj* persistent.

persistir [pərsis'ti] *vi*: **~ (en)** to persist (in).

persona [pər'sonə] *nf* person; **en ~** in person, in the flesh; DR: **~ física** private individual; **~ jurídica** legal entity; **~ gran** adult, grown-up.

personal [pərsu'nal] ◇ *adj* personal. ◇ *nf* ESPORT personal foul. ◇ *nm* [treballadors] staff, personnel.

personalitat [pərsunəli'tat] *nf* personality.

personalitzar [pərsunəli'dza] *vi* to name names, to get personal.

personatge [pərsu'nadʒə] *nm* personage; [obra de teatre] character.

personificar [pərsunifi'ka] *vt* to personify.

perspectiva [pərspək'tiβə] *nf* **-1.** [gen] perspective. **-2.** [paisatge] view. **-3.** [futur] prospect; **en ~** in prospect.

perspicaç [pərspi'kas] *adj* perspicacious, clear-sighted.

perspicàcia [pərspi'kasiə] *nf* perspicacity, clear-sightedness.

persuadir [pərsuə'ði] *vt* to persuade; **~ algú perquè faci alguna cosa** to persuade sb to do sthg. ➤ **persuadir-se** *vp* to convince o.s.

persuasió [pərsuəsi'o] *nf* persuasion.

persuasiu -iva [pərsuə'siw -iβə] *adj* persuasive.

pertanyent [pərtə'ɲen] *adj* belonging (to), pertaining (to).

pertànyer [pər'taɲə] *vi* to belong; *fig* to concern.

pertinaç [pərti'nas] *adj* **-1.** stubborn, obstinate. **-2.** [persistent] persistent.

pertinença [pərti'nɛnsə] *nf* ownership, property.

pertinent [pərti'nen] *adj* appropriate, suitable.

pertorbació [pərturβəsi'o] *nf* **-1.** [gen & METEOR] disturbance. **-2.** [emoció] disquiet.

pertorbar [pərtur'βa] *vt* **-1.** [trastornar] to disrupt. **-2.** [inquietar] to unsettle, to disturb. **-3.** [embogir] to perturb.

pertorbat -ada [pərtur'βat -aðə] *adj & nm, f* disturbed.

Perú [pə'ru]: **(el) ~** Peru.

pervers -a [pər'βɛrs -ə] *adj* depraved.

perversió [pərβərsi'o] *nf* perversion, depravity.

pervertir [pərβər'ti] *vt* to pervert, to corrupt. ➤ **pervertir-se** *vp* to become corrupt, to be corrupted.

pervertit -ida [pərβər'tit -iðə] *nm, f* pervert.

perxa ['perʃə] *nf* **-1.** [vara] pole. **-2.** ESPORT pole-vault.

pes ['pes] *nm* **-1.** [gen & ESPORT] weight; **fa un quilo de ~** it weighs a kilogram; *fig* **de ~** [important] important, weighty; **vendre a ~** to sell by weight; **~ atòmic / molecular** atomic / molecular weight; **~ brut / net** gross / net weight; **~ lleuger / mitjà**

pesadesa [pəzəˈðɛzə] *nf* heaviness; lightweight / middleweight; ~ **mosca / pesat** flyweight / heavyweight; ~ **mort** dead weight. **-2.** [importància] importance.

pesadesa [pəzəˈðɛzə] *nf* heaviness; ~ **d'estómac** bloated stomach.

pesar [pəˈza] ◇ *vi* **-1.** [gen] to weigh; **aquest paquet pesa** this parcel is heavy; *fig* **tanta responsabilitat li pesa** so much responsibility is hard to bear. **-2.** [causar tristesa] to bring sorrow, to cause grief. **-3.** **mal que li pesi** whether he likes it or not. ◇ *vt* to weigh. ▸ **pesar-se** *vp* to weigh o.s. ▸ **a pesar de** *loc prep* despite, in spite of. ▸ **a pesar que** *loc conj* although.

pesat -ada [pəˈzat -aðə] ◇ *adj* **-1.** [carregós] heavy. **-2.** [avorrit] boring, dull, tiresome. **-3.** [molest] annoying, irritating. **-4.** *fam fig*: ~ **com un plom** as dull as ditch water. ◇ *nm, f* bore, annoying person.

pesca [ˈpɛskə] *nf* fishing; ~ **submarina** underwater fishing.

pescador -a [pəskəˈðo -oɾə] *nm, f* fisherman *m*, fisherwoman *f*.

pescar [pəsˈka] *vt* **-1.** [peixos] to catch. **-2.** *fam fig* [lladre] to steal, to filch, to nick. **-3.** *fig* to understand, to pick up.

pèsol [ˈpɛzul] *nm* pea.

pesquer -a [pəsˈke -eɾə] *adj* [barca, etc.] fishing. ▸ **pesquer** *nm* fishing boat.

pessebre [pəˈseßɾə] *nm* Nativity scene.

pesseta [pəˈsetə] *nf* peseta.

pessic [pəˈsik] *nm* pinch, smidgeon; **un ~ de sal** a pinch of salt.

pessigar [pəsiˈɣa] *vt* to pinch.

pessigolleig [pəsiɣuˈʎetʃ] *nm* tickling.

pessigolles [pəsiˈɣoʎəs] *nf pl* tickling; **fer ~** to tickle; **tinc ~** I'm ticklish; *fig* **buscar les ~ a algú** to try to annoy sb.

pèssim -a [ˈpɛsim -ə] ◇ *adj* very bad, awful, terrible. ◇ *adj superl* **dolent**.

pessimisme [pəsiˈmizmə] *nm* pessimism.

pessimista [pəsiˈmistə] ◇ *adj* pessimistic. ◇ *nmf* pessimist.

pesta [ˈpɛstə] *nf* **-1.** [malaltia] epidemic; ~ **bubònica** bubonic plague. **-2.** *fam* [mala olor] stench, stink, reek. **-3.** [plaga] plague. **-4.** [molèstia]: **ser la ~** to be a nuisance. **-5.** *fig* **dir pestes d'algú** to speak ill of sb.

pestanya [pəsˈtaɲə] *nf* **-1.** [de parpella] eyelash. **-2.** [sortint] hem; [de paper] flap.

pestanyejar [pəstəɲəˈʒa] *vi* to blink, to wink.

pestell [pəsˈteʎ] *nm* bolt, latch.

pesticida [pəstiˈsiðə] ◇ *adj* pesticidal. ◇ *nm* pesticide.

pestilència [pəstiˈlɛnsiə] *nf* stench, stink, reek.

pet [ˈpet] ◇ *nm* **-1.** [ventositat] fart; **fer-se un ~** to fart. **-2.** *m fam* [borratxera] drunkenness. ◇ *adj inv fam* drunk. ▸ **pet amb la boca** *nm*: **fer ~s amb la boca** to blow a raspberry.

petaca [pəˈtakə] *nf* **-1.** [per a tabac] cigar case. **-2.** [per a begudes] hip flask. **-3.** **fer la ~** to make an apple-piebed.

pètal [ˈpɛtəl] *nm* petal.

petanca [pəˈtaŋkə] *nf* game similar to bowls played in parks, on beach, es etc.

petar [pəˈta] *vi* **-1.** to crack, to bang; **sentir ~ les finestres** to hear the windows slamming. **-2.** [rebentar] to burst. **-3.** [xocar] to crash. **-4.** *fam* **fer-la ~** to have a chat, to have a natter; **peti qui peti** come what may. ▸ **petar-se** *vp vulg* to fart.

petard [pəˈtart] *nm* **-1.** firecracker. **-2.** [porro] joint.

petició [pətiˈsio] *nf* **-1.** [acció] request, demand; **a ~ de** at the request of; ~ **de mà** proposal. **-2.** DR [escrit] petition.

petit -a [pəˈtit -ə] ◇ *adj* small, little. ◇ *nm, f* **-1.** [nen] child; **de ~** **no menjava res** I hardly ate a thing as a child. **-2.** [dels fills] **el ~ / la ~a** the youngest, the baby.

petits *nm pl*: **els ~** the children.

petitesa [pətiˈtezə] *nf* **-1.** [qualitat] smallness, littleness. **-2.** *fig* [insignificança] meanness.

petja [ˈpedʒə] *nf* **-1.** trail, spoor, track; **seguir les petges d'algú** to follow sb's tracks. **-2.** *fig* **no deixar de ~ algú** not to give sb any respite, to chase sb up.

petjada [pəˈdʒaðə] *nf* footprint, track.

petjapapers [ˌpedʒəpəˈpes] *nm inv* paperweight.

petjar [pəˈdʒa] *vt* to tread on, to step on.

petó [pəˈto] *nm* kiss; **menjar-se a petons** to smother in kisses.

petonejar [pətunəˈʒa] *vt fam* to kiss, to smother with kisses. ▸ **petonejar-se** *vp fam* to kiss.

petoner -a [pətuˈne -eɾə] ◇ *adj* fond of kissing / being kissed. ◇ *nm, f* kisser.

petrificar [pətrifiˈka] *vt lit & fig* to petrify.

petroli [pəˈtɾɔli] *nm* oil, petroleum.

petrolier -a [pətruliˈe -eɾə] *adj* oil (*abans de nom*). ▸ **petrolier** *nm* petrol tanker.

petrolífer -a [pətɾuˈlifər -eɾə] *adj* oil-bearing, petroleum-bearing.

petulant [pətu'lan] *adj* opinionated, arrogant.

petxina [pə'tʃinə] *nf* shell; ~ **de pelegrí** scallop.

peu ['pɛw] *nm* –**1.** [gen] foot; **a** ~ on foot; **a** ~ **dret** standing upright; **de cap a** ~**s** from head to toe; **perdre** ~ to be out of one's depth; ~ **d'atleta** athlete's foot; ~**s de porc** pig's trotters; ~**s plans** flat feet. –**2.** TEAT cue. –**3.** [d'un escrit] foot, bottom. –**4. al** ~ **de la lletra** literally; **al** ~ **del canó** ready for action; **anar amb** ~**s de plom** to proceed warily / cautiously; **buscar (els) tres** ~**s al gat** to split hairs; **coixejar del mateix** ~ to have the same defects; **donar** ~ **a algú a fer alguna cosa** to give sb the opportunity / a reason to do sthg; **en** ~ **de guerra** on a war footing; **fer alguna cosa amb els** ~**s** to do sthg without thinking; **aixecar-se amb el** ~ **esquerre** to get out of bed on the wrong side; **no tenir ni cap ni** ~**s** to make neither rhyme nor reason, to make no sense at all; **parar els** ~**s a algú** to put sb in their place; **conèixer de quin** ~ **es dol** to know sb's weaknesses; *fam* **a** ~ **coix** to limp. ● **peu de cabra** *nm* ZOOL barnacle.

peülla [pə'uʎə], **peüngla** [pə'uŋglə] *nf* hoof.

pi ['pi] ◇ *nf* [lletra & MAT] pi. ◇ *nm* BOT pine.

piadós -osa [piə'ðos -ozə] *adj* –**1.** pious, devote. –**2.** [misericordiós] kind, merciful.

pianista [piə'nistə] *nmf* pianist.

piano [pi'anu] *nm* piano; ~ **bar** piano bar; ~ **de cua** grand piano; ~ **de mitja cua** baby grand piano.

pianola [piə'nɔlə] *nf* pianola.

PIB ['pip] *nm* (abrev de **producte interior brut**) GDP.

pic ['pik] *nm* –**1.** [eina] pick, pickaxe. –**2.** [muntanya] peak. –**3.** *lit & fig:* **anar a** ~ to sink.

pica ['pikə] *nf* –**1.** [cartes] **as de piques** ace of spades. –**2.** [llança & TAUROM] goad, pike. –**3.** [de cuina] kitchen sink. ● **pica baptismal** *nf* baptismal font.

picabaralla [ˌpikəβə'raʎə] *nf fam* quarrel, argument, row.

picada [pi'kaðə] *nf* –**1.** CULIN pounded. –**2.** [d'insecte] sting; [d'ocell] peck; [de serp] bite.

picador -a [pikə'ðo -orə] *nm, f* –**1.** [domador] horse breaker, horse trainer. –**2.** [miner] miner. –**3.** [lloc] riding school.

picadura [pikə'ðurə] *nf* –**1.** [gen] sting, bite. –**2.** [marca] pockmark. –**3.** [de tabac] cut tobacco.

picant [pi'kan] *adj* –**1.** [menjar] spicy, hot. –**2.** *fig* racy, risqué.

picaporta [ˌpikə'pɔrtə] *nm* door-knocker.

picar [pi'ka] ◇ *vi* –**1.** [gen] to peck, to bite, to sting. –**2.** [peix] to bite; **piquen?** are they biting? –**3.** [coure] to itch. –**4.** [menjar - ocell] to peck (at). –**5.** [sol] to sear. –**6.** *fig* [deixar-se enganyar] to be beguiled, to be conned. ◇ *vt* –**1.** [gen & TAUROM] to goad; **em va** ~ **un borinot** I was stung by a bumble bee; **la curiositat** to be stung by curiosity. –**2.** CULIN to pound. –**3.** [subj: ocell] to peck (at); [aperitiu] to pick (at). –**4.** [pedra] to hew; [gel] to hack. –**5.** *fig* [enutjar] to annoy, to vex, to upset; [ofendre] to injure, to hurt, to slight. –**6.** [text] to type. ● **picar de mans** *loc* to clap, to applaud. ● **picar de peus** *loc* to stamp one's feet. ● **picar-se** *vp* –**1.** [roba] to become moth-eaten. –**2.** [vi] to turn sour. –**3.** *fig* [enfadar-se] to get annoyed / cross. –**4.** [el mar] to get choppy. –**5.** [oxidar-se] to go rusty.

picardia [pikər'ðiə] *nf* –**1.** [astúcia] cunning, craftiness. –**2.** [atreviment] brazeness, audacity. –**3.** [peça de roba] negligee.

picat -ada [pi'kat -aðə] *adj* –**1.** [gen] pockmarked; [fruita] bruised; [vi] sour. –**2.** [triturat - carn] minced; [verdura] chopped; [- gel] crushed. –**3.** [foradat] perfored. –**4.** *fig* [ofès] annoyed, irritated, offended.

picat *nm* AERON **baixar en** ~ to dive; *fig* **caure en** ~ [vendes, preus] to plummet.

pícnic ['piŋnik] *nm* picnic.

piconadora [pikunə'ðorə] *nf* steam-roller.

picor [pi'ko] *nf* itching, burning sensation.

picota [pi'kɔtə] *nf* pillory; *fig* **posar a la** ~ to hold sb up to public ridicule.

picotejar [pikutə'ʒa] *vt* to peck (at).

pictòric -a [pik'tɔrik -ə] *adj* pictorial.

pidolar [piðu'la] *vt* to beg (for).

pietat [piə'tat] *nf* –**1.** [compassió] compassion, sympathy, pity. –**2.** [religiositat] piety.

pífia [pi'fiə] *nf fam* [dita] slip of the tongue; [error] blunder, bloomer *Br*.

piga ['piɣə] *nf* –**1.** freckle. –**2.** beauty spot.

pigall [pi'ɣaʎ] *nm* [persona] blind person's guide. ● **gos pigall** *nm* guide dog.

pigment [piɣ'men] *nm* pigment.

pijama [pi'ʒamə] *nm* pyjamas *pl*.

pila [ˈpilə] *nf* **-1.** [gen & ARQUIT] pile. **-2.** *fam* [munt] stack, heap; **té una ~ de deutes** he has loads of debts. **-3.** ELECT battery; **~ solar** solar cell.

pilar [piˈla] *nm lit & fig* pillar.

pillastre [piˈʎastrə] *nmf fam* little rascal, little scamp.

pillatge [piˈʎadʒə] *nm* pillage.

pillet -a [piˈʎɛt -ə] *nm, f* little rascal.

pilot [piˈlɔt] ◇ *adj inv* pilot; **pis ~** show flat. ◇ *nm* pilot, driver; **~ automàtic** automatic pilot; **~ de proves** test driver / pilot.

pilota [piˈlɔtə] *nf* **-1.** [gen] ball; **~ base** baseball; **~ basca** pelota; **~ de partit** kick off. **-2.** [esfera] sphere. **-3. tornar la ~ a algú** to put the ball back is sb's court. ◆ **pilotes** *nf pl vulg* balls; *fig* **en pilotes** in the nude, starkers.

pilotar [piluˈta] *vt* [vehicle] to drive; [avió] to pilot; [vaixell] to steer.

pinacoteca [pinəkuˈtɛkə] *nf* art museum / gallery.

pinça [ˈpinsə] *nf* tweezers *pl*; [de crustacis] claw, pincer; *fam* **afagar alguna cosa amb pinces** to treat sthg gingerly; [de roba] clothespeg *Br*, clothespin *Am*; [eina] plier(s). ◆ **pincetes** [pinˈsetəs] *nf pl* small pincers *pl*.

píndola [ˈpindulə] *nf* pill; **prendre la ~** to take the pill; **daurar la ~ a algú** to sugar the pill for sb.

pineda [piˈneðə] *nf* pine grove, pine wood.

ping-pong [ˌpiŋˈpoŋ] *nm* ESPORT table tennis, ping-pong.

pingüí [piŋˈgwi] *nm* penguin.

pinso [ˈpinsu] *nm* fodder, animal feed.

pinta [ˈpintə] ◇ *nf* **-1.** comb. **-2.** *fig* [aspecte] appearance, aspect; **el menjar té bona ~** the meal looks tasty; **no m'agrada la seva ~** I don't like the way he looks; **quina ~ que fa!** what a (sorry) sight! **-3.** [unitat de mesura] pint. ◇ *nm* blotch, spot, mark.

pintada [pinˈtaðə] *nf* **-1.** [escrit] graffiti. **-2.** [au] guinea fowl.

pintallavis [ˌpintəˈʎaβis] *nm inv* lipstick.

pintar [pinˈta] ◇ *vi* to paint; *fig* [significar, importar] **aquí no hi pinto res** I'm no use here, there's no place for me here; **què hi pinto jo, en aquest afer?** where do I come in?, what's it got to do with me? ◇ *vt* **-1.** [gen] to paint; **"acabat de ~"** wet paint; **~ de coloraines** to draw with crayons;. **-2.** [descriure] describe. ◆ **pintar-se** *vp* [maquillar-se] to make o.s. up.

pintat -ada [pinˈtat -aðə] *adj* **-1.** [acolorit] coloured. **-2.** [maquillat] made up; *fig* **em va que ni ~** it's just what I wanted!, it's perfect!

pintor -a [pinˈto -orə] *nm, f* painter; **~ de parets** house painter; *despec* dauber.

pintoresc -a [pintuˈɾɛsk -ə] *adj* picturesque, colourful.

pintura [pinˈtuɾə] *nf* **-1.** [gen & ART] painting; **~ a l'oli** oil painting; **~ rupestre** cave painting. **-2.** *fig* [descripció] description, portrayal. **-3. no poder veure algú ni en ~** not to be able to stand the sight of sb. **-4.** [matèria] paint. ◆ **pintura de llavis** *nf* lipstick.

pinxo [ˈpinʃu] *nm fam* braggart.

pinya [ˈpiɲə] *nf* **-1.** [del pi] pine cone. **-2.** [tropical] pineapple; **~ colada** piña colada. **-3.** *fig* [conjunt de gent] close-knit group. **-4.** *fam* [cop]: **clavar una ~ a algú** to hit sb, to bash sb.

pinyó [piˈɲo] *nm* pine seed, pine nut.

pinzell [pinˈzeʎ] *nm* **-1.** [instrument] paintbrush. **-2.** *fig* [estil] painting style.

pinzellada [pinzəˈʎaðə] *nf* **-1.** [traç] brush stroke. **-2.** *fig* [indicació] outline; **donar les últimes pinzellades** to give sthg the finishing touch.

pioner -a [piuˈne -erə] *nm, f* pioneer.

pipa [ˈpipə] *nf* pipe.

pipí [piˈpi] *nm fam* wee wee; **fer ~** to wee-wee.

piquet [piˈket] *nm* **-1.** [gen]: picket. **-2.** [grup armat]: **~ d'execució** firing squad.

piragua [piˈɾaɣwə] *nf* canoe.

piragüisme [piɾəˈɣwizmə] *nm* canoeing.

piràmide [piˈɾamiðə] *nf* pyramid.

pirandó [piɾənˈdo] *nm fam*: **tocar el ~** to run away, to beat it.

pirar [piˈɾa] *vi fam* to scarper, to beat it.

pirata [piˈɾatə] ◇ *adj* pirate. ◇ *nmf lit & fig* pirate; **~ de l'aire** hijacker.

piratejar [piɾətəˈʒa] *vt & vi* to pirate.

Pirineus [piɾiˈnews] *nm pl*: **els ~** the Pyrenees.

piròman -a [piˈɾɔmən -ə] *nm, f* pyromaniac.

pirotècnia [piɾuˈteɡniə] *nf* pyrotechnics.

pirueta [piɾuˈetə] *nf* pirouette; *fig* [esforç] **fer piruetes amb** to perform miracles.

piruleta [piɾuˈletə] *nf* lollipop.

pirulí [piɾuˈli] *nm* lollipop.

pis ['pis] *nm* **-1.** [habitatge] flat *Br*, apartment *Am*; ~ **franc** safe house. **-2.** [planta] floor, storey. **-3.** [capa] layer.

pisa ['pizə] *nf* **-1.** [material] earthenware, pottery. **-2.** [objectes] crockery.

piscolabis [pisku'laβis] *nm inv* snack.

pispa ['pispə] *adj & nmf* petty thief.

pispar [pis'pa] *vt fam* to nick, to filch.

pissarra [pi'sarə] *nf* **-1.** [gen] slate, shale. **-2.** [encerat] blackboard.

pista ['pistə] *nf* track, path; ~ **d'esquí** ski slope; ~ **de tennis** tennis court; **seguir la** ~ **a algú** to track sb down.

pistó [pis'to] *nm* piston.

pistola [pis'tɔlə] *nf* gun, pistol.

pistoler -a [pistu'le -erə] *nm, f* gunman. ● **pistolera** *nf* holster.

pit ['pit] *nm* **-1.** [gen] chest. **-2.** [d'animal] breast. **-3.** [mama] bosom; [de dona] breast; **donar el** ~ to breast-feed; **un nen de** ~ a suckling baby. **-4.** *fig* [interior] heart. **-5.** *fig* **prendre's alguna cosa a** ~ to take sthg to heart.

pita ['pitə] *nf* agave.

pitet [pi'tɛt] *nm* bib.

pitjar [pi'dʒa] *vt* to press.

pitjor [pi'dʒo] <> *adj* més dolent **-1.** *(comparatiu)* worse; ~ **(que)** worse (than); **tu ets dolent però ell és** ~ you are bad but he is worse; **molt** ~ much worse. **-2.** *(superlatiu seguit de substantiu)*: **el** / **la** ~ the worst; **el** ~ **alumne de la classe** the worst pupil in the class. <> *adv* worse; **és encara** ~ it's even worse; **és cada vegada** ~ it's getting steadily worse; **cada dia escriu** ~ his writing is getting worse and worse; **avui he dormit** ~ **que ahir** I slept worse today than yesterday; **estar** ~ [malalt] to be worse; ~ **que mai** worse than ever; ~ **per a ell!** all the worse for him! <> *nmf*: **el / la ~ the worst.**

pitó [pi'to] *nf* ● **serp**.

pitonissa [pitu'nisə] *nf* fortune-teller.

pitrera [pi'trerə] *nf* **-1.** *fam* [de dona] bosom, breast. **-2.** [de peça de vestir] shirtfront. **-3.** *fam* cleavage.

pit-roig [.pid'rɔtʃ] *nm* robin.

piu ['piw] *nm* chirp; *fig* **no dir ni** ~ not to make a peep.

piular [piw'la] *vi* to chirp; **sense** ~ without saying a word.

pixa ['piʃə] *nf vulg* prick, dick, tool.

pixada [pi'ʃaðə] *nf vulg* piss, pee, leak.

pixar [pi'ʃa] *vi vulg* to piss, to pee, to take a leak. ● **pixar-se** *vp vulg* to piss o.s., to piss one's pants; *fig* **~-se de riure** to split one's sides laughing.

pixatinters [.piʃətin'tes] *nmf inv vulg* pen-pusher.

pla plana ['pla 'planə] *adj* **-1.** [llis] flat, smooth, level, even. **-2.** [natural, senzill] plain, natural, straight. ● **pla** *nm* **-1.** [gen] plan; ~ **d'estudis** syllabus; ~ **de pensions** pension plan; *fig* **en primer / segon** ~ in the foreground / in the background; **primer** ~ close-up; *fig* **de** ~ straight / right away; **caure tot** ~ to fall flat. **-2.** GEOM plane. ● **plana** *nf* **-1.** [pàgina] page. **-2.** [planura] plain. **-3.** CONSTR trowel. ● **plana major** *nf* MIL general staff. ● **plans** *nm pl* plans.

placa ['plakə] *nf* **-1.** [gen] sheet, plate; ~ **de vitroceràmica** glass enamel hob; ~ **solar** solar panel. **-2.** ELECT board; ~ **mare** motherboard.

plaça ['plasə] *nf* **-1.** [gen] square. **-2.** [lloc de treball] position; ~ **vacant** vacancy. **-3.** [mercat] market square. **-4.** TAUROM: ~ **de toros** bull ring. **-5.** COM area.

placenta [plə'sentə] *nf* placenta.

plàcid -a [plasit -iðə] *adj* placid, peaceful.

plaent [plə'en] *adj* nice, pleasant.

plaer [plə'ɛ] *nm* pleasure, delight.

plafó [plə'fo] *nm* panel.

plaga ['playə] *nf* plague, scourge, bane.

plagi [plaʒi] *nm* plagiary, plagiarism.

plagiar [plaʒi'a] *vt* to copy, to plagiarize.

planador [plənə'ðo] *nm* glider.

planar [plə'na] *vi lit & fig* to soar.

plançó [plən'so] *nm* **-1.** [descendent] descendent. **-2.** [brot] shoot.

plàncton ['planʧun] *nm* plankton.

planejar [plənə'ʒa] <> *vi* to smooth, to plane. <> *vt* [fer plans] to plan, to prepare.

planeta [plə'netə] *nm* planet.

planetari -ària [plənə'tari -ariə] *adj* planetary. ● **planetari** *nm* planetarium.

planificació [plənifikəsi'o] *nf* planning.

planificar [plənifi'ka] *vt* to plan.

planisferi [plənis'fɛri] *nm* planisphere.

plànol ['planul] *nm* map, plan.

planta ['plantə] *nf* **-1.** BOT plant. **-2.** [pis] floor; ~ **baixa** ground floor *Br*, first floor *Am*. **-3.** [fàbrica] plant; ~ **envasadora** canning factory; ~ **depuradora** sewage farm *Br*, waste water treatment plant *Am*. **-4.** **de nova** ~ [edifici, construcció] brand new; **tenir bona** ~ to be good-looking. **-5.** [del peu] sole.

plantació [pləntəsi'o] *nf* plantation.

plantar [plən'ta] *vt* **-1.** [gen] to plant. **-2.** *fam* **li'n va ~ quatre de fresques** he gave her a piece of her mind. **-3.** *fam* [abandonar] to dump sb, to ditch sb. ➨ **plantar-se** *vp* **-1.** [gen] to grab a place / seat. **-2.** [arribar] to get to, to reach. **-3.** [en una actitud] to stick to sthg, to insist on sthg. **-4.** [en cartes] **em planto** I stick.

plantat -ada [plən'tat -aðə] *adj* standing, planted; *fam fig* **deixar algú ~** to stand sb up; *fig* **ser ben ~** to be good-looking.

plantejament [pləntəʒə'men] *nm* approach, exposition.

plantejar [pləntə'ʒa] *vt* to pose, to raise. ➨ **plantejar-se** *vp*: **~-se alguna cosa** to consider sthg.

planter [plən'te] *nm* **-1.** [viver] nursery. **-2.** *fig* [conjunt] group. **-3.** *fig* [de professionals] seedbed, training ground.

plantilla [plən'tiʎə] *nf* **-1.** [d'una empresa] staff; **estar en ~** to be on the payroll. **-2.** [sola interior] insole. **-3.** [model] template, pattern.

plantofada [pləntu'faðə] *nf* cuff, smack, blow.

planura [plə'nuɾə] *nf* plain.

planxa [ˈplaɲʃə] *nf* **-1.** [estri] iron. **-2.** [per a cuinar] grill. **-3.** [placa] plate; [de fusta] sheet. **-4.** *fam* [ficar la pota] blunder, bloomer. **-5.** ESPORT [futbol] diving header. **-6.** IMPREMTA plate.

planxar [pləɲ'ʃa] *vt* to iron, to press.

planxista [pləɲ'ʃistə] *nmf* panel beater.

plànyer [ˈplaɲə] *vt* **-1.** to feel sorry (for sb). **-2.** to condole (with).

plasmar [pləz'ma] *vt* **-1.** *fig* [reflectir] to give shape (to). **-2.** [modelar] to shape, to mould. ➨ **plasmar-se** *vp* to take the form (of).

plàstic -a [ˈplastik -ə] *adj* **-1.** [gen] plastic. **-2.** [expressiu] expressive. ➨ **plàstic** *nm* **-1.** [material] plastic. **-2.** *fam* [targetes de crèdit] plastic (money). ➨ **plàstica** *nf* plastic art.

plastificar [pləstifi'ka] *vt* to plasticize.

plat [ˈplat] *nm* **-1.** [gen] dish, plate; **rentar els ~s** to wash the dishes, to do the washing-up; **~ de postres** dessert plate; **~ fondo / soper** soup dish; **~ pla** plate; **menjar en el mateix ~** to be great friends; **pagar els ~s trencats** to carry the can; **sembla que mai no hagi trencat cap ~** he looks as if butter wouldn't melt in his mouth. **-2.** [menjar] dish, course; **~ preparat** ready-to-eat meal, TV dinner *Am*; **primer ~** starters; **segon ~** second course. ➨ **plat volador** *nm* flying saucer.

plata [ˈplatə] *nf* **-1.** silver; **~ de llei** sterling silver. **-3.** [objectes de plata] silverware.

plataforma [platə'fɔrmə] *nf* **-1.** [gen] platform; **~ continental** continental shelf. **-2.** *fig* [punt de partida] launching pad.

plàtan [ˈplatən] *nm* **-1.** [fruita] banana. **-2.** [arbre - tropical] banana tree; [- d'ombra] plane tree.

platanar [plətə'na] *nm* banana plantation.

platea [plə'teə] *nf* TEAT stalls *pl*.

platejat -ada [plətə'ʒat -aðə] *adj* silvery, silver coated.

plateret [plətə'ɾet] *nm* MÚS cymbal.

platet [plə'tet] *nm* **-1.** [plat petit] saucer. **-2.** [de balança] scale.

platí [plə'ti] *nm* platinum.

platina [plə'tinə] *nf* [de tocadiscs] turntable; [de microscopi] slide.

platja [ˈpladʒə] *nf* beach, shore.

plató [plə'to] *nm* CIN set.

platònic -a [plə'tɔnik -ə] *adj* Platonic.

plausible [plaw'zibblə] *adj* plausible.

ple plena [ˈplɛ ˈplɛnə] *adj* **-1.** [gen] full; **~ de** full of; **l'estadi és ~ de gom a gom / com un ou** the stadium was packed. **-2.** [enmig de]: **en ~** in the midst (of); [en la totalitat] completely, wholly; **en ~ dia** in broad daylight; **en plena forma** in fine fettle. **-3.** *fam* [grassonet] stout, portly. ➨ **ple** *nm* **-1.** [reunió] plenum. **-2.** full house. ➨ **de ple** *loc adv* directly, completely.

plebeu -ea [plə'βew -eə] *adj & nm, f* plebeian.

plebiscit [pləβi'sit] *nm* plebiscite.

plebs [ˈplɛps] *nf* plebs.

plec [ˈplɛk] *nm* **-1.** [fulla] fold. **-2.** [document] sealed letter; **~ de condicions** specifications *pl*; **~ de descàrrecs** list of rebuttals.

pledejar [pləðə'ʒa] *vi* to plead.

plegable [plə'ɣabblə] *adj* folding.

plegar [plə'ɣa] *vt* **-1.** to fold. **-2.** to knock off; **pleguem!** let's stop!, let's call it a day!

plenari -ària [plə'naɾi -aɾiə] *adj* plenary, full.

pleniluni [ˌpləni'luni] *nm* full moon.

plenitud [pləni'tut] *nf* plenitude, fullness.

plet [ˈplet] *nm* DR lawsuit.

pletòric -a [plə'tɔɾik -ə] *adj*: **~ de** overflowing with.

plom ['plɔm] *nm* lead; *fam* **caure a ~** to drop like a stone.

ploma ['plomə] *nf* -1. [gen] feather; **(~) estilogràfica** fountain pen. -2. *fig* [estil d'escriure] style.

plomada [plu'maðə] *nf* plumb-line.

plomall [plu'maʎ] *nm* -1. [d'ocell] plumage. -2. [ornament] plume of feathers. -3. [per treure la pols] feather duster.

plomar [plu'ma] *vt lit & fig* to weight.

plomí [plu'mi] *nm* nib.

plomissol [plumi'sɔl] *nm* down.

plor ['plɔ] *nm* crying, weeping.

ploramiques [,plɔrə'mikəs] *adj despec* crybaby, blubberer.

ploraner -a [plurə'ne -erə] ◇ *adj* given to crying or weeping; [bebè] blubbering. ◇ *nm, f* crybaby.

plorar [plu'ra] *vt & vi* to cry, to weep.

ploricó [pluri'ko] *nm* whimpering, grizzling, whining, snivelling.

ploriqueig [pluri'ketʃ] *nm* ➤ **ploricó**.

ploriquejar [plurikə'ʒa] *vi* to whimper to grizzle, to whine, to snivel.

plorós -osa [plu'ros -ozə] *adj* tearful.

ploure ['plɔwrə] ◇ *v impers* to rain; **plou a bots i barrals** it's raining cats and dogs. ◇ *vi fig*: **li plouen les ofertes** offers are raining down on him.

plovisquejar [pluβiskə'ʒa] *v impers* to drizzle.

plugim [plu'ʒim] *nm* drizzle, Scotch mist.

pluja ['pluʒə] *nf* -1. rain; **~ àcida** acid rain. -2. *fig fam* shower, flood (of).

plujós -osa [plu'ʒos -ozə] *adj* rainy, wet.

plumier, plomier [plumi'e] *nm* pencil case / box.

plural [plu'ral] ◇ *adj* plural. ◇ *nm* plural.

pluralisme [plurə'lizmə] *nm* pluralism.

pluralitat [plurəli'tat] *nf* diversity.

pluralitzar [plurəli'dza] *vi* to generalise.

plus ['plus] *nm* bonus; **~ de perillositat** danger money; **~ familiar** family allowance.

plusquamperfet [pluskwəmpər'fet] *nm* pluperfect.

plusvàlua [pluz'βaluə] *nf* ECON appreciation, added value.

pluvial [pluβi'al] *adj* rain (*abans de nom*).

pluviositat [pluβiuzi'tat] *nf* rainfall.

p.m. (*abrev de* post meridiem) p.m.

PNB *nm* -1. (*abrev de* **producte nacional brut**) GNP. -2. (*abrev de* **Partit Nacionalista Basc**) Basque nationalist party.

pneumàtic -a [nəw'matik -ə] *adj* pneumatic. ➤ **pneumàtic** *nm* tyre.

pneumònia [nəw'mɔniə] *nf* pneumonia.

p.o. (*abrev de* **per ordre**) by order.

població [pubblə'sio] *nf* -1. [gen] population; **~ activa** working population; **~ fluctuant** floating population. -2. [acció] settlement. -3. [ciutat petita] town.

poblador -a [pubblə'ðo -orə] ◇ *adj* settling; **els indis ~s d'Amèrica** native American Indians. ◇ *nm, f* settler.

poblar [pu'bbla] *vt* (gent) to settle, to populate; [amb plantes, arbres] to plant; [peixos, caça] to stock. ➤ **poblar-se** *vp* to fill up (with).

poblat -ada [pu'bblat -aðə] *adj* [habitat] inhabited, populated. ➤ **poblat** *nm* village, hamlet.

poble ['pɔbblə] *nm* -1. [població] small town, county town, village; **~ natal** home town, home village. -2. [nació, proletariat] people.

pobre -a ['pɔβrə] ◇ *adj* poor; **~ en deficient in, lacking**; **~ home!** poor devil!; **~ de mi / tu!** God help me / you! ◇ *nm, f* poor person; [captaire] beggar.

pobresa [pu'βrezə] *nf* poverty; **~ de** [coses materials] scarcity (of).

poc -a ['pɔk -ə] ◇ *adj* little (U), not much (U), few *pl*, not many *pl*; **~a feina** little work, not much work; **de ~a importància** of little importance; **les vacants són poques** there are few places. ◇ *pron* little (U), few *pl*; **n'han aprovat ~s** few have passed; **en tinc molt ~s** I have very few. ➤ **poc** *adv* -1. [amb escassesa] little, not much; **menjar ~** to eat little, not to eat much; **és ~ salat** it's not very salty; **~ més ~ menys** more or less; **per ~** almost. -2. [temps breu]: **al cap de ~ d'haver arribat** shortly after I had arrived; **d'aquí a ~ temps** shortly, soon; **fa ~ que ha sortit** he has just left. ➤ **a poc a poc** *loc adv* slowly, little by little.

poca-solta [,pɔkə'sɔltə] *nmf fam despec* scatterbrain, crackpot, nincompoop.

poca-soltada [,pɔkəsul'taðə] *nf* silly idea, piece of nonsense.

pocavergonya [,pɔkəβər'gɔɲə] *nm, f fam* shameless / impudent / insolent person.

poció [pusi'o] *nf* potion.

podar [pu'ða] *vt* to prune.

poder¹ [pu'ðɛ] ⋄ vt **-1.** (gen) can, to be able (to); **puc pagar-me el viatge** I can afford to pay the trip; **no el podem abandonar** we can't leave him in the lurch; ⋄ vi **-1.** [suportar]: **no ~ amb alguna cosa / algú** to be unable to stand sthg / sb; **no puc més** I can't take any more, I am at the end of my tether. **-2.** [permís]: **es pot entrar?** may I come in? ⋄ v impers may; [ser possible] **pot ser que plogui** it might / may / could rain.

poder² [pu'ðɛ] nm **-1.** [gen] power; **estar en / aconseguir el ~** to be in power / to come to power; **tenir ~ de convocatòria** to be able to pull a crowd; **~ absolut** absolute power; **~ adquisitiu** purchasing power; **~ calorífic** calorific value; **~ executiu** executive powers (U); **~ fàctic** the powers that be; **~ judicial** legal authorities (U); **~ legislatiu** legislature. **-2.** [capacitat] power, capability. **-3.** [possessió]: **estar en ~ d'algú** to be in sb's hands. **-4.** DR [document] power. ➭ **poders** nm pl **-1.** POLÍT **~s públics** public authorities. **-2.** [autorització] power; **donar ~s a algú** to authorize sb to do sthg; **per ~s** by proxy.

poderós -osa [puðə'ros -ozə] adj powerful.

podi ['pɔði] nm podium.

podòleg -òloga [pu'ðɔlək -oluɣə] nm, f chiropodist.

podrir [pu'ðri] vt to rot. ➭ **podrir-se** vp to go rotten, to rot.

podrit -ida [pu'ðrit -iðə] ⋄ pp ➭ **podrir**. ⋄ adj rotten.

poema [pu'emə] nm poem; fig **és un ~** it's wonderful.

poesia [puə'ziə] nf **-1.** poetry. **-2.** poem.

poeta -essa [pu'etə puə'tɛssə] nm, f poet.

poètic -a [pu'etik -ə] adj poetic. ➭ **poètica** nf poetics (U).

pol ['pɔl] nm pole; fig **~ d'atracció / d'atenció** centre of attraction; **~ magnètic** magnetic pole; **~ negatiu / positiu** negative pole / positive terminal; **~ nord / sud** North / South Pole.

polar [pu'lar] adj polar.

polaritzar [puləri'dza] vt to concentrate, to polarize. ➭ **polaritzar-se** vp to become polarized.

polca ['pɔlkə] nf polka.

polèmic -a [pu'lɛmik -ə] adj controversial. ➭ **polèmica** nf controversy.

polemitzar [puləmi'dza] vi to argue, to debate.

poli ['pɔli] ⋄ nmf fam bobby Br, cop Am. ⋄ nf: **la ~** the cops.

policia [puli'siə] ⋄ nmf policeman m, policewoman f. ⋄ nf police; **~ antidisturbis** riot police; **~ de trànsit** traffic police; **~ urbana** local police.

policíac -a [puli'siak -ə] adj police (abans de nom).

poliesportiu [ˌpuliəspur'tiw] nm sports centre.

polifacètic -a [pulifə'sɛtik -ə] adj many-sided, versatile.

polifonia [pulifu'niə] nf polyphony.

poligàmia [puli'ɣamiə] nf polygamy.

poliglot -a [puli'ɣlɔt -ə] adj & nm, f polyglot.

polígon [pu'liɣun] nm **-1.** GEOM polygon. **-2.** [terreny]: **~ industrial** industrial estate.

poliment [puli'men] nm polishing.

poliol [puli'ɔl] nm pennyroyal.

poliomielitis [ˌpoliumiə'litis] nf inv poliomyelitis, polio.

pòlip ['pɔlip] nm polypus, polyp.

polir [pu'li] vt **-1.** [allisar] to smooth. **-2.** [perfeccionar] to round off, to give the finishing touches. **-3.** [moble, parquet] to polish. ➭ **polir-se** vp [gastar-se] to throw away.

Polisario [poli'sario] nm (abreu de **Front Popular per a l'Alliberament de Sakiet el Hamra i Riu d'Or**) **el ~** the Polisario Front.

pòlissa ['pɔlisə] nf **-1.** [d'assegurances] (insurance) policy. **-2.** [segell] official stamp, stamp duty.

polissó -ona [puli'so -onə] nm, f stowaway.

polit -ida [pu'lit -iðə] adj **-1.** neat, smart, trim. **-2.** [persona] well-turned out.

politeisme [pulitə'izmə] nm polytheism.

polític -a [pu'litik -ə] ⋄ adj **-1.** [gen] political. **-2.** [parent]: **germà ~** brother-in-law; **la família ~a** the in-laws. ⋄ nm, f politician. ➭ **política** nf politics (U); fig **~a de l'estruç** burying one's head in the sand; **~a econòmica** monetary policy.

polititzar [puliti'dza] vt to politicise. ➭ **politizar-se** vp to become politicised.

politja [pu'lidʒə] nf pulley, sheave.

poll -a ['pɔʎ -ə] nm, f chick.

pollancre [pu'ʎaŋkrə] nm poplar.

pollastre [pu'ʎastrə] nm chicken.

polleguera [puʎə'ɣerə] nf hinge (of the door); fig **treure de ~** to drive sb round the bend.

pol·len ['pɔllən] nm pollen.

polleria [puʎəˈriə] *nf* poulterer's, poultry shop.

pollet [puˈʎet] *nm* chick.

pollós -osa [puˈʎos -ozə] *adj & nm, f* **-1.** [amb polls] lousy, flea-ridden. **-2.** *fig* dirty.

pol·lució [pulluˈsio] *nf* pollution.

polo [ˈpɔlu] *nm* ESPORT polo.

Polònia [puˈlɔniə] Poland.

polpa [ˈpolpə] *nf* pulp.

pols[1] [ˈpols] *nm* **-1.** [batec] pulse. **-2.** [força] strength in one's wrist; **prendre el ~** to sound out, to see which way the land lies. **-3.** [fermesa] steady hand; **a ~** by dint of one's own efforts.

pols[2] [ˈpols] *nf* **-1.** [partícules en l'aire] dust; **netejar / treure la ~** to dust. **-2.** [de producte polvoritzat] powder; **en ~** powdered. **-3.** *fam* **estar fet ~** [cansat] to be knackered *Br*, to be dog tired, to be pooped *Am*; [fet malbé] to be buggered.

polsador [pulsəˈðo] *nm* (push) button.

polsar [pulˈsa] *vt* **-1.** [botó, tecla, etc.] to press. **-2.** [afer, opinió, etc.] to sound out.

polsegós -osa [pulsəˈɣos -ozə] *adj* dusty.

polseguera [pulsəˈɣerə] *nf* dust cloud; *fig* **aixecar molta ~** to raise a commotion.

polsera [pulˈserə] *nf* bracelet.

poltre -a [ˈpoltrə] *nm, f* colt, foal. ● **poltre** *nm* ESPORT vaulting horse.

poltrona [pulˈtronə] *nf* easy chair.

pólvora [ˈpolβuɾə] *nf* gunpowder, powder; *fam fig* **no haver inventat la ~** he's hardly God's gift to mankind. ● **pólvores** *nf pl* [maquillatge] make-up.

polvorí [pulβuˈɾi] *nm* gunpowder arsenal, gunpowder magazine.

polvoritzador -a [pulβuɾidzəˈðo -oɾə] *adj* pulverising, spraying. ● **polvoritzador** *nm* spray.

polvoritzar [pulβuɾiˈdza] *vt lit & fig* to pulverise, to spray.

polzada [pulˈzaðə] *nf* inch.

polze [ˈpolzə] *nm* thumb.

pom [ˈpom] *nm* **-1.** [de flors] bunch. **-2.** [d'una porta] knob.

poma [ˈpomə] *nf* [fruita] apple; *fig* **~ de la discòrdia** bone of contention.

pomada [puˈmaðə] *nf* ointment.

pomelo [puˈmelu] *nm* **-1.** [fruita] grapefruit. **-2.** [arbre] grapefruit tree.

pomer [puˈme] *nm* apple tree.

pompa [ˈpompə] *nf* **-1.** pomp, ceremony. **-2.** show, ostentation. ● **pompes fúnebres** *nf pl* funeral.

pompós -osa [pumˈpos -ozə] *adj* **-1.** sumptuous, magnificent, ostentatious, showy. **-2.** pompous.

pòmul [ˈpɔmul] *nm* cheekbone.

poncella [punˈseʎə] *nf* **-1.** bud. **-2.** *fam fig* [persona atractiva]: **quina ~!** what a dazzler!

ponderar [pundəˈɾa] *vt* **-1.** [lloar] to praise, to laud. **-2.** [considerar] to consider. **-3.** [en estadística] to weight.

pondre [ˈpondɾə] <> *vi* (subj: au) to lay; [peixos] to spawn. <> *vt* [ous] to lay. ● **pondre's** *vp* (subj: astre) to set.

ponedor -a [puneˈðo -oɾə] *adj* laying. ● **ponedor** *nm* laying box.

ponència [puˈnɛnsiə] *nf* **-1.** [conferència] paper, lecture; [informe] report. **-2.** [càrrec] position of reporter. **-3.** [comissió] reporting committee.

ponent [puˈnen] <> *nm* **-1.** [occident] West. **-2.** [vent] West wind, Westerly. <> *nmf* DR reporting officer; [en congrés] speaker.

poni [ˈpɔni] *nm* pony.

pont [ˈpon] *nm* [gen & ARQUIT] bridge; **fer ~** to take an extra day or two off between two public holidays; **~ penjat** suspension bridge; **~ llevadís** drawbridge. ● **pont aeri** *nm* air shuttle.

pontífex [punˈtifəks] *nm* pontiff; **summe ~** Sovereign Pontiff, the Pope.

ponx [ˈpɔɲʃ] *nm* punch.

ponxo [ˈpɔɲʃu] *nm* poncho.

pop [ˈpop] <> *nm* [animal] octopus. <> *adj & nm* MÚS pop.

popa [ˈpopə] *nf* stern.

popular [pupuˈla] *adj* popular.

popularitat [pupuləɾiˈtat] *nf* popularity.

popularitzar [pupuləɾiˈdza] *vt* to popularise. ● **popularitzar-se** *vp* to become popular.

populatxo [pupuˈlatʃu] *nm despec* plebs, masses *pl*.

popurri [puˈpuri] *nm* [barreja de coses] mish-mash, hodgepodge; MÚS medley.

pòquer [ˈpɔkəɾ] *nm* poker.

por [ˈpo] *nm* fear, fright; **fer ~** to frighten, to be frightening; **li fa ~ la foscor** he is afraid of the dark; **tremolar de ~** to tremble with fear; **tenir ~ de** to be frightened / afraid of; **tinc ~ que se n'assabenti** I am afraid he will find out; *vulg* **estar cagat de ~** to be shit-scared; **morir-se de ~** to be dead-scared.

porc -a [ˈpɔrk -ə] <> *adj* dirty, filthy. <> *nm, f* **-1.** [animal] pig, swine. **-2.** *fam fig* [persona] pig, evil swine, rotten bastard. ➤ **porc** *nm* [carn] pork.

porcada [purˈkaðə] *nf* **-1.** herd of pigs. **-2.** *fam* dirty trick.

porcell -a [purˈseʎ -ə] *nm, f* piglet.

porcellana [pursəˈʎanə] *nf* porcelain, china, chinaware.

porcí -ina [purˈsi -inə] *adj* pig (abans de nom), porcine.

porció [pursiˈo] *nf* share, portion.

pornografia [purnuɣɾəˈfiə] *nf* pornography.

pornogràfic -a [purnuˈɣɾafik -ə] *adj* pornographic.

porós -osa [puˈɾos -ozə] *adj* porous.

porqueria [purkəˈɾiə] *nf* **-1.** [brutícia] filth. **-2.** [cosa dolenta] rubbish.

porquet [purˈkɛt] *nm* piglet.

porra [ˈpɔrə] *nf* **-1.** club; [de policia] truncheon *Br*, night stick *Am*. **-2.** *fam* **enviar a la ~** to tell sb to go to hell.

porro [ˈporu] *nm* **-1.** leek. **-2.** *fam* joint.

porró [puˈro] *nm* wine jar with a long thin spout from which wine is poured into the mouth.

port [ˈpɔrt] *nm* **-1.** [gen & INFORM] port; **~ franc** free port; *fig* **arribar a ~** to come through safely. **-2.** [de muntanya] pass. **-3.** *gen pl* [transport] carriage. **-4.** [refugi] haven.

porta [ˈpɔrtə] *nf* **-1.** [gen] door, gate; **~ vidriera** [interior] glass door; [exterior] front door; **de ~ en ~** from door to door; **~ blindada** security door; **~ corredissa** sliding door; **~ giratòria** revolving door; **~ del darrere** back door. **-2. a les portes de** on the eve of, on the threshold of; **a ~ tancada** behind closed doors; *fam* **tancar la ~ pels nassos a algú** to slam the door in sb's face.

portaavions [ˌpɔrtəβiˈons] *nm inv* aircraft carrier.

portada [purˈtaðə] *nf* **-1.** [de llibre] title page; [de diari] front page; [de revista] (front) cover. **-2.** ARQUIT porch, façade.

portadocuments [ˌpɔrtəðukuˈmens] *nm inv* attaché case.

portador -a [purtəˈðo -orə] *adj & nm, f* bearer; **COM al ~** to the bearer.

portaequipatge [ˌpɔrtəkiˈpadʒə] *nm* boot *Br*, trunk *Am*.

portal [purˈtal] *nm* entrance, portal.

portalada [purtəˈlaðə] *nf* ARQUIT monumental portal / entrance.

portalligacames [ˌpɔrtəˌʎiɣəˈkaməs] *nm inv* garter.

portalliteres [ˌpɔrtəʎiˈterəs] *nm, f* stretcher bearer.

portamonedes [ˌpɔrtəmuˈnɛðəs] *nm inv* purse.

portar [purˈta] *vt* **-1.** to bring, to take, to fetch. **-2.** [provocar] to cause, to lead (to). **-3.** [incloure] to include; **el diari porta un article interessant** there is an interesting article in the newspaper. **-4.** [roba, ulleres] to wear; **a l'hivern, porta mitges** she wears tights in Winter. **-5.** [pes] to carry; **portava un sac a l'esquena** he carried a sack on his back. **-6.** [acompanyar] go with, to take sb to; **ens va ~ al teatre** he took us to the theatre; **porti'ns a l'hospital** take us to the hospital. **-7.** [lliurar] to give; **li vaig ~ un regal** I gave him a present. **-8.** [induir]: **~ algú a alguna cosa / a fer alguna cosa** to lead sb to sthg / to do sthg. **-9.** [comptes, casa] to deal (with); [- negoci] to run. **-10.** [tenir] to have; **no porto diners** I don't have any money with me. ➤ **portar-se** *vp* **-1.** [avenir-se]: **~-se bé / malament (amb algú)** to get on well / badly with sb. **-2.** [actitud]: **porta't bé!** behave yourself!

portàtil [purˈtatil] *adj* portable; [ordinador] laptop computer.

Port-au-Prince [ˌpɔrtoˈprins] Port-au-Prince.

portaveu [ˌpɔrtəˈβɛw] *nmf* spokesperson.

portella [purˈteʎə] *nf* small door, wicket.

portent [purˈten] *nm* wonder, prodigy.

portentós -osa [purtənˈtos -ozə] *adj* wonderful, amazing.

porter -a [purˈte -erə] *nm, f* **-1.** [d'edifici] caretaker. **-2.** ESPORT goalkeeper.

porteria [purtəˈɾiə] *nf* **-1.** [d'edifici] caretaker's office. **-2.** ESPORT goal (mouth).

pòrtic [ˈpɔr] *nm* porch, portico.

porticó [purtiˈko] *nm* shutter.

porto [ˈpɔrtu] *nm* port (wine).

portuari -ària [purtuˈaɾi -aɾiə] *adj* port (abans de nom).

Portugal [purtuˈɣal] Portugal.

portuguès -esa [purtuˈɣɛs -ɛzə] *adj & nm, f* Portuguese. ➤ **portuguès** *nm* [llengua] Portuguese.

poruc -uga [puˈruk -uɣə] *adj & nm, f* fearful, timorous.

porus [ˈpɔɾus] *nm* pore.

porxo [ˈpɔrʃu] *nm* [entrada] porch; [galeria] arcade.

posa [ˈpɔzə] *nf* pose.

posada [puˈzaðə] *nf* **–1.** [acció]: ~ al dia / a punt / en marxa updating / perfecting / start up; ~ en escena staging; ~ en òrbita putting into orbit. **–2.** [hostal] inn.

posar [puˈza] <> *vi* **–1.** to pose. **–2.** [en posada] to lodge. <> *vt* **–1.** [gen] to put; **on has posat el llibre?** where have you put the book?; **hi va ~ tota la seva voluntat** he did his utmost; **posa la ràdio** switch the radio on; **posa-li l'abric** put his coat on him; **~ impediments** to put obstacles in the way. **–2.** [afegir, accionar] to put (on); **~ el fre de mà** to put on the handbrake. **–3.** [contribuir]: **ja hi he posat la meva part** I've already put in my share. **–4.** [deures] to assign. **–5.** [anomenar] to give a name; **li han posat Màrius** they called him Màrius. **–6.** [suposar] suppose; **posem que...** let's suppose that... **–7.** *fig* **~ malalt** [irritar] to make sb lose the patience. ➠ **posar-se** *vp* **–1.** [col·locar-se] to put o.s.; **~-se dret** to stand up. **–2.** [roba, maquillatge] to dress up, to make o.s. up. **–3.** [estar de certa manera] to get, to go; **es va ~ vermell d'ira** he went red with rage. **–4.** [iniciar]: **~-se a fer alguna cosa** to start doing sthg. **–5.** [de salut]: **~-se bé** to get well; **~-se malalt** to get / fall ill.

posat -ada [puˈzat -aðə] *pp* put, placed. ➠ **posat** [puˈzat] *nm* air, pose.

posició [puziˈsjo] *nf* **–1.** [gen] position. **–2.** [social] status.

pòsit [ˈpɔzit] *nm* deposit, residue.

positiu -iva [puziˈtiw -iβə] *adj* positive. ➠ **positiu** *nm* FOTOG print.

posposar [puspuˈza] *vt* **–1.** [relegar] to put behind. **–2.** [ajornar] to postpone.

posseïdor -a [pusəiˈðo -orə] <> *adj* owning, holding, possessing. <> *nm, f* owner, holder, possessor.

posseir [pusəˈi] *vt* to possess, to own, to hold.

posseït -ïda [pusəˈit -iðə] <> *adj*: **~ per** possessed by. <> *nm, f* possessed person.

possessió [pusəsiˈo] *nf* possession; **prendre ~ d'un càrrec** to take up a post.

possessiu -iva [pusəˈsiw -iβə] *adj* possessive.

possibilitar [pusiβiliˈta] *vt* to make possible.

possibilitat [pusiβiliˈtat] *nf* possibility; **hi ha ~s que...** there is a chance that...

possible [puˈsibblə] *adj* possible; **si és ~** if possible; **fer ~** to make sthg possible; **tan aviat com sigui ~** as soon as possible.

post [ˈpɔst] *nm* **–1.** [gen & MIL] post. **–2.** **~ de planxar** ironing board.

posta [ˈpɔstə] *nf* placing, putting; [ous] laying. ➠ **a posta** *loc adv* on purpose, intentionally. ➠ **posta de sol** *nf* sunset.

postal [pusˈtal] <> *adj* postal. <> *nf* postcard.

postdata [ˌpɔsˈdatə] *nf* post script.

pòster [ˈpɔstər] *nm* poster.

postergar [pustərˈɣa] *vt* **–1.** [retardar] to delay. **–2.** [relegar] to put behind.

posterior [pustəriˈor] *adj* **–1.** [en l'espai] rear, back. **–2.** [en el temps] later, subsequent; **~ a** after, subsequent to.

posteriori [pustəriˈori] ➠ **a posteriori** *loc adv* later, afterwards.

posterioritat [pustəriuriˈtat] *nf*: **amb ~** later, subsequently.

posteritat [pustəriˈtat] *nf* posterity.

postgraduat -ada [ˌpɔsɣrəðuˈat -aðə] *adj & nm, f* postgraduate.

postguerra [ˌpɔsˈɣɛrə] *nf* post-war period.

postís -issa [pusˈtis -isə] *adj* false, artificial. ➠ **postís** *nm* hairpiece.

postor -a [pusˈto -orə] *nm, f* bidder; **al millor ~** to the highest bidder.

postrar [pusˈtra] *vt* to prostrate. ➠ **postrar-se** *vp* to prostrate o.s.

postres [ˈpɔstrəs] *nf pl* dessert.

postular [pustuˈla] *vt* [exigir] to demand; [donatius] to collect.

postulat [pustuˈlat] *nm* postulate.

pòstum -a [ˈpɔstum -ə] *adj* posthumous.

postura [pusˈturə] *nf* **–1.** [posició] posture, stance, attitude. **–2.** [en subhasta] bid.

pot [ˈpɔt] *nm* pot, jar, tin *Br*, can *Am*.

pota [ˈpɔtə] *nf* **–1.** [de moble] leg. **–2.** *fig* **ficar la ~** to put one's foot in it. ➠ **ficada de pota** *loc* clanger. ➠ **pota de gall** *nf* **–1.** [arrugues] wrinkle. **–2.** [teixit] crease.

potable [puˈtabblə] *adj* drinkable, potable.

potassi [puˈtasi] *nm* potassium.

potatge [puˈtadʒə] *nm* **–1.** [brou] broth, clear soup. **–2.** [guisat] stew.

potència [puˈtɛnsiə] *nf* power; **en ~** potentially.

potencial [putənsiˈal] <> *adj* potential. <> *nm* [gen & ELECT] potential, power.

potenciar [putənsiˈa] *vt* **–1.** [fomentar] to encourage, to promote. **–2.** [reforçar] to boost, to strengthen.

potent [puˈten] *adj* strong, mighty, powerful.

potentat -ada [putənˈtat -aðə] *nm, f* potentate.

potinejar [putiˈneʒa] *vt fam* to finger, to handle, to paw, to maul.

potiner -a [putiˈne -erə] ⋄ *adj* slapdash, shoddy, careless. ⋄ *nm, f* botcher.

potineria [putinəˈriə] *nf* botching.

pòtol [ˈpɔtul] *nm, f* tramp *Br*, dosser *Br*, hobo *Am*, bum *Am*.

potser [putˈse] *adv* maybe, perhaps; **demà ~ plourà** it may rain tomorrow.

pou [ˈpow] *nm* well; [de mina] shaft; **~ de petroli** oil well; **~ negre** cesspit; *fig* **ser un ~ de ciència** to be a fountain of knowledge.

pràctic -a [ˈpraktik -ə] ⋄ *adj* practical. ⋄ *nm, f* NÀUT pilot. ⮞ **pràctica** *nf* –1. [gen] practice; **a la ~a** in practice; **posar en ~a** to put sthg into practice. –2. [en empresa] work experience, training.

practicant [prəktiˈkan] ⋄ *adj* practising. ⋄ *nmf* –1. RELIG practising member of a religion. –2. [auxiliar mèdic] medical assistant.

practicar [prəktiˈka] ⋄ *vi* to practise. ⋄ *vt* ESPORT to engage in, to play.

prada [ˈpraðə] *nf* meadow.

pragmàtic -a [prəgˈmatik -ə] *adj* pragmatic.

pral. (abrev de **principal**) first floor *Br*, second floor *Am*.

praliné [prəliˈne] *nm* praline.

prat [ˈprat] *nm* meadow, field.

preacord [ˌpreəˈkɔrt] *nm* draft agreement.

preàmbul [preˈambul] *nm* [llibre] foreword, preface; [lleis] preamble.

prear [preˈa] *vt* to appraise; [avaluar] to evaluate; [valorar positivament] to appreciate, to esteem. ⮞ **prear-se** *vp* –1. to pride o.s. (on), to blow one's own trumpet. –2. to esteem; **per a qualsevol metge que es preï...** any doctor worth his salt...

prec [ˈprek] *nm* request.

precari -ària [prəˈkari -ariə] *adj* precarious.

precaució [prəkəwsiˈo] *nf* precaution, care.

precedent [prəsəˈðen] ⋄ *adj* preceding, earlier. ⋄ *nm* precedent; **establir un ~** to set a precedent; **sense ~s** unprecedented.

precepte [prəˈseptə] *nm* precept; **festa de ~** RELIG day of obligation.

preceptiu -iva [prəsəpˈtiw -iβə] *adj* obligatory, compulsory. ⮞ **preceptiva** *nf* rules *pl*.

precintar [prəsinˈta] *vt* to seal.

precinte [prəˈsintə] *nm*

preciós -osa [prəsiˈos -ozə] *adj* –1. [valuós] precious, valuable. –2. [bonic] beautiful.

preciositat [prəsiuziˈtat] *nf* –1. [qualitat] high quality article. –2. [cosa o persona] jewel, gem.

precipici [prəsiˈpisi] *nm* cliff, precipice.

precipitació [prəsipitəsiˈo] *nf* –1. [pluja] rainfall. –2. [pressa] haste.

precipitar [prəsipiˈta] *vt* –1. [tirar abaix] to hurl / throw down. –2. [accelerar] to hasten, to spur on. ⮞ **precipitar-se** *vp* –1. [caure] to plunge (down). –2. [accelerar] to speed up.

precipitat -ada [prəsipiˈtat -aðə] *adj* hasty.

precís -isa [prəˈsis -izə] *adj* precise, clear, unequivocal.

precisar [prəsiˈza] *vt* [determinar] to fix, to specify.

precisió [prəsiziˈo] *nf* precision, accuracy.

precoç [prəˈkos] *adj* precocious.

preconcebre [ˌprekunˈseβrə] *vt* to preconceive.

preconitzar [prəkuniˈdza] *vt* to recommend, to advise.

precursor -a [prəkurˈso -orə] ⋄ *adj* precursory. ⋄ *nm, f* precursor.

predador -a [prəðəˈðo -orə] ⋄ *adj* predatory. ⋄ *nm* predator.

predecessor -a [prəðəsəˈso -orə] *nm, f* predecessor.

predestinar [prəðəstiˈna] *vt* to predestine.

predeterminació [prəðətərminəsiˈo] *nf* predetermination.

predeterminar [prəðətərmiˈna] *vt* to predetermine.

prèdica [ˈprɛðikə] *nf* sermon.

predicador -a [prəðikəˈðo -orə] *nm, f* preacher.

predicar [prəðiˈka] *vt & vi* to preach.

predicat [prəðiˈkat] *nm* GRAM predicate.

predicció [prəðiksiˈo] *nf* prediction; **~ del temps** weather forecast.

predilecció [prəðiləksiˈo] *nf* predilection.

predilecte -a [prəðiˈlektə] *adj* favourite, preferred.

predir [prəˈði] *vt* to forecast, to predict.

predisposar [prəðispuˈza] *vt* to predispose.

predisposat -ada [prəðispuˈzat -aðə] *adj* predisposed.

predisposició [prədispuziˈsio] *nf* predisposition.

predominant [prədumiˈnan] *adj* predominant, prevailing.

predomini [prəðuˈmini] *nm* predominance, prevalence.

preelectoral [prəələktuˈɾal] *adj* pre-election (*abans de nom*).

preeminent [prəəmiˈnen] *adj* preeminent.

preescolar [ˌprəəskuˈlar] ◇ *adj* preschool, nursery (*abans de nom*). ◇ *nm* nursery school.

prefabricar [prəfəβɾiˈka] *vt* to prefabricate.

prefabricat -ada [prəfəβɾiˈkat -aðə] *adj* prefabricated.

prefaci [prəˈfasi] *nm* preface.

preferència [prəfəˈɾɛnsiə] *nf* –1. preference. –2. advantage; **tenir ~** [vehicles] to have right of way.

preferent [prəfəˈɾen] *adj* preferential.

preferible [prəfəˈɾibblə] *adj*: **~ (a)** preferable (to).

preferir [prəfəˈɾi] *vt* to prefer; **~ alguna cosa a alguna cosa** to prefer sthg to sthg.

prefix [prəˈfiks] *nm* –1. GRAM prefix. –2. prefix; TELECOM **~ (telefònic)** dialling code *Br*, area code *Am*.

pregar [prəˈɣa] *vt* –1. to plead, to beg; **~ a algú que faci alguna cosa** to ask / beg sb to do sthg; **fer-se ~** to play hard to get. –2. RELIG to pray.

pregària [prəˈɣaɾiə] *nf* prayer.

pregó [prəˈɣo] *nm* –1. [discurs] speech. –2. [anunci] public announcement, bann.

pregonar [prəɣuˈna] *vt* –1. [anunciar] to proclaim, to announce. –2. *fig* to spread about.

pregunta [prəˈɣuntə] *nf* question; **fer una ~** to ask a question; **~ capciosa** catch question.

preguntar [prəɣunˈta] ◇ *vi* to ask; **~ per algú** to ask after sb. ◇ *vt* to ask. ➭ **preguntar-se** *vp* to wonder (whether).

prehistòria [prəisˈtɔɾiə] *nf* prehistory.

prehistòric -a [prəisˈtɔɾik -ə] *adj* prehistoric.

prejudici [prəʒuˈðisi] *nm* prejudice.

preliminar [prəlimiˈnar] *adj & nm* preliminary.

preludi [prəˈluði] *nm* prelude.

prematrimonial [ˌprəmətɾimuniˈal] *adj* premarital.

prematur -a [prəməˈtur -uɾə] *adj* premature.

premeditació [prəməðitəˈsio] *nf* premeditation; **amb ~ i traïdoria** with malice aforethought *Br*.

premeditar [prəməðiˈta] *vt* to premeditate.

prémer [ˈpɾemə] *vt* to squeeze, to press.

premi [ˈpɾemi] *nm* –1. [recompensa] reward. –2. [en competició] prize.

premiar [prəmiˈa] *vt* to reward, to give a prize to.

premissa [prəˈmisə] *nf* premise.

premonició [prəmuniˈsio] *nf* premonition.

premsa [ˈpɾemsə] *nf* –1. [gen] press; **~ sensacionalista** yellow press, gutter press; *fig* **tenir bona / mala ~** to have a good / bad press. –2. [impremta] printing press.

premsar [prəmˈsa] *vt* to press, to crush, to squeeze.

prenatal [ˌprənəˈtal] *adj* prenatal, antenatal.

prendre [ˈpɛndɾə] ◇ *vi* –1. [propagar] to spread. –2. [planta] to take root. ◇ *vt* [gen] to take; **què vols ~?** what would you like to eat / drink?; [considerar] **m'ha pres pel meu germà** you have mistaken me for my brother. ➭ **prendre's** *vp*: **~'s una cervesa** to have a beer; [interpretar]: **~'s bé (a bé) / malament (a mal) alguna cosa** to take sthg well / badly.

prenyat -ada [prəˈɲat -aðə] *adj f* –1. [dona] pregnant. –2. *fig* [ple]: **~ de** full of. ➭ **prenyada** *f* pregnant woman.

preocupació [prəukupəˈsio] *nf* worry, concern.

preocupar [prəukuˈpa] *vt* to worry, to bother. ➭ **preocupar-se** *vp* –1. [inquietar-se]: **~-se (per)** to worry (about). –2. [encarregar-se]: **~-se de / que** to take care of sthg / to make sure that.

preocupat -ada [prəukuˈpat -aðə] *adj* worried / concerned (about).

preparació [prəpəɾəˈsio] *nf* –1. [gen] preparation. –2. [coneixements] education, training.

preparar [prəpəˈɾa] *vt* to prepare. ➭ **preparar-se** *vp* to prepare o.s. (for), to train for; **~-se (a / per a)** to prepare o.s. (for), to get ready (for); [esport] to train (for).

preparat -ada [prəpəˈɾat -aðə] *adj* –1. prepared, ready. –2. [capacitat] competent, talented (in). ➭ **preparat** *nm* FARM pharmaceutical preparation.

preparatiu -iva [prəpəraˈtiw -iβə] *adj gen pl* preparatory, preliminary. ► **preparatiu** *nm* preparation.

preparatori -òria [prəpəraˈtɔɾi -ɔɾiə] *adj* preparatory.

preponderar [prəpundəˈɾa] *vi* to prevail (over).

preposició [prəpuziziˈo] *nf* preposition.

prepotent [prəpuˈten] *adj* **-1.** overbearing. **-2.** [poderós] mighty.

preqüela [prəˈkwɛlə] *nf* prequel.

prerrogativa [prəruɣəˈtiβə] *nf* prerogative.

pres -a [ˈprɛs ˈprɛzə] ◇ *adj* imprisoned. ◇ *nm, f* prisoner. ► **presa** *nf* **-1.** [gen] taking, capture; **~a de corrent** socket; **~a de terra** landing; CIN shot; *fam* **~a de pèl** hoax **-2. ser ~a del pànic** to be gripped by panic. **-3.** [dic] dam. ► **presa de consciència** *nf* awareness. ► **presa de possessió** *nf* investiture, undertaking.

presagi [prəˈzaʒi] *nm* omen.

presagiar [prəzəʒiˈa] *vt* [futur, felicitat] to foretell; [tempesta, problemes] to foreshadow; [to forewarn].

presbiteri [prəzβiˈtɛɾi] *nm* presbytery.

prescindir [prəsinˈdi] *vi* to do without; **~ de** [renunciar a] to renounce, to give up; [ometre] to leave out, to omit.

prescripció [prəskripsiˈo] *nf* **-1.** DR prescription. **-2.** MED **~ (facultativa)** medical prescription.

prescriure [prəsˈkɾiwɾə] ◇ *vi* to prescribe; DR to expire. ◇ *vt* to prescribe.

presència [prəˈzɛnsiə] *nf* [gen] presence; **en ~ de** in the presence of; **bona / mala ~** good / bad looks *pl*; **molta / poca ~** great / little presence. ► **presència d'ànim** *nf* presence of mind, cool-headedness.

presenciar [prəzənsiˈa] *vt* [assistir] to be present at; [crim, delicte] to witness a crime.

present [prəˈzen] ◇ *adj* present; **aquí ~** present!; **fer ~ alguna cosa a algú** to remind sb of sthg; **tenir alguna cosa ~** to bear sthg in mind. ◇ *nm* present; **~ històric** recent past. ◇ *nmf* [en un lloc]: **els aquí ~s** all those present.

presentació [prəzəntəsiˈo] *nf* **-1.** [gen] presentation. **-2.** [de persones] introduction.

presentador -a [prəzəntəˈðo -oɾə] *nm, f* presenter.

presentar [prəzənˈta] *vt* to present; **~ algú** to introduce sb; [dimissió] to tender, to hand in; [recurs, denúncia] to lodge. ► **presentar-se** *vp* [aparèixer] to turn up, to appear; [donar-se a conèixer] to introduce o.s.; [un problema, etc.] to arise, to come up.

preservar [prəzərˈβa] *vt* to protect. ► **preservar-se** *vp* to protect o.s., to shelter (from).

preservatiu -iva [prəzərβəˈtiw -iβə] *adj* protective. ► **preservatiu** *nm* condom.

presidència [prəziˈðɛnsiə] *nf* [de nació] presidency; [d'assemblea, d'empresa] chairmanship.

president -a [prəziˈðen -entə] *nm, f* president, chairman.

presidi [prəˈziði] *nm* imprisonment, prison.

presidir [prəziˈði] *vt* **-1.** [ser president] to preside over; [reunió] to chair. **-2.** [predominar] to dominate.

presó [prəˈzo] *nf* **-1.** [lloc] prison. **-2.** [empresonament] imprisonment.

presoner -a [prəzuˈne -eɾə] *nm, f* prisoner.

pressa [ˈprɛsə] *nf* haste, hurry, urgency; **de ~** hastily, hurriedly; **molt de ~** very quickly; **córrer ~** to be urgent; **donar ~ a algú** to hurry sb; **tenir ~** to be in a hurry.

préssec [ˈprɛsək] *nm* **-1.** peach. **-2.** *fig:* **fer el ~** to make a fool of o.s.

presseguer [prəsəˈɣe] *nm* peach tree.

pressentiment [prəsəntiˈmen] *nm* foreboding.

pressentir [prəsənˈti] *vt* to have a foreboding (of).

pressió [prəsiˈo] *nf* pressure; **~ arterial / sanguínia** blood pressure; **~ atmosfèrica** atmospheric pressure; **~ fiscal** tax burden.

pressionar [prəsiuˈna] *vt* **-1.** to press. **-2.** [coaccionar] to pressurize, to put pressure on.

pressuposar [prəsupuˈza] *vt* to presuppose, to take sthg for granted.

pressupòsit [prəsuˈpɔzit] *nm* presupposition.

pressupost [prəsuˈpɔst] *nm* [estimació] estimate; [de cost] budget.

prestació [prəstəsiˈo] *nf* provision; **~ social** social security benefit.

prestar [prəsˈta] *vt* to lend, to loan; [ajuda] to give; [atenció] to pay. ► **prestar-se** *vp* **-1.** [oferir-se] to offer to. **-2.** [donar motiu] to be open to.

prestatge [prəsˈtadʒə] *nm* shelf.

préstec [ˈprɛstək] *nm* loan, lending, borrowing.

prestesa [prəsˈtɛzə] *nf* swiftness, quickness.

prestidigitador -a [prəstidiʒitə'ðo -orə] *nm, f* conjurer, magician.

prestigi [prəs'tiʒi] *nm* prestige.

prestigiós -osa [prəstiʒi'os -ozə] *adj* prestigious.

presumir [prəzu'mi] ◇ *vi* **-1.** [vantar-se] to show off; **presumeix de guapa** she thinks she is pretty. **-2.** [ser vanitós] to be vain. ◇ *vt* [suposar] to presume, to assume.

presumit -ida [prəzu'mit -iðə] ◇ *adj* pretentious, conceited. ◇ *nm, f* vain / conceited person.

presumpció [prəzumsi'o] *nf* **-1.** [suposició] presumption. **-2.** [vanitat] conceit, vanity.

presumpte -a [prə'zumtə] *adj* presumed, assumed; [criminal] suspected, alledged.

presumptuós -osa [prəzumtu'os -ozə] ◇ *adj* presumptuous, conceited. ◇ *nm, f* conceited person.

pretendent [prətən'den] ◇ *nmf* **-1.** [aspirant]: **~ (a)** candidate (for), applicant (for). **-2.** [a un tron]: **~ (a)** pretender (to). ◇ *nm* [d'una dona] suitor.

pretendre [prə'tendrə] *vt* **-1.** to seek, to try. **-2.** [aspirar a]: **~ alguna cosa** to aspire to sthg. **-3.** [afirmar] to assert. **-4.** [sol·licitar] to apply (for).

pretensió [prətənsi'o] *nf* **-1.** [intenció] aim. **-2.** [aspiració] aspiration. **-3.** [dret]: **~ (a / sobre)** claim (to). **-4.** *gen pl* [exigència] demand.

pretensiós -osa [prətənsi'os -ozə] ◇ *adj* [persona] pretentious; [cosa] showy. ◇ *nm, f* pretentious person.

pretèrit -a [prə'tɛrit -ə] *adj* past. ◆ **pretèrit** *nm* GRAM preterite; **~ anterior** past perfect; **~ imperfet** imperfect; **~ indefinit / perfet** simple past / (present) perfect; **~ plusquamperfet** pluperfect.

pretext [prə'teks(t)] *nm* pretext.

preu ['prεw] *nm lit & fig* price; **al ~ de** at the cost of; **~ de compra** purchase price; **~ de fàbrica / cost** factory price / cost price; **~ de venda (al públic)** retail price; **~ indicatiu** guideline price; **~ prohibitiu** prohibitively high price; **no tenir ~** to be priceless; **a ~ fet** price as per contract.

prevaler [prəβə'le] *vi*: **~ sobre** to prevail over. ◆ **prevaler-se** *vp* to take advantage (of).

prevenció [prəβənsi'o] *nf* **-1.** [acció] prevention, precaution; **en ~ de** as a precaution against. **-2.** [prejudici] prejudice.

prevenir [prəβə'ni] *vt* **-1.** [evitar] to prevent. **-2.** [avisar] to warn. ◆ **prevenirse** *vp*: **~-se (de / contra)** to be prejudiced / biased (in favour of / against).

preveure [prə'βewrə] *vt* to foresee, to forecast.

previ prèvia ['prεβi 'prεβiə] *adj* previous.

previngut -uda [prəβiŋ'gut -uðə] *adj* **-1.** wary; [previsor] **ser ~** to be farsighted, to be prudent. **-2.** [avisat]: **estar ~ de** to be forewarned of.

previsible [prəβi'zibblə] *adj* foreseeable.

previsió [prəβizi'o] *nf* foresight, forethought; **en ~ de** as a precaution against.

previsor -a [prəβi'zo -orə] *adj* farsighted, prudent.

previst -a [prə'βist -ə] ◇ *pp* ▶ **preveure**. ◇ *adj* forecast, expected, planned.

prim -a ['prim -ə] *adj* **-1.** [persona - esvelta] slender, slim; [- flaca] thin, stringy. **-2.** [cosa] thin.

prima *nf* [gen] bonus, premium.

primacia [prima'siə] *nf* primacy.

primari -ària [pri'mari -ariə] *adj* primary.

primat [pri'mat] *nm* primate. ◆ **primats** *nm pl* primates.

primavera [primə'βera] *nf lit & fig* spring.

primaveral [priməβə'ral] *adj* spring *(abans de nom)*.

primer -a [pri'me -era] ◇ *adj num* first; **el ~ dia de la setmana** the first day of the week; ▶ **sisè**. ◇ *nm, f* the first; **és el ~ de la classe** he is the first in his class. ◆ **primer** *nm* **-1.** [pis] First floor. **-2.** [curs] first academic year. ◆ **de primer** *loc adv* [en primer lloc] first; **de ~ acaba i després ja ho veurem** first of all finish your work then we'll see about it. ◆ **primera** *nf* [velocitat, classe] first class, first rate; **fam de ~a** first rate, excellent.

primerenc -a [primə'rεŋ -εŋkə] *adj* BOT early-flowering, early-fruiting.

primícia [pri'misiə] *nf* scoop, exclusive.

primitiu -iva [primi'tiw -iβə] *adj* primitive.

primogènit -a [primu'ʒenit -ə] ◇ *adj* eldest. ◇ *nm, f* first born.

primordial [primurdi'al] *adj* fundamental.

príncep princesa ['prinsəp prin'sezə] *nm* prince *m*, princess *f*. ◆ **príncep blau** *nm* white knight.

princesa [prin'sezə] *nf* ▶ **príncep**.

principal [prinsi'pal] ◇ *adj* main, principal. ◇ *nm* **-1.** [pis] first floor *Br*, second floor *Am*. **-2.** [cap] boss, head.

principat [prinsi'pat] *nm* principality.

principi [prin'sipi] *nm* **-1.** [començament] beginning, start; **al ~ de** at the beginning of; **en un ~ at** first. **-2.** [fonament, llei] principle; **en ~** in principle. ◆ **principis** *nm pl* principles.

principiant [prinsipi'an] ◇ *adj* novice, inexperienced. ◇ *nm, f* beginner, novice.

prior -a [pri'o -orə] *nm, f* prior *m*, prioress *f*.

priori [pri'ɔri] ◆ **a priori** *loc adv* a priori.

prioritari -ària [priuri'tari -ariə] *adj* priority *(abans de nom)*.

prioritat [priuri'tat] *nf* priority.

prisar [pri'za] *vt* to pleat.

prisma ['prizmə] *nm* **-1.** GEOM & FÍS prism. **-2.** *fig* viewpoint.

prismàtic -a [priz'matik -ə] *adj* prismatic. ◆ **prismàtics** *nm pl* binoculars.

privació [priβəsi'o] *nf* (de)privation; **passar privacions** to suffer hardship.

privar [pri'βa] *vt* **-1.** [treure]: **~ algú / alguna cosa d'alguna cosa** to deprive sb / sthg of sthg. **-2.** [prohibir]: **~ algú de fer alguna cosa** to forbid sb to do sthg. ◆ **privar-se** *vp* to go without.

privat -ada [pri'βat -aðə] *adj* private; **en ~** in private.

privatiu -iva [priβə'tiw -iβə] *adj* DR privative.

privilegi [priβi'lɛʒi] *nm* privilege.

privilegiar [priβiləʒi'a] *vt* to favour, to put first.

privilegiat -ada [priβiləʒi'at -aðə] ◇ *adj* **-1.** [afavorit] privileged. **-2.** [extraordinari] exceptional. ◇ *nm, f* **-1.** [afortunat] privileged person. **-2.** [molt dotat] very gifted person.

pro ['prɔ] ◇ *nm* advantage; **els ~s i els contres** the pros and cons; **en ~ de** for, in favour of. ◇ *prep* for.

proa ['prɔə] *nf* **-1.** NÀUT bows, prow. **-2.** AERON nose.

probabilitat [pruβəβili'tat] *nf* likelihood, probability.

probable [pru'βabblə] *adj* likely, probable.

problema [pru'βlɛmə] *nm* problem.

problemàtic -a [pruβlə'matik -ə] *adj* problematic. ◆ **problemàtica** *nf* problems.

procedència [prusə'ðɛnsiə] *nf* **-1.** [origen] origin. **-2.** [punt de partida] point of departure. **-3.** [pertinència] properness, appropriateness.

procedent [prusə'ðen] *adj* **-1.** DR right and proper; [originari] **~ de** coming from. **-2.** [oportú]: **no ser ~** to be inopportune / unfitting.

procediment [prusəði'men] *nm* **-1.** [mètode] method, procedure. **-2.** DR proceedings *pl*.

procedir [prusə'ði] *vi* **-1.** to proceed; [derivar-se] **~ de** to stem from. **-2.** [tenir origen] to come from. **-3.** [actuar]: **~ (amb)** to act (with). **-4.** [començar]: **~ a** to start to. **-5.** [ser oportú] to be fitting, to be appropriate.

procés [pru'ses] *nm* **-1.** [desenvolupament] course. **-2.** [mètode] process. **-3.** DR trial; **obrir un ~ contra** to bring an action against.

processador [prusəsə'ðo] *nm* INFORM processor; **~ de textos** word processor.

processar [prusə'sa] *vt* **-1.** DR to prosecute. **-2.** INFORM to process.

processat -ada [prusə'sat -aðə] *nm, f* accused, defendant.

processó [prusə'so] *nf* RELIG procession.

proclamació [pruklɘməsi'o] *nf* **-1.** [anunci] public announcement. **-2.** [cerimònia] proclamation.

proclamar [pruklə'ma] *vt* to proclaim; *fig* [aclamar] to acclaim; [anunciar] to declare. ◆ **proclamar-se** *vp* **-1.** [nomenar-se] to proclaim o.s. **-2.** [aconseguir un títol] to become.

procreació [prukɾeəsi'o] *nf* procreation.

procrear [prukɾe'a] *vt* to procreate.

procurador -a [prukuɾə'ðo -orə] *nm, f* DR lawyer.

procurar [prukuɾa] *vt* **-1.** [intentar] to try. **-2.** [proporcionar] to get, to secure. ◆ **procurar-se** *vp* to achieve (for o.s.).

pròdig -a ['prɔðik -iɣə] ◇ *adj* **-1.** [malgastador] extravagant. **-2.** [generós] generous, lavish. ◇ *nm, f* spendthrift.

prodigar [pruði'ɣa] *vt* to squander, to lavish. ◆ **prodigar-se** *vp* **-1.** [exhibir-se] to appear a lot in public. **-2.** [excedir-se]: **~-se en** to lavish (on).

prodigi [pru'ðiʒi] *nm* miracle, wonder; [persona] prodigy.

prodigiós -osa [pruðiʒi'os -ozə] *adj* wonderful.

producció [pruðuksi'o] *nf* production; **~ en sèrie** mass production; **~ limitada** small scale production.

producte [pru'ðuktə] *nm* product; **~ acabat** finished product; **~ interior brut** gross domestic product; **~ nacional brut** gross national product.

productiu -iva [pɾuðuk'tiw -iβə] *adj* productive; [que dóna benefici] profitable.

productivitat [pɾuðuktiβi'tat] *nf* productivity.

productor -a [pɾuðuk'to -oɾə] ◇ *adj* producing. ◇ *nm, f* CIN producer. ☛ **productora** *nf* CIN production company.

produir [pɾuðu'i] *vt* -1. [gen & CIN] to produce. -2. [causar] to cause, to give rise to. ☛ **produir-se** *vp* to happen, to take place.

proesa [pɾu'ɛzə] *nf* exploit, feat.

profà -ana [pɾu'fa -anə] ◇ *adj* -1. [no sagrat] profane, secular. -2. [ignorant] ignorant, uninitiated. ◇ *nm, f* layman *m*, laywoman *f*, lay person.

profanar [pɾufə'na] *vt* to desecrate.

profecia [pɾufə'siə] *nf* [predicció] prophecy. ☛ **profecies** *nf pl* [llibres] Prophets.

proferir [pɾufə'ɾi] *vt* to utter.

professar [pɾufə'sa] *vt* -1. [professió] to practise. -2. RELIG to profess, to follow.

professió [pɾufəsi'o] *nf* profession; **de ~** by profession; **~ liberal** liberal profession.

professional [pɾufəsiu'nal] *adj & nmf* professional.

professionalitzar [pɾufəsiunəli'dza] *vt* to professionalise.

professor -a [pɾufə'so -oɾə] *nm, f* teacher; **~ agregat** lecturer; **~ associat** associate lecturer; **~ ajudant** assistant lecturer; **~ particular** private tutor; **~ titular** full lecturer.

professorat [pɾufəso'ɾat] *nm* -1. [càrrec] teaching post. -2. [conjunt] teaching staff.

profeta [pɾu'fɛtə] *nm* prophet.

profetessa [pɾufə'tesə] *nf* prophetess.

profetitzar [pɾufəti'dza] *vt* to prophesy.

profit [pɾu'fit] *nm* -1. [gen] profit, benefit, advantage; **bon ~!** bon appetit!, enjoy your meal!; **de ~** [persona] worthy; **fer ~** to do good; **treure ~** to take advantage of sthg. -2. [rendiment] good effect.

profitós -osa [pɾufi'tos -ozə] *adj* profitable, advantageous, beneficial.

pròfug -a ['pɾɔfuk -uɣə] ◇ *adj & nm, f* fugitive. ◇ *nm, f* MIL deserter.

profund -a [pɾu'fun -undə] *adj* deep.

profunditat [pɾufundi'tat] *nf* depth.

profusió [pɾufuzi'o] *nf* profusion.

progenitor -a [pɾuʒəni'to -oɾə] *nm, f* ancestor, father, mother. ☛ **progenitors** *nm pl* parents.

programa [pɾu'ɣɾamə] *nm* [gen & INFORM] programme; **~ d'intercanvi** exchange programme. -2. [d'activitats] schedule.

programació [pɾuɣɾəməsi'o] *nf* programming.

programador -a [pɾuɣɾəmə'ðo -oɾə] *nm, f* programmer.

programar [pɾuɣɾə'ma] *vt* to programme.

programari [pɾuɣɾə'maɾi] *nm inv* INFORM software.

progrés [pɾu'ɣɾes] *nm* progress.

progressar [pɾuɣɾə'sa] *vi* to progress.

progressió [pɾuɣɾəsi'o] *nf* -1. [gen & MAT] progression. -2. [millora] improvement, advance.

progressisme [pɾuɣɾə'sizmə] *nm* progressivism.

progressista [pɾuɣɾə'sistə] *adj & nmf* progressive.

progressiu -iva [pɾuɣɾə'siw -iβə] *adj* progressive, gradual.

prohibició [pɾuiβisi'o] *nf* prohibition.

prohibir [pɾui'βi] *vt* to forbid.

prohibit -ida [pɾui'βit -iðə] *adj* forbidden; **"~ aparcar"** "no parking"; **"~ fumar"** "no smoking"; **"prohibida l'entrada"** "no entry"; **"direcció prohibida"** "one way street".

prohibitiu -iva [pɾuiβi'tiw -iβə] *adj* prohibitive.

proïsme [pɾu'izmə] *nm* one's fellow man.

projecció [pɾuʒəksi'o] *nf* -1. [gen] projection; *fig* [abast] importance. -2. CIN screening.

projectar [pɾuʒək'ta] *vt* -1. [dirigir - focus, etc.] to shine, to direct. -2. [pel·lícula] to project, to screen; [diapositives] to show. -3. [detallar] to plan; [obra] to design.

projecte [pɾu'ʒɛktə] *nm* project, design, plan.

projectil [pɾuʒək'til] *nm* projectile, missile.

projector -a [pɾuʒək'to -oɾə] *adj* [aparell] projecting. ☛ **projector** *nm* -1. CIN projector. -2. TEAT spotlight.

prole ['pɾɔlə] *nf* offspring.

pròleg ['pɾɔlək] *nm* foreword, introduction, prologue.

proletari -ària [pɾulə'taɾi -aɾiə] *adj & nm, f* proletarian.

proletariat [pɾulətəɾi'at] *nm* proletariat.

proliferació [pɾulifəɾəsi'o] *nf* proliferation.

proliferar [pɾulifə'ɾa] *vi* to proliferate.
prolífic -a [pɾu'lifik -ə] *adj* prolific.
prolix -a [pɾu'liks -ə] *adj* long-winded, wordy.
prolongació [pɾuluŋɡəsi'o] *nf* **-1.** [gen] prolongation. **-2.** DR extension.
prolongar [pɾuluŋ'ɡa] *vt* to prolong, to extend.
prolongat -ada [pɾuluŋ'ɡat -aðə] *adj* long, lengthy.
promès -esa [pɾu'mɛs -ɛzə] ◇ *adj* engaged. ◇ *nm, f* fiancé *m*, fiancée *f*. ✺ **promesa** *nf* promise.
prometre [pɾu'metɾə] *vt* to promise.
prominent [pɾumi'nen] *adj* **-1.** protruding. **-2.** *fig* [il·lustre] prominent.
promiscu -íscua [pɾu'misku -iskuə] *adj* promiscuous.
promoció [pɾumusi'o] *nf* **-1.** [gen] promotion; ~ **de vendes** sales drive, sales campaign. **-2.** [curs] class, year.
promocionar [pɾumusiu'na] *vt* to promote.
promotor -a [pɾumu'to -oɾə] ◇ *adj* promoting. ◇ *nm, f* promoter; ~ **immobiliari** real estate developer.
promoure [pɾu'mowɾə] *vt* **-1.** [iniciar] to set up. **-2.** [ocasionar] to cause, to give rise to. **-3.** [ascendir]: ~ **algú a** to promote sb to.
promulgar [pɾumul'ɡa] *vt* to promulgate.
pronom [pɾu'nɔm] *nm* pronoun; ~ **demostratiu / indefinit** demonstrative / indefinite pronoun; ~ **interrogatiu / personal** interrogative / personal pronoun; ~ **possessiu** possessive pronoun; ~ **relatiu** relative pronoun.
pronòstic [pɾu'nɔstik] *nm* **-1.** [gen] forecast, prediction. **-2.** MED prognosis; ~ **reservat** under observation.
pronunciació [pɾununsiəsi'o] *nf* pronunciation.
pronunciament [pɾununsiə'men] *nm* **-1.** [sublevació] rising. **-2.** DR pronouncement.
pronunciar [pɾununsi'a] *vt* **-1.** [gen & DR] to pronounce. **-2.** [realçar] to highlight. ✺ **pronunciar-se** *vp* **-1.** [definir-se]: ~**-se (sobre)** to state an opinion (on). **-2.** [sublevar-se] to rise up.
pronunciat -ada [pɾununsi'at -aðə] *adj* marked, sharp, pronounced.
prop ['pɾɔp] *adv* [en el temps] recent; [en l'espai] near, nearby; **viu molt a ~** he lives nearby; **per aquí a ~** near here; [aproximat] **de ~** more or less; **va guanyar ~ de tres milions** he won about three million pesetas. ✺ **a prop** *loc prep* near, nearby.
propà [pɾu'pa] *nm* propane.
propagació [pɾupəɣəsi'o] *nf* spreading.
propaganda [pɾupə'ɣandə] *nf* **-1.** [gen] advertising (U), publicity. **-2.** [política] propaganda.
propagar [pɾupə'ɣa] *vt* to spread. ✺ **propagar-se** *vp* to spread.
propalar [pɾupə'la] *vt* to divulge.
propens -a [pɾu'pɛns -ə] *adj*: ~ **a** prone to, inclined to.
propensió [pɾupənsi'o] *nf* propensity, tendency.
proper -a [pɾu'pe -eɾə] *adj* **-1.** near, close. **-2.** next.
propi pròpia ['pɾɔpi 'pɾɔpiə] *adj* **-1.** [gen] own; **té cotxe ~** he has his own car; **pel teu ~ bé** for your own good. **-2.** [peculiar] ~ **de** typical of; **no és ~ d'ell** it's not like him.
propici -ícia [pɾu'pisi -isiə] *adj* propitious, favourable, suitable.
propietari -ària [pɾupiə'taɾi -aɾiə] *nm, f* **-1.** [de béns] owner. **-2.** [de càrrec] holder.
propietat [pɾupiə'tat] *nf* **-1.** [gen] property; ~ **horitzontal** joint-ownership; ~ **industrial** patent rights *pl*; ~ **intel·lectual** copyright. **-2.** [exactitud] precision; **amb ~** properly.
propina [pɾu'pinə] *nf* tip, gratuity.
propinar [pɾupi'na] *vt* [cops, pallissa] to deal, to give.
proporció [pɾupuɾsi'o] *nf* proportion; **guardar ~ (amb)** to be in proportion to.
proporcionar [pɾupuɾsiu'na] *vt* **-1.** [ajustar] to adjust. **-2.** [oferir] to give, to provide (with).
proporcionat -ada [pɾupuɾsiu'nat -aðə] *adj* well-proportioned.
proposar [pɾupu'za] *vt* to propose; [candidat] to put forward. ✺ **proposar-se** *vp*: **~-se fer alguna cosa** to plan / intend to do sthg.
proposició [pɾupuzisi'o] *nf* **-1.** proposition, proposal. **-2.** GRAM clause.
propòsit [pɾu'pɔzit] *nm* **-1.** [intenció] intention. **-2.** [objectiu] purpose. ✺ **a propòsit** *loc adj* [adequat] fitting, suitable. ✺ **a propòsit de** *loc prep* with regard to.
proposta [pɾu'pɔstə] *nf* proposal, proposition.

propugnar [pɾupuŋˈna] *vt* to advocate, to defend.

propulsar [pɾupulˈsa] *vt* **-1.** [impel·lir] to propel. **-2.** *fig* [promoure] to promote.

propulsió [pɾupulsiˈo] *nf* propulsion.

propulsor -a [pɾupulˈso -oɾə] ◇ *adj* propulsive. ◇ *nm, f* driving force, promoter. ☛ **propulsor** *nm* AERON engine, propulsion unit.

pròrroga [ˈpɾɔruɣə] *nf* **-1.** [gen] extension; [de servei militar] deferment. **-2.** ESPORT extra time.

prorrogar [pɾuruˈɣa] *vt* [allargar] to extend; [ajornar] to defer.

prorrompre [pɾuˈrrompɾə] *vi*: ~ **en** to burst into.

prosa [ˈpɾɔzə] *nf* **-1.** LITER prose; **en** ~ in prose. **-2.** *fig* [monotonia] dullness.

proscrit -a [pɾusˈkɾit -ə] ◇ *adj* **-1.** [prohibit] banned. **-2.** [desterrat] banished. ◇ *nm, f* [desterrat] exile; [fora de la llei] outlaw. ◇ *pp* ☛ **proscriure**.

proselitisme [pɾuzəliˈtizmə] *nm* proselytism.

prospecció [pɾuspəksiˈo] *nf* prospecting.

prospecte [pɾusˈpɛktə] *nm* leaflet; MED & COM prospectus.

pròsper -a [ˈpɾɔspər -əɾə] *adj* thriving, prosperous, flourishing.

prosperar [pɾuspəˈɾa] *vi* **-1.** [millorar] to thrive, to prosper, to flourish. **-2.** [triomfar] to be successful.

prosperitat [pɾuspəɾiˈtat] *nf* [millora] prosperity; [èxit] success.

prossecució [pɾusəkusiˈo] *nf* continuation.

prosseguir [pɾusəˈɣi] *vi* to continue.

pròstata [ˈpɾɔstətə] *nf* prostate (gland).

prostíbul [pɾusˈtiβul] *nm* brothel.

prostitució [pɾustitusiˈo] *nf* prostitution.

prostituir [pɾustituˈi] *vt* to prostitute. ☛ **prostituir-se** *vp* to prostitute o.s.

prostitut -a [pɾustiˈtut -ə] *nm, f* prostitute *f*, gigolo *m*.

protagonisme [pɾutəɣuˈnizmə] *nm* leading role.

protagonista [pɾutəɣuˈnistə] *nmf* **-1.** [gen] main character. **-2.** LITER hero *m*, heroine *f*. **-3.** TEAT & CIN lead, leading role.

protagonitzar [pɾutəɣuniˈdza] *vt* to have / play the main role / to star (in).

protecció [pɾutəksiˈo] *nf* protection; ~ **civil** civil defence.

proteccionisme [pɾutəksiuˈnizmə] *nm* protectionism.

protector -a [pɾutəkˈto -oɾə] ◇ *adj* protective. ◇ *nm, f* protector. ☛ **protector** *nm* [boxa] gumshield; ~ **de llavis** lip balm.

protegir [pɾutəˈʒi] *vt* to protect. ☛ **protegir-se** *vp* to protect o.s. (from).

protegit -ida [pɾutəˈʒit -iðə] ◇ *adj* protected. ◇ *nm, f* protégé *m*, protégée *f*.

proteïna [pɾutəˈinə] *nf* protein.

pròtesi [ˈpɾɔtəzi] *nf* **-1.** MED prothesis. **-2.** GRAM prothesis.

protesta [pɾuˈtɛstə] *nf* protest; DR objection.

protestant [pɾutəsˈtan] *adj & nmf* Protestant.

protestar [pɾutəsˈta] *vi*: ~ **(contra / per)** to protest (against / about).

protocol [pɾutuˈkɔl] *nm* **-1.** [gen & INFORM] protocol; ~ **de comunicació** communications protocol. **-2.** [cerimònia] etiquette.

prototip [pɾutuˈtip], **prototipus** [pɾutuˈtipus] *nm* prototype, archetype.

protuberància [pɾutuβəˈɾansiə] *nf* bulge, protuberance.

prou [ˈpɾɔw] ◇ *adv* sufficient, enough; **no menja ~** he doesn't eat enough; **és ~ llesta per...** she is bright enough to... ◇ *interj*: **~!** stop it!; **i ~!** and that's it!

prova [ˈpɾɔβə] *nf* **-1.** [demostració] proof; DR evidence. **-2.** [gen, EDUC & MED] test. **-3.** [comprovació]: **a ~** on trial / approval; **a ~ de bales / d'aigua** waterproof / bulletproof.

provar [pɾuˈβa] ◇ *vi* **-1.** to suit; [clima, vacances] **~ bé** to do good; **un descans et provarà** a rest will do you good. ◇ *vt* **-1.** [demostrar] to prove. **-2.** [comprovar] to test / check. **-3.** [intentar] to try.

proveïdor -a [pɾuβəiˈðo -oɾə] *nm, f* supplier.

proveir [pɾuβəˈi] *vt* **-1.** [gen] to supply, to provide; ~ **algú de** to provide sb wit. **-2.** [vacant] to fill. ☛ **proveir-se** *vp*: **~-se de** to arm o.s. with; to stock up on.

proveït -ïda [pɾuβəˈit -iðə] *pp* ☛ **proveir**.

provenir [pɾuβəˈni] *vi*: ~ **de** to come from.

proverbi [pɾuˈβɛɾβi] *nm* saying, proverb.

proverbial [pɾuβəɾβiˈal] *adj* proverbial.

proveta [pɾuˈβɛtə] *nf* test flask.

providència [pɾuβiˈðɛnsiə] *nf* **-1.** *gen pl* [mesura] measure, step. **-2.** DR ruling.

providencial [pruβiðənsi'al] *adj lit & fig* providential.

província [pru'βinsiə] *nf* province.

provincià -ana [pruβinsi'a -anə] *adj & nm, f* provincial.

provincianisme [pruβinsiə'lizmə] *nm* provincialism.

provisió [pruβizi'o] *nf* **-1.** *gen pl* provisions *pl*, supplies *pl*; **~ de fons** financial reserves. **-2.** [disposició] measure.

provisional [pruβiziu'nal] *adj* provisional.

provocació [pruβukəsi'o] *nf* **-1.** provocation. **-2.** [de revolta] instigation.

provocar [pruβu'ka] *vt* [gen] to provoke.

provocatiu -iva [pruβukə'tiw -iβə] *adj* provocative.

pròxim -a ['prɔksim -ə] *adj* [espai] near, nearby; [seqüència] next.

pròximament [,prɔksimə'men] *adv* soon, shortly.

proximitat [pruksimi'tat] *nf* nearness, closeness, proximity. ⇒ **proximitats** *nf pl* surroundings.

prudència [pru'ðɛnsiə] *nf* prudence, caution; **amb ~** in moderation.

prudent [pru'ðen] *adj* prudent, cautions; **a una hora ~** at a reasonable time.

pruïja [pru'iʒə] *nf* **-1.** itching; MED rash. **-2.** *fig* [afany] longing, urge.

pruna ['prunə] *nf* plum; **~ clàudia** greengage; **~ seca** prune.

pruner [pru'ne] *nm* plum tree.

PSC *nm* (abrev de **Partit dels Socialistes de Catalunya**) Catalan Socialist Party.

pseudònim [psəw'ðɔnim] *nm* pseudonym.

psicoanàlisi [psiku'nalizi] *nf* psychoanalysis.

psicoanalista [psikunə'listə] *nmf* psychoanalyst.

psicòleg -òloga [psi'kɔlək -ɔluɣə] *nm, f* psychologist.

psicologia [psikulu'ʒiə] *nf* psychology.

psicològic -a [psiku'lɔʒik -ə] *adj* psychological.

psicomotor -motriu [psikumu'tor -mu'triw] *adj* psychomotor.

psicòpata [psi'kɔpətə] *nmf* psychopath.

psicosi [psi'kɔzi] *nf* psychosis.

psicosomàtic -a [psikuso'matik -ə] *adj* psychosomatic.

psicotècnic -a [psiku'tɛŋnik -ə] ⋄ *adj* psychotechnical. ⋄ *nm, f* psychiatric technician. ⇒ **psicotècnic** *nm* psychotechnical test.

psiquiatre -a [psiki'atrə] *nm, f* psychiatrist.

psiquiatria [psikiə'triə] *nf* psychiatry.

psiquiàtric -a [psiki'atrik -ə] *adj* psychiatric. ⇒ **psiquiàtric** *nm* psychiatric hospital.

psíquic -a ['psikik -ə] *adj* psychic.

PSOE *nm* (abrev de **Partido Socialista Obrero Español**) Spanish Socialist Work Party.

pta. (abrev de **pesseta**) peseta.

pua ['puə] *nf* **-1.** [de planta] thorn; [animal] spine. **-2.** [de pinta] carding tooth.

pubertat [puβər'tat] *nf* puberty.

pubis ['puβis] *nm inv* pubes *pl*.

públic -a ['puβlik -ə] *adj* public; **en ~** in public; **ser ~** to be common knowledge. ⇒ **públic** *nm* audience.

publicació [puβlikəsi'o] *nf* publication.

publicar [puβli'ka] *vt* to publish.

publicitari -ària [puβlisi'tari -ariə] *adj & nm, f* advertising.

publicitat [puβlisi'tat] *nf* **-1.** advertising, publicity; **donar ~ a** to publicise sthg / sb. **-2.** [anuncis] adverts *pl*, commercials *pl*.

publireportatge [,puβlirəpur'tadʒə] *nm* [anunci de televisió] promotional film; [en una revista] advertising spread.

puça ['pusə] *nf* flea.

pudent [pu'ðen] *adj* stinking.

púdic -a ['puðik -ə] *adj* chaste, modest.

púding ['puðiŋ] *nm* pudding.

pudir [pu'ði] *vi* [fer pudor] to stink / reek / smell (of).

pudor [pu'ðo] *nf* **-1.** stench. **-2.** (sense of) shame.

pudorós -osa [puðu'ros -ozə] *adj* chaste; [tímid] bashful.

puericultor -a [puərikul'to -orə] *nm, f* pediatrician.

pueril [puə'ril] *adj fig* childish.

puf ['puf] *nm* pouffe.

púgil ['puʒil] *nm* boxer.

pugna ['punnə] *nf lit & fig* fight, struggle.

pugnar [pun'na] *vi lit & fig* to fight, to struggle.

pugó [pu'ɣo] *nm* greenfly, aphid, plant louse.

puig ['putʃ] *nm* hillock, hill, mountain.

puix ['puʃ] *conj* since, as, given that; **~ que ell ho ha dit** given that he has said that. ⇒ **puix que** *loc conj* since, as, given that.

puixança [pu'ʃansə] *nf* vigour, strength.

pujada [puˈʒaðə] *nf* **-1.** [pendent] slope, hill. **-2.** [augment] rise.

pujar [puˈʒa] ◇ *vi* **-1.** [a un lloc] to go / come up. **-2.** [incrementar] to rise. **-3.** [a un cim] to climb. **-4.** [créixer una planta] to grow. **-5.** [marea] to rise. ◇ *vt* **-1.** [gen] to go up. **-2.** [augmentar] to increase. **-3.** [fills] to raise.

pujol [puˈʒɔl] *nm* hillock, mound, hummock.

pulcre -a [ˈpulkɾə] *adj* neat, clean, tidy.

pul·lular [pulluˈla] *vi* to swarm, to teem.

pulmó [pulˈmo] *nm* lung; **~ artificial** iron lung. ▸ **pulmons** *nm pl* lungs; *fig* **a plens pulmons** at the top of one's lungs.

pulmonia [pulmuˈniə] *nf* pneumonia.

púlpit [ˈpulpit] *nm* pulpit.

pulsació [pulsəsiˈo] *nf* **-1.** [del cor] throb, beat. **-2.** [mecanografia] keystroke.

puma [ˈpumə] *nm* puma.

punció [punsiˈo] *nf* puncture.

punició [punisiˈo] *nf* punishment.

punt [ˈpun] *nm* **-1.** [gen] point; **fins al ~ que** to the point where; **~ cardinal** cardinal point; **~ culminant** high point; **~ de suport** fulcrum; **~ de partida** starting point; **~ de venda** outlet; **~ de vista** viewpoint. **2.** [signe] dot; **dos ~s** colon; **~s suspensius** dots; **~ i a part** full stop new paragraph; **~ i coma** semi-colon; **~ i seguit** full stop. **-3.** [lloc] point, spot; **~ de trobada** meeting point. **-4.** [moment]: **arribar a ~** to arrive just in time; **estar a ~** to be ready. **-5.** [grau de color] spot. **-6.** [teixit] stitch; **fer ~** to knit. **-7.** [mica, toc] touch. **-8.** [objectiu] target. **-9.** [grau] degree; **fins a tal ~ que** to such an extent that. **-10.** *fam* **i ~** and that's that! ▸ **en punt** *loc adv* on the dot.

punta [ˈpuntə] *nf* **-1.** [gen] point; [extrem] end; *fig* tip; **fer ~ a un llapis** to sharpen a pencil; **a ~ de pistola** at gunpoint; **estar de ~ amb algú** to be at odds with sb; **la ~ de l'iceberg** the tip of the iceberg; **tenir alguna cosa a la ~ de la llengua** to have sthg on the tip of one's tongue; **a ~ de dia** at daybreak. **-2.** nail, tack.

puntada [punˈtaðə] *nf* **-1.** [repunt] stitch. **-2.** [forat] hole made with a needle. ▸ **puntada de peu** *nf* kick.

puntal [punˈtal] *nm* **-1.** [fusta] stake, post. **-2.** *fig* [suport] stay, prop.

puntejar [puntəˈʒa] *vt* to dot, to stipple; MÚS to pluck.

punter [punˈte] *nm* pointer.

puntera [punˈteɾə] *nf* toecap.

punteria [puntəˈɾiə] *nf* **-1.** [destresa] marksmanship; **tenir bona ~** to be a good shot. **-2.** [orientació] aim. ▸ **de puntetes** *loc adv* on tiptoe.

puntuable [puntuˈabblə] *adj*: **~ per a** that counts towards.

puntuació [puntuəsiˈo] *nf* **-1.** [qualificació] mark; [en concurs, competicions] score. **-2.** [ortogràfica] punctuation.

puntual [puntuˈal] *adj* **-1.** [gen] punctual. **-2.** [exacte] exact, precise.

puntualitat [puntuəliˈtat] *nf* **-1.** [en el temps] punctuality. **-2.** [exactitud] exactness.

puntualitzar [puntuəliˈdza] *vt* to specify, to clarify.

puntuar [puntuˈa] ◇ *vi* to score. ◇ *vt* **-1.** [qualificar] to mark. **-2.** [escrit] to punctuate. **-3.** ESPORT to award marks to.

punxa [ˈpunʃə] *nf* sharp point, thorn, prickle.

punxada [punˈʃaðə] *nf* **-1.** prick. **-2.** [dolor intens] stabbing pain. **-3.** [de pneumàtic] puncture.

punxar [punˈʃa] *vt* **-1.** [gen] to prick, to stick. **-2.** [roda, globus] to puncture. **-3.** *fam fig* to take a dig at sb. **-4.** *fam* [telèfon] to bug. ▸ **punxar-se** *vp* **-1.** [gen] to prick o.s. **-2.** [roda] to get a puncture. **-3.** *fam* [droga] to shoot up (with sthg).

punxegut -uda [punʃəˈɣut -uðə] *adj* sharp, pointed.

punxó [punˈʃo] *nm* punch.

puny [ˈpuɲ] *nm* **-1.** [mà tancada] fist; **cop de ~** punch. **-2.** [de màniga] wrist. **-3.** [empunyadura] hilt, grip.

punyal [puˈɲal] *nm* dagger.

punyalada [puɲəˈlaðə] *nf* stab; *fig* **cosir a punyalades** to stab to death; *fig* blow, shock.

punyeta [puˈɲetə] ◇ *nf fam* a drag / bore; *fam* **fer la ~** to be a pain; [mala passada] dirty trick; *fam* **engegar a fer punyetes** to tell sb to go to hell. ◇ *interj* ~! bloody hell!, damn!, gosh!, shit!

punyeter -a [puɲəˈte -eɾə] ◇ *adj* **-1.** damn, bloody. **-2.** tricky. ◇ *nm, f* pain in the arse.

pupa [ˈpupə] *nf fam* graze, sore.

pupil -il·la [puˈpil -illə] *nm, f* **-1.** [deixeble] pupil. **-2.** [orfe] orphan.

pupil·la [puˈpillə] *nf* ANAT pupil.

pupitre [puˈpitɾə] *nm* writing desk.

puput [puˈput] *nm* ZOOL hoopoe.

pur -a [ˈpur -uɾə] *adj* [gen] pure; **per ~a casualitat** by sheer chance.

puré [puˈɾe] *nm* purée.
puresa [puˈɾɛzə] *nf* purity.
purga [ˈpurɣə] *nf lit & fig* purge.
purgant [purˈɣan] *adj & nm, f* purgative.
purgar [purˈɣa] *vt* to purge. ☞ **purgar-se** *vp* to take a purge.
purgatori [purɣəˈtɔɾi] *nm* purgatory.
purificar [puɾifiˈka] *vt* to purify.
purità -ana [puɾiˈta -anə] *adj & nm, f* puritan.
puro [ˈpuɾu] *nm* cigar.
púrpura [ˈpurpuɾə] *adj inv & nm* purple.
purpurina [purpuˈɾinə] *nf* metallic paint.
púrria [ˈpurjə] *nf fam* riff-raff.
pus [ˈpus] *nm* pus.
pusil·lànime [puziˈʎanimə] *adj* weak-spirited, cowardly.
puta [ˈputə] *nf* whore, tart, prostitute, call girl.
putada [puˈtaðə] *nf vulg* dirty trick.
putejar [putəˈʒa] *vt vulg* to go whoring; [fastiguejar] to piss sb off.
putxinel·li [putʃiˈnɛʎi] *nm* puppet.
puzle [ˈpuzlə] *nm* jigsaw puzzle.
PVP *nm* (abrev de preu de venda al públic) retail price.

Q

q, Q [ˈku] *nf* [lletra] q, Q.
quadern [kwəˈðɛrn] *nm* notebook, exercise book.
quadra [ˈkwaðɾə] *nf* stable.
quadrangular [kwəðɾəŋguˈla] *adj* quadrangular.
quadrant [kwəˈðɾan] *nm* [gen] quadrant; [rellotge solar] sundial.
quadrar [kwəˈðɾa] *vi* [informació, fets] to square; [caràcters, roba] to go (with sthg), to match; [números, comptes] to add up. ☞ **quadrar-se** *vp* **-1.** MIL to stand to attention. **-2.** [mostrar fermesa] to make a stand.
quadrat -ada [kwəˈðɾat -aðə] *adj* [gen & MAT] square; *fam* [persona] square-built. ☞ **quadrat** *nm* square.
quadre [ˈkwaðɾə], **quadro** [ˈkwaðɾu] *nm* **-1.** [pintura] painting. **-2.** [escena] scene, spectacle. **-3.** GEOM square. **-4.** [equip] team. **-5.** [gràfic] chart. **-6.** [de bicicleta] bicycle frame.
quadrícula [kwəˈðɾikulə] *nf* grid.
quadriculat -ada [kwəðɾikuˈlat -aðə] *adj* squared.
quadrilàter [kwəðɾiˈlatər] *nm* **-1.** GEOM quadrilateral. **-2.** ESPORT ring.
quadrimestral [kwəðɾiməsˈtɾal] *adj* four-monthly.
quadro [ˈkwaðɾu] *nm* ☞ **quadre**.
quadrúpede [kwəˈðɾupəðə] *nm* quadruped.
quàdruple [ˈkwaðɾuplə] *nm* fourfold, quadruple.

qual [ˈkwal] (*pl* **quals**) ◇ *pron relat* which, who, whom; **el / la ~** which, whom; **vaig cridar el Joan, el ~ dormia** I called Joan - who was sleeping; **al / a la ~** to which / to whom; **l'Anna, la ~ veig molt sovint...** Anna, whom I often see...; **aquest és el senyor el fill del ~ vas veure ahir** this is the gentleman whose son you saw yesterday; **aquests són els amics a casa dels ~s ens hem allotjat** these are the friends we are staying with. ◇ *adj relat* [subjecte - complement] which; **està molt empipada, la ~ cosa és comprensible** she is very annoyed - which is perfectly understandable.
qualificació [kwəlifikəsiˈo] *nf* EDUC mark; [atribut] qualification.
qualificar [kwəlifiˈka] *vt* [gen] to qualify; EDUC to mark; *fig* to label.
qualificat -ada [kwəlifiˈkat -aðə] *adj* **-1.** [important] eminent. **-2.** [apte] qualified.
qualitat [kwəliˈtat] *nf* **-1.** [gen] quality; **de ~** high quality. **-2.** [condició] **en ~ de** in one's capacity as; **~ de vida** quality of life.
qualitatiu -iva [kwəliəˈtiw -iβə] *adj* qualitative.
qualsevol qualsevulla [ˌkwalsəˈβɔl ˌkwalsəˈβuʎə] (*mfpl* **qualssevol**, *fpl* **qualssevulla**) ◇ *adj* (*davant de substantiu*) [gen] any; **~ dia et faré una visita** I'll drop by one of these days; **en ~ moment** at any time; **en ~ lloc** anywhere; *(darrere de substantiu)* [ordinari]: **un lloc ~** a place like any other; **un home ~** a man like any other. ◇ *pron* anyone, anything; [persona] **~ que** anyone who; [cosa] **~ (qualsevulla)** whatever; **~ que et veiés se'n riuria** anyone who saw you would laugh. ◇ *nm, f fam* nobody *m*, mediocrity *m*, whore *f*.
quan [ˈkwan] ◇ *adv* **-1.** when; **~ vindràs?** when will you come?; **li vaig preguntar**

~ se n'anava I asked him when he planned to leave. ◇ *conj* **–1.** [de temps] when; **~ vaig arribar a París** when I arrived in Paris. **–2.** [si] if; **~ tu ho dius és que és veritat** if you say so it must be the truth. ◇ *nm* when; **ignora el com i el ~ de l'operació** he doesn't know how and when the operation will be carried out.

quant -a ['kwan -antə] (*mpl* **quants**, *fpl* **quantes**) ◇ *adj* **–1.** [exclamatiu]: **~a gent!** what a lot of people! **–2.** [interrogatiu] how much? (*U*), how many? *pl*; **~ de pa vols?** how much bread would you like?; **no sé ~s convidats hi havia** I don't know how many guests there were. ◇ *pron* [interrogatiu i exclamatiu] how much (*U*), how many *pl*; **~s són?** how many are there?; **quantes en vols?** how many would you like?; **m'agradaria saber ~ costarà** I'd like to know how much it will cost. ◇ *adv* how much (*U*); **a ~ van els tomàquets?** how much are the tomatoes? ◆ **quant a** *loc prep* as for, regarding; **~ a la teva petició** regarding your request.

quantia [kwənˈtiə] *nf* quantity, amount.

quantificar [kwəntifiˈka] *vt* to quantify.

quantitat [kwəntiˈtat] *nf* **–1.** [nombre, mesura] quantity. **–2.** [abundància]: **en ~** in abundance. **–3.** [de diners] sum.

quantitatiu -iva [kwəntitəˈtiw -iβə] *adj* quantitative.

quàquer -a [ˈkwakər -ərə] *nm, f* Quaker.

quaranta [kwəˈrantə] *adj num inv & nm inv* forty; **cantar les ~ a algú** to give sb a piece of one's mind; ➤ **sis**.

quarantè -ena [kwərənˈtɛ -enə] *adj num & nm, f* fortieth; ➤ **sisè**. ◆ **quarantena** *nf*: **posar en quarantena** [malalt] to put in quarantine; [notícia] to put on hold.

quaresma [kwəˈrɛzmə] *nf* Lent.

quars [ˈkwars] *nm* quartz.

quart -a [ˈkwart -ə] *adj num & nm, f* fourth; **una ~a part** a quarter; **d'hora** quarter of an hour; ➤ **sisè**. ◆ **quart** *nm* **–1.** ESPORT: **~s de final** quarter finals. **–2.** [part] quarter, fourth part. **–3.** [de lluna]: **~ creixent / minvant** first / last quarter.

quarter [kwərˈte] *nm* quarter, fourth part; MIL **~ general** headquarters.

quartet [kwərˈtet] *nm* MÚS quartet.

quartilla [kwərˈtiʎə] *nf* sheet of quarto.

quasi [ˈkwazi] *adv* almost, nearly; **~ no he dormit** I have hardly slept.

quatre [ˈkwatrə] *adj num inv & nm inv* four; *fig* [poc] a few; **fa ~ dies** a few days ago; ➤ **sis**.

quatre-cents -centes [ˌkwatrəˈsens -sentəs] *adj num inv* four hundred; ➤ **sis**.

que [kə] ◇ *pron relat* **–1.** [subjecte] who, that, which; **la dona ~ em saluda** the woman who is waving to me; **la moto ~ m'agrada** the motorbike (that) I like; **aquest és l'home ~ me'l va comprar** this is the man who bought it from me. **–2.** [complement directe] whom, that, which; **l'home ~ vas trobar ahir...** the man (whom) you met yesterday...; **no ha llegit el llibre ~ li vaig regalar** he hasn't read the book (which) I gave him. ◇ *conj* **–1.** [gen] that; **és important ~ m'escoltis** it's important (that) you listen to me; **m'ha confessat ~ m'estima** he has told me that he loves me; **és més ràpid ~ tu** he is faster than you; **vine aquí ~ et vegi** come here so that I can see you; **espero ~ et diverteixis** I hope (that) you have fun; **vull ~ ho facis** I want you to do it. **–2.** [expressa causa]: **deixa'l, ~ dorm** let him sleep. **–3.** [en oracions exclamatives]: **~ et diverteixis!** have fun!; **~ bonic!** how nice! **–4.** [en oracions interrogatives]: **~ vol venir? doncs ~ vingui** so he wants to come? then let him! **–5.** [expressa hipòtesi]: **~ no vols, doncs no passa res** it doesn't matter if you don't want to do it. **–6.** [expressa reiteració]: **estaven xerra ~ xerraràs** they were chatting and chatting.

què [ˈkɛ] *pron interr* what; **~ vols?** what do you want?; **no sé ~ fer** I don't know what to do; **~ et va dir?** what did he say?; **~? [com?]** sorry?, pardon?; **i ~?** so what?

quec -a [ˈkɛk -ə] ◇ *adj* stuttering. ◇ *nm, f* stutterer.

quedar [kəˈða] ◇ *vi* **–1.** [haver-n'hi, faltar] to be left, to remain; **el quadre va ~ sense acabar** the picture remains unfinished; **queden tres pomes** there are three apples left. **–2.** [mostrar-se]: **va ~ com un imbècil** he made himself look a right fool; **~ bé / malament (amb algú)** to make a good / bad impression on sb. **–3.** [esdevenir, resultar]: **la festa ha quedat perfecta** the party was wonderful. **–4.** [citar-se]: **~ amb algú** to arrange to meet sb; **hem quedat per al dilluns** we have fixed it for Monday. **–5.** *fam* [estar situat]: **on queda això?** where is that? **–6.** [acabar]: **~ en** to end in; **~ en no res** to come to nothing. **–7.** [acordar]: **~ en / de fer alguna cosa** to agree on sthg / to do sthg; **que** to agree that; **en què quedem?** what's it to be then? ◇ *v impers* to keep back, to hold; **per mi que no quedi** don't let me stop you. ◆ **quedar-se**

quefer [kəˈfer] *nm* job, task, chore; **~s domèstics** household chores.

queixa [ˈkeʃə] *nf* complaint.

queixal [kəˈʃal] *nm* molar; **mal de ~** toothache; **~ del seny** wisdom tooth.

queixalada [kəʃəˈlaðə] *nf* -1. [mossegada] bite. -2. [mos] morsel.

queixalar [kəʃəˈla] *vt* to bite.

queixar-se [kəˈʃarsə] *vp* -1. to complain. -2. [lamentar-se] to moan.

queixós -osa [kəˈʃos -ozə] *adj* -1. grumbling, complaining. -2. displeased, annoyed.

quelcom [kəlˈkɔm] *pron* something, anything; **tens ~ a dir?** do you have anything to say?

quequeig [kəˈketʃ] *nm* stutter.

quequejar [kəkəˈʒa] *vi* to stutter.

quequesa [kəˈkezə] *nf* stuttering, stammering.

querella [kəˈreʎə] *nf* -1. DR [acusació] accusation, charge. -2. [discòrdia] dispute.

querellar-se [kərəˈʎarsə] *vp* to bring an action / lawsuit.

qüestió [kwəstiˈo] *nf* -1. question. -2. [assumpte] issue, matter; **en ~ de** as regards.

qüestionar [kwəstiuˈna] *vt* to question. ➟ **qüestionar-se** *vp* to wonder.

qüestionari [kwəstiuˈnari] *nm* questionnaire.

queviures [kəˈβiwrəs] *nm pl* provisions, food.

qui [ˈki] ◇ *pron* -1. [interrogatiu] who; **~ és aquest home?** who is this man?; **no sé ~ ve** I don't know who is coming; **~ és?** [a la porta] who's there? -2. [exclamatiu]: **~ ho pogués veure!** if only I could have seen it! -3. [distributiu]: **tothom hi ha contribuït, ~ més ~ menys** everyone has contributed to a greater or lesser extent. ◇ *pron relat* -1. [subjecte] who; **va ser el meu germà ~ m'ho va explicar** my brother was the one who told me. -2. [complement]: **és a ells a ~ vull conèixer** it's them (whom) I want to meet. ◇ *pron indef* -1. [subjecte] whoever; **~ ho vulgui que lluiti per aconseguir-ho** whoever wants it will have to fight for it. -2. [complement]: **donaré suport a ~ consideri oportú** I'll support whoever I think is right.

vp -1. [romandre] to stay, to remain. -2. [esdevenir] to go; **es va ~ cec** he went blind. -3. [retenir] to keep; **quedi's el canvi** keep the change. -4. [preferir]: **~-se amb alguna cosa** to choose sthg.

quid [ˈkit] *nm* gist, crux; **el ~ de la qüestió** the crux of the issue.

quídam [ˈkiðəm] *nm* -1. *fam* what's his name. -2. [una persona qualsevol] nobody, nonentity.

quiet -a [kiˈet -ə] *adj* still, quiet; **estigues ~!** keep still!

quietud [kiəˈtut] *nf* stillness, quietness.

quilla [ˈkiʎə] *nf* NÀUT keel.

quilo [ˈkilu] *nm* [pes] kilogramme, kilogram.

quilogram [kiluˈɣram] *nm* kilogramme, kilogram.

quilometratge [kiluməˈtradʒə] *nm* distance in kilometres.

quilòmetre, kilòmetre [kiˈlɔmətɾə] *nm* kilometre; **~ quadrat** square kilometre.

quilomètric -a [kiluˈmɛtɾik -ə] *adj* -1. [distància, bitllet] kilometric. -2. *fig* [llarg] very long.

quimera [kiˈmerə] *nf* chimera.

químic -a [ˈkimik -ə] ◇ *adj* chemical. ◇ *nm, f* chemist. ➟ **química** *nf* chemistry.

quimioteràpia [ˌkimiutəˈrapiə] *nf* chemotherapy.

quimono [kiˈmonu] *nm* kimono.

quin -a [ˈkin -ə] (*mpl* **quins**, *fpl* **quines**) ◇ *adj* [èmfasi] how, what; **~a moto!** what a motorbike!; **~a ximpleria!** how stupid! ◇ *pron* -1. [interrogatiu] which (one), what; **~a és la diferència?** what is the difference? -2. [especificant] which; **~ prefereixes?** which one do you prefer? -3. [distributiu] whatever; **sigui ~a sigui la raó** whatever the reason.

quina [kinə] *nf* -1. BOT cinchona. -2. [grup] group of five people.

quincalla [kiŋˈkaʎə] *nf* trinkets.

quincalleria [kiŋkəʎəˈria] *nf* ironmongery *Br*, hardware trade *Am*.

quiniela [kiniˈelə] *nf* [combinació] pools coupon; **la ~** football pools *pl*.

quinina [kiˈninə] *nf* quinine.

quinqué [kiŋˈke] *nm* oil lamp.

quinquenni [kiŋˈkɛnni] *nm* -1. [període] five-year period. -2. [paga] five-yearly increment of salary.

quint -a [ˈkin ˈkintə] *adj num & nm, f* fifth; **~a part** a fifth; ➟ **sisè**. ➟ **quint** *nm* MIL recruit, conscript.

quintar [kinˈta] *nm* weight measure equivalent to 46 kilos; **~ mètric** 100 kilos.

quintet [kinˈtɛt] *nm* quintet.

quintuplicar [kintupli'ka] *vt* to increase fivefold. ⇒ **quintuplicar-se** *vp* to increase fivefold.

quinze ['kinzə] *adj num inv & nm inv* fifteen; ⇒ **sis**.

quinzè -ena [kin'zɛ -ɛnə] *adj num & nm, f* fifteenth; quinzena part a fifteenth part (of); ⇒ **sisè**. ⇒ **quinzena** *nf* fortnight.

quinzenal [kinzə'nal] *adj* fortnightly.

quiosc [ki'ɔsk] *nm* kiosk; ~ de diaris newspaper stand.

quiosquer -a [kius'ke -erə] *nm, f* owner of a newspaper stand.

quiquiriquic [kikiri'kik] *nm* cock-a-doodle-doo.

quirat [ki'rat] *nm* carat.

quiròfan [ki'rɔfən] *nm* operating theatre *Br*, operating room *Am*.

quiromància [kiru'mansiə] *nf* palmistry, chiromancy.

quiromàntic -a [kiru'mantik -ə] ◇ *adj* chiromantic. ◇ *nm, f* palmist.

quiromassatge [kiruma'sadʒə] *nm* (manual) massage.

quiromassatgista [kirumasə'dʒistə] *nmf* masseur *m*, masseuse *f*.

quirúrgic -a [ki'rurʒik -ə] *adj* surgical.

quist ['kist] *nm* cyst.

quitrà [ki'tra] *nm* tar.

quocient [kwosi'en] *nm* quotient.

quòniam ['kwɔniam] ⇒ **tros de quòniam** *loc adj* nitwit, fool.

quòrum ['kwɔrum] *nm inv* quorum.

quota ['kwɔtə] *nf* -1. [contribució a entitat, club] membership fee, subscription. -2. [preu, despesa] fee, cost. -3. [part proporcional] quota; ~ de mercat market share.

quotidià -ana [kwotiði'a -anə] *adj* daily, everyday.

R

r, R ['ɛrə] *nf* [lletra] r, R.

rabada [rə'βaðə] *nf* [de persona] coccyx.

rabassut -uda [rəβə'sut -uðə] *adj fam* tubby, chubby, squat.

rabejar-se [rəβə'ʒarsə] *vp* to delight in.

ràbia ['raβiə] *nf* rage, anger; em fa ~ it makes me mad; *fig* tenir ~ a algú not to be able to stand sb, to be mad at sb.

rabiós -osa [rəβi'os -ozə] *adj* -1. [gen] furious, rabid; [to, veu] furious. -2. [excessiu] terrible, raging. -3. [cridaner] loud, gaudy.

rabosa [rə'βozə] *nf* ZOOL fox.

raça ['rasə] *nf* [gen] race; de ~ groga / mongòlica yellow / mongole race; ~ blanca / negra white / black race; de ~ [cavall] thoroughbred; [gos] pedigree.

RACC ['rak] *nm* (abrev de Reial Automòbil Club de Catalunya) Catalan automobile association, ≃ AA *Br*, ≃ AAA *Am*.

ració [rəsi'o] *nf* -1. [porció] portion; [quantitat fixa] ration. -2. [en bar, restaurant] large portion of a dish served as a snack.

raciocini [rəsiu'sini] *nm* -1. [facultat] reason. -2. [raonament] reasoning.

racional [rəsiu'nal] *adj* -1. [ésser] rational, reasonable. -2. [mètode, nombre] rational.

racionalitzar [rəsiunəli'dza] *vt* to rationalize.

racionar [rəsiu'na] *vt* to ration.

racisme [rə'sizmə] *nm* racism.

racista [rə'sistə] *adj & nmf* racist.

racó [rə'ko] *nm* -1. [gen] corner. -2. [lloc allunyat] (remote) spot / place. -3. *fig* [de l'ànima, cor] nook. ⇒ **racó de món** *nm* [lloc solitari] a place far from anywhere.

raconera [rəku'nerə] *nf* corner piece, cupboard.

radar [rə'ðar] *nm* radar.

radi ['raði] *nm* -1. [raig & GEOM] radius; en un ~ de within a radius of; *lit & fig* d'acció range. -2. ANAT radius. -3. QUÍM radium.

radiació [rəðiəsi'o] *nf* -1. FÍS radiation. -2. [acció] radiation; ~ solar solar radiation.

radiador [rəðiə'ðo] *nm* radiator.

radiant [rəði'an] *adj* -1. [sol, persona] radiant; ~ d'alegria radiant with happiness. -2. FÍS radiant.

radiar [rəði'a] *vt* -1. [notícies, etc.] to broadcast. -2. [llum, calor] to radiate. -3. FÍS to irradiate.

radical [rəði'kal] ◇ *adj* radical. ◇ *nm* radical.

radicalitzar [rəðikəli'dza] *vt* to harden, to make more radical. ⇒ **radicalitzar-se** *vp* to become more radical / extreme.

ràdio ['raðiu] *nf* radio; sentir alguna cosa per la ~ to hear sthg on the radio.

radioactiu -iva [ˌraðiuk'tiw -iβə] *adj* radioactive.

radioactivitat [ˌraðiuktiβiˈtat] *nf* radioactivity.

radioaficionat -ada [ˌraðiufisiuˈnat -aðə] *nm, f* radio ham.

radiodespertador [ˌraðiuðəspərtaˈðo] *nm* clock radio.

radiodifusió [ˌraðiuðifuziˈo] *nf* broadcasting.

radiofònic -a [ˌraðiuˈfɔnik -ə] *adj* radio (*abans de nom*).

radiografia [raðiuɣɾəˈfiə] *nf* X-ray, radiography.

radionovel·la [ˌraðiunuˈβɛʎʎə] *nf* radio soap opera.

radiorellotge [ˌraðiurəˈʎɔdʒə] *nm* clock radio.

radiotelèfon [ˌraðiutəˈlɛfun] *nm* radiotelephone.

radioteràpia [ˌraðiutəˈɾapiə] *nf* radiotherapy.

RAF [ˈraf] *nf* (abrev de Royal Air Force) RAF.

rafal [rəˈfal] *nm* [cobert] lean-to, shed.

ràfec [ˈrafək] *nm* [de la teulada] eaves *pl*.

ràfega [ˈrafəɣə] *nf* gust; [amb els fars] flash.

rai¹ [ˈraj] *nm* [barca] raft.

rai² [ˈraj] *interj* that's of no importance, that's the least of it; **així ~!** no problem!; **tu ~, que ets de vacances!** don't worry, you're on holiday!

raig [ˈratʃ] *nm* **-1.** [gen & FÍS] ray, beam; **~ làser / X** laser beam / X-ray; **~s beta / gamma** beta / gamma rays; **~s infrarojos / ultraviolats** infrared / ultraviolet rays. **-2.** [de líquid] jet, spurt; **sortir a ~ / a ~ fet** to spurt out.

rail [ˈrajl] *nm* rail.

raïm [rəˈim] *nm* **-1.** grape; **~ moscatell** muscat grape. **-2.** [de dàtils, plàtans] bunch, cluster. ◆ **raïms** *nm pl*: **~s de la sort** grapes eaten for good luck on New Year's Eve.

rajà [rəˈʒa] *nm* rajah; *fam fig* **viure com un ~** to live like a king.

rajada [rəˈʒaðə] *nf* [gen & ZOOL] ray, skate.

rajar [rəˈʒa] *vi* to run, to flow; [aigua] **~ de** to flow from.

rajola [rəˈʒɔlə] *nf* **-1.** [maó] brick. **-2.** [a casa] floor tile; [a la vorera] paving stone. **-3.** [de xocolata] bar. **-4.** **~ (de València)** glazed / ornamental tile.

rajolí [rəʒuˈli] *nm* trickle.

ralentí [rələnˈti] *nm* neutral; **al ~** ticking over.

ral·li [ˈralli] *nm* rally.

ram [ˈram] *nm* **-1.** [de flors] bunch, bouquet. **-2.** [gen & ECON] branch.

rama [ˈramə] *nf* branch.

ramader -era [rəməˈðe -eɾə] ◇ *adj* livestock-farming (*abans de nom*); **la indústria ramadera** the livestock industry. ◇ *nm, f* livestock farmer *Br*, rancher *Am*.

ramaderia [rəməðəˈɾiə] *nf* **-1.** [gen] livestock farming. **-2.** [de país, regió, etc.] livestock.

ramal [rəˈmal] *nm* [de carretera, ferrocarril] branch.

ramat [rəˈmat] *nm* [de cavalls, vaques] herd.

rambla [ˈramblə] *nf* [avinguda] avenue, boulevard.

ramificació [rəmifikəsiˈo] *nf* ramification.

ramificar-se [rəmifiˈkarsə] *vp* to branch out; **~ (en)** to subdivide (into).

rampa [ˈrampə] *nf* **-1.** [per a pujar i baixar] ramp; **~ de llançament** launch pad. **-2.** [pla inclinat] steep incline, slope. **-3.** [estrebada] cramp. **-4.** [descàrrega elèctrica] (electric) shock.

rampinyar [rəmpiˈɲa] *vi* to steal, to pilfer.

ran [ˈran] *adv* ➤ **arran**.

ranci rància [ˈransi ˈransiə] *adj* **-1.** [passat - gen] rancid; [- vi] mellow. **-2.** [antic] ancient.

rancor [rəŋˈko] *nm* resentment, bitterness; **tenir ~ a algú** to bear a grudge against sb.

rancorós -osa [rəŋkuˈros -ozə] ◇ *adj* resentful, bitter. ◇ *nm, f* resentful, bitter person.

ranejar [rənəˈʒa] *vi* to be around, to be getting on for; **~ als cinquanta anys** to be nearly fifty, to be getting on for fifty.

rang [ˈraŋ] *nm* rank, standing.

ranquejar [rəŋkəˈʒa] *vi* **-1.** to limp. **-2.** *fig* to falter, to flounder, to manage.

rànquing [ˈraŋkiŋ] *nm* ranking.

ranura [rəˈnuɾə] *nf* groove; [per a monedes] slot.

ranxo [ˈranʃu] *nm* **-1.** [menjar] mess. **-2.** [granja] ranch.

raó [rəˈo] *nf* **-1.** [gen] reason; **estar a raons** to talk, to chat; **donar la ~ a algú** to say that sb is right; **en ~ de** in view of, because of; **fer entrar algú en ~** to make sb see reason; **perdre la ~** to lose one's reason / mind; **tenir ~** to be right; **i amb ~** and quite rightly so; **de ser** raison d'être. **-2.** [informació] inquiry. **-3.** MAT ratio. ➤ **raó**

d'Estat *nf* reasons *pl* of state. ➨ **raó social** *nf* COM trade name. ➨ **a raó de** *loc adv* at a rate of. ➨ **per raó de** *loc conj* on account of.

raonable [rəuˈnabblə] *adj* reasonable.

raonament [rəunəˈmen] *nm* reasoning (U).

raonar [rəuˈna] ◇ *vi* [pensar] to reason. ◇ *vt* [argumentar] to reason out.

rap [ˈrap] *nm* [peix] angler fish; CULIN angler fish, monkfish.

rapaç [rəˈpas] *adj* -1. [que roba] rapacious, greedy. -2. ZOOL ➥ **ocell**.

rapar [rəˈpa] *vt* to shave (off), to crop. ➨ **rapar-se** *vp* to shave one's head.

rapè [rəˈpɛ] *nm* snuff.

ràpel [ˈrapəl] *nm* -1. ESPORT abseiling. -2. COM loyalty rebate.

ràpid -a [ˈrapit -iðə] *adj* quick, fast. ➨ **ràpid** ◇ *adv* quickly, fast; **no tan ~** not so fast! ◇ *nm* [tren] express train.

rapidesa [rəpiˈðɛzə] *nf* speed; **amb ~** quickly.

rapinya [rəˈpiɲə] *nf* -1. [robatori] robbery (with violence). -2. ➥ **ocell**.

rapinyaire [rəpiˈɲajɾə] *nmf* ZOOL birds *pl* of prey.

rapinyar [rəpiˈɲa] *vt fam* to steal.

raptar [rəpˈta] *vt* to abduct, to kidnap.

rapte [ˈraptə] *nm* [segrest] abduction, kidnapping.

raqueta [rəˈkɛtə] *nf* racquet.

raquític -a [rəˈkitik -ə] ◇ *adj* -1. MED rachitic. -2. [sou, etc.] miserable, paltry. ◇ *nm, f* MED rickets sufferer.

rar -a [ˈrar ˈrarə] *adj* -1. [estrany, extravagant] strange, odd, eccentric; **quin animal més ~!** what a strange animal! -2. [excepcional, escàs] rare.

raresa [rəˈrɛzə] *nf* -1. [cosa poc comuna, poc freqüent] rarity. -2. [curiositat] peculiarity. -3. [extravagància] idiosyncrasy, eccentricity.

ras -a [ˈras ˈrazə] *adj* -1. [mà] flat; **a camp ~, al ~** in the open. -2. [ple] level; [cullerada, etc.] level. -3. [cel] clear. -4. [vol] molt ~ very low. -5. MIL ➥ **soldat**. ➨ **ras** *nm* satin.

rasa [ˈrazə] *nf* ditch.

rasant [rəˈzan] ◇ *adj* [llum, tret] grazing; [vol] low-level, low-flying. ◇ *nf* gradient, slope; **en canvi de ~** at a gradient slope.

rascada [rəsˈkaðə] *nf* [ferida] scratch, scrape.

rascador [rəskəˈðo] *nm* -1. [eina] scraper. -2. [per a llumins] striking surface.

rascar [rəsˈka] ◇ *vi* to scrape, to scratch. ◇ *vt* -1. [gen] to scrape; *fam* **~ una mica la guitarra** to scrape away at the guitar. -2. [amb espàtula] to scrape. -3. [ferir] to scratch. ➨ **rascar-se** *vp* -1. to scratch o.s.

raspall [rəsˈpaʎ] *nm* brush.

raspallada [rəspəˈʎaðə] *nf* brushing.

raspallar [rəspəˈʎa] *vt* [gen] to brush; [cavall] to groom; *fam* [afalagar] **~ algú** to butter up sb, to flatter sb.

raspar [rəsˈpa] *vt* [rascar] to scrape (off); [subj: vi] to be rough.

raspatge [rəsˈpadʒə] *nm* MED scrape.

raspós -osa [rəsˈpos -ozə] *adj* rough; [pell, peça de roba] rough, scratchy.

rast [ˈrast] *nf* string; **~ d'alls** string of garlics.

rastell [rəsˈteʎ] *nm* [en jardineria] rake.

rastellar [rəstəˈʎa] *vt* -1. [terreny] to rake. -2. [cànem] to rake (over).

rastre [ˈrastrə] *nm* [gen] trail, trace; **no queda ni ~ de...** there's no sign of...; **sense deixar ~** without leaving (a) trace.

rastrejar [rəstrəˈʒa] ◇ *vt* -1. [seguir les petjades de] to track. -2. *fig* [buscar pistes en - subj: persona] to search, to comb; [- subj: reflector, focus] to sweep. ◇ *vi fig* [indagar] to make enquiries.

rasurar [rəzuˈra] *vt* to shave. ➨ **rasurar-se** *vp* to shave.

rata [ˈratə] ◇ *nf* rat; *fam* **~ de sagristia** fanatical churchgoer; *fam fig* **més pobre que una ~** as poor as a church mouse. ◇ *adj fam* stingy, mean.

ratapinyada [ˌratəpiˈɲaðə] *nf* bat.

ratera [rəˈtɛɾə] *nf* -1. [gen] mousetrap. -2. [cau] haunt, dive.

ratificar [rətifiˈka] *vt* -1. to confirm. -2. [legalitzar] to ratify. ➨ **ratificar-se** *vp*: **~-se en** to stand by, to stick by.

ratlla [ˈraʎʎə] *nf* -1. [línia] line. -2. [de pantalons] crease; [d'animal] stripe. -3. [de cocaïna] line. -4. *fig* [límit] limit; **passar de la ~** to overstep the mark; [impedir alguna cosa] **posar a ~** to keep in line.

ratllada [rəˈʎʎaðə] *nf* correction, crossing out.

ratllar [rəˈʎʎa] *vt* -1. [gen] to scratch. -2. [traçar ratlles] to rule lines on. -3. [formatge, etc.] to grate. -4. [l'escrit] to cross out; **ratlleu el que no procedeixi** cross out the wrong one. ☞ **ratllar-se** *vp* to get scratched.

ratllat -ada [rəˈʎʎat -aðə] *adj* [tela] striped; [paper] ruled. ☞ **ratllat** *nm* **-1.** stripes *pl.* **-2.** [acció] ruling.

ratolí [rətuˈli] *nm* [gen & INFORM] mouse.

ratpenat [ˌratpəˈnat] *nm* bat.

ratxa [ˈratʃə] *nf* **-1.** [ràfega] gust of (wind). **-2.** [època] spell; *fig* **a ratxes** in fits and starts.

raure [ˈrawɾə] *vi*: ~ **a / en** [problema, dificultat, etc.] to lie in, to reside in.

rave [ˈraβə] *nm* radish; *fig* **importar un ~** not to care less, not to give a damn.

ravioli [rəβiˈɔli] *nm* ravioli (U).

re [ˈre] *nm* MÚS D; [en solfeig] re.

reacció [rəəksiˈo] *nf* reaction.

reaccionar [rəəksiuˈna] *vi* to react.

reaccionari -ària [rəəksiuˈnari -ariə] *adj* & *nm, f* reactionary.

reactivació [rəəktiβəsiˈo] *nf* **-1.** reactivation. **-2.** ECON revival.

reactor [rəəkˈto] *nm* **-1.** [propulsor] reactor. **-2.** [aviö] jet (plane).

readmetre [rəədˈmɛtɾə] *vt* to accept, to take back; [acomiadats] to reemploy.

reajustament [rəəʒustəˈmen] *nm* **-1.** readjustment; ~ **ministerial** cabinet reshuffle. **-2.** ECON increase.

real [reˈal] *adj* [vertader] real.

realçar [realˈsa] *vt* to enhance, to highlight (art).

realisme [reaˈlizmə] *nm* [gen & ART] realism.

realista [reaˈlistə] <> *adj* realistic. <> *nmf* realist.

realitat [rəəliˈtat] *nf* reality; **en ~** actually, in fact; ~ **virtual** virtual reality.

realització [rəəlidzəsiˈo] *nf* realization; [execució] carrying out; [d'un projecte] implementation; [de somnis, desitjos] fulfilment.

realitzador -a [rəəlidzəˈðo -oɾə] *nm, f* CIN & TELE director.

realitzar [rəəliˈdza] *vt* to carry out; [esforç, inversió] to make; [experiment, feina] to perform; [reforma] to implement; CIN to produce. ☞ **realitzar-se** *vp* **-1.** [gen] to come true, to be fulfilled. **-2.** [en un treball] to find fulfilment.

realment [re.alˈmen] *adv* really, very, actually; **està ~ empipat** he's really quite mad.

reanimar [rəəniˈma] *vt* **-1.** [físicament] to revive. **-2.** [moralment] to cheer up. **-3.** MED to resuscitate. ☞ **reanimar-se** *vp* **-1.** [físicament] to revive. **-2.** MED [recobrar el coneixement] to come around.

reaparició [rəəpəɾisiˈo] *nf* reappearance.

rebaixa [rəˈβaʃə] *nf* reduction, discount. ☞ **rebaixes** *nf pl* sales; **comprar alguna cosa de rebaixes** to buy sthg on sale; **estar de rebaixes** to have a sale on; **fer rebaixes** to give discounts.

rebaixar [rəβaiˈʃa] *vt* **-1.** [preu] to reduce, to lower; [mercaderia] to lower / bring down the price of; **li ho rebaixo 3 euros** I'll knock 3 euros off for you. **-2.** [persona] to humiliate. **-3.** [intensitat] to tone down. ☞ **rebaixar-se** *vp* to humble o.s; **~-se a fer alguna cosa** to lower o.s. to do sthg.

rebaixat -ada [rəβəˈʃat -aðə] *adj* **-1.** [preu] reduced; [mercaderia] reduced, on sale. **-2.** [humiliat] humiliated. **-3.** ARQUIT depressed.

rebatre [rəˈβatɾə] *vt* to refute.

rebedor [rəβəˈðo] *nm* [vestíbul] entrance hall, vestibule.

rebel [rəˈβɛl] <> *adj* **-1.** [gen] rebel (*abans de nom*), rebellious. **-2.** DR defaulting. <> *nmf* **-1.** [sublevat] rebel. **-2.** DR defaulter.

rebel·lar-se [rəβəlˈlarsə] *vp* to rebel.

rebel·lia [rəβəlˈliə] *nf* **-1.** [gen] rebelliousness. **-2.** DR: **en ~** in default.

rebel·lió [rəβəlliˈo] *nf* rebellion.

rebentada [rəβənˈtaðə] *nf* **-1.** [crítica] (scathing) criticism. **-2.** [pneumàtic] puncture *Br*, blowout, flat *Am*.

rebentar [rəβənˈta] <> *vt* **-1.** [fer exclatar] to burst, to pop. **-2.** [amb explosius] to blow up. **-3.** [renyir, criticar] to pull to pieces. **-4.** *fam* [cansar] to tire, to wear out, to exhaust. **-5.** *fam* [destrossar] to smash, to break. **-6.** [roda] to burst. <> *vi* **-1.** [esclatar] to blow up, to explode. **-2.** [desitjar]: ~ **per fer alguna cosa** to be bursting to do sthg. **-3.** *fam fig* [esclatar] to explode; ~ **d'ira** to seethe with rage; ~ **de riure** to burst out laughing. **-4.** *fam* [morir] to kick the bucket. ☞ **rebentar-se** *vp* **-1.** [esclatar] to explode. **-2.** *fam* [cansar-se] to get whacked, to tire o.s. to death. **-3.** *fam* [malgastar] to squander. **-4.** [roda] to burst.

rebequeria [rəβəkəˈɾiə] *nf fam*: **fer una ~** to throw a tantrum.

reblar [rəˈbblə] *vt* **-1.** to rivet. **-2.** *fig* to stress.

rebló [rəˈbblo] *nm* rivet.

rebobinar [rəβuβiˈna] *vt* to rewind.

rebolcar [rəβulˈka] vt to drag, to roll; [persona] to throw to the ground, to upend; **el nen va ~ les joguines en el fang** the boy rolled his toys in the mud.

rebombori [rəβumˈbɔɾi] nf [soroll] din, racket, uproar; [desordre] mess.

rebost [rəˈβɔst] nm larder, pantry.

rebosteria [rəβustəˈɾiə] nf -1. [establiment] confectioner's (shop). -2. [ofici, productes] confectionery.

rebot [rəˈβɔt] nm rebound, bounce; **de ~** on the rebound.

rebotar [rəβuˈta] vi to bounce, to rebound.

rebre [ˈrɛβrə] vt -1. [gen] to receive; **~ una carta / convidats** to receive a letter / guests. -2. [donar la benvinguda, acollir] to welcome, to greet.

rebregar [rəβrəˈɣa] vt [roba] to wring (out).

rebroll [rəˈβɾoʎ] nm sprout, shoot.

rebrotar [rəβɾuˈta] vi to sprout.

rebuda [rəˈβuðə] nf reception, welcome.

rebuig [rəˈβutʃ] nm -1. [negativa] repulse, refusal, rejection. -2. fig MED rejection.

rebuscat -ada [rəβusˈkat -aðə] adj -1. [complicat] recherché, pretentious. -2. [fingit] affected.

rebut [rəˈβut] nm [document] receipt; [de lloguer, llum, etc.] bill.

rebutjar [rəβuˈdʒa] vt -1. [gen] to refuse, to decline. -2. [oferta, ajuda] to turn down, to refuse; [crítiques] to reject, to ignore. -3. [idea] to reject; [sospita] to rid o.s of.

recaiguda [rəkəjˈɣuðə] nf relapse.

recalcar [rəkəlˈka] vt to stress, to emphasize; **no cal que m'ho recalquis** you don't have to tell me twice.

recalcitrant [rəkəlsiˈtɾan] adj recalcitrant.

recambra [rəˈkambɾə] nf -1. [habitació] dressing room. -2. [d'arma de foc] chamber.

recança [rəˈkansə] nf regret; **em fa ~ haver marxat tan d'hora** I'm sorry to have left so early.

recanvi [rəˈkambi] nm spare (part); **de ~** spare; **roda de ~** spare wheel.

recapitular [rəkəpituˈla] vt to recapitulate, to summarize.

recaptació [rəkəptəsiˈo] nf -1. [acció] collection, collecting. -2. [quantitat] takings pl.

recaptador -a [rəkəptəˈðo -oɾə] nm, f collector; [d'impostos] tax collector.

recaptar [rəkəpˈta] vt -1. [aconseguir] to obtain, to get, to acquire. -2. [impostos, pagaments, donatius] to collect.

recàrrec [rəˈkarək] nm [de deute, impost, etc.] extra charge, surcharge.

recarregar [rəkərəˈɣa] vt -1. [tornar a carregar] to recharge. -2. [augmentar] to increase.

recaure [rəˈkawɾə] vi -1. [gen] to backslide. -2. [malalt] to have a relapse; **~ en** [vici, error, etc.] to relapse into; **~ sobre** [culpa, responsabilitat, etc.] to fall on.

recel [rəˈsɛl] nm [suspicàcia] mistrust, suspicion.

recelar [rəsəˈla] vi: **~ (de)** to mistrust.

recelós -osa [rəsəˈlos -ozə] adj [suspicaç] mistrustful, suspicious.

recent [rəˈsen] adj -1. [gen] recent. -2. [pintura, sang, etc.] fresh.

recepció [rəsəpsiˈo] nf reception; **organitzar una ~ a algú** to organize a reception for sb.

recepcionista [rəsəpsiuˈnistə] nmf receptionist.

recepta [rəˈsɛptə] nf -1. fig CULIN recipe. -2. MED prescription.

receptacle [rəsəpˈtaklə] nm receptacle.

receptiu -iva [rəsəpˈtiw -iβə] adj receptive.

receptor -a [rəsəpˈto -oɾə] ◇ adj receiving. ◇ nm, f recipient, receiver; **~ d'òrgan** organ recipient. ◆ **receptor** nm [aparell] receiver.

recerca [rəˈsɛrkə] nf search; **a la ~ d'alguna cosa** in search of sthg.

recessió [rəsəsiˈo] nf ECON recession.

reciclable [rəsiˈklabblə] adj recyclable.

reciclar [rəsiˈkla] vt [residu] to recycle; [persona] to retrain.

reciclatge [rəsiˈkladʒə] nm [residu] recycling; [persona] retraining.

recinte [rəˈsintə] nm enclosure; [zona cercada] enclosure; [àrea] place area; [voltant d'un edifici] grounds.

recipient [rəsipiˈen] nm container, receptacle.

recíproc -a [rəˈsipɾuk -ə] adj mutual, reciprocal.

reciprocitat [rəsipɾusiˈtat] nf reciprocity; **en ~ a** in return for.

recital [rəsiˈtal] nm recital; [de rock] concert.

recitar [rəsiˈta] vt to recite.

reclam [rəˈklam] nm -1. [publicitat] lure, inducement. -2. [au, xiulet] call, birdcall.

reclamació [rəkləməsi'o] *nf* [petició] claim, demand; [queixa] complaint.

reclamar [rəklə'ma] ◇ *vt* to claim, to demand, to ask for. ◇ *vi* to demand; [protestar] ~ **(contra)** to protest (against), to complain (about).

reclinar [rəkli'na] *vt* -1. [seient] to recline, to lean back; ~ **alguna cosa (contra)** to lean sthg (on / against). -2. to lean. ☞ **reclinar-se** *vp* -1. to lean back; ~-se sobre to lean (back) on / against. -2. to rest; [en sofà, etc.] to recline.

recloure [rə'klɔwɾə] *vt* to shut / lock away, to imprison. ☞ **recloure's** *vp* to shut o.s away.

reclús -usa [rə'klus -uzə] *nm, f* prisoner.

reclusió [rəkluzi'o] *nf* -1. [empresonament] imprisonment. -2. *fig* [tancament] seclusion.

recluta [rə'klutə] *nm* [voluntari] recruit; [obligatori] conscript.

reclutament [rəklutə'men] *nm* recruitment; ~ **(obligatori)** conscription.

recobrar [rəku'βɾa] *vt* [diners, salut] to recover; ~ **l'alè / el coneixement** to get one's breath back / to regain consciousness.

recobrir [rəku'βɾi] *vt* to cover, to coat.

recol·lecció [rəkuʎʎəksi'o] *nf* [de fruites, cereals] harvest, gathering.

recol·lector -a [rəkuʎʎək'to -oɾə] ◇ *adj*: **país ~** harvesting country. ◇ *nm, f* -1. [gen] collector. -2. [de collita] harvester; [fruita] picker. ☞ **recol·lectora** *nf* combine harvester.

recollida [rəku'ʎiðə] *nf* [d'escombraries, d'aliments] collection.

recollidor [rəkuʎi'ðo] *nm* dustpan. ☞ **recollidor de pilotes** *nmf* ball boy *m*, ball girl *f*. ☞ **recollidor de taula** *nm* crumb scoop.

recolliment [rəkuʎi'men] *nm* -1. [aïllament] withdrawal, seclusion. -2. [concentració] concentration, absorption. -3. [retir] withdrawal, seclusion; **viure en total ~** to live in total seclusion.

recollir [rəku'ʎi] *vt* -1. [gen] to pick up; [habitació] to tidy / clean up. -2. [reunir, aplegar] to collect, to gather. ☞ **recollir-se** *vp* -1. [meditar] to retire, to withdraw. -2. [cabells] to put up.

recollit -ida [rəku'ʎit -iðə] *adj* -1. [lloc] withdrawn, secluded. -2. [cabells] tied back.

recolzar [rəkul'za] *vt* to lean, to rest. ☞ **recolzar-se** *vp* -1. [aguantar-se amb el colze]: ~-se (en) to lean on. -2. *fig* [basarse]: ~-se en to be based on, to rest on.

recomanació [rəkumənəsi'o] *nf* -1. [gen] recommendation. -2. *gen pl* [informes] reference.

recomanar [rəkumə'na] *vt* to recommend.

recomanat -ada [rəkumə'nat -aðə] *adj & nm, f*: **és un ~ de** he's been recommended by.

recompensa [rəkum'pɛnsə] *nf* reward.

recompensar [rəkumpən'sa] *vt* to reward.

recompondre [rəkum'pondɾə] *vt* to repair, to mend, to recompose.

recompte [rə'komtə] *nm* recount; ~ **de vots** recount of votes.

reconcentrar [rəkunsən'tɾa] *vt* -1. [gen] to bring together. -2. [soldats, objectes] to concentrate. -3. [sentiment, passió]: ~ **alguna cosa en** to centre / concentrate sthg on. ☞ **reconcentrar-se** *vp*: ~-se (en) to concentrate (on), to be absorbed (in).

reconciliació [rəkunsiliəsi'o] *nf* reconciliation.

reconciliar [rəkunsili'a] *vt* to reconcile. ☞ **reconciliar-se** *vp* to be reconciled.

recòndit -a [rə'kondit -ə] *adj* -1. [amagat] hidden, secret. -2. [íntim]: **el més ~ de** the very depths of.

reconeixement [rəkunəʃə'men] *nm* -1. [gen] recognition; INFORM & LING ~ **de la parla** speech recognition; MIL reconnaissance. -2. MED: ~ **(mèdic)** (medical) examination; MED ~ **sistemàtic** systematic recognition.

reconèixer [rəku'nɛʃə] *vt* -1. [gen] to recognize. -2. MED to examine. ☞ **reconèixer-se** *vp* to recognize each other.

reconfortar [rəkumfur'ta] *vt* to comfort, to revitalize.

reconquesta [rəkuŋ'kɛstə], **reconquista** [rəkuŋ'kistə] *nf* reconquest, recapture; **la ~** the Reconquest.

reconstituent [rəkunstitu'en] ◇ *adj* tonic *(abans de nom)*. ◇ *nm* tonic.

reconstruir [rəkunstɾu'i] *vt* -1. [gen] to rebuild. -2. [esdeveniment] to reconstruct.

reconversió [rəkumbərsi'o] *nf* restructuring; ~ **industrial** rationalization of industry.

recopilar [rəkupi'la] *vt* [documents] to compile; [dades] to gather.

record [rə'kɔrt] *nm* souvenir. ☞ **records** *nm pl*: **(dóna) ~s al teu germà!** give your brother my regards!

rècord ['rɛkort] nm record; **batre / establir un ~** to break / set a record; **tenir el ~ de** to hold the record in.

recordar [rəkur'ða] vt **-1.** [gen] to remind; **et recordo que has de matinar** I remind you that you must get up early; **em recorda un amic meu** he reminds me of a friend of mine. **-2.** [venir a la memòria] to remember; **recordo les meves primeres vacances** I remember my first holidays / vacations; **si no recordo malament** as far as I can remember. ➡ **recordar-se** vp [venir a la memòria] to remember, to recall; **~-se d'alguna cosa** to remember sthg; **~-se de fer alguna cosa** to remember to do sthg.

recordatori [rəkurðə'tɔɾi] nm **-1.** [avís] reminder. **-2.** [estampa] card given to commemorate sb's first communion, death, etc.

recorregut [rəkurə'ɣut] nm [trajecte] route, path.

recórrer [rə'korə] ◇ vt to travel through / across, to cross. ◇ vi **-1.** [buscar ajuda]: **~ a alguna cosa / algú** to resort to sthg, to turn to sb. **-2.** DR to appeal.

recrear [rəkɾe'a] vt **-1.** [entretenir] to amuse, to entertain. **-2.** [reproduir] to recreate. ➡ **recrear-se** vp **-1.** [entretenir-se] to amuse o.s. **-2.** [delectar-se] to take delight / pleasure.

recreatiu -iva [rəkɾeə'tiw -iβə] adj [vetllada, moment] recreational; [societat, centre] recreational; **una màquina recreativa** a video / arcade game.

recremat -ada [rəkɾe'mat -aðə] adj burnt.

recriminar [rəkɾimi'na] vt [acusar] to reproach; [reprendre] **~ algú per alguna cosa** to reproach sb for sthg. ➡ **recriminar-se** vp: **no tinc res de què ~-me** I have nothing to reproach myself with.

recruar [rəkɾu'a] vi to get worse.

rectangle [rək'tanglə] nm rectangle.

recte -a ['rɛktə] adj **-1.** [gen] straight. **-2.** [just, vertader] true, correct. **-3.** [no figurat] proper, literal, true. ➡ **recta** nf straight line; **la recta final** the home straight. ➡ **recte** ◇ adv straight on / ahead. ◇ nm ANAT rectum.

rectificar [rəktifi'ka] vt [conducta, actitud, etc.] to improve; [esmenar] to rectify, to correct; [ajustar] to put right.

rectitud [rəkti'tut] nf straightness; fig [moral] rectitude, uprightness.

rector -a [rək'to -oɾə] ◇ adj governing, guiding. ◇ nm, f EDUC vice-chancellor Br, president Am. ➡ **rector** nm RELIG parson.

recular [rəku'la] vi **-1.** [retrocedir] to go / move back; **~ un metre** to go / move back a metre. **-2.** fam fig [cedir] to back down.

recuperable [rəkupə'rabblə] adj recoverable.

recuperació [rəkupərəsi'o] nf **-1.** [gen] recovery. **-2.** MED recovery, physiotherapy. **-3.** EDUC extra lessons for pupils who have failed their exams.

recuperar [rəkupə'ra] vt to recover; [hores de feina, examen] to catch up, to make up; **~ el temps perdut** to make up for lost time; **~ forces** to get one's strength back. ➡ **recuperar-se** vp **-1.** to get over, to recover; [malalt] **~-se de** to recover from, to recuperate from. **-2.** [d'una crisi] to recover.

recurrent [rəku'ren] ◇ adj **-1.** DR appellant. **-2.** [repetit] recurrent. ◇ nmf DR appellant.

recurs [rə'kurs] nm **-1.** [mitjà] resort. **-2.** DR appeal; **~ (d'apel·lació)** appeal; **~ de cassació** High Court appeal. ➡ **recursos** nm pl resources; [recursos propis] equities; [financers] means.

redacció [rəðəksi'o] nf **-1.** writing. **-2.** [de diari] editing; [equip de redactors] editorial staff; [oficina] editorial office.

redactar [rəðək'ta] vt to write (up); [carta] to draft.

redactor -a [rəðək'to -oɾə] nm, f writer; [de la premsa] editor.

redempció [rəðəmsi'o] nf **-1.** [rescat] redemption, ransoming. **-2.** RELIG redemption.

redéu! [rə'ðew] interj by Jove!, dash it!

redimir [rəði'mi] vt **-1.** [gen & RELIG] to redeem. **-2.** [lliurar] to free, to exempt. **-3.** [finca, etc.]: **~ d'una hipoteca** to pay off a mortgage. ➡ **redimir-se** vp [d'un càstig] to redeem o.s; [d'una obligació] to redeem / absolve o.s.

rèdit ['rɛðit] nm ECON interest (U), yield (U).

redoblar [rəðu'bbla] vt to redouble, to roll; **~ la vigilància** to step up / tighten security.

redreçar [rəðrə'sa] vt **-1.** lit & fig to straighten (out). **-2.** to set right. ➡ **redreçar-se** vp to sit up straight, to stand up straight.

reducció [rəðuksi'o] nf reduction.

reducte [rəˈduktə] *nm* **-1.** [fortificació] redoubt. **-2.** *fig* [refugi] stronghold, bastion; [de grup, ideologia] domain.

reduir [rəðuˈi] ◇ *vt* **-1.** [gen] to reduce; **~ a pols / cendres** to reduce to dust / ashes. **-2.** [tropes, rebels, etc.] to subdue, to bring under control. ◇ *vi* AUTOM to change down *Br*, to shift into a lower gear *Am*. ◆ **reduir-se** *vp* **-1.** [limitar-se]: **~-se a** to be reduced to. **-2.** [equivaler]: **tanta xerrameca es redueix a...** all this chatter comes down to.

reduït -ïda [rəðuˈit -ˈiðə] *adj* reduced; [rendiment] diminished; [casa, espai] small.

redundància [rəðunˈdansiə] *nf* redundancy, superfluousness.

redundant [rəðunˈdan] *adj* redundant, superfluous.

redundar [rəðunˈda] *vi*: **~ en benefici / perjudici d'algú** to be to one's advantage / to be to one's detriment.

reeditar [rəəðiˈta] *vt* to bring out a new edition of, to reprint.

reeixir [rəəˈʃi] *vi* **-1.** [sortir bé] to be successful, to succeed; **l'experiment ha reeixit** the experiment is a success. **-2.** [aconseguir - projecte, acció] to go right, to turn out well.

reeixit -ida [rəəˈʃit -iðə] *adj* successful.

reelecció [rəələksiˈo] *nf* re-election.

reemborsament [rəəmbursaˈmen] *nm* [despeses] reimbursement; [diners] refund; [deute] repayment.

reemplaçar [rəəmpləˈsa] *vt* to replace.

reencarnació [rəəŋkərnasiˈo] *nf* reincarnation.

reestrena [rəəsˈtrɛnə] *nf* TEAT & CIN re-run, revival.

reestructurar [rəəstrukuˈra] *vt* to restructure.

refer [rəˈfe] *vt* to redo, to do again. ◆ **refer-se** *vp* to recuperate, to recover; **~-se de** to recover from.

referència [rəfəˈrɛnsiə] *nf* reference; **en ~ a** in reference to; **fer ~ a** to make reference to, to refer to. ◆ **referències** *nf pl* [informes] information (*U*).

referèndum [rəfəˈrɛndum] *nm* referendum.

referent [rəfəˈren] *adj*: **~ a alguna cosa** concerning / relating to sthg.

referir [rəfəˈri] *vt* [narrar] to tell, to recount; **~ a** [remetre] to refer to; [relacionar] to relate. ◆ **referir-se** *vp*: **~-se a** [al·ludir] to refer to; [remetre's] to refer (to); [relacionar-se] to concern; **a què et refereixes?** what do you mean?

refermar [rəfərˈma] ◇ *vt* to confirm, to reaffirm; **~ algú en** to confirm sb in. ◇ *vi lit & fig* to get stronger, to intensify. ◆ **refermar-se** *vp* to assert o.s.; **~-se en** [opinió, creença] to become confirmed in sthg.

refiar-se [rəfiˈarsə] *vp* [despreocupar-se] to be too sure (of sthg), to be overconfident.

refilar [rəfiˈla] *vi* [ocells] to chirp, to twitter.

refinament [rəfinəˈmen] *nm* refinement.

refinar [rəfiˈna] *vt* to refine.

refinat -ada [rəfiˈnat -aðə] *adj* refined.

refineria [rəfinəˈriə] *nf* refinery.

reflectir [rəfləkˈti] *vt* **-1.** FÍS to reflect. **-2.** *lit & fig* to reflect, to show. ◆ **reflectir-se** *vp* **-1.** *lit & fig* to be reflected. **-2.** [manifestar-se] to show, to be reflected; **la por es reflectia en el seu rostre** his fear showed on his face.

reflector -a [rəfləkˈto -orə] *adj* reflecting (*abans de nom*), reflective. ◆ **reflector** *nm* **-1.** ELECT & MIL spotlight, searchlight. **-2.** [telescopi] reflector.

reflex -a [rəˈfleks -ə] *adj* **-1.** [gen & FÍS] reflected. **-2.** [dolor, moviment] reflex (*abans de nom*). ◆ **reflex** *nm* **-1.** [gen] reflection. **-2.** [reacció & MED] reflex; **~ condicional / condicionat** conditioned reflex / response.

reflexió [rəfləksiˈo] *nf* reflection.

reflexionar [rəfləksiuˈna] *vi* to reflect, to think.

reflexiu -iva [rəflokˈsiw -iβə] *adj* reflective, thoughtful.

reflux [rəˈfluks] *nm* ebb (tide).

reforç [rəˈfɔrs] *nm* **-1.** [peça] reinforcement. **-2.** [acció] strengthening (*U*), reinforcement. ◆ **reforços** *nm pl* MIL reinforcements.

reforçar [rəfurˈsa] *vt* to reinforce.

reforma [rəˈformə] *nf* **-1.** [gen] reform; **~ agrària** agrarian reform. **-2.** [de local, habitació, etc.] alterations *pl*; **"tancat per reformes"** "closed for alterations"; **fer reformes** to make (some) alterations. **-3.** RELIG: **la Reforma** the Reformation.

reformar [rəfurˈma] *vt* **-1.** [gen] to reform. **-2.** [local, casa, etc.] to renovate, to do up. ◆ **reformar-se** *vp* to mend one's ways.

reformatori [rəfurməˈtɔri] *nm* ≃ youth custody centre, ≃ borstal; [de menors de 15 anys] ≃ remand house.

refractari -ària [rəfrək'tari -ariə] adj refractory, heat-resistant; **~ a** [oposat] averse to.

refrany [rə'fraɲ] nm proverb, saying.

refredar [rəfrə'ða] vt to cool. **refredar-se** vp **-1.** [sentiments, temps] to cool down. **-2.** [cafè, etc.] to go cold. **-3.** [constipar-se] to catch a cold.

refredat -ada [rəfrə'ðat -aðə] adj (to have a) cold. **refredat** nm cold.

refregar [rəfrə'ɣa] vt **-1.** to rub; [cassoles, estris] to wash. **-2.** fig [fregar] to scrub.

refresc [rə'frɛsk] nm [beguda] soft drink; **de ~** [tropes, cavall] new, fresh.

refrescant [rəfrəs'kan] adj refreshing.

refrescar [rəfrəs'ka] <> vt to refresh, to cool, to chill. <> vi [temps] to cool down; [beguda] to be refreshing. **refrescar-se** vp (beure, mullar-se) to have a drink, to splash o.s down; [sortir] to get a breath of fresh air.

refrigeració [rəfriʒərəsi'o] nf **-1.** [d'aliments] refrigeration; [de màquines] cooling. **-2.** [aire condicionat] air-conditioning.

refrigerador -a [rəfriʒərə'ðo -orə] adj cooling. **refrigerador** nm **-1.** [d'aliments] refrigerator, fridge Br, icebox Am. **-2.** [de màquines] cooling system.

refrigerar [rəfriʒə'ra] vt **-1.** [aliments] to refrigerate. **-2.** [màquina] to cool. **-3.** [local] to air-condition.

refrigeri [rəfri'ʒɛri] nm **-1.** [refresc] cooling drink. **-2.** [piscolabis] snack.

refugi [rə'fuʒi] nm shelter, refuge; [contra un atac] shelter, bunker; **~ antiaeri / atòmic** air-raid shelter / nuclear bunker; **~ subterrani** bunker, underground shelter.

refugiar [rəfuʒi'a] vt to give refuge to. **refugiar-se** vp: **~-se de** to shelter from.

refugiat -ada [rəfuʒi'at -aðə] adj & nm, f refugee.

refulgir [rəfuʎ'ʒi] vi to shine brightly.

refús [rə'fus] nm refusal, denial.

refusar [rəfu'za] vt to refuse, to deny.

refutar [rəfu'ta] vt to refute.

reg ['rɛk] nm watering; [de camps] irrigation; **~ sanguini** (blood) circulation.

regadiu [rəɣə'ðiw] nm irrigated land; **de ~** [terra] irrigated, irrigable.

regadora [rəɣə'ðorə] nf watering can.

regal [rə'ɣal] nm **-1.** [obsequi] present, gift. **-2.** [plaer] joy, delight.

regalar [rəɣə'la] vt to give (as a present); **~ alguna cosa a algú** to give sthg to sb; **li va ~ flors** he gave her (some) flowers. **regalar-se** vp: **~-se amb alguna cosa** to treat o.s. to sthg.

regalat -ada [rəɣə'lat -aðə] adj **-1.** [barat] dirt cheap; **preu ~** giveaway price. **-2.** [agradable] comfortable, easy.

regalèssia [rəɣə'lɛsiə] nm liquorice.

regalim [rəɣə'lim] nm trickle.

regalimar [rəɣəli'ma] vi **-1.** [gotejar] to trickle, to drip. **-2.** to drip with; **~ de suor** to drip with sweat; **li regalima la xocolata per tot arreu** he's completely covered in chocolate.

reganyar [rəɣə'ɲa] vt [reprendre] to tell off.

regar [rə'ɣa] vt lit & fig to water, to hose down.

regata [rə'ɣatə] nf NÀUT regatta, boat race.

regateig [rəɣə'tetʃ] nm bartering, haggling.

regatejar [rəɣətə'ʒa] <> vt [mercaderia] to haggle over. <> vi **-1.** [discutir el preu] to barter, to haggle. **-2.** NÀUT to race.

regeneració [rəʒənərəsi'o] nf **-1.** [de teixit, òrgan] regeneration. **-2.** [de persona] reform.

regenerar [rəʒənə'ra] vt **-1.** [teixit, òrgan] to regenerate. **-2.** [persona] to reform.

regent [rə'ʒen] <> adj regent. <> nmf **-1.** [d'un país] regent. **-2.** [administrador] manager.

regentar [rəʒən'ta] vt to run, to govern; [magatzem, cafè, etc.] to run, to manage.

regi règia ['rɛʒi 'rɛʒiə] adj lit & fig royal.

regidor -a [rəʒi'ðo -orə] nm, f councillor.

règim ['rɛʒim] nm regime; [de col·legi, institut, etc.] rules pl; **fer ~** to be / go on a diet; **Antic Règim** ancien régime; **~ parlamentari** parliamentary system.

regiment [rəʒi'men] nm regiment.

regió [rəʒi'o] nf region.

regir [rə'ʒi] <> vt [gen] to rule, to govern. <> vi [llei] to be in force, to apply. **regir-se** vp: **~-se per** to trust in, to be guided by.

regirar [rəʒi'ra] vt [desordenar] to turn upside down, to mess up.

registrar [rəʒis'tra] vt [gen] to register; [naixement, defunció, etc.] to register, to record; [patent] to register.

registre [rə'ʒistrə] nm **-1.** [gen & MÚS] register; **inscriure en el ~ civil** to register at the registry office; **~ de la propietat** land registry office; **~ mercantil / de comerç**

business registry office. **–2.** INFORM record.

regla [ˈregglə] *nf* **–1.** [gen] rule; **en ~** in order; **per ~ general** as a rule, generally; **~ de càlcul** slide rule; **~ de tres** rule of three; **no hi ha ~ sense excepció / l'excepció confirma la ~** every rule has its exception / the exception proves the rule; **les regles del joc** the rules of the game. **–2.** MAT operation. **–3.** *fam* [menstruació] period; **tenir la ~** to have one's period.

reglament [rəgglə'men] *nm* regulations *pl*, rules *pl*.

reglamentació [rəggləməntəsi'o] *nf* [acció] regulation, rules *pl*; [regles] regulations *pl*.

reglamentar [rəgglə mən'ta] *vt* to regulate.

reglamentari -ària [rəgglə mən'tari -ˈaria] *adj* regulation (*abans de nom*), lawful, within the rules.

regle [ˈreggle] *nm* ruler, rule; **~ de càlcul** slide rule.

regna [ˈreɲɲə] *nf* [de cavalleria] rein.

regnant [rəɲ'nan] *adj* [persona, monarquia] reigning, ruling.

regnar [rəɲ'na] *vi* to reign, to rule.

regnat [rəɲ'nat] *nm* reign.

regne [ˈreɲɲə] *nm* **–1.** [gen] kingdom; **el ~ dels cels** the kingdom of Heaven. **–2.** BIOL kingdom.

Regne Unit *nm* : **el ~** the United Kingdom.

regressar [rəɣrə'sa] *vi* to go back, to return.

regressió [rəɣrəsi'o] *nf* regression; [d'exportacions, vendes] drop, decline.

reguera [rə'ɣerə] *nf* [d'aigua, sang] trickle, dribble; [de pólvora] trail.

regulació [rəɣuləsi'o] *nf* regulation, control; [de mecanisme, rellotge] adjustment; **~ de personal** streamlining, redundancies *pl*.

regulador -a [rəɣulə'ðo -orə] *adj* regulating, regulatory.

regular¹ [rəɣu'la] *vt* **–1.** [gen] to control, to regulate. **–2.** [reglamentar] to regulate.

regular² [rəɣu'lar] <> *adj* **–1.** [reglat, uniforme] regular. **–2.** [mediocre] average, fair. **–3.** [moderat] fair. <> *adv* [de salut] so-so.

regularitat [rəɣulɑri'tat] *nf* regularity; **amb ~** regularly.

regularitzar [rəɣulɑri'dzɑ] *vt* **–1.** [normalitzar] to get back to normal; **~ la vida** to get one's life back to normal. **–2.** [legalitzar] to regularize. ➢ **regularitzar-se** *vp* **–1.** [normalitzar] to return to normal. **–2.** [legalitzar] to become legitimate.

regust [rə'ɣust] *nm* aftertaste; *fig* [semblança] flavour, hint.

rehabilitació [rəəβilitəsi'o] *nf* **–1.** [al càrrec] reinstatement. **–2.** [local] restoration. **–3.** MED rehabilitation.

rehabilitar [rəəβili'ta] *vt* **–1.** [al càrrec] to reinstate. **–2.** [local] to restore. **–3.** MED to rehabilitate.

rei [ˈrej] *nm* king. ➢ **Reis** *nm pl*: **els ~s** the King and Queen.

reial [rəˈjal] *adj* [de monarquia] royal.

reialesa [rəjəˈlɛzə] *nf* **–1.** [monarques] royalty. **–2.** [magnificència] magnificence.

reimpressió [rəimprəsi'o] *nf* reprint; [acció] reprinting.

reimprimir [rəimpri'mi] *vt* to reprint.

reina [ˈrejnə] *nf* queen.

reïna [rəˈinə] *nf* = **resina**.

reincidir [rəinsi'ði] *vi* to repeat; **~ en** [falta, error] to relapse into, to fall back into.

reincorporar [rəiŋkurpu'ra] *vt* (MIL & lloc) to reincorporate. ➢ **reincorporar-se** *vp* [servei militar]: **~-se a** to rejoin; [treball] to return / go back to.

reinicialitzar [rəinisiəli'dzɑ] *vt* INFORM to reboot.

reinserció [rəinsərsi'o] *nf* rehabilitation, reintegration; **~ social** social rehabilitation / reintegration.

reintegrament [rəintəɣrə'men] *nm* **–1.** reintegration. **–2.** [reincorporació] reinstatement. **–3.** [a un banc] withdrawal. **–4.** [de despeses, préstecs] reimbursement, repayment. **–5.** [en loteria] return of one's stakes. **–6.** [pòlissa] fiscal stamp.

reintegrar [rəintə'ɣra] *vt* **–1.** [diners] to repay, to reimburse. **–2.** to reinstate. ➢ **reintegrar-se** *vp* [lloc]: **~-se a** to return to; [societat] to reintegrate (into).

reiterar [rəitə'ra] *vt* to repeat, to reaffirm; [sol·licitud] to reiterate.

reiteratiu -iva [rəitərə'tiw -iβə] *adj* repetitive, repetitious; **un discurs ~** a repetitious speech.

reivindicar [rəiβindi'ka] *vt* to claim, to demand.

reivindicatiu -iva [rəiβindikə'tiw -iβə] *adj* vindicative.

reixa [ˈreʃə] *nf* bars *pl*; [a terra] grating.

reixeta [rəˈʃetə] *nf* **–1.** [enreixat] grid, grating; [de cuina, forn] grill, gridiron. **–2.** [cadira]: **de ~** wickerwork.

rejovenir [rəʒuβə'ni] *vt & vi* to rejuvenate. ➢ **rejovenir-se** *vp* to be rejuvenated.

rel ['rɛl] *nf* ➡ **arrel**.

relació [rələsi'o] *nf* **-1.** [gen] relation, connection; **amb ~ a** in relation to, with regard to; **tenir ~ amb algú** to have a relationship with sb; **relacions amoroses** (love) affair *sg*; **relacions comercials / diplomàtiques** business relationships, diplomatic relations; **relacions laborals** industrial relations; **relacions públiques** public relations; **~ preu-qualitat** value for money. **-2.** [enumeració] list. **-3.** [descripció] account. **-4.** [informe] report. ➡ **relacions** *nf pl* [contactes] contacts, connections.

relacionar [rələsiu'na] *vt* **-1.** [vincular] to relate, to connect. **-2.** [relatar] to tell, to relate. ➡ **relacionar-se** *vp*: **~-se amb algú** to mix with sb.

relat [rə'lat] *nm* [exposició] account, report; [narració] tale, story.

relatar [rələ'ta] *vt* [esdeveniment] to relate, to recount; [història] to tell.

relativitat [rələtiβi'tat] *nf* relativity.

relativitzar [rələtiβi'dza] *vt* to put into perspective.

relaxació [rələksəsi'o] *nf* **-1.** [repòs] relaxation. **-2.** *fig* [depravació] decline, laxity.

relaxar [rələk'sa] *vt* **-1.** [múscul] to relax. **-2.** *fig* [depravar] to corrupt. ➡ **relaxar-se** *vp* [descansar] to relax.

relegar [rələ'ɣa] *vt*: **~ (a)** to relegate (to).

religió [rəliʒi'o] *nf* religion.

religiós -osa [rəliʒi'os -ozə] ◇ *adj* religious. ◇ *nm, f* monk *m*, nun *f*.

relíquia [rə'likiə] *nf* relic; *fig* [record] memory.

relleu [rə'ʎew] *nm* **-1.** [en arquitectura, escultura] relief; **alt ~** high relief; **baix ~** bas-relief. **-2.** MIL relief, changing. **-3.** ESPORT [acció] relay. **-4. prendre el ~** to take over; *fig* **posar en ~** to underline (the importance of), to highlight.

rellevant [rəʎə'βan] *adj* outstanding; [informació] important; **d'importància ~** of vital importance.

rellevar [rəʎə'βa] *vt* **-1.** [alliberar]: **~ algú de** [treball, obligació] to free (from); **~ algú del seu càrrec** to relieve / remove sb from their post. **-2.** [substituir & ESPORT] to substitute.

relliscada [rəʎis'kaðə] *nf* **-1.** slip. **-2.** *fig* slip, error; **tenir una ~** to slip up. **-3.** *fig* [sexual]: **~ (de joventut)** (youthful) indiscretion.

relliscar [rəʎis'ka] *vi* to slip (on); [terra] to slide.

relliscós -osa [rəʎis'kos -ozə] *adj* **-1.** [gen] slippery. **-2.** *fig* [afer, qüestió, etc.] delicate, tricky.

rellogar [rəʎu'ɣa] *vt* to sublet.

rellogat -ada [rəʎu'ɣat -aðə] ◇ *adj* sublet. ◇ *nm, f* sub-tenant.

rellotge [rə'ʎɔdʒə] *nm* clock, watch; [de polsera] watch, wristwatch; **~ analògic** analogue watch; **~ de sorra** hourglass; **~ de quartz** quartz watch; **~ de paret** clock; **~ de sol** sun dial; **~ digital** digital watch; INFORM **~ intern** internal clock; *fig* **anar com un ~** to go like clockwork.

rellotger -a [rəʎu'dʒe -erə] *nm, f* watchmaker.

rellotgeria [rəʎudʒə'riə] *nf* **-1.** [art] watchmaking. **-2.** [botiga] watchmaker's (shop).

relluir [rəʎu'i] *vi* to shine.

rem ['rɛm] *nm* **-1.** [pala] oar. **-2.** ESPORT rowing.

remar [rə'ma] *vi* to row.

rematada [rəmə'taðə] *nf* **-1.** [en subhasta] sale. **-2.** ESPORT shot; [amb el cap] header at goal.

rematar [rəmə'ta] ◇ *vt* **-1.** [acabar, matar] to finish (off). **-2.** [adjudicar] to knock down. **-3.** [vendre] to sell off cheaply. **-4.** ESPORT: **~ la passada** to hit (shoot) the pass. ◇ *vi* ESPORT to shoot, to head.

rematat -ada [rəmə'tat -aðə] *adj* **-1.** [acabat] complete, absolute. **-2.** *fig* [incurable] hopeless; **ser un boig ~** to be completely mad.

remei [rə'mɛj] *nm* **-1.** [gen] solution, remedy; **com a darrer ~** as a last resort; **no té més ~** to have no alternative / choice; **posar ~** to do sthg about it; **sense ~** inevitably. **-2.** [consol] comfort, consolation. **-3.** [medicina] remedy, cure; **~ casolà** home remedy; **no tenir ~** [malalt] to be incurable; [malaltia] cure, remedy. ➡ **sense remei** *loc adv* without hope.

remeiar [rəmə'ja] *vt* **-1.** [mal, problema] to remedy, to solve; [dany] to remedy, to put right, to repair. **-2.** [perill] to avoid, to prevent.

rememorar [rəməmu'ra] *vt* to remember, to recall.

remenar [rəmə'na] *vt* to shake, to stir; **~ el cafè, la cua** to stir the coffee, to wag its tail [gos]; **~ el cul** to move one's bum.

remer -a [rə'me -erə] *nm, f* rower.

remesa [rəˈmɛzə] *nf* COM remittance.
remetre [rəˈmetrə] ⬦ *vt* **-1.** [enviar] to send. **-2.** [perdonar] to forgive, to remit. **-3.** [traspassar] to refer. ⬦ *vi* **-1.** [en text]: ~ **a** to refer to. **-2.** [disminuir] to subdue; [febre] to drop, to go down. ● **remetre's** *vp*: ~**'s a** to comply with, to abide by; [referir-se a] to refer to.
reminiscència [rəminiˈsɛnsiə] *nf* reminiscence.
remissió [rəmisiˈo] *nf* **-1.** [gen] sending. **-2.** [en text] cross-reference, reference. **-3.** [de pecat] remission, forgiveness.
remitent [rəmiˈten] *nmf* sender.
remodelar [rəmuðəˈla] *vt* [edifici] to redesign; [llei, gabinet] to reshuffle.
remolc [rəˈmɔlk] *nm* **-1.** [acció] towing. **-2.** [vehicle] trailer; **anar a ~** to be tagged along, to be dragged along.
remolcador -a [rəmulkəˈðo -ˈorə] *adj* tow (*abans de nom*); **un vaixell ~ a** tug boat; **un cotxe ~ a** breakdown van. ● **remolcador** *nm* [camió] breakdown lorry; [vaixell] tug, tugboat.
remolcar [rəmulˈka] *vt* [vehicle] to tow; [vaixell] to tug.
remolí [rəmuˈli] *nm* **-1.** eddy, whirlpool. **-2.** [de cabells] cowlick.
remor [rəˈmo] *nm* [soroll - de veus] murmur, low hum; [- d'aigua] murmur.
rèmora [ˈrɛmurə] *nf* **-1.** [peix] remora. **-2.** *fam fig* [obstacle] drawback, hindrance.
remordiment [rəmurðiˈmen] *nm* remorse.
remot -a [rəˈmɔt -ə] *adj* **-1.** [en el temps, espai] remote. **-2.** *fig* [improbable] remote, slim; **aquesta possibilitat és molt ~a** this is a very remote possibility.
remoure [rəˈmowrə] *vt* **-1.** [gen] to move, to shift. **-2.** [passat] to stir up, to rake up. ● **remoure's** *vp* to move about.
remugant [rəmuˈɣan] ⬦ *adj* ruminant. ⬦ *nm, f* ruminant.
remugar [rəmuˈɣa] *vt & vi* to grumble, to ruminate, to chew over.
remull [rəˈmuʎ] *nm*: **posar en ~** to leave to soak.
remullar [rəmuˈʎa] *vt* **-1.** to soak. **-2.** [roba, llegums] to leave / put to soak. **-3.** [tornar a mullar] to soak again. **-4.** [beure per a celebrar alguna cosa] to drink to, to celebrate with a drink; **això s'ha de ~** this calls for a drink / celebration.
remuneració [rəmunərəsiˈo] *nf* remuneration.

remunerar [rəmunəˈra] *vt* **-1.** [pagar] to remunerate, to pay. **-2.** [recompensar] to reward.
remuntar [rəmunˈta] *vt* **-1.** [pendent, muntanya] to go up; [riu, posicions] to go up, to catch up. **-2.** [obstacle, desgràcia] to get over, to overcome. **-3.** [aus, avions] to gain height, to soar up. ● **remuntar-se** *vp fig* [datar]: **~-se a** to go / date back to.
ren [ˈrɛn] *nm* reindeer.
renaixement [rənəʃəˈmen] *nm* rebirth. ● **Renaixement** *nm*: **el Renaixement** the Renaissance.
renàixer [rəˈnaʃə] *vi* ➤ **renéixer**.
renal [rəˈnal] *adj* renal, kidney (*abans de nom*).
renda [ˈrɛndə] *nf* **-1.** [ingressos] income; **~ fixa / variable** fixed income, variable annuity; **~ per capita / per habitant** per capita income. **-2.** [pensió] income, annuity; **viure de rendes** to live off one's (private) income; **~ vitalícia** life annuity. **-3.** [lloguer] rent. ● **renda pública** *nf* public debt.
rendible [rənˈdibblə] *adj* profitable.
rendició [rəndisiˈo] *nf* surrender.
rendiment [rəndiˈmen] *nm* **-1.** [gen] yield, return. **-2.** [amabilitat] courtesy.
rendir [rənˈdi] ⬦ *vt* **-1.** [vèncer] to defeat, to subdue. **-2.** to yield, to give. ⬦ *vi* **-1.** [tenir rendiment] to be productive; [negoci] to be profitable; **la feina em rendeix més quan treballo al matí** I get more work done when I work in the morning. **-2.** to perform well. ● **rendir-se** *vp* [desanimar-se] to give in / up.
renec [rəˈnɛk] *nm fam fig* [paraulota] swearword.
renegar [rənəˈɣa] *vi* **-1.** [repudiar & RELIG]: **~ d'alguna cosa / algú** to renounce sthg / sb. **-2.** *fam* [queixar-se] to grumble. **-3.** [dir renecs] to swear.
renegat -ada [rənəˈɣat -aðə] ⬦ *adj* renegade. ⬦ *nm, f* renegade.
renéixer, renàixer [rəˈneʃə rəˈnaʃə] *vi* to be reborn.
RENFE [ˈrɛmfə] *nf* (*abrev de* **Red Nacional de Ferrocarriles Españoles**) Spanish state railway network.
renillar [rəniˈʎa] *vi* to neigh, to whinny.
renoi! [rəˈnɔj] *interj* [expressa sorpresa] (upon) my word!, good heavens!
renom [rəˈnɔm] *nm* **-1.** renown, fame. **-2.** *fig* [fama]: **de ~** renowned, famous.

renovació [rənuβəsi'o] *nf* –1. [gen] renovation. –2. [reforma, actualització] renewal.

renovar [rənu'βa] *vt* –1. [gen] to renew, to renovate; [carnet, passaport] to renew. –2. [reformar, actualitzar] to renovate. –3. [innovar] to rethink, to revolutionize.

rentable [rən'tabblə] *adj* washable.

rentada [rən'tadə] *nf* wash, washing (U).

rentadora [rəntə'doɾə] *nf* washing machine.

rentaplats [ˌrentə'plats] *nmf inv* –1. [màquina] dishwasher. –2. [persona] dishwasher, washer-up.

rentar [rən'ta] *vt* to wash; ~ **i marcar** to shampoo and set; ~ **el seu honor** to clear one's honour. ➡ **rentar-se** *vp* to wash o.s., to wash.

rentat [rən'tat] *nm* ➡ **rentatge**.

rentatge [rən'tadʒə] *nm* wash, washing (U); ~ **de cervell** brainwashing; ~ **d'estómac** stomach pumping.

rentavaixella [ˌrentəβə'ʃeʎə] *nm o nf* [màquina] dishwasher.

renúncia [rə'nunsiə] *nf* resignation; giving up.

renunciar [rənunsi'a] *vi* to give up; ~ **a alguna cosa** to give up sthg; [refusar] to refuse.

reny ['reɲ] *nm* telling off, ticking-off.

renyar [rə'ɲa] *vt* [persona, gos] to scold.

renyina [rə'ɲinə] *nf* quarrel, argument.

renyir [rə'ɲi] *vi* [enfadar-se] to argue, to fall out; ~ **amb** to fall out with.

renyit -ida [rə'ɲit -iðə] *adj* [desavingut]: **estan ~s** they've fallen out.

repapar-se [rəpə'parsə] *vp fam* to sprawl out.

repapiejar [rəpəpie'ʒa] *vi* [de vell] to be senile.

reparador -a [rəpəɾə'ðo -oɾə] *adj* [descans, son] refreshing.

reparar [rəpə'ɾa] *vt* to repair, to fix.

repartició [rəpəɾtisi'o] *nf* sharing out.

repartidor -a [rəpəɾti'ðo -oɾə] <> *adj* distributing. <> *nm, f* deliveryman *m*, deliverywoman *f*.

repartiment [rəpəɾti'men] *nm* –1. CIN & TEAT cast. –2. [divisió] division, distribution; ~ **de beneficis** profit sharing; ~ **de mercat** market sharing. –3. [de mercaderia] delivery. –4. [assignació] giving out, allocation. –5. [adjudicació de papers] casting.

repartir [rəpəɾ'ti] *vt* –1. [dividir] to share out, to divide. –2. [entregar correu, ordres] to deliver. –3. [assignar] to give out, to allocate.

repàs [rə'pas] *nm* –1. [revisió] revision. –2. *fam* [reprimenda] telling off, ticking off.

repassar [rəpə'sa] *vt* –1. [revisar] to go over, to revise. –2. [tornar a cosir] to darn, to mend.

repatriar [rəpətri'a] *vt* to repatriate. ➡ **repatriar-se** *vp* to be repatriated.

repel·lent [rəpə'ʎen] *adj* repulsive, repellent; [nen] horrible.

repel·lir [rəpə'ʎi] *vt* –1. [refusar] to repel. –2. [repugnar] to repulse, to disgust.

repercussió [rəpəɾkusi'o] *nf* repercussion; **la seva pel·lícula va tenir gran ~ en el públic** his / her film made a great impact on the audience.

repercutir [rəpəɾku'ti] *vi*: ~ **en** to have repercussions on.

repertori [rəpəɾ'tɔɾi] *nm* repertoire.

repesca [rə'peskə] *nf fam* EDUC resit.

repetidor -a [rəpəti'ðo -oɾə] <> *adj* repeating the year; **un alumne ~** a repeating student. <> *nm, f* EDUC student repeating a year. ➡ **repetidor** *nm* ELECT repeater.

repetir [rəpə'ti] <> *vt* –1. [gen] to repeat. –2. EDUC: ~ **curs** to repeat a year. –3. [en menjar]: ~ **alguna cosa** to have seconds of sthg. <> *vi* –1. EDUC to repeat. –2. [aliment] to keep coming back. –3. [comensal] to have a second helping. ➡ **repetir-se** *vp* [fenomen] to recur; [persona] to repeat o.s.

repicada [rəpi'kaðə] *nf* [de campanes] peal, ringing (U).

repicar [rəpi'ka] *vt* [campanes] to ring.

replà [rə'pla] *nm* –1. landing. –2. [de terreny] shelf.

replantejar [rəplənte'ʒa] *vt* to reconsider, to restate.

replec [rə'plɛk] *nm* –1. [corba] bend, wind. –2. fold, crease.

replegar [rəplə'ɣa] *vt* to retract. ➡ **replegar-se** *vp* MIL to withdraw, to retreat.

rèplica ['rɛplikə] *nf* –1. [gen] replica. –2. [resposta] reply; **el dret de ~** the right to reply.

replicar [rəpli'ka] *vt* to answer.

repoblació [rəpubbləsi'o] *nf* repopulation, restocking; ~ **forestal** reafforestation.

repoblar [rəpu'bbla] *vt* [persones] to repopulate; [arbres] to reafforest; [peixos] to restock. ➡ **repoblar-se** *vp* [persones] to be

repoblar-se with; [arbres] to be reafforested with; [peixos] to be restocked with.

reportar [rəpurˈta] vt **-1.** [gen] to bring. **-2.** ECON to obtain, to yield.

reportatge [rəpurˈtadʒə] nm RADIO, TV report; PREMSA article; ~ **gràfic** illustrated feature.

reporter -a [rəpurˈte -erə] nm, f reporter; ~ **gràfic** press photographer.

repòs [rəˈpɔs] nm rest; CULIN **deixar en ~** to leave to stand.

reposar [rəpuˈza] ◇ vt **-1.** [tornar a posar] to replace, to put back; [en feina, càrrec] to reinstate. **-2.** [substituir] to replace. **-3.** TEAT & CIN to re-run. **-5.** TELE to repeat. ◇ vi **-1.** [gen] to repose. **-2.** [descansar] to rest.

reposició [rəpuziˈsjo] nf **-1.** TEAT, CIN & TELE rerun, revival, repeat. **-2.** TELE repeat. **-3.** [d'existències, provisions] replacement.

reprendre [rəˈpɛndrə] vt [amistat, conversa] to renew, to resume; [feina, classes] to go back.

reprensió [rəprənˈsjo] nf **-1.** [enuig] scolding. **-2.** reprimand.

represa [rəˈprezə] nf **-1.** [gen] acceleration. **-2.** [d'obra, etc.] resumption; [d'idea] renewal. **-3.** AUTOM acceleration.

represàlia [rəprəˈzaliə] nf reprisal.

representació [rəprəzəntəˈsjo] nf representation; **en ~ de** on behalf of.

representant [rəprəzənˈtan] ◇ adj representative; **ser ~ d'alguna cosa** to be representative of sthg. ◇ nmf **-1.** [gen & COM] representative. **-2.** [d'artista] agent.

representar [rəprəzənˈta] vt **-1.** [gen & COM] to represent. **-2.** [implicar]: **això representaria la fi dels nostres problemes** that would mean / be the end of our problems. **-3.** [aparentar] to look; **no ~ la seva edat** he / she doesn't look his / her age. **-4.** TEAT [obra] to perform.

representatiu -iva [rəprəzəntəˈtiw -iβə] adj **-1.** [gen] representative; ~ **de** to represent. **-2.** [que simbolitza]: **ser ~ d'alguna cosa** to represent sthg.

repressió [rəprəˈsjo] nf **-1.** [política] repression. **-2.** [psicològica] repression.

reprimenda [rəpriˈmendə] nf reprimand.

reprimir [rəpriˈmi] vt to suppress; [crit] to suppress, to stifle. ◆ **reprimir-se** vp to restrain o.s.

reproducció [rəpruðukˈsjo] nf reproduction.

reproductor -a [rəpruðukˈto -orə] adj BIOL reproductive.

reproduir [rəpruðuˈi] vt to reproduce, to repeat; [discurs] to reproduce. ◆ **reproduir-se** vp to reproduce.

reprotxar [rəpruˈtʃa] vt to reproach. ◆ **reprotxar-se** vp to reproach o.s.

reprovació [rəpruβəˈsjo] nf reproof, censure.

reprovar [rəpruˈβa] vt to censure, to condemn.

reptar [rəpˈta] ◇ vt to challenge; ~ **algú a fer alguna cosa** to challenge sb to do sthg. ◇ vi to climb.

repte [ˈrɛptə] nm challenge.

rèptil [ˈrɛptil] nm reptile.

república [rəˈpuβlikə] nf republic.

republicà -ana [rəpuβliˈka -anə] adj & nm, f republican.

repudi [rəˈpuði] nm disowning.

repudiar [rəpuˈðja] vt to repudiate; [subj: marit] to disown.

repugnància [rəpuŋˈnansiə] nf disgust.

repugnant [rəpuŋˈnan] adj disgusting.

repugnar [rəpuŋˈna] vt to be disgusting; **aquesta olor em repugna** I find this smell disgusting; **em repugna aquest tipus de pel·lícula** I loathe this kind of film.

repulsa [rəˈpulsə] nf condemnation.

repulsiu -iva [rəpulˈsiw -iβə] adj repulsive.

repussar [rəpuˈsa] vt to emboss.

reputació [rəputəˈsjo] nf reputation; **tenir bona / mala ~** to have a good / bad reputation.

requadre [rəˈkwaðrə] nm box.

requeriment [rəkəriˈmen] nm **-1.** [demanda] entreaty. **-2.** DR [ordre] writ, injunction; [avís] summons.

requerir [rəkəˈri] vt **-1.** [necessitar] to require. **-2.** DR to order.

requisa [rəˈkizə], **requisició** [rəkiziˈsjo] nf **-1.** requisition. **-2.** inspection; [inspecció] **passar ~ a** to inspect.

requisit [rəkiˈzit] nm requirement; **complir els ~s** to fulfill all the requirements.

rerefons [ˌrerəˈfons] nm background; [de paraules, obra] undertone; POLÍT background.

rereguarda [ˌrerəˈɣwarðə] nf [tropa] rearguard; [part de darrere] rear.

res [ˈrɛs] pron nothing, anything (negatiu); **no vull ~** I don't want anything; **abans que / de ~** first of all; **de ~** [resposta a "gràcies"] not at all, you're welcome; **no va dir ~** he / she didn't say anything; **~ més** nothing more, that's all; **no vull ~ més** I don't want anything else; **com si ~** as if nothing had happened; **això no és ~** that's nothing (at all); **per ~ del món** not for anything in the world / on earth; **no hi ha ~ a fer** there's nothing one can do about it.

rés ['res] *nm* prayer.

resar [rə'za] ◇ *vt* to say; **~ la seva oració** to say one's prayers. ◇ *vi* [orar] to pray; **~ a Déu** to pray to God.

rescabalar-se [rəskəβə'larsə] *vp*: **~ de** to be compensated for.

rescat [rəs'kat] *nm* **–1.** [de persona en perill] rescue. **–2.** [diners] ransom.

rescatar [rəskə'ta] *vt* to rescue; [objecte] to recover; [segrestat] to rescue; [amb pagament] to ransom.

rescindir [rəsin'di] *vt* to rescind.

rescissió [rəsisi'o] *nf* cancellation.

resclosa [rəs'klɔzə] *nf* dam, dike.

reserva [rə'zerβə] ◇ *nf* **–1.** [gen, MIL & ECON] reserve; **passar a la ~** to become a reservist; **~ natural** natural reserve. **–2.** [d'hotel, tren, etc.] reservation. **–3.** [discreció] discretion; **~ mental** mental reservation. ◇ *nf pl* [energia, recursos] reserves; **reserves monetàries** monetary reserves. ◇ *nm* [vi]: **un ~ del 81** vintage wine from '81. ◇ *nmf* ESPORT reserve, substitute.

reservar [rəzər'βa] *vt* to reserve. ➧ **reservar-se** *vp* to save o.s; **em reservo per a les postres** I'm saving myself for dessert.

reservat -ada [rəzər'βat -aðə] ◇ *adj* reserved. ◇ *nm* [en tren] reserved compartment; [en restaurant] private room.

resguard [rəz'gwart] *nm* [document] receipt; [de certificació] certificate.

resguardar [rəzgwər'ða] *vt*: **~ (de)** to protect from. ➧ **resguardar-se** *vp*: **~-se (de)** to shelter from, to protect o.s against.

residència [rəzi'ðensiə] *nf* **–1.** [lloc] residence. **–2.** [casa, establiment] residence; **~ universitària** student residence. **–3.** [hotel] boarding house. **–4.** [hospital] hospital. **–5.** [període de formació] residency. **–6.** [permís per a estrangers] residence permit. **–7.** [estança] stay.

residencial [rəziðənsi'al] *adj* residential.

resident [rəzi'ðen] ◇ *adj*: **els estrangers ~s a Espanya** foreigners residing in Spain. ◇ *nmf* **–1.** [gen] resident; **no ~** non-resident. **–2.** [metge] houseman *Br*, intern *Am*.

residir [rəzi'ði] *vi* **–1.** *culte* to lie (in), to reside (in). **–2.** [viure]: **~ en** [país, ciutat] to reside / live in.

residu [rə'ziðu] *nm* waste, residue; **~s radioactius** nuclear waste (U).

resignació [rəzignəsi'o] *nf* resignation.

resignar-se [rəzig'narsə] *vp*: **~ (a fer alguna cosa)** to resign o.s. (to doing sthg).

resina [rə'zinə] *nf* resin.

resistència [rəzis'tensiə] *nf* resistance; **oposar gran ~ a** to put up resistance; **~ passiva** passive resistance.

resistent [rəzis'ten] *adj* tough, strong, resistant.

resistir [rəzis'ti] ◇ *vt* **–1.** [gen]: **~ (alguna cosa)** to resist (sthg); **vaig ~ la temptació** I resisted the temptation. **–2.** [tolerar] to tolerate, to stand; **no ho resisteixo més** I can't stand it any longer. ◇ *vi*: **~ (a)** to resist, to withstand, to stand up to. ➧ **resistir-se** *vp*: **~-se (a)** to resist; **~-se a fer alguna cosa** to refuse to do sthg; **em resisteixo a creure-ho** I refuse to believe it.

resoldre [rə'zɔldrə] *vt* **–1.** [dificultat, problema] to solve. **–2.** [decidir]: **~ fer alguna cosa** to decide to do sthg. ➧ **resoldre's** *vp* **–1.** [solucionar-se] to be resolved. **–2.** [decidir-se]: **~'s a fer alguna cosa** to decide to do sthg. **–3.** [acabar]: **~'s en** to come to nothing more than.

resolt -a [rə'zɔl -ɔltə] *adj* resolute; **estar ~ a fer alguna cosa** to be determined to do sthg.

resolució [rəzulusi'o] *nf* **–1.** [solució] resolution. **–2.** [fermesa] determination; **de molta ~** very determined. **–3.** [decisió & DR] decision, ruling; **prendre una ~** to take / make a decision.

respatller [rəspə'ʎʎe] *nm* [de seient] back.

respectable [rəspək'tabblə] *adj* respectable.

respectar [rəspək'ta] ◇ *vt* to respect; **fer-se ~** to make o.s respected. ◇ *vi*: **pel que respecta a algú / alguna cosa** as far as sb / sthg is concerned.

respecte [rəs'pɛktə] *nm* respect; **faltar al ~ a algú** to be disrespectful to sb; **presentar els seus ~s a algú** to pay one's respects to sb. ➧ **respecte a / de** *loc adv* regarding.

respectiu -iva [rəspək'tiw -iβə] *adj* respective; **els pares ~s** the respective parents.

respectuós -osa [rəspəktu'os -ozə] *adj* respectful.

respir [rəs'pir] *nm* -1. [descans] rest; necessitar un ~ to need a rest. -2. [alleujament] relief, respite.

respiració [rəspirəsi'o] *nf* breathing; ~ artificial artificial respiration; ~ assistida artificial respiration; *fig* deixar algú sense ~ to take sb's breath away, to shock sb.

respirall [rəspi'raʎ] *nm* vent; [a soterrani] ventilation shaft.

respirar [rəspi'ra] ◇ *vt* to breathe. ◇ *vi* to breathe; *fig* no deixar ~ a algú not to allow sb a moment's peace.

respiratori -òria [rəspirə'tɔri -ɔriə] *adj* respiratory.

resplendent [rəsplən'den] *adj* shining.

resplendir [rəsplən'di] *vi* -1. [brillar] to shine. -2. *fig* [destacar] to shine, to stand out.

resplendor [rəsplən'do] *nf* brightness.

respondre [rəs'pondrə] ◇ *vt* [contestar] to answer. ◇ *vi* [replicar] to answer back; [tractament] to respond / react to; ~ a una pregunta to answer a question; ~ a una necessitat to respond to a need; ~ d'algú / per alguna cosa to answer for sb / for sthg.

responsabilitat [rəspunsəβili'tat] *nf* responsability; una feina de molta ~ a job that requires great responsability; ~ civil / penal civil / criminal liability.

responsabilitzar [rəspunsəβili'dza] *vt* to hold responsible; [culpar] to hold responsible, to blame. ◆ **responsabilitzar-se** *vp*: ~-se d'alguna cosa to take responsibility for sthg.

responsable [rəspun'sabblə] ◇ *adj* responsable; ~ (de) responsible for; fer-se ~ d'alguna cosa to take responsibility for sthg; [segrest, atemptat] to claim responsibility for sthg. ◇ *nmf* person in charge.

resposta [rəs'pɔstə] *nf* answer, reply.

ressaca [rə'sakə] *nf* -1. *fam* [de borratxera] hangover. -2. [de les ones] undertow.

ressaltar [rəsəl'ta] ◇ *vt* [destacar] to highlight. ◇ *vi* -1. [persona] to stand out. -2. [balcó, etc.] to stick out.

ressec -a [rə'sɛk -ə] *adj* parched; [pell, pa] very dry.

ressecar [rəsə'ka] *vt* [pell] to dry out; [terra] to parch. ◆ **ressecar-se** *vp* [pell] to dry out; [terra] to become parched.

ressentiment [rəsənti'men] *nm* -1. resentment, bitterness. -2. [enuig]: tenir ~ amb algú to hold a grudge against sb.

ressentir-se [rəsən'tirsə] *vp* -1. [sentir molèsties]: ~ de to be suffering from; la salut se'n ressent his health is deteriorating. -2. [ofendre's] to be offended.

ressentit -ida [rəsən'tit -iðə] ◇ *adj*: estar ~ amb algú to be really upset with sb. ◇ *nm, f*: és un ~ he's a bitter / resentful person.

ressenya [rə'seɲə] *nf* review, report.

ressenyar [rəsə'ɲa] *vt* to review, to report on.

ressò [rə'sɔ] *nm*: fer-se ~ de to report (on).

ressol [rə'sɔl] *nm* sediment.

ressonància [rəsu'nansiə] *nf* -1. [gen & FÍS] resonance; ~ magnètica magnetic resonance. -2. *fig* [de notícia, etc.] repercussions *pl*.

ressonar [rəsu'na] *vi* to resound, to echo.

ressorgir [rəsur'ʒi] *vi* to undergo a resurgence, to be revived.

ressort [rə'sɔrt] *nm* spring.

ressuscitar [rəsusi'ta] *vt & vi* to bring back to life, to resurrect.

resta ['rɛstə] *nf* -1. MAT subtraction. -2. rest, remainder. ◆ **restes** *nf pl* leftovers, remains; restes mortals mortal remains.

restablir [rəstə'bbli] *vt* to reestablish, to restore. ◆ **restablir-se** *vp* [curar-se] to recover.

restant [rəs'tan] *adj* remaining; els anys ~s de la meva vida the remaining years of my life.

restar [rəs'ta] *vt* -1. MAT to subtract; ~ una quantitat d'una altra to subtract one quantity from another. -2. [en tennis] to return.

restauració [rəstəwrəsi'o] *nf* restoration.

restaurant [rəstəw'ran] *nm* restaurant.

restaurar [rəstəw'ra] *vt* to restore.

restitució [rəstitusi'o] *nf* return.

restituir [rəstitu'i] *vt* -1. [tornar] to return; ~ la salut to restore one's health. -2. [restaurar]: ~ alguna cosa a to restore sthg to.

restrènyer [rəs'trɛɲə] *vt* to cause constipation.

restrenyiment [rəstrəɲi'men] *nm* constipation.

restret -a [rəs'trɛt -ə] *adj* constipated.

restricció [rəstriksi'o] *nf* -1. [reducció] restriction. -2. *gen pl* [d'aigua, aliments, etc.] restriction.

restringir [rəstɾiɲˈʒi] vt to limit, to restrict.

resultant [rəzulˈtan] nf FÍS resultant.

resultar [rəzulˈta] ◇ vi -1. [tenir com a conseqüència] to turn out; **què resultarà de tot això?** what shall come of all that? -2. [ser]: **em resulta difícil** it's difficult for me; **~ un èxit** to be a success; **el nostre equip va ~ vencedor** our team won; **el viatge va ~ llarg** the trip turned out to be very long. -3. [costar]: **ens va ~ car** we found it expensive. ◇ v impers [succeir]: **resulta que...** it follow / seems that...

resultat [rəzulˈtat] nm result; **donar bon ~** to be a success. ➤ **de resultes de** loc adv as a result of.

resum [rəˈzum] nm summary; **en ~** in short.

resumir [rəzuˈmi] vt to summarize, to sum up. ➤ **resumir-se** vp: **~-se en** to boil down to.

resurrecció [rəzurəksiˈo] nf resurrection.

retall [rəˈtaʎ] nm -1. [peça tallada] cut, trimming; **~ de premsa** cutting, clipping. -2. remnant.

retallada [rətəˈʎaðə] nf fig [de despeses, etc.] cut, cutback; **~ pressupostària** cut, reduction.

retallar [rətəˈʎa] vt -1. [tallar - el que sobra] to cut off / away; [- figura] to cut out. -2. [pressupost, atribucions, etc.] to reduce, to cut down. ➤ **retallar-se** vp [perfilar-se] to stand out, to be outlined.

retard [rəˈtart] nm delay; **arribar amb ~** to be late; **porto un ~ de dos dies en el meu treball** I'm two days behind in my work.

retardar [rətərˈda] ◇ vt [gen] to delay; [rellotge] to put back. ◇ vi [rellotge] to be slow. ➤ **retardar-se** vp -1. [arribar tard] to be late. -2. [no estar al dia] to fall behind. -3. [rellotge] to lose time.

retardat -ada [rətərˈdat -aðə] ◇ adj -1. delayed; **d'efecte ~** delayed-action (abans de nom). -2. [mental] retarded. ◇ nm, f: **~ (mental)** mentally retarded person.

retaule [rəˈtawlə] nm altarpiece.

retenció [rətənsiˈo] nf -1. [gen & MED] retention. -2. [en el sou] deduction; **~ fiscal** tax stoppage. -3. [de trànsit] hold-up.

retenir [rətəˈni] vt to hold / keep back; **l'empresa em reté part del salari** the company withholds part of my salary.

reticència [rətiˈsɛnsiə] nf -1. [resistència] unwillingness. -2. [insinuació] insinuation.

retina [rəˈtinə] nf retina.

retir [rəˈtir] nm retirement.

retirar [rətiˈɾa] vt -1. [gen] to remove; **~ la candidatura** to withdraw one's candidature; **retiro el que he dit** I take back what I said. -2. [jubilar] to retire. ➤ **retirar-se** vp -1. to retire. -2. [aïllar-se, anar-se'n] to leave. -3. [jubilar-se] to retire. -4. MIL to retreat. -5. [apartar-se] to move away.

retirat -ada [rətiˈrat -aðə] ◇ adj -1. [gen] isolated, secluded. -2. [jubilat] retired. ◇ nm, f [jubilat] retired person. ➤ **retirada** nf retreat; [d'exèrcit] retreat; **batre's en retirada** to retreat, to withdraw; **cobrir la retirada** to cover a retreat; fig similarity.

retoc [rəˈtɔk] nm touching-up (U), retouching.

retocar [rətuˈka] vt -1. [gen] to touch up. -2. to alter.

rètol [ˈrɛtul] nm [cartell] sign; [etiqueta] label.

retolador [rətuləˈðo] nm felt-tip pen; [gruixut] felt-tip marker; [fluorescent] marker pen.

retolar [rətuˈla] vt -1. [carrer] to put up a sign on; **han retolat el carrer amb un nom nou** they've given the street a new name. -2. [carta, article] to head with fancy lettering. -3. [esquema, dibuix] to highlight.

retòrcer [rəˈtɔrsə] vt -1. [tòrcer] to twist. -2. fig [tergiversar] to twist.

retòric -a [rəˈtɔrik -ə] ◇ adj rhetorical; **una figura ~a** a rhetorical figure. ◇ nm, f rhetorician. ➤ **retòrica** nf rhetoric.

retorn [rəˈtorn] nm [gen & INFORM] return.

retornar [rəturˈna] ◇ vt to return. ◇ vi: **~ a** to return to.

retractar-se [rətrəkˈtarsə] vp to go back on one's word; **~ de** to retract, to take back.

retransmetre [rətrənzˈmɛtrə] vt to broadcast.

retransmissió [rətrənzmisiˈo] nf broadcast.

retrat [rəˈtrat] nm -1. [gen] portrait, photograph; **ser el ~ de** to be the spitting image of; **~ robot** photofit picture. -2. fig [reflex]: **la seva novel·la és un ~ de la societat de l'època** his / her novel is a portrayal of the society of this period.

retratar [rətrəˈta] vt -1. [fotografiar] to photograph. -2. [dibuixar] to do a portrait of. -3. fig [reflectir] to portray.

retraure [rəˈtɾawɾə] *vt* ➤ **retreure**.

retre [ˈrɛtɾə] *vt* [oferir] to give, to present; **~ homenatge / culte a** to pay tribute to, to worship sb.

retret[1] [rəˈtɾet] *nm* reproach; **sempre m'ha de fer un ~** he / she always reproaches / criticizes me.

retret[2] **-a** [rəˈtɾet -ə] *adj* [tímid] withdrawn, retiring.

retreure [rəˈtɾewɾə], **retraure** [rəˈtɾawɾə] *vt* [tirar enrere] to withdraw, to retreat. ➤ **retreure's** *vp* **-1.** [tirar-se enrere] to withdraw, to retreat. **-2.** [aïllar-se, apartar-se]: **~'s de** to withdraw from.

retribució [rətɾiβusiˈo] *nf* [pagament] payment; [recompensa] reward.

retribuir [rətɾiβuˈi] *vt* [pagament] to pay; [recompensa] to reward.

retroactiu -iva [ˌrɛtɾuəkˈtiw -iβə] *adj* [gen] retrospective; [llei] retroactive; [pagament] backdated.

retrobar [rətɾuˈβa] *vt* to find again. ➤ **retrobar-se** *vp* to meet again.

retrocedir [rətɾusəˈði] *vi* to go back, to back down.

retrocés [rətɾuˈses] *nm* **-1.** [gen, d'arma] backward movement. **-2.** [en malaltia] deterioration.

retrògrad -a [rəˈtɾɔɣɾət -əðə] *adj* reactionary.

retrospectiu -iva [rətɾuspəkˈtiw -iβə] *adj* retrospective. ➤ **retrospectiva** *nf* retrospective.

retrovisor [rətɾuβiˈzo] *nm* rear-view mirror.

retrunyir [rətɾuˈɲi] *vi* **-1.** [fer soroll] to thunder, to boom. **-2.** [ressonar] to resound.

reu rea [ˈrɛw ˈrɛə] *nm, f* offender, culprit.

reüll [rəˈuʎ] ➤ **de reüll** *loc adv*: **mirar de ~** to look out of the corner of one's eye.

reuma [ˈrɛwmə] *nm* rheumatism.

reumatisme [rəwməˈtizmə] *nm* rheumatism.

reunificar [rəunifiˈka] *vt* to reunify. ➤ **reunificar-se** *vp* to reunify.

reunió [rəuniˈo] *nf* meeting.

reunir [rəuˈni] *vt* to bring together; [dades, etc.] to gather. ➤ **reunir-se** *vp* [congregar-se] to meet.

revalidar [rəβəliˈða] *vt* ESPORT: **~ el títol** to defend the title.

revalorar [rəβəluˈɾa] *vt* to revalue.

revelació [rəβələsiˈo] *nf* revelation.

revelador -a [rəβələˈðo -oɾə] *adj* revealing. ➤ **revelador** *nm* developer.

revelar [rəβəˈla] *vt* **-1.** [gen] to reveal. **-2.** FOTOG to develop. ➤ **revelar-se** *vp* to show / reveal o.s.; **es va ~ com un gran músic** he proved himself to be a great musician.

revelatge [rəβəˈladʒə] *nm* FOTOG developing.

revenda [rəˈβɛndə] *nf* resale.

revendre [rəˈβɛndɾə] *vt* to resell.

revenja [rəˈβɛɲʃə] *nf* revenge.

revenjar-se [rəβəɲˈʒaɾsə] *vp* [ofensa, derrota]: **~ de** to take revenge (on).

reverberar [rəβəɾβəˈɾa] *vi* **-1.** [llum, calor]: **~ sobre** to reflect on. **-2.** [so] to reverberate.

reverdir [rəβəɾˈði] *vi* **-1.** [planta, camp] to become green again. **-2.** *fig* [renèixer] to revive.

reverència [rəβəˈɾɛnsiə] *nf* reverence, bow; [inclinació del cos] curts(e)y.

reverenciar [rəβəɾənsiˈa] *vt* to revere.

reverend -a [rəβəˈɾen -endə] *adj* reverend; **~ pare** Reverend Father.

reverent [rəβəˈɾen] *adj* reverent; **un silenci ~** a reverent / respectful silence.

revers [rəˈβɛɾs] *nm* back, other side; **el ~ del full** the back of the page; *fig* **ser el ~ de la medalla** to be the other side of the coin.

revertir [rəβəɾˈti] *vi* **-1.** [tornar] to revert. **-2.** [resultar]: **~ en benefici** to be to the advantage (of).

revés [rəˈβes] *nm* back; [de tela] other / wrong side; **els revessos de la vida** life's setbacks / blows; **mengem primer i després anem al cinema o ho fem al ~?** let's eat first and then go to the cinema or the other way around?; **ho entén tot al ~** he / she understands everything back to front.

revestiment [rəβəstiˈmen] *nm* covering.

revestir [rəβəsˈti] *vt* **-1.** [gen] to cover; **~ (de)** to cover (with). **-2.** *fig* [falta, defecte, etc.] to disguise, to cover up. ➤ **revestir-se** *vp*: **~-se de** [valor, paciència] to arm o.s with.

revetlla [rəˈβeʎʎə] *nf* [festa] street party (on the eve of certain saints' days); **la ~ de Sant Joan** the festival of Saint John.

reveure [rəˈβewɾə] *vt* to see again; **a ~** see you (later).

revifar [rəβiˈfa] *vt* to revive.

revisar [rəβiˈza] *vt* to go over again;

[comptes] to audit; [salut, vista] to check, to examine; [cotxe] to service.

revisió [rəβizi'o] *nf* revision; [de comptes] audit; **~ mèdica** check-up.

revista [rə'βistə] *nf* **-1.** [gen & TEAT] revue; **passar ~ a alguna cosa** to inspect / to review / to examine sthg. **-2.** [secció de diari] magazine, section, review; **~ de llibres / música / del cor** book / music / gossip magazine.

revister [rəβis'te] *nm* magazine rack.

reviure [rə'βiwɾə] ◇ *vi* **-1.** [ressuscitar] to revive. **-2.** *fig* [sentiment] to revive. ◇ *vt* [recordar] to revive memories of.

revocar [rəβu'ka] *vt* to revoke; [sentència] to reverse, to revoke.

revolada [rəβu'laðə] *nf* **-1.** [d'au]: **mirar la ~ dels pardals** to watch the flight of the sparrows. **-2.** *fig* [agitació] commotion.

revolt -a [rə'βɔl -ɔltə] *adj* **-1.** [clima] unsettled. **-2.** [aigües, mar] choppy, rough.

revoltar [rəβul'ta] *vt* **-1.** [sollevar]: **~ algú contra** to incite sb to sthg. **-2.** [indignar] to outrage, to revolt.

revoltat -ada [rəβul'tat -aðə] *adj* **-1.** [esvalotat] agitated. **-2.** [marejat]: **tinc l'estómac ~** I have an upset stomach.

revoltós -osa [rəβul'tos -ozə] *adj* rebellious.

revolució [rəβulusi'o] *nf* revolution. ✦ **Revolució industrial** *nf* Industrial Revolution.

revolucionar [rəβulusiu'na] *vt* **-1.** [pertorbar] to cause a stir in. **-2.** [transformar] to revolutionize.

revolucionari -ària [rəβulusiu'naɾi -aɾiə] *adj & nm, f* revolutionary.

revòlver [rə'βɔlβər] *nm* revolver.

revulsiu -iva [rəβul'siw -iβə] *adj fig* stimulating, revitalizing.

riada [ri'aðə] *nf* ➤ **riuada**.

rialla [ri'aʎə] *nf* **-1.** laugh, laughter; **fer la mitja ~** to smile. **-2.** [riota] guffaw; **ser la ~ de tothom** to be the laughingstock of the town.

riallada [riə'ʎaðə] *nf* guffaw.

rialler -a [riə'ʎe -eɾə] *adj* **-1.** [alegre] smiling. **-2.** [pròsper] sunny, promising.

riber [ri'βe] *nm* blackcurrant bush.

ribera [ri'βeɾə] *nf* bank; [de mar] shore.

riberenc -a [riβə'ɾɛŋ -ɛŋkə] *adj & nm, f* [riu] riverside; [mar] coastal.

ribot [ri'βɔt] *nm* [de fuster] plane.

ribotejar [riβutə'ʒa] *vt* [fusta] to plane.

ric -a [ˈrik -ə] ◇ *adj* [gen]: **~ (en)** rich (in). ◇ *nm, f* rich person; **els ~s** the rich; **nou ~** nouveaux riche.

ricí [ri'si] *nm* castor oil plant.

rictus [ˈriktus] *nm* grin, sneer.

ridícul -a [ri'ðikul -ə] *adj* ridiculous. ✦ **ridícul** *nm* ridicule; **deixar algú en ~** to make sb look stupid; **fer el ~** to make a fool of o.s.

ridiculesa [riðiku'lɛzə] *nf* **-1.** [bogeria] silly thing, nonsense (U). **-2.** [nimietat] trifle.

ridiculitzar [riðikuli'dza] *vt* to ridicule.

riera [ri'eɾə] *nf* stream, torrent.

rierol [riə'ɾɔl] *nm* brook, stream.

rifa [ˈrifə] *nf* raffle.

rifar [ri'fa] *vt* to raffle. ✦ **rifar-se** *vp* **-1.**: **~-se alguna cosa** to vie for sthg; **es rifen el seu amor** they're squabbling for his love. **-2.** *fam*: **~-se de** to mock, to make fun of.

rifle [ˈriflə] *nm* rifle.

rígid -a [ˈriʒit -iðə] *adj* **-1.** [gen] rigid; **tornar-se ~** [cera, substància, etc.] to become / get stiff / rigid. **-2.** [inexpressiu] stony.

rigidesa [riʒi'ðɛzə] *nf* **-1.** [gen] rigidity. **-2.** [severitat] strictness, harshness. **-3.** [inexpressivitat] stoniness.

rigor [ri'ɣor] *nm o nf* rigour, severity, strictness; **en ~** strictly speaking; **els ~s de l'estiu** the rigours of summer. ✦ **de rigor** *loc adj* essential.

rigorós -osa [riɣu'ros -ozə] *adj* rigorous, strict; **un temps ~** harsh times.

rimar [ri'ma] ◇ *vi* to rhyme. ◇ *vt* to rhyme.

rinoceront [rinusə'ɾon] *nm* rhinoceros.

rínxol [ˈrinʃul] *nm* [de cabells] curl, ringlet; **tenir ~s** to have curly hair.

riota [ri'ɔtə] *nf* laughing stock.

riquesa [ri'kɛzə] *nf* wealth, richness; **tenir ~ vitamínica** to be rich in vitamins.

risc [ˈrisk] *nm* risk; [assegurança, pòlissa] **a tot ~** comprehensive; **córrer (el) ~ de** to run the risk of.

ritme [ˈridmə] *nm* rhythm; [velocitat] pace.

ritu [ˈritu] *nm* rite, ritual.

ritual [ritu'al] ◇ *adj* ritual. ◇ *nm* ritual.

riu [ˈriw] *nm* **-1.** [amb desembocadura - en mar] river; [- en riu] stream; **~ avall** downstream; **~ amunt** upstream. **-2.** *fig* [abundància] stream, torrent.

riuada [ri'waðə], **riada** [ri'aðə] *nf lit & fig* flood.

riure¹ ['riwrə] ◇ vi to laugh; ~ amb / d'alguna cosa to laugh at / with sthg; petar-se de ~ to die of laughter. ◇ vt to laugh at; li riu tots els acudits he / she laughs at all his jokes. ◆ **riure's** vp: ~'s d'algú to laugh at sb.

riure² ['riwrə] nm laugh, laughter; quin tip de ~! I / we laughed so hard!; se m'escapà el ~ I couldn't contain my laughter.

rival [ri'βal] adj & nmf rival.

rivalitat [riβəli'tat] nf rivalry.

rivalitzar [riβəli'dza] vi: ~ amb algú to compete with sb; ~ en alguna cosa [generositat, bellesa, etc.] to rival each other; ~ per to compete for.

rivet [ri'βet] nm –1. draught excluder. –2. edging (U), triming (U); fig touch, nuance.

roba ['rɔβə] nf clothes pl; treure's la ~ to take off one's clothes; ~ blanca linen; ~ interior underwear; fig hi ha ~ estesa be careful what you say, walls have ears fig nedar i guardar la ~ to cover one's back; la ~ bruta es renta a casa one shouldn't wash one's dirty linen in public.

robar [ru'βa] vt –1. [gen] to steal; [casa] to burgle; ~ algú to rab sb. –2. [en cartes, dòmino, dames] to draw, to pick up. –3. [cobrar car]: en aquest restaurant roben this restaurant is a rip-off.

robatori [ruβə'tɔri] nm robbery, theft; ~ a mà armada armed robbery; fam ¡¡és un ~! this is a daylight robbery / rip-off!

robí [ru'βi] nm ruby.

robot [ru'βɔt] nm [gen & INFORM] robot; ~ de cuina food processor.

robòtica [ru'βɔtikə] nf robotics (U).

robust -a [ru'βust -ə] adj robust.

roca ['rɔkə] nf rock.

rocós -osa [ru'kos -ozə] adj rocky.

roda ['rɔðə] nf –1. [peça] wheel; fig la ~ de la fortuna the wheel of fortune; ~ de davant / de darrere front / back wheel; ~ de recanvi spare wheel. –2. [atracció de fira] ferris wheel. –3. ring, circle. –4. combregar amb rodes de molí to be very gullible. ◆ **roda d'identificació** nf identification parade.

rodalia [ruðə'liə] nf –1. outskirts, suburbs. –2. FERROC tren de rodalia local train.

rodamón [ˌrɔðə'mon] nmf tramp, wanderer.

rodanxa [ru'ðaɲʃə] nf slice; [de llimona, embotit] slice; en rodanxes sliced.

rodanxó -ona [ruðəɲ'ʃo -onə] adj tubby, chubby.

rodar [ru'ða] ◇ vt –1. [gen] to turn; em roda el cap my head's spinning. –2. CIN to shoot, to film. –3. AUTOM to run in. ◇ vi –1. [gen] to roll. –2. CIN to shoot, to film. –3. [caure]: va ~ escales avall he / she tumbled down the stairs. –4. [deambular]: ~ per to go around; ~ per mig món to go all over / travel around half the world.

rodatge [ru'ðadʒe] nm –1. [gen & AUTOM] running-in; li falta ~ it needs running-in; en ~ to be running in. –2. CIN shooting, filming.

rodera [ru'ðerə] nf [rastre, traça] tyre track.

rodet [ru'ðet] nm [de fil] bobbin, reel; FOTOG roll (of film); [per a pescar] reel; [de màquina d'escriure] spool.

rodó -ona [ru'ðo -onə] adj –1. [circular, esfèric] round; a la rodona around. –2. [avantajós] perfect, excellent. –3. [rotund] categorical. –4. [quantitat] round. –5. caure en ~ to collapse in a heap. –6. [nombre] cinc-cents rodons a round five hundred. ◆ **rodona** nf [lletra] roman type / print.

rogació [ruɣəsi'o] nf ➤ **rogativa**.

rogativa [ruɣə'tiβə] nf gen pl rogation.

roí -ïna [ru'i -inə] adj –1. [vil] low, contemptible. –2. [avar] mean.

roig roja ['rɔtʃ 'rɔʒə] ◇ adj –1. red, ruddy. –2. [persona, pell, cabell] red. ◇ nm, f POLÍT red.

rol ['rɔl] nm –1. [paper] role. –2. NÀUT muster.

roleu [ru'lew] nm ink roller; [de màquina d'escriure] roller.

rom -a ['rom -ə] adj [punta] blunt.

ROM ['rom] nf (abrev de read-only memory) ROM.

Roma ['romə] Rome.

romà -ana [ru'ma -anə] ◇ adj Roman. ◇ nm, f Roman.

romanç [ru'mans] nm –1. LING Romance language. –2. LITER romance.

romanço [ru'mansu] nm fam [xafarderia] gossip.

romandre [ru'mandrə] vi to stay, to remain; ~ despert / mut to stay awake, to remain quiet / silent.

romanent [rumə'nen] nm surplus stock.

romanès -esa [rumə'nɛs -ezə] ◇ adj Rumanian. ◇ nm, f Rumanian. ◆ **romanès** nm [llengua] Rumanian.

romaní [rumə'ni] nm BOT rosemary.

Romania [rumə'niə] Rumania.

romànic -a [ru'manik -ə] ◇ adj Romanesque. ◇ nm Romanesque.

romàntic -a [ru'mantik -ə] *adj* romantic.
romanticisme [rumənti'sizmə] *nm* Romanticism.
rombe ['rombə] *nm* rhombus.
romeria [rumə'ɾiə] *nf* -1. [peregrinació] pilgrimage. -2. [festa] open-air activities to celebrate a religious event. -3. *fig* [multitud] long line.
romeu -eva [ru'mɛw -eβə] *nm, f* pilgrim.
rompiment [rumpi'men] *nm* breaking.
rompre ['rompɾə] ◇ *vt* -1. [trencar] to break. -2. *fig* to smash; ~ **el gel** to break the ice. ◇ *vi* -1. [acabar relació]: ~ **(amb algú)** to break up , to split up (with sb). -2. [ones] to break. -3. [començar]: ~ **a fer alguna cosa** to suddenly start doing something; ~ **a plorar** to burst into tears.
ronc ['roŋ] *nm* snore, snoring.
ronc -a ['roŋ 'roŋkə] *adj* -1. [veu, so, tos] harsh, husky. -2. [afònic] hoarse; **m'he quedat ~** I'm hoarse.
roncar [ruŋ'ka] *vi* to snore.
ronda ['rondə] *nf* -1. [de vigilància] rounds *pl.* -2. [carrer] avenue. -3. *fam* [de begudes, etc.] round. -4. [en ciclisme, el joc] round. -5. [tipus de via] ring road.
rondar [run'da] ◇ *vt* -1. [vigilar] to patrol. -2. [fer la cort] to court. ◇ *vi* -1. to patrol. -2. *fam* to prowl around.
rondinaire [rundi'najɾə] *nm, f* grumbler.
rondinar [rundi'na] *vi* to grumble, to complain.
ronquera [ruŋ'keɾə] *nf* hoarseness.
ronsejar [runsə'ʒa] *vi fam* to laze.
ronya ['roɲə] *nf* [brutor] filth, dirt.
ronyó [ru'ɲo] *nm* kidney; ~ **artificial** kidney machine; *fig* **costar un ~** to cost a packet; *fig* **tenir el ~ ben cobert** to be well-heeled. ● **ronyons** *nm pl* -1. CULIN kidneys. -2. [regió lumbar] lower back *sg.*
ronyonada [ruɲu'naðə] *nf* [regió lumbar] lower back.
ronyonera [ruɲu'neɾə] *nf* [bossa petita] bum bag *Br*, money belt *Am*.
ronyós -osa [ru'ɲos -ozə] ◇ *adj* -1. [brut] dirty. -2. [gasiu] mean. ◇ *nm, f* miser, mean person.
ros rossa ['ros 'rosə] ◇ *adj* [cabells]: ~ **fosc** dark blond. ◇ *adj & nm, f* blond *m*, blonde *f*.
rosa ['rozə] ◇ *nf* [flor] rose; **estar fresc com una ~** to be as fresh as a daisy; *fig* **no hi ha roses sense espines** there's no rose without a thorn. ◇ *adj inv* [color] pink; *fig* **veure-ho tot de color de ~** to see every-thing through rose-tinted spectacles. ◇ *nm* [color] pink. ● **rosa dels vents** *nf* compass.
rosada [ru'zaðə] *nf* dew.
rosar [ru'za] *v impers* [caure rosada]: **ha rosat** a dew has fallen.
rosari [ru'zaɾi] *nm* -1. [gen] rosary; [de desgràcies] string. -2. [pregària] rosary. -3. **acabar com el ~ de l'aurora** to finish up badly.
rosat -ada [ru'zat -aðə] *adj* [gen] pink. ● **rosat** *nm* rosé.
rosca ['roskə] *nf* -1. coil. -2. [forma cilíndrica] ring. -3. ring doughnut, bread roll. -4. : **pasar-se de ~** to go over the top.
rosegador -a [ruzəɣə'ðo -oɾə] *adj* rodent (*abans de nom*). ● **rosegadors** *nm pl* rodents.
rosegar [ruzə'ɣa] *vt* -1. [objecte] to gnaw (at); [refrigeri] to nibble (at). -2. [amb dents] to gnaw (at). -3. *fig* [gastar] to eat away. -4. *fig* [turmentar]: **els remordiments li roseguen la consciència** remorse is gnawing / eating away at him.
rosegó [ruzə'ɣo] *nm* crust (of bread).
rosella [ru'zeʎə] *nf* -1. [flor] poppy. -2. [llavor] poppy (seed).
roser [ru'ze] *nm* rose bush.
roserar [ruzə'ra] *nf* rose garden.
ròssa ['rɔsə] *nf* -1. [cavall] nag, hack. -2. [persona atrotinada] scrawnny person. -3. [carronya] carrion.
ròssec ['rɔsək] ● **a ròssec** *loc adv lit & fig*: **portar alguna cosa / algú a ~** to drag sthg / sb along; [pesca] **pesca a ~** trawling.
rossí [ru'si] *nm* [cavall] nag, hack.
rossinyol [rusi'ɲɔl] *nm* -1. picklock. -2. nightingale.
rostar [rus'ta] *vt* [amb pa] to dunk, to dip; **sempre rosta la cassola** he / she always cleans up the pan.
rostidor [rusti'ðo] *nm* -1. [aparell] roaster. -2. [vareta] spit. -3. [restaurant] rotisserie.
rostir [rus'ti] *vt* [al forn] to roast; [a la brasa] to grill. ● **rostir-se** *vp fig* to be boiling hot.
rostit [rus'tit] *nm* roast.
rostoll [rus'toʎ] *nm* stubble.
rostre ['rɔstɾə] *nm* face.
rot ['rot] *nm* belch; *fam* burp.
rotació [rutəsi'o] *nf* -1. [gir] rotation. -2. [alternança] rota.
rotatiu -iva [rutə'tiw -iβə] *adj* rotary, revolving. ● **rotatiu** *nm* newspaper.

rotllana [ruʎʎanə] *nf* **-1.** circle, ring; [per a ballar] circle. **-2.** : **fent la ~** sitting in a circle.

rotlle [ˈrɔʎʎə] *nm* **-1.** CIN roll; **~ de paper de vàter** toilet paper. **-2.** [estora] round mat.

rotonda [ruˈtondə] *nf* ARQUIT rotunda; [plaça] circus.

ròtula [ˈrɔtulə] *nf* kneecap.

rotund -a [ruˈtun -undə] *adj* **-1.** [gen] categorical. **-2.** [fracàs, èxit] resounding.

roure [ˈrowɾə] *nm* oak; *fig* **ser fort com un ~** to be as strong as an ox.

roureda [rowˈɾeðə] *nf* oak wood / grove.

rovell [ruˈβeʎ] *nm* **-1.** [d'ou] yolk. **-2.** [del ferro] rust.

rovellar [ruβəˈʎa] *vt* [metall] to rust. **rovellar-se** *vp* to get rusty.

rovellat -ada [ruβəˈʎat -aðə] *adj* rusty.

rovelló [ruβəˈʎo] *nm* lactarius.

rpm *nf pl* (abrev de revolucions per minut) rpm.

rubèola [ruˈβɛulə] *nf* German measles (U).

rubor [ruˈβor] *nm o nf* **-1.** [vergonya] embarrassment, shame; **fer ~** to make sb blush. **-2.** blush, flush; **el ~ va encendre el seu rostre** the flush of his / her cheeks lit up his / her face.

ruboritzar-se [ruβuɾiˈdzarsə] *vp* to blush.

rúbrica [ˈruβɾikə] *nf* **-1.** [de firma] flourish. **-2.** [títol] title.

rubricar [ruβɾiˈka] *vt* **-1.** [firmar] to sign with a flourish. **-2.** *fig* [confirmar] to confirm.

ruc -a [ˈruk -ə] ◇ *nm, f* **-1.** ZOOL donky, ass. **-2.** [insult] stupid, dimwit. ◇ *adj & nm, f* stupid, dim.

rude [ˈruðə] *adj* **-1.** [brusc] sharp, brusque. **-2.** [groller] rude, coarse.

rudesa [ruˈðezə] *nf* **-1.** roughness. **-2.** [grolleria] coarseness.

rudimentari -ària [ruðimənˈtaɾi -aɾiə] *adj* rudimentary.

rufià -ana [ruˈfia -anə] *nm, f* **-1.** villain. **-2.** [pinxo] scoundrel.

rúfol -a [ˈruful -ə] *adj* [temps] overcast.

rugbi [ˈrugbi] *nm* rugby.

rugir [ruˈʒi] *vi* to roar.

rugit [ruˈʒit] *nm* roar; *fig* [de persona] bellow.

rugós -osa [ruˈɣos -ozə] *adj* [aspre] rough.

ruïna [ruˈinə] *nf* **-1.** [gen] ruin; **amenaçar ~** [edifici] to be about to collapse; **deixar a la ~** to ruin (sb). **-2.** [perdició]: **ser la ~ d'al-** gú to be sb's ruin. **-3.** [desastre - persona]: **estar fet una ~** to be a wreck.

ruïnós -osa [ruiˈnos -ozə] *adj* **-1.** [poc rendible] ruinous. **-2.** [edifici] ramshackle.

ruixar [ruˈʃa] *vt* to sprinkle.

ruixat [ruˈʃat] *nm* downpour.

ruleta [ruˈlɛtə] *nf* roulette. ➣ **ruleta russa** *nf* Russian roulette.

rumb [ˈrum] *nm* **-1.** NÀUT course. **-2.** *fig* [orientació] direction; [dels esdeveniments] turn. **-3.** *fig* [camí] path, direction; **portar bon ~** to be on the right path.

rumbós -osa [rumˈbos -ozə] *adj fam* [generós] generous.

rumiar [rumiˈa] *vt* [subj: rumiant] to chew; *fig* to ruminate, to chew over; **~ un pla d'atac** to think over a plan of attack.

rumor [ruˈmor] *nm* [tafaneria] rumour.

runa [ˈrunə] *nf* debris; CONSTR rubble. ➣ **runes** *nf pl* [històriques] ruins, remains; [deixalles] debris.

rupestre [ruˈpɛstɾə] *adj* cave (*abans de nom*).

ruptura [rupˈtuɾə] *nf* break; [d'os] rupture; [en tela] tear.

rural [ruˈɾal] *adj* rural; [metge, capellà] country (*abans de nom*).

rus russa [ˈrus ˈrusə] ◇ *adj* Russian. ◇ *nm, f* Russian. ➣ **rus** *nm* [llengua] Russian.

rusc [ˈrusk] *nm* beehive.

Rússia [ˈrusiə] Russia.

rústic -a [ˈrustik -ə] *adj* **-1.** [del camp] country (*abans de nom*). **-2.** [bast] rough, coarse.

ruta [ˈrutə] *nf* route; *fig* way, course.

rutina [ruˈtinə] *nf* routine.

rutinari -ària [rutiˈnaɾi -aɾiə] *adj* routine.

rutllar [ruˈʎʎa] *vi fam* [funcionar] to run, to work; **això rutlla** everything's going extremely well.

s¹, S [ˈesa] *nf* [lletra] s, S.

s² (abrev de segon) s.

s' *pron pers* ➣ **es**.

's *pron pers* ➣ **es**.

s. (abrev de **següent**) foll.

SA nf (abrev de **societat anònima**) ≃ Ltd, ≃ PLC.

sa sana ['sa 'sanə] adj **-1.** [gen] healthy; **~ i estalvi** safe and sound. **-2.** [sencer] intact, undamaged.

saba ['saβə] nf **-1.** BOT sap. **-2.** fig [de joventut, amor] vitality.

sabata [sə'βatə] nf **-1.** shoe. **-2.** [de fre] (brake) shoe; fig **trobar ~ de son peu** to meet one's match.

sabater -a [səβə'te -erə] nm, f **-1.** [fabricant, venedor] shoemaker. **-2.** [reparador]: **~ (de vell)** cobbler.

sabateria [səβətə'riə] nf **-1.** [ofici] shoemaking. **-2.** [taller] shoemaker's. **-3.** [botiga] shoe shop.

sabàtic -a [sə'βatik -ə] adj **-1.** Saturday (abans de nom). **-2.** [any] sabbatical.

sabatilla [səβə'tiʎə] nf **-1.** [gen] slipper. **-2.** [calçat]: **~ de ballet** ballet shoe; **~ d'esport** sports shoe / trainers.

saber [sə'βe] ◇ nm knowledge. ◇ vt **-1.** [gen] to know; **ja ho sé** I know; **ho vaig ~ ahir** I only found out yesterday; **~ fer alguna cosa** to know how to do sthg; **~ anar amb bici** to be able to ride a bike; **fer ~ alguna cosa a algú** to inform sb of sthg, to tell sb sthg. **-2.** **no ~ on ficar-se** not to know where to put o.s.; **que jo sàpiga** as far as I know.

saberut -uda [səβə'rut -uðə] adj & nm, f know-all, know-it-all.

sabó [sə'βo] nm soap; **~ líquid** liquid soap; fam fig **donar ~ (a algú)** to soft-soap (sb). ● **sabó de sastre** nm soapstone.

saboner -a [səβu'ne -erə] adj soap (abans de nom). ● **sabonera** nf soap dish.

sabonós -osa [səβu'nos -ozə] adj soapy.

sabor [sə'βor] nm **-1.** [gust] taste, flavour; **un ~ de** a taste of. **-2.** fig [estil] flavour.

saborós -osa [səβu'ros -ozə] adj **-1.** [bo] tasty; **molt ~** very tasty. **-2.** fig [proposta, negoci] tidy, considerable; [quantitat] considerable. **-3.** fig [maliciós] malicious.

sabotatge [səβu'tadʒə] nm sabotage.

sabotejador -a [səβutəʒə'ðo -orə] nm, f saboteur.

sabotejar [səβutə'ʒa] vt to sabotage.

sabre ['saβrə] nm sabre.

sac ['sak] nm **-1.** [gen] sack, bag; **~ de dormir** sleeping bag. **-2.** fig [persona]: **és un ~ de mentides** he's / she's full of lies. **-3.** **entrar a ~ en una ciutat** to sack / pillage a city.

saca ['sakə] nf sack; **~ de correus** mailbag.

sacarina [səkə'rinə] nf saccharin.

sacerdot [səsər'dɔt] nm priest.

saciar [səsi'a] vt to satisfy, to sate; [aspiracions] to fulfil; **~ la set** to quench one's thirst. ● **saciar-se** vp to have one's fill; **beure fins a ~-se** to drink one's fill.

sacre -a ['sakrə] adj [sagrat] holy, sacred. ● **sacre** nm sacrum.

sacrificar [səkrifi'ka] vt **-1.** [gen] to sacrifice; **~ alguna cosa a** to sacrifice sthg to. **-2.** [animal] to slaughter. ● **sacrificar-se** vp: **~-se (per algú)** to make sacrifices for (sb); **~-se per (fer alguna cosa)** to make sacrifices (in order to do sthg).

sacrifici [səkri'fisi] nm lit & fig sacrifice.

sacrilegi [səkri'lɛʒi] nm lit & fig sacrilege.

sacsejar [səksə'ʒa] vt to jostle, to shake.

sàdic -a ['sadik -ə] ◇ adj sadistic. ◇ nm, f sadist.

sadisme [sə'ðizmə] nm sadism.

sadomasoquisme [ˌsaðuməzu'kizmə] nm sadomasochism.

safareig [səfə'rɛtʃ] nm **-1.** wash basin. **-2.** fam: **ser motiu de ~** to be the object of all the gossip.

safari [sə'fari] nm **-1.** [expedició] safari. **-2.** [parc] safari park.

safata [sə'fatə] nf tray.

safir [sə'fir] nm sapphire.

safrà [sə'fra] nm saffron.

saga ['sayə] nf saga; **anar a la ~** to go behind / at the back; fig **no restar a la ~ d'algú** to be every bit / just as good as sb.

sagaç [sə'yas] adj astute, shrewd.

sagal [sə'yal] nm [pastor] shepherd m, shepherdess f.

sageta [sə'ʒetə] nf [arma] arrow.

sagí [sə'ʒi] nm [greix animal] lard, fat.

Sagitari [səʒi'tari] ◇ nm inv [zodíac] Sagittarius. ◇ nmf inv [persona] Sagittarian.

sagnant [səŋ'nan] adj bloody, bleeding; fig **un cor ~** a bleeding heart.

sagnar [səŋ'na] ◇ vi to bleed; **~ pel nas** to bleed from the nose. ◇ vt **-1.** [gen] to bleed. **-2.** [arbre] to tap. **-3.** IMPREMTA to indent.

sagnia [səŋ'niə] nf **-1.** [gen] bleeding. **-2.** fig [despesa contínua] drain.

sagrament [səyrə'men] nm sacrament.

sagrari [sə'yrari] nm [de les hòsties] tabernacle.

sagrat -ada [sə'yrat -aðə] adj holy, sacred.

sagristà -ana [səɣɾisˈta -anə] *nm, f* sacristan, sexton.

sagristia [səɣɾisˈtiə] *nf* sacristy.

Sàhara [ˈsaəɾə] *nm*: **el (desert del) ~** the Sahara (Desert).

saharià -ana [səəɾiˈa -anə] ◇ *adj* Saharan. ◇ *nm, f* Saharan.

sal [ˈsal] *nf* [gen] salt; **~ de cuina** cooking salt; **~ gruixuda** rock salt; **~ marina** sea salt. ☛ **sals** *nf pl* [per a reanimar] smelling salts; [bany] bath salts.

sala [ˈsalə] *nf* -1. [gen] room; **~ d'àudio** auditorium; **~ d'embarcament** departure lounge; **~ d'espera** waiting room; **~ de festes** discothèque, night club; [a l'ajuntament] hall; **~ d'actes** assembly hall; **~ de juntes** boardroom; **~ de màquines** machine room; **~ d'operacions** operating theatre. -2. [saló]: **~ (d'estar)** lounge, living room. -3. [DR - lloc] court (room); [- conjunt de magistrats] bench.

salabror [sələˈβɾo] *nf* saltiness.

salamandra [sələˈmandɾə] *nf* salamander.

salami [səˈlami] *nm* salami.

salaó [sələˈo] *nf* salting.

salar [səˈla] *vt* to salt.

salari [səˈlaɾi] *nm* salary, wages *pl*; **~ base / bàsic** basic wage; **~ brut** gross wage; **~ mínim interprofessional** minimum wage; **~ net** net wage.

salarial [sələɾiˈal] *adj* wage (*abans de nom*).

salat -ada [səˈlat -aðə] *adj* -1. [amb sal] salted; [amb massa sal] salty; **ser ~** to be (too) salty. -2. [graciós] funny; [divertit] witty.

salconduit [ˌsalkunˈdujt] *nf* safe-conduct, pass.

saldar [səlˈda] *vt* -1. [compte, producte] to close. -2. [deute] to settle. -3. *fig* [diferències, qüestió] to settle.

saldo [ˈsaldu] *nm* -1. [de compte] balance; [de deutes] settlement; **~ negatiu** overdraft. -2. *fig* [resultat] balance.

saler [səˈle] *nm* [recipient] salt cellar.

salí -ina [səˈli -inə] *adj* saline.

saliva [səˈliβə] *nf* saliva; *fig* **gastar ~ en va** to waste one's breath; *fig* **empassar-se la ~** to bite one's tongue.

salivera [səliˈβeɾə] *nf* froth, foam.

salm [ˈsalm] *nm* psalm.

salmó [səlˈmo] ◇ *adj & nm inv* [color] salmon (pink). ◇ *nm* [peix] salmon.

salmorra [ˌsalˈmorə] *nf* brine.

saló [səˈlo] *nm* [gen] lounge, hall; **~ de bellesa** beauty parlour; **~ de l'automòbil** car show.

salpar [səlˈpa] *vi* to set sail, to weigh anchor.

salsa [ˈsalsə] *nf* -1. CULIN sauce; [de carn] gravy; **~ bearnesa** bearnaise sauce; **~ beixamel** bechamel / white sauce; **~ maionesa** mayonnaise; **~ rosa** thousand island dressing. -2. MÚS salsa.

salsera [səlˈseɾə] *nf* gravy boat.

salsitxa [səlˈsitʃə] *nf* sausage.

salt [ˈsal] *nm* -1. [gen & ESPORT] jump; [a l'aigua] dive; **fer un ~** to jump, to leap; *fig* [espantar-se] to leap, to spring; [progressar] leap forward; **~ mortal** somersault; **~ d'altura / de longitud** high / long jump. -2. *fig* [omissió] gap. -3. jump, leap; *fig* **li va fer un ~ el cor** his / her heart skipped a beat; [abandonar] **fer el ~ a algú** to stand sb up. ☛ **salt d'aigua** *nm* waterfall.

saltar [səlˈta] ◇ *vi* [gen & ESPORT] to jump, to leap; **~ sobre alguna cosa / algú** to jump over sthg / sb; **~ d'un tema a l'altre** to jump (around) from one subject to another. ◇ *vt* -1. [gen & ESPORT] to jump, to leap; [a l'aigua] to dive. -2. CULIN to sauté. -3. [línies, paraules] to skip.

saltat -ada [səlˈtat -aðə] *adj* CULIN sautéed.

saltejador -a [səltəʒəˈðo -oɾə] *nm, f*: **~ (de camins)** highwayman.

saltejar [səltəˈʒa] *vt* [assaltar] to rob, to hold up.

saltimbanqui [ˌsaltimˈbaŋki] *nmf* acrobat.

salubre [səˈluβɾə] *adj* healthy.

saludable [səluˈðabblə] *adj* -1. [gen] healthy. -2. *fig* [profitós] beneficial.

saludar [səluˈða] *vt* -1. [a una persona] to greet; **saluda l'Anna de part meva** give my regards to Anna. -2. [rebre] to welcome. ☛ **saludar-se** *vp* to greet one another; **no ~-se** [estar enemistats] not to be on speaking terms.

salut [səˈlut] ◇ *nf* heath; **estar bé / malament de ~** to be well / unwell; **beure a la ~ d'algú** to drink to sb's health; *fig* **curar-se en ~** to cover one's back. ◇ *interj* [per a brindar]: **~!** cheers.

salutació [salutəsiˈo] *nm* greeting; **l'Anna t'envia salutacions** [en cartes] Anna sends you her regards; [per telèfon] Anna says hello.

salva [ˈsalβə] *nf* MIL salvo; *fig* **una ~ d'aplaudiments** a round of applause.

salvació [səlβəsi'o] *nf* **–1.** [rescat] rescue. **–2.** RELIG salvation.

salvador -a [səlβə'ðo -orə] ◇ *adj* saving. ◇ *nm, f* saviour.

salvaguardar [ˌsalβəɣwər'da] *vt* to safeguard; **~ l'honor** to defend one's honour.

salvament [səlβə'men] *nm* rescue, saving.

salvar [səl'βa] *vt* **–1.** [gen] to save. **–2.** INFORM [un fitxer] to save. ◆ **salvar-se** *vp* RELIG to be saved.

salvatge [səl'βadʒə] ◇ *adj* **–1.** [gen] wild. **–2.** [brutal] savage. ◇ *nmf* savage, maniac.

salvavides [ˌsalβə'βiðəs] ◇ *adj inv* life (*abans de nom*). ◇ *nm inv* lifejacket.

sàlvia ['salβiə] *nf* sage.

salze ['salzə] *nm* willow.

samarra [sə'marə] *nf* sheepskin jacket.

samarreta [səmə'retə] *nf* [d'esport] t-shirt.

samba ['sambə] *nf* samba.

samfaina [səɱ'fajnə] *nf* CULIN ratatouille.

sanatori [sənə'tɔri] *nm* clinic; [a la muntanya] sanatorium.

sanció [sənsi'o] *nf* **–1.** punishment. **–2.** ESPORT suspension.

sancionar [sənsiu'na] *vt* **–1.** to punish. **–2.** ESPORT to suspend.

sàndal ['sandəl] *nm* sandalwood.

sandàlia [sən'daliə] *nf* sandal.

sandvitx [sən'bitʃ] *nm* toasted sandwich.

sanefa [sə'nɛfə] *nf* **–1.** [de tela] border. **–2.** [de paret] frieze.

sanejament [sənəʒə'men] *nm* **–1.** drainage; [d'un edifici] disinfection. **–2.** FIN [de béns] write-off, write-down; [de moneda] stabilization.

sanejar [sənə'ʒa] *vt* **–1.** to drain; [un edifici] to disinfect. **–2.** FIN [de béns] to write-off, to write-down; [de moneda] to stabilize.

sang ['saŋ] *nf* blood; **de ~ calenta / freda** warm-blooded, cold-blooded; **~ blava** blue blood; **xuclar a algú la ~** to bleed sb dry; **se li va gelar la ~ a les venes** his / her blood ran cold; **portar alguna cosa a la ~** to have sthg in one's blood; **no arribarà la ~ al riu** it won't get too nasty; **no té ~ a les venes** he's / she's got no life in him / her; **li va pujar la ~ al cap** he / she saw red; **suar ~** to sweat blood; **tenir mala ~** to be malicious; **tenir ~ d'orxata** to be as cool as a cucumber. ◆ **sang freda** *nf* sangfroid.

sanglot [səŋ'glɔt] *nm* sob.

sanglotar [səŋglu'ta] *vi* to sob.

sangonera [səŋgu'nerə] *nf* leech; *fam fig* **ser una ~** to be a leech.

sangria [səŋ'griə] *nf* [beguda] sangria.

sangtraït [ˌsaŋtrə'it] *nm* ecchymosis, bruise.

sanguinari -ària [səŋgi'nari -ariə] *adj* bloodthirsty.

sanguini -ínia [səŋ'gini -iniə] *adj* blood (*abans de nom*).

sanitari -ària [səni'tari -ariə] ◇ *adj* health (*abans de nom*). ◇ *nm, f* [persona] health officer. ◆ **sanitaris** *nm pl* [instal·lació] bathroom fittings *pl*.

sanitat [səni'tat] *nf* **–1.** [servei] public health; **treballar a la ~** to work in public health; **el ministeri de ~** the health department. **–2.** [salubritat] health, healthiness.

sant -a [san 'santə] ◇ *adj* **–1.** *fam* [beneficiós] miraculous. **–2.** [gen] holy; **tot el ~ dia** all bloody day long; **fa la seva santa voluntat** he / she does what he / she wants. ◇ *nm, f lit & fig* saint; **aquest ~ home del teu marit...** your husband, who's such a saintly man. ◆ **sant** *nm* **–1.** [onomàstica] saint's day. **–2.** *fam fig* [il·lustració, foto] illustration. **–3. no és ~ de la meva devoció** it's not my cup of tea; **quedar-se per a vestir ~s** to be left on the shelf.

santedat [səntə'ðat] *nf* saintliness, holiness; **una vida de ~** a life of holiness.

Santiago de Compostel·la [santi'aɣu də kumpus'tɛllə] Santiago de Compostela.

santificar [səntifi'ka] *vt* to sanctify.

santoral [səntu'ral] *nm* **–1.** [llibre hagiogràfic] book containing lives of saints. **–2.** [onomàstica] list of saint's days.

santuari [səntu'ari] *nm* sanctuary.

sapastre -a [sə'pastrə] *nm, f fam* [persona] bungler.

saqueig [sə'ketʃ] *nm* sacking, looting.

saquejar [səkə'ʒa] *vt* to sack, to loot.

Saragossa [sərə'ɣosə] Saragossa.

sarau [sə'raw] *nm* **–1.** [festa] party. **–2.** *fam*: **fer ~** to make a row / rumpus.

sarbatana [sərβə'tanə] *nf* blowpipe.

sarcasme [sər'kazmə] *nm* sarcasm.

sarcàstic -a [sər'kastik -ə] *adj* sarcastic.

sarcòfag [sər'kɔfək] *nm* sarcophagus.

sard -a ['sart 'sardə] ◇ *adj* Sardinian. ◇ *nm, f* Sardinian.

sardana [sər'danə] *nf* traditional Catalan dance and music.

Sardenya [sər'dɛɲə] Sardinia.
sardina [sər'dinə] *nf* sardine.
sardònic -a [sərdɔnik -ə] *adj* sardonic.
sargantana [sərɣən'tanə] *nf* (small) lizard.
sargir [sər'ʒi] *vt* to darn, to mend.
sargit [sər'ʒit] *nm* **–1.** [acció] darning. **–2.** [adob] darn.
sarment [sər'men] *nm o nf* vine shoot.
sarna ['sarnə] *nf* scabies (U); [animals] mange.
sarnós -osa [sər'nos -ozə] ◇ *adj* mangy. ◇ *nm, f* scabies sufferer.
sarró [sə'ro] *nm* bag, haversack.
sarsuela [sərsu'ɛlə] *nf* **–1.** MÚS Spanish light opera. **–2.** CULIN fish stew in a spicy sauce.
sastre -essa ['sastrə səs'trɛsə] *nm, f* tailor.
sastreria [səstrə'riə] *nf* tailor's (shop): **anar a la ~** to go to the tailor's.
Satanàs [sətə'nas] *nm* Satan.
satèl·lit [sə'tɛllit] *adj & nm* satellite; **~ artificial** satellite.
sàtira ['satirə] *nf* satire.
satíric -a [sə'tirik -ə] ◇ *adj* satirical. ◇ *nm, f* satirist; [escriptor] satirist.
satiritzar [sətiri'dzа] *vt* to satirize.
satisfacció [sətisfəksi'o] *nf* [gen] satisfaction; **tenir cara de ~** to look satisfied.
satisfactori -òria [sətisfək'tɔri -ɔriə] *adj* satisfactory.
satisfer [sətis'fe] *vt* **–1.** to satisfy; **~ la set** to quench one's thirst. **–2.** [deute] to pay, to settle. **–3.** [pregunta] to answer; **~ un dubte** to answer a doubt. **–4.** *fig* [aspiració, desig] to satisfy, to fulfill. ⇒ **satisfer-se** *vp*: **~-se amb alguna cosa** to be satisfied with sthg.
satisfet -a [sətis'fet -ə] *adj* **–1.** [complagut] satisfied; [en menjar] full. **–2. donar-se per ~** to be satisfied.
saturar [sətu'ra] *vt* to saturate. ⇒ **saturar-se** *vp* to become saturated (with); **~-se de feina** to have more than enough work.
sauna ['sawnə] *nf* sauna.
savi sàvia ['saβi 'saβiə] *adj & nm, f* wise, learned; **una decisió sàvia** a wise decision.
saviesa [sə'βiezə] *nf* **–1.** [coneixements] knowledge, learning. **–2.** [prudència] wisdom.
saxofon [səksu'fon], **saxòfon** [sək'sɔfun] ◇ *nm* saxophone. ◇ *nmf* saxophonist.

saxofonista [səksufu'nistə] *nmf* saxophonist.
se [sə] *pron pers* ⇒ **es**.
sebaci -àcia [sə'βasi -asiə] *adj* ANAT sebaceous.
sec -a ['sɛk -ə] *adj* **–1.** [gen] dry. **–2.** [riu, llac] dry; **rentar en ~** to dry-clean.
secà [sə'ka] *nm* unirrigated / dry land.
secant [sə'kan] ◇ *adj* GEOM secant (*abans de nom*). ◇ *nf* GEOM secant.
secció [səksi'o] *nf* **–1.** [gen & GEOM] section. **–2.** [departament] department.
seccionar [səksiu'na] *vt* section.
secessió [səsəsi'o] *nf* secession.
secreció [səkrəsi'o] *nf* secretion.
secret -a [sə'krɛt -ə] *adj* secret, confidential; **en ~** in secret. ⇒ **secret** *nm* secret; **sota ~ de confessió** under confessional secret; **amb gran ~** very secretly; **~ d'estat** State secret; **~ professional** professional secret.
secretar [səkrə'ta] *vt* to secrete.
secretari -ària [səkrə'tari -ariə] *nm, f* secretary; **~ d'Estat** Secretary of State.
secretaria [səkrətə'riə] *nf* post of secretary, secretariat; **ocupa la ~** she holds the post of secretary.
secretariat [səkrətəri'at] *nm* **–1.** [gen] secretariat secretary's office. **–2.** POLÍT secretariat.
secreter [səkrə'te] *nm* bureau, writing desk.
secta ['sɛktə] *nf* sect.
sector [sək'to] *nm* sector; [de partit] group; **un ~ de l'opinió pública** a sector of the public opinion; **~ primari / secundari / terciari** primary / secondary / tertiary sector; **~ privat / públic** private / public sector.
secular [səku'lar] ◇ *adj* **–1.** [seglar] secular, lay. **–2.** [centenari] age-old. ◇ *nm* lay person.
secundar [səkun'da] *vt* to support, to back up, to second.
secundari -ària [səkun'dari -ariə] *adj* secondary.
seda ['sɛðə] *nf* silk; **~ artificial / crua / natural** artificial / raw / pure silk.
sedant [sə'ðan] ◇ *adj* **–1.** soothing. **–2.** MED sedative. ◇ *nm* sedative.
sedàs [sə'ðas] *nm* sieve; **passar alguna cosa pel ~** to sift sthg; *fig* to sift through sthg.
sedassar [səðə'sa] *vt* [garbellar] to sift, to sieve.

sedentari -ària [sədən'tari -ariə] *adj* sedentary.
sedició [sədisi'o] *nf* sedition.
sediment [sədi'men] *nm* **-1.** [pòsit] sediment. **-2.** GEOL deposit. **-3.** *gen pl fig* [empremta] residue.
sedimentar [sədimən'ta] *vt* to deposit.
➢ **sedimentar-se** *vp* to settle.
sedós -osa [sə'ðos -ozə] *adj* silky.
seducció [səðuksi'o] *nf* seductiveness, attraction, charm.
seductor -a [səðuk'to -orə] ◇ *adj* attractive, charming. ◇ *nm, f* seducer.
seduir [səðu'i] *vt* **-1.** [atreure] to attract, to charm. **-2.** [persuadir] to tempt.
sega ['seɣə] *nf* reaping, harvesting.
segador -a [səɣə'ðo -orə] *nm, f* reaper, harvester.
segar [sə'ɣa] *vt* AGR to reap; [herba] to mow, to cut.
segell [sə'ʒeʎ] *nm* **-1.** [de correus] stamp. **-2.** rubber stamp. **-3.** [impressió] seal.
segellar [səʒə'ʎa] *vt* **-1.** [estampar] to stamp. **-2.** [timbrar] to stamp. **-3.** [lacrar, precintar] to seal.
seglar [sə'ɣla] *adj & nm* secular, lay.
segle ['seɣlə] *nm* century; **fa ~s que no et veig** I haven't seen you for ages; **el ~ de les Llums** the Age of Enlightenment; **el ~ d'or** the Golden Age; **pels ~s dels ~s** for ever and ever.
segment [səg'men] *nm* segment, piece.
segmentar [səgmən'ta] *vt* to cut / divide into pieces.
segó [sə'ɣo] *nm* BOT bran.
sègol ['seɣul] *nm* rye.
segon¹ [sə'ɣon] *nm* second.
segon² -a [sə'ɣon -ə] *adj num & nm, f* second; **~a part** second part; **cosins ~s** second cousins; ➢ **sisè.** ➢ **segona** *nf* [velocitat] second (gear); [classe] second class.
segons [sə'ɣons] *prep* **-1.** [d'acord amb] according to; **~ ella ha estat un èxit** according to her it was a success; **~ el que m'han dit** according to what they told me. **-2.** [d'acord amb] depending on; **~ l'hora que sigui** depending on the time; **~ els casos** depending on the circumstances. ➢ **segons que** *loc adv* depending on whether; **~ que faci fred o calor...** depending on whether it's hot or cold.
Segòvia [sə'ɣɔβiə] Segovia.
segregació [səɣrəɣəsi'o] *nf* **-1.** [discriminació] segregation. **-2.** [secreció] secretion.

segregar [səɣrə'ɣa] *vt* **-1.** [separar, discriminar] to segregate. **-2.** [secretar] to secrete.
segrest [sə'ɣrest] *nm* **-1.** [de persona] kidnapping. **-2.** [d'avió, vaixell] hijack. **-3.** [de diari, publicació] seizure, confiscation.
segrestador -a [səɣrəstə'ðo -orə] *nm, f* kidnapper; [d'avió] hijacker.
segrestar [səɣrəs'ta] *vt* **-1.** [persona] to kidnap. **-2.** [vaixell, avió] to hijack. **-3.** [diari, publicació, béns] to seize.
següent [sə'ɣwen] ◇ *adj* next, following. ◇ *nmf* (the) next one; **el ~!** next, please!
seguici [sə'ɣisi] *nm* [comitiva] retinue, entourage.
seguidor -a [səɣi'ðo -orə] *nm, f* **-1.** follower. **-2.** ESPORT supporter, fan.
seguiment [səɣi'men] *nm* following, follow-up.
seguir [sə'ɣi] ◇ *vi* [continuar] to continue, to go on; **segueix per aquest camí** go on / continue down this road. ◇ *vt* to follow; **algú ens seguia** sb was following us; **vaig ~ les teves instruccions** I followed your instructions; **la malaltia segueix el seu curs** the disease is following its course. ➢ **seguir-se** *vp* [deduir-se] to follow, to be deduced.
seguit -ida [sə'ɣit -iðə] *adj* [continu] one after the other; [consecutiu] consecutive; **deu anys ~s** ten years in a row; **es va menjar 15 pastissos ~** he / she ate 15 cakes one after the other; **tenir fills ~** to have children one after the other. ➢ **de seguida** *loc adv* **-1.** [immediatament] immediately, at once, right away; **de seguida hi som** we'll be there in no time. **-2.** [acte continu] straight away; **la va reconèixer de seguida** he recognized her at once.
segur -a [sə'ɣu -urə] *adj* safe, secure; [infal·lible] reliable; [confiat] sure.
segurament [sə.ɣurə'men] *adv* probably.
seguretat [səɣurə'tat] *nf* **-1.** [protecció] security; [fiabilitat] safety; **de ~** [cinturó, tancadura, etc.] safety (abans de nom); **~ viària** road safety. **-2.** [certesa, confiança] confidence; **amb ~** for sure, definitely. ➢ **Seguretat Social** *nf* Social Security.
seient [sə'jen] *nm* **-1.** [moble] seat, chair; **~ abatible** seat that can be tipped forward. **-2.** [base] bottom. **-3.** site.
seitó [səj'to] *nm* anchovy.
seixanta [sə'ʃantə] *adj num inv & nm inv* sixty; **els anys ~** the sixties; ➢ **sis.**

seixantè -ena [səʃənˈtɛ -ɛnə] *adj num & nm, f* sixtieth; seixantena part a sixtieth; ➠ **sisè**.

selecció [sələksiˈo] *nf* **–1.** [gen] selection; [de personal] recruitment; **~ natural** natural selection. **–2.** ESPORT team.

seleccionador -a [sələksiunəˈðo -oɾə] ◇ *adj* recruiting. ◇ *nm, f* ESPORT selector, ≃ manager.

seleccionar [sələksiuˈna] *vt* [escollir] to pick, to select; [d'un text] to take (from).

selecte -a [səˈlɛktə] *adj* **–1.** [excel·lent] fine, excel·lent. **–2.** [escollit] exclusive, select; **la gent selecta** the elite, the cream.

selectivitat [sələktiβiˈtat] *nf* EDUC university entrance exam.

selló [səˈʎo] *nm* saddle, seat.

selva [ˈsɛlβə] *nf* jungle; [bosc] forest; **~ verge** virgin forest.

selvàtic -a [səlˈβatik -ə] *adj* woodland (*abans de nom*).

semàfor [səˈmafur] *nm* [de trànsit urbà] traffic lights *pl*.

semàntic -a [səˈmantik -ə] *adj* semantic.
➠ **semàntica** *nf* semantics (*U*).

semblança [səmˈblansə] *nf* similarity, likeness.

semblant [səmˈblan] ◇ *adj*: **~ (a)** similar (to); **dos casos ~s** two similar cases. ◇ *nm* **–1.** look, appearance. **–2.** fellow (human) being.

semblar [səmˈbla] ◇ *vi* to look like, to resemble; **un gos que sembla un llop** a dog that looks like a wolf. ◇ *v cop* to look, to seem; **sembles cansat** you look / seem tired; **sembla més gran** he / she looks older. ◇ *v impers* **–1.** [ser possible]: **sembla que...** it looks like; **pel que sembla** it looks as if, it seems like. **–2.** [opinar, creure]: **em / et, etc. sembla** I / you think, it seems to me / you; **què et sembla?** what do you think (of it)?; **em sembla que** I think / it seems to me that; **em sembla molt bé** it sounds good to me; **et sembla?** what do you think?

sembra [ˈsɛmbɾə] *nf* sowing; [temps, època] sowing time.

sembrador -a [səmbɾəˈðo -oɾə] ◇ *adj* [tècnica, procediment] sowing (*abans de nom*). ◇ *nm, f* sower. ➠ **sembradora** *nf* seed drill.

sembrar [səmˈbɾa] *vt* **–1.** [gen] to sow. **–2.** *fig* [omplir]: **~ (de / amb)** to scatter, to strew.

sembrat -ada [səmˈbɾat -aðə] *adj fig* [ple]: **~ de trampes** scattered with traps. ➠ **sembrat** *nm* sown field.

semen [ˈsɛmən] *nm* semen.

semental [səmənˈtal] ◇ *adj*: **un toro / ase ~** a stud bull / donkey; **un cavall ~** stallion. ◇ *nm* stud.

semestral [səməsˈtɾal] *adj* [dos cops l'any] half-yearly, six-monthly.

semestre [səˈmɛstɾə] *nm* period of six months, semester *Am*.

semicorxera [ˌsemikurˈʃeɾə] *nf* semiquaver *Br*, sixteenth note *Am*.

semifinal [ˌsemifiˈnal] *nf* semifinal.

semifinalista [ˌsemifinəˈlistə] ◇ *adj*: **quedar ~** to reach the semifinal. ◇ *nmf* semifinalist.

semifusa [ˌsemiˈfuzə] *nf* hemidemisemiquaver *Br*, sixty-fourth note *Am*.

seminari [səmiˈnaɾi] *nm* [escola] seminary; [curs] seminar.

semita [səˈmitə] ◇ *adj* Semitic. ◇ *nmf* Semite.

semitò [ˌsemiˈtɔ] *nm* semitone.

sèmola [ˈsemulə] *nf* semolina.

sempre [ˈsempɾə] *adv* [gen] always; **com / des de ~** as always; **de ~** usual; **som amics de ~** we've always been friends; **per ~** for ever; **per ~ més** for ever and ever. ➠ **sempre que** ◇ *loc adv* provided that. ◇ *loc conj* **–1.** [cada cop que] whenever; **~ que vinc** whenever I come. **–2.** [amb la condició que] provided that, as long as; **~ que siguis bo** as long as you're good.

sempreviva [ˌsempɾəˈβiβə] *nf* BOT everlasting flower.

Sena [ˈsenə] *nm*: **el ~** the (River) Seine.

senador -a [sənəˈðo -oɾə] *nm, f* senator.

senalla [səˈnaʎə] *nf* basket.

senar [səˈna] *adj* odd, uneven.

senat [səˈnat] *nm* senate.

sencer -a [sənˈse -eɾə] *adj* [sense malmetre] whole.

sender [sənˈde] *nm* path.

sendera [sənˈdeɾə] *nf* **–1.** [camí] path. **–2.** [mitjà, mètode] path, road, way.

senderi [sənˈdeɾi] *nm fam* sense, brains *pl*.

senectut [sənəkˈtut] *nf* culte old age.

senglar [səŋˈgla] *nm, f* wild boar.

sengles [ˈseŋgləs] *adj* culte each, respective; **en Pere i en Joan portaven ~ paquets** Pere and Joan were each carrying a parcel, Pere and Joan were carrying their respective parcels.

senil [səˈnil] *adj* senile.

sènior [ˈsenioɾ] ◇ *adj* ESPORT senior. ◇ *nm* senior.

sensació [sənsəsi'o] *nf* **–1.** [gen] sensation; **fer / causar ~** to cause a sensation. **–2.** [efecte, premonició] feeling; **tenir la ~ de** to have a feeling that.

sensacional [sənsəsiu'nal] *adj* sensational.

sensacionalista [sənsəsiunə'listə] *adj* sensationalist.

sensat -a [sən'sat -ə] *adj* sensible.

sensatesa [sənsə'tɛzə] *nf* wisdom, common sense.

sense ['sensə] *prep* without; **~ sal** salt-free; **~ parar** non-stop; **~ alcohol** alcohol-free; **està ~ acabar / fer,** etc. it isn't finished / done yet, etc; **~ que ningú se n'assabentés** without anyone noticing.

sensibilitat [sənsiβili'tat] *nf* sensitivity; [facultat de sentir] feeling.

sensibilitzar [sənsiβili'dza] *vt* **–1.** [conscienciar] to raise the awareness of. **–2.** FOTOG to sensitize.

sensible [sən'sibblə] *adj* **–1.** [gen & FOTOG] sensitive. **–2.** [delicat] sensitive.

sensibleria [sənsibblə'riə] *nf despec* mushiness.

sensitiu -iva [sənsi'tiw -iβə] *adj* sensitive.

sensor [sən'so] *nm* sensor.

sensual [sənsu'al] *adj* sensual.

sentència [sən'tɛnsiə] *nf* **–1.** ruling, decision. **–2.** sentence; **causa conclusa per a ~** case ready for judgement.

sentenciar [səntənsi'a] ◇ *vi* to sentence; **~ a favor / en contra** to find in favour of / against. ◇ *vt* DR: **~ (a)** to condemn, to sentence.

sentiment [sənti'men] *nm* **–1.** [gen] feeling. **–2.** [pena]: **t'acompanyo en el ~** my deepest sympathy.

sentimental [səntimən'tal] *adj* sentimental.

sentimentaloide [səntimənta'lɔjðə] ◇ *adj* mushy, sloppy. ◇ *nmf*: **ser un ~** to be mushy / sloppy.

sentinella [senti'neʎə] *nm* sentry.

sentir [sən'ti] *vt* **–1.** [percebre, apreciar] to feel; [soroll] to hear. **–2.** [experimentar - fam, calor] to feel, to be; [- llàstima, etc.] to feel; **~ vergonya** to feel embarrassed. **–3.** [lamentar] to regret, to feel sorry about; **ho sento molt** I'm really sorry. ⇒ **sentir-se** *vp* to feel; **~-se cansat** to feel tired; **~-se superior** to consider o.s superior; **~-se forçat a fer alguna cosa** to feel obliged to do sthg.

sentit -ida [sən'tit -iðə] *adj* sensitive; **ser una persona molt sentida** to be a very sensitive person. ⇒ **sentit** *nm* **–1.** [gen] sense; **una frase sense ~** a meaningless sentence; **no té ~ que...** it doesn't make sense to; **doble ~** double meaning; **~ comú** common sense; **~ de l'humor** sense of humour; **sisè ~** sixth sense. **–2.** [coneixement] consciousness; **perdre els ~s** to lose consciousness; **recobrar els ~s** to regain consciousness. **–3.** direction; [direcció d'un carrer] **de ~ únic** one-way.

seny ['seɲ] *nm* **–1.** [prudència] sense. **–2.** *fig* [senderi] judgement, sense; **actuar amb ~** to act sensibly; **fa les coses amb ~** to do things sensibly. **–3.** **estar fora de ~** not to be in one's right mind; **perdre el ~** to lose one's reason, to go mad; **fam fig fer perdre (algú) el ~ a algú** to drive sb mad; **perdre el ~ per alguna cosa** to lose one's reason / go mad because of sthg.

senyal [sə'ɲal] *nm* **–1.** [gen] signal; **en ~ de** as a mark / sign of; **~ de la Creu** sign of the Cross; *fig* **donar ~s de vida** to show signs of life. **–2.** [avís] signal; [del telèfon - línia] tone; **~ sonor** acoustic signal; **~ d'alarma / de sortida** alarm / starting signal; **donar el ~ d'alerta** to give a distress signal, to raise the alarm. **–3.** [empremta, cicatriu] scar, mark; **no deixar ni ~** not to leave a trace. **–4.** AUTOM: **~ (de trànsit)** road sign; **el ~ d'stop** the stop sign. **–5.** [presagi] sign.

senyalar [səɲə'la] *vt* [marcar] to mark.

senyalització [səɲəli'dzəsi'o] *nf* signs *pl*.

senyalitzar [səɲəli'dza] *vt* to signpost.

senyar [sə'ɲa] *vt* to make the sign of the Cross over. ⇒ **senyar-se** *vp* to cross o.s.

senyera [sə'ɲeɾə] *nf* flag, banner; Catalan flag.

senyor -a [sə'ɲo -oɾə] *adj* **–1.** [refinat] noble, refined. **–2.** (*en aposició*) *fam* [gran] real. ⇒ **senyor** *nm* **–1.** [tractament] Mr; **~ Camps** Mr. Camps; **el ~ president** Mr. President. **–2.** [cavaller] gentleman; **és tot un ~** he's a perfect gentleman. **–3.** [de feu] owner. **–4.** [amo]: **com que el ~ no hi és...** since the master isn't in...; **el ~ de la casa** the master of the household. ⇒ **senyora** *nf* **–1.** [tractament] Mrs; **la ~a Camps** Mrs, Ms. Camps; **la ~a presidenta** Madam President. **–2.** [dama] lady. **–3.** [propietària] owner. **–4.** [mestressa]: **com que la ~a no hi és...** since the mistress / madam isn't in... ⇒ **senyora de companyia** *nf fam fig* [dona] female companion. ⇒ **Nostra Senyora** *nf* Our Lady.

senyoreta [səɲu'ɾɛtə] *nf* **–1.** [soltera, tractament] Miss; **la ~ Soldevila** Miss Soldevila. **-2.** [jove] young lady. **-3.** [mestra] miss, teacher.

senyoria [səɲuˈɾiə] *nf* **-1.** [jutge]: **sa ~** Your Honour. **-2.** [domini] lordship. **-3.** [distinció] the right honourable gentleman / lady.

senyorial [səɲuɾiˈal] *adj* **-1.** [majestuós] stately. **-2.** [del senyoriu] lordly.

senzill -a [sənˈziʎ -a] *adj* simple, easy.

senzillesa [sənziˈʎezə] *nf* simplicity.

separació [səpəɾəsiˈo] *nf* **-1.** [gen] separation. **-2.** [espai] space, distance. **-3.** DR: **~ de béns** separate estates *pl*.

separar [səpəˈɾa] *vt* **-1.** [gen] to separate; **els pantalons estan separats per talles** trousers are separated according to size. **-2.** [apartar]: **~ alguna cosa de** to separate sthg from. **-3.** [reservar] to put aside. ◆ **separar-se** *vp* [gen]: **~-se (de)** to move away from; [allunyar-se] to move apart.

separat -ada [səpəˈɾat -aðə] ◇ *adj* **-1.** [allunyat]: **estar ~ de** to be far away from. **-2.** [divorciat] separated. ◇ *nm, f* separated person.

sepeli [səˈpeli] *nm* burial.

sèpia [ˈsepiə], **sépia** [ˈsepiə] *nf* [mol·lusc] cuttlefish.

septentrional [səptəntɾiuˈnal] ◇ *adj* northern. ◇ *nmf* northerner.

sepulcral [səpulˈkɾal] *adj* **-1.** [del sepulcre] tomb (*abans de nom*). **-2.** *fig* [veu] lugubrious, gloomy.

sepulcre [səˈpulkɾə] *nm* tomb.

sepultar [səpulˈta] *vt lit & fig* to bury.

sepultura [səpulˈtuɾə] *nf* **-1.** [enterrament] burial. **-2.** [fossa] grave.

sequedat [səkəˈðat] *nf* dryness.

seqüela [səˈkwelə] *nf* consequence.

seqüència [səˈkwensiə] *nf* sequence; [de temes] series.

sequera [səˈkeɾə] *nf* drought.

ser[1] [ˈse] *vi & v cop* ☞ **ésser**[1]. ◆ **sigui com sigui** *loc* [de qualsevol manera que] no matter how.

ser[2] [ˈseɾ] *nm* [ens] being.

serè -ena [səˈɾɛ -enə] *adj* **-1.** [persona] calm, serene. **-2.** [atmosfera, cel] loudless, clear. **-3.** [mar] calm, tranquil. ◆ **serena** *nf* night dew; **fa serena** it's dewy.

serenata [səɾəˈnatə] *nf* MÚS serenade.

serenitat [səɾəniˈtat] *nf* **-1.** [de persona] calmness, serenity. **-2.** [de nit, mar, etc.] stillness, tranquility.

sergent -a [sərˈʒen -entə] *nm, f* **-1.** MIL sergeant. **-2.** *despec* [persona autoritària] dictator, little Hitler.

serial [səɾiˈal] *nm* **-1.** serial. **-2.** TELE serial, series.

sèrie [ˈsɛɾiə] *nf* series; **fora de ~** unique. ◆ **en sèrie** *loc adv* **-1.** mass-produced. **-2.** INFORM in series.

serietat [səɾiəˈtat] *nf* seriousness; [responsabilitat] sense of responsibility.

seriós -osa [səɾiˈos -ozə] *adj* **-1.** [gen] serious. **-2.** [color] sober; [roba] formal.

seriositat [səɾiuziˈtat] *nf* seriousness; **amb tota ~** quite seriously.

sermó [sərˈmo] *nm* sermon.

seropositiu -iva [səɾupuziˈtiw -iβə] *adj & nm, f* HIV-positive.

serp [ˈsɛrp] *nf* snake; **~ de cascavell** rattlesnake; **~ pitó** python.

serpent [sərˈpen] *nf* snake, serpent.

serpentejar [sərpəntəˈʒa] *vi* to wind, to snake.

serpentina [sərpənˈtinə] *nf* streamer.

serra [ˈsɛrə] *nf* **-1.** [eina] saw; **~ elèctrica** electric saw; **~ mecànica** power saw. **-2.** GEOG mountain range, mountains.

serrà -ana [səˈra -anə] ◇ *adj* mountain, highland (*abans de nom*). ◇ *nm, f* highlander.

serradora [səɾəˈðoɾə] *nf* sawmill.

serradura [səɾəˈðuɾə] *nf* sawdust (*U*).

serralada [səɾəˈlaðə] *nf* mountain range. ◆ **serralada Cantàbrica** *nf*: **la ~** Cantàbrica the Cantabrian Mountains.

serraller -a [səɾəˈʎe -eɾə] *nm, f* locksmith.

serralleria [səɾəʎəˈɾiə] *nf* locksmith's (shop); [ofici] locksmithery.

serrar [səˈra] *vt* to saw, to saw off.

serrell [səˈreʎ] *nm* fringe.

sèrum [ˈsɛɾum] *nm* serum; [de la llet] whey.

servei [sərˈbej] *nm* **-1.** [gen, ESPORT & MIL] service; **prestar un ~** to work (for); **~ d'intel·ligència / secret** intelligence / secret service; **~ de te / de taula** tea set, dinner service; **~ d'urgències** casualty department; **~ discrecional** private service; **~ militar** military service; **~ de postvenda** after-sales service; **~ públic** public service. **-2.** [criats] servants *pl*; **~ (domèstic)** domestic help. **-3.** [torn] duty; **estar de ~** to be on duty. **-4.** [lavabos] toilet, lavatory.

servent -a [sərˈben -entə] *nm, f* servant.

servicial [sərbisiˈal] *adj* attentive, helpful.

servidor -a [sərbiˈðo -oɾə] *nm, f* [criat] servant. ◆ **servidor** *nm* INFORM server.

servil [sərˈbil] *adj* servile.
servir [sərˈbi] ◇ *vi* **-1.** [gen, ESPORT & MIL] to serve; **una fusta li servia de taula** he / she was using a wooden board as a table; **no serveix per a res** it's of no use; **no serveix per a estudiar** he's / she's no good at studying. **-2.** [com a criat] to be in service. **-3.** [servei militar] to serve. ◇ *vt* **-1.** [menjar, beguda] to serve, to pour. **-2.** to serve; **serveixi'ns dues cerveses** bring us two beers. **-3.** [ser útil a] to serve, to be useful; **en què el puc ~?** what can I do for you? ➨ **servir-se** *vp* **-1.** [menjar, beguda] to help o.s. **-2.** [aprofitar-se]: **~-se de** to make use of.
sèsam [ˈsɛzəm] *nm* sesame.
sessió [səsiˈo] *nf* **-1.** session; **~ (de cine)** (cinema) showing, performance. **-2.** TEAT show, performance; **obrir / aixecar la ~** to open / adjourn the session / meeting; **un cinema de ~ contínua** a cinema with continuous showings.
set¹ [ˈsɛt] *adj num inv & nm* seven; ➥ **sis**.
➨ **set i mig** *nm* card game in which players aim to get 7 and 1/2 points, court cards counting for 1/2 point.
set² [ˈsɛt] *nf lit & fig* thirst.
set³ [ˈsɛt] *nm* ESPORT set.
setanta [səˈtantə] *adj num inv & nm inv* seventy; ➥ **sis**.
setantè -ena [sətənˈtɛ -enə] *adj num & nm, f* seventieth; **setantena part** a seventieth; ➥ **sisè**.
set-cents -centes [ˌsɛtˈsens -sentəs] *adj num & nm, f* seven hundred; ➥ **sis**.
setciències [ˌsɛtsiˈɛnsiəs] *nmf inv fam*: **el ~ del teu germà** your brother the know-all / know-it-all.
setè -ena [səˈtɛ -enə] *adj num & nm, f* seventh; **setena part** a seventh; ➥ **sisè**.
setembre [səˈtembrə] *nm* September; **l'1 de ~** the 1st of September; **un dels ~s més plujosos de l'última dècada** one of the rainiest Septembers in the last decade; **a mitjan ~** in the middle of September; **el ~ passat / que ve** last / next September; **al ~** in September; **entrarà a l'escola al ~** he / she starts school in September.
setge [ˈsɛdʒə] *nm* siege; **posar ~ a una ciutat** to lay siege to a city.
setí [səˈti] *nm* satin.
setial [sətiˈal] *nm culte* seat of honour.
setmana [səˈmmanə] *nf* week; **entre ~** during the week; **~ laboral** working week.

setmanal [səmməˈnal] *adj* weekly.
setmanari [səmməˈnari] *nm* [publicació setmanal] weekly.
setmesó -ona [ˌsɛdməˈzo -onə] ◇ *adj* premature. ◇ *nm, f* premature baby.
setrill [səˈtriʎ] *nm* cruet.
setrilleres [sətriˈʎerəs] *nf pl* cruet stand.
setze [ˈsɛdzə] *adj num inv & nm inv* sixteen; **el segle ~** the sixteenth century; ➥ **sis**.
setzè -ena [səˈdzɛ -enə] *adj num & nm, f* sixteenth; ➥ **sisè**.
seu¹ [ˈsew] *nf* **-1.** headquarters; [d'un govern] seat. **-2.**: **la Santa Seu** the Holy See.
sèu [ˈsɛw] *nm* fat, tallow; ANAT sebum.
seu seva [ˈsew ˈseβə] (*mpl* **seus**, *fpl* **seves**) ◇ *adj poss* [d'ell] his; [d'ella] hers; [d'ells] theirs; [d'elles] theirs; **aquest llibre és ~** this book is his / hers. ◇ *pron poss* (després d'article): **el ~, la seva** [d'ell, d'ella] his, hers; [de vostè] yours; [d'ells, d'elles] theirs.
Seül [səˈul] Seoul.
seure [ˈsewrə] *vi* to sit (down); **~ per terra** to sit on the ground / floor; **un infant seu a la falda de sa mare** an infant sits on his mother's lap.
sever -a [səˈβer -erə] *adj* severe, harsh; [persona] strict.
severitat [səβəriˈtat] *nf* severity, strictness.
Sevilla [səˈβiʎə] Seville.
sevillà -ana [səβiˈʎa -anə] ◇ *adj* Sevillian. ◇ *nm, f* Sevillian.
sexe [ˈsɛksə] *nm* sex; **~ dèbil** fair sex.
sexista [səkˈsistə] *adj & nmf* sexist.
sexòleg -òloga [səkˈsɔlək -ɔluɣə] *nm, f* sexologist.
sextet [səksˈtɛt] *nm* **-1.** MÚS sextet. **-2.** LITER sestina.
sexual [səksuˈal] *adj* sexual.
sexualitat [səksuəliˈtat] *nf* sexuality.
si [si] ◇ *conj* **-1.** [gen] if; **i ~ anéssim a veure'l?** why don't we go see it?; **~ ve, me'n vaig** if he comes, I'm going; **em demano ~ ho sap** I wonder if / whether she knows. **-2.** [expressa insistència]: **però ~ jo no he fet res!** but I didn't do anything! ◇ *nm* **-1.** [concavitat] hollow, cavity. **-2.** MÚS B; [solfeig] ti. ◇ *pron pers*: **quan hom pensa en ~ mateix** when one thinks about o.s.; **dir per a ~ (mateix)** to say to o.s.
SI [ˈsi] *nm* (abrev de **Sistema Internacional**) [d'unitats] I.S.

sí ['si] ⋄ *adv* **-1.** [afirmació] yes; **vindràs? - ~, vindré** will you come? - yes, I will; **no t'ho va dir? - ~, acaba de fer-ho** didn't she tell you? - yes, she just did; **és clar que ~!** of course! **-2.** *(després de pregunta negativa)* yes; *(ús emfàtic)* **~ que m'agrada** I really / certainly like it. ⋄ *nm* consent; **donar el ~** to give one's consent.

siamès -esa [siə'mɛs -ɛzə] ⋄ *adj* Siamese. ⋄ *nm, f* **-1.** [de Siam] Siamese person, Thai. **-2.** [bessó] Siamese twin. ➤ **siamès** *nm* [gat] Siamese.

sibarita [siβə'ɾitə] ⋄ *adj* sybaritic. ⋄ *nmf* sybarite, epicure.

Sibèria [si'βɛɾiə] Siberia.

Sicília [si'siliə] Sicily.

sida ['siðə] *nf* (abrev de síndrome d'inmunodeficiència adquirida) AIDS.

sidecar [siðə'kar] *nm* sidecar.

siderúrgia [siðə'ɾurʒiə] *nf* iron and steel industry.

siderúrgic -a [siðə'ɾurʒik -ə] *adj* iron and steel *(abans de nom)*.

sidra ['siðɾə] *nf* cider.

sífilis ['sifilis] *nf* syphilis.

sifó [si'fo] *nm* **-1.** [gen] siphon. **-2.** [aigua carbònica] soda (water).

sigil [si'ʒil] *nm* secrecy; **amb molt ~** [en secret] very secretly; [en silenci] by stealth.

sigla ['siɣlə] *nf* abbreviation, initial.

signar [siɲ'na] *vt* to sign; **~ una cosa en blanc** [document] to rubber-stamp sthg; *fig* to sign sthg without even looking.

signatura [siɲnə'turə] *nf* **-1.** [en biblioteca] catalogue number. **-2.** [firma] signature.

signe ['siɲnə] *nm* sign; **~ d'exclamació / d'admiració** exclamation mark; **~ d'interrogació** question mark.

significació [siɲnifikəsi'o] *nf* **-1.** [gen] meaning. **-2.** [importància] significance.

significar [siɲnifi'ka] ⋄ *vi* to mean; [tenir importància] **significa molt per a mi** it means a lot to me. ⋄ *vt* to express.

significat [siɲnifi'kat] *nm* **-1.** [sentit] meaning. **-2.** LING signifier.

significatiu -iva [siɲnifikə'tiw -iβə] *adj* **-1.** [revelador] significative; [mirada, gest, etc.] meaningful. **-2.** [important] significant.

silenci [si'lɛnsi] *nm* silence; **en ~** in silence; **estar en ~** to be silent; **guardar ~ (sobre alguna cosa)** to keep silent (about sthg); **rompre el ~** to break the silence.

silenciador [silənsiə'ðo] *nm* silencer.

silenciar [silənsi'a] *vt* to silence; [escàndol] to hush up, to keep quiet.

silenciós -osa [silənsi'os -ozə] *adj* silent, quiet.

silicona [sili'konə] *nf* silicone.

silicosi [sili'kɔzi] *nf* silicosis.

síl·laba ['silləβə] *nf* syllable.

sil·labejar [silləβə'ʒa] ⋄ *vi* to pronounce syllable by syllable. ⋄ *vt* [un vers] to read syllable by syllable.

silueta [silu'ɛtə] *nf* silhouette, figure; [contorn] outline.

silvestre [sil'βɛstɾə] *adj* wild.

símbol ['simbul] *nm* symbol.

simbòlic -a [sim'bɔlik -ə] *adj* symbolic.

simbolitzar [simbuli'dza] *vt* to symbolize.

simetria [simə'tɾiə] *nf* symmetry.

simfonia [simfu'niə] *nf* symphony.

simfònic -a [siɱ'fɔnik -ə] *adj* symphonic.

simi ['simi] *nm* simian, ape.

símil ['simil] *nm* similarity; [figura retòrica] resemblance, simile.

similar [simi'lar] *adj*: **~ (a)** similar (to).

similitud [simili'tut] *nf* similarity.

simpatia [simpə'tiə] *nf* **-1.** friendliness; **tenir / sentir ~ per** to like. **-2.** [afecte] affection.

simpàtic -a [sim'patik -ə] *adj* nice, likeable; [cordial] friendly.

simpatitzant [simpəti'dzan] ⋄ *adj* sympathizing. ⋄ *nmf* sympathizer.

simpatitzar [simpəti'dza] *vi* to sympathize; **~ amb** [persona] to hit it off with; [teoria, etc.] to sympathize (with); **de seguida vaig ~ amb ells** I got along with them straight away.

simple ['simplə] ⋄ *adj* **-1.** [gen] simple. **-2.** [ximplet] simple, simple-minded. ⋄ *nmf* simpleton. ⋄ *nm* ESPORT singles *pl*.

simplement [,simplə'men] *adv* simply.

simplicitat [simplisi'tat] *nf* simplicity.

simplificar [simplifi'ka] *vt* to simplify. ➤ **simplificar-se** *vp* to be simplified.

simplista [sim'plistə] ⋄ *adj* simplistic. ⋄ *nmf* naïve person.

simposi [sim'pɔzi], **simpòsium** [sim'pɔzium] *nm* symposium.

símptoma ['simtumə] *nm* symptom.

simulacre [simu'lakɾə] *nm* simulation.

simulador -a [simulə'ðo -orə] *adj* simulative. ➤ **simulador** *nm* simulator.

simular [simu'la] *vt* to feign, to simulate; **~ fer alguna cosa** to pretend to do sthg.

simultani -ània [simul'tani -aniə] *adj* simultaneous.

sina ['sinə] *nf* [gen] breast; **té les sines grosses** she has large breasts.
sinagoga [sinəˈɣɔɣə] *nf* synagogue.
sincer -a [sinˈse -eɾə] *adj* sincere, frank.
sincerar-se [sinsəˈrarsə] *vp*: ~ (amb) to open one's heart (to).
sinceritat [sinsəɾiˈtat] *nf* sincerity, frankness; **amb ~** in all honesty.
síncope [ˈsiŋkupə] *nf* –1. GRAM syncope. –2. MÚS syncopation.
sincronia [siŋkɾuˈniə] *nf* –1. [simultaneïtat] synchronousness; [sincronització] synchrony. –2. LING synchrony.
sincronització [siŋkɾunidzəsiˈo] *nf* synchronization.
sincronitzar [siŋkɾuniˈdza] *vt* to synchronize.
sindical [sindiˈkal] *adj* (trade) union (*abans de nom*).
sindicalisme [sindikəˈlizmə] *nm* trade unionism.
sindicalista [sindikəˈlistə] <> *adj* (trade) union (*abans de nom*). <> *nmf* trade unionist.
sindicat -ada [sindiˈkat -aðə] *adj* belonging to a trade union. ► **sindicat** *nm* trade union, labor union; **~ groc** yellow union, conservative trade union that leans towards the employers' interests; **~ obrer** workers' (trade) union.
síndria [ˈsindɾiə] *nf* watermelon.
síndrome [ˈsindɾumə] *nf* syndrome; **~ d'abstinència** withdrawal symptoms *pl*; **~ de Down** Down's syndrome; **~ d'Estocolm** Stockholm syndrome; **~ tòxica** toxic syndrome caused by ingestion of adulterated rapeseed oil.
sine [ˈsine] ► **sine die** *loc adv* indefinitely.
singlot [siŋˈglɔt] *nm* hiccups *pl*.
singlotar [siŋgluˈta] *vi* to hiccup.
singular [siŋguˈlar] <> *adj* –1. [gen & GRAM] singular. –2. [únic] unique. <> *nm* GRAM singular; **en ~** in the singular.
singularitat [siŋguləɾiˈtat] *nf* peculiarity, uniqueness; **tenir la ~ de** to peculiar / unique.
singularitzar [siŋguləɾiˈdza] *vt* to distinguish, to single out; **no vull ~** I don't want to single out. ► **singularitzar-se** *vp* to stand out, to be conspicuous.
sínia [ˈsiniə] *nf* –1. [per a aigua] water wheel. –2. [de fira] big wheel, Ferris wheel.
sinistre -a [siˈnistɾə] *adj* –1. [pervers] sinister. –2. [desgraciat] disastrous. –3. [esquer-re] left, left-hand. ► **sinistre** *nm* disaster, catastrophe.
sinó [siˈno] *conj* but; **no només bo, ~ barat també** not only good, but cheap too.
sinònim -a [siˈnɔnim -ə] *adj* synonymous. ► **sinònim** *nm* synonym.
sinopsi [siˈnɔpsi] *nf* synopsis.
sinòptic -a [siˈnɔptik -ə] *adj* synoptic.
síntesi [ˈsintəzi] *nf* synthesis; **en ~** in short; **~ de la parla** speech synthesis.
sintètic -a [sinˈtɛtik -ə] *adj* synthetic.
sintetitzador -a [sintətidzəˈðo -oɾə] *adj* synthesizing. ► **sintetitzador** *nm* synthesizer.
sintetitzar [sintətiˈdza] *vt* to synthesize.
sintonia [sintuˈniə] *nf* –1. [música] signature tune. –2. [de ràdio - ajustament] tuning; [- estació] reception. –3. *fig* [compenetració] harmony; **estem en ~** we are in harmony / on the same wavelength.
sintonitzar [sintuniˈdza] *vi* [connectar]: to tune in to; **sintonitzeu amb Catalunya Ràdio** tune in to Catalunya Radio.
sinuós -osa [sinuˈos -ozə] *adj* –1. [camí, etc.] winding. –2. *fig* [maniobres, conducta] devious.
sinus [ˈsinus] *nm* MAT sine.
sionisme [siuˈnizmə] *nm* Zionism.
sirena [siˈɾɛnə] *nf* –1. MITOL mermaid, siren. –2. [senyal] siren.
Síria [ˈsiɾiə] Syria.
sis [ˈsis] <> *adj num inv & nm inv* six; **~ persones** six people; **té ~ anys** she's six (years old); **pàgina ~** page six; **avui és dia ~** today is the sixth. <> *nf pl*: **les ~** six o'clock; **són les ~** it's six o'clock. <> *nm inv* six; **el ~ d'agost** the sixth of August; **carrer Major (número) ~** number six carrer Major; **~ per ~** six times six; **el ~ de diamants** the six of diamonds. <> *pron num* six; **som ~** there are six of us; **en van venir ~** six of them came; **tots ~** all six of them.
sis-cents -centes [siˈsens -sentəs] *adj num & nm, f* –1. [per a comptar] six hundred; **~ homes** six hundred men; **~ vint** six hundred (and) twenty. –2. [per a ordenar] six hundred; **pàgina sis-cents** page six hundred; ► **sis**.
sisè -ena [siˈzɛ -ɛnə] *adj num & nm, f* sixth; **Carles ~** Charles the Sixth; **el ~ pis** the sixth floor; **el ~ de la classe** sixth in the class; **va arribar el ~** he came in sixth; **sisena part** a sixth.
sisme [ˈsizmə] *nm* earthquake. ► **sisme submarí** *nm* underwater earthquake.

sísmic -a ['sizmik -ə] *adj* seismic.

sistema [sis'temə] *nm* [gen & INFORM] system; **procedir / treballar amb ~** to proceed / work systematically / methodically; **~ ABS** ABS (brake) system; **~ de gestió de bases de dades** database management system; TELE **~ dual** TV system enabling dubbed TV programmes to be heard in the original language; **~ expert** expert system; **~ fiscal / monetari** tax / monetary system; **~ internacional** international system; **~ impositiu** tax system; **~ mètric (decimal)** metric (decimal) system; **~ monetari** monetary system; **~ monetari europeu** European Monetary System; **~ muntanyós** mountain chain / range; **~ nerviós** nervous system; **~ operatiu** operating system; **~ periòdic dels elements** periodic table of elements; **~ planetari / solar** planetary / solar system.

Sistema Ibèric *nm*: **el ~** the Iberian mountain chain.

sistemàtic -a [sistə'matik -ə] *adj* systematic.

sistematitzar [sistəmətiˈdza] *vt* to systematize.

siti sítia ['siti 'sitiə] *adj* located.

sitja ['sidʒə] *nf* silo.

situ ['situ] ☞ **in situ** *loc adv* on the spot.

situació [situəsiˈo] *nf* to be in a position to; **no estar en ~ de demanar res** not to be in a position to ask for anything; **~ límit** extreme situation.

situar [situˈa] *vt* **-1.** [gen] to situate, to locate. **-2.** [col·locar] to place, to put. ☞ **situar-se** *vp* **-1.** [gen] to be located. **-2.** [col·locar-se] to be placed / ranked. **-3.** [enriquir-se] to do well for o.s.

situat -ada [situˈat -aðə] *adj* [ubicat] located.

sivella [siˈβeʎə] *nf* buckle.

SL *nf* (abrev de **societat limitada**) ≈ Ltd.

SME *nm* (abrev de **sistema monetari europeu**) EMS.

SMI *nm* (abrev de **sistema monetari internacional**) IMS.

s/n (abrev de **sense número**) street address with no number.

so ['sɔ] *nm* sound; **~ màquina** techno music.

sobirà -ana [suβiˈra -anə] ◇ *adj* sovereign. ◇ *nm, f* sovereign.

sobirania [suβiɾəˈniə] *nf* sovereignty.

sobrar [suˈβɾa] *vi* **-1.** [gen] to be left over, to be spare; **ens sobra menjar** we have some food left over. **-2.** [haver-n'hi de més]: **sobra alguna cosa** there's too much of sthg.

sobrassada [suβɾəˈsaðə] *nf* CULIN Majorcan spiced sausage.

sobre¹ ['soβɾə] *nm* **-1.** [per a cartes] envelope. **-2.** [d'aliments] sachet, packet.

sobre² ['soβɾə] ◇ *adv* [a dalt] on top; **posa-ho a ~** put it on there; **jo visc a ~** I live upstairs; *fig* on top of; **per ~** superficially; **llegir per ~** to skip through. ◇ *prep* **-1.** [damunt de] on (top of); **el llibre és ~ la taula** the book is on the table; **estar ~ algú** to be on at sb; **una conferència ~ el desarmament** a conference on disarmament. **-2.** [per damunt de] over; **l'ànec vola ~ el llac** the duck flies over the lake.

sobreàtic [ˌsoβɾəˈatik] *nm* [pis] penthouse.

sobrecàrrega [ˌsoβɾəˈkarəɣə] *nf* overload.

sobrecarregar [ˌsoβɾəkərəˈɣa] *vt* to overload.

sobrecoberta [ˌsoβɾəkuˈβɛɾtə] *nf* **-1.** [de llibre] (dust) jacket. **-2.** [de vaixell] upper deck.

sobredosi [ˌsoβɾəˈðɔzi] *nf* overdose.

sobreeixir [ˌsoβɾəˈʃi] *vi* [abundar] to overflow.

sobreentès -esa [ˌsoβɾənˈtɛs -ɛzə] *adj* implied, implicit.

sobrenatural [ˌsoβɾənətuˈɾal] *adj* supernatural; **la vida ~** the afterlife.

sobrenom [ˌsoβɾəˈnɔm] *nm* nickname.

sobrepassar [ˌsoβɾəpəˈsa] *vt* to exceed.

sobreposar [ˌsoβɾəpuˈza] *vt* to put on top. ☞ **sobreposar-se** *vp fig* [dificultat, etc.]: **~-se a alguna cosa** to overcome sthg.

sobreprotegir [ˌsoβɾəpɾuteˈʒi] *vt* to overprotect.

sobresaltar [ˌsoβɾəsəlˈta] *vt*: **~ algú** to startle sb. ☞ **sobresaltar-se** *vp* to be startled, to start.

sobresortint [ˌsoβɾəsurˈtin] *adj* projecting, overhanging; *fig* [destacat] outstanding.

sobresortir [ˌsoβɾəsurˈti] *vi* **-1.** [en mida] to jut out. **-2.** ARQUIT to overhang, to stick out.

sobresou [ˌsoβɾəˈsɔw] *nm* extra money on the side (U).

sobretaula [ˌsoβɾəˈtawlə] *nf*: **a la ~** after-dinner; INFORM **de ~** desktop (*abans de nom*); TELE & RADIO **la programació de ~** mid-afternoon viewing.

sobretot [ˌsoβɾəˈtot] ◇ *adv* above all, especially. ◇ *nm* overcoat.

sobrevenir [ˌsoβɾəβəˈni] *vi* **-1.** to happen, to ensue; **li va ~ la son** he was overcome by sleep. **-2.** to strike.

sobreviure [ˌsoβɾəˈβiwɾə] *vi:* **~ (a)** to survive.

sobrevolar [ˌsoβɾəβuˈla] *vt* to fly over.

sobri sòbria [ˈsɔβɾi ˈsɔβɾiə] *adj* sober; [menjar] frugal; **~ de paraules** he / she speaks with restraint; **és ~ en el menjar** he's / she's frugal when eating.

sobrietat [suβɾiəˈtat] *nf* restraint, moderation, soberness.

sobtadament [supˌtaðəˈmen] *adv* suddenly, all of a sudden.

sobtat -ada [supˈtat -aðə] *adj* sudden.

sobte [ˈsoptə] ➡ **de sobte** *loc adv* suddenly, all of a sudden.

soc [ˈsɔk] *nm* **-1.** [d'arbre] stump. **-2.** **dormir com un ~** to sleep like a log. **-3.** [mercat àrab] souk, Arabian market.

soca [ˈsɔkə] *nf* [d'arbre] trunk; [família] stock.

soca-rel [ˌsɔkəˈrɛl] ➡ **de soca-rel** *loc adv* completely; [arbre] **arrencar de ~** to uproot; *fig* **un sevillà de ~** a genuine Sevillian.

socarrar [sukəˈra] *vt* to scorch, to singe.

socarrimar [sukəriˈma] *vt* to singe / scorch lightly.

soci sòcia [ˈsɔsi ˈsɔsiə] *nm, f* **-1.** COM partner; **~ capitalista** sleeping partner *Br*, silent partner *Am*; **~ fundador** founding partner. **-2.** [de club, associació] member. **-3.** *fam* [amic] mate.

sociable [susiˈabblə] *adj* sociable.

social [susiˈal] *adj* social.

socialisme [susiəˈlizmə] *nm* socialism.

socialista [susiəˈlistə] *adj & nmf* socialist.

societat [susiəˈtat] *nf* society; **de ~** society (*abans de nom*); **entrar / presentar-se en ~** to come out, to make one's debut; **alta ~** high society; **~ anònima** public (limited) company *Br*, public corporation *Am*; **~ civil** non-profit making company; **~ col·lectiva** general partnership; **~ cooperativa** cooperative; **~ de borsa** portfolio company; **~ de consum** consumer society; **~ industrial** industrial society.

sociòleg -òloga [susiˈɔlək -ɔluɣə] *nm, f* sociologist.

sociologia [susiuluˈʒiə] *nf* sociology.

sòcol [ˈsɔkul] *nm* **-1.** [de paret] skirting board. **-2.** [de pedestal] pedestal. **-3.** [d'edifici] plinth.

socórrer [suˈkorə] *vt* to help.

socorrisme [sukuˈrizmə] *nm* first aid; [a la platja, piscina] life-saving.

socorrista [sukuˈristə] *nmf* first aid worker; [a la platja, piscina] lifeguard.

socors [suˈkors] ◇ *nm* help, aid. ◇ *interj:* **~!** help!

soda [ˈsɔðə] *nf* soda water.

sodi [ˈsɔði] *nm* sodium.

sofà [suˈfa] *nm* sofa; **~ llit** sofa bed.

sofisticació [sufistikəsiˈo] *nf* sophistication.

sofisticat -ada [sufistiˈkat -aðə] *adj* sophisticated.

sofre [ˈsofɾə] *nm* sulphur.

sofregir [sufɾəˈʒi] *vt* to fry lightly over a low flame.

sofregit [sufɾəˈʒit] *nm* fried tomato and onion sauce.

sofriment [sufɾiˈmen] *nm* suffering.

sofrir [suˈfɾi] *vt* **-1.** [penes, desgràcies] to suffer; **he de ~ les seves manies** I have to put up with his idiosyncrasies. **-2.** [operació, pèrdua] to undergo, to suffer.

soga [ˈsɔɣə] *nf* rope; **veure's amb la ~ al coll** to be in dire straits.

sogre -a [ˈsɔɣɾə] *nm, f* father-in-law *m*, mother-in-law *f*. ➡ **sogres** *nm pl* in-laws, parents-in-law.

soja [ˈsɔʒə], **soia** [ˈsɔjə] *nf* soya.

sol -a [ˈsɔl -ə] *adj* alone; **el ~ fet de...** the simple fact that; **ho faré jo ~** I'll do it alone / by myself. ➡ **sol** *nm* **-1.** [gen] sun; **fa ~** it's sunny; **prendre el ~** to sunbathe *fam* **de ~ a ~** from dawn to dusk; **~ naixent / ponent** rising / setting sun. **-2.** [terme afectuós] darling, angel. **-3.** [moneda] sol. **-4.** MÚS G; [solfeig] so.

sòl [ˈsɔl] *nm* ground.

sola [ˈsɔlə] *nf* sole; *fig* **no arribar a algú a la ~ de la sabata** not to hold a candle to sb.

solaç [suˈlas] *nm* **-1.** amusement, entertainment. **-2.** [allotjament] relief, solace.

solaçar [suləˈsa] *vt* [divertir] to amuse, to entertain. **-2.** [alleujar] to console, to solace. ➡ **solaçar-se** *vp* to enjoy o.s.

solament [ˈsɔləˈmen] *adv* only, just.

solapa [suˈlapə] *nf* **-1.** [de peça] lapel. **-2.** [de sobre, llibre] flap.

solar [suˈlar] ◇ *adj* solar. ◇ *nm* undeveloped plot (of land).

solc ['sɔlk] *nm* [de vaixell] wake; [d'estel fugaç] tail.

solcar [sul'ka] *vt* **-1.** [recórrer] to cut / slice through. **-2.** [terra] to plough.

soldà soldana [sul'da sul'danə] *nm, f* sultan *m*, sultana *f*.

soldada [sul'daðə] *nf* MIL pay.

soldador -a [suldə'ðo -orə] *nm, f* welder. ⇒ **soldador** *nm* soldering iron.

soldana [sul'danə], **sultana** [sul'tanə] *nf* sultana.

soldar [sul'da] *vt* to solder, to weld.

soldat [sul'dat] *nm* soldier; ~ **de primera classe** ≈ lance corporal; ~ **ras** private.

soledat [sulə'ðat] *nf* loneliness, solitude.

solemne [su'lɛmnə] *adj* **-1.** [gen] solemn. **-2.** *fig* [enorme] utter, complete.

solemnitat [suləmni'tat] *nf* solemnity; [acte] ceremony.

soler [su'lɛ] *vi:* ~ **fer alguna cosa** to do sthg usually; **sol sopar tard** he / she usually has supper late; **aquí sol fer molt de fred** it's usually very cold here; **solíem anar a la platja** we used to go to the beach.

solfa ['sɔlfə] *nf* **-1.** MÚS [text musical] score. **-2.** MÚS [solfeig] tonic sol-fa. **-3.** *fig:* **a punt de** ~ (to be) ripe for; [una idea, un projecte] **posar en** ~ to prepare, to arrange.

solfeig [sul'fɛtʃ] *nm* solfeggio.

sòlid -a ['sɔlit -iðə] *adj* solid, firm.

solidari -ària [suli'ðari -ariə] *adj* solidary; **un gest** ~ a solidarity gesture.

solidaritat [suliðəri'tat] *nf* solidarity.

solidaritzar-se [suliðəri'dzarsə] *vp* to make common cause, to show one's solidarity.

solidesa [suli'ðɛzə] *nf* solidity; [moral] firmness.

solidificar [suliðifi'ka] *vt* to solidify. ⇒ **solidificar-se** *vp* to solidify.

soliloqui [suli'lɔki] *nm* soliloquy.

solista [su'listə] ◇ *adj* solo. ◇ *nmf* soloist.

solitari -ària [suli'tari -ariə] ◇ *adj* [persona] solitary; [lloc] lonely, deserted. ◇ *nm, f* loner. ⇒ **solitari** *nm* **-1.** [diamant] solitaire. **-2.** [joc de cartes] patience.

solitud [suli'tut] *nf* loneliness, solitude.

sol·lícit -a [su'llisit -ə] *adj* solicitous, obliging.

sol·licitar [sullisi'ta] *vt* **-1.** [demanar] to request; [per escrit] to apply for. **-2.** [persona]: **estar molt sol·licitat** to be very popular.

sol·licitud [sullisi'tut] *nf* **-1.** [gen] request; [d'admissió, inscripció] application. **-2.** [atenció] care.

solta ['sɔltə] ⇒ **sense solta ni volta** *loc adv* without rhyme or reason.

solter -a [sul'te -erə] ◇ *adj* single, unmarried. ◇ *nm, f* bachelor *m*, single woman *f*.

soluble [su'lubblə] *adj* soluble, solvable.

solució [sulusi'o] *nf* solution. ⇒ **solució de continuïtat** *nf* interruption.

solucionar [sulusio'na] *vt* to solve.

solvència [sul'βɛnsiə] *nf* **-1.** [econòmica] solvency. **-2.** [a la feina] reliability.

somiador -a [sumiə'ðo -orə], **somniador -a** [sumniə'ðo -orə] ◇ *adj* dreamy. ◇ *nm, f* dreamer.

somiar [sumi'a], **somniar** [sumni'a] ◇ *vi* to dream; ~ **(amb)** to dream (of / about); ~ **amb els angelets** to have sweet dreams. ◇ *vt* to dream; **vaig ~ que te n'anaves** I dreamt that you were leaving.

somier [sumi'e] *nm* spring mattress.

somnàmbul -a [sum'nambul -ə] ◇ *adj* sleepwalking (abans de nom). ◇ *nm, f* sleepwalker.

somnambulisme [sumnəmbu'lizmə] *nm* sleepwalking.

somni ['sɔmni] *nm* dream.

somnífer -a [sum'nifər -ərə] *adj* sleep inducing. ⇒ **somnífer** *nm* sleeping pill.

somort -a [su'mɔrt -ə] *adj* [llum] faint; [foc, mirada] dull.

somrient [sumri'en] *adj* smiling.

somriure [sum'riwrə] *vi* to smile. ⇒ **somriure's** *vp* to smile; [dues persones] to smile at each other.

son ['sɔn] ◇ *nm* [gen] sleep; ~ **lleuger / pesat** light / heavy sleep. ◇ *nf* [ganes de dormir] sleepiness; **tenir molta** ~ to be very sleepy.

sonall [su'naʎ] *nm* rattle.

sonar¹ [su'na] *vi* **-1.** [gen] to sound; **tal com sona** literally, in so many words. **-2.** [lletra] to be pronounced; **tal com sona** just as / like it's pronounced. **-3.** [ser conegut] to be familiar. **-4.** *fam* [semblar] to sound like; **això em sona estrany** this sounds strange to me. **-5.** [ser familiar] to be familiar; **això em sona** that rings a bell; **no em sona el seu nom** I don't remember hearing his / her name before.

sonat -ada [suˈnat -aðə] *adj* **-1.** [èxit] much-talked-about; [escàndol] notorious. **-2.** *fam* [boig] crazy.

sonda [ˈsondə] *nf* probe; ~ **espacial** space probe.

sondar [sunˈda] *vt* to sound, to probe.

sondeig [sunˈdɛtʃ] *nm* poll; ~ **d'opinió** opinion poll.

sondejar [sundəˈʒa] *vt* **-1.** to sound out; ~ **les opinions d'algú** to sound out sb's opinions. **-2.** [roca] to drill.

sonor -a [suˈnor -orə] *adj* sound (*abans de nom*); [pel·lícula] talking.

sonoritat [sunuɾiˈtat] *nf* sonority, tone.

sopa [ˈsopə] *nf* soup; ~ **d'all** garlic soup; ~ **juliana / de verdures** vegetable soup.

sopar[1] [suˈpa] *vi* to have dinner.

sopar[2] [suˈpa] *nm* dinner, supper; **fer un** ~ to give a dinner party; ~ **de comiat** farewell dinner.

soper -a [suˈpe -eɾə] *adj* **-1.** soup (*abans de nom*). **-2.** [persona]: **ser molt** ~ to be a soup lover. ⮕ **sopera** *nf* soup tureen.

sopor [suˈpor] *nm o f* drowsiness.

soporífer -a [supuˈɾifəɾ -əɾə] *adj* soporific.

soprano [soˈpɾano] *nmf* soprano.

sor [ˈsɔɾ] *nf* RELIG: ~ **Anna** sister Anna.

sorbet [surˈbet] *nm* sorbet.

sord -a [ˈsort -orðə] ◇ *adj* deaf; **ser més** ~ **que una tàpia** to be stone deaf. ◇ *nm, f* deaf person; *fig* **fer el** ~ to turn a deaf ear.

sordesa [surˈðezə] *nf* deafness.

sòrdid -a [ˈsɔrðit -iðə] *adj* sordid, squalid.

sordmut -uda [ˌsɔrtˈmut -uðə] ◇ *adj* deaf and dumb. ◇ *nm, f* deaf-mute.

sorgir [surˈʒi] *vi* **-1.** [gen] to rise, to arise. **-2.** [brotar] to spring forth.

sorna [ˈsornə] *nf* sarcasm.

soroll [suˈɾoʎ] *nm* noise, sound; *fig* **fer** ~ to make noise, to cause a stir; ~ **de fons** background noise; **molt** ~ **per no res** much ado about nothing.

sorollós -osa [suɾuˈʎos -ozə] *adj* noisy; *fig* controversial, sensational.

sorprendre [surˈpɛndɾə] *vt* **-1.** [causar admiració, sorpresa] to astonish, to surprise. **-2.** to surprise; **em sorprèn que...** I'm surprised that; **el vam** ~ **robant** we caught him stealing. ⮕ **sorprendre's** *vp* to be surprised; **no se sorprèn de res** nothing surprises him.

sorprenent [surpɾəˈnen] *adj* surprising.

sorprès -esa [surˈpɾɛs -ɛzə] *adj* surprised. ⮕ **sorpresa** [surˈpɾɛzə] *nf* surprise; **fer una** ~ to surprise; **de** ~ by surprise.

sorra [ˈsorə] *nf* [partícula] sand.

sorrut -uda [suˈrut -uðə] *adj* [persona] sullen, surly.

sort [ˈsɔrt] *nf* **-1.** [fortuna] luck; **tenir** ~ to be lucky; **tenir mala** ~ to have bad luck, to be unlucky. **-2.** [atzar] chance. **-3.** [destí] fate.

sorteig [surˈtɛtʃ] *nm* draw, raffle.

sortida [surˈtiðə] *nf* **-1.** [gen] exit, leaving; [del sol] rise; ~ **d'emergència / d'incendis** emergency / fire exit. **-2.** [de tren, avió] departure; [ESPORT] start. **-3.** [de carrera & COM] opening, opportunity, market; **tenir molta** ~ [productes] to have many opportunities. **-4.** [solució] way out. **-5.** [pretext] excuse. **-6.** INFORM output.

sortidor [surtiˈðo] *nm* jet, sprout; **el** ~ **del jardí** the garden sprinkler.

sortilegi [surtiˈlɛʒi] *nm* spell, sorcery.

sortint [surˈtin] ◇ *adj* **-1.** ARQUIT projecting. **-2.** [que sobresurt] overhanging. ◇ *nm* projection, overhang.

sortir [surˈti] *vi* **-1.** [gen] to go out; **va** ~ **al carrer** he / she went outside; **en Joan surt molt amb els seus amics** Joan goes out often with his friends; ~ **de** to go / come out of; **vaig sortir de l'hospital** I came out of the hospital; ~ **de la crisi** I got over the crisis. **-2.** [tren, vaixell] to leave, to depart; [avió] to take off. **-3.** [ser promesos]: ~ **amb algú** to go out with sb; **la Maria i en Pere surten junts** Maria and Pere are going out (together). **-4.** [resultar]: ~ **elegit / premiat** to be voted, to be given a prize; **va** ~ **elegida millor actriu** she was voted best actress; **el pastís t'ha sortit molt bé** the cake came / turned out very well; **les postres m'han sortit malament** the desserts turned out badly. **-5.** [en sorteig] to come up. **-6.** [resoldre]: **el problema no em surt** I can't get round the problem; **mai no em surten els mots encreuats** I can never finish crosswords. **-7.** [sortir - sol] to rise; [- planta, dent] to come through. **-8.** [aparèixer - publicació] to come out. **-9.** [- en imatge, premsa]: **que bé que surts a la foto!** you look great in the photo!; **la meva veïna va** ~ **a la televisió** my neighbour was on television; **la notícia surt als diaris** the piece of news is in the papers. **-10.** INFORM [d'un programa] to quit, to exit. **-11.** [dir inesperadament]: **mai no se sap per on sortirà** you never know what he's / she's going to do / come out with next. **-12.** [sobresortir] to project, to stick out. ⮕ **sortir-se'n** *vp* [persona] to get away with; **guanya pocs diners però se'n**

surt bé he / she makes little money but gets along quite well.

SOS ['sɔs] *nm* (abrev de **save our souls**) SOS.

sosa ['sozə] *nf* soda; **~ càustica** caustic soda.

sospesar [suspə'za] *vt* to try the weight of; *fig* to weigh up.

sospir [sus'pir] *nm* [aspiració] sigh; **fer un ~** to heave a sigh.

sospirar [suspi'ra] *vi* to sigh; **~ de** to sigh with; *fig* **~ per** [persona, cotxe, viatge, etc.] to long for.

sospita [sus'pitə] *nf* suspicion.

sospitar [suspi'ta] ⬥ *vi* to suspect; **~ d'algú** to suspect sb. ⬥ *vt*: **~ (que)** to suspect / doubt (that); **~ alguna cosa** to suspect sthg.

sospitós -osa [suspi'tos -ozə] ⬥ *adj* suspicious. ⬥ *nm, f* suspect.

sostenidors [sustəni'ðos] *nm pl* bra, brassiere.

sostenir [sustə'ni] *vt* to support, to hold up; [conversa] to hold, to have; [família, correspondència] to maintain. ⬥ **sostenir-se** *vp* to hold o.s. up, to stand up.

sostingut -uda [sustiŋ'gut -uðə] *adj* **-1.** [esforç, etc.] sustained. **-2.** MÚS sharp.

sostracció [sustrəksi'o] *nf* **-1.** MAT subtraction. **-2.** [robatori] theft.

sostre ['sɔstrə] *nm* ceiling, roof.

sostreure [sus'trɛwrə], **sostraure** [sus'trawrə] *vt* **-1.** [gen & MAT] to subtract. **-2.** [robar] to steal. ⬥ **sostreure's** *vp* to avoid.

sota ['sotə] ⬥ *adv* [posició] under, below; **viu a ~** he lives downstairs; **a ~ de tot** right at the bottom; **el pis de ~** downstairs; **la veïna de ~** the neighbour downstairs; **el prestatge de ~** the bottom shelf. ⬥ *prep* **-1.** [gen] under, underneath; **~ el sol / el pont** under the sun / bridge; **~ els Àustries** under the Hapsburgs; **~ pena de** under penalty of; **~ paraula** on one's word. **-2.** [temperatures]: **estem a dos graus ~ zero** it's two degrees below zero.

sotabarba [,sotə'βarβə] *nf* double chin. ⬥ **de sotamà** *loc adv* underhandedly, secretly.

sotana [su'tanə] *nf* cassock.

soterrani [sutə'rani] *nm* basement.

soterrar [sutə'ra] *vt lit & fig* to bury, to hide.

sotjar [su'dʒa] *vt* to observe, to to spy on.

sotmetre [sud'metrə] *vt* to subdue. ⬥ **sotmetre's** *vp* to surrender.

sotrac [su'trak] *nm* jerk, jolt.

sotraguejar [sutrəɣə'ʒa] *vi* [cotxe, etc.] to jolt.

sotsarrendar [,sodzərən'da] *vt* to sublet.

sotsdelegat -ada [,sodzdələ'ɣat -aðə] *nm, f* subdelegate.

sotsdirector -a [,sodzdirək'to -orə] *nm, f* assistant director.

sotsinspector -a [,sodzinspək'to -orə] *nm, f* deputy inspector.

sotsobrar [sutsu'βra] *vi* **-1.** NÀUT to capsize. **-2.** *fig* [fracassar] to fall through; [negoci] to founder.

sotsoficial [,sodzufisi'al] *nm* non-commissioned officer.

sotssecretari -ària [,sotsəkrə'tari -ariə] *nm, f* **-1.** [de secretari] assistant secretary. **-2.** [de ministre] undersecretary.

sotstinent -a [,sotsti'nen -entə] *nm, f* sub-lieutenant.

sou ['sɔw] *nm* salary, wages *pl*; [de funcionari] salary; [assassí] **a ~** hired; **~ base** basic salary.

soviètic -a [suβi'ɛtik -ə] ⬥ *adj* Soviet. ⬥ *nm, f* Soviet.

sovint [su'βin] *adv* often, frequently.

sovintejar [suβintə'ʒa] ⬥ *vi* to happen frequently. ⬥ *vt* to repeat, to do repeatedly; **~ les visites** to visit frequently.

Sr. (abrev de **senyor**) Mr.

Sra. (abrev de **senyora**) Mrs.

Srs. (abrev de **senyors**) Messrs.

St. (abrev de **sant**) St.

Sta. (abrev de **santa**) St.

suar [su'a] ⬥ *vi* **-1.** [transpirar] to sweat, to perspire. **-2.** [paret] to sweat, to become moist. ⬥ *vt* **-1.** [mullar de suor] to make sweaty. **-2.** *fam*: **~ la cansalada / la carcanada** to sweat buckets; **~ sang i aigua / fel** to sweat blood.

suau [su'aw] *adj* soft, smooth.

suavitat [suəβi'tat] *nf* softness, smoothness.

suavitzant [suəβi'dzan] ⬥ *adj* conditioning, moistening. ⬥ *nm* [de roba] fabric conditioner; [de cabells] conditioner.

suavitzar [suəβi'dza] *vt* to soften.

subaltern -a [supəl'tɛrn -ə] ⬥ *adj* auxiliary. ⬥ *nm, f* subordinate.

subcampió -ona [supkəmpi'o -onə] *adj & nm, f* runner-up.

subcampionat [supkəmpiu'nat] *nm* ESPORT second place, runner-up's position.

subconscient [supkunsiˈen] ◇ *adj* subconscious. ◇ *nm* subconscious.

subcutani -ània [supkuˈtani -aniə] *adj* subcutaneous.

subdesenvolupat -ada [subdəzəmbuluˈpat -aðə] *adj* underdeveloped.

súbdit -a [ˈsubdit -ə] *nm, f* **-1.** [subordinat] subject. **-2.** [ciutadà] citizen, national.

subdividir [subdiβiˈði] *vt* to subdivide. ☛ **subdividir-se** *vp* to be subdivided.

subestimar [supəstiˈma] *vt* to underestimate, to underrate. ☛ **subestimar-se** *vp* to underrate o.s.

subhasta [suˈβastə] *nf* **-1.** [venda pública] auction. **-2.** [contracte públic] tender.

subhastar [suβəsˈta] *vt* to auction.

subjacent [subʒəˈsen] *adj* underlying.

subjecte -a [subˈʒektə] *adj* [enganxat] fastened. ☛ **subjecte** *nm* **-1.** [gen & GRAM] subject. **-2.** [persona] individual; ECON ~ passiu taxpayer.

subjectiu -iva [subʒəkˈtiw -iβə] *adj* subjective.

subjugar [subʒuˈɣa] *vt* **-1.** [sotmetre] to subjugate. **-2.** *fig* [captivar] to captivate.

subjuntiu -iva [subʒunˈtiw -iβə] *adj* subjunctive. ☛ **subjuntiu** *nm* subjunctive.

sublim [suˈβlim] *adj* sublime.

sublimació [suβliməsiˈo] *nf* sublimation.

sublimar [suβliˈma] *vt* to sublimate; [exaltar] to exalt.

submarí -ina [summəˈɾi -inə] *adj* underwater.

submarinisme [summəɾiˈnizmə] *nm* underwater exploration, diving.

submarinista [summəɾiˈnistə] ◇ *adj* underwater (*abans de nom*). ◇ *nmf* underwater diver / explorer; frogman.

submergible [summərˈʒibblə] ◇ *adj* waterproof. ◇ *nm* submarine.

submergir [summərˈʒi] *vt* to submerge; [amb força] to plunge. ☛ **submergir-se** *vp* [enfonsar-se] to submerge.

subministrador -a [sumministɾəˈðo -oɾə] ◇ *adj* supply (*abans de nom*). ◇ *nm, f* supplier.

subministrament [sumministɾəˈmen] *nm* supply, supplying.

subministrar [sumministɾa] *vt* to supply.

submís -isa [suˈmmis -izə] *adj* submissive.

submissió [summisiˈo] *nf* submission.

subnormal [sumnurˈmal] ◇ *adj & nm, f* **-1.** *despec* [minusvàlid] subnormal. **-2.** *fig & despec* [imbècil] moronic.

subordinar [suβurðiˈna] *vt* to subordinate. ☛ **subordinar-se** *vp* to subordinate o.s.

subordinat -ada [suβurðiˈnat -aðə] *adj & nm, f* subordinate.

suborn [suˈβorn] *nm* **-1.** [acció] bribery. **-2.** [diners, regal] bribe.

subornar [suβurˈna] *vt* to bribe.

subproducte [suppɾuˈðuktə] *nm* by-product.

subratllar [subɾəˈʎʎa] *vt* to underline.

subratllat -ada [subɾəˈʎʎat -aðə] *adj* underlined. ☛ **subratllat** *nm* underlining.

subscripció [supskɾipsiˈo] *nf* subscription.

subscriptor -a [supskɾipˈto -oɾə] *nm, f* subscriber.

subscriure [supsˈkɾiwɾə] *vt* **-1.** [gen] to endorse, to subscribe to. **-2.** [acord, pacte] to sign. ☛ **subscriure's** *vp*: ~ a [publicació] to subscribe (to); COM to subscribe for.

subsidi [supˈsiði] *nm* benefit, allowance.

subsidiari -ària [supsiðiˈaɾi -aɾiə] *adj* **-1.** [ajuda] paid for by the State, subsidiary; [mesura] subsidiary. **-2.** DR ancillary.

subsistència [supsisˈtɛnsiə] *nf* **-1.** [vida] subsistence. **-2.** [conservació] continued existence.

subsistir [supsisˈti] *vi* to live, to exist, to survive.

subsòl [supˈsɔl] *nm* subsoil.

substància [supsˈtansiə] *nf* substance.

substancial [supstənsiˈal] *adj* substantial, significant.

substanciós -osa [supstənsiˈos -ozə] *adj* substantial.

substantiu -iva [supstənˈtiw -iβə] *adj* GRAM noun (*abans de nom*).

substitució [supstitusiˈo] *nf* **-1.** [canvi] replacement. **-2.** DR subrogation.

substituir [supstituˈi] *vt*: ~ (per) to replace (with).

substrat [supsˈtɾat] *nm* substratum.

subterrani -ània [suptəˈrani -aniə] *adj* subterranean, underground.

subtil [supˈtil] *adj* subtle.

subtilesa [suptiˈlɛzə] *nf* subtlety.

subtítol [supˈtitul] *nm* subtitle.

suburbi [suˈβurbi] *nm* [extraradi] poor suburb.

subvenció [subbənsiˈo] *nf* subsidy.

subvencionar [subbənsiuˈna] *vt* to subsidize.

subversió [subbərsiˈo] *nf* subversion.
subversiu -iva [subbərˈsiw -ißə] *adj* subversive.
suc [ˈsuk] *m* juice; ~ **de taronja** orange juice.
sucar [suˈka] *vt* [galetes, pa, etc.] to dunk.
succedani -ània [susəˈðani -aniə] *adj* ersatz, substitute.
succeir [suksəˈi] *vi* to succeed, to follow; [venir després] **a la guerra la van ~ anys terribles** war was followed by terrible years.
successió [suksəsiˈo] *nf* **–1.** [gen] succession. **–2.** MAT series.
successiu -iva [suksəˈsiw -ißə] *adj* successive, consecutive.
successivament [suksəˌsißəˈmen] *adv* successively.
successor -a [suksəˈso -oɾə] *nm, f* successor.
sucós -osa [suˈkos -ozə] *adj* **–1.** [amb suc] juicy. **–2.** *fig* [interessant] juicy, colourful.
sucre [ˈsukɾə] *nm* sugar; ~ **de floret** refined sugar; ~ **candi** sugar candy; ~ **de llustre** icing / powdered sugar; ~ **roig** brown sugar.
sucrer -a [suˈkɾe -eɾə] *adj* sugar (*abans de nom*). ➣ **sucrera** *nf* **–1.** sugar factory. **–2.** sugar bowl.
suculent -a [sukuˈlen -entə] *adj* succulent.
sucumbir [sukumˈbi] *vi*: ~ **(a)** to succumb (to).
sucursal [sukurˈsal] *nf* branch.
sud [ˈsut] *adj* [zona, frontera, etc.] south; **el ~ d'Europa** southern Europe; [vent] southern.
sud-americà -ana [sutəməɾiˈka -anə] ◇ *adj* South American. ◇ *nm, f* South American.
sud-est [ˌsuˈtest] ◇ *adj* southeast, southeastern. ◇ *nm* southeast.
sud-oest [ˌsutuˈest] ◇ *adj* southwest, southwestern. ◇ *nm* southwest.
suec -a [suˈɛk -ə] ◇ *adj* Swedish. ◇ *nm, f* Swede. ➣ **suec** *nm* [llengua] Swedish.
Suècia [suˈɛsiə] Sweden.
suficiència [sufisiˈensiə] *nf* **–1.** [capacitat] proficiency. **–2.** [presumpció] smugness, self-importance.
suficient [sufisiˈen] ◇ *adj* enough. ◇ *nm* [nota] pass.
sufocar [sufuˈka] *vt* [gen] to suffocate, to stifle. ➣ **sufocar-se** *vp* [ofegar-se] to suffocate.

sufragar [sufɾəˈɣa] *vt* [despeses] to defray, to pay; ~ **els costos d'un plet** to defray the costs of a lawsuit.
sufragi [suˈfɾaʒi] *nm* suffrage; ~ **directe / indirecte** direct / indirect suffrage; ~ **universal** universal suffrage.
suggeridor -a [sudʒəɾiˈðo -oɾə] *adj* suggestive.
suggeriment [sudʒəɾiˈmen] *nm* suggestion.
suggerir [sudʒəˈɾi] *vt* to suggest.
suggestió [sudʒəstiˈo] *nf* suggestion.
suggestionar [sudʒəstiuˈna] *vt* **–1.** [influir] to influence. **–2.** [obsessionar] to put thoughts into sb's head. ➣ **suggestionar-se** *vp* PSIC to use auto-suggestion.
suggestiu -iva [sudʒəsˈtiw -ißə] *adj* suggestive; [atractiu] attractive.
sui generis [ˈsui ˈʒeneɾis] *loc adj* individual.
suïcida [suiˈsiðə] ◇ *adj* suicidal; **una operació ~** a suicidal operation. ◇ *nmf* suicidal person.
suïcidar-se [suisiˈðarsə] *vp* to commit suicide.
suïcidi [suiˈsiði] *nm* suicide.
suís -ïssa [suˈis -isə] ◇ *adj* Swiss. ◇ *nm, f* Swiss.
Suïssa [suˈisə] Switzerland.
suite [ˈswit] *nf* suite.
sulfamida [sulfəˈmiðə] *nf* sulphonamide.
sulfat [sulˈfat] *nm* sulphate.
sulfatar [sulfəˈta] *vt* to sulphate.
sulfur [sulˈfur] *nm* sulphide.
sulfurar [sulfuˈɾa] *vt* **–1.** [encoleritzar] to infuriate. **–2.** QUÍM to sulphurate. ➣ **sulfurar-se** *vp* to get mad.
sultà sultana [sulˈta, sulˈtanə] *nm, f* ➣ **soldà**.
suma [ˈsumə] *nf* **–1.** [gen] sum; **en ~** in short. **–2.** MAT addition.
sumand [suˈman] *nm* addend.
sumar [suˈma] *vt* MAT to add together; **tres i dos sumen cinc** three and two are / make five. ➣ **sumar-se** *vp* [incorporar-se]: **~-se a** to join in.
sumari -ària [suˈmaɾi -aɾiə] *adj* brief, summary. ➣ **sumari** *nm* **–1.** DR indictment. **–2.** [índex] contents, table of contents. **–3.** [resum] summary.
sumir [suˈmi] *vt* to sink, to submerge. ➣ **sumir-se** *vp* [dolor] to become immersed (in).
súmmum [ˈsummum] *nm* **–1.** (the) ultimate, height; **és el ~ de l'elegància** it's the

ultimate in elegance. **–2.** *fam fig*: **això és el ~!** this is the most!

sumptuós -osa [sumtu'os -'ozə] *adj* sumptuous, magnificent.

suor [su'o] *nf* **–1.** [transpiració] sweat; **xop de ~** soaked in sweat. **–2.** [de paret] moisture. **–3.** *fam* [treball]: **li va costar molta ~** it took him / her blood, sweat and tears.

suós -osa [su'os -ozə] *adj* sweaty.

supeditació [supəðitəsi'o] *nf* subordination.

supeditar [supəði'ta] *vt* to subordinate; **estar supeditat a** to be dependent on. ▸

supeditar-se *vp*: **~-se a** to submit to.

súper ['supər] ⬦ *adj fam* great, super. ⬦ *nf* [gasolina] ≃ four-star (petrol). ⬦ *nm fam* supermarket.

superar [supə'ɾa] *vt* **–1.** [avantatjar] to surpass. **–2.** [avançar] to exceed, go beyond. **–3.** [problema, dificultat] to overcome; **ja hem superat el més difícil** we've already gotten through / over the most difficult part. ▸ **superar-se** *vp* [millorar] to better o.s; [lluir-se] to excel o.s.

superàvit [supə'ɾaβit] *nm* surplus.

superb -a [su'pɛɾp su'pɛɾβə] *adj* **–1.** [arrogant] proud, arrogant. **–2.** *fig* [magnífic] superb. **–3.** *fig* [gran] huge.

supèrbia [su'pɛɾβiə] *nf* **–1.** [arrogància] pride, arrogance. **–2.** [magnificència] grandeur, splendour.

superdotat -ada [,supəɾdu'tat -aðə] *adj & nm, f* extremely gifted.

superficialitat [supəɾfisiəli'tat] *nf* superficiality.

superfície [supəɾ'fisiə] *nf* **–1.** [gen & GEOM] surface. **–2.** [extensió, aparença] area.

superflu -èrflua [su'pɛɾflu -ɛɾfluə] *adj* superfluous.

superior -a [supəɾi'o -oɾə] ⬦ *nm, f* superior. ⬦ *adj* RELIG superior. ▸ **superior** ⬦ *adj* **–1.** [gen] superior, upper higher. **–2.** *fig* [excel·lent] excellent. ⬦ *nm* [cap] superior.

superioritat [supəɾiuɾi'tat] *nf* superiority.

superlatiu -iva [supəɾlə'tiw -iβə] *adj* [bellesa, grau] exceptional. ▸ **superlatiu** *nm* GRAM superlative.

supermercat [,supəɾməɾ'kat] *nm* supermarket.

superpoblació [,supəɾpubbləsi'o] *nf* overpopulation.

superpotència [,supəɾpu'tɛnsiə] *nf* superpower.

supersònic -a [,supəɾ'sɔnik -ə] *adj* supersonic.

superstició [supəɾstisi'o] *nf* superstition.

supersticiós -osa [supəɾstisi'os -ozə] *adj* superstitious.

supervisar [supəɾbi'za] *vt* to supervise.

supervisor -a [supəɾbi'zo -oɾə] ⬦ *adj* supervisory, supervising.

supervivència [supəɾbi'βɛnsiə] *nf* survival.

supervivent [supəɾbi'ben] *adj & nmf* survivor.

suplantar [suplən'ta] *vt*: **~ algú** to take sb's place.

suplement [suplə'men] *nm* [gen & PREMSA] supplement; **~ dominical** Sunday supplement.

suplementari -ària [supləmən'taɾi -aɾiə] *adj* supplementary, extra.

suplent [su'plen] ⬦ *adj* substitute, stand-in (*abans de nom*); ESPORT **un jugador ~** a substitute player. ⬦ *nmf* **–1.** TEAT understudy. **–2.** ESPORT substitute, reserve.

supletori -òria [suplə'tɔɾi -ɔɾiə] *adj* additional, extra. ▸ **supletori** *nm* [telèfon] extension.

súplica ['suplikə] *nf* **–1.** [prec] plea, entreaty. **–2.** [escrit & DR] petition.

suplicar [supli'ka] *vt* **–1.** to implore, to beg. **–2.** DR: **~ (a un tribunal)** to appeal to (a court).

suplici [su'plisi] *nm lit & fig* torture; **la seva vida és un ~** his / her life is absolute torture.

suport [su'pɔɾt] *nm* **–1.** [gen] support; **~ publicitari** publicity medium. **–2.** INFORM medium. **–3.** *fig* support, pillar.

suportar [supuɾ'ta] *vt* to endure, to bear; **ha suportat totes les seves impertinències** she's put up with all his impertinence. ▸ **suportar-se** *vp* to stand one another.

suposar [supu'za] *vt* **–1.** [gen] to suppose; **suposem que...** we suppose that. **–2.** [significar] to mean; **la seva amistat suposa molt per a ell** her friendship means a lot to him. **–3.** [conjecturar] to imagine; **ho suposava** I guessed as much.

suposició [supuzisi'o] *nf* assumption.

supositori [supuzi'tɔɾi] *nm* suppository.

suprem -a [su'pɾɛm -ə] *adj* **–1.** [gen] supreme. **–2.** *fig* [moment, situació, etc.] supreme, fine.

supremacia [supɾəmə'siə] *nf* supremacy.

supressió [supɾəsi'o] *nf* suppression.

suprimir [supɾi'mi] *vt* to supress.
supuració [supuɾəsi'o] *nf* suppuration.
supurar [supu'ɾa] *vi* to suppurate, to fester.
surer -a [su'ɾe -eɾə] *adj* cork (*abans de nom*); **la indústria ~** the cork industry. ▪
surera *nf* [arbre, fusta] cork, corkwood.
suro ['suɾu] *nm* [material] cork.
surra ['surə] *nf fam* beating; [al cul] spanking, beating.
susceptibilitat [susəptiβili'tat] *nf* oversensitivity.
susceptible [susəp'tibblə] *adj* oversensitive.
suscitar [susi'ta] *vt* to provoke, to arouse.
suspendre [sus'pendɾə] *vt* **-1.** [gen] to suspend, to adjourn. **-2.** EDUC: **~ algú en un examen** to fail sb in an exam; **~ un examen** to fail an exam.
suspens [sus'pens] ◇ *adj* **-1.** [no aprovat] failed. **-2.** *fig* [desconcertat] bewildered, baffled. ◇ *nm* EDUC: **tenir un ~** to have failed an exam. ▪ **en suspens** *loc adv* pending.
suspensió [suspənsi'o] *nf* **-1.** [gen & AUTOM] suspension; **~ de pagaments** suspension of payments; **en ~** [substància] in suspension. **-2.** [ajornament] postponement, adjournment.
suspicaç [suspi'kas] *adj* suspicious.
suspicàcia [suspi'kasiə] *nf* suspicion.
sustentar [sustən'ta] *vt* **-1.** [gen] to support, to sustain. **-2.** [persona, família] to support, to maintain.
sutge ['sudʒə] *nm* soot.
sutura [su'tuɾə] *nf* suture.
suturar [sutu'ɾa] *vt* MED to stitch.

t, T [te] *nf* [lletra] t, T.
t' *pron pers* ☞ **et**.
't *pron pers* ☞ **et**.
t. (abrev de **telèfon**) tel.
tabac [tə'βak] ◇ *nm* **-1.** [gen] tobacco; **~ de pipa** pipe tobacco; **~ negre / ros** dark / Virginia tobacco. **-2.** [cigarretes] cigarettes *pl*; **tens ~?** do you have cigarettes? ◇ *adj inv* [color] light brown.
tabaquer -a [təβə'ke -eɾə] *adj* tobacco (*abans de nom*); **un establiment ~** a tobacco shop. ▪ **tabaquera** *nf* tobacco pouch.
tabaquisme [təβə'kizmə] *nm* nicotine poisoning.
tabarra [tə'βarə] *nf fam* nuisance, pest; **clavar la ~ a algú** to annoy sb; **aguantar la ~** to put up with.
tabernacle [təβəɾ'naklə] *nm* tabernacle.
tabola [tə'βɔlə] *nf fam* row, rumpus, uproar; **armar ~** to kick up a row / fuss.
tabú [tə'βu] ◇ *adj* taboo. ◇ *nm* taboo.
tabulador [təβələ'ðo] *nm* tabulator.
tabular [təβu'la] ◇ *vt* to tabulate. ◇ *vi* to tabulate.
tac ['tak] *nm* [de billar] cue.
taca ['takə] *nf* stain, spot.
tacar [tə'ka] *vt* **-1.** [embrutar] to stain; **~ (de / amb)** to stain (with), to make sthg dirty. **-2.** *fig* [deshonrar] to tarnish. ▪ **tacar-se** *vp* [embrutar-se] to get dirty.
tàcit -a ['tasit -ə] *adj* tacit; [llei] unwritten.
taciturn -a [təsi'turn -ə] *adj* taciturn.
tacte ['taktə] *nm* **-1.** [sentit] sense of touch. **-2.** [cura, delicadesa] tact. **-3.** [textura] feel. **-4.** MED manual examination.
tàctic -a ['taktik -ə] ◇ *adj* tactical. ◇ *nm, f* tactitian. ▪ **tàctica** *nf* tactics *pl*.
tàctil ['taktil] *adj* tactile.
tafanejar [təfənə'ʒa] *vi* to nose around; [en una botiga] to browse round.
tafaner -a [təfə'ne -eɾə] *adj* [persona] curious / nosy.
tafaneria [təfənə'ɾiə] *nf* curiosity, nosiness. ▪ **tafaneries** *nf pl* prying *sg*.
tafetà [təfə'ta] *nm* tafetta.
tafur -a [tə'fur -uɾə] *nm, f* **-1.** gambler. **-2.** *despec* cardsharper.
taigà [təj'ɣa] *nf* taiga.
Tailàndia [taj'landiə] Tailand.
Tajo ['taxo] *nm*: **el ~** the (River) Tagus.
tal ['tal] ◇ *adj* **-1.** [gen] such. **-2.** [semblant] such; **~ cosa mai no s'ha vist** such has never been seen; **demà a ~ hora** tomorrow at such and such a time. **-3.** [poc conegut]: **t'ha cridat un ~ Camps** a Mr. Camps called you. ◇ *adv fam* [com per exemple] in such a way, so. ◇ *nm, f*: **en ~, la ~** Mr So-and-So, Mrs So-and-So.
tala ['talə] *nf* [d'arbres] felling.
talaia [tə'lajə] *nf* **-1.** [torre] watchtower. **-2.** [mirador] vantage point.

talar [tə'la] *vt* (arbres) to fell.

talc ['talk] *nm* talc, talcum powder.

talent [tə'len] *nm* ser un ~ de la música to have a gift for music.

TALGO ['talɣu] *nm* (abrev de tren articulado ligero de Goicoechea Oriol) Spanish intercity high-speed train.

talismà [təliz'ma] *nm* talisman.

tall ['taʎ] *nm* **-1.** [rodanxa] slice. **-2.** [incisió - en paper, tela] tear. **-3.** [ferida, pausa, interrupció] cut. **-4.** [peça de vestir, esquema] cut, style. **-5.** [de tela] length, piece. **-6.** [del ganivet] cut; *lit & fig* **de dos ~s** double-edged.

talla ['taʎə] *nf* **-1.** [gen] size; **quina ~ portes?** what size do you wear? **-2.** *fig* [importància] stature. **-3.** ART carving, sculpture. **-4.** *fam* **donar la ~** to be up to it.

tallacigars [ˌtaʎəsi'ɣars] *nm inv* cigar cutter.

tallafoc [ˌtaʎə'fɔk] *nm* firebreak.

tallagespa [ˌtaʎə'ʒespə] *nm* lawnmower.

tallant [tə'ʎan] *adj* **-1.** *fig* [to, decisió, etc.] cutting, sharp. **-2.** *fig* [rotund] cutting; [vent] biting; [fred] bitter; [afilat] sharp.

tallaplomes [ˌtaʎə'plɔməs] *nm inv* penknife.

tallar [tə'ʎa] ⬥ *vt* **-1.** [gen] to cut; [llavis, pell] to crack, to chap; [- tela] to tear. **-2.** *fig* to cut; [interrompre] ~ **algú** to cut sb off. **-3.** [contenir - hemorràgia, ofensiva] to stop; [- incendi] to stop, to put out; [- procés, epidèmia] to stop. **-4.** [fer una incisió] to interrupt. **-5.** [esculpir - pedra] to sculpt; [- fusta] to carve. **-6.** ~ **en sec alguna cosa** to cut sthg off sharply / short. **-7.** [alterar - llet] to curdle; [- maionesa] to curdle; [interrompre - abusos, hemorràgia] to stop, to stem; [- conversa] to interrupt; [la gespa] to cut; [aire, onades] to cut through. ⬥ *vi* [gen] to cut. ◆ **tallar-se** *vp* [gen] to cut o.s.; [- maionesa, llet] to curdle; [torbar-se] to become tongue-tied; [llavis, pell] to become chapped / cracked.

tallarina [taʎə'rinə] *nf* noodle.

tallat -ada [tə'ʎat -aðə] *adj* **-1.** [fusta] carved; [pedres precioses] cut. **-2.** [nata, llet] sour, off, curdled; [llavis, mans] chapped, cracked; *fig* [avergonyit] embarrassed; [apocat] inhibited; **quedar-se ~** to be left speechless. ◆ **tallat** *nm* small coffee with just a little milk.

tallaungles [ˌtaʎə'uŋɡləs] *nm inv* nail clippers *pl*.

taller [tə'ʎe] *nm* **-1.** [gen] workshop. **-2.** AUTOM garage; **portar el cotxe al ~** to take the car to the garage / mechanic's.

tallista [tə'ʎistə] *nmf* [de fusta] wood carver; [de metalls] engraver.

taló [tə'lo] *nm* **-1.** [gen & ANAT] heel; **una sabata sense ~** a shoe without a heel; **de ~ alt** high-heeled; **~ d'agulla** stiletto (heel); *fig* **~ d'Aquil·les** Achilles' heel. **-2.** [xec] cheque; **~ bancari / conformat** cashier's / certified cheque.

talonari [təlu'nari] *nm* [xecs] cheque book.

talp ['talp] *nm lit & fig* mole.

talpera [təl'perə] *nf* molehill.

talús [tə'lus] *nm* bank, slope.

tamarinde [təmə'rində] *nm* **-1.** [arbre] tamarind (tree). **-2.** [fruita] tamarind.

també [təm'be] *adv* also, too; [a més] besides.

tambor [təm'bo] *nm* **-1.** [gen] drum. **-2.** [de revòlver] cylinder. **-3.** ANAT eardrum.

tamboret [təmbu'ɾɛt] *nm* stool.

tamborí [təmbu'ɾi] *nm* small drum.

tamborinada [təmbuɾi'naðə] *nf* [aiguat] downpour; *fig* [al·luvió] downpour, avalanche.

tamborinar [təmbuɾi'na] *vi* **-1.** to drum, to tap. **-2.** MÚS to drum.

tamisar [təmi'za] *vt* **-1.** to seive, to sift. **-2.** *fig* [seleccionar] to screen.

tampó [təm'po] *nm* **-1.** tampon; **~ contraceptiu** contraceptive sponge. **-2.** [d'oficina] ink pad.

tampoc [təm'pɔk] *adv* neither, not either; **no vol sortir, jo ~** he doesn't want to go out, and neither do I.

tan ['tan] *adv* **-1.** [molt] so; **~ gran / ràpid** so big / quickly; **quina pel·lícula ~ llarga** what a long film. **-2.** [en comparacions]: **~... com...** as... as...; **és ~ llest com el seu germà** he's as smart as his brother. **-3.** [tot allò que]: **va caure ~ llarg com era** he fell flat on his back.

tanc ['taŋ] *nm* **-1.** MIL tank. **-2.** [vehicle cisterna] tanker. **-3.** [dipòsit] tank.

tanca ['taŋkə] *nf* **-1.** [closa] fence. **-2.** ESPORT hurdle. ◆ **tanca publicitària** *nf* billboard, hoarding.

tancament [təŋkə'men] *nm* **-1.** [gen] closing, shutting; AUTOM **~ centralitzat** central locking; [mecanisme] fastener. **-2.** [acció]: **el ~ va durar dos dies** it took two days to close it.

tancar [təŋ'ka] ⬥ *vt* **-1.** [gen] to close; [aigua, gas] to turn off. **-2.** to close, to shut. **-3.** [ser a l'últim lloc]: **~ la desfilada** to bring up the rear of the parade; *fig* [conversa, contracte] to end, to bring to an end. ◇ *vi* to close, to shut; **~ amb clau** to lock (up); **~ amb cadenat** to padlock; **~ amb forrellat** to bolt. ☞ **tancar-se** *vp* **–1.** [gen] to close, to shut; **~-se a** to close one's mind to; [ferida] to heal, to close up. **–2.** to clam up; **~-se en si mateix** to be / become absorbed.

tancat -ada [təŋˈkat -aðə] *adj* **–1.** [corrent, circuit] closed, cut off. **–2.** [accent, deix] broad, thick. **–3.** [persona - poc comunicativa] uncommunicative; [- poc receptiva] **ser molt ~** to be very set in one's ways. **–4.** [gen] closed; [mentalitat, societat, etc.] **~ a** closed to.

tanda [ˈtandə] *nf* [torn] turn; **demanar la ~** to ask who's last in line.

tàndem [ˈtandəm] *nm* **–1.** [bicicleta] tandem. **–2.** [parella - d'actors, etc.] duo, pair; [- de bous] pair.

tanga [ˈtaŋgə] *nm* tanga.

tangent [təŋˈʒen] ◇ *adj* tangential. ◇ *nf* tangent; *fig* **anar-se'n per la ~** to go off at a tangent.

tangible [təŋˈʒibblə] *adj* tangible.

tango [ˈtaŋgu] *nm* tango.

tanoca [təˈnɔkə] ◇ *adj* simple, simple-minded. ◇ *nm, f* simple-minded person.

tant¹ [ˈtan] *adv* **–1.** [gran quantitat] so much, so many *pl*; **no me'n serveixis ~** don't serve me so much; **l'estima ~ que...** he loves her so much that...; **d'això fa ~ que...** that was so long ago that... **–2.** [en comparacions]: **~ com** as much as, as many as *pl*. **–3. i ~!** most certainly!, you bet! *fig*: **~ me fa, ~ m'és** it's all the same to me, it doesn't matter to me. **–5. ~ si es vol, com si no es vol** regardless of whether you want to or don't want to. **–6. de ~ en ~** from time to time. ☞ **en tant que** *loc prep* [en qualitat de] as; **en ~ que cap de família** as head of the family. ☞ **tant... com...** *loc conj*: **~ si es posa una cosa com una altra, sempre va bé** regardless of whether one or the other is used, it always works.

tant² -a [ˈtan ˈtantə] (*mpl* **tants**, *fpl* **tantes**) ◇ *pron* **–1.** [gran quantitat] so much, so many *pl*; **té molts vestits, jo no ~s** she has many dresses, but I don't have as many; **hi havia molta gent aquí, allà no tanta** there were a lot of people here, but not as many there. **–2.** [quantitat per a determinar] so much, so many *pl*. ◇ *adj* **–1.** [gran quantitat, quantitat indeterminada] so much, so many *pl*; **té ~s llibres!** he / she has so many books; **té tantes ganes de veure't!** he's / she's so looking forward to seeing you!; **ens donaven tants euros al dia** they used to give us so many euros per day. **–2.** [en comparacions]: **~... com...** as much... as..., as many... as... *pl*.

tap [ˈtap] *nm* **–1.** [gen] stopper; **~ de rosca** screw-top. **–2.** *fam* [persona] tubby person, short person. **–3.** ESPORT block. **–4.** [de bolígraf] cap. **–5.** [obstacle] difficulty, obstacle; **posar ~s (a)** to raise objections (to). ☞ **tap de corona** *nm* crown cap, crown cork.

tapa [ˈtapə] *nf* **–1.** CULIN snack, tapa. **–2.** [portada - de llibre] cover. **–3.** [de taló] heel plate. **–4.** [de vedella]: **~ plana** a tender cut of beef taken from the centre of the leg, used for steaks or stews. ☞ **tapes** *nf pl*: **anar de tapes** to go from bar to bar having Spanish tapas.

tapadora [təpəˈðoɾə] *nf* **–1.** [tapa] lid. **–2.** *fig* [per a encobrir] front.

tapaforats [ˌtapəfuˈrats] *nm inv* [persona] substitute.

tapall [təˈpaʎ] *nm inv* [eslip] tanga briefs *pl*.

tapar [təˈpa] *vt* **–1.** [gen] to cover. **–2.** [tancar - ampolla] to put the top on; [forat] to fill in. **–3.** [no deixar veure] to block out. ☞ **tapar-se** *vp* to cover; **~-se la boca** to cover one's mouth.

tapat -ada [təˈpat -aðə] *adj* [temps, cel] overcast.

tàpera [ˈtapəɾə] *nf* caper.

tapet [təˈpet] *nm* [taula] (table) runner.

tàpia [ˈtapiə] *nf* wall; *fam* **ser sord com una ~** to be (as) deaf as a post.

tapiar [təpiˈa] *vt* **–1.** [obstruir] to brick up. **–2.** [encerclar] to wall in.

tapís [təˈpis] *nm* [per a la paret] tapestry; [per al terra] carpet.

tapisser -a [təpiˈse -eɾə] *nm, f* upholsterer.

tapisseria [təpisəˈɾiə] *nf* [tela] upholstery; [botiga - mobles] upholsterer's; [- cortines] draper's.

taquicàrdia [təkiˈkaɾdiə] *nf* tachycardia.

taquigrafia [təkiɣɾəˈfiə] *nf* shorthand, stenography.

taquilla [təˈkiʎə] *nf* **–1.** [finestreta] ticket office, booking office. **–2.** [recaptació] takings *pl*.

taquiller -a [təkiˈʎe -eɾə] *nm, f* ticket clerk.

tara ['tarə] *nf* **-1.** tare. **-2.** [en un objecte] defect.

taral·lejar [tərəllə'ʒa] *vt* to hum.

taràntula [tə'rantulə] *nf* tarantula.

tarar [tə'ra] *vt* to tare.

tarat -ada [tə'rat -aðə] ◇ *adj* **-1.** [defectuós] defective. **-2.** [boig] thick, stupid. ◇ *nm, f* idiot.

tard ['tart] *adv* **-1.** [gen] late; **avui sortiré ~** I'll be leaving late today; **es fa ~** it's getting late; **~ o d'hora** sooner or later; **mai no és ~ quan arriba** better late than never. **-2.** [massa] too late; **ja és ~ per a...** it's too late for...; **arribar ~** to be late. ➤ **de tard en tard** *loc adv* from time to time.

tarda ['tarðə] *nf* [fins a les cinc] afternoon; [després de les cinc] evening; **vindré a la ~** I'll come in the afternoon.

tardà -ana [tər'da -anə] *adj* late.

tardar [tər'da] *vi* [fer temps]: **~ a fer alguna cosa** to take a long time to do sthg; **va ~ un any a fer-ho** it took him a year to do it; **va ~ dos minuts** it took her two minutes.

tardor [tər'ðo] *nf lit & fig* autumn *Br*, fall *Am*.

tardorenc -a [tərðu'reŋ -eŋkə] *adj* autumn (*abans de nom*) *Br*, fall *Am* (*abans de nom*).

targeta [tər'ʒetə] *nf* card; ESPORT **~ groga / vermella** yellow / red card; **~ de crèdit** credit card; **~ d'embarcament** boarding pass; **~ de memòria** memory card; **~ intel·ligent** smart card; **~ multiviatge** travel pass; **~ postal** postcard.

tarifa [tə'rifə] *nf* charge, fare; **~ nocturna** night rate; **~ plana** flat rate.

tarima [tə'rimə] *nf* platform.

taronger [tərun'ʒe] *nm* orange tree.

tarongina [tərun'ʒinə] *nf* orange blossom.

taronja [tə'rɔnʒə] ◇ *adj inv* orange. ◇ *nf* [fruita] orange. ◇ *nm* [color] orange.

taronjada [tərun'ʒaðə] *nf* orange juice.

tarot [tə'rɔt] *nm* tarot.

Tarragona [tərə'ɣonə] Tarragona.

tarragoní -ina [tərəɣu'ni -inə] ◇ *adj* from Tarragona. ◇ *nm, f* person from Tarragona.

tars ['tars] *nm* tarsus.

tartana [tər'tanə] *nf* **-1.** [carruatge] trap. **-2.** *fam* [cotxe] banger.

tasca ['taskə] *nf* [feina, missió] task, mission.

tascó [tas'ko] *nm* [per a tallar fusta] wedge.

tassa ['tasə] *nf* **-1.** [per a beure] cup. **-2.** [de vàter] bowl.

tast ['tast] *nm* tasting.

tastador -a [təstə'ðo -orə] *nm, f* taster; **~ de vins** wine taster.

tastar [təs'ta] *vt* to taste; [assaborir] to relish.

tastavins [,təstə'βins] *nm inv* wine taster.

tatuar [tətu'a] *vt & vi* to tattoo, to make a tattoo.

tatuatge [tətu'adʒə] *nm* tattoo, tattooing.

tatx ['tatʃ] *nm* [de fruita] sample slice.

tatxa ['tatʃə] *nf* **-1.** [defecte] flaw, blemish; **sense ~** flawless. **-2.** [clau] stud.

tatxar [tə'tʃa] *vt* [fruita] to cut a sample slice of.

taula ['tawlə] *nf* **-1.** table; **beneir la ~** to say grace, to bless the table; **parar / desparar la ~** to set / clear the table; **~ braser** small table equipped with brazier; **~ de despatx / d'oficina** office desk; **~ de mescles** mixing desk; **~ d'operacions** operating table. **-2.** [peça plana de fusta] plank. **-3.** [de fusta & NÀUT] board; [de metall, etc.] sheet; [de prestatgeria] shelf; **~ d'una cuina** chopping board. **-4.** [esquema, gràfica, llista] table; **~ de matèries** table of contents; **~ de multiplicar / pitagòrica** multiplication / Pythagorean table. **-5. fer ~ rasa d'alguna cosa** to wipe the slate clean; **ser una ~ de salvació** to be a last resort / hope; **agafar-se a la ~ de salvació** to cling like a drowning man to a piece of wood. ➤ **taula rodona** *nf* [col·loqui] round table. ➤ **taules** *nf pl* [en escacs]: **fer ~** to end in stalemate.

taulell [təw'leʎ] *nm* **-1.** [taula de treball] workbench. **-2.** [de botiga, de bar] counter, bar. **-3.** [de cuina] counter, worktop.

tauler [təw'le] *nm* **-1.** [taula] board; **~ d'anuncis** notice board, bulletin board. **-2.** [de joc]: **~ (d'escacs)** chessboard; **~ (de dames)** draughts *Br*, checkers *Am* board. **-3.** ESPORT backboard.

tauleta [təw'letə] *nf* small table; **~ de nit** night table.

tauló [təw'lo] *nm* plank, beam.

Taure ['tawrə] ◇ *nm inv* [zodíac] Taurus. ◇ *nmf inv* [persona] Taurus.

tauró [təw'ro] *nm* ZOOL shark.

tauromàquia [təwru'makiə] *nf* bullfighting.

taüt [tə'ut] *nm* coffin.

TAV *nm* (abrev de **tren d'alta velocitat**) ➤ AVE.

tàvec ['taβək] *nm* horsefly.

taverna [tə'βɛrnə] *nf* country-style bar.

taverner -a [təβərˈne -eɾə] *nm, f* [encarregat] bartender, barman *m*, barmaid *f*; [propietari] landlord *m*, landlady *f*.

taxa [ˈtaksə] *nf* **–1.** [índex] rate; **~ de creixement** growth rate; **~ de desocupació** (level of) unemployment. **–2.** [preu, impost] fee, tax; **d'importació** import tax; **taxes acadèmiques** academic fees.

taxar [təkˈsa] *vt* **–1.** [valorar] to value. **–2.** [fixar preu] to fix a price for.

taxatiu -iva [təksəˈtiw -iβə] *adj* precise, exact.

taxi [ˈtaksi] *nm* taxi.

taxidermista [təksiðərˈmistə] *nmf* taxidermist.

taxímetre [təkˈsimətɾə] *nm* taximeter.

taxista [təkˈsistə] *nmf* taxi driver.

TDT [teðeˈte] *abr* DTT.

te [ˈte] *pron pers* ☞ **et**.

teatral [teaˈtɾal] *adj* theatre, drama (*abans de nom*).

teatre [teˈatɾə] *nm* **–1.** [gen] theater; **~ de varietats** music hall *Br*, variety, vaudeville *Am*; **~ líric** opera and light opera. **–2.** [fingiment]: **és tot ~** it's all an act; **fer ~** to play-act.

tebi tèbia [ˈtɛβi ˈtɛβiə] *adj* [aigua, infusió, etc.] tepid, lukewarm.

tebior [təβiˈo] *nf* lukewarmness, warmth.

tec [ˈtɛk] *nf* [menjar] blow-out.

tecla [ˈtɛklə] *nf* **–1.** [gen & INFORM] key; **tocar una ~** to press / strike a key; **~ d'esborrar** erase key; **~ de control** control key; **~ de funció** function key; **~ de retorn** return key; *fig* **tocar moltes tecles** to pull a lot of strings. **–2.** **endevinar la ~** to hit the nail on the head.

teclat [təˈklat] *nm* [gen & INFORM] keyboard; **~ expandit** expanded keyboard; **~ numèric** numeric keyboard.

tecleig [təˈklɛtʃ] *nm* [en teclat] clattering; [en piano] playing.

teclejar [təkləˈʒa] *vi* [en màquina, etc.] to type; [en piano] to play.

tècnic -a [ˈtɛŋnik -ə] ◇ *adj* technical. ◇ *nm, f* technician. ☞ **tècnica** *nf* technique.

tecnicisme [təŋniˈsizmə] *nm* **–1.** [qualitat] technical nature. **–2.** [terme] technical term.

tecnòcrata [təŋˈnɔkɾətə] ◇ *adj* technocratic. ◇ *nmf* technocrat.

tecnologia [təŋnuluˈʒiə] *nf* technology; **~ punta** state-of-the-art technology.

tecnològic -a [təŋnuˈlɔʒik -ə] *adj* technological.

tedi [ˈtɛði] *nm* boredom, tedium.

tediós -osa [təðiˈos -ozə] *adj* tedious.

teia [ˈtejə] *nf* torch.

teix [ˈtɛʃ] *nm* BOT yew.

teixidor -a [təʃiˈðo -oɾə] ◇ *adj* weaving. ◇ *nm, f* [de punt] weaver, knitter.

teixir [təˈʃi] *vt* **–1.** [gen] to weave; [mitja] to knit; [ganxet] to crochet. **–2.** [vímet, espart] to weave.

teixit [təˈʃit] *nm* **–1.** fabric, material; IND textile. **–2.** ANAT tissue.

teixó [təˈʃo] *nm* ZOOL badger.

tel. (abrev de telèfon) tel.

tela [ˈtɛlə] *nf* **–1.** [gen] fabric, material. **–2.** [teixit bast, quadre] canvas. **–3.** piece of material / fabric / cloth.

telecabina [ˌtɛləkəˈβinə] *nm o nf* cable-car.

telecadira [ˌtɛləkəˈðiɾə] *nf* chair lift.

telecomandament [ˌtɛləkuməndəˈmen] *nm* remote control.

telecomèdia [ˌtɛləkuˈmɛðiə] *nf* television comedy programme.

telecomunicació [ˌtɛləkumunikəsiˈo] *nf* [mitjà] telecommunication.

teledirigir [ˌtɛləðiɾiˈʒi] *vt* to operate by remote control.

teledirigit -ida [ˌtɛləðiɾiˈʒit -iðə] *adj* remote-controlled.

telefax [ˌtɛləˈfaks] *nm* telefax, fax.

telefèric [tɛləˈfɛɾik] *nm* cable-car.

telefilm [tɛləˈfilm] *nm* TV film.

telèfon [təˈlɛfun] *nm* telephone, phone; **penjar el ~** to hang up the phone; **parlar amb algú per ~** to speak to sb on the phone; **~ fix** landline; **~ inalàmbric** cordless phone; **~ intel·ligent** smartphone; **~ mòbil** mobile phone, cellphone; **~ públic** public phone; **~ vermell** hot line.

telefonada [tələfuˈnaðə] *nf* phone / telephone call.

telefonar [tələfuˈna] *vi* to phone.

telefonia [tələfuˈniə] *nf* telephony; **~ mòbil** mobile phones *pl*.

telefònic -a [tələˈfɔnik -ə] *adj* telephone (*abans de nom*).

telefonista [tələfuˈnistə] *nmf* telephonist.

telègraf [təˈlɛɣɾəf] *nm* [mitjà, aparell] telegraph. ☞ **telègrafs** *nm pl* [oficina] telegraph office *sg*.

telegrafia [tələɣɾəˈfiə] *nf* telegraphy.

telegràfic -a [tələˈɣɾafik -ə] *adj* telegraphic.

telegrama [tələˈɣɾamə] *nm* telegram.

telejoc [ˌtɛləˈʒɔk] *nm* television game show.

telemàtica [tələˈmatikə] *nf* telematics (U).

telenotícies [ˌtɛlənuˈtisiəs] *nm* TV news programme.

telenovel·la [ˌtɛlənuˈβɛʎə] *nf* television soap opera.

telepatia [tələpəˈtiə] *nf* telepathy.

teleporqueria [tələpurkəˈɾiə] *nf* junk TV.

teler [təˈle] *nm* [màquina] loom.

telescopi [tələsˈkɔpi] *nm* telescope.

telescòpic -a [tələsˈkɔpik -ə] *adj* telescopic.

teletext [ˌtɛləˈtɛkst] *nm* Teletext.

teletip [tələˈtip] *nm* Teletype.

televenda [ˌtɛləˈβɛndə] *nf* telesales *pl*.

televisar [tələβiˈza] *vt* to televise.

televisió [tələβiziˈo] *nf* television; **veure la ~** to watch television; **~ en blanc i negre** black and white television; **~ en colors** colour television; **~ per cable** cable television; **~ privada / pública** commercial / public television; **~ via satèl·lit** satellite television.

televisor [tələβiˈzo] *nm* television (set).

tèlex [ˈtɛləks] *nm inv* telex.

teló [təˈlo] *nm* TEAT & CIN curtain; *fig* **~ d'acer** iron curtain; *fig* **~ de fons** backdrop.

teloner -a [təluˈne -eɾə] *adj*: **ser ~** to be the supporting artist.

tema [ˈtɛmə] *nm* -1. [gen] subject; **~ d'actualitat** current affairs; **desviar-se molt del ~** to go way off the subject. -2. MÚS theme.

temari [təˈmaɾi] *nm* EDUC curriculum.

temàtic -a [təˈmatik -ə] *adj* thematic. ◆ **temàtica** *nf* subject matter.

témer [ˈtɛmə] *vi* to fear, to be afraid of; **tem pels seus fills** she fears for her children; **no temis** don't worry; **~ per la vida d'algú** to fear for sb's life.

temerari -ària [təməˈɾaɾi -aɾiə] *adj* rash; [conducció] reckless; [judici, acusació] hasty.

temeritat [təməɾiˈtat] *nf* -1. [qualitat] recklessness. -2. [acció] folly (U), recless act; **és una ~** that's a very reckless thing to do.

temorós -osa [təmuˈɾos -ozə] *adj* -1. [recelós] fearful. -2. [temible] terrifying, fearsome.

temible [təˈmibblə] *adj* fearsome.

temor [təˈmor] *nm* fear; **~ de** fear of; **~ que** fear that.

temperament [təmpəɾəˈmen] *nm* temperament.

temperamental [təmpəɾəməɲˈtal] *adj* -1. [amb caràcter] temperamental. -2. [impulsiu] impulsive.

temperar [təmpəˈɾa] *vt* -1. [refredar] to cool down. -2. [moderar] to temper. -3. MED to relieve.

temperat -ada [təmpəˈɾat -aðə] *adj* -1. [tebi - aigua, beguda, menjar] lukewarm. -2. [clima, zona & MÚS] temperate. -3. [persona, caràcter - moderat] calm, composed; [- serè] steady.

temperatura [təmpəɾəˈtuɾə] *nf* temperature; **prendre la ~ a algú** to take sb's temperature; **~ ambiental** room temperature; **~ màxima / mínima** highest / lowest temperature.

tempesta [təmˈpɛstə] *nf* -1. storm. -2. *fig* tempest.

tempestuós -osa [təmpəstuˈos -ozə] *adj* stormy; [persona] tempestuous.

templa [ˈtemplə] *nf* temple.

temple [ˈtemplə] *nm* temple; [catòlic] church.

templet [təmˈplɛt] *nm* pavillion.

temporada [tumpuˈɾaðə] *nf* [gen] season; [d'exàmens] period; **de ~** [fruita] seasonal; **~ alta / baixa** high / low season; **~ mitjana** mid-season.

temporal [təmpuˈɾal] ◇ *adj* -1. [gen & RELIG] temporal. -2. [provisional] temporary. -3. ANAT temporal. ◇ *nm* -1. [tempesta] storm; *fig* **capejar el ~** to ride out the storm. -2. ANAT temporal bone.

temporalitat [təmpuɾəliˈtat] *nf* temporary nature.

temporer -a [təmpuˈɾe -eɾə] ◇ *adj* temporary. ◇ *nm, f* casual labourer.

temporitzador [təmpuɾidzəˈðo] *nm* timing device.

temprança [təmˈpɾansə] *nf* [moderació] moderation; [serenitat] **tenir ~** to hold one's composure.

temps [ˈtems] *nm* -1. [gen] time; **al cap de poc ~** soon afterwards; **a ~** in time; **encara ets a ~ de fer-ho** you're still in time to do it; **amb el ~** eventually, in time; **amb ~** in good time, with time to spare; [fruita] **del ~** of the season; **en els meus / teus, etc ~** in my / your, etc. day / time; **fora de ~** at the wrong moment; **guanyar ~** to save time; **perdre el ~** to waste time; **fa ~ que...** it is a long time since...; **~ per** to pass the time; **tenir ~ per** to have time to; **tot el ~** all the time, constantly; **prendre's algú el seu ~** to take up sb's time; **~ compost** compound tense; **~ lliure** free time;

fa bon / mal ~ the weather is good / bad; **fa molt mal** ~ the weather is very bad; INFORM ~ **d'accés** access time; INFORM ~ **real** real time. –2. [edat] age; **quin** ~ **té el teu fill?** how old is your son? –3. ESPORT half. –4. **confiar al** ~ to be patient; **ésser del** ~ **d'Adam** to be as old as Methuselah; **matar el** ~ to kill time; **posar al mal** ~ **bona cara** to put a brave face on things; **en altre** ~ in other times. –5. GRAM tense. ☞ **a temps parcial** *adj inv* part-time.

temptació [təmtəsi'o] *nf* temptation; **caure en la** ~ to give into temptation; **ser una** ~ to be tempting; **tenir la** ~ **de** to be tempted to.

temptador -a [təmtə'ðo -orə] *adj* tempting.

temptar [təm'ta] *vt* –1. [gen] to tempt. –2. [tocar] to feel.

temptativa [təmtə'tiβə] *nf* attempt; ~ **d'assassinat** attempted murder; ~ **de robatori** attempted robbery.

tempteig [təm'tetʃ] *nm* –1. [prova] testing out. –2. DR first opinion.

tempteig [təmtə'ʒa] *vt* –1. *fig* [persona] to sound out. –2. [rival] to size up.

tenaç [tə'nas] *adj* tenacious.

tenacitat [tənəsi'tat] *nf* tenacity.

tenalla [tə'naʎə] *nf* (large) pitcher. ☞ **tenalles** *nf pl* [eina] pliers.

tenallar [tənə'ʎa] *vt* –1. [subjectar] to grip. –2. *fig* [turmentar] to torture.

tenda ['tendə] *nf* tent.

tendal [tən'dal] *nm* awning.

tendència [tən'dɛnsiə] *nf*: ~ **(a)** tendency (to).

tendenciós -osa [təndənsi'os -ozə] *adj* tendentious.

tendir [tən'di] *vi*: ~ **a** to tend to; [color] to verge on.

tendó [tən'do] *nm* tendon.

tendre -a ['tendɾə] *adj* tender.

tendresa [tən'drezə] *nf* tenderness.

tenebra [tə'neβɾə] *nf* darkness, dark; **estar envoltat de** ~ to be shrouded in darkness; *fig* to be (left) in the dark.

tenebrós -osa [tənə'βɾos -ozə] *adj* –1. dark, gloomy. –2. *fig* shady, sinister.

tènia ['tɛniə] *nf* tapeworm.

tenidor -a [təni'do -orə] *nm, f* COM holder; ~ **de llibres** bookkeeper.

tenir [tə'ni] *vt* –1. [gen] to have; **té molts diners** he has a lot of money; **té un germà gran** she has an older brother; **quants anys tens?** how old are you?; **tinc gana** I'm hungry; **té bon cor** he's kind-hearted; **tindrà una sorpresa** it's going to be a surprise for him / her; **un nen** to have a baby; **avui tinc classe** I have to go to school today; ~ **convidats** to have guests (over). –2. [sostenir] to hold. –3. [haver]: **aquí té el seu canvi** here's your change; **aquí em tens** here I am. –4. [per a desitjar]: **que tinguis bon viatge!** have a good trip! –5. [considerar]: ~ **algú per** to take sb for. –6. [en donar alguna cosa]: **té!** here! –7. **no les té totes** he / she is not too sure about sthg; ~ **lloc** to take place, to happen; ~ **present algú / alguna cosa** to keep sb / sthg in mind.

tennis ['tennis], **tenis** ['tɛnis] *nm inv* tennis; ~ **de taula** table tennis.

tennista [tə'nnistə], **tenista** [tə'nistə] *nmf* tennis player.

tennístic -a [tə'nnistik -ə], **tenístic -a** [tə'nistik -ə] *adj* tennis (*abans de nom*).

tenor [tə'nor] *nm* MÚS tenor.

tens -a ['tɛns -ə] *adj* taut, tense.

tensar [tən'sa] *vt* = **tesar**.

tensió [tənsi'o] *nf* tension; **en** ~ tensed; **alta** ~ high voltage; ~ **(arterial)** (arterial) blood pressure.

tensor -a [tən'so -orə] *adj* tightening; **els músculs ~s** the tensor muscles. ☞ **tensor** *nm* –1. [dispositiu] turnbuckle. –2. ANAT tensor.

tentacle [tən'taklə] *nm* tentacle.

tènue ['tɛnuə] *adj* [pluja, tela, fil] fine; [veu, dolor, llum] faint.

tenyir [tə'ɲi] *vt*: ~ **(de vermell, etc.)** to dye (red etc.). ☞ **tenyir-se** *vp*: ~-**se els cabells** to dye one's hair; ~-**se de ros / morè, etc.** to dye one's hair blond / dark, etc.

teòleg -òloga [te'ɔlək -ɔluɣə] *nm, f* theologian.

teologia [teulu'ʒiə] *nf* theology; ~ **de l'alliberament** liberation theology.

teorema [təu'rɛmə] *nm* theorem.

teoria [təu'riə] *nf* theory; **en** ~ in theory; ~ **de la informació / del coneixement** information theory, epistemology; ~ **monetària** monetary theory.

teòric -a [tə'ɔrik -ə] ◇ *adj* theoretical. ◇ *nm, f* [persona] theorist. ☞ **teòrica** *nf* [teoria] theory (U); [de l'examen de conduir] theory (exam).

teoritzar [təuɾi'dza] *vi* to theorize.

tequila [tə'kilə] *nm* tequila.

teranyina [tərəˈɲinə] *nf* spider's web, cobweb.

terapèutic -a [tərəˈpewtik -ə] *adj* therapeutic. ☞ **terapèutica** *nf* therapeutics (U).

teràpia [təˈrapiə] *nf* therapy; ~ **de grup** group therapy; ~ **ocupacional** occupational therapy.

tèrbol -a [ˈtɛrbul -ə] *adj* -1. [gen] cloudy, muddy. -2. *fig* [negoci, etc.] shady.

terbolesa [tərbuˈlezə] *nf* -1. [brutícia] cloudiness. -2. *fig* [de negocis, etc.] shadiness.

terbolí [tərbuˈli] *nm* whirlwind.

terç [ˈtɛrs] *nm* -1. [tercera part] third. -2. MIL ≃ regiment; ~ **de la guàrdia civil** Civil Guard division.

tercer -a [tərˈse -erə] *adj num & nm, f* third; **tercera part** a third; *fig* **al ~ cop no falla** third time lucky. ☞ **tercera** *nf* AUTOM third (gear); ☞ **sisè**.

tercet [tərˈsɛt] *nm* -1. [estrofa] tercet. -2. MÚS trio.

terciari -ària [tərsiˈari -ariə] *adj* tertiary. ☞ **terciari** *nm* GEOL Tertiary (period).

tergiversació [tərʒiβərsəsiˈo] *nf* distortion.

tergiversar [tərʒiβərˈsa] *vt* to distort, to twist.

termal [tərˈmal] *adj* thermal.

terme [ˈtɛrmə] *nm* -1. end; **posar ~ a alguna cosa** to put an end to / finish sthg. -2. [territori]: ~ **(municipal)** township. -3. [lloc, posició] place; ART & FOTOG **en primer ~** in the foreground; *fig* **en darrer ~** as a last resort. -4. LING & MAT term. -5. [de transports]: **l'estació de ~** terminus. -6. average. ☞ **termes** *nf pl* hot baths, spa.

tèrmic -a [ˈtɛrmik -ə] *adj* thermal.

terminació [tərminəsiˈo] *nf* -1. [finalització] completion. -2. [part final] end. -3. GRAM ending.

terminal [tərmiˈnal] ◇ *adj* final; MED **en fase ~** terminally ill. ◇ *nf* [d'aeroport] terminal; [d'autobusos] terminus. ◇ *nm* -1. INFORM & ELECT terminal.

terminant [tərmiˈnan] *adj* categorical.

terminar [tərmiˈna] ◇ *vt* to finish; **la frase que termina el capítol** the sentence that puts an end to the chapter; **hem terminat la vetllada amb uns amics** we finished up the night with some friends. ◇ *vi* to end; **una novel·la que termina bé** a novel with a happy ending.

termini [tərˈmini] *nm* -1. [de temps] period; ~ **de lliurament** delivery time; **a curt / llarg ~** short / long term; **a ~s** in instalments, on hire purchase; **en el ~ de** within a period of. -2. COM term.

terminologia [tərminuluˈʒiə] *nf* terminology.

tèrmit [ˈtɛrmit] *nm* termite.

termòmetre [tərˈmɔmətrə] *nm* thermometer; ~ **centígrad / clínic** centigrade / clinical thermometer.

termos® [ˈtɛrmus] *nm inv* Thermos®.

termòstat [tərˈmɔstat] *nm* thermostat.

terna [ˈtɛrnə] *nf* POLÍT shortlist of three candidates.

terra [ˈtɛrə] *nf* -1. [gen & ELECT] earth, ground, land; **caure a ~** to fall to the ground; **prendre ~** to touch down; ~ **ferma** terra firma, dry land; ~ **de ningú** no-man's-land; ~ **promesa** Promised Land; ~ **verge** virgin land. -2. [pàtria] homeland, native land. -3. **tirar ~ damunt (d'un assumpte)** to hush up (an affair); **caure per ~** to be ruined. ☞ **Terra**: **la Terra** the Earth. ☞ **Terra del Foc** *nf* Tierra del Fuego. ☞ **Terra Santa** *nf* the Holy Land.

terrabastall [tərəβəsˈtaʎ] *nm* [confusió] loud din.

terracota [ˌtɛrəˈkɔtə] *nf* terracotta.

terraplè [tərəˈplɛ] *nm* enbankment.

terraqüi -àqüia [təˈraki -akiə] *adj* [globus] Earth *(abans de nom)*, terrestrial.

terrassa [təˈrasə] *nf* [de cafè] terrace, patio; [balcó] balcony.

terrat [təˈrat] *nm* -1. [d'edifici] terrace; roof; [balcó] balcony. -2. *fam fig* [cap] head; **estar malament del ~** to be funny in the head.

terratinent [ˌtɛrətiˈnen] *nmf* landowner.

terratrèmol [ˌtɛrəˈtrɛmul] *nm* earthquake; ~ **marí** seaquake.

terrenal [tərəˈnal] *adj* earthly.

terreny [təˈrɛɲ] *nm* -1. [gen] land; ESPORT field. -2. *fig* [àmbit] field. ☞ **tot terreny** *nm* Jeep.

terrestre [təˈrɛstrə] ◇ *adj* terrestrial. ◇ *nmf* [habitant] terrestrial, Earth-dweller.

terri tèrria [ˈtɛri ˈtɛriə] *adj* earthy.

terrible [təˈriβblə] *adj* terrible.

terrisser -a [təriˈse -erə] *nm, f* potter.

terrisseria [tərisəˈriə] *nf* pottery.

territori [təriˈtɔri] *nm* territory.

terror [təˈrror] *nm* -1. CIN horror. -2. terror; **fer ~** to terrify.

terrorífic -a [təruˈrifik -ə] *adj* terrifying.
terrorisme [təruˈrizmə] *nm* terrorism.
terrorista [təruˈristə] *adj & nmf* terrorist.
terroritzar [təruriˈdza] *vt* to terrify, to terrorize. ➠ **terroritzar-se** *vp* to be terrified.
terròs [təˈrɔs] *nm* **–1.** [de terra] clod of earth. **–2.** [de sucre] lump.
terrós -osa [təˈros -ozə] *adj* earthy.
tertúlia [tərˈtuliə] *nf* regular meeting of people for informal discussion of a particular issue of common interest.
tesar [təˈza], **tensar** [tənˈsa] *vt* to taughten.
tesi [ˈtɛzi] *nf* thesis.
tesina [təˈzinə] *nf* EDUC (undergraduate) dissertation.
test [ˈtest] *nm* **–1.** [per a flors, plantes] flowerpot. **–2.** [prova] test; ~ d'embaràs pregnancy test. **–3.** [tros] fragment. **–4.** els testos s'assemblen a les olles like father like son.
testament [təstəˈmen] *nm* will. ➠ **Antic Testament** *nm* Old Testament. ➠ **Nou Testament** *nm* New Testament.
testamentari -ària [təstəmənˈtari -ariə] ⟨⟩ *adj* testamentary. ⟨⟩ *nm, f* executor.
testamentaria [təstəməntəˈriə] *nf* **–1.** [execució] execution of a will. **–2.** [documents] documentation. **–3.** [béns] estate, inheritance.
testar [təsˈta] *vi* DR to make a will.
testarrudesa [təstəruˈðezə] *nf* stubbornness.
testarrut -uda [təstəˈrut -uðə] *adj & nm, f* stubborn.
testicle [təsˈtiklə] *nm* testicle.
testificar [təstifiˈka] *vt* to testify (to).
testimoni [təstiˈmɔni] ⟨⟩ *nm* ESPORT baton. ⟨⟩ *nmf* witness, testimony; posar com a ~ to cite sb as a witness; ~ de càrrec / de descàrrec witness for the prosecution / defence; ~ ocular / presencial eyewitness; donar ~ d'alguna cosa to prove sthg; fals ~ perjury, false evidence. ➠ **testimoni de Jehovà** *nmf* Jehovah's Witness.
testimonial [təstimuniˈal] *adj* DR testimonial.
testimoniar [təstimuniˈa] *vt* to testify; ~ alguna cosa to testify to something.
testimoniatge [təstimuniˈadʒə] *nm* proof; *fig* com a ~ de as proof of.
teta [ˈtɛtə] *nf* **–1.** *fam* [de dona] tit. **–2.** [de femella] teat.

tètanus [ˈtɛtənus], **tètan** [ˈtɛtən] *nm* tetanus.
tetera [təˈtɛrə] *nf* teapot.
tetina [təˈtinə] *nf* [de biberó] teat *Br*, nipple *Am*.
tetraplègic -a [tətrəˈplɛʒik -ə] *adj & nm, f* quadriplegic.
tètric -a [ˈtɛtrik -ə] *adj* gloomy.
teu teva [ˈtew ˈtɛβə] (*mpl* teus, *fpl* teves) ⟨⟩ *adj poss* **–1.** your; els ~s llibres your books. **–2.** yours; aquest llibre és ~ this book is yours; un amic teu a friend of yours; no és cosa teva it's none of your business; no és culpa teva it's not your fault. ⟨⟩ *pron poss* **–1.** yours; [família] els ~s your folks. **–2.** fam aquesta és la teva this is the chance you've been waiting for; el ~ fort és el teatre you should be in theatre.
teula [ˈtewlə] *nf* tile.
teulada [təwˈlaðə] *nf* roof; sota ~ under cover, indoors.
texà -ana [təkˈsa -anə] ⟨⟩ *adj* **–1.** [roba] denim. **–2.** [de Texas] Texan. ⟨⟩ *nm, f* [persona] Texan. ➠ **texans** *nm pl* [pantalons] jeans.
text [ˈtekst] *nm* text.
tèxtil [ˈtekstil] *adj & nm* textile.
textual [təkstuˈal] *adj* textual; [exacte] exact.
textura [təksˈturə] *nf* texture.
tia [ˈtiə] *nf* **–1.** aunt; ~ carnal blood aunt; ~ valenciana second cousin, one's father or mother cousin. **–2.** *fam* [individua] darling, woman; ei ~, que tens un cigarret? hey darling, have you got a fag?
tibant [tiˈβan] *adj* [relacions personals] tense; estar ~s to be strained / tense.
tibantor [tiβənˈto] *nf* tension.
tibar [tiˈβa] *vt*: la jaqueta em tiba de la màniga this jacket is tight in the sleeves.
tibat -ada [tiˈβat -aðə] ⟨⟩ *adj* **–1.** [gen] stiff. **–2.** *fig* [crequt] conceited. ⟨⟩ *nm, f*: és un ~ he's so haughty.
tíbia [ˈtiβiə] *nf* tibia, shinbone.
tic [ˈtik] *nm* tic.
tieta [tiˈɛtə] *nf* auntie.
tifa [ˈtifə] *nm, f* [excrement] turd, shit.
tifó [tiˈfo] *nm* typhoon.
tifoide [tiˈfɔjðə] *adj* typhoid (*abans de nom*).
tifus [ˈtifus] *nm inv* typhus.
tigre -essa [ˈtiɣrə tiˈɣɾɛsə] *nm, f* tiger *m*, tigress *f*.
tija [ˈtiʒə] *nf* stem, stalk.

til·la ['tiʎə] *nf* [infusió] lime blossom tea.
timba ['timbə] *nf* [casa de joc] gambling / gaming house.
timbal [tim'bal] *nm* [d'orquestra] kettledrum, timbal.
timbrar [tim'bra] *vt* to stamp.
timbrat -ada [tim'brat -aðə] *adj* [segellat] stamped; [veu] ben timbrada clear, true.
timbre ['timbrə] *nm* –1. [aparell] bell; **tocar el ~** to ring the bell; **~ d'alarma** alarm (bell). –2. [document] stamp; [veu] tone; [d'impostos] seal.
tímid -a ['timit -iðə] *adj & nm, f* shy.
timidesa [timi'ðezə] *nf* shyness.
timó [ti'mo] *nm* –1. NÀUT & AERON rudder; [del pilot] joystick. –2. *fig* [govern] helm; **dur el ~ de** to be at the helm of.
timoner -a [timu'ne -erə] *nm, f* helmsman.
timorat -ada [timu'rat -ə] *adj* fearful.
timpà [tim'pa] *nm* –1. ANAT eardrum. –2. ARQUIT tympanum.
tina ['tinə] *nf* [recipient gran] vat, tub.
tinença [ti'nɛnsə] *nf* possession; **~ il·lícita d'armes** illegal possession of arms.
tinent -a [ti'nen -entə] *nm, f* lieutenant; **~ coronel** lieutenant colonel; **~ general** lieutenant general.
tint ['tin] *nm* –1. [gen] dye. –2. [tintoreria] dry cleaner's. –3. *fig* [to] shade, tinge.
tinta ['tintə] *nf* ink; **~ xinesa** Indian ink; **~ simpàtica** invisible ink. ➡ **mitges tintes** *nf pl fig* half measures.
tinter [tin'te] *nm* ink pot, inkwell.
tintinabular [tintinəβu'la] *vi* to tinkle, to twinkle.
tintorer -a [tintu're -erə] *nm, f* dry cleaner. ➡ **tintorera** *nf* blue shark.
tintoreria [tinturə'riə] *nf* dry cleaner s.
tinya ['tiɲə] *nf* MED ringworm.
tip -a ['tip -ə] ◇ *adj* [saciat] full. ◇ *nm* ➡ **fart -a**.
típic -a ['tipik -ə] *adj* typical traditional; **el ~ català** the typical Catalan.
tipificar [tipifi'ka] *vt* –1. [normalitzar] to standardize. –2. [simbolitzar] to typify; **aquesta noia tipifica la dona moderna** this girl epitomizes the modern woman.
tiple ['tiplə] ◇ *nmf* [cantant] soprano. ◇ *nm* [veu] soprano.
tipògraf -a [ti'poɣrəf -ə] *nm, f* printer.
tipografia [tipuɣrə'fiə] *nf* –1. [procediment] printing. –2. [taller] printing works *sg*.

tipogràfic -a [tipu'ɣrafik -ə] *adj* typographical, printing *(abans de nom)*.
tipus ['tipus] *nm* –1. *fam* guy, chap. –2. [classe] type, sort; **no és el meu ~** he is not my type; **tot ~ de** all sorts of. –3. [cos] figure, build; **tenir bon ~** to have a good figure / build; **tenir un ~ atlètic** to have an athletic build. –4. ECON rate; **~ de canvi** exchange rate; **~ de descompte / d'interès** base / interest rate; **~ impositiu** tax band. –5. ZOOL type. –6. GRÀF type.
tiquet [ti'kɛt] *nm* ticket; **~ de compra** receipt.
tir ['tir] *nm* –1. [acció & ESPORT] shot; **~ al blanc** target shooting; **~ al colom** clay-pigeon shooting; **~ directe / indirecte** direct / indirect shot; **~ lliure** free kick / shot. –2. [tret, descàrrega] shot; **un fusell de cinc ~s** a five-shot rifle. –3. [de cavalls] team of horses.
tira ['tirə] *nf* –1. [banda] strip; [de cuir] strap. –2. [còmica] comic strip.
tirà -ana [ti'ra -anə] *nm, f* tyrant.
tirabuixó [tirəβu'ʃo] *nm* –1. [rínxol] curl. –2. [llevataps] corkscrav.
tirada [ti'raðə] *nf* –1. [llançament] throw. –2. GRÀF print run. –3. [de versos] series. –4. [distància] **hi ha una ~** it's a fair way / quite a stretch. –5. [afecte] fondness; **tenir ~ a** to be fond of; **tenir ~ a fer alguna cosa** to be fond of doing sthg. ➡ **d'una tirada** *loc adv* in one go; [de memòria] straight off.
tirador -a [tirə'ðo -orə] *nm, f* [persona] marksman. ➡ **tirador** *nm* –1. catapult. –2. [de calaix, porta] handle, knob; [de campaneta] bell rope.
tirania [tirə'niə] *nf* tyranny.
tirant [ti'ran] *nm* –1. [de davantal, vestit] strap. –2. ARQUIT brace. ➡ **tirants** *nm pl* [de pantalons] braces *Br*, suspender *Am*.
tirar [ti'ra] ◇ *vt* –1. [disparar] to fire. ESPORT to take. –3. GRAF to print. –4. [gen] to throw; **~ papers a terra / a les escombraries** to throw paper on the ground / in the rubbish. –5. [deixar caure] to drop; [líquid] to knock over, to spill. –6. [enderrocar] to knock down; [edifici] **~ a terra** to pull down; [porta] **~ a terra** to break down. –7. [atraure] to have a pull on; **em tira la vida a pagès** I feel drawn towards country life. –8. **~ guitzes** to kick. –9. [carta, postal] to post, to mail. –10. [agradar]: **la pàtria / família tira molt** to feel drawn towards one's country / family. ◇ *vi* –1. [gen] to pull; **~ a matar** to shoot to kill; **~ de la corda** to pull on the rope; **aquest**

cigar no tira this cigar keeps going out; **el ciclista tirava del gran grup** the cyclist was leading the rest of the group. **–2.** [funcionar] to go, to work; **el cotxe no tira** the car doesn't work. **–3.** [dirigir-se]: **~ a la dreta** to turn right; **tira per aquest camí** turn down that road. **–4.** *fam* [espavilar]: **anem tirant!** let's get going! **–5.** [assemblar-se]: **tira a l'àvia** she takes after her grandmother; **un marró tirant a gris** a greyish brown. **–6.** ESPORT to kick, to shoot. **–7.** **~ les cartes** to play one's cards. ◆ **tirar-se** *vp* **–1.** [llançar-se] to throw o.s., to jump; **~-se de cap a l'aigua** to dive head first into the water; **s'ha tirat des del quart pis** he jumped from the forth floor. **–2.** *vulg* [copular amb]: **~-se algú** to screw sb.

tiratge [tiˈradʒə] *nm* **–1.** GRÀF print run, edition. **–2.** [de xemeneia] draught.

tireta [tiˈɾɛtə] *nf* (sticking) plaster *Br*, ≃ Bandaid® *Am*.

tiroide [tiˈɾɔjðə] *nf* thyroid.

tiroteig [tiɾuˈtetʃ] *nm* shooting, shootout.

tirotejar [tiɾuteˈʒa] ◇ *vt* to fire at. ◇ *vi* to shoot.

tírria [ˈtiɾiə] *nf fam*: **tenir ~ a algú** to dislike sb.

tisana [tiˈzanə] *nf* herbal tea.

tisora [tiˈzɔɾə] *nfgen pl* scissors; **unes tisores** a pair of scissors; **de ~** folding.

tisorada [tizuˈɾaðə] *nf* **–1.** snup, cut. **–2.** ESPORT scissors *sg*.

tisoreta [tizuˈɾɛtə] *nf* ZOOL earwig.

titànic -a [tiˈtanik -ə] *adj* [treball] titanic.

titella [tiˈteʎə] *nm* **–1.** puppet. **–2.** *fig* [sense personalitat] puppet. ◆ **titella de fils** *nm* puppet, marionette. ◆ **titelles** *nm pl* [putxinel·lis] puppet show *pl*.

titil·lar [titiˈlla] *vi* [tremolar] to tremble.

titlla [ˈtiʎʎə] *nf* [signe ortogràfic] tilde; *fig* label.

titllar [tiˈʎʎa] *vt*: **~ de** to brand / call sb sthg.

títol [ˈtitul] *nm* **–1.** [gen, DR & ECON] title; **~s de noblesa** title of nobility; **a ~ de** as. **–2.** EDUC: **~ d'ESO** ≃ secondary school diploma.

titubant [tituˈβan] *adj* hesitant; [veu] stuttering.

titubar [tituˈβa] *vi* [dubtar] to hesitate; [en parlar] to stutter.

titubeig [tituˈβetʃ] *nm* hesitation; [veu] stutter, stuttering.

titubejar [tituβəˈʒa] *vi* to hesitate; [veu] to stutter.

titular¹ [tituˈla] *vt* [anomenar] to title, to call. ◆ **titular-se** *vp* **–1.** [dir-se] to be entitled / called. **–2.** [llicenciar-se]: **~-se en** to graduate in.

titular² [tituˈlar] ◇ *nmgen pl* PREMSA headline; **amb grans ~s** splashed across the front page. ◇ *adj* official. ◇ *nmf* holder.

titulat -ada [tituˈlat -aðə] ◇ *adj* qualified; **~ en** with a qualification in. ◇ *nm, f* holder of a qualification.

to [ˈtɔ] *nm* **–1.** [gen & MÚS] tone, key. **–2.** MED tone. **–3.** *fam* **donar-se ~** to give o.s airs; **fora de ~** out of place; **posar-se ~ amb alguna cosa** to get drunk on sthg; **pujar el ~** to get angrier and angrier. **–4.** [estil, registre] tone; **ho va dir en ~ seriós** he said it in a serious tone; **ho va dir en ~ de broma** he said it jokingly.

toaleta [tuəˈlɛtə] *nf* [arranjament personal] toilet, washing.

tobogan [tuβuˈɣan] *nm* tobaggan.

toc [ˈtɔk] *nm* **–1.** [gen] touch; **~ de diana** reveille; **~ de morts** death knell; **~ de queda** curfew. **–2.** [matís] touch; **fer l'últim ~ a alguna cosa** to put the finishing touches to sthg. **–3.** [avís] warning; **~ (d'atenció)** warning; **fer un ~ a algú** to call sb. **–4.** MÚS [de campana] chime, chiming.

toca [ˈtɔkə] *nf* [de monja] wimple.

tocadiscs [ˌtɔkəˈdisks], **tocadiscos** [ˌtɔkəˈdiskus] *nm inv* record player.

tocador [tukəˈðo] *nm* ☞ **lligador**.

tocant [tuˈkan] ◆ **tocant a** *loc prep* regarding, close to.

tocar [tuˈka] ◇ *vt* **–1.** [gen] to touch; **no toquis això** don't touch that. **–2.** MÚS to play; **toca la guitarra / el piano** he / she plays the guitar / piano. **–3.** [campana, hora] ring; **el rellotge ha tocat les dotze** the clock struck twelve. **–4.** [assumpte, tema, etc.] to touch on. **–5.** *fig* [dignitat, honor] to wound; **~ el viu a algú** to affect sb deeply. **–6.** *fig* [donar-se les mans]: **toca-la!** give me five! **–7.** **~ el clàxon** to sound / blow one's horn. **–8.** **no ~ pilota** not to (even) touch the ball. ◇ *vi* **–1.** [estar pròxim]: **~ a / amb (alguna cosa)** to be touching (sthg); **~ a la fi** to reach the end. **–2.** [correspondre - en repartiment] to be due; [- obligació] **em toca fer-ho** it's my turn to do it. **–3.** [concernir]: **~ de prop** to concern closely. **–4.** [caure en sort] to win; **li ha tocat la loteria** she's won the lottery; **li ha tocat patir molt** he's had to suffer a lot. **–5.** [arribar el moment]: **hem menjat i ara toca pagar** we've finished eating and

tocat

now it's time to pay. **–6.** [campanes] to ring; **~ a morts** to toll for a death. **–7. ~-hi molt** to have a good grasp of things; *fam* **~ el dos** to clear / take off; *fig* to take to one's heels. ● **tocar-se** *vp* [cases, cables, etc.] to touch; **~-se els cabells** to touch one's hair.

tocat -ada [tu'kat -aðə] *adj* [boig]: **~ de l'a-la** soft in the head.

toga ['toɣə] *nf* **–1.** [gen] toga. **–2.** [als cabells]: **fer-se la ~** to comb one's hair making it straight.

toisó ● **Toisó d'Or** *nm* Order of the Golden Fleece.

tolerància [tulə'ransiə] *nf* tolerance.

tolerant [tulə'ran] *adj* tolerant.

tolerar [tulə'ɾa] *vt* to tolerate; [aguantar] to stand.

tolit -ida [tu'lit -iðə] ◇ *adj* [minusvàlid] crippled, paralyzed. ◇ *nm, f* cripple / disabled person.

tom ['tom] *nm* [volum] volume.

tomaquera [tumə'keɾə] *nf* tomato plant.

tomàquet [tu'makət] *nm* [fruit] tomato; **~ fregit** concentrated puree made by frying peeled tomatoes.

tomb ['tom] *nm* **–1.** [canvi, avatar] turn. **–2. això no ve a ~** that's irrelevant.

tomba ['tombə] *nf* tumb, grave; *fig* **a ~ oberta** at breakneck speed; *fig* **ésser una ~** to be as silent as the grave.

tombar [tum'ba] *vt* **–1.** [enderrocar] to knock over / down. **–2.** *fam fig* [en examen] to fail; [en competició] to beat. **–3.** [girar] to turn. ● **tombar-se** *vp* [girar-se] to turn.

tombarella [tumbə'ɾeʎə] *nf* [en gimnàstica] somersault; **fer tombarelles** to do somersaults.

tómbola ['tombulə] *nf* tombola.

tona ['tonə] *nf* tonne; **~ mètrica** metric ton, tonne; *fig* **pesar una ~** to weigh a ton.

tonada [tu'naðə] *nf* MÚS tune.

tonalitat [tunəli'tat] *nf* **–1.** MÚS key. **–2.** [de color] tone.

tonatge [tu'nadʒə] *nm* [de vaixell] tonnage.

tondre ['tondɾə] *vt* [esquilar] to shear.

tònic -a ['tɔnik -ə] *adj* tonic. ● **tònic** *nm* **–1.** [reconstituent] tonic. **–2.** [cosmètic] skin toner. ● **tònica** *nf* **–1.** [tendència] trend; **marcar la ~a** to set the trend; **~a general** general trend. **–2.** MÚS tonic. **–3.** [beguda] tonic water.

tonificant [tunifi'kan] *adj* invigorating.

tonificar [tunifi'ka] *vt* to invigorate.

tonsura [tun'suɾə] *nf* tonsure.

tonyina [tu'ɲinə] *nf* tuna fish.

topada [tu'paðə] *nf* [col·lisió] collision, crash; **donar-se una ~ amb alguna cosa** to crash / bump / run into sthg; **li va donar una ~ amb el cotxe** he had a car crash / accident.

topall [tu'paʎ] *nm* **–1.** [peça] block. **–2.** [obstacle] check; **posar ~ a alguna cosa** to rein in, to curtail.

topar [tu'pa] *vi* **–1.** [xocar] to bump into each other. **–2.** [trobar-se]: **~ amb** to bump into.

topazi [tu'pazi] *nm* topaz.

tòpic -a ['tɔpik -ə] *adj* **–1.** [gastat] clichéd. **–2.** MED topical. ● **tòpic** *nm* cliché.

topògraf -a [tu'pɔɣɾəf -ə] *nm, f* topographer.

topònim [tu'pɔnim] *nm* place-name.

toquejar [tukə'ʒa] *vt* to fiddle with.

toràcic -a [tu'ɾasik -ə] *adj* thoracic.

tòrax ['tɔɾaks] *nm inv* thorax.

torb ['tɔɾp] *nm* blizzard.

torba ['tɔɾbə] *nf* [carbó] peat, turf.

torbament [tuɾbə'men] *nm* **–1.** [desconcert] upset, disturbance. **–2.** [astorament] embarrassment.

torbar [tuɾ'ba] *vt lit & fig* to disturb, to upset. ● **torbar-se** *vp lit & fig* to get upset.

tòrcer ['tɔɾsə] ◇ *vt* **–1.** [doblegar] to bend. **–2.** [tergiversar] to twist. **–3.** [pervertir] to corrupt; **~ algú del camí dret** to lead sb astray. ◇ *vi* [girar] to turn; **~ a la cantonada** to turn at the corner. ● **tòrcer-se** *vp* **–1.** [dislocar-se] to sprain; **m'he torçut el dit** I sprained my finger; **em torço quan escric** I can't write in a straight line. **–2.** [anar malament] to go wrong.

tord ['tɔɾt] *nm* [ocell] thrush.

torejador -a [tuɾəʒə'ðo -oɾə] *nm, f* bullfighter.

torejar [tuɾə'ʒa] ◇ *vt* [lluitar amb un toro] to fight. ◇ *vi* to fight bulls.

torero -a [tu'ɾeɾu -ə] ◇ *adj* bullfighting (*abans de nom*). ◇ *nm, f* [persona] bullfighter. ● **torera** *nf* [roba] bolero (jacket).

torn ['tɔɾn] *nm* **–1.** [tanda] turn; **al meu / teu, etc. ~** my turn / your turn, etc. **–2.** [de terrissaire] potter's wheel. **–3.** [de fuster] lathe. **–4.** [de dentista] drill. **–5.** [per a pesos] winch. **–6.** [de feina] shift; **de ~** of the moment; **~ de dia / nit** day / night shift.

tornada [tuɾ'naðə] *nf* [retorn] return; **a la ~** on the way back, on one's return; **estar de ~** to be back.

tornado [torˈnaðo] *nm* tornado.
tornar [turˈna] ◇ *vt* **-1.** [gen] to return; [import] to give back; [carta, paquet] to return. **-2.** [col·locar al seu lloc] to return sthg to. **-3.** [convertir] to make, to turn into; **els problemes l'han tornat antipàtic** his problems have made him an unpleasant person. **-4.** [convertir]: **fer ~** to turn into; **l'ha fet ~ boig** it drove him mad / crazy. ◇ *vi* **-1.** [regressar] to go back, to return; **torna, no te'n vagis** come back, don't go; **tornem al tema que ens ocupa** let's return to the subject; **~ en si** to come to, to regain consciousness. **-2.** [anar-hi de nou] to come back, to return; **no penso ~-hi** I'm not going back there. **-3.** [fer una altra vegada]: **~ a fer / llegir, etc.** to do / read again, etc; **torna a ploure** it's starting to rain again; **no tornis a pronunciar aquesta paraula** don't ever say that word again. **-4.** [venir de tornada]: **~ de** to come back from. **-5.** [desdir-se] **~ enrere** to go back. ☛ **tornar-se** *vp* **-1.** [respondre]: **~-s'hi** to turn against / on sb. **-2.** [convertir-se] to become; **l'esperança es va ~ decepció** hope turned into disappointment. **-3.** [anar de tornada]: **~-se'n a / cap a** to go back to, to return to. **-4.** [esdevenir] to turn, to become; **s'ha tornat molt cursi** she's become very silly.
tornassol [ˌtornəˈsɔl] *nm* **-1.** [gira-sol] sunflower. **-2.** [reflex] sheen.
tornavís [ˌtornəˈβis] *nm* [eina] screwdriver.
torneig [turˈnetʃ] *nm* tournament; **~ d'hípica** showjumping tournament.
tornejar [turnəˈʒa] *vt* to turn (on a lathe).
torner -a [turˈne -erə] *nm, f* lathe operator.
torniquet [turniˈket] *nm* **-1.** MED tourniquet. **-2.** [en entrada] turnstile.
toro [ˈtɔru] *nm* bull; **~ de lluita** fighting bull. ☛ **toros** *nm pl* [lluita] bullfight *sg*, bullfighting (*U*).
torpede [turˈpɛðə] *nm* torpedo.
torpedinar [turpəðiˈna] *vt* to torpedo.
torpediner -a [turpəðiˈne -erə] *nm, f* torpedo boat.
torracollons [ˌtorəkuˈʎons] *adj inv & nmf inv fam vulg* [maníatic] pain in the ass.
torradora [turəˈðorə] *nf* **-1.** toaster. **-2.** *fam* [borratxera] drunkenness.
torrapà [torəˈpa] *nm* toaster.
torrar [tuˈra] *vt* **-1.** to toast. **-2.** [daurar, escalfar] to brown. **-3.** [bronzejar] to tan. ☛ **torrar-se** *vp* to get brown.
torrat -ada [tuˈrat -aðə] *adj* toasted; [color] brownish; [rostre] tanned. ☛ **torrada** *nf* toast; **torrada (o torradeta) de Santa Teresa** French toast (*U*).

torre [ˈtorə] *nf* **-1.** [gen] tower; **~ de control** control tower; **~ mestra** keep; *fig* **~ de vori** ivory tower. **-2.** [xalet] cottage.
torrefacte -a [turəˈfaktə] *adj* high roast (*abans de nom*).
torrencial [turənsiˈal] *adj* torrential.
torrent [tuˈren] *nm* torrent; *fig* [de gent, paraules] stream / flood.
torreta [tuˈrɛtə] *nf* **-1.** MIL turret. **-2.** ELECT pylon.
tòrrid -a [ˈtɔrit -iðə] *adj* torrid.
torró [tuˈro] *nm* Christmas sweet similar to marzipan or nougat, made with almonds and honey.
tors [ˈtors] *nm culte* torso.
torsió [tursiˈo] *nf* twist, twisting (*U*).
tort -a [ˈtɔrt -ə] *adj* [mal col·locat] crooked. ☛ **tort** *nm* damage, harm; **reparar ~s** to make good. ☛ **a tort i a dret** *loc fig* haphazardly.
tortell [turˈteʎ] *nm* ring-shaped bread roll; **~ de Reis** roll eaten on the 6th January.
torticoli [turˈtikuli] *nf* crick in the neck.
tórtora [ˈtorturə] *nf* turtledove.
tortuga [turˈtuɣə] *nf* tortoise, turtle.
tortuós -osa [turtuˈos -ozə] *adj* tortuous, winding.
tortura [turˈturə] *nf* torture.
torturar [turtuˈra] *vt* to torture. ☛ **torturar-se** *vp* to torture o.s.
torxa [ˈtorʃə] *nf* torch; **~ olímpica** Olympic torch.
tos¹ [ˈtos] *nf* cough; **~ ferina** whooping cough.
tos² [ˈtos] *nm* [de bou, brau] occiput.
tosc -a [ˈtosk -ə] *adj* **-1.** [gen] crude; [eina, construcció] crude, basic. **-2.** *fig* [inculte] coarse.
tosca *nf* sediment.
tossir [tuˈsi] *vi* to cough.
tossuderia [tusuðəˈriə], **tossudesa** [tusuˈðezə] *nf* **-1.** obstinacy, stubbornness. **-2.** *fam* pig-headedness.
tossut -uda [tuˈsut -uðə] ◇ *adj & nm, f* stubborn; **~ com una mula** as stubborn as a mule. ◇ *nm, f* [obstinat] stubborn / obstinate person.
tot -a [ˈtot -ə] ◇ *adj* [gen] all; **~ el món** everybody; **~ Catalunya** all Catalonia; **~ el dia** all day; **no l'he vist en ~ el dia** I haven't seen him all day; **~s els dies / els**

total

dilluns every day / on Mondays; **un vestit ~ brut** a very dirty dress; **està ~ amoïnat** he's very worried; **tota persona té dret a ...** everyone has a right to. ◇ *adv* [per a donar èmfasi] **és ~ un home** he's every bit of a man; **ja és tota una dona** she's a woman now; **és ~ un èxit** it is a great success. ◇ *pron* [totes les coses] everything, all of them; **ho ha venut ~** he sold everything, he sold it all; **~ és culpa meva** everything / it's all my fault; **no del ~** not entirely; **en ~ i per ~** first and last; **estava tan content que ens ha convidat a sopar i ~** he was so happy he even invited us to dinner. ● **tot** *nm* whole; *fig* **jugar-s'hi el ~ pel ~** to strake everything. ● **abans de tot** *loc adv* above all, first of all. ● **amb tot** *loc conj* despite everything. ● **tot i que** *loc conj* **-1.** even if. **-2.** [a pesar que] even though, although; **~ i que està malalt, ve** even though / although he's sick, he's coming.

total [tuˈtal] ◇ *adj* total. ◇ *adv fam* [en conclusió] anyway; [de totes maneres] after all, anyway; **~, que me'n vaig anar** I had to leave anyway; **no podem fer-hi res** we can't do anything anyway. ◇ *nm* **-1.** [suma] total; **en ~** in all. **-2.** [totalitat, conjunt] whole; **el ~ del grup** the whole group.

totalitari -ària [tutəliˈtari -ariə] *adj* totalitarian.

totalitat [tutəliˈtat] *nf* whole.

totalitzar [tutəliˈdza] *vt* **-1.** [persona] to add up, to total. **-2.** [xifres] to add up to, to amount to; **les despeses totalitzen 100 euros** the expenses add up to / amount to 100 euros.

tòtem [ˈtɔtəm] *nm* totem.

tothom [tuˈtɔm] *pron* [totes les persones] everbody, everyone; **~ ha vingut** everybody came; **~ m'ho diu** everyone tells me.

totpoderós -osa [ˌtotpuðəˈɾos -ozə] *adj* almighty. ● **Totpoderós** *nm*: **el ~** the Almighty.

totxo [ˈtotʃu] *nm* **-1.** [de construcció] brick. **-2.** *fam fig* [novel·la, etc.]: **és un ~** it's a boring tome.

tou tova [ˈtow ˈtoβə] *adj* **-1.** weak. **-2.** soft; [fresc] **pa ~** fresh bread. ● **tou** *nm* [de dit] fleshy part. ● **tova** *nf* adobe.

tovalló [tuβəˈʎo] *nm* napkin, serviette.

tovallola [tuβəˈʎɔlə] *nf* towel; [teixit] towelling.

tovera [tuˈβeɾə] *nf* nozzle.

tòxic -a [ˈtɔksik -ə] *adj* toxic, poisonous. ● **tòxic** *nm* poison.

toxicòman -a [tuksiˈkɔmən -ə] ◇ *adj* addicted to drugs. ◇ *nm, f* drug addict.

toxina [tukˈsinə] *nf* toxin.

trabuc [tɾəˈβuk] *nm* blunderbuss.

traç [ˈtɾas] *nm* line, stroke.

traca [ˈtɾakə] *nf* string of firecrackers.

traça [ˈtɾasə] *nf* **-1.** [habilitat]: **tenir ~ (per a alguna cosa)** to have a knack (for sthg). **-2. val més ~ que força** brain is better than brawn.

traçar [tɾəˈsa] *vt* **-1.** [dibuixar] to draw, to trace. **-2.** [indicar, descriure] to outline; **~ un paral·lel entre** to draw a parallel between. **-3.** [idear] to draw up.

traçat [tɾəˈsat] *nm* outline, sketch.

tracció [tɾəksiˈo] *nf* traction; **~ davantera** front-wheel drive.

tractable [tɾəkˈtabblə] *adj* [persona] easygoing, friendly.

tractament [tɾəktəˈmen] *nm* **-1.** [gen, MED & INFORM] treatment; **sotmetre a un bon / mal ~** to treat well / badly; **~ del dolor** pain relief; **~ de textos** word processing. **-2.** [títol] title, form of address; **donar ~ de tu a algú** to address sb using the familiar *tu* form.

tractant [tɾəkˈtan] *nmf* dealer; **~ en vins** wine merchant.

tractar [tɾəkˈta] ◇ *vt* **-1.** [gen & MED] to treat. **-2.** [dirigir-se a]: **~ algú de tu** to address sb using the familiar *tu* form; **~ algú de vostè** to address sb using the formal *vostè* form. **-3.** [discutir - conveni, acord] to discuss. **-4. INFORM** to process. ◇ *vi* **-1.** [versar]: **~ de / sobre** to be about. **-2.** [tenir relació]: **~ amb algú** to deal with sb. **-3.** [intentar]: **~ de fer alguna cosa** to try to do sthg. **-4.** [comerciar]: **~ en** to deal in. ● **tractar-se** *vp* **-1.** [relacionar-se] to mix; **~-se amb algú** to have dealings with sb. **-2.** [versar]: **de què es tracta?** what's it about?; **es tracta de...** it's about...

tractat [tɾəkˈtat] *nm* treaty, treatise.

tracte [ˈtɾaktə] *nm* **-1.** [comportament, conducta] treatment; **de ~ agradable** pleasant; **mals ~s** battering (*U*). **-2.** [relació] dealings *pl*; **no vull ~s amb ells** I don't want to deal with them; **tenir ~ amb algú** to associate / be friendly with sb. **-3.** [acord] **cloure / fer un ~** to do / make a deal; **~ fet!** it's a deal! **-4.** [tractament] title, term of address; **~ de tu** the familiar *tu* form of address; **~ de vostè** the formal *vostè* form of address.

tractor -a [trəkˈto -orə] *adj* tractive.
tractor *nm* tractor.
traçut -uda [trəˈsut -udə] *adj* skilful.
tradició [trəðisiˈo] *nf* tradition.
tradicional [trəðisiuˈnal] *adj* traditional.
traducció [trəðuksiˈo] *nf* translation; ~ **automàtica** automatic / machine translation; ~ **directa** translation into one's native language; ~ **inversa** translation into a foreign language; ~ **literal** literal translation; ~ **simultània** simultaneous translation.
traductor -a [trəðukˈto -orə] *nm, f* translator; ~ **jurat** translator qualified to work at a court.
traduir [trəðuˈi] *vt* to translate; ~ **(de / a)** to translate from / into. **traduir-se** *vp fig* [ocasional]: ~**-se en alguna cosa** to lead to sthg; ~**-se (per)** to be translated by / as.
tràfec [ˈtrafək] *nm* **-1.** drudgery. **-2.** [moviment] hustle, bustle.
trafegar [trəfəˈɣa] *vt* [transvasar] to decant.
tràfic [ˈtrafik] *nm* **-1.** [comerç il·legal] traffic; ~ **d'influències** political corruption; **de blanques** white slave trade.
trafica [trəˈfikə] ◇ *adj & nm, f fam* scheming. ◇ *nf gen pl fig* [intriga] intrigue, scheming.
traficant [trəfiˈkan] *nmf* trafficker.
traficar [trəfiˈka] *vi*: ~ **(amb / en alguna cosa)** to traffic (in sthg).
tragèdia [trəˈʒɛðiə] *nf* tragedy.
tragí [trəˈʒi] *nm fam fig* [tràfecs] hustle, bustle.
tràgic -a [ˈtraʒik -ə] ◇ *adj* tragic. ◇ *nm, f* tragedian.
traginar [trəʒiˈna] ◇ *vt* to carry, to transport. ◇ *vi fam fig* to rush about.
trago [ˈtraɣu] *nm* **-1.** *fam* [copa] drink; **fer un ~** to have a quick drink. **-2.** *fam fig* [disgust]: **passar un mal ~** to have a tough time of it.
traïció [trəisiˈo] *nf* betrayal; **a ~** treacherously; **alta ~** high treason.
traïdor -a [trəiˈðo -orə] ◇ *adj* treacherous. ◇ *nm, f* traitor.
traïdoria [trəiduˈriə] *nf* treachery.
tràiler [ˈtrajlər] *nm* **-1.** CIN trailer. **-2.** AUTOM articulated lorry.
trair [trəˈi] *vt* to betray; ~ **la confiança de** to betray sb's confidence.
trajecte [trəˈʒɛktə] *nm* route, way; [viatge] journey; [projectil] trajectory, path.
trajectòria [trəʒəkˈtɔriə] *nf* [de projectil, etc.] trajectory; [de persona] path.

tram [ˈtram] *nm* [de carretera] section, stretch; [d'escala] flight (of stairs).
trama [ˈtramə] *nf* **-1.** [de fils] weft. **-2.** [d'obra] plot. **-3.** *fig* [confabulació] intrigue.
tramar [trəˈma] *vt* to weave, to plot; ~ **alguna cosa** to be up to sthg.
tramesa [trəˈmɛzə] *nf* **-1.** [gen] sending; **el paquet s'ha perdut en la ~** the package was lost during the dispatch. **-2.** [paquet] package.
tràmit [ˈtramit] *nm* [diligència] formal step; [paperassa] paperwork; **de ~**, routine, formal.
tramitar [trəmiˈta] *vt* [passaport, permís, sol·licitud]: ~ **alguna cosa** to process sthg; [venda, préstec] to arrange, to apply for.
tramoia [trəˈmɔjə] *nf* **-1.** TEAT stage machinery (U). **-2.** *fig* [embolic] intrigue.
trampa [ˈtrampə] *nf* **-1.** [gen] trick; **caure en la ~** to fall into the trap; **fer trampes** to cheat. **-2.** [al terra] trap, snare. **-3.** *fig* [deute] debt.
trampejar [trəmpəˈʒa] ◇ *vt* [eludir - dificultats] to cheat, to escape; [- compromisos] to escape, to get out of. ◇ *vi* **-1.** [estafar] to swindle money. **-2.** [anar fent] to struggle along.
trampolí [trəmpuˈli] *nm* trampoline; [de piscina] diving board.
trampós -osa [trəmˈpos -ozə] ◇ *adj* cheating. ◇ *nm, f* cheat.
tramuntana [trəmunˈtanə] *nf* north wind.
tramús [trəˈmus] *nm* lupin (seed).
tramvia [trəmˈbiə] *nm* tram, streetcar.
tràngol [ˈtraŋɡul] *nm* difficult situation; **passar (per) un mal ~** to go through a bad patch.
tranquil -il·la [trəŋˈkil -il·lə] *adj* **-1.** [gen] calm, quiet, peaceful; [mar] calm; [vent] gentle; [negoci] quiet; *fam* **(tu)** – don't you worry. **-2.** [despreocupat] casual, laid back. **-3.** *fam* cool; **estar / quedar-se tan ~** not to bat an eyelid.
tranquil·litat [trəŋkilliˈtat] *nf* peacefulness, calmness.
tranquil·litzant [trəŋkilliˈdzan] ◇ *adj* **-1.** [relaxant] soothing. **-2.** MED tranquilizing. ◇ *nm* MED tranquilizer.
tranquil·litzar [trəŋkilliˈdza] *vt* **-1.** [calmar] to calm (down). **-2.** [donar confiança] to reassure. **tranquil·litzar-se** *vp* **-1.** [calmar-se] to calm down. **-2.** [agafar confiança] to feel reassured.
transacció [trənzəksiˈo] *nf* transaction.

transatlàntic -a [trənzə'llantik -ə] *adj* transatlantic. ◆ **transatlàntic** *nm* NÀUT (ocean) liner.

transbord [tranz'bɔrt] *nm* change; **fer ~** to change.

transbordador [trənzburdə'ðo] *nm* **–1.** NÀUT ferry. **–2.** AERON: **~ (espacial)** space shuttle.

transbordar [trənzbur'da] ◇ *vt* to transfer. ◇ *vi* to change (trains, etc).

transcendència [trəsən'dɛnsiə] *nf fig* importance; **tenir una gran ~** to be deeply significant.

transcendent [trəsən'den] *adj* momentous; FILOS transcendent.

transcendental [trəsəndən'tal] *adj* **–1.** [important] momentous; **d'importància ~** momentous, of great significance; **una decisió ~** a decision with far-reaching implications. **–2.** [meditació] transcendental.

transcendir [trəsən'di] *vi* **–1.** [estendre's] to pervade, to extend; **~ a** to spread across; **segons ha transcendit** according to reports; **ha transcendit que...** it has emerged that. **–2.** [anar més enllà] to transcend, to go beyond.

transcórrer [trəns'korə] *vi* **–1.** [temps] to pass, to go by. **–2.** [esdeveniment, acció] to take place, to go off.

transcriure [trəns'kriwrə] *vt* to transcribe.

transcurs [trəns'kurs] *nm* [sopar, reunió]: **en el ~ de** in the course of; [dia, any] passing.

transeünt [trənzə'un] *nmf* **–1.** [passejant] passer-by. **–2.** [transitori] temporary resident.

transferència [trənsfə'rɛnsiə] *nf* **–1.** FIN transfer; **~ electrònica de fons** electronic banking. **–2.** [cessió] transfer.

transferir [trənsfə'ri] *vt* to transfer.

transfigurar [trənsfiɣu'ra] *vt* to transfigure. ◆ **transfigurar-se** *vp* to become transfigured.

transformació [trənsfurmə'sio] *nf* transformation.

transformador -a [trənsfurmə'ðo -orə] *adj* transforming. ◆ **transformador** *nm* ELECT transformer.

transformar [trənsfur'ma] *vt*: **~ alguna cosa / algú en** to convert sthg into. ◆ **transformar-se** *vp* **–1.** [canviar] to be converted. **–2.** [millorar] to be transformed.

trànsfuga ['transfuɣə] *nmf* **–1.** POLÍT defector. **–2.** MIL deserter.

transfusió [trənsfuzi'o] *nf* transfusion.

transgènic -a [trəns'ʒenik] *adj* transgenic, genetically modified.

transgredir [trənzɣrə'ði] *vt* to transgress.

transgressor -a [trənzɣrə'so -orə] *nm, f* transgressor.

transhumant [trənzu'man] *adj* seasonally migratory.

transició [trənzisi'o] *nf* transition.

transigent [trənzi'ʒen] *adj* compromising, tolerant.

transigir [trənzi'ʒi] *vi*: **~ (amb)** to tolerate, to put up with.

transistor [trənzis'to] *nm* transistor.

trànsit ['tranzit] *nm* **–1.** [circulació] movement, traffic; **~ rodat** road traffic. **–2.** [estat hipnòtic] trance; **estar en ~** to be in a trance.

transitar [trənzi'ta] *vi* to go (along); [cotxe] to travel, to go.

transitori -òria [trənzi'tɔri -ɔriə] *adj* transitory; [residència] temporary; [període] transitional.

translúcid -a [trənz'lusit -iðə] *adj* translucent.

transmetre [trənz'metrə] *vt* to transmit; RADIO & TELE to broadcast. ◆ **transmetre's** *vp* to be transmitted.

transmissió [trənzmisi'o] *nf* **–1.** transmission; **~ del pensament** telepathy. **–2.** RADIO & TV broadcast.

transmissor -a [trənzmi'so -orə] *adj* [aparell] transmission *(abans de nom)*. ◆ **transmissor** *nm* RADIO transmitter.

transoceànic -a [trənzuse'anik -ə] *adj* transoceanic.

transparència [trənspə'rɛnsiə] *nf* **–1.** [claredat] transparency; **~ fiscal** public accountability of taxes. **–2.** [per a una exposició] slide.

transparent [trənspə'ren] *adj* **–1.** [gen] transparent. **–2.** *fig* [palès, evident] transparent, clear.

transparentar [trənspərən'ta] *vt* to show, to reveal. ◆ **transparentar-se** *vp* to be transparent; [tela] to be see-through.

transpiració [trənspirəsi'o] *nf* transpiration.

transpirar [trənspi'ra] *vi* to perspire; BOT to transpire.

transport [trəns'pɔrt] *nm* transport; **~ públic / col·lectiu** public transport.

transportador -a [trənspurtə'ðo -orə] *adj* [cinta] conveyor. ◆ **transportador** *nm* **–1.** [per a transportar] conveyor. **–2.** [per a mesurar angles] protractor.

transportar [tɾənspuɾˈta] *vt* to transport.
transportista [tɾənspuɾˈtistə] *nmf* carrier.
transvasament [tɾənzbəzəˈmen] *nm* **–1.** [de líquid] decanting. **–2.** [de riu] transfer.
transvasar [tɾənzbəˈza] *vt* [líquid] to decant.
transversal [tɾənzbərˈsal] ◇ *adj* transverse. ◇ *nf* GEOM transversal.
transvestit -ida [tɾənzbəsˈtit -iðə] *nm, f* transvestite.
tranuitador -a [tɾənujtəˈðo -oɾə] *nm, f* night owl.
tranuitar [tɾənujˈta] *vi* to stay up late, to go to bed late.
trapa [ˈtɾapə] *nf* trapdoor.
trapezi [tɾəˈpɛzi] *nm* trapeze; GEOM trapezium.
trapezista [tɾəpəˈzistə] *nmf* trapeze artist.
tràquea [ˈtɾakeə] *nf* windpipe; MED trachea.
traslladar [tɾəzʎəˈða] *vt* **–1.** [desplaçar] to move; [viatgers, ferit, etc.] to move, to transfer. **–2.** [treballador, funcionari] to transfer; [empresa, local, pres] to move. **–3.** [reunió, data] to postpone, to move back. **–4.** *fig* [expressar]: ~ alguna cosa al paper to transfer sthg onto paper. ◆ **traslladar-se** *vp* [desplaçar-se] to go; [empresa, local, mudar-se] to move; ~-se de pis to move flat.
trasllat [tɾəzˈʎat] *nm* **–1.** [desplaçament] move; [de viatgers, queviures, ferit, etc.] move, moving (U); [de pres] transfer. **–2.** [mudança] move, moving (U). **–3.** [de treballador, funcionari] transfer.
traspaperar-se [tɾəspəpəˈɾarsə] *vp* to get misplaced / mislaid.
traspàs [tɾəsˈpas] *nm* **–1.** death. **–2.** [de negoci] sale (as a going concern). **–3.** [preu] transfer fee; [de comerç] takeover fee. **–4.** ESPORT [de jugador] transfer. **–5.** [de poders] transfer.
traspassar [tɾəspəˈsa] ◇ *vt* **–1.** [travessar] to go through, to pierce. **–2.** [creuar - camí, riu] to cross (over); [porta] to pass through. **–3.** [negoci] to sell (as a going concern); "es traspassa" to let / rent. **–4.** ESPORT [jugador] to transfer. **–5.** *fig* [limit] to go beyond; [llei, precepte] to go beyond. ◇ *vi* to die.
trasplantació [tɾəspləntəsiˈo] *nf* transplant, transplanting (U).
trasplantament [tɾəspləntəˈmen] *nm* ☞ **trasplantació**.
trasplantar [tɾəsplənˈta] *vt* to transplant.

traspuar [tɾəspuˈa] *vt* **–1.** [transpirar] to ooze. **–2.** *fig* [deixar entreveure]: **les seves paraules traspuen maldat** his voice is overflowing with evil.
trast [ˈtɾast] *nm* **–1.** MÚS [de guitarra] fret. **–2.** [estri inútil] piece of junk, junk (U); *fam* **tirar-se els trastos pel cap** to have a flaming row.
trastejar [tɾəstəˈʒa] *vi* **–1.** to rummage about. **–2.** [casa] to move.
traster [tɾəsˈte] *nm* junk room.
trastets [tɾəsˈtets] *nm pl fam fig*: **agafar els ~** to pack one's bags and go.
trasto [ˈtɾastu] *nm* **–1.** *fam fig* [persona entremaliada] menace, nuisance. **–2.** *fam* dead loss. **–3.** [cotxe] wreck, piece of junk.
trastocar [tɾəstuˈka] *vt fig* [desequilibrar] to turn upside down, to disrupt. ◆ **trastocar-se** *vp* [embogir] to go mad.
trastorn [tɾəsˈtorn] *nm* **–1.** [gen] disorder. **–2.** [alteració] trouble (U), disruption (U). **–3.** [molèstia] upset.
trastornar [tɾəstuɾˈna] *vt* **–1.** *fig* [afectar] to disrupt, to upset. **–2.** [fer tornar boig] to drive mad. **–3.** [inquietar] to worry, to trouble. ◆ **trastornar-se** *vp* [embogir] to go mad.
trastornat -ada [tɾəstuɾˈnat -aðə] *adj* disturbed, unbalanced; **tenir la ment trastornada** to be mentally unbalanced.
trau [ˈtɾaw] *nm* buttonhole.
trauma [ˈtɾawmə] *nm* trauma.
traumatitzar [tɾəwmətiˈdza] *vt* to traumatize. ◆ **traumatitzar-se** *vp* to be devastated.
traure [ˈtɾawɾə] *vt* ☞ **treure**.
trava [ˈtɾaβə] *nf* **–1.** [falca] chock. **–2.** *fig* [destorb] obstacle; **posar traves a algú** to put obstacles in the way of sb. **–3.** [impediment] obstacle.
travar [tɾəˈβa] *vt* **–1.** [subjectar] to fasten; [unir] to join. **–2.** [obstaculitzar] to obstruct, to hinder. **–3.** CULIN [salsa] to thicken.
travar-se *vp* **–1.** [enredar-se] to get tangled. **–2.** [espessir-se] to thicken. **–3. se li ha travat la llengua** he got tongue-tied.
travat -ada [tɾəˈβat -aðə] *adj* **–1.** [lligat - salsa] smooth; [- discurs] coherent. **–2.** [síl·laba] ending in a consonant.
través [tɾəˈβes] ◆ **a través** *loc prep* **–1.** [d'un costat a un altre de] across, over. **–2.** [per entre] across. **–3.** [per mitjà de] through. ◆ **de través** *loc adv* crossways, crosswise; **posar de ~** to place sideways.
travessa [tɾəˈβesə] *nf* crossbeam.

travessar [trəβə'sa] *vt* **–1.** [traspassar - aigua, bala, clau] to penetrate. **–2.** [creuar] to cross. **–3.** [viure] to go through.

travessia [trəβə'siə] *nf* **–1.** [viatge] voyage. **–2.** [carrer] cross-street.

traveta [trə'βetə] *nf* **–1.** trip. **–2.** [fer entrebancar]: **posar una / la ~ a algú** to trip sb up; *fig* [enganyar] to trick sb; [dificultar] to put obstacles in the way of sb.

treball [trə'βaʎ] *nm* **–1.** [gen] work; [feina] job; **~s forçats** hard labour (*U*); **~s manuals** arts and crafts; **~ de benedictí** a finicky job. **–2.** *fig* [esforç] effort; **demanar molt de ~** to take a lot of effort.

treballador -a [trəβəʎə'ðo -orə] <> *adj* hard-working. <> *nm, f* worker; **~ eventual / temporal** casual / temporary worker; **~ per compte propi** self-employed person.

treballar [trəβə'ʎa] <> *vi* **–1.** [gen] to work; **treballa de / com a cambrer** he works as a waiter. **–2.** CIN & TEAT to act. <> *vt* to work.

tremolar [trəmu'la] *vi* to tremble, to shiver; **~ de fred / de por** to shiver with cold, to tremble with fear; **~ com una fulla** to shake like a leaf.

tremolor [trəmu'lo] *nm o nf* trembling, shaking; **~ de terra** earthquake.

tremolós -osa [trəmu'los -ozə] *adj* trembling, shaky; **una llum tremolosa** a flickering light; **una veu tremolosa** a shaky voice.

tremp ['trem] *nm* **–1.** TECNOL tempering. **–2.** ART tempera; **al ~** in tempera.

trempar [trəm'pa] *vt* TECNOL [metall, etc.] to temper.

trempat -ada [trəm'pat -aðə] *adj* [alegre] cheerful; [bondadós] **és un home ~** he's a good-natured man.

tremuja [trə'muʒə] *nf* hopper.

tren ['tren] *nm* **–1.** FERROC & TECNOL train; **~ correu** mail train; **~ d'alta velocitat** high-speed train; **~ d'aterratge** undercarriage, landing gear; **~ de mercaderies / de càrrega** freight / goods train; **~ de rodalia** local train, suburban train; **~s de llarg recorregut** long-distance train; **~ exprés** express train; **~ mixt** passenger and goods train; **~ ràpid** express train; **~ de rentatge** car wash; **~ semidirecte** through train, a section of which becomes a stopping train. **–2.** [estil]: **~ (de vida)** lifestyle.

trena ['trenə] *nf* [de cabell] plait; [de fibres] braid.

trenar [trə'na] *vt* [cabell] to plait; [fibres] to braid.

trencaclosques [ˌtreŋkə'kloskəs] *nm inv* **–1.** [joc] jigsaw (puzzle). **–2.** *fig* [problema] puzzle, problem.

trencadís -issa [trəŋkə'ðis -isə] *adj* fragile, brittle; *fig* [dèbil] frail.

trencadissa *nf* smashing, breakage.

trencaglaç [ˌtreŋkə'ɣlas] *nm* icebreaker.

trencanous [ˌtreŋkə'nows] *nm inv* nutcracker.

trencar [trəŋ'ka] *vt* [relacions, compromís, contracte] to break (off); **~ el silenci** to break the silence. **trencar-se** *vp* [rompre's] to break; **s'ha trencat una cama** he has broken a leg; **s'ha trencat el gerro** the pitcher has broken.

trencat -ada [trəŋ'kat -aðə] *adj* **–1.** [gen] broken. **–2.** *fig*: **tenir-hi la mà trencada** to be clever / skilful at something.

trenta ['trentə] *adj num inv & nm inv* thirty; ➤ **sis**.

trentè -ena [trən'tɛ -enə] *adj num & nm, f* thirtieth; **trentena part** a thirtieth; ➤ **sisè**.

trepa ['trepə] *nf* riffraff.

trepant [trə'pan] *nm* [instrument per a foradar] drill.

trepar [trə'pa] *vt* to drill.

trepidar [trəpi'ða] *vi* to shake, to vibrate.

trepitjada [trəpi'dʒaðə] *nf*: **em van fer una ~** sb trod on my foot.

trepitjar [trəpi'dʒa] *vt* **–1.** to crush, to flatten. **–2.** [picar de peus] to stamp. **–3.** [amb el peu] to tread on; *lit & fig* **~ algú** to trample (on) sb; **~ fort** to be firing on all cylinders; **~ raïm** to tread grapes; *fig* [anar a] to set foot in. **–4.** *fig* [humiliar]: **~ algú** to scorn sb.

tres ['tres] *adj num inv & nm inv* **–1.** three. **–2. en un ~ i no res** in the twinkling of an eye. ➤ **tres quarts** *nm* [abric] three-quarter length coat; ➤ **sis**.

tres-cents -centes [ˌtrɛ'sens -sentəs] *adj num & nm, f* three hundred; ➤ **sis**.

treset [trə'zet] *nm* MÚS triplet.

tresillo [trə'ziʎu] *nm* **–1.** [sofà] three piece suite. **–2.** [joc de cartes] ombre.

tresor [trə'zor] *nm* [gen] treasure. ➤ **Tresor públic** *nm* the Treasury.

tresorer -a [trəzu're -erə] *nm, f* treasurer.

tresoreria [trəzurə'riə] *nf* treasurership; [oficina] treasurer's office.

tret ['tret] *nm* **–1.** [de bala] shot; **engegar un ~ a algú** to shoot sb. **–2.** [bala, ferida] shot; **un ~ al cor** a shot to the heart; **engegar-se un ~** to shoot o.s. **–3.** [abast] range; **a ~ de bala** within bullet range; **a ~ d'escopeta** within gunshot; [arma] **estar / posar-se a ~ de** to be / come within range; *fig* [de persona] to be / to com within one's reach. **–4.** *fam* **va sortir el ~ per la culata** it backfired (on). **–5.** [gen] trait; [de rostre, lletra] feature; **a grans ~s** in short, in a word.

tretze ['tredzə] *adj num inv & nm inv* thirteen; *fig* **tornar amb el ~ són ~** to stick to one's guns; ▶ **sis**.

tretzè -ena [trə'dzɛ -enə] *adj num & nm, f* thirteenth; **tretzena part** a thirteenth; ▶ **sisè**.

treure ['trɛwɾə], **traure** ['trawɾə] ◇ *vt* **–1.** [gen] to take out; **~ el cotxe del garatge** to take / bring the car out of the garage; **ens va ~ alguna cosa de menjar** he gave us sthg to eat; **~ el geni** to get mad; [llengua] to stick out; [conclusió] to come to. **–2.** [llevar] to pull out, take out; **~ un queixal** to pull out a tooth. **–3.** [extreure - oli, vi] to extract. **–4.** [sortir] **els rosers treuen les flors** the rosebushes are in bloom. **–5.** [conclusions] to come to. **–6.** [gen] to get, to obtain; **~ temps** to find the time. **–7.** [fum, etc.] to give off, to emit. **–8.** : **~ el cap per la finestra** to stick one's head out the window. **–9.** *fig* [disminuir - importància, mèrits] to play down; [- autoritat] to diminish; **~ dramatisme** to make less dramatic. ◇ *vi* **–1.** [vomitar] to throw up, to vomit. **–2. de posar i ~** removable. ▶ **treure's** *vp* **–1.** [roba] to take off. **–2.** [aconseguir] to get; **~'s el carnet de conduir** to get one's driver's license.

treva ['tɾeβə] *nf* truce.

trèvol ['tɾɛβul] *nm* clover.

triangle [tɾi'aŋglə] *nm* GEOM & MÚS triangle; **~ equilàter / escalè** equilateral / scalene triangle; **~ isòsceles / rectangle** isosceles / right-angled triangle.

triangular [tɾiəŋgu'la] *adj* triangular.

triar [tɾi'a] *vt* to choose; [llegums] to pick.

tribu ['tɾiβu] *nf* **–1.** [de pobles] tribe. **–2.** *fam fig* [família nombrosa] tribe; **~ urbana** identifiable social group, such as punks or yuppies, made up of young people living in urban areas.

tribulació [tɾiβuləsi'o] *nf* tribulation; **les tribulacions de la vida** life's tribulations.

tribuna [tɾi'βunə] *nf* rostrum, platform; [esport] stand, grandstand; [jurat] jury box.

tribunal [tɾiβu'nal] *nm* **–1.** [gen] court; **portar algú davant dels ~s** to take sb to court; **~ Constitucional** Constitutional Court; **~ Suprem** High Court *Br*, Supreme Court *Am*; **~ tutelar de menors** Juvenile Court. **–2.** [d'examen] board of examiners.

tribut [tɾi'βut] *nm* **–1.** [impost] tax. **–2.** *fig* [contrapartida] price. **–3.** [sentiment favorable] tribute; **dedicar un ~ d'admiració a algú** to dedicate an admiring tribute to sb.

tributar [tɾiβu'ta] ◇ *vt* [respecte, admiració] to have; **~ un homenatge a** to pay tribute to. ◇ *vi* [pagar impostos] to pay taxes.

tricicle [tɾi'siklə] *nm* tricycle.

tricorn [tɾi'kɔɾn] *nm* three-cornered hat.

tricot [tɾi'kɔt] *nm* knitting (U).

tricotar [tɾiku'ta] *vt & vi* to knit.

tridimensional [tɾiðimənsiu'nal] *adj* three-dimensional.

triganer -a [tɾiɣə'ne -eɾə] *adj fam*: **ser ~** [impuntual] to be unpunctual; [lent] slow.

trigar [tɾi'ɣa] *vi* [retardar-se]: **~ a fer alguna cosa** to take a long time to do sthg; **no trigaran a venir** they'll be here soon.

trigèsim -a [tɾi'ʒɛzim -ə] *adj num & nm, f* thirtieth; **trigèsima part** a thirtieth; ▶ **sisè**.

trigonometria [tɾiɣunumə'tɾiə] *nf* trigonometry.

trilla ['tɾiʎə] *nf* AGR threshing.

trillar [tɾi'ʎa] *vt* AGR to thresh.

trilogia [tɾilu'ʒiə] *nf* trilogy.

trimestral [tɾiməs'tɾal] *adj* three-monthly, quarterly.

trimestre [tɾi'mɛstɾə] *nm* three months, quarter; [escola] term.

trinar [tɾi'na] *vi* to trill.

trinc ['tɾiŋ] *nm* [brindar] clink.

trinca ['tɾiŋkə] *nf* [de persones] trio.

trincar [tɾiŋ'ka] *vi* **–1.** [brindar]: **~ per algú** to drink to sb. **–2.** [copes, gots]: **van ~** they clinked (together).

trineu [tɾi'nɛw] *nm* [petit] sledge; [gran] sleigh.

Trinitat [tɾini'tat] *nf* RELIG: **la (Santíssima) ~** the (Holy) Trinity.

trinxa ['tɾiɲʃə] *nf* strap.

trinxant [tɾiɲ'ʃan] *nm* [forquilla] meat fork.

trinxar [tɾiɲ'ʃa] *vt* to carve.

trinxera [tɾiɲ'ʃeɾə] *nf* trench.

trinxeraire [tɾiɲʃə'ɾajɾə] *nm* tramp, lout.

trio ['tɾiu] *nm* **–1.** [gen & MÚS] trio. **–2.** three of a kind.

triomf [tɾiˈomf] *nm* **-1.** [gen] triumph; [en trobada, eleccions] victory, win; [en la vida] success. **-2.** [trofeu] trophy.

triomfador -a [tɾiumfəˈðo -ɔɾə] ◇ *adj* winning, victorious. ◇ *nm, f* winner.

triomfal [tɾiumˈfal] *adj* triumphant.

triomfar [tɾiumˈfa] *vi* **-1.** to win, to triumph; [vèncer] **~ (sobre)** to triumph (over), to beat. **-2.** [tenir èxit] to succeed, to be successful.

tripa [ˈtɾipə] *nf fam* gut, belly. ➤ **tripes** *nf pl* CULIN: **tripes a la madrilenya** dish made with insides, ham or sausage, and onions.

tripijoc [tɾipiˈʒɔk] *nm* **-1.** *fam* [negoci brut] shady business; [martingala] to-do, fuss. **-2.** [maquinació] intrigue.

triple [ˈtɾiplə] *adj & nm* triple; **el ~ de gent** three times as many people.

triplicar [tɾipliˈka] *vt* to triple, to treble. ➤ **triplicar-se** *vp* to triple, to treble.

triplicat [tɾipliˈkat] *nm* triplicate; **per ~** in triplicate.

trípode [ˈtɾipuðə] *nm* tripod.

tríptic [ˈtɾiptik] *nm* **-1.** ART triptych. **-2.** [fullet] three-part document.

tripulació [tɾipuləsiˈo] *nf* crew.

tripulant [tɾipuˈlan] *nmf* crew member.

tripular [tɾipuˈla] *vt* [conduir] to man.

trist -a [ˈtɾist -ə] *adj* **-1.** [gen] sad. **-2.** [humil - persona] poor; [- sou] sorry, miserable. **-3.** [menor]: **ni un ~ regal** not even a single present.

tristesa [tɾisˈtezə] *nf* sadness.

tristoi -a [tɾisˈtɔj -ə] *adj* melancholic, sad.

trituració [tɾituɾəsiˈo] *nf* grinding, crushing.

triturador [tɾituɾəˈðo] *nm* [d'escombraries] waste-disposal unit; [de papers] shredder. ➤ **trituradora** [tɾituɾəˈðoɾə] *nf* crushing machine, grinder.

triturar [tɾituˈɾa] *vt* to crush; [ametlles] to grind; [espetec] to crunch; [vaixell] to crush.

trivial [tɾiβiˈal] *adj* trivial.

trivialitat [tɾiβiəliˈtat] *nf* triviality.

trivialitzar [tɾiβiəliˈdza] *vt* to trivialize.

tro [ˈtɾɔ] *nm* METEOR clap un thunder, thunder; [espetec] thunder, boom.

trobadís -issa [tɾuβəˈðis -isə] *adj* easy to find; **fer-se ~** to contrive a chance meeting.

trobador [tɾuβəˈðo] *nm* troubadour.

troballa [tɾuˈβaʎə] *nf* find; [descobriment] discovery.

trobar [tɾuˈβa] *vt* to find, to discover; **~ a faltar** to miss; **trobo a faltar els meus fills** I miss my children. ➤ **trobar-se** *vp* **-1.** [gen] to meet. **-2.** [coincidir] to meet, to run into; **~-se amb algú** to run into sb. **-3.** *fig* [d'ànim] to be; **~-se malament de salut** to be unhealthy.

trofeu [tɾuˈfɛw] *nm* trophy.

troglodita [tɾuɣluˈðitə] *nmf* **-1.** [cavernícola] cave dweller, troglodyte. **-2.** *fam* [bàrbar, bast] roughneck, brute.

tròlei [ˈtɾɔləj] *nm* trolley.

troleibús [tɾuləjˈβus] *nm* trolleybus.

tromba [ˈtɾombə] *nf* waterspout, downpour.

trombó [tɾumˈbo] *nm* **-1.** trombone; **~ de pistons / de claus** valve trombone; **~ de colissa** slide trombone. **-2.** [músic] trombonist.

trombosi [tɾumˈbɔzi] *nf* thrombosis.

trompa [ˈtɾompə] ◇ *adj fam* [embriac] plastered. ◇ *nf* **-1.** [gen, MÚS] horn. **-2.** [ANAT] tube; **~ d'Eustaqui** Eustachian tube; **~ de Fal·lopi** Fallopian tube. **-3.** [d'elefant] trunk. *fam* [embriaguesa]: **agafar una ~** to get plastered.

trompada [tɾumˈpaðə] *nf fam* [cop] bang; **fúmer-se una ~** to bang into.

trompeta [tɾumˈpetə] *nf* trumpet.

trompetista [tɾumpəˈtistə] *nmf* trumpeter.

tron [ˈtɾon] *nm* throne.

tronar [tɾuˈna] *v impers* to thunder.

tronat -ada [tɾuˈnat -aðə] *adj fam* [persona] crazy; [ràdio, televisió] old, broken-down. ➤ **tronada** *nf* thunderstorm.

tronc [ˈtɾoŋ] *nm* trunk; **dormir com un ~** to sleep like a log.

tronera [tɾuˈneɾə] ◇ *nf* **-1.** ARQUIT embrasure. **-2.** [en billar] pocket. ◇ *nmf fam* reveller.

trontoll [tɾunˈtoʎ] *nm* [de tren] swaying.

trontollar [tɾuntuˈʎa], **trontollejar** [tɾuntuʎəˈʒa] *vi* to wobble; [borratxo] to stagger, to totter; [vaixell] to sway.

tropa [ˈtɾopə] *nf* **-1.** MIL troops *pl*. **-2.** *fig* [multitud] troop, flock.

tropell [tɾuˈpeʎ] *nm* **-1.** [de persones] mob, crowd. **-2.** *fam*: **va tenir un ~** he suddenly took ill.

tròpic [ˈtɾɔpik] *nm* tropic; **~ de Càncer / de Capricorn** tropic of Cancer / of Capricorn.

tropical [tɾupiˈkal] *adj* tropical.

tros [ˈtɾɔs] *nm* **-1.** piece; **tallar alguna**

cosa a trossos to cut sthg into pieces. **–2.** *fam*: **d'ase** you idiot; *fig* **ser un ~ de pa** to be a very nice person.

trossa [ˈtrɔsə] *nf* [cabells] bun.

trossejar [trusəˈʒa] *vt* to cut up (into pieces).

trot [ˈtrɔt] *nm* [de cavall] trot.

trotar [truˈta] *vi* [cavall] to trot.

truà -ana [truˈa -anə] *nm, f* rogue, crook.

truc [ˈtruk] *nm* **–1.** trick; **descobrir el ~** to discover the trick (to). **–2.** [per telèfon] call; **fer un ~ a algú** to call sb.

trucada [truˈkaðə] *nf* [gen & TELECOM] call; **fer una ~** to make a (phone) call; **~ amb cobrament a destinació** reverse-charge call; **~ a llarga distància / a l'estranger** long-distance / international call; **~ interurbana** trunk call; **~ urbana / local** local call.

trucar [truˈka] ◇ *vt* to call; [motor, mecanisme] to soup up. ◇ *vi* **–1.** [a la porta] to knock; [amb el timbre] to ring. **–2.** [per telèfon] to call.

truculent -a [trukuˈlen -entə] *adj* horrifying, terrifying.

trufa [ˈtrufə] *nf* truffle.

truita [ˈtrujtə] *nf* **–1.** [d'ous] omelette; **~ de patates** Spanish / potato omelette; **~ a la francesa** French / plain omelette. **–2.** [peix] trout; **~ a la navarressa** fried trout stuffed with ham. **–3.** *fig fam* **s'ha girat la ~** now the boot, is on the other foot.

truja [ˈtruʒə] *nf* [animal] sow.

trumfo [ˈtrumfu] *nm* ☞ **atot**.

truncar [truŋˈka] *vt* **–1.** *fig* [carrera] to cut short; [plans, il·lusions] to spoil, to ruin. **–2.** [frase, text, etc.] to leave unfinished.

tsar [ˈtsar] *nm* tsar, czar.

tsarina [tsaˈrinə] *nf* tsarina, czarina.

tsarista [tsəˈristə] *adj & nmf* tsarist, czarist.

tse-tse [ˌtseˈtse] *nf* ☞ **mosca**.

TSJC *m* (abrev de Tribunal Superior de Justícia de Catalunya) ≈ High Court of Catalonia.

tsunami [suˈnami] *nm* tsunami.

tu [ˈtu] *pron pers* **–1.** [predicat] you; **penso en ~** I think about you; **em recordaré de ~** I'll remember you. **–2.** [subjecte, predicat] you; **et dius Joan** your name is Joan; **el culpable ets ~** you are the one to blame / the guilty one; **de ~ a ~** evenly matched; **tractar de ~** to address sb in the familiar *tu*.

tuareg [tuaˈrɛk] ◇ *adj inv* Tuareg. ◇ *nmf* Tuareg.

tub [ˈtup] *nm* **–1.** [gen, de desguàs] pipe. **–2.** [recipient] tube; **~ d'assaig** test tube; **~ digestiu** digestive tract, alimentary canal. **–3.** AUTOM: **~ d'escapament** exhaust (pipe).

tuba [ˈtußə] *nf* MÚS tuba.

tubercle [tuˈβɛrklə] *nm* tuber, root vegetable.

tuberculosi [tußərkuˈlɔzi] *nf* tuberculosis.

tubular [tußuˈlar] ◇ *adj* tubular. ◇ *nm* bicycle tyre.

tuf [ˈtuf] *nm* **–1.** stench, foul smell. **–2.** [emanació] vapour.

tufejar [tufəˈʒa] *vi* to smell foul.

tuguri [tuˈɣuri] *nm* **–1.** hovel. **–2.** *fam despec* [lloc] dive.

tul [ˈtul] *nm* tulle.

tulipa [tuˈlipə] *nf* tulip.

tumor [tuˈmor] *nm* tumour.

túmul [ˈtumul] *nm* **–1.** [sepulcre] tomb. **–2.** catafalque. **–3.** [monticle] burial mound.

tumult [tuˈmul] *nm* **–1.** [disturbi] riot, disturbance. **–2.** [aldarull] uproar, tumult.

tumultuós -osa [tumultuˈos -ozə] *adj* **–1.** [conflictiu] tumultuous, riotous. **–2.** [turbulent] rough, stormy.

túnel [ˈtunəl] *nm* **–1.** tunnel; *fig* **sortir del ~** to turn the corner. **–2.** AUTOM car wash.

túnica [ˈtunikə] *nf* tunic.

Tunis [ˈtunis] Tunis.

Tunísia [tuˈnisiə] Tunisia.

tupè [tuˈpɛ] *nm* toupee; [de músic de rock] quiff.

tupinada [tupiˈnaðə] *nf fig* electoral fraud (U).

turba [ˈturβə] *nf despec* [multitud] mob.

turbant [turˈβan] *nm* turban.

turbina [turˈβinə] *nf* turbine.

turbulència [turβuˈlɛnsiə] *nf* **–1.** [gen] turbulence. **–2.** [aldarull] uproar, clamour.

turbulent -a [turβuˈlen -entə] *adj* **–1.** [gen] turbulent. **–2.** [confús] unruly, rebellious.

turc -a [ˈturk -ə] ◇ *adj* Turkish. ◇ *nm, f* Turk. ☞ **turc** *nm* [llengua] Turkish.

turisme [tuˈrizmə] *nm* **–1.** [gen] tourism; **fer ~** to go touring (around). **–2.** AUTOM private car.

turista [tuˈristə] *nmf* tourist.

turístic -a [tuˈristik -ə] *adj* tourist (*abans de nom*).

turma [ˈturmə] *nf* testicle (d'un animal).

turmell [turˈmeʎ] *nm* ankle.

turment [turˈmen] *nm* **–1.** [congoixa] torment; **ésser un ~** [persona] to be a

turmentar torment; [cosa] to be torture. **-2.** [càstig] torture.

turmentar [turmən'ta] *vt lit & fig* to torment, to torment.

turó [tu'ɾo] *nm* **-1.** [animal] polecat. **-2.** [elevació del terreny] hill.

turquesa [tur'kɛzə] ◇ *adj inv* [color] turquoise. ◇ *nf* [mineral] turquoise. ◇ *nm* [color] turquoise.

Turquia [tur'kiə] Turkey.

tururut! [tuɾu'ɾut] *interj fam* get away!, you must be joking!

tustar [tus'ta] *vt* **-1.** *fam* [pegar] to hit. **-2.** [persona]: ~ **l'esquena** to pat on the back.

tutejar [tutə'ʒa] *vt* to address as *tu*. ➡

tutejar-se *vp* to address each other as *tu*.

tutela [tu'tɛlə] *nf* guardianship; **tenir la ~ d'algú** to have sb under one's protection.

tutelar¹ [tutə'la] *vt* [persona] to act as guardian to; [obra, etc.] to protect, to guard.

tutelar² [tutə'lar] *adj* tutelary.

tutor -a [tu'to -oɾə] *nm, f* **-1.** [gen & DR] guardian. **-2.** [professor - privat] tutor; [- d'un curs] form teacher.

tutoria [tutu'ɾiə] *nf* **-1.** DR guardianship. **-2.** [de curs] role of form teacher.

TV *nf* (abrev de **televisió**) TV.

TV3 *nf* (abrev de **Televisió de Catalunya, SA**) Catalan television channel.

TVE *nf* (abrev de **Televisió Espanyola**) Spanish state television network.

TVV *nf* (abrev de **Televisió Valenciana, SA**) Valencian television channel.

txec -a ['tʃɛk -ə] ◇ *adj* Czech. ◇ *nm, f* Czech. ➡ **txec** *nm* [llengua] Czech.

U

u¹, U ['u] *nf* [lletra] u, U.

u² ['u] *nm* one; ➡ **sis**.

ubicació [uβikəsi'o] *nf* position, location.

ubicar [uβi'ka] *vt* to place, to position; [edifici, etc.] to locate. ➡ **ubicar-se** *vp* to be situated, to be located.

Ucraïna [ukɾə'inə] Ukraine.

ucraïnès -esa [ukɾəi'nɛs -ɛzə] ◇ *adj* Ukranian. ◇ *nm, f* Ukranian. ➡ **ucraïnès** *nm* [llengua] Ukranian.

udol [u'ðɔl] *nm* howl, hoot.

udolar [uðu'la] *vi* [mussol] to hoot; [vent] to howl.

UEFA ['wefə] *nf* (abrev de **Unió d'Associacions Europees de Futbol**) UEFA.

ufanejar [ufənə'ʒa] *vi*: ~ **de** to boast about.

ufania [ufə'niə] *nf* boastfulness.

ufanós -osa [ufə'nos -ozə] *adj* **-1.** [persona] boastful, conceited. **-2.** [planta] luxuriant, lush.

Uganda [u'ɣandə] Uganda.

UGT *nf* (abrev de **Unión General de Trabajadores**) major socialist Spanish trade union.

ui! ['uj] *interj* [dolor] ouch!, ow!; [sorpresa] ah!, oh!

uixer -a [u'ʃe -eɾə] *nm, f* usher; [porter] doorman.

UK *nm* (abrev de **United Kingdom**) UK.

úlcera ['ulsəɾə] *nf* ulcer; ~ **d'estómac** stomach ulcer.

ulcerar [ulsə'ɾa] *vt* **-1.** MED to ulcerate. **-2.** to make sore. ➡ **ulcerar-se** *vp* **-1.** to ulcerate. **-2.** to become sore.

ull ['uʎ] *nm* **-1.** [òrgan] eye; **girar els ~s en blanc** to roll one's eyes (up); *fig* to roll one's eyes; ~ **de vellut** black eye; ~s **allargats** almond eyes. **-2.** [d'agulla] eye; [del pany] keyhole. **-3.** [d'escala] stairwell. **-4.** **obrir els ~s a algú** to open sb's eyes; **a ~ veients** visibly; **tancar els ~s** [morir] to pass away; **fer els ~s grossos a alguna cosa** [ignorar] to close one's eyes to sthg; *fam* **menjar-se algú amb els ~s** to drool over sb; **en un tancar i obrir d'~s i en un girar d'~s** in the twinkling of an eye; **ésser tot ~s** to be all eyes; **veure de bon / mal ~** to look favourably / unfavourably on sthg; **no poder aclucar els ~s en tota la nit** not to get a wink of sleep all night; [arbitràriament] **a ~** roughly, approximately; **no treure els ~s de sobre** not to take one's eyes off; ~ **per ~, dent per dent** an eye for an eye, a tooth for a tooth; **del que els ~s no veuen, el cor no se'n dol** what the eye doesn't see, the heart doesn't grieve over; **posar els ~s en algú** to set one's sight on sb; **tenir (bon) ~** to have a good eye; **tenir ~ clínic** to be a good judge of sthg; **tancar els ~s a alguna cosa** to close ones eyes to sthg. ➡ **ull de bou** *nm* port hole. ➡ **ull de poll** *nm* corn.

ullada [u'ʎaðə] *nf* glance, look; **fer una ~** to take a quick glance.

ullal [u'ʎal] *nm* [d'animal] fang; [d'elefant] tusk; [d'una persona] canine, eye-tooth.

ulleres [u'ʎerəs] *nf pl* **-1.** glasses; **~ de natació** goggles; **~ de sol** sunglasses; **~ de submarinisme** diving mask. **-2.** bags under the eyes; **fer ~** to have bags under the eyes.

ullet [u'ʎet] *nm* **-1.** [per a cordons] eyelet. **-2. fer / picar l'~** to wink one's eye.

ulterior [ultəri'or] *adj* [en el temps] subsequent, ulterior; [en l'espai] further.

últim -a ['ultim -ə] ◇ *adj* last; **la seva ~a pel·lícula** her last / latest movie; **l'~ pis** the top floor; *fam* **anar a l'~a moda** to be very stylish. ◇ *nm, f*: **l'~a** the last (one); **arribar l'~** to come last; **aquest ~** the latter.

ultimar [ulti'ma] *vt* **-1.** [preparatius, etc.] to complete, to finalize; **~ uns detalls** to finalize some details. **-2.** [tractat, etc.] to finish, to conclude.

ultimàtum [ulti'matum] *nm* ultimatum.

ultra ['ultrə] ◇ *adj* extreme right-wing. ◇ *nmf* POLÍT: **és un ~** he's a right-wing extremist. ◆ **non plus ultra** *nm* epitome, height; **és el non plus ~** it's the last word.

ultradreta [,ultrə'ðrɛtə] *nf* extreme right (wing).

ultraesquerra [,ultrəs'kɛrə] *nf* extreme left (wing).

ultramar [,ultrə'mar] *nm*: **d'~** overseas (*abans de nom*).

ultramarí -ina [ultrəma'ɾi -inə] *adj* overseas (*abans de nom*). ◆ **ultramarins** *nm pl* groceries.

ultrança [ul'transə] ◆ **a ultrança** *loc adv* to the death.

ultrasò [,ultrə'sɔ] *nm* ultrasound.

ultratge [ul'tradʒə] *nm* insult.

ultratjar [ultrə'dʒa] *vt* to insult, to offend.

ultratomba [,ultrə'tombə] *nf*: **d'~** from beyond the grave.

ultraviolat -ada [,ultrəβiu'lat -aðə] *adj* ultraviolet.

umbilical [umbili'kal] *adj* umbilical.

un una ['un 'unə] (*mpl* **uns**, *fpl* **unes**) ◇ *adj* **-1.** [indefinit] one; **~ dia tornaré** one / some day I'll return; **hi havia ~s cotxes mal aparcats** there were some badly parked cars; **me'n vaig ~s dies a Girona** I'm going to Girona for a few days; **van venir ~a dotzena de persones** about a dozen people came. **-2.** (*només en singular*) [numeral] one; **~ home, ~ vot** one man, one vote. ◇ *art*: **~ home / amor** a man / love; **~a dona / taula** a woman / table; **~a àguila** an eagle; **~ hivern** a winter. ◇ *pron* **-1.** [indefinit] one; **agafa'n ~** take one; **tens moltes pomes, dóna-me'n unes quantes** you have a lot of apples, give me some / a few; **~ / una de** one of; **~ d'ells** one of them; **~s vénen i els altres se'n van** some come and others go; **unes són bones, altres dolentes** some are good, some are bad. **-2.** *fam* [certa persona] someone, somebody; **ahir vaig parlar amb ~ que et coneix** yesterday I spoke to sb who knows you; **ho sé perquè s m'ho han explicat** I know because certain people told me so. **-3.** [jo] one; **llavors és quan ~ s'adona que...** that's when one realizes that. **-4. a l'~a** [en harmonia, alhora] together; **com ~ més** like one of the rest; **d'~ a ~, ~ per ~** one by one; **fer-ne ~a de les seves** to be up to one's old tricks; **més d'~** many people; **~a de dues** it's either one thing or the other; **l'~ a l'altre** one to another; **~ de tants** one of many; **~s quants** a few; **l'~ rere l'altre** one after the other. ◆ **una** *nf* [hora]: **la ~a** one o'clock.

unànime [u'nanimə] *adj* unanimous.

unanimitat [unənimi'tat] *nf* unanimity; **per ~** unanimously.

unça ['unsə] *nf* [unitat de pes] ounce.

unció [unsi'o] *nf* unction.

UNESCO [u'nɛsku] *nf* (abrev de United Nations Educational, Scientific and Cultural Organization) UNESCO.

ungir [uɲ'ʒi] *vt* to anoint; **~ amb alguna cosa** to anoint with sthg.

ungla ['uŋɡlə] *nf* **-1.** [de persona] nail, fingernail; **menjar-se les ungles** to bite one's nails; **fer(-se) les ungles** to do one's nails. **-2.** [d'animal] claw. **-3.** [de cavall] hoof. **-4. treure les ungles** to get one's claws out; *fig* **ésser carn i ~** to be as thick as thieves.

unglada [uŋ'ɡlaðə] *nf* [d'un llibre] thumb-index.

unglera [uŋ'ɡlerə] *nf* [ungla encarnada] ingrowing nail.

ungüent [uŋ'ɡwen] *nm* ointment.

únic -a ['unik -ə] *adj* **-1.** [sol] only; **és l'~a cosa que desitjo** it's all I want; **és fill ~** he's an only-child. **-2.** [excepcional] unique.

únicament [,unikə'men] *adv* only.

UNICEF [uni'sɛf] *nf* (abrev de United Nations Children's Fund) UNICEF.

unicorn [uni'korn] *nm* unicorn.

unifamiliar [unifəmili'ar] *adj* detached.

unificar [unifi'ka] *vt* **-1.** [ajuntar] to unite, to join. **-2.** [equiparar] to standardize.

uniformar [unifur'ma] *vt* **-1.** [igualar] to standardize. **-2.** [personal] to put into uniform.

uniforme [uni'formə] *adj & nm* uniform.

uniformitat [unifurmi'tat] *nf* uniformity, evenness.

uniformitzar [unifurmi'dza] *vt* to standardize.

unió [uni'o] *nf* **-1.** [gen] union. **-2.** [suma, adheriment] joining together.

unir [u'ni] *vt* **-1.** [gen] to unite. **-2.** [peces] to join. **-3.** [comunicar - ciutats, etc.] to link. **-4.** [apropar] to bring together. ⏵ **unir-se** *vp* **-1.** [gen] to join together. **-2.** [carreteres, rius] to converge, to meet. **-3.** [amic, invitat]: ~-se a to join.

unisex [uni'sɛks] *adj inv* unisex.

uníson [u'nisun] ⏵ **a l'uníson** *loc adv* in unison.

unit -ida [u'nit -iðə] *adj* united close.

unitari -ària [uni'tari -ariə] *adj* unitary, unitarian.

unitat [uni'tat] *nf* unit; ~ **central (de processament)** central processing unit; ~ **de cures intensives / vigilància intensiva** intensive care (unit); ~ **per a disquets** disk drive; INFORM ~ **per defecte** default drive. ⏵ **unitat mòbil** *nf* TELE mobile unit.

univers [uni'βɛrs] *nm* universe.

universal [uniβər'sal] *adj* universal.

universalitat [uniβərsəli'tat] *nf* universality.

universitari -ària [uniβərsi'tari -ariə] ⟨⟩ *adj* university (abans de nom). ⟨⟩ *nm, f* [estudiant] university student; [graduat] university graduate.

universitat [uniβərsi'tat] *nf* university; ~ **a distància** ≃ Open University; ~ **politècnica** technical college.

unívoc -a [u'niβuk -ə] *adj* univocal, unambiguous.

untar [un'ta] *vt* **-1.** [pa, torrades, etc.]: ~ **amb** to spread with; [cos] to smear with; ~ **una torrada amb mantega** to spread butter on a piece of toast. **-2.** *fam fig* [subornar] to grease the palm of, to bribe. ⏵ **untar-se** *vp* **-1.** [tacar-se]: ~-se **amb** to get sthg all over o.s. **-2.** *fam* [enriquir-se] to line one's pockets.

untuós -osa [untu'os -ozə] *adj* [cremós] sticky.

upa ['upa] ⏵ **d'upa** d'~ posh, classy.

UPM *nf* (abrev de Universidad Politécnica de Madrid) polytechnic university of Madrid.

urani [u'rani] *nm* uranium.

urbà -ana [ur'βa -anə] ⟨⟩ *adj* urban, city (abans de nom). ⟨⟩ *nm, f* traffic policeman *m*, traffic policewoman *f*.

urbanisme [urβə'nizmə] *nm* town planning.

urbanitat [urβəni'tat] *nf* politeness, courtesy.

urbanització [urβənidzəsi'o] *nf* **-1.** [acció] urbanization. **-2.** [zona residencial] (housing) estate.

urbanitzar [urβəni'dza] *vt* to develop, to urbanize.

urbs ['urps] *nf* large city.

urgència [ur'ʒɛnsiə] *nf* urgency; **amb** ~ urgently; **una** ~ **de** an urgent need for. ⏵ **urgències** *nf pl* MED casualty (department) *sg*.

urgent [ur'ʒen] *adj* urgent; [correus] express.

urgir [ur'ʒi] *vi*: **urgeix que** it's urgently necessary to; **m'urgeix fer-ho** I urgently need to do it.

urinari -ària [uri'nari -ariə] *adj* urinary. ⏵ **urinari** *nm* urinal.

urna ['urnə] *nf* urn; [de museu, etc.] glass case; **anar a les urnes** to go to the polls; ~ **funerària** funerary urn.

uròleg -òloga [u'rɔlək -ɔluɣə] *nm, f* urologist.

urpa ['urpə] *nf* claw; [d'ocell rapinyaire] talon; **caure a les urpes d'algú** to fall into sb's clutches.

urticària [urti'kariə] *nf* nettle rash.

Uruguai [uru'ɣwaj]: **l'~** Uruguay.

uruguaià -ana [uruɣwa'ja -anə] ⟨⟩ *adj* Uruguayan. ⟨⟩ *nm, f* Uruguayan.

us [us] (**vos** darrere de verb acabat en consonant o en *u* semivocal) *pron pers* you; ~ **ve a veure** he's coming to see you; ~ **ho va donar** he gave it to you; **no** ~ **baralleu** don't fight.

ús ['us] *nm* **-1.** [gen] use; MED **d'~ extern** for external use only; **fora d'~** out of use, obsolete; **fer** ~ **de** to make use of, to use; **d'un sol** ~ disposable; LING usage. **-2.** *gen pl* [costum] custom; **usos i costums** habits and customs. ⏵ **ús de raó** *nm* age of reason.

usar [uˈza] ◇ *vi*: ~ **de** to use, to make use of. ◇ *vt* [gen] to use. ➡ **usar-se** *vp* [gen] to be used.

usat -ada [uˈzat -aðə] *adj* –**1.** [utilitzat] used; [paraula] widely-used. –**2.** [gastat] worn-out, worn.

usdefruit [uzdəˈfɾujt] *nm* usufruct, use.

usual [uzuˈal] *adj* usual.

usuari -ària [uzuˈaɾi -aɾiə] *nm, f* user.

usufructuari -ària [uzufɾuktuˈaɾi -aɾiə] *adj & nm, f* usufructary.

usura [uˈzuɾə] *nf* usury.

usurer -a [uzuˈɾe -eɾə] *nm, f* usurer.

usurpar [uzurˈpa] *vt* to usurp.

utensili [utənˈsili] *nm* tool, implement; [a la cuina] utensil.

úter [ˈutər] *nm* womb, uterus.

útil [ˈutil] *adj* useful, helpful.

utilitari -ària [utiliˈtaɾi -aɾiə] *adj* utilitarian. ➡ **utilitari** *nm* AUTOM run-around car, utility car.

utilitat [utiliˈtat] *nf* –**1.** [qualitat] usefulness. –**2.** [benefici] profit.

utilització [utilidzəsiˈo] *nf* use.

utilitzar [utiliˈdza] *vt* to use.

utillatge [utiˈʎadʒə] *nm* tools *pl*.

utopia [utuˈpiə] *nf* utopia.

utòpic -a [uˈtɔpik -ə] *adj* utopian.

UVI [ˈuβi] *nf* (abrev de **unitat de vigilància intensiva**) ICU; **estar a l'~** to be in the ICU.

úvula [ˈuβulə] *nf* uvula.

v, V [ˈbe ˈbaʃə] *nf* [lletra] v, V.

va vana [ˈba ˈbanə] *adj* –**1.** [gen] vain; **en ~** in vain. –**2.** [frívol] frivolous.

vaca [ˈbakə] *nf* [animal] cow; ~ **lletera** dairy cow; ~ **sagrada** sacred cow; *fig* **estar / posar-se com una ~** to be / get very fat. ➡ **vaques grasses** *nf pl fig* years of plenty. ➡ **vaques magres** *nf pl fig* lean years.

vacances [bəˈkansəs] *nf pl* holiday(s), vacations; **agafar ~** to take one's holidays; **estar / marxar de ~** to be / go on holiday.

vacant [bəˈkan] ◇ *adj* vacant, empty. ◇ *nf* vacancy.

vaccí -ina [bəkˈsi -inə] *adj* cow (*abans de nom*).

vacil·lació [bəsilləsiˈo] *nf* –**1.** [dubte] hesitation. –**2.** [oscil·lació, balanceig] swaying.

vacil·lant [bəsiˈʎan] *adj* –**1.** [que dubta] hesitant, indecisive. –**2.** [llum] flickering; [pas] swaying, unsteady.

vacil·lar [bəsiˈʎa] *vi* –**1.** [dubtar] to hesitate. –**2.** [llum] to flicker. –**3.** [oscil·lar] to wobble, to sway.

vacuna [bəˈkunə] *nf* vaccine.

vacunació [bəkunəsiˈo] *nf* vaccination.

vacunar [bəkuˈna] *vt* to vaccinate. ➡ **vacunar-se** *vp* to get vaccinated.

vaga [ˈbaɣə] *nf* strike; **declarar-se / estar en ~** to go / be on strike; **de braços caiguts** sit-down (strike); ~ **de zel** work-to-rule; ~ **de fam** hunger strike; ~ **general** general strike; ~ **indefinida / salvatge** indefinite / wildcat strike.

vagabund -a [bəɣəˈβun -undə] *nm, f* tramp, vagrant, bum.

vagabundejar [bəɣəβundəˈʒa] *vi* to lead a vagrant's life; ~ **(per)** to wander, to roam.

vagància [bəˈɣansiə] *nf* –**1.** [dropería] laziness, idleness. –**2.** [vagabundería] vagrancy.

vagar [bəˈɣa] *vi* –**1.** [errar]: ~ **(per)** to wander, to roam. –**2.** [passejar]: ~ **(per)** to wander around. –**3.** *fam* to loaf, to idle.

vagarejar [bəɣəɾəˈʒa] *vi* to wander, to roam.

vagarívol -a [bəɣəˈɾiβul -ə] *adj* [persona]: **és molt ~a** she leads a nomadic life.

vagina [bəˈʒinə] *nf* vagina.

vagó [bəˈɣo] *nm* wagon; ~ **cisterna** tanker, tank wagon; ~ **de mercaderies** goods wagon / van; ~ **de primera / de segona** first-class / second-class carriage; ~ **restaurant** dining car, restaurant car; ~ **llit** sleeping car, sleeper.

vagoneta [bəɣuˈnetə] *nf* wagon.

vague vaga [ˈbaɣə] *adj* –**1.** [mirada] vague; [forma, contorn] vague, indistinct. –**2.** [dropo] lazy. –**3.** [imprecís] hazy, vague.

vaguejar [bəɣəˈʒa] *vi* to laze around.

vaguetat [bəɣəˈtat] *nf* –**1.** [imprecisió] vagueness. –**2.** [divagació] vague remark; **respondre amb ~s** to beat around the bush.

vaguista [bəˈɣistə] *adj & nmf* striker.

vailet [bəjˈlɛt] *nm, f* [noi] lad, youth.

vainilla [bəjˈniʎə] *nf* vanilla.

vaivé [ˌbajˈβe] *nm* –**1.** [balanceig] swaying, rocking. –**2.** *fig* [daltabaix]: **els vaivens** the ups-and-downs.

vaixell [bə'ʃeʎ] *nm* boat, ship; ~ de vela / de motor sail / motor boat; ~ mercant cargo ship.

vaixella [bə'ʃeʎə] *nf* crockery.

vaja! ['baʒə] *interj* [sorpresa] ah-ha!

val ['bal] *nm* **–1.** [gen] coupon, voucher; ~ de regal gift certificate. **–2.** [comprovant] receipt.

valedor -a [bələ'ðo -orə] ◇ *adj* valid. ◇ *nm, f* protector.

valencià -ana [bələnsi'a -anə] ◇ *adj* Valencian. ◇ *nm, f* Valencian.

valent -a [bə'len -entə] ◇ *adj* [valerós] brave, valiant, bold. ◇ *nm, f* [valerós] brave person; qui és el ~ que...? who's brave enough to...?

valentia [bələn'tiə] *nf* **–1.** [valor] bravery, boldness. **–2.** [gesta] act of bravery.

valer [bə'le] ◇ *vi* **–1.** [gen] to cost; quant val? how much does it cost?; no val res it's worthless; aquest llibre en val per mil this book is worth a thousand (books); val més que te'n vagis it would be better if you left; fer-se ~ to show one's worth; és un noi que val molt that boy has shown his worth. **–2.** [ser vàlid] to be useful; això encara val you can still use it. **–3.** [en joc] no s'hi val it's not fair. ◇ *vt* to be worth; val la pena it's worth it. ➣ **valer-se** *vp* **–1.** [servir-se]: ~-se d'alguna cosa / d'algú to use sthg / sb. **–2.** [desenvolupar-se]: ~-se per un mateix to manage on one's own.

valerós -osa [bələ'ros -ozə] *adj* brave, courageous.

vàlid -a ['balit -iðə] *adj* valid.

validar [bəli'ða] *vt* **–1.** to validate. **–2.** [decisió, etc.] to ratify.

validesa [bəli'ðɛzə] *nf* validity; donar ~ a alguna cosa to validate sthg.

valisa [bə'lizə] *nf* case, suitcase; ~ diplomàtica diplomatic bag.

vall ['baʎ] *nf* valley.

valor [bə'lor] *nm o nf* **–1.** [gen] value; [objectes] de ~ valuable; ~ afegit added value; ~ comptable / nominal face / nominal value; ~ nutritiu nutritional value. **–2.** [valentia] bravery. **–3.** [barra] cheek, nerve; cal tenir ~ ! what nerve! **–4.** [promesa] un jove ~ a young prospect. ➣ **valors** *nm pl* **–1.** [principis] values. **–2.** FIN securities, bonds.

valoració [bəluɾəsi'o] *nf* evaluation, assessment; [augment del valor] valuation.

valorar [bəlu'ɾa] *vt* **–1.** [gen] to value; estar valorat en it's valued at. **–2.** [mèrit, qualitat] to evaluate, to assess. **–3.** [donar valor a] to price. ➣ **valorar-se** *vp* to be priced.

vals ['bals] *nm* waltz.

vàlua ['baluə] *nf* worth.

valuós -osa [bəlu'os -ozə] *adj* valuable.

valva ['balβə] *nf* ANAT & BOT valve.

vàlvula ['balβulə] *nf* valve; TECNOL: ~ de seguretat safety valve.

vampir -a [bəm'pir -iɾə] *nm* vampire.

vampiressa [bəmpi'ɾɛsə] *nf fam* vamp, femme fatale.

vanagloriar-se [bənəɣluɾi'arsə] *vp*: ~ (de) to boast (about), to show off (about).

vandalisme [bəndə'lizmə] *nm* vandalism.

vanitat [bəni'tat] *nf* vanity; [inutilitat] futility.

vanitós -osa [bəni'tos -ozə] ◇ *adj* vain, conceited. ◇ *nm, f* vain person.

vano ['banu] *nm* fan.

vantar-se [bən'tarsə] *vp* to boast, to show off.

vapor [bə'por] *nm* **–1.** [gen] vapour; CULIN al ~ steamed; [màquina] de ~ steam (abans de nom); [bany] steam. **–2.** [vaixell] steamer, steamship.

vaporitzador [bəpuɾidzə'ðo] *nm* vaporizer.

vaporós -osa [bəpu'ros -ozə] *adj* [fi] diaphanous, sheer.

vaquer -a [bə'ke -eɾə] *nm, f* cowboy *m*, cowgirl *f*.

vara ['baɾə] *nf* [gen] stick, pole, rod.

vareta [bə'ɾɛtə] *nf* wand; ~ màgica magic wand.

vari vària ['baɾi 'baɾiə] *adj* **–1.** [variat] varied. **–2.** [diferent] different.

variable [bəɾi'abblə] ◇ *adj* variable; [caràcter, humor] changeable. ◇ *nf* MAT variable.

variació [bəɾiəsi'o] *nf* **–1.** [gen & MÚS] variation. **–2.** *fig* [canvi] change. **–3.** NÀUT magnetic declination.

variant [bəɾi'an] ◇ *adj* variant. ◇ *nf* **–1.** [diferència, versió] variation, version. **–2.** [de carretera, etc.] by-pass. **–3.** [en travessa] draw or away win.

variar [bəɾi'a] ◇ *vi* **–1.** [canviar] to change; *irònic* per ~ (just) for a change. **–2.** [ser diferent] to vary; ~ de to vary / differ from. ◇ *vt* **–1.** [modificar] to alter, to change. **–2.** [donar varietat] to vary.

variça [bə'ɾisə] *nf* ➣ **variu**.

varicel·la [bəɾiˈsɛllə] *nf* chickenpox.
varicós -osa [bəɾiˈkos -ozə] *adj* varicose.
varietat [bəɾiəˈtat] *nf* variety. ❖ **varietats** *nf pl* variety (U), music hall (U).
variu [bəˈɾiw] *nf* varicose veins; **tenir ~s / varices** to have varicose veins.
vas [ˈbas] *nm* **–1.** ANAT vessel; **vasos capil·lars / sanguinis** capillaries, blood vessels. **–2.** BOT vessel.
vascular [bəskuˈlar] *adj* vascular.
vasectomia [bəzəktuˈmiə] *nf* vasectomy.
vaselina [bəzəˈlinə] *nf* Vaseline.
vassall -a [bəˈsaʎ -ə] *nm, f* vassal.
vassallatge [bəsəˈʎadʒə] *nm* vassalage.
vast -a [ˈbast -ə] *adj* vast.
vàter [ˈbatər] *nm* toilet.
vaticà -ana [bətiˈka -anə] *adj* Vatican (*abans de nom*). ❖ **Vaticà** *nm*: **el Vaticà** the Vatican.
vaticinar [bətisiˈna] *vt* to prophesy, to predict.
vatua! [bəˈtuə] *interj* gosh!
vda. (*abrev de vídua*) ≃ widower.
vector [bəkˈto] *nm* vector.
vectorial [bəktuɾiˈal] *adj* vectorial.
veda [ˈbɛðə] *nf* **–1.** [prohibició] ban (on hunting and fishing). **–2.** [temporada] close season; **aixecar la ~ [de caça, de pesca]** to open the hunting / fishing season.
vedat -ada [bəˈðat -aðə] *adj* prohibited. ❖ **vedat** *nm* [terreny] reserve; **~ de caça** hunting reserve.
vedell -a [bəˈðeʎ -ə] *nm, f* calf. ❖ **vedella** *nf* [carn] veal.
vedet [bəˈðɛt] *nf* star.
veg. (*abrev de vegeu*) ≃ see (*en textos*).
vegada [bəˈɣaðə] *nf* **–1.** [gen] time; **hi has estat alguna ~?** have you ever been there; **a la ~ (que)** at the same time (as); **cada ~ (que)** every time (that); **cada ~ més** more and more; **cada ~ menys** less and less; **cada ~ la veig més feliç** she seems happier and happier; **d'una ~** in one go; **d'una ~ per totes** once and for all; [repetidament, sovint] **moltes vegades** many times often, a lot; **una altra ~** again; **poques / rares vegades** rarely, seldom; **per darrera / última ~** for the last time; **una ~** once; **una ~ més** once again. **–2.** **hi havia una ~...** once upon a time... ❖ **a / de vegades** *loc adv* sometimes, at times. ❖ **tal vegada** *loc adv* perhaps, maybe. ❖ **una vegada que** *loc conj* once, after.
vegetació [bəʒətəsiˈo] *nf* vegetation.

vegetal [bəʒəˈtal] ◇ *adj* vegetable, plant (*abans de nom*). ◇ *nm* vegetable.
vegetar [bəʒəˈta] *vi* to vegetate.
vegetarià -ana [bəʒətəɾiˈa -anə] *adj & nm, f* vegetarian.
vehemència [bəəˈmɛnsiə] *nf* **–1.** [passió] vehemence. **–2.** [irreflexió] impulsiveness, impetuosity.
vehement [bəəˈmen] *adj* **–1.** [apassionat] vehement. **–2.** [irreflexiu] impulsive, impetuous.
vehicle [bəˈiklə] *nm* vehicle.
veí -ïna [bəˈi -inə] ◇ *adj* **–1.** [gen] neighbo(u)ring; **~ de** next to. **–2.** [habitant]: **ser ~ de** to reside. **–3.** nearby. ◇ *nm, f* **–1.** [de casa, carrer] neighbo(u)r. **–2.** [de barri, localitat] resident.
veïnal [bəiˈnal] *adj* [relacions, tracte, etc.] neighbo(u)rly; **un camí ~** a local road.
veïnat [bəiˈnat] *nm* **–1.** neighbo(u)rhood. **–2.** [habitants] neighbo(u)rs.
veïnatge [bəiˈnadʒə] *nm* neighbo(u)rhood, vicinity.
veixiga [bəˈʃiɣə] *nf* bladder.
vel [ˈbɛl] *nm* veil; **tirar un ~ sobre** to draw a veil over.
vela [ˈbɛlə] *nf* **–1.** [de camió] tarpaulin. **–2.** NÀUT sail; **a tota ~** under full sail. **–3.** *fam*: **anar a tota ~** to go under full sail. **–4.** [de circ] big top.
velam [bəˈlam] *nm* NÀUT sails *pl*.
velar[1] [bəˈla] *vt* **–1.** [ocultar] to mask, to veil. **–2.** FOTOG to blur. ❖ **velar-se** *vp* FOTOG to blur.
velar[2] [bəˈlar] *adj* velar.
velat -ada [bəˈlat -aðə] *adj* veiled, hidden.
veler -a [bəˈle -eɾə] *adj* sailing. ❖ **veler** *nm* NÀUT sailing boat / ship.
vell -a [ˈbeʎ -ə] ◇ *adj* old; **un home ~** an old man; **fer-se ~** to get / grow old; **ser més ~ que Matusalem** to be as old as the hills. ◇ *nm, f* **–1.** [ancià] old man *m*, old lady *f*; **~ verd** dirty old man *m*, dirty old woman *f*. **–2.** *fam* [pares] old man *m*, old girl *f*; **els meus ~s** my folks. **–3.** *despec*: **~ xaruc** old fossil.
vel·leïtat [bolləiˈtat] *nf* **–1.** [inconstància] fickleness, capriciousness. **–2.** [antull, caprici] whim, caprice.
vellesa [bəˈʎɛzə] *nf* old age; **a les vellesses es fan bestieses** fancy that at his / her age.
vellut [bəˈʎut] *nm* velvet.
veloç [bəˈlɔs] *adj* fast, quick.
velocitat [bəlusiˈtat] *nf* velocity; **d'alta ~** high-speed; **~ de creuer** cruising speed;

~ mitjana medium speed; **~ punta** top speed.

velòdrom [bə'lɔðɾum] *nm* cycle track, velodrome.

vena ['bɛnə] *nf* vein; **estar de ~** to be in the mood; **tenir ~ de pintor** to have a gift for painting.

vencedor -a [bənsə'ðo -ɔɾə] ◇ *adj* winning, victorious. ◇ *nm, f* winner.

vèncer ['bɛnsə] ◇ *vi* [acabar - contracte, termini] to expire; [- deute, pagament] to fall due, to be payable. ◇ *vt* **–1.** [gen] to beat, to defeat; [dificultat, obstacle] to overcome; **em venç la son** sleep is getting the best of me. **–2.** [avantatjar] to outdo; ESPORT to beat; **~ per tres punts** to win by three points; **~ algú en alguna cosa** to beat sb at sthg.

venciment [bənsi'men] *nm* [final - de contracte, termini] expiry; [- de pagament, deute] falling due.

vençut -uda [bən'sut -uðə] ◇ *adj* **–1.** [derrotat] defeated; **donar-se per ~** to give up. **–2.** [caducat] expired; COM due, payable. ◇ *nm, f* defeated person; ESPORT loser.

venda ['bɛndə] *nf* [gen] sale, selling; **de en** on sale at; **estar en ~** to be for sale; **posar a la ~** to put up for sale; **~ a crèdit** credit sale; **~ a domicili / porta a porta** door-to-door selling; **~ al comptat / a terminis** cash sale, sale by instalments; **~ a l'engròs / al detall** wholesale, retail sale; **~ ambulant** hawking; **~ automatitzada** vending-machine sale; **~ en exclusiva** exclusive dealing; **~ per catàleg / per correspondència** mail-order sale; **~ pública** public auction; **~ sobre pla** sale of customized goods.

vendaval [bəndə'βal] *nm* gale.

vendre ['bɛndɾə] *vt* to sell. ⬥ **vendre's** *vp* to be sold / on sale; **"es ven"** for sale.

Venècia [bə'nɛsiə] Venecia.

venecià -ana [bənəsi'a -anə] *nmf* Venetian.

veneçolà -ana [bənəsu'la -anə] ◇ *adj* Venezuelan. ◇ *nm, f* Venezuelan.

Veneçuela [bənəsu'ɛlə] Venezuela.

venedor -a [bənə'ðo -ɔɾə] ◇ *adj* selling; **la part ~** the vendor / vendors. ◇ *nm, f* salesman *m*, saleswoman *f*; **~ ambulant** peddler, hawker.

venerable [bənə'ɾabblə] *adj* venerable.

veneració [bənəɾəsi'o] *nf* veneration, worship.

venerador -a [bənəɾə'ðo -ɔɾə] ◇ *adj* venerational. ◇ *nm, f* venerator.

venerar [bənə'ɾa] *vt* to venerate, to worship.

veneri -èria [bə'nɛɾi -ɛɾiə] *adj* venereal.

vènia ['bɛniə] *nf* permission; **amb la ~ de** by your leave.

venial [bəni'al] *adj* [pecat] venial; [falta, delicte] petty.

venialitat [bəniəli'tat] *nf* veniality, pettiness.

venidor -a [bəni'ðo -ɔɾə] *adj* coming, future.

venir [bə'ni] *vi* **–1.** [gen] to come; **va ~ al migdia** he came at midday; **aquesta paraula ve del llatí** this word comes from Latin; **no em vinguis amb històries** don't come to me with your stories. **–2.** [arribar] to arrive; **ja vénen els turistes** the tourists are already arriving. **–3.** [seguir en el temps]: **ara ve l'escena més divertida** now comes the funniest scene; **l'any que ve** next year. **–4.** [escometre]: **em ve la son** I'm getting sleepy; **li van ~ ganes de riure** he was seized by a desire to laugh. **–5.** [roba, sabata]: **l'abric li ve petit** the coat is too small for her. **–6.** *(abans d'adverbi)* [convenir]: **em ve bé / malament** it suits me / doesn't suit me; **em ve millor demà** tomorrow is better for me. **–7.** *fam*: **~ que ni fet d'encàrrec** it goes so well, you would think it had been made to order; **~ al món** to be born; **~ a ser** to amount to. **–8.** [arribar] arrive; **ha vingut tot sol** he arrived by himself. **–9.** *fig*: **~ a la memòria** to come to one's mind. **–10.**: **~ de gust: et ve de gust un cafè?** do you feel like having a cup of coffee?; **em ve de gust sortir** I feel like going out. ⬥ **venir-se** *vp* [edifici]: **~-se'n avall** to collapse. ⬥

vinga! ['biŋɡə] *interj* come on!

venjador -a [bənʒə'ðo -ɔɾə] ◇ *adj* avenging. ◇ *nm, f* avenger.

venjança [bən'ʒansə] *nf* vengeance, revenge.

venjar [bən'ʒa] *vt* to avenge. ⬥ **venjar-se** *vp*: **~-se (de)** to take revenge (on), to avenge o.s.

venjatiu -iva [bənʒə'tiw -iβə] *adj* vengeful, vindictive.

venós -osa [bə'nos -ozə] *adj* venous.

vent ['ben] *nm* **–1.** [aire] wind; **fa ~** it's windy; **contra ~ i marea** in spite of everything; **anar ~ en popa** to go splendidly / very nicely; **~ alisi** trade wind; **~ de costat** crosswind. **–2.** [corda] guy-rope. **–3.** NÀUT

ventada [bənˈtaðə] *nf* gust of wind.

ventafocs [ˌbentaˈfɔks] *nf* fire fan.

ventall [benˈtaʎ] *nm lit & fig* fan.

ventar [benˈta] *vt* **-1.** to fan, to blow. **-2.** [blat] to winnow. ◆ **ventar-se** *vp* to fan o.s.

ventejar [bəntəˈʒa] *v impers* to be windy.

ventilació [bəntiləsiˈo] *nf* ventilation.

ventilador [bəntiləˈðo] *nm* ventilator, fan.

ventilar [bəntiˈla] *vt* **-1.** [airejar] to air. **-2.** [resoldre] to clear up. ◆ **ventilar-se** *vp* **-1.** [airejar-se] to air. **-2.** *fam* [acabar] to knock / finish off.

ventós -osa [benˈtos -ozə] *adj* windy.

ventosa *nf* sucker.

ventositat [bəntuziˈtat] *nf gen pl* wind, flattulence.

ventrada [benˈtraðə] *nf* [cries] litter.

ventre [ˈbentrə] *nm* **-1.** stomach, belly; **anar / fer de ~** to have a bowel movement; **baix ~** lower stomach. **-2.** *fam fig*: **treure el ~ de pena** to eat like a king.

ventricle [benˈtriklə] *nm* ventricle.

ventríloc -íloqua [benˈtriluk -ilukwə] *nm, f* ventriloquist.

ventrilòquia [bəntriˈlɔkiə] *nf* ventriloquism.

ventrut -uda [benˈtrut -uðə] *adj* [ventre] paunchy; [persona] pot-bellied.

ventura [benˈturə] *nf* **-1.** [sort] luck; **bona / mala ~** good / bad luck; **dir la bona ~ a algú** to tell sb's fortune. **-2.** [casualitat] fate, fortune; **a la ~** at random, haphazardly. **-3.** [felicitat] happiness.

Venus [ˈbenus] Venus.

venut -uda [bəˈnut -uðə] *adj* sold; *fig* **estàs / vas ~!** you don't stand a chance.

ver -a [ˈber ˈberə] *adj* true, real. ◆ **de veres** *nf pl* [veritablement] really; [seriosament] seriously.

veraç [bəˈras] *adj* truthful.

veral [bəˈral] *nm* remote place.

verb [ˈberp] *nm* verb; **~ auxiliar** auxiliary verb; **~ copulatiu** copulative verb; **~ defectiu** defective verb; **~ impersonal** impersonal verb; **~ irregular** irregular verb; **~ pronominal** pronominal verb; **~ transitiu / intransitiu** transitive / intransitive verb; **~ unipersonal** impersonal verb.

verbigràcia [ˌberbiˈɣrasiə] *adv culte* for example, for instance.

verborrea [bərbuˈrea] *nf* verbal diarrh(o)ea, verbosity.

verd -a [ˈbert ˈberðə] *adj* **-1.** [gen & POLÍT] green, Green; **~ oliva** olive green. **-2.** *fig* [obscè] blue, dirty. **-3.** *fig* [inexpert] green, inexperienced; [projecte] in its early stages. **-4.** *fig* [acudit, història] dirty, blue. ◆ **verd** *nm* **-1.** [color] green. **-2.** POLÍT: **els Verds** the Greens.

verdejar [bərdəˈʒa] *vi* to turn / go green.

verdor [bərˈðo] *nm* [color] greenness.

verdós -osa [bərˈðos -ozə] *adj* greenish.

verdulaire [bərduˈlajrə] *nmf* greengrocer.

verdura [bərˈðurə] *nf* vegetables *pl*, greens *pl*.

veredicte [bərəˈðiktə] *nm* verdict.

verema [bəˈrɛmə] *nf* [collita] grape harvest; [període] vintage season.

veremador -a [bərəməˈðo -orə] *nm, f* grape picker.

veremar [bərəˈma] *vt & vi* to harvest grapes, to pick grapes.

verga [ˈbergə] *nf* **-1.** ANAT penis. **-2.** NÀUT yard. **-3.** [pal] stick.

verge [ˈberʒə] *adj & nf* virgin. ◆ **Verge** ◇ *nm inv* [zodíac] Virgo. ◇ *nf*: **la Verge** the (Blessed) Virgin.

verger [bərˈʒe] *nm* lush, fertile place.

vergonya [bərˈɣoɲə] *nf* **-1.** [gen] embarrassment; **no et fa ~ fer això?** aren't you embarrassed / ashamed to do that?; **em fa ~ cantar** I'm embarrassed to sing; **sentir ~ aliena** to feel embarrassed for sb; **perdre la ~** to lose one's inhibitions. **-2.** [dignitat] pride, dignity. ◆ **vergonyes** *nf pl* [genitals] private parts.

vergonyant [bərɣuˈɲan] *adj* shameful.

vergonyós -osa [bərɣuˈɲos -ozə] *adj* **-1.** [deshonrós] shameful. **-2.** [tímid] bashful.

verí [bəˈri] *nm* poison; [d'animals] venom.

verídic -a [bəˈriðik -ə] *adj* **-1.** [cert] true, truthful. **-2.** *fig* [verosemblant] true-to-life, real; **un fet ~** a true story.

verificació [bərifikəsiˈo] *nf* [comprovació] check, checking (U); [de predicció, etc.] verification.

verificar [bərifiˈka] *vt* **-1.** [gen] to check, to verify. **-2.** [aparell, màquina, etc.] to check, to test. ◆ **verificar-se** *vp* [resultar cert - predicció, etc.] to come true.

verinós -osa [bəriˈnos -ozə] *adj* [bolet] poisonous; [serp] poisonous, venomous.

veritable [bəɾiˈtabblə] *adj* **-1.** [gen] true; ~ o fals? true or false? **-2.** [autèntic] real, true.

veritat [bəɾiˈtat] *nf* truth; **a dir ~** to tell the truth; **en ~** truly, honestly; **és ~ que...** it's true that...; **és la pura ~** it's the plouin truth. ➠ **de veritat** *loc adv* **-1.** [seriosament] seriously; **ho dius de ~?** are you serious (about it)? **-2.** [realment] really; **de ~?** really? **-3.** [autèntic] real; **és un amic de ~** he's / she's a true friend. ➠ **veritats** *nf pl fig*: **cantar les ~s** to speak one's mind.

vermell -a [bərˈmeʎ -ə] *adj* red. ➠ **vermell** *nm* **-1.** [color] red. **-2. posar-se ~** to blush.

vermellor [bərməˈʎo] *nf* redness, blush.

vermellós -osa [bərməˈʎos -ozə] *adj* reddish.

vermut [bərˈmut] *nm* **-1.** [licor] vermouth. **-2.** [aperitiu] snack, appetizer.

vernacle -a [bərˈnaklə] *adj* vernacular.

vernís [bərˈnis] *nm* varnish; **~ per a les ungles** nail varnish.

verola [bəˈɾɔlə] *nf* [malaltia] smallpox.

verro -a [ˈbɛru -ə] *nm, f* **-1.** [animal - porc, truja] boar. **-2.** *fam* [brut] pig, slob. **-3.** *fam* [sense escrúpols, deshonest] swine.

verrucositat [bəɾukuziˈtat] *nf* area of warts.

vers¹ [ˈbɛrs] *nm* **-1.** [gènere] verse; **en ~** in verse. **-2.** [poema] poem.

vers² [ˈbɛrs] *prep* next to, towards.

versaleta [bərsəˈlɛtə] *nf* ➠ **lletra**.

versar [bərˈsa] *vi*: **~ sobre** to be about, to deal with.

versat -ada [bərˈsat -aðə] *adj*: **~ (en)** versed (in).

versàtil [bərˈsatil] *adj* versatile.

versemblança [bərsəmˈblansə] *nf* credibility; [probabilitat] likeliness.

versificar [bərsifiˈka] *vi & vt* to write (in) verse, to put into verse.

versió [bərsiˈo] *nf* version; **en ~ original** original version.

vertader -a [bərtəˈðe -eɾə], **verdader -a** [bərdəˈðe -eɾə] *adj* true, real.

vèrtebra [ˈbɛrtəβɾə] *nf* vertebra.

vertebrat -ada [bərtəˈβɾat -aðə] *adj* vertebrate. ➠ **vertebrats** *nm pl* ZOOL vertebrates.

vèrtex [ˈbɛrtəks] *nm* vertex; [d'un con] apex.

vertical [bərtiˈkal] ⋄ *adj* vertical, upright. ⋄ *nf* **-1.** GEOM vertical. **-2.** ASTRON vertical circle.

vertigen [bərˈtiʒən] *nm* **-1.** [mareig] dizziness; *lit & fig* **fer ~** to make dizzy. **-2.** *fig* [de ciutat, vida, etc.] mad rush, hectic pace; **anar a una velocitat de ~** to go / travel at breakneck speed.

vertiginós -osa [bərtiʒiˈnos -ozə] *adj* dizzy, giddy.

vesc [ˈbɛsk] *nm* mistletoe.

vescomte -essa [bəsˈkomtə bəskumˈtesə] *nm, f* viscount *m*, viscountess *f*.

vesícula [bəˈzikulə] *nf* vesicle, blister.

vespa [ˈbespə] *nf* Vespa, scooter.

vesper [bəsˈpe] *nm* wasp's nest; *fam* **ficar-se en un ~** to get into a mess; *fig* [molta gent] madhouse; *fig* [situació difícil] **estar ficat en un ~** to be in trouble.

vespertí -ina [bəspərˈti -inə] *adj* evening (abans de nom).

vespre [ˈbespɾə] *nm*: **el ~** evening.

vesprejar [bəspɾəˈʒa] *v impers* to get dark; **ja comença a ~** it's starting to get dark.

vessament [bəsəˈmen] *nm* **-1.** spilling; **~ de sang** bloodshed. **-2.** MED discharge; **~ cerebral** brain h(a)emorrhage; **~ sinovial** water on the knee. **-3.** [de líquid] spilling.

vessant [bəˈsan] *nm* **-1.** slope. **-2.** *fig* [de problema, etc.] side, aspect.

vessar [bəˈsa] *vt* **-1.** [per accident] to spill; **~ llàgrimes** to shed tears. **-2.** *fig*: **~-la** to put one's foot in it. ➠ **vessar-se** *vp* to spill, to pour out.

vestíbul [bəsˈtiβul] *nm* **-1.** [d'edifici, hotel] lobby, foyer. **-2.** [de casa] (entrance) hall.

vestidor [bəstiˈðo] *nm* dressing room, changing room.

vestidura [bəstiˈðuɾə] *nf* **-1.** clothes *pl*. **-2.** RELIG vestments *pl*; *fam fig* **s'esquinça les vestidures** he's making a big fuss.

vestigi [bəsˈtiʒi] *nm* **-1.** [resta, senyal] sign, trace. **-2.** *fig* [empremta] vestige.

vestir [bəsˈti] ⋄ *vi* **-1.** [portar roba]: **~ (de)** to dress (as); **vesteix bé / malament** she dresses very well / badly. **-2.** [ser elegant]: **~ molt** to be dressy; **de (molt) ~** (very) dressy. **-3.** *fig* [estar ben vist] to be the done thing. ⋄ *vt* **-1.** [gen] to dress. **-2.** [portar posat] to wear. ➠ **vestir-se** *vp* **-1.** [gen] to get dressed, to dress; **~-se de fada** to dress up as a fairy. **-2.** *fig* [cel, arbres, etc.]: **~-se de** to be covered in.

vestit -ida [bəsˈtit -iðə] *adj* **-1.** dressed. **-2.** *fam* well-dressed. ➠ **vestit** *nm* **-1.** [indumentària] clothes *pl*. **-2.** [peça femenina] dress. **-3.** [d'home] suit. **-4.** [indumentària]: **~ de nit** evening dress; **~ jaqueta** suit;

~ de bany bathing suit; ~ de cerimònia formal dress; ~ de diari lounge suit; ~ d'etiqueta / de gala formal / evening dress; ~ de torero bullfighter's costume; ~ pantaló trouser suit.

vestuari [bəstuˈaɾi] *nm* **-1.** [gen & ESPORT] changing room; [d'actors] dressing room. **-2.** [vestits] clothes *pl*; TEAT costumes *pl*.

vet [ˈbet], **veto** [ˈbetu] *nm* veto; **posar ~ a alguna cosa** to veto sthg.

veta [ˈbetə] *nf* vein.

vetar [bəˈta] *vt* to veto.

veterà -ana [bətəˈɾa -anə] *adj & nm, f* veteran.

veterinari -ària [bətəɾiˈnaɾi -aɾiə] ◇ *adj* veterinary. ◇ *nm, f* vet, veterinary surgeon. ➔ **veterinària** *nf* [ciència] veterinary science / medicine.

vetlla [ˈbeʎʎə] *nf* **-1.** [vigília] vigil. **-2.** [d'un difunt] wake.

vetllada [bəˈʎʎaðə] *nf* evening; [social] soirée.

vetllar [bəˈʎʎa] ◇ *vi*: ~ (per) to look after, to watch over. ◇ *vt* [malalt] to sip up with; [mort] to keep a vigil over.

veu [ˈbew] *nf* **-1.** [gen & GRAM] voice; **aclarir / aclarir-se la ~** to clear one's throat; **alçar / aixecar la ~ a algú** to raise one's voice to sb; **a mitja ~** in a low voice, under one's breath; **de viva ~** personally, in person; **en ~ alta / baixa** aloud / softly, in a low voice; **mudar la ~** to break (one's voice); **no tenir ~ ni vot** to have no say in the matter; **~ activa / passiva** active / passive voice; **~ de la consciència** the voice of conscience; **~ en off** voice-over. **-2.** [crit] shout; **a plena ~** shouting. **-3.** [rumor] rumour; **corre la ~ que...** there's a rumour going around. **-4.** [vocable] word. **-5.** **portar la ~ cantant** to be the boss; **parlar a una sola ~** to speak unanimously.

veure [ˈbewɾə] ◇ *vt* **-1.** [gen] to see; **vegeu annex 1** see appendix 1; **des de casa veiem la mar** we can see the sea from our house; **has vist aquesta pel·lícula?** have you seen that film?; **va anar a ~ uns amics** he went to visit some friends; **ja veig que estàs de mal humor** I can see you're in a bad mood; **ja veig el que vols dir** I see what you mean; **veig que hauré de marxar sola** I can see I'm going to have to leave by myself; **cadascú té la seva manera de ~ les coses** everyone has their own way of looking at it; **això ho veurem més endavant** we'll see about that later on. **-2.** **caldrà ~-ho** that remains to be seen; *fam* **no poder ~ alguna cosa / algú (ni en pintura)** not to be able to stand sthg / sb; [confirmació] **com si ho veiés!** as if I could guess; **segons (que) es veu** as one can see; **si no ho veig, no ho crec** I can't believe it if I can't see it first; **~ venir algú** to see what sb i's up to. ◇ *vi* to see; [cridar l'atenció] **vejam!** right!; **deixar-se ~** to show one's face; [mirar amb interès] **a ~?** let me see, let's have a look; **a ~ què passa** let's see what's up; **ja veurem** we'll see.
➔ **fer-se veure** *vp* [presumir] to draw attention to o.s. ➔ **veure's** *vp* **-1.** [gen] to see; **ens veiem de vegades** we see each other from time to time; **ja em veig fent la seva maleta** I can see myself packing his bag (for him); **ell ja es veu al cim de la seva carrera** he finds himself at the peak of his career. **-2.** to see; **la taca es veu** you can see the stain. **-3.** *fam fig* [suportar-se]: **no es poden ~** they can't stand each other. **-4.** [percebre, ocórrer] see; **mai no s'és vist res d'igual** nothing like that has ever been seen before. **-5.** *loc fam*: **~'s negre per a fer alguna cosa** to have a tough time doing sthg.

vexació [bəksəsiˈo] *nf* humiliation.

vexar [bəkˈsa] *vt* to humiliate.

VHF *nf* (abrev de very high frequency) VHF.

VHS *nm* (abrev de video home system) VHS.

vi [ˈbi] *nm* wine; **~ anyenc / d'agulla** mature / sparkling wine; **~ blanc / rosat / negre** white / rosé / red wine; **~ claret** light red wine; **~ de reserva** vintage wine; **~ de taula** table wine; **~ dolç / sec** sweet / dry wine; **~ escumós** sparkling wine; **~ moscatell** Muscatel; dessert wine made from muscat grapes.

via [ˈbiə] ◇ *nf* **-1.** route; **per ~ aèria** by air; **per ~ judicial** through the courts; **per ~ marítima** by sea; **per ~ oficial** through official channels; **per ~ oral** orally; **per ~ terrestre** overland, by land; [tren] **sortir de la ~** to derail; **~ de comunicació** communication route; **~ estreta** narrow gauge; **~ fèrria** railway line; **~ morta** siding; **~ pública** public thoroughfare; **~ única** one-way street; **vies respiratòries** respiratory tract; **deixar ~ lliure** to give way. **-2.** [procediment] procedure. ◇ *prep* **-1.** [passant per] via; **~ Brussel·les** via Brussels. **-2.** [per] via, by; **~ satèl·lit** via satellite; **~ fax** by fax. ➔ **en via de** *loc prep* [de desenvolupament, extinció, etc.] in the process of.
➔ **Via Làctia** *nf*: **la ~** the Milky Way.

viable [biˈabblə] *adj fig* [possible] viable.

viacrucis [ˌbiəˈkɾusis] *nm inv* **-1.** RELIG Stations *pl* of the Cross, Way of the Cross. **-2.** *fig* terrible ordeal.

viaducte [biə'ðuktə] *nm* viaduct.
vial [bi'al] *nm* phial, vial.
vianant [biə'nan] *nm, f* pedestrian. ⬥ **de vianants** *adj* pedestrian (abans de nom).
vianda [bi'andə] *nf* food (U).
viari -ària [bi'aɾi -aɾiə] *adj* road (abans de nom).
viatge [bi'adʒə] *nm* –1. [gen] trip, journey; **bon ~!** have a good journey / trip; **estar de ~** to be away (on a trip); **[professional]** to be on a (business) trip; **marxar de ~** to go away (on a trip); **~ d'anada** outward journey; **~ de tornada** return journey; **~ d'anada i tornada** return journey / trip; **~ de nuvis** honeymoon. –2. *fam* [al·lucinació] trip.
viatger -a [biə'dʒe -eɾə] ◇ *adj*: **una persona ~a** a person who likes to travel. ◇ *nm, f* traveller; [transport públic] passenger; **~s al tren!** all aboard!
viàtic [bi'atik] *nm* –1. RELIG last rites. –2. [despeses] expenses allowance.
viatjant [biə'dʒan] *nmf* travelling salesperson.
viatjar [biə'dʒa] *vi* to travel.
vibració [biβɾəsi'o] *nf* vibration.
vibrador -a [biβɾə'ðo -oɾə] *adj* TECNOL vibrating.
vibrant [bi'βɾan] ◇ *adj* –1. [oscil·lant] vibrating. –2. *fig* [escena, espectacle] vibrant; [veu, públic] vibrant, resident. ◇ *nf* LING rolled, trilled.
vibrar [bi'βɾa] *vi* to vibrate, to shake.
vibratori -òria [biβɾə'tɔɾi -ɔɾiə] *adj* vibratory.
vicari [bi'kaɾi] *nm* vicar.
vicaria [bikə'ɾiə] *nf* –1. [gen] vicarship, vicariate; *fig* **passar per la ~** to get hitched / married in church. –2. [residència] vicarage.
vicealmirall [ˌbisəlmi'ɾaʎ] *nm* vice-admiral.
vicecònsol [ˌbisə'kɔnsul] *nm* vice-consul.
vicepresident -a [ˌbisəpɾəzi'ðen -entə] *nm, f* vice-president, vice-chairman.
vicerector -a [ˌbisəɾək'to -oɾə] *nm, f* ≃ vice-rector.
vicesecretari -ària [ˌbisəsəkɾə'taɾi -aɾiə] *nm, f* assistant secretary.
viceversa [bisə'βɛɾsə] *adv*: **i ~** and vice-versa.
vici ['bisi] *nm* –1. [perversió & DR] vice; **~ de forma** minor error / omission. –2. [mal costum] vice, bad habit. –3. [defecte físic] defect; **~ de pronunciació** speech defect.

–4. **plora / es queixa per ~** to complain for no (good) reason.
viciar [bisi'a] *vt* –1. [pervertir] to corrupt; [nen] to spoil. –2. *fig* [adulterar text] to falsify; [aire] to pollute. ⬥ **viciar-se** *vp* –1. [habituar-se]: **~-se (amb alguna cosa)** to become / get addicted to (sthg). –2. [deformar-se] to warp.
viciat -ada [bisi'at -aðə] *adj* [aire, atmosfera, etc.] polluted, foul.
viciós -osa [bisi'os -ozə] ◇ *adj* –1. [defectuós] defective. –2. [pervertit] depraved. ◇ *nm, f* depraved person.
vicissitud [bisisi'tut] *nf* instability, changeability. ⬥ **vicissituds** *nf pl* [avatars] vicissitudes, ups and downs.
víctima ['biktimə] *nf* victim; **ser ~ de** to be the victim of; **~ propiciatòria** scapegoat.
victorejar [biktuɾə'ʒa] *vt* to cheer.
victòria [bik'tɔɾiə] *nf* victory; **adjudicar-se la ~** to win a victory; *fig* **cantar ~** to claim victory.
victoriós -osa [biktuɾi'os -ozə] *adj* victorious.
vicunya [bi'kuɲə] *nf* vicuna.
vida ['biðə] *nf* –1. [gen] life; **amargar-se la ~** to make one's life a misery; *fig* **donar la ~ per** to give one's life for; **per a tota la ~** for life; **de tota la ~** life-long; **en ~ de** during the life / lifetime of; **en ma ~ no he vist res d'igual!** I've never seen anything like it in my life!; **estar amb ~** to be alive; **estar entre la ~ i la mort** to be at death's door; **guanyar-se la ~** to earn a living; **fer ~ social** to socialize; **passar a millor ~** to pass away; **perdre la ~** to lose one's life; **l'altra ~** the next life; **~ eterna** eternal life; **~ espiritual** spiritual life; **~ privada** private life; **~ sentimental** love life. –2. [durada] lifetime. –3. **així és la ~!** that's life!; **donar-se bona ~** to live the life of Riley; **això és ~!** this is the life!; **enterrar-se en ~** to forsake the world; **la ~ i miracles d'algú** sb's life story; **què és de la teva ~?** how's life; **tenir set vides com els gats** to have nine lives.
vident [bi'ðen] *nmf* clairvoyant.
vídeo ['biðeo] ◇ *adj inv* video (abans de nom). ◇ *nm* –1. [tècnica] video. –2. [filmació] video. ⬥ **domèstic** home video. –3. [aparell - reproductor] video, video cassette recorder, VCR; [- filmador] video (recorder), camcorder; **~ comunitari** system enabling one video to be shown simultaneously on different television sets in one block of

flats. **–4.** [cinta] videocassette, videotape, video.

videocasset [ˌbiðeukəˈsɛt] *nm* videocassette, video.

videoclub [ˌbiðeuˈklup] *nm* video club.

videojoc [ˌbiðeuˈʒɔk] *nm* video game.

videoteca [ˌbiðeuˈtekə] *nf* video library.

vidrat -ada [biˈðɾat -aðə] *adj* glazed.

vidre [ˈbiðɾə] *nm* **–1.** [material] glass. **–2.** *gen pl* [objectes] piece of glass. **–3.** [de finestra] window (pane); ~s tintats tinted glass. **–4.** AUTOM: ~ del davant windscreen; ~ del darrere rear windscreen; ~ tèrmic defroster.

vidrier -a [biðɾiˈe -eɾə] *nm, f* glass merchant / manufacturer / maker. ➡ **vidriera** *nf* [finestra] glass window; [porta] glass door.

vidrieria [biðɾiəˈɾiə] *nf* [fàbrica] glassworks, glass maker's; [botiga] glassware shop.

vidriós -osa [biðɾiˈos -ozə] *adj* **–1.** [material, aspecte] glassy. **–2.** *fig* [tema, assumpte] thorny, delicate. **–3.** *fig* [ulls] glazed.

vidu vídua [ˈbiðu ˈbiðuə] ◇ *adj* widowed. ◇ *nm, f* widower *m*, widow *f*.

viduatge [biðuˈadʒə] *nm* widowhood *f*, widowhood *m*.

viduïtat [biðuiˈtat]**, viudetat** [biwðəˈtat] *nf* **–1.** widowhood *f*, widowerhood *m*. **–2.** [pensió] widow's / widower's pension.

Viena [biˈenə] Vienna.

vienès -esa [biəˈnɛs -ɛzə] ◇ *adj* Viennese. ◇ *nm, f* Viennese.

vigència [biˈʒɛnsiə] *nf* validity; **estar / entrar en ~** to be in / come into force.

vigent [biˈʒen] *adj* [llei] in force; [ús, moda] in use.

vigèsim -a [biˈʒɛzim -ə] *adj num & nm, f* twentieth; ➡ **sisè**.

vigilància [biʒiˈlansiə] *nf* **–1.** vigilance, care. **–2.** [servei] guards *pl*.

vigilant [biʒiˈlan] ◇ *adj* vigilant. ◇ *nmf* guard; **~ jurat** security guard; **~ nocturn** night watchman.

vigilar [biʒiˈla] ◇ *vi* to keep watch. ◇ *vt* to oversee; [banc, museu, etc.] to guard; [malalt] to watch over.

vigília [biˈʒiliə] *nf* **–1.** [gen] wakefulness; **les preocupacions el tenen en contínua ~** his worries don't let him sleep. **–2.** RELIG vigil. **–3.** [dia anterior] day before, eve; **en vigílies de** on the eve of.

vigor [biˈɣor] *nm* **–1.** [gen] vigour; [llei, etc.] **estar en ~** to be in force; **entrar en ~**
to come into force, to take effect. **–2.** [força] energy.

vigoritzar [biɣuɾiˈdza] *vt* **–1.** [enfortir] to fortify. **–2.** *fig* [animar] to animate, to encourage.

vigorós -osa [biɣuˈros -ozə] *adj* vigorous, strong.

víking [ˈbikiŋ] ◇ *adj* Viking. ◇ *nm, f*: **els ~s** the Vikings.

vil [ˈbil] *adj* **–1.** [menyspreable] vile, despicable. **–2.** [sense valor] base.

vila [ˈbilə] *nf* [poble] small town.

vilania [biləˈniə] *nf* vile / dispicable act, villainy (*U*).

vilesa [biˈlezə] *nf* vile / despicable act, vileness.

vilipendiar [bilipəndiˈa] *vt desus* to despise, to vilify.

vil·la [ˈbil·lə] *nf* [casa] villa, country house.

vímet [ˈbimət] *nm* wicker.

vinagre [biˈnaɣɾə] *nm* vinegar.

vinagrera [binəˈɣɾeɾə] *nf* vinegar bottle.

vinagreta [binəˈɣɾɛtə] *nf* CULIN vinaigrette, French dressing.

vinagrós -osa [binəˈɣɾos -ozə] *adj* **–1.** [sabor, vi] vinegary, tart. **–2.** *fig* [persona, caràcter] bad-tempered, sour; [expressió] sour.

vinater -a [binəˈte -eɾə] ◇ *adj* wine (*abans de nom*). ◇ *nm, f* vintner, wine merchant.

vinclar [biŋˈkla] *vt* [malucs] to bend (over).

vincle [ˈbiŋklə] *nm* **–1.** [lligam] link, bond. **–2.** DR entail.

vinculació [biŋkuləsiˈo] *nf* link, linking (*U*).

vinculant [biŋkuˈlan] *adj* binding.

vincular [biŋkuˈla] *vt* **–1.** [enllaçar] to link, to bind, to tie. **–2.** DR to entail. ➡ **vincular-se** *vp* to be linked.

vindicació [bindikəsiˈo] *nf* vindication.

vindicar [bindiˈka] *vt* **–1.** [afront, etc.] to avenge, to revenge. **–2.** [fama, nom, etc.] to vindicate. **–3.** [drets] to demand.

vinguda [biŋˈguðə] *nf* arrival.

vinícola [biˈnikulə] *adj* wine (*abans de nom*); [regió] wine-producing (*abans de nom*).

vinicultor -a [binikulˈto -oɾə] *nm, f* wine producer.

vint [ˈbin] *adj num inv & nm inv* twenty; **el segle ~** the twentieth century; ➡ **sis**.

vintè -ena [binˈtɛ -enə] *adj num & nm, f* twentieth; ➡ **sisè**.

vint-i-cinc [bintiˈsiŋ] *adj num inv & nm inv* twenty-five; ➡ **sis**.

vint-i-dos -dues [binti'ðɔs -ðuəs] *adj num inv & nm, f* twenty-two; ⇒ **sis**.

vint-i-nou [binti'nɔw] *adj num inv & nm, f* twenty-nine; ⇒ **sis**.

vint-i-quatre [binti'kwatrə] *adj num inv & nm inv* twenty-four; ⇒ **sis**.

vint-i-set [binti'sɛt] *adj num inv & nm inv* twenty-seven; ⇒ **sis**.

vint-i-sis [binti'sis] *adj num inv & nm inv* twenty-six; ⇒ **sis**.

vint-i-tres [binti'trɛs] *adj num inv & nm inv* twenty-three; ⇒ **sis**.

vint-i-u -una [binti'u -unə] *adj num & nm, f* twenty-one; **el segle ~** the twenty-first century; ⇒ **sis**.

vint-i-vuit [binti'bujt] *adj num inv & nm inv* twenty-eight; ⇒ **sis**.

vinya ['biɲə] *nf* vine, vineyard.

vinyeta [bi'ɲetə] *nf* **-1.** [de còmic] (individual) cartoon. **-2.** [de llibre] vignette.

viola [bi'ɔlə] ◇ *nf* viola. ◇ *nmf* viola player.

violaci -àcia [biu'lasi -asiə] *adj* violet. ⇒ **violàcia** *nf* violet.

violació [biuləsi'o] *nf* **-1.** [de llei, drets] violation, infringement. **-2.** [abús sexual] rape.

violador -a [biulə'ðo -orə] *nm, f* rapist.

violar [biu'la] *vt* **-1.** to rape. **-2.** [domicili] to violate, to infringe.

violència [biu'lɛnsiə] *nf* **-1.** [agressivitat, força] violence; **~ domèstica** domestic violence; **~ de gènere** gender-based violence. **-2.** [incomoditat]: **em causa ~ demanar-li diners** it embarrasses me to ask him for money.

violent -a [biu'len -entə] *adj* **-1.** [gen] violent. **-2.** [incòmode]: **estar / sentir-se ~** to feel awkward; **ésser ~** to be embarrassed.

violentar [biulən'ta] *vt* **-1.** [incomodar] to embarrass, to cause to feel awkward. **-2.** [porta] to force. ⇒ **violentar-se** *vp* [incomodar-se] to get embarrassed, to feel awkward.

violer [biu'le] *nm* wallflower.

violeta [biu'letə] ◇ *adj inv* [color] violet. ◇ *nf* [flor] violet. ◇ *nm* [color] violet.

violí [biu'li] ◇ *nm* [instrument] violin. ◇ *nmf* [instrumentista] violinist.

violinista [biuli'nistə] *nmf* violinist.

violoncel [biulun'sɛl] ◇ *nm* [instrument] cello. ◇ *nmf* [instrumentista] cellist.

violoncel·lista [biulunsə'llistə] *nmf* cellist.

VIP ['bip] *nf* (abrev de **Very Important Person**) VIP.

viperí -ina [bipə'ri -inə] *adj* venemous.

virar [bi'ra] *vt & vi* to turn (round).

viratge [bi'radʒə] *nm* turn; *fig* [canvi] change of direction.

virginal [birʒi'nal] *adj* virginal; **una cara ~** a virginal face.

virginitat [birʒini'tat] *nf* virginity.

víric -a ['birik -ə] *adj* viral.

virilitat [birili'tat] *nf* virility.

virolla [bi'rɔʎə] *nf* **-1.** ferrule. **-2.** [de bastó] tip, ferrule.

virregnat [birəŋ'nat] *nm* [càrrec, territori] viceroyalty.

virrei virreina [bi'rej bi'rejnə] *nm, f* viceroy *m*, vicereine *f*.

virtual [birtu'al] *adj* virtual; [possible] possible, potential.

virtuós -osa [birtu'os -ozə] ◇ *adj* [honrat] virtuous. ◇ *nm, f* [geni] virtuoso.

virtuosisme [birtuu'zizmə] *nm* virtuosity.

virtut [bir'tut] *nf* virtue; [capacitat] **tenir la ~ de** to have the power / ability to; [do] to have the virtue of. ⇒ **en virtut de** *loc prep* by virtue of.

virulent -a [biru'len -entə] *adj* virulent.

virus ['birus] *nm inv* [gen & INFORM] virus.

vis ['bis] ⇒ **vis còmica** *nf* sense of humour.

visat [bi'zat] *nm* visa.

visca! ['biskə] ◇ *interj* hurrah!; **~ Catalunya!** hurrah for / long live Catalonia. ◇ *nm* cheer; **fer ~ a algú /alguna cosa** to cheer on sb / sthg.

víscera ['bisərə] *nf* internal organ.

visceral [bisə'ral] *adj* visceral.

viscós -osa [bis'kos -ozə] *adj* viscous.

viscositat [biskuzi'tat] *nf* **-1.** [qualitat] viscosity. **-2.** [de llimac, cargol, etc.] slime.

viscut -uda [bis'kut -uðə] *adj* real-life, true.

visera [bi'zerə] *nf* **-1.** [gen] visor. **-2.** [gorra] peak. **-3.** [d'automòbil] sun visor.

visibilitat [biziβili'tat] *nf* visibility.

visible [bi'zibblə] *adj* visible; **estar ~** to be decent / presentable.

visigot -oda [bizi'ɣɔt -ɔðə] *nm, f* Visigoth.

visió [bizi'o] *nf* **-1.** [gen] vision; **veure visions** to see things. **-2.** [vista] sight; **~ de conjunt** overview. **-3.** [lucidesa] vision.

visionari -ària [biziu'nari -ariə] *adj & nm, f* visionary.

visir [bi'zir] *nm* vizier.

visita [bi'zitə] *nf* **-1.** [gen] visit; **fer una ~ a** to visit, to pay a visit; **anar de ~** to go visiting; **tenir visites** to have visitors; **~ de**

compliment courtesy visit. **–2.** [visitant] visitors. **–3.** MED: ~ (**mèdica**) consultation; **passar** ~ to see one's patients.

visitador -a [bizitəˈðo -ɔɾə] <> *adj*: **ser** ~ to be fond of visiting. <> *nm, f* **–1.** [persona que visita] visitor. **–2.** [de laboratori]: ~ **mèdic** medical sales representative.

visitant [biziˈtan] <> *adj* visiting, away. <> *nmf* visitor.

visitar [biziˈta] *vt* **–1.** to visit. **–2.** [subj: metge] to call on.

visó [biˈzo] *nm* mink.

visor [biˈzo] *nm* FOTOG viewfinder.

vist -a [ˈbist -ə] <> *pp* ⧫ **veure.** <> *adj*: **està molt** ~ to be old-fashioned; **estar ben / mal** ~ to be considered a good / frowned upon; **està** ~ **que** it's nothing new that; ~ **i no** ~ it was over in a flash. ⧫ **vist que** *loc conj* seeing / given that.

vista *nf* **–1.** [gen] sight, eyesight; [ulls] eyes *pl*; **a la** ~ **de** in full view of; **a primera** ~ at first sight, on the face of it; **estar a la** ~ to be visible; **operar algú de la** ~ to operate on sb's eyes; **perdre la** ~ to lose one's sight, to go blind; [miop, poc perspicaç] **ser curt de** ~ to be short-sighted; ~ **cansada** eyestrain. **–2.** [mirada] gaze; **fixar la** ~ **en alguna cosa** to fix one's eyes on sthg, to stare at sthg. **–3.** DR hearing. **–4. conèixer algú de** ~ to know sb by sight; **perdre de** ~ to lose sight of, to lose touch with; **saltar a la** ~ to be blindingly obvious; **tenir** ~ to have vision / foresight. **–5.** [panorama] view; **amb** ~ **al mar** with a sea view. ⧫ **a la vista** *loc adv* [intencions] clear; FIN at sight. ⧫ **amb vista a** *loc prep* with a view to...; **una reforma amb** ~ **a...** reforms with a view to. ⧫ **en vista de** *loc prep* in view of, considering.

vistiplau [ˌbistiˈplaw] *nm*: **donar el** ~ (**a alguna cosa**) to give the go-ahead (to sthg).

vistós -osa [bisˈtos -ozə] *adj* eye-catching.

visual [bizuˈal] <> *adj* visual. <> *nf* line of sight.

visualització [bizuəlidzəsiˈo] *nf* display(ing).

visualitzar [bizuəliˈdza] *vt* **–1.** [gen & imaginar] visualize. **–2.** INFORM to display.

vital [biˈtal] *adj* vital; [persona] full of life, vivacious.

vitalici -ícia [bitəˈlisi -isiə] *adj* [renda, pensió, etc.] for life, life (*abans de nom*). ⧫ **vitalici** *nm* [pensió] life annuity; [assegurança de vida] life insurance policy.

vitalitat [bitəliˈtat] *nf* vitality.

vitamina [bitəˈminə] *nf* vitamin.

vitamínic -a [bitəˈminik -ə] *adj*: **un complex** ~ a vitamin complex.

viticultor -a [bitikulˈto -oɾə] *nm, f* wine grower, viticulturist.

Vitòria [biˈtɔɾiə] Vitoria.

vitrall [biˈtɾaʎ] *nm* stained glass window.

vitri vítria [ˈbitɾi ˈbitɾiə] *adj* vitreous.

vitrificar [bitɾifiˈka] *vt* to vitrify. ⧫ **vitrificar-se** *vp* to be vitrified.

vitrina [biˈtɾinə] *nf* [moble] display cabinet; [d'una botiga] showcase, glass case.

vitro [ˈbitɾu] ⧫ **in vitro** *loc adv* in vitro.

vitualla [bituˈaʎə] *nf gen pl* provisions.

vituperar [bitupəˈɾa] *vt* to criticize harshly, to condemn; [obres, etc.] to criticize, to censure.

vituperi [bituˈpɛɾi] *nm*: **omplir de** ~**s** to criticize, to condemn.

viu viva [ˈbiw ˈbiβə] <> *adj* **–1.** [gen] lively; **una olor viva** an intense smell; **una ciutat viva** a lively city. **–2.** [existent, expressiu] alive; **estar** ~ to be alive. **–3.** [ulls] lively, vivid. <> *nm, f* living person.

viudetat [biwðəˈtat] *nf* ⧫ **viduïtat**.

viudo -a [ˈbiwðu -ə] <> *adj* widowed. <> *nm, f* widower *m*, widow *f*.

viure [ˈbiwɾə] <> *vi* **–1.** [gen] to be alive; ~ **per a alguna cosa / algú** to live for sthg / sb; ~ **bé / malament** to be well-off, to barely survive. **–2.** [residir] to live; **visc a Barcelona** I live in Barcelona. **–3.** **no deixar** ~ **algú** not to give sb any peace. <> *vt* [experimentar] to experience, to live through.

vivaç [biˈβas] *adj* **–1.** [despert] alert, sharp. **–2.** [planta] perennial.

vivacitat [biβəsiˈtat] *nf* liveliness.

vivència [biˈβɛnsiə] *nf* experience.

viver [biˈβe] *nm* **–1.** [de plantes] nursery. **–2.** [de peixos] fish farm; [- mol·luscos] bed.

vivesa [biˈβezə] *nf* ⧫ **vivor**.

vividor -a [biβiˈðo -oɾə] *nm, f despec* person fond of the good life; [a costa d'altri] parasite, scrounger.

vivificant [biβifiˈkan] *adj* life-giving, revitalizing.

vivificar [biβifiˈka] *vt* to give life to, to revitalize.

vivípar -a [biˈβipəɾ -əɾə] <> *adj* viviparous. <> *nm, f* viviparous mammal.

vivisecció [biβisəksiˈo] *nf* vivisection.

vivor [biˈβo] *nm* vividness; [persona, ulls] liveliness; [enginy] sharpness.

VO, v. o. *nf* (abrev de versió original) CIN original version.

vocable [bu'kabblə] *nm* word, term.

vocabulari [bukəβu'lari] *nm* vocabulary.

vocació [bukəsi'o] *nf* vocation, calling.

vocacional [bukəsiu'nal] *adj*: **ser ~** to be vocational.

vocal [bu'kal] ◇ *adj* vocal. ◇ *nf* LING vowel. ◇ *nmf* [de junta, consell, etc.] member.

vocalista [bukə'listə] *nmf* vocalist.

vocalització [bukəlidzəsi'o] *nf* MÚS vocalization.

vocalitzar [bukəli'dza] *vi* **-1.** [en parlar] to vocalize. **-2.** MÚS to vocalize, to practice.

vocatiu [bukə'tiw] *nm* vocative.

vociferar [busifə'ra] *vi* to shout.

vodevil [buðə'βil] *nm* vaudeville.

vodka ['bɔtkə] *nm o nf* vodka.

vodú, vudú [bu'ðu] *nm* voodoo.

voga ['bɔɣə] *nf* vogue; **estar en ~** to be in vogue / in fashion.

vogar [bu'ɣa] *vi* to row.

vol ['bɔl] *nm* **-1.** [gen & AERON] flight; [agafar] **al ~** in flight; *fig* [captar] very quickly; [envolar-se] **alçar / aixecar el ~** to take flight, to fly off; *fig* [independitzar-se] to fly the nest; **~ xàrter / regular** charter / scheduled flight; **~ espacial** space flight; **~ lliure / sense motor** hang gliding, gliding; **~s nacionals** domestic flights. **-2.** [de vestit]: **una faldilla amb (molt de) ~** a very full skirt. **-3. no se sentia ni el ~ d'una mosca** you could have heard a pin drop.

vol. (abrev de volum) vol.

volada [bu'laðə] *nf* flight.

volador -a [bulə'ðo -orə] *adj* flying. ◆ **peix volador** *nm* flying fish.

voladura [bulə'ðurə] *nf* demolition, blowing-up; [en pedrera] blasting.

volander -a [bulən'de -erə] *adj* [que penja] loose. ◆ **volandera** *nf* TECNOL washer.

volant [bu'lan] ◇ *adj* flying. ◇ *nm* **-1.** [gen] (steering) wheel; **estar al ~** to be at the wheel. **-2.** [del metge] (referral) note.

volar [bu'la] ◇ *vi* **-1.** [gen] to fly; [una altura] **~ a** to fly at; [un lloc] to fly to. **-2.** *fam* [desaparèixer] to disappear, to vanish; **el temps vola** time flies. **-3.** *fig* [córrer] to fly (off), to rush (off); **me'n vaig volant** I must fly / dash; **fer alguna cosa volant** to do sthg at top speed. ◇ *vt* **-1.** [fer explotar] to blow up. **-2.** [campanes] to ring, to peal.

volàtil [bu'latil] *adj* volatile.

volatilització [bulətilidzəsi'o] *nf* volatilization.

volatilitzar [bulətili'dza] *vt* to volatilize. ◆ **volatilitzar-se** *vp* to votatize, to evaporate; *fig* [una persona] to vanish into thin air.

volcà [bul'ka] *nm* volcano.

volcànic -a [bul'kanik -ə] *adj* volcanic.

volea [bu'leə] *nf* ESPORT volley.

voleiar [bulə'ja] *vt* **-1.** [gen] to fly. **-2.** [nen] to toss in / into the air.

voleibol [,bɔləj'βɔl] *nm* volleyball.

voler [bu'lɛ] ◇ *vt* **-1.** [gen] to want; **vull pa** I want some bread; **vol fer-se advocat** he wants to be a lawyer; **quant en vol, pel cotxe?** how much do you want for the car?; **vols que m'enfadi?** do you want me to get angry?; **~ que algú faci alguna cosa** to want sb to do sthg. **-2. com qui no vol la cosa** as if it were nothing; **qui et vol mal et farà riure i qui et vol bé et farà plorar** you have to be cruel to be kind; **sense ~** accidentally, not on purpose; **~ és poder** where there's a will there's a way; *fig* **digues-li com vulguis** call it whatever you like / want. ◇ *v impers*: **fa dies que vol ploure** it's been looking like rain for days.

voletejar [bulətə'ʒa] *vi* [ocell] to flutter (about); [full, paper, etc.] to fly about.

volitiu -iva [buli'tiw -iβə] *adj* voluntary.

volt ['bɔl] *nm* **-1.** ELECT volt. **-2.** *fam*; **fer un ~** to take a walk.

volta ['bɔltə] *nf* **-1.** ESPORT lap. **-2.** [gen] turn; **tancar amb dues voltes de clau** to lock with two turns of the key; **fer mitja ~** to turn around; **fer la ~ al món** to go around the world; **donar voltes** to turn (sthg) around; **fer una ~** to go for a walk; **~ ciclista** tour. **-3. donar cent / mil voltes a algú** to knock spots off sb; **donar voltes a alguna cosa** to turn sthg over in one's mind. **-4.** [corba] bend. **-5.** [de jersei, collar] collar. **-6.** arch. ◆ **volta celeste** *nf* firmament. ◆ **volta de campana** *nf* AUTOM turning over. ◆ **volta del crani** *nf* cranial vault.

voltaic -a [bul'tajk -ə] *adj* voltaic.

voltants [bul'tans] *nm pl* surrounding area *sg*.

voltar [bul'ta] ◇ *vi fam fig* [caminar molt] to walk around / about. ◇ *vt* **-1.** [gen]: **~ (amb)** to surround (with). **-2.** [fer la volta a] to go round.

voltat -ada [bul'tat -aðə] *adj* ARQUIT vaulted.

voltatge [bul'tadʒə] *nm* voltage.
voltímetre [bul'timətɾə] *nm* voltmeter.
voltor [bul'to] *nm lit & fig* vulture.
volubilitat [buluβili'tat] *nf* changeability, fickleness.
voluble [bu'lubblə] *adj* [persona] changeable, fickle; BOT clinging, twining.
volum [bu'lum] *nm*; **a tot ~** at full blast; **pujar / baixar el ~** to turn up / down the volume; ECON **~ de contractació** trading volume; **~ de negoci / de vendes** turnover.
voluminós -osa [bulumi'nos -ozə] *adj* bulky.
voluntari -ària [bulun'taɾi -aɾiə] ◇ *adj* voluntary. ◇ *nm, f* volunteer. ◆ **voluntari** *nm* MIL volunteer.
voluntariat [bulunta'ɾi̯at] *nm* voluntary enlistment.
voluntarietat [bulunta ɾiə'tat] *nf* **–1.** [intenció] volition. **–2.** [no obligatorietat] voluntary nature.
voluntariós -osa [bulunta ɾi'os -ozə] *adj*; **ser ~** to be willing.
voluntat [bulun'tat] *nf* will, willpower; **a ~** as much as one likes; **bona / mala ~** goodwill, ill will; **contra la ~ d'algú** against sb's will; **per la meva / teva**, etc. **pròpia** of my / your, etc. free will; **per ~ pròpia** of one's own free will; **quant us dec? - la ~** what do I owe you? - whatever you think fit; **~ de ferro** iron will.
voluptuós -osa [buluptu'os -ozə] *adj* voluptuous.
voluptuositat [buluptuuzi'tat] *nf* voluptuosness.
voluta [bu'lutə] *nf* spiral.
vòmit [ˈbɔmit] *nm* **–1.** [acció] vomiting. **–2.** [substància] vomit.
vomitar [bumi'ta] *vt & vi* to vomit, to get sick.
vomitiu -iva [bumi'tiw -iβə] *adj* emetic; *fig* [fastigós] sickening, repulsive. ◆ **vomitiu** *nm* emetic.
vora [ˈbɔɾə] *nf* **–1.** [riba] bank; [d'un llac, del mar] shore. **–2.** *fig* [costat] **a la ~ de** near. **–3.** hem, edge.
voraç [bu'ɾas] *adj* voracious; [passió, etc.] raging.
voracitat [buɾəsi'tat] *nf* voraciousness.
vorada [bu'ɾaðə] *nm* edge, border, bank.
voral [bu'ɾal] *nm* edge, border, bank.
vorejar [buɾə'ʒa] *vi* **–1.** [seguir la vora de] to go round. **–2.** [moure's al voltant de] to skirt. **–3.** *fig*: **aquesta qüestió voreja l'àmbit jurídic** this question skirts around the scope of law.
vorera [bu'ɾeɾə] *nf* **–1.** [del carrer] pavement *Br*, sidewalk *Am*, kerb. **–2.** [costat] side of the street.
vos [bus] *pron pers* ▶ **us**.
vós [ˈbos] *pron pers* you; **tractar algú de ~** to address in the *vós* form.
vosaltres [bu'zaltɾəs] *pron pers* you.
VOSC [ˈbɔsk] *nf* (abrev de **Versió Original Subtitulada en Català**) original language version subtitled in Catalan.
VOSE [ˈbɔzə] *nf* (abrev de **Versión Original Subtitulada en Español**) original language version subtitled in Spanish.
vostè [bus'tɛ] *pron pers* you; **m'agradaria parlar amb ~** I'd like to speak to you; [possessiu] **de ~, de ~s** yours.
vostre -a [ˈbɔstɾə] *(mf pl vostres)* ◇ *adj poss* your; **els ~s llibres** your books; **un amic ~** a friend of yours; **no és cosa ~a** it's none of your business; **no és culpa ~a** it's not your fault; *fam* **aquesta és la ~a ocasió** this is your big chance. ◇ *pron poss*: **el ~** yours; **la ~a** yours; [família] **els ~s** your folks.
vot [ˈbɔt] *nm* **–1.** vote; **fer el recompte de ~s** to count votes; **~ de qualitat** casting vote; **~ de càstig** vote against one's own party; **~ de censura / de confiança** vote of no confidence / confidence; **té el meu ~ de confiança** he's got my vote of confidence; **~ per correu** postal vote; **~ secret** secret ballot. **–2.** [dret a votar] right to vote. **–3.** [prec & RELIG] vow; **fer ~ de** to vow to; **fer ~s per** to pray for; **~ de castedat / de pobresa** vow of chastity / poverty; **~ de felicitat** best wishes.
votació [butəsi'o] *nf* vote, voting (U); **per ~** by a vote.
votar [bu'ta] ◇ *vi* to vote; **~ en blanc** to return a blank ballot paper; **~ per** [emetre un vot] to vote for; [estar a favor] to be in favour of. ◇ *vt* to vote.
vudú [bu'ðu] *nm* ▶ **vodú**.
vuit [ˈbujt] *adj num inv & nm inv* eight; ▶ **sis**.
vuitanta [buj'tantə] *adj num inv & nm inv* eighty; **~ homes** eighty men; **~-dos** eighty-two; **pàgina ~** page eighty; ▶ **sis**.
vuitantè -ena [bujtən'tɛ -enə] *adj num & nm, f* eightieth; ▶ **sisè**.
vuit-cents -centes [bujt'sens -sentəs] *adj num & nm, f* eight hundred; ▶ **sis**.
vuitè -ena [buj'tɛ -enə] *adj num & nm, f* eighth; **vuitena part** an eighth; ▶ **sisè**.

vulcanòleg -òloga [bulkəˈnɔlək -ɔluɣə] nm, f volcanologist.

vulcanologia [bulkənuluˈʒiə] nf volcanology.

vulgar [bulˈɣar] adj −1. [gen] vulgar. −2. [comú] ordinary, common.

vulgarisme [bulɣəˈrizmə] nm vulgarism.

vulgaritat [bulɣəriˈtat] nf vulgarity; [grolleries] **dir ~s** to say vulgar things; [trivialitats] banality.

vulgaritzar [bulɣəriˈdza] vt to popularize. ◆ **vulgaritzar-se** vp to become popular / common.

vulnerable [bulnəˈrabblə] adj vulnerable.

vulneració [bulnərəsiˈo] nf violation, infringement.

vulnerar [bulnəˈra] vt −1. [nom, reputació, etc.] to harm, to damage. −2. [llei, norma, etc.] to violate, to break.

vulva [ˈbulβə] nf vulva.

w, W [ˈbeˈdobblə] nf [lletra] w, W.

wagnerià -ana [bəŋnəriˈa -anə] adj & nm, f Wagnerian.

Washington [ˈwaʃiŋton] Washington.

waterpolo [ˌbatərˈpɔlu] nm waterpolo.

WC nm (abrev de **water closet**) WC.

Wellington [ˈwɛliŋton] Wellington.

western [ˈwestərn] nm western.

whisky [ˈwiski] nm whisky.

windsurf [ˌwinˈsurf] nm: **fer ~** to windsurf.

x, X [ˈiks, ˈʃeʃ] nf [lletra] x, X. ◆ **X** nf: **la senyora ~** Mrs. X.

xa [ˈʃa] nm shah, king of Persia.

xacal [ʃəˈkal] nm jackal.

xacra [ˈʃakrə] nf −1. scourge; **les xacres de la societat** the disasters of society. −2. ailment, sickliness.

xacrós -osa [ʃəˈkros -ozə] adj unhealthy, sickly.

xafar [ʃəˈfa] vt to flatten; **~ una formiga** to flatten / step on an ant.

xafardeig [ʃəfərˈdetʃ] nm fam gossip.

xafardejar [ʃəfərdəˈʒa] vi fam to gossip, to spread rumours.

xafarder -a [ʃəfərˈde -erə] ◇ adj & nm, f gossipy. ◇ nm, f gossipmonger, gossip, scandalmonger.

xafarderia [ʃəfərdəˈriə] nf rumour, piece of gossip; fam tittle-tattle.

xafarranxo [ʃəfəˈrraɲʃu] nm NÀUT clearing of the decks; MIL **~ de combat** call to action stations.

xàfec [ˈʃafək] nm shower, downpour; fig fam [reprensió] **fotre un ~ a algú** to give sb a row.

xafogor [ʃəfuˈɣo] nf [calor] stifling / muggy heat.

xafogós -osa [ʃəfuˈɣos -ozə] adj [temps] stifling, muggy.

xai [ˈʃaj] nm lamb; **ésser dòcil com un ~** to be meek / mild as a lamb.

xal [ˈʃal] nm shawl.

xalar [ʃəˈla] vi fam to amuse. ◆ **xalar-se** vp fam to have a good time, to enjoy o.s; **com te la xales!** you really know how to enjoy yourself!

xalet [ʃəˈlet] nm detached house (with garden); [en el camp] cottage; [d'alta muntanya] chalet; **~ adossat** semi-detached house.

xaloc [ʃəˈlɔk] nm sirocco.

xalupa [ʃəˈlupə] nf NÀUT small boat.

xamanisme [ʃəməˈnizmə] nm Shamanism.

xamba [ˈʃambə] nf [sort]: **tenir ~** to be lucky.

xamfrà [ʃəɲˈfra] nm −1. [d'edifici] corner; **fer ~** to form a corner with. −2. GEOM bevel.

xamós -osa [ʃəˈmos -ozə] adj fam charming, gracious; [nen] cute, lovely.

xampany [ʃəmˈpaɲ] nm champagne.

xampinyó [ʃəmpiˈɲo] nm mushroom.

xampú [ʃəmˈpu] nm shampoo.

xampurreig [ʃəmpuˈretʃ] nm jabbering.

xampurrejar [ʃəmpurəˈʒa] vt to speak badly, to jabber.

xanca [ˈʃaŋkə] nf stilt.

xancleta [ʃəŋˈklɛtə] *nf* **-1.** [sandàlia] low sandal. **-2.** *despec* [calçat vell] slipper.

xandall [ʃənˈdaʎ] *nm* tracksuit.

xanguet [ʃəŋˈgɛt] *nm* tiny trasnparent fish eaten in Malaga.

xantatge [ʃənˈtadʒə] *nm* blackmail; **fer ~** to blackmail.

xantatgista [ʃəntəˈdʒistə] *nmf* blackmailer.

xanxa [ˈʃaɲʃə] *nf* [broma] joke; **deixa't de xanxes!** stop kidding around!; **estar de ~** to be kidding.

xapa [ˈʃapə] *nf* **-1.** [gen] sheet, plate; [de fusta] board. **-2.** [insígnia] badge. **-3.** [del guarda-roba] metal token / disc. ➙ **xapes** *nf pl*: **jugar a les xapes** to play a children's game using bottle tops.

xapar [ʃəˈpa] *vt* [cobrir]: **~ alguna cosa en or / plata**, etc. to plate sthg in gold / silver, etc.

xaparro -a [ʃəˈparu -ə] ◇ *adj* short and squat. ◇ *nm, f* short, squat person.

xapat -ada [ʃəˈpat -aðə] *adj* plated; **~ en or** gold-plated.

xarada [ʃəˈraðə] *nf* charade.

xarampió [ʃərəmpiˈo] *nm* measles (U).

xaranga [ʃəˈraŋgə] *nf* [banda] brass band.

xarcuteria [ʃərkutəˈriə] *nf* ≃ delicatessen shop; selling cold cooked meats and cheeses.

xarlatà -ana [ʃərləˈta -anə] *nm, f* **-1.** [embaucador] trickster, charlatan. **-2.** [venedor] travelling salesman *m*, travelling saleswoman *f*.

xarnego -a [ʃərˈnɛɣu -ə] *nm, f despec* pejorative term referring to immigrants to Catalonia from other parts of Spain.

xarnera [ʃərˈnerə] *nf* hinge.

xaró -ona [ʃəˈro -onə] ◇ *adj* vulgar. ◇ *nm, f* vulgar / common person.

xarol [ʃəˈrɔl] *nm* **-1.** [pell] patent leather; [sabates] **de ~** patent leather (*abans de nom*). **-2.** [vernís] shiny varnish.

xarop [ʃəˈrɔp] *nm* syrup; **el que necessita és ~ de bastó** what he / she needs is a good beating.

xarretera [ʃərəˈterə] *nf* MIL epaulette.

xarrup [ʃəˈrup] *nm* sip, swallow; **beure a xarrupets** to sip.

xàrter [ˈʃartər] ◇ *adj inv* charter (*abans de nom*). ◇ *nm inv* charter plane.

xaruc -uga [ʃəˈruk -uɣə] *adj* [persona] senile, decrepit.

xarxa [ˈʃarʃə] *nf* [gen & INFORM] network; **~ de carreteres / viària** road network / system; **~ comercial** commercial network; **~ local / neuronal** local / neural network; [malla] net.

xassís [ʃəˈsis] *nm inv* **-1.** AUTOM chassis. **-2.** FOTOG plate holder.

xatejar [ʃətəˈʒa] *vi* to chat.

xato -a [ˈʃatu -ə] ◇ *adj* **-1.** snub; [de nas] **ser ~** to be snub-nosed. **-2.** [aplanat] flat. ◇ *nm, f fam* [apel·latiu] love, dear; [floreta] **xata!** my dear!

xauxa [ˈʃawʃə] *nf fam* paradise, heaven on earth; **això és ~!** this is paradise!

xaval -a [ʃəˈβal -ə] *nm, f* **-1.** kid. **-2.** *fam* lad *m*, lass *f*.

xavalla [ʃəˈβaʎə] *nf* **-1.** small change. **-2.** *fam* [monedes] coppers.

xaveta [ʃəˈβetə] *nf* **-1.** [clavilla] cotter pin. **-2.** *fam* [cap] head; **perdre la ~** to go off one's rocker.

xavo [ˈʃaβu] *nm* [diners]: **no tenir ni un ~** to be penniless.

xec [ˈʃek] *nm* cheque *Br*, check *Am*; **fer un ~** to make out a cheque; **~ al portador** cheque payable to the bearer; **~ barrat / nominatiu** crossed cheque, cheque in favour of a specific person; **~ (de) gasolina** petrol voucher; **~ de viatge** traveller's cheque; **~ en blanc / en descobert** blank / bad cheque.

xef [ˈʃef] *nm* chef.

xemeneia [ʃəməˈnejə] *nf* chimney; [a casa] fireplace.

xenofília [ʃənuˈfiliə] *nf* xenophilia.

xenofòbia [ʃənuˈfɔβiə] *nf* xenophobia.

xeremia [ʃərəˈmiə] *nf* MÚS flute, flageolet.

xerès [ʃəˈɾɛs] *nm* sherry; **~ sec** dry sherry.

xèrif [ˈʃerif] *nm* sheriff.

xeringa [ʃəˈriŋgə] *nf* syringe; **~ hipodèrmica** hypodermic syringe.

xerinola [ʃəriˈnɔlə] *nf* spree, binge.

xerrac [ʃəˈrak] *nm* **-1.** handsaw. **-2.** [instrument] rattle.

xerrada [ʃəˈraðə] *nf* **-1.** [conversa] chat, talk. **-2.** [conferència]: **fer una ~ sobre** to give a talk on. **-3.** *fam* tip-off.

xerraire [ʃəˈrajrə] ◇ *adj* talkative; **ésser molt ~** to be very talkative. ◇ *nm, f* **-1.** *fam* [delator] grass, informer. **-2.** [parlador] chatterbox.

xerrameca [ʃərəˈmekə] *nf* chat, chattering (U).

xerrar [ʃəˈra] ◇ *vi* **-1.** to chat, to talk. **-2.** to chatter, to gossip. ◇ *vt fam* to whisper, to murmur.

xerric [ʃəˈrik] *nm* screech; [porta] creak; [xarnera, moll] squeak.

xerricar [ʃəriˈka] *vi* to screech, to creak; [xarnera, moll] to squeak.

xerroteig [ʃəruˈtetʃ] *nm* [de nens] gurgling; [d'ocells] chirping, twittering.

xiclet [ʃiˈklɛt] *nm* chewing gum.

xicoira [ʃiˈkɔjrə] *nf* chicory.

xicot -a [ʃiˈkɔt -ə] *nm, f fam* [promès, company amorós] boyfriend *m*, girlfriend *f*.

xifra [ˈʃifrə] *nf* [gen] figure; ~ **de negocis** turnover; [clau] **en** ~ in code.

xifrar [ʃiˈfra] *vt* [codificar] to code.

xifrat -ada [ʃiˈfrat -aðə] *adj* coded, in code.

xiïta [ʃiˈitə] *adj & nmf* Shi'ite.

Xile [ˈʃilə] Chile.

xilòfon [ʃiˈlɔfun] *nm* xylophone.

xilografia [ʃiluɣrəˈfiə] *nf* xylograhpy, wood engraving.

ximpanzé [ʃimpənˈze] *nm* chimpanzee.

ximple [ˈʃimplə] ◇ *adj* stupid, simple-minded; **fer el** ~ to play the fool. ◇ *nm, f* idiot.

ximpleria [ʃimpləˈriə] *nf* [estupidesa] foolishness, stupid thing; **dir quatre ximpleries** to talk nonsense; **fer una** ~ to do sthg foolish.

ximplet -a [ʃimˈplɛt -ə] ◇ *adj* stupid, foolish, silly. ◇ *nm, f* idiot.

xim-xim [ˌʃimˈʃim] *nm* [pluja] drizzle; [elogi] hype.

Xina [ˈʃinə] : **(la)** ~ China.

xinel·la [ʃiˈnɛllə] *nf* mule, slipper.

xinès -esa [ʃiˈnɛs -ɛzə] ◇ *adj* Chinese. ◇ *nm, f* (de la Xina) Chinese. ➔ **xinès** *nm* [llengua] Chinese.

xinxa [ˈʃinʃə] *nf* bedbug.

xinxeta [ʃinˈʃɛtə] *nf* -1. [espelma] oil lamp. -2. drawing pin *Br*, thumbtack *Am*.

xip [ˈʃip] *nm* INFORM chip.

xipollejar [ʃipuʎəˈʒa] *vi* to splash about.

Xipre [ˈʃiprə] Cyprus.

xiprer [ʃiˈpre] *nm* cypress (tree).

xiquet -a [ʃiˈkɛt -ə] *nm, f* -1. child, kid. -2. [jove] lad *m*, lass *f*.

xirimoia [ʃiriˈmɔjə] *nf* custard apple.

xirivia [ʃiriˈβiə] *nf* BOT parsnip.

xisclar [ʃisˈkla] *vi* [cridar] to scream, to yell; [bebè, nen] to scream.

xiscle [ˈʃisklə] *nm* [crit] scream, yell.

xiulada [ʃiwˈlaðə] *nf* whistle.

xiular [ʃiwˈla] *vt & vi* to whistle.

xiulet [ʃiwˈlɛt] *nm* -1. [gen] whistle. -2. [per a queixar-se] whistling.

xiuxiueig [ʃiwʃiˈwetʃ] *nm* murmuring, murmur, whispering.

xiuxiuejar [ʃiwʃiwəˈʒa] *vi* to whisper, to murmur.

xivarri [ʃiˈβari] *nm* -1. noise, clamour. -2. [soroll de molta gent] racket, uproar; **fer / moure** ~ to kick up a racket. -3. *fam* trouble, row.

xixona [ʃiˈʃonə] *nm* type of nougat made in Jijona.

xoc [ˈʃɔk] *nm* -1. shock. -2. *fig* [disputa] clash; [impacte] impact; [de cotxe, tren, etc.] crash, collision.

xocant [ʃuˈkan] *adj* startling.

xocar [ʃuˈka] *vi* -1. to to clash. -2. [col·lisionar]; ~ **contra** to crash (into) to collide (with). -3. *fig* [estranyar] to shock, to surprise.

xocolata [ʃukuˈlatə] *nf* chocolate; ~ **desfeta** thick drinking chocolate; ~ **blanca / amb llet** white / milk chocolate.

xocolater -a [ʃukuləˈte -erə] ◇ *adj*: **és molt** ~ he's very fond of chocolate. ◇ *nm, f* chocolate maker / seller. ➔ **xocolatera** *nf* [recipient] chocolate pot.

xocolateria [ʃukuləteˈriə] *nf* chocolate factory; [establiment] cafè where drinking chocolate is served.

xocolatina [ʃukuləˈtinə] *nf* chocolate bar.

xofer -a [ʃuˈfe -erə] *nm, f* chauffeur.

xop [ˈʃop] *nm* -1. [per a beure cervesa] beer mug, tankard. -2. poplar.

xoriço [ʃuˈrisu] *nm* -1. CULIN [embotit] highly seasoned pork sausage. -2. *fam* [lladre] thief.

xoriguer [ʃuriˈɣe] *nm* [au] kestrel.

xovinisme [ʃuβiˈnizmə] *nm* chauvinism.

xovinista [ʃuβiˈnistə] ◇ *adj* chauvinistic. ◇ *nmf* chauvinist.

xuclada [ʃuˈklaðə] *nf fam* suck, puff; [en fumar] drag.

xuclar [ʃuˈkla] *vt* -1. [gen] to sip. -2. [succionar] to suck; [en fumar] to puff at; [absorbir] to absorb.

xufla [ˈʃuflə] *nf* chufa, tiger nut.

xumar [ʃuˈma] *vi* to suck (down), to drink.

xumet [ʃuˈmɛt] *nm* [per a nadons] nipple.

xurreria [ʃurəˈriə] *nf* shop selling xurros.

xurro [ˈʃuru] *nm* CULIN dough formed into sticks or rings and fried in oil.

xusma ['ʃuzmə] *nf* rabble, mob.
xut ['ʃut] *nm* ESPORT kick.
xutar [ʃu'ta] *vi* [llançar] to shoot.

y, Y ['i 'ɣɾeɣə] *nf* [lletra] y, Y.

z, Z ['zɛta] *nf* [lletra] z, Z.
zàping ['zapiŋ] *nm inv* channel-hopping; fer ~ to channel-hop.
zebra ['zeβɾə] *nf* zebra.
zebú [zə'βu] *nm* zebu.
zel ['zɛl] *nm* [cura] zeal; [d'animal] heat; [femella] **en ~** on heat; [mascle] in season.
zelador -a [zələ'ðo -'oɾə] *nm, f* watchman; [d'una presó] warder; [d'un museu] attendant.
zelar [zə'la] *vt* to watch over, to guard.
zelós -osa [zə'los -'ozə] *adj* keen, eager.
zen ['zɛn] *adj inv & mm* Zen.
zenc ['zɛŋ] *nm* zinc.
zenit [zə'nit] *nm* **–1.** ASTRON zenith. **–2.** *fig* [apogeu]: **en el ~ de** at the zenith of.
zepelí [zəpə'li] *nm* zeppelin.
zero ['zɛɾu] *nm* zero; **fa cinc graus sota ~** it's five degrees below zero; **~ absolut** absolute zero; *fam* **ser un ~ a l'esquerra** to be useless, to be a nobody.

zeta ['zɛtə] *nf* z, Z.
ziga-zaga [ˌziɣə'zaɣə] *nf* zigzag.
zigot [zi'ɣɔt] *nm* zygote.
zig-zag [ˌziɡ'zak] *nm* zigzag.
zigzagar [ziɡzə'ɣa] *vi* to zigzag; **la carretera zigzaga** the road zigzags.
zigzaguejar [ziɡzəɣə'ʒa] *vi* to zigzag.
zinc ['ziŋ] *nm* zinc.
zíngar -a ['ziŋɡər -əɾə] *adj* Tzigane. *nm, f* Tzigane.
zing-zing [ˌziŋ'ziŋ] *nm* rattle.
zitzània [zi'dzaniə] *nf* darnel; *fig* **sembrar la ~** to sow discord.
zodíac [zu'ðiək] *nm* zodiac.
zombi ['zombi] *nmf lit & fig* zombie.
zona ['zonə] *nf* zone, area; AUTOM **~ blava** restricted parking zone; **~ catastròfica** disaster area; **~ d'urgent reindustrialització** ≃ enterprise zone; region given priority status for industrial development; **~ euro** Eurozone; **~ franca** free-trade zone; **~ urbana** urban zone; **~ verda** [gran] park; [petita] lawn; **~ zero** ground zero.
zoo ['zoo] *nm* zoo.
zoòfag -a [zu'ɔfək -əɣə] *adj* ZOOL zoophagous.
zoofília [zuu'filiə] *nf* ZOOL zoophilia.
zoofòbia [zuu'fɔβiə] *nf* ZOOL zoophobia.
zoolatria [zuulə'tɾiə] *nf* ZOOL zoolatry.
zoòleg -òloga [zu'ɔlək -'ɔluɣə] *nm, f* zoologist.
zoologia [zuulu'ʒiə] *nf* zoology.
zoològic -a [zuu'lɔʒik -ə] *adj* zoological.
➤ **zoològic** *nm* ➤ **parc**.
zoom ['zum] *nm* zoom.
zoomorfisme [zuumur'fizmə] *nm* ZOOL zoomorphism.
zootècnia [zuu'tɛŋniə] *nf* ZOOL zootechnics.
zopilot [zupi'lɔt] *nm* [urubú] black vulture.
zulu ['zulu] *adj* Zulu. *nmf* Zulu.
zumzeig [zum'zɛtʃ] *nm* swinging, vibration.
zumzejar [zumzə'ʒa] *vi* to swing, to vibrate.